2022

BÁSICO PARA TRIBUNAL REGIONAL DO TRABALHO

EDITORA
AlfaCon
Concursos Públicos

Diretor Geral: Evandro Guedes
Diretor de TI: Jadson Siqueira
Diretor Editorial: Javert Falco
Gerente Editorial: Mariana Passos
Editor Responsável: Mateus Ruhmke Vazzoller
Coordenação de Editoração: Alexandre Rossa
Diagramação: Emilly Lazarotto

Língua Portuguesa
Giancarla Bombonato, Pablo Jamilk
Redação
Rachel Ribeiro
Matemática e Raciocínio Lógico-matemático
Daniel Lustosa
Informática
João Paulo, Kátia Quadros
Direito Constitucional
Daniel Sena
Direito Administrativo
Evandro Guedes, Gustavo Muzy, Guilherme de Luca, Isabel Rossoni, Vinicius Albuini
Administração Pública
Giovana Carranza, Júlio Raizer, Luiz Rezende, Marisol Bufeman, Willian Notário
Direito do Trabalho
Fabyane Caravagioni, Márcia Peixoto
Direito Processual do Trabalho
Fabyane Caravagioni

Dados Internacionais de Catalogação na Publicação (CIP)
Jéssica de Oliveira Molinari CRB-8/9852

B82

Básico para Tribunal Regional do Trabalho / Equipe de professores Alfacon. - Cascavel, PR : AlfaCon, 2022.
750 p.

Bibliografia
ISBN 978-65-5918-484-2

1. Serviço público - Concursos – Brasil 2. Tribunal Regional do Trabalho – Concursos 3. Língua portuguesa 4. Matemática 5. Informática 6. Raciocínio Lógico 7. Direito

22-4224 **CDD 351.81076**

Índices para catálogo sistemático:
1. Serviço público - Brasil - Concursos

Dúvidas?
Acesse: www.alfaconcursos.com.br/atendimento
Núcleo Editorial:
Rua: Paraná, nº 3193, Centro - Cascavel/PR
CEP: 85.810-010
Núcleo Comercial/Centro de Distribuição:
Rua: Dias Leme, nº 489, Mooca - São Paulo/SP
CEP: 03118-040
SAC: (45) 3037-8888

Data de fechamento 1ª impressão: 26/08/2022

EDITORA AlfaCon Concursos Públicos
www.alfaconcursos.com.br/apostilas

APRESENTAÇÃO

É do conhecimento de toda a população brasileira que o cargo em um concurso público está entre os maiores sonhos de todos. A função pública é o caminho mais rápido e seguro para quem deseja a estabilidade financeira.

Contudo, o que você pode não saber é que a jornada até a tão desejada função pública é desafiadora! Não existe fórmula mágica para isso, não há regras; o que existe, sim, é o seu comprometimento em estudar para mudar de vida!

Mas aonde entra o AlfaCon nessa jornada?

O AlfaCon está aqui para facilitar seu trajeto, dar ferramentas para auxiliá-lo rumo à sua **APROVAÇÃO** e **MUDANÇA DE VIDA!**

Por isso, o AlfaCon, preocupando-se com você, iniciante no universo das **CARREIRAS TRIBUNAIS**, criou o **BÁSICO PARA TRIBUNAL REGIONAL DO TRABALHO**. Esta obra, que está entre as mais vendidas no segmento de concursos públicos, tendo tradição, está em sua 2ª edição, resultado do estudo aprofundado de professores especialistas nas suas áreas, possibilitando que você tenha acesso aos principais conteúdos cobrados nos mais importantes concursos públicos, tendo exercícios gabaritados para você testar seu conhecimento também!

São mais de **230.000** aprovados em concursos públicos. Este é o resultado de pessoas que sonharam em mudar de vida e conseguiram atingir o objetivo com o AlfaCon. Acreditamos em seus sonhos! Por isso, estamos juntos com você nessa caminhada. Fazendo parte desse time, com certeza, você será mais um dos aprovados.

O AlfaCon está aqui para facilitar sua vida e seus estudos!

Desfrute de SEU material da MELHOR forma e o MÁXIMO possível!

Bons estudos e rumo à sua aprovação!

EDITORA

AlfaCon

Concursos Públicos

COMO ESTUDAR PARA UM CONCURSO PÚBLICO!

AlfaCon Concursos Públicos

Para se preparar para um concurso público, não basta somente estudar o conteúdo. É preciso adotar metodologias e ferramentas, como plano de estudo, que ajudem o concurseiro em sua organização.

As informações disponibilizadas são resultado de anos de experiência nesta área e apontam que estudar de forma direcionada traz ótimos resultados ao aluno.

CURSO ON-LINE GRATUITO

- Como montar caderno
- Como estudar
- Como e quando fazer simulados
- O que fazer antes, durante e depois de uma prova!

Ou pelo link: alfaconcursos.com.br/cursos/material-didatico-como-estudar

ORGANIZAÇÃO

Organização é o primeiro passo para quem deseja se preparar para um concurso público.

Conhecer o conteúdo programático é fundamental para um estudo eficiente, pois os concursos seguem uma tendência e as matérias são previsíveis. Usar o edital anterior - que apresenta pouca variação de um para outro - como base é uma boa opção.

Quem estuda a partir desse núcleo comum precisa somente ajustar os estudos quando os editais são publicados.

PLANO DE ESTUDO

Depois de verificar as disciplinas apresentadas no edital, as regras determinadas para o concurso e as características da banca examinadora, é hora de construir uma tabela com seus horários de estudo, na qual todas as matérias e atividades desenvolvidas na fase preparatória estejam dispostas.

PASSO A PASSO

VEJA AS ETAPAS FUNDAMENTAIS PARA ORGANIZAR SEUS ESTUDOS

PASSO 1	PASSO 2	PASSO 3	PASSO 4	PASSO 5
Selecionar as disciplinas que serão estudadas.	Organizar sua rotina diária: marcar pontualmente tudo o que é feito durante 24 horas, inclusive o tempo que é destinado para dormir, por exemplo.	Organizar a tabela semanal: dividir o horário para que você estude 2 matérias por dia e também destine um tempo para a resolução de exercícios e/ou revisão de conteúdos.	Seguir rigorosamente o que está na tabela, ou seja, destinar o mesmo tempo de estudo para cada matéria. Por exemplo: 2h/dia para cada disciplina.	Reservar um dia por semana para fazer exercícios, redação e também simulados.

Esta tabela é uma sugestão de como você pode organizar seu plano de estudo. Para cada dia, você deve reservar um tempo para duas disciplinas e também para a resolução de exercícios e/ou revisão de conteúdos. Fique atento ao fato de que o horário precisa ser determinado por você, ou seja, a duração e o momento do dia em que será feito o estudo é você quem escolhe.

AlfaCon Concursos Públicos

TABELA SEMANAL

SEMANA	SEGUNDA	TERÇA	QUARTA	QUINTA	SEXTA	SÁBADO	DOMINGO
1							
2							
3							
4							

SUMÁRIO

Sumário

SUMÁRIO

Sumário

LÍNGUA PORTUGUESA

1. NÍVEIS DE ANÁLISE DA LÍNGUA

Vamos começar o nosso estudo fazendo uma distinção entre quatro níveis de análise da Língua Portuguesa, afinal, você não pode confundir-se na hora de estudar. Fique ligado nessa diferença:

→ **Nível Fonético / Fonológico:** estuda a produção e articulação dos sons da língua.

→ **Nível Morfológico:** estuda a estrutura e a classificação das palavras.

→ **Nível Sintático:** estuda a função das palavras dentro de uma sentença.

→ **Nível Semântico:** estuda as relações de sentido construídas entre as palavras.

Na Semântica, estudaremos, entre outras coisas, a diferença entre linguagem de sentido denotativo (ou literal, do dicionário) e linguagem de sentido conotativo (ou figurado).

Ex: Rosa é uma flor.

01. Morfologia:

Rosa: substantivo;

Uma: artigo;

É: verbo ser;

Flor: substantivo

02. Sintaxe:

Rosa: sujeito;

É uma flor: predicado;

Uma flor: predicativo do sujeito.

03. Semântica:

Rosa pode ser entendida como uma pessoa ou como uma planta, depende do sentido.

Vamos, a partir de agora, estudar as classes de palavras.

2. MORFOLOGIA CLASSES DE PALAVRAS

Antes de mergulhar nas conceituações, vamos fazer uma lista para facilitar o nosso estudo: classe e exemplo.

Artigo: o, a, os, as, um, uma, uns, umas.

Adjetivo: Legal, interessante, capaz, brasileiro, francês.

Advérbio: Muito, pouco, bem, mal, ontem, certamente

Conjunção: Que, caso, embora.

Interjeição: Ai! Ui! Ufa! Eita.

Numeral: Sétimo, vigésimo, terço.

Preposição: A, ante, até, após, com, contra, de, desde, em, entre.

Pronome: Cujo, o qual, quem, eu, lhe.

Substantivo: Mesa, bicho, concursando, Pablo, José.

Verbo: Estudar, passar, ganhar, gastar.

2.1 Substantivos

Os substantivos são palavras que nomeiam seres reais ou imaginários, objetos, lugares ou estados de espírito.

Eles podem ser:

→ Comuns: quando designam seres da mesma espécie.

gato, mulher, árvore

→ Próprios: quando se referem a um ser em particular.

Bahia, Clarice Lispector, Japão

→ Concretos: que designam seres reais no mundo ou na mente.

menino, bolo, jacaré, duende

→ Abstratos: que designam sentimentos, qualidades, estados ou ações dos seres.

saudade, tristeza, dor, sono (sensações)

beleza, destreza (qualidades)

vida, morte (estados)

estudo, trabalho, luta (ações)

→ Simples: que são formados por um único radical.

garrafa, porta, camiseta, neve

→ Compostos: que são formados por mais de um radical.

passatempo, guarda-chuva

→ Primitivos: que não derivam de outra palavra da língua portuguesa.

pulso, dente

→ Derivados: que derivam de outra palavra.

pulseira, dentista

→ Coletivos: que nomeiam seres da mesma espécie.

alcateia, arquipélago, biblioteca

Há a possibilidade de que palavras de outras classes gramaticais tenham função de substantivo em uma frase, oração ou período, e quando isso ocorre são chamadas Palavras Substantivadas. Para isso, o artigo precede a palavra.

Ainda não sei o porquê do livro não ter sido devolvido.

2.2 Artigo

O artigo é a palavra variável que tem por função individualizar algo, ou seja, possui como função primordial indicar um elemento, por meio de definição ou indefinição da palavra que, pela anteposição do artigo, passa a ser substantivada. Os artigos se subdividem em:

Artigos definidos: **o, a, os, as** - porque definem o substantivo a que se referem.

Hoje à tarde, falaremos sobre **a** aula da semana passada.

Na última aula, falamos **do** conteúdo programático.

Artigos indefinidos: **um, uma, uns, umas** - porque indefinem o substantivo a que se referem.

Assim que eu passar no concurso, eu irei comprar **um** carro.

Pela manhã, papai, apareceu **um** homem da loja aqui.

É importante ressaltar que os artigos podem ser contraídos com algumas preposições essenciais, como demonstraremos na tabela a seguir:

Preposições	Artigo							
	Definido				Indefinido			
	o	a	os	as	um	uma	uns	umas
A	ao	à	aos	às	-	-	-	-
De	do	da	dos	das	dum	duma	duns	dumas
Em	no	na	nos	nas	num	numa	nuns	numas
Per	pelo	pela	pelos	pelas	-	-	-	-
Por	polo	pola	polos	polas	-	-	-	-

O artigo é utilizado para substantivar um termo. Ou seja, quer transformar algo em um substantivo? Coloque um artigo em sua frente.

"Cantar alivia a alma." (Verbo)

"O cantar alivia a alma." (Substantivo)

Emprego do artigo com a palavra "todo":

Quando inserimos artigos ao lado do termo "todo", em geral, o sentido da expressão passa a designar totalidade. Como no exemplo abaixo:

Pobreza é um problema que acomete todo país.

(todos os países)

Pobreza é um problema que acomete todo o país.

(o país em sua totalidade).

2.3 Pronome

Os pronomes são palavras que determinam ou substituem substantivos, indicando a pessoa do discurso – que é quem participa ou é objeto do ato comunicativo .

Os pronomes podem ser pessoais, possessivos, demonstrativos, indefinidos, relativos ou interrogativos.

Pronomes substantivos e adjetivos

É chamado pronome substantivo quando um pronome substitui um substantivo.

É chamado pronome adjetivo quando determina o substantivo com o qual se encontra.

Pronomes pessoais

Pronomes pessoais representam as pessoas do discurso, substituindo o substantivo.

Existem três pessoas do discurso – ou gramaticais:

> 1ª pessoa: eu, nós
> 2ª pessoa: tu, vós
> 3ª pessoa: ele, ela, eles, elas

Os pronomes pessoais podem ser:

→ Retos: têm função, em regra, como sujeito da oração.

→ Oblíquos: têm função de objeto ou complemento.

2.4 Pronomes de Tratamento

Estes são os pronomes utilizados para nos referirmos às pessoas. Eles podem ser cerimoniosos ou familiares, dependendo da pessoa com a qual falamos; considera-se a idade, o cargo e o título, dentre outros, para escolher o tratamento adequado.

É importante ressaltar que as abreviaturas devem, de modo geral, ser evitadas.

Exemplos de pronomes de tratamento:

Você: tratamento informal

Senhor, senhora: tratamento de respeito

Vossa Excelência: altas autoridades

Vossa Reverendíssima: para sacerdotes

Vossa Alteza: para príncipes, princesas e duques

Pronomes possessivos

São os pronomes que atribuem posse de algo às pessoas do discurso.

Eles podem estar em:

> 1ª pessoa do singular: meu, minha, meus, minhas
> 2ª pessoa do singular: teu, tua, teus, tuas
> 3ª pessoa do singular: seu, sua, seus, suas
> 1ª pessoa do plural: nosso, nossa, nossos, nossas
> 2ª pessoa do plural: vosso, vossa, vossos, vossas
> 3ª pessoa do plural: seu, sua, seus, suas

Pronomes demonstrativos

São os que indicam lugar, posição ou identidade dos seres, relativamente às pessoas do discurso.

São eles:

este(s), esta(s), esse(s), essa(s), aquele(s), aquela(s), aqueloutro(s), aqueloutra(s), mesmo(s), mesma(s), próprio(s), própria(s), tal, tais, semelhante(s).

Pronomes relativos

São palavras que representam substantivos já citados, com os quais estão relacionadas.

Eles podem ser:

→ Variáveis:

> Masculino: o qual, os quais, cujo, cujos, quanto, quantos.
> Femininos: a qual, as quais, cuja, cujas, quanta, quantas.

→ Invariáveis: quem, que, onde.

Os pronomes relativos podem unir duas orações como em:

Da árvore caíram maçãs, que foram recolhidas.

Pronomes indefinidos

São os pronomes que se referem, de forma imprecisa e vaga, à 3ª pessoa do discurso.

Eles podem ser:

→ Pronomes indefinidos substantivos

Têm função de substantivo: alguém, algo, nada, tudo, ninguém.

→ Pronomes indefinidos adjetivos

Têm função de adjetivo: cada, certo(s), certa (s).

→ Que variam entre pronomes adjetivos e substantivos

Variam de acordo com o contexto: algum, alguma, bastante, demais, mais, qual etc.

Locuções pronominais indefinidas

Cada qual, cada um, seja qual for, tal qual, um ou outro etc.

Pronomes interrogativos

São os pronomes utilizados em frases interrogativas e, assim como os pronomes indefinidos, não imprecisos para com a 3ª pessoa do plural.

Exemplos:

Quem foi?

Quantos professores vieram hoje?

Lutar contra quê?

Verbo

O verbo é uma palavra que exprime um estado, uma ação, um fato ou um fenômeno.

Ele possui diferentes formas, por suas flexões, para indicar a pessoa do discurso, o número, o tempo, o modo e a voz.

Pessoa e número

O verbo pode variar indicando a pessoa e o número:

> 1ª pessoa: eu ando (singular) / nós andamos

> 2ª pessoa: tu anda (singular) / vós andais

> 3ª pessoa: ele anda (singular) / eles andam

Tempos verbais

Os tempos têm a função de situar uma ação ou um acontecimento e podem ser:

→ Presente: Agora eu escrevo.

→ Pretérito (passado):

> Imperfeito: Depois de ler, ele fechava o livro.

> Perfeito: Ele fechou o livro.

> Mais-que-perfeito: Quando vi, ele já fechara o livro.

→ Futuro:

> Do presente: Indiara ganhará o presente.

> Do pretérito: Indiara ganharia o presente.

Modos verbais

Existem três modos de um fato se realizar:

→ Indicativo: Exprime um fato certo e positivo.

→ Imperativo: Exprime uma ordem, proibição, pedido, conselho.

→ Subjuntivo: Enuncia um fato hipotético, possível.

Formas nominais

As formas nominais enunciam, de forma imprecisa, vaga e impessoal, um fato.

São elas:

→ Infinitivo: prender, vender.

→ Gerúndio: prendendo, vendendo.

→ Particípio: prendido, vendido.

Além disso, o infinitivo pode ser pessoal ou impessoal, sendo:

→ Pessoal: quando tem sujeito.

→ Impessoal: quando não tem sujeito.

Também pode ser flexionado ou não flexionado

→ Flexionado: comeres tu, comermos nós, comerdes vós, comerem eles.

→ Não flexionado: comer eu, comer ele.

Verbos auxiliares

São os que se unem a uma forma nominal de outro verbo para formar voz passiva, tempos compostos e locuções verbais.

Principais verbos auxiliares: ter, haver, ser, estar.

Voz

Quanto à voz, os verbos podem ser classificados em:

→ Ativos

→ Passivos

→ Reflexivos

Conjugações

Podem-se agrupar os verbos em três conjugações, de acordo com a terminação do infinitivo.

> 1ª conjugação: terminados em -ar: cantar

> 2ª conjugação: terminados em -er: bater

> 3ª conjugação: terminados em -ir: fingir

As conjugações são caracterizadas pelas vogais temáticas A, E e I.

Elementos estruturais do verbo

É necessário identificar o radical, o elemento básico, e a terminação, que varia indicando tempo e modo, e pessoa e número.

Exemplo: dançar | danç- (radical) -ar (terminação)

Na terminação é encontrada ao menos um dos seguintes elementos:

→ Vogal temática: que caracteriza a conjugação.

→ Desinência modo-temporal: indica o modo e o tempo do verbo.

→ Desinência número pessoal: indica se seria a 1ª, 2ª ou 3ª pessoa e se seria do plural ou do singular.

Tempos primitivos e derivados

Os tempos podem ser divididos em primitivos e derivados, que podem ser:

→ Presente do infinitivo:

Exemplo: reclamar

- > Pretérito imperfeito do indicativo: reclamava, reclamavas.
- > Futuro do presente: reclamarei, reclamarás.
- > Futuro do pretérito: reclamaria, reclamarias.
- > Infinitivo pessoal: reclamar, reclamares.
- > Gerúndio: reclamando.
- > Particípio: reclamado.

→ Presente do indicativo:

Exemplo: guardo, guardas, guardais

- > Presente do subjuntivo - guardo: guarda, guardas, guarda, guardamos, guardais, guardam
- > Imperativo afirmativo - guardas: guarda, guardais

→ Pretérito perfeito do indicativo:

Exemplo: guardaram

- > Pretérito mais que perfeito do indicativo: guardara, guardaras
- > Pretérito imperfeito do subjuntivo: guardasse, guardasses
- > Futuro do subjuntivo: guardares

Modo imperativo

O imperativo se dá de duas formas:

→ Imperativo afirmativo:

- > 2ª pessoa do singular e a 2ª pessoa do plural: derivam das pessoas equivalentes do presente do indicativo e suprime-se o s final.
- > demais pessoas: continuam como no presente do subjuntivo, sem alteração.

→ Imperativo negativo: as pessoas são iguais às equivalentes do presente do subjuntivo.

Tempos compostos

→ Da voz ativa: é formado pelo particípio do verbo principal, precedido pelos verbos auxiliares ter ou haver.

→ Da voz passiva: é formado quando o verbo principal, no particípio, é precedido pelos auxiliares ter (ou haver) e ser, de forma conjunta.

→ Locuções verbais: são formadas por um verbo principal, no gerúndio ou infinitivo, precedido por um verbo auxiliar.

Verbos regulares, irregulares e defectivos

A conjugação dos verbos pode ser dividida em:

→ Regular: são os que seguem um modelo comum de conjugação, mantendo o radical invariável

→ Irregular: são os que são alterados no radical e/ou nas terminações.

→ Defectiva: são os que não são usados em certos modos por não terem a conjugação completa.

Emprego do verbo haver

O verbo haver é utilizado, principalmente, para expressar ter ou existir, mas pode indicar, também, estar presente, decorrer, fazer, recuperar, julgar, acontecer, comportar-se, entender-se e o ato de ter existência. Além disso, ele possui diversas particularidades na conjugação.

O verbo haver é um verbo irregular, que passa por alterações tanto no seu radical, quanto nas suas terminações, quando conjugado.

→ Presente do indicativo:

- > (eu) hei
- > (tu) hás
- > (ele) há
- > (nós) havemos
- > (vós) haveis
- > (eles) hão

No pretérito perfeito do indicativo, no pretérito mais-que-perfeito do indicativo, no pretérito imperfeito do subjuntivo e no futuro do subjuntivo, o radical hav- se transformará em houv-.

→ Pretérito perfeito do indicativo

- > (eu) houve
- > (tu) houveste
- > (ele) houve
- > (nós) houvemos
- > (vós) houvestes
- > (eles) houveram

→ Futuro do subjuntivo

- > (quando eu) houver
- > (quando tu) houveres
- > (quando ele) houver
- > (quando nós) houvermos
- > (quando vós) houverdes
- > (quando eles) houverem

Nos demais tempos verbais, o radical hav- passa a ser haj-, no presente do subjuntivo e no imperativo.

→ Presente do subjuntivo

- > (que eu) haja
- > (que tu) hajas
- > (que ele) haja
- > (que nós) hajamos
- > (que vós) hajais
- > (que eles) hajam

Quando o verbo haver é utilizado para indicar tempo ou com o sentido de existir, ele será impessoal e sem sujeito, sendo conjugado apenas na 3ª pessoa do singular.

> Presente do indicativo: há
> Pretérito perfeito do indicativo: houve
> Pretérito imperfeito do indicativo: havia
> Pretérito mais-que-perfeito do indicativo: houvera
> Futuro do presente do indicativo: haverá
> Futuro do pretérito do indicativo: haveria
> Presente do subjuntivo: que haja
> Pretérito imperfeito do subjuntivo: se houvesse
> Futuro do subjuntivo: quando houver

Esse verbo pode ser, também, verbo auxiliar na formação de tempos compostos. Para tal, ele substitui o verbo ter, apresentando ainda o mesmo sentido, e pode ser conjugado em todas as pessoas verbais.

→ Pretérito mais-que-perfeito composto do indicativo

> (Eu) havia + particípio do verbo principal
> (Tu) havias + particípio do verbo principal
> (Ele) havia + particípio do verbo principal
> (Nós) havíamos + particípio do verbo principal
> (Vós) havíeis + particípio do verbo principal
> (Eles) haviam + particípio do verbo principal

→ Haver ou a ver

Para referir-se a algo que possui relação para com alguma coisa, a expressão correta é a ver.

2.5 Adjetivo

É a palavra variável que expressa uma qualidade, característica ou origem de algum substantivo ao qual se relaciona.

Meu terno é azul, elegante e italiano.

Analisando, entendemos assim:

Azul: característica.

Elegante: qualidade.

Italiano: origem.

Estrutura e a classificação dos adjetivos. Com relação à sua formação, eles podem ser:

Explicativos: quando a característica é comum ao substantivo referido.

Fogo **quente**, Homem **mortal**. (Todo fogo é quente, todo homem é mortal)

Restritivos: quando a característica não é comum ao substantivo, ou seja, nem todo substantivo é assim caracterizado.

Terno **azul**, Casa **grande**. (Nem todo terno é azul, nem toda casa é grande)

Simples: quando possui apenas uma raiz.

amarelo, brasileiro, competente, sagaz, loquaz, inteligente, grande, forte etc.

Composto: quando possui mais de uma raiz.

amarelo-canário, luso-brasileiro, verde-escuro, vermelho-sangue etc.

Primitivo: quando pode dar origem a outra palavra, não tendo sofrido derivação alguma.

bom, legal, grande, rápido, belo etc.

Derivado: quando resultado de um processo de derivação, ou seja, oriundo de outra palavra.

bondoso (de bom), grandioso (de grande), maléfico (de mal), esplendoroso (de esplendor) etc.

Os adjetivos que designam origem de algum termo são denominados adjetivos pátrios ou gentílicos.

Uma lista de adjetivos pátrios de estado:

Adjetivos Pátrios	
Acre	Acriano
Alagoas	Alagoano
Amapá	Amapaense
Aracaju	Aracajuano ou Aracajuense
Amazonas	Amazonense ou Baré
Belém(PA)	Belenense
Belo Horizonte	Belo-horizontino
Boa Vista	Boa-vistense
Brasília	Brasiliense
Cabo Frio	Cabo-friense
Campinas	Campineiro ou Campinense
Curitiba	Curitibano
Espírito Santo	Espírito-santense ou Capixaba
Fernando de Noronha	Noronhense
Florianópolis	Florianopolitano
Fortaleza	Fortalezense
Goiânia	Goianiense
João Pessoa	Pessoense
Macapá	Macapaense
Maceió	Maceioense
Manaus	Manauense
Maranhão	Maranhense
Marajó	Marajoara
Natal	Natalense ou Papa-jerimum
Porto Alegre	Porto Alegrense
Ribeirão Preto	Ribeiropretense
Rio de Janeiro(Estado)	Fluminense
Rio de Janeiro(Cidade)	Carioca
Rio Branco	Rio-branquense
Rio grande do Norte	Rio-grandense-do-norte, Norte-riograndense ou Potiguar

Rio grande do Sul	Rio-grandense-do-sul, Sul-rio-grandense ou Gaúcho
Rondônia	Rondoniano
Roraima	Roraimense
Salvador	Salvadorense ou Soteropolitano
Santa Catarina	Catarinense. ou Barriga-verde
Santarém	Santarense
São Paulo (Estado)	Paulista
São Paulo (Cidade)	Paulistano
Sergipe	Sergipano
Teresina	Teresinense
Tocantins	Tocantinense

Países	
Croácia	Croata
Costa rica	Costarriquense
Curdistão	Curdo
Estados Unidos	Estadunidense, norte-americano ou ianque
El Salvador	Salvadorenho
Guatemala	Guatemalteco
Índia	Indiano ou hindu (os que professam o hinduísmo)
Israel	Israelense ou israelita
Irã	Iraniano
Moçambique	Moçambicano
Mongólia	Mongol ou mongólico
Panamá	Panamenho
Porto Rico	Porto-riquenho
Somália	Somali

Adjetivos pátrios compostos

Na formação de adjetivos pátrios compostos, o primeiro elemento aparece na forma reduzida e, normalmente, erudita.

Observe alguns exemplos:

Adjetivos Pátrios Compostos	
África	Afro-/Cultura afro-americana
Alemanha	Germano- ou teuto-/Competições teutoinglesas
América	Américo-/Companhia américo-africana
Ásia	Ásio-/Encontros ásio-europeus
Áustria	Austro-/Peças austro-búlgaras
Bélgica	Belgo-/Acampamentos belgo-franceses
China	Sino-/Acordos sino-japoneses
Espanha	Hispano-/Mercado hispano-português
Europa	Euro-/Negociações euro-americanas
França	Franco- ou galo-/Reuniões franco-italianas
Grécia	Greco-/Filmes greco-romanos
Índia	Indo-/Guerras indo-paquistanesas
Inglaterra	Anglo-/Letras anglo-portuguesas
Itália	Ítalo-/Sociedade ítalo-portuguesa
Japão	Nipo-/Associações nipo-brasileiras
Portugal	Luso-/Acordos luso-brasileiros

Locução adjetiva

Expressão que tem valor adjetival, mas que é formada por mais de uma palavra. Geralmente, concorrem para sua formação uma preposição e um substantivo. Veja alguns exemplos.

Locução Adjetiva	Adjetivo
de águia	Aquilino
de aluno	Discente
de anjo	Angelical
de ano	Anual
de aranha	Aracnídeo
de asno	Asinino
de baço	Esplênico
de bispo	Episcopal
de bode	Hircino
de boi	Bovino
de bronze	Brônzeo ou êneo
de cabelo	Capilar
de cabra	Caprino
de campo	Campestre ou rural
de cão	Canino
de carneiro	Arietino
de cavalo	Cavalar, equino, equídeo ou hípico
de chumbo	Plúmbeo
de chuva	Pluvial
de cinza	Cinéreo
de coelho	Cunicular
de cobre	Cúprico
de couro	Coriáceo
de criança	Pueril
de dedo	Digital
de diamante	Diamantino ou adamantino
de elefante	Elefantino
de enxofre	Sulfúrico
de estômago	Estomacal ou gástrico
de falcão	Falconídeos
de fera	Ferino
de ferro	Férreo
de fígado	Figadal ou hepático

de fogo	Ígneo
de gafanhoto	Acrídeo
de garganta	Gutural
de gelo	Glacial
de gesso	Gípseo
de guerra	Bélico
de homem	Viril ou humano
de ilha	Insular
de intestino	Celíaco ou entérico
de inverno	Hibernal ou invernal
de lago	Lacustre
de laringe	Laríngeo
de leão	Leonino
de lebre	Leporino
de lobo	Lupino
de lua	Lunar ou selênico
de macaco	Simiesco, símio ou macacal
de madeira	Lígneo
de marfim	Ebúrneo ou ebóreo
de Mestre	Magistral
de monge	Monacal
de neve	Níveo ou nival
de nuca	Occipital
de orelha	Auricular
de ouro	Áureo
de ovelha	Ovino
de paixão	Passional
de pâncreas	Pancreático
de pato	Anserino
de peixe	Písceo ou ictíaco
de pombo	Columbino
de porco	Suíno ou porcino
de prata	Argênteo ou argírico
de quadris	Ciático
de raposa	Vulpino
de rio	Fluvial
de serpente	Viperino
de sonho	Onírico
de terra	Telúrico, terrestre ou terreno
de trigo	Tritício
de urso	Ursino
de vaca	Vacum
de velho	Senil
de vento	Eólico
de verão	Estival
de vidro	Vítreo ou hialino
de virilha	Inguinal
de visão	Óptico ou ótico

Flexão do adjetivo

O adjetivo pode ser flexionado em gênero, número e grau.

Flexão de gênero (Masculino / Feminino)

Com relação ao gênero, os adjetivos podem ser classificados de duas formas:

Biformes: quando possuem uma forma para cada gênero.

Homem **belo** / mulher **bela**

Contexto **complicado** / questão **complicada**

Uniformes: quando possuem apenas uma forma, como se fossem elementos neutros.

Homem **fiel** / mulher **fiel**

Contexto **interessante** / questão **interessante**

Flexão de número (Singular / Plural)

Os adjetivos simples seguem a mesma regra de flexão que os substantivos simples, portanto essas regras serão descriminadas no quadro de número dos substantivos. Serão, por regra, flexionados os adjetivos compostos que, em sua formação, possuírem dois adjetivos. A flexão ocorrerá apenas no segundo elemento da composição.

Guerra greco-**romana** - Guerras greco-**romanas**

Conflito **socioeconômico** - Análises **socioeconômicas**

Por outro lado, se houver um substantivo como elemento da composição, o adjetivo fica invariável.

Blusa **amarelo-canário** - Blusas **amarelo-canário**

Mesa **verde-musgo** - Mesas **verde-musgo**

O caso em questão também pode ocorrer quando um substantivo passa a ser, por derivação imprópria, um adjetivo, ou seja, também serão invariáveis os "substantivos adjetivados".

Terno cinza -Ternos cinza

Vestido rosa -Vestidos rosa

E também:

surdo mudo - surdos mudos

pele vermelha - peles vermelhas

Azul- marinho e azul-celeste são invariáveis.

Flexão de grau (Comparativo e Superlativo)

Há duas maneiras de se estabelecer o grau do adjetivo: por meio do grau comparativo e por meio do grau superlativo.

Vejamos como isso ocorre.

Grau comparativo: estabelece um tipo de comparação de características, sendo estabelecido de três maneiras:

Inferioridade: O açúcar é **menos** doce (do) **que** os teus olhos.

Igualdade: O meu primo é **tão** estudioso **quanto** o meu irmão.

Superioridade: Gramática **é mais legal** (do) **que** Matemática.

Grau superlativo: reforça determinada qualidade em relação a um referente. Pode-se estabelecer o grau superlativo de duas maneiras:

Relativo: em relação a um grupo.

De superioridade: José é o **mais** inteligente dos alunos.

De inferioridade: O presidente foi o **menos** prestigiado da festa.

Absoluto: sem relações, apenas reforçando as características

Analítico (com auxílio de algum termo)

Pedro é muito magro.

Pedro é magro, magro, magro.

Sintético (com o acréscimo de – íssimo ou –érrimo)

Pedro é macérrimo.

Somos todos estudiosíssimos.

Veja, agora, uma tabela de superlativos sintéticos.

Superlativos	
Grau normal	Superlativos
Ágil	Agilíssimo
Agradável	Agradabilíssimo
Agudo	Acutíssimo ou Agudíssimo
Alto	Altíssimo, Sumo ou Supremo
Amargo	Amaríssimo ou Marguíssimo
Amável	Amabilíssimo
Amigo	Amicíssimo
Antigo	Antiquíssimo
Atroz	Atrocíssimo
Baixo	Baixíssimo ou Ínfimo
Bom	Ótimo ou Boníssimo
Capaz	Capacíssimo
Célebre	Celebérrimo
Cheio	Cheíssimo
Comum	Comuníssimo
Cristão	Cristianíssimo
Cruel	Crudelíssimo
Doce	Dolcíssimo ou Docíssimo
Difícil	Dificílimo
Eficaz	Eficacíssimo
Fácil	Facílimo
Feliz	Felicíssimo
Feroz	Ferocíssimo
Fiel	Fidelíssimo
Frágil	Fragílimo
Frio	Frigidíssimo ou Friíssimo
Geral	Generalíssimo
Grande	Grandíssimo ou Máximo
Horrível	Horribilíssimo
Honorifíco	Honorificentíssimo
Humilde	Humílimo ou Humildíssimo
Inimigo	Inimicíssimo
Inconstitucional	Inconstitucionalíssimo
Jovem	Juveníssimo
Livre	Libérrimo e Livríssimo
Louvável	Laudabilíssimo
Magnífico	Magnificentíssimo
Magro	Macérrimo ou Magríssimo
Mau	Péssimo ou malíssimo
Miserável	Miserabilíssimo
Mísero	Misérrimo
Miúdo	Minutíssimo
Notável	Notabilíssimo
Pequeno	Mínimo ou Pequeníssimo
Pessoal	Personalíssimo
Pobre	Paupérrimo ou Pobríssimo
Precário	Precaríssimo ou Precariíssimo
Próspero	Prospérrimo
Provável	Probabilíssimo
Sábio	Sapientíssimo
Sério	Seríssimo
Simpático	Simpaticíssimo
Simples	Simplíssimo ou Simplicíssimo
Tenaz	Tenacíssimo
Terrível	Terribilíssimo
Vão	Vaníssimo
Voraz	Voracíssimo
Vulgar	Vulgaríssimo
Vulnerável	Vulnerabilíssimo

Atente à mudança de sentido provocada pela alteração de posição do adjetivo.

Homem **grande** (alto, corpulento)

Grande homem (célebre)

Mas isso nem sempre ocorre. Se você analisar a construção "giz azul" e "azul giz", perceberá que não há diferença semântica.

2.6 Advérbio

É a palavra invariável que se relaciona ao verbo, ao adjetivo ou a outro advérbio para atribuir-lhes uma circunstância.

Os alunos saíram **apressadamente**.

O caso era muito **interessante**.

Resolvemos **muito bem** o problema.

É importante decorar essa lista de advérbios para que você consiga reconhecê-los na sentença.

→ Classificação do Advérbio:

Afirmação: sim, certamente, efetivamente etc.

Negação: não, nunca, jamais.

Intensidade: muito, pouco, assaz, bastante, mais, menos, tão, tanto, quão etc.

Lugar: aqui, ali, aí, aquém, acima, abaixo, atrás, dentro, junto, defronte, perto, longe, algures, alhures, nenhures etc.

Tempo: agora, já, depois, anteontem, ontem, hoje, jamais, sempre, outrora, breve etc.

Modo: assim, adrede, bem, mal, depressa, devagar, melhor, pior e a maior parte das palavras formadas de um adjetivo, mais a terminação "mente" (leve + mente = levemente; calma + mente = calmamente).

Inclusão: também, inclusive.

Designação: eis.

Interrogação: onde, como, quando, por que.

Também existem as chamadas locuções adverbiais que vêm quase sempre introduzidas por uma preposição: à farta (= fartamente), às pressas (= apressadamente), à toa, às cegas, às escuras, às tontas, às vezes, de quando em quando, de vez em quando etc.

Existem casos em que utilizamos um adjetivo como forma de advérbio. É o que chamamos de adjetivo adverbializado.

Aquele orador fala **belamente**.
advérbio de modo

Aquele orador fala **bonito**.
adjetivo adverbializado que tenta designar modo

2.7 Conjunção

É a palavra invariável que conecta elementos em algum encadeamento frasal. A relação em questão pode ser de natureza lógico-semântica (relação de sentido) ou apenas indicar uma conexão exigida pela sintaxe da frase.

Coordenativas

São as conjunções que conectam elementos que não possuem dependência sintática, ou seja, as sentenças que são conectadas por meio desses elementos já estão com suas estruturas sintáticas (sujeito / predicado / complemento) completas.

Aditivas: e, nem (= e não), também, que, não só... mas também, não só... como, tanto ... como, assim... como etc.

José não foi à aula **nem** fez os exercícios.

Devemos estudar **e** apreender os conteúdos.

Adversativas: mas, porém, contudo, todavia, no entanto, entretanto, senão, não obstante, aliás, ainda assim.

Os países assinaram o acordo, **mas** não o cumpriram.

A menina cantou bem, **contudo** não agradou ao público.

Alternativas: ou... ou, já ... já, seja... seja, quer... quer, ora... ora, agora... agora.

Ora diz sim, **ora** diz não.

Ou está feliz, **ou** está no ludibriando.

Conclusivas: logo, pois (depois do verbo), então, portanto, assim, enfim, por fim, por conseguinte, conseguintemente, consequentemente, donde, por onde, por isso.

O **concursando** estudou muito, **logo**, deverá conseguir seu cargo.

É professor, **por conseguinte** deve saber explicar o conteúdo.

Explicativas: Isto é, por exemplo, a saber, ou seja, verbi gratia, pois (antes do verbo), pois bem, ora, na verdade, depois, além disso, com efeito, que, porque, ademais, outrossim, porquanto etc.

Deve ter chovido, **pois** o chão está molhado.

O homem é um animal racional, **porque** é capaz de raciocinar.

Não converse agora, **que** eu estou explicando.

Subordinativas

São as conjunções que denotam uma relação de subordinação entre orações, ou seja, a conjunção subordinativa evidencia que uma oração possui dependência sintática em relação a outra. O que se pretende dizer com isso é que uma das orações envolvidas nesse conjunto desempenha uma função sintática para com sua oração principal.

Integrantes

Que, se

Sei **que** o dia do pagamento é hoje.

Vejamos **se** você consegue estudar sem interrupções.

Adverbiais

Causais: indicam a causa de algo.

Já que, porque, que, pois que, uma vez que, sendo que, como, visto que, visto como, como etc.

Não teve medo do perigo, **já que** estava protegido.

Passou no concurso, **porque** estudou muito.

Comparativas: estabelecem relação de comparação:

Como, tal como, mais...(do)que, menos...(do)que, tão como, assim como, tanto quanto etc.

Tal como procederes, receberás o castigo.

Alberto é aplicado **como** quem quer passar.

Concessivas (concessão): estabelecem relação de quebra de expectativa com respeito à sentença à qual se relacionam.

Embora, ainda que, dado que, posto que, conquanto, em que, quando mesmo, mesmo que, por menos que, por pouco que, apesar de (que).

Embora tivesse estudado pouco, conseguiu passar.

Conquanto estudasse, não conseguiu aprender.

Condicionais: estabelecem relação de condição.

Se, salvo se, caso, exceto se, contanto que, com tal que, caso, a não ser que, a menos que, sem que etc.

Se tudo der certo, estaremos em Portugal amanhã.

Caso você tenha dúvidas, pergunte a seu professor.

Consecutivas: estabelecem relação de consequência.

Tanto que, de modo que, de sorte que, tão...que, sem que etc.

O aluno estudou **tanto que** morreu.

Timeto Amon era **tão** feio **que** não se olhava no espelho.

Conformativas: estabelecem relação de conformidade.

Conforme, consoante, segundo, da mesma maneira que, assim como, como que etc.

Faça a prova **conforme** teu pai disse.

Todos agem **consoante** se vê na televisão.

Finais: estabelecem relação de finalidade.

Para que, a fim de que, que, porque.

Estudou muito **para que** pudesse ter uma vida confortável.

Trabalhei **a fim de que** o resultado seja satisfatório.

Proporcionais: estabelecem relação de proporção.

À proporção que, à media que, quanto mais... tanto mais, quanto menos... tanto menos, ao passo que etc.

À medida que o momento de realizar a prova chegava, a ansiedade de todos aumentava.

Quanto mais você estudar, **tanto mais** terá a chance de ser bem sucedido.

Temporais: estabelecem relação de tempo.

Quando, enquanto, apenas, mal, desde que, logo que, até que, antes que, depois que, assim que, sempre que, senão quando, ao tempo que, apenas que, antes que, depois que, sempre que etc.

Quando todos disserem para você parar, continue.

Depois que terminar toda a lição, poderá descansar um pouco.

Mal chegou, já quis sair.

2.8 Interjeição

É o termo que exprime, de modo enérgico, um estado súbito de alma. Sem muita importância para a análise a que nos propomos, vale apenas lembrar que elas possuem uma classificação semântica[1]:

Dor: ai! ui!

Alegria: ah! eh! oh!

Desejo: oxalá[2]! tomara!

Admiração: puxa! cáspite! safa! quê!

Animação: eia! sus! coragem!

Aplauso: bravo! apoiado!

Aversão: ih! chi! irra! apre!

Apelo: ó, olá! psit! pitsiu! alô! socorro!

Silêncio: psit! psiu! caluda!

Interrogação, **espanto**: hem!

Há, também, locuções interjeitivas: **Minha nossa! Meu Deus!**

A despeito da classificação acima, o que determina o sentido da interjeição é o seu uso.

2.9 Numeral

É a palavra que indica uma quantidade, multiplicação, fração ou um lugar numa série. Os numerais podem ser divididos em:

Cardinais: quando indicam um número básico: um, dois, três, cem mil...

Ordinais: quando indicam um lugar numa série: primeiro, segundo, terceiro, centésimo, milésimo...

Multiplicativos: quando indicam uma quantidade multiplicativa: dobro, triplo, quádruplo...

Fracionários: quando indicam parte de um inteiro: meio, metade, dois terços...

Algarismo		Cardinais	Ordinais
Romanos	Arábicos		
I	1	um	primeiro
II	2	dois	segundo
III	3	três	terceiro
IV	4	quatro	quarto
V	5	cinco	quinto
VI	6	seis	sexto
VII	7	sete	sétimo
VIII	8	oito	oitavo
IX	9	nove	nono
X	10	dez	décimo
XI	11	onze	undécimo ou décimo primeiro
XII	12	doze	duodécimo ou décimo segundo
XIII	13	treze	décimo terceiro
XIV	14	quatorze ou catorze	décimo quarto
XV	15	quinze	décimo quinto
XVI	16	dezesseis	décimo sexto
XVII	17	dezessete	décimo sétimo
XVIII	18	dezoito	décimo oitavo
XIX	19	dezenove	décimo nono
XX	20	vinte	vigésimo
XXI	21	vinte e um	vigésimo primeiro
XXX	30	trinta	trigésimo
XXXL	40	quarenta	quadragésimo
L	50	cinquenta	quinquagésimo
LX	60	sessenta	sexagésimo
LXX	70	setenta	septuagésimo ou setuagésimo

1 Segundo Napoleão Mendes de Almeida.

2 Curiosamente, esses elementos podem ser concebidos, em algumas situações, como advérbios de dúvida.

LXXX	80	oitenta	octogésimo
XC	90	noventa	nonagésimo
C	100	cem	centésimo
CC	200	duzentos	ducentésimo
CCC	300	trezentos	trecentésimo
CD	400	quatrocentos	quadringentésimo
D	500	quinhentos	quingentésimo
DC	600	seiscentos	seiscentésimo ou sexcentésimo
DCC	700	setecentos	septingentésimo
DCCC	800	oitocentos	octingentésimo
CM	900	novecentos	nongentésimo ou noningentésimo
M	1.000	mil	milésimo
X'	10.000	dez mil	dez milésimos
C'	100.000	cem mil	cem milésimos
M'	1.000.000	um milhão	milionésimo
M''	1.000.000.000	um bilhão	bilionésimo

Lista de numerais multiplicativos e fracionários:

Algarismos	Multiplicativos	Fracionários
2	duplo, dobro, dúplice	meio ou metade
3	triplo, tríplice	terço
4	quádruplo	quarto
5	quíntuplo	quinto
6	sêxtuplo	sexto
7	sétuplo	sétimo
8	óctuplo	oitavo
9	nônuplo	nono
10	décuplo	décimo
11	undécuplo	onze avos
12	duodécuplo	doze avos
100	cêntuplo	centésimo

Para realizar a leitura dos cardinais:

É necessário colocar a conjunção "e" entre as centenas e dezenas, assim como entre as dezenas e a unidade. Ex.: 3.068.724 = três milhões sessenta e oito mil setecentos e vinte e quatro. Quanto à leitura do numeral ordinal, há duas possibilidades: Quando é inferior a 2.000, lê-se inteiramente segundo a forma ordinal. 1766º = milésimo septingentésimo sexagésimo sexto. Acima de 2.000, lê-se o primeiro algarismo como cardinal e os demais como ordinais. Hodiernamente, entretanto, tem-se observado a tendência a ler os números redondos segundo a forma ordinal.

2.536º = dois milésimos quingentésimo trigésimo sexto.

8 000º = oitavo milésimo.

Para realizar a leitura do fracionário:

O numerador de um numeral fracionário é sempre lido como cardinal. Quanto ao denominador, há dois casos:

Primeiro: se for inferior ou igual a 10, ou ainda for um número redondo, será lido como ordinal 2/6 = dois sextos; 9/10 = nove décimos; centésimos (se houver).

São exceções: 1/2 = meio; 1/3 = um terço.

Segundo: se for superior a 10 e não constituir número redondo, é lido como cardinal, seguido da palavra "avos".

1/12 = um doze avos; 4/25 = quatro vinte e cinco avos.

Ao se fazer indicação de reis, papas, séculos, partes de uma obra, usam-se os numerais ordinais até décimo. A partir daí, devem-se empregar os cardinais. Século V (século quinto), século XX (vinte), João Paulo II (segundo), Bento XVI (dezesseis).

2.10 Preposição

É a palavra invariável que serve de ligação entre dois termos de uma oração ou, às vezes, entre duas orações. Costuma-se denominar "regente" o termo que exige a preposição e "regido" aquele que recebe a preposição:

Ele comprou um livro **de** poesia.

Ele tinha medo **de** ficar solitário.

Como se vê, a preposição "de", no primeiro caso, liga termos de uma mesma oração; no segundo, liga orações.

Preposições essenciais

São aquelas que têm como função primordial a conexão das palavras: a, ante, até, após, com contra, de, desde, em,entre, para, per, perante, por, sem, sob, sobre, trás. Veja o emprego de algumas preposições:

Os manifestantes lutaram **contra** a polícia.

O aluno chegou **ao** salão rapidamente.

Aguardo sua decisão **desde** ontem.

Entre mim e ti, não há qualquer problema.

Preposições acidentais

São palavras que pertencem a outras classes, empregadas, porém, eventualmente como preposições: conforme, consoante, durante, exceto, fora, agora, mediante, menos, salvante, salvo, segundo, tirante.

O emprego das preposições acidentais é mais comum do que parece:

Todos saíram da sala, **exceto** eu.

Tirante as mulheres, o grupo que estava na sala parou de falar.

Escreveu o livro **conforme** o original.

Locuções prepositivas

Além das preposições simples, existem também as chamadas locuções prepositivas, que terminam sempre por uma preposição simples: abaixo de, acerca de, acima de, a despeito de, adiante de, a fim de, além de, antes de, ao lado de, a par de, apesar de, a respeito de, atrás de, através de, de acordo com, debaixo de, de cima de, defronte de, dentro de, depois de, diante de, embaixo de, em cima de, em frente de(a), em lugar de, em redor de, em torno de, em vez de, graças a, junto a (de), para baixo de, para cima de, para com, perto de, por baixo de, por causa de, por cima de, por detrás de, por diante de, por entre, por trás de.

CONECTIVOS

Os conectivos têm a função de ligar palavras ou orações e eles podem ser coordenativos (ligam orações coordenadas) ou subordinativos (ligam orações subordinadas).

Coordenativos

→ Conjunções coordenativas:

Iniciam orações coordenadas:

Aditivas: e

Adversativas: mas

Alternativas: ou

Conclusivas: logo

Explicativas: pois

Subordinativos

→ Pronomes relativos:

Iniciam orações adjetivas:

que

quem

cujo/cuja

o qual/a qual

→ Conjunções subordinativas:

Iniciam orações adverbiais:

Causais: porque

Comparativas: como

Concessivas: embora

Condicionais: se

Conformativas: conforme

Consecutivas: (tão) que

Finais: para que

Proporcionais: à medida que

Temporais: quando

Iniciam orações substantivas:

Integrantes: que, se

Formas variantes

Algumas palavras possuem mais de uma forma, ou seja, junto à forma padrão existem outras formas variantes.

Em algumas situações, é irrelevante a variação utilizada, mas em outros deve-se escolher a variação mais generalizada.

Exemplos:

Assobiar, assoviar

Coisa, cousa

Louro, loiro

Lacrimejar, lagrimejar

Infarto, enfarte

Diabete, diabetes

Transpassar, traspassar, trespassar

3. PRONOMES

Em uma definição breve, podemos dizer que pronome é o termo que substitui um substantivo, desempenhando, na sentença em que aparece, uma função coesiva. Podemos dividir os pronomes em sete categorias, são elas: pessoais, tratamento, demonstrativos, relativos, indefinidos, interrogativos, possessivos.

Antes de partir para o estudo pormenorizado dos pronomes, vamos fazer uma classificação funcional deles quando empregados em uma sentença:

Pronomes substantivos: são aqueles que ocupam o lugar do substantivo na sentença.

Alguém apareceu na sala ontem.

Nós faremos todo o trabalho.

Pronomes adjetivos: são aqueles que acompanham um substantivo na sentença.

Meus alunos são os mais preparados.

Pessoa **alguma** fará tal serviço por **esse** valor.

3.1 Pessoais

Referem-se às pessoas do discurso:

Quem fala (1ª pessoa);

Com quem se fala (2ª pessoa);

De quem se fala (3ª pessoa).

Classificação dos Pronomes Pessoais (caso **Reto** x caso **Oblíquo**)

Pessoa Gramatical	Retos	Oblíquos	
		Átonos	Tônicos
1ª Singular	eu	me	mim, comigo
2ª Singular	tu	te	ti, contigo
3ª Singular	ele, ela	o, a, lhe, se	si, consigo
1ª Plural	nós	nos	nós, conosco
2ª Plural	vós	vos	vós, convosco
3ª Plural	eles, elas	os, as, lhes, se	si, consigo
Função	Sujeito	Complemento/Adjunto	

Emprego de alguns pronomes (**Certo** X **Errado**)

Eu e tu x mim e ti

1ª regra: depois de preposição essencial, usa-se pronome oblíquo.

Entre mim e ti, não há acordo.

Sobre Manoel e ti, nada se pode falar.

Devo **a** ti esta conquista.

O presente é **para** mim.

Não saia **sem** mim.

Comprei um livro **para** ti.

Observe a preposição essencial destacada nas sentenças.

2ª regra: se o pronome utilizado na sentença for sujeito de um verbo, deve-se empregar os do caso RETO.

Não saia sem **eu** deixar.

Comprei um livro para **tu** leres.

O presente é para **eu** desfrutar.

Observe que o pronome desempenha a função de sujeito do verbo destacado.

Ou seja: "mim" não faz nada!

Não vá se confundir com as sentenças em que a ordem frasal está alterada. Deve-se, nesses casos, tentar pôr a sentença na ordem direta.

Para mim, fazer exercícios é muito bom. → Fazer exercícios é muito bom para mim.

Não é tarefa para mim realizar esta revisão. → Realizar esta revisão não é tarefa para mim.

Com causativos e sensitivos:

Regra com verbos causativos (mandar, fazer, deixar) ou sensitivos (ver, ouvir, sentir).

Quando os pronomes oblíquos átonos são empregados com verbos causativos ou sensitivos, pode haver a possibilidade de desempenharem a função de sujeito de uma forma verbal próxima. Ex.:

Fiz **Juliana** chorar. (sentença original)

Fi-**la** chorar. (sentença reescrita com a substituição do termo Juliana pelo pronome oblíquo)

Em ambas as situações, a "Juliana é a chorona". Isso quer dizer que o termo feminino que está na sentença é sujeito do verbo chorar. Pensando dessa maneira, entenderemos a primeira função da forma pronominal "la" que aparece na sentença reescrita.

Outro fator a ser considerado é que o verbo "fazer" necessita de um complemento, portanto, é um verbo transitivo. Bem, ocorre que o complemento do verbo "fazer" não pode ter outro referente senão "Juliana". Então, entendemos que, na reescrita da frase, a forma pronominal "la" funciona como complemento do verbo "fazer" e sujeito do verbo "chorar".

Si e consigo

Estes pronomes somente podem ser empregados se se referirem ao sujeito da oração, pois possuem função reflexiva:

Alberto só pensa em si.
("Si" refere-se a "Alberto": sujeito do verbo "pensar")

O aluno levou as apostilas consigo.
("consigo" refere-se ao termo "aluno")

Estão erradas, portanto, frases como estas:

Creio muito em si, meu amigo.

Quero falar consigo.

Corrigindo:

Creio muito em **você**, meu amigo.

Quero falar **contigo**.

Conosco e convosco

Se vierem seguidos de uma expressão complementar, geralmente a palavra "todos", desdobram-se em "com nós" e "com vós":

Este trabalho é com nós mesmos.

Ele(s), ela(s) x o(s), a(s)

É muito comum ouvirmos frases como: "Vi ***ela*** na esquina", "Não queremos ***eles*** aqui". Então, é errado falar ou escrever assim, pois o pronome em questão está sendo utilizado fora de seu emprego original, ou seja, como um complemento (ao passo que deveria ser apenas sujeito). O certo é: "Vi-***a*** na esquina", "Não ***os*** queremos aqui".

"O" e "a"

São complementos diretos, ou seja, são utilizados juntamente aos verbos transitivos diretos, ou nos bitransitivos, como no exemplo a seguir:

Comprei **um carro** para minha namorada = Comprei-**o** para ela. (Ocorreu a substituição do Objeto Direto)

É importante lembrar que há uma especificidade em relação à colocação dos pronomes "o" e "a" depois de algumas palavras:

> Se a palavra terminar em R, S ou Z: tais letras devem ser suprimidas e o pronome há de ser empregado como **lo**, **la**, **los**, **las**.

Fazer as tarefas = fazê-**las**

Querer o dinheiro = querê-**lo**.

> Se a palavra terminar com **ão**, **õe** ou **m**: tais letras devem ser mantidas e o pronome há de ser empregado como **no**, **na**, **nos**, **nas**.

Compraram a casa = compraram-**na**

Compõe a canção = compõe-**na**.

Lhe

É um complemento indireto, equivalente a "a ele" ou "a ela": ou seja, é empregado juntamente a um verbo transitivo indireto ou a um verbo bitransitivo, como no exemplo:

Comprei um carro **para minha namorada** = comprei-**lhe** um carro. (Ocorreu a substituição do objeto indireto)

Muitas bancas gostam de trocar as formas "o" e "a" por "lhe", o que não pode ser feito sem que a sentença seja totalmente reelaborada.

3.2 De Tratamento

São pronomes de tratamento você, senhor, senhora, senhorita, fulano, sicrano, beltrano e as expressões que integram o quadro seguinte:

Pronome	Abreviatura Singular	Abreviatura Plural
Vossa Excelência(s)	V.Ex.ª	V.Ex.as
Usa-se para:		
Presidente (sem abreviatura), ministro, embaixador, governador, secretário de Estado, prefeito, senador, deputado federal e estadual, juiz, general, almirante, brigadeiro e presidente de câmara de vereadores;		
Pronome	**Abreviatura Singular**	**Abreviatura Plural**
Vossa(s) Magnificência(s)	V.Mag.ª	V.Mag.as
Usa-se para:		
Reitor de universidade para o qual também se pode usar V. Ex.ª;		
Pronome	**Abreviatura Singular**	**Abreviatura Plural**
Vossa(s) Senhoria(s)	V.Sª	V.S.as
Usa-se para:		
Qualquer autoridade ou pessoa civil não citada acima;		
Pronome	**Abreviatura Singular**	**Abreviatura Plural**
Vossa(s) Santidade(s)	V.S	VV.SS.
Usa-se para:		
Papa;		
Pronome	**Abreviatura Singular**	**Abreviatura Plural**
Vossa(s) Eminência(s)	V.Em.ª	V.Em.as
Usa-se para:		
Cardeal;		
Pronome	**Abreviatura Singular**	**Abreviatura Plural**
Vossa(s) Excelência(s) Reverendíssima(s)	V.Exª.Rev.ma	V.Ex.as.Rev.mas
Usa-se para:		
Arcebispo e bispo;		
Pronome	**Abreviatura Singular**	**Abreviatura Plural**
Vossa(s) Reverendíssima(s)	V.Rev.ma	V.Rev.mas
Usa-se para:		
Autoridade religiosa inferior às acima citadas;		
Pronome	**Abreviatura Singular**	**Abreviatura Plural**
Vossa(s) Reverência(s)	V.Rev.ª	V.Rev.mas
Usa-se para:		
Religioso sem graduação;		
Pronome	**Abreviatura Singular**	**Abreviatura Plural**
vossa(s) majestade(s)	v.m.	vv.mm.
Usa-se para:		
Rei e imperador;		
Pronome	**Abreviatura Singular**	**Abreviatura Plural**
Vossa(s) Alteza(s)	V.A.	VV.AA.
Usa-se para:		
Príncipe, arquiduque e duque.		

Todas essas expressões se apresentam também com SUA para cujas abreviaturas basta substituir o "V" por "S".

Emprego dos pronomes de tratamento

Vossa Excelência etc. x **Sua Excelência** etc.

Os pronomes de tratamento iniciados com "Vossa(s)" empregam-se em uma relação direta, ou seja, indicam o nosso interlocutor, pessoa com quem falamos:

Soube que V. Ex.ª, Senhor Ministro, falou que não estava interessado no assunto da reunião.

Empregaremos o pronome com a forma "Sua" quando a relação não é direta, ou seja, quando falamos SOBRE a pessoa:

A notícia divulgada é de que Sua Excelência, o Presidente da República, foi flagrado em uma boate.

Utilização da 3ª pessoa

Os pronomes de tratamento são de 3ª pessoa; portanto, todos os elementos relacionados a eles devem ser empregados também na 3ª pessoa, para que se mantenha a uniformidade:

É preciso que V. Ex.ª **diga** qual será o **seu** procedimento no caso em questão, a fim de que seus assessores possam agir a tempo.

Uniformidade de Tratamento

No momento da escrita ou da fala, não é possível ficar fazendo "dança das pessoas" com os pronomes. Isso quer dizer que se deve manter a uniformidade de tratamento. Para tanto, se for utilizada 3ª pessoa no início de uma sentença, ela deve permanecer ao longo de todo o texto. Preste atenção para ver como ficou estranha a construção abaixo:

Quando **você** chegar, eu **te** darei o presente.

"Você" é de 3ª pessoa e "te" é de 2ª pessoa. Não há motivo para cometer tal engano. Tome cuidado, portanto. Podemos corrigir a sentença:

Quando tu chegares, eu te darei o presente.

Quando você chegar, eu lhe darei o presente.

3.3 Demonstrativos

São os que localizam ou identificam o substantivo ou uma expressão no espaço, no tempo ou no texto.

1ª Pessoa	
Masculino	Este(s)
Feminino	Esta(s)
Neutro	Isto
No Espaço	Com o falante
No tempo	Presente
No Texto	O que se pretende dizer ou o imediatamente retomado
2ª Pessoa	
Masculino	Esse(s)
Feminino	Essa(s)
Neutro	Isso
No Espaço	Pouco afastado
No tempo	Passado ou futuro próximos
No Texto	O que se disse anteriormente
3ª Pessoa	
Masculino	Aquele(s)
Feminino	Aquela(s)
Neutro	Aquilo
No Espaço	Muito afastado
No tempo	Passado ou futuro distantes
No Texto	O que se disse há muito ou o que se pretende dizer

Quando o pronome retoma algo já mencionado no texto, dizemos que ele possui função **Anafórica**. Quando aponta para algo que será dito, dizemos que possui função **Catafórica**. Essa nomenclatura começou a ser cobrada em algumas questões de concurso público, portanto, é importante ter esses conceitos na ponta da língua.

Exemplos de emprego dos demonstrativos:

Veja este livro que eu trouxe, é muito bom.

Você deve estudar mais! Isso é o que eu queria dizer.

Vê aquele mendigo lá na rua? Terrível futuro o aguarda.

Há outros pronomes demonstrativos:

O, **a**, **os**, **as**, quando antecedem o relativo Que e podem ser permutados por: Aquele (s), Aquela (s), Aquilo:

Não entendi o que disseste. (Não entendi aquilo que disseste.)

Esta rua não é a que te indiquei. (Esta rua não é aquela que te indiquei.)

Tal: quando puder ser permutado por qualquer demonstrativo: Não acredito que você disse **tal** coisa. (aquela coisa)

Semelhante: quando puder ser permutado por qualquer demonstrativo: Jamais me prestarei a **semelhante** canalhice. (esta canalhice)

Mesmo: quando modificar os pronomes eu, tu, nós e vós: Eu **mesmo** investiguei o caso.

De modo análogo, classificamos o termo "**próprio**". (eu próprio, ela própria)

Mesmo pode ainda funcionar como pronome neutro em frases como: "é o mesmo", "vem a ser o mesmo".

Vejamos mais alguns exemplos:

José e **João** são alunos do ensino médio. Este gosta de matemática, **aquele** gosta de português.

Veja que a verdadeira relação estabelecida pelos pronomes demonstrativos focaliza, por meio do "este" o elemento mais próximo, por meio do "aquele" o elemento mais afastado.

Esta sala precisa de bons professores. / Gostaria de que esse órgão pudesse resolver meu problema.

Este(s), **esta(s)**, **isto** indicam o local de onde escrevemos. **Esse(s)**, **essa(s)**, **isso** indicam o local em que se encontra o nosso interlocutor.

3.4 Relativos

São termos que relacionam palavras em um encadeamento. Os relativos da Língua Portuguesa são:

Que: Quando puder ser permutado por "o qual" ou um de seus termos derivados. Utiliza-se o pronome "que" para referências a pessoas ou coisas.

O Qual: Empregado para referência a coisas ou pessoas.

Quem: É equivalente, segundo o mestre Napoleão Mendes de Almeida, a dois pronomes – aquele e que.

Quanto: Será relativo quando seu antecedente for o termo "tudo".

Onde: É utilizado para estabelecer referência a lugares, sendo permutável por "em que" ou "no qual" e seus derivados.

Cujo: Possui um sentido possessivo. Não permite permuta por outro relativo. Também é preciso lembrar que o pronome cujo não admite artigo, pois já é variável (cujo / cuja, jamais cujo o, cuja a).

O peão a **que** me refiro é Jonas.

A casa n**a qual** houve o tiroteio foi interditada.

O homem para **quem** se enviou a correspondência é Alberto.

Não gastes tudo **quanto** tens.

O estado para **onde** vou é Minas Gerais.

Cara, o pedreiro em **cujo** serviço podemos confiar é Marcelino.

A preposição que está relacionada ao pronome é, em grande parte dos casos, oriunda do verbo que aparece posteriormente na sentença. As bancas costumam cobrar isso!

3.5 Indefinidos

São os que determinam o substantivo de modo vago, de maneira imprecisa.

Variáveis				Invariáveis
Masculino		Feminino		
Singular	Plural	Singular	Plural	
Algum	Alguns	Alguma	Algumas	Alguém
Certo	Certos	Certa	Certas	Algo
Muito	Muitos	Muita	Muitas	Nada
Nenhum	Nenhuns	Nenhuma	Nenhumas	Ninguém
Outro	Outros	Outra	Outras	Outrem
Qualquer	Quaisquer	Qualquer	Quaisquer	Cada
Quando	Quantos	Quanta	Quantas	
Tanto	Tantos	Tanta	Tantas	
Todo	Todos	Toda	Todas	Tudo
Vário	Vários	Vária	Várias	
Pouco	Poucos	Pouca	Poucas	

Fique bem atento para as alterações de sentido relacionadas às mudanças de posição dos pronomes indefinidos.

Alguma pessoa passou por aqui ontem.

Pessoa alguma passou por aqui ontem.

Alguma pessoa = ao menos uma pessoa.

Pessoa alguma = ninguém.

3.6 Interrogativos

Chamam-se interrogativos os pronomes **que**, **quem**, **qual** e **quanto**, empregados para formular uma pergunta direta ou indireta:

Que conteúdo estão estudando?

Diga-me **que** conteúdo estão estudando.

Quem vai passar no concurso?

Gostaria de saber **quem** vai passar no concurso.

Qual dos livros preferes?

Não sei **qua**l dos livros preferes.

Quantos de coragem você tem?

Pergunte **quanto** de coragem você tem.

3.7 Possessivos

Com eles relacionamos a coisa possuída à pessoa gramatical possuidora. No quadro abaixo, estão relacionados aos pronomes pessoais.

Pessoais	Possessivos
eu	meu, minha, meus, minhas
tu	teu, tua, teus, tuas
ele, você, v.ex.ª. etc.	seu, sua, seus, suas
nós	nosso, nossa, nossos, nossas
vós	vosso, vossa, vossos, vossas
eles	seu, sua, seus, suas

Emprego

→ **Ambiguidade**: "Seu", "sua", "seus" e "suas" são os reis da ambiguidade (duplicidade de sentido)

O policial prendeu o maconheiro em **sua** casa.

(casa de quem?)

Meu pai levou meu tio para casa em seu carro.

(no carro de quem?)

Corrigindo:

O policial prendeu o maconheiro na casa deste.

Meu pai, em seu carro, levou meu tio para casa.

→ Emprego especial - Não se usam os possessivos em relação às partes do corpo ou às faculdades do espírito. Devemos, pois, dizer:

Machuquei a mão. (E não "a minha mão")

Ele bateu a cabeça. (E não "a sua cabeça")

Perdeste a razão? (E não "a tua razão")

4. SUBSTANTIVO

É a palavra variável que designa qualidades, sentimentos, sensações, ações etc.

Quanto a sua classificação, o substantivo pode ser:

Primitivo (sem afixos): pedra.

Derivado (com afixos): pedreiro/ empedrado.

Simples (1 núcleo): guarda.

Composto (mais de 1 núcleo): guarda-roupas.

Comum (designa ser genérico): copo, colher.

Próprio (designa ser específico): Maria, Portugal.

Concreto (existência própria): cadeira, lápis.

Abstrato (existência dependente): glória, amizade.

Os Substantivos Concretos

Designam seres de existência própria, como: padre, político, carro e árvore. Os substantivos abstratos nomeiam qualidades ou conceitos de existência dependente, como: beleza, fricção, tristeza e amor.

Os Substantivos Próprios

São sempre concretos e devem ser grafados com iniciais maiúsculas. Porém, alguns substantivos próprios podem vir a se tornar comuns, pelo processo de derivação imprópria que, geralmente, ocorre pela anteposição de um artigo e a grafia do substantivo com letra minúscula. (um judas = traidor / um panamá = chapéu). As flexões dos substantivos podem se dar em gênero, número e grau.

Gênero dos Substantivos

Quanto à distinção entre masculino e feminino, os substantivos podem ser:

Biformes: quando apresentam uma forma para o masculino e outra para o feminino - gato, gata, homem, mulher.

Uniformes: quando apresentam uma única forma para ambos os gêneros. Nesse caso, eles estão divididos em:

Epicenos: usados para animais de ambos os sexos (macho e fêmea) - besouro, jacaré, albatroz;

Comum de dois gêneros: aqueles que designam pessoas. Nesse caso, a distinção é feita por um elemento ladeador (artigo, pronome) - terrícola, estudante, dentista, motorista;

Sobrecomuns: apresentam um só gênero gramatical para designar seres de ambos os sexos - indivíduo, vítima, algoz.

Em algumas situações, a mudança de gênero altera também o sentido do substantivo:

O cabeça (líder) / A cabeça (parte do corpo).

4.1 Número dos Substantivos

Tentemos resumir as principais regras de formação do plural nos substantivos.

Terminação	Variação	Exemplo
vogal ou ditongo	acréscimo do 's'	barco - barcos
m	ns	pudim - pudins
ão (primeiro caso)	ões	ladrão - ladrões
ão (segundo caso)	ães	pão - pães
ão (terceiro caso)	s	cidadão - cidadãos
r	es	mulher - Mulheres
z	es	cartaz - cartazes
n	es	abdômen - Abdômenes
s (oxítonos)	es	inglês - ingleses
al, el, ol, ul	is	tribunal - tribunais
il (oxítonos)	s	barril - barris
il (paroxítonos)	eis	fóssil - fósseis
zinho, zito	s	anelzinho - aneizinhos

Alguns substantivos são grafados apenas no plural: alvíssaras, anais, antolhos, arredores, belas-artes, calendas, cãs, condolências, esponsais, exéquias, fastos, férias, fezes, núpcias, óculos, pêsames.

Grau do substantivo:

Aumentativo / Diminutivo[1]

Analítico: quando se associam os adjetivos ao substantivo: carro grande, pé pequeno;

Sintético: quando se adiciona ao substantivo sufixos indicadores de grau, carrão, pezinho.

Sufixos:

Aumentativos: -ázio, -orra, -ola, -az, -ão, -eirão, -alhão, -arão, -arrão, -zarrão;

Diminutivos: -ito, -ulo-, -culo, -ote, -ola, -im, -elho, -inho, -zinho (o sufixo -zinho é obrigatório quando o substantivo terminar em vogal tônica ou ditongo: cafezinho, paizinho);

O aumentativo pode exprimir tamanho (casarão), desprezo (sabichão, ministraço, poetastro) ou intimidade (amigão); enquanto o diminutivo pode indicar carinho (filhinho) ou ter valor pejorativo (livreco, casebre), além das noções de tamanho (bolinha).

1 Quando não flexionamos o substantivo em algum grau, dizemos que ele está no grau normal.

5. VERBO

É a palavra com que se expressa uma ação (cantar, vender), um estado (ser, estar), mudança de estado (tornar-se) ou fenômeno da natureza (chover).

Quanto à noção que expressam, os verbos podem ser classificados da seguinte maneira:

Verbos Relacionais: exprimem estado ou mudança de estado. São os chamados verbos de ligação.

Verbo de ligação
ser
estar
continuar
andar
parecer
permanecer
ficar
tornar-se

Verbos Nocionais: exprimem ação ou fenômeno da natureza. São os chamados verbos significativos.

Os Verbos Nocionais podem ser classificados da seguinte maneira:

VI (Verbo Intransitivo): diz-se daquele que não necessita de um complemento para que se compreenda a ação verbal. Exemplos: morrer, cantar, sorrir, nascer, viver.

VT (Verbo Transitivo): diz-se daquele que necessita de um complemento para expressar o afetado pela ação verbal. Divide-se em três tipos:

Diretos: não possuem preposição para ligar o complemento verbal ao verbo. São exemplos os verbos querer, comprar, ler, falar etc.

Indiretos: possuem preposição para ligar o complemento verbal ao verbo. São exemplos os verbos gostar, necessitar, precisar, acreditar etc.

Diretos e Indiretos, ou Bitransitivos: possuem dois complementos, um não-preposicionado, outro com preposição. São exemplos os verbos pagar, perdoar, implicar etc.

Preste atenção na dica que segue:

João **morreu**.

(quem morre, morre. Não é preciso um complemento para entender o verbo).

Eu **quero** um aumento.

(quem quer, quer alguma coisa. É preciso um complemento para entender o sentido do verbo).

Eu **preciso** de um emprego.

(quem precisa, precisa "de" alguma coisa. Deve haver uma preposição para ligar o complemento ao seu verbo).

Mário **pagou** a conta ao padeiro.

(quem paga, paga algo a alguém. Há um complemento com preposição e um complemento sem preposição).

5.1 Estrutura e Conjugação dos Verbos

Os verbos possuem:

Raiz: o que lhes guarda o sentido (**cant**ar, **corr**er, **sorr**ir).

Vogal temática: o que lhes garante a família conjugacional. (**A**R, **E**R, **I**R).

Desinências: o que ajuda a conjugar ou nominalizar o verbo. (canta**ndo**, cantá**vamos**).

Os verbos apresentam três conjugações, quer dizer, três famílias conjugacionais. Em função da vogal temática, podem-se criar três paradigmas[2] verbais. De acordo com a relação dos verbos com esses paradigmas, obtém-se a seguinte classificação:

Regulares: seguem o paradigma verbal de sua conjugação sem alterar suas raízes (amar, vender, partir).

Irregulares: não seguem o paradigma verbal da conjugação a que pertencem. As irregularidades podem aparecer na raiz ou nas desinências (ouvir - ouço/ouve, estar - estou/estão).

Anômalos: apresentam profundas irregularidades. São classificados como anômalos em todas as gramáticas os verbos ser e ir.

Defectivos: não são conjugados em determinadas pessoas, tempo ou modo, portanto, apresentam algum tipo de "defeito" (falir - no presente do indicativo só apresenta a 1ª e a 2ª pessoa do plural). Os defectivos distribuem-se em grupos:

- impessoais;
- unipessoais (vozes ou ruídos de animais, só conjugados nas 3ªs pessoas);
- antieufônicos (a sonoridade permite confusão com outros verbos) - demolir; falir, abolir etc.

Abundantes: apresentam mais de uma forma para uma mesma conjugação.

Existe abundância conjugacional e participial. A primeira ocorre na conjugação de algumas formas verbais, como, por exemplo, o verbo "haver", que admite "nós havemos/hemos", "vós haveis/heis". A segunda ocorre com as formas nominais de particípio. A seguir segue uma lista dos principais abundantes na forma participial.

Verbos	Particípio regular - empregado com os auxiliares TER e HAVER	Particípio irregular - empregado com os auxiliares SER, ESTAR e FICAR
aceitar	aceitado	aceito
acender	acendido	aceso
benzer	benzido	bento
eleger	eegido	eleito
entregar	entregado	entregue
enxugar	enxugado	enxuto
expressar	expressado	expresso

2 Paradigma é o modo como se dá a conjugação.

expulsar	expulsado	expulso
extinguir	extinguido	extinto
matar	matado	morto
prender	prendido	preso
romper	rompido	roto
salvar	salvado	salvo
soltar	soltado	solto
suspender	suspendido	suspenso
tingir	tingido	tinto

5.2 Flexão Verbal

Relativamente à flexão verbal, anotamos:

Número: singular ou plural;

Pessoa gramatical: 1ª, 2ª ou 3ª;

Tempo: referência ao momento em que se fala (pretérito, presente ou futuro). O modo imperativo só tem um tempo, o presente;

Voz: ativa, passiva, reflexiva e recíproca (que trabalharemos mais tarde);

Modo: indicativo (certeza de um fato ou estado), subjuntivo (possibilidade ou desejo de realização de um fato ou incerteza do estado) e imperativo (expressa ordem, advertência ou pedido).

5.3 Formas Nominais do Verbo

As três formas nominais do verbo (infinitivo, gerúndio e particípio) não possuem função exclusivamente verbal.

Infinitivo: assemelha-se ao substantivo, indica algo atemporal - o nome do verbo, sua desinência característica é a letra R: ama**r**, realça**r**, ungi**r** etc.

Gerúndio: equipara-se ao adjetivo ou advérbio pelas circunstâncias que exprime de ação em processo. Sua desinência característica é -**NDO**: ama**ndo**, realça**ndo**, ungi**ndo** etc.

***Particípio*:** tem valor e forma de adjetivo - pode também indicar ação concluída, sua desinência característica é -**ADO** ou -**IDO** para as formas regulares: am**ado**, realç**ado**, ung**ido** etc.

5.4 Tempos Verbais

Dentro do **Modo Indicativo**, anotamos os seguintes tempos:

Presente do indicativo: indica um fato real situado no momento ou época em que se fala;

Eu amo, eu vendo, eu parto.

Pretérito perfeito do indicativo: indica um fato real cuja ação foi iniciada e concluída no passado;

Eu amei, eu vendi, eu parti.

Pretérito imperfeito do indicativo: indica um fato real cuja ação foi iniciada no passado, mas não foi concluída ou era uma ação costumeira no passado;

Eu amava, eu vendia, eu partia.

Pretérito mais-que-perfeito do indicativo: indica um fato real cuja ação é anterior a outra ação já passada;

Eu amara, eu vendera, eu partira.

Futuro do presente do indicativo: indica um fato real situado em momento ou época vindoura;

Eu amarei, eu venderei, eu partirei.

Futuro do pretérito do indicativo: indica um fato possível, hipotético, situado num momento futuro, mas ligado a um momento passado.

Eu amaria, eu venderia, eu partiria.

Dentro do **Modo Subjuntivo**, anotamos os seguintes tempos:

Presente do subjuntivo: indica um fato provável, duvidoso ou hipotético, situado no momento ou época em que se fala. Para facilitar a conjugação, utilize a conjunção "que";

Que eu ame, que eu venda, que eu parta.

Pretérito imperfeito do subjuntivo: indica um fato provável, duvidoso ou hipotético, cuja ação foi iniciada, mas não concluída no passado. Para facilitar a conjugação, utilize a conjunção "se";

Se eu amasse, se eu vendesse, se eu partisse.

Futuro do subjuntivo: indica um fato provável, duvidoso, hipotético, situado num momento ou época futura. Para facilitar a conjugação, utilize a conjunção "quando".

Quando eu amar, quando eu vender, quando eu partir.

5.5 Tempos Compostos da Voz Ativa

Constituem-se pelos verbos auxiliares **ter** ou **haver** + particípio do verbo que se quer conjugar, dito principal.

No **modo Indicativo**, os tempos compostos são formados da seguinte maneira:

Pretérito perfeito: presente do indicativo do auxiliar + particípio do verbo principal (Tenho amado);

Pretérito mais-que-perfeito: pretérito imperfeito do indicativo do auxiliar + particípio do verbo principal (Tinha amado);

Futuro do presente: futuro do presente do indicativo do auxiliar + particípio do verbo principal (Terei amado);

Futuro do pretérito: futuro do pretérito indicativo do auxiliar + particípio do verbo principal (Teria amado).

No **modo Subjuntivo** a formação se dá da seguinte maneira:

Pretérito perfeito: presente do subjuntivo do auxiliar + particípio do VP (Tenha amado);

Pretérito mais-que-perfeito: imperfeito do subjuntivo do auxiliar + particípio do VP (Tivesse amado);

Futuro composto: futuro do subjuntivo do auxiliar + particípio do VP (Tiver amado).

Quanto às **formas nominais**, elas são formadas da seguinte maneira:

Infinitivo composto: infinitivo pessoal ou impessoal do auxiliar + particípio do verbo principal (Ter vendido / Teres vendido);

Gerúndio composto: gerúndio do auxiliar + particípio do verbo principal (Tendo partido).

5.6 Vozes Verbais

Cuidado com esse conteúdo, costuma ser muito cobrado em provas de concursos públicos.

Quanto às vozes, os verbos apresentam voz:

Ativa: sujeito é agente da ação verbal;

(**O corretor** vende casas)

Passiva: sujeito é paciente da ação verbal;

(Casas são vendidas **pelo corretor**)

Reflexiva: o sujeito é agente e paciente da ação verbal.

(A garota feriu-**se** ao cair da escada)

Recíproca: há uma ação mútua descrita na sentença.

(Os amigos entreolh**aram-se**)

A voz passiva: sua característica é possuir um sujeito paciente, ou seja, que é afetado pela ação do verbo.

5.7 Tipos de Voz Passiva

Analítica: verbo auxiliar + particípio do verbo principal. Isso significa que há uma locução verbal de voz passiva.

Casas **são vendidas** pelo corretor

Veja mais alguns exemplos:

Ele fez o trabalho - O trabalho **foi feito** por ele (mantido o pretérito perfeito do indicativo)

O vento ia levando as folhas - As folhas iam **sendo levadas** pelo vento (mantido o gerúndio do verbo principal em um dos auxiliares).

Vereadores entregarão um prêmio ao gari - Um prêmio **será entregue** ao gari por vereadores (veja como a flexão do futuro se mantém na locução).

Sintética: verbo apassivado pelo termo "se" (partícula apassivadora) + sujeito paciente.

Roubou-se **o dinheiro do povo**.

Fez-se **o trabalho** com pressa.

É comum observar, em provas de concurso público, questões que mostram uma voz passiva sintética como aquela que é proveniente de uma ativa com sujeito indeterminado.

Alguns verbos da língua portuguesa apresentam **problemas de conjugação**. A seguir, **temos uma lista**, seguida de comentários sobre essas dificuldades de conjugação.

Compraram um carro novo (ativa);

Comprou-se um carro novo (passiva sintética).

5.8 Verbos com a Conjugação Irregular

Abolir: Defectivo - não possui a 1ª pessoa do singular do presente do indicativo, por isso não possui presente do subjuntivo e o imperativo negativo. (= banir, carpir, colorir, delinquir, demolir, descomedir-se, emergir, exaurir, fremir, fulgir, haurir, retorquir, urgir).

Acudir: Alternância vocálica o/u - presente do indicativo - acudo, acodes... e pretérito perfeito do indicativo - com u (= bulir, consumir, cuspir, engolir, fugir).

Adequar: Defectivo - só possui a 1ª e a 2ª pessoa do plural no presente do indicativo.

Aderir: Alternância vocálica e/i - presente do indicativo - adiro, adere... (= advertir, cerzir, despir, diferir, digerir, divergir, ferir, sugerir).

Agir:

Acomodação gráfica g/j - presente do indicativo - ajo, ages... (= afligir, coagir, erigir, espargir, refulgir, restringir, transigir, urgir).

Agredir:

Alternância vocálica e/i - presente do indicativo - agrido, agrides, agride, agredimos, agredis, agridem (= prevenir, progredir, regredir, transgredir).

Aguar:

Regular - presente do indicativo - águo, águas..., - pretérito perfeito do indicativo - aguei, aguaste, aguou, aguamos, aguastes, aguaram (= desaguar, enxaguar, minguar).

Prazer:

Irregular - presente do indicativo - aprazo, aprazes, apraz... / pretérito perfeito do indicativo - aprouve, aprouveste, aprouve, aprouvemos, aprouvestes, aprouveram.

Arguir:

Irregular com alternância vocálica o/u - presente do indicativo - arguo (ú), arguis, argui, arguimos, arguis, arguem - pretérito perfeito - argui, arguiste...

Atrair:

Irregular - presente do indicativo - atraio, atrais... / pretérito perfeito - atraí, atraíste... (= abstrair, cair, distrair, sair, subtrair).

Atribuir:

Irregular - presente do indicativo - atribuo, atribuis, atribui, atribuímos, atribuís, atribuem - pretérito perfeito - atribuí, atribuíste, atribuiu... (= afluir, concluir, destituir, excluir, instruir, possuir, usufruir).

Averiguar:

Alternância vocálica o/u - presente do indicativo - averiguo (ú), averiguas (ú), averigua (ú), averiguamos, averiguais, averiguam (ú) - pretérito perfeito - averiguei, averiguaste... - presente do subjuntivo - averigue, averigues, averigue... (= apaziguar).

Cear:

Irregular - presente do indicativo - ceio, ceias, ceia, ceamos, ceais, ceiam - pretérito perfeito indicativo - ceei, ceaste, ceou, ceamos, ceastes, cearam (= verbos terminados em -ear: falsear, passear... - alguns apresentam pronúncia aberta: estreio, estreia...).

Coar:

Irregular - presente do indicativo - coo, côas, côa, coamos, coais, coam - pretérito perfeito - coei, coaste, coou... (= abençoar, magoar, perdoar).

Comerciar:

Regular - presente do indicativo - comercio, comercias... - pretérito perfeito - comerciei... (= verbos em -iar , exceto os seguintes verbos: mediar, ansiar, remediar, incendiar, odiar).

Compelir:

Alternância vocálica e/i - presente do indicativo - compilo, compeles... - pretérito perfeito indicativo - compeli, compeliste...

Compilar:

Regular - presente do indicativo - compilo, compilas, compila... - pretérito perfeito indicativo - compilei, compilaste...

Construir:

Irregular e abundante - presente do indicativo - construo, constróis (ou constrúis), constrói (ou constrúi), construímos, construís, constroem (ou construem) - pretérito perfeito indicativo - construí, construíste...

Crer:

Irregular - presente do indicativo - creio, crês, crê, cremos, credes, creem - pretérito perfeito indicativo - cri, creste, creu, cremos, crestes, creram - imperfeito indicativo - cria, crias, cria, críamos, críeis, criam.

Falir:

Defectivo - presente do indicativo - falimos, falis - pretérito perfeito indicativo - fali, faliste... (= aguerrir, combalir, foragir-se, remir, renhir)

Frigir:

Acomodação gráfica g/j e alternância vocálica e/i - presente do indicativo - frijo, freges, frege, frigimos, frigis, fregem - pretérito perfeito indicativo - frigi, frigiste...

Ir:

Irregular - presente do indicativo - vou, vais, vai, vamos, ides, vão - pretérito perfeito indicativo - fui, foste... - presente subjuntivo - vá, vás, vá, vamos, vades, vão.

Jazer:

Irregular - presente do indicativo - jazo, jazes... - pretérito perfeito indicativo - jazi, jazeste, jazeu...

Mobiliar:

Irregular - presente do indicativo - mobílio, mobílias, mobília, mobiliamos, mobiliais, mobíliam - pretérito perfeito indicativo - mobiliei, mobiliaste...

Obstar:

Regular - presente do indicativo - obsto, obstas... - pretérito perfeito indicativo - obstei, obstaste...

Pedir:

Irregular - presente do indicativo - peço, pedes, pede, pedimos, pedis, pedem - pretérito perfeito indicativo - pedi, pediste... (= despedir, expedir, medir).

Polir:

Alternância vocálica e/i - presente do indicativo - pulo, pules, pule, polimos, polis, pulem - pretérito perfeito indicativo - poli, poliste...

Precaver-se:

Defectivo e pronominal - presente do indicativo - precavemo-nos, precaveis-vos - pretérito perfeito indicativo - precavi-me, precaveste-te...

Prover:

Irregular - presente do indicativo - provejo, provês, provê, provemos, provedes, provêem - pretérito perfeito indicativo - provi, proveste, proveu...

Reaver:

Defectivo - presente do indicativo - reavemos, reaveis - pretérito perfeito indicativo - reouve, reouveste, reouve... (verbo derivado do haver, mas só é conjugado nas formas verbais com a letra v).

Remir:

Defectivo - presente do indicativo - remimos, remis - pretérito perfeito indicativo - remi, remiste...

Requerer:

Irregular - presente do indicativo - requeiro, requeres... - pretérito perfeito indicativo - requeri, requereste, requereu... (derivado do querer, diferindo dele na 1ª pessoa do singular do presente do indicativo e no pretérito perfeito do indicativo e derivados, sendo regular)

Rir:

Irregular - presente do indicativo - rio, rir, ri, rimos, rides, riem - pretérito perfeito indicativo - ri, riste... (= sorrir)

Saudar:

Alternância vocálica - presente do indicativo - saúdo, saúdas... - pretérito perfeito indicativo - saudei, saudaste...

Suar:

Regular - presente do indicativo - suo, suas, sua... - pretérito perfeito indicativo - suei, suaste, sou... (= atuar, continuar, habituar, individuar, recuar, situar)

Valer:

Irregular - presente do indicativo - valho, vales, vale... - pretérito perfeito indicativo - vali, valeste, valeu...

Também merecem atenção os seguintes verbos irregulares:

→ **Pronominais:** Apiedar-se, dignar-se, persignar-se, precaver-se

Caber

Presente do indicativo: caibo, cabes, cabe, cabemos, cabeis, cabem;

Presente do subjuntivo: caiba, caibas, caiba, caibamos, caibais, caibam;

Pretérito perfeito do indicativo: coube, coubeste, coube, coubemos, coubestes, couberam;

Pretérito mais-que-perfeito do indicativo: coubera, couberas, coubera, coubéramos, coubéreis, couberam;

Pretérito imperfeito do subjuntivo: coubesse, coubesses, coubesse, coubéssemos, coubésseis, coubessem;

Futuro do subjuntivo: couber, couberes, couber, coubermos, couberdes, couberem.

Dar

Presente do indicativo: dou, dás, dá, damos, dais, dão;

Presente do subjuntivo: dê, dês, dê, demos, deis, deem;

Pretérito perfeito do indicativo: dei, deste, deu, demos, destes, deram;

Pretérito mais-que-perfeito do indicativo: dera, deras, dera, déramos, déreis, deram;

Pretérito imperfeito do subjuntivo: desse, desses, desse, déssemos, désseis, dessem;

Futuro do subjuntivo: der, deres, der, dermos, derdes, derem.

Dizer

Presente do indicativo: digo, dizes, diz, dizemos, dizeis, dizem;

Presente do subjuntivo: diga, digas, diga, digamos, digais, digam;

Pretérito perfeito do indicativo: disse, disseste, disse, dissemos, dissestes, disseram;

Pretérito mais-que-perfeito do indicativo: dissera, disseras, dissera, disséramos, disséreis, disseram;

Futuro do presente: direi, dirás, dirá etc.;

Futuro do pretérito: diria, dirias, diria etc.;

Pretérito imperfeito do subjuntivo: dissesse, dissesses, dissesse, disséssemos, dissésseis, dissessem;

Futuro do subjuntivo: disser, disseres, disser, dissermos, disserdes, disserem;

Estar

Presente do indicativo: estou, estás, está, estamos, estais, estão;

Presente do subjuntivo: esteja, estejas, esteja, estejamos, estejais, estejam;

Pretérito perfeito do indicativo: estive, estiveste, esteve, estivemos, estivestes, estiveram;

Pretérito mais-que-perfeito do indicativo: estivera, estiveras, estivera, estivéramos, estivéreis, estiveram;

Pretérito imperfeito do subjuntivo: estivesse, estivesses, estivesse, estivéssemos, estivésseis, estivessem;

Futuro do subjuntivo: estiver, estiveres, estiver, estivermos, estiverdes, estiverem;

Fazer

Presente do indicativo: faço, fazes, faz, fazemos, fazeis, fazem;

Presente do subjuntivo: faça, faças, faça, façamos, façais, façam;

Pretérito perfeito do indicativo: fiz, fizeste, fez, fizemos, fizestes, fizeram;

Pretérito mais-que-perfeito do indicativo: fizera, fizeras, fizera, fizéramos, fizéreis, fizeram;

Pretérito imperfeito do subjuntivo: fizesse, fizesses, fizesse, fizéssemos, fizésseis, fizessem;

Futuro do subjuntivo: fizer, fizeres, fizer, fizermos, fizerdes, fizerem.

Seguem esse modelo desfazer, liquefazer e satisfazer.

Os particípios desses verbos e seus derivados são irregulares: Feito, desfeito, liquefeito, satisfeito, etc.

Haver

Presente do indicativo: hei, hás, há, havemos, haveis, hão;

Presente do subjuntivo: haja, hajas, haja, hajamos, hajais, hajam;

Pretérito perfeito do indicativo: houve, houveste, houve, houvemos, houvestes, houveram;

Pretérito mais-que-perfeito do indicativo: houvera, houveras, houvera, houvéramos, houvéreis, houveram;

Pretérito imperfeito do subjuntivo: houvesse, houvesses, houvesse, houvéssemos, houvésseis, houvessem;

Futuro do subjuntivo: houver, houveres, houver, houvermos, houverdes, houverem.

Ir

Presente do indicativo: vou, vais, vai, vamos, ides, vão;

Presente do subjuntivo: vá, vás, vá, vamos, vades, vão;

Pretérito imperfeito do indicativo: Ia, ias, ia, íamos, íeis, iam;

Pretérito perfeito do indicativo: fui, foste, foi, fomos, fostes, foram;

Pretérito mais-que-perfeito do indicativo: fora, foras, fora, fôramos, fôreis, foram;

Pretérito imperfeito do subjuntivo: fosse, fosses, fosse, fôssemos, fôsseis, fossem;

Futuro do subjuntivo: for, fores, for, formos, fordes, forem.

Poder

Presente do indicativo: posso, podes, pode, podemos, podeis, podem;

Presente do subjuntivo: possa, possas, possa, possamos, possais, possam;

Pretérito perfeito do indicativo: pude, pudeste, pôde, pudemos, pudestes, puderam;

Pretérito mais-que-perfeito do indicativo: pudera, puderas, pudera, pudéramos, pudéreis, puderam;

Pretérito imperfeito do subjuntivo: pudesse, pudesses, pudesse, pudéssemos, pudésseis, pudessem;

Futuro do subjuntivo: puder, puderes, puder, pudermos, puderdes, puderem.

Pôr

Presente do indicativo: ponho, pões, põe, pomos, pondes, põem;

Presente do subjuntivo: ponha, ponhas, ponha, ponhamos, ponhais, ponham;

Pretérito imperfeito do indicativo: punha, punhas, punha, púnhamos, púnheis, punham;

Pretérito perfeito do indicativo: pus, puseste, pôs, pusemos, pusestes, puseram;

Pretérito mais-que-perfeito do indicativo: pusera, puseras, pusera, puséramos, puséreis, puseram;

Pretérito imperfeito do subjuntivo: pusesse, pusesses, pusesse, puséssemos, pusésseis, pusessem;

Futuro do subjuntivo: puser, puseres, puser, pusermos, puserdes, puserem.

Todos os derivados do verbo pôr seguem exatamente esse modelo: Antepor, compor, contrapor, decompor, depor, descompor, dispor, expor, impor, indispor, interpor, opor, pospor, predispor, pressupor, propor, recompor, repor, sobrepor, supor, transpor são alguns deles.

Querer

Presente do indicativo: quero, queres, quer, queremos, quereis, querem;

Presente do subjuntivo: queira, queiras, queira, queiramos, queirais, queiram;

Pretérito perfeito do indicativo: quis, quiseste, quis, quisemos, quisestes, quiseram;

Pretérito mais-que-perfeito do indicativo: quisera, quiseras, quisera, quiséramos, quiséreis, quiseram;

Pretérito imperfeito do subjuntivo: quisesse, quisesses, quisesse, quiséssemos, quisésseis, quisessem;

Futuro do subjuntivo: Quiser, quiseres, quiser, quisermos, quiserdes, quiserem;

Saber

Presente do indicativo: sei, sabes, sabe, sabemos, sabeis, sabem;

Presente do subjuntivo: saiba, saibas, saiba, saibamos, saibais, saibam;

Pretérito perfeito do indicativo: soube, soubeste, soube, soubemos, soubestes, souberam;

Pretérito mais-que-perfeito do indicativo: Soubera, souberas, soubera, soubéramos, soubéreis, souberam;

Pretérito imperfeito do subjuntivo: Soubesse, soubesses, soubesse, soubéssemos, soubésseis, soubessem;

Futuro do subjuntivo: souber, souberes, souber, soubermos, souberdes, souberem.

Ser

Presente do indicativo: Sou, és, é, somos, sois, são;

Presente do subjuntivo: Seja, sejas, seja, sejamos, sejais, sejam;

Pretérito imperfeito do indicativo: Era, eras, era, éramos, éreis, eram;

Pretérito perfeito do indicativo: Fui, foste, foi, fomos, fostes, foram;

Pretérito mais-que-perfeito do indicativo: Fora, foras, fora, fôramos, fôreis, foram;

Pretérito imperfeito do subjuntivo: Fosse, fosses, fosse, fôssemos, fôsseis, fossem;

Futuro do subjuntivo: For, fores, for, formos, fordes, forem.

As segundas pessoas do imperativo afirmativo são: Sê (tu) e sede (vós).

Ter

Presente do indicativo: Tenho, tens, tem, temos, tendes, têm;

Presente do subjuntivo: Tenha, tenhas, tenha, tenhamos, tenhais, tenham;

Pretérito imperfeito do indicativo: Tinha, tinhas, tinha, tínhamos, tínheis, tinham;

Pretérito perfeito do indicativo: Tive, tiveste, teve, tivemos, tivestes, tiveram;

Pretérito mais-que-perfeito do indicativo: Tivera, tiveras, tivera, tivéramos, tivéreis, tiveram;

Pretérito imperfeito do subjuntivo: Tivesse, tivesses, tivesse, tivéssemos, tivésseis, tivessem;

Futuro do subjuntivo: Tiver, tiveres, tiver, tivermos, tiverdes, tiverem.

Seguem esse modelo os verbos: Ater, conter, deter, entreter, manter, reter.

Trazer

Presente do indicativo: Trago, trazes, traz, trazemos, trazeis, trazem;

Presente do subjuntivo: Traga, tragas, traga, tragamos, tragais, tragam;

Pretérito perfeito do indicativo: Trouxe, trouxeste, trouxe, trouxemos, trouxestes, trouxeram;

Pretérito mais-que-perfeito do indicativo: Trouxera, trouxeras, trouxera, trouxéramos, trouxéreis, trouxeram;

Futuro do presente: Trarei, trarás, trará, etc.;

Futuro do pretérito: Traria, trarias, traria, etc.;

Pretérito imperfeito do subjuntivo: Trouxesse, trouxesses, trouxesse, trouxéssemos, trouxésseis, trouxessem;

Futuro do subjuntivo: Trouxer, trouxeres, trouxer, trouxermos, trouxerdes, trouxerem.

Ver

Presente do indicativo: Vejo, vês, vê, vemos, vedes, veem;

Presente do subjuntivo: Veja, vejas, veja, vejamos, vejais, vejam;

Pretérito perfeito do indicativo: Vi, viste, viu, vimos, vistes, viram;

Pretérito mais-que-perfeito do indicativo: Vira, viras, vira, víramos, víreis, viram;

Pretérito imperfeito do subjuntivo: Visse, visses, visse, víssemos, vísseis, vissem;

Futuro do subjuntivo: Vir, vires, vir, virmos, virdes, virem.

Seguem esse modelo os derivados antever, entrever, prever, rever. Prover segue o modelo acima apenas no presente do indicativo e seus tempos derivados; nos demais tempos, comporta-se como um verbo regular da segunda conjugação.

Vir

Presente do indicativo: Venho, vens, vem, vimos, vindes, vêm;

Presente do subjuntivo: Venha, venhas, venha, venhamos, venhais, venham;

Pretérito imperfeito do indicativo: Vinha, vinhas, vinha, vínhamos, vínheis, vinham;

Pretérito perfeito do indicativo: Vim, vieste, veio, viemos, viestes, vieram;

Pretérito mais-que-perfeito do indicativo: Viera, vieras, viera, viéramos, viéreis, vieram;

Pretérito imperfeito do subjuntivo: Viesse, viesses, viesse, viéssemos, viésseis, viessem;

Futuro do subjuntivo: Vier, vieres, vier, viermos, vierdes, vierem;

Particípio e gerúndio: Vindo.

Emprego do infinitivo

Apesar de não haver regras bem definidas, podemos anotar as seguintes ocorrências:

→ Usa-se o impessoal:

Sem referência a nenhum sujeito: É proibido **estacionar** na calçada;

Nas locuções verbais: Devemos **pensar** sobre a sua situação;

Se o infinitivo exercer a função de complemento de adjetivos: É uma questão fácil de **resolver**;

Se o infinitivo possuir valor de imperativo – O comandante gritou: "**marchar**!"

→ Usa-se o pessoal:

Quando o sujeito do infinitivo é diferente do sujeito da oração principal: Eu não te culpo por seres um imbecil;

Quando, por meio de flexão, se quer realçar ou identificar a pessoa do sujeito: Não foi bom agires dessa forma;

6. SINTAXE BÁSICA DA ORAÇÃO E DO PERÍODO

Sintaxe é a parte da Gramática que estuda a função das palavras ou das expressões em uma oração ou em um período.

Definições importantes:

Frase, oração e período (conceitos essenciais)

Frase: qualquer sentença dotada de sentido.

Ex.: Eu adoro estudar Português!

Ex.: Fogo! Socorro!

Oração: frase organizada em torno de uma forma verbal.

Os alunos farão a prova amanhã!

Período: conjunto de orações;

> Período simples: 1 oração.

Estudarei Português.

> Período composto: mais de 1 oração.

Estudarei Português e farei a prova.

6.1 Período simples (oração)

A oração é dividida em termos. Assim, o estudo fica organizado e impossibilita a confusão. São os termos da oração:

Essenciais;

Integrantes;

Acessórios.

Termos essenciais da oração

Sujeito e Predicado: são chamados de essenciais, porque são os elementos que dão vida à oração. Quer dizer, sem um deles (o predicado, ao menos) não se pode formar oração.

O **Brasil** caminha para uma profunda transformação social.
(sujeito) (predicado)

Sujeito

Sujeito é o termo sintático sobre o qual se declara ou se constata algo. Deve-se observar que há uma profunda relação entre o verbo que comporá o predicado e o sujeito da oração. Usualmente, o sujeito é formado por um substantivo ou por uma expressão substantivada.

Classificação do Sujeito:

Simples;

Composto;

Oculto, elíptico ou desinencial;

Indeterminado;

Inexistente;

Oracional.

Sujeito simples: aquele que possui apenas um núcleo.

O país deverá enfrentar difíceis rivais na competição.

A perda de fôlego de algumas das grandes economias também já foi notada por outras gigantes do setor.

> **Sujeito composto:** é aquele que possui mais de um núcleo.

Rigoberto e Jacinto são amigos inseparáveis.

Eu, meus **amigos** e todo o **resto** dos alunos faremos a prova.

Sujeito oculto, elíptico ou desinencial: aquele que não se encontra expresso na oração, porém é facilmente subentendido pelo verbo apresentado.

Acord**amos** cedo naquele dia. (Quem acordou? Nós)

Abr**i** o blusão, tirei o 38, e perguntei com tanta raiva que uma gota de meu cuspe bateu na cara dele.(R. Fonseca)

Vanderlei caminhou pela manhã. À tarde pass**eou** pelo lago municipal, onde encont**rou** a Anaconda da cidade.

Perceba que o sujeito não está grafado na sentença, mas é facilmente recuperável por meio da terminação do verbo.

Sujeito indeterminado: ocorre quando o verbo não se refere a um núcleo determinado. São situações de indeterminação do sujeito:

Terceira pessoa do plural sem um referente:

Nunca lhe **deram** nada.

Fizeram comentários maldosos a seu respeito.

Com verbos transitivos indiretos, intransitivo e relacionais (de ligação) acompanhados da partícula "se" que, no caso, será classificada como índice de indeterminação de sujeito.

Vive-se muito bem.

Precisa-se de força e coragem na vida de estudante.

Nem sempre **se está** feliz na riqueza.

Sujeito inexistente ou oração sem sujeito: ocorre em algumas situações específicas.

Com verbos impessoais (principalmente os que denotam fenômeno da natureza).

Em setembro **chove** muito.

Nevava em Palotina.

Com o verbo haver, desde que empregado nos sentidos de existir, acontecer ou ocorrer.

Há poemas perfeitos, não **há** poetas perfeitos.

Deveria haver soluções para tais problemas.

Com os verbos ir, haver e fazer, desde que empregado fazendo alusão a tempo transcorrido.

Faz um ano que não viajo. (verbo "fazer" no sentido de "tempo transcorrido")

Há muito tempo que você não aparece. (verbo "haver" no sentido de "tempo")

Vai para dois meses que não recebo salário. (verbo "ir" no sentido de "tempo")

Com os verbos ser ou estar indicando tempo.

Era noite fechada.

É tarde, eles não vêm!

Com os verbos bastar e chegar indicando cessamento.

Basta de tanta corrupção no Senado!

Chega de ficar calado quando a situação aperta!

Com o verbo ser indicando data ou horas.

São dez horas no relógio da torre.

Amanhã **serão** dez de dezembro.

Sujeito oracional: ocorre nas análises do período composto, quando se verifica que o sujeito de um verbo é uma oração.

É preciso **que você estude Língua Portuguesa**.

Predicado

É o termo que designa aquilo que se declara acerca do sujeito. É mais simples e mais prudente para o aluno buscar identificar o predicado antes do sujeito, pois, se assim o fizer, terá mais concretude na identificação do sujeito.

Classificação do predicado:

- > Nominal;
- > Verbal;
- > Verbo-nominal.

Predicado Nominal: o predicado nominal é formado por um verbo relacional (de ligação) + predicativo.

Lembre os principais verbos de ligação: ser, estar, permanecer, continuar, ficar, parecer, andar e torna-se.

A economia da Ásia parecia derrotada após a crise.

O deputado, de repente, virou patriota.

Português é legal.

Predicado Verbal: o predicado verbal tem como núcleo um verbo nocional.

Empresários **investirão R$ 250 milhões em novo berço para Porto de Paranaguá**.

Predicado Verbo-nominal: ocorre quando há um verbo significativo (nocional) + um predicativo do sujeito.

O trem chegou atrasado. ("atrasado" é uma qualidade do sujeito que aparece após o verbo, portanto, é um predicativo do sujeito).

Pedro Paladino já nasceu rico.

Acompanhei a indignação de meus alunos preocupado.

Predicativo

O predicativo é um termo componente do predicado. Qualifica sujeito ou objeto.

Josefina era **maldosa**, **ruim**, **sem valor**. (pred. do sujeito)

Leila deixou o garoto **louco**. (pred. do objeto)

O diretor nomeou João **chefe da repartição**. (pred. do objeto)

Termos integrantes da oração

Objeto Direto (complemento verbal);

Objeto Indireto (complemento verbal);

Complemento Nominal;

Agente da Passiva.

Objeto Direto: é o complemento de um verbo transitivo direto.

Os bons cidadãos cumprem **as leis**. (quem cumpre, cumpre algo)

Em resumo: ele queria **uma mulher**. (quem quer, quer algo)

Objeto Indireto: é o complemento de um verbo transitivo indireto.

Os bons cidadãos obedecem **às leis**. (quem obedece, obedece a algo)

Necessitamos **de manuais mais práticos** nos dias de hoje. (quem necessita, necessita de algo)

Complemento Nominal: é o complemento, sempre preposicionado, de adjetivos, advérbios e substantivos que, em determinadas circunstâncias, pedem complemento, assim como os verbos transitivos indiretos.

O filme era impróprio para crianças.

Finalizou-se a construção do prédio.

Agiu favoravelmente ao réu.

Agente da Passiva: É o complemento que, na voz passiva, designa o ser praticante da ação sofrida ou recebida pelo sujeito.

Ex. de voz ativa: O zagueiro executou a jogada.

Ex. de voz passiva: A jogada foi executada **pelo zagueiro**. (Agente da passiva)

Conversas foram interceptadas pela **Polícia Federal**. (Agente da passiva)

Termos acessórios da oração

Adjunto Adnominal;

Adjunto Adverbial ;

Aposto;

Vocativo.

Adjunto Adnominal: a função do adjunto adnominal é desempenhada por qualquer palavra ou expressão que, junto de um substantivo ou de uma expressão substantivada, modifica o seu sentido. Vejamos algumas palavras que desempenham tal função.

Artigos: as alunas serão aprovadas.

Pronomes adjetivos: aquela aluna será aprovada.

Numerais adjetivos: duas alunas serão aprovadas.

Adjetivos: aluno **estudioso** é aprovado.

Locuções adjetivas: aluno **de gramática** passa no concurso.

Adjunto Adverbial: o Adjunto Adverbial é o termo acessório (que não é exigido por elemento algum da sentença) que exprime circunstância ao verbo e, às vezes, ao adjetivo ou mesmo ao advérbio.

Advérbios: os povos antigos trabalhavam mais.

Locuções Adverbiais: Li vários livros **durante as férias**.

Alguns tipos de adjuntos adverbiais: Tempo: **Ontem**, choveu muito.

Lugar: Gostaria de que me encontrasse **na esquina da padaria**.

Modo: Alfredo executou a aria **fantasticamente**.

Meio: Fui para a escola **a pé**.

Causa: **Por amor**, cometem-se loucuras.

Instrumento: Quebrou a **vidraça com uma pedra**.

Condição: **Se estudar muito**, será aprovado.

Companhia: Faremos sucesso **com essa banda.**

Aposto: o aposto é o termo sintático que, possuindo equivalência semântica, esclarece seu referente. Tipos de Aposto:

Explicativo: Alencar, **escritor romântico**, possui uma obra vastíssima.

Resumitivo ou recapitulativo: Estudo, esporte, cinema, **tudo** o chateava.

Enumerativo: Preciso de duas coisas: **saúde e dinheiro**.

Especificativo: A notícia foi publicada na revista **Veja**.

Distributivo: Havia grupos interessados: **o da direita e o da esquerda**.

Oracional: Desejo só uma coisa: **que vocês passem no concurso**.

Vocativo: O Vocativo é uma interpelação, é um chamamento. Normalmente, indica com quem se fala.

Ó mar, por que não me levas contigo?

Vem, **minha amiga**, abraçar um vitorioso.

6.2 Período Composto

Nesse tópico, você deverá realizar a análise de mais de uma oração, portanto, atenção! Há dois processos de composição de período em Língua Portuguesa. São eles: coordenação e subordinação.

Coordenação: ocorre quando são unidas orações independentes sintaticamente. Ou seja, são autônomas do ponto de vista estrutural. Vamos a um exemplo.

Altamiro pratica esportes e estuda muito.

Subordinação: ocorre quando são unidas orações que possuem dependência sintática. Ou seja, não estão completas em sua estrutura. O processo de subordinação ocorre de três maneiras:

Substantiva: quando a oração desempenhar a função de um substantivo na sentença (**sujeito, predicativo, objeto direto, objeto indireto, complemento nominal ou aposto**).

Adjetiva: quando a oração desempenhar a função de adjunto adnominal na sentença.

Adverbial: quando a oração desempenhar a função de adjunto adverbial na sentença.

Eu quero **que vocês passem no concurso**. (oração subordinada substantiva objetiva direta – a função de objeto direto está sendo desempenhada pela oração)

O Brasil, **que é um belíssimo país**, possui vegetação exuberante. (oração subordinada adjetiva explicativa)

Quando José entrou na sala, Manoel saiu. (oração subordinada adverbial temporal)

Processo de coordenação

Há dois tipos de orações coordenadas: **assindéticas** e **sindéticas**.

Assindéticas:

O nome vem da palavra grega *sýndetos*, que significa conjunção, união. Ou seja, oração que não possui conjunção quando está colocada ao lado de outra.

Valdevino **correu (OCA)**, **correu (OCA)**, **correu (OCA)** o dia todo.

Perceba que não há conjunções para ligar os verbos, ou seja, as orações estão colocadas uma ao lado da outra sem síndeto, portanto, são **Orações Coordenadas Assindéticas**.

Sindéticas:

Contrariamente às assindéticas, as sindéticas possuem conjunção para exprimir uma relação lógico-semântica. Cada oração recebe o nome da conjunção que a introduz. Por isso é necessário decorar as conjunções.

Aditivas: São introduzidas pelas conjunções e, nem, mas também, também, como (após "não só"), como ou quanto (após "tanto"), mais etc., dando a ideia de adição à oração anterior.

A seleção brasileira venceu a Dinamarca/ **e empatou com a Inglaterra**. (Oração Coordenada Assindética / **Oração Coordenada Sindética Aditiva**)

Adversativas: São introduzidas pelas conjunções mas, porém, todavia, contudo, entretanto, no entanto, não obstante, senão, apesar disso, embora etc., indicando uma relação de oposição à sentença anterior.

O time batalhou muito, / **mas não venceu o adversário.** (Oração Coordenada Assindética / **Oração Coordenada Sindética Adversativa**)

Alternativas: São introduzidas pelas conjunções ou... ou, ora... ora, já... já, quer... quer, seja... seja, nem... nem etc., indicando uma relação de alternância entre as sentenças.

Ora estuda, / ora trabalha,: (Oração Coordenada Sindética Alternativa / Oração Coordenada Sindética Alternativa)

Conclusivas: São introduzidas pelas conjunções pois (posposto ao verbo), logo, portanto, então, por conseguinte, por consequência, assim, desse modo, destarte, com isso, por isto, consequentemente, de modo que, indicando uma relação de conclusão do período anterior.

Comprei a carne e o carvão, / **portanto podemos fazer o churrasco**. (Oração Coordenada Assindética / **Oração Coordenada Sindética Conclusiva**)

Estou muito doente, / **não posso, pois, ir à aula**. (Oração Coordenada Assindética/ **Oração Coordenada Sindética Conclusiva**)

Explicativas: São introduzidas pelas conjunções que, porque, porquanto, por, portanto, como, pois (anteposta ao verbo), ou seja, isto é, indicando uma relação de explicação para com a sentença anterior.

Não converse, / **pois estou estudando**. (OCA / **Oração Coordenada Sindética Explicativa**)

Processo de subordinação

Orações Subordinadas Substantivas: dividem-se em 6 tipos, introduzidas, geralmente, pelas conjunções "**que**" e "**se**".

Subjetiva (O.S.S.S.): Exerce função de sujeito do verbo da oração principal.

É interessante / **que todos joguem na loteria**. (Oração Principal / **Oração subordinada substantiva subjetiva**)

Objetiva Direta (O.S.S.O.D.): Exerce função de objeto direto.

Eu quero / **que você entenda a matéria**. - Quem quer, quer algo ou alguma coisa - (Oração Principal / **Oração subordinada substantiva Objetiva Direta**)

Objetiva Indireta (O.S.S.O.I.): Exerce função de objeto indireto.

Os alunos necessitam / **de que as explicações fiquem claras**. - Quem necessita, necessita de algo - (Oração Principal / **Oração subordinada substantiva Objetiva Indireta**)

Predicativa (O.S.S.P.): Exerce função de predicativo.

O bom é / **que você faça exercícios todos os dias**. (Oração Principal / **Oração subordinada substantiva Predicativa**)

Completiva Nominal (O.S.S.C.N.): Exerce função de complemento nominal de um nome da oração principal.

Jonas tem vontade / **de que alguém o mande calar a boca**. (Oração Principal / **Oração subordinada substantiva Completiva Nominal**)

Apositivas (O.S.S.A.): Possuem a função de aposto da sentença principal, geralmente são introduzidas por dois-pontos (:).

Eu quero apenas isto: / **que você passe no concurso**. (Oração Principal / **Oração subordinada substantiva Apositiva**)

Orações Subordinadas Adjetivas: dividem-se em dois tipos. Quando desenvolvidas, são introduzidas por um pronome relativo.

O nome Oração Subordinada Adjetiva se deve ao fato de ela desempenhar a mesma função de um adjetivo na oração, ou seja, a função de adjunto adnominal. Na Gramática de Portugal, são chamadas de Orações Relativas pelo fato de serem introduzidas por pronome relativo.

Restritivas: Restringem a informação da oração principal. Não possuem vírgulas.

O homem / **que mora ao lado** / é mal-humorado. (Oração Principal / **Oração subordinada Adjetiva Restritiva** / Oração Principal)

Para entender basta perguntar: qualquer homem é mal-humorado? Não. Só o que mora ao lado.

Explicativas: Explicam ou dão algum esclarecimento sobre a oração principal.

João, / **que é o ex-integrante da comissão**, / chegou para auxiliar os novos contratados. (Oração Principal / **Oração Subordinada Adjetiva Explicativa** /Oração Principal)

Orações Subordinadas Adverbiais: dividem-se em nove tipos. Recebem o nome da conjunção que as introduz. Nesse caso, teremos uma principal (que não está negritada) e uma subordinada adverbial (que está em negrito).

Essas orações desempenham a função de Adjunto Adverbial da oração principal.

Causais: Exprimem a causa do fato que ocorreu na oração principal. Introduzidas, principalmente, pelas conjunções porque, visto que, já que, uma vez que, como que, como.

Ex.: Já que precisamos de dinheiro, vamos trabalhar.

Comparativas: Representam o segundo termo de uma comparação. Introduzidas, na maior parte dos casos, pelas conjunções que, do que, como, assim como, (tanto) quanto.

Ex.: Tiburcina fala **como uma gralha** (fala - o verbo está elíptico).

Concessivas: Indica uma concessão entre as orações. Introduzidas, principalmente, pelas conjunções embora, a menos que, ainda que, posto que, conquanto, mesmo que, se bem que, por mais que, apesar de que. Fique de olho na relação da conjunção com o verbo.

Ex.: Embora não tivesse tempo disponível, consegui estudar.

Condicionais: Expressa ideia de condição. Introduzidas, principalmente, pelas conjunções se, salvo se, desde que, exceto, caso, desde, contanto que, sem que, a menos que.

Ex.: Se ele não se defender, acabará como "boi-de-piranha" no caso.

Conformativas: Exprimem acordo, concordância entre fatos ou ideias. Introduzidas, principalmente, pelas conjunções como, consoante, segundo, conforme, de acordo com etc.

Ex.: Realize as atividades **conforme eu expliquei**.

Consecutivas: Indicam a consequência ou o efeito daquilo que se diz na oração principal. Introduzidas, principalmente, pelas conjunções que (precedida de tal, tão, tanto, tamanho), de sorte que, de modo que.

Ex.: Estudei tanto, **que saiu sangue dos olhos**.

Finais: Exprimem finalidade da ação primeira. Introduzidas, em grande parte dos casos, pelas conjunções para que, a fim de que, que e porque.

Ex.: Estudei muito **para que pudesse fazer a prova**.

Proporcionais: Expressa uma relação de proporção entre as orações. Introduzidas, principalmente, pelas conjunções (locuções conjuntivas) à medida que, quanto mais....mais, à proporção que, ao passo que, quanto mais.

Ex.: José piorava, **à medida que abandonava seu tratamento**.

Temporais: Indicam circunstância de tempo. Introduzidas, principalmente, pelas conjunções quando, antes que, assim que, logo que, até que, depois que, mal, apenas, enquanto etc.

Ex.: Logo que iniciamos o trabalho os alunos ficaram mais tranquilos.

Você viu que não é difícil. Na verdade, só é preciso estudar muito e decorar o sentido das conjunções.

7. CONCORDÂNCIA VERBAL E NOMINAL

Trata-se do processo de flexão dos termos a fim de se relacionarem harmoniosamente na frase. Quando se pensa sobre a relação do verbo com os demais termos da oração, o estudo focaliza a concordância verbal. Quando a análise se volta para a relação entre pronomes, substantivos, adjetivos e demais termos do grupo nominal, diz-se que o foco é concordância nominal.

Fique de olho aberto para a relação do sujeito com o verbo. Uma boa noção de Sintaxe é importantíssima para entender esse segmento do conteúdo.

7.1 Concordância Verbal

Regra geral

O verbo concorda com o sujeito em número e pessoa.

O **primeiro-ministro** russo **acusou** seus inimigos.

Dois **parlamentares rebateram** a acusação.

Contaram-se **mentiras** no telejornal.

Vós sois os responsáveis por vosso destino.

Regras para Sujeito Composto[1]

Anteposto (colocado antes do verbo): o verbo vai para o plural:

Eu e meus irmãos vamos à praia.

Posposto (colocado após o verbo): o verbo concorda com o mais próximo ou vai para o plural:

Morreu (morreram), no acidente, **o prefeito e o vereador**.

Formado por pessoas (gramaticais) diferentes: plural da predominante.

Eu, você e os alunos **estudaremos** para o concurso. (a primeira pessoa é a predominante, por isso, o verbo fica na primeira pessoa do plural)

Com núcleos em correlação: concorda com o mais próximo ou fica no plural:

O professor assim como o monitor auxilia(m) os estudantes.

Ligado por NEM: verbo concordará:

No singular: se houver exclusão.

Nem Josias nem Josué **percebeu** o perigo iminente.

No singular: quando se pretende individualizar a ação, aludindo a um termo em específico.

Nem os esportes nem a leitura **o entretém**.

No plural: quando não houver exclusão, ou seja, quando a intenção for aludir ao sujeito em sua totalidade.

Nem a minha rainha nem o meu mentor **serão** tão convincentes a ponto de me fazerem mudar de ideia.

Ligado por COM: verbo concorda com o antecedente do COM ou vai para o plural:

O vocalista com os demais integrantes da banda **realizaram (realizou)** o show.

1 As gramáticas registram um sem-número de regras de concordância. Selecionamos as mais relevantes para o universo do concurso público.

Ligado por OU: verbo no singular (se houver exclusão) ou no plural (se não houver exclusão):

Ou Pedro Amorim ou Jurandir Leitão **será** eleito vereador da cidade.

O aviso ou o ofício **deveriam** ser expedidos antes da data prevista.

Se o sujeito for construído com os termos:

Um e outro, nem um nem outro: verbo no singular ou plural, dependendo do sentido pretendido.

Um e outro **passou (passaram)** no concurso.

Um ou outro: verbo no singular.

Um ou outro fez a lição.

Expressões partitivas seguidas de nome plural: verbo no singular ou plural.

A maior parte das pessoas **fez (fizeram)** o exercício recomendado.

Coletivo geral: verbo no singular.

O cardume **nadou** rio acima.

Expressões que indicam quantidade aproximada seguida de numeral: Verbo concorda com o substantivo.

Aproximadamente 20 % dos eleitores compareceram às urnas.

Aproximadamente 20% do eleitorado **compareceu** às urnas.

Pronomes (indefinidos ou interrogativos) seguidos dos pronomes "nós" e/ou "vós": verbo no singular ou plural.

Ex.: Quem de nós **fará (faremos)** a diferença?

Palavra QUE (pronome relativo): verbo concorda com o antecedente do pronome "que".

Ex.: Fui eu que **fiz** a diferença.

Palavra QUEM: verbo na 3ª pessoa do singular.

Ex.: Fui eu *quem* **fez** a diferença.

Pela repetida utilização errônea, algumas gramáticas já toleram a concordância do verbo com a pessoa gramatical distinta da terceira, no caso de se utilizar um pronome pessoal como antecedente do "quem".

Um dos que: verbo no singular ou plural.

Ele foi *um dos que* **fez** (**fizeram**) a diferença.

Palavras sinônimas: verbo concorda com o mais próximo ou fica no plural.

Ex.: *A ruindade, a maldade, a vileza* **habita** (**habitam)** a alma do ser humano.

Quando os verbos estiverem acompanhados da palavra "SE": fique atento à função da palavra "SE".

SE - na função de pronome apassivador: verbo concorda com o sujeito paciente.

Vendem-se casas e sobrados em Alta Vista.

Presenteou-se o aluno aplicado com uma gramática.

SE - na função de índice de indeterminação do sujeito: verbo fica sempre na 3ª pessoa do singular.

Precisa-se de empregados com capacidade de aprender.

Vive-se muito bem na riqueza.

A dica é ficar de olho na transitividade do verbo. Se o verbo for VTI, VI ou VL, o termo "SE" será índice de indeterminação do sujeito.

Casos de concordância com o verbo "ser":

Quando indicar tempo ou distância: Concorda com o predicativo.

Amanhã **serão** 7 de fevereiro.

São 890 quilômetros daqui até Florianópolis.

Quando houver sujeito que indica quantidade e predicativo que indica suficiência ou excesso: Concorda com o predicativo.

Vinte milhões **era** muito por aquela casa.

Sessenta centavos **é** pouco por aquele lápis.

O verbo dar, no sentido de bater ou soar, acompanhado do termo hora(s): concorda com o sujeito.

Deram cinco horas no relógio do juiz.

Deu cinco horas o relógio juiz.

Verbo "parecer" – Concordância estranha.

Verbo "parecer" somado a infinitivo: Flexiona-se um dos dois.

Os alunos **pareciam** estudar novos conteúdos.

Os alunos **parecia estudarem** novos conteúdos.

Quando houver sujeito construído com nome no plural: com artigo no singular ou sem artigo: o verbo fica no singular.

Memórias Póstumas de Brás Cubas **continua** sendo lido por jovens estudantes.

Minas Gerais **é** um lindo lugar.

Com artigo plural: o verbo fica no plural.

Os Estados Unidos **aceitaram** os termos do acordo assinado.

7.2 Concordância Nominal

A concordância nominal está relacionada aos termos do grupo nominal. Ou seja, entram na dança o substantivo, o pronome, o artigo, o numeral e o adjetivo. Vamos à regra geral para a concordância.

Regra geral

O artigo, o numeral, o adjetivo e o pronome adjetivo devem concordar com o substantivo a que se referem em gênero e número.

Meu belíssimo e **antigo** carro **amarelo** quebrou, ontem, em **uma** rua **estreita.**

Os termos destacados acima, mantém uma relação harmoniosa com o núcleo de cada expressão. Relação tal que se estabelece em questões de gênero e de número.

A despeito de a regra geral dar conta de grande parte dos casos de concordância, devemos considerar a existência de casos particulares, que merecem atenção.

Casos que devem ser estudados

Dependendo da intencionalidade de quem escreve, pode-se realizar a concordância atrativa, primando por concordar com apenas um termo de uma sequência ou com toda a sequência. Vejamos:

Vi um carro e uma **moto** *vermelha*. (concordância apenas com o termo "moto")

Vi um carro e uma **moto** *vermelhos*. (concordância com ambos os elementos)

Bastante ou bastantes?

Se "bastante" é pronome adjetivo, será variável; se for advérbio (modificando o verbo), será invariável, ou seja, não vai para o plural.

Há *bastantes* **motivos** para sua ausência. (adjetivo)

Os alunos **falam** *bastante*. (advérbio)

Troque a palavra "bastante" por "muito". Se "muito" for para o plural, "bastante" também irá.

Anexo, incluso, apenso, obrigado, mesmo, próprio: são adjetivos que devem concordar com o substantivo a que se referem.

O *relatório* segue **anexo** ao documento.

Os *documentos* irão **apensos** ao relatório.

A expressão "em anexo" é invariável (não vai para plural nem para o feminino).

As planilhas irão **em anexo.**

É bom, é necessário, é proibido, é permitido: variam somente se o sujeito vier antecedido de um artigo ou outro termo determinante.

Maçã **é bom** para a voz. / A maçã **é boa** para a voz.

É necessário **aparecer** na sala. / É necessária **sua aparição** na sala.

Menos / alerta. São sempre invariáveis, contanto que respeitem sua classe de origem - advérbio: se forem derivadas para substantivo, elas poderão variar.

Encontramos **menos** alunos na escola. / Encontramos **menos** alunas na escola.

O policial ficou **alerta**. / Os policiais ficaram **alerta**.

Só / sós. Variam apenas quando forem adjetivos: quando forem advérbios, serão invariáveis.

Pedro apareceu **só** (sozinho) na sala. / Os meninos apareceram **sós** (sozinhos) na sala. (adjetivo)

Estamos **só** (somente) esperando sua decisão. (advérbio)

A expressão "a sós" é invariável.

A menina ficou **a sós** com seus pensamentos.

Troque "só" por "sozinho" (vai para o plural) ou "somente" (fica no singular).

8. ACENTUAÇÃO GRÁFICA

Antes de começar o estudo, é importante que você entenda quais são os padrões de tonicidade da Língua Portuguesa e quais são os encontros vocálicos presentes na Língua. Assim, fica mais fácil entender quais são as regras e como elas surgem.

Padrões de Tonicidade

Palavras oxítonas: última sílaba tônica (*so**fá**, ca**fé**, ji**ló***)

Palavras paroxítonas: penúltima sílaba tônica (fer**ru**gem, a**du**bo, sa**ú**de)

Palavras proparoxítonas: antepenúltima sílaba tônica (**â**nimo, **ví**tima, **á**timo)

Encontros Vocálicos

Hiato (encontro vocálico que se separa):

> Pi - **a** - no; sa - **ú** - de.

Ditongo (encontro vocálico que permanece unido na sílaba):

> cha - **péu**; to - **néis**.

Tritongo (encontro vocálico que permanece unido na sílaba):

> sa - g**uão**; U - ru - g**uai**.

8.1 Regras Gerais

Quanto às Proparoxítonas

Acentuam-se todas as palavras:

Vítima, **â**nimo, Hiper**bólico**

Quanto às Paroxítonas

Não se acentuam as terminadas em A, E, O (seguidas ou não de S) M e ENS.

Cas**te**lo, gra**na**da, pa**ne**la, pe**pi**no, **pa**jem, i**ma**gens etc.

Acentuam-se as terminadas em R, N, L, X, I ou IS, US, UM, UNS, PS, Ã ou ÃS e DITONGOS.

Susten**tá**vel, **tó**rax, **hí**fen, **tá**xi, **ál**bum, **bí**ceps, prin**cí**pio etc.

Fique de olho em alguns casos particulares, como as palavras terminadas em OM / ON / ONS

lândom; **pró**ton, **nêu**trons etc.

Nova Ortografia – olho aberto! Deixam de se acentuarem as paroxítonas com OO e EE

"Voo, enjoo, perdoo, magoo."

"Leem, veem, deem, creem."

Quanto às Oxítonas

São acentuadas as terminadas em:

A ou **AS**: So**fá**, Pa**rá**;

E ou **ES**: Ra**pé**, Ca**fé**;

O ou **OS**: Av**ô**, Ci**pó**;

EM ou **ENS**: Tam**bém**, Para**béns**.

Acentuação de Monossílabos

Acentuam-se os monossílabos tônicos terminados em **A**, **E** e **O**, seguidos ou não de **S**.

Pá, pó, pé, já, lá, fé, só.

Acentuação dos Hiatos

Acentuam-se os hiatos quando forem formados pelas letras **I** ou **U**, sozinhas ou seguidas de **S**:

Sa**ú**va, Ba**ú**, Bala**ús**tre, Pa**ís**.

Exceções:

Seguidas de **NH**: **Tainha**

Paroxítonas antecedidas de ditongo: Fe**i**ura

Com o **i** duplicado: Xi**i**ta

Ditongos Abertos

Serão acentuados os ditongos abertos **ÉU**, **ÉI** e **ÓI**, com ou sem **S**, quando forem oxítonos ou monossílabos.

Chap**éu**, R**éu**, Ton**éis**, Her**ói**, Past**éis**, Hot**éis**, Lenç**óis**.

Novo Acordo Ortográfico – fique de olho! Caiu o acento do ditongo aberto em posição de paroxítona.

"Ideia, Onomatopeia, Jiboia, Paranoia, Heroico etc."

Formas Verbais com Hífen

Para saber se há acento em uma forma verbal com hífen, deve-se analisar o padrão de tonicidade de cada bloco da palavra:

Aju**dá**-lo (oxítona terminada em "a" / monossílabo átono)

Con**tar**-lhe (oxítona terminada em "r" / monossílabo átono)

Convi**dá**-la-íamos. (oxítona terminada em "a" / proparoxítona)

Verbos "*ter*" e "*vir*"

Quando escritos na 3ª pessoa do singular, não serão acentuados:

Ele tem / ele vem.

Quando escritos na **3ª pessoa do plural**, receberão o **acento circunflexo**:

Eles **têm** / **vêm**

Nos verbos derivados das formas acima:

Acento agudo para singular - Contém / convém.

Acento circunflexo para o plural - Contêm / convêm.

Acentos Diferenciais

Alguns permanecem:

pôde / pode (pretérito perfeito / presente simples);

pôr / por (verbo / preposição);

fôrma[1] / forma (substantivo / verbo ou ainda substantivo).

Caiu o acento diferencial de:

para - pára (preposição / verbo);

pelo - pêlo (preposição + artigo / substantivo);

polo - pólo (preposição + artigo / substantivo);

pera - pêra (preposição + artigo / substantivo).

1 Nesse caso, é facultativo o acento.

9. COLOCAÇÃO PRONOMINAL

Esta parte do conteúdo é relativa ao estudo da posição dos pronomes oblíquos átonos em relação ao verbo. Antes de iniciar o estudo, trate de memorizar os pronomes em questão, do contrário, você não progredirá.

Pronomes Oblíquos Átonos
me
te
o, a, lhe, se
nos
vos
os, as, lhes, se

Quatro casos de colocação:

Próclise (anteposto ao verbo)

Nunca **o** vi.

Mesóclise (medial em relação ao verbo)

Dir-te-ei algo.

Ênclise (posposto ao verbo)

Passa-**me** a resposta.

Apossínclise (intercalação de uma ou mais palavras entre o pronome e o verbo)

Talvez tu **me** já não creias.

9.1 Regras de Próclise

Palavras ou expressões negativas:

Não **me** deixe aqui neste lugar!

Ninguém **lhe** disse que seria fácil.

Pronomes relativos:

O material de que **me** falaste é muito bom.

Eis o conteúdo que **me** causa nojo.

Pronomes indefinidos:

Alguém **me** disse que você vai ser transferido.

Tudo **me** parece estranho.

Conjunções subordinativas:

Confiei neles, assim que **os** conheci.

Disse que **me** faltavam palavras.

Advérbios:

Sempre **lhe** disse a verdade.

Talvez **nos** apareça a resposta para essa questão.

Pronomes interrogativos:

Quem **te** contou a novidade?

Que **te** parece essa situação?

"Em + gerúndio"

Em **se** tratando de Gramática, eu gosto muito!

Nesta terra, em **se** plantando, tudo há de nascer.

Particípio

Ele havia avisado-**me** (errado)

Ele **me** havia avisado (certo)

Sentenças optativas

Deus **lhe** pague!

Deus **o** acompanhe!

9.2 Regras de Mesóclise

Emprega-se o pronome oblíquo átono no meio da forma verbal, quando ela estiver no futuro do presente ou no futuro simples do pretérito do indicativo.

Chamar-**te**-ei, quando ele chegar.

Se houver tempo, contar-**vos**-emos nossa aventura.

Contar-**te**-ia a novidade.

9.3 Regras de Ênclise

Não se inicia sentença, em Língua Portuguesa, por pronome oblíquo átono. Ou seja, não coloque o pronome átono no início da frase.

Formas verbais:

Do **infinitivo impessoal** (precedido ou não da preposição "a");

Do **gerúndio**;

Do **imperativo afirmativo**;

Alcança-**me** o prato de salada, por favor!

Urge obedecer-**se** às leis.

O garoto saiu da sala desculpando-**se**.

Tratando-**se** desse assunto, não gosto de pensar.

Dá-**me** motivos para estudar.

Se o gerúndio vier precedido da preposição "em", deve-se empregar a próclise.

Em **se** tratando de Gramática, eu gosto muito.

9.4 Casos Facultativos

Sujeito expresso, próximo ao verbo.

O menino se machucou **(-se)**.

Eu **me** refiro **(-me)** ao fato de ele ser idiota.

Infinitivo antecedido de "não" ou de preposição.

Sabemos que não se habituar **(-se)** ao meio causa problemas.

O público o incentivou a se jogar **(-se)** do prédio.

10. REGÊNCIA VERBAL E NOMINAL

Regência é a parte da Gramática Normativa que estuda a relação entre dois termos, verificando se um termo serve de complemento a outro e se nessa complementação há uma preposição.

Dividimos a Regência em:

Regência Verbal (ligada aos verbos).

Regência Nominal (ligada aos substantivos, adjetivos ou advérbios).

10.1 Regência Verbal

Deve-se analisar, nesse caso, a necessidade de complementação, a presença ou ausência da preposição e a possibilidade de mudança de sentido do texto.

Vamos aos casos:

Agradar e desagradar: São transitivos indiretos (com preposição a) nos sentidos de satisfazer, contentar:

A biografia de Aníbal Machado **agradou/desagradou** à maioria dos leitores.

A criança **agradava** ao pai por ser muito comportada.

Agradar: Pode ser transitivo direto (sem preposição) se significar acariciar, afagar:

Agradar a esposa.

Pedro passava o dia todo **agradando** os seus gatos.

Agradecer: Transitivo direto e indireto, com a preposição a, no sentido de demonstrar gratidão a alguém:

Agradecemos a Santo Antônio o milagre alcançado.

Agradecemos-lhes a benesse concedida.

O verbo em questão também pode ser transitivo direto no sentido de mostrar gratidão por alguma coisa:

Agradeço a dedicação de todos os estudantes.

Os pais **agradecem** a dedicação dos professores para com os alunos.

Aspirar: É transitivo indireto (preposição "a") nos sentidos de desejar, pretender ou almejar:

Sempre **aspirei** a um cargo público.

Manoel **aspirava** a ver novamente a família na Holanda.

Aspirar: É transitivo direto na acepção de inalar, sorver, tragar, ou seja, mandar para dentro:

Aspiramos o perfume das flores.

Vimos a empregada **aspirando** a poeira do sofá.

Assistir: É transitivo direto no sentido de ajudar, socorrer etc:

O professor **assistia** o aluno.

Devemos **assistir** os mais necessitados.

Assistir: É transitivo indireto (complemento regido pela preposição "a") no sentido de ver ou presenciar:

Assisti ao comentário da palestra anterior.

Você deve **assistir** às aulas do professor!

Assistir: É transitivo indireto (complemento regido pela preposição "a") no sentido de "ser próprio de", "pertencer a":

O direito à vida **assiste** ao ser humano.

Esse comportamento **assiste** às pessoas vitoriosas.

Assistir: É intransitivo no sentido de morar ou residir:

Maneco **assistira** em Salvador.

Chegar: É verbo intransitivo e possui os adjuntos adverbiais de lugar introduzidos pela preposição "a":

Chegamos a Cascavel pela manhã.

Este é o ponto a que pretendia **chegar**.

Caso a expressão indique posição em um deslocamento, admite-se a preposição em:

Cheguei no trem à estação.

Os verbos ir e vir têm a mesma regência de chegar:

Nós **iremos** à praia amanhã.

Eles **vieram** ao cursinho para estudar.

Custar: Ter valor ou preço: verbo transitivo direto:

O avião **custa** 100 mil reais.

Ter como resultado certa perda ou revés: verbo transitivo direto e indireto:

Essa atitude **custou**-lhe a vida.

Ser difícil ou trabalhoso: intransitivo:

Custa muito entender esse raciocínio.

Levar tempo ou demorar: intransitivo:

Custa a vida para aprender a viver.

Esquecer / lembrar: Possuem a seguinte regra - se forem pronominais, terão complemento regido pela preposição "de"; se não forem, não haverá preposição:

Lembrei-**me de** seu nome. / Esqueci-me de seu nome.

Lembrei seu nome. / Esqueci seu nome.

Gostar: É transitivo indireto no sentido de apreciar (complemento introduzido pela preposição "de"):

Gosto de estudar.

Gosto muito de minha mãe.

Gostar: Como sinônimo de experimentar ou provar é transitivo direto:

Gostei a sobremesa apenas uma vez e já adorei.

Gostei o chimarrão uma vez e não mais o abandonei.

Implicar: pode ser:

Transitivo direto (sentido de acarretar):

Cada escolha **implica** uma renúncia.

Transitivo direto e indireto (sentido de envolver alguém em algo):

Implicou a irmã no crime.

Transitivo indireto (sentido de rivalizar):

Joana estava **implicando** com o irmão menor.

O verbo informar é bitransitivo, ou seja, é transitivo direto e indireto. Quem informa, informa:

» Algo a alguém: **Informei** o acontecido para Jonas.

» Alguém de algo: **Informei**-o do acontecido.

» Alguém sobre algo: **Informei**-o sobre o acontecido.

Morar / Residir: Verbos intransitivos (ou, como preconizam alguns dicionários, transitivo adverbiado), cujos adjuntos adverbiais de lugar são introduzidos pela preposição "em":

José **mora** em Alagoas.

Há boas pessoas **residindo** em todos os estados do Brasil.

Obedecer: É um verbo transitivo indireto:

Os filhos **obedecem** aos pais.

Obedeça às leis de trânsito.

Embora transitivo indireto, admite forma passiva:

"Os pais são obedecidos pelos filhos."

O antônimo "desobedecer" também segue a mesma regra.

Perdoar: É transitivo direto e indireto, com objeto direto de coisa e indireto de pessoa:

Jesus **perdoou** os pecados aos pecadores.

Perdoava-lhe a desconsideração.

Perdoar admite a voz passiva:

"Os pecadores foram perdoados por Deus."

Precisar: É transitivo indireto (complemento regido pela preposição de) no sentido de "necessitar":

Precisaremos de uma nova Gramática.

Precisar: É transitivo direto no sentido de indicar com precisão:

Magali não soube **precisar** quando o marido voltaria da viagem.

Preferir É um verbo bitransitivo, ou seja, é transitivo direto e indireto, sempre exigindo a preposição a (preferir alguma coisa a outra):

Ex.: Adelaide **preferiu** o filé ao risoto.

Ex.: Prefiro estudar a ficar em casa descansando.

Ex.: Prefiro o sacrifício à desistência.

É incorreto reforçar o verbo "preferir" ou utilizar a locução "do que".

Proceder: É intransitivo na acepção de "ter cabimento":

Suas críticas são vazias, não **procedem**.

Proceder: É também intransitivo na acepção de "portar-se":

Todas as crianças **procederam** bem ao lavarem as mãos antes do lanche.

Proceder: No sentido de "ter procedência" é utilizado com a preposição de:

Acredito que a dúvida **proceda** do coração dos curiosos.

Proceder: É transitivo indireto exigindo a preposição a no sentido de "dar início":

Os investigadores **procederam** ao inquérito rapidamente.

Querer: É transitivo direto no sentido de "desejar":

Eu **quero** um carro novo.

Querer: É transitivo indireto (com o complemento de pessoa) no sentido de "ter afeto":

Quero muito a meus alunos que são dedicados.

Solicitar: É utilizado, na maior parte dos casos, como transitivo direto e indireto. Nada impede, entretanto, que se construa como transitivo direto:

O juiz **solicitou** as provas ao advogado.

Solicito seus documentos para a investidura no cargo.

Visar: É transitivo direto na acepção de mirar:

O atirador **visou** o alvo e disparou um tiro certeiro.

Visar: É transitivo direto também no sentido de "dar visto", "assinar":

O gerente havia **visado** o relatório do estagiário.

Visar: É transitivo indireto, exigindo a preposição a, na acepção de "ter em vista", "pretender", "almejar":

Pedro **visava** ao amor de Mariana.

As regras gramaticais **visam** à uniformidade da expressão linguística.

10.2 Regência Nominal

Alguns nomes (substantivos, adjetivos e advérbios) são comparáveis aos verbos transitivos indiretos: precisam de um complemento introduzido por uma preposição.

Acompanhemos os principais termos que exigem regência especial.

Substantivo		
Admiração a, por	Devoção a, para, com, por	Medo a, de
Aversão a, para, por	Doutor em	Obediência a
Atentado a, contra	Dúvida acerca de, em, sobre	Ojeriza a, por
Bacharel em	Horror a	Proeminência sobre
Capacidade de, para	Impaciência com	Respeito a, com, para com, por
Exceção a	Excelência em	Exatidão de, em
Dissonância entre	Divergência com, de, em, entre, sobre	Referencia a
Alusão a	Acesso a	Menção a

Adjetivos		
Acessível a	Diferente de	Necessário a
Acostumado a, com	Entendido em	Nocivo a
Afável com, para com	Equivalente a	Paralelo a
Agradável a	Escasso de	Parco em, de
Alheio a, de	Essencial a, para	Passível de
Análogo a	Fácil de	Preferível a
Ansioso de, para, por	Fanático por	Prejudicial a
Apto a, para	Favorável a	Prestes a

Ávido de	Generoso com	Propício a
Benéfico a	Grato a, por	Próximo a
Capaz de, para	Hábil em	Relacionado com
Compatível com	Habituado a	Relativo a
Contemporâneo a, de	Idêntico a	Satisfeito com, de, em, por
Contíguo a	Impróprio para	Semelhante a
Contrário a	Indeciso em	Sensível a
Curioso de, por	Insensível a	Sito em
Descontente com	Liberal com	Suspeito de
Desejoso de	Natural de	Vazio de
Distinto de, em, por	Dissonante a, de, entre	Distante de, para

Advérbios		
Longe de	Perto de	Relativamente a
Contemporaneamente a	Impropriamente a	Contrariamente a

É provável que você encontre um grande número de listas com palavras e suas regências, porém a maneira mais eficaz de se descobrir a regência de um termo é fazer uma pergunta para ele e verificar se, na pergunta, há uma preposição. Havendo, descobre-se a regência.

Ex.: A descoberta era **acessível** a todos.

Faz-se a pergunta: algo que é acessível é acessível? (a algo ou a alguém). Descobre-se, assim, a regência de acessível.

11. CRASE

O acento grave é solicitado nas palavras quando há a união da preposição "a" com o artigo (ou a vogal dependendo do caso) feminino "a" ou com os pronomes demonstrativos (aquele, aquela, aquilo e "a").

Ex.: Mário foi **à** festa ontem.

Tem-se o "a" preposição e o "a" artigo feminino.

Quem vai, vai a algum lugar / festa é palavra feminina, portanto, admite o artigo "a".

Chegamos **àquele** assunto (a + aquele).

A gravata que eu comprei é semelhante **à** que você comprou (a + a).

Decore os casos em que não ocorre crase, pois a tendência da prova é perguntar se há crase ou não. Sabendo os casos proibitivos, fica muito fácil.

11.1 Crase Proibitiva

Não se pode usar acento grave indicativo de crase:

Antes de palavras masculinas.

Ex.: Fez uma pergunta **a** Mário.

Antes de palavras de sentido indefinido.

Ex.: Não vai **a** festas, **a** reuniões, **a** lugar algum.

Antes de verbos.

Ex.: Todos estão dispostos **a** colaborar.

De pronomes pessoais.

Ex.: Darei um presente **a ela**.

De nomes de cidade, estado ou país que não utilizam o artigo feminino.

Ex.: Fui **a** Cascavel. / Vou **a** Pequim.

Da palavra "casa" quando tem significado de próprio lar, ou seja, quando ela aparecer indeterminada na sentença.

Ex.: Voltei a casa, pois precisava comer algo.

Quando houver determinação da palavra casa, ocorrerá crase.

"Voltei à casa de meus pais"

Da palavra "terra" quando tem sentido de solo;

Ex.: Os tripulantes vieram a terra.

A mesma regra da palavra "casa" se aplica à palavra terra.

De expressões com palavras repetidas;

Dia a dia, mano a mano, face a face, cara a cara etc.

Diante de numerais cardinais referentes a substantivos que não estão determinados pelo artigo:

Ex.: Irei assistir a duas aulas de Língua Portuguesa.

No caso de locuções adverbiais que exprimem hora determinada e nos casos em que o numeral estiver precedido de artigo, acentua-se:

"Chegamos às oito horas da noite."

"Assisti às duas sessões de ontem."

No caso dos numerais, há uma dica para facilitar o entendimento dos casos de crase. Se houver o "a" no singular e a palavra posterior no plural, não ocorrerá o acento grave. Do contrário, ocorrerá.

11.2 Crase Obrigatória

Locução adverbial feminina.

Ex.: À noite, à tarde, às pressas, às vezes, à farta, à vista, à hora certa, à esquerda, à direita, à toa, às sete horas, à custa de, à força de, à espera de, à vontade, à toa.

Termos femininos ou masculinos com sentido da expressão "à moda de" ou "ao estilo de".

Ex.: Filé à milanesa, servir à francesa, brigar à portuguesa, gol à Pelé, conto à Machado de Assis, discurso à Rui Barbosa etc.

Locuções conjuntivas proporcionais.

Ex.: À medida que, à proporção que.

Locuções prepositivas.

Ex.: À procura de, à vista de, à margem de, à beira de, à custa de, à razão de, à mercê de, à maneira de etc.

Para evitar ambiguidade: receberá o acento o termo afetado pela ação do verbo (objeto direto preposicionado).

Ex.: Derrubou a menina **à panela**.

Ex.: Matou a vaca **à cobra**.

Diante da palavra distância quando houver determinação da distância em questão:

Ex.: Achava-se à **distância de cem** (ou de alguns) **metros**.

Antes das formas de tratamento "senhora", "senhorita" e "madame" = não há consenso entre os gramáticos, no entanto, opta-se pelo uso.

Ex.: Enviei lindas flores **à senhorita**.

Ex.: Josias remeteu uma carta **à senhora**.

11.3 Crase Facultativa

Após a preposição até:

As crianças foram até **à escola**.

Antes de pronomes possessivos femininos:

Ele fez referência **à nossa causa!**

Antes de nomes próprios femininos:

Mandei um SMS **à Joaquina**.

Antes da palavra Dona.

Remeti uma carta à **Dona Benta**.

Não se usa crase antes de nomes históricos ou sagrados:

"O padre fez alusão a Nossa Senhora."

"Quando o professor fez menção a Joana D'Arc, todos ficaram entusiasmados."

12. PONTUAÇÃO

A pontuação assinala a melodia de nossa fala, ou seja, as pausas, a ênfase etc.

12.1 Principais Sinais e Usos

Vírgula

É o sinal mais importante para concurso público.

Usa-se a vírgula para:

Separar termos que possuem mesma função sintática no período:

José, **Maria**, **Antônio** e **Joana** foram ao mercado. (função de núcleo do sujeito)

Isolar o vocativo:

Então, **minha cara**, não há mais o que se dizer!

Isolar um aposto explicativo (cuidado com essa regra, veja que não há verbo no aposto explicativo):

O João, **ex-integrante da comissão**, veio fazer parte da reunião.

Isolar termos antecipados, como: complemento, adjunto ou predicativo:

Na semana passada, comemos camarão no restaurante português. (antecipação de adjunto adverbial)

Separar expressões explicativas, conjunções e conectivos:

isto é, ou seja, por exemplo, além disso, pois, porém, mas, no entanto, assim etc.

Separar os nomes dos locais de datas:

Cascavel, 02 de maio de 2012.

Isolar orações adjetivas explicativas (pronome relativo + verbo + vírgula):

O Brasil, **que é um belíssimo país**, possui ótimas praias.

Separar termos de uma enumeração:

Vá ao mercado e traga **cebola**, **alho**, **sal**, **pimenta e coentro**.

Separar orações coordenadas:

Esforçou-se muito, **mas não venceu o desafio**. (oração coordenada sindética adversativa)

Roubou todo o dinheiro, **e ainda apareceu na casa**. (oração coordenada sindética aditiva).

A vírgula pode ser utilizada antes da conjunção aditiva "e" caso se queira enfatizar a oração por ela introduzida.

Omitir um termo, elipse (no caso da elipse verbal, chamaremos "zeugma"):

De dia era um anjo, de noite um **demônio**. (omissão do verbo "ser")

Separar termos de natureza adverbial deslocado dentro da sentença:

Na semana passada, trinta alunos foram aprovados no concurso. (locução adverbial temporal)

Se estudar muito, você será aprovado no concurso. (oração subordinada adverbial condicional)

Ponto final

Usa-se o ponto final:

Ao final de frases para indicar uma pausa total; é o que marca o fim de um período:

Depois de passar no concurso, comprarei um carro.

Em abreviaturas:

Sr., a. C., Ltda., num., adj., obs., máx., *bat., brit. etc.*

Ponto e vírgula

Usam-se ponto e vírgula para:

Separar itens que aparecem enumerados:

Uma boa dissertação apresenta:

Coesão;

Coerência;

Progressão lógica;

Riqueza lexical;

Concisão;

Objetividade;

Aprofundamento.

Separar um período que já se encontra dividido por vírgulas:

Não gostava de trabalhar; queria, no entanto, muito dinheiro no bolso.

Separar partes do texto que se equilibram em importância:

Os pobres dão pelo pão o trabalho; os ricos dão pelo pão a fazenda; os de espíritos generosos dão pelo pão a vida; os de nenhum espírito dão pelo pão a alma.(Vieira).

O capitalismo é a exploração do homem pelo homem; o socialismo é exatamente o contrário.

Dois Pontos

São usados dois pontos quando:

Se vai fazer uma citação ou introduzir uma fala:

José respondeu:

- Não, muito obrigado!

Se quer indicar uma enumeração:

Quero apenas uma coisa: que vocês sejam aprovados no concurso!

Aspas

São usadas aspas para indicar:

Citação presente no texto. Ex.:

"Há distinção entre categorias do pensamento" - disse o filósofo.

Expressões estrangeiras, neologismos, gírias. Ex.:

Na parede, haviam pintado a palavra "love". (expressão estrangeira)

Ficava "bailarinando", como diria Guimarães. (neologismo)

"Velho", esconde o "cano" aí e "deixa baixo". (gíria)

Reticências

São usadas para indicar supressão de um trecho, interrupção na fala, ou dar ideia de continuidade ao que se estava falando. Ex.:

(...) Profundissimamente hipocondríaco Este ambiente me causa repugnância Sobe-me à boca uma ânsia análoga à ânsia Que se escapa pela boca de um cardíaco(...)

Eu estava andando pela rua quando...

Eu gostei da nova casa, mas da garagem...

Parênteses

São usados quando se quer explicar melhor algo que foi dito ou para fazer simples indicações. Ex.:

Foi o homem que cometeu o crime (o assassinato do irmão).

Travessão

Indica a fala de um personagem:

Ademar falou. Ex.:

- Amigo, preciso contar algo para você.

Isola um comentário no texto. Ex.:

O estudo bem realizado - **diga-se de passagem, que quase ninguém faz** - é o primeiro passo para a aprovação.

Isola um aposto na sentença. Ex.:

A Semântica – **estudo sobre as relações de sentido** - é importantíssima para o entendimento da Língua.

Reforçar a parte final de um enunciado. Ex.:

Para passar no concurso, é preciso estudar muito — **muito mesmo.**

Trocas

A Banca, eventualmente, costuma perguntar sobre a possibilidade de troca de termos, portanto, atenção!

» Vírgulas, travessões e parênteses, quando isolarem um aposto, podem ser trocadas sem prejuízo para a sentença;

» Travessões podem ser trocados por dois pontos, a fim de enfatizar um enunciado.

Regra de ouro

Na ordem natural de uma sentença, é proibido:

→ Separar Sujeito e Predicado com vírgulas:

"Aqueles maravilhosos velhos ensinamentos de meu pai foram de grande utilidade. (certo) Aqueles maravilhosos velhos ensinamentos de meu pai, foram de grande utilidade. (errado)."

→ Separar Verbo de Objeto:

"O presidente do maravilhoso país chamado Brasil assinou uma lei importante. (certo) O presidente do maravilhoso país chamado Brasil assinou, uma lei importante. (errado)"

13. TIPOLOGIA TEXTUAL

O conteúdo relativo à tipologia textual é, deveras, fácil. Precisamos, apenas, destacar alguns elementos estruturantes a cada tipo de texto. Dessa forma, você conseguirá responder quaisquer questões relacionadas a essa temática.

O primeiro item que se deve ter em mente na hora de analisar um texto segundo sua tipologia é o caráter da predominância. Isso quer dizer que um mesmo agrupamento textual pode possuir características de diversas tipologias distintas, porém as questões costumam focalizar qual é o "tipo" predominante, o que mais está evidente no texto. Um pouco de bom-senso e uma pequena dose de conhecimento relativo ao assunto são necessários para obter sucesso nesse conteúdo.

Trabalharemos com três tipologias básicas: **narração, dissertação e descrição.** Vamos ao trabalho:

13.1 Narração

Facilmente identificável, a tipologia narrativa guarda uma característica básica: contar algo, transmitir a ocorrência de fatos e/ou ações que possuam um registro espacial e temporal. Quer dizer, a narração necessita, também, de um espaço bem marcado e de um tempo em que as ações narradas ocorram. Discorramos sobre cada aspecto separadamente.

São elementos de uma NARRAÇÃO:

Personagem: Quem pratica ação dentro da narrativa, é claro. Deve-se observar que os personagens podem possuir características físicas (altura, aparência, cor do cabelo etc.) e psicológicas (temperamento, sentimentos, emoções etc.), as quais podem ser descritas ao longo do texto.

Espaço: Trata-se do local em que a ação narrativa ocorre.

Tempo: É o lapso temporal em que a ação é descrita. Não se engane, o tempo pode ser enunciado por um simples "era uma vez".

Ação: Não existe narração sem ação! Ou seja, os personagens precisam fazer algo, ou sofrer algo para que haja ação narrativa.

Narrador: Afinal, como será contada uma estória sem uma voz que a narre? Portanto, este é outro elemento estruturante da tipologia narrativa. O narrador pode estar inserido na narrativa ou apenas "observar" e narrar os acontecimentos.

Note-se que, na tipologia narrativa, os verbos flexionados no pretérito são mais evidentes.

Eis um exemplo de narração, tente observar os elementos descritos acima, no texto:

Um Apólogo

Machado de Assis

Era uma vez uma agulha, que disse a um novelo de linha:

— Por que está você com esse ar, toda cheia de si, toda enrolada, para fingir que vale alguma cousa neste mundo?

— Deixe-me, senhora.

— Que a deixe? Que a deixe, por quê? Porque lhe digo que está com um ar insuportável? Repito que sim, e falarei sempre que me der na cabeça.

— Que cabeça, senhora? A senhora não é alfinete, é agulha. Agulha não tem cabeça. Que lhe importa o meu ar? Cada qual tem o ar que Deus lhe deu. Importe-se com a sua vida e deixe a dos outros.

— Mas você é orgulhosa.

— Decerto que sou.

— Mas por quê?

— É boa! Porque coso. Então os vestidos e enfeites de nossa ama, quem é que os cose, senão eu?

— Você? Esta agora é melhor. Você é que os cose? Você ignora que quem os cose sou eu e muito eu?— Você fura o pano, nada mais; eu é que coso, prendo um pedaço ao outro, dou feição aos babados...

— Sim, mas que vale isso? Eu é que furo o pano, vou adiante, puxando por você, que vem atrás obedecendo ao que eu faço e mando...

— Também os batedores vão adiante do imperador.

— Você é imperador?

— Não digo isso. Mas a verdade é que você faz um papel subalterno, indo adiante; vai só mostrando o caminho, vai fazendo o trabalho obscuro e ínfimo. Eu é que prendo, ligo, ajunto...

Estavam nisto, quando a costureira chegou à casa da baronesa. Não sei se disse que isto se passava em casa de uma baronesa, que tinha a modista ao pé de si, para não andar atrás dela. Chegou a costureira, pegou do pano, pegou da agulha, pegou da linha, enfiou a linha na agulha, e entrou a coser. Uma e outra iam andando orgulhosas, pelo pano adiante, que era a melhor das sedas, entre os dedos da costureira, ágeis como os galgos de Diana — para dar a isto uma cor poética. E dizia a agulha:

— Então, senhora linha, ainda teima no que dizia há pouco? Não repara que esta distinta costureira só se importa comigo; eu é que vou aqui entre os dedos dela, unidinha a eles, furando abaixo e acima...

A linha não respondia; ia andando. Buraco aberto pela agulha era logo enchido por ela, silenciosa e ativa, como quem sabe o que faz, e não está para ouvir palavras loucas. A agulha, vendo que ela não lhe dava resposta, calou-se também, e foi andando. E era tudo silêncio na saleta de costura; não se ouvia mais que o plic-plic-plic-plic da agulha no pano. Caindo o sol, a costureira dobrou a costura, para o dia seguinte. Continuou ainda nessa e no outro, até que no quarto acabou a obra, e ficou esperando o baile.

Veio a noite do baile, e a baronesa vestiu-se. A costureira, que a ajudou a vestir-se, levava a agulha espetada no corpinho, para dar algum ponto necessário. E enquanto compunha o vestido da bela dama, e puxava de um lado ou outro, arregaçava daqui ou dali, alisando, abotoando, acolchetando, a linha para mofar da agulha, perguntou-lhe:

— Ora, agora, diga-me, quem é que vai ao baile, no corpo da baronesa, fazendo parte do vestido e da elegância? Quem é que vai dançar com ministros e diplomatas, enquanto você volta para a caixinha da costureira, antes de ir para o balaio das mucamas? Vamos, diga lá.

Parece que a agulha não disse nada; mas um alfinete, de cabeça grande e não menor experiência, murmurou à pobre agulha:

— Anda, aprende, tola. Cansas-te em abrir caminho para ela e ela é que vai gozar da vida, enquanto aí ficas na caixinha de costura. Faze como eu, que não abro caminho para ninguém. Onde me espetam, fico.

Contei esta história a um professor de melancolia, que me disse, abanando a cabeça:

— Também eu tenho servido de agulha a muita linha ordinária!

13.2 Dissertação

O texto dissertativo, também chamado por alguns de informativo, possui a finalidade de discorrer sobre determinado assunto, apresentando fatos, opiniões de especialista, dados quantitativos ou mesmo informações sobre o assunto da dissertação. É preciso entender que nem sempre a dissertação busca persuadir o seu interlocutor, ela pode simplesmente transmitir informações pertinentes ao assunto dissertado.

Quando a persuasão é objetivada, o texto passa a ter também características argumentativas. A rigor, as questões de concurso público focalizam a tipologia, não seus interstícios, portanto, não precisa ficar desesperado com o fato de haver diferença entre texto dissertativo-expositivo e texto dissertativo-argumentativo. Importa saber que ele é dissertativo.

Toda boa dissertação possui a ***Introdução*** do tema, o ***Desenvolvimento*** coeso e coerente, que está vinculado ao que se diz na introdução, e uma ***Conclusão*** lógica do texto, evidenciando o que se permite compreender por meio da exposição dos parágrafos de desenvolvimento.

A tipologia dissertativa pode ser facilmente encontrada em editoriais, textos de divulgação acadêmica, ou seja, com caráter científico, ensaios, resenhas, artigos científicos e textos pedagógicos.

Exemplo de dissertação:

Japão foi avisado sobre problemas em usinas dois anos antes, diz Wikileaks

O Wikileaks, site de divulgação de informações consideradas sigilosas, vazou um documento que denuncia que o governo japonês já havia sido avisado pela vigilância nuclear internacional que suas usinas poderiam não ser capazes de resistir a terremotos. O relatório, assinado pelo embaixador Thomas Schieffer obtido pelo WikiLeaks foi publicado hoje pelo jornal britânico, The Guardian.

O documento revela uma conversa de dezembro de 2008 entre o então deputado japonês, Taro Kono, e um grupo diplomático norte-americano durante um jantar. Segundo o relatório, um membro da Agência Internacional de Energia Atômica (AIEA) disse que as normas de segurança estavam obsoletas para aguentar os fortes terremotos, o que significaria "um problema grave para as centrais nucleares". O texto diz ainda que o governo do Japão encobria custos e problemas associados a esse ramo da indústria.

Diante da recomendação da AIEA, o Japão criou um centro de resposta de emergência em Fukushima, capaz de suportar, apenas, tremores até magnitude 7,0.

13.3 Descrição

Em um texto descritivo, faz-se um tipo de retrato por escrito de um lugar, uma pessoa, um animal ou um objeto. Os adjetivos são abundantes nessa tipologia, uma vez que a sua função de caracterizar os substantivos é extremamente exigida nesse contexto. É possível existir um texto descritivo que enuncie características de sensações ou sentimentos, porém não é muito comum em provas de concurso público. Não há relação temporal na descrição. Os verbos relacionais são mais presentes, para poder evidenciar aspectos e características. Significa "criar" com palavras uma imagem.

Exemplo de texto descritivo:

Texto extraído da prova do BRB (2010) – Banca CESPE/UnB

Nome científico: *Ginkgo biloba L.*
Nome popular: *Nogueira-do-japão*
Origem: *Extremo Oriente*
Aspecto: *as folhas dispõem-se em leque e são semelhantes ao trevo; a altura da árvore pode chegar a 40 metros; o fruto lembra uma ameixa e contém uma noz que pode ser assada e comida*

14. COMPREENSÃO E INTERPRETAÇÃO DE TEXTOS

É bastante comum e compreensível que os concursandos tenham algum tipo de dificuldade nas questões de compreensão e interpretação de textos. Isso é oriundo do próprio histórico de leituras que o candidato possui, uma vez que grande parte dos concursandos querem gabaritar uma prova, ou mesmo conseguir um cargo público, sem possuir o menor hábito de leitura. Ou seja você precisa adquirir (se ainda não possui) o bom costume de ler.

Por "ler", entende-se buscar os meandros de um texto, de uma canção, de qualquer coisa com que entremos em contato. Mesmo um discurso ou um diálogo podem ser "lidos". O grande problema fica a cargo de que o bom brasileiro gosta de fazer qualquer coisa, menos de ler. Parece até que aquilo que era uma diversão, um bom entretenimento virou um pesadíssimo "fardo". Você não pode pensar desse modo. Ler deve ser uma prática constante.

E na hora do concurso? Como proceder?

Há três elementos fundamentais para boa interpretação:

Eliminação dos vícios de leitura ;

Organização;

"Malandragem".

Vícios de leitura

A pior coisa que pode acontecer com o concursando, quando recebe aquele texto "capetótico" para ler e interpretar, é cair num vício de leitura. Veja se você possui algum deles. Caso possua, tente eliminar o quanto antes.

O Movimento:

Como tudo inicia. O indivíduo pega o texto para ler e não para quieto. Troca a maneira de sentar, troca a posição do texto, nada está bom, nada está confortável. Em casa, senta para estudar e o que acontece? Fome. Depois? Sede. Então, a pessoa fica se mexendo para pegar comida, para tomar água, para ficar mais sossegado e o fluxo de leitura vai para o espaço. FIQUE QUIETO! O conceito é militar! Sente-se e permaneça assim até acabar a leitura, do contrário, vai acabar com a possibilidade de entender o que está escrito. Estudar com televisão, rádio, *msn* e qualquer coisa dispersiva desse gênero só vai atrapalhar você.

O Apoio:

Não é aconselhável utilizar apoios para a leitura, tais como: réguas, acompanhar a linha com a caneta, ler em voz baixa, passar o dedo pelo papel etc. Basta pensar que seus olhos são muito mais rápidos que qualquer movimento ou leitura em voz alta. Gaguejou, escorregou no papel, dançou.

O Garoto da Borboleta:

Se você possui os vícios "a" e "b", certamente é um "garoto da borboleta" também. Isso quer dizer que é um desatento que fica facilmente (fatalmente) disperso. Tudo chama sua atenção: caneta batendo na mesa, o concorrente barulhento, a pessoa estranha que está em sua frente, o tempo passando etc. Você vai querer ficar voltando ao início do texto porque não conseguiu compreender nada e, finalmente, vai perder as questões de interpretação.

Organização da leitura

Para que ocorra organização, é necessário compreender que todo texto possui:

Posto: aquilo que é dito no texto. O conteúdo expresso.

Pressuposto: aquilo que não está dito, mas que é facilmente compreendido.

Subentendido: o que se pode interpretar por uma soma de dito com não-dito.

Veja um exemplo:

Alguém diz: "felizmente, meu tio parou de beber." É certo que o dito se compõe pelo conteúdo da mensagem: o homem parou de beber. O não-dito, ou pressuposto, fica a cargo da ideia de que meu tio "bebia", agora, não bebe mais. Por sua vez, o subentendido pode ser abstraído como "meu tio possuía problemas com a bebida e eu assumo isso por meio da sentença que profiro". Não é difícil! É necessário, no entanto, possuir uma certa "malandragem linguística" para perceber isso de início. Veremos isso ao longo do texto.

As dicas de organização não são novas, mas são eficazes, vamos lá:

Ler mais de uma vez o texto (quando for curtinho, é lógico):

A primeira leitura é para tomar contato com o assunto, a segunda, para observar como o texto está articulado.

Ao lado de cada parágrafo, escreva a principal ideia (tópico frasal) ou argumento mais forte do trecho. Isso ajuda você a ter clareza da temática e como ela está sendo desenvolvida.

Se o texto for muito longo, recomenda-se ler primeiro a questão de interpretação, para, então, buscá-la na leitura.

Observar as relações entre parágrafos:

Observar que há relações de exemplificação, oposição, causalidade entre os parágrafos do texto, por isso, tente compreender as relações intratextuais nos parágrafos.

Ficar de olho aberto para as conjunções adversativas: no entanto, contudo, entretanto, etc.

Atentar para o comando da questão:

Responda àquilo que foi pedido.

» **Dica**: entenda que modificar e prejudicar o sentido não são a mesma coisa.

Palavras de alerta (polarizadoras):

Sublinhar palavras como: erro, incorreto, correto e exceto, para não se confundir no momento de responder à questão.

Inaceitável, incompatível e incongruente também podem aparecer.

Limitar os horizontes:

Não imaginar que você sabe o que o autor quis dizer, mas sim entender o que ele disse: o que ele escreveu. Não extrapolar a significação do texto. Para isso, é importante prestar atenção no significado das palavras.

Pode até ser coerente o que você concluiu, mas se não há base textual, descarte.

» **Ex.**: O homem **pode** morrer de infarto. / O homem **deve** morrer de infarto.

Busque o tema central do texto:

Geralmente aparece no primeiro parágrafo do texto.

Desenvolvimento:

Se o enunciado mencionar a argumentação do texto, você deve buscar entender o que ocorre com o desenvolvimento dos parágrafos.

Verificar se o desenvolvimento ocorre por:

» Causa e consequência;
» Enumeração de fatos;
» Retrospectiva histórica;
» Fala de especialista;
» Resposta a um questionamento;
» Sequência de dados;
» Estudo de caso;
» Exemplificação.

Relatores:

Atentar para os pronomes relativos e demonstrativos no texto. Ele auxiliam o leitor a entender como se estabelece a coesão textual.

Alguns deles:

» Que;
» Cujo;
» O qual;
» Onde;
» Esse;
» Este;
» Isso;
» Isto.

Entender se a questão é de interpretação ou de compreensão:

Interpretação

Parte do texto para uma conclusão. As questões que solicitam uma inferência apresentam as seguintes estruturas:

» É possível entender que...
» O texto possibilita o entendimento de que...
» O texto encaminha o leitor para...
» O texto possibilita deduzir que...
» Depreende-se do texto que...
» Com apoio no texto, infere-se que...
» Entende-se que...
» Compreende-se que...

Compreensão

Buscam-se as informações solicitadas pela questão no texto. As questões dessa natureza possuem as seguintes estruturas:

» De acordo com o texto, é possível afirmar....
» Segundo o texto...
» Conforme o autor...
» No texto...
» Conforme o texto...

Tomar cuidado com as generalizações.

Na maior parte das vezes, o elaborador da prova utiliza a generalização para tornar a questão incorreta.

Atenção para as palavras "sempre, nunca, exclusivamente, unicamente, somente".

O que você não deve fazer!

"Viajar" no texto: interpretar algo para além do que o texto permite.

Ser "mão-de-vaca": interpretar apenas um trecho do texto.

Dar uma de "Zé Mané" e entender o contrário: fique atento a palavras como "pode", "não", "deve" etc.

"Malandragem da banca"

Talvez seja essa a característica mais difícil de se desenvolver no concursando, pois ela envolve o conhecimento do tipo de interpretação e dos limites estabelecidos pelas bancas. Só há uma maneira de ficar "malandro" estudando para concurso público: realizando provas! Pode parecer estranho, mas depois de resolver 200 questões da mesma banca, você já consegue prever como será a próxima questão. Prever é garantir o acerto! Então, faça exercícios até cansar e, quando cansar, faça mais um pouco. Assim você fica "malandro" na banca!

Vamos trabalhar com alguns exemplos agora:

Exemplo I

Entre os maiores obstáculos ao pleno desenvolvimento do Brasil, está a educação. Este é o próximo grande desafio que deve ser enfrentado com paciência, mas sem rodeios. É a bola da vez dentro das políticas públicas prioritárias do Estado. Nos anos 90 do século passado, o país derrotou a inflação — que corroía salários, causava instabilidade política e irracionalidade econômica. Na primeira década deste século, os avanços deram-se em direção a uma agenda social, voltada para a redução da pobreza e da desigualdade estrutural. Nos próximos anos, a questão da melhoria da qualidade do ensino deve ser uma obrigação dos governantes, sejam quais forem os ungidos pelas decisões das urnas.

Jornal do Brasil, Editorial, 21/1/2010 (com adaptações).

Agora o mesmo texto, devidamente marcado.

Entre **os maiores obstáculos** ao pleno desenvolvimento do Brasil, está a educação. Este é o **próximo grande desafio** que deve ser enfrentado com paciência, mas sem rodeios. É a **bola da vez** dentro das políticas públicas prioritárias do Estado. **Nos anos 90 do século passado,** o país derrotou a inflação — que corroía salários, causava instabilidade política e irracionalidade econômica. **Na primeira década deste século**, os avanços deram-se em direção a uma agenda social, voltada para a redução da pobreza e da desigualdade estrutural. **Nos próximos anos**, a questão da melhoria da qualidade do ensino deve ser uma **OBRIGAÇÃO DOS GOVERNANTES**, sejam quais forem os ungidos pelas decisões das urnas.

Comentário: Observe que destacamos para você elementos que podem surgir, posteriormente como questões. O texto inicia falando que há mais obstáculos além da educação. Também argumenta, posteriormente, que já houve outros desafios além desse que ele chama de "próximo grande desafio". Utilizando uma expressão de sentido **Conotativo** (bola da vez), o escritor anuncia que a educação ocupa posição de destaque quando o assunto se volta para as políticas públicas prioritárias do Estado.

No decorrer do texto, que se desenvolve por um tipo de retrospectiva histórica (veja o que está sublinhado), o redator traça um panorama dessas políticas públicas ao longo da história do país, fazendo uma previsão para os anos vindouros (o que foi destacado em caixa alta).

Exemplo II

Um passo fundamental para que não nos enganemos quanto à **natureza do capitalismo contemporâneo** e o significado das políticas empreendidas pelos países centrais para enfrentar a recente **crise econômica** é problematizarmos, com cuidado, o termo **neoliberalismo**: "começar pelas palavras talvez não seja coisa vã", escreve Alfredo Bosi em Dialética da Colonização.

A partir da década de 1980, buscando exprimir a natureza do capitalismo contemporâneo, muitos, principalmente os críticos, utilizaram esta palavra que, por fim, se generalizou. Mas o que, de fato, significa? O prefixo neo quer dizer novo; portanto, novo liberalismo. Ora, durante o século **XIX DEU-SE A CONSTRUÇÃO DE UM LIBERALISMO** que viria encontrar a sua crise definitiva na I Guerra Mundial em 1914 e na crise de 1929. Mas desde o período entre guerras e, sobretudo, depois, com o término da II Guerra Mundial, em 1945, tomou corpo um novo modelo, principalmente na Europa, que de certa forma se contrapunha ao velho liberalismo: era **O MUNDO DA SOCIALDEMOCRACIA**, da presença do Estado na vida econômica, das ações políticas inspiradas na reflexão teórica do economista britânico John Keynes, um crítico do liberalismo econômico clássico que viveu na primeira metade do século XX. Quando esse modelo também entrou em crise, no princípio da década de 1970, surgiu a perspectiva de **RECONSTRUÇÃO DA ORDEM LIBERAL**. Por isso, novo liberalismo, neoliberalismo.

(Grupo de São Paulo, disponível em http://www.correiocidadania.com.br/content/view/5158/9/, acesso em 28/10/2010)

Exemplo III

Em Defesa do Voto Obrigatório

O voto, direito duramente conquistado, **deve ser considerado um dever** cívico, sem o exercício do qual o **direito se descaracteriza ou se perde**, afinal liberdade e democracia são fins e não apenas meios. Quem vive em uma comunidade política não pode estar **DESOBRIGADO** de opinar sobre os rumos dela. Nada contra a desobediência civil, recurso legítimo para o protesto cidadão, que, no caso eleitoral, se pode expressar no voto nulo (cuja tecla deveria constar na máquina utilizada para votação). Com o **voto facultativo**, o direito de votar e o de não votar ficam inscritos, em pé de igualdade, no corpo legal. Uma parte do eleitorado deixará voluntariamente de opinar sobre a constituição do poder político. O desinteresse pela política e a descrença no voto são registrados como mera "escolha", sequer como desobediência civil ou protesto. **A consagração da alienação política** como um direito legal interessa aos conservadores, reduz o peso da soberania popular e desconstitui o sufrágio como universal.

Para o **cidadão ativo,** que, além de votar, se organiza para garantir os direitos civis, políticos e sociais, o enfoque é inteiramente outro. O tempo e o **TRABALHO DEDICADOS AO ACOMPANHAMENTO CONTINUADO DA POLÍTICA NÃO SE APRESENTAM COMO RESTRITIVOS DA LIBERDADE INDIVIDUAL.** Pelo contrário, são obrigações auto-assumidas no esforço de construção e aprofundamento da democracia e de vigília na defesa das liberdades individuais e públicas. A ideia de que a democracia se constrói nas lutas do dia a dia se contrapõe, na essência, ao modelo liberal. O cidadão escolado na disputa política sabe que a liberdade de não ir votar é uma armadilha. Para que o sufrágio continue universal, para que todo poder emane do povo e não, dos donos do poder econômico, o voto, além de ser um direito, **deve conservar a sua condição de dever cívico.**

Exemplo IV

Madrugada na aldeia

Madrugada na aldeia nervosa,
com as glicínias escorrendo orvalho,
os figos prateados de orvalho,
as uvas multiplicadas em orvalho,
as últimas uvas miraculosas.

O silêncio está sentado pelos corredores,
encostado às paredes grossas,
de sentinela.

E em cada quarto os cobertores peludos envolvem o sono:
poderosos animais benfazejos, encarnados e negros.
Antes que um sol luarento
dissolva as frias vidraças,
e o calor da cozinha perfume a casa
com lembrança das árvores ardendo,
a velhinha do leite de cabra desce as pedras da rua
antiquíssima, antiquíssima,
e o pescador oferece aos recém-acordados
os translúcidos peixes,
que ainda se movem, procurando o rio.

(Cecília Meireles. Mar absoluto, in Poesia completa. Rio de Janeiro: Nova Aguilar, 1994, p.311)

15. PARÁFRASE UM RECURSO PRECIOSO

Parafrasear, em sentido lato, significa reescrever uma sequência de texto sem alterar suas informações originais. Isso quer dizer que o texto resultante deve apresentar o mesmo sentido do texto original, modificando, evidentemente, apenas a ordem frasal ou o vocabulário. Há algumas exigências para uma paráfrase competente. São elas:

Usar a mesma ordem das ideias que aparecem no texto original.

Em hipótese alguma é possível omitir informações essenciais.

Não tecer comentários acerca do texto original, apenas parafrasear, sem frescura.

Usar construções sintáticas e vocabulares que, apesar de manterem o sentido original, sejam distintas das do texto base.

Os passos da paráfrase

Vamos entender que há alguns recursos para parafrasear um texto. Apresentarei alguns com a finalidade de clarear mais o assunto em questão.

A utilização de termos sinônimos.

O presidente assinou o documento, **mas** esqueceu-se de pegar sua caneta. / O presidente assinou o documento, **contudo** esqueceu-se de pegar sua caneta.

O uso de palavras antônimas, valendo-se de palavra negativa.

José era um **covarde.**

José **não** era um **valente.**

Emprego de termos anafóricos.

São Paulo e Palmeiras são dois times brasileiros. O São Paulo venceu o Palmeiras na semana passada. / São Paulo e Palmeiras são dois times brasileiros. **Aquele** (São Paulo) venceu **este** (Palmeiras) na semana passada.

Permuta de termo verbal por nominal, e vice-versa.

É importante que chegue cedo. / **Sua chegada** é importante.

Deixar termos elípticos.

Eu preciso da colaboração de todos. / Preciso da colaboração de todos.

Alteração da ordem frasal.

Adalberto venceu o último desafio de sua vida ontem. / Ontem, Adalberto venceu o último desafio de sua vida.

Transposição de voz verbal.

Joel cortou a seringueira centenária. / A seringueira centenária foi cortada por Joel.

Troca de discurso.

Naquela manhã, Oséas dirigiu-se ao pai dizendo: "Cortarei a grama sozinho." (discurso direto).

Naquela manhã, Oséas dirigiu-se ao pai dizendo que cortaria a grama sozinho. (discurso indireto).

Troca de palavras por expressões perifrásticas.

O Rei do Futebol esteve presente durante as celebrações. / **Pelé** esteve presente durante as celebrações.

Troca de locuções por palavras de mesmo sentido:

A turma **da noite** está comprometida com os estudos. / A turma **noturna** está mais comprometida com os estudos.

16. ORTOGRAFIA

A ortografia é a parte da Gramática que estuda a escrita correta das palavras. O próprio nome da disciplina já designa tal função. É oriunda das palavras gregas ***ortho*** que significa "correto" e ***graphos*** que significa "escrita". Neste capítulo, vamos estudar alguns aspectos da correta grafia das palavras: o emprego de algumas letras que apresentam dificuldade para os falantes do Português.

Atualmente, há um confusão a respeito do sistema ortográfico vigente. O último sistema foi elaborado em 1990, com base em um sistema de 1986, e será implantado em todos os países de língua lusófona. No Brasil, a adesão ao acordo se deu em 2009 e, como leva 4 anos para ser implantado, teríamos dois sistemas oficiais até 31 de dezembro de 2013. Bem, seria isso, se não houvesse a prorrogação do prazo até o ano de 2016. A partir de então, vale apenas o Novo Acordo Ortográfico.

Por certo, dúvidas pairam pela cabeça do aluno: que sistema devo usar? Qual sistema devo aprender? O melhor é estudar o sistema antigo, aprendendo quais foram as atualizações, assim, garante-se que não errará pela novidade ou pela tradição. A banca deve avisar no edital do concurso ou no comando da questão qual sistema ortográfico está levando em consideração. Como as maiores alterações estão no terreno de acentuação e emprego do hífen (para o Português falado no Brasil, evidentemente), não teremos grandes surpresas neste capítulo. Vamos ao trabalho.

O Alfabeto

As letras K, W e Y foram inseridas no alfabeto devido a uma grande quantidade de palavras que são grafadas com tais letras e não podem mais figurar como termos exóticos em relação ao português. Eis alguns exemplos de seu emprego:

Em abreviaturas e em símbolos de uso internacional:

Kg - quilograma / **w** - watt /

Em palavras estrangeiras de uso internacional, nomes próprios estrangeiros e seus derivados:

Kremlin, Kepler, Darwin, Byron, byroniano.

O alfabeto, também conhecido como abecedário, é formado (a partir do novo acordo ortográfico) por 26 letras.

Forma Maiúscula		Forma Minúscula	
A	B	a	b
C	D	c	d
E	F	e	f
G	H	g	h
I	J	i	j
K	L	k	l
M	N	m	n
O	P	o	p
Q	R	q	r
S	T	s	t
U	V	u	v
W	X	w	x
Y	Z	y	z

O emprego da letra "H"

A letra H demanda um pouco de atenção. Apesar de não possui verdadeiramente sonoridade, utilizamo-la, ainda, por convenção histórica. Seu emprego, basicamente, está relacionado às seguintes regras:

No início de algumas palavras, por sua origem:

Ex.: Hoje, hodierno, haver, Helena, helênico.

No fim de algumas interjeições:

Ah! Oh! Ih! Uh!

No interior de palavra compostas que preservam o hífen, nas quais o segundo elemento se liga ao primeiro:

Super-homem, pré-história, sobre-humano.

Nos dígrafos NH, LH e CH:

Tainha, lhama, chuveiro.

O emprego de "E" e "I"

Existe uma curiosidade a respeito do emprego dessas letras nas palavras que escrevemos: o fato de o "e", no final da palavra, ser pronunciado como uma semivogal faz com que muitos falantes sintam aquela vontade de grafar a palavra com "i". Bem, veremos quais são os principais aspectos do emprego dessas letras.

Escreveremos com "e"

Palavras formadas com o prefixo ante- (que significa antes, anterior):

Antebraço, antevéspera, antecipar, antediluviano etc.

A sílaba final de formas conjugadas dos verbos terminados em -OAR e -UAR (quando estiverem no subjuntivo). Ex.:

Abençoe (abençoar)

Continue (continuar)

Pontue (pontuar)

Algumas palavras, por sua origem: arrepiar, cadeado, creolina, desperdiçar, desperdício, destilar, disenteria, empecilho, indígena, irrequieto, mexerico, mimeógrafo, orquídea, quase, sequer, seringa, umedecer etc.

Escreveremos com "i"

Palavras formadas com o prefixo anti- (que significa contra). Ex.:

Antiaéreo, anticristo, antitetânico, anti-inflamatório.

A sílaba final de formas conjugadas dos verbos terminados em -AIR, -OER e -UIR:

Cai (cair)

Sai (sair)

Diminui (diminuir)

Dói (doer)

Os ditongos AI, OI, ÓI, UI:

Pai

Foi

Herói

Influi.

As seguintes palavras: aborígine, chefiar, crânio, criar, digladiar, displicência, escárnio, implicante, impertinente, impedimento, inigualável, lampião, pátio, penicilina, privilégio, requisito etc.

Vejamos alguns casos em que o emprego das letras "E" e "I" pode causar uma alteração semântica:

Escrito com "e"
Arrear = pôr arreios
Área = extensão de terra, local
Delatar = denunciar
Descrição = ação de descrever
Descriminação = absolver
Emergir = vir à tona
Emigrar = sair do país ou do local de origem
Eminente = importante

Escrito com "i"
Arriar = abaixar, desistir
Ária = peça musical
Dilatar = alargar, aumentar
Discrição = qualidade do discreto
Discriminar = separar, estabelecer diferença
Imergir = mergulhar
Imigrar = entrar em um país estrangeiro
Iminente = próximo, prestes e ocorre

O Novo Acordo Ortográfico explica que, agora, escreve-se com "i" antes de sílaba tônica. Veja alguns exemplos: acriano (admite-se, por ora, acreano), rosiano (de Guimarães Rosa), camoniano, nietzschiano (de Nietzsche) etc.

O emprego de O e U

Vejamos como empregar essas letras, a fim de que não mais possamos errar.

Apenas por exceção, palavras em Português com sílabas finais átonas (fracas) terminam por us; o comum é que se escreva com o ou os. Veja os exemplos: carro, aluno, abandono, abono, chimango etc.

Exemplos das exceções a que aludimos: bônus, vírus, ônibus etc.

Em palavras proparoxítonas ou paroxítonas com terminação em ditongo, são comuns as terminações -UA, -ULA, -ULO:

Tábua, rábula, crápula, coágulo.

As terminações -AO, -OLA, -OLO só aparecem em algumas palavras: mágoa, névoa, nódoa, agrícola[1], vinícola, varíola etc.

Fique de olho na grafia destes termos:

Com a letra O: abolir, boate, botequim, bússola, costume, engolir, goela, moela, moleque, mosquito etc.

Com a letra U: bulício, buliçoso, bulir, camundongo, curtume, cutucar, jabuti, jabuticaba, rebuliço, urtiga, urticante etc.

1 Em razão da construção íncola (quem vive, habitante), por isso, silvícola, terrícola etc.

O emprego de G e J

Essas letras, por apresentarem o mesmo som eventualmente, costumam causar problemas de ortografia. Vamos tentar facilitar o trabalho: a letra "g" só apresenta o som de "j" diante das letras "e" e "i": gesso, gelo, agitar, agitador, agir, gíria.

Escreveremos com "G"

Palavras terminadas em - AGEM, -IGEM, -UGEM. Ex.:

Garagem, vertigem, rabugem, ferrugem, fuligem etc.

Exceções: pajem, lambujem (doce ou gorjeta), lajem (pedra da sepultura).

As palavras terminadas em –ÁGIO, ÉGIO, ÍGIO, ÓGIO, ÚGIO:

Contágio, régio, prodígio, relógio, refúgio.

As palavras derivadas de outras que já possuem a letra "g".

Viagem - viageiro

Ferrugem - ferrugento

Vertigem - vertiginoso

Regime - regimental

Selvagem - selvageria

Regional - regionalismo

Em geral, após a letra "r"

Ex.: Aspergir, divergir, submergir, imergir etc.

As palavras:

De origem latina: agir, gente, proteger, surgir, gengiva, gesto etc.

De origem árabe: álgebra, algema, ginete, girafa, giz etc.

De origem francesa: estrangeiro, agiotagem, geleia, sargento etc.

De origem italiana: gelosia, ágio etc.

Do castelhano: gitano.

Do inglês: gim.

Escreveremos com "J"

Os verbos terminados em –JAR ou –JEAR e suas formas conjugadas:

Gorjear: gorjeia (lembre-se das "aves"), gorjeiam, gorjearão.

Viajar: viajei, viaje, viajemos, viajante.

Cuidado para não confundir os termos viagem (substantivo) com viajem (verbo "viajar"). Vejamos o emprego.

"Ele fez uma bela viagem."

"Tomara que eles viajem amanhã."

Palavras derivadas de outras terminadas em –JA.

Granja: granjeiro, granjear.

Loja: lojista, lojinha.

Laranja: laranjal, laranjeira.

Lisonja: lisonjeiro, lisonjeador.

Sarja: sarjeta.

Palavras cognatas (raiz em comum) ou derivadas de outras que possuem o "j".

Laje: lajense, lajedo.

Nojo: nojento, nojeira.

Jeito: jeitoso, ajeitar, desajeitado.

Nas palavras: conjetura, ejetar, injeção, interjeição, objeção, objeto, objetivo, projeção, projeto, rejeição, sujeitar, sujeito, trajeto, trajetória, trejeito.

Palavras de origem ameríndia (geralmente tupi-guarani) ou africana: canjerê, canjica, jenipapo, jequitibá, jerimum, jia, jiboia, jiló, jirau, Moji, pajé, pajéu.

Nas palavras: berinjela, cafajeste, jeca, jegue, Jeremias, jerico, jérsei, majestade, manjedoura, ojeriza, pegajento, rijeza, sujeira, traje, ultraje, varejista.

Orientações sobre a grafia do fonema /s/

Podemos representar o fonema /s/ por:

S: ânsia, cansar, diversão, farsa.

SS: acesso, assar, carrossel, discussão.

C, Ç: acetinado, cimento, açoite, açúcar.

SC, SÇ: acréscimo, adolescente, ascensão, consciência, nasço, desça

X: aproximar, auxiliar, auxílio, sintaxe.

XC: exceção, exceder, excelência, excepcional.

Como se grafa, então?

Escreveremos com s:

A correlação nd - ns:

Pretender - pretensão, pretenso;

Expandir - expansão, expansivo.

A correlação rg - rs:

Aspergir - aspersão;

Imergir - imersão;

Emergir - emersão .

A correlação rt - rs:

Divertir - diversão;

Inverter - inversão.

O sufixo - ense:

paranaense;

cearense;

londrinense.

Escreveremos com ss:

A correlação ced - cess:

Ceder - cessão;

Interceder - intercessão;

Retroceder - retrocesso .

A correlação gred - gress

Agredir - agressão, agressivo;

Progredir - progressão, progresso.

A correlação prim - press

Imprimir - impressão, impresso;

Oprimir - opressão, opressor;

Reprimir - repressão, repressivo.

A correlação meter - miss

Submeter - submissão;

Intrometer - intromissão.

Escreveremos com c ou com "Ç"

Palavras de origem tupi ou africana. Ex.:

Açaí, araçá, Iguaçu, Juçara, muçurana, Paraguaçu, caçula, cacimba.

O "ç" só será usado antes das vogais a, o, u.

Com os sufixos:

aça: barcaça;

ação: armação;

çar: aguçar;

ecer: esmaecer;

iça: carniça;

nça: criança;

uça: dentuça.

Palavras derivadas de verbos terminados em –ter (não confundir com a regra do –meter / s):

Abster -> abstenção;

Reter -> retenção;

Deter -> detenção.

Depois de ditongos:

Feição;

louça;

traição.

Palavras de origem árabe:

açúcar;

açucena;

cetim;

muçulmano.

Emprego do SC

Escreveremos com sc palavras que são termos emprestados do latim:

adolescência;

ascendente;

consciente;

crescer;

descer;

fascinar;

fescenino.

Grafia da letra s com som de "Z"

Escreveremos com "S":

Terminações –ês, -esa, -isa, que indicam nacionalidade, título ou origem:

Japonês - japonesa;

Marquês - marquesa;

Camponês - camponesa.

Após ditongos:

causa;

coisa;

lousa;

Sousa.

As formas dos verbos pôr e querer e de seus compostos:

Eu pus, nós pusemos, pusésseis etc.

Eu quis, nós quisemos, quisésseis etc.

As terminações –oso e –osa, que indicam qualidade:

gostoso;

garboso;

fervorosa;

talentosa.

O prefixo trans-:

transe;

transação;

transoceânico.

Em diminutivos cujo radical termine em "***S***":

Rosa - rosinha;

Teresa - Teresinha;

Lápis - lapisinho.

A correlação "***d***" - "***s***":

Aludir - alusão, alusivo;

Decidir - decisão, decisivo;

Defender - defesa, defensivo.

Verbos derivados de palavras cujo radical termina em s:

Análise - analisar;

Presa - apresar;

Êxtase - extasiar.

Português - aportuguesar

Os substantivos com os sufixos gregos –esse, isa, -ose:

catequese;

diocese;

poetisa;

virose.

(obs.: "catequizar" com "z")

Os nomes próprios:

Baltasar;

Heloísa;

Isabel;

Isaura;

Luísa;

Sousa;

Teresa.

As palavras:

análise;

cortesia;

hesitar;

reses;

vaselina;

avisar;

defesa;

obséquio;

revés;

vigésimo;

besouro;

fusível;

pesquisa;

tesoura;

colisão;

heresia;

querosene;

vasilha.

Emprego da letra "Z"

Escreveremos com "z"

As terminações - ez, -eza de substantivos abstratos derivados de adjetivos:

Belo - beleza;

Rico - riqueza;

Altivo - altivez;

Sensato - sensatez.

Os verbos formados com os sufixo - izar e palavras cognatas:

balizar;

inicializar;

civilizar.

As palavras derivadas em:

zal: cafezal, abacaxizal;

zeiro: cajazeiro, açaizeiro;

zito: avezita.

zinho: cãozinho, pãozinho, pezinho

Os derivados de palavras cujo radical termina em z:

Cruzeiro;

Esvaziar.

As palavras:

azar;

aprazível;

baliza;

buzina;

bazar;

cicatriz;

ojeriza;

prezar;

proeza;

vazamento;

vizinho;

xadrez;

xerez.

Emprego do X e do CH

A letra X pode representar os seguintes fonemas:

/ch/: xarope;

/cx/: sexo, tóxico;

/z/: exame;

/ss/: máximo;

/s/: sexto.

Escreveremos com "X"

Em geral, após um ditongo:

Caixa, peixe, ameixa, rouxinol, caixeiro (exceções: recauchutar e guache)

Geralmente, depois de sílaba iniciada por -em:

enxada;

enxerido;

enxugar;

enxurrada.

Encher (e seus derivados); palavras que iniciam por ch e recebem o prefixo en- "encharcar, enchumaçar, enchiqueirar, enchumbar". "Enchova" também é uma exceção.

Em palavras de origem indígena ou africana:

abacaxi;

xavante;

xará;

orixá;

xinxim.

Após a sílaba me no início da palavra:

mexerica;

mexerico;

mexer;

mexida.

(exceção: mecha de cabelo)

Nas palavras:

bexiga;

bruxa;

coaxar;

faxina;

graxa;

lagartixa;

lixa;

praxe;

vexame;

xícara;

xale;

xingar;

xampu.

Escreveremos com "CH"

→ As seguintes palavras, em razão de sua origem:

chave;

cheirar;

chuva;

chapéu;

chalé;

charlatão;

salsicha;

espadachim;

chope;

sanduíche;

chuchu;

cochilo;

fachada;

flecha;

mecha;

mochila;

pechincha.

Atente para a divergência de sentido com os seguintes elementos

bucho - estômago	buxo - espécie de arbusto
cheque - ordem de pagamento	xeque - lance do jogo de xadrez
tacha - pequeno prego	taxa - imposto

17. ACORDO ORTOGRÁFICO DA LÍNGUA PORTUGUESA

O Novo Acordo Ortográfico busca simplificar as regras ortográficas da Língua Portuguesa e unificar a nossa escrita e a das demais nações de língua portuguesa: Portugal, Angola, Moçambique, Cabo Verde, Guiné-Bissau, São Tomé e Príncipe e Timor-Leste.

Sua implementação no Brasil passou por algumas etapas:

> 2009 – vigência ainda não obrigatória
> 2010 a 2015: adaptação completa às novas regras
> A partir de 1º de janeiro de 2016: emprego obrigatório, o novo acordo ortográfico passa a ser o único formato da língua reconhecido no Brasil.

Entre as mudanças na língua portuguesa decorrentes da reforma ortográfica, podemos citar o fim do trema, alterações da forma de acentuar palavras com ditongos abertos e que sejam hiatos, supressão dos acentos diferenciais e dos acentos tônicos, novas regras para o emprego do hífen e inclusão das letras w, k e y ao idioma.

Entre a proposta (em 1990) e a entrada em vigor (2016) são 16 anos. Esse processo foi longo porque era necessário que fossem alcançadas as três decisões para que o acordo fosse cumprido. Em 2006, São Tomé e Príncipe e Cabo Verde se uniram ao Brasil e ratificaram o novo acordo. Em maio de 2008, Portugal também ratificou o acordo para unificar a ortografia em todas as nações de língua portuguesa.

17.1 Trema

Não se usa mais o trema (¨), sinal colocado sobre a letra u para indicar que ela deve ser pronunciada nos grupos gue, gui, que, qui.

aguentar, bilíngue, cinquenta, delinquente, eloquente, ensanguentado, frequente, linguiça, quinquênio, sequência, sequestro, tranquilo.

Obs.: o trema permanece apenas nas palavras estrangeiras e em suas derivadas. Exemplos: Müller, mülleriano.

17.2 Regras de Acentuação

Ditongos abertos em paroxítonas

Não se usa mais o acento dos ditongos abertos éi e ói das palavras paroxítonas (palavras que têm acento tônico na penúltima sílaba).

alcateia, androide, apoia, apoio (verbo), asteroide, boia, celuloide, claraboia, colmeia, Coreia, debiloide, epopeia, estoico, estreia, geleia, heroico, ideia, jiboia, joia, odisseia, paranoia, paranoico, plateia, tramoia.

Obs.: a regra é somente para palavras paroxítonas. Assim, continuam a ser acentuadas as palavras oxítonas e os monossílabos tônicos terminados em éi(s), ói(s). Exemplos: papéis, herói, heróis, dói (verbo doer), sóis etc.

A palavra ideia não leva mais acento, assim como heroico. Mas o termo herói é acentuado.

I e u tônicos depois de um ditongo

Nas palavras paroxítonas, não se usa mais o acento no i e no u tônicos quando vierem depois de um ditongo.

baiuca, bocaiuva (tipo de palmeira), cauila (avarento)

Obs.:

> *se a palavra for oxítona e o i ou o u estiverem em posição final (ou seguidos de s), o acento permanece. Exemplos: tuiuiú, tuiuiús, Piauí;*
> *se o i ou o u forem precedidos de ditongo crescente, o acento permanece. Exemplos: guaíba, Guaíra.*

Hiatos ee e oo

Não se usa mais acento em palavras terminadas em eem e oo(s).

abençoo, creem, deem, doo, enjoo, leem, magoo, perdoo, povoo, veem, voos, zoo

Acento diferencial

Não se usa mais o acento que diferenciava os pares pára/para, péla(s)/pela(s), pêlo(s)/pelo(s), pólo(s)/polo(s) e pêra/pera.

Exs.:

Ele para o carro.

Ele foi ao polo Norte.

Ele gosta de jogar polo.

Esse gato tem pelos brancos.

Comi uma pera.

Obs.:

> *Permanece o acento diferencial em pôde/pode. Pôde é a forma do passado do verbo poder (pretérito perfeito do indicativo), na 3ª pessoa do singular. Pode é a forma do presente do indicativo, na 3ª pessoa do singular.*

Ontem, ele não pôde sair mais cedo, mas hoje ele pode.

> Permanece o acento diferencial em pôr/por. Pôr é verbo. Por é preposição. Exemplo: Vou pôr o livro na estante que foi feita por mim.
> Permanecem os acentos que diferenciam o singular do plural dos verbos ter e vir, assim como de seus derivados (manter, deter, reter, conter, convir, intervir, advir etc.).

Exs.:

Ele tem dois carros. / Eles têm dois carros.

Ele vem de Sorocaba. / Eles vêm de Sorocaba.

Ele mantém a palavra. / Eles mantêm a palavra.

Ele convém aos estudantes. / Eles convêm aos es tudantes.

Ele detém o poder. / Eles detêm o poder.

Ele intervém em todas as aulas. / Eles intervêm em todas as aulas.

> É facultativo o uso do acento circunflexo para diferenciar as palavras forma/fôrma. Em alguns casos, o uso do acento deixa a frase mais clara. Veja este exemplo: Qual é a forma da fôrma do bolo?

Acento agudo no u tônico

Não se usa mais o acento agudo no u tônico das formas (tu) arguis, (ele) argui, (eles) arguem, do presente do indicativo dos verbos arguir e redarguir.

17.3 Hífen com Compostos

Palavras compostas sem elementos de ligação

Usa-se o hífen nas palavras compostas que não apresentam elementos de ligação.

guarda-chuva, arco-íris, boa-fé, segunda-feira, mesa-redonda, vaga-lume, joão-ninguém, porta-malas, porta-bandeira, pão-duro, bate-boca.

Exceções: Não se usa o hífen em certas palavras que perderam a noção de composição, como girassol, madressilva, mandachuva, pontapé, paraquedas, paraquedista, paraquedismo.

Compostos com palavras iguais

Usa-se o hífen em compostos que têm palavras iguais ou quase iguais, sem elementos de ligação.

reco-reco, blá-blá-blá, zum-zum, tico-tico, tique-taque, cri-cri, glu-glu, rom-rom, pingue-pongue, zigue-zague, esconde-esconde, pega-pega, corre-corre.

Compostos com elementos de ligação

Não se usa o hífen em compostos que apresentam elementos de ligação.

pé de moleque, pé de vento, pai de todos, dia a dia, fim de semana, cor de vinho, ponto e vírgula, camisa de força, cara de pau, olho de sogra.

Obs.: Incluem-se nesse caso os compostos de base oracional.

maria vai com as outras, leva e traz, diz que diz que, deus me livre, deus nos acuda, cor de burro quando foge, bicho de sete cabeças, faz de conta.

Exceções: água-de-colônia, arco-da-velha, cor-de-rosa, mais-que-perfeito, pé-de-meia, ao deus-dará, à queima-roupa.

Topônimos

Usa-se o hífen nas palavras compostas derivadas de topônimos (nomes próprios de lugares), com ou sem elementos de ligação.

Exs.:

Belo Horizonte: belo-horizontino

Porto Alegre: porto-alegrense

Mato Grosso do Sul: mato-grossense-do-sul

Rio Grande do Norte: rio-grandense-do-norte

África do Sul: sul-africano

17.4 Uso do Hífen com Palavras Formadas por Prefixos

Casos gerais

Antes de H

Usa-se o hífen diante de palavra iniciada por h.

Exs.:

anti-higiênico

anti-histórico

macro-história

mini-hotel

proto-história

sobre-humano

super-homem

ultra-humano

Letras Iguais

Usa-se o hífen se o prefixo terminar com a mesma letra com que se inicia a outra palavra.

Exs.:

micro-ondas

anti-inflacionário

sub-bibliotecário

inter-regional

Letras diferentes

Não se usa o hífen se o prefixo terminar com letra diferente daquela com que se inicia a outra palavra.

Exs.:

autoescola

antiaéreo

intermunicipal

supersônico

superinteressante

agroindustrial

aeroespacial

semicírculo

Obs.: Se o prefixo terminar por vogal e a outra palavra começar por r ou s, dobram-se essas letras.

Exs.:

minissaia

antirracismo

ultrassom

semirreta

Casos particulares

Prefixos SUB e SOB

Com os prefixos sub e sob, usa-se o hífen também diante de palavra iniciada por r.

Exs.:

sub-região

sub-reitor

sub-regional

sob-roda

Prefixos CIRCUM e PAN

Com os prefixos circum e pan, usa-se o hífen diante de palavra iniciada por m, n e vogal.

Exs.:

circum-murado

circum-navegação

pan-americano

Outros prefixos

Usa-se o hífen com os prefixos ex, sem, além, aquém, recém, pós, pré, pró, vice.

Exs.:

além-mar

além-túmulo

aquém-mar

ex-aluno

ex-diretor

ex-hospedeiro

ex-prefeito

ex-presidente

pós-graduação

pré-história

pré-vestibular

pró-europeu

recém-casado

recém-nascido

sem-terra

vice-rei

Prefixo CO

O prefixo co junta-se com o segundo elemento, mesmo quando este se inicia por o ou h. Neste último caso, corta-se o h. Se a palavra seguinte começar com rou s, dobram-se essas letras.

Exs.:

coobrigação

coedição

coeducar

cofundador

coabitação

coerdeiro

corréu

corresponsável

cosseno

Prefixos PRE e RE

Com os prefixos pre e re, não se usa o hífen, mesmo diante de palavras começadas por e.

Exs.:

preexistente

preelaborar

reescrever

reedição

Prefixos AB, OB e AD

Na formação de palavras com ab, ob e ad, usa-se o hífen diante de palavra começada por b, d ou r.

Exs.:

ad-digital

ad-renal

ob-rogar

ab-rogar

Outros casos do uso do hífen

NÃO e QUASE

Não se usa o hífen na formação de palavras com não e quase.

Exs.:

(acordo de) não agressão

(isto é um) quase delito

MAL

Com mal*, usa-se o hífen quando a palavra seguinte começar por vogal, h ou l.

Exs.:

mal-entendido

mal-estar

mal-humorado

mal-limpo

Obs.: Quando mal significa doença, usa-se o hífen se não houver elemento de ligação.

Exs.:

mal-francês.

Se houver elemento de ligação, escreve-se sem o hífen.

mal de lázaro, mal de sete dias.

Tupi-guarani

Usa-se o hífen com sufixos de origem tupi-guarani que representam formas adjetivas: açu, guaçu, mirim.*:*

Exs.:

capim-açu

amoré-guaçu

anajá-mirim

Combinação Ocasional

Usa-se o hífen para ligar duas ou mais palavras que ocasionalmente se combinam, formando não propriamente vocábulos, mas encadeamentos vocabulares.

Exs.:

ponte Rio-Niterói

eixo Rio-São Paulo

Hífen e Translineação

Para clareza gráfica, se no final da linha a partição de uma palavra ou combinação de palavras coincidir com o hífen, ele deve ser repetido na linha seguinte.

Exs.:

Na cidade, conta-

- **s**e que ele foi viajar.

O diretor foi receber os ex-

-alunos.

guarda-

-chuva

Por favor, diga-

-nos logo o que aconteceu.

17.5 Síntese das Principais Regras do Hífen

	Síntese do Hífen	
Letras diferentes	Não use hífen	Infraestrutura, extraoficial, supermercado
Letras iguais	Use hífen	Anti-inflamatório, contra-argumento, inter-racial, hiper-realista
Vogal + r ou s	Não use hífen (duplique r ou s)	Corréu, cosseno, minissaia, autorretrato
Bem	Use hífen	Bem-vindo, bem-humorado

17.6 Quadro Resumo do Emprego do Hífen com Prefixos

Prefixos	Letra que inicia a palavra seguinte
Ante-, Anti-, Contra-, Entre-, Extra-, Infra-, Intra-, Sobre-, Supra-, Ultra-	H / VOGAL IDÊNTICA À QUE TERMINA O PREFIXO Exemplos com H: ante-hipófise, anti-higiênico, anti-herói, contra-hospitalar, entre-hostil, extra-humano, infra-hepático, sobre-humano, supra-hepático, ultra-hiperbólico. Exemplos com vogal idêntica: anti-inflamatório, contra-ataque, infra-axilar, sobre-estimar, supra-auricular, ultra-aquecido.
Ab-, Ad-, Ob-, Sob-	B - R - D (Apenas com o prefixo "Ad") Exemplos: ab-rogar (pôr em desuso), ad-rogar (adotar) ob-reptício (astucioso), sob-roda ad-digital
Circum-, Pan-	H / M / N / VOGAL Exemplos: circum-meridiano, circum-navegação, circum-oral, pan-americano, pan-mágico, pan-negritude.
Ex- (no sentido de estado anterior), Sota-, Soto-, Vice-, Vizo-	DIANTE DE QUALQUER PALAVRA Exemplos: ex-namorada, sota-soberania (não total), soto-mestre (substituto), vice-reitor, vizo-rei.
Hiper-, Inter-, Super-	H / R Exemplos: hiper-hidrose, hiper-raivoso, inter-humano, inter-racial, super-homem, super-resistente.
Pós-, Pré-, Pró- (tônicos e com significados próprios)	DIANTE DE QUALQUER PALAVRA Exemplos: pós-graduação, pré-escolar, pró-democracia. Obs.: se os prefixos não forem autônomos, não haverá hífen. Exemplos: predeterminado, pressupor, pospor, propor.
Sub-	B - H - R Exemplos: sub-bloco, sub-hepático, sub-humano, sub-região. Obs.: "subumano" e "subepático" também são aceitas.
Pseudoprefixos (diferem-se dos prefixos por apresentarem elevado grau de independência e possuírem uma significação mais ou menos delimitada, presente à consciência dos falantes.) Aero-, Agro-, Arqui-, Auto-, Bio-, Eletro-, Geo-, Hidro-, Macro-, Maxi-, Mega, Micro-, Mini-, Multi-, Neo-, Pluri-, Proto-, Pseudo-, Retro-, Semi-, Tele-	H / VOGAL IDÊNTICA À QUE TERMINA O PREFIXO Exemplos com H: geo-histórico, mini-hospital, neo-helênico, proto-história, semi-hospitalar. Exemplos com vogal idêntica: arqui-inimigo, auto-observação, eletro-ótica, micro-ondas, micro-ônibus, neo-ortodoxia, semi-interno, tele-educação.

01. Não se utilizará o hífen em palavras iniciadas pelo prefixo 'co-'.

    Ex.: coadministrar, coautor, coexistência, cooptar, coerdeiro corresponsável, cosseno.

02. Prefixos des- e in- + segundo elemento sem o "h" inicial.

    Ex.: *desarmonia, desumano, desumidificar, inábil, inumano, etc.*

03. Não se utilizará o hífen com a palavra não.

    Ex.: não violência, não agressão, não comparecimento.

04. Não se utiliza o hífen em palavras que possuem os elementos "bi", "tri", "tetra", "penta", "hexa", etc.

    Ex.: bicampeão, bimensal, bimestral, bienal, tridimensional, trimestral, triênio, tetracampeão, tetraplégico, pentacampeão, pentágono, etc.

05. Em relação ao prefixo "hidro", em alguns casos pode haver duas formas de grafia.

    Ex.: hidroelétrica e hidrelétrica

06. No caso do elemento "socio", o hífen será utilizado apenas quando houver função de substantivo (= de associado).

    Ex.: sócio-gerente / socioeconômico

18. INTERPRETAÇÃO DE TEXTOS

18.1 Ideias Preliminares sobre o Assunto

Independentemente de quem seja o professor de Língua Portuguesa, é muito comum ele ouvir alguns alunos falando que até gostam da matéria em questão, mas que possuem muita dificuldade com a interpretação dos textos. Isso é algo totalmente normal, principalmente porque costumamos fazer algo terrível chamado de "leitura dinâmica" que poderia ser traduzido da seguinte maneira: procedimento em que você olha as palavras mas não entende o significado do que está lá escrito.

Para interpretar um texto, o indivíduo precisa de muita atenção e de muito treino. Interpretar pode ser comparado com disparar uma arma: apenas temos chance de acertar o alvo se treinarmos muito e soubermos combinar todos os elementos externos ao disparo: velocidade do ar, direção, distância etc.

Quando o assunto é texto, o primordial é estabelecer uma relação contextual com aquilo que estamos lendo. Montar o contexto significa associar o que está escrito no texto base com o que está disposto nas questões. Lembre-se de que há uma questão montada com a intenção de testar você, ou seja, deve ficar atento para todas as palavras e para todas as possibilidades de mudança de sentido que possa haver nas questões.

É preciso, para entender as questões de interpretação de qualquer banca, buscar o raciocínio que o elaborador da questão emprega na redação da questão. Usualmente, objetiva-se a depreensão dos sentidos do texto. Para tanto, destaque os itens fundamentais (as ideias principais contidas nos parágrafos) para poder refletir sobre tais itens dentro das questões.

18.2 Semântica ou Pragmática?

Existe uma discussão acadêmica sobre o que possa ser considerado como semântica e como pragmática. Em que pese o fato de os universitários divergirem a respeito do assunto, vamos estabelecer uma distinção simples, apenas para clarear nossos estudos.

> **Semântica**: disciplina que estuda o significado dos termos. Para as questões relacionadas a essa área, o comum é que se questione acerca da troca de algum termo e a manutenção do sentido original da sentença.
>
> **Pragmática**: disciplina que estuda o sentido que um termo assume dentro de determinado contexto. Isso quer dizer que a identificação desse sentido depende do entorno linguístico e da intenção de quem exprime a sentença.

Para exemplificar essa situação, vejamos o exemplo abaixo:

Pedro está na geladeira.

Nesse caso, é possível que uma questão avalie a capacidade de o leitor compreender que há, no mínimo, dois sentidos possíveis para essa sentença: um deles diz respeito ao fato de a expressão "na geladeira" poder significar algo como "ele foi até a geladeira buscar algo", o que – coloquialmente – significaria uma expressão indicativa de lugar. O outro sentido diz respeito ao fato de "na geladeira" significar que "foi apartado de alguma coisa para receber algum tipo de punição".

A questão sobre semântica exigiria que o candidato percebesse a possibilidade de trocar a palavra "geladeira" por "refrigerador" - havendo, nesse caso, uma relação de sinonímia.

A questão de pragmática exigiria que o candidato percebesse a relação contextualmente estabelecida, ou seja, a criação de uma figura de linguagem (um tipo de metáfora) para veicular um sentido particular.

18.3 Questão de Interpretação?

Como se faz para saber que uma questão de interpretação é uma questão de interpretação? É uma mera intuição que surge na hora da prova ou existe uma "pista" a ser seguida para a identificação da natureza da questão?

Respondendo a essa pergunta, entende-se que há pistas que identificam a questão como pertencente ao rol de questões para interpretação. Os indícios mais precisos que costumam aparecer nas questões são:

> Reconhecimento da intenção do autor.
>
> Ponto de vista defendido.
>
> Argumentação do autor.
>
> Sentido da sentença.

Apesar disso, não são apenas esses os indícios de que uma questão é de intepretação. Dependendo da banca, podemos ter a natureza interpretativa distinta, principalmente porque o critério de intepretação é mais subjetivo que objetivo. Algumas bancas podem restringir o entendimento do texto; outras podem extrapolá-lo.

18.4 Tipos de Texto - O Texto e suas Partes

Um texto é um todo. Um todo é constituído de diversas partes. A interpretação é, sobremaneira, uma tentativa de reconhecer as intenções de quem comunica recompondo as partes para uma visão global do todo.

Para podermos interpretar, é necessário termos o conhecimento prévio a respeito dos tipos de texto que, fortuitamente, podemos encontrar em um concurso. Vejamos quais são as distinções fundamentais com relação aos tipos de texto.

18.5 O Texto Dissertativo

Nas acepções mais comuns do dicionário, o verbo "dissertar" significa "discorrer ou opinar sobre algum tema". O texto dissertativo apresenta uma ideia básica que começa a ser desdobrada em subitens ou termos menores. Cabe ressaltar que não existe apenas um tipo de dissertação, há mais de uma maneira de o autor escrever um texto dessa natureza.

Conceituar, polemizar, questionar a lógica de algum tema, explicar ou mesmo comentar uma notícia são estratégias dissertativas. Vamos dividir essa tipologia textual em dois tipos essencialmente diferentes: o **dissertativo-expositivo** e o **dissertativo-argumentativo**.

Padrão dissertativo-expositivo

A característica fundamental do padrão expositivo da dissertação é utilizar a estrutura da prosa não para convencer alguém de alguma coisa, e sim para apresentar uma ideia, apresentar um conceito. O princípio do texto expositivo não é a persuasão, é a informação e, justamente por tal fato, ficou conhecido como informativo. Para garantir uma boa interpretação desse padrão textual, é importante buscar a ideia principal (que deve estar presente na introdução do texto) e, depois, entender quais serão os aspectos que farão o texto progredir.

Onde posso encontrar esse tipo de texto? Jornais revistas, sites sobre o mundo de economia e finanças. Diz-se que esse tipo de texto focaliza a função referencial da linguagem.

Como costuma ser o tipo de questão relacionada ao texto dissertativo-expositivo? Geralmente, os elaboradores questionam sobre as informações veiculadas pelo texto. A tendência é que o elaborador inverta as informações contidas no texto.

Como resolver mais facilmente? Toda frase que mencionar o conceito ou a quantidade de alguma coisa deve ser destacada para facilitar a consulta.

Padrão dissertativo-argumentativo

No texto do padrão dissertativo-argumentativo, existe uma opinião sendo defendida e existe uma posição ideológica por detrás de quem escreve o texto. Se analisarmos a divisão dos parágrafos de um texto com características argumentativas, perceberemos que a introdução apresenta sempre uma tese (ou hipótese) que é defendida ao longo dos parágrafos.

Uma vez feito isso, o candidato deve entender qual é a estratégia utilizada pelo produtor do texto para defender seu ponto de vista. Na verdade, agora é o momento de colocar "a mão na massa" para valer, uma vez que aqueles enunciados que iniciam com "infere-se da argumentação do texto", "depreende-se dos argumentos do autor" serão vencidos caso se observem os fatores de interpretação corretos.

Quais são esses fatores, então?

A conexão entre as ideias do texto (atenção para as conjunções).

Articulação entre as ideias do texto (atenção para a combinação de argumentos).

Progressão do texto.

Os Recursos Argumentativos:

Quando o leitor interage com uma fonte textual, deve observar - tratando-se de um texto com o padrão dissertativo-argumentativo - que o autor se vale de recursos argumentativos para construir seu raciocínio dentro do texto. Vejamos alguns recursos importantes:

Argumento de autoridade: baseado na exposição do pensamento de algum especialista ou alguma autoridade no assunto. Citações, paráfrases e menções ao indivíduo podem ser tomadas ao longo do texto. Tome cuidado para não cair na armadilha: saiba diferenciar se a opinião colocada em foco é a do autor ou se é a do indivíduo que ele cita ao longo do texto.

Argumento com base em consenso: parte de uma ideia tomada como consensual, o que "carrega" o leitor a entender apenas aquilo que o elaborador mostra. Sentenças do tipo todo mundo sabe que, é de conhecimento geral que identificam esse tipo de argumentação.

Argumento com fundamentação concreta: basear aquilo que se diz em algum tipo de pesquisa ou fato que ocorre com certa frequência.

Argumento silogístico (com base em um raciocínio lógico): do tipo hipotético - Se...então.

Argumento de competência linguística: consiste em adequar o discurso ao panorama linguístico de quem é tido como possível leitor do texto.

Argumento de exemplificação: utilizar casos, ou pequenos relatos para ilustrar a argumentação do texto.

19. DEMAIS TIPOLOGIAS TEXTUAIS

19.1 O Texto Narrativo

Em uma definição bem simplista, "narrar" significa "sequenciar ações". É um dos gêneros mais utilizados e mais conhecidos pelo ser humano, quer no momento de relatar algum evento para alguém – em um ambiente mais formal –, quer na conversa informal sobre o resumo de um dia de trabalho. O fato é que narramos, e o fazemos de maneira praticamente instintiva. É importante, porém, conhecer quais são seus principais elementos de estruturação.

Os operadores do texto narrativo são:

Narrador: é a voz que conduz a narrativa.

Narrador-protagonista: narra o texto em primeira pessoa.

Narrador-personagem (testemunha): nesse caso, quem conta a história não participou como protagonista, no máximo como um personagem adjuvante da história.

Narrador onisciente: narrador que está distanciado dos eventos e conhece aquilo que se passa na cabeça dos personagens.

Personagens: são aqueles que efetivamente atuam na ordem da narração, ou seja, a trama está atrelada aos comportamentos que eles demonstram ao longo do texto.

Tempo: claramente, é o lapso em que transcorrem as ações narradas. Segundo a classificação tradicional, divide-se o tempo da narrativa em: Cronológico, Psicológico e Da narrativa.

Espaço: é o local físico em que as ações ocorrem.

Trama: é o encadeamento de ações propriamente dito.

19.2 O Texto Descritivo

O texto descritivo é o que levanta características para montar algum tipo de panorama. Essas características, mormente, são físicas, entretanto, não é necessário ser sempre desse modo. Podemos dizer que há dois tipos de descrição:

Objetiva: em que surgem aspectos sensoriais diretos, ou seja, não há uma subjetividade por parte de quem escreve. Veja um exemplo:

Nome científico: *Ginkgo biloba L.*
Nome popular: *nogueira-do-japão.*
Origem: *Extremo Oriente.*

Aspecto: as folhas dispõem-se em leque e são semelhantes ao trevo.

A altura da árvore pode chegar a 40 metros; o fruto lembra uma ameixa e contém uma noz que pode ser assada e comida.

Subjetiva: em que há impressões particulares do autor do texto. Há maior valorização dos sentimentos insurgentes daquilo que se contempla. Veja um exemplo:

19.3 Conotação X Denotação

É interessante, quando se estuda o conteúdo de interpretação de texto, ressaltar a distinção conceitual entre o sentido conotativo e o sentido denotativo da linguagem. Vejamos como se opera essa distinção:

Sentido conotativo: figurado, ou abstrato. Relaciona-se com as figuras de linguagem.

Adalberto **entregou sua alma a Deus**.

A ideia de entregar a alma a Deus é figurada, ou seja, não ocorre literalmente, pois não há um serviço de entrega de almas. Essa é uma figura que convencionamos chamar de **metáfora**.

Sentido denotativo: literal, ou do dicionário. Relaciona-se com a função referencial da linguagem.

Adalberto **morreu**.

Quando dizemos função referencial, entende-se que o falante está preocupado em transmitir precisamente o fato ocorrido, sem apelar para figuras de pensamento.

19.4 Figuras de Linguagem

Apenas para ilustrar algumas das mais importantes figuras de linguagem que podem ser cobradas em algumas provas, observe a lista:

Metáfora: uma figura de linguagem, que consiste na comparação de dois termos sem o uso de um conectivo.

Seus olhos **são dois oceanos**. (Os olhos possuem a profundidade do oceano, a cor do oceano etc.)

Comparação: comparação direta com o elemento conectivo.

O vento é como uma mulher.

Metonímia: figura de linguagem que consiste utilização de uma expressão por outra, dada a semelhança de sentido ou a possibilidade de associação lógica entre elas.

Vá ao mercado e traga um Nescau. (achocolatado em pó).

Antítese: figura de linguagem que consiste na exposição de ideias opostas.

*"**Nasce** o Sol e não dura mais que um **dia***
*Depois da **Luz** se segue à **noite** escura*
*Em tristes **sombras morre** a formosura,*
*Em contínuas **tristezas e alegrias**."*

(Gregório de Matos)

Os termos em negrito evidenciam relações semânticas de distinção (oposição). Nascer é o contrário de morrer, assim como sombra é o contrário de luz. Essa figura foi muito utilizada na poesia brasileira, em especial pelo autor dos versos acima: Gregório de Matos Guerra.

Paradoxo: expressão que contraria o senso comum. Ilógica.

"Amor é fogo que ***arde sem se ver****;*
É ferida que ***dói e não se sente****;*
É um ***contentamento descontente****;*
É ***dor que desatina sem doer****."*

(Luís de Camões)

A construção semântica acima é totalmente ilógica, pois é impossível uma ferida doer e não ser sentida, assim como não é possível o contentamento ser descontente.

Perífrase: expressão que tem por função substituir semanticamente um termo:

A última flor do Lácio anda muito judiada. (Português é a última flor do Lácio)

Eufemismo: figura que consiste em atenuar uma expressão desagradável:

José **pegou emprestado sem avisar**; (roubou).

Disfemismo: contrário ao Eufemismo, é a figura de linguagem que consiste em tornar uma expressão desagradável em algo ainda pior.

O homem **abotoou o paletó de madeira**. (morreu).

Prosopopeia: atribuição de características animadas a seres inanimados.

O vento sussurrou em meus ouvidos.

Hipérbole: exagero proposital de alguma característica.

Estou morrendo de rir.

Sinestesia: confusão dos sentidos do corpo humano para produzir efeitos expressivos.

Ouvi uma **voz suave** saindo do quarto.

19.5 Funções da Linguagem

Deve-se a Roman Jakobson a discriminação das seis funções da linguagem na expressão e na comunicação humanas, conforme o realce particular que cada um dos componentes do processo de comunicação recebe no enunciado. Por isso mesmo, é raro encontrar em uma única mensagem apenas uma dessas funções, ou todas reunidas em um mesmo texto. O mais frequente é elas se superporem, apresentando-se uma ou outra como predominante.

Em que pese tal fato, é preciso considerar que há particularidades com relação às funções da linguagem, ou seja, cada função descreve algo em particular. Com isso, pretendo dizer que, antes de o estudante se ater às funções em si, é preciso que ele conheça o sistema que é um pouco mais amplo, ou seja, o ato comunicativo. Afinal, a teoria de Roman Jakobson se volta à descrição do ato comunicativo em si.

Em um livro chamado Linguística e comunicação, o linguista Roman Jakobson, pensando sobre o ato comunicativo e seus elementos, identifica seis funções da linguagem.

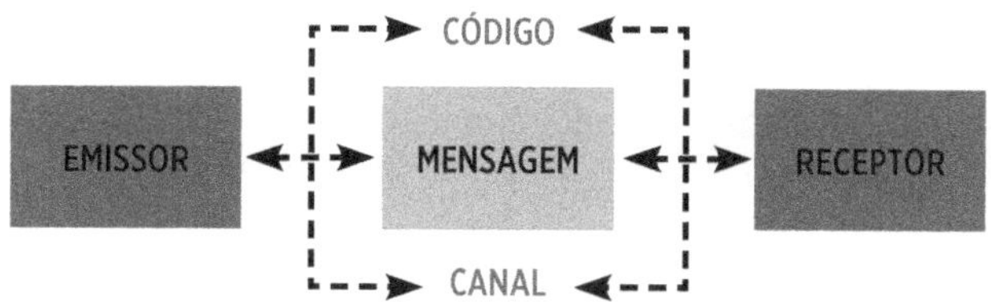

→ Nesse esquema, identificamos:

> **Emissor**: quem enuncia.
> **Mensagem**: aquilo que é transmitido pelo emissor.
> **Receptor**: quem recebe a mensagem.
> **Código**: o sistema em que a mensagem é codificada. O código deve ser comum aos polos da comunicação.
> **Canal**: meio físico por que ocorre a comunicação.

Pensando sobre esses elementos, Jakobson percebeu que cada função da linguagem está centrada em um elemento específico do ato comunicativo. É o que veremos agora.

As Funções da Linguagem são:

> **Referencial**: centrada na mensagem, ou seja, na transmissão do conteúdo. Como possui esse caráter, a objetividade é uma constante para a função referencial. É comum que se busque a imparcialidade quando dela se faz uso. É também conhecida como função denotativa. Como a terceira pessoa do singular é predominante, podem-se encontrar exemplos de tal função em textos científicos, livros didáticos, textos de cunho apenas informativo etc.

Emotiva: centrada no emissor, ou seja, em quem enuncia a mensagem. Basicamente a primeira pessoa predomina quando o texto se apoia sobre a função emotiva. É muito comum a observarmos em depoimentos, discursos, em textos sentimentais, e mesmo em textos líricos.

Apelativa: centrada no receptor, ou seja, em quem recebe a mensagem. As características comuns a manifestações dessa função da linguagem são os verbos no modo imperativo, a tentativa de persuadir o receptor, a utilização dos pronomes de tratamento que tangenciem o interlocutor. É comum observar a função apelativa em propaganda, em discursos motivacionais etc.

Poética: centrada na transformação da mensagem, ou seja, em como modificar o conteúdo da mensagem a fim de torná-lo mais expressivo. As figuras de linguagem são abundantes nessa função e, por sua presença, convencionou-se chamar, também, função poética de função conotativa. Textos literários, poemas e brincadeiras com a mensagem são fontes em que se pode verificar a presença da função poética da linguagem.

Fática: centrada no canal comunicativo. Basicamente, busca testar o canal para saber se a comunicação está ocorrendo. Expressões como "olá", "psiu" e "alô você" são exemplos dessa função.

Metalinguística: centrada no código. Quando o emissor se vale do código para explicar o próprio código, ou seja, num tipo de comunicação autorreferente. Como exemplo, podemos citar um livro de gramática, que se vale da língua para explicar a própria língua; uma aula de didática (sobre como dar aula); ou mesmo um poema que se refere ao processo de escrita de um poema. O poema a seguir é um ótimo exemplo de função metalinguística.

Catar feijão

Catar feijão se limita com escrever:
jogam-se os grãos na água do alguidar
e as palavras na da folha de papel;
e depois, joga-se fora o que boiar.
Certo, toda palavra boiará no papel,
água congelada, por chumbo seu verbo:
pois para catar esse feijão, soprar nele,
e jogar fora o leve e oco, palha e eco.
Ora, nesse catar feijão entra um risco:
o de que entre os grãos pesados entre
um grão qualquer, pedra ou indigesto,
um grão imastigável, de quebrar dente.
Certo não, quando ao catar palavras:
a pedra dá à frase seu grão mais vivo:
obstrui a leitura fluviante, flutual,
açula a atenção, isca-a com risco.

MELO NETO, João Cabral de. Obra completa.
Rio de Janeiro: Nova Aguilar, 1995.

20. ESTRUTURA E FORMAÇÃO DE PALAVRAS

20.1 Estrutura das Palavras

Para compreender os termos da Língua Portuguesa, deve-se observar, nos vocábulos, a presença de algumas estruturas como raiz, desinências e afixos:

Raiz ou Radical (morfema lexical): parte que guarda o sentido da palavra.

Pedreiro

Pedrada

Em**pedr**ado

Pedregulho.

Desinências (fazem a flexão dos termos)

Nominais:

Gênero: Jogador / Jogadora.

Número: Aluno / Alunos.

Grau: Cadeira / Cadeirinha.

Verbais:

Modo-tempo: Cantá**va**mos / Vendê**ra**mos.

Número-pessoa: Fize**mos** / Compra**stes**

Afixos (conectam-se às raízes dos termos)

» Prefixos: colocados antes da raiz

Infeliz, **des**fazer, **re**tocar.

» Sufixos: colocados após a raiz

Feliz**mente**, capac**idade**, igual**dade.**

Também é importante ficar atento aos termos de ligação. São eles:

Vogal de ligação:

Gas**ô**metro / Bar**ô**metro / Caf**ei**cultura / Carn**í**voro

Consoante de ligação:

Gira**s**sol / Cafe**t**eira / Pau**l**ada / Cha**l**eira

20.2 Radicais Gregos e Latinos

O conhecimento sobre a origem dos radicais é, muitas vezes, importante para a compreensão e memorização de inúmeras palavras.

Radicais gregos

Os radicais gregos têm uma importância expressiva para a compreensão e fácil memorização de diversas palavras que foram criadas e vulgarizadas pela linguagem científica.

Podemos observar que esses radicais se unem, geralmente, a outros elementos de origem grega e, frequentemente, sofrem alterações fonéticas e gráficas para formarem palavras compostas.

Seguem algumas palavras e seus respectivos radicais:

ácros, alto: acrópole, acrobacia, acrofobia

álgos, dor: algofilia, analgésico, nevralgia

ánthropos, homem: antropologia, antropófago, filantropo

astér, astéros, estrela: asteroide, asterisco

ástron, astro: astronomia, astronauta

biblíon, livro: biblioteca, bibliografia, bibliófilo

cir-, quiro- (de chéir, cheirós, mão): cirurgia, cirurgião, quiromante

chlorós, verde: cloro, clorofila, clorídrico

chróma, chrómatos, cor: cromático, policromia

dáktylos, dedo: datilografia, datilografar

déka, dez: decálogo, decâmetro, decassílabo

gámos, casamento: poligamia, polígamo, monogamia

gastér, gastrós, estômago: gastrite, gastrônomo, gástrico

glótta, glóssa, língua: poliglota, epiglote, glossário

grámma, letra, escrito: gramática, anagrama, telegrama

grápho, escrevo: grafia, ortografia, caligrafia

heméra, dia: herneroteca, hernerologia, efêmero

hippos, cavalo: hipódromo, hipismo, hipopótamo

kardía, coração: cardíaco, cardiologia, taquicardia

mésos, meio, do meio: mesocarpo, mesóclise, mesopotâmia

mnemo- (de mnéme, memória, lembrança): mnemônico, amnésia, mnemoteste

morphé, forma: morfologia, amorfo, metamorfose

nekrós, morto, necrotério, necropsia, necrológio

páis, paidós, criança: pedagogia, pediatria, pediatra

pyr, pyrós, fogo: pirosfera, pirotécnico, antipirético

rino- (ele rhis, rhinós, nariz): rinite, rinofonia, otorrino

theós, deus: teologia, teólogo, apoteose

zóon, animal: zoologia, zoológico, zoonose

Radicais latinos

Outras palavras da língua portuguesa possuem radicais latinos. A maioria delas entrou na língua entre os séculos XVIII e XX. Seguem algumas das que vieram por via científica ou literária:

ager, agri, campo: agrícola, agricultura

ambi- (de ambo, ambos): ambidestro, ambíguo

argentum, argenti, prata: argênteo, argentífero, argentino

capillus, capilli, cabelo: capilar, capiliforme, capilaridade

caput, capitis, cabeça: capital, decapitar, capitoso

cola-, (de colo, colere, habitar, cultivar): arborícola, vitícola

cuprum, cupri, cobre: cúpreo, cúprico, cuprífero

ego, eu: egocêntrico, egoísmo, ególatra

equi-, (de aequus, igual): equivalente, equinócio, equiângulo

-fero (de fero, ferre, levar, conter): aurífero, lactífero, carbonífero

fluvius, rio: fluvial, fluviômetro

frigus, frigoris, frio: frigorífico, frigomóvel

lapis, lapidis, pedra: lápide, lapidificar, lapidar

lex, legis, lei: legislativo, legislar, legista
noceo, nocere, prejudicar, causar mal: nocivo, inocente, inócuo
pauper, pauperis, pobre: pauperismo, depauperar
pecus, rebanho: pecuária, pecuarista, pecúnia
pluvia, chuva: pluvial, pluviômetro
radix, radieis, raiz: radical, radicar, erradicar
sidus, sideris, astro: sideral, sidéreo, siderar
stella, estrela: estelar, constelação
triticum, tritici, trigo: triticultura, triticultor, tritícola
vinum, vini, vinho: vinicultura, vinícola
vitis, videira: viticultura, viticultor, vitícola
volo, volare, voar: volátil, noctívolo
vox, vocis, voz: vocal, vociferar

20.3 Origem das Palavras de Língua Portuguesa

As palavras da língua portuguesa têm múltiplas origens, mas a maioria delas veio do latim vulgar, ou seja, o latim que era falado pelo povo duzentos anos antes de Cristo.

No geral, as palavras que formam o nosso léxico podem ser de origem latina, de formação vernácula ou de importação estrangeira.

Quanto às palavras de origem latina, sabe-se que algumas datam dos séculos VI e XI, aproximadamente, e outras foram introduzidas na língua por escritores e letrados, ao longo do tempo, sobretudo no período áureo, o século XVI, e de forma ainda mais abundante durante os séculos que o seguiram, por meios literário e científico. As primeiras, as formas populares, foram grandemente alteradas na fala do povo rude, mas as formas eruditas tiveram leves alterações.

Houve, ao longo desses séculos, com incentivo do povo luso-brasileiro, a criação de palavras que colaboraram para enriquecer o vocabulário. Essas palavras são chamadas criações vernáculas.

Desde os primórdios da língua, diversos termos estrangeiros entraram em uso, posteriormente enriquecendo definitivamente o patrimônio léxico, porque é inevitável que palavras de outros idiomas adentrem na língua por meio das relações estabelecidas entre os povos e suas culturas.

Devido a isso, encontramos, no vocabulário português, palavras provenientes:

- → Do grego
  por influência do cristianismo e do latim literário: anjo, bíblia, clímax
  por criação de sábios e cientistas: nostalgia, microscópio
- → Do hebraico
  veiculadas pela Bíblia: aleluia, Jesus, Maria, Sábado
- → Do alemão
  guerra, realengo, interlância
- → Do árabe
  algodão, alfaiate, algema
- → Do japonês
  biombo, micado, samurai
- → Do francês
  greve, detalhe, pose
- → Do inglês
  bife, futebol, tênis
- → Do turco
  lacaio, algoz
- → Do italiano
  piano, maestro, lasanha
- → Do russo
  vodca, esputinique
- → Do tupi
  tatu, saci, jiboia, pitanga
- → Do espanhol
  cavalheiro, ninharia, castanhola
- → De línguas africanas
  macumba, maxixe, marimbondo

Atualmente, o francês e o inglês são os idiomas com maior influência sobre a língua portuguesa.

20.4 Processos de Formação de Palavras

Há dois processos mais fortes (presentes) na formação de palavras em Língua Portuguesa: a composição e a derivação. Vejamos suas principais características.

Composição: é muito mais uma criação de vocábulo. Pode ocorrer por:

Justaposição (sem perda de elementos):
- » Guarda-chuva, girassol, arranha-céu etc.

Aglutinação (com perda de elementos):
- » Embora, fidalgo, aguardente, planalto, boquiaberto etc.

Hibridismo (união de radicais oriundos de línguas distintas:
- » Automóvel (latim e grego); Sambódromo (tupi e grego).

Derivação: é muito mais uma transformação no vocábulo. Pode ocorrer das seguintes maneiras:

Prefixal (prefixação)
- » Reforma, anfiteatro, cooperação

Sufixal (sufixação)
- » Pedreiro, engenharia, florista

Prefixal – sufixal
- » Infelizmente, ateísmo, desordenamento

Parassintética: prefixo e sufixo simultaneamente, sem a possibilidade de remover umas das partes.
- » Avermelhado, anoitecer, emudecer, amanhecer

Regressão (regressiva) ou deverbal: advinda de um verbo.

» Abalo (abalar), luta (lutar), fuga (fugir)

Imprópria (conversão): mudança de classe gramatical.

O jantar, um não, o seu sim, o pobre.

Estrangeirismo

Pode-se entender como um empréstimo linguístico

Com aportuguesamento: abajur (do francês "abat-jour"), algodão (do árabe "al-qutun"), lanche (do inglês "lunch") etc.

Sem aportuguesamento: networking, software, pizza, show, shopping etc.

Acrônimo ou Sigla

Silabáveis: podem ser separados em sílabas.

Infraero (Infraestrutura Aeroportuária), **Petrobras** (Petróleo Brasileiro) etc.

Não-silabáveis: não podem ser separados em sílabas.

FMI, MST, SPC, PT, INSS, MPU etc.

Onomatopeia ou reduplicação

Onomatopeia: tentativa de representar um som da natureza.

Pow, paf, tum, psiu, argh.

Reduplicação: repetição de palavra com fim onomatopaico.

Reco-reco, tique-taque, pingue-pongue.

Redução ou abreviação

Eliminação do segmento de alguma palavra

Fone (telefone), cinema (cinematógrafo), pneu (pneumático) etc.

21. FIGURAS DE LINGUAGEM

Para iniciar o estudo deste capítulo, é importante, retomar alguns conceitos: ao falar de figuras de linguagem, estamos, também, falando de **funções da linguagem** e de **semântica**.

As figuras de linguagem (também chamadas de figuras de pensamento) são construções que se relacionam com a função **poética da linguagem**, ou seja, estão articuladas em razão de modificar o código linguístico para dar ênfase no sentido de uma frase.

É comum vermos exemplos de figuras de linguagem em propagandas publicitárias, poemas, músicas etc. Essas figuras estão presentes em nossa fala cotidiana, principalmente na fala de registro **informal**.

O registro dito informal é aquele que não possui grande preocupação com a situação comunicativa, uma vez que não há tensão para a comunicação entre os falantes. Gírias, erros de concordância e subtração de termos da frase são comuns nesse baixo nível de formalidade comunicativa. Até grandes poetas já escreveram textos sobre esse assunto, veja o exemplo do escritor Oswald de Andrade, que discute a norma gramatical em relação à fala popular do brasileiro:

Pronominais

Dê-me um cigarro
Diz a gramática
Do professor e do aluno
E do mulato sabido
Mas o bom negro e o bom branco
Da Nação Brasileira
Dizem todos os dias
Deixa disso camarada
Me dá um cigarro

Oswald de Andrade
(1890-1954)

Os Cem Melhores Poemas Brasileiros do Século - Seleção e Organização de Ítalo Moriconi, Editora Objetiva, Rio de Janeiro, 2001 (In Pau-Brasil - Poesia - Oswald de Andrade, São Paulo, Globo)

21.1 Conotação X Denotação

É interessante, quando se estuda o conteúdo de figuras de linguagem, ressaltar a distinção conceitual entre o sentido conotativo e o sentido denotativo da linguagem. Vejamos como se opera essa distinção:

Sentido CONOTATIVO: figurado, ou abstrato. Relaciona-se com as figuras de linguagem.

Adalberto **entregou sua alma a Deus**.

A ideia de entregar a alma a Deus é figurada, ou seja, não ocorre literalmente, pois não há um serviço de entrega de almas. Essa é uma figura que convencionamos chamar de **metáfora**.

Sentido DENOTATIVO: literal, ou do dicionário. Relaciona-se com a função **referencial** da linguagem.

Adalberto **morreu**.

Quando dizemos função referencial, entende-se que o falante está preocupado em transmitir precisamente o fato ocorrido, sem apelar para figuras de pensamento. Essa frase do exemplo serviu para mostrar o sinônimo da figura de linguagem anterior.

Vejamos agora algumas das principais figuras de linguagem que costumam ser cobradas em provas de concursos públicos:

Metáfora: uma figura de linguagem, que consiste na comparação de dois termos sem o uso de um conectivo.

- Rosa **é uma flor**. (A pessoa é como uma flor: perfumada, delicada, bela etc.)
- Seus olhos **são dois oceanos**. (Os olhos possuem a profundidade do oceano, a cor do oceano etc.)
- João **é fera**. (João é perito em alguma coisa, desempenha determinada tarefa muito bem etc.)

Metonímia: figura de linguagem que consiste utilização de uma expressão por outra, dada a semelhança de sentido ou a possibilidade de associação lógica entre elas.

Há vários tipos de metonímia, vejamos alguns deles:

Efeito pela causa:

O carrasco ergueu **a morte**. (O efeito é a morte, a causa é o machado).

Marca pelo produto:

Vá ao mercado e traga um Nescau. (achocolatado em pó).

Autor pela obra:

Li Camões com entusiasmo. (Quem leu, leu a obra, não o autor).

Continente pelo conteúdo:

Comi dois pratos de feijão. (Comeu o feijão, ou seja, o conteúdo do prato)

Parte pelo todo:

Peço sua **mão em casamento**. (Pede-se, na verdade, o corpo todo).

Possuidor pelo possuído:

Mulher, vou **ao médico**. (Vai-se ao consultório que pertence ao médico, não ao médico em si).

Antítese: figura de linguagem que consiste na exposição de ideias opostas.

*"**Nasce** o Sol e não dura mais que um **dia***
*Depois da **Luz** se segue à **noite** escura*
Em tristes sombras morre a formosura,
*Em contínuas **tristezas** e **alegrias**."*

(Gregório de Matos)

Os termos em negrito evidenciam relações semânticas de distinção (oposição). Nascer é o contrário de morrer, assim como sombra é o contrário de luz. Essa figura foi muito utilizada na poesia brasileira, em especial pelo autor dos versos acima: Gregório de Matos Guerra.

Paradoxo: expressão que contraria o senso comum. Ilógica.

*"Amor é fogo que **arde sem se ver**;*
*É ferida que **dói e não se sente**;*
*É um **contentamento descontente**;*
*É **dor que desatina sem doer**."*

(Luís de Camões)

A construção semântica acima é totalmente ilógica, pois é impossível uma ferida doer e não ser sentida, assim como não é possível o contentamento ser descontente.

Perífrase: expressão que tem por função substituir semanticamente um termo:

A última flor do Lácio anda muito judiada. (Português é a última flor do Lácio)

O país do futebol é uma grande nação. (Brasil)

O Bruxo do Cosme Velho foi um grande escritor. (Machado de Assis era conhecido como o Bruxo do Cosme Velho)

O anjo de pernas tortas foi o melhor jogador do mundo. (Garrincha)

Eufemismo: figura que consiste em atenuar uma expressão desagradável:

José **pegou emprestado sem avisar**; (roubou).

Maurício **entregou a alma a Deus**; (morreu).

Coitado, só porque **é desprovido de beleza**. (feio)

Disfemismo: contrário ao Eufemismo, é a figura de linguagem que consiste em tornar uma expressão desagradável em algo ainda pior.

O homem **abotoou o paletó de madeira**. (morreu)

Está chupando cana pela raiz. (morreu)

Sentou no colo do capeta. (morreu)

Prosopopeia: atribuição de características animadas a seres inanimados.

O vento sussurrou em meus ouvidos.

Parecia que a **agulha odiava o homem**.

Hipérbole: exagero proposital de alguma característica.

Estou morrendo de rir.

Chorou rios de lágrimas.

Hipérbato: inversão sintática de efeito expressivo.

Ouviram do Ipiranga as margens plácidas
De um povo heroico o brado e retumbante.

Colocando na ordem direta:

As margens plácidas do Ipiranga ouviram o brado retumbante de um povo heroico.

Da minha família, ninguém fala!

Gradação: figura que consiste na construção de uma escala de termo que fazem parte do mesmo campo semântico.

Plantou **a semente**, zelou pelo **broto**, regou a **planta** e colheu o **fruto**. (A gradação pode ser do campo semântico da palavra semente – broto, planta e fruto – ou da palavra plantar – zelar, regar, colher)

Ironia: figura que consiste em dizer o contrário do que se pensa.

Lamento por ter sido eu o vencedor dessa prova. (Evidentemente a pessoa não lamenta ser o vencedor de alguma coisa)

Onomatopeia: tentativa de representar um som da natureza. Figura muito comum em histórias em quadrinhos.

Pof, tic-tac, click, bum, vrum!

Sinestesia: confusão dos sentidos do corpo humano para produzir efeitos expressivos.

Ouvi uma **voz suave** saindo do quarto.

O seu **perfume doce** é extremamente inebriante.

21.2 Vícios de Linguagem

Em um âmbito geral, vício de linguagem é toda expressão contrária à lógica da norma gramatical. Vejamos quais são os principais deslizes que se transformam em vícios.

Pleonasmo vicioso: consiste na repetição desnecessária de ideias.

Subir para cima.

Descer para baixo.

Entrar para dentro.

Cardume de peixes.

Enxame de abelhas.

Elo de ligação.

Fato real.

Observação: pode existir o plágio expressivo em um texto poético. Na frase "ele penetrou na escura treva" há pleonasmo, mas não é vicioso.

Ambiguidade: ocorre quando a construção frasal permite que a sentença possua dois sentidos.

Tenho que buscar **a cadela da sua irmã**.

A empregada disse para o chefe que o cheque estava sobre **sua mesa**.

Como você, também estou cansado. (conjunção "como" ou verbo "comer")

Cacofonia: ocorre quando a pronúncia de determinadas palavras permite a construção de outra palavra.

Dei um beijo na bo**ca dela**.

Nos**so hino** é belo.

Na **vez passada**, esca**pei de** uma.

Barbarismo: é um desvio na forma de falar ou grafar determinada palavra.

Mortandela (em vez de mortadela).

Poblema (em vez de problema).

Mindingo (em vez de mendigo).

Salchicha (em vez de salsicha).

Esse conteúdo costuma ser simples para quem pratica a leitura de textos poéticos, portanto devemos sempre ler poesia. Passemos à resolução de algumas questões.

22. REDAÇÃO DE CORRESPONDÊNCIAS OFICIAIS

22.1 Aspectos Gerais da Redação Oficial

Panorama da comunicação oficial

A finalidade da língua é comunicar, quer pela fala, quer pela escrita. Para que haja comunicação, são necessários:

a) alguém que comunique;
b) algo a ser comunicado;
c) alguém que receba essa comunicação.

No caso da redação oficial, quem comunica é sempre o serviço público (este/esta ou aquele/aquela Ministério, Secretaria, Departamento, Divisão, Serviço, Seção); o que se comunica é sempre algum assunto relativo às atribuições do órgão que comunica; e o destinatário dessa comunicação é o público, uma instituição privada ou outro órgão ou entidade pública, do Poder Executivo ou dos outros Poderes. Além disso, deve-se considerar a intenção do emissor e a finalidade do documento, para que o texto esteja adequado à situação comunicativa.

A necessidade de empregar determinado nível de linguagem nos atos e nos expedientes oficiais decorre, de um lado, do próprio caráter público desses atos e comunicações; de outro, de sua finalidade. Os atos oficiais, aqui entendidos como atos de caráter normativo, ou estabelecem regras para a conduta dos cidadãos, ou regulam o funcionamento dos órgãos e entidades públicos, o que só é alcançado se, em sua elaboração, for empregada a linguagem adequada. O mesmo se dá com os expedientes oficiais, cuja finalidade precípua é a de informar com clareza e objetividade.

O que é redação oficial

Em uma frase, pode-se dizer que redação oficial é a maneira pela qual o Poder Público redige comunicações oficiais e atos normativos. Neste Manual, interessa-nos tratá-la do ponto de vista da administração pública federal.

A redação oficial não é necessariamente árida e contrária à evolução da língua. É que sua finalidade básica – comunicar com objetividade e máxima clareza – impõe certos parâmetros ao uso que se faz da língua, de maneira diversa daquele da literatura, do texto jornalístico, da correspondência particular etc.

Apresentadas essas características fundamentais da redação oficial, passemos à análise pormenorizada de cada um de seus atributos.

Atributos da redação oficial

→ A redação oficial deve caracterizar-se por:
- clareza e precisão;
- objetividade;
- concisão;
- coesão e coerência;
- impessoalidade;
- formalidade e padronização; e
- uso da norma padrão.

Fundamentalmente, esses atributos decorrem da Constituição, que dispõe, no art. 37: "A administração pública direta, indireta, de qualquer dos Poderes da União, dos Estados, do Distrito Federal e dos Municípios obedecerá aos princípios de legalidade, impessoalidade, moralidade, publicidade e eficiência (...)". Sendo a publicidade, a impessoalidade e a eficiência princípios fundamentais de toda a administração pública, devem igualmente nortear a elaboração dos atos e das comunicações oficiais.

Clareza e precisão

Clareza

A clareza deve ser a qualidade básica de todo texto oficial. Pode-se definir como claro aquele texto que possibilita imediata compreensão pelo leitor. Não se concebe que um documento oficial ou um ato normativo de qualquer natureza seja redigido de forma obscura, que dificulte ou impossibilite sua compreensão. A transparência é requisito do próprio Estado de Direito: é inaceitável que um texto oficial ou um ato normativo não seja entendido pelos cidadãos. O princípio constitucional da publicidade não se esgota na mera publicação do texto, estendendo-se, ainda, à necessidade de que o texto seja claro.

→ Para a obtenção de clareza, sugere-se:
- utilizar palavras e expressões simples, em seu sentido comum, salvo quando o texto versar sobre assunto técnico, hipótese em que se utilizará nomenclatura própria da área;
- usar frases curtas, bem estruturadas; apresentar as orações na ordem direta e evitar intercalações excessivas. Em certas ocasiões, para evitar ambiguidade, sugere-se a adoção da ordem inversa da oração;
- buscar a uniformidade do tempo verbal em todo o texto;
- não utilizar regionalismos e neologismos;
- pontuar adequadamente o texto;
- explicitar o significado da sigla na primeira referência a ela; e
- utilizar palavras e expressões em outro idioma apenas quando indispensáveis, em razão de serem designações ou expressões de uso já consagrado ou de não terem exata tradução. Nesse caso, grafe-as em itálico, conforme orientações do subitem 10.2 deste Manual.

Precisão

→ O atributo da precisão complementa a clareza e caracteriza-se por:
- articulação da linguagem comum ou técnica para a perfeita compreensão da ideia veiculada no texto;
- manifestação do pensamento ou da ideia com as mesmas palavras, evitando o emprego de sinonímia com propósito meramente estilístico; e
- escolha de expressão ou palavra que não confira duplo sentido ao texto.

É indispensável, também, a releitura de todo o texto redigido. A ocorrência, em textos oficiais, de trechos obscuros provém principalmente da falta da releitura, o que tornaria possível sua correção. Na revisão de um expediente, deve-se avaliar se ele será de fácil compreensão por seu destinatário. O que nos parece óbvio pode ser desconhecido por terceiros. O domínio que adquirimos sobre certos assuntos, em decorrência de nossa experiência profissional, muitas vezes, faz com que os tomemos como de conhecimento geral, o que nem sempre é verdade. Explicite, desenvolva, esclareça, precise os termos técnicos, o significado das siglas e das abreviações e os conceitos específicos que não possam ser dispensados.

A revisão atenta exige tempo. A pressa com que são elaboradas certas comunicações quase sempre compromete sua clareza. "Não há assuntos urgentes, há assuntos atrasados", diz a máxima. Evite-se, pois, o atraso, com sua indesejável repercussão no texto redigido.

A clareza e a precisão não são atributos que se atinjam por si sós: elas dependem estritamente das demais características da redação oficial, apresentadas a seguir.

Objetividade

Ser objetivo é ir diretamente ao assunto que se deseja abordar, sem voltas e sem redundâncias. Para conseguir isso, é fundamental que o redator saiba de antemão qual é a ideia principal e quais são as secundárias.

Procure perceber certa hierarquia de ideias que existe em todo texto de alguma complexidade: as fundamentais e as secundárias. Essas últimas podem esclarecer o sentido daquelas, detalhá-las, exemplificá-las; mas existem também ideias secundárias que não acrescentam informação alguma ao texto, nem têm maior relação com as fundamentais, podendo, por isso, ser dispensadas, o que também proporcionará mais objetividade ao texto.

A objetividade conduz o leitor ao contato mais direto com o assunto e com as informações, sem subterfúgios, sem excessos de palavras e de ideias. É errado supor que a objetividade suprime a delicadeza de expressão ou torna o texto rude e grosseiro.

Concisão

A concisão é antes uma qualidade do que uma característica do texto oficial. Conciso é o texto que consegue transmitir o máximo de informações com o mínimo de palavras. Não se deve de forma alguma entendê-la como economia de pensamento, isto é, não se deve eliminar passagens substanciais do texto com o único objetivo de reduzi-lo em tamanho. Trata-se, exclusivamente, de excluir palavras inúteis, redundâncias e passagens que nada acrescentem ao que já foi dito.

Detalhes irrelevantes são dispensáveis: o texto deve evitar caracterizações e comentários supérfluos, adjetivos e advérbios inúteis, subordinação excessiva. A seguir, um exemplo1 de período mal construído, prolixo:

Exemplo:

Apurado, com impressionante agilidade e precisão, naquela tarde de 2009, o resultado da consulta à população acriana, verificou-se que a esmagadora e ampla maioria da população daquele distante estado manifestou-se pela efusiva e indubitável rejeição da alteração realizada pela Lei nº 11.662/2008. Não satisfeita, inconformada e indignada, com a nova hora legal vinculada ao terceiro fuso, a maioria da população do Acre demonstrou que a ela seria melhor regressar ao quarto fuso, estando cinco horas a menos que em Greenwich.

Nesse texto, há vários detalhamentos desnecessários, abusou-se no emprego de adjetivos (impressionante, esmagadora, ampla, inconformada, indignada), o que lhe confere carga afetiva injustificável, sobretudo em texto oficial, que deve primar pela impessoalidade. Eliminados os excessos, o período ganha concisão, harmonia e unidade:

Exemplo:

Apurado o resultado da consulta à população acreana, verificou-se que a maioria da população manifestou-se pela rejeição da alteração realizada pela Lei no 11.662/2008. Não satisfeita com a nova hora legal vinculada ao terceiro fuso, a maioria da população do Acre demonstrou que a ela seria melhor regressar ao quarto fuso, estando cinco horas menos que em Greenwich.

Coesão e coerência

É indispensável que o texto tenha coesão e coerência. Tais atributos favorecem a conexão, a ligação, a harmonia entre os elementos de um texto. Percebe-se que o texto tem coesão e coerência quando se lê um texto e se verifica que as palavras, as frases e os parágrafos estão entrelaçados, dando continuidade uns aos outros.

Alguns mecanismos que estabelecem a coesão e a coerência de um texto são: referência, substituição, elipse e uso de conjunção.

A referência diz respeito aos termos que se relacionam a outros necessários à sua interpretação. Esse mecanismo pode dar-se por retomada de um termo, relação com o que é precedente no texto, ou por antecipação de um termo cuja interpretação dependa do que se segue.

Exemplos:

O Deputado evitou a instalação da CPI da corrupção. Ele aguardou a decisão do Plenário. O TCU apontou estas irregularidades: falta de assinatura e de identificação no documento.

A substituição é a colocação de um item lexical no lugar de outro(s) ou no lugar de uma oração.

Exemplos:

O Presidente assinou o acordo. O Chefe do Poder Executivo federal propôs reduzir as alíquotas.

O memorando está pronto. O documento trata da exoneração do servidor.

Os governadores decidiram acatar a decisão. Em seguida, os prefeitos fizeram o mesmo.

A elipse consiste na omissão de um termo recuperável pelo contexto.

Exemplo:

O decreto regulamenta os casos gerais; a portaria, os particulares. (Na segunda oração, houve a omissão do verbo "regulamenta").

Outra estratégia para proporcionar coesão e coerência ao texto é utilizar conjunção para estabelecer ligação entre orações, períodos ou parágrafos.

Exemplo:

O Embaixador compareceu à reunião, pois identificou o interesse de seu Governo pelo assunto.

Impessoalidade

A impessoalidade decorre de princípio constitucional (Constituição, art. 37), e seu significado remete a dois aspectos: o primeiro é a obrigatoriedade de que a administração pública proceda de modo a não privilegiar ou prejudicar ninguém, de que o seu norte seja, sempre, o interesse público; o segundo, a abstração da pessoalidade dos atos administrativos, pois, apesar de a ação administrativa ser exercida por intermédio de seus servidores, é resultado tão-somente da vontade estatal.

A redação oficial é elaborada sempre em nome do serviço público e sempre em atendimento ao interesse geral dos cidadãos. Sendo assim, os assuntos objetos dos expedientes oficiais não devem ser tratados de outra forma que não a estritamente impessoal.

Percebe-se, assim, que o tratamento impessoal que deve ser dado aos assuntos que constam das comunicações oficiais decorre:

> da ausência de impressões individuais de quem comunica: embora se trate, por exemplo, de um expediente assinado por Chefe de determinada Seção, a comunicação é sempre feita em nome do serviço público. Obtém-se, assim, uma desejável padronização, que permite que as comunicações elaboradas em diferentes setores da administração pública guardem entre si certa uniformidade;

> da impessoalidade de quem recebe a comunicação: ela pode ser dirigida a um cidadão, sempre concebido como público, ou a uma instituição privada, a outro órgão ou a outra entidade pública. Em todos os casos, temos um destinatário concebido de forma homogênea e impessoal; e

> do caráter impessoal do próprio assunto tratado: se o universo temático das comunicações oficiais se restringe a questões que dizem respeito ao interesse público, é natural não caber qualquer tom particular ou pessoal.

Não há lugar na redação oficial para impressões pessoais, como as que, por exemplo, constam de uma carta a um amigo, ou de um artigo assinado de jornal, ou mesmo de um texto literário. A redação oficial deve ser isenta da interferência da individualidade de quem a elabora. A concisão, a clareza, a objetividade e a formalidade de que nos valemos para elaborar os expedientes oficiais contribuem, ainda, para que seja alcançada a necessária impessoalidade.

Formalidade e padronização

As comunicações administrativas devem ser sempre formais, isto é, obedecer a certas regras de forma (BRASIL, 2015a). Isso é válido tanto para as comunicações feitas em meio eletrônico (por exemplo, o e-mail , o documento gerado no SEI!, o documento em html etc), quanto para os eventuais documentos impressos.

É imperativa, ainda, certa formalidade de tratamento. Não se trata somente do correto emprego deste ou daquele pronome de tratamento para uma autoridade de certo nível, mais do que isso: a formalidade diz respeito à civilidade no próprio enfoque dado ao assunto do qual cuida a comunicação.

A formalidade de tratamento vincula-se, também, à necessária uniformidade das comunicações. Ora, se a administração pública federal é una, é natural que as comunicações que expeça sigam o mesmo padrão. O estabelecimento desse padrão, uma das metas deste Manual, exige que se atente para todas as características da redação oficial e que se cuide, ainda, da apresentação dos textos.

A digitação sem erros, o uso de papéis uniformes para o texto definitivo, nas exceções em que se fizer necessária a impressão, e a correta diagramação do texto são indispensáveis para a padronização. Consulte o Capítulo II, "As comunicações oficiais", a respeito de normas específicas para cada tipo de expediente.

Em razão de seu caráter público e de sua finalidade, os atos normativos e os expedientes oficiais requerem o uso do padrão culto do idioma, que acata os preceitos da gramática formal e emprega um léxico compartilhado pelo conjunto dos usuários da língua. O uso do padrão culto é, portanto, imprescindível na redação oficial por estar acima das diferenças lexicais, morfológicas ou sintáticas, regionais; dos modismos vocabulares e das particularidades linguísticas.

→ Recomendações:

> a língua culta é contra a pobreza de expressão e não contra a sua simplicidade;

> o uso do padrão culto não significa empregar a língua de modo rebuscado ou utilizar figuras de linguagem próprias do estilo literário;

> a consulta ao dicionário e à gramática é imperativa na redação de um bom texto.

Pode-se concluir que não existe propriamente um padrão oficial de linguagem, o que há é o uso da norma padrão nos atos e nas comunicações oficiais. É claro que haverá preferência pelo uso de determinadas expressões, ou será obedecida certa tradição no emprego das formas sintáticas, mas isso não implica, necessariamente, que se consagre a utilização de uma forma de linguagem burocrática. O jargão burocrático, como todo jargão, deve ser evitado, pois terá sempre sua compreensão limitada.

22.2 Redação das Comunicações Oficiais

Introdução

A redação das comunicações oficiais deve, antes de tudo, seguir os preceitos explicitados no Capítulo I, "Aspectos gerais da redação oficial". Além disso, há características específicas de cada tipo de expediente, que serão tratadas em detalhe neste capítulo. Antes de passarmos à sua análise, vejamos outros aspectos comuns a quase todas as modalidades de comunicação oficial.

Pronomes de tratamento

Tradicionalmente, o emprego dos pronomes de tratamento adota a segunda pessoa do plural, de maneira indireta, para referenciar atributos da pessoa à qual se dirige. Na redação oficial, é necessário atenção para o uso dos pronomes de tratamento em três momentos distintos: no endereçamento, no vocativo e no corpo do texto. No vocativo, o autor dirige-se ao destinatário no início do documento. No corpo do texto, pode-se empregar os pronomes de tratamento em sua forma abreviada ou por extenso. O endereçamento é o texto utilizado no envelope que contém a correspondência oficial.

A seguir, alguns exemplos de utilização de pronomes de tratamento no texto oficial.

Autoridade	Endereçamento	Vocativo	Tratamento no corpo do texto	Abreviatura
Presidente da República	A Sua Excelência o Senhor	Excelentíssimo Senhor Presidente da República,	Vossa Excelência	Não se usa
Presidente do Congresso Nacional	A Sua Excelência o Senhor	Excelentíssimo Senhor Presidente do Congresso Nacional,	Vossa Excelência	Não se usa
Presidente do Supremo Tribunal Federal	A Sua Excelência o Senhor	Excelentíssimo Senhor Presidente do Supremo Tribunal Federal,	Vossa Excelência	Não se usa

Vice-Presidente da República	A Sua Excelência o Senhor	Senhor Vice-Presidente da República,	Vossa Excelência	V. Exa.
Ministro de Estado	A Sua Excelência o Senhor	Senhor Ministro,	Vossa Excelência	V. Exa.
Secretário-Executivo de Ministério e demais ocupantes de cargos de natureza especial	A Sua Excelência o Senhor	Senhor Secretário-Executivo,	Vossa Excelência	V. Exa.
Embaixador	A Sua Excelência o Senhor	Senhor Embaixador,	Vossa Excelência	V. Exa.
Oficial-General das Forças Armadas	A Sua Excelência o Senhor	Senhor + Posto,	Vossa Excelência	V. Exa.
Outros postos militares	Ao Senhor	Senhor + Posto,	Vossa Senhoria	V. Sa.
Senador da República	A Sua Excelência o Senhor	Senhor Senador,	Vossa Excelência	V. Exa.
Deputado Federal	A Sua Excelência o Senhor	Senhor Deputado,	Vossa Excelência	V. Exa.
Ministro do Tribunal de Contas da União	A Sua Excelência o Senhor	Senhor Ministro do Tribunal de Contas da União,	Vossa Excelência	V. Exa.
Ministro dos Tribunais Superiores	A Sua Excelência o Senhor	Senhor Ministro,	Vossa Excelência	V. Exa.

Os exemplos acima são meramente exemplificativos. A profusão de normas estabelecendo hipóteses de tratamento por meio do pronome "Vossa Excelência" para categorias específicas tornou inviável arrolar todas as hipóteses.

Concordância com os pronomes de tratamento

Exemplo:

Vossa Senhoria designará o assessor.

Os pronomes de tratamento apresentam certas peculiaridades quanto às concordâncias verbal, nominal e pronominal. Embora se refiram à segunda pessoa gramatical (à pessoa com quem se fala), levam a concordância para a terceira pessoa. Os pronomes Vossa Excelência ou Vossa Senhoria são utilizados para se comunicar diretamente com o receptor.

Da mesma forma, os pronomes possessivos referidos a pronomes de tratamento são sempre os da terceira pessoa.

Exemplo:

Vossa Senhoria designará seu substituto. (E não "Vossa Senhoria designará vosso substituto")

Já quanto aos adjetivos referidos a esses pronomes, o gênero gramatical deve coincidir com o sexo da pessoa a que se refere, e não com o substantivo que compõe a locução.

Exemplos:

Se o interlocutor for homem, o correto é: Vossa Excelência está atarefado.

Se o interlocutor for mulher: Vossa Excelência está atarefada.

O pronome Sua Excelência é utilizado para se fazer referência a alguma autoridade (indiretamente).

Exemplo:

A Sua Excelência o Ministro de Estado Chefe da Casa Civil (por exemplo, no endereçamento do expediente)

Signatário

Cargos interino e substituto

Na identificação do signatário, depois do nome do cargo, é possível utilizar os termos interino e substituto, conforme situações a seguir: interino é aquele nomeado para ocupar transitoriamente cargo público durante a vacância; substituto é aquele designado para exercer as atribuições de cargo público vago ou no caso de afastamento e impedimentos legais ou regulamentares do titular. Esses termos devem ser utilizados depois do nome do cargo, sem hífen, sem vírgula e em minúsculo.

Exemplos:

Diretor-Geral interino Secretário-Executivo substituto

Signatárias do sexo feminino

Na identificação do signatário, o cargo ocupado por pessoa do sexo feminino deve ser flexionado no gênero feminino.

Grafia de cargos compostos

Exemplos:

Ministra de Estado Secretária-Executiva interina Técnica Administrativa

Coordenadora administrativa

→ Escrevem-se com hífen:
- > cargos formados pelo adjetivo "geral": diretor-geral, relator-geral, ouvidor-geral;
- > postos e gradações da diplomacia: primeiro-secretário, segundo-secretário;
- > postos da hierarquia militar: tenente-coronel, capitão-tenente;

Atenção: nomes compostos com elemento de ligação preposicionado ficam sem hífen: general de exército, general de brigada, tenente-brigadeiro do ar, capitão de mar e guerra;

- > cargos que denotam hierarquia dentro de uma empresa: diretor-presidente, diretor-adjunto, editor-chefe, editor-assistente, sócio-gerente, diretor-executivo;
- > cargos formados por numerais: primeiro-ministro, primeira-dama;
- > cargos formados com os prefixos "ex" ou "vice": ex-diretor, vice-coordenador.

O novo Acordo Ortográfico tornou opcional o uso de iniciais maiúsculas em palavras usadas reverencialmente, por exemplo para cargos e títulos (exemplo: o Presidente francês ou o presidente francês). Porém, em palavras com hífen, após se optar pelo uso da maiúscula ou da minúscula, deve-se manter a escolha para a grafia de todos os elementos hifenizados: pode-se escrever "Vice-Presidente" ou "vice-presidente", mas não "Vice-presidente".

Vocativo

O vocativo é uma invocação ao destinatário. Nas comunicações oficiais, o vocativo será sempre seguido de vírgula.

Em comunicações dirigidas aos Chefes de Poder, utiliza-se a expressão Excelentíssimo Senhor ou Excelentíssima Senhora e o cargo respectivo, seguidos de vírgula.

Exemplos:

Excelentíssimo Senhor Presidente da República,

Excelentíssimo Senhor Presidente do Congresso Nacional,

Excelentíssimo Senhor Presidente do Supremo Tribunal Federal,

As demais autoridades, mesmo aquelas tratadas por Vossa Excelência, receberão o vocativo Senhor ou Senhora seguido do cargo respectivo.

Exemplos:

Senhora Senadora, Senhor Juiz, Senhora Ministra,

Na hipótese de comunicação com particular, pode-se utilizar o vocativo Senhor ou Senhora e a forma utilizada pela instituição para referir-se ao interlocutor: beneficiário, usuário, contribuinte, eleitor etc.

Exemplos:

Senhora Beneficiária, Senhor Contribuinte,

Ainda, quando o destinatário for um particular, no vocativo, pode-se utilizar Senhor ou Senhora seguido do nome do particular ou pode-se utilizar o vocativo "Prezado Senhor" ou "Prezada Senhora".

Exemplos:

Senhora [Nome], Prezado Senhor,

Em comunicações oficiais, está abolido o uso de Digníssimo (DD) e de Ilustríssimo (Ilmo.).

Evite-se o uso de "doutor" indiscriminadamente. O tratamento por meio de Senhor confere a formalidade desejada.

O padrão ofício

Até a segunda edição deste Manual, havia três tipos de expedientes que se diferenciavam antes pela finalidade do que pela forma: o ofício, o aviso e o memorando. Com o objetivo de uniformizá-los, deve-se adotar nomenclatura e diagramação únicas, que sigam o que chamamos de padrão ofício.

→ A distinção básica anterior entre os três era:
  - aviso: era expedido exclusivamente por Ministros de Estado, para autoridades de mesma hierarquia;
  - ofício: era expedido para e pelas demais autoridades; e
  - memorando: era expedido entre unidades administrativas de um mesmo órgão.

Atenção: Nesta nova edição ficou abolida aquela distinção e passou-se a utilizar o termo ofício nas três hipóteses.

A seguir, será apresentada a estrutura do padrão ofício, de acordo com a ordem com que cada elemento aparece no documento oficial.

Partes do documento no padrão ofício

Cabeçalho

O cabeçalho é utilizado apenas na primeira página do documento, centralizado na área determinada pela formatação (ver subitem "5.2 Formatação e apresentação").

→ No cabeçalho deverão constar os seguintes elementos:
  - brasão de Armas da República2: no topo da página. Não há necessidade de ser aplicado em cores. O uso de marca da instituição deve ser evitado na correspondência oficial para não se sobrepor ao Brasão de Armas da República.
  - nome do órgão principal;
  - nomes dos órgãos secundários, quando necessários, da maior para a menor hierarquia; e
  - espaçamento: entrelinhas simples (1,0).

Exemplo:

[Nome do órgão] [Secretaria/Diretoria]

[Departamento/Setor/Entidade]

Os dados do órgão, tais como endereço, telefone, endereço de correspondência eletrônica, sítio eletrônico oficial da instituição, podem ser informados no rodapé do documento, centralizados.

Identificação do expediente

Os documentos oficiais devem ser identificados da seguinte maneira:

- nome do documento: tipo de expediente por extenso, com todas as letras maiúsculas;
- indicação de numeração: abreviatura da palavra "número", padronizada como No;
- informações do documento: número, ano (com quatro dígitos) e siglas usuais do setor que expede o documento, da menor para a maior hierarquia, separados por barra (/); e
- alinhamento: à margem esquerda da página.

Exemplo:

OFÍCIO Nº 652/2018/SAA/SE/MT

Local e data do documento

Na grafia de datas em um documento, o conteúdo deve constar da seguinte forma:

- composição: local e data do documento;
- informação de local: nome da cidade onde foi expedido o documento, seguido de vírgula. Não se deve utilizar a sigla da unidade da federação depois do nome da cidade;
- dia do mês: em numeração ordinal se for o primeiro dia do mês e em numeração cardinal para os demais dias do mês. Não se deve utilizar zero à esquerda do número que indica o dia do mês;
- nome do mês: deve ser escrito com inicial minúscula;
- pontuação: coloca-se ponto-final depois da data; e
- alinhamento: o texto da data deve ser alinhado à margem direita da página.

Exemplo:

Brasília, 2 de fevereiro de 2018.

Endereçamento

O endereçamento é a parte do documento que informa quem receberá o expediente.

→ Nele deverão constar os seguintes elementos:

> vocativo: na forma de tratamento adequada para quem receberá o expediente (ver subitem "4.1 Pronomes de tratamento");

> nome: nome do destinatário do expediente;

> cargo: cargo do destinatário do expediente;

> endereço: endereço postal de quem receberá o expediente, dividido em duas linhas:

Primeira linha: informação de localidade/logradouro do destinatário ou, no caso de ofício ao mesmo órgão, informação do setor;

Segunda linha: CEP e cidade/unidade da federação, separados por espaço simples. Na separação entre cidade e unidade da federação pode ser substituída a barra pelo ponto ou pelo travessão. No caso de ofício ao mesmo órgão, não é obrigatória a informação do CEP, podendo ficar apenas a informação da cidade/unidade da federação; e

> alinhamento: à margem esquerda da página.

O pronome de tratamento no endereçamento das comunicações dirigidas às autoridades tratadas por Vossa Excelência terá a seguinte forma: "A Sua Excelência o Senhor" ou "A Sua Excelência a Senhora".

Quando o tratamento destinado ao receptor for Vossa Senhoria, o endereçamento a ser empregado é "Ao Senhor" ou "À Senhora". Ressalte-se que não se utiliza a expressão "A Sua Senhoria o Senhor" ou "A Sua Senhoria a Senhora".

Exemplos:

A Sua Excelência o Senhor

[Nome]

Ministro de Estado da Justiça Esplanada dos Ministérios Bloco T 70064-900 Brasília/DF 70070-030 Brasília. DF Brasília — DF

À Senhora

[Nome]

Diretora de Gestão de Pessoas

SAUS Q. 3 Lote 5/6 Ed Sede I Diretoria de Material, Seção

Ao Senhor

[Nome]

Chefe da Seção de Compras I Diretoria de Material, Seção 70064-900 Brasília/DF

Assunto

O assunto deve dar uma ideia geral do que trata o documento, de forma sucinta. Ele deve ser grafado da seguinte maneira:

> título: a palavra Assunto deve anteceder a frase que define o conteúdo do documento, seguida de dois-pontos;

> descrição do assunto: a frase que descreve o conteúdo do documento deve ser escrita com inicial maiúscula, não se deve utilizar verbos e sugere-se utilizar de quatro a cinco palavras;

> destaque: todo o texto referente ao assunto, inclusive o título, deve ser destacado em negrito;

> pontuação: coloca-se ponto-final depois do assunto; e

> alinhamento: à margem esquerda da página.

Exemplos:

Assunto: Encaminhamento do Relatório de Gestão julho/2018.

Assunto: Aquisição de computadores.

Texto do documento

O texto do documento oficial deve seguir a seguinte padronização de estrutura:

→ nos casos em que não seja usado para encaminhamento de documentos, o expediente deve conter a seguinte estrutura:

> introdução: em que é apresentado o objetivo da comunicação. Evite o uso das formas: Tenho a honra de, Tenho o prazer de, Cumpre-me informar que. Prefira empregar a forma direta: Informo, Solicito, Comunico;

> desenvolvimento: em que o assunto é detalhado; se o texto contiver mais de uma ideia sobre o assunto, elas devem ser tratadas em parágrafos distintos, o que confere maior clareza à exposição; e

> conclusão: em que é afirmada a posição sobre o assunto.

→ quando forem usados para encaminhamento de documentos, a estrutura é modificada:

> introdução: deve iniciar com referência ao expediente que solicitou o encaminhamento. Se a remessa do documento não tiver sido solicitada, deve iniciar com a informação do motivo da comunicação, que é encaminhar, indicando a seguir os dados completos do documento encaminhado (tipo, data, origem ou signatário e assunto de que se trata) e a razão pela qual está sendo encaminhado; e

Exemplos:

Em resposta ao Ofício nº 12, de 1º de fevereiro de 2018, encaminho cópia do Ofício nº 34, de 3 de abril de 2018, da Coordenação-Geral de Gestão de Pessoas, que trata da requisição do servidor Fulano de Tal.

Encaminho, para exame e pronunciamento, cópia do Ofício nº 12, de 1º de fevereiro de 2018, do Presidente da Confederação Nacional da Indústria, a respeito de projeto de modernização de técnicas agrícolas na região Nordeste.

> desenvolvimento: se o autor da comunicação desejar fazer algum comentário a respeito do documento que encaminha, poderá acrescentar parágrafos de desenvolvimento. Caso contrário, não há parágrafos de desenvolvimento em expediente usado para encaminhamento de documentos.

→ tanto na estrutura I quanto na estrutura II, o texto do documento deve ser formatado da seguinte maneira:

> alinhamento: justificado;

> espaçamento entre linhas: simples;

> parágrafos:

i espaçamento entre parágrafos: de 6 pontos após cada parágrafo; ii recuo de parágrafo: 2,5 cm de distância da margem esquerda;

iii numeração dos parágrafos: apenas quando o documento tiver três ou mais parágrafos, desde o primeiro parágrafo. Não se numeram o vocativo e o fecho;

> fonte: Calibri ou Carlito;

corpo do texto: tamanho 12 pontos;

citações recuadas: tamanho 11 pontos; e iii notas de Rodapé: tamanho 10 pontos;

- símbolos: para símbolos não existentes nas fontes indicadas, pode-se utilizar as fontes *Symbol e Wingdings;*

Fechos para comunicações

O fecho das comunicações oficiais objetiva, além da finalidade óbvia de arrematar o texto, saudar o destinatário. Os modelos para fecho anteriormente utilizados foram regulados pela Portaria nº 1, de 1937, do Ministério da Justiça, que estabelecia quinze padrões.

Com o objetivo de simplificá-los e uniformizá-los, este Manual estabelece o emprego de somente dois fechos diferentes para todas as modalidades de comunicação oficial:

- Para autoridades de hierarquia superior a do remetente, inclusive o Presidente da República:

Respeitosamente,

- Para autoridades de mesma hierarquia, de hierarquia inferior ou demais casos:

Atenciosamente,

Ficam excluídas dessa fórmula as comunicações dirigidas a autoridades estrangeiras, que atendem a rito e tradição próprios.

O fecho da comunicação deve ser formatado da seguinte maneira:

- alinhamento: alinhado à margem esquerda da página;
- recuo de parágrafo: 2,5 cm de distância da margem esquerda;
- espaçamento entre linhas: simples;
- espaçamento entre parágrafos: de 6 pontos após cada parágrafo; e
- não deve ser numerado.

Identificação do signatário

Excluídas as comunicações assinadas pelo Presidente da República, todas as demais comunicações oficiais devem informar o signatário segundo o padrão:

- nome: nome da autoridade que as expede, grafado em letras maiúsculas, sem negrito. Não se usa linha acima do nome do signatário;
- cargo: cargo da autoridade que expede o documento, redigido apenas com as iniciais maiúsculas. As preposições que liguem as palavras do cargo devem ser grafadas em minúsculas; e
- alinhamento: a identificação do signatário deve ser centralizada na página.

Para evitar equívocos, recomenda-se não deixar a assinatura em página isolada do expediente. Transfira para essa página ao menos a última frase anterior ao fecho.

Exemplo:

(espaço para assinatura)

NOME

Ministro de Estado Chefe da Casa Civil da Presidência da República

(espaço para assinatura)

NOME

Coordenador-Geral de Gestão de Pessoas

Numeração das páginas

A numeração das páginas é obrigatória apenas a partir da segunda página da comunicação.

Ela deve ser centralizada na página e obedecer à seguinte formatação:

- posição: no rodapé do documento, dentro da área de 2 cm da margem inferior; e
- fonte: Calibri ou Carlito.

Formatação e apresentação

Os documentos do padrão ofício devem obedecer à seguinte formatação:

- tamanho do papel: A4 (29,7 cm x 21,0 cm);
- margem lateral esquerda: no mínimo, 3 cm de largura;
- margem lateral direita: 1,5 cm;
- margens superior e inferior: 2 cm;
- área de cabeçalho: na primeira página, 5 cm a partir da borda superior do papel;
- área de rodapé: nos 2 cm da margem inferior do documento;
- impressão: na correspondência oficial, a impressão pode ocorrer em ambas as faces do papel. Nesse caso, as margens esquerda e direita terão as distâncias invertidas nas páginas pares (margem espelho);
- cores: os textos devem ser impressos na cor preta em papel branco, reservando-se, se necessário, a impressão colorida para gráficos e ilustrações;
- destaques: para destaques deve-se utilizar, sem abuso, o negrito. Deve-se evitar destaques com uso de itálico, sublinhado, letras maiúsculas, sombreado, sombra, relevo, bordas ou qualquer outra forma de formatação que afete a sobriedade e a padronização do documento;
- palavras estrangeiras: palavras estrangeiras devem ser grafadas em itálico;
- arquivamento: dentro do possível, todos os documentos elaborados devem ter o arquivo de texto preservado para consulta posterior ou aproveitamento de trechos para casos análogos. Deve ser utilizado, preferencialmente, formato de arquivo que possa ser lido e editado pela maioria dos editores de texto utilizados no serviço público, tais como DOCX, ODT ou RTF.
- nome do arquivo: para facilitar a localização, os nomes dos arquivos devem ser formados da seguinte maneira:
- tipo do documento + número do documento + ano do documento (com 4 dígitos) + palavras-chaves do conteúdo

Exemplo:

Ofício 123_2018_relatório produtividade anual

Seguem exemplos de Ofício:

2 cm

5 cm

Presidência da República
Casa Civil
Subchefia para Assuntos Jurídicos

OFÍCIO Nº 197/2022/SAJ/CC

Brasília, 8 de agosto de 2022.

1,5cm

Ao Senhor
[Nome]
Chefe de Gabinete Ministério dos Transportes
Esplanada dos Ministérios, Bloco R
70044-902 - Brasília/DF

Assunto: Apresentação de novas funcionalidades do Sidof – Módulo I.
Senhor Chefe de Gabinete,

3 cm 2,5 cm

1. A Subchefia para Assuntos Jurídicos da Casa Civil da Presidência da República aprimorou o Sistema de Geração e Tramitação de Documentos Oficiais – Sidof, com a inserção de novas funcionalidades. Os novos recursos do sistema serão apresentados aos servidores em módulos organizados por esta Subchefia.

2. Convido os servidores do [nome do Ministério] para assistir à apresentação do primeiro módulo, a ser realizada em 10 de setembro de 2022, às 9h30, no Auditório desta Subchefia.

3. Para assegurar o credenciamento, solicito a esse órgão a indicação dos servidores que trabalham com o Sidof, até 28 de agosto de 2022, por meio do endereço eletrônico [endereço eletrônico]:

a) nome completo do servidor;
b) número de Cadastro de Pessoa Física;
c) *e-mail* institucional, unidade/órgão em que atua; e
d) *login* no Sidof (caso esteja cadastrado no Sistema).

2 cm

4. Caso o servidor ainda não esteja cadastrado no Sistema, será necessário o envio de autorização da chefia imediata. O envio das informações solicitadas supracitadas é fundamental para garantir a inscrição do servidor no evento.

Atensiosamente,

(espaço para assinatura)

[NOME DO SIGNATÁRIO]
[Cargo do signatário]

2

2 cm

[Endereço] – Telefone: (xx) 114440-114440
CEP 00000-000 Cidade/UF – http://www.114440114440114440114440xxx.gov.br

2 cm

5 cm

1,5 cm

[Nome do Ministério]
[Secretaria/Diretoria]
[Departamento/Setor/Entidade]

OFÍCIO Nº 10.457/2022/MDH

Brasília, 3 de março de 2022.

A Sua Excelência o Senhor [Nome]
Ministro de Estado
Esplanada dos Ministérios, Bloco X 70064-900 - Brasília/DF

3 cm

Assunto: Debates sobre o Plano Nacional da Pessoa com Deficiência.

Senhor Ministro,

2,5 cm

Convido Vossa Excelência a participar do lançamento do Ciclo de Debates sobre a Execução do Plano Nacional da Pessoa com Deficiência, a ser realizado em 15 de março de 2022, às 9 horas, no Auditório da Escola Nacional de Administração Pública (Enap), no Setor de Áreas Isoladas Sul, em Brasília/DF.

O debate inicial faz parte de uma sequência de cinco encontros, com o objetivo de acompanhar o desenvolvimento das diversas ações contidas no referido Plano.

Atenciosamente,

(espaço para assinatura)

[NOME DO SIGNATÁRIO]
[Ministro de Estado]

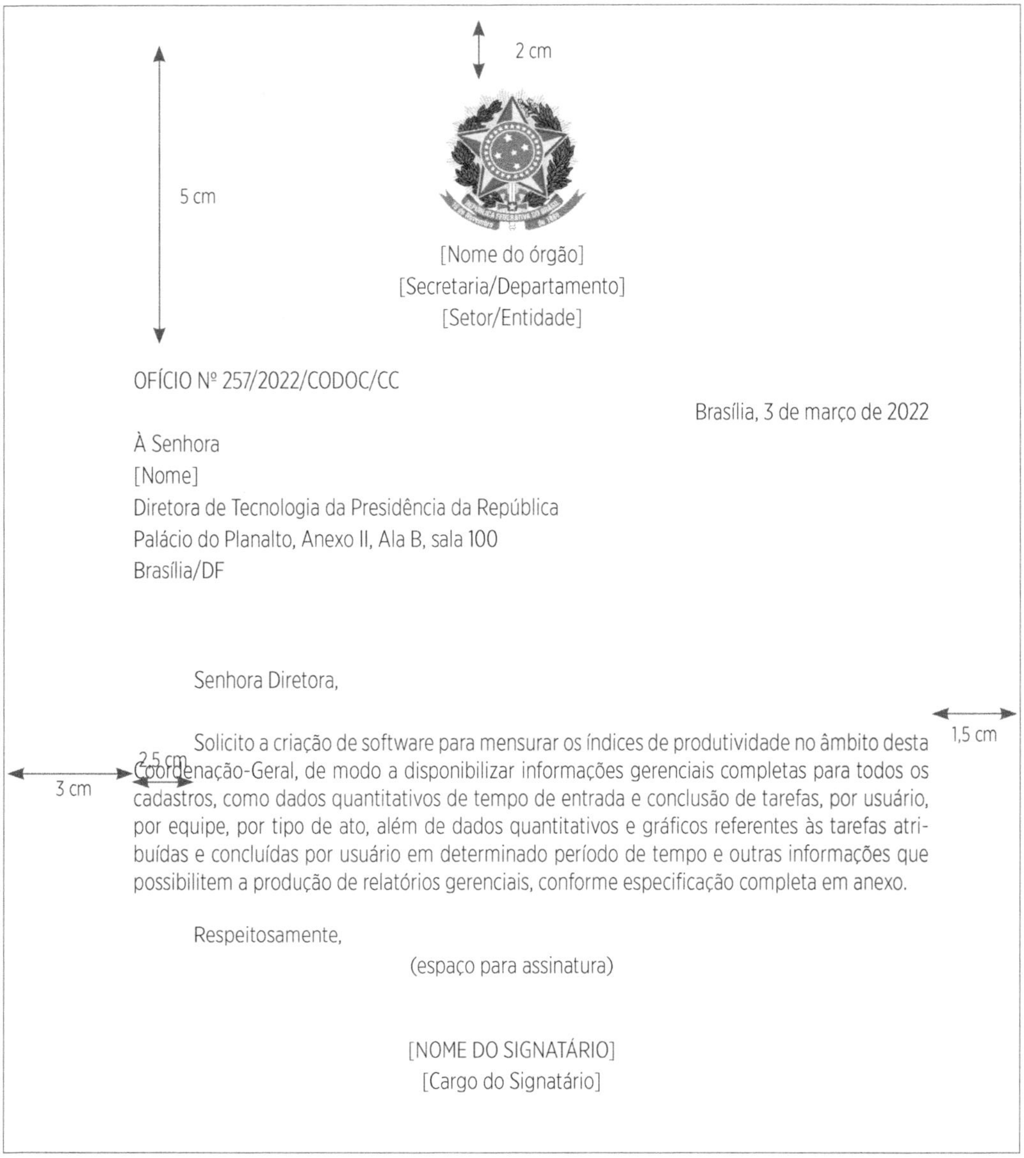

[Nome do órgão]
[Secretaria/Departamento]
[Setor/Entidade]

OFÍCIO Nº 257/2022/CODOC/CC

Brasília, 3 de março de 2022

À Senhora
[Nome]
Diretora de Tecnologia da Presidência da República
Palácio do Planalto, Anexo II, Ala B, sala 100
Brasília/DF

Senhora Diretora,

Solicito a criação de software para mensurar os índices de produtividade no âmbito desta Coordenação-Geral, de modo a disponibilizar informações gerenciais completas para todos os cadastros, como dados quantitativos de tempo de entrada e conclusão de tarefas, por usuário, por equipe, por tipo de ato, além de dados quantitativos e gráficos referentes às tarefas atribuídas e concluídas por usuário em determinado período de tempo e outras informações que possibilitem a produção de relatórios gerenciais, conforme especificação completa em anexo.

Respeitosamente,

(espaço para assinatura)

[NOME DO SIGNATÁRIO]
[Cargo do Signatário]

Tipos de documentos

Variações dos documentos oficiais

Os documentos oficiais podem ser identificados de acordo com algumas possíveis variações:

> [NOME DO EXPEDIENTE] + CIRCULAR: Quando um órgão envia o mesmo expediente para mais de um órgão receptor. A sigla na epígrafe será apenas do órgão remetente.

> [NOME DO EXPEDIENTE] + CONJUNTO: Quando mais de um órgão envia, conjuntamente, o mesmo expediente para um único órgão receptor. As siglas dos órgãos remetentes constarão na epígrafe.

> [NOME DO EXPEDIENTE] + CONJUNTO CIRCULAR: Quando mais de um órgão envia, conjuntamente, o mesmo expediente para mais de um órgão receptor. As siglas dos órgãos remetentes constarão na epígrafe.

Exemplos:

OFÍCIO CIRCULAR Nº 652/2018/MEC

OFÍCIO CONJUNTO Nº 368/2018/SECEX/SAJ

OFÍCIO CONJUNTO CIRCULAR Nº 795/2018/CC/MJ/MRE

Nos expedientes circulares, por haver mais de um receptor, o órgão remetente poderá inserir no rodapé as siglas ou nomes dos órgãos que receberão o expediente.

Exposição de motivos

Definição e finalidade

Exposição de motivos (EM) é o expediente dirigido ao Presidente da República ou ao Vice- Presidente para:

- propor alguma medida;
- submeter projeto de ato normativo à sua consideração; ou
- informá-lo de determinado assunto.

A exposição de motivos é dirigida ao Presidente da República por um Ministro de Estado. Nos casos em que o assunto tratado envolva mais de um ministério, a exposição de motivos será assinada por todos os ministros envolvidos, sendo, por essa razão, chamada de interministerial.

Independentemente de ser uma EM com apenas um autor ou uma EM interministerial, a sequência numérica das exposições de motivos é única. A numeração começa e termina dentro de um mesmo ano civil.

Forma e estrutura

As exposições de motivos devem, obrigatoriamente:

- apontar, na introdução: o problema que demanda a adoção da medida ou do ato normativo proposto; ou informar ao Presidente da República algum assunto;
- indicar, no desenvolvimento: a razão de aquela medida ou de aquele ato normativo ser o ideal para se solucionar o problema e as eventuais alternativas existentes para equacioná-lo; ou fornecer mais detalhes sobre o assunto informado, quando for esse o caso; e
- na conclusão: novamente, propor a medida a ser tomada ou o ato normativo a ser editado para solucionar o problema; ou apresentar as considerações finais no caso de EMs apenas informativas.

As Exposições de Motivos que encaminham proposições normativas devem seguir o prescrito no Decreto nº 9.191, de 1º de novembro de 2017. Em síntese, elas devem ser instruídas com parecer jurídico e parecer de mérito que permitam a adequada avaliação da proposta.

O atendimento dos requisitos do Decreto nº 9.191, de 2017, nas exposições de motivos que proponham a edição de ato normativo, tem como propósito:

- permitir a adequada reflexão sobre o problema que se busca resolver;
- ensejar avaliação das diversas causas do problema e dos efeitos que podem ter a adoção da medida ou a edição do ato, em consonância com as questões que devem ser analisadas na elaboração de proposições normativas no âmbito do Poder Executivo;
- conferir transparência aos atos propostos;
- resumir os principais aspectos da proposta; e
- evitar a devolução a proposta de ato normativo para complementação ou reformulação da proposta.

A exposição de motivos é a principal modalidade de comunicação dirigida ao Presidente da República pelos ministros. Além disso, pode, em certos casos, ser encaminhada cópia ao Congresso Nacional ou ao Poder Judiciário.

Exemplo de exposição de motivos:

2 cm

5 cm

1,5 cm

EM nº 38/2022/MTB/MS

Brasília, 6 de novembro de 2022.

Excelentíssimo Senhor Presidente da República,

1. Submetemos à consideração de Vossa Excelência a proposta de Medida Provisória que tem por objetivo de efetivar as operações de financiamento destinadas a entidades hospitalares filantrópicas e sem fins lucrativos que participem de forma complementar do Sistema Único de Saúde (SUS).

2. A Medida Provisória nº 848, de 16 de agosto de 2018, autorizou o Fundo de Garantia do Tempo de Serviço (FGTS) a realizar operações de crédito destinadas às entidades hospitalares filantrópicas e sem fins lucrativos que participem de forma complementar do SUS.

3. No entanto, em discussões no âmbito do Conselho Curador do FGTS foi observada a falta de previsão legal para determinar quem seria o órgão do Poder Executivo federal que deveria regulamentar, acompanhar a execução, subisidiar o Conselho Curador com estudos técnicos necessários ao seu aprimoramento operacional e definir as metas a serem alcançadas nas operações de crédito destinadas às entidades hospitalares filantrópicas e sem fins lucrativos que participem de forma complementar do SUS.

4. Com efeito, a disposição sobre a necessidade de autorização do órgão de educação responsável para o fechamento de escolas do campo, exigindo-se diagnóstico sobre o impacto da ação e manifestação da comunidade escolar, visa a assegurar o acesso da população rural à educação, sem ferir a autonomia dos entes federativos.

2 cm

5. O presente Projeto de Lei representa medida importante para institucionalizar instrumentos de gestão voltados para a melhoria da qualidade da educação básica das populações do campo.

6. Essas, Excelentíssimo Senhor Presidente, são as razões que justificam o encaminhamento da presente proposta de ato normativo à consideração de Vossa Excelência.

Respeitosamente,

(espaço para assinatura)

[NOME DO SIGNATÁRIO]
[Ministro de Estado]

Sistema de geração e tramitação de documentos oficiais (sidof)

O Sistema de Geração e Tramitação de Documentos Oficiais (Sidof) é a ferramenta eletrônica utilizada para a elaboração, a redação, a alteração, o controle, a tramitação, a administração e a gerência das exposições de motivos com as propostas de atos a serem encaminhadas pelos Ministérios à Presidência da República.

Ao se utilizar o Sidof, a assinatura, o nome e o cargo do signatário, apresentados no exemplo do item 6.2.2, são substituídos pela assinatura eletrônica que informa o nome do ministro que assinou a exposição de motivos e do consultor jurídico que assinou o parecer jurídico da Pasta.

Mensagem

Definição e finalidade

A Mensagem é o instrumento de comunicação oficial entre os Chefes dos Poderes Públicos, notadamente as mensagens enviadas pelo Chefe do Poder Executivo ao Poder Legislativo para informar sobre fato da administração pública; para expor o plano de governo por ocasião da abertura de sessão legislativa; para submeter ao Congresso Nacional matérias que dependem de deliberação de suas Casas; para apresentar veto; enfim, fazer comunicações do que seja de interesse dos Poderes Públicos e da Nação.

Minuta de mensagem pode ser encaminhada pelos ministérios à Presidência da República, a cujas assessorias caberá a redação final.

As mensagens mais usuais do Poder Executivo ao Congresso Nacional têm as seguintes finalidades:

> Encaminhamento de proposta de emenda constitucional, de projeto de lei ordinária, de projeto de lei complementar e os que compreendem plano plurianual, diretrizes orçamentárias, orçamentos anuais e créditos adicionais:

Os projetos de lei ordinária ou complementar são enviados em regime normal (Constituição, art. 61) ou de urgência (Constituição, art. 64, §§ 1º a 4º). O projeto pode ser encaminhado sob o regime normal e, mais tarde, ser objeto de nova mensagem, com solicitação de urgência.

Em ambos os casos, a mensagem se dirige aos membros do Congresso Nacional, mas é encaminhada com ofício do Ministro de Estado Chefe da Casa Civil da Presidência da República ao Primeiro-Secretário da Câmara dos Deputados, para que tenha início sua tramitação (Constituição, art. 64, caput).

Quanto aos projetos de lei que compreendem plano plurianual, diretrizes orçamentárias, orçamentos anuais e créditos adicionais, as mensagens de encaminhamento dirigem-se aos membros do Congresso Nacional, e os respectivos ofícios são endereçados ao Primeiro-Secretário do Senado Federal. A razão é que o art. 166 da Constituição impõe a deliberação congressual em sessão conjunta, mais precisamente, "na forma do regimento comum". E, à frente da Mesa do Congresso Nacional, está o Presidente do Senado Federal (Constituição, art. 57, § 5º), que comanda as sessões conjuntas.

> Encaminhamento de medida provisória:

Para dar cumprimento ao disposto no art. 62 da Constituição, o Presidente da República encaminha Mensagem ao Congresso, dirigida a seus Membros, com ofício para o Primeiro- Secretário do Senado Federal, juntando cópia da medida provisória.

> Indicação de autoridades:

As mensagens que submetem ao Senado Federal a indicação de pessoas para ocuparem determinados cargos (magistrados dos tribunais superiores, ministros do Tribunal de Contas da União, presidentes e diretores do Banco Central, Procurador-Geral da República, chefes de missão diplomática, diretores e conselheiros de agências etc.) têm em vista que a Constituição, incisos III e IV do caput do art. 52, atribui àquela Casa do Congresso Nacional competência privativa para aprovar a indicação.

O curriculum vitae do indicado, assinado, com a informação do número de Cadastro de Pessoa Física, acompanha a mensagem.

> Pedido de autorização para o Presidente ou o Vice-Presidente da República se ausentarem do país por mais de 15 dias:

Trata-se de exigência constitucional (Constituição, art. 49, caput, inciso III e art. 83), e a autorização é da competência privativa do Congresso Nacional. O Presidente da República, tradicionalmente, por cortesia, quando a ausência é por prazo inferior a 15 dias, faz uma comunicação a cada Casa do Congresso, enviando-lhes mensagens idênticas.

> Encaminhamento de atos de concessão e de renovação de concessão de emissoras de rádio e TV:

A obrigação de submeter tais atos à apreciação do Congresso Nacional consta no inciso XII do caput do art. 49 da Constituição. Somente produzirão efeitos legais a outorga ou a renovação da concessão após deliberação do Congresso Nacional (Constituição, art. 223, § 3º). Descabe pedir na mensagem a urgência prevista na Constituição, art. 64, uma vez que o § 1º do art. 223 já define o prazo da tramitação. Além do ato de outorga ou renovação, acompanha a mensagem o correspondente processo administrativo.

> Encaminhamento das contas referentes ao exercício anterior:

O Presidente da República tem o prazo de 60 dias após a abertura da sessão legislativa para enviar ao Congresso Nacional as contas referentes ao exercício anterior (Constituição, art. 84, caput, inciso XXIV), para exame e parecer da Comissão Mista permanente (Constituição, art. 166,

§ 1º, sob pena de a Câmara dos Deputados realizar a tomada de contas (Constituição, art. 51,
caput, inciso II) em procedimento disciplinado no art. 215 do seu Regimento Interno.

> Mensagem de abertura da sessão legislativa:

Deve conter o plano de governo, exposição sobre a situação do País e a solicitação de providências que julgar necessárias (Constituição, art. 84, inciso XI). O portador da mensagem é o Chefe da Casa Civil da Presidência da República. Esta mensagem difere das demais, porque vai encadernada e é distribuída a todos os congressistas em forma de livro.

> Comunicação de sanção (com restituição de autógrafos):

Esta mensagem é dirigida aos Membros do Congresso Nacional, encaminhada por ofício ao Primeiro-Secretário da Casa onde se originaram os autógrafos. Nela se informa o número que tomou a lei e se restituem dois exemplares dos três autógrafos recebidos, nos quais o Presidente da República terá aposto o despacho de sanção.

> Comunicação de veto:

Dirigida ao Presidente do Senado Federal (Constituição, art. 66, § 1º), a mensagem informa sobre a decisão de vetar, se o veto é parcial, quais as disposições vetadas, e as razões do veto. Seu texto é publicado na íntegra no Diário Oficial da União, ao contrário das demais mensagens, cuja publicação se restringe à notícia do seu envio ao Poder Legislativo.

→ Outras mensagens remetidas ao Legislativo:

- Apreciação de intervenção federal (Constituição, art. 36, § 2º).
- Encaminhamento de atos internacionais que acarretam encargos ou compromissos gravosos (Constituição, art. 49, caput, inciso I);
- Pedido de estabelecimento de alíquotas aplicáveis às operações e prestações interestaduais e de exportação (Constituição, art. 155, § 2º, inciso IV);
- Proposta de fixação de limites globais para o montante da dívida consolidada (Constituição, art. 52, caput, inciso VI);
- Pedido de autorização para operações financeiras externas (Constituição, art. 52, caput, inciso V);
- Convocação extraordinária do Congresso Nacional (Constituição, art. 57, § 6º);
- Pedido de autorização para exonerar o Procurador-Geral da República (Constituição, art. 52, inciso XI, e art. 128, § 2º);
- Pedido de autorização para declarar guerra e decretar mobilização nacional (Constituição, art. 84, inciso XIX);
- Pedido de autorização ou referendo para celebrar a paz (Constituição, art. 84, inciso XX);
- Justificativa para decretação do estado de defesa ou de sua prorrogação (Constituição, art. 136, § 4º);
- Pedido de autorização para decretar o estado de sítio (Constituição, art. 137);
- Relato das medidas praticadas na vigência do estado de sítio ou de defesa (Constituição, art. 141, parágrafo único);
- Proposta de modificação de projetos de leis que compreendem plano plurianual, diretrizes orçamentárias, orçamentos anuais e créditos adicionais (Constituição, art. 166, § 5º);
- Pedido de autorização para utilizar recursos que ficarem sem despesas correspondentes, em decorrência de veto, emenda ou rejeição do projeto de lei orçamentária anual (Constituição, art. 166, § 8º);
- Pedido de autorização para alienar ou conceder terras públicas com área superior a 2.500 ha (Constituição, art. 188, § 1º).

Forma e estrutura

As mensagens contêm:

- brasão: timbre em relevo branco
- identificação do expediente: MENSAGEM No, alinhada à margem esquerda, no início do texto;
- vocativo: alinhado à margem esquerda, de acordo com o pronome de tratamento e o cargo do destinatário, com o recuo de parágrafo dado ao texto;
- texto: iniciado a 2 cm do vocativo; e
- local e data: posicionados a 2 cm do final do texto, alinhados à margem direita.

A mensagem, como os demais atos assinados pelo Presidente da República, não traz identificação de seu signatário.

Exemplo de mensagem:

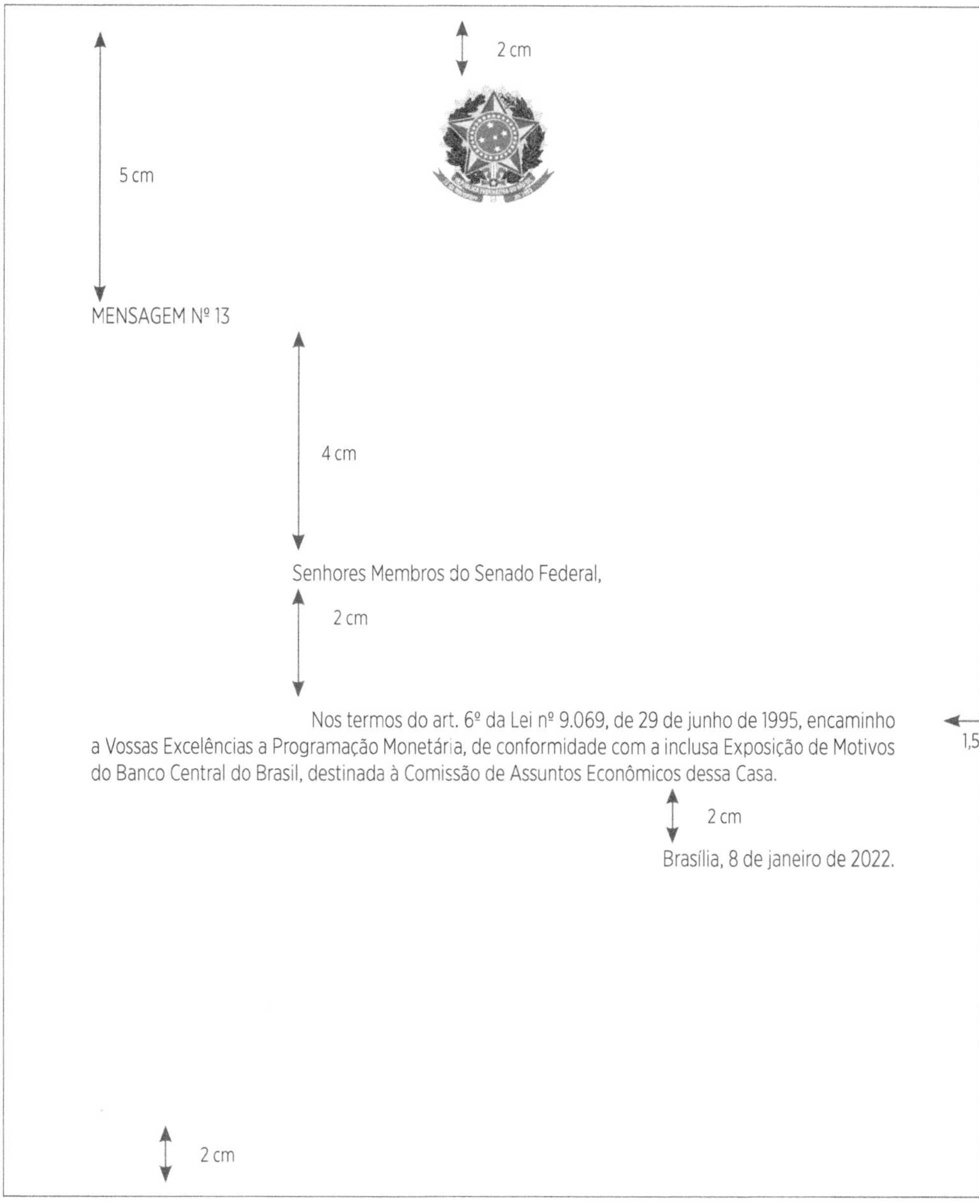

MENSAGEM Nº 13

Senhores Membros do Senado Federal,

Nos termos do art. 6º da Lei nº 9.069, de 29 de junho de 1995, encaminho a Vossas Excelências a Programação Monetária, de conformidade com a inclusa Exposição de Motivos do Banco Central do Brasil, destinada à Comissão de Assuntos Econômicos dessa Casa.

Brasília, 8 de janeiro de 2022.

Correio eletrônico (e-mail)

Definição e finalidade

A utilização do e-mail para a comunicação tornou-se prática comum, não só em âmbito privado, mas também na administração pública. O termo e-mail pode ser empregado com três sentidos. Dependendo do contexto, pode significar gênero textual, endereço eletrônico ou sistema de transmissão de mensagem eletrônica.

Como gênero textual, o e-mail pode ser considerado um documento oficial, assim como o ofício e o memorando. Portanto, deve-se evitar o uso de linguagem incompatível com uma comunicação oficial.

Como endereço eletrônico utilizado pelos servidores públicos, o e-mail deve ser oficial, utilizando-se a extensão ".gov.br", por exemplo.

Como sistema de transmissão de mensagens eletrônicas, por seu baixo custo e celeridade, transformou-se na principal forma de envio e recebimento de documentos na administração pública.

Valor documental

Nos termos da Medida Provisória nº 2.200-2, de 24 de agosto de 2001, para que o e-mail tenha valor documental, isto é, para que possa ser aceito como documento original, é necessário existir certificação digital que ateste a identidade do remetente, segundo os parâmetros de integridade, autenticidade e validade jurídica da Infraestrutura de Chaves Públicas Brasileira – ICP- Brasil.

O destinatário poderá reconhecer como válido o e-mail sem certificação digital ou com certificação digital fora ICP-Brasil; contudo, caso haja questionamento, será obrigatório a repetição do ato por meio documento físico assinado ou por meio eletrônico reconhecido pela ICP-Brasil.

Salvo lei específica, não é dado ao ente público impor a aceitação de documento eletrônico que não atenda os parâmetros da ICP-Brasil.

Forma e estrutura

Um dos atrativos de comunicação por correio eletrônico é sua flexibilidade. Assim, não interessa definir padronização da mensagem comunicada. No entanto, devem-se observar algumas orientações quanto à sua estrutura.

Campo "assunto"

O assunto deve ser o mais claro e específico possível, relacionado ao conteúdo global da mensagem. Assim, quem irá receber a mensagem identificará rapidamente do que se trata; quem a envia poderá, posteriormente, localizar a mensagem na caixa do correio eletrônico.

Deve-se assegurar que o assunto reflita claramente o conteúdo completo da mensagem para que não pareça, ao receptor, que se trata de mensagem não solicitada/lixo eletrônico. Em vez de "Reunião", um assunto mais preciso seria "Agendamento de reunião sobre a Reforma da Previdência".

Local e data

São desnecessários no corpo da mensagem, uma vez que o próprio sistema apresenta essa informação.

Saudação inicial/vocativo

Exemplos:

Senhor Coordenador, Prezada Senhora,

O texto dos correios eletrônicos deve ser iniciado por uma saudação. Quando endereçado para outras instituições, para receptores desconhecidos ou para particulares, deve-se utilizar o vocativo conforme os demais documentos oficiais, ou seja, "Senhor" ou "Senhora", seguido do cargo respectivo, ou "Prezado Senhor", "Prezada Senhora".

Fecho

Atenciosamente é o fecho padrão em comunicações oficiais. Com o uso do e-mail, popularizou-se o uso de abreviações como "Att.", e de outros fechos, como "Abraços", "Saudações", que, apesar de amplamente usados, não são fechos oficiais e, portanto, não devem ser utilizados em e-mails profissionais.

O correio eletrônico, em algumas situações, aceita uma saudação inicial e um fecho menos formais. No entanto, a linguagem do texto dos correios eletrônicos deve ser formal, como a que se usaria em qualquer outro documento oficial.

Bloco de texto da assinatura

Sugere-se que todas as instituições da administração pública adotem um padrão de texto de assinatura. A assinatura do e-mail deve conter o nome completo, o cargo, a unidade, o órgão e o telefone do remetente.

Exemplo:

Maria da Silva

Assessora

Subchefia para Assuntos Jurídicos da Casa Civil

(61)113737-113737

Anexos

A possibilidade de anexar documentos, planilhas e imagens de diversos formatos é uma das vantagens do e-mail. A mensagem que encaminha algum arquivo deve trazer informações mínimas sobre o conteúdo do anexo.

Antes de enviar um anexo, é preciso avaliar se ele é realmente indispensável e se seria possível colocá-lo no corpo do correio eletrônico.

Deve-se evitar o tamanho excessivo e o reencaminhamento de anexos nas mensagens de resposta.

Os arquivos anexados devem estar em formatos usuais e que apresentem poucos riscos de segurança. Quando se tratar de documento ainda em discussão, os arquivos devem, necessariamente, ser enviados, em formato que possa ser editado.

Recomendações

- Sempre que necessário, deve-se utilizar recurso de confirmação de leitura. Caso não esteja disponível, deve constar da mensagem pedido de confirmação de recebimento;
- Apesar da imensa lista de fontes disponíveis nos computadores, mantêm-se a recomendação de tipo de fonte, tamanho e cor dos documentos oficiais: Calibri ou Carlito, tamanho 12, cor preta;
- Fundo ou papéis de parede eletrônicos não devem ser utilizados, pois não são apropriados para mensagens profissionais, além de sobrecarregar o tamanho da mensagem eletrônica;
- A mensagem do correio eletrônico deve ser revisada com o mesmo cuidado com que se revisam outros documentos oficiais;
- O texto profissional dispensa manifestações emocionais. Por isso, ícones e emoticons não devem ser utilizados;
- Os textos das mensagens eletrônicas não podem ser redigidos com abreviações como "vc", "pq", usuais das conversas na internet, ou neologismos, como "naum", "eh", "aki";
- Não se deve utilizar texto em caixa alta para destaques de palavras ou trechos da mensagem pois denota agressividade de parte do emissor da comunicação.
- Evite-se o uso de imagens no corpo do e-mail, inclusive das Armas da República Federativa do Brasil e de logotipos do ente público junto ao texto da assinatura.
- Não devem ser remetidas mensagem com tamanho total que possa exceder a capacidade do servidor do destinatário.

Questões

01. (AOCP – 2018 – TRT/1ª REGIÃO/RJ – ANALISTA JUDICIÁRIO)

Texto I

Os medos que o poder transforma em mercadoria política e comercial

Zygmunt Bauman

O medo faz parte da condição humana. Poderíamos até conseguir eliminar uma por uma a maioria das ameaças que geram medo (era justamente para isto que servia, segundo Freud, a civilização como uma organização das coisas humanas: para limitar ou para eliminar totalmente as ameaças devidas à casualidade da Natureza, à fraqueza física e à inimizade do próximo): mas, pelo menos até agora, as nossas capacidades estão bem longe de apagar a "mãe de todos os medos", o "medo dos medos", aquele medo ancestral que decorre da consciência da nossa mortalidade e da impossibilidade de fugir da morte.

Embora hoje vivamos imersos em uma "cultura do medo", a nossa consciência de que a morte é inevitável é o principal motivo pelo qual existe a cultura, primeira fonte e motor de cada e toda cultura. Pode-se até conceber a cultura como esforço constante, perenemente incompleto e, em princípio, interminável para tornar vivível uma vida mortal. Ou pode-se dar mais um passo: é a nossa consciência de ser mortais e, portanto, o nosso perene medo de morrer que nos tornam humanos e que tornam humano o nosso modo de ser-no-mundo.

A cultura é o sedimento da tentativa incessante de tornar possível viver com a consciência da mortalidade. E se, por puro acaso, nos tornássemos imortais, como às vezes (estupidamente) sonhamos, a cultura pararia de repente [...].

Foi precisamente a consciência de ter que morrer, da inevitável brevidade do tempo, da possibilidade de que os projetos fiquem incompletos que impulsionou os homens a agir e a imaginação humana a alçar voo. Foi essa consciência que tornou necessária a criação cultural e que transformou os seres humanos em criaturas culturais. Desde o seu início e ao longo de toda a sua longa história, o motor da cultura foi a necessidade de preencher o abismo que separa o transitório do eterno, o finito do infinito, a vida mortal da imortal; o impulso para construir uma ponte para passar de um lado para outro do precipício; o instinto de permitir que nós, mortais, tenhamos incidência sobre a eternidade, deixando nela um sinal imortal da nossa passagem, embora fugaz.

Tudo isso, naturalmente, não significa que as fontes do medo, o lugar que ele ocupa na existência e o ponto focal das reações que ele evoca sejam imutáveis. Ao contrário, todo tipo de sociedade e toda época histórica têm os seus próprios medos, específicos desse tempo e dessa sociedade. Se é incauto divertir-se com a possibilidade de um mundo alternativo "sem medo", em vez disso, descrever com precisão os traços distintivos do medo na nossa época e na nossa sociedade é condição indispensável para a clareza dos fins e para o realismo das propostas. [...]

(Adaptado de http://www.ihu.unisinos.br/563878-os-medos-que-o-poder--transforma-em-mercadoria-politica-e-comercial-artigo- -de-zygmunt-bauman - Acesso em 26/03/2018)

O processo de derivação imprópria de palavras compreende a mudança de classe de uma palavra, estendendo-lhe a significação. Assinale a alternativa cujo excerto apresenta tal processo de derivação na palavra em destaque.

a) "A cultura é o sedimento da tentativa <u>incessante</u> de tornar possível [...]".

b) "[...] o <u>lugar</u> que ele ocupa na existência [...]".

c) "[...] todo tipo de sociedade e toda época histórica têm os seus próprios <u>medos</u> [...]".

d) "Os medos que o poder <u>transforma</u> em mercadoria política e comercial [...]".

e) "[...] a necessidade de preencher o abismo que separa o <u>transitório</u> do eterno [...]".

02. (FGV – 2017 – TRT/12ª REGIÃO/SC – ANALISTA JUDICIÁRIO) Observe o seguinte texto:

Mais uma vez morre uma criança vítima de bala perdida no centro do Rio de Janeiro. Na verdade, trata-se de uma demonstração clara da ineficiência policial. Quantos mais terão que morrer para que as autoridades reconheçam que a estratégia de segurança está errada?

Nesse texto, o argumentador apresenta:

a) sua própria opinião;

b) uma opinião particular como geral;

c) uma opinião alheia;

d) uma tese e a comenta;

e) várias opiniões que se opõem.

03. (FGV – 2017 – TRT/12ª REGIÃO/SC – ANALISTA JUDICIÁRIO) O primeiro capítulo do livro *A evolução da escrita*, de Carlos M. Horcades, diz o seguinte:

Letras são como abelhas. Uma abelha sozinha é apenas um inseto irracional. Mas, se observarmos uma colmeia com seu funcionamento extremamente complexo, com operárias, soldados, babás, faxineiras, zangões e rainha, veremos que esses insetos primitivos desempenham funções bem determinadas. A abelha não tem inteligência individual, mas a colmeia é dotada de inteligência coletiva.

Isso acontece também com as letras. Uma letra sozinha não vale nada. Mas letras juntas formam palavras, e palavras são pensamento. (p.15)

Ao fazer uma analogia entre letras e abelhas, o autor do texto permite ao leitor uma série de inferências; entre as inferências abaixo, aquela que se mostra inadequada é:

a) as letras devem ser diferentes entre si.

b) as letras juntas registram ideias.

c) o alfabeto permite a representação do pensamento organizado.

d) cada letra possui uma função específica nas palavras.

e) letra/palavra/frase/texto mostra uma evolução de complexidade.

04. (FCC – 2018 – TRT/2ª REGIÃO/SP – ANALISTA JUDICIÁRIO) Atenção: Para responder à questão, baseie-se no texto abaixo, trecho de um diário pessoal do poeta Carlos Drummond de Andrade, escrito ao tempo da II Guerra Mundial, em 1945.

[O poeta e a política]

Sou um animal político ou apenas gostaria de ser? Estou preparado? Posso entrar na militância sem me engajar num partido? Nunca pertencerei a um partido, isto eu já decidi. Resta o problema da ação política com bases individualistas, como pretende a minha natureza. Há uma contradição insolúvel entre minhas ideias ou o que suponho minhas ideias, e talvez sejam apenas utopias consoladoras, e minha inaptidão para o sacrifício do ser particular, crítico e sensível, em proveito de uma verdade geral, impessoal, às vezes dura, senão impiedosa. Não quero ser um energúmeno, um sectário, um passional ou um frio domesticado, conduzido por palavras de ordem. Como posso convencer a outros se não me convenço a mim mesmo? Se a inexorabilidade, a malícia, a crueza, o oportunismo da ação política me desagradam, e eu, no fundo, quero ser um intelectual político sem experimentar as impurezas da ação política?

(ANDRADE, Carlos Drummond de. **O observador no escritório.** Rio de Janeiro: Record, 1985, p. 31)

Está inteiramente correto o emprego de ambos os elementos sublinhados na frase:

a) Quanto as impurezas da ação política, não lhes desejam enfrentar o poeta Drummond.

b) À qualquer momento é facultado a um militante a mudança de partido.

c) Devem-se abrir as portas de um partido àquele que o procura com sincera convicção política.

d) Estará incorrendo em grave equívoco quem supor que não diz-lhe respeito à linha do partido que adotou.

e) Não se permitam aos indivíduos egoístas que proponhem metas individualistas à linha de ação de um partido.

05. (FCC – 2018 – TRT/15ª REGIÃO/SP – ANALISTA JUDICIÁRIO)

Sabedoria de Sêneca

Entre as tantas reflexões sábias que o filósofo estoico Sêneca nos deixou encontra-se esta: "Deve-se misturar e alternar a solidão e a comunicação. Aquela nos incutirá o desejo do convívio social, esta, o desejo de nós mesmos; e uma será o remédio da outra: a solidão curará nossa aversão à multidão, a multidão, nosso tédio à solidão". É uma proposta admirável de equilíbrio, válida tanto para o século I, na pujança do Império Romano em que Sêneca viveu, como para o nosso, em que precisamos viver. É próprio, aliás, dos grandes pensadores, formular verdades que não envelhecem.

Nesse seu preciso aconselhamento, Sêneca encontra a possibilidade de harmonização entre duas necessidades opostas e aparentemente inconciliáveis. O decidido amor à solidão ou a necessidade ingente de convívio com os outros excluem-se, a princípio, e marcariam personalidades radicalmente distintas. Mas Sêneca sabe que ambas podem ser insatisfatórias em si mesmas: a natureza humana comporta impulsos contraditórios. Por isso está no sistema filosófico dos estoicos a noção de equilíbrio como princípio inescapável para o que consideram, como o melhor dos nossos destinos, a "tranquilidade da alma".

Esse equilíbrio supõe aceitarmos as tensões polarizadas de nossa natureza dividida e aproveitar de cada polaridade o que ela tenha de melhor: a solidão nos impulsiona para o reconhecimento de nós mesmos, para a nossa identidade íntima, para a diferença que nos identifica entre todos; a companhia nos faz reconhecer a identidade do outro, movida pela mesma força que constitui a nossa. Sêneca, ao reconhecer que somos unos em nós mesmos, lembra que essa mesma instância de unidade está em todos nós, e tem um nome: humanidade.

(Altino Sampaio, inédito)

Tratando do estado de solidão ou da necessidade de convívio, Sêneca vê no estado de solidão uma contrapartida da necessidade de convívio, assim como vê na necessidade de convívio uma abertura para encontrar satisfação no estado de solidão.

Evitam-se as viciosas repetições do texto acima substituindo-se os elementos grifados, na ordem dada, por:

a) naquele – desta – nesta – naquele

b) nisso – daquilo – naquela – deste

c) este – do outro – na primeira – no último

d) nisto – disso – naquela – desse

e) na primeira – do segundo – numa – noutra

06. (AOCP – 2018 – TRT/1ª REGIÃO/RJ – ANALISTA JUDICIÁRIO)

Texto I

O Aleph e o Hipopótamo I

Leandro Karnal

O tempo é uma grandeza física. Está por todos os lados e em todos os recônditos de nossas vidas. Dizemos que temos tempo de sobra para algumas coisas ou, às vezes, que não temos tempo para nada. Há dias em que o tempo não passa, anda devagar, como se os ponteiros do relógio (alguém ainda usa modelo analógico?) parecessem pesados. Arrastamse como se houvesse bolas de ferro em suas engrenagens. Tal é o tempo da sala de espera para ser atendido no dentista ou pelo gerente do banco, por exemplo.

Em compensação, há o tempo que corre, voa, falta. Em nosso mundo pautado pelo estresse, por mais compromissos que a agenda comporta, a sensação de que a areia escorre mais rápido pela ampulheta é familiar e amarga. O tempo escasseia e os mesmos exatos 60 minutos que a física diz que uma hora contém viram uma fração ínfima do tempo de que precisamos.

Vivemos um presente fugidio. Mal falei, mal agi e o que acabei de fazer virou passado, parafraseando o genial historiador Marc Bloch. Não é incomum querermos que o presente dure mais, se estique, para que uma faísca de felicidade pudesse viver alguns momentos mais longos.

Se o presente é esse instante impossível de ser estendido, o passado parece um universo em franca expansão. Quanto mais envelhecemos, como indivíduos e como espécie, mais passado existe, mais parece que devemos nos lembrar, não nos esquecer. Criamos estantes com memorabilia, pastas de computador lotadas de fotos, estocamos papéis e contas já pagas, documentos. Criamos museus, parques, tombamos construções, fazemos estátuas e mostras sobre o passado.

E o futuro? Como nos projetamos nesse tempo que ainda não existe... "Pode deixar que amanhã eu entrego tudo o que falta"; "Semana que vem nos encontramos, está combinado"; "Apenas um mês e... férias!"; "Daqui a um ano eu me preocupo com isso". Um cotidiano voltado para um tempo incerto, mas que arquitetamos como algo sólido. E tudo o que é sólido se desmancha no ar, não é mesmo? Ah, se pudéssemos ao menos ver o tempo, senti-lo nas mãos, calculá-lo de fato! [...]

Saber sobre tudo que possa vir a ocorrer é um grande desejo. Ele anima as filas em videntes e debates sobre as centúrias de Nostradamus. Infelizmente, pela sua natureza e deficiência, toda profecia deve ser vaga. "Vejo uma viagem no seu futuro", afirma a mística intérprete das cartas. Jamais poderia ser: no dia 14 de março de 2023, às 17h12, você estará no Largo do Boticário, no Rio de Janeiro, lendo o conto A Cartomante, de Machado de Assis. Claro que mesmo uma predição detalhada seria problemática, pois, dela sabendo, eu poderia dispor as coisas de forma que acontecessem como anunciado.

Entender o passado em toda a sua vastidão e complexidade, perceber o quanto ele ainda é presente, é o sonho de todos os historiadores, desejo maior de todos os que lotam os consultórios de psicólogos e psicanalistas. [...] Ao narrar o que vi e vivi, dependo da memória. Aquilo de que nos lembramos ou nos esquecemos nem sempre depende de nossa vontade ou escolhas. Quando digo: quero me esquecer disso ou daquilo, efetivamente estou me lembrando da situação. Alguns eventos são tão traumáticos que, como esquadrinhou Freud um século atrás, são bloqueados pela memória. Escamoteados pelo trauma, ficam ali condicionando nossas ações e não ações no presente. [...]

(Adaptado de https://entrelacosdocoracao.com.br/2018/03/o-aleph -e-o--hipopotamo-i/ - Acesso em 26/03/2018)

Assinale a alternativa em que o termo "mesmo" apresenta o mesmo valor semântico que recebe na frase "[...] Claro que mesmo uma predição detalhada seria problemática, pois, dela sabendo, eu poderia dispor as coisas de forma que acontecessem como anunciado.".

a) Ele mesmo se apossou das terras e colocou todos para correr.

b) A planta brotará, mesmo que em alguns casos demore um pouco.

c) Eu sempre estive ao seu lado, não é mesmo?

d) Antes de entrar no elevador, verifique se o mesmo encontra-se parado neste andar.

e) Ele feriu a si mesmo.

07. **(AOCP – 2018 – TRT/1ª REGIÃO/RJ – TÉCNICO JUDICIÁRIO)** Em relação à finalidade dos expedientes oficiais, assinale a alternativa correta.

a) Tanto o Aviso quanto o Ofício têm como finalidade o tratamento de assuntos oficiais pelos órgãos da Administração Pública entre si e, no caso do Aviso, também com particulares.

b) O Memorando é utilizado para comunicação entre unidades administrativas de órgãos diferentes, sendo uma forma de comunicação eminentemente externa.

c) O Memorando não tem caráter administrativo.

d) Uma das finalidades da Exposição de Motivos é informar o Presidente da República ou o Vice-Presidente sobre determinado assunto.

e) A Mensagem e o Correio eletrônico possuem a mesma finalidade, sendo que este está progressivamente substituindo o uso daquela.

08. **(AOCP – 2018 – TRT/1ª REGIÃO/RJ – TÉCNICO JUDICIÁRIO)** Referente aos aspectos gerais da redação oficial, assinale a alternativa correta.

a) A diagramação do texto não é um fator essencial para a padronização dos textos oficiais, pois o mais importante é a padronização da linguagem.

b) A clareza deve ser a qualidade básica de todo texto oficial, possibilitando a imediata compreensão por parte do leitor.

c) De acordo com o Manual de Redação da Presidência da República, há um consenso de que o padrão culto da língua, o qual deve ser utilizado na redação oficial, é aquele em que se emprega um vocabulário específico da área da adminstração pública.

d) Em determinadas situações, é permitida a ininteligibilidade de um texto oficial em favor de uma maior impessoalidade e de um uso mais acurado do padrão culto da linguagem.

e) As comunicações oficiais não são uniformes, pois há diversos comunicadores e diversos receptores dessas comunicações.

09. **(AOCP – 2018 – TRT/1ª REGIÃO/RJ – ANALISTA JUDICIÁRIO)** Sobre os aspectos gerais da Redação Oficial, assinale a alternativa correta.

a) O uso do padrão culto implica emprego de linguagem rebuscada, bem como de contorcionismos sintáticos e figuras de linguagem próprios da língua literária.

b) Embora se refiram à segunda pessoa gramatical (à pessoa com quem se fala, ou a quem se dirige a comunicação), os pronomes de tratamento (ou de segunda pessoa indireta) levam a concordância para a terceira pessoa.

c) A redação oficial deve caracterizar-se pela impessoalidade, uso do padrão culto de linguagem, clareza, verbosidade, formalidade e dissonância.

d) A verbosidade evita a duplicidade de interpretações que poderia decorrer de um tratamento personalista dado ao texto.

e) As comunicações oficiais são necessariamente heterogêneas, pois há sempre um único comunicador (o Serviço Público) e um receptor dessas comunicações, que é o próprio Serviço Público.

10. **(AOCP – 2018 – TRT/1ª REGIÃO/RJ – ANALISTA JUDICIÁRIO)** Conforme o que se estabelece no Manual de Redação da Presidência da República, assinale a alternativa correta a respeito das regras de Correspondência Oficial.

a) Um dos atrativos da comunicação por Correio eletrônico é sua flexibilidade. Entretanto, é necessário definir forma rígida para sua estrutura, já que se trata de um gênero de Comunicação Oficial.

b) O uso do Telegrama deve ser priorizado, tendo em vista que se trata de uma forma de comunicação utilitária e econômica aos cofres públicos.

c) Exposição de motivos é o expediente dirigido ao Presidente da República ou ao Vice-Presidente para: a) informálo de determinado assunto; b) propor alguma medida; ou c) submeter à sua consideração projeto de ato normativo. Em regra, a Exposição de motivos é dirigida ao Presidente da República por um Ministro de Estado.

d) O Memorando é a modalidade de comunicação entre unidades administrativas de um mesmo órgão, que podem estar hierarquicamente em mesmo nível ou em nível diferente. Esse tipo de comunicação tem caráter exclusivamente administrativo e apresenta complexidade de procedimentos burocráticos.

e) Aviso e Ofício são modalidades de Comunicação Oficial diferentes, porque o Ofício é expedido exclusivamente por Ministros de Estado, para autoridades de mesma hierarquia. O Aviso, por outro lado, é expedido para e pelas demais autoridades.

11. **(AOCP – 2018 – TRT/1ª REGIÃO/RJ – ANALISTA JUDICIÁRIO)** Sobre a Correspondência Oficial (conforme Manual de Redação da Presidência da República), assinale a alternativa correta.

a) Os ministros de Estado são tratados pelo pronome "Vossa Excelência" e o vocativo a ser empregado em comunicações dirigidas a essas autoridades é "Excelentíssimo Senhor Ministro".

b) Em comunicações oficiais, está abolido o uso do tratamento "digníssimo" (DD), uma vez que a dignidade é pressuposta para que se ocupe qualquer cargo público, sendo desnecessária sua repetida evocação.

c) O vocativo a ser empregado em comunicações dirigidas aos Chefes de Poder é "Magnífico Senhor", seguido do cargo ao qual se refere.

d) Os pronomes possessivos referidos a pronomes de tratamento são sempre os da segunda pessoa, como no exemplo "Vossa Senhoria nomeará teu substituto".

e) O gênero gramatical deve estar sempre em concordância com o pronome de tratamento, ou seja, com o substantivo que compõe a locução, e não com o sexo da pessoa a que se refere.

Gabaritos

01	E	02	A	03	C
04	C	05	A	06	B
07	D	08	B	09	B
10	C	11	B		

REDAÇÃO

1. REDAÇÃO PARA CONCURSOS PÚBLICOS

A questão discursiva (redação) assusta muitos candidatos. Afinal, escrever de acordo com a norma culta da Língua Portuguesa, respeitando as inúmeras regras gramaticais, é tarefa que exige muita atenção. Além disso, é necessário que o candidato apresente bons argumentos dentro de uma estrutura na qual as ideias tenham coesão e façam sentido (coerência). Por isso, é importante que a redação seja estudada e treinada ao longo da preparação para o concurso almejado.

1.1 Por Que tenho que me Preparar com Antecedência para a Redação?

Quando a redação (questão discursiva) é solicitada, em geral, é uma etapa eliminatória (se o candidato não alcançar a nota mínima, é eliminado do concurso). Então, por ter peso significativo, podendo colocá-lo na lista de classificação ou tirá-lo dela, merece atenção especial.

Entretanto, não se pode dar início ao estudo para concurso pela redação. É necessário que o aluno tenha conhecimento das regras gramaticais, da estrutura sintática das orações e dos períodos, dos elementos de coesão textual, ou seja, é essencial uma maturidade para, então, produzir um texto. Além do domínio da norma culta, deve-se dedicar à disciplina de Atualidades, que, muitas vezes, já vem prevista no edital. Quem tem conhecimento do assunto se sente mais confortável para escrever.

1.2 Os Primeiros Passos

Antes de começar a praticar a produção de textos, é importante ler o edital de abertura do concurso (quando já tiver sido publicado; quando não, leia o último) para entender os critérios de avaliação da sua prova discursiva e sobre qual assunto o tema versará.

Veja aguns exemplos:

CONCURSO	EDITAL - PROVA DISCURSIVA	ASSUNTO COBRADO - TEMA	A PROPOSTA
DEPEN - 2015	A prova discursiva valerá 20,00 pontos e consistirá da redação de texto dissertativo, de até 30 linhas, acerca de tema de atualidades, constantes do subitem 22.2 deste edital.	Os assuntos que o tema pode abordar foram disponibilizados no edital. Atualidades: 1 Sistema de justiça criminal. 2 Sistema prisional brasileiro. 3 Políticas públicas de segurança pública e cidadania.	**SEGURANÇA PÚBLICA: POLÍCIA E POLÍTICAS PÚBLICAS** Ao elaborar seu texto, faça o que se pede a seguir. > Disserte a respeito da segurança como condição para o exercício da cidadania. [valor: 25,50 pontos] > Dê exemplos de ação do Estado na luta pela segurança pública. [valor: 25,50 pontos] > Discorra acerca da ausência do poder público e a presença do crime organizado. [valor: 25,00 pontos]
PC-PR - 2018	A Redação, com no mínimo 15 e no máximo 25 linhas, versará sobre um tema da atualidade	Tema da atualidade, ou seja, pode ser cobrado qualquer assunto.	Com base na coletânea e nos conhecimentos sobre o tema, redija um texto dissertativo-argumentativo que coloque em discussão **a importância da correta emissão e decodificação da mensagem, bem como o repasse dessa mensagem ao interlocutor, seja na modalidade escrita ou oral.**
PF-2018 PERITO CRIMINAL	Para o cargo de Perito Criminal Federal, a prova discursiva, de caráter eliminatório e classificatório, valerá 13,00 pontos e consistirá da redação de texto dissertativo, de até 30 linhas, a respeito de temas relacionados aos conhecimentos específicos para cada cargo/área.	O tema tratará das matérias de conhecimentos específicos do cargo, ou seja, será um assunto do conteúdo programático.	Considerando que o texto precedente tem caráter unicamente motivador, redija um texto dissertativo acerca do **impacto da LRF na gestão pública**, abordando, necessariamente, os seguintes aspectos: 1. o processo de planejamento; [valor: 4,10 pontos] 2. as receitas e a renúncia fiscal; [valor: 4,10 pontos] 3. as despesas com pessoal. [valor: 4,20 pontos]

PRF - 2018	A prova discursiva valerá 20,00 pontos e consistirá da redação de texto dissertativo, de até 30 linhas, a respeito de temas relacionados aos objetos de avaliação.	O tema tratará de algum assunto relacionado ao conteúdo programático.	**O COMBATE ÀS INFRAÇÕES DE TRÂNSITO NAS RODOVIAS FEDERAIS BRASILEIRAS** Ao elaborar seu texto, aborde os seguintes aspectos: 1. medidas adotadas pela PRF no combate às infrações; [valor: 7,00 pontos] 2. ações da sociedade que auxiliem no combate às infrações; [valor: 6,00 pontos] 3. atitudes individuais para a diminuição das infrações. [valor: 6,00 pontos]
PM-SP - 2019 - SOLDADO	Prova Dissertativa (Parte II), de caráter eliminatório e classificatório, visa avaliar a capacidade do candidato de produzir uma redação que atenda ao tema e ao gênero/ tipo de texto propostos, além de seu domínio da norma culta da língua portuguesa e dos mecanismos de coesão e coerência textual;	Não foi informado o tema nem o tipo de texto (dissertativo, narrativo, descritivo).	A popularização da internet ameaça o poder de influência da televisão?

A partir disso, o aluno deve direcionar a sua leitura para temas da atualidade, para matéria do conteúdo programático (conhecimentos específicos) ou para assunto relacionado ao cargo ou à instituição a que está concorrendo. É crucial que conheça a banca examinadora e que tenha contato com as provas anteriores a fim de observar o perfil das propostas de redação.

Em geral, as bancas de concursos públicos exigem textos dissertativos e apontam qual assunto o tema abordará (atualidades ou conteúdo programático). Quando isso não ocorrer, deve-se levar em consideração o perfil da banca e as provas anteriores para o mesmo cargo.

1.3 Orientações para o Texto Definitivo

a) Não use a 1ª pessoa do singular: os textos formais exigem a impessoalização da linguagem. Isso significa que, às vezes, é necessário omitir os agentes do discurso e as diversas vozes que compõem um texto. Então, empregue a terceira pessoa do singular ou do plural.

Ex.: **Eu acredito** que a pena de morte deve ser aplicada em casos de crimes hediondos. (Incorreto)

Acredita-se que a pena de morte deve ser aplicada em casos de crimes hediondos. (Correto)

Devemos analisar alguns fatores que contribuem para esse problema. (incorreto)

Alguns fatores que contribuem para esse problema devem ser analisados. (Correto)

Atenção! A primeira pessoa do plural deve ser um sujeito socialmente considerado, como em "Nós (brasileiros) devemos entender que o voto é uma importante ferramenta para se alcançar uma mudança." Não empregue de forma indiscriminada.

Como impessoalizar a linguagem do texto dissertativo-argumentativo?

→ **Oculte o agente**:

Para deixar o discurso mais objetivo, prefira por ocultar o agente sempre que possível. Isso pode ser feito por meio de expressões como: é importante, é preciso, é indispensável, é urgente, é crucial, é necessário, já que elas não revelam o agente da ação:

Ex.: É necessário discutir alguns aspectos relacionados a essa temática.

É essencial investir em educação para minimizar tais problemas.

→ **Indetermine o sujeito**:

Indeterminar o sujeito também é uma estratégia de ocultar o agente da ação verbal. A melhor forma de empregar essa técnica é por meio do pronome indeterminador do sujeito (se).

Ex.: Muito **se** tem discutido sobre a redução da maioridade penal.

Acredita-se que a desigualdade social contribui para o aumento da violência.

→ **Empregue a voz passiva**:

Na voz passiva, o sujeito da oração torna-se paciente, isto é, ele sofre a ação expressa pelo fato verbal. Empregá-la é um recurso que também oculta o agente da ação.

Ex.: Devem ser analisados alguns fatores que contribuem para o aumento da violência.

Medidas devem ser tomadas para a pacificação da sociedade.

b) Jamais se dirija ao leitor: o leitor é o examinador e o candidato não deve estabelecer um diálogo com ele.

c) Não use gírias; clichês, provérbios e citações sem critério. você pode acabar errando o autor da expressão (o que pega muito mal), ou até mesmo usá-la fora de contexto, o que pode direcionar a sua redação para um lado que você não quer. Os ditados populares empobrecem o texto. Os examinadores não gostam de ver o senso comum se repetindo.

Ex.: Desde os primórdios da humanidade; fechar com chave de ouro.

a) Evite a construção de períodos longos: pode prejudicar a clareza textual. Além disso, procure escrever na ordem direta.

b) Respeite as margens da folha de redação: não ultrapasse o limite estipulado na folha do texto definitivo.

c) Não use corretivo: se errar alguma palavra, risque (com um traço penas) e prossiga. Não use parênteses nem a palavra "digo".

Ex.: A ~~sociadade~~ sociedade deve se conscientizar do seu papel.

a) Evite algarismos, a não ser que se trate de anos, décadas, séculos ou referências a textos legais (artigos, decretos, etc.).

b) A letra deve ser legível: pode ser letra cursiva ou de imprensa. Não se esqueça de fazer a distinção entre maiúscula e minúscula.

c) Cuidado com a separação silábica.

Translineação: é a divisão das palavras no fim da linha. Eva em conta não apenas critérios de correção gramatical, mas também recomendações estilísticas (estética textual).

1) Não se isola sílaba forma apenas por uma vogal;

2) Não se isola elemento cacofônico;

3) Na partição de palavras hifenizadas, recomenda-se repetir o hífen na linha seguinte.

Maria foi secretária, ministra e era muito **a-**
miga do antigo presidente. Quando entrou na dis-
puta eleitoral, todos nós esperávamos que, lançando-
se candidata, facilmente ganharia as eleições.
INADEQUADO

Maria foi secretária, ministra e era muito
amiga do antigo presidente. Quando entrou na **disputa**
eleitoral, todos nós esperávamos que, lançando-
-se candidata, facilmente ganharia as eleições.
ADEQUADO

a) Não use as palavras generalizadoras, afinal sempre há uma exceção, um exemplo contrário ou algo assim.

Ex.: "Todos jogam lixo no chão" ou "Ninguém faria isso" ou "Isso jamais vai acontecer, é impossível."

b) Não invente dados estatísticos, pesquisas, mentiras convincentes.

c) Não use a ironia. A ironia é uma figura de linguagem que não deve ser utilizada no texto dissertativo argumentativo. Nele nada deve ficar subentendido. A escrita deve ser sempre clara, sem nada oculto, sem gracinha e de forma argumentativa.

d) Não é uma boa ideia usar palavras rebuscadas. Seu texto pode ficar sem fluência e clareza, dificultando a compreensão do corretor. Lembre-se: linguagem formal não é sinônimo de linguagem complicada.

Ex.: Hodiernamente, mister, mormente, dessarte, etc.

a) Evite estrangeirismo: empregar palavras estrangeiras em meio à nossa língua de forma desnecessária. Não é necessário fazer isso se há no português uma palavra correspondente que pode ser usada.

Ex.: Stress em vez de estresse

a) Não se utilize de pergunta retórica.

Pergunta retórica: é uma interrogação que não tem como objetivo obter uma resposta, mas sim estimular a reflexão do indivíduo sobre determinado assunto.

1.4 Temas e Textos Motivadores

Os textos motivadores - um grupo de textos apresentados junto à proposta de redação - têm a função de situar o candidato acerca do tema proposto, fornecendo elementos que possam ajudá-lo a refletir sobre o assunto abordado. Tais textos servem para estimular ideias para o desenvolvimento do tema e são úteis por ajudar a manter o foco temático.

O papel dos textos motivadores da prova de redação é o de motivar, inspirar e contextualizar o candidato em relação ao tema proposta.

Esses textos não estão ali por acaso, então devem ser utilizados, e podem evitar que o candidato escreva uma redação genérica. Contudo, não podem ser copiados, pois as provas que contêm cópias terão as linhas desconsideradas e podem, quando em excesso, levar à nota zero.

Então, a intenção não é que o aluno reproduza as informações contidas nos textos motivadores. O que se deseja é que o candidato leia os textos, interprete-os e reelabore-os, interligando-os à sua discussão. Assim sendo, o ideal é retirar de cada texto motivador as ideias principais e que podem ser utilizadas na sua produção escrita.

Leia todos com atenção e não se esqueça de procurar estabelecer uma relação entre eles, ou seja, busque os pontos em comum, e os conecte de uma maneira que defina argumentos consistentes para sua redação. Escreva as principais ideias em forma de tópicos e com as suas palavras.

Tipos de textos motivadores

Os textos motivadores podem ser de vários tipos

→ Matérias jornalísticas/ Reportagens

Um dos tipos mais comuns de textos motivadores são as matérias jornalísticas. Para que haja maior entendimento sobre elas, análise:

O que acontece?

Com quem acontece?

Em que lugar acontece?

Quando acontece?

De que modo acontece?

Por que acontece?

Para que acontece?

→ Charges/Tirinhas

As charges ou as tirinhas são uma forma curta e, muitas vezes, descontraída de apresentar informações relevantes para a produção do texto. Repare nelas:

Os personagens;

O ambiente;

O assunto principal;

A linguagem utilizada (formal, informal, com figuras de linguagem ou não, com marcas de regionalismo ou não etc.).

→ Gráficos

Os gráficos possibilitam uma leitura mais ágil das informações. Ao se deparar com eles, observe o seguinte:

O título;

As informações na horizontal e na vertical;

A forma como os índices foram representados (colunas, fatias etc.);

O uso de cores diferentes (caso haja);

A fonte da qual as informações foram coletadas.

→ Imagens

Muitas vezes as imagens podem vir sem nenhuma palavra. Se isso ocorrer, note:

O que é a imagem (foto, quadro etc.)?

Quem é o autor dela?

Qual é o assunto principal?

O que está sendo retratado?

Há marcas temporais ou regionais na imagem?

Se o aluno não souber nada sobre a temática apresentada, os textos motivadores podem ser um ótimo suporte. Além dos dados expostos, tais textos também provocam a reflexão sobre outros aspectos do problema e jamais devem ser ignorados.

1.5 Título

O título só é obrigatório se for solicitado nas instruções da prova de redação.

Pode ser que a Banca examinadora deixe o espaço para o título, nesse caso, ele também é obrigatório.

Se puser o título e não for obrigatório (não for exigido), não receberá mais pontos por isso e só terá pontos descontados se contiver algum erro nele.

Caso se esqueça de colocar título quando for obrigatório, a redação não será anulada, mas poderá ter pontos (poucos) descontados.

Dicas:

> Nunca utilize tema como título;

> Não coloque ponto final;

> Não escreva todas as palavras com letra maiúscula;

> Não pule linha depois do título;

> Construa-o quando terminar o texto.

1.6 O Texto Dissertativo

Dissertar significa expor algum assunto. Dependendo da maneira como o esse assunto seja abordado, a dissertação poder ser **expositiva** ou **argumentativa**.

→ **Dissertação expositiva**: apresenta informações sobre assuntos, expõe, explica, reflete ideias de modo objetivo, imparcial. O autor é o porta-voz de uma opinião, ou seja, a intenção é expor fatos, dados estatísticos, informações científicas, argumentos de autoridades etc. Este tipo de texto pode ter duas abordagens: Estudo de Caso (em que é apresentada uma solução para a situação hipotética apresentada) e Questão Teórica (em que é preciso apresentar conceitos, normas, regras, diretrizes de um determinado conteúdo).

Vejamos um exemplo do tipo expositivo.

A forma temporária como tratam os vídeos criados reflete outro aspecto característico desses apps. Em oposição à noção de que tudo o que é postado na internet fica registrado para a eternidade (e tem potencial de se transformar em viral), os aplicativos querem passar a sensação de efêmero. Quem não viu a transmissão ao vivo dificilmente terá nova chance. Nisso, eles se assemelham a outro app de sucesso, o Snapchat, serviço de troca de mensagens pelo qual o conteúdo é destruído segundos após ser recebido pelo destinatário.

(VE JA, 2015, p. 98)

→ **Dissertação argumentativa**: defende uma tese (ideia, ponto de vista) por meio de estratégias argumentativas. Tem a intenção de persuadir (convencer) o interlocutor. Em geral, há o predomínio da linguagem denotativa, de conectores de causa-efeito, de verbos no presente.

Vejamos agora um exemplo do tipo argumentativo.

Fazer pesquisa crítica envolve difíceis decisões de cunho ético e político a fim de que, não importa quais sejam os resultados de nossos estudos, nosso compromisso com os sujeitos pesquisados seja mantido. A questão é complexa por causa das múltiplas realidades dos múltiplos participantes envolvidos na pesquisa naturalística da visa social. Por exemplo, no projeto de pesquisa de referência neste artigo, havia um componente que envolvia a observação participante da sala de aula, isto é, a observação à procura das unidades e elementos significativos para os próprios participantes da situação.

(KLEIMAN, 2001, p. 49)

Quando o texto dissertativo se dedica mais a expor ideias, a fazer que o leitor/ouvinte tome conhecimento de informações ou interpretações dos fatos, tem caráter expositivo e podemos classificá-lo como expositivo. Quando as interpretações expostas pelo texto dissertativo vão mais além nas intenções e buscam explicitamente convencer o leitor/ouvinte sobre a validade dessas explicações, classifica-se o texto como argumentativo (COROA , 2008b, p. 121).

Vale mencionar que, muitas, vezes, nos editais, não fica claro se o texto será expositivo ou argumentativo. Quando isso ocorrer, o candidato deve analisar as provas anteriores para traçar o perfil da banca examinadora. Mas não se preocupe, pois a estrutura de ambos é igual, ou seja, os dois tipos de texto devem conter introdução, desenvolvimento e conclusão. Além disso, no primeiro parágrafo, deve haver a apresentação da ideia central que será desenvolvida.

Veja as propostas a seguir:

Foi recentemente publicado no Americam Journal of Preventive Medicine um estudo com adultos jovens, de 19 a 32 anos de idade, apontando que quanto maior o tempo dispendido em mídias sociais de relacionamento, maior a sensação de solidão das pessoas. Além disso, esse estudo demonstrou também que quanto maior a frequência de uso, maior a sensação de isolamento social.

(Adaptado de: ESCOBAR, Ana. Disponível em: http://g1.globo.com)

Com base nas ideias do texto acima, redija uma dissertação sobre o tema:

Isolamento social na era da comunicação virtual

A partir da proposta apresentada, pode-se inferir que o examinador quer saber o ponto de vista (opinião) do candidato em relação ao assunto. A intenção é que seja apontado o que ele pensa a respeito do tema, e não que ele apresente de forma objetiva informações a fim de esclarecer determinado assunto. Então, resta claro que a dissertação terá caráter argumentativo.

Agora veja a proposta seguinte:

A segurança jurídica tem muita relação com a ideia de respeito à boa-fé. Se a administração adotou determinada interpretação como a correta e a aplicou a casos concretos, não pode depois vir a anular atos anteriores, sob o pretexto de que os mesmos foram praticados com base em errônea interpretação. Se o administrado teve reconhecido determinado direito com base em interpretação adotada em caráter uniforme para toda a administração, é evidente que a sua boa-fé deve ser respeitada. Se a lei deve respeitar o direito adquirido, o ato jurídico perfeito e a coisa julgada, por respeito ao princípio da segurança jurídica, não é admissível que os direitos do administrado fiquem flutuando ao sabor de interpretações jurídicas variáveis no tempo.

Maria Sylvia Zanella Di Pietro. Direito administrativo. p. 85 (com adaptações).

Considerando que o texto apresentado tem caráter estritamente motivador, elabore uma dissertação a respeito dos atos administrativos e da segurança jurídica no direito administrativo brasileiro, abordando, necessariamente, os seguintes aspectos:

1. os elementos de validade do ato administrativo e os critérios para sua convalidação; [valor: 14,00 pontos]

2. distinção entre ato administrativo nulo, anulável e inexistente; [valor: 10,00 pontos]

3. o controle exercido de ofício pela administração pública sobre os seus atos e o dever de agir e de prestar contas. [valor: 14,00 pontos]

Considerando o tema proposto e os tópicos apresentados, pode-se perceber que o candidato deve, necessariamente, produzir um texto expositivo, já que o examinador avaliará o conhecimento técnico dele sobre o assunto, e não o seu ponto de vista, a sua opinião. Para isso, deverá fundamentar suas ideias por meio de leis, doutrina, jurisprudência, citação de uma autoridade no assunto.

1.7 Estrutura do Texto Dissertativo

Não há dúvida de que todo texto dissertativo (expositivo ou argumentativo) deve ter início, meio e fim, ou seja, introdução, desenvolvimento e conclusão.

→ **Introdução:** a importância da introdução é evidente, pois é ela que determina o tom do texto, o encaminhamento do desenvolvimento e sua estrutura. Então, ela deve ser vista como um compromisso que o autor assume com o restante do desenvolvimento. Nela haverá a contextualização do assunto que será desenvolvido ao longo do texto, ou seja, apresentação da ideia que será defendida (argumentação) ou esclarecida (exposição).

→ **Desenvolvimento**: é a parte da redação em que há o desenvolvimento da ideia apresentada no primeiro parágrafo. Vai ocorrer a comprovação da tese por meio de argumentos – texto argumentativo – ou a exposição de informações a fim de esclarecer um assunto – texto expositivo.

Estrutura dos parágrafos de desenvolvimento:

Tópico frasal: apresentação da ideia-núcleo que será desenvolvida(introdução);

Comprovação da ideia-núcleo (desenvolvimento);

Fechamento do parágrafo (conclusão).

Jamais construa parágrafos com apenas um período. Os parágrafos de desenvolvimento devem ter, no mínimo, três períodos.

→ **Conclusão**: consiste no fechamento das ideias apresentadas. Não podem ser expostos argumentos novos nesse parágrafo. O que ocorre é a retomada da ideia central (tese ou tema) e a apresentação das considerações finais.

2. DISSERTAÇÃO EXPOSITIVA E ARGUMENTATIVA

2.1 Dissertação Expositiva

A dissertação expositiva tende à simples exposição de ideias, de informações, de definições e de conceitos, sem necessidade de um forte convencimento do leitor.

Quando o texto dissertativo se dedica mais a expor ideias, a fazer que o leitor/ouvinte tome conhecimento de informações ou interpretações dos fatos, tem caráter expositivo e podemos classificá-lo como expositivo. (COROA , 2008b, p. 121).

2.2 Estrutura do Texto Dissertativo-Expositivo

Na introdução, há a apresentação do tema (parágrafo mais curto). Como não há tese, o candidato deve fazer a apresentação do tema (ideia central do texto).

- → Tipos de introdução:
  - > Definição: tem por objetivo expor uma definição, uma ideia, uma expressão. Para isso, é importante ter como referência os sentidos expostos em dicionários, leis, doutrinas, etc.
  - > Paráfrase: é uma reescritura do tema e dos tópicos apresentados na proposta de redação. Não pode haver alteração de sentido e deve ser respeitada a simetria (paralelismo) sintático e semântico.
  - > Citações e estatísticas: neste tipo de introdução, o candidato traz uma frase (citação) de algum especialista no assunto, ou estatísticas a respeito do tema. Importante tomar cuidado para não trazer citações "vazias", que não sejam relacionadas ao assunto, e também se preocupar em fazer uma análise a respeito das estatísticas trazidas, para que elas não fiquem deslocadas.
- → No desenvolvimento, há a apresentação de informações sobre assuntos, exposição, explicação de ideias de modo objetivo, fundamentação por meio de leis, citação de autores, exemplos etc. Segundo fulano de tal, ...; Segundo a Lei Tal,..., Conforme entendimento do STF, ... Em outras palavras, há presença de dados polifônicos. Não há opinião do candidato aqui, e sim apresentação do seu conhecimento técnico sobre determinado assunto.

ELEMENTOS COESIVOS PARA INCIAR OS PARÁGRAFOS DE DESENVOLVIMENTO

A primeira delas... A primeira dessas questões ... O primeiro desses pontos ... Em primeiro lugar, ...	→	1º PARÁGRAFO DE DESENVOLVIMENTO
Outra questão importante é... Também é de suma importância ... O segundo dos aspectos ... Além disso, ... Em segundo lugar, ...	→	2º PARÁGRAFO DE DESENVOLVIMENTO
Há de se considerar também, ... Há de se considerar, por último, ... O terceiro dos aspectos, ...	→	3º PARÁGRAFO DE DESENVOLVIMENTO

- → Na conclusão, ocorrerá a retomada da ideia central.

  Tipos de conclusão:
  - > Síntese: consiste em sintetizar as ideias que foram abordadas ao longo da dissertação, confirmando a ideia central que aparece na introdução do texto.
  - > Proposta de intervenção: elaborar uma sugestão para solucionar o problema posto em debate na proposta de redação. Essas sugestões precisam ter três características muito importantes. Em primeiro lugar, é preciso que elas sejam aplicáveis ao tema e ao que foi dito no texto. Além disso, as sugestões precisam ser detalhadas. A proposta bem elaborada deve conter um detalhamento do que fazer, como fazer, os meios e os participantes da proposta. Por último, proposta apresentada deve ser executável, ou seja, possível de ser realizada. Não adianta apresentar soluções utópicas e fantasiosas, pois elas não serão realizadas.
  - > Dedução: trata-se de um processo de raciocínio em que a conclusão é alcançada a partir de um conjunto de premissas abordadas em uma afirmação e que constroem um pensamento lógico. Isso se chama "regras de inferência". O candidato vai explorar nos parágrafos dedicados ao desenvolvimento da dissertação, tudo aquilo que sabe sobre o tema, fazer as devidas relações e, no momento da conclusão, manifestar o que se pode deduzir dessas informações.

ELEMENTOS COESIVOS PARA INCIAR O ÚLTIMO PARÁGRAFO

Por fim, ...

Por último, ...

Finalmente, ...

Em último lugar, ...

2.3 Propostas de Dissertação Expositiva

PROPOSTA I

A remição de pena, ou seja, o direito do condenado de abreviar o tempo imposto em sua sentença penal, pode ocorrer mediante trabalho, estudo e, de forma mais recente, pela leitura, conforme disciplinado pela Recomendação n.º 44/2013 do CNJ. A remição de pena, prevista na Lei de Execução Penal, está relacionada ao direito constitucional de individualização da pena. Dessa forma, as penas devem ser justas e proporcionais, além de particularizadas, levando-se em conta a aptidão à ressocialização demonstrada pelo apenado por meio do estudo ou do trabalho.

A possibilidade de remir a pena por meio da leitura já é realidade em diversos presídios do país. De acordo com a Recomendação n.º 44/2013 do CNJ, deve ser estimulada a remição pela leitura como forma de atividade complementar, especialmente para apenados aos quais não sejam assegurados os direitos ao trabalho, à educação e à qualificação profissional. Para isso, há necessidade de elaboração de um projeto pela autoridade penitenciária estadual ou federal com vistas à remição pela leitura, assegurando-se, entre outros critérios, a participação voluntária do preso e a existência de um acervo de livros dentro da unidade penitenciária. Segundo a norma, o preso deve ter o prazo de 21 a 30 dias para a leitura de uma obra, apresentando, ao final do período, uma resenha a respeito do assunto, que deverá ser avaliada pela comissão organizadora do projeto. Cada obra lida possibilita a remição de quatro dias de pena, com o limite de doze obras por ano, ou seja, no máximo 48 dias de remição por leitura a cada doze meses.

Internet: <www.cnj.jus.br> (com adaptações).

A Assembleia Legislativa do Ceará aprovou projeto de lei que altera o art. 4.º da Lei n.º 15.718/2014, elaborada conforme recomendação do CNJ. O projeto de lei torna expressa a possibilidade da leitura de livros religiosos proporcionarem a remição da pena em execução penal. Segundo a Secretaria de Administração Penitenciária (SAP), atualmente, no projeto Livro Aberto, são 5.100 detentos que leem mensalmente em 17 unidades prisionais do Ceará. O preso escolhe, a cada mês, uma obra literária dentre os títulos selecionados para a leitura, o que agora poderá incluir livros religiosos. Em seguida, o apenado redigirá relatório de leitura ou resenha — a ser elaborados de forma individual, presencial e em local adequado —, devendo atingir nota igual ou superior a 6,0 para ser aprovado pela Secretaria de Educação do Estado do Ceará (SEDUC). Depois, isso é levado para a vara judicial, para ser avaliada a redução da pena.

Internet: <www.ceara.gov.br> (com adaptações).

É indiscutível que a obra literária tem o poder de reorganizar a nossa visão de mundo, nossa mente e nossos sentimentos, tocando nosso espírito por meio das palavras, que não são apenas a forte presença do nosso código; elas comunicam sempre alguma coisa que nos toca, porque obedece a certa ordem. O caos originário dá lugar à ordem e, por conseguinte, a mensagem pode atuar. Uma boa notícia é que toda obra literária pressupõe essa superação do caos, determinada por um arranjo especial das palavras, fazendo uma proposta de sentido.

Maria Luzineide P. da C. Ribeiro e Maria do Rosário C. Rocha. Olhando pelo avesso: reflexões sobre a remição de pena pela leitura e a escolarização nas prisões brasileiras. In: Fernanda Marsaro dos Santos et al. (Org.). Educação nas prisões. 1.ª ed. Jundiaí: Paco, 2019, p. 203 (com adaptações).

A leitura é um poderoso instrumento de ascensão social, de amadurecimento do ser em relação à sua função dentro de uma complexa sociedade, de absorção da sua cultura ao redor (...) é uma atividade essencial a qualquer área do conhecimento e mais essencial ainda à própria vida do ser humano.

Fernanda M. dos Santos, Gesuína de F. E. Leclerc e Luciano C. Barbosa. Leitura que liberta: uma experiência para remição de pena no Distrito Federal. In: Fernanda Marsaro dos Santos et al. (Org.). Educação nas prisões. 1.ª ed. Jundiaí: Paco, 2019, p. 21.

Considerando que os textos anteriormente apresentados têm caráter unicamente motivador, redija um texto dissertativo abordando os seguintes aspectos acerca da remição de pena pela leitura.

1 A remição de pena pela leitura como forma de ressocialização. [valor: 9,50 pontos]

2 A importância da leitura como forma de reorganização da visão de mundo do detento. [valor: 9,50 pontos]

3 Possibilidades e desafios da implementação de projetos de leitura no sistema prisional brasileiro. [valor: 9,50 pontos]

Padrão de resposta da banca

O candidato deve redigir um texto dissertativo em que aborde os aspectos propostos, acerca da remição de pena pela leitura, de maneira clara e coerente, empregando mecanismos de coesão textual. O candidato deve demonstrar conhecer a atualidade do tema da remição de pena pela leitura como forma de ressocialização, bem como discorrer sobre a importância da leitura como possibilidade de ampliação da visão de mundo do participante do projeto dentro do estabelecimento prisional. Para tanto, pode, por exemplo, mencionar a Jornada da Leitura no Cárcere, evento cuja primeira edição ocorreu em fevereiro de 2020, com apoio do CNJ, a fim de identificar, refletir e disseminar as boas práticas de leitura no sistema carcerário. Por fim, o candidato deve discorrer sobre possibilidades de projetos de leitura que podem ser implementados no sistema penitenciário brasileiro e os desafios para que projetos dessa natureza sejam colocados em prática.

PROPOSTA II

Lei n.º 12.305, de 2 de agosto de 2010

Art. 6.º São princípios da Política Nacional de Resíduos Sólidos:

(...)

VI – a cooperação entre as diferentes esferas do poder público, o setor empresarial e demais segmentos da sociedade;

VII – a responsabilidade compartilhada pelo ciclo de vida dos produtos;

VIII – o reconhecimento do resíduo sólido reutilizável e reciclável como um bem econômico e de valor social, gerador de trabalho e renda e promotor de cidadania;

IX – o respeito às diversidades locais e regionais;

(...).

Internet: <mma.gov.br> (com adaptações).

Média da composição gravimétrica dos resíduos sólidos gerados no Brasil resíduos participação

Resíduos	Participação (%)	Quantidade (t por dia)
Material reciclável	31,9	58.527,40
metais	2,9	5.293,50
aço	2,3	4.213,70
alumínio	0,6	1.079,90
papel, papelão e tetrapak	13,1	23.997,40
plástico total	13,5	24.847,90
plástico firme	8,9	16.399,60
plástico rígido	4,6	8.449,30
vidro	2,4	4.388,60
material orgânico	51.4	94.335,10
outros	16,7	30.618,90
total	100	183.481,50

Internet: <www.politize.com.br> (com adaptações).

À proporção em que aumenta o número de habitantes nas cidades, cresce a geração de lixo. Observa-se que as cidades, cada vez mais, apresentam dificuldades para implantar, ordenar e gerenciar de modo sustentável os resíduos por elas gerados. Nesse contexto, em 12/8/2010, foi instituída a Política Nacional de Resíduos Sólidos (PNRS), pela Lei n.º 12.305/2010, que definiu princípios, objetivos, instrumentos e diretrizes relativos à gestão e ao gerenciamento de resíduos sólidos, incluídos os perigosos, em âmbito nacional.

Entre os conceitos introduzidos está o de responsabilidade compartilhada pelo ciclo de vida dos produtos: "conjunto de atribuições individualizadas e encadeadas dos fabricantes, importadores, distribuidores e comerciantes, dos consumidores e dos titulares dos serviços públicos de limpeza urbana e de manejo dos resíduos sólidos, para minimizar o volume de resíduos sólidos e rejeitos gerados, bem como para reduzir os impactos causados à saúde humana e à qualidade ambiental decorrentes do ciclo de vida dos produtos, nos termos desta Lei". Isso quer dizer que a lei exige que as empresas assumam o retorno de seus produtos descartados e cuidem da adequada destinação ao final de seu ciclo de vida útil.

Internet: <oeco.org.br> (com adaptações).

Cerca de 80% do impacto de um produto na natureza está relacionado ao seu design e a toda a cadeia logística. Assim, torna-se necessário rever os tipos de materiais produzidos e repensar suas formas de produção, para que seu destino final seja o começo de um novo ciclo, e não os aterros sanitários e os oceanos. O principal objetivo da economia circular é acabar com os resíduos, ou seja, não gerar desperdício.

Internet: <positiva.eco.br> (com adaptações).

Considerando que os fragmentos de texto precedentes têm caráter motivador, redija um texto dissertativo sobre o seguinte tema.

O DESCARTE DE RESÍDUOS SÓLIDOS NO BRASIL NO SÉCULO XXI

Ao elaborar seu texto, responda aos seguintes questionamentos.

1. Por que o modelo de descarte de resíduos sólidos predominante até o início do século XXI deve ser substituído? [valor: 9,50 pontos]

2. Em que consistem a economia circular e a responsabilidade compartilhada e de que forma esses novos conceitos podem impactar a economia do país? [valor: 19,00 pontos]

Padrão de resposta da banca

Com relação ao aspecto 1, o candidato pode mencionar que o modelo de descarte de resíduos sólidos predominante até o início do século XXI acarreta as consequências como as mencionadas a seguir:

– para o meio ambiente: nos lixões, os resíduos são depositados a céu aberto, sem tratamento ou controle ambiental, o que contribui para o aumento da poluição; há agravamento do efeito estufa em razão da produção de gás metano e contaminação do lençol freático por meio do chorume que é produzido;

– para a saúde pública: os lixos expostos atraem animais vetores de doenças; os catadores de lixo, nos lixões, ficam expostos ao contato direto com agentes físicos, químicos e biológicos potencialmente nocivos; o sentimento de marginalização dos indivíduos que sobrevivem do descarte alheio é intensificado, o que agrava os problemas sociais existentes;

– para a economia: parte da população marginalizada do mercado formal busca a sobrevivência nos restos produzidos pela sociedade; com isso, prejudica-se a economia que gira em torno do mercado formal e aumentam-se os gastos públicos para a recuperação da saúde das pessoas submetidas a essas condições de insalubridade.

Por essas e por outras razões, o modelo de descarte de resíduos sólidos predominante até o início do século XXI precisa ser substituído por outro, que seja sustentável para o planeta.

Com relação ao aspecto 2, o candidato deve explicitar em que consiste a economia circular e a responsabilidade compartilhada. Pode mencionar, por exemplo, que a economia circular visa ao máximo aproveitamento dos materiais, de forma que se produza o mínimo de resíduos (diferentemente da economia linear, em que algo é produzido, consumido e descartado), e que a responsabilidade compartilhada, que envolve o recolhimento de um produto pela empresa fabricante após o seu ciclo de uso, para que se dê a destinação adequada a ele, favorece o reaproveitamento de materiais e a diminuição da produção de resíduos. Assim, a economia circular e a responsabilidade compartilhada impactam o modo de fabricação de produtos, uma vez que visam cada vez mais ao reaproveitamento dos materiais que já existem e cada vez menos ao emprego de novas matérias-primas, o que se reverte em menos danos ao meio ambiente. A economia circular e a responsabilidade compartilhada impactam, ainda, o modo como um produto é consumido e a valorização de suas características: um produto de vida útil mais longa, fabricado com materiais que podem ser reaproveitados ou que se decompõem mais rapidamente, é mais valorizado, em detrimento daquele que não compartilha dessas características, como o produto gerado sob condição de obsolescência programada, por exemplo.

PROPOSTA III

O Estado, como pessoa jurídica, é um ser intangível. Somente se faz presente no mundo jurídico por meio de seus agentes, pessoas físicas cuja conduta é a ele imputada. O Estado, por si só, não pode causar danos a ninguém. Segundo o direito positivo, o Estado é civilmente responsável pelos danos que seus agentes causarem a terceiros. Sendo-o, incumbe-lhe reparar os prejuízos causados, mediante obrigação de pagar as devidas indenizações.

José dos Santos Carvalho Filho. Manual de direito administrativo. 32.ª ed. São Paulo: Atlas, 2018 (com adaptações).

Considerando que o fragmento de texto anteriormente apresentado tem caráter unicamente motivador, redija um texto dissertativo acerca da responsabilidade civil do Estado, abordando, necessariamente, os seguintes tópicos:

1 a teoria da responsabilidade civil do Estado atualmente aplicada no direito brasileiro; [valor: 9,00 pontos]

2 requisitos da responsabilidade civil; [valor: 20,00 pontos]

3 direito de regresso. [valor: 9,00 pontos]

Padrão de resposta da banca

1 A teoria da responsabilidade civil do Estado aplicada atualmente no direito brasileiro é a teoria da responsabilidade objetiva do Estado. Ela dispensa o fator culpa em relação ao fato danoso, ou seja, a culpa é desconsiderada com pressuposto da responsabilidade. Esta teoria é informada pela teoria do risco administrativo e

pela teoria do risco integral. Na primeira, é possível aplicar as causas excludentes da responsabilidade do Estado (culpa da vítima, culpa de terceiros ou força maior). Na segunda, não.

2 Os requisitos da responsabilidade civil do Estado são: a) fato administrativo, que é considerado qualquer conduta, comissiva ou omissiva, legítima ou ilegítima, singular ou coletiva, atribuída ao poder público; b) dano, pois não há responsabilidade sem que haja o dano, seja material, seja moral; e c) nexo causal, pois somente haverá responsabilidade se houver uma relação de causalidade entre o fato administrativo e o dano. Ao lesado cabe demonstrar que o prejuízo sofrido se originou da conduta estatal.

3 O direito de regresso é garantido ao Estado no sentido de dirigir sua pretensão indenizatória contra o agente responsável pelo dano, se ele tiver agido com dolo ou culpa, conforme dispõe o § 6.º do art. 37 da Constituição Federal de 1988: "Art. 37. (...) § 6.º As pessoas jurídicas de direito público e as de direito privado prestadoras de serviços públicos responderão pelos danos que seus agentes, nessa qualidade, causarem a terceiros, assegurado o direito de regresso contra o responsável nos casos de dolo ou culpa".

PROPOSTA IV

Art. 215. O Estado garantirá a todos o pleno exercício dos direitos culturais e acesso às fontes da cultura nacional, e apoiará e incentivará a valorização e a difusão das manifestações culturais. § 1.º O Estado protegerá as manifestações das culturas populares, indígenas e afro-brasileiras, e das de outros grupos participantes do processo civilizatório nacional.

Brasil. Constituição da República Federativa do Brasil. Brasília - DF: Senado Federal, 1988.

Os direitos culturais protegem o potencial que cada pessoa possui — individualmente, em comunidade com outros e como grupo de pessoas — para desenvolver e expressar sua humanidade e visão de mundo, os significados que atribui a sua experiência e a maneira como o faz. Os direitos culturais podem ser considerados como algo que protege o acesso ao patrimônio e aos recursos culturais que permitem a ocorrência desses processos de identificação e de desenvolvimento.

Entrevista com Farida Shaheed, da ONU. In: Revista Observatório Itaú Cultural, n.º 11, jan.-abr./2011 (com adaptações).

Integrar os direitos culturais ao rol de direitos humanos — ou seja, considerá-los direitos inerentes ao ser humano — traz consequências importantes ao tratamento desses direitos, que não podem, por exemplo, sofrer nenhum tipo de distinção de raça, cor, sexo, língua, religião, opinião política, origem social ou nacional ou condição de nascimento ou riqueza. Tais direitos incorporam, ainda, outras características dos direitos humanos: são fundados no respeito pela dignidade e no valor de cada pessoa; são universais, ou seja, são aplicados de forma igual e sem discriminação a todas as pessoas; são inalienáveis, de modo que ninguém pode ser privado de seus direitos humanos (apesar de eles poderem ser limitados em situações específicas); são indivisíveis, inter-relacionados e interdependentes, já que não é suficiente respeitar apenas parte dos direitos humanos; e devem ser vistos como de igual importância entre si.

Nicolas Allen. Os direitos culturais como direitos humanos: breve sistematização de tratados internacionais. Internet: <http://institutodea.com> (com adaptações).

Considerando que os fragmentos de textos apresentados anteriormente têm caráter unicamente motivador, redija um texto dissertativo abordando:

1 a importância da cultura para a formação integral do ser humano; [valor: 14,00 pontos]

2 a relação entre cultura e cidadania; [valor: 12,00 pontos]

3 o dever do Estado de garantir o acesso à cultura bem como incentivar a difusão e preservação das manifestações culturais. [valor: 12,00 pontos]

Padrão de resposta da banca

Espera-se que o candidato seja capaz de apresentar argumentos coerentes e determinantes para a defesa do importante papel das manifestações culturais na formação integral do ser humano, mostrando como a cultura é um meio essencial de enriquecimento da maneira como o sujeito enxerga a si mesmo e ao mundo que o cerca. Também se espera que o candidato seja capaz de relacionar a cultura à cidadania, mostrando, mediante argumentos e exemplos consistentes, que fazer da cultura um aspecto de destaque nas sociedades é relevante para a convivência social e para o pleno exercício dos direitos dos cidadãos. Por fim, espera-se que o candidato seja capaz de discorrer acerca do dever do Estado de garantir o acesso à cultura bem como incentivar a difusão e preservação das manifestações culturais, como forma de assegurar o pleno exercício da cidadania pelo povo.

PROPOSTA V

A Lei n.º 11.705/2008, conhecida como Lei Seca, por reduzir a tolerância com motoristas que dirigem embriagados, colocou o Brasil entre os países com legislação mais severa sobre o tema. No entanto, a atitude dos motoristas pouco mudou nesses dez anos. Um levantamento, por meio da Lei de Acesso à Informação, indicou mais de 1,7 milhão de autuações, com crescimento contínuo desde 2008. O avanço das infrações nos últimos cinco anos ficou acima do aumento da frota de veículos e de pessoas habilitadas: o número de motoristas flagrados bêbados continua crescendo, em vez de diminuir com o endurecimento das punições ao longo desses anos.

Internet: <g1.globo.com> (com adaptações).

Nas estradas federais que cortam o estado de Pernambuco, durante o feriadão de Natal, a PRF registrou cento e três acidentes de trânsito, com cinquenta e dois feridos e sete mortos. Segundo a corporação, seis motoristas foram presos por dirigir bêbados e houve oitenta e sete autuações pela Lei Seca. Os números são parte da Operação Integrada Rodovia, deflagrada pela PRF. Em 2017, foram registrados noventa acidentes. No ano passado, a ação da polícia teve um dia a menos.

Internet: <g1.globo.com> (com adaptações).

Considerando que os fragmentos de texto acima têm caráter unicamente motivador, redija um texto dissertativo acerca do seguinte tema.

O COMBATE ÀS INFRAÇÕES DE TRÂNSITO NAS RODOVIAS FEDERAIS BRASILEIRAS

Ao elaborar seu texto, aborde os seguintes aspectos:

1 medidas adotadas pela PRF no combate às infrações; [valor: 7,00 pontos]

2 ações da sociedade que auxiliem no combate às infrações; [valor: 6,00 pontos]

3 atitudes individuais para a diminuição das infrações. [valor: 6,00 pontos]

Padrão de resposta da banca

Quanto ao desenvolvimento do tema, o candidato deve, a partir dos textos motivadores, abordar o tema e os aspectos propostos, de maneira clara e coerente, empregando os mecanismos de coesão textual. A abordagem dada ao tema pode variar, mas o candidato deve demonstrar conhecer a atualidade do tema das infrações nas rodovias, que vitimam inúmeras pessoas, além dos próprios ilícitos cometidos.

Com relação ao aspecto 1, espera-se que o candidato aborde medidas que podem ser implementadas ou que já são adotadas pela Polícia Rodoviária Federal no combate às infrações nas rodovias, como o aumento de efetivo, a ampliação do uso de equipamentos eletrônicos, o incremento de operações integradas no combate aos ilícitos, as campanhas institucionais, entre outras.

No aspecto 2, espera-se que o candidato aborde ações que podem ser feitas pela sociedade para diminuição das infrações, como campanhas de iniciativa privada para aumento da conscientização da conduta a ser praticada, palestras em entidades privadas com ampla divulgação, envolvimento com escolas públicas e privadas em busca da conscientização da sociedade, entre outras.

No que se refere ao aspecto 3, espera-se que o candidato aborde atitudes que o indivíduo pode realizar para combater as infrações, como a própria conscientização da conduta correta a ser praticada, a participação de atividades educativas de trânsito, o envolvimento em atividades de ajuda a vítimas de trânsito, entre outras.

Observação: foram citadas algumas medidas, ações e atitudes neste padrão de resposta apenas como exemplos.

2.4 Dissertação Argumentativa

A dissertação argumentativa tem o objetivo de convencer o leitor sobre uma tese, por meio de fortes articulações lógicas entre os significados.

Quando as interpretações expostas pelo texto dissertativo vão mais além nas intenções e buscam explicitamente convencer o leitor/ouvinte sobre a validade dessas explicações, classifica-se o texto como argumentativo (COROA , 2008b, p. 121).

2.5 Estrutura do Texto Dissertativo-Argumentativo

Na Introdução, deve haver a contextualização do tema. Em seguida, deve ser apresentada a tese que será desenvolvida (ponto de vista). Por fim, podem ser apresentados os argumentos para a defesa dessa opinião (opcional).

Tipos de introdução

- O candidato pode utilizar a definição ou citações e estatísticas, mas deve, em seguida, apresentar a tese (opinião).
- Roteiro: tem por objetivo apresentar ao leitor o roteiro que será seguido durante o desenvolvimento do seu texto tese + argumentos); assim, ao citar o roteiro na introdução, o autor deve segui-lo até o final, para que não haja incoerências.
- Exemplo: Em virtude da onda de conservadorismo que o Brasil vive na atualidade, tornam-se comuns as discussões sobre direitos coletivos. Nesse cenário, é importante analisar as causas do conservadorismo moderno e os reflexos dele nos direitos da coletividade.
- Alusão histórica: representa um tipo de introdução em que um fato passado se relaciona de algum modo a um fato presente, servindo de ponto de reflexão ou ela semelhanças entre eles, ou pelas diferenças. Após a contextualização, deve ser apresentada a tese.
- Exemplo: Por ter pecado nos excessos do liberalismo, a Revolução Francesa foi talvez a que mais contribuiu com o surgimento do conservadorismo. Do mesmo modo, no Brasil esse mesmo processo volta a emergir depois de anos de governo liberal no poder.

→ O desenvolvimento é o parágrafo em que serão desenvolvidos argumentos para comprovar a tese exposta na introdução. Na primeira frase do parágrafo, ou seja, no tópico frasal é apresentada a ideia central do parágrafo (o argumento). Depois do tópico frasal (introdução), há a comprovação dessa ideia (desenvolvimento) e, por fim, o fechamento do parágrafo (conclusão).

Os diversos argumentos deverão ser sustentados com exemplos e provas que os validem, tornando-os indiscutíveis, como:

- Exemplos;
- Enumeração de fatos;
- Causa e efeito;
- Dados estatísticos;
- Citações de autores renomados;
- Depoimentos de personalidades renomadas;
- Alusões históricas.

→ Na conclusão há a retomada e a reafirmação da tese inicial, já defendida pelos diversos argumentos apresentados no desenvolvimento.

→ Retomada da tese: a melhor forma de fazer isso é parafraseando a sua tese, ou seja, passando exatamente a mesma ideia, mas com outras palavras.

→ Os mesmos tipos de conclusão do texto expositivo podem ser usados aqui.

2.6 Propostas de Dissertação Argumentativa

PROPOSTA I

A partir da leitura do Texto Motivador abaixo e com base em seu conhecimento de mundo, escolha um dos temas e desenvolva um texto dissertativo-argumentativo. Seu texto deverá ser produzido em prosa e conter no mínimo 20 e no máximo 30 linhas.

TEMA: O excesso de imagens e sua relação com a realidade

O mundo das imagens

Talvez se possa dizer que o que predomina na mídia mundial é a imagem. Com frequência, as outras "linguagens" aparecem de maneira complementar [...] ou propriamente subordinada à imagem. Tanto assim que a mídia apresenta aspectos e fragmentos das configurações e movimentos da sociedade global como se fosse um vasto espetáculo de videoclipe [...] Ao lado da montagem, colagem, bricolagem, simulacro e virtualidade, muitas vezes combinando tudo isso, a mídia parece priorizar o espetáculo do videoclipe. Tanto é assim que guerras e genocídios parecem festivais pop, departamentos do shopping center global, cenas da Disneylândia mundial. Os mais graves e dramáticos acontecimentos da vida de indivíduos e coletividades aparecem, em geral, como um videoclipe eletrônico informático, desterritorializado entretenimento de todo o mundo.

Fonte: IANNI, Octávio. O mundo do trabalho. In: FREITAS, Marcos Cezar de. (Org.).A reinvenção do futuro. São Paulo: Cortez, 1996. p. 39

PROPOSTA II

A partir da leitura do Texto Motivador abaixo e com base em seu conhecimento de mundo, escolha um dos temas e desenvolva um texto dissertativo-argumentativo. Seu texto deverá ser produzido em prosa e conter no mínimo 20 e no máximo 30 linhas.

Tema: O cuidado com o corpo e com a mente e sua relação com o trabalho

Cuidar do corpo e da mente

Conciliar trabalho, estudo, rotina doméstica e os cuidados com o corpo e a mente pode, à primeira vista, parecer impossível. Por isso, o G1 conversou com especialistas para apontar passos essenciais para quem quer levar uma vida mais equilibrada. Eles concordaram em três pontos: fazer exercícios, comer bem, cuidar da saúde mental e buscar acompanhamento médico.

[...] Faça exercícios físicos. Fazer exercícios é a primeira recomendação. É simples: mexa-se. "Só de você não ser sedentário já está mil pontos à frente da pessoa sedentária", diz o clínico geral e médico de família Alfredo Salim Helito, do Hospital Sírio-Libanês, em São Paulo. "Se você tiver a opção entre ser magro e fazer atividade física, escolha a atividade física. O sedentarismo não pode acompanhar o ser humano", frisa.

Alimente-se bem. A alimentação saudável e equilibrada também é essencial. A alimentação foi outro ponto de consenso entre os especialistas ouvidos pelo G1 como chave para uma vida melhor. E a primeira dica de como nutrir melhor o corpo é: beber água.[...]

Cuide da saúde mental. Terapias, tradicionais ou alternativas, ajudam a melhorar a saúde mental. As intervenções tradicionais — como a psicoterapia ou a psicanálise — podem ajudar a prestar mais atenção às próprias emoções, pensamentos ou padrões de comportamento. Para a psicóloga Gláucia Flores, que atende em Brasília, o momento de buscar ajuda profissional é quando a pessoa percebe que está tendo prejuízos na vida.

"Vamos pensar nossa vida como uma pizza: uma fatia é o trabalho, uma é a família, uma é o casamento, os filhos, o lazer. Quando a gente dá mais importância pra uma do que pra outra, essa balança fica desigual. É importante, sim, que a gente encontre prazer no trabalho, mas também ter outros interesses para também aprender outras coisas", analisa Gláucia.

Vá ao médico. Encontrar um médico de confiança também é essencial. Além de adotar bons hábitos, fazer um acompanhamento médico pelo menos uma vez por ano também é recomendável, explica a clínica geral Sílvia Souto, da Aliança Instituto de Oncologia, em Brasília. Para começar, ela recomenda procurar, primeiro, um médico generalista.

Fonte: https://g1.globo.com/ciencia-e-saude/vivavoce/noticia/2019/02/01/cuidar-do-corpo-e-da-mente-veja-4-passos-paralevar-uma-vida-saudavel-e-equilibrada.ghtml. Adaptado. Acessado em 06/12/19

PROPOSTA III

Motivado pela leitura dos textos seguintes, sem, contudo, copiá-los ou parafraseá-los, redija um texto DISSERTATIVO-ARGUMENTATIVO com, no mínimo, 20 e, no máximo, 30 linhas, em modalidade e limites solicitados.

Tema: DESAFIOS DAS POLÍTICAS DE SEGURANÇA PÚBLICA PARA COMBATER A VIOLÊNCIA NA SOCIEDADE.

TEXTO 1

Constituições Federais e contexto político-institucional

O termo segurança "pública" parece ter sido usado pela primeira vez na Constituição Federal (CF) de 1937. Em outras Constituições, como a de 1934, aparece o termo segurança "interna" para tratar com matérias atinentes ao controle da ordem, fato que irá gerar vários dilemas organizacionais no país e em seu pacto federativo. É interessante constatar que, na CF de 1937, cabia exclusivamente à União a competência de regular a matéria e garantir "o bemestar, a ordem, a tranquilidade e a segurança públicas, quando o exigir a necessidade de uma regulamentação uniforme" (artigo 16, inciso V).

Nota-se aqui uma primeira tensão conceitual e que terá impacto direto nos mandatos e atribuições das polícias brasileiras. A Lei nº 192, de 17 de janeiro de 1936 regulava as atividades das polícias militares e as vinculava às unidades da federação, cabendo à União apenas um papel de supervisão e controle, por meio do Exército. Por essa lei, as polícias militares eram as responsáveis pela segurança "interna", enquanto a CF de 1937 fala de segurança "pública", atividade que formalmente não foi assumida por nenhuma instituição até a CF de 1988. O significativo é que essa lei só foi revogada pelo Decreto-Lei nº 317, de 13 de março de 1967, que regulamentou a CF de 1967 no que tange à atuação das polícias. O conceito criado pela CF de 1937 parece não ter conseguido se institucionalizar e não teve força para mudar, mesmo após o Estado Novo, as estruturas que organizavam as polícias estaduais. E ainda mais emblemático dessa dificuldade é que a CF de 1967 restabeleceu a competência das polícias militares para a "manutenção da ordem e segurança interna nos Estados, nos Territórios e no Distrito Federal" (grifo nosso).

Será somente a CF de 1988 que irá resgatar o conceito de 1937 e trará um capítulo específico sobre segurança "pública", não obstante repetir a CF de 1937 e não definir o significado desse conceito. A CF de 1988, em seu artigo 144, definirá tão somente quais são as instituições públicas encarregadas de prover segurança "pública" (LIMA, 2011). Em suma, nossa atual Constituição não define o que vem a ser segurança pública, apenas delimita quais organizações pertencem a esse campo.

Disponível em: <http://www.scielo.br/pdf/rdgv/v12n1/1808-2432-rdgv-12-10049.pdf> Acesso em: 20 de junho de 2019. Texto adaptado

TEXTO 2

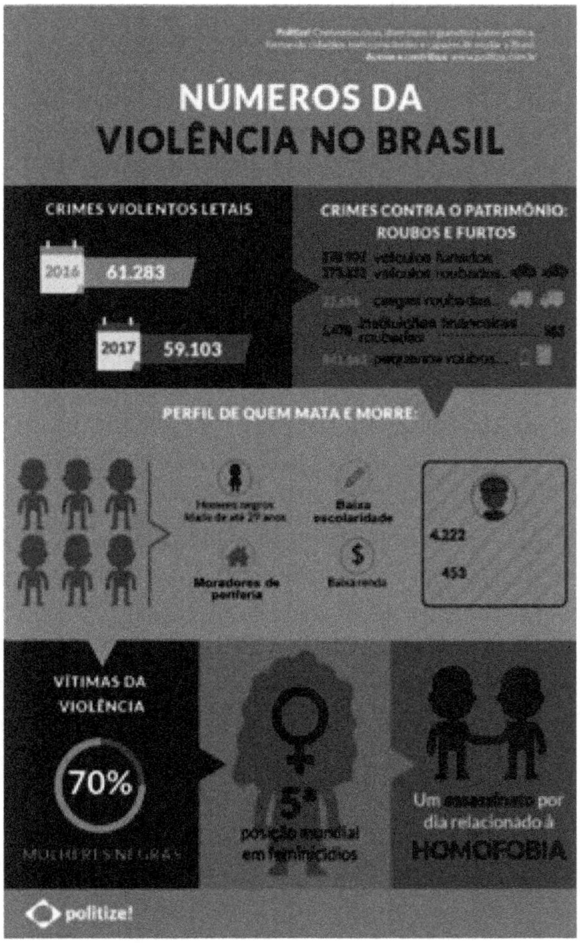

Disponível em: https://www.politize.com.br/seguranca-publica-brasileiraentenda. Acesso em 20 de junho de 2019. Texto adaptado.

PROPOSTA IV

Texto 01

Pela primeira vez, a população deve consumir mais conteúdo midiático na internet do que pela TV, de acordo com relatório da agência de mídia Zenith. Conforme a previsão, já em 2019 as pessoas devem passar mais horas navegando pela internet, fazendo compras, assistindo a filmes, séries e vídeos, conversando ou ouvindo música, do que assistindo à televisão.

("Internet irá ultrapassar TV já em 2019, indica relatório", 18.06.2018. https://epoca-negocios.globo.com. Adaptado)

Texto 02

De acordo com estudo divulgado pela empresa Morrison Foster, as pessoas passam, em média, sete horas por dia nas redes sociais. E é exatamente esse o local ocupado pelos influenciadores, que também estão conectados e produzindo conteúdos para seus seguidores a todo tempo. Segundo uma outra pesquisa, publicada pela Sprout Social, 74% dos consumidores guiam suas decisões de compra com base nas redes sociais. Ou seja, o público está atento às opiniões da internet e, principalmente, aos depoimentos de canais influentes e de credibilidade.

("A contribuição dos influenciadores digitais para a decisão de compra". 02.02.2018. https://franpress.com.br. Adaptado)

Texto 03

Nos últimos 10 anos, o tempo médio de consumo domiciliar de televisão passou de 8h18 para 9h17. Um crescimento de 12%. Vale ressaltar que esse foi um período de forte ascensão da internet como plataforma de distribuição de conteúdo. Os conteúdos da TV, além de entreter e informar, também exercem um papel importante na dinâmica social. Eles influenciam a pauta de conversas tanto com material que gera engajamento entre os telespectadores, como com publicidades criativas. O levantamento da Kantar IBOPE Media aponta que 51% das pessoas acham que a propaganda na TV é interessante e proporciona assunto para conversar. E, entre os que acessam a internet enquanto veem TV, 23% comentam nas redes sociais o que assistem – mostrando que a televisão segue marcando presença no dia a dia do brasileiro.

(João Paulo Reis. "Televisão: a abrangência e a influência do meio mais presente na vida dos brasileiros", 24.12.2018. https://observatoriodatelevisao.bol.uol.com.br. Adaptado)

Com base nas informações dos textos e em seus próprios conhecimentos, escreva um texto dissertativo, de acordo com a norma-padrão da língua portuguesa, sobre o tema:

A popularização da internet ameaça o poder de influência da televisão?

PROPOSTA V

Em visita aos Estados Unidos, em 1970, Margaret Thatcher fez o seguinte pronunciamento:

"Uma das razões por que valorizamos indivíduos não é porque sejam todos iguais, mas porque são todos diferentes. Permitamos que nossos filhos cresçam, alguns mais altos que outros, se tiverem neles a capacidade de fazê-lo. Pois devemos construir uma sociedade na qual cada cidadão possa desenvolver plenamente seu potencial, tanto para seu próprio benefício quanto para o da comunidade como um todo."

A premissa crucial que leva a afirmação de Thatcher a parecer quase evidente em si mesma – a suposição de que a "comunidade como um todo" seria adequadamente servida por todo cidadão dedicado a seu "próprio benefício" – acabou por ser admitida como ponto pacífico. Assim, no fim do século passado, tornou-se aceita a noção de que, ao agir egoisticamente, de algum modo as pessoas beneficiariam as outras.

(Adaptado de: ZYGMUNT, Bauman. A riqueza de poucos beneficia todos nós? Rio de Janeiro: Zahar, 2015, p.30)

II

Segundo a ortodoxia econômica, uma boa dose de desigualdade leva a economias mais eficientes e crescimento mais rápido. Isso se dá porque retornos mais altos e impostos menores no topo da escala – segundo afirmam – fomentariam o empreendedorismo e engendrariam um bolo econômico maior.

Assim, terá dado certo a experiência de fomento da desigualdade? Os indícios sugerem que não. A disparidade de riqueza atingiu dimensões extraordinárias, mas sem o progresso econômico prometido.

(Adaptado de: LANSEY, Stewart apud ZYGMUNT, Bauman. A riqueza de poucos beneficia todos nós? Rio de Janeiro: Zahar, 2015, p.24-25)

Considerando os textos acima, escreva uma dissertação argumentativa em que você discuta a seguinte questão:

A realização individual fomentaria maior igualdade social?

2.7 Elementos de Coesão

Prioridade, relevância: em primeiro lugar, antes de mais nada, antes de tudo, em princípio, primeiramente, acima de tudo, principalmente, primordialmente, sobretudo.

Tempo: atualmente, hoje, frequentemente, constantemente às vezes, eventualmente, por vezes, ocasionalmente, sempre, raramente, não raro, ao mesmo tempo, simultaneamente, nesse ínterim, enquanto, quando, antes que, depois que, logo que, sempre que, assim que, desde que, todas as vezes que, cada vez que, então, enfim, logo, logo depois, imediatamente, logo após, a princípio, no momento em que, pouco antes, pouco depois, anteriormente, posteriormente, em seguida, afinal, por fim, finalmente, agora.

Semelhança, comparação, conformidade: de acordo com, segundo, conforme, sob o mesmo ponto de vista, tal qual, tanto quanto, como, assim como, como se, bem como, igualmente, da mesma forma, assim também, do mesmo modo, semelhantemente, analogamente, por analogia, de maneira idêntica, de conformidade com.

Condição, hipótese: se, caso, desde que, eventualmente.

Adição, continuação: além disso, demais, ademais, outrossim, ainda mais, por outro lado, também, e, nem, não só ... mas também, não só... como também, não apenas ... como também, não só ... bem como, com, ou (quando não for excludente).

Dúvida: talvez, provavelmente, possivelmente, quiçá, quem sabe, é provável, não é certo, se é que.

Certeza, ênfase: certamente, decerto, por certo, inquestionavelmente, sem dúvida, inegavelmente, com toda a certeza.

Ilustração, esclarecimento: por exemplo, só para ilustrar, só para exemplificar, isto é, quer dizer, em outras palavras, ou por outra, a saber, ou seja, aliás.

Propósito, intenção, finalidade: com o fim de, a fim de, com o propósito de, com a finalidade de, com o intuito de, para que, a fim de que, para.

Resumo, recapitulação, conclusão: em suma, em síntese, em conclusão, enfim, em resumo, portanto, assim, dessa forma, dessa maneira, desse modo, logo, dessa forma, dessa maneira, assim sendo.

Explicação: por consequência, por conseguinte, como resultado, por isso, por causa de, em virtude de, assim, de fato, com efeito, tão (tanto, tamanho)... que, porque, porquanto, pois, já que, uma vez que, visto que, como (= porque), portanto, logo, que (= porque), de tal sorte que, de tal forma que, haja vista.

Contraste, oposição, restrição: pelo contrário, em contraste com, salvo, exceto, menos, mas, contudo, todavia, entretanto, no entanto, embora, apesar de, apesar de que, ainda que, mesmo que, posto que, conquanto, se bem que, por mais que, por menos que, só que, ao passo que, por outro lado, em contrapartida, ao contrário do que se pensa, em compensação.

Contraposição: é possível que... no entanto... É certo que... entretanto... É provável que ... porém...

Sequenciação dos parágrafos: em primeiro lugar ..., em segundo ..., por último ...; por um lado ..., por outro ...; primeiramente, ...,em seguida, ..., finalmente, ...

Enumeração: é preciso considerar que ...; Também não devemos esquecer que ...; Não podemos deixar de lembrar que...

Reafirmação/Retomada: compreende-se, então, que ... É bom acrescentar ainda que ... É interessante reiterar ...

2.8 Critérios de Avaliação das Bancas

Banca Cespe

Aspectos Macroestruturais

1. Apresentação (legibilidade, respeito às margens e indicação de parágrafos) e estrutura textual (organização das ideais em texto estruturado).

2. Desenvolvimento do tema: tópicos da proposta

Aspectos Microestruturais

Ortografia

Morfossintaxe

Propriedade vocabular

Quando forem apresentados tópicos, deve-se construir 1 (um) parágrafo para cada tópico.

Banca FCC

O candidato deverá desenvolver texto dissertativo a partir de proposta única, sobre assunto de interesse geral. Considerando que o texto é único, os itens discriminados a seguir serão avaliados em estreita correlação:

→ Conteúdo: até 40 (quarenta) pontos:

perspectiva adotada no tratamento do tema;

capacidade de análise e senso crítico em relação ao tema proposto;

consistência dos argumentos, clareza e coerência no seu encadeamento.

Obs.: A nota será prejudicada, proporcionalmente, caso ocorra abordagem tangencial, parcial ou diluída em meio a divagações e/ou colagem de textos e de questões apresentados na prova.

→ Estrutura: até 30 (trinta) pontos:

respeito ao gênero solicitado;

progressão textual e encadeamento de ideias;

articulação de frases e parágrafos (coesão textual).

→ Expressão: até 30 (trinta) pontos:

→ A avaliação da expressão não será feita de modo estanque ou mecânico, mas sim de acordo com sua estreita correlação com o conteúdo desenvolvido. A avaliação será feita considerando-se:

desempenho linguístico de acordo com o nível de conhecimento exigido para o cargo/área/especialidade;

adequação do nível de linguagem adotado à produção proposta e coerência no uso;

domínio da norma culta formal, com atenção aos seguintes itens: estrutura sintática de orações e períodos, elementos coesivos; concordância verbal e nominal; pontuação; regência verbal e nominal; emprego de pronomes; flexão verbal e nominal; uso de tempos e modos verbais; grafia e acentuação.

Banca Cesgranrio

A Redação será avaliada conforme os critérios a seguir:

- adequação ao tema proposto;
- adequação ao tipo de texto solicitado;
- emprego apropriado de mecanismos de coesão (referenciação, sequenciação e demarcação das partes do texto);
- capacidade de selecionar, organizar e relacionar de forma coerente argumentos pertinentes ao tema proposto; e
- pleno domínio da modalidade escrita da norma-padrão (adequação vocabular, ortografia, morfologia, sintaxe de concordância, de regência e de colocação).

Banca Vunesp

Na avaliação da Prova Dissertativa (Parte II), serão considerados os critérios a seguir:

- Tema: considera-se se o texto do candidato atende ao tema proposto. A fuga completa ao tema proposto é motivo suficiente para que a redação não seja corrigida em qualquer outro de seus aspectos, recebendo nota 0 (zero);
- Estrutura (gênero/tipo de texto e coerência): consideram-se aqui, conjuntamente, os aspectos referentes ao gênero/tipo de texto proposto e à coerência das ideias. A fuga completa ao gênero/tipo de texto é motivo suficiente para que a redação não seja corrigida em qualquer outro de seus aspectos, recebendo nota 0 (zero). Avalia-se aqui como o candidato sustenta sua tese em termos argumentativos e como essa argumentação está organizada, considerando-se a macroestrutura do texto dissertativo (introdução, desenvolvimento e conclusão). No gênero/tipo de texto, avalia-se também o tipo de interlocução construída: por se tratar de uma dissertação, deve-se prezar pela objetividade, sendo assim, o uso de primeira pessoa do singular e de segunda pessoa (singular e plural) poderá ser penalizado. Será considerado aspecto negativo a referência direta à situação imediata de produção textual (ex.: como afirma o autor do primeiro texto/da coletânea/do texto I; como solicitado nesta prova/proposta de redação). Na coerência, será observada, além da pertinência dos argumentos mobilizados para a defesa do ponto de vista, a capacidade do candidato de encadear as ideias de forma lógica e coerente (progressão textual). Serão considerados aspectos negativos a presença de contradições entre as ideias, a falta de partes da macroestrutura dissertativa, a falta de desenvolvimento das ideias ou a presença de conclusões não decorrentes do que foi previamente exposto;
- Expressão (coesão e modalidade): consideram-se neste item os aspectos referentes à coesão textual e ao domínio da norma-padrão da língua portuguesa. Na coesão, avalia-se a utilização dos recursos coesivos da língua (anáforas, catáforas, substituições, conjunções etc.) de modo a tornar a relação entre frases e períodos e entre os parágrafos do texto mais clara e precisa. Serão considerados aspectos negativos as quebras entre frases ou parágrafos e o emprego inadequado de recursos coesivos. Na modalidade, serão examinados os aspectos gramaticais como ortografia, morfologia, sintaxe e pontuação, bem como a escolha lexical (precisão vocabular) e o grau de formalidade/informalidade expressa em palavras e expressões.

Banca IBFC

Para o desenvolvimento da Redação, o candidato deverá redigir, observando os critérios de correção estabelecidos no quadro abaixo:

Critérios de Correção

1 Conhecimento do tema (cobertura dos tópicos apresentados: domínio e interrelação entre os conceitos centrais do tema proposto);

2 Habilidade argumentativa (atualização, originalidade e relevância das informações);

3 Sequência lógica e de organização do pensamento (introdução, desenvolvimento e considerações finais);

4 Coerência e Coesão (pontuação, continuidade e progressão de ideias, uso apropriado de articuladores);

5 Morfossintaxe (relação entre as palavras, concordância verbal e nominal, regência verbal e nominal, organização e estruturação dos períodos e orações, emprego dos tempos e modos verbais e colocação de pronome);

6 Acentuação e ortografia.

Banca FGV

Na avaliação da Prova Escrita Discursiva, a redação será corrigida segundo os critérios a seguir:

PARTE 1 – ESTRUTURA TEXTUAL GLOBAL

(A) ABORDAGEM DO TEMA

Considera a capacidade de o candidato selecionar argumentos convenientes, dentro do perfil esperado, assim como a boa seleção desses argumentos.

(B) PROGRESSÃO TEXTUAL

Considera a capacidade de o candidato mostrar coesão e coerência entre os parágrafos componentes do texto por ele redigido, assim como a distribuição do tema por uma evolução adequada de suas partes.

PARTE 2 – CORREÇÃO GRAMATICAL

A correção gramatical será considerada sob o aspecto da melhor expressão escrita do ponto de vista comunicativo, ou seja, de sua adequação à situação comunicativa.

(A) SELEÇÃO VOCABULAR

Considera problemas de inadequação vocabular, troca entre parônimos, emprego de palavras gerais por específicas, emprego de vocábulos de variação linguística inadequada, marcas de oralidade.

(B) NORMA CULTA

Considera problemas gerais de construção frasal do ponto de vista comunicativo.

MATEMÁTICA E RACIOCÍNIO LÓGICO-MATEMÁTICO

1. PROPOSIÇÕES

1.1 Definições

Proposição é uma **declaração** (sentença declarativa - afirmação ou negação - com sujeito "definido", verbo e sentido completo - sentença fechada) que pode ser **classificada** OU em Verdadeiro OU em Falso.

São exemplos de proposições:

p: Danilo tem duas empresas

Q: Susana comprou um carro novo

a: Beatriz é inteligente

B: 2 + 7 = 10

As letras "p", "Q", "a", "B", servem para representar (simbolizar) as proposições.

Valores lógicos das proposições

Uma proposição só pode ser classificada em dois valores lógicos, que são ou o **Verdadeiro (V)** ou o **Falso (F)**, não admitindo outro valor.

As proposições têm três princípios básicos, sendo um deles o princípio fundamental que é:

Princípio da não contradição: diz que uma proposição não pode ser verdadeira e falsa ao mesmo tempo.

Os outros dois são:

Princípio da identidade: diz que uma proposição verdadeira sempre será verdadeira e uma falsa sempre será falsa.

Princípio do terceiro excluído: diz que uma proposição só pode ter dois valores lógicos, ou o de verdadeiro ou o de falso, **não existindo** um terceiro valor.

Interrogações, exclamações e ordens não são proposições.

Exs.:

Que dia é hoje?
Que maravilha!
Estudem muito.

Sentenças abertas e quantificadores lógicos

Existem algumas "sentenças abertas" que aparecem com com incógnitas (termo desconhecido) ou com sujeito indefinido, como por exemplo: "x + 2 = 5", não sendo consideradas proposições, já que não se pode classificá-las sem saber o o valor de x ou se ter a definição do sujeito, porém com o uso dos **quantificadores lógicos**, elas tornam-se proposições, uma vez que esses quantificadores passam a dar valor ao "x" ou definir o sujeito.

Os quantificadores lógicos são:

$\forall$: para todo; qualquer que seja; todo;

$\exists$: existe; existe pelo menos um; algum;

$\nexists$: não existe; nenhum.

Ex.:

x + 2 = 5 (sentença aberta - não é proposição)

p: $\exists$ x, x + 2 = 5 (lê-se: existe x tal que, x + 2 =5). Agora é proposição, uma vez que agora é possível classificar a proposição como verdadeira, já que sabemos que tem um valor de "x" que somado a dois é igual a cinco.

Negação de proposição (modificador lógico)

Negar uma proposição significa modificar o seu valor lógico, ou seja, se uma proposição é verdadeira, a sua negação será falsa, e se uma proposição for falsa, a sua negação será verdadeira.

Os símbolos da negação são (~) ou ($\neg$) antes da letra que representa a proposição.

Ex.: p: 3 é ímpar;

~p: 3 **não** é ímpar;

$\neg$p: 3 é **par** (outra forma de negar a proposição).

~p: não é verdade que 3 é ímpar (outra forma de negar a proposição).

$\neg$p: é mentira que 3 é ímpar (outra forma de negar a proposição).

Lei da dupla negação:

~(~p) = p, negar uma proposição duas vezes significa voltar para própria proposição:

q: 2 é par;

~q: 2 não é par;

~(~q): 2 **não** é **ímpar**;

portanto;

q: 2 é par.

Tipos de proposição

Simples ou atômica: são únicas, com apenas um verbo (ação), não pode ser dividida/separada (fica sem sentido) e não tem conectivo lógico.

Ex.: Na proposição "João é professor" tem-se uma única informação, com apenas um verbo, não sendo possível separá-la e sem conectivo.

Composta ou molecular: tem mais de uma proposição simples unidas pelos conectivos lógicos, podem ser divididas/separadas e tem mais de um verbo (pode ser o mesmo verbo referido mais de uma vez).

Ex.: "Pedro é advogado e João é professor". É possível separar em duas proposições simples: "Pedro é advogado" e "João é professor".

Simples (atômicas)	Compostas (moleculares)
Não têm conectivo lógico	Têm conectivo lógico
Não podem ser divididas	Podem ser divididas
1 verbo	+ de 1 verbo

Conectivo lógico

Serve para unir as proposições simples, formando proposições compostas. São eles:

e: conjunção ($\wedge$)

ou: disjunção ($\vee$)

ou..., ou: disjunção exclusiva ($\underline{\vee}$)

se..., então: condicional ($\rightarrow$)

se..., e somente se: bicondicional ($\leftrightarrow$)

Alguns autores consideram a negação (~) como um conectivo, porém aqui não faremos isso, pois os conectivos servem para formar proposição composta, e a negação faz apenas a mudança do valor das proposições.

O "e" possui alguns sinônimos, que são: "mas", "porém", "nem" (nem = e não) e a própria vírgula. O condicional também tem alguns sinônimos que são: "portanto", "quando", "como" e "pois" (pois = condicional invertido. Ex.: A, pois B = B $\rightarrow$ A).

Ex.:

a: Maria foi à praia

b: João comeu peixe

p: Se Maria foi a praia, então João comeu peixe

q: ou 4 + 7 = 11 ou a Terra é redonda

1.2 Tabela Verdade e Conectivos Lógicos

A tabela verdade nada mais é do que um mecanismo usado para dar valor às proposições compostas (que também serão ou verdadeiras ou falsas), por meio de seus respectivos conectivos.

A primeira coisa que precisamos saber numa tabela verdade é o seu número de linhas, e que esse depende do número de proposições simples que compõem a proposição composta.

Número de linhas = 2^n

Em que "**n**" é o número de proposições simples que compõem a proposição composta. Portanto se houver 3 proposições simples formando a proposição composta então a tabela dessa proposição terá 8 linhas ($2^3 = 8$). Esse número de linhas da tabela serve para que tenhamos todas as relações possíveis entre "V" e "F" das proposições simples. Veja:

P	Q	R
V	V	V
V	V	F
V	F	V
V	F	F
F	V	V
F	V	F
F	F	V
F	F	F

Observe que temos todas as relações entre os valores lógicos das proposições, que sejam: as 3 verdadeiras (1ª linha), as 3 falsas (última linha), duas verdadeiras e uma falsa (2ª, 3ª e 5ª linhas), e duas falsas e uma verdadeira (4ª, 6ª e 7ª linhas). Nessa demonstração, temos uma forma prática de como se pode organizar a tabela, sem se preocupar se foram feitas todas relações entres as proposições.

Para o correto preenchimento da tabela, devemos seguir algumas regras:

- Comece sempre pelas proposições simples e suas negações, se houver;
- Resolva os parênteses, colchetes e chaves, respectivamente (igual à expressão numérica), se houver;
- Faça primeiro as conjunções e disjunções, depois os condicionais e por último os bicondicionais;
- numa proposição composta com mais de um conectivo o conectivo principal será o que for resolvido por último (muito importante saber o conectivo principal).
- A última coluna da tabela deverá ser sempre a da proposição toda, conforme as demonstrações adiante.

O valor lógico de uma proposição composta depende dos valores lógicos das proposições simples que a compõem assim como do conectivo utilizado, e é o que veremos a partir de agora.

Valor lógico de uma proposição composta por conjunção (e) = tabela verdade da conjunção ($\wedge$).

Conjunção "e": Sejam p e q proposições, a conjunção das proposições p e q, denotada por $p \wedge q$, só será verdadeiro quando p e q forem verdadeiras simultaneamente (se p ou q for falso $p \wedge q$ será falso).

Ex.: $P \wedge Q$

P	Q	P∧Q
V	V	V
V	F	F
F	V	F
F	F	F

Representando por meio de conjuntos, temos: $P \wedge Q$

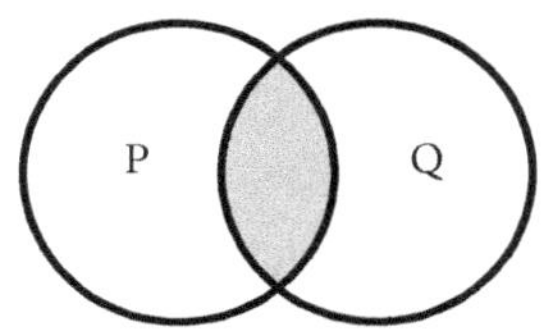

Valor lógico de uma proposição composta por disjunção (ou) = tabela verdade da disjunção ($\vee$).

Disjunção "ou": Sejam p e q proposições, a disjunção das proposições p e q, denotada por $p \vee q$, só será falsa quando p e q forem falsas simultaneamente (se p ou q for verdadeiro $p \vee q$ será verdadeiro).

Ex.: $P \vee Q$

P	Q	P∨Q
V	V	V
V	F	V
F	V	V
F	F	F

Representando por meio de conjuntos, temos: $P \vee Q$

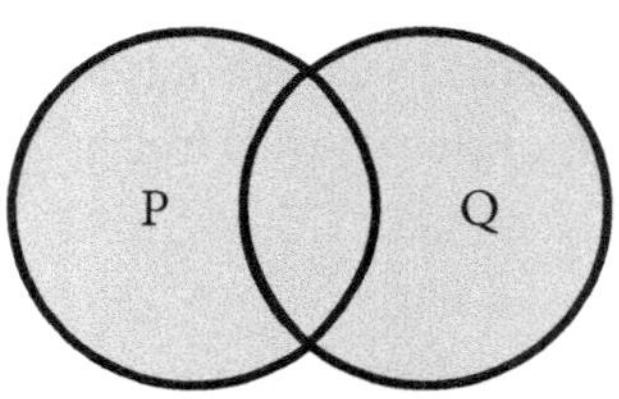

Valor lógico de uma proposição composta por disjunção exclusiva (ou, ou) = tabela verdade da disjunção exclusiva ($\veebar$).

Disjunção Exclusiva "ou ..., ou ...": Sejam p e q proposições, a disjunção exclusiva das proposições p e q, denotada por

$p \veebar q$, será verdadeiro quando p e q tiverem valores diferentes/ contrários (se p e q tiverem valores iguais $p \veebar q$ será falso).

Ex.: $P \veebar Q$

P	Q	$P \veebar Q$
V	V	F
V	F	V
F	V	V
F	F	F

Representando por meio de conjuntos, temos: $P \veebar Q$

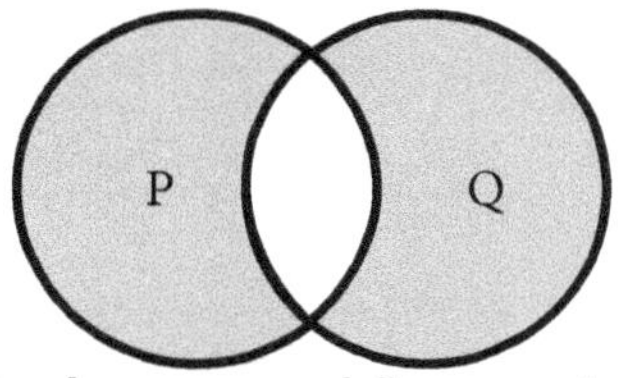

Valor lógico de uma proposição composta por condicional (se, então) = tabela verdade do condicional ($\rightarrow$).

Condicional "Se p,então q": Sejam p e q proposições, a condicional de p e q, denotada por $p \rightarrow q$ onde se lê "p condiciona q" ou "se p, então q", é a proposição que assume o valor falso somente quando p for verdadeira e q for falsa. A tabela para a condicional de p e q é a seguinte:

Ex.: $P \rightarrow Q$

P	Q	$P \rightarrow Q$
V	V	V
V	F	F
F	V	V
F	F	V

Atente-se bem para esse tipo de proposição, pois é um dos mais cobrados em concursos.

Dicas:

P é antecedente e Q é consequente = $P \rightarrow Q$

P é consequente e Q é antecedente = $Q \rightarrow P$

P é suficiente e Q é necessário = $P \rightarrow Q$

P é necessário e Q é suficiente = $Q \rightarrow P$

Representando por meio de conjuntos, temos: $P \rightarrow Q$

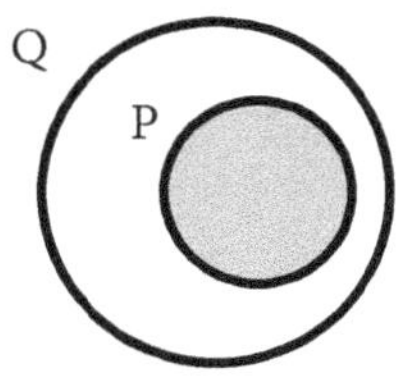

Valor lógico de uma proposição composta por bicondicional (se e somente se) = tabela verdade do bicondicional ($\leftrightarrow$).

Bicondicional "se, e somente se": Sejam p e q proposições, a bicondicional de p e q, denotada por $p \leftrightarrow q$, onde se lê "p bicondicional q", será verdadeira quando p e q tiverem valores iguais (se p e q tiverem valores diferentes $p \leftrightarrow q$ será falso).

No bicondicional, "P" e "Q" são ambos suficientes e necessários ao mesmo tempo.

Ex.: $P \leftrightarrow Q$

P	Q	$P \leftrightarrow Q$
V	V	V
V	F	F
F	V	F
F	F	V

Representando por meio de conjuntos, temos: $P \leftrightarrow Q$

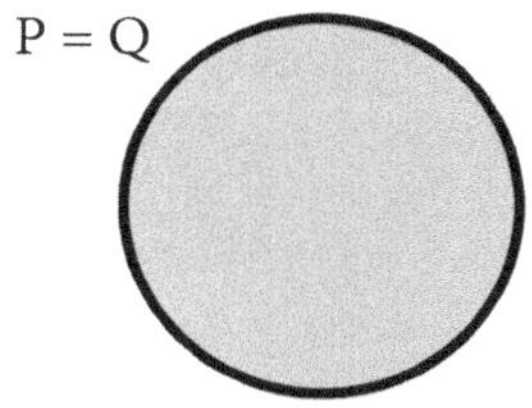

Proposição composta	Verdadeira quando...	Falsa quando...
$P \wedge Q$	P e Q são verdadeiras	Pelo menos uma falsa
$P \vee Q$	Pelo menos uma verdadeira	P e Q são falsas
$P \veebar Q$	P e Q têm valores diferentes	P e Q têm valores iguais
$P \rightarrow Q$	P = verdadeiro, q = verdadeiro ou P = falso	P = verdadeiro e Q = falso
$P \leftrightarrow Q$	P e Q têm valores iguais	P e Q têm valores diferentes

1.3 Tautologias, Contradições e Contingências

Tautologia: proposição composta que é **sempre verdadeira** independente dos valores lógicos das proposições simples que a compõem.

$(P \wedge Q) \rightarrow (P \vee Q)$

P	Q	$P \wedge Q$	$P \vee Q$	$(P \wedge Q) \rightarrow (P \vee Q)$
V	V	V	V	V
V	F	F	V	V
F	V	F	V	V
F	F	F	F	V

Contradição: proposição composta que é **sempre falsa**, independente dos valores lógicos das proposições simples que a compõem.

$\sim(P \vee Q) \wedge P$

P	Q	$P \vee Q$	$\sim(P \vee Q)$	$\sim(P \vee Q) \wedge P$
V	V	V	F	F
V	F	V	F	F
F	V	V	F	F
F	F	F	V	F

Contingência: ocorre quando não é tautologia nem contradição. **$\sim(P \veebar Q) \leftrightarrow P$**

P	Q	$P \veebar Q$	$\sim(P \veebar Q)$	$\sim(P \veebar Q) \leftrightarrow P$
V	V	F	V	V
V	F	V	F	F
F	V	V	F	V
F	F	F	V	F

1.4 Equivalências Lógicas

Duas ou mais proposições compostas são ditas equivalentes quando são formadas pelas mesmas proposições simples e suas tabelas verdades (resultado) são iguais.

> Atente-se para o princípio da equivalência. A tabela verdade está aí só para demonstrar a igualdade.

Seguem algumas demonstrações das mais importantes:

$P \wedge Q = Q \wedge P$: basta trocar as proposições de lugar – também chamada de **recíproca**.

P	Q	$P \wedge Q$	$Q \wedge P$
V	V	V	V
V	F	F	F
F	V	F	F
F	F	F	F

$P \vee Q = Q \vee P$: basta trocar as proposições de lugar – também chamada de **recíproca**.

P	Q	$P \vee Q$	$Q \vee P$
V	V	V	V
V	F	V	V
F	V	V	V
F	F	F	F

$P \veebar Q = Q \veebar P$: basta trocar as proposições de lugar - também chamada de **recíproca**.

$P \veebar Q = \sim P \veebar \sim Q$: basta negar as proposições – também chamada de **contrária**.

$P \veebar Q = \sim Q \veebar \sim P$: troca as proposições de lugar e nega-as – também chamada de **contra-positiva**.

$P \veebar Q = (P \wedge \sim Q) \vee (\sim P \wedge Q)$: observe aqui a exclusividade dessa disjunção.

P	Q	~P	~Q	$P \wedge \sim Q$	$\sim P \wedge Q$	$P \veebar Q$	$Q \veebar P$	$\sim P \veebar \sim Q$	$\sim Q \veebar \sim P$	$(P \wedge \sim Q) \vee (\sim P \wedge Q)$
V	V	F	F	F	F	F	F	F	F	F
V	F	F	V	V	F	V	V	V	V	V
F	V	V	F	F	V	V	V	V	V	V
F	F	V	V	F	F	F	F	F	F	F

$P \leftrightarrow Q = Q \leftrightarrow P$: basta trocar as proposições de lugar - também chamada de **recíproca**.

$P \leftrightarrow Q = \sim P \leftrightarrow \sim Q$: basta negar as proposições – também chamada de contrária.

$P \leftrightarrow Q = \sim Q \leftrightarrow \sim P$: troca as proposições de lugar e nega-as – também chamada de contra- positiva.

$P \leftrightarrow Q = (P \rightarrow Q) \wedge (Q \rightarrow P)$: observe que é condicional para os dois lados, por isso bicondicional.

P	Q	~P	~Q	$P \rightarrow Q$	$Q \rightarrow P$	$P \leftrightarrow Q$	$Q \leftrightarrow P$	$\sim P \leftrightarrow \sim Q$	$\sim Q \leftrightarrow \sim P$	$(P \rightarrow Q) \wedge (Q \rightarrow P)$
V	V	F	F	V	V	V	V	V	V	V
V	F	F	V	F	V	F	F	F	F	F
F	V	V	F	V	F	F	F	F	F	F
F	F	V	V	V	V	V	V	V	V	V

> A disjunção exclusiva e o bicondicional são as proposições com o maior número de equivalências.

$P \rightarrow Q = \sim Q \rightarrow \sim P$: troca as proposições de lugar e nega-se – também chamada de **contra-positiva**.

$P \rightarrow Q = \sim P \vee Q$: nega-as o antecedente OU mantém o consequente.

P	Q	~P	~Q	$P \rightarrow Q$	$\sim Q \rightarrow \sim P$	$\sim P \vee Q$
V	V	F	F	V	V	V
V	F	F	V	F	F	F
F	V	V	F	V	V	V
F	F	V	V	V	V	V

Equivalências mais importantes e mais cobradas em concursos.

Negação de proposição composta

São também equivalências lógicas; vejamos algumas delas:

$\sim(P \wedge Q) = \sim P \vee \sim Q$ (Leis De Morgan)

Para negar a conjunção, troca-se o conectivo e ($\wedge$) por ou ($\vee$) e nega-se as proposições que a compõem.

P	Q	~P	~Q	$P \wedge Q$	$\sim(P \wedge Q)$	$\sim P \vee \sim Q$
V	V	F	F	V	F	F
V	F	F	V	F	V	V
F	V	V	F	F	V	V
F	F	V	V	F	V	V

$\sim(P \vee Q) = \sim P \wedge \sim Q$ (Leis De Morgan)

Para negar a disjunção, troca-se o conectivo **ou ($\vee$)** por **e ($\wedge$)** e negam-se as proposições simples que a compõem.

P	Q	$\sim P$	$\sim Q$	$P \vee Q$	$\sim(P \veebar Q)$	$\sim P \wedge \sim Q$
V	V	F	F	V	F	F
V	F	F	V	V	F	F
F	V	V	F	V	F	F
F	F	V	V	F	V	V

$\sim(P \rightarrow Q) = P \wedge \sim Q$

Para negar o condicional, mantém-se o antecedente E nega-se o consequente.

P	Q	$\sim Q$	$P \rightarrow Q$	$\sim(P \rightarrow Q)$	$P \wedge \sim Q$
V	V	F	V	F	F
V	F	V	F	V	V
F	V	F	V	F	F
F	F	V	V	F	F

$\sim(P \veebar Q) = P \leftrightarrow Q$

Para negar a disjunção exclusiva, faz-se o bicondicional ou nega-se a disjuncao exclusiva com a propria disjuncao exclusiva, mas negando apenas uma das proposicoes que a compõe.

P	Q	$P \veebar Q$	$\sim(P \veebar Q)$	$P \leftrightarrow Q$
V	V	F	V	V
V	F	V	F	F
F	V	V	F	F
F	F	F	V	V

$\sim(P \leftrightarrow Q) = (P \veebar Q)$.

Para negar a bicondicional, faz-se a disjunção exclusiva ou nega-se o bicondicional com o proprio bicondicional, mas negando apenas uma das proposicoes que o compõe.

P	Q	$P \leftrightarrow Q$	$\sim(P \leftrightarrow Q)$	$P \veebar Q$
V	V	V	F	F
V	F	F	V	V
F	V	F	V	V
F	F	V	F	F

1.5 Relação entre Todo, Algum e Nenhum

Também conhecidos como **quantificadores lógicos**, eles têm entre si algumas relações que devemos saber, são elas:

"Todo A é B" equivale a **"nenhum A não é B"**, e vice-versa.

"todo amigo é bom = nenhum amigo não é bom."

"Nenhum A é B" equivale a **"todo A não é B"**, e vice-versa.

"nenhum aluno é burro = todo aluno não é burro."

"Todo A é B" tem como negação **"algum A não é B"** e vice-versa.

Ex.: ~(todo estudante tem insônia) = algum estudante não tem insônia.

"Nenhum A é B" tem como negação **"algum A é B"** e vice-versa.

Ex.: ~(algum sonho é impossível) = nenhum sonho é impossível.

Temos também a representação em forma de conjuntos, que é:

TODO A é B:

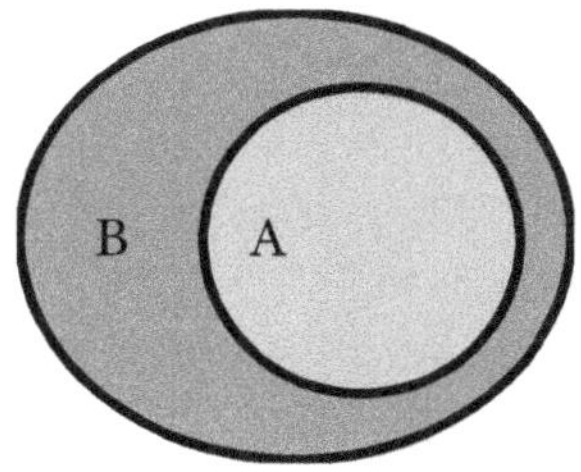

ALGUM A é B:

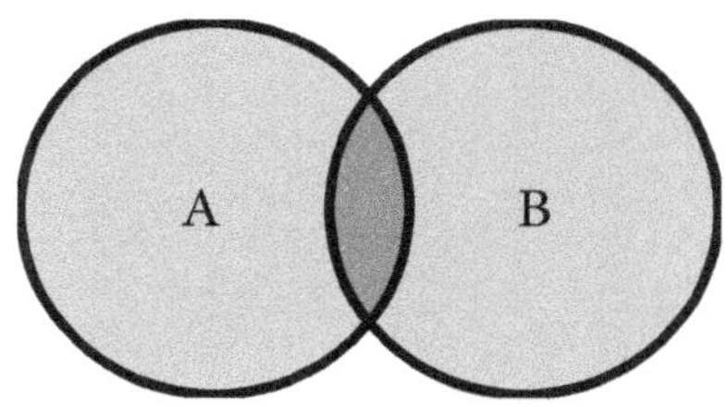

NENHUM A é B:

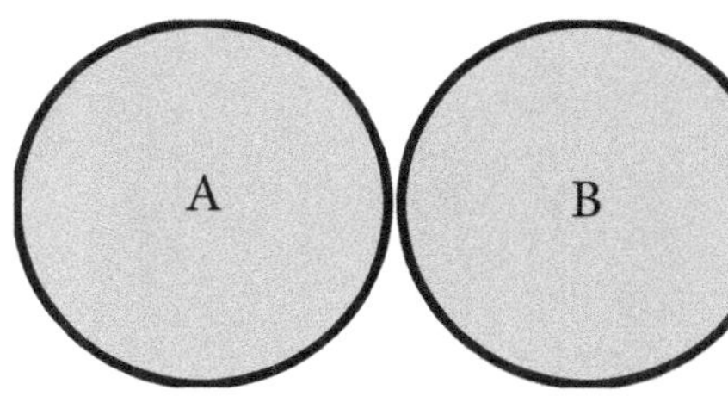

Relação de Equivalência:	Relação de Negação:
> Todo A é B = Nenhum A não é B. Ex.: Todo diretor é bom ator. = Nenhum diretor é mau ator.	> Todo A é B = Algum A não é B. Ex.: Todo policial é honesto. = Algum policial não é honesto.
> Nenhum A é B = Todo A não é B. Ex.: Nenhuma mulher é legal. = Toda mulher não é legal.	> Nenhum A é B = Algum A é B. Ex.: Nenhuma ave é mamífera. = Alguma ave é mamífera.

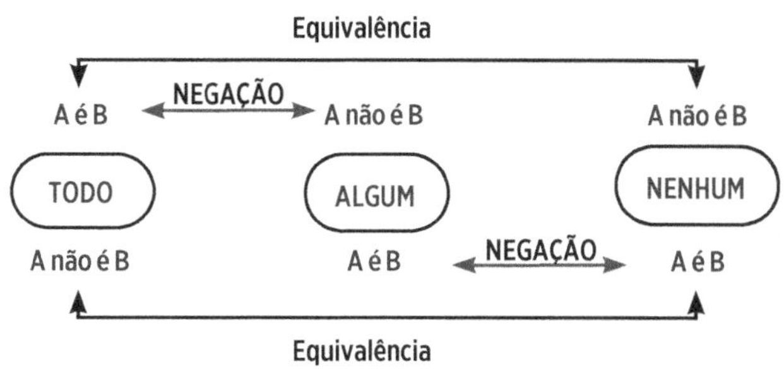

2. ARGUMENTOS

Os argumentos são uma extensão das proposições, mas com algumas características e regras próprias. Vejamos isso a partir de agora.

2.1 Definições

Argumento é um conjunto de proposições, divididas em premissas (proposições iniciais - hipóteses) e conclusões (proposições finais - teses).

Ex.:

p_1: Toda mulher é bonita.

p_2: Toda bonita é charmosa.

p_3: Maria é bonita.

c: Portanto, Maria é charmosa.

p_1: Se é homem, então gosta de futebol.

p_2: Mano gosta de futebol.

c: Logo, Mano é homem.

p_1, p_2, p_3, p_n, correspondem às premissas, e "c" à conclusão.

Representação dos argumentos

Os argumentos podem ser representados das seguintes formas:

$$\begin{array}{c} P_1 \\ P_2 \\ P_3 \\ \dots \\ \underline{P_n} \\ c \end{array}$$

ou

$$P_1 \wedge P_2 \wedge P_3 \wedge \cdots \wedge P_n \rightarrow C$$

ou

$$P_1, P_2, P_3, \cdots, Pn \vdash C$$

Tipos de argumentos

Existem vários tipos de argumento. Vejamos alguns:

Dedução

O argumento dedutivo parte de situações gerais para chegar a conclusões particulares. Esta forma de argumento é válida quando suas premissas, sendo verdadeiras, fornecem uma conclusão também verdadeira.

Ex.:

p_1: Todo professor é aluno.

p_2: Daniel é professor.

c: Logo, Daniel é aluno.

Indução

O argumento indutivo é o contrário do argumento dedutivo, pois parte de informações particulares para chegar a uma conclusão geral. Quanto mais informações nas premissas, maiores as chances da conclusão estar correta.

Ex.:

p_1: Cerveja embriaga.

p_2: Uísque embriaga.

p_3: Vodca embriaga.

c: Portanto, toda bebida alcoólica embriaga.

Analogia

As analogias são comparações (nem sempre verdadeiras). Neste caso, partindo de uma situação já conhecida verificamos outras desconhecidas, mas semelhantes. Nas analogias, não temos certeza.

Ex.:

p_1: No Piauí faz calor.

p_2: No Ceará faz calor.

p_3: No Paraná faz calor.

c: Sendo assim, no Brasil faz calor.

Falácia

As falácias são falsos argumentos, logicamente inconsistentes, inválidos ou que não provam o que dizem.

Ex.:

p_1: Eu passei num concurso público.

p_2: Você passou num concurso público.

c: Logo, todos vão passar num concurso público.

Silogismos

Tipo de argumento formado por três proposições, sendo duas premissas e uma conclusão. São em sua maioria dedutivos.

Ex.:

p_1: Todo estudioso passará no concurso.

p_2: Beatriz é estudiosa.

c: Portanto, Beatriz passará no concurso.

Classificação dos argumentos

Os argumentos só podem ser classificados em, ou válidos, ou inválidos:

Válidos ou bem construídos

Os argumentos são válidos sempre que as premissas garantirem a conclusão, ou seja, sempre que a conclusão for uma consequência obrigatória do seu conjunto de premissas.

Ex.:

p_1: Toda mulher é bonita.

p_2: Toda bonita é charmosa.

p_3: Maria é mulher.

c: Portanto, Maria é bonita e charmosa.

Veja que, se Maria é mulher, e toda mulher é bonita, e toda bonita é charmosa, então Maria só pode ser bonita e charmosa.

Inválidos ou mal construídos

Os argumentos são inválidos sempre que as premissas **não** garantirem a conclusão, ou seja, sempre que a conclusão **não** for uma consequência obrigatória do seu conjunto de premissas.

Ex.:

p_1: Todo professor é aluno.

p_2: Daniel é aluno.

c: Logo, Daniel é professor.

Note que, se Daniel é aluno, nada garante que ele seja professor, pois o que sabemos é que todo professor é aluno, não o contrário.

Alguns argumentos serão classificados apenas por meio desse conceito (da GARANTIA). Fique atento para não perder tempo.

2.2 Métodos para Classificar os Argumentos

Os argumentos nem sempre podem ser classificados da mesma forma, por isso existem os métodos para sua classificação, uma vez que dependendo do argumento, um método ou outro, sempre será mais fácil e principalmente mais rápido.

1º método: diagramas lógicos (ou método dos conjuntos).

Utilizado sempre que no argumento houver as expressões: **todo**, **algum** ou **nenhum**, e seus respectivos sinônimos.

Representaremos o que for dito em forma de conjuntos e verificaremos se a conclusão está correta (presente nas representações).

Esse método é muito utilizado por diversas bancas de concursos e tende a confundir o concurseiro, principalmente nas questões em que temos mais de uma opção de diagrama para o mesmo enunciado. Lembrando que quando isso ocorrer (mais de um diagrama para o mesmo argumento), a questão só estará correta se a conclusão estiver presente em todas as representações se todos os diagramas corresponderem à mesma condição.

As representações genéricas são:

TODO A é B:

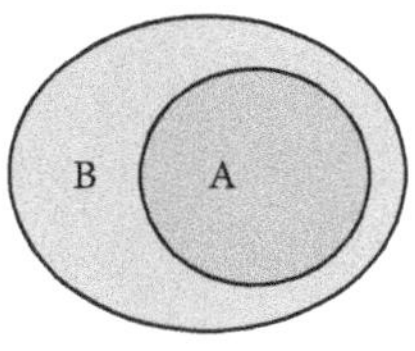

ALGUM A é B:

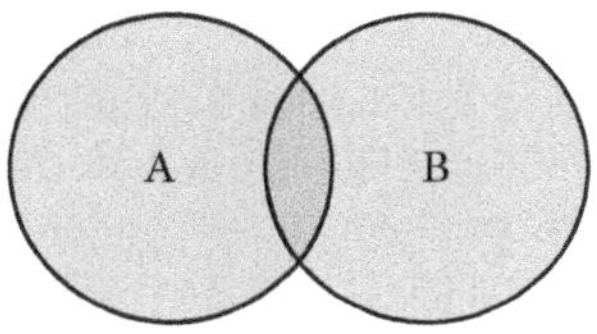

NENHUM A é B:

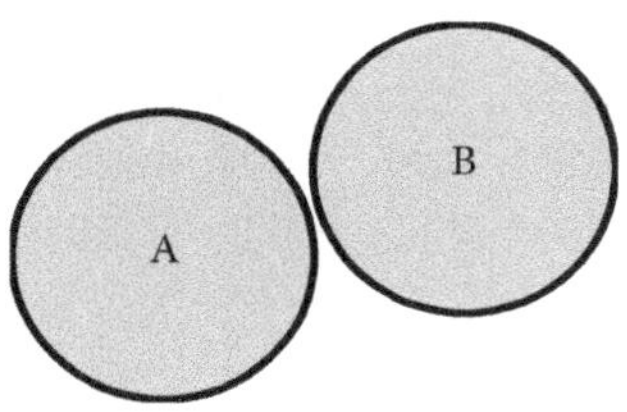

2º método: premissas verdadeiras (proposição simples ou conjunção).

Utilizado sempre que não for possível os diagramas lógicos e quando nas premissas houver uma proposição simples ou uma conjunção.

A proposição simples ou a conjunção serão os pontos de partida da resolução, já que teremos que considerar todas as premissas verdadeiras e elas – proposição simples ou conjunção – só admitem um jeito de serem verdadeiras.

O método consiste em, considerar todas as premissas como verdadeiras, dar valores às proposições simples que as compõem e no final avaliar a conclusão; se a conclusão também for verdadeira o argumento é válido, porém se a conclusão for falsa o argumento é inválido.

Premissas verdadeiras e conclusão verdadeiras = argumento válido.

Premissas verdadeiras e conclusão falsa = argumento inválido.

3º método: conclusão falsa (proposição simples, disjunção ou condicional).

Utilizado sempre que não for possível um dos "dois" métodos citados anteriormente e quando na conclusão houver uma proposição simples, uma disjunção ou um condicional.

A proposição simples, a disjunção ou o condicional serão os pontos de partida da resolução, já que teremos que considerar a conclusão como sendo falsa e elas – proposição simples, disjunção e condicional – só admitem um jeito de serem falsas.

O método consiste em: considerar a conclusão como falsa, dar valores às proposições simples, que a compõem, e supor as premissas como verdadeiras, a partir dos valores das proposições simples da conclusão e atribuir os valores das proposicoes simples das premissas. No final, se assim ficar – a conclusão falsa e as premissas verdadeiras – o argumento será inválido; porém se uma das premissas mudar de valor, então o argumento passa a ser válido.

Conclusão falsa e premissas verdadeiras = argumento inválido.

Conclusão falsa e pelo menos 1 (uma) premissa falsa = argumento válido.

Para esses dois métodos (2º método e 3º método), podemos definir a validade dos argumentos da seguinte forma:

PREMISSAS	CONCLUSÃO	ARGUMENTO
Verdadeiras	Verdadeira	Válido
Verdadeiras	Falsa	Inválido
Pelo menos 1 (uma) falsa	Falsa	Válido

4º método: tabela verdade.

Método utilizado em último caso, quando não for possível usar qualquer um dos anteriores.

Dependendo da quantidade de proposições simples que tiver o argumento, esse método fica inviável, pois temos que desenhar a tabela verdade. No entanto, esse método é um dos mais garantidos nas resoluções das questões de argumentos.

Consiste em desenhar a tabela verdade do argumento em questão e avaliar se nas linhas em que as premissas forem todas verdadeiras – ao mesmo tempo – a conclusão também será toda verdadeira. Caso isso ocorra, o argumento será válido, porém se em uma das linhas em que as premissas forem todas verdadeiras a conclusão for falsa, o argumento será inválido.

Linhas da tabela verdade em que as premissas são todas verdadeiras e conclusão, nessas linhas, também todas verdadeiras = argumento válido.

Linhas da tabela verdade em que as premissas são todas verdadeiras e pelo menos uma conclusão falsa, nessas linhas = argumento inválido.

3. PSICOTÉCNICOS

Questões psicotécnicas são todas as questões em que não precisamos de conhecimento adicional para resolvê-las. As questões podem ser de associações lógicas, verdades e mentiras, sequências lógicas, problemas com datas – calendários, sudoku, entre outras.

Neste capítulo, abordaremos inicialmente as questões mais simples do raciocínio lógico para uma melhor familiarização com a matéria.

Não existe teoria, somente prática e é com ela que vamos trabalhar e aprender.

01. (FCC) Considere que os dois primeiros pares de palavras foram escritos segundo determinado critério.

Temperamento → totem

Traficante → tetra

Massificar → ?

De acordo com esse mesmo critério, uma palavra que substituiria o ponto de interrogação é:

a) ramas.
b) maras.
c) armas.
d) samar.
e) asmar.

RESPOSTA: C.

Analisando os dois primeiros pares de palavras, vemos que a segunda palavra de cada par é formada pela última sílaba + a primeira sílaba da primeira palavra do par, logo, seguindo esse raciocínio, teremos AR + MAS = armas.

02. (FCC) Observe atentamente a disposição das cartas em cada linha do esquema seguinte. A carta que está oculta é:

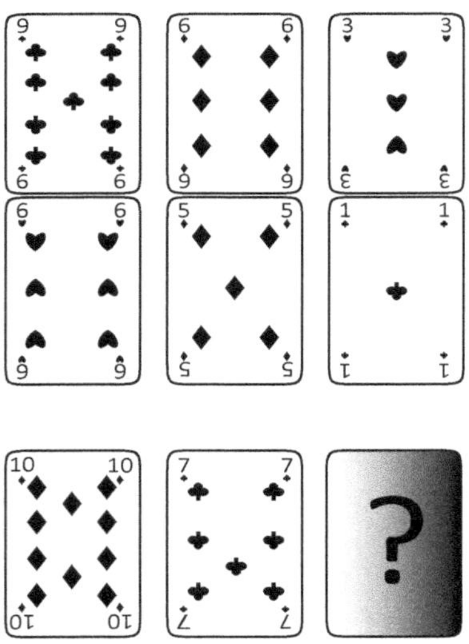

a) 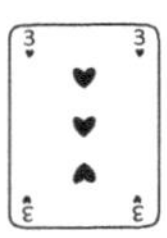

b) 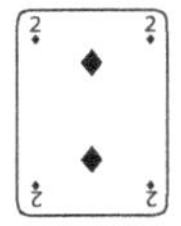

c) 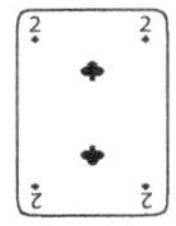

d) 

e) 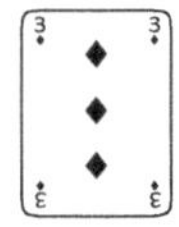

RESPOSTA: A.

Observando cada linha (horizontal), temos nas duas primeiras os três mesmos naipes (copas, paus e ouros, só mudando a ordem) e a terceira carta é o resultado da subtração da primeira pela segunda; portanto, a carta que está oculta tem que ser o "3 de copas", pois 10 – 7 = 3 e o naipe que não apareceu na terceira linha foi o de copas.

03. (FCC) Considere a sequência de figuras abaixo. A figura que substitui corretamente a interrogação é:

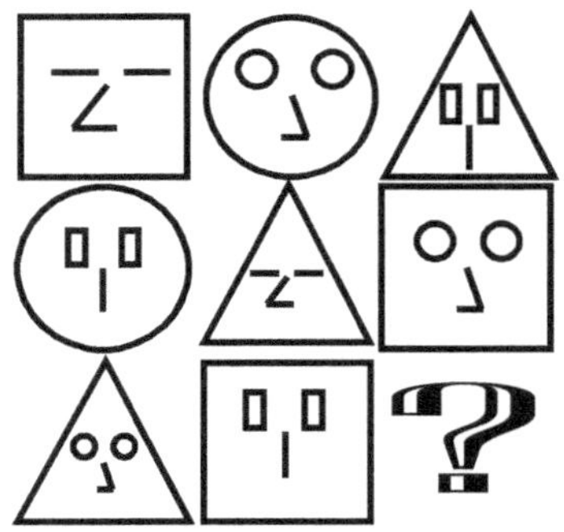

a) 

b) 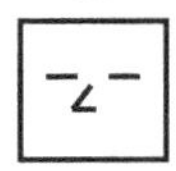

c) 

d) 

e) 

RESPOSTA: A.

Veja que em cada fila (linha ou coluna) temos sempre um círculo, um triângulo e um quadrado fazendo o contorno da careta; os olhos são círculos, quadrados ou tiras; o nariz é reto, para direita ou para esquerda; sendo assim, no ponto de interrogação o que está faltando é a careta redonda com o olhos em tiras e o nariz para a esquerda.

04. (Esaf - Adaptada) Mauro, José e Lauro são três irmãos. Cada um deles nasceu em um estado diferente: um é mineiro, outro é carioca, e outro é paulista (não necessariamente nessa ordem). Os três têm, também, profissões diferentes: um é engenheiro, outro é veterinário, e outro é psicólogo (não necessariamente nessa ordem). Sabendo que José é mineiro, que o engenheiro é paulista, e que Lauro é veterinário, conclui-se corretamente que:

a) Lauro é paulista e José é psicólogo.
b) Mauro é carioca e José é psicólogo.
c) Lauro é carioca e Mauro é psicólogo.
d) Mauro é paulista e José é psicólogo.
e) Lauro é carioca e Mauro não é engenheiro.

RESPOSTA: D.

É a única resposta possível após o preenchimento da tabela e análise das alternativas.

Vamos construir uma tabela para facilitar a resolução da questão:

Nome	Estado	Profissão
José	Mineiro	Psicólogo
Mauro	Paulista	Engenheiro
Lauro	Carioca	Veterinário

De acordo com as informações:

José é mineiro;

O engenheiro é paulista;

Lauro é veterinário, note que Lauro não pode ser paulista, pois o paulista é engenheiro.

05. (FGV) Certo dia, três amigos fizeram, cada um deles, uma afirmação:

Aluísio: Hoje não é terça-feira.

Benedito: Ontem foi domingo.

Camilo: Amanhã será quarta-feira.

Sabe-se que um deles mentiu e que os outros dois falaram a verdade. Assinale a alternativa que indique corretamente o dia em que eles fizeram essas afirmações.

a) Sábado.
b) Domingo.
c) Segunda-feira.
d) Terça-feira.
e) Quarta-feira.

RESPOSTA: C.

Baseado no que foi dito na questão, Benedito e Camilo não podem, os dois, estarem falando a verdade, pois teríamos dois dias diferentes. Então, conclui-se que Aluísio falou a verdade; com isso, o que Camilo esta dizendo é mentira e, portanto Benedito também está falando a verdade. Logo, o dia em que foi feita a afirmação é uma segunda-feira.

06. (FUMARC) Heloísa, Bernardo e Antônio são três crianças. Uma delas tem 12 anos a outra tem 10 anos e a outra 8 anos. Sabe-se que apenas uma das seguintes afirmações é verdadeira:

Bernardo tem 10 anos.

Heloísa não tem 10 anos.

Antônio não tem 12 anos.

Considerando estas informações é correto afirmar que:

a) Heloísa tem 12 anos, Bernardo tem 10 anos e Antônio tem 8 anos.
b) Heloísa tem 12 anos, Bernardo tem 8 anos e Antônio tem 10 anos.
c) Heloísa tem 10 anos, Bernardo tem 8 anos e Antônio tem 12 anos.
d) Heloísa tem 10 anos, Bernardo tem 12 anos e Antônio tem 8 anos.

RESPOSTA: D.

Como a questão informa que só uma afirmação é verdadeira, vejamos qual pode ser esta afirmação: se "I" for a verdadeira, teremos Bernardo e Heloísa, os dois, com 10 anos, o que pelo enunciado da questão não é possível; se "II" for a verdadeira, teremos, mais uma vez, Bernardo e Heloísa, agora ambos com 8 anos, o que também não é possível; se "III" for a verdadeira, teremos Heloísa com 10 anos, Bernardo com 12 anos e Antônio com 8 anos.

07. (FCC) Na sentença seguinte falta a última palavra. Você deve escolher a alternativa que apresenta a palavra que MELHOR completa a sentença.

Devemos saber empregar nosso tempo vago; podemos, assim, desenvolver hábitos agradáveis e evitar os perigos da;

a) Desdita.
b) Pobreza.
c) Ociosidade.
d) Bebida.
e) Doença.

RESPOSTA: C.

Qual dessas alternativas tem a palavra que mais se relaciona com tempo vago? Agora ficou claro! Assim a palavra é OCIOSIDADE.

08. (ESAF) Três meninos, Zezé, Zozó e Zuzu, todos vizinhos, moram na mesma rua em três casas contíguas. Todos os três meninos possuem animais de estimação de raças diferentes e de cores também diferentes. Sabe-se que o cão mora em uma casa contígua à casa de Zozó; a calopsita é amarela; Zezé tem um animal de duas cores - branco e laranja; a cobra vive na casa do meio. Assim, os animais de estimação de Zezé, Zozó e Zuzu são respectivamente:

a) Cão, cobra, calopsita.
b) Cão, calopsita, cobra.
c) Calopsita, cão, cobra.
d) Calopsita, cobra, cão.
e) Cobra, cão, calopsita.

RESPOSTA: A.

De acordo com as informações:

A cobra vive na casa do meio;

O cão mora em uma casa contígua à casa de Zozó; contígua quer dizer vizinha, e para isso Zozó só pode morar na casa do meio;

A calopsita é amarela e Zezé tem um animal de duas cores - branco e laranja; com isso o cão só pode ser de Zezé;

Vamos construir uma tabela para ficar melhor a resolução da questão:

	Casa	Casa	Casa
Nome	Zezé	Zozó	Zuzu
Animal	Cão	Cobra	Calopsita

No livro Alice no País dos Enigmas, o professor de matemática e lógica Raymond Smullyan apresenta vários desafios ao raciocínio lógico que têm como objetivo distinguir-se entre verdadeiro e falso. Considere o seguinte desafio inspirado nos enigmas de Smullyan.

Duas pessoas carregam fichas nas cores branca e preta. Quando a primeira pessoa carrega a ficha branca, ela fala somente a verdade, mas, quando carrega a ficha preta, ela fala somente mentiras. Por outro lado, quando a segunda pessoa carrega a ficha branca, ela fala somente mentira, mas, quando carrega a ficha preta, fala somente verdades.

Com base no texto acima, julgue o item a seguir.

09. (CESPE) Se a primeira pessoa diz "Nossas fichas não são da mesma cor" e a segunda pessoa diz "Nossas fichas são da mesma cor", então, pode-se concluir que a segunda pessoa está dizendo a verdade.

RESPOSTA: CERTO.

Analisando linha por linha da tabela, encontramos contradições nas três primeiras linhas, ficando somente a quarta linha como certa, o que garante que a segunda pessoa está falando a verdade.

1ª pessoa: "Nossas fichas não são da mesma cor"	2ª pessoa: "Nossas fichas são da mesma cor"
Ficha branca (verdade)	Ficha branca (mentira)
Ficha branca (verdade)	Ficha preta (verdade)
Ficha preta (mentira)	Ficha branca (mentira)
Ficha preta (mentira)	Ficha preta (verdade)

10. (CESPE) O quadro abaixo pode ser completamente preenchido com algarismos de 1 a 6, de modo que cada linha e cada coluna tenham sempre algarismos diferentes.

1				3	2
		5	6		1
	1	6		5	
5	4			2	
	3	2	4		
4			2		3

RESPOSTA: CERTO.

Vamos preencher o quadro, de acordo com o que foi pedido:

1	6	4	5	3	2
3	2	5	6	4	1
2	1	6	3	5	4
5	4	3	1	2	6
6	3	2	4	1	5
4	5	1	2	6	3

4. ANÁLISE COMBINATÓRIA

As primeiras atividades matemáticas da humanidade estavam ligadas à contagem de objetos de um conjunto, enumerando seus elementos.

Vamos estudar, aqui, algumas técnicas para a descrição e contagem de todos os casos possíveis de um acontecimento.

4.1 Definição

A análise combinatória é utilizada para descobrir o **número de maneiras possíveis** de realizar determinado evento, sem que seja necessário demonstrar todas essas maneiras.

Ex.: Quantos são os pares formados pelo lançamento de dois **"dados"** simultaneamente?

No primeiro dado, temos 6 possibilidades – do 1 ao 6 – e, no segundo dado, também temos 6 possibilidades – do 1 ao 6. Juntando todos os pares formados, temos 36 pares (6 . 6 = 36).

(1,1), (1,2), (1,3), (1,4), (1,5), (1,6),
(2,1), (2,2), (2,3), (2,4), (2,5), (2,6),
(3,1), (3,2), (3,3), (3,4), (3,5), (3,6),
(4,1), (4,2), (4,3), (4,4), (4,5), (4,6),
(5,1), (5,2), (5,3), (5,4), (5,5), (5,6),
(6,1), (6,2), (6,3), (6,4), (6,5), (6,6);

Logo, temos **36 pares**.

Não há necessidade de expor todos os pares formados, basta que saibamos quantos pares são.

Imagine se fossem 4 dados e quiséssemos saber todas as quadras possíveis, o resultado seria 1296 quadras. Um número inviável de ser representado. Por isso utilizamos a Análise Combinatória.

Para resolver as questões de Análise Combinatória, utilizamos algumas técnicas, que veremos a partir de agora.

4.2 Fatorial

É comum, nos problemas de contagem, calcularmos o produto de uma multiplicação cujos fatores são números naturais consecutivos. Fatorial de um número (natural) é a multiplicação deste número por todos os seus antecessores, em ordem, até o número 1.

$n! = n\,(n-1)(n-2)\ldots3.2.1,$ *sendo* $n \in N$ e $n > 1$.

Por definição, temos:

→ $0! = 1$

→ $1! = 1$

Ex.: $4! = 4 \cdot 3 \cdot 2 \cdot 1 = 24$

$6! = 6 \cdot 5 \cdot 4 \cdot 3 \cdot 2 \cdot 1 = 720$

$8! = 8 \cdot 7 \cdot 6 \cdot 5 \cdot 4 \cdot 3 \cdot 2 \cdot 1 = 40320$

Observe que:

$6! = 6 \cdot 5 \cdot 4!$

$8! = 8 \cdot 7 \cdot 6!$

Para n = 0, teremos: 0! = 1.

Para n = 1, teremos: 1! = 1.

Ex.: *Qual deve ser o valor numérico de n para que a equação (n + 2)! = 20 . n! seja verdadeira?*

O primeiro passo na resolução deste problema consiste em escrevermos **(n + 2)!** em função de **n!**, em busca de uma equação que não mais contenha fatoriais:

(n+2) (n+1) n! = 20n!, dividindo por n!,temos:

(n+2) (n+1) = 20, fazendo a distributiva

$n^2 + 3n + 2 = 20 \Rightarrow n^2 + 3n - 18 = 0$

Rapidamente concluímos que as raízes procuradas são **-6** e **3**, mas como não existe fatorial de números negativos, já que eles não pertencem ao conjunto dos números naturais, ficamos apenas com a raiz igual a **3**.

Portanto:

O valor numérico de n, para que a equação seja verdadeira, é igual a 3.

4.3 Princípio Fundamental da Contagem (PFC)

É uma das técnicas mais importantes e uma das mais utilizadas nas questões de Análise Combinatória.

O PFC é utilizado nas questões em que os elementos podem ser repetidos **ou** quando a ordem dos elementos fizer diferença no resultado.

Atenção

Esses "elementos" são os dados das questões, os valores envolvidos.

Consiste de dois princípios: o **multiplicativo** e o **aditivo**. A diferença dos dois consiste nos termos utilizados durante a resolução das questões.

Multiplicativo: usado sempre que na resolução das questões utilizarmos o termo "**e**". Como o próprio nome já diz, faremos multiplicações.

Aditivo: usado quando utilizarmos o termo "**ou**". Aqui realizaremos somas.

Ex.: Quantas senhas de 3 algarismos são possíveis com os algarismos 1, 3, 5 e 7?

Como nas senhas os algarismos podem ser repetidos, para formar senhas de 3 algarismos temos a seguinte possibilidade:

SENHA = Algarismo E Algarismo E Algarismo

Nº de SENHAS = 4 . 4 . 4 (já que são 4 os algarismos que temos na questão, e observe o princípio multiplicativo no uso do "e"). Nº de SENHAS = 64.

Ex.: Quantos são os números naturais de dois algarismos que são múltiplos de 5?

Como o zero à esquerda de um número não é significativo, para que tenhamos um número natural com dois algarismos, ele deve começar com um dígito de 1 a 9. Temos, portanto, 9 possibilidades.

Para que o número seja um múltiplo de 5, ele deve terminar em

0 ou 5, portanto temos apenas 2 possibilidades. A multiplicação de 9 por 2 nos dará o resultado desejado. Logo: São 18 os números naturais de dois algarismos que são múltiplos de 5.

4.4 Arranjo e Combinação

Duas outras técnicas usadas para resolução de problemas de análise combinatória, sendo importante saber quando usa cada uma delas.

Arranjo: usado quando os elementos (envolvidos no cálculo) não podem ser repetidos E quando a ordem dos elementos faz diferença no resultado

A fórmula do arranjo é:

$$A_{n,p} = \frac{n!}{(n-p)!}$$

Sendo:

n = todos os elementos do conjunto;

p = os elementos utilizados.

Ex.: pódio de competição.

Combinação: usado quando os elementos (envolvidos no cálculo) não podem ser repetidos E quando a ordem dos elementos não faz diferença no resultado.

A fórmula da combinação é:

$$C_{n,p} = \frac{n!}{p! \cdot (n-p)!}$$

Sendo:

n = a todos os elementos do conjunto;

p = os elementos utilizados.

Ex.: salada de fruta.

4.5 Permutação

Permutação simples

Seja E um conjunto com n elementos. Chama-se permutação simples dos n elementos, qualquer agrupamento (sequência) de n elementos distintos de E em outras palavras, permutacao é a ORGANIZACAO de TODOS os elementos. Em outras palavras, permutação a ORGANIZAÇÃO de TODOS os elementos

Podemos, também, interpretar cada permutação de **n** elementos como um arranjo simples de **n** elementos tomados **n** a **n**, ou seja, p = n.

Nada mais é do que um caso particular de arranjo cujo p = n.

Logo:

Assim, a fórmula da permutação é:

$$P_n = n!$$

Ex.: Quantos anagramas têm a palavra prova?

A palavra **prova** tem 5 letras, e nenhuma repetida, sendo assim **n** = 5, e:

$P_5 = 5!$

$P_5 = 5 \cdot 4 \cdot 3 \cdot 2 \cdot 1$

$P_5 = 120$ anagramas

Atenção

As permutações são muito usadas nas questões de anagramas.

Anagramas: todas as palavras formadas com todas as letras de uma palavra, quer essas novas palavras tenham sentido ou não na linguagem comum.

Permutação com elementos repetidos

Na permutação com elementos repetidos, usa-se a seguinte fórmula:

$$P_n^{k,y,\cdots,w} = \frac{n!}{k! \cdot y! \cdot \ldots \cdot w!}$$

Sendo:

n = o número total de elementos do conjunto;

k, y, w = as quantidades de elementos repetidos.

Ex.: Quantos anagramas têm a palavra concurso?

Observe que na palavra **CONCURSO** existem duas letras repetidas, o "C" e o "O", e cada uma duas vezes, portanto n = 8, k = 2 e y = 2, agora:

$$P_8^{2,2} = \frac{8!}{2! \cdot 2!}$$

$$P_8^{2,2} = \frac{8 \cdot 7 \cdot 6 \cdot 5 \cdot 4 \cdot 3 \cdot 2!}{2 \cdot 1 \cdot 2!} \text{ (Simplificando o 2!)}$$

$$P_8^{2,2} = \frac{20.160}{2}$$

$$P_8^{2,2} = 10.080 \text{ anagramas}$$

Resumo:

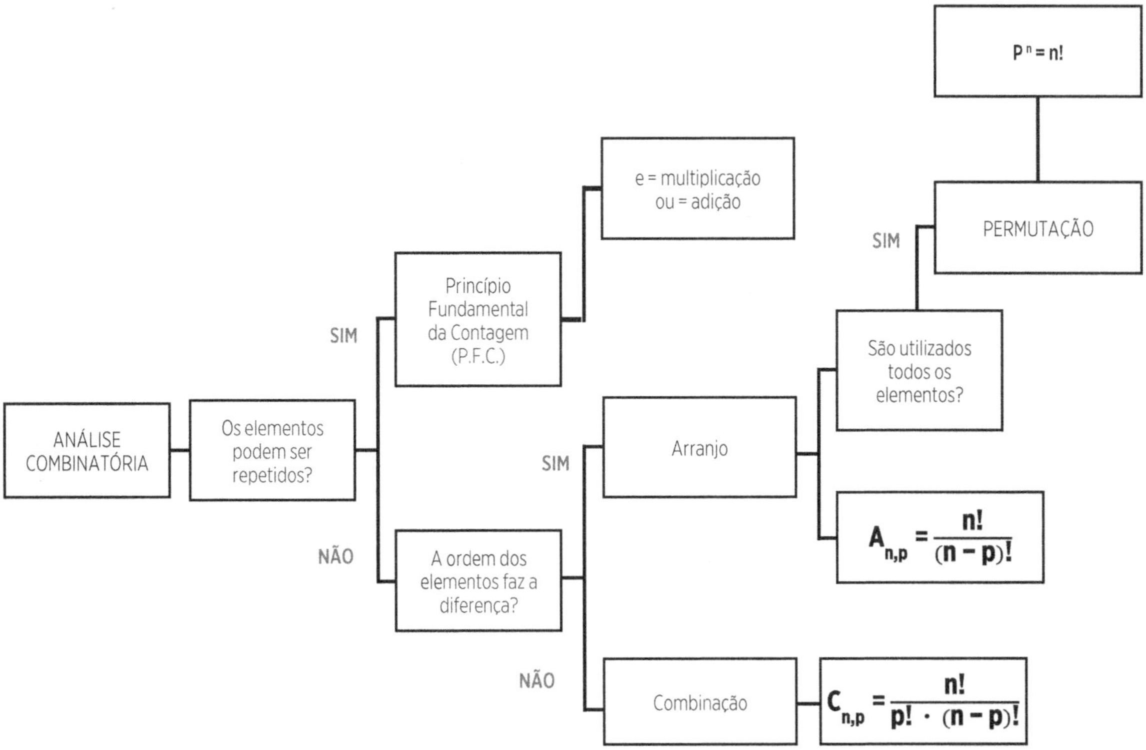

Para saber qual das técnicas utilizar basta fazer duas, no máximo, três perguntas para a questão, veja:

Os elementos podem ser repetidos?

Se a resposta for sim, deve-se trabalhar com o PFC; se a resposta for não, passe para a próxima pergunta;

A ordem dos elementos faz diferença no resultado da questão?

Se a resposta for sim, trabalha-se com arranjo; se a resposta for não, trabalha-se com as combinações (todas as questões de arranjo podem ser feitas por PFC).

(Opcional): vou utilizar todos os elementos para resolver a questão?

Para fazer a 3ª pergunta, depende, se a resposta da 1ª for não e a 2ª for sim; se a resposta da 3ª for sim, trabalha-se com as permutações.

Permutações circulares e combinações com repetição

Casos especiais dentro da análise combinatória

Permutação Circular: usada quando houver giro horário ou anti-horário. Na permutação circular o que importa são as posições, não os lugares.

$$Pc(n) = (n-1)!$$

Sendo:

n = o número total de elementos do conjunto;

Pc = permutação circular.

Combinação com Repetição: usada quando p > n ou quando a questão deixar subentendido que pode haver repetição.

$$C_{r\,(n,p)} = C_{(n+p-1,p)} = \frac{(n+p-1)!}{p! \cdot (n-1)!}$$

Sendo:

n = o número total de elementos do conjunto;

p = o número de elementos utilizados;

Cr = combinação com repetição.

5. PROBABILIDADE

A que temperatura a água entra em ebulição? Se largarmos uma bola, com que velocidade ela atinge o chão? Conhecidas certas condições, é perfeitamente possível responder a essas duas perguntas, antes mesmo da realização desses experimentos.

Esses experimentos são denominados determinísticos, pois neles os resultados podem ser previstos.

Considere agora os seguintes experimentos:

> No lançamento de uma moeda, qual a face voltada para cima?
> No lançamento de um dado, que número saiu?
> Uma carta foi retirada de um baralho completo. Que carta é essa?

Mesmo se esses experimentos forem repetidos várias vezes, nas mesmas condições, não poderemos prever o resultado.

Um experimento cujo resultado, mesmo que único, é imprevisível, é denominado experimento aleatório. E é justamente ele que nos interessa neste estudo. Um experimento ou fenômeno aleatório apresenta as seguintes características:

> Pode se repetir várias vezes nas mesmas condições;
> É conhecido o conjunto de todos os resultados possíveis;
> Não se pode prever o resultado.

A teoria da probabilidade surgiu para nos ajudar a medir a "chance" de ocorrer determinado resultado em um experimento aleatório.

5.1 Definições

Para o cálculo das probabilidades, temos que saber primeiro 3 (três) conceitos básicos acerca do tema:

Atenção
Maneiras possíveis de se realizar determinado evento (análise combinatória)
≠ (diferente)
Chance de determinado evento ocorrer (probabilidade).

Experimento Aleatório: é o experimento em que não é possível GARANTIR o resultado, mesmo que esse seja feito diversas vezes nas mesmas condições.

Ex.: Lançamento de uma moeda: ao lançarmos uma moeda os resultados possíveis são o de cara e o de coroa, mas não tem como garantir qual será o resultado desse lançamento.

Ex.: Lançamento de um dado: da mesma forma que a moeda, não temos como garantir qual o resultado (1, 2, 3, 4, 5 e 6) desse lançamento.

Espaço Amostral - (Ω) ou (U): é o conjunto de todos os resultados possíveis para um experimento aleatório.

Ex.: Na moeda: o espaço amostral na moeda é $\Omega = 2$, pois só temos dois resultados possíveis para esse experimento, que é ou CARA ou COROA.

Ex.: No "dado": o espaço amostral no "dado" é U = 6, pois temos do 1 (um) ao 6 (seis), como resultados possíveis para esse experimento.

Evento: Qualquer subconjunto do espaço amostral é chamado evento. No lançamento de um dado, por exemplo, em relação à face voltada para cima, podemos ter os eventos:

> O número par: {2, 4, 6}.
> O número ímpar: {1, 3, 5}.
> Múltiplo de 8: { }.

5.2 Fórmula da Probabilidade

Considere um experimento aleatório em que para cada um dos n eventos simples, do espaço amostral U, a chance de ocorrência é a mesma. Nesse caso o calculo da probabilidade de um evento qualquer dado pela fórmula:

$$P(A) = \frac{n(A)}{n(U)}$$

Na expressão acima, **n (U)** é o número de elementos do espaço amostral **U** e **n (A)**, o número de elementos do evento **A**.

$$P = \frac{\textbf{evento}}{\textbf{espaço amostral}}$$

Os valores da probabilidade variam de 0 (0%) a 1 (100%).

Quando a probabilidade é de 0 (0%), diz-se que o evento é impossível.

Ex.: Chance de você não passar num concurso.

Quando a probabilidade é de 1 (100%), diz-se que o evento é certo.

Ex.: Chance de você passar num concurso.

Qualquer outro valor entre 0 e 1, caracteriza-se como a probabilidade de um evento.

Na probabilidade também se usa o PFC, ou seja sempre que houver duas ou mais probabilidades ligadas pelo conectivo "e" elas serão multiplicadas, e quando for pelo "ou", elas serão somadas.

5.3 Eventos Complementares

Dois eventos são ditos **complementares** quando a chance do evento ocorrer somado à chance de ele não ocorrer sempre dá 1 (um).

$$P(A) + P(\bar{A}) = 1$$

Sendo:

P(A) = a probabilidade do evento ocorrer;

P($\bar{A}$) = a probabilidade do evento não ocorrer.

5.4 Casos Especiais de Probabilidade

A partir de agora veremos algumas situações típicas da probabilidade, que servem para não perdermos tempo na resolução das questões.

Eventos independentes

Dois ou mais eventos são independentes quando não dependem uns dos outros para acontecer, porém ocorrem simultaneamente. Para calcular a probabilidade de dois ou mais eventos independentes, basta multiplicar a probabilidade de cada um deles.

Ex.: Uma urna tem 30 bolas, sendo 10 vermelhas e 20 azuis. Se sortearmos 2 bolas, 1 de cada vez e repondo a sorteada na urna, qual será a probabilidade de a primeira ser vermelha e a segunda ser azul?

Sortear uma bola vermelha da urna não depende de uma bola azul ser sorteada e vice-versa, então a probabilidade da bola ser vermelha é $\frac{10}{30}$, e para a bola ser azul a probabilidade é $\frac{20}{30}$. Dessa forma, a probabilidade de a primeira bola ser vermelha e a segunda azul é:

$$P = \frac{20}{30} \cdot \frac{10}{30}$$

$$P = \frac{200}{900}$$

$$P = \frac{2}{9}$$

Probabilidade condicional

É a probabilidade de um evento ocorrer sabendo que já ocorreu outro, relacionado a esse.

A fórmula para o cálculo dessa probabilidade é:

$$P_{A/B} = \frac{P_{(A \cap B)}}{P_B}$$

$$P = \frac{\textbf{probabilidade dos eventos simultâneos}}{\textbf{probabilidade do evento condicional}}$$

Probabilidade da união de dois eventos

Assim como na teoria de conjuntos, faremos a relação com a fórmula do número de elementos da união de dois conjuntos. É importante lembrar que "ou" significa união.

A fórmula para o cálculo dessa probabilidade é:

$$P(A \cup B) = P(A) + P(B) - P(A \cap B)$$

Ex.: Ao lançarmos um dado, qual é a probabilidade de obtermos um número primo ou um número ímpar?

Os números primos no dado são 2, 3 e 5, já os números ímpares no dado são 1, 3 e 5, então os números primos e ímpares são 3 e 5. Aplicando a fórmula para o cálculo da probabilidade fica:

$$P_{(A \cup B)} = \frac{3}{6} + \frac{3}{6} - \frac{2}{6}$$

$$P_{(A \cup B)} = \frac{4}{6}$$

$$P_{(A \cup B)} = \frac{2}{3}$$

Probabilidade binomial

Essa probabilidade é a chamada probabilidade estatística e será tratada aqui de forma direta e com o uso da fórmula.

A fórmula para o cálculo dessa probabilidade é:

$$P = C_{n,s} \cdot P_{sucesso}^{s} \cdot P_{fracasso}^{f}$$

Sendo:

C = o combinação;

n = o número de repetições do evento;

s = o números de "sucessos" desejados;

f = o número de "fracassos".

6. TEORIA DOS CONJUNTOS

Frequentemente, usa-se a noção de conjunto. O principal exemplo de conjunto são os conjuntos numéricos, que, advindos da necessidade de contar ou quantificar as coisas ou objetos, foram adquirindo características próprias que os diferem. Os componentes de um conjunto são chamados de elementos. Costuma-se representar um conjunto nomeando os elementos um a um, colocando-os entre chaves e separando-os por vírgula; é o que chamamos de representação por extensão. Para nomear um conjunto, usa-se geralmente uma letra maiúscula. Exemplos:

A = {1,2,3,4,5} → **conjunto finito**

B = {1,2,3,4,5,...} → **conjunto infinito**

6.1 Definições

Ex.: Se quisermos montar o conjunto das vogais do alfabeto, os ***elementos*** serão a, e, i, o, u.

A nomenclatura dos conjuntos é formada pelas letras maiúsculas do alfabeto.

Ex.: Conjunto dos estados da região Sul do Brasil: A = {Paraná, Santa Catarina, Rio Grande do Sul}.

Representação dos conjuntos

Os conjuntos podem ser representados tanto em **chaves** como em **diagramas**.

ATENÇÃO! Quando é dada uma propriedade característica dos elementos de um conjunto, diz-se que ele está representado por compreensão. Vejamos:

A = {x |x é um múltiplo de dois maior que zero}

Representação em chaves

Conjuntos dos estados brasileiros que fazem fronteira com o Paraguai:

B = {Paraná, Mato Grosso do Sul}.

Representação em diagramas

Ex.: Conjuntos das cores da bandeira do Brasil:

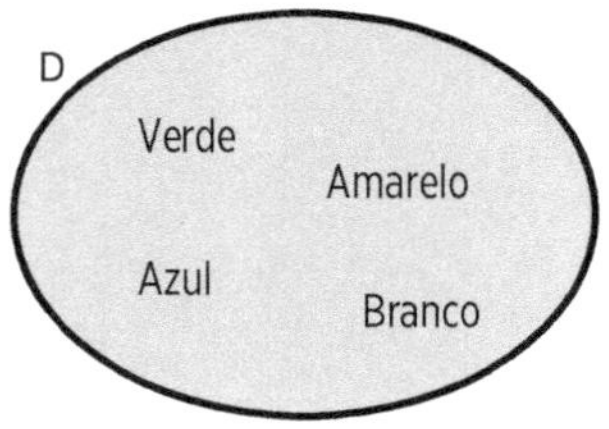

Elementos e relação de pertinência

Quando um elemento está em um conjunto, dizemos que ele pertence a esse conjunto. A relação de pertinência é representada pelo símbolo ∈ (pertence).

Ex.: Conjunto dos algarismos pares: **G** = {2, 4, 6, 8, 0}.

Observe que:

$4 \in G$

$7 \notin G$

Conjunto unitário, conjunto vazio e conjunto universo

Conjunto unitário: possui um só elemento.

Ex.: Conjunto da capital do Brasil: K = {Brasília}

Conjunto vazio: simbolizado por Ø ou {}, é o conjunto que não possui elemento.

Ex.: Conjunto dos estados brasileiros que fazem fronteira com o Chile: M = Ø.

Conjunto universo: Em inúmeras situações é importante estabelecer o conjunto U ao qual pertencem os elementos de todos os conjuntos considerados. Esse conjunto é chamado de conjunto universo. Assim:

> Quando se estuda as letras, o conjunto universo das letras é o Alfabeto

> Quando se estuda a população humana, o conjunto universo é constituído de todos os seres humanos.

Para descrever um conjunto A por meio de uma propriedade característica p de seus elementos, deve-se mencionar, de modo explícito ou não, o conjunto universo U no qual se está trabalhando:

Ex.: $A = \{x \in \mathbb{R} \mid x>2\}$, onde $U = \mathbb{R}$ → forma explícita

$A = \{x \mid x > 2\}$ → forma implícita.

6.2 Subconjuntos

Diz-se que B é um subconjunto de A se, e somente se, todos os elementos de B pertencem a A.

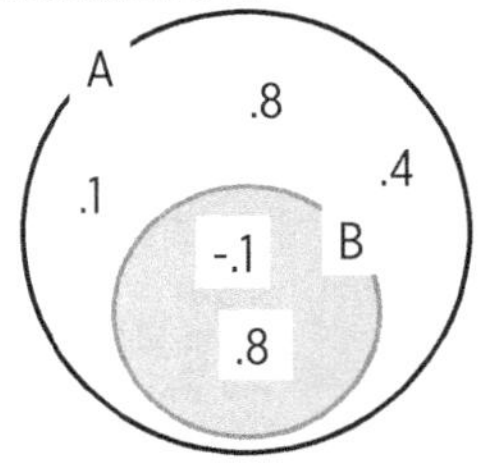

Deve-se notar que A = {-1,0,1,4,8} e B = {-1,8}, ou seja, todos os elementos de B também são elementos do conjunto A.

Nesse caso, diz-se que B está contido em A ou B é subconjunto de A. ($B \subset A$). Pode-se dizer também que A contém B. ($A \supset B$).

OBSERVAÇÕES:

> Se $A \subset B$ e $B \subset A$, então A = B.

> Os símbolos ⊂ (contido), ⊃ (contém), ⊄ (não está contido) e ⊅ (não contém) são utilizados para relacionar conjuntos.

> Para todo conjunto A, tem-se $A \subset A$.

> Para todo conjunto A, tem-se $\emptyset \subset A$, onde Ø representa o conjunto vazio.

> Todo conjunto é subconjunto de si próprio ($D \subset D$);

> O conjunto vazio é subconjunto de qualquer conjunto ($\emptyset \subset D$);

> Se um conjunto A possui "p" elementos, então ele possui 2^p subconjuntos;

> O conjunto formado por todos os subconjuntos de um conjunto A, é denominado conjunto das partes de A. Assim, se A = {4, 7}, o conjunto das partes de A, é dado por {∅, {4}, {7}, {4, 7}}.

6.3 Operações com Conjuntos

União de conjuntos: a união de dois conjuntos quaisquer será representada por "A ∪ B" e terá os elementos que pertencem a A "ou" a B, ou seja, TODOS os elementos.

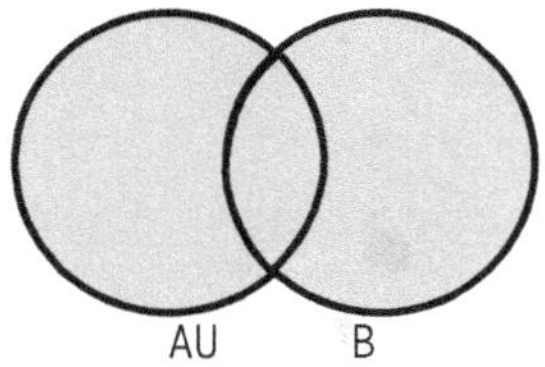

AU B

Interseção de conjuntos: a interseção de dois conjuntos quaisquer será representada por "A ∩ B". Os elementos que fazem parte do conjunto interseção são os elementos COMUNS aos dois conjuntos.

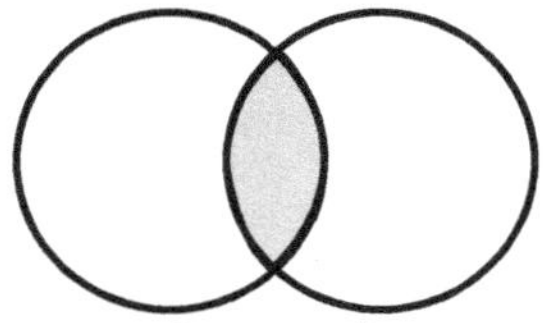

A ∩ B

Conjuntos disjuntos: Se dois conjuntos não possuem elementos em comum, diz-se que eles são disjuntos. Simbolicamente, escreve-se A ∩ B = ∅. Nesse caso, a união dos conjuntos A e B é denominada união disjunta. O número de elementos A ∩ B nesse caso é igual a zero.

n (A ∩ B) = 0.

Ex.:

Seja A = {1, 2, 3, 4, 5}, B = {1, 5, 6, 3}, C = {2, 4, 7, 8, 9} e D = {10, 20}. Tem-se:

A ∪ B = {1,2,3,4,5,6}

B ∪ A = {1,2,3,4,5,6}

A ∩ B = {1,3,5}

B ∩ A = {1,3,5}

A ∪ B ∪ C = {1,2,3,4,5,6,7,8,9} e

A ∩ D = ∅.

É possível notar que A, B e C são todos disjuntos com D, mas A, B e C não são dois a dois disjuntos.

Diferença de conjuntos: a diferença de dois conjuntos quaisquer será representada por "A – B" e terá os elementos que pertencem somente a A, mas não pertencem a B, ou seja, que são EXCLUSIVOS de A.

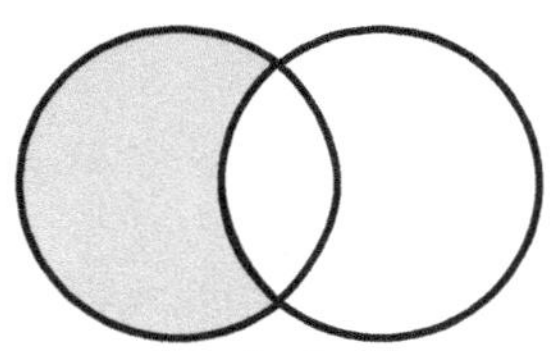

A - B

Complementar de um conjunto: se A está contido no conjunto universo U, o complementar de A é a diferença entre o conjunto universo e o conjunto A, será representado por "$C_U^{(A)}$ = U - A" e terá todos os elementos que pertencem ao conjunto universo, menos os que pertencem ao conjunto A.

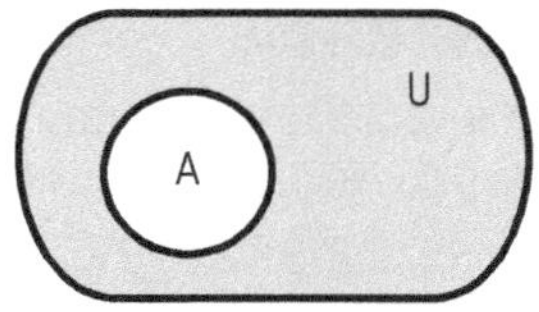

$C_p(A)$

7. CONJUNTOS NUMÉRICOS

Os números surgiram da necessidade de contar ou quantificar coisas ou objetos. Com o passar do tempo, foram adquirindo características próprias.

7.1 Números Naturais

É o primeiro dos conjuntos numéricos. Representado pelo símbolo ℕ. É formado pelos seguintes elementos:

$\mathbb{N} = \{0, 1, 2, 3, 4, 5, 6, 7, 8, 9, 10, 11, 12, 13, \dots + \infty\}$

O símbolo ∞ significa infinito, o + quer dizer positivo, então $+\infty$ quer dizer infinito positivo.

7.2 Números Inteiros

Esse conjunto surgiu da necessidade de alguns cálculos não possuírem resultados, pois esses resultados eram negativos.

Representado pelo símbolo ℤ, é formado pelos seguintes elementos:

$\mathbb{Z} = \{-\infty, \dots, -3, -2, -1, 0, 1, 2, 3, \dots, +\infty\}$

Operações e propriedades dos números naturais e inteiros

As principais operações com os números naturais e inteiros são: adição, subtração, multiplicação, divisão, potenciação e radiciação (as quatro primeiras são também chamadas operações fundamentais).

Adição

Na adição, a soma dos termos ou parcelas resulta naquilo que se chama **total**.

Ex.: 2 + 2 = 4

As propriedades da adição são:

Elemento Neutro: qualquer número somado ao zero tem como total o próprio número.

Ex.: + 0 = 2

Comutativa: a ordem dos termos não altera o total.

Ex.: 2 + 3 = 3 + 2 = 5

Associativa: o ajuntamento de parcelas não altera o total.

Ex.: 2 + 0 = 2

Subtração

Operação contrária à adição, também conhecida como diferença.

Os termos ou parcelas da subtração, assim como o total, têm nomes próprios:

M – N = P; em que M = minuendo, N = subtraendo e P = diferença ou resto.

Ex.: 7 – 2 = 5

Quando o subtraendo for maior que o minuendo, a diferença será negativa.

Multiplicação

Nada mais é do que a soma de uma quantidade de parcelas fixas. Ao resultado da multiplicação chama-se produto. Os símbolos que indicam a multiplicação são o **"x"** (sinal de vezes) ou o **"·"** (ponto).

Exs.: 4 x 7 = 7 + 7 + 7 + 7 = 28

7 . 4 = 4 + 4 + 4 + 4 + 4 + 4 + 4 = 28

As propriedades da multiplicação são:

Elemento Neutro: qualquer número multiplicado por 1 terá como produto o próprio número.

Ex.: 5 . 1 = 5

Comutativa: ordem dos fatores não altera o produto.

Ex.: 3 · 4 = 4 · 3 = 12

Associativa: o ajuntamento dos fatores não altera o resultado.

Ex.: 2 · (3 · 4) = (2 · 3) · 4 = 24

Distributiva: um fator em evidência multiplica todas as parcelas dentro dos parênteses.

Ex.: 2 · (3 + 4) = (2 · 3) + (2 · 4) = 6 + 8 = 14

Atenção

Na multiplicação existe "jogo de sinais", que fica assim:

Parcela	Parcela	Produto
+	+	+
+	-	-
-	+	-
-	-	+

Exs.: 2 · -3 = -6

-3 · -7 = 21

Divisão

É o inverso da multiplicação. Os sinais que a representam são: "÷", ":", "/" ou a fração.

Exs.: 14 ÷ 7 = 2

25 : 5 = 5

36/12 = 3

Atenção

Por ser o inverso da multiplicação, a divisão também possui o "jogo de sinal".

7.3 Números Racionais

Com o passar do tempo alguns cálculos não possuíam resultados inteiros, a partir daí surgiram os números racionais, que são representados pela letra ℚ e são os números que podem ser escritos sob forma de frações.

$\mathbb{Q} = \frac{a}{b}$ (com "b" diferente de zero → $b \neq 0$); em que "a" é o numerador e "b" é o denominador.

Fazem parte desse conjunto também as dízimas periódicas (números que apresentam uma série infinita de algarismos decimais, após a vírgula) e os números decimais (aqueles que são escritos com a vírgula e cujo denominador são as potências de 10).

Toda fração cujo numerador é menor que o denominador é chamada de fração própria.

Operações com os números racionais

Adição e subtração

Para somar frações deve-se estar atento se os denominadores das frações são os mesmos. Caso sejam iguais, basta repetir o denominador e somar (ou subtrair) os numeradores, porém se os denominadores forem diferentes é preciso fazer o M.M.C. (assunto que será visto adiante) dos denominadores, constituir novas frações equivalentes às frações originais e, assim, proceder com o cálculo.

$$\frac{2}{7}+\frac{4}{7}=\frac{6}{7}$$

$$\frac{2}{3}+\frac{4}{5}=\frac{10}{15}+\frac{12}{15}=\frac{22}{15}$$

Multiplicação

Para multiplicar frações basta multiplicar numerador com numerador e denominador com denominador.

$$\frac{3}{4}\cdot\frac{5}{7}=\frac{15}{28}$$

Divisão

Para dividir frações basta fazer uma multiplicação da primeira fração com o inverso da segunda fração.

$\frac{2}{3}\div\frac{4}{5}=\frac{2}{3}\cdot\frac{5}{4}=\frac{10}{12}=\frac{5}{6}$ (Simplificando por 2)

Toda vez que for possível deve-se simplificar a fração até sua fração irredutível (aquela que não pode mais ser simplificada).

Potenciação

Se a multiplicação é soma de uma quantidade de parcelas fixas, a potenciação é a multiplicação de uma quantidade de fatores fixos, tal quantidade indicada no expoente que acompanha a base da potência.

A potenciação é expressa por: **a**n, cujo "a" é a base da potência e o "n" é o expoente.

Ex.: $4^3 = 4 \cdot 4 \cdot 4 = 64$

As propriedades das potências são:

$a^0 = 1$

$3^0 = 1$

$a^1 = a$

$5^1 = 5$

$a^{-n} = 1/a^n$

$2^{-3} = \frac{1}{2^3} = 1/8$

$a^m \cdot a^n = a^{(m+n)}$

$3^2 \cdot 3^3 = 3^{(2+3)} = 3^5 = 243$

$a^m : a^n = a^{(m-n)}$

$4^5 : 4^3 = 4^{(5-3)} = 4^2 = 16$

$(a^m)^n = a^{m \cdot n}$

$(2^2)^4 = 2^{2 \cdot 4} = 2^8 = 256$

$a^{m/n} = \sqrt[n]{a^m}$

$7^{2/3} = \sqrt[3]{7^2} = \sqrt[3]{49}$

Não confunda: (am)n ≠ am n

Não confunda também: (-a)n ≠ -an.

Radiciação

É a expressão da potenciação com expoente fracionário.

A representação genérica da radiciação é: $\sqrt[n]{a}$; cujo "n" é o índice da raiz, o "a" é o radicando e "$\sqrt{\ }$" é o radical.

Quando o índice da raiz for o 2 ele não precisa aparecer e essa raiz será uma raiz quadrada.

As propriedades das "raízes" são:

→ $\sqrt[n]{a^m} = (\sqrt[n]{a})^m = a^{m/n}$

→ $\sqrt[m]{\sqrt[n]{a}} = {}^{m \cdot n}\sqrt{a}$

→ $\sqrt[m]{a^m} = a$ = am/m = a1 = a

Racionalização: se uma fração tem em seu denominador um radical, faz-se o seguinte:

$$\frac{1}{\sqrt{a}}=\frac{1}{\sqrt{a}}\cdot\frac{\sqrt{a}}{\sqrt{a}}=\frac{\sqrt{a}}{\sqrt{a^2}}=\frac{\sqrt{a}}{a}$$

Transformando dízima periódica em fração

Para transformar dízimas periódicas em fração, é preciso atentar-se para algumas situações:

- Verifique se depois da vírgula só há a parte periódica, ou se há uma parte não periódica e uma periódica.
- Observe quantas são as "casas" periódicas e, caso haja, as não periódicas. Lembrado sempre que essa observação só será para os números que estão depois da vírgula.
- Em relação à fração, o denominador será tantos "9" quantos forem as casas do período, seguido de tantos "0" quantos forem as casas não periódicas (caso haja e depois da vírgula). Já o numerador será o número sem a vírgula até o primeiro período "menos" toda a parte não periódica (caso haja).

Exs.: $0{,}6666... = \frac{6}{9}$

$0{,}36363636... = \frac{36}{99}$

$0{,}123333... = \frac{123-12}{900} = \frac{111}{900}$

$2{,}8888... = \frac{28-2}{9} = \frac{26}{9}$

$3{,}754545454... = \frac{3754-37}{990} = \frac{3717}{990}$

Transformando número decimal em fração

Para transformar número decimal em fração, basta contar quantas "casas" existem depois da vírgula; então o denominador da fração será o número 1 acompanhado de tantos zeros quantos forem o número de "casas", já o numerador será o número sem a "vírgula".

Exs.: $0{,}3 = \frac{3}{10}$

$2{,}45 = \frac{245}{100}$

$49{,}586 = \frac{49586}{1000}$

7.4 Números Irracionais

São os números que não podem ser escritos na forma de fração.

O conjunto é representado pela letra $\mathbb{I}$ e tem como elementos as dízimas não periódicas e as raízes não exatas.

7.5 Números Reais

Simbolizado pela letra $\mathbb{R}$, é a união do conjunto dos números racionais com o conjunto dos números irracionais.

Representado, tem-se:

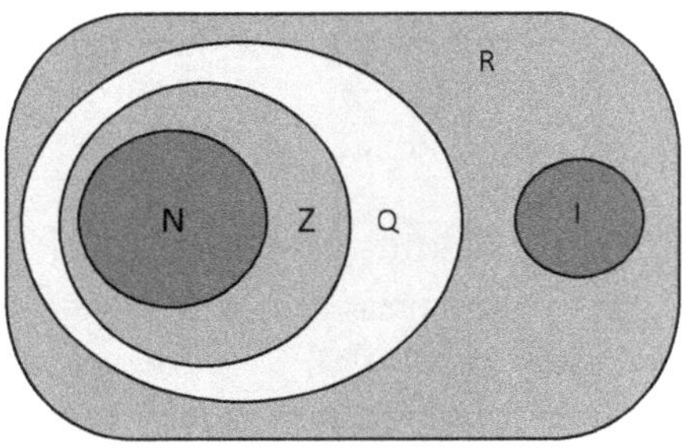

Colocando todos os números em uma reta, tem-se:

As desigualdades ocorrem em razão de os números serem maiores ou menores uns dos outros.

Os símbolos das desigualdades são:

≥ maior ou igual a;

≤ menor ou igual a;

> maior que;

< menor que.

Dessas desigualdades surgem os intervalos, que nada mais são do que um espaço dessa reta, entre dois números.

Os intervalos podem ser abertos ou fechados, depende dos símbolos de desigualdade utilizados.

Intervalo aberto ocorre quando os números não fazem parte do intervalo e os sinais de desigualdade são:

> maior que;

< menor que.

Intervalo fechado ocorre quando os números fazem parte do intervalo e os sinais de desigualdade são:

≥ maior ou igual a;

≤ menor ou igual a.

7.6 Intervalos

Os intervalos numéricos podem ser representados das seguintes formas:

Com os Símbolos <, >, ≤, ≥

Quando forem usados os símbolos < ou >, os números que os acompanham não fazem parte do intervalo real. Já quando forem usados os símbolos ≤ ou ≥ os números farão parte do intervalo real.

Exs.:

$2 < x < 5$: o 2 e o 5 não fazem parte do intervalo.

$2 \leq x < 5$: o 2 faz parte do intervalo, mas o 5 não.

$2 \leq x \leq 5$: o 2 e o 5 fazem parte do intervalo.

Com os Colchetes

Quando os colchetes estiverem voltados para os números, significa que farão parte do intervalo. Porém, quando os colchetes estiverem invertidos, significa que os números não farão parte do intervalo.

Exs.:

]2;5[: o 2 e o 5 não fazem parte do intervalo.

[2;5[: o 2 faz parte do intervalo, mas o 5 não faz.

[2;5]: o 2 e o 5 fazem parte do intervalo.

Sobre uma Reta Numérica

Intervalo aberto $2<x<5$:

Em que 2 e 5 não fazem parte do intervalo numérico, representado pela marcação aberta (sem preenchimento - O).

Intervalo fechado e aberto $2 \leq x<5$:

Em que 2 faz parte do intervalo, representado pela marcação fechada (preenchida - ●) em que 5 não faz parte do intervalo, representado pela marcação aberta (O).

Intervalo fechado $2 \leq x \leq 5$:

Em que 2 e 5 fazem parte do intervalo numérico, representado pela marcação fechada (●).

7.7 Múltiplos e Divisores

Os múltiplos são resultados de uma multiplicação de dois números naturais.

Ex.: Os múltiplos de 3 são: 0, 3, 6, 9, 12, 15, 18, 21, 24, 27, 30... (os múltiplos são infinitos).

Os divisores de um "número" são os números cuja divisão desse "número" por eles será exata.

Ex.: Os divisores de 12 são: 1, 2, 3, 4, 6, 12.

Atenção

Números quadrados perfeitos são aqueles que resultam da multiplicação de um número por ele mesmo.

Ex.: $4 = 2 \cdot 2$

$25 = 5 \cdot 5$

7.8 Números Primos

São os números que têm apenas dois divisores, o 1 e ele mesmo (alguns autores consideram os números primos aqueles que tem 4 divisores, sendo o 1, o -1, ele mesmo e o seu oposto - simétrico).

Veja alguns números primos:

2 (único primo par), 3, 5, 7, 11, 13, 17, 19, 23, 29, 31, 37, 41, 43, 47, 53, 59, ...

Os números primos servem para decompor outros números.

A decomposição de um número em fatores primos serve para fazer o MMC (mínimo múltiplo comum) e o MDC (máximo divisor comum).

7.9 MMC e MDC

O MMC de um, dois ou mais números é o menor número que, ao mesmo tempo, é múltiplo de todos esses números.

O MDC de dois ou mais números é o maior número que pode dividir todos esses números ao mesmo tempo.

Para calcular, após decompor os números, o MMC de dois ou mais números será o produto de todos os fatores primos, comuns e não comuns, elevados aos maiores expoentes. Já o MDC será apenas os fatores comuns a todos os números elevados aos menores expoentes.

Exs.: $6 = 2 \cdot 3$

$18 = 2 \cdot 3 \cdot 3 = 2 \cdot 3^2$

$35 = 5 \cdot 7$

$144 = 2 \cdot 2 \cdot 2 \cdot 2 \cdot 3 \cdot 3 = 2^4 \cdot 3^2$

$225 = 3 \cdot 3 \cdot 5 \cdot 5 = 3^2 \cdot 5^2$

$490 = 2 \cdot 5 \cdot 7 \cdot 7 = 2 \cdot 5 \cdot 7^2$

$640 = 2 \cdot 2 \cdot 2 \cdot 2 \cdot 2 \cdot 2 \cdot 2 \cdot 5 = 2^7 \cdot 5$

MMC de 18 e 225 = $2 \cdot 3^2 \cdot 5^2 = 2 \cdot 9 \cdot 25 = 450$

MDC de 225 e 490 = 5

Para saber a quantidade de divisores de um número basta, depois da decomposição do número, pegar os expoentes dos fatores primos, somar "+1" e multiplicar os valores obtidos.

Exs.: $225 = 3^2 \cdot 5^2 = 3^{2+1} \cdot 5^{2+1} = 3 \cdot 3 = 9$

Nº de divisores = $(2 + 1) \cdot (2 + 1) = 3 \cdot 3 = 9$ divisores. Que são: 1, 3, 5, 9, 15, 25, 45, 75, 225.

7.10 Divisibilidade

As regras de divisibilidade servem para facilitar a resolução de contas, para ajudar a descobrir se um número é ou não divisível por outro. Veja algumas dessas regras.

Divisibilidade por 2: para um número ser divisível por 2 basta que o mesmo seja par.

Exs.: 14 é divisível por 2.

17 não é divisível por 2.

Divisibilidade por 3: para um número ser divisível por 3, a soma dos seus algarismos tem que ser divisível por 3.

Exs.: 174 é divisível por 3, pois $1 + 7 + 4 = 12$

188 não é divisível por 3, pois $1 + 8 + 8 = 17$

Divisibilidade por 4: para um número ser divisível por 4, ele tem que terminar em 00 ou os seus dois últimos números devem ser múltiplos de 4.

Exs.: 300 é divisível por 4.

532 é divisível por 4.

766 não é divisível por 4.

Divisibilidade por 5: para um número ser divisível por 5, ele deve terminar em 0 ou em 5.

Exs.: 35 é divisível por 5.

370 é divisível por 5.

548 não é divisível por 5.

Divisibilidade por 6: para um número ser divisível por 6, ele deve ser divisível por 2 e por 3 ao mesmo tempo.

Exs.: 78 é divisível por 6.

576 é divisível por 6.

652 não é divisível por 6.

Divisibilidade por 9: para um número ser divisível por 9, a soma dos seus algarismos deve ser divisível por 9.

Exs.: 75 é não divisível por 9.

684 é divisível por 9.

Divisibilidade por 10: para um número ser divisível por 10, basta que ele termine em 0.

Exs.: 90 é divisível por 10.

364 não é divisível por 10.

7.11 Expressões Numéricas

Para resolver expressões numéricas, deve-se sempre seguir a ordem:

> Resolva os (parênteses), depois os [colchetes], depois as {chaves}, nessa ordem;

> Dentre as operações resolva primeiro as potenciações e raízes (o que vier primeiro), depois as multiplicações e divisões (o que vier primeiro) e por último as somas e subtrações (o que vier primeiro).

Calcule o valor da expressão:

Ex.: $8 - \{5 - [10 - (7 - 3 . 2)] \div 3\}$

Resolução:

$8 - \{5 - [10 - (7 - 6)] \div 3\}$

$8 - \{5 - [10 - (1)] \div 3\}$

$8 - \{5 - [9] \div 3\}$

$8 - \{5 - 3\}$

$8 - \{2\}$

6

8. SISTEMA LEGAL DE MEDIDAS

8.1 Medidas de Tempo

A unidade padrão do tempo é o segundo (s), mas devemos saber as seguintes relações:

1 min = 60 s

1h = 60 min = 3600 s

1 dia = 24 h = 1440 min = 86400 s

30 dias = 1 mês

2 meses = 1 bimestre

6 meses = 1 semestre

12 meses = 1ano

10 anos = 1 década

100 anos = 1 século

Exs.: 5h47min18seg + 11h39min59s = 26h86min77s = 26h87min17s = 27h27min17s= 1dia3h27mim17s;

8h23min – 3h49min51seg = 7h83min – 3h49min51seg = 7h82min60seg – 3h49min51seg = 4h33min9seg.

Cuidado com as transformações de tempo, pois elas não seguem o mesmo padrão das outras medidas.

8.2 Sistema Métrico Decimal

Serve para medir comprimentos, distâncias, áreas e volumes. Tem como unidade padrão o metro (m). Veremos agora seus múltiplos, variações e algumas transformações.

Metro (m):

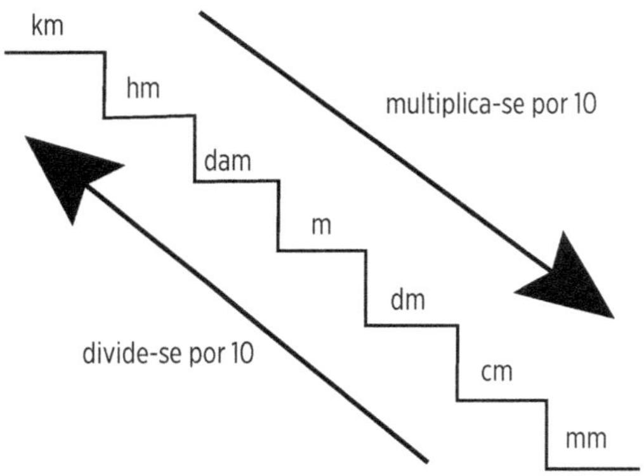

Para cada degrau descido da escada, multiplica-se por 10, e para cada degrau subido, divide-se por 10.

Exs.: Transformar 2,98km em cm = 2,98 · 100.000 = 298.000cm (na multiplicação por 10 ou suas potências, basta deslocar a "vírgula" para a direita);

Transformar 74m em km = 74 ÷ 1000 = 0,074km (na divisão por 10 ou suas potências, basta deslocar a "vírgula" para a esquerda).

Atenção
O grama (g) e o litro (l) seguem o mesmo padrão do metro (m).

Metro quadrado (m^2):

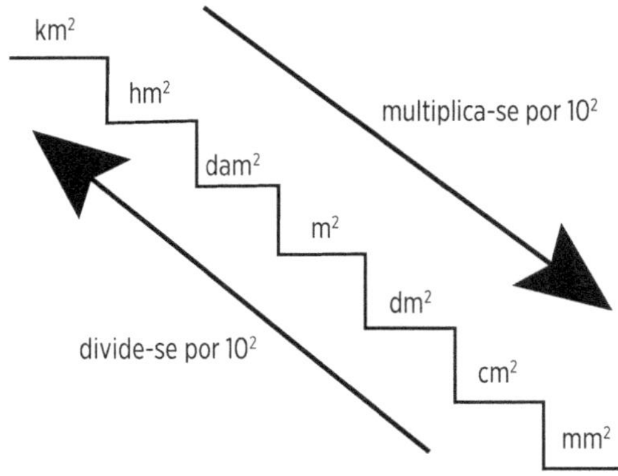

Para cada degrau descido da escada multiplica por 10^2 ou 100, e para cada degrau subido divide por 10^2 ou 100.

Exs.: Transformar 79,11m^2 em cm^2 = 79,11 · 10.000 = 791.100cm^2;

Transformar 135m^2 em km^2 = 135 ÷ 1.000.000 = 0,000135km^2.

Metro cúbico (m^3):

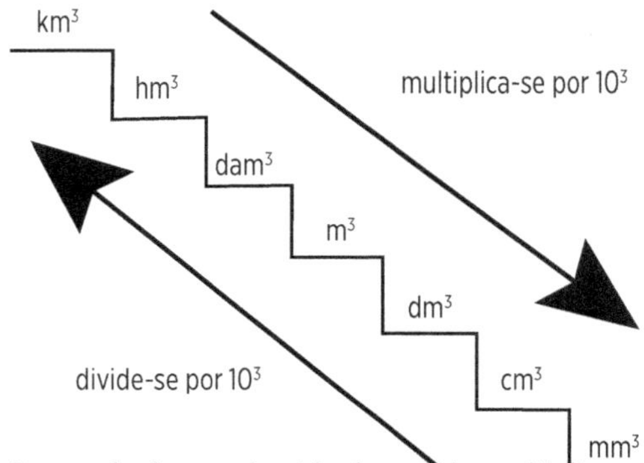

Para cada degrau descido da escada, multiplica-se por 10^3 ou 1000, e para cada degrau subido, divide-se por 10^3 ou 1000.

Exs.: Transformar 269dm^3 em cm^3 = 269 · 1.000 = 269.000cm^3

Transformar 4.831cm^3 em m^3 = 4.831 ÷ 1.000.000 = 0,004831m^3

O metro cúbico, por ser uma medida de volume, tem relação com o litro (l), e essa relação é:

1m^3 = 1000 litros

1dm^3 = 1 litro

1cm^3 = 1 mililitro

9. RAZÕES E PROPORÇÕES

Neste capítulo, estão presentes alguns assuntos muito incidentes em provas: razões e proporções. É preciso que haja atenção no estudo desse conteúdo.

9.1 Grandeza

É tudo aquilo que pode ser contado, medido ou enumerado.

Ex.: Comprimento (distância), tempo, quantidade de pessoas e/ou coisas, etc.

Grandezas Diretamente Proporcionais: são aquelas em que o aumento de uma implica o aumento da outra.

Ex.: Quantidade e preço.

Grandezas Inversamente Proporcionais: são aquelas em que o aumento de uma implica a diminuição da outra.

Ex.: Velocidade e tempo.

9.2 Razão

É a comparação de duas grandezas. Essas grandezas podem ser de mesma espécie (com a mesma unidade) ou de espécies diferentes (unidades diferentes). Nada mais é do que uma fração do tipo $\frac{a}{b}$, com $b \neq 0$.

Nas razões, os numeradores são também chamados de antecedentes e os denominadores de consequentes.

Exs.:

Escala: comprimento no desenho comparado ao tamanho real.

Velocidade: distância comparada ao tempo.

9.3 Proporção

Pode ser definida como a igualdade de razões.

$$\frac{a}{b} = \frac{c}{d}$$

Dessa igualdade, tiramos a propriedade fundamental das proporções: "o produto dos meios igual ao produto dos extremos" (a chamada "multiplicação cruzada").

$$b \cdot c = a \cdot d$$

É basicamente essa propriedade que ajuda resolver a maioria das questões desse assunto.

Dados três números racionais a, b e c, não nulos, denomina-se quarta proporcional desses números um número x tal que:

$$\frac{a}{b} = \frac{c}{x}$$

Proporção contínua é toda proporção que apresenta os meios iguais.

De um modo geral, uma proporção contínua pode ser representada por:

$$\frac{a}{b} = \frac{b}{c}$$

As outras propriedades das proporções são:

Numa proporção, a soma dos dois primeiros termos está para o 2º (ou 1º) termo, assim como a soma dos dois últimos está para o 4º (ou 3º).

$$\frac{a+b}{b} = \frac{c+d}{d} \text{ ou } \frac{a+b}{a} = \frac{c+d}{c}$$

Numa proporção, a diferença dos dois primeiros termos está para o 2º (ou 1º) termo, assim como a diferença dos dois últimos está para o 4º (ou 3º).

$$\frac{a-b}{b} = \frac{c-d}{d} \text{ ou } \frac{a-b}{a} = \frac{c-d}{c}$$

Numa proporção, a soma dos antecedentes está para a soma dos consequentes, assim como cada antecedente está para o seu consequente.

$$\frac{a+c}{b+d} = \frac{c}{d} = \frac{a}{b}$$

Numa proporção, a diferença dos antecedentes está para a diferença dos consequentes, assim como cada antecedente está para o seu consequente.

$$\frac{a-c}{b-d} = \frac{c}{d} = \frac{a}{b}$$

Numa proporção, o produto dos antecedentes está para o produto dos consequentes, assim como o quadrado de cada antecedente está para quadrado do seu consequente.

$$\frac{a \cdot c}{b \cdot d} = \frac{a^2}{b^2} = \frac{c^2}{d^2}$$

A última propriedade pode ser estendida para qualquer número de razões.

$$\frac{a \cdot c \cdot e}{b \cdot d \cdot f} = \frac{a^3}{b^3} = \frac{c^3}{d^3} = \frac{e^3}{f^3}$$

9.4 Divisão em Partes Proporcionais

Para dividir um número em partes direta ou inversamente proporcionais, basta seguir algumas regras:

Divisão em partes diretamente proporcionais

Divida o número 50 em partes diretamente proporcionais a 4 e a 6.

$4x + 6x = 50$

$10x = 50$

$x = \frac{50}{10}$

$x = 5$

x = constante proporcional

Então, $4x = 4 \cdot 5 = 20$ e $6x = 6 \cdot 5 = 30$

Logo, a parte proporcional a 4 é o 20 e a parte proporcional ao 6 é o 30.

Divisão em partes inversamente proporcionais

Divida o número 60 em partes inversamente proporcionais a 2 e a 3.

$$\frac{x}{2}+\frac{x}{3}=60$$

$$\frac{3x}{6}+\frac{2x}{6}=$$

$$60$$

$$5x = 60 \cdot 6$$

$$5x = 360$$

$$x = \frac{360}{5}$$

$$x = 72$$

x = constante proporcional

Então, $\frac{x}{2}=\frac{72}{2}=36$ e $\frac{x}{3}=\frac{72}{3}=24$

Logo, a parte proporcional a 2 é o 36 e a parte proporcional ao 3 é o 24.

Perceba que, na divisão diretamente proporcional, quem tiver a maior parte ficará com o maior valor. Já na divisão inversamente proporcional, quem tiver a maior parte ficará com o menor valor.

9.5 Regra das Torneiras

Sempre que uma questão envolver uma "situação" que pode ser feita de um jeito em determinado tempo (ou por uma pessoa) e, em outro tempo, de outro jeito (ou por outra pessoa), e quiser saber em quanto tempo seria se fosse feito tudo ao mesmo tempo, usa-se a regra da torneira, que consiste na aplicação da seguinte fórmula:

$$t_T = \frac{t_1 \cdot t_2}{t_1 + t_2}$$

Em que "t" é o tempo.

Quando houver mais de duas "situações", é melhor usar a fórmula:

$$\frac{1}{t_T} = \frac{1}{t_1} + \frac{1}{t_2} + \ldots + \frac{1}{t_n}$$

Em que "n" é a quantidade de situações.

Uma torneira enche um tanque em 6h. Uma segunda torneira enche o mesmo tanque em 8h. Se as duas torneiras forem abertas juntas quanto tempo vão levar para encher o mesmo tanque?

$$t_T = \frac{t_1 \cdot t_2}{t_1 + t_2}$$

$$t_T = \frac{6 \cdot 8}{6+8} = \frac{48}{14} = 3h\ 25min\ e\ \ 43s$$

9.6 Regra de Três

Mecanismo prático e/ou método utilizado para resolver questões que envolvem razão e proporção (grandezas).

Regra de três simples

Aquela que só envolve duas grandezas.

Ex.: Durante uma viagem um carro consome 20 litros de combustível para percorrer 240km, quantos litros são necessários para percorrer 450km?

Primeiro, verifique se as grandezas envolvidas na questão são direta ou inversamente proporcionais, e monte uma estrutura para visualizar melhor a questão.

Distância	Litro
240	20
450	x

Ao aumentar a distância, a quantidade de litros de combustível necessária para percorrer essa distância também vai aumentar, então, as grandezas são diretamente proporcionais.

$$\frac{20}{x} = \frac{240}{450}$$

Aplicando a propriedade fundamental das proporções:

240x = 9000

$$x = \frac{9000}{240} = 37{,}5\ litros$$

Regra de três composta

Aquela que envolve mais de duas grandezas.

Ex.: Dois pedreiros levam nove dias para construir um muro com 2m de altura. Trabalhando três pedreiros e aumentando a altura para 4m, qual será o tempo necessário para completar esse muro?

Neste caso, deve-se comparar uma grandeza de cada vez com a variável.

Dias	Pedreiros	Altura
9	2	2
x	3	4

Note que, ao aumentar a quantidade de pedreiros, o número de dias necessários para construir um muro diminui, então as grandezas pedreiros e dias são inversamente proporcionais. No entanto, se aumentar a altura do muro, será necessário mais dias para construí-lo. Dessa forma as grandezas muro e dias são diretamente proporcionais. Para finalizar, basta montar a proporção e resolver, lembrando que quando uma grandeza for inversamente proporcional à variável sua fração será invertida.

$$\frac{9}{x} = \frac{3}{2} \cdot \frac{2}{4}$$

$$\frac{9}{x} = \frac{6}{8}$$

Ex.: Aplicando a propriedade fundamental das proporções:

$6x = 72$

$$X = \frac{72}{6} = 12\ dias$$

10. PORCENTAGEM E JUROS

O presente capítulo trata de uma pequena parte da matemática financeira, e também do uso das porcentagens, assuntos presentes no dia a dia de todos.

10.1 Porcentagem

É a aplicação da taxa percentual a determinado valor.

Taxa percentual: é o valor que vem acompanhado do símbolo %.

Para fins de cálculo, usa-se a taxa percentual em forma de fração ou em números decimais.

Ex.: 3% = 3/100 = 0,03

15% = 15/100 = 0,15

34% de 1200 = 34/100 . 1200 = 40800/100 = 408

65% de 140 = 0,65 . 140 = 91

10.2 Lucro e Prejuízo

Lucro e prejuízo são resultados de movimentações financeiras.

Custo (C): "Gasto".

Venda (V): "Ganho".

Lucro (L): quando se ganha mais do que se gasta.

$$L = V - C$$

Prejuízo (P): quando se gasta mais do que se ganha.

$$P = C - V$$

Basta substituir no lucro ou no prejuízo o valor da porcentagem, no custo ou na venda.

Ex.: Um computador foi comprado por R$ 3.000,00 e revendido com lucro de 25% sobre a venda. Qual o preço de venda?

Como o lucro foi na venda, então L = 0,25V:

L = V – C

0,25V = V – 3.000

0,25V – V = -3.000

-0.75V = -3.000 (-1)

0,75V = 3.000

$$V = \frac{3000}{0,75} = \frac{300000}{75} = 4.000$$

Logo, a venda se deu por R$ 4.000,00.

10.3 Juros Simples

Juros: atributos (ganhos) de uma operação financeira.

Juros simples: os valores são somados ao capital apenas no final da aplicação. Somente o capital rende juros.

Para o cálculo de juros simples, usa-se a seguinte fórmula:

$$J = C \cdot i \cdot t$$

Atenção

Nas questões de juros, as taxas de juros e os tempos devem estar expressos pela mesma unidade.

- J = juros;
- C = capital;
- i = taxa de juros;
- t = tempo da aplicação.

Ex.: Um capital de R$ 2.500,00 foi aplicado a juros de 2% ao trimestre durante um ano. Quais os juros produzidos?

Em 1 ano há exatamente 4 trimestres, como a taxa está em trimestre, agora é só calcular:

J = C . i . t

J = 2.500 . 0,02 . 4

J = 200

10.4 Juros Compostos

Os valores são somados ao capital no final de cada período de aplicação, formando um novo capital, para incidência dos juros novamente. É o famoso caso de juros sobre juros.

Para o cálculo de juros compostos, usa-se a seguinte fórmula:

$$M = C \cdot (1 + I)^t$$

- M = montante;
- C = capital;
- i = taxa de juros;
- t = tempo da aplicação.

Um investidor aplicou a quantia de R$ 10.000,00 à taxa de juros de 2% a.m. durante 4 meses. Qual o montante desse investimento?

Aplicando a fórmula, já que a taxa e o tempo estão na mesma unidade:

Ex.: M = C · (1 + i)t

M = 10.000 · (1 + 0,02)4

M = 10.000 · (1,02)4

M = 10.000 · 1,08243216

M = 10.824,32

10.5 Capitalização

Capitalização: acúmulo de capitais (capital + juros).

Nos juros simples, calcula-se por: M = C + J.

Nos juros compostos, calcula-se por: J = M – C.

Em algumas questões terão que ser calculados os montantes do juro simples ou os juros do juro composto.

11. SEQUÊNCIAS NUMÉRICAS

Neste capítulo, será possível verificar a formação de uma sequência e também do que trata a P.A. (Progressão Aritmética) e a P.G. (Progressão Geométrica).

11.1 Conceitos

Sequências: conjuntos de elementos organizados de acordo com certo padrão, ou seguindo determinada regra. O conhecimento das sequências é fundamental para a compreensão das progressões.

Progressões: as progressões são sequências numéricas com algumas características exclusivas.

Cada elemento das sequências e/ou progressões são denominados termos.

Sequência dos números quadrados perfeitos:
(1, 4, 9, 16, 25, 36, 49, 64, 81, 100...);

Sequência dos números primos: (2, 3, 5, 7, 11, 13, 17, 19, 23, 29, 31, 37, 41, 43, 47, 53...).

Veja que na sequência dos números quadrados perfeitos a lei que determina sua formação é: $a_n = n^2$.

11.2 Lei de Formação de uma Sequência

Para determinarmos uma sequência numérica, precisamos de uma lei de formação. A lei que define a sequência pode ser a mais variada possível.

Ex.: A sequência definida pela lei $a_n = n^2 + 1$, com "n" $\in$ N, cujo a_n é o termo que ocupa a n-ésima posição na sequência é: 0, 2, 5, 10, 17, 26... Por esse motivo, a_n é chamado de termo geral da sequência.

11.3 Progressão Aritmética (P.A.)

Progressão aritmética é uma sequência numérica em que cada termo, a partir do segundo, é igual ao anterior adicionado a um número fixo, chamado razão da progressão (r).

Quando r > 0, a progressão aritmética é crescente; quando r < 0, decrescente e quando r = 0, constante ou estacionária.

- (2, 5, 8, 11, ...), temos r = 3. Logo, a P.A. é crescente.
- (20, 18, 16, 14, ...), temos r = -2. Logo, a P.A. é decrescente.
- (5, 5, 5, 5, ...), temos r = 0. Logo, a P.A. é constante.

A representação matemática de uma progressão aritmética é:

$(a_1, a_2, a_3, ..., a_n, a_{n+1}, ...)$ na qual: $\begin{cases} a_{2'} = a_{1'} + r \\ a_{3'} = a_{2'} + r \\ a_{4'} = a_{3'} + r \\ \vdots \end{cases}$

Se a razão de uma PA é a quantidade que acrescentamos a cada termo para obter o seguinte, podemos dizer que ela é igual à diferença entre qualquer termo, a partir do segundo, e o anterior. Assim, de modo geral, temos:

$$r = a_2 - a_1 = a_3 - a_2 = \cdots = a_{n+1} - a_n$$

Para encontrar um termo específico, a quantidade de termos ou até mesmo a razão de uma P.A., dispomos de uma relação chamada termo geral de uma P.A.: an = a1 + (n-1) r, onde:

- a_n é o termo geral;
- a_1 é o primeiro termo;
- n é o número de termos;
- r é a razão da P.A.

Propriedades:

P_1. Em toda P.A. finita, a soma de dois termos equidistantes dos extremos é igual à soma dos extremos.

1 3 5 7 9 11

5 + 7 = 12

3 + 9 = 12

1 + 11 = 12

OBS.: Dois termos são equidistantes quando a distância entre um deles para o primeiro termo da P.A. é igual a distância do outro para o último termo da P.A.

P_2. Uma sequência de três termos é P.A. se, e somente se, o termo médio é igual à média aritmética entre os outros dois, isto é: (a,b,c) é P.A. $\Leftrightarrow b = \frac{a+c}{2}$

Ex.: seja a P.A. (2, 4, 6), então, $4 = \frac{2+6}{2}$

P_3. Em uma P.A. com número ímpar de termos, o termo médio é a média aritmética entre os extremos.

Ex.: (3, 6, 9, 12, 15, 18, 21, 24, 27, 30, 33, 36, 39), $21 = \frac{3+39}{2}$

P_4. A soma S_n dos n primeiros termos da PA $(a_1, a_2, a_3, ...an)$ é dada por:

$$\boxed{S_n = \frac{(a_1 + a_n)}{2} \cdot n}$$

Ex.: Calcule a soma dos temos da P.A. (1, 4, 7, 10, 13, 16, 19, 22, 25).

Resolução:

$a_1 = 1; a_n = 25; n = 9$

$$S_n = \frac{(a_1 + a^n) \cdot n}{2}$$

$$S_n = \frac{(1 + 25) \cdot 9}{2}$$

$$S_n = \frac{(26) \cdot 9}{2}$$

$$S_n = \frac{234}{2}$$

$$S_n = 117$$

Interpolação aritmética

Interpolar significa inserir termos, ou seja, interpolação aritmética é a colocação de termos entre os extremos de uma P.A. Consiste basicamente em descobrir o valor da razão da P.A. e, com, isso inserir esses termos.

Utiliza-se a fórmula do termo geral para a resolução das questões, em que "**n**" será igual a "$\mathbf{k + 2}$", cujo "$\mathbf{k}$" é a quantidade de termos que se quer interpolar.

Ex.: Insira 5 termos em uma P.A. que começa com 3 e termina com 15.

Resolução:

$a_1 = 3; a_n = 15; k = 5$ e $n = 5 + 2 = 7$

$a_n = a_1 + (n - 1) \cdot r$

$15 = 3 + (7 - 1) \cdot r$

$15 = 3 + 6r$

$6r = 15 - 3$

$6r = 12$

$r = \frac{12}{6}$

$r = 2$

Então, P.A. (3, 5, 7, 9, 11, 13, 15)

11.4 Progressão Geométrica (P.G.)

Progressão geométrica é uma sequência de números não nulos em que cada termo, a partir do segundo, é igual ao anterior multiplicado por um número fixo, chamado razão da progressão (q).

A representação matemática de uma progressão geométrica é $(a_1, a_2, a_3, ..., a_{n-1}, an)$, na qual $a_2 = a_1 . q$, $a_3 = a_2 . q$,... etc. De modo geral, escrevemos: $a_{n+1} = a_n . q, \forall\, n \in N^*$ e $q \in R$.

Em uma P.G., a razão q é igual ao quociente entre qualquer termo, a partir do segundo, e o anterior. Exemplo:

→ (4, 8, 16, 32, 64)

$q = \frac{8}{4} = \frac{16}{8} = \frac{32}{16} = \frac{64}{32} = 2$

→ (6,-18,54,-162)

$q = \frac{186}{6} = \frac{54}{-18} = \frac{-162}{54} = -3$

Assim, podemos escrever:

$\frac{a_2}{a_1} = \frac{a_3}{a_2} = \cdots = \frac{a_{n+1}}{a_n} = q$, sendo q a razão da P.G.

Podemos classificar uma P.G. como:

→ Crescente:

> Quando $a_1 > 0$ e $q > 1$

(2,6,18,54,...) é uma P.G. crescente com $a_1 = 2$ e $q = 3$

> Quando $a_1 < 0$ e $0 < q < 1$

(-40, -20, -10,...) é uma P.G. crescente com $a_1 = -40$ e $q = 1/2$

→ Decrescente:

> Quando $a_1 > 0$ e $0 < q < 1$

(256, 64, 16,...) é uma P.G. decrescente,com $a_1 = 256$ e $q = 1/4$

> Quando $a_1 < 0$ e $q > 1$

(-2, -10, -50,...) é uma P.G. decrescente,com $a_1 = -2$ e $q = 5$

→ Constante:

> Quando q=1

(3, 3, 3, 3, 3,...) é uma P.G. constante,com $a_1 = 3$ e $q = 1$

→ Alternada:

> Quando $q < 0$

(2,-6,18,-54) é uma P.G. alternada,com $a_1 = 2$ e $q = -3$

A fórmula do termo geral de uma PG nos permite encontrar qualquer termo da progressão.

$$a_n = a_1 . q^{n-1}$$

Propriedades:

P_1 Em toda P.G. finita, o produto de dois termos equidistantes dos extremos é igual ao produto dos extremos.

1 3 9 27 81 243

9 . 27= 243

3 . 81= 243

1 .243= 243

OBS.: Dois termos são equidistantes quando a distância de um deles para o primeiro termo P.G. é igual a distância do outro para o último termo da P.G.

P_2 Uma sequência de três termos, em que o primeiro é diferente de zero, é uma P.G. se, e somente, sem o quadrado do termo médio é igual ao produto dos outros dois, isto é, sendo $a \neq 0$.

Ex.: (a, b, c) é P.G. $\Leftrightarrow b^2 = ac$

$(2, 4, 8) \Leftrightarrow 4^2 = 2 . 8 = 16$

P_3 Em uma P.G. com número ímpar de termos, o quadrado do termo médio é igual ao produto dos extremos.

Ex.: (2, 4, 8, 16, 32, 64, 128, 256, 512), temos que $32^2 = 2 \cdot 512 = 1024$.

P_4 Soma dos n primeiros termos de uma P.G. $S_n = \frac{a_1(q^n - 1)}{q - 1}$

P_5 Soma dos termos de uma P.G. infinita:

Ex.: $S_\infty = \frac{a_1}{1 - q}$, se $-1 < q < 1$

OBS.:

$S_\infty = +\infty$, se $q > 1$ e $a_1 > 0$

$S_\infty = -\infty$, se $q > 1$ e $a_1 < 0$

Interpolação geométrica

Interpolar significa inserir termos, ou seja, interpolação geométrica é a colocação de termos entre os extremos de uma P.G. Consiste basicamente em descobrir o valor da razão da P.G. e, com isso, inserir esses termos.

Utiliza-se a fórmula do termo geral para a resolução das questões, em que "**n**" será igual a "**p + 2**", cujo "**p**" é a quantidade de termos que se quer interpolar.

Ex.: Insira 4 termos em uma P.G. que começa com 2 e termina com 2048.

Resolução:

$a_1 = 2$; $a_n = 2048$; p = 4 e n = 4 + 2 = 6

$$a_n = a_1 \cdot q^{(n-1)}$$

$$2048 = 2 \cdot q^{(6-1)}$$

$$2048 = 2 \cdot q^5$$

$$q^5 = \frac{2048}{2}$$

$$q^5 = 1024 \quad (1024 = 4^5)$$

$$q^5 = 4^5$$

$$q = 4$$

P.G. (2, **8**, **32**, **128**, **512**, 2048).

Produto dos termos de uma p.G.

Para o cálculo do produto dos termos de uma P.G., basta usar a seguinte fórmula:

$$P_n = \sqrt{(a_1 \cdot an)^n}$$

Qual o produto dos termos da P.G. (5, 10, 20, 40, 80, 160).

Resolução:

a_1 =5; a_n = 160; n = 6

$$P_n = \sqrt{(a_1 \cdot a_n)^n}$$

$$P_n = \sqrt{(5 \cdot 160)^6}$$

$$P_n = (5 \cdot 160)^3$$

$$P_n = (800)^3$$

$$P_n = 512000000$$

12. MATRIZES, DETERMINANTES E SISTEMAS LINEARES

12.1 Matrizes

Matriz: é uma tabela que serve para organizar dados numéricos em linhas e colunas.

Nas matrizes, cada número é chamado de elemento da matriz, as filas horizontais são chamadas **linhas** e as filas verticais são chamadas **colunas**.

$$\begin{bmatrix} 1 & 4 & 7 \\ 13 & -1 & 18 \end{bmatrix} \rightarrow \text{Linha}$$

$\downarrow$ Coluna

No exemplo, a matriz apresenta 2 linhas e 3 colunas. Dizemos que essa matriz é do tipo 2x3 (2 linhas e 3 colunas). Lê-se dois por três.

Representação de uma matriz

Uma matriz pode ser representada por parênteses ( ) ou colchetes [ ], com seus dados numéricos inseridos dentro desses símbolos matemáticos. Cada um desses dados, ocupam uma posição definida por uma linha e coluna.

A nomenclatura da matriz se dá por uma letra maiúscula. De modo geral, uma matriz A de m linhas e n colunas (m x n) pode ser representada da seguinte forma:

$$A = \begin{bmatrix} a_{11} & a_{12} & a_{13} & \dots & a_{1n} \\ a_{21} & a_{22} & a_{23} & \dots & a_{2n} \\ a_{31} & a_{32} & a_{33} & \dots & a_{3n} \\ \dots & \dots & \dots & \dots & \dots \\ a_{m1} & a_{m2} & a_{m3} & & a_{mn} \end{bmatrix}_{m \times n} \quad \text{com m, n e N*}$$

Abreviadamente:

$$A_{m \times n} = [a_{ij}]_{m \times n}$$

Com:

"i" ∈ {1, 2, 3, ..., m} e "j" ∈ {1, 2, 3, ..., n}

No qual, "a_{ij}" é o elemento da "i" linha com a "j" coluna.

$$B_{3\times2} = \begin{pmatrix} 4 & 7 \\ 6 & 8 \\ 18 & 10 \end{pmatrix} \textit{ matriz de ordem 3x2}$$

$$C_{2\times2} = \begin{pmatrix} 2 & 13 \\ 18 & 28 \end{pmatrix} \textit{ matriz quadrada de ordem 2x2, ou somente 2}$$

Lei de formação de uma matriz

As matrizes possuem uma lei de formação que define seus elementos a partir da posição (linha e coluna) de cada um deles na matriz, e podemos assim representar:

$D = (d_{ij})_{3x3}$ em que $d_{ij} = 2_i - j$

$$D = \begin{pmatrix} d_{11} = 2\cdot(1) - 1 = 1 & d_{12} = 2\cdot(1) - 2 = 0 & d_{13} = 2\cdot(1) - 3 = -1 \\ d_{21} = 2\cdot(2) - 1 = 3 & d_{22} = 2\cdot(2) - 2 = 2 & d_{23} = 2\cdot(2) - 3 = 1 \\ d_{31} = 2\cdot(3) - 1 = 5 & d_{32} = 2\cdot(3) - 2 = 4 & d_{33} = 2\cdot(3) - 3 = 3 \end{pmatrix}$$

$$= \begin{pmatrix} 1 & 0 & -1 \\ 3 & 2 & 1 \\ 5 & 4 & 3 \end{pmatrix}$$

Logo:

$$D = \begin{pmatrix} 1 & 0 & -1 \\ 3 & 2 & 1 \\ 5 & 4 & 3 \end{pmatrix}$$

Tipos de matrizes

Existem alguns tipos de matrizes mais comuns e usados nas questões de concursos:

Matriz linha

É aquela que possui somente uma linha.

$$A_{1\times3} = [4 \quad 7 \quad 10]$$

Matriz coluna

É aquela que possui somente uma coluna.

$$B_{3\times1} = \begin{bmatrix} 6 \\ 13 \\ 22 \end{bmatrix}$$

Matriz nula

É aquela que possui todos os elementos nulos, ou zero.

$$C_{2\times3} = \begin{bmatrix} 0 & 0 & 0 \\ 0 & 0 & 0 \end{bmatrix}$$

Matriz quadrada

É aquela que possui o número de linhas **igual** ao número de colunas.

$$D_{3\times3} = \begin{bmatrix} 1 & 4 & 7 \\ 13 & 10 & 18 \\ 32 & 29 & 1 \end{bmatrix}$$

Características das Matrizes Quadradas:

Possuem diagonal principal e secundária.

$$A_{3x3} = \begin{bmatrix} 1 & 2 & 3 \\ 2 & 4 & 6 \\ 3 & 6 & 9 \end{bmatrix} \text{diagonal principal}$$

$$A_{3x3} = \begin{bmatrix} 1 & 2 & 3 \\ 2 & 4 & 6 \\ 3 & 6 & 9 \end{bmatrix} \text{diagonal secundária}$$

Matriz identidade

É toda a matriz quadrada que os elementos da diagonal principal são iguais a um e os demais são zeros:

$$A_{3\times3} = \begin{bmatrix} 1 & 0 & 0 \\ 0 & 1 & 0 \\ 0 & 0 & 1 \end{bmatrix}$$

Matriz diagonal

É toda a matriz quadrada que os elementos da diagonal principal são diferentes de zero e os de mais são zeros:

$$A_{3\,x\,3} = \begin{bmatrix} 1 & 0 & 0 \\ 0 & 4 & 0 \\ 0 & 0 & 7 \end{bmatrix}$$

Matriz triangular

Aquela cujos elementos de um dos triângulos formados pela diagonal principal são zeros.

$$A_{3\,x\,3} = \begin{bmatrix} 2 & 5 & 8 \\ \mathbf{0} & 6 & 3 \\ \mathbf{0} & \mathbf{0} & \mathbf{9} \end{bmatrix}$$

Matriz transposta (a^t)

É aquela em que ocorre a troca ordenada das linhas por colunas.

$$A = [a_{ij}]_{m\,x\,n} = A^t = [a^t_{ji}]_{n\,x\,m}$$

$$A_{2\,x\,3} = \begin{bmatrix} 1 & 4 & 7 \\ 6 & 8 & 9 \end{bmatrix} \rightarrow A^t_{3\,x\,2} = \begin{bmatrix} 1 & 6 \\ 4 & 8 \\ 7 & 9 \end{bmatrix}$$

Perceba que a linha 1 de A corresponde à coluna 1 de A^t e a coluna 2 de A corresponde à coluna 2 de A^t.

Matriz oposta

É toda matriz obtida trocando o sinal de cada um dos elementos de uma matriz dada.

$$A_{2\,x\,2} = \begin{bmatrix} 4 & -1 \\ -6 & 7 \end{bmatrix} \rightarrow -A_{2\,x\,2} = \begin{bmatrix} -4 & 1 \\ 6 & -7 \end{bmatrix}$$

Matriz simétrica: é toda a matriz quadrada que a $A^t = A$:

$$\left.\begin{array}{l} A \begin{bmatrix} 1 & 3 \\ 3 & 2 \end{bmatrix} \\ A_t \begin{bmatrix} 1 & 3 \\ 3 & 2 \end{bmatrix} \end{array}\right\} A = A^t$$

Operações com matrizes

Vamos ver agora as principais operações com as matrizes; fique atento para a multiplicação de duas matrizes.

Igualdade de matrizes

Duas matrizes são iguais quando possuem o mesmo número de linhas e colunas (mesma ordem), e os elementos correspondentes são iguais.

$$X = Y \rightarrow X_{2\,x\,2} = \begin{pmatrix} 1 & 0 \\ 3 & 2 \end{pmatrix} \text{ e } Y_{2\,x\,2} = \begin{pmatrix} 1 & 0 \\ 3 & 2 \end{pmatrix}$$

Soma de matrizes

Só é possível somar matrizes de mesma ordem. Para fazer o cálculo, basta somar os elementos correspondentes.

Ex.: S = X + Y (S = matriz soma de X e Y)

$$X_{2\,x\,3} = \begin{bmatrix} 6 & 8 & 9 \\ 10 & 13 & 4 \end{bmatrix} \text{ e } Y_{2\,x\,3} = \begin{bmatrix} 18 & 22 & 30 \\ 9 & 14 & 28 \end{bmatrix}$$

$$S = \begin{bmatrix} 6+18 & 8+22 & 9+30 \\ 10+9 & 13+14 & 4+28 \end{bmatrix}$$

$$S_{2\,x\,3} = \begin{bmatrix} 24 & 30 & 39 \\ 19 & 27 & 32 \end{bmatrix}$$

Produto de uma constante por uma matriz

Basta multiplicar a constante por todos os elementos da matriz.

Ex.: P = 2Y

$$Y_{2\,x\,2} = \begin{pmatrix} 7 & 4 \\ 13 & 25 \end{pmatrix}$$

$$P = \begin{pmatrix} 2 \cdot 7 & 2 \cdot 4 \\ 2 \cdot 13 & 2 \cdot 25 \end{pmatrix}$$

$$P_{2\,x\,2} = \begin{pmatrix} 14 & 8 \\ 26 & 50 \end{pmatrix}$$

12.2 Multiplicacao de Matrizes

Para multiplicar matrizes, devemos "multiplicar linhas por colunas", ou seja, multiplica o 1º número da linha pelo 1º número da coluna, o 2º número da linha pelo 2º número da coluna e assim sucessivamente para todos os elementos das linhas e colunas.

Esse procedimento de cálculo só poderá ser feito se o número de colunas da 1ª matriz for igual ao número de linhas da 2ª matriz.

$$(\mathbf{A_{mxn}}) \cdot (\mathbf{B_{nxp}}) = \mathbf{C_{mxp}}$$

Ex.: M = A2 x 3 . B3 x 2

$$A_{2\,x\,3} = \begin{bmatrix} 1 & 2 & 4 \\ 5 & 7 & 6 \end{bmatrix} \text{ e } B_{3\,x\,2} = \begin{bmatrix} 2 & 3 \\ 8 & 1 \\ 4 & 9 \end{bmatrix}$$

$$M_{2\,x\,2} = \begin{bmatrix} m_{11} & m_{12} \\ m_{21} & m_{22} \end{bmatrix}$$

$$M_{2\,x\,2} = \begin{bmatrix} m_{11} = (1 \cdot 2 + 2 \cdot 8 + 4 \cdot 4) & m_{12} = (1 \cdot 3 + 2 \cdot 1 + 4 \cdot 9) \\ m_{21} = (5 \cdot 2 + 7 \cdot 8 + 6 \cdot 4) & m_{22} = (5 \cdot 3 + 7 \cdot 1 + 6 \cdot 9) \end{bmatrix}$$

$$M_{2\,x\,2} = \begin{bmatrix} m_{11} = 34 & m_{12} = 41 \\ m_{21} = 90 & m_{22} = 76 \end{bmatrix}$$

$$M_{2\,x\,2} = \begin{bmatrix} 34 & 41 \\ 90 & 76 \end{bmatrix}$$

Matriz inversa (a^{-1})

Se existe uma matriz B, quadrada de ordem n, tal que $A \cdot B = B \cdot A = I_n$, dizemos que a matriz B é a inversa de A. Costumamos indicar a matriz inversa por A^{-1}. Assim $B=A^{-1}$.

Logo: $A \cdot A^{-1} = A^{-1} \cdot A = I_n$

Para melhor compreender essa definição, observe o exemplo:

Ex.: $A \cdot A^{-1} = In$

$$A_{2x2} = \begin{pmatrix} 1 & -2 \\ 3 & 1 \end{pmatrix} \text{ e } A^{-1}{}_{2x2} = \begin{pmatrix} a & b \\ c & d \end{pmatrix}$$

Logo:

$$\begin{pmatrix} 1 & -2 \\ 3 & 1 \end{pmatrix} \cdot \begin{pmatrix} a & b \\ c & d \end{pmatrix} = \begin{pmatrix} 1 & 0 \\ 0 & 1 \end{pmatrix}$$

$$\begin{pmatrix} 1a - 2c & 1b - 2d \\ 3a + 1c & 3b + 1d \end{pmatrix} = \begin{pmatrix} 1 & 0 \\ 0 & 1 \end{pmatrix}$$

$$\begin{cases} 1a - 2c = 1 \\ 1b - 2d = 0 \\ 3a + 1c = 0 \\ 3b + 1d = 1 \end{cases} \rightarrow \begin{cases} I \begin{cases} 1a - 2c = 1 \\ 3a + 1c = 0 \end{cases} \\ II \begin{cases} 1b - 2d = 0 \\ 3b + 1d = 1 \end{cases} \end{cases}$$

Resolvendo o sistema I:

$$I \begin{cases} 1a - 2c = 1 \\ 3a + 1c = 0 \ (\cdot 2) \end{cases}$$

$$I \begin{cases} 1a - 2c = 1 \\ 6a + 2c = 0 \end{cases} + (somando\ as\ equações)$$

$$7a = 1$$

$$a = \frac{1}{7}$$

Substituindo-se "a" em uma das duas equações, temos:

$$3\left(\frac{1}{7}\right) + 1c = 0$$

$$\frac{3}{7} + 1c = 0$$

$$c = \frac{-3}{7}$$

Resolvendo o sistema II:

$$II \begin{cases} 1b - 2d = 0 \ (\cdot -3) \\ 3b + 1d = 1 \end{cases}$$

$$II \begin{cases} -3b + 6d = 0 \\ 3b + 1d = 1 \end{cases} + (somando\ as\ equações)$$

$$7d = 1$$

$$d = \frac{1}{7}$$

Substituindo-se "d" em uma das duas equações, temos:

$$1b - 2\left(\frac{1}{7}\right) = 0$$

$$b - \frac{2}{7} = 0$$

$$b = \frac{2}{7}$$

a = 1/7; b = 2/7; c = -3/7; d = 1/7

Logo:

$$A^{-1}{}_{2x2} = \begin{pmatrix} 1/7 & 2/7 \\ -3/7 & 1/7 \end{pmatrix}$$

12.3 Determinantes

Determinante é um número real associado à matriz.

Só há determinante de matriz quadrada. Cada matriz apresenta um único determinante.

Cálculo dos determinantes

Determinante de uma matriz de ordem 1 ou de 1ª ordem

Se a matriz é de 1ª ordem, significa que ela tem apenas uma linha e uma coluna, portanto, só um elemento, que é o próprio determinante da matriz.

A_{1x1} = [13]

Det A = 13

B_{1x1} = [-7]

Det B = -7

Determinante de uma matriz de ordem 2 ou de 2ª ordem

Será calculado pela **subtração** do produto dos elementos da diagonal principal pelo produto dos elementos da diagonal secundária.

$$A_{2x2} = \begin{bmatrix} 2 & 4 \\ 3 & 7 \end{bmatrix}$$

Det A = (2 . 7) - (4 . 3)

Det A = (14) - (12)

Det A = 2

$$B_{2x2} = \begin{bmatrix} 6 & -1 \\ 8 & 9 \end{bmatrix}$$

Ex.: Det B = (6 . 9) - (-1 . 8)

Det B = (54) - (-8)

Det B = 54 + 8

Det B = 62

Determinante de uma matriz de ordem 3 ou de 3ª ordem

Será calculado pela **Regra de Sarrus**, que consiste em:

1º passo: repetir as duas primeiras colunas ao lado da matriz.

2º passo: multiplicar os elementos da diagonal principal e das outras duas diagonais que seguem a mesma direção, e somá-los.

3º passo: multiplicar os elementos da diagonal secundária e das outras duas diagonais que seguem a mesma direção, e somá-los.

4º passo: o valor do determinante será dado pela subtração do resultado do 2º com o 3º passo.

$$A_{3x3} = \begin{pmatrix} 2 & 4 & 7 \\ 3 & 5 & 8 \\ 1 & 9 & 6 \end{pmatrix} \begin{matrix} 2 & 4 \\ 3 & 5 \\ 1 & 9 \end{matrix}$$

$$A_{3x3} = \begin{pmatrix} 2 & 4 & 7 \\ 3 & 5 & 8 \\ 1 & 9 & 6 \end{pmatrix} \begin{matrix} 2 & 4 \\ 3 & 5 \\ 1 & 9 \end{matrix}$$

Det A = (2 . 5 . 6 + 4 . 8 . 1 + 7 . 3 . 9) - (7 . 5 . 1 + 2 . 8 . 9 + 4 . 3 . 6)

Det A = (60 + 32 + 189) – (35 + 144 + 72)

Det A = (281) – (251)

Det A = 30

Se estivermos diante de uma matriz triangular ou matriz diagonal, o seu determinante será calculado, pelo produto dos elementos da diagonal principal, somente.

Matriz triangular

$$A_{3x3} = \begin{pmatrix} 2 & 4 & 7 \\ 0 & 5 & 8 \\ 0 & 0 & 6 \end{pmatrix} \begin{matrix} 2 & 4 \\ 0 & 5 \\ 0 & 0 \end{matrix}$$

$$A_{3x3} = \begin{pmatrix} 2 & 4 & 7 \\ 0 & 5 & 8 \\ 0 & 0 & 6 \end{pmatrix} \begin{matrix} 2 & 4 \\ 0 & 5 \\ 0 & 0 \end{matrix}$$

Det A = (2 · 5 · 6 + 4 · 8 · 0 + 7 · 0 · 0) - (7 · 5 · 0 + 2 · 8 · 0 + 4 · 0 · 6)

Det A = (60 + 0 + 0) - (0 + 0 + 0)

Det A = 60 (produto da diagonal principal = 2 x 5 x 6)

Matriz diagonal

$$B_{3x3} = \begin{pmatrix} 2 & 0 & 0 \\ 0 & 5 & 0 \\ 0 & 0 & 6 \end{pmatrix} \begin{matrix} 2 & 0 \\ 0 & 5 \\ 0 & 0 \end{matrix}$$

$$B_{3x3} = \begin{pmatrix} 2 & 0 & 0 \\ 0 & 5 & 0 \\ 0 & 0 & 6 \end{pmatrix} \begin{matrix} 2 & 0 \\ 0 & 5 \\ 0 & 0 \end{matrix}$$

Det B = (2 · 5 · 6 + 0 · 0 · 0 + 0 · 0 · 0) - (0 · 5 · 0 + 2 · 0 · 0 + 0 · 0 · 6)

Det B = (60 + 0 + 0) – (0 + 0 + 0)

Det B = 60 (produto da diagonal principal = 2 · 5 · 6)

Determinante de uma matriz de ordem superior a 3

Será calculado pela **Regra de Chió** ou **Teorema de Laplace**.

Regra de Chió

Escolha um elemento $a_{ij} = 1$.

Retirando a linha (i) e a coluna (j) do elemento $a_{ij} = 1$, obtenha o menor complementar (D_{ij}) do referido elemento – uma nova matriz com uma ordem a menos.

Subtraia de cada elemento dessa nova matriz menor complementar (D_{ij}) o produto dos elementos que pertenciam a sua linha e coluna e que foram retirados, formado outra matriz.

Calcule o determinante dessa última matriz e multiplique por $(-1)^{i+j}$, sendo que i e j pertencem ao elemento $a_{ij} = 1$.

$$A_{3x3} = \begin{pmatrix} 2 & 4 & 7 \\ 3 & 5 & 8 \\ 1 & 9 & 6 \end{pmatrix} (I)$$

$$Det.\ A_{3x3} = \begin{pmatrix} 2 & 4 & 7 \\ 3 & 5 & 8 \\ 1 & 9 & 6 \end{pmatrix} = \begin{pmatrix} 4 & 7 \\ 5 & 8 \end{pmatrix} (II)$$

$$Det.\ A_{3x3} = \begin{pmatrix} 2 & 4 & 7 \\ 3 & 5 & 8 \\ 1 & 9 & 6 \end{pmatrix} = \begin{pmatrix} 4-(2\cdot 9) & 7-(2\cdot 6) \\ 5-(3\cdot 9) & 8-(3\cdot 6) \end{pmatrix} (III)$$

$$Det.\ A_{3x3} = (-1)^{3+1} \cdot \begin{pmatrix} -14 & -5 \\ -22 & -10 \end{pmatrix} (IV)$$

$$Det.\ A_{3x3} = (1) \cdot (140 - 110)$$

$$Det.\ A = 30$$

O Teorema de Laplace

Primeiramente, precisamos saber o que é um cofator. O cofator de um elemento aij de uma matriz é: $A_{ij} = (-1)^{i+j} . D_{ij}$.

Agora, vamos ao teorema:

Escolha uma linha ou coluna qualquer do determinante:

$$A_{3x3} = \begin{pmatrix} 2 & 4 & 7 \\ 3 & 5 & 8 \\ 1 & 9 & 6 \end{pmatrix}$$

Calcule o cofator de cada elemento dessa fila:

$$a_{11} = A_{11} = (-1)^{1+1} \cdot \begin{pmatrix} 5 & 8 \\ 9 & 6 \end{pmatrix} = (1) \cdot (-42) = -42$$

$$a_{21} = A_{21} = (-1)^{2+1} \cdot \begin{pmatrix} 4 & 7 \\ 9 & 6 \end{pmatrix} = (-1) \cdot (-39) = 39$$

$$a_{31} = A_{31} = (-1)^{3+1} \cdot \begin{pmatrix} 4 & 7 \\ 5 & 8 \end{pmatrix} = (1) \cdot (-3) = -3$$

Multiplique cada elemento da fila selecionada pelo seu respectivo cofator. O determinante da matriz será a soma desses produtos.

$Det.\ A_{3x3} = a_{11} \cdot A_{11} + a_{21} \cdot A_{21} + a_{31} \cdot A_{31}$

$Det.\ A_{3x3} = 2 \cdot (-42) + 3 \cdot 39 + 1 \cdot (-3)$

$Det.\ A_{3x3} = (-84) + 117 + (-3)$

$Det.\ A_{3x3} = 117 - 87$

Det A = 30

Propriedade dos determinantes

As propriedades dos determinantes servem para facilitar o cálculo do determinante, uma vez que, com elas, diminuímos nosso trabalho nas resoluções das questões de concursos.

Determinante de matriz transposta

Se **A** é uma matriz de ordem "**n**" e $\mathbf{A}^t$ sua transposta, então: Det. At = Det. A

$$A_{2x2} = \begin{bmatrix} 2 & 3 \\ 1 & 4 \end{bmatrix}$$

$$Det.\ A = 2 \cdot 4 - 3 \cdot 1$$

$$Det.\ A = 8 - 3$$

$$Det.\ A = 5$$

$$A^t_{2x2} = \begin{bmatrix} 2 & 1 \\ 3 & 4 \end{bmatrix}$$

$$Det.\ A^t = 2 x 4 - 1 \cdot 3$$

$$Det.\ A^t = 8 - 3$$

$$Det.\ A^t = 5$$

determinante de uma matriz com fila nula

Se uma das filas (linha ou coluna) da matriz A for toda nula, então: Det. A = 0

Ex.: $A_{2x2} = \begin{bmatrix} 2 & 3 \\ 0 & 0 \end{bmatrix}$

Det. A = 2 . 0 – 3 . 0

Det. A = 0 - 0

Det. A = 0

Determinante de uma matriz cuja fila foi multiplicada por uma constante

Se multiplicarmos uma fila (linha ou coluna) qualquer da matriz A por um número k, o determinante da nova matriz será k vezes o determinante de A.

Det. A' (k vezes uma fila de A) = k · Det. A

Ex.: $A_{2x2} = \begin{bmatrix} 2 & 1 \\ 3 & 2 \end{bmatrix}$

Det. A = 2 . 2 - 1 . 3

Det. A = 4 - 3

Det. A = 1

$A'_{2x2} = \begin{bmatrix} 4 & 2 \\ 3 & 2 \end{bmatrix} \cdot 2\ (k = 2)$

Det. A' = 4 . 2 - 2 . 3

Det. A' = 8 - 6

Det. A' = 2

Det. A' = k . Det. A

Det. A' = 2 . 1

Det. A' = 2

Determinante de uma matriz multiplicada por uma constante

Se multiplicarmos toda uma matriz A de ordem "n" por um número k, o determinante da nova matriz será o produto (multiplicação) de k^n pelo determinante de A.

Det (k · A) = k^n · Det. A

Ex.: $A_{2x2} = \begin{bmatrix} 2 & 1 \\ 4 & 3 \end{bmatrix}$

Det. A = 2 . 3 - = 1 . 4

Det. A = 6 - 4

Det. A = 2

$3 \cdot A_{2x2} = \begin{bmatrix} 6 & 3 \\ 12 & 9 \end{bmatrix}$

Det. 3A = 6 . 9 - 3 . 12

Det. 3A = 54 - 36

Det. 3A = 18

Det (k . A) = k^n . Det. A

Det (3 . A) = 3^2 . 2

Det (3 . A) = 9 . 2

Det (3 . A) = 18

Determinante de uma matriz com filas paralelas iguais

Se uma matriz A de ordem n ≥ 2 tem duas filas paralelas com os elementos respectivamente iguais, então: Det. A = 0

Ex.: $A_{2x2} = \begin{bmatrix} 2 & 3 \\ 2 & 3 \end{bmatrix}$

Det. A = 2 . 3 - 3 . 2

Det. A = 6 - 6

Det. A = 0

Determinante de uma matriz com filas paralelas proporcionais

Se uma matriz A de ordem n ≥ 2 tem duas filas paralelas com os elementos respectivamente proporcionais, então: Det. A = 0.

Ex.: $A_{2x2} = \begin{bmatrix} 3 & 6 \\ 4 & 8 \end{bmatrix}$

Det. A = 3 . 8 - 6 . 4

Det. A = 24 - 24

Det. A = 0

Determinante de uma matriz com troca de filas paralelas

Se em uma matriz A de ordem n ≥ 2 trocarmos de posição duas filas paralelas, obteremos uma nova matriz B, tal que:

Det. A = - Det. B

Ex.: $A_{2x2} = \begin{bmatrix} 5 & 4 \\ 2 & 3 \end{bmatrix}$

Det. A = 5 . 3 - 2 . 4

Det. A = 15 - 8

Det. A = 7

Ex.: $B_{2x2} = \begin{bmatrix} 4 & 5 \\ 3 & 2 \end{bmatrix}$

Det. B = 4 · 2 - 5 · 3

Det. B = 8 - 15

Det. B = -7

Det. A = - Det. B

Det. A = - (-7)

Det. A = 7

Determinante do produto de matrizes

Se A e B são matrizes quadradas de ordem n, então:

Det. (A · B) = Det. A · Det. B

Ex.: $A_{2x2} = \begin{bmatrix} 1 & 2 \\ 2 & 3 \end{bmatrix}$

Det. A = 1 . 3 - 2 . 2

Det. A = 3 - 4

Det. A = -1

$B_{2x2} = \begin{bmatrix} 2 & 5 \\ 3 & 4 \end{bmatrix}$

Det. B = 2 . 4 - 5 . 3

Det. B = 8 - 15

Det. B = -7

$A \cdot B_{2x2} = \begin{bmatrix} 8 & 13 \\ 13 & 22 \end{bmatrix}$

Det. (A . B) = 8 . 22 - 13 . 13

Det. (A . B) = 176 - 169

Det. (A . B) = 7

Det. (A . B) = Det. A . Det. B

Det. (A . B) = (-1) . (-7)

Det. (A . B) = 7

Determinante de uma matriz triangular

O determinante é igual ao produto dos elementos da diagonal principal.

Determinante de uma matriz inversa

Seja B a matriz inversa de A, então, a relação entre os determinantes de B e A é dado por:

$$\textbf{Det (B)} = \frac{\textbf{1}}{\textbf{Det (A)}}$$

Ex.: $A_{2x2} = \begin{pmatrix} 1 & -2 \\ 3 & 1 \end{pmatrix}$

Det. A = 1 . 1 - (-2 . 3)

Det. A = 1 + 6

Det. A = 7

Ex.: $B = A^{-1}{}_{2x2} = \begin{pmatrix} 1/7 & 2/7 \\ -3/7 & 1/7 \end{pmatrix}$

Det. B = (1/7 · 1/7) - (2/7 · -3/7)

Det. B = 1/49 + 6/49

Det. B = 7/49

Det. B = 1/7

$$Det.\ B = \frac{1}{Det\,(A)}$$

$$Det.\ B = \frac{1}{7}$$

$$Det.\ B = \frac{1}{7}$$

12.4 Sistemas Lineares

Equações Lineares: é toda equação do 1º grau com uma ou mais incógnitas.

Sistemas Lineares: é o conjunto de equações lineares.

Equação: 2x + 3y = 7

Sistema: $\begin{cases} 2x + 3y = 7 \\ 4x - 5y = 3 \end{cases}$

Equação: x + 2y + z = 8

Sistema: $\begin{cases} x + y - z = 4 \\ 2x - y + z = 5 \\ x + 2y + z = 8 \end{cases}$

Representação de um sistema linear em forma de matriz

Todo sistema linear pode ser escrito na forma de uma matriz.

Esse conteúdo será importante mais adiante para a resolução dos sistemas.

$$\begin{cases} 2x + 3y = 7 \\ 4x - 5y = 3 \end{cases}$$

Forma de matriz

$$\begin{bmatrix} 2\text{ (coeficiente de x)} & 3\text{ (coeficiente de y)} \\ 4\text{ (coeficiente de x)} & -5\text{ (coeficiente de y)} \end{bmatrix} \cdot \begin{bmatrix} x \\ y \end{bmatrix} = \begin{bmatrix} 7 \\ 3 \end{bmatrix}$$

↓ termos independentes

Matriz incompleta

$$\begin{bmatrix} 2 & 3 \\ 4 & -5 \end{bmatrix}$$

Matriz de x

$$\begin{bmatrix} 7 & 3 \\ 3 & -5 \end{bmatrix}$$

Substituem-se os coeficientes de x pelos termos independentes.

Matriz de y

$$\begin{bmatrix} 2 & 7 \\ 4 & 3 \end{bmatrix}$$

Substituem-se os coeficientes de y pelos termos independentes.

Resolução de um sistema linear

> A Regra de Cramer só é possível quando o número de variáveis for igual ao número de equações.

Resolvem-se os sistemas pelo método dos determinantes, também conhecido como **Regra de Cramer.**

A regra consiste em: o valor das variáveis será calculado dividindo-se o **determinante da matriz da variável** pelo **determinante da matriz incompleta**, do sistema.

Então:

O valor de x é dado por:

$$x = \frac{\text{deteminante da matriz de X}}{\text{determinante da matriz incompleta}}$$

O valor de y é dado por:

$$y = \frac{\text{deteminante da matriz de Y}}{\text{determinante da matriz incompleta}}$$

O valor de z é dado por:

$$z = \frac{\text{deteminante da matriz de Z}}{\text{determinante da matriz incompleta}}$$

Se o determinante da matriz incompleta for diferente de zero (Det. In. ≠ 0), teremos sempre um sistema possível e determinado;

Se o determinante da matriz incompleta for igual a zero (Det. In. = 0), temos duas situações:

1ª: Se os determinantes de todas as matrizes das variáveis também forem iguais a zero (Det. X = 0 e Det. Y = 0 e Det. Z = 0), teremos um sistema possível e indeterminado;

2ª: Se o determinante de, pelo menos, uma das matrizes das variáveis for diferente de zero (Det. · ≠ 0 ou Det. Y ≠ 0 ou Det. Z ≠ 0), teremos um sistema impossível.

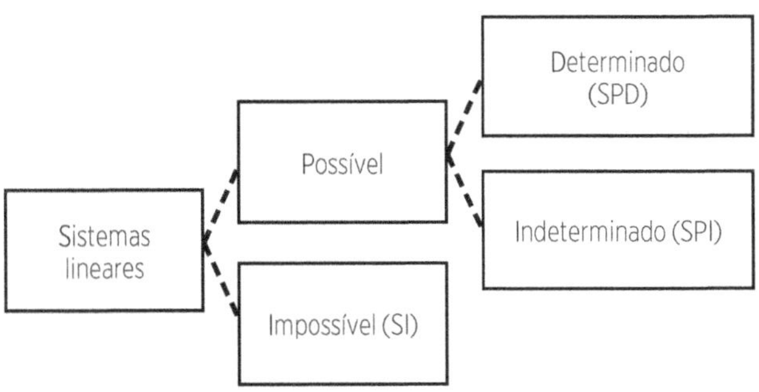

SPD: sistema possível e determinado (quando Det. In. ≠ 0).

SPI: sistema possível e indeterminado (quando Det. In. = 0, e Det. . = 0 e Det. Y = 0 e Det. Z = 0).

SI: sistema impossível (quando Det. In. = 0, e Det. . ≠ 0 ou Det. Y ≠ 0 ou Det. Z ≠ 0).

Ex.: $\begin{cases} x + y - z = 4 \\ 2x - y + z = 5 \\ x + 2y + z = 8 \end{cases}$

Matriz incompleta: $\begin{bmatrix} 1 & 1 & -1 \\ 2 & -1 & 1 \\ 1 & 2 & 1 \end{bmatrix}$ det. In. = -9

Matriz de X: $\begin{bmatrix} 4 & 1 & -1 \\ 5 & -1 & 1 \\ 8 & 2 & 1 \end{bmatrix}$ det. X = -27

Matriz de Y: $\begin{bmatrix} 1 & 4 & -1 \\ 2 & 5 & 1 \\ 1 & 8 & 1 \end{bmatrix}$ det. Y = -18

Matriz de Z: $\begin{bmatrix} 1 & 1 & 4 \\ 2 & -1 & 5 \\ 1 & 2 & 8 \end{bmatrix}$ det. Z = -9

Valor de x é: x = $\frac{-27}{-9} = 3$ = 3

Valor de y é: y = $\frac{-18}{-9} = 2$ = 2

Valor de z é: z = $\frac{-9}{-9} = 1$ = 1

Solução: x= 3, y = 2 e z = 1

13. FUNÇÕES, FUNÇÃO AFIM E FUNÇÃO QUADRÁTICA

Neste capítulo será abordado um assunto de grande importância para a matemática: as funções.

13.1 Definições, Domínio, Contradomínio e Imagem

A função é uma relação estabelecida entre dois conjuntos A e B, em que exista uma associação entre cada elemento de A com um único de B por meio de uma lei de formação.

Matematicamente, podemos dizer que função é uma relação de dois valores, por exemplo: $f(x) = y$, sendo que x e y são valores, nos quais x é o domínio da função (a função está dependendo dele) e y é um valor que depende do valor de x, sendo a imagem da função.

As funções possuem um conjunto chamado domínio e outro chamado de imagem da função, além do contradomínio. No plano cartesiano, que o eixo x representa o domínio da função, enquanto no eixo y apresentam-se os valores obtidos em função de x, constituindo a imagem da função (o eixo y seria o contradomínio da função).

Demonstração:

Com os conjuntos $A = \{1, 4, 7\}$ e $B = \{1, 4, 6, 7, 8, 9, 12\}$ cria-se a função $f: A \to B$ definida por $f(x) = x + 5$, que também pode ser representada por $y = x + 5$. A representação, utilizando conjuntos, desta função é:

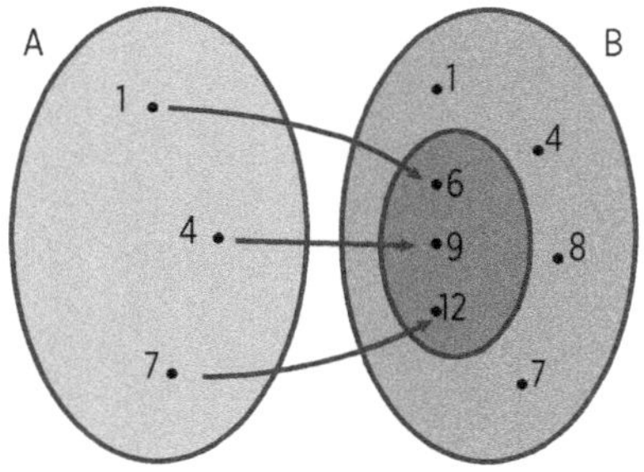

O conjunto A é o conjunto de saída e o B é o conjunto de chegada.

Domínio é um sinônimo para conjunto de saída, ou seja, para esta função o domínio é o próprio conjunto $A = \{1, 4, 7\}$.

Como, em uma função, o conjunto de saída (domínio) deve ter todos os seus elementos relacionados, não precisa ter subdivisões para o domínio.

O domínio de uma função também é chamado de campo de definição ou campo de existência da função, e é representado pela letra "D".

O conjunto de chegada "B", também possui um sinônimo, é chamado de contradomínio, representado por "CD".

Note que se pode fazer uma subdivisão dentro do contradomínio. Podemos ter elementos do contradomínio que não são relacionados com algum elemento do Domínio e outros que são. Por isso, deve-se levar em consideração esta subdivisão.

Este subconjunto é chamado de conjunto imagem, e é composto por todos os elementos em que as flechas de relacionamento chegam.

O conjunto Imagem é representado por "Im", e cada ponto que a flecha chega é chamado de imagem.

13.2 Plano Cartesiano

Criado por René Descartes, o plano cartesiano consiste em dois eixos perpendiculares, sendo o horizontal chamado de eixo das abscissas e o vertical de eixo das ordenadas. O plano cartesiano foi desenvolvido por Descartes no intuito de localizar pontos num determinado espaço.

As disposições dos eixos no plano formam quatro quadrantes, mostrados na figura a seguir:

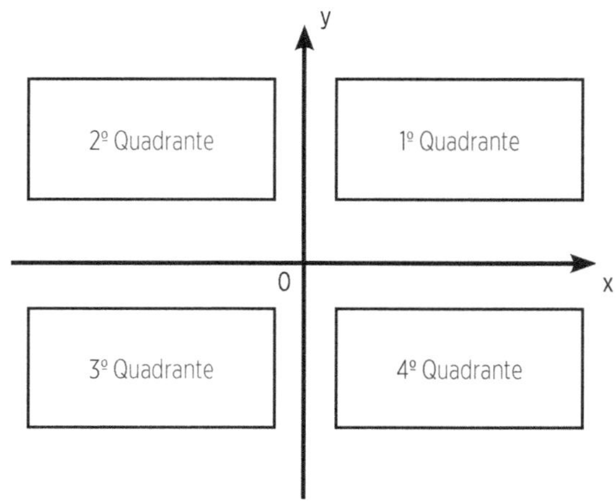

O encontro dos eixos é chamado de origem. Cada ponto do plano cartesiano é formado por um par ordenado (x, y), em que x: abscissa e y: ordenada.

Raízes

Em matemática, uma raiz ou "zero" da função consiste em determinar os pontos de interseção da função com o eixo das abscissas no plano cartesiano. A função f é um elemento no domínio de f tal que $f(x) = 0$.

Ex.: Considere a função:

$f(x) = x^2 - 6x + 9$

3 é uma raiz de f, porque:

$f(3) = 3^2 - 6 \cdot 3 + 9 = 0$

13.3 Funções Injetoras, Sobrejetoras e Bijetoras

Função injetora

É toda a função em que cada x encontra um único y, ou seja, os elementos distintos têm imagens distintas.

Função sobrejetora

Toda a função em que o conjunto imagem é exatamente igual ao contradomínio (y).

Função bijetora

Toda a função que for Injetora e Sobrejetora ao mesmo tempo.

13.4 Funções Crescentes, Decrescentes e Constantes

Função crescente

À medida que x "aumenta", as imagens vão "aumentando".

Com $x_1 > x_2$ a função é crescente para $f(x_1) > f(x_2)$, isto é, aumentando valor de x, aumenta o valor de y.

Função decrescente

À medida que x "aumenta", as imagens vão "diminuindo" (decrescendo).

Com $x_1 > x_2$ a função é crescente para $f(x_1) < f(x_2)$, isto é, aumentando x, diminui o valor de y.

Função constante

Em uma função constante qualquer que seja o elemento do domínio, eles sempre terão a mesma imagem, ao variar x encontra-se sempre o mesmo valor y.

13.5 Funções Inversas e Compostas

Função inversa

Dada uma função $f: A \to B$, se f é bijetora, se define a função inversa f^{-1} como sendo a função de B em A, tal que $f^{-1}(y) = x$.

Ex.: Determine a **inversa** da função definida por:

y = 2x + 3

Trocando as variáveis x e y:

x = 2y + 3

Colocando y em função de x:

2y = x - 3

$y = \frac{x-3}{2}$, que define a função inversa da função dada.

Função composta

Chama-se função composta (ou função de função) a função obtida substituindo-se a variável independente x por uma função.

Simbolicamente fica:

$fog(x) = f(g(x))$ ou $gof(x) = g(f(x))$

Ex.: Dadas as funções $f(x) = 2x + 3$ e $g(x) = 5x$, determine $g_0f(x)$ e $f_0g(x)$.

$g_0f(x) = g[f(x)] = g(2x + 3) = 5(2x + 3) = 10x + 15$

$f_0g(x) = f[g(x)] = f(5x) = 2(5x) + 3 = 10x + 3$

13.6 Função Afim

Chama-se função polinomial do 1º grau, ou função afim, a qualquer função f dada por uma lei da forma $f(x) = ax + b$, cujo a e b são números reais dados e $a \neq 0$.

Na função $f(x) = ax + b$, o número a é chamado de coeficiente de x e o número b é chamado termo constante.

Gráfico

O gráfico de uma função polinomial do 1º grau, $y = ax + b$, com $a \neq 0$, é uma reta oblíqua aos eixos x e y.

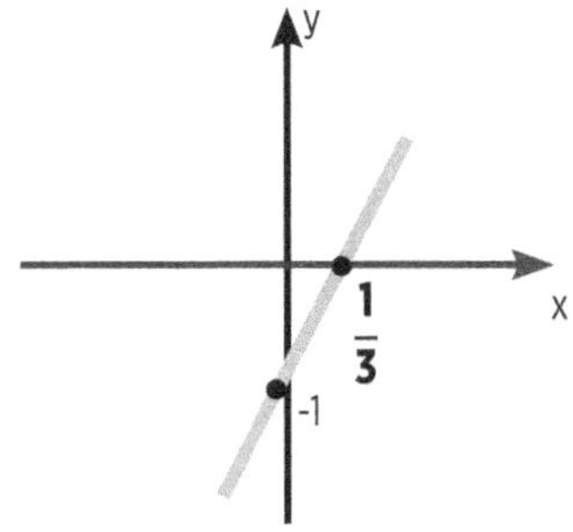

Zero e equação do 1º grau

Chama-se zero ou raiz da função polinomial do 1º grau $f(x) = ax + b$, $a \neq 0$, o número real x tal que $f(x) = 0$.

Assim: $f(x) = 0 \Rightarrow ax + b = 0 \Rightarrow x = \frac{-b}{a}$

Crescimento e decrescimento

A função do 1º grau $f(x) = ax + b$ é crescente quando o coeficiente de x é positivo ($a > 0$).

A função do 1º grau $f(x) = ax + b$ é decrescente quando o coeficiente de x é negativo ($a < 0$).

Sinal

Estudar o sinal de qualquer $y = f(x)$ é determinar os valor de x para os quais y é positivo, os valores de x para os quais y é zero e os valores de x para os quais y é negativo.

Considere uma função afim $y = f(x) = ax + b$, essa função se anula para a raiz $x = \frac{-b}{a}$.

Há então, dois casos possíveis:

a > 0 (a função é crescente)

$$y > 0 \Rightarrow ax + b > 0 \Rightarrow x > \frac{-b}{a}$$

$$Y < 0 \Rightarrow ax + b < 0 \Rightarrow x < \frac{-b}{a}$$

Logo, y é positivo para valores de x maiores que a raiz; y é negativo para valores de x menores que a raiz.

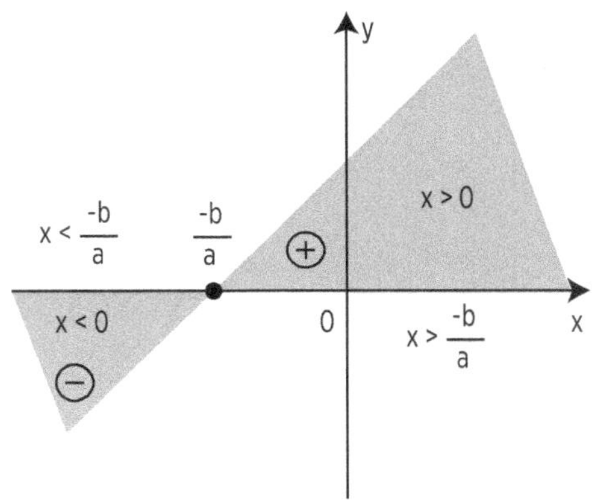

a < 0 (a função é decrescente)

$$y > 0 \Rightarrow ax + b > 0 \Longrightarrow x < \frac{-b}{a}$$

$$y > 0 \Rightarrow ax + b > 0 \Longrightarrow x < \frac{-b}{a}$$

Portanto, y é positivo para valores de x menores que a raiz; y é negativo para valores de x maiores que a raiz.

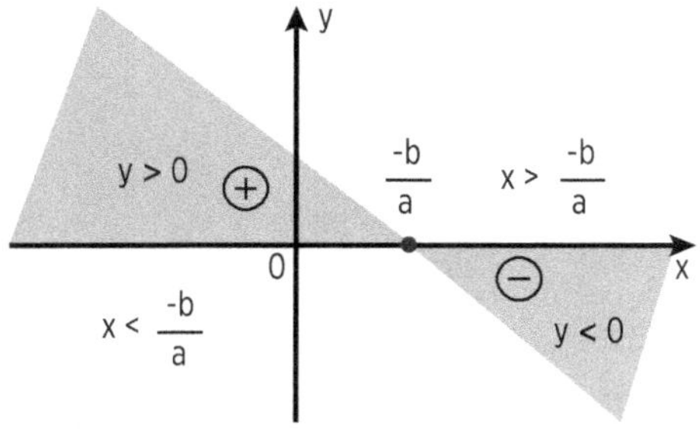

Equações e inequações do 1º grau

Equação

Uma equação do 1º grau na incógnita x é qualquer expressão do 1º grau que pode ser escrita numa das seguintes formas:

$$ax + b = 0$$

Para resolver uma equação, basta achar o valor de "x".

Sistema de equação

Um sistema de equação de 1º grau com duas incógnitas é formado por: duas equações de 1º grau com duas incógnitas diferentes em cada equação.

Ex.:

$$\begin{cases} \mathbf{x + y = 20} \\ \mathbf{3x + 4y = 72} \end{cases}$$

Para encontramos o par ordenado solução desse sistema, é preciso utilizar dois métodos para a sua solução. Esses dois métodos são: Substituição e Adição.

Método da Substituição

Esse método consiste em escolher uma das duas equações, isolar uma das incógnitas e substituir na outra equação.

Dado o sistema $\begin{cases} x + y = 20 \\ 3x + 4y = 72 \end{cases}$ enumeramos as equações.

$$\begin{cases} x + y = 20 & (1) \\ 3x + 4y = 72 & (2) \end{cases}$$

Escolhemos a equação 1 e isolamos o x:

$x + y = 20$

$x = 20 - y$

Equação 2 substituímos o valor de $x = 20 - y$.

$3x + 4y = 72$

$3(20 - y) + 4y = 72$

$60 - 3y + 4y = 72$

$-3y + 4y = 72 - 60$

$y = 12$

Para descobrir o valor de x, basta substituir y por 12 na equação:

$x = 20 - y.$

$x = 20 - y$

$x = 20 - 12$

$x = 8$

Portanto, a solução do sistema é S = (8, 12)

Método da Adição

Este método consiste em adicionar as duas equações de tal forma que a soma de uma das incógnitas seja zero. Para que isso aconteça, será preciso que multipliquemos algumas vezes as duas equações ou apenas uma equação por números inteiros para que a soma de uma das incógnitas seja zero.

Dado o sistema:

$$\begin{cases} x + y = 20 \\ 3x + 4y = 72 \end{cases}$$

Para adicionarmos as duas equações e a soma de uma das incógnitas de zero, teremos que multiplicar a primeira equação por - 3.

$$\begin{cases} x + y = 20 \ (-3) \\ 3x + 4y = 72 \end{cases}$$

Agora, o sistema fica assim:

$$\begin{cases} -3x - 3y = -60 \\ 3x + 4y = 72 \end{cases}$$

Adicionando as duas equações:

$-3x - 3y = -60$

$+3x + 4y = 72$

$y = 12$

Para descobrir o valor de x, basta escolher uma das duas equações e substituir o valor de y encontrado:

$x + y = 20$

$x + 12 = 20$

$x = 20 - 12$

$x = 8$

Portanto, a solução desse sistema é: S = (8, 12)

Inequação

Uma inequação do 1º grau na incógnita x é qualquer expressão do 1º grau que pode ser escrita numa das seguintes formas:

$ax + b > 0$

$ax + b < 0$

$ax + b \geq 0$

$ax + b \leq 0$

Cujo a, b são números reais com $a \neq 0$.

Ex.: $-2x + 7 > 0$

$x - 10 \leq 0$

$2x + 5 \leq 0$

$12 - x < 0$

Resolvendo uma inequação de 1º grau

Uma maneira simples de resolver uma equação do 1º grau é isolarmos a incógnita x em um dos membros da igualdade. Observe dois exemplos:

Ex.: Resolva a inequação $-2x + 7 > 0$:

$-2x > -7 \cdot (-1)$

$2x < 7$

$x < 7/2$

Logo, a solução da inequação é $x < 7/2$

Resolva a inequação $2x - 6 < 0$

$2x < 6$

$x < 6/2$

$x < 3$

Portanto, a solução da inequação é $x < 3$.

Pode-se resolver qualquer inequação do 1º grau por meio do estudo do sinal de uma função do 1º grau, com o seguinte procedimento:

Iguala-se a expressão ax + b a zero;

Localiza-se a raiz no eixo x;

Estuda-se o sinal conforme o caso.

Ex.: $-2x + 7 > 0$

$-2x + 7 = 0$

$x = 7/2$

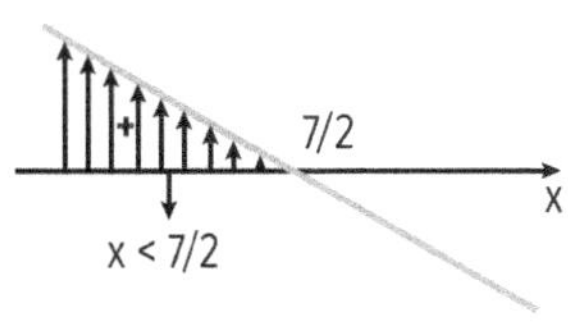

Ex.: $2x - 6 < 0$

$2x - 6 = 0$

$x = 3$

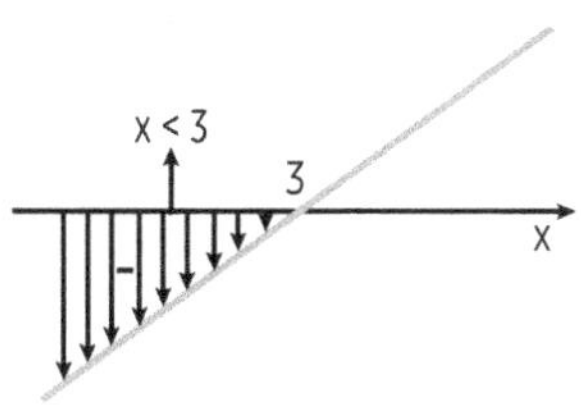

14. FUNÇÃO EXPONENCIAL E FUNÇÃO LOGARÍTMICA

14.1 Equação e Função Exponencial

Chama-se de equação exponencial toda equação na qual a incógnita aparece em expoente.

Para resolver equações exponenciais, devem-se realizar dois passos importantes:

Redução dos dois membros da equação a potências de mesma base;

Aplicação da propriedade:

$$a^m = a^n \Rightarrow m = n \ (a \neq 1 \text{ e } a >)$$

Função exponencial

Chamam-se de funções exponenciais aquelas nas quais temos a variável aparecendo em expoente.

A função $f: IR \rightarrow IR_+$, definida por $f(x) = a^x$, com $a \in IR+$ e $a \neq 1$, é chamada função exponencial de base a. O domínio dessa função é o conjunto IR (reais) e o contradomínio é IR_+ (reais positivos, maiores que zero).

Gráfico cartesiano da função exponencial

Há 2 casos a considerar:

Quando a>1;

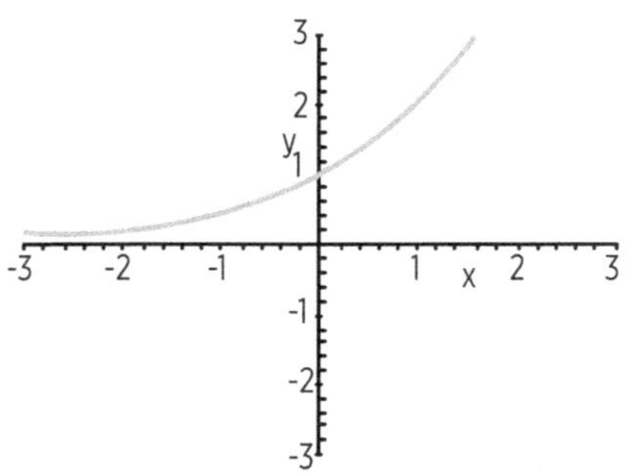

$f(x)$ é crescente e $Im = IR_+$

Para quaisquer x_1 e x_2 do domínio: $x_2 > x_1 \Rightarrow y_2 > y_1$ (as desigualdades têm mesmo sentido).

Quando 0 < a < 1.

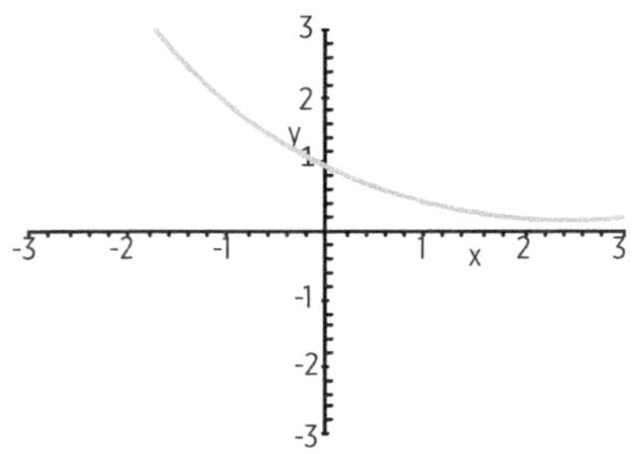

$f(x)$ é decrescente e $Im = IR_+$

Para quaisquer x_1 e x_2 do domínio: $x_2 > x_1 \Rightarrow y_2 < y_1$ (as desigualdades têm sentidos diferentes).

Nas duas situações, pode-se observar que:

> O gráfico nunca intercepta o eixo horizontal;

> A função não tem raízes; o gráfico corta o eixo vertical no ponto (0,1);

> Os valores de y são sempre positivos (potência de base positiva é positiva), portanto, o conjunto imagem é $Im = IR_+$.

Inequações exponenciais

Chama-se de inequação exponencial toda inequação na qual a incógnita aparece em expoente.

Para resolver inequações exponenciais, deve-se realizar dois passos:

Redução dos dois membros da inequação a potências de mesma base;

Aplicação da propriedade:

$a > 1$

$a^m > a^n \Rightarrow m > n$

(as desigualdades têm mesmo sentido)

$0 < a < 1$

$a^m > a^n \Rightarrow m < n$

(as desigualdades têm sentidos diferentes)

14.2 Equação e Função Logarítmica

Logaritmo

$$a^x = b \Leftrightarrow \log_a b = x$$

Sendo $b > 0$, $a > 0$ e $a \neq 1$

Na igualdade $x = \log_a b$ tem:

a= base do logaritmo

b= logaritmando ou antilogaritmo

x= logaritmo

Consequências da definição

Sendo $b > 0$, $a > 0$ e $a \neq 1$ e m um número real qualquer, há, a seguir, algumas consequências da definição de logaritmo:

$\log_a 1 = 0$

$\log_a a = 1$

$\log_a a^m = m$

$a^{\log_a b} = b$

$\log_a b = \log_a c \Leftrightarrow b = c$

Propriedades operatórias dos logaritmos

$$\log_a (x.y) = \log_a x + \log_a y$$

$$\log_a \left(\frac{x}{y}\right) = \log_a x - \log_a y$$

$$\log_a x^m = m \cdot \log_a x$$

$$\log_a \sqrt[n]{x^m} = \log_a x^{\frac{m}{n}} = \frac{m}{n} \cdot \log_a x$$

Cologaritmo

$$\text{colog}_a\, b = \log_a \frac{1}{b}$$

$$\text{colog}_a\, b = -\log_a b$$

Mudança de base

$$\log_a x = \frac{\log_b x}{\log_b a}$$

Função logarítmica

A função f: IR + → IR, definida por $f(x) = \log_a x$, com $a \neq 1$ e $a > 0$, é chamada função logarítmica de base a. O domínio dessa função é o conjunto IR_+ (reais positivos, maiores que zero) e o contradomínio é IR (reais).

Gráfico cartesiano da função logarítmica

Há dois casos a se considerar:

Quando a>1;

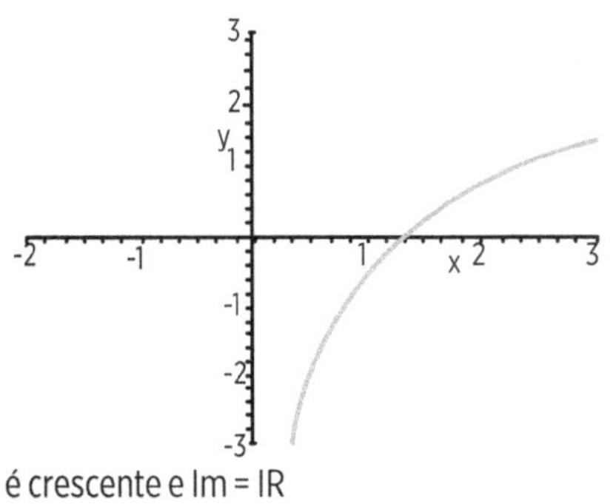

f (x) é crescente e Im = IR

Para quaisquer x_1 e x_2 do domínio: $x_2 > x_1 \Rightarrow y_2 > y_1$ (as desigualdades têm mesmo sentido)

Quando 0<a<1.

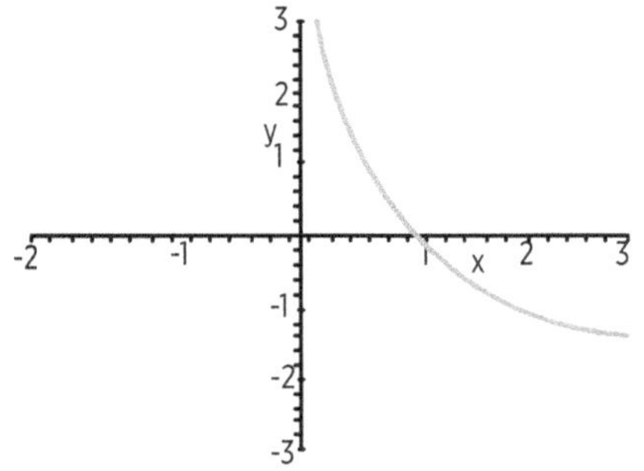

f (x) é decrescente e Im = IR

Para quaisquer x_1 e x_2 do domínio : $x_2 > x_1 \Rightarrow y_2 < y_1$ (as desigualdades têm sentidos diferentes).

Nas duas situações, pode-se observar que:

> O gráfico nunca intercepta o eixo vertical;
> O gráfico corta o eixo horizontal no ponto (1,0);
> A raiz da função é x = 1;
> Y assume todos os valores reais, portanto, o conjunto imagem é Im = IR.

Equações logarítmicas

Chama-se de equações logarítmicas toda equação que envolve logaritmos com a incógnita aparecendo no logaritmando, na base ou em ambos.

Inequações logarítmicas

Chama-se de inequações logarítmicas toda inequação que envolve logaritmos com a incógnita aparecendo no logaritmando, na base ou em ambos.

Para resolver inequações logarítmicas, deve-se realizar dois passos:

Redução dos dois membros da inequação a logaritmos de mesma base;

Aplicação da propriedade:

$a > 1$

$\log_a m > \log_a n \Rightarrow m > n > 0$

(as desigualdades têm mesmo sentido)

$0 < a < 1$

$\log_a m > \log_a n \Rightarrow 0 < m < n$

(as desigualdades têm sentidos diferentes)

15. TRIGONOMETRIA

Neste capítulo estudaremos sobre os triângulos e as relações que os envolvem.

15.1 Triângulos

O triângulo é uma das figuras mais simples e também uma das mais importantes da Geometria. O triângulo possui propriedades e definições de acordo com o tamanho de seus lados e medida dos ângulos internos.

Quanto aos lados, o triângulo pode ser classificado da seguinte forma:

Equilátero: possui os lados com medidas iguais.

Isósceles: possui dois lados com medidas iguais.

Escaleno: possui todos os lados com medidas diferentes.

Quanto aos ângulos, os triângulos podem ser denominados:

Acutângulo: possui os ângulos internos com medidas menores que 90°.

Obtusângulo: possui um dos ângulos com medida maior que 90°.

Retângulo: possui um ângulo com medida de 90°, chamado ângulo reto.

No triângulo retângulo existem importantes relações, uma delas é o **Teorema de Pitágoras**, que diz o seguinte: "A soma dos quadrados dos catetos é igual ao quadrado da hipotenusa".

$$a^2 = b^2 + c^2$$

A condição de existência de um triângulo é: um lado do triângulo seja sempre menor do que a soma dos outros dois lados e seja sempre maior do que a diferença desses dois lados.

15.2 Trigonometria no Triângulo Retângulo

As razões trigonométricas básicas são relações entre as medidas dos lados do triângulo retângulo e seus ângulos. As três funções básicas mais importantes da trigonometria são: seno, cosseno e tangente. O ângulo é indicado pela **letra x**.

Função	Notação	Definição
seno	sen(x)	$\dfrac{\text{medida do cateto oposto a x}}{\text{medida da hipotenusa}}$
cosseno	cos(x)	$\dfrac{\text{medida do cateto adjacente a x}}{\text{medida da hipotenusa}}$
tangente	tan(x)	$\dfrac{\text{medida do cateto oposto a x}}{\text{medida do cateto adjacente a x}}$

Relação fundamental: para todo ângulo x (medido em radianos), vale a importante relação:

$$\cos^2(x) + \text{sen}^2(x) = 1$$

15.3 Trigonometria num Triângulo Qualquer

Os problemas envolvendo trigonometria são resolvidos em sua maioria por meio da comparação com triângulos retângulos. Mas no cotidiano algumas situações envolvem triângulos acutângulos ou triângulos obtusângulos. Nesses casos, necessitamos do auxílio da Lei dos Senos ou dos Cossenos.

Lei dos senos

A Lei dos Senos estabelece relações entre as medidas dos lados com os senos dos ângulos opostos aos lados. Observe:

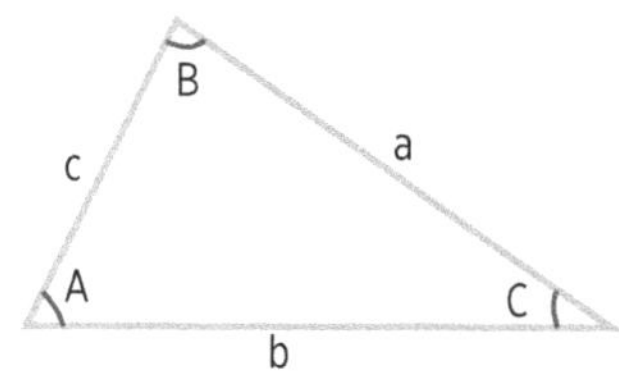

$$\frac{a}{\text{sen}A} = \frac{b}{\text{sen}B} = \frac{c}{\text{sen}C}$$

Lei dos cossenos

Nos casos em que não pode aplicar a Lei dos Senos, existe o recurso da Lei dos Cossenos. Ela permite trabalhar com a medida de dois segmentos e a medida de um ângulo. Dessa forma, se dado um triângulo ABC de lados medindo a, b e c, temos:

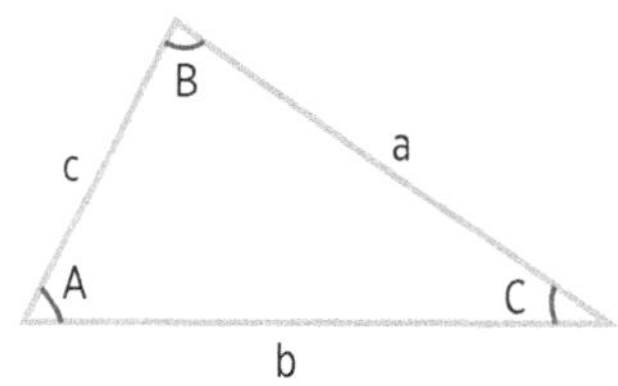

$$a^2 = b^2 + c^2 - 2.b.c.\cos A$$
$$b^2 = a^2 + c^2 - 2.a.c.\cos B$$
$$c^2 = a^2 + b^2 - 2.a.b.\cos C$$

15.4 Medidas dos Ângulos

Medidas em grau

Sabe-se que uma volta completa na circunferência corresponde a 360°; se dividir em 360 arcos, haverá arcos unitários medindo 1° grau. Dessa forma, diz-se que a circunferência é simplesmente um arco de 360° com o ângulo central medindo uma volta completa ou 360°.

Também se pode dividir o arco de 1° grau em 60 arcos de medidas unitárias iguais a 1' (arco de um minuto). Da mesma forma podemos dividir o arco de 1' em 60 arcos de medidas unitárias iguais a 1" (arco de um segundo).

Medidas em radianos

Dada uma circunferência de centro O e raio R, com um arco de comprimento s e α o ângulo central do arco, vamos determinar a medida do arco em radianos de acordo com a figura a seguir:

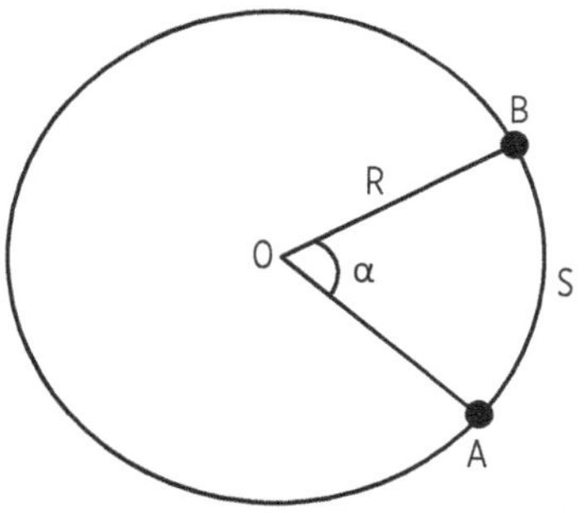

Diz-se que o arco mede um radiano se o comprimento do arco for igual à medida do raio da circunferência. Assim, para saber a medida de um arco em radianos, deve-se calcular quantos raios da circunferência são precisos para se ter o comprimento do arco. Portanto:

$$\alpha = \frac{s}{R}$$

Com base nessa fórmula, podemos expressar outra expressão para determinar o comprimento de um arco de circunferência:

$$s = \alpha . R$$

De acordo com as relações entre as medidas em grau e radiano de arcos, vamos destacar uma regra de três capaz de converter as medidas dos arcos.

360° → 2π radianos (aproximadamente 6,28)

180° → π radiano (aproximadamente 3,14)

90° → π/2 radiano (aproximadamente 1,57)

45° → π/4 radiano (aproximadamente 0,785)

Medida em graus	Medida em radianos
180	π
x	a

15.5 Ciclo Trigonométrico

Considerando um plano cartesiano, representados nele um círculo com centro na origem dos eixos e raios.

Divide-se o ciclo trigonométrico em quatro arcos, obtendo quatro quadrantes.

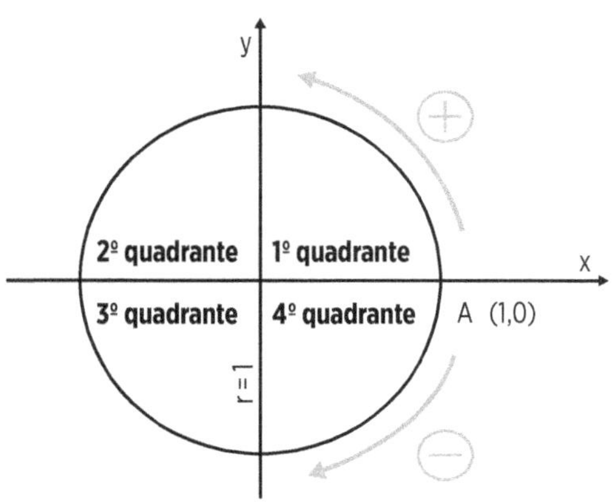

Dessa forma, obtêm-se as relações:

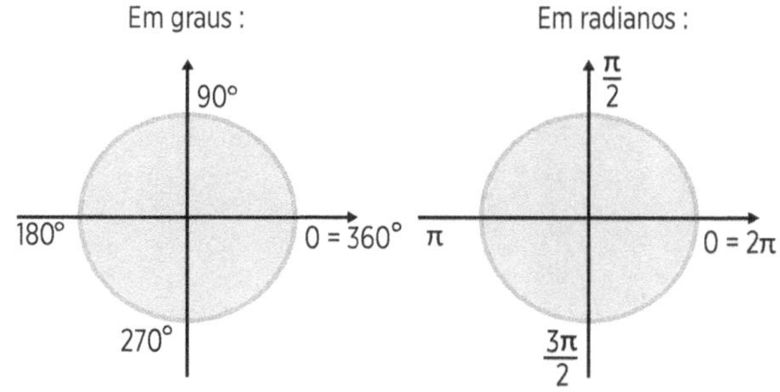

Razões trigonométricas

As principais razões trigonométricas são:

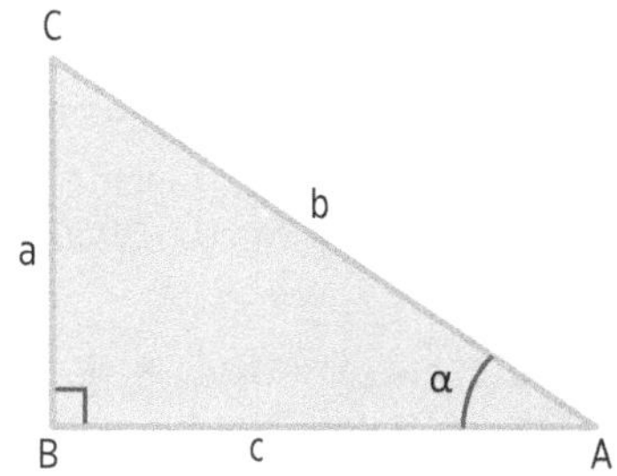

$$\text{sen } \alpha = \frac{\text{comprimento do cateto oposto}}{\text{comprimento da hipotenusa}} = \frac{a}{b}$$

$$\cos \alpha = \frac{\text{comprimento do cateto adjacente}}{\text{comprimento da hipotenusa}} = \frac{c}{b}$$

$$\text{tg } \alpha = \frac{\text{comprimento do cateto oposto}}{\text{comprimento do cateto adjacente}} = \frac{a}{c}$$

Outras razões decorrentes dessas são:

$$\text{tg } x = \frac{\text{sen } x}{\cos x}$$

$$\text{cotg } x = \frac{1}{\text{tg } x} = \frac{\cos x}{\text{sen } x}$$

$$\sec x = \frac{1}{\cos x}$$

$$\text{cossec } x = \frac{1}{\text{sen } x}$$

A partir da relação fundamental, encontram-se ainda as seguintes relações:

$(\text{sen } x)^2 + (\cos x)^2 = 1$ = [relação fundamental da trigonometria]

$1 + (\text{cotg } x)^2 = (\text{cossec } x)^2$

$1 + (\text{tg } x)^2 = (\sec x)^2$

Redução ao 1° quadrante

$\text{sen}(90° - \alpha) = \cos \alpha$

$\cos(90° - \alpha) = \text{sen } \alpha$

$\text{sen}(90° + \alpha) = \cos \alpha$

$\cos(90° + \alpha) = -\text{sen } \alpha$

$\text{sen}(180° - \alpha) = \text{sen } \alpha$

$\cos(180° - \alpha) = -\cos \alpha$

$\text{tg}(180° - \alpha) = -\text{tg } \alpha$

sen(180° + α) = -sen α

cos(180° + α) = -cos α

sen(270° - α) = -cos α

cos(270° - α) = -sen α

sen(270° + α) = -cos α

cos(270° + α) = sen α

sen(-α) = -sen α

cos(-α) = cos α

tg(-α) = -tg α

15.6 Funções Trigonométricas

Função seno

Chama-se função seno a função **f(x) = sen x.**

O domínio dessa função é R e a imagem é Im [-1,1]; visto que, na circunferência trigonométrica, o raio é unitário.

Então:

Domínio de $f(x)$ = sen x; D(sen x) = R.

Imagem de $f(x)$ = sen x; Im(sen x) = [-1,1] .

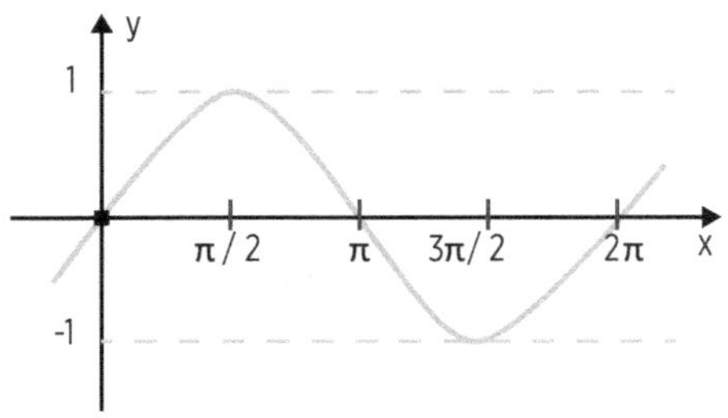

Sinal da função

$f(x)$ = sen x é positiva no 1° e 2° quadrantes (ordenada positiva);

$f(x)$ = sen x é negativa no 3° e 4° quadrantes (ordenada negativa).

Quando $x \in \left[0, \frac{\pi}{2}\right]$, 1° quadrante, o valor de sen x cresce de 0 a 1.

Quando $x \in \left[\frac{\pi}{2}, \pi\right]$, 2° quadrante, o valor de sen x decresce de 1 a 0.

Quando $x \in \left[\pi, \frac{3\pi}{2}\right]$, 3° quadrante, o valor de sen x decresce de 0 a -1.

Quando $x \in \left[\frac{3\pi}{2}, 2\pi\right]$, 4° quadrante, o valor de sen x cresce de -1 a 0.

Função cosseno

Chama-se função cosseno a função **f(x) = cos x.**

O domínio dessa função também é R e a imagem é Im [-1,1]; visto que, na circunferência trigonométrica, o raio é unitário.

Então:

Domínio de $f(x)$ = cos x; D(cos x) = R.

Imagem de $f(x)$ = cos x; Im(cos x) = [-1,1].

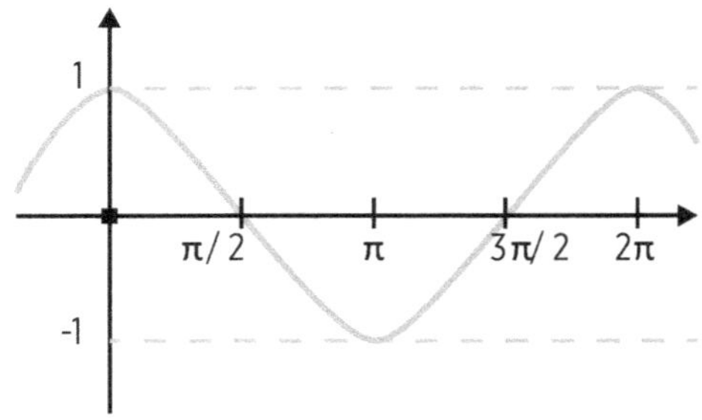

Sinal da função

$f(x)$ = cos x é positiva no 1º e 4º quadrantes (abscissa positiva);

$f(x)$ = cos x é negativa no 2º e 3º quadrantes (abscissa negativa).

Quando $x \in \left[0, \frac{\pi}{2}\right]$, 1º quadrante, o valor do cos x decresce de 1 a 0.

Quando $x \in \left[\frac{\pi}{2}, \pi\right]$ 2º quadrante, o valor do cos x decresce de 0 a -1.

Quando $x \in \left[\pi, \frac{3\pi}{2}\right]$, 3º quadrante, o valor do cos x cresce de -1 a 0.

Quando, $x \in \left[\frac{3\pi}{2}, 2\pi\right]$ 4º quadrante, o valor do cos x cresce de 0 a 1.

Função tangente

Chama-se função tangente a função **f(x) = tg x.**

Então:

Domínio de $f(x)$: o domínio dessa função são todos os números reais, exceto os que zeram o cosseno, pois não existe cos x = 0

Imagem de $f(x)$ = Im =] -∞, ∞[

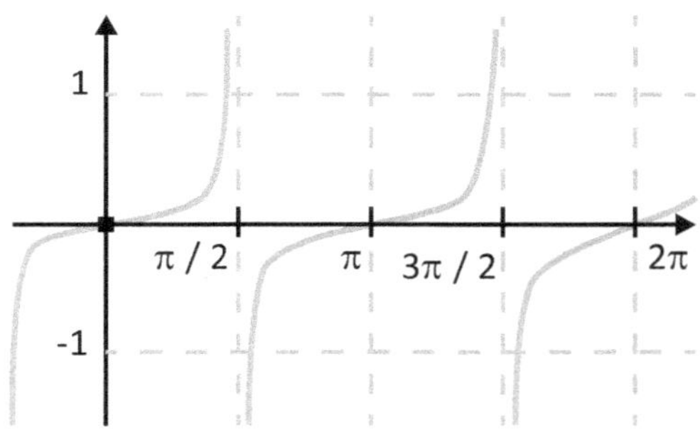

Sinal da função

$f(x)$ = tg x é positiva no 1º e 3º quadrantes (produto da ordenada pela abscissa positiva);

$f(x)$ = tg x é negativa no 2º e 4º quadrantes (produto da ordenada pela abscissa negativa).

Outras funções

Função secante

Denomina-se função secante a função:

$$f(x) = \frac{1}{\cos x}$$

Função cossecante

Denomina-se função cossecante a função:

$$f(x) = \frac{1}{\text{sen } x}$$

Função cotangente

Denomina-se função cossecante a função:

$$f(x) = \frac{1}{\text{tg } x}$$

15.7 Identidades e Operações Trigonométricas

As mais comuns são as seguintes:

sen(a + b) = sen a · cos b + sen b · cos a

sen(a - b) = sen a · cos b - sen b · cos a

cos(a + b) = cos a · cos b - sen a · cos b

cos(a - b) = cos a · cos b + sen a · cos b

$$\text{tg } (a + b) = \frac{\text{tga} + \text{tgb}}{1 - \text{tga} \cdot \text{tgb}}$$

$$\text{tg } (a - b) = \frac{\text{tga} - \text{tgb}}{1 + \text{tga} \cdot \text{tgb}}$$

sen(2x) = 2 · sen(x) · cos(x)

$\cos(2x) = \cos^2(x) - \text{sen}^2(x)$

$$\text{tg}(2x)=\left(\frac{2 \cdot \text{tg}(x)}{1 - \text{tg}^2(x)}\right)$$

$$\text{sen}(x)+\text{sen}(y)=2 \cdot \text{sen } \left(\frac{x+y}{2}\right) \cdot \cos\left(\frac{x-y}{2}\right)$$

$$\text{sen}(x)-\text{sen}(y)=2 \cdot \text{sen } \left(\frac{x-y}{2}\right) \cdot \cos\left(\frac{x+y}{2}\right)$$

$$\cos(x)+\cos(y)=2 \cdot \cos \left(\frac{x+y}{2}\right) \cdot \cos\left(\frac{x-y}{2}\right)$$

$$\cos(x) - \cos(y)=-2 \cdot \text{sen } \left(\frac{x+y}{2}\right) \cdot \text{sen}\left(\frac{x-y}{2}\right)$$

15.8 Bissecção de Arcos ou Arco Metade

Também temos a fórmula do arco metade para senos, cossenos e tangentes:

1. $\sin\left(\frac{a}{2}\right) = \pm\sqrt{\frac{1-\cos(a)}{2}}$
2. $\cos\left(\frac{a}{2}\right) = \pm\sqrt{\frac{1+\cos(a)}{2}}$
3. $\tan\left(\frac{a}{2}\right) = \pm\sqrt{\frac{1-\cos(a)}{1+\cos(a)}}$

16. GEOMETRIA PLANA

Conceitos importantes:

Ceviana: as cevianas são segmentos de reta que partem do vértice do triângulo para o lado oposto.

Mediana: é o segmento de reta que liga um vértice deste triângulo ao ponto médio do lado oposto a este vértice. As medianas se encontram em um ponto chamado de baricentro.

Altura: altura de um triângulo é um segmento de reta perpendicular a um lado do triângulo ou ao seu prolongamento, traçado pelo vértice oposto. As alturas se encontram em um ponto chamado ortocentro.

Bissetriz: é o lugar geométrico dos pontos que equidistam de duas retas concorrentes e, por consequência, divide um ângulo em dois ângulos congruentes. As bissetrizes se encontram em um ponto chamado incentro.

Mediatrizes: são retas perpendiculares a cada um dos lados de um triângulo. As mediatrizes se encontram em um ponto chamado circuncentro.

16.1 Semelhanças de Figuras

Duas figuras (formas geométricas) são semelhantes quando satisfazem a duas condições: os seus ângulos têm o mesmo tamanho e os lados correspondentes são proporcionais.

Nos triângulos existem alguns casos de semelhanças bem conhecidos;

1º caso: LAL (lado, ângulo, lado): dois lados congruentes e o ângulo entre esses lados também congruentes.

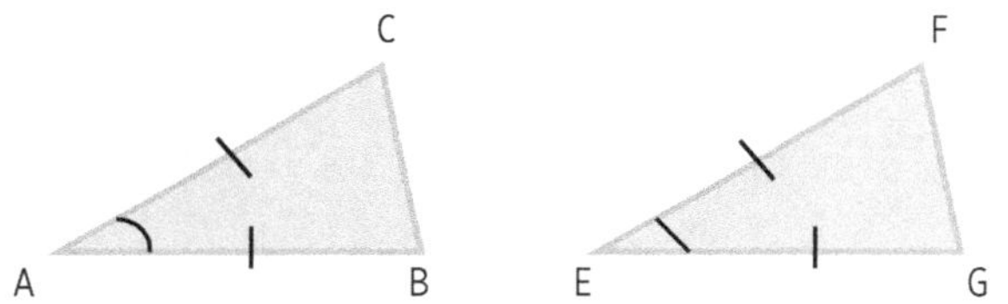

2º caso: LLL (lado, lado, lado): os três lados congruentes.

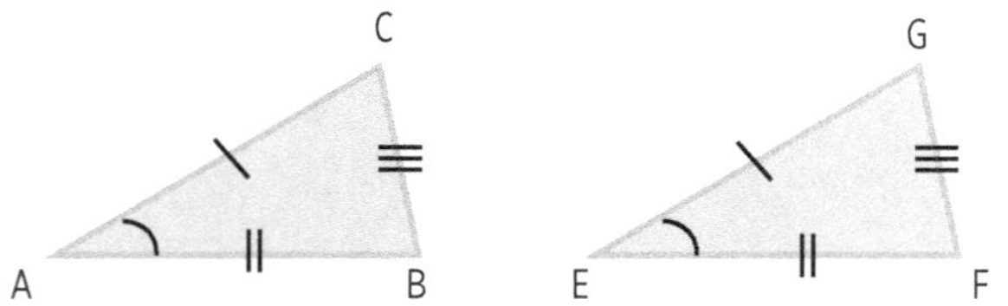

3º caso: ALA (ângulo, lado, ângulo): dois ângulos congruentes e o lado entre esses ângulos também congruente.

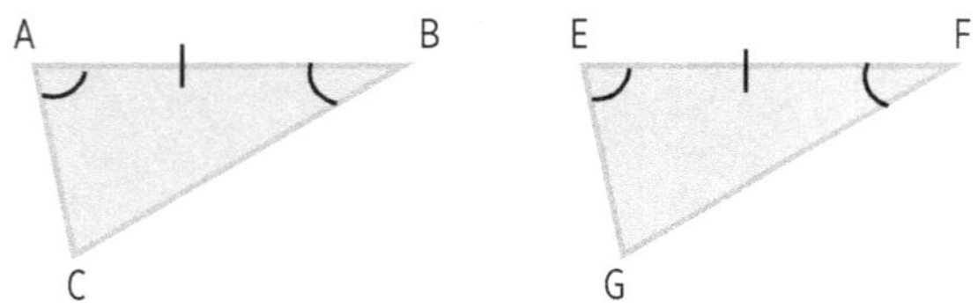

4º caso: LAA_0 (lado, ângulo, ângulo oposto): congruência do ângulo adjacente ao lado, e congruência do ângulo oposto ao lado.

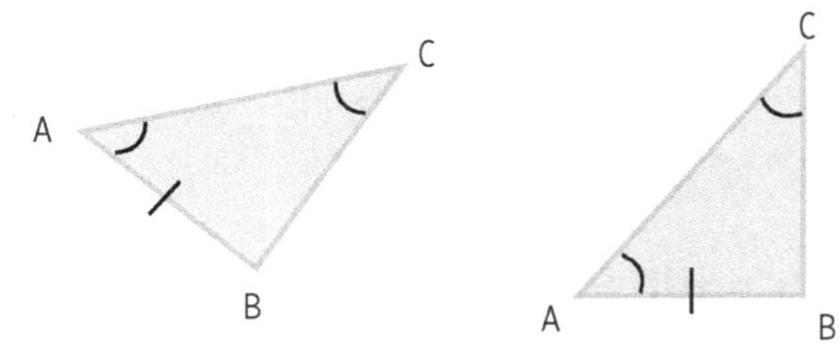

16.2 Relações Métricas nos Triângulos

O triângulo retângulo e suas relações métricas

Denomina-se triângulo retângulo o triângulo que tem um de seus ângulos retos, ou seja, um de seus ângulos mede 90°. O triângulo retângulo é formado por uma hipotenusa e dois catetos, a hipotenusa é o lado maior, o lado aposto ao ângulo de 90°, e os outros dois lados são os catetos.

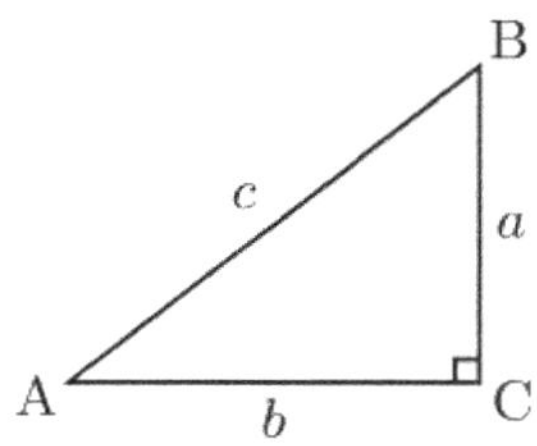

Na figura, podemos observar o triângulo retângulo de vértices A,B e C, e lados a,b e c. Como o ângulo de 90° está no vértice C, então a hipotenusa do triângulo é o lado c, e os catetos são os lados a e b.

Assim, podemos separar um triângulo em dois triângulos semelhantes:

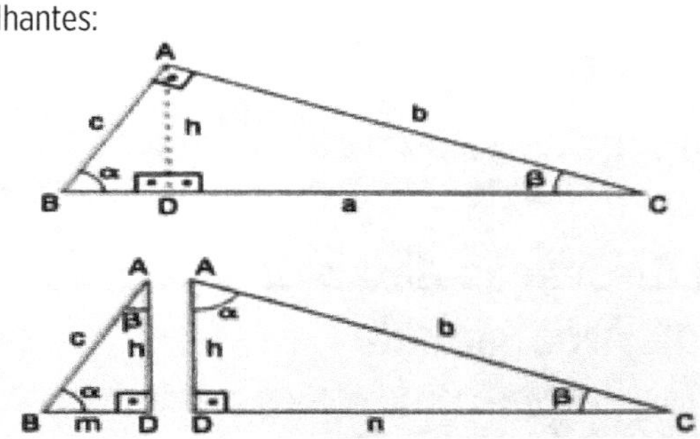

Neste segundo triângulo, podemos observar uma perpendicular à hipotenusa até o vértice A; essa é a altura h do triângulo, separando assim a hipotenusa em dois segmentos, o segmento m e o segmento n, separando esses dois triângulos obtemos dois triângulos retângulos, o triângulo ΔABD e ΔADC. Como os ângulos dos três triângulos são congruentes, então podemos dizer que os triângulos são semelhantes.

Com essa semelhança, ganhamos algumas relações métricas entre os triângulos:

$\frac{c}{a} = \frac{m}{c} \Longrightarrow c^2 = am$

$\frac{c}{a} = \frac{h}{b} \Longrightarrow cb = ah$

$\frac{b}{a} = \frac{n}{b} \Longrightarrow b^2 = an$

$\frac{h}{m} = \frac{n}{h} \Longrightarrow h^2 = mn$

Da primeira e da terceira equação, obtemos:

$c^2 + b^2 = am + an = a\,(m + n)$.

Como vimos na figura que m+n=a, então temos:

$c^2 + b^2 = aa = a^2$,

ou seja, trata-se do Teorema de Pitágoras.

Lei dos cossenos

Para um triângulo qualquer demonstra-se que:

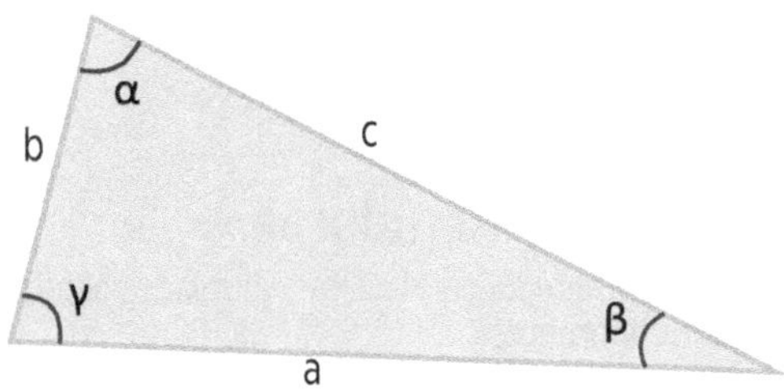

$$a^2 = b^2 + c^2 - 2 \cdot b \cdot c \cdot \cos\alpha$$

Note que o lado "a" do triângulo é oposto ao cosseno do ângulo α.

Lei dos senos

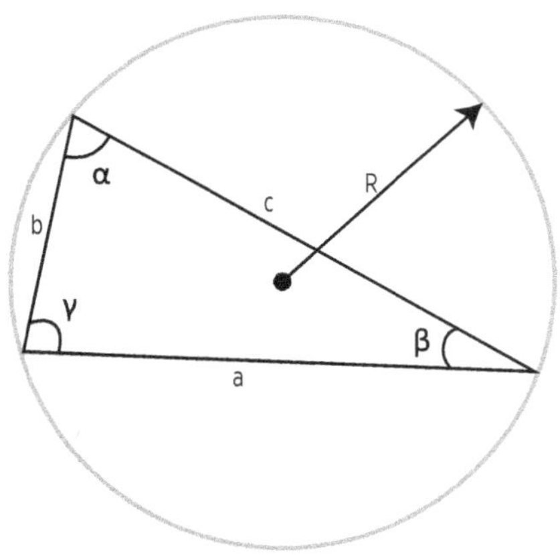

R é o raio da circunferência circunscrita a esse triângulo.

Neste caso, valem as seguintes relações, conforme a lei dos senos:

$$\frac{a}{\operatorname{sen}\alpha} = \frac{b}{\operatorname{sen}\beta} = \frac{c}{\operatorname{sen}\gamma} = 2R$$

16.3 Quadriláteros

Quadrilátero é um polígono de quatro lados. Eles possuem os seguintes elementos:

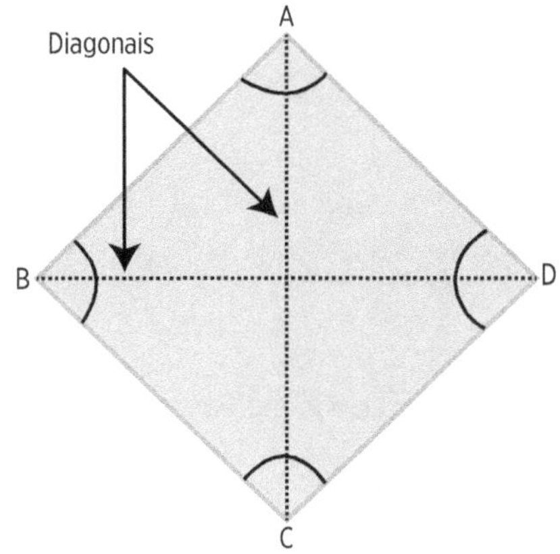

Vértices: A, B, C, e D.

Lados: AB, BC, CD, DA.

Diagonais: AC e BD.

Ângulos internos ou ângulos do quadrilátero ABCD: $\hat{A}$, $\hat{B}$, $\hat{C}$ e $\hat{D}$.

Todo quadrilátero tem duas diagonais.

O perímetro de um quadrilátero ABCD é a soma das medidas de seus lados, ou seja: AB + BC + CD + DA.

Quadriláteros importantes

Paralelogramo

Paralelogramo é o quadrilátero que tem os lados opostos paralelos.

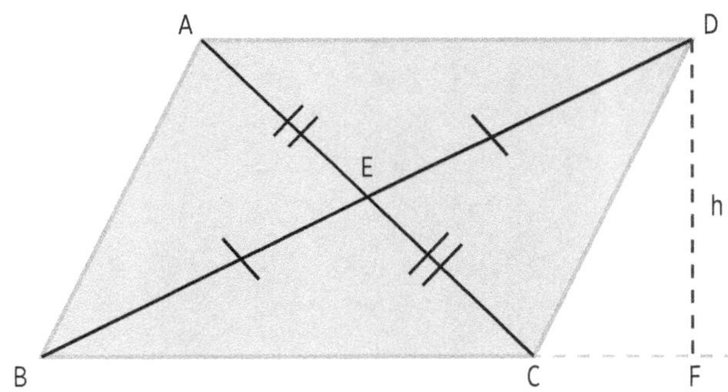

h é a altura do paralelogramo.

Num paralelogramo:

Os lados opostos são congruentes;

Cada diagonal o divide em dois triângulos congruentes;

Os ângulos opostos são congruentes;

As diagonais interceptam-se em seu ponto médio.

Retângulo

Retângulo é o paralelogramo em que os quatro ângulos são congruentes (retos).

Losango

Losango é o paralelogramo em que os quatro lados são congruentes.

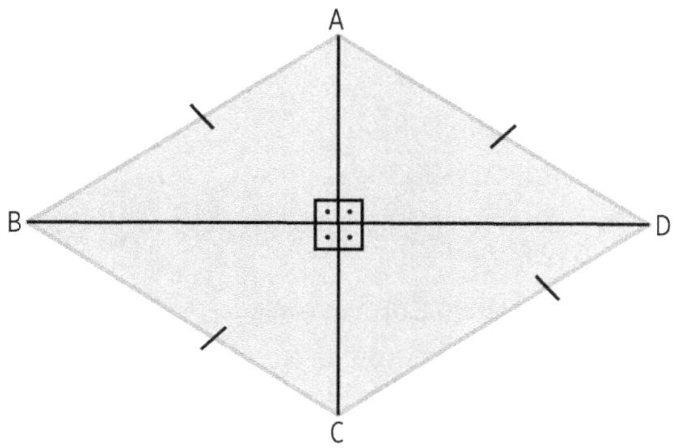

Quadrado

Quadrado é o paralelogramo em que os quatro lados e os quatro ângulos são congruentes.

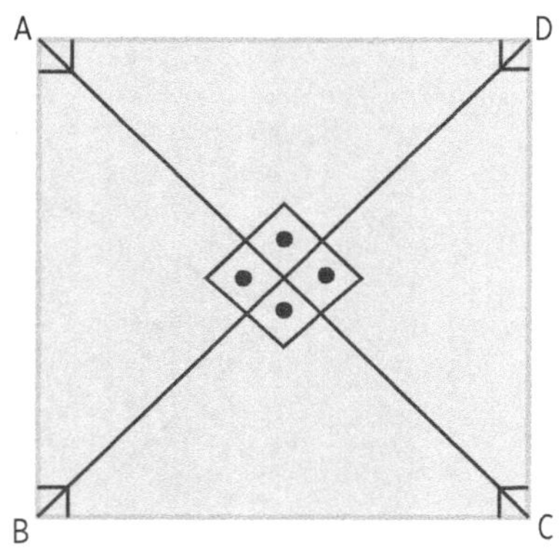

Trapézios

É o quadrilátero que apresenta somente dois lados paralelos chamados bases.

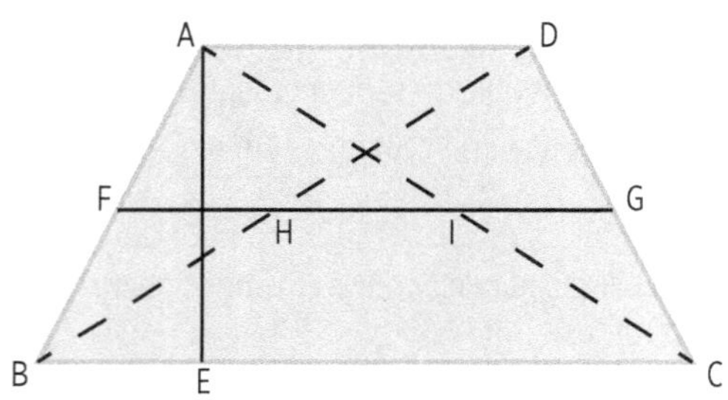

Trapézio retângulo

É aquele que apresenta dois ângulos retos.

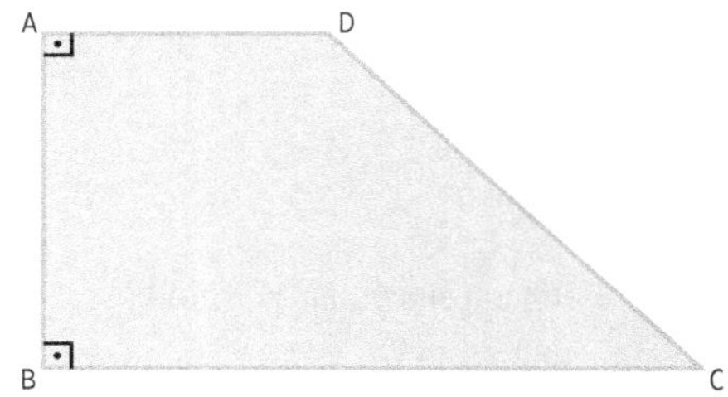

Trapézio isósceles

É aquele em que os lados não paralelos são congruentes.

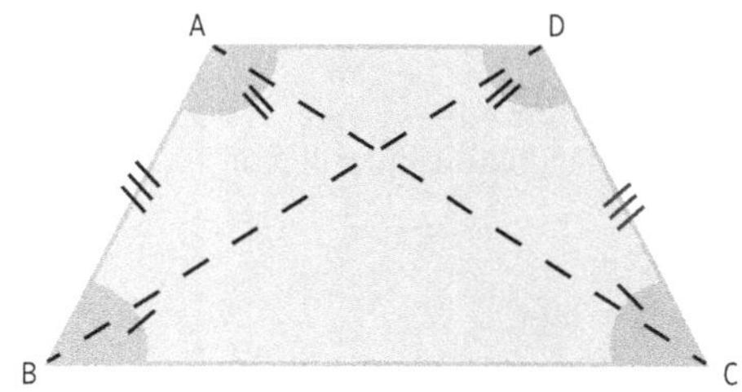

16.4 Polígonos Regulares

Um polígono é regular se todos os seus lados e todos os seus ângulos forem congruentes.

Os nomes dos polígonos dependem do critério que se utiliza para classificá-los. Usando **o número de ângulos** ou o **número de lados**, tem-se a seguinte nomenclatura:

Número de lados (ou ângulos)	Nome do Polígono	
	Em função do número de ângulos	Em função do número de lados
3	triângulo	trilátero
4	quadrângulo	quadrilátero
5	pentágono	pentalátero
6	hexágono	hexalátero
7	heptágono	heptalátero
8	octógono	octolátero
9	eneágono	enealátero
10	decágono	decalátero
11	undecágono	undecalátero
12	dodecágono	dodecalátero
15	pentadecágono	pentadecalátero
20	icoságono	icosalátero

Nos polígonos regulares cada ângulo externo é dado por:

$$e = \frac{360^\circ}{n}$$

A soma dos ângulos internos é dada por:

$$S_i = 180 \cdot (n - 2)$$

E cada ângulo interno é dado por:

$$i = \frac{180(n-2)}{n}$$

Diagonais de um polígono

O segmento que liga dois vértices não consecutivos de polígono é chamado de diagonal.

O número de diagonais de um polígono é dado pela fórmula:

$$d = \frac{n \cdot (n-3)}{2}$$

16.5 Círculos e Circunferências

Círculo

É a área interna a uma circunferência.

Circunferência

É o contorno do círculo. Por definição, é o lugar geométrico dos pontos equidistantes ao centro.

A distância entre o centro e o lado é o raio.

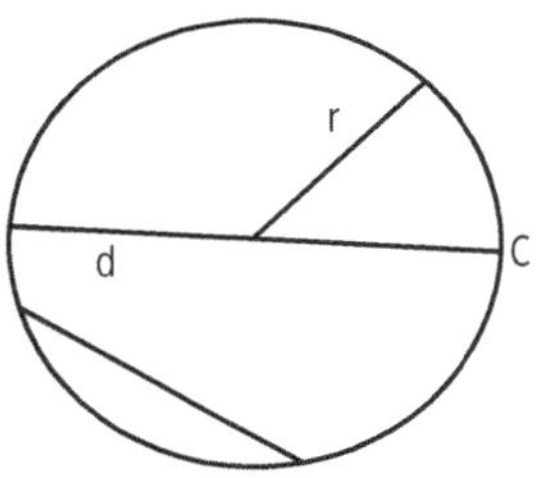

Corda

É o seguimento que liga dois pontos da circunferência.

A maior corda, ou corda maior de uma circunferência, é o diâmetro. Também dizemos que a corda que passa pelo centro é o diâmetro.

Posição relativa entre reta e circunferência

Secante

Tangente

Exterior

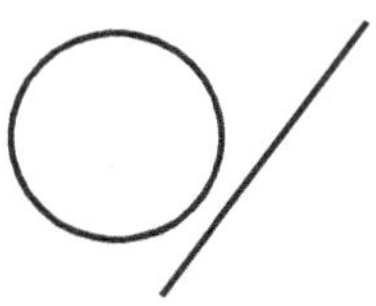

Uma reta é:

- **Secante**: distância entre a reta e o centro da circunferência é menor que o raio.
- **Tangente**: a distância entre a reta e o centro da circunferência é igual ao raio.
- **Externa**: a distância entre a reta e o centro da circunferência é maior que o raio.

Posição relativa entre circunferência

As posições relativas entre circunferência são basicamente 5.

Circunferência Secante

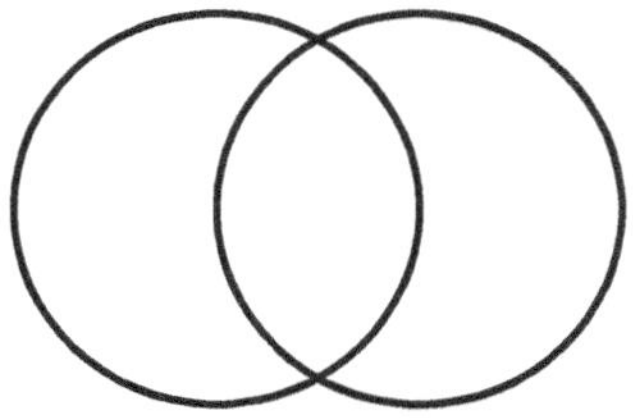

Característica: a distância entre os centros é menor que a soma dos raios das duas, porém, é maior que o raio de cada uma.

Externo

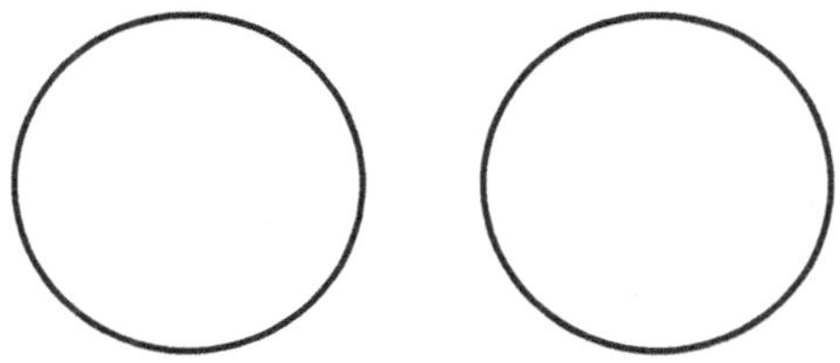

Característica: a distância entre os centros é maior que a soma do raio.

Tangente

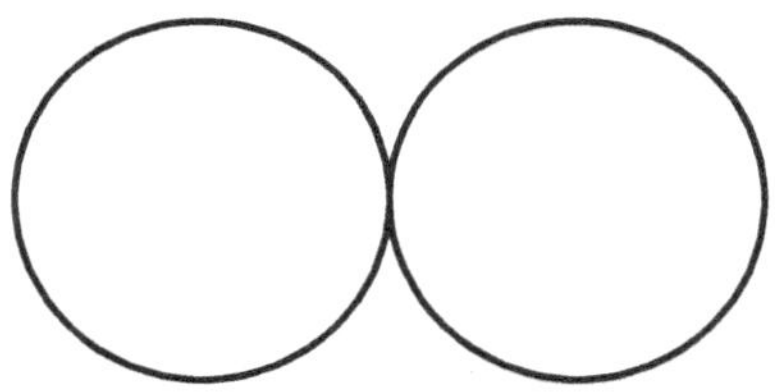

Característica: distância entre centro é igual à soma dos raios.

Interna

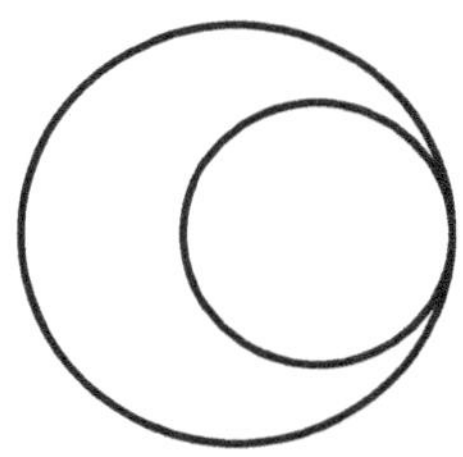

Característica: distância entre os centros mais o raio da menor é igual ao raio da maior.

Interior

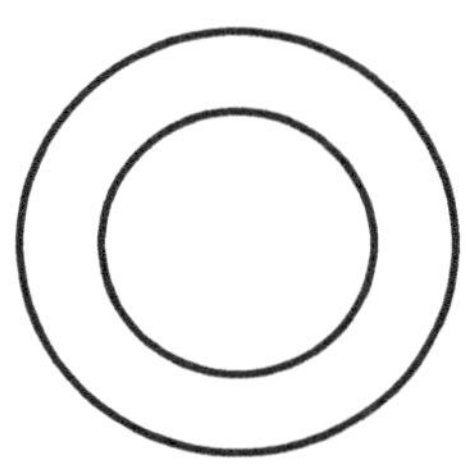

Característica: distância entre os centros menos o raio da menor é menor que o raio da maior.

Ângulo central e ângulo inscrito

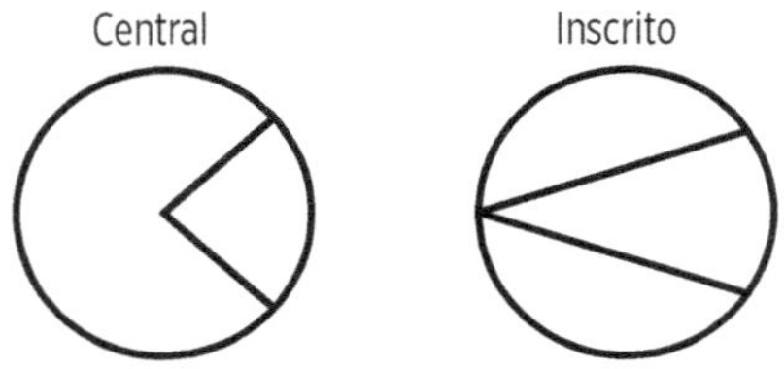

Um ângulo central sempre é o dobro do ângulo inscrito de um mesmo arco.

As áreas de círculos e partes do círculo são:

$$\text{Área do círculo} = \pi \cdot r^2 = \frac{1}{4} \cdot \pi \cdot D^2$$

$$\text{Área do setor circular} = \pi \cdot r^2 \cdot \frac{\alpha}{360^o} = \frac{1}{2} \cdot \alpha \cdot r^2$$

Área da coroa = área do círculo maior – área do círculo menor

> Os ângulos podem ser expressos em graus ($360° = 1$ volta) ou em radianos ($2\pi = 1$ volta)

16.6 Polígonos Regulares Inscritos e Circunscritos

As principais relações entre a circunferência e os polígonos são:

- Qualquer polígono regular é inscritível em uma circunferência.
- Qualquer polígono regular e circunscritível a uma circunferência.

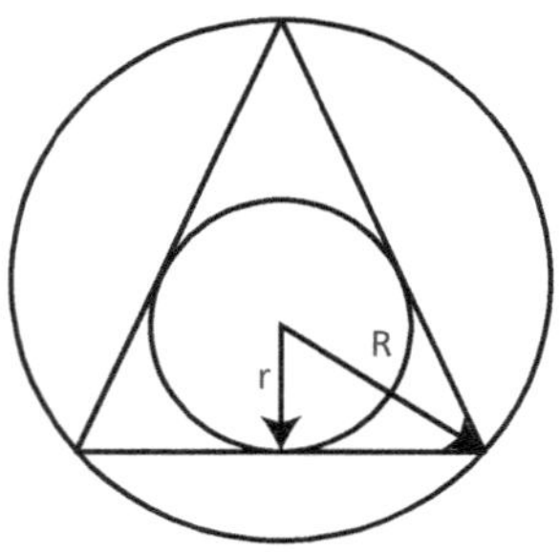

Polígono circunscrito a uma circunferência é o que possui seus lados tangentes à circunferência. Ao mesmo tempo, dizemos que esta circunferência está inscrita no polígono.

Já um polígono é inscrito em uma circunferência se cada vértice do polígono for um ponto da circunferência, e neste caso dizemos que a circunferência é circunscrita ao polígono.

Da inscrição e circunscrição dos polígonos nas circunferências podem-se ter as seguintes relações:

Apótema de um polígono regular é a distância do centro a qualquer lado. Ele é sempre perpendicular ao lado.

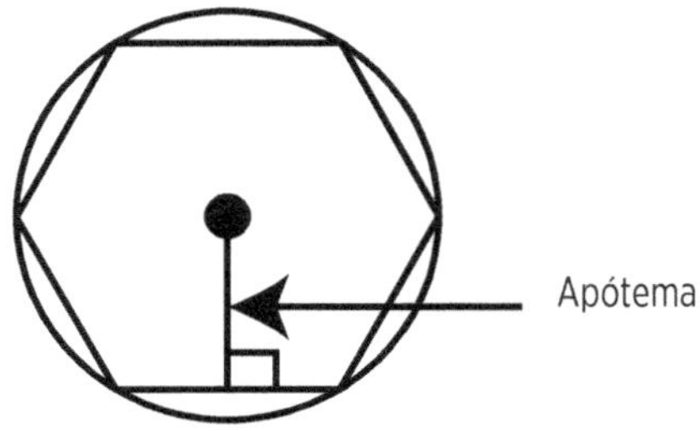

Nos polígonos inscritos:

No quadrado

Cálculo da medida do lado (L):

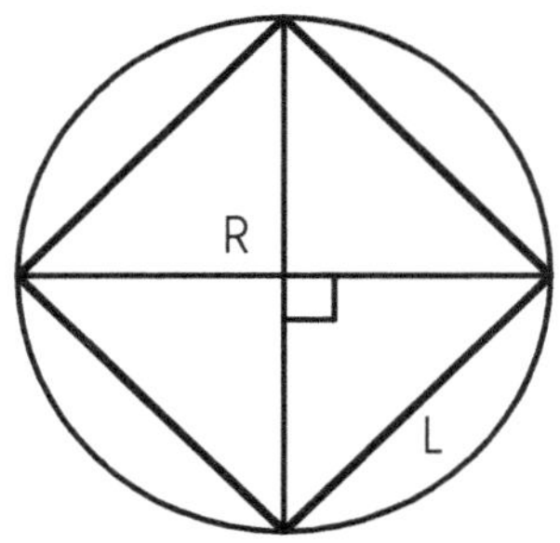

$$L = R\sqrt{2}$$

Cálculo da medida do apótema (a):

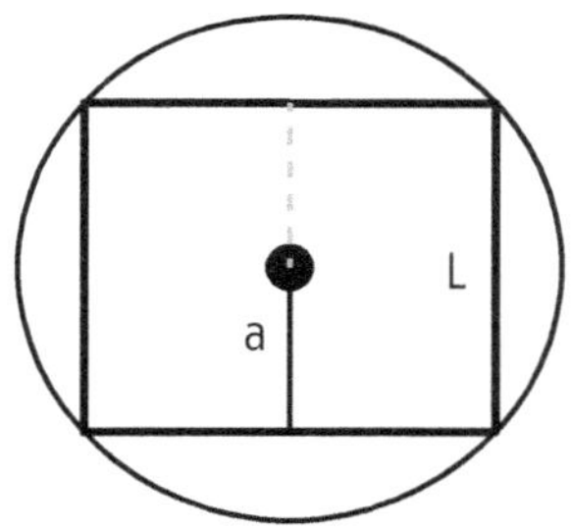

$$a = \frac{R\sqrt{2}}{2}$$

No hexágono

Cálculo da medida do lado (L):

$$L = R$$

Cálculo da medida do apótema (a):

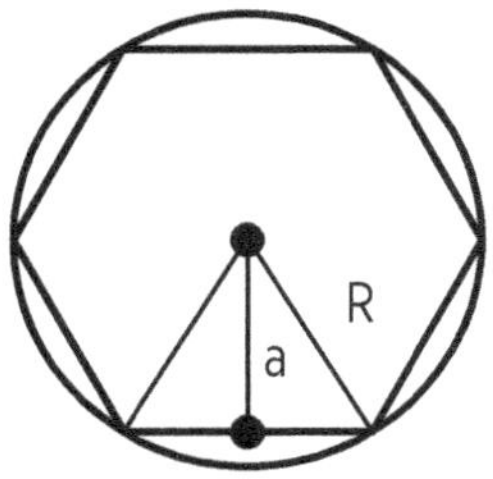

$$a = \frac{R\sqrt{3}}{2}$$

No triângulo equilátero

Cálculo da medida do lado (L):

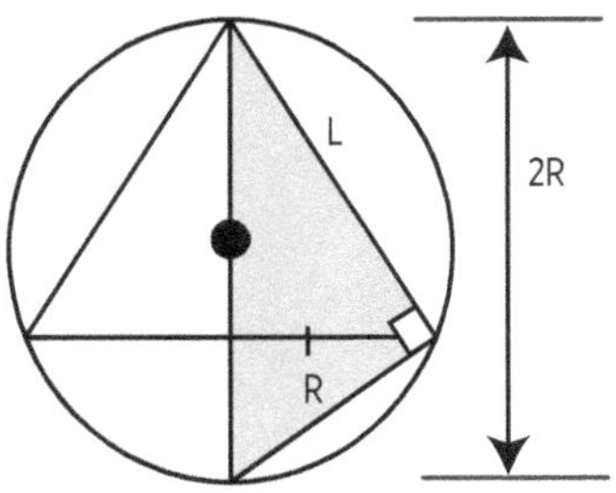

$$L = R\sqrt{3}$$

Cálculo da medida do apótema (a):

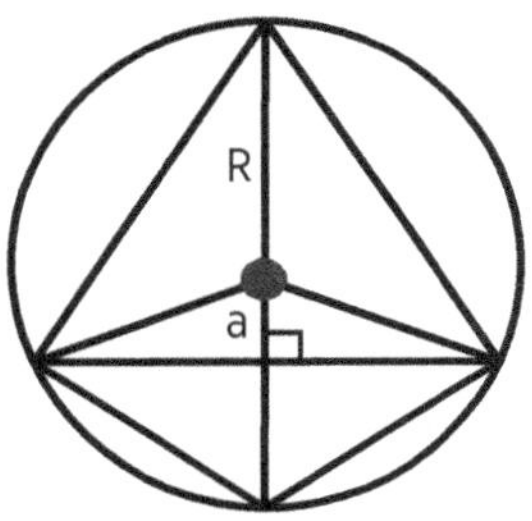

$$a = \frac{R}{2}$$

Nos polígonos circunscritos:

No quadrado

Cálculo da medida do lado (L):

$$L = 2R$$

Cálculo da medida do apótema (a):

$$a = R$$

No hexágono

Cálculo da medida do lado (L):

$$L = \frac{2R\sqrt{3}}{3}$$

Cálculo da medida do apótema (a):

$$a = R$$

No triângulo equilátero

Cálculo da medida do lado (L):

$$L = 2R\sqrt{3}$$

Cálculo da medida do apótema (a):

$$a = R$$

16.7 Perímetros e Áreas dos Polígonos e Círculos

Perímetro

Perímetro: É o contorno da figura ou seja, a soma dos lados da figura.

Para calcular o perímetro do círculo utilize: $P = 2\pi \cdot r$

Área

É o espaço interno, ou seja, a extensão que ela ocupa dentro do perímetro.

As principais áreas (S) de polígonos são:

Retângulo

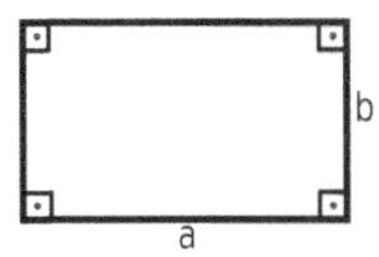

$S = a \cdot b$

Quadrado

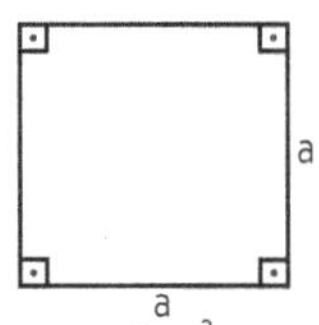

$S = a^2$

Paralelogramo

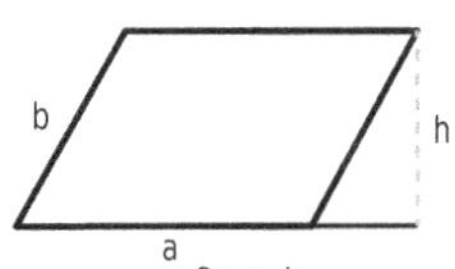

$S = a \cdot h$

Losango

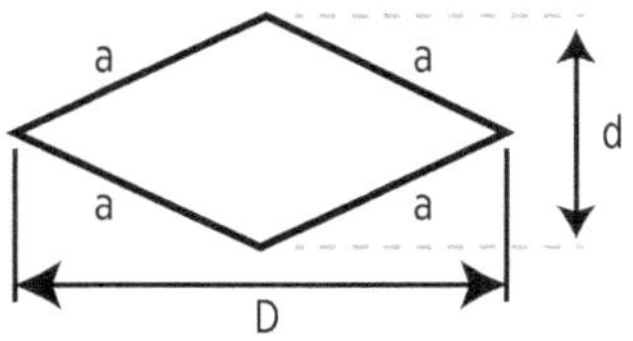

$$S = \frac{D \cdot d}{2}$$

Trapézio

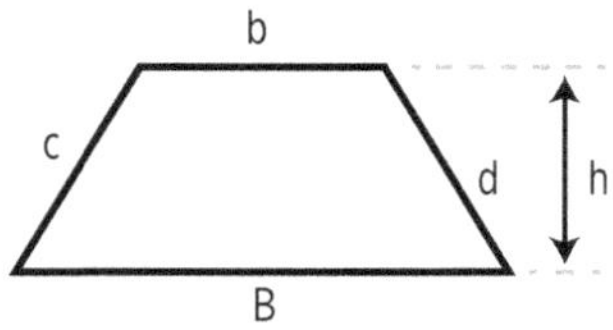

$$S = \frac{(B + b) \cdot h}{2}$$

Triângulo

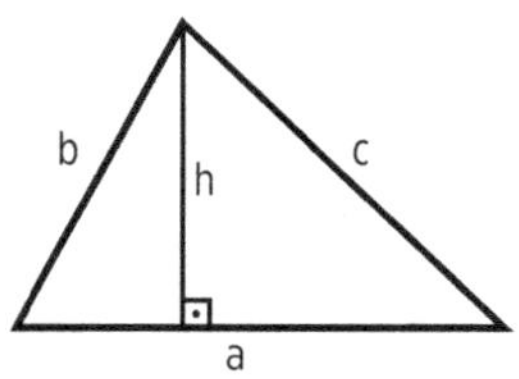

$$S = \frac{a \cdot h}{2}$$

Triângulo equilátero

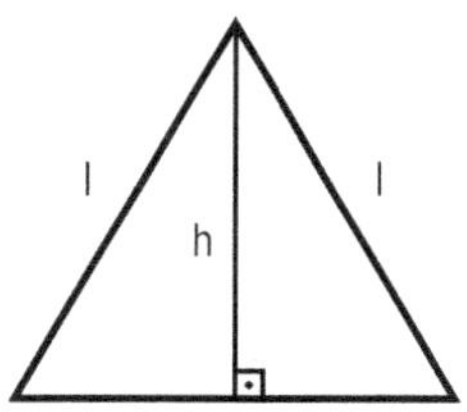

$$S = \frac{l^2\sqrt{3}}{4}$$

Círculo

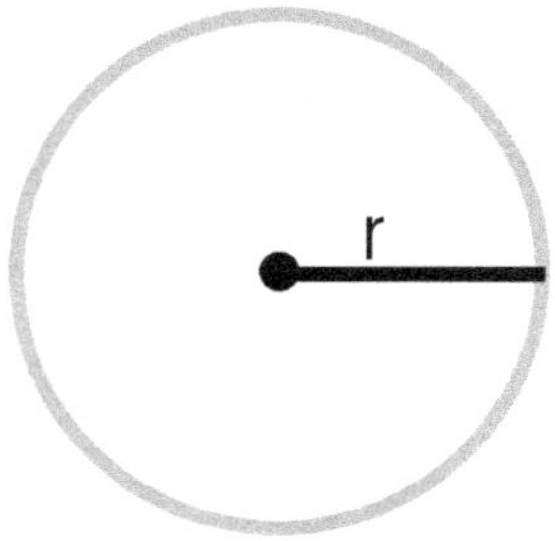

$$S = \pi \cdot r^2$$

Questões

01. **(FCC – 2018 – TRT/15ª REGIÃO/SP – ANALISTA JUDICIÁRIO)** Lúcio, Maurício e Júlio são sócios em uma empresa, sendo as partes de cada um: 15%, 25% e 60%, não necessariamente nessa ordem. Cada um dos sócios atua na empresa, mas em diferentes setores: Administração, Vendas e Informática. Além disso, sabe-se que: – o que atua na Administração não é o que tem 15% da empresa;

– o que atua em Informática é amigo de infância do que tem 60%;

– Júlio não atua em vendas;

– quem atua em vendas é o sócio majoritário;

– Lúcio tem 25% da empresa.

Dessa forma, se a empresa está avaliada em R$ 120.000,00, então o valor da parte de Júlio é

a) R$ 30.000,00.

b) R$ 18.000,00.

c) R$ 72.000,00.

d) R$ 36.000,00

e) R$ 12.000,00.

02. **(FCC – 2018 – TRT/15ª REGIÃO/SP – TÉCNICO JUDICIÁRIO)** O consumo de combustível de um veículo utilizado no transporte de magistrados é de 8 km por litro de gasolina em uso urbano, e de 12 km por litro de gasolina com uso em estrada. No percurso entre os tribunais das cidades A e B, que estão a 90 km um do outro, 12 km são de trecho urbano e o restante é de trecho em estrada. Ao custo de R$ 4,20 por litro de gasolina, uma boa estimativa do gasto com combustível no transporte de um magistrado entre esses dois tribunais é de

a) R$ 44,10.

b) R$ 37,80.

c) R$ 31,50.

d) R$ 39,90.

e) R$ 33,60.

03. **(FGV – 2017 – TRT/12ª REGIÃO/SC – ANALISTA JUDICIÁRIO)** Considere como verdadeiras as afirmativas:

- Se Jorge é francês, então Denise é espanhola.

- Denise não é espanhola ou Beatriz é brasileira.

Sabe-se que Beatriz não é brasileira. Logo, é correto afirmar que:

a) Denise é espanhola e Jorge é francês;

b) Denise é espanhola ou Jorge é francês;

c) se Beatriz não é brasileira, então Denise é espanhola;

d) se Denise não é espanhola, então Jorge é francês;

e) se Jorge não é francês, então Denise não é espanhola.

04. **(FCC – 2018 – TRT/2ª REGIÃO/SP – TÉCNICO JUDICIÁRIO)** Na sequência (5, 7, 9, 11, 6, 8, 10, 12, 7, 9, 11, 13, 8, 10, 12, 14, 9, 11, 13, 15, 10, 12, 14, 16, 11, . . .), o número 15 aparece pela primeira vez na 20ª posição e aparecerá pela última vez na posição de número

a) 44

b) 41

c) 43

d) 42

e) 40

05. **(FCC – 2018 – TRT/15ª REGIÃO/SP – TÉCNICO JUDICIÁRIO)** *Em uma situação hipotética, um Tribunal julgou procedente o recurso de um jogador profissional que atua num clube do interior paulista, e manteve o reconhecimento da unicidade contratual no período de 5/8/2013 a 22/9/2015, desconsiderando, assim, a dispensa ocorrida em 27/7/2015. A decisão colegiada também aumentou de R$ 5 mil para R$ 32 mil a multa compensatória a ser paga pelo clube ao jogador, pela dispensa imotivada.*

(Adaptado de: **http://portal.trt15.jus.br/**. Acessado em: 29/03/18)

De acordo com a notícia, o aumento percentual da multa compensatória a ser paga ao jogador foi de

a) 185%.

b) 156%.

c) 540%.

d) 640%.

e) 590%.

06. **(FCC – 2018 – TRT/2ª REGIÃO/SP – ANALISTA JUDICIÁRIO)** Para preparar um certo número de caixas, 15 funcionários de uma empresa trabalharam durante 8 horas, cada um preparando 7 caixas a cada 20 minutos. Já cansados, três dos funcionários foram embora e os que ficaram trabalharam por mais 6 horas, mais lentos, cada um deles preparando 7 caixas a cada 40 minutos. Ao todo, nessas 14 horas os funcionários conseguiram preparar um número de caixas

a) entre 3150 e 3200.

b) entre 3200 e 3250.

c) entre 3250 e 3300.

d) entre 3300 e 3350.

e) entre 3350 e 3400.

07. **(FCC – 2018 – TRT/2ª REGIÃO/SP – ANALISTA JUDICIÁRIO)** Considere os conjuntos, suas respectivas intersecções e a existência de elementos em todas as regiões do diagrama.

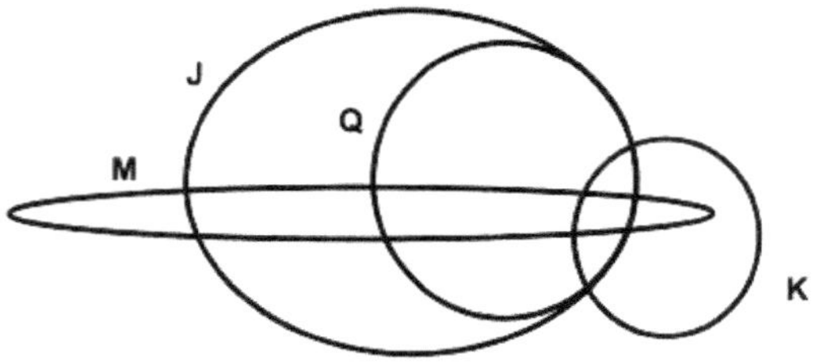

A partir dessas informações é correto concluir que

a) qualquer elemento de **J** que não seja elemento de **Q** é elemento de **M**.

b) há elemento de **K** que, além de ser de **K**, é também elemento de **J**, mas apenas de **J**.

c) os elementos de **M**, que também são elementos de **Q**, não são apenas elementos desses dois conjuntos.

d) todo e qualquer elemento de **Q** é elemento de pelo menos mais dois conjuntos.

e) há elemento de **M** que seja elemento apenas de **M** e **Q**.

Gabaritos

01	B	02	E	03	E
04	B	05	C	06	C
07	C				

INFORMÁTICA

1. SOFTWARE

Cerca de 90% das questões de Informática abordam conceitos relacionados aos softwares, na forma de definições e de modos de operação, tanto em provas de nível médio como de nível superior. Por esse motivo, ele será abordado em nosso primeiro tópico.

O software é a parte **abstrata** de um computador, também conhecido como a parte **lógica**. É um programa instalado em um dispositivo, que pode ser um computador ou mesmo um celular.

Os programas são a aplicação de regras de maneira digital, para que, dada uma situação, ocorra uma reação pré-programada. Assim, temos que um programa é uma representação de tarefas manuais; com eles podemos automatizar processos, o que torna as tarefas mais dinâmicas.

1.1 Licenças de software

Uma licença de software define o que um usuário pode ou não fazer com ele, ela se baseia essencialmente no direito autoral. Existem vários tipos de licenças de software, mas, no que tange ao concurso público, apenas duas são de valor significativo: a licença de software livre e a licença de software proprietário.

Software proprietário

A licença de software proprietário procura reservar o direito de autor do programa.

Um software proprietário é também conhecido como software não livre, pois uma de suas principais características é manter o **Código Fonte[1] Fechado**.

Há vários softwares proprietários gratuitos. Por outro lado, existem aqueles que, para o usuário adquirir o direito de uso, exigem a compra de uma licença de uso, a qual não lhe dá direito de propriedade sobre o programa, apenas concede a ele o direito de utilizá-lo, além de impor algumas regras quanto ao seu uso.

São exemplos de softwares proprietários: Windows, Microsoft Office, Mac OS, aplicativos da Adobe, Corel Draw, WinRAR, WinZip, MSN, entre outros tantos.

Software livre

Em contrapartida ao software proprietário, um grupo criou o software livre. Como princípio atribuem-se às leis que regem a definição de **liberdades** como forma de protesto em relação ao software proprietário.

O software livre tem como primordial característica o **Código Fonte Aberto**.

A principal organização que mantém e promove o software livre é a Free Software Foundation (FSF).

Para que um software seja classificado como Software Livre, ele deve obedecer a quatro **liberdades de software** do projeto **GNU** - *General Public License* (Licença Pública Geral) - idealizado por Richard Matthew Stallman, ativista e fundador do movimento software livre.

Liberdade 0: a liberdade para executar o programa, para qualquer propósito.

1 Código Fonte: conjunto de instruções feitas em uma linguagem de programação, que definem o funcionamento e o comportamento do programa.

Liberdade 1: a liberdade de estudar como o programa funciona e adaptá-lo às suas necessidades.

Liberdade 2: a liberdade de redistribuir cópias do programa de modo que você possa ajudar ao seu próximo.

Liberdade 3: a liberdade de modificar o programa e distribuir essas modificações, de modo que toda a comunidade se beneficie.

A GPL (*CopyLeft*) é um reforço a essas quatro liberdades, garantindo que o código fonte de um programa software livre não possa ser apropriado por outra pessoa ou empresa, principalmente para que não seja transformado em software proprietário.

A GPL só possui versão em inglês devido a possíveis erros de tradução que possam vir a ser inseridos em sua descrição.

O Linux é um dos principais projetos desenvolvidos sob a licença de software livre, assim como o BrOffice, mas o principal responsável por alavancar o software livre, assim como o próprio Linux, foi o projeto Apache[2] que no início só rodava em servidores Linux e hoje é multiplataforma.

São exemplos de softwares livres: Apache, Linux, BrOffice, LibreOffice, Mozilla Firefox, Mozilla Thunderbird, entre outros.

Shareware

A licença do tipo shareware é comumente usada quando se deseja permitir ao usuário uma degustação do programa, é uma licença que oferece funcionalidades reduzidas ou mesmo em sua totalidade, porém, com um prazo para esse uso que, depois de encerrado, o programa limita as funcionalidades ou pode deixar de funcionar.

Um exemplo de software popular que utiliza essa licença é o WinRAR, que, após os 40 dias, começa a exibir uma mensagem toda vez que é aberto, contudo, continua funcionando mesmo que o usuário não adquira a licença.

Esta permite a cópia e redistribuição do software, porém, não permite a alteração, pois o código fonte não é público.

1.2 Tipos de software

Existem diversos tipos de software, mas somente alguns nos interessam durante a prova. Dessa forma, iremos focar o estudo no que nos é pertinente.

Podemos classificar os softwares de acordo com os itens a seguir:

> Firmwares;
> Sistemas Operacionais;
> Escritório;
> Utilitários;
> Entretenimento;
> Malwares.

Firmwares

Um firmware é normalmente um software embarcado, ou seja, ele é um software desenvolvido para operar sobre um hardware específico. De forma geral, um firmware é incorporado ao

2 Apache: servidor responsável pelo processamento da maior parte das páginas disponibilizadas atualmente na Internet, cerca de 51%. .

hardware já no momento de sua fabricação, mas, dependendo do tipo de memória em que é armazenado, ele pode ser atualizado ou não. O software do tipo firmware que interessa ao nosso estudo é o BIOS.

Bios (*basic input/output system*)

O Sistema Básico de Entrada e Saída é um software embarcado em uma **memória do tipo ROM**, nos computadores atuais é mais comum em memórias do tipo **Flash ROM.**

O BIOS é o primeiro programa que roda quando ligamos o computador. Ele é composto pelo **SETUP,** que são suas configurações, e pelo **POST,** responsável por realizar os testes de hardware.

Durante o processo de boot[3], o BIOS aciona a memória CMOS[4], onde ficam armazenadas as últimas informações sobre o hardware do computador e sobre a posição de início do sistema operacional no disco. Em posse dessas informações, o BIOS executa o POST, a etapa que verifica se todos os dispositivos necessários estão conectados e operantes.

Após as verificações de compatibilidade, o BIOS inicia o processo de leitura do disco indicado como primário a partir do ponto onde se encontra o sistema operacional, que é carregado para a memória principal do computador.

Em um mesmo computador podem ser instalados dois ou mais sistemas operacionais diferentes, ou mesmo versões diferentes do mesmo sistema.

Quando há apenas um sistema operacional instalado no computador, este é iniciado diretamente pelo BIOS, porém, se houver dois ou mais se faz necessário optar por qual dos sistemas se deseja utilizar.

Em uma situação em que existem dois sistemas operacionais atribui-se a caracterização de Dual boot.

Um computador que possua uma distribuição Linux instalada e uma versão Windows, por exemplo, ao ser concluído o processo do BIOS, inicia um gerenciador de boot. Em geral é citado nas provas ou o **GRUB** ou o **LILO**, que são associados ao Linux.

Sistemas operacionais (so)

O conteúdo de sistemas operacionais é cobrado de duas formas nas provas: prática e conceitual. Questões de caráter conceitual são colocadas de forma comparativa entre os sistemas, enquanto que as práticas estão associadas às ferramentas e modos de operação de cada sistema. O conteúdo referente à parte prática é abordado em específico nos tópicos Windows e Linux.

O sistema operacional é o **principal programa do computador**. Ele é o responsável por facilitar a interação do usuário com a máquina, além de ter sido criado para realizar as tarefas de controle do hardware, livrando assim os aplicativos de conhecer o funcionamento de cada peça existente no mundo.

As tarefas de responsabilidade do SO são, principalmente, de níveis gerenciais. O sistema operacional é o responsável por administrar a entrada e a saída de dados de forma que, quando um usuário seleciona uma janela, ele está trazendo-a para o primeiro plano de execução. Assim, sempre que o usuário digita um texto, por exemplo, o SO tem de gerenciar qual a janela, ou seja, qual aplicativo receberá as informações entradas pelo teclado, mas ao mesmo tempo o SO receberá uma solicitação do aplicativo para que exiba na tela as informações recebidas.

É de responsabilidade do SO gerenciar o uso da memória RAM e do processador. O controle estabelecido pelo sistema operacional dita que programa será executado naquele instante e quais espaços de memória estão sendo usados por ele e pelos demais aplicativos em execução.

Para que o sistema operacional consiga se comunicar com cada dispositivo, aquele precisa saber antes como estes funcionam, para tanto, é necessário instalar o **driver**[5] do dispositivo. Atualmente, a maioria dos drivers é identificada automaticamente pelo SO, mas o sistema nem sempre possui as informações sobre hardwares recém-lançados. Nesse caso, o sistema, ao não conseguir o driver específico, solicita ao usuário que informe o local onde ele possa encontrar o driver necessário.

Aplicativos	
Hardware	Gerenciamento de entrada/saída
	Gerenciamento de drivers de dispositivos
	Gerenciamento de memória
	Gerenciamento de CPU
Hardware	

Dentre os sistemas operacionais modernos, o Windows ainda é o que mais se destaca em termos de número de usuários em computadores pessoais. Por outro lado, quando se questiona em relação ao universo de servidores na internet, deparamo-nos com o Linux como mais utilizado; o principal motivo relaciona-se à segurança mais robusta oferecida pelo Linux.

Os exemplos de SO para computadores pessoais (PC) que podem ser citados em provas são:

- Windows;
- Linux;
- Mac OS;
- Chrome OS.

Porém, esses sistemas derivaram de duas vertentes principais o **DOS** e o **UNIX**. É de interesse da prova saber que o DOS foi o precursor do Windows e que a plataforma UNIX foi a base do Linux e também do Mac OS.

Contudo, não encontramos SO apenas em PCs. Celulares, smartphones e tablets também utilizam sistemas operacionais. Atualmente, fala-se muito no sistema do Google para esses dispositivos, o Google Android.

Os Sistemas Operacionais podem ser divididos em duas partes principais: Núcleo e Interface.

O **Núcleo de um Sistema Operacional** é chamado de **Kernel**. Ele é a parte responsável pelo gerenciamento do hardware, como já explanado, enquanto que a **interface** é parte de interação com o usuário, seja ela uma interface apenas textual ou uma interface com recursos gráficos.

3 Boot: processo de inicialização do sistema operacional.
4 CMOS: uma pequena memória RAM alimentada por uma pilha de 9V .
5 Driver: conjunto de informações sobre como funciona um dispositivo de hardware.

A interface com recursos gráficos é comumente chamada de **GUI (Graphic User Interface - Interface Gráfica do Usuário),** também citada como gerenciador de interface gráfica. O nome Windows foi baseado, justamente, nessa característica de trabalhar com janelas gráficas como forma de comunicação com o usuário.

Sistema Operacional	Kernel
Windows XP	NT 5.2
Windows Vista	NT 6.0
Windows 7	NT 6.1
Windows 8	NT 6.2
Linux	Linux 3.10

Em relação às **GUIs**, cada versão do Windows utiliza e trabalha com apenas uma única interface gráfica, que só passou a ter um nome específico a partir do Windows Vista.

Windows	GUI
XP	Sem nomenclatura
Vista	Aero
7	Aero
8	Metro

Por outro lado, existem diversas GUIs para o Linux, algumas Distribuições Linux[6] trabalham com apenas um gerenciador de interface gráfica, enquanto que outras trabalham com múltiplas. As principais GUIs do Linux são:

- Gnome;
- KDE;
- Unity;
- XFCE;
- FluxBox;
- BlackBox;
- Mate;
- Cinnamon.

Ao contrário do Windows, o Linux tem suporte a várias Interfaces Gráficas.

Características de um sistema operacional

Os Sistemas Operacionais podem ser classificados de acordo com suas características comportamentais.

Multitarefa

Um Sistema Operacional é dito multitarefa quando consegue executar mais de uma tarefa simultânea, como: tocar uma música enquanto o usuário navega na internet e escreve um texto no Word.

Contudo, há duas formas de multitarefa empregadas pelos SO modernos: Multitarefa Preemptiva e Multitarefa Real.

Windows, Linux e Mac OS.

Monotarefa

Sistema Monotarefa é o sistema que, para executar uma tarefa, deve aguardar a que está em execução terminar ou mesmo forçar o seu término para que possa executar. Trabalha com um item de cada vez.

DOS e algumas versões UNIX.

6 Distribuição Linux: uma cópia do Linux desenvolvida, geralmente, com base em outra cópia, mas com algumas adaptações.

Multiusuário

É quando o Sistema Operacional permite mais de uma **sessão** de usuário ativa simultaneamente.

Se dois ou mais usuários estiverem com sessões iniciadas, elas são de certa maneira tratadas independentemente, ou seja, um usuário não vê o que o outro estava fazendo, como também, em um uso normal, não interfere nas atividades que estavam sendo executadas pelo outro usuário.

O sistema multiusuário geralmente possui a opção trocar de usuário, que permite bloquear a sessão ativa e iniciar outra sessão simultânea.

Monousuário

Em um sistema monousuário, para que outro usuário inicie sessão, é necessário finalizar a do usuário ativo, também conhecido como efetuar *Logoff*.

Softwares de escritório

São aplicativos com utilização mais genérica, de forma a possibilitarem as diversas demandas de um escritório como também suprirem muitas necessidades acadêmicas em relação à criação de trabalhos.

Nesta seção é apresentado um comparativo entre as suítes de escritório que são cobradas na prova.

Editor	Microsoft Office	BrOffice
Texto	Word	Writer
Planilha	Excel	Calc
Apresentação de slides	PowerPoint	Impress
Desenho	Publisher	Draw
Banco de dados	Access	Base
Fórmula	Equation	Math

Os editores de texto, planilha e apresentação são os mais cobrados em provas de concursos. Sobre esses programas podem aparecer perguntas a respeito do seu funcionamento, ainda que sobre editores de apresentação sejam bem menos frequentes.

Outro ponto importante a se ressaltar é que o **Microsoft Outlook** é componente da suíte de aplicativos Microsoft Office. Não foi destacado na tabela acima por não existir programa equivalente no BrOffice.

Por vezes o concursando pode se deparar na prova com o nome **LibreOffice**, o que está correto, pois o BrOffice é utilizado no Brasil apenas, mas ele é baseado no Libre Office. Até a versão 3.2, o BrOffice era fundamentado no OpenOffice e, após a compra da Sun pela Oracle a comunidade decidiu mudar para o Libre por questões burocráticas.

Softwares utilitários

Alguns programas ganharam tamanho espaço no dia a dia do usuário que, sem eles, podemos por vezes ficar sem acesso às informações contidas em arquivo, por exemplo.

São classificados como utilitários os programas compactadores de arquivos e leitores de PDF. Esses programas assumiram tal patamar por consolidarem seus formatos de arquivos. Entre os compactadores temos os responsáveis pelo formato de arquivos ZIP, apesar de que, desde sua versão XP, o Windows já dispunha de recurso nativo para compactar e descompactar arquivos nesse formato, muitos aplicativos se destacavam por oferecer o serviço de forma mais eficiente ou prática. Os compactadores mais conhecidos são: WinZip, BraZip e 7-Zip. Outro compactador que ganhou espaço no mercado foi o WinRar com o formato .RAR, que permite uma maior compactação do que o ZIP.

Softwares de entretenimento

Nesta categoria, entram os aplicativos multimídias como players de áudio e vídeo, como o Windows Media Player, o Winamp, o iTunes, VLC player e BS player, dentre inúmeros outros, assim como também os jogos como Campo Minado, Paciência, Pinball e outros tantos de mais alto nível.

Malwares (malicious softwares)

Os malwares são programas que têm finalidade mal intencionada, na maioria das vezes ilícita. Grande parte das bancas cita-os como pragas cibernéticas que infectam o computador do usuário e trazem algum prejuízo; por outro lado, há bancas que especulam sobre os diferentes tipos de malwares. A seguir são destacados os principais tipos de malwares.

> *Para ser um malware tem que ser um software; do contrário, pode ser uma prática maliciosa, mas não um malware.*

Vírus

O vírus é apenas um dos tipos de malware, ou seja, ao contrário do que a maioria das pessoas fala, nem tudo que ataca o computador é um vírus. As questões que tangem ao que é um vírus, em geral, são cobradas em prova como forma de saber se o concursando conhece as diferenças entre os malwares.

Um vírus tem por características:

> **Infectar** os arquivos do computador do usuário, principalmente arquivos do sistema.

> **Depender de ação do usuário**, como executar o arquivo ou programa que está contaminado com o vírus.

> Ter finalidades diversas, dentre as quais **danificar** tanto arquivos e o sistema operacional, como também as peças.

Vírus mutante

É um vírus mais evoluído, que tem a capacidade de alterar algumas de suas características a fim de burlar o antivírus.

Vírus de macro

O vírus de macro explora falhas de segurança das suítes de escritório, principalmente da Microsoft. Uma macro, ao ser criada de certa forma, anexa ao documento uma programação (comandos geralmente em Visual Basic[7]), ele pode inserir seu código dentro deste código em VB.

7 Visual Basic (VB): é uma linguagem de programação criada pela Microsoft.

O Vírus de Macro geralmente danifica a suíte de escritório, inutilizando-a, além de poder apagar documentos do computador.

Para que seja executado esse vírus, é necessário que o usuário execute o arquivo contaminado.

Worm

O worm é, por vezes, citado nas provas em português como verme, como forma de confundir o concursando. Ao contrário do vírus, ele **não depende de ação do usuário** para executar; ele executa automaticamente: no momento em que um pendrive é conectado a um computador, ele é contaminado ou contamina este.

Ele tem como finalidade se replicar, porém, não infecta outros arquivos, apenas **cria cópias de si** em vários locais, o que pode encher o HD do usuário. Outra forma utilizada de se replicar é através da exploração de falhas dos programas, principalmente os clientes de e-mail, enviando por correio eletrônico cópias de si para os contatos do usuário armazenados no cliente de e-mail.

Um worm, muitas vezes, instala no computador do usuário um bot, transformando aquele em um robô controlado à distância. Os indivíduos que criam um Worm fazem-no com a finalidade de infectar o maior número possível de computadores, para que possam utilizá-los em um ataque de DDoS[8], ou como forma de elevar a estatística de acessos a determinados sites. Também pode ser utilizado para realizar um ataque a algum computador ou servidor na Internet a partir do computador infectado.

Trojan horse (cavalo de troia)

O Cavalo de Troia foi batizado com esse nome, pois suas características se assemelham muito às da guerra da Grécia com Troia. Na História, os gregos deram aos troianos um grande cavalo feito de madeira e coberto de palha para disfarçar que era oco, dentro do cavalo foram colocados vários soldados gregos que deveriam abrir os gigantes e fortes portões da cidade de Troia para que o exército grego pudesse invadir a fortaleza.

Um Cavalo de Troia é recebido pelo usuário como um presente de grego, de forma a levar o usuário a abri-lo, ou seja, ele **depende de ação do usuário**. Os presentes geralmente podem parecer um cartão virtual, uma mensagem, álbuns de fotos, e-mails com indicações de prêmios, falsas respostas de orçamentos, folhas de pagamento, sempre alguma forma de chamar a atenção do usuário para que ele abra o Trojan.

Podemos tratá-lo em essência como um **meio** para que outro malware seja instalado no computador. Da mesma forma como o cavalo da história serviu como meio para infiltrar soldados e como os soldados abriram os portões da cidade, o malware também pode abrir as portas do computador para que outros malwares o infectem, o que acontece na maioria dos casos, portanto, pode trazer em seu interior qualquer tipo de malware.

Esse malware executa as ações para as quais, aparentemente, fora criado; como exibir uma mensagem, ou crackear[9] um programa. Essa tarefa é realizada com o intuito de distrair o usuário enquanto que os malwares são instalados.

8 DDoS: ataque de negação de serviço distribuído, veja mais no tópico segurança desse material.

9 Crackear: é uma quebra de licença de um software para que não seja necessário adquirir a licença de uso, caracterizando pirataria.

Spyware

Também conhecido como **software espião**, o spyware tem por finalidade capturar dados do usuário e enviá-los para terceiros: nº de cartões de crédito, CPF, RG, nomes, data de nascimento e tudo mais que for pertinente para que transações eletrônicas possam ser feitas utilizando seus dados.

Existem dois tipos de spywares: os **KeyLoggers** e os **ScreenLoggers**.

Keylogger

Key = chave, Log = registro de ações.

O KeyLogger é um spyware cuja característica é capturar os dados digitados pelo usuário. Na maioria das situações o KeyLogger não captura o que é digitado a todo instante, mas o que é teclado após alguma ação prévia do usuário, como por exemplo abrir uma página de um banco ou de uma mídia social - alguns keyloggers são desenvolvidos para capturar conversas em programas de *messenger*.

Screenlogger

Screen = Tela

O ScreenLogger é uma evolução do KeyLogger na tentativa de capturar, principalmente, as senhas de bancos, pois o ScreenLogger captura fotos avançadas da tela do computador a cada clique do mouse. Essa foto avançada, na verdade, é uma foto de uma pequena área que circunda o mouse, mas grande o suficiente para que seja possível ver em que número o usuário clicou.

Muitos serviços de Internet Banking[10] utilizam um **teclado virtual**, no qual o usuário clica nos dígitos de sua senha ao invés de digitar. Assim, ao forçar que o usuário não utilize o teclado, essa ferramenta de segurança ajuda a evitar roubos de senhas por KeyLoggers. Por outro lado, foi criado o ScreenLogger, que captura imagens; então, como forma de oferecer segurança maior, alguns bancos utilizam um dispositivo chamado de **Token**.

O Token é um dispositivo que gera uma chave de segurança aleatória, a qual uma vez utilizada para acessar a conta, torna-se inválida para novos acessos. Assim, mesmo sendo capturada, ela se torna inútil ao invasor.

> Cuidado para não confundir: Teclado Virtual em uma página de Internet Banking é um recurso de segurança, enquanto o teclado virtual que faz parte do Windows é um recurso de acessibilidade.

Hijacker

O Hijacker é um malware que tem por finalidade **capturar** o **navegador** do usuário, principalmente o Internet Explorer. Esse programa **fixa uma página inicial** no navegador, que pode ser uma página de propaganda ou um site de venda de produtos, ou mesmo um site de pornografia, como os mais perigosos que fixam páginas falsas de bancos (veja mais na seção Segurança no tópico ataques).

As alterações realizadas por ele no navegador dificilmente são reversíveis. Na maioria dos casos, é necessário reinstalar o navegador várias vezes até formatar o computador. Existem, no mercado, alguns programas que tentam restaurar as configurações padrões dos navegadores, são conhecidos por Hijacker This, porém, esses programas não são ferramentas de segurança, mas apenas uma tentativa de consertar o estrago feito.

Adware

Adware (Advertising Software) é um software especializado em apresentar propagandas.

Ele é tratado como malware, quando apresenta algumas características de spywares, além de, na maioria dos casos, se instalar no computador explorando falhas do usuário, por exemplo, durante a instalação de um programa em que o indivíduo não nota que em uma das etapas estava instalando outro programa diferente do desejado.

Um exemplo clássico é o Nero gratuito, que é patrocinado pelo ASK[11]. Durante a instalação, uma das telas apresenta algumas opções: deseja instalar a barra de ferramenta do ASK; deseja tornar o motor de busca do ASK como seu buscador padrão; deseja tornar a página do ASK como sua página inicial, que, por padrão, aparecem marcadas esperando que o usuário clique indiscriminadamente na opção "avançar".

Muitos Adwares monitoram o comportamento do usuário durante a navegação na Internet e vendem essas informações para as empresas interessadas.

Backdoors

Backdoor, basicamente, é uma **porta dos fundos** para um ataque futuro ao computador do usuário.

Um Backdoor pode ser inserido no computador por meio de Trojan Horse, como também pode ser um programa adulterado recebido de fonte pouco confiável. Por exemplo, um usuário baixa em um site qualquer, diferente do oficial, o BrOffice, nada impede que o programa tenha sido ligeiramente alterado com a inserção de brechas para ataques futuros.

Rootkits

RootKit vem de Root = administrador do ambiente Linux. Kit = conjunto de ferramentas e ações.

Um Rootkit altera aplicativos do Sistema, como gerenciadores de arquivos, com o intuito de **esconder arquivos maliciosos** que estejam presentes no computador. Por meio dele também o invasor pode criar Backdoors no computador, para que possa voltar a atacar o micro sem se preocupar em ter de contaminá-lo novamente.

10 Internet Banking: acesso à conta bancária pela internet, para realizar algumas movimentações e consultas.

11 Ask: motor de buscas na internet.

2. HARDWARE

O hardware consiste da parte física de um computador, ou seja, são as peças que o compõem. As questões comumente cobradas nos concursos relacionam os tipos de periféricos e a sua classificação.

2.1 Classificação dos dispositivos quanto à finalidade

Os periféricos do computador são classificados de acordo com sua finalidade e uso. Assim, como classificações principais, temos as que se seguem.

Entrada

Dispositivos de Entrada são aqueles por meio dos quais o usuário entra com alguma informação para o computador. Muito cuidado: para ser classificado como de entrada, os dispositivos têm de ser apenas de entrada. A seguir os exemplos de dispositivos de entrada de dados:

> teclado;
> mouse;
> webcam;
> microfone;
> scanner de mesa;
> scanner de mão;
> scanner biométrico;
> tablets[1];
> Kinect[2].

Saída

Classificamos como dispositivos de saída aqueles que têm por finalidade informar ao usuário o resultado de algum processamento. São exemplos de dispositivos de saída:

> monitor;
> impressora;
> caixa de som.

Entrada/saída

Os periféricos classificados nesta categoria são os que devemos tomar mais cuidado durante as provas, porque aqui se encaixam aqueles dispositivos que podemos chamar de dispositivos híbridos devido a sua capacidade de realizar tanto a tarefa de entrada como a de saída de dados. São exemplos desses dispositivos:

> impressoras multifuncionais;
> telas sensíveis ao toque (*touchscreen)*;
> kits multimídias[3].

1 Tablets: aqueles utilizados para desejar ou digitalizar assinaturas.
2 Kinect: é o dispositivo usado no vídeo game Xbox para entrada de movimentos do usuário, a Microsoft também o disponibilizou para ser utilizado como entrada para o computador.
3 Kit multimídia: é composto em geral por dispositivos de entrada e de saída, por isso é classificado como de Entrada/Saída.

Armazenamento

Os dispositivos de armazenamento são aqueles que nos permitem armazenar os dados e os mantêm armazenados mesmo quando não são alimentados por uma fonte de energia. A seguir, temos exemplos de dispositivos de armazenamento

> CD-ROM;
> DVD-ROM;
> BD-ROM (*BlueRay Disk*);
> HD (*Hard Disk - disco rígido*);
> HD externo;
> pendrive;
> HD SSD;
> cartão de memória.

2.2 Classificação dos dispositivos quanto ao tipo de tecnologia

Podemos ainda classificar os dispositivos de acordo com a tecnologia que eles utilizam para ler as informações ou escrevê-las.

Óticos

Um dispositivo ótico é aquele que se utiliza de sinais luminosos para, principalmente, ler informações, como

> scanner;
> CD;
> DVD;
> BD;
> webcam;
> alguns mouses.

Magnéticos

Enquanto outros dispositivos utilizam o magnetismo como forma de operação, tomamos certos cuidados com os disquetes. Atualmente, as pessoas se descuidam e esquecem que os computadores usam dispositivos magnéticos como principal forma de armazenamento e acabam passando por portas magnéticas com seus notebooks, o que pode vir a danificar partes do HD.

Assim, vemos que ainda hoje é muito comum, entre os servidores de backup, o uso de fitas magnéticas, como a fita cassete, para armazenar os dados.

Elétricos

Atualmente, os dispositivos elétricos são os que mais vêm sendo utilizados, principalmente pela sua velocidade de operação e praticidade de uso, como o pendrive e os cartões de memória. Ainda é uma tecnologia emergente entre os usuários o HD Sólido (HD SSD), devido ao alto valor aquisitivo, porém, é um dispositivo de altíssima velocidade que resolve o maior gargalo hoje dos computadores, ou seja, substitui os HDs convencionais, que são as peças mais lentas do computador.

2.3 Arquitetura

Podemos dividir as tecnologias de hardware em arquiteturas de x86 de 32bits e a arquitetura de 64bit. Essa divisão se baseia na forma como o sistema processa as informações, quer dizer, a quantidade de informações simultâneas que o processador opera.

2.4 Processador

O termo CPU significa Unidade Central de Processamento; muitas vezes as pessoas chamam o gabinete de CPU, o que está errado, pois o processador é apenas uma das peças que compõe o gabinete. Também podemos comparar a CPU como sendo o cérebro do computador, porque ela é responsável por processar as informações e gerar um resultado.

Um processador é composto por vários registradores que possuem finalidades específicas; os principais são a ULA (Unidade Lógico-aritmética), responsável pelos cálculos e comparações lógicas; e a UC (Unidade de Controle), que tem como responsabilidade controlar o que está sendo feito no processador.

Também faz parte do processador a memória Cache. Ela é uma pequena memória, em relação à principal, porém muito mais rápida, operando quase na mesma velocidade que o processador; alguns modelos operam na mesma velocidade que o processador.

Em um processador, podemos encontrar vários níveis de cache, nos atuais normalmente encontramos 2 níveis (level), sendo que os mais modernos já possuem 3 níveis. Em alguns modelos a cache de nível 3 é interna ao processador, junto às demais, enquanto que em outros ela fica externa a ele.

A finalidade da cache é fornecer informações mais rapidamente ao processador, a fim de minimizar o tempo em que ele fica ocioso.

Memórias

Existem diversos tipos de memórias, quando tratamos de um computador. Elas podem ser classificadas de diversas formas de acordo com suas características, o que ilustra a tabela a seguir.

Tipo de memória	Categoria	Mecanismo de apagamento	Mecanismo de escrita	Volatilidade
Memória de acesso aleatório (RAM)	Memória de leitura e escrita	Eletricamente, em nível de Bytes	Eletricamente	Volátil
Memória apenas de leitura (ROM)	Memória apenas de leitura	Não é possível	Máscaras	Não volátil
ROM programável (PROM)			Elétrico	
PROM apagável (EPROM)	Memória principalmente de leitura	Luz UV, em nível de pastilha.		
Memória flash		Eletricamente, em níveis de blocos.		
PROM eletricamente apagável (EEPROM)		Eletricamente, em nível de bytes.		

A memória RAM é a Principal do computador, também conhecida como memória de trabalho. É uma memória de leitura e escrita, porém possui natureza volátil, ou seja, quando desconectada da energia, perde todas as informações que estavam nela, por isso que, quando não salvamos um documento e o fornecimento de energia acaba, desligando o computador, perdemos parte desse trabalho. Já o HD pode ser chamado de memória secundária por ser uma memória de armazenamento não volátil.

A memória RAM é expansível, ao contrário da memória ROM.

2.5 Unidades de medida

Na Informática, a menor unidade de medida é o bit, que consiste em um sinal verdadeiro ou falso para o computador, que, por questões de facilidade, transcreve-se na forma de 0 (zero) e 1 (um).

Porém, o bit apenas é uma informação pequena, então foi criado o conceito de "palavra", que passou a ser chamada de Byte. Um Byte é composto por 8 bits.

A partir disso temos as unidades K, M, G, T, P, e assim por diante, para designar tamanhos de arquivos e capacidades de armazenamentos. A cada letra multiplicamos por 1024 a quantidade da anterior. A tabela a seguir ilustra as equivalências de valores.

1 Peta (PB)	1 Tera (TB)	1 Giga (GB)	1 Mega (MB)	1 Kilo (KB)	1 Byte	bit
1024 (TB)	1024 GB	1024 MB	1024 KB	1024 Bytes	8 bits	0 ou 1

3. LINUX

Linux é um Sistema Operacional criado por Linus Torvald, com base na plataforma UNIX. Muitas bancas de concurso apenas o citam no edital de conteúdo programático. Uma parte dos conceitos cobrados relacionados ao Linux já foram vistos na seção Sistemas Operacionais, em que são apontadas características baseadas no seu funcionamento.

3.1 Conceitos básicos

Nesta seção são abordados os demais conceitos relacionados diretamente a algumas funcionalidades e definições do Linux.

Dual boot

É possível instalar em um mesmo computador múltiplos sistemas operacionais, de forma que, ao ligar o computador, o usuário escolhe qual sistema deseja utilizar. A etapa de escolha do sistema é controlada por gerenciadores de boot; quando se instala o Linux, ele instala automaticamente um gerenciador de boot. Os gerenciadores de boot mais populares são o GRUB e o LILO.

Distribuições

Uma Distribuição é uma cópia modificada e compartilhada com a comunidade; o Linux possui várias distribuições diferentes. Isso se deve ao fato de ele ser um software livre e, assim, é permitido alterar uma distribuição e repassar a outras pessoas que, por sua vez, também podem efetuar as suas alterações.

No site da dristrowatch existem mais de 300 distribuições Linux registradas. As principais são:

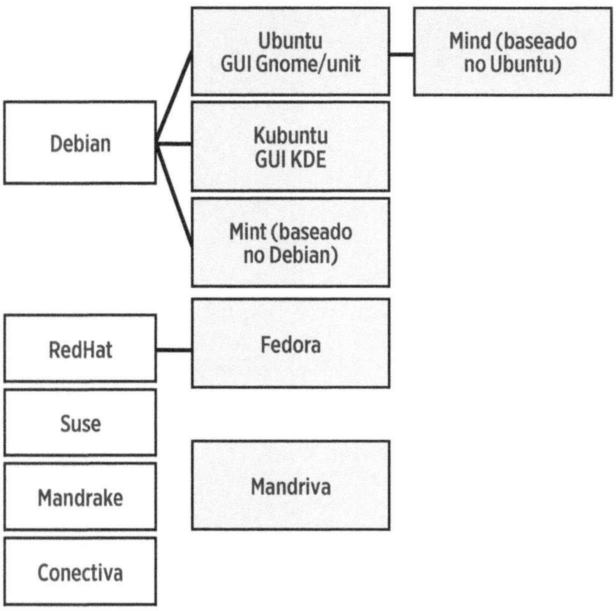

Estrutura de diretórios

A estrutura de diretórios define quais são as pastas do Sistema e quais as suas finalidades perante os programas e o próprio sistema operacional.

As questões sobre a estrutura de diretórios do Linux assumem um formato relacional, cabendo ao concursando associar as pastas às suas finalidades.

A estrutura de diretório do Linux, assim como a do Windows, possui caráter hierárquico que toma como partida a raiz do Sistema - no caso do Linux, a raiz do SO é o diretório / (barra). O termo raiz é atribuído, pois a estrutura de diretórios observada de forma inversa apresenta características de uma árvore que, a partir da raiz, possui seus galhos, as pastas e, por fim, suas folhas, os arquivos.

/dev	(devices): armazena os drivers/dev dos dispositivos.
/bin	(binaries): armazena os binários essenciais para o funcionamento do sistema. Como também comandos básicos do SO como rm, pwd, su, tar, entre outros.
/Sbin	(binaries): armazena os binários essenciais para o funcionamento do sistema que sejam vinculados ao Super Usuário (administrador).
/mnt	(Mount): conhecido como ponto de montagem padrão, é o local por meio do qual se tem acesso às unidades de armazenamento, CD-ROMs e Pendrives conectados no computador.
/etc	Armazena os arquivos de configuração do Sistema Operacional.
/boot	Arquivos necessários para o boot do sistema.
/tmp	Arquivos temporários.
/home	Armazena as pastas dos usuários.
/root	Diretório do administrador.

Gerenciadores de arquivos

Gerenciador de Arquivo é o programa que permite navegar entre as pastas do computador, como também realizar tarefas do tipo copiar, recortar, colar, renomear e mover arquivos e pastas.

O Nautilus é o gerenciador de arquivos utilizado nas distribuições Linux que trabalham com a interface gráfica Gnome, enquanto que as distribuições que utilizam o KDE têm como gerenciador de arquivos o Konqueror. O Konqueror também pode ser utilizado como navegador de Internet, já no Nautilus essa opção foi desabilitada por segurança.

Terminal linux

O Shell é o aplicativo que permite operar com o Sistema Operacional Linux através de linhas de comandos, ou seja, é o responsável por ler e interpretar um comando do usuário. Ele é similar ao Prompt de comandos no Windows (DOS).

Comandos linux

Embora o Linux possua várias interfaces gráficas que podem ser utilizadas, a boa e velha linha de comando ainda é o caminho mais prático e rápido para a execução de muitas tarefas.

Os comandos são cobrados no concurso justamente porque é a parte similar entre as diversas distribuições Linux. Mas você não precisa se desesperar, pois o que é pedido são apenas os comandos básicos e para que servem, ou seja, não é pedido a linha de comando e suas opções, mas apenas o comando. Assim, vejamos os principais comandos cobrados e suas ações:

cd	Permite navegar entre as pastas.
ls	Listar arquivos e pastas do diretório atual.
clear	Limpa a tela.
exit	Sair do terminal.
cp	Copiar um arquivo ou pasta especificado.
rm	Remover um arquivo ou pasta especificado.
init 0	Desliga o Computador (é necessário ser administrador para executar este comando).
init 6	Reinicia o Computador (é necessário ser administrador para executar este comando).
chmod	Permite alterar as permissões de arquivos e pastas.
mv	Mover arquivos e pastas. Também pode ser utilizado para renomear um arquivo ou pasta.
pwd	Mostra o diretório em que você está.
mkdir	Criar um diretório.
reboot	Reinicia o Sistema Operacional.
tar	Empacota os arquivos e pastas em um único arquivo. (não compacta).
gzip	Compacta os arquivos e/ou pastas em um mesmo arquivo.

4. SISTEMA WINDOWS 10

O Windows 10 é um sistema operacional da Microsoft lançado em 29 de julho de 2015. Essa versão trouxe inúmeras novidades, principalmente, por conta da sua portabilidade para celulares e também tablets.

4.1 Requisitos Mínimos

Para instalar o Windows 10, o computador deve possuir no mínimo 1 GB de memória RAM para computadores com processador 32 bits de 1GHz, e 2GB de RAM para processadores de 32bits de 1GHz. Todavia, recomenda-se um mínimo de 4GB.

A versão 32 bits do Windows necessita, inicialmente, de 16GB de espaço livre em disco, enquanto o Windows 64 bits utiliza 20GB. A resolução mínima recomendada para o monitor é de 1024 x 768.

4.2 Novidades

O Windows 10 nasce com a promessa de ser o último Windows lançado pela Microsoft. Isso não significa que não será atualizado. A proposta da Microsoft é não lançar mais versões, a fim de tornar as atualizações mais constantes, sem a necessidade de aguardar para atualizar junto de uma versão enumerada. Com isso, ao passar dos anos, a empresa espera não usar mais a referência Windows 10, mas apenas Windows.

O novo sistema trouxe inúmeras novidades como também alguns retrocessos.

O objetivo do projeto do novo Windows foi baseado na interoperabilidade entre os diversos dispositivos como tablets, smartphones e computadores, de modo que a integração seja transparente, sem que o usuário precise, a cada momento, indicar o que deseja sincronizar.

A barra Charms, presente no Windows 8 e 8.1, foi removida, e a tela inicial foi fundida ao botão (menu) Iniciar.

Algumas outras novidades apresentadas pela Microsoft são:

> Xbox Live e o novo Xbox app que proporcionam novas experiências de jogo no Windows 10. O Xbox, no Windows 10, permite que jogadores e desenvolvedores acessem à rede de jogos do Xbox Live, tanto nos computadores Windows 10 quanto no Xbox One. Os jogadores podem capturar, editar e compartilhar seus melhores momentos no jogo com Game DVR, e disputar novos jogos com os amigos nos dispositivos, conectando a outros usuários do mundo todo. Os jogadores também podem disputar jogos no seu computador, transmitidos por stream diretamente do console Xbox One para o tablet ou computador Windows 10, dentro de casa.

> **Sequential Mode**: em dispositivos 2 em 1, o Windows 10 alterna facilmente entre teclado, mouse, toque e tablet. À medida que detecta a transição, muda convenientemente para o novo modo.

> **Novos apps universais**: o Windows 10 oferece novos aplicativos de experiência, consistentes na sequência de dispositivos, para fotos, vídeos, música, mapas, pessoas e mensagens, correspondência e calendário. Esses apps integrados têm design atualizado e uniformidade de app para app e de dispositivo para dispositivo. O conteúdo é armazenado e sincronizado por meio do OneDrive, e isso permite iniciar uma tarefa em um dispositivo e continuá-la em outro.

Área de trabalho

A barra de tarefas do Windows 10 apresenta como novidade a busca integrada.

Cortana

Tal recurso opera junto ao campo de pesquisa localizado na barra de tarefas do Windows.

Está é uma ferramenta de execução de comandos por voz. Porém, ainda não conta com versão para o Português do Brasil. Outro ponto importante é a privacidade, pois tal ferramenta guarda os dados.

Continue de onde parou

Tal característica, presente no Windows 10, permite uma troca entre computador – tablet – celular, sem que o usuário tenha de salvar os arquivos e os enviar para os aparelhos; o próprio Windows se encarrega da sincronização.

Ao abrir um arquivo, por exemplo, em um computador e editá-lo, basta abri-lo em outro dispositivo, de modo que as alterações já estarão acessíveis (a velocidade e disponibilidade dependem da velocidade da conexão à Internet).

Desbloqueio imediato de usuário

Trata-se de um recurso disponível, após a atualização do Windows, que permite ao usuário que possua *webcam*, devidamente instalada, usar uma forma de reconhecimento facial para *logar* no sistema, sem a necessidade de digitar senha.

Múltiplas áreas de trabalho

Uma das novidades do Windows 10 é a possibilidade de manipular "múltiplas Áreas de Trabalho", uma característica que já estava há tempos presente no Linux e no MacOS. Ao usar o atalho Windows + Tab, é possível criar uma nova Área de Trabalho e arrastar as janelas desejadas para ela.

Botão iniciar

Com essa opção em exibição, ao arrastar o mouse ligeiramente para baixo, são listados os programas abertos pela tela inicial. Programas abertos dentro do desktop não aparecem na lista, conforme ilustrado a seguir:

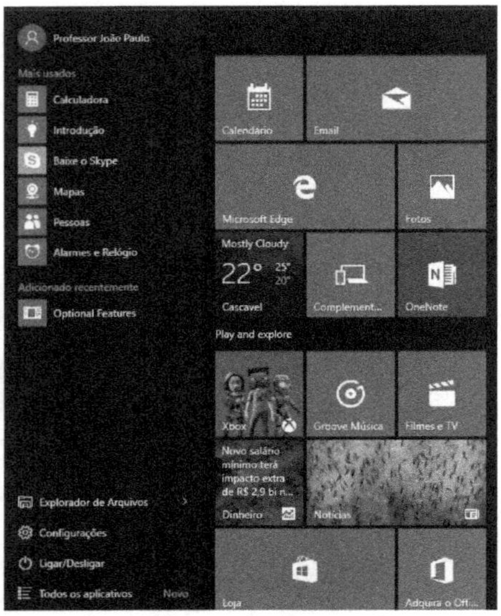

Aplicativos

Os aplicativos podem ser listados clicando-se no botão presente na parte inferior do Botão Iniciar, mais à esquerda.

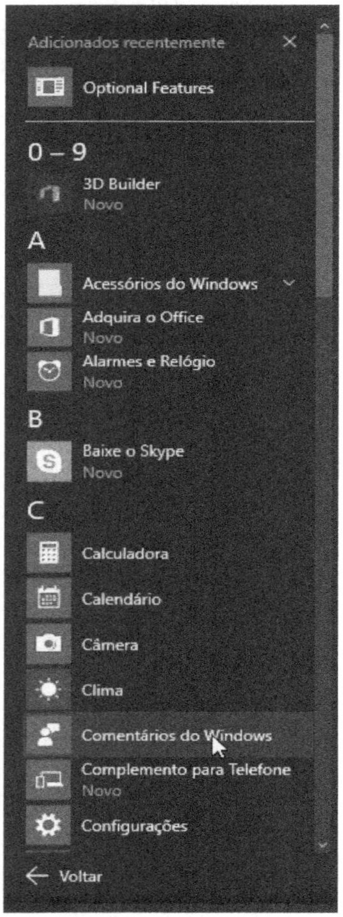

Acessórios

O Windows 10 reorganizou seus acessórios ao remover algumas aplicações para outro grupo (sistema do Windows).

Os aplicativos listados como acessórios são, efetivamente:

- Bloco de Notas;
- Conexão de Área de Trabalho Remota;
- Diário do Windows;
- Ferramenta de Captura;
- Gravador de Passos;
- Internet Explorer;
- Mapa de Caracteres;
- Notas Autoadesivas;
- Painel de Entrada de Expressões Matemática;
- Paint;
- Visualizador XPS;
- Windows Fax and Scan;
- Windows Media Player;
- Wordpad.

Bloco de notas

O Bloco de Notas é um editor de texto simples, e apenas texto, ou seja, não aceita imagens ou formatações muito avançadas. A imagem a seguir ilustra a janela do programa.

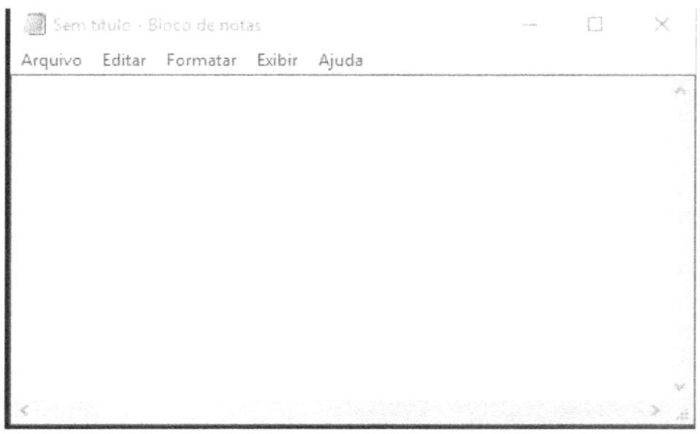

Contudo, são possíveis algumas formatações de fonte:

- Tipo/nome da fonte;
- Estilo de fonte (Negrito Itálico);
- Tamanho da fonte.

Atenção, pois a cor da fonte não é uma opção de formatação presente. A janela a seguir ilustra as opções.

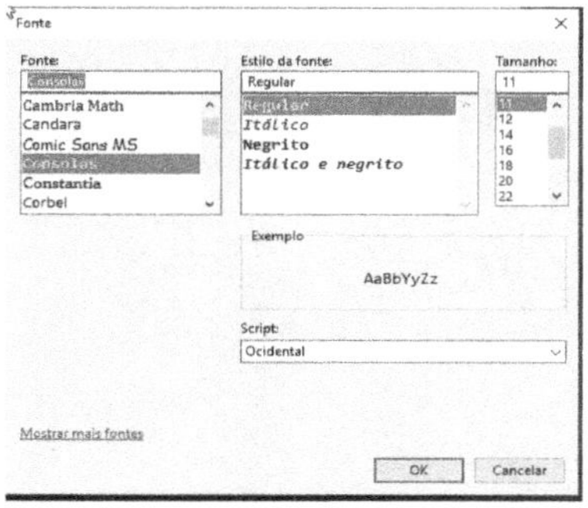

Conexão de área de trabalho remota

A conexão remota do Windows não fica ativa por padrão, por questões de segurança.

Para habilitar a conexão, é necessário abrir a janela de configuração das Propriedades do Sistema, ilustrada a seguir. Tal opção é acessível pela janela Sistema do Windows.

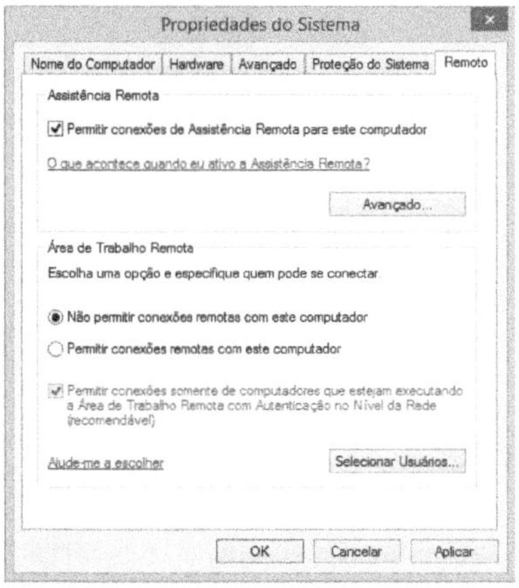

A conexão pode ser limitada à rede por restrição de autenticação em nível de rede, ou pela Internet usando contas de e-mail da Microsoft.

A figura a seguir ilustra a janela da Conexão de Área de Trabalho Remota.

Diário do windows

A ferramenta Diário do Windows é uma novidade no Windows 8. Ela permite que o usuário realize anotações como em um caderno.

Os recursos de formatação são limitados, de modo que o usuário pode escrever manuscritamente ou por meio de caixas de texto.

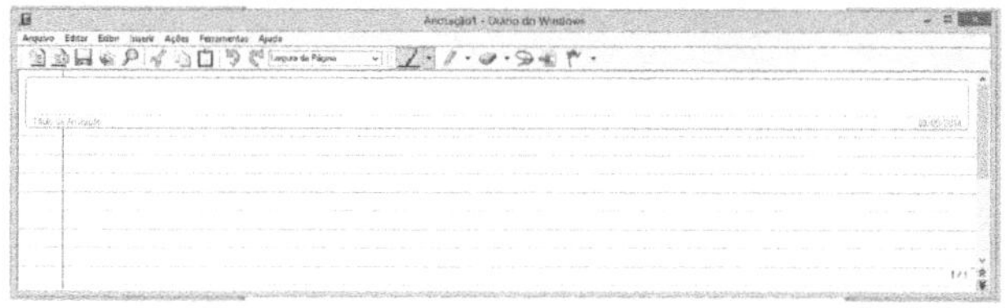

Ferramenta de captura

A ferramenta de captura, presente desde o Windows 7, permite a captura de partes da tela do computador. Para tanto, basta selecionar a parte desejada usando o aplicativo.

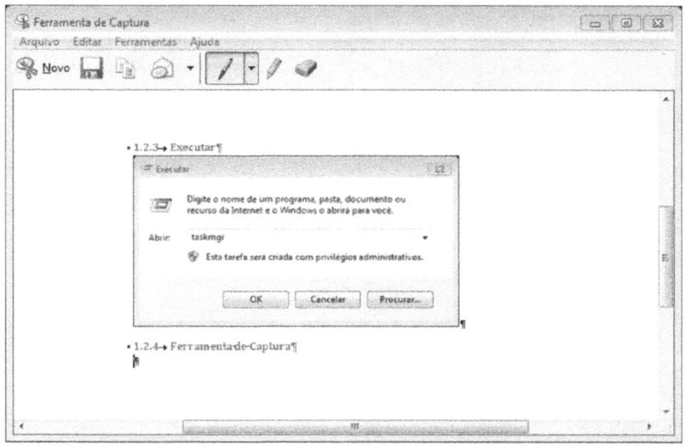

Gravador de passos

O Gravador de Passos é um recurso novo do Windows 8, muito útil para atendentes de suporte que precisam apresentar o passo a passo das ações que um usuário precisa executar para obter o resultado esperado.

A figura a seguir ilustra a ferramenta com um passo gravado para exemplificação.

Mapa de caracteres

Frequentemente, faz-se necessário utilizar alguns símbolos diferenciados. Esses símbolos são chamados de caracteres especiais. O Mapa de Caracteres permite listar os caracteres não presentes no teclado para cada fonte instalada no computador e copiá-los para a área de transferência do Windows.

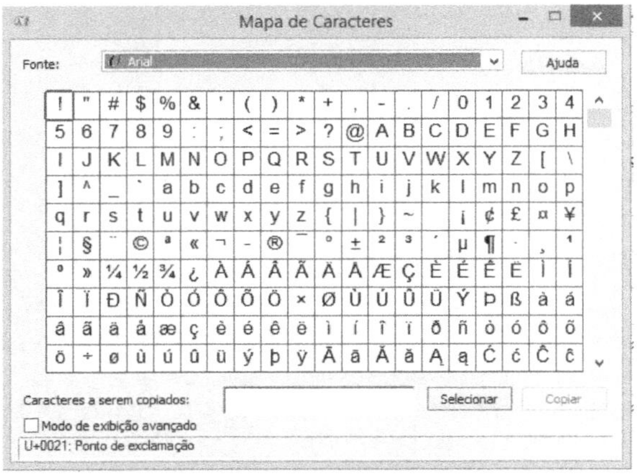

Notas autoadesivas

Por padrão, as notas autoadesivas são visíveis na Área de Trabalho, elas se parecem com Post its.

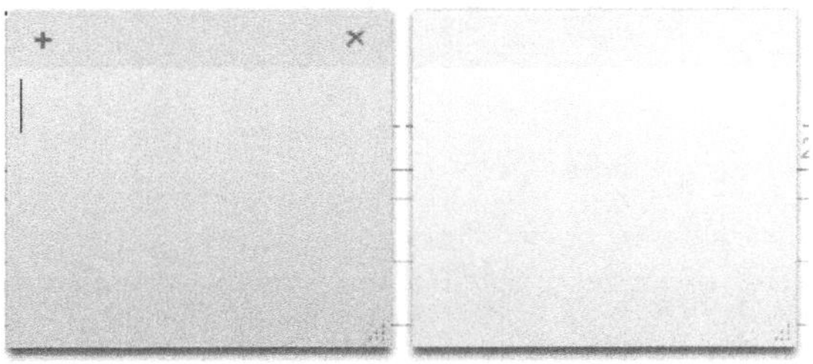

Painel de entrada de expressões matemáticas

Esta ferramenta possibilita o usuário de desenhar, utilizando o mouse ou outro dispositivo de inserção como *tablet canetas*, fórmulas matemáticas como integrais e somatórios, e ainda colar o resultado produzido em documentos.

Paint

O tradicional editor de desenho do Windows, que salva seus arquivos no formato PNG, JPEG, JPG, GIF, TIFF e BMP (Bitmap), não sofreu mudanças em comparação com a versão presente no Windows 7.

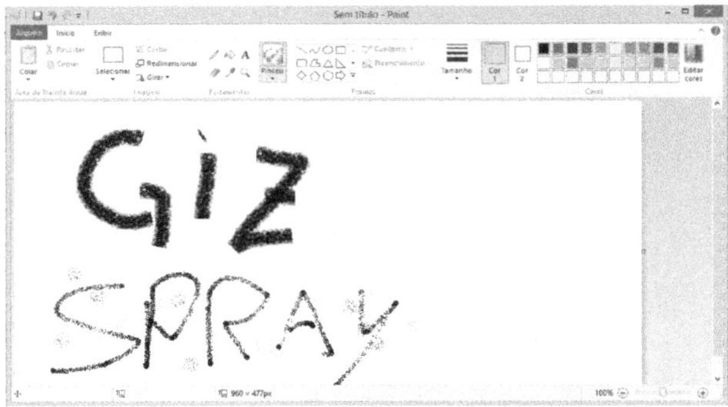

Wordpad

É um editor de texto que faz parte do Windows, ao contrário do MS Word, com mais recursos que o Bloco de Notas.

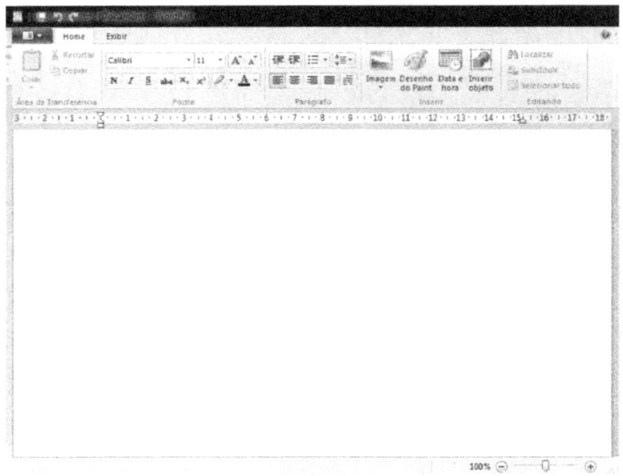

Facilidade de acesso

Anteriormente conhecida como ferramentas de acessibilidade, são recursos que têm por finalidade auxiliar pessoas com dificuldades para utilizar os métodos tradicionais de interação com o computador.

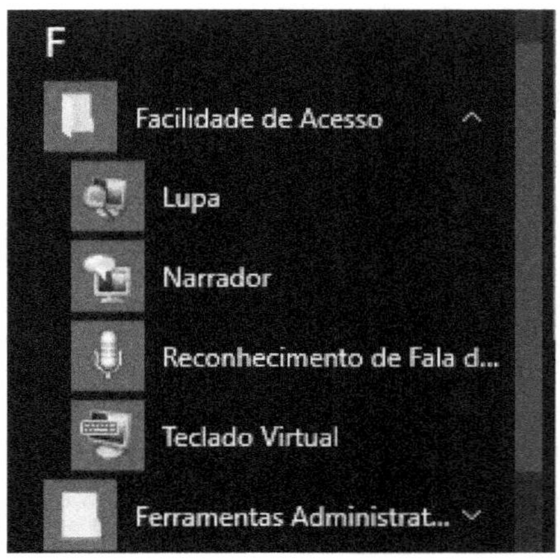

Lupa

Ao utilizar a lupa, pode-se ampliar a tela ao redor do ponteiro do mouse, como também é possível usar metade da tela do computador exibindo a imagem ampliada da área próxima ao ponteiro.

Narrador

O narrador é uma forma de leitor de tela que lê o texto das áreas selecionadas com o mouse.

Teclado virtual

É preciso ter muito cuidado para não confundir o teclado virtual do Windows com o teclado virtual usado nas páginas de Internet Banking.

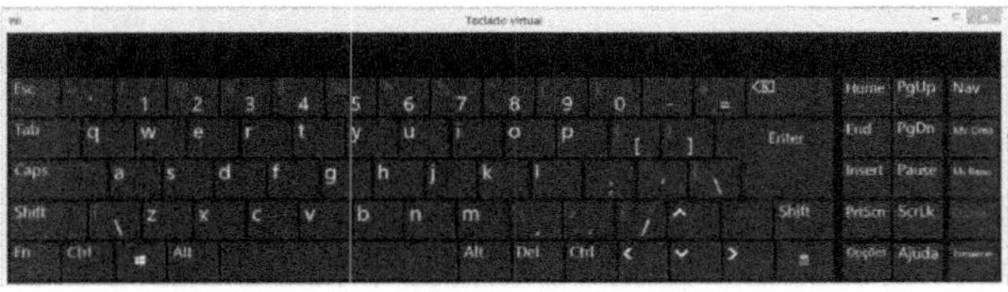

Outras ferramentas

O Windows 10 separou algumas ferramentas a mais que o Windows 8, tais como a calculadora e o calendário.

Calculadora

A calculadora do Windows 10 deixa de ser associada aos acessórios. Outra grande mudança é o fato de que sua janela pode ser redimensionada, bem como perde um modo de exibição, sendo eles:

- > Padrão;
- > Científica;
- > Programador.

A calculadora do Windows 10 apresenta inúmeras opções de conversões de medidas, conforme ilustrado respectivamente ilustradas a seguir.

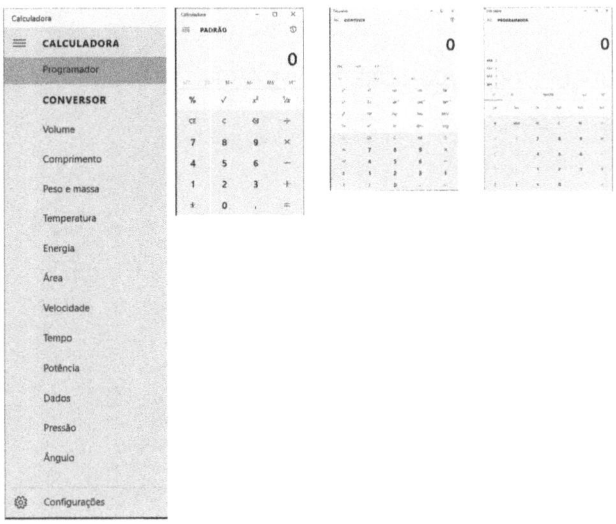

Painel de controle

O Painel de Controle do Windows é o local onde se encontram as configurações do sistema operacional Windows.

Ele pode ser visualizado em dois modos: ícones ou categorias. As imagens a seguir representam, respectivamente, o modo ícones e o modo categorias.

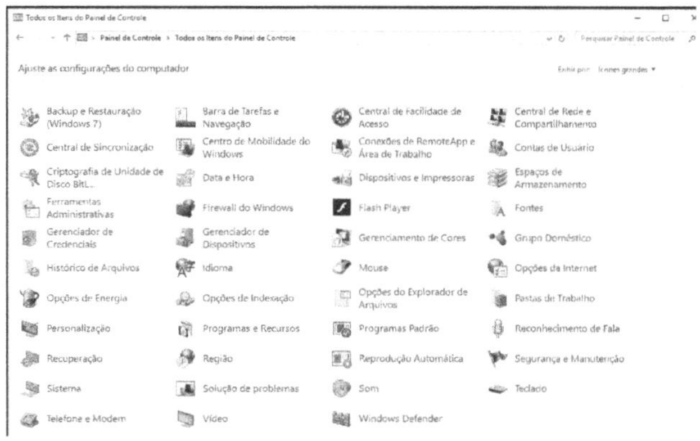

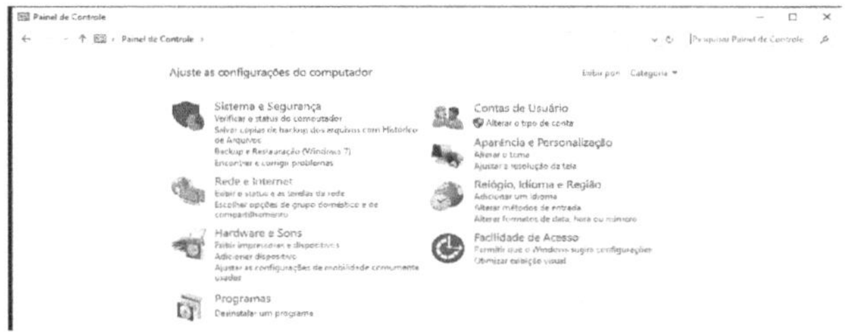

No modo Categorias, as ferramentas são agrupadas de acordo com sua similaridade, como na categoria Sistema e Segurança, que envolve o Histórico de Arquivos e a opção Corrigir Problemas.

A opção para remover um programa possui uma categoria exclusiva chamada de Programas.

Na categoria Relógio, Idioma e Região, temos acesso às opções de configuração do idioma padrão do sistema. Por consequência, é possível também o acesso às unidades métricas e monetárias, como também alterar o layout do teclado ou botões do mouse.

Algumas das configurações também podem ser realizadas pela janela de configurações acessível pelo botão Iniciar.

Segurança e manutenção

Dispositivos e impressoras

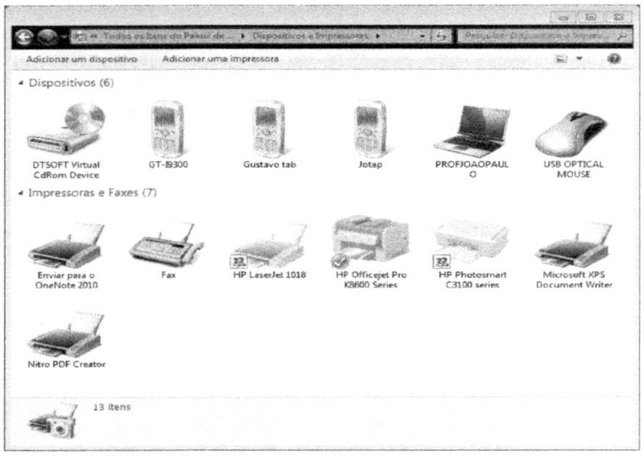

Firewall do windows

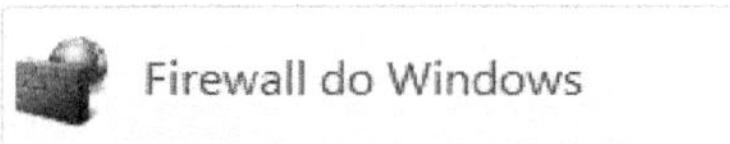

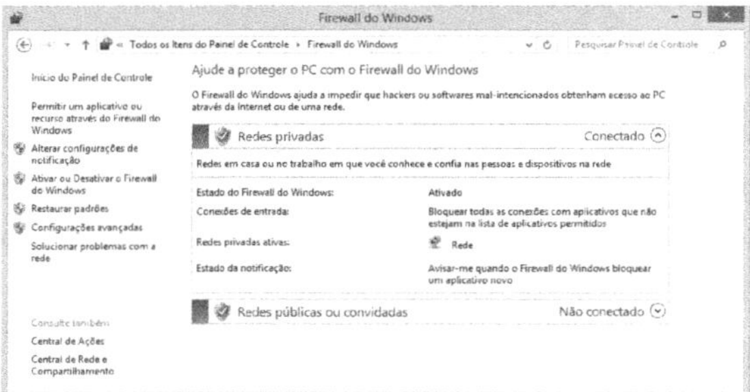

Data e hora

Contas de usuário

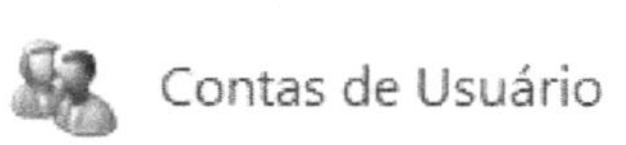

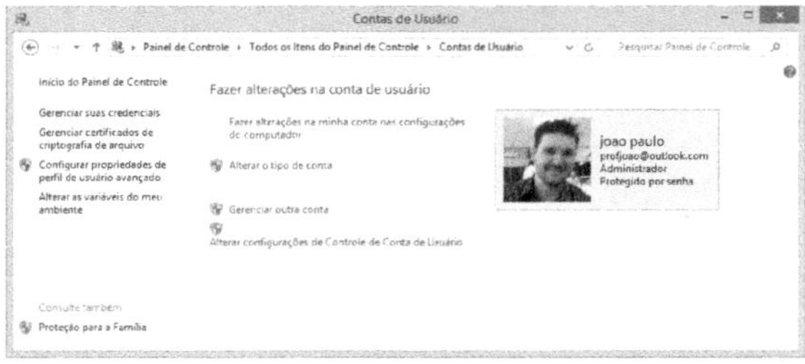

Opções de energia

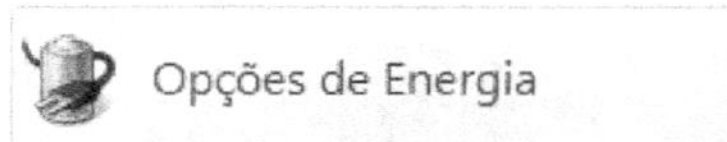

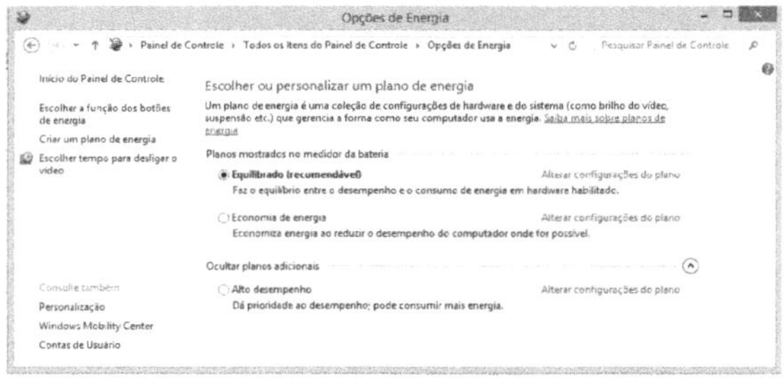

Opções do explorador de arquivos

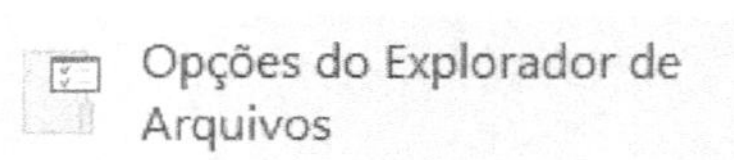

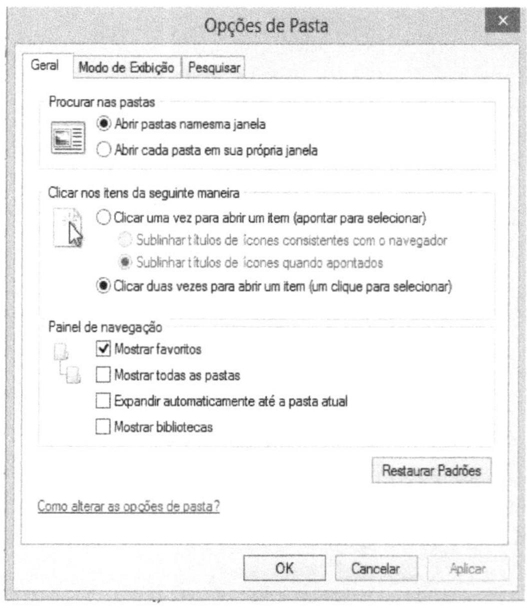

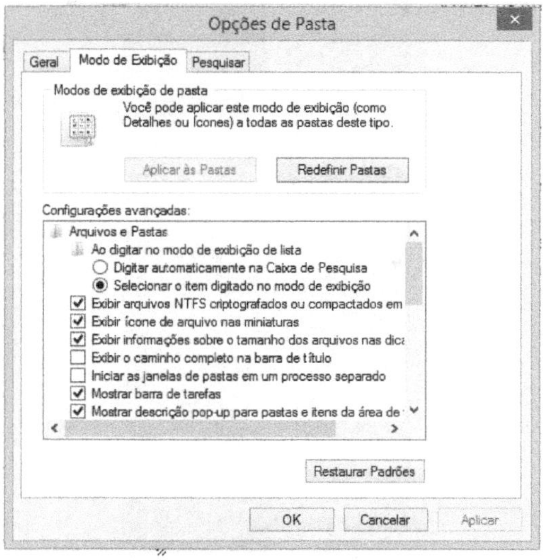

Programas e recursos

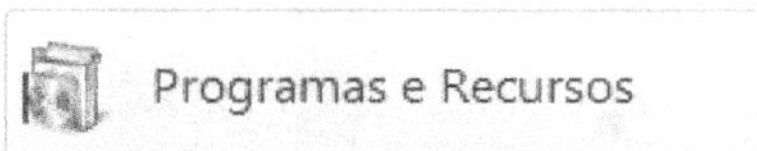

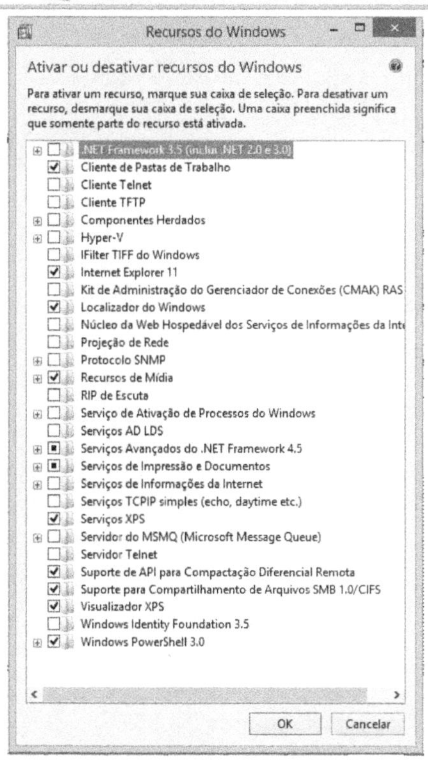

Programas padrão

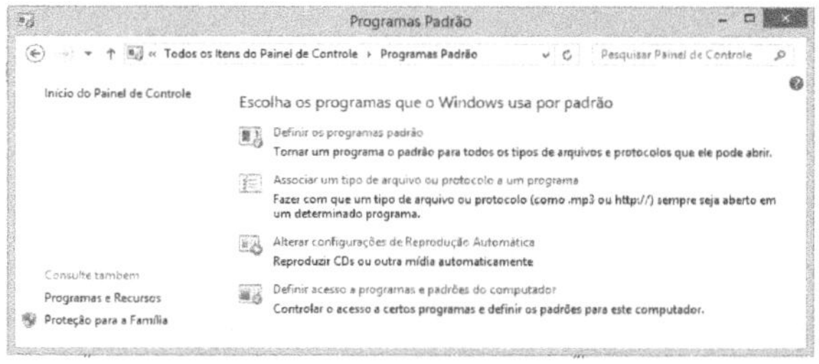

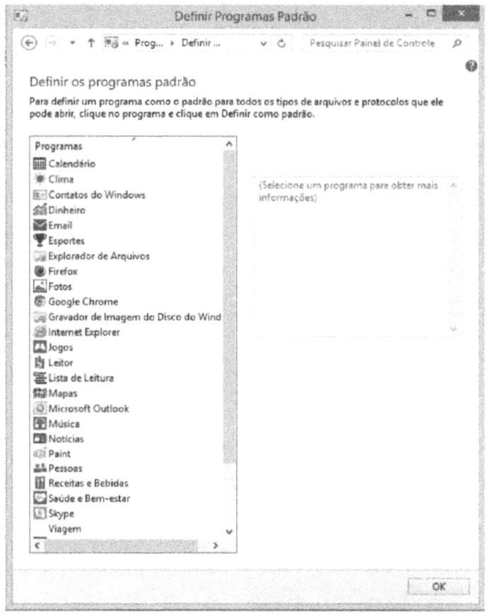

Sistema

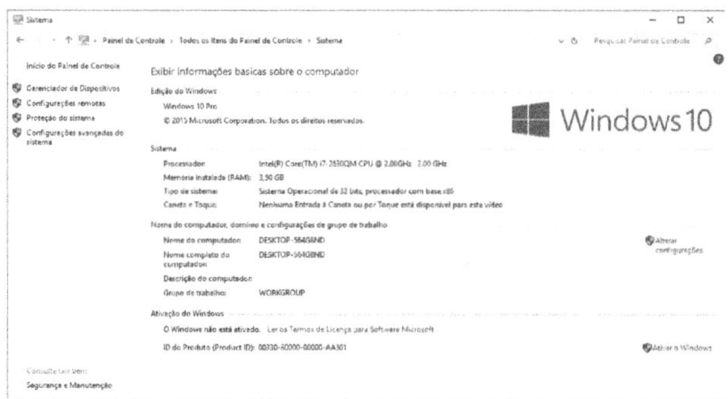

Windows defender

No Windows 10, o Windows Defender passou a ser também antivírus além de ser antispyware.

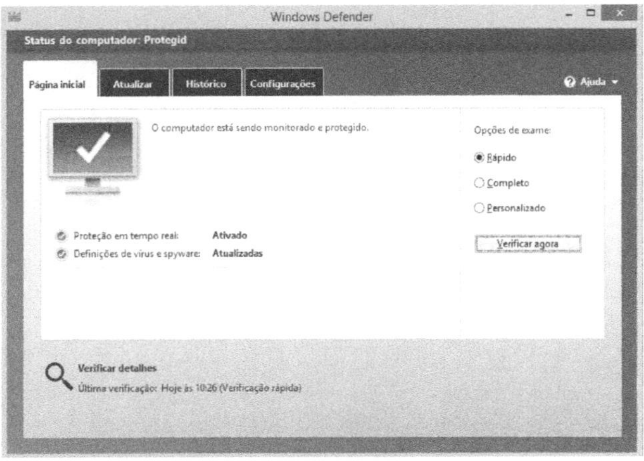

Estrutura de diretórios

Uma estrutura de diretórios é como o Sistema Operacional organiza os arquivos, separando-os de acordo com sua finalidade.

O termo diretório é um sinônimo para pasta, que se diferencia apenas por ser utilizado, em geral, quando se cita alguma pasta Raiz de um dispositivo de armazenamento ou partição.

Quando citamos o termo Raiz, estamos fazendo uma alusão a uma estrutura que se parece com uma árvore que parte de uma raiz e cria vários ganhos, que são as pastas, e as folhas dessa árvore são os arquivos.

Dessa maneira, observamos que o **diretório Raiz do Windows** é o diretório **C:** ou **C:** enquanto que o **diretório Raiz do Linux** é o **/**.

Podemos ser questionados com relação à equivalência dos diretórios do Windows em relação ao Linux.

Principais diretórios windows

C:\windows	**Armazena os arquivos do Sistema Operacional Windows.**
C:\Arquivos de Programas	**Armazena os arquivos dos programas instalados no computador.**
C:\Usuários	**Armazena as configurações, arquivos e pastas de cada usuário do sistema.**

Ferramentas administrativas

Limpeza de disco

Apaga os arquivos temporários, por exemplo, arquivos da Lixeira, da pasta Temporários da Internet e, no caso do Windows, a partir da versão Vista, as miniaturas.

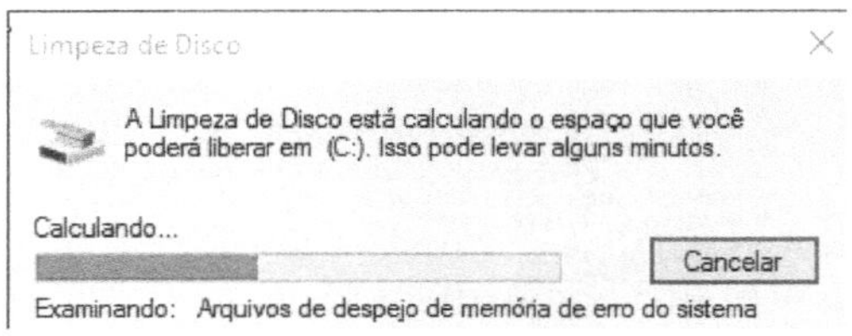

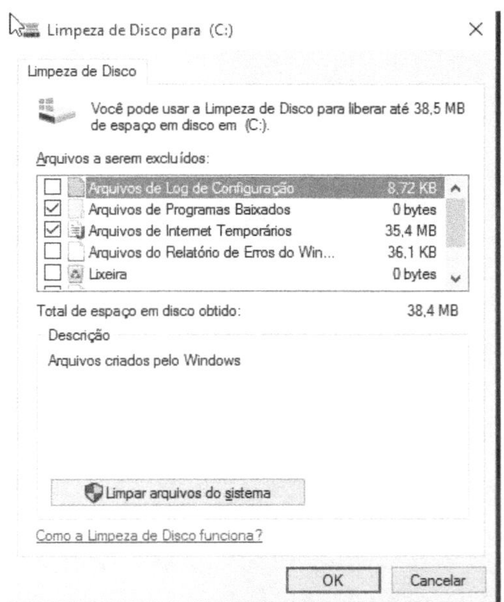

Lixeira

A capacidade da Lixeira do Windows é calculada. Assim, para HDs de até 40 GB, a capacidade é de 10%. Todavia, para discos rígidos maiores que 40 GB, o cálculo não é tão direto. Vamos a um exemplo: caso um HD possua o tamanho de 200 GB, então é necessário descontar 40 GB, pois até 40 GB a lixeira possui capacidade de 10%; assim, sobram 160 GB. A partir desse valor, deve-se calcular mais 5%, ou seja, 8 GB. Com isso, a capacidade total da lixeira do HD de 200 GB fica com 4 GB + 8 GB = 12 GB.

É importante, ainda, destacar que a capacidade da lixeira é calculada para cada unidade de armazenamento. Desse modo, se um HD físico de 500 GB estiver particionado, é necessário calcular separadamente a capacidade da lixeira para cada unidade.

A Lixeira é um local, e não uma pasta. Ela lista os arquivos que foram excluídos, porém nem todos arquivos excluídos vão para a Lixeira. Vejamos a lista de situações em que um arquivo não será movido para a lixeira:

- arquivos maiores do que a capacidade da Lixeira;
- arquivos que estão compartilhados na rede;
- arquivos de unidades removíveis;
- arquivos que foram removidos de forma permanente pelo usuário.

Desfragmentar e otimizar unidades

É responsabilidade do Desfragmentador organizar os dados dentro do HD de forma contínua/contígua para que o acesso às informações em disco seja realizado mais rapidamente.

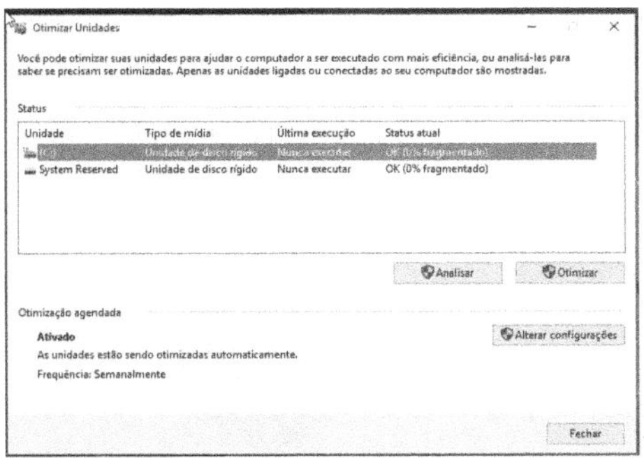

Configuração do sistema

A Configuração do Sistema é também acessível ao ser digitado o comando msconfig na janela Executar. Permite configurar quais serviços serão carregados com o Sistema. No entanto, para configurar quais programas serão carregados junto com o sistema operacional, deve-se proceder ao acesso pelo Gerenciador de Tarefas.

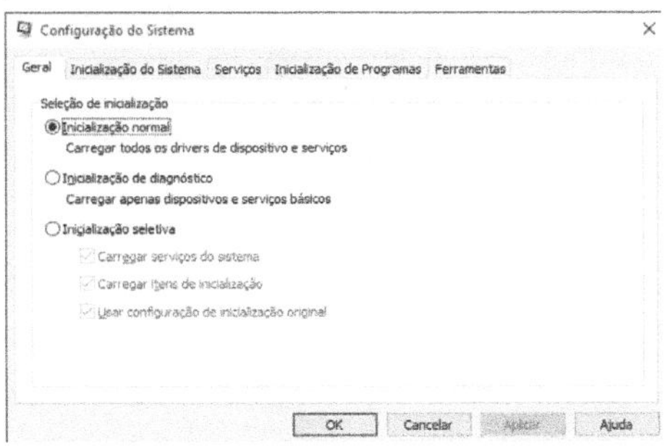

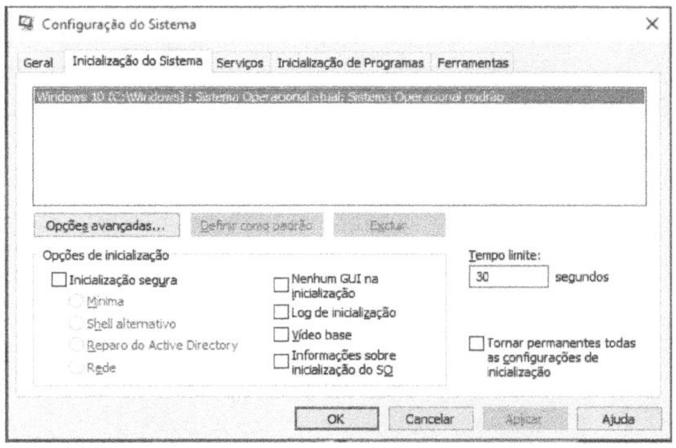

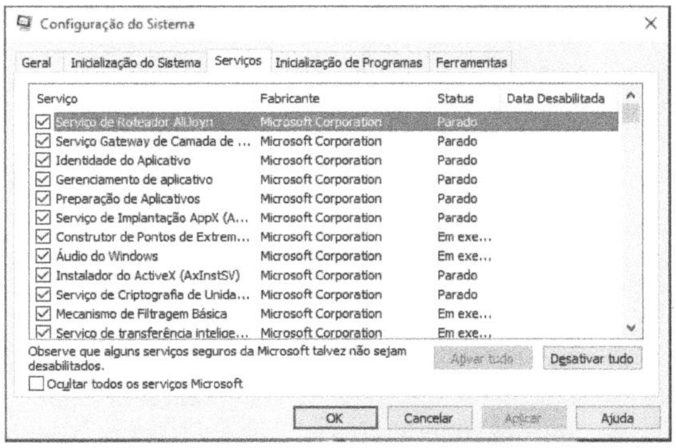

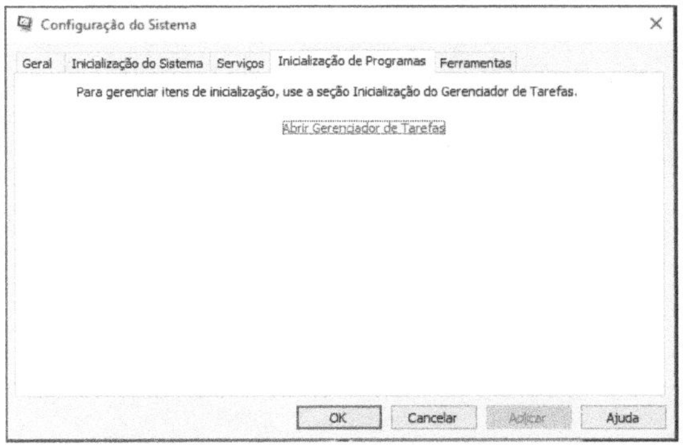

Monitor de recursos

Permite monitorar os recursos do computador e qual o uso que está sendo realizado.

Scandisk

O ScankDisk é o responsável por verificar o HD em busca de falhas de disco. Às vezes, ele consegue corrigi-las.

Configurações

Uma novidade do Windows 10 é a opção Configurações, presente no Botão Iniciar, que apresenta uma estrutura similar ao Painel de Controle, inclusive realizando a separação por categorias de ferramentas, conforme ilustra a figura a seguir.

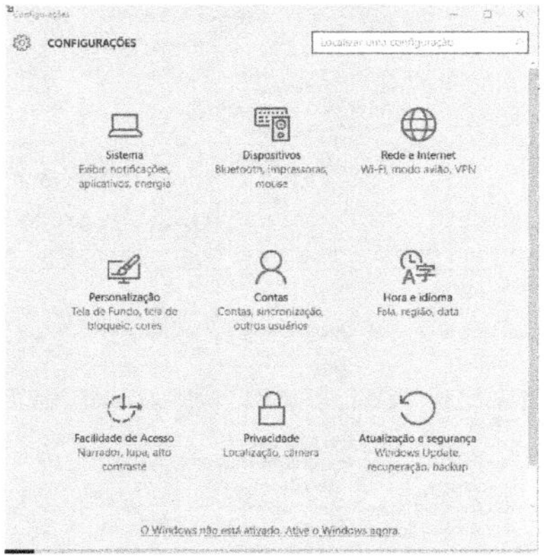

Opção sistema

Nesta opção, são apresentadas as ferramentas de configuração de resolução de tela, definição de monitor principal (caso possua mais de um), modos de gestão de energia (mais utilizados em notebooks).

Também é possível encontrar a opção Mapas Offline, que permite o download de mapas para a pesquisa e o uso por GPS, principalmente usado em dispositivos móveis ou dotados de GPS.

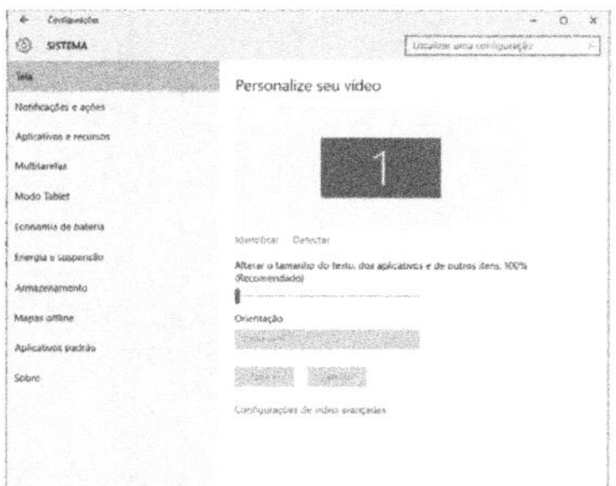

Opção dispositivos

A opção Dispositivos lista os dispositivos que foram instalados em algum momento no sistema, como as impressoras.

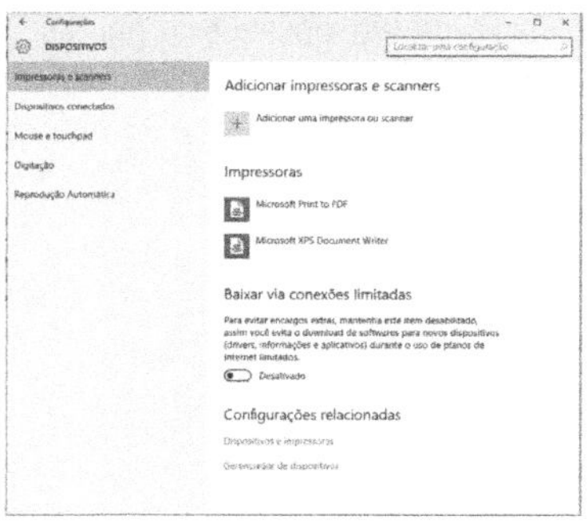

Opção rede e internet

Para configurar rapidamente o proxy de uma rede, ou ativar/desativar a wi-fi, a opção Rede e Internet oferece tais opções com facilidade, inclusive a opção para configurar uma VPN.

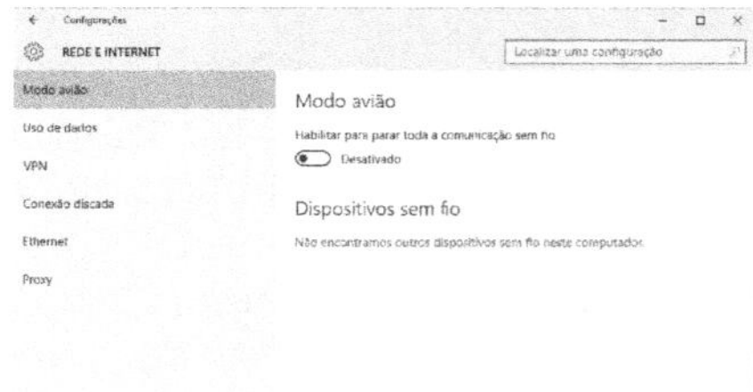

Opção personalização

Para personalizar os temas de cores da Área de Trabalho do Windows e os papéis de parede, a opção de personalização pode ser acessada pelas Configurações. Também é possível clicar com o botão direito do mouse sobre uma área vazia da Área de Trabalho e selecionar a opção Personalizar.

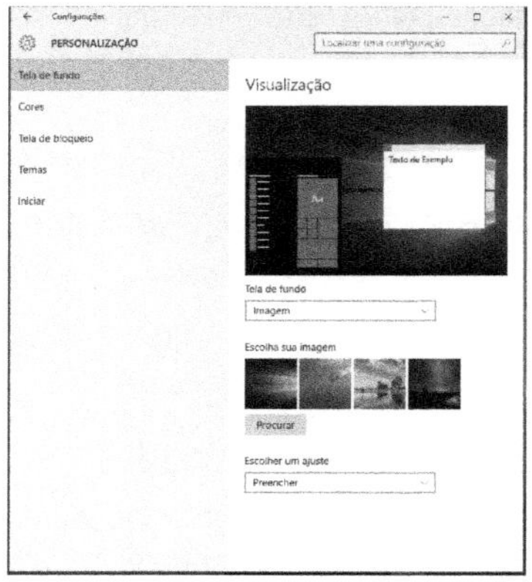

Opção contas

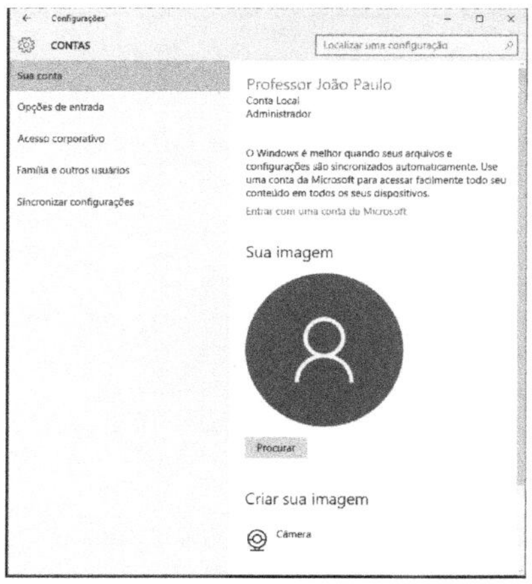

Opção hora e idioma

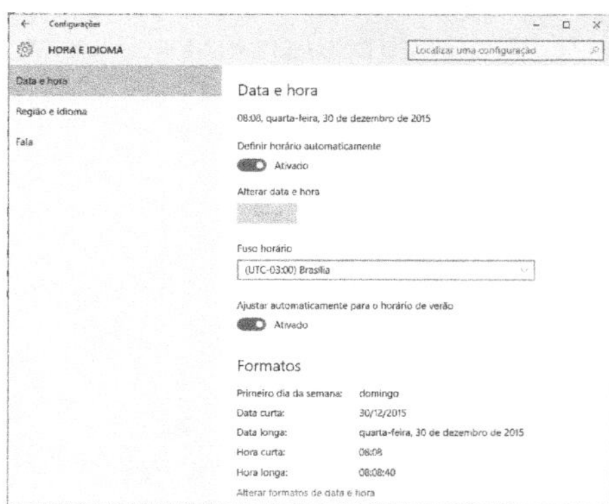

Opção facilidade de acesso

Além de contar com as ferramentas para acessibilidade, é possível configurar algumas características com Alto Contraste para melhorar o acesso ao uso do computador.

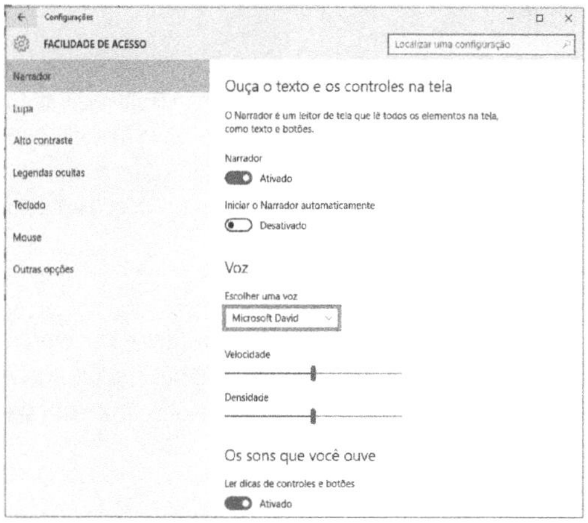

Opção privacidade

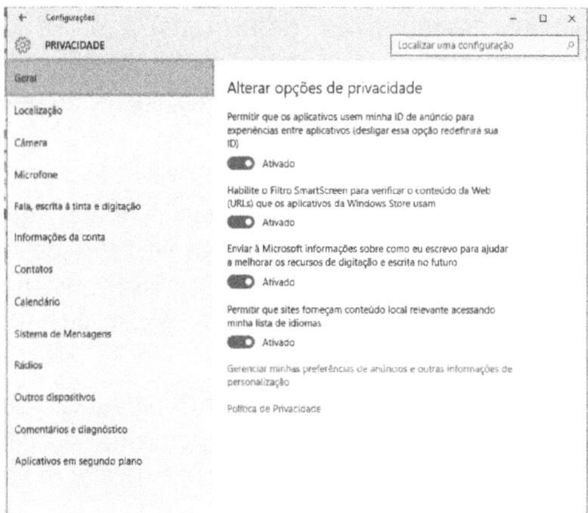

Opção atualização e segurança

A opção Atualização e Segurança talvez seja uma das principais opções da janela de configurações, pois, como necessidade mínima para a segurança, o Sistema Operacional deve estar sempre atualizado, assim como precisa possuir um programa antivírus que também esteja atualizado.

Vale lembrar que a realização periódica de backups também é considerada como um procedimento de segurança.

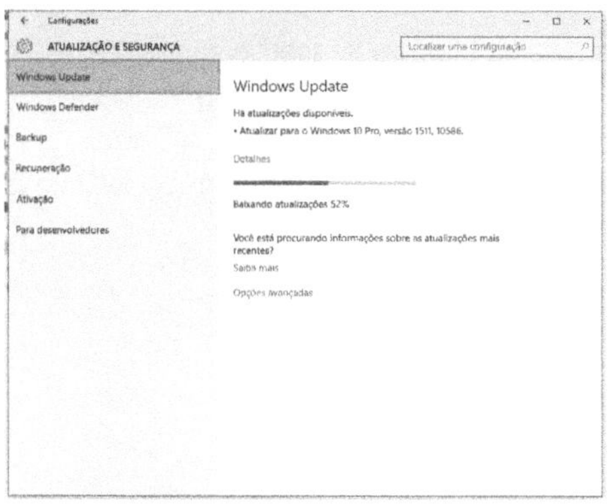

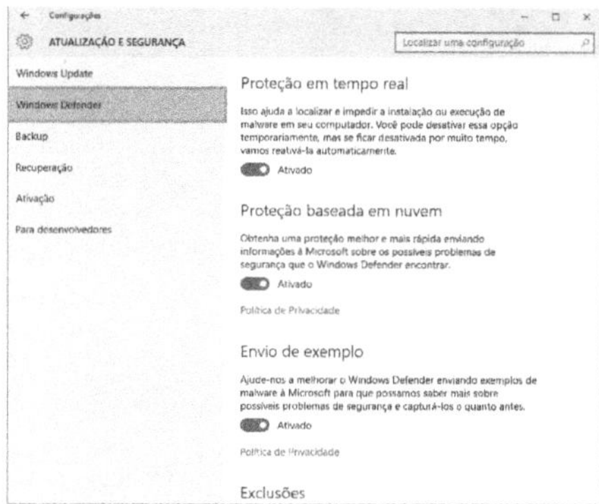

O Windows 10 realiza o backup dos arquivos usando a ferramenta Histórico de Arquivos (conforme ilustra a figura a seguir), embora ainda permita realizar backups como no Windows 7.

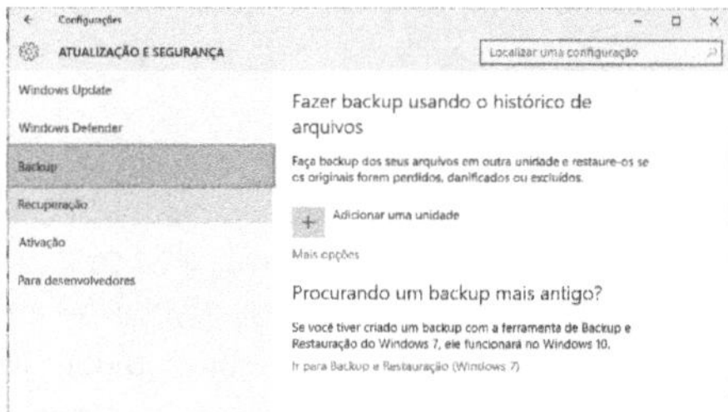

A opção Para desenvolvedores é uma novidade do Windows que assusta alguns usuários desavisados, pois, ao tentarem instalar algum aplicativo que não seja originário da Loja da Microsoft, não logram êxito. Esse impedimento ocorre por segurança. De qualquer forma, para poder instalar aplicativos "externos", basta selecionar a opção Sideload ou Modo Desenvolvedor.

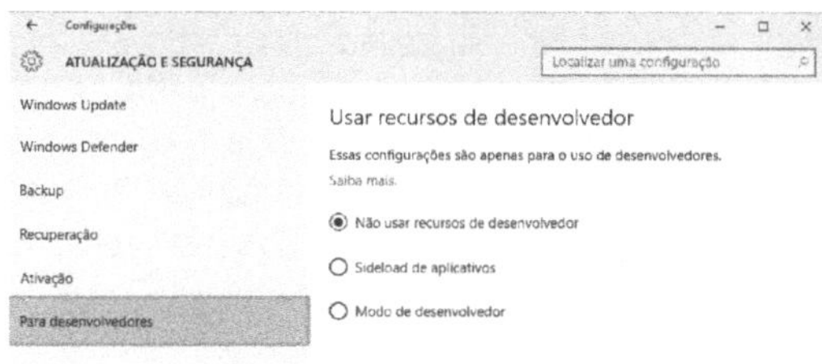

Backup no windows 10

Um backup consiste em uma cópia de segurança dos Arquivos, que deve ser feita periodicamente, preferencialmente em uma unidade de armazenamento separada do computador.

Apesar do nome cópia de segurança, um backup não impede que os dados sejam acessados por outros usuários. Ele é apenas uma salvaguarda dos dados para amenizar os danos de uma perda.

No Windows 8 e Windows 10, o backup é gerenciado pelo Histórico de Arquivos, ilustrado a seguir.

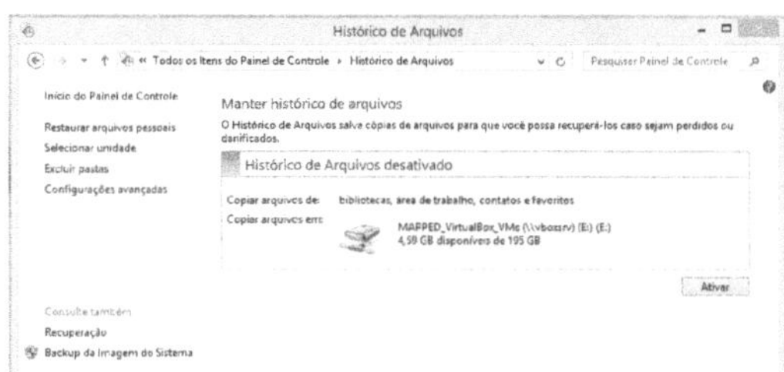

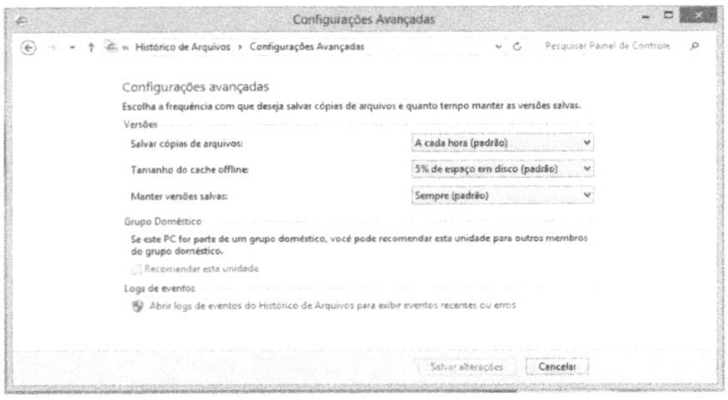

Backup e restauração (windows 7)

Esta ferramenta existe para manter a compatibilidade com a versão anterior de backup do Windows.

Na sequência, são citados os tipos de backup e ferramentas de backup.

Backup da imagem do sistema

O Backup do Windows oferece a capacidade de criar uma imagem do sistema, que é uma imagem exata de uma unidade. Uma imagem do sistema inclui o Windows e as configurações do sistema, os programas e os arquivos. É possível usar uma imagem do sistema para restaurar o conteúdo do computador, se em algum momento o disco rígido ou o computador pararem de funcionar. Quando se restaura o computador a partir de uma imagem do sistema, trata-se de uma restauração completa; não é possível escolher itens individuais para a restauração, e todos os atuais programas, as configurações do sistema e os arquivos serão substituídos. Embora esse tipo de backup inclua arquivos pessoais, é recomendável fazer backup dos arquivos regularmente, usando o Backup do Windows, a fim de que seja possível restaurar arquivos e pastas individuais conforme a necessidade. Quando for configurado um backup de arquivos agendado, o usuário poderá escolher se deseja incluir uma imagem do sistema. Essa imagem do sistema inclui apenas as unidades necessárias à execução do Windows. É possível criar manualmente uma imagem do sistema, caso o usuário queira incluir unidades de dados adicionais.

Disco de restauração

O disco de restauração armazena os dados mais importantes do sistema operacional Windows, em geral, o que é essencial para seu funcionamento. Esse disco pode ser utilizado quando o sistema vier a apresentar problemas, por vezes decorrentes de atualizações.

Tipos de backup

Completo/Normal

Também chamado de Backup Total, é aquele em que todos os dados são salvos em uma única cópia de segurança. Ele é indicado para ser feito com menor frequência, pois é o mais demorado para ser processado, como também para ser recuperado. Contudo, localizar um arquivo fica mais fácil, pois se tem apenas uma cópia dos dados.

Diferencial

Este procedimento de backup grava os dados alterados desde o último backup completo. Assim, no próximo backup diferencial, somente serão salvos os dados modificados desde o último backup completo. No entanto, esse backup é mais lento de ser processado do que o backup incremental, porém é mais rápido de ser restaurado do que o incremental, pois é necessário apenas restaurar o último backup completo e o último backup diferencial.

Incremental

Neste tipo de backup, são salvos apenas os dados que foram alterados após a última cópia de segurança realizada. Este procedimento é mais rápido de ser processado, porém leva mais tempo para ser restaurado, pois envolve restaurar todos os backups anteriores. Os arquivos gerados são menores do que os gerados pelo backup diferencial.

Backup Diário

Um backup diário copia todos os arquivos selecionados que foram modificados no dia de execução do backup diário. Os arquivos não são marcados como arquivos que passaram por backup (o atributo de arquivo não é desmarcado).

Backup de Cópia

Um backup de cópia copia todos os arquivos selecionados, mas não os marca como arquivos que passaram por backup (ou seja, o atributo de arquivo não é desmarcado). A cópia é útil caso o usuário queira fazer backup de arquivos entre os backups normal e incremental, pois ela não afeta essas outras operações de backup.

Explorador de arquivos

Conhecido até o Windows 7 como Windows Explorer, o gerenciador de arquivos do Windows usa a chamada Interface Ribbon (por faixas) no Windows 8 e 10. Com isso, torna mais acessíveis algumas ferramentas como a opção para exibir as pastas e os arquivos ocultos.

A figura a seguir ilustra a janela Este Computador que apresenta os dispositivos e unidades de armazenamento locais como HDs e Drives de mídias ópticas, bem como as mídias removíveis.

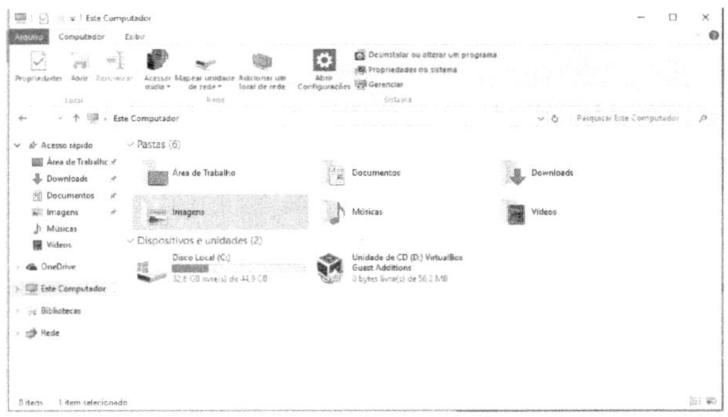

Um detalhe interessante sobre o Windows 10 é que as bibliotecas, ilustradas na figura, não estão visíveis por padrão; o usuário precisa ativar sua exibição.

Na figura a seguir, é ilustrada a guia Exibir da janela Este Computador.

Ao selecionar arquivos ou pastas de determinados tipos, como imagens, algumas guias são exibidas como ilustra a série de figuras a seguir.

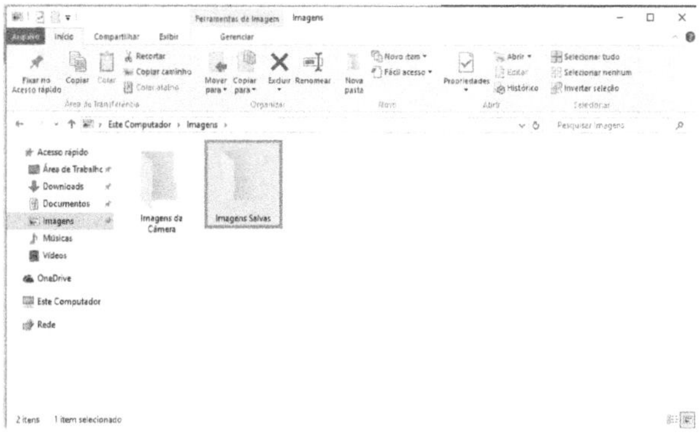

É possível notar que há opções específicas para facilitar o compartilhamento dos arquivos e pastas.

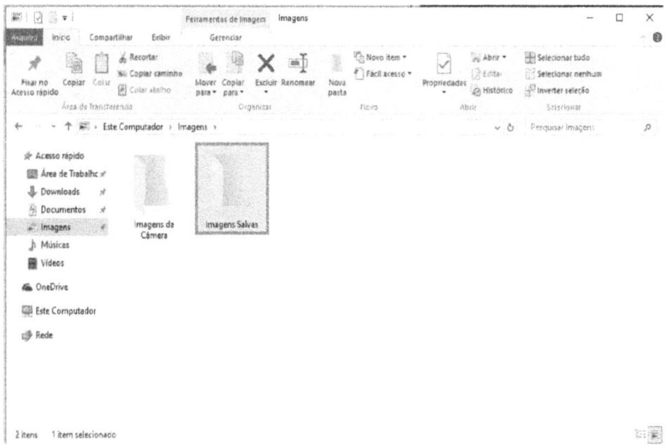

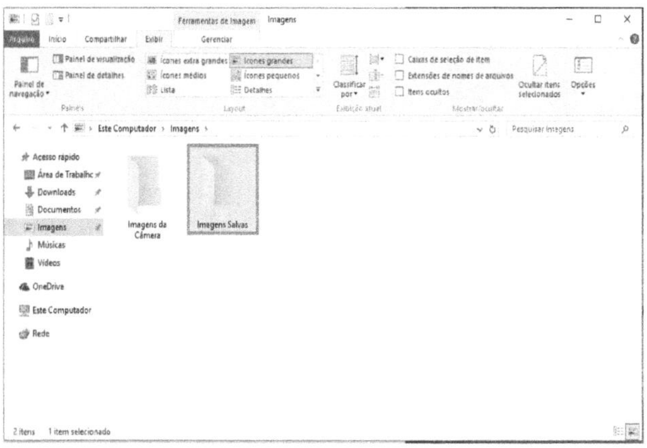

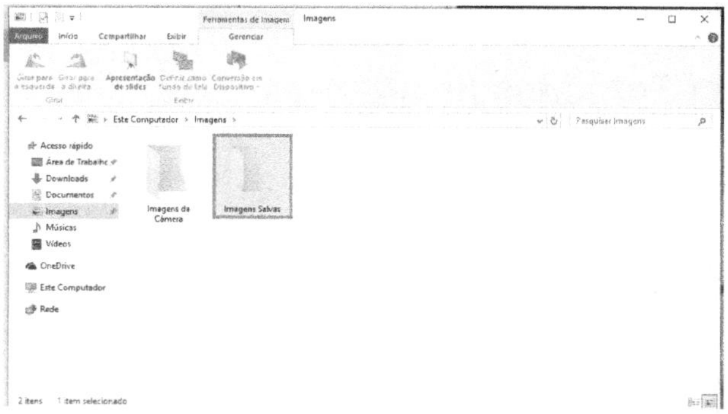

5. BROFFICE WRITER

5.1 Formatos de arquivos

Quando se fala nos editores do BrOffice (Libre Office), devemos conhecer seus formatos de arquivos padrões, ou seja, o formato com o qual será salvo um arquivo ao acionar a opção **Salvar Como.**

A suíte de aplicativos como um todo possui um formato genérico ODF (Open Document File – Formato de Documento Aberto). Assim, é possível no editor de texto, salvar neste formato, bem como no Calc e Impress.

No entanto, o formato específico do Writer é o ODT (Open Document Text). As provas costumam relacionar os formatos com as versões dos editores. Então, vale lembrar que o Word2003 não consegue trabalhar com esse formato de arquivo. Mas, pelo Writer, é possível salvar um documento de modo que ele possa ser aberto pelo Word 2003, ou seja, é possível salvar nos formatos DOC e DOCX. Em relação ao Word 2007 e 2010, por padrão, esses programas conseguem abrir e salvar arquivos no formato ODT.

5.2 Formatação de texto

A principal finalidade do Writer é editar textos. Portanto, suas principais ferramentas são para a formatação de documentos. Podemos encontrar essas opções de formatação por meio de quatro caminhos:

Barra de ferramentas de formatação

Menu formatar

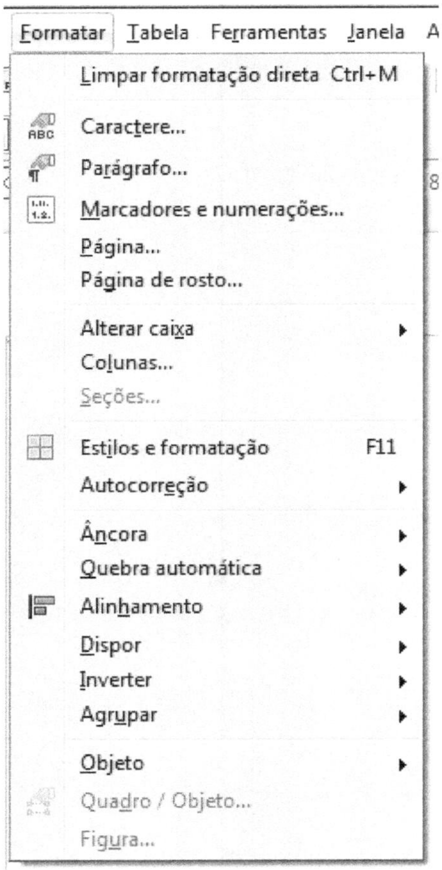

Atalhos

Botão direito do mouse

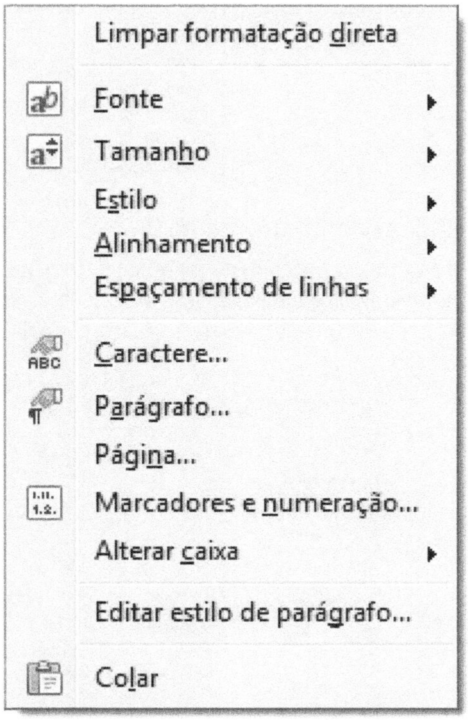

Menu formatar

Caractere

Ao acionar esta opção, será aberta a janela ilustrada a seguir, por meio da qual podemos formatar as propriedades de fonte, como tipo/nome, estilo e tamanho e, pela aba Efeitos de Fonte, alterar a cor da fonte.

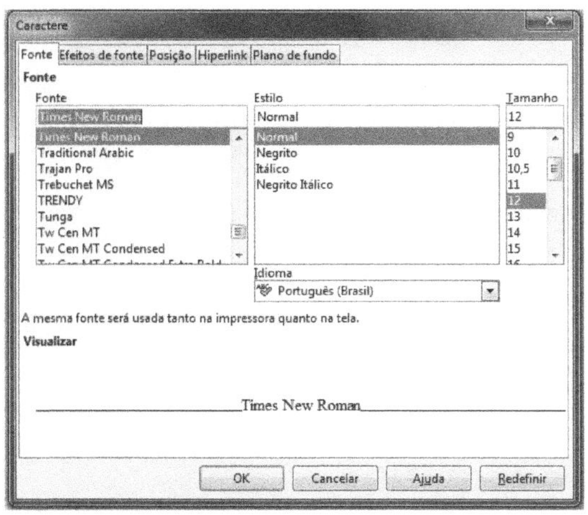

Parágrafo

As propriedades de Parágrafo englobam opções como recuos, espaçamento e alinhamentos, conforme ilustrado nas figuras na sequência:

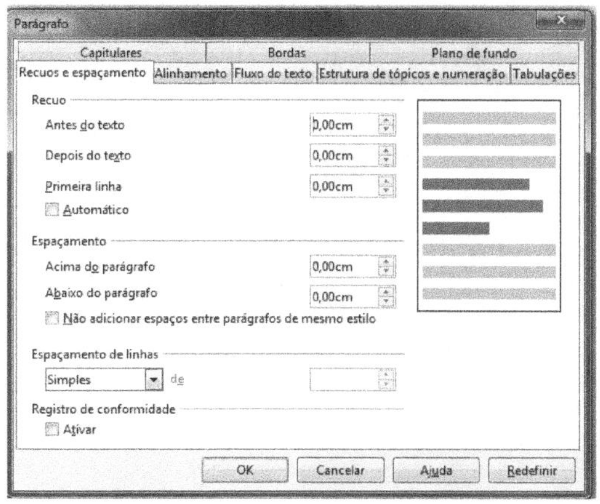

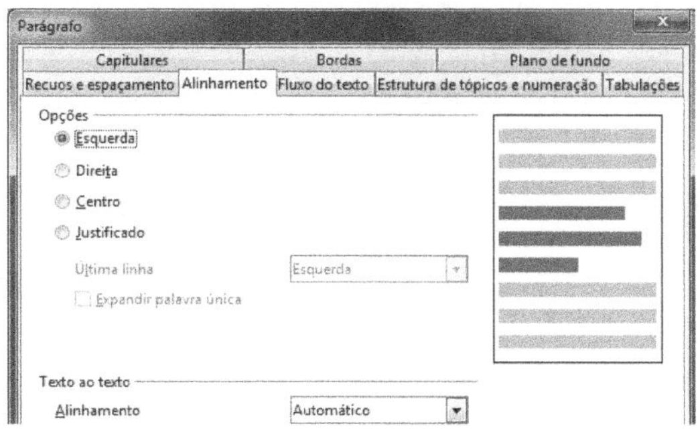

Marcadores e numeração

Fique atento à identificação de uso deste recurso, pois, pelo menu Formatar, elas estão descritas em conjunto. Porém, na barra de Ferramentas padrão elas são apresentadas em dois botões separados.

Ao acionar a opção pelo menu Formatar, a janela aberta apresenta os Marcadores em uma guia e a numeração em outra, conforme ilustram as duas figuras da sequência:

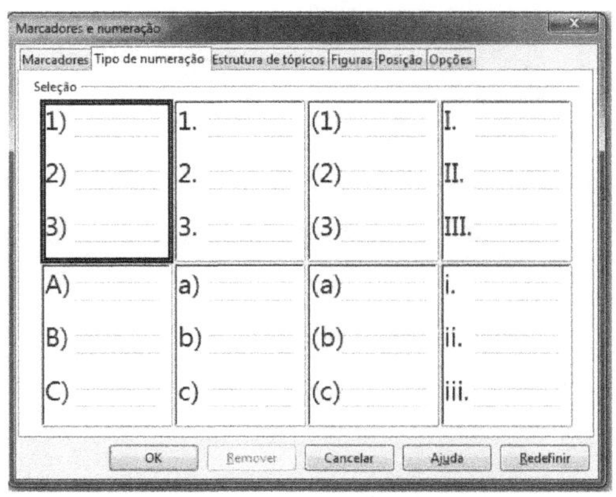

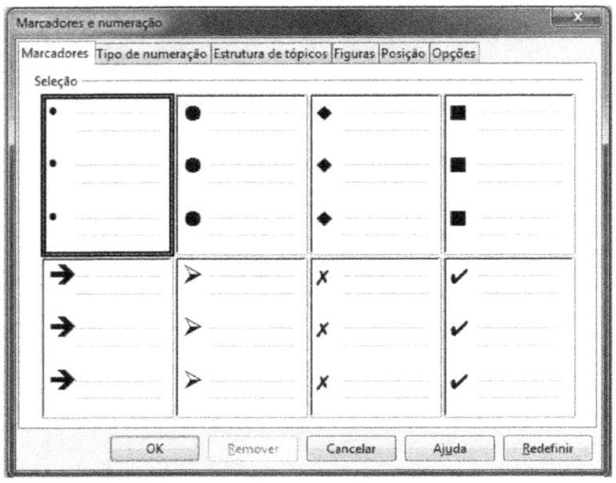

Página

Nesta opção, encontramos os recursos equivalentes aos encontrados na opção Configurar Página do Word, como dimensões das margens, dimensões de cabeçalho e rodapé, tamanho do papel e orientação da página. A imagem a seguir ilustra parte dessa janela:

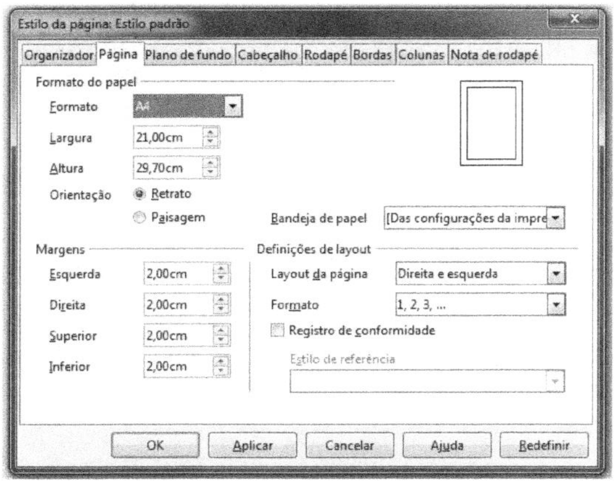

Página de rosto

Por meio deste recurso, é possível inserir páginas em uma seção separada, para que, de uma forma mais simples, sejam trabalhadas com cabeçalhos e rodapés diferentes em um mesmo documento, mais especificamente, no que tange à numeração de páginas.

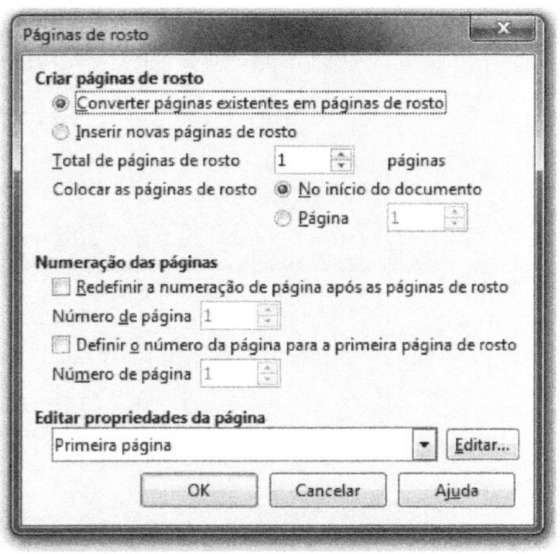

Alterar caixa ►

Equivalente à opção Maiúsculas e Minúsculas do Word, essa opção permite alterar a forma do caractere de texto. É importante conhecer as cinco opções desse recurso, conforme ilustrado a seguir:

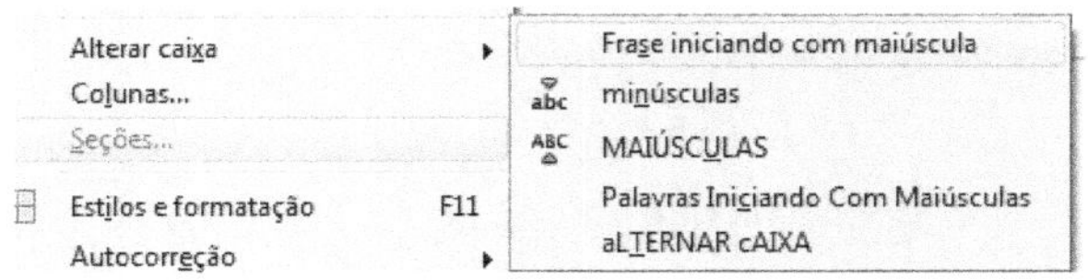

Estilos de formatação (f11)

Por essa opção, podemos definir estilos de formatação para o texto selecionado, como título 1, título 2, título 3, entre outros, para que a edição do documento seja mais prática, além de favorecer a padronização.

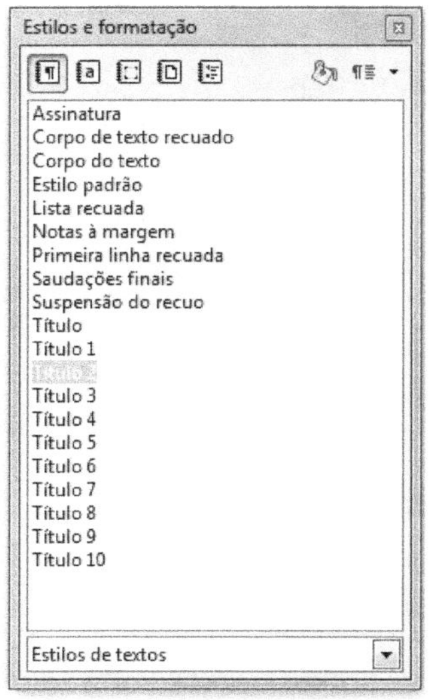

Ferramentas de formatação

Caractere

O campo descrito por Times New Roman define a grafia com que o texto será escrito, a exemplo: ARIAL, TIMES, Vivaldi. Este campo também é conhecido como Tipo/Nome da Fonte.

- Negrito (CTRL + B)
- Itálico (CTRL + I)
- Sublinhado (CTRL + U)
- Cor da fonte
- Realçar (exemplo do efeito)

Parágrafo

- Alinhamento à Esquerda (CTRL + L)
- Alinhamento Centralizado (CTRL + E)

Alinhamento à Direita (CTRL + R)

Alinhamento Justificado (CTRL + J)

Ativar/Desativar Numeração (F12)

Ativar/Desativar Marcadores (Shift + F12)

Diminuir o Recuo

Aumentar o Recuo

Tabulações

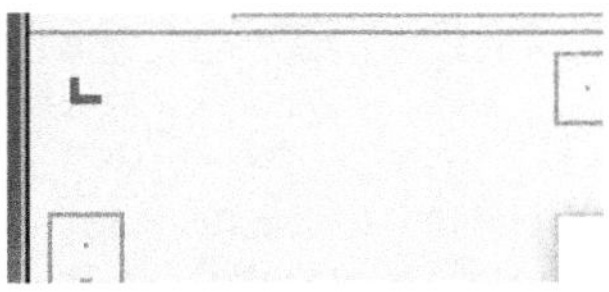

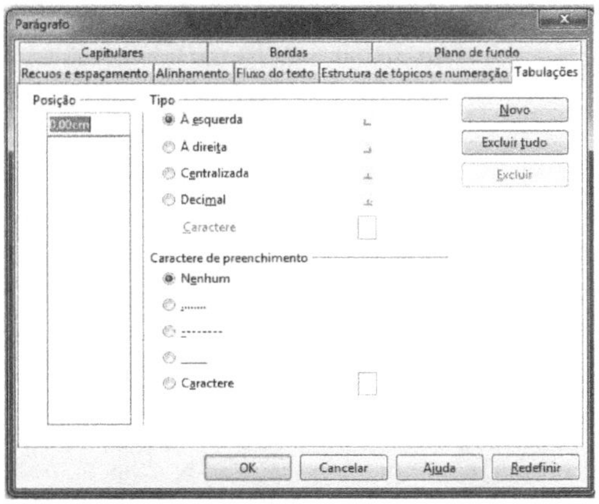

Caracteres não imprimíveis (ctrl + f10)

Exibe as marcas de edição, que, como o próprio nome já informa, não aparecem na impressão. Essas marcações são úteis para um maior controle do documento em edição, como ilustrado a seguir. Os pontos à meia altura da linha representam um espaço e o mesmo símbolo do botão indica o final de um parágrafo. Assim, no exemplo a seguir, existem dois parágrafos.

Exemplo·de·exibição·de·caracteres·não·imprimíveis·no·Writer¶
¶

Cor do plano de fundo

Atenção para não confundir a cor do fundo do parágrafo com a ferramenta Realçar, pois a função Realçar aplica uma cor ao fundo do texto selecionado, enquanto que a opção do Plano de Fundo aplica ao parágrafo, mesmo que tenha sido selecionada apenas uma palavra.

Estilos e formatação (f11)

Por meio deste botão ou pela tecla de atalho, é exibido o painel de estilos que oferece diversos estilos para a formatação do texto, por exemplo: Título 1, título 2, título 3, entre outros. A imagem a seguir ilustra o painel:

Além desse painel, também é possível escolher e aplicar um estilo por meio do Campo Estilos, ilustrado a seguir, presente na barra de ferramentas de formatação logo à esquerda do campo do tipo da fonte.

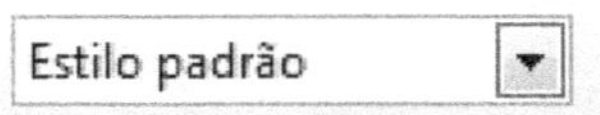

Os estilos de formatação são importantes estruturas na edição de um texto, principalmente se for necessário trabalhar com sumário, pois para utilizar o recurso de sumário, de forma que ele seja automático, é necessário utilizar os estilos de título.

Pincel de estilo

A ferramenta de Pincel de Estilo serve para copiar apenas a formatação. Ela não copia textos, apenas as suas características, como cor da fonte, tamanho, tipo de fonte entre outras, com o intuito de aplicar em outro trecho de texto.

O funcionamento da ferramenta parte de uma seleção prévia do trecho de texto que possui a formatação desejada, clicar no botão pincel de estilo, na sequência selecionar o trecho de texto ao qual se deseja aplicar as mesmas formatações, como que pintando a formatação. Ao terminar a seleção o texto selecionado já estará formatado tal qual o selecionado inicialmente, e o mouse volta ao normal para a edição.

5.3 Ferramentas

Exportar diretamente como pdf

O BrOffice como um todo possui este recurso que permite gerar um arquivo PDF a partir do documento em edição. A janela aberta por este botão é muito similar à janela de Salvar Como, em que se deve apontar o local onde o arquivo será salvo e com qual nome se deseja salvá-lo.

Imprimir arquivo diretamente

Este é um recurso diferente da impressão habitual pelo atalho CTRL+P. Essa ferramenta de impressão direta manda o arquivo diretamente para a impressora que estiver definida, pelo painel de controle, como padrão, usando as propriedades padrão de impressão.

Visualizar página

Este é simplesmente o recurso de visualizar o que será impresso, útil para ter uma maior noção de como ficarão distribuídas as informações no papel.

Ortografia e gramática (f7)

Essa ferramenta exibe uma janela, ilustrada a seguir, por meio da qual é possível corrigir as palavras "erradas" no texto. Erradas porque na verdade, são indicadas as palavras não conhecidas pelo dicionário do programa. Uma vez que ela esteja correta, é possível acrescentá-la ao dicionário.

Autoverificação ortográfica

A Autoverificação é uma ferramenta presente apenas no BrOffice, cuja finalidade é apenas habilitar ou desabilitar a exibição do sublinhado vermelho das palavras desconhecidas.

Navegador (f5)

O Navegador tem aparecido nas provas apenas a título de conhecimento de seu nome, associado ao símbolo e atalho. Essa ferramenta é um recurso para navegar no texto, a partir das suas estruturas, como títulos, tabelas, figuras e outros itens que podem ser visualizados na figura a seguir:

Exemplo de exibição de caracteres não imprimíveis no Writer.

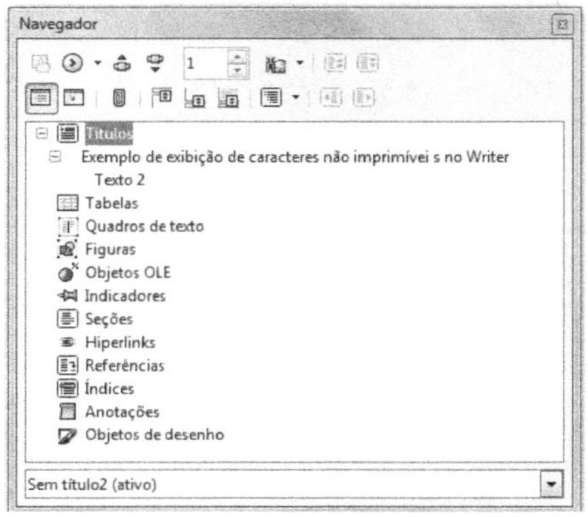

Galeria

O recurso Galeria tem peso similar ao Navegador nas provas. Acionar essa ferramenta resulta na exibição do painel ilustrado a seguir, por meio do qual é possível inserir, em meio ao documento, estruturas de navegação Web, como botões, sons e outros itens.

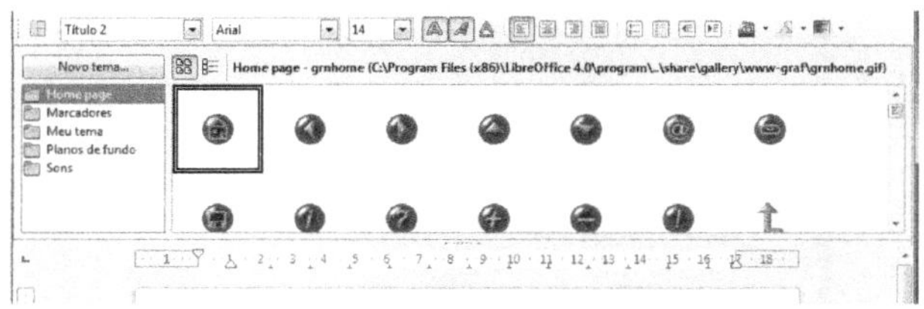

Tabela (ctrl + f12)

O botão Tabela pode ser usado de duas maneiras. Clicando no desenho da tabela, é aberta a janela ilustrada a seguir. Caso seja clicado na flecha, é exibido um reticulado, pelo qual é possível selecionar a quantidade de células que se deseja criar em uma tabela.

Formatar → página

Aba página

A aba Página é a principal da janela de formatação de página. A figura a seguir ilustra essa aba. Observe que as margens estão definidas por padrão em 2 cm, e que o tamanho do papel padrão é o A4. Também é possível determinar a orientação da página. Vale lembrar que, em um mesmo documento, é possível intercalar páginas com orientações diferentes. Para isso, devem ser utilizadas seções.

5.4 Barra de Menus

A seguir, é ilustrada a Barra de Menus e, por meio dela, temos acesso a quase todas as funcionalidades do programa. Observe que cada menu possui uma letra sublinhada. Por exemplo, o menu Arquivo possui a letra A sublinhada, essa letra sublinhada é a letra que pode ser utilizada após pressionar a tecla ALT, com o intuito de abrir o devido menu. Não é uma combinação necessariamente simultânea. Ela pode ser sequencial, ou seja, teclar ALT soltar e então pressionar a letra.

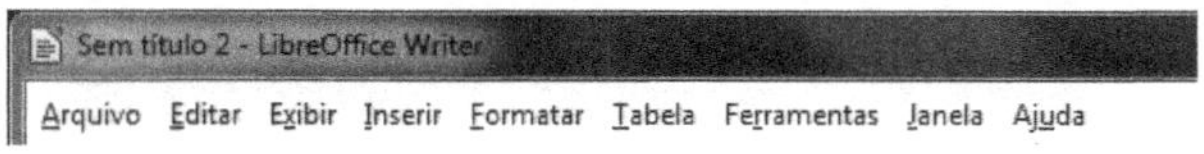

Menu arquivo

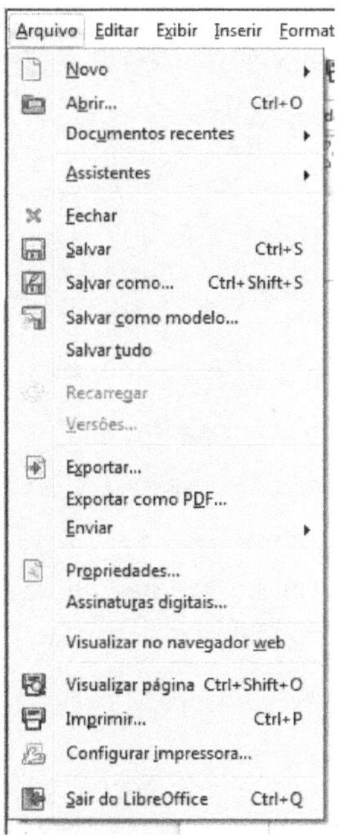

Novo ►

Dentre as opções do menu Arquivo, damos destaque para a opção Novo. Ela aponta a característica do BrOffice de ser uma suíte de aplicativos integrada, pois, mesmo estando no Writer, é possível criar uma planilha do Calc. No entanto, ao escolher na opção Novo, uma planilha será criada no Calc. Porém, ao realizar o acesso por meio deste caminho, o Calc é carregado mais rapidamente do que se o BrOffice estivesse fechado.

Para criar um Novo Documento em Branco podemos também utilizar a opção do atalho CTRL + N.

Abrir (ctrl + o)

Permite abrir um arquivo existente em uma unidade de armazenamento, navegando entre os arquivos e pastas.

Documentos recentes ►

Exibe a lista com os últimos documentos abertos, como também aqueles salvos, no Writer, com o intuito de fornecer um acesso mais rápido a eles.

Assistentes ►

Conforme ilustrado a seguir, existem vários assistentes no BrOffice. Eles são nada mais do que procedimentos realizados em etapas, a fim de auxiliar na criação ou estruturação de informações.

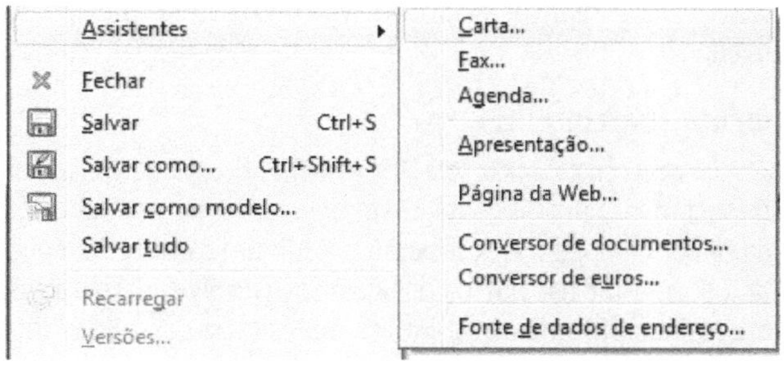

Fechar

A opção Fechar serve para fechar apenas o documento em edição, mantendo o programa aberto. Tem como teclas de atalho CTRL+W ou CTRL + F4.

Salvar

A opção Salvar apenas se preocupa em salvar as últimas alterações realizadas em um documento em edição. Seu atalho é CTRL + S no Writer. Mas essa opção possui uma situação de exceção, quando o arquivo em edição é novo, ou seja, que nunca tenha sido salvo. Essa opção salvar corresponde à opção Salvar Como.

Salvar como

Esse recurso tem como princípio gerar um novo arquivo. Assim, se um arquivo for aberto e sejam realizadas várias alterações, sem salvar, e utilizar o comando Salvar Como, será aberta uma janela em que se solicita o local desejado e o nome do arquivo. Também é possível alterar o tipo de documento, após salvá-lo. O documento que fica em edição é o que acabou de ser salvo. O arquivo aberto inicialmente é apenas fechado, sem nenhuma alteração.

Salvar como modelo

Podemos criar um documento-base para outros documentos, utilizando formatações específicas. Assim, essa opção é a utilizada para salvar este arquivo, de modo que possa ser utilizado para esse fim.

Salvar tudo

Essa ferramenta aplica o comando salvar todos os documentos em edição no BrOffice, até mesmo os que estiverem em edição no Calc.

Recarregar

Ao acionar essa opção, a última versão salva do documento é restaurada. Com isso, as alterações não salvas serão perdidas.

Exportar

É possível pelo BrOffice exportar o documento de texto para outros formatos utilizados por outros programas como: XML, HTML, HTM ou mesmo o PDF.

Exportar como pdf

A opção Exportar como PDF é basicamente um caminho mais curto e explícito para gerar um arquivo PDF, a partir do documento em edição.

Assinaturas digitais

Assim como o Microsoft Office no BrOffice, é possível assinar um documento digitalmente. Claro que, para utilizar a funcionalidade por completo, é necessário possuir um certificado digital. Contudo, mesmo não possuindo um, é possível utilizar esse recurso para assinar um documento. Porém, apenas será garantida a integridade do mesmo e apenas no próprio computador do usuário.

Visualizar no navegador web

Já que podemos criar páginas da Internet, é interessante que, no mínimo, possamos visualizar como ela ficaria no navegador. Diante disso, ao acionar essa ferramenta, será aberto o navegador de Internet (Browser) padrão exibindo como página o documento em edição.

Sair

Em comparação com a opção Fechar, a opção Sair fecha o programa inteiro, podendo utilizar, para isso, os atalhos ALT+F4 ou CTRL + Q.

Menu editar

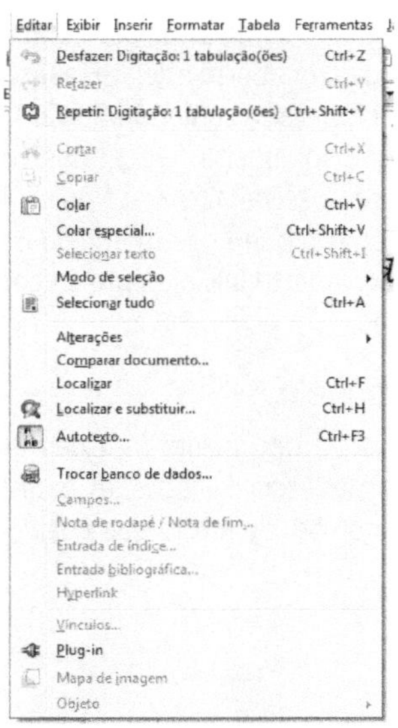

Do menu Editar anteriormente ilustrado, podemos destacar duas opções principais:

Colar especial

Esse recurso permite colar um determinado dado de acordo com a necessidade de formatação, ou seja, é possível manter a formatação igual à do local de onde foi copiado ou não utilizar formatação.

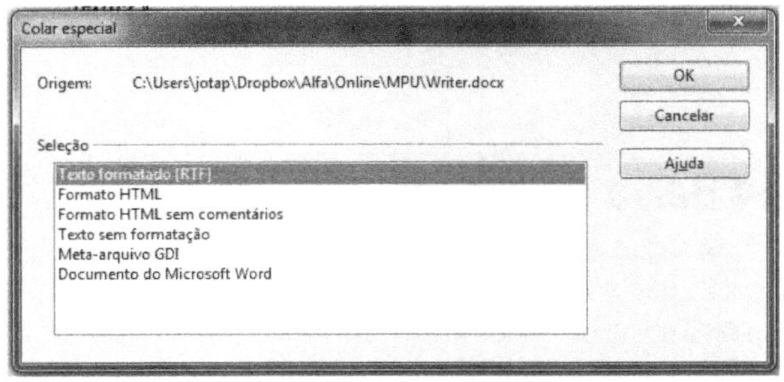

Selecionar tudo

A opção Selecionar Tudo tem como observação a sua tecla de atalho CTRL + A, que é a mesma utilizada para selecionar todos os arquivos e pastas de um diretório por meio dos gerenciadores de arquivos.

Menu exibir

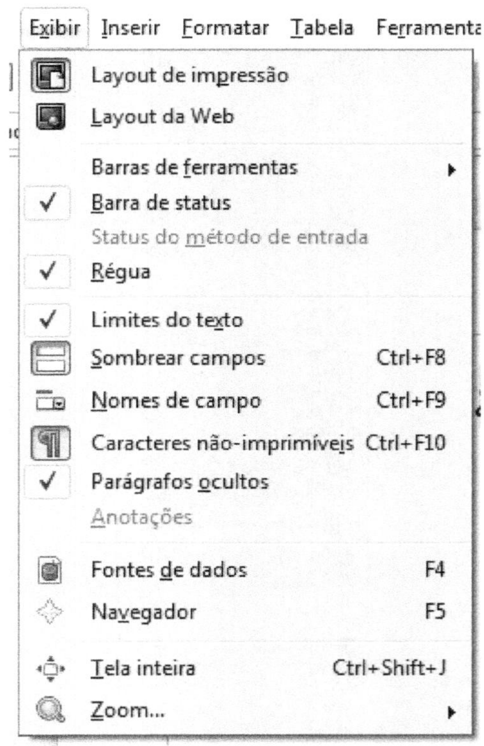

Do menu Exibir devemos conhecer os modos de exibição, bem como alguns itens importantes, listados a seguir. Mas, de modo geral, podemos pensar que as opções que normalmente encontramos nesse menu são coisas que não vemos e gostaríamos de ver, ou que estamos vendo, mas não desejamos mais ver.

Modos de exibição

São dois os Modos de Exibição: Layout de Impressão (Padrão) e Layout da Web. Contudo, poderíamos até considerar, dependendo da situação, a opção Tela Inteira como um modo de exibição.

Barra de ferramentas

A principal Barra de Ferramentas questionada nas provas é a barra de Desenho, que existe também no Writer e Calc, mas que é exibida por padrão apenas no Impress. A figura a seguir ilustra as barras disponíveis:

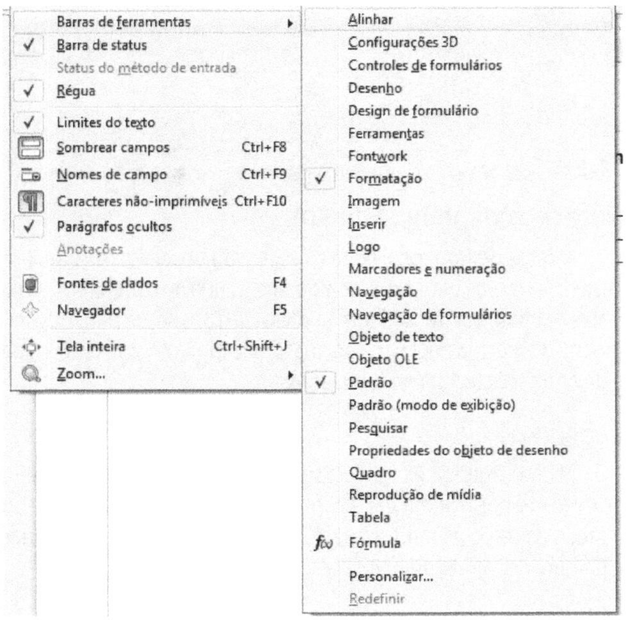

Barra de *status*

Essa é a barra que aparece por padrão nos editores. Ela fica localizada no fim da janela, ou seja, é a última barra dentro do programa. Nela encontramos informações como número da página atual e total de páginas do documento, idioma em uso e a ferramenta de zoom à direita.

Régua

Para ocultar a régua, basta desabilitar essa opção.

Limites de texto

Os Limites de Texto que são exibidos por padrão são, na verdade, as linhas que indicam as margens da página, ou seja, a área útil do documento.

Caracteres não imprimíveis (ctrl + f10)

Os caracteres não imprimíveis também podem ser ativados pelo menu Exibir, como pelas teclas de atalho.

Navegador (f5)

O Navegador, anteriormente citado, também é encontrado no menu Exibir.

Tela inteira (ctrl + shift + j)

Modo de exibição que oculta as barras e ferramentas, objetivando a leitura do documento.

Zoom

Também podemos alterar o zoom utilizando o scroll do mouse, combinado com a tecla CTRL.

Menu Inserir

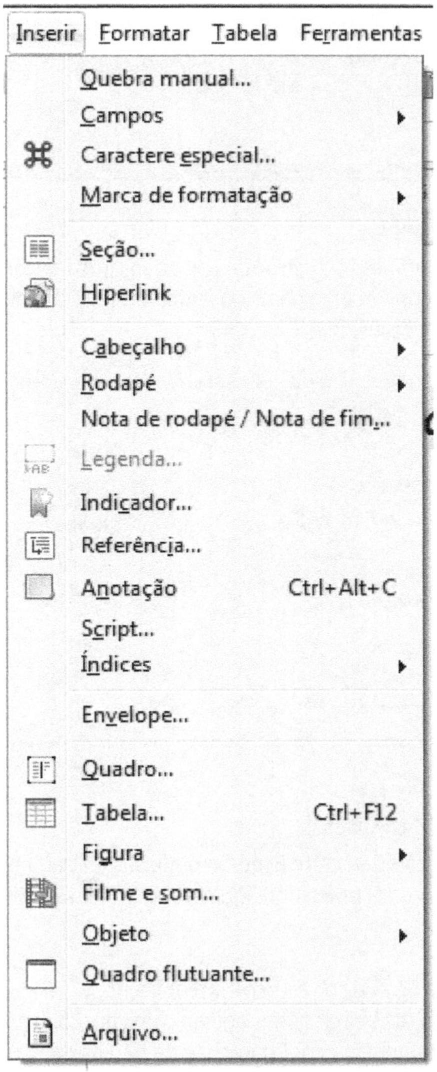

Quebra manual

Este recurso permite utilizar estruturas que sejam auto-organizadas, como as quebras de página. Existem três quebras de texto possíveis, além das quebras de seção.

Quebra de Linha (SHIFT + ENTER)

Faz com que o conteúdo, após a quebra, seja iniciado na próxima linha.

Quebra de Coluna (CTRL + SHIFT + ENTER)

Faz com que o conteúdo, após a quebra, seja iniciado na próxima coluna.

Quebra de Página (CTRL + ENTER)

Faz com que o conteúdo, após a quebra, seja iniciado na próxima página.

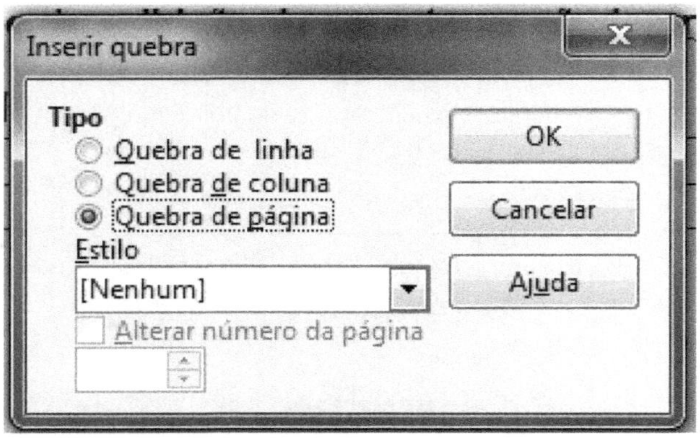

Campos ▶

Os Campos são estruturas de dados que utilizam propriedades do arquivo como nome do autor, título, dentre outras como Data e Hora do sistema.

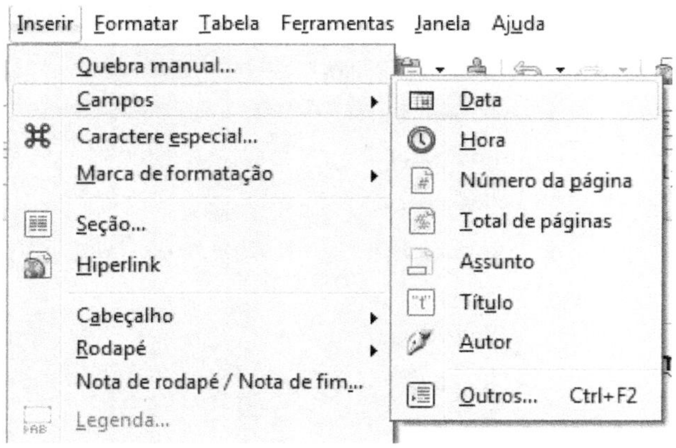

Caractere especial

A opção Caractere Especial pode ser utilizada para inserir símbolos como este ▶ entre inúmeros outros possíveis.

Seção

Uma Seção é o recurso-base para poder, em um mesmo documento, trabalhar com páginas com cabeçalhos e rodapés distintos, ou mesmo configurações de páginas distintas, como intercalar páginas em retrato e paisagem.

Cabeçalho ▶

Rodapé ▶

As estruturas de cabeçalhos e rodapés têm por princípio poupar trabalho durante a edição, de modo que o que for inserido nestas estruturas se repete nas demais páginas, não necessariamente do documento como um todo, mas em todas as páginas da mesma Seção.

Hiperlink

Um link nada mais é do que um caminho, um atalho para algum lugar. Esse lugar pode ser uma página na Internet, ou computador, como um arquivo que esteja na Internet ou mesmo no computador local. Também é possível fazer com que um link aponte para algum ponto do mesmo documento, criando uma espécie de navegação. Contudo, para realizar esse procedimento, deve-se antes inserir Indicadores. A imagem a seguir ilustra a janela de inserir Hiperlink:

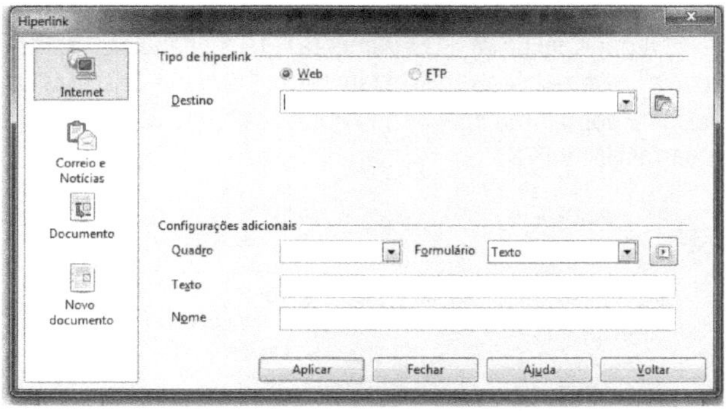

Nota de rodapé/nota de fim

Notas de Rodapé e Notas de Fim são observações que, por vezes, utilizamos para explicar algo que fugiria ao contexto de uma frase[1]. A identificação ao lado da palavra/frase serve para que, no rodapé da mesma página ou ao final do documento, o leitor busque a devida explicação para a observação.

Legenda

Uma Legenda é um recurso que poderia ser utilizado neste documento para identificar as figuras e referenciá-las em meio ao texto, mas como a estrutura de apresentação do conteúdo é linear e procura ser direta, não utilizamos esse recurso.

Indicador

Um Indicador é um ponto de referência para ser apontado por um hiperlink.

Referência

Uma Referência é uma citação pela qual utilizamos a ideia de informar algo do tipo, "conforme Figura 1". Em vez de escrever a palavra figura 1, estaria utilizando uma referência a ela, para que caso seja inserida uma nova figura antes da 1 no documento, os locais em que havia sido citado como figura 1 sejam refatorados para 2.

Anotação

É o recurso de comentário que pode ser inserido em um documento como uma anotação do que deve ser feito.

Índices ▶

Os Índices são os sumários e listas automáticas que podem ser inseridas em um documento, desde que se tenha utilizado os estilos de título e o recurso de legenda.

Quadro

Um quadro, basicamente, é uma caixa de texto para que seja inserido em seu interior uma estrutura qualquer.

1 Por exemplo, aqui falaria sobre o que é uma frase.

Tabela

É mais um caminho possível para inserir uma tabela dentro do editor, dentre as quatro formas possíveis, como o atalho CTRL + F12.

Figura ►

O recurso Figura permite inserir imagens de diferentes formatos (PNG, GIF, JPG) em um documento.

Filme e som

É possível inserir uma música ou um vídeo em meio a um documento de texto.

Objeto ►

Destaque para a opção Objeto OLE (*Object Linked Embeded*) pela qual podemos inserir uma Planilha do Calc dentro de um documento de texto e ainda utilizá-la com suas características de planilha.

Menu tabela

O menu Tabela apresenta as opções próprias de trabalho com uma tabela, como inicialmente inserir uma tabela no documento em edição. Várias opções aparecem desabilitadas, isso ocorre porque uma tabela não foi selecionada.

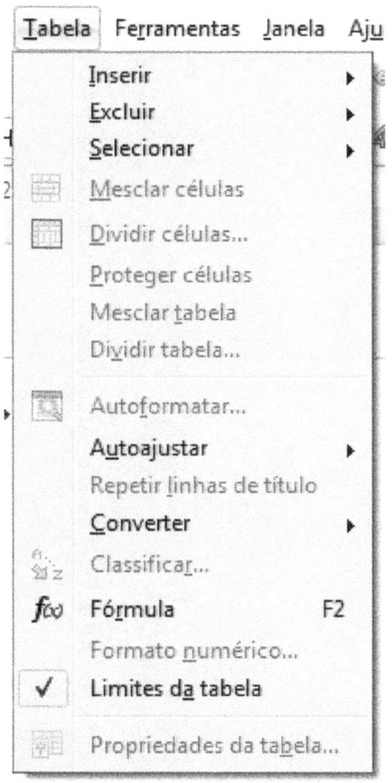

Outro caminho para se inserir uma tabela, além do menu Inserir e do atalho, dá-se por meio do menu Tabela opção Inserir e somente depois a opção Tabela.

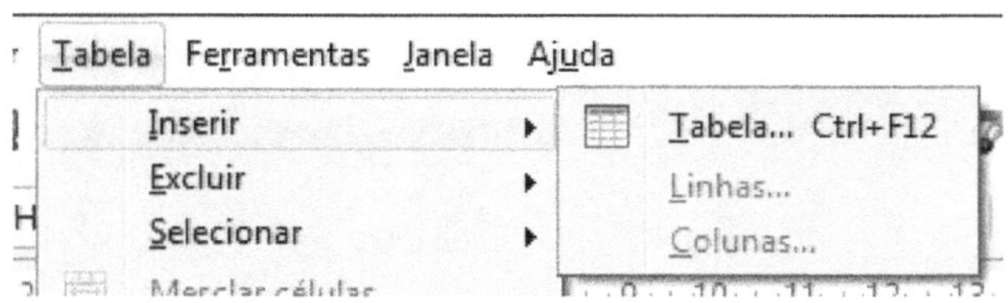

Mesclar células

Essa ferramenta só fica habilitada quando duas ou mais células de uma tabela estão selecionadas. Ao acioná-las, as células se tornam uma, ou seja, são mescladas.

Dividir células

Atente-se para esse recurso, pois somente em uma tabela é possível dividir células, ou seja, esse recurso não existe para planilhas.

Proteger células

É um recurso que pode ser utilizado para bloquear as alterações em uma determinada célula e em uma tabela.

Dividir tabela

Assim como é possível dividir uma célula, também podemos dividir uma tabela em duas ou mais, mas apenas tabelas.

Repetir linhas de título

Quando se trabalha com tabelas muito extensas, que se distribuem em várias páginas, é difícil manter a relação do que se tem em cada coluna e linha. Para não ter que copiar manualmente os títulos, podemos utilizar o recurso repetir linhas de título.

Converter ►

É possível converter tanto um texto em tabela como uma tabela em texto, utilizando, para isso, alguns critérios como espaços entre palavras ou tabulações, entre outros.

Menu ferramentas

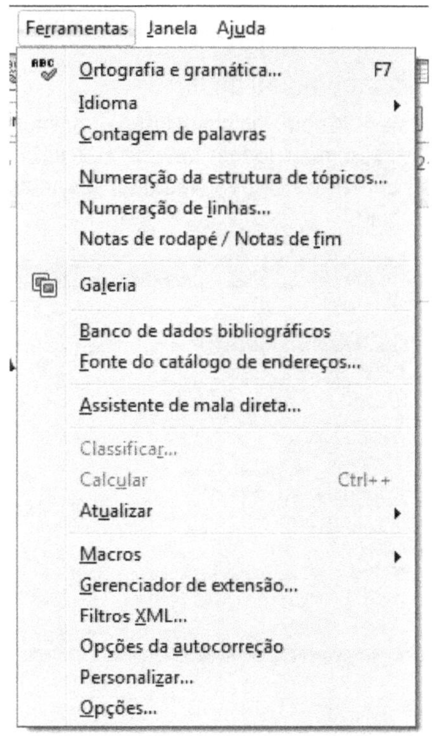

Ortografia e gramática (f7)

Abre uma janela para verificar o documento em busca de palavras desconhecidas ao dicionário do programa.

Idioma ►

No BrOffice Writer, podemos definir o idioma que está sendo trabalhado no texto selecionado, como no parágrafo e até para o documento de modo geral.

Contagem de palavras

O Writer também possui recurso de contabilização de total de palavras que compõem o texto.

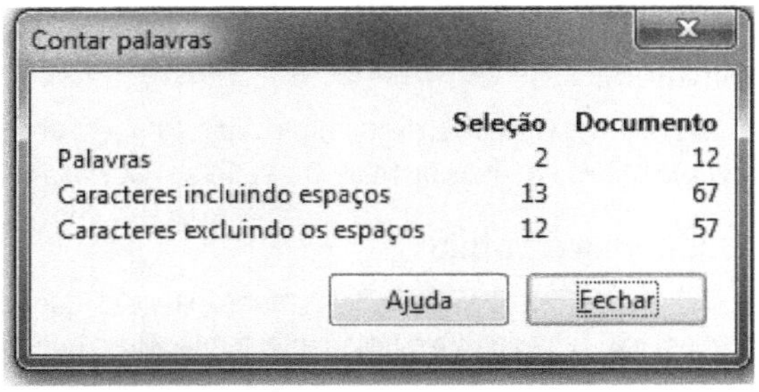

Numeração de linhas

Este recurso é bastante utilizado nas provas de Língua Portuguesa, em que ao lado das linhas, nos textos apresentados, aparece uma numeração, que não necessita ser exibida em todas as linhas. Atenção às questões que o comparam com o recurso Numeração, usado para numerar parágrafos.

Uma forma de identificar a diferença é pela presença dos indicadores de fim de parágrafo, visíveis quando a ferramenta "caracteres não imprimíveis" está ativa.

Notas de rodapé/notas de fim

Já vimos esse nome no menu Inserir. No entanto, são ferramentas distintas, mas relacionadas, pois esse recurso do menu Ferramentas abre a janela de configuração das notas, conforme ilustrado a seguir:

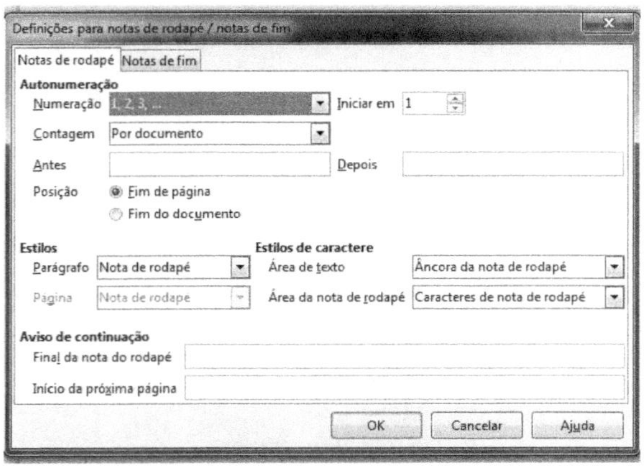

Galeria

A ferramenta que exibe a galeria também é encontrada no menu Ferramentas, além da barra de ferramentas padrão.

Assistente de mala direta

Uma ferramenta interessante para quem quer começar a entender o recurso de mala direta. Por meio dela, é possível criar uma mala direta passo a passo.

Macros ►

De uma forma geral, as Macros são regras criadas para automatizar tarefas repetitivas. Por meio dessa ferramenta é possível executar as macros existentes.

Opções de autocorreção

O recurso de Autocorreção é o responsável por corrigir palavras logo após a sua inserção, como colocar acento na palavra, caso digitada sem.

Opções

Esse recurso concentra as opções do programa como dados do usuário e recursos.

6. BROFFICE CALC

O BrOffice Calc é um editor de planilhas eletrônicas pelo qual pode-se estruturar um controle de livro-caixa ou estoque, dentre inúmeras outras estruturas para atender a necessidades básicas de um escritório, por exemplo, que deseja controlar suas atividades. A figura a seguir ilustra a janela principal desse programa.

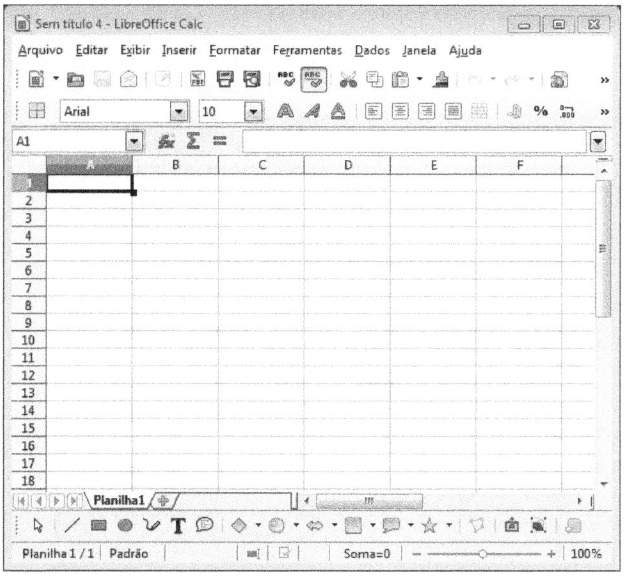

Para utilizar adequadamente esse programa, devemos entender as suas estruturas, com as quais iremos operar, como o formato de arquivo gerado.

Por padrão, um arquivo salvo no Calc é salvo no formato ODS (*Open Document Spreadsheet*), no entanto é possível por meio deste editor também salvar nos formatos padrões do Microsoft Office Excel, XLS (2003) e XLSX (2007 e 2010).

Vale lembrar que o formato ODF é o formato genérico do BrOffice, conhecido como *Open Document Format*, ou seja, Formato de Documento Aberto. Fique atento, pois o PDF (Formato de Documento Portátil) também e possível de ser gerado pelo Calc, porém por meio da opção Exportar como PDF.

6.1 Planilha

Uma planilha nada mais é do que um reticulado de linhas e colunas, as quais são preenchidas com dados e fórmulas com o intuito de se obter algum resultado ou estruturar alguma informação.

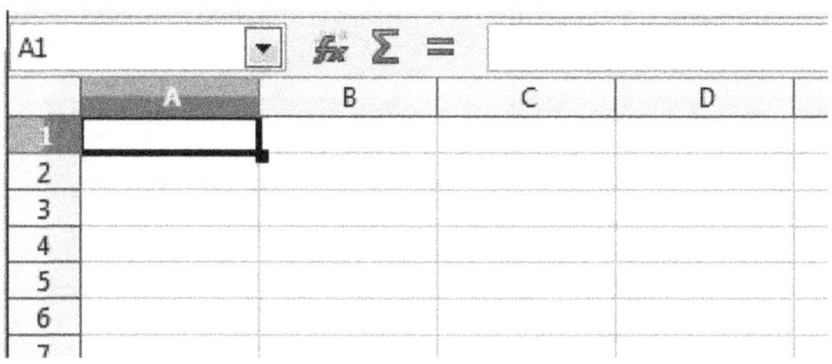

Por padrão, as linhas são identificadas por números enquanto que as colunas são identificadas por letras, conforme ilustrado na figura acima. Vale lembrar que, uma vez que existe um padrão, que existe também outra forma de se trabalhar, neste caso, é possível utilizar números para as colunas, mas é necessário alterar as opções do programa.

Uma planilha já possui um total de 1.048.576 linhas por 1024 colunas, contudo, como o alfabeto vai apenas até a letra Z, a próxima coluna é dada pela combinação AA, seguida por AB até chegar a AZ, seguida por BA, BB e assim por diante até completar as 1024 colunas, sendo a última representada pela combinação AMJ.

O mais importante a ser observado sobre essa característica é que esses valores são fixos, ou seja, uma planilha sempre terá essa estrutura, mas quando usado o recurso inserir Linhas ou Colunas, ocorre um deslocamento de conteúdo para baixo, no caso de linhas, e para a direita, no caso de colunas.

6.2 Célula

Uma célula é a menor unidade estrutural de um editor de planilhas, elas são dadas pelo encontro de uma coluna com uma linha. Assim são identificadas pelos títulos das colunas e das linhas que são exibidas.

A célula A1 é a primeira célula de uma planilha, ou seja, é a célula que se encontra na coluna A e na linha 1.

Células de absorção

Dentre as características das células podemos citar as de Absorção, também conhecidas como células de resultado. Basicamente são aquelas que apresentam o resultado de algum cálculo.

Os indicadores de Células de Absorção são símbolos usados para identificar para o programa quais células devem ser calculadas. No Calc, são três os indicadores de células de absorção:

=	=5+5	10
+	+5+5	10
-	-5+5	0

Modos de endereçamento

Os modos de endereçamento são formas de identificar o endereço de uma célula, contudo para fins de identificação os três modos de endereçamento não possuem diferença, sua aplicação é apenas para os procedimentos de copiar e colar uma célula cujo conteúdo é uma fórmula, por vezes citado pelo clicar e arrastar.

Relativo: no modo de endereçamento relativo apenas precisamos indicar a coluna e a linha de uma célula. Como o exemplo: B2, ou seja, a célula que se encontra na junção da linha 2 com a coluna B.

Misto: no modo de endereçamento misto é utilizado o símbolo $ (cifrão) para indicar que o dado que estiver imediatamente à sua direita será sempre o mesmo, ou seja, não poderá ser alterado.

Existem duas formas de endereçamento misto, em uma bloqueamos a coluna, enquanto que na outra a linha é que é bloqueada.

Quando desejamos travar a coluna, escrevemos o endereço da célula, =$B2, assim a linha pode ser alterada quando houver deslocamento, porém a coluna será sempre a coluna B.

Por outro lado, quando desejamos fixar uma linha, devemos escrever o $ antes da linha, exemplo, =B$2, dessa forma, a coluna pode ser alterada quando houver deslocamento em relação à coluna, contudo a linha será sempre a linha 2.

Absoluto: no endereçamento absoluto tanto a coluna quanto a linha são fixadas, assim podemos dizer que a célula será sempre a mesma.

Endereço da planilha

<nome da Planilha>.<endereço da célula>

=Planilha1.B4+Planilha2.B4

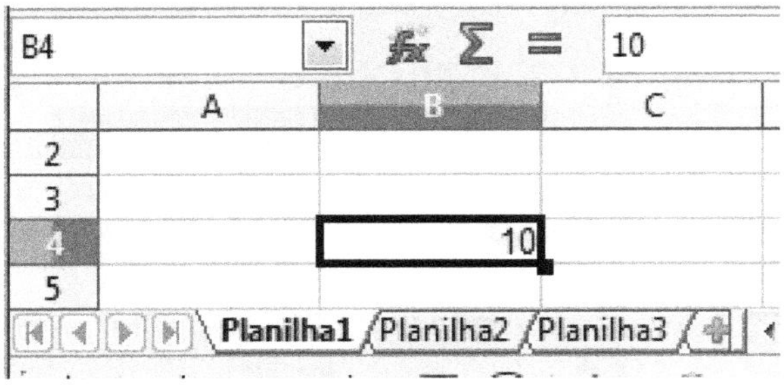

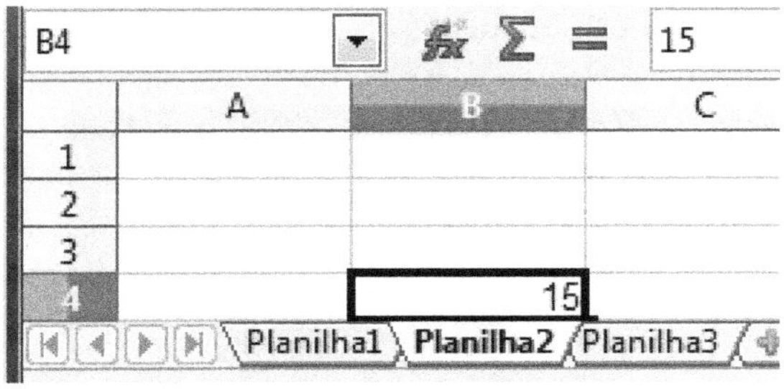

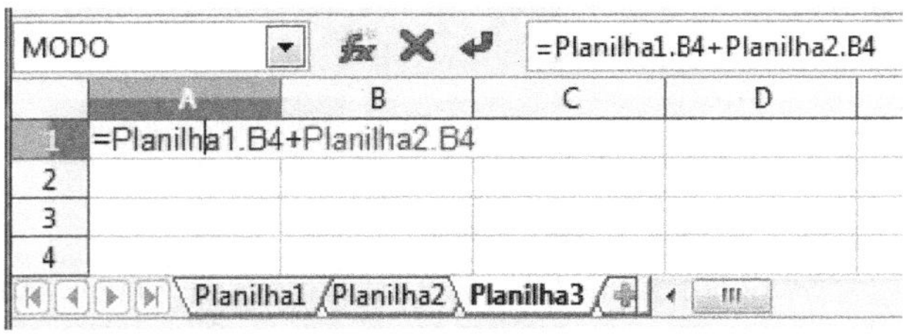

6.3 Operadores

No BrOffice Calc existem quatro tipos de operadores básicos: aritméticos, texto, referência e comparação, cada qual com suas peculiaridades.

Operadores aritméticos

Sobre Operadores Aritméticos, assim como sobre Células de Absorção, a maioria das perguntas é direta, mas as questões são colocadas na matemática destes operadores, ou seja, as regras de prioridade de operadores devem ser observadas para que não seja realizado um cálculo errado.

Operador	Símbolo	Exemplo de uso	Resultado
Adição	+	=5+5	10
Subtração	-	=5-5	0
Multiplicação	*	=5*5	25
Divisão	/	=5/5	1
Potenciação	^	=5^2	25
Percentagem	%	=200*10%	20

Operador de texto

Os editores também contam com um operador que permite atuar com texto. O operador de concatenação **&** tem a função de reunir o conteúdo das células na célula resultado. Atenção, nesse caso a ordem dos operadores altera o resultado.

A figura a seguir ilustra as células com operações de concatenação.

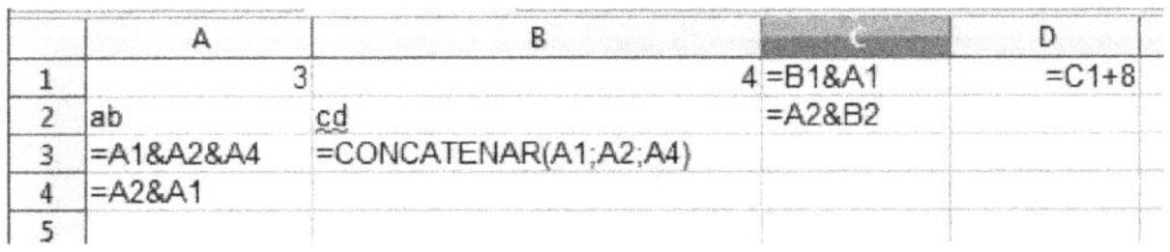

A figura a seguir mostra os resultados obtidos pelas fórmulas inseridas, atente aos resultados e perceba que a ordem dos fatores muda o resultado. Também observe que, por ter sido utilizado um operador de texto, o resultado por padrão fica alinhado à esquerda.

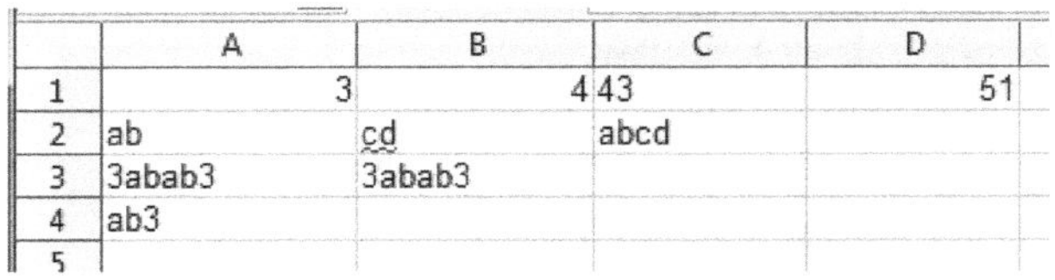

Referência

Os operadores de referência são aqueles utilizados para definir o intervalo de dados que uma função deve utilizar.

; ~	E	União
:	Até	Intervalo
!		Interseção

Considere o seguinte conjunto de dados em uma planilha em edição no Calc:

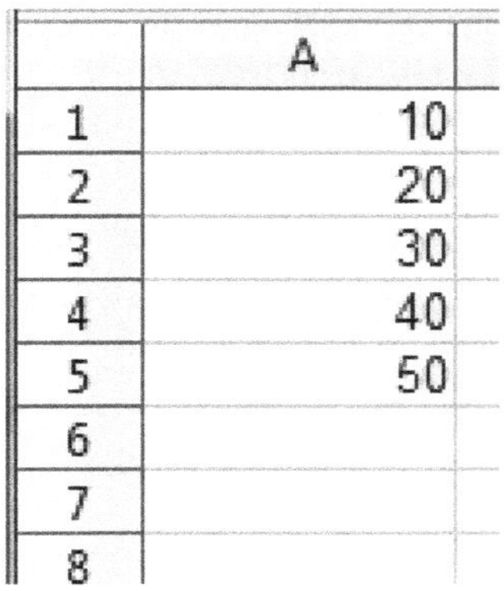

=SOMA(A1 : A4)

A função é lida como Soma de A1 até A4, ou seja, todas as células que estão no intervalo de A1 até A4 inclusive. No caso de exemplo o resultado = 100.

De forma equivalente pode-se escrever a função como se segue:

=SOMA(A1 ; A2 ; A3 ; A4)

A qual se lê Soma de A1 e A2 e A3 e A4, assim é possível especificar células aleatórias de uma planilha para realizar um cálculo.

=SOMA(A1 ; A4)

Neste caso fique atento pois, a leitura é Soma de A4 e A1, ou seja, apenas estão sendo somadas as células A1 com A4 as demais não entram no conjunto especificado. Assim, o resultado seria 50.

=SOMA(A1 : A4 ! A3 : A5)

Já nesta última situação apresentada, deseja-se somar apenas as células que são comuns ao intervalo de A1 até A4 com A3 até A5, que no caso são as células A3 e A4, assim a soma destas células resulta em 70.

6.4 Elemento fixador

O $ (cifrão) é um símbolo usado para travar alguma informação, via de regra o que estiver vinculado à direita.

As questões normalmente descrevem uma planilha e citam que uma determinada fórmula foi inserida em uma célula. Na sequência, a célula é selecionada, copiada e colada em outra célula, ou mesmo clicado pela alça de preenchimento e arrastado para outra célula.

No caso a seguir, foi inserida na célula C1 a fórmula =A1+$A2+A$2, após foi arrastada pela alça de preenchimento desta célula para a célula C2, assim a fórmula presente em C2 será:

1º de C1 para C2 foi acrescido apenas uma linha, sem alterar a coluna, assim as letras não são alteradas, mas existem modos de endereçamento misto, em que aparece $2 significa que a linha será sempre a linha 2, não podendo modificá-la.

	A	B	C	D
1	10	100	=A1+$A2+A$2	
2	50	200	=A2+$A3+A$2	
3	=$A$1+A1			
4		=$A$1+B2		
5				=B5+$A6+B$2
6				

	A	B	C	D
1	10	100	110	
2	50	200	120	
3	20			
4		210		
5				200
6				

C1	→	C2
Origem		Destino

	Destino		Origem	Deslocamento
Linha	2	-	1	1
Coluna	C 3ª	-	C 3ª	0

C1	→	D5
Origem		Destino

	Destino		Origem	Deslocamento
Linha	5	-	1	4
Coluna	D 4ª	-	C 3ª	1

A3	→	B4
Origem		Destino

	Destino		Origem	Deslocamento
Linha	4	-	3	1
Coluna	B 2ª	-	A 1ª	1

	→	
Origem		Destino

	Destino		Origem	Deslocamento
Linha		-		
Coluna		-		

6.5 Alça de Preenchimento

A Alça de Preenchimento é um dos recursos que mais possui possibilidades de uso e por consequência respostas diferentes.

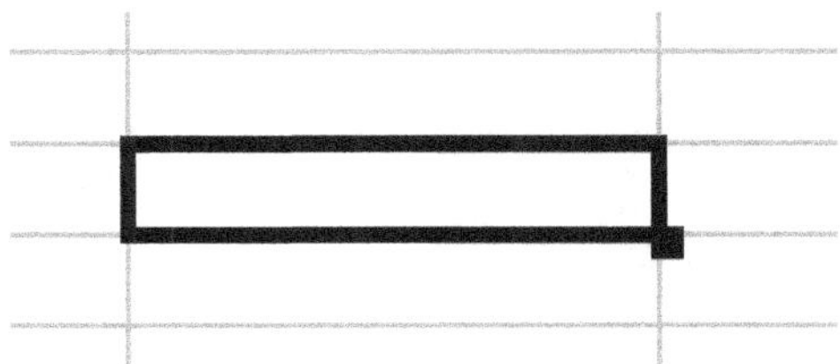

Observe que, quando uma ou mais células estão selecionadas, sempre no canto direito inferior é ilustrado um quadrado um pouco mais destacado, essa é a alça de preenchimento.

Ela possui esse nome porque é utilizada para facilitar o preenchimento de dados que obedeçam a uma regra ou padrão.

Quando uma única célula está selecionada e o seu conteúdo é um valor numérico. Ao clicar sobre a alça de preenchimento e arrastar seja na horizontal ou vertical, em qualquer sentido, exceto diagonal, será preenchido com uma Progressão Aritmética (PA) de razão 1, caso seja arrastado para esquerda ou para cima a razão é -1. A figura a seguir ilustra o comportamento.

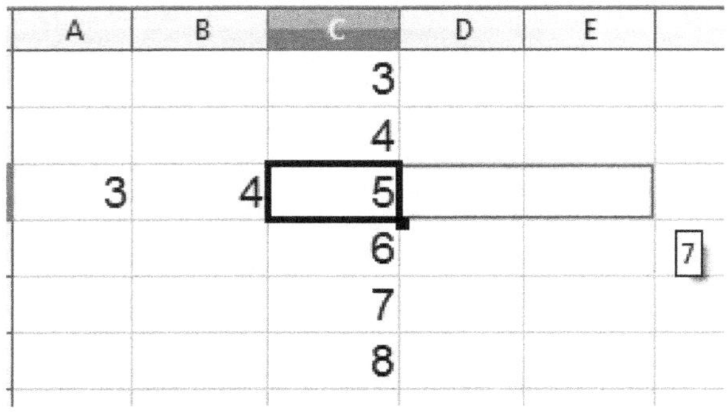

Já na situação em que existem duas células adjacentes selecionadas contendo valores numéricos diferentes entre si, ao se arrastar pela alça de preenchimento as células serão preenchidas com uma PA cuja razão é a diferença entre os dois valores selecionados. A figura a seguir ilustra esse comportamento. Podemos observar que o valor que irá ser exibido na célula B6 será o número 30, com isso a célula B4 receberá o valor 20, enquanto que a B5 receberá 25, conforme vemos na figura da direita.

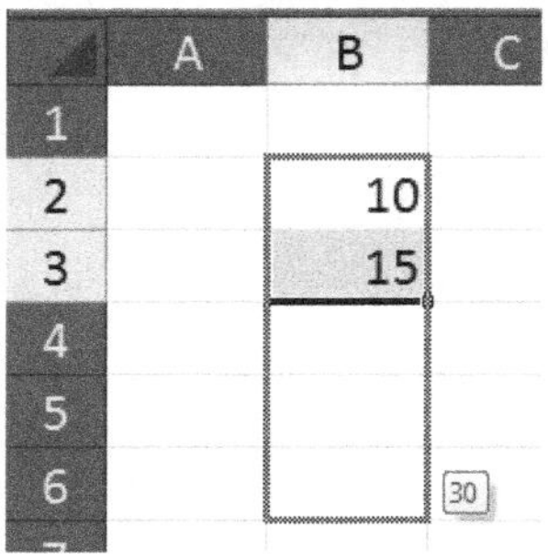

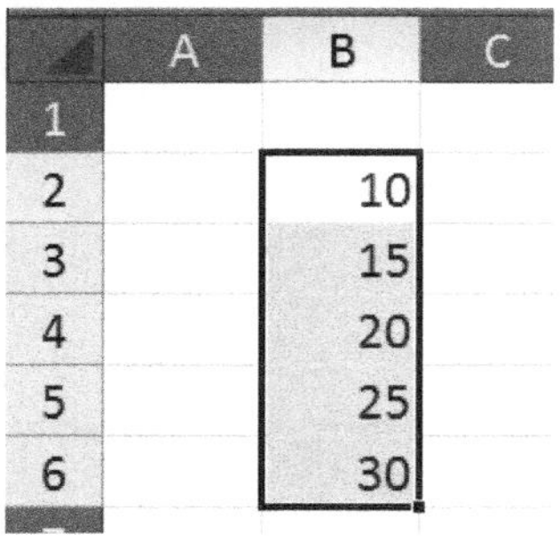

Quando o conteúdo de uma única célula selecionada for um texto esse, será copiado para as demais células. Mas se o conteúdo, mesmo sendo um texto, fizer parte de uma série conhecida pelo programa às células serão preenchidas com o próximo valor da série. Por exemplo, se **Janeiro** for o conteúdo inserido na célula, então, ao arrastar pela alça de preenchimento para a direita ou para baixo a célula adjacente será preenchida com **Fevereiro**, por outro lado se for arrastado para cima ou para a esquerda a célula adjacente será preenchida com **Dezembro**. O mesmo vale para as sequências Jan, Seg e Segunda-feira. Atenção: A, B, C não são conhecidos como série nos programas, mas o usuário pode criá-las.

Já na situação em que haja duas células que contenham textos diferentes selecionadas, ao arrastar será preenchido com o padrão encontrado, veja o exemplo abaixo.

Quando o conteúdo da célula for uma fórmula ao arrastar pela alça de preenchimento o resultado é o mesmo, ou seja, deverá ser calculada a nova fórmula de acordo com o deslocamento.

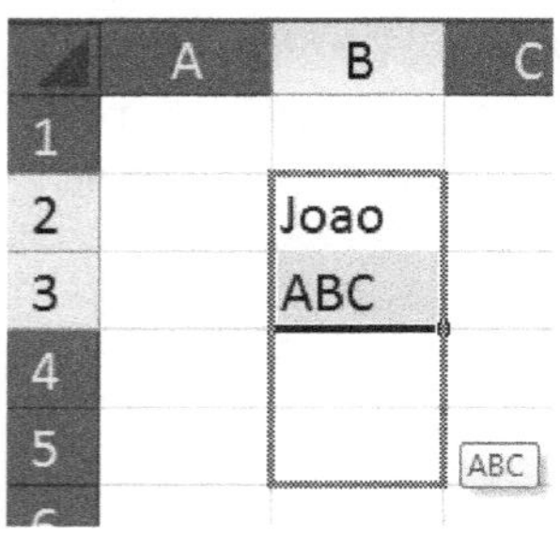

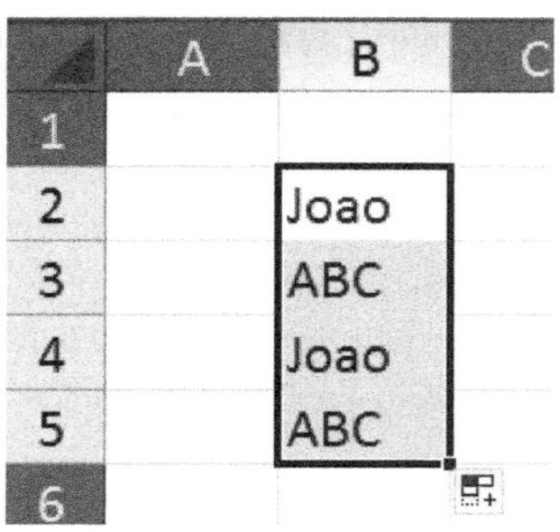

6.6 Funções

As funções são estruturas prontas criadas para que o usuário não se preocupe em como elas funcionam, mas apenas com que informações devem descrever para obter o resultado. Contudo, para as provas de concurso precisamos saber como elas funcionam.

A figura acima ilustra a barra de fórmulas e funções do Calc, por meio dela podemos inserir as funções, além de poder digitá-las diretamente. Essa barra também tem importante informação, pois é nela que é exibido o real conteúdo de uma célula, ou seja, se o que foi inserido foi uma fórmula ou um dado (valor) direto.

Caso ainda não conheça muito bem as funções é possível contar com o assistente de funções, que pode ser acessado pelo ícone *fx* presente nessa mesma barra. À direita dele encontra-se o botão SOMA, que pode ser usado para inserir a função =SOMA( ) já o sinal de igual presente na sequência é o mesmo que digitar o símbolo na célula selecionada a fim de inserir uma fórmula ou função, tanto que seu nome é Função.

Principais funções

=SOMA( )
=MÉDIA( )
=MED( )
=MÁXIMO( )
=MAIOR(;)
=MÍNIMO( )
=MENOR(;)
=MODO( )

	A	B	C	D
1	3	7	10	
2	7	3	20	
3		7	30	
4	3	3	40	
5	7	5	10	
6				
7				

=média(a1:a5)

Calcula-se a Média de A1 até A5. O cálculo da média é a soma de um conjunto de valores dividido pelo total de valores **somados**, assim para o caso apresentado na figura acima o resultado da média de A1 até A5 é 20/4 totalizando 5, ou seja, as células vazias são ignoradas. Caso a célula A3 possua o valor 0, o resultado seria 4, pois 0 (zero) é número.

=média(a1;a2;a3;a4;a5)

Nesta segunda forma, apenas se mudou os operadores de referência, mas o resultado será o mesmo, pois o conjunto de dados é o mesmo.

=média(b1:b5)

O conjunto apresentado também resulta em 5.

=soma(b1:b5)/5

Muito comum de ser usado nas provas as estruturas de funções combinadas com expressões aritméticas como somar o conjunto de B1 até B5 e na sequência dividir o resultado por 5. Atente-se, pois para o caso em questão a expressão acima calcula a média, porém não se pode dizer o mesmo para a frase, **a função =SOMA(B1:B5)/5 calcula a média dos valores de B1 até B5 qualquer que seja o valor nas células**, pois se alguma célula estiver vazia não será dividido por 5 o total somado, a fim de calcular a média.

=b1+b2+b3+b4+b5/5

Cuidado com a expressão acima, porque ela não calcula a média, mas é bastante usada nas provas para induzir o candidato ao erro, lembre-se que os cálculos devem ser realizados respeitando as precedências de operadores. Assim, a expressão para calcular a média seria **=(B1+B2+B3+B4+B5)/5** usando os parênteses para mudar a precedência indicando que o que está entre eles é que deve ser calculado por primeiro.

=med(b1:b5)

Atenção a essa função, pois as provas induzem o candidato a pensar que se trata da função que calcula a média, contudo o que ela calcula é a **Mediana**, que é o elemento central de um conjunto de elementos. Porém, outra questão recorrente pode ser apresentada: ocorre quando o conjunto de dados é similar ao apresentado, ou seja, com números repetidos e fora de ordem, devemos lembrar que a mediada leva em consideração os valores em ordem e que estes se repetem. Desse modo, na mediana de B1 até B5 devemos observar os valores (3, 3, 5, 7, 7), com base nesse conjunto tem-se que a mediana é 5, pois é o elemento central.

=med(a1:a5)

Contudo, quando o conjunto possui uma quantidade par de elementos, a mediana é a média dos elementos centrais. Dado do conjunto (3, 3, 7, 7) a mediana é a média de 3 e 7, ou seja, 5.

=máximo(b1:b5)

Essa função retorna o valor mais alto do conjunto de dados especificado.

=maior(b1:b5;3)

Em comparação com a função Máximo, é comum aparecer a função Maior que permite identificar o enésimo termo de um conjunto.

No exemplo anterior podemos ler como o terceiro maior número do intervalo de B1 a B5.

Neste caso, como se deseja o maior valor o conjunto, deve ser considerado em ordem decrescente (7, 7, 5, 3, 3), assim o terceiro maior número é 5.

=mínimo(b1:b5)

Enquanto que o máximo traz como resposta o valor mais alto, o mínimo retorna o mais baixo.

Para o exemplo acima a resposta é 3.

=menor(b1:b5;1)

A função Menor exibe o enésimo menor número de um conjunto, desta forma, no exemplo dado, pede-se o primeiro menor número do intervalo de B1 a B5 (3, 3, 5, 7, 7), na função menor o conjunto de dados deve ser considerado em ordem crescente, assim o primeiro menor é 3, o mesmo que o mínimo de B1 até B5.

=modo(a1:a5)

Esta função retorna o valor que aparece com maior frequência no conjunto especificado. No caso do exemplo, a resposta é 3.

=modo(b1:b5)

Observe que o resultado será sempre o valor mais baixo que mais se repete, mesmo que outro valor apareça com a mesma frequência, como no segundo exemplo a resposta também é 3.

Outras funções comuns

	A	B	C	D	E
1	3	7	10	A	
2	7	3	20	B	
3		7	30	A	
4	3	3	40	A	
5	7	5	10	B	
6					

=se(; ;)

A função SE é também conhecida como condicional, por meio dela é possível definir ações a serem executadas diante de determinadas situações (condições).

Sua sintaxe é composta por três campos sendo que no primeiro é colocado um teste lógico, após o ponto e vírgula temos o campo que contém a ação a ser executada, caso o teste lógico seja verdadeiro e na sequência. No último campo, contém a ação caso o teste lógico seja falso.

=cont.Núm( )

Esta função exibe o total de células de um intervalo que possui como conteúdo um valor numérico.

=cont.Se(;)

Enquanto que a função CONT.SE retorna a quantidade de células que atendem ao critério estabelecido no segundo campo.

=somase(; ;)

Já a função SOMASE, permite somar apenas o conteúdo das células de interesse ao montante.

Assim se aplicada a função **=SOMASE(D1:D5;"=A";C1:C5)** a resposta será o montante da soma das células da coluna C que estiverem na mesma linha das células da coluna D que possuírem a letra A como conteúdo. Assim a resposta é 80.

Exs.:

=SE(C1>=10; "maior ou igual"; "Menor")

Se o valor contido na célula C1 for maior ou igual a 10, então será escrito na célula o texto expresso no segundo campo da função. Por ser um texto, a ação desejada ele obrigatoriamente deve ser expresso entre aspas, contudo as aspas não serão exibidas na resposta.

Mas se o valor da célula C1 for menor do que então será escrito como resposta o texto **Menor**.

=cont.Núm(a1:a5)

Como a célula A3 está vazia, a resposta desta função é 4, pois existem apenas 4 células cujo conteúdo é um número.

=cont.Se(d1:d5; "=a")

Ao se aplicar a função acima, ela irá contar quantas células possuem o texto A, neste caso a resposta é 3.

6.7 Formatos de células

Ao clicar com o botão direito do mouse sobre uma ou mais células selecionadas é aberto o menu suspenso, ilustrado a seguir. Neste momento nos interessa a opção Formatar Células que, ao ser acionada, abre a janela de formatação de células.

Guia números

A figura a seguir ilustra a janela Formatar Células exibindo as opções da aba Números, as principais abas são as guias Número e Alinhamento.

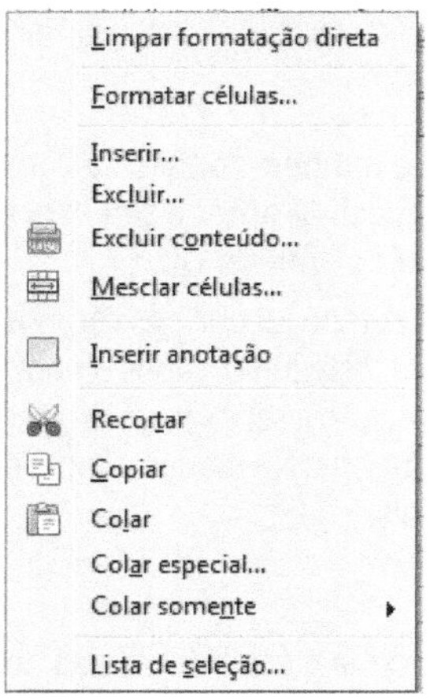

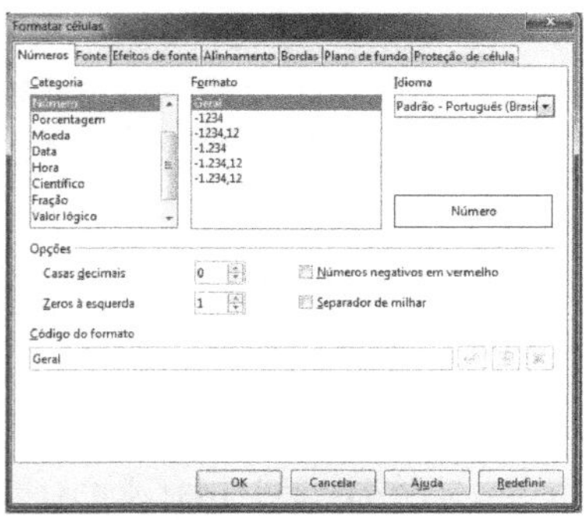

Na figura abaixo estão listados os formatos de células e exibidas as células formatadas.

	A	B
1	Número	5,70
2	Porcentagem	500,00%
3	Moeda	R$ 50,00
4	Data	09/04/13
5	Hora	23:20:00
6	Científico	5,00E+000
7	Fração	3/4
8	Valor Lógico	VERDADEIRO
9	Texto	teste
10		

Os formatos Moeda e Percentagem também podem ser definidos pelas opções da barra de Ferramentas de Formatação. A figura a seguir ilustra parte desta barra com as opções citadas.

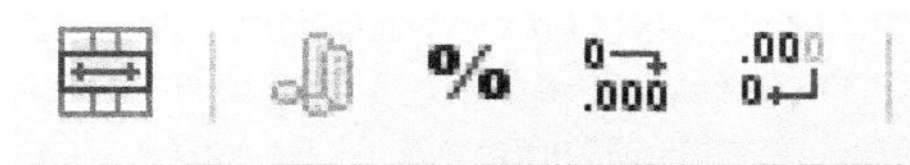

Guia alinhamento

Por meio desta guia, podemos formatar o alinhamento vertical e/ou horizontal de uma célula bem como a orientação do texto, ou seja, sua direção aplicando um grau de inclinação.

Também encontramos a opção Quebra Automática de texto que permite distribuir o conteúdo de uma célula em várias linhas de texto dentro da mesma célula. A figura a seguir ilustra estas opções.

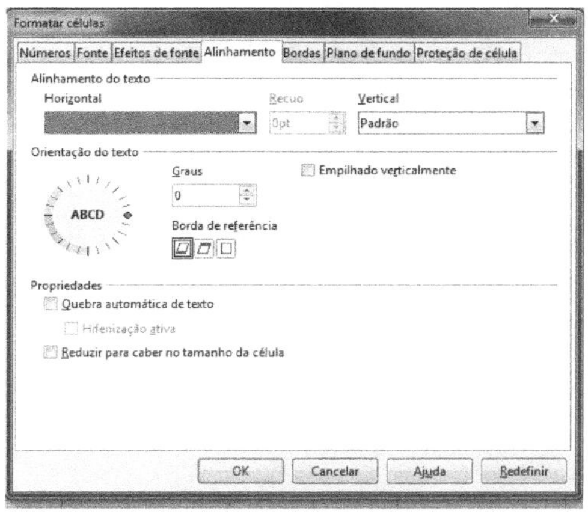

Outras ferramentas

Mesclar e centralizar 

A opção Mesclar e Centralizar do Calc centraliza tanto na horizontal como na vertical. Porém, é possível exibir apenas o conteúdo da célula superior esquerda, como também se pode mover o conteúdo das células selecionadas que serão ocultas para a célula superior esquerda.

A sequência de imagens a seguir ilustra a operação de mesclar em que se opta por exibir apenas a célula superior esquerda, observe que as demais células são apenas ocultas, assim seus valores são mantidos e podem ser referenciados.

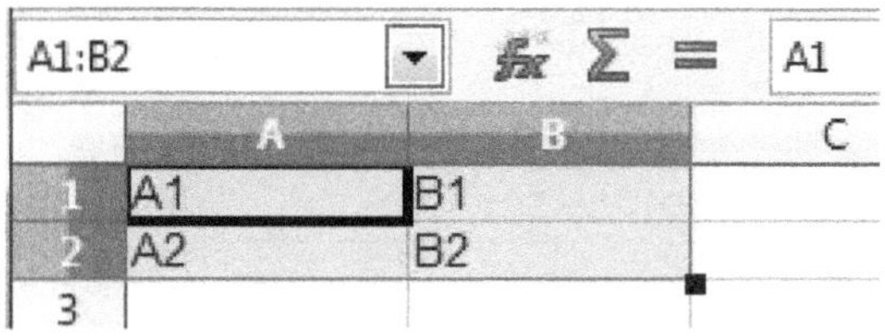

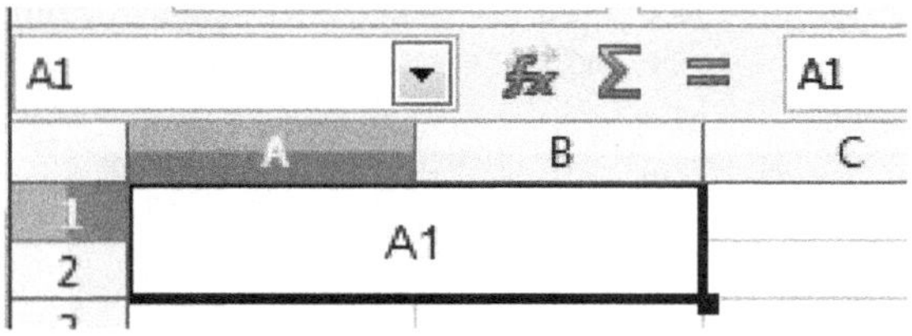

Nessa próxima sequência foi optado por mover o conteúdo para a célula superior esquerda, atente que a ordem dos dados é a mesma de leitura (esquerda para a direita e de cima para baixo).

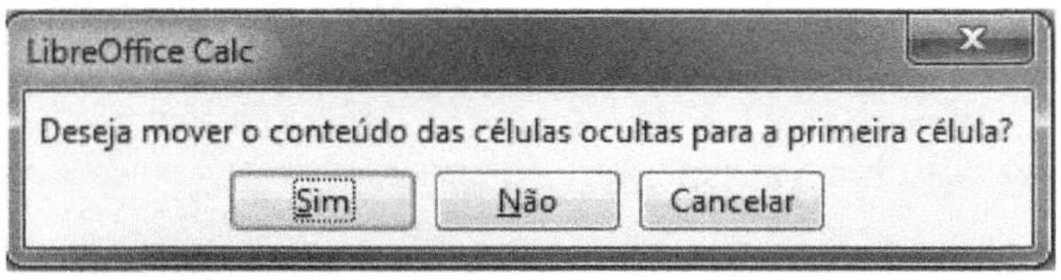

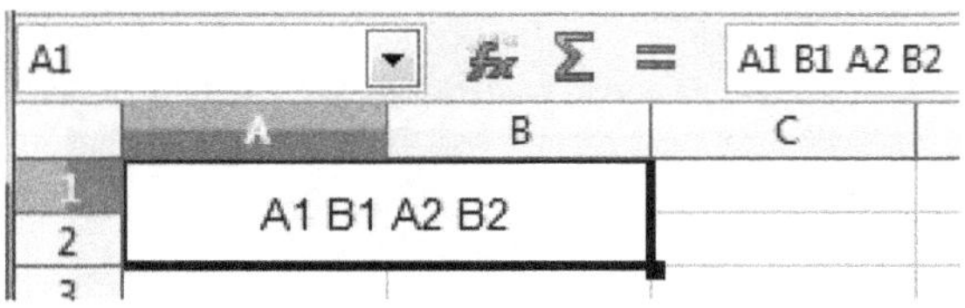

Bordas

Por padrão, em uma planilha, o que vemos são as linhas de grade e não as bordas das células, tanto que se realizarmos a impressão nenhuma divisão aparece. As bordas devem ser aplicadas manualmente de acordo com a necessidade, para isso, pode-se usar o botão Bordas presente na barra de ferramentas de formatação que, ao ser acionado, exibe as opções de bordas, como: bordas externas, internas, esquerda, direita, dentre as demais que podem ser visualizadas na figura abaixo.

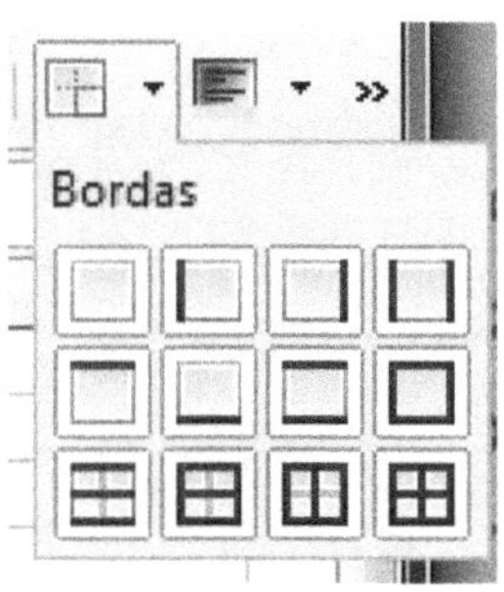

Classificar

Outra opção que podemos destacar é a de classificação de dados, pela qual podemos ordenar um conjunto de dados selecionados em ordem crescente ou mesmo decrescente, por meio dos ícones acima representados, respectivamente.

7. BROFFICE IMPRESS

É também conhecido como editor de slides. Fique atento com as palavras expressas em português como eslaide, que aparenta ser errada, pelo fato de não ser empregada com frequência, comumente usada para induzir o candidato ao erro.

7.1 Janela do Programa

Devemos, primeiramente, conhecer algumas funções da Janela do Editor para melhor entender seus recursos.

A primeira barra ao topo, onde encontramos os botões Fechar, Maximizar/Restaurar e Minimizar é a chamada Barra de Título, pois expressa o nome do arquivo e o programa no qual está sendo trabalhado.

A barra logo abaixo é a Barra de Menu, onde se encontram as ferramentas do programa. Observe, à direita do menu Ferramentas, a existência de um menu diferente dos encontrados no Writer e Calc, o menu Apresentação de Slides. Nele, são encontradas as opções específicas das operações com slides como Cronometrar, Transição e Apresentação de Slides.

Na sequência, são exibidas as duas barras de ferramentas (Padrão e de Formatação). Fique atento às divisões da janela. Na lateral esquerda, está o painel Slides, nele são exibidas as miniaturas dos slides a fim de navegação na apresentação, bem como de organização. Uma vez que, para deslocar o slide, basta clicar e arrastá-lo para o local desejado.

A última é a barra de Status, por meio dela podemos visualizar em qual slide estamos, além de poder alterar o zoom do slide em edição.

Acima da barra de Status está a barra de Desenhos, ilustrada a seguir. Essa barra é comum aos demais editores (Calc e Writer). Porém, ela só aparece por padrão no Impress. Para ocultá-la ou exibi-la, basta selecionar a barra no menu Exibir → Barras de Ferramentas → Desenho.

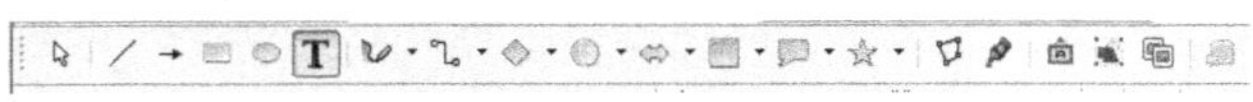

A área central da tela é onde fica o slide em edição, também conhecida como palco, quem sabe uma associação ao espaço onde o artista expõe a sua obra.

Já à direita, é exibido o Painel de Tarefas. Essa estrutura oferece diversas opções, conforme ilustrado a seguir:

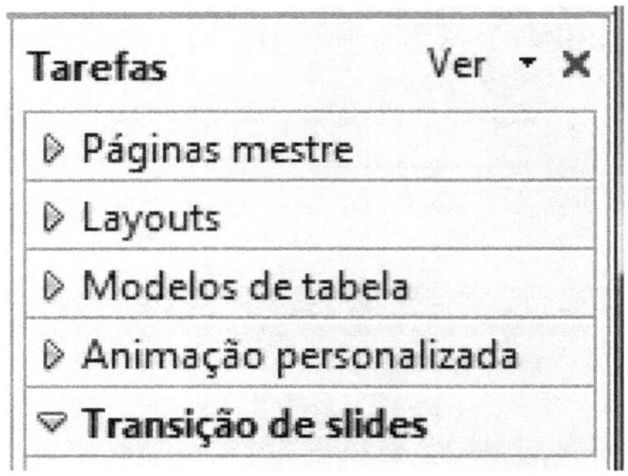

Acima do slide em edição, podem-se encontrar cinco opções, elas são modos de exibição que podem ser alternados.

7.2 Mestre

Um mestre é aquele que deve ser seguido, ou seja, uma estrutura base para a criação de um conjunto de slides. Por meio dele podemos criar um modelo no qual se definem estilos de título, parágrafo, tópicos, planos de fundo e os campos de data/hora, rodapé e número do slide, conforme pode ser visualizado na imagem a seguir:

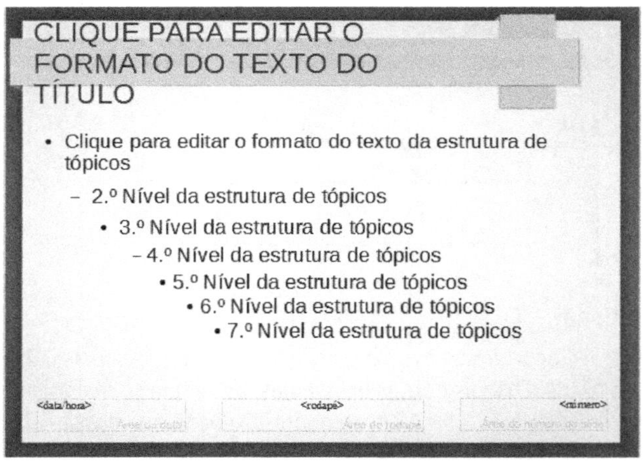

Para acionar o modo exibido, basta clicar no menu Exibir → Mestre → Slide Mestre.

A Nota Mestre serve para formatar as características das anotações (notas) que podem ser associadas a cada slide, conforme ilustrado a seguir.

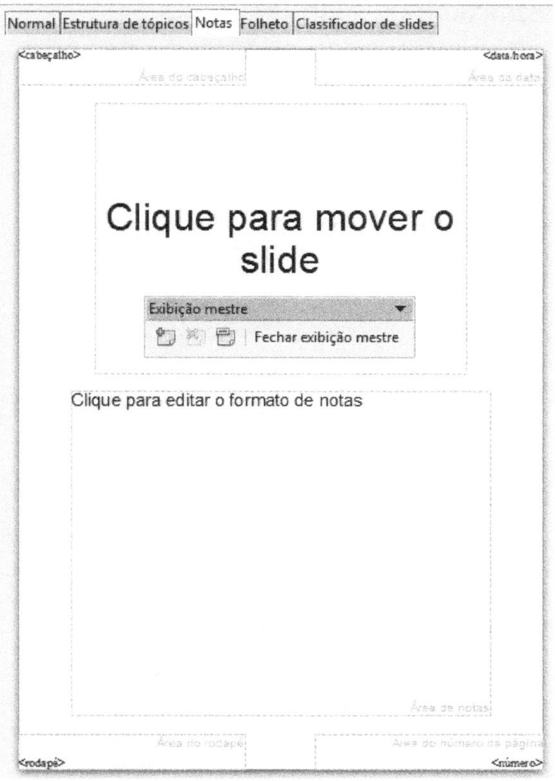

Já o item Elementos do Slide Mestre, serve para indicar quais elementos devem aparecer nos slides ou notas.

No painel de Tarefas, a opção Páginas Mestre apresenta alguns modelos de Slides Mestres que podem ser utilizados pelo usuário.

7.3 Layouts

Também podendo ser citado como Leiaute, são as estruturas que um slide pode possuir, como slides de título, título e subtítulo, slide em branco entre outros.

A figura a seguir ilustra os diversos layouts disponíveis no Impress. Esses podem ser definidos a qualquer momento da edição, inclusive após o slide já ter sido inserido.

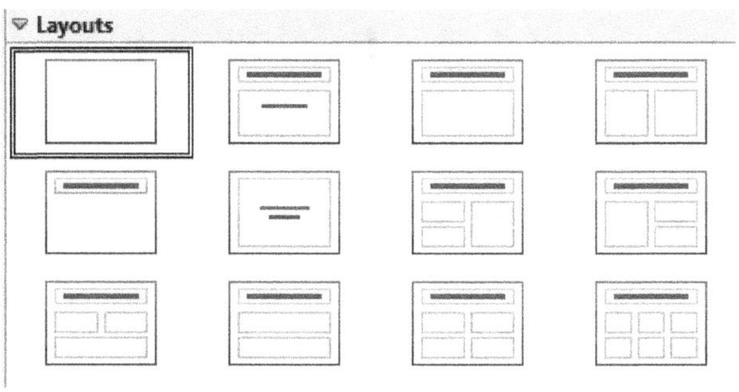

Por meio do botão Inserir Slide , presente na barra de ferramentas padrão, é possível escolher no momento da inserção o layout do slide. Após este já ter sido inserido, basta selecioná-lo no painel de slides, à esquerda, e escolher o novo layout desejado pelo botão de Layout do Slide ou pelo painel de Tarefas.

7.4 Formatos de arquivos

O Formato de Arquivo salvo por padrão no BrOffice (LibreOffice) Impress é o ODP (*Open Document Presentation*). Contudo, é possível salvar uma apresentação no formato PTT do PowerPoint (2003) ou PTTX do PowerPoint 2007 e 2010.

Existe também um formato de arquivo PPS (2003) e PPSX (2007 e 2010). Ele é um formato de autoplay, ou seja, ao ser acionado o arquivo com esse formato ele automaticamente é exibido no modo de exibição de slides.

7.5 Modos de exibição

Os Modos de Exibição refletem em diferentes estruturas e não apenas formas de visualizar os slides. No Impress existem cinco modos de exibição principais, mas pode-se acrescentar também o modo de Apresentação de Slides como sendo um modo de exibição.

Para alternar entre os modos de exibição, pode-se escolher o modo desejado pelo Menu Exibir ou pelas opções presentes no topo do palco de edição.

Normal

Este é o modo de exibição padrão para a edição dos slides, conforme ilustrado a seguir. Com esse modo, é possível alterar os textos do slide, bem como suas formatações de texto, layout e plano de fundo.

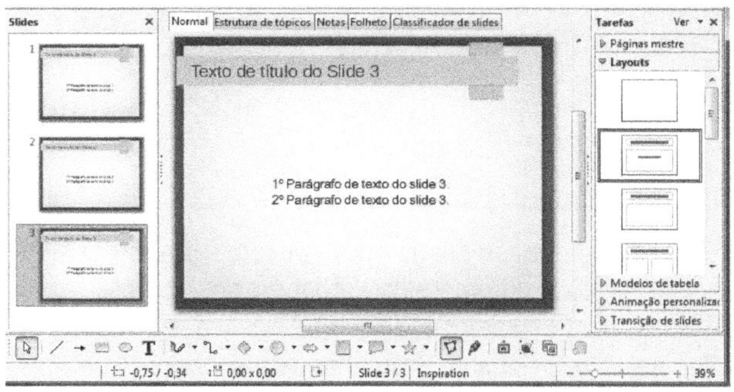

Estrutura de tópicos

Já no modo de Estruturas de Tópicos, as características de formatação do slide não são exibidas, mas apenas o conteúdo do slide. Cada slide é indicado, bem como cada parágrafo de conteúdo, conforme ilustrado a seguir. Propriedades como o tamanho e o tipo da fonte, bem como negrito, sublinhado e itálico são aparentes neste modo de exibição, ao contrário da cor da fonte.

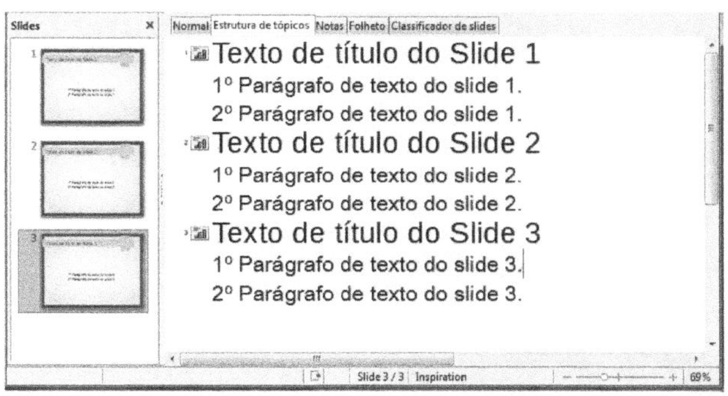

Notas

Este modo de exibição serve para que se possa inserir as anotações sobre um slide, muitas vezes usadas para descrever o assunto, ou conteúdo do slide, ou seja, são os tópicos a serem seguidos e apontados. Assim, as notas servem como um lembrete.

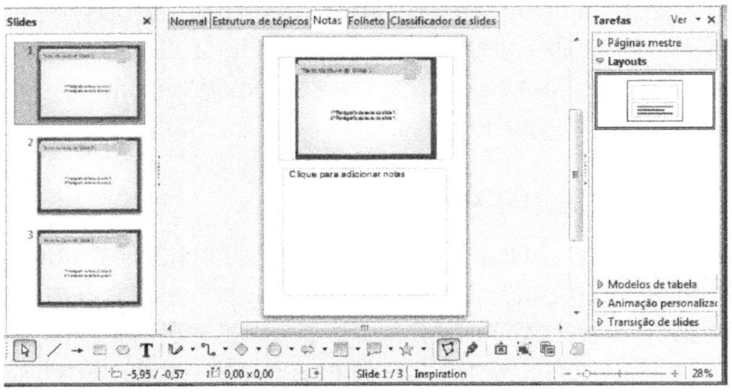

Folhetos

O modo de exibição de Folhetos, ilustrado a seguir, tem por objetivo as estruturas de cabeçalho e rodapé do modo de impressão de folhetos, ou seja, aquele em que são impressos vários slides por página.

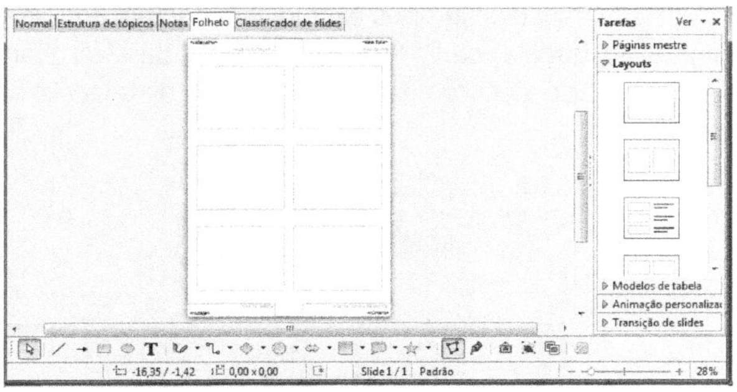

Também é possível dimensionar como ficaram os slides. Além do conteúdo do cabeçalho e rodapé, é possível inserir dados como data, hora e números de páginas. A figura a seguir ilustra com maior precisão os detalhes deste modo de exibição:

Classificador de slides

O modo Classificador de Slides serve para organizar a sequência dos slides na apresentação, oferecendo uma interface onde são exibidas as miniaturas das telas para que, ao clicar e arrastar os slides, seja possível movê-los para às posições desejadas. Na imagem a seguir, pode-se observar sua disposição:

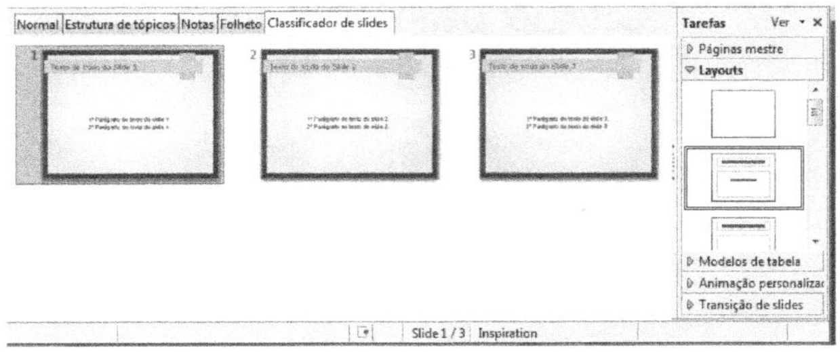

7.6 Inserir slide

Para inserir um slide em uma apresentação, podemos contar com o recurso Inserir Slide, que pode ser acionado a partir de três locais, dentro do editor de apresentação Impress: Menu Inserir, Botão direito do mouse e Barra de Ferramentas.

Além de poder inserir um novo slide pelo Menu Inserir, é possível duplicá-lo, ou seja, criar uma cópia do(s) slide(s) selecionado(s), conforme ilustrado a seguir.

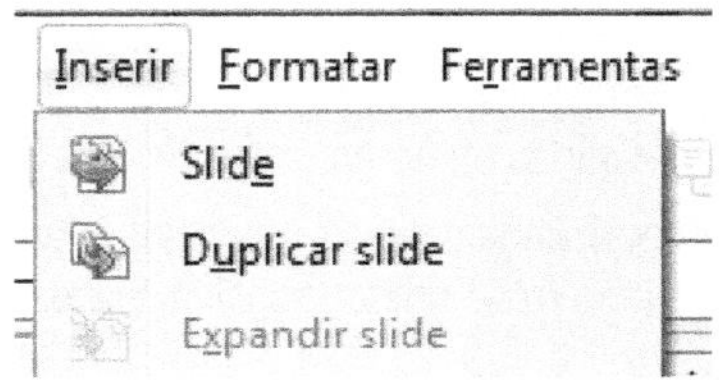

Com o clique do botão direito do mouse sobre um slide, é exibida a lista suspensa ilustrada a seguir, que possui tanto a opção de inserir novo slide, como duplicar o slide selecionado.

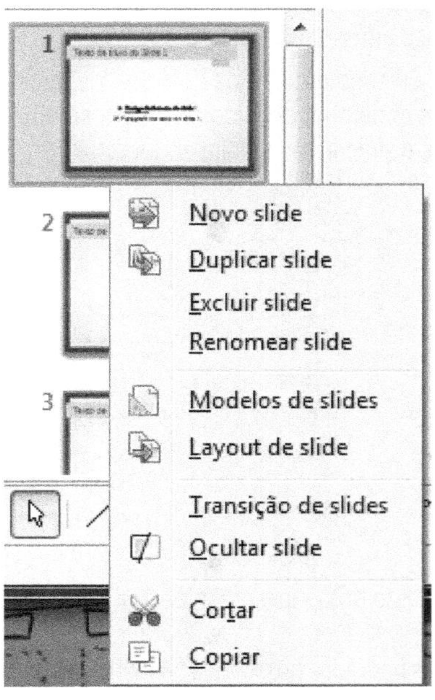

Caso o clique com o botão direito seja feito no espaço vazio, entre os slides é exibida apenas a opção Novo Slide, conforme ilustrado a seguir.

Já na barra de Ferramentas padrão, encontramos o ícone que permite a inserção de um slide. Caso seja clicado na seta à sua direita, é possível ainda escolher o layout do slide que está sendo inserido.

7.7 Menu Apresentação de slides

Neste menu é que se encontram as opções específicas de uma edição de apresentação de slides, como os efeitos de animação e transição de slides. Assim, se a prova citar alguma opção solicitando o menu em que ela é apresentada, se a opção tiver relação à apresentação de slides, então provavelmente estará no menu Apresentação de Slides.

Dentre os itens deste menu, podem-se destacar:

Apresentação de slides

É a opção que permite exibir a apresentação de slides em tela cheia, de forma a poder visualizá-la. Também é possível encontrar essa opção no Menu Exibir, assim como acioná-la por meio da tecla de atalho F5 que, no caso do Impress, sempre inicia a partir do slide selecionado.

Configuração da apresentação de slides

Por meio desta opção é possível configurar características da exibição da apresentação como tempo de transição de slides automática e também a possibilidade padrão de trocar de slide a cada clique do mouse ou com tecla do teclado. A figura a seguir ilustra a janela de configurações de apresentação:

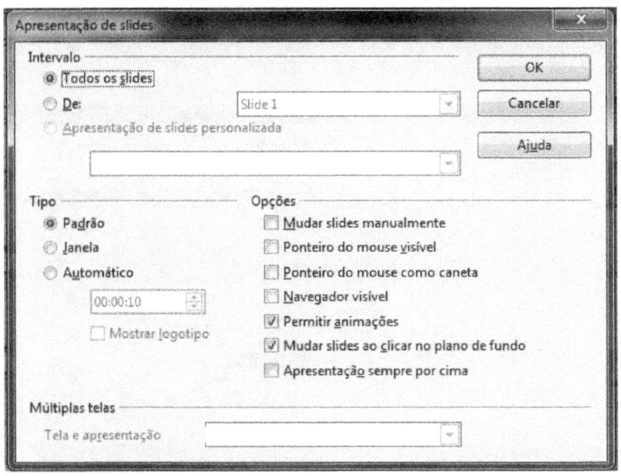

Cronometrar

A opção Cronometrar do Impress é muito inferior ao mesmo recurso no PowerPoint, se comparados. Em teoria, essa ferramenta deveria permitir marcar o tempo que seria gasto para explanar sobre uma apresentação. Contudo, o tempo é marcado por slide e exibido apenas enquanto este está sendo exibido, após, no próximo slide, o contador é novamente zerado.

Interação

Por meio deste recurso é possível modificar a sequência de exibição de uma apresentação, atribuindo a elementos do slide, como figuras e textos, ações como ir para determinado slide da apresentação, como que criando botões de navegação. Para isso, no entanto, faz-se necessário que algum elemento esteja selecionado.

Animação personalizada

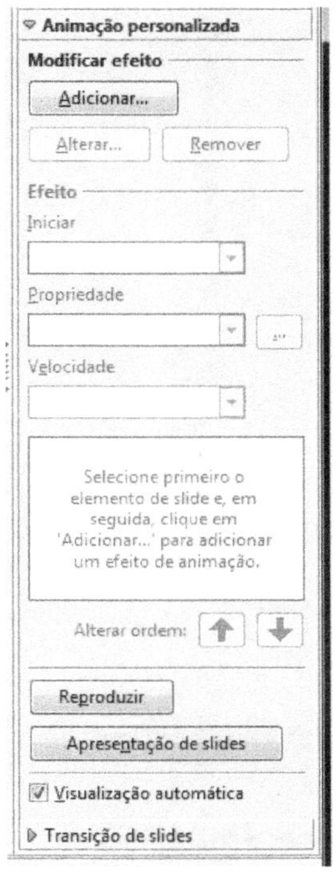

Esse recurso permite atribuir um efeito a um elemento no slide. Ao ser acionado, exibe suas opções no Painel de Tarefas à direita da tela, conforme ilustrado a seguir.

Para adicionar um efeito, é necessário selecionar algum elemento do slide, como texto ou figura e, na janela que se abre ao clicar em Adicionar (ilustrada a seguir), selecionar o efeito desejado, de acordo com categorias pré-definidas na forma de guias da janela, conforme ilustrado:

Transição de slides

Já a opção de Transição de Slides serve para aplicar um efeito a ser executado durante a troca de slide para outro. Permite, ainda, definir tempos específicos para cada slide em uma exibição automática.

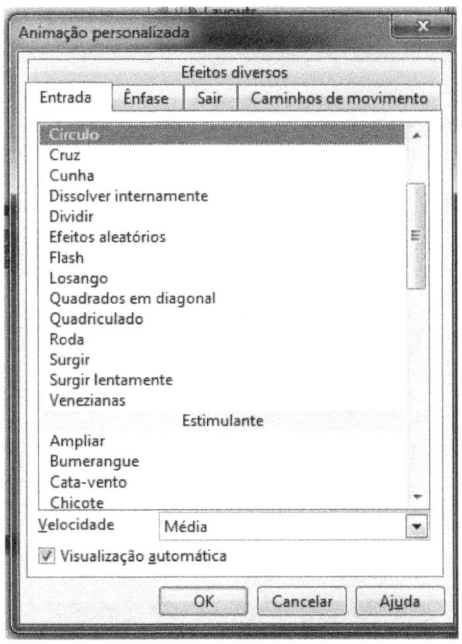

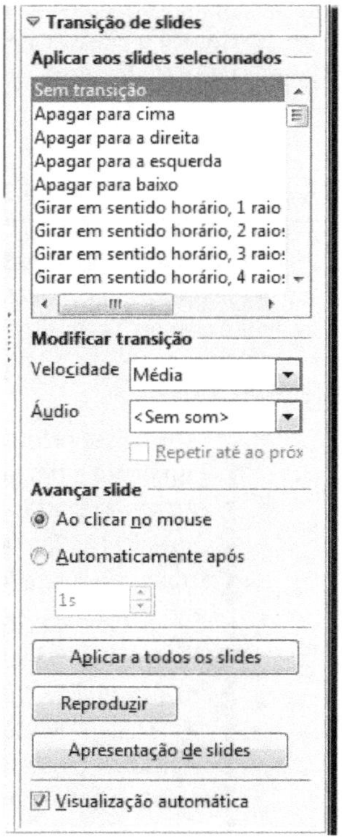

7.8 Impressão

É possível também imprimir a apresentação de slides de acordo com a necessidade, como imprimir um slide em cada página, como ilustrado na sequência, no modo **Slide**:

Slide

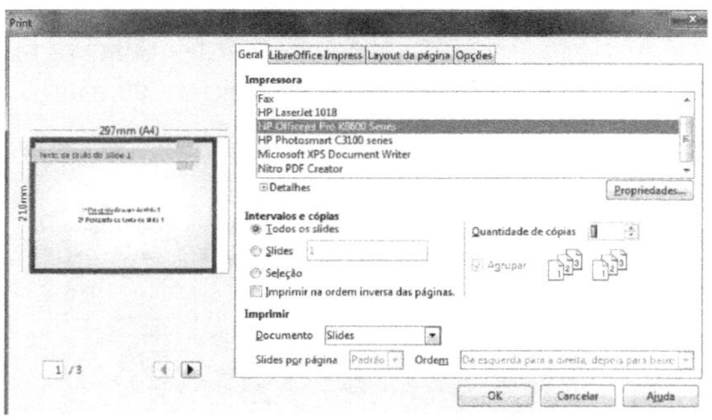

Folhetos

Caso necessário, para imprimir mais de um slide por página, pode-se escolher a opção Folheto, no campo Documento:

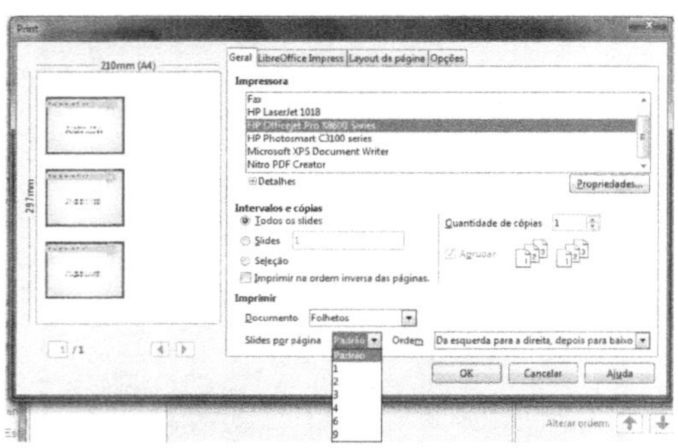

É importante observar que a janela anterior está com o número de três Slides por página, notando-se, assim, na pré-visualização à esquerda, que os slides ficam um abaixo do outro, nesta opção de impressão, enquanto que nas demais quantias os slides são distribuídos como representado a seguir, no modo de impressão de quatro slides por página:

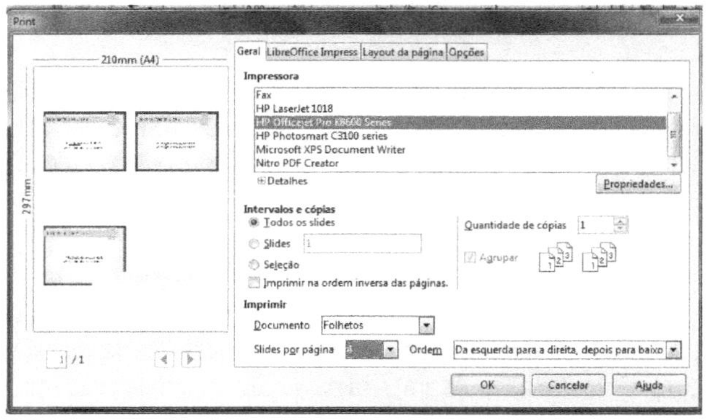

Notas

No modo de impressão de Notas, cada folha recebe um slide e, abaixo dele, são impressas as anotações referentes a ele.

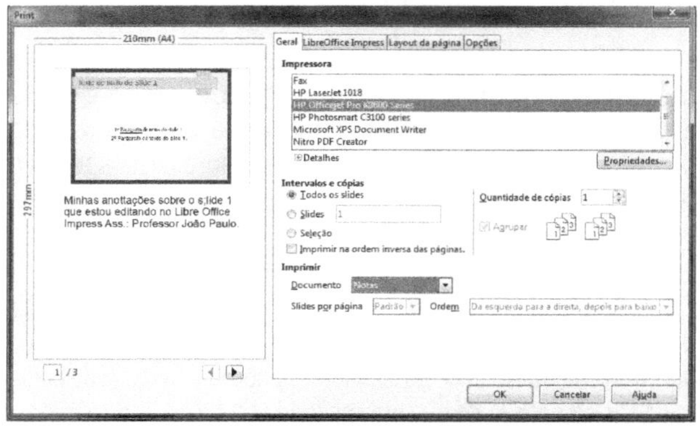

Estrutura de tópicos

Já na forma de impressão de Estrutura de Tópicos, a impressão fica tal qual ao modo de exibição.

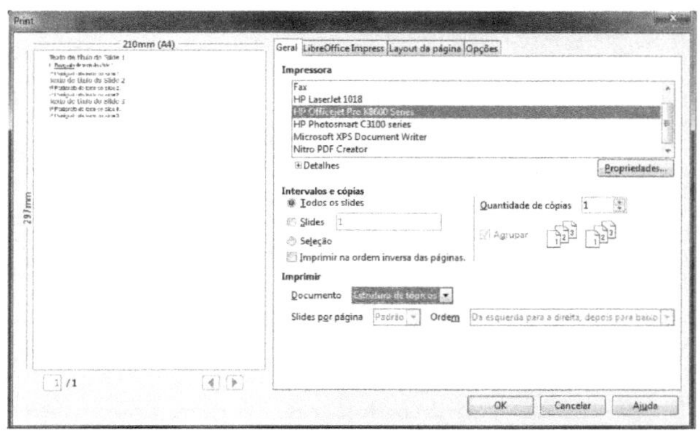

8. MICROSOFT OFFICE WORD 365

O Microsoft 365 é uma assinatura que inclui os recursos mais colaborativos e atualizados em uma experiência integrada e perfeita. O Microsoft 365 inclui os aplicativos robustos de área de trabalho do Office que você conhece, como Word, PowerPoint e Excel. Você também obtém armazenamento *on-line* extra e recursos conectados à nuvem que permitem colaborar com arquivos em tempo real. Com uma assinatura, você sempre terá os recursos, correções e atualizações de segurança mais recentes, além de suporte técnico contínuo, sem nenhum custo extra. Você pode optar por pagar sua assinatura mensalmente ou anualmente, e o plano Microsoft 365 *Family* permite compartilhar sua assinatura com até seis pessoas da sua família e usar seus aplicativos em vários PCs, *Macs*, *tablets* e telefones.

8.1 Extensões

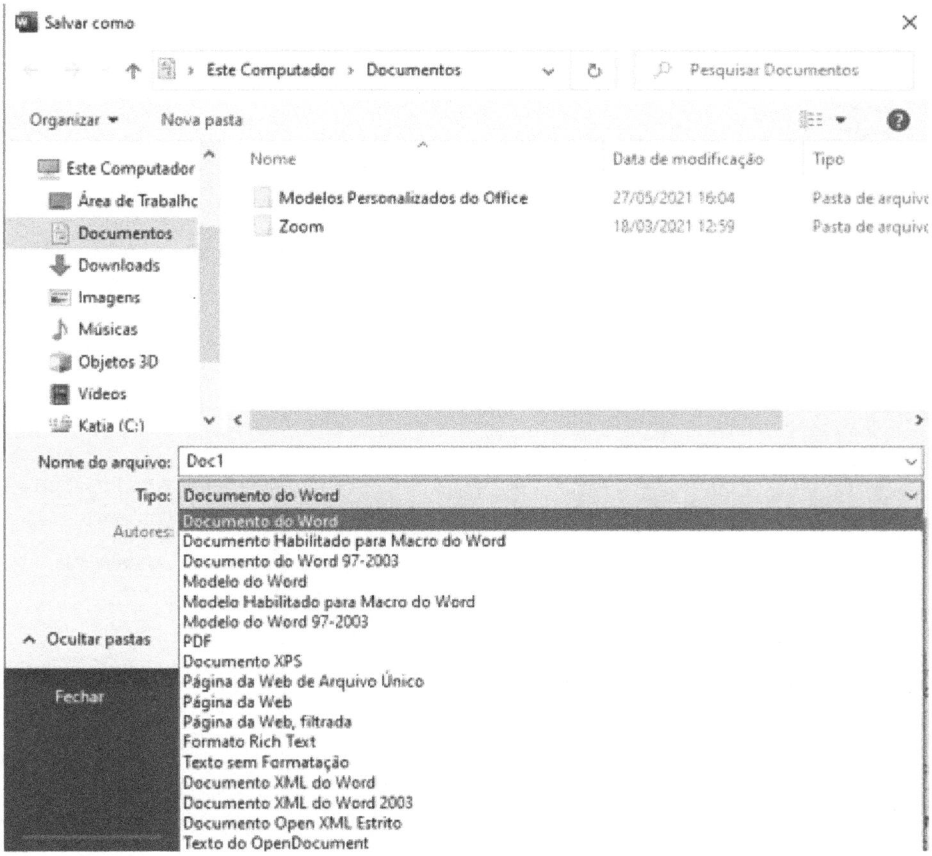

Até a versão 2003, os documentos eram salvos no formato "DOC". A partir da versão 2007, os documentos são salvos na versão "DOCX". O padrão do Word 2019 é a extensão DOCX, mas podemos salvar arquivos nos formatos ODT (Writer), PDF, DOC, RTF, entre outros.

O Office 2019 é vendido como uma compra única, o que significa que você paga um custo único e inicial para obter os aplicativos do Office para um computador. Compras únicas estão disponíveis para PCs e Macs. No entanto, não há opções de *upgrade*, o que significa que, se você planeja fazer upgrade para a próxima versão principal, precisará comprá-la pelo preço integral.

Preste atenção a esses detalhes como extensão de arquivos, pois eles caem com frequência em provas de concurso.

Você poderá salvar os arquivos em uma versão anterior do Microsoft Office selecionando a versão na lista Salvar como, na caixa de diálogo Salvar como. Por exemplo, é possível salvar o documento do Word 2013 (.docx) como um documento 97-2003 (.doc).

Vamos começar "dando uma passeada rápida" pelo WORD e depois vamos aos detalhes.

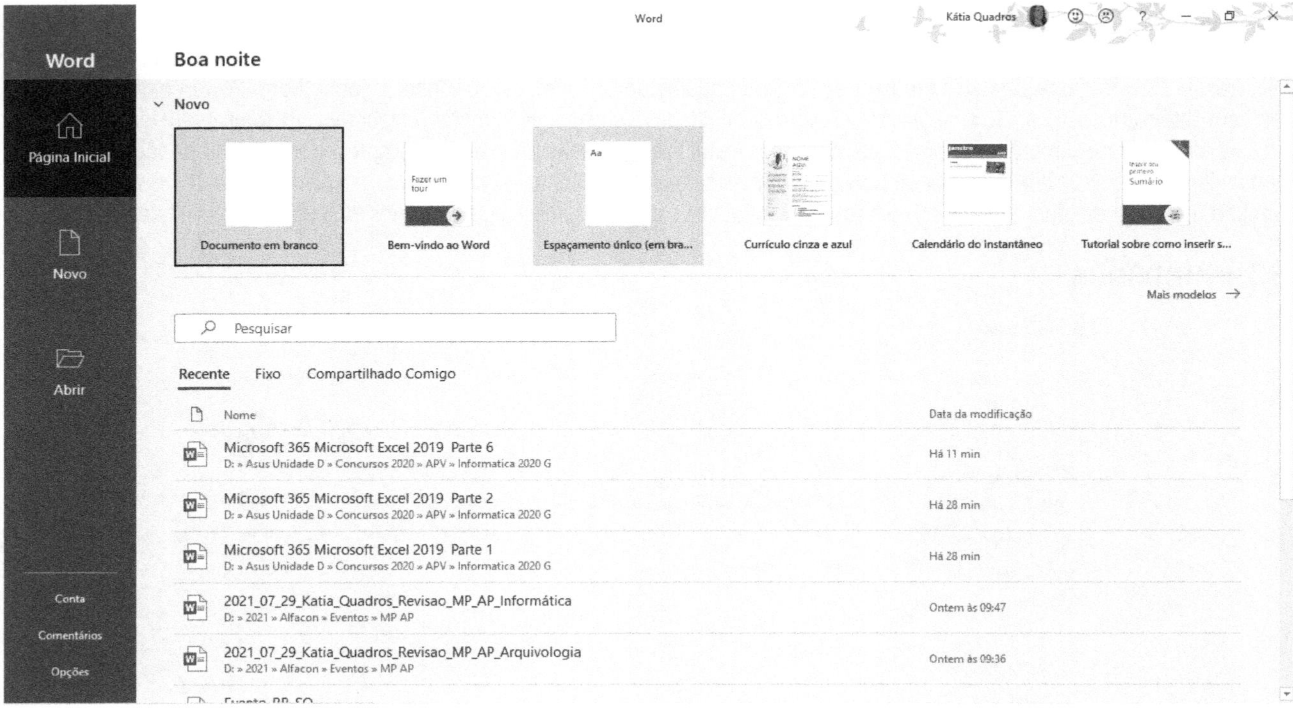

1 – **Barra de Título:** como é um novo documento, ele apresenta como título "Documento1". Quando o documento for salvo, ele apresentará o nome do documento nesta mesma barra.

2 – **Barra de acesso rápido:** a Barra de Ferramentas de Acesso Rápido é personalizável e contém um conjunto de comandos independentes da guia exibida no momento na Faixa de Opções. Você pode mover a Barra de Ferramentas de Acesso Rápido de um de dois locais possíveis e pode adicionar, a essa barra, botões que representem comandos.

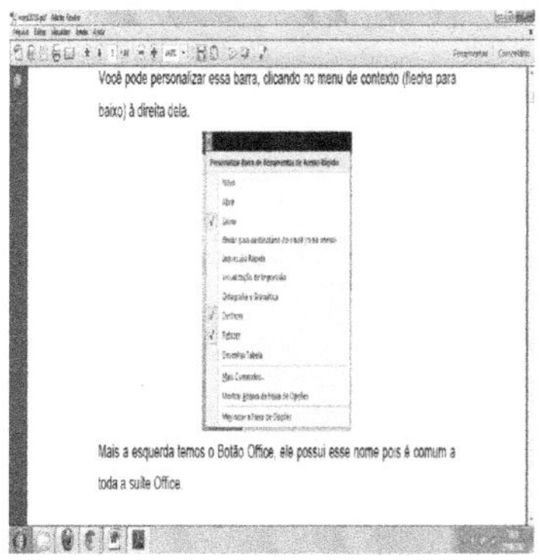

3 – **Menu Arquivo:** possui comandos básicos, que incluem – embora não estejam limitados a – Abrir, Salvar e Imprimir.

Note as entradas da coluna da esquerda, que, na prática, funciona como um painel. Elas prestam os clássicos serviços auxiliares de um menu Arquivo convencional, ou seja, Salvar, Salvar como, Abrir e Fechar o arquivo de trabalho.

Outras conhecidas como Novo: cria um novo arquivo e permite escolher, literalmente, entre centenas de modelos (*templates*) oferecidos.

Na entrada Imprimir você encontra tudo o que se refere à impressão do documento.

Ao clicar em Imprimir, você verá uma lista suspensa, que mostra a impressora selecionada no momento. Um clique na lista suspensa mostrará outras impressoras disponíveis.

Você pode imprimir tudo ou parte de um documento. As opções para escolher qual parte imprimir podem ser encontradas na guia Imprimir, no modo de exibição do Microsoft Office *Backstage*. Em Configurações, clique em Imprimir Todas as Páginas para ver essas opções.

Quando você quer imprimir páginas alternadas no Word, você deve fazer da seguinte maneira:

Para imprimir as páginas 3, 4, 5, 6 e 8, digite no formulário Páginas: 3-6;8, em que "-" significa "até" e ";" ou "," significam "e".

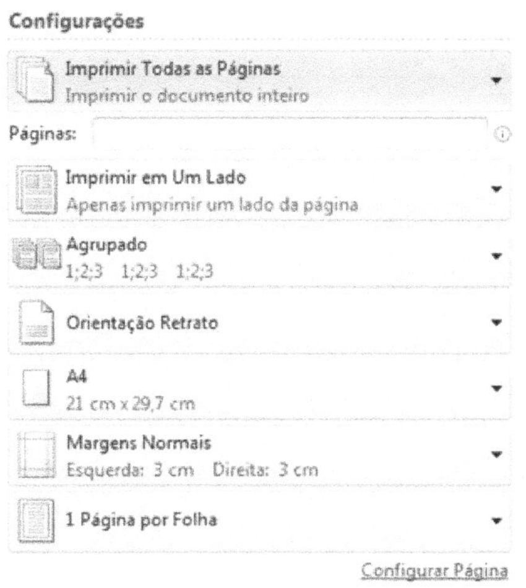

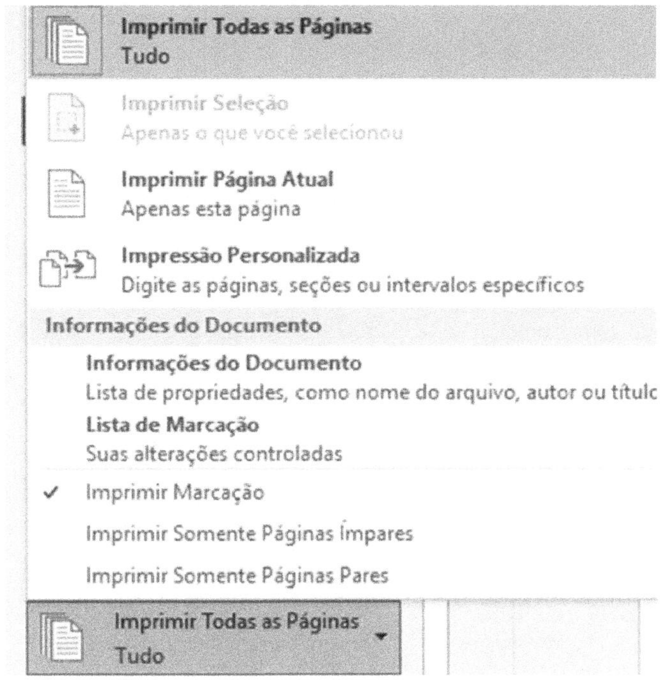

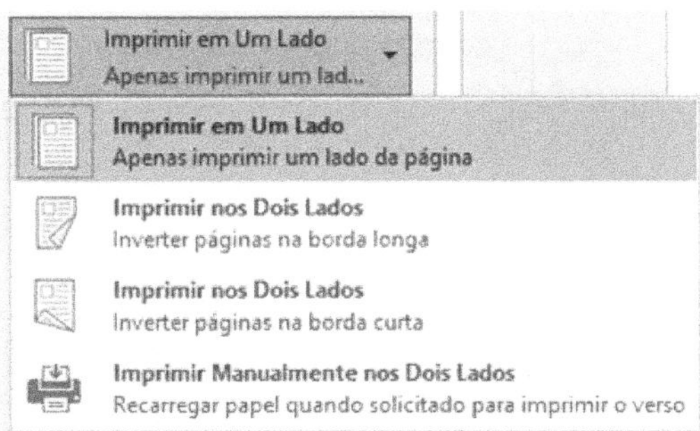

Ainda na opção Imprimir, você consegue visualizar a impressão ao lado da lista de opções mostrada na imagem acima. Atalho para Imprimir: CTRL + P.

Arquivo/Opções: esse comando traz muitas funcionalidades de configuração que estavam no menu Ferramentas do Word 2003.

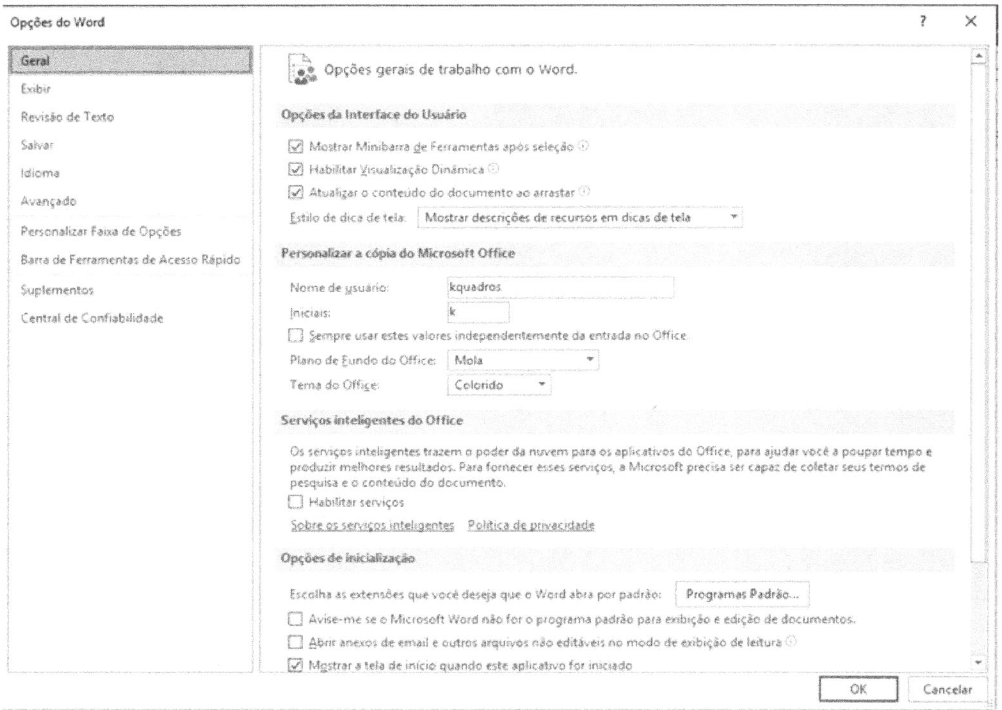

Na Opção Revisão de Texto, temos o botão 

, funcionalidade do Menu Ferramentas do Word 2003.

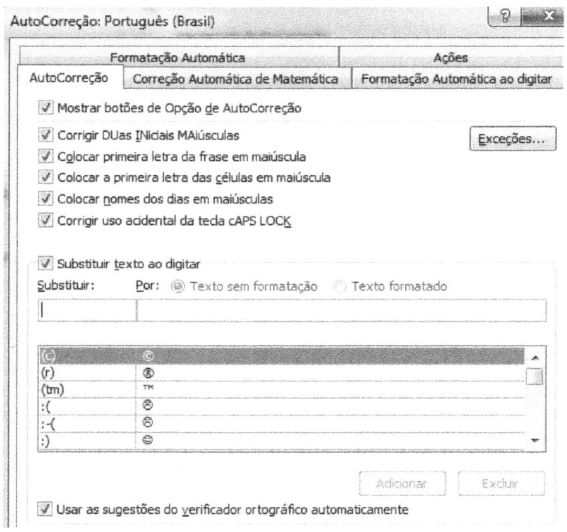

Ainda, temos:

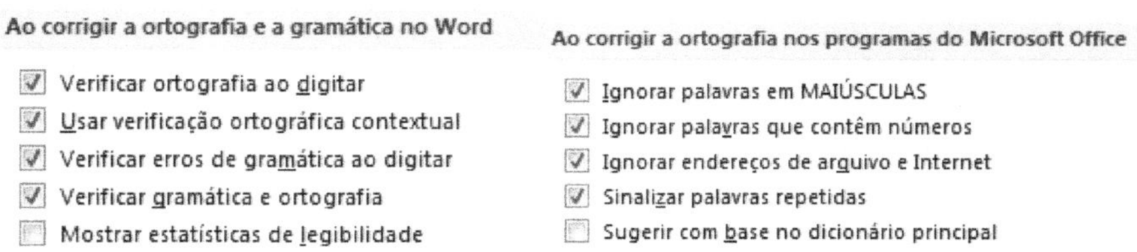

Como você pode observar, em AutoCorreção podemos corrigir automaticamente, ou seja, o Word faz isso para você, quando digitamos duas iniciais da frase em maiúscula, ou quando iniciamos a frase com letra minúscula, ou mesmo o uso acidental da tecla Caps Lock.

Abra seu aplicativo WORD e acesse as funcionalidades conforme estuda em nossas aulas. A prática fará com que você assimile mais rapidamente do que se você apenas tentar aprender de modo teórico.

A grande novidade da versão 2013, é poder abrir documentos PDF e editá-los. Basta clicar em Abrir e escolher o arquivo. A seguinte mensagem é exibida pelo word:

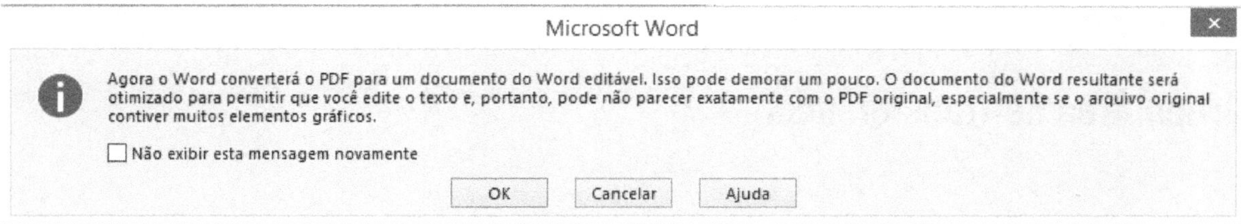

4 – **Abas ou Guias:** todos os comandos e funcionalidades do Word 2013 estão dispostos em Guias. As Guias são divididas por Grupos de ferramentas. Alguns grupos possuem um pequeno botão na sua direita inferior que dão acesso a janelas de diálogo.

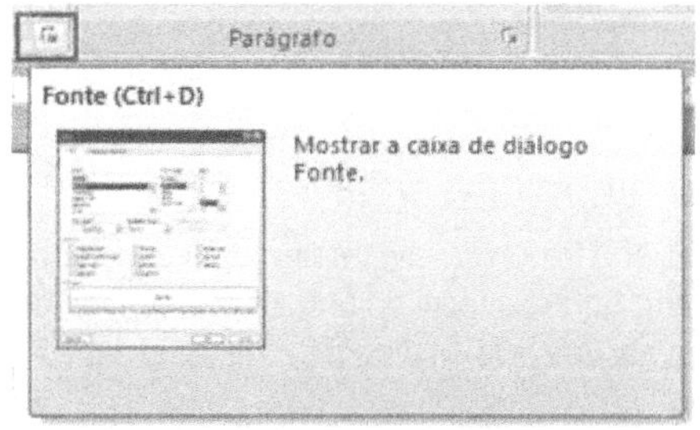

Guias Contextuais: estas guias são exibidas na Faixa de Opções somente quando relevantes para a tarefa atual, como formatar uma tabela ou uma imagem.

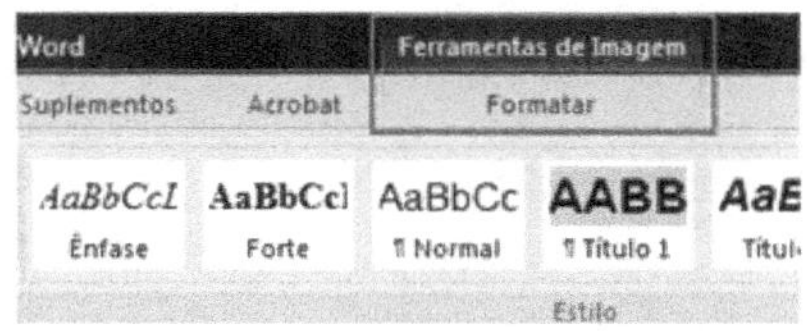

Somente quando você seleciona a imagem ou tabela, como, por exemplo, a Guia para Formatar, esse objeto selecionado irá aparecer. Por isso, é chamada de Contextual.

5 – **Barra de Status:** contém informações sobre o documento, modos de exibição e zoom.

8.2 Selecionando Texto

Selecionando pelo Mouse:

Ao posicionar o *mouse* mais à esquerda do texto, seu cursor, em forma de flecha branca, aponta para a direita:

> Ao dar um clique, ele seleciona toda a linha.
> Ao dar um duplo clique, ele seleciona todo o parágrafo.
> Ao dar um triplo cliquem, ele seleciona todo o texto.

Com o cursor no meio de uma palavra:

> Ao dar um clique, o cursor se posiciona onde foi clicado.
> Ao dar um duplo clique, ele seleciona toda a palavra.
> Ao dar um triplo clique ele seleciona todo o parágrafo.

Podemos também clicar, manter o *mouse* pressionado e arrastá-lo até onde desejamos selecionar. Podemos, ainda, clicar onde começa a seleção, pressionar a tecla SHIFT e clicar onde termina a seleção.

É possível selecionar palavras alternadas: selecione a primeira palavra, pressione CTRL e vá selecionando as partes do texto que deseja modificar.

Pressionando ALT, selecionamos o texto em bloco:

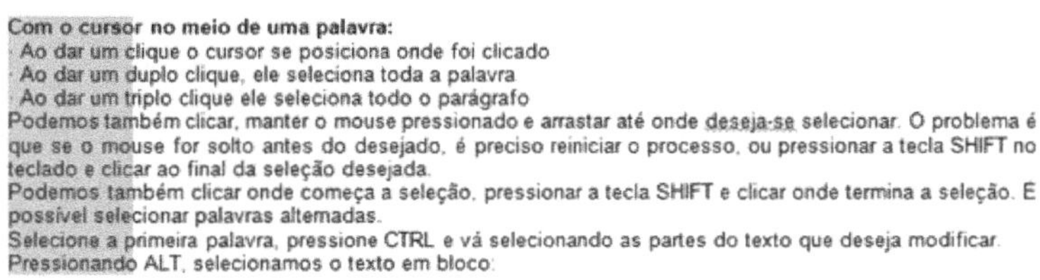

Com o cursor no meio de uma palavra:
Ao dar um clique o cursor se posiciona onde foi clicado
Ao dar um duplo clique, ele seleciona toda a palavra
Ao dar um triplo clique ele seleciona todo o parágrafo
Podemos também clicar, manter o mouse pressionado e arrastar até onde deseja-se selecionar. O problema é que se o mouse for solto antes do desejado, é preciso reiniciar o processo, ou pressionar a tecla SHIFT no teclado e clicar ao final da seleção desejada.
Podemos também clicar onde começa a seleção, pressionar a tecla SHIFT e clicar onde termina a seleção. E possível selecionar palavras alternadas.
Selecione a primeira palavra, pressione CTRL e vá selecionando as partes do texto que deseja modificar.
Pressionando ALT, selecionamos o texto em bloco:

8.3 Guia Página Inicial

Preste muita atenção nesta guia: é uma das mais cobradas em WORD.

8.4 Grupo Área de Transferência

Copiar, recortar e colar

Copiar e Recortar enviam um texto ou um objeto selecionado para a área de transferência. Copiar permite que o texto ou objeto selecionado fique no local de origem também, e Recortar faz o contrário: o texto ou objeto selecionado é retirado do local de origem. Colar busca o que está na área de transferência.

Podem-se utilizar as teclas de atalho CTRL + C (copiar), CTRL + X (Recortar) e CTRL + V (Colar), ou o primeiro grupo na Guia Página Inicial.

Opções de colagem

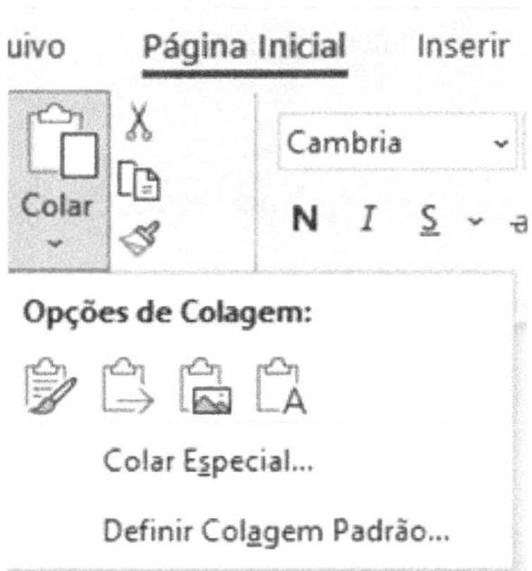

Manter Formatação Original: preserva a aparência do texto original.

Mesclar Formatação: altera a formatação para que ela corresponda ao texto ao redor.

Imagem: cola imagem.

Manter Somente Texto: remove toda a formatação original do texto. Se você usar a opção Manter Somente Texto para colar conteúdo que inclui imagens e uma tabela, as imagens serão omitidas do conteúdo colado, e a tabela será convertida em uma série de parágrafos.

Colar especial

CTRL + ALT + V: cola um texto ou objeto, que esteja na área de transferência, sem formatação, no formato RTF ou no formato HTML.

Área de transferência

CTRL + CC – Importante: abre o painel de tarefa Área de Transferência. Você pode armazenar até 24 itens na área de transferência.

Para abrir o painel, clique no botão 

ou use o atalho CTRL + CC, que deve estar configurado em Opções da Área de Transferência.

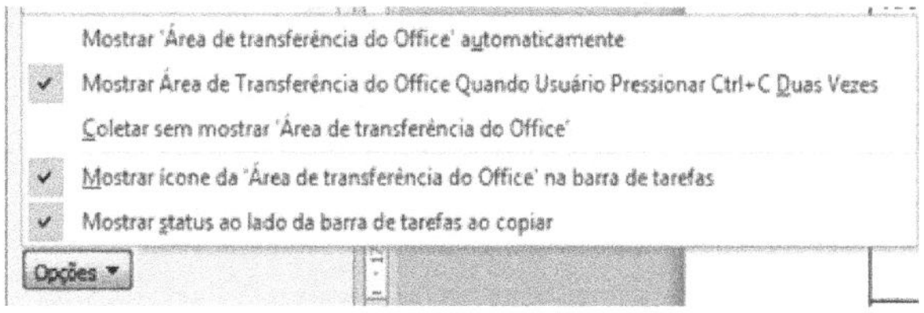

A Área de Transferência é uma área de armazenamento temporário de informações que você copiou ou moveu de um lugar e planeja usar em algum outro lugar. Você pode selecionar texto ou elementos gráficos e, em seguida, usar os comandos Recortar ou Copiar para mover sua seleção para a Área de Transferência, onde ela será armazenada até que você use o comando Colar para inseri-la em algum outro lugar. Por exemplo, pode ser necessário copiar uma seção de texto de um site e, em seguida, colar esse texto em uma mensagem de *email*.

Cada vez que você fizer um cortar (CTRL + X) ou um copiar (CTRL + C) de um elemento, este é conservado temporariamente na área de transferência.

Pincel de formatação

Este comando amplamente cobrado em provas copia a formatação (fonte, cor, tamanho etc.) de um texto para aplicá-la a outro.

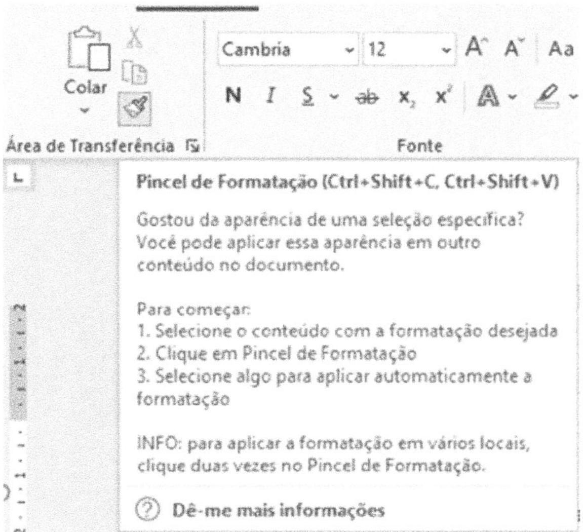

8.5 Guia Página Inicial

Grupo fonte

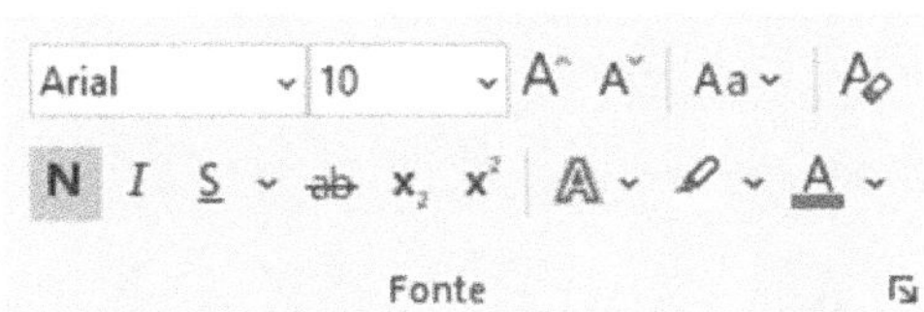

Abrir Caixa de Diálogo: CTRL + D

Ou CTRL+SHIFT+P

Atenção para esse ATALHO!!!!

Tipo e tamanho da fonte

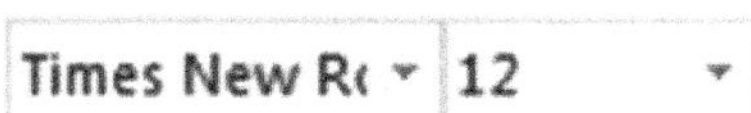

Dica: A fonte padrão do Word 2019 é a Calibri (corpo), tamanho 11.

Botões Aumentar (Ctrl +>) e Diminuir (Ctrl +<) fonte

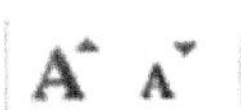

Botão Maiúsculas e Minúsculas

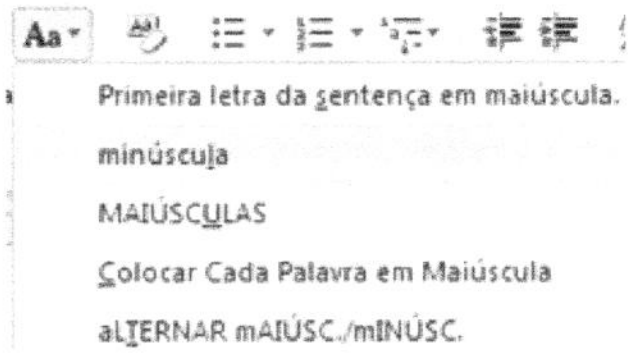

Shift +F3 ou Ctrl + Shift + A>.

Atenção para o atalho Shift +F3.

Botão Limpar Formatação

Limpa a formatação do texto.

Efeitos:

Negrito: CTRL + N

Itálico: CTRL + I

Sublinhado: CTRL + S (Na seta ao lado do botão há opções de sublinhado).

Tachado: Efeito de texto com uma linha no meio: ~~TEXTO~~

Subscrito: Ex: H_2O – CTRL + =

Sobescrito:

Ex.: 2^2 - CTRL+ SHIFT + +

Todos atalhos importantes!!!!

Botão Efeito de Texto:

Cor do Realce do Texto: Como se fosse um marcador de textos.

Cor da fonte

Ao pressionar o atalho CTRL+D, ou atalho CTRL+SHIFT+P ou ainda clicar no botão (Iniciador de Caixa de Diálogo) na parte inferior da guia, no grupo Fonte, a janela de diálogo FONTE é aberta.

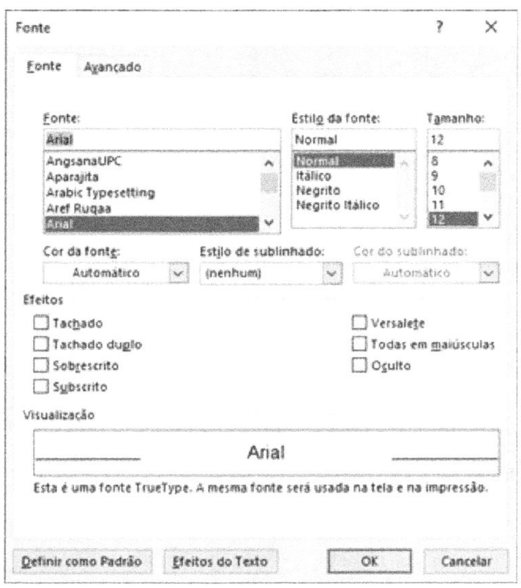

Mini barra de formatação

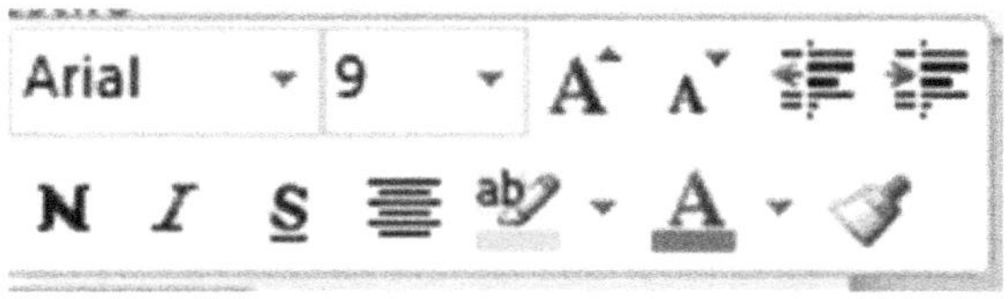

A mini barra de formatação aparece quando clicamos com o botão direito sobre o texto.

Grupo parágrafo

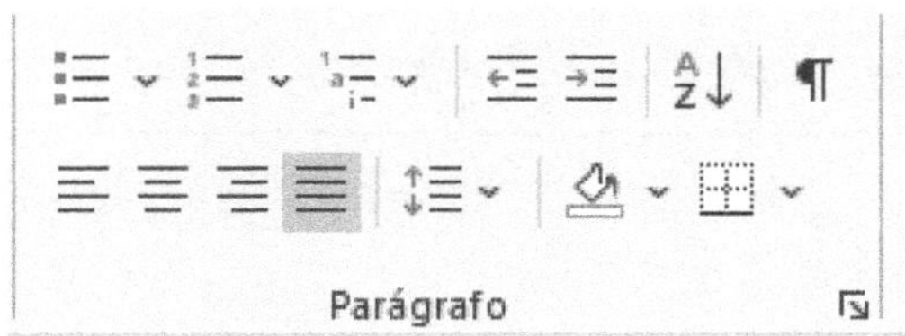

Botão Marcadores: Ativa ou desativa marcadores.

Botão Numeração: Ativa ou desativa numeração.

Botão Lista de Vários Níveis: Ativa ou desativa numeração de vários níveis, estilo tópicos e subtópicos.

Botão Diminuir Recuo/ Botão Aumentar Recuo

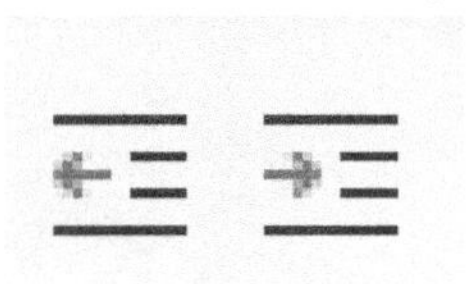

Esses dois botõezinhos são amplamente cobrados. Olhe bem para eles!

Botão Classificar

Abre caixa de diálogo onde podemos ordenar em ordem crescente ou decrescente os parágrafos do texto.

Botão Mostrar Tudo

Mostra marcas de parágrafo e outros símbolos de formatação ocultos. Esses símbolos não são imprimíveis.

CTRL + *

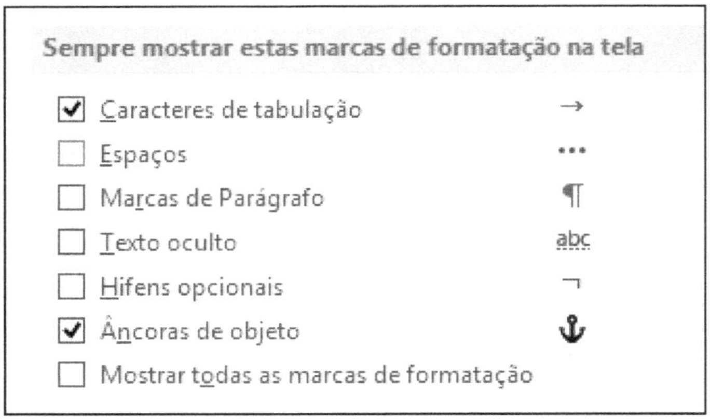

Botões de Alinhamento

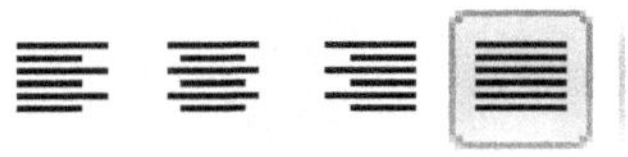

Alinhamento à esquerda: CTRL + Q
Alinhamento centralizado: CTRL + E
Alinhamento à direita: CTRL + G
Alinhamento justificado: CTRL + J
Aqui, mais atalhos importantes!!!
Espaçamento entre linhas:

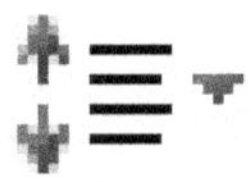

1 ou simples: CTRL + 1
2 ou duplo: CTRL + 2
1,5: CTRL + 5
Fique de olho nesses atalhos e nesse botão!

Botão Sombreamento: Para colorir plano de fundo.

Botão Bordas: Para inserir ou retirar bordas.

Ao clicar no botão (Iniciador de Caixa de Diálogo) na parte inferior da guia, no grupo Parágrafo, temos a seguinte caixa de diálogo:

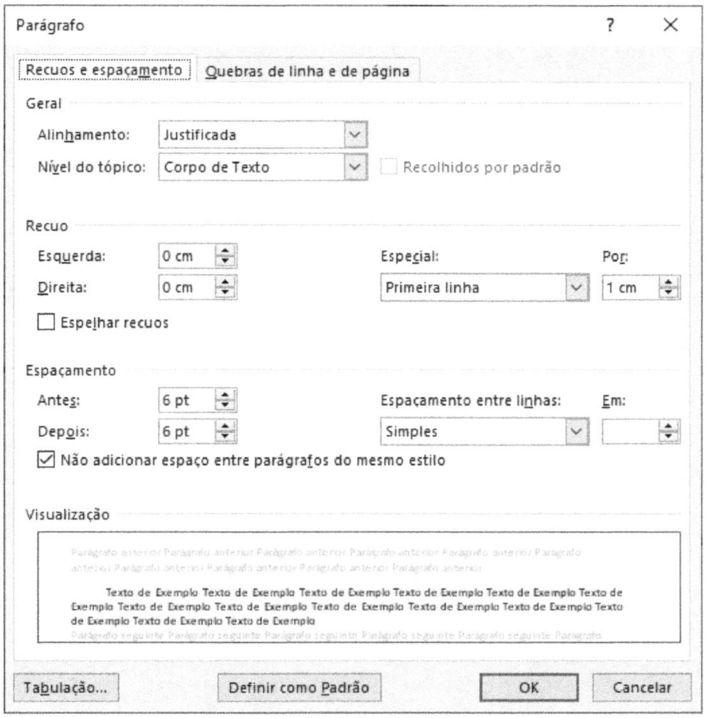

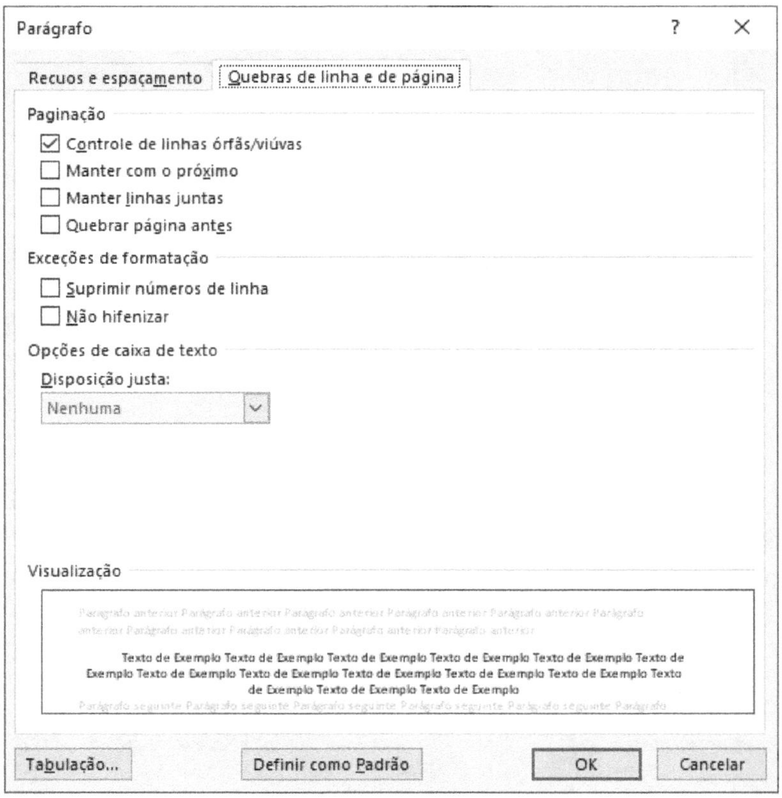

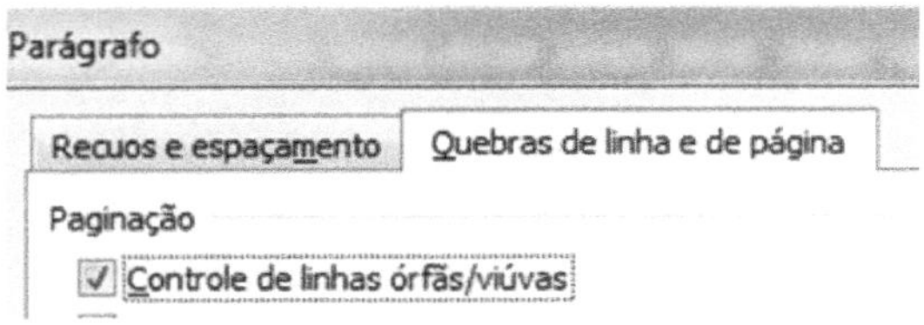

Na aba Quebra de linha e de página, temos o controle de linhas órfãs e viúvas.

Mas o que é isso?

Linhas órfãs são as primeiras linhas dos parágrafos que têm as linhas subsequentes passadas para outra página.

Linhas viúvas são as linhas que ficam sozinhas em outra página, com o restante do parágrafo na página anterior.

Grupo estilos

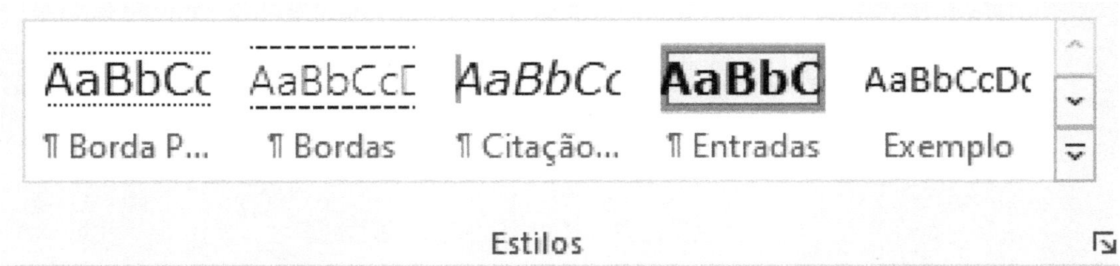

Você pode fazer a maioria das alterações no texto pelo grupo Fonte, mas é trabalhoso. Uma maneira de fazer todas as alterações que acabamos de ver com um único comando é por meio dos estilos. Estilos é um conjunto de formatações predefinido, onde você faz várias formatações em um texto com apenas um clique no botão do estilo escolhido.

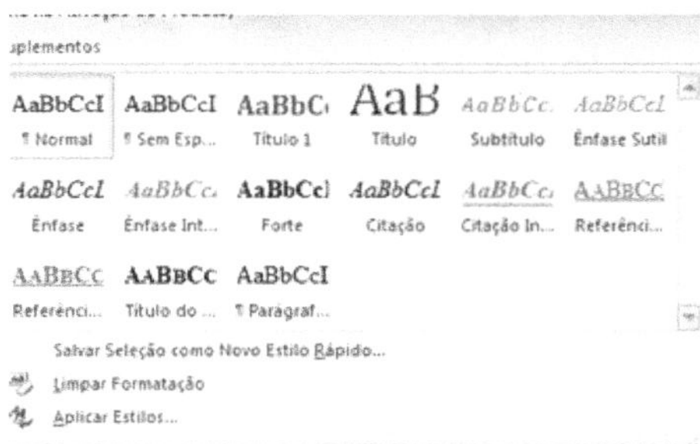

Grupo editando

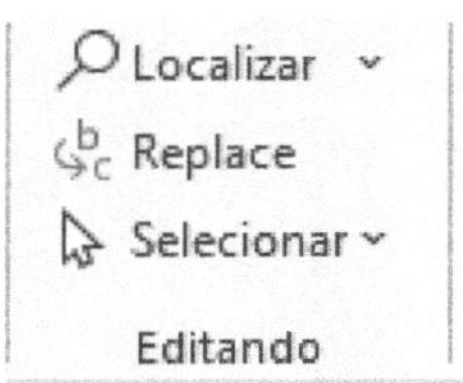

Localizar: Abre o painel de navegação para que se digite um texto para ser procurado no Word. CTRL + L

Localização Avançada: Abre caixa de diálogo com opções avançadas para procurar um texto.

Este comando é importante para seu estudo!

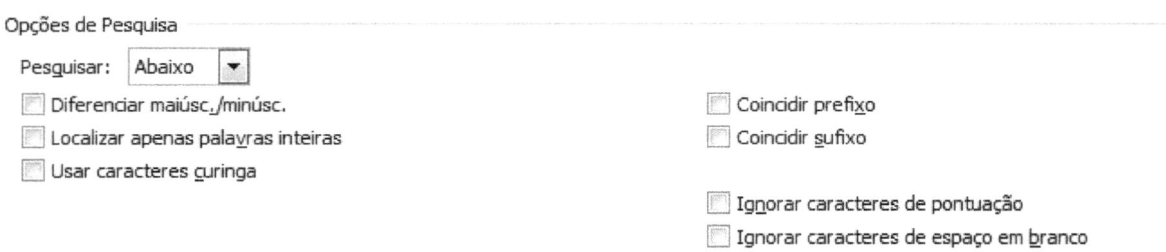

Na caixa de diálogo também encontramos as abas Substituir e Ir para.

Ir Para: ALT + CTRL + G ou F5

Permite ir para determinada página, tabela, gráfico, entre outros.

Substituir: CTRL + U

Usado para substituir palavras em um texto. Você pode substituir uma palavra ou todas em uma única operação.

Selecionar: Seleciona textos ou objetos no documento.

Grupo voz

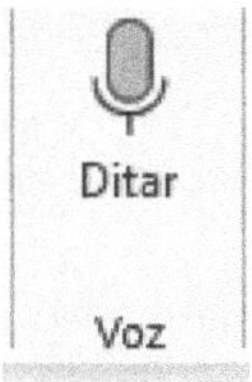

Grupo editor

8.6 Guia Inserir

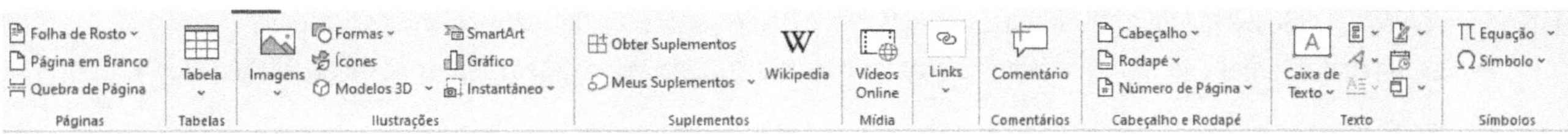

Grupo páginas

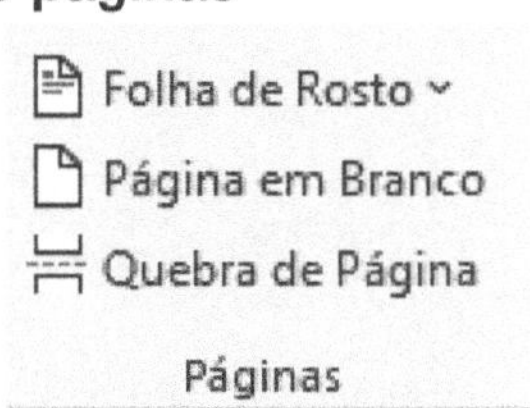

O botão Folha de Rosto insere uma folha de rosto já formatada ao documento. O botão Página em Branco insere uma página em branco na posição do cursor. O botão Quebra de Página – CTRL + ENTER – insere uma quebra de página levando o texto para outra página.

Grupo tabelas

Com o Botão Tabela podemos Inserir Tabela, Desenhar Tabela, Converter Texto em Tabela, Inserir Planilha do Excel e Tabelas Rápidas.

E onde está toda a formatação da tabela, como inserir linhas, excluir etc.?

Quando você coloca o cursor dentro da tabela ou seleciona, aparece a guia de contexto ferramentas de tabela, com o grupo Design e Layout. Lembra da Guia Contextual estudada no início desta aula? Na guia Design é onde você irá tratar das cores de sombreamento, bordas, linhas de cabeçalho da tabela.

No guia *Layout* podemos trabalhar com inúmeras funcionalidades, como o botão Selecionar:

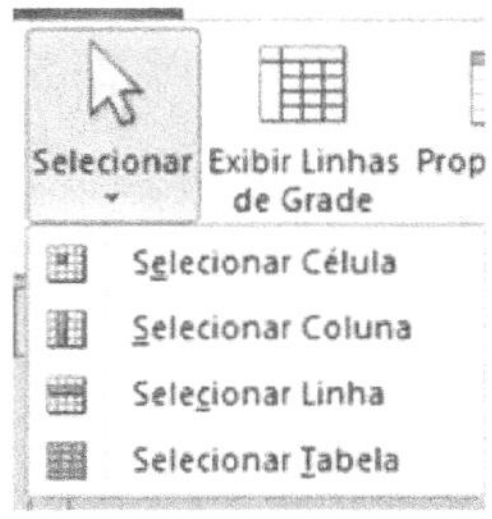

Ainda nesse grupo, temos o botão Exibir Linhas de Grade e Propriedades. Clicando em Propriedades, abrirá uma caixa de diálogo para configurar alinhamento, disposição do texto, especificar a altura da linha, largura da coluna ou célula.

No grupo Linhas e Colunas, temos as opções de Excluir células, colunas, linhas ou tabela. Inserir linhas acima e abaixo e colunas à esquerda e à direita. No grupo Mesclar estão os botões para Mesclar Células, Dividir Células e Dividir Tabela.

Em seguida, temos o botão Auto Ajuste Automático:

No Grupo Tamanho da Célula, especificamos a altura da linha e a largura da coluna. Temos os botões Distribuir Linhas e Distribuir Colunas que deixa todas as linhas e colunas com as mesmas medidas.

No grupo Alinhamento estão as opções de alinhamento: alinhar parte superior à esquerda, alinhar parte superior no centro, alinhar parte superior à direita, centralizar à esquerda, centralizar, centralizar à direita, alinhar parte Inferior à esquerda, alinhar parte Inferior no centro, alinhar parte Inferior à direita. Depois, temos o botão de Direção do Texto e Margens da Célula.

No Grupo Dados temos o botão Classificar, que coloca o texto selecionado em ordem alfabética ou classifica dados numéricos.

O botão Converter em Texto é muito importante para as provas. Você pode converter uma tabela em um texto.

Você também pode Converter Texto em Tabela, mas, para isso, clique na Guia Inserir, no botão Tabela/Converter Texto em Tabela.

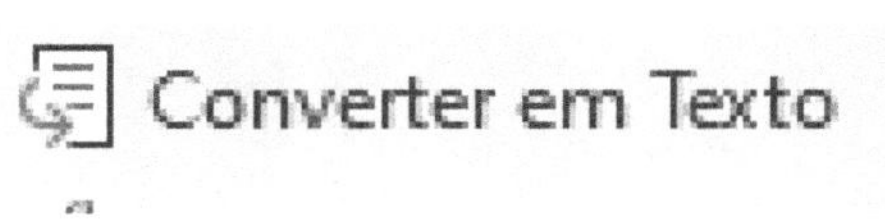

Outra Dica Importante é que você pode utilizar fórmulas nas tabelas por meio do botão fórmula.

Movimentação na Tabela: movimente-se na tabela por meio das teclas setas, TAB, ou clicando com o mouse.

A tecla ENTER não passará o cursor para outra célula da tabela, mas deixará a linha mais larga, logo, não é utilizada para a movimentação.

Contudo, preste atenção: caso a tabela esteja no início de um documento, sem linha nenhuma anterior a ela (em branco ou não), posicionando o cursor na primeira célula da tabela e teclando ENTER, o Word criará uma linha em branco antes da tabela, movendo-a para baixo.

Dica: ao pressionar a tecla TAB, se o cursor estiver na última célula da tabela, será adicionada uma nova linha na tabela.

Grupo ilustrações

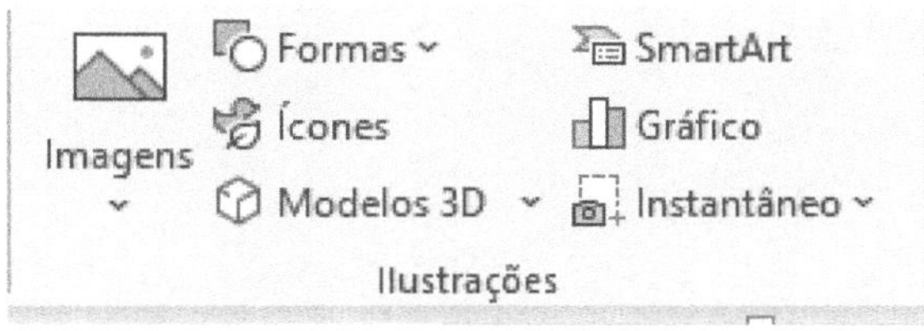

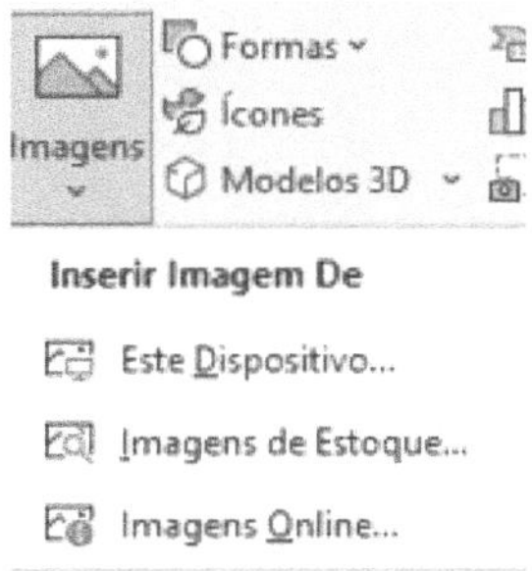

Este dispositivo: este botão abre caixa de diálogo para escolher uma imagem que esteja no seu computador ou outra unidade de armazenamento.

Imagens *On-line*:

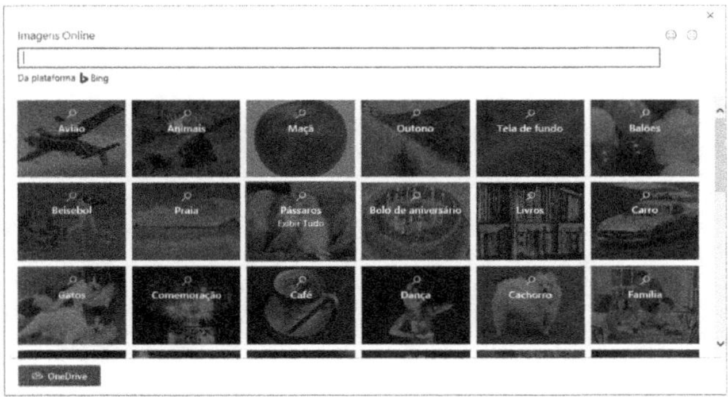

Opções de *Layout* de uma Imagem: ao selecionar uma imagem, surge um botão, e, ao clicar nele, você abre um menu com opções de *Layout*, no qual você escolhe a maneira como seu objeto interage com o texto. Abre, ainda, lista com opção de formas para inserir no documento. Veja exemplos:

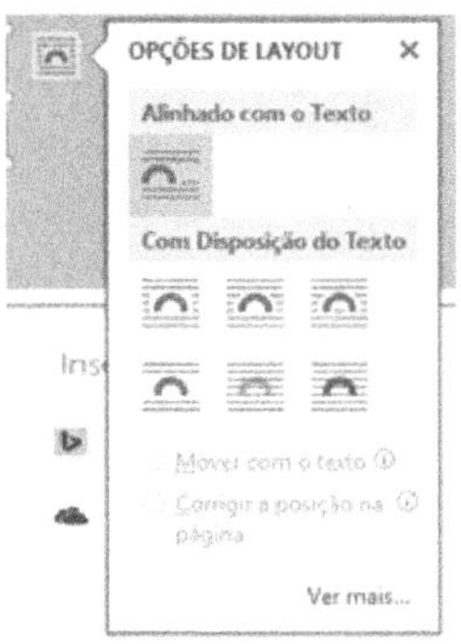

Formas:

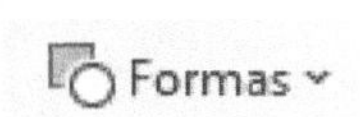

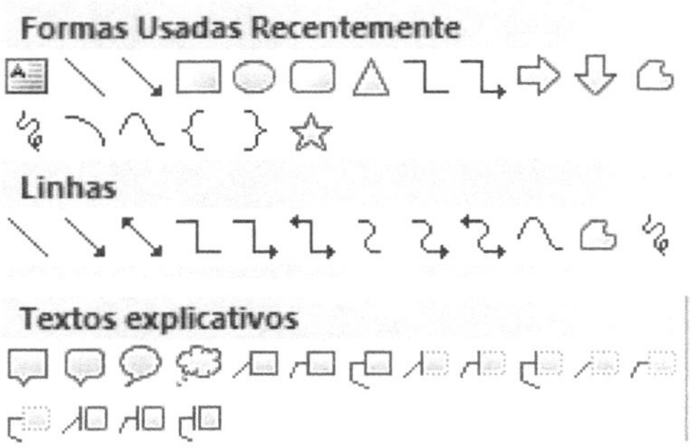

***SmartArt*:**

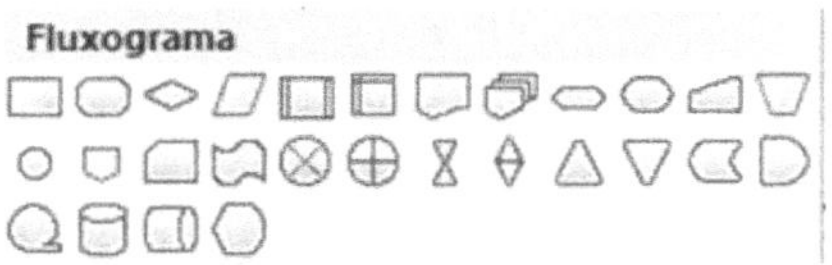

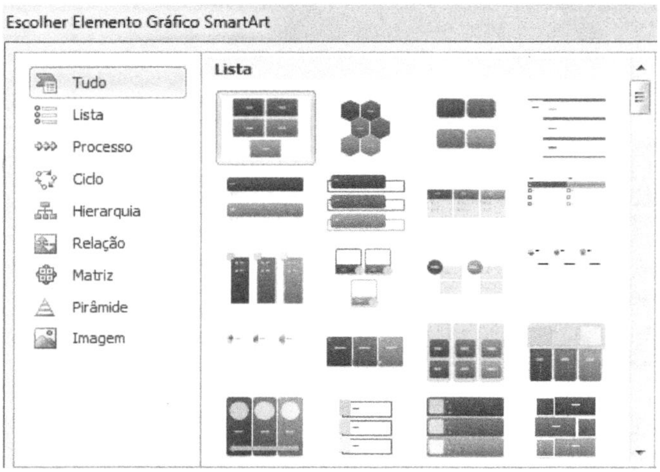

Abre caixa de diálogo para escolher um elemento gráfico como Fluxogramas, Organogramas, entre outros. **Como é algo novo no Office, tem sido cobrado por algumas provas.** Veja os tipos na imagem abaixo:

Gráfico:

Botão para inserir gráficos, com auxílio do Excel.

Instantâneo:

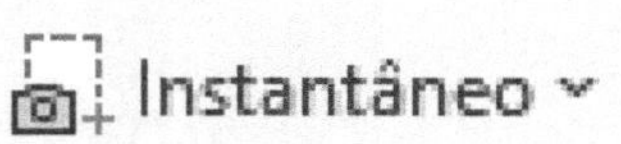

Funciona como um *Print Screen* e possibilita selecionar a imagem que você quer colar em seu documento.

Grupo suplementos

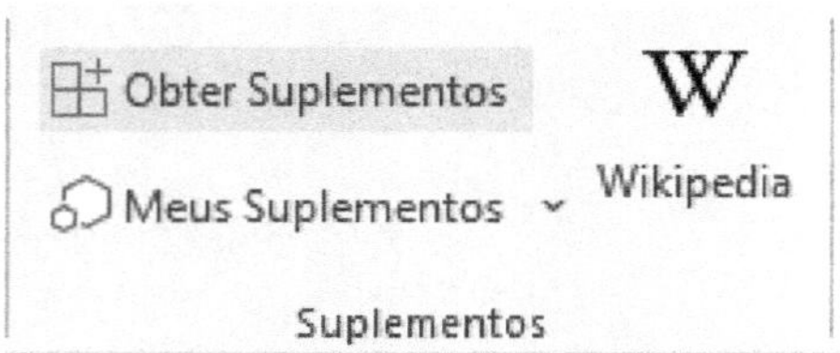

Clicando em Obter Suplementos, você pode adicionar ou comprar aplicativos, como um dicionário, por exemplo. Para começar a usar um novo aplicativo, clique em Meus Suplementos.

Grupo mídia

É possível adicionar Vídeos *on-line* também. Para isso, acesse o grupo Mídia.

Insira vídeos *on-line* para assistir diretamente no Word sem ter que sair do documento.

Grupo links

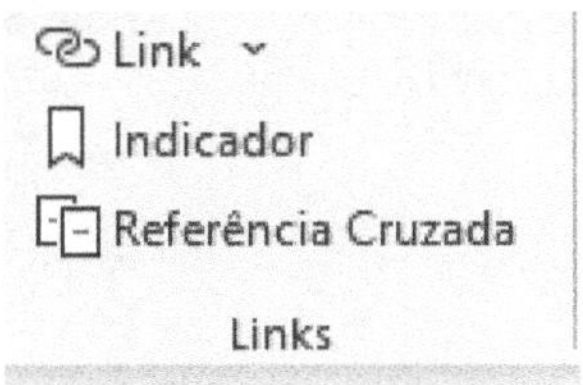

O botão *Hiperlink* (CTRL + K) permite criar *links* para o mesmo documento ou outros documentos ou sites da Internet.

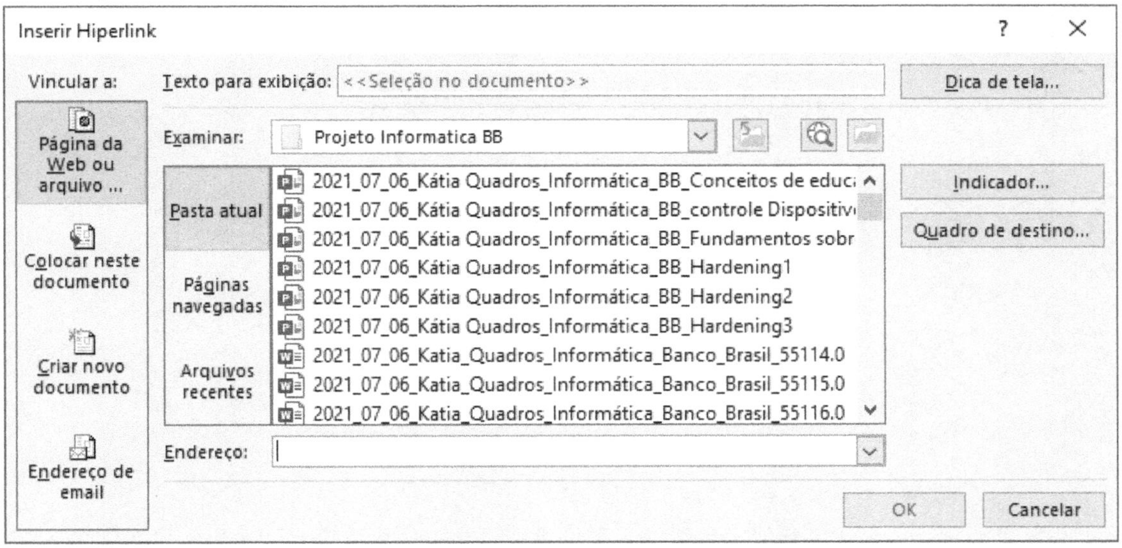

O botão Indicador cria um nome para um ponto específico do documento. **O botão Referência Cruzada** permite criar *links* para redirecionar para uma figura ou tabela, por exemplo.

Grupo comentários

Para adicionar anotações.

Grupo cabeçalho e rodapé

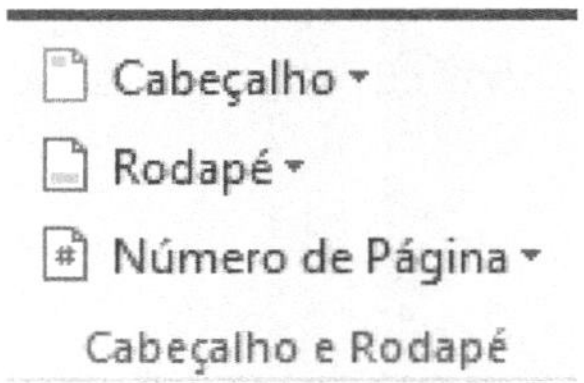

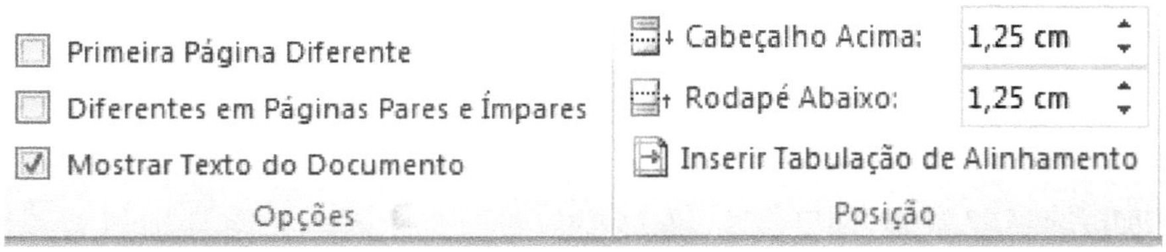

Quando inserimos um cabeçalho ou rodapé, devemos ficar atentos à Guia de ferramentas de contexto: Ferramentas de Cabeçalho e Rodapé.

Nesta Guia Contextual podemos trabalhar com o Cabeçalho e Rodapé. Podemos inserir Número de Páginas, Data e Hora, Imagens, assim como inserir cabeçalhos e/ou rodapés diferentes em páginas pares e ímpares ou somente na primeira página.

Grupo Navegação: permite alternar entre Cabeçalho e Rodapé.

Grupo Opções.

Grupo Fechar: temos apenas o botão para sair do modo de edição do Cabeçalho e Rodapé.

No Grupo Posição, podemos definir a altura do Cabeçalho e Rodapé e Inserir tabulação.

Grupo texto

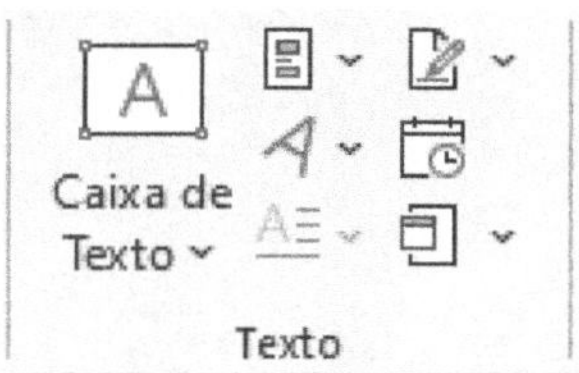

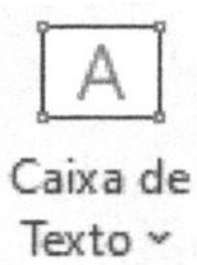

Insere uma caixa de texto pré-formatada no documento.

Explorar Partes Rápidas: insere trechos de conteúdos reutilizáveis, como data ou uma assinatura.

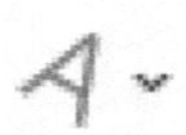

***WordArt*:** insere um texto decorativo no documento.

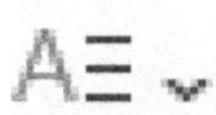

Capitular: cria uma letra maiúscula, grande, no início do parágrafo.

Adicionar uma linha de assinatura: Insere uma linha de assinatura para identificar quem vai assinar.

Data e hora: inserir Data e hora atual no documento.

Objeto: para aplicar um objeto ou texto inserido de outro arquivo no seu documento.

Grupo símbolos

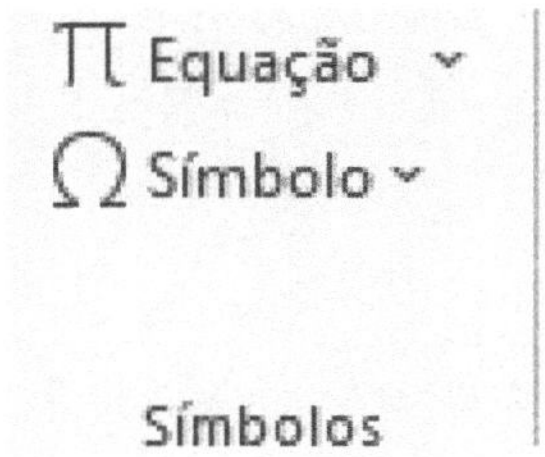

Permite inserir equações matemáticas ou desenvolver suas próprias equações usando uma biblioteca de símbolos matemáticos.

Utilizado para inserir símbolos que não constam no teclado, como símbolos de *copyright*, símbolo de marca registrada e outros. Veja alguns:

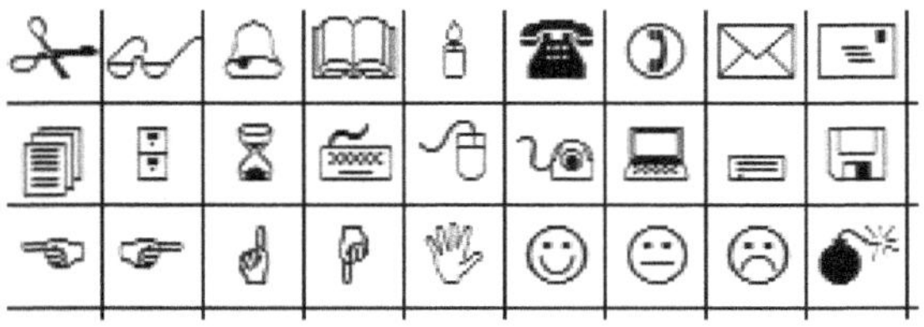

8.7 Guia Design

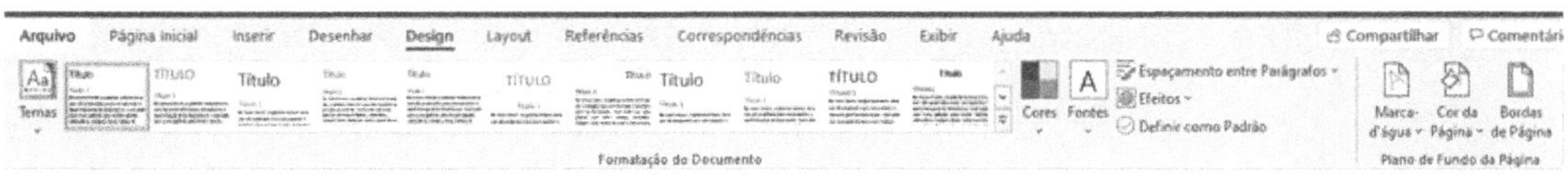

Temas

Botões para alterar o design geral do documento inteiro, incluindo cores, fontes e efeitos.

Grupo plano de fundo de página

8.8 Guia Layout

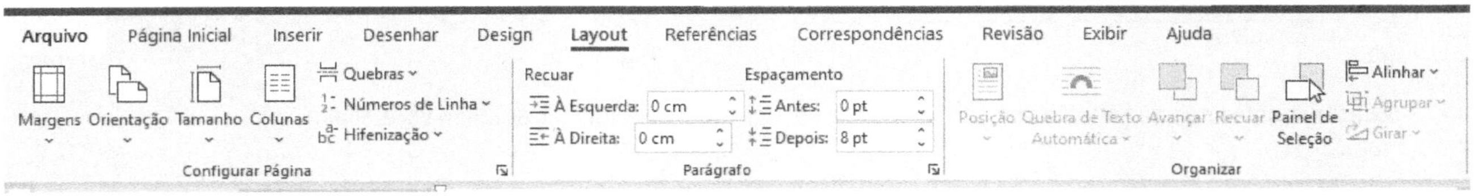

Grupo Configurar Página

Botões para definir margens, orientação do papel (retrato ou paisagem) e tamanho do papel.

Em Margens personalizadas (acessível ao clicar no botão Margens) temos a caixa de diálogo Configurar Página, igual a velha conhecida do Office 2003, lembra? Lá temos configurações como margens, orientação do papel, layout entre outras.

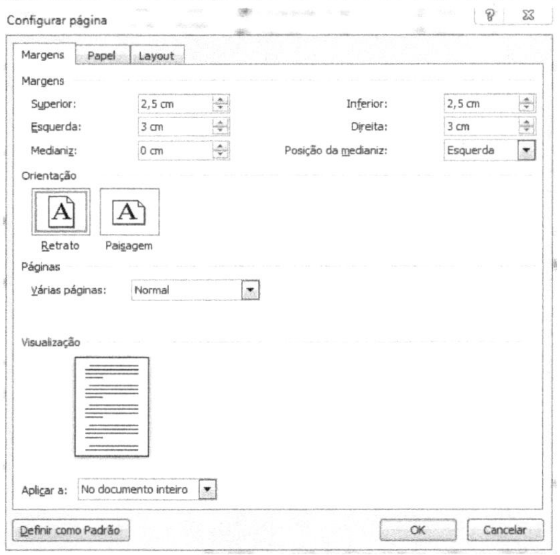

Para formatar o documento em colunas, com ou sem linha entre elas.

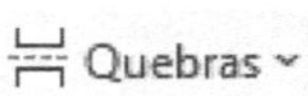

Para adicionar páginas, seção ou quebras de colunas ao documento.

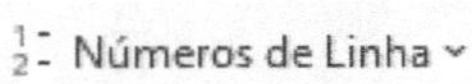

Para adicionar número de linhas à margem lateral de cada linha do documento.

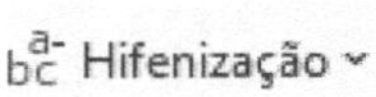

Permite o word quebrar linhas entre as sílabas das palavras.

Este botão abre a caixa de diálogo Configurar Página.

Grupo parágrafo

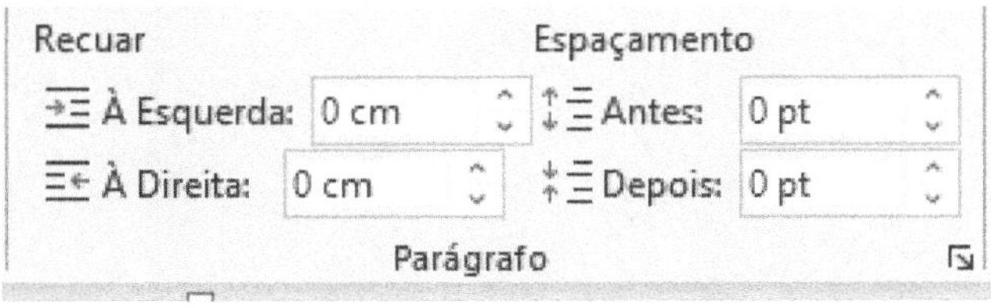

Permite configurações de Recuo do parágrafo e espaçamento entre linhas. Preste atenção aos botões dessas funcionalidades.

O botão 

abre a caixa de diálogo Parágrafo.

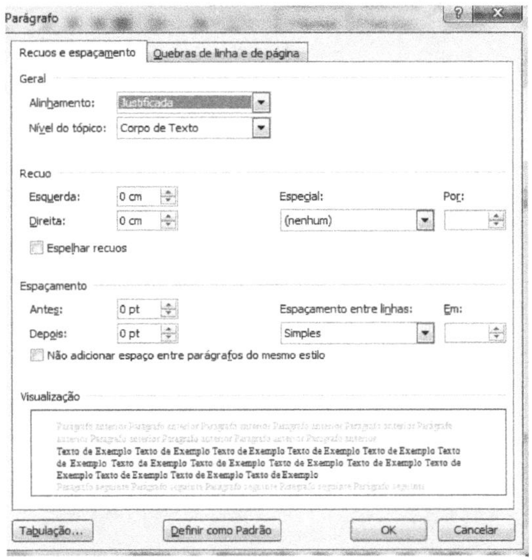

Grupo organizar

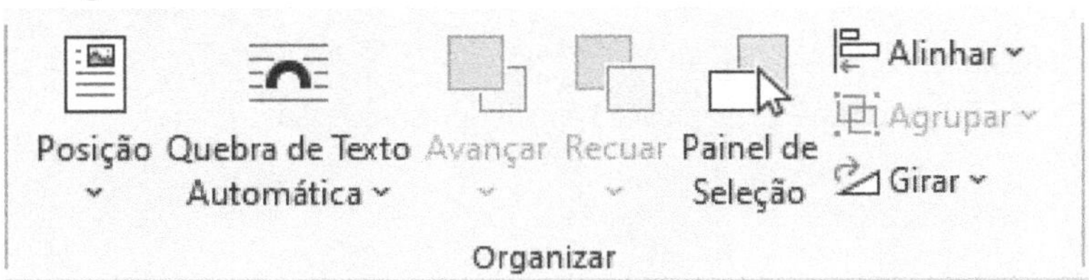

Configura o alinhamento da imagem no documento.

Altera a disposição do texto ao redor do objeto selecionado.

Avançar: irá trazer o objeto selecionado para a frente para que menos objetos fiquem à frente dele.

Recuar: irá enviar o objeto selecionado para trás para que ele fique oculto atrás dos objetos à frente dele.

Mostra Painel de Seleção.

Irá alinhar o objeto selecionado em relação às margens.

Para agrupar objetos de forma que sejam tratados como um único.

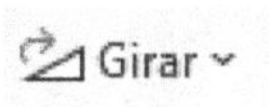

Girar ou inverter o objeto selecionado.

8.9 Guia Referências

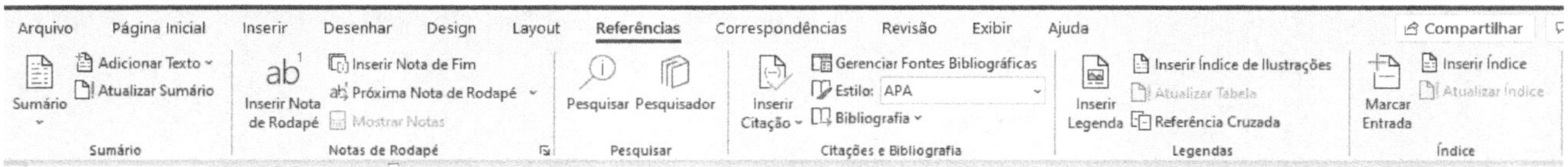

Grupo sumário

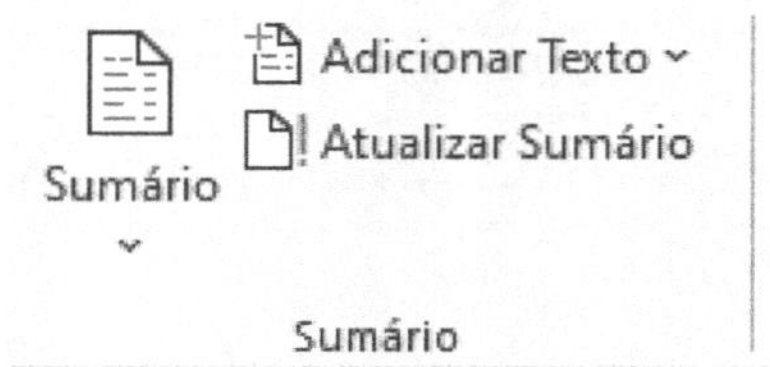

Permite criar e editar um sumário para o documento ativo.

Para isso acesse a guia Referências/Grupo Sumário/ Botão Sumário e escolha o tipo de sumário desejado.

Grupo notas de rodapé

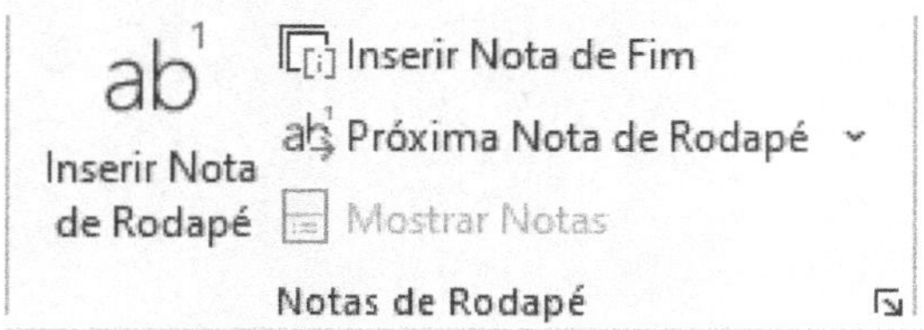

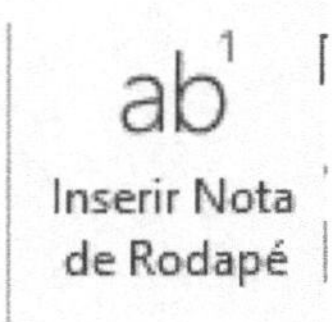

Para adicionar uma nota de Rodapé. Para isso cursor após a palavra ou texto que deseje acrescentar na Nota de Rodapé.

Para adicionar uma nota de fim ao documento.

As notas são inseridas no final do documento.

Para navegar até a próxima nota de Rodapé do documento.

Para mostrar as notas inseridas no documento.

Grupo pesqusiar

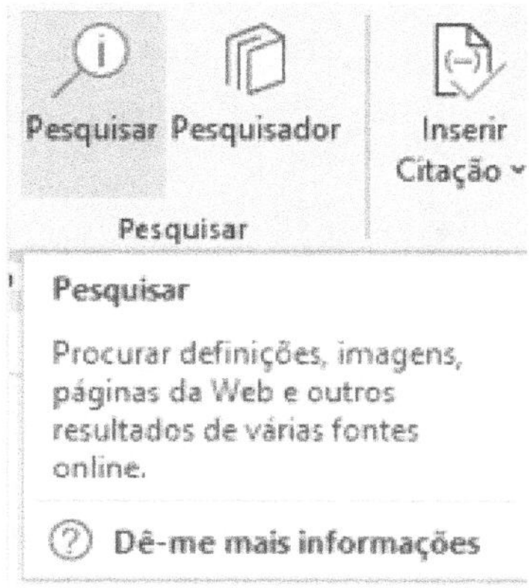

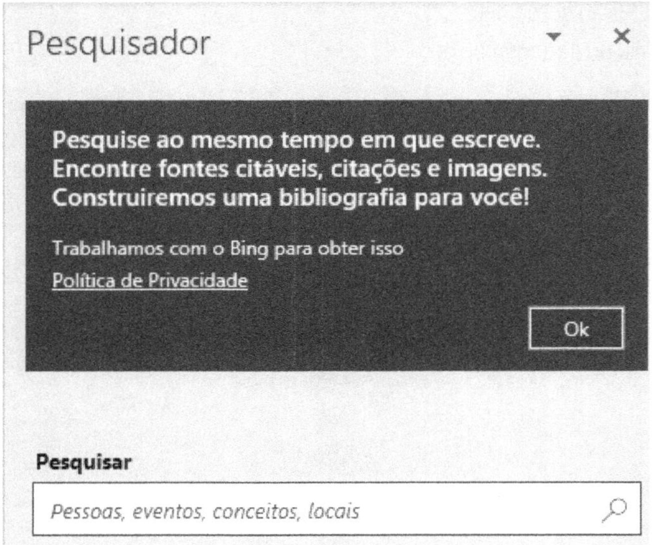

Grupo citações e bibliografia

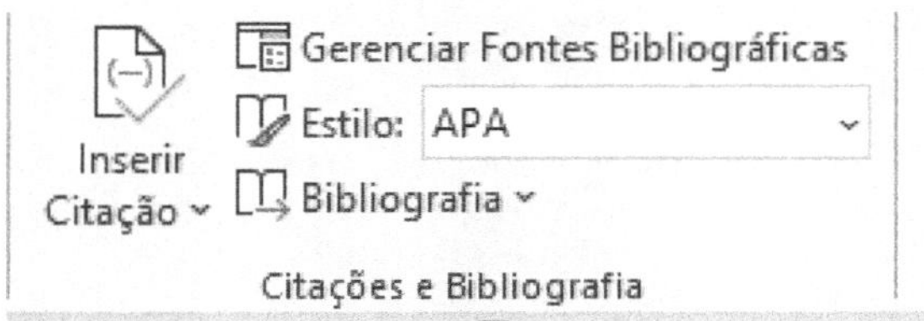

Uma bibliografia é uma lista de fontes, normalmente colocada no final de um documento, que você consultou ou citou na criação do documento. No Microsoft Word 2019, é possível gerar uma bibliografia automaticamente com base nas informações sobre a fonte fornecidas para o documento.

Toda vez que você cria uma nova fonte, as informações sobre a fonte são salvas no seu computador, para que você possa localizar e usar qualquer fonte que criou.

Grupo legendas

Utilizado para inserir e gerenciar legendas de imagens.

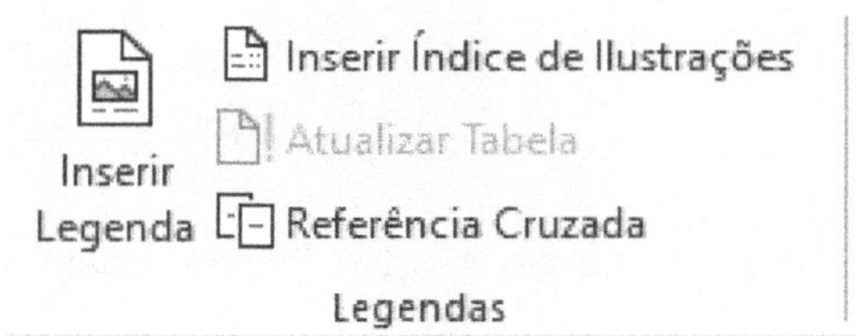

Grupo índice

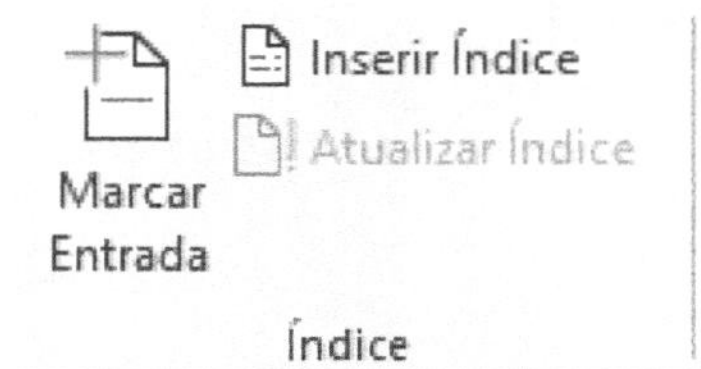

Perceba que Guia Referências oferece funcionalidades referentes a edição de um livro ou produção de uma Monografia, um TCC. Basta dar uma olhada: Sumário, citações, bibliografias.

Ligue o nome da Guia à funcionalidade cobrada. Perceba que as Guias agrupam funcionalidades referentes a determinada função. A Guia Página Inicial é utilizada principalmente para a formatação do documento, a Guia Inserir para inserir elementos e assim por diante.

8.10 Guia Correspondências

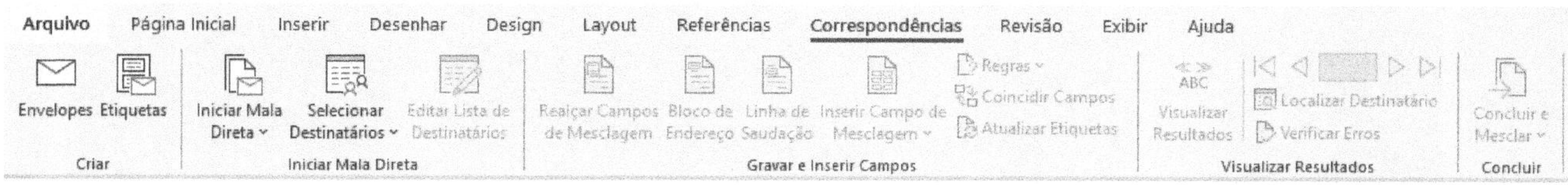

Esta Guia permite a criação de preenchimento envelopes de correspondência, etiquetas de endereçamento e de mala direta.

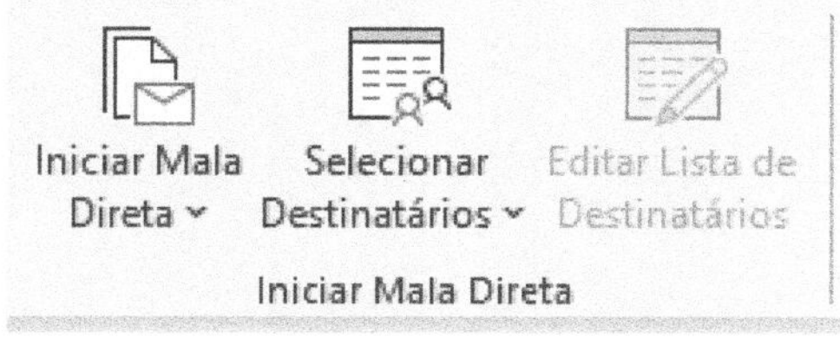

Na Guia correspondência você deve gravar o seguinte: Aqui temos Envelopes, Etiquetas e Mala Direta.

8.11 Guia Revisão

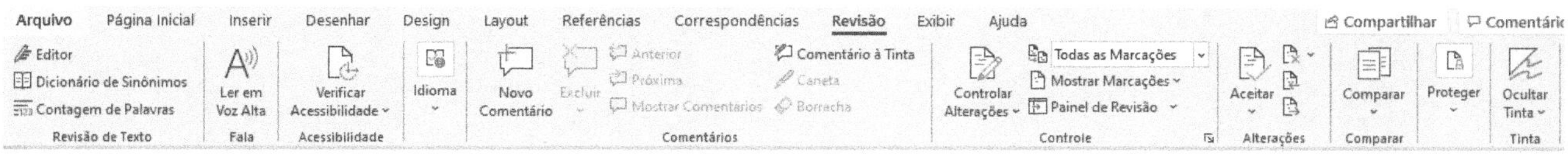

Grupo revisão de texto

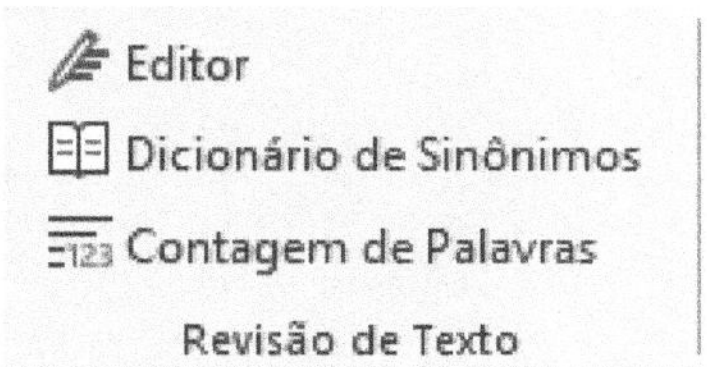

Editor / Ortografia e Gramática – **Atalho: F7** – Inicia a correção ortográfica e gramatical do documento.

Atenção para este atalho!

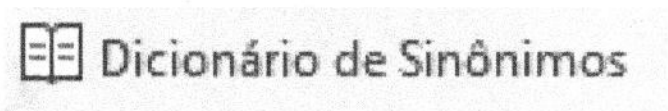

Dicionário de Sinônimos - Sugere outras palavras com significado semelhante ao da palavra selecionada.

SHIFT + F7

Atalho já cobrado em provas!

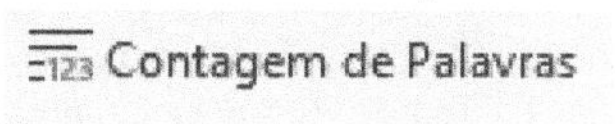

Contagem de Palavras - Para saber o número de palavras, caracteres, parágrafos e linhas no documento.

Fique atento a esta funcionalidade!

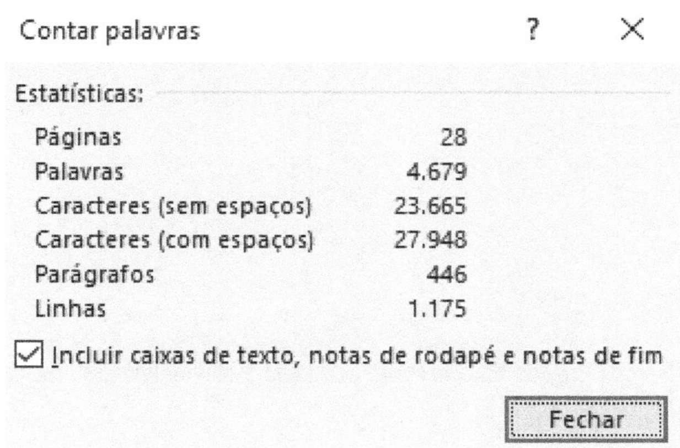

Grupo fala

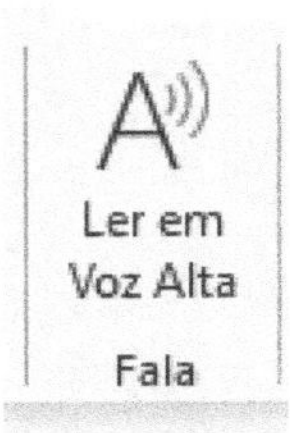

Grupo acessibilidade

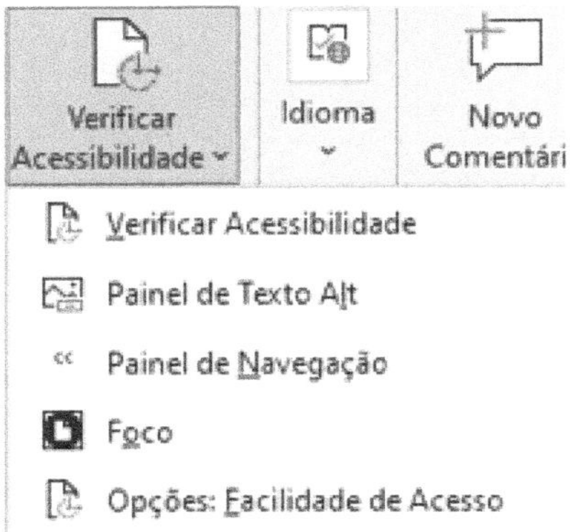

Grupo idioma

Você pode traduzir texto escrito em outro idioma, como frases ou parágrafos e palavras individuais (com o Minitradutor), ou pode traduzir o arquivo inteiro.

OBSERVAÇÃO - Se esta for sua primeira utilização dos serviços de tradução, clique em OK para instalar os dicionários bilíngues e habilitar o serviço de tradução no painel Pesquisa. Também é possível ver quais dicionários bilíngues e serviços de tradução automática você habilitou: basta clicar no link Opções de tradução no painel Pesquisa.

Permite definir outro idioma para verificar ortografia e gramática.

Grupo comentários

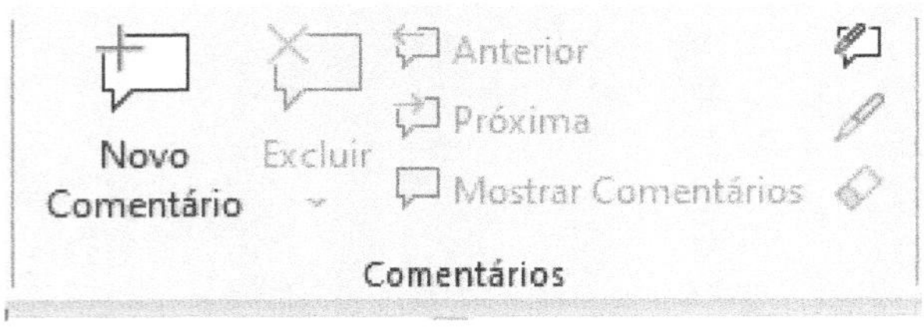

Neste Grupo podemos adicionar um comentário sobre a seleção, excluir e navegar entre os comentários.

Grupo controle

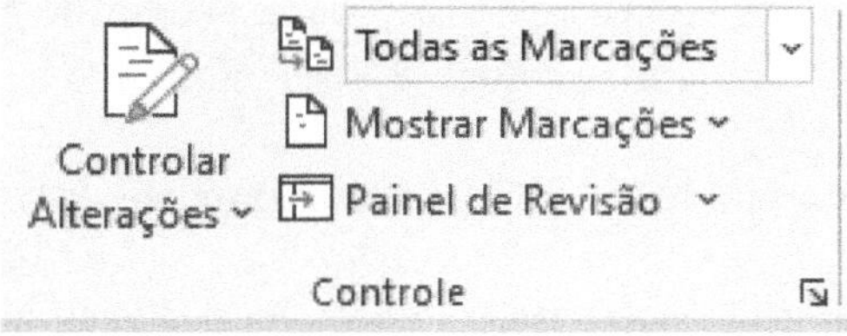

Permite controlar as alterações feitas no documento, inclusive exclusões, inserções e alterações de formatação.

Grupo alterações

Nesse grupo podemos aceitar a alteração atual ou rejeitar e passar para a próxima alteração.

Grupo comparar

Irá comparar ou combinar várias versões de um documento.

Grupo proteger

Irá restringir como as pessoas editam ou formatam partes específicas do documento.

8.12 Guia Exibir

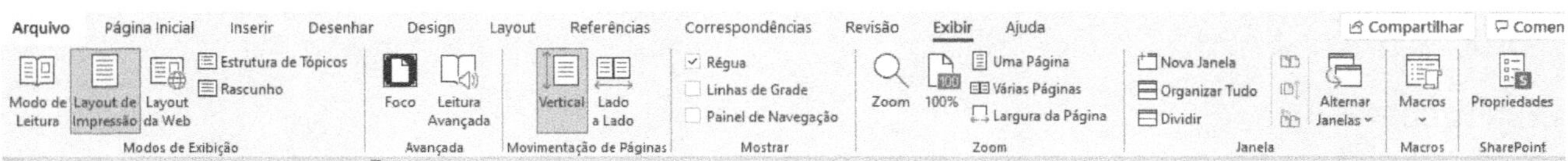

Grupo modos de exibição

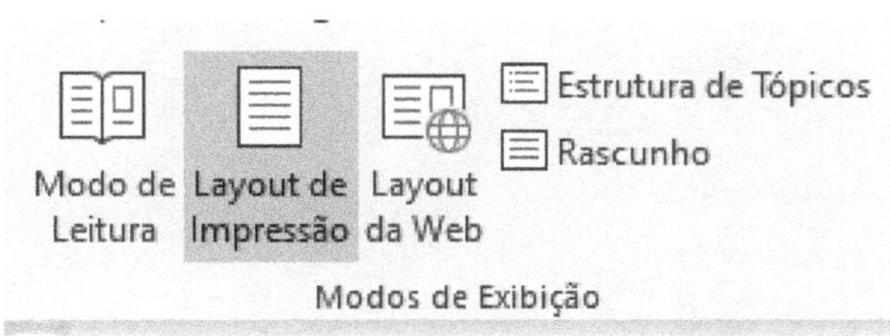

Este é um grupo importante para sua prova!

> **Modo de Leitura:** Ele oculta as barras de seu documento, facilitando a leitura em tela.

- **Layout de Impressão:** Formato atual de seu documento é o formato de como seu documento ficará na folha impressa. Esse modo de exibição é útil para editar cabeçalhos e rodapés, para ajustar margens e para trabalhar com colunas e objetos de desenho.
- **Layout da Web:** Aproxima seu texto de uma visualização na Internet, esse formato existe, pois muitos usuários postam textos produzidos no Word em sites e blogs na Internet.
- **Estrutura de Tópicos:** Permite visualizar seu documento em tópicos, o formato terá melhor compreensão quando trabalharmos com marcadores.
- **Rascunho**: É o formato bruto, permite aplicar diversos recursos de produção de texto, porém não visualiza como impressão nem outro tipo de meio.

Grupo avançada

Grupo movimentação de páginas

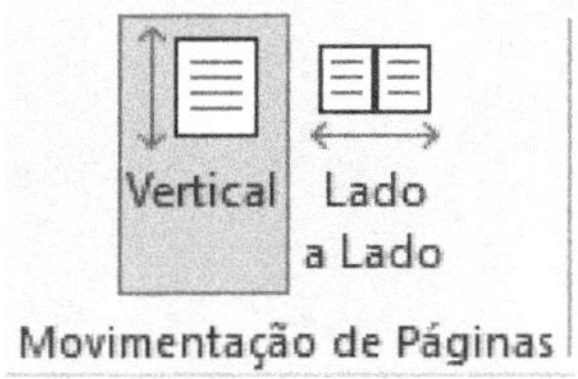

Grupo mostrar

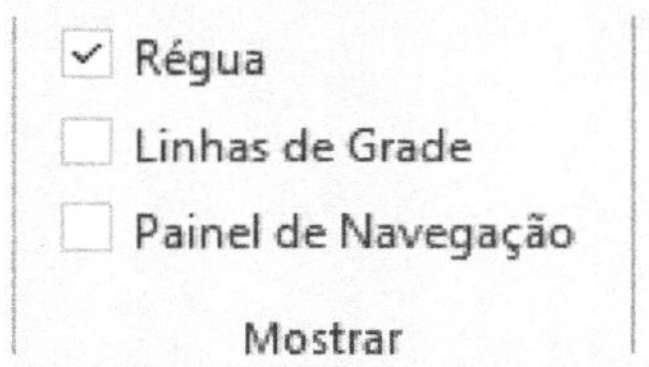

Para visualizar a régua, linhas de grade e o painel de navegação e visualizar as páginas em miniaturas à esquerda da página.

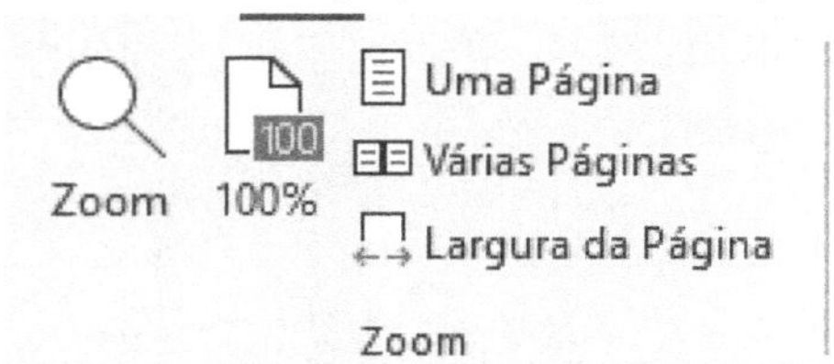

Grupo zoom

Ao clicar no botão Zoom o Word apresenta a seguinte janela:

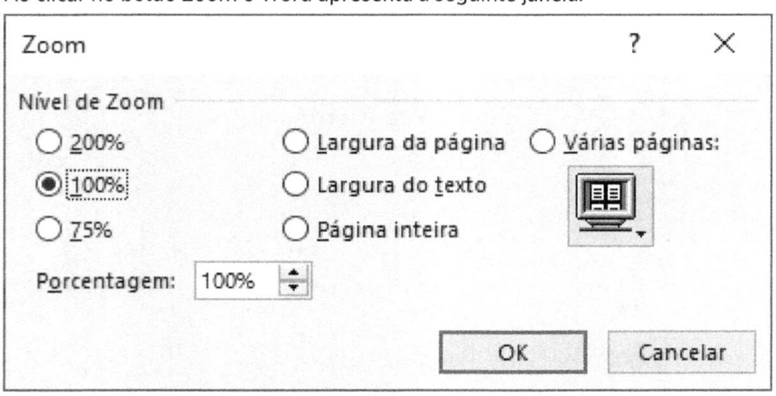

Grupo janela

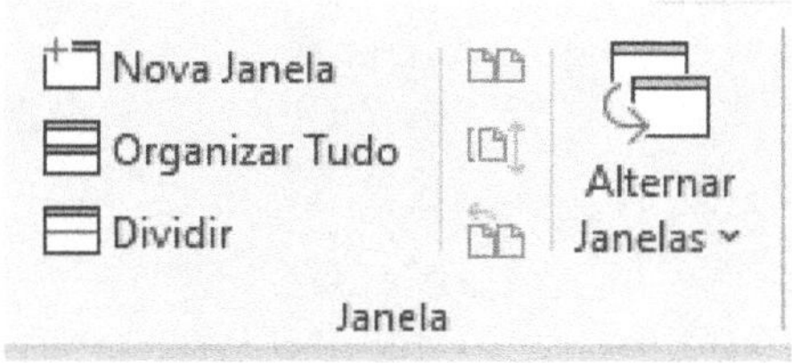

Nova Janela: Abre o documento em uma nova janela.

Organizar tudo: Organiza as janelas abertas.

Dividir: Divide a janela de modo que você fica com dupla barra de rolagem, dupla régua. Ideal para trabalhar com cabeçalhos de textos.

Grupo alternar janelas

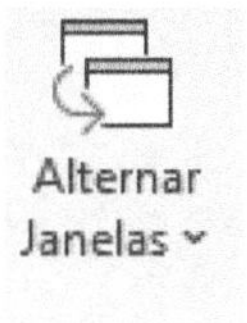

Para navegar nas janelas do Word.

Grupo macros

Macros automatizam tarefas realizadas com mais frequência. Muitas delas são criadas com o VBA e gravadas por desenvolvedores de software.

8.13 Barra de Status

A barra de status, que é uma área horizontal na parte inferior da janela do documento no Microsoft Word, fornece informações sobre o estado atual do que está sendo exibido na janela e quaisquer outras informações contextuais.

Número da página

Mostra o número da página atual e o número de páginas no documento.

Palavras

Mostra o número de palavras do documento e quando um texto for selecionado, mostra também o número de palavras que estão selecionadas. Veja: 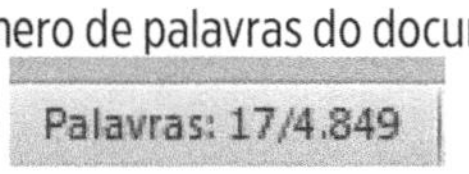

Mostra o status da verificação de ortografia e gramática. Quando o Word faz a verificação de erros, uma caneta animada aparece sobre o livro. Se nenhum erro for encontrado, será exibida uma marca de seleção. Se um erro for encontrado, será exibido um "X". Para corrigir o erro, clique duas vezes nesse ícone.

Visualização do Documento

Podemos alterar a forma de visualização de nosso documento. No rodapé, a direta da tela tem o controle de Zoom.

Anterior a este controle de zoom temos os botões de forma de visualização de seu documento, que podem também ser acessados pela Aba Exibição, conforme já estudamos.

8.14 Atalhos

Arquivo

Recurso	Teclas de Atalho
Novo CTRL + O	
Abrir	CTRL + A
Salvar	CTRL + B
Salvar Como	F12
Imprimir	CTRL + P
Visualizar Impressão	CTRL + F2
Fechar	CTRL + W ou CTRL + F4
Sair	ALT + F4
Desfazer	CTRL + Z

Área de Transferência

Recurso	Teclas de Atalho
Recortar	CTRL + X
Copiar	CTRL + C
Colar	CTRL + V
Colar Especial	ALT + CTRL + V
Pincel: Copiar Formato	CTRL + SHIFT + C
Pincel: Colar Formato	CTRL + SHIFT + V

Fonte

Recurso	Teclas de Atalho
Fonte	CTRL + D ou CTRL + SHIFT + P
Aumentar Fonte	CTRL + SHIFT + >
Diminuir Fonte	CTRL + SHIFT + <
Negrito	CTRL + N
Itálico	CTRL + I
Sublinhado	CTRL + S
Duplo Sublinhado	CTRL + SHIFT + D
Maiúsculas e Minúsculas	SHIFT + F3
Todas Maiúsculas	CTRL + SHIFT + A
Realce	CTRL + ALT + H
Sobrescrito	CTRL + SHIFT + +
Subscrito	CTRL + =

Parágrafo

Recurso	Teclas de Atalho
Alinhar à esquerda	CTRL + Q
Centralizar	CTRL + E
Alinhar à direita	CTRL + G
Justificar	CTRL + J
Espaçamento Parágrafo 1	CTRL + 1
Espaçamento Parágrafo 1,5	CTRL + 5
Espaçamento Parágrafo 2	CTRL + 2

Outros

Recurso	Teclas de Atalho
Ajuda	F1
Quebra de Página	CTRL + Enter
Dicionário de Sinônimos	SHIFT + F7
Verificação Ortográfica	F7
Hiperlink	CTRL + K

Edição

Recurso	Teclas de Atalho
Localizar	CTRL + L
Ir Para	Alt + CTRL + G ou F5

Substituir	CTRL + U
Selecionar Tudo	CTRL + T

9. MICROSOFT OFFICE EXCEL 365

O Microsoft 365 é uma assinatura que inclui os recursos mais colaborativos e atualizados em uma experiência integrada e perfeita. O Microsoft 365 inclui os aplicativos robustos de área de trabalho do Office que você conhece, como Word, PowerPoint e Excel. Você também obtém armazenamento on-line extra e recursos conectados à nuvem que permitem colaborar com arquivos em tempo real. Com uma assinatura, você sempre terá os recursos, correções e atualizações de segurança mais recentes, além de suporte técnico contínuo, sem nenhum custo extra. Você pode optar por pagar sua assinatura mensal ou anualmente, e o plano Microsoft 365 Family permite compartilhar sua assinatura com até seis pessoas da sua família e usar seus aplicativos em vários PCs, Macs, tablets e telefones.

O Office 2019 é vendido como uma compra única, o que significa que você paga um custo único e inicial para obter os aplicativos do Office para um computador. Compras únicas estão disponíveis para PCs e Macs. No entanto, não há opções de upgrade, o que significa que, se você planeja fazer upgrade para a próxima versão principal, terá que comprá-la pelo preço integral.

Segundo a Microsoft, o Excel é um programa de planilhas do sistema Microsoft Office. Você pode usar o Excel para criar e formatar pastas de trabalho (um conjunto de planilhas) para analisar dados e tomar decisões de negócios mais bem informadas. Especificamente, você pode usar o Excel para acompanhar dados, criar modelos de análise de dados, criar fórmulas para fazer cálculos desses dados, organizar dinamicamente os dados de várias maneiras e apresentá-los em diversos tipos de gráficos profissionais.

9.1 Conhecendo as Características do MS-Excel

Planilha Eletrônica

Sistema composto de 1.048.576 linhas e 16.384 colunas

Facilidade em manter diversas pastas de trabalho abertas simultaneamente.

Pastas de trabalho abertas: Limitado pela memória disponível e pelos recursos do sistema (o padrão é 1 planilha).

Intervalo de zoom: 10 por cento a 400 por cento.

Extensão: .xlsx

Trabalhando com Pastas de Trabalho

Cada pasta de trabalho do MS-Excel **consiste em um documento com uma ou mais planilhas**, ou seja, uma pasta no sentido literal, contendo diversos documentos.

9.2 Interface

A interface do Excel segue o padrão dos aplicativos Office, com ABAS, Botão Office, controle de Zoom na direita. O que muda são alguns grupos e botões exclusivos do Excel e as guias de planilha no rodapé.

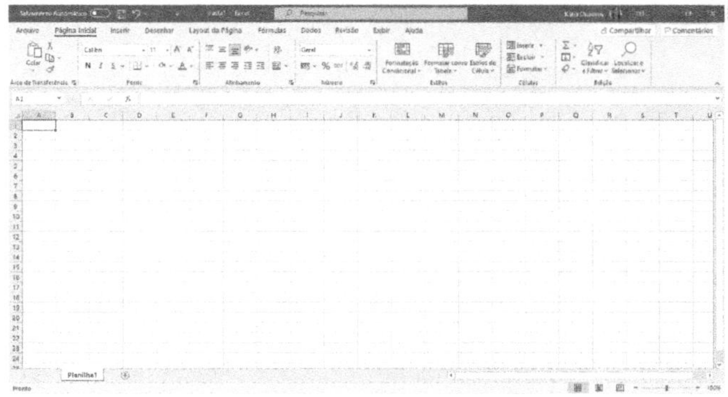

Uma planilha eletrônica é formada por linhas e colunas.

As **linhas** são identificadas por **números** e as **colunas** por **letras**. Desse modo, a junção de uma coluna e uma linha tem como resultado uma **célula**.

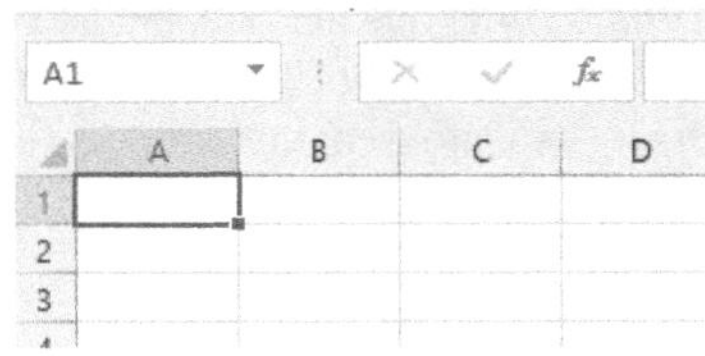

Na imagem mostrada acima, temos a célula A1 selecionada e podemos perceber uma caixa logo acima com o endereço da célula. Esta é a **Caixa de Nome**.

Ao lado temos a **Barra de Fórmulas** com os botões **cancelar, inserir e inserir função**.

9.3 Seleção de Células

Se você precisar selecionar mais de uma célula, basta manter pressionado o mouse e **arrastar** selecionando as células em sequência.

Também, para selecionar células em **sequência**, **clique na primeira célula, selecionando-a e em seguida pressione a tecla SHIFT e clique na última célula** da sequência desejada.

Se precisar selecionar células **alternadamente**, **clique sobre a primeira célula a ser selecionada, pressione CTRL e vá clicando** nas que você quer selecionar.

Podemos também selecionar usando a combinação das setas do teclado com a tecla SHIFT.

9.4 Formatos de Arquivo

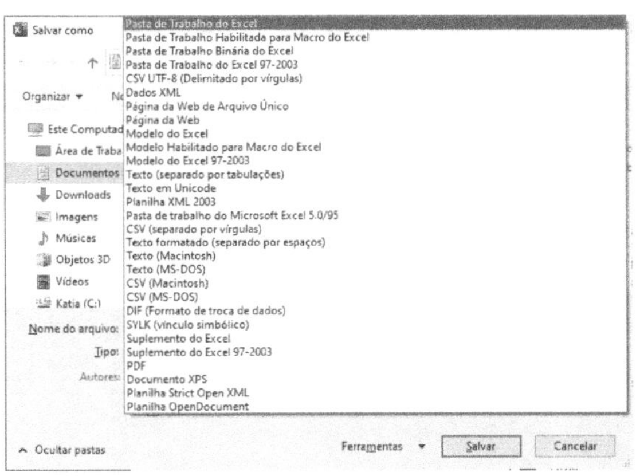

Csv

Um arquivo CSV (Valores Separados por Vírgula) é um tipo especial de arquivo que você pode criar ou editar no Excel. Em vez de armazenar informações em colunas, os arquivos CSV armazenam informações separadas por vírgulas.

9.5 Guia Página Inicial

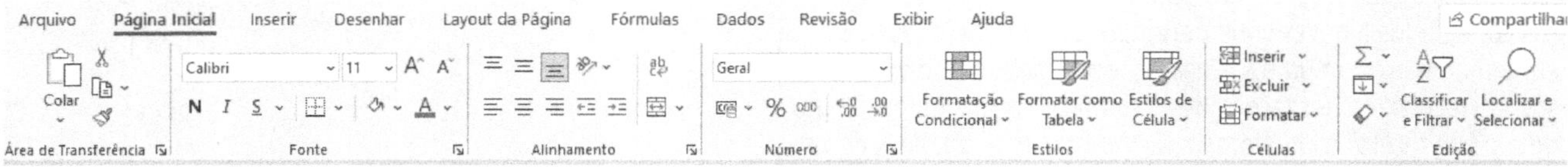

Nesta guia temos recursos para a formatação das células.

Esta guia é muito importante para o estudo, principalmente o grupo Número.

Temos o grupo Fonte que permite alterar a fonte a ser utilizada, o tamanho, aplicar negrito, itálico e sublinhado, linhas de grade, cor de preenchimento e cor de fonte. Ao clicar na faixa do grupo será mostrada a janela de fonte.

Ao clicar em Fonte, abrirá a seguinte caixa de diálogo:

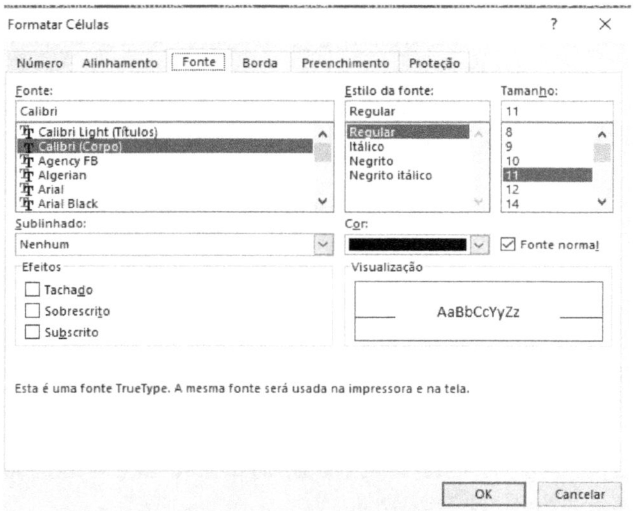

Aba número

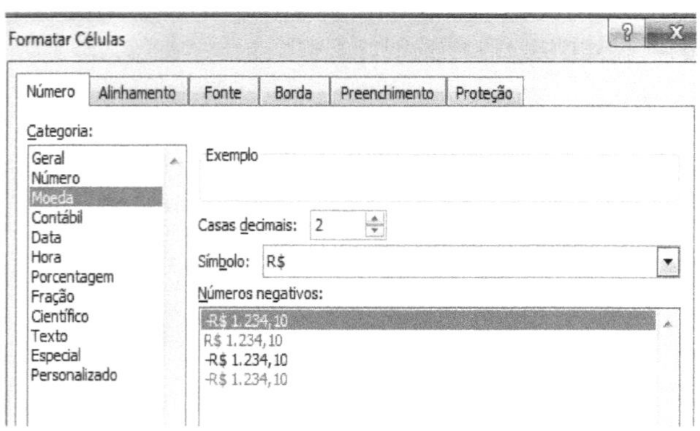

Aba alinhamento

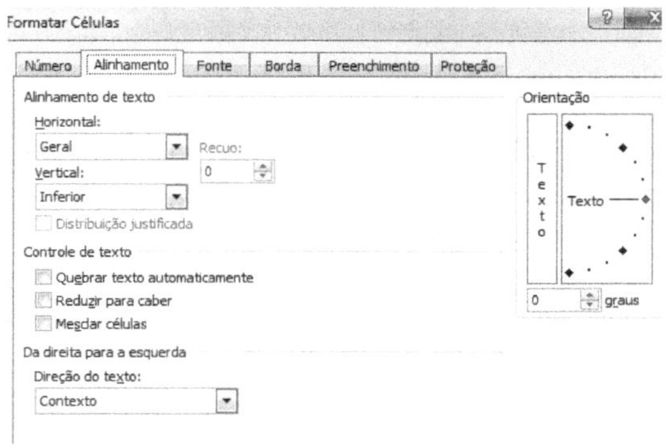

Fonte

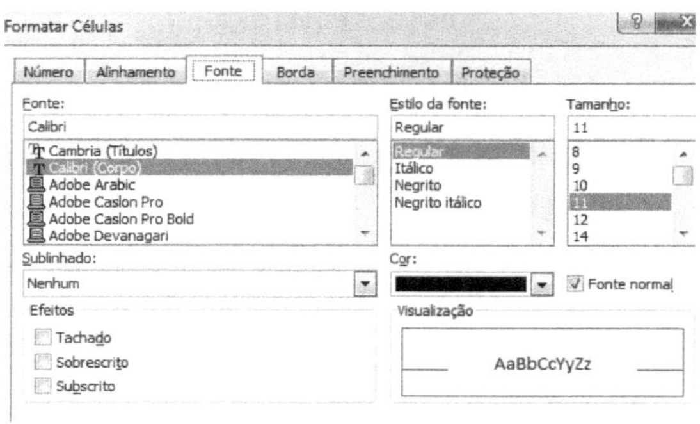

Ainda, nesta mesma caixa de diálogo, temos as abas Borda, Preenchimento e Proteção.

Grupo alinhamento

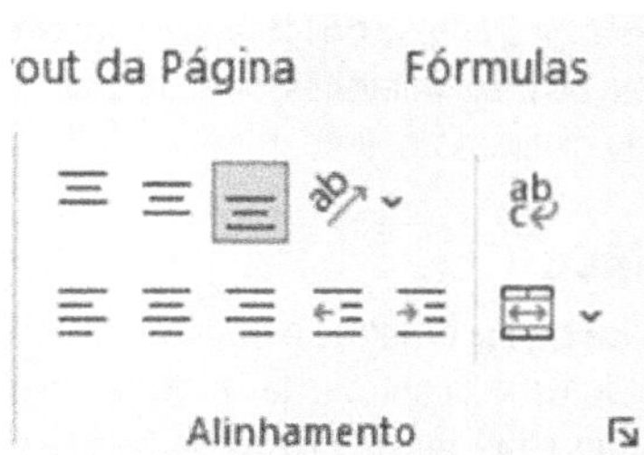

O grupo Alinhamento permite definir o alinhamento do conteúdo da célula na horizontal e vertical, quebrar texto automaticamente, mesclar e centralizar.

Botão Orientação: Permite girar o texto.

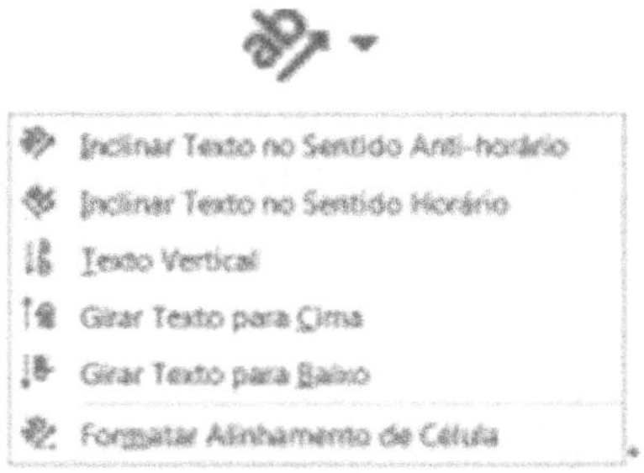

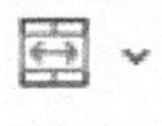

Mesclar e Centralizar: Torna duas ou mais células selecionadas em uma, centralizando o conteúdo da célula.

Mesclar através: Mescla somente em linha.

Mesclar célular: Apenas mescla sem centralizar.

Desfazer Mesclagem de células: Desfaz a mesclagem das células.

Grupo número

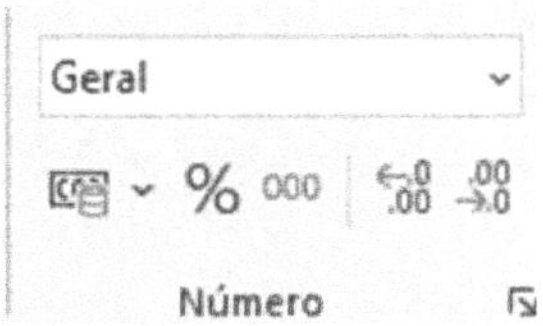

O grupo Número permite que se **formatem os números** de suas células. Ele dividido em categorias e dentro de cada categoria, possui exemplos de utilização e algumas personalizações como, por exemplo, na categoria Moeda em que é possível definir o símbolo a ser usado e o número de casas decimais.

Formato de número de contabilização: Para formatar como moeda. Ex: R$ 40,00.

Separador de Milhares: Para formatar com duas casas decimais.

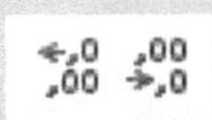

Aumentar e Diminuir casas decimais.

9.6 Formatação condicional

Guia página inicial

Com essa funcionalidade podemos criar regras para evidenciar textos ou valores através de formatação de fonte ou preenchimento/sombreamento da célula, por exemplo. Podemos selecionar uma planilha inteira e definir uma regra, por exemplo, que números negativos ficarão automaticamente com fonte na cor vermelho e efeito negrito.

Tudo o que for digitado nestas células com valor negativo, ficarão na cor vermelho e efeito negrito.

9.7 Validação de Dados

Use a validação de dados para restringir o tipo de dados ou os valores que os usuários inserem em células.

9.8 Texto para Colunas

Pegue o texto em uma ou mais células e divida-o em várias células usando o Assistente para Converter Texto em Colunas.

Selecione a célula ou coluna contendo o texto que você deseja dividir.

Selecione Dados > Texto para Colunas.

No Assistente para Conversão de Texto em Colunas, selecione Delimitado > Avançar.

Selecione os Delimitadores para os dados. Por exemplo, Vírgula e Espaço. É possível ver uma prévia na janela Visualização dos dados.

Selecione Avançar.

Selecione o Destino, que é o local onde os dados divididos serão exibidos na planilha.

Selecione Concluir.

9.9 Remover Duplicatas

Quando você usa o recurso Remover Duplicatas, os dados duplicados são permanentemente excluídos.

9.10 Obter Dados

O principal benefício da conexão com dados externos é que você pode analisar periodicamente esses dados no Microsoft Office Excel sem copiar repetidamente os dados, que é uma operação que pode ser demorada e propensa a erros. Depois de se conectar a dados externos, você também pode atualizar automaticamente (ou atualizar) sua Excel de trabalho da fonte de dados original sempre que a fonte de dados for atualizada com novas informações.

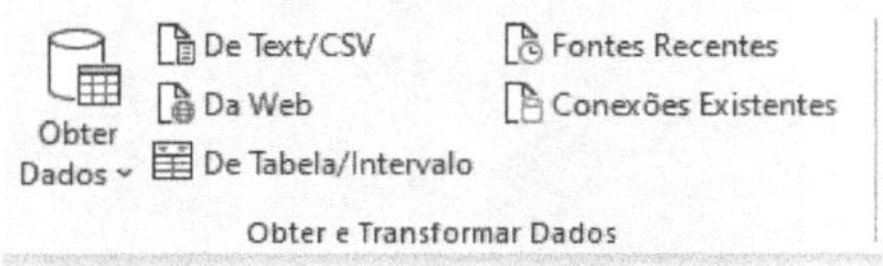

9.11 Atingir Meta

Se você conhece o resultado que deseja obter de uma fórmula, mas não tem certeza sobre o valor de entrada necessário para chegar a esse resultado, use o recurso Atingir Meta.

Por exemplo, suponha que você precise pedir algum dinheiro emprestado. Você sabe quanto dinheiro quer, quanto tempo deseja usar para pagar o empréstimo e quanto pode pagar a cada mês. Você pode usar o recurso Atingir Meta para determinar qual taxa de juros você precisará garantir para atingir seu objetivo de empréstimo.

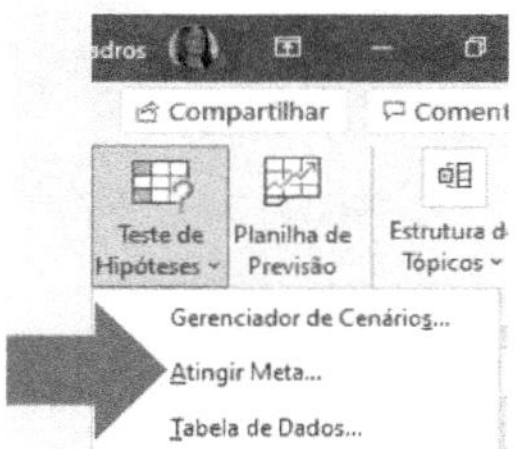

9.12 Impressão

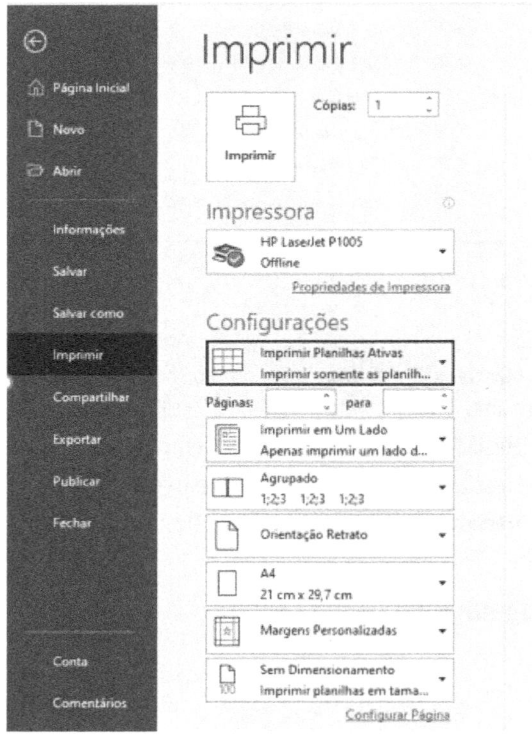

9.13 Impressão

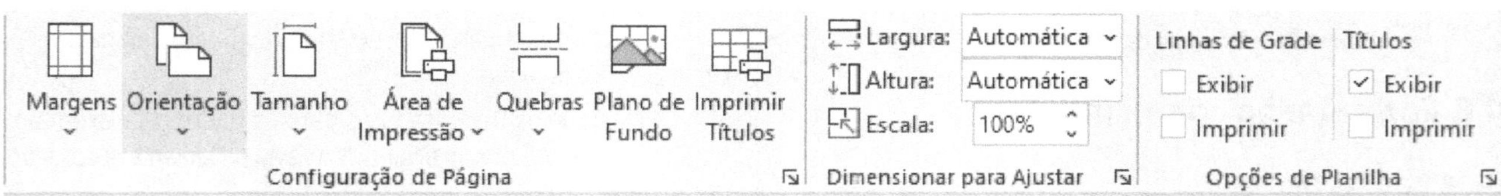

9.14 Classificar

Permite classificar dados em ordem crescente ou decrescente. Pode ser com texto (alfabeticamente) ou números.

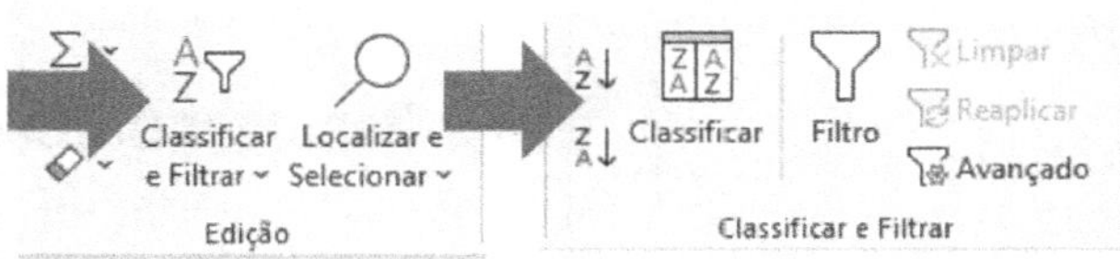

9.15 Filtrar

Organiza os dados para que seja mais fácil analisá-los. Por exemplo: Se tenho uma planilha com Homens e Mulheres, posso filtrar para que apareçam apenas as Mulheres. Perceba que as informações referentes aos Homens não são excluídas, apenas ficam ocultas, facilitando analisar apenas as informações referentes às mulheres.

Também posso filtrar por valores, pedindo para ocultar valores inferiores a R$ 1.000,00, por exemplo.

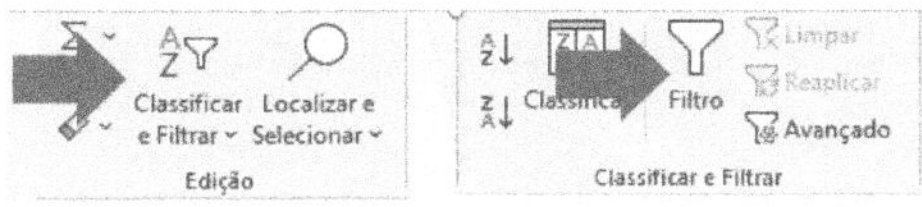

9.16 AutoSoma

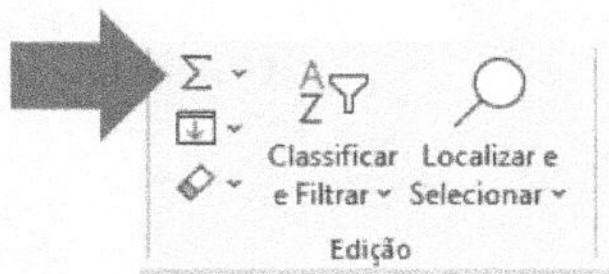

9.17 Tabela Dinâmica

Uma Tabela Dinâmica é uma ferramenta poderosa para calcular, resumir e analisar os dados que lhe permitem ver comparações, padrões e tendências nos dados.

Criar uma tabela dinâmica

> Selecione as células a partir das quais você deseja criar uma Tabela Dinâmica.

> Observação: Seus dados não devem ter linhas ou colunas vazias. Deve haver apenas uma única linha de título.

> Selecione Inserir > Tabela Dinâmica.

> Em Escolha os dados que você deseja analisar, selecione Selecionar uma tabela ou intervalo.

> Em Tabela/Intervalo, verifique o intervalo de células.

> Em Escolha onde deseja que o relatório da Tabela Dinâmica seja posicionado, selecione Nova Planilha para posicionar a Tabela Dinâmica em uma nova planilha, ou escolha Planilha Existente e selecione o local em que deseja exibir a Tabela Dinâmica.

> Selecione OK.

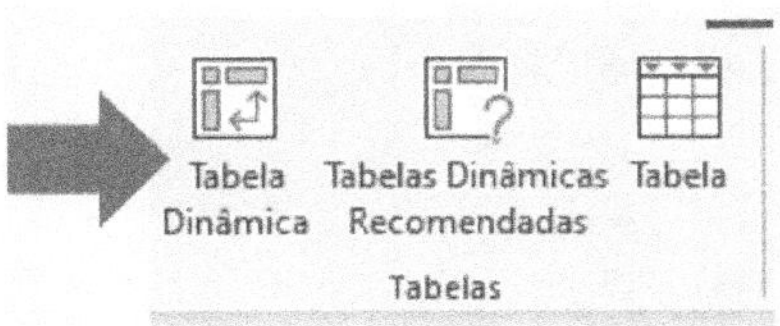

9.18 Rastrear Precedentes e Dependentes

Células precedentes — células que são referidas por uma fórmula em outra célula. Por exemplo, se a célula D10 contiver a fórmula =B5, a célula B5 será um precedente para a célula D10.

Células dependentes — essas células contêm fórmulas que se referem a outras células. Por exemplo, se a célula D10 contiver a fórmula =B5, a célula D10 é dependente da célula B5.

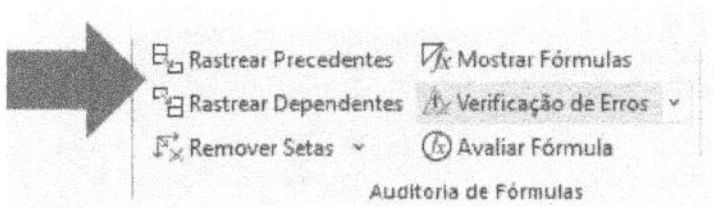

9.19 Guia Fórmula

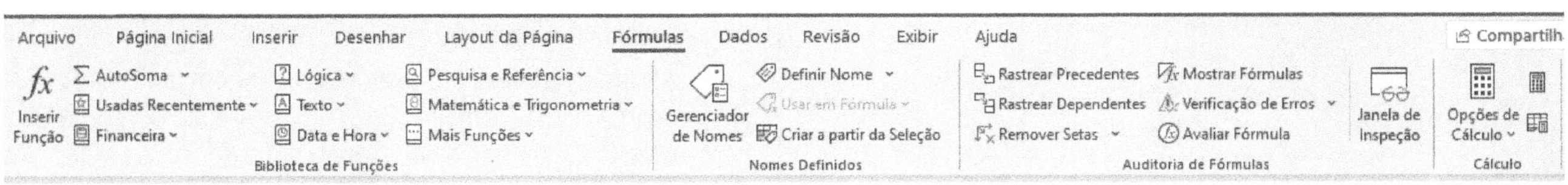

9.20 Colar com vínculo no Microsoft Word

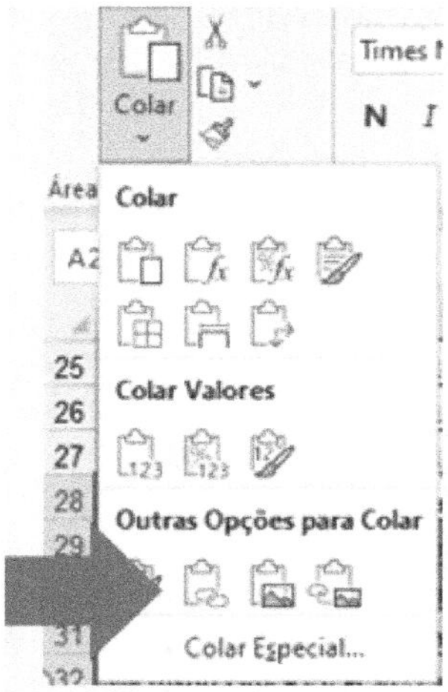

9.21 Transpor

Se você tiver uma planilha com dados em colunas que você precisa girar para reorganizar em linhas, use o recurso **Transpor.** Com ele, você pode alternar rapidamente dados de colunas para linhas ou vice-versa.

Por exemplo, se seus dados se parecem com isso, com Regiões de Vendas nos títulos de coluna e Trimestres no lado esquerdo:

Vendas por região	Europa	Ásia	América do Nor
1º trim.	21.704.714	8.774.099	12.094.215
2º trim.	17.987.034	12.214.447	10.873.099
3º trim.	19.485.029	14.356.879	15.689.543
4º trim.	22.567.894	15.763.492	17.456.723

O recurso Transpor reorganizará a tabela de forma que os Trimestres sejam exibidos nos títulos de coluna e as Regiões de Vendas possam ser vistas à esquerda, assim:

Vendas por região	1º trim.	2º trim.	3º trim.	4º trim.
Europa	21.704.714	17.987.034	19.485.029	22.567.894
Ásia	8.774.099	12.214.447	14.356.879	15.763.492
América do Norte	12.094.215	10.873.099	15.689.543	17.456.723

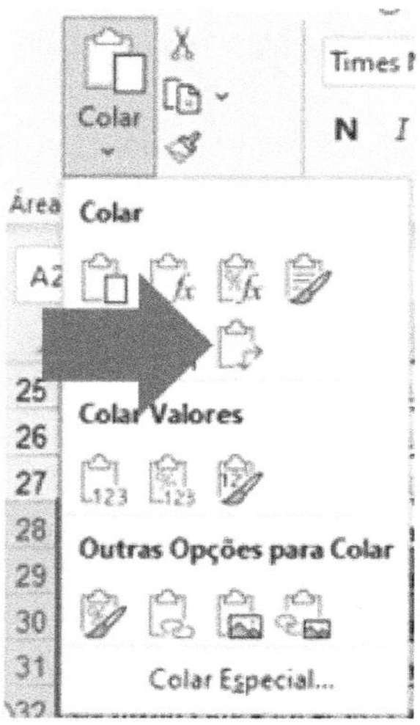

9.22 Congelar Painéis

Congelar Painéis: Quando você congela painéis, o Microsoft Excel mantém linhas ou colunas específicas visíveis durante a rolagem na planilha. Por exemplo, se a primeira linha da planilha contiver rótulos, será possível congelá-la para garantir que os rótulos das colunas permaneçam visíveis enquanto você rola para baixo na planilha.

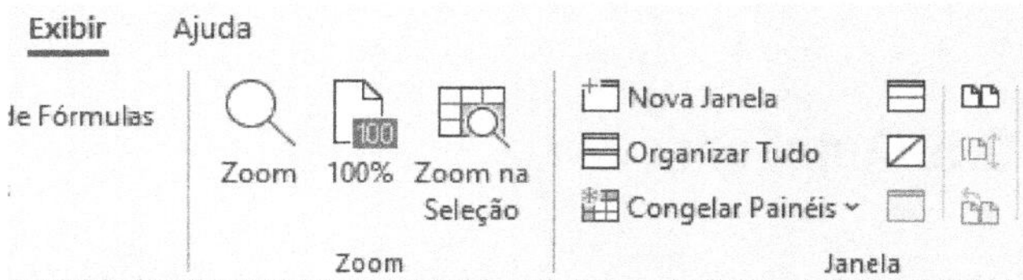

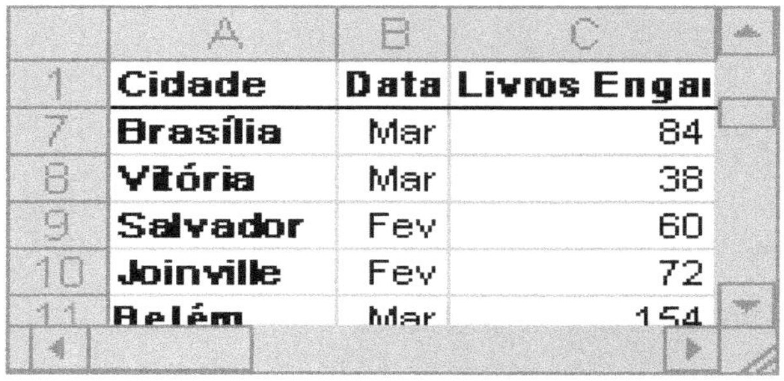

9.23 Dividir

Dividir: Quando você divide painéis, o Excel cria duas ou quatro áreas separadas da planilha que podem ser roladas individualmente, enquanto as linhas e colunas da área não rolada permanecem visíveis.

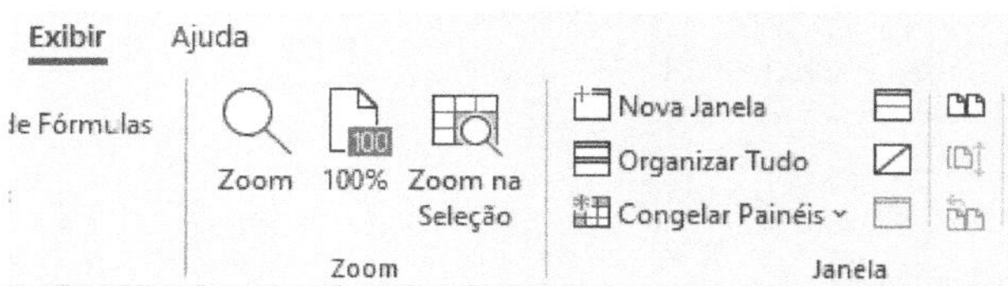

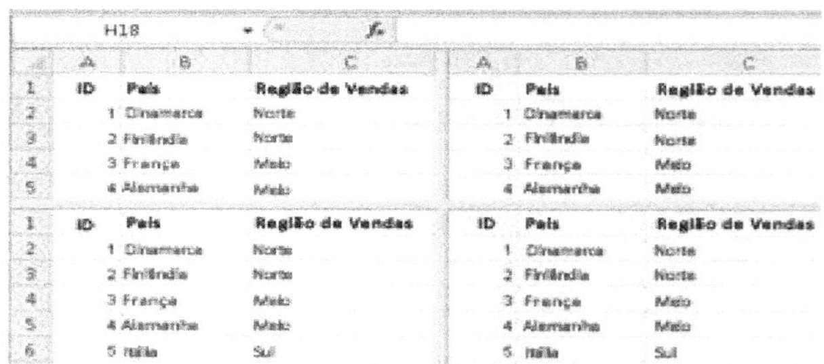

9.24 Utilização de Fórmulas

A planilha do Excel reconhece um cálculo ou fórmula quando se inicializa a célula com o sinal de igual (=).

Além do sinal de = uma fórmula também pode ser precedida por: + (mais) ou - (menos).

Assim, é possível, por exemplo, somar em uma célula C3, o valor de uma célula A3 mais o valor de uma célula B3, como também, pode-se multiplicar, dividir, subtrair ou inserir outras fórmulas.

Operadores

OPERADOR ARITMÉTICO	SIGNIFICADO	EXEMPLO
+ (sinal de mais)	Adição	3+3
– (sinal de menos)	Subtração Negação	3–1 –1
* (asterisco)	Multiplicação	3*3
/ (sinal de divisão)	Divisão	3/3
% (sinal de porcentagem)	Porcentagem	20%
^ (acento circunflexo)	Exponenciação	3^2

OPERADOR DE COMPARAÇÃO	SIGNIFICADO	EXEMPLO
= (sinal de igual)	Igual a	A1=B1
> (sinal de maior que)	Maior que	A1>B1
< (sinal de menor que)	Menor que	A1<B1
>= (sinal de maior ou igual a)	Maior ou igual a	A1>B1
<= (sinal de menor ou igual a)	Menor ou igual a	A1<B1
<> (sinal de diferente de)	Diferente de	A1<>B1

OPERADOR DE TEXTO	SIGNIFICADO	EXEMPLO
& (E comercial)	Conecta, ou concatena, dois valores para produzir um valor de texto contínuo	("North"&"wind")

Prioridade dos operadores

É importante ressaltar que o Excel trabalha com os parênteses, quando se pretende fazer vários cálculos em uma mesma célula, a fim de priorizar aqueles que devem ser realizados primeiramente.

1ª prioridade - % e ^
2ª prioridade - * e /
3ª prioridade - + e -

o valor médio do intervalo B1:B10 na planilha denominada Marketing na mesma pasta de trabalho.

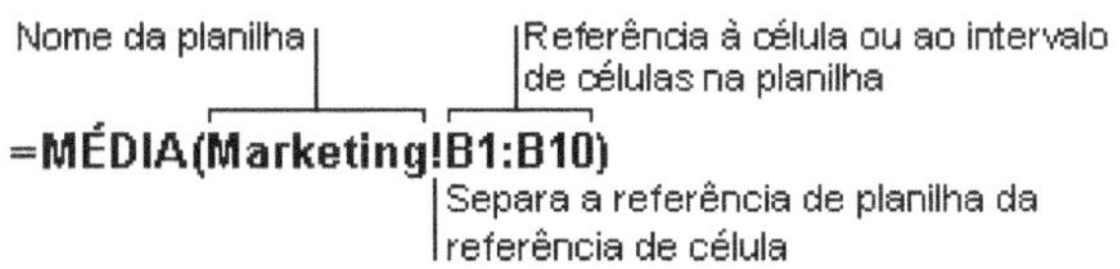

Observe que o nome da planilha e um ponto de exclamação (!) precedem a referência de intervalo.

PARA SE REFERIR A	USE
A célula na coluna A e linha 10	A10
O intervalo de células na coluna A e linhas 10 a 20	A10:A20
O intervalo de células na linha 15 e colunas B até E	B15:E15
Todas as células na linha 5	5:5
Todas as células nas linhas 5 a 10	5:10
Todas as células na coluna H	H:H
Todas as células nas colunas H a J	H:J
O intervalo de células nas colunas A a E e linhas 10 a 20	A10:E20

9.25 Funções

Funções são fórmulas predefinidas que efetuam cálculos usando valores específicos, denominados argumentos, em uma determinada ordem ou estrutura. As funções podem ser usadas para executar cálculos simples ou complexos.

Soma

=SOMA(arg1;arg2;...;arg30)

Exemplos:

=soma(a1:a5)

=soma(a1:a5;5)

=soma(a3;5;c1:c20)

> Esta função soma dois ou mais números. Note, nos exemplos, que a referência ":" significa **até** e a referência ";" significa **e**. E que podemos usar ambos os sinais na mesma função.

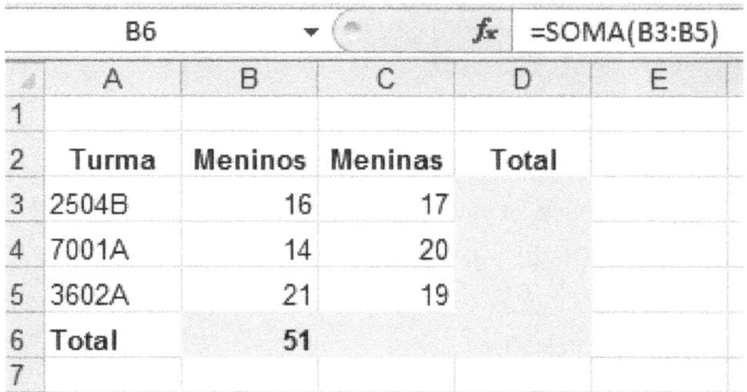

B6 =SOMA(B3:B5)

	A	B	C	D	E
1					
2	Turma	Meninos	Meninas	Total	
3	2504B	16	17		
4	7001A	14	20		
5	3602A	21	19		
6	Total	51			
7					

Média

=MÉDIA(arg1;arg2;...;arg30)

Exemplos:

=média(a1:a5)

=média(a1:a5;6)

=média(a3;2;c1:c10)

> **Preste atenção ao conceito:**
> A função Média soma os argumentos e divide pelo número de argumentos somados.
> Ex: =média(a1:a5)
> A média, nesse exemplo, será a soma de a1, a2, a3, a4 e a5 dividido por 5.

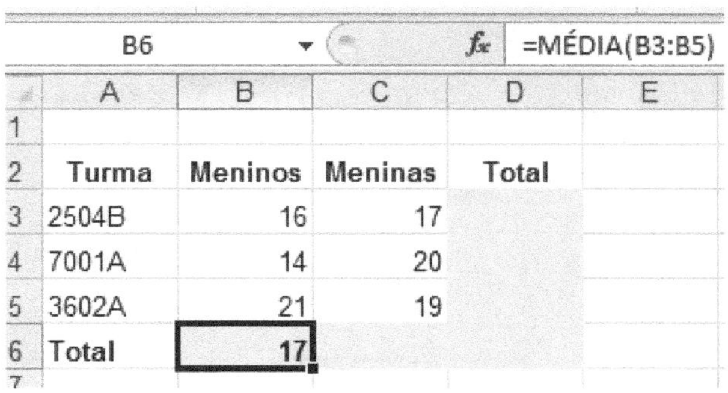

B6 =MÉDIA(B3:B5)

	A	B	C	D	E
1					
2	Turma	Meninos	Meninas	Total	
3	2504B	16	17		
4	7001A	14	20		
5	3602A	21	19		
6	Total	17			
7					

Máximo

Mostra o Maior valor no intervalo.

=MÁXIMO(arg1;arg2;...arg30)

Exemplos:

=máximo(c1:c10)

=máximo(c1:c10;3)

B6 | =MÁXIMO(B3:B5)

	A	B	C	D	E
1					
2	Turma	Meninos	Meninas	Total	
3	2504B	16	17		
4	7001A	14	20		
5	3602A	21	19		
6	Total	21			
7					

Mínimo

Mostra o Menor valor no intervalo.

=MÍNIMO(arg1;arg2;...arg30)

Exemplos:

=mínimo(c1:c10)

=mínimo(c1:c10;3)

B6 | =MÍNIMO(B3:B5)

	A	B	C	D	E
1					
2	Turma	Meninos	Meninas	Total	
3	2504B	16	17		
4	7001A	14	20		
5	3602A	21	19		
6	Total	14			
7					

Maior

Você pode usar esta função para selecionar um valor de acordo com a sua posição relativa. Por exemplo, você pode usar MAIOR para obter o primeiro, segundo, terceiro resultados e assim por diante.

Neste caso quero que o EXCEL mostre o terceiro maior valor encontrado no intervalo A1:C3. O número 3 após o ";" é que indica essa posição.

=MAIOR(a1:c3;3)

C5 | =MAIOR(A1:C3;3)

	A	B	C	D	E
1	2	3	5		
2	4	7	1		
3	6	8	0		
4					
5			6		
6					

Menor

Você pode usar esta função para selecionar um valor de acordo com a sua posição relativa. Por exemplo, você pode usar MENOR para obter o primeiro, segundo e terceiro resultados para obter o primeiro, segundo, terceiro resultados e assim por diante.

=MENOR(a1:c3;3)

Neste caso quero que o EXCEL mostre o terceiro menor valor encontrado no intervalo A1:C3.

C5 | =MENOR(A1:C3;3)

	A	B	C	D	E
1	2	3	5		
2	4	7	1		
3	6	8	0		
4					
5			2		
6					

Cont.Se

=CONT.SE(intervalo;condição)

Exemplos:

=cont.se(c3:c8;">=2")

=cont.se(c3:c8;a2)

> Realiza a contagem de todas as células de um intervalo que satisfazem uma determinada condição.

=CONT.SE(C3:C8;C4)

C	D	E	F
5			
5			
25			
	2		

> Perceba que no exemplo queremos que o Excel conte o número de células que contenham o valor referido em C4 (condição), ou seja, o valor 5. As células que o Excel deve procurar e contar esse valor são as células C3 até C8 (intervalo). Nesse caso temos o resultado 2.

=CONT.NÚM(C3:C8)

C	D	E	F
5			
5			
25			
casa			
dia		4	
20/mar			

Cont.Núm

Conta quantas células contêm números.

=CONT.NÚM(intervalo)

No exemplo de C3 até C8 existem apenas 4 números.
O Excel entende data como número.

Cont.Valores

Conta o número de células que não estão vazias em um intervalo.

=CONT.VALORES(intervalo)

=CONT.VALORES(C3:C8)

C	D	E	F
5			
5,3333			
casa			
dia		5	
20/mar			

Concatenar

A função **CONCATENAR** agrupa cadeias de texto. Os itens agrupados podem ser texto, números, referências de células ou uma combinação desses itens. Por exemplo, se sua planilha contiver o nome de uma pessoa na célula A1 e o sobrenome da pessoa na célula B1, você poderá combinar os dois valores em outra célula usando a seguinte fórmula:

=CONCATENAR(A1;" ";B1)

O segundo argumento neste exemplo (" ") é um caractere de espaço. É preciso especificar quaisquer espaços ou pontuação que você deseja que sejam exibidos nos resultados como um argumento entre aspas.

Você também pode usar o caractere **&** para concatenar:

=CONCATENAR(A2&B2&" -"&C2&"anos")

Ou

=A2&" "&B2&" - "&C2&" "&"anos"

Ou ainda

=CONCATENAR(A2&" ";B2;"-"&C2&"anos")

Todas as formas estão corretas.

No exemplo abaixo, o examinador pediu que na célula C4 aparecesse o nome que está em A2, mais o sobrenome que está em B2 e a idade que está em C3, com devidos espaços e a palavra anos.

Os espaços e a palavra anos estão entre aspas, pois não são conteúdo de nenhuma célula e são textos. Textos devem ficar entre aspas nas fórmulas do Excel.

C4 =A2&" "&B2&" - "&C2&" "&"anos"

	A	B	C	D	E	F
1						
2	antonio	sutir	43			
3						
4	&		antonio sutir - 43 anos			

Podemos usar a função **CONCATENAR:**

C4 =CONCATENAR(A2;" ";B2;" - "; C2;" anos")

	A	B	C	D	E	F	G
1							
2	antonio	sutir	43				
3							
4	Concatenar e ;		antonio sutir - 43 anos				
5							

Podemos usar a função **CONCATENAR** e o operador de texto &:

C4 =CONCATENAR(A2&" "&B2&" - "&C2&" anos")

	A	B	C	D	E	F	G
1							
2	antonio	sutir	43				
3							
4	& e concatenar		antonio sutir - 43 anos				

Podemos usar a função **CONCATENAR,** o operador de texto & e;.

C4 =CONCATENAR(A2&" ";B2;" - "&C2&" anos")

	A	B	C	D	E	F	G
1							
2	antonio	sutir	43				
3							
4	&, Concatenar e ;		antonio sutir - 43 anos				
5							

E

TODOS os argumentos devem ser verdadeiros.

=E(E2>=7;F2>=75)

Então temos a função E e as condições separadas por ";".

=E(E2>=7;F2>=75)

	C	D	E	F
			Nota	Freq
75			7	75
70			8	70
80			5	80
50			5	50
			VERDADEIRO	
			FALSO	
			FALSO	
			FALSO	

Ou

Apenas um dos argumentos precisa ser verdadeiro.

=OU(E2>=7;F2>=75)

Então temos a função OU e as condições separadas por ";".

=OU(E2>=7;F2>=75)

	C	D	E	F	G
			Nota	Freq	
75			7	75	
70			8	70	
30			5	80	
50			5	50	
			VERDADEIRO		
			VERDADEIRO		
			VERDADEIRO		
			FALSO		

Somase

=SOMASE(intervalo;condição)

Exemplo:

=somase(c1:c10;">5")

Nesse caso, o Excel realizará a soma apenas das células no intervalo C1 até C10 que contenham valores maiores que 5. Outros números são ignorados. Realiza a soma de todos os valores de um intervalo que satisfazem uma determinada condição.

A função SOMASE pode assumir a seguinte sintaxe:

SOMASE(intervalo, critérios, [intervalo_soma])

fx =SOMASE(C1:C10;">5")

C	D	E
3		
3		
3		
3		
3		
3		
33		
3		
8		
4		
41		

Veja o exemplo, nesta questão:

Uma planilha do Microsoft Excel apresenta os valores a seguir.

	A	B
1	23	5
2	12	8
3	32	7
4	17	9
5	11	3
6		

Assinale a alternativa que apresenta, corretamente, o resultado gerado pela fórmula **=SOMASE(A1:A5; ">15";B1:B5)**.

a) 0

b) 21

c) 32

d) 72

e) 95

Veja o resultado diretamente em uma planilha do Excel:

A7 fx =SOMASE(A1:A5; ">15";B1:B5)

	A	B	C	D	E	F	G
1	23	5					
2	12	8					
3	32	7					
4	17	9					
5	11	3					
6							
7	21						
8							

Agora vamos entender este resultado!

=SOMASE(A1:A5; ">15";B1:B5)

A função Somase, neste caso em que tenho o intervalo da soma definido, irá fazer com que o Excel selecione o intervalo indicado: A1:A5, obedeça a condição que é: >15, mas some os valores que constam nas células correspondentes: B1:B5.

Então o Excel irá somar os valores 5, 7 e 9, pois esses valores estão no intervalo B1:B5 e correspondem aos valores 23, 32 e 17 que estão no intervalo A1:A5 e que obedecem a condição: ser >5.

Somases

=SOMASES(A2:A9;B2:B9;"Bananas";C2:C9;"Diogo")

A função SOMASES, uma das funções de matemática e trigonometria, adiciona todos os seus argumentos que atendem a vários critérios.

	A	B	C
1	Qtdade	Produto	Vendedor
2	5	Maçãs	Diogo
3	4	Maçãs	Sara
4	15	Alcachofras	Diogo
5	3	Alcachofras	Sara
6	22	Bananas	Diogo
7	12	Bananas	Sara
8	10	Cenouras	Diogo
9	33	Cenouras	Sara

Médiase

=MÉDIASE(B2:B5;"<23000")

Retorna a média (média aritmética) de todas as células em um intervalo que satisfazem um determinado critério.

Se

Retorna valores diferentes dependendo do resultado de uma expressão.

É usada para testar condições, ou seja, se a condição especificada equivaler à verdadeira e a outra se equivaler a falsa.

=SE(teste_lógico;valor_se_verdadeiro;valor_se_falso)

Você deve pensar na função "SE" como uma pergunta que só pode ter duas respostas. A primeira resposta será sempre SIM e a segunda sempre NÃO. Essa maneira de pensar resolve qualquer questão que envolva essa função.

> Então o "SE" funciona como todos os "SEs" da nossa vida: SE chover não vou à praia, SE eu tiver dinheiro vou à festa, SE eu tiver média final igual ou maior que 7,0 sou aprovado no colégio. Sim, SE você estudar com certeza vai passar no concurso! É lógica pura!

No exemplo abaixo temos um boletim escolar, em que o aluno que tiver nota igual ou maior a 7,0 será aprovado, senão será reprovado.

G7 | =SE(F7>=7;"Aprovado";"Reprovado")

	F	G	H	I	J	K	L
1	le médi						
2							
3							
4							
5							
6	Média	Situação					
7	8,0	Aprovado					
8	7,0	Aprovado					
9	3,8	Reprovado					
10	8,5	Aprovado					
11	7,5	Aprovado					
12	7,8	Aprovado					
13	8,8	Aprovado					

Vamos entender:

=SE -> aqui tenho a função

A função SE é uma pergunta com duas possíveis respostas: SIM ou NÃO:

F7>=7 -> Aqui tenho a pergunta: F7 é igual ou maior a 7?

> Então vou até a célula F7 e olho seu conteúdo. Percebo que ela contém a média 8,0. Logo, 8,0 é maior que 7; então eu respondo a pergunta que fiz acima com SIM.
> Quando respondo SIM à pergunta (condição), o Excel mostra a resposta especificada na função que está logo após o ";", neste caso a palavra "Aprovado".
> Quando respondo NÃO à pergunta, o Excel mostra a segunda resposta especificada na função, após o ";", neste caso a palavra "Reprovado".

Observe sempre que estou me referindo aos ";" da função do SE, pois podemos ter funções aninhadas, uma função média dentro da função SE e a função média pode ter ";" também.

> Então, quer dizer que sobre a célula F9 que contém o valor 3,8 (coitado desse aluno), o Excel mostrará a segunda resposta? Exatamente! Ele foi Reprovado.

Aninhar uma função dentro de outra função

As funções aninhadas usam uma função como um dos argumentos de outra função.

A fórmula a seguir soma um conjunto de números (G2:G5) somente se a média de outro conjunto de números (F2:F5) for maior que 50. Caso contrário, ela retorna 0. Analise também a planilha.

G9

	F	G
1	5	5
2	2	2
3	2	2
4	2	2
5	2	2
6		

=SE(MÉDIA(F2:F5)>50;SOMA(G2:G5);0)

As funções MÉDIA e SOMA são aninhadas na função SE.

Como resolver essa função?

Por partes!!!!!

Primeiro devemos lembrar que a função Se é uma pergunta que pode ter apenas dois tipos de resposta: Ou SIM, ou NÃO. E que a pergunta está antes do primeiro ";". Caso a resposta seja SIM o EXCEL retornará o que estiver entre os dois ";". Caso a resposta seja NÃO o EXCEL retornará o que estiver após o segundo ";".

Vamos em busca da pergunta:

=SE(MÉDIA(F2:F5)>50;SOMA(G2:G5);0)

A pergunta é: MÉDIA(F2:F5)>50

Na planilha fornecida devemos observar os valores e calcular a Média:

Média(F2:F5) => (2+2+2+2)/4 = 2

A média é 2.

A pergunta é: 2>50?

A resposta é NÃO.

Então o EXCEL retornará o que está após o segundo ";" que é 0 (zero).

Se aninhado

A função SE nos permite definir apenas 2 valores de retorno, porém muitas vezes precisamos de 3, 4 ou mais valores de retorno. Nestes casos utilizamos a função SE Aninhado.

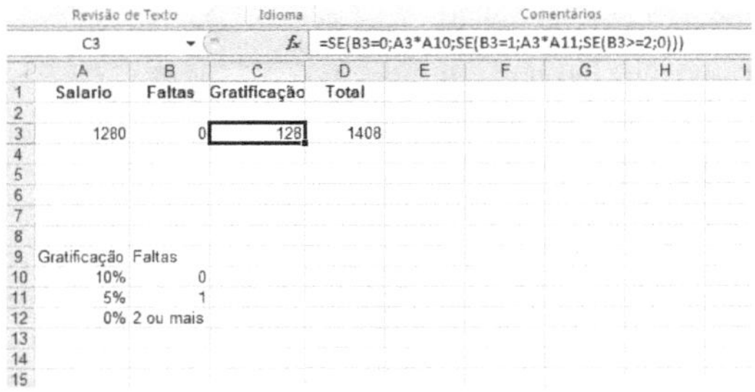

Nesse exemplo temos uma empresa e sua folha de pagamentos. A empresa oferece gratificação aos funcionários que não faltam ou faltam apenas uma vez.

Dessa forma a pergunta que faço para começar a desenvolver a função é: Se o funcionário não faltar quanto ele recebe de gratificação? Basta olhar na célula A10 onde tenho o valor da gratificação que é de 10% sobre o salário. Então veja:

> Se o funcionário não faltar recebe salário acrescido de 10% de gratificação.

> Se o funcionário faltar apenas 1 vez ele recebe salário acrescido de 5% de gratificação.

> Se o funcionário faltar 2 ou mais vezes, recebe apenas o salário.

Agora é colocar essas regras na função. Perceber que o número de faltas está na célula B3, o salário na A3 e as regras para Gratificação nas células A9:B12. Certo?

Feito isso, vamos à função:

=SE(B3=0;A3*A10;SE(B3=1;A3*A11;SE(B3>=2;0)))

Ou seja: SE(B3 {número de faltas} =0;A3 {Salário}) *A10 {Valor da Gratificação}) ;SE {Senão, caso não atenda a condição anterior} (B3 {número de faltas} =1;A3 {Salário}) *A11{Valor da Gratificação});SE(B3 {número de faltas}) >=2;0 {Não recebe nada de gratificação})))

Obs.: O texto em vermelho entre chaves refere-se a comentários sobre dados da função. Não fazem parte da função.

Ainda podemos escrever a função dessa forma:

=SE(B3=0;A3*A10;SE(B3=1;A3*A11;0))

Nesse caso, não desenvolvemos o último SE. Colocamos um ";" que se comporta como um SENÃO. Ou seja, se não forem satisfeitas as condições dos SEs anteriores o Excel fará o que houver após este último ";".

Ses

A função SES verifica se uma ou mais condições são satisfeitas e retorna um valor que corresponde à primeira condição VERDADEIRO. A função SES pode ser usada como substituta de várias instruções SE aninhadas, além de ser muito mais fácil de ser lida quando condições múltiplas são usadas.

=SES(F2=1;D2;F2=2;D3;F2=3;D4;F2=4;D5;F2=5;D6;F2=6;D7;F2=7;D8)

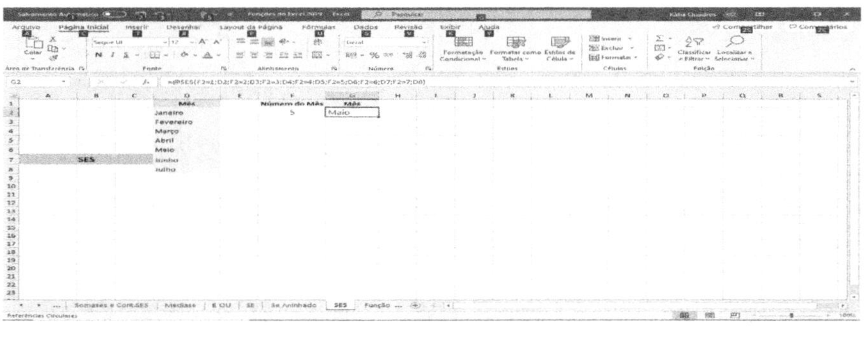

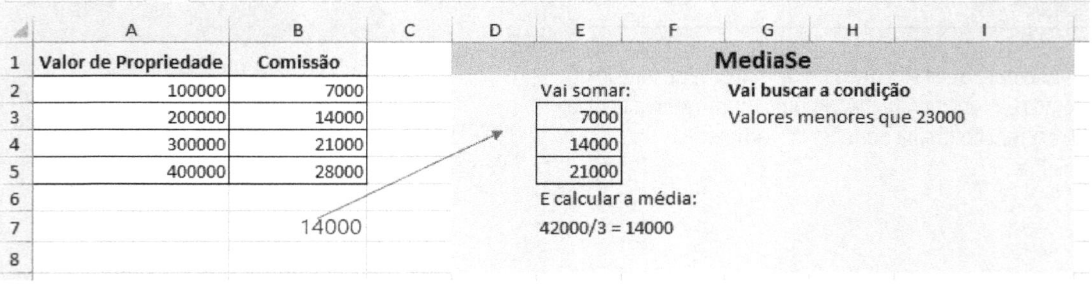

Procv

Use a função PROCV, uma das funções de pesquisa e referência, quando precisar localizar algo em linhas de uma tabela ou de um intervalo. Por exemplo, para pesquisar o preço de uma peça automotiva pelo número da peça.

=PROCV(Valor que você deseja pesquisar, intervalo no qual você deseja pesquisar o valor, o número da coluna no intervalo contendo o valor de retorno, Correspondência Exata ou Correspondência Aproximada – indicado como 0/FALSO ou 1/VERDADEIRO).

D14 =PROCV(D13;B2:E11;3;FALSO)

	A	B	C	D	E
				1 2 3 4	
1	ID do fornecedor	Número da peça	Nome da peça	Preço da peça	Status
2	SP301	A001	Bomba d'água	R$ 68,39	Em estoque
3	SP302	A002	Alternador	R$ 380,73	Em estoque
4	SP303	A003	Filtro de ar	R$ 15,40	Em estoque
5	SP304	A004	Rolamento de roc	R$ 35,16	Em estoque
6	SP305	A005	Silenciador	R$ 160,23	Em estoque
7	SP306	A006	Bandeja de óleo	R$ 101,89	Indisponível
8	SP307	A007	Pastilhas de freio	R$ 65,99	Em estoque
9	SP308	A008	Discos de freio	R$ 85,73	Indisponível
10	SP309	A009	Farol	R$ 35,19	Em estoque
11	SP310	A010	Cabo de freio	R$ 15,49	Em estoque
12					
13		Número da peça		A008	
14		Preço da peça		R$ 85,73	5

> D13 é o valor_procurado ou o valor que você deseja pesquisar.

> B2 a E11 (realçados em amarelo na tabela) é a matriz_tabela ou o intervalo onde o valor de pesquisa está localizado.

> 3 é o núm_índice_coluna ou o número de coluna na matriz_tabela que contém o valor de retorno. Neste exemplo, a terceira coluna da matriz de tabela é Preço da Peça, portanto, o resultado da fórmula será um valor da coluna Preço da Peça.

> FALSO é o intervalo_pesquisa, portanto, o valor de retorno será uma correspondência exata.

> O resultado da fórmula PROCV é 85,73, o preço dos Rotores de freio.

Há quatro informações que serão necessárias para criar a sintaxe da função PROCV:

> O valor que você deseja pesquisar, também chamado de valor de pesquisa.

> O intervalo onde o valor de pesquisa está localizado. Lembre-se de que o valor de pesquisa deve estar sempre na primeira coluna no intervalo para que a função PROCV funcione corretamente. Por exemplo, se o valor de pesquisa estiver na célula C2, o intervalo deve começar com C.

> O número da coluna no intervalo que contém o valor de retorno. Por exemplo, se você especificar B2:D11 como o intervalo, deverá contar B como a primeira coluna, C como a segunda e assim por diante.

> Se preferir, você pode especificar VERDADEIRO se quiser uma correspondência aproximada ou FALSO se quiser que uma correspondência exata do valor de retorno. Se você não especificar nada, o valor padrão será sempre VERDADEIRO ou correspondência aproximada.

Vf

=VF(taxa,nper,pgto,[vp],[tipo])

Retorna o valor futuro de um investimento de acordo com os pagamentos periódicos e constantes e com uma taxa de juros constante.

Exemplo: =VF(2%;10;38,96)

A sintaxe da função VF tem os seguintes argumentos:

Taxa: Obrigatório. A taxa de juros por período.

Nper: Obrigatório. O número total de períodos de pagamento em uma anuidade.

Pgto: Obrigatório. O pagamento feito a cada período; não pode mudar durante a vigência da anuidade. Geralmente, pgto contém o capital e os juros e nenhuma outra tarifa ou taxas. Se pgto for omitido, você deverá incluir o argumento vp.

Vp: Opcional. O valor presente ou a soma total correspondente ao valor presente de uma série de pagamentos futuros. Se vp for omitido, será considerado 0 (zero) e a inclusão do argumento pgto será obrigatória.

Tipo: Opcional. O número 0 ou 1 e indica as datas de vencimento dos pagamentos. Se tipo for omitido, será considerado 0.

Exemplo:

> Comprar uma bicicleta em 10 prestações com juros de 2% ao mês.

> A parcela inicial era de 38, 96. Quanto será o total a prazo?

> O preço à vista é 350.

B7 =VF(2%;10;-38,96)

	A	B	C
1	Taxa de Juros	Taxa	2%
2	Número de Parcelas	Nper	10
3	Valor Parcela Inicial	Pgto	38,96
4	Pagamento de cada Período		
5	que é a parcela inicial		
6			
7		R$ 426,60	
8			

Vp

=VP(taxa, nper, pgto, [vf], [tipo])

Retorna o valor presente de um investimento. O valor presente é o valor total correspondente ao valor atual de uma série de pagamentos futuros. Por exemplo, quando você toma uma quantia de dinheiro emprestada, a quantia do empréstimo é o valor presente para o concessor do empréstimo.

Exemplo: =VP(2%;10;38,96)

A sintaxe da função VP tem os seguintes argumentos:

Taxa: Necessário. A taxa de juros por período. Por exemplo, se você tiver um empréstimo para um automóvel com taxa de juros de 10% ano e fizer pagamentos mensais, sua taxa de juros mensal será de 10%/12 ou 0,83%. Você deverá inserir 10%/12 ou 0,83%, ou 0,0083, na fórmula como taxa.

Nper: Necessário. O número total de períodos de pagamento em uma anuidade. Por exemplo, se você fizer um empréstimo de carro de quatro anos e fizer pagamentos mensais, seu empréstimo terá 4*12 (ou 48) períodos. Você deverá inserir 48 na fórmula para nper.

Pgto: Necessário. O pagamento feito em cada período. Geralmente, pgto inclui o principal e os juros e nenhuma outra taxa ou tributo. Por exemplo, os pagamentos mensais de R$ 10.000 de um empréstimo de quatro anos para um carro serão de R$ 263,33. Você deverá inserir -263,33 na fórmula como pgto. Se pgto for omitido, você deverá incluir o argumento vf.

Vf: Opcional. O valor futuro, ou o saldo, que você deseja obter depois do último pagamento. Se vf for omitido, será considerado 0 (o valor futuro de um empréstimo, por exemplo, é 0). Por exemplo, se você deseja economizar R$ 50.000 para pagar um projeto em 18 anos, então o valor futuro será de R$ 50.000. Você poderia então fazer uma estimativa na taxa de juros e concluir quanto economizaria por mês. Se vf for omitido, você deverá incluir o argumento pgto.

Tipo: Opcional. O número 0 ou 1 e indica as datas de vencimento.

Exemplo:

> Comprar uma bicicleta em 10 prestações com juros de 2% ao mês.
> A parcela inicial era de 38, 96.
> Qual o preço à vista?

B6 | =VP(2%;10;-38,96)

	A	B	C
1	Taxa de Juros	Taxa	2%
2	Número de Parcelas	Nper	10
3	Valor Parcela Inicial	Pgto	38,96
4	Pagamento de cada Período		
5	que é a parcela inicial		
6		R$ 349,96	
7			

Nper

=NPER(taxa;pgto;vp;vf;tipo)

Retorna o número de períodos para investimento de acordo com pagamentos constantes e periódicos e uma taxa de juros constante.

Exemplo: =NPER(2%;10;350)

A sintaxe da função NPER tem os seguintes argumentos:

Taxa: é a taxa de juros por período.

Pgto: é o pagamento feito em cada período; não pode mudar durante a vigência da anuidade. Geralmente, pgto contém o capital e os juros, mas nenhuma outra tarifa ou taxas.

Vp: é o valor presente ou atual de uma série de pagamentos futuros.

Vf: é o valor futuro, ou o saldo, que você deseja obter depois do último pagamento. Se vf for omitido, será considerado 0 (o valor futuro de um empréstimo, por exemplo, é 0).

Tipo: é o número 0 ou 1 e indica as datas de vencimento.

Exemplo:

> Comprar uma bicicleta com juros de 2% ao mês.
> O valor à vista é 350.
> Parcela Inicial = 38,96.
> Qual o n. de prestações?

=NPER(2%;38,96;350)

B	C
-R$ 8,34	

Nesse caso, o resultado virá negativo. Devo usar a função ABS para resolver o problema:

=ABS(NPER(2%;10;350))

C	D	E
	26,795851	

Taxa

=TAXA(nper, pgto, vp, [vf], [tipo], [estimativa])

Retorna a taxa de juros por período de uma anuidade.

Exemplo: =TAXA(10;-38,96;426,65)

A sintaxe da função TAXA tem os seguintes argumentos:

Nper: Obrigatório. O número total de períodos de pagamento em uma anuidade.

Pgto: Obrigatório. O pagamento feito em cada período e não pode mudar durante a vigência da anuidade. Geralmente, pgto inclui o principal e os juros e nenhuma outra taxa ou tributo. Se pgto for omitido, você deverá incluir o argumento vf.

Vp: Obrigatório. O valor presente — o valor total correspondente ao valor atual de uma série de pagamentos futuros.

Vf: Opcional. O valor futuro, ou o saldo, que você deseja obter depois do último pagamento. Se vf for omitido, será considerado 0 (o valor futuro de um empréstimo, por exemplo, é 0).

Tipo: Opcional. O número 0 ou 1 e indica as datas de vencimento.

Exemplo:

> Fazer um empréstimo em 4 prestações
> A parcela inicial era de 89,00.
> Valor à vista 255,00.

B6 | =TAXA(B5;-B4;B3)

	A	B
1		
2	Emprestimo	Valor da taxa mensal
3	Valor do emprestimo	R$ 255,00
4	Valor das parcelas	R$ 89,00
5	Periodo	4
6	Taxa mensal	14,82%

Pgto

=PGTO(taxa, nper, vp, [fv], [tipo])

Retorna o pagamento periódico de uma anuidade de acordo com pagamentos constantes e com uma taxa de juros constante.

Exemplo: =PGTO(2%;36;350)

A sintaxe da função PGTO tem os seguintes argumentos:

Taxa: Obrigatório. A taxa de juros para o empréstimo.

Nper: Obrigatório. O número total de pagamentos pelo empréstimo.

Vp: Obrigatório. O valor presente, ou a quantia total agora equivalente a uma série de pagamentos futuros; também conhecido como principal.

Vf: Opcional. O valor futuro, ou o saldo, que você deseja obter após o último pagamento. Se vf for omitido, será considerado 0 (zero), ou seja, o valor futuro de um empréstimo é 0.

Tipo: Opcional. O número 0 (zero) ou 1 e indica o vencimento dos pagamentos.

Exemplo:

> Comprar uma bicicleta que custa 350,00.
> Parcelar em 36 X, juros 2%
> Qual o valor da parcela?

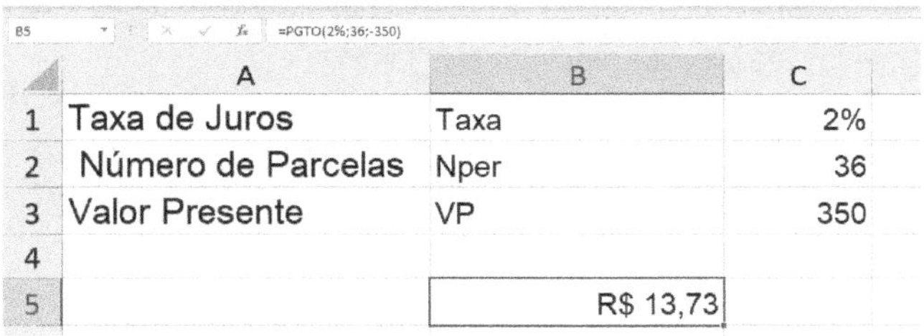

Abs

=ABS(núm)

Retorna o valor absoluto de um número.

Exemplo: =ABS(-4)

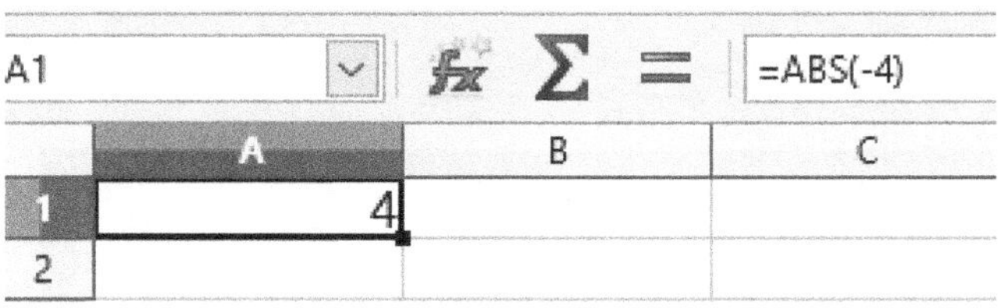

Agora

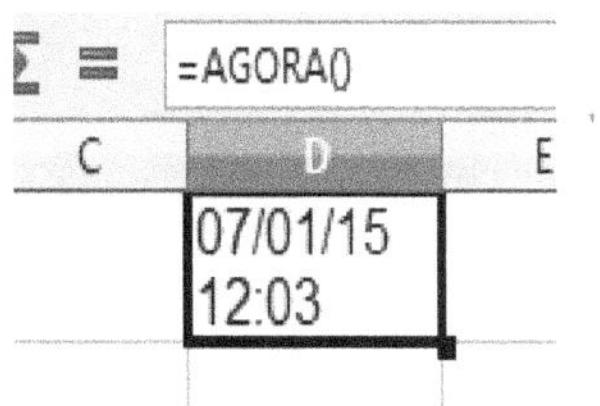

Retorna a data e hora.

=AGORA()

Hoje

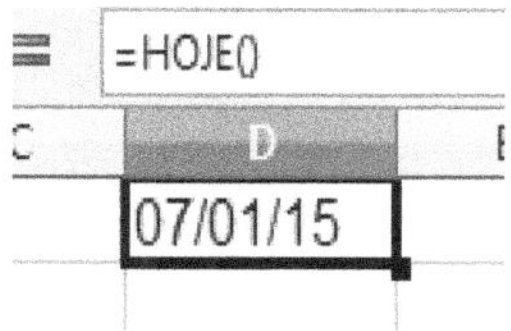

Retorna a data atual.

=HOJE()

Para não esquecer, fale bem alto e perceba a rima: Hoje retorna data; Agora é data e hora!

Dia da semana

Fornece o dia da semana a que uma data corresponde. O EXCEL nos dará como resultado um número que equivale a um dia da semana. Por padrão o n.1 corresponde ao domingo.

=DIA.DA.SEMANA(data ou célula que contém a data)

=DIA.DA.SEMANA("10/11/1975")

=DIA.DA.SEMANA(B6)

Dias360

Com esta função teremos o número de dias que há entre uma data inicial e uma data final.

=DIAS360(datainicial;datafinal)

=DIAS360("10/11/1975";"10/12/1975")

=DIAS360(A1;A2)

Mult

A função MULT multiplica todos os números especificados como argumentos e retorna o produto. Por exemplo, se as células A1 e A2 contiverem números, você poderá usar a fórmula =MULT(A1;A2) para multiplicar esses dois números juntos. A mesma operação também pode ser realizada usando o operador matemático de multiplicação (*); por exemplo, =A1 * A2.

A função MULT é útil quando você precisa multiplicar várias células ao mesmo tempo. Por exemplo, a fórmula =MULT(A1:A3;C1:C3) equivale a =A1 * A2 * A3 * C1 * C2 * C3.

Mod

Retorna o resto de uma divisão.

Sintaxe: (Valor a ser dividido; divisor)

Exemplo:

=MOD(10;3)

O resultado retornado pelo Excel será 1.

Escolher

Use núm_índice para retornar um valor da lista de argumentos de valor. Use ESCOLHER para selecionar um valor entre 254 valores que se baseie no número de índice.

=ESCOLHER(3;A1;A2;A3;A4;A5;A6;A7)

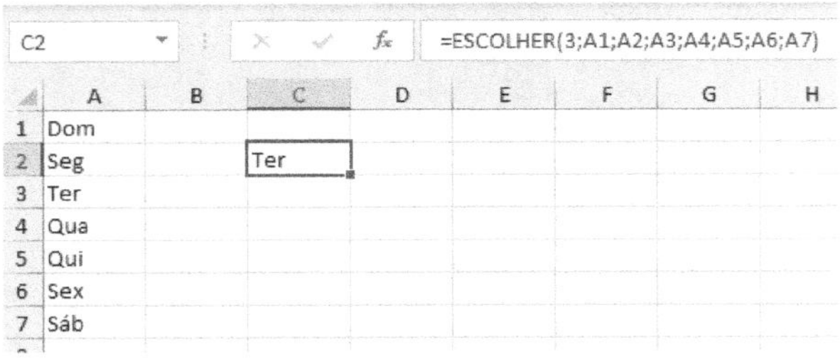

Corresp

A função CORRESP procura um item especificado em um intervalo de células e retorna a posição relativa desse item no intervalo. Por exemplo, se o intervalo A1:A3 contiver os valores 5, 25 e 38, a fórmula =CORRESP(25,A1:A3,0) retornará o número 2, porque 25 é o segundo item no intervalo.

=CORRESP(25;A1:A3)

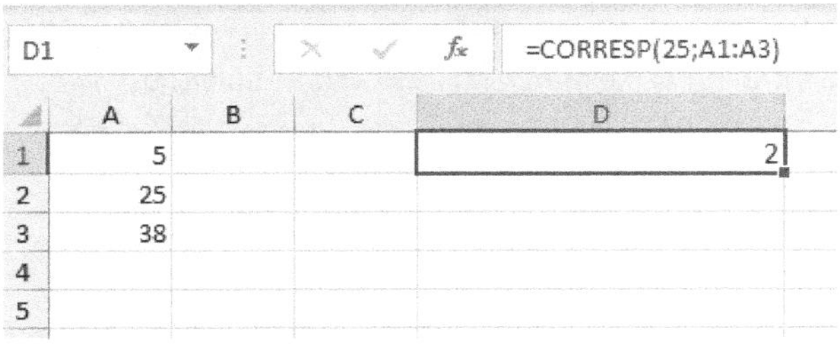

Truncar e int

TRUNCAR e INT são semelhantes pois ambos retornam inteiros.

TRUNCAR remove a parte fracionária do número.

INT arredonda números para baixo até o inteiro mais próximo com base no valor da parte fracionária do número.

INT e TRUNCAR são diferentes apenas ao usar números negativos: TRUNCAR(-4.3) retorna -4, mas INT(-4.3) retorna -5 pois -5 é o número mais baixo.

Arred

A função ARRED arredonda um número para um número especificado de dígitos. Por exemplo, se a célula A1 contiver 23,7825 e você quiser arredondar esse valor para duas casas decimais, poderá usar a seguinte fórmula:

=ARRED(A1;2)

O resultado dessa função é 23,78

Pri.Maiuscula

Coloca em maiúscula a primeira letra e todas as outras letras que seguem um caractere que não seja uma letra em uma cadeia de texto. Converte todas as outras letras da cadeia de texto em letras minúsculas.

PRI.MAIÚSCULA(texto)

Maiúscula

Converte o texto em maiúsculas.

MAIÚSCULA(texto)

9.26 Recursos Automatizados do Excel

Autopreenchimento

Este recurso é utilizado para digitar sequências de texto ou números.

O Excel analisa as células e preenche com dados desejados.

Perceba na imagem abaixo que temos uma célula qualquer selecionada e que no seu canto direito inferior existe um pequeno quadradinho. É nele que vamos clicar e manter pressionado o mouse para utilizar este recurso. Esta é a alça de preenchimento.

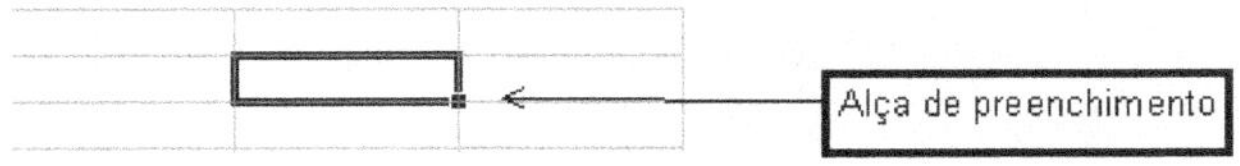

Como exemplo, digite na célula A1 a palavra **Janeiro**. Posicione a seta do mouse sobre a Alça de Preenchimento. Ela irá se transformar em uma cruz. Clique com o botão esquerdo do mouse e arraste a cruz até a célula E1. Ao chegar na coluna E, libere o botão do mouse. O AutoPreenchimento reconhece letras maiúsculas e minúsculas, datas, dias de semana, sequências como Mês 1 etc.

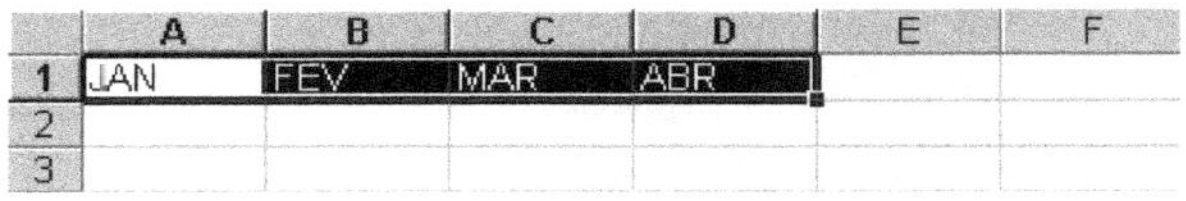

Selecione a primeira célula e arraste pela alça de preenchimento para obter os seguintes resultados:

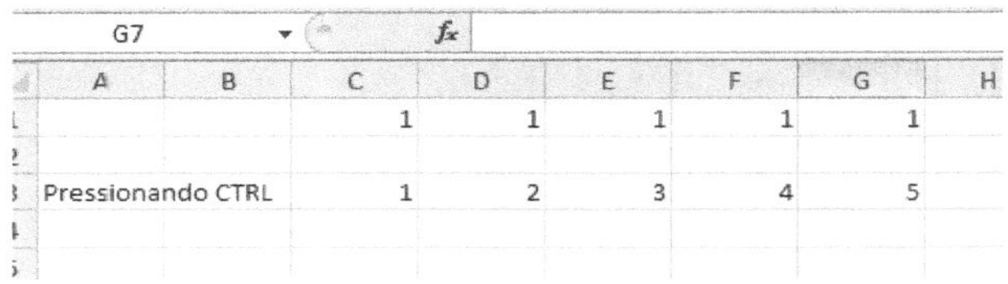

Selecionando duas células para formar um intervalo lógico:

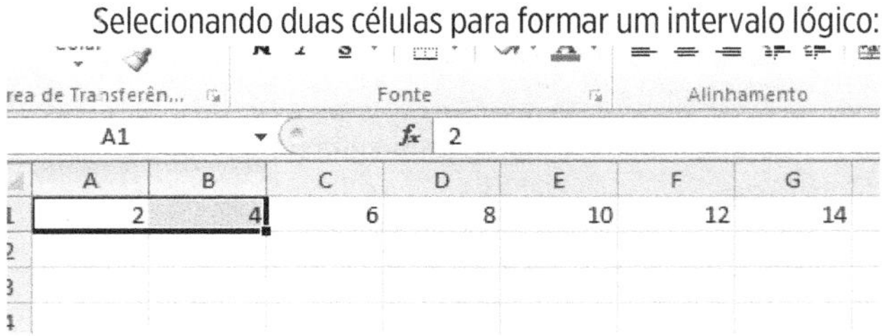

Data e hora:

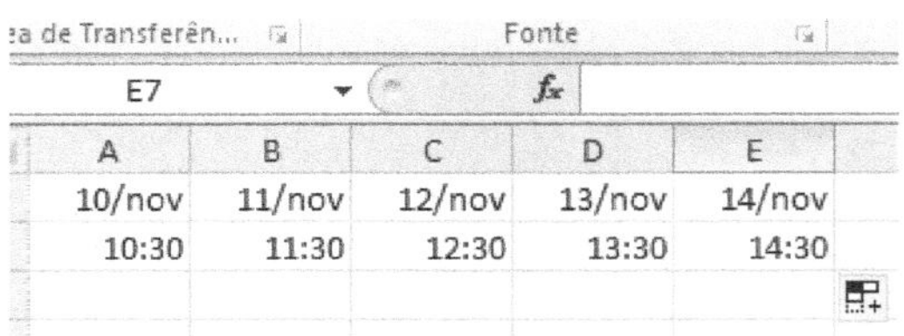

Arrastando a alça de preenchimento para a esquerda obtemos números negativos:

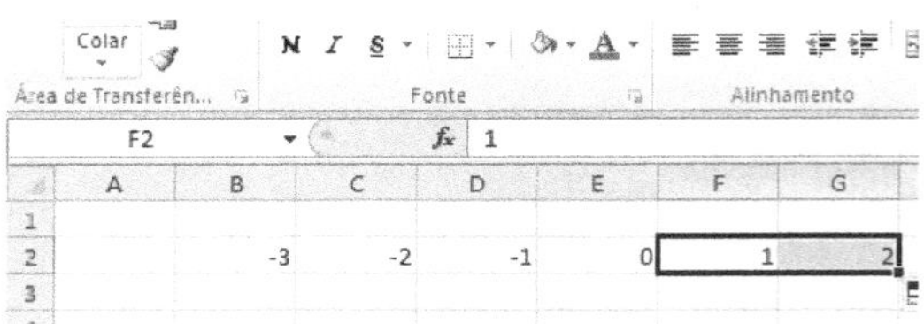

Mas isso não acontece se além de número tivermos uma palavra na mesma célula:

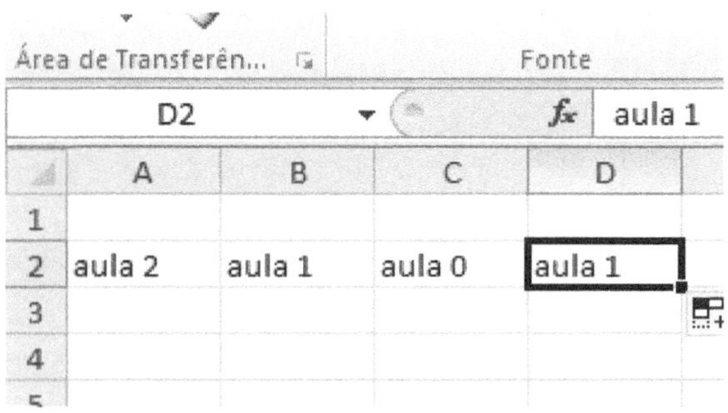

9.27 Endereço Absoluto e Endereço Relativo

Um recurso presente em qualquer planilha é o endereçamento ou referenciamento relativo. Dá-se o nome de referenciamento relativo ao fato de que quando se atribui, por exemplo, "=A2+1", na célula "a5" e se copia a fórmula para a célula "A6", esta irá referenciar o valor "=A3+1" (observe o incremento na fórmula). O mesmo pode ser feito através da Alça de Preenchimento, que copia a fórmula, mas a incrementa conforme você arrasta no sentido Linha ou Coluna.

Nem sempre este é o comportamento desejável. Veja o exemplo:

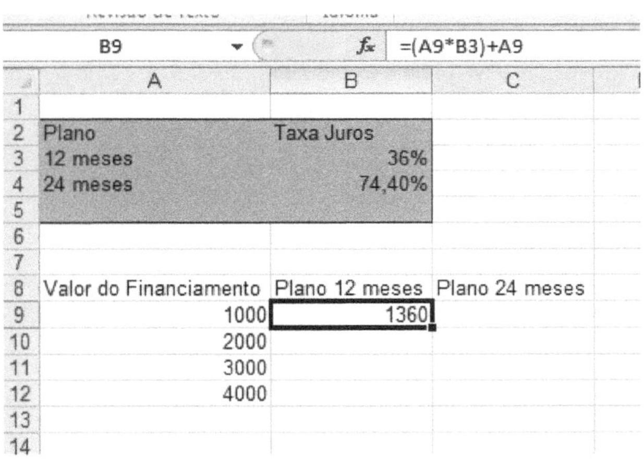

Na imagem acima temos uma planilha do Excel com dados de uma empresa que empresta dinheiro, ou seja, trabalha com financiamento.

Se a pessoa emprestar qualquer valor dentre os oferecidos poderá pagar em 12 parcelas sob o juro de 36% ou em 24 parcelas sob o juro de 74,40%.

Então, trabalhamos nessa empresa, criamos a planilha com os dados especificados e que um cliente empresta R$ 1000,00, então calculamos os juros conforme as especificações: =(A9*B3)+A9. Até aqui tudo certo!

Digamos que um segundo cliente empreste R$ 2000,00 e para sermos mais rápidos e eficientes, apenas copiamos a fórmula da célula B9 para a B10, ou a arrastamos pela alça de preenchimento. Nesse caso, teremos um erro! Pois ao fazermos isso a função será incrementada e ficará assim: =(A10*B4)+A10, cobrando juros de 74,40% em vez de 36%.

Para lidar com esta situação precisamos fixar, ancorar a fórmula inserindo um $ em frente a especificação de Linha e/ou Coluna que desejamos fixar, que não queremos que seja alterada: =(A9*$B$3)+A9.

Dessa forma, quando copiarmos a função para outras células, a célula B3 não irá incrementar.

Em um endereço, quando se fixa a coluna e a linha simultaneamente, estamos perante um endereço absoluto.

Exemplo: se a célula A3 tiver a fórmula =$A$1*A2, ao copiar a fórmula para as células B3 e C3 terão respectivamente as fórmulas:

=$A$1*B2 e =$A$1*C2.

Fique Atento! Endereço absoluto cai muito em prova!!!!
IMPORTANTE!
Perceba que no início da explicação do conceito citei sobre funções copiadas, ou arrastadas pela alça de preenchimento. Em nenhum momento referi a funções movidas ou recortadas. Há diferença!
Quando uma função é recortada (movida) esta não é alterada.

9.28 Erros do Excel

	Significado
#DIV/0!	A função ou fórmula está efetuando uma divisão por zero.
#N/DN	Não existe valor disponível.
#NOME?	O Excel não reconhece um dos itens da fórmula. Pode ser: Função digitada incorretamente. Inclusão do texto sem aspas. Omissão de pontos que especifiquem intervalos de valores e outros.
#NULO	Interseção de valores que não se referenciam.
#NUM!	Algum número da fórmula está incorreto.
#REF!	Referência inválida na fórmula.
#VALOR!	Argumento inserido de forma errada na fórmula ou função.

9.29 Referência Circular

Quando uma fórmula volta a fazer referência à sua própria célula, tanto direta como indiretamente, este processo chama-se referência circular. Ou seja: Você não pode digitar a função =soma(A1:A3) na célula A1, pois ela faz parte da função.

10. MICROSOFT POWERPOINT 365

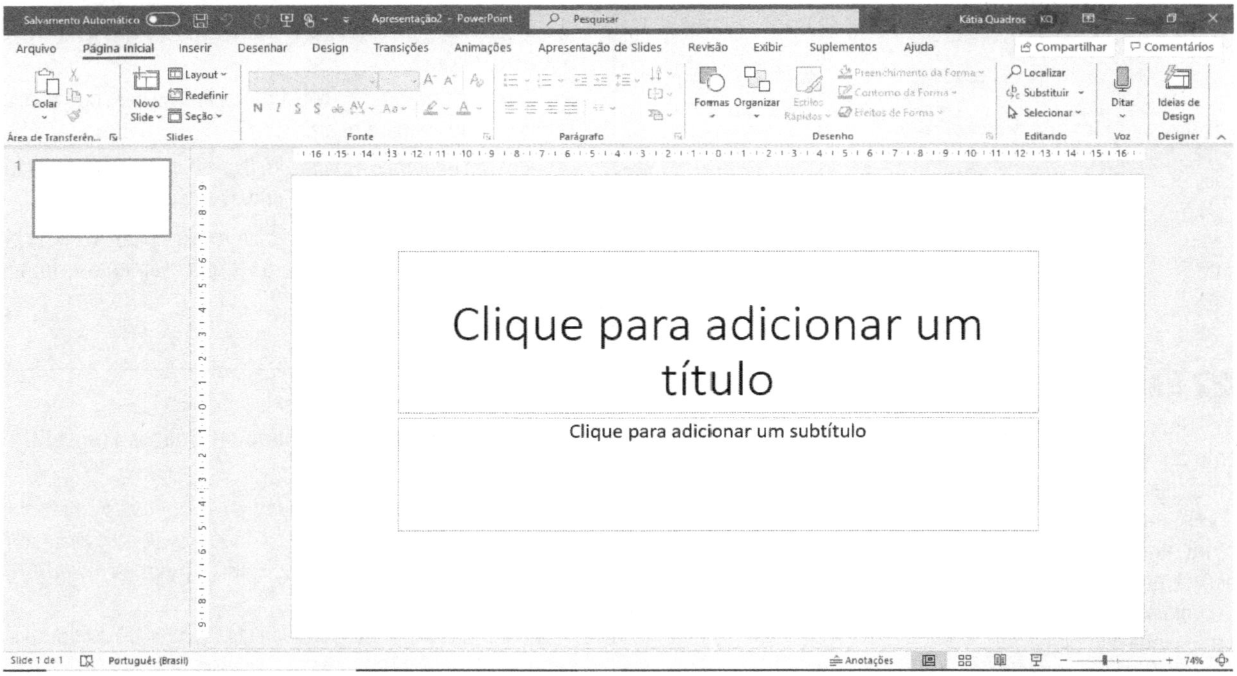

O PowerPoint 365, na versão 2019, é um aplicativo visual e gráfico, usado principalmente para criar apresentações. Com ele, você pode criar, visualizar e mostrar apresentações de slides que combinam texto, formas, imagens, gráficos, animações, tabelas, vídeos e muito mais.

A parte principal do PowerPoint 2019é a janela localizada à direita do aplicativo onde é exibido o primeiro slide como padrão, perceba que este slide apresenta uma estrutura para inserção de conteúdo por meio de textos, imagens e etc.

Principais extensões de arquivos:

- .pptx – extensão padrão.
- .ppsx – extensão de apresentação de slides.
- .potx – extensão modelo de arquivo.
- .odp – salva, abre, edita arquivos do LibreOffice Impress.

10.1 Guia Arquivo

A Guia ou Menu Arquivo contém funcionalidades como Salvar, Salvar Como, Abrir, Fechar e que se comportam da mesma maneira conforme estudamos no Editor de Textos Microsoft Word 2019. Vamos estudar o que muda nessa Guia.

Imprimir

Na opção Imprimir vamos trabalhar com Slides ao invés de páginas, como estudamos no Word. Essa é a diferença, veja:

Aqui vamos escolher entre Imprimir Todos os Slides, Imprimir Seleção, Imprimir Slide Atual ou Imprimir um Intervalo Personalizado de Slides.

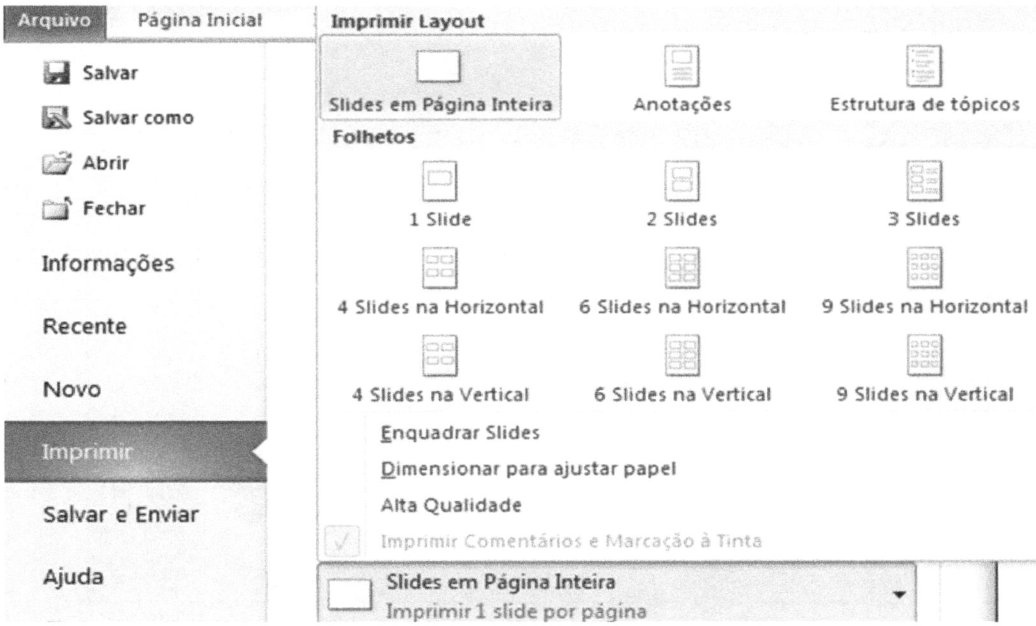

Em Folhetos você poderá escolher o número de Slides em cada página.

Preste atenção que a opção para 3 Slides em uma página, traz a peculiaridade de imprimir linhas ao lado de cada slide. Sim, isso já foi cobrado em prova!

10.2 Guia Página Inicial

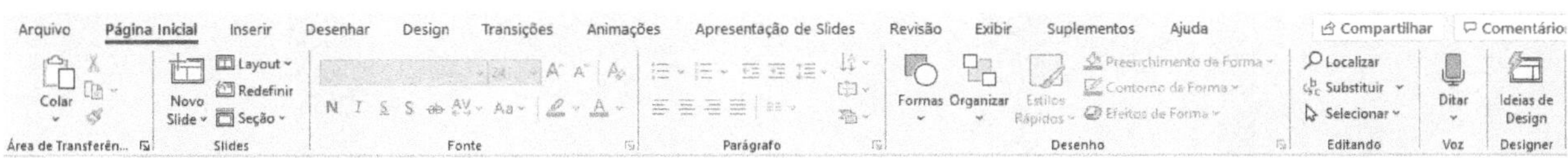

Nesta Guia temos os seguintes grupos de ferramentas: Área de Transferência, Slides, Fonte, Parágrafo, Desenho e Edição.

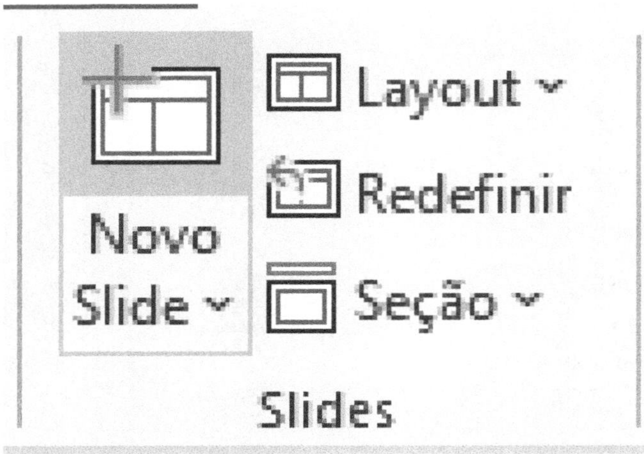

O Grupo **Slides** permite gerenciar o layout das apresentações e a inserção de novos slides personalizados. Com o botão Novo Slide, podemos inserir Novo Slide ou duplicar um slide existente.

10.3 Guia Inserir

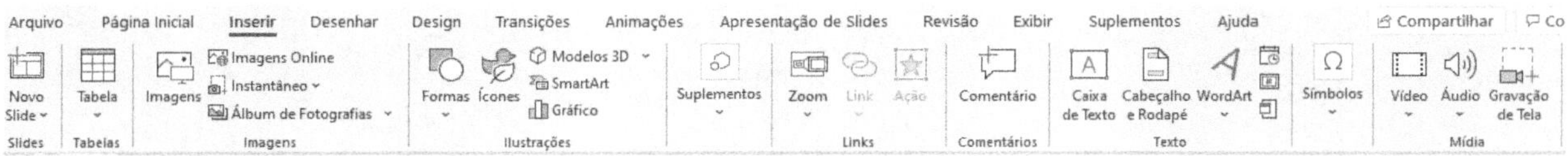

Nesta guia temos os seguintes grupos de ferramentas: Novo Slide,Tabelas, Imagens, Ilustrações, Aplicativos, Links, Comentários, Texto, Símbolos e Mídia.

No Grupo Imagens temos Álbum de Fotografias:

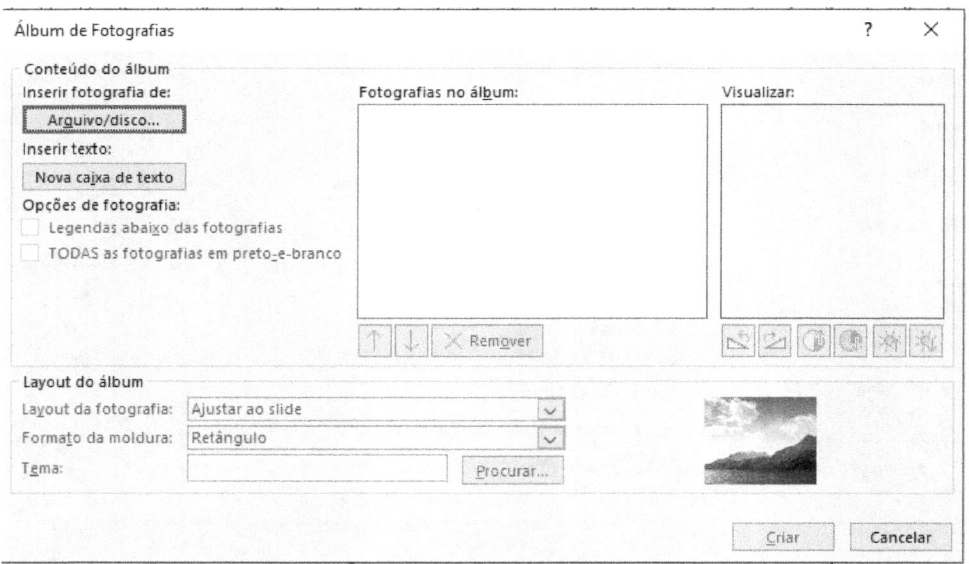

O Microsoft PowerPoint cria uma nova apresentação quando você usa o recurso Álbum de fotografias. Qualquer apresentação que esteja aberta no momento no PowerPoint não será afetada por essa tarefa.

No menu Inserir, aponte para Imagem e clique em Novo álbum de fotografias.

Na caixa de diálogo Álbum de fotografias, adicione as fotos que devem aparecer no seu álbum de fotografias.

No Grupo Ilustrações / Formas onde temos uma funcionalidade importante: **Botões de Ação. Veja:**

Um botão de ação consiste em um botão já existente que você pode inserir na sua apresentação e para o qual pode definir hiperlinks. Os botões de ação contêm formas, como setas para direita e para esquerda e símbolos de fácil compreensão referentes às ações de ir para o próximo, anterior, primeiro e último slide, além de executarem filmes ou sons.

Preste atenção ao Botão SmartArt que permite inserir organogramas, fluxogramas e outros tipos de gráficos, conforme estudamos no Word 2019.

No grupo de ferramentas **Texto** temos Caixa de Texto, Cabeçalho e Rodapé, WordArt, Data e Hora, Número do Slide e Objetos.

ou

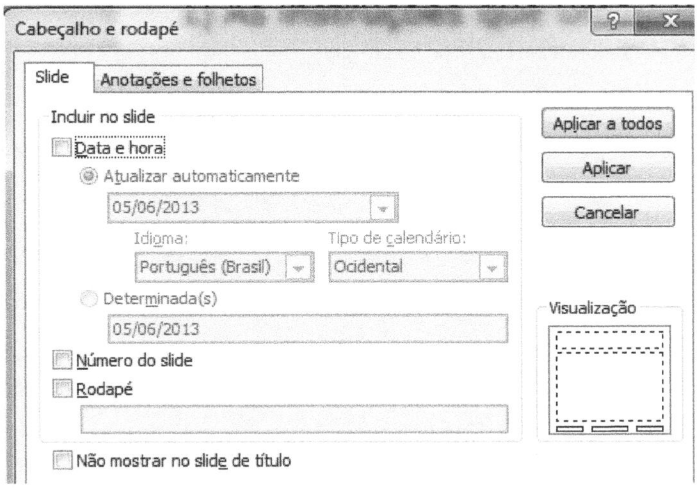

Abrem a caixa de diálogo ao lado:

O grupo de ferramentas **Símbolos** permite inserir equações matemáticas, símbolos e caracteres especiais.

O grupo de ferramentas **Mídia** possibilita inserir vídeos e áudios.

Perceba que a maioria das funcionalidades das Guias Página Inicial e Inserir foram estudadas detalhadamente na aula de Word 2019.

10.4 Guia Design

Nesta Guia temos layout dos slides e apresentações criadas no PowerPoint.

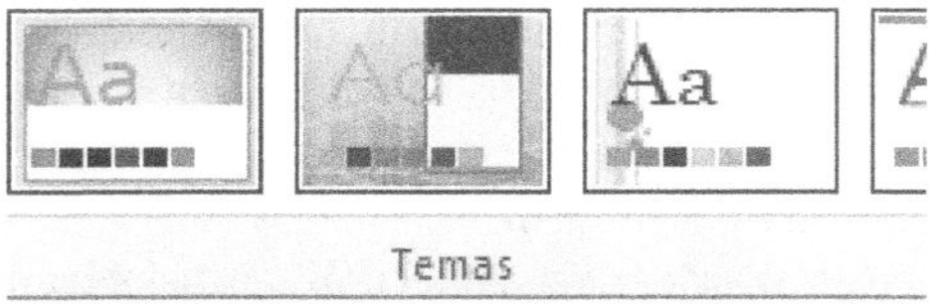

O grupo de ferramentas **Tema** propõe layouts definidos pelo PowerPoint 2016.

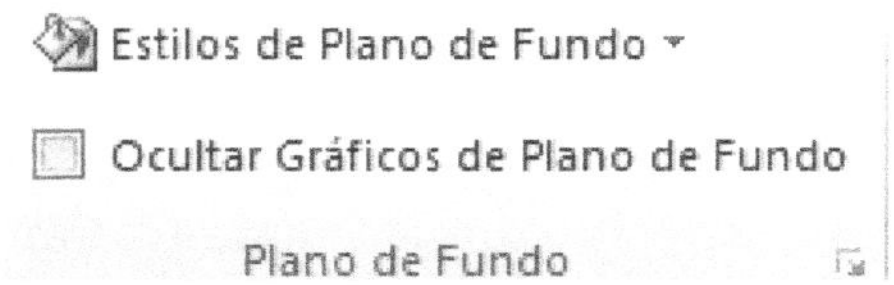

O grupo de ferramentas **Plano de Fundo** permite configurar os estilos e gráficos dos slides.

10.5 Guia Transições

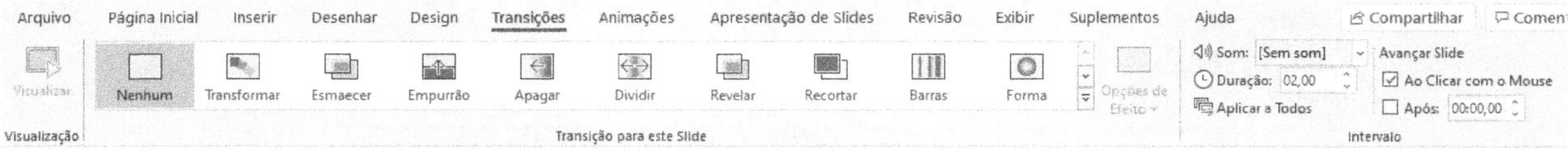

Nesta guia configuramos o efeito durante a transição de um slide para o outro.

10.6 Guia Animações

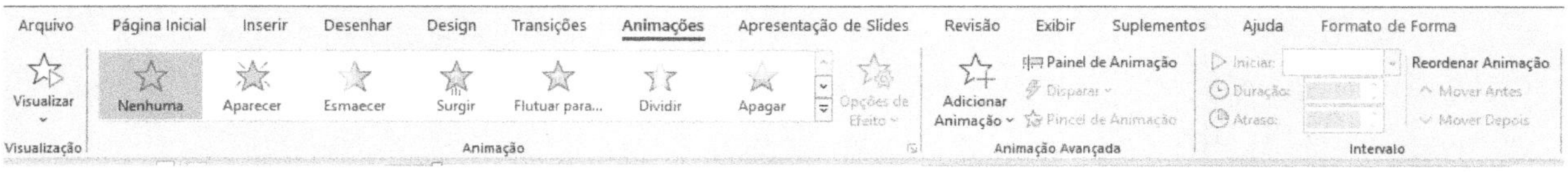

Na guia Animações você irá escolher animações para textos e objetos das apresentações em slides.

No grupo **Animação** você seleciona a animação desejada para se aplicar ao texto ou objeto, bastando, para isso, selecionar o texto ou objeto desejado, escolher a animação e aplicar as configurações de intervalo como, por exemplo, o tempo de duração do efeito animado.

No grupo Animação Avançada temos o botão Adicionar Animação, Painel de Animação,

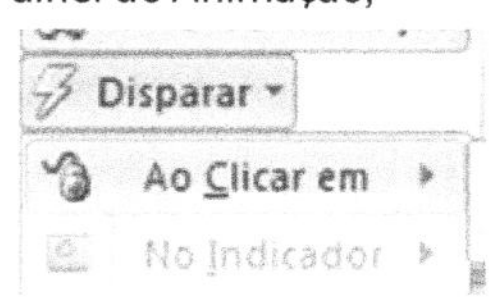

Disparar e Pincel de Animação que copia a animação de um objeto para outro.

No grupo **Intervalo** você irá configurar a Duração e Atraso das animações.

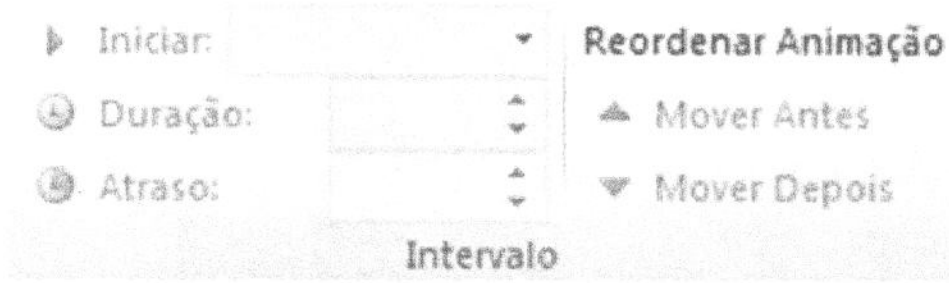

10.7 Guia Apresentação de Slides

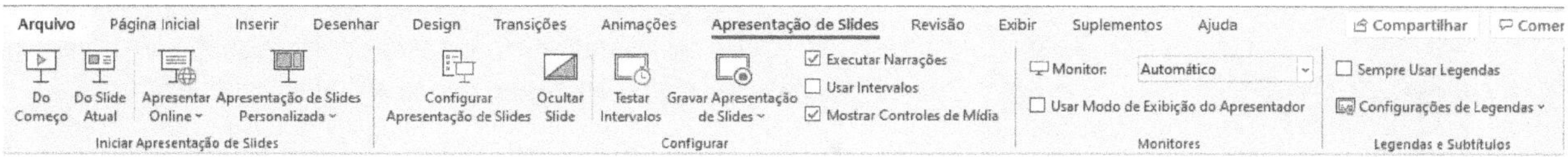

Esta guia contém os seguintes grupos de ferramentas: Iniciar Apresentação de Slides, Configurar e Monitores.

No grupo **Iniciar Apresentação de Slides** você poderá iniciar sua apresentação através do Botão **Do Começo,** ou do Botão **Do Slide Atual.**

F5

SHIFT + F5

10.8 Guia Exibir

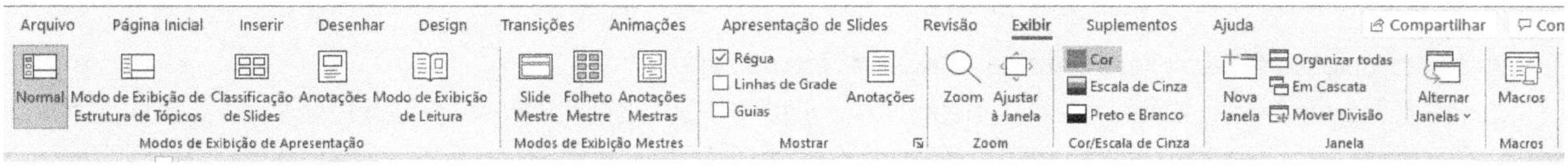

Modo de exibição Normal

O modo de exibição Normal é o principal modo de exibição de edição, no qual você pode escrever e criar sua apresentação. O modo de exibição Normal tem quatro áreas de trabalho:

Área do Modo de Exibição Normal

1 Guia Slides Exiba os slides da sua apresentação na forma de imagens em miniatura enquanto realiza a edição. As miniaturas facilitam a navegação pela apresentação e permitem que você veja os efeitos de qualquer alteração no design. Aqui também é possível reorganizar, adicionar ou excluir slides com facilidade.

2 Guia Estrutura de Tópicos A guia Estrutura de Tópicos mostra o texto do slide na forma de uma estrutura de tópicos.

OBSERVAÇÃO: Para imprimir uma cópia da estrutura de tópicos da sua apresentação, contendo somente o texto (como mostrado no modo de exibição Estrutura de Tópicos) e nenhum dos gráficos ou animação, primeiro Clique na guia Arquivo. Em seguida, clique em Imprimir; clique em Slides em Página Inteira; clique em Estrutura de Tópicos e, na parte superior, clique em Imprimir.

3 Painel de Slides Na seção superior direita da janela do PowerPoint, o Painel de Slide exibe uma imagem ampla do slide atual. Com o slide nesse modo de exibição, é possível adicionar texto e inserir imagens, tabelas, elementos gráficos SmartArt, gráficos, objetos de desenho, caixas de texto, filmes, sons, hiperlinks e animações.

4 Painel de Anotações No painel Anotações, abaixo do painel Slide, é possível digitar anotações que se apliquem ao slide atual. Mais tarde, você poderá imprimir suas anotações e consultá-las ao fornecer a apresentação. Você também poderá imprimir as anotações para distribuí-las ao público ou incluir as anotações em uma apresentação que enviar para o público ou publicar em uma página da Web.

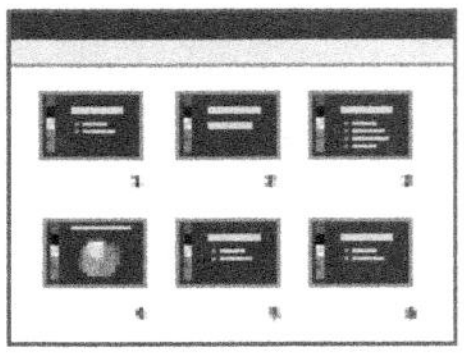

Classificação de Slides

O modo de exibição Classificação de Slides mostra os slides em forma de miniaturas.

Anotações

No painel Anotações, que está localizado abaixo do painel Slide, é possível digitar anotações que se apliquem ao slide atual.

O grupo **Modos de Exibição Mestres** tem a função de alterar o design e Layout dos slides através dos próprios slides, folhetos ou anotações. Esta guia possui as funções Slide Mestre, Folheto Mestre, Anotações Mestras e podem ser utilizadas separadamente.

Um slide mestre é o slide principal em uma hierarquia de slides que armazena informações sobre o tema e os layouts dos slides de uma apresentação, incluindo o plano de fundo, a cor, as fontes, os efeitos, os tamanhos dos espaços reservados e o posicionamento.

Como os slides mestres afetam a aparência de toda a apresentação, ao criar e editar um slide mestre ou os layouts correspondentes, você trabalha no modo de exibição Slide Mestre.

Usar vários slides mestres (cada um com um tema diferente) em uma apresentação:

Para que a sua apresentação contenha dois ou mais estilos ou temas diferentes (como planos de fundo, cores, fontes e efeitos), você precisa inserir um slide mestre para cada tema.

Prática recomendada para criar e trabalhar com slides mestres

O ideal é criar um slide mestre antes de começar a criar slides individuais, e não depois. Quando você cria o slide mestre primeiro, todos os slides adicionados à apresentação são baseados nesse slide mestre e nos layouts associados. Quando começar a fazer alterações, faça-as no slide mestre.

10.9 Guia Gravação

11. REDES DE COMPUTADORES

Dois computadores conectados entre si já caracterizam uma rede. Contudo, ela normalmente é composta por diversificados dispositivos como: celulares, smartphones, tablets, computadores, servidores, impressoras, roteadores, switches, hubs, modens, etc. Devido à essa grande variedade de dispositivos, o nome genérico HOST é atribuído aos dispositivos conectados na rede.

Todo Host possui um endereço que o identifica na rede, o qual é o endereço IP. Mas também cada peça possui um número único de fábrica que o identifica, o MAC Address.

11.1 Paradigma de Comunicação

Paradigma é um padrão a ser seguido e, no caso das redes, é o modelo Cliente/Servidor. Nesse modelo, o usuário é o cliente que envia uma solicitação ao servidor; ao receber a solicitação, o servidor a analisa e, se é de sua competência, provê a informação/dado.

11.2 Dispositivos de Rede

Os Dispositivos de Rede são citados até mesmo em provas cujo conteúdo programático não cita a matéria de hardware. E na maioria das vezes em que aparecem questões sobre o assunto, se questiona em relação à finalidade de cada dispositivo na rede, portanto, nesta seção são descritos alguns dos principais dispositivos de rede:

Modem	Modulador/demulador Responsável por converter o sinal analógico da linha telefônica em um sinal digital para o computador e vice-versa.
Hub	Conecta vários dispositivos em rede, mas não oferece muita segurança, pois envia as informações para todos na rede.
Switch	É um dispositivo que permite interligar vários dispositivos de forma mais inteligente que o Hub, pois no switch os dados são direcionados aos destinos corretos.
Roteador	Um roteador já trabalha no nível de rede; em um mesmo roteador podemos definir várias redes diferentes. Ele também cria uma rota para os dados.
Access Point	Um Ponto de Acesso opera de forma similar a um Switch, só que em redes sem fio.
Backbone	É a estrutura principal dentro de uma rede, na Internet é a espinha dorsal que a suporta, ou seja, as principais ligações internacionais.

11.3 Topologia de Rede

Topologia diz respeito à estrutura de organização dos dispositivos em uma rede.

Barramento

Na Topologia de Barramento, todos os dispositivos estão conectados no mesmo canal de comunicação, o que torna o tráfego de dados mais lento e, se o barramento se rompe, pode isolar parte da rede.

Anel

A estrutura em Anel conecta um dispositivo no outro; para que todos os computadores estejam conectados, é necessário que estejam ligados. Se o anel for simples, ou seja, de única via de dados, um computador desligado já é suficiente para tornar a rede inoperante para algum outro computador; o problema pode ser resolvido em partes, utilizando o anel duplo, trafegando dados em duas direções da rede, porém, se dois pontos forem desconectados, pode-se chegar à situação de duas redes isoladas.

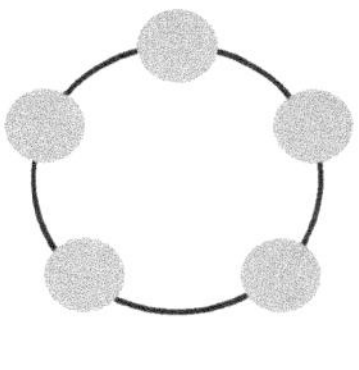

Estrela

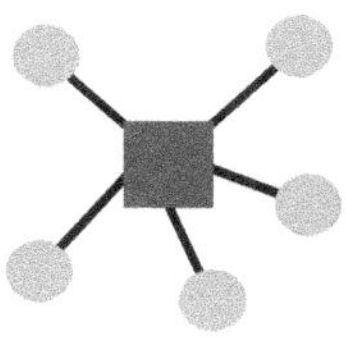

Uma rede organizada em forma de estrela possui um nó centralizador. Esse modelo é um dos mais utilizados, pois um nó pode estar desconectado sem interferir no resto da rede, porém, o centro é o ponto crítico.

Estrela estendida

A Estrela Estendida é utilizada em situações como em uma universidade *multicampi*, em que um nó central é a conexão principal, a partir da qual se conecta com a internet, enquanto que os outros *campi* possuem centrais secundárias como conexão entre seus computadores. A estrutura entre o nó principal e as centrais secundárias é o que chamamos de Backbone dessa rede.

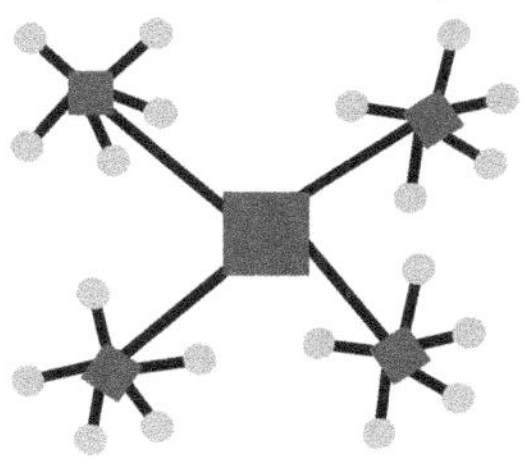

Malha

A conexão em malha é o modelo da internet, em que encontramos vários nós principais, mas também várias ligações entre diversos nós.

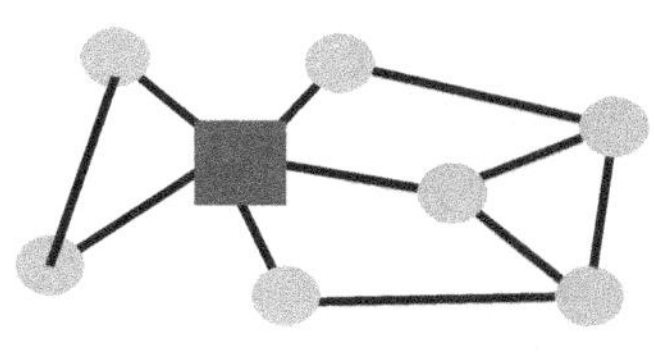

Pilhas de protocolos

Também colocadas pelas bancas examinadoras como modelos, as pilhas de protocolos definem um conjunto de protocolos e em quais camadas de rede devem operar.

Neste tópico temos dois tipos de questões que podem ser associados na prova. Questões que fazem relação com os tipos de redes e questões que tratam da finalidade dos principais protocolos utilizados em uma navegação na Internet.

As pilhas de protocolos são:

TCP/IP	OSI

O modelo TCP/IP é o **padrão utilizado nas redes**. Mas, em redes privadas, mesmo o TCP/IP sendo padrão, pode ser implantado o modelo OSI.

Como o modelo TCP/IP é o padrão na seção seguinte são destacados os principais protocolos de navegação.

Principais protocolos

Um protocolo é uma regra de comunicação em redes, portanto, a transferência de arquivos, mesmo entre computadores de uma mesma rede, utiliza um protocolo como forma de padronizar o entendimento entre os dois.

Http

HTTP (*Hyper Text Transport Protocol*) é o protocolo de transferência de hipertexto. É o mais utilizado pelo usuário em uma navegação pela Internet. Hipertexto consiste em um arquivo no formato HTML (*HyperText Markup Language*) - Linguagem de Marcação de Hipertexto.

HTML é um arquivo que pode ser gerado por qualquer editor de texto, pois, quando é aberto no Bloco de Notas ou Wordpad, ele apresenta apenas informações de texto. No entanto, quando é aberto pelo navegador, este interpreta o código em HTML e monta o conteúdo **Multimídia** na página. Entende-se por conteúdo multimídia: textos, áudio, vídeos e imagens.

Https

HTTPS (*Hyper Text Transport Protocol Secure*), também conhecido como HTTP Seguro, é um protocolo que tem como diferença entre o HTTP apenas a segurança que oferece, pois, assim como o HTTP, serve para visualizar o conteúdo multimídia.

O que se questiona em relação a sua segurança é como ela é feita. O protocolo HTTPS utiliza o processo de **Criptografia** para manter sigilo sobre os dados transferidos entre o usuário e o servidor, para isso, são utilizados os protocolos **TLS** ou **SSL**.

Um detalhe muito importante é o de saber identificar se a navegação está sendo realizada por meio do protocolo HTTP ou pelo protocolo HTTPS. A forma mais confiável é observar a barra de endereços do navegador:

Firefox 10.02

IE 9

Google Chrome

Logo no início da barra, observamos a indicação do protocolo HTTPS, que, sempre que estiver em uso, deverá aparecer. Porém, deve-se ter muita atenção, pois, quando é utilizado o HTTP, alguns navegadores atuais têm omitido a informação no começo da barra de endereços.

Outra informação que nos ajuda a verificar se o acesso é por meio de uma conexão segura é o símbolo do cadeado fechado.

Ftp

FTP (File Transport Protocol) é o protocolo de transferência de arquivos utilizado quando um usuário realiza download ou upload de um arquivo na rede.

O protocolo FTP tem como diferencial o fato de operar sobre duas portas: uma para tráfego dos dados e outra para autenticação e controle.

11.4 Firewall

O Firewall pode ser Software, Hardware, ou ambos. Ele é o responsável por **monitorar as portas da rede/computador**, permitindo ou negando a passagem dos dados na rede, seja na entrada ou saída.

É o monitor que fica na porta olhando para uma lista na qual contém as regras que um dado tem de cumprir para passar por ela. Essa lista são os protocolos, por exemplo, o Firewall monitorando a porta 80, relativa ao protocolo HTTP, o qual só trabalha com conteúdo multimídia. Então, se um arquivo .EXE tentar passar pela porta 80, ele deve ser barrado; essa é a função do Firewall.

11.5 Tipos de redes

Podemos classificar as redes de acordo com sua finalidade; neste tópico expõe-se a diferença entre as redes: Internet vs Intranet vs Extranet.

Internet

É a rede das redes, também conhecida como rede mundial de computadores.

Muitas provas citam o sinônimo WWW (*World Wide Web*) para internet, ou por vezes apenas Web. Ela é definida como uma rede **pública** a qual todos com computador e servidor de acesso podem conectar-se.

Intranet

É uma rede empresarial, também chamada de rede corporativa. Tem como principal característica ser uma rede **privada**, portanto, possui controle de acesso, o qual é restrito somente a pessoas autorizadas.

Uma Intranet geralmente é constituída com o intuito de compartilhar recursos entre os funcionários de uma empresa, de maneira que pessoas externas não tenham acesso a eles. Os recursos compartilhados podem ser: impressoras, arquivos, sistemas, entre outros.

Extranet

É quando parte de uma Intranet é disponibilizada por meio da Internet.

Também dizemos que extranet é quando duas empresas com suas distintas Intranets possuem um sistema comum que acessam apenas parte de cada uma das Intranets.

Vpn

VPN é uma forma de criar uma Intranet entre localizações geograficamente distantes, com um custo mais baixo do que ligar cabos entre os pontos. Para isso, emprega-se o processo de criptografia nos dados antes de enviá-los por meio da Internet e, quando o dado chega na outra sede, passa pelo processo de descriptografia. Dessa maneira, quem está navegando na Internet não tem acesso às informações da empresa, que continuam restritas; esse processo também é chamado de tunelamento.

11.6 Padrões de infraestrutura

São padrões que definem como deve ser organizada e quais critérios precisam ser seguidos para montar uma estrutura de rede de acordo com os padrões estabelecidos pelo Instituto de Engenheiros Eletricistas e Eletrônicos (IEEE).

O padrão Ethernet define as regras para uma infraestrutura cabeada, como tipos de cabos que devem ser utilizados, distância máxima, tipos e quantidade de dispositivos, entre outras. Já o padrão 802.11 define as regras para uma estrutura Wi-Fi, ou seja, para a rede sem fio.

11.7 Correio eletrônico

O serviço de e-mail é outro ponto bastante cobrado nos concursos públicos. Em essência, o que se pede é se o concursando sabe sobre as diferentes formas de se trabalhar com ele.

O e-mail é uma forma de comunicação assíncrona, ou seja, no momento do envio apenas o emissor precisa estar conectado.

Formas de acesso

Podemos ler e escrever e-mail utilizando duas formas diferentes. Na última década, o webmail ganhou mais espaço no mercado e se tornou majoritário no ramo de e-mails, mas muitas empresas utilizam ainda os clientes de e-mail.

Webmail

O webmail é uma interface de acesso para o e-mail via Browser (navegador de Internet), ou seja, uma forma de visualizar o e-mail via uma página de web. Diante disso, é possível destacar que usamos os protocolos HTTP ou HTTPS para visualizar páginas da Internet. Dessa forma, ao acessar sites de e-mail como gmail.com, hotmail.com, yahoo.com.br e outlook.com, fazemos uso desses protocolos, sendo o HTTPS o mais usado atualmente pelos grandes serviços de e-mail, pois confere ao usuário maior segurança no acesso.

Dizemos que o webmail é uma forma de ler e escrever e-mails, dificilmente citado como forma de enviar e receber, uma vez que quem realmente envia é o servidor e não o computador do usuário.

Quando um e-mail é enviado, ele parte diretamente do servidor no qual o remetente possui conta para o servidor do serviço de e-mail do destinatário.

Cliente de e-mail

Um cliente de e-mail é um programa específico para enviar e receber mensagens de e-mail e que é, necessariamente, instalado no computador do usuário.

Exs.:

Microsoft Outlook;

Mozilla Thunderbird;

Outlook Express;

Windows Live Mail.

Os programas clientes de e-mail usam protocolos específicos para envio e recebimento das mensagens de e-mail.

Protocolos utilizados pelos clientes de e-mail

Para o envio, um cliente de e-mail utiliza o protocolo SMTP (*Simple Mail Transport Protocol* – Protocolo de transporte de mensagens simples). Como todo protocolo, o SMTP também opera sobre uma porta específica, que pode ser citada como sendo a porta 25, correspondente ao padrão, mas atualmente ela foi bloqueada para uso dos usuários, vindo a ser substituída pela 587.

Com isso, em questões de Certo e Errado, apenas a 587 é a correta, quando abordado sobre o usuário, pois entre servidores a 25 ainda é utilizada. Já nas questões de múltipla escolha, vale o princípio da menos errada, ou seja, se não tiver a 587, a 25 responde a questão.

Mesmo que a mensagem de e-mail possua arquivos anexos a ela, envia-se por SMTP; assim o protocolo FTP não é utilizado.

Já para o recebimento, o usuário pode optar em utilizar o protocolo POP ou o protocolo IMAP, contudo, deve ser observada a diferença entre os dois, pois essa diferença é ponto para muitas questões.

O protocolo POP tem por característica baixar as mensagens de e-mail para o computador do usuário, mas por padrão, ao baixá-las, elas são apagadas do servidor. Portanto, as mensagens que um usuário está lendo estão, necessariamente, em seu computador.

Por outro lado, se o usuário desejar, ele pode configurar o protocolo de forma que sejam mantidas cópias das mensagens no servidor, no entanto, a que o usuário está lendo, efetivamente, está em seu computador. Sobre essa característica são citadas questões relacionando à configuração a uma espécie de backup das mensagens de e-mail.

Atualmente o protocolo POP encontra-se na versão 3; dessa forma ele pode aparecer nos textos de questão como POP3, não afetando a compreensão da mesma. Uma vez que o usuário necessita conectar na internet apenas para baixar as mensagens, é possível que ele desconecte-se da internet e mesmo assim leia seus e-mails. E, uma vez configurado o SMTP, também é possível redigir as respostas off-line, sendo necessário, no entanto, conectar-se novamente para que as mensagens possam ser enviadas.

Ao invés de utilizar o POP, o usuário pode optar em fazer uso do protocolo IMAP, que é para acesso a mensagens de e-mail, as quais, por sua vez, residem no servidor de e-mails. Portanto, se faz necessário estar conectado à internet para poder ler o e-mail por meio do protocolo IMAP.

Spam

Spam é uma prática que tem como finalidade divulgar propagandas por e-mail, ou mesmo utilizar-se de e-mails que chamem a atenção do usuário e o incentivem a encaminhar para inúmeros outros contatos, para que, com isso, levantem uma lista de contatos que pode ser vendida na Internet ou mesmo utilizada para encaminhar mais propagandas.

Geralmente um spammer utiliza-se de e-mail com temas como: filantropia, hoax (boatos), lendas urbanas, ou mesmo assuntos polêmicos.

11.8 URL (*Uniform Resource Locator*)

É um endereço que identifica um site, um serviço, ou mesmo um endereço de e-mail. A seguir, temos um exemplo de URL; observe que podemos dividi-la em várias partes.

http://www.site.com.br

Protocolo — Pasta — Domínio

Domínio

É o nome registrado de um site para que possa ser acessado por meio da Internet. Assim como a URL, um domínio também pode ser dividido em três partes.

site.com.br

O .br indica que esse site está registrado no conjunto de domínios do Brasil, que é administrado e regulamentado pelo Registro.Br, componente do Comitê Gestor de Internet no Brasil (CGI).

O Registro.Br define várias normas em relação à criação de um domínio, como por exemplo o tamanho máximo de 26 caracteres, a limitação para apenas letras e números e recentemente a opção de criar domínios com letras acentuadas e o caractere **ç**.

Também compete ao Registro.Br a normatização da segunda parte do domínio, representado na figura pelo **.com**. Essa informação diz respeito ao ramo de atividade a que se destina o domínio, mas não nos garante qual a real finalidade do site. A última parte, por fim, é o próprio nome do site que se deseja registrar.

Protocolo ip

Cada equipamento na rede ganha o nome genérico de Host, o qual deve possuir um endereço para que seja localizado na rede. Esse é o endereço IP.

O protocolo IP é o responsável por trabalhar com essa informação, para tanto, um endereço IP possui versões: IPv4 e IPv6.

Um IP também é um endereço, portanto, pode ser inserido diretamente na barra de endereços de um navegador.

O IPv4 é composto por até quatro grupos de três dígitos que atingem valor máximo de 255 cada grupo, suportando, no máximo, cerca de 4 bilhões (4.294.967.296) de endereços.

200.201.88.30 endereço IP da Universidade Estadual do Oeste do Paraná (Unioeste).

O IPv6 é uma proposta que está gradativamente substituindo o IPv4, justamente pela pouca quantidade de endereço que ele oferece. O IPv6 é organizado em 8 grupos de 4 dígitos hexadecimais, suportando cerca de 3,4 × 1038, aproximadamente 3,6 undecilhões de endereços IP.

0123:4567:89AB:CDEF:1011:1314:5B6C:88CC

Dns (*domain name system*)

O Sistema de Nomes de Domínios é o responsável por traduzir (resolver por meio de consultas aos servidores Raiz da Internet) um domínio para o endereço IP do servidor que hospeda (armazena) o site desejado. Esse processo ocorre em questão de segundos e obedece uma estrutura hierárquica.

11.9 Navegadores

Navegadores são programas que permitem acesso às páginas da Internet, são muitas vezes citados em provas pelo termo em inglês Browser.

Exs.:

Internet Explorer

Mozilla Firefox

Google Chrome

Também são cobrados os conceitos dos tipos de dados de navegação que estão relacionados aos navegadores.

Cache

É um armazenamento temporário. No caso dos navegadores, trata-se de uma pasta onde são armazenados os conteúdos multimídias como imagens, vídeos, áudio e inclusive textos, para que, no segundo momento em que o mesmo conteúdo for acessado, ele possa ser mostrado ao usuário mais rapidamente.

Cookies

São pequenas informações que alguns sites armazenam no computador do usuário. Exemplos de informações armazenadas nos cookies: senhas, obviamente que são armazenadas criptografadas; também são muito utilizados em sites de compras, para armazenar o carrinho de compras.

Dados de formulários

Quando preenchemos um formulário, os navegadores oferecem opção para armazenar os dados digitados em cada campo, assim, quando necessário preencher o mesmo formulário ou ainda outro formulário com campos de mesmo nome, o navegador sugere os dados já usados a fim de autocompletar o preenchimento do campo.

11.10 Conceitos relacionados à internet

Nesta seção são apresentados alguns conceitos, tecnologias e ferramentas relacionadas à Internet que são cobrados nas provas dos concursos.

Motores de busca

Os Motores de Busca são normalmente conhecidos por buscadores. Dentre os principais estão Google, Bing (MSN) e Yahoo!.

É importante observar que, nos navegadores atuais, os motores de busca são integrados, com isso podemos definir qual se deseja utilizar, por exemplo: o Google Chrome e o Mozilla Firefox utilizam como motor de busca padrão o Google, já o Internet Explorer utiliza o Bing. Essa informação é relevante, pois é possível nesses navegadores digitar os termos buscados diretamente na barra de endereços, ao invés de acessar previamente o site do motor de busca.

Busca avançada

Os motores de busca oferecem alguns recursos para otimizar a busca, como operadores lógicos, também conhecidos como operadores booleanos[1]. Dentre eles podemos destacar a negação (-). Ao realizar uma busca na qual se deseja encontrar resultados que sejam relacionados a determinado assunto, porém os termos usados são comuns a outro, podemos utilizar o sinal de menos precedendo o termo do assunto irrelevante, como o exemplo de uma questão que já caiu em prova: realizar a busca por leite e cão, contudo, se for inserido apenas estes termos na busca, muitos resultados serão relacionados a gatos e leite. Para que as páginas que contenham a palavra gato não sejam exibidas na lista de páginas encontradas, basta digitar o sinal de menos (-) antes da palavra gato (sem espaço entre o sinal e a palavra), assim a pesquisa a ser inserida no buscador fica **Cão Leite -Gato**.

Também é possível realizar a busca por uma frase exata, assim, somente serão listados os sites que contenham exatamente a mesma expressão. Para isso, basta digitar a frase desejada entre aspas duplas.

Busca por/em Domínio Específico: para buscar sites que possuam determinado termo em seu nome de domínio, basta inserir o texto site: seguido da palavra desejada, lembrando que não deve haver espaço entre site: e o termo desejado. De forma similar, também pode-se utilizar **inurl: termo** para buscar sites que possuam o termo na URL.

Quando o domínio já é conhecido, é possível realizar a busca por determinado termo apenas nas páginas do domínio. Para tanto, deve-se digitar **site:Dominiodosite termo.**

Calculadora: é possível, ainda, utilizar o Google como uma calculadora, bastando digitar a expressão algébrica que se deseja resolver como 2+2 e, como resultado da "pesquisa", é apresentado o resultado da operação.

Operador: quando não se sabe exatamente qual é a palavra para completar uma expressão, pode-se completar a lacuna com um asterisco, assim o motor de busca irá entender que naquele espaço pode ser qualquer palavra.

Busca por tipo de arquivo: podemos refinar as buscas a resultados que consistam apenas em determinado formato de arquivo. Para tanto, podemos utilizar o operador filetype: assim, para buscar determinado tema, mas que seja em PDF, por exemplo, pode-se digitar **filetype: pdf tema.**

Tipos de busca

Os principais motores de busca permitem realizar as buscas de forma orientada a conteúdos gerais da web, como refinar a busca para exibir apenas imagens, vídeos ou mapas relacionados aos termos digitados.

1 Em referência à lógica de Boole, ou seja, a lógica que você estuda para o concurso.

Chat

Um chat é normalmente citado como um bate-papo em tempo real; é a forma de comunicação em que ambos os interlocutores estão conectados (on-line) simultaneamente. Muitos chats operam com salas de bate-papo. Um chat pode ser em um site específico como o chat do UOL. Conversas pelo MSN ou Facebook podem ser consideradas como chat, desde que ambos interlocutores estejam conectados.

Fórum

Também conhecidos como Listas de Discussão, os fóruns funcionam como debates sobre determinados assuntos. Em um fórum não é necessário que os envolvidos estejam conectados para receberem os comentários, pois estes ficam disponíveis para acesso futuro pelo usuário ou mesmo por pessoas que não estejam cadastradas no fórum, contudo, existem muitos fóruns fechados, nos quais só se entra por convite ou mediante aquisição. A maioria deles vincula o e-mail dos envolvidos a uma discussão, alertando-os assim, caso um novo comentário seja acrescentado.

Moodle

O Moodle é uma ferramenta fortemente utilizada pelo setor público, e também privado, para dar suporte ao Ensino a Distância (EAD).

12. SEGURANÇA DA INFORMAÇÃO

A Segurança da Informação é um ponto crucial para o concurso público para muitas bancas examinadoras e também de interesse da instituição que irá receber os aprovados. Afinal, ao ser aprovado, o candidato estará compondo o quadro de uma instituição pública que possui uma Intranet e sistemas sobre os quais há necessidade de se manter uma boa política de segurança.

Segundo o CGI[1], para um sistema ser classificado como seguro, ele deve atentar a três requisitos básicos: confidencialidade, integridade e disponibilidade. Esses conceitos são abordados neste material no tópico de princípios básicos da segurança da informação.

Faz-se necessário que sejam atendidos alguns requisitos mínimos para uma segurança do microcomputador, que dependem tanto de recursos tecnológicos como de bom senso e discernimento por parte dos usuários.

Para manter um computador com o mínimo de segurança deve-se:

> manter o **Sistema Operacional sempre atualizado**, pois a maioria dos malwares exploram as vulnerabilidades do SO;

> possuir um sistema **Antivírus** e manter tanto o aplicativo quanto as assinaturas[2] de vírus atualizadas;

> manter o Firewall sempre ativo;

> para se proteger contra os spywares também é indicada a instalação de um antispyware. Atualmente a maioria dos antivírus já possuem esse recurso integrado a eles.

12.1 Princípios básicos da segurança da informação

Os Princípios Básicos de Segurança em Tecnologia da Informação (TI) incluem os processos que devem ser garantidos para manter um sistema de informações seguro. Podemos destacar quatro conceitos como principais:

Disponibilidade

O Princípio da Disponibilidade deve garantir que os serviços ou recursos que forem necessários para uma tarefa, principalmente relacionados ao próprio processo de segurança, estejam sempre disponíveis.

Podemos estreitar esse princípio sobre a garantia de que as chaves públicas do processo de Certificação Digital (estes conceitos são abordados na seção sobre Certificados Digitais) estejam sempre disponíveis para quem precisar delas.

Também é aplicado, por exemplo, na situação de entrega da declaração de imposto de renda, em que o serviço deve suportar a alta demanda que possa surgir sem afetar o usuário.

Integridade

A Integridade garante a **não alteração** de uma informação/dado tanto no armazenamento quanto durante a troca dessas informações por algum meio. Por meio da integridade, verificamos se durante o tráfego de uma informação, ela não foi alterada por alguém ou mesmo por falhas do processo de transmissão. No armazenamento ela garante que o dado não foi corrompido.

O processo que protege a integridade consiste na geração de um código de cerca de 20 caracteres, o **código HASH,** também conhecido como **resumo** de um dado; um exemplo é o MD5. O processo é realizado em uma via única, em que, a partir de um dado, gera-se o resumo dele. Porém, a partir do resumo, não é possível gerar o dado novamente. Para verificar se houve alteração em um arquivo, deve-se comparar dois códigos HASH, um gerado por quem disponibiliza o dado e outro por quem o recebe. Se uma vírgula for diferente, os códigos gerados ficam completamente diferentes, é possível que dois dados diferentes gerem o mesmo HASH, mas é uma possibilidade ínfima.

Confidencialidade

O Princípio da Confidencialidade é a garantia de que há sigilo sobre uma informação, de forma que o processo deve garantir que um dado não seja acessado por pessoas diferentes daquelas às quais ele se destina.

Para garantir a confidencialidade, utilizamos algum processo de criptografia de informações.

Autenticidade

A Autenticidade garante o autor de uma informação, ou seja, por meio dela podemos confirmar se uma mensagem é de autoria de quem diz.

Assim como a confidencialidade, a autenticidade é garantida por meio de criptografia.

12.2 Criptografia

A Criptografia é a arte ou ciência de escrever em códigos, quer dizer, transformar um texto em algo ilegível de forma que este possa ser armazenado ou enviado por um canal de comunicação; assim, se alguém interceptá-lo, não conseguirá entender o que está escrito e o destinatário, ao receber a informação, deve fazer o processo inverso: decifrar o dado, para que consiga lê-lo.

Temos dois principais métodos de criptografia: a de chave simétrica e a de chaves assimétricas.

1 Comitê Gestor de Internet no Brasil.

2 Assinatura de vírus: é uma sequência de caracteres que identifica a presença do vírus em um arquivo.

Criptografia de chave simétrica

Uma chave de criptografia é uma informação a partir da qual seja possível transcrever uma mensagem criptografada.

A de chave simétrica é também conhecida como criptografia de chave única, em que a mesma chave é usada tanto para codificar uma mensagem quanto para decifrá-la. Um bom exemplo desse modelo é a criptografia maçônica.

A informação acima está criptografada. Para decifrar o que ela diz, precisamos da chave de criptografia que, na simétrica, é a mesma usada para gerar a mensagem. A seguir, temos a chave que abre a mensagem.

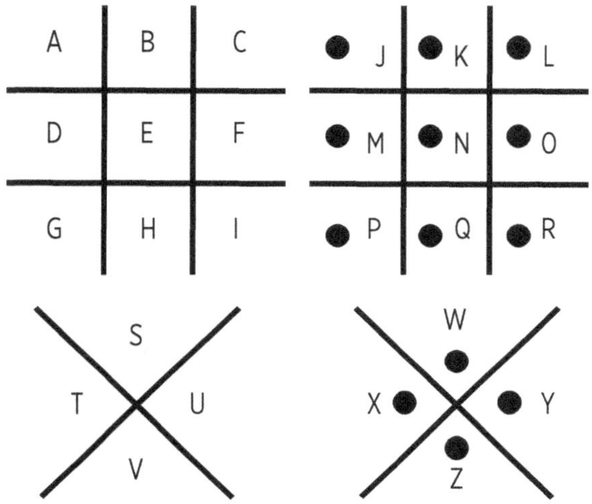

Ao substituirmos os símbolos pelas letras correspondentes, obtemos a palavra ALFA.

Criptografia de chaves assimétricas

Na Criptografia de Chaves Assimétricas, em vez de uma chave como na simétrica, são usadas duas chaves que são diferentes entre si. Elas são chamadas de **Chave Pública** e a outra de **Chave Privada,** por conta da característica de cada uma.

A Chave Pública é uma informação (código) que fica disponível em um servidor de Chaves Públicas na Internet, para quem precisar dela; enquanto que a Chave Privada é um código que somente o dono deve conhecer.

O par de Chaves é único e correspondente, ou seja, uma mensagem/dado cifrada pela chave pública de um usuário só pode ser aberta pela chave privada do mesmo usuário. E o inverso também, uma mensagem cifrada com a chave privada de um usuário só pode ser descriptografada pela chave pública dele próprio.

Certificado digital

Um certificado digital é um documento eletrônico assinado digitalmente e cumpre o papel de associar um usuário a uma chave pública, pode ser comparado ao CPF ou CNPJ para empresas.

Ele também apresenta junto com a chave pública algumas informações essenciais como:

- nome do dono da chave pública;
- prazo de validade do certificado, que varia de 1 a 3 anos dependendo da classe contratada;
- um número de série, critério de correspondência para identificar o usuário;
- e, juntamente, o certificado possui a assinatura da entidade de certificação, para comprovar sua validade.

Para adquirir um certificado digital, o usuário ou entidade deve procurar uma Autoridade Certificadora (AC) ou uma Autoridade de Registro (AR). Aquela é a responsável por criar o par de Chaves de um usuário, enquanto que esta é um intermediário entre o usuário e uma AC. Cabe a AR a responsabilidade de verificar os dados do usuário e encaminhar o pedido do certificado para a AC, entretanto, o usuário também pode se dirigir direto à AC. A Caixa Econômica Federal é a única instituição financeira que é uma AC.

Assinatura digital

Uma Assinatura Digital é um procedimento similar a uma assinatura de um documento impresso. Quando assinamos um contrato, normalmente ele possui mais de uma página, rubricamos[3] todas elas exceto a última, pois a assinatura precisa ser completa. Mas qual o intuito de rubricar todas as páginas? A rubrica não prova que o documento foi lido, mas sim para que aquela folha não seja substituída. Além disso, é preciso recorrer a um cartório para reconhecer e certificar a assinatura na última página.

Esse procedimento realizado no papel, juntamente com as garantias, foi adaptado para o mundo digital, afinal, papel ocupa espaço.

Quando falamos sobre a rubrica garantir a não alteração de um documento, citamos o princípio da Integridade. Portando, uma assinatura digital deve garantir também esse princípio, enquanto que a certificação de quem assinou é o princípio da Autenticidade, que também deve ser garantido pela assinatura digital.

> Na Assinatura Digital, somente o resumo é criptografado; a mensagem enviada é a original, que não é cifrada.

Assim temos que a assinatura digital garante os princípios da Autenticidade e da Integridade.

12.3 Ataques

Nem todos os ataques são realizados por malwares, atualmente existem duas práticas muito comuns utilizadas pelos criminosos cibernéticos para obter dados do usuário e realizar invasões.

Phishing

Phishing é uma expressão derivada do termo "pescar" em inglês, pois o que esse tipo de ataque faz é induzir o usuário a informar seus dados pessoais por meio de páginas da Internet ou e-mails falsos.

Podemos identificar a página do tipo Phishing pelo endereço do site na barra de endereços do navegador, porque a página de phishing possui um endereço parecido, mas diferente do que o endereço desejado. Por exemplo, você certamente já deve ter visto

3 Rubrica: assinatura abreviada.

ou ouvido falar de alguém que teve sua conta do Facebook[4] hackeada[5]; esse ataque procede a partir de um recado que o usuário recebe em sua conta.

Imagine o seguinte cenário: um usuário está navegando no site www.facebook.com.br, conectado em sua conta e clica no recado que normalmente traz um anúncio chamativo como "veja as fotos/vídeos do fim de semana passado", "cara, olha o que vc aprontou no fds", entre outros tantos. Quando clicado, uma nova aba ou janela é carregada no navegador, apenas como uma distração para o usuário, pois, enquanto ele fica vendo a nova aba carregar, a anterior muda, ligeiramente, para um endereço do gênero www.facebooks.com.br ou www.facebooki.com.br e mostra uma página idêntica à página de login de usuário do Facebook. Sem perceber, pensa que, ao clicar no recado, acabou saindo de sua conta e redigita seu usuário e senha novamente e é redirecionado novamente para sua conta, porém, o usuário em nenhum momento havia saído. A página de login que lhe foi mostrada era uma página falsa que capturou o seu usuário e senha; cerca de dois dias depois o perfil dele começa a enviar propagandas para os amigos e o mesmo recado e logo mais, em uma ou duas semanas, o usuário já não consegue mais entrar em sua conta.

Pharming

O Pharming é uma evolução do Phishing, uma forma de deixar este mais difícil de ser identificado. O Pharming, na maioria das questões, é cobrado com relação ao seus sinônimos: DNS Poisoning, Cache Poisoning, sequestro de DNS, sequestro de Cache, Envenenamento de DNS e Envenenamento de Cache.

Negação de serviço (dos e ddos)

Um ataque de negação de serviço se dá quando um servidor ou serviço recebe mais solicitações do que é capaz de suprir.

DoS (*Denial of Service*) é um ataque individual, geralmente com o intuito de tornar um serviço inoperante para o usuário.

DDoS (*Distributed Denial of Service*) é um ataque realizado em massa; utiliza-se de vários computadores contaminados com um malware que dispara solicitações de acesso a determinados serviços ou sites, derrubando o serviço. Muitas vezes, enquanto o servidor tenta suprir a demanda, ele se torna vulnerável a inserções de códigos maliciosos. Um grupo intitulado Anonymous realizou vários ataques de DDoS em sites de governos em protesto às suas ações, por exemplo, em retaliação à censura do portal WikiLeaks e também do WikiLeaks[6] e The Pirate Bay[7].

4 Facebook: mídia social, definida erroneamente como rede social, assim como as demais.

5 Hackear: termo utilizado como sinônimo para invasão ou roubo.

6 WikiLeaks: portal com postagens de fontes anônimas com documentos, fotos e informações confidenciais, vazadas de governos ou empresas, sobre assuntos sensíveis.

7 The Pirate Bay: um dos maiores portais de compartilhamento, *peer to peer*.

13. CLOUD COMPUTING

Em português, Computação na Nuvem é o nome usual para identificar o paradigma de computação em que as infraestruturas, serviços e aplicações ficam nas redes, principalmente na internet. No entanto, também pode ser empregado para distinguir serviços de processamento dos serviços de armazenamento.

Pode-se dizer que a computação na nuvem é uma forma de evolução do conceito de Mainframes.

Os mainframes são supercomputadores normalmente usados em redes privadas (intranets), os quais são responsáveis pelo trabalho pesado de processamento de informações. De forma geral, quando se emprega o uso de mainframes, associa-se o uso de thin clients pelos usuários, ou seja, terminais burros, apenas pontas para interação do usuário, pois os dados coletados e apresentados a ele são processados e armazenados nos mainframes.

A computação na nuvem é uma ideia similar a ser feito uso de computadores (servidores) localizados na Internet, otimizando assim seu uso, em vez de manter supercomputadores internamente na empresa.

A figura abaixo ilustra um serviço em que os dados são processados na nuvem e os resultados são exibidos no computador do usuário.

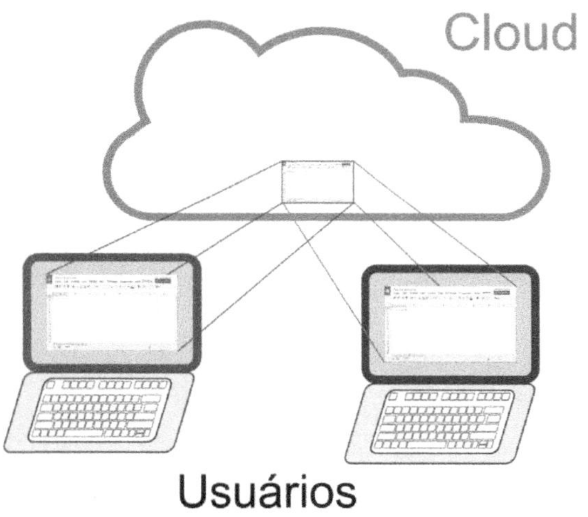

13.1 Características

Estuda-se, nesta seção, as características comuns tanto ao armazenamento quanto ao processamento de dados em nuvem.

Ao utilizar os serviços da nuvem não é preciso instalar aplicativos, porém, é possível. Ou seja, a instalação de aplicações relacionadas aos serviços da nuvem é apenas de caráter opcional.

Com isso, os serviços da nuvem se tornam uma prática alternativa, pois o usuário precisa do básico em seu computador para acessar aos serviços. Assim, basta ter um computador conectado à Internet e que seja dotado de um browser para utilizar os serviços da nuvem.

Contudo, uma característica negativa do serviço é a dependência frente aos servidores e provedores de serviço, pois, uma vez que não se tenha acesso à Internet ou o serviço esteja fora do ar, o usuário não tem condições de utilizar os serviços da nuvem, salvo exceção do modelo on premise.

É importante observar que, dentre os pré-requisitos básicos, o sistema operacional não foi citado, porque os serviços da nuvem independem do sistema instalado, pois normalmente são serviços que utilizam protocolos de navegação como HTTP e HTTPS, dentre outros.

Assim, como também não dependem de hardware específico para funcionar, podem inclusive ser citadas como multiplataforma, tanto no sentido de diferentes hardwares como no de diferentes sistemas operacionais. É comum usar serviços da nuvem também em tablets e smartphones, além dos computadores pessoais.

Outra característica dos serviços em nuvem diz respeito à segurança dos dados, em que o usuário não precisa se preocupar em fazer backups, controlar a segurança ou ter que realizar manutenção, pois essas são atribuições do fornecedor do serviço contratado.

A computação em nuvem também oferece praticidade no compartilhamento de informações, além de eximir o usuário de ter conhecimento sobre como funciona o serviço, possibilitando utilizá-lo sem preocupações.

Com todos esses detalhes, pode-se ainda destacar que a nuvem possibilita iniciar um trabalho em um computador e dar continuidade a ele por meio de outro computador.

Processamento na nuvem

É o processamento realmente dito nos termos de Cloud Computing, em que os dados são processados na nuvem.

É bastante comum hoje nos aparelhos celulares, smartphones e tablets, em aplicações como o talk to text (fale para escrever). Lembre-se de que a instalação não é obrigatória, mas pode ser feita. Nos aparelhos em que o usuário pode simplesmente pronunciar próximo a eles o texto que deseja escrever, o recurso usado precisa que o aparelho esteja conectado à Internet para poder funcionar.

Isso ocorre porque os aparelhos atuais, por mais que possuam alta tecnologia e capacidade de processamento, ainda não são suficientes para processar dados como identificação de texto em falas. Com isso, a alternativa é usar servidores localizados na Internet (nuvem) que recebem o áudio que os aparelhos gravam e processam a informação, oferecendo ao usuário o resultado na forma de texto.

Outro exemplo são os serviços do Google e da Microsoft, conhecidos, respectivamente, como Google Docs e Microsoft WebApps. Mas atenção às nomeclaturas, pois Google Drive/Disco ou Skydrive/OneDrive são serviços de outra natureza.

No Google Docs WebApps, o usuário encontra recursos como editores de texto, planilhas, apresentação, formulários e desenhos on-line usando a computação em nuvem. Ao utilizar esses serviços, o usuário não precisa possuir em seu computador editores similares, uma vez que basta executar o navegador de internet e nele acessar o site do serviço; ao logar, terá acesso aos recursos.

Armazenamento na nuvem

Já o armazenamento na nuvem, em inglês Cloud Storage, identifica os serviços que têm por característica armazenar os dados do usuário, de modo que, para acessá-los, seja necessário apenas um dispositivo (computador, smartphone ou tablet) conectado à Internet e que possua um browser. Com a ascensão desse tipo de serviço, pode-se apostar na queda da venda de dispositivos para transporte de dados como os Pendrives.

São exemplos citados nas provas o Google Drive/Disco, o Microsoft Skydrive, atualmente chamado de OneDrive, o Dropbox, Mega, Minus e Copy. A maioria deles oferece contas gratuitas com limite de armazenamento, a fim de demonstrar seus serviços. Mas, caso o usuário deseje e/ou precise, ele pode adquirir mais espaço de armazenamento.

A grande maioria dos serviços de Storage possui uma aplicação (opcional) que o usuário pode instalar em vários dispositivos, com o intuito de manter seus dados sincronizados. Ao instalar o aplicativo, ele criará uma pasta no dispositivo que estará em sincronia com a pasta on-line do usuário. Desse modo, todo arquivo salvo na referida pasta automaticamente (quando conectado à Internet) será enviado para a pasta on-line.

> *Pode-se então afirmar que possuir a pasta com os arquivos locais (no dispositivo) e on-line, simultaneamente, é uma forma de backup dos dados.*

O Google Drive oferece gratuitamente aos usuários 15 GB de espaço, no entanto, ele é compartilhado com a caixa de entrada de e-mails.

O One Drive também oferece 15 GB, mas inicialmente são 7 GB; para ganhar mais, o usuário deve enviar convites.

O Dropbox inicialmente oferece 2 GB gratuitos, mas, por meio de convites, o usuário pode ter até 18 GB; recebendo um convite, o usuário ganha 500 MB.

Já o Copy oferece inicialmente 20 GB gratuitos e, a cada convite enviado e recebido, o usuário ganha mais 5 GB de espaço.

Questões

01. **(FCC – 2018 – TRT/2ª REGIÃO/SP – ANALISTA JUDICIÁRIO)** Considere hipoteticamente que um Analista possui uma apresentação gerada pelo Microsoft PowerPoint 2010, em português, denominada TRTSP.pptx. Ele deseja que esta apresentação seja salva em um formato de autoapresentação. Nesse formato basta dar um duplo clique no nome do arquivo para que o conteúdo seja exibido automaticamente e a transição dos *slides* possa ser configurada com cliques no *mouse* ou através da barra de espaço. O formato que permite essa apresentação de *slides* é

a) .ppsm
b) .pptm
c) .potx
d) .ppsx
e) .ppxs

02. **(AOCP – 2018 – TRT/1ª REGIÃO/RJ – TÉCNICO JUDICIÁRIO) Para movimentar um arquivo entre dois diretórios, de modo que não fique uma réplica desse arquivo no diretório onde ele estava inicialmente, qual é a sequência de atalhos de teclado que deve ser executada após selecionar o arquivo através do mouse? (Obs.: O caractere "+" foi utilizado apenas para interpretação.)**

a) CTRL + C no diretório inicial e, depois, CTRL + V no diretório de destino.
b) CTRL + C no diretório inicial e, depois, CTRL + C no diretório de destino.
c) CTRL + X no diretório inicial e, depois, CTRL + X no diretório de destino.
d) CTRL + X no diretório inicial e, depois, CTRL + V no diretório de destino.
e) CTRL + X no diretório inicial e, depois, CTRL + C no diretório de destino.

03. **(AOCP – 2018 – TRT/1ª REGIÃO/RJ – TÉCNICO JUDICIÁRIO) Um computador normalmente é composto por um conjunto de hardware, incluindo seus periféricos. Qual das alternativas a seguir NÃO é um exemplo de periférico?**

a) Monitor.
b) Leitor de digitais.
c) Impressora.
d) CPU.
e) Teclado.

04. **(AOCP – 2018 – TRT/1ª REGIÃO/RJ – TÉCNICO JUDICIÁRIO) Suponha que o banco no qual você movimenta a sua empresa se chame "Banco Verdadeiro", e o site dele seja "www.bancoverdadeiro.com.br". No e-mail da sua empresa, você recebe um e-mail do remetente "seguranca@bancoverdadeiro.com.br" solicitando que você atualize o módulo de segurança do seu computador para acesso de serviços bancários através da Internet, conforme a imagem a seguir:**

Banco Verdadeiro: <seguranca@bancoverdadeiro.com.br>
Para: <seunome@suaempresa.com.br>

Prezado cliente,

Para que possa continuar utilizando nossos serviços através da Internet, solicitamos que atualize imediatamente o seu módulo de segurança através do site abaixo:

https://banco-verdadeiro.security-updates.com/modulo

Atenciosamente,

Banco Verdadeiro

Observando os detalhes da mensagem, qual das alternativas a seguir está correta e seria a mais recomendada para não comprometer a segurança do computador e dos seus dados pessoais?

a) Acessar o site indicado no texto da mensagem, já que o e-mail do remetente pertence ao mesmo domínio do site do banco, mantendo, assim, o módulo de segurança atualizado.
b) Verificar se o e-mail não contém um vírus anexado. Se não tiver vírus, acessar o site tranquilamente.
c) Se a sua empresa utiliza sistemas *antispam*, não há razão para se preocupar, podendo acessar o site tranquilamente.
d) Não acessar o site indicado, pois, pelas características da mensagem, deve se tratar de um *torrent*. Se necessário, pedir auxílio da equipe responsável pela administração da T.I.
e) Não acessar o site indicado, pois, pelas características da mensagem, deve se tratar de um *phishing*.

05. **(FCC – 2018 – TRT/2ª REGIÃO/SP – ANALISTA JUDICIÁRIO)** Considere o texto de um fabricante em relação ao seu produto:

Como um serviço pago conforme o uso, o backup em servidores virtuais oferece flexibilidade para escolher os dados que deseja proteger, pelo tempo que quiser protegê-los. Configure o controle de acesso limitado para que apenas seus usuários autorizados possam realizar operações críticas de backup. Uma notificação será enviada se o backup detectar alguma atividade suspeita, como Wanna Cry e similares, antes que seus dados sejam comprometidos. Qualquer exclusão não autorizada de seus backups será mantida por dias, para que você ganhe tempo para proteger seu ambiente e iniciar o processo de recuperação.

O tipo de serviço e o tipo de *malware* referenciados no texto são, correta e respectivamente,

a) *Cloud storage – phishing.*
b) *Cloud computing – pharming.*
c) *Cloud backup – ransomware.*
d) *Full backup – hoax.*
e) *Decremental backup – ransomware.*

06. **(FCC – 2018 – TRT/2ª REGIÃO/SP – ANALISTA JUDICIÁRIO)** Um Analista selecionou o título de um texto digitado no Microsoft Word 2013, em português, e pressionou simultaneamente a combinação de teclas Ctrl + Shift + C. Em seguida, selecionou um fragmento do texto em outro local da página e pressionou simultaneamente a combinação de teclas Ctrl + Shift + V. Estas ações do Analista

a) substituíram o fragmento de texto pelo título.

b) colocaram o título centralizado e o fragmento de texto justificado na página.

c) copiaram somente a formatação do título para o fragmento de texto.

d) colocaram o título em negrito e o fragmento do texto sublinhado.

e) incluíram o título no sumário do documento e o associaram ao fragmento de texto.

07. **(FCC – 2018 – TRT/2ª REGIÃO/SP – TÉCNICO JUDICIÁRIO)** Considere a planilha abaixo, digitada no Microsoft Excel 2013, em português.

	A	B
1	**TR DIÁRIA**	
2	**Data**	**Índice**
3	01/10/66	0,001008471
4	02/10/66	0,001008243
5	03/10/66	0,001008243
6	04/10/66	0,001008243
7	05/10/66	0,001008243
8		
9	Valor a procurar	04/10/66
10	Índice	0,001008243

Na célula B10 deseja-se digitar uma fórmula que localize na coluna A a data contida na célula B9 (04/10/66), e exiba em B10 o índice correspondente a esse valor que se encontra na coluna B (0,001008243). A fórmula que deve ser digitada é

a) =PROCV (B9 ; A3 : B7 ; 2)

b) =SE (A?=B9 ; PRINT (B?))

c) =PROCH (B9 ; A3 : B7 ; 2)

d) =PROCURAR (B9 ; A3 : B7 ; 1)

e) =LOCALIZAR (B9 ; A3 : B7 ; 1)

Gabaritos

01	D	02	D	03	D
04	E	05	C	06	C
07	A				

DIREITO CONSTITUCIONAL

1. INTRODUÇÃO AO DIREITO CONSTITUCIONAL

1.1 Noções Gerais

Para iniciarmos o estudo do Direito Constitucional, alguns conceitos precisam ser esclarecidos, principalmente para aqueles que nunca tiveram contato com a matéria.

Primeiramente, faz-se necessário conhecer qual será o objeto de estudo desta disciplina jurídica: **Constituição Federal**.

A Constituição Federal é simplesmente a norma mais importante de todo o ordenamento jurídico brasileiro. Ela é a norma principal, a norma fundamental.

Se pudéssemos posicionar as espécies normativas na forma de uma pirâmide hierárquica, a Constituição Federal apareceria no topo desta pirâmide, ao passo que as outras espécies normativas estariam todas abaixo dela, como na ilustração:

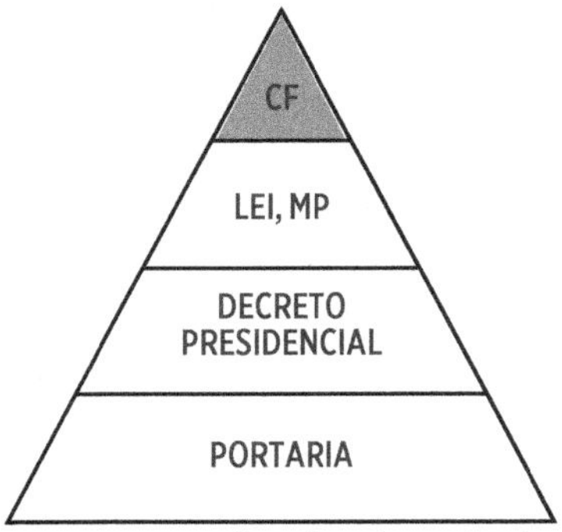

Para que sua preparação seja adequada, é necessário que se tenha em vista uma Constituição atualizada. Isso por conta de que a Constituição Federal foi promulgada em 1988, mas já foi alterada várias vezes. Significa dizer, numa linguagem mais jurídica, que ela foi **emendada**.

As Emendas Constitucionais são a única forma de alteração do Texto Constitucional. Portanto, jamais uma lei, ou outra espécie normativa hierarquicamente inferior à Constituição, poderá alterar o seu texto.

Neste ponto caberia a pergunta: o que torna a Constituição Federal a norma mais importante do Direito Brasileiro? A resposta é muito simples: a Constituição possui alguns elementos que a distinguem das outras espécies normativas, por exemplo:

Os Princípios Constitucionais;

Os Direitos Fundamentais;

A Organização do Estado;

A Organização dos Poderes.

De nada adiantaria possuir uma Constituição Federal com tantos elementos essenciais ao Estado se não existisse alguém para protegê-la. O próprio texto constitucional previu um Guardião para a Constituição, o **Supremo Tribunal Federal (STF)**.

O STF é o órgão de cúpula do Poder Judiciário e possui como atribuição principal a guarda da Constituição. Ele é tão poderoso que se alguém editar uma norma que contrarie o disposto no texto constitucional, o Supremo a declarará inconstitucional. Uma norma declarada inconstitucional pelo STF não produzirá efeitos na sociedade.

Além de Guardião da Constituição, o STF possui outra atribuição Constitucional, qual seja, a de intérprete do texto fundamental. É o Supremo quem define a melhor interpretação para esta ou aquela norma Constitucional. Quando um Tribunal manifesta sua interpretação, dizemos que ele revelou sua **jurisprudência** (o pensamento dos tribunais), sendo a do STF a que mais interessa para o estudo do Direito Constitucional. E é exatamente neste ponto que se encontra a maior importância do STF para o objetivo que aqui se tem em vista: é essencial conhecer sua jurisprudência, pois costuma cair em prova. Para se ter ideia da importância dessa matéria, é possível que alguma jurisprudência do STF seja contrária ao próprio texto constitucional. Dessa forma, o aluno precisa ter uma dupla percepção: conhecer o texto da Constituição e conhecer a jurisprudência do STF.

Contudo, ainda existe outra fonte de conhecimento essencial para o aprendizado em Direito Constitucional: a **doutrina**.

A doutrina é o pensamento produzido pelos estudiosos do Direito Constitucional. Conhecer a doutrina também faz parte de sua preparação.

Em suma, para estudar Direito Constitucional é necessário estudar:

A Constituição Federal;

A Jurisprudência do STF;

Doutrina de Direito Constitucional.

Neste estudo apresentar-se-á o conteúdo de Direito Constitucional atualizado, objetivo e necessário para prova de forma que se tenha à mão um material suficiente ao estudo para concurso público.

Metodologia de Estudo

Aproveitam-se essas considerações iniciais para passar uma dica de estudo que pode ser útil na preparação para concurso público. A preparação em Direito Constitucional precisa observar três passos:

Leitura da Constituição Federal;

Leitura da apostila;

Resolução de exercícios.

O aluno que seguir esses passos certamente chegará à aprovação em concurso público. Essa é a melhor orientação para quem está iniciando os estudos.

1.2 Classificações

A partir de algumas **características** que possuem as Constituições, é possível classificá-las, agrupá-las. As classificações abaixo não são as únicas possíveis, realçando apenas aqueles elementos mais comumente cobrados nos concursos públicos.

Quanto à **origem**, a Constituição pode ser Promulgada ou Outorgada. A **Constituição Promulgada** é aquela decorrente de um verdadeiro processo democrático para a sua elaboração, fruto de uma Assembleia Nacional Constituinte. A **Outorgada** é aquela imposta, unilateralmente, por um governante ou por um grupo de pessoas, ao povo.

Quanto à **possibilidade** de **alteração**, **mutação**, podem ser **Flexíveis**, **Rígidas** ou **Semirrígidas**. As Constituições Flexíveis não exigem, para a sua alteração, qualquer processo legislativo especial. As Rígidas, contudo, dependem de um processo legislativo de alteração mais difícil do que aquele utilizado para as normas ordinárias. As Constituições Semirrígidas são aquelas cuja parte de seu texto só pode ser alterada por um processo mais difícil, sendo que outra parte pode ser mudada sem qualquer processo especial.

Quanto **à forma** adotada, as Constituições podem ser: **Escritas ou Dogmáticas** e **Costumeiras**. A Constituição Dogmática é aquela que apresenta um único texto, no qual encontramos sistematizadas e organizadas todas as disposições essenciais do Estado. A Constituição Costumeira é aquela formada pela reunião de diversos textos esparsos, reconhecidos pelo povo como fundamentais, essenciais.

Quanto à **extensão**, podem ser: **Sintéticas** ou **Analíticas**. A Constituição Sintética é aquela concisa, enxuta e que só traz as disposições políticas essenciais a respeito da forma, organização, fundamentos e objetivos do Estado. A Constituição Analítica é aquela que aborda diversos assuntos, não necessariamente relacionados com a organização do Estado e dos poderes. Ela desce a minúcias que poderiam figurar em uma lei ordinária, não precisando constar do texto constitucional.

A partir das classificações apresentadas acima, temos que a Constituição Federal de 1988 pode ser considerada por **Promulgada**, **Rígida**, **Escrita** e **Analítica**.

2. PRINCÍPIOS FUNDAMENTAIS

Os Princípios Fundamentais, também chamados de Princípios Constitucionais, formam a base de toda a organização do Estado Brasileiro. Como bem citado pelo Professor José Afonso da Silva, "os Princípios Fundamentais visam essencialmente definir e caracterizar a coletividade política e o Estado e enumerar as principais opções político-constitucionais[1]".

Exatamente em razão de sua importância, a Constituição Federal os colocou logo no início, pois eles são a base de todo o texto. O que se segue a partir desses princípios é mero desdobramento de seu conteúdo.

Quem se prepara para concurso público deve saber que, quando esse tema é abordado, costuma-se trabalhar questões com o conteúdo previsto nos Arts. 1º ao 4º do texto constitucional. Geralmente, aparece apenas texto constitucional puro, mas, dependendo do concurso, as bancas costumam cobrar questões doutrinárias mais difíceis.

Quais princípios serão abordados?

- Princípio da Tripartição dos Poderes;
- Princípio Federativo;
- Princípio Republicano;
- Presidencialismo;
- Princípio Democrático;
- Fundamentos da República Federativa do Brasil;
- Objetivos Fundamentais da República Federativa do Brasil;
- Princípios que Regem as Relações Internacionais do Brasil.

2.1 Princípio da Tripartição dos Poderes

Esse princípio, também chamado de Princípio da Separação dos Poderes, originou-se, historicamente, numa tentativa de limitar os poderes do Estado. Alguns filósofos perceberam que, se o Poder do Estado estivesse dividido entre três entidades diferentes, seria possível que a sociedade exercesse um maior controle de sua utilização.

Na verdade, a divisão não é do Poder Estatal, haja vista ser ele uno, indivisível e indelegável, mas apenas uma divisão das suas funções. Nos dizeres de José Afonso da Silva: "O poder político, uno, indivisível e indelegável, se desdobra e se compõe de várias funções, fato que permite falar em distinções das funções, que fundamentalmente são três: a legislativa, a executiva e a jurisdicional"[2].

A previsão constitucional desse princípio encontra-se no Art. 2º, que diz:

> ***Art. 2º.*** *São Poderes da União, independentes e harmônicos entre si, o Legislativo, o Executivo e o Judiciário.*

Esses são os três poderes, cada qual responsável pelo desenvolvimento de uma função principal do Estado:

Poder Executivo

Função principal (típica) de administrar o Estado;

Poder Legislativo

Função principal (típica) de legislar e fiscalizar as contas públicas;

Poder Judiciário

Função principal (típica) jurisdicional.

Além da sua própria função, a Constituição criou uma sistemática que permite a cada um dos poderes o exercício da função do outro poder. Essa função acessória chamamos de **função atípica:**

Poder Executivo

Função atípica de legislar e julgar;

Poder Legislativo

Função atípica de administrar e julgar;

Poder Judiciário

Função atípica de administrar e legislar.

Dessa forma, pode-se dizer que além da própria função, cada poder exerce de forma acessória a função do outro poder.

Uma pergunta sempre surge na cabeça dos candidatos: qual dos três poderes é mais importante?

A única resposta possível é a inexistência de poder mais importante. Cada poder possui sua própria função de forma que não se pode afirmar que exista hierarquia entre os poderes do Estado.

Eles são independentes e harmônicos entre si, e para se garantir essa harmonia, a doutrina norte-americana desenvolveu um sistema que mantém a igualdade entre os poderes: **Sistema de Freios e Contrapesos** (*checks and balances*).

O sistema de freios e contrapesos adotado pela nossa Constituição, revela-se nas inúmeras medidas previstas no texto constitucional que condicionam a competência de um poder à apreciação de outro poder de forma a garantir o equilíbrio entre os três poderes. Abaixo estão alguns exemplos delas:

Exs.:

A necessidade de sanção do Chefe do Poder Executivo para que um Projeto de Lei aprovado pelo Poder Legislativo possa entrar em vigor;

O **processo do Chefe do Poder Executivo** por crime de responsabilidade a ser realizado no Senado Federal, cuja sessão de julgamento é presidida pelo Presidente do STF;

A **necessidade de apreciação** pelo Poder Legislativo das Medidas Provisórias editadas pelo Chefe do Poder Executivo;

A **nomeação dos ministros** do STF é feita pelo Presidente da República depois de aprovada pelo Senado Federal.

Em todas as hipóteses acima apresentadas, faz-se necessária a participação de mais de um Poder para a consecução de um ato administrativo. Isso cria uma verdadeira relação de interdependência entre os poderes, o que garante o equilíbrio entre eles.

Por último, não se pode esquecer que a separação dos poderes é uma das cláusulas pétreas por força do Art. 60, § 4º, III, da Constituição Federal.

1 CANOTILHO, J. J. Gomes, e MOREIRA, Vital. Fundamentos da Constituição. In: SILVA, José Afonso da. Curso de Direito Constitucional Positivo. 33ª Ed. São Paulo: Malheiros, 2010. p. 94.

2 SILVA, José Afonso da. Curso de Direito Constitucional Positivo. 33ª Ed. São Paulo: Malheiros, 2010. p. 108.

Significa dizer que a separação dos poderes não pode ser abolida do texto constitucional por meio de emenda:

> ***Art. 60, § 4º.*** *Não será objeto de deliberação a proposta de emenda tendente a abolir:*
>
> ***III.*** *A separação dos Poderes.*

2.2 Princípio Federativo

Esse princípio apresenta a Forma de Estado adotada no Brasil: federação. A forma de Estado reflete o modo de exercício do poder político em função do território. É uma forma composta ou complexa3, visto que prevalece a pluralidade de poderes políticos internos. Está baseada na descentralização política do Estado, cuja representação se dá por meio de quatro entes federativos:

União;

Estados;

Distrito Federal;

Municípios.

Cada ente federativo possui sua **própria autonomia política**, o que **não** pode ser confundido com o atributo da soberania, pertencente ao Estado Federal.

A autonomia de cada ente confere-lhe a capacidade política de, inclusive, criar sua própria Constituição. Apesar de cada ente federativo possuir essa independência, não se pode esquecer que a existência do pacto federativo pressupõe a existência de uma Constituição Federal e da impossibilidade de separação (Princípio da Indissolubilidade do Vínculo Federativo). Havendo quebra do pacto federativo, a Constituição Federal prevê como instrumento de manutenção da forma de Estado a chamada Intervenção Federal, a qual será estudada em momento oportuno.

Não existe hierarquia entre os entes federativos. O que os distingue é a competência que cada um recebeu da Constituição Federal. Deve-se ressaltar que os estados e o Distrito Federal possuem direito de participação na formação da vontade nacional ao possuírem representantes no Senado Federal. Os municípios não possuem representantes no Senado Federal. Caracteriza-se, ainda, pela existência de um guardião da Constituição Federal, o Supremo Tribunal Federal. A doutrina tem apontado para algumas características da forma federativa brasileira:

Tricotômica

Federação constituída em três níveis: federal, estadual e municipal. O Distrito Federal não é considerado nessa classificação, haja vista possuir competência híbrida, ou seja, ora age como estado ora como município.

Centrífuga

Essa característica reflete a formação da federação brasileira. É a formação "de dentro para fora". O movimento é de centrifugadora. A força de criação do estado federal brasileiro surgiu a partir de um Estado Unitário para a criação de um estado federado, ou seja, o poder centralizado que se torna descentralizado. O poder político era concentrado nas mãos de um só ente e, depois, passa a fazer parte de vários entes federativos.

3 A doutrina classifica as formas de Estado em Compostas ou Unitárias. Os Estados Compostos ou Complexos possuem como base a descentralização política enquanto que os Estados Unitários ou simples possuem uma única entidade política a qual exerce de forma centralizada o poder político (CUNHA, 2011, p. 872). Estado Federal é espécie de Estado Composto, portanto, não se confunde com Estado Unitário.

Por Desagregação

Ocorre quando um estado unitário resolve se descentralizar politicamente, desagregando o poder central em favor de vários entes titulares de poder político.

Como última observação, não menos importante, a **Forma Federativa de Estado** também é uma cláusula **pétrea.**

Depois de estudar os Princípios da Tripartição dos Poderes e o Federativo, passa-se a ver como eles estão estruturados dentro da República Federativa do Brasil. Uma informação importante antes disso: a autonomia política existente em cada ente federativo pode ser percebida por meio de existência dos poderes em cada um.

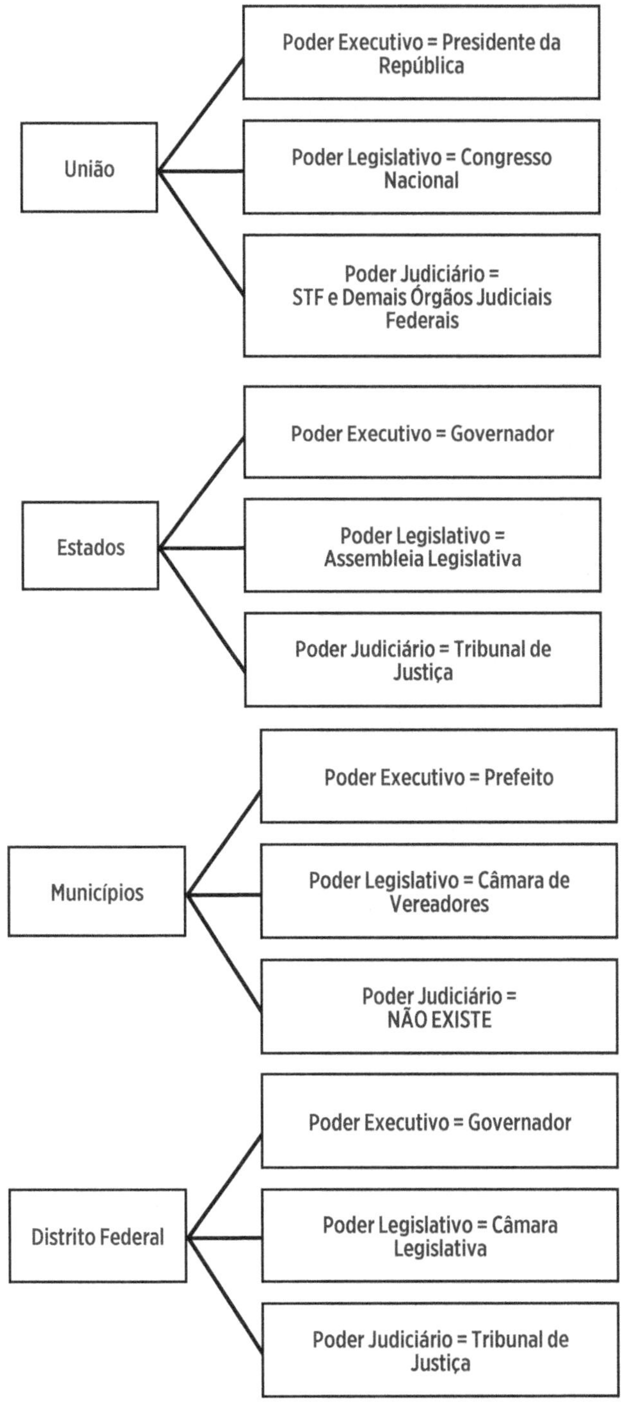

2.3 Princípio Republicano

O princípio Republicano representa a **Forma de Governo** adotada no Brasil. A forma de governo reflete o modo de aquisição e exercício do poder político, além de medir a relação existente entre o governante e o governado.

A melhor forma de entender esse instituto é conhecendo suas características. A primeira característica decorre da análise etimológica da expressão *res publica*. Essa expressão, que dá origem ao Princípio ora estudado, significa coisa pública, ou seja, em um Estado Republicano o governante cuida da coisa pública, governa para o povo.

Outra característica importante é a Temporariedade. Esse atributo revela o caráter temporário do exercício do poder político. Por causa desse princípio, em nosso Estado, o governante permanece no poder por tempo determinado.

Em uma República, o governante é escolhido pelo povo. Essa é a chamada Eletividade. O poder político é adquirido pelas eleições, sendo que a vontade popular se concretiza nas urnas.

Por fim, em um Estado Republicano o governante pode ser responsabilizado por seus atos.

A forma de governo republicana se contrapõe à monarquia, cujas características são opostas às estudadas aqui.

É importante destacar que o princípio republicano não é uma cláusula pétrea, pois esse princípio não se encontra listado no rol das cláusulas pétreas do Art. 60, § 4o, da Constituição Federal. Apesar disso, a Constituição o considerou como princípio sensível. Princípios sensíveis são aqueles que, se tocados, ensejarão a chamada Intervenção Federal, conforme previsto no Art. 34, VII, da Constituição:

> ***Art. 34.*** *A União não intervirá nos Estados nem no Distrito Federal, exceto para:*
>
> ***VII.*** *assegurar a observância dos seguintes princípios constitucionais:*
>
> ***a)*** *forma republicana, sistema representativo e regime democrático.*

2.4 Presidencialismo

O Presidencialismo é o sistema de governo adotado no Brasil. O sistema de governo rege a relação entre o Poder Executivo e o Legislativo medindo o grau de dependência entre eles. No Presidencialismo, prevalece a separação entre os Poderes Executivo e Legislativo, os quais são independentes e harmônicos entre si.

A Constituição declara, em seu Art. 76, que:

> *O Poder Executivo é exercido pelo Presidente da República, auxiliado pelos Ministros de Estado.*

O Presidencialismo possui uma característica muito importante, que é a concentração das funções executivas em uma só pessoa, o Presidente, o qual é eleito pelo povo, e exerce ao mesmo tempo três funções: Chefe de Estado, Chefe de Governo, e Chefe da Administração Pública.

A função de Chefe de Estado diz respeito a todas as atribuições do Presidente nas relações externas do País. Como Chefe de Governo, o Presidente possui inúmeras atribuições internas no que tange à governabilidade do país. Já como Chefe da Administração Pública, o Presidente exercerá as funções relacionadas com a chefia da Administração Pública Federal.

2.5 Democracia

Este princípio revela o Regime de Governo adotado no Brasil. Caracteriza-se pela existência do Estado Democrático de Direito e pela preservação da dignidade da pessoa humana.

A democracia significa o governo do povo, pelo povo e para o povo. É a chamada soberania popular. Sua fundamentação constitucional encontra-se no Art. 1º da CF:

> ***Art. 1º, Parágrafo único.*** *Todo o poder emana do povo, que o exerce por meio de representantes eleitos ou diretamente, nos termos desta Constituição.*

Esse princípio também é conhecido como princípio sensível e, no Brasil, caracteriza-se por seu exercício se dar de forma direta e indireta. Por esse motivo, a democracia brasileira é conhecida como semidireta ou participativa. Esse tema, porém, será abordado na seção sobre **Direitos Políticos**.

FORMA DE ESTADO → FEDERATIVA

FORMA DE GOVERNO → REPUBLICANA

SISTEMA DE ESTADO → PRESIDENCIALISTA

REGIME DE ESTADO → DEMOCRÁTICO

2.6 Fundamentos da República Federativa do Brasil

Entre os Princípios Constitucionais mais importantes, destacam-se os Fundamentos da República Federativa do Brasil, os quais estão elencados no Art. 1º da Constituição Federal:

> ***Art. 1º.*** *A República Federativa do Brasil, formada pela união indissolúvel dos Estados e Municípios e do Distrito Federal, constitui-se em Estado Democrático de Direito e tem como fundamentos:*
>
> ***I.*** *A soberania;*
>
> ***II.*** *A cidadania;*
>
> ***III.*** *A dignidade da pessoa humana;*
>
> ***IV.*** *Os valores sociais do trabalho e da livre iniciativa;*
>
> ***V.*** *O pluralismo político.*

A soberania é um fundamento que possui estreita relação com o Poder do Estado. É a capacidade que o Estado tem de impor sua vontade. Esse princípio possui uma dupla acepção: soberania interna e externa.

A soberania interna é a capacidade de impor o poder estatal no âmbito interno, perante os administrados, sem se sujeitar a qualquer outro poder.

A soberania externa é percebida pelo reconhecimento dos outros Estados soberanos de que o Estado Brasileiro possui sua própria autonomia no âmbito internacional.

A cidadania como princípio revela a condição jurídica de quem é titular de Direitos Políticos. Ela permite ao indivíduo que possui vínculo jurídico com o Estado participar de suas decisões e escolher seus representantes. O exercício da cidadania guarda estreita relação com a Democracia, pois essa autoriza a participação popular na formação da vontade estatal.

A dignidade da pessoa humana é considerada o princípio com maior hierarquia axiológica da Constituição. Sua importância se traduz na medida em que deve ser assegurada, primordialmente, pelo Estado, mas também deve ser observada nas relações particulares. Como fundamento, embasa toda a gama de direitos fundamentais, os quais estão ligados em sua origem a esse princípio. A dignidade da pessoa humana representa o núcleo mínimo de direitos e garantias que devem ser assegurados aos seres humanos.

O valor social do trabalho e da livre iniciativa revela a adoção de uma economia capitalista ao mesmo tempo em que elege o trabalho como elemento responsável pela valorização social. Ao mesmo tempo em que a Constituição garante uma liberdade econômica, protege o trabalho como elemento relacionado à dignidade do indivíduo como membro da sociedade.

O Pluralismo Político, ao contrário do que parece, não está relacionado apenas com a pluralidade de partidos políticos, devendo ser entendido sob um sentido mais amplo, pois revela uma sociedade em que pluralidade de ideias se torna um ideal a ser preservado. Liberdades, como de expressão, religiosa ou política estão entre as formas de manifestação desse princípio.

Geralmente, quando esse tema é cobrado em prova, costuma ser questionado apenas o texto constitucional.

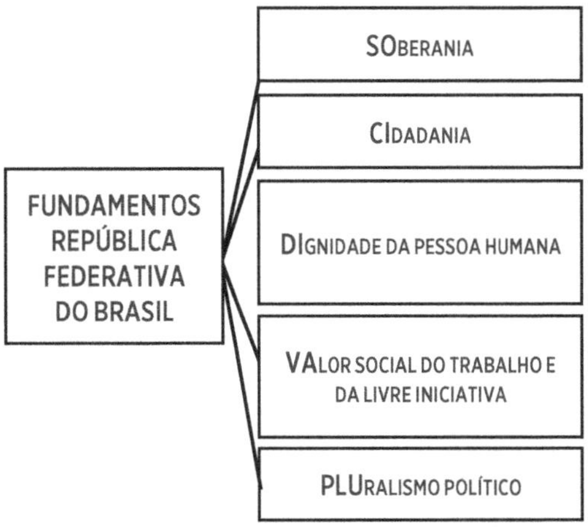

2.7 Objetivos Fundamentais da República Federativa do Brasil

Outro grupo de Princípios Constitucionais que costuma ser cobrado em prova é o dos Objetivos da República Federativa do Brasil, os quais estão previstos em um rol exemplificativo no Art. 3º da Constituição Federal:

> ***Art. 3º.*** *Constituem objetivos fundamentais da República Federativa do Brasil:*
>
> ***I.*** *Construir uma sociedade livre, justa e solidária;*
>
> ***II.*** *Garantir o desenvolvimento nacional;*
>
> ***III.*** *Erradicar a pobreza e a marginalização e reduzir as desigualdades sociais e regionais;*
>
> ***IV.*** *Promover o bem de todos, sem preconceitos de origem, raça, sexo, cor, idade e quaisquer outras formas de discriminação.*

Os objetivos são verdadeiras metas a serem perseguidas pelo Estado com o fim de garantir os ditames constitucionais. Deve-se ter muita atenção em relação a esses dispositivos, pois eles costumam ser cobrados em prova fazendo-se alterações dos termos constitucionais.

Outra característica que distingue os fundamentos dos objetivos é o fato de os fundamentos serem nominados com substantivos ao passo que os objetivos se iniciam com verbos. Essa diferença pode ajudar a perceber qual a resposta correta na prova.

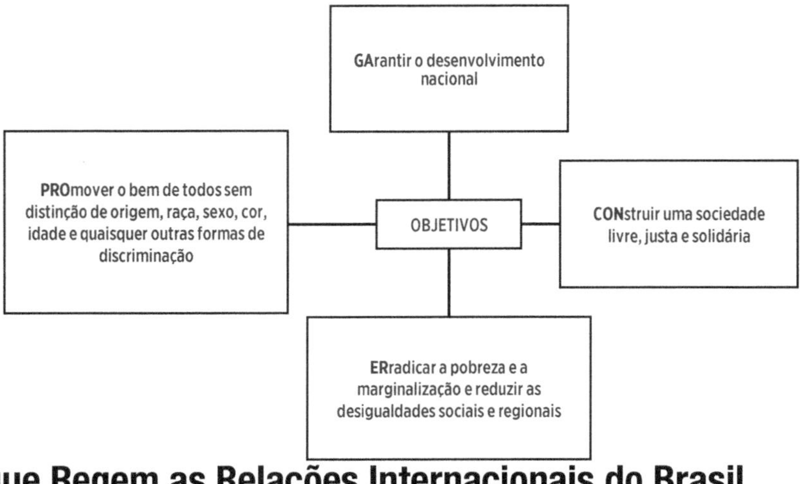

2.8 Princípios que Regem as Relações Internacionais do Brasil

E, por fim, têm-se os Princípios que regem as relações internacionais, os quais estão previstos no Art. 4º da CF:

> ***Art. 4º.*** *A República Federativa do Brasil rege-se nas suas relações internacionais pelos seguintes princípios:*
>
> ***I.*** *Independência nacional;*
>
> ***II.*** *Prevalência dos direitos humanos;*
>
> ***III.*** *Autodeterminação dos povos;*
>
> ***IV.*** *Não intervenção;*
>
> ***V.*** *Igualdade entre os Estados;*
>
> ***VI.*** *Defesa da paz;*
>
> ***VII.*** *Solução pacífica dos conflitos;*
>
> ***VIII.*** *Repúdio ao terrorismo e ao racismo;*
>
> ***IX.*** *Cooperação entre os povos para o progresso da humanidade;*
>
> ***X.*** *Concessão de asilo político.*
>
> ***Parágrafo único.*** *A República Federativa do Brasil buscará a integração econômica, política, social e cultural dos povos da América Latina, visando à formação de uma comunidade latino-americana de nações.*

Esses princípios revelam características muito interessantes do Brasil, ressaltando sua soberania e independência em relação aos outros Estados do mundo.

A independência nacional destaca, no âmbito da soberania externa, a relação do país com os demais estados, uma relação de igualdade, sem estar subjugado a outro Estado.

A prevalência dos direitos humanos vai ao encontro do fundamento da dignidade da pessoa humana, característica muito importante que se revela por meio do grande rol de direitos e garantias fundamentais previstos na Constituição Federal.

O Brasil **defende a autodeterminação dos povos.** Por esse princípio, respeitam-se as decisões e escolhas de cada povo. Entende-se que cada povo é capaz de escolher o seu próprio caminho político e de resolver suas crises internas sem necessidade de intervenção externa de outros países. Esse princípio se completa ao da **não intervenção** no mesmo sentido de preservação e respeito à soberania dos demais Estados.

Esses princípios se completam juntamente com o da **igualdade entre os Estados,** sendo que cada país é reconhecido como titular de soberania na mesma proporção que os demais, sem hierarquia entre eles.

Com uma ampla gama de garantias constitucionais, não poderia ficar de lado a **defesa da paz** como princípio fundamental, ao mesmo tempo que funciona como bandeira defendida pelo Brasil em suas relações internacionais. No mesmo sentido, **a solução pacífica dos conflitos** revela o lado conciliador do governo brasileiro, que por vezes intermedeia relações conturbadas entre outros chefes de estado.

O repúdio ao terrorismo e ao racismo é princípio decorrente da dignidade da pessoa humana; terrorismo e racismo são tomados como inaceitáveis em sociedades modernas.

O Estado Brasileiro tem-se destacado na **cooperação entre os povos para o progresso da humanidade**, envolvendo-se em pesquisas científicas para cura de doenças, bem como na defesa e preservação do meio ambiente, entre outros.

A concessão de asilo político como princípio constitucional fundamenta a decisão brasileira de amparar estrangeiros que estejam sendo perseguidos em seus países por questões políticas ou de opinião.

Destaca-se, entre os princípios que regem as relações internacionais, um mandamento para que a República Federativa do Brasil busque a integração econômica, política, social e cultural dos povos da América Latina, visando à formação de uma comunidade latino-americana de nações. Repare que o texto constitucional mencionou América Latina, não América do Sul. Parece não haver muita diferença, mas esse tema já foi cobrado em prova e a troca dos termos é considerada errada.

3. DIREITOS FUNDAMENTAIS

Os direitos e garantias fundamentais estão entre os temas mais cobrados em provas. Além de questões envolvendo a literalidade do texto constitucional, encontramos aqui muitas discussões doutrinárias e jurisprudências que tornam essa matéria uma fonte inesgotável de questões.

Procura-se nas próximas páginas apresentar as principais questões levantadas na doutrina e nos tribunais, sempre privilegiando as posições adotadas pelas bancas organizadoras de concurso público.a

Inicia-se o estudo pelas Regras Gerais aplicáveis aos direitos fundamentais, tema que tem sido priorizado pelas maiores organizadoras de concursos do país.

Os direitos e garantias fundamentais são institutos jurídicos que foram criados no decorrer do desenvolvimento da humanidade e se constituem de normas protetivas que formam um núcleo mínimo de prerrogativas inerentes à condição humana.

3.1 Amplitude Horizontal e Vertical

Possuem como objetivo principal a proteção do indivíduo diante do poder do Estado. Mas não só do Estado. Os direitos e garantias fundamentais também constituem normas de proteção do indivíduo em relação aos outros indivíduos da sociedade.

E é exatamente nesse ponto que surgem os conceitos de **Amplitude Horizontal e Amplitude Vertical.** Amplitude vertical é o efeito protetor que as normas definidoras de direitos e garantias fundamentais produzem para um indivíduo diante do Estado. Já a amplitude horizontal é o efeito protetor que as normas definidoras de direitos e garantias fundamentais produzem para um indivíduo diante dos outros indivíduos.

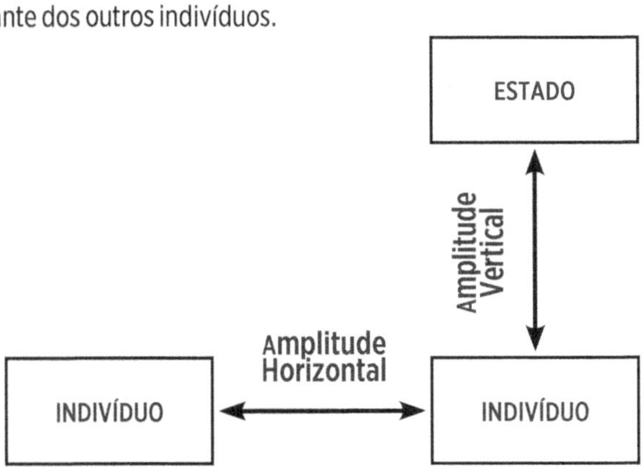

3.2 Classificação

A Constituição Federal, quando se refere aos direitos fundamentais, classifica-os em cinco grupos:

> Direitos e Deveres Individuais e Coletivos;
> Direitos Sociais;
> Direitos de Nacionalidade;
> Direitos Políticos;
> Partidos Políticos.

Essa classificação encontra-se distribuída entre os Arts. 5º e 17 do texto constitucional e é normalmente chamada pela doutrina de Conceito Formal dos Direitos Fundamentais. O Conceito Formal é o que a Constituição Federal resolveu classificar como sendo Direito Fundamental. É o rol de direitos fundamentais previstos expressamente no texto constitucional.

Costuma-se perguntar nas provas: "O rol de direitos fundamentais é um rol exaustivo? Ou melhor, taxativo?" O que se quer saber é se o rol de direitos fundamentais é só aquele que está expresso na Constituição ou não.

Responde-se a essa questão com o § 2º do Art. 5º, que diz:

> ***§ 2º** - Os direitos e garantias expressos nesta Constituição não excluem outros decorrentes do regime e dos princípios por ela adotados, ou dos tratados internacionais em que a República Federativa do Brasil seja parte.*

Isso significa que o rol não é taxativo, mas exemplificativo. A doutrina costuma chamar esse parágrafo de Cláusula de Abertura Material, que é exatamente a possibilidade de existirem outros direitos fundamentais, ainda que fora do texto constitucional. Esse seria o Conceito Material dos direitos fundamentais, ou seja, todos os direitos fundamentais que possuem a essência fundamental, ainda que não estejam expressos no texto constitucional.

3.3 Características

O elemento jurídico acima abordado, além de explicar a possibilidade de se inserirem novos direitos fundamentais no rol dos que já existem expressamente na Constituição Federal, também constitui uma das características que serão abordadas a seguir:

Historicidade

Essa característica revela que os Direitos Fundamentais são frutos da evolução histórica da humanidade. Significa que eles evoluem com o passar do tempo.

Inalienabilidade

Os direitos fundamentais não podem ser alienados, não podem ser negociados, não podem ser transigidos.

Irrenunciabilidade

Os direitos fundamentais não podem ser renunciados.

Imprescritibilidade

Os direitos fundamentais não se sujeitam aos prazos prescricionais. Não se perde um direito fundamental pelo decorrer do tempo.

Universalidade

Os direitos fundamentais pertencem a todas as pessoas, independentemente da sua condição.

Máxima Efetividade

Essa característica é mais uma imposição ao Estado, que está coagido a garantir a máxima efetividade dos direitos fundamentais. Esses direitos não podem ser ofertados de qualquer forma. É necessário que eles sejam garantidos da melhor forma possível.

Concorrência

Os direitos fundamentais podem ser utilizados em conjunto com outros direitos. Não é necessário abandonar um para usufruir outro direito.

Complementariedade

Um direito fundamental não pode ser interpretado sozinho. Cada direito deve ser analisado juntamente com outros direitos fundamentais, bem como com outros institutos jurídicos.

Proibição do Retrocesso

Essa característica proíbe que os direitos já conquistados sejam perdidos.

Limitabilidade

Não existe direito fundamental absoluto. São direitos relativos.

Não Taxatividade

Essa característica, já tratada anteriormente, diz que o rol de direitos fundamentais é apenas exemplificativo, tendo em vista a possibilidade de inserção de novos direitos.

Veja como esse tema costuma ser abordado em prova:

Os atos de improbidade administrativa estão taxativamente previstos em lei, não sendo possível compreender que sua enumeração seja meramente exemplificativa. ERRADO.

3.4 Dimensões dos Direitos Fundamentais

As dimensões, também conhecidas por Gerações de direitos fundamentais, são uma classificação adotada pela doutrina que leva em conta a ordem cronológica de reconhecimento desses direitos. São cinco as dimensões atualmente reconhecidas:

1ª Dimensão – foram os primeiros direitos conquistados pela humanidade. São direitos relacionados à liberdade, em todas as suas formas. Possuem um caráter negativo diante do Estado, tendo em vista ser utilizado como uma verdadeira limitação ao poder estatal, ou seja, o Estado, diante dos direitos de primeira dimensão, fica impedido de agir ou interferir na sociedade. São verdadeiros direitos de defesa com caráter individual. Estão entre estes direitos as liberdades públicas, civis e políticas.

2ª Dimensão – estes direitos surgem na tentativa de reduzirem as desigualdades sociais provocadas pela primeira dimensão. Por isso, são conhecidos como direitos de igualdade. Para reduzir as diferenças sociais, o Estado precisa interferir na sociedade: essa interferência reflete a conduta positiva adotada por meio de prestações sociais. São exemplos de direitos de segunda dimensão: os direitos sociais, econômicos e culturais.

3ª Dimensão – aqui estão os conhecidos direitos de fraternidade. São direitos que refletem um sentimento de solidariedade entre os povos na tentativa de preservarem os direitos de toda a coletividade. São de terceira geração o direito ao meio ambiente saudável, o direito ao progresso da humanidade, ao patrimônio comum, entre outros.

4ª Dimensão – esses direitos ainda não possuem um posicionamento pacífico na doutrina, mas costuma-se dizer que nesta dimensão ocorre a chamada globalização dos direitos fundamentais. São direitos que rompem com as fronteiras entre os Estados. São direitos de todos os seres humanos, independentemente de sua condição, como o direito à democracia, ao pluralismo político. São também considerados direitos de 4ª geração os direitos mais novos, que estão em construção, como o direito genético ou espacial.

5ª Dimensão – essa é a mais nova dimensão defendida por alguns doutrinadores. É formado basicamente pelo direito à paz. Esse seria o direito mais almejado pelo homem e que consubstancia a reunião de todos os outros direitos.

Deve-se ressaltar que esses direitos, à medida que foram sendo conquistados, complementavam os direitos anteriores, de forma que não se pode falar em substituição ou superação de uma geração sobre a outra, mas em cumulação, de forma que hoje podemos usufruir de todos os direitos pertencentes a todas as dimensões.

Para não se esquecer das três primeiras dimensões é só lembrar-se do Lema da Revolução Francesa: Liberdade, Igualdade e Fraternidade.

1ª DIMENSÃO	2ª DIMENSÃO	3ª DIMENSÃO
LIBERDADE	IGUALDADE	FRATERNIDADE

3.5 Titulares dos Direitos Fundamentais

Quem são os Titulares dos Direitos Fundamentais?

A própria Constituição Federal responde a essa pergunta quando diz no *caput* do Art. 5º que são titulares "os brasileiros e estrangeiros residentes no país". Mas será que é necessário residir no país para que o estrangeiro tenha direitos fundamentais?

Imaginemos um avião cheio de alemães que está fazendo uma escala no Aeroporto Municipal de Cascavel-PR.

Nenhum dos alemães reside no país. Seria possível entrar no avião e matar todas aquelas pessoas, haja vista não serem titulares de direitos fundamentais por não residirem no país? É claro que não. Para melhor se compreender o termo "residente", o STF o tem interpretado de forma mais ampla no sentido de abarcar todos aqueles que estão no país. Ou seja, todos os que estão no território brasileiro, independentemente de residirem no país, são titulares de direitos fundamentais.

Mas será que, para ser titular de direitos fundamentais, é necessário ter a condição humana? Ao contrário do que parece, não é necessário. Tem-se reconhecido como titulares de direitos fundamentais as pessoas jurídicas. Ressalta-se que não só as pessoas jurídicas de direito privado, mas também as pessoas jurídicas de direito público.

> O STF já se pronunciou sobre a "briga de galo" e a "farra do boi", declarando-as inconstitucionais. Quanto à "vaquejada", o Supremo se manifestou acerca da admissibilidade parcial, desde que não figure flagelação do animal. Por fim, o tema de "rodeios" ainda não foi pleiteado.

Os animais não são considerados titulares de direitos fundamentais, mas isso não significa que seja possível maltratá-los. Na prática, a CF/88 protege-os contra situações de maus-tratos. De outro lado, mortos podem ser titulares de direitos fundamentais, desde que o direito seja compatível (ex.: honra).

3.6 Cláusulas Pétreas e os Direitos Fundamentais

O Art. 60, § 4º da Constituição Federal, traz o rol das chamadas **Cláusulas Pétreas:**

> ***§ 4º*** *- Não será objeto de deliberação a proposta de emenda tendente a abolir:*
>
> ***I.*** *A forma federativa de Estado;*
>
> ***II.*** *O voto direto, secreto, universal e periódico;*
>
> ***III.*** *A separação dos Poderes;*
>
> ***IV.*** *Os direitos e garantias individuais.*

As Cláusulas Pétreas são núcleos temáticos formados por institutos jurídicos de grande importância, os quais não podem ser retirados da Constituição. Observe-se que o texto proíbe a abolição desses princípios, mas não impede que os mesmos sejam modificados, no caso, para melhor. Isso já foi cobrado em prova. É importante notar que o texto constitucional prevê no inciso IV como sendo Cláusulas Pétreas apenas os direitos e garantias individuais. Pela literalidade da Constituição, não são todos os direitos fundamentais que são protegidos por esse instituto, mas apenas os de caráter individual. Parte da doutrina e da jurisprudência entende que essa proteção deve ser ampliada, abrangendo os demais direitos fundamentais. Deve-se ter atenção com esse tema em prova, pois já foram cobrados os dois posicionamentos.

3.7 Eficácia dos Direitos Fundamentais

O § 1º do Art. 5º da Constituição Federal prevê que:

> ***§ 1º*** *- As normas definidoras dos direitos e garantias fundamentais têm aplicação imediata.*

Quando a Constituição Federal se refere à aplicação de uma norma, na verdade está falando da sua eficácia.

Esse tema é sempre cobrado em provas de concurso. Com o intuito de obter uma melhor compreensão, é necessário conceituar, classificar e diferenciar os vários níveis de eficácia das normas constitucionais.

Para que uma norma constitucional seja aplicada é indispensável que a ela possua eficácia, a qual é *a capacidade que uma norma jurídica tem de produzir efeitos*.

Se os efeitos produzidos se restringem ao âmbito normativo, tem-se a chamada **eficácia jurídica**, ao passo que, se os efeitos são concretos, reais, tem-se a chamada **eficácia social.** Eficácia jurídica, portanto, é a capacidade que uma norma constitucional tem de revogar todas as outras normas que com ela apresentem divergência. Já a eficácia social, também conhecida como efetividade, é a aplicabilidade na prática, concreta, da norma. Todas as normas constitucionais possuem eficácia jurídica, mas nem todas possuem eficácia social. Logo, é possível afirmar que todas as normas constitucionais possuem eficácia. O problema surge quando uma norma constitucional não pode ser aplicada na prática, ou seja, não possui eficácia social.

Para explicar esse fenômeno, foram desenvolvidas várias classificações acerca do grau de eficácia de uma norma constitucional. A classificação mais adotada pela doutrina e mais cobrada em prova é a adotada pelo professor José Afonso da Silva[1]. Para esse estudioso, a eficácia social se classifica em:

> **Eficácia Plena;**
> **Eficácia Contida;**
> **Eficácia Limitada.**

As normas de **eficácia plena** são aquelas **autoaplicáveis.** São normas que possuem aplicabilidade direta, imediata e integral. Seus efeitos práticos são plenos. É uma norma que não depende de complementação legislativa para produzir efeitos. Veja os exemplos:

Art. 1º; Art. 5º, *caput* e incisos XXXV e XXXVI; Art. 19; Art. 21; Art. 53; Art. 60, § 1º e 4º; Art. 69; Art. 128, § 5º, I e II; Art. 145, § 2º; entre outros.

As normas de **eficácia contida** também são **autoaplicáveis.** Assim como as normas de eficácia plena, elas possuem **aplicabilidade direta e imediata**. Contudo, sua aplicação não é integral. É neste ponto que a eficácia contida se diferencia da eficácia plena. A norma de eficácia contida nasce plena, mas pode ser restringida por outra norma.

Daí a doutrina chamá-la de norma contível, restringível ou redutível. Essas espécies permitem que outra norma reduza a sua aplicabilidade. São normas que produzem efeitos imediatos, mas esses efeitos podem ser restringidos. Ex:

Art. 5º, VII, XII, XIII, XV, XXVII, XXXIII; Art. 9º; Art. 37, I; Art. 170, parágrafo único; entre outros.

Já as normas de **eficácia limitada** são desprovidas de eficácia social. Diz-se que as normas de eficácia limitada não são autoaplicáveis, possuem aplicabilidade indireta, mediata e reduzida ou diferida.

São normas que dependem de outra para produzirem efeitos. O que as difere das normas de eficácia contida é a dependência de outra norma para que produza efeitos sociais. Enquanto as de eficácia contida produzem efeitos imediatos, os quais poderão ser restringidos posteriormente, as de eficácia limitada dependem de outra norma para produzirem efeitos. Deve-se ter cuidado para não pensar que essas espécies normativas não possuem eficácia. Como se afirmou anteriormente, elas possuem eficácia jurídica, mas não possuem eficácia social. As normas de eficácia limitada são classificadas, ainda, em:

> Normas de eficácia limitada de princípio institutivo (organizativo ou organizatório);
> Normas de eficácia limitada de princípio programático.

As normas de eficácia limitada de **princípio institutivo** são aquelas que dependem de outra norma para organizar ou instituir estruturas, entidades ou órgãos.

Art. 18, § 2º; Art. 22, Parágrafo único; Art. 25, § 3º; Art. 33; Art. 88; Art. 90, §2º; Art. 102, §1º; Art. 107, §1º; Art. 113; Art. 121; Art. 125, §3º; 128, §5º; Art. 131; entre outros.

1 Silva, José Afonso da. "Curso de Direito Constitucional Positivo". 27ª edição. São Paulo: Malheiros, 2005.

As normas de eficácia limitada de **princípio programático** são aquelas que apresentam verdadeiros objetivos a serem perseguidos pelo Estado, programas a serem implementados. Em regra, possuem fins sociais.

Art. 7º, XI, XX, XXVII; Art. 173, §4º; Art. 196; Art. 205; Art. 215; Art. 218; Art. 227; entre outros.

O Supremo Tribunal Federal (STF) possui algumas decisões que conferiram o grau de eficácia limitada aos seguintes dispositivos:

Art. 5º, LI; Art. 37, I; Art. 37, VII; Art. 40, § 4º; Art. 18, §4º.

Feitas as considerações iniciais sobre esse tema, resta saber o que o § 1º do Art. 5º da CF quis dizer com "aplicação imediata". Para traduzir essa expressão, basta analisar a explicação apresentada anteriormente. Segundo a doutrina, as normas que possuem aplicação imediata ou são de eficácia plena ou contida. Ao que parece, o texto constitucional quis restringir a eficácia dos direitos fundamentais em plena ou contida, não existindo, em regra, normas definidoras de direitos fundamentais com eficácia limitada. Entretanto, pelos próprios exemplos aqui apresentados, não é essa a realidade do texto constitucional. Certamente, existem normas de eficácia limitada entre os direitos fundamentais (7º, XI, XX, XXVII). A dúvida que surge então é: como responder na prova?

A doutrina e o STF têm entendido que, apesar do texto expresso na Constituição Federal, existem normas definidoras de direitos fundamentais que não possuem aplicabilidade imediata, as quais são de eficácia limitada. Diante dessa contradição, a doutrina tem orientado no sentido de se conferir a maior eficácia possível aos direitos fundamentais. Em prova, pode ser cobrada tanto uma questão abordando o texto puro da Constituição Federal quanto o posicionamento da doutrina. Deve-se responder conforme for perguntado.

A Constituição previu dois instrumentos para garantir a efetividade das normas de eficácia limitada: **Ação Direta de Inconstitucionalidade** por omissão e o **Mandado de Injunção.**

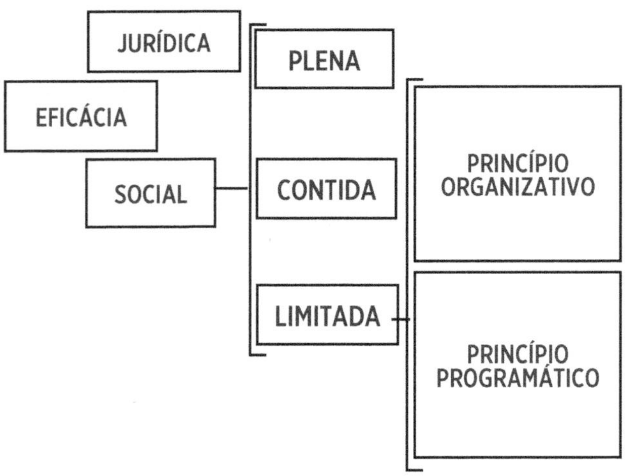

3.8 Força Normativa dos Tratados Internacionais

Uma regra muito importante para a prova é a que está prevista no § 3º do Art. 5º:

> ***§3º** - Os tratados e convenções internacionais sobre direitos humanos que forem aprovados, em cada Casa do Congresso Nacional, em dois turnos, por três quintos dos votos dos respectivos membros, serão equivalentes às emendas constitucionais.*

Esse dispositivo constitucional apresenta a chamada Força Normativa dos Tratados Internacionais.

Segundo o texto constitucional, é possível que um tratado internacional possua força normativa de emenda constitucional, desde que preencha os seguintes requisitos:

- Tem que falar de direitos humanos;
- Tem que ser aprovado nas duas casas legislativas do Congresso Nacional, ou seja, na Câmara dos Deputados e no Senado Federal;
- Tem que ser aprovado em dois turnos em cada casa;
- Tem que ser aprovado por 3/5 dos membros em cada turno de votação, em cada casa.

Preenchidos esses requisitos, o Tratado Internacional terá força normativa de **Emenda à Constituição.**

Mas surge a seguinte questão: e se o Tratado Internacional for de Direitos Humanos e não preencher os requisitos constitucionais previstos no § 3º do Art. 5º da Constituição? Qual será sua força normativa? Segundo o STF, caso o Tratado Internacional fale de direitos humanos, mas não preencha os requisitos do § 3º do Art. 5º da CF, ele terá força normativa de **Norma Supralegal.**

Ainda há os tratados internacionais que não falam de direitos humanos. São tratados que falam de outros temas, por exemplo, o comércio. Esses tratados possuem força normativa de **Lei Ordinária.** Em suma, são três as forças normativas dos Tratados Internacionais:

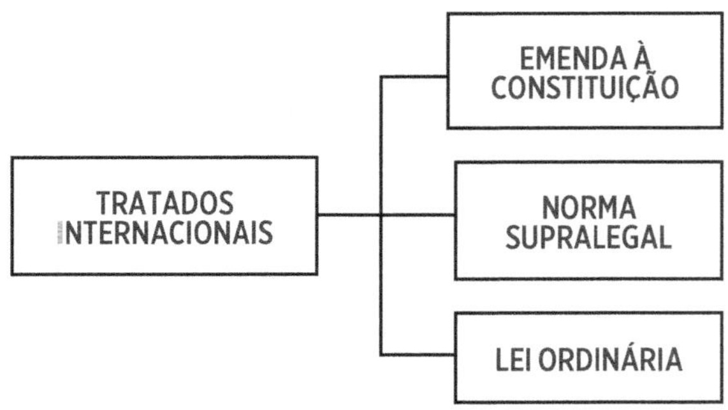

3.9 Tribunal Penal Internacional - TPI

Há outra regra muito interessante prevista no § 4º do Art. 5º da Constituição:

> ***§ 4º** - O Brasil se submete à jurisdição de Tribunal Penal Internacional a cuja criação tenha manifestado adesão.*

É o chamado **Tribunal Penal Internacional**. Mas o que é o Tribunal Penal Internacional? É uma corte permanente, localizada em Haia, na Holanda, com competência de julgamento dos crimes contra a humanidade.

É um Tribunal, pois tem função jurisdicional; é Penal porque só julga crimes; é Internacional, haja vista sua competência não estar restrita à fronteira de um só Estado.

Mas uma coisa deve ser esclarecida. O TPI não julga qualquer tipo de crime. Só os crimes que tenham repercussão para toda a humanidade. Geralmente, são crimes de guerra, agressão estrangeira, genocídio, dentre outros.

Apesar de ser um tribunal com atribuições jurisdicionais, o TPI não faz parte do Poder Judiciário brasileiro. Sua competência é complementar à jurisdição nacional, não ofendendo, portanto, a soberania do Estado brasileiro. Isso significa que o TPI só age quando a Justiça Brasileira se omite ou é ineficaz.

3.10 Direitos X Garantias

Muitos questionam se direitos e garantias são a mesma coisa, mas a melhor doutrina tem diferenciado esses dois institutos.

Os direitos são os próprios direitos previstos na Constituição Federal. São os bens jurídicos tutelados pela Constituição. Eles representam por si só esses bens.

As garantias são instrumentos de proteção dos direitos. São ferramentas disponibilizadas pela Constituição para a fruição dos direitos.

Apesar da diferença entre os dois institutos é possível afirmar que **toda garantia é um direito.**

4. DIREITOS E DEVERES INDIVIDUAIS E COLETIVOS

A Constituição Federal, ao disciplinar os direitos individuais, os coloca basicamente no Art. 5º. Logo no *caput* desse artigo, já aparece uma classificação didática dos direitos ali previstos:

> ***Art. 5º.*** *Todos são iguais perante a lei, sem distinção de qualquer natureza, garantindo-se aos brasileiros e aos estrangeiros residentes no País a inviolabilidade do direito à vida, à liberdade, à igualdade, à segurança e à propriedade, nos termos seguintes:*

Para estudarmos os direitos individuais, utilizaremos os cinco grupos de direitos previstos no *caput* do Art. 5º:

- **Direito à vida;**
- **Direito à igualdade;**
- **Direito à liberdade;**
- **Direito à propriedade;**
- **Direito à segurança.**

Percebe-se que os 78 incisos do Art. 5º, de certa forma, decorrem de um desses direitos que podem ser chamados de **"direitos raízes"**. Utilizando essa divisão, a seguir serão abordados os incisos mais importantes desse artigo, tendo em vista a preparação para a prova. Logicamente, não conseguiremos abordar todos os incisos, o que não tira a responsabilidade de lê-los.

4.1 Direito à Vida

Ao falar desse direito, que é considerado pela doutrina como o **direito mais fundamental de todos**, por ser um pressuposto para o exercício dos demais direitos, enfrenta-se um primeiro dEsafio: esse direito é absoluto?

Assim como os demais direitos, o direito à vida não é absoluto. São várias as justificativas existentes para considerá-lo um direito passível de flexibilização:

Pena de morte

Uma que já apareceu em prova: existe pena de morte no Brasil?

A sua resposta tem que ser "SIM". A alínea "a" do inciso XLVII do Art. 5º traz essa previsão expressamente:

> ***XLVII.*** *Não haverá penas:*
>
> ***a)*** *de morte, salvo em caso de guerra declarada, nos termos do Art. 84, XIX;*

Todas as vezes que a Constituição traz uma negação acompanhada de uma exceção, estamos diante de uma possibilidade.

Aborto

A prática de aborto no Brasil é permitida? O Art. 128 do Código Penal Brasileiro apresenta duas possibilidades de prática de aborto que são verdadeiras excludentes de ilicitude:

> ***Art. 128.*** *Não se pune o aborto praticado por médico:*

Aborto necessário

> ***I.*** *Se não há outro meio de salvar a vida da gestante;*

Aborto sentimental

> ***II.*** *Se a gravidez resulta de estupro e o aborto é precedido de consentimento da gestante ou, quando incapaz, de seu representante legal.*

São os **abortos necessário** e **sentimental**. Aborto necessário é aquele praticado para salvar a vida da gestante e o aborto sentimental é utilizado nos casos de estupro. Essas duas exceções à prática do crime de aborto são hipóteses em que se permite a sua prática no direito brasileiro. Além dessas duas hipóteses previstas expressamente na legislação brasileira, o STF também reconhece a possibilidade da prática de aborto do feto anencéfalo (feto sem cérebro)[1]. Mais uma vez, o direito à vida encontra-se flexibilizado.

Legítima defesa e estado de necessidade

Esses dois institutos, também excludentes de ilicitude do crime, são outras possibilidades de limitação do direito a vida, conforme disposto no Art. 23 do Código Penal Brasileiro:

> ***Art. 23.*** *Não há crime quando o agente pratica o fato:*
>
> ***I.*** *Em estado de necessidade;*
>
> ***II.*** *Em legítima defesa;*

Em linhas gerais e de forma exemplificativa, o estado de necessidade permite que, diante de uma situação de perigo, uma pessoa possa, para salvar uma vida, tirar a vida de outra pessoa. Na legítima defesa, caso sua vida seja ameaçada por alguém, existe legitimidade em retirar a vida de quem o ameaçou.

Outro ponto que deve ser ressaltado é que o direito à vida não está adstrito apenas ao fato de se estar vivo. Quando a constituição protege o direito à vida, a faz em suas diversas acepções. Existem dispositivos constitucionais que protegem o direito à vida no que tange a sua preservação da integridade física e moral (Art. 5º, III, V, XLVII, XLIX; Art. 199, §4º. A Constituição também protege o direito à vida no que tange à garantia de uma vida com qualidade (Arts. 6º; 7º, IV; 196; 205; 215).

4.2 Direito à Igualdade

Igualdade formal x igualdade material

Possui como sinônimo o termo Isonomia. A doutrina classifica esse direito em:

Igualdade Formal

Traduz-se no termo "todos são iguais perante a lei, sem distinção de qualquer natureza". É o previsto no *caput* do Art. 5º. É uma igualdade jurídica, que não se preocupa com a realidade, mas apenas evita que alguém seja tratado de forma discriminatória.

Igualdade Material

Também chamada de igualdade efetiva ou substancial. É a igualdade que se preocupa com a realidade. Traduz-se na seguinte expressão: "tratar os iguais com igualdade e os desiguais com

---

1 O Tribunal, por maioria e nos termos do voto do Relator, julgou procedente a ação para declarar a inconstitucionalidade da interpretação segundo a qual a interrupção da gravidez de feto anencéfalo é conduta tipificada nos artigos 124, 126, 128, incisos I e II, todos do Código Penal, contra os votos dos Senhores Ministros Gilmar Mendes e Celso de Mello que, julgando-a procedente, acrescentavam condições de diagnóstico de anencefalia especificadas pelo Ministro Celso de Mello; e contra os votos dos Senhores Ministros Ricardo Lewandowski e Cezar Peluso (Presidente), que a julgavam improcedente. Impedido o Senhor Ministro Dias Toffoli. Plenário, 12.04.2012. ADPF 54 – Relator Min. Marco Aurélio.

desigualdade, na medida das suas desigualdades". Esse tipo de igualdade confere um tratamento com justiça para aqueles que não a possuem.

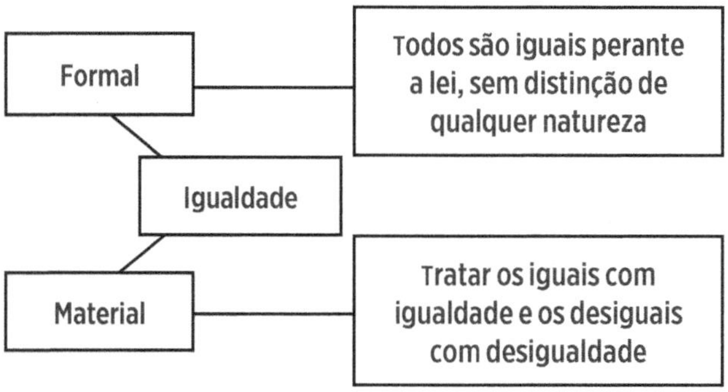

A igualdade formal é a regra utilizada pelo Estado para conferir um tratamento isonômico entre as pessoas. Contudo, por diversas vezes, um tratamento igualitário não consegue atender a todas as necessidades práticas. Faz-se necessária a utilização da igualdade em seu aspecto material para que se consiga produzir um verdadeiro tratamento isonômico.

Imaginemos as relações entre homens e mulheres. A regra é que homem e mulher são tratados da mesma forma conforme previsto no inciso I do Art. 5º:

> ***I.** Homens e mulheres são iguais em direitos e obrigações, nos termos desta Constituição;*

Contudo, em diversas situações, homens e mulheres serão tratados de forma diferente:

Licença-maternidade

Tem duração de 120 dias para a mulher. Para o homem, apenas 5 dias de licença-paternidade;

Aposentadoria

A mulher se aposenta 5 anos mais cedo que o homem;

Serviço Militar Obrigatório

Só o homem está obrigado.

Essas são algumas das situações em que são permitidos tratamentos desiguais entre as pessoas. As razões que justificam essa discriminação são as diferenças efetivas que existem entre os homens e as mulheres em cada uma das hipóteses. Exemplificando, a mulher tem mais tempo para se recuperar em razão da nítida distinção do desgaste feminino para o masculino no que tange ao parto. É indiscutível que, por mais desgastante que seja o nascimento de um filho para o pai, nada se compara ao sofrimento suportado pela mãe. Por essa razão, a licença-maternidade é maior que a licença-paternidade.

Igualdade nos concursos públicos

O tema diz respeito à igualdade nos concursos públicos. Seria possível restringir o acesso a um cargo público em razão do sexo de uma pessoa? Ou por causa de sua altura? Ou ainda, pela idade que possui?

Essas questões encontram a mesma resposta: sim! É possível, desde que os critérios discriminatórios preencham alguns requisitos:

Deve ser Fixado em Lei

Não basta que os critérios estejam previstos no edital, precisam estar previstos em lei, no seu sentido formal.

Deve ser Necessário ao Exercício do Cargo

O critério discriminatório deve ser necessário ao exercício do cargo. A título de exemplo: seria razoável exigir para um cargo de policial militar, altura mínima ou mesmo, idade máxima, que representam vigor físico, tendo em vista a natureza do cargo que exige tal condição. As mesmas condições não poderiam ser exigidas para um cargo de técnico judiciário, por não serem necessárias ao exercício do cargo.

Em suma, podem ser exigidos critérios discriminatórios desde que previstos em lei e que sejam necessários ao exercício do cargo, observados os critérios de proporcionalidade e razoabilidade.

Esse tema sempre tem sido alvo de questões em prova, principalmente sob o aspecto jurisprudencial. Veja este exemplo de questão:

No ato da posse o servidor apresentará, se entender necessário, declaração de bens e valores que constituem o seu patrimônio e, obrigatoriamente, declaração quanto ao exercício ou não de outro cargo, emprego ou função pública. ERRADO.

Ações afirmativas

Como formas de concretização da igualdade material foram desenvolvidas políticas públicas de compensação dirigidas às minorias sociais chamadas de **Ações Afirmativas ou Discriminações Positivas**. São verdadeiras ações de cunho social que visam a compensar possíveis perdas que determinados grupos sociais tiveram ao longo da história de suas vidas. Quem nunca ouviu falar nas "quotas para os pobres nas Universidades" ou ainda, "reserva de vagas para deficientes em concursos públicos"? Essas são algumas das espécies de ações afirmativas desenvolvidas no Brasil.

Mas por que reservar vagas para deficientes em concursos públicos? Ora, é óbvio que o deficiente, qualquer que seja sua deficiência, quando se prepara para um concurso público possui muito mais dificuldade que uma pessoa que tem a plenitude de seu vigor físico. Em razão dessa diferença, o Estado, na tentativa de reduzir a desigualdade existente entre os concorrentes, resolveu compensar a limitação de um portador de necessidades especiais reservando-lhe vagas especiais.

Perceba que, ao contrário do que parece, quando se reservam vagas num concurso público para deficientes estamos diante de um nítido tratamento discriminatório, que nesse caso é justificável pelas diferenças naturais entre o concorrente sadio e o concorrente deficiente. Lembre-se de que igualdade material é tratar iguais com igualdade e desiguais com desigualdade. O que se faz por meio dessas políticas de compensação é tratar os desiguais com desigualdade, na medida de suas desigualdades. Só dessa forma é possível alcançar um verdadeiro tratamento isonômico entre os candidatos.

Por fim, destaca-se o fato de o STF ter declarado constitucional a política de cotas étnico-raciais para seleção de estudantes em universidades públicas pacificando uma discussão antiga sobre esse tipo de ação afirmativa.

4.3 Direito à Liberdade

O direito à liberdade pertence à primeira geração de direitos fundamentais por expressarem os direitos mais ansiados pelos indivíduos como forma de defesa diante do Estado. O que se verá a seguir são algumas das acepções desse direito que podem ser cobradas em prova.

Liberdade de ação

O inciso II do Art. 5º apresenta aquilo que a doutrina chama de liberdade de ação:

> ***II.*** *Ninguém será obrigado a fazer ou deixar de fazer alguma coisa senão em virtude de lei;*

Essa é a liberdade por excelência. Segundo o texto constitucional, a liberdade só pode ser restringida por lei. Por isso, dizemos que esse inciso também apresenta o **Princípio da Legalidade.**

A liberdade pode ser entendida de duas formas, a depender do destinatário da mensagem:

Para o particular

Para o particular, liberdade significa "fazer tudo que não for proibido".

Para o agente público

Para o agente público, liberdade significa "poder fazer tudo o que for determinado ou permitido pela lei".

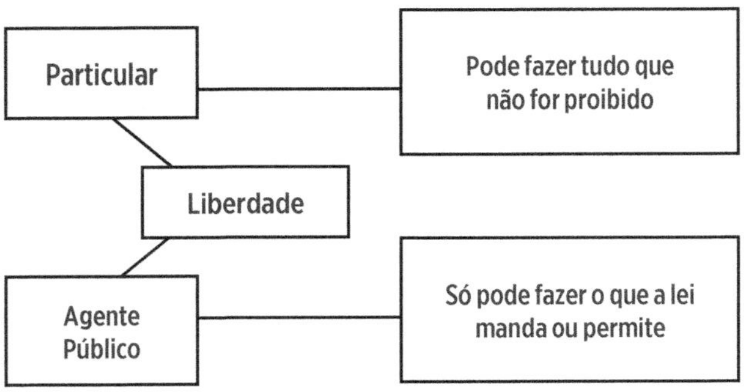

Liberdade de locomoção

Uma das liberdades mais almejadas pelos indivíduos durante as lutas sociais é o grande carro-chefe na limitação dos poderes do Estado. O inciso XV do Art. 5º já diz:

> ***XV.*** *É livre a locomoção no território nacional em tempo de paz, podendo qualquer pessoa, nos termos da lei, nele entrar, permanecer ou dele sair com seus bens;*

Perceba-se que o direito explanado nesse inciso não possui caráter absoluto, haja vista ter sido garantido em tempo de paz. Isso significa que em momentos sem paz seriam possíveis restrições às liberdades de locomoção. Destaca-se o Estado de Sítio que pode ser decretado nos casos previstos no Art. 137 da Constituição Federal. Nessas circunstâncias, seriam possíveis maiores restrições à chamada liberdade de locomoção por meio de medidas autorizadas pela própria Constituição Federal:

> ***Art. 137.*** *O Presidente da República pode, ouvidos o Conselho da República e o Conselho de Defesa Nacional, solicitar ao Congresso Nacional autorização para decretar o estado de sítio nos casos de:*
>
> ***I.*** *Comoção grave de repercussão nacional ou ocorrência de fatos que comprovem a ineficácia de medida tomada durante o estado de defesa;*
>
> ***II.*** *Declaração de estado de guerra ou resposta a agressão armada estrangeira.*
>
> ***Art. 139.*** *Na vigência do estado de sítio decretado com fundamento no Art. 137, I, só poderão ser tomadas contra as pessoas as seguintes medidas:*
>
> ***I.*** *Obrigação de permanência em localidade determinada;*
>
> ***II.*** *Detenção em edifício não destinado a acusados ou condenados por crimes comuns;*

Outro ponto interessante refere-se à possibilidade de qualquer pessoa entrar, permanecer ou sair do país com seus bens. Esse direito também não pode ser encarado de forma absoluta, haja vista a possibilidade de se exigir declaração de bens ou pagamento de imposto quando da entrada no país com bens. Nesse caso, liberdade de locomoção não se confunde com imunidade tributária.

Caso a liberdade de locomoção seja restringida por ilegalidade ou abuso de poder, a Constituição reservou um poderoso instrumento garantidor, o chamado ***Habeas Corpus.***

> ***Art. 5º****, LXVIII. conceder-se-á "Habeas Corpus" sempre que alguém sofrer ou se achar ameaçado de sofrer violência ou coação em sua liberdade de locomoção, por ilegalidade ou abuso de poder;*

Liberdade de pensamento

Essa liberdade serve de amparo para uma série de possibilidades no que tange ao pensamento. Assim como os demais direitos fundamentais, a manifestação do pensamento não possui caráter absoluto, sendo restringido pela própria Constituição Federal, que proíbe seu exercício de forma anônima:

> ***Art. 5º****, IV. É livre a manifestação do pensamento, sendo vedado o anonimato;*

A vedação ao anonimato, além de ser uma garantia ao exercício da manifestação do pensamento, possibilita o exercício do direito de resposta caso alguém seja ofendido.

Sobre Denúncia Anônima, é importante fazer uma observação. Diante da vedação constitucional ao anonimato, poder-se-ia imaginar que essa ferramenta de combate ao crime fosse considerada inconstitucional. Contudo, não tem sido esse o entendimento do STF. A denúncia anônima pode até ser utilizada como ferramenta de comunicação do crime, mas não pode servir como amparo para a instauração do Inquérito Policial, muito menos como fundamento para condenação de quem quer que seja.

Liberdade de consciência e crença religiosa

Uma primeira pergunta deve ser feita acerca da liberdade religiosa em nosso país: qual a religião oficial do Brasil? A única resposta possível: é nenhuma. A liberdade religiosa do Estado brasileiro é incompatível com a existência de uma religião oficial. É o que apresenta o inciso VI do Art. 5º:

> ***VI.*** *É inviolável a liberdade de consciência e de crença, sendo assegurado o livre exercício dos cultos religiosos e garantida, na forma da lei, a proteção aos locais de culto e a suas liturgias;*

Esse inciso marca a liberdade religiosa existente no Brasil. Por esse motivo, dizemos que o Brasil é um Estado laico, leigo ou não confessional. Isso significa, basicamente, que no Brasil existe uma relação de separação entre Estado e Igreja. Essa relação entre o Estado e a Igreja encontra, inclusive, vedação expressa no texto constitucional:

> ***Art. 19.*** *É vedado à União, aos Estados, ao Distrito Federal e aos Municípios:*
>
> ***I.*** *Estabelecer cultos religiosos ou igrejas, subvencioná-los, embaraçar-lhes o funcionamento ou manter com eles ou seus representantes relações de dependência ou aliança, ressalvada, na forma da lei, a colaboração de interesse público;*

Por causa da liberdade religiosa, é possível exercer qualquer tipo de crença no país. É possível ser católico, protestante, mulçumano, ateu ou satanista. Isso é liberdade de crença ou consciência. Liberdade de crer ou não crer. Perceba que o inciso VI, além de proteger as crenças e cultos, também protege as suas liturgias. Apesar do amparo constitucional, não se pode utilizar esse direito para praticar atos contrários às demais normas do direito brasileiro como, por exemplo, sacrificar seres humanos como forma de prestar culto a determinada divindade. Isso a liberdade religiosa não ampara.

Outro dispositivo importante é o previsto no inciso VII:

> ***VII.*** *É assegurada, nos termos da lei, a prestação de assistência religiosa nas entidades civis e militares de internação coletiva;*

Nese inciso, a Constituição Federal garantiu a assistência religiosa nas entidades de internação coletivas, sejam elas civis ou militares. Entidades de internação coletivas são quartéis, hospitais ou hospícios. Em razão dessa garantia constitucional, é comum encontrarmos nesses estabelecimentos capelas para que o direito seja exercido.

Apesar da importância dos dispositivos analisados anteriormente, nenhum é mais cobrado em prova que o inciso VIII:

> ***VIII.*** *Ninguém será privado de direitos por motivo de crença religiosa ou de convicção filosófica ou política, salvo se as invocar para eximir-se de obrigação legal a todos imposta e recusar-se a cumprir prestação alternativa, fixada em lei;*

Estamos diante do instituto da ***Escusa de Consciência.*** Esse direito permite a qualquer pessoa que, em razão de sua crença ou consciência, deixe de cumprir uma obrigação imposta sem que com isso sofra alguma consequência em seus direitos. Tal permissivo constitucional encontra uma limitação prevista expressamente no texto em análise. No caso de uma obrigação imposta a todos, se o indivíduo recusar-se ao seu cumprimento, ser-lhe-á oferecida uma prestação alternativa. Não a cumprindo também, a Constituição permite que direitos sejam restringidos. O Art. 15 prescreve que os direitos restringidos serão os direitos políticos:

> ***Art. 15.*** *É vedada a cassação de direitos políticos, cuja perda ou suspensão só se dará nos casos de:*
>
> ***IV.*** *Recusa de cumprir obrigação a todos imposta ou prestação alternativa, nos termos do Art. 5º, VIII;*

Liberdade de reunião

Acerca dessa liberdade, é importante ressaltar as condições estabelecidas pelo texto constitucional:

> ***XVI.*** *Todos podem reunir-se pacificamente, sem armas, em locais abertos ao público, independentemente de autorização, desde que não frustrem outra reunião anteriormente convocada para o mesmo local, sendo apenas exigido prévio aviso à autoridade competente;*

Enumerando-as, de forma a facilitar o estudo, tem-se que as condições estabelecidas para o exercício do direito à reunião são:

Reunião Pacífica

Não se legitima uma reunião que tenha fins não pacíficos;

Sem Armas

Para evitar a violência ou coação por meio de armas;

Locais Abertos ao Público

Encontra-se subentendida a reunião em local fechado;

Independente de Autorização

Não precisa de autorização;

Necessidade de Prévio Aviso

Precisa de prévio aviso;

Não Frustrar outra Reunião convocada Anteriormente para o Mesmo Local

Garantia de isonomia no exercício do direito prevalecendo o de quem exerceu primeiro.

Sobre o exercício da liberdade de reunião é importante saber que ele não depende de autorização, mas necessita de prévio aviso.

Outro ponto que já foi alvo de questão de prova é a possibilidade de restrição desse direito no Estado de Sítio e no Estado de Defesa. O problema está na distinção entre as limitações que podem ser adotadas em cada uma das medidas:

> ***Art. 136,*** *§ 1º - O decreto que instituir o estado de defesa determinará o tempo de sua duração, especificará as áreas a serem abrangidas e indicará, nos termos e limites da lei, as medidas coercitivas a vigorarem, dentre as seguintes:*
>
> ***I.*** *Restrições aos direitos de:*
>
> ***a)*** *reunião, ainda que exercida no seio das associações;*
>
> ***Art. 139.*** *Na vigência do estado de sítio decretado com fundamento no Art. 137, I, só poderão ser tomadas contra as pessoas as seguintes medidas:*
>
> ***IV.*** *Suspensão da liberdade de reunião;*

Ao passo que no Estado de Defesa ocorrerão restrições ao direito de reunião, no Estado de Sítio ocorrerá a suspensão desse direito.

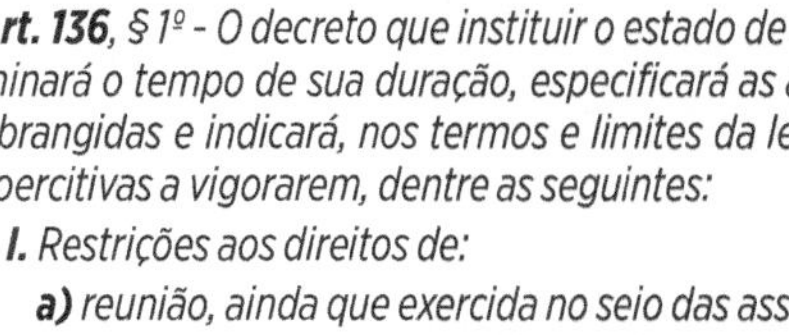

Liberdade de associação

São vários os dispositivos constitucionais que regulam a liberdade de associação:

> ***XVII.*** *É plena a liberdade de associação para fins lícitos, vedada a de caráter paramilitar;*
>
> ***XVIII.*** *A criação de associações e, na forma da lei, a de cooperativas independem de autorização, sendo vedada a interferência estatal em seu funcionamento;*
>
> ***XIX.*** *As associações só poderão ser compulsoriamente dissolvidas ou ter suas atividades suspensas por decisão judicial, exigindo-se, no primeiro caso, o trânsito em julgado;*
>
> ***XX.*** *Ninguém poderá ser compelido a associar-se ou a permanecer associado;*
>
> ***XXI.*** *As entidades associativas, quando expressamente autorizadas, têm legitimidade para representar seus filiados judicial ou extrajudicialmente;*

O primeiro ponto que dever ser lembrado é que a liberdade de associação só poderá ser usufruída para fins lícitos sendo proibida a criação de associação paramilitar.

Entende-se como associação de caráter paramilitar toda organização paralela ao Estado, sem legitimidade, com estrutura e organização tipicamente militar. São as facções criminosas, milícias ou qualquer outra organização que possua fins ilícitos e alheios aos do Estado.

Destaca-se, com a mesma importância para sua prova, a dispensa de autorização e interferência estatal no funcionamento e criação das associações.

Maior destaque deve ser dado ao inciso XIX, que condiciona qualquer limitação às atividades associativas a uma decisão judicial. As associações podem ter suas atividades suspensas ou dissolvidas. Em qualquer um dos casos deve haver decisão judicial. No caso da dissolução, por ser uma medida mais grave, não basta qualquer decisão judicial, tem que ser transitada em julgado. Isso significa uma decisão definitiva, à qual não caiba mais recurso.

O inciso XX tutela a chamada Liberdade Associativa, pela qual ninguém será obrigado a se associar ou mesmo a permanecer associado a qualquer entidade associativa.

Por fim, temos o inciso XXI, que permite às associações que representem seus associados tanto na esfera judicial quanto na administrativa desde que possuam expressa autorização. Expressa autorização significa por escrito, por meio de instrumento legal que comprove a autorização.

Vale destacar que, para suspender as atividades de uma associação, basta qualquer decisão judicial; para dissolver, tem que haver decisão judicial transitada em julgado.

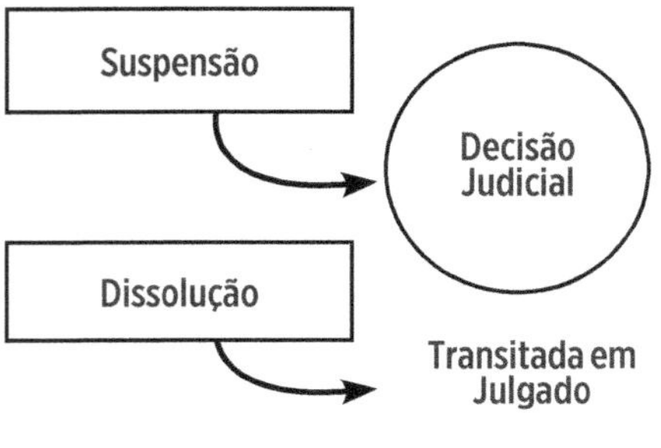

4.4 Direito à Propriedade

Quando se fala em direito à propriedade, alguns atributos que lhe são inerentes aparecem imediatamente. Propriedade é a faculdade que uma pessoa tem de usar, gozar dispor de um bem. O texto constitucional garante esse direito de forma expressa:

> ***Art. 5º***, *XXII. É garantido o direito de propriedade.*

Apesar de esse direito aparentar possuir um caráter absoluto, quando se investiga mais a fundo esse tema, percebe-se que ele possui vários limitadores no próprio texto constitucional. E é isso que se passa a analisar agora.

Limitações

Dentre as limitações existentes na Constituição, estão:

Função social

A Constituição exige em seu Art. 5º que a propriedade atenda a sua função social:

> ***XXIII.*** *A propriedade atenderá a sua função social;*

Isso significa que a propriedade não é tão individual quanto pensamos. A necessidade de observância da função social demonstra que a propriedade é muito mais que uma titularidade privada. Esse direito possui reflexos em toda a sociedade. É só imaginar uma propriedade imóvel, um terreno urbano, que, apesar de possuir um proprietário, fica abandonado. Cresce o mato, as pessoas começam a jogar lixo naquele lugar, alguns criminosos começam a utilizar aquele ambiente para prática de atividades ilícitas. Veja quantas coisas podem acontecer numa propriedade e que importarão em consequências gravosas para o meio social mais próximo. É por isso que a propriedade tem que atender a sua função social.

Requisição administrativa

Consta no inciso XXV do Art. 5º:

> ***XXV.*** *No caso de iminente perigo público, a autoridade competente poderá usar de propriedade particular, assegurada ao proprietário indenização ulterior, se houver dano;*

Essa é a chamada Requisição Administrativa. Esse instituto permite que a propriedade seja limitada pela necessidade de se solucionar situação de perigo público. Não se trata de uma forma de desapropriação, pois o dono da propriedade requisitada não a perde, apenas a empresta para uso público, sendo garantido, posteriormente, havendo dano, direito a indenização. Esse instituto limita o caráter absoluto da propriedade.

Desapropriação

É a perda da propriedade. Esse é o limitador por excelência do direito, restringindo o caráter perpétuo da propriedade. A seguir, estão exemplificadas as três modalidades de desapropriação:

Desapropriação pelo Mero Interesse Público

Essa modalidade é utilizada pelo Estado quando o interesse social ou a utilidade pública prevalecem sobre o direito individual. Nesse tipo de desapropriação, destaca-se que o proprietário nada fez para merecê-la, contudo, o interesse público exige que determinada área seja desapropriada. É o caso de construção de uma rodovia que exige a desapropriação de várias propriedades para o asfaltamento da via. Conforme o texto da Constituição:

XXIV. *A lei estabelecerá o procedimento para desapropriação por necessidade ou utilidade pública, ou por interesse social, mediante justa e prévia indenização em dinheiro, ressalvados os casos previstos nesta Constituição;*

Deve ser destacado que essa modalidade de desapropriação gera direito à indenização, que deve ser paga em dinheiro, previamente e com valor justo.

Desapropriação-Sanção

Nesta modalidade, o proprietário, por algum motivo, não observou a função social da propriedade. Por esse motivo, é chamada de Desapropriação-sanção, haja vista ser uma verdadeira punição. Segundo a CF, essa desapropriação gera direito à indenização, que deverá ser paga em títulos da dívida pública ou agrária. Segundo os Art. 182, § 4º, III e 184 da Constituição:

> ***Art. 182**, § 4º - É facultado ao Poder Público municipal, mediante lei específica para área incluída no plano diretor, exigir, nos termos da lei federal, do proprietário do solo urbano não edificado, subutilizado ou não utilizado, que promova seu adequado aproveitamento, sob pena, sucessivamente, de:*
>
> ***I.** Parcelamento ou edificação compulsórios;*
>
> ***II.** Imposto sobre a propriedade predial e territorial urbana progressivo no tempo;*
>
> ***III.** Desapropriação com pagamento mediante títulos da dívida pública de emissão previamente aprovada pelo Senado Federal, com prazo de resgate de até dez anos, em parcelas anuais, iguais e sucessivas, assegurados o valor real da indenização e os juros legais.*
>
> ***Art. 184.** Compete à União desapropriar por interesse social, para fins de reforma agrária, o imóvel rural que não esteja cumprindo sua função social, mediante prévia e justa indenização em títulos da dívida agrária, com cláusula de preservação do valor real, resgatáveis no prazo de até vinte anos, a partir do segundo ano de sua emissão, e cuja utilização será definida em lei.*

Desapropriação Confiscatória

Por último, tem-se essa modalidade prevista no Art. 243 da Constituição:

> ***Art. 243.** As propriedades rurais e urbanas de qualquer região do País onde forem localizadas culturas ilegais de plantas psicotrópicas ou a exploração de trabalho escravo na forma da lei serão expropriadas e destinadas à reforma agrária e a programas de habitação popular, sem qualquer indenização ao proprietário e sem prejuízo de outras sanções previstas em lei, observado, no que couber, o disposto no Art. 5º. (Redação dada pela Emenda Constitucional nº 81, de 2014)*
>
> ***Parágrafo único.** Todo e qualquer bem de valor econômico apreendido em decorrência do tráfico ilícito de entorpecentes e drogas afins e da exploração de trabalho escravo será confiscado e reverterá a fundo especial com destinação específica, na forma da lei. (Redação dada pela Emenda Constitucional nº 81, de 2014)*

É a desapropriação que ocorre com a propriedade utilizada para cultivo de plantas psicotrópicas. Nesse caso, não haverá indenização, mas o proprietário poderá ser processado pela prática de ilícito penal.

Desapropriação por Interesse Público	→ Indenizada em Dinheiro
Desapropriação-Sanção	— Indenizada em títulos da Dívida Pública
Desapropriação Confiscatória	→ Não tem Direito à Indenização

Bem de família

A Constituição consagra uma forma de proteção às pequenas propriedades rurais chamada de Bem de Família:

> ***XXVI.** A pequena propriedade rural, assim definida em lei, desde que trabalhada pela família, não será objeto de penhora para pagamento de débitos decorrentes de sua atividade produtiva, dispondo a lei sobre os meios de financiar o seu desenvolvimento;*

O mais importante para prova é atentar para os requisitos estabelecidos no inciso, quais sejam:

Pequena Propriedade Rural

Não se trata de qualquer propriedade.

Definida em Lei

Não em outra espécie normativa.

Trabalhada pela Família

Não por qualquer pessoa.

Débitos Decorrentes da Atividade Produtiva

Não por qualquer débito.

Propriedade imaterial

Além das propriedades sobre bens materiais, a Constituição também consagra normas de proteção sobre a propriedade de bens imateriais. São duas as propriedades consagradas: autoral e industrial.

A propriedade autoral encontra-se protegida nos incisos XXVII e XXVIII do Art. 5º:

> ***XXVII.** Aos autores pertence o direito exclusivo de utilização, publicação ou reprodução de suas obras, transmissível aos herdeiros pelo tempo que a lei fixar;*
>
> ***XXVIII.** São assegurados, nos termos da lei:*
>
> ***a)** a proteção às participações individuais em obras coletivas e à reprodução da imagem e voz humanas, inclusive nas atividades desportivas;*
>
> ***b)** o direito de fiscalização do aproveitamento econômico das obras que criarem ou de que participarem aos criadores, aos intérpretes e às respectivas representações sindicais e associativas;*

Já a propriedade industrial encontra-se protegida no inciso XXIX:

> ***XXIX.** A lei assegurará aos autores de inventos industriais privilégio temporário para sua utilização, bem como proteção às criações industriais, à propriedade das marcas, aos nomes de empresas e a outros signos distintivos, tendo em vista o interesse social e o desenvolvimento tecnológico e econômico do País;*

Uma relação muito interessante entre a propriedade autoral e a industrial está no tempo de proteção previsto na Constituição. Observe-se que na propriedade autoral o direito do autor é vitalício, tendo em vista a previsão de possibilidade de transmissão desses direitos aos herdeiros. Contudo, quando nas mãos dos sucessores, a proteção será pelo tempo que a lei fixar, ou seja, temporário.

Já na propriedade industrial, a proteção do próprio autor já possui caráter temporário.

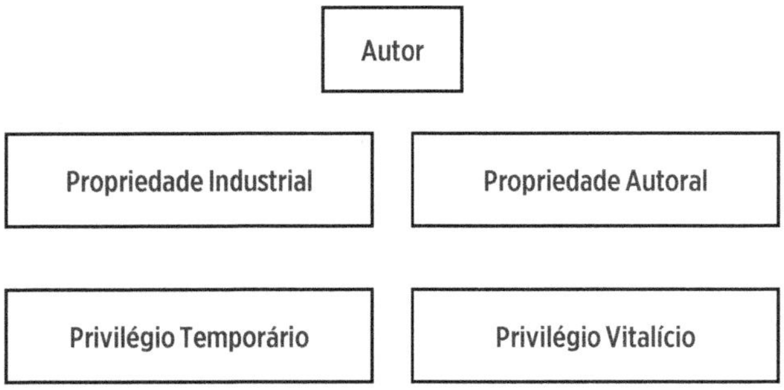

Direito à herança

De nada adiantaria tanta proteção à propriedade se esse bem jurídico não pudesse ser transmitido por meio da sucessão de bens aos herdeiros após a morte. O direito à herança, consagrado expressamente na Constituição, traduz-se no coroamento do direito de propriedade. É a grande força motriz desse direito. Só faz sentido ter direito à propriedade se esse direito possa ser transferido aos herdeiros.

> ***XXX.*** *É garantido o direito de herança;*
>
> ***XXXI.*** *A sucessão de bens de estrangeiros situados no País será regulada pela lei brasileira em benefício do cônjuge ou dos filhos brasileiros, sempre que não lhes seja mais favorável a lei pessoal do de cujus;*

Destaque especial deve ser dado ao inciso XXXI, que prevê a possibilidade de aplicação de lei estrangeira no país em casos de sucessão de bens de pessoa estrangeira desde que esses bens estejam situados no Brasil. A Constituição Federal permite que seja aplicada a legislação mais favorável aos herdeiros, quer seja a lei brasileira, quer seja a lei estrangeira.

4.5 Direito à Segurança

Ao se referir à segurança como direito individual, o Art. 5º pretende significar "segurança jurídica"que trata de normas de pacificação social e que produzem uma maior segurança nas relações sociais. Esse é o ponto alto dos direitos individuais. Sem dúvida, aqui está a maior quantidade de questões cobradas em prova.

Princípio da segurança nas relações jurídicas

Este princípio tem como objetivo garantir a estabilidade das relações jurídicas. Veja o que diz a Constituição:

> ***XXXVI.*** *A lei não prejudicará o direito adquirido, o ato jurídico perfeito e a coisa julgada;*

Os três institutos aqui protegidos encontram seu conceito formalizado na ***Lei de Introdução às normas do Direito Brasileiro.***

> ***Art. 6º***, *§ 1º - Reputa-se ato jurídico perfeito o já consumado segundo a lei vigente ao tempo em que se efetuou.*
>
> ***§ 2º*** *- Consideram-se adquiridos assim os direitos que o seu titular, ou alguém por ele, possa exercer, como aqueles cujo começo do exercício tenha termo pré-fixo, ou condição pré-estabelecida inalterável, a arbítrio de outrem.*
>
> ***§ 3º*** *- Chama-se coisa julgada ou caso julgado a decisão judicial de que já não caiba recurso.*

Em linhas gerais, pode-se assim conceituá-los:

Direito Adquirido

Direito já incorporado ao patrimônio do titular;

Ato Jurídico Perfeito

Ato jurídico que já atingiu seu fim. Ato jurídico acabado, aperfeiçoado, consumado;

Coisa Julgada

Sentença judicial transitada em julgado. Aquela sentença em relação à qual não cabe mais recurso.

De uma coisa não se pode esquecer: a proibição de retroatividade da lei nos casos aqui estudados não se aplica às leis mais benéficas, ou seja, uma lei mais benéfica poderá produzir efeitos em relação ao direito adquirido, ao ato jurídico perfeito e à coisa julgada.

Devido processo legal

O devido processo legal possui como objetivo principal limitar o poder do Estado. Esse princípio condiciona a restrição da liberdade ou dos bens de um indivíduo à existência de um procedimento estatal que respeite todos os direitos e garantias processuais previstos na lei. É o que diz o inciso LIV do Art. 5º:

> ***LIV.*** *Ninguém será privado da liberdade ou de seus bens sem o devido processo legal;*

A exigência constitucional de existência de processo aplica-se tanto aos processos judiciais quanto aos procedimentos administrativos.

Desse princípio, surge a garantia constitucional à **proporcionalidade** e **razoabilidade.** Da mesma forma, é durante o devido processo legal que poderão ser exercidos os direitos ao contraditório e à ampla defesa, que serão analisados a seguir.

Contraditório e ampla defesa

Essas garantias constitucionais, conforme já salientado, decorrem do Devido Processo Legal. São utilizadas como ferramenta de defesa diante das acusações impostas pelo Estado ou por um particular nos processos judiciais e administrativos:

> ***LV.*** *Aos litigantes, em processo judicial ou administrativo, e aos acusados em geral são assegurados o contraditório e ampla defesa, com os meios e recursos a ela inerentes;*

Mas o que significam o contraditório e a ampla defesa?

Contraditório é o direito de contradizer, contrariar, contraditar. Se alguém diz que você é ou fez alguma coisa, o contraditório lhe permite dizer que não é e que não fez o que lhe foi imputado. É simplesmente o direito de contrariar. Já a ampla defesa é a possibilidade de utilização de todos os meios admitidos em direito para se defender de uma acusação.

Em regra, o contraditório e a ampla defesa são garantidos em todos os processos judiciais ou administrativos, contudo, a legislação brasileira previu alguns procedimentos administrativos incompatíveis com o exercício desse direito:

- Inquérito Policial;
- Sindicância Investigativa;
- Inquérito Civil.

Em suma, nos procedimentos investigatórios que não possuem o condão de punir o investigado não serão garantidos o contraditório e a ampla defesa.

Observem-se as Súmulas Vinculantes do Supremo Tribunal Federal que versam sobre esse tema:

> ***SV 3.*** *Nos processos perante o Tribunal de Contas da União asseguram-se o contraditório e a ampla defesa quando da decisão puder resultar anulação ou revogação de ato administrativo que beneficie o interessado, excetuada a apreciação da legalidade do ato de concessão inicial de aposentadoria, reforma e pensão.*
>
> ***SV 5.*** *A falta de defesa técnica por advogado no processo administrativo disciplinar não ofende a Constituição.*
>
> ***SV 14.*** *É direito do defensor, no interesse do representado, ter acesso amplo aos elementos de prova que, já documentados em procedimento investigatório realizado por órgão com competência de polícia judiciária, digam respeito ao exercício do direito de defesa.*
>
> ***SV 21.*** *É inconstitucional a exigência de depósito ou arrolamento prévios de dinheiro ou bens para admissibilidade de recurso administrativo.*

Proporcionalidade e razoabilidade

Eis uma garantia fundamental que não está expressa no texto constitucional apesar de ser um dos institutos mais utilizados pelo Supremo em suas decisões atuais. Trata-se de um princípio implícito, cuja fonte é o Princípio do Devido Processo Legal. Esses dois institutos jurídicos são utilizados como parâmetro de ponderação quando adotadas medidas pelo Estado, principalmente no que tange à restrição de bens e direitos dos indivíduos. Duas palavras esclarecem o sentido dessas garantias: necessidade e adequação.

Para saber se um ato administrativo observou os critérios de proporcionalidade e razoabilidade, deve-se questionar se o ato foi necessário e se foi adequado à situação.

Para exemplificar, imaginemos que um determinado fiscal sanitário, ao inspecionar um supermercado, depara-se com um pote de iogurte com a data de validade vencida há um dia. Imediatamente, ele prende o dono do mercado, dá dois tiros para cima, realiza revista manual em todos os clientes e funcionários do mercado e aplica uma multa de dois bilhões de reais. Pergunta-se: será que a medida adotada pelo fiscal foi necessária? Foi adequada? Certamente que não. Logo, a medida não observou os princípios da razoabilidade e proporcionalidade.

É importante deixar claro que os princípios da proporcionalidade e da razoabilidade estão implícitos no texto constitucional, ou seja, não estão previstos expressamente.

Inadmissibilidade das provas ilícitas

Uma das garantias mais importantes do direito brasileiro é a inadmissibilidade das provas ilícitas. Encontra-se previsto expressamente no inciso LVI do Art. 5º:

> ***LVI.*** *São inadmissíveis, no processo, as provas obtidas por meios ilícitos.*

Em razão dessa garantia, é proibida a produção de provas ilícitas num processo sob pena de nulidade processual. Em regra, a prova ilícita produz nulidade de tudo o que a ela estiver relacionado. Esse efeito decorre da chamada Teoria dos Frutos da Árvore Envenenada. Segundo a teoria, se a árvore está envenenada, os frutos também o serão. Se uma prova foi produzida de forma ilícita, as demais provas dela decorrentes também serão ilícitas (ilicitude por derivação). Contudo, deve-se ressaltar que essa teoria é aplicada de forma restrita no direito brasileiro, ou seja, encontrada uma prova ilícita num processo, não significa que todo o processo será anulado, mas apenas os atos e demais provas que decorreram direta ou indiretamente daquela produzida de forma ilícita.

Caso existam provas autônomas produzidas em conformidade com a lei, o processo deve prosseguir ainda que tenham sido encontradas e retiradas as provas ilícitas. Logo, é possível afirmar que a existência de uma prova ilícita no processo não anula de pronto todo o processo.

Deve-se destacar, ainda, a única possibilidade já admitida de prova ilícita nos tribunais brasileiros: a produzida em legítima defesa.

Inviolabilidade domiciliar

Essa garantia protege o indivíduo em seu recinto mais íntimo: a casa. A Constituição diz:

> ***XI.*** *A casa é asilo inviolável do indivíduo, ninguém nela podendo penetrar sem consentimento do morador, salvo em caso de flagrante delito ou desastre, ou para prestar socorro, ou, durante o dia, por determinação judicial.*

Como regra, só se pode entrar na casa de uma pessoa com o seu consentimento. Excepcionalmente, a Constituição Federal admite a entrada sem consentimento do morador nos casos de:

- Flagrante delito;
- Desastre;
- Prestar socorro ;
- Determinação Judicial – só durante o dia.

No caso de determinação judicial, a entrada se dará apenas durante o dia. Nos demais casos, a entrada será permitida a qualquer hora.

Alguns conceitos importantes: o que é casa? O que pode ser entendido como casa para efeito de inviolabilidade? A jurisprudência tem interpretado o conceito de casa de forma ampla, em consonância com o disposto nos Arts. 245 e 246 do Código de Processo Penal:

> ***Art. 245.*** *As buscas domiciliares serão executadas de dia, salvo se o morador consentir que se realizem à noite, e, antes de penetrarem na casa, os executores mostrarão e lerão o mandado ao morador, ou a quem o represente, intimando-o, em seguida, a abrir a porta.*
>
> ***Art. 246.*** *Aplicar-se-á também o disposto no artigo anterior, quando se tiver de proceder a busca em compartimento habitado ou em aposento ocupado de habitação coletiva ou em compartimento não aberto ao público, onde alguém exercer profissão ou atividade.*

O STF já considerou como casa, para efeitos de inviolabilidade, oficina mecânica, quarto de hotel ou escritório profissional.

Outra questão relevante é saber o que é dia? Dois são os posicionamentos adotados na doutrina:

Das 6h às 18h;

Da aurora ao crepúsculo.

Segundo a jurisprudência, isso deve ser resolvido no caso concreto, tendo em vista variação de fusos horários existentes em nosso país, bem como a ocorrência do "Horário de Verão". Na prática, é possível entrar na casa independentemente do horário, desde que seja durante o dia.

Veja esta questão da FCC sobre o tema:

A casa é asilo inviolável do indivíduo, podendo-se nela entrar, sem permissão do morador, EXCETO

A em caso de desastre.

B em caso de flagrante delito.

C para prestar socorro.

D por determinação judicial, a qualquer hora. Gabarito: D.

Princípio da inafastabilidade da jurisdição

Esse princípio, também conhecido como Princípio do Livre Acesso ao Poder Judiciário ou Direito de Ação, garante, nos casos de necessidade, o acesso direto ao poder judiciário. Também, decorre desse princípio a ideia de que não é necessário o esgotamento das vias administrativas para ingressar com uma demanda no Poder Judiciário. Assim prevê a Constituição Federal:

> ***XXXV.*** *A lei não excluirá da apreciação do Poder Judiciário lesão ou ameaça a direito;*

Perceba que a proteção possui sentido duplo: lesão ou ameaça à lesão. Significa dizer que a garantia pode ser utilizada tanto de forma preventiva como de forma repressiva. Tanto para prevenir a ofensa a direito como para reprimir a ofensa já cometida.

Quanto ao acesso ao Judiciário independentemente do esgotamento das vias administrativas, há algumas peculiaridades previstas na legislação brasileira:

Justiça Desportiva

A Constituição Federal prevê no Art. 217:

> ***Art. 217****, § 1º - O Poder Judiciário só admitirá ações relativas à disciplina e às competições desportivas após esgotarem-se as instâncias da justiça desportiva, regulada em lei.*

Ou seja, o acesso ao Poder Judiciário está condicionado ao esgotamento das vias administrativas.

Compromisso Arbitral

A Lei nº 9.307/96 prevê que as partes, quando em discussão patrimonial, poderão optar pela arbitragem como forma de resolução de conflito.

Não se trata de uma instância administrativa de curso forçado, mas de uma opção facultada às partes.

Habeas Data

O Art. 8º da Lei nº 9.507/97 exige, para impetração do Habeas Data, a comprovação da recusa ao acesso a informação. Parte da doutrina não considera isso como exigência de prévio esgotamento da via administrativa, mas condição da ação. Veja-se a súmula nº 2 do STJ:

> ***Súm. 2.*** *Não cabe "Habeas Data" se não houve recusa de informações por parte da autoridade administrativa.*

Reclamação Constitucional

O Art. 7º, § 1º da Lei nº 11.417/2006, que regula a edição de Súmulas Vinculantes, prevê que só será possível a Reclamação Constitucional nos casos de omissão ou ato da administração pública que contrarie ou negue vigência à Súmula Vinculante, após o esgotamento das vias administrativas.

Gratuidade das certidões de nascimento e de óbito

A Constituição traz expressamente que:

> ***LXXVI.*** *São gratuitos para os reconhecidamente pobres, na forma da lei:*
>
> ***a)*** *o registro civil de nascimento;*
>
> ***b)*** *a certidão de óbito;*

Observe-se que o texto Constitucional condiciona o benefício da gratuidade do registro de nascimento e da certidão de óbito apenas para os reconhecidamente pobres. Entretanto, a Lei nº 6.015/73 prevê que:

> ***Art. 30.*** *Não serão cobrados emolumentos pelo registro civil de nascimento e pelo assento de óbito, bem como pela primeira certidão respectiva.*
>
> ***§ 1º*** *- Os reconhecidamente pobres estão isentos de pagamento de emolumentos pelas demais certidões extraídas pelo cartório de registro civil.*

Perceba que essa lei amplia o benefício garantido na Constituição para todas as pessoas no que tange ao registro e à aquisição da primeira certidão de nascimento e de óbito. Quanto às demais vias, só serão garantidas aos reconhecidamente pobres. Deve-se ter cuidado com essa questão em prova, pois deve ser levado em conta se a pergunta tem como referência a Constituição ou não.

Celeridade processual

Traz o texto constitucional:

> ***LXXVIII.*** *A todos, no âmbito judicial e administrativo, são assegurados a razoável duração do processo e os meios que garantam a celeridade de sua tramitação.*

Essa é a garantia da celeridade processual. Decorre do Princípio da Eficiência que obriga o Estado a prestar assistência em tempo razoável. Celeridade quer dizer rapidez, mas uma rapidez com qualidade. Esse princípio é aplicável nos processos judiciais e administrativos, visa dar maior efetividade a prestação estatal. Deve-se garantir o direito antes que o seu beneficiário deixe de precisar. Após a inclusão desse dispositivo entre os direitos fundamentais, várias medidas para acelerar a prestação jurisdicional foram adotadas, dentre as quais destacam-se:

> Juizados Especiais;

> Súmula Vinculante;

> Realização de Inventários e Partilhas por Vias Administrativas;
> Informatização do Processo.

Essas são algumas das medidas que foram adotadas para trazer mais celeridade ao processo.

Erro judiciário

Dispositivo de grande utilidade social que funciona como limitador da arbitrariedade estatal. O Estado, no que tange à liberdade do indivíduo, não pode cometer erros sob pena de ter que indenizar o injustiçado. Isso é o que prevê o inciso LXXV do Art. 5º:

> ***LXXV.*** *O Estado indenizará o condenado por erro judiciário, assim como o que ficar preso além do tempo fixado na sentença;*

Publicidade dos atos processuais

Em regra, os atos processuais são públicos. Essa publicidade visa a garantir maior transparência aos atos administrativos bem como permite a fiscalização popular. Além disso, atos públicos possibilitam um exercício efetivo do contraditório e da ampla defesa. Entretanto, essa publicidade comporta algumas exceções:

> ***LX.*** *A lei só poderá restringir a publicidade dos atos processuais quando a defesa da intimidade ou o interesse social o exigirem;*

Nos casos em que a intimidade ou o interesse social exigirem, a publicidade poderá ser restringida apenas aos interessados. Imaginemos uma audiência em que estejam envolvidas crianças; nesse caso, como forma de preservação da intimidade, o juiz poderá restringir a participação na audiência apenas aos membros da família e demais interessados.

Sigilo das comunicações

Uma das normas mais importantes da Constituição Federal que versa sobre segurança jurídica é esta:

> ***XII.*** *É inviolável o sigilo da correspondência e das comunicações telegráficas, de dados e das comunicações telefônicas, salvo, no último caso, por ordem judicial, nas hipóteses e na forma que a lei estabelecer para fins de investigação criminal ou instrução processual penal;*

Esse dispositivo prevê quatro formas de comunicação que possuem proteção constitucional:

> Sigilo da Correspondência;
> Comunicação Telegráfica;
> Comunicação de Dados;
> Comunicações Telefônicas.

Dessas quatro formas de comunicação, apenas uma obteve autorização de violação do sigilo pelo texto constitucional: as comunicações telefônicas. Deve-se tomar cuidado com esse tema em prova. Segundo o texto expresso, só as comunicações telefônicas poderão ter o seu sigilo violado. E mais, só o juiz poderá fazê-lo, com fins definidos também pela Constituição, os quais são para investigação criminal e instrução processual penal.

Entretanto, considerando a inexistência de direito fundamental absoluto, a jurisprudência tem considerado a possibilidade de quebra dos demais sigilos, desde que seja determinada por ordem judicial.

No que tange ao sigilo dos dados bancários, fiscais, informáticos e telefônicos, a jurisprudência tem permitido sua quebra por determinação judicial, determinação de Comissão Parlamentar de Inquérito, requisição do Ministério Público, solicitação da autoridade fazendária.

Tribunal do júri

O Tribunal do Júri é uma instituição pertencente ao poder judiciário, que possui competência específica para julgar determinados tipos de crime. O Júri é formado pelo Conselho de Sentença, que é presidido por um Juiz Togado e por sete jurados que efetivamente farão o julgamento do acusado. A ideia do Tribunal do Júri é que o acusado seja julgado por seus pares.

A Constituição Federal apresenta alguns princípios que regem esse tribunal:

> ***Art. 5º**, XXXVIII. É reconhecida a instituição do júri, com a organização que lhe der a lei, assegurados:*
> ***a)*** *a plenitude de defesa;*
> ***b)*** *o sigilo das votações;*
> ***c)*** *a soberania dos veredictos;*
> ***d)*** *a competência para o julgamento dos crimes dolosos contra a vida.*

Segundo esse texto, o Tribunal do Júri é regido pelos seguintes princípios:

Plenitude de Defesa

Esse princípio permite que no júri sejam utilizadas todas as provas permitidas em direito. Aqui, o momento probatório é bastante explorado haja vista a necessidade de se convencer os jurados que são pessoas comuns da sociedade.

Sigilo das Votações

O voto é sigiloso. Durante o julgamento não é permitido que um jurado converse com o outro sobre o julgamento sob pena de nulidade;

Soberania dos Veredictos

O que for decidido pelos jurados será considerado soberano. Nem o Juiz presidente poderá modificar o julgamento. Aqui quem decide são os jurados;

Competência para Julgar os Crimes Dolosos Contra a Vida

O júri não julga qualquer tipo de crime, mas apenas os dolosos contra a vida. Crimes dolosos, em simples palavras, são aqueles praticados com intenção, com vontade. São diferentes dos crimes culposos, os quais são praticados sem intenção.

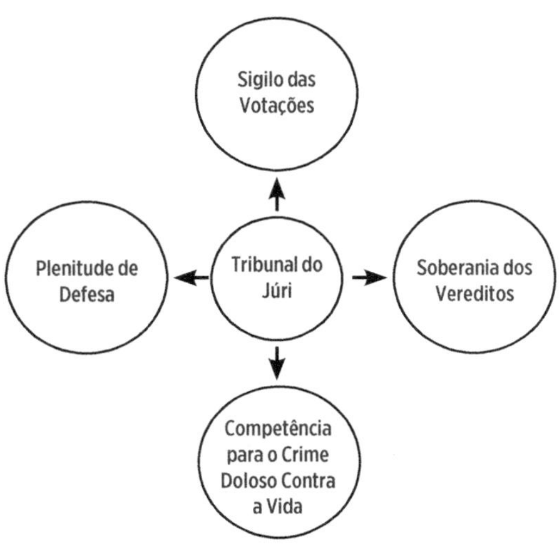

Princípio da anterioridade

O inciso XXXIX do Art. 5º da CF apresenta o chamado Princípio da Anterioridade Penal:

> ***XXXIX.*** *Não há crime sem lei anterior que o defina, nem pena sem prévia cominação legal.*

Esse princípio decorre na necessidade de se prever antes da aplicação da pena, a conduta que é considerada como crime e a pena que deverá ser cominada. Mais uma regra de segurança jurídica.

Princípio da irretroatividade

Esse princípio também possui sua importância ao prever que a lei penal não poderá retroagir, salvo se for para beneficiar o réu.

> ***Art. 5º**, XL. A lei penal não retroagirá, salvo para beneficiar o réu.*

Crimes imprescritíveis, inafiançáveis e insuscetíveis de graça e anistia

Os dispositivos a seguir estão entre os mais cobrados em prova. O ideal é que sejam memorizados na ordem proposta no quadro abaixo:

> ***Art. 5º**, XLII. A prática do racismo constitui crime inafiançável e imprescritível, sujeito à pena de reclusão, nos termos da lei;*
>
> ***Art. 5º**, XLIII. A lei considerará crimes inafiançáveis e insuscetíveis de graça ou anistia a prática da tortura, o tráfico ilícito de entorpecentes e drogas afins, o terrorismo e os definidos como crimes hediondos, por eles respondendo os mandantes, os executores e os que, podendo evitá-los, se omitirem;*
>
> ***Art. 5º**, XLIV. Constitui crime inafiançável e imprescritível a ação de grupos armados, civis ou militares, contra a ordem constitucional e o Estado Democrático.*

Crimes Imprescritíveis	Crimes Inafiançáveis	Crimes Insuscetíveis de Graça e Anistia
Racismo	Racismo	Tráfico
Ação de Grupos Armados	Ação de Grupos Armados	Terrorismo
	Tráfico	Tortura
	Terrorismo	Crimes Hediondos
	Tortura	
	Crimes Hediondos	

Os crimes inafiançáveis englobam todos os crimes previstos nos incisos XLII, XLIII e XLIV.

Os crimes que são insuscetíveis de graça e anistia não são imprescritíveis, e vice e versa. Dessa forma, nunca pode existir, na prova, uma questão que trabalhe com as duas classificações ao mesmo tempo.

Nunca, na prova, pode haver uma questão em que se apresentem as três classificações ao mesmo tempo.

Princípio da personalidade da pena

Assim diz o inciso XLV, do Art. 5º da CF:

> ***XLV.*** *Nenhuma pena passará da pessoa do condenado, podendo a obrigação de reparar o dano e a decretação do perdimento de bens ser, nos termos da lei, estendidas aos sucessores e contra eles executadas, até o limite do valor do patrimônio transferido.*

Esse inciso diz que a pena é pessoal, quem comete o crime responde pelo crime, de forma que não é possível que uma pessoa cometa um crime e outra responda pelo crime em seu lugar; pode até ocorrer, mas seria algum erro, não como regra, porque a pena é pessoal.

É necessário prestar atenção ao tema, pois já apareceu em prova tanto na forma de um problema quanto com a modificação do próprio texto constitucional. Esse princípio da personalidade da pena diz que a pena é pessoal, isto é, a pena não pode passar para outra pessoa, mas permite que a responsabilidade pelos danos civis possa passar para seus herdeiros. Para exemplificar, imaginemos que uma determinada pessoa assalta uma padaria e consegue roubar uns R$ 50.000,00.

Em seguida, a polícia prende o ladrão por ter roubado a padaria. Em regra, todo crime cometido gera uma responsabilidade penal prevista no Código Penal brasileiro. Ainda, deve-se ressarcir os danos causados à vítima. Se ele roubou R$50.000,00, tem que devolver, no mínimo, esse valor à vítima.

É muito difícil conseguir o montante voluntariamente, por isso, é necessário entrar com uma ação civil ex delicto para reaver o dinheiro referente ao crime cometido. O dono da padaria entra com a ação contra o bandido pedindo os R$50.000,00 acrescidos juros e danos morais. Enquanto ele cumpre a pena, a ação está tramitando. Ocorre que o preso se envolve numa confusão dentro da penitenciária e acaba morrendo.

O preso possui alguns filhos, os quais são seus herdeiros. Quando os bens passam aos herdeiros, chamamos isso de sucessão. Quando foram contabilizar os bens que o bandido tinha, perceberam que sobraram apenas R$30.000,00, valor que deve ser divido entre os herdeiros. Pergunta:

01. O homem que cometeu o crime estava cumprindo pena, mas ele morreu. Qual filho assume o lugar dele? O mais velho ou o mais novo?

Nenhum dos dois, porque a pena é personalíssima. Só cumpre a pena quem praticou o crime.

02. É possível que a responsabilidade de reparar os danos materiais exigidos pelo dono da padaria recaia sobre seus herdeiros?

Sim. A Constituição diz que os herdeiros respondem com o valor do montante recebido, até o limite da herança recebida.

03. O dono da padaria pediu R$50.000,00, mas só sobraram R$30.000,00. Os filhos terão que inteirar esse valor até completar os R$50.000,00?

Não, pois a Constituição diz que os sucessores respondem até o limite do patrimônio transferido. Ou seja, se só são transferidos R$30.000,00, então os herdeiros só vão responder pela indenização com esses R$30.000,00. E o os outros R$20.000,00, quem vai pagar? Ninguém. O dono da padaria fica com esse prejuízo.

Penas proibidas e permitidas

Vejamos agora dois incisos do Art. 5º da CF, que sempre caem em prova juntos: incisos XLVI e XLVII. Há no inciso XLVI as penas permitidas e no XLVII as penas proibidas. Mas como isso cai em prova? O examinador pega uma pena permitida e diz que é proibida ou pega uma proibida e diz que é permitida. Conforme os incisos:

> ***XLVI.*** *A lei regulará a individualização da pena e adotará, entre outras, as seguintes:*
>
> ***a)*** *privação ou restrição da liberdade;*
>
> ***b)*** *perda de bens;*
>
> ***c)*** *multa;*
>
> ***d)*** *prestação social alternativa;*
>
> ***e)*** *suspensão ou interdição de direitos.*

Aqui há o rol de penas permitidas. Memorize essa lista para lembrar quais são as penas permitidas. Atenção para uma pena que é pouco comum e que geralmente em prova é colocada como pena proibida, que é a pena de perda de bens.

Veja o próximo inciso com o rol de penas proibidas:

> ***XLVII.*** *Não haverá penas:*
>
> ***a)*** *de morte, salvo em caso de guerra declarada, nos termos do Art. 84, XIX;*
>
> ***b)*** *de caráter perpétuo;*
>
> ***c)*** *de trabalhos forçados;*
>
> ***d)*** *de banimento;*
>
> ***e)*** *cruéis.*

Essas são as penas que não podem ser aplicadas no Brasil. E, na prova, é cobrado da seguinte forma: existe pena de morte no Brasil? Deve-se ter muita atenção com esse tema, pois apesar de a Constituição ter dito que é proibida, existe uma exceção no caso de guerra declarada. Essa exceção é uma verdadeira possibilidade, de forma que deve-se afirmar que existe pena de morte no Brasil. Apesar de a regra ser a proibição, existe a possibilidade de sua aplicação. Só como curiosidade, a pena de morte no Brasil é regulada pelo Código Penal Militar, a qual será executada por meio de fuzilamento.

A próxima pena proibida é a de caráter perpétuo. Não existe esse tipo de pena no Brasil, pois as penas aqui são temporárias. No Brasil, uma pessoa só fica presa até, no máximo, 30 anos.

A outra pena é a de trabalhos forçados. É aquela pena em que o sujeito é obrigado a trabalhar de forma a denegrir a sua condição como ser humano. Esse tipo de pena não é permitida no Brasil.

Há ainda a pena de banimento, que é a expulsão do brasileiro, tanto nato como naturalizado.

Por fim, a Constituição veda a aplicação de penas cruéis. Pena cruel é aquela que denigre a condição humana, expõe o indivíduo a situações desumanas, vexatórias, que provoquem intenso sofrimento.

Princípio da individualização da pena

Nos termos do Art. 5º, inciso XLVIII, da CF:

> ***XLVIII.*** *A pena será cumprida em estabelecimentos distintos, de acordo com a natureza do delito, a idade e o sexo do apenado;*

Esse dispositivo traz uma regra muito interessante, o princípio da individualização da pena. Significa que a pessoa quando cumprir sua pena deve cumpri-la em estabelecimento e condições compatíveis com a sua situação. Se mulher, deve cumprir com mulheres; se homem, cumprirá com homens; se reincidente, com reincidentes; se réu primário, com réus primários; e assim por diante. O ideal é que cada situação possua um cumprimento de pena adequado que propicie um melhor acompanhamento do poder público e melhores condições para a ressocialização.

Regras sobre prisões

São vários os dispositivos constitucionais previstos no Art. 5º, da CF, que se referem às prisões:

> ***LXI.*** *Ninguém será preso senão em flagrante delito ou por ordem escrita e fundamentada de autoridade judiciária competente, salvo nos casos de transgressão militar ou crime propriamente militar, definidos em lei;*
>
> ***LXII.*** *A prisão de qualquer pessoa e o local onde se encontre serão comunicados imediatamente ao juiz competente e à família do preso ou à pessoa por ele indicada;*
>
> ***LXIII.*** *O preso será informado de seus direitos, entre os quais o de permanecer calado, sendo-lhe assegurada a assistência da família e de advogado;*
>
> ***LXIV.*** *O preso tem direito à identificação dos responsáveis por sua prisão ou por seu interrogatório policial;*
>
> ***LXV.*** *A prisão ilegal será imediatamente relaxada pela autoridade judiciária;*
>
> ***LXVI.*** *Ninguém será levado à prisão ou nela mantido, quando a lei admitir a liberdade provisória, com ou sem fiança;*
>
> ***LXVII.*** *Não haverá prisão civil por dívida, salvo a do responsável pelo inadimplemento voluntário e inescusável de obrigação alimentícia e a do depositário infiel.*

Como destaque para prova, é importante enfatizar o disposto no inciso LXVII, o qual prevê duas formas de prisão civil por dívida:

Devedor de Pensão Alimentícia;

Depositário Infiel.

Apesar de a Constituição Federal apresentar essas duas possibilidades de prisão civil por dívida, o STF tem entendido que só existe uma: a prisão do devedor de pensão alimentícia. Isso significa que o depositário infiel não poderá ser preso. Essa é a inteligência da Súmula Vinculante nº 25:

> *Súmula Vinculante 25. É ilícita a prisão civil de depositário infiel, qualquer que seja a modalidade do depósito.*

Em relação a esse assunto, deve-se ter muita atenção ao resolver a questão. Se a Banca perguntar conforme a Constituição Federal, responde-se segundo a Constituição Federal. Mas se perguntar à luz da jurisprudência, responde-se conforme o entendimento do STF. Vejamos como o Cespe abordou o tema utilizando o posicionamento jurisprudencial:

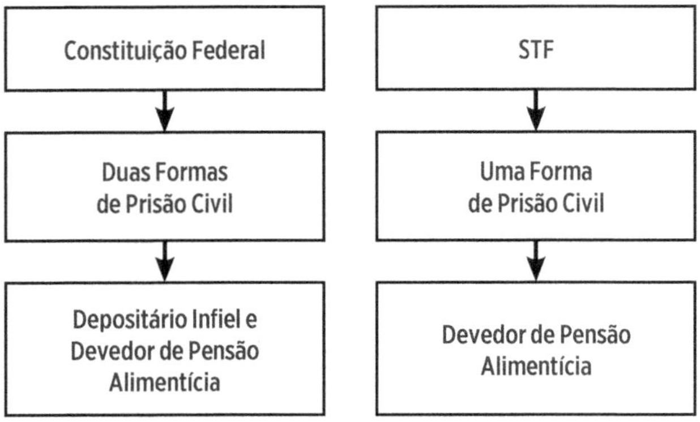

Extradição

Fruto de acordo internacional de cooperação, a extradição permite que determinada pessoa seja entregue a outro país para que seja responsabilizada pelo cometimento de algum crime. Existem duas formas de extradição:

Extradição Ativa

Quando o Brasil pede para outro país a extradição de alguém.

Extradição Passiva

Quando algum país pede para o Brasil a extradição de alguém.

A Constituição Federal preocupou-se em regular apenas a extradição passiva por meios dos incisos LI e LII do Art. 5º:

> ***LI.** Nenhum brasileiro será extraditado, salvo o naturalizado, em caso de crime comum, praticado antes da naturalização, ou de comprovado envolvimento em tráfico ilícito de entorpecentes e drogas afins, na forma da lei;*
>
> ***LII.** Não será concedida extradição de estrangeiro por crime político ou de opinião.*

De acordo com a inteligência desses dispositivos, três regras podem ser adotadas em relação à extradição passiva:

Brasileiro Nato

Nunca será extraditado.

Brasileiro Naturalizado

Será extraditado em duas hipóteses: crime comum cometido antes da naturalização comprovado envolvimento com o tráfico ilícito de drogas, antes ou depois da naturalização.

Estrangeiro

Poderá ser extraditado salvo em dois casos:

> **Crime Político;**
> **Crime de Opinião.**

E na extradição ativa, quem poderá ser extraditado?

Qualquer pessoa pode ser extraditada na extradição ativa, inclusive o brasileiro nato. Deve-se ter muito cuidado com essa questão em prova. Lembre-se que a extradição ativa ocorre quando o Brasil pede a extradição de um criminoso para outro país. Isso pode ser feito pedindo a extradição de qualquer pessoa que o Brasil queira punir.

Princípios que regem a extradição no país

Princípio da Reciprocidade

O Brasil só extradita ao país que extradita para o Brasil. Deve haver acordo ou tratado de extradição entre os país requerente e o Brasil.

Princípio da Especialidade

O extraditando só poderá ser processado e julgado pelo crime informado no pedido de extradição.

Comutação da Pena

O país requerente deverá firmar um compromisso de comutar a pena prevista em seu país quando a pena a ser aplicada for proibida no Brasil.

Dupla Tipicidade ou Dupla Incriminação

Só se extradita se a conduta praticada for considerada crime no Brasil e no país requerente.

Deve-se ter muito cuidado para não confundir extradição com entrega, deportação, expulsão ou banimento. A extradição, como se viu, é instituto de cooperação internacional entre países soberanos para a punição de criminosos.

Pela extradição, um país entrega o criminoso a outro país para que ele seja punido pelo crime praticado.

A entrega é o ato por meio do qual o país entrega uma pessoa para ser julgada no Tribunal Penal Internacional.

Deportação é a retirada do estrangeiro que tenha entrado de forma irregular no território nacional.

Expulsão é a retirada do estrangeiro que tenha praticado um ato ofensivo ao interesse nacional conforme as regras estabelecidas no Estatuto do Estrangeiro (Art. 65, Lei nº 6.815/80).

Banimento é uma das penas proibidas no direito brasileiro que consiste na expulsão de brasileiros para fora do território nacional.

Princípio da presunção da inocência

Também conhecido como princípio da não culpabilidade, essa regra de segurança jurídica garante que ninguém poderá ser condenado sem antes haver uma sentença penal condenatória transitada em julgado. Ou seja, uma sentença judicial condenatória definitiva:

> ***Art. 5º**, LVII. Ninguém será considerado culpado até o trânsito em julgado de sentença penal condenatória.*

Identificação criminal

> ***Art. 5º**, LVIII. O civilmente identificado não será submetido a identificação criminal, salvo nas hipóteses previstas em lei.*

A Constituição garante que não será identificado criminalmente quem possuir identificação pública capaz de identificá-lo. Contudo, a Lei 12.037/2009 prevê hipóteses nas quais será possível a identificação criminal mesmo de quem apresentar outra identificação:

> ***Art. 3º.** Embora apresentado documento de identificação, poderá ocorrer identificação criminal quando:*
>
> ***I.** O documento apresentar rasura ou tiver indício de falsificação;*
>
> ***II.** O documento apresentado for insuficiente para identificar cabalmente o indiciado;*
>
> ***III.** O indiciado portar documentos de identidade distintos, com informações conflitantes entre si;*
>
> ***IV.** A identificação criminal for essencial às investigações policiais, segundo despacho da autoridade judiciária competente, que decidirá de ofício ou mediante representação da autoridade policial, do Ministério Público ou da defesa;*
>
> ***V.** Constar de registros policiais o uso de outros nomes ou diferentes qualificações;*
>
> ***VI.** O estado de conservação ou a distância temporal ou da localidade da expedição do documento apresentado impossibilite a completa identificação dos caracteres essenciais.*

Ação penal privada subsidiária da pública

> ***Art. 5º** LIX. Será admitida ação privada nos crimes de ação pública, se esta não for intentada no prazo legal.*

Em regra, nos crimes de ação penal pública, o titular da ação penal é o Ministério Público. Contudo, havendo omissão ou mesmo desídia por parte do órgão ministerial, o ofendido poderá promover a chamada Ação Penal Privada Subsidiária da Pública. Esse tema encontra-se disciplinado no Art. 29 do Código de Processo Penal:

> ***Art. 29.** Será admitida ação privada nos crimes de ação pública, se esta não for intentada no prazo legal, cabendo ao Ministério Público aditar a queixa, repudiá-la e oferecer denúncia substitutiva, intervir em todos os termos do processo, fornecer elementos de prova, interpor recurso e, a todo tempo, no caso de negligência do querelante, retomar a ação como parte principal.*

4.6 Remédios Constitucionais

Inicia-se agora o estudo dos chamados Remédios Constitucionais, tema muito cobrado em prova de concurso. Os remédios constitucionais são espécies de garantias constitucionais que visam a proteger determinados direitos e até outras garantias fundamentais. São poderosas ações constitucionais que estão disciplinadas no texto da Constituição.

Habeas corpus

Sem dúvida, esse remédio constitucional é o mais importante para prova, haja vista a sua utilização para proteger um dos direitos mais ameaçados do indivíduo: a liberdade de locomoção. Vejamos o que diz o texto constitucional:

> ***Art. 5º LXVIII.** Conceder-se-á "Habeas Corpus" sempre que alguém sofrer ou se achar ameaçado de sofrer violência ou coação em sua liberdade de locomoção, por ilegalidade ou abuso de poder.*

É essencial, conhecer os elementos necessários para a utilização dessa ferramenta.

Deve-se compreender que o *Habeas Corpus* é utilizado para proteger a liberdade de locomoção. Em relação a isso, é preciso estar atento, pois ele não tutela qualquer liberdade, mas apenas a liberdade de locomoção.

Outro ponto fundamental é que ele poderá ser utilizado tanto de forma preventiva quanto de forma repressiva. *Habeas Corpus* preventivo é aquele utilizado para prevenir a violência ou coação à liberdade de locomoção. *Habeas Corpus* repressivo é utilizado para reprimir à violência ou coação a liberdade de locomoção, ou seja, é utilizado quando a restrição da liberdade de locomoção já ocorreu.

Percebe-se que não é a qualquer tipo de restrição à liberdade de locomoção que caberá o remédio, mas apenas àquelas cometidas com ilegalidade ou abuso de poder.

Nas relações processuais que envolvem a utilização do *Habeas Corpus*, é possível identificar a participação de três figurantes:

Impetrante

O impetrante é a pessoa que impetra a ação. Quem entra com a ação. A titularidade dessa ferramenta é Universal, pois qualquer pessoa pode impetrar o HC. Não precisa sequer de advogado. Sua possibilidade é tão ampla que não precisa possuir capacidade civil ou mesmo qualquer formalidade. Esse remédio é desprovido de condições que impeçam sua utilização da forma mais ampla possível. Poderá impetrar essa ação tanto uma pessoa física quanto jurídica.

Paciente

O paciente é quem teve a liberdade de locomoção restringida. Ele será o beneficiário do *Habeas Corpus*. Pessoa jurídica não pode ser paciente de Habeas Corpus, pois a liberdade de locomoção é um direito incompatível com sua natureza jurídica.

Autoridade coatora

É quem restringiu a liberdade de locomoção com ilegalidade ou abuso de poder. Poderá ser tanto uma autoridade privada quanto uma autoridade pública.

Outra questão interessante que está prevista na Constituição é a gratuidade dessa ação:

> ***Art. 5º** LXXVII. São gratuitas as ações de Habeas Corpus e Habeas Data, e, na forma da lei, os atos necessários ao exercício da cidadania.*

A Constituição proíbe a utilização desse remédio constitucional em relação às punições disciplinares militares. É o que prevê o Art. 142, § 2º:

> ***§ 2º** - Não caberá "Habeas Corpus" em relação a punições disciplinares militares.*

Contudo, o STF tem admitido o remédio quando impetrado por razões de ilegalidade da prisão militar. Quanto ao mérito da prisão, deve-se aceitar a vedação Constitucional, mas em relação às legalidade da prisão, prevalece o entendimento de que o remédio seria possível.

Também não cabe *Habeas Corpus* em relação às penas pecuniárias, multas, advertências ou, ainda, nos processos administrativos disciplinares e no processo de *Impeachment*. Nesses casos, o não cabimento deve-se ao fato de que as medidas não visam restringir a liberdade de locomoção.

Por outro lado, a jurisprudência tem admitido o cabimento para impugnar inserção de provas ilícitas no processo ou quando houver excesso de prazo na instrução processual penal.

Por último, cabe ressaltar que o magistrado poderá concedê-lo de ofício.

Habeas data

O *Habeas Data* cuja previsão está no inciso LXXII do Art. 5º tem como objetivo proteger a liberdade de informação:

> ***LXXII.*** *conceder-se-á "Habeas Data":*
>
> ***a)*** *para assegurar o conhecimento de informações relativas à pessoa do impetrante, constantes de registros ou bancos de dados de entidades governamentais ou de caráter público;*
>
> ***b)*** *para a retificação de dados, quando não se prefira fazê-lo por processo sigiloso, judicial ou administrativo.*

Duas são as formas previstas na Constituição para utilização desse remédio:

- **Para Conhecer a Informação.**
- **Para Retificar a Informação.**

É importante ressaltar que só caberá o remédio em relação às informações do próprio impetrante.

As informações precisam estar em um banco de dados governamental ou de caráter público, o que significa que seria possível entrar com um *Habeas Data* contra um banco de dados privado desde que tenha caráter público.

Da mesma forma que o *Habeas Corpus*, o *Habeas Data* também é gratuito:

> ***Art. 5º***, *LXXVII. São gratuitas as ações de "Habeas Corpus" e "Habeas Data", e, na forma da lei, os atos necessários ao exercício da cidadania.*

Mandado de segurança

O mandado de segurança é um remédio muito cobrado em prova em razão dos seus requisitos:

> ***Art. 5º***, *LXIX. Conceder-se-á mandado de segurança para proteger direito líquido e certo, não amparado por "Habeas Corpus" ou "Habeas Data", quando o responsável pela ilegalidade ou abuso de poder for autoridade pública ou agente de pessoa jurídica no exercício de atribuições do Poder Público.*

Como se pode ver, o mandado de segurança será cabível proteger direito líquido e certo desde que não amparado por Habeas Corpus ou Habeas Data. O que significa dizer que será cabível desde que não seja para proteger a liberdade de locomoção e a liberdade de informação. Esse é o chamado caráter subsidiário do mandado de segurança.

O texto constitucional exigiu também para a utilização dessa ferramenta a ilegalidade e o abuso de poder praticado por autoridade pública ou privada, desde que esteja no exercício de atribuições do poder público.

O mandado de segurança possui prazo decadencial para ser utilizado: 120 dias.

Existe também o mandado de segurança coletivo:

> ***Art. 5º***, *LXX. O mandado de segurança coletivo pode ser impetrado por:*
>
> ***a)*** *partido político com representação no Congresso Nacional;*
>
> ***b)*** *organização sindical, entidade de classe ou associação legalmente constituída e em funcionamento há pelo menos um ano, em defesa dos interesses de seus membros ou associados.*

Observadas as regras do mandado de segurança individual, o mandado de segurança coletivo possui alguns requisitos que lhe são peculiares: os legitimados para propositura.

São legitimados para propor o mandado de segurança coletivo:

- **Partidos políticos com representação no Congresso Nacional.**

Para se ter representação no Congresso Nacional, basta um membro em qualquer uma das casas.

- **Organização Sindical.**
- **Entidade de Classe.**
- **Associação.**

Desde que legalmente constituída e em funcionamento há, pelo menos, um ano. Segundo o STF, a necessidade de estar constituída e em funcionamento há pelo menos um ano só se aplica às associações. A Banca FCC entende que esse requisito se aplica a todas as entidades.

Mandado de injunção

O mandado de injunção é uma ferramenta mais complexa para se entender. Vejamos o que diz a Constituição:

> ***Art. 5º***, *LXXI. Conceder-se-á mandado de injunção sempre que a falta de norma regulamentadora torne inviável o exercício dos direitos e liberdades constitucionais e das prerrogativas inerentes à nacionalidade, à soberania e à cidadania.*

O seu objetivo é suprir a omissão legislativa que impede o exercício de direitos fundamentais. Algumas normas constitucionais para que produzam efeitos dependem da edição de outras normas infraconstitucionais. Essas normas são conhecidas por sua eficácia como normas de eficácia limitada. O mandado de injunção visa a corrigir a ineficácia das normas com eficácia limitada.

Todas as vezes que um direito deixar de ser exercido pela ausência de norma regulamentadora, será cabível esse remédio.

No que tange à efetividade da decisão, deve-se esclarecer a possibilidade de adoção por parte do STF de duas correntes doutrinárias:

Teoria Concretista Geral

O Poder Judiciário concretiza o direito no caso concreto aplicando seu dispositivo com efeito *erga omnes*, para todos os casos iguais;

Teoria Concretista Individual

O Poder Judiciário concretiza o direito no caso concreto aplicando seu dispositivo com efeito inter partes, ou seja, apenas com efeito entre as partes.

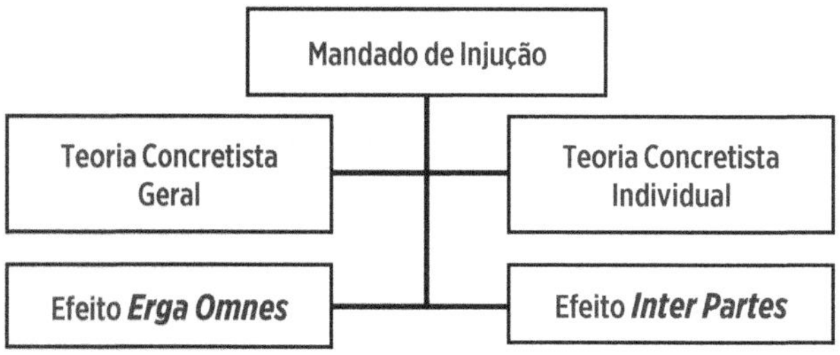

Ação popular

A ação popular é uma ferramenta fiscalizadora utilizada como espécie de exercício direto dos direitos políticos. Por isso, só poderá ser utilizada por cidadãos. Segundo o inciso LXXIII do Art. 5º:

> ***LXXIII.*** *Qualquer cidadão é parte legítima para propor ação popular que vise a anular ato lesivo ao patrimônio público ou de entidade de que o Estado participe, à moralidade administrativa, ao meio ambiente e ao patrimônio histórico e cultural, ficando o autor, salvo comprovada má-fé, isento de custas judiciais e do ônus da sucumbência.*

Além da previsão constitucional, essa ação encontra-se regulamentada pela Lei nº 4.717/65. Percebe-se que seu objetivo consiste em proteger o patrimônio público, a moralidade administrativa, o meio ambiente e o patrimônio histórico e cultural.

O autor não precisa pagar custas judiciais ou ônus da sucumbência, salvo se houver má-fé.

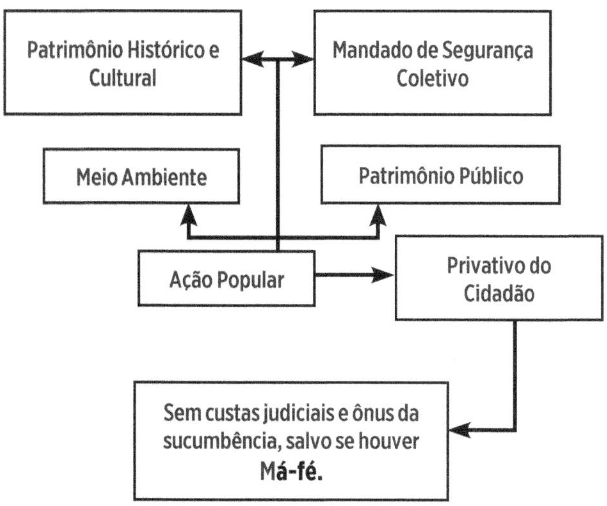

5. DIREITOS SOCIAIS E NACIONALIDADE

5.1 Direitos Sociais

Prestações positivas

Os direitos sociais encontram-se previstos a partir do Art. 6º até o Art. 11 da Constituição Federal. São normas que se concretizam por meio de prestações positivas por parte do Estado, haja vista objetivarem reduzir as desigualdades sociais.

Deve-se dar destaque para o Art. 6º, que foi alterado pela EC 64/2010 e que possivelmente será objeto de questionamento em concurso público:

> ***Art. 6º.*** *São direitos sociais a educação, a saúde, a alimentação, o trabalho, a moradia, o transporte, o lazer, a segurança, a previdência social, a proteção à maternidade e à infância, a assistência aos desamparados, na forma desta Constituição. (Redação dada pela Emenda Constitucional nº 90, de 2015)*

Boa parte dos direitos aqui previstos necessita de recursos financeiros para serem implementados, o que acaba por dificultar sua plena eficácia.

Mas, antes de avançar nessa parte do conteúdo, faz-se necessário dizer que costumam ser cobradas questões de provas que abordam apenas o texto puro da Constituição Federal. A principal orientação, portanto, é que se dedique tempo à leitura da Constituição Federal, mais precisamente, do Art. 7º, que possui vários dispositivos que podem ser trabalhados em prova.

Reserva do possível

Seria possível exigir do Estado a concessão de um direito social quando tal direito não fosse assegurado de forma condizente com sua previsão constitucional? A título de exemplo, veremos um dispositivo dos direitos sociais dos trabalhadores:

> ***IV.*** *Salário-mínimo, fixado em lei, nacionalmente unificado, capaz de atender a suas necessidades vitais básicas e às de sua família com moradia, alimentação, educação, saúde, lazer, vestuário, higiene, transporte e previdência social, com reajustes periódicos que lhe preservem o poder aquisitivo, sendo vedada sua vinculação para qualquer fim.*

Observe-se que a Constituição garante que o salário-mínimo deve atender às necessidades vitais básicas do trabalhador e de sua família com moradia, alimentação, educação, saúde, lazer, vestuário, higiene, transporte e previdência social. Entendendo que os direitos sociais são espécies de direitos fundamentais e, analisando-os sob o dispositivo previsto no § 1º do Art. 5º, segundo o qual "as normas definidoras de direitos e garantias fundamentais têm aplicação imediata", pergunta-se: seria possível entrar com uma ação visando a garantir o disposto no inciso IV, que está sendo analisado?

Certamente não. Para se garantir tudo o que está previsto no referido inciso, seria necessário que o salário-mínimo valesse, em média, por volta de R$ 3.000,00. Agora, imagine se algum trabalhador conseguisse esse benefício por meio de uma decisão judicial, o que não fariam todos os demais trabalhadores do país.

Se o Estado fosse obrigado a pagar esse valor para todos os trabalhadores, os cofres públicos rapidamente quebrariam. Para se garantir essa estabilidade, foi desenvolvida a teoria da **Reserva do Possível**, por meio da qual o Estado pode alegar essa impossibilidade financeira para atender algumas demandas, como o aumento do salário-mínimo. Quando o poder público for demandado para garantir algum benefício de ordem social, poderá ser alegada, previamente, a impossibilidade financeira para concretização do direito sob o argumento da reserva do possível.

Mínimo existencial

Por causa da Reserva do Possível, o Estado passou a se esconder atrás dessa teoria, eximindo-se da sua obrigação social de garantia dos direitos tutelados na Constituição Federal. Tudo o que era pedido para o Estado era negado sob o argumento de que "não era possível". Para trazer um pouco de equilíbrio a essa relação, foi desenvolvida outra teoria chamada de Mínimo Existencial. Essa teoria permite que os poderes públicos deixem de atender algumas demandas em razão da reserva do possível, mas exige que seja garantido o Mínimo Existencial.

Princípio da proibição ou retrocesso ou efeito cliquet

Uma regra que funciona com caráter de segurança jurídica é a Proibição do Retrocesso. Esse dispositivo proíbe que os direitos sociais já conquistados sejam esvaziados ou perdidos sob pena de desestruturação social do País.

Salário-mínimo

Feitas algumas considerações iniciais sobre a doutrina social, segue-se à análise de alguns dispositivos constitucionais que se encontram no Art. 7º:

> ***IV.*** *Salário-mínimo, fixado em lei, nacionalmente unificado, capaz de atender a suas necessidades vitais básicas e às de sua família com moradia, alimentação, educação, saúde, lazer, vestuário, higiene, transporte e previdência social, com reajustes periódicos que lhe preservem o poder aquisitivo, sendo vedada sua vinculação para qualquer fim.*

Vários pontos são relevantes nesse inciso. Primeiramente, é importante comentar o trecho "fixado em lei". Segundo o texto constitucional, o salário-mínimo só poderá ser fixado em Lei; entretanto, no dia 25 de fevereiro de 2011 foi publicada a Lei nº 12.382, que prevê a possibilidade de fixação do salário-mínimo por meio de Decreto do Poder Executivo. Questionado no STF[1], o guardião da Constituição considerou constitucional a fixação de salário-mínimo por meio de Decreto Presidencial.

Outro ponto interessante diz respeito ao salário-mínimo ser nacionalmente unificado. Muitos acham que alguns estados da federação fixam valores referentes ao salário-mínimo maiores do que o fixado nacionalmente. O STF já afirmou que os Estados não podem fixar salário-mínimo diferente do nacionalmente unificado. O que cada Estado pode fixar é o piso salarial da categoria de trabalhadores com valor maior que o salário-mínimo.

1 Ver no STF, ADI 4.568, Rel. Min. Cármen Lúcia, julgamento em 3-11-2011, Plenário, Informativo 646.

Temos ainda a proibição de vinculação do salário-mínimo para qualquer fim. Em fevereiro de 2011, esse tema foi enfrentado pelo STF, que determinou a desvinculação do salários dos técnicos em radiologia do salário-mínimo, como estava previsto na Lei nº 7.394/85.

Algumas Súmulas Vinculantes do STF são importantes, pois se referem ao salário-mínimo:

> **Súmula Vinculante 4:** *Salvo nos casos previstos na Constituição, o salário-mínimo não pode ser usado como indexador de base de cálculo de vantagem de servidor público ou de empregado, nem ser substituído por decisão judicial.*
>
> **Súmula Vinculante 6:** *Não viola a Constituição o estabelecimento de remuneração inferior ao salário-mínimo para as praças prestadoras de serviço militar inicial.*
>
> **Súmula Vinculante 15:** *O cálculo de gratificações e outras vantagens do servidor público não incide sobre o abono utilizado para se atingir o salário-mínimo.*
>
> **Súmula Vinculante 16:** *Os Arts. 7º, IV, e 39, § 3º (redação da EC 19/98) da Constituição referem-se ao total da remuneração percebida pelo servidor público.*

Prescrição trabalhista

Um dos dispositivos previstos no Art. 7º mais cobrados em prova é o inciso XXIX:

> ***XXIX.*** *Ação, quanto aos créditos resultantes das relações de trabalho, com prazo prescricional de cinco anos para os trabalhadores urbanos e rurais, até o limite de dois anos após a extinção do contrato de trabalho.*

Imaginemos, por exemplo, uma pessoa que tenha exercido sua função no período noturno, em uma empresa, durante 20 anos. Contudo, em todos esses anos de trabalho, ela não recebeu nenhum adicional noturno. Ora, ao ter seu contrato de trabalho rescindido, ela poderá ingressar em juízo pleiteando as verbas trabalhistas não pagas. Tendo em vista a existência de prazo prescricional para reaver seus direitos, o trabalhador terá o prazo de 2 anos para entrar com a ação, e só terá direito aos últimos 5 anos de adicional noturno.

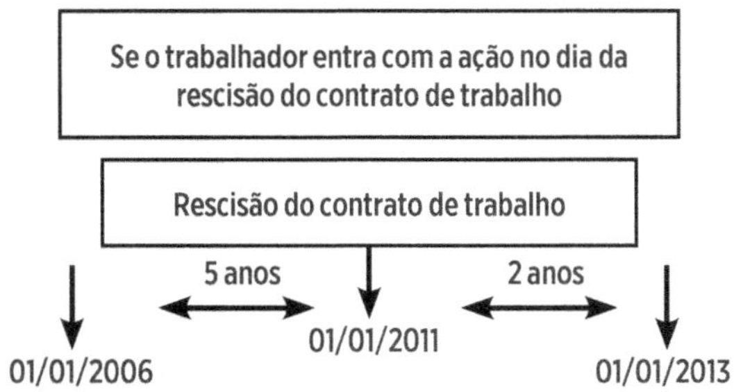

Ressalta-se que esses 5 anos contam-se a partir do dia em que entrou com a ação. Se ele entrar com a ação no último dia do prazo de 2 anos, só terá direito a 3 anos de adicional noturno.

Nesse exemplo, se o trabalhador entrar com a ação no dia 01/01/2011, receberá os últimos 5 anos de adicional noturno, ou seja, até o dia 01/01/2006. Mas se o trabalhador entrar com a ação no dia 01/01/2013, último dia do prazo prescricional de 2 anos, ele terá direito aos últimos 5 anos de adicional noturno a contar do dia em que entrou com a ação. Isso significa que se depare o adicional noturno até o dia 01/01/2008. Perceba que, se o trabalhador demorar a entrar com a ação, ele perde os direitos trabalhistas anteriores ao prazo dos últimos 5 anos.

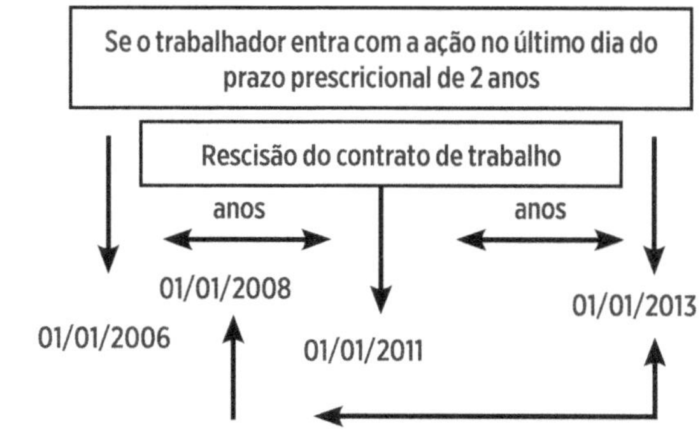

Proibição do trabalho noturno, perigoso e insalubre

Este inciso também é muito cotado para ser cobrado em prova. É importante lê-lo para que, em seguida, se possa responder a uma pergunta que fará entender o motivo de ele ser tão abordado em testes:

> ***Art. 7º****, XXXIII. Proibição de trabalho noturno, perigoso ou insalubre a menores de dezoito e de qualquer trabalho a menores de dezesseis anos, salvo na condição de aprendiz, a partir de quatorze anos.*

A pergunta é muito simples: a partir de qual idade pode se trabalhar no Brasil? Você deve estar em dúvida: entre 16 e 14 anos. Isso é o que acontece com a maioria dos candidatos. Por isso, nunca esqueça: se temos uma regra e essa regra está acompanhada de uma exceção; temos, então, uma possibilidade.

Ora, se a Constituição diz que é proibido o trabalho para os menores de 16 e, em seguida, excepciona essa regra dizendo que é possível a partir dos 14, na condição de aprendiz, ela quis dizer que o trabalho no Brasil se inicia aos 14 anos. Esse entendimento se fortalece à luz do Art. 227, § 3º, I:

> ***Art. 227****, § 3º - O direito a proteção especial abrangerá os seguintes aspectos:*
>
> ***I.*** *Idade mínima de quatorze anos para admissão ao trabalho, observado o disposto no Art. 7º, XXXIII.*

Direitos dos empregados domésticos

O parágrafo único, do Art. 7º, da CF assegurava ao trabalhador doméstico um número reduzido de direitos, se comparado com os demais empregados, urbanos ou rurais.

Nos termos daquele dispositivo, seriam garantidos à categoria dos trabalhadores domésticos apenas os direitos previstos nos incisos IV, VI, VIII, XV, XVII, XVIII, XIX, XXI e XXIV, do Art. 7º, bem como a sua integração à previdência social.

Com a promulgação da EC nº 72, de 2 de abril de 2013, aquele parágrafo foi alterado para estender aos empregados domésticos praticamente todos os demais direitos constantes nos incisos, do Art. 7º, da CF.

A nova redação do parágrafo único, do Art. 7º, da CF dispõe:

> ***Art. 7º****, Parágrafo único. São assegurados à categoria dos trabalhadores domésticos os direitos previstos nos incisos IV, VI, VII, VIII, X, XIII, XV, XVI, XVII, XVIII, XIX, XXI, XXII, XXIV, XXVI, XXX, XXXI e XXXIII e, atendidas as condições estabelecidas em lei e observada a simplificação do cumprimento das obrigações tributárias, principais e acessórias, decorrentes da relação de trabalho e suas peculiaridades, os previstos nos incisos I, II, III, IX, XII, XXV e XXVIII, bem como a sua integração à previdência social.*

Direitos coletivos dos trabalhadores

São basicamente os direitos relacionados à criação e organização das associações e sindicatos que estão previstos no Art. 8º.

Princípio da unicidade sindical

O primeiro direito coletivo refere-se ao princípio da unicidade sindical. Esse dispositivo proíbe a criação de mais de uma organização sindical, representativa de categoria profissional ou econômica, em uma mesma base territorial:

> ***II.*** *É vedada a criação de mais de uma organização sindical, em qualquer grau, representativa de categoria profissional ou econômica, na mesma base territorial, que será definida pelos trabalhadores ou empregadores interessados, não podendo ser inferior à área de um Município.*

Em cada base territorial (federal, estadual, municipal ou distrital) só pode existir um sindicato representante da mesma categoria, lembrando que a base territorial mínima refere-se à área de um município.

Exemplificando: só pode existir **um** sindicato municipal de pescadores no município de Cascavel. Só pode existir **um** sindicato estadual de pescadores no estado do Paraná. Só pode existir **um** sindicato federal de pescadores no Brasil. Contudo, é possível existirem vários sindicatos municipais de pescadores no Estado do Paraná.

Contribuição confederativa e sindical

Essa questão costuma enganar até mesmo os mais preparados. Vejamos o que diz a Constituição Federal no Art. 8º, IV:

> ***IV.*** *A assembleia geral fixará a contribuição que, em se tratando de categoria profissional, será descontada em folha, para custeio do sistema confederativo da representação sindical respectiva, independentemente da contribuição prevista em lei.*

A primeira coisa que se deve perceber é a existência de duas contribuições nesse inciso. Uma chamada de Contribuição Confederativa a outra de Contribuição Sindical.

A Contribuição Confederativa é a prevista nesse inciso, fixada pela assembleia geral, descontada em folha para custear o sistema confederativo. Essa contribuição é aquela paga às organizações sindicais e que só é obrigada aos filiados e aos sindicatos. Não possui natureza tributária, por isso obriga apenas as pessoas que voluntariamente se filiam a uma entidade sindical.

A Contribuição Sindical, que é a contribuição prevista em lei, mais precisamente na Consolidação das Leis Trabalhistas (Decreto-Lei nº 5.452/43), deve ser paga por todos os trabalhadores ainda que profissionais liberais. Sua natureza é tributária, não possuindo caráter facultativo.

Contribuição	
Confederativa	Sindical
Fixada pela Assembleia	Fixada pela CLT
Natureza não tributária	Natureza tributária
Obrigada apenas aos filiados a sindicatos	Obrigada a todos os trabalhadores

Liberdade de associação

Esse inciso costuma ser cobrado em prova devido às inúmeras possibilidades de se modificar o seu texto:

> ***V.*** *Ninguém será obrigado a filiar-se ou a manter-se filiado a sindicato.*

É a liberdade de associação que permite aos trabalhadores escolherem se desejam ou não se filiar a um determinado sindicato. Ninguém será obrigado a filiar-se ou a manter-se filiado.

Participação do aposentado no sindicato

Esse inciso também possui aplicação semelhante ao anterior, portanto deve haver uma leitura atenta aos detalhes que podem ser modificados em prova:

> ***VII.*** *O aposentado filiado tem direito a votar e ser votado nas organizações sindicais.*

Estabilidade sindical

A estabilidade sindical constitui norma de proteção aos dirigentes sindicais que possui grande utilidade ao evitar o cometimento de arbitrariedades por partes das empresas em retaliação aos representantes dos empregados:

> ***VIII.*** *É vedada a dispensa do empregado sindicalizado a partir do registro da candidatura a cargo de direção ou representação sindical e, se eleito, ainda que suplente, até um ano após o final do mandato, salvo se cometer falta grave nos termos da lei.*

O importante aqui é entender o período de proteção que a Constituição garantiu aos dirigentes sindicais. A estabilidade se inicia com o registro da candidatura e permanece, com o candidato eleito, até um ano após o término do seu mandato. Ressalte-se que essa proteção contra despedida arbitrária não prospera diante do cometimento de falta grave.

5.2 Direitos de Nacionalidade

A nacionalidade é um vínculo jurídico existente entre um indivíduo e um Estado. Esse vínculo jurídico é a ligação existente capaz de gerar direitos e obrigações entre a pessoa e o Estado.

A aquisição da nacionalidade decorre do nascimento ou da manifestação de vontade. Quando a nacionalidade é adquirida pelo nascimento, estamos diante da chamada **Nacionalidade Originária.** Mas, se for adquirida por meio da manifestação de vontade, estamos diante de uma **Nacionalidade Secundária.**

A Nacionalidade Originária, também chamada de aquisição de nacionalidade primária, é aquela involuntária. Decorre do nascimento desde que preenchidos os requisitos previstos na legislação. Um brasileiro que adquire nacionalidade originária é chamado de nato.

Dois critérios foram utilizados em nossa Constituição para se conferir a nacionalidade originária:

Jus Solis

Esse é critério do solo, critério territorial. Serão considerados brasileiros natos as pessoas que nascerem no território nacional. Esse é o critério adotado como regra no texto constitucional.

Jus Sanguinis

Esse é o critério do sangue. Serão considerados brasileiros natos os descendentes de brasileiros, ou seja, aqueles que possuem o sangue brasileiro.

A nacionalidade secundária ou adquirida é a aquisição que depende de uma manifestação de vontade. É voluntária e, quem a adquire, possui a qualificação de naturalizado.

Conflito de nacionalidade

Alguns países adotavam apenas o critério *jus sanguinis*, outros somente o critério *jus solis*, e isso gerou alguns problemas que a doutrina nominou de Conflito de Nacionalidade. O Conflito de Nacionalidade pode ser de duas formas:

Conflito Positivo

Ocorre quando o indivíduo adquire várias nacionalidades. Ele será chamado de polipátrida.

Conflito Negativo

Ocorre quando o indivíduo não adquire qualquer nacionalidade. Esse será chamado de apátrida (*heimatlos*).

Para evitar a ocorrência desses tipos de conflito, os países têm adotado critérios mistos de aquisição de nacionalidade originária, a exemplo do próprio Brasil.

A seguir, serão analisadas várias hipóteses previstas no Art. 12 da Constituição Federal de aquisição de nacionalidade tanto originária quanto secundária.

Nacionalidade originária

As hipóteses de aquisição da nacionalidade originária estão previstas no Art. 12, I da Constituição Federal, e são:

> ***Art. 12.*** *São brasileiros:*
>
> ***I.*** *Natos:*
>
> ***a)*** *os nascidos na República Federativa do Brasil, ainda que de pais estrangeiros, desde que estes não estejam a serviço de seu país;*
>
> ***b)*** *os nascidos no estrangeiro, de pai brasileiro ou mãe brasileira, desde que qualquer deles esteja a serviço da República Federativa do Brasil;*
>
> ***c)*** *os nascidos no estrangeiro de pai brasileiro ou de mãe brasileira, desde que sejam registrados em repartição brasileira competente ou venham a residir na República Federativa do Brasil e optem, em qualquer tempo, depois de atingida a maioridade, pela nacionalidade brasileira.*

A primeira hipótese, prevista na alínea "a", adotou para aquisição o critério *jus solis*, ou seja, serão considerados brasileiros natos aqueles que nascerem no país ainda que de pais estrangeiros, desde que, os pais não estejam a serviço do seu país. Para que os filhos de pais estrangeiros fiquem impedidos de adquirirem a nacionalidade brasileira, é preciso que ambos os pais sejam estrangeiros, mas basta que apenas um deles esteja a serviço do seu país. Se os pais estrangeiros estiverem a serviço de outro país, a doutrina tem entendido que não se aplicará a vedação.

Já a segunda hipótese, adotada na alínea "b", utilizou o critério *jus sanguinis* para fixação da nacionalidade originária. Serão brasileiros natos os nascidos fora do país, filho de pai ou mãe brasileira, desde que qualquer deles esteja a serviço da República Federativa do Brasil. Estar a serviço do país significa estar a serviço de qualquer ente federativo (União, Estados, Distrito Federal ou Município) incluídos os órgãos e entidades da administração indireta (fundações, autarquias, empresas públicas e sociedades de economia mista).

A terceira hipótese, prevista na alínea "c", apresenta, na verdade, duas possibilidades: uma depende do registro a outra depende da opção confirmativa.

Primeiro, temos a regra aplicada aos nascidos no estrangeiro, filho de pai brasileiro ou mãe brasileira, condicionada à aquisição da nacionalidade ao registro em repartição brasileira competente. Nessa hipótese, adota-se o critério *jus sanguinis* acompanhado do registro em repartição brasileira.

Em seguida, temos a segunda possibilidade destinada aos nascidos no estrangeiro de pai brasileiro ou de mãe brasileira, que venham a residir na República Federativa do Brasil e optem (opção confirmativa), em qualquer tempo, depois de atingida a maioridade, pela nacionalidade brasileira.

Essa é a chamada nacionalidade protestativa, pois depende da manifestação de vontade por parte do interessado. Deve-se ter cuidado com a condição para a manifestação da vontade que só poder ser exercida depois de atingida a maioridade, apesar de não existir tempo limite para o exercício desse direito.

Nacionalidade secundária

A seguir, serão apresentadas as hipóteses de aquisição de nacionalidade secundária:

> ***Art. 12,*** *II. Naturalizados:*
>
> ***a)*** *Os que, na forma da lei, adquiram a nacionalidade brasileira, exigidas aos originários de países de língua portuguesa apenas residência por um ano ininterrupto e idoneidade moral;*
>
> ***b)*** *os estrangeiros de qualquer nacionalidade, residentes na República Federativa do Brasil há mais de quinze anos ininterruptos e sem condenação penal, desde que requeiram a nacionalidade brasileira.*

A primeira hipótese de naturalização, prevista na alínea "a" do inciso II, é a chamada naturalização ordinária. Essa naturalização apresenta uma forma de aquisição prevista em lei. Esta Lei é a nº 6.815/80, que traz algumas regras para aquisição de nacionalidade, as quais não serão estudadas neste momento. O que interessa agora para a prova é a segunda parte da alínea, que confere um tratamento diferenciado para os originários de países de língua portuguesa, para quem será exigida apenas residência por um ano ininterrupto e idoneidade moral. Entende-se país de língua portuguesa qualquer país que possua a língua portuguesa como língua oficial (Angola, Portugal, Timor Leste, entre outros). Essa forma de naturalização não gera direito subjetivo ao estrangeiro, o que significa que ele poderá pleitear sua naturalização e essa poderá ser indeferida pelo Chefe do Poder Executivo, haja vista se tratar de um ato discricionário.

A alínea "b" do inciso II apresenta a chamada naturalização extraordinária ou quinzenária. Essa hipótese é destinada a qualquer estrangeiro e será exigida residência ininterrupta pelo prazo de 15 anos e não existência de condenação penal. Nessa espécie, não há discricionariedade em conceder a naturalização, pois ela gera direito subjetivo ao estrangeiro que tenha preenchido os requisitos.

O melhor é não esquecer que a ausência temporária da residência não quebra o vínculo ininterrupto exigido para a naturalização no país. Também deve ser ressaltado que não existe naturalização tácita ou automática, sendo exigido requerimento de quem desejar se naturalizar no Brasil.

Português equiparado

> ***Art. 12.*** *§ 1º. Aos portugueses com residência permanente no País, se houver reciprocidade em favor de brasileiros, serão atribuídos os direitos inerentes ao brasileiro, salvo os casos previstos nesta Constituição.*

Trata-se do chamado português equiparado ou quase nacional. Segundo o dispositivo, a Constituição assegura aos portugueses tratamento diferenciado, como se fossem brasileiros. Não se trata de uma hipótese de naturalização, nesse caso são atribuídos os mesmos direitos inerentes ao brasileiro.

Essa condição depende de reciprocidade por parte de Portugal. O Brasil possui um acordo internacional com Portugal por meio do Decreto nº 3.927/2001 que promulgou o Tratado de Cooperação, Amizade e Consulta Brasil/Portugal. Havendo o mesmo tratamento a um brasileiro quando estiver no país português, serão garantidos tratamentos diferenciados aos portugueses que aqui estiverem desde que manifestem interesse no recebimento desse tratamento diferenciado. Ressalta-se que para requerer esse tipo de tratamento será necessária, além do requerimento, a constituição de residência permanente no Brasil.

Por fim, não se pode esquecer de que o tratamento dado aos portugueses os equipara aos brasileiros naturalizados.

Tratamento diferenciado entre brasileiros

O § 2º do Art. 12 proíbe o tratamento diferençado entre brasileiros natos e naturalizados:

> ***§ 2º*** *- A lei não poderá estabelecer distinção entre brasileiros natos e naturalizados, salvo nos casos previstos nesta Constituição.*

O próprio dispositivo excepciona a regra permitindo que a Constituição Federal estabeleça tratamento diferenciado entre brasileiros natos e naturalizados. São quatro os tratamentos diferenciados estabelecidos pelo texto constitucional:

> **Cargos privativos de brasileiros natos;**
> **Funções privativas de brasileiros natos;**
> **Regras de extradição;**
> **Propriedade de empresas de jornalística ou de radiodifusão.**

O § 3º apresenta a primeira hipótese de distinção dentre brasileiros natos e naturalizados:

> ***§ 3º*** *- São privativos de brasileiro nato os cargos:*
> ***I.*** *De Presidente e Vice-Presidente da República;*
> ***II.*** *De Presidente da Câmara dos Deputados;*
> ***III.*** *De Presidente do Senado Federal;*
> ***IV.*** *De Ministro do Supremo Tribunal Federal;*
> ***V.*** *Da carreira diplomática;*
> ***VI.*** *de oficial das Forças Armadas;*
> ***VII.*** *De Ministro de Estado da Defesa.*

Os cargos privativos aos brasileiros natos são muito incidentes em provas. Por esse motivo, sugere-se que sejam memorizados. Dois critérios foram utilizados para escolha desses cargos. O primeiro está relacionado com os cargos que sucedem o Presidente da República (Presidente e Vice-Presidente da República, Presidente da Câmara dos Deputados, Presidente do Senado Federal e Ministro do Supremo Tribunal Federal). O segundo critério diz respeito à segurança nacional (carreira diplomática, oficial das forças armadas e Ministro do Estado da Defesa).

As funções privativas de brasileiros natos estão prevista no Art. 89, VII da Constituição:

> ***Art. 89.*** *O Conselho da República é órgão superior de consulta do Presidente da República, e dele participam:*
> ***I.*** *O Vice-Presidente da República;*
> ***II.*** *O Presidente da Câmara dos Deputados;*
> ***III.*** *O Presidente do Senado Federal;*
> ***IV.*** *Os líderes da maioria e da minoria na Câmara dos Deputados;*
> ***V.*** *Os líderes da maioria e da minoria no Senado Federal;*
> ***VI.*** *O Ministro da Justiça;*
> ***VII.*** *Seis cidadãos brasileiros natos, com mais de trinta e cinco anos de idade, sendo dois nomeados pelo Presidente da República, dois eleitos pelo Senado Federal e dois eleitos pela Câmara dos Deputados, todos com mandato de três anos, vedada a recondução.*

A terceira possibilidade de tratamento diferenciado diz respeito às regras de extradição previstas no inciso LI do Art. 5º:

> ***LI.*** *Nenhum brasileiro será extraditado, salvo o naturalizado, em caso de crime comum, praticado antes da naturalização, ou de comprovado envolvimento em tráfico ilícito de entorpecentes e drogas afins, na forma da lei.*

A quarta previsão está no Art. 222 da Constituição:

> ***Art. 222.*** *A propriedade de empresa jornalística e de radiodifusão sonora e de sons e imagens é privativa de brasileiros natos ou naturalizados há mais de dez anos, ou de pessoas jurídicas constituídas sob as leis brasileiras e que tenham sede no País.*

Perda da nacionalidade

A seguir serão trabalhadas as hipóteses de perda da nacionalidade. Uma pergunta: brasileiro nato pode perder a nacionalidade?

Vejamos o que diz a Constituição Federal:

> ***§ 4º*** *- Será declarada a perda da nacionalidade do brasileiro que:*
> ***I.*** *Tiver cancelada sua naturalização, por sentença judicial, em virtude de atividade nociva ao interesse nacional;*
> ***II.*** *Adquirir outra nacionalidade, salvo no casos:*
> ***a)*** *de reconhecimento de nacionalidade originária pela lei estrangeira;*
> ***b)*** *de imposição de naturalização, pela norma estrangeira, ao brasileiro residente em estado estrangeiro, como condição para permanência em seu território ou para o exercício de direitos civis.*

Ao se analisar o dispositivo do *caput* desse parágrafo, é possível concluir que as regras são para os brasileiros natos ou naturalizados.

Mas vale a pena verificar cada hipótese:

O inciso I deixa claro que é uma hipótese aplicada apenas aos brasileiros naturalizados (cancelamento de naturalização). Se o indivíduo tem seu vínculo com o Estado cancelado por decisão judicial, não há que se falar em permanência da nacionalidade brasileira;

O inciso II já não permite a mesma conclusão, haja vista ter considerado qualquer brasileiro. Logo, ao brasileiro, seja ele nato ou naturalizado, que adquirir outra nacionalidade, será declarada a perda da nacionalidade, pelo menos em regra. Essa regra possui duas exceções: nos casos de reconhecimento de nacionalidade originária estrangeira ou de imposição de naturalização, não será declarada a perda da nacionalidade brasileira. É nestas hipóteses que se encontram permitidas as situações de dupla nacionalidade que conhecemos.

Uma questão interessante surge: seria possível a reaquisição da nacionalidade brasileira?

Uma vez perdida a nacionalidade, tem-se entendido que é possível a sua reaquisição dependo da forma que foi perdida.

Se o indivíduo perde a nacionalidade com fundamento no inciso I, por cancelamento de naturalização, só seria possível a reaquisição por meio de ação rescisória.

Caso o indivíduo perca a nacionalidade por ter adquirido outra, que revela a hipótese do inciso II, também será possível a reaquisição por decreto presidencial (Art. 36, Lei nº 818/49).

Apesar da divergência doutrinária, prevalece o entendimento de que o brasileiro, após a reaquisição, volta à condição anterior, ou seja, se era brasileiro nato, volta a ser nato, se era naturalizado, volta como naturalizado.

6. DIREITOS POLÍTICOS E PARTIDOS POLÍTICOS

6.1 Direitos Políticos

Os direitos políticos são um conjunto de direitos fundamentais que permitem ao indivíduo participar da vontade política do Estado. Para se falar de direitos políticos, alguns conceitos são indispensáveis.

Cidadania, democracia e soberania popular

A Cidadania é a condição conferida ao indivíduo que possui direito político. É o exercício desse direito. Essa condição só é possível em nosso país por causa do regime de governo adotado, a Democracia. A democracia parte do pressuposto de que o poder do Estado decorre da vontade popular, da Soberania Popular. Conforme o parágrafo único do Art. 1º da Constituição:

> ***Art. 1º**, Parágrafo único. Todo o poder emana do povo, que o exerce por meio de representantes eleitos ou diretamente, nos termos desta Constituição.*

A democracia brasileira é classificada como semidireta ou participativa, haja vista poder ser exercida tanto de forma direta como de forma indireta. Como forma de exercício direto temos o previsto no Art. 14 da CF:

> ***Art. 14.** A soberania popular será exercida pelo sufrágio universal e pelo voto direto e secreto, com valor igual para todos, e, nos termos da lei, mediante:*
>
> ***I.** Plebiscito;*
>
> ***II.** Referendo;*
>
> ***III.** Iniciativa popular.*

Mas ainda há a ação popular que também é forma de exercício direto dos direitos políticos:

> ***Art. 5º**, LXXIII. Qualquer cidadão é parte legítima para propor ação popular que vise a anular ato lesivo ao patrimônio público ou de entidade de que o Estado participe, à moralidade administrativa, ao meio ambiente e ao patrimônio histórico e cultural, ficando o autor, salvo comprovada má-fé, isento de custas judiciais e do ônus da sucumbência.*

Entendamos o que significa cada uma das formas de exercício direto dos direitos políticos:

Plebiscito

Consulta popular realizada antes da tomada de decisão. O representante do poder público quer tomar uma decisão, mas, antes de tomá-la, ele pergunta para os cidadãos quem concorda. O que os cidadãos decidirem será feito.

Referendo

Consulta popular realizada depois da tomada de decisão. O representante do poder público toma uma decisão e depois pergunta o que os cidadãos acharam.

Iniciativa popular

Essa é uma das formas de se iniciar o processo legislativo no Brasil. A legitimidade para propor criação de lei pelo eleitorado encontra amparo no Art. 61, § 2º da CF:

> ***Art. 61, § 2º** - A iniciativa popular pode ser exercida pela apresentação à Câmara dos Deputados de projeto de lei subscrito por, no mínimo, um por cento do eleitorado nacional, distribuído pelo menos por cinco Estados, com não menos de três décimos por cento dos eleitores de cada um deles.*

Ação popular

Remédio constitucional previsto no inciso LXXIII que funciona como instrumento de fiscalização dos poderes públicos nos termos do inciso citado.

Quando se fala em exercício indireto, significa exercício por meio dos representantes eleitos que representarão a vontade popular.

Todas essas ferramentas disponibilizadas acima constituem formas de exercício dos direitos políticos no Brasil.

A doutrina costuma classificar os direitos políticos em:

- **Direitos políticos positivos.**
- **Direitos políticos negativos.**

Direitos políticos positivos

Os direitos políticos positivos se mostram pela possibilidade de participação na vontade política do Estado. Esses direitos políticos se materializam por meio da Capacidade Eleitoral Ativa e da Capacidade Eleitoral Passiva. O primeiro é a possibilidade de votar. O segundo, de ser votado.

Para que se possa exercer a capacidade eleitoral ativa, faz-se necessário o chamado alistamento eleitoral. É, simplesmente, inscrever-se como eleitor, o que acontece quando obtemos o título de eleitor. A Constituição apresenta três regras para o alistamento e o voto:

Voto Obrigatório

Maiores de 18 anos;

Voto Facultativo

Maiores de 16 e menores de 18; analfabetos e maiores de 70 anos;

Voto Proibido

Estrangeiros e conscritos.

Vejamos estas regras previstas no texto constitucional:

> ***Art. 14**, § 1º. O alistamento eleitoral e o voto são:*
>
> ***I.** Obrigatórios para os maiores de dezoito anos;*
>
> ***II.** Facultativos para:*
>
> ***a)** os analfabetos;*
>
> ***b)** os maiores de setenta anos;*
>
> ***c)** os maiores de dezesseis e menores de dezoito anos.*
>
> ***§ 2º** - Não podem alistar-se como eleitores os estrangeiros e, durante o período do serviço militar obrigatório, os conscritos.*

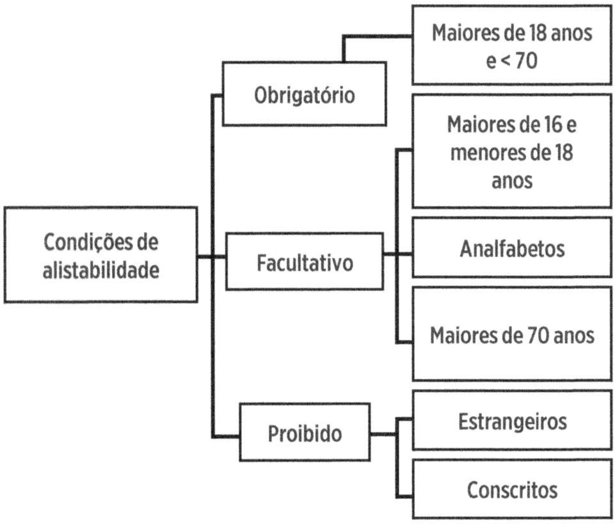

A **capacidade eleitoral passiva** é a capacidade de ser eleito. É uma das formas de participação política em que o cidadão aceita a incumbência de representar os interesses dos seus eleitores. Para que alguém possa ser eleito se faz necessário o preenchimento das Condições de Elegibilidade. São condições de elegibilidade as previstas no Art. 14, § 3º da Constituição:

> ***Art. 14, § 3º*** *- São condições de elegibilidade, na forma da lei:*
>
> ***I.*** *a nacionalidade brasileira;*
>
> ***II.*** *o pleno exercício dos direitos políticos;*
>
> ***III.*** *o alistamento eleitoral;*
>
> ***IV.*** *o domicílio eleitoral na circunscrição;*
>
> ***V.*** *a filiação partidária;*
>
> ***VI.*** *a idade mínima de:*
>
> ***a)*** *trinta e cinco anos para Presidente e Vice-Presidente da República e Senador;*
>
> ***b)*** *trinta anos para Governador e Vice-Governador de Estado e do Distrito Federal;*
>
> ***c)*** *vinte e um anos para Deputado Federal, Deputado Estadual ou Distrital, Prefeito, Vice-Prefeito e juiz de paz;*
>
> ***d)*** *dezoito anos para Vereador.*

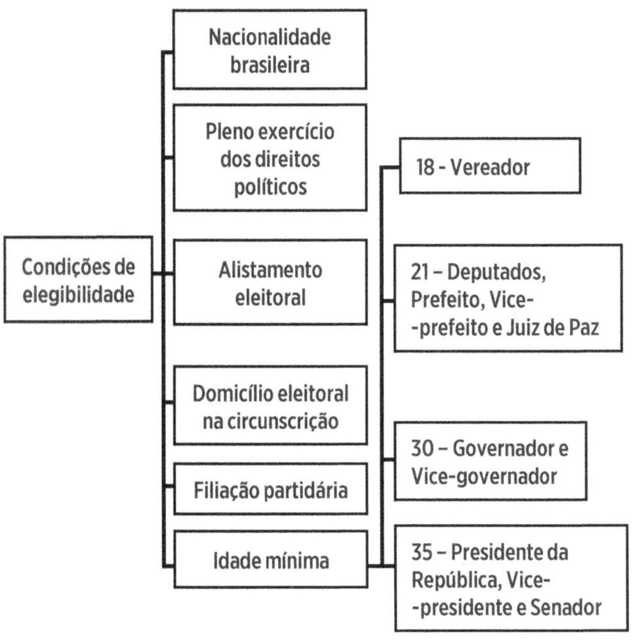

Direitos políticos negativos

Os direitos políticos negativos são verdadeiras vedações ao exercício da cidadania. São inelegibilidades, hipóteses de perda ou suspensão dos direitos políticos que se encontram previstos expressamente no texto constitucional. Só não se pode esquecer a possibilidade prevista no § 9º do Art. 14 da Constituição, que admite que sejam criadas outras inelegibilidades por Lei Complementar, desde possuam caráter relativo. Inelegibilidade absoluta, segundo a doutrina, só na Constituição Federal.

A primeira inelegibilidade está prevista no Art. 14, § 4º:

> ***Art. 14, § 4º*** *- São inelegíveis os inalistáveis e os analfabetos.*

Trata-se de uma inelegibilidade absoluta que impede os inalistáveis e analfabetos a concorrerem a qualquer cargo eletivo. Nota-se primeiramente que a Constituição se refere aos inalistáveis como "inelegíveis". Todas as vezes que se encontrar o termo inalistável, deve-se pensar automaticamente em estrangeiros e conscritos. Logo, são inelegíveis os estrangeiros, conscritos e analfabetos.

Quanto aos analfabetos, uma questão merece atenção: os analfabetos podem votar, mas não podem receber votos.

Em seguida, tem-se o § 5º, que traz a chamada regra da Reeleição. Trata-se de uma espécie de inelegibilidade relativa por meio do qual alguns titulares de cargos políticos ficam impedidos de se reelegerem por mais de duas eleições consecutivas, ou seja, é permitida apenas uma reeleição:

> ***Art. 14, § 5º -*** *O Presidente da República, os Governadores de Estado e do Distrito Federal, os Prefeitos e quem os houver sucedido, ou substituído no curso dos mandatos poderão ser reeleitos para um único período subsequente.*

O primeiro ponto interessante desse parágrafo está na restrição que só ocorre para os membros do poder executivo (Presidente, Governador e Prefeito). Logo, um membro do Poder Legislativo poderá se reeleger quantas vezes ele quiser, enquanto o membro do Poder Executivo só poderá se reeleger uma única vez. Ressalte-se que o impedimento se aplica também a quem suceder ou substituir o titular dos cargos supracitados.

Mais uma regra de inelegibilidade relativa encontra-se no § 6º:

> ***Art. 14, § 6º*** *- Para concorrerem a outros cargos, o Presidente da República, os Governadores de Estado e do Distrito Federal e os Prefeitos devem renunciar aos respectivos mandatos até seis meses antes do pleito.*

Estamos diante da chamada regra de **Desincompatibilização**. Da mesma forma que o dispositivo anterior só se aplica aos membros do Poder Executivo, e essa norma exige que os representantes desse Poder, para que possam concorrer a outro cargo, devem renunciar os respectivos mandatos até seis meses antes do pleito.

Ainda há a chamada Inelegibilidade Reflexa, ou em razão do parentesco. Essa hipótese gera um impedimento, não ao titular do cargo político, mas aos seus parentes até segundo grau. Também se aplica apenas aos membros do Poder Executivo:

> ***Art. 14, § 7º*** *- São inelegíveis, no território de jurisdição do titular, o cônjuge e os parentes consanguíneos ou afins, até o segundo grau ou por adoção, do Presidente da República, de Governador de Estado ou Território, do Distrito Federal, de Prefeito ou de quem os haja substituído dentro dos seis meses anteriores ao pleito, salvo se já titular de mandato eletivo e candidato à reeleição.*

O impedimento gerado está relacionado ao território de jurisdição do titular da seguinte forma:

> O Prefeito gera inelegibilidade aos cargos de Prefeito e Vereador do mesmo município;

> O Governador gera inelegibilidade aos cargos de Prefeito, Vereador, Deputado Estadual, Deputado Federal, Senador da República e Governador do mesmo Estado Federativo;

> O Presidente gera inelegibilidade a todos os cargos eletivos do país.

São parentes de 1º grau: pai, mãe, filho, sogro. São parentes de 2º grau: avô, irmão, neto, cunhado.

O STF editou a Súmula Vinculante nº 18, que diz:

Súmula Vinculante nº 18. *A dissolução da sociedade ou do vínculo conjugal, no curso do mandato, não afasta a inelegibilidade prevista no § 7º do Art. 14 da Constituição Federal.*

Lei complementar pode estabelecer novas hipóteses de inelegibilidade relativa. É o que dispõe o § 9º do Art. 14:

Art. 14, § 9º *- Lei complementar estabelecerá outros casos de inelegibilidade e os prazos de sua cessação, a fim de proteger a probidade administrativa, a moralidade para exercício de mandato considerada vida pregressa do candidato, e a normalidade e legitimidade das eleições contra a influência do poder econômico ou o abuso do exercício de função, cargo ou emprego na administração direta ou indireta.*

Com base no texto, é possível concluir que o rol de inelegibilidades relativas previstas na Constituição Federal é meramente exemplificativo. Há ainda a Lei Complementar nº 64/90 que traz várias hipóteses de inelegibilidade.

Condições para eleição do militar

O militar pode se candidatar a cargo político eletivo desde que observadas as regras estabelecidas no § 8º do Art. 14:

Art. 14, § 8º *- O militar alistável é elegível, atendidas as seguintes condições:*

I. *se contar menos de dez anos de serviço, deverá afastar-se da atividade;*

II. *se contar mais de dez anos de serviço, será agregado pela autoridade superior e, se eleito, passará automaticamente, no ato da diplomação, para a inatividade.*

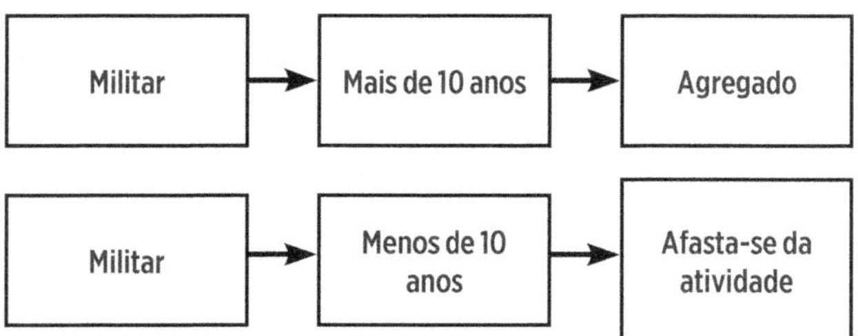

Primeiramente, deve-se ressaltar que a Constituição veda a filiação partidária aos militares:

Art. 142, § 3º, V. *O militar, enquanto em serviço ativo, não pode estar filiado a partidos políticos.*

Recordando as condições de elegibilidade, tem-se que é necessária a filiação partidária para ser elegível, contudo, no caso do militar, o TSE tem entendido que o registro da candidatura supre a falta de prévia filiação partidária.

Um segundo ponto interessante decorre da própria interpretação do § 8º, que prevê duas regras para eleição dos militares em razão do tempo de serviço:

Militar com menos de dez anos: deve se afastar da atividade;

Militar com mais de dez anos: deve ficar agregado pela autoridade superior e se eleito, passado para inatividade.

Esse prazo de dez anos escolhido pela Constituição decorre da garantia de estabilidade para os militares.

Impugnação de mandato eletivo

Estes parágrafos dispensam explicação e, quando aparecem em prova, costumam cobrar o próprio texto constitucional. Deve-se ter cuidado com o prazo de 15 dias para impugnação:

Art. 14, § 10 *- O mandato eletivo poderá ser impugnado ante a Justiça Eleitoral no prazo de quinze dias contados da diplomação, instruída a ação com provas de abuso do poder econômico, corrupção ou fraude.*

§ 11 *- A ação de impugnação de mandato tramitará em segredo de justiça, respondendo o autor, na forma da lei, se temerária ou de manifesta má-fé.*

Cassação, suspensão e perda dos direitos políticos

Uma coisa é certa: não existe cassação de direitos políticos no Brasil. Isso não pode ser esquecido, pois sempre é cobrado em prova. Apesar dessa norma protetiva, são permitidas a perda e a suspensão desses direitos, conforme disposto no Art. 15 da Constituição:

Art. 15. *É vedada a cassação de direitos políticos, cuja perda ou suspensão só se dará nos casos de:*

I. *Cancelamento da naturalização por sentença transitada em julgado;*

II. *Incapacidade civil absoluta;*

III. *Condenação criminal transitada em julgado, enquanto durarem seus efeitos;*

IV. *Recusa de cumprir obrigação a todos imposta ou prestação alternativa, nos termos do Art. 5º, VIII;*

V. *Improbidade administrativa, nos termos do Art. 37, § 4º.*

Observe-se que o texto constitucional não esclareceu muito bem quais são as hipóteses de perda ou suspensão, trabalho esse que ficou a cargo da doutrina fazer. Seguem abaixo as hipóteses de perda ou suspensão:

Cancelamento da naturalização por sentença transitada em julgado – trata-se de perda dos direitos políticos. Ora, se o indivíduo teve cancelado seu vínculo com o Estado Brasileiro, não há sentido em lhe garantir os direitos políticos;

Incapacidade civil absoluta – apesar de ser absoluta, essa incapacidade civil pode cessar dependendo da situação. Logo, é hipótese de suspensão dos direitos políticos;

Condenação criminal transitada em julgado, enquanto durarem seus efeitos – condenação criminal é suspensão, pois dura enquanto durar a pena. Deve-se ter cuidado com essa questão em prova. O efeito da suspensão sobre os direitos políticos independe do tipo de pena aplicada ao cidadão.

Recusa de cumprir obrigação a todos imposta ou prestação alternativa, nos termos do Art. 5º, VIII - essa é a famosa hipótese da escusa de consciência. Em relação a esse tema, existe divergência na doutrina. Parte da doutrina Constitucional entende que é hipótese de perda, outra parte da doutrina, principalmente eleitoral, entende que seja hipótese de suspensão.

Improbidade administrativa, nos termos do Art. 37, § 4º - essa é mais uma hipótese de suspensão dos direitos políticos.

Princípio da anterioridade eleitoral

Este princípio exige o prazo de um ano para aplicação de lei que altere processo eleitoral. Isso visa a evitar que os candidatos sejam pegos de surpresa com as regras eleitorais. O Art. 16 diz:

> ***Art. 16.*** *A lei que alterar o processo eleitoral entrará em vigor na data de sua publicação, não se aplicando à eleição que ocorra até um ano da data de sua vigência.*

O STF decidiu que essa lei não se aplica às eleições de 2010 por não ter respeitado esse princípio que requer o prazo de 1 ano para aplicação da lei que alterar o processo eleitoral.

A lei havia sido publicada em junho de 2010 e queriam que valesse para as eleições do mesmo ano. O STF disse que sua aplicação para 2010 era inconstitucional.

6.2 Partidos Políticos

Natureza jurídica dos partidos políticos

Os partidos políticos, segundo previsão expressa da Constituição, possuem natureza jurídica de direito privado. Segundo o disposto no Art. 17, § 2º:

> ***§ 2º*** *- Os partidos políticos, após adquirirem personalidade jurídica, na forma da lei civil, registrarão seus estatutos no Tribunal Superior Eleitoral.*

Quando a Constituição determina que os partidos devem adquirir sua personalidade jurídica na forma da lei civil, praticamente, afirma que é uma pessoa jurídica de direito privado apesar de ser exigido seu registro no TSE.

Direitos dos partidos

Os partidos possuem vários direitos previstos expressamente na Constituição, dentre os quais destacam-se:

Recursos do fundo partidário;

Acesso gratuito ao rádio e à televisão (Lei nº 9.096/95).

Limitações aos partidos

Apesar da liberdade estampada no *caput* do Art. 17, é possível perceber que a criação dos partidos políticos possui algumas limitações:

> ***Art. 17.*** *É livre a criação, fusão, incorporação e extinção de partidos políticos, resguardados a soberania nacional, o regime democrático, o pluripartidarismo, os direitos fundamentais da pessoa humana e observados os seguintes preceitos:*
>
> ***I.*** *Caráter nacional;*
>
> ***II.*** *Proibição de recebimento de recursos financeiros de entidade ou governo estrangeiros ou de subordinação a estes;*
>
> ***III.*** *Prestação de contas à Justiça Eleitoral;*
>
> ***IV.*** *Funcionamento parlamentar de acordo com a lei.*
>
> ***§ 4º*** *- É vedada a utilização pelos partidos políticos de organização paramilitar.*

Verticalização

Antes da Emenda Constitucional nº 52/2006, era utilizada a chamada Verticalização, que significava a necessidade de vinculação das candidaturas do nível nacional, estadual, distrital ou municipal. Vejamos como está escrito agora:

> ***§ 1º*** *- É assegurada aos partidos políticos autonomia para definir sua estrutura interna, organização e funcionamento e para adotar os critérios de escolha e o regime de suas coligações eleitorais, sem obrigatoriedade de vinculação entre as candidaturas em âmbito nacional, estadual, distrital ou municipal, devendo seus estatutos estabelecer normas de disciplina e fidelidade partidária.*

Significa dizer que não é mais preciso haver vinculação das candidaturas nos diversos níveis federativos (União, Estados, Distrito Federal e Municípios).

7. DA ORGANIZAÇÃO POLÍTICO-ADMINISTRATIVA

Para que se possa compreender a Organização Político-Administrativa do Estado Brasileiro, faz-se necessário, primeiramente, entender como se deu essa formação. Para isso, será abordado o Princípio Federativo.

7.1 Princípio Federativo

A Forma de Estado adotada no Brasil é a Federativa. Quando se afirma que o nosso Estado é uma Federação, quer-se dizer como se dá o exercício do poder político em função do território. Em um Estado Federal, existe pluralidade de poderes políticos internos, os quais se organizam de forma descentralizada. No Brasil, são quatro poderes políticos, também chamados de entes federativos:

União;

Estados;

Distrito Federal;

Municípios.

Essa organização é baseada na autonomia política de cada ente federativo. Deve-se estar atento a esse tema em prova, pois as bancas gostam de trocar autonomia por soberania. Cada ente possui sua própria autonomia, enquanto que o Estado Federal possui a soberania. A autonomia de cada ente federativo se dá no âmbito político, financeiro, orçamentário, administrativo e em qualquer outra área permitida pela Constituição Federal:

> ***Art. 18.*** *A organização político-administrativa da República Federativa do Brasil compreende a União, os Estados, o Distrito Federal e os Municípios, todos autônomos, nos termos desta Constituição.*

Deve-se destacar, inclusive, que o pacto federativo sobrevive em torno da Constituição Federal, que impede sua dissolução sob pena de se decretar Intervenção Federal:

> ***Art. 34.*** *A União não intervirá nos Estados nem no Distrito Federal, exceto para:*
>
> ***I.*** *Manter a integridade nacional.*

A proibição de secessão, que impede a separação de um ente federativo, também é conhecida como Princípio da Indissolubilidade.

Outro ponto muito cobrado em prova diz respeito à inexistência de hierarquia entre os entes federativos. O que distingue um ente federativo do outro não é a superioridade, mas a distribuição de competências feita pela própria Constituição Federal. Não se deve esquecer também que as Unidades da Federação possuem representação junto ao Poder Legislativo da União, mais precisamente, no Senado Federal.

Em razão dessa organização completamente diferenciada, a doutrina classifica a federação brasileira de várias formas:

Tricotômica

Federação constituída em três níveis: federal, estadual e municipal. O Distrito Federal não é considerado nessa classificação, haja vista possuir competência híbrida, agindo tanto como um Estado quanto como Município;

Centrífuga

Característica que reflete a formação da federação brasileira. É a formação "de dentro para fora". O movimento é de centrifugadora. A força de criação do estado federal brasileiro surgiu a partir de um Estado Unitário para a criação de um estado federado, ou seja, o poder centralizado que se torna descentralizado. O poder político era concentrado nas mãos de um só ente e depois passa a fazer parte de vários entes federativos;

Por Desagregação

Ocorre quando um Estado Unitário resolve se descentralizar politicamente, desagregando o poder central em favor de vários entes titulares de poder político.

Mais uma característica que não pode ser ignorada em prova: a Forma Federativa de Estado é uma cláusula pétrea, conforme dispõe o Art. 60, § 4º, I:

> ***Art. 60, § 4º*** *- Não será objeto de deliberação a proposta de emenda tendente a abolir:*
>
> ***I.*** *A forma federativa de Estado.*

Cumpre lembrar de que a Capital do Brasil é Brasília. Deve-se ter cuidado: há questão de prova que diz que a Capital é o Distrito Federal. O Distrito Federal é um ente federativo, ao passo que Brasília é uma Região Administrativa dentro do Distrito Federal:

> ***Art. 18, § 1º*** *- Brasília é a Capital Federal.*

Outra coisa com a qual se deve ter cuidado diz respeito aos Territórios Federais:

> ***§ 2º*** *- Os Territórios Federais integram a União, e sua criação, transformação em Estado ou reintegração ao Estado de origem serão reguladas em lei complementar.*

Esses não são entes federativos, pois não possuem autonomia política. São pessoas jurídicas de direito público que possuem apenas capacidade administrativa. Sua natureza jurídica é de autarquia federal e só podem ser criados por lei federal. Para sua criação se faz necessária a aprovação das populações diretamente envolvidas, por meio de plebiscito, parecer da Assembleia Legislativa e lei complementar federal. Os territórios são administrados por governadores escolhidos pelo Presidente da República e podem ser divididos em municípios. Cada território elegerá quatro deputados federais, mas não poderá eleger Senador da República. Seguem abaixo vários dispositivos constitucionais que regulamentam os Territórios:

> ***Art. 18, § 3º*** *- Os Estados podem incorporar-se entre si, subdividir-se ou desmembrar-se para se anexarem a outros, ou formarem novos Estados ou Territórios Federais, mediante aprovação da população diretamente interessada, através de plebiscito, e do Congresso Nacional, por lei complementar.*
>
> ***Art. 45, § 2º*** *- Cada Território elegerá quatro Deputados.*
>
> ***Art. 48.*** *Cabe ao Congresso Nacional, com a sanção do Presidente da República, não exigida esta para o especificado nos Arts. 49, 51 e 52, dispor sobre todas as matérias de competência da União, especialmente sobre:*
>
> ***VI.*** *Incorporação, subdivisão ou desmembramento de áreas de Territórios ou Estados, ouvidas as respectivas Assembleias Legislativas.*

> ***Art. 84.*** *Compete privativamente ao Presidente da República:*
>
> ***XIV.*** *Nomear, após aprovação pelo Senado Federal, os Ministros do Supremo Tribunal Federal e dos Tribunais Superiores, os Governadores de Territórios, o Procurador-Geral da República, o presidente e os diretores do banco central e outros servidores, quando determinado em lei.*

A Constituição Federal autoriza a divisão dos Territórios em Municípios. Os Territórios com mais de 100.000 habitantes possuirão Poder Judiciário próprio, bem como membros do Ministério Público e Defensores Públicos Federais. Poderão ainda eleger membros para Câmara Territorial:

> ***Art. 33, § 1º*** *- Os Territórios poderão ser divididos em Municípios, aos quais se aplicará, no que couber, o disposto no Capítulo IV deste Título.*
>
> ***§ 3º*** *- Nos Territórios Federais com mais de cem mil habitantes, além do Governador nomeado na forma desta Constituição, haverá órgãos judiciários de primeira e segunda instância, membros do Ministério Público e defensores públicos federais; a lei disporá sobre as eleições para a Câmara Territorial e sua competência deliberativa.*

7.2 Vedações Constitucionais

A Constituição Federal fez questão de estabelecer algumas vedações expressas aos entes federativos, as quais estão previstas no Art. 19:

> ***Art. 19.*** *É vedado à União, aos Estados, ao Distrito Federal e aos Municípios:*
>
> ***I.*** *Estabelecer cultos religiosos ou igrejas, subvencioná-los, embaraçar-lhes o funcionamento ou manter com eles ou seus representantes relações de dependência ou aliança, ressalvada, na forma da lei, a colaboração de interesse público;*
>
> ***II.*** *Recusar fé aos documentos públicos;*
>
> ***III.*** *Criar distinções entre brasileiros ou preferências entre si.*

A primeira vedação decorre da laicidade do Estado brasileiro, ou seja, não possuímos religião oficial no Brasil, em razão da situação de separação entre Estado e Igreja. A segunda vedação decorre da presunção de veracidade dos documentos públicos. E, por último, contemplando o Princípio da Isonomia, o qual será tratado em momento oportuno, fica vedado estabelecer distinções entre brasileiros ou preferências entre si. Atente-se a esta questão.

7.3 Características dos Entes Federativos

União

Muitos sentem dificuldade em visualizar a União, tendo em vista ser um ente meio abstrato. O que se precisa saber é que a União é uma pessoa jurídica de direito público interno ao mesmo tempo em que é pessoa jurídica de direito público externo. É o Poder Central responsável por assuntos de interesse geral do Estado e que representa os demais entes federativos. Apesar de não possuir o atributo Soberania, a União exerce essa soberania em nome do Estado Federal. É só pensar na representação internacional do Estado. Quem celebra tratados internacionais? É o Chefe do Executivo da União, o Presidente da República.

Um dos temas mais cobrados em prova são os Bens da União. Os Bens da União estão previstos no Art. 20 da Constituição Federal:

> ***Art. 20.*** *São bens da União:*
>
> ***I.*** *Os que atualmente lhe pertencem e os que lhe vierem a ser atribuídos;*
>
> ***II.*** *As terras devolutas indispensáveis à defesa das fronteiras, das fortificações e construções militares, das vias federais de comunicação e à preservação ambiental, definidas em lei;*
>
> ***III.*** *Os lagos, rios e quaisquer correntes de água em terrenos de seu domínio, ou que banhem mais de um Estado, sirvam de limites com outros países, ou se estendam a território estrangeiro ou dele provenham, bem como os terrenos marginais e as praias fluviais;*
>
> ***IV.*** *As ilhas fluviais e lacustres nas zonas limítrofes com outros países; as praias marítimas; as ilhas oceânicas e as costeiras, excluídas, destas, as que contenham a sede de Municípios, exceto aquelas áreas afetadas ao serviço público e a unidade ambiental federal, e as referidas no art. 26, II;*
>
> ***V.*** *Os recursos naturais da plataforma continental e da zona econômica exclusiva;*
>
> ***VI.*** *O mar territorial;*
>
> ***VII.*** *Os terrenos de marinha e seus acrescidos;*
>
> ***VIII.*** *os potenciais de energia hidráulica;*
>
> ***IX.*** *Os recursos minerais, inclusive os do subsolo;*
>
> ***X.*** *As cavidades naturais subterrâneas e os sítios arqueológicos e pré-históricos;*
>
> ***XI.*** *As terras tradicionalmente ocupadas pelos índios.*
>
> ***§ 1º*** *É assegurada, nos termos da lei, à União, aos Estados, ao Distrito Federal e aos Municípios a participação no resultado da exploração de petróleo ou gás natural, de recursos hídricos para fins de geração de energia elétrica a e de outros recursos minerais no respectivo território, plataforma continental, mar territorial ou zona econômica exclusiva, ou compensação financeira por essa exploração.*
>
> ***§ 2º*** *- A faixa de até cento e cinquenta quilômetros de largura, ao longo das fronteiras terrestres, designada como faixa de fronteira, é considerada fundamental para defesa do território nacional, e sua ocupação e utilização serão reguladas em lei.*

Esse artigo, quando cobrado em prova, costuma ser trabalhado apenas com o texto literal da Constituição. A dica de estudo é a memorização dos bens que são considerados da União. Contudo, alguns bens necessitam de uma explicação maior para que sejam compreendidos.

Terras devolutas

O inciso II fala das chamadas terras devolutas, mas o que significa terras devolutas? São terras que estão sob o domínio da União sem qualquer destinação, nem pública nem privada. Serão da União apenas as terras devolutas indispensáveis à defesa das fronteiras, das fortificações e construções militares, das vias federais de comunicação e à preservação ambiental, conforme definição em lei. As demais terras devolutas serão de propriedade dos Estados Membros nos termos do Art. 26, IV:

> ***Art. 26.*** *Incluem-se entre os bens dos Estados:*
>
> ***IV.*** *As terras devolutas não compreendidas entre as da União.*

Mar territorial, plataforma continental e zona econômica exclusiva

Os incisos IV e V apresentam três bens que são muito interessantes e que se confundem nas cabeças dos alunos: mar territorial, plataforma continental e Zona Econômica Exclusiva. A Lei 8.617/93 esclarece as diferenças entre esses institutos.

O mar territorial é formado por uma faixa de água marítima ao longo da costa brasileira, com uma dimensão de 12 milhas marítimas, contadas a partir da linha base. A plataforma continental é o prolongamento natural do território terrestre, compreendidos o leito e o subsolo do mar até a distância de 200 milhas marítimas ou até o bordo exterior da margem continental.

A zona econômica exclusiva é a extensão situada além do mar territorial até o limite das 200 milhas marítimas.

Acerca desse tema sempre há confusão. O mar territorial é extensão do território nacional sobre qual o Estado exerce sua soberania. Já a plataforma continental e a zona econômica exclusiva são águas internacionais onde o direito à soberania do Estado se limita à exploração e ao aproveitamento, à conservação e a gestão dos recursos naturais, vivos ou não vivos, das águas sobrejacentes ao leito do mar, do leito do mar e seu subsolo, e no que se refere a outras atividades com vistas à exploração e ao aproveitamento da zona para fins econômicos.

Estados

Os Estados são pessoas jurídicas de direito público interno, entes federativos detentores de autonomia própria. Essa autonomia se percebe pela sua capacidade de auto-organização, autogoverno, autoadministração. Destaca-se, ainda, o seu poder de criação da própria Constituição Estadual, bem como das demais normas de sua competência:

> ***Art. 25.*** *Os Estados organizam-se e regem-se pelas Constituições e leis que adotarem, observados os princípios desta Constituição.*

Percebe-se, ainda, o seu autogoverno à medida que cada Estado organiza seus próprios Poderes: Poder Legislativo (Assembleia Legislativa), Poder Executivo (Governador) e Poder Judiciário (Tribunal de Justiça). Destacam-se também suas autonomias administrativa, tributária e financeira.

Segundo o Art. 18, § 3º:

> ***Art. 18, § 3º -*** *Os Estados podem incorporar-se entre si, subdividir-se ou desmembrar-se para se anexarem a outros, ou formarem novos Estados ou Territórios Federais, mediante aprovação da população diretamente interessada, através de plebiscito, e do Congresso Nacional, por lei complementar.*

O que se precisa lembrar para a prova é que, para se criar outro Estado, faz-se necessária a aprovação da população diretamente interessada por meio de plebiscito e que essa criação depende de lei complementar federal. A Constituição prevê ainda a oitiva das Assembleias Legislativas envolvidas na modificação:

> ***Art. 48.*** *Cabe ao Congresso Nacional, com a sanção do Presidente da República, não exigida esta para o especificado nos Arts. 49, 51 e 52, dispor sobre todas as matérias de competência da União, especialmente sobre:*
>
> ***IV.*** *Incorporação, subdivisão ou desmembramento de áreas de Territórios ou Estados, ouvidas as respectivas Assembleias Legislativas.*

Em razão de sua autonomia, a Constituição apresentou um rol de bens que pertencem aos Estados:

> ***Art. 26.*** *Incluem-se entre os bens dos Estados:*
>
> ***I.*** *As águas superficiais ou subterrâneas, fluentes, emergentes e em depósito, ressalvadas, neste caso, na forma da lei, as decorrentes de obras da União;*
>
> ***II.*** *As áreas, nas ilhas oceânicas e costeiras, que estiverem no seu domínio, excluídas aquelas sob domínio da União, Municípios ou terceiros;*
>
> ***III.*** *As ilhas fluviais e lacustres não pertencentes à União;*
>
> ***IV.*** *As terras devolutas não compreendidas entre as da União.*

Algumas regras em relação à Organização dos Poderes Legislativo e Executivo no âmbito dos Estados também aparecem na Constituição Federal. Quando cobradas em prova, a leitura e memorização dos artigos abaixo se tornam essenciais:

> ***Art. 27.*** *O número de Deputados à Assembleia Legislativa corresponderá ao triplo da representação do Estado na Câmara dos Deputados e, atingido o número de trinta e seis, será acrescido de tantos quantos forem os Deputados Federais acima de doze.*
>
> ***§ 1º*** *- Será de quatro anos o mandato dos Deputados Estaduais, aplicando-se-lhes as regras desta Constituição sobre sistema eleitoral, inviolabilidade, imunidades, remuneração, perda de mandato, licença, impedimentos e incorporação às Forças Armadas.*
>
> ***§ 2º*** *- O subsídio dos Deputados Estaduais será fixado por lei de iniciativa da Assembleia Legislativa, na razão de, no máximo, setenta e cinco por cento daquele estabelecido, em espécie, para os Deputados Federais, observado o que dispõem os Arts. 39, § 4º, 57, § 7º, 150, II, 153, III, e 153, § 2º, I.*
>
> ***§ 3º*** *- Compete às Assembleias Legislativas dispor sobre seu regimento interno, polícia e serviços administrativos de sua secretaria, e prover os respectivos cargos.*
>
> ***§ 4º*** *- A lei disporá sobre a iniciativa popular no processo legislativo estadual.*
>
> ***Art. 28.*** *A eleição do Governador e do Vice-Governador de Estado, para mandato de quatro anos, realizar-se-á no primeiro domingo de outubro, em primeiro turno, e no último domingo de outubro, em segundo turno, se houver, do ano anterior ao do término do mandato de seus antecessores, e a posse ocorrerá em primeiro de janeiro do ano subsequente, observado, quanto ao mais, o disposto no Art. 77.*
>
> ***§ 1º*** *- Perderá o mandato o Governador que assumir outro cargo ou função na administração pública direta ou indireta, ressalvada a posse em virtude de concurso público e observado o disposto no Art. 38, I, IV e V.*
>
> ***§ 2º*** *- Os subsídios do Governador, do Vice-Governador e dos Secretários de Estado serão fixados por lei de iniciativa da Assembleia Legislativa, observado o que dispõem os Arts. 37, XI, 39, § 4º, 150, II, 153, III, e 153, § 2º, I.*

Municípios

Os municípios são elencados pela Constituição Federal como entes federativos dotados de autonomia, a qual se percebe pela sua capacidade de auto-organização, autogoverno e autoadministração. São regidos por Lei Orgânica e possui Executivo e Legislativo próprio, os quais são representados, respectivamente, pela Prefeitura e pela Câmara Municipal e que são regulamentados pelos Arts. 29 e 29-A da Constituição. O examinador pode explorar, em prova de concurso público, questões que requeiram a memorização desses artigos. Para entender por que ele faria isso, recomenda-se a leitura:

> ***Art. 29.*** *O Município reger-se-á por lei orgânica, votada em dois turnos, com o interstício mínimo de dez dias, e aprovada por dois terços dos membros da Câmara Municipal, que a promulgará, atendidos os princípios estabelecidos nesta Constituição, na Constituição do respectivo Estado e os seguintes preceitos:*
>
> ***I.*** *Eleição do Prefeito, do Vice-Prefeito e dos Vereadores, para mandato de quatro anos, mediante pleito direto e simultâneo realizado em todo o País;*
>
> ***II.*** *Eleição do Prefeito e do Vice-Prefeito realizada no primeiro domingo de outubro do ano anterior ao término do mandato dos que devam suceder, aplicadas as regras do Art. 77, no caso de Municípios com mais de duzentos mil eleitores;*
>
> ***III.*** *Posse do Prefeito e do Vice-Prefeito no dia 1º de janeiro do ano subsequente ao da eleição;*
>
> ***IV.*** *Para a composição das Câmaras Municipais, será observado o limite máximo de:*
>
> ***a)*** *9 (nove) Vereadores, nos Municípios de até 15.000 (quinze mil) habitantes;*
>
> ***b)*** *11 (onze) Vereadores, nos Municípios de mais de 15.000 (quinze mil) habitantes e de até 30.000 (trinta mil) habitantes;*
>
> ***c)*** *13 (treze) Vereadores, nos Municípios com mais de 30.000 (trinta mil) habitantes e de até 50.000 (cinquenta mil) habitantes;*
>
> ***d)*** *15 (quinze) Vereadores, nos Municípios de mais de 50.000 (cinquenta mil) habitantes e de até 80.000 (oitenta mil) habitantes;*
>
> ***e)*** *17 (dezessete) Vereadores, nos Municípios de mais de 80.000 (oitenta mil) habitantes e de até 120.000 (cento e vinte mil) habitantes;*
>
> ***f)*** *19 (dezenove) Vereadores, nos Municípios de mais de 120.000 (cento e vinte mil) habitantes e de até 160.000 (cento sessenta mil) habitantes;*
>
> ***g)*** *21 (vinte e um) Vereadores, nos Municípios de mais de 160.000 (cento e sessenta mil) habitantes e de até 300.000 (trezentos mil) habitantes;*
>
> ***h)*** *23 (vinte e três) Vereadores, nos Municípios de mais de 300.000 (trezentos mil) habitantes e de até 450.000 (quatrocentos e cinquenta mil) habitantes;*
>
> ***i)*** *25 (vinte e cinco) Vereadores, nos Municípios de mais de 450.000 (quatrocentos e cinquenta mil) habitantes e de até 600.000 (seiscentos mil) habitantes;*
>
> ***j)*** *27 (vinte e sete) Vereadores, nos Municípios de mais de 600.000 (seiscentos mil) habitantes e de até 750.000 (setecentos cinquenta mil) habitantes;*
>
> ***k)*** *29 (vinte e nove) Vereadores, nos Municípios de mais de 750.000 (setecentos e cinquenta mil) habitantes e de até 900.000 (novecentos mil) habitantes;*
>
> ***l)*** *31 (trinta e um) Vereadores, nos Municípios de mais de 900.000 (novecentos mil) habitantes e de até 1.050.000 (um milhão e cinquenta mil) habitantes;*
>
> ***m)*** *33 (trinta e três) Vereadores, nos Municípios de mais de 1.050.000 (um milhão e cinquenta mil) habitantes e de até 1.200.000 (um milhão e duzentos mil) habitantes;*
>
> ***n)*** *35 (trinta e cinco) Vereadores, nos Municípios de mais de 1.200.000 (um milhão e duzentos mil) habitantes e de até 1.350.000 (um milhão e trezentos e cinquenta mil) habitantes;*
>
> ***o)*** *37 (trinta e sete) Vereadores, nos Municípios de 1.350.000 (um milhão e trezentos e cinquenta mil) habitantes e de até 1.500.000 (um milhão e quinhentos mil) habitantes;*
>
> ***p)*** *39 (trinta e nove) Vereadores, nos Municípios de mais de 1.500.000 (um milhão e quinhentos mil) habitantes e de até 1.800.000 (um milhão e oitocentos mil) habitantes;*
>
> ***q)*** *41 (quarenta e um) Vereadores, nos Municípios de mais de 1.800.000 (um milhão e oitocentos mil) habitantes e de até 2.400.000 (dois milhões e quatrocentos mil) habitantes;*
>
> ***r)*** *43 (quarenta e três) Vereadores, nos Municípios de mais de 2.400.000 (dois milhões e quatrocentos mil) habitantes e de até 3.000.000 (três milhões) de habitantes;*
>
> ***s)*** *45 (quarenta e cinco) Vereadores, nos Municípios de mais de 3.000.000 (três milhões) de habitantes e de até 4.000.000 (quatro milhões) de habitantes;*
>
> ***t)*** *47 (quarenta e sete) Vereadores, nos Municípios de mais de 4.000.000 (quatro milhões) de habitantes e de até 5.000.000 (cinco milhões) de habitantes;*
>
> ***u)*** *49 (quarenta e nove) Vereadores, nos Municípios de mais de 5.000.000 (cinco milhões) de habitantes e de até 6.000.000 (seis milhões) de habitantes;*
>
> ***v)*** *51 (cinquenta e um) Vereadores, nos Municípios de mais de 6.000.000 (seis milhões) de habitantes e de até 7.000.000 (sete milhões) de habitantes;*
>
> ***w)*** *53 (cinquenta e três) Vereadores, nos Municípios de mais de 7.000.000 (sete milhões) de habitantes e de até 8.000.000 (oito milhões) de habitantes; e*
>
> ***x)*** *55 (cinquenta e cinco) Vereadores, nos Municípios de mais de 8.000.000 (oito milhões) de habitantes;*
>
> ***V.*** *Subsídios do Prefeito, do Vice-Prefeito e dos Secretários Municipais fixados por lei de iniciativa da Câmara Municipal, observado o que dispõem os Arts. 37, XI, 39, § 4º, 150, II, 153, III, e 153, § 2º, I;*
>
> ***VI.*** *O subsídio dos Vereadores será fixado pelas respectivas Câmaras Municipais em cada legislatura para a subsequente, observado o que dispõe esta Constituição, observados os critérios estabelecidos na respectiva Lei Orgânica e os seguintes limites máximos:*
>
> ***a)*** *em Municípios de até dez mil habitantes, o subsídio máximo dos Vereadores corresponderá a vinte por cento do subsídio dos Deputados Estaduais;*
>
> ***b)*** *em Municípios de dez mil e um a cinquenta mil habitantes, o subsídio máximo dos Vereadores corresponderá a trinta por cento do subsídio dos Deputados Estaduais;*
>
> ***c)*** *em Municípios de cinquenta mil e um a cem mil habitantes, o subsídio máximo dos Vereadores corresponderá a quarenta por cento do subsídio dos Deputados Estaduais;*
>
> ***d)*** *em Municípios de cem mil e um a trezentos mil habitantes, o subsídio máximo dos Vereadores corresponderá a cinquenta por cento do subsídio dos Deputados Estaduais;*
>
> ***e)*** *em Municípios de trezentos mil e um a quinhentos mil habitantes, o subsídio máximo dos Vereadores corresponderá a sessenta por cento do subsídio dos Deputados Estaduais;*
>
> ***f)*** *em Municípios de mais de quinhentos mil habitantes, o subsídio máximo dos Vereadores corresponderá a setenta e cinco por cento do subsídio dos Deputados Estaduais;*

VII. *O total da despesa com a remuneração dos Vereadores não poderá ultrapassar o montante de cinco por cento da receita do Município;*

VIII. *Inviolabilidade dos Vereadores por suas opiniões, palavras e votos no exercício do mandato e na circunscrição do Município;*

IX. *Proibições e incompatibilidades, no exercício da vereança, similares, no que couber, ao disposto nesta Constituição para os membros do Congresso Nacional e na Constituição do respectivo Estado para os membros da Assembleia Legislativa;*

X. *Julgamento do Prefeito perante o Tribunal de Justiça;*

XI. *Organização das funções legislativas e fiscalizadoras da Câmara Municipal;*

XII. *Cooperação das associações representativas no planejamento municipal;*

XIII. *Iniciativa popular de projetos de lei de interesse específico do Município, da cidade ou de bairros, através de manifestação de, pelo menos, cinco por cento do eleitorado;*

XIV. *Perda do mandato do Prefeito, nos termos do Art. 28, parágrafo único.*

Art. 29-A. *O total da despesa do Poder Legislativo Municipal, incluídos os subsídios dos Vereadores e excluídos os gastos com inativos, não poderá ultrapassar os seguintes percentuais, relativos ao somatório da receita tributária e das transferências previstas no § 5º do Art. 153 e nos Arts. 158 e 159, efetivamente realizado no exercício anterior:*

IX. *7% (sete por cento) para Municípios com população de até 100.000 (cem mil) habitantes;*

X. *6% (seis por cento) para Municípios com população entre 100.000 (cem mil) e 300.000 (trezentos mil) habitantes;*

XI. *5% (cinco por cento) para Municípios com população entre 300.001 (trezentos mil e um) e 500.000 (quinhentos mil) habitantes;*

XII. *4,5% (quatro inteiros e cinco décimos por cento) para Municípios com população entre 500.001 (quinhentos mil e um) e 3.000.000 (três milhões) de habitantes;*

XIII. *4% (quatro por cento) para Municípios com população entre 3.000.001 (três milhões e um) e 8.000.000 (oito milhões) de habitantes;*

XIV. *3,5% (três inteiros e cinco décimos por cento) para Municípios com população acima de 8.000.001 (oito milhões e um) habitantes.*

§1º *- A Câmara Municipal não gastará mais de setenta por cento de sua receita com folha de pagamento, incluído o gasto com o subsídio de seus Vereadores.*

§2º *- Constitui crime de responsabilidade do Prefeito Municipal:*

I. *Efetuar repasse que supere os limites definidos neste artigo;*

II. *Não enviar o repasse até o dia vinte de cada mês; ou*

III. *Enviá-lo a menor em relação à proporção fixada na Lei Orçamentária.*

§3º *- Constitui crime de responsabilidade do Presidente da Câmara Municipal o desrespeito ao § 1º deste artigo.*

Mesmo sendo dotada de autonomia federativa, sua organização possui algumas limitações impostas pela própria Constituição. Entre essas limitações, deve-se destacar a ausência de Poder Judiciário no âmbito municipal, cuja função jurisdicional é exercida pelos órgãos do Judiciário Federal e Estadual. É importante lembrar que não existe representante municipal no Congresso Nacional.

A Constituição permite que sejam criados novos municípios, conforme as regras estabelecidas no Art. 18, § 4º:

> ***Art. 18****, § 4º - A criação, a incorporação, a fusão e o desmembramento de Municípios, far-se-ão por lei estadual, dentro do período determinado por Lei Complementar Federal, e dependerão de consulta prévia, mediante plebiscito, às populações dos Municípios envolvidos, após divulgação dos Estudos de Viabilidade Municipal, apresentados e publicados na forma da lei.*

Perceba que as regras são um pouco diferentes das necessárias para a criação de Estados. A primeira coisa que deve ser lembrada é que a criação será por Lei Ordinária Estadual, desde que haja autorização emanada de Lei Complementar Federal. As populações diretamente envolvidas na modificação devem ser consultadas por meio de plebiscito. E, por último, não se pode esquecer a exigência de Estudo de Viabilidade Municipal. Para prova, memorize essas condições.

Um fato curioso é que apesar de não existir ainda uma Lei Complementar Federal autorizando o período de criação de Municípios, vários Municípios foram criados na vigência de Constituição Federal, o que obrigou o Congresso Nacional a aprovar a Emenda Constitucional nº 57/2008, que acrescentou o Art. 96 ao Ato das Disposições Constitucionais Transitórias (ADCT), convalidando a criação dos Municípios até 31 de dezembro de 2006:

> ***Art. 96.*** *Ficam convalidados os atos de criação, fusão, incorporação e desmembramento de Municípios, cuja lei tenha sido publicada até 31 de dezembro de 2006, atendidos os requisitos estabelecidos na legislação do respectivo Estado à época de sua criação.*

Distrito federal

Se questionarem se o Distrito Federal é um Estado ou é um Município, a resposta será: "O Distrito Federal não é Estado nem Município, é Distrito Federal."

A Constituição Federal afirma que o Distrito Federal é ente federativo assim como a União, os Estados e os Municípios. Esse ente federativo é conhecido pela sua autonomia e por sua competência híbrida. Quando se fala em competência híbrida, quer-se dizer que o DF pode exercer competências tanto de Estado quanto de Município:

> ***Art. 32, § 1º*** *- Ao Distrito Federal são atribuídas as competências legislativas reservadas aos Estados e Municípios.*

Caracteriza a sua autonomia o fato de poder criar a sua própria Lei Orgânica, bem como a existência do Poder Executivo (Governador), Legislativo (Câmara Legislativa) e Judiciário (Tribunal de Justiça do Distrito Federal e Territórios):

> ***Art. 32.*** *O Distrito Federal, vedada sua divisão em Municípios, reger-se-á por lei orgânica, votada em dois turnos com interstício mínimo de dez dias, e aprovada por dois terços da Câmara Legislativa, que a promulgará, atendidos os princípios estabelecidos nesta Constituição.*
>
> ***§ 2º*** *- A eleição do Governador e do Vice-Governador, observadas as regras do Art. 77, e dos Deputados Distritais coincidirá com a dos Governadores e Deputados Estaduais, para mandato de igual duração.*
>
> ***§ 3º*** *- Aos Deputados Distritais e à Câmara Legislativa aplica-se o disposto no Art. 27.*

Como se pode depreender da leitura do artigo, a autonomia do DF possui algumas limitações, por exemplo, a vedação da sua divisão em Municípios. Nesse mesmo sentido, deve-se lembrar que o DF não possui competência para organizar e manter as Polícias Civil e Militar, o Corpo de Bombeiros Militar, o Poder Judiciário, o Ministério Público e a Defensoria Pública. Nesses casos, a competência foi conferida à União:

> ***Art. 32, § 4º*** *- Lei federal disporá sobre a utilização, pelo Governo do Distrito Federal, da polícia civil, da polícia penal, da polícia militar e do corpo de bombeiros militar.*
>
> ***Art. 21.*** *Compete à União:*
>
> ***XIII -*** *organizar e manter o Poder Judiciário, o Ministério Público do Distrito Federal e dos Territórios e a Defensoria Pública dos Territórios;*
>
> ***XIV -*** *organizar e manter a polícia civil, a polícia penal, a polícia militar e o corpo de bombeiros militar do Distrito Federal, bem como prestar assistência financeira ao Distrito Federal para a execução de serviços públicos, por meio de fundo próprio;*

Por fim, é importante lembrar que o Distrito Federal não se confunde com Brasília. Isso é facilmente percebido pela leitura do Art. 18:

> ***Art. 18.*** *A organização político-administrativa da República Federativa do Brasil compreende a União, os Estados, o Distrito Federal e os Municípios, todos autônomos, nos termos desta Constituição.*
>
> ***§ 1º*** *- Brasília é a Capital Federal.*

O Distrito Federal é ente federativo, ao passo que Brasília é a Capital Federal. Sob a ótica da organização administrativa do DF, pode-se afirmar que Brasília é uma das Regiões Administrativas do Distrito Federal, haja vista não poder o DF ser dividido em municípios.

7.4 Competências dos Entes Federativos

Como já foi visto, entre os entes federativos não existe hierarquia. Mas o que diferencia um ente federativo do outro? A diferença está na distribuição das competências pela Constituição. Cada ente federativo possui sua parcela de responsabilidades estabelecidas dentro da Constituição Federal.

Para a fixação dessas competências, a Constituição fez uso do Princípio da Predominância de Interesse. Esse princípio define a abrangência das competências de cada ente com base na predominância de interesse. Para a União, em regra, foram previstas competências de interesse geral, de toda a coletividade. Para os Estados, a Constituição reservou competências de interesse regional. Aos Municípios, competências de interesse local. E, por fim, ao Distrito Federal, foram reservadas competências de interesse local e regional, razão pela qual a doutrina chama de competência híbrida.

As competências são classificadas em dois tipos:

Competências Materiais ou Administrativas;

Competências Legislativas.

As competências materiais ou administrativas são aquelas que preveem ações a serem desempenhadas pelos entes federativos.

As competências legislativas estão relacionadas com a capacidade que um ente federativo possui de criar leis, inovar o ordenamento jurídico. Primeiramente, serão analisadas as competências administrativas de todos os entes federativos. De início, será abordada a União.

Competências administrativas

A União possui duas formas de competências materiais: Exclusiva e Comum. As competências exclusivas estão previstas no Art. 21 da Constituição Federal:

> ***Art. 21.*** *Compete à União:*
>
> ***I.*** *Manter relações com Estados estrangeiros e participar de organizações internacionais;*
>
> ***II.*** *Declarar a guerra e celebrar a paz;*
>
> ***III.*** *Assegurar a defesa nacional;*
>
> ***IV.*** *Permitir, nos casos previstos em lei complementar, que forças estrangeiras transitem pelo território nacional ou nele permaneçam temporariamente;*
>
> ***V.*** *Decretar o estado de sítio, o estado de defesa e a intervenção federal;*
>
> ***VI.*** *Autorizar e fiscalizar a produção e o comércio de material bélico;*
>
> ***VII.*** *Emitir moeda;*
>
> ***VIII.*** *Administrar as reservas cambiais do País e fiscalizar as operações de natureza financeira, especialmente as de crédito, câmbio e capitalização, bem como as de seguros e de previdência privada;*
>
> ***IX.*** *Elaborar e executar planos nacionais e regionais de ordenação do território e de desenvolvimento econômico e social;*
>
> ***X.*** *Manter o serviço postal e o correio aéreo nacional;*
>
> ***XI.*** *Explorar, diretamente ou mediante autorização, concessão ou permissão, os serviços de telecomunicações, nos termos da lei, que disporá sobre a organização dos serviços, a criação de um órgão regulador e outros aspectos institucionais;*
>
> ***XII.*** *Explorar, diretamente ou mediante autorização, concessão ou permissão:*
>
> ***a)*** *os serviços de radiodifusão sonora, e de sons e imagens;*
>
> ***b)*** *os serviços e instalações de energia elétrica e o aproveitamento energético dos cursos de água, em articulação com os Estados onde se situam os potenciais hidroenergéticos;*
>
> ***c)*** *a navegação aérea, aeroespacial e a infraestrutura aeroportuária;*
>
> ***d)*** *os serviços de transporte ferroviário e aquaviário entre portos brasileiros e fronteiras nacionais, ou que transponham os limites de Estado ou Território;*
>
> ***e)*** *os serviços de transporte rodoviário interestadual e internacional de passageiros;*
>
> ***f)*** *os portos marítimos, fluviais e lacustres;*
>
> ***XIII.*** *organizar e manter o Poder Judiciário, o Ministério Público do Distrito Federal e dos Territórios e a Defensoria Pública dos Territórios;*
>
> ***XIV.*** *organizar e manter a polícia civil, a polícia penal, a polícia militar e o corpo de bombeiros militar do Distrito Federal, bem como prestar assistência financeira ao Distrito Federal para a execução de serviços públicos, por meio de fundo próprio;*

__XV.__ Organizar e manter os serviços oficiais de estatística, geografia, geologia e cartografia de âmbito nacional;

__XVI.__ Exercer a classificação, para efeito indicativo, de diversões públicas e de programas de rádio e televisão;

__XVII.__ Conceder anistia;

__XVIII.__ Planejar e promover a defesa permanente contra as calamidades públicas, especialmente as secas e as inundações;

__XIX.__ Instituir sistema nacional de gerenciamento de recursos hídricos e definir critérios de outorga de direitos de seu uso;

__XX.__ Instituir diretrizes para o desenvolvimento urbano, inclusive habitação, saneamento básico e transportes urbanos;

__XXI.__ Estabelecer princípios e diretrizes para o sistema nacional de viação;

__XXII.__ Executar os serviços de polícia marítima, aeroportuária e de fronteiras;

__XXIII.__ Explorar os serviços e instalações nucleares de qualquer natureza e exercer monopólio estatal sobre a pesquisa, a lavra, o enriquecimento e reprocessamento, a industrialização e o comércio de minérios nucleares e seus derivados, atendidos os seguintes princípios e condições:

Essas competências são exclusivas, pois a União exclui a possibilidade de outro ente federativo realizá-la. Por isso, diz-se que são indelegáveis. Só a União pode fazer.

A outra competência material da União é a comum. Ela é comum a todos os entes federativos, União, Estados, Distrito Federal e Municípios. Vejamos o que diz o Art. 23:

__Art. 23.__ É competência comum da União, dos Estados, do Distrito Federal e dos Municípios:

__I.__ Zelar pela guarda da Constituição, das leis e das instituições democráticas e conservar o patrimônio público;

__II.__ Cuidar da saúde e assistência pública, da proteção e garantia das pessoas portadoras de deficiência;

__III.__ Proteger os documentos, as obras e outros bens de valor histórico, artístico e cultural, os monumentos, as paisagens naturais notáveis e os sítios arqueológicos;

__IV.__ Impedir a evasão, a destruição e a descaracterização de obras de arte e de outros bens de valor histórico, artístico ou cultural;

__V.__ Proporcionar os meios de acesso à cultura, à educação, à ciência, à tecnologia, à pesquisa e à inovação; (Redação dada pela Emenda Constitucional nº 85, de 2015)

__VI.__ Proteger o meio ambiente e combater a poluição em qualquer de suas formas;

__VII.__ Preservar as florestas, a fauna e a flora;

__VIII.__ Fomentar a produção agropecuária e organizar o abastecimento alimentar;

__IX.__ Promover programas de construção de moradias e a melhoria das condições habitacionais e de saneamento básico;

__X.__ Combater as causas da pobreza e os fatores de marginalização, promovendo a integração social dos setores desfavorecidos;

__XI.__ Registrar, acompanhar e fiscalizar as concessões de direitos de pesquisa e exploração de recursos hídricos e minerais em seus territórios;

__XII.__ Estabelecer e implantar política de educação para a segurança do trânsito.

__Parágrafo único.__ Leis complementares fixarão normas para a cooperação entre a União e os Estados, o Distrito Federal e os Municípios, tendo em vista o equilíbrio do desenvolvimento e do bem-estar em âmbito nacional.

Agora vejamos as competências materiais dos Estados. A primeira de que já se falou, é a competência comum prevista no Art. 23, analisada anteriormente.

Os Estados também possuem a chamada competência residual, reservada ou remanescente. Está prevista no Art. 25, § 1º, o qual cita que estão reservadas aos Estados as competências que não lhe sejam vedadas pela Constituição. Significa dizer que os Estados poderão fazer tudo aquilo que não for competência da União ou do Município:

__Art. 25, § 1º -__ São reservadas aos Estados as competências que não lhes sejam vedadas por esta Constituição.

Em relação às competências administrativas dos Municípios, a Constituição previu duas espécies: Comum e Exclusiva. A competência comum está prevista no Art. 23 e já foi vista anteriormente. A competência exclusiva está no Art. 30, III a IX da Constituição:

__Art. 30.__ Compete aos Municípios:

__III.__ Instituir e arrecadar os tributos de sua competência, bem como aplicar suas rendas, sem prejuízo da obrigatoriedade de prestar contas e publicar balancetes nos prazos fixados em lei;

__IV.__ Criar, organizar e suprimir distritos, observada a legislação estadual;

__V.__ Organizar e prestar, diretamente ou sob regime de concessão ou permissão, os serviços públicos de interesse local, incluído o de transporte coletivo, que tem caráter essencial;

__VI.__ Manter, com a cooperação técnica e financeira da União e do Estado, programas de educação infantil e de ensino fundamental;

__VII.__ Prestar, com a cooperação técnica e financeira da União e do Estado, serviços de atendimento à saúde da população;

__VIII.__ Promover, no que couber, adequado ordenamento territorial, mediante planejamento e controle do uso, do parcelamento e da ocupação do solo urbano;

__IX.__ Promover a proteção do patrimônio histórico-cultural local, observada a legislação e a ação fiscalizadora federal e estadual.

No âmbito das competências administrativas, temos as competências do Distrito Federal que são chamadas de híbridas. O DF pode fazer tudo o que for de competência dos Estados ou dos Municípios.

Competências legislativas

Vejamos agora as competências legislativas de cada ente federativo. Primeiramente, no que diz respeito às competências legislativas da União, elas podem ser privativas ou concorrentes.

As competências privativas da União estão previstas no Art. 22 da Constituição Federal e possuem como característica principal a possibilidade de delegação mediante Lei Complementar aos Estados:

__Art. 22.__ Compete privativamente à União legislar sobre:

__I.__ Direito civil, comercial, penal, processual, eleitoral, agrário, marítimo, aeronáutico, espacial e do trabalho;

__II.__ Desapropriação;

__III.__ Requisições civis e militares, em caso de iminente perigo e em tempo de guerra;

__IV.__ Águas, energia, informática, telecomunicações e radiodifusão;

__V.__ Serviço postal;

__VI.__ Sistema monetário e de medidas, títulos e garantias dos metais;

__VII.__ Política de crédito, câmbio, seguros e transferência de valores;

__VIII.__ Comércio exterior e interestadual;

__IX.__ Diretrizes da política nacional de transportes;

__X.__ Regime dos portos, navegação lacustre, fluvial, marítima, aérea e aeroespacial;

__XI.__ Trânsito e transporte;

__XII.__ Jazidas, minas, outros recursos minerais e metalurgia;

__XIII.__ Nacionalidade, cidadania e naturalização;

__XIV.__ Populações indígenas;

__XV.__ Emigração e imigração, entrada, extradição e expulsão de estrangeiros;

__XVI.__ Organização do sistema nacional de emprego e condições para o exercício de profissões;

__XVII.__ Organização judiciária, do Ministério Público do Distrito Federal e dos Territórios e da Defensoria Pública dos Territórios, bem como organização administrativa destes;

__XVIII.__ Sistema estatístico, sistema cartográfico e de geologia nacionais;

__XIX.__ Sistemas de poupança, captação e garantia da poupança popular;

__XX.__ Sistemas de consórcios e sorteios;

__XXI.__ Normas gerais de organização, efetivos, material bélico, garantias, convocação e mobilização das polícias militares e corpos de bombeiros militares;

__XXII.__ Competência da polícia federal e das polícias rodoviária e ferroviária federais;

__XXIII.__ Seguridade social;

__XXIV.__ Diretrizes e bases da educação nacional;

__XXV.__ Registros públicos;

__XXVI.__ Atividades nucleares de qualquer natureza;

__XXVII.__ Normas gerais de licitação e contratação, em todas as modalidades, para as administrações públicas diretas, autárquicas e fundacionais da União, Estados, Distrito Federal e Municípios, obedecido o disposto no Art. 37, XXI, e para as empresas públicas e sociedades de economia mista, nos termos do Art. 173, § 1º, III;

__XXVIII.__ Defesa territorial, defesa aeroespacial, defesa marítima, defesa civil e mobilização nacional;

__XXIX.__ Propaganda comercial.

***Parágrafo único.** Lei complementar poderá autorizar os Estados a legislar sobre questões específicas das matérias relacionadas neste artigo.*

As competências concorrentes, previstas no Art. 24 da Constituição, podem ser exercidas de forma concorrentes pela União, pelos Estados e pelo Distrito Federal. Atenção: Município não possui competência concorrente. Vejamos o que diz o citado artigo:

***Art. 24.** Compete à União, aos Estados e ao Distrito Federal legislar concorrentemente sobre:*

__I.__ Direito tributário, financeiro, penitenciário, econômico e urbanístico;

__II.__ Orçamento;

__III.__ Juntas comerciais;

__IV.__ Custas dos serviços forenses;

__V.__ Produção e consumo;

__VI.__ Florestas, caça, pesca, fauna, conservação da natureza, defesa do solo e dos recursos naturais, proteção do meio ambiente e controle da poluição;

__VII.__ Proteção ao patrimônio histórico, cultural, artístico, turístico e paisagístico;

__VIII.__ Responsabilidade por dano ao meio ambiente, ao consumidor, a bens e direitos de valor artístico, estético, histórico, turístico e paisagístico;

__IX.__ Educação, cultura, ensino, desporto, ciência, tecnologia, pesquisa, desenvolvimento e inovação; (Redação dada pela Emenda Constitucional nº 85, de 2015)

__X.__ Criação, funcionamento e processo do juizado de pequenas causas;

__XI.__ Procedimentos em matéria processual;

__XII.__ Previdência social, proteção e defesa da saúde;

__XIII.__ Assistência jurídica e Defensoria pública;

__XIV.__ Proteção e integração social das pessoas portadoras de deficiência;

__XV.__ Proteção à infância e à juventude;

__XVI.__ Organização, garantias, direitos e deveres das polícias civis.

***§ 1º** - No âmbito da legislação concorrente, a competência da União limitar-se-á a estabelecer normas gerais.*

***§ 2º** - A competência da União para legislar sobre normas gerais não exclui a competência suplementar dos Estados.*

***§ 3º** - Inexistindo lei federal sobre normas gerais, os Estados exercerão a competência legislativa plena, para atender a suas peculiaridades.*

***§ 4º** - A superveniência de lei federal sobre normas gerais suspende a eficácia da lei estadual, no que lhe for contrário.*

No âmbito das competências concorrentes, algumas regras são fundamentais para a prova. Aqui, a participação da União é no sentido de fixar normas gerais, ficando os Estados com a competência de suplementar a legislação federal. Caso a União não legisle sobre determinada matéria de competência concorrente, nasce para o Estado o direito de legislar de forma plena sobre a matéria. Contudo, resolvendo a União legislar sobre matéria já regulada pelo Estado, a lei estadual ficará com sua eficácia suspensa pela lei federal nos pontos discordantes. Deve-se ter cuidado com esse último ponto. Não ocorre revogação da lei estadual pela lei federal, haja vista não existir hierarquia entre leis de entes federativos distintos. O que ocorre, como bem explicitou a Constituição Federal, é a suspensão da eficácia.

Quanto às competências dos Estados, há as seguintes espécies: residual, por delegação da União, concorrente suplementar e expressa.

A competência residual dos Estados é também chamada de competência remanescente ou reservada. Está prevista no Art. 25, § 1º, o qual prevê que aos Estados serão reservadas todas as competências que não sejam previstas a União ou aos Municípios. Deve-se lembrar que esse dispositivo fundamenta tanto as competências materiais quanto as legislativas:

***Art. 25**, § 1º - São reservadas aos Estados as competências que não lhes sejam vedadas por esta Constituição.*

Outra competência dos Estados é a por delegação da União, que decorre da possibilidade de serem delegadas as competências privativas da União mediante Lei Complementar. Encontra-se prevista no Art. 22, parágrafo único:

> ***Art. 22**, Parágrafo único. Lei complementar poderá autorizar os Estados a legislar sobre questões específicas das matérias relacionadas neste artigo.*

Temos ainda as competências concorrentes suplementares previstas no Art. 24, § 2º da CF. Essas suplementam a competência legislativa da União no âmbito das competências concorrentes permitindo, inclusive, que os Estados legislem de forma plena quando não existir lei federal sobre o assunto:

> ***Art. 24, § 2º** - A competência da União para legislar sobre normas gerais não exclui a competência suplementar dos Estados.*
>
> ***§ 3º** - Inexistindo lei federal sobre normas gerais, os Estados exercerão a competência legislativa plena, para atender a suas peculiaridades.*

Há também as competências expressas dos Estados, as quais podem ser encontradas nos Art. 18, § 4º e 25, §§ 2º e 3º da Constituição Federal:

> ***Art. 18, § 4º** - A criação, a incorporação, a fusão e o desmembramento de Municípios, far-se-ão por lei estadual, dentro do período determinado por Lei Complementar Federal, e dependerão de consulta prévia, mediante plebiscito, às populações dos Municípios envolvidos, após divulgação dos Estudos de Viabilidade Municipal, apresentados e publicados na forma da lei.*
>
> ***Art. 25, § 2º** - Cabe aos Estados explorar diretamente, ou mediante concessão, os serviços locais de gás canalizado, na forma da lei, vedada a edição de medida provisória para a sua regulamentação.*
>
> ***§ 3º** - Os Estados poderão, mediante lei complementar, instituir regiões metropolitanas, aglomerações urbanas e microrregiões, constituídas por agrupamentos de municípios limítrofes, para integrar a organização, o planejamento e a execução de funções públicas de interesse comum.*

Para os Municípios, a Constituição previu dois tipos de competência legislativa: exclusiva e suplementar. A legislativa exclusiva dos Municípios está prevista no Art. 30, I, o qual menciona que os Municípios possuem competência para legislar sobre assuntos de interesse local:

> ***Art. 30.** Compete aos Municípios:*
>
> ***I.** Legislar sobre assuntos de interesse local.*

A competência legislativa suplementar está prevista no Art. 30, II, o qual permite aos Municípios legislar de forma suplementar a Legislação Federal e Estadual:

> ***Art. 30.** Compete aos Municípios:*
>
> ***II.** Suplementar a legislação federal e a estadual no que couber.*

Por fim, nós há a competência legislativa do Distrito Federal que, conforme já dito, é híbrida, permitindo ao DF legislar sobre as matérias de competência dos Estados e dos Municípios. Apesar dessa competência ampla, a Constituição resolveu estabelecer algumas limitações a sua autonomia legislativa excluindo algumas matérias de sua competência. Segundo o Art. 21, XIII e XIV da CF, o Distrito Federal não possui competência para organizar e legislar sobre alguns dos seus órgãos: Poder Judiciário, Polícia Militar, Corpo de Bombeiros Militar e Polícia Civil.

> ***Art. 21.** Compete à União:*
>
> ***XIII.** Organizar e manter o Poder Judiciário, o Ministério Público do Distrito Federal e dos Territórios e a Defensoria Pública dos Territórios.*
>
> ***XIV.** Organizar e manter a polícia civil, a polícia militar e o corpo de bombeiros militar do Distrito Federal, bem como prestar assistência financeira ao Distrito Federal para a execução de serviços públicos, por meio de fundo próprio;*

Diante deste estudo, algumas conclusões são muito úteis para a prova:

Não se deve confundir as competências exclusivas com as privativas da União. Competência exclusiva é administrativa e indelegável. Competência privativa é legislativa e delegável.

Não se deve confundir as competências comuns com as concorrentes. Competência comum é comum a todos os entes e é administrativa. Competência concorrente é só para União, Estados e o DF além de ser legislativa. Município tem competência comum, mas não tem concorrente.

Competências Administrativas (Materiais)
União
Exclusiva (Art. 21) Comum (Art. 23)
Estados
Comum (Art. 23) Residual, reservada, remanescente (Art. 25 § 1º)
Municípios
Comum (Art. 23) Exclusiva (Art. 30, III-IX)
Distrito Federal
Competência híbrida
Competências Legislativas
União
Privativa (Art. 22) Concorrente (Art. 24)
Estados
Concorrente suplementar (Art. 24) Residual, reservada, remanescente (Art. 25, § 1º) Por delegação da União (Art. 22, Parágrafo Único) Expressos (Art. 25, § 2º e 3º)
Municípios
Exclusiva (Art. 30, I) Suplementar ao Estado (Art. 30, II)
Distrito Federal
Competência híbrida (Estados e Municípios)

7.5 Intervenção

A Constituição Federal está assentada no princípio federativo como forma de Estado adotada no Brasil. O fato de sermos uma federação reflete inúmeras características, dentre as quais se destaca a autonomia de cada ente federativo. A autonomia é atributo inerente aos entes federativos que exclui a possibilidade de hierarquia entre os mesmos bem como a possibilidade de intervenção de um ente federativo no outro.

A regra constitucional é a da não intervenção. Contudo, excepcionalmente, a Constituição Federal previu hipóteses taxativas que permitem a um ente federativo intervir em outro ente em situações que visem à preservação da unidade do pacto federativo, a garantia da soberania nacional e de princípios fundamentais.

A União poderá intervir nos Estados e no Distrito Federal e os Estados poderão intervir em seus Municípios. A União não pode intervir em município, salvo se for um município pertencente a Território Federal. Destaca-se, novamente, que a possibilidade de intervenção é uma exceção e só poderá ocorrer nas hipóteses taxativamente elencadas na Constituição Federal.

Outra regra comum às intervenções é que a competência para decretá-las é exclusiva do Chefe do Poder Executivo. Se a intervenção é federal, a competência para decretar é do Presidente da República. Se a intervenção é estadual, a competência é do Governador de Estado.

A seguir serão abordados as espécies de intervenção.

Intervenção federal

A intervenção federal é a intervenção da União nos Estados ou nos Municípios pertencentes aos Territórios Federais e será decretada pelo Presidente da República.

Como dito anteriormente, a possibilidade de intervenção federal constitui exceção prevista em rol taxativo, conforme disposto no Art. 34:

> ***Art. 34.*** *A União não intervirá nos Estados nem no Distrito Federal, exceto para:*
>
> ***I.*** *Manter a integridade nacional;*
>
> ***II.*** *Repelir invasão estrangeira ou de uma unidade da Federação em outra;*
>
> ***III.*** *Pôr termo a grave comprometimento da ordem pública;*
>
> ***IV.*** *Garantir o livre exercício de qualquer dos Poderes nas unidades da Federação;*
>
> ***V.*** *Reorganizar as finanças da unidade da Federação que:*
>
> ***a)*** *suspender o pagamento da dívida fundada por mais de dois anos consecutivos, salvo motivo de força maior;*
>
> ***b)*** *deixar de entregar aos Municípios receitas tributárias fixadas nesta Constituição, dentro dos prazos estabelecidos em lei;*
>
> ***VI.*** *Prover a execução de lei federal, ordem ou decisão judicial;*
>
> ***VII.*** *Assegurar a observância dos seguintes princípios constitucionais:*
>
> ***a)*** *forma republicana, sistema representativo e regime democrático;*
>
> ***b)*** *direitos da pessoa humana;*
>
> ***c)*** *autonomia municipal;*
>
> ***d)*** *prestação de contas da administração pública, direta e indireta;*
>
> ***e)*** *aplicação do mínimo exigido da receita resultante de impostos estaduais, compreendida a proveniente de transferências, na manutenção e desenvolvimento do ensino e nas ações e serviços públicos de saúde.*

A partir desse artigo, a doutrina classificou a intervenção federal em dois tipos:

Intervenção Federal Espontânea;

Intervenção Federal Provocada.

A intervenção Federal espontânea, ou de ofício, é aquela em que o Chefe do Poder Executivo, de forma discricionária, decreta a intervenção independentemente de provocação de outros órgãos. A decretação de ofício ocorrerá nas hipóteses previstas nos incisos I, II, III e do Art. 34:

> ***Art. 34.*** *A União não intervirá nos Estados nem no Distrito Federal, exceto para:*
>
> ***I.*** *Manter a integridade nacional;*
>
> ***II.*** *Repelir invasão estrangeira ou de uma unidade da Federação em outra;*
>
> ***III.*** *Pôr termo a grave comprometimento da ordem pública.*

A intervenção federal provocada é aquela que depende da provocação dos órgãos legitimados pela Constituição Federal, conforme o Art. 36:

> ***Art. 36.*** *A decretação da intervenção dependerá:*
>
> ***I.*** *No caso do Art. 34, IV, de solicitação do Poder Legislativo ou do Poder Executivo coacto ou impedido, ou de requisição do Supremo Tribunal Federal, se a coação for exercida contra o Poder Judiciário;*
>
> ***II.*** *No caso de desobediência a ordem ou decisão judiciária, de requisição do Supremo Tribunal Federal, do Superior Tribunal de Justiça ou do Tribunal Superior Eleitoral;*
>
> ***III.*** *De provimento, pelo Supremo Tribunal Federal, de representação do Procurador-Geral da República, na hipótese do Art. 34, VII, e no caso de recusa à execução de lei federal.*

A provocação se dá por meio de solicitação ou requisição. A solicitação não obriga o Presidente da República a decretar a medida, ao contrário da requisição, que está revestida de obrigatoriedade na qual caberá ao Presidente apenas executá-la.

A decretação de intervenção federal por solicitação ocorrerá na hipótese do Art. 34, IV, a qual compete ao Poder Executivo ou Legislativo das Unidades da Federação solicitar a execução da medida quando se acharem coagidos ou impedidos de executarem suas atribuições constitucionais.

A decretação de intervenção federal por requisição ocorrerá nas hipóteses previstas no Art. 34, IV, VI e VII. No inciso IV, a requisição caberá ao Supremo Tribunal Federal quando a coação for exercida contra o Poder Judiciário. No inciso VI, a requisição virá do STF, STJ ou do TSE quando houver desobediência de ordem judicial. E no inciso VI e VII a requisição será do Supremo quando houver representação interventiva feita pelo Procurador Geral da República nos casos de recusa de execução de lei federal ou ofensa aos princípios sensíveis.

O decreto interventivo especificará todas as condições em que ocorrerá a medida e terá eficácia imediata após a sua decretação pelo Presidente da República. Após sua decretação, a medida será submetida a apreciação do Congresso Nacional no prazo de 24 horas:

> ***Art. 36, § 1º** - O decreto de intervenção, que especificará a amplitude, o prazo e as condições de execução e que, se couber, nomeará o interventor, será submetido à apreciação do Congresso Nacional ou da Assembleia Legislativa do Estado, no prazo de vinte e quatro horas.*
>
> ***§ 2º** - Se não estiver funcionando o Congresso Nacional ou a Assembleia Legislativa, far-se-á convocação extraordinária, no mesmo prazo de vinte e quatro horas.*

Caberá ao Congresso Nacional aprovar ou suspender a execução da Intervenção:

> ***Art. 49.** É da competência exclusiva do Congresso Nacional:*
>
> ***IV.** Aprovar o estado de defesa e a intervenção federal, autorizar o estado de sítio, ou suspender qualquer uma dessas medidas.*

Nas hipóteses de intervenção decretada por requisição do Poder Judiciário previstas no Art. 34, VI e VII, a Constituição dispensou a necessidade e apreciação do Congresso Nacional, destacando que, nesses casos, o decreto limitar-se-á a suspensão do ato impugnado, caso essa medida seja suficiente para conter a crise. Se a mera suspensão do ato não restabelecer a normalidade, poderão ser adotadas outras medidas com o mesmo objetivo:

> ***Art. 36, § 3º** - Nos casos do Art. 34, VI e VII, ou do Art. 35, IV, dispensada a apreciação pelo Congresso Nacional ou pela Assembleia Legislativa, o decreto limitar-se-á a suspender a execução do ato impugnado, se essa medida bastar ao restabelecimento da normalidade.*

Não podemos esquecer que nos casos de intervenção espontânea ou provocada por solicitação, o Presidente deverá consultar, antes da decretação, o Conselho da República e o Conselho da Defesa Nacional que emitirão parecer opinativo sobre a situação:

> ***Art. 90.** Compete ao Conselho da República pronunciar-se sobre:*
>
> ***V.** Intervenção federal, estado de defesa e estado de sítio;*
>
> ***Art. 91**, § 1º - Compete ao Conselho de Defesa Nacional:*
>
> ***II.** Opinar sobre a decretação do estado de defesa, do estado de sítio e da intervenção federal.*

Cessando a crise, a ordem será restabelecida, inclusive com o retorno das autoridades públicas afastadas, caso não possuam outra incompatibilidade:

> ***§ 4º** - Cessados os motivos da intervenção, as autoridades afastadas de seus cargos a estes voltarão, salvo impedimento legal.*

Apesar de a Constituição Federal não mencionar sobre a possibilidade de controle judicial da Intervenção, seria possível que ocorresse este controle caso os limites constitucionais estabelecidos fossem desrespeitados. Ressalta-se que contra a Intervenção em si não cabe atuação do Poder Judiciário, considerando ser essa uma medida de natureza política.

Intervenção estadual

A intervenção estadual poderá ocorrer nos Municípios localizados em seu território mediante decreto do Governador do Estado nas hipóteses previstas no Art. 35:

> ***Art. 35.** O Estado não intervirá em seus Municípios, nem a União nos Municípios localizados em Território Federal, exceto quando:*
>
> ***I.** Deixar de ser paga, sem motivo de força maior, por dois anos consecutivos, a dívida fundada;*
>
> ***II.** Não forem prestadas contas devidas, na forma da lei;*
>
> ***III.** Não tiver sido aplicado o mínimo exigido da receita municipal na manutenção e desenvolvimento do ensino e nas ações e serviços públicos de saúde;*
>
> ***IV.** O Tribunal de Justiça der provimento a representação para assegurar a observância de princípios indicados na Constituição Estadual, ou para prover a execução de lei, de ordem ou de decisão judicial.*

Devem ser atendidos os mesmos requisitos da Intervenção Federal: temporariedade, controle político pelo legislativo e decreto do Chefe do Executivo.

Na hipótese do inciso IV, a intervenção dependerá de representação interventiva do Procurador-Geral de Justiça, sendo dispensada a apreciação da Assembleia Legislativa. Segundo o STF, essa decisão do Tribunal de Justiça que autoriza a intervenção do Estado no Município possui natureza político-administrativa e tem caráter definitivo, sendo insuscetível de recurso extraordinário para o STF[1].

1 Súmula 637 do STF: não cabe recurso extraordinário contra acórdão de Tribunal de Justiça que defere pedido de intervenção estadual em Município.

8. ADMINISTRAÇÃO PÚBLICA

Antes de iniciar este estudo sobre a Administração Pública, definida nos Art. 37 ao 43 da Constituição Federal, é importante esclarecer que o tema analisado aqui é devidamente estudado de forma mais aprofundada na disciplina de Direito Administrativo. A missão deste estudo é apresentar os mais importantes temas acerca da Administração Pública, sob a ótica do texto constitucional.

8.1 Conceito

Primeiramente, faz-se necessário conceituar a Administração Pública, remetendo ao *caput* do Art. 37, CF.

> ***Art. 37.*** *A administração pública direta e indireta de qualquer dos Poderes da União, dos Estados, do Distrito Federal e dos Municípios obedecerá aos princípios de legalidade, impessoalidade, moralidade, publicidade e eficiência e, também, ao seguinte:*

Neste primeiro momento, deve-se entender que alguns termos que aparecem no Art. 37. O conceito da Administração Pública deve ser visto sob dois aspectos. Sob a perspectiva objetiva, a Administração Pública constitui a atividade desenvolvida pelo poder público, que tem como função a satisfação do interesse público. Sob a perspectiva subjetiva, Administração Pública é o conjunto de órgãos e pessoas jurídicas que desempenham a atividade administrativa. Interessa aqui conhecer a Administração Pública sob essa última perspectiva, a qual se classifica em Administração Direta e Indireta.

A Administração Pública Direta é formada por pessoas jurídicas de direito público, ou pessoas políticas, entes que possuem personalidade jurídica e autonomia própria. São entes da Administração Pública Direta a União, os Estados, o Distrito Federal e os Municípios. Esses entes são pessoas jurídicas de Direito Público que exercem as atividades administrativas por meio dos órgãos e agentes pertencentes aos Poderes Executivo, Legislativo e Judiciário. Os órgãos não são dotados de personalidade jurídica própria, pois agem em nome da pessoa jurídica a qual estão vinculados.

A Administração Pública Indireta é formada por pessoas jurídicas próprias, de direito público ou privado, que executam atividades do Estado por meio da descentralização administrativa. São os entes da Administração Indireta as Autarquias, Fundações Públicas, Sociedades de Economia Mista e Empresas Públicas.

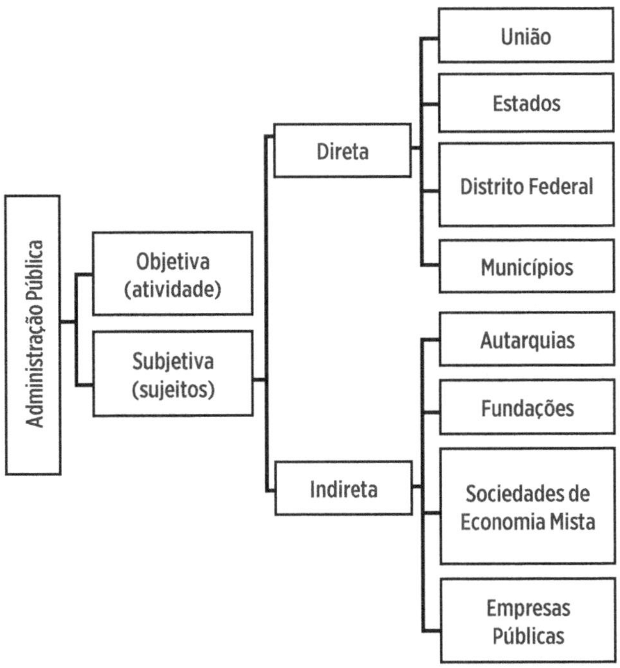

Segundo a Constituição Federal, a Administração Pública, seja ela direta ou indireta, pertencente a qualquer dos Poderes, deverá obedecer aos princípios da Legalidade, Impessoalidade, Moralidade, Publicidade e Eficiência, os quais serão estudados agora.

8.2 Princípios Expressos da Administração Pública

Os princípios que regem a Administração Pública são verdadeiros parâmetros que orientam o desenvolvimento da atividade administrativa, os quais são de observância obrigatória. A Administração é regida por princípios expressos e princípios implícitos. Primeiramente vamos analisar os princípios expressos no texto constitucional, que são: Legalidade, Impessoalidade, Moralidade, Publicidade e Eficiência.

Legalidade

Esse é o primeiro princípio expresso na Constituição Federal para a Administração Pública. Para se entender o Princípio da Legalidade, é preciso analisar suas duas acepções: a legalidade em relação aos particulares e a legalidade em relação à Administração Pública.

Para os particulares, a legalidade remete ao Art. 5º da Constituição: significa que ele poderá fazer tudo o que não for proibido por lei, conforme já previa o Art. 5º, II da Constituição Federal:

> ***II.*** *ninguém será obrigado a fazer ou deixar de fazer alguma coisa senão em virtude de lei.*

Já em relação à Administração Pública, a legalidade impõe uma conduta mais rigorosa exigindo que se faça apenas o que estiver determinado por lei ou que seja permitido pela lei: quando se fala em lei, trata-se daquela em sentido estrito, ou em sentido formal, porque há exceções à aplicação do Princípio da Legalidade que já apareceram em prova, como a Medida Provisória, o Estado de Defesa e o Estado de Sítio; por isso, esse princípio não deve ser encarado de forma absoluta.

A Medida Provisória é exceção, pois é ato emitido pelo chefe do Poder Executivo, porque com sua publicação já produz efeitos na sociedade; em seguida, temos os sistemas constitucionais de crises, sendo exceções, porque o decreto que rege essas medidas prevê algumas situações excepcionais, com amparo constitucional, então são exceções à legalidade, mas com fundamento constitucional. O agente público, ao agir, deverá pautar sua conduta segundo a lei.

Impessoalidade

Esse princípio exige do administrador uma postura isenta de interesses pessoais. Ele não poderá agir com o fim de atender suas próprias vontades. Agir de forma impessoal é agir visando a atender o interesse público. A impessoalidade deve ser enxergada sob duas perspectivas: finalidade da atuação administrativa e proibição da promoção pessoal. A impessoalidade deve ser vista sob duas perspectivas: primeiro, a impessoalidade se confunde com o interesse público; segundo, a impessoalidade é a proibição da autopromoção, ou seja, vedação à promoção pessoal.

A título exemplificativo, para a finalidade da atuação administrativa, que será sempre a satisfação do interesse público em benefício da coletividade, é que se realizam os concursos públicos para contratação de pessoal e licitação para contratação dos serviços pela Administração Pública, são formas exigidas por lei que garantem o referido princípio. Isso impede que o administrador atue satisfazendo seus interesses pessoais.

Nesse sentido, fica proibida a vinculação da imagem do administrador a obras e propagandas não se permitindo também a vinculação da sigla do partido. Ressalte-se ainda o teor da Súmula Vinculante nº 13 do STF, que veda a prática de nepotismo:

> ***Súmula Vinculante 13.*** *A nomeação de cônjuge, companheiro ou parente em linha reta, colateral ou por afinidade, até o terceiro grau, inclusive, da autoridade nomeante ou de servidor da mesma pessoa jurídica, investido em cargo de direção, chefia ou assessoramento, para o exercício de cargo em comissão ou de confiança, ou, ainda, de função gratificada na Administração Pública direta e indireta, em qualquer dos Poderes da União, dos Estados, do Distrito Federal e dos municípios, compreendido o ajuste mediante designações recíprocas, viola a Constituição Federal.*

A impessoalidade também proíbe a promoção pessoal. O administrador público não poderá se utilizar da máquina administrativa para promover sua própria imagem. Veja o que diz o Art. 37, § 1º diz:

> ***§1º*** *- A publicidade dos atos, programas, obras, serviços e campanhas dos órgãos públicos deverá ter caráter educativo, informativo ou de orientação social, dela não podendo constar nomes, símbolos ou imagens que caracterizem promoção pessoal de autoridades ou servidores públicos.*

Notemos que esse parágrafo tem como objetivo trazer de forma expressa a proibição da vinculação da imagem do agente público com as obras e serviços realizadas durante seu mandato, nesse sentido, já existe proibição da utilização inclusive da sigla do partido.

Moralidade

Não é possível se definir o que é, mas é possível compreender por meio da interpretação das normas. Esse princípio prevê que o administrador deve agir conforme os fins públicos. Por esse princípio, ao administrador não basta fazer tudo conforme a lei. É importante o faça de boa-fé, respeitando os preceitos éticos, com probidade e justiça. E aqui não se fala em moral comum, mas em uma moral jurídica ou política.

A não observância do referido princípio poderá ser combatida por meio da Ação Popular, conforme prevê o Art. 5º, LXXIII da CF:

> ***LXXIII.*** *Qualquer cidadão é parte legítima para propor ação popular que vise a anular ato lesivo ao patrimônio público ou de entidade de que o Estado participe, à moralidade administrativa, ao meio ambiente e ao patrimônio histórico e cultural, ficando o autor, salvo comprovada má-fé, isento de custas judiciais e do ônus da sucumbência.*

Ressalte-se também que, se o agente público agir em desconformidade com o princípio de moralidade, sua conduta poderá ensejar a ação de improbidade administrativa, a qual é punida nos termos do Art. 37, § 4º:

> ***§ 4º*** *- Os atos de improbidade administrativa importarão a suspensão dos direitos políticos, a perda da função pública, a indisponibilidade dos bens e o ressarcimento ao erário, na forma e gradação previstas em lei, sem prejuízo da ação penal cabível.*

Publicidade

A publicidade como princípio também poderá ser analisada sob duas acepções: a primeira delas é a publicidade como condição de eficácia do ato administrativo; a segunda, como forma de se garantir a transparência destes mesmos atos.

Como condição de eficácia do ato administrativo, a publicidade muito aparece em prova; o examinador costuma dizer que a publicidade é requisito de validade do ato administrativo, mas isso é errado, porque validade e eficácia são diferentes. A publicidade é necessária, pois é a forma de tornar conhecido o conteúdo do ato, principalmente se esse ato for capaz de produzir efeitos externos ou que ensejem ônus para o patrimônio público. Em regra, a publicidade se dá pelos meios de comunicação oficiais, como o Diário Oficial da União.

A publicidade também tem a função de garantir a transparência do ato administrativo. É uma forma dos administrados fiscalizarem a atuação do poder público. Apesar de sua importância, nesse aspecto a publicidade encontra limitação na própria Constituição que prevê a possibilidade de sigilo dos atos administrativos todas as vezes que for necessário para preservar a segurança da sociedade e do Estado:

> ***XXXIII.*** *Todos têm direito a receber dos órgãos públicos informações de seu interesse particular, ou de interesse coletivo ou geral, que serão prestadas no prazo da lei, sob pena de responsabilidade, ressalvadas aquelas cujo sigilo seja imprescindível à segurança da sociedade e do Estado.*

Eficiência

O Princípio da Eficiência foi o último incluído no rol dos princípios, em razão da reforma administrativa promovida pela Emenda Constitucional nº 19/98. A sua inserção como princípio expresso está relacionada a necessidade de produção de resultados satisfatórios a sociedade. A Administração Pública deve ter produtividade em suas atividades como se fosse iniciativa privada.

Como forma de garantir uma nova postura na prestação dos seus serviços, esse princípio exige que as ações sejam praticadas com celeridade, perfeição, visando a atingir ótimos resultados, sempre tendo como destinatário o bem-estar do administrado. A celeridade dos processos encontra-se prevista no Art. 5º, LXXVIII da CF:

> ***LXXVIII.*** *A todos, no âmbito judicial e administrativo, são assegurados a razoável duração do processo e os meios que garantam a celeridade de sua tramitação.*

Em respeito ao princípio da eficiência, a Constituição Federal previu formas de participação do administrado como fiscal da Administração Pública:

> ***Art. 37****, § 3º - A lei disciplinará as formas de participação do usuário na administração pública direta e indireta, regulando especialmente:*
>
> ***I.*** *As reclamações relativas à prestação dos serviços públicos em geral, asseguradas a manutenção de serviços de atendimento ao usuário e a avaliação periódica, externa e interna, da qualidade dos serviços;*
>
> ***II.*** *O acesso dos usuários a registros administrativos e a informações sobre atos de governo, observado o disposto no Art. 5º, X e XXXIII;*
>
> ***III.*** *A disciplina da representação contra o exercício negligente ou abusivo de cargo, emprego ou função na administração pública.*

Decorre desse princípio, ainda, a necessidade de avaliação de desempenho para concessão da estabilidade ao servidor público em estágio probatório, bem como a existência da avaliação periódica de desempenho como uma das condições para perda do cargo nos termos do Art. 41 da CF:

> ***Art. 41.*** *São estáveis após três anos de efetivo exercício os servidores nomeados para cargo de provimento efetivo em virtude de concurso público.*
>
> ***§ 1º*** *- O servidor público estável só perderá o cargo:*
>
> ***I.*** *Em virtude de sentença judicial transitada em julgado;*
>
> ***II.*** *Mediante processo administrativo em que lhe seja assegurada ampla defesa;*
>
> ***III.*** *Mediante procedimento de avaliação periódica de desempenho, na forma de lei complementar, assegurada ampla defesa.*
>
> ***§ 2º*** *- Invalidada por sentença judicial a demissão do servidor estável, será ele reintegrado, e o eventual ocupante da vaga, se estável, reconduzido ao cargo de origem, sem direito a indenização, aproveitado em outro cargo ou posto em disponibilidade com remuneração proporcional ao tempo de serviço.*
>
> ***§ 3º*** *- Extinto o cargo ou declarada a sua desnecessidade, o servidor estável ficará em disponibilidade, com remuneração proporcional ao tempo de serviço, até seu adequado aproveitamento em outro cargo.*
>
> ***§ 4º*** *- Como condição para a aquisição da estabilidade, é obrigatória a avaliação especial de desempenho por comissão instituída para essa finalidade.*

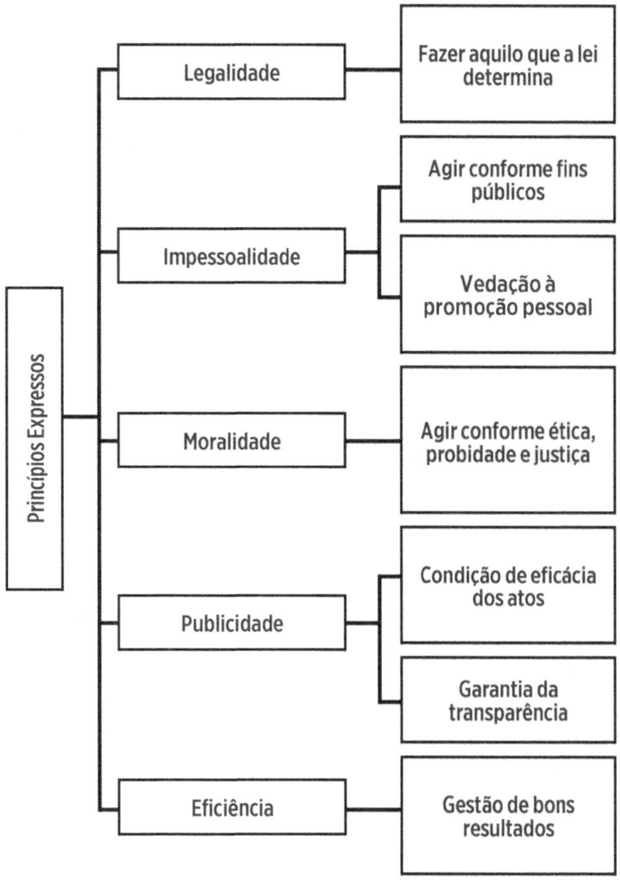

8.3 Princípios Implícitos da Administração Pública

Além dos princípios expressamente previstos no *caput* do Art. 37 da Constituição Federal (Legalidade, Impessoalidade, Moralidade, Publicidade e Eficiência), a doutrina elenca outros como princípios gerais de direito que decorrem da interpretação constitucional:

Supremacia do interesse público

Esse princípio é tido pela doutrina como um dos pilares do regime jurídico administrativo. Nesse sentido, o Estado representa o interesse público ou da coletividade, e a coletividade, em regra, deve prevalecer sobre o interesse privado. A Administração Pública, em sua relação com os administrados tem prevalência sobre o interesse privado.

O Regime Democrático adotado no Estado brasileiro confere à Administração Pública o poder de representar os interesses da sociedade, é nessa relação que vamos desenvolver a supremacia do interesse público, que decorre da relação de verticalidade entre o Estado e os particulares.

Esse princípio não goza de caráter absoluto, pois o Estado também age como se fosse particular em suas relações jurídicas, geralmente econômicas, por exemplo, o Estado não pode abusar da autoridade estatal sobre os direitos e princípios fundamentais dos administrados, já que esses são os limites da supremacia do interesse público.

Decorre desse princípio o poder de império exercido pela Administração Pública, a qual poderá impor sua vontade ao particular de forma coercitiva, podendo inclusive restringir seus direitos e impor obrigações, como ocorre no caso da desapropriação e requisição administrativa. Logicamente, esse princípio não goza de caráter absoluto, não tendo aplicabilidade nos atos praticados de mera gestão administrativa ou quando o poder público atua como particular nas relações econômicas.

Indisponibilidade do interesse público

Juntamente com a Supremacia do Interesse Público, o princípio da Indisponibilidade do Interesse Público forma a base do regime jurídico-administrativo. Por esse princípio, a Administração Pública não pode ser vista como dona da coisa pública, mas apenas gestora. A coisa pública pertence ao povo, e o Estado é o responsável pelo cuidado ou gestão da coisa pública.

Como limitação a esse princípio, existe o princípio da legalidade, que determina os passos e em que condições a Administração Pública pode se utilizar dos bens públicos, sempre respeitando a indisponibilidade do interesse público. Destaca-se ainda o papel que esse princípio exerce como limitador do princípio da supremacia do interesse público.

Um ponto importante a respeito desse princípio é que os bens públicos são indisponíveis, não pertencendo aos seus administradores ou aos seus agentes os quais estão proibidos, inclusive de renunciar a qualquer direito ou prerrogativa inerente ao Poder Público.

Na desapropriação, a Administração Pública pode retirar o bem de uma pessoa pelo fundamento da Supremacia do interesse público, por outro lado, em razão da Indisponibilidade do interesse público, há vedação à Administração Pública no sentido de não se apropriar de tal bem sem que o particular seja indenizado.

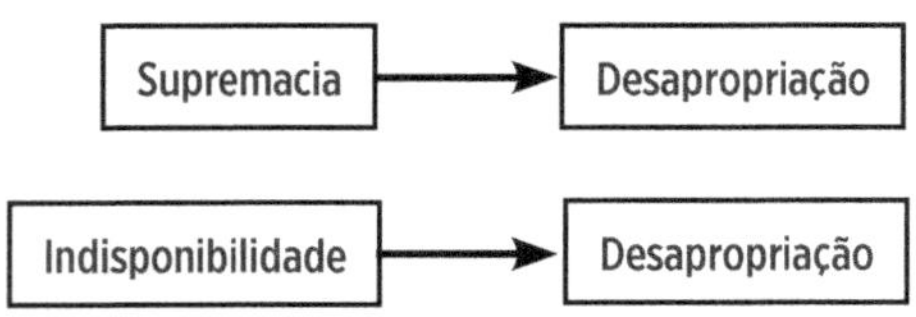

Razoabilidade e proporcionalidade

Esses princípios são, por vezes, vistos em separado pela doutrina; eles servem para a limitação da atuação administrativa, e devem ser vistos em conjunto, como unidade. A Razoabilidade e a Proporcionalidade decorrem do princípio do devido processo legal e são utilizados, principalmente, como limitador da discricionariedade administrativa, ainda mais quando o ato limitado restringe os direitos do administrado. Trata-se, portanto, de uma ferramenta para controle de legalidade que pode gerar a nulidade do ato administrativo. Ao pensar em Razoabilidade e Proporcionalidade, deve-se pensar em dois elementos que os identificam: adequação e necessidade.

A melhor forma de verificar a sua utilização prática é no caso concreto. Imagine uma fiscalização sanitária realizada pelo poder público em que o administrado é flagrado cometendo um ilícito sanitário, ou seja, encontra um produto com o prazo de validade vencido. Dependendo da infração cometida, será aplicada uma penalidade administrativa maior ou não. Com a aplicação dos princípios em tela, a penalidade deve ser necessária, adequada e equivalente à infração cometida. Os princípios garantem que a sanção aplicada não seja maior que a necessária para atingir o fim proposto pelo poder público. O que se busca é uma adequação entre os meios e os fins necessários, proibindo o excesso na aplicação das medidas.

Sem dúvida, esses princípios gerais de direito estão entre os mais utilizados atualmente nas decisões do Supremo Tribunal Federal, pois esses princípios são utilizados nas decisões para se adequar a lei ao caso concreto.

Em suma, esses princípios são a adequação dos meios com a finalidade proposta pela Administração Pública, com o fim de evitar os excessos cometidos pelo agente público. Em razão disso, também são conhecidos como a proibição do excesso, por isso trabalhar a razoabilidade e a proporcionalidade como unidade.

Continuidade dos serviços públicos

Esse princípio se traduz pelo próprio nome. Ele exige que a atividade administrativa seja contínua, não sofra interrupções e seja adequada, com qualidade, para que não ocorram prejuízos tanto para a Administração quanto para os administrados. Apesar disso, há situações excepcionais, em que se permite a interrupção do serviço público. Existem limitações a esse princípio, tanto para a Administração, quanto para o particular que está incumbido de executar o serviço público, e sua atuação pode ser percebida no próprio direito de greve do servidor público que se encontra condicionado à observância da lei para ser exercido.

O poder de vinculação desse princípio é tão grande que o particular, ao prestar o serviço público por delegação, não poderá interrompê-lo ainda que a administração pública não cumpra sua parte no contrato. Significa dizer que o particular prejudicado no contrato administrativo **não poderá opor a exceção do contrato não cumprido,** ficando desobrigado apenas por decisão judicial transitada em julgado, ou seja, o particular não pode deixar de cumprir sua obrigação pelo não cumprimento por parte da administração, mas o particular pode deixar de prestar o serviço público quando determinado por decisão judicial.

O responsável pela prestação do serviço público só ficaria desobrigado da sua prestação em caso de emergência e desde que haja aviso prévio em situações de **segurança**, de **ordem técnica** ou mesmo por **inadimplência do usuário**.

Autotutela

Esse princípio permite que a Administração avalie e reveja seus próprios atos, tanto em relação à legalidade do ato, quanto ao aspecto do mérito. Essa possibilidade não impede o ato de ser apreciado pelo Poder Judiciário, limitando a verificação da legalidade, nunca o mérito. Quando o ato for revisto em razão de vício de legalidade, ocorre a anulação do ato, se a questão é de mérito (discricionariedade e oportunidade), a administração revoga seus atos.

Este princípio foi consagrado pelo Supremo por meio da Súmula 473:

> ***Súm. 473, STF.*** *A administração pode anular seus próprios atos, quando eivados de vícios que os tornam ilegais, porque deles não se originam direitos; ou revogá-los, por motivo de conveniência ou oportunidade, respeitados os direitos adquiridos, e ressalvada, em todos os casos, a apreciação judicial.*

A autotutela dos atos administrativos não depende de provocação, podendo a administração analisar de ofício seus próprios atos. Essa é a ideia primordial da autotutela.

Segurança jurídica

Esse princípio tem fundamento inicial já no Art. 5º da CF, que decorre da própria garantia fundamental à Segurança Jurídica; no que tange a sua aplicabilidade na Administração Pública, esse princípio evoca a impossibilidade da lei nova prejudicar o direito adquirido, o ato jurídico perfeito e a coisa julgada, ou seja, esse princípio veda a aplicação retroativa de nova interpretação da norma administrativa, para que o administrado não seja surpreendido com inovações jurídicas.

Por se tratar de um direito fundamental, a administração pública fica obrigada a assegurar o seu cumprimento sob pena de ser responsabilizada.

8.4 Regras Aplicáveis aos Servidores Públicos

Passamos agora a analisar as regras aplicáveis aos servidores públicos, as quais estão previstas nos Arts. 37 a 41 da Constituição Federal.

Cargos, empregos e funções

Os primeiros dispositivos relacionados aos servidores públicos e que foram apresentados pela Constituição Federal regulamentam o acesso a cargos, empregos e funções públicas. Vejamos o que diz o Art. 37, I e II da CF:

> ***I.*** *Os cargos, empregos e funções públicas são acessíveis aos brasileiros que preencham os requisitos estabelecidos em lei, assim como aos estrangeiros, na forma da lei;*
>
> ***II.*** *A investidura em cargo ou emprego público depende de aprovação prévia em concurso público de provas ou de provas e títulos, de acordo com a natureza e a complexidade do cargo ou emprego, na forma prevista em lei, ressalvadas as nomeações para cargo em comissão declarado em lei de livre nomeação e exoneração.*

Ao iniciarmos este estudo, uma distinção se faz necessária antes de tudo: qual a diferença entre cargo, emprego e função pública?

Cargo público é a unidade de competência ofertada por uma pessoa jurídica de direito público e ocupada por um agente público que tenha sido criado por lei com denominação específica e quantidade certa. Quem ocupa um cargo público fez concurso público e é submetido a um regime estatutário e pode ser de provimento efetivo ou em comissão.

Emprego público, por sua vez, seria a unidade de competência desempenhada por agentes contratados sob regime celetista, ou seja, quem ocupa um emprego público possui uma relação trabalhista com a Administração Pública.

Função pública é a atribuição ocupada por quem não possui cargo ou emprego público. Ocorre em duas situações: nas contratações temporárias e nas atividades de confiança.

Os cargos, empregos e funções são acessíveis a todos os brasileiros e estrangeiros que preencherem os requisitos previstos em lei. Aos estrangeiros, o acesso é limitado, essa é norma de eficácia limitada, pois depende de regulamentação, como professores ou pesquisadores em universidades e instituições de pesquisa científica e tecnológica. Destaca-se ainda que existem cargos privativos de brasileiros natos, os quais estão previstos no Art. 12, § 3º da CF: Presidente e Vice-Presidente da República, Presidente da Câmara dos Deputados, Presidente do Senado Federal, Ministro do STF, oficial das forças armadas, carreira diplomática e Ministro do Estado da Defesa.

O acesso aos cargos e empregos públicos depende de aprovação em concurso público de provas ou de provas e títulos dependendo do cargo a ser ocupado. A realização do concurso não será necessária para o preenchimento de cargos em comissão, haja vista serem de livre nomeação e exoneração. Estão obrigados a contratar por meio de concurso toda a Administração Pública direta e indireta, seja do Poder Executivo, Legislativo, ou Judiciário, seja da União, Estados, Distrito Federal e Municípios.

É importante ressaltar, neste momento, que a função pública aqui tratada não pode ser confundida com a função que todo agente da Administração Pública detém, que é aquele conjunto de atribuições inerentes ao cargo ou emprego; neste momento a função pública foi tratada como diferenciação do cargo e do emprego públicos. Em seguida, é necessário ressaltar que os cargos em comissão dispensam o concurso público, que é meio exigido para que se ocupe um cargo ou emprego públicos.

Validade do concurso público

A Constituição Federal previu prazo de validade para os concursos públicos. Vejamos o que diz o Art. 37, III e IV:

> ***Art. 37****, III. O prazo de validade do concurso público será de até dois anos, prorrogável uma vez, por igual período;*
>
> ***IV.*** *Durante o prazo improrrogável previsto no edital de convocação, aquele aprovado em concurso público de provas ou de provas e títulos será convocado com prioridade sobre novos concursados para assumir cargo ou emprego, na carreira.*

O prazo de validade será de **até 2 anos,** podendo ser prorrogado apenas uma vez, por igual período. O prazo de validade passa a ser contado a partir da homologação do resultado. Este é o prazo que a Administração Pública terá para contratar ou nomear os aprovados para o preenchimento do emprego ou do cargo público, respectivamente.

Segundo posicionamento do STF, quem é aprovado dentro do número de vagas previstas no edital possui direito subjetivo à nomeação durante o prazo de validade do concurso. Uma forma de burlar esse sistema encontrado pela Administração Pública tem sido a publicação de edital com cadastro de reserva, que gera apenas uma expectativa de direito para quem foi classificado no concurso público.

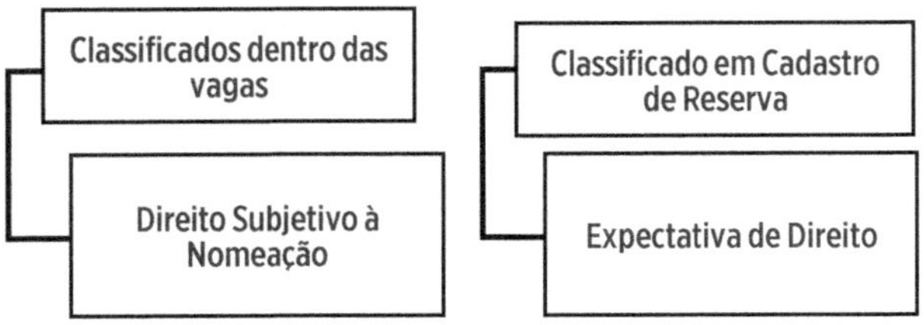

Segundo a Constituição, durante o prazo improrrogável do concurso, os aprovados terão prioridade na convocação diante dos novos concursados, o que não impede a abertura de novos certames apesar de a Lei nº 8.112/90 proibir a abertura de novo concurso enquanto houver candidato aprovado no concurso anterior e desde que esteja dentro do prazo de validade. Na prova, deve-se responder conforme for perguntado. Se for segundo a Constituição Federal, não há proibição de realização de novo concurso enquanto existir outro com prazo de validade aberto. Se perguntar segundo a Lei nº 8.112/90, não se abrirá novo concurso enquanto houver candidato aprovado em concurso anterior com prazo de validade não expirado.

Reserva de vaga para deficiente

Essa regra sobre concurso público é uma das mais importantes de inclusão social previstas no texto constitucional; é regra de ação afirmativa que visa à inserção social dos portadores de necessidades especiais, e compensar a perda social que alguns grupos têm. Possuindo valor social relevante, diz respeito à reserva de vagas para pessoas com necessidades especiais, que não podem ser tratados da mesma forma que as pessoas que estão em pleno vigor físico. Aqui, a isonomia deve ser material observando a nítida diferença entre os deficientes e os que não são. Vejamos o que dispõe a Constituição a respeito desse tema:

> ***Art. 37, VIII.*** *A lei reservará percentual dos cargos e empregos públicos para as pessoas portadoras de deficiência e definirá os critérios de sua admissão.*

Por se tratar de norma de eficácia limitada, a Constituição exigiu regulamentação para este dispositivo o que foi feito, no âmbito federal, pela Lei nº 8.112/90:

> ***Art. 5, § 2º*** *- Às pessoas portadoras de deficiência é assegurado o direito de se inscrever em concurso público para provimento de cargo cujas atribuições sejam compatíveis com a deficiência de que são portadoras; para tais pessoas serão reservadas até 20% (vinte por cento) das vagas oferecidas no concurso.*

Esse dispositivo garante a reserva de até 20% das vagas oferecidas no concurso para os deficientes. Complementando esta norma, foi publicado o Decreto Federal nº 3.298/99 que fixou o mínimo de 5% das vagas para deficientes, exigindo nos casos em que esse percentual gerasse número fracionado, que fosse arredondado para o próximo número inteiro. Essa proteção gerou um inconveniente nos concursos com poucas vagas, fazendo com que o STF interviesse e decidisse no sentido de que se a observância do mínimo de 5% ultrapassar o máximo de 20% não será necessário fazer a reserva da vaga. Isso é perfeitamente visível em concursos com duas vagas. Se fosse reservado o mínimo, ter-se-ia pelo menos 1 vaga para deficiente, o que corresponderia a 50% das vagas, ultrapassando assim o limite de 20% estabelecido em lei.

Funções de confiança e cargos em comissão

A Constituição prevê a existência das funções de confiança e os cargos em comissão:

> ***Art. 37, V.*** *As funções de confiança, exercidas exclusivamente por servidores ocupantes de cargo efetivo, e os cargos em comissão, a serem preenchidos por servidores de carreira nos casos, condições e percentuais mínimos previstos em lei, destinam-se apenas às atribuições de direção, chefia e assessoramento.*

Existem algumas peculiaridades entre esses dois institutos que sempre são cobrados em prova. As funções de confiança são privativas de ocupantes de cargo efetivo, ou seja, para aquele que fez concurso público; já os cargos em comissão podem ser ocupados por qualquer pessoa, apesar de a Constituição estabelecer que deve se reservar um percentual mínimo para os ocupantes de cargo efetivo. Tanto as funções de confiança como os cargos em comissão destinam-se às atribuições de **direção, chefia** e **assessoramento**.

As funções de confiança – livre designação e livre dispensa – são apenas para servidores públicos ocupantes de cargos efetivos, os quais serão designados para seu exercício podendo ser dispensados a critério da administração pública. Já os **cargos em comissão** são de livre nomeação e livre exoneração, podendo ser ocupados por qualquer pessoa, servidor público ou não. A ocupação de um cargo em comissão por pessoa não detentora de cargo de provimento efetivo não gera direito de ser efetivado, muito menos de adquirir a estabilidade.

Contratação por tempo determinado

Outra forma de ingresso no serviço público é por meio de contratação por tempo determinado. A Constituição prevê:

> ***Art. 37, IX.*** *A lei estabelecerá os casos de contratação por tempo determinado para atender a necessidade temporária de excepcional interesse público.*

Nesse caso, temos uma norma de eficácia limitada, pois a Constituição não regulamenta, apenas prevê que uma lei vai regulamentar. Na contratação por tempo determinado, o contratado não ocupa cargo público nem possui vínculo trabalhista. Ele exercerá função pública de caráter temporário. Essa contratação tem que ser embasada em excepcional interesse público, questão emergencial. Em regra, faz-se o Processo Seletivo Simplificado, podendo ser feito por meio de provas, entrevista ou até mesmo entrega de currículo; esse processo simplificado não pode ser confundido com o concurso público.

O seu contrato com a Administração Pública é regido por norma específica de regime especial que, no caso da esfera federal, será a Lei nº 8.745/93. A referida lei traz várias hipóteses de contratação temporária para atender a essa necessidade excepcional.

Direitos sociais dos servidores públicos

Quando se fala em direitos sociais aplicáveis aos servidores públicos, significa dizer uma parcela dos direitos de natureza trabalhista prevista no Art. 7º da Constituição Federal. Vejamos quais direitos sociais trabalhistas foram destinados a esses trabalhadores ocupantes de cargos públicos.

8.5 Direitos Trabalhistas

A Constituição Federal não concedeu todos os direitos trabalhistas aos servidores públicos, mas apenas os previstos expressamente no texto constitucional no Art. 39, § 3º:

> ***Art. 39, § 3º*** *- Aplica-se aos servidores ocupantes de cargo público o disposto no Art. 7º, IV, VII, VIII, IX, XII, XIII, XV, XVI, XVII, XVIII, XIX, XX, XXII e XXX, podendo a lei estabelecer requisitos diferenciados de admissão quando a natureza do cargo o exigir.*

Segundo esse dispositivo, foram garantidos os seguintes direitos sociais aos servidores públicos:

> ***VI.*** *Salário-mínimo , fixado em lei, nacionalmente unificado, capaz de atender a suas necessidades vitais básicas e às de sua família com moradia, alimentação, educação, saúde, lazer, vestuário, higiene, transporte e previdência social, com reajustes periódicos que lhe preservem o poder aquisitivo, sendo vedada sua vinculação para qualquer fim;*
>
> ***VII.*** *Garantia de salário, nunca inferior ao mínimo, para os que percebem remuneração variável;*
>
> ***VIII.*** *Décimo terceiro salário com base na remuneração integral ou no valor da aposentadoria;*
>
> ***IX.*** *Remuneração do trabalho noturno superior à do diurno;*
>
> ***XII.*** *Salário-família pago em razão do dependente do trabalhador de baixa renda nos termos da lei;*
>
> ***XIII.*** *Duração do trabalho normal não superior a oito horas diárias e quarenta e quatro semanais, facultada a compensação de horários e a redução da jornada, mediante acordo ou convenção coletiva de trabalho;*
>
> ***XV.*** *Repouso semanal remunerado, preferencialmente aos domingos;*
>
> ***XVI.*** *Remuneração do serviço extraordinário superior, no mínimo, em cinquenta por cento à do normal;*
>
> ***XVII.*** *Gozo de férias anuais remuneradas com, pelo menos, um terço a mais do que o salário normal;*
>
> ***XVIII.*** *Licença à gestante, sem prejuízo do emprego e do salário, com a duração de cento e vinte dias;*
>
> ***XIX.*** *Licença-paternidade, nos termos fixados em lei;*
>
> ***XX.*** *Proteção do mercado de trabalho da mulher, mediante incentivos específicos, nos termos da lei;*
>
> ***XXII.*** *Redução dos riscos inerentes ao trabalho, por meio de normas de saúde, higiene e segurança;*
>
> ***XXX.*** *Proibição de diferença de salários, de exercício de funções e de critério de admissão por motivo de sexo, idade, cor ou estado civil.*

A experiência de ler os incisos destinados aos servidores públicos é muito importante para que você acerte em prova. O fato de outros direitos trabalhistas do Art. 7º não terem sido previstos no Art. 39 não significa que tais direitos não sejam concedidos aos servidores públicos. Ocorre que alguns direitos trabalhistas conferidos aos servidores públicos estão disciplinados em outros lugares na própria Constituição ou em leis esparsas. A título de exemplo, pode-se citar o direito à aposentadoria, que apesar de não ter sido referido no Art. 39, § 3º, encontra-se previsto expressamente no Art. 40 da Constituição Federal.

8.6 Liberdade de Associação Sindical

A Constituição Federal garante aos servidores públicos o direito à associação sindical:

> ***VI.*** *É garantido ao servidor público civil o direito à livre associação sindical.*

A Constituição concede ao servidor público civil o direito à associação sindical. Dessa forma, a livre associação profissional ou sindical não é garantida aos militares em razão da peculiaridade do seu regime jurídico, cuja vedação está prevista na própria Constituição Federal:

> ***Art. 142, IV.*** *Ao militar são proibidas a sindicalização e a greve.*

Segundo a doutrina, trata-se de uma norma autoaplicável, a qual não depende de regulamentação para ser exercida, pois o servidor pode prontamente usufruir desse direito.

Direito de greve

Segundo o Art. 37, VII:

> ***VII.*** *O direito de greve será exercido nos termos e nos limites definidos em lei específica;*

O direito de greve, previsto na Constituição Federal aos servidores públicos, condiciona o seu exercício a uma norma regulamentadora, por isso é uma norma de eficácia limitada.

Como até o presente momento a necessária lei não foi publicada, o Supremo Tribunal Federal adotou a Teoria Concretista Geral, a partir da análise do Mandado de Injunção, e fez com que o direito de greve tivesse efetividade e conferiu efeito erga omnes à decisão, ou seja, os seus efeitos atingem todos os servidores públicos, ainda que aquele não tenha ingressado com ação judicial para exercer seu direito de greve.

A partir disso, segundo o STF, os servidores públicos de todo o país poderão se utilizar do seu direito de greve nos termos da Lei nº 7.783/89, a qual regulamenta o direito de greve dos trabalhadores da iniciativa privada.

Ressalte-se que o direito de greve, juntamente com o de associação sindical, não se aplica aos militares pelos mesmos motivos já apresentados ao analisarmos o direito de liberdade de associação sindical.

TRABALHISTAS

- Salário-mínimo
- Garantia do mínimo para os que têm remuneração variável
- 13º salário
- Duração de trabalho não superior a oito horas por dia e 44 por semana
- Repouso semanal remunerado
- Remuneração pelo serviço extraordinário (horas extras)
- Férias anuais
- Licença à gestante (120 dias)
- Licença-paternidade
- Proteção ao mercado de trabalho da mulher
- Redução dos riscos inerentes ao trabalho
- Proibição de diferença de salários

Vedação à acumulação de cargos, empregos e funções públicos

A Constituição achou por bem regular a acumulação de cargos públicos no Art. 37, XVI e XVII:

> ***XVI.*** *É vedada a acumulação remunerada de cargos públicos, exceto, quando houver compatibilidade de horários, observado em qualquer caso o disposto no inciso XI:*
>
> ***a)*** *a de dois cargos de professor;*
>
> ***b)*** *a de um cargo de professor com outro técnico ou científico;*
>
> ***c)*** *a de dois cargos ou empregos privativos de profissionais de saúde, com profissões regulamentadas;*
>
> ***XVII.*** *A proibição de acumular estende-se a empregos e funções e abrange autarquias, fundações, empresas públicas, sociedades de economia mista, suas subsidiárias, e sociedades controladas, direta ou indiretamente, pelo poder público;*

Segundo o texto constitucional, em regra, é vedada a acumulação de cargos públicos, ressalvadas as hipóteses previstas na própria Constituição Federal e quando houver compatibilidade de horário.

Além dessas hipóteses, a Constituição Federal também previu a acumulação lícita em outros casos, observemos:

Magistrado + Magistério – é permitida a acumulação de um cargo de juiz com um de professor:

> ***Art. 95****, Parágrafo único. Aos juízes é vedado:*
>
> ***I.*** *Exercer, ainda que em disponibilidade, outro cargo ou função, salvo uma de magistério.*

Membro do Ministério Público + Magistério – é permitida a acumulação de um cargo de Membro do Ministério Público com um de professor:

> ***Art. 128, § 5º.*** *Leis complementares da União e dos Estados, cuja iniciativa é facultada aos respectivos Procuradores-Gerais, estabelecerão a organização, as atribuições e o estatuto de cada Ministério Público, observadas, relativamente a seus membros:*
>
> ***II.*** *As seguintes vedações:*
>
> ***d)*** *exercer, ainda que em disponibilidade, qualquer outra função pública, salvo uma de magistério.*

Cargo Eletivo + cargo, emprego ou função pública – é permitida a acumulação de um cargo eletivo com um cargo emprego ou função pública:

> ***Art. 38.*** *Ao servidor público da administração direta, autárquica e fundacional, no exercício de mandato eletivo, aplicam-se as seguintes disposições:*
>
> ***I.*** *Tratando-se de mandato eletivo federal, estadual ou distrital, ficará afastado de seu cargo, emprego ou função;*
>
> ***II.*** *Investido no mandato de Prefeito, será afastado do cargo, emprego ou função, sendo-lhe facultado optar pela sua remuneração;*
>
> ***III.*** *Investido no mandato de Vereador, havendo compatibilidade de horários, perceberá as vantagens de seu cargo, emprego ou função, sem prejuízo da remuneração do cargo eletivo, e, não havendo compatibilidade, será aplicada a norma do inciso anterior;*
>
> ***IV.*** *Em qualquer caso que exija o afastamento para o exercício de mandato eletivo, seu tempo de serviço será contado para todos os efeitos legais, exceto para promoção por merecimento;*
>
> ***V.*** *Para efeito de benefício previdenciário, no caso de afastamento, os valores serão determinados como se no exercício estivesse.*

A proibição de acumular se estende à percepção de remuneração e aposentadoria. Vejamos o que diz o §10º do Art. 37:

> ***§ 10*** *- É vedada a percepção simultânea de proventos de aposentadoria decorrentes do Art. 40 ou dos Arts. 42 e 142 com a remuneração de cargo, emprego ou função pública, ressalvados os cargos acumuláveis na forma desta Constituição, os cargos eletivos e os cargos em comissão declarados em lei de livre nomeação e exoneração.*

Aqui a acumulação dos proventos da aposentadoria com a remuneração será permitida nos casos em que são autorizadas a acumulação dos cargos, ou, ainda, quando acumular com cargo em comissão e cargo eletivo. Significa dizer ser possível a acumulação dos proventos da aposentadoria de um cargo, emprego ou função pública com a remuneração de cargo, emprego ou função pública.

A Constituição também vedou a percepção de mais de uma aposentadoria, ressalvados os casos de acumulação de cargos permitida, ou seja, o indivíduo pode acumular as aposentadorias dos cargos que podem ser acumulados:

> ***Art. 40****, § 6º - Ressalvadas as aposentadorias decorrentes dos cargos acumuláveis na forma desta Constituição, é vedada a percepção de mais de uma aposentadoria à conta do regime de previdência previsto neste artigo.*

Acumulação de cargos, empregos e funções

- Professor + professor
- Professor + técnico ou científico
- Saúde + saúde
- Magistrado (juiz) + magistério (professor)
- Membro do MP + magistério
- Cargo eletivo + cargo, emprego ou função

Estabilidade

Um dos maiores desejos de quem faz concurso público é alcançar a Estabilidade. Essa é a garantia que se dá aos titulares de cargo público, ou seja, ao servidor público. Essa garantia faz que o servidor tenha certa tranquilidade para usufruir do seu cargo com maior tranquilidade; o servidor passa exercer suas atividades sem a preocupação de perder seu cargo por qualquer simples motivo. Vejamos o que diz a Constituição Federal:

> ***Art. 41.*** *São estáveis após três anos de efetivo exercício os servidores nomeados para cargo de provimento efetivo em virtude de concurso público.*
>
> ***§ 1º*** *- O servidor público estável só perderá o cargo:*
>
> ***I.*** *Em virtude de sentença judicial transitada em julgado;*
>
> ***II.*** *Mediante processo administrativo em que lhe seja assegurada ampla defesa;*
>
> ***III.*** *Mediante procedimento de avaliação periódica de desempenho, na forma de lei complementar, assegurada ampla defesa.*
>
> ***§ 2º*** *- Invalidada por sentença judicial a demissão do servidor estável, será ele reintegrado, e o eventual ocupante da vaga, se estável, reconduzido ao cargo de origem, sem direito a indenização, aproveitado em outro cargo ou posto em disponibilidade com remuneração proporcional ao tempo de serviço.*
>
> ***§ 3º*** *- Extinto o cargo ou declarada a sua desnecessidade, o servidor estável ficará em disponibilidade, com remuneração proporcional ao tempo de serviço, até seu adequado aproveitamento em outro cargo.*
>
> ***§ 4º*** *- Como condição para a aquisição da estabilidade, é obrigatória a avaliação especial de desempenho por comissão instituída para essa finalidade.*

O primeiro ponto relevante é que a estabilidade se adquire após três anos de efetivo exercício. Só adquire estabilidade quem ocupa um cargo público de provimento efetivo, após a aprovação em concurso público. Essa garantia não se estende aos titulares de emprego público nem aos que ocupam cargos em comissão de livre nomeação e exoneração.

Não confunda a estabilidade com estágio probatório. Esse é o período de avaliação inicial dentro do novo cargo a que o servidor concursado se sujeita antes de adquirir sua estabilidade. A Constituição não fala nada de estágio probatório, mas, para os servidores públicos federais, aplica-se o prazo previsto na Lei 8.112/90. Aqui temos um problema. O referido estatuto dos servidores públicos federais prevê o prazo de 24 meses para o estágio probatório.

Contudo, tem prevalecido, na doutrina e na jurisprudência, o entendimento de que não tem como se dissociar o prazo do estágio probatório da aquisição da estabilidade, de forma que até o próprio STF e o STJ reconhecem que o prazo do estágio probatório foi revogado tacitamente pela EC 19/98 que alterou o prazo de aquisição da estabilidade para 3 anos. Reforça esse entendimento o fato de que a Advocacia-Geral da União já emitiu parecer vinculante determinando a aplicação do prazo de **3 anos para o estágio probatório** em todo o Poder Executivo Federal, o que de fato acontece. Dessa forma, para prova o prazo do estágio probatório é de 3 anos.

Segundo o texto constitucional, é condição para a aquisição da estabilidade a avaliação especial de desempenhos aplicada por comissão instituída para essa finalidade.

O servidor estável só perderá o cargo nas hipóteses previstas na Constituição, as quais são:

- **Sentença judicial transitada em julgado;**
- **Procedimento Administrativo Disciplinar;**
- **Insuficiência de desempenho comprovada na Avaliação Periódica;**
- **Excesso de despesas com pessoal nos termos do Art. 169, § 3º.**

Servidores em exercício de mandato eletivo

Para os servidores públicos que estão no exercício de mandato eletivo, aplicam-se as seguintes regras:

> ***Art. 38.*** *Ao servidor público da administração direta, autárquica e fundacional, no exercício de mandato eletivo, aplicam-se as seguintes disposições:*
>
> ***I.*** *Tratando-se de mandato eletivo federal, estadual ou distrital, ficará afastado de seu cargo, emprego ou função;*
>
> ***II.*** *Investido no mandato de Prefeito, será afastado do cargo, emprego ou função, sendo-lhe facultado optar pela sua remuneração;*
>
> ***III.*** *Investido no mandato de Vereador, havendo compatibilidade de horários, perceberá as vantagens de seu cargo, emprego ou função, sem prejuízo da remuneração do cargo eletivo, e, não havendo compatibilidade, será aplicada a norma do inciso anterior;*
>
> ***IV.*** *Em qualquer caso que exija o afastamento para o exercício de mandato eletivo, seu tempo de serviço será contado para todos os efeitos legais, exceto para promoção por merecimento;*
>
> ***V.*** *Para efeito de benefício previdenciário, no caso de afastamento, os valores serão determinados como se no exercício estivesse.*

Em suma:

Mandato Eletivo Federal, Estadual ou Distrital: afasta-se do cargo, emprego ou função;

Mandato Eletivo Municipal:

Prefeito: Afasta-se do cargo, mas pode optar pela remuneração;

Vereador: Havendo compatibilidade de horário, pode exercer os dois cargos e cumular as duas remunerações respeitando os limites legais. Não havendo compatibilidade de horário, deverá afastar-se do cargo podendo optar pela remuneração de um dos dois.

Havendo o afastamento, a Constituição determinou ainda que esse período seja contabilizado como tempo de serviço gerando todos seus efeitos legais, com exceção da promoção de merecimento, além de ser contabilizado para efeito de benefício previdenciário.

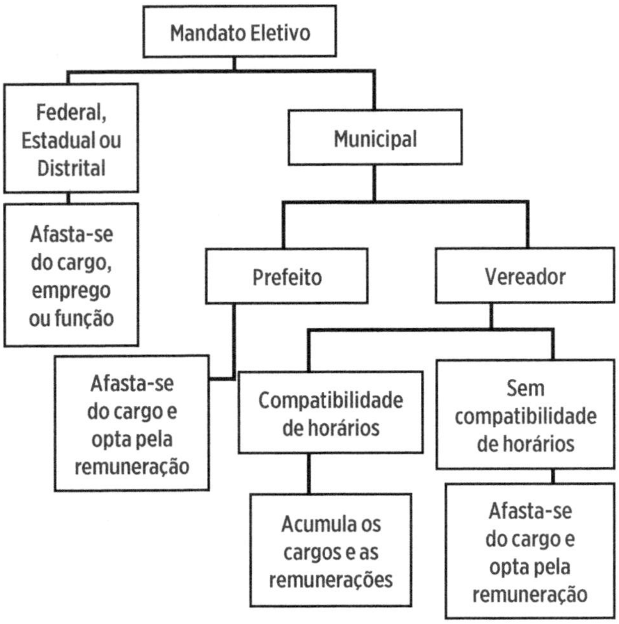

Regras de Remuneração dos Servidores Públicos

A Constituição Federal previu várias regras referentes a remuneração dos servidores públicos, que consta no Art. 37, da CF, as quais são bem interessantes para serem cobradas em sua prova:

> ***X.*** *A remuneração dos servidores públicos e o subsídio de que trata o § 4º do Art. 39 somente poderão ser fixados ou alterados por lei específica, observada a iniciativa privativa em cada caso, assegurada revisão geral anual, sempre na mesma data e sem distinção de índices;*

O primeiro ponto importante sobre a remuneração dos servidores é que ela só pode ser fixada por meio de lei específica, se a Constituição não estabelece qualquer outro critério, essa lei é ordinária. Além disso, a iniciativa da lei também é específica, ou seja, cada poder tem competência para propor a lei que altere o quadro remuneratório dos seus servidores. Por exemplo, no âmbito do Poder Executivo Federal o Presidente da República é quem tem a iniciativa para propor o projeto de lei.

Ainda há que se fazer a revisão geral anual, sem distinção de índices e sempre na mesma data, que serve para suprir as perdas inflacionárias que ocorrem com a remuneração dos servidores. No que tange à revisão geral anual, o STF entende que a competência para a iniciativa é privativa do Presidente da República, com base no Art. 61, § 1º, II, "a" da CF:

> ***§ 1º*** *- São de iniciativa privativa do Presidente da República as leis que:*
>
> ***II.*** *Disponham sobre:*
>
> ***a)*** *criação de cargos, funções ou empregos públicos na administração direta e autárquica ou aumento de sua remuneração.*

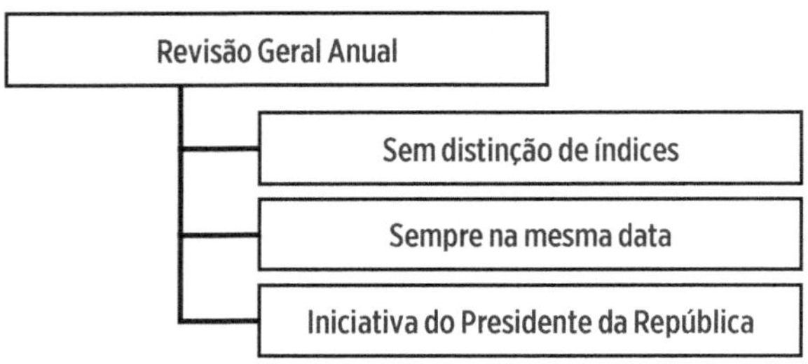

Outro ponto importante é o teto constitucional, que é o limite imposto para fixação das tabelas remuneratórias dos servidores; conforme o inciso XI do Art. 37, CF:

> ***XI.*** *A remuneração e o subsídio dos ocupantes de cargos, funções e empregos públicos da administração direta, autárquica e fundacional, dos membros de qualquer dos Poderes da União, dos Estados, do Distrito Federal e dos Municípios, dos detentores de mandato eletivo e dos demais agentes políticos e os proventos, pensões ou outra espécie remuneratória, percebidos cumulativamente ou não, incluídas as vantagens pessoais ou de qualquer outra natureza, não poderão exceder o subsídio mensal, em espécie, dos Ministros do Supremo Tribunal Federal, aplicando-se como limite, nos Municípios, o subsídio do Prefeito, e nos Estados e no Distrito Federal, o subsídio mensal do Governador no âmbito do Poder Executivo, o subsídio dos Deputados Estaduais e Distritais no âmbito do Poder Legislativo e o subsídio dos Desembargadores do Tribunal de Justiça, limitado a noventa inteiros e vinte e cinco centésimos por cento do subsídio mensal, em espécie, dos Ministros do Supremo Tribunal Federal, no âmbito do Poder Judiciário, aplicável este limite aos membros do Ministério Público, aos Procuradores e aos Defensores Públicos.*

Vamos entender essa regra, analisando os diversos tipos de limites previstos no texto constitucional.

O primeiro limite é o Teto Geral, que, segundo a Constituição, corresponde ao subsídio do Ministro do Supremo Tribunal Federal. Isso significa que nenhum servidor público no Brasil pode receber remuneração maior que o subsídio do Ministro do Supremo Tribunal Federal. Esse limite se aplica a todos os poderes em todos os entes federativos. Ressalte-se que a iniciativa de proposta legislativa para fixação da remuneração dos Ministros pertence aos próprios membros do STF.

Em seguida, nós temos os subtetos, que são limites aplicáveis a cada poder e em cada ente federativo. Vejamos de forma sistematizada as regras previstas na Constituição Federal:

Estados e df

Poder Executivo: subsídio do Governador.

Poder Legislativo: subsídio do Deputado Estadual ou Distrital.

Poder Judiciário: subsídio do Desembargador do Tribunal de Justiça. Aplica-se este limite aos membros do Ministério Público e da Defensoria Pública dos Estados e Distrito Federal.

Municípios

Poder Executivo: subsídio do Prefeito.

A Constituição permite que os Estados e o Distrito Federal poderão, por iniciativa do governador, adotar limite único nos termos do Art. 37, § 12, mediante emenda a Constituição Estadual ou a Lei Orgânica do DF, o qual não poderá ultrapassar 90,25% do subsídio do ministro do STF. Ressalte-se que se porventura for criado este limite único ele não será aplicado a alguns membros do Poder Legislativo, como aos Deputados Distritais e Vereadores.

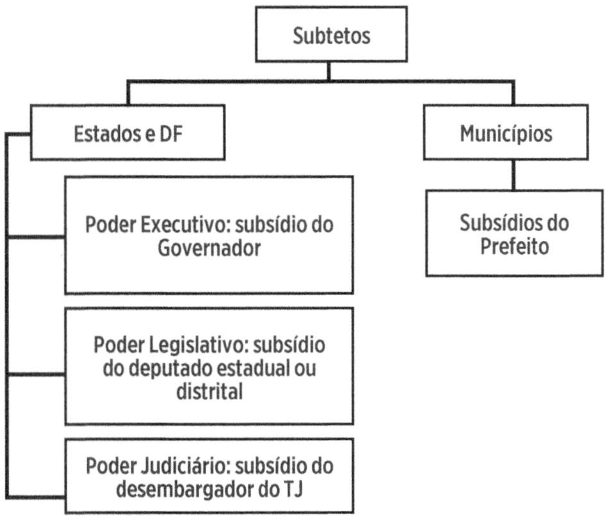

A seguir, são abordados alguns limites específicos que também estão previstos no texto constitucional, mas em outros artigos, pois são determinados a algumas autoridades:

Governador e Prefeito: subsídio do ministro do STF;

Deputado Estadual e Distrital[1]: 75% do subsídio do Deputado Federal;

Vereador: 75% do subsídio do Deputado Estadual para os municípios com mais de 500.000 habitantes. Nos municípios com menos habitantes, aplica-se a regra proporcional a população conforme o Art. 29, VI da Constituição Federal[2].

Magistrados dos Tribunais Superiores: 95% do subsídio dos ministros do STF. Dos demais magistrados, o subteto é 95% do subsídio dos ministros dos Tribunais Superiores.

> ***Art. 93**, V. O subsídio dos Ministros dos Tribunais Superiores corresponderá a noventa e cinco por cento do subsídio mensal fixado para os Ministros do Supremo Tribunal Federal e os subsídios dos demais magistrados serão fixados em lei e escalonados, em nível federal e estadual, conforme as respectivas categorias da estrutura judiciária nacional, não podendo a diferença entre uma e outra ser superior a dez por cento ou inferior a cinco por cento, nem exceder a noventa e cinco por cento do subsídio mensal dos Ministros dos Tribunais Superiores, obedecido, em qualquer caso, o disposto nos Arts. 37, XI, e 39, § 4º.*

1 Arts. 27, §2º e 32, §3º da Constituição Federal

2 Art. 29, VI . O subsídio dos Vereadores será fixado pelas respectivas Câmaras Municipais em cada legislatura para a subsequente, observado o que dispõe esta Constituição, observados os critérios estabelecidos na respectiva Lei Orgânica e os seguintes limites máximos: a) em Municípios de até dez mil habitantes, o subsídio máximo dos Vereadores corresponderá a vinte por cento do subsídio dos Deputados Estaduais; b) em Municípios de dez mil e um a cinquenta mil habitantes, o subsídio máximo dos Vereadores corresponderá a trinta por cento do subsídio dos Deputados Estaduais; c) em Municípios de cinquenta mil e um a cem mil habitantes, o subsídio máximo dos Vereadores corresponderá a quarenta por cento do subsídio dos Deputados Estaduais; d) em Municípios de cem mil e um a trezentos mil habitantes, o subsídio máximo dos Vereadores corresponderá a cinquenta por cento do subsídio dos Deputados Estaduais; e) em Municípios de trezentos mil e um a quinhentos mil habitantes, o subsídio máximo dos Vereadores corresponderá a sessenta por cento do subsídio dos Deputados Estaduais; f) em Municípios de mais de quinhentos mil habitantes, o subsídio máximo dos Vereadores corresponderá a setenta e cinco por cento do subsídio dos Deputados Estaduais;

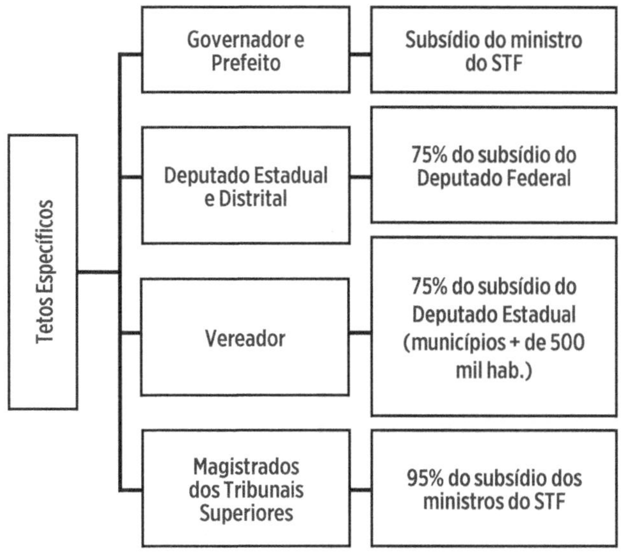

Lembre-se de que esses limites aplicam-se quando for possível a acumulação de cargos prevista no texto constitucional, ressalvados os seguintes casos:

Magistratura + Magistério: a Resolução nº 14/2006 do Conselho Nacional de Justiça prevê que não se sujeita ao teto a remuneração oriunda no magistério exercido pelos juízes;

Exercício cumulativo de funções no Supremo Tribunal Federal e Tribunal Superior Eleitoral.

Casos em que se pode ultrapassar o teto constitucional

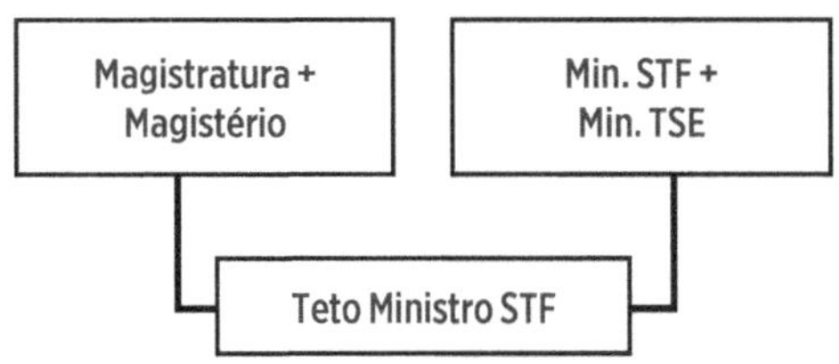

Os limites aplicam-se as empresas públicas e sociedades de economia mista desde que recebam recursos da União dos Estados e do Distrito Federal para pagamento do pessoal e custeio em geral:

> ***§ 9º** - O disposto no inciso XI aplica-se às empresas públicas e às sociedades de economia mista, e suas subsidiárias, que receberem recursos da União, dos Estados, do Distrito Federal ou dos Municípios para pagamento de despesas de pessoal ou de custeio em geral.*

A Constituição Federal também trouxe previsão expressa vedando qualquer equiparação ou vinculação de remuneração de servidor público:

> ***XIII.** É vedada a vinculação ou equiparação de quaisquer espécies remuneratórias para o efeito de remuneração de pessoal do serviço público.*

Antes da EC 19/1998, muitos servidores incorporavam vantagens pecuniárias calculadas sobre outras vantagens, gerando aumento desproporcional da remuneração. Isso acabou com a alteração do texto constitucional:

> ***XIV.** Os acréscimos pecuniários percebidos por servidor público não serão computados nem acumulados para fins de concessão de acréscimos ulteriores.*

Destaque-se, ainda, a regra constitucional que prevê a irredutibilidade da remuneração dos servidores públicos:

> ***XV.*** *O subsídio e os vencimentos dos ocupantes de cargos e empregos públicos são irredutíveis, ressalvado o disposto nos incisos XI e XIV deste artigo e nos Arts. 39, § 4º, 150, II, 153, III, e 153, § 2º, I.*

A irredutibilidade aqui é meramente nominal, não existindo direito à preservação do valor real em proteção a perda do poder aquisitivo. A irredutibilidade também não impede a alteração da composição remuneratória; significa dizer que podem ser retiradas as gratificações, mantendo-se o valor nominal da remuneração, nem mesmo a supressão de parcelas ou gratificações; é preciso considerar que o STF entende não haver direito adquirido a regime jurídico.

Regras de aposentadoria

Esse tema costuma ser trabalhado em Direito Previdenciário devido às inúmeras regras de transição que foram editadas, além das previstas no texto constitucional. Para as provas de Direito Constitucional, é importante a leitura atenta dos dispositivos abaixo:

> ***Art. 40.*** *O regime próprio de previdência social dos servidores titulares de cargos efetivos terá caráter contributivo e solidário, mediante contribuição do respectivo ente federativo, de servidores ativos, de aposentados e de pensionistas, observados critérios que preservem o equilíbrio financeiro e atuarial.*
>
> ***§ 1º*** *O servidor abrangido por regime próprio de previdência social será aposentado:*
>
> ***I.*** *por incapacidade permanente para o trabalho, no cargo em que estiver investido, quando insuscetível de readaptação, hipótese em que será obrigatória a realização de avaliações periódicas para verificação da continuidade das condições que ensejaram a concessão da aposentadoria, na forma de lei do respectivo ente federativo;*
>
> ***II.*** *compulsoriamente, com proventos proporcionais ao tempo de contribuição, aos 70 (setenta) anos de idade, ou aos 75 (setenta e cinco) anos de idade, na forma de lei complementar;*
>
> ***III.*** *no âmbito da União, aos 62 (sessenta e dois) anos de idade, se mulher, e aos 65 (sessenta e cinco) anos de idade, se homem, e, no âmbito dos Estados, do Distrito Federal e dos Municípios, na idade mínima estabelecida mediante emenda às respectivas Constituições e Leis Orgânicas, observados o tempo de contribuição e os demais requisitos estabelecidos em lei complementar do respectivo ente federativo.*
>
> ***§ 2º*** *Os proventos de aposentadoria não poderão ser inferiores ao valor mínimo a que se refere o § 2º do art. 201 ou superiores ao limite máximo estabelecido para o Regime Geral de Previdência Social, observado o disposto nos §§ 14 a 16.*
>
> ***§ 3º*** *As regras para cálculo de proventos de aposentadoria serão disciplinadas em lei do respectivo ente federativo.*
>
> ***§ 4º*** *É vedada a adoção de requisitos ou critérios diferenciados para concessão de benefícios em regime próprio de previdência social, ressalvado o disposto nos §§ 4º-A, 4º-B, 4º-C e 5º. (Redação dada pela Emenda Constitucional nº 103, de 2019)*
>
> ***§ 4º-A.*** *Poderão ser estabelecidos por lei complementar do respectivo ente federativo idade e tempo de contribuição diferenciados para aposentadoria de servidores com deficiência, previamente submetidos a avaliação biopsicossocial realizada por equipe multiprofissional e interdisciplinar.*
>
> ***§ 4º-B.*** *Poderão ser estabelecidos por lei complementar do respectivo ente federativo idade e tempo de contribuição diferenciados para aposentadoria de ocupantes do cargo de agente penitenciário, de agente socioeducativo ou de policial dos órgãos de que tratam o inciso IV do caput do art. 51, o inciso XIII do caput do art. 52 e os incisos I a IV do caput do art. 144.*
>
> ***§ 4º-C.*** *Poderão ser estabelecidos por lei complementar do respectivo ente federativo idade e tempo de contribuição diferenciados para aposentadoria de servidores cujas atividades sejam exercidas com efetiva exposição a agentes químicos, físicos e biológicos prejudiciais à saúde, ou associação desses agentes, vedada a caracterização por categoria profissional ou ocupação.*
>
> ***§ 5º*** *Os ocupantes do cargo de professor terão idade mínima reduzida em 5 (cinco) anos em relação às idades decorrentes da aplicação do disposto no inciso III do § 1º, desde que comprovem tempo de efetivo exercício das funções de magistério na educação infantil e no ensino fundamental e médio fixado em lei complementar do respectivo ente federativo.*
>
> ***§ 6º*** *Ressalvadas as aposentadorias decorrentes dos cargos acumuláveis na forma desta Constituição, é vedada a percepção de mais de uma aposentadoria à conta de regime próprio de previdência social, aplicando-se outras vedações, regras e condições para a acumulação de benefícios previdenciários estabelecidas no Regime Geral de Previdência Social.*
>
> ***§ 7º*** *Observado o disposto no § 2º do art. 201, quando se tratar da única fonte de renda formal auferida pelo dependente, o benefício de pensão por morte será concedido nos termos de lei do respectivo ente federativo, a qual tratará de forma diferenciada a hipótese de morte dos servidores de que trata o § 4º-B decorrente de agressão sofrida no exercício ou em razão da função.*
>
> ***§ 8º*** *É assegurado o reajustamento dos benefícios para preservar-lhes, em caráter permanente, o valor real, conforme critérios estabelecidos em lei.*
>
> ***§ 9º*** *O tempo de contribuição federal, estadual, distrital ou municipal será contado para fins de aposentadoria, observado o disposto nos §§ 9º e 9º-A do art. 201, e o tempo de serviço correspondente será contado para fins de disponibilidade.*
>
> ***§ 10.*** *A lei não poderá estabelecer qualquer forma de contagem de tempo de contribuição fictício.*
>
> ***§ 11.*** *Aplica-se o limite fixado no art. 37, XI, à soma total dos proventos de inatividade, inclusive quando decorrentes da acumulação de cargos ou empregos públicos, bem como de outras atividades sujeitas a contribuição para o regime geral de previdência social, e ao montante resultante da adição de proventos de inatividade com remuneração de cargo acumulável na forma desta Constituição, cargo em comissão declarado em lei de livre nomeação e exoneração, e de cargo eletivo.*
>
> ***§ 12.*** *Além do disposto neste artigo, serão observados, em regime próprio de previdência social, no que couber, os requisitos e critérios fixados para o Regime Geral de Previdência Social.*
>
> ***§ 13.*** *Aplica-se ao agente público ocupante, exclusivamente, de cargo em comissão declarado em lei de livre nomeação e exoneração, de outro cargo temporário, inclusive mandato eletivo, ou de emprego público, o Regime Geral de Previdência Social.*
>
> ***§ 14.*** *A União, os Estados, o Distrito Federal e os Municípios instituirão, por lei de iniciativa do respectivo Poder Executivo, regime de previdência complementar para servidores públicos ocupantes de cargo efetivo, observado o limite máximo dos benefícios do Regime Geral de Previdência Social para o valor das aposentadorias e das pensões em regime próprio de previdência social, ressalvado o disposto no § 16.*
>
> ***§ 15.*** *O regime de previdência complementar de que trata o § 14 oferecerá plano de benefícios somente na modalidade contribuição definida, observará o disposto no art. 202 e será efetivado por intermédio de entidade fechada de previdência complementar ou de entidade aberta de previdência complementar.*

***§ 16.** Somente mediante sua prévia e expressa opção, o disposto nos § § 14 e 15 poderá ser aplicado ao servidor que tiver ingressado no serviço público até a data da publicação do ato de instituição do correspondente regime de previdência complementar.*

***§ 17.** Todos os valores de remuneração considerados para o cálculo do benefício previsto no § 3º serão devidamente atualizados, na forma da lei.*

***§ 18.** Incidirá contribuição sobre os proventos de aposentadorias e pensões concedidas pelo regime de que trata este artigo que superem o limite máximo estabelecido para os benefícios do regime geral de previdência social de que trata o art. 201, com percentual igual ao estabelecido para os servidores titulares de cargos efetivos.*

***§ 19.** Observados critérios a serem estabelecidos em lei do respectivo ente federativo, o servidor titular de cargo efetivo que tenha completado as exigências para a aposentadoria voluntária e que opte por permanecer em atividade poderá fazer jus a um abono de permanência equivalente, no máximo, ao valor da sua contribuição previdenciária, até completar a idade para aposentadoria compulsória.*

***§ 20.** É vedada a existência de mais de um regime próprio de previdência social e de mais de um órgão ou entidade gestora desse regime em cada ente federativo, abrangidos todos os poderes, órgãos e entidades autárquicas e fundacionais, que serão responsáveis pelo seu financiamento, observados os critérios, os parâmetros e a natureza jurídica definidos na lei complementar de que trata o § 22.*

***§ 21.** A contribuição prevista no § 18 deste artigo incidirá apenas sobre as parcelas de proventos de aposentadoria e de pensão que superem o dobro do limite máximo estabelecido para os benefícios do regime geral de previdência social de que trata o art. 201 desta Constituição, quando o beneficiário, na forma da lei, for portador de doença incapacitante.*

***§ 22.** Vedada a instituição de novos regimes próprios de previdência social, lei complementar federal estabelecerá, para os que já existam, normas gerais de organização, de funcionamento e de responsabilidade em sua gestão, dispondo, entre outros aspectos, sobre:*

***I.** requisitos para sua extinção e consequente migração para o Regime Geral de Previdência Social;*

***II.** modelo de arrecadação, de aplicação e de utilização dos recursos;*

***III.** fiscalização pela União e controle externo e social;*

***IV.** definição de equilíbrio financeiro e atuarial;*

***V.** condições para instituição do fundo com finalidade previdenciária de que trata o art. 249 e para vinculação a ele dos recursos provenientes de contribuições e dos bens, direitos e ativos de qualquer natureza;*

***VI.** mecanismos de equacionamento do déficit atuarial;*

***VII.** estruturação do órgão ou entidade gestora do regime, observados os princípios relacionados com governança, controle interno e transparência;*

***VIII.** condições e hipóteses para responsabilização daqueles que desempenhem atribuições relacionadas, direta ou indiretamente, com a gestão do regime;*

***IX.** condições para adesão a consórcio público;*

***X.** parâmetros para apuração da base de cálculo e definição de alíquota de contribuições ordinárias e extraordinárias.*

Dos militares dos estados, do distrito federal e dos territórios

A Constituição Federal distingue duas espécies de servidores, os civis e os militares, sendo que a estes reserva um regime jurídico diferenciado, previsto especialmente no Art. 42 (Polícias Militares e Corpos de Bombeiros Militares) e no Art. 142, § 3º (Forças Armadas – Exército, Marinha e Aeronáutica).

As Polícias Militares, os Corpos de Bombeiros Militares e as Forças Armadas são instituições organizadas com base na **hierarquia** e na **disciplina**.

Tomando de empréstimo o conceito constante do Art. 14, § 1º e 2º, da Lei nº 6.880, de 1980 (Estatuto dos Militares das Forças Armadas), temos que a **hierarquia** militar é a ordenação da autoridade, em níveis diferentes, dentro da estrutura militar e a **disciplina** é a rigorosa observância e o acatamento integral das leis, regulamentos, normas e disposições que fundamentam o organismo militar e coordenam seu funcionamento regular e harmônico, traduzindo-se pelo perfeito cumprimento do dever por parte de todos e de cada um dos componentes desses organismos.

É claro que a hierarquia e a disciplina estão presentes em todo o serviço público. No entanto, no seio militar, elas são muito mais rígidas, objetivando garantir pronta e irrestrita obediência de seus membros, o que é imprescindível para o exercício das suas atividades.

As Polícias Militares e os Corpos de Bombeiros Militares são **órgãos de Segurança Pública** (Art. 144, da CF), organizados e mantidos pelos Estados.

Às Polícias Militares cabem as atribuições de polícia administrativa, ostensiva e a preservação da ordem pública. Aos Corpos de Bombeiros Militares cabe, além das atribuições definidas em lei (atividades de combate a incêndio, busca e resgate de pessoas etc.), a execução de atividades de defesa civil (Art. 144, § 5º, da CF).

Segundo o § 6º, do Art. 144, da CF, as Polícias Militares e os Corpos de Bombeiros Militares são forças auxiliares e reserva do Exército e subordinam-se aos Governadores dos Estados, do Distrito Federal e dos Territórios.

Apesar de estarem subordinadas ao Governador do Distrito Federal, a organização e a manutenção da Polícia Militar e do Corpo de Bombeiros Militares do Distrito Federal são de competência da União (Art. 21, inciso XIV, da CF).

No Art. 42, a Constituição Federal estende aos policiais militares e aos bombeiros militares praticamente as mesmas **disposições** aplicáveis aos integrantes das Forças Armadas, militares da União, previstas no Art. 142, § 2º e 3º, da CF. Assim, entre outros:

- **O militar que seja alistável é elegível.** No entanto, se contar menos de dez anos de serviço, deverá afastar-se da atividade; se contar mais de dez anos de serviço será agregado pela autoridade superior e, se eleito, passará automaticamente, no ato da diplomação, para a inatividade;
- **Não cabe Habeas** Corpus em relação a punições disciplinares militares;
- **Ao militar são proibidas** a sindicalização e a greve;
- O militar, **enquanto em serviço ativo**, não pode estar filiado a partidos políticos.

9. PODER LEGISLATIVO

Com o objetivo de limitar o poder do Estado, alguns filósofos desenvolveram a tese de que, se o poder estivesse nas mãos de várias pessoas, seria possível controlá-lo de uma forma melhor. Essa necessidade se deu em razão dos grandes abusos cometidos pelos imperadores que agiam arbitrariamente com seus súditos. A partir de então, surgiu a teoria da **Separação dos Poderes**, também chamada de Tripartição dos Poderes. Antes de analisar cada um dos Poderes do Estado, são explorados a seguir dois princípios constitucionais essenciais para entender essa organização: Tripartição dos Poderes e Federativo.

9.1 Princípios

Princípio da tripartição dos poderes

O primeiro princípio constitucional importante para o estudo da Organização dos Poderes é o Princípio da Tripartição dos Poderes, também chamado de Princípio da Separação dos Poderes. Sua origem histórica tem como fundamento a necessidade de se limitar os poderes do Estado. Alguns filósofos perceberam que se o Poder do Estado estivesse dividido entre três entidades diferentes, seria possível que a sociedade exercesse um maior controle sobre sua utilização.

Foi aí que surgiu a ideia de se dividir o Poder do Estado em três poderes, cada qual responsável pelo desenvolvimento de uma função principal do Estado:

Poder Executivo

Função principal (típica) de administrar o Estado;

Poder Legislativo

Função principal (típica) de legislar e fiscalizar as contas públicas;

Poder Judiciário

Função principal (típica) jurisdicional.

Além da sua própria função, a Constituição criou uma sistemática que permite a cada um dos poderes o exercício da função do outro poder. É a função atípica:

Poder Executivo

Função atípica de legislar e julgar;

Poder Legislativo

Função atípica de administrar e julgar;

Poder Judiciário

Função atípica de administrar e legislar.

Dessa forma, pode-se dizer que além da própria função, cada poder exercerá de forma acessória a função do outro poder.

Uma pergunta sempre surge na cabeça dos estudantes e poderá aparecer em prova: qual dos três poderes é mais importante?

A única resposta possível é a inexistência de poder mais importante. Cada poder possui sua própria função de forma que não se pode afirmar que exista hierarquia entre os poderes do Estado. Como diz a Constituição no Art. 2º:

> ***Art. 2º.*** *São Poderes da União, independentes e harmônicos entre si, o Legislativo, o Executivo e o Judiciário.*

A seguir, será tratado de outro princípio que, juntamente com a Separação dos Poderes, é responsável pela organização do Estado: Princípio Federativo.

Princípio federativo

Quando se fala em Federação, está-se falando da Forma de Estado adotada no Brasil. A forma de Estado reflete o modo de exercício do poder político em função do território, ou seja, como o poder político está distribuído dentro do território. Para compreender esta forma de Estado precisa-se ter em mente sua principal característica: descentralização política. Dizemos então que, numa federação, o poder político está distribuído entre os vários entes federativos, ou melhor, entre quatro entes federativos:

União;

Estados;

Distrito Federal;

Municípios.

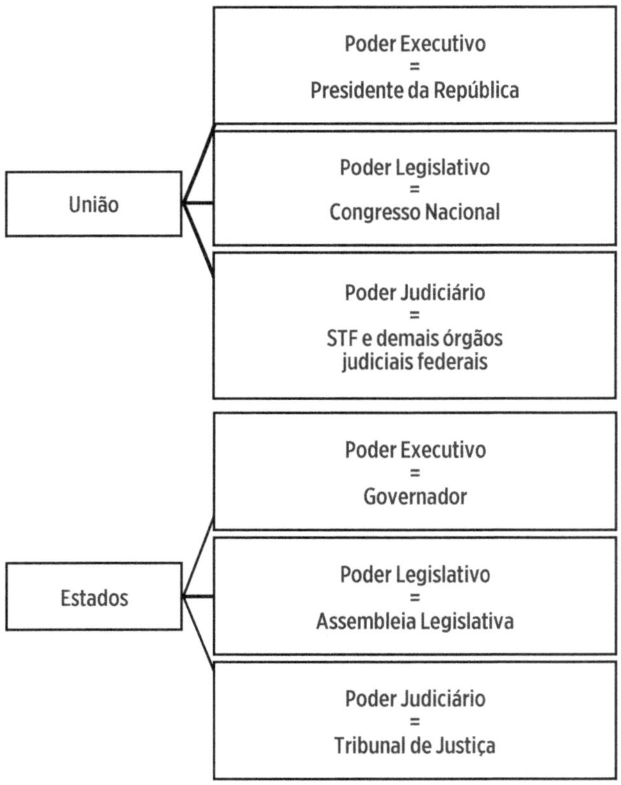

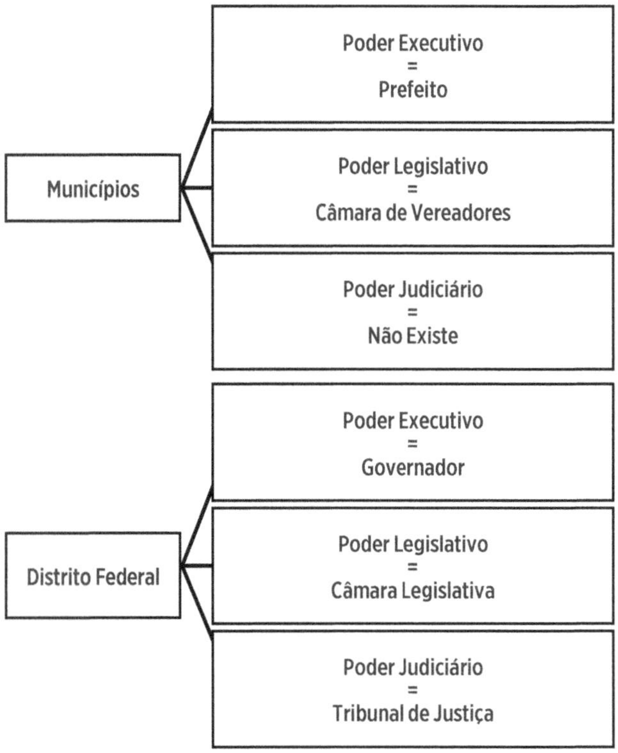

Cada um dos entes federativos possui sua própria autonomia política, a qual pode ser percebida pela capacidade de auto-organização, de criação de leis e, inclusive, de criação da sua própria Constituição. Apesar de cada ente federativo possuir essa independência, não se pode esquecer que a existência do pacto federativo pressupõe a existência de uma Constituição Federal e da impossibilidade de separação.

Uma coisa deve ficar bem clara: não existe hierarquia entre os entes federativos. O que os diferencia é a competência que cada um recebeu da Constituição Federal.

Após analisar estes dois princípios constitucionais, será feita a junção entre eles para se ver como se estruturam dentro da República Federativa do Brasil. Dessa forma, foi visto na imagem anterior.

Agora que ficou esclarecido como o Estado Brasileiro está organizado, serão estudados os três Poderes em espécie. Começaremos pelo Poder Legislativo, sempre muito cobrado em prova.

9.2 Poder Legislativo

Funções típicas e atípicas

Esse Poder possui como função típica duas atribuições: legislar e fiscalizar.

Legislar significa criar leis, inovar o ordenamento jurídico. A função fiscalizatória diz respeito ao controle externo das contas públicas. É a fiscalização financeira, contábil e orçamentária.

Informações gerais

O Poder Legislativo da União é representado pelo Congresso Nacional, cuja estrutura é bicameral, ou seja, é formado pela Câmara dos Deputados e pelo Senado Federal. Essa previsão encontra-se na Constituição Federal:

> ***Art. 44.*** *O Poder Legislativo é exercido pelo Congresso Nacional, que se compõe da Câmara dos Deputados e do Senado Federal.*

A **Câmara dos Deputados** é composta pelos Deputados Federais que são **representantes do povo** eleitos segundo o **sistema proporcional,** devendo cada ente (Estado e Distrito Federal) eleger no mínimo 8 e no máximo 70 Deputados Federais. A proporcionalidade está relacionada com a quantidade da população dos entes federativos. Quanto maior for a população, mais deputados serão eleitos. Os territórios podem eleger quatro deputados. O mandato do Deputado é de quatro anos. Atualmente, existem na Câmara 513 membros. Sua organização é assim expressa na Constituição:

> ***Art. 45.*** *A Câmara dos Deputados compõe-se de representantes do povo, eleitos, pelo sistema proporcional, em cada Estado, em cada Território e no Distrito Federal.*
>
> ***§ 1º*** *- O número total de Deputados, bem como a representação por Estado e pelo Distrito Federal, será estabelecido por lei complementar, proporcionalmente à população, procedendo-se aos ajustes necessários, no ano anterior às eleições, para que nenhuma daquelas unidades da Federação tenha menos de oito ou mais de setenta Deputados.*
>
> ***§ 2º.*** *Cada Território elegerá quatro Deputados.*

O **Senado Federal** é composto por Senadores da República que são **representantes dos Estados e do Distrito Federal** eleitos segundo o **sistema majoritário simples ou puro**, devendo cada ente eleger três senadores. Aqui o sistema é majoritário, haja vista serem eleitos os candidatos mais votados.

O mandato do Senador é de oito anos cuja eleição de quatro em quatro anos ocorre de forma alternada. Numa eleição, elegem-se 2 e na outra 1. Cada Senador será eleito com dois suplentes. Atualmente, existem 81 Senadores. Conforme o Art. 46 do texto constitucional:

> ***Art. 46.*** *O Senado Federal compõe-se de representantes dos Estados e do Distrito Federal, eleitos segundo o princípio majoritário.*
>
> ***§ 1º*** *- Cada Estado e o Distrito Federal elegerão três Senadores, com mandato de oito anos.*
>
> ***§ 2º*** *- A representação de cada Estado e do Distrito Federal será renovada de quatro em quatro anos, alternadamente, por um e dois terços.*
>
> ***§ 3º*** *- Cada Senador será eleito com dois suplentes.*

Competências

Este é um dos temas mais cobrados em prova, razão pela qual precisa ser estudado com estratégia para que no momento em que o candidato enfrentar a questão, consiga resolvê-la. A melhor forma de acertar essas questões é memorizando os artigos sobre as competências, pois é dessa forma que será cobrado em prova. Uma sugestão para facilitar a memorização é fazer muitos exercícios sobre o tema.

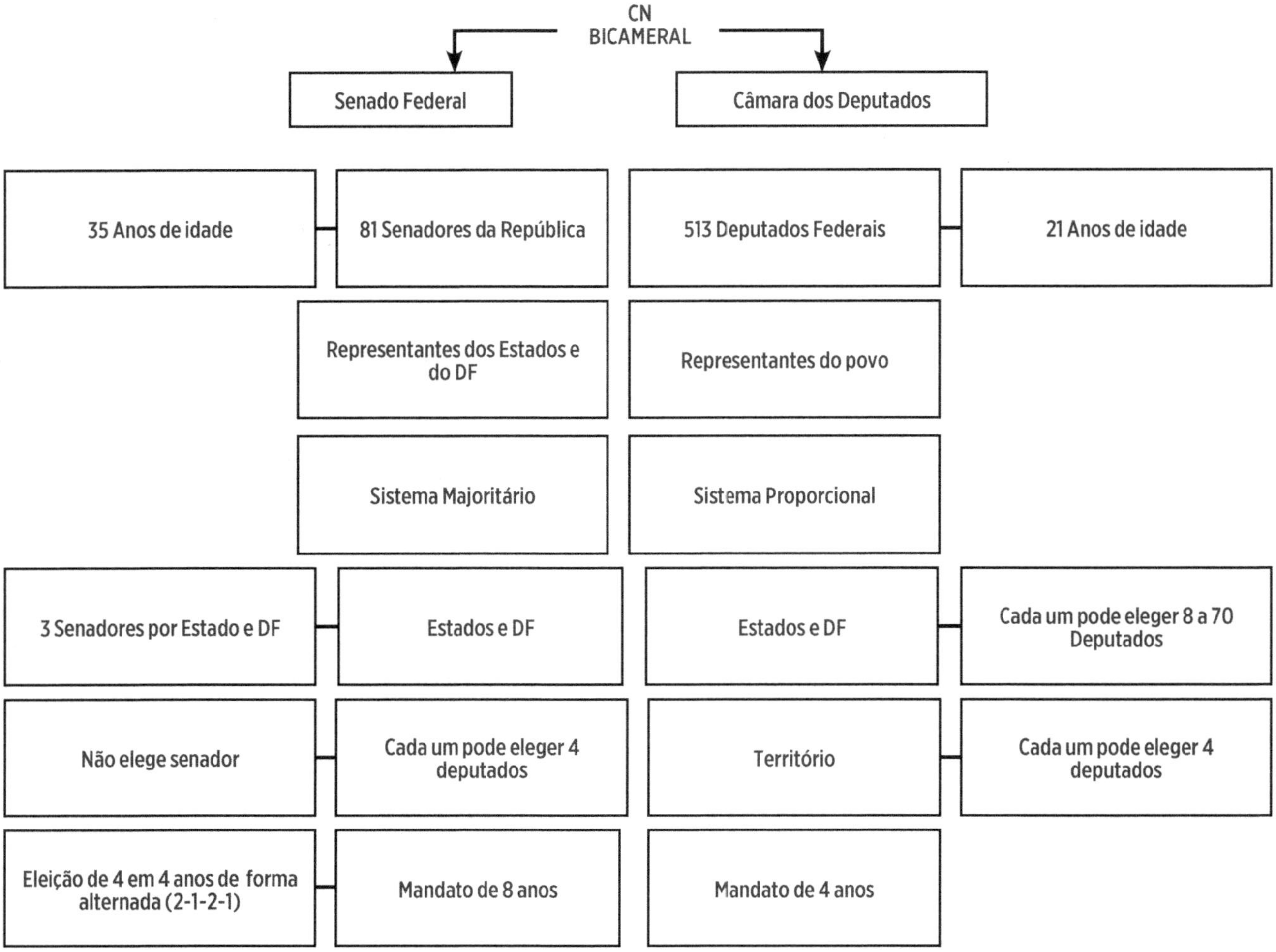

A seguir apresentam-se as competências de cada órgão.

Competência do congresso nacional

Uma coisa que se deve entender é que o Congresso Nacional, apesar de ser formado pela Câmara e pelo Senado, possui suas próprias competências, as quais estão previstas nos Arts. 48 e 49. Um detalhe que sempre cai em prova diz respeito à diferença entre as competências desses dois artigos.

No Art. 48, encontram-se as competências do Congresso que dependem de sanção presidencial, as quais serão desempenhadas mediante lei (lei ordinária ou complementar) que disponham sobre matérias de competência da União. Segue abaixo o rol dessas competências:

> ***Art. 48.*** *Cabe ao Congresso Nacional, com a sanção do Presidente da República, não exigida esta para o especificado nos Arts. 49, 51 e 52, dispor sobre todas as matérias de competência da União, especialmente sobre:*
>
> ***I.*** *Sistema tributário, arrecadação e distribuição de rendas;*
>
> ***II.*** *Plano plurianual, diretrizes orçamentárias, orçamento anual, operações de crédito, dívida pública e emissões de curso forçado;*
>
> ***III.*** *Fixação e modificação do efetivo das Forças Armadas;*
>
> ***IV.*** *Planos e programas nacionais, regionais e setoriais de desenvolvimento;*
>
> ***V.*** *Limites do território nacional, espaço aéreo e marítimo e bens do domínio da União;*
>
> ***VI.*** *Incorporação, subdivisão ou desmembramento de áreas de Territórios ou Estados, ouvidas as respectivas Assembleias Legislativas;*
>
> ***VII.*** *Transferência temporária da sede do Governo Federal;*
>
> ***VIII.*** *Concessão de anistia;*
>
> ***IX.*** *organização administrativa, judiciária, do Ministério Público e da Defensoria Pública da União e dos Territórios e organização judiciária e do Ministério Público do Distrito Federal;*
>
> ***X.*** *Criação, transformação e extinção de cargos, empregos e funções públicas, observado o que estabelece o Art. 84, VI, b;*
>
> ***XI.*** *Criação e extinção de Ministérios e órgãos da administração pública;*
>
> ***XII.*** *Telecomunicações e radiodifusão;*

__XIII.__ Matéria financeira, cambial e monetária, instituições financeiras e suas operações;

__XIV.__ Moeda, seus limites de emissão, e montante da dívida mobiliária federal;

__XV.__ Fixação do subsídio dos Ministros do Supremo Tribunal Federal, observado o que dispõem os Arts. 39, § 4º; 150, II; 153, III; e 153, § 2º, I.

No Art. 49, têm-se as Competências Exclusivas do Congresso Nacional. Essas não dependem de sanção presidencial e serão formalizadas por meio de Decreto Legislativo:

> ***Art. 49.*** *É da competência exclusiva do Congresso Nacional:*
>
> *__I.__ Resolver definitivamente sobre tratados, acordos ou atos internacionais que acarretem encargos ou compromissos gravosos ao patrimônio nacional;*
>
> *__II.__ Autorizar o Presidente da República a declarar guerra, a celebrar a paz, a permitir que forças estrangeiras transitem pelo território nacional ou nele permaneçam temporariamente, ressalvados os casos previstos em lei complementar;*
>
> *__III.__ Autorizar o Presidente e o Vice-Presidente da República a se ausentarem do País, quando a ausência exceder a quinze dias;*
>
> *__IV.__ Aprovar o estado de defesa e a intervenção federal, autorizar o estado de sítio, ou suspender qualquer uma dessas medidas;*
>
> *__V.__ Sustar os atos normativos do Poder Executivo que exorbitem do poder regulamentar ou dos limites de delegação legislativa;*
>
> *__VI.__ Mudar temporariamente sua sede;*
>
> *__VII.__ Fixar idêntico subsídio para os Deputados Federais e os Senadores, observado o que dispõem os Arts. 37, XI, 39, § 4º, 150, II, 153, III, e 153, § 2º, I;*
>
> *__VIII.__ Fixar os subsídios do Presidente e do Vice-Presidente da República e dos Ministros de Estado, observado o que dispõem os Arts. 37, XI, 39, § 4º, 150, II, 153, III, e 153, § 2º, I;*
>
> *__IX.__ Julgar anualmente as contas prestadas pelo Presidente da República e apreciar os relatórios sobre a execução dos planos de governo;*
>
> *__X.__ Fiscalizar e controlar, diretamente, ou por qualquer de suas Casas, os atos do Poder Executivo, incluídos os da administração indireta;*
>
> *__XI.__ Zelar pela preservação de sua competência legislativa em face da atribuição normativa dos outros Poderes;*
>
> *__XII.__ Apreciar os atos de concessão e renovação de concessão de emissoras de rádio e televisão;*
>
> *__XIII.__ Escolher dois terços dos membros do Tribunal de Contas da União;*
>
> *__XIV.__ Aprovar iniciativas do Poder Executivo referentes a atividades nucleares;*
>
> *__XV.__ Autorizar referendo e convocar plebiscito;*
>
> *__XVI.__ Autorizar, em terras indígenas, a exploração e o aproveitamento de recursos hídricos e a pesquisa e lavra de riquezas minerais;*
>
> *__XVII.__ Aprovar, previamente, a alienação ou concessão de terras públicas com área superior a dois mil e quinhentos hectares.*

Competência da câmara de deputados

As competências da Câmara dos Deputados estão previstas no Art. 51, as quais serão exercidas, em regra, por meio de Resolução da Câmara. Apesar de o texto constitucional prever essas competências como privativas, elas não podem ser delegadas:

> ***Art. 51.*** *Compete privativamente à Câmara dos Deputados:*
>
> *__I.__ Autorizar, por dois terços de seus membros, a instauração de processo contra o Presidente e o Vice-Presidente da República e os Ministros de Estado;*
>
> *__II.__ Proceder à tomada de contas do Presidente da República, quando não apresentadas ao Congresso Nacional dentro de sessenta dias após a abertura da sessão legislativa;*
>
> *__III.__ Elaborar seu regimento interno;*
>
> *__IV.__ Dispor sobre sua organização, funcionamento, polícia, criação, transformação ou extinção dos cargos, empregos e funções de seus serviços, e a iniciativa de lei para fixação da respectiva remuneração, observados os parâmetros estabelecidos na lei de diretrizes orçamentárias;*
>
> *__V.__ Eleger membros do Conselho da República, nos termos do Art. 89, VII.*

Competência do senado federal

As competências do Senado Federal estão previstas no Art. 52, as quais serão exercidas, em regra, por meio de Resolução do Senado. Apesar de o texto constitucional prever essas competências como privativas, elas não podem ser delegadas:

> ***Art. 52.*** *Compete privativamente ao Senado Federal:*
>
> *__I.__ Processar e julgar o Presidente e o Vice-Presidente da República nos crimes de responsabilidade, bem como os Ministros de Estado e os Comandantes da Marinha, do Exército e da Aeronáutica nos crimes da mesma natureza conexos com aqueles;*
>
> *__II.__ Processar e julgar os Ministros do Supremo Tribunal Federal, os membros do Conselho Nacional de Justiça e do Conselho Nacional do Ministério Público, o Procurador-Geral da República e o Advogado-Geral da União nos crimes de responsabilidade;*
>
> *__III.__ Aprovar previamente, por voto secreto, após arguição pública, a escolha de:*
>
> *__a)__ Magistrados, nos casos estabelecidos nesta Constituição;*
>
> *__b)__ Ministros do Tribunal de Contas da União indicados pelo Presidente da República;*
>
> *__c)__ Governador de Território;*
>
> *__d)__ Presidente e diretores do banco central;*
>
> *__e)__ Procurador-Geral da República;*
>
> *__f)__ Titulares de outros cargos que a lei determinar;*
>
> *__IV.__ Aprovar previamente, por voto secreto, após arguição em sessão secreta, a escolha dos chefes de missão diplomática de caráter permanente;*
>
> *__V.__ Autorizar operações externas de natureza financeira, de interesse da União, dos Estados, do Distrito Federal, dos Territórios e dos Municípios;*
>
> *__VI.__ Fixar, por proposta do Presidente da República, limites globais para o montante da dívida consolidada da União, dos Estados, do Distrito Federal e dos Municípios;*
>
> *__VII.__ Dispor sobre limites globais e condições para as operações de crédito externo e interno da União, dos Estados, do Distrito Federal e dos Municípios, de suas autarquias e demais entidades controladas pelo Poder Público federal;*
>
> *__VIII.__ Dispor sobre limites e condições para a concessão de garantia da União em operações de crédito externo e interno;*
>
> *__IX.__ Estabelecer limites globais e condições para o montante da dívida mobiliária dos Estados, do Distrito Federal e dos Municípios;*
>
> *__X.__ Suspender a execução, no todo ou em parte, de lei declarada inconstitucional por decisão definitiva do Supremo Tribunal Federal;*
>
> *__XI.__ Aprovar, por maioria absoluta e por voto secreto, a exoneração, de ofício, do Procurador-Geral da República antes do término de seu mandato;*
>
> *__XII.__ Elaborar seu regimento interno;*

XIII. Dispor sobre sua organização, funcionamento, polícia, criação, transformação ou extinção dos cargos, empregos e funções de seus serviços, e a iniciativa de lei para fixação da respectiva remuneração, observados os parâmetros estabelecidos na lei de diretrizes orçamentárias;

XIV. Eleger membros do Conselho da República, nos termos do Art. 89, VII;

XV. Avaliar periodicamente a funcionalidade do Sistema Tributário Nacional, em sua estrutura e seus componentes, e o desempenho das administrações tributárias da União, dos Estados e do Distrito Federal e dos Municípios.

Parágrafo único. *Nos casos previstos nos incisos I e II, funcionará como Presidente o do Supremo Tribunal Federal, limitando-se a condenação, que somente será proferida por dois terços dos votos do Senado Federal, à perda do cargo, com inabilitação, por oito anos, para o exercício de função pública, sem prejuízo das demais sanções judiciais cabíveis.*

As questões sobre as competências dos órgãos parlamentares são muito cobradas em prova e exigem do candidato uma nítida capacidade de memorização. Às vezes, é possível encontrar uma questão que trabalhe a competência associada com questões doutrinárias ou mesmo jurisprudencial. Vejamos o exemplo:

Imunidade parlamentar

Os parlamentares, por ocuparem uma função essencial na organização política do Estado, possuem Imunidades. As imunidades são prerrogativas inerentes à sua função que têm como objetivo garantir a sua independência durante o exercício do seu mandato. Um ponto que deve ser lembrado é que a imunidade não pertence à pessoa, e sim ao cargo, motivo pelo qual é irrenunciável. Isso significa que o parlamentar só a detém enquanto estiver no exercício de sua função.

São dois os tipos de imunidade:

Imunidade material;

Imunidade formal.

A imunidade material é uma verdadeira irresponsabilidade absoluta. Também conhecida como inviolabilidade parlamentar, ela isenta o seu titular de qualquer responsabilidade civil, penal, administrativa ou mesmo política, no que tange às suas opiniões, palavras e votos. Vejamos o que diz o *caput* do Art. 53:

Art. 53. *Os Deputados e Senadores são invioláveis, civil e penalmente, por quaisquer de suas opiniões, palavras e votos.*

Mas deve-se ter atenção: essa prerrogativa diz respeito apenas às opiniões, palavras e votos proferidos no exercício da função parlamentar durante o seu mandato, ainda que a busca pela responsabilização ocorra após o término do seu mandato. Não importa se está dentro do recinto parlamentar ou fora dele. O que importa é que seja praticado na função ou em razão da função parlamentar.

As imunidades formais são prerrogativas de ordem processual e ocorrem em relação:

Ao foro de julgamento;

À prisão;

Ao processo.

A **prerrogativa de foro** decorre do previsto no Art. 53, § 1º da CF, que prevê:

§ 1º *- Os Deputados e Senadores, desde a expedição do diploma, serão submetidos a julgamento perante o Supremo Tribunal Federal.*

Como pode se depreender do texto constitucional, a partir da expedição do diploma o parlamentar será julgado perante o STF nas ações de natureza penal sem necessidade de autorização da Casa legislativa à qual pertence. Ressalte-se que o parlamentar será julgado no STF por infrações cometidas antes ou depois da diplomação, contudo, finalizado o seu mandato, perde-se com ele a imunidade, fazendo com que os seus processos saiam da competência do STF e passem para os demais órgãos do Judiciário, a depender da matéria em questão. Não estão incluídas nessa prerrogativa as ações de natureza cível.

Em relação **à prisão**, o parlamentar só poderá ser preso em flagrante delito de crime inafiançável conforme previsão do § 2º do Art. 53:

§ 2º *- Desde a expedição do diploma, os membros do Congresso Nacional não poderão ser presos, salvo em flagrante de crime inafiançável. Nesse caso, os autos serão remetidos dentro de vinte e quatro horas à Casa respectiva, para que, pelo voto da maioria de seus membros, resolva sobre a prisão.*

Essa prerrogativa inicia sua abrangência a partir da diplomação e alcança qualquer forma de prisão, seja de natureza penal ou civil. A manutenção dessa prisão depende de manifestação da maioria absoluta dos membros da Casa.

Apesar de o texto constitucional não prever, interpreta-se de forma lógica que o Parlamentar será preso no caso de uma sentença penal condenatória transitada em julgado.

Há também a imunidade em relação ao processo prevista no Art. 53, §§ 3º ao 5º:

§ 3º *- Recebida a denúncia contra o Senador ou Deputado, por crime ocorrido após a diplomação, o Supremo Tribunal Federal dará ciência à Casa respectiva, que, por iniciativa de partido político nela representado e pelo voto da maioria de seus membros, poderá, até a decisão final, sustar o andamento da ação.*

§ 4º *- O pedido de sustação será apreciado pela Casa respectiva no prazo improrrogável de quarenta e cinco dias do seu recebimento pela Mesa Diretora.*

§ 5º *- A sustação do processo suspende a prescrição, enquanto durar o mandato.*

A imunidade em relação ao processo prevista na Constituição possibilita a Casa a qual pertence o parlamentar, pelo voto da maioria absoluta, sustar o andamento da ação penal desde que a faça antes da decisão definitiva e desde que seja em relação aos crimes cometidos após a diplomação. Não é necessária autorização da respectiva casa para processar o parlamentar.

A Casa Legislativa possui 45 dias para apreciar o pedido que, se aprovado, suspenderá o prazo prescricional da infração até o final do mandato.

Função fiscalizadora

Essa é a segunda função típica do Poder Legislativo. Além de criar normas, o Congresso Nacional também possui como função principal a fiscalização contábil, financeira e orçamentária da União e de suas Entidades da Administração direta e Indireta. Vejamos o Art. 70 da Constituição:

Art. 70. *A fiscalização contábil, financeira, orçamentária, operacional e patrimonial da União e das entidades da administração direta e indireta, quanto à legalidade, legitimidade, economicidade, aplicação das subvenções e renúncia de receitas, será exercida pelo Congresso Nacional, mediante controle externo, e pelo sistema de controle interno de cada Poder.*

Parágrafo único. *Prestará contas qualquer pessoa física ou jurídica, pública ou privada, que utilize, arrecade, guarde, gerencie ou administre dinheiros, bens e valores públicos ou pelos quais a União responda, ou que, em nome desta, assuma obrigações de natureza pecuniária.*

Veja que o Art. 70 fala em Controle Externo e Controle Interno. São as duas formas de fiscalização vislumbrada pelo texto constitucional. O Controle Interno é aquele realizado por cada Poder. Cada um fiscaliza suas próprias contas. Já o Controle Externo é o realizado pelo Congresso Nacional, com apoio do Tribunal de Contas da União.

O Art. 71 ainda apresenta as atribuições do Tribunal de Contas da União no que tange à fiscalização exercida:

> ***Art. 71.*** *O controle externo, a cargo do Congresso Nacional, será exercido com o auxílio do Tribunal de Contas da União, ao qual compete:*
>
> ***I.*** *Apreciar as contas prestadas anualmente pelo Presidente da República, mediante parecer prévio que deverá ser elaborado em sessenta dias a contar de seu recebimento;*
>
> ***II.*** *Julgar as contas dos administradores e demais responsáveis por dinheiros, bens e valores públicos da administração direta e indireta, incluídas as fundações e sociedades instituídas e mantidas pelo Poder Público federal, e as contas daqueles que derem causa a perda, extravio ou outra irregularidade de que resulte prejuízo ao erário público;*
>
> ***III.*** *Apreciar, para fins de registro, a legalidade dos atos de admissão de pessoal, a qualquer título, na administração direta e indireta, incluídas as fundações instituídas e mantidas pelo Poder Público, excetuadas as nomeações para cargo de provimento em comissão, bem como a das concessões de aposentadorias, reformas e pensões, ressalvadas as melhorias posteriores que não alterem o fundamento legal do ato concessório;*
>
> ***IV.*** *Realizar, por iniciativa própria, da Câmara dos Deputados, do Senado Federal, de Comissão técnica ou de inquérito, inspeções e auditorias de natureza contábil, financeira, orçamentária, operacional e patrimonial, nas unidades administrativas dos Poderes Legislativo, Executivo e Judiciário, e demais entidades referidas no inciso II;*
>
> ***V.*** *Fiscalizar as contas nacionais das empresas supranacionais de cujo capital social a União participe, de forma direta ou indireta, nos termos do tratado constitutivo;*
>
> ***VI.*** *Fiscalizar a aplicação de quaisquer recursos repassados pela União mediante convênio, acordo, ajuste ou outros instrumentos congêneres, a Estado, ao Distrito Federal ou a Município;*
>
> ***VII.*** *Prestar as informações solicitadas pelo Congresso Nacional, por qualquer de suas Casas, ou por qualquer das respectivas Comissões, sobre a fiscalização contábil, financeira, orçamentária, operacional e patrimonial e sobre resultados de auditorias e inspeções realizadas;*
>
> ***VIII.*** *Aplicar aos responsáveis, em caso de ilegalidade de despesa ou irregularidade de contas, as sanções previstas em lei, que estabelecerá, entre outras cominações, multa proporcional ao dano causado ao erário;*
>
> ***IX.*** *Assinar prazo para que o órgão ou entidade adote as providências necessárias ao exato cumprimento da lei, se verificada ilegalidade;*
>
> ***X.*** *Sustar, se não atendido, a execução do ato impugnado, comunicando a decisão à Câmara dos Deputados e ao Senado Federal;*
>
> ***XI.*** *Representar ao Poder competente sobre irregularidades ou abusos apurados.*

Uma questão sempre cobrada em prova diz respeito às regras do Tribunal de Contas da União. A primeira coisa a ser estabelecida é a situação jurídica do TCU. A qual dos três poderes pertence o TCU?

A única reposta possível: o TCU não está subordinado a nenhum Poder. Ele é um órgão autônomo que está vinculado funcionalmente ao Poder Legislativo. Não se trata de subordinação, mas de ligação funcional. Apesar da previsão de função jurisdicional, o TCU também não pertence ao Poder Judiciário. O termo utilizado no Art. 73 é equivocado quando comparado à natureza do órgão:

> ***Art. 73.*** *O Tribunal de Contas da União, integrado por nove Ministros, tem sede no Distrito Federal, quadro próprio de pessoal e jurisdição em todo o território nacional, exercendo, no que couber, as atribuições previstas no Art. 96.*

Apesar de ser chamado de "tribunal" e de a Constituição Federal ter dito que possuía "jurisdição", o TCU não é órgão do Poder Judiciário. As suas ações possuem natureza meramente administrativa.

Vencido esse tema, passa-se à análise da composição do TCU:

> ***§ 1º*** *- Os Ministros do Tribunal de Contas da União serão nomeados dentre brasileiros que satisfaçam os seguintes requisitos:*
>
> ***I.*** *Mais de trinta e cinco e menos de sessenta e cinco anos de idade;*
>
> ***II.*** *Idoneidade moral e reputação ilibada;*
>
> ***III.*** *Notórios conhecimentos jurídicos, contábeis, econômicos e financeiros ou de administração pública;*
>
> ***IV.*** *Mais de dez anos de exercício de função ou de efetiva atividade profissional que exija os conhecimentos mencionados no inciso anterior.*
>
> ***§ 2º*** *- Os Ministros do Tribunal de Contas da União serão escolhidos:*
>
> ***I.*** *Um terço pelo Presidente da República, com aprovação do Senado Federal, sendo dois alternadamente dentre auditores e membros do Ministério Público junto ao Tribunal, indicados em lista tríplice pelo Tribunal, segundo os critérios de antiguidade e merecimento;*
>
> ***II.*** *Dois terços pelo Congresso Nacional.*

Como se pode perceber, ser Ministro do TCU não é para qualquer pessoa. Faz-se necessário o preenchimento dos seguintes requisitos:

- Ser brasileiro;
- Possuir mais de trinta e cinco e menos de sessenta e cinco anos de idade;
- Possuir idoneidade moral e reputação ilibada;
- Possuir notórios conhecimentos jurídicos, contábeis, econômicos e financeiros ou de administração pública;
- Ter mais de dez anos de exercício de função ou de efetiva atividade profissional que exija os conhecimentos mencionados no inciso anterior.

A Constituição também regulou a forma de escolha desses membros por meio das seguintes regras:

> Um terço será escolhido pelo Presidente da República, com aprovação do Senado Federal, sendo dois alternadamente dentre auditores e membros do Ministério Público junto ao Tribunal, indicados em lista tríplice pelo Tribunal, segundo os critérios de antiguidade e merecimento;

> Dois terços pelo Congresso Nacional.

Quanto à escolha feita pelo Presidente uma observação é pertinente. Dos três membros que poderão ser escolhidos pelo Presidente dois serão, obrigatoriamente, auditores e membros do Ministério Público junto ao Tribunal de Contas da União. Já o terceiro membro escolhido pelo Presidente, será de sua livre escolha desde que preenchidos os demais requisitos já mencionados.

Outra observação importantíssima e sempre cobrada em prova: a Constituição equipara os Ministros do TCU aos Ministros do STJ ao passo que os auditores estão equiparados aos Juízes do TRF. Logicamente, se o auditor estiver substituindo o Ministro, a ele serão asseguradas as garantias próprias dos Ministros. Esta é a leitura dos § 3º e 4º:

> ***§ 3º** - Os Ministros do Tribunal de Contas da União terão as mesmas garantias, prerrogativas, impedimentos, vencimentos e vantagens dos Ministros do Superior Tribunal de Justiça, aplicando-se-lhes, quanto à aposentadoria e pensão, as normas constantes do Art. 40.*
>
> ***§ 4º** - O auditor, quando em substituição a Ministro, terá as mesmas garantias e impedimentos do titular e, quando no exercício das demais atribuições da judicatura, as de juiz de Tribunal Regional Federal.*

Processo legislativo

Agora será estudada outra função típica do Poder Legislativo: o Processo Legislativo. O Processo Legislativo é um conjunto de procedimentos necessários para criação das normas. A Constituição, no Art. 59, apresenta algumas normas que podem ser criadas segundo essas regras:

> ***Art. 59.** O processo legislativo compreende a elaboração de:*
>
> ***I.** Emendas à Constituição;*
>
> ***II.** Leis complementares;*
>
> ***III.** Leis ordinárias;*
>
> ***IV.** Leis delegadas;*
>
> ***V.** Medidas provisórias;*
>
> ***VI.** Decretos legislativos;*
>
> ***VII.** Resoluções.*
>
> ***Parágrafo único.** Lei complementar disporá sobre a elaboração, redação, alteração e consolidação das leis.*

Essas são as chamadas normas primárias, pois a sua fonte de validade é a própria constituição. Nem de longe são as únicas normas existentes no direito brasileiro. O candidato deve ter ouvido falar em uma portaria ou instrução normativa. Essas outras normas que não estão no Art. 59, mas que também regulam nossas vidas, são chamadas de normas secundárias as quais, retiram a validade das normas primárias.

Uma pergunta que sempre é feita em prova: existe hierarquia entre as normas primárias previstas no Art. 59?

Em um primeiro momento, é possível verificar hierarquia entre essas normas, haja vista as emendas constitucionais possuírem o mesmo *status* da Constituição Federal. Fora as emendas que são hierarquicamente superiores às demais, pode-se afirmar, com amparo no próprio STF, que não existe hierarquia entre demais normas primárias. Isso significa dizer que as leis complementares, leis ordinárias, leis delegadas, medidas provisórias, decretos legislativos e resoluções estão na mesma posição jurídica. O que as distingue é a competência para edição e para a utilização. Cada uma dessas normas possui uma utilização específica prevista na própria Constituição e é isso que será estudado a partir de agora. Inicia-se com o chamado Processo Legislativo Ordinário.

Processo legislativo ordinário

Esse é o processo legislativo destinado a elaboração das leis ordinárias e complementares. É composto por três fases: **introdutória**, **constitutiva** e **complementar.**

Fase introdutória

A fase introdutória é composta basicamente pela iniciativa, ou seja, pela deflagração do processo de criação de uma lei.

Mas quem pode iniciar esse processo legislativo?

Qualquer membro ou comissão do Congresso Nacional, da Câmara ou do Senado; o Presidente da República; o Supremo Tribunal Federal; os Tribunais Superiores; o Procurador-Geral da República; e os cidadãos. Isso está previsto no *caput* do Art. 61:

> ***Art. 61.** A iniciativa das leis complementares e ordinárias cabe a qualquer membro ou Comissão da Câmara dos Deputados, do Senado Federal ou do Congresso Nacional, ao Presidente da República, ao Supremo Tribunal Federal, aos Tribunais Superiores, ao Procurador-Geral da República e aos cidadãos, na forma e nos casos previstos nesta Constituição.*

Algumas considerações precisam ser feitas acerca da iniciativa. Primeiramente, no que tange à iniciativa do Presidente da República: existem algumas matérias em que a iniciativa da lei é privativa do Presidente, as quais estão previstas no § 1º do Art. 61:

> ***§ 1º** - São de iniciativa privativa do Presidente da República as leis que:*
>
> ***I.** Fixem ou modifiquem os efetivos das Forças Armadas;*
>
> ***II.** Disponham sobre:*
>
> ***a)** criação de cargos, funções ou empregos públicos na administração direta e autárquica ou aumento de sua remuneração;*
>
> ***b)** organização administrativa e judiciária, matéria tributária e orçamentária, serviços públicos e pessoal da administração dos Territórios;*
>
> ***c)** servidores públicos da União e Territórios, seu regime jurídico, provimento de cargos, estabilidade e aposentadoria;*
>
> ***d)** organização do Ministério Público e da Defensoria Pública da União, bem como normas gerais para a organização do Ministério Público e da Defensoria Pública dos Estados, do Distrito Federal e dos Territórios;*
>
> ***e)** criação e extinção de Ministérios e órgãos da administração pública, observado o disposto no Art. 84, VI;*
>
> ***f)** militares das Forças Armadas, seu regime jurídico, provimento de cargos, promoções, estabilidade, remuneração, reforma e transferência para a reserva.*

Quer dizer que só o Presidente da República tem iniciativa para propor projetos de lei sobre esses temas.

Outra consideração importante se refere à iniciativa popular, ou seja, os projetos de lei propostos por cidadãos. A Constituição no § 2º do Art. 61 condiciona o exercício desta iniciativa ao preenchimento de alguns requisitos:

> ***§ 2º*** *- A iniciativa popular pode ser exercida pela apresentação à Câmara dos Deputados de projeto de lei subscrito por, no mínimo, um por cento do eleitorado nacional, distribuído pelo menos por cinco Estados, com não menos de três décimos por cento dos eleitores de cada um deles.*

Também é relevante anotar a competência do STF e dos Tribunais Superiores que estão previstos no Art. 93 e 96, II:

> ***Art. 93.*** *Lei complementar, de iniciativa do Supremo Tribunal Federal, disporá sobre o Estatuto da Magistratura, observados os seguintes princípios.*
>
> ***Art. 96.*** *Compete privativamente:*
>
> ***II.*** *Ao Supremo Tribunal Federal, aos Tribunais Superiores e aos Tribunais de Justiça propor ao Poder Legislativo respectivo, observado o disposto no Art. 169.*

E ainda há a iniciativa do Procurador Geral da República, chefe do Ministério Público da União, e que está prevista no Art. 127, § 2º:

> ***Art. 127,*** *§ 2º - Ao Ministério Público é assegurada autonomia funcional e administrativa, podendo, observado o disposto no Art. 169, propor ao Poder Legislativo a criação e extinção de seus cargos e serviços auxiliares, provendo-os por concurso público de provas ou de provas e títulos, a política remuneratória e os planos de carreira; a lei disporá sobre sua organização e funcionamento.*

Todo Processo Legislativo precisa ser iniciado em uma das Casas do Poder Legislativo da União, as quais possuem atribuição principal para legislar. A Casa Legislativa, onde o projeto de lei é apresentado inicialmente, é chamada de Casa Iniciadora. Sempre o projeto se inicia em uma Casa, enquanto a outra fica responsável pela revisão. Quem revisa é chamada de Casa Revisora. Se o projeto se iniciar na Câmara dos Deputados, essa será a Casa Iniciadora, enquanto o Senado Federal será a Casa Revisora. Se ao contrário, o projeto se inicia no Senado, a Câmara será a Casa Revisora.

Em regra, a Casa Iniciadora será a Câmara dos Deputados, ou seja, é nessa casa que os processos legislativos costumam ser iniciados. Excepcionalmente, o Processo Legislativo se iniciará no Senado Federal. O Senado só será Casa Iniciadora quando a iniciativa for de um membro ou de uma comissão do Senado bem como nos casos em que for proposta por comissão mista do Congresso Nacional. No último caso, o processo iniciar-se-á alternadamente em cada casa, iniciando-se uma vez na Câmara outra vez no Senado[1].

Fase constitutiva

Apresentado o projeto de lei à Casa Iniciadora, iniciar-se-á a Fase Constitutiva. Essa fase é formada por três momentos: discussão, votação e sanção.

Discussão

A discussão, também chamada de debate, é o momento destinado à discussão dos projetos de lei. A discussão ocorre em três locais: na Comissão de Constituição e Justiça (CCJ), nas Comissões Temáticas (CT) e no Plenário.

A CCJ realiza uma análise formal do projeto e emite um parecer terminativo quanto à constitucionalidade. Isso significa dizer que aquilo que for decidido por essa comissão definirá o rumo do projeto de lei analisado.

Já as Comissões Temáticas realizam um exame material e emitem pareceres meramente opinativos, ou seja, essas comissões emitem apenas uma opinião que poderá ser seguida ou não.

Após o debate nas comissões, o projeto de lei é enviado ao plenário, onde ocorre a votação.

Votação

Neste momento se faz necessário compreender os quóruns necessários para votação. Existem três tipos de quórum:

Quórum para deliberação:

Para a deliberação em plenário de qualquer projeto de lei é necessária a presença da maioria absoluta dos membros, conforme disposto no Art. 47:

> ***Art. 47.*** *Salvo disposição constitucional em contrário, as deliberações de cada Casa e de suas Comissões serão tomadas por maioria dos votos, presente a maioria absoluta de seus membros.*

Quórum para aprovação de lei ordinária:

Para aprovação de lei ordinária, é necessário o voto de maioria simples ou relativa dos presentes com fundamento no Art. 47 acima apresentado.

Quórum para aprovação de lei complementar:

Para aprovação de lei complementar é necessário o voto da maioria absoluta dos membros. Vejamos o Art. 69 da Constituição:

> ***Art. 69.*** *As leis complementares serão aprovadas por maioria absoluta.,*

Mas o que é **maioria absoluta?** Calcula-se a maioria absoluta de forma muito simples. É o primeiro número inteiro após a metade.

> **Ex.:** No caso do Senado Federal, que possui 81 membros, para se calcular a maioria absoluta primeiramente se busca a metade, que é 40,5. O primeiro número inteiro após a metade é 41. Logo, esse número representa a maioria absoluta do Senado. Esse raciocínio deve ser feito também com a Câmara para se chegar a sua maioria absoluta, que é 257. Lembre-se de que a maioria absoluta é um número fixo. Sempre será a mesma quantidade. Lembre-se também de que esse quórum serve tanto para iniciar as deliberações nas Casas quanto para aprovar a lei complementar.

A **maioria relativa** é a maioria dos presentes. Sua lógica é parecida com a utilizada para descobrir a maioria absoluta, com apenas uma distinção: o parâmetro aqui é a quantidade de presentes. Logo, para se calcular a maioria relativa, deve-se contar os presentes, descobrir quanto é a metade e chegar ao primeiro número inteiro após a metade. Supondo que estejam presentes 41 Senadores, o que já bastaria para se iniciar qualquer deliberação, a maioria relativa dos presentes estaria representada por 21 membros. Essa quantidade já seria suficiente para aprovar uma lei ordinária.

Entendidos esses *quóruns*, pode-se votar o projeto de lei. Duas são as consequências possíveis de um projeto de lei na Casa Iniciadora:

Rejeição

Projeto de lei rejeitado deve ser arquivado;

Aprovação

Projeto de lei aprovado segue para Casa Revisora.

1 Regimento Comum: Resolução nº 1, de 1970-CN, (texto consolidado até 2010) e normas conexas. Brasília: Congresso Nacional, 2011, Art. 142: Os projetos elaborados por Comissão Mista serão encaminhados, alternadamente, ao Senado e à Câmara dos Deputados.

Após a aprovação do projeto de lei na Casa Iniciadora, o projeto será encaminhado para a Casa Revisora conforme disposição do Art. 65:

> ***Art. 65.*** *O projeto de lei aprovado por uma Casa será revisto pela outra, em um só turno de discussão e votação, e enviado à sanção ou promulgação, se a Casa revisora o aprovar, ou arquivado, se o rejeitar.*
>
> ***Parágrafo único.*** *Sendo o projeto emendado, voltará à Casa iniciadora.*

Na Casa Revisora o projeto também precisa passar pelas mesmas comissões que passou na Casa Iniciadora até chegar ao plenário. A partir da votação, o projeto pode ter três destinos:

Rejeição

Caso o projeto seja rejeitado, o mesmo será arquivado;

Aprovação sem emenda

Se aprovado sem emendas, o projeto segue para o Presidente da República sancionar ou vetar;

Aprovação com emendas

Se aprovado com emendas, o projeto retorna à Casa Iniciadora, que analisará as emendas. Caso aprove as emendas, encaminhará o projeto para sanção do Presidente. Se as emendas não forem aprovadas, a Casa Iniciadora retira as emendas e, do mesmo jeito, encaminha o Projeto de Lei para sanção. Essa situação revela uma nítida prevalência da Casa Iniciadora sobre a Casa Revisora.

Uma observação deve ser feita nos casos dos Projetos de Lei rejeitados: segundo o Art. 67, projeto de lei rejeitado só poderá ser apresentado novamente na mesma sessão legislativa se for apresentado pelo voto de maioria absoluta dos membros de qualquer das casas **(Princípio da Irrepetibilidade Relativa):**

> ***Art. 67.*** *A matéria constante de projeto de lei rejeitado somente poderá constituir objeto de novo projeto, na mesma sessão legislativa, mediante proposta da maioria absoluta dos membros de qualquer das Casas do Congresso Nacional.*

Esse tema sempre é cobrado em prova, bem como os aspectos relacionados aos *quóruns* exigidos para as deliberações no parlamento. Memorize as regras e tenha cuidado para não confundi-las.

Sanção ou veto

Inicia-se agora a tratar do terceiro momento da fase constitutiva: a sanção ou veto. A sanção é a concordância do Presidente com o projeto de lei, enquanto o veto é a sua discordância. Tanto a sanção quanto o veto estão regulados no Art. 66:

> ***Art. 66.*** *A Casa na qual tenha sido concluída a votação enviará o projeto de lei ao Presidente da República, que, aquiescendo, o sancionará.*
>
> ***§ 1º*** *- Se o Presidente da República considerar o projeto, no todo ou em parte, inconstitucional ou contrário ao interesse público, vetá-lo-á total ou parcialmente, no prazo de quinze dias úteis, contados da data do recebimento, e comunicará, dentro de quarenta e oito horas, ao Presidente do Senado Federal os motivos do veto.*

Primeiramente, serão analisados alguns aspectos importantes da sanção. O § 1º do Art. 66 afirma que o Presidente possui 15 dias úteis para manifestar-se sobre o projeto de lei. Esse parágrafo apresenta a modalidade de Sanção Expressa. Sanção Expressa é aquela em que o Presidente expressamente manifesta sua concordância com o projeto de lei. Ele deixa clara sua opinião a favor do projeto de lei.

Outra forma de sanção é a chamada Sanção Tácita. Vejamos o § 3º do mesmo artigo:

> ***Art. 66, § 3º*** *- Decorrido o prazo de quinze dias, o silêncio do Presidente da República importará sanção.*

A Sanção Tácita ocorre quando o Presidente, durante o prazo que possui de 15 dias, não manifesta sua vontade quanto ao projeto de lei. Simplesmente fica em silêncio.

O silêncio do Presidente significa concordância com o projeto de lei. Note que com a sanção o projeto de lei se transforma em lei.

Quanto ao veto, algumas considerações também precisam ser feitas. Utilizando a mesma fundamentação do Art. 66, pode-se afirmar que o Presidente possui o prazo de 15 dias úteis para concordar ou discordar do projeto de lei. Agora, havendo discordância de forma expressa tem-se o chamado Veto Expresso. Uma pergunta surge diante dessa afirmação: será que existe veto tácito?

Ora, se durante o prazo de 15 dias úteis, o Presidente não falar nada, tem-se a Sanção Tácita. Seria possível o silêncio do Presidente provocar duas consequências jurídicas diferentes? Não. Logo, pode-se afirmar que não existe Veto Tácito. O veto será sempre expresso.

O veto pode ser jurídico ou político. O Veto Jurídico ocorre quando o Presidente considera o projeto de lei inconstitucional. É uma espécie de controle de constitucionalidade prévio, pois ocorre antes da criação da lei. Já o Veto Político ocorre quando o Presidente veta o projeto de lei por considerá-lo contrário ao interesse público.

A doutrina afirma ainda que o veto poderá ser total ou parcial. O Veto Total ocorre quando o Presidente veta todo o projeto de lei. O Veto Parcial é aquele em que o Presidente veta parte do projeto de lei. No que tange ao veto parcial, a Constituição estabeleceu alguns limites no § 2º:

> ***Art. 66, § 2º*** *- O veto parcial somente abrangerá texto integral de artigo, de parágrafo, de inciso ou de alínea.*

Ou seja, não existe veto de palavras ou letras isoladas. O veto só pode abranger o texto integral de um artigo, parágrafo, inciso ou de alínea.

O veto tem que ser motivado, pois, conforme prevê o § 1º do Art. 61 o Presidente deverá informar a sua justificativa ao Presidente do Senado Federal em 48 horas. Isso se faz necessário em razão do veto ser superável, ou seja, o Congresso, em 30 dias, analisará o veto e poderá, pelo voto de maioria absoluta dos Deputados e Senadores, rejeitá-lo. É o que dispõe o § 4º do Art. 66:

> ***§ 4º*** *- O veto será apreciado em sessão conjunta, dentro de trinta dias a contar de seu recebimento, só podendo ser rejeitado pelo voto da maioria absoluta dos Deputados e Senadores. (Redação dada pela Emenda Constitucional nº 76, de 2013)*

Derrubado o veto, o projeto será enviado ao Presidente da República para que o promulgue:

> ***§ 5º*** *- Se o veto não for mantido, será o projeto enviado, para promulgação, ao Presidente da República.*

Finalizado o terceiro momento da fase constitutiva, inicia-se agora a fase complementar.

Fase complementar

A fase complementar consiste em dois momentos: a promulgação e a publicação.

A promulgação é um atestado de que a lei existe. Em regra, é feita pelo Presidente da República; contudo, nos casos de sanção tácita ou rejeição do veto, em que o Presidente não promulgue a lei em 48 horas, a competência para fazê-la será do Presidente do Senado Federal e, se esse não a fizer, será competente o Vice-Presidente do Senado. A publicação marca o início da exigência da lei.

***§ 7º** - Se a lei não for promulgada dentro de quarenta e oito horas pelo Presidente da República, nos casos dos § 3º e § 5º, o Presidente do Senado a promulgará, e, se este não o fizer em igual prazo, caberá ao Vice-Presidente do Senado fazê-lo.*

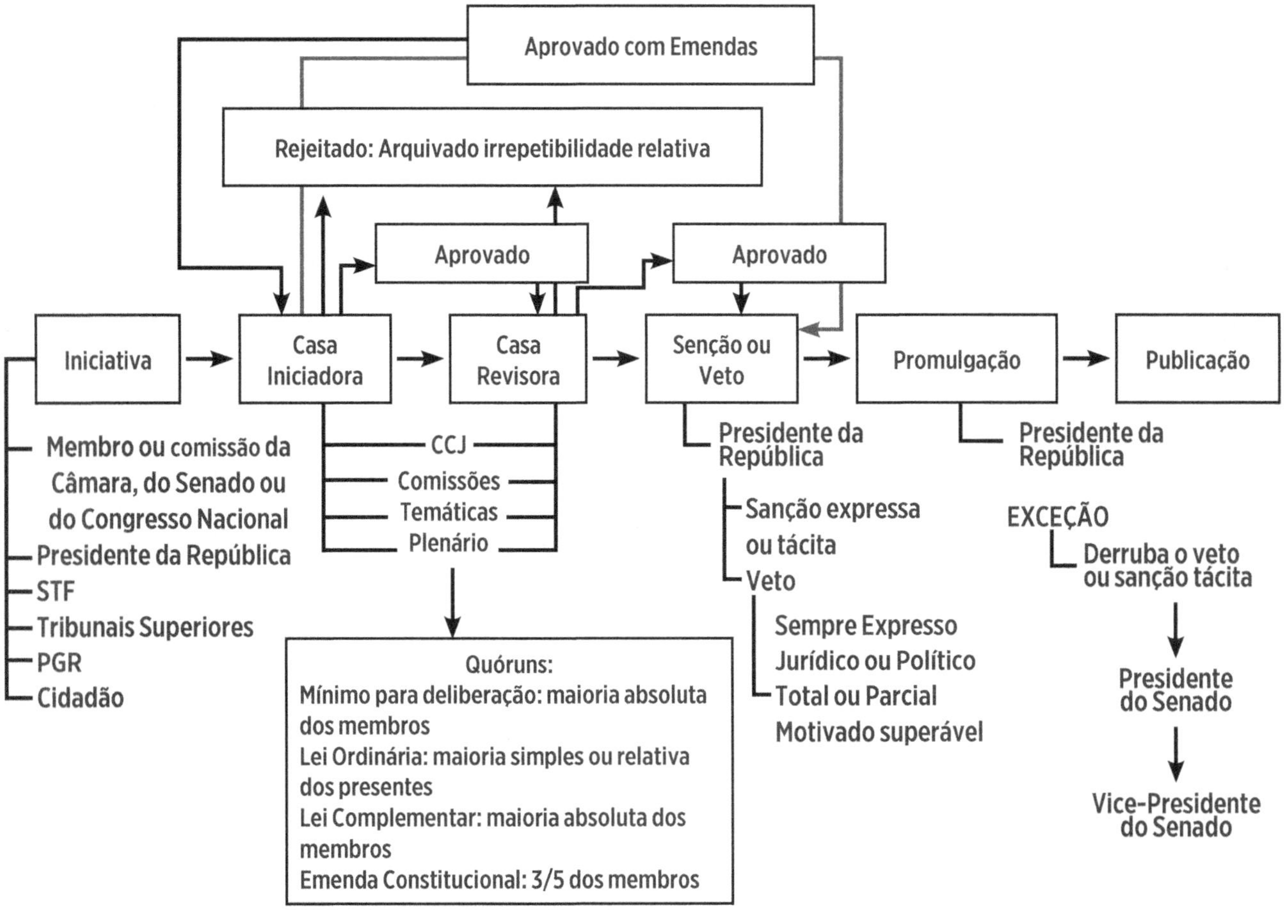

Após a promulgação, há a **publicação**. A publicação marca o momento em que a norma se torna conhecida da sociedade, pois passa a ser pública. Essa publicidade é feita em jornais oficiais como o Diário Oficial da União. A partir da publicação, se não houver outro prazo para o início da vigência, a lei poderá ser exigida.

Esse é o Processo Legislativo das leis ordinárias e complementares. A diferença entre o Processo Legislativo das leis ordinárias e o das leis complementares está no quórum de aprovação. Além dessa diferença, a doutrina tem salientado que, para uma matéria ser regulada por lei complementar, deve haver exigência expressa do texto constitucional.

Passa-se para outra espécie de processo legislativo: o Processo Legislativo Sumário.

Processo legislativo sumário

O Processo Legislativo Sumário é o Processo Legislativo Ordinário com prazo. Regulado no Art. 64, o Processo Legislativo Sumário é caracterizado pelo pedido de urgência solicitado pelo Presidente da República nos projetos de Lei de sua iniciativa, ainda que não seja de iniciativa privativa.

***Art. 64**, § 1º - O Presidente da República poderá solicitar urgência para apreciação de projetos de sua iniciativa.*

Pedida a urgência, o Congresso Nacional deverá analisar o projeto de lei no prazo de 100 dias os quais são destinados:

45 dias para análise da Câmara dos Deputados (Casa Iniciadora);

45 dias para análise do Senado (Casa Revisora);

10 dias para a Casa Iniciadora analisar as emendas se existirem.

Esta é a leitura dos § 2º e 3º do Art. 64:

***§ 2º** - Se, no caso do § 1º, a Câmara dos Deputados e o Senado Federal não se manifestarem sobre a proposição, cada qual sucessivamente, em até quarenta e cinco dias, sobrestar-se-ão todas as demais deliberações legislativas da respectiva Casa, com exceção das que tenham prazo constitucional determinado, até que se ultime a votação.*

> ***§ 3º** - A apreciação das emendas do Senado Federal pela Câmara dos Deputados far-se-á no prazo de dez dias, observado quanto ao mais o disposto no parágrafo anterior.*

O § 2º apresentado também prevê que se qualquer uma das Casas Legislativas não votar o Projeto de Lei no prazo de 45 dias, a votação das demais proposituras ficará sobrestada até que se realize a votação. É o chamado sobrestamento ou trancamento de pauta.

A Constituição também deixou clara sua vedação de pedido de urgência para projetos de códigos bem como a suspensão do prazo nos recessos parlamentares:

> ***§ 4º** - Os prazos do § 2º não correm nos períodos de recesso do Congresso Nacional, nem se aplicam aos projetos de código.*

É possível afirmar que todos os processos legislativos em regime de urgência se iniciam na Câmara dos Deputados?

Certamente que sim, visto que só pode ser pedido pelo Presidente da República e este, quando inicia o processo legislativo, o faz na Câmara dos Deputados conforme disposição expressa no *caput* do Art. 64:

> ***Art. 64.** A discussão e votação dos projetos de lei de iniciativa do Presidente da República, do Supremo Tribunal Federal e dos Tribunais Superiores terão início na Câmara dos Deputados.*

Processo legislativo especial

O Processo Legislativo Especial é o processo de criação das demais espécies normativas previstas no Art. 59: emendas constitucionais, medidas provisórias, leis delegadas, decretos legislativos e resoluções. As leis ordinárias e complementares são criadas segundo o Processo Legislativo Ordinário. Nesta apostila não serão estudados todos os processos legislativos especiais. Focalizam-se as duas principais, mais cobradas em prova: emendas constitucionais e medidas provisórias.

Emendas à constituição

A aprovação de Emendas à Constituição decorre do Poder Constituinte Derivado Reformador, que é o único legitimado para alterar o texto constitucional. As emendas são as únicas espécies normativas responsáveis pela alteração da Constituição Federal.

O Processo Legislativo das Emendas é diferenciado, tendo em vista seu poder normativo ser muito grande, pois é o da própria Constituição. Logo, é um processo mais dificultado, mais rigoroso. A Constituição Federal regula esse processo no seu Art. 60.

Primeiramente, será analisada a iniciativa, que é o rol de legitimados para propor a alteração do Texto Constitucional. Vejamos o *caput* do Art. 60, que possui um rol de legitimados para propor emendas, o qual é diferente do rol de legitimados para propor projetos de lei:

> ***Art. 60.** A Constituição poderá ser emendada mediante proposta:*
>
> ***I.** De um terço, no mínimo, dos membros da Câmara dos Deputados ou do Senado Federal;*
>
> ***II.** Do Presidente da República;*
>
> ***III.** De mais da metade das Assembleias Legislativas das unidades da Federação, manifestando-se, cada uma delas, pela maioria relativa de seus membros.*

Atente-se para alguns detalhes que são muito importantes. Um deputado ou senador não pode propor emenda à Constituição, só se estiverem representados por 1/3, no mínimo, dos membros. Outro ponto relevante é saber que o Presidente da República é legitimado para propor tanto lei quanto emenda. E, por último, deve-se ter cuidado com o último legitimado, que é um pouco diferente: mais da metade das Assembleias legislativas das unidades da federação, manifestando-se, cada uma delas, pela maioria relativa de seus membros. Deve-se ter muito cuidado, principalmente, com o *quórum* exigido aqui, que é a maioria relativa dos membros, e não maioria absoluta.

A aprovação de Emendas depende de um *quórum* bem qualificado: aprovação nas duas Casas, em dois turnos em cada Casa, por três quintos dos membros em cada votação. É o que prevê o § 2º do Art. 60:

> ***§ 2º** - A proposta será discutida e votada em cada Casa do Congresso Nacional, em dois turnos, considerando-se aprovada se obtiver, em ambos, três quintos dos votos dos respectivos membros.*

Não depende de sanção presidencial que, após aprovada, vai direto para promulgação, que fica a cargo das Mesas da Câmara e do Senado. Caso a proposta seja rejeitada por qualquer uma das Casas, deverá ser arquivada aplicando-se o Princípio da Irrepetibilidade Absoluta, o qual significa que a mesma proposta, uma vez rejeitada, não pode ser reapresentada na mesma sessão legislativa, conforme estabelecido no Art. 60:

> ***§ 3º** - A emenda à Constituição será promulgada pelas Mesas da Câmara dos Deputados e do Senado Federal, com o respectivo número de ordem.*
>
> ***§ 5º** - A matéria constante de proposta de emenda rejeitada ou havida por prejudicada não pode ser objeto de nova proposta na mesma sessão legislativa.*

A edição de Emendas Constitucionais obedece a alguns limites constitucionais chamados de limites circunstanciais e limites materiais.

Os limites circunstanciais são momentos em que não se podem apresentar propostas de emendas constitucionais. São três os momentos: intervenção federal, estado de defesa e estado de sítio. Assim, dispõe o § 1º do Art. 60:

> ***§ 1º** - A Constituição não poderá ser emendada na vigência de intervenção federal, de estado de defesa ou de estado de sítio.*

Os **limites materiais** são temas que não podem ser retirados da Constituição Federal, pois compõem seu núcleo imutável. São as chamadas cláusulas pétreas previstas no § 4º do Art. 60:

> ***§ 4º** - Não será objeto de deliberação a proposta de emenda tendente a abolir:*
>
> ***I.** A forma federativa de Estado;*
>
> ***II.** O voto direto, secreto, universal e periódico;*
>
> ***III.** A separação dos Poderes;*
>
> ***IV.** Os direitos e garantias individuais.*

Medidas provisórias

O Art. 62 é destinado à regulação das Medidas Provisórias. A edição dessa espécie normativa é de competência privativa do Presidente da República e só pode ser elaborada em situação de relevância e urgência. É uma função atípica desempenhada pelo Chefe do Executivo. Veja o *caput* do Art. 62:

> ***Art. 62.** Em caso de relevância e urgência, o Presidente da República poderá adotar medidas provisórias, com força de lei, devendo submetê-las de imediato ao Congresso Nacional.*

A Medida Provisória não é uma lei, mas tem força de lei. Depois de editada, produz efeitos imediatos, mas precisa ser submetida à apreciação do Congresso Nacional.

Primeiramente, passa por uma comissão mista do Congresso para verificação dos requisitos constitucionais, seguindo posteriormente para o plenário de cada Casa Legislativa. A Casa Iniciadora obrigatória é a Câmara dos Deputados, tendo em vista a competência ser do Presidente da República:

> ***§ 5º** - A deliberação de cada uma das Casas do Congresso Nacional sobre o mérito das medidas provisórias dependerá de juízo prévio sobre o atendimento de seus pressupostos constitucionais.*
>
> ***§ 8º** - As medidas provisórias terão sua votação iniciada na Câmara dos Deputados.*
>
> ***§ 9º** - Caberá à comissão mista de Deputados e Senadores examinar as medidas provisórias e sobre elas emitir parecer, antes de serem apreciadas, em sessão separada, pelo plenário de cada uma das Casas do Congresso Nacional.*

O Congresso tem um prazo de 60 dias para manifestar-se sobre a Medida Provisória, o qual poderá ser prorrogado por mais 60 dias se necessário. Esse prazo ficará suspenso durante os recessos parlamentares. Se, por ventura, nos primeiros 45 dias a MP não for analisada, a pauta da Casa onde se encontrar entrará em regime de urgência sobrestando as demais deliberações. O sobrestamento da pauta, também conhecido como trancamento de pauta, impede a Casa Legislativa de votar outra proposição que não possua prazo enquanto a Medida Provisória não for votada:

> ***§ 3º** - As medidas provisórias, ressalvado o disposto nos §§ 11 e 12 perderão eficácia, desde a edição, se não forem convertidas em lei no prazo de sessenta dias, prorrogável, nos termos do § 7º, uma vez por igual período, devendo o Congresso Nacional disciplinar, por decreto legislativo, as relações jurídicas delas decorrentes.*
>
> ***§ 4º** - O prazo a que se refere o § 3º contar-se-á da publicação da medida provisória, suspendendo-se durante os períodos de recesso do Congresso Nacional.*
>
> ***§ 6º** - Se a medida provisória não for apreciada em até quarenta e cinco dias contados de sua publicação, entrará em regime de urgência, subsequentemente, em cada uma das Casas do Congresso Nacional, ficando sobrestadas, até que se ultime a votação, todas as demais deliberações legislativas da Casa em que estiver tramitando.*
>
> ***§ 7º** - Prorrogar-se-á uma única vez por igual período a vigência de medida provisória que, no prazo de sessenta dias, contado de sua publicação, não tiver a sua votação encerrada nas duas Casas do Congresso Nacional.*

A apreciação da Medida Provisória pelo Congresso Nacional pode gerar três consequências:

Conversão em lei sem emendas

Havendo conversão integral da MP em lei, ela seguirá para promulgação pelo Presidente da Mesa do Congresso Nacional.

Conversão em lei com emendas

Havendo conversão parcial a MP se transformará em Projeto de Lei, seguindo todos os trâmites normais, inclusive em relação a sanção presidencial:

> ***§ 12** - Aprovado projeto de lei de conversão alterando o texto original da medida provisória, esta manter-se-á integralmente em vigor até que seja sancionado ou vetado o projeto.*

Rejeição

A rejeição pode ser tácita ou expressa. Em ambos os casos, se rejeitada, a MP perde sua eficácia desde a origem (ex tunc). Nesse caso o Congresso Nacional terá 60 dias para disciplinar as relações jurídicas decorrentes do período em que estava em vigor mediante Decreto Legislativo. Caso não o faça, os atos praticados durante a vigência da MP permanecerão regulados pela própria Medida Provisória:

> ***§ 11** - Não editado o decreto legislativo a que se refere o § 3º até sessenta dias após a rejeição ou perda de eficácia de medida provisória, as relações jurídicas constituídas e decorrentes de atos praticados durante sua vigência conservar-se-ão por ela regidas.*

A Medida Provisória rejeitada ou que tenha perdido a eficácia não poderá ser reeditada na mesma Sessão Legislativa aplicando-se nesse caso o Princípio da Irrepetibilidade Absoluta:

> ***§ 10** - É vedada a reedição, na mesma sessão legislativa, de medida provisória que tenha sido rejeitada ou que tenha perdido sua eficácia por decurso de prazo.*

Não poderão ser editadas Medidas Provisórias que versem sobre os limites materiais estabelecidos no Art. 62, § 1º e no Art. 25, § 2º da Constituição Federal:

> ***§ 1º** - É vedada a edição de medidas provisórias sobre matéria:*
>
> ***I.** Relativa a:*
>
> ***a)** nacionalidade, cidadania, direitos políticos, partidos políticos e direito eleitoral;*
>
> ***b)** direito penal, processual penal e processual civil;*
>
> ***c)** organização do Poder Judiciário e do Ministério Público, a carreira e a garantia de seus membros;*
>
> ***d)** planos plurianuais, diretrizes orçamentárias, orçamento e créditos adicionais e suplementares, ressalvado o previsto no Art. 167, § 3º;*
>
> ***I.** Que vise a detenção ou sequestro de bens, de poupança popular ou qualquer outro ativo financeiro;*
>
> ***II.** Reservada a lei complementar;*
>
> ***III.** Já disciplinada em projeto de lei aprovado pelo Congresso Nacional e pendente de sanção ou veto do Presidente da República.*
>
> ***Art. 25.** Os Estados organizam-se e regem-se pelas Constituições e leis que adotarem, observados os princípios desta Constituição.*
>
> ***§ 2º** - Cabe aos Estados explorar diretamente, ou mediante concessão, os serviços locais de gás canalizado, na forma da lei, vedada a edição de medida provisória para a sua regulamentação.*

10. PODER EXECUTIVO

O Poder Executivo, tem como função principal administrar o Estado. Para entender como o Poder Executivo Brasileiro está organizado, a seguir serão analisados alguns princípios constitucionais que o influenciam.

10.1 Princípios

Princípio republicano

O primeiro princípio que será estudo é o Republicano que representa a Forma de Governo adotada no Brasil. A forma de governo reflete o modo de aquisição e exercício do poder político, além de medir a relação existente entre o governante e o governado.

A melhor forma de entender esse instituto é conhecendo suas características. A primeira característica decorre da análise etimológica da expressão res publica. Essa expressão, que dá origem ao princípio ora estudado, significa coisa pública, ou seja, em um Estado republicano o governante governa a coisa pública, governa para o povo.

Na república, o governante é escolhido pelo povo. Essa é a chamada eletividade. O poder político é adquirido pelas eleições, cuja vontade popular se concretiza nas urnas.

Outra característica importante é a Temporariedade. Esse atributo revela o caráter temporário do exercício do poder político. Por causa desse princípio, em nosso Estado, o governante permanece por quatro anos no poder, sendo permitida apenas uma reeleição.

Por fim, num Estado Republicano o governante pode ser responsabilizado por seus atos.

Quando se fala dessas características da forma de governo republicana, remete-se imediatamente ao regime político adotado no Brasil, que permite a participação popular nas decisões estatais: **democracia.**

Princípio democrático

Esse princípio revela o **Regime de Governo** adotado no Brasil, também chamado de **Regime Político**. Caracteriza-se por um governo do povo, pelo povo e para o povo.

Presidencialismo

O Presidencialismo é o **Sistema de Governo** adotado no Brasil. O sistema de governo rege a relação entre o Poder Executivo e o Legislativo, medindo o grau de dependência entre eles. No Presidencialismo, prevalece a separação entre os Poderes Executivo e Legislativo os quais são independentes e harmônicos entre si.

A Constituição declara que o Poder Executivo da União é exercido pelo Presidente da República, auxiliado por seus Ministros de Estado:

> ***Art. 76.*** *O Poder Executivo é exercido pelo Presidente da República, auxiliado pelos Ministros de Estado.*

O Presidencialismo possui uma característica muito importante para prova: o presidente, que é eleito pelo povo, exerce ao mesmo tempo três funções: Chefe de Estado, Chefe de Governo e Chefe da Administração Pública.

A função de Chefe de Estado diz respeito a todas as atribuições do Presidente nas relações externas do País. Como Chefe de Governo, o Presidente possui inúmeras atribuições internas, no que tange à governabilidade do país. Já como Chefe da Administração Pública, o Presidente exercerá as funções relacionadas com a chefia da Administração Pública Federal, ou seja, apenas da União.

Esses princípios que regem o Poder Executivo costumam ser cobrados em prova. Vejamos esta questão sobre o princípio republicano:

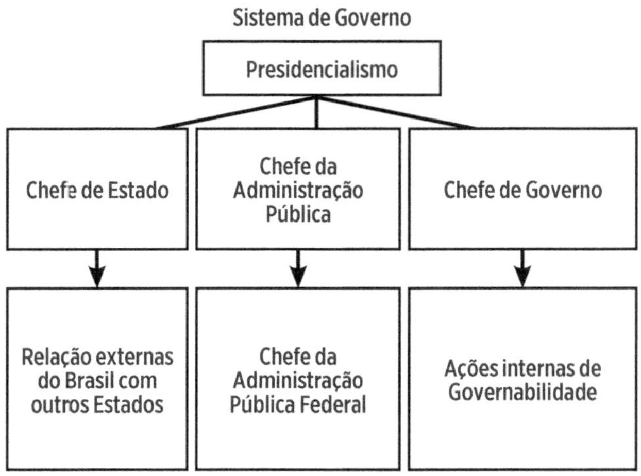

Partindo de discussões sobre o presidencialismo, que caracteriza as funções exercidas pelo Presidente da República, a seguir serão estudados suas atribuições, que aparecem praticamente em todos os editais que contêm Poder Executivo.

Atribuições do presidente

As atribuições do Presidente da República encontram-se arroladas no Art. 84 da Constituição Federal:

> ***Art. 84.*** *Compete privativamente ao Presidente da República:*
>
> ***I.*** *Nomear e exonerar os Ministros de Estado;*
>
> ***II.*** *Exercer, com o auxílio dos Ministros de Estado, a direção superior da administração federal;*
>
> ***III.*** *Iniciar o processo legislativo, na forma e nos casos previstos nesta Constituição;*
>
> ***IV.*** *Sancionar, promulgar e fazer publicar as leis, bem como expedir decretos e regulamentos para sua fiel execução;*
>
> ***V.*** *Vetar projetos de lei, total ou parcialmente;*
>
> ***VI.*** *Dispor, mediante decreto, sobre:*
>
> ***a)*** *Organização e funcionamento da administração federal, quando não implicar aumento de despesa nem criação ou extinção de órgãos públicos;*
>
> ***b)*** *Extinção de funções ou cargos públicos, quando vagos;*
>
> ***VII.*** *Manter relações com Estados estrangeiros e acreditar seus representantes diplomáticos;*
>
> ***VIII.*** *Celebrar tratados, convenções e atos internacionais, sujeitos a referendo do Congresso Nacional;*
>
> ***IX.*** *Decretar o estado de defesa e o estado de sítio;*
>
> ***X.*** *Decretar e executar a intervenção federal;*
>
> ***XI.*** *Remeter mensagem e plano de governo ao Congresso Nacional por ocasião da abertura da sessão legislativa, expondo a situação do País e solicitando as providências que julgar necessárias;*

XII. Conceder indulto e comutar penas, com audiência, se necessário, dos órgãos instituídos em lei;

XIII. Exercer o comando supremo das Forças Armadas, nomear os Comandantes da Marinha, do Exército e da Aeronáutica, promover seus oficiais-generais e nomeá-los para os cargos que lhes são privativos;

XIV. Nomear, após aprovação pelo Senado Federal, os Ministros do Supremo Tribunal Federal e dos Tribunais Superiores, os Governadores de Territórios, o Procurador-Geral da República, o presidente e os diretores do banco central e outros servidores, quando determinado em lei;

XV. Nomear, observado o disposto no Art. 73, os Ministros do Tribunal de Contas da União;

XVI. Nomear os magistrados, nos casos previstos nesta Constituição, e o Advogado-Geral da União;

XVII. Nomear membros do Conselho da República, nos termos do Art. 89, VII;

XVIII. Convocar e presidir o Conselho da República e o Conselho de Defesa Nacional;

XIX. Declarar guerra, no caso de agressão estrangeira, autorizado pelo Congresso Nacional ou referendado por ele, quando ocorrida no intervalo das sessões legislativas, e, nas mesmas condições, decretar, total ou parcialmente, a mobilização nacional;

XX. Celebrar a paz, autorizado ou com o referendo do Congresso Nacional;

XXI. Conferir condecorações e distinções honoríficas;

XXII. Permitir, nos casos previstos em lei complementar, que forças estrangeiras transitem pelo território nacional ou nele permaneçam temporariamente;

XXIII. Enviar ao Congresso Nacional o plano plurianual, o projeto de lei de diretrizes orçamentárias e as propostas de orçamento previstos nesta Constituição;

XXIV. Prestar, anualmente, ao Congresso Nacional, dentro de sessenta dias após a abertura da sessão legislativa, as contas referentes ao exercício anterior;

XXV. Prover e extinguir os cargos públicos federais, na forma da lei;

XXVI. Editar medidas provisórias com força de lei, nos termos do Art. 62;

XXVII. Exercer outras atribuições previstas nesta Constituição.

Parágrafo único: O Presidente da República poderá delegar as atribuições mencionadas nos incisos VI, XII e XXV, primeira parte, aos Ministros de Estado, ao Procurador-Geral da República ou ao Advogado-Geral da União, que observarão os limites traçados nas respectivas delegações.

Esse tema, quando cobrado em prova, costuma trabalhar com a memorização do texto constitucional. A dica é memorizar o Art. 84 da Constituição. Ele sempre está contemplado em prova.

Como já se falou na análise do Presidencialismo, as atribuições do Presidente são de Chefe de Estado, Chefe de Governo ou Chefe da Administração Pública. Procurou-se, abaixo, adequar, conforme a melhor doutrina, as atribuições do Art. 84 às funções desenvolvidas pelo Presidente no exercício de seu mandato:

Como **Chefe de Estado:**

O Presidente representa o Estado nas suas relações internacionais. São funções de Chefe de Estado as previstas nos incisos VII, VIII, XIX, XX, XXII e XXVII do Art. 84;

Como **Chefe de Governo:**

O Presidente exerce sua liderança política representando e gerindo os negócios internos nacionais. São funções de Chefe de Governo as previstas nos incisos I, III, IV, V, IX, X, XI, XII, XIII, XIV, XV, XVI, XVII, XVIII, XXI, XXIII, XXIV, XXVI e XXVII;

Como **Chefe da Administração Pública:**

O Presidente gerencia os negócios internos administrativos da administração pública federal. São funções de Chefe da Administração Pública as previstas nos incisos II, VI, XXV e XXVII.

Uma característica interessante é que esse rol de competências é meramente exemplificativo, por força do inciso XXVII, que abre a possibilidade de o Presidente exercer outras atribuições além das previstas expressamente no texto constitucional.

Outra questão amplamente trabalhada em prova é a possibilidade de delegação de algumas de suas atribuições, conforme prescrição do parágrafo único do Art. 84. Nem todas as atribuições do Presidente são delegáveis, apenas as previstas nos incisos **VI, XII e XXV, primeira parte:**

VI. Dispor, mediante decreto, sobre:

a) Organização e funcionamento da administração federal, quando não implicar aumento de despesa nem criação ou extinção de órgãos públicos;

b) Extinção de funções ou cargos públicos, quando vagos;

XII. Conceder indulto e comutar penas, com audiência, se necessário, dos órgãos instituídos em lei;

XXV. Prover os cargos públicos federais, na forma da lei.

São três competências que podem ser delegadas para três pessoas: Ministro de Estado, Procurador-Geral da República e Advogado-Geral da União.

Ministro de Estado é qualquer ministro que auxilie o Presidente da República na administração do Estado. São exemplos: Ministro da Justiça, Ministro da Fazenda e Ministro da Agricultura.

Processo eleitoral

O processo de eleição do Presidente da República também encontra regulação expressa no texto constitucional:

Art. 77. A eleição do Presidente e do Vice-Presidente da República realizar-se-á, simultaneamente, no primeiro domingo de outubro, em primeiro turno, e no último domingo de outubro, em segundo turno, se houver, do ano anterior ao do término do mandato presidencial vigente.

§ 1º - A eleição do Presidente da República importará a do Vice-Presidente com ele registrado.

§ 2º - Será considerado eleito Presidente o candidato que, registrado por partido político, obtiver a maioria absoluta de votos, não computados os em branco e os nulos.

§ 3º - Se nenhum candidato alcançar maioria absoluta na primeira votação, far-se-á nova eleição em até vinte dias após a proclamação do resultado, concorrendo os dois candidatos mais votados e considerando-se eleito aquele que obtiver a maioria dos votos válidos.

§ 4º - Se, antes de realizado o segundo turno, ocorrer morte, desistência ou impedimento legal de candidato, convocar-se-á, dentre os remanescentes, o de maior votação.

§ 5º - Se, na hipótese dos parágrafos anteriores, remanescer, em segundo lugar, mais de um candidato com a mesma votação, qualificar-se-á o mais idoso.

Algumas considerações são importantes acerca desse tema. Primeiramente, deve-se registrar que a Constituição regulou até o dia em que deve ocorrer a eleição:

Primeiro Turno:

Primeiro Domingo de Outubro;

Segundo Turno:

Último Domingo de Outubro.

Uma coisa chama a atenção no *caput* do Art. 77. É que a Constituição diz que as eleições ocorrem no ano anterior ao do término do mandato presidencial vigente. Pergunta-se: será que essa regra é aplicável no direito brasileiro?

É claro que esse dispositivo é aplicado nos dias de hoje. A eleição ocorre no ano anterior ao do término do mandato presidencial vigente, pois o mandato acaba no dia 1º de janeiro, conforme dispõe o Art. 82:

> ***Art. 82.*** *O mandato do Presidente da República é de quatro anos e terá início em primeiro de janeiro do ano seguinte ao da sua eleição.*

Ora, se o novo mandato tem início em primeiro de janeiro, significa que o mandato antigo acaba no dia primeiro de janeiro. Logo, está corretíssimo afirmar que as eleições ocorrem no ano anterior ao do término do mandato presidencial vigente.

Quando votamos para Presidente, só votamos no Presidente. O Vice é eleito como consequência da eleição do Presidente. Esse será eleito se tiver a maioria absoluta dos votos, não computados os votos brancos e nulos, ou seja, será eleito aquele que possuir a maioria absoluta dos votos válidos. Maioria absoluta dos votos significa dizer que o eleito obteve o primeiro número inteiro após a metade dos votos válidos. Se ninguém obtiver maioria absoluta, deve-se convocar nova eleição – segundo turno. Para o segundo turno, são chamados os dois candidatos mais votados. Se, porventura, ocorrer empate no segundo lugar, a Constituição determina que seja convocado o mais idoso.

O critério de idade é para a situação de desempate. Ocorrendo morte, desistência ou impedimento de algum candidato do segundo turno, deverá ser convocado o próximo mais votado.

Finalizada a eleição, o Presidente e o Vice terão prazo de dez dias a contar da posse, para assumir o cargo. Caso não seja assumido, o cargo será declarado vago. Se o Presidente assume e o Vice não, o cargo do Vice é declarado vago, ficando o Presidente sem Vice até o fim do mandato. Caso o Vice assuma e o Presidente não, o cargo de Presidente será declarado vago, assumindo o Vice a função de Presidente e permanecendo durante o seu mandato sem Vice.

> ***Art. 78.*** *O Presidente e o Vice-Presidente da República tomarão posse em sessão do Congresso Nacional, prestando o compromisso de manter, defender e cumprir a Constituição, observar as leis, promover o bem geral do povo brasileiro, sustentar a união, a integridade e a independência do Brasil.*
>
> ***Parágrafo único.*** *Se, decorridos dez dias da data fixada para a posse, o Presidente ou o Vice-Presidente, salvo motivo de força maior, não tiver assumido o cargo, este será declarado vago.*

Impedimento e vacância

O Impedimento e a Vacância são espécies de ausência do Presidente da República. São circunstâncias em que o Presidente não está no exercício de sua função. A diferença entre os dois institutos está no fato de que, na vacância a ausência é definitiva, enquanto no impedimento a ausência é temporária. São exemplos de vacância: morte, perda do cargo, renúncia. São exemplos de impedimento: doença, viagem, férias. Na vacância, ocorre sucessão; no impedimento, ocorre substituição. Tanto no caso de impedimento como no de vacância, a Constituição Federal determina que o Vice-Presidente ficará no lugar do Presidente, pois essa é a sua função precípua:

> ***Art. 79.*** *Substituirá o Presidente, no caso de impedimento, e suceder-lhe-á, no de vaga, o Vice-Presidente.*
>
> ***Parágrafo único.*** *O Vice-Presidente da República, além de outras atribuições que lhe forem conferidas por lei complementar, auxiliará o Presidente, sempre que por ele convocado para missões especiais.*

O problema maior surge quando o Presidente e o Vice se ausentam ao mesmo tempo. Nesse caso, a Constituição determina que se convoquem outros sucessores: Presidente da Câmara dos Deputados, Presidente do Senado Federal e Presidente do Supremo Tribunal Federal. Esses são os legitimados a sucederem o Presidente da República e o Vice-Presidente de forma sucessiva e temporária quando ocorrer a ausência dos dois ao mesmo tempo:

> ***Art. 80.*** *Em caso de impedimento do Presidente e do Vice-Presidente, ou vacância dos respectivos cargos, serão sucessivamente chamados ao exercício da Presidência o Presidente da Câmara dos Deputados, o do Senado Federal e o do Supremo Tribunal Federal.*

Uma coisa deve ser observada: o Vice-Presidente é o único legitimado a suceder o Presidente de forma definitiva. O Presidente da Câmara, do Senado e do STF só substituem o Presidente em caráter temporário. Isso significa que, se o Presidente morrer, quem assume o cargo é o Vice.

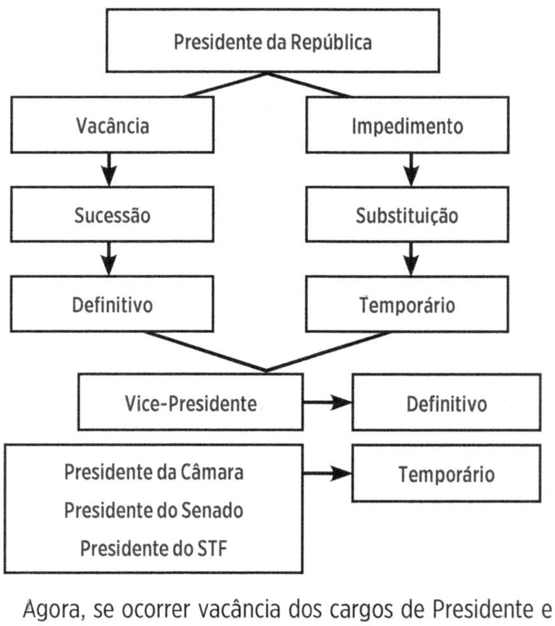

Agora, se ocorrer vacância dos cargos de Presidente e de Vice ao mesmo tempo, a Constituição determina que sejam realizadas novas eleições:

> ***Art. 81.*** *Vagando os cargos de Presidente e Vice-Presidente da República, far-se-á eleição noventa dias depois de aberta a última vaga.*
>
> ***§ 1º*** *- Ocorrendo a vacância nos últimos dois anos do período presidencial, a eleição para ambos os cargos será feita trinta dias depois da última vaga, pelo Congresso Nacional, na forma da lei.*
>
> ***§ 2º*** *- Em qualquer dos casos, os eleitos deverão completar o período de seus antecessores.*

Caso a vacância se dê nos dois primeiros anos de mandato, a eleição será direta, ou seja, com a participação do povo e deverá ocorrer no prazo de 90 dias a contar da última vacância. Mas, se a vacância se der nos dois últimos anos do mandato, a eleição será indireta (realizada pelo Congresso Nacional) no prazo de 30 dias a contar da última vacância. Quem for eleito permanecerá no cargo até o fim do mandato de quem ele sucedeu. Não se inicia um novo mandato. Esse mandato é chamado pela doutrina de Mandato-Tampão.

Em qualquer uma das duas situações, enquanto não forem eleitos os novos Presidente e Vice-Presidente, quem permanece no cargo é um dos sucessores temporários: Presidente da Câmara, do Senado ou do STF.

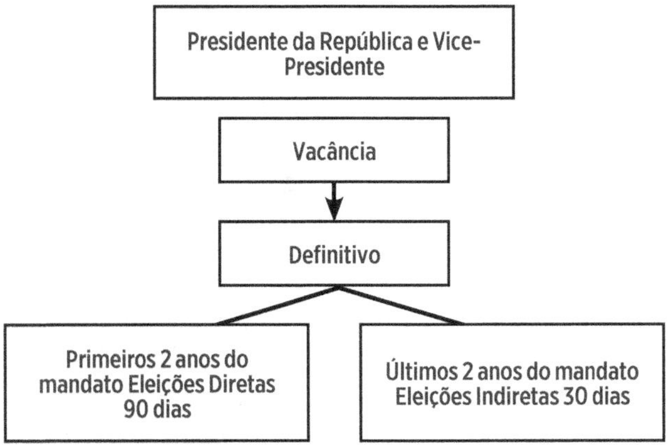

Perda do cargo no caso de saída do país sem autorização do congresso nacional

Esse artigo prevê a possibilidade de perda do cargo do Presidente e Vice-Presidente nos casos de ausência do País por período superior a 15 dias sem licença do Congresso Nacional:

> ***Art. 83.*** *O Presidente e o Vice-Presidente da República não poderão, sem licença do Congresso Nacional, ausentar-se do País por período superior a quinze dias, sob pena de perda do cargo.*

Vejamos que a Constituição não proíbe que o Presidente ou o Vice se ausentem do país sem licença do Congresso Nacional. Mas se a ausência se der por mais de 15 dias, nesse caso será indispensável a autorização da Casa Legislativa.

Órgãos auxiliares do presidente da república

A Constituição nos apresenta três órgãos auxiliares do Presidente da República: Ministros de Estado, Conselho da República e Conselho de Defesa Nacional. Os Ministros de Estados são os auxiliares diretos do Presidente da República. Os Arts. 87 e 88 trazem várias regras que podem ser trabalhadas em prova:

> ***Art. 87.*** *Os Ministros de Estado serão escolhidos dentre brasileiros maiores de vinte e um anos e no exercício dos direitos políticos.*
>
> ***Parágrafo único.*** *Compete ao Ministro de Estado, além de outras atribuições estabelecidas nesta Constituição e na lei:*
>
> ***I.*** *Exercer a orientação, coordenação e supervisão dos órgãos e entidades da administração federal na área de sua competência e referendar os atos e decretos assinados pelo Presidente da República;*
>
> ***II.*** *Expedir instruções para a execução das leis, decretos e regulamentos;*
>
> ***III.*** *Apresentar ao Presidente da República relatório anual de sua gestão no Ministério;*
>
> ***IV.*** *Praticar os atos pertinentes às atribuições que lhe forem outorgadas ou delegadas pelo Presidente da República.*
>
> ***Art. 88.*** *A lei disporá sobre a criação e extinção de Ministérios e órgãos da administração pública.*

O Conselho da República e o Conselho de Defesa Nacional também são órgãos auxiliares do Presidente da República, mas que possuem atribuição consultiva. Em situações determinadas pela Constituição, o Presidente, antes de tomar alguma decisão, precisa consultar esses dois órgãos.

Abaixo, seguem os Arts. 89, 90 e 91, cujas regras também podem ser cobradas em prova. Destacam-se as composições e as competências desses órgãos:

> ***Art. 89.*** *O Conselho da República é órgão superior de consulta do Presidente da República, e dele participam:*
>
> ***I.*** *O Vice-Presidente da República;*
>
> ***II.*** *O Presidente da Câmara dos Deputados;*
>
> ***III.*** *O Presidente do Senado Federal;*
>
> ***IV.*** *Os líderes da maioria e da minoria na Câmara dos Deputados;*
>
> ***V.*** *Os líderes da maioria e da minoria no Senado Federal;*
>
> ***VI.*** *O Ministro da Justiça;*
>
> ***VII.*** *Seis cidadãos brasileiros natos, com mais de trinta e cinco anos de idade, sendo dois nomeados pelo Presidente da República, dois eleitos pelo Senado Federal e dois eleitos pela Câmara dos Deputados, todos com mandato de três anos, vedada a recondução.*
>
> ***Art. 90.*** *Compete ao Conselho da República pronunciar-se sobre:*
>
> ***I.*** *Intervenção federal, estado de defesa e estado de sítio;*
>
> ***II.*** *As questões relevantes para a estabilidade das instituições democráticas.*
>
> ***§ 1º*** *- O Presidente da República poderá convocar Ministro de Estado para participar da reunião do Conselho, quando constar da pauta questão relacionada com o respectivo Ministério.*
>
> ***§ 2º*** *- A lei regulará a organização e o funcionamento do Conselho da República.*
>
> ***Art. 91.*** *O Conselho de Defesa Nacional é órgão de consulta do Presidente da República nos assuntos relacionados com a soberania nacional e a defesa do Estado democrático, e dele participam como membros natos:*
>
> ***I.*** *O Vice-Presidente da República;*
>
> ***II.*** *O Presidente da Câmara dos Deputados;*
>
> ***III.*** *O Presidente do Senado Federal;*
>
> ***IV.*** *Ministro da Justiça;*
>
> ***V.*** *O Ministro de Estado da Defesa;*
>
> ***VI.*** *O Ministro das Relações Exteriores;*
>
> ***VII.*** *O Ministro do Planejamento;*
>
> ***VIII.*** *Os Comandantes da Marinha, do Exército e da Aeronáutica.*
>
> ***§ 1º*** *- Compete ao Conselho de Defesa Nacional:*
>
> ***I.*** *Opinar nas hipóteses de declaração de guerra e de celebração da paz, nos termos desta Constituição;*
>
> ***II.*** *Opinar sobre a decretação do estado de defesa, do estado de sítio e da intervenção federal;*
>
> ***III.*** *Propor os critérios e condições de utilização de áreas indispensáveis à segurança do território nacional e opinar sobre seu efetivo uso, especialmente na faixa de fronteira e nas relacionadas com a preservação e a exploração dos recursos naturais de qualquer tipo;*
>
> ***IV.*** *Estudar, propor e acompanhar o desenvolvimento de iniciativas necessárias a garantir a independência nacional e a defesa do Estado democrático.*
>
> ***§ 2º*** *- A lei regulará a organização e o funcionamento do Conselho de Defesa Nacional.*

Responsabilidades

A forma de governo adotada no País é a República e, por essa razão, é possível responsabilizar o Presidente da República por seus atos. A Constituição tratou de regular a responsabilização por Crime de Responsabilidade e por Infrações Penais Comuns.

Antes de trabalhar com cada uma das responsabilidades, serão analisadas as chamadas Imunidades.

Imunidades são prerrogativas inerentes aos cargos mais importantes do Estado. Cargos que são estratégicos e essenciais à manutenção da ordem constitucional. Entre vários, se destaca o de Presidente da República.

A imunidade pode ser:

Material

É a conhecida irresponsabilidade penal absoluta. Essa imunidade protege o titular contra a responsabilização penal.

Formal

São prerrogativas de cunho processual

Um primeiro ponto essencial que precisa ser estabelecido: o Presidente não possui imunidade material, contudo, em razão da importância do seu cargo, possui imunidades formais. Apesar de o Presidente não possuir imunidade material, outros cargos a possuem, por exemplo, os Parlamentares.

Ao todo, pode-se elencar **quatro prerrogativas processuais** garantidas pela Constituição Federal ao Chefe do Executivo da União:

Processo

A Constituição exige juízo de admissibilidade emitido pela Câmara para que o Presidente possa ser processado durante o seu mandato. Isso significa que o Presidente da República só poderá ser processado se a Câmara dos Deputados autorizar pelo voto de 2/3 dos membros:

> ***Art. 86.*** *Admitida a acusação contra o Presidente da República, por dois terços da Câmara dos Deputados, será ele submetido a julgamento perante o Supremo Tribunal Federal, nas infrações penais comuns, ou perante o Senado Federal, nos crimes de responsabilidade.*

Prerrogativa de foro

O Presidente não pode ser julgado por qualquer juiz, haja vista a importância da função que exerce no Estado.

Diante disso, a Constituição estabeleceu dois foros competentes para julgar o Presidente:

Supremo Tribunal Federal

Será julgado pelas infrações penais comuns;

Senado Federal

Será julgado pelos Crimes de Responsabilidade.

Analisando essas duas primeiras prerrogativas, não se pode esquecer o previsto no Art. 86, § 1º:

> ***§ 1º*** *- O Presidente ficará suspenso de suas funções:*
>
> ***I.*** *Nas infrações penais comuns, se recebida a denúncia ou queixa-crime pelo Supremo Tribunal Federal;*
>
> ***II.*** *Nos crimes de responsabilidade, após a instauração do processo pelo Senado Federal.*
>
> ***§ 2º*** *- Se, decorrido o prazo de cento e oitenta dias, o julgamento não estiver concluído, cessará o afastamento do Presidente, sem prejuízo do regular prosseguimento do processo.*

A Constituição determina que, após iniciado o processo, tanto por infração penal comum quanto por crime de responsabilidade, o Presidente fique suspenso de suas funções pelo prazo de 180 dias, tempo necessário para que se finalize o processo. Caso o Presidente não seja julgado nesse período, ele poderá retornar ao exercício de suas funções sem prejuízo de continuidade do processo. Deve-se ter muito cuidado em prova com o início do prazo de suspensão:

Infração Penal Comum

O prazo de suspensão inicia-se **a partir do recebimento da denúncia ou queixa**;

Crime de Responsabilidade

O prazo de suspensão inicia-se **a partir da instauração do processo**.

Caso a Câmara autorize o processo do Presidente por crime de responsabilidade, o Senado deverá processá-lo, pois não assiste discricionariedade ao Senado em processar ou não. Sua decisão é vinculada à decisão da Câmara, pelo fato de as duas Casas serem políticas. Contudo, nos casos de infração penal comum, o STF não está obrigado a processar o Presidente em respeito à Separação dos Poderes.

Vamos aproveitar o momento para entender o que são infração penal comum e crime de responsabilidade.

Infração Penal Comum:

É qualquer crime ou contravenção penal cometida pelo Presidente da República na função ou em razão da sua função de Presidente. Seu processamento se dará no Supremo Tribunal Federal.

Crime de Responsabilidade:

A primeira coisa que se precisa saber sobre o crime de responsabilidade é que ele não é um crime. O crime de responsabilidade é uma infração de natureza **político-administrativa.** O nome crime é impróprio para esse instituto. O processo que visa a esse tipo de responsabilização é o ***Impeachment.***

O Presidente responderá por esse tipo de infração caso sua conduta se amolde ao previsto no Art. 85 da Constituição Federal:

> ***Art. 85.*** *São crimes de responsabilidade os atos do Presidente da República que atentem contra a Constituição Federal e, especialmente, contra:*
>
> ***I.*** *A existência da União;*
>
> ***II.*** *O livre exercício do Poder Legislativo, do Poder Judiciário, do Ministério Público e dos Poderes constitucionais das unidades da Federação;*
>
> ***III.*** *O exercício dos direitos políticos, individuais e sociais;*
>
> ***IV.*** *A segurança interna do País;*
>
> ***V.*** *A probidade na administração;*
>
> ***VI.*** *A lei orçamentária;*
>
> ***VII.*** *O cumprimento das leis e das decisões judiciais.*
>
> ***Parágrafo único.*** *Esses crimes serão definidos em lei especial, que estabelecerá as normas de processo e julgamento.*

Esse rol de condutas, consideradas como Crime de Responsabilidade estabelecido na Constituição, é meramente exemplificativo, já que é a Lei 1.079/50 o dispositivo regulador do Crime de Resposabilidade. Deve-se destacar sua relevância na fixação de outras autoridades que respondem por esse crime, novos crimes além dos procedimentos adotados nesse processo, principalmente na competência exclusiva do cidadão para denunciar o Presidente. Destaca-se ainda que, para haver condenação, o Senado deve proferi-la pelo voto de 2/3 dos seus membros.

Considerando que não se trata de um crime, essa infração não pode resultar numa pena privativa de liberdade. Quem pratica crime de responsabilidade não pode ser preso. A consequência estabelecida no Art. 52, parágrafo único, é a perda do cargo e a inabilitação para o exercício de qualquer função pública pelo prazo de oito anos:

> ***Art. 52**, Parágrafo único. Nos casos previstos nos incisos I e II, funcionará como Presidente o do Supremo Tribunal Federal, limitando-se a condenação, que somente será proferida por dois terços dos votos do Senado Federal, à perda do cargo, com inabilitação, por oito anos, para o exercício de função pública, sem prejuízo das demais sanções judiciais cabíveis.*

Prisão

O Presidente só pode ser preso pela prática de infração penal comum e somente se sobrevier sentença condenatória:

> ***Art. 86**, § 3º - Enquanto não sobrevier sentença condenatória, nas infrações comuns, o Presidente da República não estará sujeito a prisão.*

Irresponsabilidade penal relativa

Também conhecida na doutrina como Imunidade Formal Temporária, essa prerrogativa afirma que o Presidente não poderá ser responsabilizado por atos alheios aos exercícios de suas funções:

> ***§ 4º** - O Presidente da República, na vigência de seu mandato, não pode ser responsabilizado por atos estranhos ao exercício de suas funções.*

Para melhor compreender as imunidades conferidas ao Presidente da República, analisemos as seguintes situações hipotéticas:

01. Suponhamos que o Presidente da República seja flagrado após ter cometido o assassinado de duas pessoas por motivos particulares.

    a) Poderia ele, no momento em que é flagrado, ser preso pelo crime?

Não. O Presidente só pode ser preso se tiver uma sentença condenatória.

Poderia o Presidente ser processado pelo crime de duplo homicídio durante o se mandato?

O Presidente não pode ser responsabilizado por atos alheios aos exercícios de suas funções. Ao matar duas pessoas, ele não comete o crime na condição de Presidente, ou seja, esse crime não possui relação com sua função de Presidente. Por esse motivo, ele não pode ser processado durante o seu mandato. Não significa que ficará impune pelo crime cometido, apenas será responsabilizado normalmente após o mandato, nesse caso, sem nenhuma prerrogativa. Apesar de não haver previsão legal, a jurisprudência entende que o prazo prescricional, nesse caso, ficará suspenso, não prejudicando a responsabilização do Presidente.

02. Suponhamos agora que, em reunião com os Ministros, o Presidente tenha discutido com um deles. Em meio à confusão, o Presidente mata o Ministro.

    a) Poderia ele ser preso por esse crime?

O Presidente não pode ser preso enquanto não sobrevier sentença condenatória. É a imunidade em relação às prisões.

    b) O Presidente poderá ser processado por esse crime enquanto estiver no seu mandato?

Nesse caso sim. Perceba que o crime cometido foi em razão da função de Presidente, visto que não estaria na reunião com Ministros se não fosse o Presidente da República. Dessa forma, ele será processado por essa infração penal comum no Supremo Tribunal Federal, caso a Câmara dos Deputados autorize o processo. Havendo sentença condenatória, ele poderá ser preso. A possibilidade de responsabilização do Presidente da República por infração penal comum só ocorre se o crime cometido estiver ligado à sua função de Presidente.

Já em relação a outras esferas do direito, como cíveis, administrativas, trabalhistas ou qualquer outra área, o presidente não possui prerrogativa. Isso significa que o Presidente responderá normalmente, sem nenhum privilégio, nas outras esferas do Direito. O tema das Responsabilidades do Presidente tem sido alvo de inúmeras questões de prova. As questões podem ser trabalhadas a partir da literalidade do texto constitucional ou mesmo invocando caso concreto para verificação das regras e prerrogativas do Presidente.

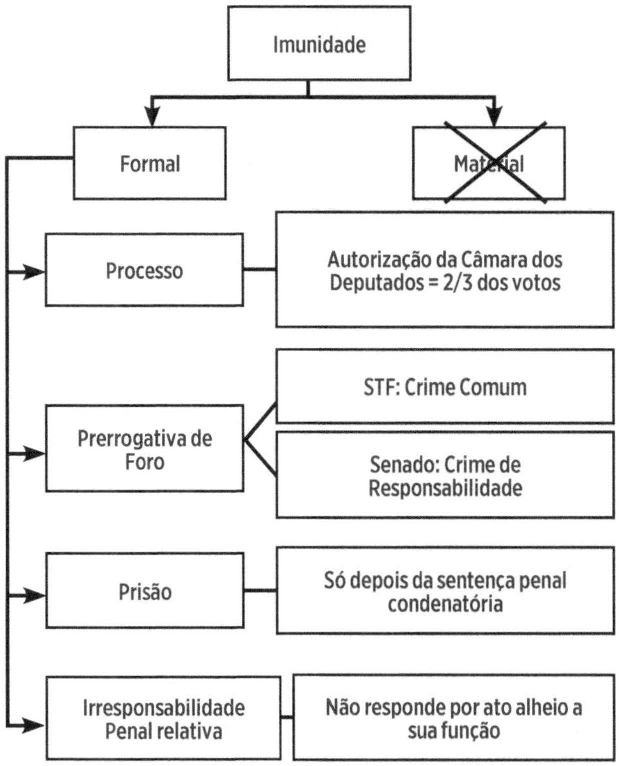

11. PODER JUDICIÁRIO

11.1 Disposições Gerais

Organograma

O Poder Judiciário é o titular da chamada função jurisdicional. Ele possui a atribuição principal de "dizer o direito", "aplicar o direito ao caso concreto". Além de desempenhar esta função típica, o Judiciário também exerce de forma atípica a função dos demais poderes. Quando realiza concursos públicos ou contrata uma empresa prestadora de serviços, ele o faz no exercício da função administrativa (Poder Executivo). O Judiciário também exerce de forma atípica a função do Poder Legislativo quando edita instrumentos normativos que regulam as atividades dos tribunais.

Para desempenhar suas funções, o Poder Judiciário se utiliza de diversos órgãos os quais estão previstos no Art. 92:

> ***Art. 92.*** *São órgãos do Poder Judiciário:*
>
> ***I.*** *O Supremo Tribunal Federal;*
>
> ***I-A.*** *O Conselho Nacional de Justiça;*
>
> ***II.*** *O Superior Tribunal de Justiça;*
>
> ***II-A.*** *O Tribunal Superior do Trabalho; (Incluído pela Emenda Constitucional nº 92, de 2016)*
>
> ***III.*** *Os Tribunais Regionais Federais e Juízes Federais;*
>
> ***IV.*** *Os Tribunais e Juízes do Trabalho;*
>
> ***V.*** *Os Tribunais e Juízes Eleitorais;*
>
> ***VI.*** *Os Tribunais e Juízes Militares;*
>
> ***VII.*** *Os Tribunais e Juízes dos Estados e do Distrito Federal e Territórios.*
>
> ***§ 1º*** *- O Supremo Tribunal Federal, o Conselho Nacional de Justiça e os Tribunais Superiores têm sede na Capital Federal.*
>
> ***§ 2º*** *- O Supremo Tribunal Federal e os Tribunais Superiores têm jurisdição em todo o território nacional.*

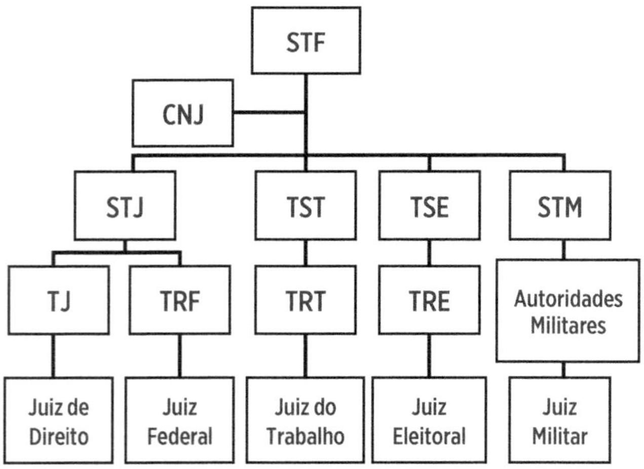

Critérios para ingresso na carreira

Conforme o que diz o Art. 93, I, da Constituição Federal:

> ***Art. 93.*** *Lei complementar, de iniciativa do Supremo Tribunal Federal, disporá sobre o Estatuto da Magistratura, observados os seguintes princípios:*
>
> ***I.*** *Ingresso na carreira, cujo cargo inicial será o de juiz substituto, mediante concurso público de provas e títulos, com a participação da Ordem dos Advogados do Brasil em todas as fases, exigindo-se do bacharel em direito, no mínimo, três anos de atividade jurídica e obedecendo-se, nas nomeações, à ordem de classificação.*

Esse inciso apresenta regras para o ingresso na carreira da Magistratura. O ingresso dar-se-á no cargo de juiz substituto e depende de aprovação em concurso público de provas e títulos.

Como foi possível perceber, é um tipo de concurso que é bem seletivo, sendo que aprovação depende de intensa dedicação do candidato. Além de a prova ser dificílima, o candidato precisa comprovar no mínimo três anos de atividade jurídica, que só pode ser realizada após a conclusão do curso. Deve-se estar atento a esse prazo de atividade jurídica exigido, as bancas costumam trocar o três por outro numeral.

O conceito de atividade jurídica é definido na Resolução nº 75/2009 do Conselho Nacional de Justiça que prevê, entre outros, o exercício da advocacia ou de cargo público privativo de bacharel em direito como forma de se comprovar o tempo exigido.

Quinto constitucional

O quinto permite que uma pessoa se torne magistrado sem necessidade de realização de concurso público para a magistratura. É uma porta de entrada destinada a quem não é membro do Poder Judiciário. A regra do quinto decorre do fato de que 1/5 das vagas em alguns tribunais são destinadas aos membros do Ministério Público ou da Advocacia. Vejamos o que dispõe o Art. 94 da Constituição Federal:

> ***Art. 94.*** *Um quinto dos lugares dos Tribunais Regionais Federais, dos Tribunais dos Estados, e do Distrito Federal e Territórios será composto de membros, do Ministério Público, com mais de dez anos de carreira, e de advogados de notório saber jurídico e de reputação ilibada, com mais de dez anos de efetiva atividade profissional, indicados em lista sêxtupla pelos órgãos de representação das respectivas classes.*
>
> ***Parágrafo único.*** *Recebidas as indicações, o tribunal formará lista tríplice, enviando-a ao Poder Executivo, que, nos vinte dias subsequentes, escolherá um de seus integrantes para nomeação.*

Um detalhe que não pode ser esquecido é: para concorrer às vagas pelo quinto constitucional, faz-se necessário que os membros do Ministério Público e da Advocacia possuam mais de dez anos de experiência.

Outra questão muito importante é saber quais são os tribunais que permitem o ingresso pelo quinto. Segundo o Art. 94, podem ingressar pelo quinto os membros dos Tribunais Regionais Federais, dos Tribunais dos Estados, e do Distrito Federal e Territórios.

Ainda possuem um quinto das vagas para os Membros do MP e da Advocacia os Tribunais Regionais do Trabalho e o Tribunal Superior do Trabalho. Assim preveem os Arts. 111-A e 115 da Constituição:

> ***Art. 111-A.*** *O Tribunal Superior do Trabalho compor-se-á de vinte e sete Ministros, escolhidos dentre brasileiros com mais de trinta e cinco anos e menos de sessenta e cinco anos, de notável saber jurídico e reputação ilibada, nomeados pelo Presidente da República após aprovação pela maioria absoluta do Senado Federal, sendo: (Redação dada pela Emenda Constitucional nº 92, de 2016)*

I. Um quinto dentre advogados com mais de dez anos de efetiva atividade profissional e membros do Ministério Público do Trabalho com mais de dez anos de efetivo exercício, observado o disposto no Art. 94.

Art. 115. *Os Tribunais Regionais do Trabalho compõem-se de, no mínimo, sete juízes, recrutados, quando possível, na respectiva região, e nomeados pelo Presidente da República dentre brasileiros com mais de trinta e menos de sessenta e cinco anos, sendo:*

I. Um quinto dentre advogados com mais de dez anos de efetiva atividade profissional e membros do Ministério Público do Trabalho com mais de dez anos de efetivo exercício, observado o disposto no Art. 94.

O Superior Tribunal de Justiça também permite que membros do Ministério Público ou da Advocacia nele ingressem, contudo não são destinadas 1/5 das vagas, mas 1/3 das vagas:

Art. 104. *O Superior Tribunal de Justiça compõe-se de, no mínimo, trinta e três Ministros.*

Parágrafo único. *Os Ministros do Superior Tribunal de Justiça serão nomeados pelo Presidente da República, dentre brasileiros com mais de trinta e cinco e menos de sessenta e cinco anos, de notável saber jurídico e reputação ilibada, depois de aprovada a escolha pela maioria absoluta do Senado Federal, sendo:*

I. Um terço dentre juízes dos Tribunais Regionais Federais e um terço dentre desembargadores dos Tribunais de Justiça, indicados em lista tríplice elaborada pelo próprio Tribunal;

II. Um terço, em partes iguais, dentre advogados e membros do Ministério Público Federal, Estadual, do Distrito Federal e Territórios, alternadamente, indicados na forma do Art. 94.

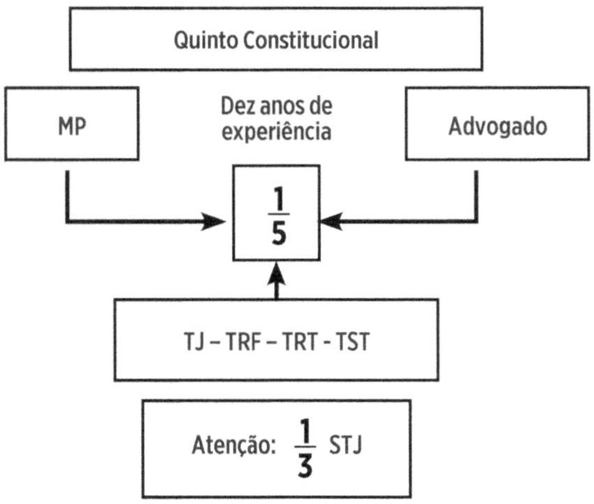

Garantias dos membros

As garantias são um conjunto de proteções que os membros do Poder Judiciário possuem e que são inerentes ao exercício de suas funções. Uma observação se faz necessária: quando se fala "membro do poder judiciário", refere-se ao titular da Função Jurisdicional, ou seja, ao magistrado, ao juiz. Os demais servidores auxiliares do Poder Judiciário não possuem as mesmas garantias dos juízes.

A doutrina classifica as garantias dos magistrados em duas espécies:

> **Garantias de Independência;**

> **Garantias de Imparcialidade.**

As Garantias de Independência são proteções que garantem ao magistrado uma maior tranquilidade para desempenhar suas funções. O objetivo é permitir ao juiz segurança no desempenhar de suas funções. Elas estão previstas no Art. 95, as quais são:

Art. 95. *Os juízes gozam das seguintes garantias:*

I. Vitaliciedade, que, no primeiro grau, só será adquirida após dois anos de exercício, dependendo a perda do cargo, nesse período, de deliberação do tribunal a que o juiz estiver vinculado, e, nos demais casos, de sentença judicial transitada em julgado;

II. Inamovibilidade, salvo por motivo de interesse público, na forma do Art. 93, VIII;

III. Irredutibilidade de subsídio, ressalvado o disposto nos Arts: 37, X e XI, 39, § 4º, 150, II, 153, III, e 153, § 2º, I.

A **vitaliciedade** é como se fosse a estabilidade do servidor público, com uma diferença: ela é bem mais vantajosa que a simples estabilidade. A vitaliciedade garante ao magistrado perder o seu cargo apenas por sentença judicial transitada em julgado. Como se pode ver, é bem mais vantajosa que a estabilidade. Atente-se para alguns detalhes: a vitaliciedade só será adquirida após dois anos de exercício no cargo; durante o estágio probatório do juiz, que dura dois anos, ele poderá perder o cargo por deliberação do próprio tribunal do qual faz parte.

Um detalhe quase nunca percebido é que a exigência dos dois anos de exercício para se adquirir a vitaliciedade só se aplica aos juízes do primeiro grau, ou seja, aos juízes que ingressaram na carreira por meio de concurso público. Os juízes que ingressam diretamente no Tribunal, por meio do Quinto Constitucional, ou mesmo no STJ pelo 1/3 das vagas, não precisam esperar os dois anos para adquirir a garantia. Para estes, a vitaliciedade é imediata, sendo adquirida no momento em que ele pisa no Tribunal.

A **inamovibilidade** prevê que o magistrado não poderá ser removido do local onde exerce a sua função sem sua vontade. Ele poderá julgar qualquer pessoa, conforme sua convicção, sem medo de ser obrigado a deixar o local onde exerce sua jurisdição. Essa garantia não é absoluta, pois poderá ser removido de ofício por interesse público conforme preleciona o Art. 93, VIII:

***Art. 93**, VIII. O ato de remoção, disponibilidade e aposentadoria do magistrado, por interesse público, fundar-se-á em decisão por voto da maioria absoluta do respectivo tribunal ou do Conselho Nacional de Justiça, assegurada ampla defesa.*

A **irredutibilidade dos subsídios** representa a garantia de que o magistrado não poderá ter redução em sua remuneração. A forma de retribuição pecuniária do magistrado é por meio de subsídio, que equivale a uma parcela única. Por isso, fala-se em irredutibilidade dos subsídios.

O parágrafo único do mesmo artigo apresenta o rol de **garantias de imparcialidade.** Essas normas são verdadeiras vedações aplicadas aos magistrados. São impedimentos que visam a garantir um julgamento imparcial, sem vícios ou privilégios. Por isso, são chamadas de garantias de imparcialidade. São elas:

***Art. 95**, Parágrafo único. Aos juízes é vedado:*

I. Exercer, ainda que em disponibilidade, outro cargo ou função, salvo uma de magistério;

II. Receber, a qualquer título ou pretexto, custas ou participação em processo;

III. Dedicar-se à atividade político-partidária.

IV. Receber, a qualquer título ou pretexto, auxílios ou contribuições de pessoas físicas, entidades públicas ou privadas, ressalvadas as exceções previstas em lei;

> *V. Exercer a advocacia no juízo ou tribunal do qual se afastou, antes de decorridos três anos do afastamento do cargo por aposentadoria ou exoneração.*

Geralmente as bancas cobram a memorização dessas vedações. O **inciso I** é bem cobrado em razão da exceção prevista na Constituição para a acumulação de cargos ou funções. Segundo esse inciso, o magistrado, além de exercer sua função de juiz, também pode exercer uma função no magistério.

O **inciso II** proíbe o magistrado de receber custas ou participação em processos. O juiz já recebe sua remuneração para desempenhar sua função independente dos valores que estão em jogo nos processos.

O **inciso III** proíbe o juiz de se dedicar à atividade político-partidária exatamente para evitar que seus julgamentos sejam influenciados por correntes políticas ou convicções partidárias. O juiz precisa ficar alheio a tais situações.

O **inciso IV** proíbe o magistrado de receber ajudas financeiras de terceiros ressalvados os casos previstos em lei. Por exemplo, um juiz não pode receber um carro como agradecimento por um julgamento favorável, mas poderia receber os valores decorrentes da venda de livros que tenha escrito ou mesmo, receber valores pela ministração de palestras.

11.2 Composição dos Órgãos do Poder Judiciário

A composição dos tribunais é tema recorrente em prova e requer um alto poder de memorização do candidato, principalmente pela composição diferenciada entre um e outro tribunal. A seguir descreve-se, então, a composição de cada um dos órgãos do Poder Judiciário.

Supremo tribunal federal

> ***Art. 101.*** *O Supremo Tribunal Federal compõe-se de onze Ministros, escolhidos dentre cidadãos com mais de trinta e cinco e menos de sessenta e cinco anos de idade, de notável saber jurídico e reputação.*
>
> ***Parágrafo único.*** *Os Ministros do Supremo Tribunal Federal serão nomeados pelo Presidente da República, depois de aprovada a escolha pela maioria absoluta do Senado Federal.*

O Supremo Tribunal Federal é o órgão de cúpula do Poder Judiciário e é formado por 11 ministros escolhidos pelo Presidente da República depois de aprovada a escolha pela maioria absoluta do Senado Federal, dentre os cidadãos com mais de trinta e cinco e menos de sessenta e cinco anos de idade, de notável saber jurídico e reputação ilibada.

Existe mais um requisito que não está escrito nesse artigo, mas está previsto no Art. 12, § 3º, IV, da Constituição. Para ser Ministro do STF deve ser brasileiro nato:

> ***Art. 12,*** *§ 3º - São privativos de brasileiro nato os cargos:*
>
> ***IV.*** *De Ministro do Supremo Tribunal Federal.*

A Constituição não exige do candidato a Ministro do STF que tenha formação superior em Direito, apesar de exigir notório saber jurídico.

Conselho nacional de justiça

Vejamos agora a composição do Conselho Nacional de Justiça:

> ***Art. 103-B.*** *O Conselho Nacional de Justiça compõe-se de 15 (quinze) membros com mandato de 2 (dois) anos, admitida 1 (uma) recondução, sendo:*
>
> ***I.*** *O Presidente do Supremo Tribunal Federal;*
>
> ***II.*** *Um Ministro do Superior Tribunal de Justiça, indicado pelo respectivo tribunal;*
>
> ***III.*** *Um Ministro do Tribunal Superior do Trabalho, indicado pelo respectivo tribunal;*
>
> ***IV.*** *Um desembargador de Tribunal de Justiça, indicado pelo Supremo Tribunal Federal;*
>
> ***V.*** *Um juiz estadual, indicado pelo Supremo Tribunal Federal;*
>
> ***VI.*** *Um juiz de Tribunal Regional Federal, indicado pelo Superior Tribunal de Justiça;*
>
> ***VII.*** *Um juiz federal, indicado pelo Superior Tribunal de Justiça;*
>
> ***VIII.*** *Um juiz de Tribunal Regional do Trabalho, indicado pelo Tribunal Superior do Trabalho;*
>
> ***IX.*** *Um juiz do trabalho, indicado pelo Tribunal Superior do Trabalho;*
>
> ***X.*** *Um membro do Ministério Público da União, indicado pelo Procurador-Geral da República;*
>
> ***XI.*** *Um membro do Ministério Público estadual, escolhido pelo Procurador-Geral da República dentre os nomes indicados pelo órgão competente de cada instituição estadual;*
>
> ***XII.*** *Dois advogados, indicados pelo Conselho Federal da Ordem dos Advogados do Brasil;*
>
> ***XIII.*** *Dois cidadãos, de notável saber jurídico e reputação ilibada, indicados um pela Câmara dos Deputados e outro pelo Senado Federal.*
>
> ***§ 1º*** *- O Conselho será presidido pelo Presidente do Supremo Tribunal Federal e, nas suas ausências e impedimentos, pelo Vice-Presidente do Supremo Tribunal Federal.*
>
> ***§ 2º*** *- Os demais membros do Conselho serão nomeados pelo Presidente da República, depois de aprovada a escolha pela maioria absoluta do Senado Federal.*
>
> ***§ 3º*** *- Não efetuadas, no prazo legal, as indicações previstas neste artigo, caberá a escolha ao Supremo Tribunal Federal.*
>
> ***§ 4º*** *Compete ao Conselho o controle da atuação administrativa e financeira do Poder Judiciário e do cumprimento dos deveres funcionais dos juízes, cabendo-lhe, além de outras atribuições que lhe forem conferidas pelo Estatuto da Magistratura:*
>
> ***I.*** *zelar pela autonomia do Poder Judiciário e pelo cumprimento do Estatuto da Magistratura, podendo expedir atos regulamentares, no âmbito de sua competência, ou recomendar providências;*
>
> ***II.*** *zelar pela observância do art. 37 e apreciar, de ofício ou mediante provocação, a legalidade dos atos administrativos praticados por membros ou órgãos do Poder Judiciário, podendo desconstituí-los, revê-los ou fixar prazo para que se adotem as providências necessárias ao exato cumprimento da lei, sem prejuízo da competência do Tribunal de Contas da União;*
>
> ***III.*** *receber e conhecer das reclamações contra membros ou órgãos do Poder Judiciário, inclusive contra seus serviços auxiliares, serventias e órgãos prestadores de serviços notariais e de registro que atuem por delegação do poder público ou oficializados, sem prejuízo da competência disciplinar e correicional dos tribunais, podendo avocar processos disciplinares em curso, determinar a remoção ou a disponibilidade e aplicar outras sanções administrativas, assegurada ampla defesa;*

IV. representar ao Ministério Público, no caso de crime contra a administração pública ou de abuso de autoridade;

V. rever, de ofício ou mediante provocação, os processos disciplinares de juízes e membros de tribunais julgados há menos de um ano;

VI. elaborar semestralmente relatório estatístico sobre processos e sentenças prolatadas, por unidade da Federação, nos diferentes órgãos do Poder Judiciário;

VII. elaborar relatório anual, propondo as providências que julgar necessárias, sobre a situação do Poder Judiciário no País e as atividades do Conselho, o qual deve integrar mensagem do Presidente do Supremo Tribunal Federal a ser remetida ao Congresso Nacional, por ocasião da abertura da sessão legislativa.

A composição do CNJ possui uma dificuldade peculiar para a memorização. Perceba na leitura do artigo, que os membros do Conselho são indicados por algum órgão. Além de memorizar os membros, o candidato tem de memorizar o órgão que indicou o membro. Para isso, deve-se fazer uma análise lógica na construção dessa composição:

A primeira coisa que se tem que fazer é identificar os órgãos que escolhem:

STF;

STJ;

TST;

PGR;

CFOAB;

Câmara dos Deputados;

Senado Federal.

A partir dessa primeira análise, parte-se para a identificação dos membros que são indicados por cada um dos órgãos, que deve ser construída de forma lógica.

Entre os membros do CNJ existem dois advogados: quem poderia indicar dois advogados? O STF, o STJ, o TST ou o **Conselho Federal dos Advogados do Brasil**? Que quem indica os dois advogados é o CFOAB. Entre os membros do CNJ, existe um membro do Ministério Público da União e um membro do Ministério Público estadual. Quem indica esses dois membros do Ministério Público? Será o STF? Ou seria o STJ? Não é mais lógico que a escolha dos membros do Ministério Público seja do **Procurador Geral da República,** que é o chefe do Ministério Público da União? Certamente.

Com base nessa lógica, fica fácil identificar os membros do CNJ. Continuemos a análise. Agora existem membros da justiça trabalhista: um Ministro do TST, um Juiz do TRT e um Juiz do Trabalho. Quem escolhe esses juízes? STF, STJ ou TST? Mais uma resposta bem lógica. Só pode ser o **Tribunal Superior do Trabalho** o responsável pela escolha desses três membros pertencentes à justiça trabalhista.

Ainda há alguns membros a serem escolhidos. Quem escolhe os membros da Justiça Federal (Juiz do TRF e Juiz Federal)? Tem de ser o Tribunal guardião da Legislação Federal: **Superior Tribunal de Justiça**. Ele também escolherá um membro do seu próprio tribunal para fazer parte do CNJ.

Ao **Supremo Tribunal Federal** fica a responsabilidade pela escolha dos membros da Justiça Estadual, ou seja, um Juiz Estadual e um Desembargador de Tribunal de Justiça. Aqui cabe uma observação importantíssima. O STF não escolhe um de seus ministros para fazer parte do CNJ, pois o Presidente do STF é membro nato. Ele não é escolhido, ele faz parte do CNJ desde sua nomeação como Presidente do STF. Ao mesmo tempo em que é indicado como Presidente do STF, ele também cumulará a função de Presidente do CNJ.

Por último, resta saber quem o **Senado Federal** e a **Câmara dos Deputados** indicará para ser membro do CNJ. Cada um deles indicará um cidadão de notável saber jurídico e reputação ilibada.

Como se pode perceber, nem todos os membros do Conselho Nacional de Justiça são membros do Poder Judiciário. Essa é uma característica já cobrada em prova, com exceção do Presidente do STF, que é membro nato do CNJ; os demais serão nomeados pelo Presidente da República depois de aprovada a escolha pela maioria do Senado Federal. Caso as indicações acima listadas não sejam efetuadas, caberá ao Supremo Tribunal Federal fazê-las. Lembre-se de que os membros do CNJ exercem um mandato de dois anos, sendo admitida uma recondução.

Abaixo, segue um esquema de memorização para a composição desse órgão do poder judiciário.

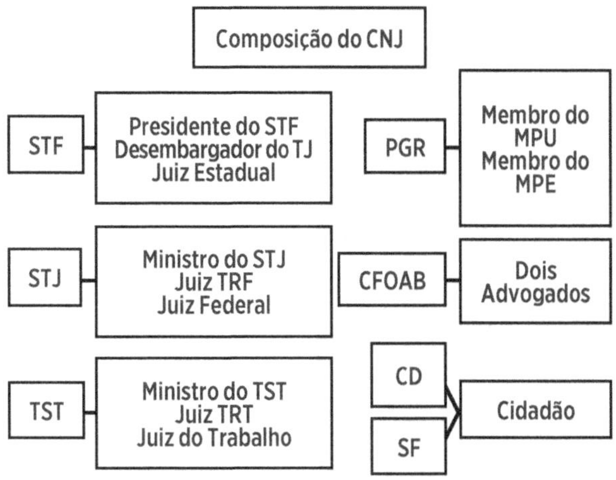

Superior tribunal de justiça

O texto constitucional prevê no Art. 104:

Art. 104. *O Superior Tribunal de Justiça compõe-se de, no mínimo, trinta e três Ministros.*

Parágrafo único. *Os Ministros do Superior Tribunal de Justiça serão nomeados pelo Presidente da República, dentre brasileiros com mais de trinta e cinco e menos de sessenta e cinco anos, de notável saber jurídico e reputação ilibada, depois de aprovada a escolha pela maioria absoluta do Senado Federal, sendo:*

I. Um terço dentre juízes dos Tribunais Regionais Federais e um terço dentre desembargadores dos Tribunais de Justiça, indicados em lista tríplice elaborada pelo próprio Tribunal;

II. Um terço, em partes iguais, dentre advogados e membros do Ministério Público Federal, Estadual, do Distrito Federal e Territórios, alternadamente, indicados na forma do Art. 94.

O Superior Tribunal de Justiça é composto por, no mínimo, 33 ministros. Deve-se ter cuidado com isso em prova: não são 33, mas, no mínimo 33. Esse dispositivo permite que o Tribunal possua mais de 33 membros.

Seus membros serão nomeados pelo Presidente da República depois de aprovada a escolha pelo Senado Federal. Aqui se aplica uma regra comum nos tribunais superiores: nomeação pelo

Presidente mediante aprovação do Senado. Outro requisito é a idade: no mínimo 35 e no máximo 65 anos.

Questão sempre cobrada em prova é a composição. A escolha dos Ministros não é livre, estando vinculada ao texto constitucional que prevê:

> 1/3 das vagas para os membros dos Tribunais Regionais Federais;

> 1/3 das vagas para os Desembargadores dos Tribunais de Justiça;

> 1/3 das vagas, dividida em partes iguais, para membros do Ministério Público Federal, Estadual e do Distrito Federal e advogados com mais de 10 anos de experiência.

No que tange às vagas para os membros do Ministério Público e advogados, uma coisa chama a atenção: a divisão em partes iguais. Se houver isso em uma prova, é muito provável que o candidato marque essa afirmação como sendo incorreta, tendo em vista 1/3 de 33 ser igual a 11, valor esse impossível de se dividir em partes iguais, quando a divisão se trata de pessoas. Contudo, essa é a previsão expressa da Constituição, que não é de toda absurda. Considerando que o STJ pode ser composto por mais de 33 membros, havendo, por exemplo, 36, seria possível efetivar essa divisão em partes iguais. Enquanto o órgão for formado por 33 membros, a vaga remanescente é alternada entre membros do MPF e MPDFT e da advocacia.

Tribunal regional federal

O Art. 107 apresenta as regras de composição dos Tribunais Regionais Federais:

> ***Art. 107.*** *Os Tribunais Regionais Federais compõem-se de, no mínimo, sete juízes, recrutados, quando possível, na respectiva região e nomeados pelo Presidente da República dentre brasileiros com mais de trinta e menos de sessenta e cinco anos, sendo:*
>
> ***I.*** *Um quinto dentre advogados com mais de dez anos de efetiva atividade profissional e membros do Ministério Público Federal com mais de dez anos de carreira;*
>
> ***II.*** *Os demais, mediante promoção de juízes federais com mais de cinco anos de exercício, por antiguidade e merecimento, alternadamente.*

Os TRFs possuem a mesma peculiaridade do STJ no que diz respeito à composição baseada em um mínimo, sendo, nesse caso, no mínimo sete juízes, recrutados, quando possível, na respectiva região. Atualmente, são cinco regiões jurisdicionais, cada uma sob a responsabilidade de um TRF.

Para fazer parte dos TRFs o juiz precisa ter no mínimo 30 e no máximo 65 anos de idade. Quando comparada aos Tribunais Superiores, a idade mínima sofre uma atenuação de 35 para 30 anos; deve-se ter atenção em relação a isso.

Os membros dos TRFs são nomeados pelo Presidente da República sem necessidade de aprovação do Senado Federal. Essa é outra distinção importante.

Nos TRFs adota-se a regra do Quinto Constitucional, por meio do qual, 1/5 das vagas são destinadas a advogados e membros do Ministério Público Federal com mais de 10 anos de experiência. As demais vagas são destinadas a promoção de juízes federais com mais de cinco anos de exercício, que pode ocorrer ou por merecimento ou por antiguidade, de forma alternada.

Justiça do trabalho

A Justiça do Trabalho encontra-se prevista no Art. 111 da Constituição, sendo competente para julgar as causas cuja matéria possua natureza trabalhista. São órgãos da Justiça do Trabalho:

> ***Art. 111.*** *São órgãos da Justiça do Trabalho:*
>
> ***I.*** *O Tribunal Superior do Trabalho;*
>
> ***II.*** *Os Tribunais Regionais do Trabalho;*
>
> ***III.*** *Juízes do Trabalho.*

§ 1º a 3º - Vejamos a composição dos órgãos da Justiça trabalhista.

Tribunal superior de trabalho

O Tribunal Superior do Trabalho é o órgão de cúpula da Justiça do Trabalho. Segundo a Constituição Federal, o TST é composto por 27 membros, conforme previsão do Art. 111-A:

> ***Art. 111-A.*** *O Tribunal Superior do Trabalho compor-se-á de vinte e sete Ministros, escolhidos dentre brasileiros com mais de trinta e cinco anos e menos de sessenta e cinco anos, de notável saber jurídico e reputação ilibada, nomeados pelo Presidente da República após aprovação pela maioria absoluta do Senado Federal, sendo: (Redação dada pela Emenda Constitucional nº 92, de 2016)*
>
> ***I.*** *Um quinto dentre advogados com mais de dez anos de efetiva atividade profissional e membros do Ministério Público do Trabalho com mais de dez anos de efetivo exercício, observado o disposto no Art. 94;*
>
> ***II.*** *Os demais dentre juízes dos Tribunais Regionais do Trabalho, oriundos da magistratura da carreira, indicados pelo próprio Tribunal Superior.*

O Texto Constitucional exige para ser Ministro do TST a condição de brasileiro, maior de 35 anos e menor de 65 anos. A nomeação dos Ministros se dá por ato do Presidente da República após a aprovação do Senado Federal pelo voto da maioria absoluta dos seus membros. Os 27 ministros são divididos da seguinte forma:

> 1/5: advogados com mais de dez anos de efetiva atividade profissional e membros do Ministério Público do Trabalho com mais de dez anos de efetivo exercício;

> 4/5: juízes dos TRT's, oriundos da magistratura de carreira, indicados pelo próprio tribunal.

Como se pode perceber, no TST adota-se o critério de ingresso pela regra do Quinto Constitucional. Além disso, é importante ressaltar a exigência de que juiz do TRT que deseje concorrer a uma vaga no TST seja membro do Poder Judiciário de carreira, isto é, que tenha ingressado nos quadros do tribunal por meio de concurso público nos termos do Art. 93, I da CF. Essa última regra exclui a possibilidade daqueles que são oriundos do quinto constitucional nos TRTs de ingressarem no TST na vaga destinada aos membros da magistratura trabalhista (4/5 das vagas).

A Constituição prevê, ainda, o funcionamento junto ao TST da Escola Nacional de Formação e Aperfeiçoamento de Magistrados do Trabalho e o Conselho Superior da Justiça do Trabalho, conforme o Art. 111-A, § 2º:

> ***Art. 111-A, § 2º*** *- Funcionarão junto ao Tribunal Superior do Trabalho:*
>
> ***I.*** *A Escola Nacional de Formação e Aperfeiçoamento de Magistrados do Trabalho, cabendo-lhe, dentre outras funções, regulamentar os cursos oficiais para o ingresso e promoção na carreira;*

II. O Conselho Superior da Justiça do Trabalho, cabendo-lhe exercer, na forma da lei, a supervisão administrativa, orçamentária, financeira e patrimonial da Justiça do Trabalho de primeiro e segundo graus, como órgão central do sistema, cujas decisões terão efeito vinculante.

***§ 3º** Compete ao Tribunal Superior do Trabalho processar e julgar, originariamente, a reclamação para a preservação de sua competência e garantia da autoridade de suas decisões. (Incluído pela Emenda Constitucional nº 92, de 2016)*

Tribunal regional do trabalho

O ingresso no Tribunal Regional do Trabalho se dá conforme as regras previstas no Art. 115 da CF:

***Art. 115.** Os Tribunais Regionais do Trabalho compõem-se de, no mínimo, sete juízes, recrutados, quando possível, na respectiva região, e nomeados pelo Presidente da República dentre brasileiros com mais de trinta e menos de sessenta e cinco anos, sendo:*

***I.** Um quinto dentre advogados com mais de dez anos de efetiva atividade profissional e membros do Ministério Público do Trabalho com mais de dez anos de efetivo exercício, observado o disposto no Art. 94;*

***II.** Os demais, mediante promoção de juízes do trabalho por antiguidade e merecimento, alternadamente.*

***§ 1º** - Os Tribunais Regionais do Trabalho instalarão a justiça itinerante, com a realização de audiências e demais funções de atividade jurisdicional, nos limites territoriais da respectiva jurisdição, servindo-se de equipamentos públicos e comunitários.*

***§ 2º** - Os Tribunais Regionais do Trabalho poderão funcionar descentralizadamente, constituindo Câmaras regionais, a fim de assegurar o pleno acesso do jurisdicionado à justiça em todas as fases do processo.*

***Art. 116.** Nas Varas do Trabalho, a jurisdição será exercida por um juiz singular.*

São no mínimo sete juízes recrutados, quando possível, na respectiva região os quais serão nomeados pelo Presidente da República entre brasileiros com mais de 30 e menos de 65 anos de idade. Para ser um juiz do TRT, é necessária a observação dos seguintes critérios:

- 1/5 – advogados com mais de 10 anos de efetiva atividade profissional e membros do Ministério Público do Trabalho com mais de 10 anos de efetivo exercício;
- 4/5 – juízes do trabalho promovidos por antiguidade e merecimento, alternadamente.

A Constituição prevê, dentro da estrutura dos TRTs, como forma de democratizar o acesso à Justiça do Trabalho, a possibilidade de instalação da justiça itinerante, com a realização de audiências e demais funções de atividade jurisdicional, nos limites territoriais da respectiva jurisdição, servindo-se de equipamentos públicos e comunitários. Não se deve esquecer de que os TRTs poderão funcionar descentralizadamente, constituindo Câmaras regionais, a fim de assegurar o pleno acesso do jurisdicionado à justiça em todas as fases do processo, garantindo-se, dessa forma, uma maior celeridade processual. Ainda dentro da estrutura da Justiça do Trabalho, a Constituição prevê a possibilidade de juízes de direito exercerem as atribuições da jurisdição trabalhista nas comarcas não abrangidas pela Justiça do Trabalho, garantindo-se, nesse caso, recurso para o TRT:

***Art. 112.** A lei criará varas da Justiça do Trabalho, podendo, nas comarcas não abrangidas por sua jurisdição, atribuí-la aos juízes de direito, com recurso para o respectivo Tribunal Regional do Trabalho.*

Por fim, a Constituição determinou que a jurisdição nas Varas do Trabalho seja exercida por um juiz singular:

***Art. 116.** Nas Varas do Trabalho, a jurisdição será exercida por um juiz singular.*

Competências

Quanto às competências da Justiça do Trabalho, a Constituição encarregou-se de defini-las expressamente no Art. 114:

***Art. 114.** Compete à Justiça do Trabalho processar e julgar:*

***I.** As ações oriundas da relação de trabalho, abrangidos os entes de direito público externo e da administração pública direta e indireta da União, dos Estados, do Distrito Federal e dos Municípios;*

***II.** As ações que envolvam exercício do direito de greve;*

***III.** As ações sobre representação sindical, entre sindicatos, entre sindicatos e trabalhadores, e entre sindicatos e empregadores;*

***IV.** Os mandados de segurança, "Habeas Corpus" e "Habeas Ddata", quando o ato questionado envolver matéria sujeita à sua jurisdição;*

***V.** Os conflitos de competência entre órgãos com jurisdição trabalhista, ressalvado o disposto no Art. 102, I, o;*

***VI.** As ações de indenização por dano moral ou patrimonial, decorrentes da relação de trabalho;*

***VII.** As ações relativas às penalidades administrativas impostas aos empregadores pelos órgãos de fiscalização das relações de trabalho;*

***VIII.** A execução, de ofício, das contribuições sociais previstas no Art. 195, I, a , e II, e seus acréscimos legais, decorrentes das sentenças que proferir;*

***IX.** Outras controvérsias decorrentes da relação de trabalho, na forma da lei.*

***§ 1º** - Frustrada a negociação coletiva, as partes poderão eleger árbitros.*

***§ 2º** - Recusando-se qualquer das partes à negociação coletiva ou à arbitragem, é facultado às mesmas, de comum acordo, ajuizar dissídio coletivo de natureza econômica, podendo a Justiça do Trabalho decidir o conflito, respeitadas as disposições mínimas legais de proteção ao trabalho, bem como as convencionadas anteriormente.*

***§ 3º** - Em caso de greve em atividade essencial, com possibilidade de lesão do interesse público, o Ministério Público do Trabalho poderá ajuizar dissídio coletivo, competindo à Justiça do Trabalho decidir o conflito.*

Justiça eleitoral

A Justiça Eleitoral é a justiça especializada em questões de natureza eleitoral. Seus órgãos estão previstos no Art. 118 da Constituição:

***Art. 118.** São órgãos da Justiça Eleitoral:*

***I.** O Tribunal Superior Eleitoral;*

***II.** Os Tribunais Regionais Eleitorais;*

***III.** Os Juízes Eleitorais;*

***IV.** As Juntas Eleitorais.*

Uma peculiaridade distingue os órgãos da Justiça Eleitoral dos demais órgãos do Poder Judiciário. Apesar de seus membros possuírem as mesmas garantias dos demais membros do Poder

Judiciário, eles não possuem a vitaliciedade, haja vista serem eleitos para um mandato de dois anos, no mínimo, não podendo exercê-lo por mais de dois biênios consecutivos:

> ***Art. 121.*** *Lei complementar disporá sobre a organização e competência dos tribunais, dos juízes de direito e das juntas eleitorais.*
>
> ***§ 1º*** *- Os membros dos tribunais, os juízes de direito e os integrantes das juntas eleitorais, no exercício de suas funções, e no que lhes for aplicável, gozarão de plenas garantias e serão inamovíveis.*
>
> ***§ 2º*** *- Os juízes dos tribunais eleitorais, salvo motivo justificado, servirão por dois anos, no mínimo, e nunca por mais de dois biênios consecutivos, sendo os substitutos escolhidos na mesma ocasião e pelo mesmo processo, em número igual para cada categoria.*

Analisa-se, a seguir, a composição de cada um dos órgãos da Justiça Eleitoral:

Tribunal superior eleitoral

O Tribunal Superior Eleitoral é o tribunal superior da Justiça Eleitoral. Sua composição está prevista no Art. 119 da Constituição Federal:

> ***Art. 119.*** *O Tribunal Superior Eleitoral compor-se-á, no mínimo, de sete membros, escolhidos:*
>
> ***I.*** *Mediante eleição, pelo voto secreto:*
>
> ***a)*** *Três juízes dentre os Ministros do Supremo Tribunal Federal;*
>
> ***b)*** *Dois juízes dentre os Ministros do Superior Tribunal de Justiça;*
>
> ***II.*** *Por nomeação do Presidente da República, dois juízes dentre seis advogados de notável saber jurídico e idoneidade moral, indicados pelo Supremo Tribunal Federal.*
>
> ***Parágrafo único.*** *O Tribunal Superior Eleitoral elegerá seu Presidente e o Vice-Presidente dentre os Ministros do Supremo Tribunal Federal, e o Corregedor Eleitoral dentre os Ministros do Superior Tribunal de Justiça.*

Como se pode depreender do texto constitucional, o TSE é composto de no mínimo sete membros os quais serão eleitos ou nomeados segundo as seguintes regras:

Escolhidos mediante eleição: **três** juízes dentre os Ministros STF e **dois** juízes dentre os Ministros do STJ;

Por nomeação do Presidente da República: dois juízes dentre seis **advogados** de notável saber jurídico e idoneidade moral, indicados pelo Supremo Tribunal Federal.

O Presidente e o Vice-Presidente do TSE serão escolhidos dentre os Ministros do STF e o Corregedor Eleitoral será escolhido dentre os Ministros do STJ.

Tribunal regional eleitoral

Os Tribunais Regionais Eleitorais serão distribuídos em todo território nacional sendo um em cada Capital de cada Estado e no Distrito Federal os quais se comporão de **sete membros**, conforme dispõe o Art. 120 da Constituição Federal:

> ***Art. 120.*** *Haverá um Tribunal Regional Eleitoral na Capital de cada Estado e no Distrito Federal.*
>
> ***§ 1º*** *- Os Tribunais Regionais Eleitorais compor-se-ão:*
>
> ***I.*** *Mediante eleição, pelo voto secreto:*
>
> ***a)*** *De dois juízes dentre os desembargadores do Tribunal de Justiça;*
>
> ***b)*** *De dois juízes, dentre juízes de direito, escolhidos pelo Tribunal de Justiça;*
>
> ***II.*** *De um juiz do Tribunal Regional Federal com sede na Capital do Estado ou no Distrito Federal, ou, não havendo, de juiz federal, escolhido, em qualquer caso, pelo Tribunal Regional Federal respectivo;*
>
> ***III.*** *Por nomeação, pelo Presidente da República, de dois juízes dentre seis advogados de notável saber jurídico e idoneidade moral, indicados pelo Tribunal de Justiça.*
>
> ***§ 2º*** *- O Tribunal Regional Eleitoral elegerá seu Presidente e o Vice-Presidente dentre os desembargadores.*

Os membros do TRE serão escolhidos conforme os seguintes critérios:

Mediante eleição: dois juízes dentre os desembargadores do Tribunal de Justiça e **dois** juízes, dentre juízes de direito, escolhidos pelo Tribunal de Justiça.

Por nomeação do Presidente da República: de**dois** juízes dentre seis advogados de notável saber jurídico e idoneidade moral, indicados pelo Tribunal de Justiça.

Cada TRE elegerá seu Presidente e o Vice-Presidente entre os seus desembargadores.

Juízes e juntas eleitorais

No que tange aos juízes e juntas eleitorais previstos no Art. 121 da Constituição, sua regulação está prevista no Código Eleitoral entre os Arts. 32 e 41, a qual deve ser analisada em disciplina oportuna. Isto é o que prevê o texto constitucional:

> ***Art. 121.*** *Lei complementar disporá sobre a organização e competência dos tribunais, dos juízes de direito e das juntas eleitorais.*
>
> ***§ 1º*** *- Os membros dos tribunais, os juízes de direito e os integrantes das juntas eleitorais, no exercício de suas funções, e no que lhes for aplicável, gozarão de plenas garantias e serão inamovíveis.*

Competência

Quanto às atribuições da Justiça Eleitoral, não existe dúvida sobre a sua competência especializada em matéria eleitoral. O Art. 121, em seu § 3º, estabelece algumas regras que podem ser cobradas em prova:

> ***Art. 121, § 3º*** *- São irrecorríveis as decisões do Tribunal Superior Eleitoral, salvo as que contrariarem esta Constituição e as denegatórias de Habeas Corpus ou mandado de segurança.*
>
> ***§ 4º*** *- Das decisões dos Tribunais Regionais Eleitorais somente caberá recurso quando:*
>
> ***I.*** *Forem proferidas contra disposição expressa desta Constituição ou de lei;*
>
> ***II.*** *Ocorrer divergência na interpretação de lei entre dois ou mais tribunais eleitorais;*
>
> ***III.*** *Versarem sobre inelegibilidade ou expedição de diplomas nas eleições federais ou estaduais;*
>
> ***IV.*** *Anularem diplomas ou decretarem a perda de mandatos eletivos federais ou estaduais;*
>
> ***V.*** *Denegarem Habeas Corpus, mandado de segurança, Habeas Data ou mandado de injunção.*

Justiça militar

A Justiça Militar compõe a chamada justiça especializada, nesse caso, em direito militar. A sua existência se deve à subordinação dos militares a um regime especial com direitos e deveres distintos quando comparados aos servidores civis.

A Constituição Federal definiu como órgãos da Justiça Militar os seguintes:

> ***Art. 122.*** *São órgãos da Justiça Militar:*
>
> ***I.*** *O Superior Tribunal Militar;*
>
> ***II.*** *Os Tribunais e Juízes Militares instituídos por lei.*

Na sequência, pode-se ver a composição de cada um dos órgãos:

Superior tribunal militar

O Superior Tribunal Militar é o órgão de cúpula da Justiça Militar, o qual é composto segundo as regras estabelecidas no Art. 123 da CF:

> ***Art. 123.*** *O Superior Tribunal Militar compor-se-á de quinze Ministros vitalícios, nomeados pelo Presidente da República, depois de aprovada a indicação pelo Senado Federal, sendo três dentre oficiais-generais da Marinha, quatro dentre oficiais-generais do Exército, três dentre oficiais-generais da Aeronáutica, todos da ativa e do posto mais elevado da carreira, e cinco dentre civis.*
>
> ***Parágrafo único.*** *Os Ministros civis serão escolhidos pelo Presidente da República dentre brasileiros maiores de trinta e cinco anos, sendo:*
>
> ***I.*** *Três dentre advogados de notório saber jurídico e conduta ilibada, com mais de dez anos de efetiva atividade profissional;*
>
> ***II.*** *Dois, por escolha paritária, dentre juízes auditores e membros do Ministério Público da Justiça Militar.*

O STM é composto por quinze ministros nomeados pelo Presidente da República, depois de aprovada a indicação pelo Senado Federal. Esses ministros ocuparão os cargos de forma vitalícia e serão escolhidos entre militares da ativa e do posto mais elevado da carreira, bem como entre civis escolhidos pelo Presidente da República com mais de 35 anos de idade, observadas as seguintes regras:

10 Militares

Três – oficiais-generais da Marinha;

Quatro – oficiais-generais do Exército;

Três – oficiais-generais da Aeronáutica;

5 Civis

Três – civis entre advogados de notório saber jurídico e conduta ilibada, com mais de dez anos de efetiva atividade profissional;

Dois – civis escolhidos de forma paritária, entre juízes auditores e membros do Ministério Público da Justiça Militar.

Competências

Segundo a Constituição Federal, a Justiça Militar é competente para processar e julgar os crimes militares definidos em lei:

> ***Art. 124.*** *À Justiça Militar compete processar e julgar os crimes militares definidos em lei.*
>
> ***Parágrafo único.*** *A lei disporá sobre a organização, o funcionamento e a competência da Justiça Militar.*

É importante lembrar que essa competência é da Justiça Militar da União, a qual só julgará crimes militares praticados por militares das Forças Armadas. A Constituição também previu a criação da Justiça Militar nos Estados com competência para julgar os militares dos estados (policiais e bombeiros militares) em seu Art. 125, § 3º ao 5º:

> ***Art. 125.*** *Os Estados organizarão sua Justiça, observados os princípios estabelecidos nesta Constituição.*
>
> ***§ 3º*** *- A lei estadual poderá criar, mediante proposta do Tribunal de Justiça, a Justiça Militar estadual, constituída, em primeiro grau, pelos juízes de direito e pelos Conselhos de Justiça e, em segundo grau, pelo próprio Tribunal de Justiça, ou por Tribunal de Justiça Militar nos Estados em que o efetivo militar seja superior a vinte mil integrantes.*
>
> ***§ 4º*** *- Compete à Justiça Militar estadual processar e julgar os militares dos Estados, nos crimes militares definidos em lei e as ações judiciais contra atos disciplinares militares, ressalvada a competência do júri quando a vítima for civil, cabendo ao tribunal competente decidir sobre a perda do posto e da patente dos oficiais e da graduação das praças.*
>
> ***§ 5º*** *- Compete aos juízes de direito do juízo militar processar e julgar, singularmente, os crimes militares cometidos contra civis e as ações judiciais contra atos disciplinares militares, cabendo ao Conselho de Justiça, sob a presidência de juiz de direito, processar e julgar os demais crimes militares.*

Tribunais e juízes estaduais

Em relação aos Tribunais e Juízes estaduais, a Constituição Federal fixou regras gerais e deixou a cargo de cada Estado organizar a sua justiça, observados os princípios estabelecidos na Constituição Federal:

> ***Art. 125.*** *Os Estados organizarão sua Justiça, observados os princípios estabelecidos nesta Constituição.*
>
> ***§ 1º*** *- A competência dos tribunais será definida na Constituição do Estado, sendo a lei de organização judiciária de iniciativa do Tribunal de Justiça.*
>
> ***§ 2º*** *- Cabe aos Estados a instituição de representação de inconstitucionalidade de leis ou atos normativos estaduais ou municipais em face da Constituição Estadual, vedada a atribuição da legitimação para agir a um único órgão.*
>
> ***§ 3º*** *- A lei estadual poderá criar, mediante proposta do Tribunal de Justiça, a Justiça Militar estadual, constituída, em primeiro grau, pelos juízes de direito e pelos Conselhos de Justiça e, em segundo grau, pelo próprio Tribunal de Justiça, ou por Tribunal de Justiça Militar nos Estados em que o efetivo militar seja superior a vinte mil integrantes.*
>
> ***§ 4º*** *- Compete à Justiça Militar estadual processar e julgar os militares dos Estados, nos crimes militares definidos em lei e as ações judiciais contra atos disciplinares militares, ressalvada a competência do júri quando a vítima for civil, cabendo ao tribunal competente decidir sobre a perda do posto e da patente dos oficiais e da graduação das praças.*
>
> ***§ 5º*** *- Compete aos juízes de direito do juízo militar processar e julgar, singularmente, os crimes militares cometidos contra civis e as ações judiciais contra atos disciplinares militares, cabendo ao Conselho de Justiça, sob a presidência de juiz de direito, processar e julgar os demais crimes militares.*
>
> ***§ 6º*** *- O Tribunal de Justiça poderá funcionar descentralizadamente, constituindo Câmaras regionais, a fim de assegurar o pleno acesso do jurisdicionado à justiça em todas as fases do processo.*
>
> ***§ 7º*** *- O Tribunal de Justiça instalará a justiça itinerante, com a realização de audiências e demais funções da atividade jurisdicional, nos limites territoriais da respectiva jurisdição, servindo-se de equipamentos públicos e comunitários.*
>
> ***Art. 126.*** *Para dirimir conflitos fundiários, o Tribunal de Justiça proporá a criação de varas especializadas, com competência exclusiva para questões agrárias.*
>
> ***Parágrafo único.*** *Sempre que necessário à eficiente prestação jurisdicional, o juiz far-se-á presente no local do litígio.*

ÓRGÃO	MEMBROS	IDADE
STF	11	35 - 65
COMPOSIÇÃO		
Brasileiros natos. Notável saber jurídico e reputação ilibada. Nomeado pelo Presidente da República mediante aprovação do Senado pela maioria absoluta.		

ÓRGÃO	MEMBROS	IDADE
CNJ	15	
COMPOSIÇÃO		
Presidente do STF. Indicados pelo STF: 1 desembargador do TJ, 1 juiz estadual. Indicados pelo STJ: 1 ministro do STJ, 1 juiz do TRF, 1 juiz federal. Indicados pelo TST: 1 ministro do TST, 1 juiz do TRT, 1 juiz do trabalho. Indicados pelo PGR: 1 membro do MPE, 1 membro do MPU. Indicados pelo CFOAB: 2 advogados. Indicado pela Câmara: 1 cidadão. Indicado pelo Senado: 1 cidadão.		

ÓRGÃO	MEMBROS	IDADE
STJ	Mínimo de 33	35-65
COMPOSIÇÃO		
Brasileiro. Notável saber jurídico e reputação ilibada. Nomeado pelo Presidente da República mediante aprovação do Senado. 1/3 juízes do TRF. 1/3 desembargadores do TJ. 1/3 advogados e membros do MPF, MPE e MPDFT.		

ÓRGÃO	MEMBROS	IDADE
TRF	Mínimo de 7	30-65
COMPOSIÇÃO		
Nomeados pelo Presidente da República. 1/5 advogados e membros do MPF (os advogados e membros do Ministério Público quando são nomeados para algum cargo do Poder Judiciário pelo Quinto Constitucional precisam comprovar 10 anos de experiência). 4/5 juízes federais.		

ÓRGÃO	MEMBROS	IDADE
TST	27	35-65
COMPOSIÇÃO		
Nomeado pelo Presidente da República mediante aprovação do Senado. 1/5 advogados e membros do MPT. 4/5 juízes do TRT da magistratura de carreira.		

ÓRGÃO	MEMBROS	IDADE
TRT	Mínimo de 7	30-65
COMPOSIÇÃO		
Nomeados pelo Presidente da República. 1/5 advogados e membros do MPT. 4/5 juízes do trabalho.		

ÓRGÃO	MEMBROS	IDADE
TSE	Mínimo de 7	
COMPOSIÇÃO		
Eleição: 3 ministros do STF; 2 ministros do STJ. Nomeação pelo Presidente da República: 2 advogados de notável saber jurídico e idoneidade moral indicados pelo STF.		

ÓRGÃO	MEMBROS	IDADE
TRE	7	
COMPOSIÇÃO		
Eleição: 2 desembargadores do TJ, 2 juízes de direito do TJ. 1 juiz do TRF ou juiz federal. Nomeação pelo Presidente da República: 2 advogados de notável saber jurídico e idoneidade moral indicados pelo TJ.		

ÓRGÃO	MEMBROS	IDADE
STM	15	
COMPOSIÇÃO		
Ministros vitalícios. Nomeados pelo Presidente da República mediante aprovação do Senado. 3 oficiais-generais da Marinha. 4 oficiais-generais do Exército. 3 oficiais-generais da Aeronáutica. 5 civis escolhidos pelo Presidente entre brasileiros com mais de trinta e cinco anos sendo três dentre advogados com mais de dez anos de efetiva atividade profissional e dois entre juízes auditores e membros do MPJM.		

11.3 Análise das Competências dos Órgãos do Poder Judiciário

O sucesso nesta parte da matéria depende de intensa leitura e memorização das competências que serão cobradas em prova. As mais cobradas são, sem dúvida, as do STF e do STJ. Também há grande ocorrência de questões sobre o CNJ. Passa-se à análise de cada um dos órgãos do Poder Judiciário.

Supremo tribunal federal

O Supremo Tribunal Federal é o órgão de cúpula do Poder Judiciário. Também é conhecido como Tribunal Constitucional, pois possui como atribuição precípua a guarda da Constituição Federal. Como protetor do texto constitucional, ele realiza o chamado Controle de Constitucionalidade Concentrado. Nota-se que as competências do STF compõem um rol taxativo e estão distribuídas em três espécies: originária, recursal ordinária e recursal extraordinária.

Originárias – as causas previstas no inciso I do Art. 102 têm início no próprio STF, a quem compete julgar originariamente.

> ***Art. 102.*** *Compete ao Supremo Tribunal Federal, precipuamente, a guarda da Constituição, cabendo-lhe:*
>
> ***I.*** *Processar e julgar, originariamente:*
>
> ***a)*** *A ação direta de inconstitucionalidade de lei ou ato normativo federal ou estadual e a ação declaratória de constitucionalidade de lei ou ato normativo federal;*
>
> ***b)*** *Nas infrações penais comuns, o Presidente da República, o Vice-Presidente, os membros do Congresso Nacional, seus próprios Ministros e o Procurador-Geral da República;*
>
> ***c)*** *Nas infrações penais comuns e nos crimes de responsabilidade, os Ministros de Estado e os Comandantes da Marinha, do Exército e da Aeronáutica, ressalvado o disposto no Art. 52, I, os membros dos Tribunais Superiores, os do Tribunal de Contas da União e os chefes de missão diplomática de caráter permanente;*
>
> ***d)*** *O Habeas Corpus, sendo paciente qualquer das pessoas referidas nas alíneas anteriores; o mandado de segurança e o Habeas Data contra atos do Presidente da República, das Mesas da Câmara dos Deputados e do Senado Federal, do Tribunal de Contas da União, do Procurador-Geral da República e do próprio Supremo Tribunal Federal;*

e) O litígio entre Estado estrangeiro ou organismo internacional e a União, o Estado, o Distrito Federal ou o Território;

f) As causas e os conflitos entre a União e os Estados, a União e o Distrito Federal, ou entre uns e outros, inclusive as respectivas entidades da administração indireta;

g) A extradição solicitada por Estado estrangeiro;

h) (Revogado Emenda Constitucional nº 45, de 2004);

i) O Habeas Corpus, quando o coator for Tribunal Superior ou quando o coator ou o paciente for autoridade ou funcionário cujos atos estejam sujeitos diretamente à jurisdição do Supremo Tribunal Federal, ou se trate de crime sujeito à mesma jurisdição em uma única instância;

j) A revisão criminal e a ação rescisória de seus julgados;

l) A reclamação para a preservação de sua competência e garantia da autoridade de suas decisões;

m) A execução de sentença nas causas de sua competência originária, facultada a delegação de atribuições para a prática de atos processuais;

n) A ação em que todos os membros da magistratura sejam direta ou indiretamente interessados, e aquela em que mais da metade dos membros do tribunal de origem estejam impedidos ou sejam direta ou indiretamente interessados;

o) Os conflitos de competência entre o Superior Tribunal de Justiça e quaisquer tribunais, entre Tribunais Superiores, ou entre estes e qualquer outro tribunal;

p) O pedido de medida cautelar das ações diretas de inconstitucionalidade;

q) O mandado de injunção, quando a elaboração da norma regulamentadora for atribuição do Presidente da República, do Congresso Nacional, da Câmara dos Deputados, do Senado Federal, das Mesas de uma dessas Casas Legislativas, do Tribunal de Contas da União, de um dos Tribunais Superiores, ou do próprio Supremo Tribunal Federal;

r) As ações contra o Conselho Nacional de Justiça e contra o Conselho Nacional do Ministério Público.

Recurso ordinário

Analisa matéria já debatida em instância anterior atuando como tribunal de 2º grau de jurisdição. O Art. 102, II prevê como competência em sede de recurso ordinário:

> ***II.** Julgar, em recurso ordinário:*
>
> ***a)** O Habeas Corpus, o mandado de segurança, o Habeas Data e o mandado de injunção decididos em única instância pelos Tribunais Superiores, se denegatória a decisão;*
>
> ***b)** O crime político.*

Recurso extraordinário

Atua na defesa da norma constitucional. O Art. 102, III, prevê que compete ao STF o julgamento das causas decididas em única ou última instância quando a decisão recorrida:

> ***III.** Julgar, mediante recurso extraordinário, as causas decididas em única ou última instância, quando a decisão recorrida:*
>
> ***a)** Contrariar dispositivo desta Constituição;*
>
> ***b)** Declarar a inconstitucionalidade de tratado ou lei federal;*
>
> ***c)** Julgar válida lei ou ato de governo local contestado em face desta Constituição.*
>
> ***d)** Julgar válida lei local contestada em face de lei federal.*

As questões sobre competências costumam ser bem complicadas, pois exigem do candidato a memorização de vários dispositivos, sem contar que se costuma complicar colocando a competência de um tribunal como se fosse de outro tribunal. Vejamos este exemplo:

Controle de constitucionalidade

O STF, em sede de controle de constitucionalidade concentrado, tem competência para apreciar originariamente a Ação Direta de Inconstitucionalidade e a Ação Declaratória de Constitucionalidade. Essas ações têm como objetivo questionar a constitucionalidade de uma lei ou ato normativo diante da Constituição. Quando esse questionamento se dá diretamente no STF, é necessário que seja apresentado por um dos legitimados que estão previstos no Art. 103:

> ***Art. 103.** Podem propor a ação direta de inconstitucionalidade e a ação declaratória de constitucionalidade:*
>
> ***I.** O Presidente da República;*
>
> ***II.** A Mesa do Senado Federal;*
>
> ***III.** A Mesa da Câmara dos Deputados;*
>
> ***IV.** A Mesa de Assembleia Legislativa ou da Câmara Legislativa do Distrito Federal;*
>
> ***V.** O Governador de Estado ou do Distrito Federal;*
>
> ***VI.** O Procurador-Geral da República;*
>
> ***VII.** O Conselho Federal da Ordem dos Advogados do Brasil;*
>
> ***VIII.** Partido político com representação no Congresso Nacional;*
>
> ***IX.** Confederação sindical ou entidade de classe de âmbito nacional.*
>
> ***§1º** - O Procurador-Geral da República deverá ser previamente ouvido nas ações de inconstitucionalidade e em todos os processos de competência do Supremo Tribunal Federal.*
>
> ***§2º** - Declarada a inconstitucionalidade por omissão de medida para tornar efetiva norma constitucional, será dada ciência ao Poder competente para a adoção das providências necessárias e, em se tratando de órgão administrativo, para fazê-lo em trinta dias.*
>
> ***§ 3º** - Quando o Supremo Tribunal Federal apreciar a inconstitucionalidade, em tese, de norma legal ou ato normativo, citará, previamente, o Advogado-Geral da União, que defenderá o ato ou texto impugnado.*

Deve-se memorizar o rol de legitimados. Observe que os membros do Poder Executivo e Legislativo da União, dos Estados e do Distrito Federal possuem legitimidade para ingressar com essas ações de Controle de Constitucionalidade, contudo as mesmas autoridades no âmbito dos Municípios não possuem tal poder, e isso aparece muito em prova. Prefeito e Mesa da Câmara de Vereadores não possuem legitimidade para propor as ações de controle de constitucionalidade citadas acima.

Observam-se também outros detalhes. No que tange às Casas Legislativas, a competência é da Mesa e não do membro. Mesa da Câmara ou da Assembleia é órgão de direção em que encontram o Presidente da Casa, os Secretários e demais membros de direção.

Quanto aos partidos políticos, não é qualquer partido político que tem legitimidade; tem de ser partido com representação no Congresso Nacional. E representação no Congresso Nacional significa pelo menos um membro em qualquer uma das Casas.

Em relação à confederação sindical ou entidade de classe, não será qualquer uma que possui legitimidade. Deve ser de âmbito nacional.

Súmulas vinculantes

As súmulas vinculantes são ferramentas jurídicas criadas para garantir maior efetividade ao inciso LXXVIII do Art. 5º da

Constituição Federal de 1988 (celeridade processual). Introduzida no direito brasileiro por meio da Emenda Constitucional nº 45/2004, essas súmulas refletem o pensamento do Supremo Tribunal Federal acerca da validade, interpretação e eficácia de algumas normas que já foram analisadas em reiteradas decisões.

A competência para edição dessas súmulas é exclusiva do STF. Após a edição da súmula, ela produz efeitos vinculantes para todos os órgãos do Poder Judiciário e para a Administração Pública direta e indireta, nas esferas federal, estadual e municipal. É importante ressaltar que os efeitos das súmulas vinculantes não atingem o STF nem o Poder Legislativo: o STF, por poder rever ou cancelar a súmula conforme a evolução jurisprudencial; e o Legislativo, por ser o Poder responsável pela inovação legislativa no Brasil.

O seu principal objetivo é diminuir a quantidade de processos com temas idênticos que se acumulam nas diversas instâncias do Judiciário. Ao editar uma súmula vinculante, o STF produz segurança jurídica e evita a multiplicação de processos sobre as questões sumuladas. Esse tema está regulado pelo Art. 103-A da Constituição Federal e a Lei 11.417/2006.

> ***Art. 103-A.*** *O Supremo Tribunal Federal poderá, de ofício ou por provocação, mediante decisão de dois terços dos seus membros, após reiteradas decisões sobre matéria constitucional, aprovar súmula que, a partir de sua publicação na imprensa oficial, terá efeito vinculante em relação aos demais órgãos do Poder Judiciário e à administração pública direta e indireta, nas esferas federal, estadual e municipal, bem como proceder à sua revisão ou cancelamento, na forma estabelecida em lei.*
>
> ***§ 1º*** *- A súmula terá por objetivo a validade, a interpretação e a eficácia de normas determinadas, acerca das quais haja controvérsia atual entre órgãos judiciários ou entre esses e a administração pública que acarrete grave insegurança jurídica e relevante multiplicação de processos sobre questão idêntica.*
>
> ***§ 2º*** *- Sem prejuízo do que vier a ser estabelecido em lei, a aprovação, revisão ou cancelamento de súmula poderá ser provocada por aqueles que podem propor a ação direta de inconstitucionalidade.*
>
> ***§ 3º*** *- Do ato administrativo ou decisão judicial que contrariar a súmula aplicável ou que indevidamente a aplicar, caberá reclamação ao Supremo Tribunal Federal que, julgando-a procedente, anulará o ato administrativo ou cassará a decisão judicial reclamada, e determinará que outra seja proferida com ou sem a aplicação da súmula, conforme o caso.*

Superior tribunal de justiça

O Superior Tribunal de Justiça é o conhecido protetor da legislação federal. Suas competências estão arroladas no Art. 105 da Constituição e estão divididas em: originária, recursal ordinária e recursal especial.

Originária

As causas previstas no inciso I do Art. 105 têm início no próprio STJ, a quem compete julgar originariamente:

> ***a)*** *Nos crimes comuns, os Governadores dos Estados e do Distrito Federal, e, nestes e nos de responsabilidade, os desembargadores dos Tribunais de Justiça dos Estados e do Distrito Federal, os membros dos Tribunais de Contas dos Estados e do Distrito Federal, os dos Tribunais Regionais Federais, dos Tribunais Regionais Eleitorais e do Trabalho, os membros dos Conselhos ou Tribunais de Contas dos Municípios e os do Ministério Público da União que oficiem perante tribunais;*
>
> ***b)*** *Os mandados de segurança e os Habeas Data contra ato de Ministro de Estado, dos Comandantes da Marinha, do Exército e da Aeronáutica ou do próprio Tribunal;*
>
> ***c)*** *Os Habeas Corpus, quando o coator ou paciente for qualquer das pessoas mencionadas na alínea "a", ou quando o coator for tribunal sujeito à sua jurisdição, Ministro de Estado ou Comandante da Marinha, do Exército ou da Aeronáutica, ressalvada a competência da Justiça Eleitoral;*
>
> ***d)*** *Os conflitos de competência entre quaisquer tribunais, ressalvado o disposto no Art. 102, I, "o", bem como entre tribunal e juízes a ele não vinculados e entre juízes vinculados a tribunais diversos;*
>
> ***e)*** *As revisões criminais e as ações rescisórias de seus julgados;*
>
> ***f)*** *A reclamação para a preservação de sua competência e garantia da autoridade de suas decisões;*
>
> ***g)*** *Os conflitos de atribuições entre autoridades administrativas e judiciárias da União, ou entre autoridades judiciárias de um Estado e administrativas de outro ou do Distrito Federal, ou entre as deste e da União;*
>
> ***h)*** *O mandado de injunção, quando a elaboração da norma regulamentadora for atribuição de órgão, entidade ou autoridade federal, da administração direta ou indireta, excetuados os casos de competência do Supremo Tribunal Federal e dos órgãos da Justiça Militar, da Justiça Eleitoral, da Justiça do Trabalho e da Justiça Federal;*
>
> ***i)*** *A homologação de sentenças estrangeiras e a concessão de exequatur às cartas rogatórias.*

Recurso Ordinário

Analisa matéria já debatida em instância anterior atuando como tribunal de 2º grau de jurisdição. O Art. 105, II prevê como competência em sede de recurso ordinário:

> ***a)*** *Os "Habeas Corpus" decididos em única ou última instância pelos Tribunais Regionais Federais ou pelos tribunais dos Estados, do Distrito Federal e Territórios, quando a decisão for denegatória;*
>
> ***b)*** *Os mandados de segurança decididos em única instância pelos Tribunais Regionais Federais ou pelos tribunais dos Estados, do Distrito Federal e Territórios, quando denegatória a decisão;*
>
> ***c)*** *As causas em que forem partes Estado estrangeiro ou organismo internacional, de um lado, e, do outro, Município ou pessoa residente ou domiciliada no País.*

Recurso Especial

Atua na defesa das normas infraconstitucionais federais. O Art. 105, III prevê que compete ao STJ o julgamento das causas decididas em única ou última instância pelos TRFs e TJs que:

> ***a)*** *Contrariar tratado ou lei federal, ou negar-lhe vigência;*
>
> ***b)*** *Julgar válido ato de governo local contestado em face de lei federal;*
>
> ***c)*** *Der a lei federal interpretação divergente da que lhe haja atribuído outro tribunal.*

Conselho nacional de justiça

O Conselho Nacional de Justiça é órgão do poder judiciário, mas não possui função jurisdicional. Sua função é de caráter administrativo.

O CNJ é responsável pela fiscalização administrativa e financeira do Poder Judiciário. Possui também atribuição para fiscalizar os seus membros quanto a observância dos deveres funcionais.

Por fim, deve-se lembrar que o CNJ não possui competência sobre o STF, haja vista este ser o órgão de cúpula de todo o poder judiciário.

***§ 4º** - Compete ao Conselho o controle da atuação administrativa e financeira do Poder Judiciário e do cumprimento dos deveres funcionais dos juízes, cabendo-lhe, além de outras atribuições que lhe forem conferidas pelo Estatuto da Magistratura:*

***I.** Zelar pela autonomia do Poder Judiciário e pelo cumprimento do Estatuto da Magistratura, podendo expedir atos regulamentares, no âmbito de sua competência, ou recomendar providências;*

***II.** Zelar pela observância do Art. 37 e apreciar, de ofício ou mediante provocação, a legalidade dos atos administrativos praticados por membros ou órgãos do Poder Judiciário, podendo desconstituí-los, revê-los ou fixar prazo para que se adotem as providências necessárias ao exato cumprimento da lei, sem prejuízo da competência do Tribunal de Contas da União;*

***III.** Receber e conhecer das reclamações contra membros ou órgãos do Poder Judiciário, inclusive contra seus serviços auxiliares, serventias e órgãos prestadores de serviços notariais e de registro que atuem por delegação do poder público ou oficializados, sem prejuízo da competência disciplinar e correicional dos tribunais, podendo avocar processos disciplinares em curso e determinar a remoção, a disponibilidade ou a aposentadoria com subsídios ou proventos proporcionais ao tempo de serviço e aplicar outras sanções administrativas, assegurada ampla defesa;*

***IV.** Representar ao Ministério Público, no caso de crime contra a administração pública ou de abuso de autoridade;*

***V.** Rever, de ofício ou mediante provocação, os processos disciplinares de juízes e membros de tribunais julgados há menos de um ano;*

***VI.** Elaborar semestralmente relatório estatístico sobre processos e sentenças prolatadas, por unidade da Federação, nos diferentes órgãos do Poder Judiciário;*

***VII.** Elaborar relatório anual, propondo as providências que julgar necessárias, sobre a situação do Poder Judiciário no País e as atividades do Conselho, o qual deve integrar mensagem do Presidente do Supremo Tribunal Federal a ser remetida ao Congresso Nacional, por ocasião da abertura da sessão legislativa.*

***§ 5º** - O Ministro do Superior Tribunal de Justiça exercerá a função de Ministro-Corregedor e ficará excluído da distribuição de processos no Tribunal, competindo-lhe, além das atribuições que lhe forem conferidas pelo Estatuto da Magistratura, as seguintes:*

***I.** Receber as reclamações e denúncias, de qualquer interessado, relativas aos magistrados e aos serviços judiciários;*

***II.** Exercer funções executivas do Conselho, de inspeção e de correição geral;*

***III.** Requisitar e designar magistrados, delegando-lhes atribuições, e requisitar servidores de juízos ou tribunais, inclusive nos Estados, Distrito Federal e Territórios.*

***§ 6º** - Junto ao Conselho oficiarão o Procurador-Geral da República e o Presidente do Conselho Federal da Ordem dos Advogados do Brasil.*

***§ 7º** - A União, inclusive no Distrito Federal e nos Territórios, criará ouvidorias de justiça, competentes para receber reclamações e denúncias de qualquer interessado contra membros ou órgãos do Poder Judiciário, ou contra seus serviços auxiliares, representando diretamente ao Conselho Nacional de Justiça.*

Justiça federal

Estes são os órgãos da chamada Justiça Federal:

***Art. 106.** São órgãos da Justiça Federal:*

***I.** Os Tribunais Regionais Federais;*

***II.** Os Juízes Federais.*

Tribunal regional federal e juízes federais

As competências da Justiça Federal, em regra, estão relacionadas com causas de interesse da União. Atente para esse tema, pois há competências que são dos Tribunais Regionais Federais e outras que são dos Juízes Federais. As provas costumam trocar essas competências umas pelas outras. As primeiras encontram-se definidas no Art. 108 e as dos Juízes Federais estão previstas no Art. 109:

***Art. 108.** Compete aos Tribunais Regionais Federais:*

***I.** Processar e julgar, originariamente:*

***a)** Os juízes federais da área de sua jurisdição, incluídos os da Justiça Militar e da Justiça do Trabalho, nos crimes comuns e de responsabilidade, e os membros do Ministério Público da União, ressalvada a competência da Justiça Eleitoral;*

***b)** As revisões criminais e as ações rescisórias de julgados seus ou dos juízes federais da região;*

***c)** Os mandados de segurança e os Habeas Data contra ato do próprio Tribunal ou de juiz federal;*

***d)** Os Habeas Corpus, quando a autoridade coatora for juiz federal;*

***e)** Os conflitos de competência entre juízes federais vinculados ao Tribunal;*

***II.** Julgar, em grau de recurso, as causas decididas pelos juízes federais e pelos juízes estaduais no exercício da competência federal da área de sua jurisdição.*

***Art. 109.** Aos juízes federais compete processar e julgar:*

***I.** As causas em que a União, entidade autárquica ou empresa pública federal forem interessadas na condição de autoras, rés, assistentes ou oponentes, exceto as de falência, as de acidentes de trabalho e as sujeitas à Justiça Eleitoral e à Justiça do Trabalho;*

***II.** As causas entre Estado estrangeiro ou organismo internacional e Município ou pessoa domiciliada ou residente no País;*

***III.** As causas fundadas em tratado ou contrato da União com Estado estrangeiro ou organismo internacional;*

***IV.** Os crimes políticos e as infrações penais praticadas em detrimento de bens, serviços ou interesse da União ou de suas entidades autárquicas ou empresas públicas, excluídas as contravenções e ressalvada a competência da Justiça Militar e da Justiça Eleitoral;*

***V.** Os crimes previstos em tratado ou convenção internacional, quando, iniciada a execução no País, o resultado tenha ou devesse ter ocorrido no estrangeiro, ou reciprocamente;*

***V-A.** As causas relativas a direitos humanos a que se refere o § 5º deste artigo;*

***VI.** Os crimes contra a organização do trabalho e, nos casos determinados por lei, contra o sistema financeiro e a ordem econômico-financeira;*

***VII.** Os Habeas Corpus, em matéria criminal de sua competência ou quando o constrangimento provier de autoridade cujos atos não estejam diretamente sujeitos a outra jurisdição;*

***VIII.** Os mandados de segurança e os Habeas Data contra ato de autoridade federal, excetuados os casos de competência dos tribunais federais;*

***IX.** Os crimes cometidos a bordo de navios ou aeronaves, ressalvada a competência da Justiça Militar;*

***X.** Os crimes de ingresso ou permanência irregular de estrangeiro, a execução de carta rogatória, após o "exequatur", e de sentença estrangeira, após a homologação, as causas referentes à nacionalidade, inclusive a respectiva opção, e à naturalização;*

***XI.** A disputa sobre direitos indígenas.*

12. FUNÇÕES ESSENCIAIS À JUSTIÇA

As funções essenciais à justiça estão previstas expressamente do Art. 127 ao 135 da Constituição Federal, elas são representadas pelas seguintes instituições:

Ministério Público;

Advocacia Pública;

Defensoria Pública;

Advocacia.

Ao contrário do que muitos pensam, essas instituições não fazem parte do Poder Judiciário, mas desempenham suas funções junto a esse poder. Sua atuação é essencial ao exercício jurisdicional, razão pela qual foram classificadas como funções essenciais. Essa necessidade se justifica em razão da impossibilidade de o Judiciário agir de ofício, ou seja, toda a atuação jurisdicional demanda provocação, a qual será titularizada por uma dessas instituições.

Esses organismos são representados por agentes públicos ou privados cuja função principal é provocar a atuação do Poder Judiciário, o qual se mantém inerte e imparcial, aguardando o momento certo para agir. São em sua essência "advogados".

O Ministério Público é o advogado da Sociedade, pois, conforme prevê o *caput* do Art. 127, incumbe-lhe a tarefa de defender a ordem jurídica, o regime democrático e os interesses sociais e individuais indisponíveis:

> ***Art. 127.*** *O Ministério Público é instituição permanente, essencial à função jurisdicional do Estado, incumbindo-lhe a defesa da ordem jurídica, do regime democrático e dos interesses sociais e individuais indisponíveis.*

A Advocacia Pública advoga para o Estado representando os entes públicos judicial e extrajudicialmente ou mesmo desempenhando atividades de assessoria e consultoria jurídica.

A Defensoria Pública tem como atribuição principal advogar para os necessitados. São os defensores públicos responsáveis pela defesa dos hipossuficientes, aqueles que não possuem recursos financeiros para contratarem advogados privados.

E, por último, há a Advocacia, que, pela lógica, é privada, formada por advogados particulares, os quais são inscritos na Ordem dos Advogados do Brasil e atuam de forma autônoma e independente dentro dos limites estabelecidos em lei.

O objetivo desta breve introdução é apresentar a diferença funcional básica entre as instituições de forma a facilitar o estudo que, a partir de agora, será mais aprofundado, visando a possíveis questões em provas de concursos públicos. Então, analisaremos, a partir de agora, as Funções Essenciais à Justiça.

12.1 Ministério Público

A compreensão dessa instituição inicia-se pela leitura do próprio texto constitucional, que prevê:

O Ministério Público é uma instituição permanente, de natureza política, cujas atribuições possuem natureza administrativa, sem que com isso esteja subordinada ao Poder Executivo.

Fala-se em uma instituição independente e autônoma aos demais Poderes, motivo pelo qual está posicionada constitucionalmente em capítulo à parte na organização dos poderes como uma função essencial à justiça. Como função essencial à justiça, o Ministério Público é responsável pela provocação do Poder Judiciário em defesa da sociedade, quando se tratar de direitos sociais e individuais indisponíveis.

O Ministério Público no Brasil, além de obedecer às regras constitucionais, também é regido por duas normas: Lei Complementar nº 75/93 e a Lei nº 8.625/93. Essa regula o Ministério Público Nacional e é aplicável aos Ministérios Públicos dos Estados. Aquela é específica para o Ministério Público da União. Cada Estado da Federação poderá organizar o seu órgão ministerial editando sua própria Lei Orgânica Estadual.

A seguir, será feita uma leitura da instituição sob a ótica constitucional sem aprofundar nas estruturas lançadas nas referidas leis orgânicas, o que será feito em momento oportuno.

Estrutura orgânica

Para viabilizar o exercício de suas funções, a Constituição Federal organizou o Ministério Público no Art. 128:

> ***Art. 128.*** *O Ministério Público abrange:*
> ***I.*** *o Ministério Público da União, que compreende:*
> ***a)*** *o Ministério Público Federal;*
> ***b)*** *o Ministério Público do Trabalho;*
> ***c)*** *o Ministério Público Militar;*
> ***d)*** *o Ministério Público do Distrito Federal e Territórios;*
> ***II.*** *os Ministérios Públicos dos Estados.*

Fique atento a essa classificação, pois o rol é taxativo e, em prova, os examinadores costumam mencionar a existência de um "Ministério Público Eleitoral" ao se fazer comparativo com a estrutura do Poder Judiciário. Na organização do MPU, não foi prevista a existência de Ministério Público com atribuição Eleitoral, função essa de competência do Ministério Público Federal e do Ministério Público Estadual, conforme prevê a Lei Complementar n° 75/93 (Arts. 72 a 80 da LC n° 75/93).

Como se pode perceber, o Ministério Público está dividido em Ministério Público da União e Ministério Público dos Estados, cada um com sua própria autonomia organizacional e chefia própria. O Ministério Público da União, por sua vez, abrange:

- Ministério Público Federal;
- Ministério Público do Trabalho;
- Ministério Público Militar;
- Ministério Público do Distrito Federal e Territórios.

Existe ainda o Ministério Público junto ao Tribunal de Contas, o qual possui natureza diversa do Ministério Público aqui estudado. Sua organização está atrelada ao Tribunal de Contas do qual faz parte, mas aos seus membros são estendidas as disposições aplicáveis aos Membros do Ministério Público:

> ***Art. 130.*** *Aos membros do Ministério Público junto aos Tribunais de Contas aplicam-se as disposições desta seção pertinentes a direitos, vedações e forma de investidura.*

Atribuições

Suas atribuições se apoiam na defesa da ordem jurídica, do regime democrático e dos interesses sociais e individuais indisponíveis. É um verdadeiro defensor da sociedade e fiscal dos poderes públicos. Em rol meramente exemplificativo, a Constituição previu como funções institucionais o Art. 129:

> ***Art. 129.*** *São funções institucionais do Ministério Público:*
>
> ***I.*** *promover, privativamente, a ação penal pública, na forma da lei;*
>
> ***II.*** *zelar pelo efetivo respeito dos Poderes Públicos e dos serviços de relevância pública aos direitos assegurados nesta Constituição, promovendo as medidas necessárias a sua garantia;*
>
> ***III.*** *promover o inquérito civil e a ação civil pública, para a proteção do patrimônio público e social, do meio ambiente e de outros interesses difusos e coletivos;*
>
> ***IV.*** *promover a ação de inconstitucionalidade ou representação para fins de intervenção da União e dos Estados, nos casos previstos nesta Constituição;*
>
> ***V.*** *defender judicialmente os direitos e interesses das populações indígenas;*
>
> ***VI.*** *expedir notificações nos procedimentos administrativos de sua competência, requisitando informações e documentos para instruí-los, na forma da lei complementar respectiva;*
>
> ***VII.*** *exercer o controle externo da atividade policial, na forma da lei complementar mencionada no artigo anterior;*
>
> ***VIII.*** *requisitar diligências investigatórias e a instauração de inquérito policial, indicados os fundamentos jurídicos de suas manifestações processuais;*
>
> ***IX.*** *exercer outras funções que lhe forem conferidas, desde que compatíveis com sua finalidade, sendo-lhe vedada a representação judicial e a consultoria jurídica de entidades públicas.*
>
> ***§ 1º.*** *A legitimação do Ministério Público para as ações civis previstas neste artigo não impede a de terceiros, nas mesmas hipóteses, segundo o disposto nesta Constituição e na lei.*
>
> ***§ 2º.*** *As funções do Ministério Público só podem ser exercidas por integrantes da carreira, que deverão residir na comarca da respectiva lotação, salvo autorização do chefe da instituição (Redação dada pela Emenda Constitucional nº 45, de 2004).*
>
> ***§ 3º.*** *O ingresso na carreira do Ministério Público far-se-á mediante concurso público de provas e títulos, assegurada a participação da Ordem dos Advogados do Brasil em sua realização, exigindo-se do bacharel em direito, no mínimo, três anos de atividade jurídica e observando-se, nas nomeações, a ordem de classificação (Redação dada pela Emenda Constitucional nº 45, de 2004).*
>
> ***§ 4º.*** *Aplica-se ao Ministério Público, no que couber, o disposto no Art. 93 (Redação dada pela Emenda Constitucional nº 45, de 2004).*
>
> ***§ 5º.*** *A distribuição de processos no Ministério Público será imediata (Incluído pela Emenda Constitucional nº 45, de 2004).*

No desempenho das suas funções institucionais, algumas características foram previstas pela Constituição, as quais são muito importantes para a prova.

Os § 2º e § 3º afirmam que as funções do Ministério Púbico só podem ser exercidas por integrantes da carreira, ou seja, por Membros aprovados em concurso público de provas e títulos, assegurada a participação da OAB durante a sua realização, entre os quais são exigidos os seguintes requisitos:

> ser bacharel em direito;

> possuir, no mínimo, três anos de atividade jurídica.

Em relação à atividade jurídica, deve-se salientar a regulamentação feita pela Resolução nº 40 do Conselho Nacional do Ministério Público, a qual prevê, entre outras atividades, o exercício da advocacia ou de cargo, função e emprego que exija a utilização preponderante de conhecimentos jurídicos, ou até mesmo a realização de cursos de pós-graduação dentro dos parâmetros estabelecidos pela referida resolução. É importante lembrar que esse requisito deverá ser comprovado no momento da investidura no cargo, ou seja, na posse[1], depois de finalizadas todas as fases do concurso.

A Constituição exige ainda que o Membro do Ministério Público resida na comarca de lotação, salvo quando houver autorização do chefe da Instituição. Em razão da semelhança e importância com a carreira da magistratura, a Constituição previu expressamente a aplicação do Art. 93 aos membros do Ministério Público, no que for compatível com a carreira. E, por fim, determina que a distribuição dos processos aos órgãos ministeriais seja feita de forma imediata.

No âmbito de suas atribuições, algumas funções merecem destaque:

Titular da ação penal pública

Segundo o inciso I do Art. 129, compete ao Ministério Público promover, privativamente, a ação penal pública, na forma da lei. A doutrina classifica esse dispositivo como espécie de norma de eficácia contida possuindo aplicabilidade direta e imediata, permitida a regulamentação por lei.

Essa competência é corroborada pela possibilidade de requisição de diligências investigatórias e da instauração de inquérito policial, para que o órgão ministerial formule sua convicção sobre o ilícito penal, o que está previsto no inciso VIII do Art. 129.

Essa exclusividade conferida pela Constituição Federal encontra limitação no próprio texto constitucional, ao permitir o cabimento de ação penal privada subsidiária da pública nos casos em que o Ministério Público fique inerte e não cumpra com sua obrigação[2].

Dessa competência decorre o poder de investigação do Ministério Público, o qual tem sido alvo de muita discussão nos tribunais. Quem não concorda com esse poder sustenta ser a atividade de investigação criminal uma atividade exclusiva da autoridade policial nos termos do Art. 144 da CF.

O posicionamento que tem prevalecido na doutrina e na jurisprudência é no sentido de que o Ministério Público tem legitimidade para promover a investigação criminal, haja vista ser ele o destinatário das informações sobre o fato delituoso produzido no inquérito policial. Ademais, por ter caráter administrativo, o inquérito policial é dispensável, não dependendo o MP da sua existência para promover a persecução penal.

Para a solução desse caso, tem-se aplicado a Teoria dos Poderes Implícitos. Segundo a teoria, as competências expressamente previstas no texto constitucional carregam consigo os meios necessários para sua execução, ou seja, a existência de uma competência explícita implica existência de competências implicitamente previstas e necessárias para execução da atribuição principal. Em suma, se ao Ministério Público compete o oferecimento exclusivo da Ação Penal Pública, por consequência da aplicação dessa teoria, compete também a execução das atividades necessárias à formação da sua opinião sobre o delito. Significa dizer que o poder de investigação criminal está implicitamente previsto no poder de oferecimento da ação penal pública.

1 Resolução do CNMP nº 87, de 27 de junho de 2012.

2 Ações Diretas de Inconstitucionalidade, Ações Declaratórias de Constitucionalidade, Arguição de Descumprimento de Preceito Fundamental.

Legitimidade para promover o inquérito civil e a ação civil pública

O Ministério Público também é competente para promover o inquérito civil e a ação civil pública nos termos do inciso III do Art. 129. Essas ferramentas são utilizadas para a proteção do patrimônio público e social, do meio ambiente e de outros interesses difusos e coletivos.

Entendem-se como interesses difusos aqueles de natureza indivisível, cujos titulares não se podem determinar apesar de estarem ligados uns aos outros pelas circunstâncias fáticas. Interesses coletivos se diferenciam dos difusos na medida em que é possível determinar quem são os titulares do direito.

Segundo a Constituição Federal, a ação civil pública não é medida exclusiva a ser adotada pelo Ministério Público:

> ***Art. 129**, § 1º. A legitimação do Ministério Público para as ações civis previstas neste artigo não impede a de terceiros, nas mesmas hipóteses, segundo o disposto nesta Constituição e na lei.*

A lei de Ação Civil Pública (Lei nº 7.347/85) prevê que são legitimados para propor tal ação, além do MP:

A Defensoria Pública;

A União, os Estados, o Distrito Federal e os Municípios;

A autarquia, empresa pública, fundação ou sociedade de economia mista;

A associação que concomitantemente esteja constituída há pelo menos 1 (um) ano nos termos da lei civil e inclua entre suas finalidades institucionais a proteção ao meio ambiente, ao consumidor, à ordem econômica, à livre concorrência ou ao patrimônio artístico, estético, histórico, turístico e paisagístico.

Já o inquérito civil é procedimento investigatório de caráter administrativo, que poderá ser instaurado pelo Ministério Público com o fim de colher os elementos de prova necessários para a sua convicção sobre o ilícito e, posteriormente, instrução da Ação Civil Pública.

Controle de constitucionalidade

Função das mais relevantes desempenhada pelos órgãos ministeriais ocorre no Controle da Constitucionalidade das leis e atos normativos. Essa atribuição é inerente à sua função de guardião da ordem jurídica. Como protetor da ordem jurídica, compete ao Ministério Público oferecer as ações de controle abstrato de constitucionalidade[3], bem como a Representação Interventiva para fins de intervenção da União e dos Estados nas hipóteses previstas na Constituição Federal.

Controle externo da atividade policial

A Constituição Federal determina que o Ministério Público realize o controle externo da atividade policial. Fala-se em controle externo haja vista o Ministério Público não pertencer à mesma estrutura das forças policiais. É uma instituição totalmente autônoma a qualquer órgão policial, razão pela qual não se pode falar em subordinação dos organismos policiais ao Parquet. A justificativa para essa atribuição decorre do fato de ser ele o destinatário final da atividade policial.

3 Art. 5º, LIX, da CF. *Será admitida ação privada nos crimes de ação pública, se esta não for intentada no prazo legal.*

Se, por um lado, o controle externo objetiva a fiscalização das atividades policiais para que elas não sejam desenvolvidas além dos limites legais, preservando os direitos e garantias fundamentais dos investigados, por outro, garante o seu perfeito desenvolvimento, prevenindo e corrigindo a produção probatória, visando ao adequado oferecimento da ação penal.

O controle externo da atividade policial desenvolvido pelo Ministério Público, além de regulamentado nas respectivas leis orgânicas, está normatizado na Resolução nº 20 do CNMP. Ressalte-se que o controle externo não exime a instituição policial de realizar o seu próprio controle interno por meio das corregedorias e órgãos de fiscalização.

Sujeitam-se ao citado controle externo todas as instituições previstas no Art. 144 da Constituição Federal[4], bem como as demais instituições que possuam parcela do poder de polícia desde que estejam relacionadas com a segurança pública e a persecução criminal.

Conselho nacional do ministério público

O Conselho Nacional do Ministério Público, a exemplo do Conselho Nacional de Justiça, foi criado pela Emenda Constitucional nº 45/2004 com o objetivo de efetuar a fiscalização administrativa e financeira do Ministério Público, bem como o cumprimento dos deveres funcionais de seus membros.

Composição

Segundo o texto constitucional, o CNMP é composto de 14 membros, nomeados pelo Presidente da República, depois de aprovada a escolha pela maioria absoluta do Senado Federal, para um mandato de dois anos, sendo permitida apenas uma recondução. Veja-se a composição prevista pela Constituição Federal no Art. 130-A:

> ***Art. 130-A.** O Conselho Nacional do Ministério Público compõe-se de quatorze membros nomeados pelo Presidente da República, depois de aprovada a escolha pela maioria absoluta do Senado Federal, para um mandato de dois anos, admitida uma recondução, sendo:*
>
> ***I.** o Procurador-Geral da República, que o preside;*
>
> ***II.** quatro membros do Ministério Público da União, assegurada a representação de cada uma de suas carreiras;*
>
> ***III.** três membros do Ministério Público dos Estados;*
>
> ***IV.** dois juízes, indicados um pelo Supremo Tribunal Federal e outro pelo Superior Tribunal de Justiça;*
>
> ***V.** dois advogados, indicados pelo Conselho Federal da Ordem dos Advogados do Brasil;*
>
> ***VI.** dois cidadãos de notável saber jurídico e reputação ilibada, indicados um pela Câmara dos Deputados e outro pelo Senado Federal.*
>
> ***§ 1º.** Os membros do Conselho oriundos do Ministério Público serão indicados pelos respectivos Ministérios Públicos, na forma da lei.*

Atribuições

Vejamos as atribuições previstas constitucionalmente para o CNMP:

4 Art. 144. *A segurança pública, dever do Estado, direito e responsabilidade de todos, é exercida para a preservação da ordem pública e da incolumidade das pessoas e do patrimônio, através dos seguintes órgãos: I - polícia federal; II - polícia rodoviária federal; III - polícia ferroviária federal; IV - polícias civis; V - polícias militares e corpos de bombeiros militares.*

§ 2º. Compete ao Conselho Nacional do Ministério Público o controle da atuação administrativa e financeira do Ministério Público e do cumprimento dos deveres funcionais de seus membros, cabendo-lhe:

I. zelar pela autonomia funcional e administrativa do Ministério Público, podendo expedir atos regulamentares, no âmbito de sua competência, ou recomendar providências;

II. zelar pela observância do Art. 37 e apreciar, de ofício ou mediante provocação, a legalidade dos atos administrativos praticados por membros ou órgãos do Ministério Público da União e dos Estados, podendo desconstituí-los, revê-los ou fixar prazo para que se adotem as providências necessárias ao exato cumprimento da lei, sem prejuízo da competência dos Tribunais de Contas;

III. receber e conhecer das reclamações contra membros ou órgãos do Ministério Público da União ou dos Estados, inclusive contra seus serviços auxiliares, sem prejuízo da competência disciplinar e correicional da instituição, podendo avocar processos disciplinares em curso, determinar a remoção, a disponibilidade ou a aposentadoria com subsídios ou proventos proporcionais ao tempo de serviço e aplicar outras sanções administrativas, assegurada ampla defesa;

IV. rever, de ofício ou mediante provocação, os processos disciplinares de membros do Ministério Público da União ou dos Estados julgados há menos de um ano;

V. elaborar relatório anual, propondo as providências que julgar necessárias sobre a situação do Ministério Público no País e as atividades do Conselho, o qual deve integrar a mensagem prevista no Art. 84, XI.

§ 3º. O Conselho escolherá, em votação secreta, um Corregedor nacional, dentre os membros do Ministério Público que o integram, vedada a recondução, competindo-lhe, além das atribuições que lhe forem conferidas pela lei, as seguintes:

I. receber reclamações e denúncias, de qualquer interessado, relativas aos membros do Ministério Público e dos seus serviços auxiliares;

II. exercer funções executivas do Conselho, de inspeção e correição geral;

III. requisitar e designar membros do Ministério Público, delegando-lhes atribuições, e requisitar servidores de órgãos do Ministério Público.

§ 4º. O Presidente do Conselho Federal da Ordem dos Advogados do Brasil oficiará junto ao Conselho.

§ 5º. Leis da União e dos Estados criarão ouvidorias do Ministério Público, competentes para receber reclamações e denúncias de qualquer interessado contra membros ou órgãos do Ministério Público, inclusive contra seus serviços auxiliares, representando diretamente ao Conselho Nacional do Ministério Público.

Princípios institucionais

A Constituição Federal prevê expressamente no § 1º do Art. 127 os chamados Princípios Institucionais, os quais norteiam o desenvolvimento das atividades dos Órgãos Ministeriais:

> *§ 1º. São princípios institucionais do Ministério Público a unidade, a indivisibilidade e a independência funcional.*

O **Princípio da Unidade** revela que os membros do Ministério Público integram um órgão único chefiado por um Procurador-Geral. Essa unidade é percebida dentro de cada ramo do Ministério Público, não existindo unidade entre o Ministério Público estadual e da União, ou entre os diversos Ministérios Públicos estaduais, ou ainda entre os ramos do Ministério Público da União. Qualquer divisão que exista dentro de um dos Órgãos Ministeriais possui caráter meramente funcional.

Já o **Princípio da Indivisibilidade**, que decorre do Princípio da Unidade, revela a possibilidade de os membros se substituírem sem qualquer prejuízo ao processo, pois o Ministério Público é uno e indivisível. Os membros agem em nome da instituição e nunca em nome próprio, pois pertencem a um só corpo. Esse princípio veda a vinculação de um membro a um processo permitindo, inclusive, a delegação da denúncia a outro membro. Ressalte-se que, como no Princípio da Unidade, a Indivisibilidade só ocorre dentro de um mesmo ramo do Ministério Público.

E, por fim, há o **Princípio da Independência Funcional,** com uma dupla acepção: em relação aos membros e em relação à instituição. No que tange aos membros, o referido Princípio garante uma atuação independente no exercício das suas atribuições sujeitando-se apenas às determinações constitucionais, legais e de sua consciência jurídica, não havendo qualquer hierarquia ou subordinação intelectual entre os membros. Sob a perspectiva da instituição, o Princípio da Independência Funcional elimina qualquer subordinação do Ministério Público a outro Poder. Apesar da Independência Funcional, verifica-se a existência de uma mera hierarquia administrativa.

Além desses princípios expressos na Constituição Federal, a doutrina e a Jurisprudência reconhecem a existência de um princípio implícito no texto constitucional: **Princípio do Promotor Natural**. Esse princípio decorre da interpretação do Art. 129, § 2º, da Constituição, que afirma:

> *§ 2º. As funções do Ministério Público só podem ser exercidas por integrantes da carreira, que deverão residir na comarca da respectiva lotação, salvo autorização do chefe da instituição.*

O Princípio do Promotor Natural veda a designação de membros do Ministério Público fora das hipóteses constitucionais e legais, exigindo que sua atuação seja predeterminada por critérios objetivos aplicáveis a todos os membros da carreira, evitando, assim, que haja designações arbitrárias. O princípio também impede a nomeação de promotor *ad hoc* ou de exceção considerando que as funções do Ministério Público só podem ser desempenhadas por membros da carreira.

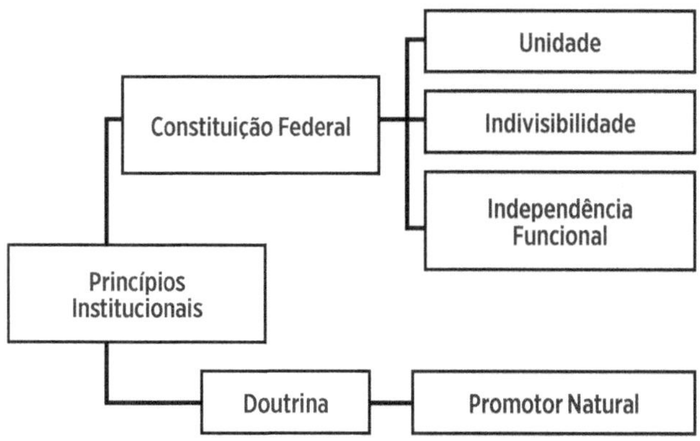

Garantias

O Ministério Público, em razão da importância de sua função, recebeu da Constituição Federal algumas garantias que lhe asseguram a independência necessária para bem desempenhar suas atribuições. E não é só a instituição que possui garantias, mas os membros também. Vejamos o que diz a Constituição sobre as garantias institucionais e dos membros:

> ***Art. 127, § 2º.*** *Ao Ministério Público é assegurada autonomia funcional e administrativa, podendo, observado o disposto no Art. 169, propor ao Poder Legislativo a criação e extinção de seus cargos e serviços auxiliares, provendo-os por concurso público de provas ou de provas e títulos, a política remuneratória e os planos de carreira; a lei disporá sobre sua organização e funcionamento.*
>
> ***§ 3º.*** *O Ministério Público elaborará sua proposta orçamentária dentro dos limites estabelecidos na lei de diretrizes orçamentárias.*
>
> ***§ 4º*** *Se o Ministério Público não encaminhar a respectiva proposta orçamentária dentro do prazo estabelecido na lei de diretrizes orçamentárias, o Poder Executivo considerará, para fins de consolidação da proposta orçamentária anual, os valores aprovados na lei orçamentária vigente, ajustados de acordo com os limites estipulados na forma do § 3º.*
>
> ***§ 5º.*** *Se a proposta orçamentária de que trata este artigo for encaminhada em desacordo com os limites estipulados na forma do § 3º, o Poder Executivo procederá aos ajustes necessários para fins de consolidação da proposta orçamentária anual.*
>
> ***§ 6º.*** *Durante a execução orçamentária do exercício, não poderá haver a realização de despesas ou a assunção de obrigações que extrapolem os limites estabelecidos na lei de diretrizes orçamentárias, exceto se previamente autorizadas, mediante a abertura de créditos suplementares ou especiais.*

O Art. 127, § 2º a § 6º, trata das chamadas **Garantias Institucionais.** Essas garantias visam a conceder maior autonomia à instituição, além de proteger sua independência no exercício de suas atribuições constitucionais. As Garantias Institucionais são de três espécies:

Autonomia funcional: ao desempenhar sua função, o Ministério Público não se subordina a qualquer outra autoridade ou poder, sujeitando-se apenas às determinações constitucionais, legais e de sua consciência jurídica.

Autonomia administrativa: é a capacidade de autogestão, autoadministração e autogoverno. O Ministério Público tem competência para propor ao Legislativo a criação, extinção e organização de seus cargos e carreiras bem como demais atos de gestão.

Autonomia financeira: o Ministério Público pode elaborar sua proposta orçamentária dentro dos limites estabelecidos na Lei de Diretrizes Orçamentárias, tendo liberdade para administrar esses recursos.

Um dos temas mais importantes e que revelam a autonomia administrativa do Ministério Público é a possibilidade que a instituição tem de escolher os seus próprios chefes. Vejamos a literalidade do texto constitucional:

> ***Art. 128, § 1º.*** *O Ministério Público da União tem por chefe o Procurador-Geral da República, nomeado pelo Presidente da República dentre integrantes da carreira, maiores de trinta e cinco anos, após a aprovação de seu nome pela maioria absoluta dos membros do Senado Federal, para mandato de dois anos, permitida a recondução.*
>
> ***§ 2º.*** *A destituição do Procurador-Geral da República, por iniciativa do Presidente da República, deverá ser precedida de autorização da maioria absoluta do Senado Federal.*

No âmbito dessa autonomia, a Constituição previu expressamente que o Procurador-Geral será escolhido pela própria instituição dentre os membros da carreira. No caso do Ministério Público da União, a chefia ficará a cargo do Procurador-Geral da República, o qual será nomeado pelo Presidente da República dentre os membros da carreira com mais de 35 anos de idade, desde que sua escolha seja aprovada pelo voto da maioria absoluta do Senado Federal. O Procurador-Geral da República exercerá seu mandato por dois anos, permitida a recondução. Ao permitir a recondução, a Constituição não estabeleceu limites, de forma que o Procurador-Geral da República poderá ser reconduzido por quantas vezes o Presidente considerar conveniente. Se o Presidente pode nomear o Chefe do MPU, ele também poderá destituí-lo do cargo, desde que autorizado pelo Senado pela mesma quantidade de votos, qual seja, maioria absoluta.

Já em relação à Chefia dos Ministérios Públicos dos Estados e do Distrito Federal e Territórios a regra é um pouco diferente:

> ***Art. 128, § 3º.*** *Os Ministérios Públicos dos Estados e o do Distrito Federal e Territórios formarão lista tríplice dentre integrantes da carreira, na forma da lei respectiva, para escolha de seu Procurador-Geral, que será nomeado pelo Chefe do Poder Executivo, para mandato de dois anos, permitida uma recondução.*
>
> ***§ 4º.*** *Os Procuradores-Gerais nos Estados e no Distrito Federal e Territórios poderão ser destituídos por deliberação da maioria absoluta do Poder Legislativo, na forma da lei complementar respectiva.*

A escolha dos Procuradores-Gerais de Justiça dependerá de nomeação pelo Chefe do Poder Executivo[5], com base em lista tríplice formada dentre os integrantes da carreira, sendo permitida uma recondução. Diferentemente do Procurador-Geral da República, que poderá ser reconduzido várias vezes, o Procurador-Geral de Justiça só poderá ser reconduzido uma única vez. A destituição desses Procuradores-Gerais dependerá da deliberação da maioria absoluta do Poder Legislativo.

Já o Art. 128, § 5º, apresenta as **Garantias dos Membros.**

> ***Art. 128, § 5º.*** *Leis complementares da União e dos Estados, cuja iniciativa é facultada aos respectivos Procuradores-Gerais, estabelecerão a organização, as atribuições e o estatuto de cada Ministério Público, observadas, relativamente a seus membros:*
>
> ***I.*** *as seguintes garantias:*
>
> ***a)*** *vitaliciedade, após dois anos de exercício, não podendo perder o cargo senão por sentença judicial transitada em julgado;*
>
> ***b)*** *inamovibilidade, salvo por motivo de interesse público, mediante decisão do órgão colegiado competente do Ministério Público, pelo voto da maioria absoluta de seus membros, assegurada ampla defesa;*
>
> ***c)*** *irredutibilidade de subsídio, fixado na forma do Art. 39, § 4º, e ressalvado o disposto nos Arts. 37, X e XI, 150, II, 153, III, 153, § 2º, I;*

São duas espécies de garantias dos membros: **Garantias de Independência e Garantias de Imparcialidade.**

As **Garantias de Independência** são prerrogativas inerentes ao cargo e estão previstas no inciso I do referido artigo, as quais visam a garantir aos membros maior liberdade, independência e autonomia no exercício de sua função ministerial. Tais garantias são indisponíveis, proibindo o titular do cargo de dispensar qualquer das prerrogativas. São as garantias da vitaliciedade, inamovibilidade e irredutibilidade dos subsídios.

A **Vitaliciedade** é como se fosse uma estabilidade só que muito mais vantajosa. O membro, ao ingressar na carreira mediante concurso público, torna-se vitalício após o efetivo exercício no cargo pelo prazo de dois anos. Uma vez vitalício só perderá o cargo

5 No caso do Ministério Público do Distrito Federal e Territórios, a nomeação do seu chefe será feita pelo Presidente da República e sua destituição dependerá do voto da maioria absoluta do Senado Federal mediante provocação do Presidente da República.

por sentença judicial transitada em julgado. Após passar pelo estágio probatório de dois anos, um Membro do Ministério Público só perderá o cargo por sentença judicial transitada em julgado.

A **Inamovibilidade** impede a movimentação do membro *ex-ofício* contra a sua vontade. Em regra, o Membro do Ministério Público só poderá ser removido ou promovido por sua própria iniciativa, ressalvados os casos em que houver interesse público. E mesmo quando o interesse público exigir, a remoção dependerá de decisão do órgão colegiado competente pelo voto da maioria absoluta de seus membros, assegurando-se o direito à ampla defesa.

A **Irredutibilidade dos Subsídios** diz respeito à proteção da remuneração do membro ministerial. Subsídio é a forma de retribuição pecuniária paga ao membro do Ministério Público a qual se caracteriza por ser uma parcela única. Com essa garantia, o Membro do Ministério Público poderá trabalhar sem medo de perder sua remuneração.

Ressalta-se que o Supremo Tribunal Federal já entendeu tratar-se esta irredutibilidade como meramente nominal, não protegendo o subsídio da desvalorização provocada por perdas inflacionárias. Lembre-se também de que essa garantia não é absoluta, pois comporta exceções previstas nos Arts. 37, X e XI, 150, II, 153, III, e 153, § 2º, I, da Constituição Federal. Em suma, a irredutibilidade não impedirá a redução do subsídio quando ultrapassar o teto constitucional ou em razão da cobrança do imposto de renda.

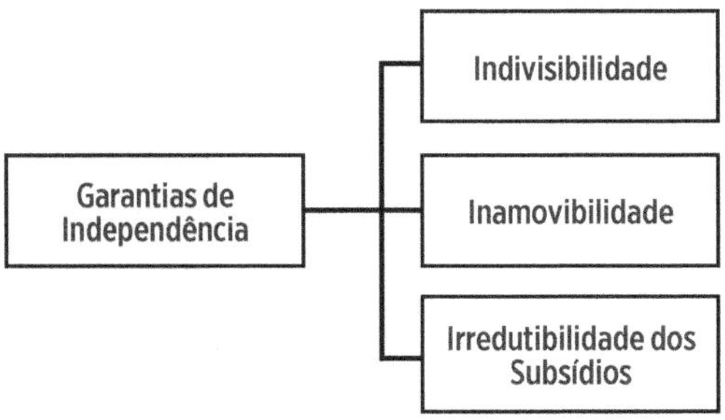

As **Garantias de Imparcialidade** são verdadeiras vedações e visam a garantir uma atuação isenta de qualquer interferência política ou pessoal.

> ***Art. 128, § 5º, II.*** *as seguintes vedações:*
>
> ***a)*** *receber, a qualquer título e sob qualquer pretexto, honorários, percentagens ou custas processuais;*
>
> ***b)*** *exercer a advocacia;*
>
> ***c)*** *participar de sociedade comercial, na forma da lei;*
>
> ***d)*** *exercer, ainda que em disponibilidade, qualquer outra função pública, salvo uma de magistério;*
>
> ***e)*** *exercer atividade político-partidária (Redação dada pela Emenda Constitucional nº 45, de 2004);*
>
> ***f)*** *receber, a qualquer título ou pretexto, auxílios ou contribuições de pessoas físicas, entidades públicas ou privadas, ressalvadas as exceções previstas em lei (Incluída pela Emenda Constitucional nº 45, de 2004).*
>
> ***§ 6º.*** *Aplica-se aos membros do Ministério Público o disposto no Art. 95, parágrafo único, V (Incluído pela Emenda Constitucional nº 45, de 2004).*

Antes de explorar essas regras, faz-se necessária a menção ao Art. 29, § 3º, da ADCT:

> ***§ 3º.*** *Poderá optar pelo regime anterior, no que respeita às garantias e vantagens, o membro do Ministério Público admitido antes da promulgação da Constituição, observando-se, quanto às vedações, a situação jurídica na data desta.*

Esse dispositivo retrata uma peculiaridade interessante a respeito dos Membros do Ministério Público. Antes da promulgação da Constituição Federal de 1988, o regime jurídico a que estavam sujeitos era diferente. A ADCT permitiu aos membros que ingressaram antes de 1988 a escolha do regime jurídico a que estariam sujeitos a partir de então. Os membros que ingressaram na carreira antes de 1988 e que possuíam inscrição na OAB podem advogar desde que tenham optado pelo regime jurídico anterior a 1988. Para os membros que ingressaram na carreira depois da promulgação da Constituição Federal, essa escolha não é permitida, pois estão sujeitos apenas ao regime constitucional atual. Feita essa consideração, passa-se à análise das garantias vigentes.

Deve-se compreender a abrangência das vedações do inciso II do § 5º do Art. 128 da Constituição Federal.

É vedado aos membros do Ministério Público receber, a qualquer título e sob qualquer pretexto, honorários, percentagens ou custas processuais, bem como receber auxílios ou contribuições de pessoas físicas, entidades públicas ou privadas, ressalvadas as exceções previstas em lei. Tais vedações visam a impedir que membros sejam motivados indevidamente a exercer suas funções sob a expectativa de receberem maiores valores pela sua atuação. Percebe-se que a vedação encontra exceção quando a contribuição está prevista em lei. Dessa forma, não ofende a Constituição Federal o recebimento de valores em razão da venda de livros, do exercício do magistério ou mesmo da ministração de palestra.

Outra vedação aplicável aos membros do Parquet é em relação ao exercício da advocacia. Acerca desse impedimento, deve-se ressaltar a situação dos membros do Ministério Público da União que ingressaram na carreira antes de 1988 e que tenham optado pelo regime jurídico anterior, nos termos do § 3º do Art. 29 da ADCT, os quais poderão exercer a advocacia nos termos da Resolução nº 8 do CNMP, com a nova redação dada pela Resolução nº 16.

Ademais, o texto constitucional estendeu aos Membros do Ministério Público a mesma vedação aplicável aos Magistrados no Art. 95, parágrafo único, V, qual seja, a de exercer a advocacia no juízo ou tribunal do qual se afastou, antes de decorridos três anos do afastamento do cargo por aposentadoria ou exoneração. A doutrina tem chamado essa vedação de quarentena.

Os membros do Ministério Público não podem participar de sociedade comercial, na forma da lei. Essa vedação encontra regulamentação na Lei nº 8.625/93, a qual prevê a possibilidade de participação como cotista ou acionista[6].

Também não podem exercer, ainda que em disponibilidade, qualquer outra função pública, salvo uma de magistério. Ressalta-se que o CNMP regulamentou o exercício do magistério, que poderá ser público ou privado, por no máximo 20 horas aula por semana, desde que o horário seja compatível com as atribuições ministeriais e o seu exercício se dê inteiramente em sala de aula[7].

Para evitar que sua atuação seja influenciada por pressões políticas, a Constituição vedou o exercício de atividade político-partidária aos Membros do Ministério Público. Isso significa que, se um membro quiser se filiar ou mesmo exercer um cargo político, deverá se afastar do cargo no Ministério Público. Essa vedação tem caráter absoluto desde a Emenda Constitucional nº 45/2004, a qual foi

6 Lei Orgânica Nacional do Ministério Público, Lei nº 8.625/93, Art. 44, III.
7 Resolução nº 3/2005 – CNMP.

regulamentada pelo Conselho Nacional do Ministério Público, que determinou a aplicação da vedação apenas aos membros que tenham ingressado na carreira após a promulgação da emenda[8].

12.2 Advocacia Pública

A Advocacia Pública é a função essencial à justiça responsável pela defesa dos interesses dos entes estatais, tanto judicialmente quanto extrajudicialmente, bem como as atividades de consultoria e assessoramento jurídico do Poder Executivo.

No âmbito da União, essa atividade é exercida pela Advocacia-Geral da União, enquanto nos Estados, Distrito Federal e nos Municípios, a Advocacia Pública será exercida pelas Procuradorias.

Apesar de não haver previsão constitucional para as Procuradorias Municipais, elas são perfeitamente possíveis desde que previstas na Lei Orgânica do Município ou permitidas sua criação pela Constituição Estadual.

São vistas, a seguir, quais instituições compõem a Advocacia Pública no Brasil.

Advocacia-geral da união (agu)

A AGU é responsável pela assistência jurídica da União, conforme prevê o texto constitucional:

> ***Art. 131.*** *A Advocacia-Geral da União é a instituição que, diretamente ou através de órgão vinculado, representa a União, judicial e extrajudicialmente, cabendo-lhe, nos termos da lei complementar que dispuser sobre sua organização e funcionamento, as atividades de consultoria e assessoramento jurídico do Poder Executivo.*
>
> ***§ 1º.*** *A Advocacia-Geral da União tem por chefe o Advogado-Geral da União, de livre nomeação pelo Presidente da República dentre cidadãos maiores de trinta e cinco anos, de notável saber jurídico e reputação ilibada.*

A chefia desse órgão fica a cargo do Advogado-Geral da União, o qual é nomeado livremente pelo Presidente da República, entre os cidadãos maiores de trinta e cinco anos, com notável saber jurídico e reputação ilibada. Segundo a Lei nº 10.683/03, em seu Art. 25, o Advogado-Geral da União é considerado Ministro de Estado, sendo-lhe aplicadas todas as prerrogativas inerentes ao *status*. Atente-se para isso em prova, visto que, para ser o Chefe dessa Instituição, não é necessário ser membro da carreira nem depende de aprovação do Senado Federal. É um cargo de livre nomeação e exoneração cuja confiança do Presidente da República se torna o principal critério para a escolha do seu titular.

Um detalhe muito importante e que pode ser cobrado em prova é que a Constituição Federal, ao apontar as competências dessa instituição, afirmou que a AGU representa judicial e extrajudicialmente a União e em relação a consultoria e assessoramento jurídico apenas ao Poder Executivo. Essas competências foram confirmadas na Lei Orgânica da Advocacia-Geral da União (Lei Complementar nº 73/93):

> ***Art. 1º.*** *A Advocacia-Geral da União é a instituição que representa a União judicial e extrajudicialmente.*
>
> ***Parágrafo único.*** *À Advocacia-Geral da União cabem as atividades de consultoria e assessoramento jurídicos ao Poder Executivo, nos termos desta Lei Complementar.*

Enquanto a atividade de consultoria e assessoramento jurídico restringe-se apenas ao Poder Executivo, a representação judicial e extrajudicial abrangerá todos os Poderes da União (Executivo, Legislativo e Judiciário), bem como suas autarquias e fundações públicas, conforme esclarece a Lei nº 9.028/95:

> ***Art. 22.*** *A Advocacia-Geral da União e os seus órgãos vinculados, nas respectivas áreas de atuação, ficam autorizados a representar judicialmente os titulares e os membros dos Poderes da República, das Instituições Federais referidas no Título IV, Capítulo IV, da Constituição, bem como os titulares dos Ministérios e demais órgãos da Presidência da República, de autarquias e fundações públicas federais, e de cargos de natureza especial, de direção e assessoramento superiores e daqueles efetivos, inclusive promovendo ação penal privada ou representando perante o Ministério Público, quando vítimas de crime, quanto a atos praticados no exercício de suas atribuições constitucionais, legais ou regulamentares, no interesse público, especialmente da União, suas respectivas autarquias e fundações, ou das Instituições mencionadas, podendo, ainda, quanto aos mesmos atos, impetrar Habeas Corpus e mandado de segurança em defesa dos agentes públicos de que trata este artigo.*

É importante lembrar também que o ingresso na carreira da AGU depende de aprovação em concurso público de provas e títulos nos termos do Art. 131, § 2º:

> ***§ 2º.*** *O ingresso nas classes iniciais das carreiras da instituição de que trata este artigo far-se-á mediante concurso público de provas e títulos.*

Destaca-se ainda a atuação da AGU na defesa da República Federativa do Brasil em demandas instauradas perante Cortes Internacionais.

Além das diversas carreiras que serão vistas, não se pode esquecer dos Advogados da União, os quais são responsáveis pela defesa da União quando esta se encontra em juízo.

Procuradoria-geral da fazenda nacional (pgfn)

A PGFN é órgão vinculado a AGU responsável pelas ações de natureza tributária, cujo objetivo principal é garantir o recebimento de recursos de origem fiscal. A Constituição assim define sua competência no Art. 131:

> ***Art. 131, § 3º.*** *Na execução da dívida ativa de natureza tributária, a representação da União cabe à Procuradoria-Geral da Fazenda Nacional, observado o disposto em lei.*

Procuradoria-geral federal

A Procuradoria-Geral Federal, órgão vinculado à AGU, é responsável pela representação judicial e extrajudicial das autarquias e fundações públicas da União por meio dos Procuradores Federais. Sua previsão não é constitucional, mas está descrita na Lei nº 10.480/2002:

> ***Art. 10.*** *À Procuradoria-Geral Federal compete a representação judicial e extrajudicial das autarquias e fundações públicas federais, as respectivas atividades de consultoria e assessoramento jurídicos, a apuração da liquidez e certeza dos créditos, de qualquer natureza, inerentes às suas atividades, inscrevendo-os em dívida ativa, para fins de cobrança amigável ou judicial.*

Em relação ao Banco Central, autarquia vinculada a União, foi prevista carreira própria regulamentada na Lei nº 9.650/98, a qual localizou o Procurador do Banco Central como membro de carreira da própria instituição. Apesar disso, o Procurador do Banco Central está vinculado à AGU.

8 Resolução nº 5/2006 – CNMP.

Procuradoria-geral dos estados e do distrito federal

No âmbito dos Estados e do Distrito Federal, a consultoria jurídica e a representação judicial serão realizadas pelos Procuradores dos Estados e do Distrito Federal, conforme preleciona o Art. 132 da Constituição Federal:

> ***Art. 132.*** *Os Procuradores dos Estados e do Distrito Federal, organizados em carreira, na qual o ingresso dependerá de concurso público de provas e títulos, com a participação da Ordem dos Advogados do Brasil em todas as suas fases, exercerão a representação judicial e a consultoria jurídica das respectivas unidades federadas.*
>
> ***Parágrafo único.*** *Aos procuradores referidos neste artigo é assegurada estabilidade após três anos de efetivo exercício, mediante avaliação de desempenho perante os órgãos próprios, após relatório circunstanciado das corregedorias.*

Segundo a Constituição, o ingresso na carreira depende de concurso público de provas e títulos, cuja participação da OAB é obrigatória em todas as suas fases, não sendo admitido, portanto, que as atividades de representação judicial e de consultoria jurídica sejam realizadas por ocupantes de cargos em comissão.

Apesar de não haver previsão constitucional, o STF já decidiu que devem ser aplicadas simetricamente as mesmas regras da União para a nomeação do Procurador-Geral das Unidades Federadas. Dessa forma, o Governador detém a competência de nomear e exonerar livremente o chefe da Instituição, não se exigindo que o titular do referido cargo seja membro da carreira.

Por fim, a Constituição Federal garantiu aos procuradores estaduais e do Distrito Federal, estabilidade após três anos de efetivo exercício mediante avaliação de desempenho perante os órgãos próprios, após relatório circunstanciado das corregedorias.

Procuradoria dos municípios

Conforme já estudado, não existe previsão constitucional para a criação das procuradorias municipais, não havendo da mesma forma qualquer impedimento para sua criação. Logo, cada município poderá criar sua própria procuradoria, desde que prevista essa possibilidade na Constituição Estadual ou na Lei Orgânica do Município.

12.3 Defensoria Pública

Como instituição essencial ao funcionamento da Justiça, a Defensoria Pública é responsável, em primeiro plano, pela assistência jurídica e gratuita dos hipossuficientes, os quais não possuem recursos financeiros para contratar um advogado. Essa função tipicamente realizada pela Defensoria concretiza o direito fundamental expresso no Art. 5º, LXXIV, da Constituição:

> ***Art. 5º****, LXXIV. O Estado prestará assistência jurídica integral e gratuita aos que comprovarem insuficiência de recursos.*

Complementando esse dispositivo, a Constituição previu no Art. 134 algumas regras sobre a Defensoria:

> ***Art. 134.*** *A Defensoria Pública é instituição permanente, essencial à função jurisdicional do Estado, incumbindo-lhe, como expressão e instrumento do regime democrático, fundamentalmente, a orientação jurídica, a promoção dos direitos humanos e a defesa, em todos os graus, judicial e extrajudicial, dos direitos individuais e coletivos, de forma integral e gratuita, aos necessitados, na forma do inciso LXXIV do Art. 5º desta Constituição Federal. (Redação dada pela Emenda Constitucional nº 80, de 2014)*
>
> ***§ 1º.*** *Lei complementar organizará a Defensoria Pública da União e do Distrito Federal e dos Territórios e prescreverá normas gerais para sua organização nos Estados, em cargos de carreira, providos, na classe inicial, mediante concurso público de provas e títulos, assegurada a seus integrantes a garantia da inamovibilidade e vedado o exercício da advocacia fora das atribuições institucionais.*
>
> ***§ 2º.*** *Às Defensorias Públicas Estaduais são asseguradas autonomia funcional e administrativa e a iniciativa de sua proposta orçamentária dentro dos limites estabelecidos na lei de diretrizes orçamentárias e subordinação ao disposto no Art. 99, § 2º.*
>
> ***§ 3º*** *Aplica-se o disposto no § 2º às Defensorias Públicas da União e do Distrito Federal. (Incluído pela Emenda Constitucional nº 74, de 2013)*
>
> ***§ 4º*** *São princípios institucionais da Defensoria Pública a unidade, a indivisibilidade e a independência funcional, aplicando-se também, no que couber, o disposto no Art. 93 e no inciso II do Art. 96 desta Constituição Federal. (Incluído pela Emenda Constitucional nº 80, de 2014)*

Atualmente, cada Unidade Federativa é responsável pela organização da sua Defensoria Pública, havendo ainda uma Defensoria no âmbito da União e no Distrito Federal.

As Defensorias Estaduais possuem autonomia funcional e administrativa não se admitindo sua subordinação a nenhum dos poderes. Sua autonomia avança ainda nas questões orçamentárias permitindo que tenha iniciativa própria para apresentação de proposta orçamentária dentro dos limites estabelecidos na lei de diretrizes orçamentárias.

A Emenda Constitucional nº 74, de 06 de agosto de 2013, introduziu o § 3º ao Art. 134, da CF para conferir autonomia funcional e administrativa e a iniciativa de proposta orçamentária também às Defensorias Públicas da União e do Distrito Federal.

Segundo a Lei Complementar nº 80/94 que organiza a Defensoria Pública:

> ***Art. 2º.*** *A Defensoria Pública abrange:*
>
> ***I.*** *a Defensoria Pública da União;*
>
> ***II.*** *a Defensoria Pública do Distrito Federal e dos Territórios;*
>
> ***III.*** *as Defensorias Públicas dos Estados.*

Cabe aos Defensores Públicos a assistência jurídica integral dos hipossuficientes, não se limitando apenas à defesa judicial. A Lei Complementar nº 80/94 traz extenso rol de atribuições:

> ***Art. 4º.*** *São funções institucionais da Defensoria Pública, dentre outras:*
>
> ***I.*** *prestar orientação jurídica e exercer a defesa dos necessitados, em todos os graus (Redação dada pela Lei Complementar nº 132, de 2009);*
>
> ***II.*** *promover, prioritariamente, a solução extrajudicial dos litígios, visando à composição entre as pessoas em conflito de interesses, por meio de mediação, conciliação, arbitragem e demais técnicas de composição e administração de conflitos;*
>
> ***III.*** *promover a difusão e a conscientização dos direitos humanos, da cidadania e do ordenamento jurídico;*
>
> ***IV.*** *prestar atendimento interdisciplinar, por meio de órgãos ou de servidores de suas Carreiras de apoio para o exercício de suas atribuições;*
>
> ***V.*** *exercer, mediante o recebimento dos autos com vista, a ampla defesa e o contraditório em favor de pessoas naturais e jurídicas, em processos administrativos e judiciais, perante todos os órgãos e em todas as instâncias, ordinárias ou extraordinárias, utilizando todas as medidas capazes de propiciar a adequada e efetiva defesa de seus interesses;*

VI. representar aos sistemas internacionais de proteção dos direitos humanos, postulando perante seus órgãos;

VII. promover ação civil pública e todas as espécies de ações capazes de propiciar a adequada tutela dos direitos difusos, coletivos ou individuais homogêneos quando o resultado da demanda puder beneficiar grupo de pessoas hipossuficientes;

VIII. exercer a defesa dos direitos e interesses individuais, difusos, coletivos e individuais homogêneos e dos direitos do consumidor, na forma do inciso LXXIV do Art. 5º da Constituição Federal;

IX. impetrar Habeas Corpus, mandado de injunção, Habeas Data e mandado de segurança ou qualquer outra ação em defesa das funções institucionais e prerrogativas de seus órgãos de execução;

X. promover a mais ampla defesa dos direitos fundamentais dos necessitados, abrangendo seus direitos individuais, coletivos, sociais, econômicos, culturais e ambientais, sendo admissíveis todas as espécies de ações capazes de propiciar sua adequada e efetiva tutela;

XI. exercer a defesa dos interesses individuais e coletivos da criança e do adolescente, do idoso, da pessoa portadora de necessidades especiais, da mulher vítima de violência doméstica e familiar e de outros grupos sociais vulneráveis que mereçam proteção especial do Estado;

XIV. acompanhar inquérito policial, inclusive com a comunicação imediata da prisão em flagrante pela autoridade policial, quando o preso não constituir advogado (Incluído pela Lei Complementar nº 132, de 2009);

XV. patrocinar ação penal privada e a subsidiária da pública (Incluído pela Lei Complementar nº 132, de 2009);

XVI. exercer a curadoria especial nos casos previstos em lei (Incluído pela Lei Complementar nº 132, de 2009);

XVII. atuar nos estabelecimentos policiais, penitenciários e de internação de adolescentes, visando a assegurar às pessoas, sob quaisquer circunstâncias, o exercício pleno de seus direitos e garantias fundamentais (Incluído pela Lei Complementar nº 132, de 2009);

XVIII. atuar na preservação e reparação dos direitos de pessoas vítimas de tortura, abusos sexuais, discriminação ou qualquer outra forma de opressão ou violência, propiciando o acompanhamento e o atendimento interdisciplinar das vítimas (Incluído pela Lei Complementar nº 132, de 2009);

XIX. atuar nos Juizados Especiais (Incluído pela Lei Complementar nº 132, de 2009);

XX. participar, quando tiver assento, dos conselhos federais, estaduais e municipais afetos às funções institucionais da Defensoria Pública, respeitadas as atribuições de seus ramos (Incluído pela Lei Complementar nº 132, de 2009);

XXI. executar e receber as verbas sucumbenciais decorrentes de sua atuação, inclusive quando devidas por quaisquer entes públicos, destinando-as a fundos geridos pela Defensoria Pública e destinados, exclusivamente, ao aparelhamento da Defensoria Pública e à capacitação profissional de seus membros e servidores(Incluído pela Lei Complementar nº 132, de 2009);

XXII. convocar audiências públicas para discutir matérias relacionadas às suas funções institucionais(Incluído pela Lei Complementar nº 132, de 2009).

Por fim, cabe destacar que, assim como os Advogados Públicos, os Defensores Públicos são remunerados por meio de subsídio:

> ***Art. 135.** Os servidores integrantes das carreiras disciplinadas nas Seções II e III deste Capítulo serão remunerados na forma do Art. 39, § 4º.*

12.4 Advocacia

Quando a Constituição Federal se refere à Advocacia, fala-se do advogado privado, profissional autônomo, indispensável à função jurisdicional. Os advogados estão vinculados à Ordem dos Advogados do Brasil, entidade de classe de natureza especial, não vinculada aos Poderes do Estado e que tem como atribuições controlar, fiscalizar e selecionar novos profissionais para o exercício da Carreira.

Segundo a Constituição Federal:

> ***Art. 133.** O advogado é indispensável à administração da justiça, sendo inviolável por seus atos e manifestações no exercício da profissão, nos limites da lei.*

Esse dispositivo revela dois princípios que regem a advocacia no Brasil: o princípio da indispensabilidade e o da inviolabilidade.

Segundo o princípio da indispensabilidade, o advogado é indispensável à administração da Justiça, pois só ele possui a chamada capacidade postulatória. Logicamente, esse princípio não goza de caráter absoluto, sendo permitida a capacidade de postular ao próprio interessado em situações expressamente previstas na Constituição Federal como no *Habeas Corpus* e nos juizados especiais.

Destaca-se ainda que nos processos administrativos disciplinares a ausência de defesa técnica por meio de advogado não gera nulidade ao procedimento[9].

Já o princípio da inviolabilidade constitui norma que visa a garantir ao advogado o exercício das suas atribuições de forma independente e autônoma às demais instituições do Estado. Da mesma forma, esse princípio não goza de caráter absoluto, sendo possível a limitação quando seus atos e atribuições não estiverem ligados ao exercício da profissão nos termos do Estatuto da Advocacia[10].

Como condição para o exercício dessa profissão, o STF já declarou que é constitucional a necessidade de aprovação do Exame de Ordem aplicado pela OAB aos bacharéis em direito.

A amplitude desse tema requer análise aprofundada, a qual é feita em disciplina própria. Aqui foi feita uma breve análise constitucional do instituto.

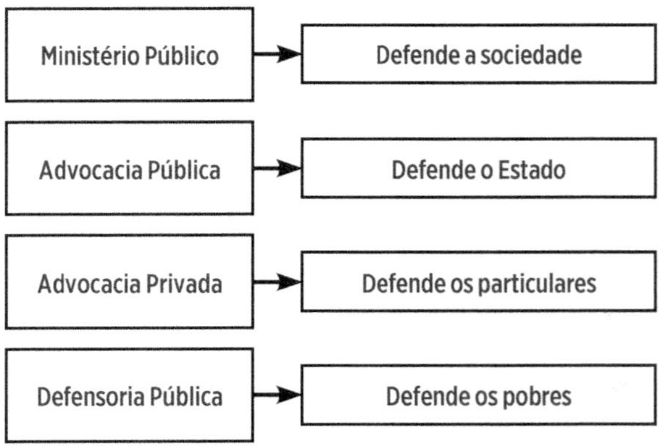

9 Súmula Vinculante nº 5: *A falta de defesa técnica por advogado no processo administrativo disciplinar não ofende a Constituição.*

10 Lei nº 8.906/94.

13. DEFESA DO ESTADO E DAS INSTITUIÇÕES DEMOCRÁTICAS

No título V, Arts. 136 a 144, a Constituição Federal apresenta instrumentos eficazes na proteção do Estado e de toda estrutura democrática. Os instrumentos disponibilizados são o Sistema Constitucional de Crises que compreende o Estado de Defesa e o Estado de Sítio, Forças Armadas e Segurança Pública, os quais serão analisados a partir de agora.

13.1 Sistema Constitucional de Crises

O Sistema Constitucional de Crises é um conjunto de medidas criadas pela Constituição Federal para restabelecer a ordem constitucional em momentos de crises político-institucionais. Antes de tratar das espécies em si, deve-se ressaltar algumas características essenciais desses institutos.

É necessário partir do pressuposto de que o **Estado de sítio é mais grave que o estado de defesa.** Essa compreensão permite entender que as medidas adotadas no Estado de Sítio serão mais gravosas que no Estado de Defesa.

Outro ponto interessante são os princípios que regem o Sistema Constitucional de Crises. As duas medidas devem observar os seguintes princípios:

Necessidade

Só podem ser decretadas em último caso.

Proporcionalidade

As medidas adotadas devem ser proporcionais aos problemas existentes.

Temporariedade

As medidas do Sistema Constitucional de Crises devem ser temporárias. Devem durar apenas o tempo necessário para resolver a crise.

Legalidade

As medidas devem guardar respeito à lei. E aqui é possível vislumbrar duas perspectivas acerca da legalidade:

Stricto sensu: As medidas devem respeitar os limites estabelecidos nos Decretos Presidenciais que autorizam a execução. É uma perspectiva mais restrita da legalidade;

Lato sensu: As medidas precisam respeitar a lei em sentido amplo, ou seja, toda a legislação brasileira, incluindo a Constituição Federal.

Trabalhados esses conceitos iniciais, agora será abordado cada um dos institutos do Sistema Constitucional de Crises em espécie. Inicia-se pelo Estado de Defesa.

Estado de defesa

O Estado de Defesa está regulamentado no Art. 136 da Constituição e o seu χαπυτ apresenta algumas informações importantíssimas:

> ***Art. 136.*** *O Presidente da República pode, ouvidos o Conselho da República e o Conselho de Defesa Nacional, decretar estado de defesa para preservar ou prontamente restabelecer, em locais restritos e determinados, a ordem pública ou a paz social ameaçadas por grave e iminente instabilidade institucional ou atingidas por calamidades de grandes proporções na natureza.*

Esse dispositivo enumera as **hipóteses de cabimento da medida ou quais são os seus objetivos**: preservar ou prontamente restabelecer a ordem pública ou a paz social ameaçadas por grave e iminente instabilidade institucional ou atingidas por calamidades de grandes proporções na natureza. Qualquer circunstância dessas autoriza a decretação de Estado de Defesa. Lembre-se de que esse rol é taxativo. Só essas situações podem autorizar a medida.

Um detalhe interessante e que pode funcionar como ponto de distinção entre o Estado de Sítio e de Defesa é a área abrangida. O texto constitucional apresentado determina que as áreas abrangidas pela medida sejam locais restritos e determinados.

Outro ponto importante e que é frequente cobrado em prova diz respeito ao tempo de duração do Estado de Defesa. Segundo Art. 136, § 2º, essa medida de contenção de crises poderá durar 30 dias, podendo prorrogar mais uma vez por igual período:

> ***§ 2º.*** *O tempo de duração do estado de defesa não será superior a trinta dias, podendo ser prorrogado uma vez, por igual período, se persistirem as razões que justificaram a sua decretação.*

Não se esqueça de que o prazo só poderá ser prorrogado uma única vez.

Como característica principal da execução do Estado de Defesa está a possibilidade de se restringirem alguns direitos, os quais estão previamente definidos nos §§ 1º a 3º do Art. 136:

> ***§ 1º.*** *O decreto que instituir o estado de defesa determinará o tempo de sua duração, especificará as áreas a serem abrangidas e indicará, nos termos e limites da lei, as medidas coercitivas a vigorarem, dentre as seguintes:*
>
> ***I.*** *restrições aos direitos de:*
>
> ***a)*** *reunião, ainda que exercida no seio das associações;*
>
> ***b)*** *sigilo de correspondência;*
>
> ***c)*** *sigilo de comunicação telegráfica e telefônica;*
>
> ***II.*** *ocupação e uso temporário de bens e serviços públicos, na hipótese de calamidade pública, respondendo a União pelos danos e custos decorrentes.*
>
> ***§ 3º.*** *Na vigência do estado de defesa:*
>
> ***I.*** *a prisão por crime contra o Estado, determinada pelo executor da medida, será por este comunicada imediatamente ao juiz competente, que a relaxará, se não for legal, facultado ao preso requerer exame de corpo de delito à autoridade policial;*
>
> ***II.*** *a comunicação será acompanhada de declaração, pela autoridade, do estado físico e mental do detido no momento de sua autuação;*
>
> ***III.*** *a prisão ou detenção de qualquer pessoa não poderá ser superior a dez dias, salvo quando autorizada pelo Poder Judiciário;*
>
> ***IV.*** *é vedada a incomunicabilidade do preso.*

Alguns pontos merecem um destaque especial. Devido à gravidade da situação e à excepcionalidade das medidas, a Constituição autoriza a restrição de vários direitos fundamentais, por exemplo, o direito de reunião, o sigilo das correspondências, das comunicações telegráficas e telefônicas.

Essas medidas restritivas dispensam autorização judicial, inclusive a decretação de prisão que será determinada pela própria autoridade executora do Estado de Defesa e poderá durar até dez dias. A prisão deverá ser comunicada imediatamente ao juiz o qual poderá prorrogá-la por período superior.

Não se deve esquecer que, mesmo em um momento de crise, como esse em que muitos direitos constitucionais são flexibilizados, é vedada pela Constituição Federal a incomunicabilidade do preso. A ele deverá ser garantido o direito de falar com seu familiar ou advogado, além do direito de ter preservada sua integridade.

Para que seja decretado o Estado de Defesa, a Constituição previu alguns procedimentos. Primeiramente, deve-se lembrar que a decretação é competência do Presidente da República. Antes de executar a medida, ele deverá consultar o Conselho de Defesa Nacional e o Conselho da República os quais emitirão um parecer acerca da situação. Apesar da obrigatoriedade em ouvir os Conselhos, o Presidente não está vinculado ao seus pareceres. Significa dizer que os pareceres emitidos pelos conselhos são meramente opinativos.

Ouvidos os Conselhos, o Presidente decreta a medida e imediatamente submete o decreto ao Congresso Nacional para aprovação. A decisão do Congresso Nacional é definitiva. Caso o decreto seja rejeitado, o Estado de Defesa cessa imediatamente.

> ***§ 4º.*** *Decretado o estado de defesa ou sua prorrogação, o Presidente da República, dentro de vinte e quatro horas, submeterá o ato com a respectiva justificação ao Congresso Nacional, que decidirá por maioria absoluta.*
>
> ***§ 5º.*** *Se o Congresso Nacional estiver em recesso, será convocado, extraordinariamente, no prazo de cinco dias.*
>
> ***§ 6º.*** *O Congresso Nacional apreciará o decreto dentro de dez dias contados de seu recebimento, devendo continuar funcionando enquanto vigorar o estado de defesa.*
>
> ***§ 7º.*** *Rejeitado o decreto, cessa imediatamente o estado de defesa.*

Apesar de ser caracterizado por medidas excepcionais, que restringem sobremaneira os direitos e garantias fundamentais, o Controle Constitucional de Crises não está imune à fiscalização por parte dos poderes públicos. Havendo excessos nas medidas adotadas, a Constituição prevê a possibilidade de responsabilização dos agentes por seus atos. A doutrina constitucional prevê duas formas de controle: Controle Político e Controle Jurisdicional.

O Controle Político é realizado basicamente pelo Congresso Nacional, que o efetuará de três formas:

Imediato: ocorre logo após a decretação da medida conforme o § 4º do Art. 136.

Concomitante: ocorre durante a execução do Estado de Defesa conforme § 6º do Art. 136 e Art. 140.

> ***Art. 140.*** *A Mesa do Congresso Nacional, ouvidos os líderes partidários, designará Comissão composta de cinco de seus membros para acompanhar e fiscalizar a execução das medidas referentes ao estado de defesa e ao estado de sítio.*

Sucessivo (posterior): ocorre após a execução da medida nos termos do Art. 141:

> ***Art. 141.*** *Cessado o estado de defesa ou o estado de sítio, cessarão também seus efeitos, sem prejuízo da responsabilidade pelos ilícitos cometidos por seus executores ou agentes.*
>
> ***Parágrafo único.*** *Logo que cesse o estado de defesa ou o estado de sítio, as medidas aplicadas em sua vigência serão relatadas pelo Presidente da República, em mensagem ao Congresso Nacional, com especificação e justificação das providências adotadas, com relação nominal dos atingidos e indicação das restrições aplicadas.*

O Controle Jurisdicional é o realizado pelo Poder Judiciário, e ocorrerá de duas formas:

Concomitante: durante a execução da medida. Veja-se o disposto no Art. 136, § 3º;

Sucessivo (Posterior): após a execução da medida nos termos do Art. 141.

Estado de sítio

O Estado de Sítio é mais gravoso que o Estado de Defesa. Por consequência, as medidas adotadas nesse caso terão maior efeito restritivo aos direitos fundamentais.

Primeiramente são abordadas às hipóteses de cabimento do Estado de Sítio, que estão previstas no Art. 137, I e II:

> ***I.*** *comoção grave de repercussão nacional ou ocorrência de fatos que comprovem a ineficácia de medida tomada durante o estado de defesa;*
>
> ***II.*** *declaração de estado de guerra ou resposta a agressão armada estrangeira.*

A doutrina faz uma distinção interessante entre os dois incisos, classificando-os em Repressivo e Defensivo. O Estado de Sítio Repressivo está previsto no inciso I, haja vista ser necessária a atuação dos poderes públicos para conter a situação de crise. Já o inciso II, é chamado de Estado de Sítio Defensivo, pois o poder público utiliza a medida como forma de se defender de agressões externas.

Um ponto distintivo entre o Estado de Defesa e o Estado de Sítio, muito cobrado em prova, refere-se à área abrangida. Segundo o inciso I do Art. 137, será decretada a medida quando a crise tiver repercussão nacional. Quando o candidato encontrar na prova o termo "repercussão nacional", deve associar com o Estado de Sítio. Diferentemente, se estiver escrito "local restrito e determinado", relacionar o dispositivo com Estado de Defesa.

Um tema muito cobrado em prova é o tempo de duração do Estado de Sítio. Vejamos o que diz o §1º do Art. 137:

> ***§ 1º.*** *O estado de sítio, no caso do Art. 137, I, não poderá ser decretado por mais de trinta dias, nem prorrogado, de cada vez, por prazo superior; no do inciso II, poderá ser decretado por todo o tempo que perdurar a guerra ou a agressão armada estrangeira.*

Qual o prazo de duração do Estado de Sítio? Depende da hipótese de cabimento.

Segundo o § 1º, se a hipótese for a do inciso I do Art. 137, o prazo será de 30 dias prorrogáveis por mais 30 dias enquanto for necessário para conter a situação. Cuidado com este prazo, pois a Constituição deixou transparecer que ele não pode ser prorrogado, contudo, o que ela quis dizer é que não pode ser prorrogado por mais de 30 dias todas as vezes que for prorrogado. Dessa forma, ele poderá ser prorrogado indefinidamente, enquanto for necessário.

Já no caso do inciso II, a Constituição regula o Estado de Sítio em caso de guerra ou agressão estrangeira e prevê que a medida durará enquanto for necessária para repelir a agressão estrangeira ou acabar com a guerra. Logo, o Estado de Sítio nestes casos não possuem prazo certo para terminar.

No que tange às medidas coercitivas que podem ser adotadas no Estado de Sítio, a Constituição prevê no Art. 139:

> ***Art. 139.*** *Na vigência do estado de sítio decretado com fundamento no Art. 137, I, só poderão ser tomadas contra as pessoas as seguintes medidas:*
>
> ***I.*** *obrigação de permanência em localidade determinada;*

> ***II.*** *detenção em edifício não destinado a acusados ou condenados por crimes comuns;*
>
> ***III.*** *restrições relativas à inviolabilidade da correspondência, ao sigilo das comunicações, à prestação de informações e à liberdade de imprensa, radiodifusão e televisão, na forma da lei;*
>
> ***IV.*** *suspensão da liberdade de reunião;*
>
> ***V.*** *busca e apreensão em domicílio;*
>
> ***VI.*** *intervenção nas empresas de serviços públicos;*
>
> ***VII.*** *requisição de bens.*
>
> ***Parágrafo único.*** *Não se inclui nas restrições do inciso III a difusão de pronunciamentos de parlamentares efetuados em suas Casas Legislativas, desde que liberada pela respectiva Mesa.*

O dispositivo só regulamentou as restrições adotadas na hipótese do inciso I do Art. 137, qual seja: comoção grave de repercussão nacional ou ocorrência de fatos que comprovem a ineficácia de medida tomada durante o Estado de Defesa. Esse rol de medidas é taxativo, restringindo a atuação do poder público durante sua aplicação. No caso do Art. 137, II, a Constituição nada disse, o que levou a doutrina a concluir a possibilidade de adoção de qualquer medida necessária para conter a situação, desde que compatíveis com a Ordem Constitucional e com as leis brasileiras.

Como se pode perceber, as medidas aqui são mais gravosas que as adotadas no Estado de Defesa, e isso pode ser muito bem notado pela distinção feita entre o Estado de Defesa e de Sítio no que se refere à liberdade de reunião. Enquanto no Estado de Defesa a liberdade de reunião sofre restrições, aqui ela será suspensa.

Outro dispositivo importante é o previsto no parágrafo único, que isenta os pronunciamentos dos parlamentares efetuados em suas Casas das restrições impostas no inciso III do artigo em análise, desde que liberadas pelas respectivas Mesas. As demais restrições devem ser lidas e memorizadas, pois podem ser cobradas em prova.

Vejamos agora como é o procedimento de decretação do Estado de Sítio:

> ***Art. 137.*** *O Presidente da República pode, ouvidos o Conselho da República e o Conselho de Defesa Nacional, solicitar ao Congresso Nacional autorização para decretar o estado de sítio nos casos de:*
>
> ***Parágrafo único.*** *O Presidente da República, ao solicitar autorização para decretar o estado de sítio ou sua prorrogação, relatará os motivos determinantes do pedido, devendo o Congresso Nacional decidir por maioria absoluta.*
>
> ***Art. 138.*** *O decreto do estado de sítio indicará sua duração, as normas necessárias a sua execução e as garantias constitucionais que ficarão suspensas, e, depois de publicado, o Presidente da República designará o executor das medidas específicas e as áreas abrangidas.*
>
> ***§ 2º.*** *Solicitada autorização para decretar o estado de sítio durante o recesso parlamentar, o Presidente do Senado Federal, de imediato, convocará extraordinariamente o Congresso Nacional para se reunir dentro de cinco dias, a fim de apreciar o ato.*
>
> ***§ 3º.*** *O Congresso Nacional permanecerá em funcionamento até o término das medidas coercitivas.*

Conforme estudado no Estado de Defesa, a decretação do Estado de Sítio fica a cargo do Presidente da República após ouvir o Conselho da República e o Conselho de Defesa Nacional. A consulta é obrigatória, mas os pareceres dos Conselhos não vinculam o Presidente. Apesar da similaridade de procedimentos, aqui o Presidente tem que solicitar autorização do Congresso Nacional antes de decretar o Estado de Sítio. Essa diferença é bastante cobrada em prova.

Ao passo que no Estado de Defesa o Presidente Decreta a medida e depois apresenta para o Congresso avaliar. No Estado de Sítio, antes de decretar, o Presidente deve sujeitar a medida à apreciação do Congresso Nacional.

Essa característica demonstra que, assim como no Estado de Defesa, a medida está sujeita a controle dos outros Poderes. Sendo assim, verifica-se que a fiscalização será feita tanto pelos órgãos políticos quanto pelos órgãos jurisdicionais.

Tem-se controle político quando realizado pelo Congresso Nacional, o qual se dará de forma:

Prévio: ocorre quando o Congresso Nacional autoriza a execução da medida;

Concomitante: ocorre durante a execução da medida;

> ***Art. 140.*** *A Mesa do Congresso Nacional, ouvidos os líderes partidários, designará Comissão composta de cinco de seus membros para acompanhar e fiscalizar a execução das medidas referentes ao estado de defesa e ao estado de sítio.*

Sucessivo (posterior): ocorre após a execução da medida;

> ***Art. 141.*** *Cessado o estado de defesa ou o estado de sítio, cessarão também seus efeitos, sem prejuízo da responsabilidade pelos ilícitos cometidos por seus executores ou agentes.*
>
> ***Parágrafo único.*** *Logo que cesse o estado de defesa ou o estado de sítio, as medidas aplicadas em sua vigência serão relatadas pelo Presidente da República, em mensagem ao Congresso Nacional, com especificação e justificação das providências adotadas, com relação nominal dos atingidos e indicação das restrições aplicadas.*

Também existe o controle Jurisdicional executado pelos órgãos do Poder Judiciário, o qual se dará de forma:

Concomitante: durante a execução da medida. Apesar de não haver previsão constitucional expressa, qualquer lesão ou ameaça a direito poderá ser apreciada pelo Poder Judiciário;

Sucessivo (Posterior): após a execução da medida nos termos do Art. 141.

13.2 Forças Armadas

Instituições

As Forças Armadas são formadas por instituições que compõem a estrutura de defesa do Estado, a Marinha, o Exército e a Aeronáutica. Possuem como funções principais a defesa da pátria, a garantia dos poderes constitucionais, da lei e da ordem. Apesar de sua vinculação à União, suas atribuições têm caráter nacional e podem ser exercidas em todo o território brasileiro:

> ***Art. 142.*** *As Forças Armadas, constituídas pela Marinha, pelo Exército e pela Aeronáutica, são instituições nacionais permanentes e regulares, organizadas com base na hierarquia e na disciplina, sob a autoridade suprema do Presidente da República, e destinam-se à defesa da Pátria, à garantia dos poderes constitucionais e, por iniciativa de qualquer destes, da lei e da ordem.*

Segundo o χαπυτ do Art. 142, são classificadas como instituições permanentes e regulares. Estão sempre prontas para agir. São regulares, pois desempenham funções sistemáticas e dependem de um efetivo de servidores para realizá-las.

Ainda, destaca-se a base de sua organização na hierarquia e na disciplina. Esses atributos típicos da Administração Pública são ressaltados nessas instituições devido ao caráter militar que possuem. As Forças Armadas valorizam demasiadamente essa estrutura hierárquica, com regulamentos que garantem uma distribuição do efetivo em diversos níveis de escalonamento, cujo comando supremo está nas mãos do Presidente da República.

Em linhas gerais, a Constituição previu algumas regras para o funcionamento das instituições militares:

> ***§ 1º.*** *Lei complementar estabelecerá as normas gerais a serem adotadas na organização, no preparo e no emprego das Forças Armadas.*
>
> ***§ 3º.*** *Os membros das Forças Armadas são denominados militares, aplicando-se-lhes, além das que vierem a ser fixadas em lei, as seguintes disposições:*
>
> ***I.*** *as patentes, com prerrogativas, direitos e deveres a elas inerentes, são conferidas pelo Presidente da República e asseguradas em plenitude aos oficiais da ativa, da reserva ou reformados, sendo-lhes privativos os títulos e postos militares e, juntamente com os demais membros, o uso dos uniformes das Forças Armadas;*
>
> ***II.*** *o militar em atividade que tomar posse em cargo ou emprego público civil permanente, ressalvada a hipótese prevista no Art. 37, inciso XVI, alínea "c", será transferido para a reserva, nos termos da lei; (Redação dada pela Emenda Constitucional nº 77, de 2014)*
>
> ***III.*** *o militar da ativa que, de acordo com a lei, tomar posse em cargo, emprego ou função pública civil temporária, não eletiva, ainda que da administração indireta, ressalvada a hipótese prevista no art. 37, inciso XVI, alínea "c", ficará agregado ao respectivo quadro e somente poderá, enquanto permanecer nessa situação, ser promovido por antiguidade, contando-se-lhe o tempo de serviço apenas para aquela promoção e transferência para a reserva, sendo depois de dois anos de afastamento, contínuos ou não, transferido para a reserva, nos termos da lei; (Redação dada pela Emenda Constitucional nº 77, de 2014);*
>
> ***IV.*** *ao militar são proibidas a sindicalização e a greve;*
>
> ***V.*** *o militar, enquanto em serviço ativo, não pode estar filiado a partidos políticos;*
>
> ***VI.*** *o oficial só perderá o posto e a patente se for julgado indigno do oficialato ou com ele incompatível, por decisão de tribunal militar de caráter permanente, em tempo de paz, ou de tribunal especial, em tempo de guerra;*
>
> ***VII.*** *o oficial condenado na justiça comum ou militar a pena privativa de liberdade superior a dois anos, por sentença transitada em julgado, será submetido ao julgamento previsto no inciso anterior;*
>
> ***VIII.*** *aplica-se aos militares o disposto no art. 7º, incisos VIII, XII, XVII, XVIII, XIX e XXV, e no Art. 37, incisos XI, XIII, XIV e XV, bem como, na forma da lei e com prevalência da atividade militar, no Art. 37, inciso XVI, alínea "c"; (Redação dada pela Emenda Constitucional nº 77, de 2014)*
>
> ***IX.*** *(Revogado pela Emenda Constitucional nº 41, de 19.12.2003).*
>
> ***X.*** *a lei disporá sobre o ingresso nas Forças Armadas, os limites de idade, a estabilidade e outras condições de transferência do militar para a inatividade, os direitos, os deveres, a remuneração, as prerrogativas e outras situações especiais dos militares, consideradas as peculiaridades de suas atividades, inclusive aquelas cumpridas por força de compromissos internacionais e de guerra.*

Habeas corpus

A Constituição declarou expressamente o não cabimento de *Habeas Corpus* nas punições disciplinares militares:

> ***§ 2º.*** *Não caberá Habeas Corpus em relação a punições disciplinares militares.*

Essa vedação decorre do regime constritivo rigoroso existente nas instituições castrenses, o qual permite como sanção administrativa a prisão. Deve-se ter muito cuidado com isso em prova. Segundo o STF, se o *Habeas Corpus* versar sobre a ilegalidade da prisão, ele será admitido, ficando a vedação adstrita apenas ao seu mérito.

Vedações

Como foi dito anteriormente, o regime militar é bem rigoroso e a Constituição apresentou algumas vedações que sempre caem em prova:

> ***IV.*** *ao militar são proibidas a sindicalização e a greve;*
>
> ***V.*** *o militar, enquanto em serviço ativo, não pode estar filiado a partidos políticos;*

A sindicalização e a greve são medidas que dificultam o trabalho do militar, pois o influencia a questionar as ordens recebidas de seus superiores. As atribuições dos militares dependem de uma obediência irrestrita, por essa razão a Constituição os impediu de se organizarem em sindicatos e de realizarem movimentos paredistas.

Quanto à vedação de filiação a partido político, deve-se destacar que o militar, para que desenvolva suas atividades com eficiência, não pode se sujeitar às correntes político-partidárias. O militar deve obedecer apenas à Constituição Federal e executar suas atividades com determinação. Essa vedação não o impede de se candidatar a cargo eletivo, desde que não seja conscrito. Aqui cabe citar o Art. 14, § 8º da CF:

> ***§ 8º.*** *O militar alistável é elegível, atendidas as seguintes condições:*
>
> ***I.*** *se contar menos de dez anos de serviço, deverá afastar-se da atividade;*
>
> ***II.*** *se contar mais de dez anos de serviço, será agregado pela autoridade superior e, se eleito, passará automaticamente, no ato da diplomação, para a inatividade.*

Serviço militar obrigatório

Outro tema importante acerca das Forças Armadas é a existência do serviço militar obrigatório, previsto no Art. 143:

> ***Art. 143.*** *O serviço militar é obrigatório nos termos da lei.*
>
> ***§ 1º.*** *Às Forças Armadas compete, na forma da lei, atribuir serviço alternativo aos que, em tempo de paz, após alistados, alegarem imperativo de consciência, entendendo-se como tal o decorrente de crença religiosa e de convicção filosófica ou política, para se eximirem de atividades de caráter essencialmente militar.*
>
> ***§ 2º.*** *as mulheres e os eclesiásticos ficam isentos do serviço militar obrigatório em tempo de paz, sujeitos, porém, a outros encargos que a lei lhes atribuir.*

A Lei que regula o serviço militar obrigatório é a 4.375/64, a qual obriga todos os brasileiros a se alistarem. Destaca-se que essa obrigatoriedade não se aplica aos eclesiásticos (líderes religiosos) e às mulheres, em tempos de paz, o que nos conduz à conclusão de que eles poderiam ser convocados em momentos de guerra ou mobilização nacional.

O § 1º apresenta um tema que já foi cobrado em prova: a dispensa do serviço obrigatório pela escusa de consciência. Isso ocorre quando o indivíduo se recusa a cumprir a obrigação essencialmente militar que é imposta pela Constituição Federal em razão da sua convicção filosófica, religiosa ou política. O referido parágrafo, em consonância com o inciso VIII do Art. 5º, permite que nesses casos o interessado tenha respeitado o seu direito de escolha e de livre consciência desde que cumpra a prestação alternativa regulamentada na Lei 8.239/91, a qual consiste no desempenho de atribuições de caráter administrativo, assistencial, filantrópico ou produtivo, em substituição às atividades de caráter essencialmente militar. Não havendo o cumprimento da atividade obrigatória ou da prestação alternativa fixada em lei, o Art. 15 prevê como consequência a restrição dos direitos políticos:

> ***Art. 15.*** *É vedada a cassação de direitos políticos, cuja perda ou suspensão só se dará nos casos de:*
>
> ***IV.*** *recusa de cumprir obrigação a todos imposta ou prestação alternativa, nos termos do Art. 5º, VIII.*

Acerca desse tema, um problema surge na doutrina. A Constituição não estabelece de forma clara qual consequência deverá ser aplicada ao indivíduo que se recusa a cumprir a obrigação ou a prestação alternativa. A Lei 8.239/91, que regula a prestação alternativa ao serviço militar obrigatório, prevê que será declarada a suspensão dos direitos políticos de quem se recusar a cumprir a obrigação e a prestação alternativa. A doutrina tem se dividido entre as duas possibilidades: perda ou suspensão dos direitos políticos.

Em tese, esse tema não deveria ser cobrado em prova de concurso, considerando sua divergência doutrinária; entretanto, recentemente, para o concurso de juiz do TRF da 5ª região, a banca CESPE trouxe essa questão e sustentou em seu gabarito definitivo a posição de perda dos direitos políticos. Diante desse último posicionamento da CESPE, caso o candidato faça alguma prova desta banca, em que seja cobrada esse conteúdo, deve-se responder perda. O mesmo se aplica para FCC, que também entende que ocorre perda dos direitos políticos.

13.3 Segurança Pública

Órgãos

Conforme prescrito no χαπυτ do Art. 144, a Segurança Pública é dever do Estado e tem como objetivo a preservação da ordem pública e da incolumidade das pessoas e do patrimônio. Esse tema é certo em concursos públicos da área de Segurança Pública e deve ser estudado com o foco na memorização de todo o artigo. Um dos pontos mais importantes está na definição de quais órgãos compõem a chamada segurança pública, os quais estão listados de forma taxativa no Art. 144:

> ***Art. 144.*** *A segurança pública, dever do Estado, direito e responsabilidade de todos, é exercida para a preservação da ordem pública e da incolumidade das pessoas e do patrimônio, através dos seguintes órgãos:*
>
> ***I.*** *polícia federal;*
>
> ***II.*** *polícia rodoviária federal;*
>
> ***III.*** *polícia ferroviária federal;*
>
> ***IV.*** *polícias civis;*
>
> ***V.*** *polícias militares e corpos de bombeiros militares.*
>
> ***VI.*** *polícias penais federal, estaduais e distrital.*

O STF já decidiu que esse rol é taxativo e que os demais entes federativos estão vinculados à classificação proposta pela Constituição. Diante disso, conclui-se que os Estados, Distrito Federal e Municípios estão proibidos de criar outros órgãos de segurança pública diferentes dos estabelecidos na Constituição Federal. Vejamos esta questão de prova:

Ainda, como fruto dessa taxatividade, deve-se afirmar que nenhum outro órgão além dos estabelecidos nesse artigo poderá ser considerado como sendo de Segurança Pública. Isso se aplica às Guardas Municipais, aos Agentes Penitenciários, aos Agentes de Trânsito e aos Seguranças Privados.

Há ainda a chamada Força Nacional de Segurança, instituição criada como fruto de um acordo de cooperação entre os Estados e o Distrito Federal que possui o objetivo de apoiar ações de segurança pública nesses locais. Apesar de ser formado por membros dos órgãos de segurança pública de todo o país, não se pode afirmar, principalmente numa prova de concurso, que essa instituição faça parte dos Órgãos de Segurança Pública.

Não se pode esquecer das Polícias Legislativas criadas no âmbito da Câmara dos Deputados e do Senado Federal, previstas nos Arts. 51, IV e 52, XIII. Também não entram na classificação de Órgãos de Segurança Pública para a prova, pois não estão no rol do Art. 144:

> ***Art. 51.*** *Compete privativamente à Câmara dos Deputados:*
>
> ***IV.*** *dispor sobre sua organização, funcionamento, polícia, criação, transformação ou extinção dos cargos, empregos e funções de seus serviços, e a iniciativa de lei para fixação da respectiva remuneração, observados os parâmetros estabelecidos na lei de diretrizes orçamentárias.*
>
> ***Art. 52.*** *Compete privativamente ao Senado Federal:*
>
> ***XIII.*** *dispor sobre sua organização, funcionamento, polícia, criação, transformação ou extinção dos cargos, empregos e funções de seus serviços, e a iniciativa de lei para fixação da respectiva remuneração, observados os parâmetros estabelecidos na lei de diretrizes orçamentárias.*

Cada um dos órgãos será organizado em estatuto próprio, conforme preleciona o § 7º do Art. 144:

> ***§ 7º.*** *A lei disciplinará a organização e o funcionamento dos órgãos responsáveis pela segurança pública, de maneira a garantir a eficiência de suas atividades.*

Polícia administrativa x polícia judiciária

Antes de iniciar uma análise mais detida do artigo em questão, uma importante distinção doutrinária deve ser feita em relação às polícias de segurança pública: Polícia Administrativa e Polícia Judiciária.

Polícia Administrativa é a polícia preventiva. Sua atividade ocorre antes do cometimento da infração penal com o intuito de impedir a sua ocorrência. Sua atuação é ostensiva, ou seja, visível pelos membros da sociedade. É aquela polícia a que recorremos quando temos um problema. Uma característica marcante das polícias ostensivas é o seu uniforme. É a vestimenta que identifica um policial ostensivo. O maior exemplo de polícia administrativa é a Polícia Militar. Também são consideradas como polícia preventiva: Polícia Federal (em situações específicas), Polícia Rodoviária Federal, Polícia Ferroviária Federal e Corpo de Bombeiros Militar.

Polícia Judiciária é a polícia repressiva. Sua atividade ocorre após o cometimento da infração penal, quando a atuação da polícia preventiva não surtiu efeito. Sua atividade é investigativa com o fim de encontrar os elementos comprobatórios do ilícito penal cometido. O resultado do trabalho das polícias judiciárias é utilizado posteriormente pelo Ministério Público para subsidiar sua atuação junto ao Poder Judiciário. Daí a razão do nome ser Polícia Judiciária. O resultado de seu trabalho é utilizado pelo Poder Judiciário em seus julgamentos. Atente-se para a seguinte diferença, pois já caiu em prova de concurso: a Polícia Judiciária não faz parte do Poder Judiciário, mas do Poder Executivo. São consideradas como Polícia Judiciária a Polícia Civil e a Polícia Federal. A Polícia Militar também possui atribuições repressivas quando atua na investigação de crimes cometidos por policiais militares.

Além dessa classificação, pode-se distinguir os órgãos do Art. 144 em federais e estaduais, a depender da sua vinculação federativa:

Federais

Polícia Federal, Polícia Rodoviária Federal e Polícia Ferroviária Federal;

Estaduais

Polícia Civil, Polícia Militar e Corpo de Bombeiro Militar.

Feitas essas considerações iniciais, prossegue-se agora com a análise de cada um dos órgãos de segurança pública do Art. 144.

Polícia federal

A Polícia Federal é o órgão de segurança pública com maior quantidade de atribuições previstas na Constituição Federal, razão pela qual é a mais cobrada em prova:

> ***§ 1º**. A polícia federal, instituída por lei como órgão permanente, organizado e mantido pela União e estruturado em carreira, destina-se a:*
>
> ***I.** apurar infrações penais contra a ordem política e social ou em detrimento de bens, serviços e interesses da União ou de suas entidades autárquicas e empresas públicas, assim como outras infrações cuja prática tenha repercussão interestadual ou internacional e exija repressão uniforme, segundo se dispuser em lei;*
>
> ***II.** prevenir e reprimir o tráfico ilícito de entorpecentes e drogas afins, o contrabando e o descaminho, sem prejuízo da ação fazendária e de outros órgãos públicos nas respectivas áreas de competência;*
>
> ***III.** exercer as funções de polícia marítima, aeroportuária e de fronteiras;*
>
> ***IV.** exercer, com exclusividade, as funções de polícia judiciária da União.*

Deve-se destacar, como característica principal, a sua atuação como Polícia Judiciária exclusiva da União. É ela quem atuará na repressão dos crimes cometidos contra a União e suas entidades autárquicas e empresas públicas. Apesar de mencionar algumas entidades da administração indireta, não se mencionou as Sociedades de Economia Mista. Isso força uma conclusão de que a Polícia Federal não tem atribuição nos crimes que envolvam interesses de Sociedades de Economia Mista.

As demais atribuições serão exercidas concomitantemente com outros órgãos, limitando a exclusividade de sua atuação apenas à função investigativa no âmbito da União.

Polícia rodoviária federal

A Polícia Rodoviária Federal é órgão da União responsável pelo patrulhamento das rodovias federais:

> ***§ 2º**. A polícia rodoviária federal, órgão permanente, organizado e mantido pela União e estruturado em carreira, destina-se, na forma da lei, ao patrulhamento ostensivo das rodovias federais.*

Eventualmente, sua atuação se estenderá às rodovias estaduais ou distritais mediante convênio firmado entre os entes federativos. Não havendo esse convênio, o patrulhamento das rodovias estaduais e distritais fica a cargo das Polícias Militares. É comum no âmbito das Polícias Militares a criação de batalhões ou companhias com essa atribuição específica, as chamadas Polícias Rodoviárias.

Polícia ferroviária federal

A Polícia Ferroviária Federal é o órgão da União responsável pelo patrulhamento das ferrovias federais:

> ***§ 3º**. A polícia ferroviária federal, órgão permanente, organizado e mantido pela União e estruturado em carreira, destina-se, na forma da lei, ao patrulhamento ostensivo das ferrovias federais.*

Diante da pouca relevância das ferrovias no Brasil, esse órgão ficou no esquecimento durante vários anos. No dia 5 agosto de 2011, a Presidente Dilma sancionou a Lei 12.462, que cria no âmbito do Ministério da Justiça a Polícia Ferroviária Federal. O efetivo que comporá essa nova estrutura se originará das instituições que anteriormente cuidavam das ferrovias:

> ***Art. 48.** A Lei nº 10.683, de 28 de maio de 2003, passa a vigorar com as seguintes alterações:*
>
> ***Art. 29**, XIV. Do Ministério da Justiça: o Conselho Nacional de Política Criminal e Penitenciária, o Conselho Nacional de Segurança Pública, o Conselho Federal Gestor do Fundo de Defesa dos Direitos Difusos, o Conselho Nacional de Combate à Pirataria e Delitos contra a Propriedade Intelectual, o Conselho Nacional de Arquivos, o Conselho Nacional de Políticas sobre Drogas, o Departamento de Polícia Federal, o Departamento de Polícia Rodoviária Federal, o Departamento de Polícia Ferroviária Federal, a Defensoria Pública da União, o Arquivo Nacional e até 6 (seis) Secretarias;*
>
> ***§ 8º**. Os profissionais da Segurança Pública Ferroviária oriundos do grupo Rede, Rede Ferroviária Federal (RFFSA), da Companhia Brasileira de Trens Urbanos (CBTU) e da Empresa de Trens Urbanos de Porto Alegre (Trensurb) que estavam em exercício em 11 de dezembro de 1990, passam a integrar o Departamento de Polícia Ferroviária Federal do Ministério da Justiça (NR).*

Polícia civil

Essa é a Polícia Judiciária no âmbito dos Estados e do Distrito Federal. É dirigida por delegados de polícia de carreira e possui atribuicão subsidiária à da Polícia Federal e à da Polícia Militar. Significa dizer que o que não for atribuição da Polícia Federal ou da Polícia Militar será da Polícia Civil:

> ***§ 4º** - às polícias civis, dirigidas por delegados de polícia de carreira, incumbem, ressalvada a competência da União, as funções de polícia judiciária e a apuração de infrações penais, exceto as militares.*

Polícia militar e corpo de bombeiros militar

Essas duas instituições possuem caráter essencialmente ostensivo dentro das atribuições próprias. A Polícia Militar é responsável pelo policiamento ostensivo e preservação da ordem pública.

É a PM quem exerce a função principal de prevenção do crime. Quando se pensa em polícia, certamente é a primeira que vem à mente, pois é vista pela sociedade. Já o Corpo de Bombeiros Militar, apesar de não ser órgão policial, possui atribuição de segurança pública à medida que executa atividades de defesa civil. São responsáveis por uma atuação voltada para a proteção da sociedade, prestação de socorro, atuação em incêndios e acidentes. Destaca-se pela agilidade no atendimento, o que muitas vezes acaba por coibir maiores tragédias:

> ***§ 5º.*** *às polícias militares cabem a polícia ostensiva e a preservação da ordem pública; aos corpos de bombeiros militares, além das atribuições definidas em lei, incumbe a execução de atividades de defesa civil.*
>
> ***§ 6º.*** *As polícias militares e corpos de bombeiros militares, forças auxiliares e reserva do Exército, subordinam-se, juntamente com as polícias civis, aos Governadores dos Estados, do Distrito Federal e dos Territórios.*

Por serem corporações militares, a eles se aplicam as mesmas regras que são aplicadas às Forças Armadas, como a proibição de greve, filiação partidária e sindicalização.

São ainda consideradas forças auxiliares e reserva do Exército. Significa que num momento de necessidade de efetivo seria possível a convocação de Policiais e Bombeiros Militares como força reserva e de apoio.

Estão subordinados aos Governadores dos Estados, a Distrito Federal e dos Territórios a quem compete a gestão da Segurança Pública em cada ente federativo.

No que tange à Polícia Militar, ao Corpo de Bombeiros Militares e à Polícia Civil do Distrito Federal, há um detalhe que não pode ser esquecido, pois já foi cobrado em prova. Apesar da subordinação destas forças ao Governador do Distrito Federal, a competência para legislar e manter estas corporações é da União.

Aqui há uma exceção na autonomia federativa do Distrito Federal, que está prevista expressamente na Constituição no Art. 21, XIV:

> ***Art. 21.*** *Compete à União:*
>
> ***XIV.*** *organizar e manter a polícia civil, a polícia militar e o corpo de bombeiros militar do Distrito Federal, bem como prestar assistência financeira ao Distrito Federal para a execução de serviços públicos, por meio de fundo próprio.*

Polícias penais

A Emenda Constitucional 104/2019 introduziu no rol de entidades de segurança pública as chamadas penais.

De acordo com o art. 144, §5º-A da Constituição, cabe às polícias penais, vinculadas ao órgão administrador do sistema penal da unidade federativa a que pertencem, a segurança dos estabelecimentos penais.

14. ORDEM SOCIAL

A Ordem Social é um conjunto de ações desencadeadas por meio de prestações positivas do Estado que visam a reduzir as desigualdades sociais e a garantir um tratamento mínimo, com o fim de tornar efetivo o fundamento constitucional da dignidade da pessoa humana. Perceba este sentimento expresso no Art. 193 da Constituição Federal:

> ***Art. 193.*** *A ordem social tem como base o primado do trabalho, e como objetivo o bem-estar e a justiça sociais.*

O trabalho é considerado como a base de toda a teia social. É ele que garante a dignidade para as pessoas. Além disso, o citado artigo deixa claro o objetivo da Ordem Social, qual seja, garantir o bem-estar e a justiça sociais.

Esses direitos decorrem dos direitos sociais trabalhados anteriormente no Art. 6º da Constituição. São direitos implementados por meio de políticas públicas.

A Constituição Federal estabeleceu alguns grupos de direitos que serão trabalhados na Ordem Social:

- Seguridade Social;
- Educação, Cultura e Desporto;
- Ciência e Tecnologia;
- Comunicação Social;
- Meio Ambiente;
- Família, Criança, Adolescente, Jjovem e Idoso; e
- Índios.

Esse tema, quando cobrado em prova, costuma ter uma abordagem próxima da literalidade da Constituição. Significa dizer que, para o candidato acertar questões sobre Ordem Social, será necessária a leitura repetida dos artigos que compõem essa parte da Constituição Federal. Apesar de o mais cobrado ser o próprio texto, tratar-se-á de cada um desses temas sob uma abordagem doutrinária e jurisprudencial.

14.1 Seguridade Social

A Seguridade Social está prevista no Art. 194 e constitui um conjunto de ações que visam a garantir o mínimo existencial para a população, objetivando melhores condições de vida. É composta de três ações: a saúde, a Previdência Social e a Assistência Social.

A implementação dessas ações são obrigação não só do Estado, mas também da sociedade, conforme estabelece o Art. 194:

> ***Art. 194.*** *A seguridade social compreende um conjunto integrado de ações de iniciativa dos Poderes Públicos e da sociedade, destinadas a assegurar os direitos relativos à saúde, à previdência e à assistência social.*

Apesar da ação conjunta, a obrigação de organizar a Seguridade Social é do Estado, que deve fazer amparada nos seguintes objetivos:

- Universalidade da cobertura e do atendimento;
- Uniformidade e equivalência dos benefícios e serviços às populações urbanas e rurais;
- Seletividade e distributividade na prestação dos benefícios e serviços;
- Irredutibilidade do valor dos benefícios;
- Equidade na forma de participação no custeio;
- Diversidade da base de financiamento, identificando-se, em rubricas contábeis específicas para cada área, as receitas e as despesas vinculadas a ações de saúde, previdência e assistência social, preservado o caráter contributivo da previdência social;
- Caráter democrático e descentralizado da administração, mediante gestão quadripartite, com participação dos trabalhadores, dos empregadores, dos aposentados e do Governo nos órgãos colegiados.

A universalidade de cobertura representa a cobertura sobre qualquer situação de risco social enquanto que a universalidade de atendimento está relacionada com a cobertura para todos os que necessitarem.

A uniformidade e equivalência de benefícios e serviços às populações urbanas e rurais deixa claro que não existe tratamento diferenciado entre os trabalhadores urbanos e rurais. Ambos são tratados da mesma forma.

A seletividade e a distributividade visa a redistribuir os benefícios sociais na tentativa de atender a quem mais dele necessitar. Em tese, esses princípios permitem um tratamento desigual sob o enfoque da igualdade material.

A Irredutibilidade do valor dos benefícios garante ao beneficiário a manutenção do valor nominal dos benefícios.

A equidade na forma de participação no custeio apresenta a ideia de distribuição justa levando em consideração a capacidade de contribuição e a isonomia entre os contribuintes. A ideia aqui para a manutenção da Seguridade é que o custeio seja distribuído de forma justa entre os vários agentes contributivos. Esse princípio nos conduz ao seguinte, que é a **diversidade da base de financiamento,** o qual conta com a participação de vários agentes responsáveis pela manutenção financeira da Seguridade Social, especialmente, os trabalhadores, as empresas e os entes estatais.

Por fim, há o último objetivo, que é o **caráter democrático e descentralizado da administração, mediante gestão quadripartite,** com participação dos trabalhadores, dos empregadores, dos aposentados e do Governo nos órgãos colegiados. Aqui, há uma questão que já apareceu várias vezes em prova, principalmente por causa da palavra quadripartite, que significa a participação na gestão de forma democrática, envolvendo quatro atores sociais: trabalhadores, empregadores, aposentados e Governo.

Agora serão analisados os três serviços que compõem a Seguridade Social: Saúde, Previdência Social e Assistência Social. Aqui se propõe analisar apenas os pontos mais importantes, envolvendo esses temas. Como já sinalizado anteriormente, na Ordem Social o mais cobrado em prova é o próprio texto constitucional.

Saúde

Acerca desse tema, várias questões costumam ser cobradas em prova. Segue a análise de algumas delas:

Caráter não contributivo

O direito à saúde é uma norma de proteção do direito à vida destinada a todas as pessoas, independentemente de contribuição à Previdência Social. Por isso, dizemos que não possui caráter contributivo, ou seja, quem quiser ser beneficiado pela saúde pública poderá utilizar dos seus serviços independentemente de filiação ou contribuição à Previdência Social. Observando a leitura do *caput* do Art. 196 se pode perceber que esse direito de caráter social é garantido a todos:

> ***Art. 196.*** *A saúde é direito de todos e dever do Estado, garantido mediante políticas sociais e econômicas que visem à redução do risco de doença e de outros agravos e ao acesso universal e igualitário às ações e serviços para sua promoção, proteção e recuperação.*

Vinculação ao direito à vida

O direito à saúde decorre do próprio direito à vida, como forma de garantir qualidade à vida em sua modalidade de existência humana. De nada adianta garantir ao indivíduo o direito de viver se essa vida não possuir o mínimo de dignidade. Garantir saúde é cumprir os ditames constitucionais que protegem o indivíduo em sua existência, em perfeita consonância com o princípio da dignidade da pessoa humana.

Remoção de órgãos, tecidos e substâncias humanas

Outra norma muito interessante e que pode cair em prova é a proteção constitucional à remoção de órgãos, tecidos e substâncias humanas. A Constituição Federal, em seu Art. 199, § 4º, traz expressamente a vedação para a comercialização de órgãos, apesar de não regulamentar as formas de remoção, pesquisa, coleta e processamento de sangue. A falta de regulamentação ocorre porque a Constituição deixou para a legislação infraconstitucional o dever de fazê-la.

O dispositivo em questão é um exemplo de norma de eficácia limitada, o qual foi regulamentado pelas Leis 10.205/01, 9.434/97 e 11.105/05:

> ***Art. 199***, *§ 4º. A lei disporá sobre as condições e os requisitos que facilitem a remoção de órgãos, tecidos e substâncias humanas para fins de transplante, pesquisa e tratamento, bem como a coleta, processamento e transfusão de sangue e seus derivados, sendo vedado todo tipo de comercialização.*

Previdência social

Caráter contributivo e filiação obrigatória

Sem dúvida, uma das questões mais cobradas em prova está no próprio *caput* do Art. 201, que afirma ser a Previdência Social de caráter contributivo e filiação obrigatória:

> ***Art. 201.*** *A previdência social será organizada sob a forma de regime geral, de caráter contributivo e de filiação obrigatória, observados critérios que preservem o equilíbrio financeiro e atuarial, e atenderá, nos termos da lei, a:*
>
> ***I.*** *cobertura dos eventos de doença, invalidez, morte e idade avançada;*
>
> ***II.*** *proteção à maternidade, especialmente à gestante;*
>
> ***III.*** *proteção ao trabalhador em situação de desemprego involuntário;*
>
> ***IV.*** *salário-família e auxílio-reclusão para os dependentes dos segurados de baixa renda;*
>
> ***V.*** *pensão por morte do segurado, homem ou mulher, ao cônjuge ou companheiro e dependentes, observado o disposto no § 2º.*

Ter caráter contributivo significa dizer que só poderá ser beneficiado pela Previdência Social quem contribuir previamente com o sistema de previdência público. Além da contribuição, a Constituição exige a filiação ao Sistema, na qualidade de segurado. Esse tema está regulamentado na Lei 8.213/91 e será melhor estudado na disciplina de Direito Previdenciário.

Regras para aposentadoria

As regras de aposentadoria são o ponto forte desse tema; serão tratadas junto à disciplina de Direito Previdenciário.

> ***Art. 201*** *(...)*
>
> ***§ 7º*** *É assegurada aposentadoria no regime geral de previdência social, nos termos da lei, obedecidas as seguintes condições:*
>
> ***I.*** *65 (sessenta e cinco) anos de idade, se homem, e 62 (sessenta e dois) anos de idade, se mulher, observado tempo mínimo de contribuição;*
>
> ***II.*** *60 (sessenta) anos de idade, se homem, e 55 (cinquenta e cinco) anos de idade, se mulher, para os trabalhadores rurais e para os que exerçam suas atividades em regime de economia familiar, nestes incluídos o produtor rural, o garimpeiro e o pescador artesanal.*
>
> ***§ 8º*** *O requisito de idade a que se refere o inciso I do § 7º será reduzido em 5 (cinco) anos, para o professor que comprove tempo de efetivo exercício das funções de magistério na educação infantil e no ensino fundamental e médio fixado em lei complementar."*

O destaque fica para a redução do período de contribuição para quem exerce a função de magistério. Observe-se que a Constituição Federal reduziu em cinco anos o tempo de contribuição necessário para aposentadoria para o professor que comprove o tempo de efetivo exercício previsto em lei complementar nas funções de magistério na educação infantil e no ensino fundamental e médio. Anteriormente, o texto constitucional exigia tempo exclusivo de dedicação a essas atividades.

Previdência privada

Outra regra que já foi cobrada em prova diz respeito à possibilidade de o regime de previdência ser organizado pela iniciativa privada. Algumas palavras-chave definem essa relação de previdência privada: complementar, autonomia e facultativo. Vejamos o que diz o Art. 202 da CF:

> ***Art. 202.*** *O regime de previdência privada, de caráter complementar e organizado de forma autônoma em relação ao regime geral de previdência social, será facultativo, baseado na constituição de reservas que garantam o benefício contratado, e regulado por lei complementar.*
>
> ***§ 1º.*** *A lei complementar de que trata este artigo assegurará ao participante de planos de benefícios de entidades de previdência privada o pleno acesso às informações relativas à gestão de seus respectivos planos.*
>
> ***§ 2º.*** *As contribuições do empregador, os benefícios e as condições contratuais previstas nos estatutos, regulamentos e planos de benefícios das entidades de previdência privada não integram o contrato de trabalho dos participantes, assim como, à exceção dos benefícios concedidos, não integram a remuneração dos participantes, nos termos da lei.*
>
> ***§ 3º.*** *É vedado o aporte de recursos a entidade de previdência privada pela União, Estados, Distrito Federal e Municípios, suas autarquias, fundações, empresas públicas, sociedades de economia mista e outras entidades públicas, salvo na qualidade de patrocinador, situação na qual, em hipótese alguma, sua contribuição normal poderá exceder a do segurado.*

§ 4º. Lei complementar disciplinará a relação entre a União, Estados, Distrito Federal ou Municípios, inclusive suas autarquias, fundações, sociedades de economia mista e empresas controladas direta ou indiretamente, enquanto patrocinadoras de entidades fechadas de previdência privada, e suas respectivas entidades fechadas de previdência privada.

§ 5º. A lei complementar de que trata o parágrafo anterior aplicar-se-á, no que couber, às empresas privadas permissionárias ou concessionárias de prestação de serviços públicos, quando patrocinadoras de entidades fechadas de previdência privada.

§ 6º. A lei complementar a que se refere o § 4º deste artigo estabelecerá os requisitos para a designação dos membros das diretorias das entidades fechadas de previdência privada e disciplinará a inserção dos participantes nos colegiados e instâncias de decisão em que seus interesses sejam objeto de discussão e deliberação.

Quando se diz complementar, quer se dizer que complementa o regime geral de previdência. A autonomia representa a não vinculação do regime privado ao público. E, por fim, a faculdade de se aderir, haja vista não constituir obrigação a nenhum trabalhador.

Assistência social

O Art. 203 prevê os benefícios e serviços da Assistência Social. São várias as prestações oferecidas a quem precisa de assistência, geralmente aos hipossuficientes. A Assistência Social não depende de contribuição à previdência social:

> ***Art. 203.*** *A assistência social será prestada a quem dela necessitar, independentemente de contribuição à seguridade social, e tem por objetivos:*
>
> ***I.*** *a proteção à família, à maternidade, à infância, à adolescência e à velhice;*
>
> ***II.*** *o amparo às crianças e adolescentes carentes;*
>
> ***III.*** *a promoção da integração ao mercado de trabalho;*
>
> ***IV.*** *a habilitação e reabilitação das pessoas portadoras de deficiência e a promoção de sua integração à vida comunitária;*
>
> ***V.*** *a garantia de um salário mínimo de benefício mensal à pessoa portadora de deficiência e ao idoso que comprovem não possuir meios de prover à própria manutenção ou de tê-la provida por sua família, conforme dispuser a lei.*

14.2 Da Educação, da Cultura e do Desporto

Educação

O acesso à educação é um dos grandes serviços de ordem social e deverá ser garantido segundo os princípios previstos no Art. 206, que costuma ser muito cobrado em prova:

> ***Art. 206.*** *O ensino será ministrado com base nos seguintes princípios:*
>
> ***I.*** *igualdade de condições para o acesso e permanência na escola;*
>
> ***II.*** *liberdade de aprender, ensinar, pesquisar e divulgar o pensamento, a arte e o saber;*
>
> ***III.*** *pluralismo de ideias e de concepções pedagógicas, e coexistência de instituições públicas e privadas de ensino;*
>
> ***IV.*** *gratuidade do ensino público em estabelecimentos oficiais;*
>
> ***V.*** *valorização dos profissionais da educação escolar, garantidos, na forma da lei, planos de carreira, com ingresso exclusivamente por concurso público de provas e títulos, aos das redes públicas;*
>
> ***VI.*** *gestão democrática do ensino público, na forma da lei;*
>
> ***VII.*** *garantia de padrão de qualidade;*
>
> ***VIII.*** *piso salarial profissional nacional para os profissionais da educação escolar pública, nos termos de lei federal.*

Gratuidade do ensino público

Como consequência da regra constitucional, que prevê gratuidade do ensino público, o STF editou a Súmula Vinculante nº 12, proibindo a cobrança de taxa de matrícula nas Universidades Públicas:

> *Súmula Vinculante 12. A cobrança de taxa de matrícula nas universidades públicas viola o disposto no Art. 206, IV, da Constituição Federal.*

Igualdade de condições e acesso meritocrático

Outros dois princípios que se destacam nos Arts. 206 e 208, da CF, são a igualdade de condições de acesso e permanência na escola e o acesso meritocrático aos níveis mais elevados de ensino:

> ***Art. 206****, I. igualdade de condições para o acesso e permanência na escola;*
>
> ***Art. 208****, V. acesso aos níveis mais elevados do ensino, da pesquisa e da criação artística, segundo a capacidade de cada um;*

Entende-se por acesso meritocrático aquele que privilegia o mérito de cada estudante na obtenção da vaga para universidades e demais cursos de pós-graduação, o que justifica a utilização de vestibulares para seleção dos candidatos.

O STF entende que quando o servidor é removido *ex-ofício* de uma localidade de trabalho, o direito a transferências de uma universidade para outra só vale se a transferência for para universidade congênere. Ou seja, de privada para privada e de pública para pública. Segundo esse entendimento, o direito à matrícula na universidade não contempla a transferência de um aluno de universidade privada para a pública.

Direito público subjetivo à educação

Quando a Constituição prevê que o acesso ao ensino obrigatório é gratuito como Direito Público Subjetivo, ela quer dizer que se você precisar, poderá exigir na Justiça o fornecimento desse direito social sob pena de responsabilização do Poder Público pelo descaso, se houver. Vejamos os **§ §** 1º e 2º do Art. 208:

> ***Art. 208****, § 1º. O acesso ao ensino obrigatório e gratuito é direito público subjetivo.*
>
> ***§ 2º.*** *O não oferecimento do ensino obrigatório pelo Poder Público, ou sua oferta irregular, importa responsabilidade da autoridade competente.*

Estrangeiro

Um tema bastante cobrado em prova é a possibilidade de contratação de servidores estrangeiros por universidades e instituições de pesquisa científica e tecnológica em decorrência da sua autonomia:

> ***Art. 207.*** *As universidades gozam de autonomia didático-científica, administrativa e de gestão financeira e patrimonial, e obedecerão ao princípio de indissociabilidade entre ensino, pesquisa e extensão.*
>
> ***§ 1º.*** *É facultado às universidades admitir professores, técnicos e cientistas estrangeiros, na forma da lei.*
>
> ***§ 2º.*** *O disposto neste artigo aplica-se às instituições de pesquisa científica e tecnológica.*

Ensino religioso

Este tema invoca a laicidade do Estado, isto é, a relação de separação entre Estado e Igreja. Diante dessa separação, a Constituição considerou a matrícula na matéria de Ensino Religioso como sendo facultativa:

> ***Art. 210**, § 1º. O ensino religioso, de matrícula facultativa, constituirá disciplina dos horários normais das escolas públicas de ensino fundamental.*

Em algumas questões, as bancas testam os candidatos inserindo porcentagens de investimento em educação dos Entes Federativos. Vejamos esta questão:

Cultura

Um dos direitos de Ordem Social com maior impacto sobre a sociedade é o direito cultural. Historicamente, o acesso à cultura sempre se mostrou uma grande ferramenta de satisfação social e a garantia do seu acesso a todos os grupos sociais é um dos grandes desafios do Estado:

> ***Art. 215.** O Estado garantirá a todos o pleno exercício dos direitos culturais e acesso às fontes da cultura nacional, e apoiará e incentivará a valorização e a difusão das manifestações culturais.*

Direito à manifestação popular

Um dos princípios constitucionais que protegem esse direito social é a pluralidade política. Pluralidade política é pluralidade de ideias, multiplicidade de percepções. Esse princípio garante à sociedade o acesso a diversas manifestações culturais de todos os grupos participantes da formação cultural nacional:

> ***Art. 215**, § 1º. O Estado protegerá as manifestações das culturas populares, indígenas e afro-brasileiras, e das de outros grupos participantes do processo civilizatório nacional.*

Datas comemorativas

Esse dispositivo constitui uma justificativa para a existência de feriados religiosos no Brasil. Apesar de o Estado viver uma relação de separação com a Religião, tem-se permitido a criação, por meio de lei, dos feriados religiosos sob o argumento de garantia das manifestações culturais:

> ***Art. 215**, § 2º. A lei disporá sobre a fixação de datas comemorativas de alta significação para os diferentes segmentos étnicos nacionais.*

Patrimônio cultural brasileiro

Questão para prova é o rol de elementos culturais que constituem o patrimônio cultural brasileiro, o qual abrange a manifestação cultural sob várias perspectivas:

> ***Art. 216.** Constituem patrimônio cultural brasileiro os bens de natureza material e imaterial, tomados individualmente ou em conjunto, portadores de referência à identidade, à ação, à memória dos diferentes grupos formadores da sociedade brasileira, nos quais se incluem:*
>
> ***I.** as formas de expressão;*
>
> ***II.** os modos de criar, fazer e viver;*
>
> ***III.** as criações científicas, artísticas e tecnológicas;*
>
> ***IV.** as obras, objetos, documentos, edificações e demais espaços destinados às manifestações artístico-culturais;*
>
> ***V.** os conjuntos urbanos e sítios de valor histórico, paisagístico, artístico, arqueológico, paleontológico, ecológico e científico.*

Desportos

Aqui também existem algumas questões que podem ser trabalhadas em prova. Por exemplo, a diferença entre práticas desportivas formais e não formais. Práticasaa desportivas formais são aqueles esportes clássicos, olímpicos, como o futebol, vôlei, basquete, atletismo, entre outros. Já os esportes não formais são aqueles que crianças praticam, como pique-esconde, pique-bandeirinha, queimada, entre outros que, na prática, possuem o mesmo fim dos esportes formais: o desenvolvimento físico e mental do indivíduo. Ambas as atividades desportivas são amparadas pela Constituição:

> ***Art. 217.** É dever do Estado fomentar práticas desportivas formais e não formais, como direito de cada um, observados:*

Outra questão importantíssima está no regramento da chamada Justiça Desportiva. Apesar do nome "justiça", trata-se de uma instância de natureza jurídico-administrativa. A Constituição Federal exige o esgotamento dessa instância quando houver questões desportivas a serem resolvidas. Aqui temos uma exceção ao princípio da Inafastabilidade da Jurisdição, sendo que o esgotamento das vias administrativas é de curso forçado:

> ***Art. 217**, § 1º. O Poder Judiciário só admitirá ações relativas à disciplina e às competições desportivas após esgotarem-se as instâncias da justiça desportiva, regulada em lei.*

É preciso ressaltar ainda que, segundo o STF, os membros do Poder Judiciário não podem exercer suas funções na Justiça Desportiva. E, ainda, segundo o Tribunal Superior do Trabalho, a Justiça Desportiva não tem competência para processar e julgar questões trabalhistas envolvendo os atletas e suas entidades profissionais desportivas.

14.3 Ciência e Tecnologia

Acerca desse tema, é importante ressaltar a diferença apresentada pela Constituição para Pesquisa Científica Básica e a Pesquisa Tecnológica, conforme se depreende dos §§1º e §2º do Art. 218:

> ***Art. 218.** O Estado promoverá e incentivará o desenvolvimento científico, a pesquisa, a capacitação científica e tecnológica e a inovação. (Redação dada pela Emenda Constitucional nº 85, de 2015)*
>
> ***§ 1º** - A pesquisa científica básica e tecnológica receberá tratamento prioritário do Estado, tendo em vista o bem público e o progresso da ciência, tecnologia e inovação. (Redação dada pela Emenda Constitucional nº 85, de 2015)*
>
> ***§ 2º**. A pesquisa tecnológica voltar-se-á preponderantemente para a solução dos problemas brasileiros e para o desenvolvimento do sistema produtivo nacional e regional.*

Destaca-se no Art. 218, da CF, também, o apoio que deve ser fornecido pelo Estado na formação e capacitação de recursos humanos nas áreas de ciência, pesquisa e tecnologia, bem como no estímulo às empresas para que invistam nessas áreas:

> ***§3º** - O Estado apoiará a formação de recursos humanos nas áreas de ciência, pesquisa, tecnologia e inovação, inclusive por meio do apoio às atividades de extensão tecnológica, e concederá aos que delas se ocupem meios e condições especiais de trabalho;*
>
> ***§ 4º**. A lei apoiará e estimulará as empresas que invistam em pesquisa, criação de tecnologia adequada ao País, formação e aperfeiçoamento de seus recursos humanos e que pratiquem sistemas de remuneração que assegurem ao empregado, desvinculada do salário, participação nos ganhos econômicos resultantes da produtividade de seu trabalho.*

Vinculação da receita dos estados e df

Há aqui tema pertinente à prova. O previsto no § 5º do Art. 218, da CF, que faculta aos Estados e ao Distrito Federal a possibilidade de vinculação de parte de sua receita orçamentária a entidades públicas de pesquisa científica e tecnológica. Não estão incluídos nessa possibilidade a União e os municípios:

> ***§ 5º***. *É facultado aos Estados e ao Distrito Federal vincular parcela de sua receita orçamentária a entidades públicas de fomento ao ensino e à pesquisa científica e tecnológica.*

Patrimônio nacional

E, ainda, não se deve esquecer que o Mercado Interno integra o chamado patrimônio nacional:

> ***Art. 219.*** *O mercado interno integra o patrimônio nacional e será incentivado de modo a viabilizar o desenvolvimento cultural e sócio-econômico, o bem-estar da população e a autonomia tecnológica do País, nos termos de lei federal.*

14.4 Comunicação Social

A Comunicação Social decorre do direito fundamental à liberdade e acaba por concretizar o princípio da pluralidade, ao prever a manifestação do pensamento como um direito não sujeito a restrições abusivas por parte do Estado. O Art. 220 trata desse direito, aparentemente, de forma absoluta, entretanto, não é demais relembrar que não existe direito fundamental absoluto. Caso a manifestação ao pensamento ofenda outro direito fundamental, é possível a sua restrição diante de um conflito de interesses. Não se pode esquecer também que a Constituição foi promulgada em 1988, momento histórico de transição da ditadura para o regime democrático. Era de se esperar que a Constituição Federal se preocupasse demasiadamente com a garantia da manifestação do pensamento:

> ***Art. 220.*** *A manifestação do pensamento, a criação, a expressão e a informação, sob qualquer forma, processo ou veículo não sofrerão qualquer restrição, observado o disposto nesta Constituição.*
>
> ***§ 1º***. *Nenhuma lei conterá dispositivo que possa constituir embaraço à plena liberdade de informação jornalística em qualquer veículo de comunicação social, observado o disposto no Art. 5º, IV, V, X, XIII e XIV.*
>
> ***§ 2º***. *É vedada toda e qualquer censura de natureza política, ideológica e artística.*

Com base nessa liberdade de informação, o STF entendeu que para a profissão de jornalista não seria necessária a obtenção de grau superior de Jornalismo, sob pena de limitar-se esse direito que, como dito, não é absoluto, mas goza de ampla proteção constitucional.

Competência legislativa

Segundo o § 3º e o Art. 21, XVI, a competência para legislar sobre esta matéria é da União, questão essa já cobrada em prova:

> ***§ 3º***. *Compete à lei federal:*
>
> ***I.*** *regular as diversões e espetáculos públicos, cabendo ao Poder Público informar sobre a natureza deles, as faixas etárias a que não se recomendem, locais e horários em que sua apresentação se mostre inadequada;*
>
> ***II.*** *estabelecer os meios legais que garantam à pessoa e à família a possibilidade de se defenderem de programas ou programações de rádio e televisão que contrariem o disposto no Art. 221, bem como da propaganda de produtos, práticas e serviços que possam ser nocivos à saúde e ao meio ambiente.*

> ***Art. 21.*** *Compete à União:*
>
> ***XVI.*** *exercer a classificação, para efeito indicativo, de diversões públicas e de programas de rádio e televisão.*

Propriedade de empresa jornalística, radiodifusão sonora e de sons e imagens

Aqui tem-se uma questão que eventualmente aparece em provas.

> ***Art. 222.*** *A propriedade de empresa jornalística e de radiodifusão sonora e de sons e imagens é privativa de brasileiros natos ou naturalizados há mais de dez anos, ou de pessoas jurídicas constituídas sob as leis brasileiras e que tenham sede no País.*
>
> ***§ 1º***. *Em qualquer caso, pelo menos setenta por cento do capital total e do capital votante das empresas jornalísticas e de radiodifusão sonora e de sons e imagens deverá pertencer, direta ou indiretamente, a brasileiros natos ou naturalizados há mais de dez anos, que exercerão obrigatoriamente a gestão das atividades e estabelecerão o conteúdo da programação.*
>
> ***§ 2º***. *A responsabilidade editorial e as atividades de seleção e direção da programação veiculada são privativas de brasileiros natos ou naturalizados há mais de dez anos, em qualquer meio de comunicação social.*
>
> ***§ 3º***. *Os meios de comunicação social eletrônica, independentemente da tecnologia utilizada para a prestação do serviço, deverão observar os princípios enunciados no Art. 221, na forma de lei específica, que também garantirá a prioridade de profissionais brasileiros na execução de produções nacionais.*
>
> ***§ 4º***. *Lei disciplinará a participação de capital estrangeiro nas empresas de que trata o § 1º.*
>
> ***§ 5º***. *As alterações de controle societário das empresas de que trata o § 1º serão comunicadas ao Congresso Nacional.*

O Art. 222 exige, para ser proprietário de empresa jornalística, que o titular seja brasileiro nato ou naturalizado há mais de 10 anos. Essa regra não impede que estrangeiros sejam proprietários de empresas de comunicação no Brasil, haja vista a possibilidade desses estrangeiros integrarem uma pessoa jurídica desde que a administração seja feita por brasileiros natos ou naturalizados há mais de dez anos e a pessoa jurídica seja constituída sobre as leis brasileiras.

A Constituição limita em 30 % a possibilidade de capital votante estrangeiro.

Seguem abaixo alguns outros artigos que já foram alvos de questões de prova:

> ***Art. 223.*** *Compete ao Poder Executivo outorgar e renovar concessão, permissão e autorização para o serviço de radiodifusão sonora e de sons e imagens, observado o princípio da complementaridade dos sistemas privado, público e estatal.*
>
> ***§ 1º***. *O Congresso Nacional apreciará o ato no prazo do Art. 64, § 2º e § 4º, a contar do recebimento da mensagem.*
>
> ***§ 2º***. *A não renovação da concessão ou permissão dependerá de aprovação de, no mínimo, dois quintos do Congresso Nacional, em votação nominal.*
>
> ***§ 3º***. *O ato de outorga ou renovação somente produzirá efeitos legais após deliberação do Congresso Nacional, na forma dos parágrafos anteriores.*
>
> ***§ 4º***. *O cancelamento da concessão ou permissão, antes de vencido o prazo, depende de decisão judicial.*
>
> ***§ 5º***. *O prazo da concessão ou permissão será de dez anos para as emissoras de rádio e de quinze para as de televisão.*
>
> ***Art. 224.*** *Para os efeitos do disposto neste capítulo, o Congresso Nacional instituirá, como seu órgão auxiliar, o Conselho de Comunicação Social, na forma da lei.*

14.5 Meio Ambiente

Nossa Constituição é uma das normas mais garantistas do Meio Ambiente. Essa postura tem colocado o país à frente de muitos outros nas questões de preservação ambiental. É muito interessante a forma como esse direito social é apresentado sendo bem de uso comum do povo cuja preservação visa a garantir um meio ambiente sadio para as presentes e futuras gerações:

> ***Art. 225.*** *Todos têm direito ao meio ambiente ecologicamente equilibrado, bem de uso comum do povo e essencial à sadia qualidade de vida, impondo-se ao Poder Público e à coletividade o dever de defendê-lo e preservá-lo para as presentes e futuras gerações.*

Atribuições do poder público

Para que esse ideal de preservação seja garantido, a Constituição exigiu uma série de condutas dos Poderes Públicos, as quais estão previstas no § 1º do Art. 225 da CF:

> ***§ 1º.*** *Para assegurar a efetividade desse direito, incumbe ao Poder Público:*
>
> ***I.*** *preservar e restaurar os processos ecológicos essenciais e prover o manejo ecológico das espécies e ecossistemas;*
>
> ***II.*** *preservar a diversidade e a integridade do patrimônio genético do País e fiscalizar as entidades dedicadas à pesquisa e manipulação de material genético;*
>
> ***III.*** *definir, em todas as unidades da Federação, espaços territoriais e seus componentes a serem especialmente protegidos, sendo a alteração e a supressão permitidas somente através de lei, vedada qualquer utilização que comprometa a integridade dos atributos que justifiquem sua proteção;*
>
> ***IV.*** *exigir, na forma da lei, para instalação de obra ou atividade potencialmente causadora de significativa degradação do meio ambiente, estudo prévio de impacto ambiental, a que se dará publicidade;*
>
> ***V.*** *controlar a produção, a comercialização e o emprego de técnicas, métodos e substâncias que comportem risco para a vida, a qualidade de vida e o meio ambiente;*
>
> ***VI.*** *promover a educação ambiental em todos os níveis de ensino e a conscientização pública para a preservação do meio ambiente;*
>
> ***VII.*** *proteger a fauna e a flora, vedadas, na forma da lei, as práticas que coloquem em risco sua função ecológica, provoquem a extinção de espécies ou submetam os animais a crueldade.*

Responsabilização pela atividade lesiva ao meio ambiente

Os dois parágrafos que se seguem ambos do Art. 225 da CF, são muito importantes, pois trazem a possibilidade de responsabilização pelo dano ambiental tanto na esfera administrativa quanto na esfera penal. Ou seja, quem polui o meio ambiente pode ser responsabilizado penalmente, incluindo a Pessoa Jurídica. Aqui fica claro que Pessoa Jurídica pode praticar crime:

> ***§ 2º.*** *Aquele que explorar recursos minerais fica obrigado a recuperar o meio ambiente degradado, de acordo com solução técnica exigida pelo órgão público competente, na forma da lei.*
>
> ***§ 3º.*** *As condutas e atividades consideradas lesivas ao meio ambiente sujeitarão os infratores, pessoas físicas ou jurídicas, a sanções penais e administrativas, independentemente da obrigação de reparar os danos causados.*

Se uma Pessoa Jurídica praticar crime ambiental ela será punida com uma sanção compatível com sua natureza jurídica.

Patrimônio nacional

Esse parágrafo já foi abordado várias vezes em prova e requer a memorização do candidato dos ecossistemas que são considerados patrimônio nacional. Os examinadores costumam incluir outro tipo de ecossistema não previsto nesse parágrafo. Por exemplo, em 2010 afirmou-se numa prova da banca CESPE que os "pampas gaúchos" também integravam o patrimônio nacional. Estes elementos devem ser memorizados:

> ***Art. 225, § 4º.*** *A Floresta Amazônica brasileira, a Mata Atlântica, a Serra do Mar, o Pantanal Mato-Grossense e a Zona Costeira são patrimônio nacional, e sua utilização far-se-á, na forma da lei, dentro de condições que assegurem a preservação do meio ambiente, inclusive quanto ao uso dos recursos naturais.*

Limitação para utilização do meio ambiente

Como forma de limitar a utilização do Meio Ambiente, a Constituição instituiu algumas restrições à utilização das terras devolutas ou arrecadadas. Essas terras são consideradas bens dos Estados e, por esse motivo, indisponíveis:

> ***Art. 225, § 5º.*** *São indisponíveis as terras devolutas ou arrecadadas pelos Estados, por ações discriminatórias, necessárias à proteção dos ecossistemas naturais.*

Outro dispositivo limitador é o § 6º, que restringe a instalação de reatores nucleares, os quais, antes de serem instalados, terão sua localização definida em legislação federal:

> ***Art. 225 § 6º.*** *As usinas que operem com reator nuclear deverão ter sua localização definida em lei federal, sem o que não poderão ser instaladas.*

14.6 Família, Criança, Adolescente, Jovem e Idoso

Família

Esse é um dos temas sobre a Ordem Social que aparecem em abundância em provas, em razão das recentes mudanças promovidas pelas Emendas Constitucionais nos 65 e 66 de 2010, bem como o atual posicionamento jurisprudencial do STF:

> ***Art. 226.*** *A família, base da sociedade, tem especial proteção do Estado.*
>
> ***§ 1º.*** *O casamento é civil e gratuita a celebração.*
>
> ***§ 2º.*** *O casamento religioso tem efeito civil, nos termos da lei.*
>
> ***§ 3º.*** *Para efeito da proteção do Estado, é reconhecida a união estável entre o homem e a mulher como entidade familiar, devendo a lei facilitar sua conversão em casamento.*

§ 4º. Entende-se, também, como entidade familiar a comunidade formada por qualquer dos pais e seus descendentes.

§ 5º. Os direitos e deveres referentes à sociedade conjugal são exercidos igualmente pelo homem e pela mulher.

§ 6º. O casamento civil pode ser dissolvido pelo divórcio.

§ 7º. Fundado nos princípios da dignidade da pessoa humana e da paternidade responsável, o planejamento familiar é livre decisão do casal, competindo ao Estado propiciar recursos educacionais e científicos para o exercício desse direito, vedada qualquer forma coercitiva por parte de instituições oficiais ou privadas.

§ 8º. O Estado assegurará a assistência à família na pessoa de cada um dos que a integram, criando mecanismos para coibir a violência no âmbito de suas relações.

O primeiro destaque é o fim da separação judicial. De acordo com a nova redação do § 6º, a partir de agora o casamento se dissolve com o divórcio, sem a necessidade de efetivar-se primeiro a separação judicial.

Outro destaque é a recente decisão do STF[1] que reconheceu a possibilidade de União Estável entre casais homoafetivos, ampliando a compreensão do § 3º. Sobre esse tema deve-se ter muito cuidado. A Constituição Federal entende que União Estável ocorre entre homem e mulher, enquanto o STF entende que pode ocorrer entre casais do mesmo sexo. Diante dessa pluralidade de entendimentos, caso em prova haja uma pergunta que tenha como base a Constituição Federal, deve-se responder que é só entre homem e mulher. Mas se a questão perguntar segundo o STF, nesse caso a União Estável poderá ocorrer entre pessoas do mesmo sexo. É bom lembrar também das entidades familiares reconhecidas pela Constituição Federal:

Casamento civil ou religioso: quando ocorre a formalização da união entre um homem e mulher segundo as leis civis ou religiosas;

União Estável: união informal entre pessoas (do mesmo sexo ou não) com efeitos jurídicos iguais aos do casamento;

Monoparental: quando a família é formada por qualquer um dos pais e seus descendentes.

O STF não liberou o casamento entre casais homoafetivos, apenas reconheceu a União Estável entre eles. Não se deve confundir casamento com união estável.

Criança, adolescente e jovem

O Art. 227 possui várias normas de proteção para a criança, o adolescente e jovem, que podem ser cobradas em prova. A Constituição também sofreu alterações nesse artigo por meio da Emenda Constitucional nº 65, que inseriu o Jovem entre os indivíduos que possuem proteção especial da Constituição Federal. Merece destaque especial no § 3º, I, que prevê como idade mínima para o trabalho da criança 14 anos:

***Art. 227.** É dever da família, da sociedade e do Estado assegurar à criança, ao adolescente e ao jovem, com absoluta prioridade, o direito à vida, à saúde, à alimentação, à educação, ao lazer, à profissionalização, à cultura, à dignidade, ao respeito, à liberdade e à convivência familiar e comunitária, além de colocá-los a salvo de toda forma de negligência, discriminação, exploração, violência, crueldade e opressão.*

1 Vide ADI 4.277 e ADPF 132, Rel. Min. Ayres Britto, julgamento em 5-5-2011, Plenário, DJE de 14-10-2011.

§ 1º. O Estado promoverá programas de assistência integral à saúde da criança, do adolescente e do jovem, admitida a participação de entidades não governamentais, mediante políticas específicas e obedecendo aos seguintes preceitos:

I. aplicação de percentual dos recursos públicos destinados à saúde na assistência materno-infantil;

II. criação de programas de prevenção e atendimento especializado para as pessoas portadoras de deficiência física, sensorial ou mental, bem como de integração social do adolescente e do jovem portador de deficiência, mediante o treinamento para o trabalho e a convivência, e a facilitação do acesso aos bens e serviços coletivos, com a eliminação de obstáculos arquitetônicos e de todas as formas de discriminação.

§ 2º. A lei disporá sobre normas de construção dos logradouros e dos edifícios de uso público e de fabricação de veículos de transporte coletivo, a fim de garantir acesso adequado às pessoas portadoras de deficiência.

§ 3º. O direito a proteção especial abrangerá os seguintes aspectos:

I. idade mínima de quatorze anos para admissão ao trabalho, observado o disposto no Art. 7º, XXXIII;

II. garantia de direitos previdenciários e trabalhistas;

III. garantia de acesso do trabalhador adolescente e jovem à escola;

IV. garantia de pleno e formal conhecimento da atribuição de ato infracional, igualdade na relação processual e defesa técnica por profissional habilitado, segundo dispuser a legislação tutelar específica;

V. obediência aos princípios de brevidade, excepcionalidade e respeito à condição peculiar de pessoa em desenvolvimento, quando da aplicação de qualquer medida privativa da liberdade;

VI. estímulo do Poder Público, através de assistência jurídica, incentivos fiscais e subsídios, nos termos da lei, ao acolhimento, sob a forma de guarda, de criança ou adolescente órfão ou abandonado;

VII. programas de prevenção e atendimento especializado à criança, ao adolescente e ao jovem dependente de entorpecentes e drogas afins.

§ 4º. A lei punirá severamente o abuso, a violência e a exploração sexual da criança e do adolescente.

§ 5º. A adoção será assistida pelo Poder Público, na forma da lei, que estabelecerá casos e condições de sua efetivação por parte de estrangeiros.

§ 6º. Os filhos, havidos ou não da relação do casamento, ou por adoção, terão os mesmos direitos e qualificações, proibidas quaisquer designações discriminatórias relativas à filiação.

§ 7º. No atendimento dos direitos da criança e do adolescente levar-se-á em consideração o disposto no Art. 204.

§ 8º. A lei estabelecerá:

I. o estatuto da juventude, destinado a regular os direitos dos jovens;

II. o plano nacional de juventude, de duração decenal, visando à articulação das várias esferas do poder público para a execução de políticas públicas. .

Imputabilidade penal

***Art. 228.** São penalmente inimputáveis os menores de dezoito anos, sujeitos às normas da legislação especial.*

Dizer que são inimputáveis os menores de 18 anos significa dizer que a eles não podem ser imputada a prática de crime e nem podem ser punidos segundo o Código Penal. Por isso, o próprio dispositivo determina que a conduta ilícita dos menores de 18 anos seja regulada por legislação especial, a qual já existe: Lei 8.069/90, Estatuto da Criança e do Adolescente.

Responsabilidade dos pais para com os filhos e dos filhos para com os pais

Art. 229. Os pais têm o dever de assistir, criar e educar os filhos menores, e os filhos maiores têm o dever de ajudar e amparar os pais na velhice, carência ou enfermidade.

Atente-se nesse dispositivo para o dever recíproco de cuidado que a Constituição impõe tanto aos pais quanto aos filhos. Uma verdadeira lição de moral que não necessitaria sequer estar prevista na Constituição Federal. Contudo, as práticas abusivas de violência e desrespeito registradas em nosso país são tantas que o Legislador Originário não se excedeu em prever tais normas de proteção.

Idoso

Quanto à proteção constitucional ao idoso, veja-se o disposto no Art. 230, o qual contém várias informações que podem se tornar questões de prova:

Art. 230. A família, a sociedade e o Estado têm o dever de amparar as pessoas idosas, assegurando sua participação na comunidade, defendendo sua dignidade e bem-estar e garantindo-lhes o direito à vida.

§ 1º. Os programas de amparo aos idosos serão executados preferencialmente em seus lares.

§ 2º. Aos maiores de sessenta e cinco anos é garantida a gratuidade dos transportes coletivos urbanos.

Chama-se a atenção para a realização de programas de amparo aos idosos que se realizarão preferencialmente em seus lares. Preferencialmente, não é obrigatoriamente!

Outra questão que sempre aparece em prova é acerca da idade para a concessão de transporte gratuito: maior de 65 anos de idade. É muito comum as bancas tentarem confundir o candidato colocando a idade de 60 ou 70 anos. Apesar de todas as idades se referirem ao idoso, cada uma tem uma consequência jurídica diferente.

14.7 Índios

Os artigos que falam sobre os índios estão entre os mais cobrados da Ordem Social. Primeiramente, serão abordadas as Terras tradicionalmente ocupadas. É importante que memorize os elementos que caracterizam as terras tradicionalmente ocupadas, que estão previstas no § 1º do Art. 231:

Art. 231. São reconhecidos aos índios sua organização social, costumes, línguas, crenças e tradições, e os direitos originários sobre as terras que tradicionalmente ocupam, competindo à União demarcá-las, proteger e fazer respeitar todos os seus bens.

§ 1º. São terras tradicionalmente ocupadas pelos índios as por eles habitadas em caráter permanente, as utilizadas para suas atividades produtivas, as imprescindíveis à preservação dos recursos ambientais necessários a seu bem-estar e as necessárias a sua reprodução física e cultural, segundo seus usos, costumes e tradições.

Não se deve esquecer de que os índios não possuem a propriedade das terras tradicionalmente por eles habitadas, mas apenas a posse, conforme o § 2º do Art. 231. Não se confunde a propriedade com a posse. A propriedade dessas terras é da União, conforme previsto no Art. 20, XI:

§ 2º. As terras tradicionalmente ocupadas pelos índios destinam-se a sua posse permanente, cabendo-lhes o usufruto exclusivo das riquezas do solo, dos rios e dos lagos nelas existentes.

Art. 20. São bens da União:

XI. as terras tradicionalmente ocupadas pelos índios.

Várias regras constitucionais objetivam a proteção dessas terras:

§ 3º. O aproveitamento dos recursos hídricos, incluídos os potenciais energéticos, a pesquisa e a lavra das riquezas minerais em terras indígenas só podem ser efetivados com autorização do Congresso Nacional, ouvidas as comunidades afetadas, ficando-lhes assegurada participação nos resultados da lavra, na forma da lei.

§ 4º. As terras de que trata este artigo são inalienáveis e indisponíveis, e os direitos sobre elas, imprescritíveis.

§ 6º. São nulos e extintos, não produzindo efeitos jurídicos, os atos que tenham por objeto a ocupação, o domínio e a posse das terras a que se refere este artigo, ou a exploração das riquezas naturais do solo, dos rios e dos lagos nelas existentes, ressalvado relevante interesse público da União, segundo o que dispuser lei complementar, não gerando a nulidade e a extinção direito a indenização ou a ações contra a União, salvo, na forma da lei, quanto às benfeitorias derivadas da ocupação de boa fé.

§ 7º. Não se aplica às terras indígenas o disposto no Art. 174, § 3º e § 4º.

Remoção dos índios

Uma norma de proteção e que demonstra a preocupação do Constituinte Originário com a preservação da cultura indígena é a que proíbe a remoção obrigatória dos índios sem que seja referendada pelo Congresso Nacional. O STF[2], em uma interpretação ampliativa desse instituto, entende que o índio não pode ser intimado por Comissão Parlamentar de Inquérito na condição de testemunha para prestar depoimento fora do seu habitat:

§ 5º. É vedada a remoção dos grupos indígenas de suas terras, salvo, ad referendum do Congresso Nacional, em caso de catástrofe ou epidemia que ponha em risco sua população, ou no interesse da soberania do País, após deliberação do Congresso Nacional, garantido, em qualquer hipótese, o retorno imediato logo que cesse o risco.

Defesa dos direitos indígenas

O Art. 232 delega ao Ministério Público como função institucional o dever de acompanhar os processos que tenham como partes os índios, suas comunidades e organização, os quais possuem legitimidade para ingressar em juízo em defesa dos seus direitos e interesses. A atribuição Ministerial encontra reforço no Art. 129, V da CF:

Art. 232. Os índios, suas comunidades e organizações são partes legítimas para ingressar em juízo em defesa de seus direitos e interesses, intervindo o Ministério Público em todos os atos do processo.

Art. 129. São funções institucionais do Ministério Público:

V. defender judicialmente os direitos e interesses das populações indígenas.

2 Vide HC 80.240, Rel. Min. Sepúlveda Pertence, julgamento em 20-6-2001, Primeira Turma, DJ de 14-10-2005.

Questões

01. **(FCC - 2018 - TRT/2ª REGIÃO/SP - ANALISTA JUDICIÁRIO)** Determinada lei municipal editada em matéria de servidores públicos cria funções de confiança que podem ser exercidas por servidores ocupantes de cargos em comissão, estes nomeados independentemente de concurso público. A mesma lei indica que ocupantes de cargos em comissão podem apenas exercer funções de direção, chefia e assessoramento, sendo passíveis de livre exoneração. Há inconstitucionalidade na referida lei no tocante à

a) previsão da exoneração dos servidores titulares de cargos em comissão independentemente de observância do devido processo legal.
b) possibilidade de exercício de funções de confiança por servidores ocupantes de cargos em comissão.
c) previsão do assessoramento como função que pode ser exercida pelo servidor titular de cargo em comissão.
d) competência legislativa municipal para criar funções de confiança.
e) ausência de concurso público para a escolha de ocupantes de cargos em comissão.

02. **(FGV - 2017 - TRT/12ª REGIÃO/SC - ANALISTA JUDICIÁRIO)** O setor administrativo de determinada repartição pública, em atendimento à solicitação do superior hierárquico, confeccionou minuta de edital de concurso público visando ao provimento dos cargos vagos. Ocorre que três cláusulas da minuta suscitaram dúvidas da assessoria jurídica, já que não previstas na legislação de regência: (1ª) o exame psicotécnico seria eliminatório; (2ª) haveria o limite de idade de 60 (sessenta) anos para a inscrição no concurso, o que se mostrava razoável em razão das atribuições dos cargos; e (3ª) o concurso teria 2 (duas) provas eliminatórias, uma objetiva e outra discursiva.

À luz da sistemática constitucional e da interpretação que lhe vem sendo dispensada pelo Supremo Tribunal Federal, é correto afirmar que:

a) as três cláusulas da minuta são constitucionais;
b) a 1ª cláusula é inconstitucional, sendo as demais constitucionais;
c) a 1ª e a 2ª cláusulas são inconstitucionais, sendo a 3ª constitucional;
d) a 2ª cláusula é inconstitucional, sendo as demais constitucionais;
e) as três cláusulas da minuta são inconstitucionais.

03. **(FCC - 2018 - TRT/15ª REGIÃO/SP - ANALISTA JUDICIÁRIO)** À luz da separação dos Poderes, consagrada como princípio fundamental da Constituição Federal,

a) são funções típicas do Poder Legislativo legislar, fiscalizar e julgar o Presidente da República por crimes de responsabilidade.
b) ao Tribunal de Contas da União, como órgão do Poder Judiciário, compete a fiscalização externa da atuação do Poder Executivo.
c) as Comissões Parlamentares de Inquérito são instauradas no âmbito das Casas do Congresso Nacional, cabendo o controle judicial de seus atos ao Supremo Tribunal Federal.
d) ao Conselho Nacional de Justiça, como órgão do Poder Judiciário no exercício da função jurisdicional, compete a fiscalização externa do Poder Judiciário.
e) são funções típicas do Poder Executivo a administração da coisa pública, tributação e elaboração de normas jurídicas por meio de medidas provisórias.

04. **(AOCP - 2018 - TRT/1ª REGIÃO/RJ - ANALISTA JUDICIÁRIO)** A Constituição Federal, em seu art. 114, III, dispõe que compete à Justiça do Trabalho processar e julgar as ações sobre representação sindical, entre sindicatos, entre sindicatos e trabalhadores, e entre sindicatos e empregadores. Tendo isso em vista, assinale a alternativa correta, de acordo com as disposições constitucionais, acerca da associação profissional ou sindical.

a) A lei não poderá exigir autorização do Estado para a fundação de sindicato, bem como não poderá exigir registro em qualquer órgão estatal, vedadas ao Poder Público a interferência e a intervenção na organização sindical.
b) É vedada a dispensa do empregado sindicalizado a partir do registro da candidatura a cargo de direção ou representação sindical e, se eleito, ainda que suplente, até um ano após o final do mandato, salvo se cometer falta grave nos termos da lei.
c) A participação dos sindicatos nas negociações coletivas de trabalho é facultativa.
d) O aposentado filiado não poderá votar e ser votado nas organizações sindicais.
e) É vedada a criação de mais de uma organização sindical representativa da mesma categoria profissional ou econômica, ainda que em bases territoriais distintas.

05. **(FGV - 2017 - TRT/12ª REGIÃO/SC - ANALISTA JUDICIÁRIO)** Determinado legitimado ingressou com ação civil pública visando à implementação de certo direito social dos trabalhadores. Ao fim da relação processual, o pedido foi julgado improcedente sob o argumento de que a norma constitucional que estaria sendo descumprida possui contornos essencialmente programáticos, ao que se soma a constatação de que a reserva do possível impediria a implementação dos direitos sociais na dimensão almejada.

À luz da sistemática constitucional e da doutrina sedimentada a respeito dos direitos sociais, os fundamentos da sentença proferida são:

a) totalmente inadequados, pois os direitos sociais são previstos em normas de eficácia plena e sempre deve ser possível implementá-los;
b) parcialmente inadequados, pois a categoria das normas programáticas está restrita à disciplina dos clássicos direitos de liberdade;
c) parcialmente inadequados, pois a disponibilidade financeira e orçamentária está associada à implementação dos direitos de liberdade;
d) parcialmente inadequados, pois o caráter programático da norma constitucional não compromete a sua plena eficácia, principalmente quando consagra direitos;
e) totalmente adequados, pois os direitos sociais de estatura constitucional normalmente precisam ser integrados pela lei e demandam gastos para a sua implementação.

06. **(FGV - 2017 - TRT/12ª REGIÃO/SC - ANALISTA JUDICIÁRIO)** Após regular processamento, determinada Turma de Tribunal Regional do Trabalho, ao apreciar o recurso interposto pela parte vencida, não visualizou vício de inconstitucionalidade na norma que embasava o pedido do trabalhador, mantendo, com isso, a condenação imposta pela Vara do Trabalho justamente com base na referida norma. Insatisfeito com o acórdão, o empregador sustentou a existência de equívoco procedimental, já que não observada a regra do art. 97 da Constituição Federal de 1988 e a interpretação que lhe vem sendo dispensada pelo Supremo Tribunal Federal.

À luz da sistemática constitucional, é correto afirmar que o proceder da Turma, no que diz respeito à análise da constitucionalidade da norma, está:

a) correto, pois o controle difuso de constitucionalidade é realizado por qualquer órgão jurisdicional, que pode deixar de aplicar a norma inconstitucional;

b) incorreto, pois o controle difuso de constitucionalidade somente poderia ser realizado pelos juízes singulares, não pela Turma, que realiza o controle concentrado;

c) correto, pois a Turma não reconheceu o vício de inconstitucionalidade da norma, limitando-se a aplicá-la ao caso concreto;

d) incorreto, pois a Turma, em respeito à reserva de plenário, não poderia realizar o controle difuso de constitucionalidade, devendo submeter a matéria ao pleno;

e) correto, desde que o acórdão prolatado pela Turma tenha contado com o voto favorável de dois terços dos respectivos membros.

07. **(FCC - 2018 - TRT/15ª REGIÃO/SP - ANALISTA JUDICIÁRIO)** Relativamente aos Tribunais e Juízes do Trabalho, como órgãos do Poder Judiciário, a Constituição Federal estabelece que

a) a supervisão administrativa, orçamentária, financeira e patrimonial dos órgãos da Justiça do Trabalho cabe ao Conselho Nacional de Justiça, cujas decisões terão efeito vinculante.

b) compete à Justiça do Trabalho processar e julgar as ações oriundas da relação de trabalho, abrangendo a apreciação de causas que envolvam o Poder Público e seus servidores, vinculados por relação estatutária.

c) os Tribunais Regionais do Trabalho serão compostos por, no máximo, sete juízes recrutados obrigatoriamente na respectiva região e nomeados pelo Presidente da República.

d) as ações de indenização por dano moral ou patrimonial decorrentes da relação de trabalho são de competência da Justiça Federal.

e) compete à Justiça do Trabalho processar e julgar as ações relativas às penalidades administrativas impostas aos empregadores pelos órgãos de fiscalização das relações de trabalho.

08. **(FCC - 2018 - TRT/15ª REGIÃO/SP - TÉCNICO JUDICIÁRIO)** O Direito universal à saúde deve ser garantido pelo Estado mediante políticas sociais e econômicas que visem à redução do risco de doença e de outros agravos, com base, dentre outros, na previsão constitucional segundo a qual

a) as instituições privadas poderão participar de forma complementar do Sistema Único de Saúde, segundo diretrizes próprias, tendo preferência as entidades filantrópicas e as sem fins lucrativos.

b) o financiamento do Sistema Único de Saúde será efetivado integralmente com recursos do orçamento da seguridade social da União, responsável em assegurar o acesso universal e igualitário.

c) as ações e serviços públicos de saúde integram uma rede regionalizada e hierarquizada e constituem um sistema único, organizado com vistas ao atendimento integral, excluídos os serviços assistenciais.

d) é vedado às instituições privadas com fins lucrativos participarem do Sistema Único de Saúde.

e) são de relevância pública as ações e serviços de saúde, devendo sua execução ser feita diretamente pelo Poder Público ou por meio de terceiros e, também, por pessoa física ou jurídica de direito privado.

09. **(FGV - 2017 - TRT/12ª REGIÃO/SC - ANALISTA JUDICIÁRIO)** Luís, portador de deficiência física congênita e trabalhador da iniciativa privada, solicitou a orientação de um profissional da área jurídica a respeito das peculiaridades do regime geral de previdência social considerando a sua situação pessoal.

O profissional consultado respondeu corretamente que Luís:

a) não pode ser beneficiado por qualquer requisito ou critério diferenciado para a obtenção de aposentadoria;

b) poderia ser beneficiado por critérios diferenciados para se aposentar caso exercesse atividade insalubre, mas não por ser deficiente;

c) poderia ser beneficiado por requisitos ou critérios diferenciados para se aposentar caso fosse mulher, mas não por ser deficiente;

d) poderia ser beneficiado por critérios diferenciados para se aposentar caso o seu trabalho prejudicasse a saúde, mas não por ser deficiente;

e) pode ser beneficiado por requisitos ou critérios distintos para se aposentar nos termos de lei complementar.

Gabaritos

01	B	02	C	03	C
04	B	05	E	06	C
07	E	08	E	09	E

DIREITO ADMINISTRATIVO

1. INTRODUÇÃO AO DIREITO ADMINISTRATIVO

Neste capítulo, vamos conhecer algumas características do Direito Administrativo, seu conceito, sua finalidade, seu regime jurídico peculiar que orienta toda a sua atividade administrativa, seja ela exercida pelo próprio Estado-administrador, ou por particular. Para entendermos melhor tudo isso, é preciso dar início ao nosso estudo pela compreensão adequada do papel do Direito na vida social.

O Direito é um conjunto de normas (regras e princípios) impostas coativamente pelo Estado que regularão a vida em sociedade, possibilitando a coexistência pacífica das pessoas.

1.1 Ramos do Direito

O Direito é historicamente dividido em dois grandes ramos: o Direito Público e o Direito Privado. Em relação ao Direito Privado, vale o princípio da igualdade (isonomia) entre as partes; aqui não há que se falar em superioridade de uma parte sobre a outra. Por esse motivo, dizemos que estamos em uma relação jurídica horizontal ou uma horizontalidade nas relações jurídicas.

O Direito Privado é regulado pelo princípio da autonomia da vontade, o que traduz a regra a qual diz que o particular pode fazer tudo que não é proibido (Art. 5º, II, da Constituição Federal).

No Direito Público, temos o Estado em um dos polos, representando os interesses da coletividade, e um particular desempenhando seus próprios interesses. Sendo assim, o Estado é tratado com superioridade ante ao particular, pois o Estado é o procurador da vontade da coletividade e, representada pelo próprio Estado, deve ser tratada de forma prevalente ante a vontade do particular.

O fundamento dessa relação jurídica vertical é encontrado no Princípio da Supremacia do Interesse Público, que estudaremos com mais detalhes no tópico referente aos princípios. Mas já podemos adiantar que, como o próprio nome o interesse público é supremo. Desse modo, são disponibilizadas ao Estado prerrogativas especiais para que possa atingir os seus objetivos. Essas prerrogativas são os poderes da administração pública.

Esquema da Divisão do Direito

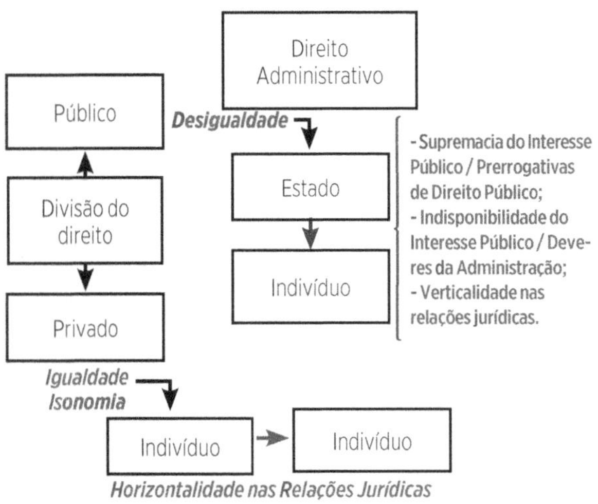

Os dois princípios norteadores do Direito Administrativo são: Supremacia do Interesse Público (gera os poderes) e Indisponibilidade do Interesse Público (gera os deveres da administração).

1.2 Conceito de Direito Administrativo

Vários são os conceitos que podem ser encontrados na doutrina para o Direito Administrativo. Descreveremos dois deles trazidos pela doutrina contemporânea e citados a seguir:

O Direito Administrativo é o ramo do direito público que tem por objeto órgãos, agentes e pessoas jurídicas administrativas que integram a Administração Pública. A atividade jurídica não contenciosa que exerce e os bens que se utiliza para a consecução de seus fins de natureza pública[1].

O Direito Administrativo é o conjunto harmônico de princípios jurídicos que regem órgãos, agentes e atividades públicas que tendem a realizar concreta, direta e imediatamente os fins desejados pelo Estado[2].

1.3 Objeto do Direito Administrativo

Os conceitos de Direito Administrativo foram desenvolvidos de forma que se desdobram em uma sequência natural de tópicos que devem ser estudados ponto a ponto para que a matéria seja corretamente entendida.

Por meio desses conceitos, podemos constatar que o objeto do Direito Administrativo são as relações da administração pública, sejam elas de natureza interna entre as entidades que a compõe, seus órgãos e agentes, ou de natureza externa entre a administração e os administrados.

Além de ter por objeto a atuação da administração pública, também é foco do Direito Administrativo o desempenho das atividades públicas quando exercidas por algum particular, como no caso das concessões, permissões e autorizações de serviços públicos.

Resumidamente, podemos dizer que o Direito Administrativo tem por objeto a administração pública e também as atividades administrativas, independentemente de quem as exerçam.

1.4 Fontes do Direito Administrativo

É o lugar de onde provém algo, no nosso caso, no qual emanam as regras do Direito Administrativo. Esse não está codificado em um único livro. Dessa forma, para o estudarmos de maneira completa, temos que recorrer às fontes, ou seja, a institutos esparsos. Por esse motivo, dizemos que o Direito Administrativo está tipificado (escrito), mas não está codificado em um único instituto.

Lei: fonte principal do Direito Administrativo. A lei deve ser compreendida em seu sentido amplo, o que inclui a Constituição Federal, as normas supra legais, as leis e também os atos normativos da própria administração pública. Temos como exemplo os Arts. 37 ao 41 da Constituição Federal, a Lei nº 8.666/93, a Lei nº 8.112/90, a Lei de Improbidade Administrativa (Lei nº 8.429/92), Processo Administrativo Federal (Lei nº 9.784/99), etc.

Jurisprudência: gênero que se divide entre jurisprudência e doutrina. Jurisprudência são decisões quais são editadas pelos tribunais e não possuem efeito vinculante; são resumos numerados que servem de fonte de pesquisa do direito materializados em livros, artigos e pareceres.

Doutrina tem a finalidade de tentar sistematizar e melhor explicar o conteúdo das normas de Direito Administrativo; doutrina pode ser utilizada como critério de interpretação de normas, bem como auxiliar a produção normativa.

1 Direito Administrativo, Maria Sylvia Zanella di Pietro, 23ª edição.
2 Conceito de Direito Administrativo do professor Hely Lopes Meirelles.

Costumes: conjunto de regras não escritas, porém, observadas de maneira uniforme, as quais suprem a omissão legislativa acerca de regras internas da Administração Pública.

Segundo o doutrinador do Direito Administrativo, Hely Lopes Meirelles, em razão da deficiência da legislação, a prática administrativa vem suprindo o texto escrito e, sedimentada na consciência dos administradores e administrados, a praxe burocrática passa a saciar a lei e atuar como elemento informativo da doutrina.

Lei e Súmulas Vinculantes são consideradas fontes principais do Direito Administrativo. Jurisprudência, súmulas, doutrina e costumes são considerados fontes secundárias.

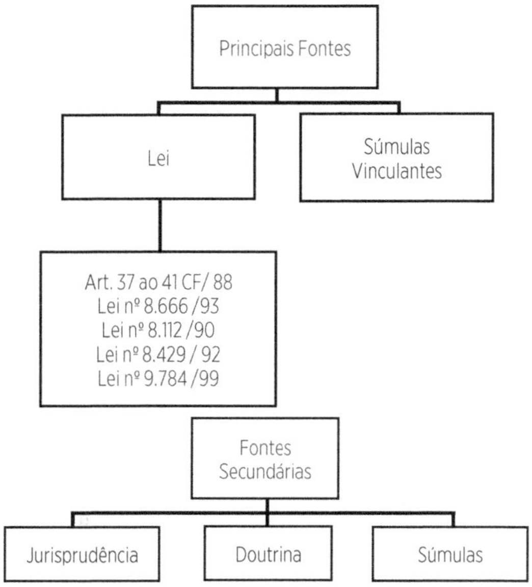

1.5 Sistemas Administrativos

É o regime que o Estado adota para o controle dos atos administrativos ilegais praticados pelo poder público nas diversas esferas e em todos os poderes. Existem dois sistemas que são globalmente utilizados.

O Sistema Francês (do contencioso administrativo), não utilizado no Brasil, determina que as lides administrativas podem transitar em julgado, ou seja, as decisões administrativas têm força de definibilidade. Nesse sentido, falamos em dualidade de jurisdição, já que existem tribunais administrativos e judiciais, cada qual com suas competências.

O Sistema Inglês, também chamado de jurisdicional único ou unicidade da jurisdição, é o sistema que atribui somente ao poder judiciário a capacidade de tomar decisões sobre a legalidade administrativa com caráter de coisa julgada ou definitividade.

> A Constituição Federal de 1988 adotou o sistema Inglês ou, o do não contencioso administrativo.

O Direito Administrativo, no nosso sistema, não pode fazer coisa julgada e todas as decisões administrativas podem ser revistas pelo poder judiciário, pois somente ele pode dar resolução em caráter definitivo. Ou seja, não cabem mais recursos, por isso, falamos em trânsito em julgado das decisões judiciais e nunca das decisões administrativas.

Via administrativa de curso forçado

São situações em que o particular é obrigado a seguir todas as vias administrativas até o fim, antes de socorrer ao poder judiciário. Isso é exceção, pois a regra é que, ao particular, é facultado socorrer ao poder judiciário, por força do Art. 5º, XXXV, da Constituição Federal.

> ***XXXV.*** *A lei não excluirá da apreciação do Poder Judiciário lesão ou ameaça a direito.*

Exemplos de via administrativa de curso forçado:

Aqui, o indivíduo deve esgotar as esferas administrativas obrigatoriamente antes de ingressar com ação no poder judiciário.

Justiça Desportiva: só são admitidas pelo poder judiciário ações relativas à disciplina e as competições desportivas depois de esgotadas as instâncias da Justiça Desportiva. Art. 217, § 1º, CF.

Ato Administrativo ou a Omissão da Administração Pública que contrarie Súmula Vinculante: só pode ser alvo de reclamação ao STF depois de esgotadas as vias administrativas. Lei nº 11.417/2006, Art. 7º, §1º.

***Habeas Data*:** é indispensável para caracterizar o interesse de agir no *Habeas Data* a prova anterior do indeferimento do pedido de informação de dados pessoais ou da omissão em atendê-lo sem que se confirme situação prévia de pretensão. *STF, HD, 22-DF Min. Celso de Mello.*

1.6 Regime Jurídico Administrativo

É o conjunto de normas e princípios de direito público que regulam a atuação da administração pública. Tais regras se fundamentam nos princípios da Supremacia e da Indisponibilidade do Interesse Público, conforme estudaremos adiante.

O Princípio da Supremacia do Interesse Público é o fundamento dos poderes da Administração Pública, afinal de contas, qualquer pessoa que tenha como fim máximo da sua atuação o interesse da coletividade, somente conseguirá atingir esses objetivos se dotadas de poderes especiais.

O Princípio da Indisponibilidade do Interesse Público é o fundamento dos deveres da Administração Pública, pois essa tem o dever de nunca abandonar o interesse público e de usar os seus poderes com a finalidade de satisfazê-lo.

Desses dois princípios decorrem todos os outros princípios e regras que se desdobram no regime jurídico administrativo.

1.7 Noções de Estado

Conceito de estado

Estado é a pessoa jurídica territorial soberana.

Pessoa: capacidade para contrair direitos e obrigações.

Jurídica: é constituída por meio de uma formalidade documental e não por uma mulher, tal como a pessoa física.

Territorial soberana: quer dizer que, dentro do território do Estado, esse detém a soberania, ou seja, sua vontade prevalece ante a das demais pessoas (sejam elas físicas ou jurídicas). Podemos definir soberania da seguinte forma: soberania é a independência na ordem internacional (lá fora ninguém manda no Estado) e supremacia na ordem interna (aqui dentro quem manda é o Estado).

Elementos do estado

Território: é a base fixa do Estado (solo, subsolo, mar, espaço aéreo).

Povo: é o componente humano do Estado.

Governo Soberano: é o responsável pela condução do Estado. Por ser tal governo soberano, ele não se submete a nenhuma vontade externa, pois, relembrando, lá fora o Estado é independente e aqui dentro sua vontade é suprema, afinal, a vontade do Estado é a vontade do povo.

Formas de estado

Temos duas formas de Estado:

Estado Unitário: é caracterizado pela centralização política; não existe divisão em estados membros ou municípios, há somente uma esfera política central que emana sua vontade para todo o país. É o caso do Uruguai.

Estado Federado: caracteriza-se pela descentralização política; existem diferentes entidades políticas autônomas que são distribuídas regionalmente e cada uma exerce o poder político dentro de sua área de competência. É o caso do Brasil.

Poderes do estado

Os poderes do Estado estão previstos no texto Constitucional.

> ***Art. 2º.*** *São Poderes da União, independentes e harmônicos entre si, o Legislativo, o Executivo e o Judiciário.*

Os poderes podem exercer as funções para que foram investidos pela Constituição Federal (funções típicas) ou executar cargos diversas das suas competências constitucionais (funções atípicas). Por esse motivo, não há uma divisão absoluta entre os poderes, e sim relativa, pois o poder Executivo pode executar suas funções típicas (administrar) e pode também iniciar o processo legislativo em alguns casos (pedido de vagas para novos cargos). Além disso, é possível até mesmo legislar no caso de medidas provisórias com força de lei.

Poderes	Funções Típicas	Funções Atípicas
Legislativo	Criar Leis Fiscalizar (Tribunal de Contas)	Administrar Julgar Conflitos
Executivo	Administrar	Criar Leis Julgar Conflitos
Judiciário	Julgar Conflitos	Administrar Criar Leis

É importante notar que a atividade administrativa está presente nos três poderes, por isso, o Direito Administrativo, por ser um dos ramos do Direito Público, disciplina não somente a atividade administrativa do Poder Executivo, mas também a do Poder Legislativo e do Judiciário.

1.8 Noções de Governo

O governo é atividade política e discricionária, tendo conduta independente. Governar está relacionado com a função política do Estado, a de comandar, de coordenar, de direcionar e de fixar planos e diretrizes de atuação do Estado. O governo é o conjunto de Poderes e órgãos constitucionais responsáveis pela função política do Estado.

O governo está diretamente ligado com as decisões tomadas pelo Estado. Exerce a direção suprema e geral, ao fazer uma analogia, podemos dizer que o governo é o cérebro do Estado.

Função de governo e função administrativa

É comum aparecer em provas de concursos públicos questões que confundem as ideias de governo e de administração pública. Para evitar esse erro, analisaremos as diferenças entre as expressões:

Segundo o jurista brasileiro, Hely Lopes Meirelles, o governo é uma atividade política e discricionária e tem conduta independente.

De acordo com ele, a administração é uma atividade neutra, normalmente vinculada à lei ou à norma técnica, e exercida mediante conduta hierarquizada.

Não podemos confundir Governo com Administração Pública, pois governo se encarrega de definir os objetivos do Estado e definir as políticas para o alcance desses objetivos; a Administração Pública se encarrega simplesmente em atingir os objetivos traçados pelo governo.

O governo atua mediante atos de soberania ou, pelo menos, de autonomia política na condução dos negócios públicos. A Administração é atividade neutra, normalmente vinculada à lei ou à norma técnica. Governo é conduta independente, enquanto a Administração é hierarquizada.

O Governo deve comandar com responsabilidade constitucional e política, mas sem responsabilidade técnica e legal pela execução. A administração age sem responsabilidade política, mas com responsabilidade técnica e legal pela execução dos serviços públicos.

Sistemas de governo

Sistema de governo se refere ao grau de dependência entre o poder legislativo e executivo.

Parlamentarismo

É caracterizado por uma grande relação de dependência entre o poder legislativo e o executivo.

A chefia do Estado e a do Governo são desempenhadas por pessoas distintas.

Chefe de Estado: responsável pelas relações internacionais.

Chefe de Governo: responsável pelas relações internas, o chefe de governo é o da Administração pública.

Presidencialismo

É caracterizado por não existir dependência, ou quase nenhuma, entre o Poder Legislativo e o Executivo.

A chefia do Estado e a do Governo são representadas pela mesma pessoa.

O Brasil adota o presidencialismo.

Formas de governo

Conforme Hely Meirelles, a forma de governo se refere à relação entre governantes e governados.

Monarquia

Hereditariedade: o poder é passado de pai para filho.

Vitaliciedade: o detentor do poder fica no cargo até a morte.

Ausência de prestação de contas.

República

Eletividade: o governante precisa ser eleito para chegar ao poder.

Temporalidade: ao chegar ao poder, o governante ficará no cargo por tempo determinado.

Dever de prestar contas.

O Brasil adota a república como forma de governo.

2. ADMINISTRAÇÃO PÚBLICA

Antes de fazermos qualquer conceituação doutrinária sobre Administração Pública, podemos entendê-la como a ferramenta utilizada pelo Estado para atingir os seus objetivos. O Estado possui objetivos, e quem escolhe quais são eles é o seu governo, pois a esse é que cabe a função política (atividade eminentemente discricionária) do Estado e que determina as suas vontades, ou seja, o Governo é o cérebro do Estado. Para poder atingir esses objetivos, o Estado precisa fazer algo, e o faz por meio de sua Administração Pública. Sendo assim, essa é a responsável pelo exercício das atividades públicas do Estado.

2.1 Classificação de Administração Pública

Sentido material/objetivo

Em sentido material ou objetivo, a Administração Pública compreende o exercício de atividades pelas quais se manifesta a função administrativa do Estado.

Compõe a Administração Pública material qualquer pessoa jurídica, seus órgãos e agentes que exercem as **atividades** administrativas do Estado. Como exemplo de tais atividades, há a prestação de serviços públicos, o exercício do poder de polícia, o fomento, a intervenção e as atividades da Administração Pública.

Essas são as chamadas atividades típicas do Estado e, pelo critério formal, qualquer pessoa que exerce alguma dessas é Administração Pública, não importa quem seja. Por esse critério, teríamos, por exemplo, as seguintes pessoas na Administração Pública:

> União, Estados, Municípios, DF, Autarquias, Fundações Públicas prestadoras de serviços públicos, Empresa Pública prestadora de serviço público, Sociedade de Economia Mista prestadora de serviços públicos e, ainda, as concessionárias, autorizatárias e permissionárias de serviço público.

Esse critério não é o adotado pelo Brasil. Assim sendo, a classificação feita acima não descreve a Administração Pública Brasileira, que, conforme veremos a seguir, adota o modelo formal de classificação.

Sentido formal/subjetivo

Em sentido formal ou subjetivo, a Administração Pública compreende o conjunto de órgãos e pessoas jurídicas encarregadas, por determinação legal, do exercício da função administrativa do Estado.

Pelo modelo formal, segundo Meirelles, a Administração Pública é o conjunto de entidades (pessoas jurídicas, seus órgãos e agentes) que o nosso ordenamento jurídico identifica como Administração Pública, pouco interessa a sua área de atuação, ou seja, pouco importa a atividade mas, sim, quem a desempenha. A Administração Pública Brasileira que adota o modelo formal é classificada em Administração Direta e Indireta.

2.2 Organização da Administração

A Administração Pública foi definida pela Constituição Federal no Art. 37.

> ***Art. 37.*** *A Administração Pública direta e indireta de qualquer dos Poderes da União, dos Estados, do Distrito Federal e dos Municípios obedecerá aos princípios de legalidade, impessoalidade, moralidade, publicidade e eficiência e, também, ao seguinte:*

O Decreto-Lei nº 200/67 determina quem é Administração Pública Direta e Indireta.

> ***Art. 4º.*** *A Administração Federal compreende:*
>
> ***I.*** *A Administração Direta, que se constitui dos serviços integrados na estrutura administrativa da Presidência da República e dos Ministérios.*
>
> ***II.*** *A Administração Indireta, que compreende as seguintes categorias de entidades, dotadas de personalidade jurídica própria:*
>
> ***a)*** *Autarquias;*
> ***b)*** *Empresas Públicas;*
> ***c)*** *Sociedades de Economia Mista.*
> ***d)*** *Fundações públicas.*

Dessa forma, temos somente quatro pessoas que representam a Administração Direta e nenhuma outra. São consideradas pessoas jurídicas de direito público e possuem várias características. As pessoas da Administração Direta recebem o nome de pessoas políticas do estado.

A Administração Indireta também representa um rol taxativo e não cabe ampliação. Existem quatro pessoas da Administração Indireta e nenhuma outra; elas possuem características marcantes. Contudo, não possuem a mais importante e que diferencia das pessoas políticas do Estado, ou seja, a capacidade de legislar (capacidade política).

2.3 Administração Direta

A Administração Direta é representada pelas entidades políticas. São elas: União, Estados, DF e os Municípios.

A definição no Brasil foi feita pelo Decreto-Lei nº 200/67, que dispõe sobre a organização da Administração Federal e estabelece diretrizes para a Reforma Administrativa.

É importante observar que esse decreto dispõe somente sobre a Administração Pública Federal, todavia, pela aplicação do princípio da simetria, tal regra é aplicada uniformemente por todo o território nacional. Assim sendo, tal classificação utilizada nesse decreto define expressamente a Administração Pública Federal e também, implicitamente, a Administração Pública dos demais entes da federação.

Os entes políticos possuem autonomia política (capacidade de legislar), administrativa (capacidade de auto-organizar-se) e capacidade financeira (capacidade de julgar as próprias contas). Não podemos falar aqui em hierarquia entre os entes, mas sim em cooperação, pois um não dá ordens aos outros, visto que eles são autônomos.

Características

São pessoas jurídicas de direito público interno – tem autonomia.

- Unidas formam a República Federativa do Brasil: pessoa jurídica de direito público externo –tem soberania (independência na ordem externa e supremacia na interna).
- Regime jurídico de direito público.
- Autonomia Política: Administrativa e Financeira.

- > Sem subordinação: atuam por cooperação.
- > Competências: hauridas da CF.
- > Responsabilidade civil - regra - objetiva.
- > Bens: públicos, não pode ser objeto de sequestro, arresto, penhora etc.
- > Débitos judiciais: são pagos por precatórios.
- > Regime de pessoal: regime jurídico único.
- > Competência para julgamento de ações judiciais.
  - » União = Justiça Federal.
  - » Demais Entes Políticos = Justiça Estadual.

2.4 Noção de Centralização, Descentralização e Desconcentração

Centralização Administrativa: órgãos e agentes trabalhando para a Administração Direta.

Descentralização Administrativa: técnica administrativa em que a Administração direta passa a atividade administrativa, serviço ou obra pública para outras pessoas jurídicas ou físicas (para pessoa física somente por delegação por colaboração). A descentralização pode ser feita por outorga legal (titularidade + execução) ou diante delegação por colaboração (somente execução). A outorga legal cria as pessoas da Administração Indireta. A Delegação por colaboração gera os concessionários, permissionários e Autorizatários de serviços públicos:

- > **Descentralização por Outorga Legal** (também chamada de descentralização técnica, por serviços, ou funcional): é feita por lei e transfere a titularidade e a execução da atividade administrativa por prazo indeterminado para uma pessoa jurídica integrante da administração indireta.
- > **Descentralização por Delegação** (também chamada de descentralização por colaboração): é feita em regra por um contrato administrativo e, nesses casos, depende de licitação; também pode acontecer descentralização por delegação por meio de um ato administrativo. Transfere somente a execução da atividade administrativa, e não a sua titularidade, por prazo determinado para um particular, pessoa física ou jurídica.

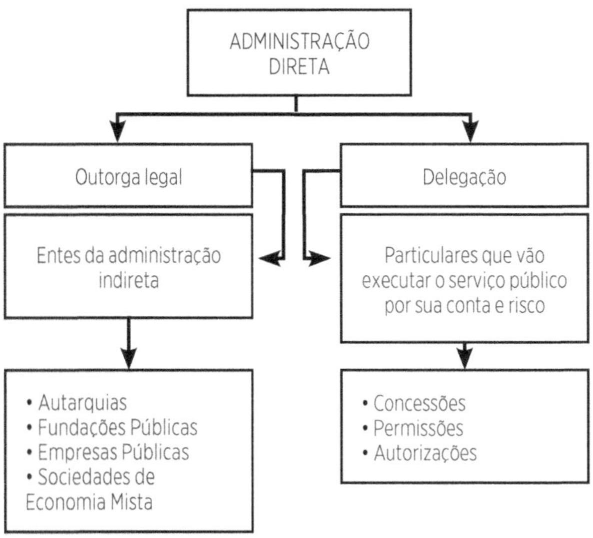

Outorga Legal

- > Feita por lei;
- > Transfere a titularidade e a execução do serviço público;
- > Não tem prazo.

Delegação

- > Feita por contrato, exceto as autorizações;
- > Os contratos dependem de licitação;
- > Transfere somente a execução do serviço público e não a titularidade;
- > Há fiscalização do Poder Público. Tal fiscalização decorre do exercício do poder disciplinar;
- > Tem prazo.
- > **Desconcentração administrativa**: técnica de subdivisão de órgãos públicos para que melhor desempenhem o serviço público ou atividade administrativa. Em outras palavras, na desconcentração, a Pessoa Jurídica distribui competências no âmbito de sua própria estrutura. É a distribuição de competências entre os diversos órgãos integrantes da estrutura de uma pessoa jurídica da Administração Pública. Somente ocorre na Administração Direta ou Indireta, jamais para particulares, uma vez que não existem órgãos públicos entre particulares.

2.5 Administração Indireta

Pessoas / Entes / Entidades Administrativas

- > **F**undações Públicas;
- > **A**utarquias;
- > **S**ociedades de Economia Mista;
- > **E**mpresas Públicas.

Características

- > Tem personalidade jurídica própria;
- > Tem patrimônio e receita próprios;
- > Tem autonomia:
  - » Administrativa;
  - » Técnica;
  - » Financeira.

Obs.:

- > Não tem autonomia política;.
- > Finalidade definida em lei;
- > Controle do Estado.

Não há subordinação nem hierarquia entre os entes da administração direta e indireta, mas sim, vinculação que se manifesta por meio da **supervisão ministerial** realizada pelo ministério ou secretaria da pessoa política responsável pela área de atuação da entidade administrativa. Tal supervisão tem por finalidade o exercício do denominado **controle finalístico** ou **poder de tutela**.

Em alguns casos, a entidade administrativa pode estar diretamente vinculada à chefia do poder executivo e, nesse contexto, caberá a essa chefia o exercício do controle finalístico de tal entidade.

- > São frutos da descentralização por outorga legal.
- > Nomeação de Dirigentes.

Os dirigentes das entidades administrativas são nomeados pelo chefe do poder a que está vinculada a respectiva entidade, ou seja, as entidades administrativas ligadas ao poder executivo federal têm seus dirigentes nomeados pelo chefe de tal poder, que, nesse caso, é o(a) Presidente(a) da República.

É válido lembrar que, em todos os poderes, existe a função administrativa no executivo, de forma típica, e nos demais poderes, de forma atípica. Além disso, a função administrativa de todos os poderes é exercida pela sua Administração Pública (Administração Direta e Indireta), assim sendo, existe Administração Pública Direta e Indireta nos três poderes e, caso uma entidade administrativa seja vinculada ao Poder Legislativo ou Judiciário, caberá ao chefe do respectivo poder a nomeação de tal dirigente.

Excepcionalmente, a nomeação de um dirigente pode depender ainda de aprovação do Poder Legislativo. Na esfera federal, temos como exemplo a nomeação dos dirigentes das agências reguladoras. Tais nomeações são feitas pelo Presidente da República e, para terem efeito, dependem de aprovação do Senado Federal.

Via de regra, lembraremos que a nomeação do dirigente de uma entidade administrativa é feita pelo chefe do Poder Executivo, sendo que, em alguns casos, é necessária a prévia aprovação de outro poder. Excepcionalmente, o Judiciário e o Legislativo poderão nomear dirigentes para essas entidades, desde que vinculadas ao respectivo poder.

Criação dos entes da administração indireta

A instituição das entidades administrativas depende sempre de uma lei ordinária específica. Essa lei pode criar a entidade administrativa. Nesse caso, nasce uma pessoa jurídica de direito público, as autarquias. A lei também pode autorizar a criação das entidades administrativas. Nessa circunstância, nascem as demais entidades da administração indireta: fundações públicas, empresas públicas e sociedades de economia mista. Pelo fato dessas entidades serem autorizadas por lei, elas são pessoas jurídicas de Direito Privado.

A lei que cria ou que autoriza a criação de uma entidade administrativa é uma **lei ordinária específica.**

Quando a lei autoriza a criação de uma entidade da Administração Indireta, a sua construção será consumada após o registro na serventia registral pertinente (cartório ou junta comercial, conforme o caso).

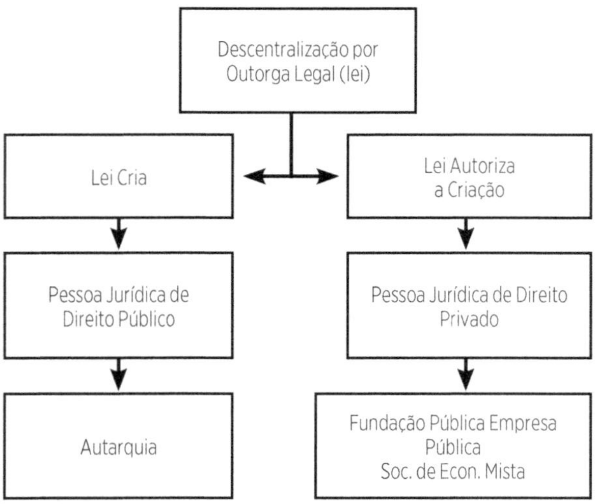

Extinção dos entes da administração indireta:

- Só lei revoga lei.
- Se a lei cria, a lei extingue.
- Se a lei autoriza a criação, autoriza também a extinção.

Relação da administração pública direta com a indireta

As entidades compreendidas na Administração Indireta vinculam-se ao Ministério em cuja área de competência estiver enquadrada sua principal atividade. Dessa forma, não há que se falar em hierarquia ou subordinação, mas, sim vinculação.

A vinculação entre a Administração Direta e a Administração Indireta gera o chamado controle finalístico ou supervisão ministerial. Assim, a Administração Direta não pode intervir nas decisões da Indireta, salvo se ocorrer a chamada fuga de finalidade.

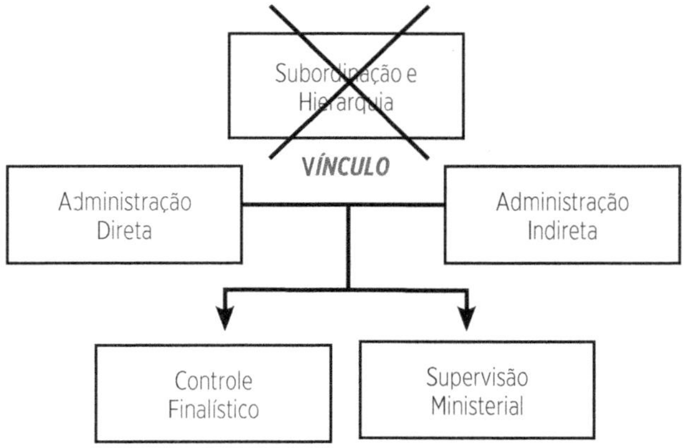

Autarquias

Autarquia é a pessoa jurídica de direito público, criada por lei, com capacidade de autoadministração, para o desempenho de serviço público descentralizado (atividade típica do Estado). É o próprio serviço público personificado.

Vejamos a seguir as suas características:

Personalidade Jurídica: Direito Público.

- Recebem todas as prerrogativas do Direito Público.

Finalidade: atividade típica do Estado.

Regime Jurídico: público.

Responsabilidade Civil: objetiva.

Bens: públicos (não podem ser objeto de penhora, arresto, sequestro).

- Ao serem constituídas, recebem patrimônio do Ente Instituidor e, a partir desse momento, seguem com sua autonomia.

Débitos Judiciais: pagamento por precatórios.

Regime de Pessoal: regime jurídico único.

Competência para o julgamento de suas ações judiciais:

- Autarquia Federal = Justiça Federal.
- Outras Esferas = Justiça Estadual.

Ex.: INSS, Banco Central do Brasil.

Espécies de autarquias

Comum ou Ordinária (de Acordo com Decreto-Lei nº 200/67)

São as autarquias que recebem as características principais, ou seja, criadas diretamente por lei, pessoas jurídicas de direito público e que desempenham um serviço público especializado; seu ato constitutivo é a própria lei.

Sob Regime Especial

As autarquias em regime especial são submetidas a um regime jurídico peculiar, diferente do jurídico relativo às autarquias comuns.

Por autarquia comum deve-se entender as ordinárias, aquelas que se submetem a regime jurídico comum das autarquias. Na esfera federal, o regime jurídico comum das autarquias é o Decreto-Lei nº 200/67.

Se a autarquia além das regras do regime jurídico comum ainda é alcançada por alguma regra especial, peculiar às suas atividades, será considerada uma autarquia em regime especial.

Agências Reguladoras

São responsáveis por regular, normatizar e fiscalizar determinados serviços públicos que foram delegados ao particular. Em razão dessa característica, elas têm mais liberdade e maior autonomia, se comparadas com as Autarquias comuns.

Ex.: ANCINE, ANA, ANAC, ANTAQ, ANATEL, ANEEL, ANP, ANTT.

Autarquia Territorial

É classificado como Autarquia Territorial, o espaço que faça parte do território da União, mas que não se enquadre na definição de Estado membro, DF ou município. No Brasil atual, não existem exemplos de Autarquias Territoriais, mas elas podem vir a ser criadas. Nesse caso, esses Territórios fazem parte da Administração Direta e são Autarquias Territoriais, pois são criados por lei e assumem personalidade jurídica de direito público.

Associações Públicas (Autarquias Interfederativas ou Multifederativas)

Também chamada de consórcio público de Direito Público.

O consórcio público é a pessoa jurídica formada exclusivamente por entes da Federação, na forma da Lei nº 11.107, de 2005, para estabelecer relações de cooperação federativa, inclusive a realização de objetivos de interesse comum, constituída como associação pública, com personalidade jurídica de direito público e natureza autárquica, ou como pessoa jurídica de direito privado, sem fins econômicos.

Sendo assim, não é todo consórcio público que representa uma Autarquia Interfederativa, mas somente os públicos de Direito Público.

Autarquia Fundacional ou Fundação Autárquica

As Fundações Públicas de Direito Público (exceção) são consideradas, na verdade, uma espécie de autarquia.

Agências Executivas

As agências executivas não se configuram como pessoas jurídicas, menos ainda outra classificação qualquer. Representam, na prática, um título que é dado às autarquias e fundações públicas que assinam contrato de gestão com a Administração Pública. Art. 37, §8º.

Conselhos fiscalizadores de profissões são considerados autarquias. Contudo, comportam uma exceção muito importante:

ADI 3.026-DF Min. Eros Graus. 08/06/2006. OAB: Considerada entidade sui generis, um serviço independente não sujeita ao controle finalístico da Administração Direta.

Fundação pública

A Fundação Pública é a entidade dotada de personalidade jurídica de Direito Privado, sem fins lucrativos, criada em virtude de autorização legislativa, para o desenvolvimento de atividades que não exijam execução por órgãos ou entidades de direito público, com autonomia administrativa, patrimônio próprio gerido pelos respectivos órgãos de direção e funcionamento custeado por recursos da União e de outras fontes.

Regra

> Autorizada por lei;
> Pessoa jurídica de Direito Privado;
> Depende de registro dos atos constitutivos na junta comercial;
> Depende de lei complementar que especifique o campo de atuação.

Exceção

> Criada diretamente por lei;
> Pessoa jurídica de direito público;
> Possui um capital personalizado (diferença meramente conceitual);
> Considerada pela doutrina como autarquia fundacional.

As fundações públicas de Direito Público, são espécie de autarquia, sendo chamadas pela doutrina como autarquias fundacionais.

Características

> **Personalidade Jurídica:** Direito Privado.
> **Finalidade:** lei complementar definirá – Sem fins lucrativos.
> **Regime Jurídico:** Híbrido (regras de Direito Público + Direito Privado) incontroverso.
> **Responsabilidade Civil:** se for prestadora de serviço público é objetiva, caso contrário é subjetiva.
> **Bens Privados, com exceção:** bens diretamente ligados à prestação de serviço público são bens públicos.
> **Débitos Judiciais:** são pagos por meio do seu patrimônio, com exceção dos bens diretamente ligados à prestação de serviços públicos, que são bens públicos e não se submetem a pagamento de débitos judiciais.
> **Regime de Pessoal:** Regime Jurídico **Único.**

Competência para o julgamento de suas ações judiciais:

» Justiça Federal.
» Outras esferas = Justiça Estadual.
» IBGE, Biblioteca Nacional, FUNAI.

Empresas públicas e sociedades de economia mista

São pessoas jurídicas de Direito Privado, criadas pela Administração Direta por meio de autorização da lei, com o respectivo registro, para a prestação de serviços públicos ou a exploração da atividade econômica.

A Lei 13.303/16 dispõe sobre o estatuto jurídico da empresa pública, da sociedade de economia mista e de suas subsidiárias, no âmbito da União, dos Estados, do Distrito Federal e dos Municípios.

A referida lei apresenta os seguintes conceitos:

Art. 3º Empresa pública é a entidade dotada de personalidade jurídica de direito privado, com criação autorizada por lei e com patrimônio próprio, cujo capital social é integralmente detido pela União, pelos Estados, pelo Distrito Federal ou pelos Municípios.

Art. 4º Sociedade de economia mista é a entidade dotada de personalidade jurídica de direito privado, com criação autorizada por lei, sob a forma de sociedade anônima, cujas ações com direito a voto pertençam em sua maioria à União, aos Estados, ao Distrito Federal, aos Municípios ou a entidade da administração indireta.

Empresas públicas e sociedades de economia mista exploradoras da atividade econômica

Segundo o Art. 173 da Constituição Federal:

***Art. 173.** Ressalvados os casos previstos nesta Constituição, a exploração direta de atividade econômica pelo Estado só será permitida quando necessária aos imperativos da segurança nacional ou a relevante interesse coletivo, conforme definidos em lei.*

***§ 1º** - A lei estabelecerá o estatuto jurídico da Empresa Pública, da sociedade de economia mista e de suas subsidiárias que explorem atividade econômica de produção ou comercialização de bens ou de prestação de serviços, dispondo sobre:*

***I.** Sua função social e formas de fiscalização pelo Estado e pela sociedade;*

***II.** A sujeição ao regime jurídico próprio das empresas privadas, inclusive quanto aos direitos e obrigações civis, comerciais, trabalhistas e tributários;*

***III.** Licitação e contratação de obras, serviços, compras e alienações, observados os princípios da Administração Pública;*

***IV.** A constituição e o funcionamento dos conselhos de administração e fiscal, com a participação de acionistas minoritários;*

***V.** Os mandatos, a avaliação de desempenho e a responsabilidade dos administradores.*

***§ 2º** - As empresas públicas e as sociedades de economia mista não poderão gozar de privilégios fiscais não extensivos às do setor privado.*

***§ 3º** - A lei regulamentará as relações da Empresa Pública com o Estado e a sociedade.*

***§ 4º** - A lei reprimirá o abuso do poder econômico que vise à dominação dos mercados, à eliminação da concorrência e ao aumento arbitrário dos lucros.*

***§ 5º** - A lei, sem prejuízo da responsabilidade individual dos dirigentes da pessoa jurídica, estabelecerá a responsabilidade desta, sujeitando-a as punições compatíveis com sua natureza, nos atos praticados contra a ordem econômica e financeira e contra a economia popular.*

Empresas públicas e sociedades de economia mista prestadoras de serviço público

Essas entidades são criadas para a exploração da atividade econômica em sentido amplo, o que inclui o exercício delas em sentido estrito e também a prestação de serviços públicos que podem ser explorados com o intuito de lucro.

Segundo o Art. 175 da Constituição Federal:

***Art. 175.** Incumbe ao Poder Público, na forma da lei, diretamente ou sob regime de concessão ou permissão, sempre através de licitação, a prestação de serviços públicos.*

***Parágrafo único.** A lei disporá sobre:*

***I.** O regime das empresas concessionárias e permissionárias de serviços públicos, o caráter especial de seu contrato e de sua prorrogação, bem como as condições de caducidade, fiscalização e rescisão da concessão ou permissão;*

***II.** Os direitos dos usuários;*

***III.** Política tarifária;*

***IV.** A obrigação de manter serviço adequado.*

Não se inclui nessa categoria os serviços públicos relativos aos direitos sociais, pois esses não podem ser prestados com o intuito de lucro pelo Estado e, também, não são de titularidade exclusiva do Estado, podendo ser livremente explorados por particulares.

Características comuns das empresas públicas e sociedades de economia mista

Personalidade Jurídica: Direito Privado.

Finalidade: prestação de serviço público ou a exploração da atividade econômica.

Regime Jurídico Híbrido: se for prestadora de serviço público, o regime jurídico é mais público; se for exploradora da atividade econômica, o regime jurídico é mais privado.

Responsabilidade Civil: se for prestadora de serviço público, a responsabilidade civil é objetiva, se for exploradora da atividade econômica, a civil é subjetiva.

Bens Privados, com exceção: bens diretamente ligados à prestação de serviço público são bens públicos.

Débitos Judiciais: são pagos por meio do seu patrimônio, com exceção dos bens diretamente ligados à prestação de serviços públicos, que são bens públicos e não se submetem a pagamento de débitos judiciais.

Regime de Pessoal: CLT – Emprego Público.

Exemplo de Empresa Pública: Caixa Econômica Federal, Correios.

Exemplo de Sociedade de Economia Mista: Banco do Brasil e Petrobras.

Sociedade de economia mista

A Sociedade de Economia Mista é uma entidade dotada de personalidade jurídica de Direito Privado, autorizada por lei para a exploração de atividade econômica, sob a forma de sociedade anônima, cujas ações com direito a voto pertençam em sua maioria à União ou a entidade da Administração Indireta:

> Autorizada por lei;
> Pessoa jurídica de Direito Privado;
> Capital 50% + 1 ação no controle da Administração Pública;
> Constituição obrigatória por Sociedade Anônima (S.A.);
> Competência da Justiça Estadual.

Empresa pública

Entidade dotada de personalidade jurídica de Direito Privado, com patrimônio próprio e capital exclusivo da União, autorizado por lei para a exploração de atividade econômica que o Governo seja levado a exercer por força de contingência ou de conveniência administrativa, podendo revestir-se de qualquer das formas admitidas em direito.

> Autorizado por lei;
> Pessoa jurídica de Direito Privado;
> 100% na constituição de capital público;
> Constituído de qualquer forma admitido em direito;
> Competência da Justiça Federal.

Esse quadro foi desenvolvido para memorização das características mais importantes das pessoas da Administração Pública indireta.

Tabela Comparativa das Características dos Entes da Administração Pública

CARACTERÍSTICA	ENTIDADES POLÍTICAS	AUTARQUIA	FUNDAÇÃO PÚBLICA	EMPRESA PÚBLICA	SOCIEDADE DE ECONOMIA MISTA
PERSONALIDADE JURÍDICA	Direito Público	Direito Público	Direito Privado	Direito Privado	Direito Privado
FINALIDADE	Competências constitucionais	Atividade típica do Estado	Lei Complementar definirá	Exploração da atividade econômica OU prestação de serviço público	Exploração da atividade econômica OU prestação de serviço público
REGIME JURÍDICO	Direito Público	Direito Público	Híbrido: se PSP + público. Caso desenvolva outra atividade, mais privado.	Híbrido: se EAE + privado; se PSP + público	Híbrido: se EAE + privado; se PSP + público
RESPONSABILIDADE CIVIL	Objetiva: ação Subjetiva: omissão	Objetiva: ação Subjetiva: omissão	PSP = Objetiva, nos demais casos, subjetiva	PSP = Objetiva, EAE = Subjetiva	PSP = Objetiva, EAE = Subjetiva
BENS	Públicos	Públicos	Privados, exceção: bens diretamente ligados à prestação de serviços públicos são bens públicos.	Privados, exceção: bens diretamente ligados à prestação de serviços públicos são bens públicos.	Privados, exceção: bens diretamente ligados à prestação de serviços públicos são bens públicos.
DÉBITOS JUDICIAIS	Precatórios	Precatórios	Patrimônio	Patrimônio	Patrimônio
REGIME DE PESSOAL	Regime Jurídico Único	Regime Jurídico Único	Regime Jurídico Único	CLT	CLT
COMPETÊNCIA PARA JULGAMENTO	União: Justiça Federal; Demais: Justiça Estadual.	Federal: Justiça Federal; Demais: Justiça Estadual.	Federal: Justiça Federal; Demais: justiça Estadual.	Federal: Justiça Federal; Demais: justiça Estadual.	Todas: Justiça Estadual.

* EAE: Exploração da Atividade Econômica.

* PSP: Prestação de Serviço Público.

3. ÓRGÃO PÚBLICO

Neste capítulo, aprenderemos a respeito dos órgãos públicos, sua finalidade, seu papel na estrutura da Administração Pública, bem como as diversas teorias e classificações relativas ao tema. Começaremos a partir das teorias que buscam explicar o que é o órgão público.

3.1 Teorias

São três as teorias criadas para caracterizar e conceituar a ideia de órgão público: a Teoria do Mandato, Teoria da Representação e Teoria Geral do Órgão.

Teoria do mandato

Essa teoria preceitua que o agente, pessoa física, funcionaria como o mandatário da pessoa jurídica, agindo sob seu nome e com a responsabilidade dela, em razão de outorga específica de poderes (não adotado).

Teoria da representação

O agente funcionaria como um tutor ou curador do Estado, que representaria nos atos que necessita participar (não adotado).

Teoria geral do órgão

Tem-se presunção de que a pessoa jurídica exteriora sua vontade por meio dos órgãos, os quais são parte integrante da própria estrutura da pessoa jurídica, de tal modo que, quando os agentes que atuam nesses órgãos manifestam sua vontade, considera-se que essa foi manifestada pelo próprio Estado. Falamos em imputação da atuação do agente, pessoa natural, à pessoa jurídica (adotado pela CF/88).

Alguns órgãos possuem uma pequena capacidade, que é impetrar mandado de segurança para garantir prerrogativas próprias. Contudo, somente os órgãos independentes e autônomos têm essa capacidade.

Segundo o doutrinador Hely Lopes Meirelles, os órgãos não possuem personalidade jurídica, tampouco vontade própria, agem em nome da entidade a que pertencem, mantendo relações entre si e com terceiros, e não possuem patrimônio próprio. Os órgãos manifestam a vontade da Pessoa Jurídica à qual pertencem; os agentes, quando atuam para o Estado, dizemos que estão em imputação à pessoa jurídica a qual estão efetivamente ligados. Assim, falamos em imputação à pessoa jurídica.

Constatamos que órgãos são meros centros de competência, e os agentes que trabalham nesses órgãos estão em imputação à pessoa jurídica a que estão ligados; suas ações são imputadas ao ente federativo. Assim, quando um servidor público federal atua, suas ações são imputadas (como se o próprio Estado estivesse agindo) à União, pois o agente é ligado a um órgão que pertence a esse ente.

Ex.: Quando um Policial Federal está trabalhando, ele é um agente público que atua dentro de um órgão (Departamento de Polícia Federal) e suas ações, quando feitas, são consideradas como se a União estivesse agindo. Por esse motivo, os atos que gerem prejuízo a terceiros são imputados a União, ou seja, é a União que paga o prejuízo e, depois, entra com ação regressiva contra o agente público.

3.2 Características

Não possui personalidade jurídica

Muitas pessoas se assustam com essa regra devido ao fato de o órgão público ter CNPJ, realizar licitações e também por celebrar contratos públicos. Todavia, essas situações não devem ser levadas em consideração nesse momento.

O CNPJ não é suficiente para conferir personalidade jurídica para o órgão público, a sua instituição está ligada ao direito tributário, e realmente o órgão faz licitação, celebra contratos, mas ele não possui direitos, não é responsável pela conduta dos seus agentes e tudo isso por que ele não possui personalidade jurídica, órgão público não é pessoa.

Integram a estrutura da pessoa jurídica que pertencem

O órgão público é simplesmente o integrante da estrutura corporal (orgânica) da pessoa jurídica a que está ligado. O órgão público é para a pessoa jurídica a que está ligado, o que o coração, os rins, o fígado, o estômago e o pulmão, dentre tantos outros órgãos do corpo humano são para nós, essenciais.

- Não possui capacidade processual, salvo os órgãos independentes e autônomos que podem impetrar Mandado de Segurança em defesa de suas prerrogativas constitucionais, quando violadas por outro órgão.
- Não possui patrimônio próprio.
- São hierarquizados.
- São frutos da desconcentração.
- Estão presentes na Administração Direta e Indireta.
- Criação e extinção: por meio de Lei.
- Estruturação: pode ser feita por meio de decreto autônomo, desde que não impliquem em aumento de despesas.
- Os agentes que trabalham nos órgãos estão em imputação à pessoa jurídica que estão ligados.

3.3 Classificação

Dentre as diversas classificações pertinentes ao tema, a partir de agora, abordaremos as classificações quanto à posição estatal que leva em consideração a relação de subordinação e hierarquia, a estrutura que se relaciona com a desconcentração e a composição ou atuação funcional que se relaciona com a quantidade de agentes que agem e manifestam vontade em nome do órgão.

Posição estatal

Quanto à posição estatal, os órgãos são classificados em independentes, autônomos, superiores e subalternos:

Órgãos independentes

- São considerados o mais alto escalão do Governo.
- Não exercem subordinação.
- Seus agentes são inseridos por eleição.

> Têm suas competências determinadas pelo texto constitucional.
> Possuem alguma capacidade processual.

Órgãos autônomos

> São classificados como órgãos diretivos.
> Possuem capacidade administrativa, financeira e técnica.
> São exemplos os Ministérios e as Secretarias.
> Possuem alguma capacidade processual.

Órgãos superiores

> São órgãos de direção, controle e decisão.
> Não possuem autonomia administrativa ou financeira.
> Exemplos são as coordenadorias, gabinetes, etc.

Subalternos

> Exercem atribuições de mera execução.
> Exercem reduzido poder decisório.
> São exemplos as seções de expediente ou de materiais.

Estrutura

A classificação quanto à estrutura leva em consideração, a partir do órgão analisado, se existe ou não um processo de desconcentração, se há ramificações que levam a órgãos subordinados ao órgão analisado.

Simples: são aqueles que representam um só centro de competências, sem ramificações, independentemente do número de cargos.

Composto: são aqueles que reúnem em sua estrutura diversos órgãos, ou seja, existem ramificações.

A Presidência da República é um órgão composto, pois dela se origina outros órgãos de menor hierarquia, dentre esses o Ministério da Justiça, por exemplo, que também é órgão composto, pois, a partir dele, tem-se novas ramificações, tais como o Departamento Penitenciário Nacional, o Departamento de Polícia Federal, entre outros .

A partir da Presidência da República, tem-se também um órgão chamado de gabinete, e esse é considerado simples, pois a partir dele não há novos órgãos, ou seja, não nasce nenhuma ramificação a partir do gabinete da Presidência da República.

Atuação funcional/composição

Os órgãos públicos podem ser classificados em singulares ou colegiados:

Órgãos Singulares ou Unipessoais: a sua atuação ou decisões são atribuições de um único agente.

Ex.: Presidência da República.

Órgão Colegiado ou Pluripessoal: a atuação e as decisões dos órgãos colegiados acontecem mediante obrigatória manifestação conjunta de seus membros.

Ex.: Congresso Nacional, Tribunais de Justiça.

3.4 As Paraestatais

A expressão "paraestatais" gera divergência em nosso ordenamento jurídico, sendo que podemos mencionar três posicionamentos:

As Paraestatais são as Autarquias - posição de José Cretella Júnior – entendimento ultrapassado.

As Paraestatais são: as Fundações Públicas, Empresas Públicas, Sociedades de Economia Mista e os Serviços Sociais Autônomos – posição de Hely Lopes Meirelles - corrente minoritária.

As Paraestatais são os serviços sociais autônomos, as fundações de apoio, as organizações sociais – OS, as organizações da sociedade civil de interesse público – OSCIP'S e as organizações da sociedade civil – OSCs – posição de Maria Silvia Zanella di Pietro, entre outros - é o entendimento majoritário.

Obs.: nesse terceiro sentido, as paraestatais equivalem ao chamado terceiro setor. O primeiro setor é o Estado e o segundo setor é o mercado (iniciativa privada que visa ao lucro).

Serviços Sociais Autônomos – são pessoas jurídicas de direito privado sem fins lucrativos, instituídas por lei e vinculadas a categorias profissionais, sendo mantidas por dotações orçamentárias ou contribuições parafiscais. É o chamado sistema "S".

Ex.: SESI, SESC, SENAI, SENAC, SEBRAE etc. Não integram a Administração Pública nem direta e nem indireta.

Fundações de Apoio - segundo a professora Odete Medauar, são pessoas jurídicas de direito privado que se destinam a colaborar com instituições de ensino e pesquisa, sendo instituídas por professores, pesquisadores ou universitários (ver Lei 8.958/94). Exemplos: FUVEST, FIPE, CNPQ etc.

Organizações Sociais e Organizações da Sociedade Civil de Interesse Público – são pessoas jurídicas de direito privado sem fins lucrativos, instituídas por particulares que desempenham serviços não exclusivos de Estado, como a saúde, cultura, preservação do meio ambiente, etc.

→ **Características comuns entre as Organizações Sociais (Lei 9.637/98) e as Organizações da Sociedade Civil de Interesse Público (Lei 9.790/99).**

> São pessoas jurídicas de direito privado.
> Sem fins lucrativos.
> Instituídas por particulares.
> Desempenham serviços não exclusivos de Estado.
> Não integram a Administração Pública (seja direta ou indireta).
> Ambas integram o chamado terceiro setor.
> Sujeitam-se ao controle da Administração Pública e do Tribunal de Contas.
> Gozam de imunidade tributária, desde que atendidos os requisitos legais, conforme prevê o Art. 150, VI, "c", da CF/88.

Principais diferenças entre OS e OSCIPs

Organizações Sociais	Organizações da Sociedade Civil de Interesse Público
- o vínculo com o Estado se dá por Contrato de Gestão;	- o vínculo com o Estado se dá por Termo de Parceria;
- o ato de qualificação é discricionário, dado pelo Ministro da pasta competente;	- o ato de qualificação é vinculado, dado pelo Ministro da Justiça;
- pode ser contratada pela Administração com dispensa de licitação (hipótese de licitação dispensável);	- não há essa previsão;
- o Conselho deve ser formado por representantes do Poder Público;	- não há essa exigência;
- regulada pela Lei n.º 9.637/98 ;	- regulada pela Lei n.º 9.790/99 ;
- Ex.: Associação Roquette Pinto, IMPA (Instituto Nacional de Matemática Pura e Aplicada).	- Ex.: AMI (Amigo do Índio), AMAR (Associação de Amparo às Mães de Alto Risco).

→ **Observações sobre as Organizações Sociais:**

> O poder público pode destinar para as OSs recursos orçamentários e bens necessários ao cumprimento do contrato de gestão, mediante permissão de uso.

> O poder público pode ceder servidores públicos para as OSs com ônus para a origem.

> A Administração poderá dispensar a licitação nos contratos de prestação de serviços celebrados com as OSs (Art. 24, XXIV da Lei 8.666/93).

Organizações da Sociedade Civil – OSC - As Organizações da Sociedade Civil (OSCs) são entidades do terceiro setor criadas com a finalidade de atuar junto ao Poder Público, em regime de mútua cooperação, na execução de serviços públicos e tem o seu regime jurídico regulado pela Lei n. 13.019/2014.

Essas entidades atuam na prestação de serviço público não exclusivo do Estado e têm vínculo com a Administração Pública, de modo que essa conexão se dá mediante celebração de Termo de Fomento, Termo de Colaboração e Acordo de Cooperação. Vejamos tais conceitos:

Termo de Colaboração (Art. 2º, VII e Art. 16): instrumento por meio do qual são formalizadas as parcerias estabelecidas pela Administração Pública com organizações da sociedade civil para a consecução de finalidades de interesse público e recíproco propostas pela Administração Pública que envolvam a transferência de recursos financeiros. Assim, o Termo de Colaboração é utilizado para a execução de políticas públicas nas mais diversas áreas, para consecução de **planos de trabalho de iniciativa da própria Administração**, nos casos em que esta já tem parâmetros consolidados, com indicadores e formas de avaliação conhecidos, abarcando, reitere-se, o **repasse de valores por parte do erário**;

Termo de Fomento (Art. 2º, VIII e Art. 17): instrumento por meio do qual são formalizadas as parcerias estabelecidas pela Administração Pública com organizações da sociedade civil para a consecução de finalidades de interesse público e recíproco propostas pelas organizações da sociedade civil, que envolvam a transferência de recursos financeiros. Note-se, portanto, que o Termo de Fomento, ao contrário do Termo de Colaboração, tem como objetivo **incentivar iniciativas das próprias OSCs, para consecução de planos de trabalho por elas propostos**, buscando albergar nas políticas públicas tecnologias sociais inovadoras, promover projetos e eventos nas mais diversas áreas e expandir o alcance das ações desenvolvidas pelas organizações. Assim como no Termo de Colaboração, o Termo de Fomento também enseja a transferência de recursos financeiros por parte da Administração Pública;

Acordo de Cooperação (Art. 2º, VIII-A): instrumento por meio do qual são formalizadas as parcerias estabelecidas pela Administração Pública com organizações da sociedade civil para a consecução de finalidades de interesse público e recíproco que não envolvam a transferência de recursos financeiros. Portanto, o grande diferencial do Acordo de Cooperação com os demais é justamente a **ausência de repasse de valores financeiros**. O Acordo, como regra, também não exige prévia realização de chamamento público como ocorre no caso do Termo de Fomento e do Termo de Colaboração, o que será abordado mais adiante, salvo quando envolver alguma forma de compartilhamento de recurso patrimonial (comodato, doação de bens etc.).

Para facilitar, segue tabela comparativa:

	Iniciativa de plano de trabalho	Transferência de recursos públicos	Previsão na Lei 13.019/14
Termo de Colaboração	Administração	Sim	Art. 2º, VII e Art. 16
Termo de fomento	OSC	Sim	Art. 2º, VIII e Art. 17
Acordo de cooperação	Administração ou OSC	Não	Art. 2º, VIII-A

Chamamento Público: trata-se do procedimento que o poder público deverá realizar obrigatoriamente na prospecção de organizações. É a partir desse chamamento que serão avaliadas diferentes propostas para escolher a OSC mais adequada à parceria, ou ainda um grupo de OSCs trabalhando em rede, a fim de tornar mais eficaz a execução do objeto. Tal procedimento deverá adotar procedimentos claros, objetivos e simplificados que orientem os interessados e facilitem o acesso direto aos órgãos e às instâncias decisórias.

Obs.: não se aplicará a Lei 8.666/93 às relações de parceria com as OSCs (Art. 84, Lei 13.019/14), uma vez que agora há lei própria.

Organizações não governamentais (ONGs)

A ONG é uma entidade civil sem fins lucrativos, formada por pessoas interessadas em determinado tema, o qual se constitui em seu objetivo e interesse principal. (Ex.: IDEC – Instituto Brasileiro de Defesa do Consumidor).

Normalmente são iniciativas de pessoas ou grupos que visam colaborar na solução de problemas da comunidade, como mobilizações, educação, conscientização e organização de serviços ou programas para o atendimento de suas necessidades.

Do ponto de vista jurídico, o termo ONG não se aplica. Nosso Código Civil prevê apenas dois formatos institucionais para entidades civis sem fins lucrativos, sendo a Associação Civil (Art. 44, I e Art. 53 ambos do Código Civil) e a Fundação Privada (Art. 44, III e 62, ambos do Código Civil).

4. PRINCÍPIOS FUNDAMENTAIS DA ADMINISTRAÇÃO PÚBLICA

Neste capítulo, o objetivo é conhecer o rol de princípios fundamentais que norteiam e orientam toda a atividade administrativa do Estado, bem como toda a atuação da Administração Pública direta e indireta.

Tais princípios são de observância obrigatória para toda a Administração Pública, quer da União, dos Estados, do Distrito Federal, quer dos Municípios. São considerados expressos, pois estão descritos expressamente no *caput* do Art. 37 da Constituição Federal de 1988.

> ***Art. 37.*** *A Administração Pública direta e indireta de qualquer dos Poderes da União, dos Estados, do Distrito Federal e dos Municípios obedecerá aos princípios de legalidade, impessoalidade, moralidade, publicidade e eficiência e, também, ao seguinte (Ver CF/88).*

4.1 Classificação

Os princípios da Administração Pública são classificados como princípios explícitos (expressos) e implícitos.

É importante apontar que não existe relação de subordinação e de hierarquia entre os princípios expressos e os implícitos; na verdade, essa relação não existe entre nenhum princípio.

Isso quer dizer que, em um aparente conflito entre os princípios, um não exclui o outro, pois deve o administrador público observar ambos ao mesmo tempo, devendo nortear sua decisão na obediência de todos os princípios fundamentais pertinentes ao caso em concreto.

Como exemplo, não pode o administrador público deixar de observar o princípio da legalidade para buscar uma atuação mais eficiente (de acordo com o Princípio da Eficiência), devendo ele, na colisão entre os dois princípios, observar a lei e ainda buscar a eficiência conforme os meios que lhes seja possível.

Os princípios explícitos ou expressos são aqueles que estão descritos no *caput* do Art. 37 da CF. São eles:

LEGALIDADE
IMPESSOALIDADE
MORALIDADE
PUBLICIDADE
EFICIÊNCIA

Os princípios implícitos são aqueles que não estão descritos no *caput* do Art. 37 da CF. São eles:

- Supremacia do Interesse Público;
- Indisponibilidade do Interesse Público;
- Motivação;
- Razoabilidade;
- Proporcionalidade;
- Autotutela;
- Continuidade dos Serviços Públicos;
- Segurança Jurídica, entre outros.

A seguir, analisaremos as características dos princípios fundamentais da administração pública que mais aparecem nas provas de concurso público.

4.2 Princípio da Legalidade

O Princípio da Legalidade está previsto em dois lugares distintos na Constituição Federal. Em primeiro plano, no Art. 5º, II: ninguém será obrigado a fazer ou deixar de fazer alguma coisa senão em virtude de lei. O Princípio da Legalidade regula a vida dos particulares e, ao particular, é facultado fazer tudo que a lei não proíbe; é o chamado princípio da Autonomia da Vontade. Essa regra não deve ser aplicada à administração pública.

Em segundo plano, o Art. 37, *caput* do texto Constitucional, determina que a Administração Pública somente pode fazer aquilo que a lei determina ou autoriza. Assim, em caso de omissão legislativa (falta de lei), a Administração Pública está proibida de agir.

Nesse segundo caso, a lei deve ser entendida em sentido amplo, o que significa que a administração pública deve obedecer aos mandamentos constitucionais, às leis formais e materiais (leis complementares, leis delegadas, leis ordinárias, Medidas Provisórias) e também às normas infra legais (decretos, resoluções, portarias, entre outros), e não somente a lei em sentido estrito.

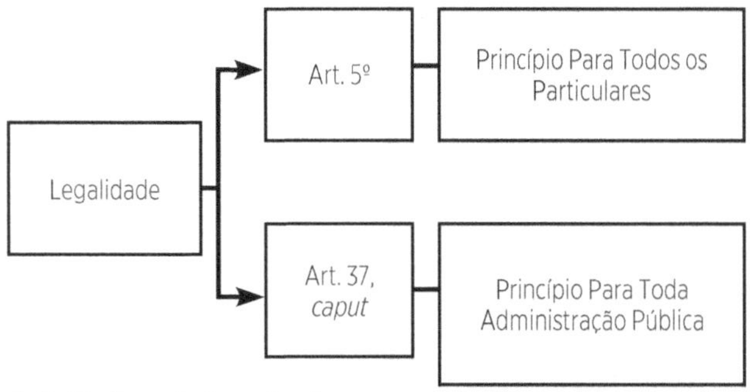

4.3 Princípio da Impessoalidade

O Princípio da Impessoalidade determina que todas as ações da administração pública devem ser revestidas de finalidade pública. Além disso, como segunda vertente, proíbe a promoção pessoal do agente público, como determina o Art. 37, § 1º da CF/88:

> ***Art. 37, § 1º -*** *A publicidade dos atos, programas, obras, serviços e campanhas dos órgãos públicos deverá ter caráter educativo, informativo ou de orientação social, dela não podendo constar nomes, símbolos ou imagens que caracterizem promoção pessoal de autoridades ou servidores públicos (Ver CF/88).*

O Princípio da Impessoalidade é tratado sob dois prismas, a saber:

→ Como determinante da finalidade de toda atuação administrativa (também chamado de princípio da **finalidade**, considerado constitucional implícito, inserido no princípio expresso da impessoalidade).

→ Como vedação a que o agente público se promova à custa das realizações da administração pública (vedação à promoção pessoal do administrador público pelos serviços, obras e outras realizações efetuadas pela administração pública).

É pelo Princípio da Impessoalidade que dizemos que o agente público age em imputação à pessoa jurídica a que está ligado, ou seja, pelo princípio da impessoalidade as ações do agente público são determinadas como se o próprio Estado estivesse agindo.

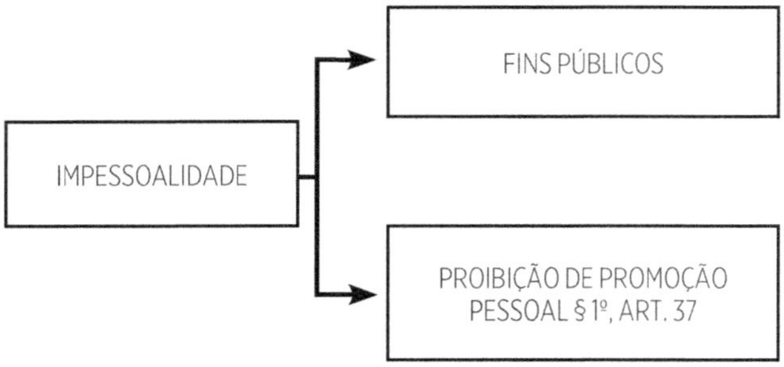

4.4 Princípio da Moralidade

O Princípio da Moralidade é um complemento ao da legalidade, pois nem tudo que é legal é moral. Dessa forma, o Estado impõe a sua administração a atuação segundo a lei e também segundo a moral administrativa. Tal princípio traz para o agente público o dever de probidade. Esse dever é sinônimo de atuação com ética, decoro, honestidade e boa-fé.

O Princípio da Moralidade determina que o agente deva sempre trabalhar com ética e em respeito aos princípios morais da administração pública. O princípio está intimamente ligado ao dever de probidade (honestidade) e sua não observação acarreta a aplicação do Art. 37, §4º da CF/88 e a Lei nº 8.429/92 (Lei de Improbidade Administrativa).

> ***§ 4º*** *- Os atos de improbidade administrativa importarão a suspensão dos direitos políticos, a perda da função pública, a indisponibilidade dos bens e o ressarcimento ao erário, na forma e gradação previstas em lei, sem prejuízo da ação penal cabível.*

O desrespeito ao Princípio da Moralidade afeta a própria legalidade do ato administrativo, ou seja, leva a anulação do ato, e ainda pode acarretar a responsabilização dos agentes por improbidade administrativa.

O Princípio da Moralidade não se refere ao senso comum de moral, que é formado por meio das instituições que passam pela vida da pessoa, tais como família, escola, igreja, entre outras. Para a administração pública, esse princípio refere-se à moralidade administrativa, que está inserida no corpo das normas de Direito Administrativo.

4.5 Princípio da Publicidade

Esse princípio deve ser entendido como aquele que determina que os atos da Administração sejam claros quanto à sua procedência. Por esse motivo, em regra, os atos devem ser publicados em diário oficial e, além disso, a Administração deve tornar o fato acessível (público). Tornar público é, além de publicar em diário oficial, apresentar os atos na Internet, pois esse meio hoje é o que deixa todas as informações acessíveis.

O Princípio da Publicidade apresenta dupla acepção em face do sistema constitucional vigente:

> Exigência de publicação em órgão oficial como requisito de eficácia dos atos administrativos que devam produzir efeitos externos e dos atos que impliquem ônus para o patrimônio público.

Essa regra não é absoluta, pois, em defesa da intimidade e também dc Estado, alguns atos públicos não precisam ser publicados:

> ***Art. 5º, X, CF.*** *São invioláveis a intimidade, a vida privada, a honra e a imagem das pessoas, assegurado o direito a indenização pelo dano material ou moral decorrente de sua violação.*
>
> ***Art. 5º, XXXIII, CF.*** *Todos têm direito a receber dos órgãos públicos informações de seu interesse particular, ou de interesse coletivo ou geral, que serão prestadas no prazo da lei, sob pena de responsabilidade, ressalvadas aquelas cujo sigilo seja imprescindível à segurança da sociedade e do Estado.*

Sendo assim, o ato que tiver em seu conteúdo uma informação sigilosa ou relativa à intimidade da pessoa tem que resguardar o devido sigilo.

> Exigência de transparência da atuação administrativa:

> ***Art. 5º, XXXIII, CF.*** *Todos têm direito a receber dos órgãos públicos informações de seu interesse particular, ou de interesse coletivo ou geral, que serão prestadas no prazo da lei, sob pena de responsabilidade, ressalvadas aquelas cujo sigilo seja imprescindível à segurança da sociedade e do Estado.*

O Princípio da Publicidade orientou o poder legislativo nacional a editar a Lei nº 12.527/2011, que regulamenta o dispositivo do Art. 5º, XXXIII, da CF. Dispõe sobre o acesso à informação pública, sobre a informação sigilosa, sua classificação, bem como a informação pessoal, entre outras providências. Tal dispositivo merece ser lido, pois essa lei transpassa toda a essência do Princípio da Publicidade.

Podemos inclusive afirmar que esse princípio foi materializado em lei após a edição da Lei nº 12.527/2011. Veja a seguir a redação do Art. 3º dessa Lei:

> ***Art. 3º.*** *Os procedimentos previstos nesta Lei destinam-se a assegurar o direito fundamental de acesso à informação e devem ser executados em conformidade com os princípios básicos da administração pública e com as seguintes diretrizes:*
>
> ***I.*** *Observância da publicidade como preceito geral e do sigilo como exceção;*
>
> ***II.*** *Divulgação de informações de interesse público, independentemente de solicitações;*
>
> ***III.*** *Utilização de meios de comunicação viabilizados pela tecnologia da informação;*
>
> ***IV.*** *Fomento ao desenvolvimento da cultura de transparência na administração pública;*
>
> ***V.*** *Desenvolvimento do controle social da administração pública.*

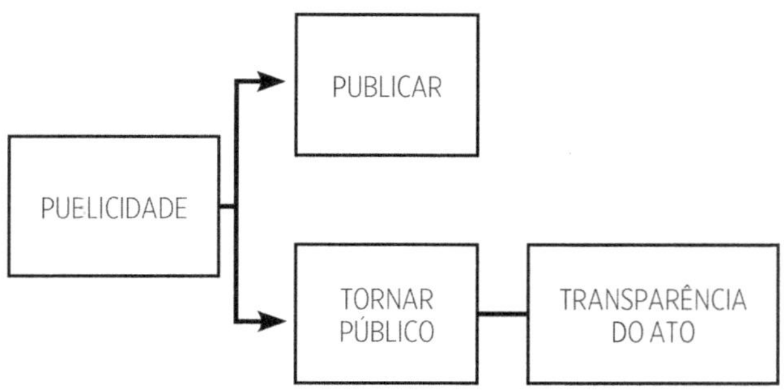

4.6 Princípio da Eficiência

O Princípio da Eficiência foi o último a ser inserido no bojo do texto constitucional (o Princípio da Eficiência foi incluído com a Emenda Constitucional nº 19/98), e apresenta dois aspectos principais:

> Relativamente à forma de atuação do agente público, espera-se o melhor desempenho possível de suas atribuições, a fim de obter os melhores resultados.

> Quanto ao modo de organizar, estruturar e disciplinar a Administração Pública, exigiu-se que esse seja o mais racional possível, no intuito de alcançar melhores resultados na prestação dos serviços públicos.

Art. 37, § 8º, CF. *A autonomia gerencial, orçamentária e financeira dos órgãos e entidades da administração direta e indireta poderá ser ampliada mediante contrato, a ser firmado entre seus administradores e o poder público, que tenha por objeto a fixação de metas de desempenho para o órgão ou entidade, cabendo à lei dispor sobre.*

O Princípio da Eficiência orienta a atuação da administração pública de forma que essa busque o melhor custo benefício no exercício de suas atividades, ou seja, os serviços públicos devem ser prestados com adequação às necessidades da sociedade que o custeia.

A atuação da Administração Pública tem que ser eficiente, o que acarreta ao agente público o dever de agir com presteza, esforço, rapidez e rendimento funcional. O seu descumprimento poderá acarretar a perda do seu cargo por baixa produtividade apurada em procedimento da avaliação periódica de desempenho, tanto antes da aquisição da estabilidade, como também após.

4.7 Princípio da Supremacia do Interesse Público sobre o Privado

Esse princípio é também considerado o norteador do Direito Administrativo. Ele determina que o Estado, quando trabalhando com o interesse público, se sobrepõe ao particular. Devemos lembrar que esse princípio deve ser utilizado pelo administrador público de forma razoável e proporcional para que o ato não se transforme em arbitrário e, consequentemente, ilegal.

É o fundamento das prerrogativas do Estado, ou seja, da relação jurídica desigual ou vertical entre o Estado e o particular. A exemplo, temos o poder de império do Estado (também chamado de poder extroverso), que se manifesta por meio da imposição da lei ao administrado, admitindo até o uso da força coercitiva para o cumprimento da norma. Assim sendo, a administração pública pode criar obrigações, restringir ou condicionar os direitos dos administrados.

Limitações:

> Respeito aos demais princípios;

> Não está presente diretamente nos atos de gestão (Atos de gestão são praticados pela administração na qualidade de gestora de seus bens e serviços, sem exercício de supremacia sobre os particulares, assemelhando-se aos atos praticados pelas pessoas privadas. São exemplos de atos de gestão a alienação ou a aquisição de bens pela administração pública, o aluguel a um particular de um imóvel de propriedade de uma autarquia, entre outros).

Exemplos de Incidência:

> Intervenção na propriedade privada;

> Exercício do poder de polícia, limitando ou condicionando o exercício de direito em prol do interesse público;

> Presunção de legitimidade dos atos administrativos.

4.8 Princípio da Indisponibilidade do Interesse Público

Conforme dito anteriormente, o princípio da indisponibilidade do interesse público juntamente com o da supremacia do interesse público, formam os pilares do regime jurídico administrativo.

Esse princípio é o fundamento das **restrições** do Estado. Assim sendo, apesar de o Princípio da Supremacia do Interesse Público prever prerrogativas especiais para a Administração Pública em determinadas relações jurídicas com o administrado, tais poderes são ferramentas que a ordem jurídica confere ao agentes públicos para alcançar os objetivos do Estado. E o uso desses poderes, então, deve ser balizado pelo interesse público, o que impõe restrições legais a sua atuação, garantindo que a utilização do poder tenha por finalidade o interesse público e não o do administrador.

Sendo assim, é vedada a renúncia do exercício de competência pelo agente público, pois a atuação desse não é balizada por sua vontade pessoal, mas, sim, pelo interesse público, também chamado de interesse da lei. Os poderes conferidos aos agentes públicos têm a finalidade de auxiliá-los a atingir tal interesse. Com base nessa regra, concluímos que esses agentes não podem dispor do interesse público, por não ser o seu proprietário, e sim o povo. Ao agente público cabe a gestão da Administração Pública em prol da coletividade.

4.9 Princípios da Razoabilidade e Proporcionalidade

Os Princípios da Razoabilidade e da Proporcionalidade não se encontram expressos no texto constitucional. Esses são classificados como princípios gerais do Direito e são aplicáveis a vários ramos da ciência jurídica. São chamados de princípios da proibição de excesso do agente público.

A razoabilidade diz que toda atuação da Administração tem que seguir a teoria do homem médio, ou seja, as decisões devem ser tomadas segundo o critério da maioria das pessoas "racionais", sem exageros ou deturpações.

Razoabilidade: adequação entre meios e fins. O Princípio da Proporcionalidade diz que o agente público deve ser proporcional no uso da força para o cumprimento do bem público, ou seja, nas aplicações de penalidades pela Administração deve ser levada em conta sempre a gravidade da falta cometida.

Proporcionalidade: vedação de imposição de obrigações, restrições e sanções em medida superior àquela estritamente necessária ao interesse público.

Podemos dar como exemplo a atuação de um fiscal sanitário, que esteja vistoriando dois estabelecimentos e, em um deles, encontre um quilo de carne estragada e, no outro, encontre uma tonelada.

Na aplicação da penalidade, deve ser respeitada tanto a razoabilidade quanto a proporcionalidade, ou seja, aplica-se, no primeiro, uma penalidade pequena, uma multa, por exemplo, e, no segundo, uma penalidade grande, suspensão de 90 dias.

Veja que o administrador não pode fazer menos ou mais do que a lei determina, isso em obediência ao Princípio da Legalidade, senão cometerá abuso de poder.

4.10 Princípio da Autotutela

O Princípio da Autotutela propicia o controle da Administração Pública sob seus próprios atos em dois pontos específicos:

De legalidade: em que a Administração pode controlar seus próprios atos quando eivados de vício de ilegalidade, sendo provocado ou de ofício.

De mérito: a Administração Pública pode revogar seus atos por conveniência e oportunidade.

> ***Súmula 473 do STF.*** *A Administração pode anular seus próprios atos, quando eivados de vícios que os tornam ilegais, porque deles não se originam direitos; ou revogá-los, por motivo de conveniência ou oportunidade, respeitados os direitos adquiridos, e ressalvada, em todos os casos, a apreciação judicial.*

O Princípio da Autotutela não exclui a possibilidade de controle jurisdicional do ato administrativo previsto no Art. 5º, XXXV, da CF: a lei não excluirá da apreciação do Poder Judiciário lesão ou ameaça a direito.

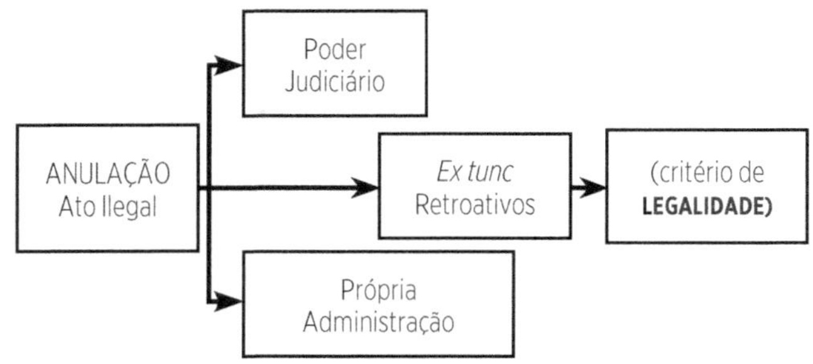

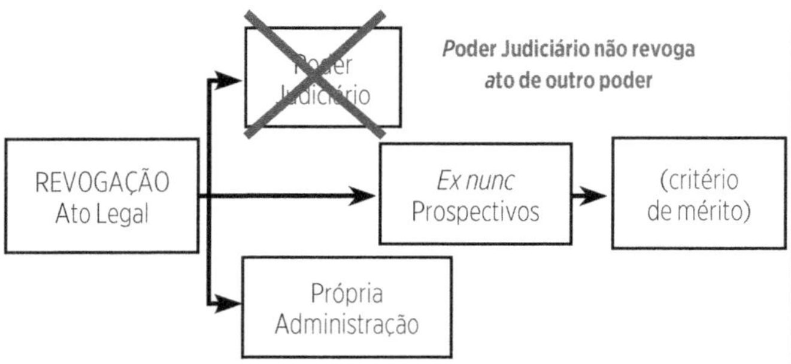

4.11 Princípio da Ampla Defesa

A ampla defesa determina que todos que sofrerem medidas de caráter de pena terão direito a se defender de todos os meios disponíveis legais em direito. Está previsto nos processos administrativos disciplinares:

> ***Art. 5ª, LV, CF.*** *Aos litigantes, em processo judicial ou administrativo, e aos acusados em geral são assegurados o contraditório e ampla defesa, com os meios e recursos a ela inerentes;*

4.12 Princípio da Continuidade do Serviço Público

O Princípio da Continuidade do Serviço Público tem como escopo (objetivo) não prejudicar o atendimento dos serviços essenciais à população. Assim, evitam que esses sejam interrompidos.

O professor Celso Ribeiro Bastos[1] é um dos doutrinadores que defende a não interrupção do serviço público essencial: *O serviço público deve ser prestado de maneira contínua, o que significa dizer que não é passível de interrupção. Isso ocorre pela própria importância de que tal serviço se reveste, o que implica ser colocado à disposição do usuário com qualidade e regularidade, assim como com eficiência e oportunidade... Essa continuidade afigura-se em alguns casos de maneira absoluta, quer dizer, sem qualquer abrandamento, como ocorre com serviços que atendem necessidades permanentes, como é o caso de fornecimento de água, gás, eletricidade. Diante, pois, da recusa de um serviço público, ou do seu fornecimento, ou mesmo da cessação indevida desse, pode o usuário utilizar-se das ações judiciais cabíveis, até as de rito mais célere, como o mandado de segurança e a própria ação cominatória.*

Regra:

» Os serviços públicos devem ser adequados e ininterruptos.

Exceção:

» Aviso prévio;

» Situações de emergência.

Alcance:

> Todos os prestadores de serviços públicos;

> Administração Direta;

> Administração Indireta;

> Concessionárias, Autorizatárias e Permissionárias de serviços públicos.

Efeitos:

> Restrição de direitos das prestadoras de serviços públicos, bem como dos agentes envolvidos na prestação desses serviços, a exemplo do direito de greve.

Dessa forma, quem realiza o serviço público se submete a algumas restrições:

> Restrição ao direito de greve, Art. 37, VII CF/88;

> Suplência, delegação e substituição – casos de funções vagas temporariamente;

> Impossibilidade de alegar a exceção do contrato não cumprido, somente em casos em que se configure uma impossibilidade de realização das atividades;

> Possibilidade da encampação da concessão do serviço, retomada da administração do serviço público concedido no prazo na concessão, quando o serviço não é prestado de forma adequada.

O Código de Defesa do Consumidor, em seu Art. 22, assegura ao consumidor que os serviços essenciais devem ser contínuos, caso contrário, aos responsáveis, caberá indenização. O referido código não diz quais seriam esses serviços essenciais. Podemos usar, como analogia, o Art. 10 da Lei nº 7.783/89, que enumera os que seriam considerados fundamentais:

> ***Art. 10.*** *São considerados serviços ou atividades essenciais:*
>
> ***I.*** *Tratamento e abastecimento de água; produção e distribuição de energia elétrica, gás e combustíveis;*
>
> ***II.*** *Assistência médica e hospitalar;*
>
> ***III.*** *Distribuição e comercialização de medicamentos e alimentos;*
>
> ***IV.*** *Funerários;*
>
> ***V.*** *Transporte coletivo;*

1 Curso de direito administrativo, 2. ed. – São Paulo: Saraiva, 1996, p. 165.

VI. *Captação e tratamento de esgoto e lixo;*

VII. *Telecomunicações;*

VIII. *Guarda, uso e controle de substâncias radioativas, equipamentos e materiais nucleares;*

IX. *Processamento de dados ligados a serviços essenciais;*

X. *Controle de tráfego aéreo;*

XI. *Compensação bancária.*

4.13 Princípio da Segurança Jurídica

Esse princípio veda a aplicação retroativa da nova interpretação da norma.

Caso uma regra seja revogada ou alterada a sua redação ou interpretação, os atos praticados durante a vigência da norma antiga continuam valendo, pois tal princípio visa resguardar o direito adquirido, o ato jurídico perfeito e a coisa julgada.

Assim, temos que a nova interpretação da norma, via de regra, somente terá efeitos prospectivos, ou seja, da data em que for revogada para frente, não atingindo os atos praticados na vigência da norma antiga.

5. AGENTES PÚBLICOS

Neste capítulo estudaremos a respeito dos agentes públicos, sua finalidade, seu papel na estrutura da administração pública, bem como as diversas classificações relativas ao tema.

5.1 Conceito

Considera-se agente público toda pessoa física que exerça, ainda que transitoriamente ou sem remuneração, por eleição, nomeação, designação, contratação ou qualquer outra forma de investidura ou vínculo, mandato, cargo, emprego ou função pública.

5.2 Classificação

> Agentes políticos.
> Agentes administrativos.
> Particulares em colaboração com o poder público.

Agentes políticos

Estão nos mais altos escalões do Poder Público. São responsáveis pela elaboração das diretrizes governamentais e pelas funções de direção, orientação e supervisão geral da Administração Pública.

Características

> Sua competência é haurida da Constituição Federal.
> Não se sujeitam às regras comuns aplicáveis aos servidores públicos em geral.
> Normalmente são investidos em seus cargos por meio de eleição, nomeação ou designação.
> Não são hierarquizados, subordinando-se tão somente à Constituição Federal.

Exceção: auxiliares imediatos dos chefes do Executivo são, hierarquizados, pois se subordinam ao líder desse poder.

Ex.: Ministros de Estado; Secretários estaduais e municipais.

Poder	Federal	Estadual	Municipal
Executivo	Presidente da República; Ministros de Estados.	Governadores; Secretários Estaduais.	Prefeitos; Secretários Municipais.
Legislativo	Deputados Federais; Senadores.	Deputados Estaduais.	Vereadores
Judiciário	Membros do Poder Judiciário Federal.	Membros do Poder Judiciário Estadual.	Não há
Ministério Público	Membros do Ministério Público Federal.	Membros do Ministério Público Estadual.	Não há

Agentes administrativos

São as pessoas que exercem atividade pública de natureza profissional, permanente e remunerada, estão sujeitos à hierarquia funcional e ao regime jurídico estabelecido pelo ente ao qual pertencem. O vínculo entre esses agentes e o ente ao qual estão ligados é um vínculo de natureza permanente.

Servidores Públicos (Estrito): são os titulares de cargos públicos[1] (efetivos e comissionados), são vinculados ao seu cargo por meio de um estatuto estabelecido pelo ente contratante.

Empregados Públicos: são os ocupantes de Emprego Público[2]; são vinculados ao seu emprego por meio da CLT (Consolidação das Leis do Trabalho).

Temporários: são contratados por tempo determinado para atender necessidade temporária de excepcional interesse público. Exercem função pública temporária e remunerada, estão vinculados à administração pública por meio de um contrato de direito público e não de natureza trabalhista. O meio utilizado pelo Estado para selecionar os temporários é o processo seletivo simplificado e não o concurso público.

Algumas doutrinas dividem a classificação dos servidores públicos em sentido amplo e em estrito. Nesse último caso, servidor público é o que consta acima, ou seja, somente os titulares de cargos públicos; já em sentido amplo, adota-se a seguinte regra: servidor público é um gênero que comporta três espécies: os servidores estatutários, os empregados públicos e os servidores temporários. Então, caso se adote o conceito de servidor público em sentido amplo, este será sinônimo de agente administrativo.

Servidor Público (Amplo):

> Servidor Estatutário = servidor público (estrito)
> Empregado Público = empregado público
> Servidor Temporário = temporário

Particulares em colaboração com o poder público

Agentes Honoríficos: são cidadãos que transitoriamente são requisitados ou designados para prestar certos serviços públicos específicos em razão da sua honra, da sua conduta cívica ou de sua notória capacidade profissional. Geralmente atuam sem remuneração. São os mesários, jurados, entre outros.

Agentes Delegados: são particulares que recebem a incumbência de exercer determinada atividade, obra ou serviço, por sua conta e risco e em nome próprio, sob permanente fiscalização do poder contratante, ou seja, são aquelas pessoas que recebem a incumbência de prestar certas atividades do Estado por meio da descentralização por delegação. São elas:

> Autorizatárias de serviços públicos;
> Concessionárias de serviços públicos;
> Permissionárias de serviços públicos.

Agentes Credenciados: são os particulares que recebem a incumbência de representar a administração em determinado ato ou praticar certa atividade específica, mediante remuneração do Poder Público credenciante.

1 Os cargos públicos estão presentes na Administração Direta da União, dos Estados, do DF e dos Municípios, e também nas suas autarquias e fundações públicas.
2 Os empregos públicos estão presentes nas empresas públicas e sociedades de economia mista.

6. PODERES E DEVERES ADMINISTRATIVOS

Para um desempenho adequado do papel que compete à administração pública, o ordenamento jurídico confere a ela poderes e deveres especiais. Nesse capítulo, conheceremos seus deveres e poderes de modo a diferenciar a aplicabilidade de um ou de outro poder ou dever na análise de casos concretos, bem como apresentado nas questões de concurso público.

6.1 Deveres

Os deveres da administração pública são um conjunto de obrigações de direito público que a ordem jurídica confere aos agentes públicos com o objetivo de permitir que o Estado alcance seus fins.

O fundamento desses deveres é o Princípio da Indisponibilidade do Interesse Público, pois, como a administração pública é uma ferramenta do Estado para alcançar seus objetivos, não é permitido ao agente público usar dos seus poderes para satisfazer interesses pessoais ou de terceiros. Com base nessa regra, concluímos que esses agentes não podem dispor do interesse público, por não ser o seu proprietário, e sim o povo. A ele cabe a gestão da administração pública em prol da coletividade.

A doutrina, de um modo geral, enumera, como alguns dos principais deveres impostos aos agentes administrativos pelo ordenamento jurídico, quatro obrigações administrativas, a saber:

> Poder-Dever de Agir;
> Dever de Eficiência;
> Dever de Probidade;
> Dever de Prestar Contas.

Poder-dever de agir

O poder-dever de agir determina que toda a Administração Pública tem que agir em caso de determinação legal. Contudo, essa é temperada, uma vez que o administrador precisa ter possibilidade real de atuar.

> ***Art. 37**, § 6º, CF. Policiais em serviço que presenciam um cidadão ser assaltado e morto e nada fazem. Nessa situação, além do dever imposto por lei, havia a possibilidade de agir. Nesse caso concreto, gera-se a possibilidade de indenização por parte do Estado, com base na responsabilidade civil do Estado.*

Enquanto no direito privado agir é uma faculdade do administrador, no direito público, agir é um dever legal do agente público.

Em decorrência dessa regra temos que os **poderes** administrativos são **irrenunciáveis**, devendo ser **obrigatoriamente exercidos** por seus titulares nas situações cabíveis.

A inércia do agente público acarreta responsabilização a ela por abuso de poder na modalidade omissão. A Administração Pública também responderá pelos danos patrimoniais ou morais decorrentes da omissão na esfera cível.

Dever de eficiência

A Constituição implementou o dever de eficiência com a introdução da Emenda Constitucional nº 19 de 1998, a chamada reforma administrativa. Esse novo modelo instituiu a denominada "administração gerencial", tendo vários exemplos dispostos no corpo do texto constitucional, como:

> Possibilidade de perda do cargo de servidor estável em razão de insuficiência de desempenho (Art. 41, § 1º, III);
> O estabelecimento como condição para o ganho da estabilidade de avaliação de desempenho (Art. 41, § 4º);
> A possibilidade da celebração de contratos de gestão (Art. 37, § 8º);
> A exigência de participação do servidor público em cursos de aperfeiçoamento profissional como um dos requisitos para a promoção na carreira (Art. 39, § 2º).

Dever de probidade

O dever de probidade determina que todo administrador público, no desempenho de suas atividades, atue sempre com ética, honestidade e boa-fé, em consonância com o Princípio da Moralidade Administrativa.

> ***Art. 37, § 4º, CF.** Os atos de improbidade administrativa importarão a suspensão dos direitos políticos, a perda da função pública, a indisponibilidade dos bens e o ressarcimento ao erário, na forma e gradação previstas em lei, sem prejuízo da ação penal cabível.*

Efeitos:

> A suspensão dos direitos políticos;
> Perda da função pública;
> Ressarcimento ao erário;
> Indisponibilidade dos bens.

Dever de prestar contas

O dever de prestar contas decorre diretamente do Princípio da Indisponibilidade do Interesse Público, sendo pertinente à função do agente público, que é simples gestão da coisa pública.

> ***Art.70, Parágrafo único, CF.** Prestará contas qualquer pessoa física ou jurídica, pública ou privada, que utilize, arrecade, guarde, gerencie ou administre dinheiros, bens e valores públicos ou pelos quais a União responda, ou que, em nome dessa, assuma obrigações de natureza pecuniária.*

6.2 Poderes Administrativos

São mecanismos que, utilizados isoladamente ou em conjunto, permitem que a administração pública possa cumprir suas finalidades. Dessa forma, os poderes administrativos representam um conjunto de prerrogativas de direito Público que a ordem jurídica confere aos agentes administrativos para o fim de permitir que o Estado alcance os seus fins, assim leciona o professor José dos Santos Carvalho Filho.

O fundamento desses poderes é o princípio da supremacia do interesse público, pois, como a administração pública é uma ferramenta do Estado para alcançar seus objetivos, e tais objetivos são de interesse de toda coletividade, é necessário que o Estado possa ter prerrogativas especiais na busca de seus objetivos. Como exemplo, podemos citar a aplicação de uma multa de trânsito. Imagine que a lei fale que ultrapassar o sinal vermelho é errado, mas que o Estado não tenha o poder de aplicar a multa. De nada vale a previsão da infração na lei.

São Poderes Administrativos descritos pela doutrina pátria:

- Poder Vinculado;
- Poder Discricionário;
- Poder Hierárquico;
- Poder Disciplinar;
- Poder Regulamentar;
- Poder de Polícia.

Poder vinculado

O poder vinculado determina que o administrador somente pode fazer o que a lei determina; aqui não se gera poder de escolha, ou seja, está o administrador preso (vinculado) aos ditames da lei.

O agente público não pode fazer considerações de conveniência e oportunidade. Caso descumpra a única hipótese prevista na lei para orientar a sua conduta, praticará um ato ilegal, sendo assim, deve o ato ser anulado.

Poder discricionário

O poder discricionário gera a margem de escolha, que é a conveniência e a oportunidade, o mérito administrativo. Diz-se que o agente público pode agir com liberdade de escolha, mas sempre respeitando os parâmetros da lei.

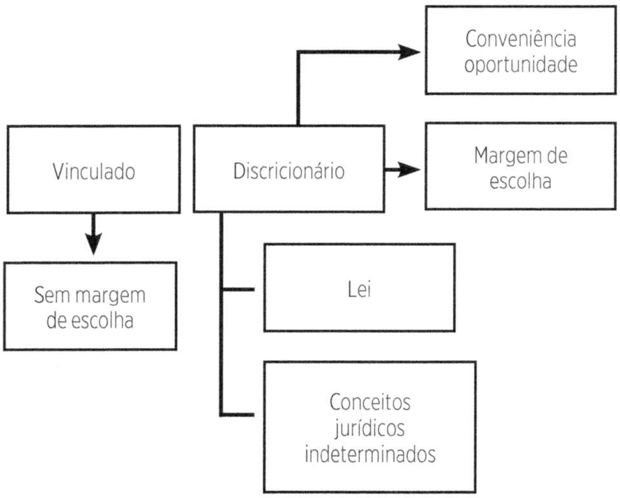

Duas são as vertentes que autorizam o poder discricionário: a lei e os conceitos jurídicos indeterminados. Esses últimos são determinações da própria lei, por exemplo: quando a Lei prevê a boa-fé, quem decide se o administrado está de boa ou má-fé é o agente público, sempre sendo razoável e proporcional.

Poder hierárquico

Manifesta a noção de um escalonamento vertical da Administração Pública, já que temos a subordinação entre órgãos e agentes, sempre no âmbito de uma mesma pessoa jurídica.

Observação

Não há subordinação nem hierarquia:

- Entre pessoas distintas;
- Entre os poderes da república;
- Entre a administração e o administrado.

Prerrogativas

Dar ordens: cabe ao subordinado o dever de obediência, salvo nos casos de ordens manifestamente ilegais.

Fiscalizar a atuação dos subordinados.

Revisar os atos dos subordinados e, nessa atribuição:

- Manter os atos vinculados legais e os atos discricionários legais convenientes e oportunos.
- Convalidar os atos com defeitos sanáveis.
- Anular os atos ilegais.
- Revogar os atos discricionários legais inconvenientes e inoportunos.

A caraterística marcante é o grau de subordinação entre órgãos e agentes, sempre dentro da estrutura da mesma pessoa jurídica. O controle hierárquico permite que o superior aprecie todos os aspectos dos atos de seus subordinados (quanto à legalidade e quanto ao mérito administrativo) e pode ocorrer de ofício ou a pedido, quando for interesse de terceiros, por meio de recurso hierárquico.

Aplicar sanções aos servidores que praticarem infrações funcionais.

Delegar competência

Delegação é o ato discricionário, revogável a qualquer tempo, mediante o qual o superior hierárquico confere o exercício temporário de algumas de suas atribuições, originariamente pertencentes ao seu cargo, a um subordinado.

É importante alertar que, excepcionalmente, a lei admite a delegação para outro órgão que não seja hierarquicamente subordinado ao delegante, conforme podemos constatar da redação do Art. 12 da Lei nº 9.784/99:

> ***Art. 12.*** *Um órgão administrativo e seu titular poderão, se não houver impedimento legal, delegar parte da sua competência a outros órgãos ou titulares, ainda que estes não lhe sejam hierarquicamente subordinados, quando for conveniente, em razão de circunstâncias de índole técnica, social, econômica, jurídica ou territorial.*

Características da delegação

Não podem ser Delegados

- Edição de atos de caráter normativo;
- A decisão de recursos administrativos;
- As matérias de competência exclusiva do órgão ou autoridade.

Consequências

- Não acarreta renúncia de competências;
- Transfere o exercício da atribuição e não a titularidade, pois pode ser revogada a delegação a qualquer tempo pela autoridade delegante;
- O ato de delegação e sua revogação deverão ser publicados em meio oficial.

Avocação Competência

Avocar é o ato discricionário mediante o qual o superior hierárquico traz para si o exercício temporário de determinada competência, atribuída por lei a um subordinado.

Cabimento: é uma medida excepcional e deve ser fundamentada.

Restrições: não podem ser avocadas competências exclusivas do subordinado.

Consequências: desonera o agente de qualquer responsabilidade relativa ao ato praticado pelo superior hierárquico.

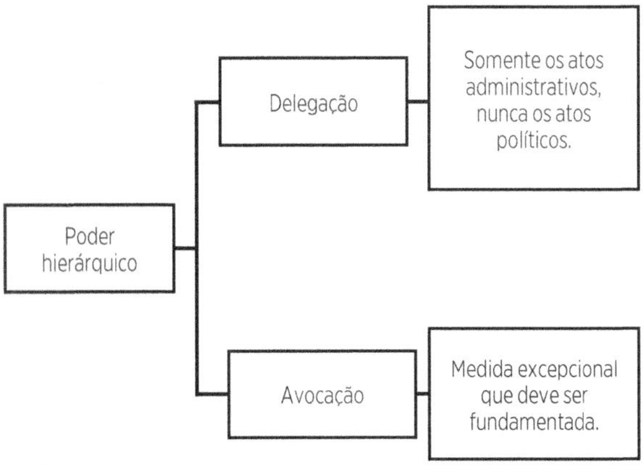

Segundo a Lei nº 9.784/99, que trata do processo administrativo federal:

Art. 13. Não podem ser objeto de delegação:

I. a edição de atos de caráter normativo;

II. a decisão de recursos administrativos;

III. as matérias de competência exclusiva do órgão ou autoridade.

Poder disciplinar

O poder disciplinar é uma espécie de poder-dever de agir da Administração Pública. Dessa forma, o administrador público atua de forma a punir internamente as infrações cometidas por seus agentes e, em exceção, atua de forma a, punir particulares que mantenham um vínculo jurídico específico com a Administração.

O poder disciplinar não pode ser confundido com o *jus puniendi* do Estado, ou seja, com o poder do Estado de aplicar a lei penal a quem comete uma infração penal.

Em regra, o poder disciplinar é discricionário, algumas vezes, é vinculado. Essa discricionariedade se encontra na escolha da quantidade de sanção a ser aplicada dentro das hipóteses previstas na lei, e não na faculdade de punir ou não o infrator, pois puni-lo é um dever, sendo assim, a punição não é discricionária, quantidade de punição que em regra é. Porém, é importante lembrar que, quando a lei apontar precisamente a penalidade ou a quantidade dela que deve ser aplicada para determinada infração, o poder disciplinar será vinculado.

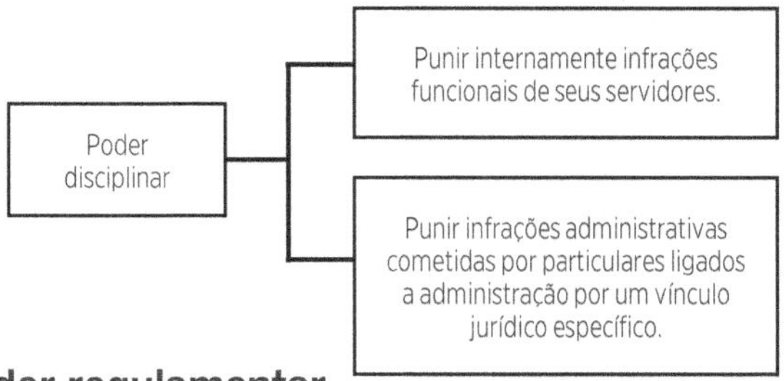

Poder regulamentar

Quando a Administração atua punindo particulares (comuns) que cometeram falta, ela está usando o poder de polícia. Contudo, quando atua penalizando particulares que mantenham um vínculo jurídico específico (plus), estará utilizando o poder disciplinar.

Existem duas formas de manifestação do poder regulamentar: o decreto regulamentar e o autônomo, sendo que o primeiro é a regra e o segundo é a exceção.

Decreto regulamentar

Também denominado decreto executivo ou regulamento executivo.

O decreto regulamentar é uma prerrogativa dos chefes do poder executivo de regulamentar a lei para garantir a sua fiel aplicação.

Restrições

- Não inova o ordenamento jurídico;
- Não pode alterar a lei;
- Não pode criar direitos e obrigações;
- Caso o decreto regulamentar extrapole os limites da lei, haverá quebra do princípio da legalidade. Nessa situação, se do decreto regulamentar for federal, caberá ao Congresso Nacional sustar os seus dispositivos violadores da lei.

Exercício

- Somente por decretos dos chefes do poder Executivo (Presidente da República, Governadores e Prefeitos), sendo uma competência exclusiva, indelegável a qualquer outra autoridade.

Natureza

- **Decreto:** natureza secundária ou derivada;
- **Lei:** natureza primária ou originária.

Prazo para Regulamentação

- A lei a ser regulamentada deve apontar;
- A ausência do prazo é inconstitucional;
- Enquanto não regulamentada, a lei é inexequível (não pode ser executada);
- Se o chefe do executivo descumprir o prazo, a lei se torna exequível (pode ser executada);
- A competência para editar decreto regulamentar não pode ser objeto de delegação.

Decreto autônomo

A Emenda Constitucional nº 32, alterou o Art. 84 da Constituição Federal e deu ao seu inciso VI a seguinte redação:

> ***Art. 84.*** *Compete privativamente ao Presidente da República:*
>
> ***VI.*** *dispor, mediante decreto, sobre:*
>
> ***a)*** *organização e funcionamento da administração federal, quando não implicar aumento de despesa nem criação ou extinção de órgãos públicos;*
>
> ***b)*** *extinção de funções ou cargos públicos, quando vagos;*

Essa previsão se refere ao que a doutrina chama de decreto autônomo, pois se refere à predição para o presidente da república tratar mediante decreto de determinados assuntos, sem lei anterior, balizando a sua atuação, pois a baliza foi a própria Constituição Federal. O decreto é autônomo porque não depende de lei.

Características

> Inova o ordenamento jurídico.

> O decreto autônomo tem natureza primária ou originária.

> Somente pode tratar das matérias descritas no Art. 84, VI, da Constituição Federal.

> O Presidente da República poderá delegar as atribuições mencionadas para edição de decretos autônomos aos Ministros de Estado, ao Procurador-Geral da República ou ao Advogado-Geral da União, que observarão os limites traçados nas respectivas delegações, conforme prevê o inciso único do Art. 84.

As regras relativas às competências do Presidente da República no uso do decreto regulamentar e do autônomo são estendidas aos demais chefes do executivo nacional dentro das suas respectivas administrações públicas. Sendo assim, governadores e prefeitos podem tratar, mediante decreto autônomo, dos temas estaduais e municipais de suas respectivas administrações que o Presidente da República pode resolver, mediante decreto autônomo, na esfera da administração pública federal.

DECRETO DE EXECUÇÃO
É a regra.
Pode ser editado pelos chefes do Executivo.
Não inova o ordenamento jurídico e necessita de amparo de uma lei.
É de competência exclusiva, não pode ser delegável.
DECRETO AUTÔNOMO
É a exceção.
Somente pode ser editado pelo Presidente da República.
Inova lei nos casos do Art. 84, IV, a e b do texto constitucional.
É de competência privativa e pode ser delegável de acordo com o Art. 84, parágrafo único.

Poder de polícia

O Código Tributário Nacional, em seu Art. 78, ao tratar dos fatos geradores das taxas, assim conceitua poder de polícia:

> ***Art. 78.*** *Considera-se poder de polícia atividade da Administração Pública que, limitando ou disciplinando direito, interesse ou liberdade, regula a prática de ato ou abstenção de fato, em razão de interesse público concernente à segurança, à higiene, à ordem, aos costumes, à disciplina da produção e do mercado, ao exercício de atividades econômicas dependentes de concessão ou autorização do Poder Público, à tranquilidade pública ou ao respeito à propriedade e aos direitos individuais ou coletivos.*

Hely Lopes Meirelles conceitua poder de polícia como a faculdade que dispõe a Administração Pública para condicionar, restringir o uso, o gozo de bens, atividades e direitos individuais, em benefício da coletividade ou do próprio Estado.

É competente para exercer o poder de polícia administrativa sobre uma dada atividade o ente federado, ao qual a Constituição da República atribui competência para legislar sobre essa mesma atividade, para regular a prática dessa.

Assim, podemos dizer que o poder de polícia é discricionário em regra, podendo ser vinculado nos casos em que a lei determinar. Ele dispõe que toda a Administração Pública pode condicionar ou restringir os direitos dos administrados em caso de não cumprimento das determinações legais.

O poder de polícia **fundamenta-se** no de **império** do Estado (Poder **Extroverso**), que decorre do Princípio da Supremacia do Interesse Público, pois, por meio de imposições limitando ou restringindo a esfera jurídica dos administrados, visa à Administração Pública à defesa de um bem maior, que é proteção dos direitos da coletividade, pois o interesse público prevalece sobre os particulares.

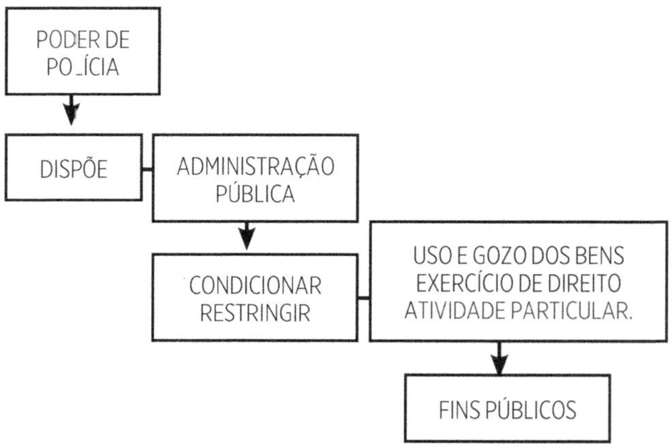

Atributos do poder de polícia

Discricionariedade: o poder de polícia, em regra, é discricionário, pois dá margem de liberdade dentro dos parâmetros legais ao administrador público para agir; contudo, se a lei exigir, tal poder pode ser vinculado.

O Estado escolhe as atividades que sofrerão as fiscalizações da polícia administrativa. Essa escolha é manifestação da discricionariedade do poder de polícia do Estado. Também é manifestação da discricionariedade do poder de polícia a majoração da quantidade de pena aplicada a quem cometer uma infração sujeita à disciplina do poder de polícia.

Nos casos em que a lei prever uma pena que tenha duração no tempo e não fixar exatamente a quantidade, dando uma margem de escolha de quantidade ao julgador, temos o exercício do poder discricionário na atuação de polícia e, como limite desse poder de punir, temos a própria lei que traz a ordem de polícia e ainda os princípios da razoabilidade e da proporcionalidade que vedam a aplicação da pena em proporção superior à gravidade do fato ilícito praticado.

Autoexecutoriedade: é a prerrogativa da Administração Pública de executar diretamente as decisões decorrentes do poder de polícia, por seus próprios meios, sem precisar recorrer ao judiciário.

Cabimento

> Autorização da Lei;

> Medida Urgente.

A **Autoexecutoriedade** no uso do poder de polícia não é absoluta, tendo natureza relativa, ou seja, não são todos os atos decorrentes do poder de polícia que são autoexecutórios. Para que um ato assim ocorra, é necessário que ele seja exigível e executório ao mesmo tempo:

> **Exigibilidade**: exigível é aquela conduta prevista na norma que, caso seja infringida, pode ser aplicada uma **coerção indireta**, ou seja, caso a pessoa venha a sofrer uma penalidade e se recuse a aceitar a aplicação da sanção, a aplicação dessa somente poderá ser executada por decisão judicial. É o caso das multas, por exemplo, que podem ser lançadas a quem comete uma infração de trânsito, a administração não pode receber o valor devido por meio da coerção, caso a pessoa penalizada se recuse a pagar a multa, o seu recebimento dependerá de execução judicial pela Administração Pública. A exigibilidade é uma característica de todos os atos praticados no exercício do poder de polícia.

> **Executoriedade**: executória é a norma que, caso seja desrespeitada, permite a aplicação de uma **coerção direta**, ou seja, a administração pode utilizar da força coercitiva para garantir a aplicação da penalidade, sem precisar recorrer ao judiciário.

É o caso das sanções de interdição de estabelecimentos comerciais, suspensão de direitos, entre outras. Não são todas as medidas decorrentes do poder de polícia executórias.

O ato de polícia para ser autoexecutório precisa ser ao mesmo tempo exigível e executório, ou seja, nem todos os atos decorrentes do poder de polícia são autoexecutórios.

> **Coercibilidade**: esse atributo informa que as determinações da Administração podem ser impostas coercitivamente ao administrado, ou seja, o particular é obrigado a observar os ditames da administração. Caso ocorra resistência por parte desse, a administração pública estará autorizada a usar força, independentemente de autorização judicial, para fazer com que seja cumprida a regra de polícia. Todavia, os meios utilizados pela administração devem ser legítimos, humanos e compatíveis com a urgência e a necessidade da medida adotada.

Classificação

O poder de polícia pode ser originário, no caso da Administração Pública direta e derivada. Quando diz respeito as autarquias, a doutrina orienta que fundações públicas, sociedade de economia mista e empresas públicas não possuem o poder de polícia em suas ações. Classificação:

Poder de Polícia Originário:

> Dado à Administração Pública Direta.

Poder de Polícia Delegado:

> Dado às pessoas da Administração Pública Indireta que possuem personalidade jurídica de direito público. Esse poder somente é proporcionado para as autarquias ligadas à Administração Indireta.

O poder de polícia não pode ser exercido por particulares ou por pessoas jurídicas de direito privado da administração indireta, entretanto, o STJ em uma recente decisão entendeu que os atos de consentimento de polícia e de fiscalização dessa, que por si só não têm natureza coercitiva, podem ser delegados às pessoas jurídicas de direito privado da Administração Indireta.

Meios de atuação

O poder de polícia pode ser exercido tanto preventivamente quanto repressivamente.

Prevenção: manifesta-se por meio da edição de atos normativos de alcance geral, tais como leis, decretos, resoluções, entre outros, e também por meio de várias medidas administrativas, tais como a fiscalização, a vistoria, a notificação, a licença, a autorização, entre outros.

Repressão: manifesta-se por meio da aplicação de punições, tais como multas, interdição de direitos, destruição de mercadorias etc.

Ciclo de polícia

O ciclo de polícia se refere às fases de atuação desse poder, ordem de polícia, consentimento, fiscalização e sanção de polícia, sendo assim, esse ciclo, para se completar, pode passar por quatro fases distintas:

Ordem de Polícia: é a Lei inovadora que tem trazido limites ou condições ao exercício de atividades privadas ou uso de bens.

Consentimento: é a autorização prévia fornecida pela Administração para a prática de determinada atividade privada ou para usar um bem.

Fiscalização: é a verificação, por parte da administração pública, para certificar-se de que o administrado está cumprindo as exigências contidas na ordem de polícia para a prática de determinada atividade privada ou uso de bem.

Sanção de Polícia: é a coerção imposta pela administração ao particular que pratica alguma atividade regulada por ordem de polícia em descumprimento com as exigências contidas.

É importante destacar que o ciclo de polícia não precisa necessariamente comportar essas quatro fases, pois as de ordem e fiscalização devem sempre estar presentes em qualquer atuação de polícia administrativa, todavia, as fases de consentimento e de sanção não estarão presentes em todos os ciclos de polícia.

Prescrição

O Prazo de Prescrição das ações punitivas decorrentes do exercício do poder de polícia é de **5 anos** para a esfera federal, conforme constata-se na redação do Art. 1º da Lei nº 9.873/99:

> ***Art. 1º.*** *Prescreve em cinco anos a ação punitiva da Administração Pública Federal, direta e indireta, no exercício do poder de polícia, objetivando apurar infração a legislação em vigor, contados da data da prática do ato ou, no caso de infração permanente ou continuada, do dia em que tiver cessado.*

Polícia administrativa x polícia judiciária

Polícia Administrativa: atua visando evitar a prática de infrações administrativas, tem natureza preventiva, entretanto, em alguns casos ela pode ser repressiva. A polícia administrativa atua sobre atividades privadas, bens ou direitos.

Polícia Judiciária: atua com o objetivo de reprimir a infração criminal, tem natureza repressiva, mas, em alguns casos, pode ser preventiva. Ao contrário da polícia administrativa que atua sobre atividades privadas, bens ou direitos, a atuação da judiciária recai sobre as pessoas.

Poder de polícia x prestação de serviços públicos

Não podemos confundir toda atuação estatal com a prestação de serviços públicos, pois, dentre as diversas atividades desempenhadas pela Administração Pública, temos, além da prestação de serviços públicos, o exercício do poder de polícia, o fomento, a intervenção na propriedade privada, entre outras.

Distingue-se o poder de polícia da prestação de serviços públicos, pois essa é uma atividade positiva, que se manifesta numa obrigação de fazer.

Poder de Polícia: atividade negativa, que traz a noção de não fazer, proibição, excepcionalmente pode trazer uma obrigação de fazer. Seu exercício sofre tributação mediante taxa e é indelegável a particulares.

Serviço Público: atividade positiva, que traz a noção de fazer algo. A sua remuneração se dá por meio da tarifa, que não é um tributo, mas sim, uma espécie de preço público, e o serviço público, mesmo sendo de titularidade exclusiva do Estado, é delegável a particulares.

6.3 Abuso de Poder

O administrador público tem que agir obrigatoriamente em obediência aos princípios constitucionais, do contrário, sua ação pode ser arbitrária e, consequentemente, ilegal, o que gerará o chamado abuso de poder.

Excesso de Poder: quando o agente público atua fora dos limites de sua esfera de competência.

Desvio de Poder: quando a atuação do agente, embora dentro de sua órbita de competência, contraria a finalidade explícita ou implícita na lei que determinou ou autorizou a sua atuação, tanto é desvio de poder a conduta contrária à finalidade geral (ou mediata) do ato – o interesse público –, quanto a que discrepe de sua finalidade específica (ou imediata).

Omissão de Poder: ocorre quando o agente público fica inerte diante de uma situação em que a lei impõe o uso do poder.

> Todos os atos que forem praticados com abuso de poder são ilegais e devem ser anulados; essa anulação pode acontecer tanto pela via administrativa quanto pela via judicial.
> O remédio constitucional para combater o abuso de poder é o Mandado de Segurança.

7. ATO ADMINISTRATIVO

7.1 Conceito de Ato Administrativo

Ato administrativo é toda manifestação unilateral de vontade da Administração Pública que, agindo nessa qualidade, tenha por fim imediato adquirir, resguardar, transferir, modificar, extinguir e declarar direitos, ou impor obrigações aos administrados ou a si própria.

Da prática dos atos administrativos gera-se:

> Superioridade
> Efeitos jurídicos

7.2 Elementos de Validade do Ato

Competência

Poderes que a lei confere aos agentes públicos para exercer funções com o mínimo de eficácia. A competência tem caráter instrumental, ou seja, é um instrumento outorgado para satisfazer interesses públicos – finalidade pública.

Características da Competência:

> Obrigatoriedade: ela é obrigatória para todos os agentes e órgãos públicos.
> Irrenunciabilidade: a competência é um poder-dever de agir e não pode ser renunciada pelo detentor do poder-dever. Contudo, tem caráter relativo uma vez que a competência pode ser delegada ou pode ocorrer a avocação.
> Intransferível: mesmo após a delegação, a competência pode ser retomada a qualquer tempo pelo titular do poder-dever, por meio da figura da revogação.
> Imodificável: pela vontade do agente, pois somente a lei determina competências.
> Imprescritível: a competência pode ser executada a qualquer tempo. Somente a lei pode exercer a função de determinar prazos prescricionais. **Ex.:** *o Art. 54 da Lei nº 9.784/99 determina o prazo decadência de cinco anos para anular atos benéficos para o administrado de boa-fé.*

Finalidade

Visa sempre ao interesse público e à finalidade específica prevista em lei. **Ex.:** *remoção de ofício.*

Forma

O ato administrativo é, em regra, formal e escrito.

Motivo

O motivo é a causa imediata do ato administrativo. É a situação de fato e de direito que determina ou autoriza a prática do ato, ou, em outras palavras, o pressuposto fático e jurídico (ou normativo) que enseja a prática do ato.

A Lei nº 9.784/99, que trata dos processos administrativos no âmbito da União, reza pelo Princípio do Informalismo, admitindo que existam atos verbais ou por meio de sinais (de acordo com o contexto).

Art. 40, § 1º, II, "a", CF. Trata da aposentadoria por tempo de contribuição.

Objeto

É o ato em si, ou seja, no caso da remoção o ato administrativo é o próprio instituto da remoção.

Ex.: Demissão: quanto ao ato de demissão deve ter o agente competente para determiná-lo (competência), depois disso, deve ser revertido de forma escrita (forma), a finalidade deve ser o interesse público (finalidade), o motivo deve ser embasado em lei, ou seja, os casos do Art. 132 da Lei nº 8.112/90, o objeto é o próprio instituto da demissão que está prescrito em lei.

7.3 Motivação

É a exteriorização por escrito dos motivos que levaram a produção do ato.

> Faz parte do elemento forma e não do motivo.
> Teoria dos Motivos Determinantes.

A motivação é elemento de controle de validade dos atos administrativos. Se ela for falsa, o ato é ilegal, independentemente da sua qualidade (discricionário ou vinculado).

Devem ser motivados:

> Todos os atos administrativos vinculados;
> Alguns atos administrativos discricionários (atos punitivos, que geram despesas, dentre outros).

A Lei nº 9.784/99, em seu Art. 50, traz um rol dos atos que devem ser motivados. Veja a seguir:

Art. 50. *Os atos administrativos deverão ser motivados, com indicação dos fatos e dos fundamentos jurídicos, quando:*

I. *Neguem, limitem ou afetem direitos ou interesses;*

II. *Imponham ou agravem deveres, encargos ou sanções;*

III. *Decidam processos administrativos de concurso ou seleção pública;*

IV. *Dispensem ou declarem a inexigibilidade de processo licitatório;*

V. *Decidam recursos administrativos;*

VI. *Decorram de reexame de ofício;*

VII. *Deixem de aplicar jurisprudência firmada sobre a questão ou discrepem de pareceres, laudos, propostas e relatórios oficiais;*

VIII. *Importem anulação, revogação, suspensão ou convalidação de ato administrativo.*

§ 1º *- A motivação deve ser explícita, clara e congruente, podendo consistir em declaração de concordância com fundamentos de anteriores pareceres, informações, decisões ou propostas, que, neste caso, serão parte integrante do ato.*

§ 2º *- Na solução de vários assuntos da mesma natureza, pode ser utilizado meio mecânico que reproduza os fundamentos das decisões, desde que não prejudique direito ou garantia dos interessados.*

§ 3º *- A motivação das decisões de órgãos colegiados e comissões ou de decisões orais constará da respectiva ata ou de termo escrito.*

7.4 Atributos do Ato

Qualidades especiais dos atos administrativos que lhes asseguram uma qualidade jurídica superior a dos atos de direito privado.

Presunção de legitimidade e veracidade

Presume-se, em caráter relativo, que os atos da administração foram produzidos em conformidade com a lei e os fatos deles. Para os administrados são obrigatórios. Ocorre aqui, a inversão do ônus da prova (cabe ao administrado provar que o ato é vicioso).

Consequências

Imediata executoriedade do ato administrativo, mesmo impugnado pelo administrado. Até decisão que reconhece o vício ou susta os efeitos do ato.

Impossibilidade de o Poder Judiciário analisar, de ofício, elementos de validade do ato não expressamente impugnados pelo administrado.

Imperatividade

Imperativo, ou seja, é impositivo e independe da anuência do administrado.

Exceção

Atos negociais: a Administração concorda com uma pretensão do Administrado ou reconhece que ela satisfaz os requisitos para o exercício de certo direito (autorização e permissão - discricionário; licença - vinculado).

> Relacionado ao poder extroverso do Estado (expressão italiana do autor Renato Aless), esse poder é usado como sinônimo para imperatividade nas provas de concurso.

Atos enunciativos: declaram um fato ou emitem uma opinião sem que tal manifestação produza por si só efeitos jurídicos.

Autoexecutoriedade

O ato administrativo, uma vez produzido pela Administração, é passível de execução imediata, independentemente de manifestação do Poder Judiciário.

Para Hely Lopes Meirelles, deve haver previsão legal, a exceção existe em casos de emergência. Esse atributo incide em todos os atos, com exceção dos enunciativos e negociais. A administração não goza de autoexecutoriedade na cobrança de débito, quando o administrado resiste ao pagamento.

Tipicidade

O ato deve observar a forma e o tipo previsto em lei para sua produção.

7.5 Classificação dos Atos Administrativos

Atos Vinculados: são os que a Administração pratica sem margem alguma de liberdade de decisão, pois a lei previamente determinou o único comportamento possível a ser obrigatoriamente adotado sempre que se configure a situação objetiva descrita na lei. Não cabe ao agente público apreciar a situação objetiva descrita nela.

Atos Discricionários: a Administração pode praticar, com certa liberdade de escolha, nos termos e limites da lei, quanto ao seu conteúdo, seu modo de realização, sua oportunidade e sua conveniência administrativa.

Atos Gerais: caracterizam-se por não possuir destinatários determinados. Os Atos Gerais são sempre determinados e prevalecem sobre os individuais. Podem ser revogados a qualquer tempo. Ex.: são os decretos regulamentares. Esses atos necessitam ser publicados em meio oficial.

Atos Individuais: são aqueles que possuem destinatários certos (determinados), produzindo diretamente efeitos concretos, constituindo ou declarando situação jurídicas subjetivas. **Ex.:** nomeação em concurso público e exoneração. Os atos podem ser discricionários ou vinculados e sua revogação somente é passível caso não tenha gerado direito adquirido.

Atos Simples: decorrem de uma única manifestação de vontade, de um único órgão.

Atos Complexos: necessitam, para formação de seu conteúdo, da manifestação de vontade de dois ou mais órgãos.

Atos Compostos: o seu conteúdo depende de manifestação de vontade de um único órgão, contudo, para funcionar, necessita de outro ato que o aprove.

Diferenças entre ato complexo e ato composto:

Ato Complexo	Ato Composto
1 ato	2 atos
2 vontades	2 vontades
2 ou + órgãos	1 órgão com a aprovação de outro

7.6 Espécies de Atos Administrativos

Normativo;

Ordinatórios;

Negociais;

Enunciativos;

Punitivos.

Atos normativos

São atos caracterizados pela generalidade e pela abstração, isto é, um ato normativo não é prescrito para uma situação determinada, mas para todos os eventos assemelhados; a abstração deriva do fato desse ato não representar um caso concreto, determinado, mas, sim, um caso abstrato, descrito na norma e possível de acontecer no mundo real. A regra abstrata deve ser aplicada no caso concreto.

Finalidade: regulamentar as leis e uniformizar procedimentos administrativos.

Características:

> Não possuem destinatários determinados;

> Correspondem aos atos gerais;

- Não pode inovar o ordenamento jurídico;
- Controle.

Regra: os atos administrativos normativos não podem ser atacados mediante recursos administrativos ou judiciais.

Exceção: atos normativos que gerarem efeitos concretos para determinado destinatário podem ser impugnados pelo administrado na via judicial ou administrativa.

Decretos regulamentares, instruções normativas, atos declaratórios normativos.

Atos ordinatórios

São atos administrativos endereçados aos servidores públicos em geral.

Finalidade: divulgar determinações aplicáveis ao adequado desempenho de suas funções.

Características:

- Atos internos;
- Decorrem do exercício do poder hierárquico;
- Vinculam os servidores subordinados ao órgão que o expediu;
- Não atingem os administrados;
- Estão hierarquicamente abaixo dos atos normativos;
- Devem obediência aos atos normativos que tratem da mesma matéria relacionada ao ato ordinatório.

Exs.: Instruções, circulares internas, portarias, ordens de serviço.

Atos negociais

São atos administrativos editados quando o ordenamento jurídico exige que o particular obtenha anuência prévia da Administração para realizar determinada atividade de interesse dele ou exercer determinado direito.

Finalidade: satisfação do interesse público, ainda que essa possa coincidir com o interesse do particular que requereu o ato.

Características:

- Os atos negociais não são imperativos, coercitivos e autoexecutórios;
- Os atos negociais não podem ser confundidos com contratos, pois, nesses existe manifestação de vontade bilateral e, nos atos negociais, nós temos uma manifestação de vontade unilateral da Administração Pública, que é provocada mediante requerimento do particular;
- Podem ser vinculados, discricionários, definitivos e precários.

Atos Negociais Vinculados: reconhecem um direito subjetivo do particular, mediante um requerimento, desse particular, comprovando preencher os requisitos que a lei exige para a anuência do direito, a Administração obrigatoriamente deve praticar o ato.

Atos Negociais Discricionários: não reconhecem um direito subjetivo do particular, pois, mesmo que esse atenda às exigências necessárias para a obtenção do ato, a Administração poderá não praticá-lo, decidindo se executa ou não o ato por juízo de conveniência e oportunidade.

Atos Negociais Definitivos: não comportam revogação, são atos vinculados, mas podem ser anulados ou cassados. Sendo assim, esses atos geram, ao particular, apenas uma expectativa de definitividade.

Atos Negociais Precários: podem ser revogados a qualquer tempo, são atos discricionários; via de regra, a revogação do ato negocial não gera direito de indenização ao particular.

Espécies de atos negociais

Licença: fundamenta-se no poder de polícia da Administração. É ato vinculado e definitivo, pois reconhece um direito subjetivo do particular, mediante um requerimento desse, comprovando preencher os requisitos que a lei exige. Para a anuência do direito, a Administração, obrigatoriamente, deve praticar o ato. A licença não comporta revogação, mas ela pode ser anulada ou cassada, sendo assim, esses atos geram, ao particular, apenas uma expectativa de definitividade.

Ex.: Alvará para a realização de uma obra, alvará para o funcionamento de um estabelecimento comercial, licença para dirigir, licença para exercer uma profissão.

Admissão: é o ato unilateral e vinculado pelo qual a Administração faculta a alguém a inclusão em estabelecimento governamental para o gozo de um serviço público. O ato de admissão não pode ser negado aos que preencham as condições normativas requeridas.

Ex.: Ingresso em estabelecimento oficial de ensino na qualidade de aluno; o desfrute dos serviços de uma biblioteca pública como inscrito entre seus usuários.

Aprovação: é o ato unilateral e discricionário pelo qual a Administração faculta a prática de ato jurídico (aprovação prévia) ou manifesta sua concordância com ato jurídico já praticado (aprovação a posteriori).

Homologação: é o ato unilateral e vinculado de controle pelo qual a Administração concorda com um ato jurídico ou série de atos (procedimento) já praticados, verificando a consonância deles com os requisitos legais condicionadores de sua válida emissão.

Autorização: na maior parte das vezes em que é praticado, fundamenta-se no poder de polícia do Estado quando a lei exige a autorização como condicionante para prática de uma determinada atividade privada ou para o uso de bem público. Todavia, a autorização também pode representar uma forma de descentralizar, por delegação, serviços públicos para o particular.

A autorização é caracterizada por uma predominância do interesse do particular que solicita o ato, todavia, também existe interesse público na prática desse ato.

É um ato discricionário, pois não reconhece um direito subjetivo do particular; mesmo que esse atenda às exigências necessárias para a obtenção do ato, a Administração poderá não praticá-lo, decidindo se desempenha ou não o ato por juízo de conveniência e oportunidade.

É um ato precário, pois pode ser revogado a qualquer tempo. Via de regra, a revogação da autorização não gera direito de indenização ao particular, mas, caso a autorização tenha sido concedida por prazo certo, pode haver o direito de indenização para o particular.

Prazo: a autorização é concedida sem prazo determinado, todavia, pode havê-la outorgada por prazo certo.

Exs.:

> Atividades potencialmente perigosas e que podem colocar em risco a coletividade, por isso, a necessidade de regulação do Estado;
> Autorização para porte de arma de fogo;
> Autorização para a prestação de serviços privados de educação e saúde;
> Autorização de uso de bem público;
> Autorização de serviço público: prestação de serviço de táxi.

Permissão: é o ato administrativo discricionário e precário, pelo qual a Administração Pública consente ao particular o exercício de uma atividade de interesse predominantemente da coletividade.

Características:

> Pode ser concedida por prazo certo;
> Pode ser imposta condições ao particular.

A Permissão é um ato precário, pois pode ser revogada a qualquer tempo. Via de regra, a revogação da permissão não gera direito de indenização ao particular, mas, caso a autorização tenha sido concedida por prazo certo ou sob condições, pode haver o direito de indenização para o particular.

A permissão concedida ao particular, por meio de um ato administrativo, não se confunde com a permissão para a prestação de serviços públicos. Nesse último caso, representa uma espécie de descentralização por delegação realizada por meio de contrato.

Ex.: Permissão de uso de bem público.

Atos enunciativos

São atos administrativos enunciativos aqueles que têm por finalidade declarar um juízo de valor, uma opinião ou um fato.

Características:

> Não produzem efeitos jurídicos por si só;
> Não contêm uma manifestação de vontade da administração.

Certidão, atestado, parecer e apostila.

Certidão: é uma cópia de informações registradas em banco de dados da Administração. Geralmente, é concedida ao particular mediante requerimento da informação registrada pela Administração.

Atestado: declara uma situação de que a Administração tomou conhecimento em virtude da atuação de seus agentes. O atestado não se assemelha à certidão, pois essa declara uma informação constante em banco de dados e aquele declara um fato que não corresponde a um registro de um arquivo da Administração.

Parecer: é um documento técnico, confeccionado por órgão especializado na respectiva matéria tema do parecer, em que o órgão emite sua opinião relativa ao assunto.

Apostila: apostilar significa corrigir, emendar, complementar um documento. É o aditamento de um contrato administrativo ou de um ato administrativo. É um ato de natureza aditiva, pois sua finalidade é adicionar informações a um registro já existente.

Ex.: Anotar alterações na situação funcional de um servidor.

Atos punitivos

São os atos administrativos por meio dos quais a Administração Pública impõe sanções a seus servidores ou aos administrados.

Fundamento

> **Poder Disciplinar:** quando o ato punitivo atinge servidores públicos e particulares ligados à Administração por algum vínculo jurídico específico.
> **Poder de Polícia:** quando o ato punitivo atinge a particulares não ligados à Administração Pública por um vínculo jurídico específico.

Os atos punitivos podem ser internos e externos:

> **Atos Punitivos Internos:** têm como destinatários os servidores públicos e aplicam penalidades disciplinares, ou seja, os atos punitivos internos decorrem sempre do poder disciplinar.
> **Atos Punitivos Externos**: têm como destinatários os particulares. Podem ter fundamento decorrente do poder disciplinar, quando punem particulares sujeitos à disciplina administrativa, ou podem ter fundamento no poder de polícia, quando punem particulares não ligados à Administração Pública.

Todo ato punitivo interno decorre do poder disciplinar, mas nem todo ato que decorre do poder punitivo que surge do poder disciplinar é um ato punitivo interno, pois, quando a Administração aplica punição aos particulares ligados a administração, essa punição decorre do poder disciplinar, mas também representa um ato punitivo externo.

Todo ato punitivo decorrente do poder de polícia é um ato punitivo externo, pois, nesse caso, temos a Administração punindo sempre o particular.

7.7 Extinção dos Atos Administrativos

Anulação ou controle de legalidade

É o desfazimento do ato administrativo que decorre de vício de legalidade ou de legitimidade na prática do ato.

Cabimento

> Ato discricionário;
> Ato vinculado.

Competência para Anular

> Entidade da Administração Pública que praticou o ato: pode anular o ato a pedido do interessado ou de ofício em razão do princípio da autotutela.
> Poder Judiciário: pode anular somente por provocação do interessado.

Efeitos da Anulação: *ex tunc*, retroagem desde a data da prática do ato, impugnando a validade do ato.

Prazo: 5 (cinco) anos

> Contagem;
> Prática do ato.

No caso de efeitos patrimoniais contínuos, a partir do primeiro pagamento.

Revogação ou controle de mérito

É o desfazimento do ato administrativo por motivos de conveniência e oportunidade.

Cabimento

> Ato discricionário legal, inconveniente e inoportuno;
> Não é cabível a revogação de ato vinculado.

Competência para Revogar

Apenas a entidade da Administração Pública que praticou o ato.

Não pode o controle de mérito ser feito pelo Poder Judiciário na sua função típica de julgar. Todavia, a Administração Pública está presente nos três poderes da União e, caso uma entidade dos Poderes Judiciário, Legislativo ou Executivo pratique um ato discricionário legal, que com o passar do tempo, se mostre inconveniente e inoportuno, somente a entidade que criou o ato tem competência para revogá-lo.

Assim, o poder judiciário não tem competência para exercer o controle de mérito dos atos da Administração Pública, mas a essa do Poder Judiciário pratica atos administrativos e cabe somente a ela a revogação dos atos praticados por ela mesma.

Efeitos da revogação: *ex nunc*, não retroagem, ou seja, a revogação gera efeitos prospectivos, para frente.

Cassação

É o desfazimento do ato administrativo decorrente do descumprimento dos requisitos que permitem a manutenção do ato. Na maioria das vezes, a cassação representa uma sanção aplicada ao particular que deixou de atender às condições exigidas para a manutenção do ato.

Como exemplo, temos a cassação da carteira de motorista, que nada mais é do que a cassação de um ato administrativo classificado como licença. A cassação da licença para dirigir decorre da prática de infrações de trânsito praticadas pelo particular, sendo assim, nesse caso, essa cassação é uma punição.

7.8 Convalidação

Convalidação é a correção com efeitos retroativos do ato administrativo com defeito sanável, o qual pode ser considerado:

Vício de Competência relativo à Pessoa

Exceção: competência exclusiva (não cabe convalidação).

O vício de competência relativo à matéria não é considerado um defeito sanável e também não cabe convalidação.

Vício de Forma

Exceção: a lei determina que a forma seja elemento essencial de validade de determinado ato (também não cabe convalidação).

Convalidação Tácita

O Art. 54 da Lei nº 9.784/99 prevê que a Administração tem o direito de anular os atos administrativos de que decorram efeitos favoráveis para os destinatários. O prazo é de cinco anos, contados da data em que forem praticados, salvo comprovada má-fé. Transcorrido esse prazo, o ato foi convalidado, pois não pode ser mais anulado pela Administração.

Convalidação Expressa

> ***Art. 55, Lei nº 9.784/99.*** *Em decisão na qual se evidencie não acarretarem lesão ao interesse público nem prejuízo a terceiros, os atos que apresentarem defeitos sanáveis poderão ser convalidados pela própria Administração.*

8. SERVIÇOS PÚBLICOS

8.1 Base Constitucional

Art. 175. *Incumbe ao Poder Público, na forma da lei, diretamente ou sob regime de concessão ou permissão, sempre através de licitação, a prestação de serviços públicos.*

Parágrafo único. *A lei disporá sobre:*

I. *O regime das empresas concessionárias e permissionárias de serviços públicos, o caráter especial de seu contrato e de sua prorrogação, bem como as condições de caducidade, fiscalização e rescisão da concessão ou permissão;*

II. *Os direitos dos usuários;*

III. *Política tarifária;*

IV. *A obrigação de manter serviço adequado.*

Conforme a redação desse artigo, vemos que incumbe ao Poder Público a prestação direta dos serviços públicos ou, sob delegação (concessão ou permissão), a prestação indireta.

Poder Público a que o artigo se refere são as entidades da Administração Direta e Indireta. Assim, a prestação direta dos serviços públicos é a realizada pelas entidades direta e da Administração Indireta, e a prestação indireta é a prestação executada por delegação por um particular, seja por meio de concessão ou permissão.

Os serviços públicos são, conceituados em sentido estrito, se referem aos serviços que têm a possibilidade de serem explorados com o intuito de lucro, relaciona-se com a atividade econômica em sentido amplo. É importante ressaltar que o Art. 175 da Constituição Federal se enquadra no título VI (Da Ordem Econômica e Financeira).

Características dos Serviços Públicos (Estrito):

Referem-se às atividades econômicas em sentido amplo.

Têm a possibilidade de serem explorados com o intuito de lucro.

Não Perde a Natureza de Serviço Público:

Titularidade exclusiva do Poder Público.

Pode ser prestado por particular mediante delegação:

> Quando prestado por delegação pelo particular, tal atividade é fiscalizada pelo poder público por meio do exercício do poder disciplinar.

> Atividades prestadas pelo Estado como serviço público e que, ao mesmo tempo, são abertas à livre iniciativa.

Atividades Relacionadas aos Direitos Fundamentais Sociais (Art. 6º CF):

> São atividades de natureza essencial à sobrevivência e ao desenvolvimento da sociedade.

> A prestação dessas atividades é um dever do Estado, por isso, não podem ser exploradas pelo Poder Público com o intuito de lucro.

> Não existe delegação dessas atividades a particulares.

> Os particulares têm o direito de explorar tais atividades, sem delegação do poder público, sob fiscalização decorrente do exercício do poder de Polícia.

Serviços de Educação, Saúde, Assistência Social:

Se prestado pelo Estado, é um serviço público, caso seja oferecido por particular, não se enquadra como serviço público e sim como privado. Todavia, o foco desse capítulo são os serviços públicos de titularidade exclusiva do Estado, possíveis de serem explorados economicamente com o intuito de lucro e que podem ser prestados por particular mediante delegação. Assim sendo, quando nos referirmos aos serviços públicos, em regra, não estaremos nos reportando às atividades prestadas pelo Estado como serviço público e que ao mesmo tempo podem ser oferecidas livremente pelo particular sob fiscalização do poder de polícia.

8.2 Elementos Definidores de uma Atividade sendo Serviço Público

Material

O elemento material se refere a uma atividade administrativa que visa à prestação de utilidade ou comodidade material, que possa ser fruível, individual ou coletivamente, pelos administrados, sejam elas vitais ou secundárias às necessidades da sociedade.

Esse elemento exclui da noção de serviço público várias atividades estatais, como:

> Atividade legislativa.

> Atividade jurisdicional.

> Poder de polícia.

> Fomento.

> Intervenção.

> Atividades internas (atividade-meio da Administração Pública).

> Obras públicas.

Subjetivo / orgânico

A titularidade do serviço é exclusiva do estado.

Formal

A prestação do serviço público é submetida a Regime Jurídico de Direito Público.

Conceito

Serviço público é atividade administrativa concreta traduzida em prestações que diretamente representem, em si mesmas, utilidades ou comodidades materiais para a população em geral, executada sob regime jurídico de direito público pela Administração Pública, ou, se for o caso, por particulares delegatários (concessionários e permissionários ou, ainda, em restritas hipóteses, detentores de autorização de serviço público[1]).

Observem que tal conceito tenta satisfazer a necessidade da presença dos elementos caracterizadores dos serviços públicos.

1 ALEXANDRINO, Marcelo & PAULO Vicente – Direito Administrativo Descomplicado, pg. 685 – 20ª Edição – Editora Método.

8.3 Classificação dos Serviços Públicos

Essenciais e úteis

Serviços Públicos Essenciais

São serviços essenciais à própria sobrevivência da sociedade; Devem ser garantidos pelo Estado.

Ex.: Serviços públicos que estejam relacionados aos direitos fundamentais sociais, como o saneamento básico.

Serviços Públicos de Utilidade Pública

Não são essenciais à sobrevivência da sociedade, mas sua prestação é útil ou conveniente a ela, pois proporciona maior bem estar.

Ex.: Telefonia.

Serviços públicos gerais e individuais

Serviços Públicos Gerais (*uti universi*)

> STF: Serviço Público indivisível.

> Prestado à coletividade.

> Usuários indeterminados e indetermináveis.

Serviços Públicos Individuais/específicos/singulares (*uti singuli*)

> STF: Serviço Público divisível.

> Prestados a beneficiários determinados.

> Podem ser remunerados mediante a cobrança de tarifas.

Serviços públicos delegáveis e indelegáveis

Serviços Públicos Delegáveis

> São prestados pelo Estado centralizadamente.

> São oferecidos também por meio de descentralização:

» Serviços ou outorga legal: Administração Indireta.

» Colaboração ou delegação: particulares.

Serviços Públicos Indelegáveis

> Somente podem ser prestados pelo Estado centralizadamente ou por entidade da administração indireta de direito público.

> Exige para a sua prestação o exercício do poder de império do Estado.

Serviços administrativos, sociais e econômicos

Serviços Administrativos

> São atividades internas da Administração (atividade-meio).

> Não são diretamente fruível pela população.

> O benefício gerado à coletividade é indireto.

Serviços Públicos Sociais

> Todos os serviços públicos que correspondem às atividades do Art. 6º (Direitos fundamentais sociais).

> Prestação obrigatória pelo Estado sob regime jurídico de direito público.

> Podem ser livremente prestados por particular sob regime jurídico de direito privado (nesse caso não é serviço público, mas, sim, serviço privado).

Serviços Públicos Econômicos

> Descritos no Art. 175 da CF.

> Atividade econômica em sentido amplo.

> Podem ser explorados com o intuito de lucro.

> Titularidade exclusiva do Estado.

> Pode ser delegado a particulares.

Serviço público adequado

A definição de serviço público adequado é feita pelo Art. 6º, §1º, da Lei nº 8.987/95:

> ***Art. 6º, §1º.*** *Serviço adequado é o que satisfaz as condições de regularidade, continuidade, eficiência, segurança, atualidade, generalidade, cortesia na sua prestação e modicidade das tarifas.*

8.4 Princípios dos Serviços Públicos

Com base no conceito acima exposto de serviço público adequado, constatamos que são princípios da boa prestação dos serviços públicos, além dos princípios fundamentais da Administração Pública, o exposto na redação de tal conceito, sendo assim, vamos analisar os princípios descritos no Art. 6º, §1º.

Regularidade: o padrão de qualidade da prestação do serviço deve ser sempre o mesmo e suficiente para atender com adequação as necessidades dos usuários.

Continuidade dos Serviços Públicos: os serviços públicos não podem ser interrompidos, salvo em situações de emergência ou mediante aviso prévio do prestador, tais como ocorre em casos de inadimplência ou quando o prestador pretende realizar manutenção nos equipamentos necessários à boa prestação do serviço.

Eficiência: na prestação dos serviços públicos, devem ser observados o custo e o benefício.

Segurança: os serviços devem ser prestados sem riscos aos usuários e esses não podem expor sua saúde em perigos na utilização do serviço.

Atualidade: busca constante de atualizações de tecnologia e técnicas empregadas, bem como da qualificação de pessoal. A adequação na prestação às novas tecnologias tem como finalidade melhorar o alcance e a eficiência da prestação.

Generalidade: a prestação de serviços públicos não distingue usuários, ou seja, é igual para todos.

Cortesia na prestação: os prestadores dos serviços públicos devem tratar bem os usuários.

Modicidade das Tarifas: as tarifas oriundas da prestação dos serviços públicos devem ter valores razoáveis para os usuários. A finalidade dessa regra é garantir o acesso aos serviços públicos ao maior número de usufruidores possíveis. Quanto mais essencial for o serviço, mais barata será a tarifa e, em alguns casos, pode até mesmo chegar à zero.

8.5 Formas de Prestação dos Serviços Públicos

Prestação Centralizada: a pessoa política titular do serviço público faz a prestação por meio dos seus próprios órgãos.

Prestação Descentralizada: a pessoa política transfere a execução do serviço público para outra pessoa.

Modalidades

Prestação Descentralizada por Serviços/Outorga Legal: a pessoa política titular do serviço público transfere a sua titularidade e a sua execução para uma entidade integrante da administração indireta.

Prestação Descentralizada por Colaboração/Delegação: a pessoa política transfere somente a execução do serviço público, por delegação a um particular, que vai executá-lo por sua conta e risco. Ex.: Concessões, Permissões e Autorizações de Serviços Públicos.

Prestação Desconcentrada: o serviço é executado por um órgão, com competência específica para prestá-lo, integrante da estrutura da pessoa jurídica que detém a titularidade do serviço[2].

Prestação Desconcentrada Centralizada: o órgão competente para prestar o serviço integra a estrutura de uma entidade da Administração Direta.

Prestação Desconcentrada Descentralizada: o órgão competente para prestar o serviço integra a estrutura de uma entidade da Administração Indireta.

A prestação feita por delegação não caracteriza prestação desconcentrada descentralizada, pois, para isso, seria necessário que o particular delegado tivesse a titularidade do serviço público, o que não acontece na delegação, que transfere somente a execução do serviço e mantém a titularidade com o poder concedente.

Prestação Direta: é a prestação feita pelo Poder Público, que é sinônimo de Administração Direta e Indireta, sendo assim, prestação direta é a do serviço público feita pelas entidades da Administração Direta e também pelas Indireta.

Prestação Indireta: é a prestação do serviço público feita por particulares mediante delegação da execução.

8.6 Concessão e Permissão e Serviço Público

Base Constitucional

> ***Art. 22, XXVII, CF.*** *Compete privativamente à União legislar sobre: normas gerais de licitação e contratação, em todas as modalidades, para as administrações públicas diretas, autárquicas e fundacionais da União, Estados, Distrito Federal e Municípios, obedecido o disposto no Art. 37, XXI, e para as empresas públicas e sociedades de economia mista, nos termos do Art. 173, § 1º, III;*
>
> ***Art. 175, Parágrafo único:*** *A lei disporá sobre:*
>
> ***I.*** *O regime das empresas concessionárias e permissionárias de serviços públicos, o caráter especial de seu contrato e de sua prorrogação, bem como as condições de caducidade, fiscalização e rescisão da concessão ou permissão;*
>
> ***II.*** *Os direitos dos usuários;*
>
> ***III.*** *Política tarifária;*
>
> ***IV.*** *A obrigação de manter serviço adequado.*

2 ALEXANDRINO, Marcelo & PAULO Vicente - Direito Administrativo Descomplicado, pg. 696 - 20ª Edição - Editora Método.

8.7 Competência para a Edição de Normas

Normas gerais

Competência privativa da União (Art. 22, XXVII, CF).

Lei 8.987/95: institui normas gerais sobre o regime de concessão ou permissão de serviço público.

Lei 11.079/04: institui normas gerais para licitação e contratação de parceria público-privada no âmbito da Administração Pública.

As duas leis acima descritas são nacionais, ou seja, são leis criadas pela União e que devem obrigatoriamente ser observadas pela União, Estados, DF e Municípios. Todavia, a Lei 11.079/04 tem um núcleo que é aplicável somente à Administração Pública Federal, em outras palavras, ela traça normas gerais para todos os entes federados e ainda traz algumas específicas que são aplicadas somente à Administração Pública Federal.

Normas específicas

Cada ente federal cria as suas próprias normas específicas.

Lei 8.987/95: institui normas gerais sobre o regime de concessão e permissão da prestação de serviços públicos.

É importante observar que, com base no Art. 1º da Lei 8.987/95, é aplicável aos contratos de concessão e permissão de serviços públicos, naquilo que lhes couber, as disposições contidas na Lei 8.666/93 (licitação e contratos administrativos). Tal lei visa regulamentar as regras contidas no parágrafo único do Art. 175 da CF.

Conceito de concessão e permissão de serviço público

Poder Concedente: a União, o Estado, o Distrito Federal ou o Município, em cuja competência se encontre o serviço público, precedido ou não da execução de obra pública, objeto de concessão ou permissão (Art. 2º, I).

Concessão de Serviço Público: a delegação de sua prestação, feita pelo poder concedente, mediante licitação, na modalidade de concorrência, à pessoa jurídica ou consórcio de empresas que demonstre capacidade para seu desempenho, por sua conta e risco e por prazo determinado (Art. 2º, II).

Concessão de Serviço Público precedida da Execução de Obra Pública: a construção, total ou parcial, conservação, reforma, ampliação ou melhoramento de quaisquer obras de interesse público, delegada pelo poder concedente, mediante licitação, na modalidade de concorrência, à pessoa jurídica ou a consórcio de empresas que demonstre capacidade para a sua realização, por sua conta e risco, de forma que o investimento da concessionária seja remunerado e amortizado mediante a exploração do serviço ou da obra por prazo determinado (Art. 2º, III).

Permissão de Serviço Público: a delegação, a título precário, mediante licitação, da prestação de serviços públicos, feita pelo poder concedente à pessoa física ou jurídica que demonstre capacidade para seu desempenho, por sua conta e risco (Art. 2º, IV).

Características comuns das concessões e permissões

São delegações de prestação de serviço público;

Transferem somente a execução do serviço público, ficando a titularidade com o poder público concedente;

A prestação do serviço é por conta e risco do particular;

O poder concedente fiscaliza a prestação feita pelo particular em decorrência do exercício do poder disciplinar;

O particular tem o dever de prestar um serviço público adequado:

> Descumprimento.
> Intervenção.
> Aplicação de penalidade administrativa.
> Extinção por caducidade.

Duração por prazo determinado, podendo o contrato prever sua prorrogação, estipulando as condições;

A execução indireta por delegação (concessão ou permissão) depende de lei autorizativa;

São sempre precedidos de licitação.

Diferenças entre a concessão e permissão de serviços públicos

Art. 2º da Lei 9.074/95: *É vedado à União, aos Estados, ao Distrito Federal e aos Municípios executarem obras e serviços públicos por meio de concessão e permissão de serviço público, sem lei que lhes autorize e fixe os termos, dispensada a lei autorizativa nos casos de saneamento básico e limpeza urbana e nos já referidos na Constituição Federal, nas Constituições Estaduais e nas Leis Orgânicas do Distrito Federal e Municípios, observado, em qualquer caso, os termos da Lei nº 8.987, de 1995.*

Concessão	Permissão
Sempre licitação na modalidade concorrência.	Sempre licitação, todavia, admite outras modalidades e não somente concorrência.
Natureza contratual.	Natureza contratual: contrato de adesão (Art. 40).
Celebração do contrato: pessoa jurídica ou Consórcio de empresas.	Celebração do contrato: pessoa jurídica ou pessoa física.
Não há precariedade.	Delegação a título precário.
Não é cabível revogação do contrato.	Revogabilidade unilateral do contrato pelo poder concedente.

8.8 Autorização de Serviço Público

Autorização de serviço público é o ato discricionário, mediante o qual o Poder Público delega ao particular, a título precário, a prestação de serviço público que não exija alto investimento de capital ou alto grau de especialização técnica.

Características do termo de Autorização

> Tem natureza precária/discricionária:
  » É discricionária a autorização.
  » Pode ser revogada unilateralmente pela Administração Pública por razões de conveniência e oportunidade.
> Em regra, não tem prazo determinado.
> A revogação não acarreta direito à indenização.

Exceção: nos casos de autorização por prazo certo, ou seja, com tempo determinado no ato de autorização, a revogação antes do término do prazo pode ensejar ao particular o direito à indenização.

Cabimento da Autorização de Serviços Públicos

> Casos em que o serviço seja prestado a um grupo restrito de usuários, sendo o seu beneficiário exclusivo ou principal o próprio particular autorizado.

Ex.: Exploração de serviços de telecomunicação em regime privado, que é autorizada a prestação por usuário restrito que é o seu único beneficiário: operador privado de rádioamador.

> Situações de emergência, transitórias e eventuais.

Diferença entre Autorização de Serviços Públicos e a Autorização do Poder de Polícia

Autorização de Serviço Público	Autorização do poder de Polícia
Concede ao particular o exercício de atividade cuja titularidade é exclusiva do poder público.	Concede ao particular o exercício de atividades regidas pelo direito privado, livre à iniciativa privada.

Características comuns entre Concessão, Autorização e Permissão de Serviços Públicos

São formas de delegação da prestação de serviços públicos.

> Transferem somente a execução da atividade e não a sua titularidade.

As delegações de serviço público são fiscalizadas em decorrência do Poder Disciplinar da Administração Pública.

8.9 Diferenças entre Concessão, Permissão e Autorização de Serviços Públicos

Concessão	Permissão	Autorização
Sempre licitação na modalidade concorrência.	Sempre licitação, todavia, admite outras modalidades e não somente concorrência.	Não há licitação.
Natureza contratual.	Natureza contratual: contrato de adesão (Art. 40).	Ato administrativo.
Celebração do contrato: pessoa jurídica ou consórcio de empresas.	Celebração do contrato: pessoa jurídica ou pessoa física.	Concessão da Autorização pode ser feita para pessoa física, jurídica ou consórcio de empresas.
Não há precariedade.	Delegação a título precário.	Ato administrativo precário.
Não é cabível revogação do contrato.	Revogabilidade unilateral do contrato pelo poder concedente.	Revogável unilateralmente pelo Poder Concedente.

8.10 Parcerias Público-Privadas

A Parceria Público-Privada (PPP), cujas normas gerais encontram-se traçadas na Lei nº 11.079/2004, é um contrato de prestação de obras ou serviços com valor não inferior a R$ 20 milhões firmado entre empresa privada e o governo federal, estadual ou municipal, com duração mínima de cinco e no máximo 35 anos.

Disposições preliminares

A Lei nº 11.079/2004 institui **normas gerais para licitação e contratação de parceria público-privada** no âmbito dos Poderes:

> Da União.
> Dos Estados.
> Do Distrito Federal.
> Dos Municípios.

Da mesma forma, essa lei também é aplicada para:

> Órgãos da Administração Pública **Direita**;
> Administração Pública **Indireta** (autarquias, fundações públicas, empresas públicas, sociedades de economia mista);
> **Fundos Especiais**;
> **Entidades Controladas** (direta ou indiretamente pela União, Estados, Distrito Federal e Municípios).

A parceria público-privada é um **Contrato administrativo de concessão**, podendo adotar duas modalidades:

Concessão Patrocinada

É a concessão de serviços públicos ou de obras públicas de que trata a Lei nº 8.987, de 13 de fevereiro de 1995, quando envolver, adicionalmente à tarifa cobrada dos usuários **contraprestação pecuniária do parceiro público ao parceiro privado**.

As concessões patrocinadas regem-se Lei nº 11.079/2004, aplicando subsidiariamente o disposto na Lei nº 8.987, de 13 de fevereiro de 1995, e nas leis que lhe são correlatas.

Concessão Administrativa

É o contrato de prestação de serviços de que a Administração Pública seja a usuária direta ou indireta, ainda que envolva execução de obra ou fornecimento e instalação de bens.

Concessão Patrocinada → contraprestação paga pela Administração + tarifa paga pelo usuário.
Concessão Administrativa → contraprestação paga pela Administração.

As concessões administrativas regem-se pela Lei nº 11.079/2004, aplicado adicionalmente o disposto nos Arts. 21, 23, 25 e 27 a 39 da Lei nº 8.987, de 13 de fevereiro de 1995, e Art. 31 da Lei nº 9.074, de 7 de julho de 1995.

A concessão comum não constitui parceria público-privada - assim entendida a concessão de serviços públicos ou de obras públicas de que trata a Lei nº 8.987/1995, quando não envolver contraprestação pecuniária do parceiro público ao parceiro privado. Os contratos administrativos de concessão comum continuam sendo regidos exclusivamente pela Lei nº 8.987/1995 demais legislação correlata.

Os contratos administrativos **que não caracterizem concessão** comum, patrocinada ou administrativa continuam regidos exclusivamente pela Lei nº 8.666/1993 e pelas leis que lhe são correlatas.

É **vedada a celebração** de contrato de parceria público-privada:

> Cujo valor do contrato seja **inferior a R$ 20.000.000,00** (vinte milhões de reais).
> Cujo período de prestação do serviço seja **inferior a cinco anos**.
> Que tenha como **objeto único** o fornecimento de mão de obra, o fornecimento e instalação de equipamentos ou a execução de obra pública.

Diretrizes que devem ser observadas na contratação de parceria público-privada:

> Eficiência no cumprimento das missões de Estado e no emprego dos recursos da sociedade.
> Respeito aos interesses e direitos dos destinatários dos serviços e dos entes privados incumbidos da sua execução.
> Indelegabilidade das funções de regulação, jurisdicional, do exercício do poder de polícia e de outras atividades exclusivas do Estado.
> Responsabilidade fiscal na celebração e execução das parcerias.
> Transparência dos procedimentos e das decisões.
> Repartição objetiva de riscos entre as partes.
> Sustentabilidade financeira e vantagens socioeconômicas dos projetos de parceria.

8.11 Contratos de Parceria Público-Privada

As cláusulas dos contratos de parceria público-privada atenderão ao disposto no Art. 23 da Lei nº 8.987/1995, no que couber, devendo também prever:

> O **prazo de vigência** do contrato, compatível com a amortização dos investimentos realizados, não inferior a cinco, nem superior a 35 anos, incluindo eventual prorrogação.
> As **penalidades aplicáveis** à Administração Pública e ao parceiro privado em caso de inadimplemento contratual, fixadas sempre de forma proporcional à gravidade da falta cometida, e às obrigações assumidas.
> A **repartição de riscos** entre as partes, inclusive os referentes a caso fortuito, força maior, fato do príncipe e álea econômica extraordinária.
> As formas de remuneração e de atualização dos valores contratuais.

- Os mecanismos para a preservação da atualidade da prestação dos serviços.
- Os fatos que caracterizem a inadimplência pecuniária do parceiro público, os modos e o prazo de regularização e, quando houver, a forma de acionamento da garantia.
- Os critérios objetivos de avaliação do desempenho do parceiro privado.
- A prestação, pelo parceiro privado, de garantias de execução suficientes e compatíveis com os ônus e riscos envolvidos, observados os limites dos §§ 3º e 5º do Art. 56 da Lei nº 8.666, de 21 de junho de 1993, e, no que se refere às concessões patrocinadas, o disposto no inciso XV do Art. 18 da Lei nº 8.987, de 13 de fevereiro de 1995.
- O compartilhamento com a Administração Pública de ganhos econômicos efetivos do parceiro privado decorrentes da redução do risco de crédito dos financiamentos utilizados pelo parceiro privado.
- A realização de vistoria dos bens reversíveis, podendo o parceiro público reter os pagamentos ao privado, no valor necessário para reparar as irregularidades eventualmente detectadas.
- O cronograma e os marcos para o repasse ao parceiro privado das parcelas do aporte de recursos, na fase de investimentos do projeto e/ou após a disponibilização dos serviços, sempre que verificada a hipótese do § 2º do Art. 6º da Lei 11.079/2004.

As cláusulas contratuais de atualização automática de valores baseadas em índices e fórmulas matemáticas, quando houver, serão aplicadas sem necessidade de homologação pela Administração Pública, exceto se essa publicar na imprensa oficial, onde houver, até o prazo de 15 dias após apresentação da fatura, razões fundamentadas nesta Lei ou no contrato para a rejeição da atualização.

Os contratos poderão prever adicionalmente:

- Os requisitos e condições em que o parceiro público autorizará a transferência do controle da sociedade de propósito específico para os seus financiadores, com o objetivo de promover a sua reestruturação financeira e assegurar a continuidade da prestação dos serviços, não se aplicando para esse efeito o previsto no inciso I do parágrafo único do Art. 27 da Lei nº 8.987, de 13 de fevereiro de 1995.
- A possibilidade de emissão de empenho em nome dos financiadores do projeto em relação às obrigações pecuniárias da Administração Pública.
- A legitimidade dos financiadores do projeto para receber indenizações por extinção antecipada do contrato, bem como pagamentos efetuados pelos fundos e empresas estatais garantidores de parcerias público-privadas.

A **contraprestação da administração pública** nos contratos de parceria público-privada poderá ser feita por:

- Ordem bancária.
- Cessão de créditos não tributários.
- Outorga de direitos em face da Administração Pública.
- Outorga de direitos sobre bens públicos dominicais.
- Outros meios admitidos em lei.

O contrato poderá prever o pagamento ao parceiro privado de **remuneração variável** vinculada ao seu desempenho, conforme metas e padrões de qualidade e disponibilidade definidos no contrato.

O contrato poderá prever o **aporte de recursos** em favor do parceiro privado para a **realização de obras e aquisição de bens reversíveis**, nos termos dos incisos X e XI do caput do Art. 18 da Lei nº 8.987, de 13 de fevereiro de 1995, desde que autorizado no edital de licitação, se contratos novos, ou em lei específica, se contratos **celebrados até 8 de agosto de 2012.**

O valor desse aporte de poderá ser excluído da determinação:

- Do lucro líquido para fins de apuração do lucro real e da base de cálculo da Contribuição Social sobre o Lucro Líquido – CSLL.
- Da base de cálculo da Contribuição para o PIS/Pasep e da Contribuição para o Financiamento da Seguridade Social – Cofins.

Essa parcela excluída deverá ser computada na determinação do lucro líquido para fins de apuração do lucro real, da base de cálculo da CSLL e da base de cálculo da Contribuição para o PIS/Pasep e da Cofins, na proporção em que o custo para a realização de obras e aquisição de bens a que se refere o § 2º deste artigo for realizado, inclusive mediante depreciação ou extinção da concessão, nos termos do Art. 35 da Lei nº 8.987, de 13 de fevereiro de 1995.

Por ocasião da **extinção do contrato**, o parceiro privado **não receberá indenização** pelas parcelas de investimentos vinculados a **bens reversíveis ainda não amortizadas** ou **depreciadas**, quando tais investimentos houverem sido **realizados com valores provenientes do aporte de recursos acima tratado**.

A **contraprestação** da Administração Pública será **obrigatoriamente precedida da disponibilização do serviço objeto do contrato de parceria público-privada.**

É facultado à Administração Pública, nos termos do contrato, efetuar o pagamento da contraprestação relativa a parcela fruível do serviço objeto do contrato de parceria público-privada.

O aporte de recursos acima tratado, quando realizado durante a fase dos investimentos a cargo do parceiro privado, deverá guardar proporcionalidade com as etapas efetivamente executadas.

Garantias

As obrigações pecuniárias contraídas pela Administração Pública em contrato de parceria público-privada poderão ser garantidas mediante:

- Vinculação de receitas, observado o disposto no inciso IV do Art. 167 da Constituição Federal.
- Instituição ou utilização de fundos especiais previstos em lei.
- Contratação de seguro-garantia com as companhias seguradoras que não sejam controladas pelo Poder Público.

> Garantia prestada por organismos internacionais ou instituições financeiras que não sejam controladas pelo Poder Público.
> Garantias prestadas por fundo garantidor ou empresa estatal criada para essa finalidade.
> Outros mecanismos admitidos em lei.

Sociedade de propósito específico

Antes da celebração do contrato, deverá ser constituída **sociedade de propósito específico**, incumbida de **implantar e gerir o objeto da parceria**.

A transferência do controle da sociedade de propósito específico estará condicionada à autorização expressa da Administração Pública, nos termos do edital e do contrato, observado o disposto no parágrafo único do Art. 27 da Lei nº 8.987/1995.

A sociedade de propósito específico poderá assumir a **forma de companhia aberta**, com **valores mobiliários admitidos a negociação no mercado**. Tal sociedade também deverá obedecer a padrões de governança corporativa e adotar contabilidade e demonstrações financeiras padronizadas, conforme regulamento.

Fica **vedado à Administração Pública ser titular da maioria do capital votante dessas sociedades**. Entretanto, essa vedação não se aplica à eventual aquisição da maioria do capital votante da sociedade de propósito específico por instituição financeira controlada pelo Poder Público em caso de inadimplemento de contratos de financiamento.

Licitação

De acordo com o Art. 10 da Lei 11.079/04, contratação de parceria público-privada será precedida de licitação na modalidade de concorrência, estando a abertura do processo licitatório condicionada a:

> ***I.*** *Autorização da autoridade competente, fundamentada em estudo técnico que demonstre:*
>
> ***a)*** *A conveniência e a oportunidade da contratação, mediante identificação das razões que justifiquem a opção pela forma de parceria público-privada.*
>
> ***b)*** *Que as despesas criadas ou aumentadas não afetarão as metas de resultados fiscais previstas no Anexo referido no § 1º do Art. 4º da Lei Complementar nº 101, de 4 de maio de 2000, devendo seus efeitos financeiros, nos períodos seguintes, ser compensados pelo aumento permanente de receita ou pela redução permanente de despesa.*
>
> ***c)*** *Quando for o caso, conforme as normas editadas na forma do Art. 25 desta Lei, a observância dos limites e condições decorrentes da aplicação dos Arts. 29, 30 e 32 da Lei Complementar nº 101, de 4 de maio de 2000, pelas obrigações contraídas pela Administração Pública relativas ao objeto do contrato.*

A comprovação referida nas alíneas **b** e **c** acima citadas conterá as premissas e metodologia de cálculo utilizadas, observadas as normas gerais para consolidação das contas públicas, sem prejuízo do exame de compatibilidade das despesas com as demais normas do plano plurianual e da lei de diretrizes orçamentárias.

> ***II.*** *Elaboração de estimativa do impacto orçamentário-financeiro nos exercícios em que deva vigorar o contrato de parceria público-privada;*
>
> ***III.*** *Declaração do ordenador da despesa de que as obrigações contraídas pela Administração Pública no decorrer do contrato são compatíveis com a lei de diretrizes orçamentárias e estão previstas na lei orçamentária anual;*
>
> ***IV.*** *Estimativa do fluxo de recursos públicos suficientes para o cumprimento, durante a vigência do contrato e por exercício financeiro, das obrigações contraídas pela Administração Pública;*
>
> ***V.*** *Seu objeto estar previsto no plano plurianual em vigor no âmbito onde o contrato será celebrado;*
>
> ***VI.*** *Submissão da minuta de edital e de contrato à consulta pública, mediante publicação na imprensa oficial, em jornais de grande circulação e por meio eletrônico, que deverá informar a justificativa para a contratação, a identificação do objeto, o prazo de duração do contrato, seu valor estimado, fixando-se tempo mínimo de 30 (trinta) dias para recebimento de sugestões, cujo termo dar-se-á pelo menos 7 (sete) dias antes da data prevista para a publicação do edital; e*
>
> ***VII.*** *Licença ambiental prévia ou expedição das diretrizes para o licenciamento ambiental do empreendimento, na forma do regulamento, sempre que o objeto do contrato exigir.*

Sempre que a assinatura do contrato ocorrer em exercício diverso daquele em que for publicado o edital, deverá ser precedida da atualização dos estudos e demonstrações a que se referem os itens I a IV acima citados.

As concessões patrocinadas em que mais de **70% da remuneração do parceiro privado for paga pela Administração Pública** dependerão de **autorização legislativa específica.**

Os estudos de engenharia para a definição do valor do investimento da PPP deverão ter nível de detalhamento de anteprojeto, e o valor dos investimentos para definição do preço de referência para a licitação será calculado com base em preços de mercado considerando o custo global de obras semelhantes no Brasil ou no exterior ou com base em sistemas de custos que utilizem como insumo valores de mercado do setor específico do projeto, aferidos, em qualquer caso, mediante orçamento sintético, elaborado por meio de metodologia expedita ou paramétrica.

O **instrumento convocatório** conterá minuta do contrato, indicará expressamente a submissão da licitação às normas da Lei 11.079/2004 e observará, no que couber, os §§ 3º e 4º do Art. 15, os Arts. 18, 19 e 21 da Lei nº 8.987, de 13 de fevereiro de 1995, **podendo ainda prever:**

> Exigência de garantia de proposta do licitante, observado o limite do inciso III do Art. 31 da Lei nº 8.666, de 21 de junho de 1993.
> O emprego dos mecanismos privados de resolução de disputas, inclusive a arbitragem, a ser realizada no Brasil e em língua portuguesa, nos termos da Lei nº 9.307, de 23 de setembro de 1996, para dirimir conflitos decorrentes ou relacionados ao contrato.

O edital deverá especificar, quando houver, as garantias da contraprestação do parceiro público a serem concedidas ao privado.

> ***Art. 12.*** *O certame para a contratação de parcerias público-privadas obedecerá ao procedimento previsto na legislação vigente sobre licitações e contratos administrativos e também ao seguinte:*
>
> ***I.*** *O julgamento poderá ser precedido de etapa de qualificação de propostas técnicas, desclassificando-se os licitantes que não alcançarem a pontuação mínima, os quais não participarão das etapas seguintes;*

II. O julgamento poderá adotar como critérios, além dos previstos nos incisos I e V do Art. 15 da Lei nº 8.987, de 13 de fevereiro de 1995, os seguintes:

a) menor valor da contraprestação a ser paga pela Administração Pública;

b) melhor proposta em razão da combinação do critério da alínea a com o de melhor técnica, de acordo com os pesos estabelecidos no edital;

III. O edital definirá a forma de apresentação das propostas econômicas, admitindo-se:

a) propostas escritas em envelopes lacrados; ou

b) propostas escritas, seguidas de lances em viva voz;

IV. O edital poderá prever a possibilidade de saneamento de falhas, de complementação de insuficiências ou ainda de correções de caráter formal no curso do procedimento, desde que o licitante possa satisfazer as exigências dentro do prazo fixado no instrumento convocatório.

No caso de **propostas escritas, seguidas de lances em viva voz** (verbais):

> Os lances em viva-voz serão sempre oferecidos na ordem inversa da classificação das propostas escritas, sendo vedado ao edital limitar a quantidade de propostas.

> O edital poderá restringir a apresentação de lances em viva-voz aos licitantes cuja proposta escrita for no máximo **20% maior que o valor da melhor proposta.**

O exame de propostas técnicas, para fins de qualificação ou julgamento, será feito por ato motivado, com base em exigências, parâmetros e indicadores de resultado pertinentes ao objeto, definidos com clareza e objetividade no edital. Este poderá prever a inversão da ordem das fases de habilitação e julgamento, hipótese em que:

I. Encerrada a fase de classificação das propostas ou o oferecimento de lances, será aberto o invólucro com os documentos de habilitação do licitante mais bem classificado, para verificação do atendimento das condições fixadas no edital;

II. Verificado o atendimento das exigências do edital, o licitante será declarado vencedor;

III. Inabilitado o licitante melhor classificado, serão analisados os documentos habilitatórios do licitante com a proposta classificada em 2º (segundo) lugar, e assim, sucessivamente, até que um licitante classificado atenda às condições fixadas no edital;

IV. Proclamado o resultado final do certame, o objeto será adjudicado ao vencedor nas condições técnicas e econômicas por ele ofertadas.

Disposições aplicáveis à união

Apesar de traçar normas gerais aplicáveis no âmbito Federal, Estadual, Distrital e Municipal, a Lei 11.079/2004 traz algumas regras específicas para a União.

Órgão gestor de parcerias público-privadas federais

Será instituído por **decreto** e com **competência** para:

> Definir os serviços prioritários para execução no regime de parceria público-privada.

> Disciplinar os procedimentos para celebração desses contratos.

> Autorizar a abertura da licitação e aprovar seu edital.

> Apreciar os relatórios de execução dos contratos.

Esse órgão será composto por indicação nominal de um representante titular e respectivo suplente de cada um dos seguintes órgãos:

> Ministério do Planejamento, Orçamento e Gestão, ao qual cumprirá a tarefa de coordenação das respectivas atividades.

> Ministério da Fazenda.

> Casa Civil da Presidência da República.

Das reuniões desse órgão para examinar projetos de parceria público-privada participará um representante do órgão da Administração Pública direta cuja área de competência seja pertinente ao objeto do contrato em análise.

Para deliberação do órgão gestor sobre a contratação de parceria público-privada, o expediente deverá estar instruído com pronunciamento prévio e fundamentado:

> Do Ministério do Planejamento, Orçamento e Gestão, sobre o mérito do projeto.

> Do Ministério da Fazenda, quanto à viabilidade da concessão da garantia e à sua forma, relativamente aos riscos para o Tesouro Nacional e ao cumprimento do limite de que trata o Art. 22 da Lei 11.079/2004.

Para o desempenho de suas funções, o órgão gestor de parcerias público-privadas federais poderá criar estrutura de apoio técnico com a presença de representantes de instituições públicas.

O órgão gestor de parcerias público-privadas federais remeterá ao Congresso Nacional e ao Tribunal de Contas da União, com periodicidade anual, relatórios de desempenho dos contratos de parceria público-privada (esse relatórios, salvo informações classificadas como sigilosas, serão disponibilizados ao público, por meio de rede pública de transmissão de dados).

Compete aos **Ministérios e às Agências Reguladoras**, nas suas respectivas áreas de competência, submeter o edital de licitação ao órgão gestor, proceder à licitação, acompanhar e fiscalizar os contratos de parceria público-privada.

Os Ministérios e Agências Reguladoras encaminharão ao órgão gestor de parcerias público-privadas federais, com **periodicidade semestral**, relatórios circunstanciados acerca da execução dos contratos de parceria público-privada, na forma definida em regulamento.

Ficam a União, seus fundos especiais, suas autarquias, suas fundações públicas e suas empresas estatais dependentes autorizadas a participar, no **limite global de R$ 6.000.000.000,00 (seis bilhões de reais)**, em Fundo Garantidor de Parcerias Público-Privadas - FGP que terá por finalidade prestar garantia de pagamento de obrigações pecuniárias assumidas pelos parceiros públicos federais, distritais, estaduais ou municipais em virtude das parcerias de que trata a Lei 11.079/2004.

O FGP terá natureza privada e patrimônio próprio separado do patrimônio dos cotistas, e será sujeito a direitos e obrigações próprios.

O patrimônio do Fundo será formado pelo aporte de bens e direitos realizado pelos cotistas, por meio da integralização de cotas e pelos rendimentos obtidos com sua administração.

Os bens e direitos transferidos ao Fundo serão avaliados por empresa especializada, que deverá apresentar laudo fundamentado, com indicação dos critérios de avaliação adotados e instruído com os documentos relativos aos bens julgados.

A integralização das cotas poderá ser realizada em dinheiro, títulos da dívida pública, bens imóveis dominicais, bens móveis, inclusive ações de sociedade de economia mista federal excedentes ao necessário para manutenção de seu controle pela União, ou outros direitos com valor patrimonial.

O FGP responderá por suas obrigações com os bens e direitos integrantes de seu patrimônio, não respondendo os cotistas por qualquer obrigação do Fundo, salvo pela integralização das cotas que subscreverem.

A integralização com bens acima referido será feita independentemente de licitação, mediante prévia avaliação e autorização específica do Presidente da República, por proposta do Ministro da Fazenda.

O aporte de bens de uso especial ou de uso comum no FGP será condicionado a sua desafetação de forma individualizada.

A capitalização do FGP, quando realizada por meio de recursos orçamentários, dar-se-á por ação orçamentária específica para essa finalidade, no âmbito de Encargos Financeiros da União.

O FGP será criado, administrado, gerido e representado judicial e extrajudicialmente por instituição financeira controlada, direta ou indiretamente, pela União, com observância das normas a que se refere o inciso XXII do Art. 4º da Lei nº 4.595, de 31 de dezembro de 1964.

O estatuto e o regulamento do FGP serão aprovados em assembleia dos cotistas. A representação da União na referida assembleia dar-se-á na forma do inciso V do Art. 10 do Decreto-Lei nº 147, de 3 de fevereiro de 1967.

Caberá à instituição financeira deliberar sobre a gestão e alienação dos bens e direitos do FGP, zelando pela manutenção de sua rentabilidade e liquidez.

O estatuto e o regulamento do FGP devem deliberar sobre a política de concessão de garantias, inclusive no que se refere à relação entre ativos e passivos do Fundo.

A garantia será prestada na forma aprovada pela assembleia dos cotistas, nas seguintes modalidades:

> Fiança, sem benefício de ordem para o fiador.
> Penhor de bens móveis ou de direitos integrantes do patrimônio do FGP, sem transferência da posse da coisa empenhada antes da execução da garantia.
> Hipoteca de bens imóveis do patrimônio do FGP.
> Alienação fiduciária, permanecendo a posse direta dos bens com o FGP ou com agente fiduciário por ele contratado antes da execução da garantia.
> Outros contratos que produzam efeito de garantia, desde que não transfiram a titularidade ou posse direta dos bens ao parceiro privado antes da execução da garantia.
> Garantia, real ou pessoal, vinculada a um patrimônio de afetação Constituído em decorrência da separação de bens e direitos pertencentes ao FGP.

O FGP poderá prestar contra-garantias a seguradoras, instituições financeiras e organismos internacionais que assegurarem o cumprimento das obrigações pecuniárias dos cotistas em contratos de parceria público-privadas.

A quitação pelo parceiro público de cada parcela de débito garantido pelo FGP importará exoneração proporcional da garantia.

O FGP poderá prestar garantia mediante contratação de instrumentos disponíveis em mercado, inclusive para complementação das modalidades acima previstas.

O parceiro privado poderá acionar o FGP nos casos de:

> Crédito líquido e certo, constante de título exigível aceito e não pago pelo parceiro público após 15 dias contados da data de vencimento; e
> Débitos constantes de faturas emitidas e não aceitas pelo parceiro público após 45 (quarenta e cinco) dias contados da data de vencimento, desde que não tenha havido rejeição expressa por ato motivado.

A quitação de débito pelo FGP importará sua sub-rogação nos direitos do parceiro privado. Em caso de inadimplemento, os bens e direitos do Fundo poderão ser objeto de constrição judicial e alienação para satisfazer as obrigações garantidas.

O FGP poderá usar parcela da cota da União para prestar garantia aos seus fundos especiais, às suas autarquias, às suas fundações públicas e às suas empresas estatais dependentes.

O FGP é obrigado a honrar faturas aceitas e não pagas pelo parceiro público. O FGP é proibido de pagar faturas rejeitadas expressamente por ato motivado.

O parceiro público deverá informar o FGP sobre qualquer fatura rejeitada e sobre os motivos da rejeição no prazo de 40 (quarenta) dias contado da data de vencimento.

A ausência de aceite ou rejeição expressa de fatura por parte do parceiro público no prazo de 40 (quarenta) dias contado da data de vencimento implicará aceitação tácita. O agente público que contribuir por ação ou omissão para essa aceitação tácita ou que rejeitar fatura sem motivação será responsabilizado pelos danos que causar, em conformidade com a legislação civil, administrativa e penal em vigor.

O FGP não pagará rendimentos a seus cotistas, assegurando-se a qualquer deles o direito de requerer o resgate total ou parcial de suas cotas, correspondente ao patrimônio ainda não utilizado para a concessão de garantias, fazendo-se a liquidação com base na situação patrimonial do Fundo.

A dissolução do FGP, deliberada pela assembleia dos cotistas, ficará condicionada à prévia quitação da totalidade dos débitos garantidos ou liberação das garantias pelos credores.

Dissolvido o FGP, o seu patrimônio será rateado entre os cotistas, com base na situação patrimonial à data da dissolução.

É facultada a constituição de patrimônio de afetação que não se comunicará com o restante da herança do FGP, ficando vinculado exclusivamente à garantia em virtude da qual tiver sido constituído, não podendo ser objeto de penhora, arresto, sequestro, busca e apreensão ou qualquer ato de constrição judicial decorrente de outras obrigações do FGP.

A constituição do patrimônio de afetação será feita por registro em Cartório de Registro de Títulos e Documentos ou, no caso de bem imóvel, no Cartório de Registro Imobiliário correspondente.

A União somente poderá contratar parceria público-privada quando a soma das despesas de caráter continuado derivadas do conjunto das parcerias já contratadas **não tiver excedido, no ano anterior, a 1% da receita corrente líquida** do exercício, e as despesas anuais dos contratos vigentes, **nos 10 anos subsequentes, não excedam a 1% da receita corrente líquida projetada para os respectivos exercícios.**

Disposições finais

Fica a União autorizada a conceder incentivo, nos termos do Programa de Incentivo à Implementação de Projetos de Interesse Social – PIPS, instituído pela Lei nº 10.735, de 11 de setembro de 2003, às aplicações em fundos de investimento, criados por instituições financeiras, em direitos creditórios provenientes dos contratos de parcerias público-privadas.

O Conselho Monetário Nacional estabelecerá, na forma da legislação pertinente, as diretrizes para a concessão de crédito destinado ao financiamento de contratos de parcerias público-privadas, bem como para participação de entidades fechadas de previdência complementar.

A Secretaria do Tesouro Nacional editará, na forma da legislação pertinente, normas gerais relativas à consolidação das contas públicas aplicáveis aos contratos de parceria público-privada.

O inciso I do § 1º do Art. 56 da Lei nº 8.666/1993, foi alterado pela Lei 11.079/2004, passando a vigorar com a seguinte redação:

> *Caução em dinheiro ou em títulos da dívida pública, devendo estes ter sido emitidos sob a forma escritural, mediante registro em sistema centralizado de liquidação e de custódia autorizado pelo Banco Central do Brasil e avaliados pelos seus valores econômicos, conforme definido pelo Ministério da Fazenda.*

As operações de crédito efetuadas por empresas públicas ou sociedades de economia mista controladas pela União não poderão exceder a 70% do total das fontes de recursos financeiros da sociedade de propósito específico, sendo que para as áreas das regiões Norte, Nordeste e Centro-Oeste, onde o Índice de Desenvolvimento Humano (IDH) seja inferior à média nacional, essa participação não poderá exceder a 80%.

Não poderão exceder a 80% do total das fontes de recursos financeiros da sociedade de propósito específico ou 90% nas áreas das regiões Norte, Nordeste e Centro-Oeste, onde o IDH seja inferior à média nacional, as operações de crédito ou contribuições de capital realizadas cumulativamente por:

- Entidades fechadas de previdência complementar.
- Empresas públicas ou sociedades de economia mista controladas pela União.

Para esses fins, financeiros as operações de crédito e contribuições de capital à sociedade entende-se por fonte de recursos de propósito específico.

A União não poderá conceder garantia ou realizar transferência voluntária aos Estados, Distrito Federal e Municípios se a soma das despesas de caráter continuado, derivadas do conjunto das parcerias já contratadas por esses entes, tiver excedido, no ano anterior, a 5% da receita corrente líquida do exercício ou se as despesas anuais dos contratos vigentes nos 10 anos subsequentes excederem a 5% da receita corrente líquida projetada para os respectivos exercícios.

Os Estados, o Distrito Federal e os Municípios que contratarem empreendimentos por intermédio de parcerias público-privadas deverão encaminhar ao Senado Federal e à Secretaria do Tesouro Nacional, previamente à contratação, as informações necessárias para cumprimento dessa determinação.

Na aplicação do limite previsto no caput deste artigo, serão computadas as despesas derivadas de contratos de parceria celebrados pela administração pública direta, autarquias, fundações públicas, empresas públicas, sociedades de economia mista e demais entidades controladas, direta ou indiretamente, pelo respectivo ente, excluídas as instituições estatais não dependentes.

Serão aplicáveis, no que couber, as penalidades previstas no Decreto-Lei nº 2.848, de 7 de dezembro de 1940 - Código Penal; na Lei nº 8.429, de 2 de junho de 1992 – Lei de Improbidade Administrativa; na Lei nº 10.028, de 19 de outubro de 2000 - Lei dos Crimes Fiscais; no Decreto-Lei nº 201, de 27 de fevereiro de 1967; e na Lei nº 1.079, de 10 de abril de 1950, sem prejuízo das penalidades financeiras previstas contratualmente.

9. CONTROLE DA ADMINISTRAÇÃO PÚBLICA

É um conjunto de instrumentos que o ordenamento jurídico estabelece a fim de que a própria administração Pública, os três poderes, e, ainda, o povo, diretamente ou por meio de órgãos especializados, possam exercer o poder de fiscalização, orientação e revisão da atuação de todos os órgãos, entidades e agentes públicos, em todas as esferas do poder.

9.1 Classificação

Quanto à origem

Controle interno

Acontece dentro do próprio poder, decorrente do princípio da autotutela.

Finalidade:

***Art. 74**, CF. Os Poderes Legislativo, Executivo e Judiciário manterão, de forma integrada, sistema de controle interno com a finalidade de:*

***I.** Avaliar o cumprimento das metas previstas no plano plurianual, a execução dos programas de governo e dos orçamentos da União;*

***II.** Comprovar a legalidade e avaliar os resultados, quanto à eficácia e eficiência, da gestão orçamentária, financeira e patrimonial nos órgãos e entidades da administração federal, bem como da aplicação de recursos públicos por entidades de direito privado;*

***III.** Exercer o controle das operações de crédito, avais e garantias, bem como dos direitos e haveres da União;*

***IV.** Apoiar o controle externo no exercício de sua missão institucional.*

***§ 1º** - Os responsáveis pelo controle interno, ao tomarem conhecimento de qualquer irregularidade ou ilegalidade, dela darão ciência ao Tribunal de Contas da União, sob pena de responsabilidade solidária.*

Exs.:

Pode ser exercido no âmbito hierárquico ou por órgãos especializados (sem hierarquia);

O controle finalístico (controvérsia doutrinária, alguns autores falam que é modalidade de controle externo);

A fiscalização realizada por um órgão da Administração Pública do Legislativo sobre a atuação dela própria;

O controle realizado pela Administração Pública do poder judiciário nos atos administrativos praticados pela própria Administração Pública desse poder.

Controle externo

É exercido por um poder sobre os atos administrativos de outro poder.

A exemplo, temos o controle judicial dos atos administrativos, que analisa aspectos de legalidade dos atos da Administração Pública dos demais poderes; ou o controle legislativo realizado pelo poder legislativo, nos atos da Administração Pública dos outros poderes.

Controle popular

É o controle exercido pelos administrados na atuação da Administração Pública dos três poderes, seja por meio da ação popular, do direito de petição ou de outros.

É importante lembrar que os atos administrativos devem ser publicados, salvo os sigilosos. Todavia, uma outra finalidade da publicidade dos atos administrativos é o desenvolvimento do controle social da Administração Pública[1].

Quanto ao momento de exercício

Controle prévio

É exercido antes da prática ou antes da conclusão do ato administrativo.

Finalidade:

É um requisito de validade do ato administrativo.

Ex.: A aprovação do Senado Federal da escolha de ministros do STF ou de dirigente de uma agência reguladora federal. Em tais situações, a referida aprovação antecede a nomeação de tais agentes.

Controle concomitante

É exercido durante a prática do ato.

Finalidade:

Possibilitar a aferição do cumprimento das formalidades exigidas para a formação do ato administrativo.

Ex.: Fiscalização da execução de um contrato administrativo; acompanhamento de uma licitação pelos órgãos de controle.

Controle subsequente/corretivo/posterior

É exercido após a conclusão do ato.

Finalidade:

> Correção dos defeitos sanáveis do ato;

> Declaração de nulidade do ato;

> Revogação do ato discricionário legal inconveniente e inoportuno.

> Cassação do ato pelo descumprimento dos requisitos que são exigidos para a sua manutenção.

> Conferir eficácia ao ato.

Ex.: Homologação de um concurso público.

Quanto ao aspecto controlado

Controle de legalidade

Sua finalidade é verificar se o ato foi praticado em conformidade com o ordenamento jurídico, e, por esse, entendemos que o

1 Lei de Acesso à Informação Pública - Lei 12.527-Art. 3º. Os procedimentos previstos nesta Lei destinam-se a assegurar o direito fundamental de acesso à informação e devem ser executados em conformidade com os princípios básicos da Administração Pública e com as seguintes diretrizes:
I. observância da publicidade como preceito geral e do sigilo como exceção;
II. divulgação de informações de interesse público, independentemente de solicitações;
III. utilização de meios de comunicação viabilizados pela tecnologia da informação;
IV. fomento ao desenvolvimento da cultura de transparência na Administração Pública;
V. desenvolvimento do controle social da Administração Pública.

ato tem que ser praticado de acordo com as leis e também com os princípios fundamentais da administração pública.

Lei deve ser entendida, nessa situação, em sentido amplo, ou seja, a Constituição Federal, as leis ordinárias, complementares, delegadas, medidas provisórias e as normas infralegais.

Exercício

Própria Administração Pública: pode realizar o controle de legalidade a pedido ou de ofício. Em decorrência do princípio da autotutela, é espécie de controle interno.

Poder Judiciário: no exercício da função jurisdicional, pode exercer o controle de legalidade somente por provocação. Nesse caso, é uma espécie de inspeção externo.

Poder Legislativo: somente pode exercer controle de legalidade nos casos previstos na Constituição Federal. É forma de controle externo.

Consequências

Confirmação da validade do ato.

Anulação do ato com vício de validade (ilegal).

Um ato administrativo pode ser anulado pela própria Administração2 que o praticou, por provocação ou de ofício (controle interno) ou pelo poder judiciário. Nesse caso, somente por provocação (controle externo). A anulação gera efeitos retroativos (*ex tunc*), desfazendo todas as relações do ato resultadas, salvo, entretanto, os efeitos produzidos para os terceiros de boa-fé.

Prazo para anulação na via administrativa: cinco anos, contados a partir da prática do ato, salvo comprovada má-fé .

Segundo o STF, quando o controle interno acarretar o desfazimento de um ato administrativo que implique em prejuízo à situação jurídica do administrado, a administração deve antes instaurar um procedimento que garanta a ele o contraditório e a ampla-defesa, para que, dessa forma, possa defender os seus interesses.

Convalidação do ato é a correção com efeitos retroativos do ato administrativo com defeito sanável. Considera-se problema reparável:

> **I.** Vício de competência relativo à pessoa.
>
> » **Exceção**: competência exclusiva (também não cabe convalidação).
>
> » O vício de competência relativo à matéria não é caracterizado como um defeito sanável.
>
> **II.** Vício de Forma
>
> » **Exceção**: lei determina que a forma seja elemento essencial de validade de determinado ato (também não cabe convalidação).

Sendo assim, somente os vícios nos elementos forma e competência podem ser convalidados. Em todos os demais casos, a administração somente pode anular o ato.

Mesmo quando o defeito admite convalidação, a administração pública tem a possibilidade de anular, pois a regra é a anulação e a convalidação uma faculdade disponível ao agente público em hipóteses excepcionais.

2 Súmula 473, STF. *A Administração pode anular seus próprios atos, quando eivados de vícios que os tornem ilegais, porque deles não se originam direitos; ou revogá-los, por motivo de conveniência ou oportunidade, respeitados os direitos adquiridos, e ressalvada, em todos os casos, a apreciação judicial.*

Convalidação Tácita

O Art. 54 da Lei 9.784 prevê que a administração tem o direito de anular os atos administrativos de que decorram efeitos favoráveis; para os destinatários, decai em cinco anos, contados da data em que forem praticados, salvo comprovada má-fé. Transcorrido esse prazo, o ato foi convalidado, pois não pode ser mais anulado pela administração.

Convalidação Expressa

> **Art. 55, Lei 9.784/99.** *Em decisão na qual se evidencie não acarretar lesão ao interesse público nem prejuízo a terceiros, os atos que apresentarem defeitos sanáveis poderão ser convalidados pela própria Administração.*

O prazo que a Administração Pública tem para convalidar um ato é o mesmo que ela tem para anular, ou seja, cinco anos contados a partir da data da prática do feito. Como analisamos, a convalidação, se trata de um controle de legalidade que verificou que o ato foi praticado com vício, todavia, na hipótese descrita no Art. 55 da Lei 9.784/99, a autoridade com competência para anular tal ato, pode optar pela sua convalidação.

Controle de mérito

Sua finalidade é verificar a conveniência e a oportunidade dos atos administrativos discricionários.

Exercício

Em regra, é exercido discricionariamente pelo próprio poder que praticou o feito.

Excepcionalmente, o poder legislativo tem competência para verificar o mérito de atos administrativos dos outros poderes, esse é um controle de mérito de natureza política.

Não pode ser exercido pelo poder judiciário na sua função típica, mas pode ser executado pela Administração Pública do poder judiciário nos atos dela própria.

Consequências

Manutenção do ato discricionário legal, conveniente e oportuno;

Revogação do ato discricionário legal, inconveniente e inoportuno.

Nas hipóteses em que o Poder Legislativo exerce controle de mérito da atuação administrativa dos outros poderes, não lhe é permitida a revogação de tais atos.

Quanto à amplitude

Controle hierárquico

Decorre da hierarquia presente na Administração Pública, que se manifesta na subordinação entre órgãos e agentes, sempre no âmbito de uma mesma pessoa jurídica. Acontece na Administração Pública dos três poderes.

Consequências

É um controle interno permanente (antes/durante/após a prática do ato) e irrestrito, pois verifica aspectos de legalidade e de mérito de um ato administrativo praticado pelos agentes e órgãos subordinados.

Esse controle está relacionado às atividades de supervisão, coordenação, orientação, fiscalização, aprovação, revisão, avocação e aplicação de meios corretivos dos desvios e irregularidades verificados.

Controle finalístico/tutela administrativa / supervisão ministerial

É exercido pela administração direta sobre as pessoas jurídicas da administração indireta.

Efeitos

Depende de norma legal que o estabeleça, não se enquadrando como um controle específico, e sua finalidade é verificar se a entidade está atingindo as suas intenções estatutárias.

9.2 Controle Administrativo

É um controle interno, fundado no poder de autotutela, exercido pelo poder executivo e pelos órgãos administrativos dos poderes legislativo e judiciário sobre suas próprias condutas, tendo em vista aspectos de legalidade e de mérito administrativo3.

> *Súmula 473, STF: A Administração pode anular seus próprios atos, quando eivados de vícios que os tornam ilegais, porque deles não se originam direitos; ou revogá-los, por motivo de conveniência ou oportunidade, respeitados os direitos adquiridos, e ressalvada, em todos os casos, a apreciação judicial.*

O controle administrativo é sempre interno. Pode ser hierárquico, quando é feito entre órgãos verticalmente escalonados integrantes de uma mesma pessoa jurídica, seja da Administração Direta ou Indireta; ou não hierárquico, quando exercido entre órgãos que, embora integrem uma só pessoa jurídica, não estão na mesma linha de escalonamento vertical e também no controle finalístico exercido entre a Administração Direta e a Indireta.

O controle administrativo é um controle permanente, pois acontece antes, durante e depois da prática do ato; também é irrestrito, pois como já foi dito, analisa aspectos de legalidade e de mérito.

Ainda é importante apontar que o controle administrativo pode acontecer de ofício ou a pedido do administrado.

Quando interessado em provocar a atuação da Administração Pública, o administrado pode se valer da reclamação administrativa, que é uma expressão genérica para englobar um conjunto de instrumentos, tais como o direito de petição, a representação, a denúncia, o recurso, o pedido de reconsideração, a revisão, dentre outros meios.

O meio utilizado pela Administração Pública para processar o pedido do interessado é o processo administrativo, que, na esfera federal, é regulado pela Lei nº 9.784/99.

9.3 Controle Legislativo

É a fiscalização realizada pelo Poder Legislativo, na sua função típica de fiscalizar, na atuação da Administração Pública dos três poderes.

Quando exercido na atuação administrativa dos outros poderes, é espécie de controle externo; quando realizado na Administração Pública do próprio poder legislativo, é espécie de controle interno.

3 ALEXANDRINO, Marcelo & PAULO Vicente. Direito Administrativo Descomplicado. 19ª edição. São Paulo - 2011.

Hipóteses de controle

O controle legislativo na atuação da Administração Pública somente pode ocorrer nas hipóteses previstas na Constituição Federal, não sendo permitidas às Constituições Estaduais ou às leis orgânicas criarem novas modalidades de controle legislativo no respectivo território de sua competência. Caso se crie nova forma de controle legislativo por instrumento legal diverso da Constituição Federal, tal norma será inconstitucional.

Como as normas estaduais e municipais não podem criar novas modalidades de controle legislativo, nessas esferas, pelo princípio da simetria, são aplicadas as hipóteses de controle legislativo previstas na Constituição Federal para os estados e municípios. Todavia, vale ressaltar que como o sistema legislativo federal adota o bicameralismo, as hipóteses de controle do Congresso Nacional, do Senado, das comissões e do Tribunal de Contas da União são aplicadas às assembleias legislativas na esfera estadual e às câmaras de vereadores nas esferas municipais.

Modalidades

Controle de legalidade

Quando se analisa aspectos de legalidade da atuação da Administração Pública dos três poderes, tais como dos atos e contratos administrativos.

Controle de mérito (político)

É um controle de natureza política, que possibilita ao Poder Legislativo, nas hipóteses previstas na Constituição Federal, a intervir na atuação da Administração Pública do Poder Executivo, controlando aspectos de eficiência da atuação e também de conveniência da tomada de determinadas decisões do poder executivo.

> **Ex.:** Quando o Senado tem que aprovar o ato do Presidente da República, que nomeia um dirigente de uma agência reguladora.

Efeitos:

Não acarreta revogação do ato, pois esse ainda não conclui o seu processo de formação enquanto não for aprovado pelo poder legislativo, ou seja, tal ato não gera efeitos até a aprovação, por isso, não há o que se falar em revogação.

Controle exercido pelo congresso nacional

A competência exclusiva do Congresso Nacional vem descrita no Art. 40 da Constituição Federal:

> ***V.** Sustar os atos normativos do Poder Executivo que exorbitem do poder regulamentar ou dos limites de delegação legislativa;*

Tal situação acontece quando, no exercício do poder regulamentar, o presidente da república edite um decreto para complementar determinada lei e, nesse decreto, ele venha a inovar o ordenamento jurídico, ultrapassando os limites da lei. Todavia, a sustação do ato normativo pelo Congresso Nacional não invalida todo o decreto mas somente o trecho dele que esteja exorbitando do exercício do poder regulamentar.

> ***IX.** Julgar anualmente as contas prestadas pelo Presidente da República e apreciar os relatórios sobre a execução dos planos de governo;*

***X.** Fiscalizar e controlar, diretamente, ou por qualquer de suas Casas, os atos do Poder Executivo, incluídos os da administração indireta;*

Controle exercido privativamente pelo senado federal

As competências privativas do Senado Federal vêm descritas no Art. 52 da Constituição Federal, dentre essas, algumas se referem ao exercício de atividades de controle:

> ***I.** Processar e julgar o Presidente e o Vice-Presidente da República nos crimes de responsabilidade, bem como os Ministros de Estado e os Comandantes da Marinha, do Exército e da Aeronáutica nos crimes da mesma natureza conexos com aqueles;*
>
> ***II.** Processar e julgar os Ministros do Supremo Tribunal Federal, os membros do Conselho Nacional de Justiça e do Conselho Nacional do Ministério Público, o Procurador-Geral da República e o Advogado-Geral da União nos crimes de responsabilidade;*

Nesses dois primeiros casos, o julgamento será presidido pelo presidente do STF, limitando-se este à condenação, que somente será proferida por dois terços dos votos do Senado Federal.

> ***III.** Aprovar previamente, por voto secreto, após arguição pública, a escolha de:*
>
> ***a)** Magistrados, nos casos estabelecidos nesta Constituição;*
>
> ***b)** Ministros do Tribunal de Contas da União indicados pelo Presidente da República;*
>
> ***c)** Governador de Território;*
>
> ***d)** Presidente e diretores do Banco Central;*
>
> ***e)** Procurador-Geral da República;*
>
> ***f)** titulares de outros cargos que a lei determinar.*
>
> ***IV.** Aprovar previamente, por voto secreto, após arguição em sessão secreta, a escolha dos chefes de missão diplomática de caráter permanente;*
>
> ***V.** Autorizar operações externas de natureza financeira, de interesse da União, dos Estados, do Distrito Federal, dos Territórios e dos Municípios;*
>
> ***VI.** Fixar, por proposta do Presidente da República, limites globais para o montante da dívida consolidada da União, dos Estados, do Distrito Federal e dos Municípios;*
>
> ***VII.** Dispor sobre limites globais e condições para as operações de crédito externo e interno da União, dos Estados, do Distrito Federal e dos Municípios, de suas autarquias e demais entidades controladas pelo Poder Público Federal;*
>
> ***VIII.** dispor sobre limites e condições para a concessão de garantia da União em operações de crédito externo e interno;*
>
> ***IX.** Estabelecer limites globais e condições para o montante da dívida mobiliária dos Estados, do Distrito Federal e dos Municípios;*
>
> ***X.** Aprovar, por maioria absoluta e por voto secreto, a exoneração, de ofício, do Procurador-Geral da República antes do término de seu mandato;*
>
> ***XI.** Avaliar periodicamente a funcionalidade do Sistema Tributário Nacional, em sua estrutura e seus componentes, e o desempenho das administrações tributárias da União, dos Estados e do Distrito Federal e dos Municípios.*

Controle exercido pela câmara dos deputados

A competência da Câmara dos Deputados vem descrita no Art. 51 da Constituição Federal, e nesse momento analisaremos as competências relativas à área de controle da administração:

Compete privativamente à Câmara dos Deputados:

> ***I.** Autorizar, por dois terços de seus membros, a instauração de processo contra o Presidente e o Vice-Presidente da República e os Ministros de Estado;*
>
> ***II.** Proceder à tomada de contas do Presidente da República, quando não apresentadas ao Congresso Nacional dentro de sessenta dias após a abertura da sessão legislativa;*

Fiscalização contábil, financeira e orçamentária na constituição federal

Também chamado de controle financeiro, em sentido amplo, vem descrito no Art. 70 da CF, que traz as seguintes regras:

> ***Art. 70, CF.** A fiscalização contábil, financeira, orçamentária, operacional e patrimonial da União e das entidades da administração direta e indireta, quanto à legalidade, legitimidade, economicidade, aplicação das subvenções e renúncia de receitas, será exercida pelo Congresso Nacional, mediante controle externo, e pelo sistema de controle interno de cada Poder.*

Como podemos observar, segundo os ditames do Art. 70 da Constituição Federal, a fiscalização contábil, financeira e orçamentária é realizada tanto por meio de controle interno como de externo.

Áreas alcançadas pelo Controle Financeiro (Amplo):

Contábil: controla o cumprimento das formalidades no registro de receitas e despesas.

Financeira: controla a entrada e a saída de capital, sua destinação.

Orçamentária: fiscaliza e acompanha a execução do orçamento anual, plurianual.

Operacional: controla a atuação administrativa, observando se estão sendo respeitadas as diretrizes legais que orientam a atuação da Administração Pública, bem como avaliando aspectos de eficiência e economicidade.

Patrimonial: controle do patrimônio público, seja ele móvel ou imóvel.

Aspectos Controlados: as áreas alcançadas pelo controle financeiro (sentido amplo) abrangem os seguintes aspectos:

Legalidade: atuação conforme a lei.

Legitimidade: atuação conforme os princípios orientadores da atuação da Administração Pública.

O controle financeiro realizado pelo Congresso Nacional não analisa aspectos de mérito.

Para que o controle financeiro seja eficiente, é necessária a prestação de contas por parte das pessoas físicas ou jurídicas que, de qualquer forma, administrem dinheiro ou direito patrimonial público; tal regra vem descrita no parágrafo único do Art. 70:

> ***Art. 70, Parágrafo único.** Prestará contas qualquer pessoa física ou jurídica, pública ou privada, que utilize, arrecade, guarde, gerencie ou administre dinheiros, bens e valores públicos ou pelos quais a União responda, ou que, em nome desta, assuma obrigações de natureza pecuniária.*

Controle exercido pelos tribunais de contas

Os Tribunais de Contas são órgãos de controle vinculados ao Poder Legislativo. A finalidade que possuem é auxiliar na função de exercer o controle externo da Administração Pública.

Apesar da expressão órgãos auxiliares, os tribunais de contas não se submetem ao poder legislativo, ou seja, não existe hierarquia nem subordinação entre os tribunais de contas e o poder legislativo.

A Constituição Federal, no Art. 71, estabelece as competências do Tribunal de Contas da União (TCU), e, pelo princípio da simetria, os tribunais de contas estaduais e municipais detêm as mesmas competências nas suas esferas de fiscalização, não sendo permitidas às Constituições Estaduais e às leis orgânicas municipais criar novas hipóteses de controle. Veja as competências dos Tribunais de Contas a seguir.

Hipóteses de Controle

> ***Art. 71.*** *O controle externo, a cargo do Congresso Nacional, será exercido com o auxílio do Tribunal de Contas da União, ao qual compete:*
>
> ***I.*** *Apreciar as contas prestadas anualmente pelo Presidente da República, mediante parecer prévio que deverá ser elaborado em sessenta dias a contar de seu recebimento;*
>
> ***II.*** *Julgar as contas dos administradores e demais responsáveis por dinheiros, bens e valores públicos da administração direta e indireta, incluídas as fundações e sociedades instituídas e mantidas pelo Poder Público federal, e as contas daqueles que derem causa a perda, extravio ou outra irregularidade de que resulte prejuízo ao erário público;*
>
> ***III.*** *Apreciar, para fins de registro, a legalidade dos atos de admissão de pessoal, a qualquer título, na administração direta e indireta, incluídas as fundações instituídas e mantidas pelo Poder Público, excetuadas as nomeações para cargo de provimento em comissão, bem como a das concessões de aposentadorias, reformas e pensões, ressalvadas as melhorias posteriores que não alterem o fundamento legal do ato concessório;*
>
> ***IV.*** *Realizar, por iniciativa própria, da Câmara dos Deputados, do Senado Federal, de Comissão técnica ou de inquérito, inspeções e auditorias de natureza contábil, financeira, orçamentária, operacional e patrimonial, nas unidades administrativas dos Poderes Legislativo, Executivo e Judiciário, e demais entidades referidas no inciso II;*
>
> ***V.*** *Fiscalizar as contas nacionais das empresas supranacionais de cujo capital social a União participe, de forma direta ou indireta, nos termos do tratado constitutivo;*
>
> ***VI.*** *Fiscalizar a aplicação de quaisquer recursos repassados pela União mediante convênio, acordo, ajuste ou outros instrumentos congêneres, a Estado, ao Distrito Federal ou a Município;*
>
> ***VII.*** *Prestar as informações solicitadas pelo Congresso Nacional, por qualquer de suas Casas, ou por qualquer das respectivas Comissões, sobre a fiscalização contábil, financeira, orçamentária, operacional e patrimonial e sobre resultados de auditorias e inspeções realizadas;*
>
> ***VIII.*** *Aplicar aos responsáveis, em caso de ilegalidade de despesa ou irregularidade de contas, as sanções previstas em lei, que estabelecerá, entre outras cominações, multa proporcional ao dano causado ao erário;*
>
> ***IX.*** *Assinar prazo para que o órgão ou entidade adote as providências necessárias ao exato cumprimento da lei, se verificada ilegalidade;*
>
> ***X.*** *Sustar, se não atendido, a execução do ato impugnado, comunicando a decisão à Câmara dos Deputados e ao Senado Federal;*
>
> ***XI.*** *Representar ao Poder competente sobre irregularidades ou abusos apurados.*
>
> ***§ 1º*** *- No caso de contrato, o ato de sustação será adotado diretamente pelo Congresso Nacional, que solicitará, de imediato, ao Poder Executivo as medidas cabíveis.*
>
> ***§ 2º*** *- Se o Congresso Nacional ou o Poder Executivo, no prazo de noventa dias, não efetivar as medidas previstas no parágrafo anterior, o Tribunal decidirá a respeito.*
>
> ***§ 3º*** *- As decisões do Tribunal de que resulte imputação de débito ou multa terão eficácia de título executivo.*
>
> ***§ 4º*** *- O Tribunal encaminhará ao Congresso Nacional, trimestral e anualmente, relatório de suas atividades.*

Pontos Relevantes

A partir dessas regras, analisaremos alguns aspectos relevantes referentes ao controle da Administração Pública quando feito pelos tribunais de contas, nas suas respectivas áreas de competências:

> Contas do Presidente da República são somente apreciadas mediante parecer prévio do tribunal de contas, a competência para julgá-las é do Congresso Nacional.

Apreciação e julgamento das contas públicas

O TCU tem a competência de apreciar e julgar as contas dos administradores públicos.

O julgamento das contas feito pelo TCU não depende de homologação ou parecer do Poder Legislativo, pois, lembrando, os Tribunais de Contas não são subordinados ao Poder Legislativo.

Julgamento das Contas do Próprio Tribunal de Contas

Como a Constituição Federal não se preocupou em estabelecer quem é que detém a competência para julgar as contas dos Tribunais de Contas, o STF entendeu que podem as Constituições Estaduais e Leis Orgânicas Municipais submeterem as contas dos Tribunais de Contas a julgamentos das suas respectivas casas legislativas.

Controle dos Atos Administrativos

O TCU tem o poder de sustar a execução do ato e, nesse caso, deve dar ciência dessa decisão à Câmara dos Deputados e ao Senado Federal.

> ***Súmula Vinculante nº 3.*** *Nos processos perante ao Tribunal de Contas da União, asseguram-se o contraditório e a ampla defesa quando da decisão puder resultar anulação ou revogação de ato administrativo que beneficie o interessado, excetuada a apreciação da legalidade do ato de concessão inicial de aposentadoria, reforma e pensão.*

Controle dos Contratos Administrativos

Regra: o TCU não pode sustar os contratos administrativos, pois tal competência é do Congresso Nacional, que deve solicitar de imediato ao Poder Executivo a adoção das medidas cabíveis.

Exceção: caso o Congresso Nacional ou o Poder Executivo não tomem as medidas necessárias para a sustação do contrato em 90 dias, o TCU terá competência para efetuar a sua sustação.

Declaração de Inconstitucionalidade das Leis

Segundo o STF, os tribunais de contas, no exercício de suas competências, podem declarar uma norma inconstitucional e afastar a sua aplicação nos processos de sua apreciação. Todavia, tal declaração de inconstitucionalidade deve ser feita pela maioria absoluta dos membros dos tribunais de contas.

> ***Súmula 347, STF.*** *O Tribunal de Contas, no exercício de suas atribuições, pode apreciar a constitucionalidade das leis e dos atos do poder público.*

9.4 Controle Judiciário

É um controle de legalidade (nunca de mérito) realizado pelo poder judiciário, na sua função típica de julgar, nos atos praticados pelas Administração Pública de qualquer poder.

Esse controle por abranger somente aspectos de legalidade, fica restrito à possibilidade de anulação dos atos administrativos ilegais, não podendo o poder judiciário realizar o controle de mérito dos atos administrativos e, em consequência, não podendo revogar os atos administrativos praticados pela Administração Pública.

O controle judiciário somente será exercido por meio da provocação do interessado, não podendo o poder judiciário apreciar um ato administrativo de ofício, em decorrência do atributo da presunção de legitimidade dos atos administrativos.

É importante lembrar que a própria Administração Pública faz o controle de legalidade da sua própria atuação, todavia as decisões administrativas não fazem coisa julgada. Assim sendo, a decisão administrativa pode ser reformada pelo poder judiciário, pois somente as decisões desse poder é que tem o efeito de coisa julgada.

Os meios para provocar a atuação do poder judiciário são vários, dentre eles, encontramos:

- Mandado de Segurança.
- Ação Popular.
- Ação Civil Pública.
- Dentre outros.

10. RESPONSABILIDADE CIVIL DO ESTADO

A responsabilidade civil consubstancia-se na obrigação de indenizar um dano patrimonial decorrente de um fato lesivo voluntário. É modalidade de obrigação extracontratual e, para que ocorra, são necessários alguns elementos previstos no Art. 37, § 6º, da Constituição Federal:

> *§6º - As pessoas jurídicas de direito público e as pessoas jurídicas de direito privado prestadoras de serviço público responderão pelos danos seus agentes, nessa qualidade, causarem a terceiros, assegurado o direito de regresso contra o responsável nos casos de dolo ou culpa.*

10.1 Teoria do Risco Administrativo

É a responsabilidade objetiva do Estado, que paga o terceiro lesado, desde que ocorra o dano por ação praticada pelo agente público, mesmo o agente não agindo com dolo ou culpa.

Enquanto para a Administração a responsabilidade independe da culpa, para o servidor, ela depende: aquela é objetiva, esta é subjetiva e se apura pelos critérios gerais do Código Civil.

Requisitos

O fato lesivo causado pelo agente em decorrência de culpa em sentido amplo, a qual abrange o dolo (intenção), e a culpa em sentido estrito, que engloba a negligência, a imprudência e a imperícia.

> As Pessoas Jurídicas de Direito Privado prestadoras de serviço público estão também sob a responsabilidade na modalidade risco administrativo.

A ocorrência de um dano patrimonial ou moral.

O nexo de causalidade entre o dano havido e o comportamento do agente, o que significa ser necessário que o dano efetivamente haja decorrido diretamente, da ação ou omissão indevida do agente.

Situações de quebra do nexo causal da Administração Pública (Rompimento do Nexo Causal).

Caso I

Culpa exclusiva de terceiros ou da vítima.

Ex.: Marco, Agente Federal, dirigindo regularmente viatura oficial em escolta, atropela Sérgio, um suicida. Nessa situação, a Administração Pública não está obrigada a indenizar, pois o prejuízo foi causado exclusivamente pela vítima.

Caso II

Caso fortuito, evento da natureza imprevisível e inevitável.

Ex.: A PRF apreende um veículo em depósito. No local, cai um raio e destrói por completo o veículo apreendido. Nessa situação, a Administração não estará obrigada a indenizar o prejuízo sofrido, uma vez que não ocorreu culpa.

Caso III

Motivo de força maior, evento humano imprevisível e inevitável.

Ex.: A PRF apreende um veículo em depósito. Uma manifestação popular intensa invade-o e depreda todo o veículo, inutilizando-o. Nessa situação, a Administração não estará obrigada a indenizar o prejuízo sofrido, uma vez que não ocorreu culpa.

> Estão incluídas todas as pessoas jurídicas de Direito Público, ou seja, a Administração Direta, as autarquias e as fundações públicas de direito público, independentemente de suas atividades.

10.2 Teoria da Culpa Administrativa

Segundo a Teoria da Culpa Administrativa, também conhecida como Teoria da Culpa Anônima ou Falta de Serviço, o dever do Estado de indenizar o dano sofrido pelo particular somente existe caso seja comprovada a existência de falta de serviço. É possível ainda ocorrer a responsabilização do Estado aos danos causados por fenômenos da natureza quando ficar comprovado que o Estado concorreu de alguma maneira para que se produzisse o evento danoso, seja por dolo ou culpa. Nessa situação, vigora a responsabilidade subjetiva, pois temos a condição de ter ocorrido com dolo ou culpa. A culpa administrativa pode decorrer de uma das três formas possíveis de falta do serviço:

- Inexistência do serviço.
- Mau funcionamento do serviço.
- Retardamento do serviço.

Cabe sempre ao particular prejudicado pela falta comprovar sua ocorrência para fazer justa indenização.

Para os casos de omissão, a regra geral é a responsabilidade subjetiva. No entanto, há casos em que mesmo na omissão a responsabilidade do Estado será objetiva como, por exemplo, no caso de atendimento hospitalar deficiente e de pessoas sob a custódia do Estado, ou seja, o preso, pois, nesse caso, o Estado tem o dever de assegurar integridade física e mental do custodiado.

10.3 Teoria do Risco Integral

A Teoria do Risco Integral representa uma exacerbação da responsabilidade civil da Administração. Segundo essa teoria, basta a existência de evento danoso e do nexo causal para que surja a obrigação de indenizar para a administração, mesmo que o dano decorra de culpa exclusiva do particular.

Alguns autores consideram essa teoria para o caso de acidente nuclear.

10.4 Danos Decorrentes de Obras Públicas

Só fato da obra: sem qualquer irregularidade na sua execução.

Responsabilidade Civil **Objetiva** da Administração Pública ou particular (tanto faz quem execute a obra).

Má Execução da Obra

- **Administração Pública:** responsabilidade civil objetiva, com direito de ação regressiva.
- **Particular:** responsabilidade civil subjetiva.

10.5 Responsabilidade Civil Decorrente de Atos Legislativos

Regra: irresponsabilidade do Estado.

Exceção 1: leis inconstitucionais:

- Depende de declaração de inconstitucionalidade do STF;
- Depende de ajuizamento de ação de reparação de danos.

Exceção 2: leis de efeitos concretos

10.6 Responsabilidade Civil Decorrente de Atos Jurisdicionais

Regra: irresponsabilidade do Estado.

Exceção: erro judiciário – esfera penal, ou seja, erro do judiciário que acarretou na prisão de um inocente ou na manutenção do preso no cárcere por tempo superior ao prolatado na sentença, Art. 5º, LXXV, da CF. Segundo o STF, essa responsabilidade não alcança outras esferas.

Caso seja aplicada uma prisão cautelar a um acusado criminal e ele venha a ser absolvido, o Estado não responderá pelo erro judiciário, pois se entende que a aplicação da medida não constitui erro do judiciário, mas sim, uma medida cautelar pertinente ao processo.

10.7 Ação de Reparação de Danos

Administração Pública X Particular:

Pode ser amigável ou judicial.

Não pode ser intentada contra o agente público cuja ação acarretou o dano.

Ônus da Prova:

Particular: nexo de causalidade direto e imediato entre o fato lesivo e o dano.

Administração Pública:

- Culpa exclusiva da vítima.
- Força Maior.
- Culpa concorrente da vítima.

Valor da Indenização destina-se à cobertura das seguintes despesas:

- O que a vítima perdeu;
- O que a vítima gastou (advogados);
- O que a vítima deixou de ganhar.

Em caso de morte:

- Sepultamento;
- Pensão alimentícia para os dependentes com base na expectativa de vida da vítima.

Prescrição:

***Art. 1º** da Lei nº 9.494/97: 5 anos.*

Tal prazo aplica-se inclusive às delegatárias de serviço público.

10.8 Ação Regressiva

Administração Pública X Agente Público:

O Art. 37, § 6º, da CF permite à Administração Pública ou delegatária (Concessionárias, Autorizatárias e Permissionárias) de serviço público a ingressar com uma ação regressiva contra o agente cuja atuação acarretou o dano, desde que comprovado dolo ou culpa.

Requisitos:

- Trânsito em julgado da sentença que condenou a Administração ou Delegatária a indenizar.
- Culpa ou dolo do agente público (responsábilidade civil subjetiva).

Regras Especiais:

- O dever de reparação se estende aos sucessores até o limite da herança recebida.
- Pode acontecer após a quebra do vínculo entre o agente público e a Administração Pública.
- A ação de ressarcimento ao erário é imprescritível.

O agente ainda pode ser responsabilizado nas esferas administrativa e criminal se a conduta que gerou o prejuízo ainda incorrer em crime ou em falta administrativa, conforme o caso, podendo as penalidades serem aplicadas de forma cumulativa.

11. PROCESSO ADMINISTRATIVO FEDERAL

Passaremos a analisar o Processo Administrativo Federal, ou seja, a Lei nº 9.784/99 que estabelece as regras gerais de tal processo no âmbito federal. Essa lei tem, em primeiro plano, a função de regulamentar o processo administrativo federal. Contudo, ela contém as normas aplicáveis a todos os atos administrativos.

Aqui, complementaremos o conteúdo da lei voltado, especificamente, para a resolução de questões.

11.1 Abrangência da Lei

O Art. 1º da Lei nº 9.784/99 determina a abrangência e a aplicação da referida lei. Devemos lembrar que esta é uma lei administrativa Federal e não nacional, ou seja, vale para toda Administração Pública Direta e Indireta da União. Dessa forma, passaremos a analisá-la:

> ***Art. 1º.*** *Essa Lei estabelece normas básicas sobre o processo administrativo no âmbito da Administração Federal direta e indireta, visando, em especial, à proteção dos direitos dos administrados e ao melhor cumprimento dos fins da Administração.*
>
> ***§ 1º*** *- Os preceitos dessa Lei também se aplicam aos órgãos dos Poderes Legislativo e Judiciário da União, quando no desempenho de função administrativa.*
>
> ***§ 2º*** *- Para os fins dessa Lei, consideram-se:*
>
> ***I.*** *Órgão - a unidade de atuação integrante da estrutura da Administração direta e da estrutura da Administração indireta;*
>
> ***II.*** *Entidade - a unidade de atuação dotada de personalidade jurídica;*
>
> ***III.*** *Autoridade - o servidor ou agente público dotado de poder de decisão.*

Como mencionado acima, a lei tem natureza Federal, dessa forma, é aplicável à União, autarquias federais, fundações públicas federais, sociedade de economia mista federais e empresas públicas federais. Vale ressaltar que os poderes Executivo, Legislativo e Judiciário exercem funções típicas e atípicas.

Nas funções empregada dos poderes Legislativo e Judiciário, aplicam-se, no que couber, as normas determinadas na referida lei.

A Lei nº 9.784/99 será aplicada sempre de forma subsidiária, acessória, ou seja, a regra geral é que as leis específicas que já tratam dos processos administrativos continuarão em vigor. Dessa forma, a Lei nº 9.784/99 não revogou nenhuma outra que trate sobre o mesmo assunto:

> ***Art. 69.*** *Os processos administrativos específicos continuarão a reger-se por lei própria, aplicando-lhes apenas subsidiariamente os preceitos dessa Lei.*

Assim, por exemplo, se o servidor está respondendo a processo administrativo disciplinar, usam-se as normas da Lei nº 8.112/90, em falta de regulamentação dessa, em algum aspecto, usa-se a Lei nº 9.784/99.

11.2 Princípios

O Art. 2º da lei traz vários princípios expressos, alguns norteadores de forma geral dos atos administrativos, inclusive expressamente previstos no texto constitucional; outros, que na Constituição Federal são tidos como implícitos, aqui são tratados como expressos.

A maioria das questões de concursos pede somente se o candidato sabe que tais princípios são expressos na Lei nº 9.784/99, pois, por exemplo, as questões perguntam se a razoabilidade é princípio expresso da Lei nº 9.784/99. Essa questão está correta sob a perspectiva do texto do Art. 2º segundo da lei, pois a razoabilidade realmente está expressamente prevista como princípio. Já no texto constitucional, o mesmo princípio é tido como implícito.

Dessa forma, passamos a analisar o texto do Art. 2º:

> ***Art. 2º.*** *A Administração Pública obedecerá, dentre outros, aos princípios da legalidade, finalidade, motivação, razoabilidade, proporcionalidade, moralidade, ampla defesa, contraditório, segurança jurídica, interesse público e eficiência.*

Ao lado dos princípios transcritos acima, que são tidos como expressos, temos os chamados princípios implícitos, ou seja, não estão expressamente descritos no bojo do texto da Lei nº 9.784/99, mas são de observância obrigatória por parte de quem está sob a tutela da lei.

São considerados princípios implícitos:

Informalismo: somente existe forma determinada quando expressamente prescrita em lei.

Oficialidade: o chamado de impulso oficial, significa que depois de iniciado o processo, a Administração tem a obrigação de conduzi-lo até a decisão final.

Verdade Material: deve-se permitir que sejam trazidos aos autos as provas determinantes para o processo, mesmo depois de transcorridos os prazos legais.

Gratuidade: em regra, não existe ônus no processo administrativo, o que é característico nos judiciais.

Outra forma de ser cobrado nas questões está relacionada a transcrever o conteúdo dos incisos do Art. 2º e perguntar a qual princípio está diretamente ligado. Para tanto, passaremos a determinar em cada inciso os princípios relacionados entre parênteses.

> ***Parágrafo único.*** *Nos processos administrativos serão observados, entre outros, os critérios de:*
>
> ***I.*** *Atuação conforme a lei e o Direito* (legalidade);
>
> ***II.*** *Atendimento a fins de interesse geral, vedada a renúncia total ou parcial de poderes ou competências, salvo autorização em lei* (impessoalidade/indisponibilidade do interesse público);
>
> ***III.*** *Objetividade no atendimento do interesse público, vedada a promoção pessoal de agentes ou autoridades* (impessoalidade);
>
> ***IV.*** *Atuação segundo padrões éticos de probidade, decoro e boa-fé* (moralidade);
>
> ***V.*** *Divulgação oficial dos atos administrativos, ressalvadas as hipóteses de sigilo previstas na Constituição* (publicidade);
>
> ***VI.*** *Adequação entre meios e fins, vedada a imposição de obrigações, restrições e sanções em medida superior àquelas estritamente necessárias ao atendimento do interesse público* (razoabilidade/proporcionalidade);
>
> ***VII.*** *Indicação dos pressupostos de fato e de direito que determinarem a decisão* (motivação);
>
> ***VIII.*** *Observância das formalidades essenciais à garantia dos direitos dos administrados* (segurança Jurídica);
>
> ***IX.*** *Adoção de formas simples, suficientes para propiciar adequado grau de certeza, segurança e respeito aos direitos dos administrados* (segurança jurídica e informalismo);

X. Garantia dos direitos à comunicação, à apresentação de alegações finais, à produção de provas e à interposição de recursos, nos processos de que possam resultar sanções e nas situações de litígio (ampla defesa e contraditório);

XI. Proibição de cobrança de despesas processuais, ressalvadas as previstas em lei (gratuidade nos processos administrativos);

XII. Impulsão, de ofício, do processo administrativo, sem prejuízo da atuação dos interessados (oficialidade);

XIII. Interpretação da norma administrativa da forma que melhor garanta o atendimento do fim público a que se dirige, vedada aplicação retroativa de nova interpretação (Segurança Jurídica).

11.3 Direitos e Deveres dos Administrados

O Art. 3º da Lei nº 9.784/99 trata de uma lista exemplificativa de direitos dos administrados para com a Administração Pública. É muito importante frisar o inciso IV que discorre sobre a presença do advogado no processo administrativo.

> ***Art. 3º.*** *O administrado tem os seguintes direitos perante à Administração, sem prejuízo de outros que lhe sejam assegurados:*
>
> ***I.*** *Ser tratado com respeito pelas autoridades e servidores, que deverão facilitar o exercício de seus direitos e o cumprimento de suas obrigações;*
>
> ***II.*** *Ser ciência da tramitação dos processos administrativos em que tenha a condição de interessado, ter vista dos autos, obter cópias de documentos neles contidos e conhecer as decisões proferidas;*
>
> ***III.*** *Formular alegações e apresentar documentos antes da decisão, os quais serão objeto de consideração pelo órgão competente;*
>
> ***IV.*** *Fazer-se assistir, facultativamente, por advogado, salvo quando obrigatória a representação, por força de lei.*

A faculdade de atuar com advogado no processo administrativo é decorrência direta do princípio do informalismo. Contudo, pode a lei expressamente exigir a presença do advogado no procedimento. Nesse caso, a inobservância acarretaria nulidade do processo.

É de extrema importância notar o teor da Súmula Vinculante 5, em que sua redação determina o seguinte:

> *Súm. Vinculante 5: A falta de defesa técnica por advogado no processo administrativo disciplinar não ofende a Constituição.*

O Art. 4º determina alguns deveres que devem ser observados no âmbito do processo administrativo.

> ***Art. 4º.*** *São deveres do administrado perante a Administração, sem prejuízo de outros previstos em ato normativo:*
>
> ***I.*** *Expor os fatos conforme a verdade;*
>
> ***II.*** *Proceder com lealdade, urbanidade e boa-fé;*
>
> ***III.*** *Não agir de modo temerário;*
>
> ***IV.*** *Prestar as informações que lhe forem solicitadas e colaborar para o esclarecimento dos fatos.*

11.4 Início do Processo e Legitimação Ativa

O Art. 5º da Lei nº 9.784/99 traz que o processo pode ser iniciado pela própria Administração Pública (de ofício) – decorrência do princípio da oficialidade, ou ainda mediante provocação do interessado por meio de representação aos órgãos públicos responsáveis (a pedido).

O Art. 6º determina que caso faltem elementos essenciais ao pedido, a Administração deverá orientar o interessado a supri-los, sendo vedada a simples recusa imotivada de receber o requerimento ou outros documentos. Segue o teor dos artigos:

> ***Art. 5º.*** *O processo administrativo pode iniciar-se de ofício ou a pedido de interessado.*
>
> ***Art. 6º.*** *O requerimento inicial do interessado, salvo casos em que for admitida solicitação oral, deve ser formulado por escrito e conter os seguintes dados:*
>
> ***I.*** *Órgão ou autoridade administrativa a que se dirige;*
>
> ***II.*** *Identificação do interessado ou de quem o represente;*
>
> ***III.*** *Domicílio do requerente ou local para recebimento de comunicações;*
>
> ***IV.*** *Formulação do pedido, com exposição dos fatos e de seus fundamentos;*
>
> ***V.*** *Data e assinatura do requerente ou de seu representante.*
>
> ***Parágrafo único.*** *É vedada à Administração a recusa imotivada de recebimento de documentos, devendo o servidor orientar o interessado quanto ao suprimento de eventuais falhas.*
>
> ***Art. 7º.*** *Os órgãos e entidades administrativas deverão elaborar modelos ou formulários padronizados para assuntos que importem pretensões equivalentes.*
>
> ***Art. 8º.*** *Quando os pedidos de uma pluralidade de interessados tiverem conteúdo e fundamentos idênticos, poderão ser formulados em um único requerimento, salvo preceito legal em contrário.*

11.5 Dos Interessados e da Competência

O Art. 9º trata dos interessados no processo administrativo. Na maioria das vezes, as questões cobradas em concursos são meramente texto de lei, em que uma simples leitura resolve o problema.

Dessa forma, passamos a transcrever o texto legal:

> ***Art. 9º.*** *São legitimados como interessados no processo administrativo:*
>
> ***I.*** *Pessoas físicas ou jurídicas que o iniciem como titulares de direitos ou interesses individuais ou no exercício do direito de representação;*
>
> ***II.*** *Aqueles que, sem terem iniciado o processo, têm direitos ou interesses que possam ser afetados pela decisão a ser adotada;*
>
> ***III.*** *As organizações e associações representativas, no tocante a direitos e interesses coletivos;*
>
> ***IV.*** *As pessoas ou as associações legalmente constituídas quanto a direitos ou interesses difusos.*
>
> ***Art. 10.*** *São capazes, para fins de processo administrativo, os maiores de dezoito anos, ressalvada previsão especial em ato normativo próprio.*

O Art. 11 trata da irrenunciabilidade da competência, ou seja, os órgãos da administração, por meio de seus agentes, não podem renunciar as competências determinadas por lei. Merece especial atenção, e por ser matéria certa em provas de concursos, o Art. 13 trata da impossibilidade legal de delegação, sendo um rol taxativo descrito na lei, que passamos a transcrever abaixo:

> ***Art. 13.*** *Não podem ser objeto de delegação:*
>
> ***I.*** *A edição de atos de caráter normativo;*
>
> ***II.*** *A decisão de recursos administrativos;*
>
> ***III.*** *As matérias de competência exclusiva do órgão ou autoridade.*

11.6 Impedimento e Suspeição

Os Arts. 18 e 20 cuidam do impedimento e suspeição no processo administrativo. Nessa situação, a lei visa a preservar a atuação imparcial do agente público, com vistas à moralidade administrativa.

Dessa forma, o Art. 18 prevê que é impedido de atuar no processo administrativo o servidor ou autoridade que:

> ***I.*** *Tenha interesse direto ou indireto na matéria;*
>
> ***II.*** *Tenha participado ou venha a participar como perito, testemunha ou representante, ou se tais situações ocorrem quanto ao cônjuge, companheiro ou parente e afins até o terceiro grau;*
>
> ***III.*** *Esteja litigando judicial ou administrativamente com o interessado ou respectivo cônjuge ou companheiro.*

O Art. 20 determina que pode ser arguida suspeição de autoridade ou servidor que tenha amizade ou inimizade notória com algum interessado ou com os respectivos cônjuges, companheiros, parentes e afins até o terceiro grau.

11.7 Da Forma, Tempo e Lugar dos Atos do Processo

O Art. 22 tem como fundamento o princípio do informalismo e prevê o seguinte:

> ***Art. 22.*** *Os atos do processo administrativo não dependem de forma determinada, senão, quando a lei expressamente a exigir.*
>
> ***§ 1º*** *- Os atos do processo devem ser produzidos por escrito, em vernáculo, com a data e o local de sua realização e a assinatura da autoridade responsável.*
>
> ***§ 2º*** *- Salvo imposição legal, o reconhecimento de firma somente será exigido quando houver dúvida de autenticidade.*
>
> ***§ 3º*** *- A autenticação de documentos exigidos em cópia poderá ser feita pelo órgão administrativo.*
>
> ***§ 4º*** *- O processo deverá ter suas páginas numeradas sequencialmente e rubricadas.*

O Art. 23 estabelece, como regra geral, a realização dos atos do processo em dias úteis, no horário normal de funcionamento da repartição na qual tramitar o processo. No entanto, poderão ser concluídos depois do horário normal os atos já iniciados, cujo adiamento prejudique o curso regular do procedimento ou cause dano ao interessado ou à administração (Art. 23, parágrafo único).

Estabelece o Art. 25 que os atos do processo devem realizar-se preferencialmente na sede do órgão, certificando-se o interessado se outro for o local de realização, ou seja, devem ser executados, de preferência, na sede do órgão, mas poderão ser realizados em outro local, após regular cientificação.

11.8 Do Recurso Administrativo e da Revisão

Um dos temas mais cobrados nas provas de concursos é o que tange ao recurso administrativo e à revisão do processo. O Art. 56 estabelece direito do administrado ao recurso das decisões administrativas, isso em razões de legalidade e mérito administrativo.

O § 3º prevê que o administrado, se entender que houve violação a enunciado de súmula vinculante, poderá ajuizar reclamação perante o Supremo Tribunal Federal, desde que, antes, tenha esgotado as vias administrativas.

O § 2º estabelece, como regra geral, a inexigibilidade de garantia de instância (caução) para a interposição de recurso administrativo. Nesse sentido, passamos a transcrever a Súmula Vinculante 21, que proíbe a exigência de depósito para admissibilidade de recurso.

> *Súm. Vinculante 21. É inconstitucional a exigência de depósito ou arrolamento prévios de dinheiro ou bens para admissibilidade de recurso administrativo.*
>
> ***Art. 56.*** *Das decisões administrativas cabe recurso, em face de razões de legalidade e de mérito.*
>
> ***§ 1º*** *- O recurso será dirigido à autoridade que proferiu a decisão, a qual, se não a reconsiderar no prazo de cinco dias, o encaminhará à autoridade superior.*
>
> ***§ 2º*** *- Salvo exigência legal, a interposição de recurso administrativo independe de caução.*
>
> ***§ 3º*** *- Se o recorrente alegar que a decisão administrativa contraria enunciado da súmula vinculante, caberá à autoridade prolatora da decisão impugnada, se não a reconsiderar, explicitar, antes de encaminhar o recurso à autoridade superior, as razões da aplicabilidade ou inaplicabilidade da súmula, conforme o caso.*

Legitimidade para interpor recurso

> ***Art. 58.*** *Têm legitimidade para interpor recurso administrativo:*
>
> ***I.*** *Os titulares de direitos e interesses que forem parte no processo;*
>
> ***II.*** *Aqueles cujos direitos ou interesses forem indiretamente afetados pela decisão recorrida;*
>
> ***III.*** *As organizações e associações representativas, no tocante a direitos e interesses coletivos;*
>
> ***IV.*** *Os cidadãos ou associações, quanto a direitos ou interesses difusos.*

Do não reconhecimento do recurso

> ***Art. 63.*** *O recurso não será conhecido quando interposto:*
>
> ***I.*** *Fora do prazo;*
>
> ***II.*** *Perante órgão incompetente;*
>
> ***III.*** *Por quem não seja legitimado;*
>
> ***IV.*** *Após exaurida a esfera administrativa.*

O Art. 64 confere amplos poderes aos órgãos incumbidos da decisão administrativa, em que o setor competente para decidir o recurso, poderá confirmar, modificar, anular ou revogar, total ou parcialmente, a decisão recorrida, se a matéria for de sua competência. Aqui é possível, inclusive, a reforma em prejuízo do recorrente, chamada *reformatio in pejus*.

O Art. 65 focaliza os processos administrativos de que resultem sanções, que poderão ser revistos, a qualquer tempo, a pedido ou de ofício, quando surgirem fatos novos ou circunstâncias relevantes suscetíveis de justificar a inadequação da sanção aplicada. Devemos nos atentar, pois o Parágrafo Único prevê que da revisão do processo não poderá resultar agravamento da sanção.

Assim, é fácil notar que o legislador determinou regra distinta para o recurso administrativo e a revisão do processo. Esse recurso, é possível o agravamento da penalidade pela autoridade julgadora (chamada *reformatio in pejus*), contudo, isso não acontece na revisão do processo.

11.9 Prazos da Lei nº 9.784/99

A lei possui muitos prazos, dessa forma, sintetizaremos, em um único tópico, todos eles para melhor entendimento e, consequentemente, para acertar as questões nas provas de concursos públicos:

Prática dos atos

Quantidade de dias: cinco dias.

> Se não existir uma disposição específica, prazo será de cinco dias.

> O prazo total pode ser até de 10 dias (dilatado até o dobro).

Artigo na lei que consta o prazo:

Art. 24. *Inexistindo disposição específica, os atos do órgão ou autoridade responsável pelo processo e dos administrados que dele participem devem ser praticados no prazo de cinco dias, salvo motivo de força maior.*

Parágrafo único. *O prazo previsto neste artigo pode ser dilatado até o dobro, mediante comprovada justificação.*

Intimação - da comunicação dos atos

Quantidade de dias: três dias úteis;

Art. 26, *§ 2º - A intimação observará a antecedência mínima de três dias úteis quanto à data de comparecimento.*

Intimação – da instrução

Quantidade de dias: três dias úteis;

Art. 41. *Os interessados serão intimados de prova ou diligência ordenada, com antecedência mínima de três dias úteis, mencionando-se data, hora e local de realização.*

Parecer

Quantidade de dias: 15 dias.

> Salvo norma especial ou comprovada necessidade de maior prazo.

Art. 42. *Quando deva ser obrigatoriamente ouvido um órgão consultivo, o parecer deverá ser emitido no prazo máximo de quinze dias, salvo norma especial ou comprovada necessidade de maior prazo.*

Direito de manifestação – da instrução

Quantidade de dias: 10 dias.

> Salvo se outro prazo for legalmente fixado.

Art. 44. *Encerrada a instrução, o interessado terá o direito de manifestar-se no prazo máximo de dez dias, salvo se outro prazo for legalmente fixado.*

Prazo de decidir

Quantidade de dias: 30 dias.

> Pode ser prorrogado por igual período se expressamente motivada.

> O prazo total pode ser até de 60 dias.

Art. 49. *Concluída a instrução de processo administrativo, a Administração tem o prazo de até trinta dias para decidir, salvo prorrogação por igual período expressamente motivada.*

Prazo para reconsiderar

Quantidade de dias: cinco dias.

Art. 56, *§ 1º - O recurso será dirigido à autoridade que proferiu a decisão, a qual, se não a reconsiderar no prazo de cinco dias, o encaminhará à autoridade superior.*

Recurso administrativo

Quantidade de dias: 10 dias.

> Se não existir disposição legal específica, o prazo será de 10 dias.

Art. 59. *Salvo disposição legal específica, é de dez dias o prazo para interposição de recurso administrativo, contado a partir da ciência ou divulgação oficial da decisão recorrida.*

Prazo de decidir recurso administrativo

» Quantidade de dias: 30 dias.

> Se a lei não fixar prazo diferente, o prazo será de 30 dias.

> O prazo total pode ser até de 60 dias, se houver justificativa explícita.

Art. 59, *§ 1º - Quando a lei não fixar prazo diferente, o recurso administrativo deverá ser decidido no prazo máximo de trinta dias, a partir do recebimento dos autos pelo órgão competente.*

§ 2º *- O prazo mencionado no parágrafo anterior poderá ser prorrogado por igual período, ante justificativa explícita.*

Alegações finais

Quantidade de dias: 5 dias úteis.

Art. 62. *Interposto o recurso, o órgão competente para dele conhecer deverá intimar os demais interessados para que, no prazo de cinco dias úteis, apresentem alegações.*

Prazos da Lei nº 9.784/99

Tipo	Quantidade de Dias	Observações
Prática dos atos	5 dias	Se não existir disposição específica, o prazo será de 5 dias; O prazo total pode ser até de 10 dias (dilatado até o dobro).
Intimação de comunicação dos atos	3 dias úteis	
Intimação da Instrução	3 dias úteis	
Parecer	15 dias	Salvo norma especial ou comprovada necessidade de maior prazo.
Direito de manifestação da instrução	10 dias	Salvo se outro prazo for legalmente fixado.
Prazo de decidir	30 dias	Pode ser prorrogado por igual período se expressamente motivada; O prazo total pode ser até de 60 dias.
Prazo de reconsiderar	5 dias	
Recurso Administrativo	10 dias	Se não existir disposição legal específica, o prazo será de 10 dias.
Prazo de decidir RA	30 dias	Se a lei não fixar prazo diferente, o prazo será de 30 dias; O prazo total pode ser de até 60 dias, ante justificativa explícita.
Alegações Finais	5 dias úteis	

Art. 24. *Inexistindo disposição específica, os atos do órgão ou autoridade responsável pelo processo e dos administrados que dele participem devem ser praticados no prazo de cinco dias, salvo motivo de força maior.*

Parágrafo único. *O prazo previsto neste artigo pode ser dilatado até o dobro, mediante comprovada justificação.*

Art. 26, § 2º - *A intimação observará a antecedência mínima de três dias úteis quanto à data de comparecimento.*

Art. 41. *Os interessados serão intimados de prova ou diligência ordenada, com antecedência mínima de três dias úteis, mencionando-se data, hora e local de realização.*

Art. 42. *Quando deva ser obrigatoriamente ouvido um órgão consultivo, o parecer deverá ser emitido no prazo máximo de quinze dias, salvo norma especial ou comprovada necessidade de maior prazo.*

Art. 44. *Encerrada a instrução, o interessado terá o direito de manifestar-se no prazo máximo de dez dias, salvo se outro prazo for legalmente fixado.*

Art. 49. *Concluída a instrução de processo administrativo, a Administração tem o prazo de até trinta dias para decidir, salvo prorrogação por igual período expressamente motivada.*

Art. 56*, § 1º - O recurso será dirigido à autoridade que proferiu a decisão, a qual, se não a reconsiderar no prazo de cinco dias, o encaminhará à autoridade superior.*

Art. 59*, § 1º - Quando a lei não fixar prazo diferente, o recurso administrativo deverá ser decidido no prazo máximo de trinta dias, a partir do recebimento dos autos pelo órgão competente.*

§ 2º *- O prazo mencionado no parágrafo anterior poderá ser prorrogado por igual período, ante justificativa explícita.*

Art. 62. *Interposto o recurso, o órgão competente para dele conhecer deverá intimar os demais interessados para que, no prazo de cinco dias úteis, apresentem alegações.*

12. BENS PÚBLICOS

Neste capítulo apresentaremos os Bens Públicos suas classificações. Regime Jurídico dos Bens Públicos. Uso de bens públicos por particulares

Bens públicos são todos os bens móveis ou imóveis pertencentes ou administrados por pessoas jurídicas de direito público, ou seja, União, Estados, Distrito Federal, Municípios e suas respectivas autarquias e fundações públicas.

Os bens públicos contrapõem-se aos bens privados, que são aqueles de propriedade das pessoas direito privado, ou seja, as empresas públicas, sociedades de economia mista e aos particulares em geral.

É importante observar, no entanto, que os bens privados que estiverem afetados a um serviço público também são considerados bens públicos.

A Constituição Federal define quais bens serão considerados de propriedade da União (Art. 20) e dos Estados (Art. 26), sem excluir aqueles outros que estes entes venham a adquirir.

Os bens públicos, por serem utilizados para atender às necessidades da coletividade, submetem-se a um regime jurídico diferenciado em relação aos bens particulares.

12.1 Classificação dos Bens Públicos

Os bens públicos podem ser classificados quanto a vários critérios. As duas classificações mais importantes são quanto à destinação e quanto à titularidade.

Classificação quanto à destinação

Essa classificação, feita pelo Código Civil, leva em conta o objetivo a que se destinam os bens públicos, dividindo-os em três categorias: bens de uso comum do povo, bens de uso especial e bens dominicais:

Bens de uso comum do povo

Bens de uso comum são aqueles que, na verdade, pertencem a toda a população, sendo de livre uso por parte dela, sendo o Poder Público mero gestor e guardião desses bens.

Ou seja, qualquer pessoa pode usufruir dos bens de uso comum, normalmente sem solicitar qualquer autorização do Poder Público, embora em alguns casos essa autorização possa ser exigida para proteção ao meio-ambiente, à segurança pública etc.

Exemplos de bens de uso comum do povo: ruas, praças, mares, praias, rios, entre outros.

Esses bens, apesar de destinados à população em geral, estão sujeitos ao poder de polícia do Estado, estando sujeitos à sua regulamentação, fiscalização e eventual aplicação de medidas coercitivas, visando à conservação da coisa pública e à proteção do usuário.

Eles não podem ser alienados, ou seja, vendidos ou doados a particulares.

Bens de uso especial

Bens de uso especial são todos os bens utilizados pela Administração Pública para a prestação dos serviços públicos e realização de suas demais atividades administrativas.

Esses bens encontram-se afetados, isto é, destinados, a uma finalidade pública específica, relacionada com os fins da Administração Pública.

Por conta dessa destinação especial, a Administração pode impedir o seu uso irrestrito por parte dos particulares.

Exemplos de bens de uso especial: prédios onde funcionam repartições públicas, viaturas de polícia, imóveis destinados a escolas públicas, cemitérios públicos etc.

Enquanto estiverem nessa categoria, os bens não podem ser alienados pela Administração Pública, e por isso também se pode dizer que a mesma é mera administradora ou gestora desses bens.

No entanto, os bens de uso especial podem deixar de sê-lo, tornando bens dominicais, através do instituto da desafetação.

A desafetação ocorre quando um determinado bem de uso especial deixa de ter utilidade pública.

Como exemplo dessa situação, imagine-se que a Secretaria de Segurança Pública de determinado Estado adquira 1.000 novas viaturas de polícia para substituir as antigas. Essas novas viaturas serão afetadas para a finalidade de serem utilizadas pelos órgãos policiais. Já as antigas poderão ser desafetadas, pois não mais serão utilizadas nos fins a que se destinavam, podendo, a partir de sua desafetação, serem alienadas.

Bens dominicais

A palavra "dominical" vem do latim dominus, que significa "senhor" ou "dono". No contexto dos bens públicos, indica aqueles que pertencem, de fato, às entidades públicas, as quais possuem sobre eles todas as prerrogativas do proprietário.

Ou seja, os bens dominicais são aqueles que constituem, de fato, o patrimônio da União, Estados e Municípios, como objeto de direito pessoal ou real de cada uma dessas entidades, sendo também chamados de bens de uso privado do Poder Público.

Diferentemente dos bens de uso comum e dos de uso especial, em que a Administração Pública é uma gestora, esses bens pertencem de fato a ela.

Os bens dominicais não possuem uma destinação pública definida, e podem ser utilizados pelas entidades públicas, por exemplo, para produzir rendas, através de sua locação.

Além disso, podem ser livremente alienados pela Administração Pública, através de leilão ou concorrência.

Como exemplos de bens dominicais, temos: as terras devolutas e todos os bens públicos desafetados, como os imóveis públicos sem uso e os móveis considerados inservíveis para a Administração Pública.

Os bens dominicais podem ser transformados em bens de uso especial, através da afetação, assim como os bens de uso especial podem tornar-se bens dominicais, através da desafetação.

Classificação quanto à titularidade

Quanto à sua titularidade, os bens públicos podem ser federais (pertencentes à União), estaduais (pertencentes aos Estados), distritais (pertencentes ao Distrito Federal) ou municipais (pertencentes aos Municípios).

Quanto aos bens federais e estaduais, os Arts. 20 e 26 dão exemplos, sem excluir outros atribuídos por lei, desapropriados ou adquiridos por esses entes:

> ***Art. 20.*** *São bens da União:*
>
> ***I.*** *Os que atualmente lhe pertencem e os que lhe vierem a ser atribuídos;*
>
> ***II.*** *As terras devolutas indispensáveis à defesa das fronteiras, das fortificações e construções militares, das vias federais de comunicação e à preservação ambiental, definidas em lei;*
>
> ***III.*** *Os lagos, rios e quaisquer correntes de água em terrenos de seu domínio, ou que banhem mais de um Estado, sirvam de limites com outros países, ou se estendam a território estrangeiro ou dele provenham, bem como os terrenos marginais e as praias fluviais;*
>
> ***IV.*** *As ilhas fluviais e lacustres nas zonas limítrofes com outros países; as praias marítimas; as ilhas oceânicas e as costeiras, excluídas, destas, as que contenham a sede de Municípios, exceto aquelas áreas afetadas ao serviço público e a unidade ambiental federal, e as referidas no Art. 26, II;(Redação dada pela Emenda Constitucional nº 46, de 2005)*
>
> ***V.*** *Os recursos naturais da plataforma continental e da zona econômica exclusiva;*
>
> ***VI.*** *O mar territorial;*
>
> ***VII.*** *Os terrenos de marinha e seus acrescidos;*
>
> ***VIII.*** *Os potenciais de energia hidráulica;*
>
> ***IX.*** *Os recursos minerais, inclusive os do subsolo;*
>
> ***X.*** *As cavidades naturais subterrâneas e os sítios arqueológicos e pré-históricos;*
>
> ***XI.*** *As terras tradicionalmente ocupadas pelos índios.*
>
> ***Art. 26.*** *Incluem-se entre os bens dos Estados:*
>
> ***I.*** *As águas superficiais ou subterrâneas, fluentes, emergentes e em depósito, ressalvadas, neste caso, na forma da lei, as decorrentes de obras da União;*
>
> ***II.*** *As áreas, nas ilhas oceânicas e costeiras, que estiverem no seu domínio, excluídas aquelas sob domínio da União, Municípios ou terceiros;*
>
> ***III.*** *As ilhas fluviais e lacustres não pertencentes à União;*
>
> ***IV.*** *As terras devolutas não compreendidas entre as da União.*

A União pode desapropriar bens de Estados, assim como os Estados podem desapropriar bens dos Municípios. Entretanto, os Estados não podem desapropriar bens da União ou de outros Estados, assim como os Municípios não podem desapropriar bens dos Estados federativos ou de outros Municípios.

12.2 Poder Emitente

O domínio eminente é definido como o poder geral do Estado, quanto a todas as coisas que estejam situadas em seu território, em virtude da sua soberania.

Inclui bens públicos e privados, e em relação a esses se manifesta, por exemplo, na possibilidade de desapropriação ou de requisição administrativa.

12.3 Regime Jurídico dos Bens Públicos

Os bens públicos submetem-se a um regime jurídico diferenciado, possuindo alguns atributos especiais. Entre tais atributos, a doutrina costuma identificar três principais: imprescritibilidade, impenhorabilidade e impossibilidade de oneração.

Imprescritibilidade

É a característica dos bens públicos que impede que sejam adquiridos por usucapião.

Os Arts. 183, § 3º, e 191, § único, da Constituição Federal, os imóveis públicos, tanto urbanos como rurais, não podem ser adquiridos por usucapião.

Impenhorabilidade

A impenhorabilidade é a característica dos bens públicos que impede que eles sejam penhorados judicialmente para pagamento de dívidas da Administração Pública.

No caso de bens privados, eles podem ser penhorados por ordem judicial para pagamento de dívida reconhecida pelo Poder Judiciário. Isso não ocorre com os bens públicos.

Os bens públicos não podem ser penhorados, porque a execução contra a Fazenda Pública se faz de forma diferente, normalmente por meio de precatórios, conforme determina o Art. 100 da Constituição Federal.

Impossibilidade de oneração

É a qualidade pela qual o bem público não pode ser dado em garantia real, através de hipoteca, penhor e anticrese.

Alguns autores também colocam como atributo dos bens públicos a inalienabilidade, pela qual os bens públicos não podem ser alienados.

No entanto, tal característica somente se aplica aos bens de uso comum e aos bens de uso especial, sendo que os bens dominicais podem ser livremente alienados.

12.4 Uso de Bens Públicos por Particulares

Embora os bens públicos tenham a função de atender ao interesse coletivo, o ente público pode, atendidos os requisitos da lei, permitir o seu uso por particulares.

As principais formas de utilização de bens públicos pelos particulares são:

Autorização de uso

Autorização de uso é o ato unilateral, discricionário e precário pelo qual a Administração permite a prática de determinada atividade individual incidente sobre um bem público.

Não tem forma nem requisitos especiais para sua efetivação, pois visa apenas a atividades temporárias e que normalmente não são consideradas de interesse público.

A autorização não gera direitos adquiridos contra a Administração, ainda que remuneradas e fruídas por muito tempo. Por isso mesmo, dispensam lei autorizativa e licitação para seu deferimento.

permissão de uso

Permissão de uso é o ato negocial, unilateral, discricionário e precário, através do qual a Administração faculta ao particular a utilização individual de determinado bem público.

Normalmente, tem lugar quando existe algum interesse público na atividade a ser exercida pelo particular. Esta é, basicamente, a sua única diferença em relação à autorização.

Se não houver interesse para a comunidade, mas tão somente para o particular, o uso especial não deve ser permitido nem concedido, mas simplesmente autorizado.

Assim como a autorização, a permissão é sempre modificável e revogável unilateralmente pela Administração, quando o interesse público o exigir.

Exemplo de permissão de uso é a concedida para a montagem de feiras.

Qualquer bem público admite permissão de uso a particular, desde que a utilização seja também de interesse da coletividade.

Concessão de uso

Concessão de uso é o contrato administrativo pelo qual o poder Público atribui a utilização exclusiva de um bem de seu domínio (normalmente, bens de uso especial) a particular, para que o explore segundo sua destinação específica.

A concessão pode ser remunerada ou gratuita, por tempo certo ou indeterminado, mas deverá ser sempre precedida de autorização legal e, normalmente, de licitação.

A concessão de uso não é precária, tendo em vista que, geralmente, encontra-se associada a projetos que requerem investimentos de maior vulto por parte dos particulares.

Sendo contratos administrativos, submetem-se à legislação de licitações e às cláusulas exorbitantes que caracterizam a contratação com o Poder Público.

Exemplo de concessão de uso de bem público ocorre quando um órgão público permite que um particular explore uma atividade econômica, como uma cafeteria, no interior do prédio público.

A concessão de uso não é discricionária nem precária, pois obedece a normas regulamentares, gerando direitos individuais e subjetivos para o concessionário.

O que diferencia a concessão de uso da autorização e da permissão de uso é o caráter contratual e estável da outorga do uso do bem público ao particular, para que o utilize com exclusividade e nas condições convencionadas com a Administração.

12.5 Enfiteuse

Também chamada de aforamento, a enfiteuse é o instituto que permite ao proprietário, chamado de senhorio direto, atribuir a outrem o domínio útil de imóvel. A pessoa que o adquire, chamado de enfiteuta, paga ao senhorio um valor anual, chamado de foro.

Assim, a enfiteuse consiste na transferência do domínio útil de imóvel público para posse, uso e gozo da pessoa que irá utilizá-lo daí por diante.

O enfiteuta pode alienar o imóvel, desde que dê o direito de preferência ao senhorio direto, o qual, se não o exercer, terá direito ao recebimento de um percentual sobre o valor da alienação, chamado de laudêmio.

Existem vários locais pelo País onde a União concede enfiteuse sobre seus imóveis a particulares.

Atualmente, o Código Civil não permite a instituição de novas enfiteuses, mas reconhece a validade daquelas anteriormente constituídas.

13. ACESSO À INFORMAÇÃO EM ÂMBITO FEDERAL

A Lei 12.527, de 18 de novembro de 2011, mais conhecida pelo nome de Lei de Acesso à Informação, veio regulamentar o direito ao acesso a informações previsto na Constituição Federal, em seus Arts. 5º, inciso XXXIII; 37, §3º, inciso II; e 216, § 2º:

> ***Art. 5º**, XXXIII:*
>
> ***XXXIII.** Todos têm direito a receber dos órgãos públicos informações de seu interesse particular, ou de interesse coletivo ou geral, que serão prestadas no prazo da lei, sob pena de responsabilidade, ressalvadas aquelas cujo sigilo seja imprescindível à segurança da sociedade e do Estado.*
>
> ***Art. 37**, §3º, II:*
>
> ***II.** o acesso dos usuários a registros administrativos e a informações sobre atos de governo, observado o disposto no Art. 5º, X e XXXIII.*
>
> ***Art. 216**, § 2º:*
>
> ***§ 2º**. Cabem à Administração Pública, na forma da lei, a gestão da documentação governamental e as providências para franquear sua consulta a quantos dela necessitem.*

Esse acesso à informação é importantíssimo para a transparência da Administração Pública e para permitir que a sociedade possa conhecer e controlar os atos de seus governantes.

Aliás, o direito fundamental de acesso à informação é reconhecido, inclusive, em tratados internacionais, celebrados pela República Federativa do Brasil, como a Convenção das Nações Unidas contra a Corrupção.

A Lei aplica-se à União, aos Estados, ao Distrito Federal e aos Municípios, permitindo que cada ente defina regras específicas para o cumprimento da lei, em suas respectivas esferas administrativas.

Apresentamos, a seguir, os pontos principais da Lei 12.527/11, cuja leitura integral recomendamos.

13.1 Conceitos Básicos

O Art. 4º da Lei 12.527/11 define alguns conceitos básicos utilizados por ela e a forma como devem ser interpretados para seus fins.

Vejamos quais são esses conceitos:

- Informação: dados, processados ou não, que podem ser utilizados para produção e transmissão de conhecimento, contidos em qualquer meio, suporte ou formato.
- Documento: unidade de registro de informações, qualquer que seja o suporte ou formato.
- Informação sigilosa: aquela submetida temporariamente à restrição de acesso público em razão de sua imprescindibilidade para a segurança da sociedade e do Estado.

Veremos adiante que toda informação somente pode ser mantida sigilosa por um prazo determinado, o qual dependerá justamente de seu grau de sigilo.

- Informação pessoal: aquela relacionada à pessoa natural identificada ou identificável.

Pessoa natural é pessoa física. Assim, não existe informação pessoal de pessoa jurídica.

O Art. 31 da Lei de Acesso à Informação deixa claro que, para ser considerada informação pessoal, a mesma deve dizer respeito à intimidade, vida privada, honra e imagem da pessoa.

Assim, por exemplo, a portaria de nomeação de um servidor público não é considerada informação pessoal, pois não diz respeito a esses direitos fundamentais.

- Tratamento da informação: conjunto de ações referentes à produção, recepção, classificação, utilização, acesso, reprodução, transporte, transmissão, distribuição, arquivamento, armazenamento, eliminação, avaliação, destinação ou controle da informação.

Esse tratamento deve ser feito de forma a garantir, entre outras coisas, a segurança, confiabilidade, integridade e disponibilidade da informação.

- Disponibilidade: qualidade da informação que pode ser conhecida e utilizada por indivíduos, equipamentos ou sistemas autorizados. Informação disponível é a informação que pode ser acessada com rapidez e segurança.
- Autenticidade: qualidade da informação que tenha sido produzida, expedida, recebida ou modificada por determinado indivíduo, equipamento ou sistema.
- Integridade: qualidade da informação não modificada, inclusive quanto à origem, trânsito e destino.
- Primariedade: qualidade da informação coletada na fonte, com o máximo de detalhamento possível, sem modificações.

13.2 Abrangência da Lei

Logo em seu Art. 1º, a Lei de Acesso à Informação deixa claro que suas disposições têm a abrangência mais ampla possível na esfera pública, aplicando-se a todas as esferas políticas (União, Estados, DF e Municípios), tanto à Administração Direta como à Indireta dos Três Poderes, Executivo, Legislativo e Judiciário, bem como a todas as entidades controladas direta ou indiretamente pelo Poder Público.

Não bastasse tal extensão, o Art. 2º da Lei afirma também que suas disposições aplicam-se, no que couber, às entidades privadas sem fins lucrativos que recebam, para realização de ações de interesse público, recursos públicos diretamente do orçamento ou mediante subvenções sociais, contrato de gestão, termo de parceria, convênios, acordo, ajustes ou outros instrumentos congêneres.

No entanto, o parágrafo único do último dispositivo citado restringe a publicidade, a que estão submetidas as entidades privadas citadas, à parcela dos recursos públicos recebidos e à sua destinação, sem prejuízo das prestações de contas a que estejam legalmente obrigadas.

Ou seja, as entidades privadas, ao lado dos recursos públicos recebidos do Poder Público, contam com recursos próprios, esses de origem, portanto, privadas. O acesso do cidadão restringir-se-á à parte pública, por questões óbvias.

13.3 Finalidades e Diretrizes da Lei de Acesso à Informação

O Art. 3º da Lei 12.527 afirma que os procedimentos nela previstos destinam-se a assegurar o direito fundamental de acesso à informação, e que devem ser executados em conformidade com os princípios básicos da Administração Pública e com as seguintes diretrizes:

Observância da publicidade como preceito geral e do sigilo como exceção

A regra é que as informações detidas e geradas por órgãos públicos sejam de conhecimento público. O sigilo dessas informações é situação excepcional que deve encontrar respaldo em lei.

Divulgação de informações de interesse público, independentemente de solicitações

As informações que devem ser de conhecimento da sociedade como um todo não devem esperar solicitação para que sejam publicadas.

Utilização de meios de comunicação viabilizados pela tecnologia da informação

A lei reconhece que a publicidade meramente formal, normalmente feita pela publicação no Diário Oficial, na maioria das vezes não possui a efetividade desejada.

Por outro lado, a cada dia, a tecnologia da informação permite uma comunicação mais rápida e abrangente, através de sites, redes sociais, aplicativos etc.

Em virtude disso, coloca a lei como obrigação dos entes públicos incorporarem essas novas tecnologias em sua comunicação.

Fomento ao desenvolvimento da cultura de transparência na administração pública

A transparência é uma das principais preocupações presentes na Lei de Acesso à Informação, a qual determina que a Administração Pública deve fomentar, isso é, incentivar, favorecer, propiciar, a transparência em todas as suas instâncias.

Desenvolvimento do controle social da administração pública

Controle social é aquele exercido pela população em geral sobre a Administração Pública, e é essencial para o fortalecimento e consolidação de uma democracia. A Lei dispõe que o Governo, em todas as suas esferas e poderes, deve criar e aperfeiçoar mecanismos de controle social, incentivando a sociedade civil à fiscalização da coisa pública.

Além dessas diretrizes, o Art. 3º da Lei 12.527 afirma que a Administração Pública deve ainda obedecer aos seus princípios básicos, entre os quais apresentam-se aqueles citados no Art. 37, caput, da Constituição Federal: legalidade, impessoalidade, moralidade, publicidade e eficiência.

13.4 Acesso à Informação e Divulgação

Obrigações dos entes públicos em relação às informações sob sua responsabilidade

Gestão, proteção e divulgação das informações

O Art. 6º da Lei de Acesso à Informação afirma que cabe aos órgãos e entidades do Poder Público, observadas as normas e procedimentos específicos aplicáveis, assegurar a:

> Gestão transparente da informação, propiciando amplo acesso a ela e sua divulgação.

> Proteção da informação, garantindo-se sua disponibilidade, autenticidade e integridade; e

> Proteção da informação sigilosa e da informação pessoal, observada a sua disponibilidade, autenticidade, integridade e eventual restrição de acesso.

Desse modo, os órgãos públicos são responsáveis por zelarem pela guarda à administração correta das informações e pela sua divulgação, em caso de necessidade ou solicitação, exceto nos casos de informação sigilosa ou pessoal, quando não haverá publicidade de seu conteúdo.

Mesmo as informações sigilosas ou pessoais, no entanto, devem ser devidamente armazenadas e protegidas pela Administração Pública. Ela deverá fornecê-las somente a quem estiver autorizado.

Informações de interesse coletivo ou geral

Estabelece o Art. 8º da Lei que é dever dos órgãos e entidades públicas promover, independentemente de requerimentos, a divulgação em local de fácil acesso, no âmbito de suas competências, de informações de interesse coletivo ou geral por eles produzidas ou custodiadas.

Nesses casos, conforme já se estudou, o ente ou órgão público não deverá aguardar a solicitação das informações para divulgá-las.

Na divulgação das informações de interesse coletivo ou geral, deverá constar, no mínimo:

> Registro das competências e estrutura organizacional, endereços e telefones das respectivas unidades e horários de atendimento ao público;

> Registros de quaisquer repasses ou transferências de recursos financeiros;

> Registros das despesas;

> Informações concernentes a procedimentos licitatórios, inclusive os respectivos editais e resultados, bem como a todos os contratos celebrados;

> Dados gerais para o acompanhamento de programas, ações, projetos e obras de órgãos e entidades; e

> Respostas a perguntas mais frequentes da sociedade.

Na divulgação das informações de interesse coletivo ou geral, os órgãos e entidades públicas deverão utilizar todos os meios e instrumentos legítimos de que dispuserem, sendo obrigatória a divulgação em sítios oficiais da Rede Mundial de Computadores (sites na Internet). Mais uma vez, encontra-se presente a ideia de efetividade da comunicação e não de sua mera formalidade.

O § 3º do Art. 8º afirma que sites deverão atender, entre outros, aos seguintes requisitos:

> Conter ferramenta de pesquisa de conteúdo que permita o acesso à informação de forma objetiva, transparente, clara e em linguagem de fácil compreensão;
> Possibilitar a gravação de relatórios em diversos formatos eletrônicos, inclusive abertos e não proprietários, tais como planilhas e texto, de modo a facilitar a análise das informações;
> Possibilitar o acesso automatizado por sistemas externos em formatos abertos, estruturados e legíveis por máquina;
> Divulgar em detalhes os formatos utilizados para estruturação da informação;
> Garantir a autenticidade e a integridade das informações disponíveis para acesso;
> Manter atualizadas as informações disponíveis para acesso;
> Indicar local e instruções que permitam ao interessado comunicar-se, por via eletrônica ou telefônica, com o órgão ou entidade detentora do site; e
> Adotar as medidas necessárias para garantir a acessibilidade de conteúdo para pessoas com deficiência.

A obrigatoriedade de divulgação em site da Internet das informações de interesse coletivo ou geral somente não se aplica aos Municípios com população de até 10.000 (dez mil) habitantes, os quais, porém, continuam obrigados à divulgação, em tempo real, de informações relativas à execução orçamentária e financeira, nos critérios e prazos previstos na Lei de Responsabilidade Fiscal.

Direitos do cidadão no acesso à informação

O Art. 7º da Lei 12.527 afirma que o acesso à informação inclui, entre outros, os direitos de o cidadão obter:

> Orientação sobre os procedimentos para a consecução de acesso, bem como sobre o local onde poderá ser encontrada ou obtida a informação almejada;
> Informação contida em registros ou documentos, produzidos ou acumulados por seus órgãos ou entidades, recolhidos ou não a arquivos públicos;
> Informação produzida ou custodiada por pessoa física ou entidade privada, decorrente de qualquer vínculo com seus órgãos ou entidades, mesmo que esse vínculo já tenha cessado;
> Informação primária, íntegra, autêntica e atualizada;
> Informação sobre atividades exercidas pelos órgãos e entidades, inclusive as relativas à sua política, organização e serviços;
> Informação pertinente à administração do patrimônio público, utilização de recursos públicos, licitação, contratos administrativos; e
> Informação relativa:
» À implementação, acompanhamento e resultados dos programas, projetos e ações dos órgãos e entidades públicas, bem como metas e indicadores propostos;
» Ao resultado de inspeções, auditorias, prestações e tomadas de contas realizadas pelos órgãos de controle interno e externo, incluindo prestações de contas relativas a exercícios anteriores.

A Lei, no entanto, afirma que o acesso à informação não compreende as informações referentes a projetos de pesquisa e desenvolvimento científicos ou tecnológicos, cujo sigilo seja imprescindível à segurança da sociedade e do Estado.

Assim, por exemplo, as pesquisas relacionadas à construção de um novo armamento pelas forças armadas serão mantidas em sigilo, por razões óbvias.

Informação parcialmente sigilosa

Algumas vezes, somente parte da informação solicitada pode ser considerada sigilosa.

Nesse caso, o § 2º do Art. 7º assegura o acesso à parte não sigilosa por meio de certidão, extrato ou cópia com ocultação da parte sob sigilo.

Negativa de acesso

O §4º do Art. 7º da Lei estipula que a negativa de acesso às informações, objeto de pedido formulado aos órgãos e entidades públicas, deverá ser fundamentada, ou seja, deverá ser devidamente justificada.

Se isso não ocorrer, o responsável estará sujeito a penalidades administrativas, sendo a pena mínima aplicada a de suspensão.

Extravio de informação

Informado do extravio da informação solicitada, poderá o interessado requerer à autoridade competente a imediata abertura de sindicância para apurar o desaparecimento da respectiva documentação.

Nesse caso, o responsável pela guarda da informação extraviada deverá, no prazo de 10 (dez) dias, justificar o fato e indicar testemunhas que comprovem sua alegação, sob pena de responsabilização.

Serviços de informação ao cidadão – sic e audiências públicas

O Art. 9º da Lei afirma que o acesso a informações públicas será assegurado mediante a criação de serviço de informações ao cidadão, nos órgãos e entidades do Poder Público, em local que deve ter condições apropriadas para:

> Atender e orientar o público quanto ao acesso a informações;
> Informar sobre a tramitação de documentos nas suas respectivas unidades;
> Protocolizar documentos e requerimentos de acesso a informações.

Além disso, determina a realização de audiências ou consultas públicas, incentivo à participação popular ou a outras formas de divulgação.

13.5 Procedimento de Acesso à Informação

A Lei de Acesso à Informação disciplina a forma como os cidadãos poderão solicitar informações aos órgãos públicos, bem como os prazos e a forma da prestação dessas informações.

Vejamos:

Pedido de acesso

O procedimento inicia-se com o pedido de acesso à informação, o qual poderá ser apresentado por qualquer interessado, devendo o pedido conter a identificação do requerente e a especificação da informação requerida.

Meio para apresentação do pedido

Esse pedido pode ser apresentado por qualquer meio legítimo, como carta, e-mail, notificação e outros.

Inclusive, a Lei estabelece que os órgãos e entidades do poder público devem viabilizar alternativa de encaminhamento de pedidos de acesso, por meio de seus sítios oficiais na Internet (como o conhecido "fale conosco", por exemplo).

Justificativa para o pedido de informações

Não se deverá exigir que o solicitante informe qual a razão para o pedido das informações, que poderá ou não fornecer tal informação junto com sua solicitação.

13.6 Fornecimento das Informações

Prazo para a prestação das informações

O Art. 11 da Lei estabelece que o órgão ou entidade pública deverão autorizar ou conceder o acesso imediato à informação disponível.

Ou seja, estando a informação à mão, deverá ser fornecida de imediato ao solicitante.

Se, por alguma razão, não for possível o acesso imediato, pelo fato de a informação não estar disponível instantaneamente, deverá o órgão ou entidade que receber o pedido, no prazo máximo de 20 (vinte) dias:

- Comunicar a data, local e modo para se realizar a consulta, efetuar a reprodução ou obter a certidão.
- Indicar as razões de fato ou de direito da recusa, total ou parcial, do acesso pretendido; ou
- Comunicar que não possui a informação e indicar, se for do seu conhecimento, o órgão ou a entidade que a detém, ou, ainda, remeter o requerimento a esse órgão ou entidade, cientificando o interessado da remessa de seu pedido de informação.

Esse prazo de 20 (vinte) dias somente poderá ser prorrogado por mais 10 (dez) dias, mediante justificativa expressa, da qual será cientificado o requerente.

Pesquisa de informações pelo cidadão

Permite-se ao órgão ou entidade pública oferecer meios para que o próprio requerente possa pesquisar a informação de que necessitar. Isso é interessante para o requerente, que poderá obter as informações sem depender de ninguém, e para o órgão ou entidade pública, que provavelmente verá a demanda presencial de pedidos diminuir.

Informação sobre negativa

A Lei estabelece que, quando não for autorizado o acesso, por se tratar de informação total ou parcialmente sigilosa, o requerente deverá ser informado sobre a possibilidade de recurso, prazos e condições para sua interposição, devendo, ainda, ser-lhe indicada a autoridade competente para sua apreciação.

Além disso, dispõe o Art. 14 da Lei que é direito do requerente obter o inteiro teor de decisão de negativa de acesso, por certidão ou cópia.

Informações em formato digital, impresso ou eletrônico

A informação armazenada em formato digital será fornecida nesse formato, caso haja solicitação do requerente. Nesse caso, tal informação poderá ser fornecida por e-mail ou por gravação em um suporte físico (CDS, pen drive etc.).

A Lei também dispõe que, caso a informação solicitada esteja disponível ao público em formato impresso, eletrônico ou em qualquer outro meio de acesso universal, serão informados ao requerente, por escrito, o lugar e a forma pela qual se poderá consultar, obter ou reproduzir a referida informação. Nesse caso, o órgão ou entidade pública estará desobrigado de fornecer a informação diretamente, salvo se o requerente declarar não dispor de meios para realizar por si mesmo os procedimentos de acesso à informação (alguém que não tem acesso à internet, no caso de informações disponibilizadas em sites, por exemplo).

O Art. 12 acrescenta que o serviço de busca e fornecimento da informação deve ser gratuito, exceto nas hipóteses de reprodução de documentos pelo órgão ou entidade pública consultada, situação em que poderá ser cobrado exclusivamente o valor necessário ao ressarcimento do custo dos serviços e dos materiais utilizados.

No entanto, também afirma que estará isento de ressarcir os custos de reprodução quem estiver em situação econômica que não lhe permita fazê-lo sem prejuízo do sustento próprio ou da família, declarada nos termos da Lei nº 7.115, de 29 de agosto de 1983.

informação cuja manipulação possa causar-lhe danos

O Art. 13 estabelece que, quando se tratar de acesso à informação contida em documento cuja manipulação possa prejudicar sua integridade, deverá ser oferecida a consulta de cópia, com certificação de que esta confere com o original.

Não sendo possível a extração de cópias, o interessado poderá solicitar que, sob suas expensas e sob supervisão de servidor público, a reprodução seja feita por outro meio que não ponha em risco a conservação do documento original.

Recurso contra o indeferimento de pedido de acesso à informação

Em caso de negativa de fornecimento de informações solicitadas, prevê a Lei que o interessado poderá apresentar recurso contra a decisão.

Esse recurso deverá ser apresentado no prazo de 10 (dez) dias, a contar da sua ciência pelo solicitante.

Tal recurso deverá ser apreciado pela autoridade hierarquicamente superior à que exarou a decisão impugnada, que terá o prazo de 5 (cinco) dias para julgá-lo.

Se houver nova negativa pela autoridade julgadora do recurso, prevê o Art. 16 da Lei 12.527/11 que o requerente ainda poderá recorrer à Controladoria-Geral da União - CGU.

No entanto, de acordo com o mesmo artigo, a CGU somente deverá se manifestar se:

> O acesso à informação não classificada como sigilosa for negado.

> A decisão de negativa de acesso à informação total ou parcialmente classificada como sigilosa não indicar a autoridade classificadora ou a hierarquicamente superior a quem possa ser dirigido pedido de acesso ou desclassificação.

> Os procedimentos de classificação de informação sigilosa estabelecidos na Lei 12.527/11 não tiverem sido observados; ou

> Estiverem sendo descumpridos prazos ou outros procedimentos previstos na Lei 12.527/11.

Se a Controladoria-Geral da União verificar que o recorrente tem razão no que alega, determinará ao órgão ou entidade que adote as providências necessárias para dar cumprimento ao disposto na Lei 12.527/11.

Por fim, se a CGU também negar o acesso, estabelece a Lei que o interessado ainda poderá interpor recurso à chamada Comissão Mista de Reavaliação de Informações.

Observa-se, então, que o processo administrativo para solicitação de informações pode chegar a ter 4 (quatro) instâncias de julgamento.

No caso do Poder Judiciário e do Ministério Público, a Lei estabelece que seus órgãos deverão informar o Conselho Nacional de Justiça e o Conselho Nacional do Ministério Público, respectivamente, sobre as decisões que, em grau de recurso, negarem acesso a informações de interesse público.

O objetivo é permitir a apuração de responsabilidade daqueles que indevidamente negaram publicidade a essas informações.

Importante: a Controladoria-Geral da União é um órgão federal e, portanto, somente apreciará recursos referentes a órgãos da União. Os Estados, Distrito Federal e Municípios poderão instituir mecanismos de recursos semelhantes em suas esferas administrativas.

13.7 Restrições de Acesso à Informação

Restrições de acesso à informação são as situações que farão com que a informação não seja divulgada. Elas estão regulamentadas pela Lei 12.527/11.

O Art. 21 estabelece que não poderá ser negado acesso à informação necessária à tutela judicial ou administrativa de direitos fundamentais. Isso porque tais direitos são considerados essenciais, e não podem se submeter a eventual direito de sigilo da informação.

Além disso, o referido artigo afirma que as informações ou documentos que versem sobre condutas que impliquem violação dos direitos humanos, praticada por agentes públicos ou a mando de autoridades públicas, não poderão ser objeto de restrição de acesso.

A intenção é evitar que o desrespeito aos direitos humanos seja deixado impune por desconhecimento.

Além das hipóteses de restrições que veremos, a Lei 12.527 estabelece que o que está nela disposto não exclui as demais hipóteses legais de sigilo e de segredo de justiça. Não se excluem também as hipóteses de segredo industrial, decorrentes da exploração direta de atividade econômica pelo Estado ou por pessoa física ou entidade privada, que tenha qualquer vínculo com o Poder Público.

Classificação da informação quanto ao grau e prazos de sigilo

Classificar uma informação significa atribuir a ela determinado grau de sigilo, restringindo, de alguma forma, seu acesso por terceiros.

As informações que não possuem restrição de acesso - que são a grande maioria - são chamadas de não classificadas.

A Lei 12.527/11 estabelece os critérios para que a classificação seja feita, bem como a forma de realizá-la e quais são as autoridades competentes para tal.

Informações passíveis de classificação

O Art. 23 da Lei de Acesso à Informação afirma que são consideradas imprescindíveis à segurança da sociedade ou do Estado e, portanto, passíveis de classificação as informações cuja divulgação ou acesso irrestrito possam:

> Pôr em risco a defesa e a soberania nacionais ou a integridade do território nacional;

> Prejudicar ou pôr em risco a condução de negociações ou as relações internacionais do País, ou as que tenham sido fornecidas em caráter sigiloso por outros Estados e organismos internacionais;

> Pôr em risco a vida, a segurança ou a saúde da população;

> Oferecer elevado risco à estabilidade financeira, econômica ou monetária do País;

> Prejudicar ou causar risco a planos ou operações estratégicos das Forças Armadas;

- Prejudicar ou causar risco a projetos de pesquisa e desenvolvimento científico ou tecnológico, assim como a sistemas, bens, instalações ou áreas de interesse estratégico nacional;
- Pôr em risco a segurança de instituições ou de altas autoridades nacionais ou estrangeiras e seus familiares; ou
- Comprometer atividades de inteligência, bem como de investigação ou fiscalização em andamento, relacionadas com a prevenção ou repressão de infrações.

Categorias de classificação

A Lei de Acesso à Informação estabelece três categorias para as informações sigilosas.

Ela estipula que a informação em poder das entidades e dos órgãos públicos, observado o seu teor e, em razão de sua imprescindibilidade à segurança da sociedade ou do Estado, poderá ser classificada como:

- Ultrassecreta;
- Secreta; ou
- Reservada.

Prazos de restrição de acesso à informação

De acordo com a classificação da informação (ultrassecreta, secreta ou reservada), os prazos máximos de restrição de acesso serão diferenciados, da seguinte forma:

- Informação ultrassecreta: será mantida em sigilo 25 (vinte e cinco) anos;
- Informação secreta: será mantida em sigilo 15 (quinze) anos;
- Informação reservada: será mantida em sigilo por 5 (cinco) anos.

Nada impede que sejam adotados prazos menores do que os estabelecidos acima.

Esses prazos são contados a partir da data de produção da informação.

A Lei estabelece que, em vez da aplicação dos prazos previstos acima, poderá ser estabelecida como termo final de restrição de acesso a ocorrência de determinado evento, mas desde que este ocorra antes do transcurso do prazo máximo de classificação.

Assim, por exemplo, pode-se estabelecer, em 2015, que os planos de segurança para a organização das Olimpíadas no Rio de Janeiro sejam mantidos em sigilo até o dia seguinte ao do encerramento do evento, por exemplo.

As informações que puderem colocar em risco a segurança do Presidente e do Vice-Presidente da República, e respectivos cônjuges e filhos, serão classificadas como reservadas, mas terão um prazo diferenciado de sigilo, pois serão mantidas em segredo até o término do mandato em exercício ou do último mandato, em caso de reeleição.

Os Estados e Municípios também podem estabelecer norma semelhante para as informações relativas a seus Governadores, Prefeitos, Vices e familiares.

Transcorrido o prazo de classificação ou consumado o evento que defina o seu termo final, a informação tornar-se-á, automaticamente, de acesso público, não importando sua classificação original.

> Importante: O Art. 35, § 1°, inciso III da Lei 11.527/11 permite que a Comissão Mista de Reavaliação de Informações prorrogue o prazo de sigilo de informação classificada como ultrassecreta, sempre por prazo determinado, enquanto o seu acesso ou divulgação puder ocasionar ameaça externa à soberania nacional ou à integridade do território nacional ou grave risco às relações internacionais do País, limitando, no entanto, essa prorrogação a somente uma vez e, no máximo, por mais 25 anos.

Ou seja, no caso de informação ultrassecreta, o prazo de sigilo pode, excepcionalmente, chegar a 50 (cinquenta) anos.

Por fim, o parágrafo 5º do Art. 24 estabelece que, para a classificação da informação em determinado grau de sigilo, deverá ser observado o interesse público da informação e utilizado o critério menos restritivo possível, considerados:

- A gravidade do risco ou dano à segurança da sociedade e do Estado; e
- O prazo máximo de restrição de acesso ou o evento que defina seu termo final.

Proteção e controle das informações sigilosas

A Lei de Acesso à Informação estipula ser dever do Estado controlar o acesso e a divulgação de informações sigilosas produzidas por seus órgãos e entidades, assegurando a sua proteção.

Assim, é responsabilidade da Administração Pública evitar, por exemplo, o "vazamento" de informações sigilosas.

Para isso, o acesso, a divulgação e o tratamento de informação classificada como sigilosa ficarão restritos a pessoas que tenham necessidade de conhecê-la e que sejam devidamente credenciadas na forma da legislação.

Aquele que tiver acesso à informação classificada como sigilosa tem a obrigação legal de proteger esse sigilo contra o conhecimento por terceiros.

As autoridades públicas estão obrigadas a adotar as providências necessárias para que as pessoas a elas subordinadas hierarquicamente conheçam as normas e observem as medidas e procedimentos de segurança para tratamento de informações sigilosas.

No caso de pessoa física ou jurídica externa à Administração Pública que, por qualquer razão (contrato de guarda de documentos ou de fornecimento de cópias, por exemplo), execute atividades de tratamento de informações sigilosas, deverão elas adotar as providências necessárias para que seus empregados, prepostos ou representantes observem as medidas e procedimentos de segurança das informações.

Competência para classificação de informações na administração pública federal

O Art. 27 da Lei de Acesso à Informação define a competência para a classificação das informações no âmbito da Administração Pública Federal, que dependerá do grau de sigilo associado.

De acordo com tal dispositivo:

- Podem classificar uma informação como ultrassecreta, secreta ou reservada, ou seja, podem determinar qualquer grau de sigilo:
  - O Presidente da República;
  - O Vice-Presidente da República;
  - Os Ministros de Estado e autoridades com as mesmas prerrogativas;
  - Os Comandantes da Marinha, do Exército e da Aeronáutica; e
  - Os Chefes de Missões Diplomáticas e Consulares permanentes no exterior.

No caso dos Comandantes da Marinha, do Exército e da Aeronáutica e dos Chefes de Missões Diplomáticas e Consulares, a classificação de informação no grau de sigilo ultrassecreto deverá ser ratificada pelos respectivos Ministros de Estado.

A autoridade ou outro agente público que classificar a informação como ultrassecreta (qualquer que seja ela) deverá encaminhar a decisão à Comissão Mista de Reavaliação de Informações.

- Podem classificar uma informação somente como secreta ou reservada:
  - Titulares (presidentes) de autarquias, fundações ou empresas públicas e sociedades de economia mista.
- Podem classificar uma informação somente como reservada:
  - Servidores que exerçam funções de direção, comando ou chefia, nível DAS 101.5, ou superior, do Grupo-Direção e Assessoramento Superiores, ou de hierarquia equivalente, de acordo com regulamentação específica de cada órgão ou entidade.

Delegação de competência

A Lei permite que a competência para a classificação de uma informação como ultrassecreta ou secreta pode ser delegada pela autoridade responsável a agente público. É proibida, porém, a subdelegação pelo agente que receber a incumbência.

Requisitos da decisão de classificação

De acordo com a Lei, a classificação de informação em qualquer grau de sigilo deverá ser formalizada em decisão que conterá, no mínimo, os seguintes elementos:

- Assunto sobre o qual versa a informação;
- Fundamento da classificação, ou seja, sua fundamentação;
- Indicação do prazo de sigilo, contado em anos, meses ou dias, ou do evento que defina o seu termo final, conforme limites já vistos para cada grau de sigilo;
- Identificação da autoridade que a classificou.

Reavaliação da decisão de classificação

A Lei também estabelece que a decisão sobre a classificação seja mantida no mesmo grau de sigilo da informação classificada.

A classificação poderá ser reavaliada a qualquer momento, por iniciativa da própria autoridade classificadora ou por solicitação de terceiro, sendo que tal revisão também poderá ser feita por autoridade hierarquicamente superior à que efetuou a classificação.

Nessa reavaliação, deverão ser examinadas a permanência dos motivos do sigilo e a possibilidade de danos decorrentes do acesso ou da divulgação da informação.

Na hipótese de redução do prazo de sigilo da informação, o novo prazo de restrição continuará a ser contado a partir da data de sua produção.

Publicação das informações classificadas

A Lei 12.527/11 estabelece que, todos os anos, a autoridade máxima de cada órgão ou entidade publicará em site da Internet e destinado à veiculação de dados e informações administrativas:

- Relação das informações que tenham sido desclassificadas nos últimos 12 (doze) meses;
- Relação de documentos classificados em cada grau de sigilo, com identificação para referência futura;
- Relatório estatístico contendo a quantidade de pedidos de informação recebidos, atendidos e indeferidos, bem como informações genéricas sobre os solicitantes.

Informações pessoais

Informações pessoais são aquelas que dizem respeito à intimidade, vida privada, honra e imagem de alguma pessoa física.

A Lei determina que o tratamento de tais informações deva ser feito de forma transparente e com respeito justamente à intimidade, vida privada, honra e imagem das pessoas, bem como às liberdades e garantias individuais.

Em relação às informações pessoais, estabelece a Lei 12.527/11:

- Que terão, pelo prazo máximo de 100 (cem) anos, contados da data de sua produção, acesso restrito a agentes públicos, legalmente autorizados, e à pessoa a que elas se referirem; e
- Que poderão ter autorizada sua divulgação ou acesso por terceiros, diante de previsão legal ou consentimento expresso da pessoa a que elas se referirem.

Toda pessoa que tiver acesso às informações pessoais de outrem será responsabilizado por seu uso indevido.

A Lei estabelece ainda que o consentimento da pessoa a que se referirem as informações pessoais não será necessário, quando tais informações forem necessárias:

- À prevenção e diagnóstico médico, quando a pessoa estiver física ou legalmente incapaz, e para utilização única e exclusivamente para o tratamento médico;

- À realização de estatísticas e pesquisas científicas de evidente interesse público ou geral, previstos em lei, sendo vedada a identificação da pessoa a que as informações se referirem;
- Ao cumprimento de ordem judicial;
- À defesa de direitos humanos; ou
- À proteção do interesse público e geral preponderante.

A Lei estabelece que a restrição de acesso às informações pessoais não se aplica quando:

- For invocada com o intuito de prejudicar processo de apuração de irregularidades em que o titular das informações estiver envolvido; e
- Em ações voltadas para a recuperação de fatos históricos de maior relevância.

13.8 Responsabilidades

A Lei de Acesso à Informação define condutas ilícitas relacionadas à gestão e ao fornecimento de informações, estipulando também penalidades.

Ela divide essas condutas em duas categorias: condutas praticadas por agentes públicos civis ou militares, e condutas praticadas por pessoa física ou jurídica, externa à Administração.

Vejamos:

Condutas ilícitas praticadas por agente público civil ou militar

Definição das condutas

O Art. 32 da Lei 12.527/11 estipula que constituem condutas ilícitas, que ensejam responsabilidade do agente público ou militar:

- Recusar-se a fornecer informação requerida nos termos da Lei, retardar deliberadamente o seu fornecimento ou fornecê-la intencionalmente de forma incorreta, incompleta ou imprecisa;
- Utilizar indevidamente, bem como subtrair, destruir, inutilizar, desfigurar, alterar ou ocultar, total ou parcialmente, informação que se encontre sob sua guarda ou a que tenha acesso ou conhecimento em razão do exercício das atribuições de cargo, emprego ou função pública;
- Agir com dolo ou má-fé na análise das solicitações de acesso à informação;
- Divulgar ou permitir a divulgação, ou acessar ou permitir acesso indevido à informação sigilosa ou informação pessoal;
- Impor sigilo à informação para obter proveito pessoal ou de terceiro, ou para fins de ocultação de ato ilegal cometido por si ou por outrem;
- Ocultar da revisão de autoridade superior competente informação sigilosa para beneficiar a si ou a outrem, ou em prejuízo de terceiros; e
- Destruir ou subtrair, por qualquer meio, documentos concernentes a possíveis violações de direitos humanos por parte de agentes do Estado.

Penalidades

Constatada a prática de alguma das condutas pelo agente público, através de processo administrativo que garanta o contraditório e a ampla defesa e respeite o devido processo legal, estará ele sujeito às seguintes penalidades:

- Se for servidor militar, estará sujeito às penalidades aplicáveis às transgressões militares médias ou graves, desde que não tipificadas em lei como crime ou contravenção penal; e
- Se for servidor civil, estará sujeito, no mínimo, à suspensão, segundo os critérios estabelecidos em lei.

Além disso, poderá o militar ou agente público responder, também, por improbidade administrativa, se for o caso.

Condutas ilícitas praticadas por pessoa física ou jurídica externa à administração e que detenha informação de órgão ou entidade pública

Nesse caso, a conduta indevida não é praticada por um agente público, mas sim por alguém que, embora externo aos quadros da Administração Pública, por alguma razão, detenha informações de órgão ou entidade pública.

Exemplo: empresa contratada para guardar ou extrair cópias de documentos públicos.

Nesse caso, se a empresa deixar de observar qualquer disposição da Lei 12.527/11, está sujeita, dependendo do caso concreto, às penalidades de:

- Advertência;
- Multa;
- Rescisão do vínculo com o Poder Público;
- Suspensão temporária de participar em licitação e impedimento de contratar com a Administração Pública por prazo não superior a 2 (dois) anos; e
- Declaração de inidoneidade para licitar ou contratar com a Administração Pública, até que seja promovida a reabilitação perante a própria autoridade que aplicou a penalidade.

A competência para a aplicação da penalidade de declaração de idoneidade é exclusiva da autoridade máxima do órgão ou entidade pública, permitida a defesa do interessado, no respectivo processo, no prazo de 10 (dez) dias da abertura de vista.

Responsabilidade por danos

A Lei de Acesso à Informação estabelece que, tanto os órgãos e entidades públicas como a pessoa física ou jurídica externa à Administração que causarem danos a terceiros, em virtude da divulgação não autorizada ou utilização indevida de informações sigilosas ou informações pessoais ou tratamento indevido a elas, serão responsáveis pela indenização da vítima.

No caso de esse dano ser causado por dolo ou culpa de servidor público, poderá ele ser cobrado em ação regressiva, com o fim de ressarcir os cofres públicos.

14. LEI Nº 8.429/1992 - LEI DE IMPROBIDADE ADMINISTRATIVA

14.1 Improbidade Administrativa

A improbidade administrativa está prevista no texto constitucional em seu art. 37, § 4º, que prevê:

> ***Art. 37.** [...]*
>
> ***§ 4º** Os atos de improbidade administrativa importarão a suspensão dos direitos políticos, a perda da função pública, a indisponibilidade dos bens e o ressarcimento ao erário, na forma e gradação previstas em lei, sem prejuízo da ação penal cabível.*

A norma constitucional determinou que os atos de improbidade administrativa deveriam ser regulamentados para a sua execução, o que ocorreu com a edição da Lei nº 8.429/92, recentemente alterada pela redação dada pela Lei nº 14.230/2021, que passou a dispor sobre as sanções aplicáveis em virtude da prática de atos de improbidade administrativa, de que trata o § 4º do art. 37 da Constituição Federal, e dá outras providências.

Sistema de responsabilização por atos de improbidade administrativa

O sistema de responsabilização por atos de improbidade administrativa tutelará a probidade na organização do Estado e no exercício de suas funções, como forma de assegurar a integridade do patrimônio público e social.

AUSÊNCIA DE COMPROVAÇÃO DE ATO DOLOSO: o mero exercício da função ou o desempenho de competências públicas, sem comprovação de ato doloso com fim ilícito, afasta a responsabilidade por ato de improbidade administrativa.

APLICAÇÃO DE PRINCÍPIOS CONSTITUCIONAIS: aplicam-se ao sistema da improbidade os princípios constitucionais do direito administrativo sancionador.

VIOLAÇÃO DA PROBIDADE NA ORGANIZAÇÃO DO ESTADO: os atos de improbidade violam a probidade na organização do Estado e no exercício de suas funções e a integridade do patrimônio público e social dos Poderes Executivo, Legislativo e Judiciário, bem como da administração direta e indireta, no âmbito da União, dos estados, dos municípios e do Distrito Federal.

Atenção!

Estão sujeitos às sanções desta Lei os atos de improbidade praticados contra o patrimônio de entidade privada que receba subvenção, benefício ou incentivo, fiscal ou creditício, de entes públicos ou governamentais.

SUJEIÇÃO À SANÇÃO: independentemente de integrar a administração indireta, estão sujeitos às sanções os atos de improbidade praticados contra o patrimônio de entidade privada para cuja criação ou custeio o erário haja concorrido ou concorra no seu patrimônio ou receita atual, limitado o ressarcimento de prejuízos, nesse caso, à repercussão do ilícito sobre a contribuição dos cofres públicos.

NÃO CONFIGURAÇÃO DE IMPROBIDADE: a ação ou omissão decorrente de divergência interpretativa, com base em jurisprudência, ainda que não pacificada, mesmo que não venha a ser posteriormente prevalecente nas decisões dos órgãos de controle ou dos tribunais do Poder Judiciário.

Agente público

Considera-se agente público o agente político, o servidor público e todo aquele que exerce, ainda que transitoriamente ou sem remuneração, por eleição, nomeação, designação, contratação ou qualquer outra forma de investidura ou vínculo, mandato, cargo, emprego ou função nas entidades.

RECURSO DE ORIGEM PÚBLICA: no que se refere a recursos de origem pública, sujeita-se às sanções previstas nesta Lei o particular, pessoa física ou jurídica, que celebra com a administração pública convênio, contrato de repasse, contrato de gestão, termo de parceria, termo de cooperação ou ajuste administrativo equivalente.

EXTENSÃO DA LEI DE IMPROBIDADE: as disposições da Lei são aplicáveis, no que couber, àquele que, mesmo não sendo agente público, induza ou concorra dolosamente para a prática do ato de improbidade.

SÓCIOS, COTISTAS, DIRETORES E COLABORADORES: sócios, cotistas, diretores e colaboradores de pessoa jurídica de direito privado não respondem pelo ato de improbidade que venha a ser imputado à pessoa jurídica, salvo se, comprovadamente, houver participação e benefícios diretos, caso em que responderão nos limites da sua participação.

Atenção!

As sanções desta Lei não se aplicarão à pessoa jurídica, caso o ato de improbidade administrativa seja também sancionado como ato lesivo à administração pública de que trata a Lei nº 12.846, de 1º de agosto de 2013 (lei sobre a responsabilização administrativa e civil de pessoas jurídicas pela prática de atos contra a administração pública, nacional ou estrangeira).

INDÍCIOS DE ATO DE IMPROBIDADE: se houver indícios de ato de improbidade, a autoridade que conhecer dos fatos representará ao Ministério Público competente, para as providências necessárias.

DANOS AO ERÁRIO: o sucessor ou herdeiro daquele que causar danos ao erário ou que se enriquecer ilicitamente está sujeito apenas à obrigação de repará-lo até o limite do valor da herança ou do patrimônio transferido.

RESPONSABILIDADE SUCESSÓRIA: a responsabilidade sucessória aplica-se também na hipótese de alteração contratual, de transformação, de incorporação, de fusão ou de cisão societária.

Atenção!

Nas hipóteses de fusão e incorporação, a responsabilidade da sucessora será restrita à obrigação de reparação integral do dano causado, até o limite do patrimônio transferido, não lhe sendo aplicáveis as demais sanções previstas na lei de improbidade decorrentes de atos e de fatos ocorridos antes da data da fusão ou da incorporação, exceto no caso de simulação ou de evidente intuito de fraude, devidamente comprovados.

14.2 Dos Atos de Improbidade Administrativa

Dos atos de improbidade administrativa que importam enriquecimento ilícito

Constitui ato de improbidade administrativa importando em enriquecimento ilícito auferir, mediante a prática de ato doloso, qualquer tipo de vantagem patrimonial indevida em razão do exercício de cargo, de mandato, de função, de emprego ou de atividade nas entidades, e notadamente:

I - receber, para si ou para outrem, dinheiro, bem móvel ou imóvel, ou qualquer outra vantagem econômica, direta ou indireta, a título de comissão, percentagem, gratificação ou presente de quem tenha interesse, direto ou indireto, que possa ser atingido ou amparado por ação ou omissão decorrente das atribuições do agente público;

II - perceber vantagem econômica, direta ou indireta, para facilitar a aquisição, permuta ou locação de bem móvel ou imóvel, ou a contratação de serviços pelas entidades referidas no art. 1º por preço superior ao valor de mercado;

III - perceber vantagem econômica, direta ou indireta, para facilitar a alienação, permuta ou locação de bem público ou o fornecimento de serviço por ente estatal por preço inferior ao valor de mercado;

IV - utilizar, em obra ou serviço particular, qualquer bem móvel, de propriedade ou à disposição de qualquer das entidades referidas no art. 1º desta Lei, bem como o trabalho de servidores, de empregados ou de terceiros contratados por essas entidades;

V - receber vantagem econômica de qualquer natureza, direta ou indireta, para tolerar a exploração ou a prática de jogos de azar, de lenocínio, de narcotráfico, de contrabando, de usura ou de qualquer outra atividade ilícita, ou aceitar promessa de tal vantagem;

VI - receber vantagem econômica de qualquer natureza, direta ou indireta, para fazer declaração falsa sobre qualquer dado técnico que envolva obras públicas ou qualquer outro serviço ou sobre quantidade, peso, medida, qualidade ou característica de mercadorias ou bens fornecidos a qualquer das entidades referidas no art. 1º desta Lei;

VII - adquirir, para si ou para outrem, no exercício de mandato, de cargo, de emprego ou de função pública, e em razão deles, bens de qualquer natureza, decorrentes dos atos descritos no caput deste artigo, cujo valor seja desproporcional à evolução do patrimônio ou à renda do agente público, assegurada a demonstração pelo agente da licitude da origem dessa evolução;

VIII - aceitar emprego, comissão ou exercer atividade de consultoria ou assessoramento para pessoa física ou jurídica que tenha interesse suscetível de ser atingido ou amparado por ação ou omissão decorrente das atribuições do agente público, durante a atividade;

IX - perceber vantagem econômica para intermediar a liberação ou aplicação de verba pública de qualquer natureza;

X - receber vantagem econômica de qualquer natureza, direta ou indiretamente, para omitir ato de ofício, providência ou declaração a que esteja obrigado;

XI - incorporar, por qualquer forma, ao seu patrimônio bens, rendas, verbas ou valores integrantes do acervo patrimonial das entidades mencionadas no art. 1º desta lei;

XII - usar, em proveito próprio, bens, rendas, verbas ou valores integrantes do acervo patrimonial das entidades mencionadas no art. 1º desta lei.

Dos atos de improbidade administrativa que causam prejuízo ao erário

Constitui ato de improbidade administrativa que causa lesão ao erário qualquer ação ou omissão dolosa, que enseje, efetiva e comprovadamente, perda patrimonial, desvio, apropriação, malbaratamento ou dilapidação dos bens ou haveres das entidades, e notadamente:

I - facilitar ou concorrer, por qualquer forma, para a indevida incorporação ao patrimônio particular, de pessoa física ou jurídica, de bens, de rendas, de verbas ou de valores integrantes do acervo patrimonial das entidades referidas no art. 1º desta Lei;

II - permitir ou concorrer para que pessoa física ou jurídica privada utilize bens, rendas, verbas ou valores integrantes do acervo patrimonial das entidades mencionadas no art. 1º desta lei, sem a observância das formalidades legais ou regulamentares aplicáveis à espécie;

III - doar à pessoa física ou jurídica bem como ao ente despersonalizado, ainda que de fins educativos ou assistências, bens, rendas, verbas ou valores do patrimônio de qualquer das entidades mencionadas no art. 1º desta lei, sem observância das formalidades legais e regulamentares aplicáveis à espécie;

IV - permitir ou facilitar a alienação, permuta ou locação de bem integrante do patrimônio de qualquer das entidades referidas no art. 1º desta lei, ou ainda a prestação de serviço por parte delas, por preço inferior ao de mercado;

V - permitir ou facilitar a aquisição, permuta ou locação de bem ou serviço por preço superior ao de mercado;

VI - realizar operação financeira sem observância das normas legais e regulamentares ou aceitar garantia insuficiente ou inidônea;

VII - conceder benefício administrativo ou fiscal sem a observância das formalidades legais ou regulamentares aplicáveis à espécie;

VIII - frustrar a licitude de processo licitatório ou de processo seletivo para celebração de parcerias com entidades sem fins lucrativos, ou dispensá-los indevidamente, acarretando perda patrimonial efetiva;

IX - ordenar ou permitir a realização de despesas não autorizadas em lei ou regulamento;

X - agir ilicitamente na arrecadação de tributo ou de renda, bem como no que diz respeito à conservação do patrimônio público;

XI - liberar verba pública sem a estrita observância das normas pertinentes ou influir de qualquer forma para a sua aplicação irregular;

XII - permitir, facilitar ou concorrer para que terceiro se enriqueça ilicitamente;

XIII - permitir que se utilize, em obra ou serviço particular, veículos, máquinas, equipamentos ou material de qualquer natureza, de propriedade ou à disposição de qualquer das entidades mencionadas no art. 1º desta lei, bem como o trabalho de servidor público, empregados ou terceiros contratados por essas entidades;

XIV - celebrar contrato ou outro instrumento que tenha por objeto a prestação de serviços públicos por meio da gestão associada sem observar as formalidades previstas na lei;

XV - celebrar contrato de rateio de consórcio público sem suficiente e prévia dotação orçamentária, ou sem observar as formalidades previstas na lei;

XVI - facilitar ou concorrer, por qualquer forma, para a incorporação, ao patrimônio particular de pessoa física ou jurídica, de bens, rendas, verbas ou valores públicos transferidos pela administração pública a entidades privadas mediante celebração de parcerias, sem a observância das formalidades legais ou regulamentares aplicáveis à espécie;

XVII - permitir ou concorrer para que pessoa física ou jurídica privada utilize bens, rendas, verbas ou valores públicos transferidos pela administração pública a entidade privada mediante celebração de parcerias, sem a observância das formalidades legais ou regulamentares aplicáveis à espécie;

XVIII - celebrar parcerias da administração pública com entidades privadas sem a observância das formalidades legais ou regulamentares aplicáveis à espécie;

XIX - agir para a configuração de ilícito na celebração, na fiscalização e na análise das prestações de contas de parcerias firmadas pela administração pública com entidades privadas;

XX - liberar recursos de parcerias firmadas pela administração pública com entidades privadas sem a estrita observância das normas pertinentes ou influir de qualquer forma para a sua aplicação irregular.

XXII - conceder, aplicar ou manter benefício financeiro ou tributário contrário ao que dispõem o caput e o § 1º do art. 8º-A da Lei Complementar nº 116, de 31 de julho de 2003.

Atenção!

Nos casos em que a inobservância de formalidades legais ou regulamentares não implicar perda patrimonial efetiva, não ocorrerá imposição de ressarcimento, vedado o enriquecimento sem causa das entidades referidas na lei de improbidade.

PERDA PATRIMONIAL: a mera perda patrimonial decorrente da atividade econômica não acarretará improbidade administrativa, salvo se comprovado ato doloso praticado com essa finalidade.

Dos atos de improbidade administrativa que atentam contra os princípios da administração pública

Constitui ato de improbidade administrativa que atenta contra os princípios da administração pública a ação ou omissão dolosa que viole os deveres de honestidade, de imparcialidade e de legalidade, caracterizada por uma das seguintes condutas:

> revelar fato ou circunstância de que tem ciência em razão das atribuições e que deva permanecer em segredo, propiciando beneficiamento por informação privilegiada ou colocando em risco a segurança da sociedade e do Estado;

> negar publicidade aos atos oficiais, exceto em razão de sua imprescindibilidade para a segurança da sociedade e do Estado ou de outras hipóteses instituídas em lei;

> frustrar, em ofensa à imparcialidade, o caráter concorrencial de concurso público, de chamamento ou de procedimento licitatório, com vistas à obtenção de benefício próprio, direto ou indireto, ou de terceiros;

> deixar de prestar contas quando esteja obrigado a fazê-lo, desde que disponha das condições para isso, com vistas a ocultar irregularidades;

> revelar ou permitir que chegue ao conhecimento de terceiro, antes da respectiva divulgação oficial, teor de medida política ou econômica capaz de afetar o preço de mercadoria, bem ou serviço;

> descumprir as normas relativas à celebração, fiscalização e aprovação de contas de parcerias firmadas pela administração pública com entidades privadas;

> nomear cônjuge, companheiro ou parente em linha reta, colateral ou por afinidade, até o terceiro grau, inclusive, da autoridade nomeante ou de servidor da mesma pessoa jurídica investido em cargo de direção, chefia ou assessoramento, para o exercício de cargo em comissão ou de confiança ou, ainda, de função gratificada na administração pública direta e indireta em qualquer dos Poderes da União, dos estados, do Distrito Federal e dos municípios, compreendido o ajuste mediante designações recíprocas;

> praticar, no âmbito da administração pública e com recursos do erário, ato de publicidade que contrarie o disposto no § 1º do art. 37 da Constituição Federal, de forma a promover inequívoco enaltecimento do agente público e personalização de atos, de programas, de obras, de serviços ou de campanhas dos órgãos públicos.

Atenção!

Nos termos da Convenção das Nações Unidas contra a Corrupção, promulgada pelo Decreto nº 5.687, de 31 de janeiro de 2006, somente haverá improbidade administrativa, na aplicação deste artigo, quando for comprovado na conduta funcional do agente público o fim de obter proveito ou benefício indevido para si ou para outra pessoa ou entidade.

APLICAÇÃO DA LEI: aplica-se a lei a quaisquer atos de improbidade administrativa tipificados nesta Lei e em leis especiais e a quaisquer outros tipos especiais de improbidade administrativa instituídos por lei.

ENQUADRAMENTO DE CONDUTA FUNCIONAL: o enquadramento de conduta funcional na categoria pressupõe a demonstração objetiva da prática de ilegalidade no exercício da função pública, com a indicação das normas constitucionais, legais ou infralegais violadas.

EXIGÊNCIA DE LESIVIDADE RELEVANTE: os atos de improbidade exigem lesividade relevante ao bem jurídico tutelado para serem passíveis de sancionamento e independem do reconhecimento da produção de danos ao erário e de enriquecimento ilícito dos agentes públicos.

NÃO SE CONFIGURARÁ IMPROBIDADE: a mera nomeação ou indicação política por parte dos detentores de mandatos eletivos, sendo necessária a aferição de dolo com finalidade ilícita por parte do agente.

14.3 Penas

Independentemente do ressarcimento integral do dano patrimonial, se efetivo, e das sanções penais comuns e de responsabilidade, civis e administrativas previstas na legislação específica, está o responsável pelo ato de improbidade sujeito às seguintes cominações, que podem ser aplicadas isolada ou cumulativamente, de acordo com a gravidade do fato:

- perda dos bens ou valores acrescidos ilicitamente ao patrimônio, perda da função pública, suspensão dos direitos políticos até 14 anos, pagamento de multa civil equivalente ao valor do acréscimo patrimonial e proibição de contratar com o Poder Público ou de receber benefícios ou incentivos fiscais ou creditícios, direta ou indiretamente, ainda que por intermédio de pessoa jurídica da qual seja sócio majoritário, pelo prazo não superior a 14 anos;
- perda dos bens ou valores acrescidos ilicitamente ao patrimônio, se concorrer esta circunstância, perda da função pública, suspensão dos direitos políticos até 12 anos, pagamento de multa civil equivalente ao valor do dano e proibição de contratar com o poder público ou de receber benefícios ou incentivos fiscais ou creditícios, direta ou indiretamente, ainda que por intermédio de pessoa jurídica da qual seja sócio majoritário, pelo prazo não superior a 12 anos;
- pagamento de multa civil de até 24 vezes o valor da remuneração percebida pelo agente e proibição de contratar com o Poder Público ou de receber benefícios ou incentivos fiscais ou creditícios, direta ou indiretamente, ainda que por intermédio de pessoa jurídica da qual seja sócio majoritário, pelo prazo não superior a 4 anos;

Atenção!

A sanção de perda da função pública atinge apenas o vínculo de mesma qualidade e natureza que o agente público ou político detinha com o Poder Público na época do cometimento da infração, podendo o magistrado, e em caráter excepcional, estendê-la aos demais vínculos, consideradas as circunstâncias do caso e a gravidade da infração.

MULTA: a multa pode ser aumentada até o dobro se o juiz considerar que, em virtude da situação econômica do réu, o valor calculado é ineficaz para reprovação e prevenção do ato de improbidade.

RESPONSABILIZAÇÃO DA PESSOA JURÍDICA: na responsabilização da pessoa jurídica, deverão ser considerados os efeitos econômicos e sociais das sanções, de modo a viabilizar a manutenção de suas atividades.

SANÇÃO DE PROIBIÇÃO DE CONTRATAÇÃO COM O PODER PÚBLICO: em caráter excepcional e por motivos relevantes devidamente justificados, a sanção de proibição de contratação com o Poder Público pode extrapolar o ente público lesado pelo ato de improbidade, observados os impactos econômicos e sociais das sanções, de forma a preservar a função social da pessoa jurídica.

ATOS DE MENOR OFENSA AOS BENS JURÍDICOS: no caso de atos de menor ofensa aos bens jurídicos, a sanção limitar-se-á à aplicação de multa, sem prejuízo do ressarcimento do dano e da perda dos valores obtidos, quando for o caso, nos termos do *caput* deste artigo.

LESÃO AO PATRIMÔNIO PÚBLICO: se ocorrer lesão ao patrimônio público, a reparação do dano a que se refere esta Lei deverá deduzir o ressarcimento ocorrido nas instâncias criminal, civil e administrativa que tiver por objeto os mesmos fatos.

SANÇÕES APLICADAS A PESSOAS JURÍDICAS: as sanções aplicadas a pessoas jurídicas deverão observar o princípio constitucional do *non bis in idem*.

CADASTRO NACIONAL DE EMPRESAS INIDÔNEAS E SUSPENSAS (CEIS): a sanção de proibição de contratação com o Poder Público deverá constar do CEIS, observadas as limitações territoriais contidas em decisão judicial.

EXECUÇÃO DA SANÇÃO: as sanções somente poderão ser executadas após o trânsito em julgado da sentença condenatória.

CONTAGEM DO PRAZO DA SANÇÃO: para efeitos de contagem do prazo da sanção de suspensão dos direitos políticos, computar-se-á retroativamente o intervalo de tempo entre a decisão colegiada e o trânsito em julgado da sentença condenatória.

14.4 Da Declaração de Bens

APRESENTAÇÃO DE DECLARAÇÃO DE IMPOSTO DE RENDA E PROVENTOS: a posse e o exercício de agente público ficam condicionados à apresentação de declaração de imposto de renda e proventos de qualquer natureza, que tenha sido apresentada à Secretaria Especial da Receita Federal do Brasil, a fim de ser arquivada no serviço de pessoal competente.

DECLARAÇÃO DE BENS: a declaração de bens será atualizada anualmente e na data em que o agente público deixar o exercício do mandato, do cargo, do emprego ou da função.

AGENTE PÚBLICO QUE SE RECUSAR A PRESTAR A DECLARAÇÃO DOS BENS: será apenado com a pena de demissão, sem prejuízo de outras sanções cabíveis, o agente público que se recusar a prestar a declaração dos bens a que se refere o *caput* deste artigo dentro do prazo determinado ou que prestar declaração falsa.

14.5 Do Procedimento Administrativo e do Processo Judicial

REPRESENTAÇÃO À AUTORIDADE ADMINISTRATIVA: qualquer pessoa poderá representar à autoridade administrativa competente para que seja instaurada investigação destinada a apurar a prática de ato de improbidade.

ELEMENTOS DA REPRESENTAÇÃO: a representação, que será escrita ou reduzida a termo e assinada, conterá a qualificação do representante, as informações sobre o fato e sua autoria e a indicação das provas de que tenha conhecimento.

REJEIÇÃO: a autoridade administrativa rejeitará a representação, em despacho fundamentado, se esta não contiver as formalidades. A rejeição não impede a representação ao Ministério Público.

APURAÇÃO DOS FATOS: atendidos os requisitos da representação, a autoridade determinará a imediata apuração dos fatos, observada a legislação que regula o processo administrativo disciplinar aplicável ao agente.

COMISSÃO PROCESSANTE: a comissão processante dará conhecimento ao Ministério Público e ao Tribunal ou Conselho de Contas da existência de procedimento administrativo para apurar a prática de ato de improbidade.

MINISTÉRIO PÚBLICO OU TRIBUNAL: o Ministério Público ou Tribunal ou Conselho de Contas poderá, a requerimento, designar representante para acompanhar o procedimento administrativo.

AÇÃO POR IMPROBIDADE ADMINISTRATIVA: na ação por improbidade administrativa poderá ser formulado, em caráter antecedente ou incidente, pedido de indisponibilidade de bens dos réus, a fim de garantir a integral recomposição do erário ou do acréscimo patrimonial resultante de enriquecimento ilícito.

PEDIDO DE INDISPONIBILIDADE: o pedido de indisponibilidade de bens poderá ser formulado independentemente da representação.

PEDIDO DE INDISPONIBILIDADE DE BENS: quando for o caso, o pedido de indisponibilidade de bens incluirá a investigação, o exame e o bloqueio de bens, contas bancárias e aplicações financeiras mantidas pelo indiciado no exterior, nos termos da lei e dos tratados internacionais.

DEFERIMENTO DO PEDIDO DE INDISPONIBILIDADE: o pedido de indisponibilidade de bens apenas será deferido mediante a demonstração no caso concreto de perigo de dano irreparável ou de risco ao resultado útil do processo, desde que o juiz se convença da probabilidade da ocorrência dos atos descritos na petição inicial com fundamento nos respectivos elementos de instrução, após a oitiva do réu em 5 dias.

DECRETAÇÃO: a indisponibilidade de bens poderá ser decretada sem a oitiva prévia do réu, sempre que o contraditório prévio puder comprovadamente frustrar a efetividade da medida ou houver outras circunstâncias que recomendem a proteção liminar, não podendo a urgência ser presumida.

VÁRIOS RÉUS: se houver mais de um réu na ação, a somatória dos valores declarados indisponíveis não poderá superar o montante indicado na petição inicial como dano ao erário ou como enriquecimento ilícito.

VALOR DA INDISPONIBILIDADE: o valor da indisponibilidade considerará a estimativa de dano indicada na petição inicial, permitida a sua substituição por caução idônea, por fiança bancária ou por seguro-garantia judicial, a requerimento do réu, bem como a sua readequação durante a instrução do processo.

INDISPONIBILIDADE DE BENS DE TERCEIRO: a indisponibilidade de bens de terceiro dependerá da demonstração da sua efetiva concorrência para os atos ilícitos apurados ou, quando se tratar de pessoa jurídica, da instauração de incidente de desconsideração da personalidade jurídica, a ser processado na forma da lei processual.

APLICAÇÃO: aplica-se à indisponibilidade de bens regida pela lei de improbidade, no que for cabível, o regime da tutela provisória de urgência da Lei nº 13.105, de 16 de março de 2015 (Código de Processo Civil - CPC).

CABIMENTO DE AGRAVO DE INSTRUMENTO: da decisão que deferir ou indeferir a medida relativa à indisponibilidade de bens caberá agravo de instrumento, nos termos da Lei nº 13.105, de 16 de março de 2015 (CPC).

INDISPONIBILIDADE: a indisponibilidade recairá sobre bens que assegurem exclusivamente o integral ressarcimento do dano ao erário, sem incidir sobre os valores a serem eventualmente aplicados a título de multa civil ou sobre acréscimo patrimonial decorrente de atividade lícita.

ORDEM DE INDISPONIBILIDADE DE BENS: a ordem de indisponibilidade de bens deverá priorizar veículos de via terrestre, bens imóveis, bens móveis em geral, semoventes, navios e aeronaves, ações e quotas de sociedades simples e empresárias, pedras e metais preciosos e, apenas na inexistência desses, o bloqueio de contas bancárias, de forma a garantir a subsistência do acusado e a manutenção da atividade empresária ao longo do processo.

APRECIAÇÃO DO PEDIDO DE INDISPONIBILIDADE: o juiz, ao apreciar o pedido de indisponibilidade de bens do réu a que se refere o *caput* deste artigo, observará os efeitos práticos da decisão, vedada a adoção de medida capaz de acarretar prejuízo à prestação de serviços públicos.

INDISPONIBILIDADE A QUANTIA: é vedada a decretação de indisponibilidade da quantia de até 40 salários- mínimos depositados em caderneta de poupança, em outras aplicações financeiras ou em conta-corrente.

VEDAÇÃO À DECRETAÇÃO DE INDISPONIBILIDADE: é vedada a decretação de indisponibilidade do bem de família do réu, salvo se comprovado que o imóvel seja fruto de vantagem patrimonial indevida.

APLICAÇÃO DAS SANÇÕES: a ação para a aplicação das sanções de que trata esta Lei será proposta pelo Ministério Público e seguirá o procedimento comum previsto na Lei nº 13.105, de 16 de março de 2015 (CPC). A ação deverá ser proposta perante o foro do local onde ocorrer o dano ou da pessoa jurídica prejudicada. A propositura da ação prevenirá a competência do juízo para todas as ações posteriormente intentadas que possuam a mesma causa de pedir ou o mesmo objeto.

PETIÇÃO DA AÇÃO: a petição inicial observará o seguinte:

> *I - deverá individualizar a conduta do réu e apontar os elementos probatórios mínimos que demonstrem a ocorrência das hipóteses dos arts. 9º, 10 e 11 desta Lei e de sua autoria, salvo impossibilidade devidamente fundamentada;*
>
> *II - será instruída com documentos ou justificação que contenham indícios suficientes da veracidade dos fatos e do dolo imputado ou com razões fundamentadas da impossibilidade de apresentação de qualquer dessas provas, observada a legislação vigente, inclusive as disposições constantes dos arts. 77 e 80 da Lei nº 13.105, de 16 de março de 2015 (Código de Processo Civil).*

Atenção!

O Ministério Público poderá requerer as tutelas provisórias adequadas e necessárias, nos termos dos arts. 294 a 310 da Lei nº 13.105, de 16 de março de 2015 (CPC).

PETIÇÃO INICIAL: a petição inicial será rejeitada nos casos do art. 330 da Lei nº 13.105, de 16 de março de 2015 (CPC), bem como quando não preenchidos os requisitos, ou ainda quando manifestamente inexistente o ato de improbidade imputado.

ATUAÇÃO DA PETIÇÃO: se a petição inicial estiver em devida forma, o juiz mandará autuá-la e ordenará a citação dos requeridos para que a contestem no prazo comum de 30 dias, iniciado o prazo na forma do art. 231 da Lei nº 13.105, de 16 de março de 2015 (CPC).

AGRAVO DE INSTRUMENTO: da decisão que rejeitar questões preliminares suscitadas pelo réu em sua contestação caberá agravo de instrumento.

INTERRUPÇÃO DO PRAZO PARA A CONTESTAÇÃO: havendo a possibilidade de solução consensual, poderão as partes requerer ao juiz a interrupção do prazo para a contestação, por prazo não superior a 90 dias.

OFERECIDA A CONTESTAÇÃO: e, se for o caso, ouvido o autor, o juiz:

> procederá ao julgamento conforme o estado do processo, observada a eventual inexistência manifesta do ato de improbidade;

> poderá desmembrar o litisconsórcio, com vistas a otimizar a instrução processual.

DECISÃO: após a réplica do Ministério Público, o juiz proferirá decisão na qual indicará com precisão a tipificação do ato de improbidade administrativa imputável ao réu, sendo-lhe vedado modificar o fato principal e a capitulação legal apresentada pelo autor.

INTIMAÇÃO: proferida a decisão as partes serão intimadas a especificar as provas que pretendem produzir.

Atenção!

Será nula a decisão de mérito total ou parcial da ação de improbidade administrativa que condenar o requerido por tipo diverso daquele definido na petição inicial; e condenar o requerido sem a produção das provas por ele tempestivamente especificadas.

JULGAMENTO IMPROCEDENTE: em qualquer momento do processo, verificada a inexistência do ato de improbidade, o juiz julgará a demanda improcedente. Sem prejuízo da citação dos réus, a pessoa jurídica interessada será intimada para, caso queira, intervir no processo.

DESCONSIDERAÇÃO DE PESSOA JURÍDICA: se a imputação envolver a desconsideração de pessoa jurídica, serão observadas as regras previstas nos arts. 133, 134, 135, 136 e 137 da Lei nº 13.105, de 16 de março de 2015 (CPC).

CONVERSÃO DA AÇÃO: a qualquer momento, se o magistrado identificar a existência de ilegalidades ou de irregularidades administrativas a serem sanadas sem que estejam presentes todos os requisitos para a imposição das sanções aos agentes incluídos no polo passivo da demanda, poderá, em decisão motivada, converter a ação de improbidade administrativa em ação civil pública, regulada pela Lei nº 7.347, de 24 de julho de 1985. Da decisão que converter a ação de improbidade em ação civil pública caberá agravo de instrumento.

Ao réu será assegurado o direito de ser interrogado sobre os fatos de que trata a ação, e a sua recusa ou o seu silêncio não implicarão confissão.

Não se aplicam na ação de improbidade administrativa:

I - a presunção de veracidade dos fatos alegados pelo autor em caso de revelia;

II - a imposição de ônus da prova ao réu, na forma dos §§ 1º e 2º do art. 373 da Lei nº 13.105, de 16 de março de 2015 (Código de Processo Civil);

III - o ajuizamento de mais de uma ação de improbidade administrativa pelo mesmo fato, competindo ao Conselho Nacional do Ministério Público dirimir conflitos de atribuições entre membros de Ministérios Públicos distintos;

IV - o reexame obrigatório da sentença de improcedência ou de extinção sem resolução de mérito.

Atenção!

A assessoria jurídica que emitiu o parecer atestando a legalidade prévia dos atos administrativos praticados pelo administrador público ficará obrigada a defendê-lo judicialmente, caso este venha a responder ação por improbidade administrativa, até que a decisão transite em julgado. Das decisões interlocutórias caberá agravo de instrumento, inclusive da decisão que rejeitar questões preliminares suscitadas pelo réu em sua contestação.

O Ministério Público poderá, conforme as circunstâncias do caso concreto, celebrar acordo de não persecução civil, desde que dele advenham, ao menos, os seguintes resultados:

> o integral ressarcimento do dano;

> a reversão à pessoa jurídica lesada da vantagem indevida obtida, ainda que oriunda de agentes privados.

A celebração do acordo dependerá, cumulativamente:

I - da oitiva do ente federativo lesado, em momento anterior ou posterior à propositura da ação;

II - de aprovação, no prazo de até 60 (sessenta) dias, pelo órgão do Ministério Público competente para apreciar as promoções de arquivamento de inquéritos civis, se anterior ao ajuizamento da ação;

III - de homologação judicial, independentemente de o acordo ocorrer antes ou depois do ajuizamento da ação de improbidade administrativa.

CELEBRAÇÃO DE ACORDO: em qualquer caso, a celebração do acordo a que se refere o *caput* deste artigo considerará a personalidade do agente, a natureza, as circunstâncias, a gravidade e a repercussão social do ato de improbidade, bem como as vantagens, para o interesse público, da rápida solução do caso.

APURAÇÃO DO VALOR DO DANO A SER RESSARCIDO: para fins de apuração do valor do dano a ser ressarcido, deverá ser realizada a oitiva do Tribunal de Contas competente, que se manifestará, com indicação dos parâmetros utilizados, no prazo de 90 dias.

CELEBRAÇÃO DO ACORDO: o acordo poderá ser celebrado no curso da investigação de apuração do ilícito, no curso da ação de improbidade ou no momento da execução da sentença condenatória. As negociações para a celebração do acordo ocorrerão entre o Ministério Público, de um lado, e, de outro, o investigado ou demandado e o seu defensor.

Atenção!

O acordo poderá contemplar a adoção de mecanismos e procedimentos internos de integridade, de auditoria e de incentivo à denúncia de irregularidades e a aplicação efetiva de códigos de ética e de conduta no âmbito da pessoa jurídica, se for o caso, bem como de outras medidas em favor do interesse público e de boas práticas administrativas.

DESCUMPRIMENTO DO ACORDO: em caso de descumprimento do acordo a que se refere o *caput* deste artigo, o investigado ou demandado ficará impedido de celebrar novo acordo pelo prazo de 5 anos, contado do conhecimento pelo Ministério Público do efetivo descumprimento.

A sentença proferida nos processos deverá, além de observar o disposto no art. 489 da Lei nº 13.105, de 16 de março de 2015 (CPC):

I - indicar de modo preciso os fundamentos que demonstram os elementos a que se referem os arts. 9º, 10 e 11 desta Lei, que não podem ser presumidos;

II - considerar as consequências práticas da decisão, sempre que decidir com base em valores jurídicos abstratos;

III - considerar os obstáculos e as dificuldades reais do gestor e as exigências das políticas públicas a seu cargo, sem prejuízo dos direitos dos administrados e das circunstâncias práticas que houverem imposto, limitado ou condicionado a ação do agente;

IV - considerar, para a aplicação das sanções, de forma isolada ou cumulativa:

a) os princípios da proporcionalidade e da razoabilidade;

b) a natureza, a gravidade e o impacto da infração cometida;

c) a extensão do dano causado;

d) o proveito patrimonial obtido pelo agente;

e) as circunstâncias agravantes ou atenuantes;

f) a atuação do agente em minorar os prejuízos e as consequências advindas de sua conduta omissiva ou comissiva;

g) os antecedentes do agente;

V - considerar na aplicação das sanções a dosimetria das sanções relativas ao mesmo fato já aplicadas ao agente;

VI - considerar, na fixação das penas relativamente ao terceiro, quando for o caso, a sua atuação específica, não admitida a sua responsabilização por ações ou omissões para as quais não tiver concorrido ou das quais não tiver obtido vantagens patrimoniais indevidas;

VII - indicar, na apuração da ofensa a princípios, critérios objetivos que justifiquem a imposição da sanção.

ILEGALIDADE: a ilegalidade sem a presença de dolo que a qualifique não configura ato de improbidade.

LITISCONSÓRCIO PASSIVO: na hipótese de litisconsórcio passivo, a condenação ocorrerá no limite da participação e dos benefícios diretos, vedada qualquer solidariedade. Não haverá remessa necessária nas sentenças de que trata a Lei de Improbidade.

AÇÃO POR IMPROBIDADE ADMINISTRATIVA: a ação por improbidade administrativa é repressiva, de caráter sancionatório, destinada à aplicação de sanções de caráter pessoal previstas nesta Lei, e não constitui ação civil, vedado seu ajuizamento para o controle de legalidade de políticas públicas e para a proteção do patrimônio público e social, do meio ambiente e de outros interesses difusos, coletivos e individuais homogêneos.

CONTROLE DE LEGALIDADE DE POLÍTICAS PÚBLICAS: o controle de legalidade de políticas públicas e a responsabilidade de agentes públicos, inclusive políticos, entes públicos e governamentais, por danos ao meio ambiente, ao consumidor, a bens e direitos de valor artístico, estético, histórico, turístico e paisagístico, a qualquer outro interesse difuso ou coletivo, à ordem econômica, à ordem urbanística, à honra e à dignidade de grupos raciais, étnicos ou religiosos e ao patrimônio público e social submetem-se aos termos da Lei nº 7.347, de 24 de julho de 1985.

SENTENÇA QUE JULGAR PROCEDENTE A AÇÃO: a sentença que julgar procedente a ação fundada condenará ao ressarcimento dos danos e à perda ou à reversão dos bens e valores ilicitamente adquiridos, conforme o caso, em favor da pessoa jurídica prejudicada pelo ilícito.

NECESSIDADE DE LIQUIDAÇÃO DO DANO: se houver necessidade de liquidação do dano, a pessoa jurídica prejudicada procederá a essa determinação e ao ulterior procedimento para cumprimento da sentença referente ao ressarcimento do patrimônio público ou à perda ou à reversão dos bens.

Atenção!

Caso a pessoa jurídica prejudicada não adote as providências no prazo de 6 meses, contado do trânsito em julgado da sentença de procedência da ação, caberá ao Ministério Público proceder à respectiva liquidação do dano e ao cumprimento da sentença referente ao ressarcimento do patrimônio público ou à perda ou à reversão dos bens, sem prejuízo de eventual responsabilização pela omissão verificada.

APURAÇÃO DO VALOR DO RESSARCIMENTO: para fins de apuração do valor do ressarcimento, deverão ser descontados os serviços efetivamente prestados.

PARCELAMENTO: o juiz poderá autorizar o parcelamento, em até 48 parcelas mensais corrigidas monetariamente, do débito resultante de condenação pela prática de improbidade administrativa se o réu demonstrar incapacidade financeira de saldá-lo de imediato.

FASE DE CUMPRIMENTO DA SENTENÇA: a requerimento do réu, na fase de cumprimento da sentença, o juiz unificará eventuais sanções aplicadas com outras já impostas em outros processos, tendo em vista a eventual continuidade de ilícito ou a prática de diversas ilicitudes, observado o seguinte: no caso de continuidade de ilícito, o juiz promoverá a maior sanção aplicada, aumentada de 1/3, ou a soma das penas, o que for mais benéfico ao réu; no caso de prática de novos atos ilícitos pelo mesmo sujeito, o juiz somará as sanções.

SANÇÕES: as sanções de suspensão de direitos políticos e de proibição de contratar ou de receber incentivos fiscais ou creditícios do Poder Público observarão o limite máximo de 20 anos.

14.6 Disposições Penais

CRIME À REPRESENTAÇÃO POR ATO DE IMPROBIDADE CONTRA AGENTE PÚBLICO OU TERCEIRO BENEFICIÁRIO: constitui crime a representação por ato de improbidade contra agente público ou terceiro beneficiário, quando o autor da denúncia o sabe inocente. Pena: detenção de 6 a 10 meses e multa.

Além da sanção penal, o denunciante está sujeito a indenizar o denunciado pelos danos materiais, morais ou à imagem que houver provocado.

PERDA DA FUNÇÃO PÚBLICA E SUSPENSÃO DOS DIREITOS POLÍTICOS: a perda da função pública e a suspensão dos direitos políticos só se efetivam com o trânsito em julgado da sentença condenatória.

A autoridade judicial competente poderá determinar o afastamento do agente público do exercício do cargo, do emprego ou da função, sem prejuízo da remuneração, quando a medida for necessária à instrução processual ou para evitar a iminente prática de novos ilícitos.

O afastamento será de até 90 dias, prorrogáveis uma única vez por igual prazo, mediante decisão motivada.

A aplicação das sanções independe:

> da efetiva ocorrência de dano ao patrimônio público, salvo quanto à pena de ressarcimento;

> da aprovação ou rejeição das contas pelo órgão de controle interno ou pelo Tribunal ou Conselho de Contas.

ATOS DO ÓRGÃO DE CONTROLE INTERNO OU EXTERNO: os atos do órgão de controle interno ou externo serão considerados pelo juiz quando tiverem servido de fundamento para a conduta do agente público.

PROVAS PRODUZIDAS: as provas produzidas perante os órgãos de controle e as correspondentes decisões deverão ser consideradas na formação da convicção do juiz, sem prejuízo da análise acerca do dolo na conduta do agente.

SENTENÇAS CIVIS E PENAIS: as sentenças civis e penais produzirão efeitos em relação à ação de improbidade quando concluírem pela inexistência da conduta ou pela negativa da autoria.

ABSOLVIÇÃO CRIMINAL: a absolvição criminal em ação que discuta os mesmos fatos, confirmada por decisão colegiada, impede o trâmite da ação da qual trata esta Lei, havendo comunicação com todos os fundamentos de absolvição previstos no art. 386 do Decreto-lei nº 3.689, de 3 de outubro de 1941 (CPC). Sanções eventualmente aplicadas em outras esferas deverão ser compensadas com as sanções aplicadas.

APURAÇÃO DE ILÍCITO: para apurar qualquer ilícito, o Ministério Público, de ofício, a requerimento de autoridade administrativa ou mediante representação formulada, poderá instaurar inquérito civil ou procedimento investigativo assemelhado e requisitar a instauração de inquérito policial. Na apuração dos ilícitos, será garantido ao investigado a oportunidade de manifestação por escrito e de juntada de documentos que comprovem suas alegações e auxiliem na elucidação dos fatos.

14.7 Da Prescrição

A ação para a aplicação das sanções prescreve em 8 anos, contados a partir da ocorrência do fato ou, no caso de infrações permanentes, do dia em que cessou a permanência.

A instauração de inquérito civil ou de processo administrativo para apuração dos ilícitos referidos nesta Lei suspende o curso do prazo prescricional por, no máximo, 180 dias corridos, recomeçando a correr após a sua conclusão ou, caso não concluído o processo, esgotado o prazo de suspensão.

O inquérito civil para apuração do ato de improbidade será concluído no prazo de 365 dias corridos, prorrogável uma única vez por igual período, mediante ato fundamentado submetido à revisão da instância competente do órgão ministerial, conforme dispuser a respectiva lei orgânica.

A ação deverá ser proposta no prazo de 30 dias, se não for caso de arquivamento do inquérito civil.

O prazo da prescrição interrompe-se:

I - pelo ajuizamento da ação de improbidade administrativa;

II - pela publicação da sentença condenatória;

III - pela publicação de decisão ou acórdão de Tribunal de Justiça ou Tribunal Regional Federal que confirma sentença condenatória ou que reforma sentença de improcedência;

IV - pela publicação de decisão ou acórdão do Superior Tribunal de Justiça que confirma acórdão condenatório ou que reforma acórdão de improcedência;

V - pela publicação de decisão ou acórdão do Supremo Tribunal Federal que confirma acórdão condenatório ou que reforma acórdão de improcedência.

Interrompida a prescrição, o prazo recomeça a correr do dia da interrupção, pela metade do prazo.

A suspensão e a interrupção da prescrição produzem efeitos relativamente a todos os que concorreram para a prática do ato de improbidade.

Nos atos de improbidade conexos que sejam objeto do mesmo processo, a suspensão e a interrupção relativas a qualquer deles estendem-se aos demais.

O juiz ou o tribunal, depois de ouvido o Ministério Público, deverá, de ofício ou a requerimento da parte interessada, reconhecer a prescrição intercorrente da pretensão sancionadora e decretá-la de imediato, caso, entre os marcos interruptivos.

É dever do Poder Público oferecer contínua capacitação aos agentes públicos e políticos que atuem com prevenção ou repressão de atos de improbidade administrativa.

Nas ações e nos acordos, não haverá adiantamento de custas, de preparo, de emolumentos, de honorários periciais e de quaisquer outras despesas.

No caso de procedência da ação, as custas e as demais despesas processuais serão pagas ao final.

Haverá condenação em honorários sucumbenciais em caso de improcedência da ação de improbidade se comprovada má-fé.

Atos que ensejem enriquecimento ilícito, perda patrimonial, desvio, apropriação, malbaratamento ou dilapidação de recursos públicos dos partidos políticos, ou de suas fundações, serão responsabilizados nos termos da Lei nº 9.096, de 19 de setembro de 1995.

15. LEI Nº 14.133/2021 - NOVA LEI DE LICITAÇÃO

A Lei de Licitações mudou! A **Lei nº 14.133/2021 substituiu o texto da Lei nº 8.666/1993**, criando um novo marco para as contratações públicas ao unificar a *Lei do Pregão* (Lei nº 10.520/2002), a *Lei das Licitações* (Lei nº 8.666/1993) e do *Regime Diferenciado de Contratações Públicas* (RDC – Lei nº 12.462/2011) e mais de 20 instruções normativas.

A nova legislação entra em vigor **imediatamente** (não haverá *vacatio legis*), mas a revogação das normas anteriores sobre licitação e contratos **ocorrerá no prazo de 2 anos**. Nesse período, tanto as normas antigas quanto a nova Lei continuarão produzindo efeitos jurídicos. Nessa medida, ambas poderão ser cobradas em **provas de concurso público**, exceto quanto às disposições penais da Lei nº 8.666/1993, que foram revogadas de imediato. Após o decurso de dois anos, as normas antigas serão revogadas.

Nesse período, as novas e antigas regras estarão presentes em nosso ordenamento jurídico simultaneamente e a Administração Pública poderá optar os dispositivos que irá aplicar. Entretanto, a parte dos crimes na licitação substitui, de imediato, as regras anteriores, uma vez que os arts. 89 a 108 da Lei nº 8.666/1993, que se referem aos crimes licitatórios, foram sumariamente revogados.

A nova Lei estabelece as normas gerais sobre licitação e contratos administrativos que serão aplicadas a toda **Administração Pública direta**, **Autárquica** e **Fundacional de todos os entes da Federação (União, estados, DF e municípios)**, incluindo os Fundos Especiais e as Entidades Controladas. Contudo, ela **não** se aplica às licitações e aos contratos administrativos envolvendo as empresas estatais – empresas públicas e sociedades de economia mista –, que continuam a ser regidas pela Lei nº 13.303/2016, com exceção às disposições penais, questões atinentes a critérios de desempate e quando o próprio estatuto das estatais prevê aplicação das regras relativas ao pregão. Ademais, também não serão regidos pela nova norma os contratos que tenham como objeto **operações de crédito e gestão da dívida pública**, uma vez que possuem regulamentação própria.

De forma resumida, temos aplicação da nova Lei da seguinte forma:

→ **Administração Direta, Autárquica e Fundacional:** aplicação integral da Lei 14.133/2021.

→ **Empresas Públicas e Sociedades de Economia Mista:**
- Lei nº 13.303/2016: como norma principal (primária).
- Lei nº 14.133/2021: nos casos expressamente determinados pela Lei nº 13.303:
  - critérios de desempate previstos no art. 60 (conforme art. 55, III, da Lei das Estatais, combinado com o previsto no art. 189 da Lei nº 14.133/2021);
  - modalidade pregão (conforme art. 32, IV, da Lei das Estatais, combinado com o previsto no art. 189 da Lei nº 14.133/2021);
  - disposições penais previstas no art. 178 (Título XI da Parte Especial do Decreto-lei nº 2.848, de 7 de dezembro de 1940 – Código Penal).

15.1 Novos Princípios do Procedimento Licitatório

A Nova Lei de Licitação traz muitos novos princípios para reger as licitações e os contratos administrativos. Vejamos a previsão do art. 5º:

> ***Art. 5º** Na aplicação desta Lei, serão observados os **princípios da legalidade, da impessoalidade, da moralidade, da publicidade, da eficiência, do interesse público, da probidade administrativa, da igualdade, do planejamento, da transparência, da eficácia, da segregação de funções, da motivação, da vinculação ao edital, do julgamento objetivo, da segurança jurídica, da razoabilidade, da competitividade, da proporcionalidade, da celeridade, da economicidade e do desenvolvimento nacional sustentável,** assim como as disposições do Decreto-lei nº 4.657, de 4 de setembro de 1942 (Lei de Introdução às Normas do Direito Brasileiro).*

Objeto

Conforme prevê a Lei nº 8.666/93:

> ***Art. 1º** Esta Lei estabelece normas gerais sobre licitações e contratos administrativos pertinentes a obras, serviços, inclusive de publicidade, compras, alienações e locações no âmbito dos Poderes da União, dos Estados, do Distrito Federal e dos Municípios.*

A nova Lei, por sua vez, prevê:

> ***Art. 2º** Esta Lei aplica-se a: [...]*
> *I - alienação e concessão de direito real de uso de bens;*
> *II - compra, inclusive por encomenda;*
> *III - locação;*
> *IV - concessão e permissão de uso de bens públicos;*
> *V - prestação de serviços, inclusive os técnico-profissionais especializados;*
> *VI - obras e serviços de arquitetura e engenharia;*
> *VII - contratações de tecnologia da informação e de comunicação.*

Destaca-se que não se subordinam ao regime desta Lei:

> *I - contratos que tenham por objeto operação de crédito, interno ou externo, e gestão de dívida pública, incluídas as contratações de agente financeiro e a concessão de garantia relacionada a esses contratos;*
> *II - contratações sujeitas a normas previstas em legislação própria.*

Nova finalidade da licitação

O processo licitatório tem como objetivo:

- assegurar a seleção da proposta apta a gerar o resultado de contratação mais vantajosa para a Administração Pública, inclusive no que se refere ao ciclo de vida do objeto;
- assegurar tratamento isonômico entre os licitantes;
- **justa competição** (NOVO);
- **evitar contratações com sobrepreço ou com preços manifestamente inexequíveis e superfaturamento na execução dos contratos** (NOVO);
- incentivar a inovação e o desenvolvimento nacional sustentável.

Microempresa e empresa de pequeno porte

A legislação prevê as seguintes preferências para microempresa (ME) e empresa de pequeno porte (EPP), quais sejam: comprovação da regularidade fiscal e trabalhista apenas para fins assinatura do contrato, ou seja, a microempresa poderá participar do processo de seleção ainda que não possua as mencionadas comprovações, sendo exigida a apresentação das comprovações apenas no momento da assinatura do contrato. Ademais, possibilidade de ofertar nova proposta para fins de desempate, inferior à do licitante que seria o vencedor. Cumpre ressaltar que se considera "empatada" a proposta da MP ou EPP (i) igual ou até 10% superior à do licitante mais bem classificado; (ii) no pregão, o limite é de até 5%.

Tradução jurídica

Exemplo: em uma licitação para aquisição de um produto, pelo critério de menor preço, uma grande empresa de materiais de escritório fez uma oferta de R$ 5.000,00. Em outra medida, uma microempresa fez uma oferta de R$ 5.003,00. Nesse caso, como a segunda empresa é uma microempresa, ela terá o direito de exercer a sua preferência, ou seja, poderá apresentar uma nova oferta de R$ 4.999,00 e vencer a licitação.

Além disso, a legislação prevê a realização de licitação exclusiva para ME e EPP, para os itens até o valor de R$ 80 mil, poderá exigir subcontratação de ME e EPP em obras e serviços; e deverá estabelecer cota de até 25%, para ME e EPP, na aquisição de bens divisíveis.

Novas modalidades de licitação

Além das modalidades já existentes de licitação, quais sejam, concorrência, pregão, concurso e leilão, a Lei nº 14.133/2021 trouxe uma nova modalidade: o diálogo competitivo. Outrossim, cumpre destacarmos que a nova norma extinguiu a modalidade de convite, Tomada de Preço e RDC.

Antes da Lei nº 14.133	Com a Lei nº 14.133
Concorrência	Concorrência
Pregão	Pregão
Concurso	Concurso
Leilão	Leilão
Convite	Diálogo Competitivo
Tomada de Preços	
RDC	

Interessante observar que o art. 78 da Lei nº 14.133/2021 prevê procedimentos auxiliares das licitações:

a) credenciamento;
b) pré-qualificação;
c) procedimento de manifestação de interesse;
d) sistema de registro de preços;
e) registro cadastral.

Ressalta-se ainda que a Lei nº 8.666/1993 tinha previsão de que a modalidade de licitação era definida pelo valor estimado da contratação ou pela natureza do objeto. Porém, a partir de agora, o que define a modalidade de licitação que será utilizada é apenas a natureza do objeto.

Concorrência

Trata-se da modalidade de licitação para contratação de bens e serviços especiais e de obras e serviços comuns e especiais de engenharia, cujo critério de julgamento poderá ser:

a) menor preço;
b) melhor técnica ou conteúdo artístico;
c) técnica e preço;
d) maior retorno econômico;
e) maior desconto

Concurso

É a modalidade de licitação para escolha de trabalho técnico, científico ou artístico, cujo critério de julgamento será o de melhor técnica ou conteúdo artístico, para fins de concessão de prêmio ou remuneração.

> **Critério de julgamento:** o concurso passa a ter como critério de julgamento a **melhor técnica e melhor conteúdo artístico**.

Leilão

Trata-se da modalidade de licitação para fins **alienação de qualquer bem pertencente à Administração Pública.** Além disso, não há mais o limite máximo de valor para a realização do leilão de bens móveis, que atualmente é o mesmo valor da tomada de preços – R$ 1,430 milhão.

Pregão

O pregão é a modalidade de licitação obrigatória para aquisição de bens e serviços comuns, cujo critério de julgamento poderá ser o de menor preço ou o de maior desconto.

> **Critério de julgamento:** menor preço e maior desconto.

Diálogo competitivo

Trata-se de nova modalidade de licitação que será utilizada para contratação de obras, serviços e compras em que a Administração Pública realiza diálogos com licitantes previamente selecionados mediante critérios objetivos, com o intuito de desenvolver uma ou mais alternativas capazes de atender às suas necessidades, devendo os licitantes **apresentar proposta final após o encerramento dos diálogos**.

A modalidade diálogo competitivo, conforme previsto no art. 32 da Lei, é restrita a contratações em que a Administração:

> *I - vise contratar objeto que envolva as seguintes características:*
> *a) inovação tecnológica ou técnica;*
> *b) impossibilidade de o órgão ou entidade ter sua necessidade satisfeita sem a adaptação de soluções disponíveis no mercado; e*
> *c) impossibilidade de as especificações técnicas serem definidas com precisão suficiente pela Administração;*
> *II - verifique a necessidade de definir e identificar os meios e as alternativas que possam satisfazer suas necessidades, com destaque para os seguintes aspectos:*
> *a) a solução técnica mais adequada;*
> *b) os requisitos técnicos aptos a concretizar a solução já definida;*
> *c) a estrutura jurídica ou financeira do contrato.*

Novos conceitos – agentes públicos

O termo "Agente Público" refere-se ao indivíduo que, em virtude de eleição, nomeação, designação, contratação ou qualquer outra forma de investidura ou vínculo exerce mandato, cargo, emprego ou função em pessoa jurídica integrante da Administração Pública. A nova Lei trouxe novos conceitos relacionados aos agentes públicos, que serão parte do processo de licitação e contratações públicas.

a) **Agente de contratação:** trata-se da pessoa designada pela autoridade competente, entre servidores efetivos ou empregados públicos dos quadros permanentes da Administração Pública, para tomar decisões, acompanhar o trâmite da licitação, dar impulso ao procedimento licitatório e executar quaisquer outras atividades necessárias ao bom andamento do certame até a homologação.

Destaca-se que a nova Lei extinguiu a figura da comissão de licitação e estipulou que o agente de licitação terá uma equipe de apoio que exercerá o assessoramento aos trabalhos, não tendo, entretanto, poder decisório.

Entretanto, cabe destacar que "em licitação que envolva bens ou serviços especiais, desde que observados os requisitos estabelecidos no art. 7º desta Lei, o agente de contratação poderá ser substituído por comissão de contratação formada por, no mínimo, 3 (três) membros, que responderão solidariamente por todos os atos praticados pela comissão, ressalvado o membro que expressar posição individual divergente fundamentada e registrada em ata lavrada na reunião em que houver sido tomada a decisão."

b) **Comissão de contratação:** quando se tratar da contratação de bens e serviços especiais, é possível (mas não obrigatório) o estabelecimento de uma comissão de, no mínimo, três membros. Por sua vez, quando a modalidade licitatória for o diálogo competitivo, será obrigatória a formação de comissão de licitação com pelo menos três membros.

A comissão de licitação deverá atender aos critérios do art. 7º. Logo, serão "preferencialmente" servidores efetivos ou empregados do quadro permanente. No caso da modalidade diálogo competitivo, os membros da comissão deverão ser servidores efetivos ou empregados do quadro permanente.

Vedações – agente de contratação

Art. 9º *É vedado ao agente público designado para atuar na área de licitações e contratos, ressalvados os casos previstos em lei:*

I - admitir, prever, incluir ou tolerar, nos atos que praticar, situações que:

a) comprometam, restrinjam ou frustrem o caráter competitivo do processo licitatório, inclusive nos casos de participação de sociedades cooperativas;

b) estabeleçam preferências ou distinções em razão da naturalidade, da sede ou do domicílio dos licitantes;

c) sejam impertinentes ou irrelevantes para o objeto específico do contrato;

II - estabelecer tratamento diferenciado de natureza comercial, legal, trabalhista, previdenciária ou qualquer outra entre empresas brasileiras e estrangeiras, inclusive no que se refere a moeda, modalidade e local de pagamento, mesmo quando envolvido financiamento de agência internacional;

III - opor resistência injustificada ao andamento dos processos e, indevidamente, retardar ou deixar de praticar ato de ofício, ou praticá-lo contra disposição expressa em lei.

§ 1º Não poderá participar, direta ou indiretamente, da licitação ou da execução do contrato agente público de órgão ou entidade licitante ou contratante, devendo ser observadas as situações que possam configurar conflito de interesses no exercício ou após o exercício do cargo ou emprego, nos termos da legislação que disciplina a matéria.

Contratação direta

A Lei nº 8.666/1993 traz em seu bojo hipóteses de contratação direta por meio de inexigibilidade ou dispensa de licitação, que foram reforçadas pela Lei nova, com alguns detalhes.

Inexigibilidade de licitação

A Lei nº 8.666/1993 prevê três hipóteses de inexigibilidade de licitação, que ocorrem quando não é possível a contratação por meio de licitação. Essas hipóteses são as seguintes:

01. contratação com exclusividade de fornecedor;

02. contratação de serviço técnico;

03. contratação de profissional do setor artístico.

Essas três hipóteses continuam existindo com algumas especificidades na nova Lei. Contudo, a nova norma prevê que a contratação do serviço técnico especializado deve atender a duas características:

01. natureza predominantemente intelectual;

02. prestação por um profissional de notória especialização.

A nova Lei prevê ainda duas novas hipóteses para a contratação direta mediante inexigibilidade:

> **Credenciamento:** é o processo administrativo de chamamento público em que a Administração Pública convoca interessados em prestar serviços ou fornecer bens para que, preenchidos os requisitos necessários, credenciem-se no órgão ou na entidade para executar o objeto quando convocados, já que não existe competição.

> **Aquisição ou locação de imóveis cujas características de instalações e de localização tornem necessária sua escolha:** trata-se da situação em que há necessidade de locação ou compra de um imóvel específico, destinada a atender determinada finalidade pública. Essa hipótese é classificada pela Lei nº 8.666/1993 como licitação dispensável, porém, essa classificação foi alterada pela nova Lei, tornando-se hipótese de inexigibilidade.

Licitação dispensável

A licitação é dispensável quando o legislador dispensa a Administração de realizá-la, permitindo a contratação direta.

Nesse sentido, a nova Lei de Licitação traz algumas mudanças importantes. As principais são as seguintes:

> **Baixo valor:** o valor máximo para a dispensa de licitação por baixo valor passa a ser R$ 100 mil para obras e serviços de engenharia e para **serviços de manutenção de veículos automotores** (nova hipótese) e R$ 50 mil para compras e outros serviços.

> **Emergência:** nos casos de emergência e calamidade pública, pode haver uma contratação direta com prazo máximo de um ano de duração do contrato.

Lei nº 14.133/2021

Art. 75. *É dispensável a licitação:*

I - para contratação que envolva valores inferiores a R$ 100.000,00 (cem mil reais), no caso de obras e serviços de engenharia ou de serviços de manutenção de veículos automotores;

II - para contratação que envolva valores inferiores a R$ 50.000,00 (cinquenta mil reais), no caso de outros serviços e compras;

III - para contratação que mantenha todas as condições definidas em edital de licitação realizada há menos de 1 (um) ano, quando se verificar que naquela licitação:

a) não surgiram licitantes interessados ou não foram apresentadas propostas válidas;

b) as propostas apresentadas consignaram preços manifestamente superiores aos praticados no mercado ou incompatíveis com os fixados pelos órgãos oficiais competentes;

IV - para contratação que tenha por objeto:

a) bens, componentes ou peças de origem nacional ou estrangeira necessários à manutenção de equipamentos, a serem adquiridos do fornecedor original desses equipamentos durante o período de garantia técnica, quando essa condição de exclusividade for indispensável para a vigência da garantia;

b) bens, serviços, alienações ou obras, nos termos de acordo internacional específico aprovado pelo Congresso Nacional, quando as condições ofertadas forem manifestamente vantajosas para a Administração;

c) produtos para pesquisa e desenvolvimento, limitada a contratação, no caso de obras e serviços de engenharia, ao valor de R$ 300.000,00 (trezentos mil reais);

d) transferência de tecnologia ou licenciamento de direito de uso ou de exploração de criação protegida, nas contratações realizadas por instituição científica, tecnológica e de inovação (ICT) pública ou por agência de fomento, desde que demonstrada vantagem para a Administração;

e) hortifrutigranjeiros, pães e outros gêneros perecíveis, no período necessário para a realização dos processos licitatórios correspondentes, hipótese em que a contratação será realizada diretamente com base no preço do dia;

f) bens ou serviços produzidos ou prestados no País que envolvam, cumulativamente, alta complexidade tecnológica e defesa nacional;

g) materiais de uso das Forças Armadas, com exceção de materiais de uso pessoal e administrativo, quando houver necessidade de manter a padronização requerida pela estrutura de apoio logístico dos meios navais, aéreos e terrestres, mediante autorização por ato do comandante da força militar;

h) bens e serviços para atendimento dos contingentes militares das forças singulares brasileiras empregadas em operações de paz no exterior, hipótese em que a contratação deverá ser justificada quanto ao preço e à escolha do fornecedor ou executante e ratificada pelo comandante da força militar;

i) abastecimento ou suprimento de efetivos militares em estada eventual de curta duração em portos, aeroportos ou localidades diferentes de suas sedes, por motivo de movimentação operacional ou de adestramento;

j) coleta, processamento e comercialização de resíduos sólidos urbanos recicláveis ou reutilizáveis, em áreas com sistema de coleta seletiva de lixo, realizados por associações ou cooperativas formadas exclusivamente de pessoas físicas de baixa renda reconhecidas pelo poder público como catadores de materiais recicláveis, com o uso de equipamentos compatíveis com as normas técnicas, ambientais e de saúde pública;

k) aquisição ou restauração de obras de arte e objetos históricos, de autenticidade certificada, desde que inerente às finalidades do órgão ou com elas compatível;

l) serviços especializados ou aquisição ou locação de equipamentos destinados ao rastreamento e à obtenção de provas previstas nos incisos II e V do caput do art. 3º da Lei nº 12.850, de 2 de agosto de 2013, quando houver necessidade justificada de manutenção de sigilo sobre a investigação;

m) aquisição de medicamentos destinados exclusivamente ao tratamento de doenças raras definidas pelo Ministério da Saúde;

V - para contratação com vistas ao cumprimento do disposto nos arts. 3º, 3º-A, 4º, 5º e 20 da Lei nº 10.973, de 2 de dezembro de 2004, observados os princípios gerais de contratação constantes da referida Lei;

VI - para contratação que possa acarretar comprometimento da segurança nacional, nos casos estabelecidos pelo Ministro de Estado da Defesa, mediante demanda dos comandos das Forças Armadas ou dos demais ministérios;

VII - nos casos de guerra, estado de defesa, estado de sítio, intervenção federal ou de grave perturbação da ordem;

VIII - nos casos de emergência ou de calamidade pública, quando caracterizada urgência de atendimento de situação que possa ocasionar prejuízo ou comprometer a continuidade dos serviços públicos ou a segurança de pessoas, obras, serviços, equipamentos e outros bens, públicos ou particulares, e somente para aquisição dos bens necessários ao atendimento da situação emergencial ou calamitosa e para as parcelas de obras e serviços que possam ser concluídas no prazo máximo de 1 (um) ano, contado da data de ocorrência da emergência ou da calamidade, vedadas a prorrogação dos respectivos contratos e a recontratação de empresa já contratada com base no disposto neste inciso;

IX - para a aquisição, por pessoa jurídica de direito público interno, de bens produzidos ou serviços prestados por órgão ou entidade que integrem a Administração Pública e que tenham sido criados para esse fim específico, desde que o preço contratado seja compatível com o praticado no mercado;

X - quando a União tiver que intervir no domínio econômico para regular preços ou normalizar o abastecimento;

XI - para celebração de contrato de programa com ente federativo ou com entidade de sua Administração Pública indireta que envolva prestação de serviços públicos de forma associada nos termos autorizados em contrato de consórcio público ou em convênio de cooperação;

XII - para contratação em que houver transferência de tecnologia de produtos estratégicos para o Sistema Único de Saúde (SUS), conforme elencados em ato da direção nacional do SUS, inclusive por ocasião da aquisição desses produtos durante as etapas de absorção tecnológica, e em valores compatíveis com aqueles definidos no instrumento firmado para a transferência de tecnologia;

XIII - para contratação de profissionais para compor a comissão de avaliação de critérios de técnica, quando se tratar de profissional técnico de notória especialização;

XIV - para contratação de associação de pessoas com deficiência, sem fins lucrativos e de comprovada idoneidade, por órgão ou entidade da Administração Pública, para a prestação de serviços, desde que o preço contratado seja compatível com o praticado no mercado e os serviços contratados sejam prestados exclusivamente por pessoas com deficiência;

XV - para contratação de instituição brasileira que tenha por finalidade estatutária apoiar, captar e executar atividades de ensino, pesquisa, extensão, desenvolvimento institucional, científico e tecnológico e estímulo à inovação, inclusive para gerir administrativa e financeiramente essas atividades, ou para contratação de instituição dedicada à recuperação social da pessoa presa, desde que o contratado tenha inquestionável reputação ética e profissional e não tenha fins lucrativos;

XVI - para aquisição, por pessoa jurídica de direito público interno, de insumos estratégicos para a saúde produzidos por fundação que, regimental ou estatutariamente, tenha por finalidade apoiar órgão da Administração Pública direta, sua autarquia ou fundação em projetos de ensino, pesquisa, extensão, desenvolvimento institucional, científico e tecnológico e de estímulo à inovação, inclusive na gestão administrativa e financeira necessária à execução desses projetos, ou em parcerias que envolvam transferência de tecnologia de produtos estratégicos para o SUS, nos termos do inciso XII do caput deste artigo, e que tenha sido criada para esse fim específico em data anterior à entrada em vigor desta Lei, desde que o preço contratado seja compatível com o praticado no mercado.

§ 1º Para fins de aferição dos valores que atendam aos limites referidos nos incisos I e II do caput deste artigo, deverão ser observados:

I - o somatório do que for despendido no exercício financeiro pela respectiva unidade gestora;

II - o somatório da despesa realizada com objetos de mesma natureza, entendidos como tais aqueles relativos a contratações no mesmo ramo de atividade.

§ 2º Os valores referidos nos incisos I e II do caput deste artigo serão duplicados para compras, obras e serviços contratados por consórcio público ou por autarquia ou fundação qualificadas como agências executivas na forma da lei.

§ 3º As contratações de que tratam os incisos I e II do caput deste artigo serão preferencialmente precedidas de divulgação de aviso em sítio eletrônico oficial, pelo prazo mínimo de 3 (três) dias úteis, com a especificação do objeto pretendido e com a manifestação de interesse da Administração em obter propostas adicionais de eventuais interessados, devendo ser selecionada a proposta mais vantajosa.

§ 4º As contratações de que tratam os incisos I e II do caput deste artigo serão preferencialmente pagas por meio de cartão de pagamento, cujo extrato deverá ser divulgado e mantido à disposição do público no Portal Nacional de Contratações Públicas (PNCP).

§ 5º A dispensa prevista na alínea «c» do inciso IV do caput deste artigo, quando aplicada a obras e serviços de engenharia, seguirá procedimentos especiais instituídos em regulamentação específica.

§ 6º Para os fins do inciso VIII do caput deste artigo, considera-se emergencial a contratação por dispensa com objetivo de manter a continuidade do serviço público, e deverão ser observados os valores praticados pelo mercado na forma do art. 23 desta Lei e adotadas as providências necessárias para a conclusão do processo licitatório, sem prejuízo de apuração de responsabilidade dos agentes públicos que deram causa à situação emergencial.

§ 7º Não se aplica o disposto no § 1º deste artigo às contratações de até R$ 8.000,00 (oito mil reais) de serviços de manutenção de veículos automotores de propriedade do órgão ou entidade contratante, incluído o fornecimento de peças.

Licitação dispensada

Nesse ponto da matéria, estamos diante de um tema que provavelmente será objeto de muita discussão doutrinária. Segundo a Lei nº 8.666/1993, a licitação é dispensada quando o legislador determina que não se faça licitação em algumas hipóteses de alienação de bens da Administração. Ocorre que a nova norma utiliza o termo "admitida a dispensa" para se referir às mesmas hipóteses trazidas na Lei nº 8.666/1993, mas ainda não é possível saber se esse termo significa dispensada (obrigatória a dispensa) ou dispensável (possível dispensa). Essa questão provavelmente será objeto de debate doutrinário futuramente.

Critérios de julgamento

O que na antiga norma era denominado de "tipo de licitação", na nova Lei passa a ser chamado de critério de julgamento. Os critérios de julgamentos que já existiam e permanecerão existindo, de acordo com nova Lei, são:

> menor preço;

> técnica e preço – o julgamento por técnica e preço considerará a maior pontuação obtida a partir da ponderação, segundo fatores objetivos previstos no edital, das notas atribuídas aos aspectos de técnica e de preço da proposta;

> maior lance, no caso de leilão (não é mais possível para a concorrência).

E as novidades são:

> maior desconto – o julgamento por maior desconto terá como referência o preço global fixado no edital de licitação, e o desconto será estendido aos eventuais termos aditivos;

> melhor técnica ou conteúdo artístico – o julgamento por melhor técnica ou conteúdo artístico considerará exclusivamente as propostas técnicas ou artísticas apresentadas pelos licitantes, e o edital deverá definir o prêmio ou a remuneração que será atribuída aos vencedores;

> maior retorno econômico – o julgamento por maior retorno econômico, utilizado exclusivamente para a celebração de contrato de eficiência, considerará a maior economia para a Administração, e a remuneração deverá ser fixada em percentual que incidirá de forma proporcional à economia efetivamente obtida na execução do contrato.

Procedimento e fases da licitação

As fases de licitação na nova Lei seguem o que já era praticado anteriormente na Lei do Pregão, com a chamada "inversão das fases" da licitação. O procedimento atualizado se inicia, em regra, pelo julgamento e depois a habilitação das propostas, com fase única de recurso.

As fases, agora, seguirão a seguinte ordem:

a) Preparatória (chamada de fase interna na Lei nº 8.666/1993).

b) Divulgação do edital de licitação.

c) Apresentação de propostas e lances, quando for o caso.

d) Julgamento.

e) Habilitação.

f) Recursos.

g) Homologação.

A nova Lei de Licitações em seu art. 18 passa a prever de forma pormenorizada os critérios para o lançamento de uma licitação, elencando todos os requisitos que devem compor um projeto preliminar, projeto básico e edital. Contudo, a Administração poderá realizar a inversão de fases, hipótese em que a habilitação será realizada ANTES do julgamento. Nessa situação, todos os licitantes participarão da fase de habilitação.

Prazos de divulgação

A nova Lei de Licitações estipula que todos os prazos agora são contados em dias úteis e variam de acordo com a natureza do objeto e em conformidade com o critério de julgamento.

a) Licitação para aquisição de bens

> Menor preço ou maior desconto: 8 dias úteis.

> Maior retorno econômico ou leilão: 15 dias úteis.

> Técnica e preço ou de melhor técnica ou conteúdo artístico: 35 dias úteis.

b) Licitação para a realização de serviços e obras

> Serviços comuns e de obras e serviços comuns de engenharia:

» Menor preço ou de maior desconto: 10 dias úteis.

> Serviços especiais e de obras e serviços especiais de engenharia:

» Menor preço ou de maior desconto: 25 dias úteis.

> Contratação integrada: 60 dias úteis.

> Contratação semi-integrada: 35 dias úteis.

Regimes de execução

Os regimes de execução da Nova Lei são os que seguem:

a) empreitada por preço unitário;

b) empreitada por preço global;

c) empreitada integral;

d) contratação por tarefa;

e) contratação integrada;

f) contratação semi-integrada;

g) fornecimento e prestação de serviço associado (novidade).

Publicidade e sigilo

A regra continua sendo da publicidade, mas há uma exceção, quando o sigilo for imprescindível à segurança da sociedade e do Estado. Ademais, a nova norma prevê duas situações em que a publicidade é diferida, ocorrendo apenas após certo momento. São elas:

> **Quanto ao conteúdo das propostas, até a respectiva abertura:** com o objetivo de manter o caráter competitivo da licitação, o conteúdo das propostas só é divulgado após a abertura da sessão.

> **Quanto ao orçamento da Administração, desde que justificado:** o sigilo do orçamento é exceção, só pode ocorrer quando houver uma justificativa.

A nova Lei de Licitação traz como regra o processo eletrônico, que é muito mais transparente e eficiente que a licitação presencial. A novidade é que todos os elementos do edital – incluídos minuta de contrato, termos de referência, anteprojeto, projetos e outros anexos – deverão ser divulgados em sítio eletrônico oficial na mesma data de divulgação do edital, sem necessidade de registro, identificação para acesso ou mesmo compra presencial do edital (art. 25, § 3º).

Ressalta-se que o processo pode ser presencial, desde que exista uma motivação para sua realização dessa forma. No caso da sessão presencial, esta deverá ser registrada em ata e gravada mediante utilização de recursos tecnológicos de áudio e vídeo.

Tipificação de crimes relacionados a licitações

A nova lei de licitações também faz a tipificação de crimes que estão relacionados com licitações e contratos públicos, além de estipular multas e penalidades.

> ***Art. 337-E.*** *Admitir, possibilitar ou dar causa à contratação direta fora das hipóteses previstas em lei:*
>
> ***Pena*** *- reclusão, de 4 (quatro) a 8 (oito) anos, e multa.*
>
> *Frustração do caráter competitivo de licitação.*
>
> ***Art. 337-F.*** *Frustrar ou fraudar, com o intuito de obter para si ou para outrem vantagem decorrente da adjudicação do objeto da licitação, o caráter competitivo do processo licitatório:*
>
> ***Pena*** *- reclusão, de 4 (quatro) anos a 8 (oito) anos, e multa.*
>
> *Patrocínio de contratação indevida.*
>
> ***Art. 337-G.*** *Patrocinar, direta ou indiretamente, interesse privado perante a Administração Pública, dando causa à instauração de licitação ou à celebração de contrato cuja invalidação vier a ser decretada pelo Poder Judiciário:*
>
> ***Pena*** *- reclusão, de 6 (seis) meses a 3 (três) anos, e multa.*
>
> *Modificação ou pagamento irregular em contrato administrativo.*
>
> ***Art. 337-H.*** *Admitir, possibilitar ou dar causa a qualquer modificação ou vantagem, inclusive prorrogação contratual, em favor do contratado, durante a execução dos contratos celebrados com a Administração Pública, sem autorização em lei, no edital da licitação ou nos respectivos instrumentos contratuais, ou, ainda, pagar fatura com preterição da ordem cronológica de sua exigibilidade:*
>
> ***Pena*** *- reclusão, de 4 (quatro) anos a 8 (oito) anos, e multa.*
>
> *Perturbação de processo licitatório.*
>
> ***Art. 337-I.*** *Impedir, perturbar ou fraudar a realização de qualquer ato de processo licitatório:*
>
> ***Pena*** *- detenção, de 6 (seis) meses a 3 (três) anos, e multa.*
>
> *Violação de sigilo em licitação.*
>
> ***Art. 337-J.*** *Devassar o sigilo de proposta apresentada em processo licitatório ou proporcionar a terceiro o ensejo de devassá-lo:*
>
> ***Pena*** *- detenção, de 2 (dois) anos a 3 (três) anos, e multa.*
>
> *Afastamento de licitante.*
>
> ***Art. 337-K.*** *Afastar ou tentar afastar licitante por meio de violência, grave ameaça, fraude ou oferecimento de vantagem de qualquer tipo:*

Pena - reclusão, de 3 (três) anos a 5 (cinco) anos, e multa, além da pena correspondente à violência.

Parágrafo único. *Incorre na mesma pena quem se abstém ou desiste de licitar em razão de vantagem oferecida.*

Fraude em licitação ou contrato.

Art. 337-L. *Fraudar, em prejuízo da Administração Pública, licitação ou contrato dela decorrente, mediante:*

I - entrega de mercadoria ou prestação de serviços com qualidade ou em quantidade diversas das previstas no edital ou nos instrumentos contratuais;

II - fornecimento, como verdadeira ou perfeita, de mercadoria falsificada, deteriorada, inservível para consumo ou com prazo de validade vencido;

III - entrega de uma mercadoria por outra;

IV - alteração da substância, qualidade ou quantidade da mercadoria ou do serviço fornecido;

V - qualquer meio fraudulento que torne injustamente mais onerosa para a Administração Pública a proposta ou a execução do contrato:

Pena *- reclusão, de 4 (quatro) anos a 8 (oito) anos, e multa.*

Contratação inidônea.

Art. 337-M. *Admitir à licitação empresa ou profissional declarado inidôneo:*

Pena *- reclusão, de 1 (um) ano a 3 (três) anos, e multa.*

§ 1º *Celebrar contrato com empresa ou profissional declarado inidôneo:*

Pena *- reclusão, de 3 (três) anos a 6 (seis) anos, e multa.*

§ 2º *Incide na mesma pena do caput deste artigo aquele que, declarado inidôneo, venha a participar de licitação e, na mesma pena do § 1º deste artigo, aquele que, declarado inidôneo, venha a contratar com a Administração Pública.*

16. ÉTICA NO SERVIÇO PÚBLICO

Nesta unidade, trabalharemos o seguinte conteúdo: Ética e moral; Ética, princípios e valores; Ética e democracia: exercício da cidadania; Ética e função pública; Ética no setor público: Código de Ética Profissional do Serviço Público (Decreto nº 1.171/1994). Acrescentamos, ao final, o Decreto nº 6.029/2007, que revogou o Decreto nº 1.171/1994 em parte, e que, muito embora não seja mencionado no edital, tem sido cobrado.

O Código de Ética Profissional do Serviço Público (Decreto nº 1.171/1994) contempla essencialmente duas partes.

A primeira, dita de ordem substancial (fundamental), fala sobre os princípios morais e éticos a serem observados pelo servidor, e constitui o Capítulo I, que abrange as regras deontológicas (Seção I), os principais deveres do servidor público (Seção II), bem como as vedações (Seção III).

Já a segunda parte, de ordem formal, dispõe sobre a criação e funcionamento de Comissões de Ética, e constitui o Capítulo II, que trata das Comissões de Ética em todos os órgãos do Poder Executivo Federal (Exposição de Motivos nº 001/94-CE).

Este conteúdo, referente ao Código de Ética Profissional do Serviço Público, considerando os últimos conteúdos cobrados, é um dos mais relevantes e que mais deve ser estudado.

16.1 Ética e Moral

Ética

A palavra "ética" vem do grego *ethos*, que significa "modo de ser" ou "caráter" (índole).

Ética → do grego *ethos* → caráter

A ética é a parte da filosofia que estuda a moralidade das ações humanas, isto é, se são boas ou más. É uma reflexão crítica sobre a moralidade.

A ética faz parte do nosso dia a dia. Em todas as nossas ações e também relações, em algum grau, utilizamos nossos valores éticos. Isso não quer dizer que o homem já nasça com consciência plena do que é bom ou mau. Essa consciência existe, mas se desenvolve a partir do relacionamento com o meio e do autodescobrimento.

> *A ética pode ser definida como a teoria ou a ciência do comportamento moral, que busca explicar, compreender, justificar e criticar a moral ou as morais de uma sociedade. Compete à ética chegar, por meio de investigações científicas, à explicação de determinadas realidades sociais, ou seja, ela investiga o sentido que o homem dá a suas ações para ser verdadeiramente feliz. A ética é, portanto, filosófica e científica.*

De acordo com o autor espanhol, Adolfo Vázquez, a ética representa uma abordagem científica sobre as constantes morais, ou seja, refere-se àquele conjunto de valores e costumes mais ou menos permanente no tempo e no espaço. Em outras palavras, a ética é a ciência da moral, isto é, de uma esfera do comportamento humano.

Mas a Ética não é puramente teoria; é um conjunto de princípios e disposições voltados para a ação, historicamente produzidos, cujo objetivo é balizar (limitar) as ações humanas.

Todavia, segundo Vázquez, não cabe à ética formular juízos de valor sobre a prática moral de outras sociedades, ou de outras épocas, em nome de uma moral absoluta e universal, mas deve antes explicar a razão de ser desta pluralidade e das mudanças de moral; isto é, deve esclarecer o fato de os homens terem recorrido a práticas morais diferentes e até opostas.

Em um sentido mais amplo, a ética engloba um conjunto de regras e preceitos de ordem valorativa, que estão ligados à prática do bem e da justiça, aprovando ou desaprovando a ação dos homens de um grupo social ou de uma sociedade.

Em suma, a ética é um conjunto de normas que rege a boa conduta humana.

Para que uma conduta possa ser considerada ética, três elementos essenciais devem ser ponderados: a ação (ato moral), a intenção (finalidade), e as circunstâncias (consequências) do ato. Se um único desses três elementos não for bom, correto e certo, o comportamento não é ético.

A norma ética é aquela que prescreve como o homem deve agir. Possui, como uma de suas características, a possibilidade de ser violada, ao contrário da norma legal (lei).

A ética não deve ser confundida com a lei, embora, com certa frequência, a lei tenha como base princípios éticos. Ao contrário da lei, nenhum indivíduo pode ser compelido, pelo Estado ou por outros indivíduos, a cumprir as normas éticas, nem sofrer qualquer sanção pela desobediência a estas.

Para o autor Lázaro Lisboa, a ética tem por objeto o comportamento humano no interior de cada sociedade, e o estudo desse comportamento com o fim de estabelecer níveis aceitáveis que garantam a convivência pacífica dentro das sociedades e entre elas, constitui o objetivo da Ética. (LISBOA; MARTINS, 2011).

O estudo da ética demonstra que a consciência moral nos inclina para o caminho da virtude, que seria uma qualidade própria da natureza humana. Logo, um homem para ser ético precisa necessariamente ser virtuoso, ou seja, praticar o bem usando a liberdade com responsabilidade constantemente.

Segundo a classificação de Eduardo Garcia Maýnez, são quatro as formas de manifestação do pensamento ético ocidental:

> Ética empírica.
> Ética dos bens.
> Ética formal.
> Ética de valores.

A Ética empírica está dividida em:

Ética Anarquista: só tem valor o que não contraria as tendências naturais.

Ética Utilitarista: é bom o que é útil.

Ética Ceticista: não se pode dizer com certeza o que é certo ou errado, bom ou mau, pois ninguém jamais será capaz de desvendar os mistérios da natureza.

Ética Subjetivista: "o homem é a medida de todas as coisas existentes ou inexistentes" (Protágoras).

Já a Ética dos bens divide-se em:

Ética Socrática: para Sócrates (469 - 399 a.C.), o supremo bem, a virtude máxima é a sabedoria. As duas máximas de Sócrates são: "Só sei que nada sei" e "Conhece-te a ti mesmo".

Ética Platônica: para Platão (427 - 347 a.C), todos os fenômenos naturais são meros reflexos de formas eternas, imutáveis, sugerindo o "mundo das ideias".

Ética Aristotélica: para Aristóteles (384 - 322 a.C.), a felicidade só pode ser conseguida com a integração de suas três formas: prazer, virtude (cidadania responsável), sabedoria (filosofia/ciência).

Ética Epicurista: para Epicuro (341 - 270 a.C.), o bem supremo é a felicidade, a ser atingido por meio dos prazeres (eudaimonismo hedonista) e os do espírito são mais elevados que os do corpo. Seu objetivo maior era afastar a dor e os sofrimentos.

Ética Estóica: Zenão (300 a.C.) fundou esta filosofia que ensina a ética da virtude como fim: o estóico não aspira ser feliz, mas ser bom.

Para a ética formal, segundo Kant, uma ação é boa, tem valor, deve ser feita, se obedece o "princípio categórico", que está baseado na ideia do dever (vale sempre e é uma ordem).

Por fim, para a ética de valores, uma ação é boa (e consequentemente é um dever) se estiver fundamentada em um valor.

Moral

Os romanos traduziram o ethos grego para o latim mos, de onde vem a palavra "moral".

O termo "moral", portanto, deriva do latim "mos" ou "mores", que significa "costume" ou "costumes (VÁZQUEZ, 2011).

Moral → do latin *MOS* ou *MORES* →
Costume ou Costumes

A moral é definida como o conjunto de normas, princípios, preceitos, costumes, valores que norteiam o comportamento do indivíduo no seu grupo social. A moral é normativa.

Em outras palavras, a moral é um conjunto de regras de conduta adotadas pelos indivíduos de um grupo social e tem a finalidade de organizar as relações interpessoais segundo os valores do bem e do mal.

A moral é a "ferramenta" de trabalho da ética. Sem os juízos de valor aplicados pela moral seria impossível determinar se a ação do homem é boa ou má.

A moral ocupa-se basicamente de questões subjetivas, abstratas e de interesses particulares do indivíduo e da sociedade, relacionando-se com valores ou condutas sociais.

A moral possui, portanto, um caráter subjetivo, que faz com que ela seja influenciada por vários fatores, alterando, assim, os conceitos morais de um grupo para outro. Esses fatores podem ser sociais, históricos, geográficos etc. Observa-se, então, que a moral é dinâmica, ou seja, ela pode mudar seus juízos de valor de acordo com o contexto em que esteja inserida.

Sendo assim, para Vázquez a moral é mutável e varia historicamente, de acordo com o desenvolvimento de cada sociedade e, com ela, variam os seus princípios e as suas normas. Ela norteia os valores éticos na Administração Pública.

Aristóteles, em seu livro "A Política", assevera que "os pais sempre parecerão antiquados para os seus filhos". Essa afirmação demonstra que, na passagem de uma geração para outra, os valores morais mudam.

Para que um ato seja considerado moral, ou seja, bom, deve ser livre, consciente, intencional e solidário. O ato moral tem, em sua estrutura, dois importantes aspectos: o normativo e o factual. O normativo são as normas e imperativos que enunciam o "dever ser". Ex.: cumpra suas obrigações, não minta, não roube etc. O factual são os atos humanos que se realizam efetivamente, ou seja, é a aplicação da norma no dia a dia, no convívio social.

Apesar de se assemelharem, e mesmo por vezes se confundirem, ética e moral são termos aplicados diferentemente. Enquanto o primeiro trata o comportamento humano como objeto de estudo e normatização, procurando tomá-lo de forma mais abrangente possível, o segundo se ocupa de atribuir um valor à ação. Esse valor tem como referências as normas e conceitos do que vem a ser bom ou mau, baseados no senso comum.

No contexto da ação pública, ética e moral não são considerados termos sinônimos. Portanto, não devem ser confundidos.

Enquanto a ética é teórica e busca explicar e justificar os costumes de uma determinada sociedade, a moral é normativa. Enquanto a ética tem caráter científico, a moral tem caráter prático imediato, visto que é parte integrante da vida cotidiana das sociedades e dos indivíduos. A moral é a aplicação da ética no cotidiano, é a prática concreta. A moral, portanto, não é ciência, mas objeto da ciência; e, neste sentido, é por ela estudada e investigada.

16.2 Ética: Princípios e Valores

Princípios

Segundo o dicionário Houaiss, princípio pode ser considerado o primeiro momento da existência (de algo) ou de uma ação ou processo. Pode também ser definido como um conjunto de regras ou código de (boa) conduta, com base no qual se governa a própria vida e ações.

Dados esses conceitos, percebe-se que os princípios que regem a conduta em sociedade são aqueles conceitos ou regras que se aprendem por meio do convívio, passados de geração para geração.

Esses conhecimentos se originaram, em algum momento, no grupo social em que estão inseridos, convencionando-se que sua aplicação é boa, e assim aceita pelo grupo.

Quando uma pessoa afirma que determinada ação fere seus princípios, ela está se referindo a um conceito ou regra, que foi originado em algum momento em sua vida ou na vida do grupo social em que está inserida, e que foi aceito como ação moralmente boa.

Valores

O conceito de valor tem sido investigado e definido em diferentes áreas do conhecimento (filosofia, sociologia, ciências econômicas, "marketing" etc).

Os valores são as normas, princípios ou padrões sociais aceitos ou mantidos por indivíduos, classe ou sociedade. Dizem, portanto, respeito a princípios que merecem ser buscados.

O valor exprime uma relação entre as necessidades do indivíduo (respirar, comer, viver, posse, reproduzir, prazer, domínio, relacionar, comparar) e a capacidade das coisas, objetos ou serviços de satisfazê-las.

É na apreciação desta relação que se explica a existência de uma hierarquia de valores, segundo a urgência/prioridade das necessidades e a capacidade dos mesmos objetos para as satisfazerem, diferenciadas no espaço e no tempo.

Nas mais diversas sociedades, independentemente do nível cultural, econômico ou social em que estejam inseridas, os valores são fundamentais para se determinar quais são as pessoas que agem tendo por finalidade o bem.

O caráter dos seres, pelo qual são mais ou menos desejados ou estimados por uma pessoa ou grupo, é determinado pelo valor de suas ações.

Todos os termos que servem para qualificar uma ação ou o caráter de uma pessoa têm um peso bom e um peso ruim. Cite-se, como exemplo, os termos verdadeiro e falso, generoso e egoísta, honesto e desonesto, justo e injusto. Os valores dão "peso" à ação ou ao caráter de uma pessoa ou grupo.

Kant afirmava que toda ação considerada boa moralmente deveria ser universal, ou seja, ser boa em qualquer tempo e em qualquer lugar. Infelizmente o ideal kantiano de valor e moralidade está muito longe de ser alcançado, pois as diversidades culturais e sociais fazem com que o valor dado a determinadas ações mude de acordo com o contexto.

O complexo de normas éticas se alicerça em valores, normalmente designados valores do "bem".

"Valores éticos são indicadores da relevância ou do grau de atendimento aos princípios éticos". Por exemplo, a dignidade da pessoa sugere e exige que se valorize o respeito às pessoas.

Esses valores éticos só podem ser atribuídos a pessoas, pois elas são os únicos seres que agem com conhecimento de certo e errado, bem e mal, e com liberdade para agir. Algumas condutas podem ferir os valores éticos.

A prática constante de respeito aos valores éticos conduz as pessoas às virtudes morais." ALONSO, Felix Ruiz; LÓPEZ, Francisco Granizo; CASTRUCCI, Plínio de Laura – Curso de Ética em Administração. São Paulo: Atlas, 2008. (Adaptado).

16.3 Ética e Democracia: Exercício da Cidadania

Ética e democracia

O Brasil ainda caminha a passos muito lentos no que diz respeito à ética, principalmente no cenário político.

Vários são os fatores que contribuíram para esta realidade, dentre eles, principalmente, os golpes de Estado, a saber, o Golpe de 30 e o Golpe de 64.

Durante o período em que o país vivenciou a ditadura militar e em que a democracia foi colocada de lado, tivemos a suspensão do ensino da filosofia e, consequentemente, da ética, nas escolas e universidades, e além disso, os direitos políticos do cidadão suspensos, a liberdade de expressão caçada e o medo da repressão.

Como consequência dessa série de medidas autoritárias e também arbitrárias, nossos valores morais e sociais foram perdendo espaço para os valores que o Estado queria impor, levando a sociedade a uma espécie de "apatia" social.

Nos dias atuais, estamos presenciando uma nova fase em nosso país, no que tange à aplicabilidade das leis e da ética no poder.

Os crimes de corrupção envolvendo desvio de dinheiro estão sendo mais investigados e a polícia tem trabalhado com mais liberdade de atuação em prol da moralidade e do interesse público, o que tem levado os agentes públicos a refletir mais sobre seus atos antes ainda de praticá-los.

Essa nova fase se deve principalmente à democracia, implantada como regime político com a Constituição de 1988.

Etimologicamente, o termo democracia vem do grego demokratía, em que kratía significa governo e demo, povo. Logo, a democracia, por definição, é o "governo do povo".

A democracia confere ao povo o poder de influenciar na administração do Estado. Por meio do voto, o povo é que determina quem vai ocupar os cargos de direção do Estado. Logo, insere-se nesse contexto a responsabilidade tanto do povo, que escolhe seus dirigentes, quanto dos escolhidos, que deverão prestar contas de seus atos no poder.

A ética exerce papel fundamental em todo esse processo, regulamentando e exigindo dos governantes comportamento adequado à função pública, que lhe foi confiada por meio do voto, e conferindo ao povo as noções e os valores necessários tanto para o exercício e cobrança dos seus direitos quanto para atendimento de seus deveres.

É por meio dos valores éticos e morais – determinados pela sociedade – que podemos perceber se os atos cometidos pelos ocupantes de cargos públicos estão visando ao bem comum e ao interesse público.

Exercício da cidadania

Em se tratando do exercício da cidadania, podemos afirmar que todo cidadão tem direito a exercer a cidadania, isto é, seus direitos de cidadão; direitos esses garantidos constitucionalmente.

Direitos e deveres andam juntos no que tange ao exercício da cidadania. Não se pode conceber um direito que não seja precedido de um dever a ser cumprido; é uma via de mão dupla.

Os direitos garantidos constitucionalmente, individuais, coletivos, sociais ou políticos, são precedidos de responsabilidades que o cidadão deve ter perante a sociedade. Por exemplo, a Constituição garante o direito à propriedade privada, mas exige-se que o proprietário seja responsável pelos tributos que o exercício desse direito gera, como, por exemplo, o pagamento do Imposto Predial e Territorial Urbano (IPTU).

Exercer a cidadania, por consequência, é ser probo (íntegro, honrado, justo, reto), agir com ética assumindo a responsabilidade que advém de seus deveres enquanto cidadão inserto no convívio social.

16.4 Ética e Função Pública

Função pública é a competência, atribuição ou encargo para o exercício de determinada função. Ressalta-se que essa função não é livre, devendo, portanto, estar o seu exercício sujeito ao interesse público, ou seja, da coletividade.

No exercício das mais diversas funções públicas, os servidores devem respeitar, além das normatizações vigentes nos órgãos e entidades públicas que regulamentam e determinam a forma de agir dos agentes públicos, os valores éticos e morais que a sociedade impõe para o convívio em grupo. A não observação desses valores acarreta uma série de erros e problemas no atendimento ao público e aos usuários do serviço, o que contribui de forma significativa para uma imagem negativa do órgão ou entidade e também do serviço público.

O padrão ético dos servidores públicos, no exercício da função pública, advém de sua natureza, ou seja, do caráter público e de sua relação com o público.

O servidor deve estar atento a esse padrão não apenas no exercício de suas funções, mas também na vida particular. O caráter público do seu serviço deve se incorporar à sua vida privada, a fim de que os valores morais e a boa-fé, amparados constitucionalmente como princípios básicos e essenciais a uma vida equilibrada, sejam inseridos e se tornem uma constante em seu relacionamento com os usuários do serviço bem como com os colegas.

Os princípios constitucionais devem ser observados para que a função pública se integre de forma indissociável ao direito. Os princípios são:

Legalidade: todo ato administrativo deve seguir fielmente os meandros da lei.

Impessoalidade: aplicado como sinônimo de igualdade – todos devem ser tratados de forma igualitária e respeitando o que a lei prevê.

Moralidade: respeito ao padrão moral para não comprometer os bons costumes da sociedade.

Publicidade: refere-se à transparência de todo ato público, salvo os casos previstos em lei.

Eficiência: ser o mais eficiente possível na utilização dos meios que são postos a sua disposição para a execução do seu mister (cargo ou função).

Ética no setor público

As questões éticas estão cada vez mais em voga na cena pública brasileira, dada à multiplicação de casos de corrupção e, sobretudo, à reação da sociedade frente a um tal grau de desmoralização das relações políticas e sociais.

Com os escândalos e denúncias de corrupção expostas pela mídia, refletir sobre essas questões traz à tona os conceitos éticos que envolvem a busca por melhores ações tanto na vida pessoal como na vida pública.

A ética é pautada na conduta responsável das pessoas. Daí a importância da escolha de um político com esse caráter, a fim de diminuir o mau uso da máquina pública e evitar que se venha auferir ganhos e vantagens pessoais.

Porém, as normas morais apenas fornecem orientações, cabendo ao político determinar quais são as exigências e limitações e decidir pela melhor alternativa de ação, que detém a responsabilidade em atender as demandas, no papel de representantes democráticos, com integridade e eficiência.

Durante as últimas décadas, o setor público foi alvo, tanto por parte da mídia quanto do senso comum vigente, de um processo deliberado de formação de uma caricatura, que transformou sua imagem no estereótipo de um setor muito burocrático, que não funciona e custa caro à população.

O cidadão, mesmo bem atendido por um servidor público, não consegue sustentar uma boa imagem do servidor e também do serviço público, pois o que faz a imagem de um órgão ou entidade pública parecer boa diante da população é o atendimento de seus funcionários, e por mais que os servidores sérios e responsáveis se esforcem, existe uma minoria que consegue facilmente acabar com todos os esforços levados a cabo por aqueles bons funcionários.

Nesse ponto, a ética se insere de maneira determinante para contribuir e melhorar a qualidade do atendimento, inserindo no âmbito do poder público os princípios e regras necessários ao bom andamento do serviço e ao respeito aos usuários.

Os novos códigos de ética, além de regulamentar a qualidade e o trato dispensados aos usuários e ao serviço público e de trazer punições para os que descumprem as suas normas, também têm a função de proteger a imagem e a honra do servidor que trabalha seguindo fielmente as regras nele contidas, contribuindo, assim, para uma melhoria na imagem do servidor e do órgão ou entidade perante a população.

Em se tratando da ética no serviço público, destacamos o Código de Ética Profissional do Servidor Público do Poder Executivo Federal, aprovado pelo Decreto nº 1.171, de 22 de junho de 1994, que foi revogado em parte pelo Decreto nº 6.029, de 1º de fevereiro de 2007, que institui Sistema de Gestão da Ética do Poder Executivo Federal. Ambos os Decretos seguem na íntegra.

16.5 Código de Ética Profissional do Serviço Público (Decreto nº 1.171/1994)

DECRETO Nº 1.171, DE 22 DE JUNHO DE 1994. Aprova o Código de Ética Profissional do Servidor Público Civil do Poder Executivo Federal.

O PRESIDENTE DA REPÚBLICA, no uso das atribuições que lhe confere o art. 84, incisos IV e VI, e ainda tendo em vista o disposto no art. 37 da Constituição, bem como nos arts. 116 e 117 da Lei nº 8.112, de 11 de dezembro de 1990, e nos arts. 10, 11 e 12 da Lei nº 8.429, de 2 de junho de 1992,

Decreta

Art. 1º *Fica aprovado o Código de Ética Profissional do Servidor Público Civil do Poder Executivo Federal, que com este baixa.*

Art. 2º *Os órgãos e entidades da Administração Pública Federal direta e indireta implementarão, em sessenta dias, as providências necessárias à plena vigência do Código de Ética, inclusive mediante a Constituição da respectiva Comissão de Ética, integrada por três servidores ou empregados titulares de cargo efetivo ou emprego permanente.*

Parágrafo único. *A constituição da Comissão de Ética será comunicada à Secretaria da Administração Federal da Presidência da República, com a indicação dos respectivos membros titulares e suplentes.*

Art. 3º *Este decreto entra em vigor na data de sua publicação.*

Brasília, 22 de junho de 1994, 173º da Independência e 106º da República.

ITAMAR FRANCO

Romildo Canhim

Este texto não substitui o publicado no DOU de 23.6.1994.

Anexo

Código de Ética Profissional do Servidor Público Civil do Poder Executivo Federal

Capítulo i

Seção i

→ Das Regras Deontológicas

I. *A dignidade, o decoro, o zelo, a eficácia e a consciência dos princípios morais são primados maiores que devem nortear o servidor público, seja no exercício do cargo ou função, ou fora dele, já que refletirá o exercício da vocação do próprio poder estatal. Seus atos, comportamentos e atitudes serão direcionados para a preservação da honra e da tradição dos serviços públicos.*

II. *O servidor público não poderá jamais desprezar o elemento ético de sua conduta. Assim, não terá que decidir somente entre o legal e o ilegal, o justo e o injusto, o conveniente e o inconveniente, o oportuno e o inoportuno, mas principalmente entre o honesto e o desonesto, consoante as regras contidas no art. 37, caput, e § 4º, da Constituição Federal.*

III. *A moralidade da Administração Pública não se limita à distinção entre o bem e o mal, devendo ser acrescida da ideia de que o fim é sempre o bem comum. O equilíbrio entre a legalidade e a finalidade, na conduta do servidor público, é que poderá consolidar a moralidade do ato administrativo. (grifo da autora)*

IV. *A remuneração do servidor público é custeada pelos tributos pagos direta ou indiretamente por todos, até por ele próprio, e por isso se exige, como contrapartida, que a moralidade administrativa se integre no Direito, como elemento indissociável de sua aplicação e de sua finalidade, erigindo-se, como consequência, em fator de legalidade.*

V. *O trabalho desenvolvido pelo servidor público perante a comunidade deve ser entendido como acréscimo ao seu próprio bem-estar, já que, como cidadão, integrante da sociedade, o êxito desse trabalho pode ser considerado como seu maior patrimônio.*

VI. *A função pública deve ser tida como exercício profissional e, portanto, se integra na vida particular de cada servidor público. Assim, os fatos e atos verificados na conduta do dia a dia em sua vida privada poderão acrescer ou diminuir o seu bom conceito na vida funcional. (grifo da autora)*

VII. *Salvo os casos de segurança nacional, investigações policiais ou interesse superior do Estado e da Administração Pública, a serem preservados em processo previamente declarado sigiloso, nos termos da lei, a publicidade de qualquer ato administrativo constitui requisito de eficácia e moralidade, ensejando sua omissão comprometimento ético contra o bem comum, imputável a quem a negar. (grifo da autora)*

VIII. *Toda pessoa tem direito à verdade. O servidor não pode omiti-la ou falseá-la, ainda que contrária aos interesses da própria pessoa interessada ou da Administração Pública. Nenhum Estado pode crescer ou estabilizar-se sobre o poder corruptivo do hábito do erro, da opressão ou da mentira, que sempre aniquilam até mesmo a dignidade humana quanto mais a de uma Nação.*

IX. *A cortesia, a boa vontade, o cuidado e o tempo dedicados ao serviço público caracterizam o esforço pela disciplina. Tratar mal uma pessoa que paga seus tributos direta ou indiretamente significa causar-lhe dano moral. Da mesma forma, causar dano a qualquer bem pertencente ao patrimônio público, deteriorando-o, por descuido ou má vontade, não constitui apenas uma ofensa ao equipamento e às instalações ou ao Estado, mas a todos os homens de boa vontade que dedicaram sua inteligência, seu tempo, suas esperanças e seus esforços para construí-los.*

X. *Deixar o servidor público ou qualquer pessoa à espera de solução que compete ao setor em que exerça suas funções, permitindo a formação de longas filas, ou qualquer outra espécie de atraso na prestação do serviço, não caracteriza apenas atitude contra a ética ou ato de desumanidade, mas principalmente grave dano moral aos usuários dos serviços públicos. (grifo da autora)*

XI. *O servidor deve prestar toda a sua atenção às ordens legais de seus superiores, velando atentamente por seu cumprimento, e, assim, evitando a conduta negligente. Os repetidos erros, o descaso e o acúmulo de desvios tornam-se, às vezes, difíceis de corrigir e caracterizam até mesmo imprudência no desempenho da função pública. (grifo da autora)*

XII. *Toda ausência injustificada do servidor de seu local de trabalho é fator de desmoralização do serviço público, o que quase sempre conduz à desordem nas relações humanas.*

XIII. *O servidor que trabalha em harmonia com a estrutura organizacional, respeitando seus colegas e cada concidadão, colabora e de todos pode receber colaboração, pois sua atividade pública é a grande oportunidade para o crescimento e o engrandecimento da Nação.*

Seção ii

→ Dos Principais Deveres do Servidor Público

XIV. *São deveres fundamentais do servidor público:*

a) *desempenhar, a tempo, as atribuições do cargo, função ou emprego público de que seja titular;*

b) *exercer suas atribuições com rapidez, perfeição e rendimento, pondo fim ou procurando prioritariamente resolver situações procrastinatórias, principalmente diante de filas ou de qualquer outra espécie de atraso na prestação dos serviços pelo setor em que exerça suas atribuições, com o fim de evitar dano moral ao usuário; (grifo da autora)*

c) *ser probo, reto, leal e justo, demonstrando toda a integridade do seu caráter, escolhendo sempre, quando estiver diante de duas opções, a melhor e a mais vantajosa para o bem comum; (grifo da autora)*

d) *jamais retardar qualquer prestação de contas, condição essencial da gestão dos bens, direitos e serviços da coletividade a seu cargo;*

e) *tratar cuidadosamente os usuários dos serviços aperfeiçoando o processo de comunicação e contato com o público;*

f) *ter consciência de que seu trabalho é regido por princípios éticos que se materializam na adequada prestação dos serviços públicos;*

g) *ser cortês, ter urbanidade, disponibilidade e atenção, respeitando a capacidade e as limitações individuais de todos os usuários do serviço público, sem qualquer espécie de preconceito ou distinção de raça, sexo, nacionalidade, cor, idade, religião, cunho político e posição social, abstendo-se, dessa forma, de causar-lhes dano moral; (grifo da autora)*

h) *ter respeito à hierarquia, porém sem nenhum temor de representar contra qualquer comprometimento indevido da estrutura em que se funda o Poder Estatal; (grifo da autora)*

i) *resistir a todas as pressões de superiores hierárquicos, de contratantes, interessados e outros que visem obter quaisquer favores, benesses ou vantagens indevidas em decorrência de ações imorais, ilegais ou aéticas e denunciá-las; (grifo da autora)*

j) *zelar, no exercício do direito de greve, pelas exigências específicas da defesa da vida e da segurança coletiva;*

l) *ser assíduo e frequente ao serviço, na certeza de que sua ausência provoca danos ao trabalho ordenado, refletindo negativamente em todo o sistema;*

m) *comunicar imediatamente a seus superiores todo e qualquer ato ou fato contrário ao interesse público, exigindo as providências cabíveis;*

n) *manter limpo e em perfeita ordem o local de trabalho, seguindo os métodos mais adequados à sua organização e distribuição;*

o) *participar dos movimentos e estudos que se relacionem com a melhoria do exercício de suas funções, tendo por escopo a realização do bem comum;*

p) *apresentar-se ao trabalho com vestimentas adequadas ao exercício da função;*

q) *manter-se atualizado com as instruções, as normas de serviço e a legislação pertinentes ao órgão onde exerce suas funções;*

r) *cumprir, de acordo com as normas do serviço e as instruções superiores, as tarefas de seu cargo ou função, tanto quanto possível, com critério, segurança e rapidez, mantendo tudo sempre em boa ordem;*

s) *facilitar a fiscalização de todos atos ou serviços por quem de direito;*

t) *exercer com estrita moderação as prerrogativas funcionais que lhe sejam atribuídas, abstendo-se de fazê-lo contrariamente aos legítimos interesses dos usuários do serviço público e dos jurisdicionados administrativos;*

u) *abster-se, de forma absoluta, de exercer sua função, poder ou autoridade com finalidade estranha ao interesse público, mesmo que observando as formalidades legais e não cometendo qualquer violação expressa à lei;*

v) *divulgar e informar a todos os integrantes da sua classe sobre a existência deste Código de Ética, estimulando o seu integral cumprimento.*

Seção iii

→ Das Vedações ao Servidor Público

XV. *É vedado ao servidor público:*

a) *o uso do cargo ou função, facilidades, amizades, tempo, posição e influências, para obter qualquer favorecimento, para si ou para outrem;*

b) *prejudicar deliberadamente a reputação de outros servidores ou de cidadãos que deles dependam;*

c) *ser, em função de seu espírito de solidariedade, conivente com erro ou infração a este Código de Ética ou ao Código de Ética de sua profissão;*

d) *usar de artifícios para procrastinar ou dificultar o exercício regular de direito por qualquer pessoa, causando-lhe dano moral ou material;*

e) *deixar de utilizar os avanços técnicos e científicos ao seu alcance ou do seu conhecimento para atendimento do seu mister; (grifo da autora)*

f) *permitir que perseguições, simpatias, antipatias, caprichos, paixões ou interesses de ordem pessoal interfiram no trato com o público, com os jurisdicionados administrativos ou com colegas hierarquicamente superiores ou inferiores;*

g) *pleitear, solicitar, provocar, sugerir ou receber qualquer tipo de ajuda financeira, gratificação, prêmio, comissão, doação ou vantagem de qualquer espécie, para si, familiares ou qualquer pessoa, para o cumprimento da sua missão ou para influenciar outro servidor para o mesmo fim;*

h) *alterar ou deturpar o teor de documentos que deva encaminhar para providências; (grifo da autora)*

i) *iludir ou tentar iludir qualquer pessoa que necessite do atendimento em serviços públicos;*

j) *desviar servidor público para atendimento a interesse particular;*

l) *retirar da repartição pública, sem estar legalmente autorizado, qualquer documento, livro ou bem pertencente ao patrimônio público;*

m) *fazer uso de informações privilegiadas obtidas no âmbito interno de seu serviço, em benefício próprio, de parentes, de amigos ou de terceiros;*

n) *apresentar-se embriagado no serviço ou fora dele habitualmente;*

o) *dar o seu concurso a qualquer instituição que atente contra a moral, a honestidade ou a dignidade da pessoa humana;*

p) *exercer atividade profissional aética ou ligar o seu nome a empreendimentos de cunho duvidoso.*

Capítulo ii

→ Das Comissões de Ética

XVI. *Em todos os órgãos e entidades da Administração Pública Federal direta, indireta autárquica e fundacional, ou em qualquer órgão ou entidade que exerça atribuições delegadas pelo poder público, deverá ser criada uma Comissão de Ética, encarregada de orientar e aconselhar sobre a ética profissional do servidor, no tratamento com as pessoas e com o patrimônio público, competindo-lhe conhecer concretamente de imputação ou de procedimento susceptível de censura.*

XVII. *(Revogado pelo Decreto nº 6.029, de 2007)*

XVIII. *À Comissão de Ética incumbe fornecer, aos organismos encarregados da execução do quadro de carreira dos servidores, os registros sobre sua conduta ética, para o efeito de instruir e fundamentar promoções e para todos os demais procedimentos próprios da carreira do servidor público.*

XIX. *(Revogado pelo Decreto nº 6.029, de 2007)*

XX. *(Revogado pelo Decreto nº 6.029, de 2007)*

XXI. *(Revogado pelo Decreto nº 6.029, de 2007)*

XXII. *A pena aplicável ao servidor público pela Comissão de Ética é a de censura e sua fundamentação constará do respectivo parecer, assinado por todos os seus integrantes, com ciência do faltoso.*

XXIII. *(Revogado pelo Decreto nº 6.029, de 2007)*

XXIV. *Para fins de apuração do comprometimento ético, entende-se por servidor público todo aquele que, por força de lei, contrato ou de qualquer ato jurídico, preste serviços de natureza permanente, temporária ou excepcional, ainda que sem retribuição financeira, desde que ligado direta ou indiretamente a qualquer órgão do poder estatal, como as autarquias, as fundações públicas, as entidades paraestatais, as empresas públicas e as sociedades de economia mista, ou em qualquer setor onde prevaleça o interesse do Estado*

XXV. *(Revogado pelo Decreto nº 6.029, de 2007)*

16.6 Decreto nº 6.029/2007

Considerando que os incisos XVII, XIX, XX, XXI, XXIII e XXV, do Decreto nº 1.171/1994 foram revogados pelo Decreto nº 6.029/2007, e que, muito embora este último não tenha sido mencionado expressamente no edital, seu conteúdo tem sido cobrado, transcrevemo-lo na íntegra a seguir.

Decreto Nº 6.029, De 1º de Fevereiro de 2007

Institui Sistema de Gestão da Ética do Poder Executivo Federal, e dá outras providências.

O PRESIDENTE DA REPÚBLICA, no uso da atribuição que lhe confere o art. 84, inciso VI, alínea "a", da Constituição,

Decreta

Art. 1º *Fica instituído o Sistema de Gestão da Ética do Poder Executivo Federal com a finalidade de promover atividades que dispõem sobre a conduta ética no âmbito do Executivo Federal, competindo-lhe:*

I. *integrar os órgãos, programas e ações relacionadas com a ética pública;*

II. *contribuir para a implementação de políticas públicas tendo a transparência e o acesso à informação como instrumentos fundamentais para o exercício de gestão da ética pública;*

III. *promover, com apoio dos segmentos pertinentes, a compatibilização e interação de normas, procedimentos técnicos e de gestão relativos à ética pública;*

IV. *articular ações com vistas a estabelecer e efetivar procedimentos de incentivo e incremento ao desempenho institucional na gestão da ética pública do Estado brasileiro.*

Art. 2º *Integram o Sistema de Gestão da Ética do Poder Executivo Federal:*

I. *a Comissão de Ética Pública - CEP, instituída pelo Decreto de 26 de maio de 1999;*

II. *as Comissões de Ética de que trata o Decreto no 1.171, de 22 de junho de 1994;*

III. *as demais Comissões de Ética e equivalentes nas entidades e órgãos do Poder Executivo Federal.*

Art. 3º *A CEP será integrada por sete brasileiros que preencham os requisitos de idoneidade moral, reputação ilibada e notória experiência em administração pública, designados pelo Presidente da República, para mandatos de três anos, não coincidentes, permitida uma única recondução.*

§ 1º *A atuação no âmbito da CEP não enseja qualquer remuneração para seus membros e os trabalhos nela desenvolvidos são considerados prestação de relevante serviço público.*

§ 2º *O Presidente terá o voto de qualidade nas deliberações da Comissão.*

§ 3º *Os mandatos dos primeiros membros serão de um, dois e três anos, estabelecidos no decreto de designação.*

Art. 4º *À CEP compete:*

I. *atuar como instância consultiva do Presidente da República e Ministros de Estado em matéria de ética pública;*

II. *administrar a aplicação do Código de Conduta da Alta Administração Federal, devendo:*

a) *submeter ao Presidente da República medidas para seu aprimoramento;*

b) *dirimir dúvidas a respeito de interpretação de suas normas, deliberando sobre casos omissos;*

c) *apurar, mediante denúncia, ou de ofício, condutas em desacordo com as normas nele previstas, quando praticadas pelas autoridades a ele submetidas;*

III. *dirimir dúvidas de interpretação sobre as normas do Código de Ética Profissional do Servidor Público Civil do Poder Executivo Federal de que trata o Decreto nº 1.171, de 1994;*

IV. *coordenar, avaliar e supervisionar o Sistema de Gestão da Ética Pública do Poder Executivo Federal;*

V. *aprovar o seu regimento interno; e*

VI. *escolher o seu Presidente.*

Parágrafo único. *A CEP contará com uma Secretaria-Executiva, vinculada à Casa Civil da Presidência da República, à qual competirá prestar o apoio técnico e administrativo aos trabalhos da Comissão.*

Art. 5º *Cada Comissão de Ética de que trata o Decreto nº 1171, de 1994, será integrada por três membros titulares e três suplentes, escolhidos entre servidores e empregados do seu quadro permanente, e designados pelo dirigente máximo da respectiva entidade ou órgão, para mandatos não coincidentes de três anos.*

Art. 6º *É dever do titular de entidade ou órgão da Administração Pública Federal, direta e indireta:*

I. *assegurar as condições de trabalho para que as Comissões de Ética cumpram suas funções, inclusive para que o exercício das atribuições de seus integrantes não lhes resulte qualquer prejuízo ou dano;*

II. *conduzir em seu âmbito a avaliação da gestão da ética conforme processo coordenado pela Comissão de Ética Pública.*

Art. 7º *Compete às Comissões de Ética de que tratam os incisos II e III do art. 2º:*

I. *atuar como instância consultiva de dirigentes e servidores no âmbito de seu respectivo órgão ou entidade;*

II. *aplicar o Código de Ética Profissional do Servidor Público Civil do Poder Executivo Federal, aprovado pelo Decreto 1.171, de 1994, devendo:*

a) *submeter à Comissão de Ética Pública propostas para seu aperfeiçoamento;*

b) *dirimir dúvidas a respeito da interpretação de suas normas e deliberar sobre casos omissos;*

c) *apurar, mediante denúncia ou de ofício, conduta em desacordo com as normas éticas pertinentes;*

d) *recomendar, acompanhar e avaliar, no âmbito do órgão ou entidade a que estiver vinculada, o desenvolvimento de ações objetivando a disseminação, capacitação e treinamento sobre as normas de ética e disciplina;*

III. *representar a respectiva entidade ou órgão na Rede de Ética do Poder Executivo Federal a que se refere o art. 9º; e*

IV. *supervisionar a observância do Código de Conduta da Alta Administração Federal e comunicar à CEP situações que possam configurar descumprimento de suas normas.*

§ 1º Cada Comissão de Ética contará com uma Secretaria-Executiva, vinculada administrativamente à instância máxima da entidade ou órgão, para cumprir plano de trabalho por ela aprovado e prover o apoio técnico e material necessário ao cumprimento das suas atribuições.

§ 2º As Secretarias-Executivas das Comissões de Ética serão chefiadas por servidor ou empregado do quadro permanente da entidade ou órgão, ocupante de cargo de direção compatível com sua estrutura, alocado sem aumento de despesas.

***Art. 8º** Compete às instâncias superiores dos órgãos e entidades do Poder Executivo Federal, abrangendo a administração direta e indireta:*

***I.** observar e fazer observar as normas de ética e disciplina;*

***II.** constituir Comissão de Ética;*

***III.** garantir os recursos humanos, materiais e financeiros para que a Comissão cumpra com suas atribuições; e*

***IV.** atender com prioridade às solicitações da CEP.*

***Art. 9º** Fica constituída a Rede de Ética do Poder Executivo Federal, integrada pelos representantes das Comissões de Ética de que tratam os incisos I, II e III do art. 2º, com o objetivo de promover a cooperação técnica e a avaliação em gestão da ética.*

***Parágrafo único.** Os integrantes da Rede de Ética se reunirão sob a coordenação da Comissão de Ética Pública, pelo menos uma vez por ano, em fórum específico, para avaliar o programa e as ações para a promoção da ética na administração pública.*

***Art. 10.** Os trabalhos da CEP e das demais Comissões de Ética devem ser desenvolvidos com celeridade e observância dos seguintes princípios:*

***I.** proteção à honra e à imagem da pessoa investigada;*

***II.** proteção à identidade do denunciante, que deverá ser mantida sob reserva, se este assim o desejar; e*

***III.** independência e imparcialidade dos seus membros na apuração dos fatos, com as garantias asseguradas neste Decreto.*

***Art. 11.** Qualquer cidadão, agente público, pessoa jurídica de direito privado, associação ou entidade de classe poderá provocar a atuação da CEP ou de Comissão de Ética, visando à apuração de infração ética imputada a agente público, órgão ou setor específico de ente estatal.*

***Parágrafo único.** Entende-se por agente público, para os fins deste Decreto, todo aquele que, por força de lei, contrato ou qualquer ato jurídico, preste serviços de natureza permanente, temporária, excepcional ou eventual, ainda que sem retribuição financeira, a órgão ou entidade da administração pública federal, direta e indireta. (grifo da autora)*

***Art. 12.** O processo de apuração de prática de ato em desrespeito ao preceituado no Código de Conduta da Alta Administração Federal e no Código de Ética Profissional do Servidor Público Civil do Poder Executivo Federal será instaurado, de ofício ou em razão de denúncia fundamentada, respeitando-se, sempre, as garantias do contraditório e da ampla defesa, pela Comissão de Ética Pública ou Comissões de Ética de que tratam os incisos II e III do art. 2º, conforme o caso, que notificará o investigado para manifestar-se, por escrito, no prazo de dez dias.*

§ 1º O investigado poderá produzir prova documental necessária à sua defesa.

§ 2º As Comissões de Ética poderão requisitar os documentos que entenderem necessários à instrução probatória e, também, promover diligências e solicitar parecer de especialista.

§ 3º Na hipótese de serem juntados aos autos da investigação, após a manifestação referida no caput deste artigo, novos elementos de prova, o investigado será notificado para nova manifestação, no prazo de dez dias.

§ 4º Concluída a instrução processual, as Comissões de Ética proferirão decisão conclusiva e fundamentada.

§ 5º Se a conclusão for pela existência de falta ética, além das providências previstas no Código de Conduta da Alta Administração Federal e no Código de Ética Profissional do Servidor Público Civil do Poder Executivo Federal, as Comissões de Ética tomarão as seguintes providências, no que couber:

***I.** encaminhamento de sugestão de exoneração de cargo ou função de confiança à autoridade hierarquicamente superior ou devolução ao órgão de origem, conforme o caso;*

***II.** encaminhamento, conforme o caso, para a Controladoria-Geral da União ou unidade específica do Sistema de Correição do Poder Executivo Federal de que trata o Decreto nº 5.480, de 30 de junho de 2005, para exame de eventuais transgressões disciplinares; e*

***III.** recomendação de abertura de procedimento administrativo, se a gravidade da conduta assim o exigir.*

***Art. 13.** Será mantido com a chancela de "reservado", até que esteja concluído, qualquer procedimento instaurado para apuração de prática em desrespeito às normas éticas.*

§ 1º Concluída a investigação e após a deliberação da CEP ou da Comissão de Ética do órgão ou entidade, os autos do procedimento deixarão de ser reservados.

§ 2º Na hipótese de os autos estarem instruídos com documento acobertado por sigilo legal, o acesso a esse tipo de documento somente será permitido a quem detiver igual direito perante o órgão ou entidade originariamente encarregado da sua guarda.

§ 3º Para resguardar o sigilo de documentos que assim devam ser mantidos, as Comissões de Ética, depois de concluído o processo de investigação, providenciarão para que tais documentos sejam desentranhados dos autos, lacrados e acautelados.

***Art. 14.** A qualquer pessoa que esteja sendo investigada é assegurado o direito de saber o que lhe está sendo imputado, de conhecer o teor da acusação e de ter vista dos autos, no recinto das Comissões de Ética, mesmo que ainda não tenha sido notificada da existência do procedimento investigatório.*

***Parágrafo único.** O direito assegurado neste artigo inclui o de obter cópia dos autos e de certidão do seu teor.*

***Art. 15.** Todo ato de posse, investidura em função pública ou celebração de contrato de trabalho, dos agentes públicos referidos no parágrafo único do art. 11, deverá ser acompanhado da prestação de compromisso solene de acatamento e observância das regras estabelecidas pelo Código de Conduta da Alta Administração Federal, pelo Código de Ética Profissional do Servidor Público Civil do Poder Executivo Federal e pelo Código de Ética do órgão ou entidade, conforme o caso.*

***Parágrafo único.** A posse em cargo ou função pública que submeta a autoridade às normas do Código de Conduta da Alta Administração Federal deve ser precedida de consulta da autoridade à Comissão de Ética Pública, acerca de situação que possa suscitar conflito de interesses.*

***Art. 16.** As Comissões de Ética não poderão escusar-se de proferir decisão sobre matéria de sua competência alegando omissão do Código de Conduta da Alta Administração Federal, do Código de Ética Profissional do Servidor Público Civil do Poder Executivo Federal ou do Código de Ética do órgão ou entidade, que, se existente, será suprida pela analogia e invocação aos princípios da legalidade, impessoalidade, moralidade, publicidade e eficiência.*

§ 1º Havendo dúvida quanto à legalidade, a Comissão de Ética competente deverá ouvir previamente a área jurídica do órgão ou entidade.

§ 2º Cumpre à CEP responder a consultas sobre aspectos éticos que lhe forem dirigidas pelas demais Comissões de Ética e pelos órgãos e entidades que integram o Executivo Federal, bem como pelos cidadãos e servidores que venham a ser indicados para ocupar cargo ou função abrangida pelo Código de Conduta da Alta Administração Federal.

Art. 17. *As Comissões de Ética, sempre que constatarem a possível ocorrência de ilícitos penais, civis, de improbidade administrativa ou de infração disciplinar, encaminharão cópia dos autos às autoridades competentes para apuração de tais fatos, sem prejuízo das medidas de sua competência.*

Art. 18. *As decisões das Comissões de Ética, na análise de qualquer fato ou ato submetido à sua apreciação ou por ela levantado, serão resumidas em ementa e, com a omissão dos nomes dos investigados, divulgadas no sítio do próprio órgão, bem como remetidas à Comissão de Ética Pública.*

Art. 19. *Os trabalhos nas Comissões de Ética de que tratam os incisos II e III do art. 2º são considerados relevantes e têm prioridade sobre as atribuições próprias dos cargos dos seus membros, quando estes não atuarem com exclusividade na Comissão.*

Art. 20. *Os órgãos e entidades da Administração Pública Federal darão tratamento prioritário às solicitações de documentos necessários à instrução dos procedimentos de investigação instaurados pelas Comissões de Ética .*

§ 1º *Na hipótese de haver inobservância do dever funcional previsto no caput, a Comissão de Ética adotará as providências previstas no inciso III do § 5º do art. 12.*

§ 2º *As autoridades competentes não poderão alegar sigilo para deixar de prestar informação solicitada pelas Comissões de Ética.*

Art. 21. *A infração de natureza ética cometida por membro de Comissão de Ética de que tratam os incisos II e III do art. 2º será apurada pela Comissão de Ética Pública.*

Art. 22. *A Comissão de Ética Pública manterá banco de dados de sanções aplicadas pelas Comissões de Ética de que tratam os incisos II e III do art. 2º e de suas próprias sanções, para fins de consulta pelos órgãos ou entidades da administração pública federal, em casos de nomeação para cargo em comissão ou de alta relevância pública.*

Parágrafo único. *O banco de dados referido neste artigo engloba as sanções aplicadas a qualquer dos agentes públicos mencionados no parágrafo único do art. 11 deste Decreto.*

Art. 23. *Os representantes das Comissões de Ética de que tratam os incisos II e III do art. 2º atuarão como elementos de ligação com a CEP, que disporá em Resolução própria sobre as atividades que deverão desenvolver para o cumprimento desse mister.*

Art. 24. *As normas do Código de Conduta da Alta Administração Federal, do Código de Ética Profissional do Servidor Público Civil do Poder Executivo Federal e do Código de Ética do órgão ou entidade aplicam-se, no que couber, às autoridades e agentes públicos neles referidos, mesmo quando em gozo de licença.*

Art. 25. *Ficam revogados os incisos XVII, XIX, XX, XXI, XXIII e XXV do Código de Ética Profissional do Servidor Público Civil do Poder Executivo Federal, aprovado pelo Decreto nº 1.171, de 22 de junho de 1994, os arts. 2º e 3º do Decreto de 26 de maio de 1999, que cria a Comissão de Ética Pública, e os Decretos de 30 de agosto de 2000 e de 18 de maio de 2001, que dispõem sobre a Comissão de Ética Pública.*

Art. 26. *Este Decreto entra em vigor na data da sua publicação.*

Brasília, 1º de fevereiro de 2007; 186º da Independência e 119º da República.

LUIZ INÁCIO LULA DA SILVA

Dilma Rousseff

Este texto não substitui o publicado no DOU de 2.2.2007

Questões

01. **(AOCP – 2018 – TRT/1ª REGIÃO/RJ – TÉCNICO JUDICIÁRIO)** Pedro foi investido em cargo público, sem que tenha sido aprovado previamente em concurso público. Sabe-se que o cargo ocupado por Pedro não foi declarado em lei como de livre nomeação e exoneração. Tendo isso em vista, assinale a alternativa correta de acordo com o que está disposto no texto constitucional.

a) Não havendo previsão em Lei Ordinária que exija a realização de concurso público para o cargo ocupado por Pedro, não há qualquer irregularidade na sua investidura.

b) A situação narrada implicará a nulidade do ato da investidura de Pedro e a punição da autoridade responsável, nos termos da lei.

c) Dada a irregularidade na investidura de Pedro, a autoridade responsável deverá ser punida, na forma da lei, mas o ato de nomeação permanecerá válido.

d) Pedro deverá ser punido, na forma da Lei, sendo, no entanto, isenta de pena a autoridade responsável pela sua nomeação.

e) Sendo publicada Lei posterior que declare o cargo atualmente ocupado por Pedro como sendo de livre nomeação e exoneração, o ato de sua investidura será convalidado.

02. **(FCC – 2018 – TRT/2ª REGIÃO/SP – ANALISTA JUDICIÁRIO)** Lara, servidora pública federal, no interesse do serviço, passou a ter exercício em nova sede, ocorrendo mudança de domicílio em caráter permanente. Neste caso, dispõe a Lei nº 8.112/1990, que a ajuda de custo

a) será calculada sobre a remuneração de Lara, conforme se dispuser em regulamento, não podendo exceder a importância correspondente a três meses.

b) não será devida à família de Lara se esta vier a falecer na nova sede, uma vez que esta vantagem é paga exclusivamente ao servidor.

c) será devida, correndo por conta da Administração as despesas de transporte do servidor e de sua família, não compreendendo bagagem e bens pessoais.

d) será devida inclusive na hipótese de o cônjuge de Lara, que detém também a condição de servidor, vier a ter exercício na mesma sede, uma vez que é uma vantagem personalíssima perfeitamente acumulável.

e) não é devida, uma vez que o direito ao recebimento da ajuda de custo está condicionado à transferência temporária.

03. **(FCC – 2018 – TRT/15ª REGIÃO/SP – ANALISTA JUDICIÁRIO)** A Secretaria da Habitação de determinado estado da Federação celebrou convênio com uma empresa estatal recém-criada, para que esta, integrante da mesma esfera da Administração, realizasse atividades de desenvolvimento de projetos de engenharia, bem como execução de obras de pequena e média complexidade, mediante repasse de recursos. Diante dos elementos descritos para esse caso, no exercício do controle dos atos da Administração,

a) a Administração pública pode denunciar o instrumento celebrado durante sua vigência, demonstrado que a escolha do convenente, empresa estatal, não se mostrou a mais vantajosa para o erário, sob o ponto de vista da economicidade.

b) o Poder judiciário pode se imiscuir na escolha legítima do instrumento jurídico realizada pela Administração pública para as atividades descritas, revogando o convênio, demonstrado prejuízo para Administração.

c) o Tribunal de Contas competente pode apontar irregularidade na celebração do convênio, pois como seu objeto tem natureza contratual, não haveria fundamento para contratação com dispensa de licitação em razão da natureza da empresa.

c) o Tribunal de Contas competente para fiscalização do ato poderia anular o convênio celebrado com a empresa estatal, tendo em vista que deveria ter sido celebrado contrato, para cujo vínculo jurídico há autorização legal expressa para formalização mediante dispensa de licitação, em razão de se tratar de ente da Administração indireta.

e) tanto o Poder Judiciário quanto a própria Administração, podem rever o ato jurídico em questão, sob o prisma da legalidade e da discricionariedade, tendo em vista que esta fica reduzida à análise do prejuízo econômico quando se trata de instrumento cuja efetiva natureza jurídica seja de contrato.

04. **(AOCP – 2018 – TRT/1ª REGIÃO/RJ – TÉCNICO JUDICIÁRIO)** Assinale a alternativa INCORRETA no tocante aos princípios que regem a Administração Pública.

a) A divulgação dos vencimentos brutos mensais dos servidores, como medida de transparência administrativa, harmoniza-se com o princípio da publicidade, vedada a divulgação de outros dados pessoais, como CPF, RG e endereço residencial.

b) A nomeação de parente colateral, até o terceiro grau da autoridade nomeante, para o exercício de cargo em comissão na Administração, é considerada ofensa à Constituição Federal, salvo para assunção de cargos de natureza política e desde que o nomeado tenha condições técnicas de exercer o múnus público a ele transferido.

c) Deriva do princípio da impessoalidade a vedação constitucional de que constem nomes, símbolos ou imagens que caracterizem promoção pessoal de autoridades em publicidade de atos dos órgãos públicos.

d) O modo de atuação do agente público, do qual se espera o melhor desempenho possível de suas atribuições a fim de se obterem os melhores resultados, é a única vertente apresentada pelo princípio da eficiência.

e) O princípio da eficiência deve ser interpretado em conjunto com os demais princípios impostos à Administração, não podendo sobrepor-se a nenhum deles, sob pena de afronta à segurança jurídica e ao próprio Estado de Direito.

05. **(FCC – 2018 – TRT/15ª REGIÃO/SP – ANALISTA JUDICIÁRIO)** Praticam atos administrativos que geram efeitos externos, como manifestações de vontade da Administração pública, dentre outros,

a) as sociedades que integram a Administração indireta, sejam empresas públicas ou sociedades de economia mista, na realização de todas as suas atividades, fins ou meios.

b) os órgãos e agentes integrantes da Administração direta, não alcançando os entes integrantes da Administração indireta, dada a independência e autonomia de que foram dotados.

c) os órgãos da Administração direta e as pessoas jurídicas de direito privado para as quais tenham sido delegados poderes e atribuições para tanto, de forma expressa.

d) os dirigentes de organizações sociais e consórcios públicos, dada a natureza jurídica de direito público das referidas pessoas jurídicas.

e) as organizações sociais, no que se refere às atividades dirigidas a saúde e educação, na qualidade de serviços públicos exclusivos e típicos.

06. **(FCC – 2018 – TRT/2ª REGIÃO/SP – ANALISTA JUDICIÁRIO)** Os atos administrativos discricionários são passíveis de controle judicial no que concerne

a) exclusivamente a eventual desvio de finalidade, quando evidenciado que a Administração praticou o ato visando a fim ilícito.

b) às condições de conveniência e oportunidade para sua prática, com base nos princípios aplicáveis à Administração Pública.

c) ao seu mérito, avaliando-se a aderência do mesmo ao interesse público que justificou a sua edição e às finalidades colimadas.

d) a vícios de legalidade, o que inclui também a avaliação da inexistência ou falsidade dos motivos declinados pela Administração para a edição do ato.

e) apenas a vícios de competência, cuja convalidação poderá ser feita, contudo, mediante ratificação administrativa ou judicial.

07. **(AOCP – 2018 – TRT/1ª REGIÃO/RJ – TÉCNICO JUDICIÁRIO)** De acordo com o que dispõe a Constituição Federal, assinale a alternativa correta acerca do Estatuto da Magistratura.

a) Deve ser estabelecido por Lei Ordinária de iniciativa do Poder Executivo.

b) É instituído por Lei Complementar de iniciativa do Congresso Nacional.

c) Será disposto por Lei Ordinária de inciativa do Senado Federal.

d) Deve ser estabelecido por Lei Ordinária de iniciativa do Congresso Nacional.

e) É instituído por Lei Complementar de iniciativa do Supremo Tribunal Federal.

Gabaritos

01	B	02	A	03	A
04	D	05	C	06	D
07	E				

ADMINISTRAÇÃO PÚBLICA

1. TEORIAS ADMINISTRATIVAS

1.1 Conceito de Administração

A Administração (do latim: administratione) é o conjunto de atividades voltadas à direção de uma organização. Tais atividades devem fazer uso de técnicas de gestão para que seus objetivos sejam alcançados de forma eficaz e eficiente, com responsabilidade social e ambiental.

Lacombe (2003, p.4) afirma que a essência do trabalho do administrador é obter resultados por meio das pessoas que ele coordena. A partir desse raciocínio de Lacombe, temos o papel do "Gestor Administrativo" que, com sua capacidade de gestão com as pessoas, consegue obter os resultados esperados.

Drucker (1998, p. 2) conceitua que administrar é manter as organizações coesas, fazendo-as funcionar.

Administrar como processo significa **planejar, organizar, dirigir (coordenar e liderar)**, e controlar organizações e/ou tarefas, tendo como objetivo maior produtividade e/ou lucratividade. Para se chegar a isso, o administrador avalia os objetivos organizacionais e desenvolve as estratégias necessárias para alcançá-los. Este profissional, no entanto, não tem apenas função teórica, ele é responsável pela implantação de tudo que planejou e, portanto, vai ser aquele que define os programas e métodos de trabalho, avaliando os resultados e corrigindo os setores e procedimentos que estiverem com problemas. Como é função do administrador que a produtividade e/ou lucros sejam altos, ele também terá a função de fiscalizar a produção e, para isso, é necessário que fiscalize cada etapa do processo, controlando inclusive os equipamentos e materiais (recursos) envolvidos na produção, para evitar desperdícios e prejuízos para a organização.

A Administração é uma ciência como qualquer outra e, como ocorre com todas as ciências, foi necessário o desenvolvimento de teorias que explicassem e orientassem as organizações. De vez em quando essa evolução é abordada em concursos, e quando isso acontece, o conteúdo está especificado como Teorias Administrativas ou Teoria Científica, Clássica, Burocrática, Relações Humanas, Estruturalista, Sistêmica e Contingencial.

1.2 Teorias Administrativas - Principais Escolas - Características Básicas e Contribuições

A administração científica (taylorismo)

Para compreender esta teoria, precisamos nos localizar no tempo. Com a Revolução Industrial, as relações de trabalho e as condições em que a produção ocorria se transformaram tremendamente. A máquina a vapor proporcionou uma melhoria nos transportes (principalmente no que tange aos navios a vapor e trens). Isso permitiu que uma empresa "entregasse" seus produtos para um público cada vez maior e mais distante. Além disso, este novo maquinário levou a um novo tipo de processo produtivo: a produção em massa.

A produtividade e a velocidade de produção foram ampliadas enormemente. A pequena oficina aos poucos deu espaço a grandes indústrias, em que o ambiente de trabalho era insalubre e perigoso, com jornadas de trabalho de mais de doze horas diárias.

E quem eram os operários? A indústria na época contratava, em grande parte, os moradores do campo, que eram atraídos por melhores salários. Assim, estes trabalhadores chegavam às indústrias sem qualificação específica e efetuavam um trabalho basicamente manual (ou "braçal").

Então, procuremos imaginar a situação: a empresa precisava de produtividade, mas os funcionários não tinham a capacitação necessária; era um caos total.

Com isso, existia um ambiente de grande desperdício e baixa eficiência nas indústrias. O primeiro teórico a buscar mudar esta realidade foi Frederick Taylor, por isso que a Teoria Científica pode ser chamada também de Taylorismo.

Nas fábricas, os funcionários faziam seu trabalho de forma empírica, ou seja, na base da tentativa e do erro. Os gerentes não estudavam as melhores formas de se trabalhar. Os funcionários não se comprometiam com os objetivos (de acordo com Taylor, ficavam "vadiando") e cada um fazia o trabalho como "achava melhor" – não existia, assim, uma padronização dos processos de trabalho. Os funcionários utilizavam técnicas diferentes para realizar o mesmo trabalho e eram propensos a "pegar leve".

Taylor acreditava que o trabalho poderia ser feito de modo muito mais produtivo. A Administração Científica buscou, então, a melhoria da eficiência e da produtividade.

> Foco da Teoria Científica → EFICIÊNCIA E PRODUTIVIDADE

Frederick Taylor era engenheiro mecânico e constantemente se irritava com a ineficiência e incompetência dos funcionários.

Texto retirado e adaptado de: (CHIAVENATO, História da Administração: entendendo a Administração e sua poderosa influência no mundo moderno, 2009)

(Andrade &Amboni, 2011)

(CHIAVENATO, Introdução à teoria geral da Administração, 2011)

Taylorismo: *é sinônimo de Administração Científica. Muitos autores se referem a esta teoria fazendo alusão ao nome de seu principal autor: Frederick Taylor.*

Ele passou a estudar então a "melhor maneira" de se fazerem as tarefas. Este trabalho foi chamado de **estudo de tempos e movimentos**. O trabalho do operário era analisado e cronometrado, de modo que os gerentes pudessem determinar a maneira mais eficiente - "The One Best Way" ou a maneira certa de se fazer uma tarefa. Após a definição do modo mais rápido e fácil de executar uma tarefa (por exemplo, a montagem de uma roda), os funcionários eram treinados para executá-las desta forma – criando, assim, uma **padronização** do trabalho.

Esta padronização evitaria a execução de tarefas desnecessárias por parte dos empregados. Tudo isso ajudaria na economia de esforços e evitaria uma rápida **fadiga humana**. Para Taylor, a Administração Científica deveria analisar os movimentos efetuados pelos trabalhadores para conseguir desenhar um processo com um mínimo de esforço em cada tarefa.

Contexto da Administração Científica

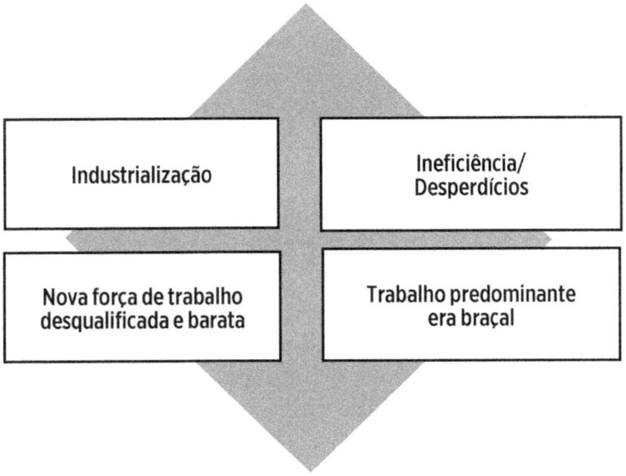

Outro aspecto importante foi a **divisão do trabalho**. De acordo com os teóricos da Administração Científica, seria muito mais fácil treinar e capacitar um funcionário a executar uma tarefa específica (parafusar um assento, por exemplo) do que fazer todo o trabalho sozinho (montar uma bicicleta inteira, por exemplo).

Texto retirado de: (Certo & Certo, 2006), (Sobral &Peci, 2008), (Daft, 2005).

Este conceito foi a base da linha de montagem – processo produtivo em que a peça a ser feita vai passando de funcionário a funcionário, até que todos tenham montado "sua parte".

Chamamos isso de especialização. O empregado ficava restrito a uma pequena parte do processo produtivo, de modo que seu treinamento e adaptação à "melhor maneira" (o modo padronizado de se trabalhar) fosse facilitada.

Taylor também buscou aumentar o incentivo ao funcionário. Ele acreditava que a remuneração por hora não trazia nenhum incentivo ao funcionário. Assim, ele indicou o pagamento por produtividade (pagamento por peça, por exemplo) como essencial para que este funcionário buscasse um maior esforço.

Portanto, Taylor acreditava que o incentivo material levava a uma maior motivação para o trabalho. Isso foi a base do conceito do "Homo Economicus". Ou seja, a ideia de que a principal motivação de uma pessoa no trabalho seria a remuneração (ou benefícios materiais). Acreditava-se que pagando mais o funcionário seria mais produtivo.

A especialização surge em decorrência da divisão de trabalho. Preparar alunos para concursos, por exemplo, é uma atividade complexa. Por isso, ocorre a divisão: um professor ministra apenas a disciplina de Administração, outro leciona apenas Direito Constitucional, e assim por diante. Desse modo, quando um indivíduo executa apenas uma atividade, ele acaba se tornando especialista no assunto e executa a sua função de uma maneira mais adequada.

Entretanto, a Administração Científica pecou por não analisar a organização em todo o seu contexto. Ou seja, apenas analisava seu ambiente interno e seus problemas e as demandas de produção (ou seja, os problemas do "chão de fábrica"). Assim, não captava toda a complexidade em que a Administração estava envolvida. Analisar só a tarefa ou o trabalho em si não permite que a empresa toda seja gerenciada com sucesso. O foco era muito limitado.

A Teoria Científica, por ignorar (não considerar) o meio onde ela estava inserida (por exemplo, concorrentes, fornecedores, economia, governo, influências e inter-relações entre as demais organizações), é considerada uma teoria de sistema fechado. Seria como analisar uma empresa "no vácuo", sem imaginar a resposta dos seus consumidores ao aumento do preço de um produto, por exemplo.

No campo prático, a contribuição mais famosa para a Administração Científica foi a de Henry Ford (1863-1947), que deu origem ao fenômeno conhecido como Fordismo. Ford era um empresário da indústria automobilística americana. Basicamente, aplicando princípios de racionalização da produção. Ele acreditava que, com a produção em massa e padronizada, conseguiria transformar o sonho americano. O automóvel, que era um bem de luxo, passaria a ser mais barato, acessível a mais pessoas.

Ele *"acreditava também que o trabalho deveria ser altamente especializado, realizando cada operário uma única tarefa. Além disso, propunha boa remuneração e jornada de trabalho menor para aumentar a produtividade dos operários"*. O Fordismo é, portanto, identificado com uma experiência prática de produção em massa ou em larga escala que aplicou princípios da Administração Científica e do Taylorismo.

Taylor procurou implementar uma mudança entre os trabalhadores e a Administração, estabelecendo diretrizes claras para melhorar a eficiência da produção. São elas:

> Análise do trabalho e estudo dos tempos e movimentos: o trabalho deveria ser feito de uma maneira simples, evitando movimentos desnecessários e com tempo médio estabelecido.

> Divisão do trabalho e especialização.

> Desenho de cargos e tarefas: estabelecer o conjunto de funções, responsabilidades e tarefas que o indivíduo deve executar e as relações com os demais cargos existentes.

> Padronização: obter a uniformidade dos processos e reduzir custos.

> Estudo da fadiga humana: a fadiga diminui a produtividade, aumenta os acidentes de trabalho e a rotatividade de pessoal, devem ser adotados métodos de trabalho para reduzi-la.

> Supervisão funcional: a supervisão seria feita por especialistas e não mais por um único chefe centralizador.

> Homem econômico: a motivação do indivíduo está vinculada diretamente com as recompensas salariais e materiais.

Características da Administração Científica

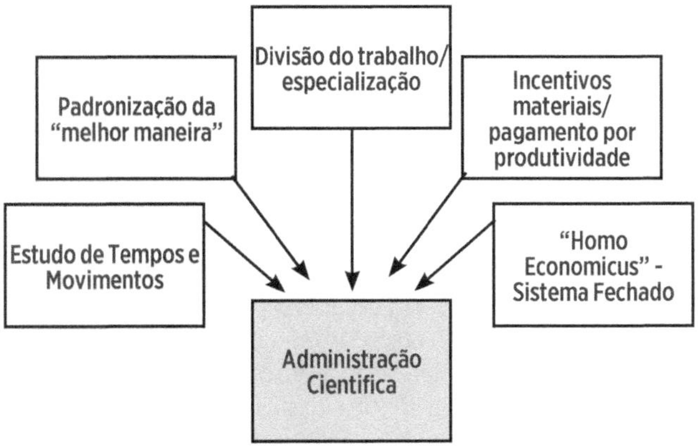

A Administração Científica, como qualquer teoria, recebeu críticas. Apresentamos algumas delas:

> O mecanicismo - a ideia de que a organização funcionaria como uma "máquina" e seus funcionários seriam "engrenagens" que deveriam funcionar no máximo da eficiência.

> A superespecialização do trabalhador – se as tarefas mais simples eram mais fáceis de serem treinadas e padronizadas, também tornavam o trabalho extremamente "chato"! Em pouco tempo o trabalhador já não tinha mais desafios e sua motivação diminuía.

> Visão microscópica do homem – a Administração Científica focava principalmente no trabalho manual (não se preocupando com sua criatividade) e se baseava na ideia de que o homem se motivava principalmente por influência dos incentivos materiais (sem atentar para outros fatores, como um ambiente desafiador, por exemplo).

> A Abordagem de sistema fechado – Taylor não se preocupou com o ambiente externo – o mercado de trabalho, os concorrentes, os fornecedores etc. Sua visão é voltada para dentro da empresa somente.

> A exploração dos empregados – apesar de Taylor propor um relacionamento "ganha-ganha" entre patrões e empregados, na prática a aplicação dos preceitos da Administração Científica levou a uma maior exploração dos empregados.

> Recompensas limitadas – para Taylor, o ser humano era motivado apenas por incentivos materiais. Atualmente, sabemos que existem diversos outros fatores que servem de motivadores para as pessoas.

A teoria clássica

Foco da Teoria Clássica → ESTRUTURAS ORGANIZACIONAIS

Em um contexto semelhante ao da Administração Científica (pois foram criadas na mesma época), a Teoria Clássica da Administração, desenvolvida por Henri Fayol, buscou a melhoria da eficiência por meio do **foco nas estruturas organizacionais**.

Dessa forma, o foco com Fayol saiu das tarefas para a estrutura. Ele tinha uma visão de "cima para baixo" das empresas. Por meio dos estudos da departamentalização, via os departamentos como partes da estrutura da organização. A estrutura mostra como a empresa está organizada de uma maneira geral.

Foi, portanto, um dos pioneiros no que se chamou de teóricos **fisiologistas** da Administração. Assim, o escopo do trabalho do administrador foi bastante ampliado dentro da visão de Fayol.

Fayol é considerado o "pai da teoria administrativa", pois buscou instituir princípios gerais do trabalho de um administrador. Seu trabalho ainda é (após um século) considerado como relevante para que possamos entender o trabalho de um gestor atual. Ele foi capaz de definir funções empresariais, as quais, na sua grande maioria, ainda são utilizadas.

Fayol estabeleceu as Funções Básicas da Empresa, conforme os itens a seguir:

> Técnica - aquilo para que a empresa existe, o que ela faz, o que ela sabe fazer.

> Comercial - compra, venda e troca de mercadorias e serviços.

> Financeira - aplicação dos recursos com o objetivo de aumentar a riqueza da empresa.

> Contábil - fiscalizar e controlar os atos da empresa (balanços, relatórios, inventários, etc.).

> Segurança - manutenção e segurança dos operários e do patrimônio da empresa.

> Administrativa - responsável pelo controle e operacionalização das demais.

Essa última seria a responsável pela coordenação das outras funções.

Além disso, Fayol definiu o trabalho de um administrador dentro do que ele chamou de **processo administrativo** – as funções do administrador. De acordo com Fayol, elas são:

> Prever: visualizar o futuro e traçar o programa de ação em médio e longo prazos.

> Organizar: constituir a estrutura material e humana para realizar o empreendimento da empresa.

> Comandar: dirigir e orientar o pessoal para mantê-lo ativo na empresa.

> Coordenar: ligar e harmonizar todos os atos e todos os esforços coletivos.

> Controlar: cuidar para que tudo se realize de acordo com os planos da empresa.

Estes seriam elementos que estariam presentes no trabalho de cada administrador, independentemente de seu nível hierárquico. Assim, tanto o presidente da empresa quanto um mero supervisor deveriam desempenhar estas funções em seu dia a dia. Atualmente fala-se em:

> planejar;

> organizar;

> dirigir (coordenar e liderar);
> controlar.

Observando-se detalhadamente tais considerações, percebe-se a importância de Fayol nas teorias administrativas contemporâneas.

A Teoria Clássica também se baseava na mesma premissa do Taylorismo: a de que o homem seria motivado por incentivos financeiros e materiais, ou seja, o conceito de "*Homo Economicus*".

Além disso, também se preocupava mais com os aspectos internos das organizações, sem analisar as inter-relações e trocas entre a organização e o seu ambiente externo. Assim, *também era uma teoria de sistema fechado*.

Fayol estabeleceu quatorze princípios gerais da Administração, que orientariam a gestão das organizações para buscar maior eficiência e produtividade:

> Divisão do trabalho: consiste na especialização das tarefas e das pessoas para aumentar a eficiência.
> Autoridade e responsabilidade: autoridade é o direito de dar ordens e o poder de esperar obediência. A responsabilidade é uma consequência natural da autoridade e significa executar corretamente o trabalho de acordo com a confiança depositada.
> Disciplina: depende de obediência, aplicação, energia, comportamento e respeito aos acordos, regras e normas estabelecidas.
> Unidade de comando: cada empregado deve receber ordens de apenas um superior, evita a ambiguidade.
> Unidade de direção: uma cabeça e um plano para cada conjunto de atividades que tenham o mesmo objetivo, a empresa tem que seguir um rumo, uma direção.
> Subordinação dos interesses individuais aos gerais: os interesses pessoais devem estar em segundo plano e os organizacionais em primeiro.
> Remuneração do pessoal: deve haver justa e garantida satisfação para os empregados e para a organização em termos de retribuição, pagamento de acordo com a produtividade.
> Centralização: refere-se à concentração da autoridade no topo da hierarquia da organização ou nas mãos de poucos.
> Cadeia escalar: linha de autoridade que vai do escalão mais alto ao mais baixo da hierarquia; é necessário respeitar a ordem hierárquica das chefias.
> Ordem: um lugar para cada coisa e cada coisa em seu lugar.
> Equidade: amabilidade e justiça para alcançar a lealdade dos empregados.
> Estabilidade do pessoal: a rotatividade do pessoal é prejudicial para a eficiência da organização, pois o primeiro impacto é o aumento de custos.
> Iniciativa: a capacidade de visualizar um plano e assegurar pessoalmente seu sucesso.
> Espírito de equipe: a harmonia e a união entre as pessoas são grandes forças para a organização.

Não se deve confundir Teoria Clássica com Abordagem Clássica, a Teoria Clássica é a de Fayol; a Abordagem Clássica envolve a Teoria Científica, a Teoria Clássica e a Burocrática.

Como problemas da Teoria Clássica, podemos citar a falta de preocupação com a organização informal das organizações (apenas focava na organização formal – linhas de autoridade, descrição de cargos, hierarquia etc.), além de uma ênfase exagerada na centralização, como o princípio da unidade de comando exemplifica. A ideia de uma organização flexível ainda não estava sendo tomada em consideração.

Fayol ignorava as relações interpessoais de amizade e inimizade, conflitos e sentimentos dos funcionários (desconsiderava a organização informal).

A Teoria Clássica também não se preocupou muito com os aspectos ligados às pessoas. Temas como: comunicação, motivação, negociação e liderança ainda eram pouco relevantes nestes estudos.

Taylor versus fayol

Tanto Fayol quanto Taylor fazem parte da abordagem clássica. As teorias deles, porém, são diferentes, e temos que ter isso em mente, porque esse assunto é muito abordado em concursos.

A principal diferença está na ênfase: Taylor tinha como ênfase a tarefa, enquanto Fayol tinha como ênfase a estrutura. Assim, enquanto a Administração Científica partia do específico (tarefa) para o geral, a Teoria Clássica analisava do geral para o específico, ou seja, das funções, princípios e hierarquia para o particular.

Outra diferença refere-se às relações de comando. Enquanto Fayol era forte defensor do princípio da unidade de comando, segundo o qual cada trabalhador deve receber ordens de apenas um chefe, Taylor defendia o princípio da supervisão funcional, o que permitia que cada trabalhador fosse supervisionado por múltiplos chefes, segundo as áreas de especialização de cada um.

Apesar disso, ambas as abordagens têm muitas coisas em comum. O próprio Fayol chegou a declarar que elas não deviam ser vistas como opostas, e sim como complementares. Ambas propuseram que a Administração deveria considerada uma ciência; ambas sugeriram um estudo sistemático do funcionamento da organização. Elas observaram a organização como um sistema fechado, desconsiderando a dimensão ambiente, e concentraram-se nos aspectos formais da organização.

A preocupação com a organização informal (relações interpessoais, amizades, inimizades, conflitos) e assuntos como motivação, liderança e frustrações só foi estudada pela Teoria das Relações Humanas. Mas antes de estudarmos essa teoria, veremos outra: a Burocracia.

Teoria burocrática

Muitas vezes, o termo Burocracia é associado à ideia de lentidão, papelada, excesso de regras e normas, mas na verdade essas são as suas disfunções. Burocracia significa organização do trabalho. O termo é derivado do termo francês "bureau" (que significa escritório) e do termo grego "kratia", que se relaciona a poder ou regra. Dessa forma, a Burocracia seria um modelo em que o "escritório" ou os servidores públicos de carreira seriam os detentores do poder.

Com a industrialização e a introdução de regimes democráticos, no fim do século XIX, as sociedades ficaram cada vez mais complexas. A introdução da máquina a vapor acarretou uma evolução tremenda dos meios de transporte. Se antes eram necessários meses para realizar uma viagem do Brasil para a Europa, por exemplo, uma viagem por meio de navios a vapor passou a ser feita em poucos dias.

O trem a vapor fez a mesma revolução no transporte interno. Dessa forma, as notícias passaram a "correr" muito mais rápido e os produtos de cada região puderam passar a ser comercializados em cada vez mais mercados consumidores.

Estes fatores levaram a uma urbanização acelerada, pois as indústrias, agora com máquinas, necessitavam de cada vez mais "braços" para poder produzir em larga escala. Diante do aumento da demanda por trabalhadores no setor industrial, os salários na indústria ficaram melhores do que os do campo. Desta forma, o êxodo rural (massa de trabalhadores saindo do campo e se dirigindo para as cidades em busca de trabalho) foi marcante neste período.

Essas pessoas encontravam na cidade grande uma realidade totalmente diferente da qual estavam acostumadas, pois tinham necessidades que o Estado (que tinha uma filosofia liberal) ainda não estava capacitado para atender. Era o início do que iríamos denominar de "sociedade de massa".

As empresas e os governos necessitavam de uma administração mais racional e que maximizasse os recursos, além de ter uma maior estabilidade e previsibilidade em suas operações e processos de trabalho.

O Estado, por exemplo, que antes só se preocupava em manter a ordem interna e externa, passou a ter de se organizar cada vez mais para induzir o crescimento econômico, aumentar a infraestrutura do país e para prestar cada vez mais serviços à população.

O Patrimonialismo (modelo de gestão pública em que o patrimônio público se "mesclava" com o privado, e as relações se baseavam na confiança e não no mérito) não conseguia mais atender a este novo Estado, que concentrava cada vez mais atividades em sua máquina.

O modelo burocrático de Weber tinha como objetivo uma maior previsibilidade e padronização do desempenho dos seus funcionários, atingindo, assim, uma maior eficiência.

A Burocracia também pode ser alcunhada de Moldes Weberianos, pois Max Weber foi o idealizador dessa teoria e, muitas vezes, o nome do teórico é dado à teoria. Pode ser chamada também de Caráter Racional-Legal.

O **modelo Burocrático,** inspirado por Max Weber, veio então suprir esta necessidade de impor uma administração adequada aos novos dEsafios do Estado moderno, com o objetivo de combater o nepotismo e a corrupção. Ou seja, uma administração mais racional e impessoal. No caso das grandes empresas, o modelo buscava o aumento consistente da produção, com maior eficiência.

Dessa forma, o modelo burocrático surgiu como uma necessidade histórica baseada em uma sociedade cada vez mais complexa, em que as demandas sociais cresceram, e havia um ambiente com empresas cada vez maiores, com uma população que buscava uma maior participação nos destinos dos governos. **Portanto, não se podia mais "depender" do arbítrio de um só indivíduo.**

Uma coisa que devemos ter em mente é que a Burocracia foi uma grande evolução do modelo patrimonialista. Weber concebeu a Burocracia como o modelo mais racional existente, o qual seria mais eficiente na busca dos seus objetivos.

Continuando, as características principais da Burocracia são:

Formalidade – a autoridade deriva de um conjunto de normas e leis, expressamente escritas e detalhadas. O poder do chefe é restrito aos objetivos propostos pela organização e somente é exercido no ambiente de trabalho - não na vida privada. As comunicações internas e externas também são todas padronizadas e formais.

Impessoalidade – os direitos e deveres são estabelecidos em normas. As regras são aplicadas de forma igual a todos, conforme seu cargo em função na organização. Segundo Weber, a Burocracia deve evitar lidar com elementos humanos, como a raiva, o ódio, o amor, ou seja, as emoções e as irracionalidades. As pessoas devem ser promovidas por mérito, e não por ligações afetivas. O poder é ligado não às pessoas, mas aos cargos – só se tem o poder em decorrência de estar ocupando um cargo.

Profissionalização – as organizações são comandadas por especialistas, remunerados em dinheiro e não em honrarias, títulos de nobreza, sinecuras (cargos rendosos), prebendas (de pouco trabalho), etc., contratados pelo seu mérito e seu conhecimento (e não por alguma relação afetiva ou emocional).

O modelo burocrático, que se caracterizou pela meritocracia na forma de ingresso nas carreiras públicas, mediante concursos públicos, buscou eliminar o hábito arraigado do modelo patrimonialista de ocupar espaço no aparelho do Estado por meio de trocas de cargos públicos por favores pessoais ao soberano.

Neste modelo, as pessoas seriam nomeadas por seus conhecimentos e habilidades, não por seus laços familiares ou de amizade. Prebendas e sinecuras, características do modelo patrimonialista, ou seja, aquelas situações em que pessoas ocupam funções no governo ganhando uma remuneração em troca de pouco ou nenhum trabalho, são substituídas pelo concurso público e pela noção de carreira.

Desta forma, o que se busca é a **profissionalização** do funcionário, sua especialização. De acordo com Weber, cada funcionário deve ser um especialista no seu cargo. Assim, deve ser contratado com base em sua competência técnica e ter um plano de carreira, sendo promovido devido à sua capacidade.

A impessoalidade no tratamento foi pensada de modo a evitar as emoções nos julgamentos e decisões. Seria, portanto, um modo de alcançar uma isonomia no tratamento das pessoas e uma maior racionalidade na tomada de decisões. Se mal conhecemos nossos funcionários, tenderemos a nos concentrar nos aspectos mais "concretos" dos problemas, não é mesmo?

A comunicação formal ajudaria nisso, pois os canais de transmissão de informações (como os ofícios e memorandos) não abrem espaço para um contato mais íntimo e pessoal. Boatos e "fofocas" não são usualmente escritos em cartas, não é verdade?

Além disso, outra característica importante da Burocracia é a noção de hierarquia. Toda a organização é feita de modo hierarquizado, com a autoridade sendo baseada nas normas e leis internas que determinam a competência de cada cargo. Assim, seu chefe tem o poder e a autoridade concedidos a ele por deter um cargo acima do seu. A obediência é ao cargo e não à pessoa.

Portanto, as organizações são estruturadas em vários níveis hierárquicos, em que o nível de cima controla o de baixo. É o que chamamos de estrutura verticalizada, na qual as decisões são tomadas na cúpula (topo da hierarquia ou nível estratégico).

Essa situação acaba gerando uma demora na tomada de decisões e no fluxo de informações dentro da organização.

Dentre as principais vantagens que a Burocracia trouxe, podemos citar: o predomínio de uma lógica científica sobre uma lógica da intuição, do "achismo"; a redução dos favoritismos e das práticas clientelistas; uma mentalidade mais democrática, que possibilitou igualdade de oportunidades e tratamento baseado em leis e regras aplicáveis a todos.

Atualmente, o termo "Burocracia" virou sinônimo de ineficiência e lentidão, pois conhecemos os defeitos do modelo (que chamamos de disfunções da Burocracia), mas ele foi um passo adiante na sua época. A Burocracia veio para modernizar o Estado e a sua gestão.

Na Burocracia, existe uma desconfiança extrema em relação às pessoas. Portanto, são desenvolvidos controles dos processos e dos procedimentos, de forma a evitar os desvios. Acreditava-se que, com o controle rigoroso, eliminar-se-iam a corrupção e o nepotismo, e a eficiência seria alcançada.

Ou seja, os funcionários tinham pouca discricionariedade, ou liberdade de escolha da melhor estratégia para resolver um problema ou atender seus clientes. Tudo era padronizado, manualizado. Com isso, os servidores passaram a se preocupar mais em seguir regulamentos do que em atingir bons resultados.

Devemos entender que **nenhum modelo existiu isoladamente**, mas que todos conviveram e convivem juntos. O modelo de gestão pública almejado no presente momento é o gerencial, mas ainda é muito forte a presença do modelo burocrático e, infelizmente, do próprio modelo patrimonialista na Administração Pública brasileira. Ou seja, **nunca aplicamos o modelo "puro" da Burocracia Weberiana**. Atenção: as bancas costumam cobrar muito isso.

A Burocracia foi implementada, mas nunca consolidada no Brasil. Atualmente, com o modelo Gerencial, busca-se a qualidade e a eficiência, mas isso já é outro assunto - é Administração Pública - e nós estamos focando na Administração Geral.

As principais disfunções da Burocracia são:

Dificuldade de resposta às mudanças no meio externo – visão voltada excessivamente para as questões internas (sistema fechado, ou seja, autorreferente, com a preocupação não nas necessidades dos clientes, mas nas necessidades internas da própria Burocracia).

Rigidez e apreço extremo às regras – o controle é sobre procedimentos e não sobre resultados, levando à falta de criatividade e ineficiências.

Perda da visão global da organização – a divisão de trabalho pode levar a que os funcionários não tenham mais a compreensão da importância de seu trabalho nem quais são as necessidades dos clientes.

Lentidão no processo decisório – hierarquia, formalidade e falta de confiança nos funcionários levam a uma demora na tomada de decisões importantes.

Excessiva formalização – em um ambiente de mudanças rápidas, não é possível padronizar e formalizar todos os procedimentos e tarefas, gerando uma dificuldade da organização de se adaptar a novas demandas. A formalização também dificulta o fluxo de informações dentro da empresa.

Teoria das relações humanas

O crescimento das ciências sociais, como a Psicologia, levou a diversos estudos dentro do contexto do homem no trabalho. Além disso, no início da década de 1930, a economia passou por uma grande depressão em todo o mundo. Com a crise, o desemprego cresceu muito. As más condições de trabalho predominavam na indústria, e os conflitos entre trabalhadores e patrões estavam aumentando. Nessa época ocorreram muitas greves e conflitos nas fábricas por todo o mundo.

A ideia de que o homem deveria ser uma engrenagem de uma "máquina" passou a não ser mais aceita. O Taylorismo começou a ser criticado por não se preocupar com o aspecto humano. Além disso, a produtividade prometida, muitas vezes, não se concretizou. Neste cenário, a Teoria das Relações Humanas começou a tomar forma.

Assim, a Teoria das Relações Humanas buscou o aumento da produtividade por meio de uma atenção especial às pessoas. De acordo com seus teóricos, se os gestores entendessem melhor seus funcionários e se "adaptassem" a eles, as suas organizações teriam um maior sucesso.

Foco da Teoria das Relações Humanas → PESSOAS

Dentre os estudos que impulsionaram esta teoria, destacou-se o trabalho de um pesquisador de Harvard: Elton Mayo.

Este autor desenvolveu uma pesquisa dentro de uma indústria da empresa Western Electric, em **Hawthorne**. Seu intuito inicial foi o de entender o efeito da iluminação no desempenho humano.

Ele iniciou os estudos em um grupo de mulheres operárias de uma fábrica. Dividiu o grupo em duas partes: uma ele deixou da mesma forma de antes, serviria como grupo de controle; e o outro grupo seria cuidadosamente estudado e observado.

A Teoria de Relações Humanas utilizou métodos científicos de pesquisa.

A surpresa de Mayo foi descobrir que a mudança na iluminação - seja ela qual fosse - aumentava a motivação dos empregados. Ele ficou sem compreender, aperfeiçoou o estudo e percebeu que a motivação interferia na produtividade. As funcionárias que estavam sendo observadas se sentiram especiais, e isso foi, na verdade, o que as motivou, e não a iluminação em si.

Essas trabalhadoras passaram a se sentir importantes. Passaram a perceber que seu trabalho estava sendo observado e medido por pesquisadores. Com isso, esforçavam-se mais. A iluminação em si era um aspecto menor. Já o sentimento de orgulho por fazer um trabalho bem feito era fundamental para o aumento da produtividade.

Com essas descobertas, todo o enfoque da Administração foi alterado. O foco de um gestor não deveria ser voltado aos aspectos fisiológicos do trabalhador, mas aos aspectos emocionais e psicológicos. Com esse aparecimento da noção de que a produtividade está ligada ao relacionamento entre as pessoas e o funcionamento dos grupos dentro de uma empresa, nasceu essa nova teoria. O conceito que se firmou, então, foi o de **homem social**.

De acordo com Sobral, as conclusões da pesquisa de Hawthorne foram:

- A integração social afeta a produtividade – assim, não é capacidade individual de cada funcionário o que define sua produtividade, e sim a sua capacidade social, sua integração no grupo.
- O comportamento é determinado pelas regras do grupo – os funcionários não agem isoladamente ou "no vácuo", mas como membros de um grupo.
- As organizações são formadas por grupos informais e formais – volta-se o foco para os grupos que existem de modo informal na empresa e que não são relacionados aos cargos e funções.
- A supervisão mais cooperativa aumenta produtividade – o supervisor mais eficaz é aquele que tem habilidade e capacidade de motivar e liderar seus funcionários em torno dos objetivos da empresa.
- A autoridade do gerente deve se basear em competências sociais – o gerente deve ser capaz de interagir, motivar e comandar seus funcionários. Apenas o fato de ter conhecimento técnico dos métodos de produção não é mais visto como o bastante.

Desta maneira, a Teoria das Relações Humanas trouxe para o debate a necessidade de se criar um ambiente de trabalho mais dEsafiador e de se compreender a influência da motivação e dos aspectos de liderança na produtividade das organizações.

Além disso, as recompensas não poderiam ficar reduzidas aos aspectos materiais. O reconhecimento social é uma força motivadora, e um ambiente de trabalho saudável também influencia na produtividade.

Apesar disso, a Teoria das Relações Humanas recebeu muitas críticas. A primeira delas é a de que permaneceu a análise da organização como se ela existisse "no vácuo", sem se relacionar com o "mundo exterior". Ou seja, **a abordagem de sistema fechado se manteve**.

A segunda é a de que nem sempre funcionários "felizes" e satisfeitos são produtivos. Ou seja, apenas os aspectos psicológicos e sociais não explicam de todo o fator produtividade. Outra crítica é a de que existiu uma "negação" do conflito inerente entre os funcionários e a empresa. Os objetivos individuais são muitas vezes diferentes dos objetivos organizacionais. Este conflito deve ser administrado, e não "negado".

Assim, podemos dizer que a Teoria das Relações Humanas se "esqueceu" dos aspectos técnicos envolvidos na produtividade. O aspecto humano é importante, mas não é a única variável da produtividade e do sucesso de uma organização.

E observarmos com atenção, cada teoria tinha uma visão muito limitada de como conseguir a eficiência: a Teoria Científica focava a Tarefa; a Teoria Clássica, a estrutura; a Teoria Burocrática, as regras, normas e processos; e a Teoria das Relações Humanas, só as pessoas. As teorias atuais não tentam eliminar as teorias anteriores, e sim aproveitar os aspectos positivos de cada uma e ter uma visão mais abrangente da organização.

Abordagem comportamental da administração

A teoria Comportamental da Administração, também conhecida como Comportamentalista ou Behaviorismo (do inglês behavior, comportamento), trouxe uma nova concepção e um novo enfoque dentro da Teoria Administrativa: a abordagem da ciência do comportamento (Behavioral Sciences Approach), é um movimento de oposição às Teorias Clássica e de Administração Científica, que, respectivamente, focaram a estrutura e a produção (o processo). Essa abordagem é uma evolução da teoria das relações humanas, a qual se preocupa com o indivíduo e como ele funciona - como age e reage aos estímulos externos, o que deu início aos estudos sobre o comportamento organizacional.

Portanto, os comportamentalistas foram estudiosos preocupados com o indivíduo, sua importância e seu impacto nas organizações, tendo contribuição tanto da Teoria Clássica, como da Escola das Relações Humanas. Tal teoria surgiu nos Estados Unidos em 1947, com a contribuição principalmente de McGregor, Maslow e Herzberg, entre outros.

A Abordagem Comportamental enfatiza as Ciências do Comportamento na Teoria da Administrativa e a busca de saídas democráticas e flexíveis para os problemas organizacionais. É por meio dessa abordagem que a ansiedade com a estrutura se arrasta para a preocupação com os processos e com o comportamento das pessoas na organização. Além disso, predomina a ênfase nas pessoas, inaugurada com a Teoria das Relações Humanas, mas dentro de um contexto organizacional.

A ciência comportamental é, portanto, o produto da expansão das fronteiras da ciência para incluir o comportamento humano e a mentalidade, processo grupal, e todos os processos peculiares e intrincados de que a mente do homem é capaz.

Comportamento organizacional

O Comportamento Organizacional é um campo de estudos que investiga o impacto que indivíduos, grupos e a estrutura têm sobre o comportamento dentro das organizações, com o propósito de utilizar este conhecimento para melhorar a eficácia organizacional. O Comportamento Organizacional se preocupa com o estudo do que as pessoas fazem nas organizações e de como esse comportamento afeta o desempenho das empresas.

Os componentes que constituem a área de estudos do Comportamento Organizacional incluem motivação, comportamento e poder de liderança, comunicação interpessoal, estrutura e processos de grupos, aprendizado, desenvolvimento de atitudes e percepção, processos de mudanças, conflitos, planejamento do trabalho, estresse no trabalho, entre outros que compõem os fatores que influenciam o comportamento das pessoas.

Principais teorias sobre motivação

Para explicar o comportamento organizacional, a teoria comportamental fundamenta-se no comportamento individual das pessoas. Para explicar como as pessoas se comportam, estuda-se a motivação humana. O administrador precisa conhecer as necessidades humanas para melhor compreender o comportamento humano e utilizar a motivação humana como poderoso meio para melhorar a qualidade de vida, dentro das organizações.

Motivação é o motivo que a pessoa tem para agir.

Motivo é tudo aquilo que impulsiona a pessoa a agir de determinada forma ou, pelo menos, que dá origem a um comportamento específico. Porém, os motivos variam de acordo com valores, expectativas e anseios de cada pessoa, pois estas realizam atividades, trabalhos por interesses distintos e possuem atitudes diferentes, e consequentemente, comportam-se de maneira específica. O impulso à ação pode ser provocado por um estímulo externo (extrínseco - provindo do ambiente) e pode também ser gerado internamente (intrínseco) nos processos mentais do indivíduo.

Abordagem neoclássica da administração

No início da década de 1950, na Teoria Administrativa, ocorreu um período de intensa remodelação. A Segunda Guerra Mundial havia terminado e o mundo passou a conhecer um extraordinário surto de desenvolvimento industrial e econômico sem antecedentes. Em outras palavras, o mundo das organizações introduziu-se em uma etapa de grandes mudanças e transformações. Criada por Peter Drucker, Harold Koontz e Cyril O'Donnell, a qualificação de Teoria Neoclássica é, na verdade, um tanto exagerada, já que seus criadores não desenvolvem exatamente uma escola, mas um movimento que apresenta mais de uma fase ou sistema.

A Teoria Neoclássica da Administração surgiu da necessidade de se utilizarem os conceitos válidos e relevantes da Teoria Clássica, expurgando-os dos exageros e distorções típicos do pioneirismo, e condensando-os com outros conceitos válidos e relevantes oferecidos por outras teorias administrativas mais recentes.

Ela é identificada por algumas características marcantes:

> Ênfase na prática da Administração, reafirmação relativa (e não absoluta) dos postulados clássicos.

> Ênfase nos princípios clássicos de Administração.

> Ênfase nos resultados e objetivos e, sobretudo, no ecletismo aberto e receptivo.

> Talvez a essencial implicação da Teoria Neoclássica refira-se aos tipos de organização formal, que envolvem a estrutura organizacional, filosofia, diretrizes, normas e regulamentos. Destacam-se algumas características básicas tais como: a divisão do trabalho, especialização, hierarquia, distribuição de autoridade e responsabilidade e racionalismo da organização formal.

Nesse sentido, considera a Administração como uma técnica social básica, a qual leva à necessidade de haver conhecimentos técnicos, bem como aspectos relacionados com a direção de pessoas dentro da organização.

Na teoria Neoclássica, enfatizam-se novamente as funções do administrador: planejamento, organização, direção e controle, sendo a primeira função aquela que determina antecipadamente os objetivos e o que deve ser feito para alcançá-los.

A função Organização consiste no agrupamento das atividades necessárias para realizar o que foi planejado.

A Direção orienta e guia o comportamento das pessoas na direção dos objetivos a serem alcançados e, por último, o Controle que visa a assegurar se o que foi planejado, organizado e dirigido realmente cumpriu os objetivos pretendidos.

Administração por objetivos

A Teoria Neoclássica deslocou progressivamente a atenção antes colocada nas chamadas atividades-meio para os objetivos ou finalidades da organização. O enfoque baseado no processo e a preocupação maior com as atividades (meios) passaram a ser substituídos por enfoque nos resultados e objetivos alcançados (fins).

A preocupação de "como" administrar passou à preocupação de "por que" ou "para que" administrar. A ênfase em fazer corretamente o trabalho (The Best Way, de Taylor), para alcançar a eficiência, passou a dar ênfase em fazer o trabalho mais relevante aos objetivos da organização para alcançar a eficácia. O trabalho passou de um fim em si mesmo a um meio de obter resultados.

A APO (Administração por Objetivos), também conhecida por Administração por Resultados, constitui um modelo administrativo bastante difundido e plenamente identificado com o espírito pragmático e democrático da Teoria Neoclássica. Seu aparecimento deu-se em 1954.

Peter F. Drucker publicou um livro (Prática de Administração de Empresas), no qual caracterizava pela primeira vez a APO, sendo considerado seu criador.

Características da apo

A APO é uma técnica de direção de esforços por meio do planejamento e do controle administrativo, fundamentados no princípio de que, para atingir resultados, a organização precisa, antes, definir em que negócio está atuando e que objetivos pretende alcançar.

A Administração por Objetivos é um processo pelo qual os gerentes, superior e subordinado, de uma organização identificam objetivos comuns, definem as áreas de responsabilidade de cada um, em termos de resultados esperados, e usam esses objetivos como guias para a operação dos negócios. Obtêm-se objetivos comuns e firmes que eliminam qualquer hesitação do

gerente, ao lado de uma coesão de esforços em direção aos objetivos principais da organização.

Na realidade, a APO é um sistema dinâmico que integra a necessidade da companhia de alcançar seus objetivos de lucro e crescimento, a par da necessidade do gerente de contribuir para o seu próprio desenvolvimento. É um estilo exigente e compensador de Administração.

Em suma, a APO apresenta as seguintes características principais:

Estabelecimento do conjunto de objetivos entre o executivo e o seu supervisor; tanto o executivo quanto o seu superior participam do processo de estabelecimento e fixação de objetivos.

Estabelecimento de objetivos para cada departamento ou posição basicamente; a APO está fundamentada no estabelecimento de objetivos por posições de gerência.

Interligação dos objetivos departamentais; sempre existe alguma forma de correlacionar os objetivos dos vários órgãos ou gerentes envolvidos, mesmo que nem todos os objetivos estejam apoiados nos mesmos princípios básicos. Elaboração de planos táticos e de planos operacionais, com ênfase na mensuração e no controle a partir dos objetivos departamentais traçados. O executivo e o seu superior (ou somente o executivo que, posteriormente, obtém a aprovação de seu superior) elaboram os Planos Táticos adequados para alcançá-los da melhor maneira. Assim, os planos táticos constituirão os meios capazes de alcançar aqueles objetivos departamentais. Na sequência, os planos táticos serão desdobrados e melhor detalhados em planos operacionais. Em todos esses planos, a APO enfatiza a quantificação, a mensuração e o controle. Torna-se necessário mensurar os resultados obtidos e compará-los com os resultados planejados. São exatamente a mensuração e o controle que causam as maiores dificuldades de implantação da APO, pois, se o resultado não pode ser medido, é melhor esquecer o assunto.

Contínua avaliação, revisão e reciclagem dos planos. Praticamente todos os sistemas de APO possuem alguma forma de avaliação e de revisão regular do processo efetuado, por meio dos objetivos já alcançados e dos objetivos a serem alcançados, permitindo que algumas providências sejam tomadas e que novos objetivos sejam fixados para o período seguinte.

Participação atuante da chefia; há grande participação do superior. A maior parte dos sistemas de APO envolve mais o superior do que o subordinado. Há casos em que o superior estabelece os objetivos, mensura-os e avalia o progresso. Esse progresso, frequentemente usado, é muito mais característico do controle por objetivos do que da Administração por Objetivos.

A APO, sem dúvida alguma, representa uma evolução na TGA, apresentando uma nova metodologia de trabalho, reconhecendo o potencial dos funcionários das empresas, ampliando o seu campo de atuação para outros tipos de organizações (e não somente indústrias), permitindo estilos mais democráticos de Administração.

Essa Teoria já existe há várias décadas e predomina ainda hoje em algumas organizações.

Teoria estruturalista

A Teoria Estruturalista veio como uma crítica tanto às teorias clássicas quanto à Teoria das Relações Humanas. Um de seus mais importantes teóricos, **Amitai Etzione**, considerava a organização como "um complexo de grupos sociais cujos interesses podem ou não ser conflitantes". Dessa maneira, tal teoria buscou "complementar" ou sintetizar as teorias anteriores (clássicas e humanas), pois acreditava que estas focavam apenas em partes do todo. Assim, a ideia principal foi considerar a organização em todos os aspectos como uma só estrutura – integrando todas as "visões" anteriores.

Assim, um aspecto importante foi a busca de uma análise tanto da **organização formal** (abordada na teoria clássica) quanto da **informal** (abordada na teoria das relações humanas). Dessa maneira, deveria existir um equilíbrio destas duas visões.

Para os estruturalistas, a sociedade moderna seria uma sociedade de organizações. O homem dependeria dessas organizações para tudo, e nelas cumpriria uma série de "papéis" diferentes. Assim, apareceu o conceito de **homem organizacional**. Seria o homem que desempenha diversos papéis nas diversas organizações. Outro conceito foi trazido por Gouldner: as diferentes concepções das organizações. Para este autor, existiria o modelo racional e o modelo natural de organização.

O **modelo racional** seria baseado no controle e no planejamento. A ideia era a de um **sistema fechado**, com pouca incerteza e preocupação para com o "mundo externo" à organização.

O outro modelo era o **natural**. Nele, existiria a noção de que a realidade é incerta e de que a organização é um conjunto de órgãos inter-relacionados e que são interdependentes. Assim, é um modelo que se preocupa com as "trocas" com o ambiente externo, ou seja, trata-se de um **modelo de sistema aberto**.

Teoria dos sistemas

A Teoria dos Sistemas na Administração - TGS foi derivada do trabalho do biólogo Ludwig Von Bertalanffy. Este teórico criou então a TGS, que buscou ser uma teoria que integrasse todas as áreas do conhecimento.

Um sistema, de acordo com Bertalanffy, é um conjunto de unidades reciprocamente relacionadas para alcançar um propósito ou objetivo. Assim, a Teoria dos Sistemas acolheu o conceito no qual as organizações são **sistemas abertos**, ou seja, que trocam continuamente energia (ou matéria-prima, informações etc.) com o meio ambiente. Portanto, não podemos entender uma organização sem saber o contexto em que ela opera. Do mesmo modo, uma organização é a soma de suas partes (gerência de marketing, gerência de finanças etc.), e uma área depende da outra – o conceito de interdependência. Ou seja, é inútil uma área da empresa se sair muito bem (área de vendas, por exemplo) se outra área está tendo dificuldades (produção, por exemplo).

No caso citado, a empresa perderia os clientes por não conseguir cumprir as vendas efetuadas. Dessa forma, o administrador deve ter uma

Atualmente, as organizações são vistas como sistemas abertos.

visão do todo. De como as áreas da organização interagem e quais são as interdependências.

Os principais conceitos da Teoria dos Sistemas são:

> **Entrada** - relaciona-se com tudo o que o sistema recebe do ambiente externo para poder funcionar: recursos, insumos, dados, etc.
> **Saída** - é o que o sistema produz. Uma saída pode ser: uma informação, um produto, um serviço etc.
> **Feedback** - é o retorno sobre o que foi produzido, de modo que o sistema possa se corrigir ou se modificar.
> **Caixa preta** - se relaciona com um sistema em que o "interior" não é facilmente acessível (como o corpo humano, por exemplo). Assim, só temos acesso aos elementos de entrada e saída para sabermos como ele funciona.

Vejamos outros conceitos importantes a seguir, os quais são muito abordados em concursos públicos:

> Organizações são sistemas abertos, que influenciam o ambiente e são influenciados por ele.
> Organização é um sistema complexo, com partes inter-relacionadas e interdependentes.
> Organização está em constante interação com meio ambiente.
> **Feedback** - retroalimentação, controle dos resultados, retroinformação.
> **Sinergia** - o trabalho em sinergia mostra que o todo tem um resultado maior do que a soma das partes.
> **Holismo** - o sistema é um todo. Mudança em uma parte afeta as outras partes.
> **Homeostase** - o sistema busca o equilíbrio; é a capacidade de a organização fazer mudanças internas para se adaptar às mudanças externas.
> **Equifinalidade** - objetivos podem ser alcançados de várias maneiras; não existe um único modo; é possível partir de vários pontos e chegar ao mesmo objetivo.
> **Entropia** - tendência de qualquer sistema de se desintegrar, entrar em desordem, ficar obsoleto, entrar em desuso e morrer; é necessário evitar a entropia e buscar a entropia negativa.
> **Entropia Negativa** - recarga de "energia" e recursos no sistema, de maneira a evitar a desintegração, por meio de inovação, melhoria, crescimento, desenvolvimento e treinamento.

Teoria contingencial

Antigamente, só existiam fábricas e indústrias e estabelecer regras e normas para um gerenciamento poderia trazer bons resultados. Mas atualmente existem organizações de diferentes tipos, inclusive virtuais, que oferecem produtos ou serviços. Ou seja, já não podemos afirmar que há uma única e correta maneira de administrar.

Para a Teoria da Contingência, que pode ser chamada de Situacional também, não existe uma "fórmula mágica" para se resolver os problemas das organizações. Cada situação pede uma resposta diferente. Assim, tudo é relativo. Tudo depende.

Ou seja, antes que um administrador possa determinar qual é o "caminho" correto para uma empresa, é necessária uma análise ambiental. Assim, dependendo da situação da empresa, sua estratégia ou a tecnologia envolvida, o "caminho" será de uma maneira ou de outra.

Estes fatores principais - como o tamanho da empresa e seu ambiente - são considerados contingências, que devem ser analisadas antes de se determinar um curso de ação. Portanto, não existe mais a "melhor maneira" de se administrar uma organização.

Do mesmo modo, esta teoria postula que existem várias maneiras de se alcançar um objetivo. O que um gestor deve buscar é um ajuste constante entre a organização e seu meio, suas contingências.

Dentre estas contingências importantes, Sobral cita: o ambiente interno e externo, a tecnologia, o tamanho e o tipo de tarefa.

Uma consequência prática destas ideias no mundo organizacional foi a tendência das organizações se tornarem mais flexíveis (para que possam reagir mais rápido às mudanças no ambiente).

Dentre os novos modelos adotados, temos as organizações em rede. Estas são muito mais flexíveis e dependem de uma nova visão. De acordo com Motta, o ambiente é uma rede formada por diversas organizações interligadas. Desta forma, o mercado automobilístico é formado por diversas montadoras, oficinas, seguradoras, fábricas de peças etc.

Além disso, a própria organização é composta por diversas redes sociais internas. Os diversos departamentos e áreas são dependentes uns dos outros. Como estas áreas ou grupos estão sempre em contato, seus membros recebem uma pressão ou influência que é derivada deste contato.

Nas organizações em rede, em vez da empresa "verticalizar" sua produção e "fazer tudo sozinha" - como comprar uma indústria e contratar funcionários - faz um contrato com um parceiro que passa a cumprir esta função.

Entretanto, apesar desta teoria acertar ao identificar a realidade e a complexidade da atuação das organizações atualmente, acaba "caindo" em um relativismo exagerado. Ou seja, para a Teoria da Contingência tudo depende. Desta maneira, não existem prescrições que possam ser generalizadas. Cada caso será sempre um caso específico e que deve ser analisado dentro de seu contexto.

Além disso, as contingências que influenciam a situação de uma organização são, muitas vezes, inúmeras. Ou seja, a definição do "caminho" a ser seguido por uma empresa pode ser um trabalho bastante complexo.

O ambiente

Como na Teoria Contingencial é preciso levar em conta o ambiente, é necessário também entender o que é o "ambiente". Ele pode ser compreendido como o contexto que envolve externamente a organização. É a situação dentro da qual uma organização está inserida. Pode ser multivariado e complexo. Torna-se necessário dividi-lo para poder analisá-lo de acordo com o seu conteúdo. Sendo assim, é necessário entender o ambiente como o ambiente geral, e o ambiente de tarefa, conforme a exposição a seguir:

Ambiente Geral - é o macroambiente, ou seja, ambiente genérico e comum a todas as organizações. Tudo o que acontece no ambiente geral afeta direta ou indiretamente todas as organizações. O ambiente geral é constituído de um conjunto de condições comuns para todas as organizações. As principais condições são: condições tecnológicas, legais, políticas, econômicas, demográficas, ecológicas e culturais.

Ambiente de Tarefa - é o ambiente mais próximo e imediato da organização. É o segmento do ambiente geral do qual uma determinada organização extrai as suas entradas e deposita as suas saídas. É o ambiente de operações de cada organização. O ambiente de tarefa é constituído por: fornecedores de entradas, clientes ou usuários, concorrentes e entidades reguladoras.

Classificação de ambientes

Os ambientes podem ser classificados de acordo com a sua diferenciação (estrutura) e conforme a sua dinâmica:

→ **Quanto à sua diferenciação:**

Ambiente Homogêneo: quando é composto de fornecedores, clientes e concorrentes semelhantes. O ambiente é homogêneo quando há pouca segmentação ou diferenciação dos mercados.

Ambiente Heterogêneo: quando ocorre muita diferenciação entre fornecedores, clientes e concorrentes, provocando uma diversidade de problemas à organização. O ambiente é heterogêneo quando há muita diferenciação dos mercados.

→ **Quanto à sua dinâmica:**

Ambiente Estável: é o ambiente que se caracteriza por pouca ou nenhuma mudança. É o ambiente em que quase não ocorrem mudanças, ou que, se houver, são mudanças lentas e perfeitamente previsíveis. É um ambiente tranquilo e previsível.

Ambiente Instável: é o ambiente dinâmico, que se caracteriza por muitas mudanças. É o ambiente em que os agentes estão constantemente provocando mudanças e influências recíprocas, formando um campo dinâmico de forças. A instabilidade provocada pelas mudanças gera incerteza para a organização. Sendo assim, a análise ambiental é feita pela análise das variáveis do ambiente de tarefa e do ambiente geral e também pela identificação da dinâmica e da diferenciação ambiental.

De uma forma geral, a abordagem contingencial coloca a sua maior ênfase no ambiente, de onde se identificam ameaças e oportunidades que condicionam as estratégias de ação. Também existe forte ênfase na tecnologia, que constitui tanto uma variável interna da organização, como externa (ambiental). Ela também concilia as abordagens de sistemas abertos e fechados e cria novas tendências para as organizações.

2. PROCESSO ADMINISTRATIVO (ORGANIZACIONAL)

A Administração (do latim: *administratione*) é o conjunto de atividades voltadas à direção de uma organização. Tais atividades devem fazer uso de técnicas de gestão para que seus objetivos sejam alcançados de forma eficaz e eficiente, com responsabilidade social e ambiental. E o que são as organizações?

Segundo a banca Cespe, "*uma organização é o produto da combinação de esforços individuais, visando à realização de propósitos coletivos. Por meio de uma organização, é possível perseguir ou alcançar objetivos que seriam inatingíveis para uma pessoa*".

Organizações são, portanto, empreendimentos coletivos, com um fim comum. No sentido clássico da Administração Geral, podem ser analisados como organizações: as empresas (uma padaria ou o Google), os órgãos públicos, os partidos políticos, as igrejas, as associações de bairro e outros agrupamentos humanos.

Uma característica essencial das organizações é que elas são sistemas sociais, com divisão de tarefas.

Lacombe (2003, p.4) diz que a essência do trabalho do administrador é obter resultados por meio das pessoas que ele coordena. A partir desse raciocínio de Lacombe, temos o papel do "Gestor Administrativo" que, com sua capacidade de gestão com as pessoas, consegue obter os resultados esperados. **Drucker** (1998, p. 2) diz que administrar é manter as organizações coesas, fazendo-as funcionar.

Administrar como processo significa **planejar**, **organizar**, **dirigir** e **controlar** organizações e/ou tarefas, tendo como objetivo maior produtividade e/ou lucratividade. Para se chegar a isso, o administrador avalia os objetivos organizacionais e desenvolve as estratégias necessárias para alcançá-los. Este profissional, no entanto, não tem apenas função teórica, ele é responsável pela implantação de tudo que planejou e, portanto, será aquele que definirá os programas e métodos de trabalho, avaliando os resultados e corrigindo os setores e procedimentos que estiverem com problemas. Como é função do administrador que a produtividade e/ou lucros sejam altos, ele também terá a função de fiscalizar a produção e, para isso, é necessário que fiscalize cada etapa do processo, controlando, inclusive, os equipamentos e materiais envolvidos na produção, para evitar desperdícios e prejuízos para a organização.

A realidade das empresas de hoje é muito diferente das empresas administradas no passado. Com o surgimento de várias inovações tecnológicas e com o próprio desenvolvimento intelectual do homem, é necessário muito mais do que intuição e percepção das oportunidades. A administração necessita de um amplo conhecimento e a aplicação correta dos princípios técnicos até agora formulados, a necessidade de combinar os meios e objetivos com eficiência e eficácia.

Principais funções administrativas

- Fixar objetivos.
- Analisar: conhecer os problemas.
- Solucionar problemas.
- Organizar e alocar recursos (financeiros, materiais, ambientais, humanos e tecnológicos).
- Comunicar, dirigir e motivar as pessoas (liderar).
- Negociar.
- Tomar as decisões.
- Mensurar e avaliar (controlar).

> Esse conjunto de funções administrativas: Planejar, Organizar, Dirigir e Controlar corresponde ao Processo Organizacional, que pode ser chamado também de Processo Administrativo.

2.1 Planejamento

O trabalho do administrador não se restringe ao presente, ao atual, ao corrente. Ele precisa extrapolar o imediato e se projetar para frente. O administrador precisa tomar decisões estratégicas e planejar o futuro de sua organização. Ao tomar decisões, o administrador configura e reconfigura continuamente a sua organização ou a unidade organizacional que administra. Ele precisa saber em qual rumo deseja que sua organização vá em frente, tomar as decisões necessárias e elaborar os planos para que isso realmente aconteça. O planejamento está voltado para o futuro. E o futuro requer uma atenção especial. É para ele que a organização deve estar preparada a todo instante.

Planejamento é a função administrativa que define objetivos e decide sobre os recursos e tarefas necessários para alcançá-los adequadamente. Como principal decorrência do planejamento, estão os planos. Os planos facilitam a organização no alcance de suas metas e objetivos. Além disso, os planos funcionam como guias ou balizamentos para assegurar os seguintes aspectos:

01. **Os planos definem os recursos necessários para alcançar os objetivos organizacionais.**
02. **Os planos servem para integrar os vários objetivos a serem alcançados em um esquema organizacional que proporciona coordenação e integração.**
03. **Os planos permitem que as pessoas trabalhem em diferentes atividades consistentes com os objetivos definidos; eles dão racionalidade ao processo; são racionais, porque servem de meios para alcançar adequadamente os objetivos traçados.**
04. **Os planos permitem que o alcance dos objetivos possa ser continuamente monitorado e avaliado em relação a certos padrões ou indicadores, a fim de permitir a ação corretiva necessária quando o progresso não seja satisfatório.**

O primeiro passo do planejamento consiste na definição dos objetivos para a organização. Objetivos são resultados específicos que se pretende atingir. Os objetivos são estabelecidos para cada uma das subunidades da organização, como suas divisões ou departamentos etc. Uma vez definidos, os programas são estabelecidos para alcançar os objetivos de maneira sistemática e racional. Ao selecionar objetivos e desenvolver programas, o administrador deve considerar sua viabilidade e aceitação pelos gerentes e funcionários da organização.

Objetivos e metas

Objetivo é um resultado desejado que se pretende alcançar dentro de um determinado período de tempo. Os objetivos organizacionais podem ser rotineiros, inovadores e de aperfeiçoamento.

A partir dos objetivos se estabelece a estratégia adequada para alcançá-los. Enquanto os objetivos são qualitativos, as **metas** são quantitativas. **Ex.:** uma determinada empresa estabeleceu como objetivo aumentar as vendas, e a meta é de R$ 500.000,00 (quinhentos mil reais); os objetivos só serão alcançados se as vendas chegarem às metas estabelecidas.

Os objetivos e as metas têm em comum o fato de que devem ser reais, alcançáveis; devem ter prazo; são hierárquicos, específicos e desafiadores.

Estratégias

Estratégia organizacional refere-se ao comportamento global e integrado da empresa em relação ao ambiente externo. A estratégia é formulada a partir da missão, da visão e dos objetivos organizacionais, da análise ambiental (o que há no ambiente) e da análise organizacional (o que temos na empresa) para definir o que devemos fazer. A estratégia é a maneira racional de aproveitar as oportunidades externas e de neutralizar as ameaças externas, bem como de aproveitar as forças potenciais internas e neutralizar as fraquezas potenciais internas.

Geralmente, a estratégia organizacional envolve os seguintes aspectos fundamentais:

> É definida pelo nível institucional da organização.

> É projetada em longo prazo e define o futuro e destino da organização.

> Envolve a empresa na sua totalidade.

> É um mecanismo de aprendizagem organizacional.

Planejar significa olhar para frente, visualizar o futuro e o que deverá ser feito; elaborar bons planos é ajudar as pessoas a fazer hoje as ações necessárias para melhor enfrentar os desafios do amanhã. Em outros termos, o planejamento, constitui hoje uma responsabilidade essencial em qualquer tipo de organização ou de atividade.

O planejamento constitui a função inicial da administração. Antes que qualquer função administrativa seja executada, a administração precisa planejar, ou seja, determinar os objetivos e os meios necessários para alcançá-los adequadamente.

O planejamento como uma função administrativa

De acordo com Idalberto Chiavenato:

O planejamento pode estar voltado para a estabilidade, no sentido de assegurar a continuidade do comportamento atual em um ambiente previsível e estável. Também pode estar voltado para a melhoria do comportamento para assegurar a reação adequada a frequentes mudanças em um ambiente mais dinâmico e incerto. Pode ainda estar voltado para as contingências no sentido de antecipar-se a eventos que podem ocorrer no futuro e identificar as ações apropriadas para quando eles eventualmente ocorrerem.

Como todo planejamento se subordina a uma filosofia de ação, Ackoff aponta três tipos de filosofia do planejamento:

05. Planejamento conservador: É o planejamento voltado para a estabilidade e para a manutenção da situação existente. As decisões são tomadas no sentido de obter bons resultados, mas não necessariamente os melhores possíveis, pois dificilmente o planejamento procurará fazer mudanças radicais na organização. Sua ênfase é conservar as práticas atualmente vigentes. O planejamento conservador está mais preocupado em identificar e sanar deficiências e problemas internos do que em explorar oportunidades ambientais futuras. Sua base é predominantemente retrospectiva no sentido de aproveitar a experiência passada e projetá-la para o futuro.

06. Planejamento otimizante (retrospectivo): É o planejamento voltado para a adaptabilidade e inovação dentro da organização. As decisões são tomadas no sentido de obter os melhores resultados possíveis para a organização, seja minimizando recursos para alcançar um determinado desempenho ou objetivo, seja maximizando o desempenho par melhor utilizar os recursos disponíveis. O planejamento otimizante geralmente está baseado em uma preocupação em melhorar as práticas atualmente vigentes na organização. Sua base é predominantemente incremental no sentido de melhorar continuamente, tornando as operações melhores a cada dia que passa.

07. Planejamento adaptativo (ofensivo): É o planejamento voltado para as contingências e para o futuro da organização. As decisões são tomadas no sentido de compatibilizar os diferentes interesses envolvidos, elaborando uma composição capaz de levar a resultados para o desenvolvimento natural da empresa e ajustá-la às contingências que surgem no meio do caminho. O planejamento adaptativo procura reduzir o planejamento retrospectivo voltado para a eliminação das deficiências localizadas no passado da organização. Sua base é predominantemente aderente no sentido de ajustar-se às demandas ambientais e preparar-se para as futuras contingências.

Em todos os casos, o planejamento consiste na tomada antecipada de decisões. Trata-se de decidir , no momento presente, o que fazer antes da ocorrência da ação necessária. Não se trata simplesmente da previsão das decisões que deverão ser tomadas no futuro, mas da tomada de decisões que produzirão efeitos e consequências futuras.

O processo de planejamento

O planejamento é um processo constituído de uma série sequencial de seis passos, a saber:

> **Estabelecer a Missão e Visão no caso do Planejamento Estratégico.** As organizações não existem a esmo. Todas elas têm uma missão a cumprir. **Missão** significa uma incumbência que se recebe, a razão de existência de uma organização. A missão funciona como o propósito orientador para as atividades de uma organização e para aglutinar os esforços dos seus membros. Enquanto a missão define o credo da organização, a **visão** define o que a organização pretende ser no futuro. A visão funciona como o projeto do que a organização gostaria de ser, ou seja, define os objetivos organizacionais mais relevantes.

> **Definir os objetivos.** Os objetivos da organização devem servir de direção a todos os principais planos, servindo de base aos objetivos departamentais e a todos os objetivos das áreas subordinadas. Os objetivos devem especificar resultados desejados e os pontos finais aonde se pretende chegar, para conhecer os passos intermediários.

> **Diagnóstico.** Verificar qual a situação atual em relação aos objetivos. Simultaneamente, a definição dos objetivos, deve-se avaliar a situação atual em contraposição aos objetivos desejados, verificar onde se está e o que precisa ser feito.

> **Prognóstico, estabelecer estratégias.** Premissas constituem os ambientes esperados dos planos em operação. Como a organização opera em ambientes complexos, quanto mais pessoas estiverem atuando na elaboração e compreensão do planejamento e quanto mais se obter envolvimento para utilizar premissas consistentes, tanto mais coordenado será o planejamento. Trata-se de gerar cenários alternativos para os estados futuros das ações, analisar o que pode ajudar ou prejudicar o progresso em direção aos objetivos. A previsão é um aspecto importante no desenvolvimento de premissas. A previsão está relacionada com pressuposições antecipatórias a respeito do futuro.

> **Analisar as alternativas de ação (estratégias).** Trata-se de relacionar e avaliar as ações que devem ser tomadas, escolher uma delas para perseguir um ou mais objetivos, fazer um plano para alcançar os objetivos.

> **Escolher um curso de ação entre as várias alternativas.** Trata-se de uma tomada de decisão, em que se escolhe uma alternativa e se abandonam as demais. A alternativa escolhida se transforma em um plano para o alcance dos objetivos.

> **Implementar o plano e avaliar os resultados.** Fazer aquilo que o plano determina e avaliar cuidadosamente os resultados para assegurar o alcance dos objetivos, seguir através do que foi planejado e tomar as ações corretivas à medida que se tornarem necessárias.

Nem sempre o planejamento é feito por administradores ou por especialistas trancados em salas e em apenas algumas épocas predeterminadas. Embora seja uma atividade voltada para o futuro, o planejamento deve ser contínuo e permanente e, se possível, abrangendo o maior número de pessoas na sua elaboração e implementação. Em outras palavras, o planejamento deve ser constante e participativo. A descentralização proporciona a participação e o envolvimento das pessoas em todos os aspectos do seu processo. É o chamado planejamento participativo.

Para fazer o planejamento, é vital que se conheça o contexto em que a organização está inserida. Em outras palavras, qual é o seu microambiente, qual a sua missão e quais os seus objetivos básicos. Sobretudo, quais os fatores-chave para o seu sucesso. A partir daí, pode-se começar a pensar em planejamento.

Fatores críticos de sucesso

Mas, o que são fatores críticos (chave) de sucesso?

Os **fatores críticos de sucesso**, em inglês ***critical success factor*** (CSF), são os pontos-chave que definem o sucesso ou o fracasso de um objetivo definido por um planejamento de determinada organização. Estes fatores precisam ser encontrados pelo estudo sobre os próprios objetivos, derivados deles, e tomados como condições fundamentais a serem cumpridas para que a instituição sobreviva e tenha sucesso na sua área. Quando bem definidos, os fatores críticos de sucesso se tornam um ponto de referência para toda a organização em suas atividades voltadas para a sua missão.

Exemplo: se a empresa quer melhorar o atendimento ao cidadão, um exemplo de fator crítico de sucesso é treinar os funcionários e colocar mais pessoas no setor de atendimento.

Os fatores críticos de sucesso são os elementos principais no alcance dos objetivos e metas da instituição, são aspectos ligados diretamente ao seu sucesso. Se eles não estiverem presentes, os objetivos não serão alcançados.

Como poderemos identificar os fatores críticos de sucesso?

Os fatores críticos de sucesso podem ser identificados de duas maneiras. Uma delas é perguntar ao cliente ao que ele atribui mais importância na hora de adquirir o produto ou serviço.

Por exemplo, o que um indivíduo que é concurseiro deve fazer para alcançar o seu objetivo que é ser servidor público? A resposta é óbvia: ele deve estudar, resolver questões, tirar dúvidas, assistir às aulas etc. Então podemos dizer que esses são exemplos de fatores críticos de sucesso.

Outra maneira para identificar os fatores críticos de sucesso é analisar profundamente os recursos organizacionais e o mercado, de maneira imaginativa, para identificar os segmentos que são mais decisivos e importantes. Para essa pesquisa, a ferramenta de *benchmarking* pode ser utilizada.

O *benchmarking* é um dos mais úteis instrumentos de gestão para melhorar o desempenho das empresas e conquistar a superioridade em relação à concorrência. Baseia-se na aprendizagem das melhores experiências de empresas similares e ajuda a explicar todo o processo que envolve uma excelente "performance" empresarial. A essência deste instrumento parte do princípio de que nenhuma empresa é a melhor em tudo, o que implica reconhecer que existe no mercado quem faz melhor do que nós. Habitualmente, um processo de *benchmarking* arranca quando se constata que a empresa está diminuindo a sua rentabilidade. Quando a aprendizagem resultante de um processo de *benchmarking* é aplicada de forma correta, facilita a melhoria do desempenho em situações críticas no seio de uma empresa.

Em outras palavras, *benchmarking* é a técnica por meio da qual a organização compara o seu desempenho com o de outra. Por meio do benchmarking, uma organização procura imitar outras organizações, concorrentes ou não, do mesmo ramo de negócios ou de outros, que façam algo de maneira particularmente bem feita (essa frase já apareceu de maneira idêntica em provas tanto da FCC como da Cespe).

Questões importantes a serem identificadas na elaboração do planejamento:

- É possível fazer?
- Vale a pena fazer?
- Quem faz?
- Como fazer bem?
- Funciona?

Benefícios do planejamento

As empresas estão cada vez mais inseridas em ambientes altamente mutáveis e complexos; enfrentam uma enorme variedade de pessoas, fornecedores e concorrentes. Do lado externo, temos os concorrentes, o governo e suas regulamentações, a tecnologia, a economia globalizada, os fornecedores etc. No ambiente interno, existe a necessidade de trabalhar de forma cada vez mais eficiente, novas estruturas organizacionais, funcionários, recursos e muitos desafios administrativos.

O planejamento oferece inúmeras vantagens nessas situações, inclusive melhora a capacidade da empresa de se adaptar às mudanças (flexibilidade organizacional), ajuda na coordenação e na administração do tempo.

Vejamos algumas vantagens:

- permite utilizar os recursos de forma eficaz (alcance de resultados) e eficiente (economia);
- aumenta o conhecimento sobre o negócio/projeto e seu potencial de mercado;
- facilita a percepção de novas oportunidades ou riscos e aumenta a sensibilidade do empresário/executivo frente a problemas futuros;
- cria um "espírito de negócio" e comprometimento com o negócio/projeto, tanto em relação ao "dono" ou responsável pelo negócio, como também junto aos funcionários/parceiros envolvidos;
- determina tarefas e prazos com responsabilidade definida, viabilizando o controle do processo e do andamento do negócio;
- deixa claro para o empresário/executivo qual é o diferencial competitivo de seu negócio;
- pode ser utilizado como suporte para conseguir credibilidade e apoio financeiro interno e/ou no mercado;
- maior flexibilidade;
- agilidade nas tomadas de decisões;
- melhor conhecimento dos seus concorrentes;
- melhor comunicação entre os funcionários;
- maior capacitação gerencial, até dos funcionários de níveis inferiores;
- orientação maior nos comportamentos de funcionários;
- maior capacitação, motivação e comprometimento dos envolvidos;
- consciência coletiva;
- melhor conhecimento do ambiente em que os funcionários trabalham;
- melhor relacionamento entre empresa-ambiente;
- maior capacidade e rapidez de adaptação dentro da empresa;
- visão de conjunto;
- aumenta o foco (concentração de esforços) e a flexibilidade (facilidade de se adaptar e ajustar);
- melhora a coordenação e o controle.

De acordo com Chiavenato: "O planejamento ajuda o administrador em todos os tipos de organização a alcançar o melhor desempenho, porque:

01. **O planejamento é orientado para resultados. Cria um senso de direção, de desempenho orientado para metas e resultados a serem alcançados.**
02. **O planejamento é orientado para prioridades. Assegura que as coisas mais importantes receberão atenção principal.**
03. **O planejamento é orientado para vantagens. Ajuda a alocar e a dispor recursos para sua melhor utilização e desempenho.**
04. **O planejamento é orientado para mudanças. Ajuda a antecipar problemas que certamente aparecerão e a aproveitar oportunidades à medida que se defronta com novas situações."**

Tipos de planejamento

O planejamento é feito através de planos. O administrador deve saber lidar com diferentes tipos de planos. Estes podem incluir períodos de longo, médio e curto prazo, como podem envolver a organização inteira, uma divisão ou departamento ou ainda uma tarefa. O planejamento é uma função administrativa que se distribui entre, todos os níveis organizacionais. Embora o seu conceito seja exatamente o mesmo, em cada nível organizacional, o planejamento apresenta características diferentes.

O planejamento envolve uma volumosa parcela da atividade organizacional. Com isso, queremos dizer que toda organização está sempre planejando: o nível institucional elabora genericamente o planejamento estratégico, o nível intermediário segue-o com planos táticos e o nível operacional traça detalhadamente os planos operacionais. Cada qual dentro de sua área de competência e em consonância com os objetivos globais da organização. O planejamento impõe racionalidade e proporciona o rumo às ações da organização. Além disso, estabelece coordenação e integração de suas várias unidades, que proporcionam a harmonia e sinergia da organização no caminho em direção aos seus objetivos principais.

Os planos podem abranger diferentes horizontes de tempo. Os planos de curto prazo cobrem um ano ou menos; os planos intermediários, um a dois anos; e os planos de longo prazo abrangem cinco ou mais anos. Os objetivos do planejamento devem ser mais específicos, no curto prazo, e mais abertos, no longo prazo. As organizações precisam de planos para todas as extensões de tempo. O administrador do nível institucional está mais voltado para planos de longo prazo que atinjam a organização inteira para proporcionar aos demais administradores um senso de direção para o futuro.

Uma pesquisa desenvolvida por Elliot Jaques mostra como as pessoas variam em sua capacidade de pensar, organizar e trabalhar com eventos situados em diferentes horizontes de tempo. Muitas pessoas trabalham confortavelmente com amplitudes de apenas três meses; um pequeno grupo trabalha melhor com uma amplitude de tempo de um ano; e somente poucas pessoas podem enfrentar o desafio de 20 anos pela frente. Como o administrador pode trabalhar em vários níveis de autoridade, ele deve planejar em função de diferentes períodos de tempo. Enquanto o planejamento de um supervisor desafia o espaço de três meses, um gerente pode lidar com períodos de um ano, enquanto um diretor lida com uma amplitude que pode ir de três, cinco, dez anos ou mais. O progresso nos níveis mais elevados da hierarquia administrativa pressupõe habilidades conceituais a serem trabalhadas, bem como uma visão projetada em longo prazo de tempo.

Planejamento estratégico

O planejamento estratégico apresenta cinco características fundamentais.

01. **O planejamento estratégico está relacionado com a adaptação da organização a um ambiente mutável.** Está voltado para as relações entre a organização e seu ambiente de tarefa. Portanto, sujeito à incerteza a respeito dos eventos ambientais. Por se defrontar com a incerteza, tem suas decisões baseadas em julgamentos e não em dados concretos. Reflete uma orientação externa que focaliza as respostas adequadas às forças e pressões que estão situadas do lado de fora da organização.

02. **O planejamento estratégico é orientado para o futuro.** Seu horizonte de tempo é o longo prazo. Durante o curso do planejamento, a consideração dos problemas atuais é dada apenas em função dos obstáculos e barreiras que eles possam provocar para um desejado lugar no futuro. É mais voltado para os problemas do futuro do que daqueles de hoje.

03. **O planejamento estratégico é compreensivo.** Ele envolve a organização como uma totalidade, abarcando todos os seus recursos, no sentido de obter efeitos sinergísticos de todas as capacidades e potencialidades da organização. A resposta estratégica da organização envolve um comportamento global, compreensivo e sistêmico.

04. **O planejamento estratégico é um processo de construção de consenso.** Dada a diversidade dos interesses e necessidades dos parceiros envolvidos, o planejamento oferece um meio de atender todos eles na direção futura que melhor convenha a todos.

05. **O planejamento estratégico é uma forma de aprendizagem organizacional.** Como está orientado para a adaptação da organização ao contexto ambiental, o planejamento constitui uma tentativa constante de aprender a ajustar-se a um ambiente complexo, competitivo e mutável.

O planejamento estratégico se assenta sobre três parâmetros: a visão do futuro, os fatores ambientais externos e os fatores organizacionais internos. Começa com a construção do consenso sobre o futuro que se deseja: é a visão que descreve o mundo em um estado ideal. A partir daí, examinam-se as condições externas do ambiente e as condições internas da organização.

Planejamento tático

O planejamento tático é o planejamento focado no médio prazo e que enfatiza as atividades correntes das várias unidades ou departamentos da organização. O administrador utiliza o planejamento tático para delinear o que as várias partes da organização, como departamentos ou divisões, devem fazer para que a organização alcance sucesso. Os planos táticos geralmente são desenvolvidos para as áreas de produção, *marketing*, pessoal, finanças e contabilidade. Para ajustar-se ao planejamento tático, o exercício contábil da organização e os planos de produção, de vendas, de investimentos etc., abrangem geralmente o período anual.

Os planos táticos geralmente envolvem:

01. **Planos de produção.** Envolvendo métodos e tecnologias necessárias para as pessoas em seu trabalho arranjo físico do trabalho e equipamentos como suportes para as atividades e tarefas.

02. **Planos financeiros.** Envolvendo captação e aplicação do dinheiro necessário para suportar as várias operações da organização.

03. **Planos de marketing.** Envolvendo os requisitos de vender e distribuir bens e serviços no mercado e atender o cliente.

04. **Planos de recursos humanos.** Envolvendo recrutamento, seleção e treinamento das pessoas nas várias atividades dentro da organização. Recentemente, as organizações estão também se preocupando com a aquisição de competências essenciais para o negócio por meio da gestão do conhecimento corporativo.

Contudo, os planos táticos podem também se referir à tecnologia utilizada pela organização (tecnologia da informação, tecnologia de produção etc.), investimentos, obtenção de recursos etc.

Políticas

As políticas constituem exemplos de planos táticos que funcionam como guias gerais de ação. Elas funcionam como orientações para a tomada de decisão. Geralmente, refletem um objetivo e orienta as pessoas em direção a esses objetivos em situações que requeiram algum julgamento. As políticas servem para que as pessoas façam escolhas semelhantes ao se defrontarem com situações similares. As políticas constituem afirmações genéricas baseadas nos objetivos organizacionais e visam oferecer rumos para as pessoas dentro da organização.

Planejamento operacional

O planejamento operacional é focalizado para o curto prazo e abrange cada uma das tarefas ou operações individualmente. Preocupa-se com "o que fazer" e com o "como fazer" as atividades quotidianas da organização. Refere-se especificamente às tarefas e operações realizadas no nível operacional. Como está inserido na lógica de sistema fechado, o planejamento operacional está voltado para a otimização e maximização de resultados, enquanto o planejamento tático está voltado para a busca de resultados satisfatórios.

O planejamento operacional é constituído de uma infinidade de planos operacionais que proliferam nas diversas áreas e funções dentro da organização. Cada plano pode consistir em muitos subplanos com diferentes graus de detalhamento. No fundo, os planos operacionais cuidam da administração da rotina para assegurar que todos executem as tarefas e operações de acordo com os procedimentos estabelecidos pela organização, a fim de que esta possa alcançar os seus objetivos. Os planos operacionais estão voltados para a eficiência (ênfase nos meios), pois a eficácia (ênfase nos fins) é problema dos níveis institucional e intermediário da organização.

Apesar de serem heterogêneos e diversificados, os planos operacionais podem ser classificados em quatro tipos, a saber:

01. **Procedimentos. São os planos operacionais relacionados com métodos.**
02. **Orçamentos. São os planos operacionais relacionados com dinheiro.**
03. **Programas (ou programações). São os planos operacionais relacionados com tempo.**
04. **Regulamentos. São os planos operacionais relacionados com comportamentos das pessoas.**

2.2 Organização

Definição de organização

"*Organização da empresa é a ordenação e o agrupamento de atividades e recursos, visando ao alcance de objetivos e resultados estabelecidos*". (Djalma, 2002, p. 84).

Segundo Maximiano, uma **organização** é um sistema de recursos que procura alcançar objetivos. Em outras palavras, Organizar é desenhar/montar a estrutura da empresa/instituição de modo a facilitar o alcance dos resultados.

Os níveis da organização são:

Abrangência	Conteúdo	Tipo de Desenho	Resultado
Nível Institucional	A instituição como uma totalidade	Desenho organizacional	Tipo de organização
Nível intermediário	Caso departamento isoladamente	Desenho departamental	Tipo de departamentalização
Nível operacional	Cada tarefa ou operação	Desenho de cargos e tarefas	Análise e descrição de cargos

Estrutura organizacional

VASCONCELOS (1989) entende estrutura como o resultado de um processo no qual a autoridade é distribuída, as atividades são especificadas (desde os níveis mais baixos até a alta administração) e um sistema de comunicação é delineado, permitindo que as pessoas realizem as atividades e exerçam a autoridade que lhes compete para o alcance dos objetivos da organização.

Estrutura organizacional: forma pela qual as atividades de uma organização são divididas, organizadas e coordenadas. (Stoner, 1992, p.230).

Estrutura formal e informal

Estrutura Formal: é aquela representada pelo organograma. Todas as relações são formais. Não se pode descartá-la e deixar funcionários se relacionarem quando eles não devem ter relações diretas. Na **Estrutura Formal (Organização Formal)**, conseguimos identificar os departamentos, os cargos, a definição das linhas de autoridade e de comunicação entre os departamentos e cargos envolvidos.

Já a **Estrutura Informal (Organização Informal)** é a rede de relações sociais e pessoais que não é representada ou requerida pela estrutura formal. Surge da interação social das pessoas, o que significa que se desenvolve, espontaneamente, quando as pessoas se reúnem. Portanto, apresenta relações que, usualmente, não são formalizadas e **não aparecem no organograma da empresa**. A organização informal envolve as emoções, atitudes e ações das pessoas em termos de suas necessidades, e não de procedimentos ou regras.

Elementos da estrutura organizacional

Especialização

Consequência da divisão do trabalho: cada unidade ou cargo passa a ter funções e tarefas específicas e especializadas.

A especialização pode dar-se em dois sentidos: vertical e horizontal.

A horizontal representa a tendência de criar departamentos especializados no mesmo nível hierárquico, cada qual com suas funções e tarefas. Exemplo: gerência de *Marketing*, gerência de Produção, gerência de Recursos Humanos.

A vertical caracteriza-se pelos níveis hierárquicos (chefia), pois, na medida em que ocorre a especialização horizontal do trabalho, é necessário coordenar essas diferentes atividades e funções. **Ex.:** Presidência, Diretoria-Geral, Gerências, Coordenadorias, Seções.

Centralização/descentralização/delegação

Centralização

CENTRALIZAÇÃO significa que a autoridade para decidir está localizada no topo da organização, ou seja, a maioria das decisões relativas ao trabalho que está sendo executado não é tomada por aqueles que o executam, mas em um ponto mais alto da organização.

Vantagens	Desvantagens
> decisões mais consistentes com os objetivos gerais; > maior uniformidade de procedimentos; > aproveitamento da capacidade dos líderes generalistas; > redução dos riscos de erros por parte dos subordinados; > maior controle global do desempenho da organização.	> decisões e administradores distanciados dos fatos locais; > dependência dos subordinados; > diminuição da motivação, criatividade; > maior demora na implementação das decisões > maior custo operacional.

Descentralização

Por outro lado, podemos dizer que **DESCENTRALIZAÇÃO** significa que a maioria das decisões relativas ao trabalho que está sendo executado é tomada pelos que o executam, ou com sua participação. A autoridade para decidir está dispersa nos níveis organizacionais mais baixos. A tendência moderna ocorre no intuito de descentralizar para proporcionar melhor uso dos recursos humanos.

Vantagens	Desvantagens
- maior agilidade e flexibilidade nas decisões; - decisões mais adaptadas aos fatos locais; - maior motivação, autonomia e disponibilidade dos líderes; - maior facilidade do controle específico do desempenho de unidades e gerentes.	- perda de uniformidade das decisões; - maiores desperdícios e duplicação de recursos; - canais de comunicação mais dispersos; - dificuldade de encontrar responsáveis e controlar o desempenho da organização como um todo; - mais cara.

Delegação

Segundo Oliveira (2010, p. 189), delegação é o processo de transferência de determinado nível de autoridade de um chefe para seu subordinado, criando o correspondente compromisso pela execução da tarefa delegada.

Em outras palavras, delegação é o processo de transmitir certas tarefas e obrigações de uma pessoa para outra, em geral, de um superior para um colaborador. Aquele que recebe o poder delegado tem autoridade suficiente para concluir o trabalho, mas aquele que delega fica com a total responsabilidade pelo seu êxito ou fracasso.

Cadeia de comando/escalar ou linha de comando

A cadeia de comando de uma organização mostra, basicamente, quem "manda em quem". Ou seja, descreve as linhas de autoridade, desde a cúpula da empresa até o seu nível mais baixo. A cadeia de comando mostra, portanto, a relação de subordinação dentro da estrutura e mostra como funciona a hierarquia funcional. Esta "estrutura hierárquica" é o que chamamos de "cadeia de comando".

> Não se deve confundir descentralizar com delegação. DELEGAR é um instrumento específico de uma chefia para um subordinado. Delegação é o processo pelo qual o administrador transfere autoridade e responsabilidade aos seus subordinados que estão abaixo na hierarquia. Já DESCENTRALIZAR implica consistente delegação ao longo da cadeia hierárquica.

É uma linha de autoridade que liga a cúpula aos níveis mais baixos da organização

↓

Demonstra quem é subordinado a cada chefe

↓

Conceito é derivado da unidade de comando

Amplitude administrativa/controle

Amplitude administrativa (ou amplitude de comando, ou de controle) é o número de subordinados/áreas que um gestor tem sob seu comando/supervisão. Em qualquer nível, cada gestor tem um determinado número de pessoas que se reportam a ele, pessoas estas que podem estar agrupadas em conjuntos de cargos ou em departamentos. Uma decisão importante no processo de organização é a definição da amplitude ideal de comando, ou seja, a quantidade de áreas e pessoas que um chefe tem capacidade de gerir com eficácia.

Organograma

É uma representação gráfica da estrutura da uma empresa/instituição, a divisão do trabalho em suas unidades/departamentos, a hierarquia e os canais de comunicação.

- **Divisão do trabalho:** quadros (retângulos) representam cargos ou unidades de trabalho (departamentos). Eles indicam o critério de divisão e de especialização das áreas, ou seja, como as responsabilidades estão divididas dentro da organização.
- **Autoridade e Hierarquia:** a quantidade de níveis verticais em que os retângulos estão agrupados mostra a cadeia de comando, ou seja, como a autoridade está distribuída, do diretor que tem mais autoridade, no topo da estrutura, até o funcionário que tem menos autoridade, na base da estrutura.
- **Canais de comunicação:** as linhas que verticais e horizontais que ligam os retângulos mostram as relações/comunicações entre as unidades de trabalho.

Formalização

Grau de controle da organização sobre o indivíduo, definido pelas normas e procedimentos, limitando a atuação e o comportamento.

Responsabilidade

Dever de desempenhar a tarefa ou atividade, ou cumprir um dever para o qual se foi designado. Nada mais é do que executar a tarefa adequadamente, de acordo com a confiança depositada.

O grau de responsabilidade é, geralmente, diretamente proporcional ao grau de autoridade da pessoa. Dessa forma, os cargos de alto escalão possuem maior autoridade e maior responsabilidade que os cargos mais baixos.

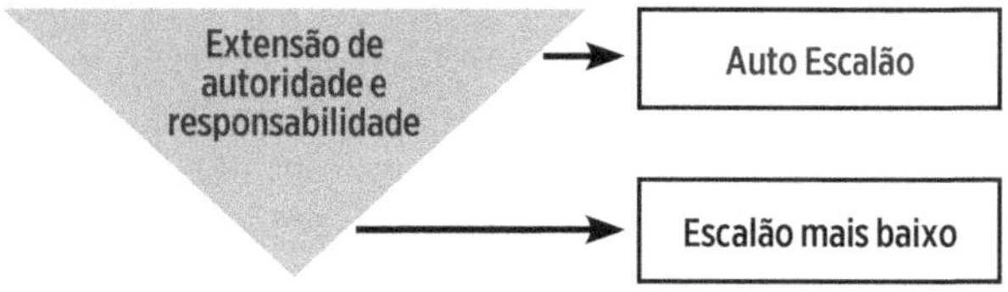

Departamentalização

Diferenciação horizontal que permite simplificar o trabalho, aproveitando os recursos de forma mais racional. É o agrupamento dos indivíduos em unidades gerenciáveis para facilitar a coordenação e o controle.

Um departamento é um "pedaço" da organização. É um setor que está focado em um aspecto de seu funcionamento. O departamento é uma unidade de trabalho que concentra um conjunto de tarefas.

Tipos de departamentalização

Departamentalização por função (funcional)

É a divisão lógica de acordo com as funções a serem desempenhadas, ou seja, é a divisão departamental que segue o princípio da especialização.

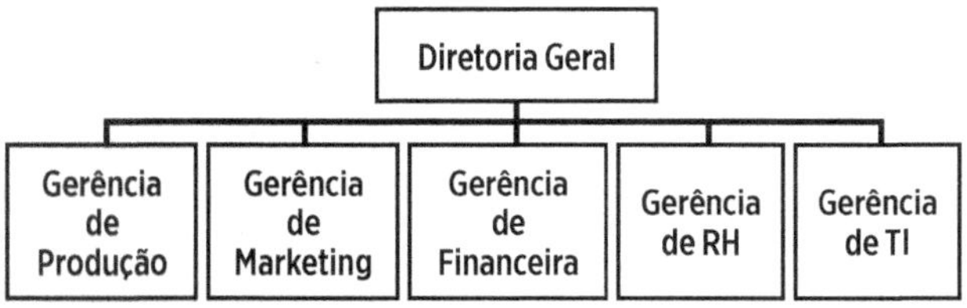

Vantagens	Desvantagens
- agrupa vários especialistas em uma mesma unidade; - simplifica o treinamento e orienta as pessoas para uma função específica, concentrando sua competência e habilidades técnicas; - permite economia de escala pelo uso integrado de pessoas, máquinas e produção em massa; - indicada para situações estáveis, tarefas rotineiras e para produtos ou serviços que permaneçam longos ciclos sem mudanças.	- reduz a cooperação interdepartamental (ênfase nas especialidades); - é inadequada para ambiente e tecnologia em constante mudança, pois dificulta a adaptação e a flexibilidade às mudanças externas; - foco na especialidade em detrimento do objetivo organizacional global.

Departamentalização base territorial ou geográfica

É a diferenciação e o agrupamento das atividades de acordo com o local onde o trabalho será desempenhado, ou então a área de mercado a ser servida pela empresa. É utilizada geralmente por empresas que cobrem grandes áreas geográficas e cujos mercados são extensos e diversificados, ou seja, quando as circunstâncias externas indicam que o sucesso da organização depende particularmente do seu ajustamento às condições e às necessidades locais e regionais.

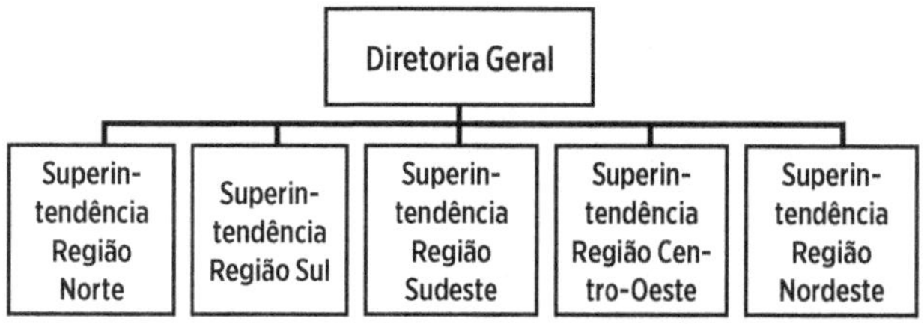

Vantagens	Desvantagens
- amplia a área de atuação, atingindo maior número de clientes; - permite fixar a responsabilidade de lucro e de desempenho no comportamento local ou regional, além de encorajar os executivos a pensar em termos de sucesso de território; - as características da empresa podem acompanhar adequadamente as variações de condições e características locais.	- o enfoque territorial pode deixar em segundo plano a coordenação, tanto dos aspectos de planejamento e execução, quanto de controle como um todo, em face do grau de liberdade e autonomia nas regiões; - em situações de instabilidade externa em determinada região, pode gerar temores e ansiedades na força de trabalho em função da possibilidade de desemprego ou prejuízo funcional.

Departamentalização por produto/serviço

Descentraliza as atividades e decisões de acordo com os produtos ou serviços executados. É realizada quando as atividades inerentes a cada um dos produtos ou serviços possuem diferenciações significativas e, por isso, fica mais fácil administrar cada produto/serviço individualmente.

Vantagens	Desvantagens
- fixa a responsabilidade dos departamentos para uma linha de produto; - facilita a coordenação entre as diferentes áreas: a preocupação principal é o produto, e as atividades das áreas envolvidas dão pleno suporte; - facilita a inovação, pois requer cooperação e comunicação dos vários grupos que contribuem para gerar o produto.	- dispersa os especialistas nos diversos subgrupos orientados para os produtos; - não é indicada para circunstâncias externas não mutáveis, empresas com pouca variabilidade dos produtos, por trazer custos operacionais elevados; - em situações de instabilidade externa, pode gerar temores e ansiedades na força de trabalho de determinada linha de produto, em função da possibilidade de desemprego ou prejuízo funcional; pode enfatizar a coordenação em detrimento da especialização.

Departamentalização por cliente

Envolve a diferenciação e o agrupamento das atividades de acordo com o tipo de pessoa/grupo/empresa para quem o trabalho é executado. Divide as unidades organizacionais para que cada uma possa servir a um grupo de clientes, sendo indicada quando as características dos clientes – idade, sexo, nível socioeconômico – são determinantes para o sucesso do negócio e requerem diferentes abordagens para as vendas, os produtos, os serviços adicionais.

Vantagens	Desvantagens
- quando a satisfação do cliente é o aspecto mais crítico da organização, ou seja, quando o cliente é o mais importante, e os produtos e serviços devem ser adaptados às suas necessidades. - dispõe os executivos e todos os participantes da organização para a tarefa de satisfazer as necessidades e os requisitos dos clientes; - permite à organização concentrar seus conhecimentos sobre as distintas necessidades e exigências dos canais mercadológicos.	-as demais atividades da organização – produção, finanças – podem se tornar secundárias ou acessórias, em face da preocupação compulsiva com o cliente; - os demais objetivos da organização – lucratividade, produtividade – podem ser deixados de lado ou sacrificados.

Departamentalização por processos

Processo é um conjunto de atividades inter-relacionadas e cíclicas que transforma insumos (entradas) em produtos (saídas). A departamentalização por fases do processo é utilizada quando o produto final é tão complexo que se faz necessário fabricá-lo a partir da divisão em processos menores, com linhas de produção distintas. Exemplo: indústria automobilística. Uma linha de produção é um arranjo físico de máquinas e equipamentos. Essa linha define o agrupamento de pessoas e de materiais para processar as operações.

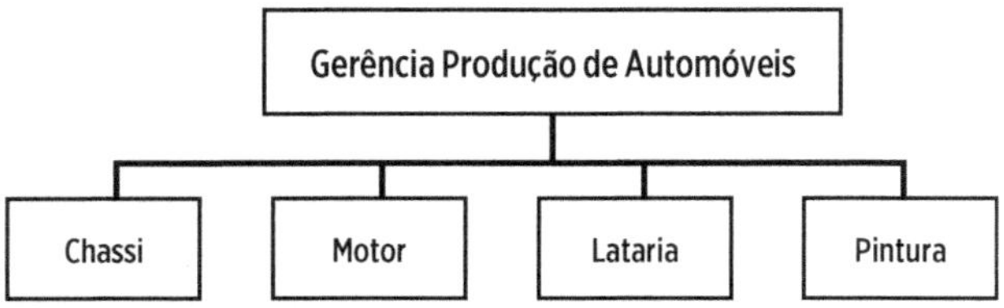

Vantagens	Desvantagens
- fixa a responsabilidade e a união dos esforços em determinado processo; - extrai vantagens econômicas oferecidas pela própria natureza do equipamento ou da tecnologia. A tecnologia passa a ser o foco e o ponto de referência para o agrupamento de unidades e posições.	- quando a tecnologia utilizada sofre mudanças e desenvolvimento revolucionários, a ponto de alterar profundamente os processos; - deve haver especial cuidado com a coordenação dos distintos processos.

Departamentalização por projetos

Projeto é um evento temporário e não repetitivo, caracterizado por uma sequência lógica de atividades, com início, meio e fim, que se destina a atingir um objetivo claro e definido, sendo conduzido por pessoas dentro de parâmetros predefinidos de tempo, custo, recursos e qualidade.

A departamentalização por projetos, portanto, é utilizada em empresas cujos produtos envolvem grandes concentrações de recursos por um determinado tempo (navios, fábricas, usinas hidrelétricas, pontes, estradas), que exigem tecnologia sofisticada e pessoal especializado. Como o produto é de grande porte, exige planejamento individual e detalhado e um extenso período de tempo para execução; cada produto é tratado como um projeto.

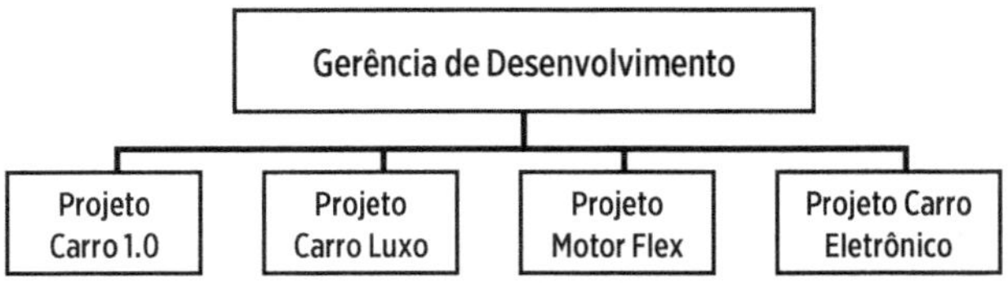

Vantagens	Desvantagens
concentração de recursos e especialistas para realizar um trabalho complexo; foco no resultado; melhoria no controle da execução.	cada projeto é único, inédito, e envolve muitas habilidades e conhecimentos dispersos na empresa ao longo de seu ciclo de execução. Assim, quando termina uma fase, ou mesmo o projeto, a empresa pode ser obrigada a dispensar pessoal ou a paralisar máquinas e equipamentos se não tiver outro projeto em vista.

Departamentalização matricial

Chama-se matricial, pois combina duas formas de estrutura formando uma espécie de grade. Trata-se de uma estrutura mista, híbrida, que combina geralmente a departamentalização funcional com a de produtos ou de projetos.

Os projetos seriam as áreas-fim, enquanto a estrutura funcional seria a área-meio, responsável pelo apoio aos projetos. A autonomia e o poder relativo a cada estrutura seriam decorrentes da ênfase dada pela empresa aos projetos ou às funções tradicionais.

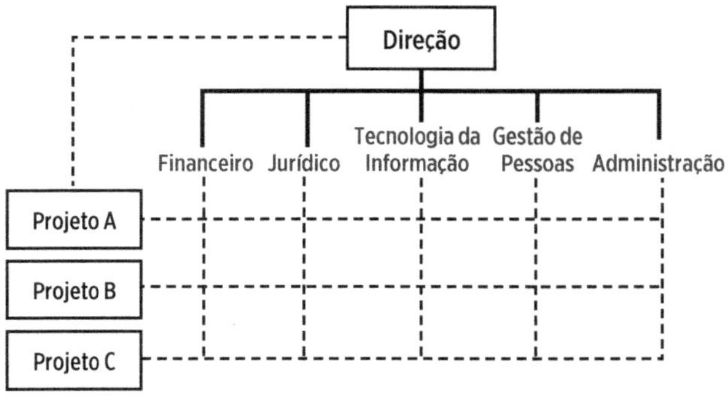

Vantagens	Desvantagens
- maior versatilidade e otimização dos recursos humanos; - forma efetiva para conseguir resultados ou resolver problemas complexos; -mais fortemente orientada para resultados; - maior grau de especialização.	- conflito linha/ projeto; - duplicidade de autoridade e comando.

Departamentalização mista/híbrida/combinada

É praticamente impossível encontrar, na prática, a aplicação pura de um único tipo de departamentalização em toda uma empresa. Geralmente, encontra-se uma reunião de diversos tipos de departamentalização em todos os níveis hierárquicos, a qual se denomina **Departamentalização Mista** ou **Combinada**.

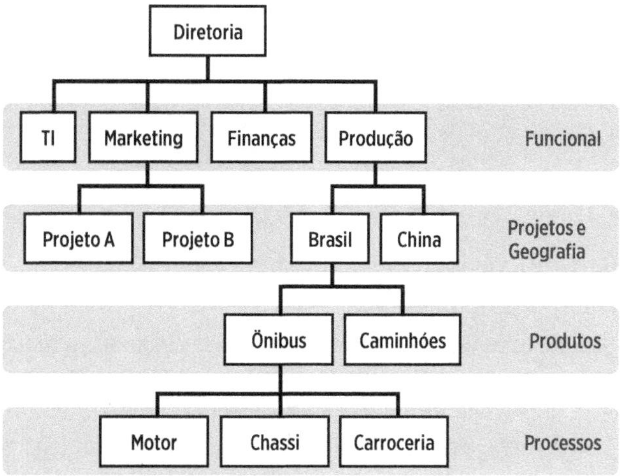

Modelos de estrutura organizacional

Desenho/estrutura vertical (modelo mecanicista)

O desenho é piramidal, caracterizando centralização das decisões. Geralmente é a estrutura de organizações tradicionais, forma burocrática, autoridade centralizada, hierarquizadas, mais rígidas, regras e procedimentos padronizados, divisão de trabalho, amplitude administrativa estreita e meios formais de coordenação.

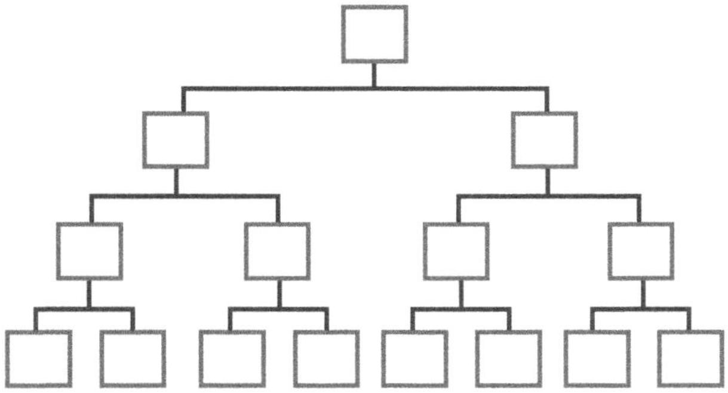

Desenho/estrutura horizontal (modelo orgânico)

As estruturas são mais achatadas e flexíveis, denotando a descentralização de decisões. *Downsizing* – estratégia administrativa para reduzir número de níveis e aspectos burocráticos da empresa. *Adhocráticos*, adaptativos, mais horizontais, com poucas regras e procedimentos, pouca divisão de trabalho, amplitudes administrativas maiores e mais meios pessoais de coordenação.

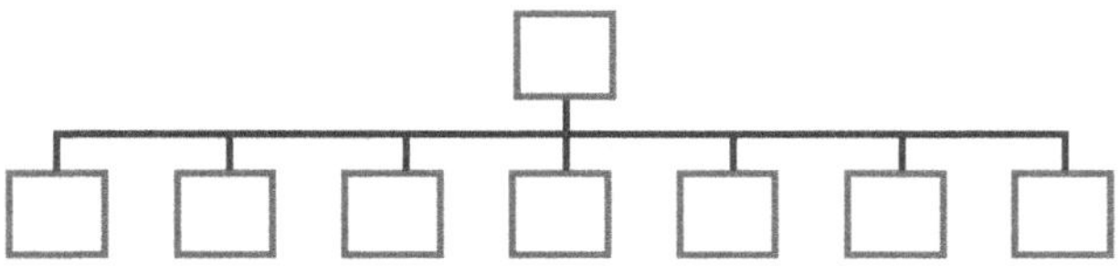

Variáveis condicionantes da estrutura organizacional

01. **Ambiente: instável, estável, homogêneo, heterogêneo (estrutura se adapta ao ambiente).**
02. **Estratégia: estabilidade ou crescimento (estrutura segue a estratégia), a mudança da estrutura em função da estratégia se chama covariação estrutural.**
03. **Tecnologia: em massa, por processo, unitária; sequencial, mediadora, intensiva (estrutura depende da tecnologia).**
04. **Ciclo de vida e tamanho: nascimento, crescimento, juventude, maturidade (estrutura se ajusta ao tamanho).**
05. **Pessoas: conhecimento x reposição.**

Tipos de estruturas organizacionais

Cada estrutura deverá se adequar a um modelo, ora mais mecanicista, ora mais orgânico, a depender das variáveis condicionantes.

Os diferentes tipos de organização são decorrência da estrutura organizacional, ou seja, da arquitetura ou formato organizacional que assegura a divisão e a coordenação das atividades dos membros da instituição. A estrutura é o esqueleto que sustenta e articula as partes integrantes. Cada subdivisão recebe o nome de unidade, departamento, divisão, seção, equipe, grupo de trabalho.

Estrutura linear

É a forma mais simples e antiga, originada dos exércitos e organizações eclesiásticas. O nome "linear" se dá em função das linhas diretas e únicas de autoridade e responsabilidade entre superiores e subordinados, resultando em um formato piramidal de organização. Cada gerente recebe e transmite tudo o que se passa na sua área de competência, pois as linhas de comunicação são rigidamente estabelecidas.

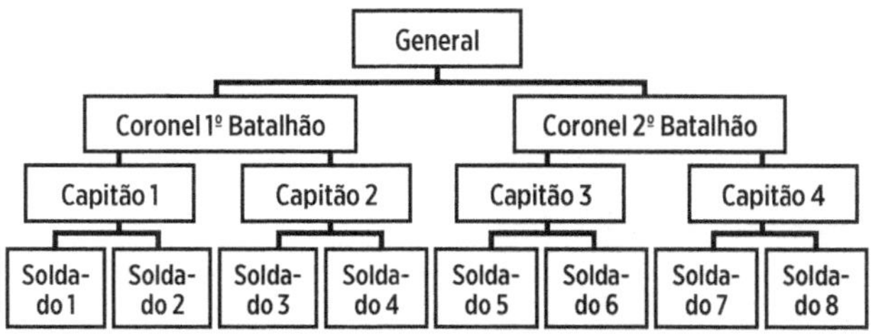

Vantagens	Desvantagens
- estrutura simples e de fácil compreensão e implantação; - clara delimitação das responsabilidades dos órgãos – nenhum órgão ou cargo interfere em área alheia; - estabilidade e disciplina garantidas pela centralização do controle e da decisão. - evita a ambiguidade; - unidade de comando, cada subordinado recebe ordens de um único chefe; - ideal para ambientes estáveis; - aproveita o conhecimento das - chefias generalistas; - geralmente só é vantajoso em empresas pequenas.	- o formalismo das relações pode levar à rigidez e à inflexibilidade, dificultando a inovação e adaptação a novas circunstâncias; - a autoridade linear baseada no comando único e direto pode tornar-se autocrática, dificultando o aproveitamento de boas ideias; - chefes tornam-se generalistas e ficam sobrecarregados em suas atribuições na medida em que tudo tem que passar por eles; - com o crescimento da organização, as linhas formais de comunicação se congestionam e ficam lentas, pois tudo deve passar por elas.

Estrutura funcional

É o tipo de organização em que se aplica o princípio funcional ou princípio da especialização. Cada área é especializada em um determinado assunto; é a autoridade em um tema. Dessa forma, ela presta seus serviços às demais áreas de acordo com sua especialidade.

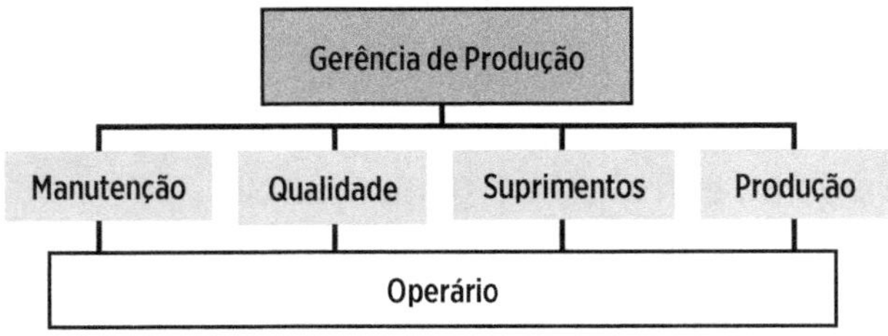

Vantagens	Desvantagens
- proporciona especialização e aperfeiçoamento; - permite a melhor supervisão técnica possível; - comunicações diretas, sem intermediação, mais rápidas e menos sujeitas a distorções; - separa as funções de planejamento e de controle das funções de execução: há uma especialização do planejamento e do controle, bem como da execução, permitindo plena concentração de cada atividade.	- não há unidade de mando, o que dificulta o controle das ações e a disciplina; - subordinação múltipla pode gerar tensão e conflitos dentro da organização; - concorrência entre os especialistas, cada um impondo seu ponto de vista de acordo com sua área de atuação; - coordenação e comunicação entre os departamentos é péssima; - pode gerar ambiguidade; responsabilidade parcial de cada departamento.

Estrutura linear-staff

Nela coexistem os órgãos de linha (de execução) e de assessoria (de apoio e consultoria), mantendo relações entre si. As atividades de linha são aquelas intimamente ligadas aos objetivos da organização (áreas-fim). As atividades de *staff* são as áreas-meio, ou seja, prestam serviços especializados que servem de suporte às atividades-fim.

A autoridade para decidir e executar é do órgão de linha. A área de *staff* apenas assessora, sugere, dá apoio e presta serviços especializados. A relação deve ser sinérgica, pois a linha necessita do *staff* para poder desenvolver suas atividades, enquanto o *staff* necessita da linha para poder atuar.

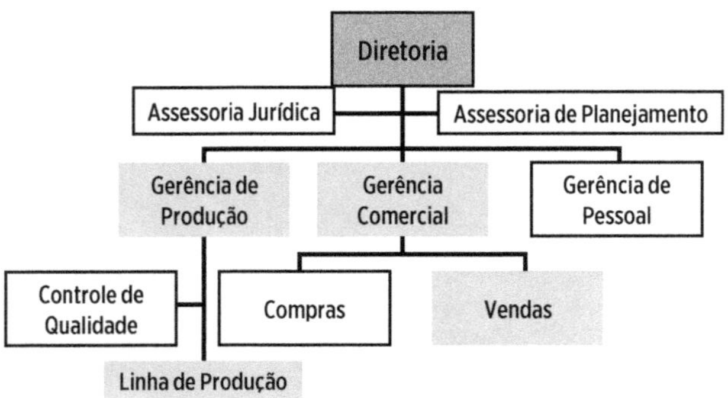

Vantagens	Desvantagens
melhor embasamento técnico e operacional para as decisões; agregar conhecimento novo e especializado à organização; facilita a utilização de especialistas; possibilita a concentração de problemas específicos nos órgãos de staff, enquanto os órgãos de linha ficam livres para executar as atividades-fim.	conflitos entre órgãos de linha e staff: experiências profissionais diversas, visões de trabalho distintas, diferentes níveis de formação; dificuldade de manutenção do equilíbrio entre linha e staff.

Estrutura divisional ou unidades estratégicas de negócios

Na estrutura divisional, a empresa desmembra sua estrutura em divisões, agregando os recursos e pessoas de acordo com os produtos, clientes e/ou mercados que são considerados importantes.

A vantagem deste modelo é que cada divisão funciona de maneira quase autônoma, independente, facilitando sua gestão. Cada divisão passa a ter seus próprios setores de pessoal, de *marketing*, e logística.

Com isso, estas divisões podem escolher estratégias distintas para atingir seus objetivos. Naturalmente, estas divisões não ficam "totalmente livres" do controle da cúpula da empresa, mas encontram muito mais flexibilidade para gerir seus negócios.

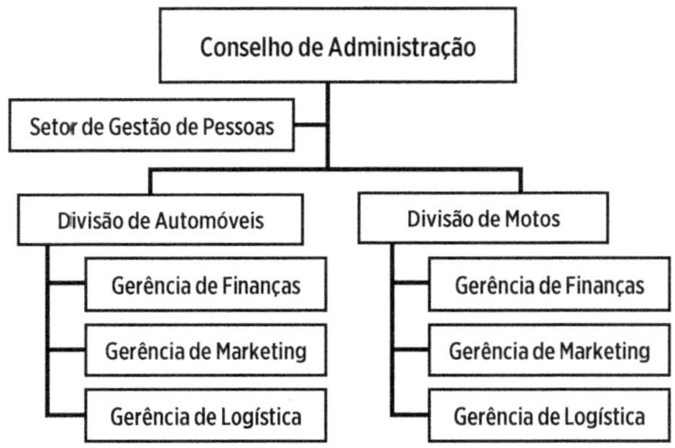

Vantagens	Desvantagens
- foco no resultado; - coordenação em razão do produto e serviço; - favorece a inovação e o crescimento; - comunicação e coordenação intradepartamentais boas.	- custos elevados, duplicidade de órgãos; - dificuldade de integração entre unidades; - a comunicação e a coordenação entre as divisões são péssimas.

Estrutura matricial

Estas estruturas são um modelo híbrido, que conjuga duas estruturas em uma só. Normalmente, é um somatório de uma estrutura funcional com outra estrutura horizontal, temporária, focada em projetos.

As empresas que atuam com esta estrutura buscam associar as vantagens das duas estruturas, juntando os especialistas funcionais nos projetos mais estratégicos, sempre que necessário.

Ela é chamada de matricial porque seu aspecto é parecido com o de uma matriz. Sua criação foi uma tentativa de conciliar, em uma estrutura rígida e hierárquica, a flexibilidade de uma estrutura temporária.

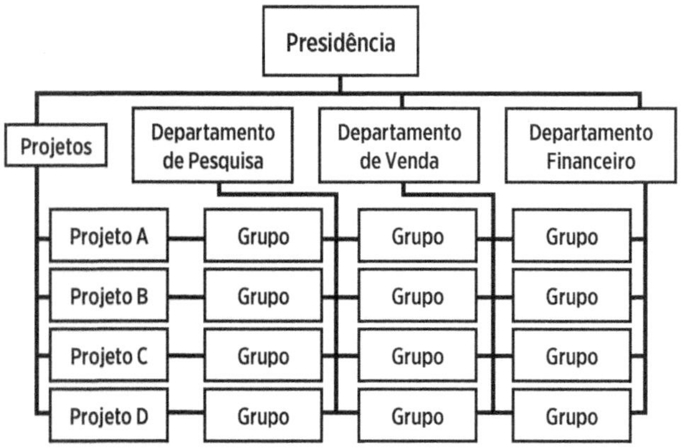

Vantagens	Desvantagens
- máximo aproveitamento de pessoal; - redução de custos; - flexibilidade para aumento e redução de quadro organizacional; - facilidade de apuração de resultado e controle de prazos e custos por projeto; - maior ganho de experiência prática do pessoal; - comunicação e coordenação intradepartamentais boas.	- menor lealdade à instituição; possibilidade de falta de contato entre elementos da mesma especialidade que trabalham em projetos diferentes; - responsabilidade parcial; comunicação e coordenação interdepartamentais péssimas.

Estrutura em virtual ou em rede

A antiga ideia de uma organização que "fazia de tudo" (ou verticalizada) ficou para trás. Como ninguém é "bom em tudo", devemos nos aliar a diferentes parceiros, dependendo da necessidade do momento.

Esta é a ideia central das redes organizacionais. Estas surgiram como uma necessidade de que as organizações fossem mais **flexíveis e adaptáveis às mudanças no ambiente**. Desta maneira, se uma empresa necessita de um novo design para seu novo produto, contrata um escritório de *design*. O mesmo ocorre quando esta empresa necessita de distribuir seu produto em um novo mercado – contrata uma empresa especializada em distribuição.

Assim sendo, a empresa pode estabelecer um foco naquilo que melhor sabe fazer e "mudar de rumo" sempre que for necessário. De acordo com este pensamento, surgiram as "organizações em rede" ou as "redes organizacionais".

Como as pessoas demandam cada vez mais produtos e serviços "customizados", essa tendência tem se acelerado. Mais estratégico do que ter capacidades "internas" (e mais estáveis, claro) é ter parceiros dentro de uma rede de atuação que deem este *Know-how* ou competências que possam ser "adquiridas" sempre que necessário.

A flexibilidade ocorre porque a organização passa a contratar qualquer serviço ou produto que precisar diretamente no mercado. Se em um segundo momento esses produtos e serviços não forem mais demandados, poderá cancelar o contrato e trocar de fornecedor, sem precisar demitir funcionários, vender maquinários, dentre outros custos e problemas.

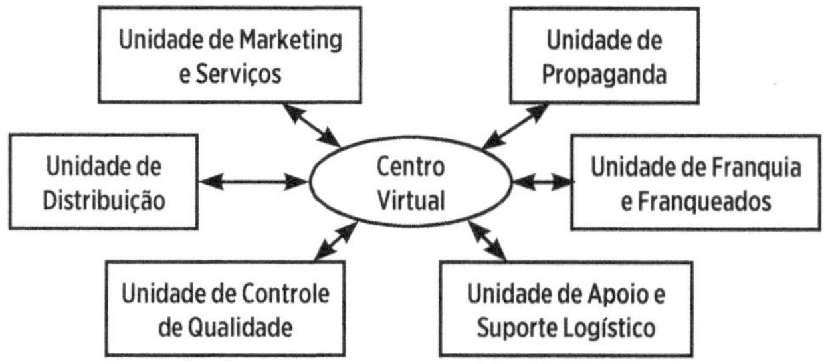

Vantagens	Desvantagens
- negócios virtuais ou unidades de negócios; - baixo custo operacional e administrativo; - competitividade global; - flexibilidade e adaptabilidade a ambientes complexos. - rapidez de respostas às demandas ambientais.	- controle global difícil, riscos e incertezas; - dificuldade de cultura corporativa e lealdades fracas.

2.3 Direção

A direção é a função administrativa que se refere ao relacionamento interpessoal do administrador com seus subordinados. Para que o planejamento e a organização possam ser eficazes, eles precisam ser complementados pela orientação e pelo apoio às pessoas, por meio de adequada comunicação, liderança e motivação, características estas que um administrador deve possuir para conseguir dirigir pessoas com eficiência. Enquanto as outras funções administrativas – planejamento, organização e controle – são impessoais, a direção constitui um processo interpessoal que define as relações entre os indivíduos.

A direção está relacionada diretamente com a atuação sobre as pessoas da organização. Por essa razão, constitui uma das mais complexas funções da administração. Alguns autores preferem substituir a palavra *direção* por liderança ou influenciação. Outros ainda preferem o termo *coaching*. A direção é a fusão de outras duas funções, a coordenação (ajustamento do trabalho) e a liderança.

Para podermos aprofundar na função *direção*, precisamos estudar motivação, pois é questão certa na sua prova também.

Motivação

A motivação define-se pelo desejo de exercer altos níveis de esforço em direção a determinados objetivos, organizacionais ou não, condicionados pela capacidade de satisfazer algumas necessidades individuais.

A motivação é relativa às forças internas ou externas que fazem uma pessoa se entusiasmar e persistir na busca de um objetivo.

Podemos dizer que as principais características básicas da motivação consistem no fato de que ela é um fenômeno individual, ou seja, somos únicos e devemos ser tratados com tal; a motivação é intencional, uma vez que está sob o controle do trabalhador; a motivação é multifacetada, depende tanto do estímulo como da escolha do comportamento empregado.

Outra característica encontrada é que não podemos medir a motivação diretamente. Medimos o comportamento motivado, a ação e as forças internas e externas que influenciam na escolha de ação, pois a motivação não é passível de observação.

A motivação é a força propulsora do comportamento; oferece direção, intensidade, sentido e persistência.

Ciclo motivacional

Em todo estado de motivação existe um ciclo motivacional. Ele começa com o surgimento de uma necessidade; portanto, sem essa necessidade, não há ciclo. A necessidade traz um estado psicológico no indivíduo causando um desconforto levando a um motivo para sair de determinada situação. Quando as pessoas estão em estado estável, sem essa necessidade, elas tendem a ficar estáticas, acomodando-se nos lugares que ocupam. Por um lado, isso é bom, mas por outro, seres estáticos se acomodam com a situação atual e acabam ficando para trás. Por isso, este incômodo pode ser visto como algo positivo, pois é ele que faz as pessoas se moverem e conseguirem grandes realizações e avanços como seres humanos ou para qualquer outra coisa.

No ciclo motivacional nem sempre a necessidade pode ser satisfeita. Nesses casos ela é liberada na forma de frustrações, causando desconfortos psicológicos como apatia, depressão, entre outros. Porém, quando não é liberada em aspectos psicológicos, pode ser levada para vias fisiológicas, causando problemas no organismo. A necessidade pode também ser transferida para outro lugar, como, por exemplo, a não conquista de uma necessidade é compensada por algum outro benefício.

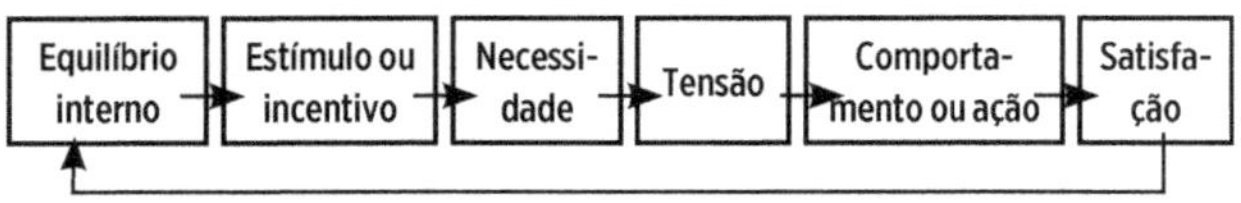

As etapas do ciclo motivacional, envolvendo a satisfação de uma necessidade

Tipos de motivação

Observamos uma divisão no tipo de motivação sabendo que são diversas as causas motivacionais do indivíduo, suas necessidades e expectativas.

Chamamos a motivação de **INTRÍNSECA** quando ela está relacionada com recompensas psicológicas: reconhecimento, respeito, *status*. Esse tipo motivacional está intimamente ligado às ações individuais dos gerentes em relação aos seus subordinados.

Por outro lado, fala-se de motivação **EXTRÍNSECA** quando as causas estão baseadas em recompensas tangíveis: salários, benefícios, promoções, sendo que estas causas independem da gerência intermediária, pois geralmente são determinadas pela alta administração, pelos gerentes gerais.

Principais teorias motivacionais

Algumas provas, por exemplo, podem buscar a classificação das teorias em **teorias de conteúdo e teorias de processo**:

> As **teorias de conteúdo** são aquelas que se referem ao conteúdo da motivação, ou seja, **o que** leva o indivíduo a se motivar.

> As **teorias de processos** são aquelas que se referem ao processo motivacional e ao seu funcionamento.

Teorias de conteúdo	Teorias de processo
1. Teoria da Hierarquia das Necessidades de Maslow. 2. Teoria ERC de Alderfer. 3. Teoria dos dois fatores de Herzberg. 4. Teoria X e Y de McGregor. 5. Teoria das Necessidades adquiridas de McClelland.	1. Teoria da Expectativa ou da Expectância de Vroom. 2. Teoria do Reforço – Skinner. 3. Teoria da Equidade - Stacy Adams. 4. Teoria da Autoeficácia – Bandura. 5. Teoria da Definição de Objetivos – Edwin Locke.

Teorias de conteúdo

As teorias de conteúdo partem do princípio de que os motivos do comportamento humano residem no próprio indivíduo. A motivação para agir e se comportar é originada das forças existentes no indivíduo. Assim, cada pessoa reage de forma diferente a estímulos recebidos.

Teoria da hierarquia das necessidades de maslow

É a teoria mais conhecida sobre motivação , foi proposta pelo psicólogo americano Abraham H. Maslow, baseia-se na ideia de que cada ser humano esforça-se muito para satisfazer suas necessidades pessoais e profissionais. É um esquema que apresenta uma divisão hierárquica em que as necessidades consideradas de nível mais baixo devem ser satisfeitas antes das necessidades de nível mais alto. Segundo esta teoria, cada indivíduo tem de realizar uma "escalada" hierárquica de necessidades para atingir a sua plena autorrealização.

Para tanto, **Maslow** definiu uma série de cinco necessidades do ser, que são explicadas uma a uma a seguir:

Autorrealização	Desejo da pessoa de se tornar "tudo o que é capaz", crescimento profissional, etc.
Estima	Necessidade de respeito próprio, reconhecimento, status, etc.
Sociais	Necessidade de pertencimento: ter amigos, ter um bom ambiente de trabalho, etc.
Segurança	Ausência de ameaças e perigos: trabalho seguro, sem poluição, tranquilidade financeira
Fisiológicas	Necessidades mais básicas de todo ser-humano: ar, comida, água, etc.

Alguns aspectos sobre a Hierarquia de Necessidades de Maslow

> Para alcançar uma nova etapa, a anterior deve estar satisfeita. Isso se dá uma vez que, quando uma etapa está satisfeita, ela deixa de ser o elemento motivador do comportamento do ser, fazendo com que outra necessidade tenha destaque como motivação.

> Os 4 primeiros níveis dessas necessidades podem ser satisfeitos por aspectos extrínsecos (externos) ao ser humano, e não apenas por sua vontade.

> **Importante!** A necessidade de autorrealização nunca é saciada, ou seja, quanto mais se sacia, mais a necessidade aumenta.

- Acredita-se que as necessidades fisiológicas já nascem com o indivíduo. As outras mostradas no esquema acima se adquirem com o tempo.
- As necessidades primárias, ou básicas, satisfazem-se mais rapidamente que as necessidades secundárias, ou superiores.
- O indivíduo será sempre motivado pelas necessidades que se apresentarem mais importantes para ele.
- De acordo com Maslow, há uma hierarquia na satisfação das necessidades, indo da base para o topo.
- De acordo com os teóricos atuais, não há hierarquia entre as necessidades; tudo depende da prioridade de cada indivíduo. (BOLD)

Essa teoria está perdendo cada vez mais força, mas ainda é considerada importante pela excelente divisão das necessidades.

Teoria erc ou erg de clayton alderfer

Basicamente, é uma adaptação da teoria da hierarquia das necessidades de Maslow.

Alderfer procurou adequar os estudos de Maslow para que a teoria pudesse refletir os dados de suas pesquisas.

A primeira diferença é o fato de que Alderfer reduziu os níveis hierárquicos para três: de existência, de relacionamento e de crescimento (em inglês: *grow*).

01. **Necessidades de existência (*existence*): incluem as necessidades de bem-estar físico: existência, preservação e sobrevivência. Abarcam as necessidades básicas de Maslow, ou seja, as fisiológicas e as de segurança.**
02. **Necessidades de relacionamento (*relatedness*): são as necessidades de relacionamentos interpessoais, ou seja, de sociabilidade e relacionamento social. Podem ser associadas às necessidades sociais e de estima de Maslow.**
03. **Necessidades de crescimento (*grow*): são as necessidades que o ser humano tem de desenvolver seu potencial e crescer. Relacionam-se com as necessidades de realização de Maslow.**

Outra diferença está no fato de que na teoria ERC não existe uma hierarquia tão rígida. Vários níveis de necessidades podem ser estimulados ao mesmo tempo – a satisfação de um nível anterior não seria um pré-requisito para a satisfação do nível seguinte.

Além disso, se um nível de necessidade superior não for atendido, isso pode levar a pessoa a aumentar a necessidade de nível inferior. Exemplo: a falta de reconhecimento no trabalho poderia aumentar a demanda por melhores salários.

Teoria das necessidades adquiridas de david mcclelland

De acordo com McClelland, a motivação é relacionada com a satisfação de certas necessidades adquiridas dos indivíduos. Estas necessidades seriam geradas por meio da própria experiência das pessoas, de sua vivência.

01. **Necessidade de Realização (Competir):** é o desejo de ser excelente, de ser melhor, de ser mais eficiente; as pessoas com essas necessidades gostam de correr riscos calculados, de ter responsabilidades, de traçar metas.
02. **Necessidade de Poder (Exercer influência): é o desejo de controlar os outros e de influenciá-los. Pessoas assim têm grande poder de argumentação e esse poder pode ser tanto positivo quanto negativo; elas procuram assumir cargos de liderança.**
03. **Necessidade de Afiliação (Relacionar-se): reflete o desejo de interação social, de contatos interpessoais, de amizades e de poucos conflitos. Pessoas com essas necessidades colocam seus relacionamentos acima das tarefas.**

As principais conclusões que podemos tirar dessa teoria são:

04. **As pessoas se sentem muito motivadas quando o trabalho tem bastante responsabilidade, um grau médio de riscos e bastante** *feedback*.
05. **Uma grande necessidade de realização não faz de alguém, necessariamente, um bom gestor, mas faz com que ela busque o desempenho para atingir as metas fixadas. Isso acontece porque pessoas preocupadas demais em realizar os objetivos não costumam se importar tanto em fazer com que os membros de uma equipe melhorem seu desempenho. Os bons gerentes gerais não costumam ter uma alta necessidade de realização.**
06. **As necessidades de poder e afiliação estão intimamente ligadas ao sucesso gerencial. Os melhores gestores são aqueles que possuem grande necessidade de poder e baixa necessidade de afiliação. Pode-se considerar que uma grande motivação pelo poder é requisito para a eficácia administrativa.**

Trata-se, como se vê, de uma teoria com bastante suporte, mas que possui dificuldades em se operacionalizar, dado que é custoso e demorado conseguir identificar as necessidades do indivíduo sob esta teoria, já que elas são subconscientes.

Teoria dos dois fatores de herzberg

A Teoria dos Dois Fatores de Herzberg é uma das teorias motivacionais mais importantes, sendo também chamada de Teoria da Higiene-Motivação.

Segundo essa teoria, a motivação para o trabalho resulta de dois fatores:

- **Fatores Higiênicos:** referentes ao **AMBIENTE DE TRABALHO**, também chamados de fatores extrínsecos ou profiláticos. Eles **evitam a insatisfação** caso estejam presentes. Incluem aspectos como qualidade da supervisão, remuneração, políticas da empresa, condições físicas de trabalho, relacionamento com colegas e segurança no emprego, benefícios, estilos de gestão, políticas da empresa;

> **Fatores Motivacionais:** referentes ao **CONTEÚDO DO CARGO**, ou seja, ao próprio trabalho, sendo também chamados de fatores intrínsecos. São responsáveis pela existência de satisfação dos funcionários. Incluem aspectos como chances de promoção, oportunidades de crescimento pessoal, reconhecimento, responsabilidades e realização.

Fatores Motivacionais	Fatores Higiênicos
Trabalho em si.	Condições de trabalho.
Realização.	Administração da empresa.
Reconhecimento.	Salário.
Progresso.	Relações com o supervisor.
Responsabilidade.	Benefícios e incentivos sociais.

> A satisfação no cargo depende dos fatores motivacionais.

> A insatisfação no cargo depende dos fatores higiênicos.

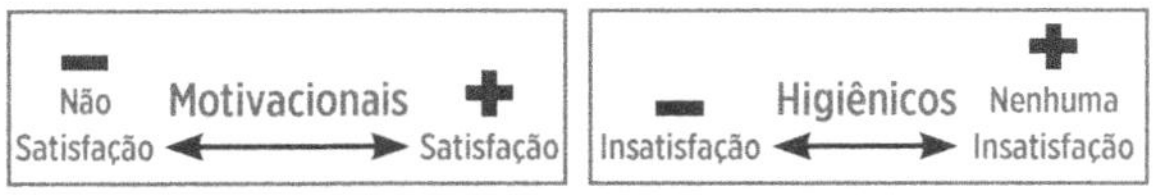

Convém compreender que, para a Teoria dos Dois Fatores, **a satisfação não é o oposto da insatisfação**. (TODA A FRASE EM BOLD)

Na verdade, na ausência de fatores higiênicos, haveria a insatisfação; enquanto que, na sua presença, chegar-se-ia a um "ponto neutro", chamado de não insatisfação.

Enquanto isso, na ausência de fatores motivacionais, haveria, quanto a esses fatores, um estado de não satisfação. Se eles estiverem presentes, haveria um estado de satisfação.

Para que o trabalhador se sinta motivado, é necessário que ele possua fatores extrínsecos satisfeitos (para evitar a desmotivação) e fatores motivacionais também satisfeitos (para que se gere a motivação).

Teoria x e y de douglas mcgregor

As Teorias X e Y são antagônicas quanto à sua visão do ser humano. Ambas foram desenvolvidas por Douglas McGregor, de acordo com sua observação do comportamento dos gestores com relação aos funcionários.

De acordo com os pressupostos da **Teoria X**, as pessoas: são preguiçosas e indolentes; evitam o trabalho; evitam a responsabilidade para se sentirem mais seguras; precisam ser controladas e dirigidas; são ingênuas e sem iniciativa.

Se o gestor tem esta visão negativa das pessoas, ele tende a ser mais controlador e repressor, a tratar os subordinados de modo mais rígido, a ser autocrático, a não delegar responsabilidades.

Nas pressuposições da **Teoria Y**, o trabalho é uma atividade tão natural como brincar ou descansar, portanto, as pessoas: são esforçadas e gostam de ter o que fazer; procuram e aceitam responsabilidades e desafios; podem ser automotivadas e autodirigidas; são criativas e competentes.

Como o gestor acredita no potencial dos funcionários, ele incentiva a participação, delega poderes e cria um ambiente mais democrático e empreendedor.

Teoria X	Teoria Y
Um indivíduo comum, em situações comuns, evitará sempre que possível o trabalho.	O indivíduo comum não só aceita a responsabilidade do trabalho, como também as procura.
Alguns indivíduos só trabalham sob forte pressão.	O controle externo e a ameaça não são meios adequados de se obter trabalho.
Precisam ser forçados, contralados para que se esforcem em cumprir os objetivos.	O dispêndio de esforço no trabalho é algo natural.
É preguiçoso e prefere ser dirigido, evita as responsabilidades, tem ambições e, acima de tudo, deseja sua própria segurança.	São criativos e incentivos, buscam sempre a solução para os problemas da empresa.
O indivíduo é motivado pelo menor esforço, demandando um acompanhamento por parte do líder.	São pessoas motivadas pelo máximo esforço, demandando uma participação maior nas decisões e negociações inerentes ao seu trabalho.
São ameaçados com punições severas para que se esforcem em cumprir os objetivos estabelecidos pela organização.	O atingimento dos objetivos da organização está ligado às recompensas associadas e não ao controle rígido e às punições.
O homem comum busca, basicamente, segurança.	Os indivíduos são criativos e inventivos, buscam sempre a solução para os problemas da empresa.

Teorias de processo

Enquanto as teorias de conteúdo se preocupam com as necessidades, as teorias de processo procuram verificar como o comportamento é ativado, dirigido, mantido e ativado.

Teoria da expectativa ou da expectância de vroom

A Teoria da Expectativa (também chamada de Expectância), de Victor Vroom, é uma das teorias da motivação mais amplamente aceitas para o contexto organizacional atual.

Sua ideia central é a seguinte: os funcionários ficarão motivados para um trabalho quando acreditarem que seu esforço gerará o desempenho esperado pela organização e que esse desempenho fará com que ele receba recompensas da organização, que servirão para a satisfação de suas metas pessoais.

Parece complexo, mas vamos desdobrar o que foi dito acima em três aspectos centrais. Assim, as relações que influenciam a motivação do funcionário na organização são as seguintes:

01. **Relação esforço-desempenho (Expectância): trata-se da crença do funcionário de que seu esforço gerará o desempenho esperado e que esse resultado será percebido pela organização em sua avaliação de desempenho.**
02. **Relação desempenho-recompensa (Instrumentalidade): trata-se da crença de que ao atingir os objetivos fixados para si, o funcionário receberá recompensas da organização, como remuneração variável, bônus, folgas, etc.**
03. **Relação recompensa-metas pessoais (Valência):** trata-se **do grau em que as recompensas que o funcionário recebe da organização servem para que ele possa atingir as próprias metas pessoais.**

Teoria do reforço - skinner

A ideia principal dessa teoria é a de que o reforço condiciona o comportamento, sendo que este é determinado por experiências negativas ou positivas, devendo o gerente estimular comportamentos desejáveis e desencorajar comportamentos não agradáveis.

O reforço positivo se dá de várias formas, tais como: premiações, promoções e até um simples elogio a um trabalho bem feito. São motivadores vistos que incentivam o alto desempenho.

O reforço negativo condiciona o funcionário a não se comportar de maneira desagradável. Tal reforço atua por meio de repreensões, chegando até a demissão.

Conforme Schermerhorn (1996 apud CHIAVENATO, 2005, p. 486-487), **existem quatro estratégias de modificação de comportamento organizacional**:

> **Reforço positivo:** para aumentar a frequência ou intensidade do comportamento desejável, relacionando com as consequências agradáveis e contingentes à sua ocorrência. Exemplo: um administrador que demonstra aprovação por uma atitude de um funcionário; uma organização que concede um prêmio financeiro a um funcionário por uma boa sugestão.

> **Reforço negativo:** para aumentar a frequência ou intensidade do comportamento desejável pelo fato de evitar uma consequência desagradável e contingente à sua ocorrência. Um gerente deixa de repreender o funcionário faltoso ou deixa de exigir que não mais cometa determinada falta.

> **Punição:** para diminuir a frequência ou eliminar um comportamento indesejável pela aplicação da consequência desagradável e contingente à sua ocorrência. Um administrador repreende o funcionário ou suspende o pagamento de bônus ao funcionário que atrasa indevidamente o seu trabalho.

> **Extinção:** para diminuir a frequência ou eliminar um comportamento indesejável pela remoção de uma consequência agradável e contingente à sua ocorrência. Um administrador observa que um empregado faltoso recebe aprovação social de seus colegas e aconselha os colegas a não praticarem mais tal aprovação. A extinção não encoraja nem recompensa.

Teoria da equidade - stacy adams

Para Stacy Adams, todos fazem uma comparação entre o que "entrega" e o que "recebe" em troca (pela empresa e colegas). Assim, a noção de que a relação é justa teria um impacto significativo na motivação.

Equidade, neste caso, é a relação entre a contribuição que o indivíduo dá em seu trabalho e as recompensas que recebe, comparadas com as recompensas que os outros recebem em troca dos esforços empregados. É uma relação de comparação social.

A Teoria da Equidade focaliza a relação dos resultados para os esforços empreendidos em relação à razão percebida pelos demais, existindo assim a EQUIDADE. Porém, quando essa relação resulta em um sentimento de desigualdade, ocorre a INEQUIDADE, podendo esta ser *negativa*, quando o trabalhador recebe menos que os outros, e positiva, quando o trabalhador recebe mais que os outros.

Se alguma dessas duas condições acontece, o indivíduo poderá se comportar da seguinte forma:

> Apresentará uma redução ou um aumento em nível de esforço.

> Poderá fazer tentativas para alterar os resultados.

> Poderá distorcer recursos e resultados.

> Poderá mudar de setor ou até de emprego.

> Poderá provocar mudanças nos outros.

> E, por fim, poderá trocar o grupo ao qual está se comparando.

A equidade é subjetiva: o que pode parecer justo para o superior pode não parecer justo para o subordinado. Por isso, a maior importância recai sobre o que o ambiente percebe como justo, e não sobre o que o gerente acredita ser justo.

Teoria da autoeficácia – bandura

Segundo esta teoria, a motivação e o desempenho de um indivíduo podem ser determinados pelo quanto este indivíduo acredita que pode ser eficiente desenvolvendo as tarefas (SPECTOR, 2006). Isso significa que pessoas com alto nível de **autoeficácia** são motivadas a fazer tarefas, pois acreditam que podem desempenhá-las bem, e pessoas com baixo nível de **autoeficácia** não se motivam por certas tarefas por não acreditarem no sucesso de suas ações para desenvolvê-las.

Utilizando o pensamento de Bandura, *apud* Yassudaetall (2005), pode-se dizer que a teoria da autoeficácia prevê que a confiança que o indivíduo tem em sua capacidade é uma grande fonte de motivação e é reguladora de suas atitudes. Quando uma pessoa se percebe capaz de realizar algo, esforça-se mais e tem mais motivação para concluir sua tarefa do que o indivíduo com baixo nível de autoeficácia.

Assim, este estudo afirma que uma pessoa esforça-se

Autoeficácia é a percepção que temos de que somos capazes, competentes e aptos para realizar um trabalho. Assim, torna-se necessária para a motivação. Masquando é elevada demais, é um obstáculo para o aprendizado, pois o indivíduo acredita que já não precisa melhorar mais, porque está no nível de excelência.

mais em tarefas que acredita ter maior grau de autoeficácia para realizar, e que a autoeficácia das pessoas pode variar de acordo com a tarefa que terão que realizar (SPECTOR, 2006).

Bandura também apresenta quatro fontes possíveis para autoeficácia: a fonte mais importante seria o próprio desempenho da pessoa nas tarefas em um determinado domínio. A autoeficácia também pode ser influenciada pela observação do desempenho de outras pessoas - que pode nos levar a concluir que faríamos melhor ou pior do que os outros fazem. Outra fonte da autoeficácia seria a persuasão verbal de outras pessoas, que podem nos convencer de que somos ou não capazes de realizar algo. Finalmente, a percepção de nossos estados fisiológicos também pode afetar nossa autoeficácia, pois se nos sentimos ansiosos, amedrontados frente a certas tarefas, podemos inferir que nos sentimos assim porque não somos capazes de realizá-las (BANDURA *apud* YASSUDA *et all*, 2005, p.1).

Teoria da definição de objetivos – edwin locke

A Teoria da Definição de Objetivos desenvolvida por Edwin Locke preconiza que a motivação das pessoas está intrinsecamente ligada à busca de alcance de objetivos. O objetivo sinaliza às pessoas o que precisa ser feito e quanto esforço elas terão de despender para o seu alcance.

É uma abordagem cognitiva que sustenta que o comportamento de uma pessoa é orientado por seus propósitos.

Está fundamentada em alguns pressupostos:

01. **Objetivos bem definidos e mais difíceis de serem alcançados levam a melhores resultados do que metas genéricas e abrangentes.**
02. **Objetivos difíceis, para pessoas capacitadas, elevam o desempenho.**
03. **A retroação a respeito do desempenho provoca melhor desempenho. Quando a retroação é autogerenciada, é mais poderosa que a retroação externa.**
04. **Objetivos construídos com a participação dos funcionários, que terão que atingi-los para que surtam mais resultados.**
05. **Pessoas com alta autoeficácia tendem a concluir com êxito as tarefas. Pessoas com baixa autoeficácia precisam de maior retroação externa.**
06. **A definição individual de objetivos funciona melhor para tarefas individuais e independentes.**

Estilos de direção

Os sistemas administrativos

Dentro desse filão, Likert, outro expoente da teoria comportamental, fez uma pesquisa levando em conta algumas variáveis comportamentais importantes. Dentre elas, estão o processo decisorial, os sistemas de comunicação, o relacionamento interpessoal dos membros e os sistemas de punições e recompensas adotados pelas organizações.

> **Processo decisorial.** O administrador pode centralizar totalmente em suas mãos todas as decisões dentro da organização (centralização) ou pode descentralizar totalmente as decisões de maneira conjunta e participativa com as pessoas envolvidas (descentralização). Ele pode adotar uma supervisão direta, rígida e fechada sobre as pessoas (estilo autocrático) até uma supervisão genérica, aberta, democrática e orientadora que permite ampla autodireção e autocontrole por parte das pessoas (estilo democrático).

> **Sistemas de comunicação.** O administrador pode adotar fluxos descendentes de ordens e instruções e fluxos ascendentes de relatórios para informação (comunicação vertical e rígida), ou pode adotar sistemas de informação desenhados para proporcionar acesso a todos os dados necessários ao desempenho (comunicação vertical e horizontal intensa e aberta).

> **Relacionamento interpessoal.** O administrador pode adotar cargos com tarefas segmentadas e especializadas (cargos especializados, individualizados e confinados em que as pessoas não podem se comunicar entre si) ou pode adotar desenhos de cargos que permitam o trabalho em grupo ou em equipe em operações autogerenciadas e autoavaliadas (cargos enriquecidos e abertos).

> Sistemas de punições e recompensas. O administrador pode adotar um esquema de punições que obtenha a obediência por meio da imposição de castigos e medidas disciplinares (ênfase nas punições e no medo), ou pode adotar um esquema de recompensas materiais e simbólicas para obter a aceitação, a motivação positiva e o comprometimento das pessoas (ênfase nas recompensas e no estímulo).

Likert chegou à conclusão de que as variáveis comportamentais escolhidas para sua pesquisa variam e se comportam como continuons.

Em função dessa continuidade, chegou à conclusão de que existem quatro sistemas administrativos.

Sistema 1: autoritário-coercitivo

No extremo esquerdo do *continuum*, o Sistema 1 constitui o sistema mais fechado, duro e arbitrário de administrar uma organização. É totalmente coercitivo e coativo, impondo regras e regulamentos, e exige rígida e cega obediência. As decisões são monopolizadas na cúpula da organização. Impede a liberdade, nega a informação, restringe o indivíduo e faz com que ele trabalhe isoladamente dos demais. Há forte desconfiança em relação às pessoas e impede-se qualquer contato interpessoal. Para incentivar as pessoas a trabalharem, utiliza punições e castigos - a motivação negativa - de modo a impor intimidação e medo e reforçar a obediência cega.

Sistema 2: autoritário-benevolente

O Sistema 2 é também um sistema autoritário. Todavia, é benevolente e menos coercitivo e fechado do que o anterior. Permite alguma delegação das decisões em níveis mais baixos, desde que essas decisões sejam repetitivas e operacionais e sujeitas à confirmação da cúpula. As restrições à liberdade são menores do que no Sistema I; oferece-se alguma informação, já que o fluxo vertical de informações traz ordens e comandos de cima para baixo e informações de baixo para cima a fim de abastecer o processo decisório. Existe ainda uma grande desconfiança das pessoas, mas permite-se algum relacionamento entre elas, como certa condescendência da organização. O sistema utiliza punições e castigos, mas já se preocupa com recompensas, que são estritamente materiais e salariais, frias e calculistas.

Sistema 3: consultivo

O Sistema 3 já é mais aberto do que os anteriores. Deixa de ser autocrático e impositivo para dar alguma margem de contribuição das pessoas. Daí a sua denominação do sistema consultivo. Proporciona descentralização e delegação das decisões, permitindo que as pessoas possam envolver-se no processo decisorial da organização. O sistema se apoia em boa dose de confiança nas pessoas, permitindo que elas trabalhem ocasionalmente em grupos ou em equipes. As comunicações são intensas e o seu fluxo é vertical - acentuadamente ascendente e descendente - com algumas repercussões laterais ou horizontais. O sistema utiliza mais recompensas - que são predominantemente materiais e ocasionalmente sociais - e poucas punições.

Sistema 4: participativo

No extremo direito do *continuum* está o Sistema 4, que constitui o sistema mais aberto e democrático de todos. É denominado sistema participativo, pois incentiva total descentralização e delegação das decisões aos níveis mais baixos da organização, exigindo apenas um controle dos resultados por parte da cúpula. As decisões passam a ser tomadas diretamente pelos executores das tarefas. O sistema se apoia em total confiança nas pessoas e no seu *empoderamento* (*empowerment*), incentivando a responsabilidade e o trabalho conjunto em equipe. As comunicações constituem o núcleo de integração do sistema, e seu fluxo é tanto vertical como horizontal para proporcionar envolvimento total das pessoas no negócio da organização. O sistema utiliza amplamente as recompensas salariais como parte do seu esquema de remuneração variável pelo alcance de metas e resultados, bem como recompensas sociais ou simbólicas. As punições são raras e, quando acontecem, são decididas e administradas pelas equipes ou grupos de trabalho.

Mas, o que determina o tipo de administração a ser desenvolvido pelo administrador? Geralmente, a consistência entre meios e fins. E aqui reside um dos principais aspectos da teoria administrativa. Essa consistência depende de conceitos e teorias a respeito da natureza das pessoas, como elas se comportam nas organizações e como os administradores devem se comportar nesse conjunto. Os sistemas administrativos de Likert constituem uma notável contribuição da escola comportamental para a avaliação do grau de abertura e democratização das organizações. As organizações bem-sucedidas estão migrando decidida e rapidamente para o lado direito do *continuum* descrito - Sistema 4 - e adotando posturas altamente participativas e democráticas com relação às pessoas que nelas trabalham.

O papel da direção

Para a Teoria Comportamental, o papel do administrador é promover a integração e articulação entre as variáveis organizacionais e as variáveis humanas, focalizando o ambiente e, mais especificamente, o cliente. De um lado, as variáveis organizacionais, como missão, objetivos, estrutura, tecnologia, tarefas etc.; e de outro, as variáveis humanas, como habilidades, atitudes, competências, valores, necessidades individuais etc., que devem ser devidamente articuladas e balanceadas. As ações de planejar, organizar, controlar e, principalmente, dirigir servem exatamente para proporcionar essa integração e articulação.

Para alcançar uma adequada integração e articulação entre as variáveis organizacionais e as variáveis humanas, o administrador deve utilizar vários mecanismos, como as variáveis comportamentais estudadas por Likert: o processo decisório, os sistemas de comunicação, o relacionamento interpessoal dos membros e o sistema de punições e recompensas.

Por meio desses mecanismos de integração, o papel do administrador se estende por uma ampla variedade de alternativas, que vão desde o Sistema I até o Sistema 4 de Likert. O administrador exerce direção, toma decisões e influencia e motiva as pessoas. Ele comunica e estrutura as organizações e desenha cargos e tarefas que repercutem no relacionamento interpessoal dos membros. Ele incentiva as pessoas sob diferentes aspectos. Em cada uma dessas áreas, o papel do administrador pode variar entre comportamentos ou abordagens alternativos.

A direção e as pessoas

As mais recentes abordagens administrativas enfatizam que são as pessoas que fazem a diferença nas organizações. Em outras palavras, em um mundo onde a informação é rapidamente disponibilizada e compartilhada pelas organizações, sobressaem aquelas que são capazes de transformá-la rapidamente em oportunidades em termos de novos produtos e serviços antes que outras organizações o façam. E isso somente pode ser conseguido com a ajuda das pessoas que sabem utilizá-la adequadamente, e não apenas com a tecnologia que pode ser adquirida no mercado. São as pessoas - e não apenas a tecnologia - que fazem a diferença. A tecnologia pode ser adquirida por qualquer organização com relativa facilidade nos balcões do mercado. Bons funcionários requerem um investimento muito mais longo em termos de capacitação quanto a habilidades e conhecimentos e, sobretudo, de confiança e comprometimento pessoal.

Ouchi deu o nome de **Teoria Z** para descrever o esquema de administração adotado pelos japoneses, cujos princípios são:

- Filosofia de emprego em longo prazo.
- Poucas promoções verticais e movimentos em cargos laterais.
- Ênfase no planejamento e desenvolvimento da carreira.
- Participação e consenso na tomada de decisões.
- Envolvimento dos funcionários.

É certo que todos esses princípios são válidos para o Japão e sua peculiar cultura oriental e tradições milenares. Mas todos eles podem ser simplesmente transplantados para um país como o nosso, com hábitos e costumes totalmente diferentes. Contudo, alguns aspectos mostram que confiança, consenso e envolvimento das pessoas no negócio são fatores inequívocos de sucesso organizacional. Em qualquer lugar do mundo, é bom não perdê-los de vista.

Conceito de grupo social

No passado, prevaleceu por longas décadas a noção de que os indivíduos constituíam o elemento básico na construção dos blocos organizacionais e da dinâmica organizacional. O tempo, a experiência e os resultados serviram para descartar essa noção míope e errônea, e as organizações mais avançadas passaram a redesenhar os seus processos organizacionais construídos sobre e ao redor de indivíduos para remodelá-los inteiramente no nível de grupos de trabalho. Um grande número de organizações está caminhando rápida e definitivamente nessa direção: a ideia é sair do nível do átomo ou da molécula e passar a selecionar grupos - e não mais indivíduos - treinar, remunerar, promover, liderar e motivar grupos, e uma enorme extensão de atividades organizacionais, no sentido de utilizar não mais as pessoas de maneira confinada e isolada, mas grupos de trabalho atuando coesa e conjuntamente. Chegou, portanto, a hora de levar os grupos a sério.

Um grupo pode ser definido como um conjunto de dois ou mais indivíduos que estabelecem contatos pessoais, significativos e propositais, uns com os outros, em uma base de continuidade, para alcançar um ou mais objetivos comuns. Nesse sentido, um grupo é muito mais do que um simples conjunto de pessoas, pois seus membros se consideram mutuamente dependentes para alcançar os objetivos e interagem uns com os outros regularmente para o alcance desses objetivos no decorrer do tempo. Todas as pessoas pertencem a vários grupos, dentro e fora de organizações. Por outro lado, os administradores estão participando e liderando as atividades de muitos e diferentes grupos em suas organizações.

Existem grupos formais e informais. Um grupo formal é um grupo oficialmente designado para atender a um específico propósito dentro de uma organização. Algumas unidades de grupo são permanentes e até podem aparecer nos organogramas de muitas organizações na figura de departamentos (como departamentos de pesquisa de mercado), divisões (como divisão de produtos de consumo) ou de equipes (como equipe de montagem de produtos). Um grupo permanente pode variar de tamanho, indo desde um pequeno departamento ou uma equipe de poucas pessoas até grandes divisões com centenas de pessoas envolvidas. Em todos esses casos, os grupos formais compartilham a característica comum de serem criados oficialmente para desempenhar certas tarefas em uma base duradoura, e continuam sua existência até que alguma decisão mude ou reconfigure a organização por alguma razão.

Os grupos temporários são criados para específicos propósitos e se dissolvem quando tal propósito é alcançado ou cumprido. Certos comitês ou forças-tarefa designados para resolver problemas específicos ou cumprir atribuições especiais são exemplos típicos de grupos temporários. O presidente de uma organização pode solicitar uma força-tarefa para estudar a viabilidade de adotar horário flexível para o pessoal de nível gerencial da empresa. Alguns grupos temporários requerem apenas um líder ou orientador, e não um gerente para alcançar bons resultados.

Por outro lado, muitas organizações utilizam grupos informais que emergem extraoficialmente e que não são reconhecidos como parte da estrutura formal da organização. São grupos amigáveis que se compõem de pessoas com afinidades naturais entre si e que trabalham juntas com mais facilidade. Os grupos de interesses são compostos de pessoas que compartilham interesses comuns e que podem ter interesses relacionados com o trabalho, como serviços comunitários, esportes ou religião.

Quaisquer que sejam os tipos de grupos de trabalho, é inegável a sua enorme utilidade para as organizações.

Trabalho em equipe

A formação de uma boa equipe que conquiste excelentes resultados tem sido uma busca cada vez mais frequente em qualquer tipo de organização. A tradicional reunião de pessoas em busca de objetivos comuns, que, no passado, era chamada de equipe, hoje é entendida como sendo, na verdade, apenas agrupamento, ou grupo. A verdadeira equipe é aquela que possui objetivos claros, sabe exatamente onde deve chegar, cresce enquanto equipe, mas que respeita e incentiva o crescimento de cada um dos seus componentes. Dessa forma, muito mais do que retratar o papel das equipes na organização, pretende-se descrever os tipos de personalidade, de modo que se consiga uma formação, por meio de uma melhor análise, de equipes de elevado desempenho, com personalidades que venham sempre a somar.

O que é uma equipe?

A equipe é um grupo de pessoas, em que seus participantes se conhecem, relacionam-se diretamente, havendo ainda uma unidade de espírito e de ação. Quando se focalizam as equipes, verifica-se que os resultados que elas querem atingir são os objetivos da organização.

A equipe traz consigo a ação, a execução do trabalho, agrupando profissionais de categorias diferentes ou não, complementando-se, articulando-se e dependendo uns dos outros para objetivos comuns.

Objetivos do trabalho em equipe

As organizações que se baseiam no trabalho em equipe buscam evitar condições opressivas de trabalho e as substituem por processos e políticas que estimulam as pessoas a trabalharem efetivamente para objetivos comuns. Conforme MOSCOVICI (1996) "*(...) desenvolver uma equipe é ajudar a aprender e a institucionalizar um processo constante de autoexame e avaliação das condições que dificultam seu funcionamento efetivo, além de desenvolver habilidades para lidar eficazmente com esses problemas.*"

É necessário que uma equipe possua objetivos, para que consiga se manter e se desenvolver. Os objetivos são de suma importância para o trabalho em equipe, pois guiam as ações dos participantes do grupo, que coordenam e planejam seus esforços. Servem ainda para delimitar critérios a fim de resolver conflitos interpessoais, de maneira a promover a melhoria do trabalho, que passa a ser constantemente avaliado, analisado e revisado. Os objetivos, quando imediatos, têm maior significado para a equipe. Devem servir como passos intermediários para os objetivos principais.

Tipos de equipes

PARKER (1995) divide as equipes em três tipos específicos, cada qual com as suas características.

A **equipe funcional** é formada por um chefe e seus subordinados diretos e tem sido a marca da empresa moderna. Questões como autoridade, relações, tomada de decisão, liderança e gerenciamento demarcado são simples e claras.

A **equipe autogerenciável** é um grupo íntegro de colaboradores responsáveis por todo um processo ou segmento de trabalho, que oferece um produto ou serviço a um cliente interno ou externo. Em diferentes instâncias, os membros da equipe trabalham em conjunto para melhorar as suas operações, lidar com os problemas do dia a dia e planejar e controlar as suas atividades.

E a **equipe interfuncional**, às vezes chamada de **equipe multidisciplinar**, faz parte da silenciosa revolução que atualmente vem abrangendo as organizações. PARKER (1995) diz que *"(...) as possibilidades para esse tipo de equipe parecem ser ilimitadas. Encontro-as nos mais diversos ramos de atividade, desempenhando uma gama de funções igualmente amplas, até então praticadas isoladamente."* Ainda sob o enfoque de PARKER (1995), *"(...) equipes interfuncionais estão ajudando a agilizar o processo de desenvolvimento de produtos, melhorar o enfoque dado ao cliente, aumentar a capacidade criativa da empresa, oferecer um fórum para o aprendizado organizacional e servir de ponto único de contato para clientes, fornecedores e outros envolvidos."*

Equipe virtual - as pessoas estão separadas fisicamente, mas unidas pela TI (Tecnologia da Informação).

Equipe temporária - as pessoas estão unidas por um período de tempo específico; após esse prazo, a equipe é desfeita.

Equipe força-tarefa - é uma equipe temporária, montada para resolver um problema específico.

Equipe transversal - é formada por pessoas de departamentos diferentes e níveis organizacionais diferentes.

Estágio de desempenho de equipes

De acordo com KATZENBACH e SMITH (apud MOSCOVICI, 1996), a curva de desempenho da equipe permite classificá-la de acordo com o modo de funcionamento em uma das cinco posições:

Pseudo-equipe: neste grupo, pode-se definir um trabalho, mas não há preocupação com o desempenho coletivo apreciável. Prevalece a individualidade.

Grupos de trabalho: não existe estímulo para transformar-se em equipe. Os membros partilham informações entre si, porém são mantidas, de forma individual, as responsabilidades e objetivos. Não se produz desempenho coletivo.

Equipe potencial: existe intenção de produzir o desempenho coletivo. Necessita-se assumir compromisso quanto ao resultado de grupo e se requerem esclarecimentos das finalidades, dos objetivos e da abordagem de tarefa.

Equipe real: composta de pessoas que, além de possuírem habilidades que se complementam, comprometem-se umas com as outras, por meio da missão e dos objetivos comuns e da abordagem de trabalho bem definida. Existe confiança entre os membros do grupo, assumindo responsabilidade plena sobre o desempenho.

Equipe de elevado desempenho: equipe com membros profundamente comprometidos com o crescimento pessoal de cada indivíduo e com o sucesso deles mesmos e dos outros. Possuem resultados muito além das expectativas. Na análise de MANZ e SIMS (1996), com coautores de Empresas sem chefes, instalando equipes de elevado desempenho, tem-se:

a) aumento na produtividade;
b) melhora na qualidade;
c) melhora na qualidade de vida profissional dos funcionários;
d) redução no nível de rotatividade de pessoal e absenteísmo;
e) redução no nível de conflito;
f) aumento na inovação;
g) aumento na flexibilidade; e
h) obtenção de economia de custos da ordem de 30% a 70%.

É necessário aprender a trabalhar em equipe, sabendo-se que uma equipe não começa a funcionar eficientemente no momento em que é criada. Conforme KOPITTKE (2000) *"é necessário um tempo para que a equipe se alinhe."* Em um importante estudo, feito nos anos 70, o psicólogo Tuckman identificou quatro estágios de desenvolvimento de equipes que visam ao sucesso, conforme relata KOPITTKE (2000), sendo eles:

a) **formação:** neste estágio, as pessoas ainda estão aprendendo a lidar umas com as outras; pouco trabalho é feito;
b) **tormenta:** tem-se uma época de difícil negociação das condições sob as quais a equipe vai trabalhar;
c) **aquiescência:** é a época na qual os papéis são aceitos (posse do problema) e as informações circulam livremente;
d) **realização:** quando a execução do trabalho atinge níveis ótimos (não há mais problema).

Habilidades para o trabalho em equipe

As competências para um bom desempenho no trabalho em equipe diferem das competências necessárias ao trabalho individual. A seguir, estão explicitadas essas competências:

a) **cooperar:** participar voluntariamente, apoiar as decisões da equipe, fazer a sua parte do trabalho;
b) **compartilhar informações:** manter as pessoas informadas e atualizadas sobre o processo do grupo;
c) **expressar expectativas positivas:** esperar o melhor das capacidades dos outros membros do grupo, falando dos membros da equipe para os outros com aprovação. Apelar para a racionalidade em situações de conflito e não assumir posição polêmica nesses casos;
d) **estar disposto a aprender com os companheiros:** valorizar a experiência dos outros, solicitar dados e interagir pedindo e valorizando ideias;
e) **encorajar os outros:** dar crédito aos colegas que tiveram bom desempenho tanto dentro como fora da equipe;
f) **construir um espírito de equipe:** tomar atitudes especiais para promover clima amigável, moral alto e cooperação entre os membros da equipe;
g) **resolver conflitos:** trazer à tona o conflito dentro da equipe e encorajar ou facilitar uma solução construtiva para a equipe. Não esconder ou evitar o problema, mas tentar resolvê-lo da forma mais rápida possível.

As diferenças entre as mentalidades		
Fatores	**Ênfase em "você"**	**Ênfase em "nós"**
Estrutura	Trabalho individual centralizado nos departamentos.	Trabalho por processos realizado por times semiautônomos.
Hierarquia	Rígida, com muitos níveis.	Poucos níveis para facilitar a comunicação e agilizar a tomada de decisões.
Carreira	Baseada em cargos e em tempo de serviço.	O funcionário ganha projeção à medida que adquire mais habilidades.
Execução de projetos	Uma área ou pessoa é eleita para levar adiante um projeto.	As equipes multidisciplinares, formadas por pessoas de diversos setores, assumem o projeto.
Tomada de decisão	Todas as decisões operacionais são de responsabilidade do supervisor.	As decisões sobre detalhes do dia a dia do funcionário são tomadas por ele mesmo. A autonomia acelera os processos e aumenta a produtividade.
Remuneração fixa	Baseada em cargos, tempo de serviço e formação.	Baseada nas habilidades que agregam valor aos produtos da empresa
Remuneração variável	Não há participação nos resultados.	Participação nos resultados proporcional às metas alcançadas variável pelo time ou pelo cumprimento de projetos individuais.
Comunicação	A comunicação é truncada, pois há dificuldade de transmissão das informações entre os departamentos. Crença de que a competição interna gera lucros para a empresa.	Estímulo à comunicação aberta entre todos os níveis. A internet tem sido o veículo mais utilizado e as reuniões viraram hábito diário.
Competição	Crença de que a competição interna gera lucros para a empresa.	Diminuição da competitividade. As promoções são baseadas nas habilidades adquiridas e, muitas vezes, só acontecem com o consentimento do grupo.

Liderança

Para o empregado de hoje, ter sucesso significa alcançar a realização pessoal, social e financeira, ser interdependente, contribuir para a solução de problemas, encontrar desafios e atingir metas. As pessoas querem sentir que seus esforços são valorizados e que seu trabalho é o diferencial que contribui para o sucesso da empresa em que trabalham.

O líder de hoje pode se perguntar: "*Quais as habilidades essenciais que preciso ter para obter a lealdade e o comprometimento da minha equipe? Como posso ser ainda mais útil com cada pessoa do meu time?*".

Tais questões serão respondidas adiante, com a intenção de estimular o pensamento e as ações do candidato, desenvolvendo nele as habilidades necessárias para adotar comportamentos de liderança e, ao mesmo tempo, obter êxito na prova de Administração Geral, pois este tema é muito cobrado em concursos.

A fim de conquistar o comprometimento de uma equipe, é necessário que o líder inspire – e não exija – respeito e confiança. Cada pessoa se compromete quando é tratada como se fizesse parte da equipe – quando sabe que sua contribuição é importante. Quando a pessoa percebe que é considerada, compreendida e reconhecida, sua percepção de comprometimento cresce. Um líder que forma outros líderes ensina que são seis os passos que criam condições para o desenvolvimento da lealdade e do comprometimento:

01. **Comunicação franca e aberta.**
02. **Envolvimento e potencialização dos colaboradores.**
03. **Desenvolvimento profissional e pessoal dos colaboradores.**
04. **Demonstrar o reconhecimento.**
05. **Liderar com ética e imparcialidade.**
06. **Promover o bem-estar no ambiente de trabalho.**

Quando Fayol anunciou as funções administrativas, elas eram representadas pela sigla POCCC (Planejamento, Organização, Comando, Coordenação e Controle). Com o passar do tempo, as funções de comando e coordenação foram unificadas na letra D, de direção. Essa função engloba atividades como a tomada de decisão, a comunicação com os subordinados, superiores e pares, a obtenção, a motivação e o desenvolvimento de pessoal.

A liderança nas empresas pode ocorrer de duas maneiras:

a) **liderança decorrente de uma função** (cargo com autoridade de decisão);
b) **liderança como uma qualidade pessoal** (conjunto de atributos e atitudes que tornam uma pessoa um líder.

Teorias sobre liderança

As teorias sobre liderança podem ser classificadas em três grandes grupos:

01. **Teoria dos traços de liderança.**
02. **Estilos de liderança.**
03. **Liderança situacional (contingencial).**

Vamos aprofundar, vejamos o que o Idalberto Chiavenato explica:

1ª. Teoria dos Traços de Personalidade

De acordo com esta teoria, já desacreditada, o líder possuiria características marcantes de personalidade que o qualificariam para a função. Essas características eram:

- habilidade de interpretar objetivos e missões;
- facilidade em solucionar problemas e conflitos;
- habilidade de delegar responsabilidade aos outros;
- facilidade em supervisionar e orientar pessoas;
- habilidade de estabelecer prioridades;
- habilidade de planejar e programar atividades em equipe.

De acordo com vários autores, somente seriam líderes potenciais aqueles que possuíssem essas qualidades.

2ª. Estilos de Liderança?

Esta teoria aponta três estilos de liderança: **autocrática, democrática e liberal**. Ela está concentrada mais especificamente no modo como os líderes tomavam decisões, e o efeito que isso produzia nos índices de produtividade e na satisfação geral dos subordinados.

AUTOCRÁTICA	DEMOCRÁTICA	LIBERAL
Apenas o líder fixa as diretrizes, sem qualquer participação do grupo.	As diretrizes são debatidas pelo grupo, estimulado e assistido pelo líder.	Há liberdade completa para as decisões grupais ou individuais, com participação mínima do líder.
O líder determina as providências e as técnicas para a execução das tarefas, cada uma por vez, na medida em que se tornam necessárias e de modo imprevisível para o grupo.	O próprio grupo esboça as providências e as técnicas para atingir o alvo solicitando aconselhamento técnico ao líder quando necessário, passando este a sugerir duas ou mais alternativas para o grupo escolher. As tarefas ganham nova perspectivas com os debates.	A participação do líder no debate é pouca, esclarecendo que poderia fornecer informações desde que as pedissem.
O líder determina qual a tarefa que cada um deve executar e qual o seu companheiro de trabalho.	A divisão das tarefas fica a critério do próprio grupo e cada membro tem liberdade de escolher seus companheiros de trabalho.	Tanto a divisão das tarefas, como a escolha dos companheiros, fica totalmente a cargo do grupo. Absoluta falta de participação do líder.
O líder é Dominador e é "pessoal" nos elogios e nas críticas ao trabalho de cada membro.	O líder procura ser um membro normal do grupo, em espírito, sem encarregar-se muito de tarefas. O líder é "objetivo" e limita-se aos "fatos" em suas críticas e elogios.	**O líder não faz nenhuma tentativa de avaliar ou de regular o curso dos acontecimentos. O líder somente faz comentários irregulares sobre as atividades dos membros quando perguntado.**

As experiências demonstram o seguinte comportamento aos diferentes tipos de liderança a que foram submetidos:

> **Liderança Autocrática.** O comportamento dos grupos mostrou forte tensão, frustração e, sobretudo, agressividade, de um lado; e, de outro, nenhuma espontaneidade nem iniciativa, nem formação de grupos de amizade. Embora aparentemente gostassem das tarefas, não demonstraram satisfação com relação à situação. O trabalho somente se desenvolvia com a presença física do líder. Quando este se ausentava, as atividades paravam e os grupos expandiam seus sentimentos reprimidos, chegando a explosões de indisciplina e de agressividade.

> **Liderança Liberal.** Embora a atividade dos grupos fosse intensa, a produção foi simplesmente medíocre. As tarefas se desenvolviam ao acaso, com muitas oscilações, perdendo-se muito tempo com discussões mais voltadas para motivos pessoais do que relacionadas com o trabalho em si. Notou-se forte individualismo agressivo e pouco respeito com relação ao líder.

> **Liderança Democrática.** Houve formação de grupos de amizade e de relacionamentos cordiais entre os participantes. Líder e subordinados passaram a desenvolver comunicações espontâneas, francas e cordiais. O trabalho mostrou um ritmo suave e seguro sem alterações, mesmo quando o líder se ausentava. Houve um nítido sentido de responsabilidade e comprometimento pessoal.

grid gerencial

Robert R. Blake e Jane S. Mouton (1989) procuraram representar os vários modos de usar autoridade ao exercer a liderança por meio do Grid Gerencial. Esta representação possui duas dimensões: preocupação com a produção e preocupação com as pessoas.

A **preocupação com a produção** refere-se ao enfoque dado pelo líder aos resultados, ao desempenho, à conquista dos objetivos. O líder com este tipo de preocupação empenha-se na mensuração da quantidade e da qualidade do trabalho de seus subordinados.

A **preocupação com as pessoas** diz respeito aos pressupostos e atitudes do líder para com seus subordinados. Este tipo de preocupação revela-se de diversas formas, desde o esforço em assegurar a estima dos subordinados e em obter a sua confiança e respeito, até o empenho em garantir boas condições de trabalho, benefícios sociais e outras vantagens.

O inter-relacionamento entre as duas dimensões do Grid Gerencial expressa o uso de autoridade por um líder.

Ex.: quando uma alta preocupação com as pessoas se associa a uma baixa preocupação com a produção, o líder deseja que as pessoas se relacionem bem e sejam "felizes", o que é bem diferente de quando uma alta preocupação com as pessoas se associa a uma alta preocupação com a produção. O líder, aqui, deseja que as pessoas mergulhem no trabalho e procurem colaborar com entusiasmo (Blake e Mouton, 1989, p.14).

Cinco estilos básicos de uso de autoridade são definidos por Blake e Mouton. Os autores criaram uma grade gerencial para mostrar que a preocupação com a produção e a preocupação com as pessoas são aspectos complementares e não mutuamente excludentes. Os líderes foram dispostos em dois eixos: o eixo horizontal se refere à preocupação com a produção, enquanto o eixo vertical se refere à preocupação com as pessoas. Cada eixo está dividido em nove graduações. A graduação mínima é 1 e significa pouquíssima preocupação por parte do administrador. A graduação máxima é 9 e significa a máxima preocupação possível. A figura subsequente ilustra a grade gerencial.

Os cinco estilos do grid gerencia e seus significados

ESTI-LO	SIGNIFICADO	PARTICIPAÇÃO	FRONTEIRAS INTERGRUPAIS
1.1	Mínima preocupação com a produção e com as pessoas.	Pouco envolvimento e comprometimento.	Isolamento. Falta de coordenação intergrupal.
1.9	Enfatiza as pessoas, com mínima preocupação com a produção.	Comportamento superficial e efêmero. Soluções do mínimo denominador comum.	Coexistência pacífica. Grupos evitam problemas para manter harmonia.
9.1	Preocupação máxima com a produção e mínima com as pessoas.	Não há participação das pessoas.	Hostilidade intergrupal. Suspeita e desconfiança mútuas. Atitude de ganhar/perder.
5.5	Estilo meio-termo. Atitude de conseguir alguns resultados sem muito esforço.	Meio caminho e acomodação que deixa todos descontentes.	Trégua inquieta. Transigência, rateios e acomodação para manter a paz.
9.9	Estilo de excelência. Ênfase na produção e nas pessoas.	Elevada participação e envolvimento. Comprometimento das pessoas.	Comunicações abertas e francas. Flexibilidade e atitude para o tratamento construtivo dos problemas.

Vejamos essa mesma grade, de modo mais detalhado, e como é a maneira pela qual cada líder pensa e atua:

> **(1,1):** a preocupação mínima com a produção e com as pessoas caracteriza o líder que desempenha uma gerência empobrecida. Este tipo de líder, em geral, adota uma postura passiva em relação ao trabalho, fazendo o mínimo para garantir sua permanência na organização.

"Faço o suficiente para ir levando. Aceito os fatos, as crenças e as posições que me são fornecidos. Guardo minhas opiniões para mim mesmo, mas respondo quando solicitado. Evito tomar partido, não revelando minhas opiniões, atitudes e ideias. Permaneço neutro ou tento manter-me fora do conflito. Deixo os outros tomarem suas decisões ou me conformo com o que quer que aconteça. Evito fazer críticas".

> **(1,9):** a preocupação máxima com as pessoas e mínima com a produção caracteriza o líder que faz do ambiente do trabalho um clube campestre. Este líder busca sempre a harmonia de relacionamentos, mesmo que tenha que sacrificar a eficiência e a eficácia do trabalho realizado.

"Tomo a iniciativa de ações que ajudem e apoiem os outros. Procuro fatos, crenças e posições que sugiram estar tudo bem. Em benefício da harmonia, não me inclino a contestar os outros. Acato as opiniões, atitudes e ideias dos outros, embora tenha restrições. Evito gerar conflitos, mas se ocorrerem, tento acalmar os ânimos, a fim de manter todos unidos. Busco tomar decisões que preservem as boas relações e estimulo os outros a tomarem decisões sempre que possível. Encorajo e elogio quando ocorre algo positivo, mas evito dar um 'feedback' negativo".

> **(9,1):** a preocupação máxima com a produção e mínima com as pessoas caracteriza o líder que se utiliza da autoridade para alcançar resultados. Este líder, em geral, age de maneira centralizadora e controladora.

"Exijo de mim e dos outros. Investigo os fatos, as crenças e as posições, a fim de manter qualquer situação sob controle e certificar-me de que os outros não estejam cometendo erros. Não abro mão de minhas opiniões, atitudes e ideias, mesmo que isso signifique rejeitar os pontos de vista alheios. Quando o conflito surge, procuro atalhá-lo ou fazer valer minha posição. Dou grande valor a tomar minhas próprias decisões e raramente me deixo influenciar pelos outros. Assinalo fraquezas ou o fracasso em corresponder às expectativas."

> **(5,5):** o meio-termo, ou seja, a preocupação média com a produção e com as pessoas caracteriza o líder que vê as pessoas no trabalho dentro do pressuposto do homem organizacional. Este tipo de líder busca o equilíbrio entre os resultados obtidos e a disposição e ânimo no trabalho.

"Tento manter um ritmo constante. Aceito os fatos mais ou menos pela aparência e investigo os fatos, as crenças e as posições quando surgem discrepâncias óbvias. Expresso minhas opiniões, atitudes e ideias como quem tateia o terreno e tenta chegar a uma concordância por meio de concessões mútuas. Quando surge um conflito, tento encontrar uma posição razoável, considerada conveniente pelos outros. Procuro tomar decisões exequíveis que os outros aceitem. Dou 'feedback' indireto ou informal sobre sugestões para aperfeiçoamento."

> **(9,9):** a máxima preocupação com a produção e com as pessoas caracteriza o líder que vê no trabalho em equipe a única forma de alcançar resultados, estimulando assim, a máxima participação e interação entre seus subordinados na busca de objetivos comuns.

"Exerço esforço vigoroso e os outros aderem entusiasticamente. Procuro e confirmo as informações. Solicito e dou atenção a opiniões, atitudes e ideias diferentes das minhas. Reavalio continuamente meus próprios dados, crenças e posições bem como os dos outros, a fim de estar seguro da sua validade. Julgo importante expressar minhas preocupações e convicções. Reajo a ideias melhores do que as minhas, mudando meu modo de pensar. Quando o conflito surge, procuro saber seus motivos, a fim de solucionar as causas subjacentes. Dou grande valor à tomada de decisões certas. Procuro o entendimento e o acordo. Encorajo o 'feedback' de mão-dupla a fim de fortalecer a operacionalidade".

Blake e Mouton caracterizaram este último estilo como o mais apropriado para conseguir os objetivos das organizações. Os treinamentos realizados por eles em programas de Desenvolvimento Organizacional visavam a fazer com que os líderes adotassem o estilo (9,9). Entretanto, pesquisas empíricas têm revelado que nem sempre este tipo de estilo de liderança é o mais indicado para a eficiência e a eficácia dos resultados.

3ª Teoria Situacional de Liderança

Nesta teoria, o líder pode assumir diferentes padrões de liderança de acordo com a situação e para cada um dos membros da sua equipe.

A Teoria Situacional surgiu diante da necessidade de um modelo significativo na área de liderança, em que é definida a maturidade como a capacidade e a disposição das pessoas de assumir a responsabilidade de dirigir o próprio comportamento. Portanto, entende-se como Liderança Situacional o líder que se comporta de um determinado modo ao tratar individualmente os membros do seu grupo e, de outro, quando se dirigir a este como um todo, dependendo do nível de maturidade das pessoas que tal líder deseja influenciar.

A Liderança Situacional não só sugere o estilo de liderança de alta probabilidade para os vários níveis de maturidade, como indica a probabilidade de sucesso das outras configurações de estilo, se o líder não for capaz de adotar o estilo desejável. Estes conceitos são válidos em qualquer situação em que alguém pretende influenciar o comportamento de outras pessoas. Em um contexto geral, ela pode ser aplicada em qualquer tipo organizacional, quer se trate de uma organização empresarial, educacional, governamental ou militar e até mesmo na vida familiar.

As principais ramificações da Teoria Situacional são:

> A escolha dos padrões de liderança.
> Modelo Contingencial.
> Teoria do Caminho – meta.

A escolha dos padrões de liderança

De acordo com essa teoria, para que o administrador escolha qual o padrão de liderança que desenvolverá em relação aos seus subordinados, ele deve considerar e avaliar três forças.

01. Forças no administrador, como:

a) seu sistema de valores e convicções pessoais;
b) sua confiança nos subordinados;
c) suas inclinações pessoais a respeito de como liderar;
d) seus sentimentos de segurança em situações incertas.

02. Forças nos subordinados, como:

a) sua necessidade de liberdade ou de orientação superior;
b) sua disposição de assumir responsabilidade;
c) sua segurança na incerteza;
d) seu interesse pelo problema ou pelo trabalho;
e) sua compreensão e identificação do problema;
f) seus conhecimentos e experiência para resolver o problema;
g) sua expectativa de participação nas decisões.

03. Forças na situação, como:

a) o tipo de empresa, seus valores e tradições, suas políticas e diretrizes;
b) a eficiência do grupo de subordinados;
c) o problema a ser resolvido ou a complexidade do trabalho;
d) a premência de tempo.

Da abordagem situacional, podem-se inferir as seguintes proposições:

a) Quando as tarefas são rotineiras e respectivas, a liderança é geralmente limitada e sujeita a controles pelo chefe, que passa a se situar em um padrão de liderança próximo ao extremo esquerdo do gráfico.
b) Um líder pode assumir diferentes padrões de liderança para cada um de seus subordinados, de acordo com as forças acima.
c) Para um mesmo subordinado, o líder também pode assumir diferentes padrões de liderança, conforme a situação envolvida. Em situações em que o subordinado apresenta alto nível de eficiência, o líder pode dar-lhe maior liberdade nas decisões; mas se o subordinado apresenta erros seguidos e imperdoáveis, o líder pode impor-lhe maior autoridade pessoal e menor liberdade de trabalho.

Modelo Contingencial de Fiedler

O modelo contingencial de Fiedler enuncia que a liderança eficaz é função da correlação do estilo do líder e o grau de favorabilidade de uma situação. Segundo Hersey & Blanchard (1986), Fiedler enumerou como variáveis determinantes deste último, as relações pessoais entre os atores organizacionais, o modo de estruturação dos processos de trabalho e, ainda, o poder inerente à posição hierárquica do líder.

O autor modera orientações comportamentais com fatores situacionais de modo a prever a eficácia da liderança. A eficácia tanto pode ser conseguida com uma mais elevada orientação para a tarefa como com uma mais elevada orientação para o relacionamento – dependendo do contexto organizacional.

Existem alguns fatores que determinam a eficácia da liderança: relação líder-liderado, o grau de estruturação da tarefa e a quantidade de poder, por exemplo.

Quanto melhor for a relação líder-liderados; quanto mais elevada for a estruturação das tarefas e elevado o poder decorrente da posição ocupada pelo líder, maior será o controle ou influência que ele poderá ter.

Teoria Situacional de Hersey e Blanchard – O ciclo de vida da Liderança

A abordagem de Hersey e Blanchard se apoia no relacionamento entre a maturidade dos empregados e o comportamento do líder em relação ao relacionamento e à tarefa.

De acordo com os autores, os empregados variam muito em seu nível de maturidade - habilidade de fazer seu trabalho de forma independente, de assumir responsabilidade e de desejar o sucesso.

Nesse sentido, o estilo de liderança a ser utilizado depende da maturidade dos funcionários, que pode atingir um dos quatro estágios seguintes:

> **Maturidade 1:** as pessoas demonstram pouca capacidade e disposição para realizar as tarefas e assumir responsabilidades (motivação e capacidade baixas).

> **Maturidade 2:** as pessoas possuem motivação para o trabalho mas não possuem as competências necessárias para realizá-lo (baixa capacidade e alta motivação).

> **Maturidade 3:** as pessoas possuem as competências necessárias para a realização da tarefa, mas não estão motivadas para tal (alta capacidade e baixa motivação).

> **Maturidade 4:** as pessoas possuem as competências necessárias para a realização do trabalho e desejam realizar as tarefas que lhe são passadas (alta capacidade e alta motivação).

Em outras palavras, considerando o estágio da maturidade do grupo, o líder deverá adotar uma das formas de liderança possíveis, considerando tanto o **comportamento de relacionamento** (ou foco no apoio às pessoas), quanto **o comportamento de tarefa** (ou foco nas tarefas/produção), conforme apresentado a seguir:

> **Estilo 1: Narrar/Determinar/Dirigir** (alto comportamento de tarefa e baixo comportamento de relacionamento): é o estilo para grupos com a menor maturidade (M1). Nesse caso, o líder orienta claramente as tarefas a serem realizadas.

> **Estilo 2: Vender/Guiar/Persuadir** (alto comportamento de tarefa e alto comportamento de relacionamento): quando a maturidade está entre baixa e moderada (M2), esse é o estilo ideal. Nele, o líder, ao mesmo tempo em que convence as pessoas, apoia o seu desenvolvimento, pois elas possuem baixa capacitação;

> **Tipo 3: Participar** (baixo comportamento de tarefa e alto comportamento de relacionamento): é o estilo correto para a maturidade de média a alta (M3). Aqui, o papel do líder é muito mais de apoiar as pessoas, enfatizando a criação de motivação, do que de dirigi-las para a realização das tarefas, já que elas são capazes;

> **Tipo 4: Delegar** (baixo comportamento de tarefa e baixo comportamento de relacionamento): trata-se do estilo adequado para liderar pessoas com o maior nível de maturidade (M4). Nessa condição, a maturidade dos liderados permite que eles executem os planos com maior liberdade e menor controle, possibilitando ao líder a delegação das tarefas.

Teoria do Caminho-Meta

No cerne da Teoria do Caminho-Meta, encontra-se a noção de que o propósito primordial do líder é motivar os seus seguidores,, esclarecendo as metas e os melhores caminhos para alcançá-las. Essa abordagem está baseada na teoria da expectativa da motivação.

Segundo a Teoria do Caminho-Meta ou dos Objetivos, os líderes devem aumentar o número e os tipos de recompensas aos subordinados. Além disso, devem proporcionar orientação e aconselhamento para mostrar como essas recompensas podem ser obtidas. Isso significa que o líder deve ajudar os subordinados a terem expectativas realistas e a reduzir as barreiras que impedem o alcance das metas.

As pessoas estão satisfeitas com seu trabalho quando acreditam que ele levará a resultados desejáveis e trabalharão mais se sentirem que esse trabalho dará frutos compensadores. A consequência desses pressupostos para a liderança é que os liderados serão motivados pelo comportamento ou pelo estilo do líder à medida que esse estilo ou comportamento influenciam as expectativas (caminhos para a meta) e as valências (atratividade da meta). (CHIAVENATO, 1999)

Essa teoria propõe quatro estilos de comportamento, que podem permitir aos líderes manipularem as três variáveis motivacionais: liderança diretiva, encorajadora, participativa e orientada para a realização. Vejamos o quadro a seguir.

Estilos de comportamento da Teoria do Caminho-Meta (WAGNER III E HOLLENBECK, 1999, cap.9, p. 262) .

Liderança	Características
Diretiva	O líder é autoritário. Os subordinados sabem exatamente o que é esperado deles; e o líder fornece direções específicas. Os subordinados não participam na tomada de decisões.
Encorajadora	O líder é amistoso e acessível e demonstra uma preocupação genuína com os subordinados.
Participativa	O líder pede e usa sugestões dos subordinados, mas ainda toma as decisões.
Orientada para a realização	O líder fixa metas desafiadoras para os subordinados e demonstra confiança em que eles atingirão as metas.

Edward Hollander sugeriu que o processo de liderança é mais bem compreendido como a ocorrência de transações mutuamente gratificantes entre líderes e seguidores dentro de um determinado contexto situacional.

Seu modelo é conhecido como **modelo transacional**.

Liderança é a junção dos três vetores:

Líderes - Seguidores - Situações

Pode-se entender a liderança apenas por meio de uma avaliação das características importantes dessas três forças e dos modos pelos quais interagem. A liderança transacional está baseada em um processo de troca, no qual o líder provê recompensas em troca do esforço de seguidores e desempenho (Bass & Avolio, 1993). Bass (1995) claramente identifica a liderança transacional como sendo baseada em troca material ou econômica.

Teoria da Liderança Transformacional

Em essência, a liderança transformacional é o processo de construção do comprometimento organizacional por meio do *empowerment* dos seguidores para acompanhar esses objetivos. Ocorre quando os líderes elevam os interesses de seus empregados garantindo a aceitação dos propósitos e da missão do grupo e estimulam seus empregados a pensar além de seus interesses em prol dos interesses da organização.

Considerando os líderes transacionais, segundo Bass (1997), esse tipo de liderança ocorre quando o líder utiliza autoridade burocrática, foco na realização da tarefa, e recompensas ou punições.

Os líderes transformacionais preocupam-se com o progresso e o desenvolvimento de seus seguidores. Eles se preocupam em transformar os valores dos seguidores para suportar a visão e os objetivos da organização. Isso cria um clima de confiança no qual a visão pode ser compartilhada.

Bass (1997) afirma que a liderança transformacional, assim como o carisma, tornou-se um tópico popular na literatura recente sobre liderança nas organizações; alguns autores usam os dois termos indistintamente, enquanto outros fazem distinção entre ambos. Define líderes transformacionais basicamente em termos do efeito dos líderes sobre os seguidores. Os seguidores sentem confiança, admiração, lealdade e respeito com relação ao líder, estando motivados a fazer por ele mais do que originalmente é esperado.

2.4 Controle

Como as organizações não operam na base da improvisação e nem ao acaso, elas precisam ser devidamente controladas. Elas requerem um considerável esforço de controle em suas várias operações e atividades para saber se estão no rumo certo e dentro do que foi planejado, organizado e dirigido. O controle constitui a última das funções administrativas, vindo depois do planejamento, da organização e da direção. Controlar significa garantir que o planejamento seja bem executado e que os objetivos estabelecidos sejam alcançados da melhor maneira possível.

A função administrativa de controle está relacionada com a maneira pela qual os objetivos devem ser alcançados por meio da atividade das pessoas que compõem a organização. O planejamento serve para definir os objetivos, traçar as estratégias para alcançá-los e estabelecer os planos de ação. A organização serve para estruturar as pessoas e os recursos de maneira a trabalhar de forma organizada e racional. A direção mostra os rumos e dinamiza as pessoas para que utilizem os recursos da melhor maneira possível. Por fim, o controle serve para que todas as coisas funcionem da maneira certa e no tempo certo.

O controle verifica se a execução está de acordo com o que foi planejado: quanto mais completos, definidos e coordenados forem os planos, mais fácil será o controle. Quanto mais complexo o planejamento e quanto maior for o seu horizonte de tempo, tanto mais complexo será o controle. Quase todos os esquemas de planejamento trazem em seu bojo o seu próprio sistema de controle. Por meio da função de controle, o administrador assegura que a organização e seus planos estejam na trilha certa.

O desempenho de uma organização e das pessoas que a compõem depende da maneira como cada pessoa e cada unidade organizacional desempenha seu papel e se move no sentido de alcançar os objetivos e metas comuns. O controle é o processo pelo qual são fornecidas as informações e retroação para manter as funções dentro de suas respectivas trilhas. É a atividade integrada e monitorada que aumenta a probabilidade de que os resultados planejados sejam atingidos da melhor maneira.

Conceito de controle

A palavra "controle" pode assumir vários e diferentes significados. Quando se fala em controle, pensa-se em significados como frear, regular, conferir ou verificar, exercer autoridade sobre alguém, comparar com um padrão ou critério. No fundo, todas essas conotações constituem meias verdades a respeito do que seja o controle. Contudo, sob um ponto de vista mais amplo, os três significados mais comuns de controle são:

> **Controle como função restritiva e coercitiva**. Utilizada no sentido de coibir ou restringir certos tipos de desvios indesejáveis ou de comportamentos não aceitos pela comunidade. Nesse sentido, o controle assume um caráter negativo e restritivo, sendo muitas vezes interpretado como coerção, delimitação, inibição e manipulação. É o chamado controle social aplicado nas organizações e nas sociedades para inibir o individualismo e a liberdade das pessoas.

> **Controle como um sistema automático de regulação**. Utilizado no sentido de manter automaticamente um grau constante no fluxo ou funcionamento de um sistema. É o caso do processo de controle automático das refinarias de petróleo, de indústrias químicas de processamento contínuo e automático. O mecanismo de controle detecta possíveis desvios ou irregularidades e proporciona automaticamente a regulação necessária para se voltar à normalidade. É o chamado controle cibernético que é inteiramente autossuficiente na monitoração do desempenho e na correção dos possíveis desvios. Quando algo está sob controle significa que está dentro do normal ou da expectativa.

> **Controle como função administrativa**. É o controle como parte do processo administrativo, como o planejamento, organização e direção.

Trataremos o controle sob o ponto de vista do terceiro significado, isto é, como parte do processo administrativo. Assim, o controle é a função administrativa que monitora e avalia as atividades e resultados alcançados para assegurar que o planejamento, a organização e a direção sejam bem-sucedidos.

Tal como o planejamento, a organização e a direção, o controle é uma função administrativa que se distribui entre todos os níveis organizacionais.

Assim, quando falamos de controle, queremos dizer que o nível institucional efetua o controle estratégico, o nível intermediário faz os controles táticos e o nível operacional, os controles operacionais. Cada qual dentro de sua área de competência. Os três níveis se interligam e se entrelaçam intimamente. Contudo, o processo é exatamente o mesmo para todos os níveis: monitorar e avaliar incessantemente as atividades e operações da organização.

O controle está presente, em maior ou menor grau, em quase todas as formas de ação organizacional. Os administradores passam boa parte de seu tempo observando, revendo e avaliando o desempenho de pessoas, de unidades organizacionais, de máquinas e equipamentos, de produtos e serviços, em todos os três níveis organizacionais.

O processo de controle

A finalidade do controle é assegurar que os resultados do que foi planejado, organizado e dirigido se ajustem tanto quanto possível aos objetivos previamente estabelecidos. A essência do controle reside na verificação se a atividade controlada está ou não alcançando os objetivos ou resultados desejados. Nesse sentido, o controle consiste basicamente de um processo que guia a atividade exercida para um fim previamente determinado. O processo de controle apresenta quatro etapas ou fases, a saber:

04. **Estabelecimento de objetivos ou padrões de desempenho.**
05. **Avaliação ou mensuração do desempenho atual.**
06. **Comparação do desempenho atual com os objetivos ou padrões estabelecidos.**
07. **Tomada de ação corretiva para corrigir possíveis desvios ou anormalidades.**

O processo de controle se caracteriza pelo seu aspecto cíclico e repetitivo. Na verdade, o controle deve ser visualizado como um processo sistêmico em que cada etapa influencia e é influenciada pelas demais.

Estabelecimento de objetivos ou padrões

O primeiro passo do processo de controle é estabelecer previamente os objetivos ou padrões que se deseja alcançar ou manter. Os objetivos já foram estudados anteriormente e servem como pontos de referência para o desempenho ou os resultados de uma organização, unidade organizacional ou atividade individual. O padrão é um nível de atividade estabelecido para servir como um modelo para a avaliação do desempenho organizacional. Um padrão significa um nível de realização ou de desempenho que se pretende tomar como referência. Os padrões funcionam como marcos que determinam se a atividade organizacional é adequada ou inadequada ou como normas que proporcionam a compreensão do que se deverá fazer. Eles dependem diretamente dos objetivos e fornecem os parâmetros que deverão balizar o funcionamento do sistema. Os padrões podem ser tangíveis ou intangíveis, específicos ou vagos, mas estão sempre relacionados com o resultado que se deseja alcançar.

Existem vários tipos de padrões utilizados para avaliar e controlar os diferentes recursos da organização, como:

> Padrões de quantidade. Como número de empregados, volume de produção, total de vendas, percentagem de rotação de estoque, índice de acidentes, índice de absenteísmo etc.

> Padrões de qualidade. Como padrões de qualidade de produção, índice de manutenção de máquinas e equipamentos, qualidade dos produtos ou serviços oferecidos pela organização, assistência técnica, atendimento ao cliente etc.

> Padrões de tempo. Como permanência média do empregado na organização, tempos padrões de produção, tempo de processamento dos pedidos de clientes, ciclo operacional financeiro etc.

> Padrões de custo. Como custo de estocagem de matérias-primas, custo do processamento de um pedido, custo de uma requisição de material, custo de uma ordem de serviço, relação custo-benefício de um equipamento, custos diretos e indiretos de produção etc.

Características do controle

Na verdade, o administrador deve compreender que um sistema eficaz de controle precisa reunir os seguintes aspectos:

Orientação estratégica para resultados. O controle deve apoiar planos estratégicos e focalizar as atividades essenciais que fazem a real diferença para a organização.

Compreensão. O controle deve apoiar o processo de tomada de decisões apresentando dados em termos compreensíveis. O controle deve evitar relatórios complicados e estatísticas enganosas.

Orientação rápida para as exceções. O controle deve indicar os desvios rapidamente, por meio de uma visão panorâmica sobre onde as variações estão ocorrendo e o que deve ser feito para corrigi-las adequadamente.

Flexibilidade. O controle deve proporcionar um julgamento individual e que possa ser modificado para adaptar-se a novas circunstâncias e situações.

Autocontrole. O controle deve proporcionar confiabilidade, boa comunicação e participação entre as pessoas envolvidas.

Natureza positiva. O controle deve enfatizar o desenvolvimento, mudança e melhoria. Deve alavancar a iniciativa das pessoas e minimizar o papel da penalidade e das punições.

Clareza e objetividade. O controle deve ser imparcial e acurado para todos. Deve ser respeitado como um propósito fundamental: a melhoria do desempenho.

Tipos de controle

Cada organização requer um sistema básico de controles para aplicar seus recursos financeiros, desenvolver pessoas, analisar o desempenho financeiro e avaliar a produtividade operacional. O desafio é saber como utilizar tais controles e aprimorá-los para, com isso, melhorar gradativa e incessantemente o desempenho de toda a organização.

Controles estratégicos

Os controles estratégicos são denominados controles organizacionais: constituem o sistema de decisões de cúpula que controla o desempenho e os resultados da organização como um todo, tendo por base as informações externas — que chegam do ambiente externo - e as informações internas - que sobem internamente por meio dos vários níveis organizacionais.

Existem vários tipos de controles estratégicos, a saber:

Balanço e relatórios financeiros

É um tipo de controle do desempenho global que permite medir e avaliar o esforço total da organização, em vez de medir simplesmente algumas partes dela. O tipo mais utilizado de controle global são os balanços contábeis e relatórios financeiros, ressaltando aspectos como o volume de vendas, volume de produção, volume de despesas em geral, custos, lucros, utilização do capital, retorno sobre o investimento aplicado e outras informações numéricas dentro de um inter-relacionamento que varia de uma organização para outra. Geralmente, é um controle sobre o desempenho passado e sobre os resultados alcançados. Quase sempre permite a transposição de previsões de vendas e a previsão de despesas a serem incorridas, para proporcionar o balanço projetado ou uma espécie de projeção de lucros e perdas como importante ferramenta para o processo decisório da organização.

Controle dos lucros e perdas

O demonstrativo de lucros e perdas (L&P) proporciona uma visão sintética da posição de lucros ou de perdas da organização em um determinado período de tempo, permitindo comparações com períodos anteriores e detectar variações em algumas áreas (como despesas de vendas ou lucro bruto sobre vendas) que necessitam de maior atenção por parte do administrador. Já que a sobrevivência do negócio depende de sua lucratividade, o lucro se coloca como importante padrão para a medida do sucesso da organização como uma totalidade. Quando aplicado a uma unidade específica, o controle sobre L&P se baseia na premissa de que o objetivo do negócio como um todo é gerar lucros, e cada parte da organização deve contribuir para esse objetivo. A capacidade de cada unidade organizacional atingir um determinado lucro esperado passa a ser o padrão adequado para medir seu desempenho e resultados.

Análise do retorno sobre o investimento (rsi)

Uma das técnicas de controle global utilizadas para medir o sucesso absoluto ou relativo da organização ou de uma unidade organizacional é a razão dos ganhos em relação ao investimento de capital. Trata-se de uma abordagem desenvolvida pela *DuPont Company* como parte do seu sistema de controle global. O sistema utilizado pela *DuPont* envolve os seguintes fatores na análise do RSI:

A análise do RSI permite que a organização avalie suas diferentes linhas de produtos ou unidades de negócios para verificar onde o capital está sendo mais eficientemente empregado. Permite identificar os produtos ou unidades mais rentáveis, como melhorar outros que estão pesando negativamente na balança dos lucros. Com isso, proporciona a possibilidade de fazer uma aplicação balanceada do capital em vários produtos ou unidades organizacionais para alcançar um lucro global maior.

Controles táticos

Os controles táticos são feitos no nível intermediário e referem-se a cada uma das unidades organizacionais - departamentos, divisões ou equipes. Geralmente, estão orientados para o médio prazo, isto é, para o exercício anual. Os tipos de controles táticos mais importantes são:

controle orçamentado

Falamos de orçamento quando estudamos os tipos de planos relacionados com dinheiro. O orçamento é um plano de resultados esperados expressos em termos numéricos. Por meio do orçamento, a atividade da organização é traduzida em resultados esperados, tendo o dinheiro como denominador comum. Quase sempre se fala em planejamento orçamentário, relegando o controle orçamentário a um segundo plano. O controle orçamentário é um processo de monitorar e controlar despesas programadas das várias unidades organizacionais, no decorrer de um exercício anual, apontando possíveis desvios e indicando medidas corretivas.

Contabilidade de custos

A contabilidade de custos é considerada um ramo especializado da contabilidade. Trata de informações sobre distribuição e análise de custos considerando algum tipo de unidade-base, como produtos, serviços, componentes, projetos ou unidades organizacionais. A contabilidade de custos classifica os custos em:

• Custos fixos. São os custos que independem do volume de produção ou do nível de atividade da organização. Qualquer que seja a quantidade de produtos produzidos, os custos fixos permanecem inalterados; mesmo que a empresa nada produza, eles se mantêm constantes. Envolvem aluguéis, seguros, manutenção, depreciação, salários dos gerentes, do pessoal de assessoria etc.

• Custos variáveis. São os custos que estão diretamente relacionados com o volume de produção ou com o nível de atividade da organização. Constituem uma variável dependente da produção realizada e englobam custos de materiais diretos (materiais ou matérias-primas que são diretamente transformados em produto ou que participam diretamente na elaboração do produto) e custos de mão de obra direta (salários e encargos sociais do pessoal que realiza as tarefas de produção do produto).

Com base nos custos fixos e variáveis, pode-se calcular o ponto de equilíbrio (break-even point), também chamado ponto de paridade. É possível traçar um gráfico que permite mostrar a relação entre a renda total de vendas e os custos de produção. O ponto de equilíbrio é o ponto de intersecção entre a linha de vendas e a linha de custos totais. É o ponto em que não há lucro nem prejuízo. Ou em outros termos, é o ponto em que o lucro é zero e o prejuízo também.

O gráfico do ponto de equilíbrio é uma técnica de planejamento e de controle que procura mostrar como os diferentes níveis de venda ou de receita afetam os lucros da organização. O ponto de equilíbrio é o ponto em que os custos e as vendas se equiparam. No seu lado esquerdo, está a área de prejuízo e, no seu lado direito, a área de lucro.

Controles operacionais

Os controles operacionais são feitos no nível operacional da organização e são projetados em curto prazo.

Disciplina

Nas organizações bem-sucedidas, o autocontrole e a autodisciplina das pessoas são sempre preferidos ao controle externo ou disciplina imposta pela força. Para muitos autores, a disciplina é o ato de influenciar o comportamento das pessoas por meio de reprimendas. Preferimos conceituar a disciplina como o processo de preparar uma pessoa de modo que ela possa desenvolver o autocontrole e tomar-se mais eficaz em fazer seu trabalho. O propósito do processo disciplinar desenvolvido pelo administrador é a manutenção de um desempenho humano de acordo com os objetivos organizacionais. O termo "disciplina" apresenta quase sempre uma conotação simplista de dar recompensas ou aplicar punições após o fato, quando, na realidade, a disciplina, em seu próprio contexto, deve ser visualizada como o desenvolvimento da habilidade ou capacidade de analisar situações, determinar qual é o comportamento adequado e decidir a agir favoravelmente no sentido de proporcionar contribuições à organização e receber suas recompensas.

Boa parte das ações corretivas de controle no nível operacional é realizada sobre as pessoas ou sobre o seu desempenho. É a chamada ação disciplinar: a ação disciplinar é a ação corretiva realizada sobre o comportamento de pessoas para orientar e/ou corrigir desvios ou discrepâncias. Seu propósito é reduzir a discrepância entre os resultados atuais e os resultados esperados. A ação disciplinar pode ser positiva ou negativa, dependendo do desvio ou da discrepância ocorridos. A ação positiva toma a forma de encorajamento, recompensas, elogios, treinamento adicional ou orientação pessoal. A ação negativa inclui o uso de advertências, admoestações, penalidades, castigos e até mesmo a demissão do funcionário. Quando é necessária a ação disciplinar negativa, ela deve ser adotada em etapas crescentes. A primeira, dependendo da infração cometida, deve ser uma reprimenda ou advertência. As reincidências devem merecer um crescimento progressivo nas penalidades para cada infração sucessiva: advertência verbal, advertência escrita, suspensão e demissão.

Para que possa ser eficaz, a ação disciplinar deve possuir as seguintes características:

Deve ser esperada. A ação disciplinar deve ser prevista em regras e procedimentos e previamente estabelecida. Não deve ser improvisada, mas planejada. A sanção negativa é imposta a fim de desencorajar a infração.

Deve ser impessoal. A ação disciplinar não deve simplesmente buscar punir uma determinada pessoa ou grupos, mas apenas corrigir a situação. Ela deve basear-se em fatos, e não em opiniões ou em pessoas. Não deve visar à pessoa, mas à discrepância, ao fato, ao comportamento em si. Ela deve fundamentar-se em regras e procedimentos.

Deve ser imediata. A ação disciplinar deve ser aplicada tão logo seja detectado o desvio, para que o infrator associe claramente a sua aplicação com o desvio que provocou.

Deve ser consistente. As regras e os regulamentos devem ser feitos para todas nas pessoas, sem exceções. Devem ser justos e equitativos, sem favoritismo ou tendenciosidade.

Deve ser limitada ao propósito. Depois de aplicada a ação disciplinar, o administrador deve reassumir sua atitude normal em relação ao funcionário faltoso. Tratar o funcionário sempre como faltoso é puni-lo permanentemente, encorajando hostilidade e autodepreciação, quando o certo seria adotar uma atitude positiva e construtiva.

Deve ser informativa. Isto é, deve proporcionar orientação sobre o que se deve fazer e o que não se pode fazer.

As técnicas de reforço positivo ou negativo que vimos anteriormente constituem um excelente ponto de partida para as situações disciplinares do dia a dia.

3. CULTURA ORGANIZACIONAL

De acordo com Schein, cultura:

"É um modelo de pressupostos básicos, que determinado grupo tem inventado, descoberto ou desenvolvido no processo de aprendizagem para lidar com problemas de adaptação externa e integração interna. Uma vez que os pressupostos tenham funcionado bem o suficiente para serem considerados válidos, são ensinados aos demais membros como maneira correta para se proceder, se pensar e sentir-se em relação àqueles problemas. "

Segundo Nassar (2000):

"(...) cultura organizacional é o conjunto de valores, crenças e tecnologias que mantém unidos os mais diferentes membros, de todos os escalões hierárquicos, perante as dificuldades, operações do cotidiano, metas e objetivos. Pode-se afirmar ainda que é a cultura organizacional que produz junto aos mais diferentes públicos, diante da sociedade e mercados o conjunto de percepções, ícones, índices e símbolos que chamamos de imagem corporativa. "

Para Chiavenato,

"A cultura organizacional consiste em padrões explícitos e implícitos de comportamentos adquiridos e transmitidos ao longo do tempo que constituem uma característica própria de cada empresa. " Para esse autor, a cultura organizacional pode ser dividida em um nível visível e outro invisível. "No nível visível, estão os padrões e estilos de comportamento dos empregados. No nível como um iceberg, invisível estão os valores compartilhados e crenças que permanecem durante um longo período de tempo. Este nível é mais difícil de mudar. "

Assim, a cultura organizacional representa o modo institucionalizado de pensar e agir da organização, sendo perceptível na forma que seus funcionários se comportam, na forma de realizar negócios, na lealdade dos funcionários, etc. Trata-se das normas informais e não escritas que orientam o comportamento dos membros da organização, direcionando suas ações para os objetivos organizacionais. Deste modo, os padrões culturais agem como um mecanismo de controle organizacional mais sutil do que os tradicionais.

A cultura é um fator que diferencia uma empresa da outra. Existem culturas inovadoras, que incentivam a tomada de riscos e de novas ideias. Também existem culturas conservadoras, que apreciam a segurança e o cuidado em mudar de direção.

Cultura é um conjunto de comportamentos, hábitos, costumes, crenças, valores e princípios de um grupo de pessoas.

A cultura dá um senso de identidade aos membros da empresa. Muitas pessoas procuram trabalhar em organizações que valorizam as mesmas coisas do que elas.

3.1 Dimensões da Cultura

Segundo Kanaane (1999)

> Material: instrumentos, processos e recursos materiais utilizados na organização. Está relacionado ao sistema produtivo da organização.

> Ideológica: conjunto de normas e valores, regulamentos, política administrativa, tradições, padrão de conduta esperado, estilo de gestão que governa e controla o funcionamento da organização. Está relacionada com os valores da organização.

> Psicossocial: manifestações afetivas dos indivíduos. Está relacionado às percepções e sentimentos positivos ou negativos, e como relacionamento e interação entre os membros.

As três dimensões formadoras da cultura organizacional – ideológica, material e psicossocial – não são necessariamente equivalentes. Uma ou outra pode predominar na vida organizacional, pode ter maior expressão, atuar com mais força. Há organizações eminentemente voltadas para as questões materiais, outras mais ideológicas, outras ainda em que são mais intensas as relações psicossociais.

3.2 Funções da Cultura

> Papel de definidora de fronteiras, ou seja, cria distinções entre uma organização e as outras.

> Gera senso de identidade aos membros da organização.

> Facilita o comprometimento com algo maior do que os interesses de cada um.

> Estimula a estabilidade do sistema social.

> Gera uma "argamassa social" que ajuda a manter a organização coesa, fornecendo os padrões adequados para aquilo que os funcionários vão fazer ou dizer.

> Serve de mecanismo de controle que orienta e dá forma às atitudes e comportamentos dos funcionários.

> Favorece a integração interna e adaptação externa.

> Ajuda na estabilidade social.

3.3 Como os Funcionários Aprendem a Cultura

Segundo Maximiano (2007) a cultura é transmitida aos funcionários de diversas maneiras, e as mais poderosas são as histórias, os rituais, os símbolos e a linguagem.

Histórias: referem-se a eventos ocorridos com fundadores de empresas, quebras de regras, sucesso estrondosos, reduções da força de trabalho, recolocações de funcionários, reações a antigos erros, lutas organizacionais. Essas narrativas vinculam o presente como passado e oferecem explicações e legitimidade para as práticas vigentes.

Rituais: são sequências repetitivas de atividades que expressam e reforçam os valores fundamentais da organização, quais objetivos são mais importantes.

Símbolos materiais: o tamanho da sede, a elegância do mobiliário, a aparência e vestuário dos executivos, o espaço físico da empresa, o tipo de carro disponível, elevadores etc.

Linguagem: muitas organizações e unidades dentro de organizações utilizam a linguagem como forma de identificação dos membros de sua cultura e subcultura. Ao aprender essa linguagem, os membros demonstram sua aceitação da cultura e, assim fazendo, ajudam a preservá-la.

3.4 Aspectos Formais e Abertos x Aspectos Informais e Fechados

Muitos aspectos da cultura organizacional são percebidos com facilidade e são denominados formais e abertos, enquanto outros são de difícil percepção e são denominados aspectos informais e ocultos. Tal como um iceberg, os aspectos formais ficam na parte visível e envolvem as políticas e diretrizes, métodos e procedimentos, objetivos, estrutura e tecnologia adotada. Os aspectos informais envolvem as percepções, sentimentos, atitudes, valores e interações grupais.

Para Chiavenato, a cultura organizacional pode ser dividida em um nível visível e outro invisível.

"No nível visível, estão os padrões e estilos de comportamento dos empregados. No nível invisível estão os valores compartilhados e crenças que permanecem durante um longo período de tempo. Este nível é mais difícil de mudar. "

Aspectos Formais e Abertos
- Estrutura Organizacional
- Títulos e descrições de cargos
- Objetivos e estratégias
- Tecnologia e práticas operacionais
- Políticas e diretrizes de pessoal
- Métodos e procedimentos
- Medidas de produtividade física e financeira

Componentes visíveis e publicamente observáveis, orientados para aspectos operacionais e tarefas.

Aspectos Informais e Ocultos
- Padrões de influenciação e de poder
- Percepção e atitudes de pessoas
- Sentimentos e normas de grupos
- Crenças, valores e expectativas
- Padrões de integração informais
- Normas grupais
- relações afetivas

Componentes invisíveis e cobertos, afetivos e eocionais, orientados para aspectos sociais e psicológicos.

3.5 Níveis da Cultura

A cultura apresenta vários níveis. Nem todos seus aspectos são visíveis. Muitas vezes, temos dificuldade de identificar certos fatores e também de alterá-los.

A classificação mais utilizada, em concursos, destes níveis da cultura organizacional é descrita por Schein. De acordo com ele, a cultura existe em três níveis:

Artefatos - É o primeiro nível, o mais superficial. Basicamente é tudo o que percebemos assim que temos contato com uma organização. Dentro deste nível temos os produtos, padrões comportamentais, o vestuário, o espaço físico, os símbolos, os logotipos, a linguagem, etc.

Valores - Relacionados com a crença no que é certo ou errado dentro da organização. Existe em um nível consciente e são utilizados para explicar e justificar o comportamento dos integrantes. Podem ser percebidos nas histórias, nas lendas, na linguagem e nos símbolos.

Pressupostos Básicos - São as verdades inquestionáveis. Valores tão arraigados que nem mais são explicitados. São as fontes originais dos valores. É o nível mais profundo e difícil de ser mudado. Como os valores, podem ser percebidos nas histórias, nas lendas, na linguagem e nos símbolos.

3.6 Elementos da Cultura Organizacional

Elementos da cultura, segundo Maximiano (2007):

Elemento	Descrição
Artefato	Componentes mais visíveis de uma cultura, compreendendo os veículos, a arquitetura, arranjo físico, as roupas e os produtos utilizados pelas pessoas.
Tecnologia	Repertório de conhecimentos utilizados pela organização e pelos funcionários para resolver problemas e transformar conhecimento e experiência em recursos, produtos e serviços.
Símbolos	Podem ser materiais ou não. Comportamentos e objetos dotados de significados e transmitem mensagens dentro da organização (linguagem, histórias, mitos, heróis – podem ser tanto personagens reais quanto imaginários, rituais, cerimônias e alguns elementos da arquitetura e vestuário).
Valores	Os valores estão no íntimo da cultura. Crenças, preceitos, ideologias, preconceitos e julgamentos compartilhados sobre elementos externos ou internos.

Além disso, a cultura tem uma importante função, relacionada ao controle e à estabilidade. Controle, porque propaga valores e normas desejados, evitando comportamentos que poderiam ser negativos. Estabilidade, porque a cultura é duradoura e de difícil modificação, razão pela qual ela promove certa garantia de mudanças bruscas que poderiam trazer prejuízos.

Valores organizacionais: referem-se à filosofia da empresa. Refletem a visão compartilhada de "como as coisas devem ser", dando uma sensação de direção comum para os seus membros.

Cultura gerencial: é um reflexo dos valores, voltado para o conceito de autoridade na organização, em termos de estilos predominantes de liderança e maneiras de se solucionarem os problemas.

Heróis organizacionais: são modelos de papéis que personificam o sistema de valores culturais e que definem o conceito de sucesso na organização, estabelecendo um padrão de desempenho e motivando os integrantes da empresa.

Histórias e mitos da organização: são narrativas que organizam as crenças sobre a organização e seu sistema de valores, que ajudam a compreender "como as coisas são feitas". Os contadores de histórias da organização difundem o folclore da corporação e dramatizam as façanhas dos heróis da empresa. Mitos são histórias contadas e não comprovadas.

Tabus e rituais da organização: os rituais são as cerimônias especiais, de homenagem ou premiação, festas e reuniões anuais, assim como os rituais diários (hora do cafezinho, reuniões de departamentos). Já os tabus transmitem a ideia dos limites aceitáveis para os comportamentos e interações.

Símbolos culturais (cultura objetiva): artefatos materiais que representam a cultura da empresa. Envolvem mobiliário, automóveis, ambiente de trabalho (escritórios abertos ou fechados, estacionamentos com vagas privativas) e imagens (logotipo, estilo de vestuário).

3.7 Os Reforçadores de Culturas de Torquato

Segundo Torquato (1992), há quatro tipos de reforçadores de culturas dentro das organizações. São eles:

Aspectos históricos: experiência de longos anos da empresa que pesa sobre a comunidade, os costumes e a ordem conservadora. Essa experiência, de alguma maneira, inibe o avanço das mudanças.

Natureza técnica da empresa: produtos e serviços que ela produz.

Gestão da organização: este modelo é representado pelos tipos autocrático e democrático, sendo que o autocrático estabelece a cultura normativa, hermética, em que a hierarquia é levada às últimas consequências. O democrático pressupõe a ideia de participação, desbloqueando canais formais, abrindo fluxos, incentivando a criatividade e impulsionando a comunidade para as mudanças.

Osmose geográfica: caracteriza-se por uma interpenetração de culturas, por conta da proximidade das empresas, por se localizarem na mesma região em que as comunidades costumam incorporar comportamentos semelhantes.

3.8 Vantagens e Desvantagens da Cultura Organizacional

Vantagens

- Uma cultura forte tende a evitar o surgimento de problemas internos, reduzindo o nível de conflitos.
- Uma cultura forte desenvolve uma imagem clara sobre a organização.
- Uma cultura forte proporciona um senso de identidade aos membros de uma organização.
- A cultura demarca claramente as diferenças entre diferentes organizações.
- Uma cultura forte possibilita melhor controle pela gestão.
- Uma cultura adaptativa permite uma melhor adaptação da organização ao meio.
- Uma cultura forte favorece o comprometimento dos colaboradores com a organização.

Desvantagens

Uma cultura forte pode dificultar os processos de mudança e adaptação da organização, fazendo com que as pessoas não aceitem bem os processos de mudança.

Uma cultura forte pode dificultar a aceitação da diversidade na organização.

3.9 Características da Cultura Organizacional

Robbins et al. (2010) argumentam que existem sete características essenciais que ajudam a capturar a essência da cultura de uma organização.

Para considerá-las, é preciso entender que, para cada uma delas, as organizações podem dar muita ou pouca ênfase, existindo inúmeros pontos intermediários entre esses dois extremos. As sete características estão dispostas a seguir:

1. Grau de inovação: trata-se do grau de estímulo dado aos funcionários para que sejam inovadores e assumam o risco da inovação.

2. Atenção aos detalhes: trata-se da precisão, análise e cuidado com os detalhes que se espera dos funcionários.

3. Orientação para resultados: trata-se do grau no qual o foco da direção está direcionado aos resultados e não aos processos e técnicas utilizados para alcançá-los.

4. Foco na pessoa: trata-se do grau em que a direção da organização considera o impacto de suas decisões sobre o seu pessoal durante o processo de tomada de decisões.

5. Foco na equipe: trata-se do grau em que a organização do trabalho está mais voltada para as equipes e não para os indivíduos.

6. Agressividade: trata-se do grau de agressividade e competitividade das pessoas na organização, em oposição à tranquilidade que poderia existir.

7. Estabilidade: trata-se do grau de estabilidade enfatizada pela organização, que busca a manutenção do status quo ao invés do crescimento organizacional.

Devemos entender, ainda, que a cultura não é uniforme por toda a organização, havendo uma cultura dominante e diversas subculturas.

Cultura dominante e subculturas

As organizações, em sua maioria, possuem uma cultura dominante e diversas subculturas.

De acordo com Robbins,

"uma cultura dominante expressa os valores principais que são compartilhados pela maioria dos seus membros. Quando falamos da cultura de uma organização, nos referimos à cultura dominante."

Cultura dominante: expressa os valores essenciais compartilhados pela maioria dos membros da organização – é a cultura organizacional.

Uma subcultura é um conjunto de valores que não são compartilhados por todos os membros, mas apenas alguns. Ou seja, podem existir outras culturas "dentro" da mesma organização. Muitas empresas possuem uma cultura dominante e algumas subculturas espalhadas por suas diversas divisões e setores.

Subculturas: coexistência de diversas culturas na mesma organização.

Contracultura: peculiar de um grupo que se opõe à cultura mais ampla, contestando seus padrões.

Se as organizações não possuíssem nenhuma cultura dominante e fossem constituídas apenas de diversas subculturas, a importância da cultura organizacional seria consideravelmente reduzida, porque não haveria nenhuma interpretação uniforme do que seria um comportamento adequado ou inadequado. Dessa forma, seria difícil manter a coesão da empresa e o foco nos objetivos principais.

Cultura forte e cultura fraca

Cultura Fraca: é heterogênea – há poucos (ou não há) valores essenciais compartilhados. Não há interpretação uniforme do que seria um comportamento adequado ou inadequado. É difícil manter a coesão e o foco nos objetivos principais.

Cultura Forte: é homogênea – os valores são intensamente acatados e compartilhados.

Quanto mais membros aceitarem os valores e se comprometerem com eles, mais forte será a cultura.

Uma cultura forte aumenta a consistência do comportamento. Nesse sentido, pode-se dizer que uma cultura forte funciona como um substituto da formalização.

As regras e regulamentações da formalização agem para controlar o comportamento dos funcionários. Uma formalização intensa na organização gera previsibilidade, ordem e consistência. Uma cultura forte pode fazer o mesmo sem necessidade de documentação escrita.

Socialização

Para Maximiano (2007),a socialização de um novo funcionário é uma maneira de passar a cultura organizacional.

3.10 Gestão da Cultura Organizacional

Outro aspecto relacionado à cultura organizacional e que costuma ser cobrado em concursos refere-se à sua dinâmica de transformação.

Conforme vimos, a cultura se transforma espontaneamente, no longo prazo, conforme ingressam novas pessoas na organização, conforme há transformações no ambiente e de acordo com acontecimentos internos. Estas transformações colocam alguns desafios à empresa. Por exemplo, na hora de realizar a seleção de novas pessoas que irão ingressar na organização, deve-se observar se elas serão capazes de se alinhar à cultura existente. Além disso, devem ser realizados processos de socialização capazes de ensinar a cultura às novas pessoas, para que elas sejam capazes de agir de acordo com o que é esperado.

Uma pergunta que surge, e a respeito da qual há grande debate teórico, é: a cultura pode ser gerenciada, ou deliberadamente modificada pela organização?

A maioria dos autores entende que sim, a cultura é gerenciável. Mas não é uma tarefa fácil! A cultura é duradoura e tende a ser estável, razão pela qual a mudança da cultura exige grandes esforços dos líderes. Inclusive, uma das tarefas do líder moderno é exatamente influenciar para a criação ou consolidação de uma cultura organizacional positiva, que contribua para a consecução dos objetivos organizacionais.

Conforme afirma Ulrich, *"A cultura, quando gerenciada, pode contribuir para o sucesso da organização. Entretanto, o agente de mudanças encontrará resistências às transformações necessárias".*

Se uma empresa precisa ter um estilo de gestão democrático, aberto e participativo para atingir os seus resultados, os líderes dessa empresa precisam trabalhar para que essas características passem a fazer parte do "espírito" da empresa, passem a ser um valor natural e compartilhado por todos. O importante é que as intervenções na cultura sejam feitas de maneira planejada e ética.

Uma das maneiras de se modificar a cultura é a administração simbólica. *"Nesse caso, as pessoas investidas em posições estratégicas de mando procuram influenciar valores culturais arraigados e normas organizacionais, modelando elementos culturais de superfície, tais como símbolos, histórias e cerimônias com o intuito de explicitar acordos culturais desejados".*

Outro ponto de destaque na gestão da cultura é a dificuldade encontrada por empresas multinacionais na adaptação à cultura local de países onde instalam suas filiais. A globalização traz a necessidade de as empresas fornecerem os mesmos produtos com a mesma qualidade em diferentes países. Entretanto, o estilo gerencial nem sempre pode ser o mesmo, sob o risco de enfrentamento de fortes resistências de base cultural. *"Portanto, no processo de adaptação à cultura local devemos identificar e analisar os valores básicos que devem ser mantidos e aperfeiçoados, como os inerentes à personalidade da organização, e os que devem ser moldados à realidade globalizada".*

(Ulrich apud Rocha-Pinto, p.109)

A gestão da cultura organizacional consiste basicamente em fortalecer a cultura quando ela já está consolidada nos padrões desejados pela alta administração, ou promover mudanças na cultura, quando esta não está favorecendo o bom desempenho organizacional.

3.11 Clima Organizacional

Refere-se a um conjunto de percepções, opiniões e sentimentos que se expressam no comportamento de um grupo ou uma organização, em determinado momento ou situação, sendo, portanto, passageiro e superficial. Caracteriza-se como um fenômeno geralmente de caráter menos profundo e que pode mudar em menor tempo. Diferente da cultura, o clima é avaliativo e descritivo, uma vez que, além de poder ser descrito, pode ser avaliado quanto ao grau de intensidade dos itens que o compõem, por meio da pesquisa de clima organizacional.

O clima organizacional pode ser definido como o grau da satisfação dos agentes da organização com os vários aspectos da cultura organizacional.

É um conceito que se refere ao ambiente interno da organização. Trata-se da manifestação de um conjunto de valores, atitudes e padrões de comportamento, formais e informais, existentes em uma organização.

Enquanto a cultura trata da essência da organização e é relativamente estável, o clima organizacional é a síntese das percepções dos funcionários sobre a organização e o ambiente de trabalho, sendo algo mais temporário. Assim, as mudanças de cultura tendem a ser mais difíceis e demoradas do que a mudança do clima organizacional, que podem ser implementadas em um prazo mais curto.

Segundo George Litwin (apud, ROBBINS,2007) clima organizacional: *"É a qualidade ou propriedade do ambiente organizacional que é percebida ou experimentada pelos membros da organização e influencia o seu comportamento".*

O clima organizacional é uma decorrência da cultura organizacional, tanto de seus aspectos "positivos" e motivadores quanto de seus aspectos "negativos" e geradores de conflitos, sendo mais facilmente perceptível e manejável pela organização do que a sua cultura.

Chiavenato (2007) nos informa que o clima organizacional *"está intimamente relacionado com o grau de motivação de seus participantes. O clima organizacional é a qualidade ou propriedade do ambiente organizacional, percebida ou experimentada pelos participantes da empresa e que influencia o seu comportamento".*

Percebe-se, deste modo, que o clima organizacional está muito relacionado à motivação e comportamentos dos funcionários. Um clima positivo influencia positivamente o trabalho das pessoas, enquanto um clima negativo pode "pesar" e fazer com que os funcionários passem a se sentir menos motivados. Além disso, funcionários desmotivados tendem a gerar um clima organizacional negativo, gerando um ciclo negativo na organização.

Nesse sentido, o clima organizacional pode ser classificado como favorável (ou bom) ou não favorável (ou ruim) ao bom desempenho do trabalho. O clima favorável proporciona as condições para um maior comprometimento por parte dos funcionários enquanto um clima desfavorável pode fazer com que os funcionários se desagreguem no trabalho. De forma diversa, as pessoas dentro da organização podem classificar o clima de várias formas qualitativas, como: bom, ruim, neutro, frio, caloroso, desafiador, "pegando fogo", depressivo, ameaçador, etc.

É preciso ter em conta também que o clima dependerá da cultura como um todo, mas dependerá, na prática, de várias características do dia a dia organizacional, como: o estilo de liderança, as características do líder e dos liderados, a estrutura organizacional, as políticas e valores postos em prática, o ramo de atividade da organização, o momento vivido pela organização etc., que poderão ser avaliadas em pesquisas de clima organizacional para serem geridas com eficácia.

3.12 Tipos de Clima Organizacional

O clima organizacional poderá ser classificado de duas formas, segundo as respostas dos indivíduos aos estímulos organizacionais.

Podemos dizer que o clima é bom quando há um baixo turnover, alto tempo de permanência dos funcionários na empresa, bem como quando estes possuem orgulho em participar da organização.

Em um clima prejudicado ou ruim, há um turnover elevado, conflitos interpessoais, desinteresse pelo cumprimento das tarefas, resistências internas, competição exacerbada, vergonha de trabalhar na empresa. Em um clima prejudicado ou ruim, predomina a falta de motivação.

3.13 Diagnóstico de Clima Organizacional

Indicadores do clima organizacional

O início do diagnóstico do clima organizacional pode dar-se a partir da análise de alguns indicadores, como:

- Absenteísmo, verificado por meio do levantamento do número de faltas ao trabalho.
- Demonstrações indiretas de insatisfação com a empresa, materializadas em pichações nos banheiros, bilhetes anônimos, rumores nos corredores.
- Reclamações nas caixas de sugestões localizadas nos setores.
- Feedback nas avaliações de desempenho.
- Participação de funcionários em greves ou outros tipos de manifestações afins.
- Conflitos interpessoais e interdepartamentais, demonstradores de dificuldades na comunicação e falta de diálogo.
- Desperdícios de material, denotando descuido e desinteresse pelo patrimônio da organização.
- Queixas no serviço médico, no setor de psicologia ou serviço social da empresa.

É importante observar que, principalmente em grandes corporações, há a possibilidade de que haja localização de focos problemáticos em alguns setores, enquanto em outros os indicadores são satisfatórios. Cabe, portanto, uma análise cuidadosa neste sentido, a fim de evitar generalizar questões que na verdade são locais.

3.14 Gestão do Clima Organizacional

Para gerir o clima organizacional, é necessário fazer primeiramente um diagnóstico, a partir de uma pesquisa de clima, para saber qual a situação atual em relação às diversas dimensões do clima. O diagnóstico identificará os pontos fortes e fracos do clima organizacional, e, como consequência, deve-se ter um plano de ação para tentar elevar a qualidade do clima, especialmente em relação aos pontos mais críticos. Após a implementação dessas ações, teremos uma nova pesquisa para avaliar o clima, reiniciando, assim, o ciclo de gestão do clima organizacional.

A opção pela gestão do clima mostra que a empresa está preocupada com o lado pessoal dos funcionários. Só o fato de fazer uma pesquisa já deixa a mensagem "Queremos ouvir você, queremos saber a sua opinião". Esse tipo de postura da empresa tende a motivar os empregados.

Por outro lado, essas iniciativas criam expectativas nas pessoas, que esperam ações concretas para sanar as insatisfações levantadas.

> A cultura pode mudar no médio e no longo prazo, enquanto que o clima pode modificar-se no curto e no médio prazo.

Caso a empresa faça o diagnóstico, mas não promova ações de melhoria, o resultado pode ser catastrófico, com uma piora no clima e uma sensação de frustração dos funcionários.

4. GESTÃO DA QUALIDADE

"Qualidade" é hoje uma palavra-chave muito difundida nas empresas: fácil de falar e difícil de fazer. Ao mesmo tempo, existe pouco entendimento do que vem a ser qualidade.

A definição da qualidade possui uma extrema diversidade de interpretação, dada por diversos autores, que procuram dar uma definição simples para que seja assimilável a todos os níveis das organizações: precisa, para não gerar interpretações duvidosas; e abrangente, para mostrar sua importância em todas as suas atividades produtivas.

O conceito de qualidade apresentado pelas principais autorida*des da área são as seguintes:*

(JURAN, 1992:9) Qualidade é ausência de deficiências, ou seja, quanto menos defeitos, melhor a qualidade.

(FEIGENBAUM, 1994:8) Qualidade é a correção dos problemas e de suas causas ao longo de toda a série de fatores relacionados com marketing, projetos, engenharia, produção e manutenção, que exercem influência sobre a satisfação do usuário.

(CROSBY, 1986:31) Qualidade é a conformidade do produto às suas especificações. As necessidades devem ser especificadas, e a qualidade é possível quando essas especificações são obedecidas sem ocorrência de defeito.

(DEMING, 1993:56) Qualidade é tudo aquilo que melhora o produto do ponto de vista do cliente. Deming associa qualidade à impressão do cliente, portanto não é estática. A dificuldade em definir qualidade está na renovação das necessidades futuras do usuário em características mensuráveis, de forma que o produto possa ser projetado e modificado para dar satisfação por um preço que o usuário possa pagar.

Qualidade se refere às características do produto e do serviço que atendem às necessidades dos clientes.

(ISHIKAWA, 1993: 43) Qualidade é desenvolver, projetar, produzir e comercializar um produto de qualidade que é mais econômico, mais útil e sempre satisfatório para o consumidor.

4.1 Os Períodos ou Eras da Qualidade

A gestão da qualidade é um tema dinâmico, que foi se modificando ao longo do tempo, fruto de sua interação com a sociedade. Logo, assim como a sociedade, a gestão da qualidade evoluiu, buscando atender aos anseios da população. Nesse contexto, vejamos as classificações para os diversos períodos ou eras da qualidade:

01. **Inspeção: a garantia da qualidade era certificada por meio do controle em massa de 100% dos produtos, ocorrendo o controle por amostragens em casos muito específicos, sem uma estruturação adequada. Essa técnica era possível, pois a maioria dos produtores era composta por artesãos, e as empresas não tinham uma grande capacidade de produção. Nesse período, o controle da qualidade limitava-se à inspeção e às atividades restritas, como contagem, classificação pela qualidade e reparos.**

02. **Controle estatístico da qualidade: surgiu em meados de 1931, tendo como referência Walter Andrew Shewhart, que deu um caráter científico à prática da busca da qualidade. Nesse período, o controle da qualidade no processo produtivo passa ao correr mediante procedimentos estatísticos, utilizando mecanismos como a amostragem. Porém, assim como na era da inspeção, a qualidade ainda era pensada de forma sistêmica, com envolvimento de todos.**

03. **Garantia da qualidade: surge após a II Guerra Mundial, tendo como referência William Edwards Deming e Joseph M. Juran. A proposta passa a ser por uma preocupação com a qualidade desde o projeto de desenvolvimento, envolvendo todos os funcionários, de todos os níveis hierárquicos, além de fornecedores e clientes. A ideia é manter e aperfeiçoar as técnicas clássicas da qualidade.**

04. **Gestão estratégica da qualidade (gestão da Qualidade Total): nas últimas duas décadas, a qualidade passa a ser uma preocupação estratégica da organização, incorporando e ampliando as propostas que surgiram nos anos 50. Contudo, nesse momento, a preocupação com a qualidade envolve todos os pontos do negócio, sendo fator elementar na manutenção das atividades da empresa.**

EVOLUÇÃO DO CONCEITO DE QUALIDADE

FASE	CONCEITO	EIXO
inspeção	Conforme especificações	Produto
Controle da qualidade	Conforme especificações	Processo
Garantia da qualidade	Adequação ao uso	Prevenção
Qualidade Total	Satisfação do cliente	Pessoas

4.2 Principais Teóricos e Suas Contribuições Para a Gestão da Qualidade

W. Edwards deming

O estudo da qualidade tornou-se mais evidente a partir das ideias do americano William Edwards Deming no começo do século XX. Apesar de ter nascido nos EUA, Deming não conseguiu fazer sua proposta ser difundida naquele país, pois os norte-americanos vendiam tudo o que produziam, logo não sentiam os efeitos da falta de qualidade de seus produtos. Contudo, o Japão era um país quase destruído em decorrência da II Guerra Mundial, assim acolheu e difundiu as ideias de Deming, tornando-se, em pouco tempo, referência em qualidade e tecnologia.

Somente a partir dos anos 70-80 é que os Estados Unidos passaram a dar importância aos escritos da qualidade de Deming, fruto da alta competitividade dos produtos japoneses.

Ele baseava sua abordagem no uso de técnicas estatísticas, em que o principal objetivo era reduzir custos e aumentar a produtividade e a qualidade. Com efeito, Deming apresentou quatorze princípios, ou pontos, para a gestão, que descrevem o caminho para a Qualidade Total. São eles:

Quatorze Princí da Qualidade de Deming
Criar uma constância de propósitos de aperfeiçoamento do produto e do serviço, a fim de torná-los competitivos, perpetuá-los no mercado e gerar empregos.
Adotar a nova filosofia. Vivemos numa nova era econômica. A administração ocidental deve despertar deve despertar para o desafio, conscientizar-se de suas responsabilidades e assumir a liderança em direção á transformação.
Acabar com a dependência de inspeção para a obtenção da qualidade. Eliminar a necessidade da inspeção em massa, priorizando a internelização da qualidade do produto.
Acabar com a prática do negócio compensador baseado apenas no preço. Em vez disso, minimizar o custo total. Insistir na ideia de um único fornecedor para cada item, desenvolvendo relacionamento duradouros, calcados na qualidade e na confiança.
Aperfeiçoar continuamente todo o processo de planejamento, produção e serviço, com o objetivo de aumentar a qualidade e a produtividade e, consequentemente, reduzir os custos.
Fornecer treinamento no local de trabalho.
Adotar e estabeler a liderança. O objetivo da liderança é ajudar as pessoas a realizar um trabalho melhor. Assim como a liderança dos trabalhadores, a liderança empresarial necessita de uma completa reformulação.
Eliminar o medo.
Quebrar barreiras entre departamentos. Os colaboradores dos setores de pesquisa, projetos, vendas, compras ou produção devem trabalhar em equipe, tornando-se capazes de antecipar problemas que possam sugir durante a produção ou durante a utilização dos produtos ou serviços
Eliminar slogans, exortações e metas dirigidas aos empregados.
Eliminar padrões atificiais (cotas numéricas) para o chão de fábrica, a administração por objetivos (APO) e a administração atráves de números e metas numéricas.
Remover barreiras que despojem as pessoas de orgulho no trabalho. A atenção dos supervisores deve voltar-se para a qualidade e não para os números. Remover as barreiras que usurpam dos colaboradores das áreas administrativas e de planejamento/engenharia o justo direito de orgulhar-se do produto de seu trabalho. Isso significa a abolição das avaliações de desempenho ou mérito e da administra por objetivos ou por números.
Estabelecer um programa rigoroso de educação e autoaperfeiçoamento para todo o pessoal.
Colocar todos da empresa para trabalhar de modo a realizar a transformação. A transformação é tarefa de todos.

Método pdca

- Método de controle de processos desenvolvido pelo americano Shewhart, na década de 30 e divulgado por Deming no Japão, como uma das ferramentas da qualidade, que visa à melhoria contínua (Kaizen) dos processos de trabalho.
- O método PDCA é utilizado nas organizações para gerenciar os processos internos de forma a garantir o alcance das metas estabelecidas, usando as informações como fator de direcionamento das decisões.

Ciclo pdca de melhoria contínua

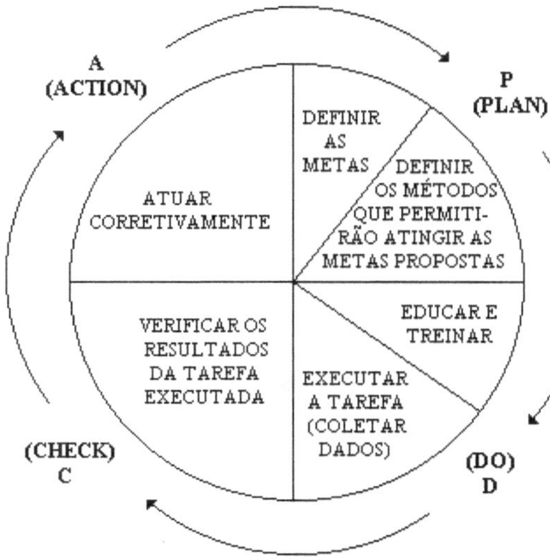

- P (Plan – planejar): definir o que se quer, estabelecer metas para manter e para melhorar e métodos para alcançar as metas (itens de controle do processo).
- D (Do – executar): tomar a iniciativa, educar e treinar e fazer conforme o planejado, registrando as informações.
- C (Check– verificar): monitorar e medir a execução (a partir dos registros) com o planejado.
- A (Action – agir): tomar ações corretivas (ou de melhoria) para resultados não alcançados, para melhorar o desempenho do processo e retomar o modelo PDCA.

Joseph m. Juran

Conforme apresentamos acima, a qualidade, conforme o conceito proposto por Joseph Moses Juran, é a adequação à finalidade e ao uso. Essa definição está alinhada à perspectiva da qualidade baseada no usuário em que um produto de qualidade é aquele que atende aos padrões e às preferências do usuário.

Juran foi o primeiro a aplicar os conceitos de qualidade à estratégia empresarial, em vez de meramente associá-la à estatística ou aos métodos de controle total da qualidade. Juntamente com Deming, foi um dos principais responsáveis pelo movimento da qualidade no Japão.

Nessa linha, propôs uma trilogia que compõe os pontos fundamentais para a gestão da qualidade: planejamento, controle e melhoria.

- Planejamento: é a preparação para encontrar as metas de qualidade em que serão identificados os consumidores e suas necessidades;

> Controle: é usado para evitar ou corrigir eventos indesejáveis ou inesperados, conferindo estabilidade e consistência. É o processo de encontro das metas de qualidade estabelecidas durante as operações; e

> Melhoria: processo de melhoria contínua da qualidade por meio de mudanças planejadas, previstas e controladas.

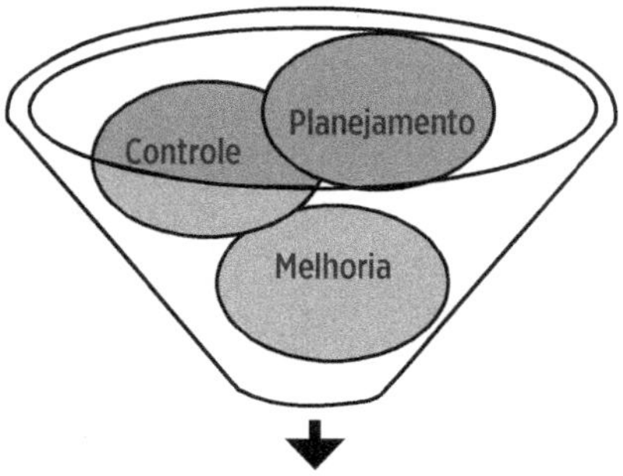

Trilogia da gestão da qualidade de Juran

Armand vallin feigenbaun

Feigenbaun é o pioneiro no uso da expressão Qualidade Total, por meio de seus estudos realizados na General Eletric (GE). Em sua abordagem, a qualidade deveria ser vista como instrumento estratégico pelo qual todos os trabalhadores devem ser responsáveis. A qualidade é uma filosofia de gestão e um compromisso de excelência. Este autor enumerou quatro características essenciais em um sistema organizacional provido de Qualidade Total:

01. **Os processos de aperfeiçoamento da qualidade são contínuos.**
02. **Todo o esforço é documentado, de sorte que as pessoas da organização possam visualizar onde, como, por que e quando suas atividades afetam a qualidade.**
03. **Tanto a gerência como as demais pessoas abraçam a ideia de desempenharem suas atividades com qualidade. e**
04. **Aperfeiçoamento técnico e planejamento para oferecer inovações que sustentem positivamente a relação cliente/organização.**

Por fim, destaca-se que Feigenbaun foi a primeira pessoa a realizar estudos sobre os custos da qualidade, demonstrando os custos envolvidos na garantia ou na falta de qualidade nas organizações (custos da prevenção, da avaliação, de falhas internas e de falhas externas).

Philip b. Crosby

Para Crosby a qualidade significa a conformidade com as especificações, de acordo com as necessidades dos clientes. Seus estudos relacionam-se com os conceitos de —zero defeito e de — fazer certo desde a primeira vez.

Este autor afirma que a insatisfação com o serviço ou produto final de uma organização constitui um — problema de qualidade. Esse problema, porém, é apenas um sintoma do que está ocorrendo no interior da organização. Assim, ele traçou o — perfil da organização problema.

Para ele, a prevenção é muito mais eficaz do que as técnicas não preventivas, como inspeção, teste e controle da qualidade. Além disso, traçou, assim como fez Deming, 14 passos para a melhoria da qualidade, que devem ser encarados como um processo perseguido continuamente.

Outros "gurus da qualidade"

Além dos autores mencionados acima, podemos destacar:

> **Walter Shewart**, que inseriu as técnicas de controle estatístico da qualidade e criou algumas ferramentas de qualidade como o ciclo PDCA e o gráfico de controle; e

> **Kaoru Ishikawa**, é conhecido como o "Pai do Controle ou Gestão da Qualidade Total" (TQC) japonês, desenvolveu o diagrama de causa e efeito (diagrama de Espinha de Peixe ou diagrama de Ishikawa) e os círculos de qualidade - formados por pequenos grupos de funcionários responsáveis por conduzir e democratizar o controle de qualidade na organização.

4.3 Qualidade Total

Após passarmos por toda essa evolução da qualidade, podemos falar da qualidade nos dias atuais. Chiavenato (2011, p. 549) faz um importante resumo das definições de importantes cientistas do mundo da qualidade. Vejamos:

A Qualidade Total é uma decorrência da aplicação da melhoria contínua. A palavra qualidade tem vários significados. Qualidade é o atendimento das exigências do cliente. Para Deming, a qualidade deve ter como objetivo as necessidades dos usuários, presentes e futuras. Para Juran, representa a adequação à finalidade e ao uso. Para Crosby, é a conformidade com as exigências. Feigenbaum diz que ela é o total das características de um produto ou serviço referentes a marketing, engenharia, manufatura e manutenção, pelas quais o produto ou serviço, quando em uso, atenderá às expectativas do cliente.

Ainda nesse sentido, a norma ISO 9000 define qualidade como — a totalidade de características de um ente (organização, produto processos etc.) que lhe confere a capacidade de satisfazer às necessidades implícitas dos cidadãos.

Percebe-se que o conceito de Qualidade Total implica o atendimento às necessidades do cliente. Contudo, vai além, pois com a incorporação de práticas de qualidade, a organização deverá diminuir os custos de produção, fruto da eliminação do desperdício. Com isso, aumenta-se a eficiência e, por fim, os lucros da empresa.

Ademais, a **gestão da Qualidade Total** (*Total Quality Management* -TQM) atribui às pessoas, e não somente aos gerentes e dirigentes, a responsabilidade pelo alcance dos padrões de qualidade. Nessa linha, cada pessoa da instituição deve exercer o controle de qualidade do produto. Com isso, as práticas de controle de qualidade ocorrem de maneira descentralizada e coletiva, ao contrário do controle burocrático que é rígido, unitário e centralizador.

Devemos destacar que, na Qualidade Total, deve ocorrer uma preocupação não somente com a satisfação dos clientes externos, mas também dos clientes internos. Para explicar melhor esse conceito, devemos entender os clientes externos como os clientes finais de um processo, ou seja, as pessoas ou organizações que devem ser atendidas ao final do processo.

Os clientes internos, por sua vez, são aquelas pessoas que participam do processo produtivo e dependem de um insumo realizado por outro servidor.

Dessa forma, a Qualidade Total, além de envolver a participação de todos na gestão da qualidade, preocupa-se com o atendimento das demandas dos clientes internos e externos.

Podemos mencionar, também, os mandamentos da melhoria contínua:

01. **total satisfação dos clientes;**
02. **gerência participativa;**
03. **constância de propósitos;**
04. **aperfeiçoamento contínuo;**
05. **desenvolvimento de recursos humanos;**
06. **delegação;**
07. **garantia da qualidade;**
08. **não aceitação de erros;**
09. **gerência de processos; e**
10. **disseminação de informações.**

Convém lembrar, é claro, que a **satisfação dos clientes** é considerada como princípio central da gestão da Qualidade Total.

Para encerrar o assunto, apresentaremos os princípios da gestão da qualidade constantes da NBR ISO 9004:200, que foram desenvolvidos para serem utilizados pela Alta Direção a fim de dirigir a organização à melhoria de desempenho.

a) **foco no cliente:** organizações dependem de seus clientes e, portanto, convém que entendam as necessidades atuais e futuras do cliente, atendam aos requisitos e procurem exceder as suas expectativas;
b) **liderança:** líderes estabelecem a unidade de propósitos e o rumo da organização. Convém que eles criem e mantenham um ambiente interno no qual as pessoas possam estar totalmente envolvidas no propósito de atingir os objetivos da organização;
c) **envolvimento de pessoas:** pessoas de todos os níveis são a essência de uma organização, e seu total envolvimento possibilita que as suas habilidades sejam usadas para o benefício da organização;
d) **abordagem de processo:** um resultado desejado é alcançado mais eficientemente quando as atividades e os recursos relacionados são gerenciados como um processo;
e) **abordagem sistêmica para a gestão:** identificar, entender e gerenciar os processos inter-relacionados, como um sistema, contribui para a eficácia e eficiência da organização no sentido desta atingir seus objetivos;
f) **melhoria contínua:** convém que a melhoria contínua do desempenho global da organização seja seu objetivo permanente;
g) **abordagem factual para tomada de decisões:** decisões eficazes são baseadas na análise de dados e de informações; e
h) **benefícios mútuos nas relações com os fornecedores:** uma organização e seus fornecedores são interdependentes, e uma relação de benefícios mútuos aumenta a capacidade de ambos em agregar valor.

Segundo a NBR, o uso com sucesso dos oito princípios de gestão por uma organização resultará em benefícios para as partes interessadas, tais como melhoria no retorno financeiro, criação de valores aumento de estabilidade.

4.4 Melhoria Contínua

A melhoria contínua deriva da filosofia japonesa do kaizen (kai–mudança; zen – bom), significando um aprimoramento contínuo e gradual na maneira como as coisas são feitas na organização, envolvendo a participação de todos os membros. Nesse contexto, vejamos os ensinamentos de Chiavenato (2012, p. 272):

A melhoria contínua é uma técnica de mudança organizacional suave e ininterrupta centrada nas atividades em grupo das pessoas. Visa à qualidade dos produtos e serviços dentro de programas em longo prazo, que privilegiam a melhoria gradual e o passo a passo por meio da intensiva colaboração e participação das pessoas. Trata-se de uma abordagem incremental e participativa para obter excelência na qualidade dos produtos e serviços a partir das pessoas.

Por meio dessa filosofia, as mudanças não ocorrem de forma abrupta, mas aos poucos, de forma incremental, prevendo que os funcionários melhorem suas atividades dia após dia. Nesse contexto, o aprimoramento organizacional deve ser contínuo e gradual. Com efeito, a consequência desse aprimoramento poderá ser vista pelo aumento da qualidade dos produtos e serviços oferecidos, aumento da eficiência, eliminação de custos, aumento da satisfação dos clientes etc. Ademais, a filosofia do kaizen foi pioneira ao destacar a importância das pessoas e das equipes com sua participação e conhecimentos.

4.5 Qualidade na Administração Pública

» **Em 1991: Collor** lançou o **Programa Brasileiro da Qualidade e Produtividade (PBQP)**, para dinamizar a indústria brasileira diante da abertura comercial. Lançou o S**ubprograma Qualidade e Produtividade do Serviço Público – PQSP**, voltado para o cidadão e para a melhoria da qualidade dos serviços públicos. Tinha foco interno, voltado para Técnicas e Ferramentas.

» **Em 1996: FHC** lançou o **Programa de Qualidade e Participação da Administração Pública – QPAP** - que visava à satisfação do cliente com o envolvimento de todos os servidores. O foco era interno e externo, voltado para a Gestão e Resultados.

- » **Em 1999:** com a formulação do PPA 2000-2003, houve a transformação em **Programa de Qualidade no Serviço Público – PQSP**, com o objetivo de trazer satisfação ao cidadão. Tinha o foco externo, voltado para a satisfação do cidadão.
- » **Em 2005:** foi instituído o **Programa Nacional de Gestão Pública e Desburocratização – GesPública**, por meio do Decreto nº 5.378, resultado da fusão do **programa de Qualidade no Serviço Público e o Programa Nacional de Desburocratização**, sob a coordenação do MPOG.

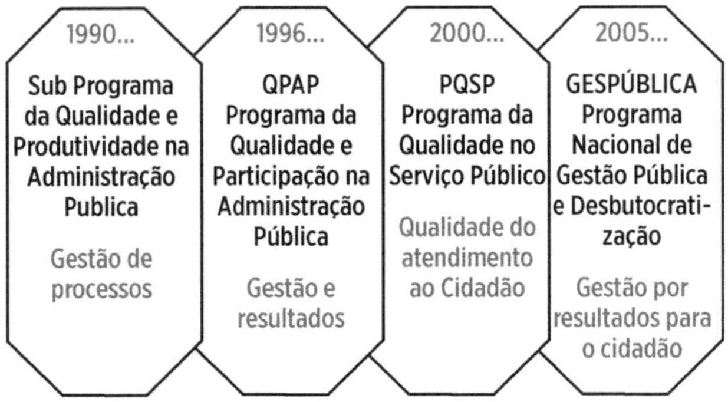

Modelo do gespública

O Programa Nacional de Gestão Pública e Desburocratização (GesPública) foi instituído em 2005, por meio do Decreto nº 5.378/2005. Este programa tem como principais características: ser essencialmente público, ser contemporâneo, estar voltado para a disposição de resultados para a sociedade e ser federativo.

A missão do Programa é promover a excelência em gestão pública. O Art. 1º do Decreto nº 5.378/2005 prevê que a finalidade do GesPública é contribuir para a melhoria da qualidade dos serviços públicos prestados aos cidadãos e para o aumento da competitividade do País. Já o Art. 3º traz os seus objetivos:

> ***I.*** *eliminar o déficit institucional, visando ao integral atendimento das competências constitucionais do Poder Executivo Federal;*
>
> ***II.*** *promover a governança, aumentando a capacidade de formulação, implementação e avaliação das políticas públicas;*
>
> ***III.*** *promover a eficiência, por meio de melhor aproveitamento dos recursos, relativamente aos resultados da ação pública;*
>
> ***IV.*** *assegurar a eficácia e efetividade da ação governamental, promovendo a adequação entre meios, ações, impactos e resultados; e*
>
> ***V.*** *promover a gestão democrática, participativa, transparente e ética.*

O quadro a seguir resume a missão, finalidade e objetivos do Programa:

GESPÚBLICA	MISSÃO	Promover a excelência em gestão pública
	FINALIDADE	Melhorar a qualidade dos serviços públicos ao cidadão
		Aumentar a competitividade do país
		Eliminar o déficit Institucional
		Melhorar a governança
		Aumentar a eficiência
		Assegurar a eficácia e a efetividade da ação governamental
		Promover uma gestão democrática

Gespública: missão, finalidades e objetivos. (Fonte: Paludo, 2013, p.207)

Com efeito, Augustinho Paludo resume de forma brilhante as ferramentas disponibilizadas pelo GesPública:

Autoavaliação: verifica o grau de aderência dos processos gerenciais de um ente público em relação ao Modelo/Critérios de Excelência em Gestão Pública;

Carta de serviço: metodologia utilizada para tornar a organização mais acessível e transparente para o cidadão, disponibilizando informações sobre como acessar os serviços prestados por ela e quais são os compromissos e os padrões de atendimento estabelecidos;

Padrão de pesquisa de satisfação: é uma metodologia de pesquisa de opinião padronizada, que investiga o nível de satisfação dos usuários de um serviço público;

Guia de gestão de processos: é o instrumento que orienta a modelagem e a gestão de processos voltados ao alcance de resultados; e

Guia "d" simplificação: é o instrumento que visa à simplificação de processos, atividades e normas.

O modelo do GesPública não se restringe ao Poder Executivo, nem tampouco ao Governo Federal. A ideia é fomentar a melhoria da gestão pública em todos os Poderes de todos os entes da federação. Ademais, esse Programa está diretamente relacionado ao uso do Modelo de Excelência em Gestão Pública, que será objeto de estudo do nosso tópico seguinte.

Modelo de excelência em gestão pública (megp)

O Modelo de Excelência em Gestão Pública (MEGP) foi concebido a partir da premissa de que a Administração Pública tem que ser excelente sem deixar de considerar as particularidades inerentes à sua natureza pública.

Nesse contexto, o MEGP tem como base os princípios constitucionais da Administração Pública e como pilares os fundamentos da excelência gerencial. Os fundamentos da excelência são conceitos que definem o entendimento contemporâneo de uma gestão de excelência na Administração Pública e que, orientados pelos princípios constitucionais, compõem a estrutura de sustentação do MEGP. Ou seja, os princípios constitucionais representam a orientação dos fundamentos que, por sua vez, são os pilares do Modelo.

Juntos, os princípios constitucionais e os fundamentos sustentam o MEGP, indicam os valores e diretrizes estruturais que devem balizar o funcionamento do sistema de gestão das organizações públicas e definem o que se entende, hoje, por excelência em gestão pública.

Os princípios constitucionais são apresentados no Art. 37 da Constituição Federal de 1988. Juntos eles formam o famoso LIMPE (Legalidade, Impessoalidade, Moralidade, Publicidade e Eficiência). No contexto do MEGP, para a gestão pública ser excelente, ela deve ser legal, impessoal, moral, pública e eficiente.

- > Legalidade: estrita obediência à lei; nenhum resultado poderá ser considerado bom, nenhuma gestão poderá ser reconhecida como de excelência à revelia da lei.

- Impessoalidade: não fazer acepção de pessoas. O tratamento diferenciado restringe-se apenas aos casos previstos em lei. A cortesia, a rapidez no atendimento, a confiabilidade e o conforto são requisitos de um serviço público de qualidade e devem ser agregados a todos os usuários indistintamente. Em se tratando de organização pública, todos os seus usuários são preferenciais, são pessoas muito importantes.
- Moralidade: pautar a gestão pública por um código moral. Não se trata de ética (no sentido de princípios individuais, de foro íntimo), mas de princípios morais de aceitação pública.
- Publicidade: ser transparente, dar publicidade aos fatos e aos dados. Essa é uma forma eficaz de indução do controle social.
- Eficiência: fazer o que precisa ser feito com o máximo de qualidade ao menor custo possível. Não se trata de redução de custo de qualquer maneira, mas de buscar a melhor relação entre qualidade do serviço e qualidade do gasto.

O MEGP está alicerçado em fundamentos próprios da gestão de excelência contemporânea e condicionado aos princípios constitucionais próprios da natureza pública das organizações. Esses fundamentos e princípios constitucionais, juntos, definem o que se entende hoje por excelência em gestão pública. Vejamos quais são os fundamentos do Modelo:

- Pensamento sistêmico - entendimento das relações de interdependência entre os diversos componentes de uma organização, bem como entre a organização e o ambiente externo, com foco na sociedade.
- Aprendizado organizacional - busca contínua e alcance de novos patamares de conhecimento, individuais e coletivos, por meio da percepção, reflexão, avaliação e compartilhamento de informações e experiências.
- Cultura da inovação - promoção de um ambiente favorável à criatividade, à experimentação e à implementação de novas ideias que possam gerar um diferencial para a atuação da organização.
- Liderança e constância de propósitos - a liderança é o elemento promotor da gestão, responsável pela orientação, estímulo e comprometimento para o alcance e melhoria dos resultados organizacionais e deve atuar de forma aberta, democrática, inspiradora e motivadora das pessoas, visando ao desenvolvimento da cultura da excelência, à promoção de relações de qualidade e à proteção do interesse público. É exercida pela alta administração, entendida como o mais alto nível gerencial e assessoria da organização.
- Orientação por processos e informações - compreensão e segmentação do conjunto das atividades e processos da organização que agreguem valor para as partes interessadas, sendo que a tomada de decisões e a execução de ações devem ter como base a medição e análise do desempenho, levando-se em consideração as informações disponíveis.
- Visão de futuro - Indica o rumo de uma organização e a constância de propósitos que a mantém nesse rumo. Está diretamente relacionada à capacidade de estabelecer um estado futuro desejado que dê coerência ao processo decisório e que permita à organização antecipar-se às necessidades e expectativas dos cidadãos e da sociedade. Inclui, também, a compreensão dos fatores externos que afetam a organização com o objetivo de gerenciar seu impacto na sociedade.
- Geração de valor - alcance de resultados consistentes, assegurando o aumento de valor tangível e intangível de forma sustentada para todas as partes interessadas.
- Comprometimento com as pessoas - estabelecimento de relações com as pessoas, criando condições de melhoria da qualidade nas relações de trabalho, para que elas se realizem profissional e humanamente, maximizando seu desempenho por meio do comprometimento, de oportunidade para desenvolver competências e de empreender, com incentivo e reconhecimento.
- Foco no cidadão e na sociedade - direcionamento das ações públicas para atender e regular, continuamente, as necessidades dos cidadãos e da sociedade, na condição de sujeitos de direitos, beneficiários dos serviços públicos e destinatários da ação decorrente do poder de Estado exercido pelas organizações públicas.
- Desenvolvimento de parcerias - desenvolvimento de atividades conjuntamente com outras organizações com objetivos específicos comuns, buscando o pleno uso das suas competências complementares para desenvolver sinergias.
- Responsabilidade social - atuação voltada para assegurar às pessoas a condição de cidadania com garantia de acesso aos bens e serviços essenciais, e ao mesmo tempo tendo também como um dos princípios gerenciais a preservação da biodiversidade e dos ecossistemas naturais, potencializando a capacidade das gerações futuras de atender suas próprias necessidades.
- Controle social - atuação que se define pela participação das partes interessadas no planejamento, acompanhamento e avaliação das atividades da Administração Pública e na execução das políticas e dos programas públicos.

> Gestão participativa - estilo de gestão que determina uma atitude gerencial da alta administração que busque o máximo de cooperação das pessoas, reconhecendo a capacidade e o potencial diferenciado de cada um e harmonizando os interesses individuais e coletivos, a fim de conseguir a sinergia das equipes de trabalho.

O GesPública desdobrou o Modelo de Excelência em Gestão Pública em três instrumentos de avaliação, com a finalidade de facilitar o processo de avaliação continuada da gestão. Os três instrumentos sugerem um caminho progressivo do processo de autoavaliação, conforme mostra o quadro a seguir.

Excelência em serviços públicos

Atenção 1: Os conceitos, técnicas e ferramentas da qualidade são utilizados para obter a excelência na gestão de produtos e serviços.
Atenção 2: No conceito da qualidade, a excelência no serviço público é tida como a satisfação das expectativas e necessidades do cidadão.

A questão da excelência em serviços públicos está atrelada às melhorias acumuladas no decorrer do processo de modernização, à utilização de ferramentas da qualidade, à situação orçamentária financeira do Estado para custeio da prestação dos serviços e ao padrão de relacionamento entre o Estado e a sociedade.

A excelência na prestação de serviços públicos corresponde ao grau máximo/ótimo dos serviços prestados – quase impossível de ser atingido –, no entanto, advoga-se ser possível e **atribui-se aos programas de qualidade a missão de atingir essa excelência**. A excelência corresponde a uma visão existente na Administração Pública, segundo a qual ao utilizar ferramentas e técnicas da qualidade para promover melhorias contínuas relacionadas aos serviços oferecidos ao cidadão – o que inclui o treinamento e a motivação dos servidores – estar-se-á caminhando rumo à excelência.

Não são leis, normas ou técnicas que caracterizam uma gestão pública como de excelência; **são valores** essenciais, que precisam ser internalizados por todas as pessoas das organizações públicas, que definirão a gestão de uma organização como excelente.

A qualidade é uma filosofia de gestão e um compromisso com a excelência (...) baseada na orientação para o cliente (Valéria Moreira, 2008).

A Excelência em uma organização depende fundamentalmente de sua capacidade de perseguir seus propósitos em completa harmonia com seu ecossistema (PNQ, 2011).

A cultura organizacional deve ser de inovação, de aprendizado e de comprometimento com o atendimento eficiente (e de qualidade) das necessidades e demandas dos cidadãos. Incorporar as necessidades dos cidadãos como sendo as da própria organização e disseminar isso dentro da organização como meta contínua a ser alcançada pode levar as entidades públicas a um grau muito próximo da excelência pretendida.

Na busca pela excelência na prestação de serviços públicos, as pessoas (servidores públicos) é que farão a grande diferença.

Pode-se afirmar que a conquista da excelência nos serviços públicos **decorre de um amplo conjunto de fatores**, muitos dos quais associados à incorporação de novas filosofias gerenciais, de novas tecnologias, de princípios e ferramentas da qualidade, do desempenho dos recursos humanos, com mudança cultural e amplo engajamento dos servidores públicos, e com a efetiva participação e controle da sociedade – **direcionando tudo isso para o atendimento das necessidades dos cidadãos**.

De acordo com Philip Kotler (2000), existem fatores determinantes da qualidade/excelência dos serviços: **confiabilidade:** prestar o serviço exatamente como foi prometido; **capacidade de resposta:** prontidão para ajudar os clientes e prestar os serviços dentro do prazo estabelecido; **segurança:** transmitir confiança aos clientes, além de conhecimento, cortesia e capacidade; **empatia:** compreender o cliente e dar-lhe atenção individualizada; **itens tangíveis:** referem-se à boa aparência que devem ter as instalações físicas, equipamentos e servidores.

É importante ter em mente que prestar serviços de excelência/qualidade é um grande passo, mas a excelência exige mais: é preciso monitorar continuamente a opinião dos clientes sobre a qualidade dos serviços prestados, para saber se continuam satisfeitos. Nesse sentido, segundo Geoff Dinsdale e Brian Marson (2000),

As pesquisas são uma ferramenta poderosa para se identificar e reduzir as lacunas entre as expectativas dos usuários com relação aos serviços e sua satisfação com os mesmos (...) Se as pesquisas fazem as perguntas certas, os resultados podem informar aos gestores o que eles precisam fazer para melhorar o serviço aos seus usuários especificamente, e/ou para os cidadãos em geral.

Para que os serviços sejam de excelência, é necessário que – ente público e servidor – criem uma cultura de excelência na prestação de serviços e no atendimento aos cidadãos – o que deixa claro que mudanças continuam sendo necessárias para readequar a atuação pública direcionada ao atendimento do usuário-cidadão. Isso representa um desafio que abrange:

- A gestão pública – novos modelos de gestão baseados na inovação, no incentivo e na flexibilidade (reorganizar a administração e os recursos disponíveis, otimizando-os).
- As condições de trabalho – os dirigentes públicos devem propiciar um ambiente de trabalho adequado, que contribua para motivar os servidores a prestarem serviços e atendimentos de excelência.
- Os recursos humanos – além de capacitação contínua, deve ser criada uma nova cultura de atendimento ao cidadão e de comprometimento com a prestação dos serviços públicos de excelência.
- As novas tecnologias – devem ser amplamente utilizadas para a melhoria dos processos de trabalho e de comunicação – para fazer mais e melhor, com menor custo –, sem comprometer a excelência.
- Os conceitos e ferramentas da qualidade – a implantação de conceitos e ferramentas da qualidade para melhorar o atendimento e a prestação dos serviços, com vistas a alcançar a excelência.
- A comunicação com o usuário-cidadão – criação de novos canais que possibilitem a troca de informações e o conhecimento das expectativas, reclamações e necessidades dos clientes-usuários.
- Controle por resultados – necessariamente, avaliar a atuação administrativa em face dos resultados alcançados, e do nível de satisfação dos usuários quanto aos serviços prestados.

A avaliação dos serviços trará para a administração o feedback necessário à manutenção ou ao aperfeiçoamento dos serviços. Alguns requisitos foram identificados para avaliar se os serviços têm qualidade: facilidade de acesso ao serviço; utilidade das visitas aos locais de atendimento – quanto menor o número de visitas para obter o serviço, maior o nível de qualidade; tempo utilizado para o atendimento completo do serviço: horas, dias ou meses; a correspondência entre o produto final do serviço e a satisfação da necessidade do cliente; a divulgação de informações sobre os serviços; e a atenção às reclamações dos usuários.

Destaque-se ainda que a excelência em serviços no conceito de Qualidade Total é mais ampla, pois inclui também os clientes internos, como funcionários e administradores. Para Karl Albrecht (1992), a Qualidade Total na prestação de serviços é uma situação na qual uma organização fornece qualidade e serviços superiores a seus clientes, proprietários e funcionários.

Em síntese, para que os serviços prestados sejam excelentes, toda a gestão deve estar orientada para a busca da excelência – tanto no discurso, quanto nas ações.

O modelo de excelência da fnq

O modelo de excelência em gestão da FNQ – Fundação Nacional da Qualidade – **consiste na representação de um sistema gerencial constituído por diversos fundamentos e critérios**, que orientam a adoção de práticas de gestão nas organizações públicas e privadas, com a finalidade de levar as organizações brasileiras a padrões de desempenho reconhecidos pela sociedade e à excelência em sua gestão.

A FNQ definiu os fundamentos e os critérios de excelência em gestão, **tendo como referência organizações de excelência em nível mundial**. Esses critérios incorporam conceitos e técnicas utilizados na administração das atuais organizações de sucesso: organizações de classe mundial, líderes em seus segmentos.

Os fundamentos de excelência, segundo o Caderno FNQ (2011), são os seguintes:

- Pensamento sistêmico. Entendimento das relações de interdependência entre os diversos componentes de uma organização, bem como entre a organização e o ambiente externo.
- Aprendizado organizacional. Busca o alcance de um novo patamar de conhecimento para a organização por meio de percepção, reflexão, avaliação e compartilhamento de experiências.
- Cultura de inovação. Promoção de um ambiente favorável à criatividade, experimentação e implementação de novas ideias que possam gerar um diferencial competitivo para a organização.
- Liderança e constância de propósitos. Atuação de forma aberta, democrática, inspiradora e motivadora das pessoas, visando ao desenvolvimento da cultura da excelência, à promoção de relações de qualidade e à proteção dos interesses das partes interessadas.
- Orientação por processos e informações. Compreensão e segmentação do conjunto das atividades e processos da organização que agreguem valor para as partes interessadas, sendo que a tomada de decisões e execução de ações deve ter como base a medição e análise do desempenho, levando-se em consideração as informações disponíveis, além de incluir os riscos identificados.
- Visão de futuro. Compreensão dos fatores que afetam a organização, seu ecossistema e o ambiente externo no curto e no longo prazo, visando à sua perenização.
- Geração de valor. Alcance de resultados consistentes, assegurando a perenidade da organização pelo aumento de valores tangível e intangível, de forma sustentada para todas as partes interessadas.
- Valorização das pessoas. Estabelecimento de relações com as pessoas, criando condições para que elas se realizem profissional e humanamente, maximizando seu desempenho por meio de comprometimento, desenvolvimento de competências e espaço para empreender.
- Conhecimento sobre o cliente e o mercado. Conhecimento e entendimento do cliente e do mercado, visando à criação de valor de forma sustentada para o cliente e, consequentemente, gerando mais competitividade nos mercados.
- Desenvolvimento de parcerias. Desenvolvimento de atividades em conjunto com outras organizações, a partir da plena utilização das competências essenciais de cada uma, objetivando benefícios para ambas as partes.

- Responsabilidade social. Atuação que se define pela relação ética e transparente da organização com todos os públicos com os quais se relaciona, estando voltada para o desenvolvimento sustentável da sociedade, preservando recursos ambientais e culturais para gerações futuras; respeitando a diversidade e promovendo a redução das desigualdades sociais como parte integrante da estratégia da organização.

A partir dos fundamentos, foram constituídos oito critérios de excelência, que permitem às organizações medirem seus esforços no sentido de avaliar se estão ou não sendo excelentes, ou, ao menos, caminhando rumo à excelência. O Caderno da FNQ (2011) **apresenta os seguintes critérios de excelência:**

- Liderança. Examina o sistema de liderança da organização e o comprometimento pessoal dos membros da Direção no estabelecimento, disseminação e atualização de valores e princípios organizacionais que promovam a cultura da excelência, considerando as necessidades de todas as partes interessadas. Também examina como é implementada a governança, como é analisado o desempenho da organização e como são implementadas as práticas voltadas para assegurar a consolidação do aprendizado organizacional.
- Estratégias e planos. Examina, em detalhe, o processo de formulação das estratégias, enfatizando a análise do setor de atuação, do macroambiente e do modelo de negócio da organização. Também examina o processo de implementação das estratégias, incluindo a definição de indicadores, o desdobramento das metas e planos para todos os setores da organização e o acompanhamento dos ambientes internos e externos.
- Clientes. Examina como a organização identifica, analisa e compreende as necessidades e expectativas dos clientes e dos mercados; divulga seus produtos, marcas e ações de melhoria; e estreita seu relacionamento com os clientes. Também examina como a organização mede e intensifica a satisfação e a fidelidade dos clientes em relação a seus produtos e marcas, bem como avalia a insatisfação.
- Sociedade. Examina como a organização contribui para o desenvolvimento econômico, social e ambiental de forma sustentável – por meio da minimização dos impactos negativos potenciais de seus produtos e operações na sociedade –, e como interage com a sociedade de forma ética e transparente.
- Informações e conhecimento. Examina a gestão e a utilização das informações da organização e de informações comparativas pertinentes, bem como a gestão de seus ativos intangíveis.
- Pessoas. Examina como são proporcionadas as condições para o desenvolvimento e utilização plena do potencial das pessoas que compõem a força de trabalho, em consonância com as estratégias organizacionais. Também examina os esforços para criar e manter um ambiente de trabalho e um clima organizacional que conduzam à excelência do desempenho, à plena participação e ao crescimento das pessoas.
- Processos. Examina como a organização identifica os processos de agregação de valor; e identifica, gerencia, analisa e melhora os processos principais do negócio e os processos de apoio. Também examina como a organização gerencia o relacionamento com os fornecedores e conduz a sua gestão financeira, visando à sustentabilidade econômica do negócio.
- Resultados. Examina os resultados da organização, abrangendo os aspectos econômico-financeiros e os relativos aos clientes e mercados, sociedade, pessoas, processos principais do negócio e de apoio, assim como os relativos ao relacionamento com os fornecedores.

Modelo de excelência em gestão pública (megp)

Com efeito, o Modelo de Excelência em Gestão Pública é a representação de um sistema gerencial constituído de oito partes integradas, que orientam a adoção de práticas de excelência em gestão com a finalidade de levar as organizações públicas brasileiras a padrões elevados de desempenho e de excelência em gestão. A figura a seguir representa graficamente o MEGP, destacando a relação entre as suas partes.

Representação do Modelo de Excelência em Gestão Pública

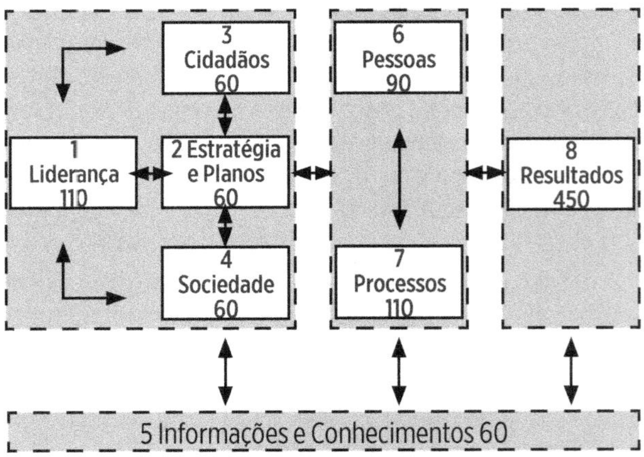

O primeiro bloco– Liderança, Estratégias e Planos, Cidadãos e Sociedade - pode ser denominado de planejamento. Por meio da liderança forte da alta administração, que focaliza as necessidades dos cidadãos-usuários, os serviços, os produtos e os processos são planejados conforme os recursos disponíveis, para melhor atender a esse conjunto de necessidades.

- Liderança: este critério examina a governança pública e a governabilidade da organização, incluindo aspectos relativos à transparência, equidade, prestação de contas e responsabilidade corporativa. Também examina como é exercida a liderança, incluindo temas como mudança cultural e implementação do sistema de gestão da organização. O critério aborda a análise do desempenho da organização, enfatizando a comparação com o desempenho de outras organizações e a avaliação do êxito das estratégias.
- Estratégias e Planos: este critério examina como a organização, a partir de sua visão de futuro, da análise dos ambientes interno e externo e da sua missão institucional, formula suas estratégias, desdobra-as em planos de ação de curto e longo prazos e acompanha a sua implementação, visando ao atendimento de sua missão e à satisfação das partes interessadas.
- Cidadãos: este critério examina como a organização, no cumprimento das suas competências institucionais, identifica os cidadãos usuários dos seus serviços e produtos, conhece suas necessidades e avalia a sua capacidade de atendê-las, antecipando-se a elas. Aborda também como ocorre a divulgação de seus serviços, produtos e ações para fortalecer sua imagem institucional e como a organização estreita o relacionamento com seus cidadãos-usuários, medindo a sua satisfação e implementando e promovendo ações de melhoria.
- Sociedade: este critério examina como a organização aborda suas responsabilidades perante a sociedade e as comunidades diretamente afetadas pelos seus processos, serviços e produtos e como estimula a cidadania. Examina, também, como a organização atua em relação às políticas públicas do seu setor e como estimula o controle social de suas atividades pela Sociedade e o comportamento ético.

O **segundo bloco** - Pessoas e Processos - representa a execução do planejamento. Nesse espaço, concretizam-se as ações que transformam objetivos e metas em resultados. São as pessoas, capacitadas e motivadas, que operam esses processos e fazem com que cada um deles produza os resultados esperados.

- Pessoas: este critério examina os sistemas de trabalho da organização, incluindo a organização do trabalho, a estrutura de cargos, os processos relativos à seleção e contratação de pessoas, assim como a gestão do desempenho de pessoas e equipes. Também examina os processos relativos à capacitação e ao desenvolvimento das pessoas e como a organização promove a qualidade de vida das pessoas, interna e externamente ao ambiente de trabalho.
- Processos: este critério examina como a organização gerencia, analisa e melhora os processos finalísticos e os processos de apoio. Também examina como a organização gerencia o processo de suprimento, destacando o desenvolvimento da sua cadeia de suprimento. O critério aborda como a organização gerencia os seus processos orçamentários e financeiros, visando o seu suporte.

O **terceiro bloco** - Resultados - representa o controle, pois serve para acompanhar o atendimento à satisfação dos destinatários dos serviços e da ação do Estado, o orçamento e as finanças, a gestão das pessoas, a gestão de suprimento e das parcerias institucionais, bem como o desempenho dos serviços/produtos e dos processos organizacionais.

- Resultados: este critério examina os resultados da organização, abrangendo os resultados orçamentários e financeiros, os relativos aos cidadãos-usuários, à sociedade, às pessoas, aos processos finalísticos e processos de apoio, assim como os relativos ao suprimento. A avaliação dos resultados inclui a análise da tendência e do nível atual de desempenho, pela verificação do atendimento dos níveis de expectativa das partes interessadas e pela comparação com o desempenho de outras organizações.

O quarto bloco - Informações e Conhecimento - representa a inteligência da organização. Nesse bloco, são processados e avaliados os dados e os fatos da organização (internos) e aqueles provenientes do ambiente (externos), que não estão sob seu controle direto, mas, de alguma forma, influenciam o seu desempenho. Esse bloco dá à organização a capacidade de corrigir ou melhorar suas práticas de gestão e, consequentemente, seu desempenho.

- Informações e Conhecimento: este critério examina a gestão das informações, incluindo a obtenção de informações comparativas pertinentes. Também examina como a organização identifica, desenvolve, mantém e protege os seus conhecimentos. Assim, para efeito de avaliação da gestão pública, as oito partes do Modelo de Excelência em Gestão Pública foram transformadas em Critérios para Avaliação da Gestão Pública; a esses critérios foram incorporados referenciais de excelência (requisitos) a partir dos quais a organização pública pode implementar ciclos contínuos de avaliação e melhoria de sua gestão.Apenas para ilustração, observaremos a figura a seguir com as respectivas pontuações máximas do MEGP, destacando os critérios e itens de avaliação.

Critério e Itens de Avaliação

	Critérios e Itens	Pontos
1	Liderança	110
	1.1 Governança pública e governabilidade	40
	1.2 Sistema de Liderança	40
	1.3 Analise de Desempenho da Organização	30
2	Estratégia e Planos	60
	2.1 Formulação das Estratégias	30
	2.2 Implementação das Estratégias	30
3	Cidadãos	60
	3.1 Imagem e conhecimento mútuo	30
	3.2 Relacionamento com os cidadãos-usuários	30
4	Sociedade	60
	4.1 Atuação Socioambiental	20
	4.2 Ética e controle social	20
	4.3 Politica públicas	20
5	Informações e Conhecimento	60
	5.1 Informações da Organização	20
	5.2 Informações Comparativas	20
	5.3 Gestão do Conhecimento	20
6	Pessoas	90
	6.1 Sistema de Trabalho	30
	6.2 Capacitação e Desenvolvimento	30
	6.3 Qualidade de Vida	30
7	Precessos	110
	7.1 Processos finalisticos e processos de apoio	50
	7.2 Processos de suprimento	30
	7.3 Processos orçamentário e financeiros	30
8	Resultados	450
	8.1 Resultado relativo aos cidadão-usuarios	100
	8.2 Resultado relativos à sociedade	100
	8.3 Resultados orçamentários e financeiros	60
	8.4 Resultados relativos às pessoas	60
	8.5 Resultados relativos aos processos de suprimento	30
	8.6 Resultado dos processos finalísticos e dos processos de apoio	100
	Total de Pontos	100

QUADRO RESUMO

MEGP (GESPÚBLICA)		FNQ
Fundamentos	**Princípios Cponstitucionais**	**Fundamentos**
Pensamento sistêmico		Pensamento sistêmico
Aprendizado Organizacional		Aprendizado Organizacional
Cultura da Organização		Cultura da Organização
Liderança e constância de propósitos		Liderança e constância de propósitos
Orientação por processos e informações		Orientação por processos e informações
Visão de futuro		Visão de futuro
Geração de Valor		Geração de Valor
Valorização das pessoas		Valorização das pessoas
Foco no cidadão e na sociedade		Foco no cidadão e na sociedade
Desenvolvimento de parcerias		Desenvolvimento de parcerias
Responsabilidade Social		Responsabilidade Social
Controle Social		
Gestão parcipativa		
	Legalidade	
	Impessoabilidade	
	Moralidade	
	Publicidade	
	Eficiência	

4.6 Ferramentas da Qualidade

São recursos utilizados que identificam e melhoram a qualidade dos produtos, serviços e processos. As ferramentas não servem unicamente para solucionar problemas, elas devem também fazer parte de um processo de planejamento para alcançar objetivos.

As ferramentas básicas da qualidade que serão descritas a seguir têm como objetivo demonstrar a aplicação de cada uma delas, os pré-requisitos para a construção, como fazer e relação entre cada ferramenta.

Segundo Williams (1995), as ferramentas devem ser usadas para controlar a variabilidade, que é a quantidade de diferença em relação a um padrão, sendo que a finalidade das ferramentas é eliminar ou reduzir a variação em produto e serviço.

Para manter os processos estáveis e com um nível de variação mínimo, usam-se duas estratégias:

a) Padronização dos processos da empresa.

b) Controlar a variabilidade dos processos envolvendo as ferramentas adequadas, visando à sua redução.

Os objetivos das ferramentas da qualidade, segundo Oliveira (1995), são:

a) Facilitar a visualização e entendimento dos problemas.

b) Sintetizar o conhecimento e as conclusões.

c) Desenvolver a criatividade.

d) Permitir o conhecimento do processo.

e) Fornecer elementos para o monitoramento dos processos.

Para analisar a variabilidade nos processos, podemos utilizar várias ferramentas, sendo que as citadas a seguir não são as únicas, mas são as mais utilizadas.

Folha de verificação

A folha de verificação é uma das sete ferramentas da qualidade e é considerada a mais simples das ferramentas. Apresenta uma maneira de organizar e apresentar os dados em forma de um quadro, tabela ou planilha, facilitando desta forma a coleta e análise dos dados.

A utilização da folha de verificação economiza tempo, eliminando o trabalho de desenhar figuras ou escrever números repetitivos, não comprometendo a análise dos dados.

A seguir, apresentamos um exemplo de folha de verificação utilizada no levantamento da produção mensal de uma fábrica de biscoitos. Esta folha de verificação é capaz de proporcionar evidência objetiva para análises de eventuais problemas envolvendo a produção de diferentes biscoitos.

	Semana				
Produto	**1**	**2**	**3**	**4**	**Total**
Waffer	100	80	50	40	270
Recheado	50	70	80	100	300
Salgado	50	50	55	45	200
Leite	80	85	79	82	326
Maisena	47	48	50	49	194

De acordo com o exemplo acima, podemos perceber que a produção do biscoito tipo waffer vem diminuindo semana a semana, o que pode ou não ser indício de um problema. Portanto, a folha de verificação tem grande aplicação para levantamento e verificação de dados e fatos.

Na administração da qualidade, não é possível tomar decisões acertadas ou propor planos de melhoria com base apenas em suposições e argumentos que não estejam fundamentados em fatos e dados. Por exemplo, quando um funcionário comenta que o serviço de entrega está ruim, não é possível saber se isso é fato ou opinião, não suportados por qualquer evidência objetiva. Mas, se o funcionário informa que, de acordo com levantamento realizado, das 1500 entregas feitas no mês de setembro, foram registradas 50 reclamações de clientes, o que significa que para cada 30 entregas, uma entrega apresentou problema, ele está comprovando um fato para que uma decisão seja tomada. Mas, para dispor desses dados, é necessário que eles tenham sido coletados. Daí a importância das folhas de verificação: elas possibilitam a coleta dos dados e a sua disponibilidade (são evidências objetivas) para análise e solução de eventuais problemas.

Sobre os fatos é que devem se basear as decisões empresariais, levando-se em conta a melhoria da qualidade de produtos, processos produtivos e serviços. As opiniões devem ser motivadoras e capazes de proporcionar as evidências objetivas nas quais as decisões precisam se apoiar.

Gráfico de pareto (método 80/20 – prioriza problemas)

O diagrama ou gráfico de Pareto é assim definido no Japão segundo Karatsuand Ikeda (1985: 25): "É um diagrama que apresenta os itens e a classe na ordem dos números de ocorrências, apresentando a soma total acumulada." Nos permite visualizar diversos elementos de um problema auxiliando na determinação da sua prioridade.

É representado por barras dispostas em ordem decrescente, com a causa principal vista do lado esquerdo do diagrama, e as causas menores são mostradas em ordem decrescente ao lado direito. Cada barra representa uma causa exibindo a relevante causa com a contribuição de cada uma em relação à total.

É uma das ferramentas mais eficientes para encontrar problemas. Para traçar o diagrama, ele deve ser repetido várias vezes para cada um dos problemas levantados, tomando os itens prioritários como problemas novos.

O diagrama de Pareto descreve as causas que ocorrem na natureza e no comportamento humanos, podendo assim ser uma poderosa ferramenta para focalizar esforços pessoais em problemas, e tem maior potencial de retorno.

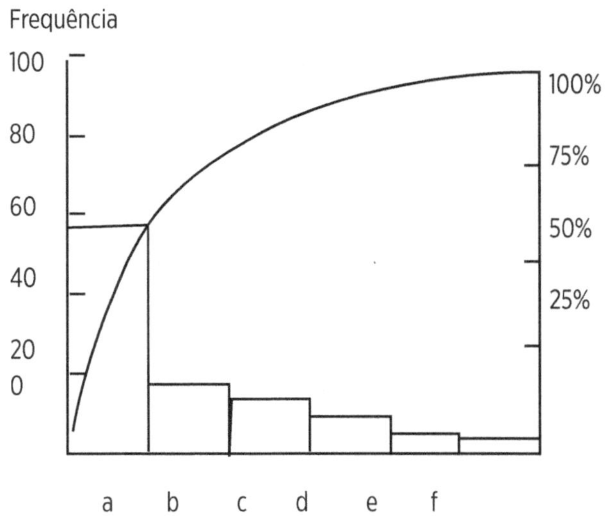

3. Diagrama de causa e efeito (diagrama de espinha de peixe ou diagrama de ishikawa)

É uma representação gráfica que permite a organização das informações possibilitando a identificação das possíveis causas de um determinado problema ou efeito. OLIVEIRA (1995: 29).

Mostra-nos as causas principais de uma ação, as quais dirigem para as subcausas, levando ao resultado final. Foi desenvolvido em 1943 por Ishikawa na Universidade de Tóquio. Ele usou isto para explicar como vários fatores poderiam ser comuns entre si e estar relacionados.

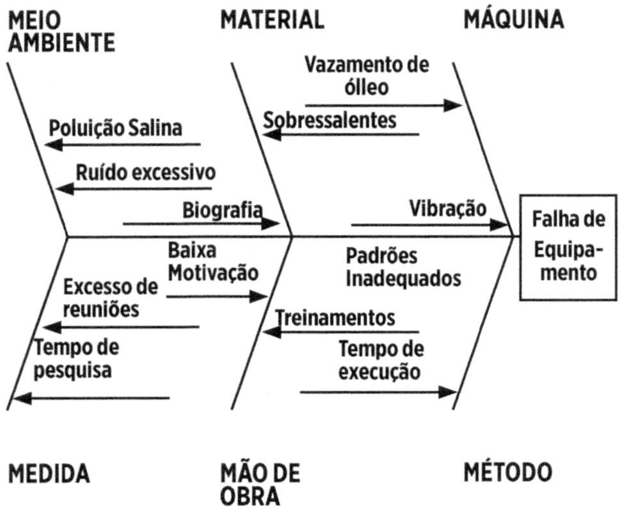

4. Histograma

São gráficos de barras que mostram a variação sobre uma faixa específica, JURAN (1989). O histograma foi desenvolvido por Guerry em 1833 para descrever sua análise de dados sobre crime. Desde então, os histogramas têm sido aplicados para descrever os dados nas mais diversas áreas.

É uma ferramenta que nos possibilita conhecer as características de um processo ou um lote de produto permitindo uma visão geral da variação de um conjunto de dados. ROSALES (1994:52).

A maneira como esses dados se distribuem contribui de uma forma decisiva na identificação dos dados. Eles descrevem a frequência com que variam os processos e a forma de distribuição dos dados como um todo. PALADINI (1994).

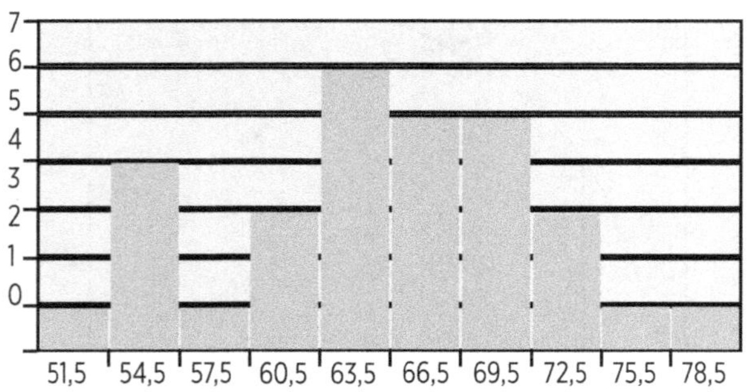

5. Estratificação

A estratificação é o método usado para separar (ou estratificar) um conjunto de dados de modo a perceber que existe um padrão. Quando esse padrão é descoberto, fica fácil detectar o problema e identificar suas causas. A estratificação ajuda a verificar o impacto de uma determinada causa sobre o efeito estudado e ajuda a detectar um problema.

A estratificação começa pela coleta de dados com perguntas do tipo: os turnos de trabalho diferentes podem ser responsáveis por diferenças nos resultados?; os erros cometidos por empregados novos são diferentes dos erros cometidos por empregados mais experientes?; a produção às segundas-feiras é muito diferente da dos outros dias da semana? etc.

Quando a coleta de dados termina, devem-se procurar, primeiramente, padrões relacionados com o tempo ou a sequência, verificando se há diferenças sistemáticas entre os dados coletados. No caso de perguntas como as exemplificadas, devem-se analisar as diferenças entre dias da semana, turnos, operadores etc.

Um exemplo comum de estratificação é o das pesquisas realizadas por institutos de pesquisa que aparecem nos jornais diariamente. Em época de eleições, por exemplo, os dados da pesquisa podem ser estratificados por região de origem, sexo, faixa etária, escolaridade ou classe socioeconômica do eleitor.

6. Gráfico de controle

Os gráficos de controle servem para medirmos a variabilidade de um processo. Por meio da determinação de limites mínimos e máximos de "tolerância", podemos analisar o comportamento de um processo específico.

No caso a seguir, teríamos o número de defeitos em um processo Y em cada mês. Sempre que o processo mostrar um comportamento atípico, como nos meses de fevereiro e setembro, por exemplo, devemos analisar o funcionamento do processo com mais rigor.

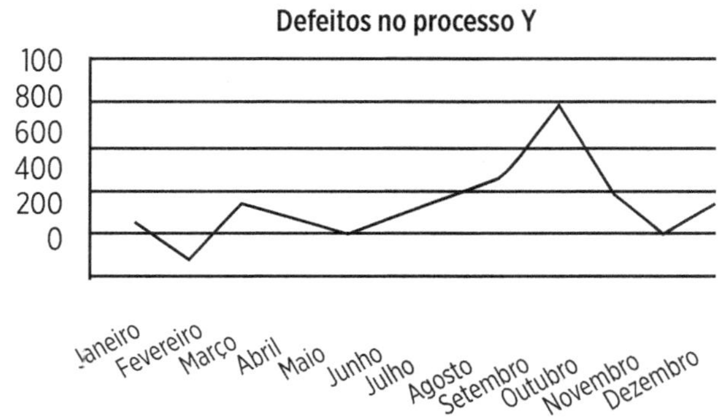

Defeitos no processo Y

Portanto, esse gráfico nos mostra se existe algum fator influenciando de modo especial a qualidade. Quando os valores estiverem dentro da faixa entre o limite inferior e o limite superior, poderíamos dizer que o processo está "sob controle".

Gráfico de dispersão

Os **Diagramas de dispersão** ou **Gráficos de Dispersão** são representações de duas ou mais variáveis que são organizadas em um gráfico, uma em função da outra.

O **diagrama de dispersão** é também utilizado como ferramenta de qualidade. Um método gráfico de análise que permite verificar a existência ou não de relação entre duas variáveis de natureza quantitativa, ou seja, variáveis que podem ser medidas ou contadas, tais como: sinergia, horas de treinamento, intenções, número de horas em ação, jornada, intensidades, velocidade, tamanho do lote, pressão, temperatura etc.

Nesta forma, o diagrama de dispersão é usado para se verificar uma possível relação de causa e efeito. Isto não prova que uma variável afeta a outra, mas torna claro se a relação existe e em que intensidade. Na prática, muitas vezes, temos a necessidade de estudar a relação de correspondência entre duas variáveis.

Idade	Peso	Altura	Idade	Peso	Altura
17	50	1,50	37	52	1,55
18	55	1,58	41	95	1,90
20	72	1,62	28	62	1,65
25	62	1,65	19	79	1,82
17	70	1,71	46	85	1,82
38	83	1,72	74	79	1,90
54	80	1,78	58	85	1,90
64	72	1,80	60	89	2,00

Enxugamento (*downsizing*)

A Qualidade Total representa uma revolução na gestão da entidade, porque os antigos Departamentos de Controle de Qualidade (DCQ) e os sistemas formais de controle é que detinham e centralizavam totalmente essa responsabilidade. A Qualidade Total provocou o enxugamento (*downsizing*) dos DCQs e sua descentralização para o nível operacional. O downsizing promove redução de níveis hierárquicos e enxugamento organizacional para reduzir as operações ao essencial (*core business*) do negócio e transferir o acidental para terceiros que saibam fazê-lo melhor e mais barato (terceirização). O enxugamento substitui a antiga cultura baseada na desconfiança - que alimentava um contingente excessivo de comandos e de controles - para uma nova cultura que incentiva a iniciativa das pessoas. O policiamento externo é substituído pelo comprometimento e autonomia das pessoas, além do investimento em treinamento para melhorar a produtividade.

Terceirização (*outsourcing*)

A terceirização ocorre quando uma operação interna da organização é transferida para outra organização que consiga fazê-la melhor e de forma mais barata. As organizações transferem para outras organizações atividades como malotes, limpeza e manutenção de escritórios e fábricas, serviços de expedição, guarda e vigilância, refeitórios etc. Por essa razão, empresas de consultoria em contabilidade, auditoria, advocacia, engenharia, relações públicas, propaganda etc., representam antigos departamentos ou unidades organizacionais terceirizados para reduzir a estrutura organizacional e dotar a organização de maior agilidade e flexibilidade. A terceirização representa uma transformação de custos fixos em custos variáveis. Na prática, uma simplificação da estrutura e do processo decisório das organizações e uma focalização maior no core business e nos aspectos essenciais do negócio.

Redução do tempo do ciclo de produção

O tempo de ciclo refere-se às etapas seguidas para completar um processo, como ensinar o programa a uma classe, fabricar um carro ou atender um cliente. A simplificação de ciclos de trabalho, a queda de barreiras entre as etapas do trabalho e entre departamentos envolvidos e a remoção de etapas improdutivas no processo permite que a Qualidade Total seja bem-sucedida. O ciclo operacional da organização torna-se mais rápido e o giro do capital mais ainda. A redução do ciclo operacional permite a competição pelo tempo, o atendimento mais rápido do cliente, etapas de produção mais encadeadas entre si, queda de barreiras e obstáculos intermediários. Os conceitos de fábrica enxuta e just in time (JIT) são baseados no ciclo de tempo reduzido.

11.Reengenharia

A reengenharia foi uma reação ao colossal abismo existente entre as mudanças ambientais velozes e intensas e a total inabilidade das organizações em ajustar-se a essas mudanças. Para reduzir a enorme distância entre a velocidade das mudanças ambientais e a permanência das organizações tratou-se de aplicar um remédio forte e amargo. Reengenharia significa fazer uma nova engenharia da estrutura organizacional. Representa uma reconstrução, e não simplesmente uma reforma total ou parcial da empresa. Não se trata de fazer reparos rápidos ou mudanças cosméticas na engenharia atual, mas de fazer um desenho organizacional totalmente novo e diferente. A reengenharia se baseia nos processos empresariais e considera que eles é que devem fundamentar o formato organizacional. Não se pretende melhorar os processos já existentes, mas a sua total substituição por processos inteiramente novos. Nem se pretende automatizar os processos já existentes. Isso seria o mesmo que sofisticar aquilo que é ineficiente ou buscar uma forma ineficiente de fazer as coisas erradas. Nada de pavimentar estradas tortuosas, que continuam tortas apesar de aparentemente novas, mas construir novas estradas modernas e totalmente remodeladas. A reengenharia não se confunde com a melhoria contínua: pretende criar um processo inteiramente novo e baseado na TI, e não o aperfeiçoamento gradativo e lento do processo atual.

Para alguns autores, a reengenharia é o reprojeto dos processos de trabalho e a implementação de novos projetos, enquanto para outros é o repensar fundamental e a reestruturação radical dos processos empresariais visando alcançar enormes melhorias no desempenho de custos, qualidade, atendimento e velocidade. A reengenharia se fundamenta em quatro palavras-chave:

01. **Fundamental. Busca reduzir a organização ao essencial e fundamental. As questões: por que fazemos o que fazemos? E por que fazemos dessa maneira?**
02. **Radical. Impõe uma renovação radical, desconsiderando as estruturas e os procedimentos atuais para inventar novas maneiras de fazer o trabalho.**
03. **Drástica. A reengenharia joga fora tudo o que existe atualmente na empresa. Destrói o antigo e busca sua substituição por algo inteiramente novo. Não aproveita nada do que existe!**
04. **Processos. A reengenharia reorienta o foco para os processos, e não mais para as tarefas ou serviços nem para pessoas ou para a estrutura organizacional. Busca entender o "quê" e o "porquê" e não o "como" do processo.**

A reengenharia está preocupada em fazer cada vez mais com cada vez menos. Seus três componentes são: pessoas, TI e processos. Na verdade, a reengenharia focaliza os processos organizacionais. Um processo é o conjunto de atividades com uma ou mais entradas e que cria uma saída de valor para o cliente. As organizações estão mais voltadas para tarefas, serviços, pessoas ou estruturas, mas não para os seus processos. Ninguém gerencia processos. Na realidade, as organizações são constituídas de vários processos fragmentados que atravessam os departamentos funcionais separados como se fossem diferentes feudos. Melhorar apenas tais processos não resolve. A solução é focalizar a empresa nos seus processos e não nos seus órgãos. Daí, virar o velho e tradicional organograma de cabeça para baixo. Ou jogá-lo fora. A reengenharia trata de processos.

A reengenharia de processos direciona as características organizacionais para os processos. Suas consequências para a organização são:

01. **Os departamentos tendem a desaparecer e ceder lugar a equipes orientadas para os processos e para os clientes. A tradicional departamentalização por funções é substituída por redes de equipes de processos. A orientação interna para funções especializadas dos órgãos cede lugar para uma orientação voltada para os processos e clientes.**
02. **A estrutura organizacional hierarquizada, alta e alongada passa a ser nivelada, achatada e horizontalizada. É o enxugamento (downsizing) da organização para transformá-la de centralizadora e rígida em flexível, maleável e descentralizadora.**
03. **A atividade também muda: as tarefas simples, repetitivas, rotineiras, fragmentadas e especializadas, com ênfase no isolamento individual passam a basear-se em equipes com trabalhos multidimensionais e com ênfase na responsabilidade grupal, solidária e coletiva.**
04. **Os papéis das pessoas deixam de ser moldados por regras e regulamentos internos para a plena autonomia, liberdade e responsabilidade.**
05. **A preparação e o desenvolvimento das pessoas deixam de ser feitos por meio do treinamento específico, com ênfase na posição e no cargo ocupado, para se constituir em uma educação integral e com ênfase na formação da pessoa e nas suas habilidades pessoais.**
06. **As medidas de avaliação do desempenho humano deixam de se concentrar na atividade passada e passam a avaliar os resultados alcançados, a contribuição efetiva e o valor criado à organização e ao cliente.**
07. **Os valores sociais, antes protetores e visando à subordinação das pessoas às suas chefias, agora passam a ser produtivos, visando à orientação das pessoas para o cliente, seja ele interno ou externo.**
08. **Os gestores, antes controladores de resultados e distantes das operações cotidianas, tornam-se líderes e impulsionadores ficando mais próximos das operações e das pessoas.**
09. **Os gestores deixam de ser supervisores dotados de habilidades técnicas e se tornam orientadores e educadores dotados de habilidades interpessoais.**

A reengenharia nada tem a ver com a tradicional departamentalização por processos. Ela simplesmente elimina departamentos e os substitui por equipes. Apesar de estar ligada a demissões em massa devido ao consequente *downsizing* e à substituição de trabalho humano pelo computador, a reengenharia mostrou a importância dos processos horizontais das organizações e do seu tratamento racional.

Benchmarking

O *benchmarking* foi introduzido em 1979 pela Xerox, como um *processo contínuo de avaliar produtos, serviços e práticas dos concorrentes mais fortes e daquelas empresas que são reconhecidas como líderes empresariais*. Spendolini acrescenta que o *benchmarking* é um processo contínuo e sistemático de pesquisa para avaliar produtos, serviços, processos de trabalho de empresas ou organizações que são reconhecidas como representantes das melhores práticas, com o propósito de aprimoramento organizacional. Isso permite comparações de processos e práticas administrativas entre empresas para identificar o "melhor do melhor" e alcançar um nível de superioridade ou vantagem competitiva. O benchmarking encoraja as organizações a pesquisar os fatores-chave que influenciam a produtividade e a qualidade. Essa visualização pode ser aplicada a qualquer função como produção, vendas, recursos humanos, engenharia, pesquisa e desenvolvimento, distribuição etc., o que produz melhores resultados quando implementado na empresa como um todo.

O benchmarking visa desenvolver a habilidade dos administradores de visualizar no mercado as melhores práticas administrativas das empresas consideradas excelentes (benchmarks) em certos aspectos, comparar as mesmas práticas vigentes na empresa focalizada, avaliar a situação e identificar as oportunidades de mudanças dentro da organização. A meta é definir objetivos de gestão e legitimá-los por meio de comparações externas. A comparação costuma ser um saudável método didático, pois desperta para as ações que as empresas excelentes estão desenvolvendo e que servem de lição e de exemplo, de guia e de orientação para as empresas menos inspiradas.

O *benchmarking* exige três objetivos que a organização precisa definir:

01. **Conhecer suas operações e avaliar seus pontos fortes e fracos. Para tanto, deve documentar os passos e práticas dos processos de trabalho, definir medidas de desempenho e diagnosticar suas fragilidades.**
02. **Localizar e conhecer os concorrentes ou organizações líderes do mercado, para poder diferenciar as habilidades, conhecendo seus pontos fortes e fracos e compará-los com os próprios pontos fortes e fracos.**
03. **Incorporar o melhor do melhor adotando os pontos fortes dos concorrentes e, se possível, excedendo-os e ultrapassando-os.**

O *benchmarking* é constituído de 15 estágios, todos eles focalizados no objetivo de comparar competitividade.

A principal barreira à adoção do benchmarking reside em convencer os administradores de que seus desempenhos podem ser melhorados e excedidos. Isso requer uma paciente abordagem e apresentação de evidências de melhores métodos utilizados por outras organizações. O *benchmarking* requer consenso e comprometimento das pessoas. Seu principal benefício é a competitividade, pois ajuda a desenvolver um esquema de como a operação pode sofrer mudanças para atingir um desempenho superior e excelente.

Job enrichment e *job enlargement*

O desenho contingencial de cargos é dinâmico e privilegia a mudança em função do desenvolvimento pessoal do ocupante.

Em outros termos, permite a adaptação do cargo ao potencial de desenvolvimento pessoal do ocupante. Essa adaptação contínua é feita pelo enriquecimento de cargos. Enriquecimento de cargos significa a reorganização e ampliação do cargo para proporcionar adequação ao ocupante no sentido de aumentar a satisfação intrínseca, por meio do acréscimo de variedade, autonomia, significado das tarefas, identidade com as tarefas e retroação. Segundo a teoria dos dois fatores de Herzberg, o enriquecimento de cargos constitui a maneira de obter satisfação intrínseca por meio do cargo. É que o cargo é pequeno demais para o espírito de muitas pessoas. Em outras palavras, os cargos não são suficientemente grandes para a maioria das pessoas e precisam ser redimensionados. O enriquecimento do cargo — ou ampliação do cargo - torna-se a maneira prática e viável para a adequação permanente do cargo ao crescimento profissional do ocupante. Consiste em aumentar de maneira deliberada e gradativa os objetivos, responsabilidades e desafios das tarefas do cargo para ajustá-los às características progressivas do ocupante. O enriquecimento do cargo pode ser lateral ou horizontal (carga lateral com a adição de novas responsabilidades do mesmo nível) ou vertical (carga vertical com adição de novas responsabilidades mais elevadas).

A adequação do cargo ao ocupante melhora o relacionamento entre as pessoas e o seu trabalho, incluindo novas oportunidades de iniciar outras mudanças na organização e na cultura organizacional e de melhorar a qualidade de vida no trabalho. O que se espera do enriquecimento de cargos é não apenas uma melhoria das condições de trabalho, mas, sobretudo, um aumento da produtividade e redução das taxas de rotatividade e de absenteísmo do pessoal. Uma experiência desse tipo introduz um novo conceito de cultura e clima organizacional, tanto na fábrica como no escritório: reeducação da gerência e da chefia, descentralização da gestão de pessoas, delegação de responsabilidades, maiores oportunidades de participação etc. O enriquecimento de cargos oferece as seguintes vantagens:

01. Elevada motivação intrínseca do trabalho.

02. Desempenho de alta qualidade no trabalho.

03. Elevada satisfação com o trabalho.

04. Redução de faltas (absenteísmo) e de desligamentos (rotatividade).

As pessoas que executam trabalhos interessantes e desafiadores estão mais satisfeitas com eles do que as que executam tarefas repetitivas e rotineiras. Os resultados do trabalho aumentam quando estão presentes três estados psicológicos críticos nas pessoas que o executam, a saber:

01. Quando a pessoa encara o seu trabalho como significativo ou de valor.

02. Quando a pessoa se sente responsável pelos resultados do trabalho.

03. Quando a pessoa conhece os resultados que obtém fazendo o trabalho.

14. *Brainstorming*

Brainstorming, ou técnica da tempestade cerebral, traz à lembrança chuvas e trovoadas (ideias e sugestões) seguidas de bonança e tranquilidade (solução). É uma técnica utilizada para gerar ideias criativas que possam resolver problemas da organização. É feita em sessões que duram de 10 a 15 minutos e envolve um número de participantes - não maior que 15 - que se reúnem ao redor de uma mesa para dizer palavras que veem à mente quando se emite uma palavra-base. Isso permite gerar tantas ideias quanto for possível. Os participantes são estimulados a produzir, sem qualquer crítica nem censura, o maior número de ideias sobre determinado assunto ou problema.

Em uma primeira etapa, o brainstonning visa obter a máxima quantidade possível de contribuições em forma de ideias e que constituirão o material de trabalho para a segunda etapa, em que se selecionam as ideias mais promissoras. A primeira etapa chama-se geração de ideias e pode ser feita de modo estruturado (um participante de cada vez em sequência) ou não estruturado (cada um fala a sua ideia quando quiser e sem nenhuma sequência). O modo estruturado permite a obtenção da participação de todos. As ideias são anotadas em um quadro, sem nenhuma preocupação de interpretar o que o participante quis dizer. Na segunda etapa, as ideias serão discutidas e reorganizadas para verificar quais são as que têm possibilidade de aplicação e de gerar soluções para o problema em foco. O brainstorming é uma técnica que se baseia em quatro princípios básicos:

01. Quanto maior o número de ideias, maior a probabilidade de boas ideias.

02. Quanto mais extravagante ou menos convencional a ideia, melhor.

03. Quanto maior a participação das pessoas, maiores as possibilidades de contribuição, qualidade, acerto e implementação.

04. Quanto menor o senso crítico e a censura íntima, mais criativas e inovadoras serão as ideias.

O *brainstorming* elimina totalmente qualquer tipo de regra ou limitação, mas se assenta nos seguintes aspectos:

01. É proibida a crítica de qualquer pessoa sobre as ideias alheias.

02. Deve ser encorajada a livre criação de ideias.

03. Quanto mais ideias surgirem, melhor.

04. Deve ser encorajada a combinação ou modificação de ideias.

Histogramas

Histograma é uma representação gráfica da distribuição de frequências de massa de medições; é normalmente um gráfico de barras verticais.

Fluxograma

Fluxograma é um tipo de diagrama, e pode ser entendido como uma representação esquemática de um processo, muitas vezes feito por meio de gráficos que ilustram de forma descomplicada a transição de informações entre os elementos que o compõem. Podemos entendê-lo, na prática, como a documentação dos passos necessários para a execução de um processo qualquer. É uma das sete ferramentas da qualidade. É muito utilizada em fábricas e indústrias para a organização de produtos e processos.

Matriz gut

É uma ferramenta muito importante para a gestão de problemas dentro de uma empresa, e mostra-se bastante eficaz, apesar da simplicidade no desenvolvimento e manutenção. Ela está ligada, geralmente, à Matriz SWOT e à sua análise dos ambientes interno e externo da empresa, onde analisa a prioridade de resolução de um problema, que pode estar dentro ou fora da empresa.

A grande vantagem em se utilizar a Matriz GUT é que ela auxilia o gestor a avaliar de forma quantitativa os problemas da empresa, tornando possível priorizar as ações corretivas e preventivas para o extermínio total ou parcial do problema.

Para montar a Matriz GUT, é necessário listar todos os problemas relacionados às atividades realizadas no departamento, na empresa ou até mesmo nos processos, por exemplo. Em seguida são atribuídas notas para cada problema listado, dentro dos três aspectos principais que serão analisados: Gravidade, Urgência e Tendência.

As notas devem ser atribuídas seguindo a seguinte escala crescente: nota 5, para os maiores valores, e 1, para os menores valores.

Gravidade: representa o impacto do problema analisado caso ele venha a acontecer. É analisado sobre alguns aspectos, como: tarefas, pessoas, resultados, processos, organizações etc., analisando sempre seus efeitos a médio e longo prazo, caso o problema em questão não seja resolvido.

Urgência: representa o prazo, o tempo disponível ou necessário para resolver um determinado problema analisado. Quanto maior a urgência, menor será o tempo disponível para resolver esse problema. É recomendado que seja feita a seguinte pergunta: "A resolução deste problema pode esperar ou deve ser realizada imediatamente?".

Tendência: representa o potencial de crescimento do problema, a probabilidade de o problema se tornar maior com o passar do tempo. É a avaliação da tendência de crescimento, redução ou desaparecimento do problema. Recomenda-se fazer a seguinte pergunta: "Se eu não resolver esse problema agora, ele vai piorar pouco a pouco ou vai piorar bruscamente?".

Após definir e listar os problemas e dar uma nota a cada um deles, é necessário somar os valores de cada um dos aspectos: Gravidade, Urgência e Tendência, para então obtermos aqueles problemas que serão nossas prioridades. Aqueles que apresentarem um valor maior de prioridade serão os que deveremos enfrentar primeiro, uma vez que serão os mais graves, urgentes e com maior tendência a se tornarem piores.

5w2h

O **5W2H,** basicamente, é um checklist de determinadas atividades que precisam ser desenvolvidas com o máximo de clareza possível por parte dos colaboradores da empresa.

Ele funciona como um mapeamento destas atividades, no qual ficará estabelecido o que será feito, quem fará o quê, em qual período de tempo, em qual área da empresa e todos os motivos pelos quais esta atividade deve ser feita.

Esta ferramenta é extremamente útil para as empresas, uma vez que elimina por completo qualquer dúvida que possa surgir sobre um processo ou sua atividade. Em um meio ágil e competitivo, como é o ambiente corporativo, a ausência de dúvidas agiliza e muito as atividades a serem desenvolvidas por colaboradores de setores ou áreas diferentes. Afinal, um erro na transmissão de informações pode acarretar diversos prejuízos a uma empresa. Por isso, é preciso ficar atento a essas questões decisivas, e o **5W2H** é excelente neste quesito!

Por que 5w2h?

O nome desta ferramenta foi assim estabelecido por juntar as primeiras letras dos nomes (em inglês) das diretrizes utilizadas neste processo. Abaixo é possível ver cada uma delas e o que elas representam:

5W					2H	
What	**Why**	**Where**	**When**	**Who**	**How**	**Howmuch**
O que será feito (etapas)	Por que será feito (justificativa)	Onde será feito (local)	Quando será feito (tempo)	Por quem será feito (responsabilidade)	Como será feito (método)	Quanto custará fazer (custo)

Há ainda outros 2 tipos de nomenclatura para esta ferramenta, o **5W1H** (em que se exclui o "H" referente ao "How much") e o mais recente **5W3H** (em que se inclui o "H" referente ao "How many", ou Quantos). Todas elas podem ser utilizadas perfeitamente, dependendo da necessidade do gestor, respeitando sempre as características individuais, e todas já foram cobradas em prova.

Deming e Juran são, frequentemente, considerados os Pais da Qualidade. Joseph Juran (1904-2008) é considerado o primeiro a aplicar os princípios da qualidade à estratégia empresarial. Juran ficou famoso por definir que a qualidade deve se basear sempre em três etapas: planejamento, controle e melhoria. Estas etapas são conhecidas como Trilogia Juran. Deming estabeleceu 14 princípios.

5. GESTÃO DE PROJETOS

De início, temos que entender o **conceito do termo "Projeto"** no contexto da Administração e da Gestão Pública, já que esse termo também é utilizado em outras áreas do conhecimento (projeto de lei, por exemplo).

O guia do PMBOK (publicação oficial do Instituto Internacional que define as regras de gerenciamento de Projetos, o PMI – Project Management Institute) oferece uma definição bastante simples, projeto é **"um esforço temporário empreendido para criar um produto, serviço ou resultado exclusivo"**.

Outras definições:

Projeto é um empreendimento não repetitivo, caracterizado por uma sequência clara e lógica de eventos, com início, meio e fim, que se destina a atingir um objetivo claro e definido, sendo conduzido por pessoas dentro de parâmetros pré-definidos de tempo, custo, recursos envolvidos e qualidade. (RICARDO VIANA VARGAS)

Projeto é um conjunto de ações, executado de maneira coordenada por uma organização transitória, ao qual são alocados os insumos necessários para, em certo prazo, alcançar ou superar expectativas e necessidades do cliente. (BOENTE)

Vejamos, então, as principais características de um projeto:

FINITUDE: possui início, meio e fim. Atenção, pois o fim de um projeto não é apenas atingido quando os objetivos são alcançados. Um projeto também pode ser finalizado quando se chega à conclusão de que não será possível atingir os objetivos estabelecidos ou quando se percebe que o projeto não é mais necessário. Além disso, a característica de temporalidade não quer dizer que os projetos têm curta duração. Pelo contrário, muitos projetos duram anos. O que é importante fixar é que, em todos os casos, a duração de um projeto é finita. Projetos não são esforços contínuos.

Uma observação importante a fazer é que *"geralmente o termo 'temporário' não se aplica ao produto, serviço ou resultado criado pelo projeto. A maioria dos projetos é realizada para criar um resultado duradouro"*.

FOCO: tem um objetivo claro e definido. Para minimizar as incertezas de um projeto, a definição clara do que se espera é essencial. **Todo o planejamento do projeto será estruturado com base no objetivo a ser atingido**. E só é possível dizer se o projeto foi um sucesso ou não se os objetivos foram definidos e divulgados de maneira clara a todas as partes envolvidas, para que a comparação do resultado alcançado com o resultado esperado seja real.

SINGULARIDADE: visa à criação de um produto, serviço ou resultado ÚNICO, com características exclusivas, mesmo que haja similares, ou que projetos parecidos se repitam de tempos em tempos. Por exemplo, digamos que uma associação médica promova um congresso anual, cada vez em uma cidade diferente. Apesar de todos os anos o congresso acontecer, cada evento será um projeto diferente e único, com resultados exclusivos.

LIMITES: possui parâmetros de custo, recursos, qualidade e tempo. Todo projeto possui restrições, sejam elas de ordem orçamentária, de pessoal, de critérios específicos de aceitação do produto etc.

INCERTEZA: como um projeto visa ao desenvolvimento de algo único e novo, sempre há um componente de incerteza, em menor ou maior grau, na sua execução. Para buscar minimizar tais incertezas, o planejamento e o controle devem ser realizados de maneira muito cuidadosa, com análises de risco e viabilidade, de acordo com o tipo de projeto.

ELABORAÇÃO PROGRESSIVA: significa desenvolver em etapas e continuar por incrementos. Por exemplo, o escopo do projeto será descrito de maneira geral no seu início e se tornará mais explícito e detalhado conforme a equipe do projeto desenvolve um entendimento mais completo dos objetivos e das entregas. A elaboração progressiva não deve ser confundida com aumento do escopo. Ainda neste capítulo veremos em detalhes o significado de escopo e como é feito seu gerenciamento.

INTERDISCIPLINARIEDADE: o desenvolvimento de projetos requer uma gama de conhecimentos diferenciados. A metodologia de gestão de projeto compreende, além de técnicas específicas da área de projetos, ferramentas e conceitos de outras disciplinas tais como administração em geral, planejamento, controle de qualidade, informática, estatística, custos e orçamento, entre outras.

5.1 Projetos X Operações

- Semelhanças:
  - realizado por pessoas;
  - recursos limitados;
  - planejado, executado e controlado.
- diferenças:
  - operações são contínuas e repetidas; projetos são temporários e exclusivos;
  - projetos atingem seus objetivos e terminam; operações adotam um novo conjunto de objetivos e continuam.

5.2 Gerenciamento de Projetos

O pmi e o pmbok

Conheceremos agora a instituição que é a maior referência em gestão de projetos atualmente e a referência bibliográfica mais famosa e mais cobrada em concursos nessa área.

O PMI - *Project Management Institute* - foi criado em 1969 na Pensilvânia, Estados Unidos, com o objetivo de ser uma instituição que padronizasse termos e conceitos e divulgasse os conhecimentos em gerência de projetos.

Em 1990, o PMI publicou o *"A Guide to the Project Management Body of Knowledge (PMBOK Guide)"*, um guia que abrange as áreas do conhecimento que regem as regras do gerenciamento de projetos. Este guia se tornou a publicação central do PMI, sendo aceita, desde 1999, como padrão de gerenciamento de projetos pelo ANSI (*American National Standarts Institute*).

Atualmente, o PMI compartilha seus padrões técnicos com a comunidade internacional de Gerência de Projetos por meio de mais de 200.000 associados em 125 países, praticando e estudando o Gerenciamento de Projetos nas mais diferentes atividades, incluindo a indústria aeroespacial, automotiva, gerenciamento de negócios, engenharia de construções, serviços financeiros, Tecnologia da Informação, farmacêutica e telecomunicações.

O principal objetivo do Guia PMBOK é identificar o subconjunto do Conjunto de conhecimentos em gerenciamento de projetos que é amplamente reconhecido como boa prática. "Amplamente reconhecido" significa que o conhecimento e as práticas descritas são aplicáveis à maioria dos projetos na maior parte do tempo, e que existe um consenso geral em relação ao seu valor e sua utilidade. "Boa prática" significa que existe acordo geral de que a aplicação correta dessas habilidades, ferramentas e técnicas podem aumentar as chances de sucesso em uma ampla série de projetos diferentes.

segundo Maximiano, o Guia PMBOK é o documento que sistematiza o campo da administração de projetos, identificando e definindo os principais conceitos e técnicas que as pessoas envolvidas e interessadas nesse campo devem dominar.

Ainda de acordo com Maximiano, os outros objetivos do PMBOK contribuem para a criação de uma linguagem comum para a área e fornecem as bases para programas de treinamento e educação em administração de projetos.

Os projetos são constituídos de Portfólios, Programas, Projetos, Subprojetos.

- Portfólio: conjunto de programas ou projetos agrupados, não necessariamente interdependentes ou relacionados.
- Programa: conjunto de projetos (um projeto pode ou não fazer parte de um programa).
- Os subprojetos podem ser chamados de projetos e gerenciados como tal.

5.3 Ciclo de Vida do Projeto

Determina as fases do projeto, caracterizada pela entrega de um subproduto.

- avaliação é realizada no final de cada fase para identificar os pontos de melhoria;
- o ciclo de vida do projeto é diferente do ciclo de vida do produto, pois um produto pode ter muitos projetos associados a ele;
- as fases podem ser:
  - sequenciais: só têm início depois que a anterior termina.
  - sobrepostas: têm início antes do término da anterior;
  - iterativas: uma fase é planejada e as demais são planejadas à medida que o trabalho avança.

O ciclo de vida do projeto define

- que trabalho técnico deve ser realizado em cada fase;
- quando as entregas devem ser geradas em cada fase e como cada entrega é revisada, verificada e validada;
- quem está envolvido em cada fase;
- como controlar e aprovar cada fase.

Fases do ciclo de vida do projeto

Fases de Preparação ou Iniciação: identificação da demanda e a necessidade do projeto, com a definição do objetivo e a elaboração de planos preliminares.

Fases de Estruturação (Planejamento): detalhamento do que será realizado, com cronogramas, interdependências entre atividades, recursos envolvidos, custos.

Fases de Desenvolvimento e Implementação: as atividades previstas são efetivamente executadas.

Fases de Controle e monitoramento: podem ocorrer em paralelo com as fases de desenvolvimento, nas quais se corrigem os desvios.

Fases de Finalização ou encerramento: o produto final é entregue e aceito, e a estrutura é desmobilizada.

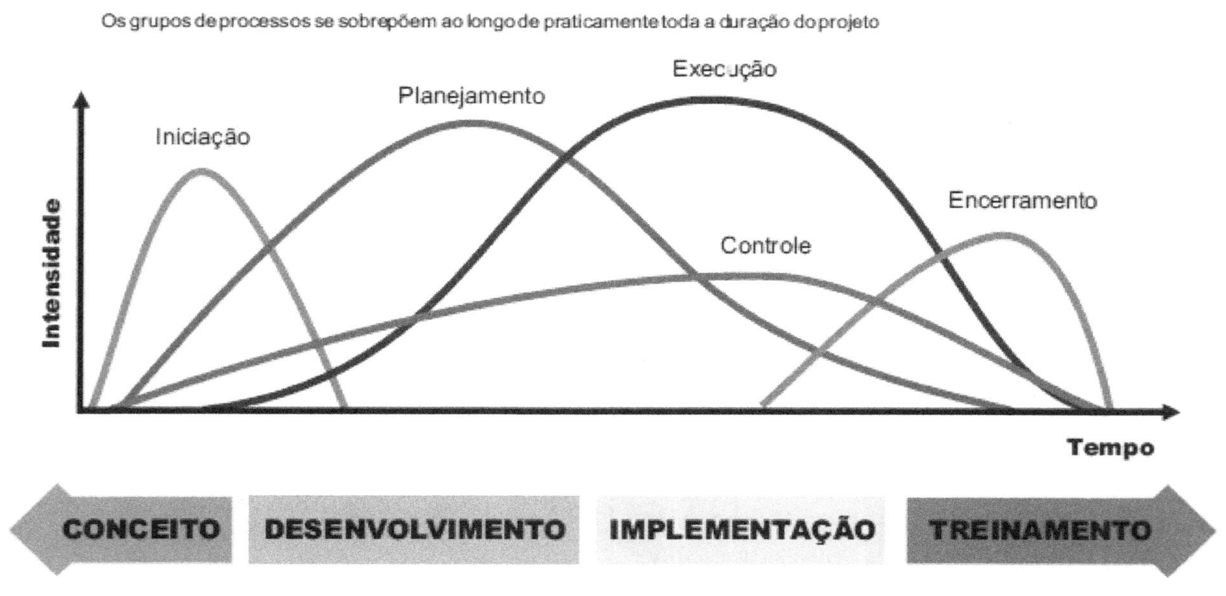

FASES DO CICLO DE VIDA DO PROJETO

Características do ciclo de vida

Os níveis de **custo e de pessoal** são baixos no início, máximos na execução e caem rapidamente conforme o projeto é finalizado.

A influência das **partes interessadas**, os riscos e as incertezas são maiores no início e caem ao longo da vida do projeto.

Os custos das **mudanças e correções de erros** aumentam conforme o projeto se aproxima do término. O impacto sobre os custos da mudança é menor no início.

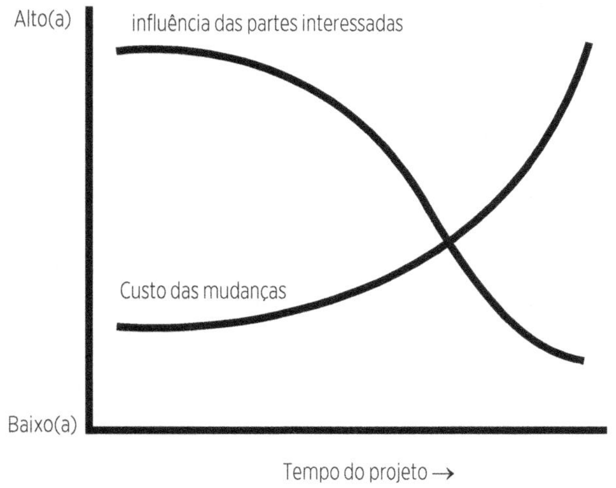

5.4 PMO – Escritório de Projetos

O **escritório de projetos** é uma unidade central que coordena, apoia e gerencia os projetos, podendo executá-los diretamente.

O Escritório de Projetos (*Project Management Office* – PMO) é uma unidade formal criada para tornar a gestão de projetos mais profissional na organização, padronizando procedimentos, orientando os gerentes de projetos técnica e metodologicamente e dando suporte à alta administração.

O PMO é um pequeno grupo de pessoas que têm relacionamento direto com todos os projetos da empresa, seja prestando consultoria e treinamento, seja efetuando auditoria e acompanhamento de desempenho. É importante saber que a configuração de um escritório de projetos é muito variável entre as organizações.

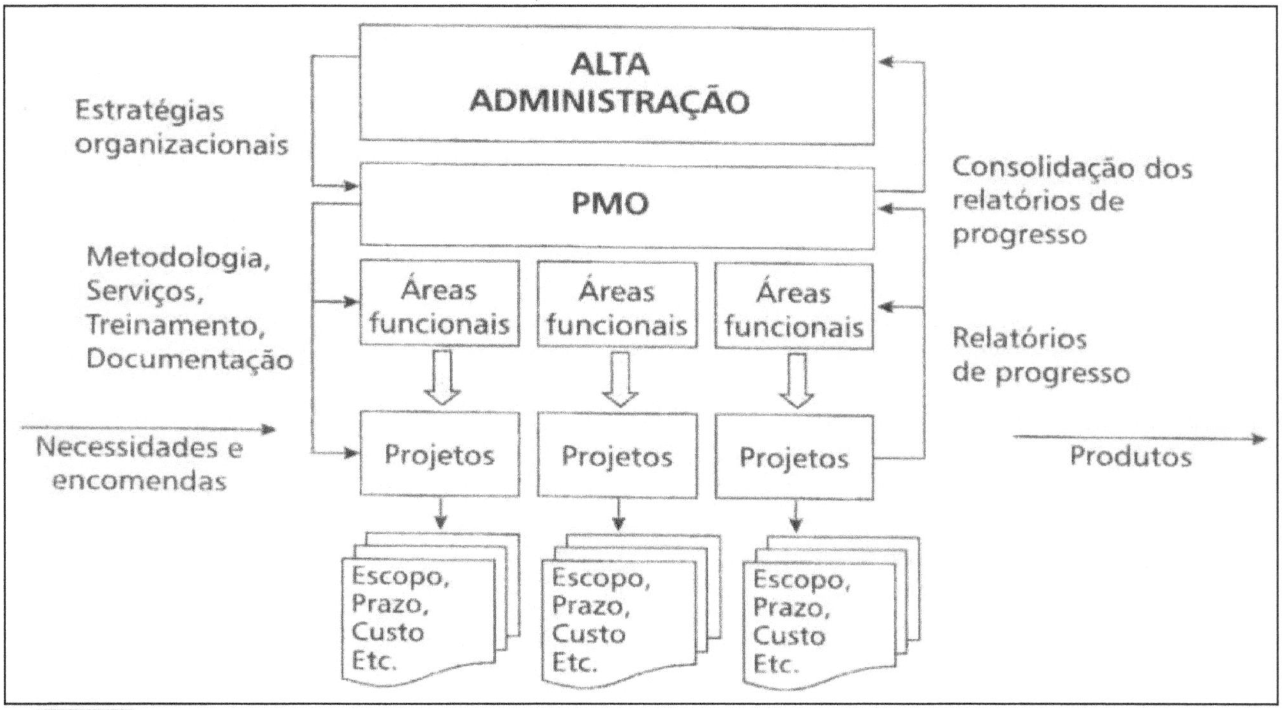

O PMP (Project Management Professional) é o profissional de gerenciamento de projetos, ou seja, o gerente do projeto. Ele gerencia as restrições dos projetos individuais, controlando os recursos disponíveis (orçamento, cronograma etc.) para atingir os objetivos específicos do projeto que está sob sua responsabilidade. Ele deve ter conhecimento sobre o gerenciamento de projetos, ser capaz de aplicar este conhecimento para obter desempenho e ter capacidade de orientar, gerenciar e liderar o seu pessoal para que todos estejam engajados com o projeto, mesmo considerando suas restrições.

5.5 Partes Interessadas no Projeto - Stakeholders

Partes interessadas no projeto ou Stakeholders são pessoas e organizações ativamente envolvidas no projeto ou cujos interesses podem ser afetados como resultado da execução ou do término do projeto. Eles podem também exercer influência sobre os objetivos e resultados do projeto. A equipe de gerenciamento de projetos precisa identificar as partes interessadas, determinar suas necessidades e expectativas e, na medida do possível, gerenciar sua influência em relação aos requisitos para garantir um projeto bem-sucedido.

As principais partes interessadas em todos os projetos incluem:

Gerente de projetos: a pessoa responsável pelo gerenciamento do projeto.

Cliente/usuário: a pessoa ou organização que utilizará o produto do projeto.

Organização executora: a empresa cujos funcionários estão mais diretamente envolvidos na execução do trabalho do projeto.

Membros da equipe do projeto: o grupo que está executando o trabalho do projeto.

Equipe de gerenciamento de projetos: os membros da equipe do projeto que estão diretamente envolvidos nas atividades de gerenciamento de projetos.

Patrocinador: a pessoa ou o grupo que fornece os recursos financeiros, em dinheiro ou em espécie, para o projeto.

Influenciadores: pessoas ou grupos que não estão diretamente relacionados à aquisição ou ao uso do produto do projeto, mas que, devido à posição de uma pessoa na organização do cliente ou na organização executora, podem influenciar, positiva ou negativamente, o andamento do projeto.

PMO: se existir na organização executora, o PMO poderá ser uma parte interessada se tiver responsabilidade direta ou indireta pelo resultado do projeto.

Os Stakeholders podem ser divididos em:

Stakeholders Primários: possuem obrigação contratual ou legal com o projeto. Ex: gerentes funcionais, diretores, gerente de projeto, equipe, clientes, empregados, credores, acionistas.

Stakeholders Secundários: não têm nenhuma relação formal com o projeto, mas podem exercer poder, como ações legais, pressões políticas e sociais, apoio da mídia. Ex.: Organizações sociais, políticas, ambientalistas, concorrentes, comunidade local, mídia, escolas, hospitais.

O gerente do projeto deve conhecer e se comunicar com todos os Stakeholders; conhecer suas expectativas e requisitos e gerenciar suas influências.

Áreas de conhecimento em gerenciamento de projetos

O PMI organiza os processos da gerência de projetos em **dez áreas de conhecimento**, também chamadas de "**dez gerências**" por alguns autores.

Essa é uma divisão que considera o conteúdo do que se está gerenciando, a temática dos processos. As DEZ áreas de conhecimento (ATUALIZADA PELO PMBOK 5ªedição) são:

Gerência da Integração: envolve os processos necessários para assegurar que os diversos elementos do projeto sejam adequadamente coordenados. No contexto do gerenciamento de projetos, a integração inclui características de unificação, consolidação, articulação e ações integradoras que são essenciais para o término do projeto, para atender com sucesso às necessidades do cliente e de outras partes interessadas e para gerenciar as expectativas.

Gerência do Escopo: inclui os processos que asseguram que o projeto deverá abranger todo o trabalho necessário, e somente o trabalho necessário, para completar o projeto com sucesso. O foco dessa área é a abrangência do projeto, a definição exata do que deve ser realizado, para que a equipe não gaste esforços com atividades não contempladas oficialmente no projeto.

> Estrutura Analítica de Projetos - A EAP é uma decomposição hierárquica orientada à entrega do trabalho a ser executado pela equipe do projeto, para atingir os objetivos do projeto e criar as entregas necessárias. A EAP organiza e define o escopo total do projeto. A EAP subdivide o trabalho do projeto em partes menores e mais facilmente gerenciáveis, em que cada nível descendente da EAP representa uma definição cada vez mais detalhada do trabalho do projeto. É possível agendar, estimar custos, monitorar e controlar o trabalho planejado contido nos componentes de nível mais baixo da EAP, denominados pacotes de trabalho. A EAP envolve as entradas, as ferramentas e técnicas empregadas e as saídas do projeto.

Gerência do Tempo: contempla os processos necessários para garantir que o projeto termine dentro do prazo estipulado. Envolve definição, sequência e estimativa de duração das atividades, assim como elaboração e controle do cronograma.

Gerência do Custo: estabelece os processos que garantem que o projeto seja finalizado dentro do orçamento calculado. Engloba planejamento de recursos, estimativa, orçamento e controle de custos.

Gerência da Qualidade: incorpora os processos que buscam garantir que as necessidades que originaram o desenvolvimento do projeto sejam atendidas.

Gerência dos Recursos Humanos: busca utilizar, da melhor forma, as habilidades das pessoas envolvidas no projeto. Está relacionada à montagem e ao desenvolvimento da equipe.

Gerência das Comunicações: objetiva a geração, a captura, a distribuição, o armazenamento e a apresentação das informações do projeto sejam feitas de forma adequada e no tempo correto. Inclui o planejamento das comunicações e relato de desempenho, dentre outros processos.

Gerência dos Riscos: engloba a identificação, análise e respostas aos riscos do projeto. É composta por identificação, quantificação e análise de riscos, além do desenvolvimento e controle das respostas aos riscos.

O PMBOK traz um modelo de EAR-Estrutura Analítica de Riscos, que corresponde a uma representação dos riscos identificados, organizada hierarquicamente, em que os riscos são ordenados por categoria e subcategoria, com identificação das diversas áreas e causas de riscos potenciais. Os objetivos da análise de riscos são: reduzir a probabilidade e o impacto de eventos negativos e aumentar a de eventos positivos.Trata-se de uma atividade recente (que vem ganhando destaque) e parte significativa dos projetos ainda não inclui o gerenciamento de riscos – embora muitos autores afirmem que "gerenciar projetos é gerenciar riscos".

Técnica Delphi: é uma técnica usada no gerenciamento de riscos que serve para se buscar um consenso entre especialistas em uma determinada área. Ela é especialmente útil para que especialistas gerem ideias sobre os riscos enfrentados, no processo de identificação de riscos. Eles participam de maneira anônima, respondendo questões a sobre alguns aspectos do projeto. Essas respostas são resumidas e redistribuídas para que os especialistas façam novos comentários. Este processo é repetido por algumas rodadas até que seja alcançado um consenso, reduzindo a parcialidade que decorre da influência indevida de algum dos especialistas.

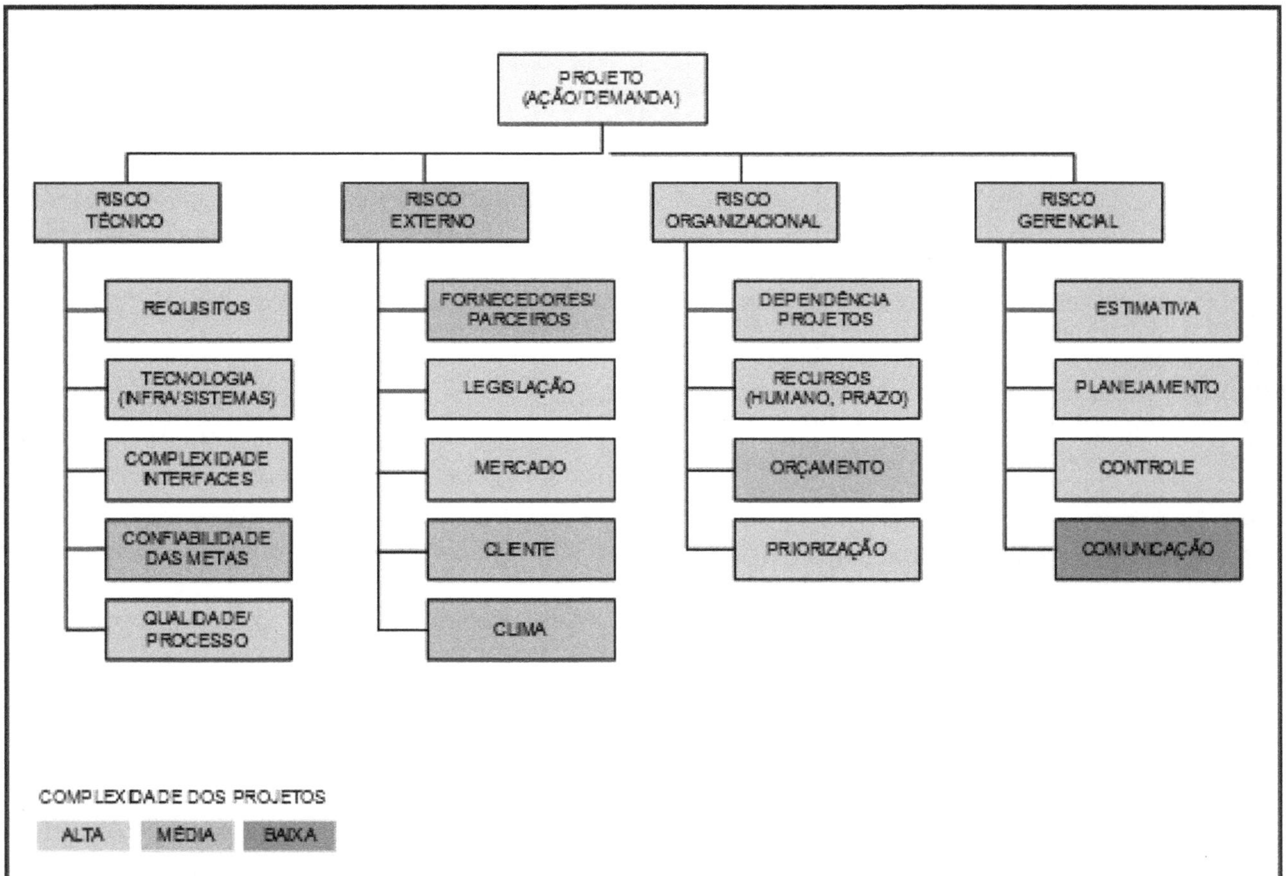

Gerência das aquisições: envolve os processos utilizados para aquisições de mercadorias, serviços e resultados necessários ao desenvolvimento do projeto, como o planejamento das aquisições, obtenção de propostas, seleção de fornecedores e administração de contratos.

Gerência das Partes Interessadas: são indivíduos ou organizações que estejam ativamente envolvidos no projeto de forma positiva e também negativa e que possuem seus interesses próprios relacionados ao projeto. São eles: clientes, fornecedores, gerente e equipe de projeto, usuários do produto do projeto, organizações governamentais e não governamentais, meio ambiente etc.

Grupos de processos

O PMBOK define que existem cinco grupos de processos de gerência de projetos que descrevem a natureza dos processos. Os grupos de processos não são fases do projeto. DAG: VERIFIQUE O TAMANHO DO SUBLINHADO ABAIXO ESTÃO DIFERENTES

> Grupos de Processos Iniciação: definir o projeto ou uma nova fase do projeto por meio da obtenção de autorização.
> Grupos de Processos Planejamento: definir escopo, refinar objetivos, desenvolver curso de ação para alcançar objetivos.
> Grupos de Processos Execução: executar o trabalho definido no plano de gerenciamento do projeto conforme especificações.
> Grupos de Processos Monitoramento e controle: verificar o progresso e o desempenho, áreas de mudança no plano e iniciar mudanças.
> Grupos de Processos Encerramento: para finalizar todas as atividades, para encerrar o projeto.

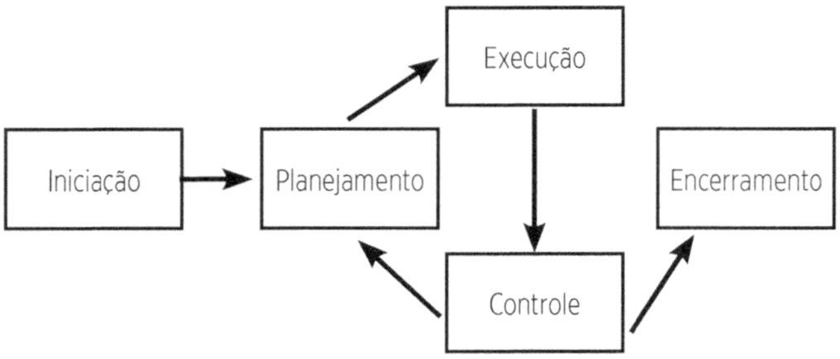

Esses **5 grupos de processos** abrangem **10 áreas de conhecimento**. A partir desta combinação de grupos de processos com áreas de conhecimento, o Guia PMBOK® 5ª edição apresenta **47 processos** que são sugeridos como necessários e aplicáveis para se gerenciar um projeto, desde o seu início até a sua entrega.

Os grupos de processos NÃO são fases ou etapas do projeto! Apesar de os nomes serem parecidos, é preciso compreender que as etapas representam o ciclo de vida do projeto, com início, meio e fim (4 etapas). Os Grupos de processos (5 grupos) se repetem ao longo das várias fases estabelecidas para o seu projeto. Assim, no projeto como um todo, haverá a execução dos diferentes processos, em diferentes grupos, ao longo de todo o projeto! Não há mistério aqui, é preciso apenas memorizar!

5.6 Curiosidades Sobre o Assunto

CPM – Critical Path Method (ou Método do Caminho Crítico) – é uma metodologia utilizada no planejamento de projetos: ele está diretamente relacionado com o **planejamento do tempo do projeto**, no sentido de minimizar o tempo total de sua duração; é elaborado para otimizar/minimizar o tempo de realização do projeto. No entanto, uma vez definidas as atividades críticas e estabelecido o período total de tempo – **esse tempo representa o prazo máximo de duração do projeto:** o caminho crítico passa a representar o prazo máximo aceito para a realização do projeto.

O **caminho crítico** identifica as atividades principais/críticas/gargalo; aquelas que não podem atrasar, visto que comprometeriam a realização do projeto: é utilizado para definir um conjunto de atividades a serem executadas em uma sequência lógico-evolutiva, e que devem ser realizadas nas datas previamente estabelecidas, sem atrasos, para que o projeto possa ser concluído dentro do prazo definido.

Nessa lógica, se o prazo total foi excedido, é porque **ao menos uma atividade do caminho crítico** foi concluída com atraso. Por outro lado, é possível que determinada(s) atividade(s) – **que não faça(m) parte do caminho crítico** – seja(m) concluída(s) fora do prazo e, mesmo assim, o projeto seja executado no prazo esperado.

> Somente as atividades críticas fazem parte do caminho crítico: essas atividades condicionam o tempo total de duração do projeto.

A técnica **PERT** - *Program Evaluation and Review Technique* - também é utilizada no planejamento do tempo estimado do projeto, de forma similar ao método CPM. Ambos utilizam o conceito de redes para planejar, visualizar e coordenar as atividades do projeto.

A diferença, no entanto, consiste no seguinte: o **método CPM** utiliza o caminho crítico, cujas atividades não podem sofrer atrasos sem que se reflita em atraso na duração do tempo total do projeto; o **método PERT** calcula o tempo a partir da média ponderada de três estimativas de tempo das atividades: provável, pessimista e otimista. Assim, afirma-se que o PERT é probabilístico e o CPM, determinístico.

Tanto o PERT como o CPM permitem visualizar as relações de interdependência das/entre as atividades, por meio de uma **rede**, assim como determinar o tempo total de duração do projeto e o tipo de folga que existe entre as atividades.

COBIT é um guia de melhores práticas utilizado na gestão de Tecnologia da Informação; apresentado como *framework*, contém um sumário executivo, objetivos do controle, mapas de auditoria, ferramentas e técnicas de gerenciamento e controle. O COBIT independe da tecnologia adotada e vem sendo utilizado como forma de otimizar os recursos de TI. Sua estrutura compreende dezenas de processos, medidas para monitoramento/avaliação, e **quatro dimensões/domínios: Planejar e Organizar; Adquirir e Implementar; Entregar e Dar Suporte; Monitorar e Avaliar.**

O modelo COBIT tem como princípios: **gerir e controlar os recursos de TI, identificar os investimentos necessários (com base nos requisitos do negócio) e fornecer as informações que a organização precisa.**

O COBIT parte dos requisitos do negócio e é bastante utilizado na análise de riscos, atividades de controle e na **priorização de projetos,** pois permite identificar quais projetos têm maiores chances de sucesso e podem ser executados mais rapidamente.

Áreas de conhecimento	Iniciação	Planejamento	Execução	Monitoramento e controle	Encerramento
Integração	1.1 Desenvolver o termo de abertura do projeto	1.2 Desenvolver o plano de gerenciamento do projeto	1.3 Orientar e gerenciar o trabalho do projeto	1.4 Monitorar e controlar o trabalho do projeto 1.5 Realizar o controle integrado de mudanças	1.6 Encerrar o projeto ou fase
Escopo		2.1 Planejar o Gerenciamento do Escopo 2.2 Coletar os requisitos 2.3 Definir o escopo 2.4 Criar EAP		2.5 Validar o escopo 2.6 Controlar o escopo	
Tempo		3.1 Planejar o gerenciamento do Cronograma 3.2 Definir as atividades 3.3 Sequenciar as atividades 3.4 Estimar os recursos das atividades 3.5 Estimar a duração das atividades 3.6 Desenvolver o cronograma		3.7 Controlar o cronograma	
Custos		4.1 Planejar o gerenciamento da qualidade 4.2 Estimar custos 4.3 Determinar orçamentos		4.4 Controlar os custos	
Qualidade		5.1 Planejar o gerenciamento da qualidade	5.2 Realizar a garantia de qualidade	5.3 Controlar a qualidade	
Recursos Humanos		6.1 Planejar o gerenciamento do Recursos Humanos	6.2 Mobilizar a equipe do projeto 6.3 Desenvolver a equipe do projeto 6.4 Gerenciar a equipe do projeto		
Comunicações		7.1 Planejar o gerenciamento das comunicações	7.2 Gerenciar as comunicações	7.3 Controlar as comunicações	
Riscos		8.1 Planejar o gerenciamento dos riscos 8.2 Identificar os riscos 8.3 Realizar a análise qualitativa dos riscos 8.4 Realizar a análise quantitativa dos riscos 8.5 Planejar as respostas aos riscos		8.6 Controlar os riscos	
Aquisições		9.1 Planejar o gerenciamento das aquisições	9.2 conduzir as aquisições	9.3 Controlar as aquisições	9.4 Encerrar as aquisições
Partes interessadas	10.1 Identificar partes interessadas	10.2 Planejar o gerenciamento das partes interessadas	10.3 Gerenciar o envolvimento das partes interessadas	10.4 Controlar o envolvimento das partes interessadas	

6. PLANEJAMENTO ESTRATÉGICO

6.1 Processo de Planejamento

Maximiano descreve o planejamento como o processo de tomar *decisões para o futuro*. De forma mais completa, Chiavenato diz que *planejar é definir os objetivos e escolher antecipadamente o melhor curso de ação para alcançá-los*.

Para Felipe Sobral e Alketa Peci, o planejamento tem a dupla atribuição de definir o *que* deve ser feito – objetivos – e *como* deve ser feito – planos:

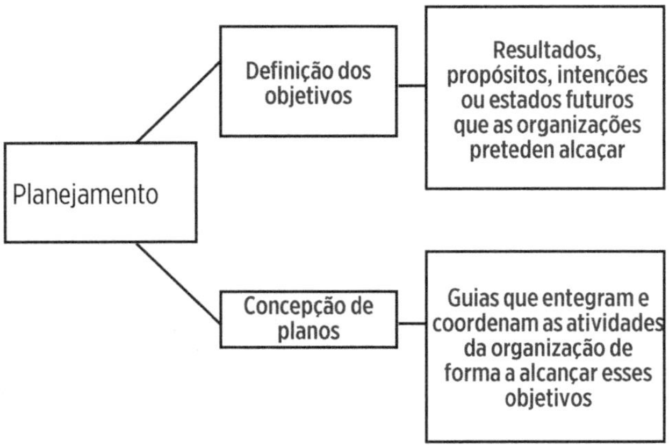

Na lição de Chiavenato (2006), o planejamento pode ser considerado como um processo constituído de uma série sequencial de seis passos:

01. **Definição dos objetivos: o primeiro passo do planejamento é o estabelecimento dos objetivos que se pretende alcançar, ou seja, os objetivos da organização devem orientar todos os principais planos, servindo de base os objetivos departamentais. Os objetivos devem especificar resultados desejados e os pontos finais a que se pretende chegar, para se conhecer quais os passos intermediários para chegar lá.**
02. **Verificação da situação atual em relação aos objetivos: simultaneamente à definição dos objetivos, deve-se avaliar a situação atual em contraposição aos objetivos desejados, verificar onde se está e o que precisa ser feito.**
03. **Desenvolver premissas quanto às condições futuras: premissas constituem os ambientes esperados dos planos em operação. Como a organização opera em ambientes complexos. Trata-se de gerar cenários alternativos para os estados futuros das ações, analisando o que pode ajudar ou prejudicar o progresso em relação aos objetivos.**
04. **Analisar as alternativas de ação: o quarto passo do planejamento é a busca e análise dos cursos alternativos de ação. Trata-se de relacionar e avaliar as ações que devem ser empreendidas.**
05. **Escolher um curso de ação entre as várias alternativas: o quinto passo é selecionar o curso de ação adequada para alcançar os objetivos propostos. Trata-se de uma tomada de decisão, em que se escolhe uma alternativa e se abandona as demais. A alternativa escolhida se transforma em um plano para alcance dos objetivos.**
06. **Implementar o plano e avaliar os resultados: fazer aquilo que o plano determina e avaliar cuidadosamente os resultados para assegurar o alcance dos objetivos, seguir por meio do que foi planejado e empreender as ações corretivas à medida que se tornarem necessárias.**

6.2 Níveis de Planejamento

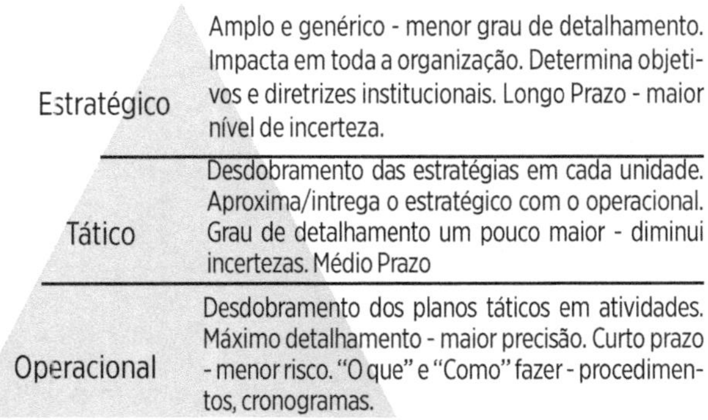

Planos Estratégicos	Definem a missão, o futuro e as formas de atuar no ambiente (produtos e serviços, clientes e mercados, vantagens competitivas), bem como os objetivos de longo prazo.
Planos Funcionais ou Administrativos	Definem os objetivos e curso de açãodas áreas funcionais (marketing, finanças, oprações, recursos humanos) para realizar os planos estratégicos.
Planos operacionais	Definem atividades, recursos e formas de controle necessários para realizar os cursos de ação escolhidos.

O planejamento estratégico é insuficiente de forma isolada para que as organizações alcancem vantagem competitiva, sendo necessário o desenvolvimento e a implantação dos planejamentos táticos e operacionais de forma integrada e alinhada.

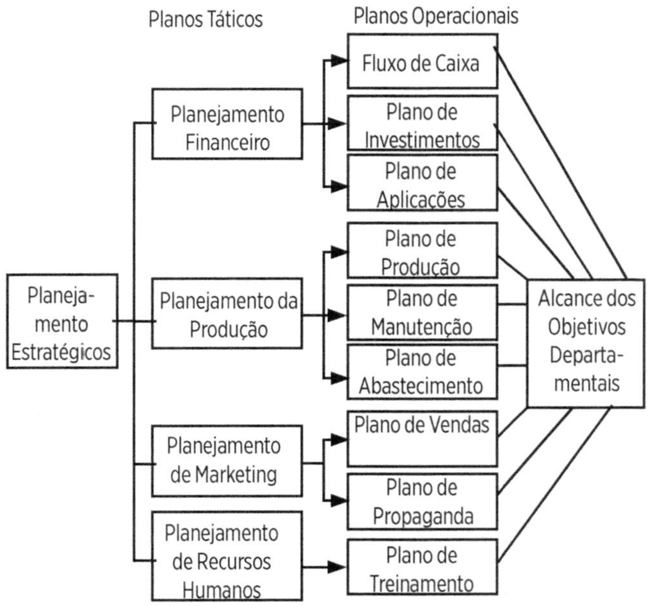

Planejamento estratégico

O ambiente cheio de incertezas em que estão inseridas as organizações faz com que elas busquem se adaptar constantemente.

E, nesse sentido, uma ferramenta indispensável é o planejamento estratégico, que proporciona flexibilidade na gestão das organizações com técnicas e processos administrativos.

No entanto, Matos e Chiavenato (1999) lecionam que o planejamento estratégico apresenta cinco características fundamentais:

> O planejamento estratégico está relacionado com a adaptação da organização a um ambiente mutável: ou seja, sujeito à incerteza a respeito dos eventos ambientais. Por se defrontar com a incerteza, tem suas decisões baseadas em julgamentos, e não em dados concretos. Reflete uma orientação externa que focaliza as respostas adequadas às forças e pressões que estão situadas do lado de fora da organização.

> O planejamento estratégico é orientado para o futuro: seu horizonte de tempo é o longo prazo. Durante o curso do planejamento, a consideração dos problemas atuais é dada em função dos obstáculos e barreiras que eles possam provocar para um almejado lugar no futuro.

> O planejamento estratégico é compreensivo: ele envolve a organização como uma totalidade, abarcando todos os seus recursos, no sentido de obter efeitos sinergéticos de todas as capacidades e potencialidades da organização. A resposta estratégica da organização envolve um comportamento global, compreensivo e sistêmico. A participação das pessoas é fundamental nesse aspecto, pois o planejamento estratégico não deve ficar apenas no papel, mas na cabeça e no coração de todos os envolvidos. São eles que o realizam e o fazem acontecer.

> O planejamento estratégico é um processo de construção de consenso: devido à diversidade dos interesses e necessidades dos parceiros envolvidos, o planejamento deve oferecer um meio de atender a todos na direção futura que melhor convenha para que a organização possa alcançar seus objetivos. Para isso, é preciso aceitação ampla e irrestrita para que o planejamento estratégico possa ser realizado, por meio dessas pessoas, em todos os níveis da organização.

> O planejamento estratégico é uma forma de aprendizagem organizacional: por estar orientado para a adaptação da organização ao contexto ambiental, o planejamento constitui uma tentativa constante de aprender a ajustar-se a um ambiente complexo, competitivo e suscetível a mudanças.

Etapas do planejamento estratégico

Para Maximiano, o planejamento estratégico é uma sequência de análises e decisões que compreende os seguintes componentes principais:

> - Entendimento da missão. (Em que ponto estamos?)

> - Análise do ambiente externo. (Quais são as ameaças e oportunidades do ambiente?)

> - Análise do ambiente interno. (Quais são os pontos fortes e fracos dos sistemas internos da organização?)

> - Definição do plano estratégico. (Para onde devemos ir? O que devemos fazer para chegar lá?)

Por seu turno, Chiavenato descreve sete etapas do planejamento estratégico:

> determinação dos objetivos;

> análise ambiental externa;

> análise organizacional interna;

> formulação de alternativas;

> elaboração do planejamento;

> implementação e execução;

> avaliação dos resultados.

Ademais, Djalma Rebouças de Oliveira dispõe que o planejamento estratégico compõe-se por quatro fases básicas:

Fase I – Diagnóstico estratégico – também denominada auditoria de posição, deve-se determinar "como se está". As pessoas representativas devem analisar os aspectos inerentes à realidade interna e externa da empresa. Essa fase pode ser dividida em cinco etapas básicas: (a) identificação da visão; (b) identificação dos valores; (c) análise externa; (d) análise interna; e (e) análise dos concorrentes.

Fase II – Missão da empresa – nesse momento, deve ser estabelecida a razão de ser da empresa, bem como o seu posicionamento estratégico. Essa fase divide-se em cinco etapas: (a) estabelecimento da missão da empresa; (b) estabelecimento dos propósitos atuais e potenciais; (c) estruturação e debate de cenários; (d) estabelecimento da postura estratégica; e (e) estabelecimento das macroestratégias e macropolíticas.

Fase III – Instrumentos prescritivos e quantitativos – nessa fase, deve-se estabelecer "de onde se quer chegar" e de "como chegar à situação que se deseja". Assim, pode-se dividi-la em dois instrumentos perfeitamente interligados: (a) instrumentos prescritivos (explicitação do que deve ser feito pela empresa); e (b) instrumentos quantitativos (projeções econômico-financeiras do planejamento orçamentário).

Fase IV – Controle e avaliação – deve verificar "como a empresa está indo" para a situação desejada.

Missão, visão, valores, questões e objetivos

A **missão significa a razão de ser da empresa**. A missão deve expressar o motivo da existência da organização e o que ela faz. Trata-se do propósito fundamental ou razão de existir de uma organização, independentemente de ser pública ou privada. É um referencial para as ações desempenhadas pela instituição.

Por outro lado, **a visão representa o consenso dos membros da organização sobre o futuro que se deseja**. Na hora de definir a visão, deve-se olhar para o futuro e identificar a forma como a organização deve ser vista por colaboradores, clientes, fornecedores e a sociedade em geral.

Por sua vez, os **valores são princípios, crenças, normas e padrões** que devem orientar o comportamento das pessoas na organização.

Ex.: Profissionalismo, Equidade, Ética e Transparência.

Por fim, os **objetivos são resultados que a empresa pretende alcançar; enquanto as metas são os desdobramentos dos objetivos**. As estratégias representam o caminho a ser seguido para alcançar os objetivos.

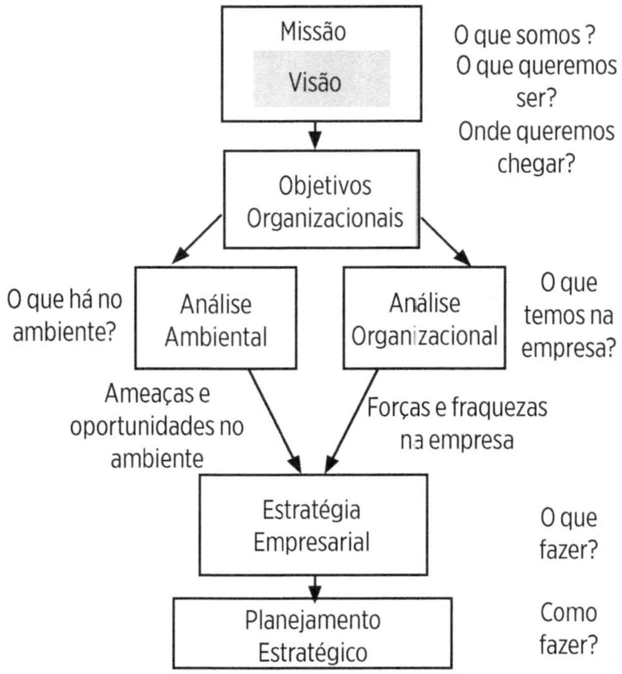

Evolução do pensamento estratégico

O pensamento estratégico vem evoluindo com o passar do tempo, sendo manifestado por meio de várias correntes. Moysés Filho et al. (2003, p. 15-30) descrevem as fases de evolução do pensamento estratégico empresarial, desde 1950 até os dias de hoje, por meio de seis escolas que se sucedem e se complementam no decorrer do tempo.

A primeira fase é correspondente **à Escola do Planejamento Financeiro**, segundo a qual a alta administração aprovava um orçamento visando apenas ao controle financeiro do desempenho.

A segunda fase, caracterizada pela **Escola do Planejamento a Longo Prazo**, baseava-se na projeção do futuro por meio da elaboração de cenários na premissa de que o futuro seria estimado pela projeção de indicadores passados e atuais, podendo ser melhorados a longo prazo pela intervenção ativa no presente.

A terceira fase, chamada de **Escola do Planejamento Estratégico**, caracterizou-se por se basear principalmente na análise das forças-fraquezas internas e das oportunidades-ameaças do ambiente, calçada na premissa de que as estratégias eficazes derivam de um processo de pensamento rigidamente formado, dando ênfase ao planejamento.

Já a quarta escola, definida com**o Escola da Administração Estratégica**, embora aceitasse a maioria das premissas desenvolvidas anteriormente, concentrou sua abordagem no argumento de que a implantação das estratégias era tão importante quanto a sua formulação, focando consequentemente a abordagem prescritiva do pensamento estratégico.

Na quinta fase, **Escola da Gestão Estratégica**, a abordagem sistêmica foi inserida a todo o processo, em que além do ato de planejar estrategicamente, era também necessário organizar, dirigir e coordenar estrategicamente, proporcionando, com isso, uma abordagem mais integrada e menos centralizada.

A sexta escola, chamada de **Gestão Estratégica Competitiva**, é descrita como uma tendência do pensamento estratégico contemporâneo. Esta Escola tem como premissa básica a ideia de que a estratégia deve assumir a forma de um processo de aprendizado ao longo do tempo, integrando oito características básicas: Atuação Global; Proatividade e Foco Participativo; Incentivo à Criatividade; Controle pelo Balanced Scorecard; Organização em Unidades Estratégicas de Negócios; Ênfase em Alianças Responsabilidade Social Aprendizagem Contínua.

Evolução do Pensamento Estratégico

Escola de Pensamento	Caracteristicas Principais	Sistemas de Valores	Problemas	Predominância
Planejamento Financeiro	- Orçamento Anual - Controle Financeiro -Administração por objetivos (APO)	-Cumprir o Orçamento	-Promover a Miopia	Década de 1950
Planejamento a longo prazo	-Projeção de Tendências -Análise de Lacunas - Estudos de Cenários	-Projetar o Futuro	-Não prever descontinuidades	Década de 1960

Planejamento estratégico	-Pensamento Estratégico -Analise de Mudanças no Ambiente -Analise dos Recursos internos e Competências - Alocação de Recursos - Foco na Formulação	-Definir a Estratégia	-Falta de Foco na Implementação	Década de 1970
Administração Estratégica	-Analise da Estrutura da Industria -Contexto Econômico e Competitivo -Estratégia Genéricas -Cadeia de Valor -Foco na análise e Implementação -Pesquisa e Informações com Base Analítica	-Definir as Atividades da Industria	-Não Desenvolver a Abordagem Sistêmica	Década de 1980
Gestão Estratégica	-Pensamento Sistêmico -Integração entre Planejamento e Controle -Coordenação de todos os Recursos para o Objetivo -Organização Estratégica -Direção Estratégica -Foco nos Objetivos Financeiros	-Buscar Sintonia Entre os Ambientes Internos e Externos	-Falta de Alinhamento com a Filosofia Organizacional	Década de 1990
Gestão Estratégica Competitiva	-Atuação Global -Proatividade e Foco Participativo -Incentivo à Criatividade -Controle pelo Balanced Scorecard -Organização em Unidades Estratégicas de Negócios -Enfase em Alianças -Responsabilidade Social -Aprendisagem Continua	-Estratégia como processo de Aprendisagem Continua e Integrada	--------------	Início do Século XXI

Análise swot

A técnica SWOT surgiu da tentativa de correção do planejamento corporativo, conhecido na época como planejamento estratégico malsucedido (Chiavenato 2000).

O planejamento estratégico, segundo Chiavenato (2000), é um método pelo qual uma organização deseja implantar uma determinada estratégia de negócios, crescimento e desenvolvimento almejando os objetivos propostos. Para Philip KOTLER (1975), o conceito de planejamento estratégico é um método gerencial pelo qual uma corporação estabelece sua direção a ser seguida, considerando a maximização da interação com o ambiente interno e externo. A direção estabelecida pela corporação deve considerar o âmbito de atuação, políticas funcionais, macropolíticas, estratégias funcionais, filosofia de atuação, macroestratégia, macro-objetivos e objetivos funcionais.

Segundo Andrade, et al. (2008),

*"A sigla S.W.O.T., deriva da língua inglesa e traduz-se: **sthreats** (forças), **Weaknesses** (fraquezas), **Opportunities** (oportunidades) e **Sthreats** (ameaças). Esta análise procura avaliar os pontos fortes e pontos fracos no ambiente interno da organização e as oportunidades e as ameaças no ambiente externo." (Andrade, et al. 2008).*

> S – Sthreats: Pontos fortes (Forças) – Descreve os pontos fortes da empresa que estão sob influência do próprio administrador;

> W – Weaknesses: Pontos fracos (Fraquezas) – Competências que estão sob influência do administrador, mas por algum motivo atrapalham ou não geram vantagem competitiva;

> O - Opportunities: oportunidades – Forças externas à empresa, influenciando positivamente, porém não estão sob controle do administrador.

> T - Threats: ameaças – Forças externas à empresa, que tendem a pesar negativamente nos negócios da empresa.

As Forças e Fraquezas são fatores que estão caracterizados como internos de criação ou de destruição de valores. Estes valores podem ser ativos, habilidades ou recursos financeiros e humanos que uma organização possui a disposição em relação aos seus concorrentes (Value Based Management, 2011).

Já as Oportunidades e as Ameaças são consideradas como fatores externos de criação ou de destruição de valores, não controlados pela empresa. Estes valores podem ser fatores demográficos, políticos, sociais, legais e Tecnológicos. (Value Based Management, 2011).

A análise SWOT é uma técnica que sintetiza os principais fatores internos e externos das organizações empresariais e sua capacidade estratégica de influenciar uma tendência de causar maior impacto no desenvolvimento da estratégia (Johnson, et al. 2007). O objetivo desta ferramenta "(...) é identificar o grau em que as forças e fraquezas atuais são relevantes para, e capazes de, lidar com as ameaças ou capitalizar as oportunidades no ambiente empresarial." (JOHNSON, et al. 2007).

Há várias vantagens na utilização desta técnica, dentre elas estão:

> Auxiliar a empresa a identificar o que a torna mais efetiva (forças), aumentando a confiança nas ações a serem tomadas, indicando um caminho mais seguro para sua ação no mercado.

> Planejar ações de correção e ajuste, identificando os pontos de melhoria da empresa (fraquezas).

> Usufruir das oportunidades identificadas.

> Diminuir os riscos referentes às ameaças identificadas.

> Alcance de um maior grau de conhecimento diante do negócio, ambiente e do nicho de mercado da empresa.

> Domínio do Problema.

A Análise SWOT ou Matriz SWOT, pode ser adotada por uma organização, unidade ou até mesmo por uma equipe favorecendo uma série de objetivos do projeto, podendo esta ser utilizada para avaliar um produto ou marca; uma terceirização de uma função de negócios; uma parceria ou aquisição. Além de que, quando bem aplicada pode trazer **benefícios** para o desenvolvimento de uma negociação, a aplicação de uma tecnologia específica ou uma fonte de alimentação especial.

> Neutralidade Aplicação: a análise SWOT é realizada por meio da identificação de um objetivo/problema, sendo assim deve se realizar uma sessão de Brainstorming utilizada para identificar os fatores internos e externos que são favoráveis e desfavoráveis para a realização deste objetivo. Permanecendo este mesmo critério para análise com finalidade de apoio ao planejamento estratégico, análise de oportunidades, análise competitiva, desenvolvimento de negócios ou processos de desenvolvimento de produtos.

> Análise Multinível: consiste em informações valiosas sobre as chances de seu objetivo, podendo ser fornecidas por meio da visualização de cada um dos quatro elementos das forças de análise SWOT (Forças, Fraquezas, Oportunidades e Ameaças), de forma independente ou em combinação.

> Integração de Dados: a análise SWOT propõe que as informações quantitativas e qualitativas a partir de um número de fontes devem ser combinadas, facilitando o acesso a uma gama de dados de múltiplas fontes, a fim de melhorar a comunicação, o nível de planejamento e tomada de decisões da empresa, auxiliando na coordenação de suas operações.

> Simplicidade: esse método de análise não requer habilidades técnicas nem treinamento. Sendo assim, ela pode ser realizada por qualquer pessoa com domínio e competência de realização sobre o negócio, ou setor em que ela opera. O processo envolve uma sessão de Brainstorming, em que serão discutidas as quatro dimensões de análise SWOT, como resultado, as crenças individuais de cada participante, os conhecimentos e os julgamentos são agregados em uma avaliação coletiva assegurada pelo grupo como um todo, com a finalidade de chegar a acordo/ solução.

> Custo: por meio da simplicidade de realização do método SWOT, a empresa pode escolher um membro da equipe em vez de contratar um consultor externo, reduzindo assim o custo de investimento. Além disso, pode ser realizado em um curto período de tempo já que o membro da empresa que irá realizar este método de análise já possui conhecimento sobre o negócio e a conduta da empresa.

As desvantagens em não utilizar a matriz swot

A MATRIZ SWOT é uma ferramenta que proporciona para as empresas a facilidade de poder identificar quais são seus pontos fortes e fracos, quais são suas oportunidades e ameaças. Com a sua implantação, pode trazer a capacidade de a empresa conseguir enxergar as características principais da empresa de um modo mais específico, profundo e detalhado.

Com a identificação dessas características, traz a facilidade de se fazer ou implantar melhorias em seu processo produtivo, e também aumenta sua vantagem competitiva no mercado. O importante é que as empresas se adequem a essa ferramenta, pois ela traz pode trazer um benefício qualitativo, e pode também agregar valor para a empresa e torna a empresa mais competitiva do ponto de vista da concorrência.

Empresas que não a implantam possuem grande dificuldade de identificar os pontos a serem melhorados, e quais são seus aspectos que podem lhe proporcionar oportunidades de melhoria? Não implantar a MATRIZ SWOT traz como consequência a baixa vantagem competitiva no mercado.

Empresas que optam por não a implantar podem conseguir sucesso, mas não com a mesma forma repentina e ágil de empresas que a implantam.

ESQUEMAS
Ambiente interno (variáveis controláveis): **Pontos fortes (Strengths)** - são competências, fatores ou características internas positivas que a organização possui – Ex.: funcionários capacitados; e **Pontos fracos (Weaknesses)** - são deficiências, fatores ou características internas negativas que prejudicam o desempenho e o cumprimento da missão organizacional – Ex.: funcionários não capacitados. **Ambiente externo (variáveis não controláveis):** **Oportunidades (Opportunities)** - as oportunidades são as forças externas à organização que influenciam positivamente no cumprimento da missão, mas que não temos controle sobre elas – Ex.: mercado internacional em expansão; e **Ameaças (Threats)** - são aspectos externos à organização que impactam negativamente no desempenho e no cumprimento da missão – Ex.: governo cria um novo imposto.

Forças	Fraquezas
- Boa imagem - Qualidade do produto - Baixo custo - Parcerias - Distribuição - Liderança de mercado - Competência Tecnologia própria	- Falta de direção e estratégia - Pouco investimento em inovação - Linha de produtos muito reduzida - Distribuição limitada - Custos Altos - Problemas operacionais internos - Falta de experiência da administração - Falta de formação dos funcionários

Oportunidades	Ameaças
- Rápido crescimento de mercado -Abertura aos mercados estrangeiros - Empresa rival enfrenta dificuldade - Encontrados novos usos do produto - Novas tecnologias - Mudanças demográficas - Novos métodos de distribuição - Diminuição da regulamentação	- Receção - Nova tecnologia - Mudanças demográficas - Empresas rivais adaptam novas estratégias - Barreiras ao comércio exterior - Desempenho negativos das empresas associadas - Aumento da regulamentação

CURIOSIDADES
Uma das afirmações categóricas da abordagem sistêmica e amplamente divulgada e utilizada nas organizações contemporâneas é a de que a organização, sem dúvida, interage com o seu ambiente de atuação. Nesse sentido, Vasconcelos (1979) diz que o grau de interação entre uma organização e seu ambiente pode assumir três formatos: **positivo**, **neutro** ou **negativo**, a depender do comportamento estratégico assumido pela organização. Esse comportamento assumido pela organização irá refletir em algumas consequências. Vejamos:

Graus de interação	Comprotamento	Consequências
Negativoi ↓ [Dinossauro]	- Não reage - Não adapitativo - Não inovativo	Sobrevivência curto prazo ↓ [extinção]
Neutro ↓ [camaleão]	- Reagente - Adaptativo	Sobrevivência longo prazo ↓ [estagnação]
Positivo ↓ [homo sapiens]	- Reagente - Adaptativo - Inovativo	Sobrevivência longo prazo ↓ [desenvolvimento]

O cruzamento entre os quatro pontos da análise SWOT gera uma moldura em que a organização pode desenvolver suas estratégias e melhor aproveitar suas vantagens competitivas. Vamos utilizar, para essa demonstração, a nomenclatura FOFA:

<table>
<tr><th rowspan="2" colspan="2">FOFA</th><th colspan="2">AMBIENTE INTERNO</th></tr>
<tr><th>Forças (S)</th><th>Fraquezas (W)</th></tr>
<tr><td rowspan="4">AMBIENTE EXTERNO</td><td rowspan="2">Oportunidades (O)</td><td>SO (máx.-máx.)- ALAVANCAGEM</td><td>WO (min.-máx.)- LIMITAÇÕES</td></tr>
<tr><td>Tirar o máximo partido dos pontos fortes para aproveitar o máximo das oportunidades.</td><td>Minimizar ou superar os efeitos negativos dos pontos fracos e aproveitar oportunidades.</td></tr>
<tr><td rowspan="2">Ameaças (T)</td><td>ST (máx. - min.)- VULNERABILIDADE</td><td>WT(min. - min.)- PROBLEMAS</td></tr>
<tr><td>Tirar o máximo partido dos pontos fortes para minimizar efeitos das ameaças detectadas.</td><td>Minimizar ou ultrapassar pontos fracos e fazer face às ameaças.</td></tr>
</table>

Tipos de estratégias

O executivo poderá escolher determinado tipo de estratégia que seja o mais adequado, tendo em vista a sua capacitação e o objetivo estabelecido. Entretanto, deverá estar ciente de que a escolha poderá nortear o seu desenvolvimento por um período de tempo que poderá ser longo.

As estratégias podem ser estabelecidas de acordo com a situação da empresa: podem estar voltadas à sobrevivência, à manutenção, ao crescimento ou ao desenvolvimento, conforme postura estratégica da empresa.

A combinação de estratégias deve ser feita de forma que aproveite todas as oportunidades possíveis, e utilizando a estratégia certa no memento certo.

Estratégia de sobrevivência

Este tipo de estratégia deve ser adotado pela empresa quando não existir outra alternativa para ela, ou seja, apenas quando o ambiente e a empresa estão em situação inadequada com muitas dificuldades ou quando apresentam péssimas perspectivas (alto índice de pontos fracos internos e ameaças externas). Em qualquer outra situação, quando a empresa adota esta estratégia como precaução, as consequências podem ser desastrosas, pois numa postura de sobrevivência, normalmente a primeira decisão do executivo é parar os investimentos e reduzir, ao máximo, as despesas.

A sobrevivência pode ser uma situação adequada como condição mínima para atingir outros objetivos mais tangíveis no futuro, como lucros maiores, vendas incrementadas, maior participação no mercado, etc., mas não como um objetivo único da empresa, ou seja, estar numa situação de "sobreviver por sobreviver".

Os tipos que se enquadram na situação de estratégia de sobrevivência são:

> Redução de custos: utilizada normalmente em período de recessão, que consiste na redução de todos os custos possíveis para que a empresa possa subsistir.

> Desinvestimento: quando as empresas encontram-se em conflito com linhas de produtos que deixam de ser interessantes, portanto, é melhor desinvestir do que comprometer toda a empresa.

Se nenhuma estratégia básica de sobrevivência der certo, o executivo penderá para a adoção da estratégia de - Liquidação de negócio: estratégia usada em último caso, quando não existe outra saída, a não ser fechar o negócio.

Estratégia de manutenção

Neste caso, a empresa identifica um ambiente com predominância de ameaças; entretanto, ela possui uma série de pontos fortes (disponibilidade financeira, recursos humanos, tecnologia etc.) acumulados ao longo dos anos, que possibilitam ao administrador, além de querer continuar sobrevivendo, também manter a sua posição conquistada até o momento. Para tanto, deverá sedimentar e usufruir ao máximo os seus pontos fortes, tendo em vista, inclusive, minimizar os seus pontos fracos, tentando ainda, maximizar os pontos fracos e minimizar os pontos fortes dos concorrentes.

A estratégia de manutenção é uma postura preferível quando a empresa está enfrentando ou espera encontrar dificuldades, e a partir dessa situação prefere tomar uma atitude defensiva diante das ameaças.

A estratégia de manutenção pode apresentar três situações:

- > Estratégia de estabilidade: procura, principalmente, a manutenção de um estado de equilíbrio ameaçado, ou ainda, o seu retorno em caso de sua perda.
- > Estratégia de especialização: a empresa busca conquistar ou manter a liderança no mercado por meio da concentração dos esforços de expansão numa única ou em poucas atividades da relação produto/mercado. Sua vantagem é a redução dos custos unitários, e a desvantagem é a vulnerabilidade pela alta dependência de poucas modalidades de fornecimento de produção e vendas.
- > Estratégia de nicho: a empresa procura dominar um segmento de mercado que ela atua, concentrando o seu esforço e recursos em preservar algumas vantagens competitivas. Pode ficar entendido que este tipo de empresa tem um ambiente ecológico bem restrito, não procura expandir-se geograficamente e segue a estratégia do menor risco, executando-se aquele que é inerente a quem se encontra num só segmento. Assim a empresa dedica-se a um único produto, mercado ou tecnologia, pois não há interesse em desviar os seus recursos para outras atenções.

estratégia de crescimento

Nesta situação, o ambiente está proporcionando situações favoráveis que podem transformar-se em oportunidades, quando efetivamente é usufruída a situação favorável pela empresa. Normalmente, o executivo procura, nesta situação, lançar novos produtos, aumentar o volume de vendas etc.

Algumas das estratégias inerentes à postura de crescimento são:

- > Estratégia de inovação: a empresa procura antecipar-se aos concorrentes por meio de frequentes desenvolvimentos e lançamentos de novos produtos e serviços; portanto, a empresa deve ter acesso rápido e direto a todas as informações necessárias num mercado de rápida evolução tecnológica.
- > Estratégia de joint venture: trata-se de uma estratégia usada para entrar em novo mercado onde duas empresas se associam para produzir um produto. Normalmente, uma empresa entra no negócio com capital e a outra com a tecnologia necessária.
- > Estratégia de internacionalização: a empresa estende suas atividades para fora do seu país de origem. Embora o processo seja lento e arriscado, esta estratégia pode ser muito interessante para empresas de grande porte, pela atual evolução de sistemas, como logísticos e comunicação.
- > Estratégia de expansão: o processo de expansão das empresas deve ser muito bem planejado, pois caso contrário, elas podem ser absorvidas pelo Governo ou outras empresas nacionais ou multinacionais. Muitas vezes, a não expansão na hora certa pode provocar uma perda de mercado, de modo que a única providência da empresa perante esta situação seja a venda ou a associação com empresas de maior porte.

A decisão em investir na expansão é mais comum que na diversificação, pois esta última envolve uma mudança mais radical dos produtos, e dos seus usos atuais, enquanto a expansão aproveita uma situação de sinergia potencial muito forte.

Estratégia de desenvolvimento

Neste caso, a predominância na situação da empresa é de pontos fortes e de oportunidades. Diante disso, o executivo deve procurar desenvolver a sua empresa por meio de duas direções: podem-se procurar novos mercados e clientes ou então, novas tecnologias diferentes daquelas que a empresa domina. A combinação destas permite ao executivo construir novos negócios no mercado.

- > Desenvolvimento de mercado: ocorre quando a empresa procura maiores vendas, levando seus produtos a novos mercados.
- > Desenvolvimento de produto ou serviços: ocorre quando a empresa procura maiores vendas mediante o desenvolvimento de melhores produtos e/ou serviços para seus mercados atuais. Este desenvolvimento pode ocorrer por meio de novas características do produto/serviço; variações de qualidade; ou diferentes modelos e tamanhos (proliferação de produtos).
- > Desenvolvimento financeiro: união de duas ou mais empresas por meio da associação ou fusão, para a formação de uma nova empresa. Isto ocorre quando uma empresa apresenta poucos recursos financeiros e muitas oportunidades; enquanto a outra empresa tem um quadro totalmente ao contrário; e ambas buscam a união para o fortalecimento em ambos os aspectos.
- > Desenvolvimento de capacidades: ocorre quando a associação é realizada entre uma empresa com ponto fraco em tecnologia e alto índice de oportunidades usufruídas e/ou potenciais, e outra empresa com ponto forte em tecnologia, mas com baixo nível de oportunidades ambientais.
- > Desenvolvimento de estabilidade: corresponde a uma associação ou fusão de empresas que procuram tornar as suas evoluções uniformes, principalmente quanto ao aspecto mercadológico.

Entretanto a estratégia mais forte do desenvolvimento de uma empresa corresponde à diversificação, que é dividida em dois modelos:

- > Diversificação horizontal: por meio desta estratégia, a empresa concentra o seu capital, pela compra ou associação com empresas similares. A empresa atua em ambiente econômico que lhe é familiar, porque os consumidores são do mesmo tipo. O potencial de ganhos de sinergia neste tipo de diversificação é baixo, com exceção da sinergia comercial, uma vez que os mesmos canais de distribuição são usados.
- > Diversificação vertical: ocorre quando a empresa passa a produzir novo produto ou serviço, que se acha entre o seu mercado de matérias-primas e o consumidor final do produto que já se fabrica.

- Diversificação concêntrica: diversificação da linha de produtos, com o aproveitamento da mesma tecnologia ou força de vendas, oferecendo-se uma quantidade maior de produtos no mesmo mercado. A empresa pode ter ganhos substanciais em termos de flexibilidade.
- Diversificação conglomerada: consiste na diversificação de negócios em que a empresa não aproveitará a mesma tecnologia ou força de vendas.
- Diversificação interna: corresponde a uma situação em que a diversificação da empresa é, basicamente, gerada pelos fatores internos, e sofre menos influência dos fatores externos.
- Diversificação mista: trata-se de uma situação em que a empresa apresenta mais que um tipo anterior de diversificação ao mesmo tempo.

Diagnóstico		Interno	Interno
		Pontos Fracos	Pontos Forte
		Postura Estratégica de Sobrevivência	Postura Estratégica de Manutenção
EXTERNO	PREDOMINÂNCIA DE AMEAÇAS	Redução de Custos	Estabilidade
		Desinvestimento	Nicho
		Liquidação de Negocio	Especialização
		Postura Estratégica de Crescimento	Postura Estratégica de Desenvolvimento
	PREDOMINÂNCIA DE OPORTUNIDADES	Inovação	de Mercado
		Internacionalização	de Produção
		Joint Venture	Financeiro
			de Capacidades
		Expansão	de Estabilidade
			Diversificação

Resumo dos tipos básicos de estratégias:

Análise competitiva e estratégias genéricas de michael porter

Michael Porter desenvolveu um modelo de cinco forças competitivas. Esses fatores são os seguintes:

Ameaça de Novos Entrantes – Alto investimento necessário e economias de escala são alguns dos fatores que podem dificultar a entrada de um novo competidor em um mercado. Naturalmente, é mais difícil abrir uma nova indústria aeronáutica do que uma nova loja de roupas. Dessa forma, as empresas que estão em setores com altas barreiras à entrada sofrem menos competição dos que as que estão em mercados com baixas barreiras de entrada.

Poder de Negociação dos Clientes – Quanto mais informados estão os clientes, mais eles normalmente podem exigir das empresas qualidade, preço e serviços. Os clientes são poderosos quando são poucos, ou compram em grande quantidade, quando os custos de trocar de fornecedor são baixos, quando eles conhecem as estruturas de custos das empresas e quando podem deixar de consumir os produtos ou fabricá-los internamente.

Poder de Negociação dos Fornecedores – Muitos dos fatores que podem deixar os clientes fortes podem deixar os fornecedores poderosos se forem invertidos. Os fornecedores são fortes: quando são poucos e/ou dominam o mercado; quando o custo de trocar de fornecedor é alto; quando os clientes são pouco importantes; e quando podem se tornar competidores, ou seja, passar a concorrer no mercado do cliente.

Ameaça de Produtos Substitutos – Um produto é substituto quando satisfaz a mesma necessidade dos clientes (exemplo: manteiga e margarina). Se existem muitos produtos que podem substituir o produto que sua empresa fornece, a posição estratégica é difícil e o setor será menos atraente e lucrativo.

Rivalidade entre os Concorrentes – Se existem muitos concorrentes em um mercado e se a força deles é semelhante, pode ocorrer uma guerra de preços, levando a uma queda na atratividade do setor. Outros fatores que levam a isso são: custos fixos elevados, que podem levar as empresas a buscar operar com capacidade total, e uma grande barreira de saída, como instalações caras, de difícil venda, maquinário específico e altas indenizações, que podem levar empresas a continuar investindo e operando em mercados com lucratividades baixas.

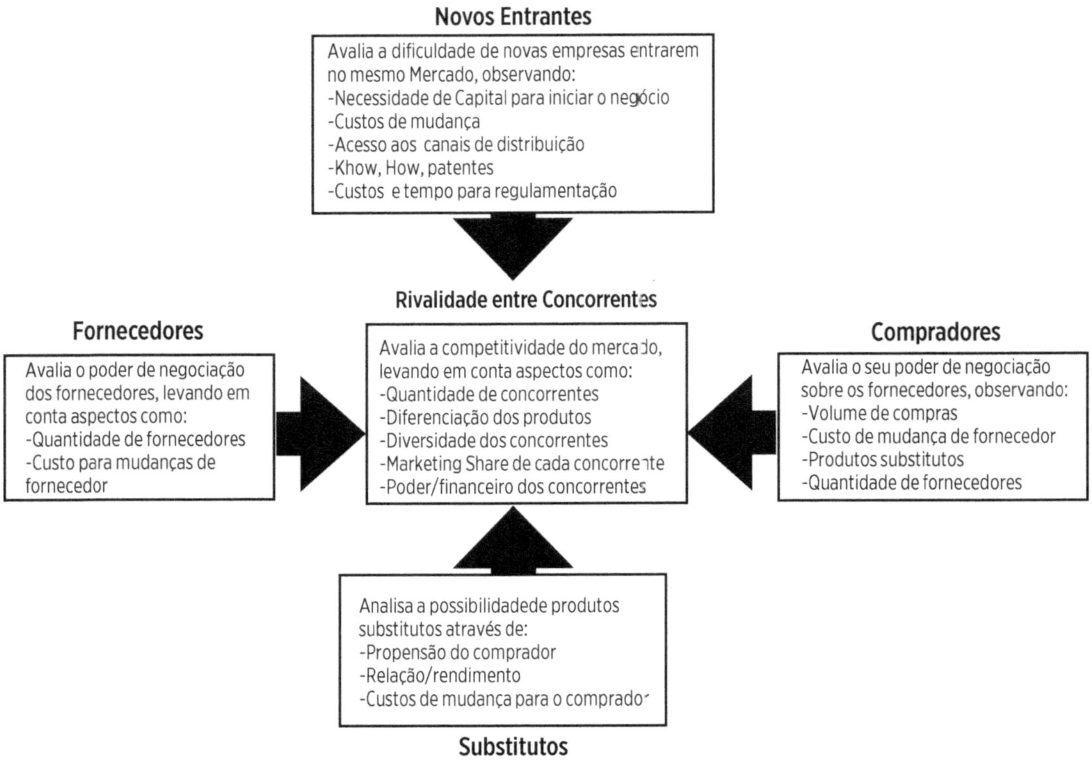

A partir das características de cada um dos fatores acima, as empresas podem tomar uma das **três estratégicas genéricas propostas por Porter: liderança em custo, diferenciação e foco (também chamado enfoque ou estratégia de nicho)**.

Liderança em custos – Nessa estratégia, a empresa busca ser a mais eficiente na produção de produtos e serviços em seu mercado, de modo que tenha vantagem competitiva em relação aos seus concorrentes. Pode-se alcançar isso com: economias de escala, acesso a matérias-primas mais baratas, entre outras. Essa posição de custo mais baixo que seus concorrentes permite uma série de vantagens, como operar com lucratividade quando seus concorrentes estão perdendo dinheiro, por exemplo.

Diferenciação – Uma empresa também pode ter vantagens competitivas tendo produtos com características únicas na percepção de seus clientes, que lhe possibilitem cobrar um preço mais alto sem perder sua clientela. Um exemplo atual é a Apple. Essa empresa, com seus produtos inovadores, como o iPhone e o iPad, tem conquistado uma maior lealdade de seus clientes e maior lucratividade. A diferenciação pode ocorrer na qualidade do produto, no atendimento, no estilo do produto, na marca etc.

Foco ou Enfoque – Também é chamada de estratégia de nicho. Nessa situação, a empresa foca seus esforços em um mercado pequeno (seja geográfico, produto ou clientela) de modo a conseguir uma vantagem específica naquele mercado, que não tenha como conseguir em todo o mercado (a Ferrari buscou essa estratégia com o foco em carros de alto desempenho, pois era pequena para concorrer no mercado de automóveis populares, muito maior, antes de ser comprada pela Fiat).

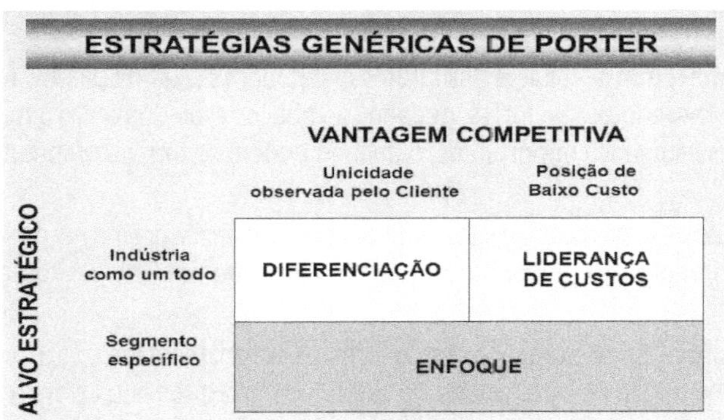

Em síntese, Porter identificou cinco forças competitivas que devem ser analisadas pelas empresas para que escolham uma de suas três estratégias genéricas.

Matriz *ansoff*

Um dos fatores mais importantes para o sucesso de uma organização ou de qualquer outro negócio é a análise estratégica do mercado. Igor *Ansoff*, professor e consultor russo, desenvolveu em 1965, uma ferramenta de análise e de definição dos problemas estratégicos.

A matriz de produtos e mercados de *Ansoff* tem como foco principal mostrar a expansão de produtos e mercados visando criar oportunidades de crescimento para as empresas. Um administrador pode usar essa matriz no momento em que estiver mapeando o portfólio da sua organização. Neste momento, será analisada a receita criada pelos produtos existentes, de modo a compará-la com a receita que a organização pretende alcançar. A matriz permite estruturar e definir a estratégia para esse crescimento.

A matriz *Ansoff* é um quadrante composto por duas dimensões: produtos e mercados. Do lado direito, encontram-se os produtos novos; e do esquerdo, os existentes. Essa combinação forma quatro estratégias para o crescimento e o desenvolvimento da empresa. Essas estratégias são: o desenvolvimento do mercado, a penetração no mercado, a diversificação e o desenvolvimento do produto.

A definição desse quadro mostra em qual mercado sua organização deseja atuar.

Desenvolvimento do mercado	No desenvolvimento de mercado, a empresa deseja vender seus produtos existentes em um mercado novo. Essa estratégia de desenvolvimento de mercado deve analisar os mercados parecidos com o seu, e pensar na expansão de seus negócios. Essa expansão deve analisar alguns fatores como localização geográfica e idade. Imaginemos uma loja de camisas on-line que vende apenas em um Estado. Ela pode expandir suas vendas para outras unidades federativas, incluindo outros serviços de entrega. Se o público-alvo dessa loja for composto por homens de uma determinada faixa etária, ela pode aumentar esse público ao incluir outras idades.
Penetração de mercado	A penetração de mercado visa vender os produtos existentes em um mercado existente, ou seja, pretende-se desenvolver uma estratégia para aumentar sua presença onde ela já atua. Essa estratégia pode ser feita por meio de liquidações, fidelização de clientes, promoções, entre outras ações.
Diversificação	A diversificação é uma estratégia que objetiva criar produtos, para atuar em novos mercados. Essa estratégia busca a inovação que inevitavelmente proporciona riscos, pois a empresa está entrando em um campo desconhecido. Logo, não tem muito como fugir desse fator. Criar uma estratégia para crescer e desenvolver nesse mercado é inerente a uma organização na maioria das vezes.
Desenvolvimento do produto	Essa estratégia sugere o desenvolvimento de novos produtos em mercados existentes. Isso pode ser feito por meio de aperfeiçoamento do produto e de melhorias tecnológicas. Um bom exemplo é a ação de empresas de refrigerantes que incluem em seu MIX de sucos e refrigerantes, versões diet e light.

		Produtos	
		Existentes	Novos
Mercados	Existentes	Penetração de Mercado	Desenvolvimento de produtos
	Novos	Desenvolvimento de Mercado	Diversificação

Construção de cenários

Para Godet (apud MARCIAL E GRUMBACH, 2008, p. 47), cenário é *"o conjunto formado pela descrição coerente de uma situação futura e pelo encaminhamento dos acontecimentos que permitem passar da situação de origem à situação futura"*.

A importância de se trabalhar com cenários, conforme menciona Valdez (2007), é que eles permitem "estimular a imaginação, reduzir as incoerências, criar uma linguagem comum e permitir a reflexão". Já Franco (2007) informa que *"a existência de mais de uma solução é condição básica para a tomada de decisão e uma das bases do planejamento estratégico"*.

No tocante à atividade de planejamento estratégico, Cortez (2007) anota dois tipos de enfoques que explicam os estudos referentes ao futuro: **a abordagem projetiva e a prospectiva**.

Segundo esse autor, a **abordagem projetiva** se refere a cenário único. É a abordagem clássica. Para os seguidores dessa linha de pensamento, as forças que atuaram no passado até o presente serão as mesmas que atuarão no presente até o futuro. Com esse raciocínio, acreditam poder prever o que ocorrerá. Naturalmente, a previsão clássica não considera o ambiente macro, tendo somente a visão parcial do problema.

A figura a seguir apresenta de maneira simples esta abordagem:

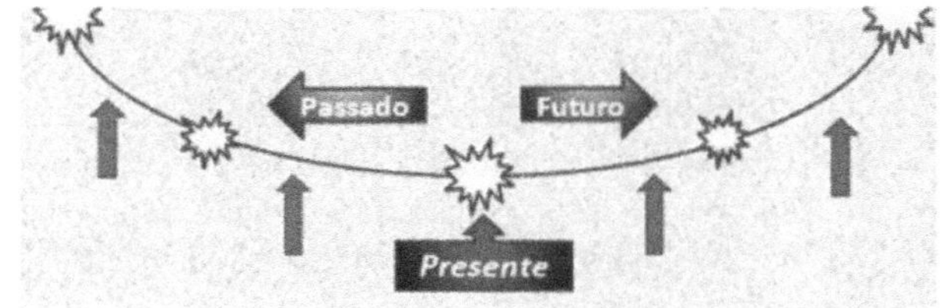

Figura 1 – Abordagem Projetiva

Pelo entendimento de Santos (2004), a abordagem prospectiva trata de vários cenários prováveis de ocorrer no futuro, dentro de um horizonte de tempo determinado. A abordagem prospectiva indica que as forças que atuaram no passado até o presente não necessariamente serão as mesmas que atuarão até o futuro. Desta forma, não existirá somente um só cenário.

A figura 2 exemplifica o raciocínio prospectivo:

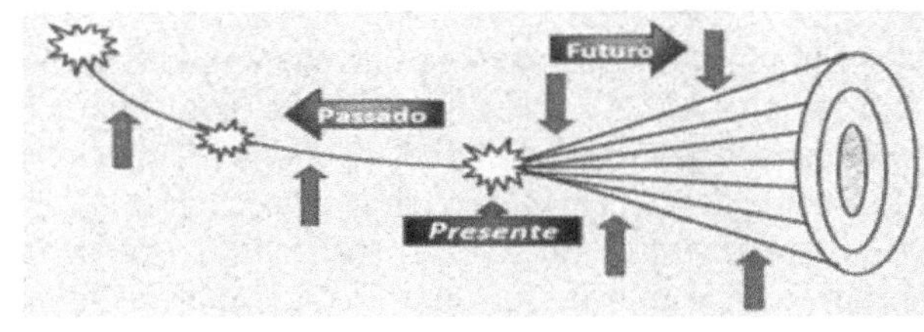

Figura 2 – Abordagem Prospectiva

O que se percebe é a criação de um cone (cone de futuro), em que o passado e o presente são conhecidos, sendo este último o vértice e os diversos caminhos até sua base os cenários que poderão vir a ocorrer.

A lógica dessa abordagem, segundo Marcial (2008), é no sentido de que, conhecendo os diversos caminhos, o homem pode influir na constituição de um futuro melhor. Isso requer que se considere o ambiente como um todo, levando em consideração as variáveis econômicas, ambientais, políticas, tecnológicas, entre outras, bem como os diversos agentes, clientes, governo, concorrentes etc. Perceber a intensidade dessas forças e, se possível, interferir para obter o melhor resultado é o propósito maior da análise prospectiva.

7. PROCESSO DECISÓRIO

De forma sintética, o **processo decisório representa a sequência de passos necessários para analisar e escolher as alternativas para determinado problema**.

Podemos apresentar cinco passos principais do processo decisório:

> **Identificação do problema ou oportunidade**: é a fase em que se percebe que o problema está ocorrendo e que é necessário tomar uma decisão.

> **Diagnóstico**: consiste em procurar entender o problema ou oportunidade e identificar suas causas e consequências. Há algumas técnicas que podem ser utilizadas para analisar os problemas de forma sistemática, estudando suas causas, consequências e prioridades, a exemplo do diagrama de causa e efeito e do princípio de Pareto.

> **Geração de alternativas**: em algumas situações, será necessário criar alternativas para solucionar o problema, utilizando ferramentas específicas, como o ***brainstorming*** (tempestade de ideias).

> **Escolha de uma alternativa viável**: nesse momento, as decisões devem ser avaliadas, julgadas e comparadas para, então, escolher a alternativa mais adequada para solucionar o problema.

> **Avaliação da decisão**: após implementar a decisão, torna-se necessário avaliar os seus efeitos. Assim, inicia-se um novo ciclo, que pode gerar outras decisões ou processos de resolver problemas.

7.1 O Ambiente da Tomada de Decisão

Assim, as **condições para a tomada de decisão** envolvem a **certeza**, a **incerteza**, o **risco** e a **ambiguidade**.

Certeza: situação na qual toda a informação necessária para a tomada de decisão se encontra disponível. Seria o caso em que a pessoa que decide possui todas as informações sobre as alternativas e seus resultados. Por exemplo, um investidor precisa escolher entre duas opções de aplicações. Ele possui todas as informações sobre os rendimentos e possui 100% de certeza que eles se confirmarão. Assim, ele poderá **tomar uma decisão com total certeza. Contudo, devemos destacar que esse tipo de situação dificil**mente irá ocorrer na vida real. Praticamente em todos os ambientes haverá um mínimo de incerteza sobre as decisões dos administradores.

> **Risco**: situação na qual não é possível prever com certeza os resultados associados a cada alternativa, mas há informação suficiente para estimar suas probabilidades de ocorrência. Assim, o risco é a probabilidade de algo acontecer e ter impacto, normalmente negativo, nos trabalhos. Para estimar os riscos, as organizações utilizam ferramentas probabilísticas, designando as chances ou não de um evento vir a acontecer. Em geral, quase toda decisão em uma organização envolve um determinado nível de risco.

> **Incerteza**: situação na qual a informação sobre as alternativas e suas consequências é incompleta e imprecisa. Assim, os administradores não conseguem estimar os riscos associados a cada alternativa disponível. Com isso, o tomador de decisão vai escolher uma alternativa sem conhecer totalmente as opções disponíveis ou sem ter certeza de seus resultados. Normalmente, as decisões das organizações são tomadas com algum nível de incerteza.

> **Ambiguidade**: condição na qual as metas a serem alcançadas ou o problema a ser resolvido não estão claros; é difícil definir as alternativas, e as informações sobre os resultados não estão disponíveis. É como ter que desenvolver um projeto sem receber diretrizes, orientações ou qualquer direção a seguir. Não se sabe o que se deve fazer, qual problema deve ser resolvido e quais os resultados esperados.

7.2 Tipos de Decisões

Nesse contexto, as decisões podem ser tomadas em diferentes contextos, o que vai gerar diferentes tipos de decisões. O **grau de disponibilidade de informação** precisa e confiável e o **nível no qual as decisões são tomadas** permitem distinguir dois tipos de decisões gerenciais: **programadas** e **não programadas**.

> **Decisão programada** – uma decisão tomada em resposta a uma situação que ocorre com frequência para permitir que as regras da decisão sejam desenvolvidas e aplicadas no futuro. Elas também são conhecidas como **decisões estruturadas**. Por exemplo, a decisão de recompor o papel e o cartucho de tinta quando os estoques estão baixos são decisões programadas. Normalmente, as decisões programadas são tomadas nos níveis mais baixos da organização.

> **Decisão não programada** – uma decisão tomada em resposta a uma situação isolada, mal definida, e, em grande parte, desestruturada, com importantes consequências para a organização. As decisões estratégicas da organização, por envolverem incertezas, podem ser consideradas decisões não programadas. Por exemplo: construir uma nova fábrica? Desenvolver um novo produto? Trocar uma unidade de sede?

7.3 Modelos de Tomada de Decisão

Os gerentes se utilizam de três tipos diferentes de abordagens para tomar as decisões: **modelo clássico, modelo administrativo e modelo político**. Para Richard Daft, a escolha do modelo depende da preferência pessoal, do tipo de decisão (programada ou não programada) e a extensão na qual a decisão é caracterizada pelo risco, pela incerteza e pela ambiguidade.

O **modelo clássico** é baseado na suposição de que os gerentes devem tomar decisões lógicas que estejam de acordo com os melhores interesses da organização. Nesse contexto, presume-se que as metas são conhecidas e acordadas e que os problemas são precisamente formulados.

Em síntese, entende-se, no modelo clássico, que o tomador de decisões possui condições de analisar logicamente o problema, pois todos os elementos necessários são conhecidos e previamente definidos, bastando, por conseguinte, escolher a melhor alternativa.

Já o **modelo administrativo** explica como os gerentes tomam as decisões em situações caracterizadas por decisões não programadas, incerteza e ambiguidade.

O modelo administrativo considera que os gerentes vivem em um ambiente de racionalidade limitada, que pressupõe que as pessoas têm o tempo e a capacidade cognitiva para processar somente uma quantidade limitada de informações. Assim, não possuem capacidade para analisar 100% das informações. Isso ocorre porque as organizações são extremamente complexas, fazendo com que as decisões não sejam inteiramente racionais.

Além disso, o modelo administrativo considera que os gerentes não buscam a decisão ótima, mas apenas uma decisão satisfatória. Isso quer dizer que os administradores escolhem a primeira alternativa de solução que satisfaça os critérios mínimos de decisão. Exemplificaremos como isso acontece:Imaginemos que Carlos irá participar de uma reunião muito importante, na qual ele está encarregado de apresentar um novo projeto para uma empresa parceira. Carlos sabe que o sucesso nessa apresentação pode significar uma promoção, com um aumento significativo no salário. Minutos antes da reunião, Carlos derruba café em sua camisa.

O que Carlos vai fazer? Ele corre para a primeira loja que encontrar, a fim de comprar a primeira camisa que resolver o seu problema. Ou seja, Carlos sabe que, na cidade, há centenas de lojas que podem vender o mesmo produto por condições melhores, mas ele vai fechar o negócio, pois sua preocupação, naquele instante, é resolver o problema. Assim, Carlos tomou a decisão satisfatória, mesmo sabendo que, com mais tempo, ele teria capacidade de decidir melhor.

Dessa forma, o modelo administrativo considera que as decisões se fundamentam na racionalidade limitada e na decisão satisfatória.

Por fim, o **modelo político** é útil para tomar decisões não programadas, em que as condições são incertas, as informações são limitadas e os gerentes podem estar em desacordo sobre quais metas perseguir ou qual curso de ação tomar. Assim, as pessoas formam uma coalização, isto é, uma aliança informal entre os gerentes que apoiam uma meta específica.

O modelo político parte do pressuposto segundo o qual as organizações são formadas por grupos com diferentes interesses, metas e valores.

Ademais, as informações são ambíguas e incompletas, e os gerentes não possuem tempo, recursos e capacidade para analisar todas as alternativas. Assim, os gerentes se envolvem em debates e, por meio de barganha e discussões, formam coalizões para defender o seu ponto de vista.

7.4 Armadilhas Psicológicas na Tomada de Decisão

O último assunto a ser abordado sobre a tomada de decisões corresponde às armadilhas.

Como vimos anteriormente, as decisões, de uma maneira geral, são tomadas em um ambiente de racionalidade limitada. O modelo clássico pode ser aplicado em raras exceções, uma vez que, comumente, as informações não são completas, ou não há tempo ou capacidade para analisá-las.

Assim, os tomadores de decisão utilizam um conjunto de regras empíricas, conhecidas como princípios heurísticos, que orientam implicitamente o julgamento do tomador de decisão. Ou seja, ao invés de tentar analisar todas as informações, as pessoas costumam basear-se em informações pré-estabelecidas ou de fácil acesso.

Isso facilita a tomada de decisão, tornando-a mais rápida. Contudo, as pessoas podem sofrer o que chamamos de "armadilhas psicológicas" na tomada de decisão, que são desvios psicológicos que geram tendências involuntárias e intuitivas, levando à perpetuação de erros na avaliação de situações e decisões.

Para melhorar as suas decisões, os administradores devem aprender a reconhecer e a evitar essas armadilhas.

Segundo Hammond e Raiffa, *apud* Sobral e Peci, existem oito tipos de armadilhas psicológicas na tomada de decisão:

> **Ancoragem**: tendência de ancorar o julgamento em uma informação inicial, dificultando assim o ajuste diante de informações posteriores. Lembremo-nos do famoso ditado "***A primeira impressão é a que fica***". É mais ou menos isso que ocorre.

> **Perpetuação do *status quo***: é o medo de mudar. Consiste na tendência a favorecer as alternativas que perpetuam a continuidade e evitem a mudança. Nesse tipo de armadilha, quando estiver diante de duas alternativas, o tomador de decisão tende a escolher aquela que não gera grandes mudanças.

> **Custo irrecuperável**: tendência de fazer escolhas que justifiquem suas decisões passadas, mesmo que essas decisões tenham se revelado erradas. É como decidir estudar para uma área e depois perceber que o concurso pelo qual tanto se esperava ainda demorará vários anos para acontecer. Ainda assim, o concurseiro não deixa de estudar o material que já adquiriu, pois não quer reconhecer a perda de dinheiro.

> **Evidência confirmadora**: é a tendência de buscar informações que corroborem seu instinto ou seu ponto de vista, de modo a evitar informações que o contradigam. As decisões são baseadas em informações não confirmadas, mas, ainda assim, assumidas, mesmo que de forma polêmica. O gerente quer tomar uma posição e, para isso, buscará somente as informações que podem ajudá-lo.

> **Formulação do problema**: está na forma como o problema é descrito. Às vezes, um mesmo problema pode ser descrito de maneira diferente, levando a mesma pessoa a decidir de forma distinta, sem saber que se tratava da mesma situação. Ou seja, um problema mal descrito pode gerar distorções e minar o processo decisório.

> **Excesso de confiança**: tendência de confiar demais na precisão de suas previsões, o que pode levar a falhas no julgamento e na avaliação de decisões.

> **Lembrança**: tendência a valorizar os acontecimentos que estão presentes na memória. Ou seja, a pessoa decide com base nas informações que estão "frescas" na memória.

> **Prudência**: é o medo de errar, em especial em decisões muito importantes. Assim, as pessoas podem fazer estimativas e projeções muito seguras ou muito conservadoras.

8. ORGANIZAÇÃO ADMINISTRATIVA

O Estudo sobre a estrutura administrativa é geralmente vinculada ao Direito Administrativo, porém, como a linha entre esta matéria e Administração Pública é muito tênue, apresentaremos as definições dos termos como centralização, descentralização, concentração e desconcentração, porém focando na evolução administrativa do Estado brasileiro e suas reformas, pois esta é a forma de tais tópicos serem abordados quando são componentes da matéria Administração Pública.

A organização da administração pública no Brasil tem direta relação com os modelos administrativos que estiveram vigentes no Estado desde os anos 1930 do século passado até os dias atuais. É importante, no estudo para concursos públicos, criar esta relação, que é muita abordada pelas bandas organizadoras.

A opção por um ou outro modelo de organização administrativa, tem, portanto, influência na forma em que um governante exerce o poder e no grau de delegação de autoridade que resolve dar para os agentes públicos e parceiros privados.

8.1 Centralização e Descentralização

Um dos principais debates existentes na administração pública é em qual medida uma organização deve ser centralizada ou descentralizada. Historicamente este debate ganhou destaque global após o final da segunda guerra mundial, com a reorganização administrativa de praticamente todos os países da Europa. No Brasil, este debate ganhou relevância a partir do regime militar, nos anos 60 do século passado, com o Decreto-Lei 200/67, como veremos a seguir.

A Centralização e Descentralização, portanto, têm direta relação com quanto o administrador deve delegar autoridade ou manter o processo decisório concentrado em si mesmo e na estrutura sobre sua direta responsabilidade, sem delegar autoridade para terceiros.

Uma organização pode, portanto, ter unidades espalhadas em diversos Estados brasileiros, como Polícia Federal e mesmo assim ter centralização administrativa do ponto de vista da tomada de decisão.

Bresser Pereira, um dos mais importantes teóricos da administração pública e responsável pela última reforma administrativa do Estado brasileiro, explica esta relação: "do ponto de vista administrativo, a centralização ou a descentralização de caráter decisório é a que maior importância tem. A descentralização geográfica é geralmente um problema que interessa à produção (se a descentralização for de unidades produtivas) ou à mercadologia (se a descentralização for de unidade de vendas)... Para evitar confusões de ordem semântica usaremos as expressões centralização ou descentralização para nos referirmos ao nível em que as decisões são tomadas em uma organização"

Neste sentido, a existência de vários ministérios, com atribuições específicas, não constituiu exemplo de descentralização administrativa, pois quando analisamos o Estado brasileiro, a centralização e descentralização estão diretamente relacionadas à administração direta e indireta, como veremos no tópico que segue.

O estado brasileiro

Considerando o Estado brasileiro, a centralização e a descentralização estão relacionadas diretamente a organização administrativa do Estado, e a administração direta e indireta.

Centralização (administração direta) – Definimos que ocorre na administração pública a **centralização administrativa** quando a execução de tarefas é feita pelo próprio Estado de forma direta através de órgãos públicos e de servidores públicos destes órgãos que integram a Administração Direta (o próprio governo e os três poderes em âmbitos federal, estaduais e municipal).

Descentralização (administração indireta) – Definimos que ocorre na administração pública a **descentralização administrativa** quando o Estado (considerando a União, o Distrito Federal, os Estados e Municípios) delega algumas funções para outras pessoas jurídicas. Portanto a descentralização pressupõe duas pessoas jurídicas distintas: o Estado e a entidade jurídica que executará determinado serviço, por ter recebido do Estado essa atribuição. As entidades da administração direta são: Autarquias, Empresas Públicas, Sociedades de Economia Mista e Fundações Públicas.

Da era vargas até o regime militar

Com a revolução de 30 e a chegada ao poder de Getúlio Vargas, o Estado brasileiro entrou em uma fase weberiana, com a introdução do Modelo Burocrático, segundo a teoria desenvolvida por Max Weber. Com a adoção de princípios como a legalidade e a impessoalidade, a lógica era a concentração extrema das ações públicas, e inclusive a mais importante ação do governo Getúlio Vargas para a introdução do Modelo Burocrático, a criação da DASP (Departamento Administrativo do Serviço Público) através do Decreto-Lei 579/38 representou a centralização absoluta do Estado, com as decisões nas mãos de poucos: aqueles que dirigiam a DASP, que concentravam as decisões sobre compras, contratações, processos etc. Portanto esta fase foi caracterizada como a prioridade absoluta para a administração direta e a centralização.

Pode parecer contraditório, mas durante a era Vargas, mesmo priorizando a administração direta e a centralização das ações administrativas, pois era introduzido o Modelo Burocrática (Weberiano) que prioriza a concentração de ações, foram criadas importantes autarquias como o Banco Central do Brasil, que hoje é uma entidade da administração indireta.

O regime militar e o decreto-lei 200/67

A introdução do modelo burocrático na década de 30 do século passado era uma necessidade para superar o modelo que existia antes e que se mantinha por séculos (desde o Brasil colônia, passando pela monarquia, até os primeiros anos da república, que era o modelo patrimonialista baseado na pessoalidade, no favorecimento de parentes e pessoas próximas ao governante, com cargos no governo e a não distinção entre bens públicos e privados), porém nas décadas seguintes à introdução do modelo burocrático, ocorreu um desgaste administrativo devido a extrema centralização. A Administração pública no Brasil se tornou burocratizada (burocracia excessiva e redundante), e a condição monopolista daquela época não permitiu o Estado ter referências externas, tendo a auto-referência. Este desgaste teve seu auge nos anos 50 e 60 do século passado, tornando a administração pública burocratizada e ineficaz.

O regime militar, desde que assumiu o poder, realizou estudos sobre a administração pública com o objetivo de superar esse desgaste, e através do Decreto-Lei 200/67, tentou de forma mal-sucedida implementar o gerencialismo administrativo.

A forma que o regime militar tentou superar a rigidez burocrática foi um processo de delegação de poderes, priorizando a descentralização e a administração indireta, como podemos verificar no Plano Diretor da Reforma do Aparelho do Estado, de 1995.

"A reforma operada em 1967 pelo Decreto-Lei 200, entretanto, constitui um marco na tentativa de superação da rigidez burocrática, podendo ser considerada como um primeiro momento da administração gerencial no Brasil. Mediante o referido decreto-lei, realizou-se a transferência de atividades para autarquias, fundações, empresas públicas e sociedades de economia mista, a fim de obter-se maior dinamismo operacional por meio da descentralização funcional. Instituíram-se como princípios de racionalidade administrativa o planejamento e o orçamento, o descongestionamento das chefias executivas superiores (desconcentração/descentralização), a tentativa de reunir competência e informação no processo decisório, a sistematização, a coordenação e o controle".

O problema do Decreto-Lei 200/67, foi não criar um núcleo dirigente das ações públicas, e, com isso, perder o controle daquelas atividades e prestações de serviço transferidas para entidades da administração indireta. Esta situação trouxe de volta resquícios do patrimonialismo, como o desvio de verbas públicas, a falta de controle e o nepotismo.

A constituição de 88

A promulgação da Constituição Federal vigente, em 1988, retorna, do ponto de vista administrativo, aos anos 30 do século passado, pois, tentando superar os resquícios do patrimonialismo que o Decreto-Lei 200/67 trouxe para o Estado brasileiro, consolidou o modelo burocrático, como o Plano Diretor da Reforma do Aparelho do Estado, de 1995, localiza:

"As ações rumo a uma administração pública gerencial são, entretanto, paralisadas na transição democrática de 1985 que, embora representasse uma grande vitória democrática, teve como um de seus custos mais surpreendentes o loteamento dos cargos públicos da administração indireta e das delegacias dos ministérios nos Estados para os políticos dos partidos vitoriosos. Um novo populismo patrimonialista surgia no país. De outra parte, a alta burocracia passava a ser acusada, principalmente pelas forças conservadoras, de ser a culpada da crise do Estado, na medida em que favorecera seu crescimento excessivo.

A conjunção desses dois fatores leva, na Constituição de 1988, a um retrocesso burocrático sem precedentes. Sem que houvesse maior debate público, o Congresso Constituinte promoveu um surpreendente engessamento do aparelho estatal, ao estender para os serviços do Estado e para as próprias empresas estatais praticamente as mesmas regras burocráticas rígidas adotadas no núcleo estratégico do Estado. A nova Constituição determinou a perda da autonomia do Poder Executivo para tratar da estruturação dos órgãos públicos, instituiu a obrigatoriedade de regime jurídico único para os servidores civis da União, dos Estados membros e dos Municípios, e retirou da administração indireta a sua flexibilidade operacional, ao atribuir às fundações e autarquias públicas normas de funcionamento idênticas às que regem a administração direta"

Podemos localizar em toda constituição federal elementos que reforçam a centralização, priorizando a administração direta, porém os elementos abaixo explicitam esta orientação burocrática da Constituição.

> Controle entre os poderes.
> Atribuições do tribunal de contas da União.
> Obrigatoriedade de concursos públicos (salvo "livre provimento").

A nap (nova administração pública)

A última reforma do Estado ocorre na década de 1990, com a implementação da administração gerencial, descentralizando prestações de serviços e reestruturando a administração indireta, principalmente no governo Fernando Henrique Cardoso com o ministro Bresser Pereira, no então MARE (Ministério da Administração Federal e Reforma do Estado) que deu origem ao atual Ministério do Planejamento e Gestão.

A administração gerencial, ainda em fase de implementação, assume referências do mercado, como a excelência na prestação de serviço, a competitividade, e inclusive o fortalecimento da parceria entre a gestão pública e parceiros privados.

Na administração gerencial o controle passa a ser finalístico, não havendo relação hierárquica entre quem controla e quem é controlado, baseada na legalidade. Como por exemplo o controle do Estado na administração indireta, onde a direta, exerce ou controle finalístico sobre as fundações ou autarquias. As mais importantes referências teóricas da administração gerencial são Peter Druker (teoria da globalização nas empresas) e Michel Porter (teórico da competitividade e da vantagem competitiva).

Segundo a teoria de Peter Druker, a organização se adapta à globalização quando consegue oferecer o produto ou serviço prestado certo para o público certo, realizando adequada distribuição, preço e no momento correto adequados.

Segundo Porter, a organização nunca pode parar de aprender sobre o mercado em que atua, seus rivais e formular formas de melhorar sua posição competitiva. As 5 forças de portes são a rivalidade entre concorrentes, o poder de negociação dos clientes, o poder de barganha do fornecedor, a ameaça de entrada de novos concorrentes e a ameaça de produto substituídos.

Na administração gerencial, o controle passa a ser finalístico, não havendo relação hierárquica entre quem controla e quem é controlado, baseada na legalidade. Como, por exemplo, o controle do Estado na administração indireta, onde a direta exerce o controle finalístico sobre as fundações ou autarquias.

8.2 Concentração e Desconcentração

Diferentemente da centralização e descentralização, mas guardando relação com estes termos, a concentração e desconcentração estão vinculadas diretamente a forma em que uma organização divide internamente suas tarefas, e inclusive em sua adequação aos novos desafios administrativos, pois desde a última reforma administrativa do Estado brasileiro, nos anos 90 do século passado, a administração pública busca a vantagem competitiva, e isto tem direta relação com a concentração e desconcentração. Segue a definição inicial dos termos.

Concentração – A prestação de serviço ou ação administrativa (a competência administrativa) se realiza em órgão que não tem divisão interna, concentrando em si as ações. Na concentração existe uma única pessoa jurídica e um único órgão executando a ação administrativa.

Desconcentração – A prestação de serviço ou ação administrativa (a competência administrativa) com atribuições divididas entre diversos órgãos da mesma pessoa jurídica. Na concentração existe uma única pessoa jurídica e mais de um órgão executando a ação administrativa.

Sendo portanto coisas distintas, os termos centralização e concentração e descentralização de desconcentração podem estar associados na administração, cada um com sua definição, como conta do texto do Plano diretor ao analisar a reforma proposta pelo Decreto-Lei 579/38, um processo de priorizar a administração indireta (descentralização) e massificação de unidade (desconcentração), como explicita o trecho que segue...

"A reforma operada em 1967 pelo Decreto-Lei 200, entretanto, constitui um marco na tentativa de superação da rigidez burocrática, podendo ser considerada como um primeiro momento da administração gerencial no Brasil. Mediante o referido decreto-lei, realizou-se a transferência de atividades para autarquias, fundações, empresas públicas e sociedades de economia mista, a fim de obter-se maior dinamismo operacional por meio da descentralização funcional. Instituíram-se como princípios de racionalidade administrativa o planejamento e o orçamento, o descongestionamento das chefias executivas superiores (desconcentração/descentralização), a tentativa de reunir competência e informação no processo decisório, a sistematização, a coordenação e o controle".

9. ADMINISTRAÇÃO PÚBLICA E GOVERNO

9.1 Administração Pública e Governo: Conceito e Objetivos

Na administração, alguns modelos foram adotados ao longo da história e o desenvolvimento das organizações. A adoção de um ou outro modelo administrativo está diretamente relacionada aos objetivos políticos das organizações públicas e do Chefe do Executivo.

A adoção de determinado modelo administrativo formalmente não significa que características do modelo anterior sejam completamente excluídas, pois uma organização que, durante anos e décadas, utiliza determinado modelo tem enraizados, em sua estrutura, os aspectos deste modelo. Desse modo, não é automática a sua total superação, de forma que podem permanecer resquícios do modelo antigo.

Um bom exemplo da situação descrita é o modelo patrimonialista, que foi superado formalmente pela Administração Pública no Brasil na década de 1930. Porém, até a atualidade, encontramos resquícios deste modelo, como o nepotismo.

9.2 Modelo Patrimonialista

O modelo patrimonialista tem origem na Monarquia, em que os reis detinham o poder absoluto, de modo que não existiam instâncias de decisão democrática nem rotatividade de poder. Por este aspecto, o patrimonialismo é definido como absolutismo.

→ **Entre as principais características do patrimonialismo estão:**

- Não existir distinção entre bens públicos e privados. No patrimonialismo, o governante recolhe tributos e impostos e faz aquilo que bem entender, podendo tanto construir edificações de interesse público como aumentar seu patrimônio pessoal.
- Decisões baseadas em motivações comportamentais. As decisões no modelo patrimonialista estão vinculadas diretamente àquilo que pensa o governante e ao seu padrão de comportamento.
- Pessoalidade. O nepotismo e o favorecimento de uma elite que gira em torno do governante caracterizam o patrimonialismo, pois não existem regras e legislação desenvolvida sobre as ações públicas.
- Absolutismo. No modelo patrimonialista, o governante detém o poder absoluto, não existindo, na administração, ferramentas eficazes de controle sobre seus atos ou instâncias colegiadas de decisão.

Podemos caracterizar o patrimonialismo como o modelo absolutista.

9.3 Modelo Burocrático

→ **O modelo burocrático foi diretamente influenciado por Max Weber, de modo que a teoria da burocracia trouxe para as organizações públicas o princípio da impessoalidade. Além disso, são características desse modelo as regras claramente definidas, o racionalismo decisório e a regulamentação de ações públicas. As bases do modelo burocrático são:**

- Impessoalidade. As ações do Estado são voltadas para o bem e interesse público e não para a valorização pessoal, de acordo com os interesses e relações pessoais do governante. Ao contrário do patrimonialismo, as decisões são coletivas e não baseadas na pessoalidade.
- Distinção entre bens públicos e privados. No modelo burocrático, existe clara distinção entre bens públicos, que devem ser reservados para ações de interesse coletivo, e bens privados dos governantes.
- Racionalismo decisório. A tomada de decisão não é baseada em decisões comportamentais e, sim, racionais, que apresentam quatro etapas:
  - Identificação do problema.
  - Busca pela origem do problema.
  - Resolução do problema.
  - Busca pela não recorrência do problema.
- Legalidade. Ao contrário do patrimonialismo, o modelo burocrático tem nas normas, nas regras, na legalidade e na rigidez de procedimentos sua característica mais marcante. É por esta razão que o modelo burocrático pode ser definido como o modelo "dos papéis".

> *A burocracia não é necessariamente algo ruim ou oneroso. Porém, a burocracia excessiva e redundante leva à burocratização de ações.*

9.4 Administração Gerencial

A administração gerencial (NAP – Nova Administração Pública), ainda em fase de implementação, assume referências do mercado, como a excelência na prestação de serviços, a competitividade, e o fortalecimento da parceria entre a gestão pública e parceiros privados.

A flexibilização administrativa

Na administração gerencial, o controle passa a ser finalístico, não havendo relação hierárquica entre quem controla e quem é controlado. Ela é baseada na legalidade. Como exemplo, pode-se citar o controle do Estado na Administração indireta, em que a direta exerce o controle finalístico sobre as fundações. ou

Como principal característica da implementação do gerencialismo, temos a Emenda Constitucional 19/1998 e a criação da MARE.

9.5 Referências Teóricas da Administração Gerencial

As mais importantes referências teóricas da administração gerencial são Peter Druker (teoria da globalização nas empresas) e Michel Porter (teórico da competitividade e da vantagem competitiva).

Segundo a teoria de Peter Druker, a organização se adapta à globalização quando consegue oferecer o produto ou serviço prestado certo para o público certo, realizando adequada distribuição, preço etc. Segundo Porter, a organização nunca pode parar de aprender sobre o mercado em que atua, seus rivais e formular formas de melhorar sua posição competitiva. As cinco forças de Porter são: a rivalidade entre concorrentes; o poder de negociação dos clientes; o poder de barganha do fornecedor; a ameaça de entrada de novos concorrentes; e a ameaça de produto substituídos.

9.6 Controle na Administração Gerencial

Na administração gerencial o controle passa a ser finalístico, não havendo relação hierárquica entre que controla e quem é controlado, baseada na legalidade. Como por exemplo o controle do Estado na administração indireta, onde a direta, exerce ou controle finalístico sobre as fundações ou autarquias.

Existe o controle hierárquico na administração gerencial, por exemplo, na administração direta. Porém, sua característica geral é o controle finalístico.

9.7 Diferenças e Convergências entre a Gestão Pública e a Privada

A administração gerencial se utiliza de vários aspectos da iniciativa privada. É importante destacar as diferenças e convergências que existem entre os dois aspectos administrativos.

As convergências residem nas ferramentas que existem na iniciativa privada e foram assimiladas pela gestão pública, como o BSC, Ciclo PDCA, Cultura Organizacional etc., assim como a busca pela excelência e pela qualidade total. A principal diferença reside no fato de que o Estado brasileiro está baseado na legalidade, enquanto a iniciativa privada tem maior flexibilidade administrativa.

9.8 Transparência, Informação e Controle Social na Administração Pública

Desde a última reforma administrativa ocorrida no Estado Brasileiro, nos anos 90 do século passado, quando a Administração Pública incorporou conceitos e ferramentas do mercado, consagrados na iniciativa privada, o gerencialismo norteia a gestão pública, levando o Brasil ao NAP (Nova Administração Pública).

> Governança – Tem relação com a "forma" de governar.
> Governabilidade – Tem relação com a "condição" para governar.
> ***Accountabilility*** – Tem relação com a "prestação de contas" dos atos do governo.

A última reforma administrativa do Estado brasileiro, que ocorreu nos anos 1990, durante o primeiro mandato do presidente FHC (Fernando Henrique Cardoso) foi liderada pelo então Ministro Bresser Pereira. A referida reforma levou a Administração Pública a manter as bases da burocracia, mas flexibilizar a gestão pública, introduzindo ferramentas do mercado (corporativas), com o objetivo de democratizar as informações e gerar o empoderamento das ações públicas, por parte do cidadão. Entre os principais conceitos da Nova Administração Pública está o foco por buscar a Governança, a Governabilidade e a *Accountability* nas ações administrativas.

9.9 Governança

O termo governança é abrangente e desdobra-se em diversas ações administrativas. Porém, na Administração Pública e na abordagem em provas de concursos públicos, a governança se traduz no envolvimento de pessoas interessadas nas discussões acerca das futuras ações públicas.

Também faz parte da governança o controle que a sociedade civil tem sobre as ações do governo, e a capacidade da Administração Pública em envolver todos nos processos organizacionais, levando-os a seguir e respeitar regras e códigos de conduta estabelecidos. Envolver a sociedade civil organizada nos debates sobre as ações administrativas do governo, consultando e debatendo com os interessados, os chamados "stakeholders" é a base da governança na Administração Pública.

O exercício da governança na Administração Pública leva o cidadão ao empoderamento das ações públicas, ou seja, detém o poder coletivo de tomada de decisão, e é desenvolvida a consciência coletiva e social da participação nas ações públicas.

→ **O Estado brasileiro se utiliza de diversas ferramentas para exercer a governança na Administração Pública, e as principais estão listadas a seguir:**

> Orçamento participativo;
> Conselhos gestores; Audiências públicas;
> Portal "e-democracia";
> Controle social.

9.10 Governabilidade

O conceito da governabilidade tem direta relação com as condições para se exercer o poder, tanto do ponto de vista legal quanto social. Um governo que não tem governabilidade não tem condições de envolver os interessados para debater as ações públicas, pois não tem legitimidade para tais ações. Nesse sentido, podemos concluir que, sem governabilidade, o governo não tem condições de exercer a governança como forma de administrar o Estado.

→ **A governabilidade tem um eixo jurídico e outro social, conforme já se afirmou. A definição de cada um segue abaixo:**

> Governabilidade jurídica – Representa as condições legais para o exercício do poder, como o Chefe do Executivo ser eleito democraticamente em eleições majoritárias para cargos do Executivo. No entanto, apenas a condição legal não garante a governabilidade.
> Governabilidade social – Representa as condições sociais, a existência de uma base de apoio social para exercer o poder, a capacidade de um governo em manter índices de aprovação e setores importantes da sociedade, que representem essa base de sustentação social. Também tem relação com a governabilidade a capacidade do Chefe do Executivo em articular uma base de apoio parlamentar no Congresso Nacional e nas Câmaras Estaduais e Municipais. É possível que um governante tenha governabilidade social, mesmo que não tenha a jurídica, como nos casos de golpes de Estado. Um bom exemplo é o caso de Getúlio Vargas.

9.11 Accountability

Este termo é utilizado sem tradução pela completa inexistência de outra palavra na língua portuguesa que consiga traduzi-lo. *Accountabily* tem relação com a prestação de contas exercida pelo governo para a sociedade. Ou seja, esta prestação de contas ocorre não apenas aos *stakeholders*, mas para todos, sociedade civil e outras instâncias governamentais.

→ **Existem basicamente dois tipos de *accountabilitys*: o vertical e o horizontal. A descrição de cada um deles está apresentada a seguir:**

> ***Accountability*** vertical – Exercido pela sociedade civil, por meio da prestação de contas do Governo para com a sociedade, através de Portais da Transparência, prestação de contas orçamentárias, ações do Governo etc. Ele é caracterizado por ser externo ao Poder Público.

> ***Accountability*** horizontal – Exercido pelos órgãos que controlam as ações internas, pelo domínio dentro do próprio Governo, como da Administração direta sobre a indireta, agências reguladoras frente às ações e serviços públicos etc. Ele se caracteriza por ser interno ao governo.

9.12 Eficiência, Eficácia e Efetividade

Também têm relação com a Nova Administração Pública e estreita afinidade com os elementos anteriormente descritos, os chamados "3Es" da Administração Pública, que são a Eficiência, Eficácia e Efetividade.

→ **A seguir, verifica-se a descrição de cada um dos elementos:**

> Eficiência – Introduzida de forma explícita no artigo 37 da Constituição pela Emenda Constitucional nº 19 de 1998, é a relação de recursos destinados e resultados obtidos pela Administração Pública. Em uma análise, é a questão chamada de "custo-benefício" nas ações públicas. Por exemplo: se, ao final do prazo estipulado previamente, for construído um hospital público com os recursos (financeiros, de pessoas e materiais) propostos, sem necessidade de destinação complementar, será uma ação eficiente administrativamente. Portanto, a eficiência tem relação com a atividade "meio".

> Eficácia – Tem direta relação com a concreta efetivação da ação que motiva a existência da unidade pública ou função dos servidores públicos, a capacidade de atender àquilo que justifica a ação administrativa. Portanto, a eficácia tem relação com a "atividade fim"

> Efetividade – Tem relação com a entrega do "produto final" para os interessados, para os clientes-cidadãos, fazendo com que eles agreguem valor e aceitem a ação pública como justificável. Portanto, a efetividade tem relação com o "valor percebido" pelo cliente-cidadão.

9.13 Transparência

Assim como no sentido óptico do termo, ter transparência é não obstruir a visão, não impedir o acesso. Na Administração Pública, ter transparência é possibilitar que o cidadão tenha controle total dos atos públicos. O Poder Público, por sua vez, informa o cidadão de suas ações com tempo hábil para reação contrária.

A prestação de contas, tanto orçamentária quanto dos atos da Administração Pública, é uma ação de transparência. Atualmente, esta ação possui grande vínculo com o governo eletrônico, pois a Administração Pública se utiliza da internet para divulgação de seus atos.

O site http://www.portaldatransparencia.gov.br/, o chamado "Portal da Transparência", é um exemplo do uso de ferramentas de governo eletrônico para ter transparência nos atos públicos.

9.14 Administração Financeira e Governamental

A administração financeiro-orçamentária do Governo brasileiro é prevista na Constituição Federal.

> ***Art. 165.*** *Leis de iniciativa do Poder Executivo estabelecerão:*
> *o plano plurianual;*
> *as diretrizes orçamentárias;*
> *os orçamentos anuais.*
> ***§ 1º*** *- A lei que instituir o plano plurianual estabelecerá, de forma regionalizada, as diretrizes, objetivos e metas da Administração Pública federal para as despesas de capital e outras delas decorrentes e para as relativas aos programas de duração continuada.*

Plano plurianual

Vigência - Do primeiro dia do segundo ano de mandato do presidente eleito (que elabora o PPA), até o final do primeiro ano fiscal do mandato subsequente.

> Encaminhamento - Até quatro meses antes do encerramento do primeiro exercício financeiro, 31 de agosto.

> Devolução para sanção ou veto - Término do 2º período legislativo. 22 de dezembro.

Lei de diretrizes orçamentárias

Vigência - De sua publicação até o final do exercício financeiro subsequente.

> Encaminhamento - Até 8 meses e meio antes do encerramento do exercício financeiro, 15 de abril.

> Devolução para sanção ou veto - Até o encerramento do primeiro período da seção legislativa, 17 de julho.

Lei orçamentária anual

> Vigência - Todo exercício financeiro.

> Encaminhamento - Até 4 meses antes do encerramento do exercício financeiro,31 de agosto.

> Devolução para sanção ou veto - Até o encerramento do segundo período da seção legislativa, 22 de dezembro.

9.15 Gestão de Contratos Administrativos

Dentre as inúmeras tarefas inerentes à Administração Pública, existem serviços e compras realizados junto à iniciativa privada, e esta relação se dá através de contratos firmados. A base para a gestão de contratos está definida na LEI Nº 8.666, DE 21 DE JUNHO DE 1993, que, no seu Artigo 2º, define contrato como:

> ***Art. 2º*** *As obras, serviços, inclusive de publicidade, compras, alienações, concessões, permissões e locações da Administração Pública, quando contratadas com terceiros, serão necessariamente precedidas de licitação, ressalvadas as hipóteses previstas nesta Lei.*
> ***Parágrafo único.*** *Para os fins desta Lei, considera-se contrato todo e qualquer ajuste entre órgãos ou entidades da Administração Pública e particulares, em que haja um acordo de vontades para a formação de vínculo e a estipulação de obrigações recíprocas, seja qual for a denominação utilizada.*

10. NOÇÕES DE GESTÃO DE PESSOAS

10.1 Escola das Relações Humanas

A Escola das Relações Humanas surgiu como oposição à Teoria Clássica da Administração, surgida na década de 1920. Essa escola, desde sua origem, apresentou como principal objetivo estabelecer uma relação de humanização nas empresas, pois o elemento humano tem suma importância nas relações de produção. Tal pensamento era inovador, visto que em propostas anteriores, como o Taylorismo e o Fordismo, a figura humana era controlada como máquina.

Taylorismo - a racionalização da produção

Também conhecido como Administração Científica, o Taylorismo é um sistema de organização industrial criado pelo engenheiro mecânico e economista norte-americano, Frederick Winslow Taylor, no final do século XIX. A principal característica desse sistema é a organização e divisão de tarefas dentro de uma empresa com o objetivo de obter o máximo de rendimento e eficiência com o mínimo de tempo e atividade, ou seja, Taylor tenta otimizar resultados respondendo à seguinte pergunta: como aumentar o consumo e o lucro diminuindo o tempo de produção e o custo?

As respostas são:

- Divisão das tarefas de trabalho dentro de uma empresa;
- Especialização do trabalhador;
- Treinamento e preparação dos trabalhadores de acordo com as aptidões apresentadas;
- Análise dos processos produtivos dentro de uma empresa com o objetivo de otimização do trabalho;
- Adoção de métodos para diminuir a fadiga e os problemas de saúde dos trabalhadores;
- Implantação de melhorias nas condições e nos ambientes de trabalho;
- Uso de métodos padronizados para reduzir custos e aumentar a produtividade;
- Criação de sistemas de incentivos e recompensas salariais para motivar os trabalhadores e aumentar a produtividade;
- Uso de supervisão humana especializada para controlar o processo produtivo;
- Disciplina na distribuição de atribuições e responsabilidades;
- Uso de métodos de trabalho que já foram testados e planejados para eliminar o improviso.

Fordismo

A melhor maneira de definir o Fordismo é entender que ele foi uma aplicação prática do Taylorismo. Funciona assim: Taylor pensa, mas é Ford que aplica. Isso mesmo, Ford ganhou dinheiro com a ideia de Taylor.

A principal característica do Fordismo é a **fabricação em massa**, baseada numa linha de montagem. Assim, temos uma redução significativa dos custos de produção, o que barateia o produto e possibilita a venda para o maior número possível de consumidores. Dentro desse sistema de produção, uma esteira rolante conduzia ao produto, no caso da Ford, os automóveis. Cada funcionário executava uma pequena etapa. Assim, os funcionários não precisavam sair do seu local de trabalho, o que resultava em uma maior velocidade de produção. Também não era necessária a utilização de mão de obra muito capacitada, pois cada trabalhador executava apenas uma pequena tarefa, todo dia, dentro de uma etapa de produção. Isso gerava um barateamento no processo produtivo.

O declínio do Fordismo pode ser observado a partir dos anos 70, quando foi substituído pelo Toyotismo.

Daí a necessidade daquilo que chamamos de humanização. O homem, a partir de então, passa a ser visto como um todo. O homem apresenta necessidades físicas, psicológicas e sociais. Tais necessidades passaram a interessar à organização, já que se compreendeu que o elemento humano é o capital mais precioso dentro de uma organização empresarial. Satisfação no trabalho, interação entre as pessoas, relações pessoais, interpessoais e sociais, aspectos relacionados à motivação, entre outros, acabam traçando os rumos das pesquisas na área de relações humanas.

Pirâmide de maslow x necessidades do trabalhador

Pirâmide de Maslow

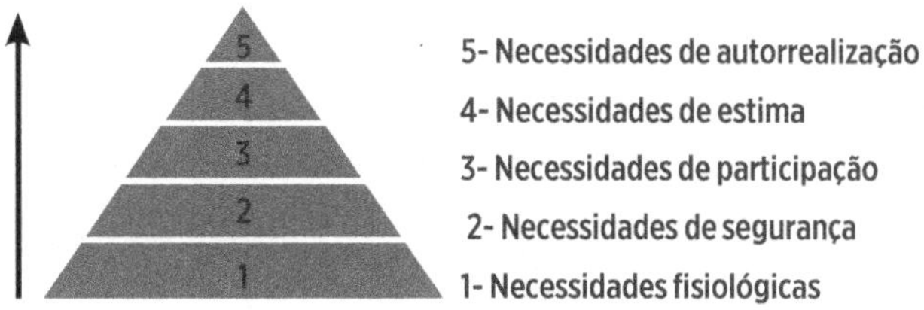

Alguns estudos também relacionaram a Maslow, as necessidades do indivíduo dentro das organizações:

Necessidades biológicas e fisiológicas

As empresas devem oferecer salários justos, horários adequados e intervalos de descanso.

Necessidades de segurança

As empresas devem deixar claro para seus funcionários que estão dentro das normas de segurança e de trabalho; e oferecer benefícios, como seguro de vida, planos de saúde e de aposentadoria.

Necessidades de participação

Mostrar aos colaboradores, por meio de projetos e palestras em grupo, a necessidade do trabalho em equipe e a importância das relações interpessoais.

Necessidades de estima

Reconhecer o trabalho e o esforço dos colaboradores por meio de elogios, promoções e premiações, não propriamente financeiras.

Necessidades de autorrealização

Viabilizar ideias dos funcionários, fazer com que estes participem das tomadas de decisões relacionadas ao seu trabalho; promover cursos de atualização e oferecer oportunidades dentro da empresa.

O autor Antônio Carlos Gil em sua obra Gestão de Pessoas: um enfoque profissional apresenta a seguinte definição:

É o ramo especializado da Ciência da Administração que envolve todas as ações que têm por objetivo a integração do colaborador no contexto da organização e no aumento de sua produtividade.

Para o autor Chivenato, gestão de pessoas: É o conjunto de decisões integradas sobre as relações de emprego que influenciam a eficácia dos funcionários e das organizações .

Segundo Merras: É o conjunto de políticas e práticas necessárias para conduzir os aspectos da posição gerencial relacionados com as pessoas, incluindo recrutamento, seleção, treinamento, recompensas e avaliação de desempenho.

10.2 Histórico da Gestão de Pessoas (GEP)

A evolução da GEP está atrelada à história da Administração, conforme já mencionamos. Usando como base fundamental as Escolas Administrativas, podemos observar o enfoque dado, em cada período, aos recursos humanos dentro da visão organizacional, assim distribuída:

Até 1930 – fase contábil

Período constituído por contexto histórico conturbado, marcado pela ênfase na alternância política entre São Paulo e Minas Gerais, no período conhecido como República do café-com-leite. Nessa época, a questão social era considerada caso de polícia. Não havia ainda uma legislação trabalhista e as condições do trabalho eram extremamente precárias. Essa fase é pioneira na gestão pessoal e, também, chamada de "pré-histórica" por alguns autores. Caracterizava-se pela preocupação existente com os custos da organização. Os trabalhadores eram vistos exclusivamente sob o enfoque contábil: comprava-se a mão de obra e, portanto, as entradas e saídas provenientes dessa conta deveriam ser registradas contabilmente, sem o estabelecimento direto da relação humana.

De 1930 a 1950 – fase legal

Com as transformações políticas a partir da Revolução de 1930 e da Era Vargas, também observamos mudanças no setor de gestão pessoal. Registramos o aparecimento da função de chefe de pessoal, profissional cuja preocupação estava centrada no acompanhamento e na manutenção das recém criadas leis trabalhistas da era getulista. As leis trabalhistas já estavam presentes na Constituição de 1934 e incluíam, entre outras coisas; descanso semanal remunerado, jornada de trabalho, férias, salário mínimo, etc. O poder até então, unicamente, centrado na figura dos feitores (chefes de produção) sobre os empregados, passou para as mãos do chefe de pessoal pelo domínio exercido sobre as regras e normas jurídicas, impostas pela CLT de 01 de maio de 1943.

De 1950 a 1965 – fase tecnicista

Período marcado pelo populismo político e pelo desenvolvimentismo econômico. A abertura da economia brasileira ao capital estrangeiro foi significativa nesse período. Uma industrialização intensa ampliou a mão de obra e as necessidades de emprego. Na Fase Tecnicista foi implantado no Brasil o modelo americano de gestão de recursos humanos e isso alavancou a função de RH ao status orgânico de gerência. Os empresários incluíram nos organogramas a figura do gerente de relações industriais. Isso representou, para as organizações e para os trabalhadores, um grande avanço na qualidade das relações entre capital e trabalho. Foi nessa fase que a área de RH passou a operacionalizar serviços como os de treinamento, recrutamento e seleção, cargos e salários, higiene e segurança, entre outros.

De 1965 a 1985 – fase administrativa ou sindicalista

Enfrentamos nesse contexto a fase da República Militar, em que ações populares eram vistas como uma "ameaça à ordem nacional". A Fase Administrativa criou um marco histórico nas relações entre capital e trabalho, uma vez que parte das conquistas é produto das lutas empreendidas pelos próprios trabalhadores. Implementou-se o movimento sindical denominado 'novo sindicalismo'. Nessa fase, registrou-se nova mudança significativa na denominação e na responsabilidade do até aqui gerente de relações industriais. O cargo passou a ser chamado como gerente de recursos humanos. Pretendia-se, com essa mudança, transferir a ênfase em procedimentos burocráticos e puramente operacionais para responsabilidades de ordem mais humanísticas, voltadas para os indivíduos e suas relações com os sindicatos, a sociedade, etc.

Posterior a 1985 – fase estratégica

A redemocratização do Brasil e as mudanças oriundas da Constituição de 1988 foram o fundamento dessa fase, demarcada operacionalmente pela introdução dos primeiros programas de planejamento estratégico de RH, atrelado ao planejamento central das organizações. Nessa fase é que se registraram as primeiras preocupações de longo prazo, por parte da direção das empresas, em relação aos trabalhadores. Iniciou-se uma nova alavancagem organizacional do cargo de gerente de recursos humanos, que, de posição gerencial, de terceiro escalão, em nível ainda tático, passou a ser reconhecido como diretoria, em nível estratégico nas organizações.

As etapas evolutivas da área de RH, podem ser sintetizadas em quatro, a saber:

- Administração de Pessoal;
- Relações Industriais;
- Administração de Recursos Humanos;
- Gestão de Pessoas.
- Podemos concluir que a Gestão de Pessoas surge da necessidade de conciliar os elementos humanos e operacionais dentro de uma visão estratégica do setor empresarial que se divide em:
- Provisão de Recursos Humanos;

- Aplicação de Recursos Humanos;
- Desenvolvimento de Recursos Humanos;
- Manutenção de Recursos Humanos;
- Monitoração de Recursos Humanos;

processo de provisão

Consiste em abastecer a empresa com uma mão de obra que seja qualificada. É uma referência ao **recrutamento** e **seleção pessoal**.

Planejamento de recursos humanos

Processo que diz respeito à decisão relativa aos recursos humanos, necessários para alcançar os objetivos organizacionais dentro de um tempo determinado. É uma visão sobre a necessidade da força de trabalho e dos talentos humanos para realizar a ação organizacional futura. O Planejamento Estratégico do RH é parte integrante do Planejamento Estratégico da Organização e deve ter como objetivo o alcance das metas e a inclusão das necessidades individuais.

Recrutamento

É o conjunto de técnicas e procedimentos que visa a atrair candidatos potencialmente qualificados e capazes de ocupar cargos dentro da organização. O recrutamento é feito a partir das necessidades presentes e futuras de Recursos Humanos da organização.

Seleção de pessoal

É a escolha dos candidatos recrutados que melhor se ajustam ao cargo em aberto. O objetivo essencial da seleção de pessoal é **escolher** e **classificar** os candidatos adequados às necessidades da organização.

Processo de aplicação

Consiste na análise e na descrição de cargos e na avaliação de desempenho.

Clima organizacional

É o modo como se desenvolve a conciliação entre a expectativa e a realidade dentro do ambiente de trabalho. Há um impacto do clima organizacional sobre a motivação, o desempenho e a satisfação no trabalho, pois é ele que cria certos tipos de expectativas, cujas consequências são decorrentes de diferentes ações. As pessoas esperam certas recompensas e satisfações. Assim, o clima organizacional é o conjunto de fatores que interferem na satisfação ou no descontentamento no trabalho. É o conjunto de variáveis que busca identificar os aspectos que precisam ser melhorados, em busca da satisfação e do bem-estar dos colaboradores.

Educação corporativa

É a prática coordenada de gestão de pessoas e de gestão do conhecimento, tendo como orientação a estratégia de longo prazo de uma organização.

Tecnologia em rh

É a otimização da gestão e dos custos de serviço por empregado; diminui a relação de dependência entre o empregado e os Recursos Humanos; dá mais autonomia aos empregados, que se tornam responsáveis pelo uso e benefício que obtêm dos sistemas e reduz os custos das tarefas administrativas.

Objetivos Organizacionais	Objetivos Individuais
Crescimento sustentado	Melhores salários
Lucratividade	Melhores benefícios
Produtividade	Estabilidade/segurança no emprego
Qualidade dos produtos/serviços	Qualidade de vida
Novos mercados	Oportunidades de crescimento
Novos clientes	Liberdade de atuação
Competitividade	Lazer
Imagem no mercado	Reconhecimento e valorização

As organizações necessitam de pessoas para realizarem suas funções. Assim, com o crescimento da empresa, aumenta também a necessidade de recursos humanos que possam gerir os recursos materiais, financeiros e tecnológicos, com eficiência e eficácia.

Com isso, as pessoas passam a ser um diferencial na empresa, ou seja, constroem a competência básica da empresa em um cenário empresarial instável, globalizado e fortemente concorrencial.

10.3 As Pessoas como Parceiras da Organização

Dentro das organizações, todo processo produtivo de uma participação conjunta de diversos parceiros, que contribuam com algum recurso.

Os fornecedores contribuem com matérias-primas, insumos básicos, serviços e tecnologias. Os acionistas e investidores contribuem com capital e investimentos que permitem o aporte financeiro para a aquisição de recursos. Os empregados contribuem com seus conhecimentos, capacidades e habilidades, proporcionando decisões e ações que dinamizam a organização. Os clientes e consumidores contribuem, a dquirindo seus bens ou serviços colocados no mercado.

Mas, a relação não consiste numa unilateralidade, pois cada um dos parceiros tem alguma expectativa de retorno que sirva como estímulo para continuar seu investimento.

As pessoas devem ser visualizadas como parceiras das organizações, pois constituem parte integrante do capital intelectual. As organizações bem sucedidas se deram conta disso e tratam seus funcionários como parceiros do negócio e fornecedores de competências, e não mais como simples empregados contratados.

Nesse sentido, a gestão de pessoas é um ramo muito sensível e instável, pois vários fatores influenciam para que alcancem seus objetivos. Entre esses fatores, podemos destacar:

- Políticas organizacionais;
- Contexto ambiental;

- Tecnologia empregada;
- Formas de gestão.

No cenário do mundo globalizado, as instituições estão atuando de forma estratégica. Assim, um processo produtivo é realizado com o auxílio de vários colaboradores, os quais auxiliam com algum recurso. Nesse cenário, são os principais parceiros das empresas os ***stakeholders***.

Stakeholders

São as pessoas que afetam ou são afetadas de alguma forma pelas políticas das empresas. Também são considerados como públicos estratégicos, já que, de modo indireto ou direto, influenciam fortemente nos resultados das organizações. Podem estar divididos em dois grandes grupos: Diretos e Indiretos.

Diretos

São as pessoas que possuem uma relação direta com a organização, como: acionistas, clientes, fornecedores e funcionários.

Stakeholders Diretos	Relação de Troca com a Organização	
	Entregam	Esperam
Acionistas	Recursos financeiros (em forma de ações, empréstimos ou financiamentos)	Lucros para a Organização. Que a organização obtenha lucros
Fornecedores	Matéria - prima para a organização	Retorno financeiro e possibilidade de novos negócios
Empregados	Força de trabalho, esforço, conhecimento	Incentivos como remuneração e benefícios
Clientes	Dinheiro	Produtos de qualidade por um preço justo

Indiretos

Possuem significância mais indireta na empresa, como o governo a mídia e a sociedade.

Stakeholders Indiretos	Relação de Troca com a Organização	
	Entregam	Esperam Receber
Governo	Incentivos para que a organização se instale na cidade ou país (incentivos fiscais, doação de terrenos).	Os impostos pagos pelas organizações e o desenvolvimento da cidade ou país, já que as organizações geram emprego e desenvolvimento nos locais onde se instalam.
Mídia	Propaganda, que ajuda a organização a ser bem vista pelos seus clientes.	Pagamento por serviço prestado.
Sociedade	Os clientes, os empregados e os fornecedores.	Não apenas a obtenção de lucros, mas o desenvolvimento da sociedade.

Há três fatores que indicam a importância dos *Stakeholders* para a organização:

- **Urgência**: quando se necessita atenção imediata, pois sua necessidade é sensível ao tempo.
- **Poder:** quando, pela força ou poder coercitivo, se impõe em relação à organização.
- **Legitimidade:** quando o relacionamento é pautado ou protegido por leis ou normas legítimas.

Aspectos fundamentais

Alguns aspectos são fundamentais para a gestão de pessoas:

Pessoas como seres humanos

Reconhecer que as pessoas não são meramente recursos da empresa, mas são seres dotados de inteligência, personalidade, histórias particulares diferenciadas e possuidores de conhecimento e de capacidade adequada para a gestão dos demais recursos da organização. Isso implica no rompimento com a visão taylorista/fordista na qual as pessoas devem apenas reproduzir aquilo que lhes é ordenado. É perceptível a capacidade das pessoas em auxiliar, constantemente no processo de desenvolvimento da empresa.

Pessoas como elementos impulsionadores

Num cenário globalizado de constantes transformações, as pessoas geram a competitividade, já que dinamizam a organização, não sendo apenas agentes passivos e estáticos, mas agentes envolvidos no processo.

Pessoas como parceiros da organização

As pessoas movimentam e levam a empresa ao sucesso, pois são parceiras das organizações. Investindo nelas, há sempre um retorno.

Pessoas como talento

As pessoas são seres repletos de talentos e competências e, com isso, levam a organização ao sucesso. Visto que uma organização não pode ser formada apenas de máquinas e tecnologia, há sempre necessidade de alguém que as opere.

Pessoas como capital

As pessoas são o principal ativo organizacional, já que agregam conhecimento e inteligência à organização.

Objetivos

Os objetivos da Gestão de Pessoas são amplos, mas devem contribuir sempre para a eficácia organizacional por meio das seguintes ações:

- Corroborar para que a organização alcance sua missão e seus objetivos;
- Proporcionar maior competitividade à organização, otimizando a capacidade produtiva das pessoas para melhorar o atendimento aos parceiros;
- Propiciar pessoas bem treinadas e motivadas à organização, começando por manter um projeto de capacitação contínuo e o reconhecimento dos esforços depreendidos. Recompensar quem desempenha bem seu papel, não apenas com remuneração;

- Propiciar a satisfação e aumentar a autoavaliação, pois hoje as pessoas satisfeitas no trabalho são necessariamente mais produtivas, pois, com pessoas felizes, a organização ruma para o sucesso;
- Desenvolver a qualidade de vida no trabalho, já que a confiança nas organizações é fundamental para que a produtividade das pessoas seja maximizada. Devido a isso, as empresas estão investindo em programas para melhorar a qualidade e o ambiente de trabalho, visando à satisfação das necessidades individuais e proporcionando um local atraente e satisfatório para os trabalhadores;
- Ficar atendo às mudanças e adaptar-se a elas, contribuindo para o sucesso da organização;
- Trabalhar com princípios e valores éticos e responsabilidade social;
- Desenvolver uma equipe e uma empresa. Para isso, não basta cuidar das pessoas, é necessário levar em consideração a organização do trabalho e o estilo de gestão.

Processos organizacionais

A Gestão de Pessoas utiliza seis processos básicos:

- **Processos de agregar pessoas:** são os processos utilizados para incluir novas pessoas na empresa. Podem ser também denominados de processos de provisão ou suprimento de pessoas. Incluem as funções de recrutamento e seleção de pessoas.
- **Processos de aplicar pessoas:** são os processos utilizados para desenhar as atividades que as pessoas irão realizar na empresa, assim como, de orientar e acompanhar seu desempenho. Incluem as funções de desenho de cargos e de avaliação de desempenho.
- **Processos de recompensar pessoas:** são os processos utilizados para incentivar as pessoas e satisfazer suas necessidades individuais. Incluem as funções de remuneração e benefícios.
- **Processos de desenvolver pessoas:** são os processos utilizados para capacitar e incrementar o desenvolvimento profissional e pessoal. Incluem as funções de treinamento e de desenvolvimento.
- **Processos de manter pessoas:** são os processos utilizados para criar condições ambientais e psicológicas satisfatórias para as atividades das pessoas. Incluem as funções de higiene e segurança no trabalho, assim como de relações trabalhistas.
- **Processos de monitorar pessoas:** são os processos utilizados para acompanhar e controlar as atividades das pessoas e verificar os resultados. Incluem as funções de banco de dados e sistemas de informações gerenciais.

11. LIDERANÇA

A força de trabalho e o seu poder é o principal efeito da liderança, já que esta dá ritmo e energia ao trabalho desenvolvido que move uma organização.

Liderar

É conectar os empregados ao seu negócio.

É obter e manter empregados que ajam e trabalhem como proprietários.

Liderança

É a arte de fazer com que os outros tenham vontade de fazer algo que você está convencido de que deve ser feito.

É a arte de mobilizar os outros a batalhar por aspirações compartilhadas.

É a arte de obter resultados desejados, acordados e esperados por meio de empregados engajados.

Líder

É o portador da autoridade legitimada, ou seja, aquele em quem se reconhecem motivos para ser ouvido, acatado e seguido. *(Benedito Milioni)*

As empresas vêm buscando líderes e não apenas gerentes. Assim, uma característica marcante entre os líderes é a naturalidade de trabalhar em equipe, já que eles não podem agir sozinhos. Existem quatro competência comuns aos líderes:

> ***Atenção:*** o líder desperta a atenção e consegue o comprometimento de sua equipe, pois seus membros passam a querer participar dessa visão e alcançar os objetivos propostos pela liderança.

> ***Significado:*** os líderes possuem grande habilidade para a comunicação. Assim, conseguem passar de forma clara e concisa as informações para a sua equipe.

> ***Confiança:*** o líder inspira confiança, pois tem objetivos e propósitos consistentes.

> ***Conhecimento pessoal:*** os líderes sabem explorar seus pontos fortes e, ao mesmo tempo, buscam melhorar seus pontos fracos.

Em quaisquer definições de liderança, sempre haverá uma ou duas palavras, no máximo, que, se retiradas, mudam o significado de liderança para gerência ou chefia. Vejamos:

Gerenciar

É colocar para trabalhar os empregados no seu negócio.

É obter e manter empregados que ajam e trabalhem como empregados.

Gerência

É a arte de fazer com que os outros façam algo que você está convencido de que deva ser feito.

É a arte de mobilizar os outros a batalhar.

É a arte de obter resultados desejados, acordados e esperados por meio de empregados.

Diferenças entre Gerente e Líder	
Gerente	**Líder**
Administra	Inova
Prioriza as tarefas	Prioriza as pessoas
Prevê curto prazo	Estabelece longo prazo
Exerce o controle	Inspira a confiança
É eficiente	É eficaz

11.1 Tipos de Liderança

Liderança formal

Quando é conferida por alguém da organização, ou seja, a organização designa alguém para liderar, o que os torna gestores. Assim, nem todo gestor é um líder.

Liderança informal

São pessoas que não possuem o poder formal para liderar, porém lideram. Elas surgem normalmente dentro de um grupo sem serem designadas pela organização.

Gestor	Líder
Liderança baseada em leis impostas pela organização, fixa poder de comando.	Liderança baseada na confiança que os liderados têm nas qualidades de líder.
Os subordinados obedecem a autoridade imposta pela empresa, e não o gestor.	Os seguidores concordam com as ideias e visões que o líder possui.
Utiliza-se do poder coercitivo das regras da organização para forçar a obediência.	O poder vem da massa que o segue.

Liderança autocrática

Baseia-se numa relação de submissão, já que o líder tem uma postura dominadora e agressiva, não dando liberdade alguma a seus subordinados.

Liderança democrática

Consiste em uma liderança participativa, ou seja, o líder consegue motivar os liderados a participarem das decisões, pois possui caráter comunicativo. Esse tipo de liderança pode ser subdividido em duas subcategorias:

> **Consultivo:** ele pede a opinião dos liderados, porém, toma a decisão final sozinho.

> **Participativo:** ouve a opinião dos liderados, fazendo com que as decisões sejam tomadas pelo grupo, sendo orientadas pelo líder, mas decididas em coletivo.

Liderança liberal

Esse tipo de liderança é caracterizada, basicamente, pela ausência de líderes, já que o próprio grupo é quem toma as decisões.

Liderança orientada pelas tarefas

A preocupação central desse tipo de liderança é com a tarefa e não com a equipe que a executa. Assim, acaba se tornando uma liderança preocupada demasiadamente com tarefas, metas e objetivos a serem cumpridos.

Liderança orientada para as pessoas

O foco está na equipe de trabalho, O processo administrativo deve tornar o ambiente de trabalho confortável para as pessoas.

Liderança diretiva

Esse tipo de liderança esclarece as atividades e o que ele espera de seus subordinados, além de organizar as diretrizes, metas e objetivos de maneira clara.

Liderança apoiadora

É o líder que se mostra sensível às necessidades e expectativas das pessoas que compõem a sua equipe.

Liderança orientada para a conquista

Esse tipo de liderança impõe metas e objetivos desafiadores e espera de seus liderados que demonstrem desempenho máximo.

Liderança Carismática

É exercida pelo líder consegue obter a confiança de seus liderados, atribuindo a ele características de herói. Um líder carismático deve:

> Possuir visão;
> Dispor-se a correr riscos para alcançar essa visão;
> Ser sensível às necessidades de seus liderados;
> Ter comportamento diferente do comum.

Um líder não necessita nascer carismático; ele pode desenvolver um carisma se seguir três etapas, a saber:

> Visão otimista consiste em desenvolver uma aura de carisma, tendo sempre uma visão otimista e demonstrando isso com linguagem corporal. É aquela que utiliza paixão em tudo o que faz.
> Criação de confiança em seus liderados para segui-lo.
> Potencial - consegue extrair potencial de seus liderados.

Liderança visionária

Segundo Robbins, a liderança visionária é a habilidade para criar e articular uma visão do futuro, realista, digna de crédito e atraente, que cresce a partir do presente e o aperfeiçoa.

12. ADMINISTRAÇÃO DE RECURSOS MATERIAIS E PATRIMONIAIS

12.1 As Empresas e Seus Recursos

É um fato que a produção está vinculada a um conjunto de fatores, os quais podemos denominar **fatores de produção.** Dentre eles, identificamos três fundamentais, a saber: natureza, capital e trabalho, integrados por um quarto fator denominado empresa. Para os economistas, todo processo produtivo se fundamenta na conjunção desses quatro fatores de produção.

Natureza: responsável pelo fornecimento da matéria-prima.

Capital: é o fator que fornece o dinheiro necessário para adquirir os insumos e pagar o pessoal. O capital representa o fator de produção que permite meios para comprar, adquirir e utilizar os demais fatores de produção.

Trabalho: é o fator constituído pela mão de obra, que processa e transforma os insumos, por meio de operações manuais ou de máquinas e ferramentas, em produtos acabados ou serviços prestados. É a energia empregada na transformação da matéria-prima em produto.

Empresa: é o fator integrador capaz de aglutinar a natureza, o capital e o trabalho em um conjunto harmonioso o qual permite que o resultado alcançado seja muito maior do que a soma dos fatores aplicados no negócio.

Atualmente, esses fatores de produção costumam ser denominados recursos empresariais, sendo estes os principais:

> **Recursos Materiais**: administração da produção.

> **Recursos Financeiros**: administração financeira.

> **Recursos Humanos**: administração pessoal (Gestão de Pessoas).

> **Recursos Mercadológicos**: administração de mercado.

> **Recursos Administrativos**: administração geral ou administração de empresas.

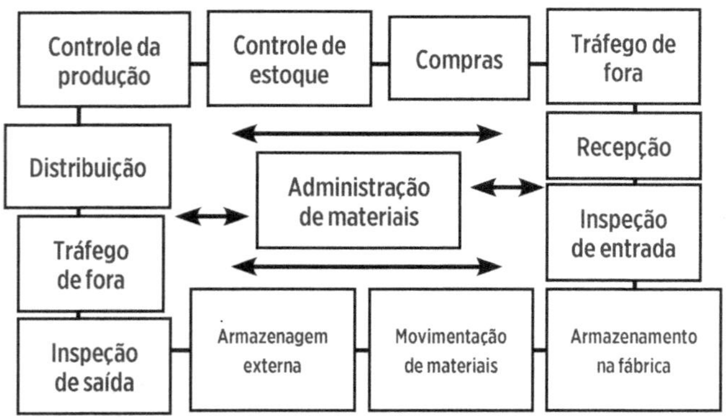

12.2 Contexto Histórico da Administração ou Gestão de Materiais

A produção passou por vários sistemas ao longo da história. Em cada período uma complexidade de atividades era necessária para a manutenção da estrutura que se iniciava. A Revolução Industrial, iniciada no século XVIII, marcou a transição da manufatura para a maquinofatura e projetou a produção a uma escala bem maior e mais abrangente. O sistema capitalista desenvolveu mecanismos que relacionavam produção e distribuição num ritmo intenso para a obtenção cada vez maior de capital. Produzir, estocar, trocar objetos e mercadorias é algo tão antigo quanto a existência do ser humano.

No século XIX, com a expansão da Revolução Industrial, a lógica organizacional passou a ser necessária para a manutenção e o aumento da lucratividade. Esse período foi marcado por modificações profundas nos métodos do sistema de fabricação e estocagem em maior escala. O trabalho, até então, totalmente artesanal, foi em parte substituído pelas máquinas, fazendo com que a produção evoluísse para um estágio tecnologicamente mais avançado e os estoques passassem a ser vistos sob outro prisma pelas administrações. E o crescimento não para por aí, afinal, a constante evolução fabril, o consumo, as exigências dos consumidores, o mercado concorrente e as novas tecnologias deram novo impulso à Administração de Materiais, fazendo com que ela fosse vista como uma arte e uma ciência das mais importantes para o alcance dos objetivos de uma organização, seja ela qual fosse.

Acontece a racionalização das questões ligadas a produção, estocagem e distribuição das mercadorias produzidas. Com as novas tecnologias, as fábricas também se organizam para o provimento dos recursos necessários para a continuidade do trabalho produtivo.

No século XX, podemos também apontar as duas guerras mundiais como eventos que comprovaram a necessidade de que materiais devem ser administrados cientificamente. Aliás, a organização sempre foi importante para o histórico de guerras. Em todos os embates ficou comprovado que o fator abastecimento (ou suprimento) se constituiu em elemento de vital importância e determinou o sucesso ou o insucesso dos empreendimentos.

As empresas passam a adotar estratégias cada vez mais específicas para garantir seu espaço num mercado competitivo e extremamente cuidadoso na sua forma de seleção.

O objetivo principal de uma organização é obter lucros, sendo possível maximizá-los. Contudo, os recursos normalmente são investidos em equipamentos, financiamentos, reservas de caixas e estoques, o que não gera retorno pelo simples fato de aumentarem ou não, pois isso não reflete diretamente nas vendas.

Sendo assim, as organizações precisam diminuir seus custos em todos os segmentos possíveis, isso inclui o setor de estoque; o que então modificou todas as antigas e clássicas teorias desenvolvidas sobre a área.

Atualmente, com a globalização, a importância da área de materiais passou a ser reconhecida, pois a competitividade está em colocar o produto certo, na hora certa e na quantidade certa para o cliente final.

12.3 Responsabilidades e Atribuições da Gestão de Materiais

Suprir a empresa, por meio de compras, de todos os materiais necessários ao seu funcionamento.

Avaliar outras empresas como possíveis fornecedores.

Supervisionar os almoxarifados da empresa.

Controlar os estoques.

Aplicar um sistema de reaprovisionamento adequado, fixando Estoques Mínimos, Lotes Econômicos e outros índices necessários ao gerenciamento dos estoques, segundo critérios aprovados pela direção da empresa.

Manter contato com as Gerências de Produção, Controle de Qualidade, Engenharia de Produto, Financeira etc.

Estabelecer sistema de estocagem adequado.

Coordenar os inventários rotativos.

12.4 Objetivos Principais da Gestão de Materiais e Recursos Patrimoniais

A principal finalidade da Gestão de Materiais é assegurar o abastecimento contínuo de artigos necessários para comercialização direta ou capazes de atender aos serviços que são executados pela empresa, cujo objetivo é diminuir custos operacionais para que os seus produtos ganhem força competitiva no mercado. Em outras palavras, os materiais precisam ser de qualidade produtiva para garantir, no mercado, a aceitação do produto final.

12.5 Principais Objetivos da Área de Gestão de Recursos Materiais e Patrimoniais

Preço Baixo - esse é o objetivo mais óbvio e, certamente, um dos mais importantes. Reduzir o preço de compra implica em aumentar os lucros, se mantida a mesma qualidade.

Alto Giro de Estoques - implica melhor utilização do capital, aumentando o retorno sobre os investimentos e reduzindo o valor do capital de giro.

Baixo Custo de Aquisição e Posse - dependem fundamentalmente da eficácia das áreas de Controle de Estoques, Armazenamento e Compras.

Continuidade de Fornecimento - é resultado de uma análise criteriosa quando da escolha dos fornecedores. Os custos de produção, expedição e transportes são afetados diretamente por esse item.

Consistência de Qualidade - a área de materiais é responsável apenas pela qualidade de materiais e serviços provenientes de fornecedores externos. Em algumas empresas, a qualidade dos produtos e/ou serviços constituem-se no único objetivo da Gerência de Materiais.

Despesas com Pessoal - obtenção de melhores resultados com a mesma despesa ou, mesmo resultado com menor custo - em ambos os casos o objetivo é obter maior lucro final. Às vezes compensa investir mais em pessoal, porque pode-se alcançar com isso outros objetivos, propiciando maior benefício com relação aos custos.

Relações Favoráveis com Fornecedores - a posição de uma empresa no mundo dos negócios é, em alto grau, determinada pela maneira como negocia com seus fornecedores.

Aperfeiçoamento de Pessoal - toda unidade deve estar interessada em aumentar a aptidão de seu pessoal.

Bons Registros - são considerados como o objetivo primário, pois contribuem para o papel da Administração de Material, para a sobrevivência e para os lucros da empresa, de forma indireta.

12.6 Terminologias e Conceitos Básicos Usados em Gestão de Materiais

Artigo ou Item - designa qualquer material, matéria-prima ou produto acabado que faça parte do estoque.

Unidade - identifica a medida, tipo de acondicionamento, características de apresentação física (caixa, bloco, rolo, folha, litro, galão, resma, vidro, peça, quilograma, metro, etc.).

Pontos de Estocagem - locais onde os itens em estoque são armazenados e sujeitos ao controle da administração.

Estoque - conjunto de mercadorias, materiais ou artigos existentes fisicamente no almoxarifado à espera de utilização futura e que permite suprir regularmente os usuários, sem causar interrupções às unidades funcionais da organização.

Estoque Ativo ou Normal - é o estoque que sofre flutuações quanto à quantidade, volume, peso e custo em consequência de entradas e saídas.

Estoque Morto ou Inativo - não sofre flutuações, é estático.

Estoque Empenhado ou Reservado - quantidade de determinado item, com utilização certa, comprometida previamente e que por alguma razão permanece temporariamente em almoxarifado. Está disponível somente para uma aplicação ou unidade funcional específica.

Estoque de Recuperação - quantidades de itens constituídas por sobras de retiradas de estoque, salvados (retirados de uso por meio de desmontagens), etc. sem condições de uso, mas passíveis de aproveitamento após recuperação, podendo vir a integrar o Estoque Normal ou Estoque de Materiais Recuperados, após a obtenção de sua condições normais.

Estoque de Excedentes, Obsoletos ou Inservíveis - constitui as quantidades de itens em estoque, novos ou recuperados, obsoletos ou inúteis que devem ser eliminados. Constitui um Estoque Morto.

Estoque Disponível - é a quantidade de um determinado item existente em estoque, livre para uso.

Estoque Teórico - é o resultado da soma do disponível com a quantidade pedida, aguardando o fornecimento.

Estoque Mínimo - é a menor quantidade de um artigo ou item que deverá existir; estoque para prevenir qualquer eventualidade ou emergência (falta) provocada por consumo anormal ou atraso de entrega.

Estoque Médio - é considerado como sendo a metade da quantidade necessária para um determinado período mais o Estoque de Segurança.

Estoque Máximo - é a quantidade necessária de um item para suprir a organização em um período estabelecido mais o Estoque de Segurança.

Ponto de Pedido - limite de Chamada ou Ponto de ressuprimento - é a quantidade de item de estoque que, ao ser atingida, requer a análise para ressuprimento do item.

Ponto de Chamada de Emergência - é a quantidade que, quando atingida, requer medidas especiais para que não ocorra ruptura no estoque. Normalmente é igual à metade do Estoque Mínimo.

Ruptura de Estoque - ocorre quando o estoque de determinado item zera (E =0). A continuação das solicitações e o não atendimento a caracteriza.

Frequência - é o número de vezes que um item é solicitado ou comprado em um determinado período.

Quantidade a Pedir - é a quantidade de um item que deverá ser fornecida ou comprada.

Tempo de Tramitação Interna - é o tempo que um documento leva, desde o momento em que é emitido até o momento em que a compra é formalizada.

Prazo de Entrega - tempo decorrido da data de formalização do contrato bilateral de compra até a data de recebimento da mercadoria.

Tempo de Reposição, Ressuprimento - tempo decorrido desde a emissão do documento de compra (requisição) até o recebimento da mercadoria.

Requisição ou Pedido de Compra - documento interno que desencadeia o processo de compra.

Coleta ou Cotação de Preços - documento emitido pela Unidade de Compras, solicitando ao fornecedor Proposta de Fornecimento. Essa Coleta deverá conter todas as especificações que identifiquem individualmente cada item.

Proposta de Fornecimento - documento no qual o fornecedor explicita as condições nas quais se propõe a atender (preço, prazo de entrega, condições de pagamento, etc.).

Mapa Comparativo de Preços - documento que serve para confrontar condições de fornecimento e decidir sobre a mais viável.

Contato, Ordem ou Autorização de Fornecimento - documento formal, firmado entre comprador e fornecedor, que juridicamente deve dar garantias a ambos (fornecimento x pagamento).

Custo Fixo - é o custo que independe das quantidades estocadas ou compradas (mão de obra, despesas administrativas, de manutenção etc.).

Custo Variável - existe em função das variações de quantidade e de despesas operacionais.

Custo de Manutenção de Estoque, Posse ou Armazenagem - são os custos decorrentes da existência do item ou artigo no estoque. Varia em função do número de vezes ou da quantidade comprada.

Custo de Obtenção de Estoque, do Pedido ou Aquisição - é constituído pela somatória de todas as despesas efetivamente realizadas no processamento de uma compra. Varia em função do número de pedidos emitidos ou das quantidades compradas.

Custo Total - é o resultado da soma do Custo Fixo com o Custo de Posse e o Custo de Aquisição.

Custo Ideal - é aquele obtido no ponto de encontro ou interseção das curvas dos Custos de Posse e de Aquisição. Representa o menor valor do Custo Total.

Os materiais precisam ser adequadamente administrados. As quantidades devem ser planejadas e controladas para que não haja faltas que prejudiquem a produção, nem excessos que elevem os custos desnecessariamente. O volume de dinheiro investido em materiais faz com que as empresas procurem sempre o mínimo possível deles, capazes de garantir a continuidade do processo produtivo e vendas. A gerência de materiais é um conceito vital que pode resultar na redução de custos e no aperfeiçoamento do desempenho de uma organização de Administração de Compras, Suprimentos e Armazenamento de produção, quando é adequadamente entendida e executada. É um conceito que deve estar contido na filosofia da instituição e em sua organização.

Os materiais em geral representam a maior parcela de custo de produtos acabados, mostrando que são responsáveis por aproximadamente 52% do custo do produto em uma média empresa e, em alguns casos, podem chegar a 85%. O investimento em estoque é tipicamente de 1/3 do ativo de uma empresa. Administrar materiais é fazer um exercício de provedor, analista, pesquisador e programador. É, acima de tudo, colocar a instituição como um organismo viável a todos que dela participam.

Disponível em:<http://arquivos.unama.br/professores/iuvb/7semestre/ACSA/aula01.pdf)> Adaptado.

12.7 Tripé da Ciência da Administração

> **Finanças**: mola propulsora.
> **Material**: condição para o processo produtivo.
> **Pessoal:** responsável por acionar o processo produtivo.

Para que exista uma administração perfeita, é necessária uma harmonia entre essas 3 áreas, ou seja, elas deverão estar de tal forma entrosadas que uma fique dependente da outra, uma vez que se entrelaçam e se confundem dentro do fluxo administrativo. Nada se pode fazer sem capital, bem como sem material. Somente com esses dois, não temos condições de administrar, pois há falta do elemento humano que irá acionar todo o processo produtivo.

Não deverá existir diferença no nível hierárquico entre essas áreas, pois têm a mesma importância para o bom funcionamento da empresa.

13. INTRODUÇÃO À ADMINISTRAÇÃO FINANCEIRA E ORÇAMENTÁRIA

Essa "parte" do estudo da Administração, conhecida como Administração Financeira e Orçamentária (AFO), é uma disciplina com características que a tornam bastante singular. Trata-se de uma matéria muito importante, principalmente para quem irá deseja seguir a carreira pública.

É pertinente que o futuro servidor público saiba de onde vêm os recursos para pagar seus rendimentos, ou ainda, para onde vão tais recursos, por exemplo, para pagar as despesas do órgão em que irá trabalhar.

Cada vez mais, a disciplina de AFO tem estado presente nos editais, dos mais diversos concursos. Junto à Administração Financeira e Orçamentária temos o Direito Financeiro, que é um ramo do Direito Público que orienta a atividade financeira pública. Veremos com mais calma os aspectos da atividade financeira do Estado, mas de maneira superficial temos que é a atividade que contempla as obtenções de recursos (receitas) e os gastos dos recursos (despesas).

Além disso, o Direito Financeiro disciplina sobre o orçamento público, o que é a gestão dos recursos. Nesse sentido, a própria Constituição versa sobre:

> ***Art. 24.*** *Compete à União, aos Estados e ao Distrito Federal legislar concorrentemente sobre:*
>
> *I - direito tributário, financeiro, penitenciário, econômico e urbanístico;*
>
> *II - orçamento;*
>
> *[...]*

Diante disso, é importante conhecermos que a base legal de AFO está assim distribuída:

- Constituição Federal;
- Lei nº 4.320/64;
- Lei Complementar nº 101/00 – conhecida como Lei de Responsabilidade Fiscal.

A Constituição Federal aborda o orçamento público nos artigos 163 a 169. Por sua vez, as outras leis mencionadas tratam quase que na íntegra das finanças públicas.

13.1 Orçamento Público e sua Revolução

De acordo com Mendes (*2016, p. 5 apud Baleeiro, 1997*) "orçamento público é o ato pelo qual o Poder Executivo prevê e o Poder Legislativo autoriza, por certo período de tempo, a execução das despesas destinadas ao funcionamento dos serviços públicos e outros fins adotados pela política econômica ou geral do país, assim como a arrecadar as receitas já criadas em lei".

> No orçamento público, as receitas são previstas e as despesas são autorizadas.

Observando a completa definição, de uma forma mais simples, podemos dizer que o orçamento público é a previsão da receita e a autorização de despesas para um determinado período.

13.2 Espécies do Orçamento Público

Segundo Mendes (2016, p. 197) "com o passar do tempo, o conceito, as funções e a técnica de elaboração do orçamento público foram alterados. Acabaram por evoluir para que pudessem se aprimorar e racionalizar sua utilização, tornando-se um instrumento da moderna Administração Pública, com uma concepção de orçamento como um ato preventivo e autorizativo das despesas que o Estado deve efetuar para atingir objetivos e metas programadas".

Vale lembrar que essas mudanças e alterações foram motivadas por novas técnicas e teorias que se aplicaram ao redor do mundo, conhecidas por alguns autores como "espécies" de orçamento, já por outros, como "tipos" de orçamento. Para o nosso estudo,utilizaremos a denominação de "espécie", para diferenciar dos "tipos" de orçamento, que podem ser executivo, legislativo e misto, os quais adiante estudaremos.

13.3 Orçamento Tradicional ou Clássico

Tem por característica principal a falta de planejamento das ações governamentais, sendo um simples instrumento contábil e tendo por base o orçamento do exercício anterior, ou seja, enfatiza atos passados.

Dizemos "simplesmente" porque hoje temos outras espécies de orçamento, o que auxilia na gestão pública, uma vez que, nessa espécie de orçamento, fica evidente a despreocupação do gestor público em atender às necessidades da população, já que considera apenas o atendimento das necessidades financeiras das unidades organizacionais. Segundo Mendes (2016, p. 197),"[...] nesta espécie de orçamento não há a preocupação com a realização dos programas de trabalho do Governo, importando-se apenas com as necessidades dos órgãos públicos para realização das suas tarefas, sem questionamentos sobre objetivos e metas".

É uma peça meramente contábil-financeira, sem nenhuma espécie de planejamento das ações do Governo, ficando as funções clássicas do orçamento (distributiva, alocativa e estabilizadora – que estudaremos na sequência) em segundo plano.

Nesse orçamento, prevalece o aspecto [...] sobre o aspecto econômico, podendo entender então que, nessa espécie de orçamento, temos apenas a previsão de receitas relacionando-se com a autorização de despesas, sem existir a cobrança de resultados nem de planejamento (conhecido como ênfase nas compras).

> As bancas podem adotar nomenclaturas diferentes para os orçamentos, sendo as mais usuais "espécies" ou "tipos".

13.4 Orçamento de Desempenho ou por Realizações

Nessa espécie, existe o realce do resultado dos gastos, e não apenas o gasto em si, sendo o que chamamos de uma vinculação dos gastos a algum resultado, mas ainda sem uma definição prévia de metas e objetivos globais a serem alcançados (ênfase no que é feito).

Segundo Mendes (2016, p. 198),"nessa espécie de orçamento, o gestor começa a se preocupar com os benefícios dos diversos gastos e não apenas com o seu objeto". Mesmo com a evolução evidente do orçamento tradicional, essa espécie se encontra desvinculada de um planejamento das ações do Governo, ou seja, apresenta uma deficiência que é a desvinculação entre planejamento e orçamento.

13.5 Orçamento-Programa

O orçamento-programa é um instrumento de planejamento da ação do Governo, por meio da identificação dos seus programas de trabalho, projetos e atividades, com estabelecimento de objetivos e metas a serem implementados e previsão dos custos relacionados.

Segundo Mendes (2016, p. 199),"por meio do orçamento-programa, tem-se o estabelecimento de objetivos e a quantificação de metas, com a consequente formalização de programas visando ao atingimento das metas e alcance dos objetivos". Com essa espécie, passa a existir uma ligação entre o planejamento e as funções de execução do orçamento.

Nesse sentido, temos uma definição prévia de objetivos e metas a serem alcançados com os recursos disponibilizados (interligação com o sistema de planejamento central).

Essa espécie de orçamento foi introduzida na legislação brasileira com a Lei nº 4.320/64, mas somente se tornou efetiva após a Constituição de 1988.

14. FORMAS DE ELABORAÇÃO DE ORÇAMENTO PÚBLICO

Sabemos que as espécies de orçamento são conhecidas como tradicional, de desempenho e programa. Essas espécies de orçamento podem ser elaboradas de formas distintas, as quais conheceremos a partir de agora.

14.1 Orçamento de Base Zero

Não é um tipo de orçamento, mas sim uma forma de elaborar o orçamento, partindo da revisão total anual de todos os gastos públicos, visando verificar de fato sua necessidade ou conveniência.

Na prática, essa é uma ótima opção para otimizar os gastos dos recursos públicos, pois traz em sua essência a justificativa das solicitações dos recursos. Segundo Mendes (2016, p. 198), temos que "o orçamento base zero consiste basicamente em uma análise crítica de todos os recursos solicitados pelos órgãos governamentais".

Nessa abordagem, na fase de elaboração da proposta orçamentária, haverá um questionamento sobre as reais necessidades de cada área, não havendo compromisso com qualquer montante inicial de dotação, concentrando a atenção na análise de objetivos e necessidades, fazendo com que todas as atividades e operações sejam identificadas e classificadas em ordem de importância por meio de uma análise sistemática para que os pacotes de decisões sejam preparados.

Os órgãos governamentais deverão justificar anualmente, na fase de elaboração da sua proposta orçamentária, a elaboração totalizada de seus gastos, sem utilizar o ano anterior como valor inicial mínimo.

14.2 Orçamento Incremental

Esse também não é um tipo de orçamento, mas uma técnica de elaboração orçamentária, na qual as receitas e despesas passam por ajustes marginais anualmente, buscando apenas uma correção monetária, por exemplo, considerando os indicadores inflacionários.

Analisando com um olhar mais clínico, o orçamento incremental se opõe à técnica do orçamento base zero, no qual o gestor precisa justificar, a cada ano, os gastos contidos no orçamento.

Por esse motivo, a técnica do orçamento base zero está mais ligada ao orçamento-programa, enquanto que o orçamento tradicional geralmente é elaborado com base na técnica incremental.

Mas, cuidado: Não se trata de uma regra. Um exemplo disso é noo Brasil, que tem por espécie o orçamento-programa e, como forma de elaboração, o orçamento incremental.

> Apesar de algumas experiências na esfera estadual, no Brasil o orçamento participativo foi praticado inicialmente para gerir os recursos públicos municipais, a exemplo da Prefeitura de Porto Alegre – RS.

14.3 Orçamento Participativo

Essa forma de elaboração não se opõe ao orçamento-programa, como muitas questões afirmam,cuidado! Verdadeiramente, essa forma de elaboração é uma ferramenta que, segundo alguns autores, busca romper com a visão política tradicional e colocar o cidadão como personagem principal da gestão pública, uma vez que, nessa forma de elaboração, o cidadão participa ativamente da etapa de elaboração da peça orçamentária, objetivando a real participação da sociedade no processo, fazendo com que, a alocação de recursos tenha um direcionamento eficaz de acordo com as demandas sociais, .Isso faz com que a relação de Estado e sociedade seja democratizada, considerando os mais diversos meios de participação, quer seja por meio de liderança ou audiências públicas.

14.4 Orçamento Público no Brasil

A previsão de necessidade de orçamento público no Brasil surgiu já com nossa primeira Constituição, a de 1824, sendo, desde então, sempre disciplinado por normas constitucionais. Desde então, estabeleceu-se que cabia ao Executivo apresentar a proposta orçamentária, que deveria ser aprovada pelo Legislativo.

A Constituição de 1891 estabelecia que a elaboração do orçamento era de competência privativa do Congresso Nacional, não havendo participação do Poder Executivo, pelo menos formalmente. Posteriormente, devolveu-se a iniciativa ao Poder Executivo. Durante a Era Vargas, embora a Constituição de 1937 previsse a participação da Câmara dos Deputados na aprovação do orçamento, esse, na prática, acabava sendo elaborado e decretado pelo Presidente da República.

Com a redemocratização do País em 1945, e a promulgação da Nova Constituição em 1946, voltou-se a afirmar a competência do Legislativo para a aprovação do orçamento, cuja proposta era apresentada pelo Executivo. No entanto, após o golpe militar de 1964, a competência do Legislativo foi bastante suprimida, o que durou até o fim da ditadura.

A Constituição de 1988 trouxe duas novidades na questão orçamentária. Devolveu ao Legislativo a prerrogativa de propor emendas sobre a despesa no projeto de lei de orçamento e reforçou a concepção que associa planejamento e orçamento como elos de um mesmo sistema. Além disso, estabeleceu ou reforçou os princípios orçamentários aceitos atualmente.

15. TIPOS DE ORÇAMENTO

Com toda essa evolução, conseguimos destacar três tipos de orçamento, os quais vamos conheceremos melhor a partir de agora.

15.1 Orçamento Executivo

Nesse tipo de orçamento, a elaboração, a votação, a execução e o controle ficam a cargo do Poder Executivo, por exemplo, o que aconteceu na nossa Constituição Federal de 1937, ou seja, é mais usual em países de regimes mais autoritários.

15.2 Orçamento Legislativo

Aqui, a elaboração, a votação e o controle ficam na responsabilidade do Poder Legislativo, ficando apenas a Execução a cargo do Poder Executivo, o que acontece normalmente em países parlamentares, por exemplo, na nossa Constituição Federal de 1891.

15.3 Orçamento Misto

Neste caso, a elaboração e a execução são de competência do Poder Executivo, e a votação e o controle cabem ao Poder Legislativo. Isso é o que acontece no Brasil atualmente, à luz da Constituição Federal de 1988.

16. FUNÇÕES ECONÔMICAS DO ESTADO E ATIVIDADE FINANCEIRA DO ESTADO

Antes de estudarmos as funções econômicas do Estado, é importante entendermos a evolução do papel normalmente exigido do Estado Moderno, especialmente no mundo ocidental:

> **Primeira Fase (Final do Séc. XVIII até Início Séc. XX):** Estado Liberal - nenhuma intervenção na economia.

> **Segunda Fase (Início Séc. XX até Década de 1970):** Estado Social - forte intervenção estatal na economia, inclusive com o aumento dos gastos públicos.

> **Terceira Fase (Após a Década de 1970):** Estado Neoliberal - redução da intervenção estatal na economia. Privatizações e redução de gastos públicos. Estado como garantidor da estabilidade e das condições de crescimento econômico.

16.1 Funções Econômicas

Atualmente, entende-se que o Estado deve exercer quatro grandes tipos de funções econômicas, as quais serão apresentadas a seguir:

Função distributiva (função robin hood)

Basicamente, é quando o Estado distribui a riqueza, tributando os mais ricos e repassando, por meio de subsídios, prestação de serviços públicos e repasse de bens públicos, parte do valor arrecadado aos mais pobres.

Essa função surge em virtude da necessidade de correções de falhas de mercado, inerentes ao mercado capitalista, principalmente mediante tributos e transferências.

O principal exemplo, dessa função, é o imposto de renda sobre os rendimentos das pessoas, o qual é distribuído para programas de alimentação, transporte e moradia populares.

Função alocativa

Tem por principal característica o ajustamento na alocação de recursos, minimizando as falhas de mercado, .é quando o Estado oferece bens ou serviços considerados estratégicos ou que a iniciativa privada não tenha condições ou interesse em fornecer.

O setor público pode atuar produzindo bens e serviços diretamente, ou ainda, proporcionar condições para que o setor privado faça tal concessão, por exemplo, com a doação de um terreno.

Nessa função, existe uma particularidade que nos chama a atenção com relação ao uso dos bens, que podem ser públicos ou meritórios, da seguinte forma:

> **Bens Públicos:** São aqueles usados pela população de maneira geral, de maneira indivisível, por exemplo, segurança pública.

> **Bens Meritórios:** São aqueles que devem ser oferecidos pelo Estado, mas também podem ser oferecidos pela iniciativa privada, por exemplo, educação e saúde.

Há ainda, o entendimento de algumas bancas de que, junto a esse oferecimento, existe também a rivalidade entre o órgão público e o órgão privado, cuidado com isso!

Função estabilizadora

Visa manter a estabilidade econômica, diferenciando-se de outras funções, já que não tem por finalidade a distribuição de recursos. É quando o Estado busca conseguir a manutenção de um equilibrado nível de emprego, estabilidade dos níveis de preços, equilíbrio na balança de pagamentos e razoáveis taxas de crescimento econômico, sempre em questões macro, e não de maneira regionalizada, como acontece na função distributiva, .É preciso ter atenção com essa "diferença",pois é muito abordada pelas bancas.

Algumas provas já trouxeram a função regulamentadora "dentro" da função estabilizadora, o que faz todo o sentido. Imaginemos um banco que entre em falência, ;diversos setores da economia e uma grande parte da sociedade poderão sofrer com seus impactos, o que já diz respeito à função estabilizadora.

Função regulamentadora

Caracteriza-se quando o Estado estabelece regras que deverão ser observadas pelo mercado, estas utilizadas entre outras razões, para aumentar a eficiência econômica, corrigir ou evitar distorções, além de garantir a segurança dos investidores, etc.

Pense: basta ter dinheiro para que se possa abrir um banco? Basta ter dinheiro para conseguir abrir uma seguradora? A resposta é: não! Trata-se de atividades que são regulamentadas pelos mais diversos setores e órgãos.

17. ATIVIDADE FINANCEIRA DO ESTADO

Já discutimos inicialmente a atividade financeira do Estado, e no entendimento de Mendes *(2016, p. 3 apud Baleeiro, 1997)* temos a definição da atividade financeira do Estado como sendo "a atividade por meio do qual o Estado capta, gera e despende recursos públicos com o objetivo de atender às necessidades públicas e de prover os serviços tipicamente estatais".

Assim, a atividade financeira do Estado envolve tanto a captação de receitas como a execução adequada das despesas públicas, em acordo com aquilo que foi definido no Orçamento Público.

A captação de receitas se dá principalmente por meio dos tributos (receitas derivadas), mas pode se dar também pela exploração econômica do patrimônio público (receitas originárias).

18. PRINCÍPIOS ORÇAMENTÁRIOS

Segundo trecho do MTO 2018: "Os princípios orçamentários visam estabelecer regras básicas, a fim de conferir racionalidade, eficiência e transparência aos processos de elaboração, execução e controle do orçamento público".

Os referidos princípios são válidos para todos os Poderes e para todos os entes federativos - União, Estados, Distrito Federal e Municípios -, são estabelecidos e disciplinados tanto por normas constitucionais e infraconstitucionais quanto pela doutrina.

Sendo assim, entendemos que os princípios orçamentários são regras gerais de observância obrigatória pelo Estado, quando da elaboração, aprovação, execução e controle do orçamento público, embora alguns deles apresentem exceções, as quais estudaremos a partir de agora.

> A desobediência a alguns dos Princípios Orçamentários pode, inclusive, ensejar responsabilização penal e civil.

Vale lembrar que tais princípios se aplicam à Lei Orçamentária Anual e alguns deles constam na Constituição Federal, outros na Lei 4.320/64 e outros em doutrinas.

Não existe consenso sobre o número exato de princípios orçamentários, mas procuramos citar aqui todos aqueles que são considerados relevantes, para fins de concursos públicos.

18.1 Princípio da Legalidade

De acordo com esse princípio, o orçamento e suas possíveis alterações devem ser aprovados por lei (ato emanado ou referendado pelo Poder Legislativo). A iniciativa da Lei Orçamentária cabe ao Poder Executivo, mas a sua aprovação deve ser feita pelo Poder Legislativo, em cada esfera de Governo.

Na esfera federal, o orçamento é aprovado em votação conjunta do Congresso Nacional. A ideia por trás do princípio da legalidade é a de que o orçamento deve ser aprovado pelos representantes do povo. Essa situação é aplicada para as três leis orçamentárias, PPA, LDO e LOA, conforme fundamenta a CF:

> ***Art. 165.*** *Leis de iniciativa do Poder Executivo estabelecerão:*
>
> ***I.*** *o plano plurianual;*
>
> ***II.*** *as diretrizes orçamentárias;*
>
> ***III.*** *os orçamentos anuais.*
>
> ***Art. 166.*** *Os projetos de lei relativos ao plano plurianual, às diretrizes orçamentárias, ao orçamento anual e aos créditos adicionais serão apreciados pelas duas Casas do Congresso Nacional, na forma do regimento comum.*

É preciso ter cautela com questões que fazem uma relação com o orçamento participativo.

18.2 Princípio da Unidade ou da Totalidade

Esse princípio está previsto no Art. 2º da Lei 4.320/64, conforme trecho a seguir:

> ***Art. 2º*** *A Lei do Orçamento conterá a discriminação da receita e despesa de forma a evidenciar a política econômica financeira e o programa de trabalho do Governo, obedecidos os princípios de unidade, universalidade e anualidade.*

De acordo com esse princípio, deve haver um só orçamento para cada esfera de Governo (federal, estadual e municipal), proibindo-se, assim, a existência de múltiplos orçamentos (um para o Poder Executivo, outro para o Legislativo e outro para o Judiciário, por exemplo).

Isso facilita muito o trabalho do gestor público, bem como o acompanhamento do orçamento pela sociedade, afinal, tendo apenas uma peça orçamentária, fica mais fácil. O Art. 165, §5º, da CF afirma que, apesar de o orçamento ser uno, ele divide-se em três partes:

> ***§ 5º*** *A Lei Orçamentária Anual compreenderá:*
>
> ***I.*** *o orçamento fiscal referente aos Poderes da União, seus fundos, órgãos e entidades da Administração direta e indireta, inclusive fundações instituídas e mantidas pelo Poder Público;*
>
> ***II.*** *o orçamento de investimento das empresas em que a União, direta ou indiretamente, detenha a maioria do capital social com direito a voto;*
>
> ***III.*** *o orçamento da seguridade social, abrangendo todas as entidades e órgãos a ela vinculados, da Administração direta ou indireta, bem como os fundos e fundações instituídos e mantidos pelo Poder Público.*

Observamos aqui um posicionamento bastante abordado por parte das bancas examinadoras: a divisão da LOA nessas três partes, ainda que chamadas de "orçamento", não descaracteriza esse princípio.

18.3 Princípio da Universalidade ou Globalização

Esse princípio está embasado na Lei 4.320/64, nos artigos:

> ***Art. 3º*** *A Lei de Orçamentos compreenderá todas as receitas, inclusive as de operações de crédito autorizadas em lei.*
>
> ***Art. 4º*** *A Lei de Orçamento compreenderá todas as despesas próprias dos órgãos do Governo e da administração centralizada, ou que, por intermédio deles se devam realizar [...].*

De acordo com tal princípio, no orçamento devem constar todas as receitas e despesas pertencentes ao exercício financeiro em questão, não sendo permitida a realização de nenhuma despesa que não esteja prevista no orçamento, sob pena de responsabilização penal do ordenador. A CF ainda reforça o disposto na essência desse princípio, quando reza em seu Art. 165 que:

> Esse princípio não se aplica às chamadas receitas e despesas extraorçamentárias. Essa classificação será abordada posteriormente.

§ 5º A lei orçamentária anual compreenderá:

I. o orçamento fiscal referente aos Poderes da União, seus fundos, órgãos e entidades da administração direta e indireta, inclusive fundações instituídas e mantidas pelo Poder Público;

II. o orçamento de investimento das empresas em que a União, direta ou indiretamente, detenha a maioria do capital social com direito a voto;

III. o orçamento da seguridade social, abrangendo todas as entidades e órgãos a ela vinculados, da administração direta ou indireta, bem como os fundos e fundações instituídos e mantidos pelo Poder Público.

18.4 Princípio do Orçamento Bruto

Existem despesas que, ao serem realizadas, geram receitas para o ente público, ao passo que existem receitas que, ao serem arrecadadas, geram despesas. Pensando nisso, o princípio em questão veda que as receitas e despesas constem na peça orçamentária pelos seus valores líquidos, ou seja, devem ser mencionadas pelos seus valores brutos, sem qualquer dedução, por exemplo, impostos, descontos, abatimentos etc. É o que diz o Art. 6º da Lei 4.320/64:

Art. 6º *Todas as receitas e despesas constarão da Lei de Orçamento pelos seus totais, vedadas quaisquer deduções.*

Cuidado com a similaridade entre esse princípio e o da universalidade, já que este (universalidade) determina que devem constar TODAS as receitas e despesas no orçamento, e aquele (orçamento bruto), que todas as receitas e despesas devem ser apresentadas pelo valor bruto, sem qualquer dedução.

Um exemplo clássico é o pagamento de salários de determinado órgão público pelo Governo, o que caracteriza uma despesa. Mas, a partir de determinado valor, passa a incidir sobre os salários dos servidores o valor de imposto de renda, que é descontado dos servidores e passa a ingressar nos cofres públicos como receitas, da seguinte forma:

Salários	R$ 100.000,00	=> Despesa Bruta - orçamento
(-) IRRF	(R$ 20.000,00)	=> Imposto (receita)
Salários	R$ 80.000,00	=> Despesa líquida

18.5 Princípio da Anualidade ou Periodicidade

Segundo o princípio da anualidade, o orçamento deve ser elaborado e autorizado para o período de um ano, o que chamamos de exercício financeiro. É também previsto no Art. 2º da Lei 4.320/64, transcrito a seguir:

Art. 2º *A Lei do Orçamento conterá a discriminação da receita e despesa de forma a evidenciar a política econômica financeira e o programa de trabalho do Governo, obedecidos os princípios de unidade universalidade e anualidade.*

Tal princípio estipula que o orçamento deve prever a receita e autoriza a realização das despesas por um período determinado, chamado de exercício financeiro. Os créditos orçamentários terão vigência durante esse período. No Brasil, o exercício financeiro coincide com o ano civil, indo de 1º de janeiro a 31 de dezembro de cada ano, reforçado pela Lei 4.320/64:

Art. 34. *O exercício financeiro coincidirá com o ano civil.*

Art. 35. *Pertencem ao exercício financeiro:*

I. as receitas nele arrecadadas;

II. as despesas nele legalmente empenhadas.

18.6 Princípio da Exclusividade ou da Pureza

O princípio da exclusividade surgiu para evitar que, no orçamento, fossem tratadas matérias estranhas ao objetivo proposto - conteúdo orçamentário. Esse princípio, previsto no Art. 165, §8º, da CF, estabelece que a Lei Orçamentária não poderá conter dispositivo estranho à previsão da receita e à fixação da despesa.

Ou seja, o orçamento somente pode tratar de prever as receitas e autorizar as despesas, evitando-se a introdução de outros assuntos, conforme o excerto a seguir:

§ 8º *A lei orçamentária anual não conterá dispositivo estranho à previsão da receita e à fixação da despesa, não se incluindo na proibição a autorização para abertura de créditos suplementares e contratação de operações de crédito, ainda que por antecipação de receita, nos termos da lei.*

→ **Isso é importante por duas razões:**

> para evitar que a discussão sobre o orçamento seja contaminada com outros assuntos; e

> para evitar burla ao processo legislativo, uma vez que as leis orçamentárias são aprovadas por rito próprio.

→ **Exceções: existem, no entanto, duas exceções (bastante visadas pelas bancas) ao princípio da exclusividade, pois a Constituição afirma que não se incluem na proibição:**

> autorização para abertura de créditos suplementares;

> autorização para a contratação de operações de crédito, ainda que por antecipação de receita.

Essas exceções são quase que uma garantia ao orçamento, uma vez que constituem prévias autorizações para que, caso necessário, possa haver a contratação de empréstimos e a abertura de créditos adicionais - somente do tipo suplementar - para complementar as despesas do exercício financeiro. Cuidado: autorização não significa contratação.

Os termos "remanejamento", "transposição" e "transferência" são relacionados pela CF às situações de destinação de recursos de uma categoria de programação para outra ou de um órgão para outro. Foram introduzidos na CF/1988 em substituição à expressão "estorno de verba", utilizada em Constituições anteriores para indicar a mesma proibição. Essa é a origem do princípio da proibição do estorno.

18.7 Princípio da Programação

O orçamento deve expressar as realizações, os objetivos e os interesses de forma programada e planejada. Segundo Mendes (2016, p. 152) "o princípio da programação decorre da necessidade da estruturação do orçamento em programas, dispondo que o orçamento deva ter o conteúdo e a forma de programação".

Dessa forma, alguns autores defendem que o princípio da programação é resultado da evolução das funções do orçamento e não poderia ser observado antes da instituição do conceito de orçamento-programa.

Contudo, tal princípio exige que os gastos previstos no orçamento sejam especificados por programas de trabalho, permitindo a identificação de objetivos e metas a serem alcançados.

18.8 Princípio do Equilíbrio Orçamentário

A ideia principal desse princípio é garantir que as despesas não ultrapassem o valor das receitas. Tal conceito é reforçado pela LRF, no trecho a seguir:

> ***Art. 4º*** *A lei de diretrizes orçamentárias atenderá o disposto no § 2º do art. 165 da Constituição e:*
>
> *I. disporá também sobre:*
>
> *a) equilíbrio entre receitas e despesas;*

Existem duas definições na doutrina para esse princípio:

- As despesas previstas no orçamento não podem ser maiores do que as receitas.

Orçamento	
Receitas	Despesas
80,00	100,00

Convém observar que deverá ser apresentada uma fonte de recursos para que o orçamento comporte as despesas que, nesse caso, são maiores que as receitas.

- O total de receitas deve ser igual ao de despesas.

Orçamento	
Receitas	Despesas
100,00	70,00

Agora, poderá ser criado um investimento ou uma aplicação específica para esse recurso, uma vez que as receitas estão maiores que as despesas.

ATENÇÃO!

Em caso de necessidade de despesas além do previsto no orçamento, devem ser apontadas as fontes de receitas para fazer frente aos novos gastos. Relacionados a esse princípio, temos diversos dispositivos constitucionais, por exemplo, que as emendas parlamentares ao orçamento somente poderão indicar recursos relacionados à anulação de despesas (Art. 166, §3º, II). Além disso, cita-se a vedação à realização de operações de créditos que excedam o montante das despesas de capital, ressalvadas as autorizadas mediante créditos suplementares ou especiais com finalidade precisa, aprovados pelo Poder Legislativo por maioria absoluta (Art. 167, III) e a concessão ou utilização de créditos ilimitados (Art. 167, VI).

18.9 Princípio da Especificação, Detalhamento, Especialização ou Discriminação

Tal princípio determina que as receitas e despesas devem ser devidamente discriminadas (detalhadas) no orçamento, não podendo ser feitas dotações genéricas. Nesse aspecto, o Art. 5° da Lei n° 4.320/64 estipula que:

> ***Art. 5º*** *A Lei de Orçamento não consignará dotações globais destinadas a atender indiferentemente a despesas de pessoal, material, serviços de terceiros, transferências ou quaisquer outras, ressalvado o disposto no Art. 20 e seu parágrafo único.*

A Lei estipula o grau de detalhamento mínimo das receitas e despesas, mas as entidades públicas podem realizar detalhamentos ainda maiores que os exigidos pela Lei.

Para o PPA e a LDO não há a necessidade de um detalhamento tão grande de receitas e despesas. Isso vai acontecer posteriormente, tendo em vista que a LOA é obrigada a seguir o princípio da especificação.

18.10 Princípio da Publicidade

Tal princípio exige que o conteúdo do orçamento seja de conhecimento público, divulgado pelos meios oficiais, possibilitando o controle social. Atualmente, inclusive, exige-se que cada ente público divulgue seu orçamento na internet. O Art. 37 da CF cita os princípios que devem ser seguidos pela Administração Pública, os quais são: legalidade, impessoalidade, moralidade, publicidade e eficiência.

18.11 Princípio da Exatidão

Tal princípio estipula que as receitas e despesas devem ser previstas no orçamento da forma mais exata possível, tomando como base o orçamento anterior e sobre ele realizando correções e adequando-o para o exercício desejado. É possível observar aqui um reforço na metodologia de elaboração conhecida como incremental.

18.12 Princípio da Não Afetação ou Não Vinculação das Receitas

Esse princípio dispõe que nenhuma receita de impostos poderá ser reservada ou comprometida para fazer frente para certas despesas, exceto as ressalvas constitucionais, previstas no Art. 167, da CF:

Fique ligado nas EXCEÇÕES ao princípio da não afetação: repartição dos impostos; destinação de recursos para a saúde; destinação de recursos para o desenvolvimento do ensino; destinação de recursos para a atividade de administração tributária; prestação de garantias às operações de crédito ARO; garantia, contragarantia à União e pagamento de débitos para com esta.

> ***IV.*** *a vinculação de receita de impostos a órgão, fundo ou despesa, ressalvadas a repartição do produto da arrecadação dos impostos a que se referem os arts. 158 e 159, a destinação de recursos para as ações e serviços públicos de saúde, para manutenção e desenvolvimento do ensino e para realização de atividades da administração tributária, como determinado, respectivamente, pelos arts. 198, § 2º, 212 e 37, XXII, e a prestação de garantias às operações de crédito por antecipação de receita, previstas no art. 165, § 8º, bem como o disposto no § 4º deste artigo; (Redação dada pela Emenda Constitucional nº 42, de 19.12.2003).*

18.13 Princípio da Clareza ou Inteligibilidade

Estabelece que a Lei Orçamentária deve ser de fácil compreensão para seus usuários, devendo o orçamento ser apresentado em linguagem clara e compreensível a todas as pessoas que, por força do ofício ou interesse, precisam ter acesso ao seu conteúdo.

No entendimento de Mendes (2016, p. 155),"o orçamento deve ser expresso de forma clara, ordenada e completa. Mesmo com características formais, esse princípio tem grande importância para demonstrar como o orçamento pode estar sendo usado de ferramenta administrativa".

18.14 Princípio da Quantificação dos Créditos Orçamentários

Esse princípio está embasado no inciso VII do Art. 167 da CF, o qual veda a concessão ou utilização de créditos ilimitados:

> ***Art. 167.*** *São vedados:*
>
> *[...]*
>
> ***VII.*** *a concessão ou utilização de créditos ilimitados.*

Para que o empenho das despesas (empenho é um dos estágios da despesa que vamos estudar nos próximos capítulos e que é responsável por diminuir o valor reservado para gastar com aquela despesa) não ultrapasse o limite dos créditos concedidos, tal crédito deve ter um valor determinado, por exemplo:

Despesas com material de escritório	R$ 120.000,00
(-) Empenho de janeiro	(R$ 10.000,00)

Nesse caso, imaginemos que determinado órgão público tenha reservado, em seu orçamento, para gastar com materiais de escritório,a quantia de R$ 120.000,00. Convém observar ainda que o valor do empenho do mês de janeiro diminui o valor reservado em R$ 10.000,00, deixando ainda disponível para empenho o valor de R$ 110.000,00.

Sendo assim, o valor máximo, inicialmente, que pode ser empenhado (comprado) é o valor de R$ 120.000,00, porque qualquer alteração necessária deverá passar por novo rito de solicitação e aprovação. O que também será estudado nos próximos capítulos.

18.15 Princípio da Proibição do Estorno

No entendimento de Mendes (2016, p. 150) o princípio da proibição do estorno determina que o administrador público não pode transpor, remanejar ou transferir recursos sem autorização. Quando houver insuficiência ou carência de recursos, deve o Poder Executivo recorrer à abertura de crédito adicional ou solicitar a transposição, remanejamento ou transferência, o que deve ser feito com autorização do Poder Legislativo.

Contudo, existe uma exceção a esse princípio, introduzido pela Emenda Constitucional nº 85, de 26 de fevereiro de 2015, que autoriza o Poder Executivo, sem autorização do Poder Legislativo, a transpor, remanejar ou transferir recursos de uma categoria de programação no âmbito das atividades de ciência, tecnologia e inovação, objetivando viabilizar os resultados desses projetos, de maneira restrita, conforme dispõe a legislação:

> ***Art. 167.*** *São vedados:*
>
> *[...]*
>
> *VI - a transposição, o remanejamento ou a transferência de recursos de uma categoria de programação para outra ou de um órgão para outro, sem prévia autorização legislativa;*
>
> *[...]*
>
> ***§ 5º*** *A transposição, o remanejamento ou a transferência de recursos de uma categoria de programação para outra poderão ser admitidos, no âmbito das atividades de ciência, tecnologia e inovação, com o objetivo de viabilizar os resultados de projetos restritos a essas funções, mediante ato do Poder Executivo, sem necessidade da prévia autorização legislativa prevista no inciso VI deste artigo. (Incluído pela Emenda Constitucional nº 85, de 2015)*

19. LEIS ORÇAMENTÁRIAS

O Plano Plurianual - PPA, a Lei das Diretrizes Orçamentárias - LDO e a Lei Orçamentária Anual - LOA são as leis que regulam o planejamento e o orçamento dos entes públicos federal, estadual e municipal. Constituem etapas distintas, mas que estão intimamente ligadas, conforme veremos na sequência.

19.1 Leis Orçamentárias Previstas na Constituição Federal

As Leis Orçamentárias - conhecidas como instrumentos de planejamento - são previstas na Constituição Federal, conforme trecho a seguir:

> ***Art. 165.*** *Leis de iniciativa do Poder Executivo estabelecerão:*
>
> ***I.*** *o plano plurianual;*
>
> ***II.*** *as diretrizes orçamentárias;*
>
> ***III.*** *os orçamentos anuais.*

Atenção: Tais leis orçamentárias seguem um rito próprio para sua aprovação, distinto do aplicável às demais leis elaboradas pelo Congresso Nacional.

19.2 Plano Plurianual – PPA

Segundo a CF, no Art. 165, temos que:

> ***§ 1º*** *A lei que instituir o plano plurianual estabelecerá, de forma regionalizada, as diretrizes, objetivos e metas da administração pública federal para as despesas de capital e outras delas decorrentes e para as relativas aos programas de duração continuada.*

Por sua vez, a definição apresentada no MTO 2018 é que:O PPA é o instrumento de planejamento de médio prazo do Governo Federal, que estabelece, de forma regionalizada, as diretrizes, os objetivos e as metas da Administração Pública Federal para as despesas de capital e outras delas decorrentes e para as relativas aos programas de duração continuada.

Sendo assim, o PPA estabelece as diretrizes, objetivos e metas, de forma regionalizada, da Administração Pública para os 4 (quatro) anos seguintes.

Esse é o nosso DOM4:

> **D**iretrizes
> **O**bjetivos
> **M**etas
> **4** anos

Ainda, o PPA prevê as despesas de capital (investimentos) e as de custeio (manutenção dos investimentos, por exemplo) delas decorrentes, bem como as despesas relativas aos programas de duração continuada.

Contudo, consiste em planejamento orçamentário (existem divergências entre alguns autores, que afirmam ser de médio prazo, e outros de longo prazo), tem caráter informativo e de orientação, mas não tem caráter impositivo nem autorizativo, ou seja, ele apenas orienta o que será feito nos próximos exercícios, não autorizando nenhum gasto. Ainda temos que nenhum investimento cuja execução ultrapasse um exercício financeiro poderá ser iniciado sem prévia inclusão no Plano Plurianual.

É pertinente ressaltar que o PPA não se confunde com o mandato do Chefe do Executivo, uma vez que é elaborado no primeiro ano de governo e entra em vigor no segundo ano.

Depois disso, tem sua vigência até o final do primeiro ano do mandato seguinte. A ideia desse mecanismo é manter a continuidade dos serviços diante da população.

Prazos

A legislação define prazos para elaboração, encaminhamento e aprovação do PPA:

→ **Elaboração**: Até 31 de agosto do primeiro ano de mandato, ou seja, quatro meses antes do fim do primeiro exercício financeiro.

> Diferentemente das outras leis orçamentárias, o PPA é encaminhado para apreciação do Congresso Nacional apenas no primeiro ano de mandato, e não anualmente.

→ **Devolução:** O Congresso Nacional terá até o encerramento da sessão legislativa para devolver o PPA aprovado. Isso rende pouco menos de quatro meses, ou seja, de 31 de agosto até 22 de dezembro (última sessão legislativa).

19.3 Lei de Diretrizes Orçamentárias – LDO

Segundo a CF, no Art. 165, temos que:

> ***§ 2º*** *A lei de diretrizes orçamentárias compreenderá as metas e prioridades da administração pública federal, incluindo as despesas de capital para o exercício financeiro subsequente, orientará a elaboração da lei orçamentária anual, disporá sobre as alterações na legislação tributária e estabelecerá a política de aplicação das agências financeiras oficiais de fomento.*

Esse é o nosso MP1:

> **M**etas
> **P**rioridades
> **1** ano

A LDO define as metas e prioridades da Administração Pública, incluindo as despesas de capital para o exercício financeiro subsequente, orientando a elaboração da Lei Orçamentária Anual. Outro detalhe a ser lembrado é que ela dispõe sobre as alterações na legislação tributária (cuidado, a LDO não cria, altera ou exclui impostos, apenas dispõe sobre alterações) e estabelece a política de aplicação das agências financeiras oficiais de fomento.

> Diferentemente do PPA, a LDO é encaminhada para apreciação do Congresso Nacional em todos os exercícios financeiros.

Funciona como intermediária entre o planejamento de longo prazo previsto no PPA e o de curto prazo previsto na LOA. Assim como o PPA, tem caráter orientativo, embora suas definições devam ser seguidas na elaboração da LOA.

Prazos

A legislação também define prazos para a elaboração e devolução da LDO:

→ **Elaboração:** Até 15 de abril de cada exercício financeiro, ou seja, anualmente deve ser encaminhada ao Poder Legislativo.

→ **Devolução:** O Congresso Nacional terá até o encerramento do primeiro período da sessão legislativa para devolver a LDO, ou seja, até 17 de julho, sendo que não haverá interrupção da sessão legislativa (Art. 57, §2º, da CF).

19.4 A LDO na Lei de Responsabilidade Fiscal – LRF

Além do que a Constituição Federal estabelece, a Lei de Responsabilidade Fiscal (LC 101/2000) determina que a LDO disporá também sobre:

- equilíbrio entre receitas e despesas;
- critérios e forma de limitação de empenho, a ser efetivada em algumas hipóteses previstas na LRF (contingenciamento de despesas);
- normas relativas ao controle de custos e à avaliação dos resultados dos programas financiados com recursos dos orçamentos;
- demais condições e exigências para transferências de recursos a entidades públicas e privadas;
- percentual da receita corrente líquida que será destinada à reserva de contingência;
- condições de utilização da reserva de contingência;
- prazo para encaminhamento das propostas orçamentárias pelos demais Poderes.

Além disso, a LRF diz que a LDO deve ter dois anexos:

→ **Anexo de Metas Fiscais:** em que serão estabelecidas metas anuais, em valores correntes e constantes, relativas a receitas, despesas, resultados nominal e primário e montante da dívida pública, para o exercício a que se referirem e para os dois seguintes. Tal anexo deverá também trazer avaliação do cumprimento das metas relativas ao ano anterior, e o seu não cumprimento acarretará a limitação de empenhos e de movimentação financeira.

→ **Anexo de Riscos Fiscais:** serão avaliados os passivos contingentes e outros riscos capazes de afetar as contas públicas, informando as providências a serem tomadas, caso se concretizem.

19.5 Lei Orçamentária Anual – LOA

É o orçamento propriamente dito. Nesse sentido, convém recordar os princípios orçamentários já estudados, os quais são aplicáveis à LOA. A referida lei prevê da forma mais exata possível a receita e autoriza as despesas para o exercício financeiro seguinte. Diferentemente do PPA e da LDO, suas disposições têm caráter autorizativo.

Nenhuma despesa que não esteja prevista na LOA pode ser incorrida, sob pena de responsabilização criminal (Art. 359-D do Código Penal):

Ordenação de despesa não autorizada

Art. 359-D. *Ordenar despesa não autorizada por lei:*

Pena. reclusão, de 1 (um) a 4 (quatro) anos.

> Apenas a LOA tem caráter autorizativo, ou seja, o PPA e a LDO não autorizam, e sim orientam a programação e execução orçamentária e financeira. Apenas a LOA tem caráter autorizativo, ou seja, o PPA e a LDO não autorizam, e sim orientam a programação e execução orçamentária e financeira.

A LOA é dividida em três partes:

- **Orçamento fiscal:** inclui as receitas e despesas dos três Poderes, seus fundos, órgãos e entidades da Administração direta e indireta, inclusive fundações instituídas e mantidas pelo Poder Público.
- **Orçamento de investimento das empresas estatais:** empresas em que a União, direta ou indiretamente, detenha a maioria do capital social com direito a voto.
- **Orçamento da seguridade social:** abrange todas as entidades e órgãos vinculados à seguridade social, da Administração direta ou indireta, bem como os fundos e fundações instituídos e mantidos pelo Poder Público.

O projeto de lei orçamentária será acompanhado de demonstrativo regionalizado do efeito, sobre as receitas e despesas, decorrente de isenções, anistias, remissões, subsídios e benefícios de natureza financeira, tributária e creditícia.

Prazos

A Lei Orçamentária Anual – LOA obedece aos prazos:

→ **Elaboração:** Até 31 de agosto de cada exercício financeiro, ou seja, anualmente deve ser encaminhada ao Poder Legislativo.

→ **Devolução: O** Congresso Nacional terá até o encerramento da sessão legislativa para devolver a LOA, ou seja, até 22 de dezembro.

Depois da aprovação pelo Legislativo, o projeto é enviado ao Chefe do Poder Executivo para ser sancionado;após a sanção é que se transforma em lei. Uma vez aprovada, somente pode ser alterada por meio dos chamados "créditos adicionais".

A loa na lei de responsabilidade fiscal – lrf

Deverá ser elaborada de acordo com o PPA e a LDO, devendo estar ainda de acordo com as metas estabelecidas no Anexo de Metas Fiscais, conforme já estudamos na LDO.

Além disso, conterá reserva de contingência, cuja forma de utilização e o montante, definidos com base na receita corrente líquida, serão estabelecidos na LDO, destinada ao atendimento de passivos contingentes e outros riscos e eventos fiscais imprevistos.

Não consignará dotação para investimento com duração superior a um exercício financeiro que não esteja previsto no Plano

Plurianual ou em lei que autorize a sua inclusão, conforme redação da Carta Magna.

Deverá trazer como despesas da União as do Banco Central do Brasil, relativas a pessoal e encargos sociais, custeio administrativo, inclusive os destinados a benefícios e assistência aos servidores, e a investimentos.

Portanto, deverá considerar como obrigação do Tesouro para o Banco Central o resultado negativo deste.

Relatórios resumidos de execução orçamentária

O § 3º do Art. 165 da CF estipula que o Poder Executivo deve publicar, até trinta dias após o encerramento de cada bimestre, relatório resumido da execução orçamentária.

Rito de aprovação das leis orçamentárias

Após a apresentação da proposta de PPA, LDO ou LOA pelo Poder Executivo, ela será encaminhada à Comissão Mista de Orçamento do Congresso Nacional, composta por deputados federais e senadores, a quem caberá:

> examinar e emitir parecer sobre os projetos;

> receber as emendas dos parlamentares e sobre elas emitir parecer.

O Presidente da República poderá enviar mensagem ao Congresso Nacional para propor modificação nos projetos de leis orçamentárias enquanto não iniciada a votação, na Comissão mista, da parte cuja alteração é proposta.

Após a análise da Comissão Mista de Orçamento, o projeto e as emendas serão apreciados pelos Plenários da Câmara e do Senado, em votação conjunta, na forma do regimento comum

Em seguida à aprovação pelo Plenário do Congresso Nacional, os projetos são enviados para sanção do Presidente da República.

Emendas ao projeto de lei orçamentária anual

De acordo com o Art. 166, § 3º, da CF, as emendas ao projeto de Lei do Orçamento Anual ou aos projetos que o modifiquem somente podem ser aprovadas caso:

I – sejam compatíveis com o Plano Plurianual e com a Lei de Diretrizes Orçamentárias;

II – indiquem os recursos necessários, admitidos apenas os provenientes de anulação de despesa, excluídas as que incidam sobre:

***a)** dotações para pessoal e seus encargos;*

***b)** serviço da dívida;*

***c)** transferências tributárias constitucionais para Estados, Municípios e Distrito Federal; ou*

III – sejam relacionadas:

***a)** com a correção de erros ou omissões; ou*

***b)** com os dispositivos do texto do projeto de lei.*

As emendas individuais ao projeto de lei orçamentária serão aprovadas no limite de 1,2% (um inteiro e dois décimos por cento) da receita corrente líquida prevista no projeto encaminhado pelo Poder Executivo, sendo que a metade deste percentual será destinada a ações e serviços públicos de saúde.

Emendas ao projeto de lei de diretrizes orçamentárias

O Art. 166, § 4º, da CF estabelece que as emendas ao projeto de Lei de Diretrizes Orçamentárias não poderão ser aprovadas quando incompatíveis com o Plano Plurianual.

Vedações relacionadas aos orçamentos

O Art. 167 da CF traz uma série de vedações aplicáveis ao processo orçamentário:

***Art. 167.** São vedados:*

***I.** o início de programas ou projetos não incluídos na Lei Orçamentária Anual;*

***II.** a realização de despesas ou a assunção de obrigações diretas que excedam os créditos orçamentários ou adicionais;*

***III.** a realização de operações de créditos que excedam o montante das despesas de capital, ressalvadas as autorizadas mediante créditos suplementares ou especiais com finalidade precisa, aprovados pelo Poder Legislativo por maioria absoluta;*

***IV.** a vinculação de receita de impostos a órgão, fundo ou despesa [ressalvados os casos previstos na própria Constituição];*

***V.** a abertura de crédito suplementar ou especial sem prévia autorização legislativa e sem indicação dos recursos correspondentes;*

***VI.** a transposição, o remanejamento ou a transferência de recursos de uma categoria de programação para outra ou de um órgão para outro, sem prévia autorização legislativa [exceto se a transposição, remanejamento ou transferência de recursos ocorrer no âmbito das atividades de ciência, tecnologia e inovação, com o objetivo de viabilizar os resultados de projetos restritos a essas funções, mediante ato do Poder Executivo];*

***VII.** a concessão ou utilização de créditos ilimitados;*

***VIII.** a utilização, sem autorização legislativa específica, de recursos dos orçamentos fiscal e da seguridade social para suprir necessidade ou cobrir déficit de empresas, fundações e fundos.*

***IX.** a instituição de fundos de qualquer natureza, sem prévia autorização legislativa.*

***X.** a transferência voluntária de recursos e a concessão de empréstimos, inclusive por antecipação de receita, pelos Governos Federal e Estaduais e suas instituições financeiras, para pagamento de despesas com pessoal ativo, inativo e pensionista, dos Estados, do Distrito Federal e dos Municípios.*

***XI.** a utilização dos recursos provenientes das contribuições sociais de que trata o Art. 195, I, a, e II, para a realização de despesas distintas do pagamento de benefícios do regime geral de previdência social de que trata o Art. 201.*

Limitação de despesas com pagamento de pessoal

O Art. 169 da CF diz que a despesa com pessoal ativo e inativo da União, dos Estados, do Distrito Federal e dos Municípios não poderá exceder os limites estabelecidos em lei complementar.

Uma vez desrespeitados esses limites, e decorrido o prazo estabelecido na referida lei complementar para a adaptação aos parâmetros previstos, serão imediatamente suspensos todos os repasses de verbas federais ou estaduais aos Estados, ao Distrito Federal e aos Municípios que não observarem os referidos limites.

Para o cumprimento desses limites, durante o prazo fixado na lei complementar, a União, os Estados, o Distrito Federal e os Municípios adotarão as seguintes providências:

> Redução em pelo menos vinte por cento das despesas com cargos em comissão e funções de confiança;
> Exoneração dos servidores não estáveis.

Se tais medidas não forem suficientes para assegurar a volta aos limites máximos de gastos com pessoal, o servidor estável poderá perder o cargo, desde que ato normativo motivado de cada um dos Poderes especifique a atividade funcional, o órgão ou unidade administrativa objeto da redução de pessoal.

O servidor que perder o cargo nessa forma fará jus à indenização correspondente a um mês de remuneração por ano de serviço, e o cargo objeto da redução será considerado extinto, vedada a criação de cargo, emprego ou função com atribuições iguais ou assemelhadas pelo prazo de quatro anos.

Aumento de Despesas Com Pessoal

O § 1º do mesmo Art. 169 estipula que:

> ***§1º*** *A concessão de qualquer vantagem ou aumento de remuneração, a criação de cargos, empregos e funções ou alteração de estrutura de carreiras, bem como a admissão ou contratação de pessoal, a qualquer título, pelos órgãos e entidades da Administração direta ou indireta, inclusive fundações instituídas e mantidas pelo poder público, só poderão ser feitas:*
>
> ***I.*** *se houver prévia dotação orçamentária suficiente para atender às projeções de despesa de pessoal e aos acréscimos dela decorrentes;*
>
> ***II.*** *se houver autorização específica na Lei de Diretrizes Orçamentárias, ressalvadas as empresas públicas e as sociedades de economia mista.*

Ciclo orçamentário

Ciclo orçamentário é o conjunto de fases que compreendem atividades típicas do orçamento público, desde sua elaboração até etapas posteriores à sua execução.

É importante observar que o ciclo orçamentário pode ser visto de duas formas: sob o enfoque do orçamento propriamente dito, que é a LOA (que podemos chamar de "ciclo orçamentário comum"), ou sob o enfoque das três leis orçamentárias ("ciclo orçamentário ampliado").

Ciclo orçamentário comum

É um processo contínuo, dinâmico e flexível, que é formado pelas seguintes fases:

> Elaboração ou proposta;
> Aprovação;
> Execução;
> Controle ou avaliação.

O ciclo orçamentário é sempre maior que o orçamento, uma vez que a LOA (orçamento) é apenas uma das fases do ciclo.

A duração do ciclo orçamentário é maior do que a do próprio orçamento, uma vez que vai da elaboração do orçamento até seu controle posterior.

Elaboração ou proposta

É a primeira fase do ciclo orçamentário, na qual o órgão central do Poder Executivo responsável pela elaboração da proposta orçamentária recebe as solicitações de recursos orçamentários dos órgãos setoriais e dos demais, e elabora a proposta que será encaminhada ao Legislativo. Tal proposta deverá ser apresentada ao Legislativo até o dia 31 de agosto de cada ano.

→ **Aprovação:** Recebida a proposta orçamentária pelo Poder Legislativo, cabe a este analisá-la, receber as emendas parlamentares, discuti-las e aprovar o orçamento. Na aprovação, a proposta orçamentária passa por duas instâncias: Comissão Mista de Orçamento e Plenário. A aprovação é feita em votação conjunta do Congresso Nacional. O orçamento deve ser aprovado até o fim da sessão legislativa (dia 22 de dezembro).

→ **Execução:** É a fase na qual o orçamento é colocado em prática, com a arrecadação das receitas previstas e o empenho e gasto das despesas correspondentes. Essa fase é executada de forma descentralizada, pelos órgãos que receberam os créditos orçamentários. Dura o período de um ano, indo de 1º de janeiro a 31 de dezembro de cada ano.

→ **Controle ou Avaliação:** Nessa fase, verifica-se se orçamento foi ou está sendo cumprido de acordo com o estabelecido na LOA, na Constituição Federal e nas leis que disciplinam a execução do orçamento. Tal controle é exercido tanto de forma concomitante à execução, como posteriormente.

Além disso, é exercido pelo Poder Executivo (controle interno) e pelo Poder Legislativo (controle externo, com o auxílio do Tribunal de Contas), podendo também ser praticado pelo Poder Judiciário, quando provocado.

A avaliação fornece subsídios que serão levados em consideração para a elaboração da proposta orçamentária do ano seguinte, originando um novo ciclo.

Isso está esquematizado a seguir:

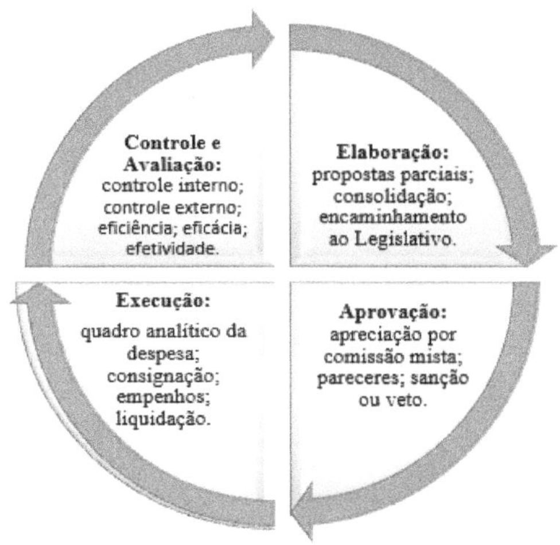

Ciclo orçamentário ampliado

Embora tradicionalmente o ciclo orçamentário cobrado em provas seja o comum, existe também o chamado "ciclo orçamentário", proposto por Osvaldo Maldonado Sanches, que envolve as três leis orçamentárias.

Nesse caso, o ciclo orçamentário continuará sendo um processo contínuo, dinâmico e flexível, mas que envolve 8 (oito) fases, em vez de 4 (quatro):

- Formulação da proposta do PPA pelo Executivo;
- Aprovação do PPA pelo Legislativo;
- Formulação da proposta da LDO pelo Executivo;
- Aprovação da LDO pelo Legislativo;
- Elaboração da proposta da LOA pelo Executivo;
- Aprovação da LOA;
- Execução da LOA;
- Avaliação da execução e julgamento das contas.

As fases são insuscetíveis de aglutinação, visto que cada uma possui ritmo próprio, finalidade distinta e periodicidade definida, exceto a fase do controle, já que podemos controlar todas as fases que a antecedem.

20. SIAFI

SIAFI é a sigla que designa o Sistema Integrado de Administração Financeira do Governo Federal, utilizado na gestão orçamentária, financeira, patrimonial e contábil da União.

O Sistema tem como premissa básica a contabilização de todos os atos e fatos praticados pelos gestores federais.

As informações sobre o SIAFI podem ser obtidas por meio do manual do Sistema, disponível na internet.

20.1 Histórico do SIAFI

O SIAFI, como sistema computacional, foi implantado em 1987, tornando-se, desde então, um importante instrumento para o acompanhamento e controle da execução orçamentária, financeira e contábil do Governo Federal, configurando-se, atualmente, no maior e mais abrangente instrumento de administração das finanças públicas, dentre os seus congêneres conhecidos no mundo.

Até o exercício de 1986, o Governo Federal enfrentava uma série de problemas de natureza administrativa que impedia a adequada gestão dos recursos públicos e dificultava a preparação do orçamento unificado, que passaria a vigorar em 1987. Dentre os inúmeros problemas, tínhamos:

a) emprego de métodos inadequados de trabalho, sendo que, na maioria dos casos, os controles de disponibilidades orçamentárias e financeiras eram exercidos a partir de registros manuais;
b) utilização da contabilidade como simples instrumento de registros formais, pela dificuldade de acesso às modernas técnicas de administração financeira;
c) defasagem de, pelo menos 45 dias entre o encerramento do mês e o levantamento das demonstrações orçamentárias, financeiras e patrimoniais, inviabilizando o uso das informações com fins gerenciais;
d) incompatibilidade dos dados em decorrência da diversidade de fontes de informações, comprometendo o processo de tomada de decisões;
e) falta de integração dos sistemas de informações; e
f) existência de inúmeras contas-correntes bancárias, no âmbito do Governo Federal, criando estoque ocioso de moeda e dificultando a administração de caixa.

A implantação do SIAFI foi viabilizada a partir da criação da STN, com o objetivo de promover a modernização e a integração dos sistemas de programação financeira, de execução orçamentária e de contabilidade dos Órgãos e Entidades Públicas do Governo Federal. Para desincumbir-se de suas atribuições, recebeu competente autorização para contratar, junto ao Serviço Federal de Processamento de Dados - SERPRO, a implementação de um sistema computacional, que fornecesse todas as informações necessárias, de maneira segura e tempestiva.

Superando dificuldades de toda ordem, a STN em conjunto com o SERPRO, Empresa Pública prestadora de serviço na área de Informática, criou as condições para que o SIAFI fosse implantado em tempo reconhecidamente curto (cerca de 6 meses), entrando em operação a partir de 1ºde janeiro de 1987.

O SIAFI foi utilizado inicialmente apenas pelo Poder Executivo, expandindo-se de forma gradual pelos demais Poderes a partir da percepção, pelos usuários, das vantagens oferecidas pelo Sistema.

Atualmente, utilizam-se do SIAFI todos os Órgãos da Administração Direta, inclusive os pertencentes aos Poderes Legislativo e Judiciário, e grande parte da Administração Indireta, faltando apenas as Empresas Públicas e Sociedades de Economia Mista que não compõem o Orçamento Geral da União - OGU, e as Instituições Financeiras Oficiais.

20.2 Objetivos do SIAFI

> Prover os Órgãos da Administração Pública de mecanismos adequados ao controle diário da execução orçamentária, financeira e contábil.
> Fornecer meios para agilizar a programação financeira, otimizando a utilização dos recursos do Tesouro Nacional, por meio da unificação dos recursos de caixa do Governo Federal.
> Permitir que a Contabilidade Aplicada à Administração Pública seja fonte segura e tempestiva de informações gerenciais para todos os níveis da Administração Pública.
> Integrar e compatibilizar as informações no âmbito do Governo Federal.
> Proporcionar a transparência dos gastos públicos.

20.3 Modalidades de Uso do Sistema pelos Órgãos

1 – TOTAL: Essa modalidade é usada por todos os Órgãos da Administração Direta e grande parte dos Órgãos da Administração Indireta, que compreende:

1.1: O processamento de todos os atos e fatos de determinada Unidade pelo SIAFI, incluindo-se eventos de receitas próprias.

1.2: A inclusão de todas as disponibilidades financeiras da Unidade no conceito de Conta Única.

1.3: O processamento da contabilidade da Unidade pelo SIAFI.

1.4: A utilização plena dos procedimentos orçamentários e financeiros da Unidade no tratamento-padrão do SIAFI, incluindo o uso do Plano de Contas da Administração Federal.

2 - PARCIAL: Essa modalidade é utilizada por parte dos Órgãos da Administração Indireta apenas para controle financeiro dos recursos destinados às Unidades pelo OGU.

20.4 Estrutura do SIAFI

O SIAFI está estruturado em sistema e subsistemas, cada sistema está organizado por subsistemas e estes, por módulos.

Dentro de cada módulo estão agregadas inúmeras transações, que guardam entre si características em comum.

Nesse nível de transação é que são efetivamente executadas as diversas operações do SIAFI, desde a entrada de dados até consulta. Existe o controle de acesso ao sistema, de responsabilidade da gestão pública e de maneira periódica.

Eventos

O SIAFI trabalha com o conceito de evento, que é definido pelo Manual como um código estruturado que identifica o fluxo contábil completo de atos ou fatos administrativos e que substitui, de forma automática, o tradicional procedimento de registro contábil mediante a indicação das contas devedoras e credoras que constituem um determinado lançamento.

> Existe controle de acesso ao Sistema, o qual registra CPF do operador, dados da máquina e demais itens de segurança computacional.

21. SIAFEM

O SIAFEM é um sistema derivado do SIAFI, utilizado por Estados e Municípios.

No SIAFI não se realiza a elaboração do orçamento, que é feita no Sistema Integrado de Dados Orçamentários -SIDOR, que foi substituído pelo SIOP.

22. RECEITAS PÚBLICAS

Por definição, as receitas públicas são todos os ingressos de numerário nos cofres públicos. De pronto é pertinente observar que a arrecadação das receitas públicas é acompanhada mensalmente.

22.1 Classificação das Receitas Públicas

As receitas públicas podem classificadas a partir de diversos critérios diferentes, mas abordaremos neste estudo as mais importantes para concursos:

Quanto à origem

Quanto à sua origem, as receitas públicas podem ser classificadas em originárias e derivadas.

> **Receitas Originárias:** Provêm da exploração do próprio patrimônio público, por exemplo, aluguéis de imóveis e venda de bens e serviços pelo Estado.

> **Receitas Derivadas:** Advêm da exploração do patrimônio alheio, de contribuições pagas compulsoriamente pelos cidadãos, por exemplo, os tributos e as multas. Vale lembrar que a grande maioria das receitas públicas é derivada.

Quanto ao impacto no patrimônio líquido

> **Receitas Efetivas:** Os ingressos recursos não estão atrelados a obrigações e, dessa forma, mudam a condição líquida patrimonial, aumentando-a(por exemplo, receitas de tributos e ganho de capital na alienação de bens).

> **Receitas Não Efetivas:** Ingressos que não mudam a condição líquida patrimonial, pois tais receitas estão ligadas a contraprestações, sendo compensadas com um ingresso no passivo (por exemplo, operações de crédito e alienação de bens sem lucro).

Geralmente, as receitas correntes são efetivas, e as receitas de capital são não efetivas..

Quanto à natureza

> **Receitas Orçamentárias:** São as receitas que devem estar previstas na Lei Orçamentária Anual. São recursos que pertencem de fato à União, aos Estados, ao DF e aos Municípios, e que podem ser utilizados por eles para atender às necessidades da população.

> **Receitas Extraorçamentárias:** São os valores que, embora tenham ingressado nos cofres públicos, não pertencem de fato ao ente público, que detém a sua posse de forma temporária. Pelo fato de se tratar de recursos que não podem ser gastos pelo Estado, não constam no Orçamento. Por exemplo, temos as cauções recebidas pelo ente público (garantias em dinheiro), depósitos de terceiros, pagamentos devidos a terceiros e não reclamados por estes e AROs – Operações de Crédito por Antecipação de Receita Orçamentária.

As AROs são empréstimos tomados pelo ente público a título de antecipação dos valores previstos para ingressar nos cofres públicos naquele ano, para atender à insuficiência de caixa, e que são liquidados quando da efetiva entrada do numerário.

Sobre tais operações, dispõe o Art. 38 da LC 101/2000 (Lei de Responsabilidade Fiscal):

Art. 38. *A operação de crédito por antecipação de receita destina-se a atender à insuficiência de caixa durante o exercício financeiro e cumprirá as exigências mencionadas no Art. 32 e mais as seguintes:*

I – realizar-se-á somente a partir do décimo dia do início do exercício;

II – deverá ser liquidada, com juros e outros encargos incidentes, até o dia dez de dezembro de cada ano;

III – não será autorizada se forem cobrados outros encargos que não a taxa de juros da operação, obrigatoriamente prefixada ou indexada à taxa básica financeira, ou à que vier a esta substituir;

IV – estará proibida:

a) *enquanto existir operação anterior da mesma natureza não integralmente resgatada;*

b) *no último ano de mandato do Presidente, Governador ou Prefeito Municipal.*

Quanto à categoria econômica

A classificação relacionada à categoria econômica aplica-se somente às receitas orçamentárias, que se dividem, de acordo com o Art. 11 da Lei 4.320/64, em receitas correntes e receitas de capital.

> **Receitas Correntes:** São receitas constantes, recebidas continuamente pelo ente público e com as quais ele pode contar para fazer frente às suas despesas correntes. Em geral, produzem efeito positivo sobre o Patrimônio Líquido (receitas efetivas) e constituem instrumento para financiar os objetivos definidos nos programas e ações correspondentes às políticas públicas. De acordo com o Art. 11 da Lei 4.320/64, são receitas correntes:

> **Receita Tributária:** Impostos, taxas, contribuições de melhoria.

> **Receita de Contribuições:** Contribuições especiais.

> **Receita Patrimonial:** Proveniente de rendimentos sobre investimentos do ativo permanente, de aplicações de disponibilidades em operações de mercado e outros rendimentos oriundos de renda de ativos permanentes.

Ex.:

Receitas decorrentes de rendimentos relacionados a imóveis (como aluguéis), valores mobiliários, concessões e permissões.

- **Receita Agropecuária:** Proveniente da atividade ou da exploração agropecuária de origem vegetal ou animal (venda de produtos agropecuários).
- **Receita Industrial:** Proveniente da atividade industrial de extração mineral, de transformação, de construção e outras.
- **Receita de Serviços:** Proveniente da prestação de serviços de transporte, saúde, comunicação, portuário, armazenagem, de inspeção e fiscalização, judiciário, processamento de dados, vendas de mercadorias e produtos inerentes à atividade da entidade e outros serviços.
- **Transferências Correntes:** Provenientes de outros entes ou entidades, desde que o objetivo seja a aplicação em despesas correntes.
- **Outras Receitas Correntes:** Multas e juros de mora, indenizações e restituições, dívida ativa.
- **Receitas de Capital:** Receitas esporádicas, derivadas normalmente da constituição de dívidas, amortização de empréstimos e financiamentos ou alienação de componentes do ativo permanente. Em geral, não produzem efeito positivo sobre o patrimônio (exceto as Transferências Correntes e o Superávit do Orçamento Corrente).

  Segundo o Art. 11 da Lei 4.320/64, dividem-se em:
- **Operações de Crédito:** Empréstimos (internos ou externos).
- Alienação de bens (móveis e imóveis).
- Amortização de empréstimos concedidos.
- **Transferências de Capital:** Valores provenientes de outros entes ou entidades, desde que o objetivo seja a aplicação em despesas de capital.
- **Superávit do Orçamento Corrente:** Diferença entre as receitas e despesas correntes. As receitas de capital não podem ser utilizadas para fazer frente a despesas correntes (regra de ouro da responsabilidade fiscal).

Quanto à destinação

Quanto à sua destinação (ou vinculação), as receitas públicas classificam-se em ordinárias e vinculadas.

- **Receitas Ordinárias ou Não Vinculadas:** São aquelas que não estão vinculadas a nenhuma despesa específica, podendo ser usadas para o atendimento de quaisquer necessidades da coletividade. Ou seja, podem ser alocadas para o pagamento de quaisquer despesas, por exemplo, receitas de impostos.
- **Receitas Vinculadas:** Devem ser utilizadas para o pagamento de despesas específicas, previstas na legislação, não podendo ser usadas para custear outras despesas(por exemplo, receitas de contribuições sociais).

Receitas intraorçamentárias

O conceito de receitas intraorçamentárias é novo e vem apresentado pela Portaria STN/SOF 338/2006. São consideradas receitas intraorçamentárias as relacionadas a operações intraorçamentárias.

Operações intraorçamentárias são aquelas realizadas entre órgãos e demais entidades da Administração Pública, integrantes do orçamento fiscal e do orçamento da seguridade social do mesmo ente federativo; por isso, não representam novas entradas de recursos nos cofres públicos do ente, mas apenas movimentação de receitas entre seus órgãos.

Decorrem de "pagamentos internos" feitos entre órgãos da Administração Pública Direta. Se, por exemplo, a Imprensa Nacional publica um edital do Ministério da Fazenda, cobrando um valor por isso, esse valor é considerado receita intraorçamentária para a Imprensa Nacional.

Transferências intergovernamentais

As transferências de recursos entre os entes da Federação não geram receitas ou despesas intraorçamentárias, porque constituem uma operação intergovernamental.

Nesse caso, trata-se de transferências correntes ou de capital, dependendo da finalidade. Para o ente que faz a transferência, trata-se de uma despesa corrente ou de capital. Para o ente que a recebe, trata-se de uma receita corrente ou de capital.

Essas transferências podem ser:

- voluntárias;
- constitucionais.

Receita corrente líquida

De acordo com o Art. 2º, IV, da LRF, a receita corrente líquida é o somatório das receitas tributárias, de contribuições, patrimoniais, industriais, agropecuárias, de serviços, transferências correntes e outras receitas também correntes, deduzidos:

a) os valores repassados a outros entes públicos por determinação constitucional;

b) os valores obtidos com a contribuição dos empregados e dos empregadores para a seguridade social (Art. 195, I e II, CF);

c) os valores de arrecadação com o PIS/PASEP;

d) a contribuição dos servidores para o custeio do seu sistema de previdência e assistência social.

A receita corrente líquida é apurada somando-se as receitas arrecadadas no mês em referência e nos onze anteriores, excluídas as duplicidades.

A LRF determina que um demonstrativo da apuração da receita corrente líquida deverá acompanhar o relatório resumido de execução orçamentária.

22.2 Estágios da Receita Pública

Primeiramente, deve-se observar que os estágios de realização da receita pública aplicam-se somente às receitas orçamentárias, que são aquelas que de fato pertencem ao ente público. A receita orçamentária passa por quatro fases ou estágios:

- Previsão;
- Lançamento;

> Arrecadação;
> Recolhimento.

Previsão

É a fase que quantifica a expectativa de arrecadação. Ou seja, refere-se ao estágio que tenta antecipar o valor das receitas arrecadas. É feita com base na quantia de receitas arrecadadas no exercício anterior, com os ajustes aplicáveis.

Além da previsão inicial feita na LOA, o Governo deve também sempre atualizar tal previsão, sendo que os valores atualizados devem constar dos relatórios resumidos de execução orçamentária.

Lançamento

Embora não seja a definição mais completa de lançamento, que é definido de forma mais precisa pelo Código Tributário Nacional, o Art. 53 da Lei 4.320/64 o conceitua da seguinte forma:

> ***Art. 53.*** *O lançamento da receita é ato da repartição competente, que verifica a procedência do crédito fiscal e a pessoa que lhe é devedora e inscreve o débito desta.*

Vê-se, assim, que o lançamento é o procedimento administrativo que permite aos Fiscos cobrar as receitas devidas pelos contribuintes, identificando o contribuinte, calculando o valor devido e inscrevendo o valor em dívida ativa.

Dependendo da receita pública, não haverá necessidade de lançamento.

Atualmente, porém, na maioria dos tributos, é o próprio contribuinte quem efetua o cálculo do valor devido e faz o pagamento antes da cobrança pela Administração Fazendária.

Arrecadação

É o estágio em que os contribuintes comparecem perante os agentes arrecadadores (normalmente, instituições financeiras) e realizam o pagamento dos tributos e outros débitos para com o Estado. Na esfera federal, essa arrecadação é feita atualmente por meio de quatro guias: DARF, GRU e GPS, dependendo da natureza da receita.

Recolhimento

É a fase na qual ocorre o repasse dos valores recebidos pelos agentes arrecadadores ao Poder Público. No caso da esfera federal, esses valores são repassados à Conta Única do Tesouro Nacional, mantida pelo Banco Central. Isso se dá por conta do Princípio da Unidade de Tesouraria – ou Unidade de Caixa -, (Art. 56 da Lei 4.320/64 e 164, §3º, da CF).

> ***Art. 56.*** *O recolhimento de todas as receitas far-se-á em estrita observância ao princípio de unidade de tesouraria, vedada qualquer fragmentação para criação de caixas especiais.*
>
> Ainda, de acordo com o Art. 164, §3º, da CF:
>
> ***§ 3º*** *As disponibilidades de caixa da União serão depositadas no banco central; as dos Estados, do Distrito Federal, dos Municípios e dos órgãos ou entidades do Poder Público e das empresas por ele controladas, em instituições financeiras oficiais, ressalvados os casos previstos em lei.*

Os relatórios resumidos de execução orçamentária devem trazer, entre outras informações, as receitas por fonte, informando as realizadas e as a realizar.

Em caso de frustração de receitas, deverão ser apresentadas justificativas, especificando as medidas de combate à sonegação e à evasão fiscal, adotadas e a adotar, e as ações de fiscalização e cobrança.

22.3 Créditos Adicionais

Créditos adicionais consistem em alterações da Lei Orçamentária Anual. Pelo fato de representarem alterações no orçamento, precisam passar pela aprovação do Poder Legislativo (mesmo processo da aprovação das leis orçamentárias). Os créditos adicionais podem ser: suplementares, especiais e extraordinários.

Créditos suplementares

São utilizados para custear e reforçar o valor de despesa dotada de forma insuficiente no orçamento. Ao solicitar um crédito suplementar, o Poder Executivo deve justificar o pedido e demonstrar a existência de recursos disponíveis (arrecadação maior que a prevista ou anulação de outras despesas, por exemplo). São autorizados por lei (Poder Legislativo) e abertos por ato do Poder Executivo (decreto).

Créditos especiais

São utilizados para custear uma despesa para a qual não há dotação orçamentária específica (despesa não prevista no orçamento). Ao solicitar um crédito especial, o Poder Executivo deve justificar o pedido e demonstrar a existência de recursos disponíveis (arrecadação maior que a prevista ou anulação de outras despesas, por exemplo). Também são autorizados por lei (Poder Legislativo) e abertos por decreto do Poder Executivo. Fontes de Recursos para Abertura de Créditos Suplementares e Especiais.

São considerados recursos para abertura dos créditos suplementares e especiais, desde que não comprometidos:

> O superávit financeiro apurado em balanço patrimonial do exercício anterior;
> Os provenientes de excesso de arrecadação, considerando-se a tendência do exercício;
> Os resultantes de anulação parcial ou total de dotações orçamentárias ou de créditos adicionais, autorizados em Lei;
> O produto de operações de crédito autorizadas;
> A dotação global não especificamente destinada a órgão, unidade orçamentária, programa ou categoria econômica, denominada de reserva de contingência; e
> Os recursos que, em decorrência de veto, emenda ou rejeição do projeto de LOA, ficarem sem despesas correspondentes.

Créditos extraordinários

São utilizados para custear despesas urgentes e imprevisíveis, tais como as decorrentes de guerra, comoção interna e calamidade pública. Não há necessidade de indicação dos recursos para fazer frente às despesas. São autorizados e abertos por meio de Medida Provisória (ato do Poder Executivo com força de lei).

Vigência dos créditos adicionais

Em princípio, os créditos adicionais têm sua vigência restrita ao exercício em que foram abertos. No entanto, os créditos especiais e extraordinários, se forem abertos nos últimos 4 meses do exercício, serão incorporados ao orçamento do exercício seguinte (serão prorrogados para o exercício seguinte).

	SUPLEMENTARES	ESPECIAIS	EXTRAORDINÁRIOS
FINALIDADE	Atender às despesas INSUFICIENTES dotadas.	Atender às despesas NÃO PREVISTAS na LOA.	Atender às despesas URGENTES, IMPREVISÍVEIS E IMPREVISTAS.
AUTORIZAÇÃO	Posterior: LEI ESPECÍFICA.	Prévia: LOA. LEI ESPECÍFICA.	NÃO é preciso autorização, mas sua abertura (Ato) passará por crivo do Poder Legislativo.
ABERTURA (PRORROGÁVEL EM RELAÇÃO AO PRÓXIMO EXERCÍCIO [LDO])	Decreto executivo.	Decreto executivo.	CF/88: (UNIÃO): Medida Provisória. L.4320/64: Decreto Executivo.
VIGÊNCIA	Adstrito ao exercício financeiro IMPRORROGÁVEL.	No exercício financeiro que for aberto, prorrogável, se nos últimos 4 meses + houver saldo remanescente.	No exercício financeiro que for aberto, prorrogável, se nos últimos 4 meses + houver saldo remanescente.
INDICAÇÃO DA FONTE DE RECURSO	SIM, é necessário para atender ao princípio do equilíbrio.	SIM, é necessário para atender ao princípio do equilíbrio.	NÃO é necessário.

23. DESPESAS PÚBLICAS

Despesas públicas são todas as saídas de numerário nos cofres públicos.

23.1 Classificação das Despesas Públicas

As despesas públicas podem classificadas a partir de diversos critérios diferentes. Vejamos os mais importantes para concursos:

Quanto à natureza

Despesas orçamentárias: são as despesas que devem estar previstas na Lei Orçamentária Anual, pois necessitam de autorização legislativa. São recursos que são utilizados para atender às necessidades da coletividade, direta ou indiretamente. Na verdade, são mais bem definidas por exclusão: todas as despesas que não forem extraorçamentárias serão orçamentárias.

Despesas extraorçamentárias: constituem meras devoluções de valores que ingressaram nos cofres públicos como receitas extraorçamentárias e, por tal razão, não constam do orçamento, por não dependerem de autorização legislativa. Exemplos de despesas extraorçamentárias: devolução de cauções contratuais, entrega de depósito de terceiro e liquidação de operação de ARO.

Quanto à categoria econômica

Tal classificação aplica-se somente às despesas orçamentárias, que se dividem, de acordo com o Art. 12 da Lei 4.320/64, em despesas correntes e despesas de capital.

Despesas Correntes: Também chamadas de despesas de custeio, são destinadas à manutenção e ao funcionamento dos bens e serviços públicos. Não geram nenhum bem ou serviço público novo. Exs: despesas com pagamento de pessoal e despesas com contas de consumo (água, luz, telefone etc.).

Importante: Também são consideradas despesas correntes as transferências correntes.

> As receitas de capital devem ser utilizadas somente para pagamento de despesas de capital. Assim, não se devem tomar empréstimos, por exemplo, para pagar funcionários públicos (despesa de custeio). É por essa razão que a Lei 4.320/64 determina que o superávit do orçamento corrente (resultado positivo da diferença entre receitas correntes e despesas correntes) é considerado receita de capital e, portanto, deve ser utilizado para pagamento de despesas de capital. A ideia é a que, sobrando receitas correntes em relação às despesas correntes, esse valor seja utilizado para a criação de um bem ou serviço público novo.

Despesas de Capital: De acordo com a Lei 4.320/64, são consideradas de capital as seguintes despesas públicas:

> **Investimentos:** Despesas com a criação de um bem público novo, de um programa novo, aquisição de imóveis ainda não utilizados pela Administração.

> **Inversões Financeiras:** Importam a troca de dinheiro por bens, como aquisição de imóveis ou bens de capital já em utilização pela Administração Pública e aquisição de ações de entidades já constituídas.

> **Transferências de Capital:** Valores repassados pelo ente público a outra entidade para utilização em despesas de capital.

Quanto ao impacto no patrimônio líquido

> **Efetivas:** São as despesas que reduzem a situação líquida patrimonial. Como exemplo, temos a maioria das despesas correntes.

> **Despesas não efetivas ou por mutação patrimonial:** São as despesas que não mudam a situação líquida patrimonial, tratando-se de fatos contábeis permutativos. A maioria das despesas de capital é desse tipo.

23.2 Classificação Institucional

A classificação institucional reflete a estrutura organizacional de alocação dos créditos orçamentários, e está estruturada em dois níveis hierárquicos: órgão orçamentário e unidade orçamentária. No caso do Governo Federal, o código da classificação institucional compõe-se de cinco dígitos, sendo os dois primeiros reservados à identificação do órgão e os demais, à unidade orçamentária.

23.3 Classificação Funcional

A classificação funcional segrega as dotações orçamentárias em funções e subfunções, buscando responder basicamente à indagação: em que área de ação governamental a despesa será realizada? A classificação funcional é representada por cinco dígitos. Os dois primeiros referem-se à função, enquanto que os três últimos dígitos representam a subfunção, que podem ser traduzidos como agregadores das diversas áreas de atuação do setor público, nas esferas legislativa, executiva e judiciária.

Função

A função é representada pelos dois primeiros dígitos da classificação funcional e pode ser traduzida como o maior nível de agregação das diversas áreas de atuação do setor público. A função se relaciona com a missão institucional do órgão, por exemplo, cultura, educação, saúde, defesa, que, na União, guarda relação com os respectivos Ministérios. A função "Encargos Especiais" engloba as despesas orçamentárias em relação às quais não se pode associar um bem ou serviço a ser gerado no processo produtivo corrente, tais como: dívidas, ressarcimentos, indenizações e outras afins.

Subfunção

A subfunção, indicada pelos três últimos dígitos da classificação funcional, representa um nível de agregação imediatamente inferior à função e deve evidenciar cada área da atuação governamental, por intermédio da agregação de determinado subconjunto de despesas e identificação da natureza básica das ações que se aglutinam em torno das funções:

Exs:

Ministério da Educação.

Função: 12 – Educação.

Subfunção: 365 – Educação Infantil.

Câmara dos Deputados.

Função: 01 – Legislativa.

Subfunção: 365 – Educação Infantil.

Classificação programática

Característica do chamado "orçamento-programa", a classificação programática associa cada despesa a um programa de Governo, ao qual, por sua vez, estão associados indicadores e metas específicas.

A utilização conjunta da classificação funcional e programática gera a chamada "classificação funcional-programática".

Despesas intraorçamentárias

São consideradas despesas intraorçamentárias as relacionadas a operações intraorçamentárias, que são aquelas operações realizadas entre órgãos e demais entidades da Administração Pública integrantes do orçamento fiscal e do orçamento da seguridade social do mesmo ente federativo; por isso, não representam novas entradas de recursos nos cofres públicos do ente, mas apenas movimentação de receitas entre seus órgãos. Decorrem de "pagamentos internos" feitos entre órgãos da Administração Pública Direta.

Por exemplo, a Imprensa Nacional publica um edital do Ministério da Fazenda, cobrando um valor por isso. Esse valor é considerado receita intraorçamentária para a Imprensa Nacional.

24. ESTÁGIOS OU FASES DA DESPESA PÚBLICA

Assim como ocorre com as receitas, os estágios da despesa pública aplicam-se às despesas orçamentárias. De acordo com a Lei 4.320/64, a despesa orçamentária passa por três fases sucessivas:

> Empenho;
> Liquidação;
> Pagamento.

24.1 Empenho

O Art. 58 da Lei n.º 4.320/64 define empenho como o ato emanado da autoridade competente que cria para o estado obrigação de pagamento pendente ou não de implemento de condição. Por meio do empenho, a autoridade competente verifica se existe recurso orçamentário para a realização da despesa. Se houver, será feita a "reserva" do valor correspondente no crédito orçamentário disponível, assumindo a Administração o compromisso de efetuar o pagamento futuro.

Alguns autores e questões trazem a autorização como uma fase da despesa também. Então, é muito importante estar atento ao comando da questão: se for "de acordo com a Lei nº 4.320/64", teremos apenas as três: empenho, liquidação e pagamento.

Modalidades de empenho

Empenho Ordinário: utilizado para despesas de valor fixo e previamente determinado e cujo pagamento deva ocorrer de uma só vez.

Empenho por Estimativa: Utilizado para as despesas cujo montante não se possa determinar previamente, tais como: contas de água e energia elétrica, compras de combustíveis, gastos com cópias de documentos.

Empenho Global: Utilizado para as despesas contratuais e outras de valor determinado, mas cujo pagamento será feito de forma parcelada, como: aluguéis de imóveis, contratação de serviços com pagamento mensal, pagamento de salários. Quanto à realização do empenho, o Art. 60 da Lei 4.320/64versa sobre a obrigatoriedade do empenho:

> ***Art. 60.*** *É vedada a realização de despesa sem prévio empenho.*
> ***§ 1º*** *Em casos especiais previstos na legislação específica será dispensada a emissão da nota de empenho.*

O empenho é normalmente feito por meio de nota de empenho – NE. As despesas relativas a contratos, convênios e outros ajustes de vigência plurianual, serão empenhadas em cada exercício financeiro pela parte nele a ser executada.

O empenho deverá ser reforçado quando seu valor se revelar insuficiente para atender à despesa a ser realizada.

Anulação do empenho

O empenho deverá ser anulado no decorrer do exercício:

> **Parcialmente**
- » quando seu valor exceder o montante da despesa realizada;

> **Totalmente:**
- » quando o serviço contratado não tiver sido prestado;
- » quando o material encomendado não tiver sido entregue;
- » quando o empenho tiver sido emitido incorretamente.

O empenho deverá também ser anulado no encerramento do exercício quando a despesa não tiver sido liquidada, salvo aquelas que forem inscritas em restos a pagar.

24.2 Liquidação

De acordo com o Art. 63 da Lei 4.320/64:

A liquidação da despesa consiste na verificação do direito adquirido pelo credor tendo por base os títulos e documentos comprobatórios do respectivo crédito.

> *O § 1º do Art. 63, essa verificação tem por fim apurar:*
> ***I.*** *a origem e o objeto do que se deve pagar;*
> ***II.*** *a importância exata a pagar;*
> ***III.*** *a quem se deve pagar a importância, para extinguir a obrigação.*

É na liquidação da despesa que se verifica se o credor cumpriu todas as obrigações constantes do empenho (se o credor não for identificado no empenho, é na liquidação que se verificará quem deverá receber o valor) e o valor que deverá ser pago. É feita mediante Nota de Liquidação – NL.

Obrigatoriedade da liquidação:

> ***Art. 62.*** *O pagamento da despesa só será efetuado quando ordenado após sua regular liquidação.*

24.3 Pagamento

Após o empenho e liquidação da despesa, procede-se ao seu pagamento, o qual pode ser definido como a transferência dos recursos financeiros ao credor. Somente se procederá ao pagamento se houver recursos financeiros disponíveis.

É feito, em regra, por Ordem Bancária – OB, mas pode ser realizado por meio de suprimento de numerário, para pequenos valores.

25. SUPRIMENTO DE FUNDOS

O Suprimento de Fundos é um adiantamento concedido a servidor, a critério e sob a responsabilidade do Ordenador de Despesas, com prazo certo para aplicação e comprovação dos gastos.

> Cuidado com o termo "adiantamento", que em uma questão capciosa possa estar relacionado a um adiantamento salarial como Suprimento de Fundos. Isso não é verdade! O Suprimento de Fundos tem por característica a prestação de contas, e nenhum servidor tem de prestar contas sobre seus rendimentos.

25.1 Hipóteses de Concessão

O Suprimento de Fundos visa às despesas que, pela sua excepcionalidade, não possam se subordinar ao processo normal de aplicação, isto é, quando não for possível o empenho direto ao fornecedor ou prestador. O Suprimento de Fundos pode ser concedido somente (Dec. 93.872/1986):

a) para atender despesas eventuais, inclusive em viagens e com serviços especiais, que exijam pronto pagamento em espécie;

b) quando a despesa deva ser feita em caráter sigiloso, conforme se classificar em regulamento; e

c) para atender despesas de pequeno vulto, que são aquelas cujos valores, em cada caso, não ultrapassar os limites estabelecidos pelo Ministério da Fazenda.

Empenho

A concessão de adiantamento é sempre precedida de empenho na dotação própria.

Prazos

Existem dois prazos importantes: da utilização e da prestação de contas. O prazo máximo que pode ser concedido ao servidor para a aplicação do Suprimento de Fundos é de 90 dias, não podendo ultrapassar o final do exercício financeiro.

> A importância aplicada até 31 de dezembro será comprovada até 15 de janeiro seguinte.

O servidor deverá prestar contas dentro do prazo de 30 dias após o final do prazo para aplicação.

25.2 Servidor Apto a Receber Suprimento de Fundos

O Suprimento de Fundos somente pode ser concedido a servidor público ou ocupante de cargo em comissão em efetivo exercício no órgão, e que preencha as seguintes condições:

- não ser responsável por dois suprimentos de fundos em fase de aplicação e/ou de prestação de contas;
- não tenha a seu cargo a guarda do material a adquirir, salvo quando não houver na repartição outro servidor que reúna condições de receber o Suprimento de Fundos;
- não ser responsável por Suprimento de Fundos que, esgotado o prazo, esteja pendente de prestação de contas;
- não ter sido declarado em alcance, assim entendido aquele que tenha cometido apropriação indevida, extravio, desvio ou falta verificada na prestação de contas, de dinheiro ou valores confiados à sua guarda;
- não tenha tido prestação de contas da aplicação de suprimento fundos com despesas impugnadas pelo Ordenador de Despesas ou que esteja em processo de Tomada de Contas Especial;
- não se confunda com a pessoa do Ordenador de Despesas; e
- não seja o próprio demandante da aquisição/contratação de serviço, exceto em viagem a serviço.

25.3 Cartão Corporativo

Atualmente, a concessão de Suprimento de Fundos deverá ocorrer por meio do Cartão de Pagamento do Governo Federal - CPGF, utilizando as contas de Suprimento de Fundos somente em caráter excepcional, quando comprovadamente não seja possível utilizar o cartão.

26. RESTOS A PAGAR E DESPESAS DE EXERCÍCIOS ANTERIORES

26.1 Restos a Pagar

De acordo com a Lei nº 4.320/64, consideram-se Restos a Pagar as despesas legalmente empenhadas, mas não pagas dentro do exercício financeiro, ou seja, até 31 de dezembro. A existência dos Restos a Pagar decorre do regime de competência, que exige que as despesas sejam contabilizadas como pertencentes ao exercício em que surgiram, ou seja, ao exercício em que foi feito o empenho, mesmo que o pagamento seja feito em outro exercício.

Classificação

As despesas inscritas em Restos a Pagar podem ser classificadas em:

> **Restos a Pagar Processados:** são aquelas despesas liquidadas, ou seja, em que o credor já cumpriu as suas obrigações, tendo, portanto, direito líquido e certo, faltando apenas o pagamento.

> **Restos a Pagar Não Processados:** são as despesas não liquidadas, ou seja, são aquelas que dependem da prestação do serviço ou fornecimento do material, isto é, cujo direito do credor não foi apurado.

Obs: Os Restos a Pagar fazem parte da Dívida Flutuante.

Os Restos a Pagar são considerados como receitas extraorçamentárias do exercício seguinte (sendo seu pagamento uma despesa extraorçamentária), mas sua inscrição (no ano vigente) gera uma despesa orçamentária.

É vedada a inscrição de Restos a Pagar não processados sem que haja a suficiente disponibilidade de caixa assegurada para este fim.

Dívida Flutuante é aquela que será exigida no prazo de até doze meses, ao contrário da dívida fundada, que será exigida no prazo superior a doze meses. Para mais informações, recomenda-se a leitura do Art. 98 da Lei nº 4.320/64.

Características principais

Lei 4.320/64/Decreto 93.872/86 (inscrição, vigência, prazo prescricional)/Decreto 7.654/11 (inscrição e cancelamento). Quando a despesa é paga em exercício diverso do qual se refere, a Administração Pública se utiliza do mecanismo de Restos a Pagar. Decorrem dos princípios:

> **Anualidade:** O orçamento deve ter vigência limitada no tempo, um ano.

> **Competência:** As despesas devem ser incluídas na apuração do resultado do período em que ocorrerem, independentemente de pagamento.

> **Definição**: Despesas empenhadas, pendentes de pagamento até o encerramento do exercício, inscritas como obrigações a pagar no exercício subsequente. Constitui-se a Dívida Flutuante.

Também são denominados Resíduos Passivos e consistem em despesas empenhadas, mas não pagas até 31 de dezembro que não tenham sido canceladas pelo processo de depuração e que atendam aos requisitos da Lei 4.320/64.

O pagamento de Restos a Pagar deve ocorrer em exercício seguinte ao da inscrição e mediante prévia liquidação do empenho.

Modalidades

> **Processados:** despesas que atingiram o estágio da liquidação. Empenhadas e liquidadas, restando pendente, apenas, o estágio do pagamento. Não podem ser cancelados, pois a Administração Pública se certificou de que o fornecedor cumpriu sua obrigação e resta a ela cumprir com o pagamento. Processado = liquidado (termo usado apenas em Restos a Pagar).

> **Não processados:** despesas que não atingiram o estágio da liquidação. Somente empenhadas.

Inscrição (registro)

Para ser inscrita em Restos a Pagar, uma despesa empenhada deve cumprir requisitos, os quais determinam que o empenho de despesa não liquidada será considerado anulado em 31/12, salvo quando:

> vigente o prazo para cumprimento da obrigação do credor;

> vencido o prazo, mas em curso de liquidação da despesa, ou seja, de interesse da ADM exigir a obrigação assumida pelo credor;

> destinado a transferências a instituições públicas ou privadas;

> compromissos assumidos no exterior.

> inscrição fica condicionada à indicação pelo ordenador de despesas.

> empenhos que correm à conta de créditos com vigência plurianual, que não tenham sido liquidados, só serão computados como Restos a Pagar no último ano de vigência do crédito.

Lrf

***Art. 42** – qualquer despesa empenhada nos últimos dois quadrimestres do mandato deve ser totalmente paga no exercício, vedada sua inscrição ou parte dela em RAP, a não ser que haja suficiente disponibilidade de caixa.*

Os registros devem ser feitos por 3 critérios: por exercício, por credor e distinguindo-se as despesas processadas das não processadas.

> **A Inscrição gera uma Receita Extraorçamentária:** os Restos a Pagar serão computados na REC. EXTRA. para compensar sua inclusão na despesa orçamentária.

> **A Inscrição gera uma Despesa Orçamentária:** apenas para evitar mostrar um superávit inexistente, que pode ser utilizado para abertura de C.A. sem lastro. É registrada uma Despesa. Orçamentária em contrapartida com uma conta de passivo (obrigação) no sistema financeiro.

Pagamento

Ocorrerá no exercício seguinte ao da sua inscrição, dependendo dos não processados de liquidação. O pagamento configurará uma despesa extraorçamentária.

Vigência

Os não processados e não liquidados terão validade de 18 meses, ou seja, até 30 de junho do segundo ano subsequente ao da inscrição, com as seguintes ressalvas:

> *I - Despesas executadas diretamente pelos órgãos da União ou mediante transferências com execução iniciada até 30 de junho do segundo ano subsequente ao da inscrição:*
>
> ***a)** no caso de aquisição de bens, a despesa verificada pela quantidade parcial entregue, atestada e aferida; e*
>
> ***b)** no caso de serviços e obras, a despesa verificada pela realização parcial atestada e aferida.*
>
> *II - Sejam relativas:*
>
> ***a)** PAC;*
>
> ***b)** Ministério da Saúde;*
>
> ***c)** Ministério da Educação, com recursos da manutenção e desenvolvimento do ensino.*

Cancelamento

A STN efetuará, em 30 de junho do segundo ano subsequente ao da inscrição, o bloqueio dos saldos dos Restos a Pagar não processados e não liquidados em conta contábil específica no SIAFI.

As unidades gestoras responsáveis providenciarão os desbloqueios dos empenhos referentes às despesas executadas por órgãos da União ou mediante transferências, com execução iniciada até a data do bloqueio, devendo a STN cancelar no SIAFI os saldos que permaneceram bloqueados.

Os Restos a Pagar que foram cancelados e precisam ser pagos entrarão em "DEA".

> ***Art. 38** da Lei 4320/64: prevê a anulação de Restos a Pagar como receita orçamentária do ano em que se efetiva.*

Mcasp

O cancelamento de despesas inscritas em Restos a Pagar se trata de restabelecimento de saldo de disponibilidade comprometida, e não de uma nova receita a ser registrada.

- **Prazo Prescricional:** Art. 70 Desc. 93.872/86, prescreve em 5 anos a dívida passiva dos Restos a Pagar a partir da sua inscrição.
- **Contratos e Convênios:** as parcelas somente deverão ser empenhadas se a execução for realizada até 31/12 ou se o prazo para cumprimento da obrigação assumida pelo credor estiver vigente.

Valor da despesa diverso do empenhado

- Se o valor real a ser pago for superior ao valor inscrito, a diferença deverá ser empenhada àconta de despesas de exercícios anteriores (DEA).
- Se o valor real for inferior ao valor inscrito, o saldo existente deverá ser cancelado.

Despesas de exercícios anteriores

É considerada despesa de exercícios anteriores aquela fixada, no orçamento vigente, decorrente de compromissos surgidos em exercícios anteriores àquele em que deva ocorrer o pagamento. Sobre elas, de acordo com o que dispõe o Art. 37 da Lei 4.320/64:

> ***Art. 37.** As despesas de exercícios encerrados, para as quais o orçamento respectivo consignava crédito próprio, com saldo suficiente para atendê-las, que não se tenham processado na época própria, bem como os Restos a Pagar com prescrição interrompida e os compromissos reconhecidos após o encerramento do exercício correspondente poderão ser pagos à conta de dotação específica consignada no orçamento, discriminada por elementos, obedecida, sempre que possível, a ordem cronológica.*

São despesas orçamentárias e não se confundem com Restos a Pagar, tendo em vista que sequer foram empenhadas ou, se foram, tiveram seus empenhos anulados ou cancelados antes do final do exercício financeiro. A viabilização do pagamento desse tipo de despesa ocorrerá com um processo administrativo, no qual será apurado o direito do credor e o valor correspondente. As despesas de exercícios anteriores são despesas orçamentárias, necessitando de autorização legislativa.

> É possível observar a similaridade entre os temas. A banca costuma explorar muito isso.

27. DISPOSIÇÕES DIVERSAS SOBRE RECEITAS E DESPESAS PÚBLICAS

27.1 Regime de Contabilização das Receitas e Despesas Públicas

Art. 35 da Lei 4.320/64:

> ***Art. 35.*** *Pertencem ao exercício financeiro:*
>
> ***I.*** *as receitas nele arrecadadas;*
>
> ***II.*** *as despesas nele legalmente empenhadas.*

27.2 Discriminação Mínima das Despesas Públicas no Orçamento

Art. 15 da Lei 4.320/64:

> ***Art. 15.*** *Na Lei de Orçamento a discriminação da despesa far-se-á no mínimo por elementos.*
>
> ***§ 1º*** *Entende-se por elementos o desdobramento da despesa com pessoal, material, serviços, obras e outros meios de que se serve a Administração Pública para consecução dos seus fins.*
>
> ***§ 2º*** *Para efeito de classificação da despesa, considera-se material permanente o de duração superior a dois anos.*

27.3 Aumento de Despesas com Ações Governamentais

Art. 16 da LC 101/2000:

> ***Art. 16.*** *A criação, expansão ou aperfeiçoamento de ação governamental que acarrete aumento da despesa será acompanhado de:*
>
> ***I.*** *estimativa do impacto orçamentário-financeiro no exercício em que deva entrar em vigor e nos dois subsequentes;*
>
> ***II.*** *declaração do ordenador da despesa de que o aumento tem adequação orçamentária e financeira com a lei orçamentária anual e compatibilidade com o plano plurianual e com a lei de diretrizes orçamentárias.*

De acordo com o Art. 17, a exigência do inciso I também se aplica aos atos que criarem ou aumentarem despesas de caráter continuado, que são definidas como as despesas correntes derivadas de lei, medida provisória ou ato administrativo normativo que fixem para o ente a obrigação legal de sua execução por um período superior a dois exercícios.

27.4 Limite de Despesas com Pessoal

Os limites de gastos com pessoal são definidos pelo Art. 19 da LRF:

> ***Art. 19.*** *(...) a despesa total com pessoal, em cada período de apuração e em cada ente da Federação, não poderá exceder os percentuais da receita corrente líquida, a seguir discriminados:*
>
> ***I.*** *União: 50% (cinquenta por cento);*
>
> ***II.*** *Estados [inclui DF]: 60% (sessenta por cento);*
>
> ***III.*** *Municípios: 60% (sessenta por cento).*

A despesa total com pessoal é apurada somando-se a do mês de referência com as dos 11 meses anteriores.

E o Art. 18 da LRF traz o conceito de despesa total com pessoal:

> ***Art. 18.*** *Para os efeitos desta Lei Complementar, entende-se como despesa total com pessoal: o somatório dos gastos do ente da Federação com os ativos, os inativos e os pensionistas, relativos a mandatos eletivos, cargos, funções ou empregos, civis, militares e de membros de Poder, com quaisquer espécies remuneratórias, tais como vencimentos e vantagens, fixas e variáveis, subsídios, proventos da aposentadoria, reformas e pensões, inclusive adicionais, gratificações, horas extras e vantagens pessoais de qualquer natureza, bem como encargos sociais e contribuições recolhidas pelo ente às entidades de previdência.*

Se a despesa total com pessoal ultrapassar os limites estudados, o percentual excedente terá de ser eliminado nos dois quadrimestres seguintes, sendo pelo menos um terço no primeiro, adotando-se, entre outras, as seguintes providências:

> A banca raramente tem cobrado essa sequência, mas vale a pena não descuidar dela.

- **Redução** em pelo menos 20% das despesas com cargos em comissão e funções de confiança;
- **Exoneração** dos servidores não estáveis. Se as duas medidas acima não forem suficientes, desligamento de servidores estáveis, mediante o pagamento de indenização.

27.5 Aumento de Despesas com Pessoal nos 180 Últimos Dias do Mandato

A LRF considera nulo de pleno direito o ato de que resulte aumento da despesa com pessoal expedido nos cento e oitenta dias anteriores ao final do mandato do titular do respectivo Poder ou órgão.

27.6 Despesas nos Oito Últimos Meses do Mandato

O Art. 42 da LRF proíbe ainda ao titular de Poder ou órgão contrair qualquer obrigação de despesa, nos últimos dois quadrimestres do seu mandato, que não possa ser cumprida integralmente dentro dele, ou que tenha parcelas a serem pagas no exercício seguinte sem que haja suficiente disponibilidade de caixa para este efeito.

28. DÍVIDA ATIVA E PASSIVA E CONTA ÚNICA DO TESOURO

28.1 Dívida Ativa e Passiva

A Dívida Pública divide-se em Dívida Ativa e Dívida Passiva, de modo que a Ativa representa o Estado como credor (direito de receber) e a Passiva caracteriza-se quando o Estado é o devedor (obrigações a pagar).

Dívida ativa

Representa os valores dos quais a Administração Pública é credora. Ou seja, são os valores que podem ser exigidos pelo Estado.

São divididas em Tributárias e Não Tributárias, da seguinte forma:

Dívida Ativa Tributária: representa tributos e acréscimos (multa, juros e atualização monetária sobre tributos).

Dívida Ativa Não Tributária: representa outros créditos da Administração Pública, que não tributos. Exemplos: valores contratuais e multas não tributárias.

A Dívida Ativa da União (DAU) será apurada e inscrita na Procuradoria da Fazenda Nacional.

De acordo com o Art. 1º, §3º, da Lei 6.830/80, a inscrição em DAU suspende o prazo prescricional por 180 dias:

> ***§3º*** *A inscrição, que se constitui no ato de controle administrativo da legalidade, será feita pelo órgão competente para apurar a liquidez e certeza do crédito e suspenderá a prescrição, para todos os efeitos de direito, por 180 dias, ou até a distribuição da execução fiscal, se esta ocorrer antes de findo aquele prazo.*

Art. 39 da Lei 4.320:

> ***Art. 39.*** *Os créditos da Fazenda Pública, de natureza tributária ou não tributária, serão escriturados como receita do exercício em que forem arrecadados, nas respectivas rubricas orçamentárias.*

Segundo o §2° do Art. 39 da Lei 4.320:

> ***§ 2º -*** *Dívida Ativa Tributária é o crédito da Fazenda Pública dessa natureza, proveniente de obrigação legal relativa a tributos e respectivos adicionais e multas, e Dívida Ativa não Tributária são os demais créditos da Fazenda Pública, tais como os provenientes de empréstimos compulsórios, contribuições estabelecidas em lei, multa de qualquer origem ou natureza, exceto as tributárias, foros, laudêmios, alugueis ou taxas de ocupação, custas processuais, preços de serviços prestados por estabelecimentos públicos, indenizações, reposições, restituições, alcances dos responsáveis definitivamente julgados, bem assim os créditos decorrentes de obrigações em moeda estrangeira, de subrogação de hipoteca, fiança, aval ou outra garantia, de contratos em geral ou de outras obrigações legais.*

Dívida passiva

A Dívida Passiva representa os valores dos quais a Administração Pública é devedora. Ou seja, são os valores que devem ser pagos pelo Estado a terceiros.

A Dívida Passiva divide-se em fundada e flutuante.

- **Dívida Fundada (ou Consolidada): C**ompreende os compromissos de exigibilidade superior a 12 (doze) meses, contraídos para atender a desequilíbrio orçamentário ou a financiamento de obras e serviços públicos.
- **Dívida Flutuante (Não Consolidada):** São os compromissos de exigibilidade inferior a 12 meses, e compreende, entre outros:
  - Os restos a pagar, excluídos os serviços da dívida;
  - Os serviços da dívida a pagar (parcelas de amortização e de juros da dívida fundada);
  - Os depósitos de terceiros (consignações ou cauções);
  - Os débitos de tesouraria (ARO – operações de crédito por antecipação de receita destinadas a cobrir insuficiências de caixa ou tesouraria).

Conta única do tesouro

O princípio da unidade de tesouraria ou da unidade de caixa prevê que a movimentação financeira da União deverá ser feita por meio de uma única conta bancária. Essa é a chamada "Conta Única do Tesouro Nacional".

A Conta Única do Tesouro Nacional é mantida pelo Banco Central do Brasil, desde 1988. Os recursos repassados pelo Tesouro Nacional a unidades orçamentárias e órgãos públicos são transferidos para contas próprias, no Banco do Brasil.

A operacionalização da Conta Única do Tesouro Nacional é efetuada por intermédio do Banco do Brasil S/A, ou, excepcionalmente, por outros agentes financeiros autorizados pelo Ministério da Fazenda. O recolhimento direto de valores à Conta Única do Tesouro Nacional é feito por meio de GRU – Guia de Recolhimento da União, cujo pagamento é recebido pelo Banco do Brasil, que não pode cobrar tarifa para a efetivação de tal serviço.

Algumas receitas não são recolhidas ao caixa único da União, a exemplo das receitas de aplicação financeira de fundos e de convênios. Essas receitas revertem às suas respectivas contas-correntes.

Questões

01. **(FCC – 2018 – TRT/15ª REGIÃO/SP – ANALISTA JUDICIÁRIO)** Um servidor investido em cargo da área de orçamento deverá observar os vários princípios norteadores do orçamento público, pelos quais fica estabelecido que

a) todos os órgãos e entidades do ente governamental, em obediência ao princípio da universalidade, deverão estar compreendidos, junto com os Poderes desse mesmo ente, em uma só lei de orçamento anual.

b) a Lei Orçamentária Anual (LOA) deverá conter a previsão de todas as receitas e de todas as despesas, em obediência ao princípio do orçamento bruto.

c) a previsão de deduções legais é necessária na Lei Orçamentária Anual (LOA) apenas nos casos de exceção legal ao princípio da exclusividade.

d) o princípio da exclusividade não exclui a possibilidade de a Lei Orçamentária Anual (LOA) conter autorização para contratação de operação de crédito.

e) o princípio da não vinculação determina que as receitas de impostos constem da Lei Orçamentária Anual (LOA) pelos seus totais.

02. **(FGV – 2017 – TRT/12ª REGIÃO/SC – ANALISTA JUDICIÁRIO)** O modelo orçamentário vigente no Brasil é baseado nos conceitos de orçamento-programa, cujos elementos básicos estão apresentados na figura a seguir.

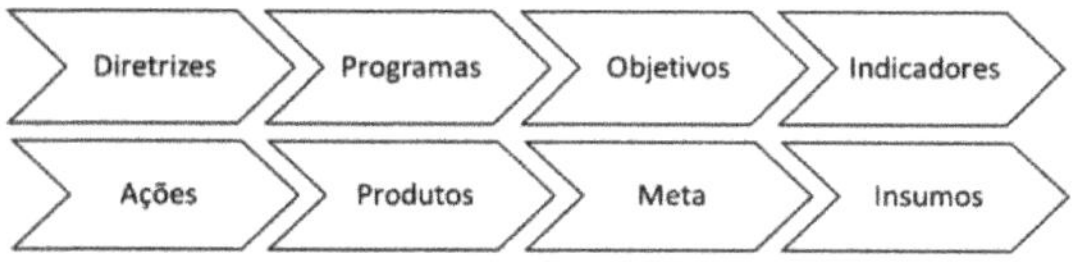

A definição de uma metodologia para medir desempenho de um programa e os elementos necessários à consecução de um produto se referem, respectivamente, a:

a) diretrizes e ações;

b) indicadores e ações.

c) indicadores e insumos;

d) meta e ações;

e) meta e insumos.

03. **(FGV – 2017 – TRT/12ª REGIÃO/SC – ANALISTA JUDICIÁRIO)** Em um determinado ente público foram levantadas algumas alternativas para economia de recursos em decorrência da queda na arrecadação, e uma delas foi a junção de matérias para publicação no Diário Oficial. Assim, para a publicação do orçamento para o exercício seguinte, foram agregados, na mesma lei, autorizações para concessão de isenções e incentivos fiscais para fomentar a economia local.

Apesar da intenção de promover economia de recursos, essa decisão está em desacordo com o princípio do(a):

a) equilíbrio;

b) exclusividade;

c) orçamento bruto;

d) publicidade;

e) transparência.

04. **(FCC – 2018 – TRT/15ª REGIÃO/SP – TÉCNICO JUDICIÁRIO)** Todo o processo do orçamento público está orientado por princípios sobre os quais é correto afirmar que:

a) As deduções devem ser consideradas apenas para o balanceamento das transferências intragovernamentais por força do princípio do orçamento bruto.

b) A proibição à realização de despesas que excedam os créditos orçamentários ou adicionais decorre do princípio da legalidade.

c) Segundo o princípio da discriminação, a lei de orçamento não consignará dotações globais destinadas a atender indiferentemente a despesas de pessoal, material, programas especiais de trabalho que não possam cumprir-se subordinadamente às normas gerais de execução de despesa, serviços de terceiros e transferências.

d) Pelo princípio da exclusividade, a lei de orçamento anual não conterá dispositivo estranho à previsão da receita e à fixação da despesa, excetuando-se, porém, a autorização para abertura de créditos suplementares e especiais.

e) Deverá existir um único orçamento para o ente da Federação por força do princípio da universalidade.

05. **(FCC – 2018 – TRT/2ª REGIÃO/SP – ANALISTA JUDICIÁRIO)** Em atendimento ao princípio orçamentário

a) da totalidade, uma autarquia estadual possui uma Lei Orçamentária Anual distinta daquela do ente estadual a que pertence.

b) da universalidade, a Lei Orçamentária Anual de um ente estadual deve conter todas as receitas e despesas de uma fundação instituída e mantida por ele.

c) da exclusividade, a Lei Orçamentária Anual pode conter dispositivo sobre a criação de despesa obrigatória de caráter continuado.

d) da competência, a Lei Orçamentária Anual apresenta a previsão das receitas orçamentárias que serão arrecadadas durante o exercício financeiro a que se refere.

e) do orçamento bruto, a Lei Orçamentária Anual deve apresentar as despesas com uma obra pelo valor total de sua execução, mesmo que ocorra em três exercícios financeiros.

06. **(FGV – 2017 – TRT/12ª REGIÃO/SC – ANALISTA JUDICIÁRIO)** Ao final de um exercício foram obtidas as seguintes informações da execução orçamentária de um ente público:

Descrição	Valor (milhares)
Arrecadação de receitas tributárias	80.000
Empenho de despesa orçamentária	72.000
Liquidação de despesa corrente	56.000
Pagamentos efetuados	50.400

Considerando as disposições legais para inscrição em restos a pagar, e sabendo-se que a disponibilidade financeira líquida do ente ao final do exercício era de 20.000, é correto afirmar que:

a) a disponibilidade financeira não afetará a inscrição de restos a pagar;

b) despesas processadas e não processadas serão canceladas;

c) do valor das despesas empenhadas, 1.600 serão cancelados;

d) haverá cancelamento de despesas não processadas no valor de 9.600;

e) o valor total de restos a pagar não processados pode ser inscrito.

07. **(FCC – 2018 – TRT/2ª REGIÃO/SP – ANALISTA JUDICIÁRIO)** Considere hipoteticamente que em abril de 2018, um determinado Tribunal Regional do Trabalho arrecadou R$ 350.000,00 referentes a receitas imobiliárias (Exploração do Patrimônio Imobiliário) e empenhou R$ 900.000,00 com o planejamento e a execução de obras. De acordo com as determinações da Lei nº 4.320/1964, a receita arrecadada e a despesa empenhada pelo Tribunal Regional do Trabalho, em abril de 2018, devem ser classificadas, respectivamente, como

a) Receitas de Capital – Alienação de Bens e Despesas Correntes – Despesas de Custeio.

b) Receitas Correntes – Receita Patrimonial e Despesas de Capital – Investimentos.

c) Receitas de Capital – Alienação de Bens e Despesas de Capital – Investimentos.

d) Receitas Correntes – Transferências Correntes e Despesas Correntes – Despesas de Custeio.

e) Receitas de Capital – Receita Patrimonial e Despesas Correntes – Inversões Financeiras.

08. **(FCC – 2018 – TRT/2ª REGIÃO/SP – ANALISTA JUDICIÁRIO)** Considere as seguintes informações quanto à despesa total com pessoal que foram extraídas do sistema contábil do Poder Judiciário de um determinado Estado e que se referem ao exercício financeiro de 2017.

– Despesa empenhada: R$ 143.000.000,00

– Despesa liquidada: R$ 141.000.000,00

– Despesa paga: R$ 140.900.000,00

– Despesa reconhecida no resultado patrimonial conforme o regime de competência: R$ 141.000.000,00

A Receita Corrente Líquida do Estado referente ao exercício financeiro de 2017 foi R$ 2.500.000.000,00.

De acordo com as determinações da Lei Complementar no 101/2000, o Poder Judiciário, em 31/12/2017,

a) estava vedado a contratar horas extras, pois a despesa total com pessoal excedeu o limite prudencial.

b) estava vedado a conceder vantagens, aumentos, reajustes ou adequar a remuneração a qualquer título, pois a despesa total com pessoal excedeu o limite total.

c) estava impedido de obter garantia, direta ou indireta, de outro ente, pois a despesa total com pessoal excedeu o limite de alerta.

d) não estava vedado a criar cargo, emprego ou função, pois a despesa total com pessoal não excedeu o limite prudencial.

e) não estava impedido de alterar a estrutura de carreira que implicasse aumento de despesa, pois a despesa total com pessoal não excedeu o limite de alerta.

Gabaritos

01	D	02	C	03	B
04	B	05	B	06	C
07	B	08	D		

DIREITO DO TRABALHO

1. PRINCÍPIOS E FONTES DO DIREITO DO TRABALHO

Princípios são ideias fundamentais que norteiam as regras do Direito do Trabalho e sua interpretação.

Possuem as seguintes funções:

→ **Informadora: inspiram o legislador.**

→ **Normativa: atuam como fonte supletiva, no caso de ausência de lei.**

→ **Interpretadora: operam como critério orientador do juiz ou do intérprete.**

Existem princípios que se aplicam a todos os ramos do Direito, inclusive ao Direito do Trabalho, como é o caso do princípio da dignidade da pessoa humana (o trabalhador não pode ser tratado como objeto, visando apenas ao lucro do empregador), princípio da boa-fé (as partes contratantes têm que agir com lealdade) e princípio da razoabilidade (por exemplo, proporção entre a penalidade aplicada pelo empregador e a falta cometida pelo empregado), dentre outros.

Convém destacar os princípios que são especialmente aplicáveis ao Direito do Trabalho e muito cobrados em provas de concurso:

1.1 Princípio da Proteção

Este princípio tem por objetivo estabelecer um equilíbrio na relação de trabalho, em especial nas negociações individuais, a fim de reduzir as desigualdades entre empregado e empregador, uma vez que o trabalhador é notoriamente a parte mais frágil na relação, também chamada de hipossuficiente.

In dubio pro operario ou *pro misero:* termo em latim que significa "na dúvida, em favor do operário". Assim, diante de uma norma que comporta diferentes interpretações, aplica-se aquela mais favorável ao trabalhador. Não aplicável na seara processual.

Regra da aplicação da norma mais favorável: tal regra informa que se existirem duas ou mais normas aplicáveis ao caso concreto, deve-se aplicar aquela que melhor atenda aos interesses do trabalhador. Todavia, é importante observar que, com o advento da Reforma Trabalhista, a própria CLT trouxe regras que relativizam tal princípio. É o que ocorre, por exemplo, com a alteração do art. 620 da CLT que agora prevê a prevalência do acordo coletivo sobre a convenção coletiva, em oposição ao texto original que autorizava a aplicação das cláusulas mais benéficas. Agora também é possível a negociação coletiva em prevalência sobre o legislado (ainda que mais benéfico), nas hipóteses elencadas no art. 611-A da CLT. E, ainda, admite-se prevalência do pactuado em contrato individual para empregados com nível superior e que percebam salário superior ao dobro do limite dos benefícios previdenciários (art. 444, parágrafo único, da CLT). São novidades importantes e que requerem um acompanhamento cauteloso quanto ao posicionamento doutrinário e jurisprudencial.

Regra da condição mais benéfica: a aplicação de uma norma não deve servir para reduzir as condições mais benéficas em que se encontrava o trabalhador. Por exemplo, se lhe são garantidos direitos por Regulamento da Empresa, a alteração deste que implique desvantagem aos trabalhadores não atingirá os empregados admitidos anteriormente à mudança das regras. Nesse sentido é a Súmula nº 51, I, do TST, segundo a qual as cláusulas regulamentares, que revoguem ou alterem vantagens deferidas anteriormente, só atingirão os trabalhadores admitidos após a revogação ou alteração do regulamento.

1.2 Princípio da Imperatividade das Normas Trabalhistas

Informa este princípio de que deve haver prevalência das normas trabalhistas, e, antes da Reforma Trabalhista, afirmava-se que as partes (empregado e empregador), em regra, não poderiam afastar a aplicação da lei.

Todavia, agora se admite a prevalência do negociado (individual ou coletivamente) sobre o legislado sobre temas previstos em lei e considerando a condição individual do empregado (nível superior e com determinado salário).

Por esta razão, devemos atentar para as exceções ao princípio da imperatividade das normas trabalhistas, até porque surge um novo princípio, que é a prevalência do negociado sobre o legislado.

1.3 Princípio da Indisponibilidade dos Direitos Trabalhistas

Este princípio protege o anterior, revelando o caráter imperativo das normas trabalhistas, não sendo possível, mesmo que mediante concordância do empregado, que este abra mão de direitos que lhes são garantidos.

Por exemplo, ainda que o empregado deseje "vender" os 30 dias de férias, por necessidade financeira, somente poderá converter um terço deste período (10 dias) em dinheiro, que é o chamado abono pecuniário. Por exemplo, não é possível à empregada gestante transacionar ou renunciar ao direito à licença maternidade ou à estabilidade provisória desde a confirmação da gravidez até 5 meses após o parto. Há uma presunção de vício na manifestação de vontade da empregada que assim o faz e, por isso, essa transação ou renúncia será considera nula de pleno direito. Vide OJ nº 30 do TST.

O princípio da indisponibilidade/irrenunciabilidade foi atenuado pela Reforma Trabalhista de 2017 com a figura do empregado "hipersuficiente": portador de diploma de nível superior e com salário mensal igual ou superior a duas vezes o limite máximo dos benefícios do Regime Geral de Previdência Social (art. 444, parágrafo único, da CLT).

1.4 Princípio da Inalterabilidade Contratual Lesiva

Este princípio visa proteger o trabalhador de futuras alterações contratuais que impliquem prejuízo, valendo destacar que a intangibilidade contratual se restringe à proibição de supressão ou redução de direitos e vantagens dos trabalhadores.

Assim, é lícita a alteração contratual para assegurar melhores condições ao obreiro, o que não ocorre, por outro lado, na hipótese de alteração em desfavor dele.

O principal dispositivo legal que traduz o princípio da inalterabilidade contratual lesiva é o *caput* do art. 468 da CLT.

> ***Orientação Jurisprudencial nº 244 – SDI-1***
> *PROFESSOR. REDUÇÃO DA CARGA HORÁRIA. POSSIBILIDADE.*
> *A redução da carga horária do professor, em virtude da diminuição do número de alunos, não constitui alteração contratual, uma vez que não implica redução do valor da hora-aula.*

Decorrem os seguintes subprincípios:

- → **Princípio da irredutibilidade salarial: veda-se a redução dos salários, salvo convenção ou acordo coletivo (art. 7º, VI, da CF/1988).**
- → **Princípio da intangibilidade salarial: veda-se descontos de salários, salvo casos previstos em acordo ou convenção coletiva art. 462 da CLT).**
- → **Princípio da impenhorabilidade salarial: em regra, veda-se a penhora de salários, salvo pensão alimentícia.**

1.5 Princípio da Intangibilidade Salarial

Assegura a irredutibilidade salarial, revelando-se como espécie do gênero da **inalterabilidade contratual lesiva.** O objetivo é garantir ao trabalhador perceber o salário da forma e valores pactuados, de maneira estável, independentemente das dificuldades financeiras do empregador ou das instabilidades da economia e do mercado, vedando inclusive descontos indevidos, salvo se resultar de algum adiantamento ou contrato coletivo (art. 462 da CLT).

Há diversos dispositivos legais que asseguram tutela em relação aos salários: **art. 7º, VI e X, da CF/1988.**

Como o empregador é o maior beneficiário dos lucros da atividade econômica, não se cogita que o empregado seja afetado com os riscos do empreendimento, por meio da redução direta do valor nominal de seu salário ou alteração de critério na apuração de valores de composição de sua remuneração.

É importante atentar para o fato de existir previsão de exceção, no próprio texto constitucional (art. 7º, VI), no que concerne à possibilidade de haver redução salarial se decorrente de convenção ou acordo coletivo de trabalho. Cumpre observar que a lei não exige a correspondente redução de jornada, o que pode – ou não – ser pactuado pelos Sindicatos e/ou Empresa. Por outro lado, o art. 611-A, instituído pela Lei nº 13.467/2017, prevê em seu § 3º a necessidade de proteção dos empregados contra dispensa imotivada durante a vigência da cláusula da CCT ou ACT que reduziu a jornada ou salário dos empregados.

1.6 Princípio da Primazia da Realidade Sobre a Forma

Segundo tal princípio, ao analisar as questões relativas às relações de trabalho, deve-se observar a realidade dos fatos em detrimento dos aspectos formais constantes no contrato.

Por exemplo: o empregador registra na CTPS do empregado valor de salário inferior ao que efetivamente paga (muitas vezes "por fora"). O valor consignado no documento não terá eficácia na hipótese de se comprovar o salário efetivamente pago.

Da mesma forma, o fato de constar em um contrato que a prestação de serviços ocorre sem vínculo empregatício não afasta tal reconhecimento, na hipótese de presentes (na prática) os requisitos para caracterização do vínculo empregatício. Portanto, o real prevalece sobre o formal.

1.7 Princípio da Continuidade da Relação de Emprego

Em regra, os contratos são firmados por prazo indeterminado, devendo o empregador produzir prova no sentido de que foi do empregado a iniciativa para ruptura do liame empregatício, pois se presume que o trabalhador tem sempre interesse na continuidade da prestação de serviços.

É neste sentido a Súmula nº 212 do TST, que é bastante cobrada nos certames:

> ***Súmula nº 212 – TST***
> *DESPEDIMENTO. ÔNUS DA PROVA.*
> *O ônus de provar o término do contrato de trabalho, quando negados a prestação de serviço e o despedimento, é do empregador, pois o princípio da continuidade da relação de emprego constitui presunção favorável ao empregado.*

Assim, os contratos de trabalho com prazo determinado e os contratos temporários são exceções ao princípio da continuidade da prestação de serviços, só se admitindo em hipóteses permitidas pela lei.

1.8 Fontes do Direito do Trabalho

As fontes são relacionadas à origem das normas jurídicas, as quais, por sua vez, regulam as condutas humanas.

São classificadas em: fontes materiais que são os fatos sociais, políticos ou econômicos que originam uma regra jurídica. Podemos citar como exemplo a Revolução Industrial do século XVIII, que representou um marco histórico na legislação trabalhista mundial. A greve (paralisação dos empregados como forma de reivindicação) costuma ser o fato social mais citado em questões de concurso.

E as fontes formais representam a exteriorização das normas jurídicas, geralmente por escrito ante o sistema positivista do direito brasileiro. Todavia, é importante observar que os costumes são classificados como fontes formais por muitos autores, podendo ser cobrados na prova como fonte formal ou de integração.

As fontes formais podem ser subdivididas em:

- → **Autônomas: são aquelas que são discutidas e elaboradas diretamente pelas partes, como as convenções coletivas, acordos coletivos, costumes.**
- → **Heterônomas: são aquelas oriundas de um órgão estatal como a Constituição Federal, tratados internacionais, leis etc.**

Tipos de fontes formais autônomas

Usos e costumes

Trata-se da reiterada aplicação pela sociedade de certa conduta que acaba dando origem à norma legal. Exemplo típico é a formação de fila, que independe de normatização, pois é um costume tão identificado por todos que se tornou regra. Assim, a autonomia está na aceitação daquela conduta pela sociedade como regra.

Um exemplo que podemos apontar no âmbito trabalhista é o da gratificação natalina, que acabou se tornando tão comum que foi transformada no atual 13º salário pela Lei nº 4.090/1962.

O art. 8º da CLT indica os costumes como fonte do Direito do Trabalho, aplicável de forma supletiva.

Convenção Coletiva de Trabalho (CCT) e Acordo Coletivo de Trabalho (ACT)

A Convenção Coletiva de Trabalho (CCT) representa ajuste entabulado entre o sindicato dos empregados e sindicato dos empregadores. Já o Acordo Coletivo de Trabalho (ACT) é a negociação firmada entre a empresa (ou grupo de empresas) e o sindicato dos empregados. As cláusulas pactuadas nos instrumentos normativos (CCT ou ACT) obrigam toda a categoria representada por seus sindicatos ou os empregados das empresas, durante sua vigência (máximo de dois anos). É o principal exemplo de fonte formal autônoma, obtido por livre negociação entre as partes.

Contrato de trabalho

Alguns autores classificam o contrato de trabalho como fonte autônoma, o que se mostra correto se considerarmos a efetiva negociação das partes na criação das cláusulas, que, por sua vez, devem observar as garantias mínimas trazidas pela lei e por negociação coletiva. A FCC elaborou recentes questões de concurso classificando as cláusulas contratuais como fonte autônoma de Direito do Trabalho.

Considerando a Reforma Trabalhista, que prevê efeito de prevalência do pactuado sobre o legislado em contrato de trabalho firmado por empregado com nível superior e que perceba salário superior ao dobro do limite dos benefícios previdenciários (art. 444, parágrafo único, da CLT), é inegável a importância e correta classificação do contrato de trabalho como fonte formal autônoma.

Fontes formais heterônomas

São aquelas fontes impostas por um agente externo (principalmente estatal, mas não necessariamente). Temos como exemplo de fontes formais heterônomas de origem estatal a Constituição, as Leis, os Decretos, as Sentenças Normativas, as normas internacionais etc.

→ **Constituição Federal: é a Lei Maior do Estado, sendo a fonte formal de maior hierarquia no regramento jurídico. Elenca os direitos sociais dos trabalhadores nos arts. 7º a 11. Prevê, ainda, que a competência para legislar sobre o Direito do Trabalho é privativa da União, conforme o art. 22 da CF/1988.**

→ **Leis: a principal lei que trata dos direitos dos trabalhadores (entenda-se empregados) é a Consolidação das Leis do Trabalho (CLT). Existem, ainda, diversas leis esparsas, como a Lei do Trabalhador Rural (Lei nº 5.889/1973), Lei do FGTS (Lei nº 8.036/1990), Lei do Empregado Doméstico (Lei nº 150/2015), dentre inúmeras leis ordinárias não consolidadas.**

→ **Sentença normativa: é a decisão proferida pelos Tribunais Regionais do Trabalho ou pelo Tribunal Superior do Trabalho em processo denominado dissídio coletivo.**

→ **Normas internacionais: os tratados e as Convenções proferidos por organismos internacionais das quais o Brasil participe constituem fonte do Direito do Trabalho quando ratificados pelo Brasil, sendo a Organização Internacional do Trabalho (OIT) a que mais se destaca com relação ao Direito do Trabalho. A ratificação das convenções é de competência do Congresso Nacional, conforme está disposto nos arts. 5º, § 3º, e 49, I, ambos da CF/1988.**

→ **Regulamento da empresa: a Empresa pode instituir normas, por meio de um regulamento próprio, às quais os empregados precisam se submeter (como o uso de uniformes e regras de conduta), que também podem garantir direitos específicos aos trabalhadores (licença especial por falecimento de parente e prêmios, por exemplo). Por representar regramento imposto unilateralmente, também é classificado como fonte heterônoma do Direito do Trabalho.**

Fontes de integração

Atenção: Após a Reforma Trabalhista de 2017, há norma explícita na CLT indicando que o direito comum será fonte subsidiária do direito do trabalho, bem como preceituando que súmulas e outros enunciados de jurisprudência editados pelo TST e pelos TRTs não poderão restringir direitos legalmente previstos nem criar obrigações que não estejam previstas em lei.

> ***Art. 8º, CLT*** *As autoridades administrativas e a Justiça do Trabalho, na falta de disposições legais ou contratuais, decidirão, conforme o caso, pela jurisprudência, por analogia, por equidade e outros princípios e normas gerais de direito, principalmente do direito do trabalho e, ainda, de acordo com os usos e costumes, o direito comparado, mas sempre de maneira que nenhum interesse de classe ou particular prevaleça sobre o interesse público.*
>
> *§ 1º O direito comum será fonte subsidiária do direito do trabalho.*
>
> *§ 2º Súmulas e outros enunciados de jurisprudência editados pelo Tribunal Superior do Trabalho e pelos Tribunais Regionais do Trabalho não poderão restringir direitos legalmente previstos nem criar obrigações que não estejam previstas em lei.*
>
> *§ 3º No exame de convenção coletiva ou acordo coletivo de trabalho, a Justiça do Trabalho analisará exclusivamente a conformidade dos elementos essenciais do negócio jurídico, respeitado o disposto no art. 104 da Lei nº 10.406, de 10 de janeiro de 2002 (Código Civil), e balizará sua atuação pelo princípio da intervenção mínima na autonomia da vontade coletiva.*

→ **Jurisprudência: são as decisões reiteradas de juízes e tribunais, nas quais interpretam a legislação. Os tribunais podem formular Súmulas (decisões mais consolidadas) e, ainda, Orientações Jurisprudenciais (tendências) sobre determinadas matérias trazidas à análise do Poder Judiciário de forma recorrente.**

→ **Doutrina: é a interpretação da legislação feita pelos estudiosos da matéria em publicações (artigos, livros, monografias, pareceres etc.).**

→ **Princípios gerais do direito: orientam o legislador na elaboração das leis que versam sobre os direitos dos trabalhadores.**

→ **Analogia: é a aplicação, a um caso não previsto, de norma que rege hipótese semelhante.**

→ **Equidade: é a adaptação razoável da lei ao caso concreto, oportunizando a solução de uma situação fática para qual não existe previsão legal.**

→ **Direito comparado: é a utilização – a título de orientação – de normas ou costumes estrangeiros para solucionar situação que não encontra guarida na legislação pátria, observando se há coincidência de sistema jurídico.**

Em caso de conflito entre as fontes formais, as seguintes teorias definem qual norma deve ser aplicada:

→ **Teoria do conglobamento/incindibilidade: aplica apenas uma fonte em sua totalidade. É a corrente majoritária.**

→ **Teoria da acumulação/atomística/pinçada: o intérprete deve aplicar todas as fontes ao caso concreto, utilizando as normas mais favoráveis ao trabalhador e desprezando as desfavoráveis. Essa teoria é criticada porque, ao se selecionar os melhores artigos, acaba se criando uma "terceira" norma. É a corrente minoritária.**

→ **Teoria do conglobamento mitigado ou por institutos: a análise é feita por matéria, por instituto. Aplica-se a norma mais favorável para o instituto das férias, da hora-extra, do 13º etc.**

Quanto às normas coletivas, a Reforma Trabalhista de 2017 (Lei nº 13.467/2017) deixou expresso que as condições estabelecidas em acordo coletivo de trabalho sempre prevalecerão sobre as estipuladas em convenção coletiva de trabalho, independentemente de seu conteúdo (art. 620 da CLT). Ou seja, em tese, a disposição legal aproximou-se da teoria do conglobamento/incindibilidade. Isso, pois, entre duas normas (acordo coletivo de trabalho e convenção coletiva de trabalho), adotar-se-ão as normas do acordo coletivo, em sua totalidade, que "sempre prevalecerão sobre as estipuladas em convenção coletiva de trabalho".

2. DIREITOS CONSTITUCIONAIS DOS TRABALHADORES

Os direitos constitucionais dos trabalhadores estão elencados no art. 7º da Constituição Federal e podem ser cobrados em questões de Direito do Trabalho e de Direito Constitucional, por isso, são de suma importância.

Vejamos seu teor:

> ***Art. 7º*** *São direitos dos trabalhadores urbanos e rurais, além de outros que visem à melhoria de sua condição social:*
>
> *I – relação de emprego protegida contra despedida arbitrária ou sem justa causa, nos termos de lei complementar, que preverá indenização compensatória, dentre outros direitos;*
>
> *II – seguro-desemprego, em caso de desemprego involuntário;*
>
> *III – fundo de garantia do tempo de serviço;*
>
> *IV – Salário-mínimo, fixado em lei, nacionalmente unificado, capaz de atender as suas necessidades vitais básicas e às de sua família com moradia, alimentação, educação, saúde, lazer, vestuário, higiene, transporte e previdência social, com reajustes periódicos que lhe preservem o poder aquisitivo, sendo vedada sua vinculação para qualquer fim;*
>
> *V – piso salarial proporcional à extensão e à complexidade do trabalho;*
>
> *VI – irredutibilidade do salário, salvo o disposto em convenção ou acordo coletivo;*
>
> *VII – garantia de salário, nunca inferior ao mínimo, para os que percebem remuneração variável;*
>
> *VIII – décimo terceiro salário com base na remuneração integral ou no valor da aposentadoria;*
>
> *IX – remuneração do trabalho noturno superior à do diurno;*
>
> *X – proteção do salário na forma da lei, constituindo crime sua retenção dolosa;*
>
> *XI – participação nos lucros, ou resultados, desvinculada da remuneração, e, excepcionalmente, participação na gestão da empresa, conforme definido em lei;*
>
> *XII – salário-família pago em razão do dependente do trabalhador de baixa renda nos termos da lei;*
>
> *XIII – duração do trabalho normal não superior a 8 horas diárias e 44 semanais, facultada a compensação de horários e a redução da jornada, mediante acordo ou convenção coletiva de trabalho;*
>
> *XIV – jornada de seis horas para o trabalho realizado em turnos ininterruptos de revezamento, salvo negociação coletiva;*
>
> *XV – repouso semanal remunerado, preferencialmente aos domingos;*
>
> *XVI – remuneração do serviço extraordinário superior, no mínimo, em 50% à do normal;*
>
> *XVII – gozo de férias anuais remuneradas com, pelo menos, um terço a mais do que o salário normal;*
>
> *XVIII – licença à gestante, sem prejuízo do emprego e do salário, com a duração de 120 dias;*
>
> *XIX – licença-paternidade, nos termos fixados em lei;*
>
> *XX – proteção do mercado de trabalho da mulher, mediante incentivos específicos, nos termos da lei;*
>
> *XXI – aviso-prévio proporcional ao tempo de serviço, sendo no mínimo de 30 dias, nos termos da lei;*
>
> *XXII – redução dos riscos inerentes ao trabalho, por meio de normas de saúde, higiene e segurança;*
>
> *XXIII – adicional de remuneração para as atividades penosas, insalubres ou perigosas, na forma da lei;*
>
> *XXIV – aposentadoria;*
>
> *XXV – assistência gratuita aos filhos e dependentes desde o nascimento até cinco anos de idade em creches e pré-escolas;*
>
> *XXVI – reconhecimento das convenções e acordos coletivos de trabalho;*
>
> *XXVII – proteção em face da automação, na forma da lei;*
>
> *XXVIII – seguro contra acidentes de trabalho, a cargo do empregador, sem excluir a indenização a que este está obrigado, quando incorrer em dolo ou culpa;*
>
> *XXIX – ação, quanto aos créditos resultantes das relações de trabalho, com prazo prescricional de cinco anos para os trabalhadores urbanos e rurais, até o limite de dois anos após a extinção do contrato de trabalho;*
>
> *XXX – proibição de diferença de salários, de exercício de funções e de critério de admissão por motivo de sexo, idade, cor ou estado civil;*
>
> *XXXI – proibição de qualquer discriminação no tocante a salário e critérios de admissão do trabalhador portador de deficiência;*
>
> *XXXII – proibição de distinção entre trabalho manual, técnico e intelectual ou entre os profissionais respectivos;*
>
> *XXXIII – proibição de trabalho noturno, perigoso ou insalubre a menores de 18 e de qualquer trabalho a menores de 16 anos, salvo na condição de aprendiz, a partir de 14 anos;*
>
> *XXXIV – igualdade de direitos entre o trabalhador com vínculo empregatício permanente e o trabalhador avulso.*
>
> ***Parágrafo único.*** *São assegurados à categoria dos trabalhadores domésticos os direitos previstos nos incisos IV, VI, VII, VIII, X, XIII, XV, XVI, XVII, XVIII, XIX, XXI, XXII, XXIV, XXVI, XXX, XXXI e XXXIII e, atendidas as condições estabelecidas em lei e observada a simplificação do cumprimento das obrigações tributárias, principais e acessórias, decorrentes da relação de trabalho e suas peculiaridades, os previstos nos incisos I, II, III, IX, XII, XXV e XXVIII, bem como a sua integração à previdência social.*

Fique ligado

Muito cuidado com as recentes alterações no art. 7º com relação aos empregados domésticos, pois as modificações mais atuais são comumente cobradas em questões de concurso. Cumpre observar também a atualidade da legislação quando for resolver provas de concursos anteriores.

As particularidades dos direitos constitucionais dos domésticos e demais direitos serão abordados em capítulo próprio, ante sua importância.

3. PROTEÇÃO DO TRABALHO DA MULHER

Os dispositivos da CLT que tratam da proteção do trabalho da mulher estão elencados nos arts. 372 a 400. Todavia, com o advento da Constituição Federal de 1988, que contempla o princípio da igualdade, muitos dos dispositivos legais em comento não foram recepcionados. Assim, não há justificativa para proibição ou limitação do trabalho extraordinário, noturno, perigoso, insalubre, em minerações, e outras previsões da CLT que viraram "letra morta". Isso porque aplica-se às trabalhadoras a mesma proteção do empregado homem, não se permitindo tal distinção em diversas normas.

Permanecem, entretanto, algumas regras que objetivam a defesa da condição feminina, como limite de peso no trabalho, intervalo para amamentação, intervalos especiais, dentre outras, que passaremos a analisar.

Outros direitos foram alterados – e até mesmo suprimidos – com o advento da Lei nº 13.467/2017 (Reforma Trabalhista), conforme destacaremos a seguir.

3.1 Intervalo Antes de Horas Extras

Com o advento da Lei nº 13.467/2017 (Reforma Trabalhista), foi revogado o art. 384 da CLT que previa a concessão de um descanso de 15 minutos, no mínimo, antes do início do período extraordinário do trabalho para a mulher.

3.2 Repouso Semanal Remunerado

> ***Art. 385*** *O descanso semanal será de 24 horas consecutivas e coincidirá no todo ou em parte com o domingo, salvo motivo de conveniência pública ou necessidade imperiosa de serviço, a juízo da autoridade competente, na forma das disposições gerais, caso em que recairá em outro dia.*
>
> ***Parágrafo único.*** *Observar-se-ão, igualmente, os preceitos da legislação geral sobre a proibição de trabalho nos feriados civis e religiosos.*
>
> ***Art. 386*** *Havendo trabalho aos domingos, será organizada uma escala de revezamento quinzenal, que favoreça o repouso dominical.*

O art. 385 traz regra idêntica a dos empregados homens. Todavia, o art. 386 prevê circunstância mais benéfica, uma vez que a escala de revezamento é quinzenal, ao passo que a regra geral insculpida no parágrafo único do art. 67 da CLT trata de escala mensal.

Importante mencionarmos que, durante o período de vigência da Medida Provisória nº 905/2019, esse artigo foi revogado. A referida medida instituía o Contrato de Trabalho Verde e Amarelo.

3.3 Limite de Peso

O art. 390 da CLT limita o peso que pode ser carregado por mulheres a 20 quilos de forma contínua e 25 quilos ocasionalmente. Tal limite pode ser superado se houver utilização de aparelhos mecânicos.

> ***Art. 390*** *Ao empregador é vedado empregar a mulher em serviço que demande o emprego de força muscular superior a 20 quilos para o trabalho contínuo, ou 25 quilos para o trabalho ocasional.*
>
> ***Parágrafo único.*** *Não está compreendida na determinação deste artigo a remoção de material feita por impulsão ou tração de vagonetes sobre trilhos, de carros de mão ou quaisquer aparelhos mecânicos.*

Idêntico limite é imposto aos empregados (de ambos os sexos) menores de 18 anos.

3.4 Igualdade de Tratamento – Não Discriminação

A proibição de medidas discriminatórias entre homens e mulheres para contratação, pagamento de salários, dispensa do trabalho em razão de casamento ou gravidez etc. encontra previsão tanto na Constituição Federal de 1988 como em artigos da CLT que continuam em vigor, tais como:

> ***Art. 373***-*A Ressalvadas as disposições legais destinadas a corrigir as distorções que afetam o acesso da mulher ao mercado de trabalho e certas especificidades estabelecidas nos acordos trabalhistas, é vedado:*
>
> *I – publicar ou fazer publicar anúncio de emprego no qual haja referência ao sexo, à idade, à cor ou situação familiar, salvo quando a natureza da atividade a ser exercida, pública e notoriamente, assim o exigir;*
>
> *II – recusar emprego, promoção ou motivar a dispensa do trabalho em razão de sexo, idade, cor, situação familiar ou estado de gravidez, salvo quando a natureza da atividade seja notória e publicamente incompatível;*
>
> *III – considerar o sexo, a idade, a cor ou situação familiar como variável determinante para fins de remuneração, formação profissional e oportunidades de ascensão profissional;*
>
> *IV – exigir atestado ou exame, de qualquer natureza, para comprovação de esterilidade ou gravidez, na admissão ou permanência no emprego;*
>
> *V – impedir o acesso ou adotar critérios subjetivos para deferimento de inscrição ou aprovação em concursos, em empresas privadas, em razão de sexo, idade, cor, situação familiar ou estado de gravidez;*
>
> *VI – proceder o empregador ou preposto a revistas íntimas nas empregadas ou funcionárias.*
>
> ***Parágrafo único.*** *O disposto neste artigo não obsta a adoção de medidas temporárias que visem ao estabelecimento das políticas de igualdade entre homens e mulheres, em particular as que se destinam a corrigir as distorções que afetam a formação profissional, o acesso ao emprego e as condições gerais de trabalho da mulher.*
>
> ***Art. 377*** *A adoção de medidas de proteção ao trabalho das mulheres é considerada de ordem pública, não justificando, em hipótese alguma, a redução de salário.*
>
> ***Art. 391*** *Não constitui justo motivo para a rescisão do contrato de trabalho da mulher o fato de haver contraído matrimônio ou de encontrar-se em estado de gravidez.*
>
> ***Parágrafo único.*** *Não serão permitidas em regulamentos de qualquer natureza, contratos coletivos ou individuais de trabalho, restrições ao direito da mulher ao seu emprego, por motivo de casamento ou de gravidez.*

A Lei nº 9.029/1995, que também proíbe a exigência de atestado ou exame de gravidez para fins de admissão ou permanência no emprego, classifica como crime tal prática discriminatória, prevendo, em seu art. 2º, a pena de detenção de 1 a 2 anos.

Outra previsão de prática não discriminatória está no art. 390-B da CLT, segundo o qual As vagas dos cursos de formação de mão de obra, ministrados por instituições governamentais, pelos próprios empregadores ou por qualquer órgão de ensino profissionalizante, serão oferecidas aos empregados de ambos os sexos.

As empresas que contam com mais de 100 empregados, de ambos os sexos, deverão manter programas especiais de incentivos e aperfeiçoamento profissional de mão de obra (art. 390-C da CLT), havendo previsão de associação com entidade de formação profissional para projetos de incentivo ao trabalho da mulher, nos termos do art. 390-E:

> ***Art. 390-E*** *A pessoa jurídica poderá associar-se a entidade de formação profissional, sociedades civis, sociedades cooperativas, órgãos e entidades públicas ou entidades sindicais, bem como firmar convênios para o desenvolvimento de ações conjuntas, visando à execução de projetos relativos ao incentivo ao trabalho da mulher.*

3.5 Local de Trabalho

A proteção ao local de trabalho, na realidade, repete previsão genérica destinada a todos os trabalhadores, não sendo normalmente muito cobrado em concurso justamente por não representar regra especial.

> ***Art. 387*** *(Revogado)*
>
> ***Art. 388*** *Em virtude de exame e parecer da autoridade competente, o Ministro do Trabalho, Indústria e Comércio poderá estabelecer derrogações totais ou parciais às proibições a que alude o artigo anterior, quando tiver desaparecido, nos serviços considerados perigosos ou insalubres, todo e qualquer caráter perigoso ou prejudicial mediante a aplicação de novos métodos de trabalho ou pelo emprego de medidas de ordem preventiva.*
>
> ***Art. 389*** *Toda empresa é obrigada:*
>
> *I - a prover os estabelecimentos de medidas concernentes à higienização dos métodos e locais de trabalho, tais como ventilação e iluminação e outros que se fizerem necessários à segurança e ao conforto das mulheres, a critério da autoridade competente;*
>
> *II - a instalar bebedouros, lavatórios, aparelhos sanitários; dispor de cadeiras ou bancos, em número suficiente, que permitam às mulheres trabalhar sem grande esgotamento físico;*
>
> *III - a instalar vestiários com armários individuais privativos das mulheres, exceto os estabelecimentos comerciais, escritórios, bancos e atividades afins, em que não seja exigida a troca de roupa e outros, a critério da autoridade competente em matéria de segurança e higiene do trabalho, admitindo-se como suficientes as gavetas ou escaninhos, onde possam as empregadas guardar seus pertences;*
>
> *IV - a fornecer, gratuitamente, a juízo da autoridade competente, os recursos de proteção individual, tais como óculos, máscaras, luvas e roupas especiais, para a defesa dos olhos, do aparelho respiratório e da pele, de acordo com a natureza do trabalho.*

3.6 Proteção À Maternidade

São diversos os dispositivos de proteção à maternidade garantidos pela CLT.

Creche

A empresa que conta com a partir de 30 empregadas, que tenham mais de 16 anos, deve manter local apropriado para a guarda e amamentação dos filhos, mantendo convênio com creche externa, podendo substituir tal obrigação pelo sistema de reembolso-creche, nos termos dos §§ 1º e 2º do art. 389 da CLT:

> ***Art. 389*** *Toda empresa é obrigada: [...]*
>
> *§ 1º Os estabelecimentos em que trabalharem pelo menos 30 mulheres com mais de 16 anos de idade terão local apropriado onde seja permitido às empregadas guardar sob vigilância e assistência os seus filhos no período da amamentação.*
>
> *§ 2º A exigência do § 1º poderá ser suprida por meio de creches distritais mantidas, diretamente ou mediante convênios, com outras entidades públicas ou privadas, pelas próprias empresas, em regime comunitário, ou a cargo do SESI, do SESC, da LBA ou de entidades sindicais.*

Os locais destinados à guarda dos filhos das operárias durante o período da amamentação deverão possuir, no mínimo, um berçário, uma saleta de amamentação, uma cozinha dietética e uma instalação sanitária (art. 400 da CLT).

Intervalo para amamentação

É assegurado o direito a dois descansos especiais, de meia hora cada um, durante a jornada de trabalho para amamentação da criança até completar seis meses de idade (ou mais, mediante atestado médico), nos termos do art. 396 da CLT.

O período correspondente aos intervalos não é descontado da jornada, tampouco do salário da empregada.

Os horários dos intervalos serão definidos em acordo individual entre a mulher e o empregador, nos termos do § 2º do art. 396, inserido à CLT pela Lei nº 13.467/2017 (Reforma Trabalhista).

Proteção à gestação

Quando as condições de saúde o exigirem, a empregada tem direito, durante a gravidez, sem prejuízo do salário, à transferência de função, sendo assegurado seu retorno à função anteriormente exercida logo após o término da licença-maternidade (art. 392, § 4º, I). Na hipótese de o trabalho ser prejudicial à saúde da gestante, esta pode rescindir o contrato de trabalho (art. 394 da CLT).

Durante a gestação, a empregada tem direito à dispensa do horário de trabalho pelo tempo necessário para a realização de, no mínimo, seis consultas médicas e demais exames complementares (art. 392, II).

Em caso de aborto não criminoso, comprovado por atestado médico oficial, a mulher terá um repouso remunerado de duas semanas.

A empregada gestante ou lactante possui proteção diferenciada com referência ao labor em locais insalubres, nos termos do art. 394-A da CLT, recentemente alterado pela Lei nº 13.467/2017 (Reforma Trabalhista), de seguinte teor:

> ***Art. 394-A*** *Sem prejuízo de sua remuneração, nesta incluído o valor do adicional de insalubridade, a empregada deverá ser afastada de:*
>
> *I - atividades consideradas insalubres em grau máximo, enquanto durar a gestação;*
>
> *II - atividades consideradas insalubres em grau médio ou mínimo, quando apresentar atestado de saúde, emitido por médico de confiança da mulher, que recomende o afastamento durante a gestação;*
>
> *III - atividades consideradas insalubres em qualquer grau, quando apresentar atestado de saúde, emitido por médico de confiança da mulher, que recomende o afastamento durante a lactação.*

§ 1º (Revogado)

§ 2º Cabe à empresa pagar o adicional de insalubridade à gestante ou à lactante, efetivando-se a compensação, observado o disposto no art. 248 da Constituição Federal, por ocasião do recolhimento das contribuições incidentes sobre a folha de salários e demais rendimentos pagos ou creditados, a qualquer título, à pessoa física que lhe preste serviço.

§ 3º Quando não for possível que a gestante ou a lactante afastada nos termos do caput deste artigo exerça suas atividades em local salubre na empresa, a hipótese será considerada como gravidez de risco e ensejará a percepção de salário-maternidade, nos termos da Lei nº 8.213, de 24 de julho de 1991, durante todo o período de afastamento.

Estabilidade da gestante

Garantia de emprego desde a confirmação da gravidez até cinco meses após o parto, não podendo a empregada ser dispensada, exceto por justa causa. Reza o art. 10, II, do Ato das Disposições Transitórias da CF que fica vedada a dispensa arbitrária ou sem justa causa (...) b) da empregada gestante, desde a confirmação da gravidez até cinco meses após o parto. Tal garantia também foi estendida à empregada doméstica por força da Lei nº 11.324/2006.

O entendimento do TST é que a estabilidade é garantida mesmo que o empregador não tivesse ciência da gravidez no momento da ruptura contratual, conforme teor da visada Súmula nº 244:

Súmula nº 244 – TST

GESTANTE. ESTABILIDADE PROVISÓRIA.

I – O desconhecimento do estado gravídico pelo empregador não afasta o direito ao pagamento da indenização decorrente da estabilidade (art. 10, II, "b", do ADCT).

II – A garantia de emprego à gestante só autoriza a reintegração se esta se der durante o período de estabilidade. Do contrário, a garantia restringe-se aos salários e demais direitos correspondentes ao período de estabilidade.

III – A empregada gestante tem direito à estabilidade provisória prevista no art.10, inciso II, alínea "b", do ADCT, mesmo na hipótese de admissão mediante contrato por tempo determinado.

A indenização devida compreende os salários desde a dispensa até o término do período estabilitário.

Súmula nº 396 – TST

I – Exaurido o período de estabilidade, são devidos ao empregado apenas os salários do período compreendido entre a data da despedida e o final do período de estabilidade, não lhe sendo assegurada a reintegração no emprego.

É importante lembrar que agora a estabilidade da gestante ocorre também na hipótese de contrato por prazo determinado, garantia que foi estendida recentemente para a confirmação da gravidez ocorrida no curso do aviso-prévio, ainda que indenizado, nos termos da Lei nº 12.812/2013 que acrescentou o art. 391-A à CLT:

***Art. 391**-A A confirmação do estado de gravidez advindo no curso do contrato de trabalho, ainda que durante o prazo do aviso-prévio trabalhado ou indenizado, garante à empregada gestante a estabilidade provisória prevista na alínea "b" do inciso II do art. 10 do Ato das Disposições Constitucionais Transitórias.*

O direito à estabilidade é irrenunciável.

Orientação Jurisprudencial nº 30 – SDC

ESTABILIDADE DA GESTANTE. RENÚNCIA OU TRANSAÇÃO DE DIREITOS CONSTITUCIONAIS. IMPOSSIBILIDADE.

Nos termos do art. 10, II, "a", do ADCT, a proteção à maternidade foi erigida à hierarquia constitucional, pois retirou do âmbito do direito potestativo do empregador a possibilidade de despedir arbitrariamente a empregada em estado gravídico. Portanto, a teor do artigo 9º da CLT, torna-se nula de pleno direito a cláusula que estabelece a possibilidade de renúncia ou transação, pela gestante, das garantias referentes à manutenção do emprego e salário.

Fique ligado

Por intermédio da Lei Complementar nº 146 /2014 nos casos em que ocorrer o falecimento da genitora, será assegurado o direito à estabilidade em questão, a quem detiver a guarda do seu filho.

Não há previsão legal específica para estabilidade da gestante para hipótese de a criança nascer sem vida. Segundo a legislação previdenciária, se a gestação for a partir de 23 semanas não se considera mais aborto e a empregada tem direito à licença-maternidade, mas a corrente majoritária doutrinária e jurisprudencial considera que não há direito à estabilidade gestante.

Outro aspecto importante a ressaltar é que a adotante também não tem assegurada a estabilidade, por ausência de previsão legal (até o momento).

Licença-maternidade

A licença-maternidade tem duração de 120 dias, podendo seu início ocorrer até 4 semanas (28 dias) antes do parto, nos termos do art. 392 da CLT. Nos termos do art. 392, § 2º, da CLT: os períodos de repouso, antes e depois do parto, poderão ser aumentados de duas semanas cada um, mediante atestado médico.

Com o advento da Lei nº 11.770/2008, criou-se a possibilidade de prorrogação da licença-maternidade por mais 60 dias, facultativamente, quando o empregador pessoa jurídica aderiu ao Programa Empresa Cidadã, hipótese em que receberá dedução da despesa respectiva (pagamento de salário da empregada) no imposto de renda. A empresa adere ao programa se quiser. Entretanto, se aderiu, a empregada tem o direito de requerer a prorrogação, não competindo à empregadora escolher se vai conceder o benefício à determinada trabalhadora, sob pena de configurar tratamento discriminatório.

A empregada de empresa que aderiu ao programa tem direito a requerer a prorrogação da licença até o final do primeiro mês após o parto. No período de prorrogação da licença, a empregada não poderá exercer qualquer atividade remunerada e a criança não poderá ser mantida em creche ou organização similar. Tal benefício também se estende à mãe adotante.

Salário-maternidade

O salário-maternidade é pago pela Previdência Social (INSS) à empregada doméstica, trabalhadora avulsa, autônoma etc. As empresas que tenham número suficiente de empregados pagam o salário-maternidade diretamente à empregada, podendo, entretanto, compensar depois os valores nas contribuições previdenciárias devidas (art. 72, § 1º, da Lei de Benefícios da

Previdência Social, LBPS, Lei nº 8.213/1991, na redação da Lei nº 10.710/2003).

Nos termos do art. 393 da CLT: durante o período a que se refere o art. 392, a mulher terá direito ao salário integral e, quando variável, calculado de acordo com a média dos seis últimos meses de trabalho, bem como os direitos e vantagens adquiridos, sendo-lhe ainda facultado reverter à função que anteriormente ocupava.

Licença-adotante

Cabe licença-maternidade em caso de adoção, valendo destacar que a duração variável de acordo com idade da criança foi revogada pela Lei nº 12.010/2009, igualando-se à licença concedida à mãe biológica, nos termos do art. 392-A da CLT, ou seja, com a mesma duração de 120 dias.

Outra recente alteração no texto legal foi a previsão de que a licença-maternidade será concedida a um dos adotantes, empregado ou empregada, contemplando assim a situação de casais homoafetivos e retirando a exclusividade da mulher para requerer tal licença.

Fique ligado

Também foi conferida a garantia de gozo do restante da licença-maternidade pelo outro(a) companheiro(a) na hipótese de falecimento daquele(a) que estava usufruindo a licença.

Uma novidade importante é a possibilidade de gozo da licença-maternidade pelo cônjuge ou companheiro, na hipótese de falecimento da genitora, nos termos do art. 392-B da CLT, acrescentado pela Lei nº 12.873/2013:

> ***Art. 392-B*** *Em caso de morte da genitora, é assegurado ao cônjuge ou companheiro o gozo de licença por todo o período da licença-maternidade ou pelo tempo restante que teria direito a mãe, exceto no caso de falecimento do filho ou de seu abandono.*

4. PROTEÇÃO DO TRABALHO DO JOVEM

Quando falamos no trabalho, falamos de jovens entre 14 e 18 anos, pois antes dos 14 anos é extremamente proibida qualquer forma de trabalho, podendo após os 14 anos iniciar como aprendiz, e aos 16 anos no trabalho normal, no entanto, é vedado o trabalho noturno, perigoso ou insalubre, e aos 18 anos alcança a capacidade plena de trabalho.

> ***Art. 403, Parágrafo único.*** *O trabalho do menor não poderá ser realizado em locais prejudiciais à sua formação, ao seu desenvolvimento físico, psíquico, moral e social e em horários e locais que não permitam a frequência à escola.*

4.1 Jornada de Trabalho do Jovem

Devemos saber que possuem a mesma duração que a do trabalhador adulto, ou seja, limitada a 8 horas diárias e a 44 horas semanais, no entanto, o menor não pode prestar horas extras, salvo nas seguintes hipóteses:

→ **Até mais 2 horas, independentemente de acréscimo salarial, mediante convenção ou acordo coletivo, desde que o excesso de horas em um dia seja compensado pela diminuição em outro, de modo a ser observado o limite máximo de 48 horas semanais ou outro inferior legalmente fixado.**

→ **Excepcionalmente, por motivo de força maior, até o máximo de 12 horas, com acréscimo salarial de, pelo menos, 25% sobre a hora normal e desde que o trabalho do menor seja imprescindível ao funcionamento do estabelecimento (art. 413 da CLT).**

4.2 Férias do Jovem

Assim como um empregado adulto, o jovem possui direito a férias anuais remuneradas, acrescidas do terço constitucional, no entanto, as férias do menor possuem algumas particularidades:

→ **O menor que esteja estudando tem direito a coincidir as suas férias com as férias escolares (CLT, art. 136, § 2º).**

→ **A Reforma Trabalhista de 2017 passou a prever a possibilidade de fracionamento das férias sem o caráter excepcional, inclusive para empregados menores de 18 anos e maiores de 50 anos, desde que estabelecidos os seguintes requisitos: concordância do empregado, fracionamento em até três períodos e um dos períodos não pode ser inferior a 14 dias corridos e os demais não podem ser inferiores a 5 dias corridos.**

> ***Art. 134, § 1º, CLT*** *Desde que haja concordância do empregado, as férias poderão ser usufruídas em até três períodos, sendo que um deles não poderá ser inferior a 14 dias corridos e os demais não poderão ser inferiores a 5 dias corridos, cada um.*

4.3 Direitos Assegurados ao Jovem

É garantido ao trabalhador com menos de 18 anos, mesmo na condição de aprendiz (que pode ocorrer de 14 a 24 anos), o valor do Salário-mínimo hora (art. 428, § 2º, da CLT), salvo condição mais favorável.

O empregado com menos de 18 anos pode receber mensalmente seus salários sem a assistência de seu representante legal, o que não pode ocorrer, contudo, na quitação no momento da rescisão contratual, nos termos do art. 439 da CLT:

> ***Art. 439*** *É lícito ao menor firmar recibo pelo pagamento dos salários. Tratando-se, porém, de rescisão do contrato de trabalho, é vedado ao menor de 18 anos dar, sem assistência dos seus responsáveis legais, quitação ao empregador pelo recebimento da indenização que lhe for devida.*

Trabalho proibido: ao jovem é proibido o trabalho noturno, perigoso, insalubre (art. 7º, XXXIII, da Constituição Federal), e em locais ou serviços prejudiciais à sua moralidade (art. 405, II, da CLT). O trabalho do menor em ruas, praças ou outros logradouros públicos depende de prévia autorização do Juiz da Infância e da Juventude.

Vale destacar dispositivos sobre o trabalho do menor, constantes na CLT, que contemplam garantias e restrições ao trabalho do menor, como meio de proteção:

> ***Art. 402*** *Considera-se menor para os efeitos desta Consolidação o trabalhador de 14 até 18 anos.*
>
> ***Parágrafo único.*** *O trabalho do menor reger-se-á pelas disposições do presente Capítulo, exceto no serviço em oficinas em que trabalhem exclusivamente pessoas da família do menor e esteja este sob a direção do pai, mãe ou tutor, observado, entretanto, o disposto nos arts. 404, 405 e na Seção II.*
>
> ***Art. 403*** *É proibido qualquer trabalho a menores de 16 anos de idade, salvo na condição de aprendiz, a partir dos 14 anos.*
>
> ***Parágrafo único.*** *O trabalho do menor não poderá ser realizado em locais prejudiciais à sua formação, ao seu desenvolvimento físico, psíquico, moral e social e em horários e locais que não permitam a frequência à escola.*
>
> ***Art. 404*** *Ao menor de 18 anos é vedado o trabalho noturno, considerado este o que for executado no período compreendido entre as 22 e as 5 horas.*
>
> ***Art. 405*** *Ao menor não será permitido o trabalho:*
>
> *I – nos locais e serviços perigosos ou insalubres, constantes de quadro para esse fim aprovado pela Secretaria de Segurança e Medicina do Trabalho;*
>
> *II – em locais ou serviços prejudiciais à sua moralidade.*
>
> *§ 1º (Revogado)*
>
> *§ 2º O trabalho exercido nas ruas, praças e outros logradouros dependerá de prévia autorização do Juiz de Menores, ao qual cabe verificar se a ocupação é indispensável à sua própria subsistência ou à de seus pais, avós ou irmãos e se dessa ocupação não poderá advir prejuízo à sua formação moral.*
>
> *§ 3º Considera-se prejudicial à moralidade do menor o trabalho:*
>
> *a) prestado de qualquer modo, em teatros de revista, cinemas, boates, cassinos, cabarés, "dancings" e estabelecimentos análogos;*
>
> *b) em empresas circenses, em funções de acrobata, saltimbanco, ginasta e outras semelhantes;*
>
> *c) de produção, composição, entrega ou venda de escritos, impressos, cartazes, desenhos, gravuras, pinturas, emblemas, imagens e quaisquer outros objetos que possam, a juízo da autoridade competente, prejudicar sua formação moral;*
>
> *d) consistente na venda, a varejo, de bebidas alcoólicas.*
>
> *§ 4º Nas localidades em que existirem, oficialmente reconhecidas, instituições destinadas ao amparo dos menores jornaleiros, só aos que se encontrem sob o patrocínio dessas entidades será outorgada a autorização do trabalho a que alude o § 2º.*

§ 5º Aplica-se ao menor o disposto no art. 390 e seu parágrafo único[1].

Art. 406 *O Juiz de Menores poderá autorizar ao menor o trabalho a que se referem as letras "a" e "b" do § 3º do art. 405:*

I - desde que a representação tenha fim educativo ou a peça de que participe não possa ser prejudicial à sua formação moral;

II - desde que se certifique ser a ocupação do menor indispensável à própria subsistência ou à de seus pais, avós ou irmãos e não advir nenhum prejuízo à sua formação moral.

Art. 407 *Verificado pela autoridade competente que o trabalho executado pelo menor é prejudicial à sua saúde, ao seu desenvolvimento físico ou a sua moralidade, poderá ela obrigá-lo a abandonar o serviço, devendo a respectiva empresa, quando for o caso, proporcionar ao menor todas as facilidades para mudar de funções.*

Parágrafo único. *Quando a empresa não tomar as medidas possíveis e recomendadas pela autoridade competente para que o menor mude de função, configurar-se-á a rescisão do contrato de trabalho, na forma do art. 483.*

Art. 408 *Ao responsável legal do menor é facultado pleitear a extinção do contrato de trabalho, desde que o serviço possa acarretar para ele prejuízos de ordem física ou moral.*

Art. 409 *Para maior segurança do trabalho e garantia da saúde dos menores, a autoridade fiscalizadora poderá proibir-lhes o gozo dos períodos de repouso nos locais de trabalho.*

Art. 410 *O Ministro do Trabalho poderá derrogar qualquer proibição decorrente do quadro a que se refere o inciso I2 do art. 405 quando se certificar haver desaparecido, parcial ou totalmente, o caráter perigoso ou insalubre, que determinou a proibição.*

Sobre a jornada de trabalho do menor, é importante destacar que, a rigor, não é possível exigir a prestação de horas extras, salvo por motivo de força maior (quando fará jus a receber horas extras, limitadas a 12 horas diárias). Convém atentar que a compensação de jornada não significa labor extraordinário.

Possui direito a intervalo de 11 horas entre duas jornadas, o que também é garantido aos demais empregados maiores (homens e mulheres).

Vejamos o teor dos arts. 412 e 414 da CLT:

Art. 412 *Após cada período de trabalho efetivo, quer contínuo, quer dividido em 2 turnos, haverá um intervalo de repouso, não inferior a 11 horas.*

Art. 413 *É vedado prorrogar a duração normal diária do trabalho do menor, salvo:*

I - até mais 2 horas, independentemente de acréscimo salarial, mediante convenção ou acordo coletivo nos termos do Título VI desta Consolidação, desde que o excesso de horas em um dia seja compensado pela diminuição em outro, de modo a ser observado o limite máximo de 44 horas semanais ou outro inferior legalmente fixado;

II - excepcionalmente, por motivo de força maior, até o máximo de 12 horas, com acréscimo salarial de, pelo menos, 50% (cinquenta por cento) sobre a hora normal e desde que o trabalho do menor seja imprescindível ao funcionamento do estabelecimento. (Adicional de horas extras adaptado ao mínimo fixado pela Constituição Federal)

Parágrafo único. *Aplica-se à prorrogação do trabalho do menor o disposto no art. 375, no parágrafo único do art. 376, no art. 378 e no art. 384*[3] *desta Consolidação.*

Art. 414 *Quando o menor de 18 anos for empregado em mais de um estabelecimento, as horas de trabalho em cada um serão totalizadas.*

É importante observar que contra o menor de 18 anos não corre prazo prescricional (art. 440 da CLT).

A CLT também tutela o acesso à escola do trabalhador menor de 18 anos e um bom ambiente de trabalho, valendo destacar os arts. 424 a 427 sobre o tema:

Art. 424 *É dever dos responsáveis legais de menores, pais, mães, ou tutores, afastá-los de empregos que diminuam consideravelmente o seu tempo de estudo, reduzam o tempo de repouso necessário à sua saúde e constituição física, ou prejudiquem a sua educação moral.*

Art. 425 *Os empregadores de menores de 18 anos são obrigados a velar pela observância, nos seus estabelecimentos ou empresas, dos bons costumes e da decência pública, bem como das regras da segurança e da medicina do trabalho.*

Art. 426 *É dever do empregador, na hipótese do art. 407, proporcionar ao menor todas as facilidades para mudar de serviço.*

Art. 427 *O empregador, cuja empresa ou estabelecimento ocupar menores, será obrigado a conceder-lhes o tempo que for necessário para a frequência às aulas.*

Parágrafo único. *Os estabelecimentos situados em lugar onde a escola estiver a maior distância que 2 quilômetros, e que ocuparem, permanentemente, mais de 30 menores analfabetos, de 14 a 18 anos, serão obrigados a manter local apropriado em que lhes seja ministrada a instrução primária.*

4.4 Contrato de Aprendizagem

A partir da Lei nº 11.180/2005 foi alterada a idade do aprendiz, que agora pode ser de 14 a 24 anos, não se usando mais a expressão "menor aprendiz", pois não mais restrita aos empregados menores de idade. A idade máxima não se aplica aos empregados portadores de deficiência.

É um contrato por prazo determinado, com prazo máximo de dois anos (exceto na hipótese do empregado portador de deficiência), que deve ser firmado por escrito, destinado à formação técnico-profissional, condicionado à matrícula e frequência à escola (dispensado nas localidades sem oferta de ensino médio, caso o empregado tenha concluído o ensino fundamental).

É garantido o Salário-mínimo hora e a jornada máxima é de 6 horas diárias, podendo ser elastecida para 8 horas, se as horas excedentes forem destinadas ao aprendizado teórico.

Vejamos os artigos da CLT que tratam sobre o contrato de aprendizagem, com as alterações introduzidas pela Lei nº 13.420/2017.

Art. 428 *Contrato de aprendizagem é o contrato de trabalho especial, ajustado por escrito e por prazo determinado, em que o empregador se compromete a assegurar ao maior de 14 e menor de 24 anos inscrito em programa de aprendizagem formação técnico-profissional metódica, compatível com o seu desenvolvimento físico, moral e psicológico, e o aprendiz, a executar com zelo e diligência as tarefas necessárias a essa formação.*

1 ***Art. 390, CLT*** *Ao empregador é vedado empregar a mulher em serviço que demande o emprego de força muscular superior a 20 (vinte) quilos para o trabalho contínuo, ou 25 (vinte e cinco) quilos para o trabalho ocasional.*
Parágrafo único. *Não está compreendida na determinação deste artigo a remoção de material feita por impulsão ou tração de vagonetes sobre trilhos, de carros de mão ou quaisquer aparelhos mecânicos.*

2 Atenção: na maioria das CLTs o texto está incorreto, constando alínea "a", quando o certo é inciso I.

3 Arts. 375, 376 e 378 da CLT foram revogados. Art. 384 da CLT trata do intervalo de 15 minutos após a jornada normal de 8 horas, antes de sua prorrogação.

§ 1º A validade do contrato de aprendizagem pressupõe anotação na Carteira de Trabalho e Previdência Social, matrícula e frequência do aprendiz na escola, caso não haja concluído o ensino médio, e inscrição em programa de aprendizagem desenvolvido sob orientação de entidade qualificada em formação técnico-profissional metódica.

§ 2º Ao aprendiz, salvo condição mais favorável, será garantido o Salário-mínimo hora.

§ 3º O contrato de aprendizagem não poderá ser estipulado por mais de dois anos, exceto quando se tratar de aprendiz portador de deficiência.

§ 4º A formação técnico-profissional a que se refere o caput deste artigo caracteriza-se por atividades teóricas e práticas, metodicamente organizadas em tarefas de complexidade progressiva desenvolvidas no ambiente de trabalho.

§ 5º A idade máxima prevista no caput deste artigo não se aplica a aprendizes portadores de deficiência.

§ 6º Para os fins do contrato de aprendizagem, a comprovação da escolaridade de aprendiz portador de deficiência mental deve considerar, sobretudo, as habilidades e competências relacionadas com a profissionalização.

§ 7º Nas localidades onde não houver oferta de ensino médio para o cumprimento do disposto no § 1º deste artigo, a contratação do aprendiz poderá ocorrer sem a frequência à escola, desde que ele já tenha concluído o ensino fundamental.

§ 8º Para o aprendiz com deficiência com 18 anos ou mais, a validade do contrato de aprendizagem pressupõe anotação na CTPS e matrícula e frequência em programa de aprendizagem desenvolvido sob orientação de entidade qualificada em formação técnico-profissional metódica.

***Art. 429** Os estabelecimentos de qualquer natureza são obrigados a empregar e matricular nos cursos dos Serviços Nacionais de Aprendizagem número de aprendizes equivalente a 5%, no mínimo, e 15%, no máximo, dos trabalhadores existentes em cada estabelecimento, cujas funções demandem formação profissional.*

§ 1º-A O limite fixado neste artigo não se aplica quando o empregador for entidade sem fins lucrativos, que tenha por objetivo a educação profissional.

§ 1º As frações de unidade, no cálculo da percentagem de que trata o caput, darão lugar à admissão de um aprendiz.

§ 2º Os estabelecimentos de que trata o caput ofertarão vagas de aprendizes a adolescentes usuários do Sistema Nacional de Atendimento Socioeducativo (Sinase) nas condições a serem dispostas em instrumentos de cooperação celebrados entre os estabelecimentos e os gestores dos Sistemas de Atendimento Socioeducativo locais.

***Art. 430** Na hipótese de os Serviços Nacionais de Aprendizagem não oferecerem cursos ou vagas suficientes para atender à demanda dos estabelecimentos, esta poderá ser suprida por outras entidades qualificadas em formação técnico-profissional metódica, a saber:*

I – Escolas Técnicas de Educação;

II – entidades sem fins lucrativos, que tenham por objetivo a assistência ao adolescente e à educação profissional, registradas no Conselho Municipal dos Direitos da Criança e do Adolescente;

III – entidades de prática desportiva das diversas modalidades filiadas ao Sistema Nacional do Desporto e aos Sistemas de Desporto dos Estados, do Distrito Federal e dos Municípios.

§ 1º As entidades mencionadas neste artigo deverão contar com estrutura adequada ao desenvolvimento dos programas de aprendizagem, de forma a manter a qualidade do processo de ensino, bem como acompanhar e avaliar os resultados.

§ 2º Aos aprendizes que concluírem os cursos de aprendizagem, com aproveitamento, será concedido certificado de qualificação profissional.

§ 3º O Ministério do Trabalho fixará normas para avaliação da competência das entidades mencionadas nos incisos II e III deste artigo.

§ 4º As entidades mencionadas nos incisos II e III deste artigo deverão cadastrar seus cursos, turmas e aprendizes matriculados no Ministério do Trabalho.

§ 5º As entidades mencionadas neste artigo poderão firmar parcerias entre si para o desenvolvimento dos programas de aprendizagem, conforme regulamento.

***Art. 431** A contratação do aprendiz poderá ser efetivada pela empresa onde se realizará a aprendizagem ou pelas entidades mencionadas nos incisos II e III do art. 430, caso em que não gera vínculo de emprego com a empresa tomadora dos serviços.*

***Parágrafo único.** Aos candidatos rejeitados pela seleção profissional deverá ser dada, tanto quanto possível, orientação profissional para ingresso em atividade mais adequada às qualidades e aptidões que tiverem demonstrado.*

***Art. 432** A duração do trabalho do aprendiz não excederá de seis horas diárias, sendo vedadas a prorrogação e a compensação de jornada.*

§ 1º O limite previsto neste artigo poderá ser de até oito horas diárias para os aprendizes que já tiverem completado o ensino fundamental, se nelas forem computadas as horas destinadas à aprendizagem teórica.

§ 2º (Revogado)

***Art. 433** O contrato de aprendizagem extinguir-se-á no seu termo ou quando o aprendiz completar 24 anos, ressalvada a hipótese prevista no § 5º do art. 428 desta Consolidação, ou ainda antecipadamente nas seguintes hipóteses:*

I – desempenho insuficiente ou inadaptação do aprendiz, salvo para o aprendiz com deficiência quando desprovido de recursos de acessibilidade, de tecnologias assistivas e de apoio necessário ao desempenho de suas atividades;

II – falta disciplinar grave;

III – ausência injustificada à escola que implique perda do ano letivo; ou

IV – a pedido do aprendiz.

[...]

§ 2º Não se aplica o disposto nos arts. 479 e 480[4] desta Consolidação às hipóteses de extinção do contrato mencionadas neste artigo.

4 Artigos se referem à multa por rescisão antecipada do contrato de trabalho por prazo determinado.

5. CONTRATO DE TRABALHO

5.1 Vínculo Empregatício e Relação de Trabalho

A Justiça do Trabalho, após a Emenda Constitucional nº 45/2004, teve sua competência sensivelmente ampliada, passando a dirimir controvérsias oriundas da relação de trabalho e não só da relação de emprego como ocorria anteriormente.

A relação de trabalho envolve o desempenho de atividades com utilização da força do trabalhador (seja ela física ou intelectual), independentemente de existir um vínculo jurídico entre o trabalhador e aquele que está se beneficiando do resultado do trabalho. Representa um gênero, englobando inclusive o trabalho gratuito, prestado em caráter voluntário.

Por outro lado, a relação de emprego constitui uma espécie da relação de trabalho, que é o gênero. Exige a presença de caracteres específicos para a sua configuração: pessoalidade, onerosidade, subordinação jurídica e não eventualidade.

Assim, a distinção entre relação de trabalho e relação de emprego é essencial para se estipular quais direitos socorrem o trabalhador. As garantias conferidas aos empregados, por meio da Constituição Federal e CLT, aplicam-se somente aos trabalhadores que possuam vínculo empregatício, com as exceções que serão a seguir tratadas.

5.2 Relação de Trabalho

Caracteriza-se por uma relação na qual não estão presentes os requisitos para reconhecimento do vínculo empregatício (empregado e empregador), o que limita (e muito) os direitos do trabalhador (com exceção do avulso, como veremos a seguir). Todavia, tal fato não retira a competência da Justiça do Trabalho para julgar a ação com base na legislação própria (Código Civil e Lei nº 4.886/1965, por exemplo).

Diversas são as relações de trabalho, como o trabalho voluntário, contrato de estágio, trabalho autônomo, eventual, temporário, avulso, de cooperativa, dentre outros.

Entretanto, vamos nos ater àqueles elencados nos principais editais de TRTs, a seguir analisados.

Autônomo

É aquele que exerce, habitualmente e por conta própria, atividade remunerada. Dirige o próprio trabalho, não estando subordinado diretamente ao contratante do serviço. Dessa forma, pode organizar seu serviço da forma como lhe for mais conveniente, no horário que ele disponibilizar. É o que ocorre, por exemplo, com os profissionais liberais (médicos, advogados, taxistas etc.) e, também, com representantes comerciais, quando trabalham "por conta", assumindo o risco do negócio.

É claro que se houver fraude, por exemplo, na contratação de um representante comercial que, na realidade, era verdadeiro empregado subordinado ao tomador de serviços (empregador), considera-se nulo o contrato de natureza civil (art. 9º da CLT) e é possível o reconhecimento do vínculo empregatício.

Cumpre observar o teor do art. 442-B inserido na CLT pela Lei nº 13.467/2017 (Reforma Trabalhista) que prevê a inexistência de vínculo empregatício, ainda que o labor ocorra de forma contínua e com exclusividade.

> ***Art. 442-B*** *A contratação do autônomo, cumpridas por este todas as formalidades legais, com ou sem exclusividade, de forma contínua ou não, afasta a qualidade de empregado prevista no art. 3º desta Consolidação.*

Trabalho eventual

Realiza trabalho de forma assistemática, sem continuidade para atender à necessidade transitória do tomador de serviços. Não há habitualidade nem expectativa de nova contratação.

Por exemplo, uma escola que contrata alguém para fazer a instalação de programas de computador, o que foi realizado por pouco tempo (dois ou três dias).

É de difícil definição, pois nenhuma lei brasileira define o trabalho eventual, sendo o contrato de natureza civil.

Outro exemplo que pode ser citado é o art. 100 da Lei nº 9.504/1997, que estabelece normas para as eleições, que, em face da eventualidade da prestação de serviços, dispõe que A contratação de pessoal para prestação de serviços nas campanhas eleitorais não gera vínculo empregatício com o candidato ou partido contratantes.

Trabalho avulso

É uma subespécie de trabalho eventual, que ocorre por curtos períodos a distintos tomadores de serviços, sem vínculo empregatício, cuja principal característica é a intermediação por meio de sindicato ou do Órgão Gestor de Mão de Obra (OGMO), no caso dos portuários.

A exigência de intermediação via sindicato não significa que o empregado deva ser obrigatoriamente sindicalizado, em face da liberdade sindical garantida pela Constituição Federal (ninguém será obrigado a filiar-se ou a manter-se filiado a sindicato – art. 8º, V).

Uma característica importante do trabalhador avulso é que possui os mesmos direitos dos empregados com vínculo permanente, nos termos do art. 7º, XXXIV, da Constituição Federal.

O trabalhador avulso pode ser portuário (mais comum) ou não (atividades de movimentação de mercadorias – Lei nº 12.023/2009), urbano ou rural (chamado de "chapa").

Cuidado com a afirmação de que o trabalhador portuário "nunca" forma vínculo empregatício com o OGMO, pois a partir da promulgação da recente Lei nº 12.815/2013 (que revogou a Lei nº 8.630/1993), passou a existir a figura do empregado portuário (com vínculo empregatício por prazo indeterminado), subsistindo também o trabalhador avulso portuário.

Nos termos do art. 40 da referida lei, que dispõe sobre as atividades desempenhadas pelos operadores portuários: O trabalho portuário de capatazia, estiva, conferência de carga, conserto de carga, bloco e vigilância de embarcações, nos portos organizados, será realizado por trabalhadores portuários com vínculo empregatício por prazo indeterminado e por trabalhadores portuários avulsos.

Dessa forma, atualmente há empregados portuários com vínculo empregatício e trabalhadores avulsos portuários (sem vínculo), cuja escala é organizada pelo OGMO, que é responsável por arrecadar e repassar os valores relativos à remuneração do trabalhador portuário avulso, além dos encargos fiscais, sociais e previdenciários.

Trabalho temporário e terceirização

O trabalho temporário é regulado pela Lei nº 6.019/1974, que sofreu importantes alterações com a redação dada pela Lei nº 13.429/2017 (chamada popularmente Lei da Terceirização) e, mais recentemente, pela Lei nº 13.467/2017 (Reforma Trabalhista). Por ser tema atual, é matéria passível de cair em prova.

Vamos ressaltar separadamente particularidades e características do trabalho temporário e da prestação de serviços terceirizados, para propiciar o estudo de forma mais sistematizada.

Trabalho temporário

Prestado por pessoa física contratada por empresa de trabalho temporário (pessoa jurídica, no âmbito urbano) que, por sua vez, firma contrato de natureza comercial com empresa tomadora de serviços para atender à necessidade de substituição transitória de pessoal permanente ou para demanda complementar de serviços, independentemente se concernente à atividade-meio ou atividade-fim.

A Lei nº 13.429/2017 define como complementar a demanda de serviços que seja oriunda de fatores imprevisíveis ou, quando decorrente de fatores previsíveis, tenha natureza intermitente, periódica ou sazonal (art. 2º, § 2º).

Em duas hipóteses será possível a contratação de mão de obra temporária:

→ **Substituição transitória de pessoal permanente: são os casos de ausência provisória (férias, acidente, licença-maternidade) do empregado.**

→ **Demanda complementar de serviço: ocorre quando surgem situações imprevisíveis ou decorrentes de fatores previsíveis, mas de natureza sazonal (contratação de final de ano, em que aumentam as vendas).**

Além disso, a nova redação do art. 2º passa a autorizar, nos casos previstos em Lei, a contratação de trabalhadores temporários para substituir grevistas. Tais hipóteses são aquelas previstas nos arts. 9º e 14 da Lei nº 7.783/1989 (Lei de Greve), conforme dispõe o parágrafo único do art. 7º da referida Lei, segundo o qual é vedada a rescisão de contrato de trabalho durante a greve, bem como a contratação de trabalhadores substitutos, exceto na ocorrência das hipóteses previstas nos arts. 9º e 14. Em outras palavras, configurada a abusividade da greve, poderá o empregador contratar trabalhadores temporários para substituir os empregados grevistas.

Atualmente, a empresa prestadora de serviços (mão de obra temporária) precisa ser necessariamente pessoa jurídica, pois a Lei nº 13.429/2017 alterou o art. 4º da Lei nº 6.019/1974, que permitia tal constituição por pessoa física.

Contratação art. 9º, Lei nº 13.429/2017

Antes, era exigido apenas que o contrato fosse escrito e que contivesse o motivo da prestação temporária e a forma de remuneração. Atualmente, com a Lei nº 13.429/2017, é necessário que, além de escrito, haja a qualificação das partes, prazo da prestação de serviços, valor da prestação de serviços e disposições sobre a segurança e a saúde do trabalhador, independentemente do local de realização do trabalho.

Além disso, deve ser formalizado dois contratos. O primeiro contrato que existe é aquele firmado entre o cliente, beneficiado com o trabalho temporário e a empresa prestadora de trabalho temporário. O segundo contrato é firmado entre a empresa prestadora e o trabalhador. O contrato de trabalho firmado entre o empregado e a empresa prestadora de serviços também deve ser escrito. Ficou estabelecido a relação jurídica tripolar, com a empresa cliente (tomadora de serviços), empresa de trabalho temporário (prestadora que faz a intermediação de mão de obra) e o trabalhador temporário.

A nova redação do *caput* do art. 9º representa pequeno avanço para a fiscalização, pois passa a exigir que os contratos fiquem à disposição da fiscalização no estabelecimento da tomadora de serviços. Portanto, passará a ser exigível a imediata exibição de documento, e não apenas a apresentação posterior.

A Lei nº 13.429/2017 também incluiu no § 1º que é da contratante (ou seja, da tomadora) a responsabilidade por garantir as condições de segurança, higiene e salubridade dos trabalhadores, desde que o trabalho seja realizado nas dependências da tomadora ou em local por ela designado. A redação atual fazia menção apenas à comunicação pela tomadora, à ETT, de acidentes de trabalho.

O § 2º, por sua vez, impõe à contratante (não é faculdade, como no caso do tomador de serviços de terceiros) a extensão ao trabalhador temporário do mesmo atendimento médico, ambulatorial e de refeição destinado a seus empregados. Trata-se, também, de disposição nova e mais benéfica aos trabalhadores temporários.

Por fim, o § 3º, que dispõe sobre a possibilidade de contratação de trabalhadores temporários tanto para atividades-fim quanto para atividades-meio da tomadora de serviços, não traz nenhuma novidade, porquanto este é o entendimento há muito consagrado na Súmula nº 331, I, do TST.

Antes da Lei nº 13.429/2017, o trabalho temporário tinha duração, em regra, de no máximo 90 dias. Atenção para não se confundir, pois as questões de concurso anteriores à alteração da legislação serão nesse sentido. Importante se manter atualizado, já que as bancas organizadoras costumam cobrar alterações legislativas recentes.

Atualmente, a duração é de até 180 dias, consecutivos ou não, admitindo-se a prorrogação por até 90 dias, consecutivos ou não, quando comprovada a manutenção das condições que ensejaram o contrato temporário.

Decorridos 90 dias, pode haver novo contrato temporário para prestação de serviços em favor da mesma tomadora de serviços. Não observado tal prazo, caracteriza-se vínculo empregatício com a tomadora.

Quanto à responsabilidade subsidiária da contratante, embora não conste da redação atual, encontra-se consagrada na jurisprudência, conforme Súmula nº 331, sendo que a doutrina amplamente majoritária e a jurisprudência estendem tal mecanismo também à relação de trabalho temporário.

Anote-se, todavia, que o art. 16 da Lei nº 6.019/1974, o qual prevê a responsabilidade solidária do tomador de serviços em caso de falência da empresa de trabalho temporário, não foi revogado, razão pela qual entendo que continua valendo o entendimento anterior, a saber:

> O tomador é subsidiariamente responsável pelas obrigações trabalhistas da ETT.

> Em caso de falência da ETT, entretanto, a responsabilidade é solidária.

Observação: Não há vínculo entre o trabalhador e a empresa para a qual ele está prestando serviços. Tal empresa, por sua vez, contratou a empregadora deste, em contrato de natureza comercial. Salário: deve ser idêntico ao do empregado substituído.

Não se admite contrato de experiência para o trabalho temporário. As empresas de trabalho temporário não podem contratar estrangeiros com visto provisório de permanência e tampouco podem cobrar taxas do trabalhador a título de intermediação.

Terceirização

A Lei nº 13.429/2017 acrescentou os arts. 4º-A, 4º-B, 5º-A, 19-A, 19-B e 19-C, os quais trataram da contratação de trabalhadores por meio de empresa prestadora de serviços (terceirização).

Ante a inexistência de regras gerais sobre terceirização, e a fim de assegurar maior efetividade aos direitos dos trabalhadores terceirizados, o TST construiu mecanismo de responsabilização do tomador dos serviços, primeiro por meio da Súmula nº 256, posteriormente substituída pela Súmula nº 331, a qual se aplica até os dias atuais.

> ***Art. 4º-A*** *Considera-se prestação de serviços a terceiros a transferência feita pela contratante da execução de quaisquer de suas atividades, inclusive sua atividade principal, à pessoa jurídica de direito privado prestadora de serviços que possua capacidade econômica compatível com a sua execução.*
>
> *§ 1º A empresa prestadora de serviços contrata, remunera e dirige o trabalho realizado por seus trabalhadores, ou subcontrata outras empresas para realização desses serviços.*
>
> *§ 2º Não se configura vínculo empregatício entre os trabalhadores, ou sócios das empresas prestadoras de serviços, qualquer que seja o seu ramo, e a empresa contratante.*

Observe-se, pela redação do *caput* do art. 4º-A, que a terceirização pressupõe serviços determinados e específicos. Logo, não poderá o tomador contratar uma empresa para lhe prestar serviços diversos, conforme a sua necessidade, por exemplo.

O § 1º esclarece que a empresa prestadora de serviços é a responsável pela contratação, remuneração e direção do trabalho realizado, ou seja, continua sendo inválida a existência de subordinação entre o trabalhador terceirizado e o tomador dos serviços, salvo em caso de trabalho temporário (nos exatos termos, até aqui, da Súmula nº 331).

De forma semelhante ao disposto no *caput* do art. 10, o § 2º dispõe que não se configura vínculo empregatício entre os trabalhadores, ou sócios das empresas prestadoras de serviços, qualquer que seja o seu ramo, e a empresa contratante.

A solução, consequentemente, também será igual: se a terceirização for regular, notadamente no que diz respeito à ausência de subordinação entre os trabalhadores e o tomador dos serviços, não haverá vínculo entre eles. Do contrário, também aqui aplicar-se-á o disposto no art. 9º da CLT, configurando-se o vínculo diretamente com o tomador dos serviços, nos termos dos arts. 2º e 3º da CLT. É a mesma solução dada pela Súmula nº 331.

O § 2º também parece abrir espaço para a figura da "pejotização", assim considerada a contratação de trabalhadores sob a forma de pessoa jurídica, bem como, sob certo viés interpretativo, para a terceirização de quaisquer atividades, independentemente da inserção na atividade-meio ou na atividade-fim da tomadora.

Na prática, foi estabelecido como requisito para o funcionamento da empresa prestadora de serviços, basicamente a sua formalização como empresa, pois os parâmetros de capital social são insignificantes do ponto de vista de idoneidade econômica.

> ***Art. 4º-B*** *São requisitos para o funcionamento da empresa de prestação de serviços a terceiros:*
>
> *I – prova de inscrição no Cadastro Nacional da Pessoa Jurídica (CNPJ);*
>
> *II – registro na Junta Comercial;*
>
> *III – capital social compatível com o número de empregados, observando-se os seguintes parâmetros:*
>
> *a) empresas com até 10 empregados – capital mínimo de R$ 10.000,00 (dez mil reais);*
>
> *b) empresas com mais de 10 e até 20 empregados – capital mínimo de R$ 25.000,00*
>
> *c) empresas com mais de 20 e até 50 empregados – capital mínimo de R$ 45.000,00*
>
> *d) empresas com mais de 50 e até 100 empregados – capital mínimo de R$ 100.000,00 (cem mil reais); e*
>
> *e) empresas com mais de 100 empregados – capital mínimo de R$ 250.000,00 (duzentos e cinquenta mil reais).*

O *caput* do art. 5º-A dispõe que contratante é a pessoa física ou jurídica, o que abre espaço para se considerar, em princípio, que qualquer um poderá contratar mediante terceirização, inclusive o Estado.

> ***Art. 5º-A*** *Contratante é a pessoa física ou jurídica que celebra contrato com empresa de prestação de serviços relacionados a quaisquer de suas atividades, inclusive de sua atividade principal.*
>
> *§ 1º É vedada à contratante a utilização dos trabalhadores em atividades distintas daquelas que foram objeto do contrato com a empresa prestadora de serviços.*
>
> *§ 2º Os serviços contratados poderão ser executados nas instalações físicas da empresa contratante ou em outro local, de comum acordo entre as partes.*

Todavia, em relação à Administração Pública parece-me que a inconstitucionalidade deste tipo de interpretação seria evidente, porquanto lei infraconstitucional não pode, por óbvio, negar vigência a dispositivo constitucional.

A lei estabelece que a terceirização se aplica a serviços determinados e específicos, o que consta expressamente do *caput* dos arts. 4º e 5º. O § 1º reforça esta ideia, vedando à tomadora a utilização dos trabalhadores em atividades diversas daquelas objeto de contratação. Quanto ao local de prestação dos serviços pelos trabalhadores terceirizados, competirá às partes a definição.

Assim como previsto em caso de trabalho temporário, a Lei nº 13.429/2017 estabelece que caberá à tomadora dos serviços assegurar aos trabalhadores terceirizados as condições adequadas de SST.

A referência ao local da prestação dos serviços parece inócua, visto que "local previamente convencionado em contrato" pode ser qualquer um (nos termos do § 2º do art. 5º-A), inclusive, o estabelecimento da empresa prestadora de serviços.

> **Art. 5º-A** [...]
> *§ 3º É responsabilidade da contratante garantir as condições de segurança, higiene e salubridade dos trabalhadores, quando o trabalho for realizado em suas dependências ou local previamente convencionado em contrato.*
> *§ 4º A contratante poderá estender ao trabalhador da empresa de prestação de serviços o mesmo atendimento médico, ambulatorial e de refeição destinado aos seus empregados, existente nas dependências da contratante, ou local por ela designado.*

Logo, os temores relativos ao aumento do número de acidentes de trabalho em decorrência terceirização de maior número de postos de trabalho, presumivelmente favorecida pela nova Lei.

O § 4º, por sua vez, estabelece mera faculdade ao tomador dos serviços. Se no caso do trabalho temporário o tomador deve estender ao trabalhador o mesmo atendimento médico, ambulatorial e de refeição destinado a seus empregados, no caso do terceirizado este benefício não é obrigatório, consistindo apenas em faculdade do tomador.

A referência à "empresa contratante" constitui defeito de redação, porquanto o *caput* dispõe que a contratante é "pessoa física ou jurídica".

> **Art. 5º-A** [...]
> *§ 5º A empresa contratante é subsidiariamente responsável pelas obrigações trabalhistas referentes ao período em que ocorrer a prestação de serviços, e o recolhimento das contribuições previdenciárias observará o disposto no art. 31 da Lei nº 8.212, de 24 de julho de 1991.*

Quanto ao conteúdo, ressalte-se que a estipulação de responsabilidade subsidiária do tomador, embora seja francamente menos favorável ao trabalhador (responsabilidade solidária), está em consonância com o entendimento jurisprudencial que se consolidou na Súmula nº 331 do TST.

Duas correntes interpretativas devem despontar a respeito da responsabilização da Administração Pública:

→ **1ª corrente: no sentido de que tal previsão de responsabilização alcançaria a Administração Pública, alterando a sistemática atual estabelecida pelo item V da Súmula nº 331 (inserido a partir do julgamento da ADC nº 16).**

→ **2ª corrente: no sentido de negar a extensão à Administração, ao passo que a impossibilidade de responsabilização automática da Administração decorre de norma específica (art. 71 da Lei nº 8.666/1993). Ademais, ainda que provavelmente por falha de redação o fato é que o § 5º responsabiliza subsidiariamente a empresa, o que pode ser utilizado como argumento para afastar sua aplicabilidade à Administração Pública.**

Por fim, anote-se que responsabilização subsidiária caberá nas hipóteses de terceirização regular. Constatada a fraude, certamente a empresa prestadora de serviços e o tomador continuarão a ser responsabilizados solidariamente pela Justiça do Trabalho (com fundamento no art. 942 do CC).

O dispositivo serve para reforçar a necessidade de especificação do serviço. Faz lembrar de determinadas cooperativas fraudulentas que possuem "sócios" das mais variadas profissões e que oferecem serviços diversos aos tomadores.

A propósito, se até trabalhadores constituídos em PJ poderão ser terceiros, é claro que as cooperativas também o poderão. O fiel da balança para o julgamento da regularidade da terceirização será, sempre, a ausência de subordinação direta com o tomador (salvo no caso de trabalho temporário). No caso da cooperativa, não pode haver subordinação nem com o tomador nem com a própria cooperativa, pois, afinal, cooperados são trabalhadores autônomos.

> **Art. 5º-B** *O contrato de prestação de serviços conterá:*
> *I – qualificação das partes;*
> *II – especificação do serviço a ser prestado;*
> *III – prazo para realização do serviço, quando for o caso;*
> *IV – valor.*

A multa, no caso, é aquela estabelecida pelo art. 3º, III, da Lei nº 7.855/1989. Atualmente, R$ 160,00 por trabalhador prejudicado. Sem maiores comentários.

> **Art. 19-A** *O descumprimento do disposto nesta Lei sujeita a empresa infratora ao pagamento de multa.*
> **Parágrafo único.** *A fiscalização, a autuação e o processo de imposição das multas reger-se-ão pelo Título VII da Consolidação das Leis do Trabalho (CLT), aprovada pelo Decreto-lei nº 5.452, de 1º de maio de 1943.*

O parágrafo único não deixa dúvida acerca da competência da inspeção do trabalho para fiscalização do trabalho temporário e da regularidade da terceirização. Embora tal competência fosse pacífica no âmbito da jurisprudência do TST, não deixa de ser um pequeno avanço no sentido do reconhecimento de competências do Auditor Fiscal do Trabalho.

A Lei nº 13.429/2017 ressalta expressamente o âmbito de aplicação da Lei nº 7.102/1983, a fim evitar quaisquer interpretações no sentido da aplicabilidade dos dispositivos da Lei nº 6.019 às empresas de vigilância e transporte de valores.

> **Art. 19-B** *O disposto nesta Lei não se aplica às empresas de vigilância e transporte de valores, permanecendo as respectivas relações de trabalho reguladas por legislação especial, e subsidiariamente pela Consolidação das Leis do Trabalho (CLT), aprovada pelo Decreto-lei nº 5.452, de 1º de maio de 1943.*

O dispositivo estabelece, como regra de transição, a possibilidade de acordo entre as partes para adequação à nova redação da Lei nº 6.019/1974.

> **Art. 19-C** *Os contratos em vigência, se as partes assim acordarem, poderão ser adequados aos termos desta Lei.*

5.3 Relações de Emprego – Vínculo Empregatício

Para caracterização do vínculo empregatício (relação de emprego) é essencial a presença concomitante de: pessoalidade, não eventualidade (ou habitualidade), onerosidade e subordinação. Alguns autores incluem a alteridade como característica do liame empregatício. Vejamos cada um dos requisitos em questão.

Sujeitos do contrato de trabalho

São sujeitos do contrato de trabalho – assim considerado o contrato que trata de relação empregatícia – o empregado e o empregador.

Empregado

O conceito de empregado está inserido no teor do art. 3º da CLT:

> **Art. 3º** *Considera-se empregado toda pessoa física que prestar serviços de natureza não eventual a empregador, sob a dependência deste e mediante salário.*

Parágrafo único. *Não haverá distinções relativas à espécie de emprego e à condição de trabalhador, nem entre o trabalho intelectual, técnico e manual.*

Conforme explicitado anteriormente, o conceito de empregado está intimamente relacionado com as características do próprio vínculo empregatício.

São características essenciais para que o trabalhador seja empregado:

→ **Pessoalidade (pessoa física).**

→ **Habitualidade (não eventualidade).**

→ **Onerosidade (salário).**

→ **Subordinação jurídica.**

→ **Alteridade.**

Pessoalidade

Para ser empregado deve, necessariamente, ser pessoa física, de forma que qualquer questão de concurso envolvendo a contratação de pessoa jurídica não enseja a caracterização de vínculo empregatício. O contrato de trabalho é pessoal, ou seja, é feito em função de certa e específica pessoa, que é o empregado, não podendo este fazer-se substituir, em regra, por outra pessoa, em razão do elemento personalíssimo que existe neste contrato.

Atenção com expressões usadas pela FCC (em caráter excepcional) relativas à substituição eventual do trabalhador a ponto de não descaracterizar o vínculo empregatício, exigindo leitura atenta das demais alternativas da questão.

Habitualidade (trabalho não eventual)

O serviço prestado pelo empregado deve ser de natureza não eventual, ou seja, o trabalho deve ser relacionado à atividade da empresa, com previsão de continuidade na prestação do serviço.

Na jurisprudência atual (decisões judiciais), a posição de melhor aceitação é a de que se o empregado trabalhar três dias ou mais (porque corresponde à metade – ou mais – dos dias úteis da semana), caracteriza vínculo empregatício. Isso foi recentemente regulamentado por legislação específica quando se trata de trabalho no âmbito doméstico (LC nº 150/2015).

Convém observar que a contratação de autônomo, mesmo que o labor ocorra de forma contínua (habitual) e com exclusividade, não caracterizará o vínculo empregatício, conforme esclarecido anteriormente (art. 442-B da CLT inserido pela Lei nº 13.467/2017 – Reforma Trabalhista):

> ***Art. 442-B*** *A contratação do autônomo, cumpridas por este todas as formalidades legais, com ou sem exclusividade, de forma contínua ou não, afasta a qualidade de empregado prevista no art. 3º desta Consolidação.*

Subordinação jurídica

O empregado também se sujeita à dependência, sendo que o termo mais correto é a subordinação jurídica. Não se refere apenas à dependência econômica que o empregado, na qualidade de hipossuficiente, tem em relação ao empregador. Trata-se, também, do poder diretivo do empregador, que coordena a forma de trabalho de seus subordinados. Obs.: Se o trabalhador não é dirigido pela empresa, mas por ele próprio, é autônomo.

É importante observar que sequer é essencial a presença do trabalhador na empresa a fim de se caracterizar o vínculo empregatício, admitindo-se o denominado "teletrabalho", nos termos do art. 6º da CLT, cuja redação foi alterada pela Lei nº 12.551/2011:

> ***Art. 6º*** *Não se distingue entre o trabalho realizado no estabelecimento do empregador, o executado no domicílio do empregado e o realizado a distância, desde que estejam caracterizados os pressupostos da relação de emprego.*
>
> ***Parágrafo único.*** *Os meios telemáticos e informatizados de comando, controle e supervisão se equiparam, para fins de subordinação jurídica, aos meios pessoais e diretos de comando, controle e supervisão do trabalho alheio.*

Onerosidade

O contrato de trabalho, para caracterizar o vínculo empregatício, também deve ser oneroso. O empregado é uma pessoa que recebe salários como contraprestação pelos serviços prestados em favor do empregador.

O pagamento não precisa ser integralmente em dinheiro (mínimo de 30%), podendo ser pago em utilidades.

Alteridade

Apesar de não estar descrito no art. 3º da CLT, muitos autores (e recentemente a FCC) incluem a alteridade como característica do vínculo empregatício, com base no conceito de empregador. Significa que o empregado trabalha por conta alheia, ou seja, o empregador é quem assume os riscos do negócio (do empreendimento).

Cuidado para um fato muito explorado em concursos: a exclusividade não é requisito para caracterização do vínculo empregatício, de forma que um empregado pode perfeitamente trabalhar para mais de um empregador concomitantemente. É verdade que as partes contratantes (empregado e empregador) possuem total liberdade para pactuar a exclusividade como um requisito do contrato de trabalho, entretanto tal característica não é essencial para a formação do vínculo empregatício.

Exclusividade

Destaca-se que a exclusividade não é característica de empregado. Havendo compatibilidade de horários, é possível ter várias relações de emprego, inclusive, anotadas na carteira de trabalho.

Casos em que não há reconhecimento de vínculo

Existem situações de trabalho proibido e trabalho ilícito, cujas consequências para caracterização de vínculo empregatício são diversas.

É importante destacar o entendimento jurisprudencial do TST acerca do vínculo empregatício de policial militar com empresa privada, o que é vedado pelo regulamento da Polícia:

> ***Súmula nº 386 – TST***
>
> *POLICIAL MILITAR. RECONHECIMENTO DE VÍNCULO EMPREGATÍCIO COM EMPRESA PRIVADA.*
>
> *Preenchidos os requisitos do art. 3º da CLT, é legítimo o reconhecimento de relação de emprego entre policial militar e empresa privada, independentemente do eventual cabimento de penalidade disciplinar prevista no Estatuto do Policial Militar.*

Não se caracteriza o vínculo empregatício na nomeação para o exercício das funções de oficial de justiça ad hoc, ainda que feita de forma reiterada, pois se exaure a cada cumprimento de mandado (OJ nº 64, SDI-1 do TST).

As hipóteses anteriormente são de trabalho proibido, assim como a contratação de menor de 16 anos como empregado ou de menor de 14 anos na condição de aprendiz. A lei veda tal contratação, mas, se houver, gera efeitos jurídicos, com o reconhecimento do vínculo empregatício e garantia dos direitos trabalhistas.

Não se admite, entretanto, reconhecimento do vínculo empregatício quando o objeto é ilícito, como exploração da prostituição, apontador do jogo do bicho ou entregador de drogas, hipóteses de trabalho ilícito.

> ***Orientação Jurisprudencial nº 199 – SDI-1***
> *JOGO DO BICHO. CONTRATO DE TRABALHO. NULIDADE. OBJETO ILÍCITO.*
> *É nulo o contrato de trabalho celebrado para o desempenho de atividade inerente à prática do jogo do bicho, ante a ilicitude de seu objeto, o que subtrai o requisito de validade para a formação do ato jurídico.*

É importante observar que se for formada uma cooperativa autêntica, na qual os cooperados auferem os lucros da atividade, não há reconhecimento do vínculo empregatício, conforme dispõe o parágrafo único do art. 442 da CLT:

> ***Art. 442**, parágrafo único. Qualquer que seja o ramo de atividade da sociedade cooperativa, não existe vínculo empregatício entre ela e seus associados, nem entre estes e os tomadores de serviços daquela.*

Da mesma forma, conforme esclarecido no item "Autônomo", não se reconhece o vínculo empregatício do autônomo, contratado em observância das formalidades legais, independentemente da existência de exclusividade ou trabalho de forma contínua ou não, conforme o art. 442-B.

Por outro lado, se a constituição da cooperativa for fraudulenta, recebendo os cooperados salário e existindo subordinação jurídica, há o reconhecimento da fraude e nulidade do contrato, com a garantia dos direitos do empregado (princípio da primazia da realidade sobre a forma).

Empregado doméstico

Ao empregado doméstico, assim considerado aquele que presta serviços de natureza contínua e de finalidade não lucrativa a pessoa ou família, no âmbito residencial destas, aplica-se o disposto na Lei Complementar nº 150/2015. Ou seja, não se aplica a CLT.

A idade mínima para contratação de empregado doméstico é de 18 anos, diferentemente dos demais empregados regidos pela CLT, cuja contratação pode ocorrer a partir dos 16 anos.

Requisitos: para que o empregado seja considerado doméstico, precisa preencher três requisitos, sem os quais não estará evidenciada a relação de emprego doméstico, quais sejam:

→ **Trabalho de natureza contínua: Isso quer dizer que não se pode considerar como empregado doméstico aquele trabalhador que exerce sua atividade com intermitência ou eventualidade, como o diarista que presta seus serviços a terceiros durante alguns dias do mês, sem a responsabilidade de continuidade da atividade.**

Por intermédio da Lei Complementar nº 150/2015, ficou fixado que o vínculo resta caracterizado se houver trabalho mais de duas vezes por semana.

→ **Finalidade não lucrativa: a segunda condicionante é que o resultado do trabalho a ser prestado tenha finalidade não lucrativa, ou seja: fora de atividade econômica.**

Se o empregador auferir lucro com a atividade desempenhada pelo empregado, a relação empregatícia deixa de ser doméstica e passa a ser regida da CLT.

> Por exemplos, um empregado doméstico que faz salgados que serão vendidos pelo empregador que, naturalmente, lucrará com a venda do produto. Se isso ocorrer, a natureza do emprego não será doméstica, ainda que o labor seja realizado na residência do empregador.
>
> Um dentista que trabalha em casa e se utiliza da empregada doméstica para atender os pacientes, servindo cafezinhos e fazendo a limpeza do consultório, vai desnaturar o vínculo empregatício doméstico, tornando-se, assim, um empregado comum (cujas normas são regidas pela CLT). O lucro aqui ocorre pela desnecessidade de contratar faxineiro e/ou secretária.

Da mesma forma, é a situação do trabalhador em um sítio. Se o serviço destina-se a produzir frutas para a venda, ainda que sem grande lucro efetivo, o trabalho desenvolvido destina-se a uma atividade econômica. Logo, não há de se cogitar em contrato de trabalho doméstico, a relação de emprego será comum nos termos da CLT, como todos os direitos que lhe são inerentes.

Mas, se no mesmo sítio as frutas são para o consumo do proprietário e de seus familiares ou amigos, não haverá atividade econômica, de forma que o trabalhador poderá ser contratado como empregado doméstico.

→ **Trabalho no âmbito familiar: a terceira condicionante é mais objetiva, diz que o trabalho deve ser dirigido à pessoa ou à família, e mais, no âmbito residencial destas.**

Portanto, uma empresa não poderá ter empregados domésticos, assim como nenhuma associação ou entidade, ainda que filantrópica.

Quando a lei estabelece que os serviços devem ser prestados no âmbito residencial das pessoas ou famílias, apenas registra a vedação de que o profissional liberal, por exemplo, tenha empregados domésticos a trabalho de seu escritório ou consultório.

Contudo, o âmbito residencial não é expressão que deva ser examinada sob excessivo rigor. O sítio, a casa de campo, a casa de praia, ou outro ambiente destinado meramente ao lazer da família, deve ser entendido como de âmbito residencial.

Ainda, o motorista, que fica mais tempo fora do que dentro do âmbito residencial, também será empregado doméstico quando sua atividade se destinar ao interesse da família.

Também o próprio conceito rígido de família é muito mitigado atualmente pela doutrina e jurisprudência, considerando-se família a união estável, a união homoafetiva. Até mesmo uma república de estudantes pode ser considerada como empregadora doméstica, desde que presentes os demais requisitos antes referidos.

A FCC considera como república de estudantes o aluguel de apartamento por estudantes que dividem as despesas e contratam empregada, neste caso, doméstica, ante a ausência de finalidade lucrativa. Por outro lado, diversa é a situação do pensionato, cujo dono aluga quartos por valores que lhe assegurem lucro. Nesse caso, a cozinheira e a arrumadeira, por exemplo, não serão empregadas domésticas.

Os direitos dos domésticos, que são regulamentados por lei própria (LC nº 150/2015), não se aplicando, portanto, a CLT.

Empregado rural

Empregado rural é toda a pessoa física que, em propriedade rural ou prédio rústico, presta serviços de natureza não eventual a empregador rural, sob a dependência deste e mediante salário (art. 2º da Lei nº 5.889/1973).

Empregador rural: considera-se empregador rural a pessoa física ou jurídica, proprietária ou não, que explore atividade agroeconômica, em caráter permanente ou temporário, diretamente ou por meio de prepostos e com auxílio de empregados.

É importante observar que para caracterização do contrato de trabalho rural o que se deve levar em conta é a natureza da atividade, destinada à lavoura e/ou pecuária. Assim, ainda que uma propriedade se localize no perímetro urbano (como uma casa com grande terreno onde se plantam verduras para comercialização), o empregado é considerado rural ao realizar tarefas relacionadas com agricultura ou pecuária com finalidade lucrativa.

Normas de proteção ao trabalhador rural

Equiparam-se às normas dos trabalhadores urbanos, por força de previsão constitucional, inclusive quanto ao prazo prescricional para ajuizamento da ação.

No entanto, existem peculiaridades previstas na lei do trabalhador rural que são observadas e bastante cobradas em concurso:

→ **Jornada noturna, com as seguintes características:**

- > Na lavoura: o trabalho executado entre 21h de um dia às 5h do dia seguinte;
- > Na pecuária: o trabalho executado entre 20h de um dia às 4h do dia seguinte.

Duração da hora noturna de 60 minutos.

Adicional de 25% sobre a remuneração normal da hora diurna.

→ **Salário in natura (percentual máximo de desconto):**

- > 20% para moradia (obrigatória a prévia autorização de desconto);
- > 25% para alimentação.

→ **Intervalo para refeição: de acordo com os usos e costumes.**

Empregador

O conceito de empregador está previsto no art. 2º da CLT:

> ***Art. 2º*** *Considera-se empregador a empresa, individual ou coletiva, que, assumindo os riscos da atividade econômica, admite, assalaria e dirige a prestação pessoal de serviços.*
>
> *§ 1º Equiparam-se ao empregador, para os efeitos exclusivos da relação de emprego, os profissionais liberais, as instituições de beneficência, as associações recreativas ou outras instituições sem fins lucrativos, que admitirem trabalhadores como empregados.*
>
> *§ 2º Sempre que uma ou mais empresas, tendo, embora, cada uma delas, personalidade jurídica própria, estiverem sob a direção, controle ou administração de outra, constituindo grupo industrial, comercial ou de qualquer outra atividade econômica, serão, para os efeitos da relação de emprego, solidariamente responsáveis a empresa principal e cada uma das subordinadas.*

Assim, para ser considerado empregador não precisa ser, necessariamente, empresa. Os profissionais liberais (pessoas físicas) se equiparam às empresas para a finalidade, assim como as entidades filantrópicas (sem fins lucrativos).

Ressalta-se que o empregador poderá ser pessoa física ou jurídica, a qual irá assumir os riscos da atividade econômica (alteridade), bem como será aquele que admite, que assalaria (onerosidade) e que dirige (subordinação) a prestação pessoal (pessoalidade) de serviço.

Caracteres e poderes do empregador

Tem o empregador algumas características, sendo uma delas assumir riscos de sua atividade (alteridade). Ou seja, tanto os resultados positivos como os negativos, que são riscos da atividade econômica, não podem ser transferidos para o empregado.

O empregador admite o empregado, contrata-o para a prestação de serviços, pagando salários. Isto é, remunerando-o pelo trabalho prestado.

Dirige o empregador a atividade do empregado, pois tem o primeiro poder sobre o segundo, estabelecendo, inclusive, normas disciplinares no âmbito da empresa. Este poder de direção abrange:

→ **Poder diretivo: utilizar a força de trabalho que o empregado coloca à sua disposição, dirigindo-a da forma que achar mais conveniente, respeitando a especificação do serviço contratado. O empregador define as atribuições do empregado, a forma de execução do trabalho, o horário e local de trabalho, uso de uniforme etc.**

Com relação à possibilidade de o empregador determinar o uso de uniforme, é importante destacar o art. 456-A da CLT, inserido pela Lei nº 13.467/2017 (Reforma Trabalhista):

> ***Art. 456****-A Cabe ao empregador definir o padrão de vestimenta no meio ambiente laboral, sendo lícita a inclusão no uniforme de logomarcas da própria empresa ou de empresas parceiras e de outros itens de identificação relacionados à atividade desempenhada.*
>
> ***Parágrafo único.*** *A higienização do uniforme é de responsabilidade do trabalhador, salvo nas hipóteses em que forem necessários procedimentos ou produtos diferentes dos utilizados para a higienização das vestimentas de uso comum.*

→ **Poder regulamentar: o empregador pode instituir regras gerais a serem seguidas na empresa, com a instituição de regulamento interno na empresa, por exemplo.**

→ **Poder fiscalizador: o empregador dá ordens e acompanha sua execução. Pode fiscalizar seu patrimônio, com ressalvas, pois são vedadas revistas íntimas.**

→ **Poder disciplinar: o empregador aplica penalidades (advertência, suspensão, dispensa por justa causa) quando o empregado não cumprir as regras estabelecidas, observando o princípio da razoabilidade, ou seja, a proporcionalidade da punição com a falta cometida.**

Grupo econômico

Está previsto nos §§ 2º e 3º do art. 2º da CLT, recentemente alterado pela Lei nº 13.467/2017 (Reforma Trabalhista):

> ***Art. 2º*** *[...]*
>
> *§ 2º Sempre que uma ou mais empresas, tendo, embora, cada uma delas, personalidade jurídica própria, estiverem sob a direção, controle ou administração de outra, ou ainda quando, mesmo guardando cada uma sua autonomia, integrem grupo econômico, serão responsáveis solidariamente pelas obrigações decorrentes da relação de emprego.*
>
> *§ 3º Não caracteriza grupo econômico a mera identidade de sócios, sendo necessárias, para a configuração do grupo, a demonstração do interesse integrado, a efetiva comunhão de interesses e a atuação conjunta das empresas dele integrantes.*

Não há necessidade de que as empresas que componham o grupo econômico exerçam atividade econômica de mesma natureza. Por exemplo, podemos ter um conglomerado de empresas (instituição bancária, de seguros, previdência privada etc.). Imagine, por exemplo, que João seja dono de uma indústria química (empresa A). Posteriormente, resolva abrir uma revenda de carros (empresa B) e um restaurante (empresa C). Note que as atividades são diversas, cada empresa possui seu ramo de atividade, mas estão sob o comando da mesma pessoa (João), formando um grupo econômico (empresa A, B e C). Em razão disso, há uma solidariedade entre as empresas, formando a figura do empregador único (grupo econômico – empresa A, B e C).

Também é importante observar que o fato de empresas terem o(s) mesmo(s) sócio(s) não é suficiente para a caracterização de grupo econômico, sendo necessárias a efetiva comunhão de interesses e a atuação conjunta das empresas dele integrantes.

Observação: A solidariedade do empregador único (grupo econômico) é passiva em relação aos direitos trabalhistas. É possível, segundo a doutrina moderna, solidariedade ativa das empresas do grupo econômico, assim seria possível que um empregado de TI exerça atividade na empresa A e na empresa B, na mesma jornada, tendo apenas um único contrato de trabalho. Assim, o trabalho para empresas de um mesmo grupo econômico não representa pluralidade de vínculos empregatícios.

> ***Súmula nº 129 – TST***
>
> *CONTRATO DE TRABALHO. GRUPO ECONÔMICO.*
>
> *A prestação de serviços a mais de uma empresa do mesmo grupo econômico, durante a mesma jornada de trabalho, não caracteriza a coexistência de mais de um contrato de trabalho, salvo ajuste em contrário.*

Apesar de o vínculo empregatício se formar apenas com uma empresa do grupo econômico (empregador), todas as empresas respondem solidariamente pelos débitos trabalhistas, inexistindo qualquer proporcionalidade para fins trabalhistas.

Prevalece o entendimento doutrinário e jurisprudencial (especialmente em face do cancelamento da Súmula nº 205 do TST), no sentido de que, para ocorrer a responsabilidade solidária dos componentes do grupo econômico na fase de execução do processo, não é necessário que estes estejam no polo passivo da ação desde o início.

É importante observar que uma empresa precisa estar no controle, direção ou administração de outra empresa, de forma que a existência de mesmo sócio em empresas, por si só, é considerada insuficiente para caracterização do grupo econômico. Tal conteúdo foi objeto de questão elaborada pela FCC no concurso do TRT 9ª Região (Paraná) em 2015 para o cargo de analista administrativo e correspondia, à época, em interpretação jurisprudencial, convertida em lei com a Reforma Trabalhista (art. 2º, § 3º, da CLT).

Alteração na estrutura jurídica da empresa

Por definição legal, qualquer alteração na estrutura jurídica da empresa (como a alteração dos sócios da empresa) não afetará os direitos adquiridos por seus empregados (art. 10 da CLT).

Da mesma forma, a mudança na propriedade ou na estrutura jurídica da empresa não afetará os contratos de trabalho dos respectivos empregados (art. 448 da CLT).

Assim, havendo cisão, fusão, incorporação ou qualquer outra alteração na estrutura jurídica da empresa, não acarretará alteração no contrato de trabalho do empregado. Haverá responsabilidade da empresa que compra outra, na hipótese de sucessão de empregadores. A garantia de que os direitos já adquiridos, seja de maneira formal ou tácita (concessão de cesta básica, por exemplo), irão permanecer, ainda que o empregador altere a estrutura jurídica da empresa e a garantia de que os contratos de trabalho, mesmo que haja mudança na propriedade ou na estrutura jurídica da empresa, não serão afetados.

A partir do momento em que um benefício é concedido ao trabalhador, ele passa a ser considerado direito adquirido, não podendo ser retirado, mesmo que tenha sido concedido de forma tácita. A não ser os casos da Súmula nº 151, I, do TST, em que há mudança de postura do empregador aplicada apenas aos novos contratos; quem já recebeu continuará com seu direito.

É o caso de mudança de titularidade da empresa quando ela é vendida. Ocorre quando um empregador, que originariamente celebra o contrato com o empregado, é substituído por outro, que se utiliza do mesmo ramo de atividade em continuidade à atividade empresarial. Isso ocorre mesmo que o contrato de compra e venda do estabelecimento (de natureza civil) preveja a não responsabilização do comprador (sucessor), o que pode gerar direito regressivo a ser garantido na Justiça Comum.

É necessário ressaltar que ao adquirir uma empresa compra-se tanto o ativo quanto o passivo. Assim, a cláusula que prevê a separação da responsabilidade trabalhista (antes e após a venda) faz lei apenas entre as partes, não interfere nos direitos dos trabalhadores.

A doutrina e a jurisprudência majoritária atribuem ao sucessor a responsabilidade pelos débitos trabalhistas da empresa sucedida.

> ***Orientação Jurisprudencial nº 261 – SDI-1***
>
> *BANCOS. SUCESSÃO TRABALHISTA.*
>
> *As obrigações trabalhistas, inclusive as contraídas à época em que os empregados trabalhavam para o banco sucedido, são de responsabilidade do sucessor, uma vez que a este foram transferidos os ativos, as agências, os direitos e deveres contratuais, caracterizando típica sucessão trabalhista.*

Na mesma linha, temos a OJ nº 343, vejamos:

> ***Orientação Jurisprudencial nº 343 – SDI-1***
>
> *PENHORA. SUCESSÃO. ART. 100 DA CF/1988. EXECUÇÃO.*
>
> *É válida a penhora em bens de pessoa jurídica de direito privado, realizada anteriormente à sucessão pela União ou por Estado-membro, não podendo a execução prosseguir mediante precatório. A decisão que a mantém não viola o art. 100 da CF/1988.*

Esse entendimento foi consagrado com a edição do art. 448-A da CLT pela Reforma Trabalhista, com previsão de responsabilidade solidária da empresa sucedida, na hipótese de fraude, de seguinte redação:

> ***Art. 448-A*** *Caracterizada a sucessão empresarial ou de empregadores prevista nos arts. 10 e 448 desta Consolidação, as obrigações trabalhistas, inclusive as contraídas à época em que os empregados trabalhavam para a empresa sucedida, são de responsabilidade do sucessor.*
>
> ***Parágrafo único.*** *A empresa sucedida responderá solidariamente com a sucessora quando ficar comprovada fraude na transferência.*

Se houver concessão de serviço público e posterior sucessão de concessionária, a situação é diversa quanto à responsabilização, aplicando-se a OJ nº 225 do TST:

Orientação Jurisprudencial nº 225 – SDI-1

> *CONTRATO DE CONCESSÃO DE SERVIÇO PÚBLICO. RESPONSABILIDADE TRABALHISTA.*
>
> *Celebrado contrato de concessão de serviço público em que uma empresa (primeira concessionária) outorga a outra (segunda concessionária), no todo ou em parte, mediante arrendamento, ou qualquer outra forma contratual, a título transitório, bens de sua propriedade:*
>
> *I - em caso de rescisão do contrato de trabalho após a entrada em vigor da concessão, a segunda concessionária, na condição de sucessora, responde pelos direitos decorrentes do contrato de trabalho, sem prejuízo da responsabilidade subsidiária da primeira concessionária pelos débitos trabalhistas contraídos até a concessão;*
>
> *II - no tocante ao contrato de trabalho extinto antes da vigência da concessão, a responsabilidade pelos direitos dos trabalhadores será exclusivamente da antecessora.*

Por fim, havendo sucessão regular, o sucessor não responde por débitos de empresas pertencentes ao grupo econômico da empresa sucedida, salvo na hipótese de fraude.

> ***Orientação Jurisprudencial nº 441 – SDI-1***
>
> *SUCESSÃO TRABALHISTA. AQUISIÇÃO DE EMPRESA PERTENCENTE A GRUPO ECONÔMICO. RESPONSABILIDADE SOLIDÁRIA DO SUCESSOR POR DÉBITOS TRABALHISTAS DE EMPRESA NÃO ADQUIRIDA. INEXISTÊNCIA.*
>
> *O sucessor não responde solidariamente por débitos trabalhistas de empresa não adquirida, integrante do mesmo grupo econômico da empresa sucedida, quando, à época, a empresa devedora direta era solvente ou idônea economicamente, ressalvada a hipótese de má-fé ou fraude na sucessão.*

É importante observar a novidade trazida com a Reforma Trabalhista quanto à responsabilidade dos sócios que se retiraram da empresa. O tema foi regulamentado pelo art. 10-A, inserido na CLT pela Lei nº 13.467/2017 (Reforma Trabalhista), segundo o qual tal responsabilidade se limita ao período de dois anos após a retirada da empresa e é subsidiária, devendo ser responsabilizados, primeiramente, a empesa executada e seus atuais sócios.

Vejamos o teor do art. 10-A da CLT, tema importante para questões de concursos:

> ***Art. 10-A*** *O sócio retirante responde subsidiariamente pelas obrigações trabalhistas da sociedade relativas ao período em que figurou como sócio, somente em ações ajuizadas até dois anos depois de averbada a modificação do contrato, observada a seguinte ordem de preferência:*
>
> *I - a empresa devedora;*
>
> *II - os sócios atuais; e*
>
> *III - os sócios retirantes.*

Subempreitada

Quando uma empresa ou pessoa física (dono da obra) contrata uma empreiteira para realizar determinada obra e esta, por sua vez, contrata subempreiteira para realização de parte do trabalho, o dono da obra não será responsável pelo pagamento de verbas trabalhistas de empregado da subempreiteira, salvo se for do ramo da construção civil ou incorporação de imóveis, ante o lucro auferido.

> ***Orientação Jurisprudencial nº 191 – SDI-1***
>
> *CONTRATO DE EMPREITADA. DONO DA OBRA DE CONSTRUÇÃO CIVIL. RESPONSABILIDADE.*
>
> *Diante da inexistência de previsão legal específica, o contrato de empreitada de construção civil entre o dono da obra e o empreiteiro não enseja responsabilidade solidária ou subsidiária nas obrigações trabalhistas contraídas pelo empreiteiro, salvo sendo o dono da obra uma empresa construtora ou incorporadora.*

5.4 Conceito e Características do Contrato de Trabalho

Nos termos da CLT, Contrato individual de trabalho é o acordo tácito ou expresso, correspondente à relação de emprego (art. 442 da CLT). Assim, quando a CLT se refere a contrato de trabalho está contemplando a relação jurídica de vínculo empregatício (para o qual se aplicam as regras da CLT).

Trata-se de contrato bilateral ou sinalagmático firmado entre empregado e empregador, em que o primeiro manifesta a vontade de oferecer suas habilidades, enquanto o segundo manifesta o interesse em contar com o trabalho oferecido. Gera obrigações mútuas, pois o empregado tem o dever de prestar serviços nas condições em que foi contratado e, em contrapartida, o empregador precisa pagar-lhe o salário (onerosidade), dentre outras obrigações, como manutenção de um ambiente de trabalho saudável, com fornecimento de equipamentos de proteção individual (se for o caso).

Como as partes envolvidas podem estipular as cláusulas do contrato de trabalho (cumpre lembrar que é fonte formal autônoma), classifica-se como consensual e não sofre interferência estatal.

Importante observar o teor do art. 444 da CLT sobre as disposições contratuais, que sofreu importante e recente alteração com a Reforma Trabalhista:

> ***Art. 444*** *As relações contratuais de trabalho podem ser objeto de livre estipulação das partes interessadas em tudo quanto não contravenha às disposições de proteção ao trabalho, às convenções coletivas que lhes sejam aplicáveis e às decisões das autoridades competentes.*
>
> ***Parágrafo único.*** *A livre estipulação a que se refere o caput deste artigo aplica-se às hipóteses previstas no art. 611-A desta Consolidação, com a mesma eficácia legal e preponderância sobre os instrumentos coletivos, no caso de empregado portador de diploma de nível superior e que perceba salário mensal igual ou superior a duas vezes o limite máximo dos benefícios do Regime Geral de Previdência Social.*

Com a Reforma Trabalhista, agora há a prevalência do negociado sobre o legislado (art. 611-A da CLT) mediante instrumento normativo (ACT e/ou CCT). Mas também há previsão de prevalência do contrato individual de trabalho para empregado com nível superior e que perceba salário igual ou superior ao dobro do limite de benefício da Previdência Social.

Dessa forma, há o reconhecimento de liberdade de pactuação, com prevalência sobre o legislado, contrariamente ao princípio da proteção ao trabalhador que antes preponderava no Direito do Trabalho.

Vamos destacar outras características do contrato de trabalho:

- **Trato sucessivo: em razão do princípio da continuidade da prestação de serviços, as obrigações contratuais vão se prorrogando no tempo.**
- **Comutativo: no momento da contratação as partes já vislumbram as vantagens e obrigações objeto do contrato.**
- **Oneroso: a prestação do trabalho corresponde a contraprestação salarial.**
- **Consensual: significa que o contrato de trabalho é um contrato não solene, eis que não exige forma especial (em regra), nos termos do art. 442 da CLT.**
- **Sinalagmático: é um contrato bilateral, pois há prestações obrigacionais recíprocas e equivalentes.**
- **Personalíssimo ou *intuito personae*: como há a pessoalidade na prestação de serviços pelo empregado, não pode haver substituição desta parte no contrato de trabalho, o que já não ocorre com o empregador, pois qualquer alteração na estrutura jurídica da empresa não altera os contratos de trabalho em vigor (arts. 10 e 448 da CLT).**

É a forma que reveste cada contrato de trabalho.

Por ser uma espécie de contrato, exige agente capaz, objeto lícito e forma prescrita ou não defesa em lei, nos termos do art. 104 do Código Civil.

O contrato individual de trabalho poderá ser acordado tácita ou expressamente, verbalmente ou por escrito e por prazo determinado ou indeterminado, ainda, de forma intermitente (art. 443 da CLT).

O contrato de trabalho poderá ocorrer de forma escrita, verbal ou tácita (não expresso, subentendido):

- **O contrato escrito normalmente se exige em modalidades especiais, como contratos firmados com artistas ou atletas profissionais, contrato temporário, contrato do aprendiz e, com a Reforma Trabalhista, contrato de trabalho intermitente. Ainda que a lei não exija a formalização por escrito nos contratos de trabalho em geral (no qual serão estipuladas cláusulas especiais, jornada de trabalho etc.), não se pode esquecer que há obrigatoriedade de anotação da contratação na CTPS do empregado, em todas as hipóteses de contrato de trabalho. Se não houver a regular anotação da CTPS do empregado, o empregador fica sujeito ao pagamento de multas previstas nos arts. 47 e 47-A da CLT, alterados e inseridos, respectivamente, pela Lei nº 13.467/2017 (Reforma Trabalhista).**
- **O contrato verbal é frequentemente utilizado nos contratos por prazo indeterminado em que não há estipulação de condições especiais a serem observadas pelas partes, ficando a relação contratual regida pela legislação trabalhista e, eventualmente, por regulamentos internos da contratante.**
- **Será expresso quando as partes acordarem a prestação de serviços com liame empregatício (seja por escrito ou verbalmente).**
- **Será tácito ou consensual (pelo silêncio ou falta de manifestação) quando houver a prática evidente de reiterados atos que façam entender que o contrato de trabalho está sendo cumprido. Por exemplo: um sujeito aparece na empresa, faz um trabalho hoje, outro amanhã, continua comparecendo na empresa e vai prestando seus serviços. O dono da empresa sabe, mas nada diz. Às vezes ele até dá algumas diretrizes de como o trabalhador deve conduzir o trabalho. Essa é uma situação típica em que surge o contrato tácito de trabalho. Isto é, o trabalhador apareceu e foi cumprindo horário e tarefas, sem qualquer objeção por parte do empregador, que, pelo contrário, chegou até a incentivá-lo. Evidentemente, no início do pacto, trata-se de um contrato irregular, pois também não há o registro do empregado.**

5.5 Modalidades de Contrato de Trabalho

O contrato de trabalho, no que se refere à duração, pode ser firmado por prazo indeterminado (regra geral) ou por prazo determinado (observadas as hipóteses legais), ou, ainda, de forma intermitente (previsão trazida pela Lei nº 13.467/2017 – Reforma Trabalhista).

Contrato por prazo indeterminado

É o contrato de trabalho mais comum que existe, pois a presunção é de que as partes (empregado e empregador) querem dar continuidade à prestação de serviços com vínculo empregatício.

O contrato por prazo indeterminado prevê o dia do início em que o empregado começa a trabalhar, mas não o prazo ou qualquer condição que determinará o seu término.

A continuidade da prestação de serviços representa, inclusive, um princípio do Direito do Trabalho, presumindo-se que as partes não querem pôr fim ao contrato de trabalho, razão pela qual pertence ao empregador o ônus da prova da iniciativa da ruptura do vínculo, nos termos da Súmula nº 212 do TST.

Contrato por prazo determinado

Diferentemente do contrato por prazo indeterminado, a contratação por prazo determinado é celebrada com fixação do seu termo final, sendo sua duração legal limitada a dois anos, cumpridas as exigências legais para sua legitimidade.

Portanto, no contrato de trabalho por prazo determinado é previsto o dia do início em que o empregado começa a trabalhar como também o prazo ou qualquer condição que determinará o seu término, de forma que as partes já estão cientes do seu termo final (data exata ou aproximada para certo acontecimento).

Não há obrigatoriedade, mas, por ser exceção, normalmente o contrato de trabalho por prazo determinado é realizado por escrito. O art. 443 da CLT assim define o contrato por prazo determinado:

> ***Art. 443*** *O contrato individual de trabalho poderá ser acordado tácita ou expressamente, verbalmente ou por escrito e por prazo determinado ou indeterminado, ou para prestação de trabalho intermitente.*
>
> *§ 1º Considera-se como de prazo determinado o contrato de trabalho cuja vigência dependa de termo prefixado ou da execução de serviços especificados ou ainda da realização de certo acontecimento suscetível de previsão aproximada.*

§ 2º O contrato por prazo determinado só será válido em se tratando:

a) de serviço cuja natureza ou transitoriedade justifique a predeterminação do prazo;

b) de atividades empresariais de caráter transitório;

c) de contrato de experiência.

Dessa forma, seu termo final pode ser estabelecido segundo as seguintes situações:

→ **Cronológica (ex.: número de dias, de meses ou até tal dia).**

→ **Serviço específico (ex.: até o término da obra).**

→ **Realização de certo acontecimento suscetível de previsão aproximada (ex.: término de colheita).**

A preferência é o contrato por prazo indeterminado, tanto é que a CLT restringe o contrato determinado a três hipóteses (art. 443, § 2º), quais sejam:

→ **A natureza do serviço justifica o prazo determinado (dois anos).**

→ **As atividades da empresa possuem caráter transitório (dois anos).**

→ **O contrato for de experiencia (90 dias).**

Hipóteses de cabimento

O § 2º do art. 443 da CLT regula as hipóteses em que se admite essa contratação, quais sejam:

Serviço cuja natureza ou transitoriedade justifique a predeterminação do prazo

Nesta situação a empresa já funciona, mas o empregado é contratado para execução de determinados serviços, os quais possuem data, ainda que aproximada, para a conclusão.

Por exemplo: construtora que, embora tenha atividade permanente, contrata empregados para execução de uma obra específica, portanto transitória, como a construção de um viaduto. Ou, ainda, necessidade de aumento de mão de obra por determinado período (fábrica de chocolates nos meses que antecedem a Páscoa, ou comércio nas vésperas de Natal).

Atividades empresariais de caráter transitório

A própria atividade empresarial tem duração limitada a determinado evento.

Por exemplo: empresa constituída para organizar a estrutura de logística para Copa do Mundo. Outro exemplo comumente citado na doutrina são as empresas de pesquisa de intenção de voto, as quais, dada sua natureza, funcionam somente no período que antecede as eleições.

Contrato de experiência

É o contrato por prazo determinado mais utilizado, por intermédio do qual as partes estipulam um período para "experimentar" as condições do contrato de trabalho, sendo o empregado avaliado quanto ao seu desempenho. Sua duração máxima, contudo, é mais limitada que os demais contratos por prazo determinado, podendo ser estipulado por até 90 dias, no máximo.

Como se pode perceber, existem critérios legais para adotar o contrato por prazo determinado, que, por isso, não pode ser utilizado sem cumprir os requisitos previstos acima.

Duração do contrato de trabalho por prazo determinado

A duração máxima do contrato de trabalho por prazo determinado é de dois anos, para as hipóteses de serviço cuja natureza ou transitoriedade justifique a predeterminação do prazo e de atividades empresariais de caráter transitório (alíneas "a" e "b" do § 2º do art. 443 da CLT, anteriormente transcrito).

Se o contrato de trabalho por prazo determinado for de experiência, sua duração máxima não poderá ultrapassar 90 dias.

Tais prazos máximos já contêm eventual prorrogação, a qual, segundo entendimento majoritário, não precisa ter a mesma duração do contrato originário.

Por exemplo: se o empregador contratou o empregado por seis meses, poderá renová-lo por até 18 meses.

Súmula nº 188 – TST

O contrato de experiência pode ser prorrogado, respeitado o limite máximo de 90 dias.

→ **Caso o contrato de trabalho seja prorrogado por mais de uma vez (é possível uma prorrogação), tornar-se-á contrato por prazo indeterminado**

Observação: A prorrogação só será possível caso não ultrapasse o prazo máximo previsto em lei, a fim de que não haja conflito entre os artigos da CLT. Assim, se o contrato de experiência é de 90 dias (prazo máximo) não poderá ser prorrogado, já que foi pactuado pelo prazo máximo da lei.

Na hipótese de o contrato de trabalho ultrapassar o prazo máximo, ou for prorrogado mais de uma vez, passará a vigorar com as mesmas regras atinentes ao contrato por tempo indeterminado (art. 451 da CLT).

Após o término do contrato por prazo determinado, será possível que seja feito um novo contrato por prazo determinado, desde que se respeite o prazo de seis meses entre os dois contratos. Caso não seja respeitado o prazo de seis meses, o contrato será considerado de prazo indeterminado, nos termos do art. 452 da CLT.

Se o contrato por prazo determinado for sucedido por outro, respeitando os seis meses contados de seu término, este último será considerado contrato por tempo indeterminado, salvo se a expiração do contrato dependeu de execução de serviços especializados ou da realização de certos acontecimentos.

Na hipótese de o contrato de trabalho por prazo determinado terminar em sábado, domingo ou feriado, entende parte da doutrina e jurisprudência (bem como a Banca FCC) que o pagamento das verbas rescisórias deve ser antecipado, ocorrendo, assim, no último dia útil do contrato. Caso contrário, transforma-se em contrato por prazo indeterminado.

As partes podem estipular que o tempo de afastamento relativo à suspensão e/ou do contrato de trabalho não será computado na contagem do prazo para a respectiva terminação (art. 472, § 2º, da CLT). Caso não haja tal pactuação, eventual período da suspensão do contrato de trabalho estará incluído no prazo do contrato.

O Tribunal Superior do Trabalho alterou seu posicionamento, para reconhecer o direito à estabilidade para gestante e para o trabalhador que sofre acidente de trabalho, quando ambos estão submetidos ao contrato de trabalho por prazo determinado.

> ***Súmula nº 244 – TST***
>
> *[...]*
>
> *III – A empregada gestante tem direito à estabilidade provisória prevista no art. 10, inciso II, alínea "b", do ADCT, mesmo na hipótese de admissão mediante contrato por tempo determinado;*
>
> *E o inciso III acrescido à Súmula 378 do TST:*
>
> ***Súmula nº 378 – TST***
>
> *[...]*
>
> *III – O empregado submetido a contrato de trabalho por tempo determinado goza da garantia provisória de emprego, decorrente de acidente de trabalho, prevista no art. 118 da Lei nº 8.213/1991.*

Rescisão antecipada

O contrato por prazo determinado pode ser rescindido tanto pelo empregado quanto pelo empregador, nos casos em que não se trata de justa causa. Obviamente, tratando-se de casos que envolvam justa causa não há nenhum óbice à rescisão do contrato.

Em relação à rescisão antecipada, sem justa causa, por parte de empregador há como consequência o pagamento de uma indenização, a qual corresponde à metade do salário que o empregado receberia até o final do contrato, nos termos do art. 479 da CLT.

Contrato intermitente

Por definição do § 3º do art. 443 da CLT, inserido pela Lei nº 13.467/2017 (Reforma Trabalhista):

> ***Art. 443*** *Considera-se como intermitente o contrato de trabalho no qual a prestação de serviços, com subordinação, não é contínua, ocorrendo com alternância de períodos de prestação de serviços e de inatividade, determinados em horas, dias ou meses, independentemente do tipo de atividade do empregado e do empregador, exceto para os aeronautas, regidos por legislação própria.*

As especificidades do contrato de trabalho intermitente estão previstas no art. 452-A da CLT, instituído pela Lei nº 13.467/2017 (Reforma Trabalhista), de seguinte teor:

> ***Art. 452-A*** *O contrato de trabalho intermitente deve ser celebrado por escrito e deve conter especificamente o valor da hora de trabalho, que não pode ser inferior ao valor horário do Salário-mínimo ou àquele devido aos demais empregados do estabelecimento que exerçam a mesma função em contrato intermitente ou não.*
>
> *§ 1º O empregador convocará, por qualquer meio de comunicação eficaz, para a prestação de serviços, informando qual será a jornada, com, pelo menos, três dias corridos de antecedência.*
>
> *§ 2º Recebida a convocação, o empregado terá o prazo de um dia útil para responder ao chamado, presumindo-se, no silêncio, a recusa.*
>
> *§ 3º A recusa da oferta não descaracteriza a subordinação para fins do contrato de trabalho intermitente.*
>
> *§ 4º Aceita a oferta para o comparecimento ao trabalho, a parte que descumprir, sem justo motivo, pagará à outra parte, no prazo de 30 dias, multa de 50% da remuneração que seria devida, permitida a compensação em igual prazo.*
>
> *§ 5º O período de inatividade não será considerado tempo à disposição do empregador, podendo o trabalhador prestar serviços a outros contratantes.*
>
> *§ 6º Ao final de cada período de prestação de serviço, o empregado receberá o pagamento imediato das seguintes parcelas:*
>
> *I – remuneração;*
>
> *II – férias proporcionais com acréscimo de um terço;*
>
> *III – décimo terceiro salário proporcional;*
>
> *IV – repouso semanal remunerado; e*
>
> *V – adicionais legais.*
>
> *§ 7º O recibo de pagamento deverá conter a discriminação dos valores pagos relativos a cada uma das parcelas referidas no § 6º deste artigo.*
>
> *§ 8º O empregador efetuará o recolhimento da contribuição previdenciária e o depósito do Fundo de Garantia do Tempo de Serviço, na forma da lei, com base nos valores pagos no período mensal e fornecerá ao empregado comprovante do cumprimento dessas obrigações.*
>
> *§ 9º A cada 12 meses, o empregado adquire direito a usufruir, nos 12 meses subsequentes, um mês de férias, período no qual não poderá ser convocado para prestar serviços pelo mesmo empregador.*

Desta forma, criou-se uma modalidade absolutamente nova, na qual o trabalhador, mantida a condição de empregado, pode deixar de trabalhar por horas, dias ou meses, conforme a conveniência do empregador. A sua característica é que o trabalhador seja convocado conforme a demanda do empregador e, assim, sua remuneração tem como base apenas as horas efetivamente trabalhadas.

Nesses termos, em tal modalidade de relação de trabalho, há a constituição de um vínculo de emprego, porém havendo a remuneração do empregado de acordo com o tempo em que é efetivamente convocado para trabalhar.

O empregado é convocado a trabalhar com três dias de antecedência, momento em que é informado da jornada a ser cumprida. O empregado pode aceitar ou não a convocação (necessária manifestação em 24h e seu silêncio considerado recusa).

O pagamento é realizado conforme o trabalho realizado, observando os períodos de prestação de serviços, que podem ser em horas, dias ou meses.

O período de inatividade não é considerado tempo à disposição, de modo que a empresa não tem obrigações trabalhistas junto ao empregado nesse período.

Outra inovação nas relações laborais com tal instituto é que, nos termos do art. 452-A, § 4º, acrescentado à CLT, será facultado ao empregador convocar o empregado para trabalhar e desistir da execução do serviço sem justo motivo, pagando-lhe apenas 50% da remuneração que seria devida, ou seja, possibilitando o pagamento de valor inferior ao Salário-mínimo proporcional.

Pagamento das verbas: será feito ao final de cada período da prestação de serviços, em sistemática muito parecida com os trabalhadores avulsos (sem vínculo). O pagamento inclui, além da remuneração, férias proporcionais (com 1/3), 13º proporcional, repouso semanal remunerado e adicionais legais (como insalubridade, periculosidade, noturno, de transferência etc.). Da mesma forma, haverá o recolhimento das contribuições previdenciárias e FGTS devido. O recibo deverá identificar as parcelas.

Férias: o art. 452-A, § 9º, da CLT, prevê o direito de um mês de férias a cada 12 meses, o que, na realidade, se converterá apenas no direito ao repouso, já que o pagamento proporcional já ocorreu quando da prestação de serviços.

6. EMPREGADOS DOMÉSTICOS

Os direitos dos empregados domésticos, infelizmente, ainda são mais restritos do que os garantidos aos demais empregados regidos pela CLT, mas há uma crescente evolução observada nos últimos anos.

6.1 Direitos Constitucionais

A Constituição Federal de 1988 traz em seu art. 7º e 34 incisos relativos aos direitos dos trabalhadores, visando sua proteção e melhora de condição social. Assim, são garantidos aos empregados domésticos os seguintes direitos:

> ***Art. 7º*** *São direitos dos trabalhadores urbanos e rurais, além de outros que visem à melhoria de sua condição social:*
>
> *I - relação de emprego protegida contra despedida arbitrária ou sem justa causa, nos termos de lei complementar, que preverá indenização compensatória, dentre outros direitos;*
>
> *II - seguro-desemprego, em caso de desemprego involuntário;*
>
> *III - fundo de garantia do tempo de serviço;*
>
> *IV - Salário-mínimo, fixado em lei, nacionalmente unificado, capaz de atender a suas necessidades vitais básicas e às de sua família com moradia, alimentação, educação, saúde, lazer, vestuário, higiene, transporte e previdência social, com reajustes periódicos que lhe preservem o poder aquisitivo, sendo vedada sua vinculação para qualquer fim;*
>
> *V - piso salarial proporcional à extensão e à complexidade do trabalho;*
>
> *VI - irredutibilidade do salário, salvo o disposto em convenção ou acordo coletivo;*
>
> *VII - garantia de salário, nunca inferior ao mínimo, para os que percebem remuneração variável;*
>
> *VIII - décimo terceiro salário com base na remuneração integral ou no valor da aposentadoria;*
>
> *IX - remuneração do trabalho noturno superior à do diurno;*
>
> *X - proteção do salário na forma da lei, constituindo crime sua retenção dolosa;*
>
> *XI - participação nos lucros, ou resultados, desvinculada da remuneração, e, excepcionalmente, participação na gestão da empresa, conforme definido em lei;*
>
> *XII - salário-família pago em razão do dependente do trabalhador de baixa renda nos termos da lei;*
>
> *XIII - duração do trabalho normal não superior a oito horas diárias e quarenta e quatro semanais, facultada a compensação de horários e a redução da jornada, mediante acordo ou convenção coletiva de trabalho;*
>
> *XIV - jornada de seis horas para o trabalho realizado em turnos ininterruptos de revezamento, salvo negociação coletiva;*
>
> *XV - repouso semanal remunerado, preferencialmente aos domingos;*
>
> *XVI - remuneração do serviço extraordinário superior, no mínimo, em cinquenta por cento à do normal;*
>
> *XVII - gozo de férias anuais remuneradas com, pelo menos, um terço a mais do que o salário normal;*
>
> *XVIII - licença à gestante, sem prejuízo do emprego e do salário, com a duração de cento e vinte dias;*
>
> *XIX - licença-paternidade, nos termos fixados em lei;*
>
> *XX - proteção do mercado de trabalho da mulher, mediante incentivos específicos, nos termos da lei;*
>
> *XXI - aviso prévio proporcional ao tempo de serviço, sendo no mínimo de trinta dias, nos termos da lei;*
>
> *XXII - redução dos riscos inerentes ao trabalho, por meio de normas de saúde, higiene e segurança;*
>
> *XXIII - adicional de remuneração para as atividades penosas, insalubres ou perigosas, na forma da lei;*
>
> *XXIV - aposentadoria;*
>
> *XXV - assistência gratuita aos filhos e dependentes desde o nascimento até 5 (cinco) anos de idade em creches e pré-escolas;*
>
> *XXVI - reconhecimento das convenções e acordos coletivos de trabalho;*
>
> *XXVII - proteção em face da automação, na forma da lei;*
>
> *XXVIII - seguro contra acidentes de trabalho, a cargo do empregador, sem excluir a indenização a que este está obrigado, quando incorrer em dolo ou culpa;*
>
> *XXIX - ação, quanto aos créditos resultantes das relações de trabalho, com prazo prescricional de cinco anos para os trabalhadores urbanos e rurais, até o limite de dois anos após a extinção do contrato de trabalho;*
>
> *a) (Revogada)*
>
> *b) (Revogada)*
>
> *XXX - proibição de diferença de salários, de exercício de funções e de critério de admissão por motivo de sexo, idade, cor ou estado civil;*
>
> *XXXI - proibição de qualquer discriminação no tocante a salário e critérios de admissão do trabalhador portador de deficiência;*
>
> *XXXII - proibição de distinção entre trabalho manual, técnico e intelectual ou entre os profissionais respectivos;*
>
> *XXXIII - proibição de trabalho noturno, perigoso ou insalubre a menores de dezoito e de qualquer trabalho a menores de dezesseis anos, salvo na condição de aprendiz, a partir de quatorze anos;*
>
> *XXXIV - igualdade de direitos entre o trabalhador com vínculo empregatício permanente e o trabalhador avulso.*
>
> ***Parágrafo único.*** *São assegurados à categoria dos trabalhadores domésticos os direitos previstos nos incisos IV, VI, VII, VIII, X, XIII, XV, XVI, XVII, XVIII, XIX, XXI, XXII, XXIV, XXVI, XXX, XXXI e XXXIII e, atendidas as condições estabelecidas em lei e observada a simplificação do cumprimento das obrigações tributárias, principais e acessórias, decorrentes da relação de trabalho e suas peculiaridades, os previstos nos incisos I, II, III, IX, XII, XXV e XXVIII, bem como a sua integração à previdência social.*

Alguns desses direitos foram acrescentados pela Emenda Constitucional nº 72/2013, sendo que alguns deles foram regulamentados apenas por intermédio da Lei Complementar nº 150/2015, de 1º de junho de 2015:

→ **Indenização por dispensa arbitrária – regulamentada pela LC nº 150/2015.**

- Seguro-desemprego - regulamentado pela LC nº 150/2015.
- FGTS - regulamentado pela LC nº 150/2015.
- Salário-mínimo.
- Irredutibilidade salarial.
- Garantia de Salário-mínimo para remuneração variável.
- 13º salário.
- Adicional noturno - regulamentado pela LC nº 150/2015.
- Proteção do salário.
- Salário-família - regulamentado pela LC nº 150/2015.
- Jornada não superior a 8 horas diárias e 44 semanais.
- Repouso semanal remunerado preferencialmente aos domingos.

> Horas extras com adicional de, no mínimo, 50%.
> Férias anuais (acrescidas de 1/3 – com duração de 30 dias).
> Licença-gestante (120 dias).
> Licença-paternidade (5 dias).
> Aviso-prévio proporcional.
> Redução de riscos inerentes ao trabalho.
> Aposentadoria.
> Creches aos dependentes de até 5 anos de idade – previsão por CCT.
> Reconhecimento das Convenções a Acordos Coletivos.
> Seguro contra Acidente de Trabalho – regulamentado pela LC nº 150/2015.
> Proibição de discriminação por motivo de sexo, idade, cor, estado civil ou por deficiência física.
> Proibição de trabalho noturno, perigoso ou insalubre aos menores de 18 anos.
> Previdência social.

Importante destacarmos que a Lei nº 11.324/2006 já havia conferido os seguintes direitos aos empregados domésticos:

→ **Ficou vedado ao empregador efetuar descontos no salário do empregado por fornecimento de alimentação, vestuário, higiene ou moradia.**

→ **Folga em feriados (revogando-se a alínea "a" do art. 5º da Lei nº 605/1949).**

→ **Estabilidade à gestante – resultando vedada a dispensa arbitrária ou sem justa causa da empregada doméstica gestante desde a confirmação da gravidez até 5 (cinco) meses após o parto.**

A seguir, vamos destacar os direitos dos domésticos alterados e regulamentados por intermédio da LC nº 150/2015.

6.2 Lei Complementar Nº 150/2015

Alguns direitos dos trabalhadores domésticos garantidos pela PEC nº 72/2013 foram regulamentados pela Lei Complementar nº 150/2015, que também trouxe previsão acerca de outros temas, dentre os quais destacamos:

Verbas rescisórias

→ **Indenização por dispensa arbitrária (multa de 40% do FGTS).**

→ **FGTS (depósito de 8% ao mês).**

→ **Seguro contra Acidente de Trabalho (0,8%).**

→ **Seguro-desemprego.**

O recolhimento do FGTS (8% mais 3,2% a título de multa pela rescisão sem justa causa), SAT (Seguro contra Acidente de Trabalho) e contribuição previdenciária será feito em uma guia única, pelo sistema do SIMPLES DOMÉSTICO, a ser instituído no prazo máximo de 120 dias a contar da publicação da LC nº 150/2015.

O seguro-desemprego será pago no valor de um Salário-mínimo pelo período máximo de 3 meses, situação diversa da observada para os empregados regidos pela CLT.

Fique ligado

É importante observar a peculiar situação representada pelo depósito antecipado da multa rescisória de 40% do FGTS (3,2% do salário ao mês), que será restituído ao empregador na hipótese de dispensa por justa causa, pedido de demissão, morte do empregado ou término do contrato de trabalho por prazo determinado no seu termo final (art. 31, § 1º, da LC nº 150/2015).

Jornada de trabalho

O limite de 8 horas diárias e 44 semanais já estava previsto na PEC nº 72/2013, mas a LC nº 150/2015 regulamentou a possibilidade de compensação de jornada, trabalho a tempo parcial e jornada 12x36 por negociação entre as partes. Nesse caso, o valor do salário já abrange "os pagamentos devidos pelo descanso semanal remunerado e pelo descanso em feriados, e serão considerados compensados os feriados e as prorrogações de trabalho noturno, quando houver" (art. 10, § 1º, da LC nº 150/2015).

Ficou estipulada a obrigatoriedade de manutenção do controle de jornada, possibilidade de fracionamento do intervalo intrajornada mínimo de uma hora ou, ainda, sua redução para 30 minutos por pactuação entre empregado e empregador.

Também houve previsão sobre as particularidades do labor em acompanhamento à família em viagens, condicionado à prévia existência de acordo escrito entre as partes, podendo haver compensação de tais horas (assim consideradas apenas as efetivamente trabalhadas). Nesse caso, a remuneração-hora do serviço em viagem será, no mínimo, 25% superior ao valor do salário-hora normal (art. 3º, § 2º, da LC nº 150/2015). Esse adicional é devido para a jornada normal em viagem (não extraordinária), mas também pode ser pactuado o crédito no banco de horas.

Sobre a jornada, é importante transcrever os seguintes dispositivos da LC nº 150/2015:

> ***Art. 2º*** *A duração normal do trabalho doméstico não excederá 8 (oito) horas diárias e 44 (quarenta e quatro) semanais, observado o disposto nesta Lei.*
>
> *§ 1º A remuneração da hora extraordinária será, no mínimo, 50% (cinquenta por cento) superior ao valor da hora normal.*
>
> *§ 2º O salário-hora normal, em caso de empregado mensalista, será obtido dividindo-se o salário mensal por 220 (duzentas e vinte) horas, salvo se o contrato estipular jornada mensal inferior que resulte em divisor diverso.*
>
> *§ 3º O salário-dia normal, em caso de empregado mensalista, será obtido dividindo-se o salário mensal por 30 (trinta) e servirá de base para pagamento do repouso remunerado e dos feriados trabalhados.*
>
> *§ 4º Poderá ser dispensado o acréscimo de salário e instituído regime de compensação de horas, mediante acordo escrito entre empregador e empregado, se o excesso de horas de um dia for compensado em outro dia.*
>
> *§ 5º No regime de compensação previsto no § 4º:*
>
> *I – será devido o pagamento, como horas extraordinárias, na forma do § 1º, das primeiras 40 (quarenta) horas mensais excedentes ao horário normal de trabalho;*

II – das 40 (quarenta) horas referidas no inciso I, poderão ser deduzidas, sem o correspondente pagamento, as horas não trabalhadas, em função de redução do horário normal de trabalho ou de dia útil não trabalhado, durante o mês;

III – o saldo de horas que excederem as 40 (quarenta) primeiras horas mensais de que trata o inciso I, com a dedução prevista no inciso II, quando for o caso, será compensado no período máximo de 1 (um) ano.

§ 6º Na hipótese de rescisão do contrato de trabalho sem que tenha havido a compensação integral da jornada extraordinária, na forma do § 5º, o empregado fará jus ao pagamento das horas extras não compensadas, calculadas sobre o valor da remuneração na data de rescisão.

§ 7º Os intervalos previstos nesta Lei, o tempo de repouso, as horas não trabalhadas, os feriados e os domingos livres em que o empregado que mora no local de trabalho nele permaneça não serão computados como horário de trabalho.

§ 8º O trabalho não compensado prestado em domingos e feriados deve ser pago em dobro, sem prejuízo da remuneração relativa ao repouso semanal.

***Art. 3º** Considera-se trabalho em regime de tempo parcial aquele cuja duração não exceda 25 (vinte e cinco) horas semanais.*

§ 1º O salário a ser pago ao empregado sob regime de tempo parcial será proporcional a sua jornada, em relação ao empregado que cumpre, nas mesmas funções, tempo integral.

§ 2º A duração normal do trabalho do empregado em regime de tempo parcial poderá ser acrescida de horas suplementares, em número não excedente a 1 (uma) hora diária, mediante acordo escrito entre empregador e empregado, aplicando-se-lhe, ainda, o disposto nos §§ 2º e 3º do art. 2º, com o limite máximo de 6 (seis) horas diárias.

§ 3º Na modalidade do regime de tempo parcial, após cada período de 12 (doze) meses de vigência do contrato de trabalho, o empregado terá direito a férias, na seguinte proporção:

I – 18 (dezoito) dias, para a duração do trabalho semanal superior a 22 (vinte e duas) horas, até 25 (vinte e cinco) horas;

II – 16 (dezesseis) dias, para a duração do trabalho semanal superior a 20 (vinte) horas, até 22 (vinte e duas) horas;

III – 14 (quatorze) dias, para a duração do trabalho semanal superior a 15 (quinze) horas, até 20 (vinte) horas;

IV – 12 (doze) dias, para a duração do trabalho semanal superior a 10 (dez) horas, até 15 (quinze) horas;

V – 10 (dez) dias, para a duração do trabalho semanal superior a 5 (cinco) horas, até 10 (dez) horas;

VI – 8 (oito) dias, para a duração do trabalho semanal igual ou inferior a 5 (cinco) horas.

***Art. 10** É facultado às partes, mediante acordo escrito entre essas, estabelecer horário de trabalho de 12 (doze) horas seguidas por 36 (trinta e seis) horas ininterruptas de descanso, observados ou indenizados os intervalos para repouso e alimentação.*

§ 1º A remuneração mensal pactuada pelo horário previsto no caput deste artigo abrange os pagamentos devidos pelo descanso semanal remunerado e pelo descanso em feriados, e serão considerados compensados os feriados e as prorrogações de trabalho noturno, quando houver, de que tratam o art. 70 e o § 5º do art. 73 da Consolidação das Leis do Trabalho (CLT), aprovada pelo Decreto-lei nº 5.452, de 1º de maio de 1943, e o art. 9º da Lei nº 605, de 5 de janeiro de 1949.

§ 2º (Vetado)

***Art. 11** Em relação ao empregado responsável por acompanhar o empregador prestando serviços em viagem, serão consideradas apenas as horas efetivamente trabalhadas no período, podendo ser compensadas as horas extraordinárias em outro dia, observado o art. 2º.*

§ 1º O acompanhamento do empregador pelo empregado em viagem será condicionado à prévia existência de acordo escrito entre as partes.

§ 2º A remuneração-hora do serviço em viagem será, no mínimo, 25% (vinte e cinco por cento) superior ao valor do salário-hora normal.

§ 3º O disposto no § 2º deste artigo poderá ser, mediante acordo, convertido em acréscimo no banco de horas, a ser utilizado a critério do empregado.

***Art. 12** É obrigatório o registro do horário de trabalho do empregado doméstico por qualquer meio manual, mecânico ou eletrônico, desde que idôneo.*

***Art. 13** É obrigatória a concessão de intervalo para repouso ou alimentação pelo período de, no mínimo, 1 (uma) hora e, no máximo, 2 (duas) horas, admitindo-se, mediante prévio acordo escrito entre empregador e empregado, sua redução a 30 (trinta) minutos.*

§ 1º Caso o empregado resida no local de trabalho, o período de intervalo poderá ser desmembrado em 2 (dois) períodos, desde que cada um deles tenha, no mínimo, 1 (uma) hora, até o limite de 4 (quatro) horas ao dia.

§ 2º Em caso de modificação do intervalo, na forma do § 1º, é obrigatória a sua anotação no registro diário de horário, vedada sua prenotação.

Trabalho noturno: O empregado que trabalha no período noturno (das 22 h às 5 h) fará jus ao adicional noturno (de no mínimo 20%), com redução da hora noturna (duração de 52 minutos e 30 segundos), nos mesmos moldes do art. 73 da CLT.

Também haverá direito ao intervalo interjornadas (11 horas entre uma jornada e outra) e o repouso semanal remunerado (com duração de 24 horas consecutivas).

Outros direitos

- → **Salário-família.**
- → **Creches aos dependentes de até 5 anos de idade (conforme previsão em instrumento normativo ACT ou CCT).**
- → **Justa causa: nos mesmos moldes do art. 482 da CLT, incluindo-se a previsão de submissão a maus-tratos de idoso, de enfermo, de pessoa com deficiência ou de criança sob cuidado direto ou indireto do empregado (art. 27, I, da LC nº 150/2015).**
- → **Rescisão indireta: nos mesmos moldes do art. 483 da CLT, incluindo-se a previsão de rescisão quando o empregador praticar qualquer das formas de violência doméstica ou familiar contra mulheres de que trata o art. 5º da Lei nº 11.340/2006 (art. 27, VII, da LC nº 150/2015).**
- → **Idade mínima para contratação do empregado doméstico é 18 anos.**
- → **Contrato por prazo determinado: mediante contrato de experiência (até 90 dias) ou para atender a necessidades familiares de natureza transitória e para substituição temporária de empregado doméstico com contrato de trabalho interrompido ou suspenso (até 2 anos), seguindo as mesmas regras da CLT quanto à prorrogação ou rescisão antecipada do contrato (muito embora inexista previsão de cláusula assecuratória do direito recíproco de rescisão.**

→ **Descontos salariais: é vedado ao empregador doméstico efetuar descontos no salário do empregado por fornecimento de alimentação, vestuário, higiene ou moradia, bem como por despesas com transporte, hospedagem e alimentação em caso de acompanhamento em viagem. Mas é facultado o desconto a título de adiantamento salarial e, mediante acordo escrito entre as partes, para a inclusão do empregado em planos de assistência médico-hospitalar e odontológica, de seguro e de previdência privada, não podendo a dedução ultrapassar 20% (vinte por cento) do salário (art. 18 da LC nº 150/2015).**

Por outro lado, se a moradia for em local diverso do local da prestação de serviços, pode ser caracterizado o salário in natura, autorizando-se o desconto, desde que essa possibilidade tenha sido expressamente acordada entre as partes (art. 18, § 2º, da LC nº 150/2015).

Sugerimos que, para um maior entendimento da LC nº 150/2015, o leitor leia a legislação em sua íntegra.

6.3 Quadro Comparativo

Para ajudar na fixação do conteúdo, elaboramos um quadro comparativo entre os direitos dos empregados domésticos e os dos demais empregados regidos pela CLT.

Parcela	Empregado CLT	Empregado Doméstico
Indenização por dispensa arbitrária (multa 40% FGTS) EC 72/2013 - regulamentado pela LC 150/2015	Pagamento na ruptura do contrato de trabalho	Recolhimento antecipado (3,2% sobre os salários) a ser restituido ao empregado nas hipóteses de dispensa por justa causa, morte do empregador e pedido de demissão - metade (culpa reciproca) - guia SUPERSIMPLES
Seguro-desemprego EC 72/2013 - regulamentado pela LC 150/2015	Até 5 parcelas com valores variáveis	Até 3 parcelas com base no sálario mínimo
FGTS - EC 72/2013 - regulamentado pela LC 150/2015	Recolhimento pelo empregador - 8% sobre as parcelas salariais	Igual
Salário-mínimo - CF 88	Observado o valor-hora	Igual
Irredutibilidade salarial CF 88	Salvo negociação coletiva	Igual
Garantia do Salário-mínimo para remuneração variável - EC 72/2013	Salário-mínimo garantido pelo empregador, vedado desconto no mês posterior	Igual
13º salário - CF 88	Duas parcelas - entre fevereiro e dezembro	Igual
Hora noturna - EC 72/2013 - regulamentado pela LC 150/2015	- Das 22h às 5h - Adicional de 20% - hora reduzida (52 minutos e 30 segundos)	Igual
Proteção ao salário - EC 72/2013	Constituindo crime sua retenção dolosa	Igual
Salário-família EC 72/2013 (regulamentado pela LC 150/2015)	Conforme salário do empregado - filho menor de 14 anos	Igual
Jornada não superior a 8 - EC 72/2013	Horas extras com adicional de no mínimo 50%	Direito a horas extras (com adicional no mínimo 50%)
Compensação de jornada EC 72/2013 - regulamentado pela LC 150/2015	Semanal (acordo individual empregado e empregador) e banco de horas (CCT/ACT)	Banco de horas (negociação entre empregado e empregador) - Primeiras 40 horas pagas como extras - Dias não trabalhados podem ser descontados - Dias de viagem (acordo escrito - adicional de 25%, podendo constar do banco de horas
	12x36 - mediante negociação coletiva (salário não abrange feriados e adicional noturno, englobado rsr)	12x36 - mediante pactuação entre empregado e empregador (salário engloba labor em feriados, rsr e adicional noturno)
Repouso semanal remunerado - CF 88	Preferencialmente aos domingos	Igual - feriados a partir da Lei 11.324/2006
Férias anuais - CF 88, Lei 11.324/2016 a LC 150/2015	- Duração de 30 dias - Dois períodos (mínimo 10 dias) - Graduação conforme faltas e tempo parcial - Abono pecuniário (15 dias antes do término do período aquisitivo)	- Igual a partir da Lei 11.324/2006 - Dois períodos (mínimo 14 dias) - Igual - Abono pecuniário (30 dias antes do término do período aquisitivo)

Intervalo Intrajornada - LC 150/2015	Jornada maior de 6 horas - mínimo 1 hora e máximo duas (redução com autorização do Ministério do Trabalho e aumento por ACT/CCT)	Intervalo de 1 a 2 horas Redução para 30 minutos mediante acordo prévio escrito Fracionamento dois intervalos (um tenha 1 hora no mínimo) máximo 4 horas (!)
Registro de jornada - LC 150/2015	Obrigatório para empregadores com mais de 10 empregados	Obrigado desde um empregado doméstico
Licença-gestante CF 88	Desde a confirmação da gravidez até 5 meses após o parto	Igual Estabilidade gestante desde a Lei 11.324/2006
Licença paternidade CF 88	Cinco dias (até a regulamentação)	Igual
Aviso-prévio – CF 88	Proporcional ao tempo de serviço (30 a 90 dias)	Igual
Redução de riscos inerentes ao trabalho LC 150/2015	Proteção ao trabalhador - EPI's, NR's do Ministério do Trabalho e fiscalização	Igual (fiscalização diferenciada)
Aposentadoria – CF 88	Tempo de contribuição	Igual
Creche aos dependentes de até 5 anos de idade – EC 72/2013	Empresas com 30 empregadas com mais de 16 anos	Pendente regulamentação CTT/ACT
Reconhecimentos das Convenções e Acordos Coletivos – EC 72/2013	Observados os dispositivos legais	Igual
Contrato por prazo determinado – LC 150/2013	Até 2 anos indenizado pelo empregador e empregado (prejuízos)	Igual (com exceção da ausência de previsão de cláusula assecuratória do direito recíproco de recissão)
Intervalo entre jornadas – LC 150/2013	Repouso de 11 horas entre as duas jornadas	Igual
Justa Causa	Previsão no Art. 482 da CLT	Igual (com acréscimo de maus trattos a idoso ou criança)
Recisão indireta	Previsão no art. 482 da CLT	Igual (com previsão de possibilidade quando houver violência doméstica – Lei Maria da Penha)
Contrato por prazo determinado – LC 150/2013	Até 2 anos indenizado pelo empregador e empregado (prejuízos)	Igual (com exceção da ausência de previsão de cláusula assecuratória do direito recíproco de recissão)
Intervalo entre jornadas – LC 150/2013	Repouso de 11 horas entre as duas jornadas	Igual
Justa Causa	Previsão no Art. 482 da CLT	Igual (com acréscimo de maus trattos a idoso ou criança)
Recisão indireta	Previsão no art. 482 da CLT	Igual (com previsão de possibilidade quando houver violência doméstica – Lei Maria da Penha)
Seguro contra acidente de trabalho (SAT) – LC 150/2015	Percentual de acordo com o risco de atividade do empregador (contruibuição previdenciária)	0,8% (contruibuição previdenciária – SUPERSIMPLES)
Proibição de discriminação por sexo, idade, cor, estado civil ou por deficiência física – EC 72/2013	Proteção contra ato discriminatório	Igual
Proibição de trabalho noturno, perigoso ou insalubre aos menores de 18 anos – EC 72/2013	Proteção conferida ao menor	Igual Vedada contratação do menor de 18 anos como doméstico
Previdência Social – CF 88	Beneficios previdenciários	Igual

7. JORNADA DE TRABALHO

O tempo de permanência do empregado à disposição do empregador sempre foi motivo de preocupação, razão pela qual a legislação precisou limitar a jornada de trabalho.

A jornada diária está regulamentada no art. 58 da CLT:

> ***Art. 58*** *A duração normal do trabalho, para os empregados em qualquer atividade privada, não excederá de oito horas diárias, desde que não seja fixado expressamente outro limite.*
>
> *§ 1º Não serão descontadas nem computadas como jornada extraordinária as variações de horário no registro de ponto não excedentes de cinco minutos, observado o limite máximo de dez minutos diários.*
>
> *§ 2º O tempo despendido pelo empregado desde a sua residência até a efetiva ocupação do posto de trabalho e para o seu retorno, caminhando ou por qualquer meio de transporte, inclusive o fornecido pelo empregador, não será computado na jornada de trabalho, por não ser tempo à disposição do empregador.*
>
> *§ 3º (Revogado)*
>
> ***Art. 58****-A Considera-se trabalho em regime de tempo parcial aquele cuja duração não exceda a 30 horas semanais, sem a possibilidade de horas suplementares semanais, ou, ainda, aquele cuja duração não exceda a 26 horas semanais, com a possibilidade de acréscimo de até seis horas suplementares semanais.*
>
> *§ 1º O salário a ser pago aos empregados sob o regime de tempo parcial será proporcional à sua jornada, em relação aos empregados que cumprem, nas mesmas funções, tempo integral.*
>
> *§ 2º Para os atuais empregados, a adoção do regime de tempo parcial será feita mediante opção manifestada perante a empresa, na forma prevista em instrumento decorrente de negociação coletiva.*
>
> *§ 3º As horas suplementares à duração do trabalho semanal normal serão pagas com o acréscimo de 50% sobre o salário-hora normal.*
>
> *§ 4º Na hipótese de o contrato de trabalho em regime de tempo parcial ser estabelecido em número inferior a 26 horas semanais, as horas suplementares a este quantitativo serão consideradas horas extras para fins do pagamento estipulado no § 3º, estando também limitadas a seis horas suplementares semanais.*
>
> *§ 5º As horas suplementares da jornada de trabalho normal poderão ser compensadas diretamente até a semana imediatamente posterior à da sua execução, devendo ser feita a sua quitação na folha de pagamento do mês subsequente, caso não sejam compensadas.*
>
> *§ 6º É facultado ao empregado contratado sob regime de tempo parcial converter um terço do período de férias a que tiver direito em abono pecuniário.*
>
> *§ 7º As férias do regime de tempo parcial são regidas pelo disposto no art. 130 desta Consolidação.*

No Brasil, a duração normal do trabalho, prevista no art. 7º, XIII, da Constituição, é de 8 horas diárias e 44 horas semanais, como regra geral.

Algumas categorias profissionais, em decorrência de peculiaridades inerentes a elas, estão sujeitas à duração reduzida do trabalho, como, por exemplo, bancários, jornalistas, telefonistas.

Jornada de trabalho é o período de tempo em que o trabalhador deve prestar serviços ou permanecer à disposição do empregador. Segundo a Constituição Brasileira, este período pode ser de, no máximo, 8 horas diárias e 44 horas semanais, salvo limite diferenciado em acordo coletivo ou convenção coletiva de trabalho, nos termos da redação do art. 7º:

> ***Art. 7º, CF/1988*** *São direitos dos trabalhadores urbanos e rurais, além de outros que visem à melhoria de sua condição social:*
>
> *XIII – duração do trabalho normal não superior a 8 horas diárias e 44 semanais, facultada a compensação de horários e a redução da jornada, mediante acordo ou convenção coletiva de trabalho;*

7.1 Tipos de Jornadas de Trabalho

Jornada móvel/variável ou contrato intermitente

A jornada de trabalho variável ou móvel é quando o estabelecimento organiza a jornada por hora de trabalho e com o pagamento apenas das horas efetivamente trabalhadas. Também é conhecida como trabalho intermitente ou contrato zero hora.

> ***Art. 443, CLT*** *O contrato individual de trabalho poderá ser acordado tácita ou expressamente, verbalmente ou por escrito, por prazo determinado ou indeterminado, ou para prestação de trabalho intermitente.*
>
> *[...]*
>
> *§ 3º Considera-se como intermitente o contrato de trabalho no qual a prestação de serviços, com subordinação, não é contínua, ocorrendo com alternância de períodos de prestação de serviços e de inatividade, determinados em horas, dias ou meses, independentemente do tipo de atividade do empregado e do empregador, exceto para os aeronautas, regidos por legislação própria.*

Assim, as características do trabalho intermitente estão presentes no art. 452-A da CLT, vejamos:

> ***Art. 452****-A O contrato de trabalho intermitente será celebrado por escrito e registrado na CTPS, ainda que previsto acordo coletivo de trabalho ou convenção coletiva, e conterá:*
>
> *§ 1º O empregador convocará, por qualquer meio de comunicação eficaz, para a prestação de serviços, informando qual será a jornada, com, pelo menos, três dias corridos de antecedência.*
>
> *§ 2º Recebida a convocação, o empregado terá o prazo de 24 horas para responder ao chamado, presumida, no silêncio, a recusa.*
>
> *§ 3º A recusa da oferta não descaracteriza a subordinação para fins do contrato de trabalho intermitente.*
>
> *§ 4º (Revogado)*
>
> *§ 5º (Revogado)*
>
> *§ 6º Na data acordada para o pagamento, observado o disposto no § 11, o empregado receberá, de imediato, as seguintes parcelas:*
>
> *I – remuneração;*
>
> *II – férias proporcionais com acréscimo de um terço;*
>
> *III – décimo terceiro salário proporcional;*
>
> *IV – repouso semanal remunerado; e*
>
> *V – adicionais legais.*
>
> *§ 7º O recibo de pagamento deverá conter a discriminação dos valores pagos relativos a cada uma das parcelas referidas no § 6º deste artigo.*

§ 8º (Revogado)

§ 9º A cada 12 meses, o empregado adquire direito a usufruir, nos 12 meses subsequentes, um mês de férias, período no qual não poderá ser convocado para prestar serviços pelo mesmo empregador.

Jornada 12×36

Outra novidade trazida pela Reforma Trabalhista de 2017, aqui é possível estabelecer uma jornada 12x36 por acordo individual escrito, observado ou indenizado o intervalo intrajornada.

Assim, o empregado trabalha além das 8 ou 10 horas diárias permitidas, caso haja prorrogação de jornada, passando a ser 12 horas prestando serviços (o intervalo intrajornada de, no mínimo, uma hora deve ser concedido ou indenizado).

No entanto, o empregado recebe um descanso prolongado de 36 horas consecutivas, razão pela qual o empregador não necessita realizar o pagamento as horas extras após a 8ª hora e o descanso semanal remunerado, pois estes encontram-se inseridos nessa compensação de 36 horas. Ademais, a remuneração mensal, nesse caso, já engloba os pagamentos dos DSRs e dos feriados. Essa jornada é muito comum para os profissionais da saúde e de vigilância.

> ***Art. 59-A, CLT*** *Em exceção ao disposto no art. 59 desta Consolidação, é facultado às partes, mediante acordo individual escrito, convenção coletiva ou acordo coletivo de trabalho, estabelecer horário de trabalho de 12 horas seguidas por 36 horas ininterruptas de descanso, observados ou indenizados os intervalos para repouso e alimentação. Parágrafo único. A remuneração mensal pactuada pelo horário previsto no caput deste artigo abrange os pagamentos devidos pelo descanso semanal remunerado e pelo descanso em feriados, e serão considerados compensados os feriados e as prorrogações de trabalho noturno, quando houver, de que tratam o art. 70 e o § 5º do art. 73 desta Consolidação.*

Imperioso mencionarmos que essa alteração legal vai de encontro à Súmula nº 444 do TST:

> ***Súmula nº 444 – TST***
>
> *JORNADA DE TRABALHO. NORMA COLETIVA. LEI. ESCALA DE 12 POR 36. VALIDADE.*
>
> *É válida, em caráter excepcional, a jornada de 12 horas de trabalho por 36 de descanso, prevista em lei ou ajustada exclusivamente mediante acordo coletivo de trabalho ou convenção coletiva de trabalho, assegurada a remuneração em dobro dos feriados trabalhados. O empregado não tem direito ao pagamento de adicional referente ao labor prestado na décima primeira e décima segunda horas.*

Fique ligado

Orientação Jurisprudencial nº 388 – SDI-1

JORNADA 12×36. JORNADA MISTA QUE COMPREENDA A TOTALIDADE DO PERÍODO NOTURNO. ADICIONAL NOTURNO. DEVIDO

O empregado submetido à jornada de 12 horas de trabalho por 36 de descanso, que compreenda a totalidade do período noturno, tem direito ao adicional noturno, relativo às horas trabalhadas após as 5 horas da manhã.

7.2 Tempo À Disposição do Empregador

Quando falamos em jornada de trabalho do empregado pensamos no tempo que o empregado fica trabalhando na empresa, ou na sua função. No entanto, todo o tempo à disposição do empregador é jornada de trabalho. No entanto, a CLT flexibiliza o recebimento integral do período nas seguintes hipóteses:

- → **Tempo de espera do motorista: aqui o período de espera não é computado na jornada de trabalho, bem como não será devido como horas extraordinárias. Esse período de espera deve ser indenizado na proporção de 30% do salário-hora normal.**
- → **Prontidão: o empregado permanece nas dependências da empresa aguardando ordens. Nesse caso, o trabalhador não prestará serviços, mas receberá 2/3 do horário normal em razão do tempo à disposição. Poderá permanecer de prontidão por, no máximo, 12 horas.**
- → **Sobreaviso: possibilidade de o empregado permanecer em sua residência ou outro local combinado aguardando ordens da empresa. Nesse caso, receberá apenas 1/3 da hora normal e poderá ficar nesse regime por, no máximo, 24 horas.**

7.3 Horas *In Itinere* ou Horas de Deslocamento

São as horas do percurso do empregado ao seu local de trabalho, no trajeto casa-trabalho-casa.

Antes da Reforma Trabalhista, as horas in itinere eram computadas na jornada de trabalho, desde que a condução fornecida pelo empregador para um local de difícil acesso ou não servido por transporte público ou com incompatibilidade de horário.

> ***Súmula nº 90 – TST***
>
> *HORAS "IN ITINERE". TEMPO DE SERVIÇO.*
>
> *I – O tempo despendido pelo empregado, em condução fornecida pelo empregador, até o local de trabalho de difícil acesso, ou não servido por transporte público regular, e para o seu retorno é computável na jornada de trabalho.*
>
> *II – A incompatibilidade entre os horários de início e término da jornada do empregado e os do transporte público regular é circunstância que também gera o direito às horas "in itinere".*
>
> *III – A mera insuficiência de transporte público não enseja o pagamento de horas "in itinere".*
>
> *IV – Se houver transporte público regular em parte do trajeto percorrido em condução da empresa, as horas "in itinere" remuneradas limitam-se ao trecho não alcançado pelo transporte público.*
>
> *V – Considerando que as horas "in itinere" são computáveis na jornada de trabalho, o tempo que extrapola a jornada legal é considerado como extraordinário e sobre ele deve incidir o adicional respectivo.*

Após a Reforma Trabalhista houve nova redação do art. 58, § 2º, da CLT, e assim o tempo despendido pelo empregado desde a sua residência até a efetiva ocupação do posto de trabalho e para o seu retorno, caminhando ou por qualquer meio de transporte, inclusive o fornecido pelo empregador, não será computado na jornada de trabalho, por não ser tempo à disposição do empregador

7.4 Teletrabalho

O teletrabalho é o chamado futuro trabalhista, pois trata-se do regime de trabalho em que a prestação de serviços ocorre fora das dependências do empregador, utilizando tecnologias.

Aqui, o empregado pode comparecer às dependências do empregador para a realização de atividades específicas que exijam a presença do empregado, conforme o art. 75-B da CLT, vejamos:

> ***Art. 75-B*** *Considera-se teletrabalho ou trabalho remoto a prestação de serviços fora das dependências do empregador, de maneira preponderante ou não, com a utilização de tecnologias de informação e de comunicação, que, por sua natureza, não se configure como trabalho externo.*
>
> *§ 1º O comparecimento, ainda que de modo habitual, às dependências do empregador para a realização de atividades específicas, que exijam a presença do empregado no estabelecimento, não descaracteriza o regime de teletrabalho ou trabalho remoto.*
>
> *§ 2º O empregado submetido ao regime de teletrabalho ou trabalho remoto poderá prestar serviços por jornada ou por produção ou tarefa.*
>
> *§ 3º Na hipótese da prestação de serviços em regime de teletrabalho ou trabalho remoto por produção ou tarefa, não se aplicará o disposto no Capítulo II do Título II desta Consolidação.*
>
> *§ 4º O regime de teletrabalho ou trabalho remoto não se confunde e nem se equipara à ocupação de operador de telemarketing ou de teleatendimento.*
>
> *§ 5º O tempo de uso de equipamentos tecnológicos e de infraestrutura necessária, e de softwares, de ferramentas digitais ou de aplicações de internet utilizados para o teletrabalho, fora da jornada de trabalho normal do empregado não constitui tempo à disposição, regime de prontidão ou de sobreaviso, exceto se houver previsão em acordo individual ou em acordo ou convenção coletiva de trabalho.*
>
> *§ 6º Fica permitida a adoção do regime de teletrabalho ou trabalho remoto para estagiários e aprendizes.*
>
> *§ 7º Aos empregados em regime de teletrabalho aplicam-se as disposições previstas na legislação local e nas convenções e acordos coletivos de trabalho relativas à base territorial do estabelecimento de lotação do empregado.*
>
> *§ 8º Ao contrato de trabalho do empregado admitido no Brasil que optar pela realização de teletrabalho fora do território nacional, aplica-se a legislação brasileira, excetuadas as disposições constantes na Lei nº 7.064, de 6 de dezembro 1982, salvo disposição em contrário estipulada entre as partes.*
>
> *§ 9º Acordo individual poderá dispor sobre os horários e os meios de comunicação entre empregado e empregador, desde que assegurados os repousos legais.*
>
> ***Art. 75-C*** *A prestação de serviços na modalidade de teletrabalho ou trabalho remoto deverá constar expressamente do contrato individual de trabalho.*
>
> *§ 1º Poderá ser realizada a alteração entre regime presencial e de teletrabalho desde que haja mútuo acordo entre as partes, registrado em aditivo contratual.*
>
> *§ 2º Poderá ser realizada a alteração do regime de teletrabalho para o presencial por determinação do empregador, garantido prazo de transição mínimo de 15 dias, com correspondente registro em aditivo contratual.*
>
> *§ 3º O empregador não será responsável pelas despesas resultantes do retorno ao trabalho presencial, na hipótese de o empregado optar pela realização do teletrabalho ou trabalho remoto fora da localidade prevista no contrato, salvo disposição em contrário estipulada entre as partes.*

Importante mencionarmos que a CLT exige que a condição de teletrabalho conste no contrato individual de trabalho, bem como que a responsabilidade pela aquisição, manutenção ou fornecimento dos equipamentos tecnológicos e da infraestrutura necessária e adequada à prestação do trabalho remoto, bem como ao reembolso de despesas arcadas pelo empregado, serão previstas em contrato escrito. As utilidades mencionadas no *caput* deste artigo não integram a remuneração do empregado.

> ***Art. 75-D*** *As disposições relativas à responsabilidade pela aquisição, manutenção ou fornecimento dos equipamentos tecnológicos e da infraestrutura necessária e adequada à prestação do trabalho remoto, bem como ao reembolso de despesas arcadas pelo empregado, serão previstas em contrato escrito.*
>
> ***Parágrafo único.*** *As utilidades mencionadas no caput deste artigo não integram a remuneração do empregado.*
>
> ***Art. 75-E*** *O empregador deverá instruir os empregados, de maneira expressa e ostensiva, quanto às precauções a tomar a fim de evitar doenças e acidentes de trabalho.*
>
> ***Parágrafo único.*** *O empregado deverá assinar termo de responsabilidade comprometendo-se a seguir as instruções fornecidas pelo empregador.*
>
> ***Art. 75-F*** *Os empregadores deverão conferir prioridade aos empregados com deficiência e aos empregados e empregadas com filhos ou criança sob guarda judicial até quatro anos de idade na alocação em vagas para atividades que possam ser efetuadas por meio do teletrabalho ou trabalho remoto.*

Não obstante, em 28 de março de 2022 foi publicada a Medida Provisória nº 1.108/2022, que alterou a CLT, trazendo novas regras para o Teletrabalho.

Assim, o Teletrabalho na nova MP passa a tratar como sinônimos "teletrabalho" e "trabalho remoto", o famoso home-office.

Com a Medida Provisória nº 1.108/2022 permanece considerado regime de teletrabalho a atividade prestada fora das dependências do empregador, de maneira preponderante ou não, desde que com a utilização de tecnologias de informação e de comunicação, que, por sua natureza, não se configure como trabalho externo, conforme vimos anteriormente.

Com a nova MP ficou permitida a contratação por controle de jornada ou por produção.

→ **Jornada: dessa forma, a MP permite o controle de forma remota pelo empregador e viabiliza o pagamento de horas extras;**

→ **Produção: por produção, o trabalhador terá a liberdade de exercer tarefas na hora em que desejar.**

Ainda, a MP permite a adoção de regime de teletrabalho ou trabalho remoto para estagiários e aprendizes, além de que profissionais com deficiência ou com filhos de até quatro anos que devem ter prioridade para as vagas em teletrabalho.

7.5 Regime de Tempo Parcial

É um regime de trabalho com a possibilidade de duração da jornada de trabalho em que a jornada de trabalho é superior a 26 horas e limitada a 30 horas semanais, não podendo ocorrer horas extras, ou quando a jornada é de até 26 horas semanais, com possibilidade de até 6 horas suplementares semanais, tendo a remuneração equivalente ao tempo de trabalho, devendo haver o consentimento do empregado e negociação coletiva prévia.

No que tange à compensação de jornada no regime de trabalho parcial, as horas extras devem ser compensadas até a semana imediatamente posterior a sua execução, devendo ser feita a sua quitação na folha de pagamento do mês subsequente, caso não sejam compensadas.

> ***Art. 58-A, CLT*** *Considera-se trabalho em regime de tempo parcial aquele cuja duração não exceda a 30 horas semanais, sem a possibilidade de horas suplementares semanais, ou, ainda, aquele cuja duração não exceda a 26 horas semanais, com a possibilidade de acréscimo de até 6 horas suplementares semanais.*
>
> *§ 1º O salário a ser pago aos empregados sob o regime de tempo parcial será proporcional à sua jornada, em relação aos empregados que cumprem, nas mesmas funções, tempo integral.*
>
> *§ 2º Para os atuais empregados, a adoção do regime de tempo parcial será feita mediante opção manifestada perante a empresa, na forma prevista em instrumento decorrente de negociação coletiva.*
>
> *§ 3º As horas suplementares à duração do trabalho semanal normal serão pagas com o acréscimo de 50% sobre o salário-hora normal.*
>
> *§ 4º Na hipótese de o contrato de trabalho em regime de tempo parcial ser estabelecido em número inferior a 26 horas semanais, as horas suplementares a este quantitativo serão consideradas horas extras para fins do pagamento estipulado no § 3º, estando também limitadas a 6 horas suplementares semanais.*
>
> *§ 5º As horas suplementares da jornada de trabalho normal poderão ser compensadas diretamente até a semana imediatamente posterior à da sua execução, devendo ser feita a sua quitação na folha de pagamento do mês subsequente, caso não sejam compensadas.*
>
> *§ 6º É facultado ao empregado contratado sob regime de tempo parcial converter um terço do período de férias a que tiver direito em abono pecuniário.*
>
> *§ 7º As férias do regime de tempo parcial são regidas pelo disposto no art. 130 desta Consolidação.*

7.6 Turnos Ininterruptos de Revezamento

Quando o empregado trabalhar em sistema de turnos ininterruptos de revezamento, fará jus a uma jornada diária de seis horas, nos termos do art. 7º, XIV, da CF/1988:

> ***Art. 7º, XIV, CF/1988*** *Jornada de seis horas para o trabalho realizado em turnos ininterruptos de revezamento, salvo negociação coletiva;*

Para que se caracterize o trabalho em turnos ininterruptos de revezamento, é necessário que o empregado trabalhe em turnos alternados (diurno e noturno), de forma a lhe alterar significativamente o relógio biológico, bem como o convívio social.

Fique ligado

Não há necessidade de que a alteração englobe as 24 horas do dia, mas que haja alternância dos períodos diurno e noturno.

> ***Orientação Jurisprudencial nº 360 – SDI-1***
>
> *TURNO ININTERRUPTO DE REVEZAMENTO. DOIS TURNOS. HORÁRIO DIURNO E NOTURNO. CARACTERIZAÇÃO.*
>
> *Faz jus à jornada especial prevista no art. 7º, XIV, da CF/1988 o trabalhador que exerce suas atividades em sistema de alternância de turnos, ainda que em dois turnos de trabalho, que compreendam, no todo ou em parte, o horário diurno e o noturno, pois submetido à alternância de horário prejudicial à saúde, sendo irrelevante que a atividade da empresa se desenvolva de forma ininterrupta.*

Por esta razão, porque o labor em tais turnos é prejudicial ao trabalhador, a Constituição garante uma jornada mais reduzida (seis horas). Mas, cumpre notar, ficou autorizada a estipulação de jornada diversa por meio de negociação coletiva (ACT e CCT).

A concessão do intervalo intrajornada não desnatura o labor em turno ininterrupto de revezamento, porque o que deve ser ininterrupto é a constante alteração da jornada. A pausa para alimentação e repouso é determinada por lei (art. 71 da CLT) e, naturalmente, não pode ser suprimida, por se tratar de medida de saúde.

É o que dispõe a Súmula nº 360 do TST:

> ***Súmula nº 360 – TST***
>
> *TURNOS ININTERRUPTOS DE REVEZAMENTO. INTERVALOS INTRAJORNADA E SEMANAL.*
>
> *A interrupção do trabalho destinada a repouso e alimentação, dentro de cada turno, ou o intervalo para repouso semanal, não descaracteriza o turno de revezamento com jornada de seis horas previsto no art. 7º, XIV, da CF/1988.*

Também é importante destacarmos a Súmula nº 110 do TST:

> ***Súmula nº 110 – TST***
>
> *JORNADA DE TRABALHO. INTERVALO.*
>
> *No regime de revezamento, as horas trabalhadas em seguida ao repouso semanal de 24 horas, com prejuízo do intervalo mínimo de 11 horas consecutivas para descanso entre jornadas, devem ser remuneradas como extraordinárias, inclusive com o respectivo adicional.*

O empregado que trabalha em turno ininterrupto de revezamentofazjusaoadicionalnoturnoquandotrabalharemtalhorário(OJ nº 395 do TST).

Não podemos esquecer, ainda, que a jornada do turno ininterrupto de revezamento pode ser pactuada por meio de negociação coletiva, de forma que se for prevista jornada diária superior a seis horas (até o limite legal de oito horas diárias), não serão devidas horas extras (assim entendidas aquelas prestadas posteriormente à sexta diária), conforme Súmula nº 423 do TST:

> ***Súmula nº 423 – TST***
>
> *TURNO ININTERRUPTO DE REVEZAMENTO. FIXAÇÃO DE JORNADA DE TRABALHO MEDIANTE NEGOCIAÇÃO COLETIVA. VALIDADE.*
>
> *Estabelecida jornada superior a seis horas e limitada a oito horas por meio de regular negociação coletiva, os empregados submetidos a turnos ininterruptos de revezamento não têm direito ao pagamento da 7ª e 8ª horas como extras.*

O entendimento do TST (Súmula nº 423) é de que havendo negociação coletiva fixando a jornada diária com duração superior a seis (limitada a oito horas), a 7ª e 8ª horas não são devidas como extras, pois representam jornada normal. Cuidado com questões de concurso que transcrevem o teor da súmula, suprindo a expressão "não".

Por outro lado, é inválido o instrumento normativo que, regularizando situações pretéritas, estabelece jornada de oito horas para o trabalho em turnos ininterruptos de revezamento (OJ nº 420), valendo a previsão convencional a partir de sua vigência.

Inexistindo pactuação coletiva distinta, a jornada diária será de seis horas, conforme previsto na CF/1988, sendo devidas como extras as horas prestadas após a sexta hora, ainda que seja empregado horista, nos termos da OJ nº 275 da SDI-1:

Orientação Jurisprudencial nº 275 – SDI-1

TURNO ININTERRUPTO DE REVEZAMENTO. HORISTA. HORAS EXTRAS E ADICIONAL. DEVIDOS.

Inexistindo instrumento coletivo fixando jornada diversa, o empregado horista submetido a turno ininterrupto de revezamento faz jus ao pagamento das horas extraordinárias laboradas além da 6ª, bem como ao respectivo adicional.

Caso haja alteração da jornada de oito para seis horas, mediante instrumento normativo, o divisor de horas extras deve ser alterado para 180, sob pena de afronta ao princípio da irredutibilidade salarial (OJ nº 396 da SDI-1, TST).

O ferroviário submetido a escalas variadas, com alternância de turnos, faz jus à jornada especial prevista no art. 7º, XIV, da CF/1988 (OJ nº 274, TST).

7.7 Minutos Residuais

O limite de cinco minutos de tolerância tratado no § 1º do art. 58 é para o início e o término da jornada, de forma não cumulativa. Ou seja, se houver extrapolamento da jornada em mais de cinco minutos no início da jornada (ou no término) haverá hora extra a ser paga, não obstante o limite de dez minutos não tenha sido excedido. Nesta hipótese, serão pagos todos os minutos como horas extras.

É o entendimento do TST cristalizado na Súmula nº 366:

Súmula nº 366 – TST

CARTÃO DE PONTO. REGISTRO. HORAS EXTRAS. MINUTOS QUE ANTECEDEM E SUCEDEM A JORNADA DE TRABALHO.

Não serão descontadas nem computadas como jornada extraordinária as variações de horário do registro de ponto não excedentes de cinco minutos, observado o limite máximo de dez minutos diários. Se ultrapassado esse limite, será considerada como extra a totalidade do tempo que exceder a jornada normal, pois configurado tempo à disposição do empregador, não importando as atividades desenvolvidas pelo empregado ao longo do tempo residual (troca de uniforme, lanche, higiene pessoal etc.).

Considerando a inclusão do § 2º ao art. 4º da CLT pela Lei nº 13.467/2017 (Reforma Trabalhista) que expressamente afastou como sendo à disposição o tempo em que o empregado estiver se alimentando, fazendo higiene pessoal e colocando uniforme (se for possível se apresentar na empresa uniformizado), haverá necessidade de revisão da parte final da Súmula nº 366 supracitada (parte tachada).

Observemos o teor do § 2º do art. 4º da CLT:

Art. 4º, § 2º *Por não se considerar tempo à disposição do empregador, não será computado como período extraordinário o que exceder a jornada normal, ainda que ultrapasse o limite de cinco minutos previsto no § 1º do art. 58 desta Consolidação, quando o empregado, por escolha própria, buscar proteção pessoal, em caso de insegurança nas vias públicas ou más condições climáticas, bem como adentrar ou permanecer nas dependências da empresa para exercer atividades particulares, entre outras:*

I – práticas religiosas;

II – descanso;

III – lazer;

IV – estudo;

V – alimentação;

VI – atividades de relacionamento social;

VII – higiene pessoal;

VIII – troca de roupa ou uniforme, quando não houver obrigatoriedade de realizar a troca na empresa.

É inválida a cláusula convencional que estabelecer limite de tolerância superior aos cinco minutos que antecedem e sucedem à jornada, nos termos da recente Súmula nº 449 do TST:

Súmula nº 449 – TST

MINUTOS QUE ANTECEDEM E SUCEDEM A JORNADA DE TRABALHO. LEI Nº 10.243, DE 19/6/2001. NORMA COLETIVA. FLEXIBILIZAÇÃO. IMPOSSIBILIDADE.

A partir da vigência da Lei nº 10.243, de 19/6/2001, que acrescentou o § 1º ao art. 58 da CLT, não mais prevalece cláusula prevista em convenção ou acordo coletivo que elastece o limite de cinco minutos que antecedem e sucedem a jornada de trabalho para fins de apuração das horas extras.

7.8 Limite de Horas Extras

A CLT permite a prestação de horas extras, desde que pactuadas entre empregador e empregado (acordo individual ou por instrumento normativo), mas estipula limite para a quantidade de labor extraordinário.

Reza o art. 59 da CLT, com as alterações introduzidas pela Lei nº 13.467/2017 (Reforma Trabalhista):

Art. 59 *A duração diária do trabalho poderá ser acrescida de horas extras, em número não excedente de duas, por acordo individual, convenção coletiva ou acordo coletivo de trabalho.*

§ 1º A remuneração da hora extra será, pelo menos, 50% superior à da hora normal.

§ 2º Poderá ser dispensado o acréscimo de salário se, por força de acordo ou convenção coletiva de trabalho, o excesso de horas em um dia for compensado pela correspondente diminuição em outro dia, de maneira que não exceda, no período máximo de um ano, à soma das jornadas semanais de trabalho previstas, nem seja ultrapassado o limite máximo de dez horas diárias.

§ 3º Na hipótese de rescisão do contrato de trabalho sem que tenha havido a compensação integral da jornada extraordinária, na forma dos §§ 2º e 5º deste artigo, o trabalhador terá direito ao pagamento das horas extras não compensadas, calculadas sobre o valor da remuneração na data da rescisão.

§ 4º (Revogado)

§ 5º O banco de horas de que trata o § 2º deste artigo poderá ser pactuado por acordo individual escrito, desde que a compensação ocorra no período máximo de seis meses.

§ 6º É lícito o regime de compensação de jornada estabelecido por acordo individual, tácito ou escrito, para a compensação no mesmo mês.

A prorrogação da jornada de trabalho, prevista no art. 59, *caput*, da CLT, guarda relação com a simples prorrogação de jornada de trabalho mediante acordo individual celebrado entre empregado e empregador.

As horas extras são remuneradas com um adicional de, no mínimo, 50% sobre o valor da hora normal (art. 7º, XVI, da CF). Se outro percentual mais benéfico for acordado no contrato individual ou por instrumento normativo (ACT ou CCT), deve ser observado.

O limite de horas extras que podem ser prestadas por dia é de duas. Todavia, não observado tal limite pelo empregador, são devidas todas as horas efetivamente prestadas em labor em sobrejornada (Súmula nº 376, I, do TST).

Súmula nº 376 – TST

HORAS EXTRAS. LIMITAÇÃO. ART. 59 DA CLT. REFLEXOS.

I – A limitação legal da jornada suplementar a duas horas diárias não exime o empregador de pagar todas as horas trabalhadas.

II – O valor das horas extras habitualmente prestadas integra o cálculo dos haveres trabalhistas, independentemente da limitação prevista no caput do art. 59 da CLT.

Horas extras do trabalhador menor

A prestação de serviço extraordinário pelo empregado menor somente é permitida em caso excepcional, por motivo de força maior e desde que o trabalho do menor seja imprescindível ao funcionamento do estabelecimento. Todavia, é permitido o labor além da jornada para fins de compensação de jornada (art. 413 da CLT), o que, na realidade, não é hora extra.

Uma particularidade importante da jornada do menor a ser ressaltada é que, se ele trabalhar em mais de um estabelecimento, as jornadas devem ser somadas, a fim de se evitar o labor extraordinário.

7.9 Compensação de Jornada

Embora a CF estabeleça o limite de oito horas diárias, o mesmo texto constitucional permite a estipulação da chamada compensação de jornadas (art. 7º, XIII: duração do trabalho normal não superior a 8 horas diárias e 44 horas semanais, facultada a compensação de horários e a redução da jornada, mediante acordo ou convenção coletiva de trabalho).

Com o advento da Lei nº 13.467/2017 (Reforma Trabalhista) houve a regulamentação de quatro formas de compensação, com alteração da formalidade para instituição delas. São elas: compensação semanal, mensal, banco de horas (anual ou semestral) e 12x36.

Agora se admite o contrato individual para compensação de jornada, com exceção do banco de horas anual. Todavia, é possível a pactuação individual para banco de horas de até seis meses, novidade instituída pela Lei nº 13.467/2017 (Reforma Trabalhista). Com exceção da compensação 12x36 (12 horas de trabalho por 36 de descanso), o aumento da jornada deve observar, como antes, o limite de 10 horas diárias

Fique ligado

As horas prestadas para efeitos de compensação não são remuneradas como horas extras.

Compensação semanal

É a compensação que ocorre quando o empregado labora algumas horas a mais no decorrer da semana, a fim de suprimir o trabalho em outro dia, normalmente no sábado.

Pode ocorrer, por exemplo, de o empregado que cumpre jornada de 8 horas diárias e 44 semanais, trabalhar 48 minutos a mais de segunda a sexta-feira para folgar no sábado (em que teria que trabalhar 4 horas se mantivesse a jornada diária de 8 horas). Nesta hipótese, os 48 minutos diários não podem ser considerados como hora extra, pois são destinados à compensação no sábado.

Em regra, o acordo de compensação semanal pode ser estipulado entre empregado e empregador, salvo se houver negociação coletiva dispondo de forma diversa (por exemplo, com a participação do sindicato). Exceção se faz para o motorista profissional, pois o § 6º do art. 235-C da CLT, acrescentado pela Lei nº 12.619/2012, prevê tal compensação apenas mediante previsão em instrumento de negociação coletiva (ACT ou CCT).

No mesmo sentido do entendimento do TST inserto na Súmula nº 85 (item III), a Lei nº 13.467/2017 (Reforma Trabalhista) trouxe previsão de que a ausência de pactuação acerca da compensação semanal, ou seja: inexistência de contrato (individual ou coletivo) não acarreta o pagamento de horas extras (hora + adicional) se não ultrapassado o limite semanal. Em outras palavras, admite-se o acordo tácito.

Vejamos o teor do art. 59-b da CLT, inserido pela Reforma Trabalhista:

> ***Art. 59-B*** *O não atendimento das exigências legais para compensação de jornada, inclusive quando estabelecida mediante acordo tácito, não implica a repetição do pagamento das horas excedentes à jornada normal diária se não ultrapassada a duração máxima semanal, sendo devido apenas o respectivo adicional.*
>
> ***Parágrafo único.*** *A prestação de horas extras habituais não descaracteriza o acordo de compensação de jornada e o banco de horas.*

Por outro lado, é importante observar que agora é possível a cumulação de compensação de jornada com horas extras e banco de horas, razão pela qual será necessária revisão de parte da Súmula nº 85 do TST, muito solicitada em concursos, nos itens que ora destacamos:

> ***Súmula nº 85 – TST***
>
> *COMPENSAÇÃO DE JORNADA (inserido o item VI).*
>
> *I – A compensação de jornada de trabalho deve ser ajustada por acordo individual escrito, acordo coletivo ou convenção coletiva.*
>
> *II – O acordo individual para compensação de horas é válido, salvo se houver norma coletiva em sentido contrário.*
>
> *III – O mero não atendimento das exigências legais para a compensação de jornada, inclusive quando encetada mediante acordo tácito, não implica a repetição do pagamento das horas excedentes à jornada normal diária, se não dilatada a jornada máxima semanal, sendo devido apenas o respectivo adicional.*
>
> *IV – A prestação de horas extras habituais descaracteriza o acordo de compensação de jornada. Nesta hipótese, as horas que ultrapassarem a jornada semanal normal deverão ser pagas como horas extraordinárias e, quanto àquelas destinadas à compensação, deverá ser pago a mais apenas o adicional por trabalho extraordinário.*
>
> *V – As disposições contidas nesta súmula não se aplicam ao regime compensatório na modalidade "banco de horas", que somente pode ser instituído por negociação coletiva.*
>
> *VI – Não é válido acordo de compensação de jornada em atividade insalubre, ainda que estipulado em norma coletiva, sem a necessária inspeção prévia e permissão da autoridade competente, na forma do art. 60 da CLT.*

O TST valida a chamada "semana espanhola" prevista na OJ nº 323, via negociação coletiva:

> ***Orientação Jurisprudencial nº 323 – SDI-1***
>
> *ACORDO DE COMPENSAÇÃO DE JORNADA. "SEMANA ESPANHOLA". VALIDADE.*
>
> *É válido o sistema de compensação de horário quando a jornada adotada é a denominada "semana espanhola", que alterna a prestação de 48 horas em uma semana e 40 horas em outra, não violando os arts. 59, § 2º, da CLT e 7º, XIII, da CF/1988 o seu ajuste mediante acordo ou convenção coletiva de trabalho.*

Compensação mensal

Agora se admite a compensação mensal, por pactuação individual por escrito ou até mesmo tacitamente, ante a inclusão do § 6º ao art. 59 da CLT pela Lei nº 13.467/2017 (Reforma Trabalhista), de seguinte teor:

> ***Art. 59, § 6º, CLT*** *É lícito o regime de compensação de jornada estabelecido por acordo individual, tácito ou escrito, para a compensação no mesmo mês.*

Fique ligado

Muita atenção, porque essa previsão, que é novidade, provavelmente será muito cobrada em concursos.

Banco de horas

Antes do advento da Lei nº 13.467/2017 (Reforma Trabalhista) o banco de horas somente poderia ser acordado por negociação coletiva (ACT ou CCT). Todavia, considerando a vigência da Lei nº 13.467/2017, o banco de horas poderá ser instituído por acordo individual escrito desde que a compensação observe o prazo máximo de até seis meses.

Vejamos o atual teor dos §§ 2º, 3º e 5º do art. 59 da CLT que disciplina o banco de horas:

> ***Art. 59, CLT*** *[...]*
>
> *§ 2º Poderá ser dispensado o acréscimo de salário se, por força de acordo ou convenção coletiva de trabalho, o excesso de horas em um dia for compensado pela correspondente diminuição em outro dia, de maneira que não exceda, no período máximo de um ano, à soma das jornadas semanais de trabalho previstas, nem seja ultrapassado o limite máximo de dez horas diárias.*
>
> *[...]*
>
> *§ 3º Na hipótese de rescisão do contrato de trabalho sem que tenha havido a compensação integral da jornada extraordinária, na forma dos §§ 2º e 5º deste artigo, o trabalhador terá direito ao pagamento das horas extras não compensadas, calculadas sobre o valor da remuneração na data da rescisão. [...]*
>
> *§ 5º O banco de horas de que trata o § 2º deste artigo poderá ser pactuado por acordo individual escrito, desde que a compensação ocorra no período máximo de seis meses.*

Muito cuidado: ante o teor do parágrafo único do art. 59-B da CLT, inserido pela Lei nº 13.467/2017 (Reforma Trabalhista), a existência de horas extras não invalida o banco de horas.

Assim, o legislador explicitou inexistir incompatibilidade entre os institutos, diversamente do entendimento jurisprudencial inserto na Súmula nº 85, que deve ser alterada, conforme ressaltado anteriormente.

Fique ligado

A jornada diária não pode ultrapassar dez horas, sob pena de invalidação do sistema de compensação. Por outro lado, é possível o acúmulo de horas extras com banco de horas.

Compensação de jornada para atividades insalubres

Regra geral, a compensação de jornada para empregados que trabalham em condições insalubres só é possível com prévia autorização do Ministério do Trabalho, que fará inspeção no local, indicando se é possível o labor em sobrejornada e a quantidade, nos moldes do art. 60 da CLT, não se admitindo tal pactuação mediante negociação coletiva (cancelamento da Súmula nº 349 do TST em 2011).

Todavia, houve o acréscimo do parágrafo único do art. 60 da CLT, com a vigência da Lei nº 13.467/2017 (Reforma Trabalhista), que trouxe exceção para exigência da prévia inspeção, as jornadas 12×36.

Vamos analisar o atual teor do art. 60 da CLT:

> ***Art. 60, CLT*** *Nas atividades insalubres, assim consideradas as constantes dos quadros mencionados no capítulo "Da Segurança e da Medicina do Trabalho", ou que neles venham a ser incluídas o ato do Ministro do Trabalho, quaisquer prorrogações só poderão ser acordadas mediante licença prévia das autoridades competentes em matéria de higiene do Trabalho, as quais, para esse efeito, procederão aos necessários exames locais e a verificação dos métodos e processos de trabalho, quer diretamente, quer por intermédio de autoridades sanitárias federais, estaduais, e municipais, com quem entrarão em entendimento para tal fim.*
>
> ***Parágrafo único.*** *Excetuam-se da exigência de licença prévia as jornadas de 12 horas de trabalho por 36 horas ininterruptas de descanso.*

Compensação 12×36

Outra alteração importante trazida pela Lei nº 13.467/2017 (Reforma Trabalhista) foi a possibilidade de se instituir acordo de compensação de jornada, no sistema de 12 horas de trabalho por 36 de descanso.

Muito cuidado para não confundir com o entendimento do TST que só autorizava tal regime por negociação coletiva ou por lei, pois agora se admite também por acordo individual.

O tema foi regulamentado pelo art. 59-A da CLT, apresentado como exceção do limite diário de 10 horas de labor em sobrejornada (sendo duas destinadas à compensação ou horas extras):

> ***Art. 59-A*** *Em exceção ao disposto no art. 59 desta Consolidação, é facultado às partes, mediante acordo individual escrito, convenção coletiva ou acordo coletivo de trabalho, estabelecer horário de trabalho de 12 horas seguidas por 36 horas ininterruptas de descanso, observados ou indenizados os intervalos para repouso e alimentação.*
>
> ***Parágrafo único.*** *A remuneração mensal pactuada pelo horário previsto no caput deste artigo abrange os pagamentos devidos pelo descanso semanal remunerado e pelo descanso em feriados, e serão considerados compensados os feriados e as prorrogações de trabalho noturno, quando houver, de que tratam o art. 70 e o § 5º do art. 73 desta Consolidação.*

Convém observar que o texto legal considera incluído na jornada o labor em feriados e prorrogações de trabalho noturno, o que é contrário ao entendimento do TST inserto na Súmula nº 444, que deverá ser cancelada ou substancialmente reformada:

> ***Súmula nº 444 – TST***
>
> *JORNADA DE TRABALHO. NORMA COLETIVA. LEI. ESCALA DE 12 POR 36. VALIDADE.*
>
> *É válida, em caráter excepcional, a jornada de 12 horas de trabalho por 36 de descanso, prevista em lei ou ajustada exclusivamente mediante acordo coletivo de trabalho ou convenção coletiva de trabalho, assegurada a remuneração em dobro dos feriados trabalhados. O empregado não tem direito ao pagamento de adicional referente ao labor prestado na décima primeira e décima segunda horas.*

Fique ligado

A jornada 12×36 instituída pela CLT ficou com o mesmo teor da prevista para os domésticos pela LC nº 150/2015.

7.10 Horas Extras por Necessidade Imperiosa

A prorrogação independe de negociação coletiva. Podendo ser por:

→ **Força maior, em que não há limite de jornada e pagamento adicional, no mínimo, de 50%.**

→ **Para conclusão de serviços inadiáveis: máximo de 12 horas e pagamento adicional, no mínimo, de 50%.**

→ **Recuperação de horas: máximo de 2 horas diárias, período de 45 dias, com prévia autorização do Ministério do Trabalho e pagamento adicional, no mínimo, de 50%.**

> ***Art. 61, CLT*** *Ocorrendo necessidade imperiosa, poderá a duração do trabalho exceder do limite legal ou convencionado, seja para fazer face a motivo de força maior, seja para atender à realização ou conclusão de serviços inadiáveis ou cuja inexecução possa acarretar prejuízo manifesto.*
>
> *§ 1º O excesso, nos casos deste artigo, pode ser exigido independentemente de convenção coletiva ou acordo coletivo de trabalho.*
>
> *§ 2º Nos casos de excesso de horário por motivo de força maior, a remuneração da hora excedente não será inferior à da hora normal. Nos demais casos de excesso previstos neste artigo, a remuneração será, pelo menos, 25% superior à da hora normal, e o trabalho não poderá exceder de 12 horas, desde que a lei não fixe expressamente outro limite.*
>
> *§ 3º Sempre que ocorrer interrupção do trabalho, resultante de causas acidentais, ou de força maior, que determinem a impossibilidade de sua realização, a duração do trabalho poderá ser prorrogada pelo tempo necessário até o máximo de 2 horas, durante o número de dias indispensáveis à recuperação do tempo perdido, desde que não exceda de 10 horas diárias, em período não superior a 45 dias por ano, sujeita essa recuperação à prévia autorização da autoridade competente.*

7.11 Valor das Horas Extras

As horas extras são remuneradas com um adicional de, no mínimo, 50% sobre o valor da hora normal (art. 7º, XVI, da CF/1988). Se outro percentual mais benéfico for acordado no contrato individual ou por instrumento normativo, deve ser observado.

7.12 Empregado Mensalista

O valor da hora trabalhada (para aplicação do adicional de horas extras) é obtido com base no divisor a ser aplicado, o qual guarda direta relação com a jornada semanal cumprida.

Para o empregado mensalista se aplica o art. 64 da CLT:

> ***Art. 64*** *O salário-hora normal, no caso de empregado mensalista, será obtido dividindo-se o salário mensal correspondente à duração do trabalho, a que se refere o art. 58, por 30 vezes o número de horas dessa duração.*
>
> ***Parágrafo único.*** *Sendo o número de dias inferior a 30 adotar-se-á para o cálculo, em lugar desse número, o de dias de trabalho por mês.*

A despeito do teor do parágrafo único do art. 64 da CLT que trata do número efetivo de dias do mês, é pacífico o entendimento de adoção do mês civil para apuração do divisor de horas extras, ou seja, a duração será, invariavelmente, de 30 dias.

Exemplificando para melhor compreensão: para o empregado que cumpre 44 horas semanais:

→ **Divide-se o número de horas semanais (no exemplo, 44) pelo número de dias úteis (6 – de segunda-feira a sábado), em que se obtém uma jornada diária de 7h20min;**

→ **Na sequência, deve-se multiplicar a jornada diária por 30 (mês civil), contemplando-se, assim, o repouso semanal remunerado; que resulta em 220.**

→ **Por fim, divide-se o valor do salário pelo divisor encontrado e, após, aplica-se o adicional de horas extras devido.**

Agora que já aprendemos o jeito certo de calcular, vamos ao macete: para a obtenção do divisor é só multiplicar por 5 a quantidade de horas semanais. Se o empregado trabalha 36 horas semanais, o divisor será 180 (36x5). Trabalhando 44 horas, o divisor é 220 (44x5), e assim sucessivamente.

Seguindo essa sistemática, tem-se que ao empregado que trabalha 40 horas semanais aplica-se o divisor 200.

> ***Súmula nº 431 – TST***
>
> *SALÁRIO HORA. EMPREGADO SUJEITO AO REGIME GERAL DE TRABALHO (ART. 58, caput, DA CLT). 40 HORAS SEMANAIS. CÁLCULO. APLICAÇÃO DO DIVISOR 200.*
>
> *Para os empregados a que alude o art. 58, caput, da CLT, quando sujeitos a 40 horas semanais de trabalho, aplica-se o divisor 200 para o cálculo do valor do salário hora.*

É importante observar o atual entendimento do TST, com relação aos bancários, que leva em conta a jornada contratual semanal, e não a efetivamente trabalhada. Vejamos o teor da Súmula nº 124, alterada após julgamento de incidente de recursos repetitivos:

> ***Súmula nº 124 – TST***
>
> *BANCÁRIO. SALÁRIO-HORA. DIVISOR.*
>
> *I – O divisor aplicável para o cálculo das horas extras do bancário será:*
>
> *a) 180, para os empregados submetidos à jornada de seis horas prevista no caput do art. 224 da CLT;*
>
> *b) 220, para os empregados submetidos à jornada de oito horas, nos termos do § 2º do art. 224 da CLT.*
>
> *II – Ressalvam-se da aplicação do item anterior as decisões de mérito sobre o tema, qualquer que seja o seu teor, emanadas de Turma do TST ou da SBDI-I, no período de 27/9/2012 até 21/11/2016, conforme a modulação aprovada no precedente obrigatório firmado no Incidente de Recursos de Revista Repetitivos nº TST-IRR-849-83.2013.5.03.0138, DEJT 19/12/2016.*

Para o empregado que recebe por dia (diarista), o cálculo é mais simples:

> ***Art. 65, CLT*** *No caso do empregado diarista, o salário-hora normal será obtido dividindo-se o salário diário correspondente à duração do trabalho, estabelecida no art. 8º, pelo número de horas de efetivo trabalho.*

Acerca da forma de cálculo das horas extras, é importante transcrevermos a Súmula nº 264 e Orientação Jurisprudencial nº 47 da SDI-1 do TST:

Súmula nº 264 – TST

HORA SUPLEMENTAR. CÁLCULO.

A remuneração do serviço suplementar é composta do valor da hora normal, integrado por parcelas de natureza salarial e acrescido do adicional previsto em lei, contrato, acordo, convenção coletiva ou sentença normativa.

Orientação Jurisprudencial nº 47 – SDI-1

HORA EXTRA. ADICIONAL DE INSALUBRIDADE. BASE DE CÁLCULO.

A base de cálculo da hora extra é o resultado da soma do salário contratual mais o adicional de insalubridade.

As horas extras prestadas habitualmente integram a remuneração para todos os fins (cálculo de férias, 13º, repouso semanal remunerado).

Súmula nº 45 – TST

SERVIÇO SUPLEMENTAR.

A remuneração do serviço suplementar, habitualmente prestado, integra o cálculo da gratificação natalina prevista na Lei nº 4.090, de 13/7/1962.

Súmula nº 172 – TST

REPOUSO REMUNERADO. HORAS EXTRAS. CÁLCULO.

Computam-se no cálculo do repouso remunerado as horas extras habitualmente prestadas.

Súmula nº 347 – TST

HORAS EXTRAS HABITUAIS. APURAÇÃO. MÉDIA FÍSICA.

O cálculo do valor das horas extras habituais, para efeito de reflexos em verbas trabalhistas, observará o número de horas efetivamente prestadas e a ele aplica-se o valor do salário-hora da época do pagamento daquelas verbas.

7.13 Empregado Comissionista

Não há legislação específica para forma de cálculo das horas extras do comissionista puro (empregado remunerado apenas por comissões, sem parte fixa), utilizando-se a orientação contida na Súmula nº 340 do TST:

Súmula nº 340 – TST

COMISSIONISTA. HORAS EXTRAS. NOVA REDAÇÃO.

O empregado, sujeito a controle de horário, remunerado à base de comissões, tem direito ao adicional de, no mínimo, 50% pelo trabalho em horas extras, calculado sobre o valor-hora das comissões recebidas no mês, considerando-se como divisor o número de horas efetivamente trabalhadas.

Para o comissionista misto (que recebe parte fixa e comissões), o critério para apuração de horas extras está inserido na OJ nº 397 da SDI-1 do TST:

Orientação Jurisprudencial nº 397 – SDI-1

COMISSIONISTA MISTO. HORAS EXTRAS. BASE DE CÁLCULO. APLICAÇÃO DA SÚMULA Nº 340 DO TST.

O empregado que recebe remuneração mista, ou seja, uma parte fixa e outra variável, tem direito a horas extras pelo trabalho em sobrejornada. Em relação à parte fixa, são devidas as horas simples acrescidas do adicional de horas extras. Em relação à parte variável, é devido somente o adicional de horas extras, aplicando-se à hipótese o disposto na Súmula nº 340 do TST.

7.14 Empregado Tarefeiro

Empregado que recebe remuneração por produção. Terá direito a perceber o adicional de horas extras, assim como o empregado comissionista, isso porque ele já recebeu pela hora trabalhada com o pagamento da tarefa realizada.

Todavia, tal regra não se aplica ao empregado cortador de cana, conforme alteração do entendimento do TST que modificou o texto da OJ nº 235 do TST:

Orientação Jurisprudencial nº 235 – SDI-1

HORAS EXTRAS. SALÁRIO POR PRODUÇÃO.

O empregado que recebe salário por produção e trabalha em sobrejornada tem direito à percepção apenas do adicional de horas extras, exceto no caso do empregado cortador de cana, a quem é devido o pagamento das horas extras e do adicional respectivo.

7.15 Exceções do Direito a Horas Extras

Existem empregados que não estão sujeitos a controle de jornada ante a situação peculiar descrita no art. 62 da CLT, razão pela qual não possui direito a horas extras.

***Art. 62** Não se compreendem no regime deste capítulo:*

I – os empregados que exercem atividade externa incompatível com a fixação de horário de trabalho, devendo tal condição ser anotada na Carteira de Trabalho e Previdência Social e no registro de empregados;

II – os gerentes, assim considerados os exercentes de cargos de gestão, aos quais se equiparam, para efeito do disposto neste artigo, os diretores e chefes de departamento ou filial;

III – os empregados em regime de teletrabalho.

***Parágrafo único.** O regime previsto neste capítulo será aplicável aos empregados mencionados no inciso II deste artigo, quando o salário do cargo de confiança, compreendendo a gratificação de função, se houver, for inferior ao valor do respectivo salário efetivo acrescido de 40%.*

7.16 Serviço Externo

Os empregados que prestam serviços externos incompatíveis com a fixação de horário, com registro de tal condição na CTPS e na ficha ou livro de registro de empregados, não têm direito a horas extras.

Todavia, não basta que a condição esteja anotada, deve-se verificar que, na realidade, é absolutamente impossível fazer um controle da jornada cumprida pelo empregado, ainda que de forma indireta. Por exemplo, vendedor externo.

7.17 Cargo de Confiança

Os gerentes, assim considerados os exercentes de cargos de gestão, aos quais se equiparam os diretores e chefes de departamentos ou filial, não fazem jus à remuneração pelo serviço extraordinário, pois não lhes aplicam as normas relativas à duração normal do trabalho.

Contudo, se o salário do cargo de confiança tem que ser, no mínimo, 40% superior ao salário normal da categoria.

Igualdade entre empregado que percebe salário (hora, semanal ou mensal) e o empregado comissionista.

Tal igualdade de tratamento é expressamente prevista no art. 63 da CLT:

***Art. 63** Não haverá distinção entre empregados e interessados, e a participação em lucros e comissões, salvo em lucros de caráter social, não exclui o participante do regime deste capítulo.*

7.18 Regime de Teletrabalho

Os empregados que estiverem em regime de teletrabalho, regulamentado nos arts. 75-A a 75-E da CLT, acrescentados pela Lei nº 13.467/2017 (Reforma Trabalhista), já explicitado anteriormente neste capítulo.

8. REMUNERAÇÃO E SALÁRIO

8.1 Conceito

Remuneração: engloba o salário (que é pago pelo empregador) e as gorjetas (que são pagas por terceiros).

Salário: é o valor econômico devido e pago diretamente pelo empregador ao empregado, como contraprestação dos serviços prestados. O salário em sentido amplo (lato sensu) é composto pela importância fixa combinada (stricto sensu) acrescida das gratificações legais e comissões pagas pelo empregador (art. 457, § 1º, da CLT alterado pela Lei nº 13.467/2017).

Sobre o salário, vejamos o teor do art. 457 da CLT, substancialmente alterado pela Lei nº 13.419/2017, que dispõe acerca das gorjetas, bem como pela Lei nº 13.467/2017 (Reforma Trabalhista):

> ***Art. 457*** *Compreendem-se na remuneração do empregado, para todos os efeitos legais, além do salário devido e pago diretamente pelo empregador, como contraprestação do serviço, as gorjetas que receber.*
>
> *§ 1º Integram o salário a importância fixa estipulada, as gratificações legais e as comissões pagas pelo empregador.*
>
> *§ 2º As importâncias, ainda que habituais, pagas a título de ajuda de custo, auxílio-alimentação, vedado seu pagamento em dinheiro, diárias para viagem, prêmios e abonos não integram a remuneração do empregado, não se incorporam ao contrato de trabalho e não constituem base de incidência de qualquer encargo trabalhista e previdenciário.*
>
> *§ 3º Considera-se gorjeta não só a importância espontaneamente dada pelo cliente ao empregado, como também o valor cobrado pela empresa, como serviço ou adicional, a qualquer título, e destinado à distribuição aos empregados.*
>
> *§ 4º Consideram-se prêmios as liberalidades concedidas pelo empregador em forma de bens, serviços ou valor em dinheiro a empregado ou a grupo de empregados, em razão de desempenho superior ao ordinariamente esperado no exercício de suas atividades.*
>
> *§ 5º Inexistindo previsão em convenção ou acordo coletivo de trabalho, os critérios de rateio e distribuição da gorjeta e os percentuais de retenção previstos nos §§ 6º e 7º deste artigo serão definidos em assembleia geral dos trabalhadores, na forma do art. 612 desta Consolidação.*
>
> *§ 6º As empresas que cobrarem a gorjeta de que trata o § 3º deverão:*
>
> *I – para as empresas inscritas em regime de tributação federal diferenciado, lançá-la na respectiva nota de consumo, facultada a retenção de até 20% da arrecadação correspondente, mediante previsão em convenção ou acordo coletivo de trabalho, para custear os encargos sociais, previdenciários e trabalhistas derivados da sua integração à remuneração dos empregados, devendo o valor remanescente ser revertido integralmente em favor do trabalhador;*
>
> *II – para as empresas não inscritas em regime de tributação federal diferenciado, lançá-la na respectiva nota de consumo, facultada a retenção de até 33% da arrecadação correspondente, mediante previsão em convenção ou acordo coletivo de trabalho, para custear os encargos sociais, previdenciários e trabalhistas derivados da sua integração à remuneração dos empregados, devendo o valor remanescente ser revertido integralmente em favor do trabalhador;*
>
> *III – anotar na Carteira de Trabalho e Previdência Social e no contracheque de seus empregados o salário contratual fixo e o percentual percebido a título de gorjeta.*
>
> *§ 7º A gorjeta, quando entregue pelo consumidor diretamente ao empregado, terá seus critérios definidos em convenção ou acordo coletivo de trabalho, facultada a retenção nos parâmetros do § 6º deste artigo.*
>
> *§ 8º As empresas deverão anotar na Carteira de Trabalho e Previdência Social de seus empregados o salário fixo e a média dos valores das gorjetas referente aos últimos doze meses.*
>
> *§ 9º Cessada pela empresa a cobrança da gorjeta de que trata o § 3º deste artigo, desde que cobrada por mais de 12 meses, essa se incorporará ao salário do empregado, tendo como base a média dos últimos 12 meses, salvo o estabelecido em convenção ou acordo coletivo de trabalho.*
>
> *§ 10 Para empresas com mais de sessenta empregados, será constituída comissão de empregados, mediante previsão em convenção ou acordo coletivo de trabalho, para acompanhamento e fiscalização da regularidade da cobrança e distribuição da gorjeta de que trata o § 3º deste artigo, cujos representantes serão eleitos em assembleia geral convocada para esse fim pelo sindicato laboral e gozarão de garantia de emprego vinculada ao desempenho das funções para que foram eleitos, e, para as demais empresas, será constituída comissão intersindical para o referido fim.*
>
> *§ 11 Comprovado o descumprimento do disposto nos §§ 4º, 6º, 7º e 9º deste artigo, o empregador pagará ao trabalhador prejudicado, a título de multa, o valor correspondente a 1/30 da média da gorjeta por dia de atraso, limitada ao piso da categoria, assegurados em qualquer hipótese o contraditório e a ampla defesa, observadas as seguintes regras:*
>
> *I – a limitação prevista neste parágrafo será triplicada caso o empregador seja reincidente;*
>
> *II – considera-se reincidente o empregador que, durante o período de 12 meses, descumpre o disposto nos §§ 4º, 6º, 7º e 9º deste artigo por mais de 60 dias.*

A respeito das gorjetas é importante:

> ***Súmula nº 354 – TST***
>
> *GORJETAS. NATUREZA JURÍDICA. REPERCUSSÕES.*
>
> *As gorjetas, cobradas pelo empregador na nota de serviço ou oferecidas espontaneamente pelos clientes, integram a remuneração do empregado, não servindo de base de cálculo para as parcelas de aviso-prévio, adicional noturno, horas extras e repouso semanal remunerado.*

O salário pode ser pago em espécie (dinheiro) ou, ainda, em utilidades (salário *in natura*), valendo destacar que pelo menos 30% do valor do salário tem que ser pago em dinheiro.

Não é permitido o pagamento genérico dos salários, ou seja, pagamento de diversas parcelas de forma englobada sem especificação. É o chamado salário complessivo.

> ***Súmula nº 91 – TST***
>
> *SALÁRIO COMPLESSIVO.*
>
> *Nula é a cláusula contratual que fixa determinada importância ou percentagem para atender englobadamente vários direitos legais ou contratuais do trabalhador.*

8.2 Parcelas Integrantes e Que Não Compõem Os Salários

Vamos analisar parcelas, individualmente, e se elas compõem o conjunto salarial, especialmente após as alterações trazidas pela Reforma Trabalhista.

Diárias de viagem

As diárias representam parcela que o empregador coloca à disposição do empregado em período de viagem, para fazer frente às despesas de transporte, alimentação e hospedagem, em valor fixo por dia, sendo desnecessário que o empregado preste contas do valor efetivamente gasto.

Convém observar que, com o advento da Lei nº 13.467/2017 (Reforma Trabalhista), as diárias de viagem não possuem mais natureza salarial, independentemente do percentual em comparação com o salário mensalmente recebido.

Neste sentido é o novo teor do § 2º do art. 457 da CLT:

> ***Art. 457, § 2º*** *As importâncias, ainda que habituais, pagas a título de ajuda de custo, auxílio-alimentação, vedado seu pagamento em dinheiro, diárias para viagem, prêmios e abonos não integram a remuneração do empregado, não se incorporam ao contrato de trabalho e não constituem base de incidência de qualquer encargo trabalhista e previdenciário.*

Dessa forma, haverá a necessidade de cancelamento das Súmulas nº 101 e 318 do TST:

> ***Súmula nº 101 – TST***
> *DIÁRIAS DE VIAGEM. SALÁRIO.*
> *Integram o salário, pelo seu valor total e para efeitos indenizatórios, as diárias de viagem que excedam a 50% do salário do empregado, enquanto perdurarem as viagens.*
> ***Súmula nº 318 – TST***
> *DIÁRIAS. BASE DE CÁLCULO PARA SUA INTEGRAÇÃO NO SALÁRIO.*
> *Tratando-se de empregado mensalista, a integração das diárias no salário deve ser feita tomando-se por base o salário mensal por ele percebido e não o valor do dia de salário, somente sendo devida a referida integração quando o valor das diárias, no mês, for superior à metade do salário mensal.*

Prêmios

O novo texto da CLT prevê expressamente que os prêmios pagos pelo empregador, ainda que habitualmente, não possuem natureza salarial e não se incorporam ao contrato de trabalho, ou seja, podem ser suprimidos.

Vejamos a definição de prêmios contida no § 4º do art. 457 da CLT, alterado pela Lei nº 13.467/2017 (Reforma Trabalhista):

> ***Art. 457, § 4º*** *Consideram-se prêmios as liberalidades concedidas pelo empregador em forma de bens, serviços ou valor em dinheiro a empregado ou a grupo de empregados, em razão de desempenho superior ao ordinariamente esperado no exercício de suas atividades.*

Salário in natura

Conforme definido anteriormente, o salário pode ser pago parte em dinheiro e parte em benefícios.

Cumpre observar o atual teor do art. 458 da CLT, alterado pela Lei nº 13.467/2017 (Reforma Trabalhista), com o acréscimo do § 5º:

> ***Art. 458, CLT*** *Além do pagamento em dinheiro, compreendem-se no salário, para todos os efeitos legais, a alimentação, habitação, vestuário ou outras prestações "in natura" que a empresa, por força do contrato ou do costume, fornecer habitualmente ao empregado. Em caso algum será permitido o pagamento com bebidas alcoólicas ou drogas nocivas.*
> *§ 1º Os valores atribuídos às prestações "in natura" deverão ser justos e razoáveis, não podendo exceder, em cada caso, os dos percentuais das parcelas componentes do Salário-mínimo (arts. 81 e 82).*
> *§ 2º Para os efeitos previstos neste artigo, não serão consideradas como salário as seguintes utilidades concedidas pelo empregador:*
> *I – vestuários, equipamentos e outros acessórios fornecidos aos empregados e utilizados no local de trabalho, para a prestação do serviço;*
> *II – educação, em estabelecimento de ensino próprio ou de terceiros, compreendendo os valores relativos a matrícula, mensalidade, anuidade, livros e material didático;*
> *III – transporte destinado ao deslocamento para o trabalho e retorno, em percurso servido ou não por transporte público;*
> *IV – assistência médica, hospitalar e odontológica, prestada diretamente ou mediante seguro-saúde;*
> *V – seguros de vida e de acidentes pessoais;*
> *VI – previdência privada;*
> *VII – (Vetado)*
> *VIII – o valor correspondente ao vale-cultura.*
> *§ 3º A habitação e a alimentação fornecidas como salário-utilidade deverão atender aos fins a que se destinam e não poderão exceder, respectivamente, a 25% e 20% do salário-contratual.*
> *§ 4º Tratando-se de habitação coletiva, o valor do salário-utilidade a ela correspondente será obtido mediante a divisão do justo valor da habitação pelo número de coocupantes, vedada, em qualquer hipótese, a utilização da mesma unidade residencial por mais de uma família.*
> *§ 5º O valor relativo à assistência prestada por serviço médico ou odontológico, próprio ou não, inclusive o reembolso de despesas com medicamentos, óculos, aparelhos ortopédicos, próteses, órteses, despesas médico-hospitalares e outras similares, mesmo quando concedido em diferentes modalidades de planos e coberturas, não integram o salário do empregado para qualquer efeito nem o salário de contribuição, para efeitos do previsto na alínea "q" do § 9º do art. 28 da Lei nº 8.212, de 24 de julho de 1991.*

Sobre salário in natura, vejamos o teor da Súmula nº 367 do TST, bastante cobrada em questões de concurso:

> ***Súmula nº 367 – TST***
> *UTILIDADES "IN NATURA". HABITAÇÃO. ENERGIA ELÉTRICA. VEÍCULO. CIGARRO. NÃO INTEGRAÇÃO AO SALÁRIO*
> *I – A habitação, a energia elétrica e veículo fornecidos pelo empregador ao empregado, quando indispensáveis para a realização do trabalho, não têm natureza salarial, ainda que, no caso de veículo, seja ele utilizado pelo empregado também em atividades particulares.*
> *II – O cigarro não se considera salário utilidade em face de sua nocividade à saúde.*

Sobre o tema, veja também:

> ***Súmula nº 258 – TST***
> *SALÁRIO-UTILIDADE. PERCENTUAIS.*
> *Os percentuais fixados em lei relativos ao salário "in natura" apenas se referem às hipóteses em que o empregado percebe Salário-mínimo, apurando-se, nas demais, o real valor da utilidade.*
> ***Orientação Jurisprudencial nº 133 – SDI-1***
> *AJUDA ALIMENTAÇÃO. PAT. LEI Nº 6.321/1976. NÃO INTEGRAÇÃO AO SALÁRIO.*
> *A ajuda alimentação fornecida por empresa participante do programa de alimentação ao trabalhador, instituído pela Lei nº 6.321/1976, não tem caráter salarial. Portanto, não integra o salário para nenhum efeito legal.*

Alimentação

Convém observar que, em razão do novo teor do § 2º do art. 457 da CLT, alterado pela Lei nº 13.467/2017 (Reforma Trabalhista), o auxílio-alimentação, que não pode ser dado em dinheiro, não integra a remuneração do empregado (diferente da alimentação fornecida pelo empregador, como salário in natura).

Desta forma, deve ser cancelada – ou alterada significativamente – a Súmula nº 241 do TST:

Súmula nº 241 – TST

SALÁRIO-UTILIDADE. ALIMENTAÇÃO.

O vale para refeição, fornecido por força do contrato de trabalho, tem caráter salarial, integrando a remuneração do empregado, para todos os efeitos legais.

A alimentação fornecida pelo empregado (in natura) compõe o salário, salvo se a empresa for inscrita no PAT (Programa de Alimentação do Trabalhador). Neste sentido é a OJ nº 133 do TST:

Orientação Jurisprudencial nº 133 – SDI-1

AJUDA ALIMENTAÇÃO. PAT. LEI Nº 6.321/1976. NÃO INTEGRAÇÃO AO SALÁRIO.

A ajuda alimentação fornecida por empresa participante do programa de alimentação ao trabalhador, instituído pela Lei nº 6.321/1976, não tem caráter salarial. Portanto, não integra o salário para nenhum efeito legal.

Fique ligado

Precisamos ficar atentos à eventual alteração – ou até mesmo ao cancelamento – da Súmula nº 291 do TST, em razão do novo conceito trazido pela Reforma Trabalhista no sentido de que súmulas e outros enunciados de jurisprudência editados pelo Tribunal Superior do Trabalho e pelos Tribunais Regionais do Trabalho não poderão restringir direitos legalmente previstos nem criar obrigações que não estejam previstas em lei (art. 8º, § 2º, da CLT).

Parcelas habituais, integram o salário para todos os efeitos (mas não incorporam)

Horas extras habituais: se houver supressão parcial ou integral das horas extras, o empregador precisa indenizar o trabalhador, nos moldes da Súmula nº 291 do TST:

Súmula nº 291 – TST

HORAS EXTRAS – HABITUALIDADE – SUPRESSÃO – INDENIZAÇÃO.

A supressão total ou parcial, pelo empregador, de serviço suplementar prestado com habitualidade, durante pelo menos um ano, assegura ao empregado o direito à indenização correspondente ao valor de um mês das horas suprimidas, total ou parcialmente, para cada ano ou fração igual ou superior a seis meses de prestação de serviço acima da jornada normal. O cálculo observará a média das horas suplementares efetivamente trabalhadas nos últimos 12 meses anteriores à mudança, multiplicada pelo valor da hora extra do dia da supressão.

8.3 Descontos Salariais

Considerando que o salário tem natureza alimentar, o empregador só pode realizar descontos do salário do empregado se forem:

- → **Autorizados por lei: contribuições previdenciárias e Imposto de Renda.**
- → **Autorizados por instrumento normativo: Acordo Coletivo de Trabalho ou Convenção Coletiva de Trabalho.**
- → **Determinado por ordem judicial: pensão alimentícia, por exemplo.**
- → **Adiantamentos já efetuados (abonos).**
- → **Empréstimo consignado em folha de pagamento autorizado pelo empregado, nos termos da Lei nº 10.820/2003, que estipula o limite de 30% da remuneração básica mensal ou das verbas rescisórias.**
- → **Vale-transporte: desconto de até 6% do salário-base do empregado (Lei nº 7.418/1985).**
- → **Alimentação: desconto pelo empregador cadastrado no PAT de até 20% do custo das refeições (Lei nº 6.321/1976).**
- → **Danos causados: se os prejuízos foram causados dolosamente (com intenção), pode o empregador proceder aos descontos respectivos no salário. Entretanto, se os danos foram causados por culpa (imprudência, negligência ou imperícia), o desconto somente será lícito se houver expressa previsão no contrato de trabalho.**

Releva analisar o teor do art. 462 da CLT:

***Art. 462** Ao empregador é vedado efetuar qualquer desconto nos salários do empregado, salvo quando este resultar de adiantamentos, de dispositivos de lei ou convenção coletiva.*

§ 1º Em caso de dano causado pelo empregado, o desconto será lícito, desde que esta possibilidade tenha sido acordada ou na ocorrência de dolo do empregado.

§ 2º É vedado à empresa que mantiver armazém para venda de mercadorias aos empregados ou serviços destinados a proporcionar-lhes prestações "in natura" exercer qualquer coação ou induzimento no sentido de que os empregados se utilizem do armazém ou dos serviços.

§ 3º Sempre que não for possível o acesso dos empregados a armazém ou serviços não mantidos pela empresa, é lícito à autoridade competente determinar a adoção de medidas adequadas, visando a que as mercadorias sejam vendidas e os serviços prestados a preços razoáveis, sem intuito de lucro e sempre em benefício dos empregados.

§ 4º Observado o disposto neste Capítulo, é vedado às empresas limitar, por qualquer forma, a liberdade dos empregados de dispor do seu salário.

No que concerne à possibilidade de descontos salariais, é importante destacarmos o teor da Súmula nº 342 do TST, Orientação Jurisprudencial nº 160 e 251 da SDI-1:

Súmula nº 342 – TST

DESCONTOS SALARIAIS. ART. 462 DA CLT.

Descontos salariais efetuados pelo empregador, com a autorização prévia e por escrito do empregado, para ser integrado em planos de assistência odontológica, médico-hospitalar, de seguro, de previdência privada, ou de entidade cooperativa, cultural ou recreativo-associativa de seus trabalhadores, em seu benefício e de seus dependentes, não afrontam o disposto no art. 462 da CLT, salvo se ficar demonstrada a existência de coação ou de outro defeito que vicie o ato jurídico.

Orientação Jurisprudencial nº 160 – SDI-1

DESCONTOS SALARIAIS. AUTORIZAÇÃO NO ATO DA ADMISSÃO. VALIDADE.

É inválida a presunção de vício de consentimento resultante do fato de ter o empregado anuído expressamente com descontos salariais na oportunidade da admissão. É de se exigir demonstração concreta do vício de vontade.

Orientação Jurisprudencial nº 251 – SDI-1

DESCONTOS. FRENTISTA. CHEQUES SEM FUNDOS.

É lícito o desconto salarial referente à devolução de cheques sem fundos, quando o frentista não observar as recomendações previstas em instrumento coletivo.

8.4 Formas de Pagamento do Salário

O pagamento deverá ocorrer em intervalos não superiores a um mês, exceto o pagamento das gratificações, comissões e percentagens que poderão ser pagas em intervalos maiores.

Em alguns casos o salário poderá ser pago por dia, semana, quinzena ou mês, quando fixado mensalmente, deve ser efetuado até o 5º dia útil subsequente ao mês vencido.

O pagamento deve ser realizado no trabalho do empregado, dentro do horário de trabalho, ou imediatamente após o seu encerramento, a menos que realizado depósito em conta bancária do empregado, devendo ser pago na moeda corrente do país.

Importante mencionarmos que o pagamento do salário deverá ser efetuado com recibo, assinado pelo empregado, em caso de empregado analfabeto, mediante sua impressão digital, ou, não sendo esta possível, a seu rogo, conforme o art. 464 da CLT.

8.5 Isonomia Salarial

A isonomia salarial está prevista como direitos sociais dos trabalhadores (art. 7º, XXX e XXXI, da CF/1988):

> ***Art. 7º** [...]*
>
> *XXX – proibição de diferença de salários, de exercício de funções e de critério de admissão por motivo de sexo, idade, cor ou estado civil;*
>
> *XXXI – proibição de qualquer discriminação no tocante a salário e critérios de admissão do trabalhador portador de deficiência;*

8.6 Equiparação Salarial

O pagamento de salários iguais para empregados que desenvolvem atividades iguais com igual produtividade está previsto no art. 461 da CLT. É a chamada equiparação salarial.

Convém observar que os requisitos para o direito à equiparação salarial foram modificados pela alteração do art. 461 da CLT, trazida pela Lei nº 13.467/2017 (Reforma Trabalhista), de atual teor:

> ***Art. 461** Sendo idêntica a função, a todo trabalho de igual valor, prestado ao mesmo empregador, no mesmo estabelecimento empresarial, corresponderá igual salário, sem distinção de sexo, etnia, nacionalidade ou idade.*
>
> *§ 1º Trabalho de igual valor, para os fins deste Capítulo, será o que for feito com igual produtividade e com a mesma perfeição técnica, entre pessoas cuja diferença de tempo de serviço para o mesmo empregador não seja superior a quatro anos e a diferença de tempo na função não seja superior a dois anos.*
>
> *§ 2º Os dispositivos deste artigo não prevalecerão quando o empregador tiver pessoal organizado em quadro de carreira ou adotar, por meio de norma interna da empresa ou de negociação coletiva, plano de cargos e salários, dispensada qualquer forma de homologação ou registro em órgão público.*
>
> *§ 3º No caso do § 2º deste artigo, as promoções poderão ser feitas por merecimento e por antiguidade, ou por apenas um destes critérios, dentro de cada categoria profissional.*
>
> *§ 4º O trabalhador readaptado em nova função, por motivo de deficiência física ou mental atestada pelo órgão competente da Previdência Social, não servirá de paradigma para fins de equiparação salarial.*
>
> *§ 5º A equiparação salarial só será possível entre empregados contemporâneos no cargo ou na função, ficando vedada a indicação de paradigmas remotos, ainda que o paradigma contemporâneo tenha obtido a vantagem em ação judicial própria.*
>
> *§ 6º No caso de comprovada discriminação por motivo de sexo ou etnia, o juízo determinará, além do pagamento das diferenças salariais devidas, multa, em favor do empregado discriminado, no valor de 50% do limite máximo dos benefícios do Regime Geral de Previdência Social.*

Requisitos para a caracterização da equiparação salarial

Em conformidade com o art. 461 da CLT, para ter direito à equiparação salarial, é necessário o preenchimento dos seguintes requisitos:

Identidade de funções

Paradigma (modelo) e paragonado (aquele que busca a igualdade) devem exercer a mesma função, ainda que formalmente a nomenclatura seja diversa. Aplicação do princípio da primazia da realidade sobre a forma.

Mesmo empregador

O trabalho precisa ser desenvolvido em prol do mesmo empregador, admitindo-se, entretanto, na hipótese de sucessão, quando inexistir alteração do contrato de trabalho em vigor na empresa sucedida.

Mesma localidade

Atenção para o fato de que, com a Reforma Trabalhista, para que haja o direito à equiparação salarial, o paradigma e o paragonado devem trabalhar no mesmo estabelecimento empresarial. Os autores têm interpretado que tal previsão legal significa que há necessidade de trabalho no mesmo local físico.

Fatos obstativos à equiparação salarial

a) Diferença de perfeição técnica (qualidade): o paradigma desenvolve sua atividade com mais perfeição técnica (possuindo normalmente maior qualificação) e por tal motivo recebe maior remuneração.

Se a profissão exige determinada habilitação técnica, o empregado precisa preencher tal requisito para fazer jus à equiparação salarial.

> ***Orientação Jurisprudencial nº 296 – SDI-1***
>
> *EQUIPARAÇÃO SALARIAL. ATENDENTE E AUXILIAR DE ENFERMAGEM. IMPOSSIBILIDADE.*
>
> *Sendo regulamentada a profissão de auxiliar de enfermagem, cujo exercício pressupõe habilitação técnica, realizada pelo Conselho Regional de Enfermagem, impossível a equiparação salarial do simples atendente com o auxiliar de enfermagem.*

a) Diferença de produtividade (quantidade): se o paradigma possui maior produtividade, é justificável a remuneração diferenciada.

b) Diferença de tempo de serviço: não é possível a equiparação salarial se a diferença de tempo de serviço (tempo na empresa) for superior a quatro anos, e a diferença de tempo na função for superior a dois anos.

Fique ligado

Antes a diferença que obstava a equiparação salarial era apenas a de tempo na função (e não na empresa), de dois anos. A partir da Reforma Trabalhista há dois requisitos: até 2 anos na função e até 4 anos na empresa.

c) Existência de plano de cargos por norma interna ou negociação coletiva: não há direito à equiparação salarial se a empresa instituir plano de cargos e salários, por norma interna da empresa ou mediante negociação coletiva (ACT e/ou CCT).

Com o advento da Reforma Trabalhista (Lei nº 13.467/2017) não há mais necessidade de homologação do plano de cargos e salários junto ao Ministério do Trabalho ou qualquer outro órgão público. Também não se exige a alternância de critérios de merecimento e antiguidade, diversamente do que ocorria anteriormente. Muito cuidado com questões antigas de concurso!

Desta forma, será necessário o cancelamento da Orientação Jurisprudencial nº 418 da SDI-1 do TST:

> *Orientação Jurisprudencial nº 418 – SDI-1*
> *EQUIPARAÇÃO SALARIAL. PLANO DE CARGOS E SALÁRIOS. APROVAÇÃO POR INSTRUMENTO COLETIVO. AUSÊNCIA DE ALTERNÂNCIA DE CRITÉRIOS DE PROMOÇÃO POR ANTIGUIDADE E MERECIMENTO.*
> *Não constitui óbice à equiparação salarial a existência de plano de cargos e salários que, referendado por norma coletiva, prevê critério de promoção apenas por merecimento ou antiguidade, não atendendo, portanto, o requisito de alternância dos critérios, previsto no art. 461, § 2º, da CLT.*

a) Paradigma em readaptação funcional: o empregado que esteja exercendo determinada função em razão de readaptação previdenciária por deficiência física ou mental não pode ser indicado como paradigma, pois recebe remuneração de cargo diverso do que exerce efetivamente.

b) Contemporaneidade do paradigma e paragonado: com o advento da Lei nº 13.467/2017 (Reforma Trabalhista) que acrescentou o § 5º ao art. 461 da CLT, somente será possível a equiparação salarial entre empregados que trabalhem na mesma época (sejam contemporâneos), ficando vedada a indicação de paradigmas remotos.

Em razão das mudanças impostas pela Reforma Trabalhista, haverá necessidade de profunda alteração da Súmula nº 6 do TST:

> ***Súmula nº 6 – TST***
> *EQUIPARAÇÃO SALARIAL. ART. 461 DA CLT.*
> *I – Para os fins previstos no § 2º do art. 461 da CLT, só é válido o quadro de pessoal organizado em carreira quando homologado pelo Ministério do Trabalho, excluindo-se, apenas, dessa exigência o quadro de carreira das entidades de direito público da administração direta, autárquica e fundacional aprovado por ato administrativo da autoridade competente.*
> *II – Para efeito de equiparação de salários em caso de trabalho igual, conta-se o tempo de serviço na função e não no emprego.*
> *III – A equiparação salarial só é possível se o empregado e o paradigma exercerem a mesma função, desempenhando as mesmas tarefas, não importando se os cargos têm, ou não, a mesma denominação.*
> *IV – É desnecessário que, ao tempo da reclamação sobre equiparação salarial, reclamante e paradigma estejam a serviço do estabelecimento, desde que o pedido se relacione com situação pretérita.*
> *V – A cessão de empregados não exclui a equiparação salarial, embora exercida a função em órgão governamental estranho à cedente, se esta responde pelos salários do paradigma e do reclamante.*
> *VI – Presentes os pressupostos do art. 461 da CLT, é irrelevante a circunstância de que o desnível salarial tenha origem em decisão judicial que beneficiou o paradigma, exceto:*
> *a) se decorrente de vantagem pessoal ou de tese jurídica superada pela jurisprudência de Corte Superior;*
> *b) na hipótese de equiparação salarial em cadeia, suscitada em defesa, se o empregador produzir prova do alegado fato modificativo, impeditivo ou extintivo do direito à equiparação salarial em relação ao paradigma remoto, considerada irrelevante, para esse efeito, a existência de diferença de tempo de serviço na função superior a dois anos entre o reclamante e os empregados paradigmas componentes da cadeia equiparatória, à exceção do paradigma imediato.*
> *VII – Desde que atendidos os requisitos do art. 461 da CLT, é possível a equiparação salarial de trabalho intelectual, que pode ser avaliado por sua perfeição técnica, cuja aferição terá critérios objetivos.*
> *VIII – É do empregador o ônus da prova do fato impeditivo, modificativo ou extintivo da equiparação salarial.*
> *IX – Na ação de equiparação salarial, a prescrição é parcial e só alcança as diferenças salariais vencidas no período de cinco anos que precedeu o ajuizamento.*
> *X – O conceito de "mesma localidade" de que trata o art. 461 da CLT refere-se, em princípio, ao mesmo município, ou a municípios distintos que, comprovadamente, pertençam à mesma região metropolitana.*

É importante observar que não é possível a equiparação salarial com servidores públicos, nos termos do art. 37, XIII, da CF. O que não se aplica à Sociedade de Economia Mista, ao contratar empregados públicos, regidos pela CLT.

> ***Súmula nº 455 – TST***
> *EQUIPARAÇÃO SALARIAL. SOCIEDADE DE ECONOMIA MISTA. ART. 37, XIII, DA CF/1988. POSSIBILIDADE.*
> *À sociedade de economia mista não se aplica a vedação à equiparação prevista no art. 37, XIII, da CF/1988, pois, ao admitir empregados sob o regime da CLT, equipara-se a empregador privado, conforme disposto no art. 173, § 1º, II, da CF/1988.*

Multa: É pertinente observar a novidade trazida pela Reforma Trabalhista (§ 6º do art. 461 da CLT), no sentido de imposição de multa pelo juiz na hipótese de comprovada a discriminação salarial por motivo de sexo ou etnia, no importe de 50% por cento do limite máximo dos benefícios do Regime Geral da Previdência Social.

8.7 Desvio de Função

Havendo desvio de função (empregado desenvolve atividade diversa daquela para a qual foi contratado e é remunerado), há o direito à percepção da remuneração do cargo que efetivamente exerce.

Observe que quando a empresa possui plano de cargos e salários e enquadra o empregado em determinada função, mas, na realidade, ele exerce função superior, mais complexa, fará jus às diferenças salariais por desvio de função, entendendo o TST que, nesta hipótese, não haverá reenquadramento.

> ***Orientação Jurisprudencial nº 125 – SDI-1***
> *DESVIO DE FUNÇÃO. QUADRO DE CARREIRA.*
> *O simples desvio funcional do empregado não gera direito a novo enquadramento, mas apenas às diferenças salariais respectivas, mesmo que o desvio de função haja iniciado antes da vigência da CF/1988.*

8.8 Piso Salarial

Piso salarial é o valor mínimo a ser pago aos trabalhadores pertencentes a determinada categoria.

É previsto, normalmente, em instrumento de negociação coletiva (Acordo Coletivo de Trabalho ou Convenção Coletiva de Trabalho), também chamado salário convencional, ou, quando não houver consenso, por meio de fixação em sentença normativa no processo de Dissídio Coletivo (piso normativo).

Por força da Lei Complementar nº 103/2000, é permitido que os estados e Distrito Federal instituam piso salarial de que trata o art. 7º, V, da Constituição Federal, para os empregados que não tenham piso salarial definido em lei federal, convenção ou acordo coletivo de trabalho. Esta autorização, contudo, não poderá ser exercida no segundo semestre do ano em que se realizarem eleições para os cargos de governador e deputado estadual nem em relação à remuneração dos servidores públicos municipais (§ 1º). Por outro lado, o referido piso salarial poderá ser estendido aos empregados domésticos (§ 2º).

8.9 Salário-Mínimo – Irredutibilidade

O Salário-mínimo é um direito do trabalhador, urbano e rural, com previsão no art. 7º, IV, da CF/1988. Atualmente, a Medida Provisória nº 1.091/2021, fixou o novo valor do Salário-mínimo em R$ 1.212,00, a partir de 1º de janeiro de 2022.

Tendo em vista esse valor, o valor diário do Salário-mínimo corresponde a R$ 40,40 e o valor horário, a R$ 5,51. Sendo esse um valor de piso nacional, podendo, no entanto, algum estado fixar um valor maior como Salário-mínimo.

> ***Art. 7º**, CF/1988 São direitos dos trabalhadores urbanos e rurais, além de outros que visem à melhoria de sua condição social: [...]*
>
> *IV – Salário-mínimo, fixado em lei, nacionalmente unificado, capaz de atender a suas necessidades vitais básicas e às de sua família com moradia, alimentação, educação, saúde, lazer, vestuário, higiene, transporte e previdência social, com reajustes periódicos que lhe preservem o poder aquisitivo, sendo vedada sua vinculação para qualquer fim.*

Fique ligado

O atual teor da Orientação Jurisprudencial nº 358 da SDI-1 do TST representa mudança de posicionamento e espelha o entendimento do Supremo Tribunal Federal, segundo o qual tal proporcionalidade não se aplica para empregado público.

É importante observar que Salário-mínimo deve ser considerado tomando-se por base o valor da hora trabalhada, dia ou período mensal. Assim, empregado que trabalha menos do que 8 horas por dia e 44 semanais pode receber salário inferior ao mínimo mensal, observada, entretanto, a proporcionalidade.

> ***Orientação Jurisprudencial nº 358 – SDI-1***
>
> *Salário-mínimo E PISO SALARIAL PROPORCIONAL À JORNADA REDUZIDA. EMPREGADO. SERVIDOR PÚBLICO.*
>
> *I – Havendo contratação para cumprimento de jornada reduzida, inferior à previsão constitucional de 8 horas diárias ou 44 semanais, é lícito o pagamento do piso salarial ou do Salário-mínimo proporcional ao tempo trabalhado.*
>
> *II – Na Administração Pública direta, autárquica e fundacional não é válida remuneração de empregado público inferior ao Salário-mínimo, ainda que cumpra jornada de trabalho reduzida. Precedentes do Supremo Tribunal Federal.*

Ainda, não deve se levar em conta somente o salário base, mas a totalidade de verbas salariais:

> ***Orientação Jurisprudencial nº 272 – SDI-1***
>
> *Salário-mínimo. SERVIDOR. SALÁRIO-BASE INFERIOR. DIFERENÇAS. INDEVIDAS.*
>
> *A verificação do respeito ao direito ao Salário-mínimo não se apura pelo confronto isolado do salário-base com o mínimo legal, mas deste com a soma de todas as parcelas de natureza salarial recebidas pelo empregado diretamente do empregador.*

Nem em razão de força maior pode se reduzir o salário em valor inferior ao Salário-mínimo.

O empregado que perceba remuneração variável não poderá receber salário mensal inferior ao mínimo, sendo obrigação do empregador complementar a remuneração, vedado o desconto de tal complementação no mês posterior.

Neste sentido é o art. 78 da CLT:

> ***Art. 78** Quando o salário for ajustado por empreitada, ou convencionado por tarefa ou peça, será garantida ao trabalhador uma remuneração diária nunca inferior à do Salário-mínimo por dia normal.*
>
> ***Parágrafo único.** Quando o Salário-mínimo mensal do empregado a comissão ou que tenha direito a percentagem for integrado por parte fixa e parte variável, ser-lhe-á sempre garantido o Salário-mínimo, vedado qualquer desconto em mês subsequente a título de compensação.*

O salário precisa ser pago, pelo menos, 30% em espécie, o que também se aplica ao Salário-mínimo (art. 82, parágrafo único, da CLT).

8.10 Décimo Terceiro Salário

É direito dos empregados (urbanos, rurais e domésticos) e, também, dos trabalhadores avulsos (art. 7º, *caput*, XXXIV e parágrafo único, da Constituição Federal).

Valor

O décimo terceiro salário corresponde ao valor mensal da remuneração devida em dezembro para o empregado que trabalhou durante o ano todo. Para aquele que trabalhou em parte do ano em referência será devida a proporção de 1/12 por mês trabalhado ou período igual ou superior a 15 dias.

Sendo variável a remuneração, será considerada a fração de 1/11 dos meses trabalhados no ano (de janeiro a novembro) para pagamento em 20 de dezembro, apurando-se eventuais diferenças até 10 de janeiro, levando-se em conta o salário de dezembro.

Como é considerada a remuneração, são computadas gorjetas e o salário in natura, na forma anotada na CPTS, assim como diárias quando excederem a 50% do salário.

No caso de rescisão contratual, tal como ocorre com as férias, só perderá o direito à parcela proporcional o empregado dispensado por justa causa.

As horas extras habitualmente prestadas, bem como os adicionais percebidos durante o ano (como o adicional noturno), integram o 13º salário (Súmulas nºs 45 e 60 do TST).

Parcelamento

O décimo terceiro salário deve ser pago em duas parcelas, sendo a primeira entre fevereiro e novembro, podendo ser paga no momento das férias do empregado, caso este assim requeira (por escrito) já no mês de janeiro (Lei nº 4.749/1965).

A segunda parcela deve ser paga (descontando-se, naturalmente, o que já foi adiantado para o empregado) até 20 de dezembro (momento da exigibilidade da parcela).

Fique ligado

Não há obrigatoriedade para que a empresa pague o adiantamento do 13º salário no mesmo período para todos os empregados, devendo ser observado o período compreendido entre fevereiro e novembro.

9. TRABALHO NOTURNO

A Constituição Federal, no seu art. 7º, IX, estabelece que é direito dos trabalhadores, além de outros, remuneração do trabalho noturno superior ao do diurno. Considera-se noturno, nas atividades urbanas, o trabalho realizado entre as 22 horas de um dia às 5 horas do dia seguinte.

A hora normal tem a duração de 60 minutos e a hora noturna, por disposição legal, nas atividades urbanas, é computada como sendo de 52 min 30 s; ou seja, cada hora noturna sofre a redução de 7 min 30 s. Assim sendo, considerando o horário das 22 h às 5 h, temos 7 horas-relógio que correspondem a 8 horas de trabalho.

Todavia, é devido intervalo normal para repouso ou alimentação, sendo que à duração do intervalo não se aplica a redução da hora, prevalecendo para esse efeito a hora de 60 minutos.

O art. 73 da CLT dispõe sobre o trabalho noturno:

> ***Art. 73*** *Salvo nos casos de revezamento semanal ou quinzenal, o trabalho noturno terá remuneração superior à do diurno e, para esse efeito, sua remuneração terá um acréscimo de 20%, pelo menos, sobre a hora diurna.*
>
> *§ 1º A hora do trabalho noturno será computada como de 52 minutos e 30 segundos.*
>
> *§ 2º Considera-se noturno, para os efeitos deste artigo, o trabalho executado entre as 22 horas de um dia e as 5 horas do dia seguinte.*
>
> *§ 3º O acréscimo a que se refere o presente artigo, em se tratando de empresas que não mantêm, pela natureza de suas atividades, trabalho noturno habitual, será feito tendo em vista os quantitativos pagos por trabalhos diurnos de natureza semelhante. Em relação às empresas cujo trabalho noturno decorra da natureza de suas atividades, o aumento será calculado sobre o Salário-mínimo geral vigente na região, não sendo devido quando exceder desse limite, já acrescido da percentagem.*
>
> *§ 4º Nos horários mistos, assim entendidos os que abrangem períodos diurnos e noturnos, aplica-se às horas de trabalho noturno o disposto neste artigo e seus parágrafos.*
>
> *§ 5º Às prorrogações do trabalho noturno aplica-se o disposto neste Capítulo.*

Não obstante conste no *caput* do art. 73 a menção à exclusão do adicional noturno para o labor em turnos ininterruptos de revezamento, com o advento da Constituição Federal de 1988, restou pacificado o entendimento de que o adicional noturno e a redução da hora noturna são devidos para todo trabalho no período noturno, inclusive em turnos de revezamento (OJ nº 395, TST), bem como para os empregados que exercem a função de vigia noturno (Súmulas nº 65 e nº 140 do TST).

9.1 Trabalho em Prorrogação ao Período Noturno

A interpretação que se faz do § 5º do art. 73 da CLT é no sentido de que, na hipótese de horas laboradas em prorrogação ao período noturno, ou seja, em continuidade ao período noturno (a partir das 5 h 01 min para trabalhador urbano) e – repita-se – se este já cumpriu sua jornada normal em período noturno, continua sendo devido o adicional de 20% para tal período.

É neste sentido a Súmula nº 60 e a OJ nº 388 do TST:

> ***Súmula nº 60 – TST***
>
> *ADICIONAL NOTURNO. INTEGRAÇÃO NO SALÁRIO E PRORROGAÇÃO EM HORÁRIO DIURNO.*
>
> *I – O adicional noturno, pago com habitualidade, integra o salário do empregado para todos os efeitos.*
>
> *II – Cumprida integralmente a jornada no período noturno e prorrogada esta, devido é também o adicional quanto às horas prorrogadas. Exegese do art. 73, § 5º, da CLT.*
>
> ***Orientação Jurisprudencial nº 388 – SDI-1***
>
> *O empregado submetido à jornada de 12 horas de trabalho por 36 de descanso, que compreenda a totalidade do período noturno, tem direito ao adicional noturno, relativo às horas trabalhadas após as 5 horas da manhã.*

Horas extras em período noturno: Para apuração do valor devido a título de horas extras prestadas em período noturno, calcula-se primeiramente o adicional noturno e sobre o valor da hora noturna incide o adicional de horas extras.

> ***Orientação Jurisprudencial nº 97 – SDI-1***
>
> *HORAS EXTRAS. ADICIONAL NOTURNO. BASE DE CÁLCULO.*
>
> *O adicional noturno integra a base de cálculo das horas extras prestadas no período noturno.*

9.2 Peculiaridades Aplicáveis ao Trabalhador Rural

Nas atividades rurais, é considerado noturno o trabalho executado na lavoura entre 21 horas de um dia às 5 horas do dia seguinte, e na pecuária, entre 20 horas de um dia às 4 horas do dia seguinte.

Nas atividades rurais, a hora noturna é considerada como de 60 minutos, não havendo, portanto, a redução como nas atividades urbanas.

Fique ligado

O trabalho noturno dos menores de 18 anos, de ambos os sexos, é expressamente proibido pela Constituição Federal e pela CLT.

QUADRO COMPARATIVO

Trabalhador	Horário noturno	Duração da hora noturna	Adicional
Urbano	22 h às 5 h	52 min 30 s	20%
Rural: lavoura	21 h às 5 h	60 min	25%
Rural: pecuária	20 h às 4 h	60 min	25%

O adicional noturno, pago ao empregado, é devido em razão de o trabalho ser desenvolvido em horário noturno. Dessa forma, o empregado, sendo transferido para o período diurno, perde o direito ao adicional (Súmula nº 265 do TST).

10. PERÍODOS DE DESCANSO

O empregado faz jus a repousos durante a jornada (intervalo intrajornada), entre as jornadas, bem como um repouso durante a semana (repouso semanal remunerado), assim como outros repousos especiais dependendo da atividade que exercer (digitador, câmara fria, subsolo etc.).

10.1 Descanso Semanal Remunerado (Dsr)

O Descanso Semanal Remunerado (DSR) é o período de 24 horas consecutivas, a ser concedido pelo menos uma vez por semana, ao empregado, preferencialmente aos domingos, salvo motivo de conveniência pública ou necessidade imperiosa de serviço, para repouso e descanso, sendo previsto pelo art. 7º, XV, da CF/1988 e no art. 67 da CLT.

> ***Art. 67*** *Será assegurado a todo empregado um descanso semanal de 24 horas consecutivas, o qual, salvo motivo de conveniência pública ou necessidade imperiosa do serviço, deverá coincidir com o domingo, no todo ou em parte.*
>
> ***Parágrafo único.*** *Nos serviços que exijam trabalho aos domingos, com exceção quanto aos elencos teatrais, será estabelecida escala de revezamento, mensalmente organizada e constando de quadro sujeito à fiscalização.*

Imperioso ressaltarmos que para ter direito ao descanso semanal remunerado o empregado deve ter frequentado o trabalho na semana em que ocorrer o descanso e deve ter sido pontual.

Caso ocorra labor durante o DSR, é necessária a compensação por meio de folga compensatória ou pagamento em dobro.

10.2 Feriado

Bom, quando falamos em feriado, geralmente é vedado o trabalho em dias de feriados nacionais e religiosos, conforme o art. 70 da CLT. Vejamos:

ATIVIDADE ECONÔMICA	DOMINGOS	FERIADOS
Comércio	Permitido, desde que observe: - Legislação municipal. - Coincidência do repouso pelo menos uma vez no domingo a cada três semanas.	Permitido, desde que se observe: - A legislação municipal. - Autorização em acordo ou convenção coletiva de trabalho.
Demais atividades	Somente com autorização individualizada do MTE, podendo ser: - Permanente. - Transitória.	Somente quanto houver execução do serviço serviço for imposta pelas exigências técnicas da empresa, assim definidas por ato do Poder Executivo, já incluído as de serviços públicos de transporte. Permitida a troca do dia do feriado por negociação coletiva (art. 611-A, XI, da CLT).

Atenção! A Medida Provisória nº 905/2019 (CTPS Verde-Amarela) modificava os artigos da CLT que dispõem sobre o trabalho aos domingos e em feriados. No entanto, essa medida foi revogada pela Medida Provisória nº 955/2020, na data de 20/4/2020.

10.3 Acordo de Compensação de Jornada Denominado "Semana Espanhola"

Quando falamos em compensação de horário, temos que observar a Orientação Jurisprudencial nº 323 da SDI-1/TST:

> ***Orientação Jurisprudencial nº 323 – SDI-1***
>
> *É válido o sistema de compensação de horário quando a jornada adotada é a denominada "semana espanhola", que alterna a prestação de 48 horas em uma semana e 40 horas em outra, não violando os arts. 59, § 2º, da CLT e 7º, XIII, da CF/1988 o seu ajuste mediante acordo ou convenção coletiva de trabalho.*

10.4 Intervalos

Intervalo intrajornada

O intrajornada é o intervalo que ocorre durante a jornada de trabalho, com função de repouso e alimentação. Esse período não é computado na jornada de trabalho.

Vejamos os prazos:

→ **Jornada até 4 horas: não há previsão de intervalo intrajornada.**

→ **Jornada que excede 4 horas e inferior a 6 horas: intervalo de 15 minutos.**

→ **Jornada superior a 6 horas: mínimo de 1 hora e máximo de 2 horas. É possível intervalo superior a 2 horas, desde que haja prévia negociação coletiva.**

Importante ressaltar que os intervalos não previstos em lei serão considerados como tempo à disposição do empregador.

> ***Súmula nº 118 – TST***
>
> *JORNADA DE TRABALHO. HORAS EXTRAS.*
>
> *Os intervalos concedidos pelo empregador na jornada de trabalho, não previstos em lei, representam tempo à disposição da empresa, remunerados como serviço extraordinário, se acrescidos ao final da jornada.*

Fique ligado
O art. 611-A, III, da CLT, acrescentado pela Reforma Trabalhista de 2017, prevê a possibilidade de redução do intervalo intrajornada por meio de acordo ou convenção coletiva de trabalho, desde que respeitado o limite mínimo de 30 minutos para jornadas superiores a 6 horas.

> *Art. 611-A* *A convenção coletiva e o acordo coletivo de trabalho, observados os incisos III e VI do caput do art. 8º da Constituição, têm prevalência sobre a lei quando, entre outros, dispuserem sobre:*
>
> *[...]*
>
> *III - intervalo intrajornada, respeitado o limite mínimo de 30 minutos para jornadas superiores a 6 horas;*

Ainda, importante mencionarmos que o limite mínimo de uma hora para repouso ou refeição poderá ser reduzido por ato do Ministro do Trabalho, Indústria e Comércio, quando ouvido o Serviço de Alimentação de Previdência Social, se verificar que o estabelecimento atende integralmente às exigências concernentes à organização dos refeitórios, e quando os respectivos empregados não estiverem sob regime de trabalho prorrogado a horas suplementares.

> *Art. 71* *Em qualquer trabalho contínuo, cuja duração exceda de seis horas, é obrigatória a concessão de um intervalo para repouso ou alimentação, o qual será, no mínimo, de uma hora e, salvo acordo escrito ou contrato coletivo em contrário, não poderá exceder de duas horas.*
>
> *[...]*
>
> *§ 3º O limite mínimo de uma hora para repouso ou refeição poderá ser reduzido por ato do Ministro do Trabalho, Indústria e Comércio, quando ouvido o Serviço de Alimentação de Previdência Social, se verificar que o estabelecimento atende integralmente às exigências concernentes à organização dos refeitórios, e quando os respectivos empregados não estiverem sob regime de trabalho prorrogado a horas suplementares.*

Ainda, a Reforma Trabalhista de 2017, as regras sobre duração do trabalho e intervalos deixam de ser consideradas normas de saúde, higiene e segurança do trabalho para fins de negociação coletiva.

> ***Art. 611-B*** *Constituem objeto ilícito de convenção coletiva ou de acordo coletivo de trabalho, exclusivamente, a supressão ou a redução dos seguintes direitos:*
>
> *I - normas de identificação profissional, inclusive as anotações na Carteira de Trabalho e Previdência Social;*
>
> *II - seguro-desemprego, em caso de desemprego involuntário;*
>
> *III - valor dos depósitos mensais e da indenização rescisória do Fundo de Garantia do Tempo de Serviço (FGTS);*
>
> *IV - Salário-mínimo;*
>
> *V - valor nominal do décimo terceiro salário;*
>
> *VI - remuneração do trabalho noturno superior à do diurno;*
>
> *VII - proteção do salário na forma da lei, constituindo crime sua retenção dolosa;*
>
> *VIII - salário-família.*
>
> *IX - repouso semanal remunerado;*
>
> *X - remuneração do serviço extraordinário superior, no mínimo, em 50% à do normal;*
>
> *XI - número de dias de férias devidas ao empregado;*
>
> *XII - gozo de férias anuais remuneradas com, pelo menos, um terço a mais do que o salário normal;*
>
> *XIII - licença-maternidade com a duração mínima de 120 dias;*
>
> *XIV - licença-paternidade nos termos fixados em lei;*
>
> *XV - proteção do mercado de trabalho da mulher, mediante incentivos específicos, nos termos da lei;*
>
> *XVI - aviso prévio proporcional ao tempo de serviço, sendo no mínimo de 30 dias, nos termos da lei;*
>
> *XVII - normas de saúde, higiene e segurança do trabalho previstas em lei ou em normas regulamentadoras do Ministério do Trabalho;*
>
> *XVIII - adicional de remuneração para as atividades penosas, insalubres ou perigosas;*
>
> *XIX - aposentadoria;*
>
> *XX - seguro contra acidentes de trabalho, a cargo do empregador;*
>
> *XXI - ação, quanto aos créditos resultantes das relações de trabalho, com prazo prescricional de cinco anos para os trabalhadores urbanos e rurais, até o limite de dois anos após a extinção do contrato de trabalho;*
>
> *XXII - proibição de qualquer discriminação no tocante a salário e critérios de admissão do trabalhador com deficiência;*
>
> *XXIII - proibição de trabalho noturno, perigoso ou insalubre a menores de 18 anos e de qualquer trabalho a menores de 16 anos, salvo na condição de aprendiz, a partir de 14 anos;*
>
> *XXIV - medidas de proteção legal de crianças e adolescentes;*
>
> *XXV - igualdade de direitos entre o trabalhador com vínculo empregatício permanente e o trabalhador avulso;*
>
> *XXVI - liberdade de associação profissional ou sindical do trabalhador, inclusive o direito de não sofrer, sem sua expressa e prévia anuência, qualquer cobrança ou desconto salarial estabelecidos em convenção coletiva ou acordo coletivo de trabalho;*
>
> *XXVII - direito de greve, competindo aos trabalhadores decidir sobre a oportunidade de exercê-lo e sobre os interesses que devam por meio dele defender;*
>
> *XXVIII - definição legal sobre os serviços ou atividades essenciais e disposições legais sobre o atendimento das necessidades inadiáveis da comunidade em caso de greve;*
>
> *XXIX - tributos e outros créditos de terceiros;*
>
> *XXX - as disposições previstas nos arts. 373-A, 390, 392, 392-A, 394, 394-A, 395, 396 e 400 desta Consolidação.*
>
> ***Parágrafo único.*** *Regras sobre duração do trabalho e intervalos não são consideradas como normas de saúde, higiene e segurança do trabalho para os fins do disposto neste artigo.*

Consequências da redução indevida ou da supressão do intervalo – intrajornada

Bem, como toda norma não cumprida da CLT, a não concessão ou a concessão parcial do intervalo intrajornada mínimo, para repouso e alimentação, a empregados urbanos e rurais, implica na necessidade de indenização, sendo esta o pagamento, de natureza indenizatória, apenas do período suprimido, com acréscimo de 50% sobre o valor da remuneração da hora normal de trabalho (CLT, art. 71, § 4º, modificado pela Lei nº 13.467/2017). Atenção: essa alteração legal colide com a Súmula nº 437 do TST.

> ***Súmula nº437 – TST***
>
> *INTERVALO INTRAJORNADA PARA REPOUSO E ALIMENTAÇÃO. APLICAÇÃO DO ART. 71 DA CLT.*
>
> *I - Após a edição da Lei nº 8.923/1994, a não concessão ou a concessão parcial do intervalo intrajornada mínimo, para repouso e alimentação, a empregados urbanos e rurais, implica o pagamento total do período correspondente, e não apenas daquele suprimido, com acréscimo de, no mínimo, 50% sobre o valor da remuneração da hora normal de trabalho (art. 71 da CLT), sem prejuízo do cômputo da efetiva jornada de labor para efeito de remuneração.*
>
> *II - É inválida cláusula de acordo ou convenção coletiva de trabalho contemplando a supressão ou redução do intervalo intrajornada porque este constitui medida de higiene, saúde e segurança do trabalho, garantido por norma de ordem pública*
>
> *III - Possui natureza salarial a parcela prevista no art. 71, § 4º, da CLT, com redação introduzida pela Lei nº 8.923, de 27 de julho de 1994, quando não concedido ou reduzido pelo empregador o intervalo mínimo intrajornada para repouso e alimentação, repercutindo, assim, no cálculo de outras parcelas salariais.*
>
> *IV - Ultrapassada habitualmente a jornada de seis horas de trabalho, é devido o gozo do intervalo intrajornada mínimo de uma*

hora, obrigando o empregador a remunerar o período para descanso e alimentação não usufruído como extra, acrescido do respectivo adicional, na forma prevista no art. 71, caput e § 4º da CLT.

Intervalo entre jornadas (interjornadas)

Art. 66, CLT *Entre duas jornadas de trabalho haverá um período mínimo de 11 horas consecutivas para descanso.*

A não observância do intervalo mínimo entre duas jornadas, segundo entendimento do Tribunal Superior do Trabalho, implica o pagamento das horas suprimidas, como se horas extras fossem, em aplicação análoga ao art. 71 da CLT que trata do intervalo intrajornada. É nesse sentido a Súmula nº 110 do TST e OJ nº 355:

Súmula nº 110 – TST

JORNADA DE TRABALHO. INTERVALO.

No regime de revezamento, as horas trabalhadas em seguida ao repouso semanal de 24 horas, com prejuízo do intervalo mínimo de 11 horas consecutivas para descanso entre jornadas, devem ser remuneradas como extraordinárias, inclusive com o respectivo adicional.

Orientação Jurisprudencial nº 355 – SDI-1

INOBSERVÂNCIA. HORAS EXTRAS. PERÍODO PAGO COMO SOBREJORNADA. ART. 66 DA CLT. APLICAÇÃO ANALÓGICA DO § 4º DO ART. 71 DA CLT.

O desrespeito ao intervalo mínimo interjornadas previsto no art. 66 da CLT acarreta, por analogia, os mesmos efeitos previstos no § 4º do art. 71 da CLT e na Súmula nº 110 do TST, devendo-se pagar a integralidade das horas que foram subtraídas do intervalo, acrescidas do respectivo adicional.

Intervalo de digitador

Art. 72, CLT *Nos serviços permanentes de mecanografia (datilografia, escrituração ou cálculo), a cada período de 90 minutos de trabalho consecutivo corresponderá um repouso de 10 minutos não deduzidos da duração normal do trabalho.*

Súmula nº 346 – TST

DIGITADOR. INTERVALOS INTRAJORNADA. APLICAÇÃO ANALÓGICA DO ART. 72 DA CLT.

Os digitadores, por aplicação analógica do art. 72 da CLT, equiparam-se aos trabalhadores nos serviços de mecanografia (datilografia, escrituração ou cálculo), razão pela qual têm direito a intervalos de descanso de 10 minutos a cada 90 de trabalho consecutivo.

Intervalos especiais

Existem outros intervalos previstos na CLT, cujo descanso é necessário para se preservar a saúde do trabalhador, ante a natureza do serviço desempenhado.

Não são descontados da jornada de trabalho, tal como ocorre com o intervalo do digitador.

São eles:

→ **Intervalo para recuperação térmica (câmaras frigoríficas)**

Intervalo previsto no art. 253 da CLT, essencial à recuperação térmica de trabalhadores que ingressam em ambiente demasiadamente frio, em razão do choque térmico existente.

Art. 253 *Para os empregados que trabalham no interior das câmaras frigoríficas e para os que movimentam mercadorias do ambiente quente ou normal para o frio e vice-versa, depois de 1 hora e 40 minutos de trabalho contínuo, será assegurado um período de 20 minutos de repouso, computado esse intervalo como de trabalho efetivo.*

Parágrafo único. *Considera-se artificialmente frio, para os fins do presente artigo, o que for inferior, nas primeira, segunda e terceira zonas climáticas do mapa oficial do Ministério do Trabalho, Indústria e Comércio, a 15º, na quarta zona a 12º, e nas quinta, sexta e sétima zonas a 10º.*

O TST entende que tal limitação não se aplica apenas para os empregados que trabalham em câmara frigorífica, mas em ambientes artificialmente frios.

Súmula nº 438 – TST

INTERVALO PARA RECUPERAÇÃO TÉRMICA DO EMPREGADO. AMBIENTE ARTIFICIALMENTE FRIO. HORAS EXTRAS. ART. 253 DA CLT. APLICAÇÃO ANALÓGICA.

O empregado submetido a trabalho contínuo em ambiente artificialmente frio, nos termos do parágrafo único do art. 253 da CLT, ainda que não labore em câmara frigorífica, tem direito ao intervalo intrajornada previsto no caput do art. 253 da CLT.

→ **Trabalho em minas e subsolo**

Ante a nocividade do labor em subsolo e minas, a CLT garante que "Em cada período de três horas consecutivas de trabalho, será obrigatória uma pausa de 15 minutos para repouso, a qual será computada na duração normal de trabalho efetivo" (art. 298 da CLT).

11. FÉRIAS

Todo empregado, seja ele urbano ou rural, possui o direito de férias anuais e remuneradas, com 1/3 a mais do salário normal, conforme preceitua o art. 7º, XVII, da CF/1988.

Todo empregado terá direito anualmente ao gozo de um período de férias, sem prejuízo da remuneração, conforme art. 129 da CLT.

> ***Art. 129*** *Todo empregado terá direito anualmente ao gozo de um período de férias, sem prejuízo da remuneração.*

Importante ressaltar que, durante as férias, o empregado não poderá prestar serviços a outro empregador, salvo se estiver obrigado a fazê-lo em virtude de contrato de trabalho regularmente mantido com aquele outro empregador, pois o objetivo das férias é conceder um período de descanso físico e de higiene mental ao empregado, não sendo esse final atingido caso o empregado labore em outro local, conforme a base normativa do art. 129 da CLT, a saber: todo empregado terá direito anualmente ao gozo de um período de férias, sem prejuízo da remuneração.

11.1 Duração das Férias

O período de férias tem sua duração ligada às faltas injustificadas cometidas pelo empregado no decorrer do período aquisitivo (ano antecessor), conforme previsto no art. 130 da CLT.

Assim, caso o empregado não possua mais que 5 faltas, serão disponibilizados 30 dias corridos, quando houver faltado de 6 a 14 vezes serão disponibilizados 24 dias corridos, caso tenha faltado de 15 a 23 vezes, serão 18 dias corridos, quando houver faltado de 24 a 32 vezes, serão 12 dias corridos.

Observação: O tempo de trabalho anterior à apresentação do empregado para serviço militar obrigatório será computado no período aquisitivo, desde que ele compareça ao estabelecimento dentro de 90 dias da data em que se verificar a respectiva baixa.

11.2 Época da Concessão das Férias – Particularidades

Conforme ressaltado anteriormente, o período do gozo das férias representa escolha do empregador.

Todavia, é importante ressaltar novidades trazidas pela Reforma Trabalhista, a saber:

Fracionamento: havendo concordância do empregado, as férias poderão ser fracionadas em até 3 períodos, desde que um deles não seja inferior a 14 dias corridos e os demais não sejam inferiores a 5 dias corridos, cada um. Assim, não existe mais a necessidade de período mínimo de 10 dias, que era aplicável para fracionamento excepcional em apenas dois períodos.

Limite de idade: houve revogação do § 2º do art. 134 que determinava que as férias dos menores de 18 anos e maiores de 50 anos deveriam ser concedidas de uma só vez. Tal exigência, muito cobrada em questões de concursos, deixa de valer com a vigência da Lei nº 13.467/2017.

Início das férias: uma novidade interessante foi a vedação de que as férias iniciem no período de dois dias que antecede feriado ou repouso semanal remunerado, evitando, assim, prejuízo ao trabalhador.

Vejamos o teor dos artigos da CLT, atualizados à Reforma Trabalhista:

> ***Art. 134*** *As férias serão concedidas por ato do empregador, em um só período, nos 12 meses subsequentes à data em que o empregado tiver adquirido o direito.*
>
> *§ 1º Desde que haja concordância do empregado, as férias poderão ser usufruídas em até três períodos, sendo que um deles não poderá ser inferior a 14 dias corridos e os demais não poderão ser inferiores a 5 dias corridos, cada um.*
>
> *§ 2º (Revogado)*
>
> *§ 3º É vedado o início das férias no período de dois dias que antecede feriado ou dia de repouso semanal remunerado.*
>
> ***Art. 135*** *A concessão das férias será participada, por escrito, ao empregado, com antecedência de, no mínimo, 30 dias. Dessa participação o interessado dará recibo.*
>
> *§ 1º O empregado não poderá entrar no gozo das férias sem que apresente ao empregador sua CTPS, para que nela seja anotada a respectiva concessão.*
>
> *§ 2º A concessão das férias será, igualmente, anotada no livro ou nas fichas de registro dos empregados.*
>
> ***Art. 136*** *A época da concessão das férias será a que melhor consulte os interesses do empregador.*
>
> *§ 1º Os membros de uma família, que trabalharem no mesmo estabelecimento ou empresa, terão direito a gozar férias no mesmo período, se assim o desejarem e se disto não resultar prejuízo para o serviço.*
>
> *§ 2º O empregado estudante menor de 18 anos terá direito a fazer coincidir suas férias com as férias escolares.*
>
> ***Art. 137*** *Sempre que as férias forem concedidas após o prazo de que trata o art. 134, o empregador pagará em dobro a respectiva remuneração.*
>
> *§ 1º Vencido o mencionado prazo sem que o empregador tenha concedido as férias, o empregado poderá ajuizar reclamação pedindo a fixação, por sentença, da época de gozo das mesmas.*
>
> *§ 2º A sentença cominará pena diária de 5% do Salário-mínimo, devida ao empregado até que seja cumprida.*
>
> *§ 3º Cópia da decisão judicial transitada em julgado será remetida ao órgão local do Ministério do Trabalho, para fins de aplicação da multa de caráter administrativo.*
>
> ***Art. 138*** *Durante as férias, o empregado não poderá prestar serviços a outro empregador, salvo se estiver obrigado a fazê-lo em virtude de contrato de trabalho regularmente mantido com aquele.*

11.3 Período Aquisitivo

Correspondente aos primeiros 12 meses da relação de trabalho, período no qual o empregado ainda não tem o direito ao gozo das férias.

Assim são 12 meses aquisitivos e após 12 meses para o período de gozo, durante o período de gozo já está se adquirindo novo período para futura concessão.

11.4 Período Concessivo

Após o término do período aquisitivo, os 12 meses subsequentes correspondem ao período concessivo, prazo no qual o empregador deverá permitir que o empregado goze de seu descanso anual remunerado (férias), no período que melhor convier ao empregador.

11.5 Diferenças Entre Férias Vencidas e Proporcionais

As férias vencidas (chamadas, também, de integrais) são sempre devidas e devem ser pagas, independentemente da causa da rescisão contratual (dispensa com ou sem justa causa do empregado ou por falta grave do empregador; aposentadoria; falecimento do empregado; ou pedido de demissão), pois representam direito adquirido do empregado.

Se já houver se escoado o período concessivo o pagamento das férias deverá ser em dobro, nos termos do *caput* do art. 137 da CLT. Também neste sentido é a Súmula nº 81 do TST:

> ***Súmula nº 81 – TST***
> *FÉRIAS.*
> *Os dias de férias gozados após o período legal de concessão deverão ser remunerados em dobro.*

É importante observar que mesmo se as férias forem gozadas no prazo legal, mas seu pagamento for extemporâneo, é devida a dobra, conforme entendimento contido na recente Súmula nº 450 do TST:

> ***Súmula nº 450 – TST***
> *FÉRIAS. GOZO NA ÉPOCA PRÓPRIA. PAGAMENTO FORA DO PRAZO. DOBRA DEVIDA. ARTS. 137 E 145 DA CLT.*
> *É devido o pagamento em dobro da remuneração de férias, incluído o terço constitucional, com base no art. 137 da CLT, quando, ainda que gozadas na época própria, o empregador tenha descumprido o prazo previsto no art. 145 do mesmo diploma legal.*

As férias proporcionais referem-se ao pagamento em dinheiro pelo período aquisitivo não completado em decorrência da rescisão do contrato de trabalho, na proporção de 1/12 para cada mês ou período superior a 14 dias (art. 146 da CLT).

O empregado dispensado sem justa causa, bem como o que pedir demissão (independentemente do tempo de serviço, se inferior ou superior a um ano), fará jus à percepção de férias proporcionais. Somente se for dispensado por justa causa é que perderá o direito à parcela, relembrando que, mesmo nesta hipótese, o empregado não perde o direito às férias já vencidas (seja de forma simples, quando ainda em curso o período concessivo; seja de forma dobrada, quando posterior ao término do período concessivo).

Neste sentido, vale destacar a Súmula nº 261 do TST, que alterou o posicionamento anterior:

> ***Súmula nº 261 – TST***
> *FÉRIAS PROPORCIONAIS. PEDIDO DE DEMISSÃO. CONTRATO VIGENTE HÁ MENOS DE UM ANO.*
> *O empregado que se demite antes de completar 12 meses de serviço tem direito a férias proporcionais.*

Cumpre transcrever o teor dos arts. 146 e 147 da CLT:

> ***Art. 146*** *Na cessação do contrato de trabalho, qualquer que seja a sua causa, será devida ao empregado a remuneração simples ou em dobro, conforme o caso, correspondente ao período de férias cujo direito tenha adquirido.*
>
> ***Parágrafo único.*** *Na cessação do contrato de trabalho, após 12 meses de serviço, o empregado, desde que não haja sido demitido por justa causa, terá direito à remuneração relativa ao período incompleto de férias, de acordo com o art. 130, na proporção de 1/12 (um doze avos) por mês de serviço ou fração superior a 14 dias.*
>
> ***Art. 147*** *O empregado que for despedido sem justa causa, ou cujo contrato de trabalho se extinguir em prazo predeterminado, antes de completar 12 meses de serviço, terá direito à remuneração relativa ao período incompleto de férias, de conformidade com o disposto no artigo anterior.*
>
> ***Súmula nº 171 – TST***
> *FÉRIAS PROPORCIONAIS. CONTRATO DE TRABALHO. EXTINÇÃO.*
> *Salvo na hipótese de dispensa do empregado por justa causa, a extinção do contrato de trabalho sujeita o empregador ao pagamento da remuneração das férias proporcionais, ainda que incompleto o período aquisitivo de 12 meses (art. 147 da CLT).*

11.6 Faltas Consideradas Justificadas

> ***Art. 473*** *O empregado poderá deixar de comparecer ao serviço, sem prejuízo do salário:*
>
> *I – até dois dias consecutivos, em caso de falecimento do cônjuge, ascendente, descendente, irmão ou pessoa que, declarada em sua Carteira de Trabalho e Previdência Social, viva sob sua dependência econômica;*
>
> *II – até três dias consecutivos, em virtude de casamento;*
>
> *III – por um dia, em caso de nascimento de filho, no decorrer da primeira semana (inciso tacitamente revogado pelo art. 10, § 1º, do Ato das Disposições Constitucionais Transitórias, que dilatou de 1 para 5 dias o prazo, até regulamentação do texto pelo Congresso Nacional);*
>
> *IV – por um dia, em cada 12 meses de trabalho, em caso de doação voluntária de sangue devidamente comprovada;*
>
> *V – até dois dias consecutivos ou não, para o fim de se alistar eleitor, nos termos da lei respectiva;*
>
> *VI – no período de tempo em que tiver de cumprir as exigências do Serviço Militar referidas na letra "c" do art. 65 da Lei nº 4.375, de 17 de agosto de 1964 (Lei do Serviço Militar);*
>
> *VII – nos dias em que estiver comprovadamente realizando provas de exame vestibular para ingresso em estabelecimento de ensino superior;*
>
> *VIII – pelo tempo que se fizer necessário, quando tiver que comparecer a juízo;*
>
> *IX – pelo tempo que se fizer necessário, quando, na qualidade de representante de entidade sindical, estiver participando de reunião oficial de organismo internacional do qual o Brasil seja membro;*
>
> *X – até dois dias para acompanhar consultas médicas e exames complementares durante o período de gravidez de sua esposa ou companheira;*
>
> *XI – por um dia por ano para acompanhar filho de até seis anos em consulta médica.*

Se as faltas já são justificadas pela lei, consideram-se como ausências legais e não serão descontadas para o cálculo do período de férias (Súmula nº 89 do TST). Ainda, nos termos da Súmula nº 46 do TST: as faltas ou ausências decorrentes de acidente do trabalho não são consideradas para os efeitos de duração de férias e cálculo da gratificação natalina. O que também ocorre com as faltas justificadas.

11.7 Perda do Direito a Férias

As hipóteses para a perda do direito de férias são encontradas no art. 133 da CLT:

→ **Recebimento de benefício previdenciário por mais de 6 meses, ainda que descontínuos.**

→ **Paralisação da empresa por mais de 30 dias.**

→ **Gozo de licença remunerada por mais de 30 dias.**

→ **Saída do emprego sem nova admissão em 60 dias.**

→ **Mais de 32 faltas injustificadas no período concessivo (decorrência do art. 130 da CLT quanto à duração das férias).**

11.8 Remuneração das Férias

Estabelece o art. 7º, XVII, da Constituição Federal, que as férias devem ser remuneradas com um acréscimo de um terço a mais do que o salário normal, tenham sido elas gozadas ou indenizadas. Neste sentido é a Súmula nº 328 do TST, que se transcreve:

> ***Súmula nº 328 – TST***
> *FÉRIAS. TERÇO CONSTITUCIONAL.*
> *O pagamento das férias, integrais ou proporcionais, gozadas ou não, na vigência da CF/1988, sujeita-se ao acréscimo do terço previsto no respectivo art. 7º, XVII.*

A remuneração do período de férias deve corresponder ao mesmo valor do salário percebido nos demais meses (com todos os adicionais habitualmente pagos).

A forma de cálculo da remuneração das férias se encontra inserta no art. 142 da CLT:

> ***Art. 142*** *O empregado perceberá, durante as férias, a remuneração que lhe for devida na data da sua concessão.*
> *§ 1º Quando o salário for pago por hora, com jornadas variáveis, apurar-se-á a média do período aquisitivo, aplicando-se o valor do salário na data da concessão das férias.*
> *§ 2º Quando o salário for pago por tarefa, tomar-se-á por base a média da produção no período aquisitivo do direito a férias, aplicando-se o valor da remuneração da tarefa na data da concessão das férias.*
> *§ 3º Quando o salário for pago por percentagem, comissão ou viagem, apurar-se-á a média percebida pelo empregado nos 12 meses que precederem a concessão das férias.*
> *§ 4º A parte do salário paga em utilidades será computada de acordo com a anotação na Carteira de Trabalho e Previdência Social.*
> *§ 5º Os adicionais por trabalho extraordinário, noturno, insalubre ou perigoso serão computados no salário que servirá de base ao cálculo da remuneração das férias.*
> *§ 6º Se, no momento das férias, o empregado não estiver percebendo o mesmo adicional do período aquisitivo, ou quando o valor deste não tiver sido uniforme, será computada a média duodecimal recebida naquele período, após a atualização das importâncias pagas, mediante incidência dos percentuais dos reajustamentos salariais supervenientes.*

O valor das férias é dotado de natureza salarial, ainda que pagas após a rescisão contratual (art. 148 da CLT).

A remuneração das férias do tarefeiro deve ser calculada com base na média da produção do período aquisitivo, aplicando-se a tarifa da data da concessão (Súmula nº 149 do TST).

É importante ressaltar que se as férias vencidas não foram pagas durante a contratualidade, sendo devidas de forma indenizada por força de decisão judicial, será considerado para base de cálculo o salário devido na época da condenação ou o último salário, caso tenha havido rescisão contratual.

> ***Súmula nº 7 - TST***
> *FÉRIAS INDENIZADAS – CÁLCULO.*
> *A indenização pelo não deferimento das férias no tempo oportuno será calculada com base na remuneração devida ao empregado na época da reclamação ou, se for o caso, na da extinção do contrato.*

11.9 Abono de Férias

O abono de férias é a possibilidade que a lei confere ao empregado de "vender" 1/3 do seu período de férias.

Com a revogação do § 3º do art. 143 da CLT, tal prerrogativa também é aplicada aos empregados que trabalham em regime de tempo parcial, pois a duração de suas férias será de 30 dias (se não houver mais de 5 faltas injustificadas), nos mesmos moldes dos demais empregados.

Encontra previsão no art. 143 da CLT e não se confunde com a gratificação de 1/3 garantida pela Constituição Federal.

> ***Art. 143*** *É facultado ao empregado converter 1/3 do período de férias a que tiver direito em abono pecuniário, no valor da remuneração que lhe seria devida nos dias correspondentes.*
> *§ 1º O abono de férias deverá ser requerido até 15 dias antes do término do período aquisitivo.*
> *§ 2º Tratando-se de férias coletivas, a conversão a que se refere este artigo deverá ser objeto de acordo coletivo entre o empregador e o sindicato representativo da respectiva categoria profissional, independendo de requerimento individual a concessão do abono.*
> *§ 3º O disposto neste artigo não se aplica aos empregados sob o regime de tempo parcial.*

O pagamento das férias e, se for o caso, do abono previsto no art. 143 da CLT, deve ser pago até dois dias antes do início do respectivo período, sendo que o empregado dará quitação do pagamento, com indicação do início e do termo final das férias (art. 145 da CLT). Se o prazo do pagamento não for observado, ainda que as férias sejam usufruídas no período correto, é devido seu pagamento em dobro, nos termos da recente Súmula nº 450 do TST.

11.10 Férias Coletivas

As férias coletivas podem ser concedidas a todos os empregados de uma empresa ou a determinado setor. Podem ser parceladas em dois períodos, desde que um deles não seja inferior a 10 dias corridos.

O sindicato, assim como o Ministério do Trabalho, devem ser comunicados acerca da concessão de férias coletivas com uma antecedência mínima de 15 dias.

O sindicato pode negociar, neste caso, o abono pecuniário para os empregados (venda de 10 dias de férias), independentemente da manifestação de vontade individual de cada empregado.

Empregados com menos de 12 meses de serviço, ao usufruírem férias coletivas, farão jus às férias de forma proporcional.

As férias coletivas podem ser anotadas na CTPS do empregado, mediante carimbo.

Vejamos os dispositivos legais sobre o tema:

> ***Art. 139*** *Poderão ser concedidas férias coletivas a todos os empregados de uma empresa ou de determinados estabelecimentos ou setores da empresa.*
>
> *§ 1º As férias poderão ser gozadas em 2 períodos anuais desde que nenhum deles seja inferior a 10 dias corridos.*
>
> *§ 2º Para os fins previstos neste artigo, o empregador comunicará ao órgão local do Ministério do Trabalho, com a antecedência mínima de 15 dias, as datas de início e fim das férias, precisando quais os estabelecimentos ou setores abrangidos pela medida.*
>
> *§ 3º Em igual prazo, o empregador enviará cópia da aludida comunicação aos sindicatos representativos da respectiva categoria profissional, e providenciará a afixação de aviso nos locais de trabalho.*
>
> ***Art. 140*** *Os empregados contratados há menos de 12 meses gozarão, na oportunidade, férias proporcionais, iniciando-se, então, novo período aquisitivo.*
>
> ***Art. 141*** *Quando o número de empregados contemplados com as férias coletivas for superior a 300, a empresa poderá promover, mediante carimbo, anotações de que trata o art. 135, § 1º.*
>
> *§ 1º O carimbo, cujo modelo será aprovado pelo Ministério do Trabalho, dispensará a referência ao período aquisitivo a que correspondem, para cada empregado, as férias concedidas.*
>
> *§ 2º Adotado o procedimento indicado neste artigo, caberá à empresa fornecer ao empregado cópia visada do recibo correspondente à quitação mencionada no parágrafo único do art. 145.*
>
> *§ 3º Quando da cessação do contrato de trabalho, o empregador anotará na Carteira de Trabalho e Previdência Social as datas dos períodos aquisitivos correspondentes às férias coletivas gozadas pelo empregado.*

11.11 Prescrição do Direito Às Férias

A prescrição do direito de reclamar a concessão das férias ou o pagamento da respectiva remuneração é contada do término do prazo do período concessivo, ou, se for o caso, da cessação do contrato de trabalho (art. 149 da CLT).

12. SUSPENSÃO E INTERRUPÇÃO DO CONTRATO DE TRABALHO

12.1 Distinção Entre Suspensão e Interrupção do Contrato de Trabalho

Normalmente, o empregado precisa trabalhar para cumprir com sua obrigação contratual. Na suspensão e interrupção do contrato de trabalho, não há prestação de serviços.

O que os distingue é que enquanto na suspensão não há salário (lembre-se: suspensão começa com "s" de "sem salário") na interrupção o empregado percebe salário. Em ambos não há trabalho.

A suspensão se caracteriza quando ocorre a total paralisação do contrato de trabalho, deixando de vigorar suas principais cláusulas.

O empregado não trabalha e não recebe salário no período respectivo, que normalmente não é computado como tempo de serviço. Exceção para tal regra é o afastamento decorrente de acidente de trabalho e do alistamento militar obrigatório (art. 4º, § 1º, da CLT, alterado pela Lei nº 13.467/2017 – Reforma Trabalhista).

Na interrupção inexiste a prestação pessoal de serviços, mas subsistem as obrigações contratuais pelas partes, seja o pagamento dos salários ou qualquer outra decorrente da relação de emprego.

Ao empregado afastado do emprego são asseguradas, por ocasião de sua volta, todas as vantagens que, em sua ausência, tenham sido atribuídas à categoria a que pertencia na empresa. Na hipótese de suspensão, não significa que receba os valores atrasados, mas a partir de seu retorno terá direito às vantagens conquistadas (por exemplo, aumento salarial, auxílio-alimentação etc.).

12.2 Suspensão do Contrato de Trabalho

Não há trabalho e o empregado não recebe salário (assim entendido o valor pecuniário pago pelo empregador como contraprestação pelos serviços prestados).

Todavia, é possível que durante períodos de suspensão o empregado perceba benefícios, como é o caso da aposentadoria por invalidez ou auxílio-doença (a partir do 16º dia), entre outros.

Hipóteses de suspensão do contrato de trabalho

→ **Faltas injustificadas: quando o empregado falta sem motivo justificador (como atestado médico, por exemplo). O empregador desconta do salário o dia não trabalhado, o que repercute também no repouso semanal e pode alterar a duração de suas férias.**

→ **Licença não remunerada: quando o empregado pode se afastar da empresa por determinado período, sem manter o direito a salários. Por exemplo: licença para atender a assuntos particulares garantida por negociação coletiva ou regulamento da empresa.**

É hipótese de suspensão (licenciamento sem remuneração) o afastamento por até seis meses para manutenção da integridade física da empregada, garantida pela Lei Maria da Penha (art. 9º, § 2º, da Lei nº 11.340/2006).

→ **Doença ou acidente de trabalho: afastamento por doença e acidente de trabalho (após os primeiros 15 dias) – período em que receberá o auxílio-doença ou auxílio-acidente pela Previdência Social. Se o afastamento decorrer de acidente de trabalho, a lei assegura o cômputo do tempo de serviço e recolhimento do FGTS.**

No período de suspensão decorrente de aposentadoria por invalidez, bem como de acidente de trabalho ou doença equiparada a acidente, o empregado tem o direito à manutenção do plano de saúde.

> ***Súmula nº 440 – TST***
> *AUXÍLIO-DOENÇA ACIDENTÁRIO. APOSENTADORIA POR INVALIDEZ. SUSPENSÃO DO CONTRATO DE TRABALHO. RECONHECIMENTO DO DIREITO À MANUTENÇÃO DE PLANO DE SAÚDE OU DE ASSISTÊNCIA MÉDICA.*
> *Assegura-se o direito à manutenção de plano de saúde, ou de assistência médica, oferecido pela empresa ao empregado, não obstante suspenso o contrato de trabalho em virtude de auxílio-doença acidentário ou de aposentadoria por invalidez.*

→ **Suspensão disciplinar: representa uma pena para o empregado que cometeu alguma falta disciplinar.**

A suspensão disciplinar não pode ter duração superior a 30 dias, pois o salário é essencial para subsistência do trabalhador. Se ultrapassar tal limite, transforma-se em dispensa sem justa causa (quando o empregador tem que indenizar o empregado).

→ **Suspensão para inquérito do estável (quando constatada a falta grave): quando o empregado é detentor de estabilidade (e algumas espécies de garantia provisória de emprego), o empregador precisa ajuizar uma ação na Justiça do Trabalho (chamada inquérito para apuração de falta grave), a fim provar que o empregado cometeu falta grave, e assim poder dispensá-lo por justa causa. Se for julgada procedente a ação, é porque o empregado, de fato, cometeu a falta grave, de forma que não é devido salário no período que o empregado ficou suspenso até julgamento do inquérito. Por outro lado, se improcedente (porque não provada a falta grave), fará jus aos salários do período, transformando a hipótese em interrupção do contrato de trabalho.**

→ **Aposentadoria por invalidez: é dotada de caráter provisório, podendo ser revertida e o empregado voltar a trabalhar (normalmente, faz diversas perícias durante tal modalidade de aposentadoria). Cuidado com questões que afirmam que a aposentadoria por invalidez representa hipótese de extinção do contrato de trabalho, pois é mera suspensão.**

Ainda que decorrido o prazo previdenciário para conclusão da aposentadoria por invalidez, se essa ainda não foi convertida em aposentadoria definitiva, o empregado pode voltar a trabalhar.

> ***Súmula nº 160 – TST***
> *APOSENTADORIA POR INVALIDEZ.*
> *Cancelada a aposentadoria por invalidez, mesmo após cinco anos, o trabalhador terá direito de retornar ao emprego, facultado, porém, ao empregador, indenizá-lo na forma da lei.*

→ **Serviço militar obrigatório: enquanto o empregado está prestando serviço militar obrigatório, seu contrato de trabalho fica suspenso (cumpre notar que o salário é pago pelas Forças Armadas). Como exceção, há necessidade de recolhimento do FGTS, mensalmente, pelo empregador.**

→ **Encargo público:** ao exercer um mandato político, por exemplo, que impossibilite a manutenção do contrato de trabalho (deputado federal, por exemplo), o contrato fica suspenso no período correspondente à duração do mandato.

→ **Participação em greve:** como regra geral, em tal período o empregado fica sem salário (art. 7º da Lei nº 7.783/1989 - Lei de Greve), resultando na suspensão do contrato.

→ **Desempenho de cargo sindical:** se houver afastamento do trabalho e inexistir cláusula contratual ou convencional dispondo de forma diversa, o contrato fica suspenso. Por exemplo: mandato de dirigente sindical.

→ **Período em que o empregado se encontrar preso** (reclusão): estando o empregado preso (antes do trânsito em julgado da ação penal), há suspensão (e não extinção) do contrato de trabalho.

→ **Participação em cursos ou programas de qualificação profissional:** mediante previsão em instrumento normativo (ACT ou CCT) e anuência formal do empregado, o contrato pode ficar suspenso de 2 a 5 meses, sem pagamento de salário (podendo existir ajuda compensatória mensal, sem natureza salarial). As regras de tal modalidade estão no art. 476-A da CLT.

→ **Empregado eleito para ocupar cargo de diretor da empresa:** como o empregado passa a representar o próprio empregador durante tal período (mandato mediante eleição), haverá a suspensão do contrato.

> ***Súmula nº 269 – TST***
> *DIRETOR ELEITO. CÔMPUTO DO PERÍODO COMO TEMPO DE SERVIÇO.*
> *O empregado eleito para ocupar cargo de diretor tem o respectivo contrato de trabalho suspenso, não se computando o tempo de serviço desse período, salvo se permanecer a subordinação jurídica inerente à relação de emprego.*

Com exceção do afastamento para o serviço militar e percepção do auxílio-acidente de trabalho, não há recolhimento do FGTS nas hipóteses de suspensão do contrato de trabalho, uma vez que não há pagamento de salário em tal período. Tais hipóteses são, portanto, exceções à regra e obrigam o empregador. Também é possível que as partes pactuem o recolhimento do FGTS durante o mandato de diretor da empresa, mas não há tal obrigatoriedade.

12.3 Interrupção do Contrato de Trabalho

Em tal modalidade, o empregado não trabalha, mas conserva o direito à percepção dos salários integrais do respectivo período e demais garantias contratuais.

O período de interrupção do contrato deverá ser computado normalmente no tempo de serviço do empregado.

Hipóteses de interrupção do contrato de trabalho

→ **Repouso semanal remunerado:** se o empregado trabalhou sem faltas injustificadas e/ou atrasos durante a semana.

→ **Férias:** não trabalha, mas ganha salário (acrescido de 1/3 previsto na Constituição Federal).

→ **Feriados.**

→ **Falecimento de cônjuge, ascendente, descendente, irmão ou dependente anotado na CTPS:** 2 dias consecutivos (para professor são garantidos 9 dias consecutivos – art. 320, § 3º, da CLT).

→ **Casamento:** 3 dias consecutivos (para professor são garantidos 9 dias consecutivos – art. 320, § 3º, da CLT);

→ **Doação de sangue:** 1 dia a cada 12 meses (não se considera o ano civil, por exemplo: o ano de 2017, mas sim o período de 12 meses, de forma que se doou sangue em 11/11/2017 só poderá faltar justificadamente a partir de 12/11/2018).

→ **Doença e acidente de trabalho:** nos primeiros 15 dias o empregador precisa arcar com o salário do empregado. Após (a partir do 16º dia), a Previdência Social paga o benefício e passa a ser suspensão do contrato.

> ***Súmula nº 282 – TST***
> *ABONO DE FALTAS. SERVIÇO MÉDICO DA EMPRESA.*
> *Ao serviço médico da empresa ou ao mantido por esta última mediante convênio compete abonar os primeiros 15 dias de ausência ao trabalho.*

→ **Redução do trabalho no aviso-prévio e aviso-prévio indenizado:** o empregado dispensado sem justa causa tem direito a trabalhar 2 horas a menos todos os dias ou por 7 dias consecutivos, mas receberá o salário de forma integral. Da mesma forma se o aviso-prévio for indenizado pelo empregador.

→ **Licença remunerada:** na hipótese de licença remunerada (prevista em CCT ou ACT, por exemplo), o empregador continua a pagar salário, correspondendo à hipótese de interrupção do contrato.

→ **Aborto:** a mulher tem direito a um repouso remunerado de duas semanas na hipótese de aborto não criminoso (texto da CLT).

→ **Alistamento eleitoral:** até dois dias, consecutivos ou não. Período para que o empregado emita seu título de eleitor. Observe que a lei prevê dois dias (apesar de sabermos que atualmente o documento é emitido na hora, a CLT é de 1943) e, ainda, que podem ser consecutivos ou não (normalmente os afastamentos são em dias consecutivos).

→ **Comparecimento em juízo:** o tempo que o empregado tiver de comparecer em juízo, na condição de parte, testemunha ou jurado, não pode ser descontado de seu salário.

> ***Súmula nº 155 – TST***
> *AUSÊNCIA AO SERVIÇO.*
> *As horas em que o empregado falta ao serviço para comparecimento necessário, como parte, à Justiça do Trabalho não serão descontadas de seus salários.*

→ **Exame vestibular para ingresso em ensino superior:** tantos dias quantos forem necessários. Observa-se que é apenas para ensino superior. Já tivemos questões de concurso que trouxeram hipótese de ensino técnico (não previsto em lei como hipótese de interrupção).

→ **Suspensão para inquérito do estável:** quando afastada a falta grave são devidos os salários do período.

→ **Participação de representante de entidade sindical:** em reunião oficial de organismo internacional do qual o Brasil seja membro (pelo tempo necessário). Por exemplo: representante sindical em reunião da Organização Internacional do Trabalho (OIT).

- → **Acompanhar consultas médicas e exames complementares durante o período de gravidez de sua esposa ou companheira:** até dois dias (não precisam ser consecutivos). Incluído na CLT pela Lei nº 13.257/2016.
- → **Acompanhar filho de até seis anos em consulta médica:** por um dia por ano. Parece pouco, mas representa, na realidade, conquista muito recente para os trabalhadores. Incluído na CLT pela Lei nº 13.257/2016.
- → **Eleições:** trabalho nas eleições por convocação da Justiça Eleitoral (além do direito à folga em dobro dos dias trabalhados – art. 98 da Lei nº 9.504/1997).
- → **Licença-paternidade:** durante cinco dias consecutivos a contar da data do nascimento (ou adoção, por analogia) do filho. Com relação à licença-paternidade, é importante observar que o acréscimo de mais 15 dias (totalizando 20 dias de licença), instituído pela Lei nº 13.257/2016, aplica-se apenas para empregados de empresas que fazem parte do programa Empresa Cidadã. O empregado deve formular o pedido de prorrogação durante os cinco dias da licença, aplicável a todos os empregados, e ainda deve participar do programa de paternidade responsável;
- → **Licença-maternidade:** apesar de ser um tanto controvertida a classificação da licença-maternidade como suspensão ou interrupção, especialmente porque a empregada não fica recebendo salário do empregador neste período, mas sim benefício previdenciário (ainda que o empregador pague diretamente para a trabalhadora, abate tal valor das contribuições previdenciárias devidas), não se pode ignorar que em tal período o contrato de trabalho continua normalmente em vigor, com a contagem normal do tempo de serviço e recolhimento de FGTS, optamos por classificar a licença-maternidade como interrupção do contrato de trabalho, como estratégia para concurso, sem entrar em maiores discussões doutrinárias. Isso porque a FCC elaborou questões (TRT-AL/2014 – Analista, por exemplo) considerando errada a assertiva segundo a qual a licença-maternidade seria hipótese de suspensão do contrato de trabalho.

Existem hipóteses que alguns doutrinadores e as bancas examinadoras, especialmente a FCC, consideram como interrupção do contrato de trabalho, muito embora o período seja considerado como tempo de trabalho pela lei, ainda que o empregado não esteja executando suas funções habituais. É o que ocorre, por exemplo, com o tempo que o empregado está atuando na Comissão de Conciliação Prévia ou no Conselho Curador do FGTS e Conselho da Previdência Social, representando seus pares. Haverá salário mesmo sem o efetivo exercício das atividades para os quais foi contratado.

12.4 Dispositivos Legais

Os artigos que tratam da suspensão e interrupção do contrato de trabalho são os arts. 471 a 476-A da CLT:

> ***Art. 471*** *Ao empregado afastado do emprego são asseguradas, por ocasião de sua volta, todas as vantagens que, em sua ausência, tenham sido atribuídas à categoria a que pertencia na empresa.*
>
> ***Art. 472*** *O afastamento do empregado em virtude das exigências do serviço militar ou de outro encargo público, não constituirá motivo para a alteração ou rescisão do contrato de trabalho por parte do empregador.*
>
> *§ 1º Para que o empregado tenha direito a voltar a exercer o cargo do qual se afastou em virtude de exigência do serviço militar ou de encargo público, é indispensável que notifique o empregador dessa intenção, por telegrama ou carta registrada, dentro do prazo máximo de 30 dias, contados da data em que se verificar a respectiva baixa ou a terminação do encargo a que estava obrigado.*
>
> *§ 2º Nos contratos por prazo determinado, o tempo de afastamento, se assim acordarem as partes interessadas, não será computado na contagem do prazo para a respectiva terminação.*
>
> ***Art. 473*** *O empregado poderá deixar de comparecer ao serviço sem prejuízo do salário:*
>
> *I – até dois dias consecutivos, em caso de falecimento do cônjuge, ascendente, descendente, irmão ou pessoa que, declarada em sua carteira de trabalho e previdência social, viva sob sua dependência econômica;*
>
> *II – até três dias consecutivos, em virtude de casamento;*
>
> *III – por cinco dias consecutivos, em caso de nascimento de filho;*
>
> *IV – por um dia, em cada 12 meses de trabalho, em caso de doação voluntária de sangue devidamente comprovada;*
>
> *V – até dois dias consecutivos ou não, para o fim de se alistar eleitor, nos termos da lei respectiva;*
>
> *VI – no período de tempo em que tiver de cumprir as exigências do Serviço Militar referidas na letra "c" do art. 65 da Lei nº 4.375, de 17 de agosto de 1964 (Lei do Serviço Militar);*
>
> *VII – nos dias em que estiver comprovadamente realizando provas de exame vestibular para ingresso em estabelecimento de ensino superior;*
>
> *VIII – pelo tempo que se fizer necessário, quando tiver que comparecer a juízo;*
>
> *IX – pelo tempo que se fizer necessário, quando, na qualidade de representante de entidade sindical, estiver participando de reunião oficial de organismo internacional do qual o Brasil seja membro;*
>
> *X – dispensa do horário de trabalho pelo tempo necessário para acompanhar sua esposa ou companheira em até seis consultas médicas, ou exames complementares, durante o período de gravidez;*
>
> *XI – por um dia por ano para acompanhar filho de até seis anos em consulta médica;*
>
> *XII – até 3 dias, em cada 12 meses de trabalho, em caso de realização de exames preventivos de câncer devidamente comprovada.*
>
> ***Parágrafo único.*** *O prazo a que se refere o inciso III do caput será contado a partir da data de nascimento do filho.*
>
> ***Art. 474*** *A suspensão do empregado por mais de 30 dias consecutivos importa na rescisão injusta do contrato de trabalho.*
>
> ***Art. 475*** *O empregado que for aposentado por invalidez terá suspenso o seu contrato de trabalho durante o prazo fixado pelas leis de Previdência Social para a efetivação do benefício.*
>
> *§ 1º Recuperando o empregado a capacidade de trabalho e sendo a aposentadoria cancelada, ser-lhe-á assegurado o direito à função que ocupava ao tempo da aposentadoria, facultado, porém, ao empregador, o direito de indenizá-lo por rescisão do contrato de trabalho, nos termos dos artigos 477 e 478, salvo na hipótese de ser ele portador de estabilidade, quando a indenização deverá ser paga na forma do artigo 497.*[5]

5 ***Súmula nº 160 – TST***
APOSENTADORIA POR INVALIDEZ.
Cancelada a aposentadoria por invalidez, mesmo após cinco anos, o trabalhador

§ 2º Se o empregador houver admitido substituto para o aposentado, poderá rescindir, com este, o respectivo contrato de trabalho sem indenização, desde que tenha havido ciência inequívoca da interinidade ao ser celebrado o contrato.

Art. 476 *Em caso de seguro-doença ou auxílio-enfermidade, o empregado é considerado em licença não remunerada, durante o prazo desse benefício.*

Art. 476-A *O contrato de trabalho poderá ser suspenso, por um período de dois a cinco meses, para participação do empregado em curso ou programa de qualificação profissional oferecido pelo empregador, com duração equivalente à suspensão contratual, mediante previsão em convenção ou acordo coletivo de trabalho e aquiescência formal do empregado, observado o disposto no art. 471 desta Consolidação.*

§ 1º Após a autorização concedida por intermédio de convenção ou acordo coletivo, o empregador deverá notificar o respectivo sindicato, com antecedência mínima de 15 dias da suspensão contratual.

§ 2º O contrato de trabalho não poderá ser suspenso em conformidade com o disposto no caput deste artigo mais de uma vez no período de 16 meses.

§ 3º O empregador poderá conceder ao empregado ajuda compensatória mensal, sem natureza salarial, durante o período de suspensão contratual nos termos do caput deste artigo, com valor a ser definido em convenção ou acordo coletivo.

§ 4º Durante o período de suspensão contratual para participação em curso ou programa de qualificação profissional, o empregado fará jus aos benefícios voluntariamente concedidos pelo empregador.

§ 5º Se ocorrer a dispensa do empregado no transcurso do período de suspensão contratual ou nos três meses subsequentes ao seu retorno ao trabalho, o empregador pagará ao empregado, além das parcelas indenizatórias previstas na legislação em vigor, multa a ser estabelecida em convenção ou acordo coletivo, sendo de, no mínimo, 100% sobre o valor da última remuneração mensal anterior à suspensão do contrato.

§ 6º Se durante a suspensão do contrato não for ministrado o curso ou programa de qualificação profissional, ou o empregado permanecer trabalhando para o empregador, ficará descaracterizada a suspensão, sujeitando o empregador ao pagamento imediato dos salários e dos encargos sociais referentes ao período, às penalidades cabíveis previstas na legislação em vigor, bem como às sanções previstas em convenção ou acordo coletivo.

§ 7º O prazo limite fixado no caput poderá ser prorrogado mediante convenção ou acordo coletivo de trabalho e aquiescência formal do empregado, desde que o empregador arque com o ônus correspondente ao valor da bolsa de qualificação profissional, no respectivo período.

terá direito de retornar ao emprego, facultado, porém, ao empregador, indenizá-lo na forma da lei (ex-Prejulgado nº 37).

13. ALTERAÇÕES DO CONTRATO DE TRABALHO

As alterações no contrato de trabalho são normais e podem ocorrer por diversas maneiras. Porém, as alterações são limitadas, de modo que eventuais modificações no pactuado desde que sejam com consentimento mútuo entre as partes e que não resulte, direta ou indiretamente, prejuízos ao empregado (princípio da inalterabilidade contratual lesiva – art. 468, CLT). Caso haja descumprimento do dispositivo, a cláusula pode ser anulada.

Assim, regra geral, a alteração contratual só é admitida se for bilateral (anuência expressa do empregado) e, mesmo assim, se da alteração não resultar prejuízo, ainda que indireta, ao trabalhador.

Em determinadas situações, o empregador pode alterar o contrato de trabalho sem que haja, necessariamente, concordância do profissional. Entre elas: em caso de transferência, quando ocorrer extinção do estabelecimento. Também não se considera alteração unilateral a determinação do empregador para que o respectivo empregado tenha revertida o cargo de confiança. Além disso, com a vigência da Lei nº 13.467/2017 (Reforma Trabalhista), independentemente se houve justo motivo ou do período em que ficou na função, a gratificação que o empregado recebia na função de confiança não será mais incorporada.

Dessa forma, há a necessidade de cancelamento do item I da Súmula nº 372 do TST, pois a mesma não pode ser aplicada em relações de trabalho após o advento da Reforma.

> ***Súmula nº 372 – TST***
> *GRATIFICAÇÃO DE FUNÇÃO. SUPRESSÃO OU REDUÇÃO. LIMITES.*
> *I – Percebida a gratificação de função por dez ou mais anos pelo empregado, se o empregador, sem justo motivo, revertê-lo a seu cargo efetivo, não poderá retirar-lhe a gratificação tendo em vista o princípio da estabilidade financeira.*
> *II – Mantido o empregado no exercício da função comissionada, não pode o empregador reduzir o valor da gratificação.*

É importante observar que alterações prejudiciais no regulamento da empresa só atingem os novos empregados contratados posteriormente.

> ***Súmula nº 51 – TST***
> *NORMA REGULAMENTAR. VANTAGENS E OPÇÃO PELO NOVO REGULAMENTO. ART. 468 DA CLT.*
> *I – As cláusulas regulamentares, que revoguem ou alterem vantagens deferidas anteriormente, só atingirão os trabalhadores admitidos após a revogação ou alteração do regulamento.*
> *II – Havendo a coexistência de dois regulamentos da empresa, a opção do empregado por um deles tem efeito jurídico de renúncia às regras do sistema do outro.*

13.1 *Jus Variandi*

Significa o direito de variação exercido pelo empregador.

Representa lícita alteração voluntária unilateral, visto como a faculdade concedida ao empregador, com fundamento no poder diretivo, de realizar modificações e variações na forma da prestação de serviços conforme as circunstâncias o exijam.

É o que ocorre, por exemplo, quando o empregador modifica o maquinário a ser utilizado pelo empregado; institui ou modifica o uso de uniformes; altera o horário de início e término da jornada de trabalho (desde que permaneça no mesmo turno e não acarrete prejuízos ao trabalhador).

São admitidas alterações de função, horário e local de trabalho desde que não impliquem substancial modificação no pacto laboral.

Um exemplo de *jus variandi* é a alteração da data do pagamento de salário, desde que respeitado o limite legal (5º dia útil do mês subsequente ao trabalhado). Vamos imaginar que a empresa sempre pagava o salário no dia 1º do mês e alterou para pagar no 5º dia útil, por exemplo. Tal alteração unilateral é lícita, se não houver garantia de pagamento antecipado por meio de cláusula contratual ou instrumento normativo (CCT ou ACT).

> ***Orientação Jurisprudencial nº 159 – SDI-1***
> *DATA DE PAGAMENTO. SALÁRIOS. ALTERAÇÃO.*
> *Diante da inexistência de previsão expressa em contrato ou em instrumento normativo, a alteração de data de pagamento pelo empregador não viola o art. 468, desde que observado o parágrafo único, do art. 459, ambos da CLT.*

13.2 Alteração de Função

Durante o curso do contrato de trabalho, algumas mudanças podem ocorrer, fazendo com que o empregador necessite alterar a função do empregado. No entanto, existem algumas regras que não podem deixar de ser observadas antes de alterar a função do empregado.

Uma das regras importante é a impossibilidade de rebaixamento do empregado, ainda que não haja redução salarial. O rebaixamento traz a ideia de hierarquia, assim, se o empregado foi contratado para exercer função hierarquicamente superior, não poderá o empregador rebaixá-lo à função inferior, por se tratar de alteração lesiva ao empregado. Ao ocorrer o rebaixamento, o empregado pode não apenas requerer a rescisão indireta, por se tratar de falta grave do empregador, como também o pagamento de indenização por dano moral em virtude de lesão à honra e imagem do trabalhador.

Contudo, precisamos deixar claro que o rebaixamento não se confunde com a reversão.

A reversão de função é aquela prevista no art. 468, § 1º, da CLT a qual permite que o empregador reverta o cargo de confiança que o empregado exerce para voltar a ocupar o cargo efetivo que exercia anteriormente.

Outra questão importante é quando o empregado passa a desempenhar uma função maior que aquela que exercia anteriormente dentro da empresa, nesses casos de promoção poderá ocorrer por ato unilateral do empregador seguida da aceitação do empregado, ainda que de forma tácita, já que, a princípio, é situação que lhe é mais favorável, normalmente seguida de majoração salarial. Por outro lado, se a empresa possui plano de cargos e salários, a princípio, o empregado não pode se negar a aceitar a promoção, pois já tinha ciência da ascensão no momento da contratação. Caso contrário, a doutrina defende que é necessária a aceitação do trabalhador, que precisa se sentir apto para assumir o novo cargo.

Conforme vimos anteriormente, a reversão não é alteração prejudicial, conforme preceitua a lei (parágrafo único do art. 468 da CLT). E com a vigência da Lei nº 13.467/2017, não haverá mais a incorporação da gratificação.

Ocorre a readaptação, prevista no art. 300 da CLT, quando o empregado passa a ocupar outra função em razão de doença ou acidente, por recomendação da Previdência Social, por conta de limitação provisória ou definitiva. Nesta hipótese, o empregado não pode perceber salário menor que aquele que recebia anteriormente à readaptação, ainda que a função seja mais simples, sob pena de afronta à garantia constitucional de irredutibilidade salarial. Por outro lado, o empregado readaptado não pode ser indicado como paradigma para equiparação salarial (art. 461, § 4º, da CLT), justamente por conta de sua situação peculiar.

O empregado também pode ter sua função alterada mediante aproveitamento, ou seja, quando ele é trocado de uma função para outra, do mesmo nível. Esta alteração poderá ser feita por ato bilateral, quando não acarretar prejuízo material ou moral ao empregado. Por ato unilateral do empregador, admite-se o aproveitamento na hipótese de extinção da função, desde que o novo cargo guarde semelhança com o anterior e a alteração não implique prejuízo ou lesão à dignidade do empregado.

Em circunstâncias específicas, a alteração de função é obrigatória. Isso ocorrerá em casos previstos em lei, podendo ser de forma provisória ou definitiva. Por exemplo, no caso da readaptação, que o empregador é obrigado a readaptar empregado em razão de doença ou acidente; ou como previsto no arts. 392, § 4º, e 394-A da CLT, em que garante a transferência de empregada grávida quando as condições de saúde assim exigirem ou exercerem atividades consideradas insalubres; há também o previsto no art. 407 da CLT quando verificado pelas autoridades competentes que o trabalho executado por menor é prejudicial à sua saúde, desenvolvimento físico ou a sua moralidade.

13.3 Alteração Salarial

As alterações que visam à majoração salarial, seja unilateral, bilateral, proveniente de lei ou norma coletiva são, evidentemente, lícitas, porquanto são mais favoráveis ao trabalhador, que vê em seu salário a fonte de sua subsistência e de sua família.

Por outro lado, se a alteração implicar redução salarial não será considerada lícita. Destacam-se as exceções previstas na CLT, a saber:

Reversão do empregado ao cargo efetivo do qual se encontrava afastado para exercer cargo de confiança (art. 468, § 1º, da CLT). É importante observar que com a Lei nº 13.467/2017 (Reforma Trabalhista), que instituiu o § 2º ao art. 468 da CLT, não há mais a garantia de manutenção da gratificação de função, independentemente do tempo que o empregado ocupou o cargo de confiança.

Retorno do empregado à função original na hipótese de substituição eventual ou temporária (art. 450 da CLT). O empregado recebe salário equivalente ao cargo que está substituindo (se superior) e volta a receber o seu salário (inferior) quando acabar a substituição. Quando a substituição não for eventual, assegura-se ao substituto o mesmo salário contratual do substituído enquanto perdurar a substituição (Súmula nº 159, I, do TST). As férias não são consideradas substituição eventual, posto que passível de programação, o que não ocorre com faltas não programadas por motivo de doença ou falecimento de familiar.

Por outro lado, se o cargo vagar em definitivo, o empregado que passa a ocupá-lo não tem direito a salário igual ao do antecessor (Súmula nº 159, II, TST).

Cumpre lembrar ainda que a Constituição Federal (art. 7º, VI), ao consagrar a irredutibilidade salarial, permite sua redução por Convenção ou Acordo Coletivo, não havendo exigência legal para proporcional redução na duração da jornada de trabalho. Contudo, com o advento da Lei nº 13.467/2017 (Reforma Trabalhista), houve a inclusão do art. 611-A, § 3º, da CLT, que prevê que na hipótese de cláusula convencional com previsão de redução do salário ou da jornada, há a necessidade de previsão para proteção dos empregados contra dispensa imotivada durante o prazo de vigência do instrumento normativo, o que pode ser encarado como vantagem trazida pela Reforma Trabalhista.

Prevalece na jurisprudência e doutrina o entendimento de que o art. 503 da CLT, que prevê a redução de até 25% dos salários dos empregados por motivo de força maior ou prejuízos sofridos pela empresa, não foi recepcionado pela CF/1988, que só admite a redução salarial mediante negociação coletiva (CCT ou ACT), o que finalmente foi compartilhado pela FCC em questão de concurso (TRT/AL – 2014 – Analista – Oficial de Justiça).

É necessário observar que se um professor, que recebe por hora-aula, tiver a diminuição do número de turmas, por fatores alheios à vontade do empregador (como é o caso do não fechamento de turmas), não se cogita alteração salarial ilícita.

> ***Orientação Jurisprudencial nº 244 – SDI-1***
> *PROFESSOR. REDUÇÃO DA CARGA HORÁRIA. POSSIBILIDADE. A redução da carga horária do professor, em virtude da diminuição do número de alunos, não constitui alteração contratual, uma vez que não implica redução do valor da hora-aula.*

13.4 Alteração do Local de Trabalho

Hipóteses de transferência

As alterações contratuais não podem ser realizadas sem o consentimento prévio do empregado ou que lhe prejudique de alguma forma.

No entanto, para toda regra há uma exceção. Com relação à alteração do local de trabalho, é certo que, nos casos em que o empregador modifica o local de trabalho do empregado, transferindo-o de uma filial para outra da empresa, sem que haja transferência que resulte na mudança de domicílio, será permitido pela legislação.

Nos termos do art. 469 da CLT: ao empregador é vedado transferir o empregado, sem a sua anuência, para localidade diversa da que resultar do contrato, não se considerando transferência a que não acarretar necessariamente a mudança do seu domicílio.

Exemplo fácil quando um funcionário de uma determinada loja em shopping center A é enviado para trabalhar em outra loja de outro shopping center B no mesmo bairro. Desta forma, como a alteração do local não influencia, tampouco exige que o empregado troque de domicílio, esta não será considerada uma alteração lesiva ao empregado. Porém, essa remoção, se houver aumento de despesa para deslocamento do empregado, o empregador deverá custear o pagamento de eventuais despesas adicionais com transporte. Neste sentido, dita a Súmula nº 29 do TST:

> ***Súmula nº 29 – TST***
> *TRANSFERÊNCIA.*
> *Empregado transferido, por ato unilateral do empregador, para local mais distante de sua residência, tem direito a suplemento salarial correspondente ao acréscimo da despesa de transporte.*

Assim, para que seja considerada efetiva transferência, a alteração do local de trabalho precisa acarretar a modificação do domicílio do empregado.

Outro caso em que poderá ser realizada a alteração de local de maneira unilateral é quando há a extinção do estabelecimento no qual o empregado presta serviços, é lícita sua transferência para outra localidade, sem que isto implique pagamento de adicional de transferência, posto que não se reveste de natureza transitória. Considera-se que a recusa do empregado se traduz em pedido de demissão.

É possível também a alteração de local por via unilateral nos casos em que houver a comprovação da real necessidade de serviço, como uma súbita demanda extraordinária de trabalho em uma das sedes da empresa. Esse caso se aplica nos cargos de confiança.

> ***Súmula nº 43 – TST***
> *TRANSFERÊNCIA.*
> *Presume-se abusiva a transferência de que trata o § 1º do art. 469, sem comprovação da necessidade do serviço.*

Destacamos as exceções trazidas no próprio ordenamento jurídico (§§ do art. 469 da CLT), que legitimam a alteração do local de trabalho (transferência), sem que necessite a anuência do empregado. São elas:

É lícita a transferência quando houve cláusula explícita prevendo tal condição. Tal formalidade pode se apresentar em cláusula contratual, termo de disponibilidade de transferência ou regulamento interno.

Admite-se, ainda, a possibilidade de alteração contratual na hipótese de cláusula implícita, ou seja, aquela que fica à margem do pacto laboral, proveniente da própria função do empregado, da atividade da empresa, como o vendedor viajante, empregado de feira ambulante, empregados circenses etc.

Nesta hipótese, também é necessária a demonstração de real necessidade de serviço, sob pena de se considerar abusiva a transferência (Súmula nº 43 do TST).

Sendo definitiva a transferência, que ocorrerá observando-se as hipóteses autorizadoras, o empregado terá um acréscimo de 25% sobre os salários que ele recebia na localidade original, enquanto perdurar tal situação (§ 3º do art. 469 da CLT).

Se o empregado foi transferido para determinada localidade (por ocupar cargo de confiança com necessidade de serviço, por exemplo) e lá permaneceu por algum período, retornando ao local onde estava lotado anteriormente, observa-se o caráter provisório da transferência. Nessa circunstância, o empregado receberá o adicional de transferência enquanto perdurar a transferência provisória.

Fique ligado

O fato de o empregado ocupar cargo de confiança (recebendo gratificação por tal motivo) apenas legitima a transferência, mas não quita o adicional de transferência, que será devido caso esta seja provisória.

Sobre o tema, vejamos o teor da Orientação Jurisprudencial nº 113 do TST:

> ***Orientação Jurisprudencial nº 113 – SDI-1***
> *ADICIONAL DE TRANSFERÊNCIA. CARGO DE CONFIANÇA OU PREVISÃO CONTRATUAL DE TRANSFERÊNCIA. DEVIDO. DESDE QUE A TRANSFERÊNCIA SEJA PROVISÓRIA.*
> *O fato de o empregado exercer cargo de confiança ou a existência de previsão de transferência no contrato de trabalho não exclui o direito ao adicional. O pressuposto legal apto a legitimar a percepção do mencionado adicional é a transferência provisória.*

A transferência, por si só, gera despesas ao empregado (transporte rodoviário/aéreo para a nova localidade, transporte de móveis etc.), as quais são de responsabilidade do empregador (art. 470 da CLT), independentemente se a transferência é provisória ou definitiva. É a chamada ajuda de custo, que detém natureza indenizatória.

13.5 Alteração do Horário de Trabalho

A princípio, a alteração do horário de trabalho, desde que permaneça no mesmo turno, é lícita, salvo se acarretar prejuízo ao empregado, a quem incumbe o ônus da prova. Ou seja, é lícita a alteração do empregado do turno diurno para o noturno, podendo ensejar, inclusive, em rescisão indireta do contrato de trabalho.

A alteração do horário ao contrário, ou seja, do noturno para o diurno não vem prevista na legislação, com isso o TST decidiu, em sua maioria, que é possível alterar o turno de trabalho noturno para o diurno, pois se trata de uma alteração contratual, em tese, mais benéfica ao empregado, levando em consideração que o labor prestado no período diurno é menos prejudicial à saúde do trabalhador e lhe permite maior convívio social e familiar.

Nesta hipótese, o empregador deixará de pagar o adicional noturno, pois não representa direito adquirido do trabalhador.

> ***Súmula nº 265 – TST***
> *ADICIONAL NOTURNO. ALTERAÇÃO DE TURNO DE TRABALHO. POSSIBILIDADE DE SUPRESSÃO.*
> *A transferência para o período diurno de trabalho implica a perda do direito ao adicional noturno.*

Contudo, para ser considerada ilegal ou prejudicial, o empregado deverá comprovar a existência do prejuízo causado. É o que acontece, por exemplo, quando o empregado demonstra ter organizado toda a sua vida em função do horário de trabalho inicialmente estabelecido no contrato de trabalho, o que lhe impossibilitaria de cumprir outros compromissos assumidos fora da empresa durante o período diurno, como outro emprego, estudos etc.

Vale destacar que o empregado não pode alegar que a supressão do adicional noturno lhe causou prejuízo, isso porque a referida parcela trata-se de salário condição, ou seja, deverá ser paga apenas enquanto o empregado estiver trabalhando no período noturno.

Por outro lado, não podemos ignorar que as alterações contratuais só podem ocorrer com a anuência do trabalhador e nunca implicar prejuízo. Assim, se tal alteração for prejudicial ao trabalhador (que cuidava dos filhos no período da tarde ou frequentava um curso oferecido só neste horário, por exemplo) é considerada ilícita.

14. DANO EXTRAPATRIMONIAL

Com o advento da Lei nº 13.467/2017 (Reforma Trabalhista) houve a regulamentação das indenizações por dano extrapatrimonial, como dano moral, por exemplo, que antes seguiam as diretrizes do Código Civil.

Apesar de ser matéria recente, a previsão legal em questão tem sofrido duras críticas dos doutrinadores e magistrados, pois há vinculação do dano sofrido pelo trabalhador ao salário por ele percebido.

Vejamos o teor dos arts. 223-A a 223-G da CLT sobre o tema:

> ***Art. 223**-A Aplicam-se à reparação de danos de natureza extrapatrimonial decorrentes da relação de trabalho apenas os dispositivos deste Título.*
>
> ***Art. 223**-B Causa dano de natureza extrapatrimonial a ação ou omissão que ofenda a esfera moral ou existencial da pessoa física ou jurídica, as quais são as titulares exclusivas do direito à reparação.*
>
> ***Art. 223**-C A honra, a imagem, a intimidade, a liberdade de ação, a autoestima, a sexualidade, a saúde, o lazer e a integridade física são os bens juridicamente tutelados inerentes à pessoa física.*
>
> ***Art. 223**-D A imagem, a marca, o nome, o segredo empresarial e o sigilo da correspondência são bens juridicamente tutelados inerentes à pessoa jurídica.*
>
> ***Art. 223**-E São responsáveis pelo dano extrapatrimonial todos os que tenham colaborado para a ofensa ao bem jurídico tutelado, na proporção da ação ou da omissão.*
>
> ***Art. 223**-F A reparação por danos extrapatrimoniais pode ser pedida cumulativamente com a indenização por danos materiais decorrentes do mesmo ato lesivo.*
>
> *§ 1º Se houver cumulação de pedidos, o juízo, ao proferir a decisão, discriminará os valores das indenizações a título de danos patrimoniais e das reparações por danos de natureza extrapatrimonial.*
>
> *§ 2º A composição das perdas e danos, assim compreendidos os lucros cessantes e os danos emergentes, não interfere na avaliação dos danos extrapatrimoniais.*
>
> ***Art. 223**-G Ao apreciar o pedido, o juízo considerará:*
>
> *I – a natureza do bem jurídico tutelado;*
>
> *II – a intensidade do sofrimento ou da humilhação;*
>
> *III – a possibilidade de superação física ou psicológica;*
>
> *IV – os reflexos pessoais e sociais da ação ou da omissão;*
>
> *V – a extensão e a duração dos efeitos da ofensa;*
>
> *VI – as condições em que ocorreu a ofensa ou o prejuízo moral;*
>
> *VII – o grau de dolo ou culpa;*
>
> *VIII – a ocorrência de retratação espontânea;*
>
> *IX – o esforço efetivo para minimizar a ofensa;*
>
> *X – o perdão, tácito ou expresso;*
>
> *XI – a situação social e econômica das partes envolvidas;*
>
> *XII – o grau de publicidade da ofensa.*
>
> *§ 1º Se julgar procedente o pedido, o juízo fixará a indenização a ser paga, a cada um dos ofendidos, em um dos seguintes parâmetros, vedada a acumulação:*
>
> *I – ofensa de natureza leve, até 3 vezes o último salário contratual do ofendido;*
>
> *II – ofensa de natureza média, até 5 vezes o último salário contratual do ofendido;*
>
> *III – ofensa de natureza grave, até 20 vezes o último salário contratual do ofendido;*
>
> *IV – ofensa de natureza gravíssima, até 50 vezes o último salário contratual do ofendido.*
>
> *§ 2º Se o ofendido for pessoa jurídica, a indenização será fixada com observância dos mesmos parâmetros estabelecidos no § 1º deste artigo, mas em relação ao salário contratual do ofensor.*
>
> *§ 3º Na reincidência entre partes idênticas, o juízo poderá elevar ao dobro o valor da indenização.*

Importante mencionarmos que há diversas Ações Diretas de Inconstitucionalidade (ADIs nº 6.069, 6.050, 6.082, 5.870) tratando da inconstitucionalidade do art. 223-G, § 1º, no entanto, encontram-se pendentes de julgamento pelo STF, não há impedimento para tramitação simultânea de Controle Concentrado de Constitucionalidade no STF e de Incidente de Arguição de Inconstitucionalidade em Tribunal de segunda instância, dessa forma aguarda-se a uniformização do tema.

Ocorrendo o debate devido a forma como é feita a indenização, com base no salário do autor, ou seja, julgando a pessoa pelo valor que ela recebe mensalmente e não pelo prejuízo moral causado.

Assim pessoas com problemas iguais poderiam receber valores divergentes, simplesmente por um receber R$ 5.000,00 por mês e o outro R$ 1.200,00 por mês.

15. AVISO-PRÉVIO

15.1 Finalidade e Cabimento

A finalidade do aviso-prévio é propiciar que tanto o empregado quanto o empregador não sejam pegos de surpresa com a ruptura injustificada do contrato de trabalho, possibilitando ao empregador o preenchimento do cargo vago e ao empregado uma nova colocação no mercado de trabalho.

Dessa forma, não é devido quando o contrato for por prazo determinado, já que as partes estão cientes da data (ou evento) destinada ao término da pactuação.

Assim, o aviso prévio é previsto no art. 7º da CF/1988 e no art. 487 da CLT:

> ***Art. 7º**, CF/1988 São direitos dos trabalhadores urbanos e rurais, além de outros que visem à melhoria de sua condição social: [...]*
>
> *XXI – aviso prévio proporcional ao tempo de serviço, sendo no mínimo de 30 dias, nos termos da lei;.*
>
> ***Art. 487**, CLT Não havendo prazo estipulado, a parte que, sem justo motivo, quiser rescindir o contrato deverá avisar a outra da sua resolução com a antecedência mínima de:*
>
> *I – 8 dias, se o pagamento for efetuado por semana ou tempo inferior;*
>
> *II – 30 dias aos que perceberem por quinzena ou mês, ou que tenham mais de 12 meses de serviço na empresa.*

Importante mencionarmos que cabe aviso-prévio nas rescisões antecipadas dos contratos por tempo determinado, nos quais se incluiu o contrato de experiência, na forma do art. 481 da CLT (Súmula nº 163 do TST), desde que tais contratos contenham a cláusula assecuratória do direito recíproco de rescisão, caso seja exercido tal direito por qualquer das partes, situação na qual a rescisão reger-se-á pelas regras de rescisão dos contratos por prazo indeterminado.

> ***Art. 481** Aos contratos por prazo determinado, que contiverem cláusula asseguratória do direito recíproco de rescisão antes de expirado o termo ajustado, aplicam-se, caso seja exercido tal direito por qualquer das partes, os princípios que regem a rescisão dos contratos por prazo indeterminado.*

Ainda, é devido o aviso-prévio na dispensa sem justa causa e no pedido de demissão (em ambos os casos pode ser cumprido ou indenizado). Na rescisão indireta também é devido (§ 4º do art. 487 da CLT), normalmente na forma indenizada.

> ***Art. 487** Não havendo prazo estipulado, a parte que, sem justo motivo, quiser rescindir o contrato deverá avisar a outra da sua resolução com a antecedência mínima de: [...]*
>
> *§ 4º É devido o aviso prévio na despedida indireta.*

Ocorrendo a rescisão por culpa recíproca, é devida a indenização do valor pela metade conforme preceitua a Súmula nº 14 do TST.

> ***Súmula nº 14 – TST***
>
> *CULPA RECÍPROCA.*
>
> *Reconhecida a culpa recíproca na rescisão do contrato de trabalho (art. 484 da CLT), o empregado tem direito a 50% do valor do aviso prévio, do décimo terceiro salário e das férias proporcionais.*

Não obstante, haverá pagamento pela metade na hipótese de rescisão por acordo entre empregado e empregador, nova modalidade de rompimento do contrato de trabalho, instituída pela Lei nº 13.467/2017, que acrescentou o art. 484-A à CLT, quando indenizado.

O aviso-prévio conta como tempo de serviço, para todos os efeitos legais, ainda que somente indenizado, hipótese na qual haverá a projeção de tal período. Sobre o tema cumpre destacar as seguintes súmulas e OJs:

> ***Súmula nº 182 – TST***
>
> *AVISO-PRÉVIO. INDENIZAÇÃO COMPENSATÓRIA.*
>
> *O tempo do aviso-prévio, mesmo indenizado, conta-se para efeito da indenização adicional prevista no art. 9º da Lei nº 6.708, de 30/10/1979.*
>
> ***Súmula nº 371 – TST***
>
> *AVISO-PRÉVIO INDENIZADO. EFEITOS. SUPERVENIÊNCIA DE AUXÍLIO-DOENÇA NO CURSO DESTE.*
>
> *A projeção do contrato de trabalho para o futuro, pela concessão do aviso-prévio indenizado, tem efeitos limitados às vantagens econômicas obtidas no período de pré-aviso, ou seja, salários, reflexos e verbas rescisórias. No caso de concessão de auxílio-doença no curso do aviso-prévio, todavia, só se concretizam os efeitos da dispensa depois de expirado o benefício previdenciário.*
>
> ***Orientação Jurisprudencial nº 82 – SDI-1***
>
> *AVISO-PRÉVIO. BAIXA NA CTPS.*
>
> *A data de saída a ser anotada na CTPS deve corresponder à do término do prazo do aviso-prévio, ainda que indenizado.*
>
> ***Orientação Jurisprudencial nº 83 – SDI-1***
>
> *AVISO-PRÉVIO. INDENIZADO. PRESCRIÇÃO.*
>
> *A prescrição começa a fluir no final da data do término do aviso-prévio. Art. 487, § 1º, CLT.*

A cessação da atividade da empresa, com o pagamento da indenização, simples ou em dobro, não exclui, por si só, o direito do empregado ao aviso-prévio (Súmula nº 44 do TST).

É inválido o aviso-prévio concedido dentro do período de estabilidade, conforme Súmula nº 348 do TST, tema bastante recorrente em concursos:

> ***Súmula nº 348 – TST***
>
> *AVISO-PRÉVIO. CONCESSÃO NA FLUÊNCIA DA GARANTIA DE EMPREGO. INVALIDADE.*
>
> *É inválida a concessão do aviso-prévio na fluência da garantia de emprego, ante a incompatibilidade dos dois institutos.*

15.2 Duração do Aviso-Prévio

O aviso-prévio possui duração mínima de 30 dias para empregados com até 1 ano de contrato, e para cada ano adicional de contrato são acrescidos 3 dias na duração do aviso, até o limite de 60 dias.

Conclusão: o prazo máximo de duração do aviso prévio poderá chegar até 90 dias (art. 1º da Lei nº 12.506/2011).

15.3 Base de Cálculo do Aviso Prévio

O aviso prévio é calculado com base no salário do empregado, assim, quando há horas extras habituais, elas passam a integrar o valor do aviso prévio.

Observação: Gorjetas não integram o valor do aviso prévio.

> ***Súmula nº 354 – TST***
>
> *GORJETAS. NATUREZA JURÍDICA. REPERCUSSÕES.*
>
> *As gorjetas, cobradas pelo empregador na nota de serviço ou oferecidas espontaneamente pelos clientes, integram a remuneração do empregado, não servindo de base de cálculo para as parcelas de aviso-prévio, adicional noturno, horas extras e repouso semanal remunerado.*

15.4 Estabilidade Durante o Aviso Prévio

Bom, o período em que o empregado encontra-se de aviso prévio, em regra, não gera estabilidade, ou seja, se o empregador quiser rescindir o contrato sem justa causa, durante o aviso prévio trabalhado, basta indenizar o período restante.

Agora, quando falamos de estabilidade gestacional, adquire-se a estabilidade, ainda que no curso do aviso-prévio.

> ***Art. 391-A*** *A confirmação do estado de gravidez advindo no curso do contrato de trabalho, ainda que durante o prazo do aviso prévio trabalhado ou indenizado, garante à empregada gestante a estabilidade provisória prevista na alínea "b" do inciso II do art. 10 do Ato das Disposições Constitucionais Transitórias.*

15.5 Aviso Prévio Concedido pelo Empregador

Nessa modalidade há um direito irrenunciável do empregado, tendo em vista que já concedido. Assim o empregado pode apenas optar pela redução de duas horas diárias ou pela redução de sete dias consecutivos.

Importante ressaltarmos que o empregador não poderá substituir esse período reduzido por pagamento de horas correspondentes.

A falta de aviso-prévio por parte do empregador implica o pagamento da remuneração equivalente aos dias de aviso, sendo projetado como tempo efetivo de serviço, já que o aviso-prévio integra o contrato de trabalho para todos os efeitos legais.

> ***Súmula nº 276 – TST***
> *AVISO-PRÉVIO. RENÚNCIA PELO EMPREGADO (mantida) – Res. 121/2003, DJ 19, 20 e 21/11/2003.*
> *O direito ao aviso-prévio é irrenunciável pelo empregado. O pedido de dispensa de cumprimento não exime o empregador de pagar o respectivo valor, salvo comprovação de haver o prestador dos serviços obtido novo emprego.*

Observação: Tanto o aviso prévio trabalhado quanto o indenizado contam como tempo de serviço. E caso ocorra dispensa por justa causa, não é devido o aviso prévio ao empregado.

Fique ligado

Com a Reforma Trabalhista de 2017, o distrato (acordo de dispensa) passou a ser admitido e, nesse caso, o valor do aviso prévio será devido pela metade.

Aviso prévio concedido pelo empregado

Aqui o aviso é dado para que o empregador procure outro empregado para substituir o que está "perdendo". Caso o empregado deixe de avisar, o empregador pode descontar o salário correspondente ao prazo respectivo.

Aviso prévio no contrato por prazo determinado

Bom, geralmente o contrato por prazo determinado não possui aviso prévio. No entanto, algumas vezes, se o contrato por prazo determinado contiver cláusula assecuratória de direito recíproco de rescisão (CLT, art. 481), e ocorrer a rescisão antecipada, haverá a necessidade de a parte conceder o aviso prévio.

> ***Orientação Jurisprudencial nº 82 – SDI-1***
> *AVISO PRÉVIO. BAIXA NA CTPS.*
> *A data de saída a ser anotada na CTPS deve corresponder à do término do prazo do aviso prévio, ainda que indenizado.*

15.6 Reconsideração no Curso do Aviso-Prévio

Admite-se a reconsideração do aviso-prévio, entretanto, está condicionada à aceitação da parte contrária (ou seja, não há obrigatoriedade de aceitação como consta em algumas questões de concurso). É manifestação bilateral (exige a vontade de ambas as partes: empregado e empregador).

Por outro lado, se ao término do aviso-prévio houver continuidade do trabalho, presume-se que os sujeitos reconsideraram a situação e o contrato permanece inalterado, como se nenhum aviso-prévio existisse.

> ***Art. 489, CLT*** *Dado o aviso-prévio, a rescisão torna-se efetiva depois de expirado o respectivo prazo, mas, se a parte notificante reconsiderar o ato, antes do seu termo, à outra parte é facultado aceitar ou não a reconsideração.*
> ***Parágrafo único.*** *Caso seja aceita a reconsideração ou continuando a prestação depois de expirado o prazo, o contrato continuará a vigorar, como se o aviso-prévio não tivesse sido dado.*

15.7 Falta Grave Cometida no Curso do Aviso-Prévio

O empregado que, durante o prazo do aviso-prévio, cometer qualquer das faltas consideradas pela lei como justas para a rescisão, perde o direito ao restante do respectivo prazo (art. 491 da CLT).

> ***Art. 491*** *O empregado que, durante o prazo do aviso prévio, cometer qualquer das faltas consideradas pela lei como justas para a rescisão, perde o direito ao restante do respectivo prazo.*

Perderá também o direito às demais verbas rescisórias, exceto se a justa causa for de abandono de emprego (pois a lei prevê penalidade mais branda, que é o desconto dos dias não trabalhados do aviso-prévio), conforme entendimento do Tribunal Superior do Trabalho consubstanciado na Súmula nº 73:

> ***Súmula nº 73 – TST***
> *DESPEDIDA. JUSTA CAUSA.*
> *A ocorrência de justa causa, salvo a de abandono de emprego, no decurso do prazo do aviso-prévio dado pelo empregador, retira do empregado qualquer direito às verbas rescisórias de natureza indenizatória.*

Da mesma forma, o empregador que, durante o prazo do aviso-prévio dado ao empregado, praticar ato que justifique a rescisão imediata do contrato, sujeita-se ao pagamento da remuneração correspondente ao prazo do referido aviso, sem prejuízo da indenização que for devida (art. 490 da CLT).

16. DISSOLUÇÃO DO CONTRATO DE TRABALHO

Quando falamos no fim do contrato de trabalho, devemos saber que há três maneiras: resilição, resolução e rescisão. A depender da forma, há repercussão na esfera jurídica e nas verbas rescisórias.

16.1 Resilição

Aqui ocorre o término do contrato de trabalho sem um ato faltoso por nenhuma das partes e sem uma nulidade contratual. Sendo apenas um direito potestativo de empregados e de empregadores de encerrar o contrato de trabalho quando desejado. Pode ser de forma unilateral ou bilateral.

Resilição unilateral

→ **Demissão: o empregado decide pôr fim ao contrato, não podendo o empregador se opor. Nesse caso o empregado recebe as seguintes verbas rescisórias:**
  > saldo de salários;
  > décimo terceiro proporcional;
  > férias vencidas + terço constitucional;
  > férias proporcionais + terço constitucional;
  > perde a multa de 40% do FGTS, o aviso prévio, o seguro-desemprego e a possibilidade de saque imediato do FGTS.

→ **Dispensa ou despedida sem justa causa: aqui o empregador é quem decide pôr fim ao contrato sem motivação específica. O empregado terá direito às seguintes verbas:**
  > saldo de salários;
  > décimo terceiro proporcional;
  > férias vencidas + terço constitucional;
  > férias proporcionais + terço constitucional;
  > aviso prévio; saque imediato dos depósitos do FGTS;
  > multa de 40% sobre os depósitos do FGTS;
  > direito ao benefício do seguro-desemprego, se atendidos aos requisitos da legislação específica.

Importante aqui ressaltarmos a Súmula nº382/TST.

> ***Súmula nº 382 – TST***
> *MUDANÇA DE REGIME CELETISTA PARA ESTATUTÁRIO. EXTINÇÃO DO CONTRATO. PRESCRIÇÃO BIENAL.*
> *A transferência do regime jurídico de celetista para estatutário implica extinção do contrato de trabalho, fluindo o prazo da prescrição bienal a partir da mudança de regime.*

Resilição bilateral (distrato)

Aqui temos a nova hipótese prevista com a Reforma Trabalhista, quando o término do contrato de trabalho é por meio de um acordo entre as partes (mútuo consentimento).

> **Art. 484-*A, CLT*** *O contrato de trabalho poderá ser extinto por acordo entre empregado e empregador, caso em que serão devidas as seguintes verbas trabalhistas.*

Aqui serão devidas as seguintes verbas:

→ **50% do aviso prévio, se for indenizado.**
→ **Caso o aviso prévio seja trabalhado, terá direito ao recebimento do seu valor integral.**
→ **20% de multa sobre os depósitos do FGTS.**
→ **Saldo de salário (dias efetivamente trabalhados).**
→ **Décimo terceiro salário proporcional.**
→ **Férias vencidas + terço constitucional.**
→ **Férias proporcionais + terço constitucional.**
→ **Saque imediato de 80% dos depósitos do FGTS.**
→ **Perde o benefício do seguro-desemprego.**

16.2 Resolução

É o término do contrato de trabalho em razão de um ato faltoso por uma das partes. Vejamos as formas:

Dispensa por justa causa

Prevista nas hipóteses taxativas, em que a falta grave foi cometida pelo empregado. Sendo as seguintes hipóteses:

→ **Ato de improbidade (atenta contra o patrimônio do empregador ou terceiro).**
→ **Incontinência de conduta (perturbação do ambiente de trabalho com condutas ligadas à sexualidade).**
→ **Mau procedimento (conduta que afronta a convivência em comum).**
→ **Negociação habitual por conta própria ou alheia sem permissão do empregador e quando constituir ato de concorrência para a empresa para a qual o empregador trabalha ou for prejudicial ao serviço;**
→ **Condenação criminal transitada em julgado do empregado, se não houver suspensão da execução da penal.**
→ **Desídia no desempenho das funções (preguiça, desleixo).**
→ **Embriaguez habitual ou em serviço (há discussão se a embriaguez habitual não se enquadraria em uma doença).**
→ **Violação de segredo da empresa.**
→ **Ato de indisciplina ou insubordinação (indisciplina é o descumprimento de ordens gerais e insubordinação é o descumprimento de ordens específicas e diretas a determinado empregado).**
→ **Abandono de emprego, após 30 dias consecutivos da ausência injustificada.**
→ **Ato lesivo da honra e da boa fama praticado no serviço contra qualquer pessoa.**
→ **Ofensa física, salvo legítima defesa.**
→ **Prática constante de jogos de azar e repercussão dessa conduta no cumprimento das obrigações contratuais.**
→ **Perda da habilitação ou dos requisitos estabelecidos em lei para o exercício da profissão em decorrência de conduta dolosa do empregado (essa última hipótese foi incluída pela Reforma Trabalhista de 2017).**

Importante ressaltarmos que são requisitos para a justa causa:

- **Dolo ou culpa do empregado (requisito subjetivo): o dolo é a intenção de praticar o ato faltoso; a culpa é a imprudência, a negligência ou a imperícia do empregado, fazendo com que o ato faltoso acabe ocorrendo; não há responsabilização objetiva do empregado para punição disciplinar.**
- **Tipicidade (princípio da reserva legal): as hipóteses de justa causa encontram-se estabelecidas em lei.**
- **Gravidade: a justa causa só deve ser aplicada para atos gravíssimos, pois é a medida punitiva mais grave do poder diretivo do patrão.**
- **Nexo de causalidade: o ato faltoso deve ser a causa para a dispensa com justa causa; a dispensa por justa causa deve ser determinada, justamente, pela falta grave apontada pelo empregador (princípio da "determinância").**
- **Proporcionalidade: a punição deve ser proporcional ao ato faltoso.**
- **Imediatidade: entre o ato faltoso e a punição não pode transcorrer espaço de tempo longo, sob pena de se considerar "perdão tácito"; esse tempo só pode ser considerado a partir do momento em que o empregador toma ciência do ato faltoso.**
- *Non bis in idem:* **para cada ato faltoso, uma única punição; o empregador também não pode se arrepender da pena mais branda aplicada**

16.3 Rescisão Indireta

A rescisão indireta é basicamente quando o empregado "demite" o empregador, estranho né? Porém, aqui, o empregador foi o responsável pelo ato faltoso e pelo término do contrato.

A rescisão indireta é declarada pela Justiça do Trabalho, e o empregado terá direito a todas as verbas rescisórias, como se tivesse sido dispensado sem justa causa. Vejamos alguns exemplos:

- **Forem exigidos serviços superiores às forças dos trabalhadores (mulher e crianças: 25 quilos em trabalho ocasional e 20 quilos em trabalho contínuo; homem: 60 quilos).**
- **Serviços vedados por lei como trabalho de menor de 18 anos em ambiente insalubre ou perigoso; serviços contrários aos bons costumes.**
- **Serviços alheios ao contrato.**
- **Se o empregado for tratado pelo empregador ou superiores hierárquicos com rigor excessivo como discriminação; o empregado correr perigo manifesto de mal considerável.**
- **O empregador não cumprir obrigações do contrato (o empregado pode continuar prestando serviços até que seja declarada judicialmente a rescisão indireta).**
- **O empregador ou os seus prepostos praticar, contra o empregado ou pessoas de sua família, ato lesivo à honra e boa fama; houver ofensa física, salvo legítima defesa, própria ou de outrem.**
- **O empregador reduzir o trabalho do empregado, sendo este por peça ou tarefa, para afetar a importância dos salários (o empregado pode continuar prestando serviços até que seja declarada judicialmente a rescisão indireta).**

16.4 Culpa Recíproca

Na culpa recíproca, tanto o empregado quanto o empregador praticaram faltas graves simultaneamente, assim haverá divisão das verbas rescisórias e o empregado terá direito a 50% das seguintes verbas: aviso-prévio; 13º Salário; férias proporcionais; multa do FGTS (logo, a multa fica em 20%).

> ***Art. 484**, CLT Havendo culpa recíproca no ato que determinou a rescisão do contrato de trabalho, o tribunal de trabalho reduzirá a indenização à que seria devida em caso de culpa exclusiva do empregador, por metade.*

16.5 Rescisão

Ocorre quando há nulidade contratual, a exemplo dos trabalhos ilícitos e de contratação com a Administração Pública sem prévio concurso público.

> ***Súmula nº 363 – TST***
> *CONTRATO NULO. EFEITOS.*
> *A contratação de servidor público, após a CF/1988, sem prévia aprovação em concurso público, encontra óbice no respectivo art. 37, II e § 2º, somente lhe conferindo direito ao pagamento da contraprestação pactuada, em relação ao número de horas trabalhadas, respeitado o valor da hora do Salário-mínimo, e dos valores referentes aos depósitos do FGTS.*

16.6 Outras Hipóteses de Término do Contrato de Trabalho

Força maior

A força maior é quando ocorre algo inevitável em relação à vontade do empregador e para a realização do qual o empregador não concorreu, direta ou indiretamente (CLT, art. 501).

> ***Art. 501** Entende-se como força maior todo acontecimento inevitável, em relação à vontade do empregador, e para a realização do qual este não concorreu, direta ou indiretamente.*
> *§ 1º A imprevidência do empregador exclui a razão de força maior.*
> *§ 2º À ocorrência do motivo de força maior que não afetar substancialmente, nem for suscetível de afetar, em tais condições, a situação econômica e financeira da empresa não se aplicam as restrições desta Lei referentes ao disposto neste Capítulo.*

A jurisprudência vem reconhecendo a pandemia do Covid-19 como força maior. Então, caso haja a extinção da empresa, a multa do FGTS cai pela metade.

Morte do empregador

Quando ocorre a morte do empregador, geralmente não extingue o contrato de trabalho (arts. 10 e 448 da CLT). No entanto, se empregador for pessoa física, por exemplo, empregador doméstico, pode ensejar o término do contrato de trabalho. Nesse caso, o empregado recebe as mesmas verbas rescisórias como se fosse dispensado sem justa causa.

> ***Art. 10** Qualquer alteração na estrutura jurídica da empresa não afetará os direitos adquiridos por seus empregados.*
> ***Art. 448** A mudança na propriedade ou na estrutura jurídica da empresa não afetará os contratos de trabalho dos respectivos empregados.*

16.7 Fato do Príncipe

O fato do príncipe ocorre quando a administração pública é a responsável pela paralisação da atividade empresária. A doutrina entende que, quando isso ocorre, o ato estatal deva ser discricionário e evitável, assim, o ente federativo responde pelas verbas trabalhistas decorrentes da ruptura do contrato, já as demais parcelas, da prestação de serviços, devem ser pagas normalmente pelo empregador.

> ***Art. 486*** *No caso de paralisação temporária ou definitiva do trabalho, motivada por ato de autoridade municipal, estadual ou federal, ou pela promulgação de lei ou resolução que impossibilite a continuação da atividade, prevalecerá o pagamento da indenização, que ficará a cargo do governo responsável.*
>
> *§ 1º Sempre que o empregador invocar em sua defesa o preceito do presente artigo, o tribunal do trabalho competente notificará a pessoa de direito público apontada como responsável pela paralisação do trabalho, para que, no prazo de 30 dias, alegue o que entender devido, passando a figurar no processo como chamada à autoria.*

Aqui, a jurisprudência não vem reconhecendo a paralisação decorrente da pandemia do Covid-19 como fato do príncipe, já que não havia outra opção para a autoridade pública senão decretar a paralisação e a quarentena.

16.8 Término do Contrato por Prazo Determinado

O término por prazo determinado acontece no momento previamente fixado pelas partes (extinção normal) ou antes do prazo fixado pelas partes (término antecipado). O empregado terá direito às seguintes verbas:

→ **Término normal:**
- Saldo de salário dos dias trabalhados.
- 13º salário proporcional.
- Férias + terço proporcional ao tempo trabalhado.
- Saque imediato dos depósitos do FGTS.

→ **Término antecipado por iniciativa do empregador:**
- Saldo de salário dos dias trabalhados.
- 13º salário proporcional.
- Férias + terço proporcional ao tempo trabalhado.
- Saque imediato dos depósitos do FGTS + multa de 40% sobre os depósitos efetuados.
- Indenização prevista no art. 479 da CLT (metade dos dias faltantes).

→ **Término por iniciativa do empregado:**
- Saldo de salário dos dias trabalhados.
- 13º salário proporcional.
- Férias + terço proporcional ao tempo trabalhado.

Importante ressaltarmos que é possível pactuar a cláusula assecuratória de direito recíproco de rescisão nos contratos por prazo determinado (art. 481 da CLT). Nesse caso, serão observadas as regras do contrato por prazo indeterminado.

> ***Art. 481*** *Aos contratos por prazo determinado, que contiverem cláusula asseguratória do direito recíproco de rescisão antes de expirado o termo ajustado, aplicam-se, caso seja exercido tal direito por qualquer das partes, os princípios que regem a rescisão dos contratos por prazo indeterminado.*

16.9 Disposições Sobre a Rescisão Contratual

As regras acerca da rescisão contratual, tais como as formalidades e prazo para pagamento, sofreram substancial alteração pela Reforma Trabalhista, conforme veremos a seguir. Também foi inserida previsão de PDV (Plano de Demissão Voluntária) e efeitos de dispensa coletiva.

Atenção para o novo teor do art. 477 da CLT, bem como para os arts. 477-A e 477-B inseridos pela Lei nº 13.467/2017 (Reforma Trabalhista) que certamente serão bastante cobrados por representarem novidade importante.

Formalidades

Muitas das formalidades para a rescisão do contrato de trabalho foram alteradas pela Lei nº 13.467/2017 (Reforma Trabalhista). Cumpre observar que agora não há necessidade de homologação da rescisão contratual pelo Ministério do Trabalho e/ou do sindicato da categoria, independentemente do tempo de serviço na empresa. Também não há mais diferença do prazo para pagamento das verbas rescisórias, que passa a ser de até dez dias, sem ressalva quanto ao cumprimento de aviso-prévio.

Fique ligado

Cuidado ao resolver questões de concursos realizados até novembro de 2017, pois a resposta será diversa da redação atual da lei.

Vejamos o atual teor do art. 477 da CLT (deixamos de forma tachada a redação revogada para comparação):

> ***Art. 477*** *Na extinção do contrato de trabalho, o empregador deverá proceder à anotação na Carteira de Trabalho e Previdência Social, comunicar a dispensa aos órgãos competentes e realizar o pagamento das verbas rescisórias no prazo e na forma estabelecidos neste artigo.*
>
> *§ 1º O pedido de demissão ou recibo de quitação de rescisão, do contrato de trabalho, firmado por empregado com mais de 1 (um) ano de serviço, só será válido quando feito com a assistência do respectivo Sindicato ou perante a autoridade do Ministério do Trabalho e Previdência Social. (Revogado pela Lei 13.467/2017)*
>
> *§ 2º O instrumento de rescisão ou recibo de quitação, qualquer que seja a causa ou forma de dissolução do contrato, deve ter especificada a natureza de cada parcela paga ao empregado e discriminado o seu valor, sendo válida a quitação, apenas, relativamente às mesmas parcelas.*
>
> *§ 3º Quando não existir na localidade nenhum dos órgãos previstos neste artigo, a assistência será prestada pelo Represente do Ministério Público ou, onde houver, pelo Defensor Público e, na falta ou impedimento deste, pelo Juiz de Paz. (Revogado pela Lei nº 13.467/2017)*
>
> *§ 4º O pagamento a que fizer jus o empregado será efetuado:*
>
> *I – em dinheiro, depósito bancário ou cheque visado, conforme acordem as partes; ou*
>
> *II – em dinheiro ou depósito bancário quando o empregado for analfabeto.*
>
> *§ 5º Qualquer compensação no pagamento de que trata o parágrafo anterior não poderá exceder o equivalente a um mês de remuneração do empregado.*
>
> *§ 6º A entrega ao empregado de documentos que comprovem a comunicação da extinção contratual aos órgãos competentes bem como o pagamento dos valores constantes do instrumento de rescisão ou recibo de quitação deverão ser efetuados até dez dias contados a partir do término do contrato.*

a) até o primeiro dia útil imediato ao término do contrato; ou (Revogado pela Lei nº 13.467/2017)

b) até o décimo dia, contado da data da notificação da demissão, quando da ausência do aviso-prévio, indenização do mesmo ou dispensa de seu cumprimento. (Revogado pela Lei nº 13.467/2017)

§ 7º O ato da assistência na rescisão contratual (§§ 1º e 2º) será sem ônus para o trabalhador e empregador. (Revogado pela Lei nº 13.467/2017)

§ 8º A inobservância do disposto no § 6º deste artigo sujeitará o infrator à multa de 160 BTN, por trabalhador, bem assim ao pagamento da multa a favor do empregado, em valor equivalente ao seu salário, devidamente corrigido pelo índice de variação do BTN, salvo quando, comprovadamente, o trabalhador der causa à mora.

§ 9º (Vetado)

Multas rescisórias

Descumprido o prazo para pagamento das verbas rescisórias previsto no § 8º do art. 477 da CLT, salvo se foi o empregado que deu causa ao atraso (mora), o empregador deve pagar uma multa correspondente a uma remuneração.

O Tribunal Superior do Trabalho firmou entendimento de que é devida a multa do § 8º do art. 477 da CLT, mesmo na hipótese de reconhecimento judicial do vínculo empregatício.

Súmula nº 462 – TST

MULTA DO ART. 477, § 8º, DA CLT. INCIDÊNCIA. RECONHECIMENTO JUDICIAL DO VÍNCULO DE EMPREGO.

A circunstância de a relação de emprego ter sido reconhecida apenas em juízo não tem o condão de afastar a incidência da multa prevista no art. 477, § 8º, da CLT. A referida multa não será devida apenas quando, comprovadamente, o empregado der causa à mora no pagamento das verbas rescisórias.

A multa do art. 477 da CLT é igualmente devida pelo ente público que não observa o prazo legal para a quitação das verbas rescisórias. É neste sentido a Orientação Jurisprudencial nº 238 da SDI-1 do TST:

Orientação Jurisprudencial nº 238 – SDI-1

MULTA. ART. 477 DA CLT. PESSOA JURÍDICA DE DIREITO PÚBLICO. APLICÁVEL.

Submete-se à multa do art. 477 da CLT a pessoa jurídica de direito público que não observa o prazo para pagamento das verbas rescisórias, pois nivela-se a qualquer particular, em direitos e obrigações, despojando-se do "jus imperi" ao celebrar um contrato de emprego.

A quitação no momento da rescisão prevista no art. 477 da CLT está esclarecida pelo entendimento do TST consubstanciado na Súmula nº 330:

Súmula nº 330 – TST

QUITAÇÃO. VALIDADE.

A quitação passada pelo empregado, com assistência de entidade sindical de sua categoria, ao empregador, com observância dos requisitos exigidos nos parágrafos do art. 477 da CLT, tem eficácia liberatória em relação às parcelas expressamente consignadas no recibo, salvo se oposta ressalva expressa e especificada ao valor dado à parcela ou parcelas impugnadas.

I – A quitação não abrange parcelas não consignadas no recibo de quitação e, consequentemente, seus reflexos em outras parcelas, ainda que estas constem desse recibo.

II – Quanto a direitos que deveriam ter sido satisfeitos durante a vigência do contrato de trabalho, a quitação é válida em relação ao período expressamente consignado no recibo de quitação.

Reconhecidas como devidas as verbas rescisórias pelo reclamado no processo, de forma expressa ou por ausência de contestação em razão da revelia, deve ser feito o pagamento delas em audiência sob pena de incidência de multa de 50%, nos moldes do art. 467 da CLT e Súmula nº 69 do TST:

Súmula nº 69 – TST

RESCISÃO DO CONTRATO.

A partir da Lei nº 10.272, de 5/9/2001, havendo rescisão do contrato de trabalho e sendo revel e confesso quanto à matéria de fato, deve ser o empregador condenado ao pagamento das verbas rescisórias, não quitadas na primeira audiência, com acréscimo de 50%.

Após o ajuizamento da ação, se o empregador reconhecer como incontroversas as verbas rescisórias, deverá quitar a parcela na primeira audiência, sob pena de ter que pagar o valor correspondente às verbas rescisórias acrescidas de multa de 50%. Tal previsão está contida no art. 467 da CLT.

Observe, contudo, que nos moldes do parágrafo único do art. 467 da CLT, a multa de 50% sobre as verbas rescisórias incontroversas não se aplica aos entes públicos.

O TST entende inaplicáveis as multas previstas nos arts. 467 e 477 da CLT para a massa falida:

Súmula nº 388 – TST

MASSA FALIDA. ARTS. 467 E 477 DA CLT. INAPLICABILIDADE.

A Massa Falida não se sujeita à penalidade do art. 467 e nem à multa do § 8º do art. 477, ambos da CLT.

Dispensa coletiva

Havendo dispensa imotivada, quer individual ou coletiva, não há necessidade de prévia autorização para sua efetivação, tampouco é imprescindível a pactuação coletiva sobre o tema.

Neste sentido é o art. 477-A, inserido na CLT pela Lei nº 13.467/2017:

***Art. 477**-A As dispensas imotivadas individuais, plúrimas ou coletivas equiparam-se para todos os fins, não havendo necessidade de autorização prévia de entidade sindical ou de celebração de convenção coletiva ou acordo coletivo de trabalho para sua efetivação.*

Plano de demissão voluntária (pdv)

A adesão do(s) empregado(s), sem vício de consentimento, o PDV (Plano de Demissão Voluntária), confere quitação total e irrevogável ao contrato de trabalho, salvo se existir previsão diversa pactuada pelas partes.

Vejamos o teor do art. 477-B, inserido na CLT pela Lei nº 13.467/2017:

***Art. 477-B** Plano de Demissão Voluntária ou Incentivada, para dispensa individual, plúrima ou coletiva, previsto em convenção coletiva ou acordo coletivo de trabalho, enseja quitação plena e irrevogável dos direitos decorrentes da relação empregatícia, salvo disposição em contrário estipulada entre as partes.*

Arbitragem e quitação anual

As modalidades de arbitragem e quitação anual representam novidade instituída pela Reforma Trabalhista (Lei nº

13.467/2017) e encontram regulamentação nos arts. 507-A e 507-B da CLT, de seguinte teor:

Arbitragem

> ***Art. 507-A*** *Nos contratos individuais de trabalho cuja remuneração seja superior a duas vezes o limite máximo estabelecido para os benefícios do Regime Geral de Previdência Social, poderá ser pactuada cláusula compromissória de arbitragem, desde que por iniciativa do empregado ou mediante a sua concordância expressa, nos termos previstos na Lei nº 9.307, de 23 de setembro de 1996.*

Cumpre notar que tal modalidade se aplica para os empregados que percebem remuneração superior a duas vezes o limite máximo estabelecido para os benefícios do Regime Geral de Previdência, sendo necessária a concordância expressa do empregado para a utilização de arbitragem.

Quitação anual

> ***Art. 507-B*** *É facultado a empregados e empregadores, na vigência ou não do contrato de emprego, firmar o termo de quitação anual de obrigações trabalhistas, perante o sindicato dos empregados da categoria.*
>
> ***Parágrafo único.*** *O termo discriminará as obrigações de dar e fazer cumpridas mensalmente e dele constará a quitação anual dada pelo empregado, com eficácia liberatória das parcelas nele especificadas.*

Esse instituto é, de fato, muito perigoso no que concerne à proteção do trabalhador, por contemplar quitação anual com eficácia liberatória das parcelas especificadas em seu termo. Assim, o empregado não poderá, em tese, reclamar junto à Justiça do Trabalho acerca das verbas constantes do termo de quitação anual, que pode ser firmado na vigência – ou não – do contrato de trabalho. É importante observar que tal quitação deve ser feita perante o sindicato do empregado.

17. COMISSÕES DE CONCILIAÇÃO PRÉVIA

As Comissões de Conciliação Prévia não são órgãos da Justiça do Trabalho, e sim órgãos privados (extrajudiciais). Foram criadas por meio da Lei nº 9.958/2000, que acrescentou o Título VI-A à CLT, criando os arts. 625-A a 625-H. O objetivo é solucionar os conflitos trabalhistas fora do Poder Judiciário, de maneira mais célere e ágil.

As comissões de conciliação prévia não apreciam conflitos de direito coletivo do trabalho. Tentam conciliar, somente, conflitos individuais do trabalho. Os sindicatos e as empresas (ou grupos de sindicatos ou grupos de empresas) podem criar essas comissões, para possibilitar às partes que alcancem um acordo sem um processo judicial.

A composição dos membros das Comissões de Conciliação prévia varia, se instituída no âmbito da empresa ou de caráter intersindical. Entretanto, a participação será sempre paritária (número par), o que significa dizer que metade dos membros será representante dos empregados e a outra metade dos empregadores. Haverá tantos suplentes quantos forem os representantes titulares. O mandato dos membros da Comissão de Conciliação prévia é de um ano, admitida uma recondução.

No âmbito da empresa, será composta de, no mínimo, dois e, no máximo, dez membros, sendo metade eleita entre os empregados e metade por indicação dos empregadores. Devendo obedecer a regra da composição paritária.

Os empregados que representam seus colegas gozarão de estabilidade provisória até um ano após o término do mandato eletivo, não podendo ser dispensados sem justa causa. Assim, só pode ser rescindido o contrato se o empregado cometer falta grave.

O empregado que compõe a Comissão de Conciliação Prévia trabalhará normalmente dentro da empresa, sendo que, quando convocados para atuar como conciliador, seu afastamento para desempenho dessas atividades será computado como tempo de trabalho efetivo (hipótese de interrupção do contrato de trabalho sem prestação de serviço e com salário) e se ultrapassar a jornada normal, será pago como hora extra.

Os representantes das empresas não precisam ser empregados, sendo comum a indicação de profissional liberal com conhecimento técnico, como contador ou advogado. Por este motivo, os representantes das empresas não gozam de estabilidades.

Sendo instituída pelo sindicato, sua constituição e normas de funcionamento definidas em Convenção Coletiva de Trabalho ou Acordo Coletivo de Trabalho, valendo a regra da paridade (metade composta por representantes dos empregados e metade por representantes dos empregadores).

O entendimento trazido pela CLT é de que, havendo Comissão de Conciliação Prévia na localidade competente para o ajuizamento de ação trabalhista, é obrigatória a prévia apresentação da demanda a este órgão para fins, exclusivamente, de tentativa de conciliação. Contudo, o atual entendimento da jurisprudência (incluindo TST e STF) é de que não é obrigatória tal submissão, sob pena de se obstar o acesso ao Judiciário.

Nas Ações Diretas de Inconstitucionalidade de nº 2.139, nº 2.160 e nº 2.237, o Supremo Tribunal Federal usou a Constituição Federal (art. 5º, XXXV) para interpretar a previsão do art. 625-D como facultativa. Com isso, o empregado pode escolher entre a CCP e a promoção de demanda judicial perante a Justiça do Trabalho.

Esse entendimento não exclui a idoneidade do subsistema previsto no art. 625-D da CLT. Este texto permanece em vigor, apenas com uma interpretação mais delimitada, sendo a CCP uma forma legítima de conciliação entre empregado e empregador.

Observação: Dessa forma, é importante que se observe o teor da questão do concurso; se a questão for de acordo com a jurisprudência (Tribunais) o correto é considerarmos a ausência de obrigatoriedade. Por outro lado, se são exigidos os termos da lei, como costuma fazer a FCC – principal banca examinadora dos concursos de TRT – devemos lembrar que a CLT determina que qualquer demanda de dissídio individual deverá ser previamente submetida à Comissão de Conciliação Prévia (art. 625-D da CLT).

A partir da provocação das partes que, facultativamente, optarem por submeter a demanda à CPP, há um prazo de 10 dias para tentativa de conciliação. Neste período, o prazo de prescrição é suspenso, recomeçando a fluir a partir da tentativa frustrada de conciliação ou do esgotamento dos 10 dias, nos termos do art. 625-G da CLT.

Cumpre lembrar que não há audiência, mas realização de simples reunião (sessão), sem expedição de intimação formal ou consequências em razão da ausência das partes. Além disso, inexiste qualquer tipo de instrução (produção de provas) ou julgamento, pois os membros não são juízes, mas representantes dos empregados e empregadores.

Havendo conciliação, será lavrado termo de conciliação, assinado pelo empregado e pelo empregador (que pode ser representado por seu preposto), e pelos membros da Comissão, fornecendo-se cópia às partes, no qual constarão as parcelas objeto do acordo.

O termo de conciliação possui eficácia liberatória, ou seja, o empregado não poderá mais ajuizar reclamatória pedindo a mesma coisa junto à Vara do Trabalho (exceto quanto às parcelas expressamente ressalvadas, como verbas rescisórias ou danos morais por acidente de trabalho). Além disso, o termo de conciliação é título executivo extrajudicial, o que significa que, caso o acordo não seja corretamente pago pelo empregador, o empregado poderá buscar a execução dos respectivos valores junto à Justiça do Trabalho (execução direta na Justiça do Trabalho, sem a necessidade da fase de conhecimento).

Não haverá instrução, sentença ou recurso (ordinário ou de revista), o que diz respeito à fase de conhecimento do processo, mas tão somente à execução do acordo (com citação e penhora de bens para satisfação da dívida e demais procedimentos inerentes à fase executória).

Não havendo conciliação, será elaborado e fornecido ao empregado e ao empregador declaração de tentativa conciliatória frustrada com a descrição de seu objeto, firmada pelos membros da Comissão (datada e assinada), a qual deverá ser juntada à eventual reclamatória trabalhista. Esgotado tal prazo, sem a realização da sessão, será fornecida a declaração de tentativa conciliatória frustrada.

COMISSÃO DE CONCIALIAÇÃO PRÉVIA	Composição das Comissões Empresa – Art. 625-B, *caput* e incisos e Sindicato – Art. 625-C da CLT
	Estabilidade do empregado da CCP–Art. 625-B, §1º da CLT
	Tempo de atuação como Coniliador – 625-B, §2º da CLT
	Necessidade de submissão do conflito à CCP – Art. 625-D da CLT e ADINs nº 2.139, 2.160 e 2.237
	Efeitos da CCP – Art. 625-D §1 e §2 e art. 625-E e da CLT
	Prazos da CCP – Art. 625-F da CLT
	Suspensão da prescrição quando provocado pela CCP – Art. 625-G da CLT

18. FUNDO DE GARANTIA POR TEMPO DE SERVIÇO (FGTS)

18.1 Considerações Preliminares

O sistema do FGTS já existia desde 1966, mas passou a ser obrigatório a partir da Constituição Federal de 1988, quando deixou de existir a estabilidade decenal, por intermédio da qual o empregado tornava-se estável após completar dez anos de contrato de trabalho, só podendo ser dispensado por justa causa ou motivo de força maior.

Antes da CF/88, o empregado optava se preferia o sistema do FGTS ou a estabilidade decenal, sendo esta última sua escolha e, caso fosse dispensado antes de completar dez anos de contrato, percebia a indenização prevista no *caput* do art. 477 com regulamentação no art. 478 da CLT (uma remuneração por ano e fração igual ou superior a seis meses).

Assim, o FGTS é uma poupança do trabalhador, de forma "forçada", em que é depositado em uma conta de sua titularidade 8% do valor equivalente ao seu trabalho.

Sobre a coexistência dos sistemas de indenização, destaca-se o conteúdo da Súmula nº 98 do TST:

> ***Súmula nº 98 – TST***
> *FGTS. INDENIZAÇÃO. EQUIVALÊNCIA. COMPATIBILIDADE.*
> *I – A equivalência entre os regimes do Fundo de Garantia do Tempo de Serviço e da estabilidade prevista na CLT é meramente jurídica e não econômica, sendo indevidos valores a título de reposição de diferenças.*
> *II – A estabilidade contratual ou a derivada de regulamento de empresa são compatíveis com o regime do FGTS. Diversamente ocorre com a estabilidade legal (decenal, art. 492 da CLT), que é renunciada com a opção pelo FGTS.*

Atualmente, o FGTS é regulamentado pela Lei nº 8.036/1990 e pelo Decreto nº 99.684/1990, esse fundo é a totalidade das contas vinculadas dos trabalhadores, e recursos incorporados, ocorrendo a aplicação de juros e correção monetária.

O FGTS é recolhido mensalmente em conta vinculada aberta na Caixa Econômica Federal, em nome do trabalhador e, enquanto depositado, tal valor é destinado a financiar construções de habitação popular, saneamento básico e infraestrutura urbana.

Obs.: Aas contas vinculadas em nome dos trabalhadores são bens absolutamente impenhoráveis. E, a partir da Reforma Trabalhista de 2017, constitui objeto ilícito de negociação coletiva a supressão ou redução do valor do depósito mensal e da indenização rescisória do FGTS (art. 611-B, III, CLT).

18.2 Beneficiários

O FGTS é garantido a todo empregado, urbano ou rural.

Para o empregado doméstico, seu recolhimento era facultativo, nos termos do § 3º do art. 15 da Lei nº 8.036/1990. A Emenda Constitucional nº 72/2013 garantiu o FGTS aos domésticos, com regulamentação dada pela Lei nº 150/2015, conforme tratado no capítulo próprio.

O trabalhador avulso (sem vínculo empregatício) tem assegurado o direito ao FGTS, em face da equivalência de direitos garantida pelo art. 7º da CF.

O diretor eleito (que tem seu contrato suspenso em tal período) terá direito ao FGTS incidente sobre a "retirada" somente se a empresa deliberar em tal sentido, não havendo tal obrigatoriedade (art. 16 da Lei nº 8.036/1990). Isto porque, em regra, estando suspenso o contrato de trabalho, não há recolhimento de FGTS, com exceção de duas hipóteses, quais sejam: percepção de auxílio-acidente (ou doença equiparada a acidente de trabalho) e serviço militar obrigatório.

É importante observar que os "servidores celetistas", ou melhor, empregados públicos, possuem direito ao FGTS, não obstante também gozem de estabilidade, o que não ocorre com os servidores estatutários (que só possuem a estabilidade).

18.3 Alíquota e Base de Cálculo do Fgts

O FGTS incide, em regra, no importe de 8% sobre a remuneração mensal paga ao empregado (incluindo-se as gorjetas) e 13º salário, nos termos do *caput* do art. 15 da Lei nº 8.036/1990:

> ***Art. 15*** *Para os fins previstos nesta lei, todos os empregadores ficam obrigados a depositar, até o dia 7 (sete) de cada mês, em conta bancária vinculada, a importância correspondente a 8% da remuneração paga ou devida, no mês anterior, a cada trabalhador, incluídas na remuneração as parcelas de que tratam os arts. 457 e 458 da CLT e a gratificação de Natal a que se refere a Lei nº 4.090, de 13 de julho de 1962, com as modificações da Lei nº 4.749, de 12 de agosto de 1965.*

Para os aprendizes, a alíquota é reduzida, de apenas 2% sobre a remuneração mensal (art. 15, § 7º, da Lei nº 8.036/1990), salvo previsão contratual ou norma convencional mais benéfica.

> ***Súmula nº 63 – TST***
> *FUNDO DE GARANTIA.*
> *A contribuição para o Fundo de Garantia do Tempo de Serviço incide sobre a remuneração mensal devida ao empregado, inclusive horas extras e adicionais eventuais.*
> ***Orientação Jurisprudencial nº 195 – SDI-1***
> *FÉRIAS INDENIZADAS. FGTS. NÃO INCIDÊNCIA.*
> *Não incide a contribuição para o FGTS sobre as férias indenizadas.*

Importante ressaltarmos que algumas parcelas não incluem na para os fins desta Lei, as parcelas elencadas no § 9º do art. 28 da Lei nº 8.212/1991, a saber:

→ **Salário-maternidade.**

→ **Ajudas de custo e adicional mensal recebidos pelo aeronauta.**

→ **Auxílio-alimentação quando a empregadora participa de programa de alimentação.**

→ **Férias indenizadas e adicional.**

→ **Abono de férias.**

→ **Multa de 40% do FGTS.**

→ **Indenização da rescisão antecipada do contrato de trabalho por prazo determinado (art. 479 da CLT).**

→ **Indenização ao safrista (art. 14 da Lei nº 5.889/1973).**

→ **Indenização de programa de incentivo à demissão.**

→ **Ganhos eventuais e abonos expressamente desvinculados do salário.**

→ **Licença-prêmio indenizada.**

- → **Indenização pela dispensa 30 dias antes da data-base (art. 9º da Lei nº 7.238/1984).**
- → **Vale-transporte.**
- → **Ajuda de custo por transferência.**
- → **Diárias de viagem.**
- → **Bolsa de estágio.**
- → **Participação nos lucros e resultados.**
- → **Abono do PIS/PASEP.**
- → **Valores relativos a transporte, alimentação, habitação, vestuário e equipamentos quando fornecidos para o trabalho.**
- → **Valor pago a título de complementação do auxílio-doença.**
- → **Assistência do trabalhador da agroindústria canavieira (art. 36 da Lei nº 4.870/1965).**
- → **Valor relativo à assistência médica ou odontológica, reembolso de medicamentos ou similares.**
- → **Ressarcimento de despesas com veículo e reembolso de creche.**
- → **Valor de bolsa de estudos paga ao empregado ou dependentes.**
- → **Valores recebidos em decorrência de cessão de direitos autorais.**
- → **Multa do art. 477 da CLT (pagamento intempestivo das verbas rescisórias) e vale-cultura.**

Fique ligado

Apesar de constar no texto da lei que o FGTS incide sobre a remuneração do empregado, é importante ressaltar que o correto é afirmar que a base de cálculo é o conjunto de parcelas salariais, sendo essas, salário; salário in natura; terço de férias; descanso semanal remunerado; aviso-prévio (trabalhado ou indenizado); adicionais legais (Ex.: hora extra, adicional noturno, insalubridade e periculosidade); décimo terceiro salário.

Prazo para recolhimento do fgts

O prazo para pagamento é até o dia 7 do mês subsequente ao trabalhado. Se o dia 7 não for dia útil, não haverá prorrogação da data de recolhimento, que deve ocorrer no último dia útil anterior ao dia 7.

Rendimento

Os valores depositados na conta do FGTS sofrerão correção monetária conforme índice aplicável à caderneta de poupança, acrescido de juros de mora no importe de 3% ao ano (art. 13 da Lei nº 8.036/1990). Entretanto, quando a verba for reconhecida judicialmente, a correção monetária e os juros de mora aplicáveis serão os mesmos das demais parcelas trabalhistas, nos moldes da OJ nº 302 da SDI-1 do TST:

> ***Orientação Jurisprudencial nº 302 – SDI-1***
> *FGTS. ÍNDICE DE CORREÇÃO. DÉBITOS TRABALHISTAS.*
> *Os créditos referentes ao FGTS, decorrentes de condenação judicial, serão corrigidos pelos mesmos índices aplicáveis aos débitos trabalhistas.*

18.4 Multa Rescisória

Havendo dispensa sem justa causa (ou rescisão indireta) é devida a multa no importe de 40% sobre o montante dos depósitos realizados na conta vinculada pelo empregador, nos termos do art. 18, § 1º, da Lei nº 8.036/1990.

Quando a rescisão ocorrer por culpa recíproca, por motivo de força maior ou por acordo entre empregado e empregador (esta última modalidade instituída pela Reforma Trabalhista), a multa devida será no importe de 20% (vinte por cento).

Importante esclarecer que se o empregado realizou algum saque na conta vinculada (para aquisição de casa própria, por exemplo), haverá recomposição do valor total, com atualização do saque, para efeito do cálculo da multa rescisória.

Vejamos o teor da OJ nº 42 da SDI-1 do TST:

> ***Orientação Jurisprudencial nº 42 – SDI-1***
> *FGTS. MULTA DE 40%.*
> *I – É devida a multa do FGTS sobre os saques corrigidos monetariamente ocorridos na vigência do contrato de trabalho. Art. 18, § 1º, da Lei nº 8.036/90 e art. 9º, § 1º, do Decreto nº 99.684/90.*
> *II – O cálculo da multa de 40% do FGTS deverá ser feito com base no saldo da conta vinculada na data do efetivo pagamento das verbas rescisórias, desconsiderada a projeção do aviso-prévio indenizado, por ausência de previsão legal.*

18.5 Situações Especiais

Suspensão do contrato de trabalho: Havendo suspensão do contrato de trabalho, em tese, não há recolhimento do FGTS. As exceções legais são a suspensão em face do serviço militar obrigatório e o afastamento decorrente de acidente de trabalho. É necessário frisar que na interrupção decorrente da licença-maternidade o empregador continua recolhendo o FGTS.

Fique ligado

Cumpre observar que a multa de 40% do FGTS não leva em conta a projeção do aviso-prévio indenizado para efeitos de saldo da conta vinculada, pois corresponde a uma ficção de data futura. Mas não se deve esquecer que há incidência do FGTS mensal sobre o aviso-prévio indenizado, nos termos da Súmula nº 305 já transcrita, razão pela qual a parcela integrará a base de cálculo da respectiva multa.

Contrato nulo: Mesmo declarado nulo o contrato de trabalho, em face da ausência de concurso público, são devidos os recolhimentos de FGTS, nos termos do art. 19-A da Lei nº 8.036/1990 e Súmula nº 363 do TST:

> ***Art. 19-A*** *É devido o depósito do FGTS na conta vinculada do trabalhador cujo contrato de trabalho seja declarado nulo nas hipóteses previstas no art. 37, § 2º, da Constituição Federal, quando mantido o direito ao salário.*
> ***Súmula nº 363 – TST***
> *CONTRATO NULO. EFEITOS.*
> *A contratação de servidor público, após a CF/1988, sem prévia aprovação em concurso público, encontra óbice no respectivo art. 37, II e § 2º, somente lhe conferindo direito ao pagamento da contraprestação pactuada, em relação ao número de horas trabalhadas, respeitado o valor da hora do Salário-mínimo, e dos valores referentes aos depósitos do FGTS.*

Aposentadoria: O STF não considera a aposentadoria espontânea como forma de extinção do contrato de trabalho. Assim, se o empregado continuar trabalhando após a jubilação, considerar-se-á um único contrato de trabalho, de forma que, extinto este sem justo motivo, a multa de 40% incidirá sobre a totalidade dos depósitos efetuados, nos moldes da OJ nº 361 do TST.

> ***Orientação Jurisprudencial nº 361 – SDI-1***
> *APOSENTADORIA ESPONTÂNEA. UNICIDADE DO CONTRATO DE TRABALHO. MULTA DE 40% DO FGTS SOBRE TODO O PERÍODO.*
> *A aposentadoria espontânea não é causa de extinção do contrato de trabalho se o empregado permanece prestando serviços ao empregador após a jubilação. Assim, por ocasião da sua dispensa imotivada, o empregado tem direito à multa de 40% do FGTS sobre a totalidade dos depósitos efetuados no curso do pacto laboral.*

18.6 Prescrição do Fgts

A Lei nº 8.036/1990 dispõe em seu art. 23, § 5º, que a prescrição para reclamar os depósitos do FGTS é trintenária (de 30 anos).

Todavia, em decisão datada de 13/11/2014, com repercussão geral, proferida nos autos ARE (Recurso Extraordinário com Agravo) nº 709.212, de relatoria do Ministro Gilmar Mendes, o Supremo Tribunal Federal, decidiu, por maioria de votos, que o prazo prescricional de 30 anos do art. 23 da Lei nº 8.036/1990 e do art. 55 do Decreto nº 99.684/1990, que regulamentam o FGTS está em descompasso com a literalidade do texto constitucional e atenta contra a necessidade de certeza e estabilidade nas relações jurídicas.

Como o FGTS está elencado como direito trabalhista no art. 7º, III, da CF, o STF entendeu que é aplicável a prescrição quinquenal para os créditos resultantes das relações de trabalho, de que trata o inciso XXIX do mesmo art. 7º.

Dessa forma, a partir da data de decisão do STF (13/11/2014), a prescrição para reclamar ausência ou diferenças nos depósitos do FGTS é idêntica aos demais direitos trabalhistas, ou seja: pode ser pleiteado o último quinquênio anterior ao ajuizamento da ação, que deve observar o prazo de dois anos a partir da extinção do contrato de trabalho, se for o caso. Por conseguinte, não se aplicaria a prescrição trintenária de que trata Lei nº 8.036/1990, observada a regra de transição (modulação da prescrição), fixada na referida decisão do STF, com efeitos ex nunc (a partir de então).

18.7 Modulação

Vejamos a regra de transição fixada pelo STF para os prazos prescricionais que já estavam em curso no momento da decisão, nos seguintes termos: Para os casos cujo termo inicial da prescrição – ou seja, a ausência de depósito no FGTS – ocorra após a data do julgamento, aplica-se, desde logo, o prazo de 5 anos. Por outro lado, para os casos em que o prazo prescricional já esteja em curso, aplica-se o que ocorrer primeiro: 30 anos, contados do termo inicial, ou 5 anos, a partir desta decisão.

Em seu voto, o Ministro Gilmar Mendes assim exemplificou a modulação da prescrição: "Assim se, na presente data, já tenham transcorrido 27 anos do prazo prescricional, bastarão mais 3 anos para que se opere a prescrição, com base na jurisprudência desta Corte até então vigente. Por outro lado, se na data desta decisão tiverem decorrido 23 anos do prazo prescricional, ao caso se aplicará o novo prazo de 5 anos, a contar da data do presente julgamento".

Sobre o tema, releva repetirmos o teor da Súmula nº 362 do TST:

> ***Súmula nº 362 – TST***
> *FGTS. PRESCRIÇÃO.*
> *I – Para os casos em que a ciência da lesão ocorreu a partir de 13/11/2014, é quinquenal a prescrição do direito de reclamar contra o não recolhimento de contribuição para o FGTS, observado o prazo de dois anos após o término do contrato;*
> *II – Para os casos em que o prazo prescricional já estava em curso em 13/11/2014, aplica-se o prazo prescricional que se consumar primeiro: trinta anos, contados do termo inicial, ou cinco 5 anos, a partir de 13/11/2014.*

18.8 Hipóteses de Saque

Como o objetivo principal dos depósitos do FGTS é resguardar o trabalhador no momento de desemprego involuntário, é comum associarmos a dispensa por justa causa como hipótese de saque, o que é verdadeiro.

Entretanto, há diversas outras situações que autorizam a movimentação dos valores existentes na conta vinculada do FGTS, que é matéria bastante cobrada em questões de concursos.

As hipóteses estão descritas no art. 20 da Lei nº 8.036/1990, de seguinte teor:

> ***Art. 20*** *A conta vinculada do trabalhador no FGTS poderá ser movimentada nas seguintes situações:*
> *I – despedida sem justa causa, inclusive a indireta, de culpa recíproca e de força maior;*
> *I-A – extinção do contrato de trabalho prevista no Art. 484-A da Consolidação das Leis do Trabalho (CLT), aprovada pelo Decreto- lei nº 5.452, de 1º de maio de 1943;*
> *II – extinção total da empresa, fechamento de quaisquer de seus estabelecimentos, filiais ou agências, supressão de parte de suas atividades, declaração de nulidade do contrato de trabalho nas condições do art. 19-A, ou ainda falecimento do empregador individual sempre que qualquer dessas ocorrências implique rescisão de contrato de trabalho, comprovada por declaração escrita da empresa, suprida, quando for o caso, por decisão judicial transitada em julgado;*
> *III – aposentadoria concedida pela Previdência Social;*
> *IV – falecimento do trabalhador, sendo o saldo pago a seus dependentes, para esse fim habilitados perante a Previdência Social, segundo o critério adotado para a concessão de pensões por morte. Na falta de dependentes, farão jus ao recebimento do saldo da conta vinculada os seus sucessores previstos na lei civil, indicados em alvará judicial, expedido a requerimento do interessado, independente de inventário ou arrolamento;*
> *V – pagamento de parte das prestações decorrentes de financiamento habitacional concedido no âmbito do Sistema Financeiro da Habitação (SFH), desde que:*
> *a) o mutuário conte com o mínimo de 3 (três anos de trabalho sob o regime do FGTS, na mesma empresa ou em empresas diferentes;*
> *b) o valor bloqueado seja utilizado, no mínimo, durante o prazo de 12 (doze) meses;*
> *c) o valor do abatimento atinja, no máximo, 80 (oitenta) por cento do montante da prestação;*
> *VI – liquidação ou amortização extraordinária do saldo devedor de financiamento imobiliário, observadas as condições estabelecidas pelo Conselho Curador, dentre elas a de que o financiamento seja concedido no âmbito do SFH e haja interstício mínimo de 2 (dois) anos para cada movimentação;*

VII – pagamento total ou parcial do preço da aquisição de moradia própria ou lote urbanizado de interesse social não construído, observadas as seguintes condições:

a) o mutuário deverá contar com o mínimo de 3 (três) anos de trabalho sob o regime do FGTS, na mesma empresa ou empresas diferentes;

b) seja a operação financiável nas condições vigentes para o SFH;

VIII – quando o trabalhador permanecer três anos ininterruptos, a partir de 1º de junho de 1990, fora do regime do FGTS, podendo o saque, neste caso, ser efetuado a partir do mês de aniversário do titular da conta.

IX – extinção normal do contrato a termo, inclusive o dos trabalhadores temporários regidos pela Lei nº 6.019, de 3 de janeiro de 1974;

X – suspensão total do trabalho avulso por período igual ou superior a 90 (noventa) dias, comprovada por declaração do sindicato representativo da categoria profissional;

XI – quando o trabalhador ou qualquer de seus dependentes for acometido de neoplasia maligna;

XII – aplicação em quotas de Fundos Mútuos de Privatização, regidos pela Lei nº 6.385, de 7 de dezembro de 1976, permitida a utilização máxima de 50% (cinquenta por cento) do saldo existente e disponível em sua conta vinculada do Fundo de Garantia do Tempo de Serviço, na data em que exercer a opção;

XIII – quando o trabalhador ou qualquer de seus dependentes for portador do vírus HIV;

XIV – quando o trabalhador ou qualquer de seus dependentes estiver em estágio terminal, em razão de doença grave, nos termos do regulamento;

XV – quando o trabalhador tiver idade igual ou superior a setenta anos;

XVI – necessidade pessoal, cuja urgência e gravidade decorra de desastre natural, conforme disposto em regulamento, observadas as seguintes condições:

a) o trabalhador deverá ser residente em áreas comprovadamente atingidas de Município ou do Distrito Federal em situação de emergência ou em estado de calamidade pública, formalmente reconhecidos pelo Governo Federal;

b) a solicitação de movimentação da conta vinculada será admitida até 90 (noventa) dias após a publicação do ato de reconhecimento, pelo Governo Federal, da situação de emergência ou de estado de calamidade pública; e

c) o valor máximo do saque da conta vinculada será definido na forma do regulamento;

XVII – integralização de cotas do FI-FGTS, respeitado o disposto na alínea do inciso XIII do caput do art. 5º desta Lei, permitida a utilização máxima de 30% (trinta por cento) do saldo existente e disponível na data em que exercer a opção.

XVIII – quando o trabalhador com deficiência, por prescrição, necessite adquirir órtese ou prótese para promoção de acessibilidade e de inclusão social.

§ 1º A regulamentação das situações previstas nos incisos I e II assegurar que a retirada a que faz jus o trabalhador corresponda aos depósitos efetuados na conta vinculada durante o período de vigência do último contrato de trabalho, acrescida de juros e atualização monetária, deduzidos os saques.

Outras hipóteses

→ **Suspensão do trabalho avulso por período igual ou superior a noventa dias (art. 35, X, do Decreto nº 99.684/1990).**

→ **Aplicação, na forma individual ou por intermédio de Clubes de Investimento – CI-FGTS, em quotas de Fundos Mútuos de Privatização – FMP-FGTS, conforme disposto no inciso XII do art. 20 da Lei nº 8.036/1990 (art. 35, XII, do Decreto nº 99.684/1990).**

→ **Os depósitos em conta vinculada em nome de aposentado, em razão de novo vínculo empregatício, poderão ser sacados também no caso de rescisão do contrato de trabalho a seu pedido (art. 35, § 1º, do Decreto nº 99.684/1990).**

Para finalizar, cumpre RELEMBRAR QUE O LEITOR DEVE SEMPRE OBSERVAR o inteiro teor da Lei nº 8.036/1990, atentando para a importância do estudo e da memorização sobre a composição e atribuições dos órgãos responsáveis pela administração e fiscalização do FGTS (art. 3º), a saber: Conselho Curador (que estabelece normas e diretrizes sobre o FGTS, tendo a participação de representante dos empregados, dos empregadores e de entidades governamentais), Ministério da Ação Social (gestor de aplicação) e Caixa Econômica Federal (agente operador).

Fique ligado

É importante observar que se houver alteração do regime jurídico do servidor (de celetista para estatutário), não há autorização para levantamento imediato do saldo do FGTS por falta de amparo legal, aplicando-se, na hipótese, o inciso VIII (levantamento após três anos de inatividade da conta). Isso já foi cobrado em questões formuladas pela FCC.

19. DIREITO DE GREVE

A greve é, essencialmente, o instrumento pelo qual a classe trabalhadora pode pressionar o empregador por melhores condições de trabalho, classificando-se como exemplo de fonte material do Direito do Trabalho.

19.1 Direito de Greve

Nos termos do art. 2º da Lei nº 7.783/1989, que regulamenta o direito de greve, considera-se legítimo exercício do direito de greve a suspensão coletiva, temporária e pacífica, total ou parcial, da prestação pessoal de serviços a empregador.

Assim, só haverá greve quando a participação for coletiva. Apenas um trabalhador paralisar suas atividades em protesto não pode ser considerado greve porque está ausente o requisito legal essencial. É um direito individual do empregado aderir – ou não – à greve, a qual só pode ser exercida coletivamente.

É imprescindível a prévia tentativa de negociação antes da deflagração da greve, nos termos do art. 3º da Lei nº 7.783/1989:

> ***Art. 3º*** *Frustrada a negociação ou verificada a impossibilidade de recursos via arbitral, é facultada a cessação coletiva do trabalho.*
>
> ***Parágrafo único.*** *A entidade patronal correspondente ou os empregadores diretamente interessados serão notificados, com antecedência mínima de 48 horas, da paralisação.*
>
> ***Orientação Jurisprudencial nº 11 – SDC***
>
> *GREVE. IMPRESCINDIBILIDADE DE TENTATIVA DIRETA E PACÍFICA DA SOLUÇÃO DO CONFLITO. ETAPA NEGOCIAL PRÉVIA.*
>
> *É abusiva a greve levada a efeito sem que as partes hajam tentado, direta e pacificamente, solucionar o conflito que lhe constitui o objeto.*

Se a greve ocorrer em atividades essenciais, a comunicação deve ocorrer com antecedência mínima de 72 horas, para empregador e usuários.

O sindicato deve convocar assembleia geral, nos termos do estatuto, com a finalidade de deliberar sobre a greve, observando-se o quórum de participação, devendo a entidade sindical representar a categoria nas negociações ou junto à Justiça do Trabalho (arts. 4º e 5º da Lei nº 7.783/1989).

É um direito fundamental dos trabalhadores garantido no art. 9º da Constituição Federal:

> ***Art. 9º*** *É assegurado o direito de greve, competindo aos trabalhadores decidir sobre a oportunidade de exercê-lo e sobre os interesses que devam por meio dele defender.*
>
> *§ 1º A lei definirá os serviços ou atividades essenciais e disporá sobre o atendimento das necessidades inadiáveis da comunidade.*
>
> *§ 2º Os abusos cometidos sujeitam os responsáveis às penas da lei.*

Outra característica importante da greve é que deve ser exercida de forma pacífica. Caso contrário, os atos ilícitos praticados serão punidos de acordo com a lei trabalhista (advertência ou justa causa, por exemplo, conforme a gravidade do ato), legislação civil ou criminal, dependendo da circunstância (art. 15 da Lei nº 7.783/1989).

Regra geral, o período da greve é considerado como suspensão do contrato de trabalho, não podendo o empregador dispensar os empregados em tal período ou contratar substitutos para exercer as atividades, salvo se caracterizado abuso do direito de greve ou inexistente regular designação de equipes de empregados para atividades essenciais ou para evitar prejuízo irreparável ao empregador (art. 7º da Lei nº 7.783/1989).

Por outro lado, mesmo que a pretensão da classe trabalhadora seja julgada improcedente em sede de Dissídio Coletivo, o empregado não pode ser punido por tal fato, que não representa abuso do direito de greve.

> ***Súmula nº 316 – STF***
>
> *A simples adesão à greve não constitui falta grave.*

O abuso do direito de greve está previsto no art. 14 da Lei nº 7.783/1989:

> ***Art. 14*** *Constitui abuso do direito de greve a inobservância das normas contidas na presente Lei, bem como a manutenção da paralisação após a celebração de acordo, convenção ou decisão da Justiça do Trabalho.*
>
> ***Parágrafo único.*** *Na vigência de acordo, convenção ou sentença normativa não constitui abuso do exercício do direito de greve a paralisação que:*
>
> *I – tenha por objetivo exigir o cumprimento de cláusula ou condição;*
>
> *II – seja motivada pela superveniência de fatos novo ou acontecimento imprevisto que modifique substancialmente a relação de trabalho.*

Conforme exposto anteriormente, os empregados não podem se negar a manter equipe mínima trabalhando com o fito de evitar prejuízos ao empregador ou manter atividades essenciais à população. Caso assim não procedam, a greve será considerada abusiva. A conduta de sabotagem ou qualquer prática ilícita será punida de acordo com a legislação vigente (trabalhista, civil, criminal), implicando abuso do direito de greve.

As manifestações dos grevistas, como piquetes, são consideradas lícitas, desde que pacíficas. Observemos o teor do art. 6º da Lei nº 7.783/1989:

> ***Art. 6º*** *São assegurados aos grevistas, dentre outros direitos:*
>
> *I – o emprego de meios pacíficos tendentes a persuadir ou aliciar os trabalhadores a aderirem à greve;*
>
> *II – a arrecadação de fundos e a livre divulgação do movimento.*
>
> *§ 1º Em nenhuma hipótese, os meios adotados por empregados e empregadores poderão violar ou constranger os direitos e garantias fundamentais de outrem.*
>
> *§ 2º É vedado às empresas adotar meios para constranger o empregado ao comparecimento ao trabalho, bem como capazes de frustrar a divulgação do movimento.*
>
> *§ 3º As manifestações e atos de persuasão utilizados pelos grevistas não poderão impedir o acesso ao trabalho nem causar ameaça ou dano à propriedade ou pessoa.*

Lock in ou ocupação do imóvel de propriedade do empregador também é possível, desde que não empregada violência e não seja impedido o direito de ir e vir de terceiros, sob pena de ajuizamento de ação visando à defesa do direito possessório pelo empregador (interdito proibitório), de competência da Justiça do Trabalho (Súmula Vinculante nº 23 do STF).

Lockout é o fechamento provisório do estabelecimento do empregador com a finalidade de frustrar o movimento grevista, o que é vedado pelo ordenamento jurídico (art. 17 da Lei nº 7.783/1989).

19.2 Greve e Atividades Essenciais

É lícito o exercício de greve em atividades essenciais à população em geral (transporte coletivo, saúde, telecomunicações etc.), mas como envolve não só a relação dos empregados e empregadores, podendo acarretar prejuízo à coletividade, há regramento específico sobre o tema.

O art. 10 da Lei de Greve (Lei nº 7.783/1989) elenca as atividades que são consideradas essenciais, e que devem ser memorizadas porque muito cobradas em questões de concurso.

> ***Art. 10*** *São considerados serviços ou atividades essenciais:*
> *I – tratamento e abastecimento de água; produção e distribuição de energia elétrica, gás e combustíveis;*
> *II – assistência médica e hospitalar;*
> *III – distribuição e comercialização de medicamentos e alimentos;*
> *IV – funerários;*
> *V – transporte coletivo;*
> *VI – captação e tratamento de esgoto e lixo;*
> *VII – telecomunicações;*
> *VIII – guarda, uso e controle de substâncias radioativas, equipamentos e materiais nucleares;*
> *IX – processamento de dados ligados a serviços essenciais;*
> *X – controle de tráfego aéreo;*
> *XI – compensação bancária.*

O aviso prévio do início da greve para atividades essenciais deve ser dado com antecedência maior, de 72 horas, para empregadores e usuários dos serviços.

Outra peculiaridade é que é obrigatória a manutenção dos serviços indispensáveis à manutenção dos serviços inadiáveis durante a greve, sob pena de o Poder Público assumir a atividade, nos termos dos arts. 11 e 12 da Lei nº 7.783/1989:

> ***Art. 11*** *Nos serviços ou atividades essenciais, os sindicatos, os empregadores e os trabalhadores ficam obrigados, de comum acordo, a garantir, durante a greve, a prestação dos serviços indispensáveis ao atendimento das necessidades inadiáveis da comunidade.*
> ***Parágrafo único.*** *São necessidades inadiáveis, da comunidade aquelas que, não atendidas, coloquem em perigo iminente a sobrevivência, a saúde ou a segurança da população.*
> ***Art. 12*** *No caso de inobservância do disposto no artigo anterior, o Poder Público assegurará a prestação dos serviços indispensáveis.*

Não atendido o requisito de manutenção das atividades essenciais, será considerada abusiva a greve, nos termos da OJ 38 da SDC do TST:

> ***Orientação Jurisprudencial nº 38 – SDC***
> *GREVE. SERVIÇOS ESSENCIAIS. GARANTIA DAS NECESSIDADES INADIÁVEIS DA POPULAÇÃO USUÁRIA. FATOR DETERMINANTE DA QUALIFICAÇÃO JURÍDICA DO MOVIMENTO.*
> *É abusiva a greve que se realiza em setores que a lei define como sendo essenciais à comunidade, se não é assegurado o atendimento básico das necessidades inadiáveis dos usuários do serviço, na forma prevista na Lei nº 7.783/89.*

Dispositivos legais

Para reforçar os estudos, lembre-se de ler a integralidade da Lei de Greve (Lei nº 7.783/1989), que merece especial atenção.

20. DIREITO COLETIVO DO TRABALHO

20.1 Convenções Coletivas de Trabalho e Acordo Coletivo de Trabalho

Uma das mais significativas alterações trazidas pela Lei nº 13.467/2017 (Reforma Trabalhista) diz respeito à ampliação dos direitos que podem ser objeto de negociação coletiva, inclusive com a prevalência do negociado sobre o legislado nas hipóteses previstas no art. 611-A da CLT.

> ***Art. 611-A*** *A convenção coletiva e o acordo coletivo de trabalho, observados os incisos III e VI do caput do art. 8º da Constituição, têm prevalência sobre a lei quando, entre outros, dispuserem sobre:*
>
> *I – pacto quanto à jornada de trabalho, observados os limites constitucionais;*
>
> *II – banco de horas anual;*
>
> *III – intervalo intrajornada, respeitado o limite mínimo de trinta minutos para jornadas superiores a seis horas;*

Com a Reforma Trabalhista também há a prevalência do Acordo Coletivo de Trabalho sobre a Convenção Coletiva de Trabalho, não se aplicando mais o princípio da regra mais benéfica, ante o novo teor do art. 620 da CLT.

> ***Art. 620*** *As condições estabelecidas em acordo coletivo de trabalho sempre prevalecerão sobre as estipuladas em convenção coletiva de trabalho.*

As normas atinentes às Convenções Coletivas de Trabalho (CCTs – firmadas entre os sindicatos representativos da categoria dos empregados e sindicatos dos empregadores) e Acordos Coletivos de Trabalho (ACTs – firmados entre a(s) empresa(s) e o sindicato dos empregados) devem ser firmados de forma solene (por escrito e sem rasuras, observadas solenidades específicas) e estão elencados nos arts. 611 a 625 da CLT:

> ***Art. 611-A*** *A convenção coletiva e o acordo coletivo de trabalho têm prevalência sobre a lei quando, entre outros, dispuserem sobre:*
>
> *I – pacto quanto à jornada de trabalho, observados os limites constitucionais;*
>
> *II – banco de horas anual;*
>
> *III – intervalo intrajornada, respeitado o limite mínimo de 30 minutos para jornadas superiores a 6 horas;*
>
> *IV – adesão ao Programa Seguro-Emprego (PSE), de que trata a Lei nº 13.189, de 19 de novembro de 2015;*
>
> *V – plano de cargos, salários e funções compatíveis com a condição pessoal do empregado, bem como identificação dos cargos que se enquadram como funções de confiança;*
>
> *VI – regulamento empresarial;*
>
> *VII – representante dos trabalhadores no local de trabalho;*
>
> *VIII – teletrabalho, regime de sobreaviso, e trabalho intermitente;*
>
> *IX – remuneração por produtividade, incluídas as gorjetas percebidas pelo empregado, e remuneração por desempenho individual;*
>
> *X – modalidade de registro de jornada de trabalho;*
>
> *XI – troca do dia de feriado;*
>
> *XII – enquadramento do grau de insalubridade;*
>
> *XIII – prorrogação de jornada em ambientes insalubres, sem licença prévia das autoridades competentes do Ministério do Trabalho;*
>
> *XIV – prêmios de incentivo em bens ou serviços, eventualmente concedidos em programas de incentivo;*
>
> *XV – participação nos lucros ou resultados da empresa.*
>
> *§ 1º No exame da convenção coletiva ou do acordo coletivo de trabalho, a Justiça do Trabalho observará o disposto no § 3º do art. 8º desta Consolidação.*
>
> *§ 2º A inexistência de expressa indicação de contrapartidas recíprocas em convenção coletiva ou acordo coletivo de trabalho não ensejará sua nulidade por não caracterizar um vício do negócio jurídico.*
>
> *§ 3º Se for pactuada cláusula que reduza o salário ou a jornada, a convenção coletiva ou o acordo coletivo de trabalho deverão prever a proteção dos empregados contra dispensa imotivada durante o prazo de vigência do instrumento coletivo.*
>
> *§ 4º Na hipótese de procedência de ação anulatória de cláusula de convenção coletiva ou de acordo coletivo de trabalho, quando houver a cláusula compensatória, esta deverá ser igualmente anulada, sem repetição do indébito.*
>
> *§ 5º Os sindicatos subscritores de convenção coletiva ou de acordo coletivo de trabalho deverão participar, como litisconsortes necessários, em ação individual ou coletiva, que tenha como objeto a anulação de cláusulas desses instrumentos.*
>
> ***Art. 611-B*** *Constituem objeto ilícito de convenção coletiva ou de acordo coletivo de trabalho, exclusivamente, a supressão ou a redução dos seguintes direitos:*
>
> *I – normas de identificação profissional, inclusive as anotações na Carteira de Trabalho e Previdência Social;*
>
> *II – seguro-desemprego, em caso de desemprego involuntário;*
>
> *III – valor dos depósitos mensais e da indenização rescisória do Fundo de Garantia do Tempo de Serviço (FGTS);*
>
> *IV – Salário-mínimo;*
>
> *V – valor nominal do décimo terceiro salário;*
>
> *VI – remuneração do trabalho noturno superior à do diurno;*
>
> *VII – proteção do salário na forma da lei, constituindo crime sua retenção dolosa;*
>
> *VIII – salário-família;*
>
> *IX – repouso semanal remunerado;*
>
> *X – remuneração do serviço extraordinário superior, no mínimo, em 50% (cinquenta por cento) à do normal;*
>
> *XI – número de dias de férias devidas ao empregado;*
>
> *XII – gozo de férias anuais remuneradas com, pelo menos, um terço a mais do que o salário normal;*
>
> *XIII – licença-maternidade com a duração mínima de 120 dias;*
>
> *XIV – licença-paternidade nos termos fixados em lei;*
>
> *XV – proteção do mercado de trabalho da mulher, mediante incentivos específicos, nos termos da lei;*
>
> *XVI – aviso-prévio proporcional ao tempo de serviço, sendo no mínimo de 30 dias, nos termos da lei;*
>
> *XVII – normas de saúde, higiene e segurança do trabalho previstas em lei ou em normas regulamentadoras do Ministério do Trabalho;*
>
> *XVIII – adicional de remuneração para as atividades penosas, insalubres ou perigosas;*
>
> *XIX – aposentadoria;*
>
> *XX – seguro contra acidentes de trabalho, a cargo do empregador;*
>
> *XXI – ação, quanto aos créditos resultantes das relações de trabalho, com prazo prescricional de cinco anos para os trabalhadores urbanos e rurais, até o limite de dois anos após a extinção do contrato de trabalho;*
>
> *XXII – proibição de qualquer discriminação no tocante a salário e critérios de admissão do trabalhador com deficiência;*

XXIII – proibição de trabalho noturno, perigoso ou insalubre a menores de 18 anos e de qualquer trabalho a menores de 16 anos, salvo na condição de aprendiz, a partir de 14 anos;

XXIV – medidas de proteção legal de crianças e adolescentes;

XXV – igualdade de direitos entre o trabalhador com vínculo empregatício permanente e o trabalhador avulso;

XXVI – liberdade de associação profissional ou sindical do trabalhador, inclusive o direito de não sofrer, sem sua expressa e prévia anuência, qualquer cobrança ou desconto salarial estabelecidos em convenção coletiva ou acordo coletivo de trabalho;

XXVII – direito de greve, competindo aos trabalhadores decidir sobre a oportunidade de exercê-lo e sobre os interesses que devam por meio dele defender;

XXVIII – definição legal sobre os serviços ou atividades essenciais e disposições legais sobre o atendimento das necessidades inadiáveis da comunidade em caso de greve;

XXIX – tributos e outros créditos de terceiros;

XXX – as disposições previstas nos arts. 373-A, 390, 392, 392-A, 394, 394-A, 395, 396 e 400 desta Consolidação.

Parágrafo único. *Regras sobre duração do trabalho e intervalos não são consideradas como normas de saúde, higiene e segurança do trabalho para os fins do disposto neste artigo.*

Art. 613 *As Convenções e os Acordos deverão conter obrigatoriamente:*

I – Designação dos Sindicatos convenentes ou dos Sindicatos e empresas acordantes;

II – Prazo de vigência;

III – Categorias ou classes de trabalhadores abrangidas pelos respectivos dispositivos;

IV – Condições ajustadas para reger as relações individuais de trabalho durante sua vigência;

V – Normas para a conciliação das divergências sugeridas entre os convenentes por motivos da aplicação de seus dispositivos;

VI – Disposições sobre o processo de sua prorrogação e de revisão total ou parcial de seus dispositivos;

VII – Direitos e deveres dos empregados e empresas;

VIII – Penalidades para os Sindicatos convenentes, os empregados e as empresas em caso de violação de seus dispositivos.

Parágrafo único. *As convenções e os Acordos serão celebrados por escrito, sem emendas nem rasuras, em tantas vias quantos forem os Sindicatos convenentes ou as empresas acordantes, além de uma destinada a registro.*

Art. 614 *Os Sindicatos convenentes ou as empresas acordantes promoverão, conjunta ou separadamente, dentro de oito dias da assinatura da Convenção ou Acordo, o depósito de uma via do mesmo, para fins de registro e arquivo, no Departamento Nacional do Trabalho6, em se tratando de instrumento de caráter nacional ou interestadual, ou nos órgãos regionais do Ministério do Trabalho e Previdência Social, nos demais casos.*

§ 1º As Convenções e os Acordos entrarão em vigor 3 (três) dias após a data da entrega dos mesmos no órgão referido neste artigo.

§ 2º Cópias autênticas das Convenções e dos Acordos deverão ser afixados de modo visível, pelos Sindicatos convenentes, nas respectivas sedes e nos estabelecimentos das empresas compreendidas no seu campo de aplicação, dentro de cinco dias da data do depósito previsto neste artigo.

§ 3º Não será permitido estipular duração de convenção coletiva ou acordo coletivo de trabalho superior a dois anos, sendo vedada a ultratividade

Orientação Jurisprudencial nº 322 – SDI-1

ACORDO COLETIVO DE TRABALHO. CLÁUSULA DE TERMO ADITIVO PRORROGANDO O ACORDO PARA PRAZO INDETERMINADO. INVÁLIDA.

Nos termos do art. 614, § 3º, da CLT, é de dois anos o prazo máximo de vigência dos acordos e das convenções coletivas. Assim sendo, é inválida, naquilo que ultrapassa o prazo total de dois anos, a cláusula de termo aditivo que prorroga a vigência do instrumento coletivo originário por prazo indeterminado.

Art. 615 *O processo de prorrogação, revisão, denúncia ou revogação total ou parcial de Convenção ou Acordo ficará subordinado, em qualquer caso, à aprovação de Assembleia Geral dos Sindicatos convenentes ou partes acordantes, com observância do disposto no art. 612.*

§ 1º O instrumento de prorrogação, revisão, denúncia ou revogação de Convenção ou Acordo será depositado para fins de registro e arquivamento, na repartição em que o mesmo originariamente foi depositado observado o disposto no art. 614.

§ 2º As modificações introduzidas em Convenção ou Acordo, por força de revisão ou de revogação parcial de suas cláusulas passarão a vigorar três dias após a realização de depósito previsto no § 1º.

Art. 616 *Os Sindicatos representativos de categorias econômicas ou profissionais e as empresas, inclusive as que não tenham representação sindical, quando provocados, não podem recusar-se à negociação coletiva.*

§ 1º Verificando-se recusa à negociação coletiva, cabe aos Sindicatos ou empresas interessadas dar ciência do fato, conforme o caso, ao Departamento Nacional do Trabalho ou aos órgãos regionais do Ministério do Trabalho e Previdência Social, para convocação compulsória dos Sindicatos ou empresas recalcitrantes.

§ 2º No caso de persistir a recusa à negociação coletiva, pelo desatendimento às convocações feitas pelo Departamento Nacional do Trabalho ou órgãos regionais do Ministério de Trabalho e Previdência Social, ou se malograr a negociação entabulada, é facultada aos Sindicatos ou empresas interessadas a instauração de dissídio coletivo.

§ 3º Havendo convenção, acordo ou sentença normativa em vigor, o dissídio coletivo deverá ser instaurado dentro dos 60 dias anteriores ao respectivo termo final, para que o novo instrumento possa ter vigência no dia imediato a esse termo.

§ 4º Nenhum processo de dissídio coletivo de natureza econômica será admitido sem antes se esgotarem as medidas relativas à formalização da Convenção ou Acordo correspondente.

Art. 617 *Os empregados de uma ou mais empresas que decidirem celebrar Acordo Coletivo de Trabalho com as respectivas empresas darão ciência de sua resolução, por escrito, ao Sindicato representativo da categoria profissional, que terá o prazo de oito dias para assumir a direção dos entendimentos entre os interessados, devendo igual procedimento ser observado pelas empresas interessadas com relação ao Sindicato da respectiva categoria econômica.*

§ 1º Expirado o prazo de oito dias sem que o Sindicato tenha se desincumbido do encargo recebido, poderão os interessados dar conhecimento do fato à Federarão a que estiver vinculado o Sindicato e, em falta dessa, à correspondente Confederação, para que, no mesmo prazo, assuma a direção dos entendimentos. Esgotado esse prazo, poderão os interessados prosseguir diretamente na negociação coletiva até final.

§ 2º Para o fim de deliberar sobre o Acordo, a entidade sindical convocará assembleia geral dos diretamente interessados, sindicalizados ou não, nos termos do art. 612.

Art. 618 *As empresas e instituições que não estiverem incluídas no enquadramento sindical a que se refere o art. 577 desta Consolidação poderão celebrar Acordos Coletivos de Trabalho com os Sindicatos representativos dos respectivos empregados, nos termos deste Título.*

6 Atualmente é Secretaria de Emprego e Salário.

Art. 619 *Nenhuma disposição de contrato individual de trabalho que contrarie normas de Convenção ou Acordo Coletivo de Trabalho poderá prevalecer na execução do mesmo, sendo considerada nula de pleno direito.*

Art. 620 *As condições estabelecidas em acordo coletivo de trabalho sempre prevalecerão sobre as estipuladas em convenção coletiva de trabalho.*

Art. 621 *As Convenções e os Acordos poderão incluir entre suas cláusulas disposição sobre a constituição e funcionamento de comissões mistas de consulta e colaboração, no plano da empresa e sobre participação, nos lucros. Estas disposições mencionarão a forma de constituição, o modo de funcionamento e as atribuições das comissões, assim como o plano de participação, quando for o caso.*

Art. 622 *Os empregados e as empresas que celebrarem contratos individuais de trabalho, estabelecendo condições contrárias ao que tiver sido ajustado em Convenção ou Acordo que lhes for aplicável, serão passíveis da multa neles fixada.*

Parágrafo único. *A multa a ser imposta ao empregado não poderá exceder da metade daquela que, nas mesmas condições seja estipulada para a empresa.*

Art. 623 *Será nula de pleno direito disposição de Convenção ou Acordo que, direta ou indiretamente, contrarie proibição ou norma disciplinadora da política econômico-financeira do Governo ou concernente à política salarial vigente, não produzindo quaisquer efeitos perante autoridades e repartições públicas, inclusive para fins de revisão de preços e tarifas de mercadorias e serviços.*

Parágrafo único. *Na hipótese deste artigo, a nulidade será declarada, de ofício ou mediante representação, pelo Ministro do Trabalho e Previdência Social, ou pela Justiça do Trabalho em processo submetido ao seu julgamento.*

Art. 624 *A vigência de cláusula de aumento ou reajuste salarial, que implique elevação de tarifas ou de preços sujeitos à fixação por autoridade pública ou repartição governamental, dependerá de prévia audiência dessa autoridade ou repartição e sua expressa declaração no tocante à possibilidade de elevação da tarifa ou do preço e quanto ao valor dessa elevação.*

Art. 625 *As controvérsias resultantes da aplicação de Convenção ou de Acordo celebrado nos termos deste Título serão dirimidas pela Justiça do Trabalho.*

Os instrumentos normativos podem dispor sobre temas negociados pelos Sindicatos entre si ou com a empresa, ou até mesmo reproduzir a letra da lei, prevendo multa por seu descumprimento, que será devida independente da penalidade legal aplicada. Neste sentido é a Súmula nº 384 do TST:

Súmula nº 384 – TST

MULTA CONVENCIONAL. COBRANÇA.

I – O descumprimento de qualquer cláusula constante de instrumentos normativos diversos não submete o empregado a ajuizar várias ações, pleiteando em cada uma o pagamento da multa referente ao descumprimento de obrigações previstas nas cláusulas respectivas.

II – É aplicável multa prevista em instrumento normativo (sentença normativa, convenção ou acordo coletivo) em caso de descumprimento de obrigação prevista em lei, mesmo que a norma coletiva seja mera repetição de texto legal.

Ultratividade: com o advento da Lei nº 13.467/2017 (Reforma Trabalhista) restou vedada a ultratividade das cláusulas normativas, que agora possuem validade limitada à vigência do instrumento normativo, cujo prazo máximo é de dois anos.

Dessa forma, há a necessidade de cancelamento – ou reformulação – da Súmula nº 277 do TST:

Súmula nº 277 – TST

CONVENÇÃO COLETIVA DE TRABALHO OU ACORDO COLETIVO DE TRABALHO. EFICÁCIA. ULTRATIVIDADE.

As cláusulas normativas dos acordos coletivos ou convenções coletivas integram os contratos individuais de trabalho e somente poderão ser modificadas ou suprimidas mediante negociação coletiva de trabalho.

Eventual invalidação de cláusula convencional ficou muito mais restrita com a Reforma Trabalhista, pois, a princípio, o Tribunal Superior do Trabalho deverá analisar os elementos formais essenciais ao negócio jurídico, elencados no art. 104 do Código Civil, a saber: agente capaz; objeto lícito, possível, determinado ou determinável e forma prescrita ou não defesa em lei.

Nos termos do § 2º do art. 611-A da CLT: A inexistência de expressa indicação de contrapartidas recíprocas em convenção coletiva ou acordo coletivo de trabalho não ensejará sua nulidade por não caracterizar um vício do negócio jurídico.

Novidade vantajosa trazida pela Reforma Trabalhista diz respeito à necessidade de previsão de proteção dos empregados contra dispensa imotivada na hipótese de cláusula convencional que preveja a redução do salário ou jornada, durante o prazo de vigência do respectivo instrumento normativo (art. 611-A, § 3º, da CLT).

20.2 Diferenças Entre Acts e Ccts

Importante trazermos as diferenças entre os ACTs – Acordos Coletivos de Trabalho e as CCTs – Convenções Coletivas de Trabalho, essas diferenças encontram-se nos signatários e nos alcances, pois as CCTs são assinadas entre dois sindicatos e possuem aplicação no âmbito das respectivas representações. Já as ACTs são mais restritas, uma vez que são assinadas entre o sindicato obreiro e a empresa acordante e possuem aplicação no âmbito da empresa ou das empresas que assinaram o acordo.

20.3 Organização Sindical

O objetivo primordial do sindicato é a defesa das categorias de trabalhadores e empregadores, seja no âmbito judicial (por exemplo, no ajuizamento de ação de cumprimento, ação civil coletiva; quer na qualidade de substituto processual, quer como representante processual) ou no âmbito extrajudicial, atuando nas negociações coletivas (Convenções Coletivas de Trabalho e Acordos Coletivos de Trabalho).

Tal previsão encontra-se no art. 8º da Constituição Federal, segundo a qual ao Sindicato cabe a defesa dos direitos e interesses coletivos ou individuais da categoria, inclusive em questões judiciais ou administrativas.

Os Sindicatos são aptos a representar não só empregados, mas empregadores e trabalhadores autônomos ou profissionais liberais, nos termos do *caput* do art. 511 da CLT:

Art. 511 *É lícita a associação para fins de estudo, defesa e coordenação dos seus interesses econômicos ou profissionais de todos os que, como empregadores, empregados, agentes ou trabalhadores autônomos ou profissionais liberais exerçam, respectivamente, a mesma atividade ou profissão ou atividades ou profissões similares ou conexas.*

Obs.: *Em 2008, por meio da Lei nº 11.648/2008, as centrais sindicais tiveram o seu reconhecimento formal, como "entidade associativa de direito privado composta por organizações sindicais de trabalhadores".*

É importante observar que, quando falamos em organização sindical, não há restrição apenas aos Sindicatos, incluindo-se as Federações (âmbito estadual) e Confederações (âmbito nacional), bem como as Centrais Sindicais, cuja função é de coordenação das demais entidades, sendo neste sentido o entendimento consolidado do TST.

A organização sindical dos trabalhadores ocorre de acordo com a categoria, havendo sindicatos que defendem os interesses dos empregados considerando a categoria profissional ou econômica dos respectivos empregadores, o que é a regra geral. Todavia, determinados sindicatos defendem empregados considerando o enquadramento profissional especial destes trabalhadores (categoria diferenciada), independentemente do ramo de atividade econômica ao qual se dedica o empregador.

Categoria profissional

Ainda que os empregados exerçam atividades diferentes, para fins de associação sindical, a regra é que seja levada em conta a atividade preponderante desenvolvida pelo empregador. Por exemplo, numa indústria metalúrgica, cuja atividade preponderante é a metalurgia, os empregados devem se associar ao Sindicato representativo da categoria dos trabalhadores na metalurgia na respectiva base territorial, mesmo aqueles que não desenvolvem atividades diretamente na indústria (por exemplo: a secretária).

Também pode haver a reunião de trabalhadores compondo uma mesma categoria profissional, na hipótese de atividades similares (por exemplo: bares e restaurantes), ou atividades conexas, que são normalmente complementares entre si, ainda que diversas (por exemplo: atividades da construção civil, como eletricistas, pintores, pedreiros etc.).

Nesse sentido é o art. 511, § 2º, da CLT: a similitude de condições de vida oriunda da profissão ou trabalho em comum, em situação de emprego na mesma atividade econômica ou em atividades econômicas similares ou conexas, compõe a expressão social elementar compreendida como categoria profissional.

Categoria profissional diferenciada

É a exceção à regra que ocorre apenas quando o empregado pertence à profissão que contém estatuto profissional especial regulamentando as suas atividades, justamente por força de condições singulares, de forma que é possível a formação de categoria profissional diferenciada, não prevalecendo, desta forma, a atividade preponderante do empregador.

Nos moldes do art. 511, § 3º, da CLT: categoria profissional diferenciada é a que se forma dos empregados que exerçam profissões ou funções diferenciadas por força de estatuto profissional especial ou em consequência de condições de vida singulares.

Por exemplo: o motorista de empresa metalúrgica pertence à categoria diferenciada, não se sujeitando, a princípio, às normas coletivas entabuladas pelo sindicato representativo dos empregados das empresas metalúrgicas, pois a profissão de motorista é definida como diferenciada. Assim, a ele se aplicam as normas previstas em ACT ou CCT aplicáveis aos motoristas, desde que o empregador tenha participado da negociação coletiva.

As categorias diferenciadas são instituídas por lei, não podendo ser objeto tal classificação de decisão judicial. São exemplos de categoria diferenciada: motoristas, ascensoristas, jornalistas, músicos profissionais e condutores de ambulância (Lei nº 12.998/2014). Destaca-se o teor da OJ 36 da SDC do TST:

> ***Orientação Jurisprudencial nº 36 – SDC***
> *EMPREGADOS DE EMPRESA DE PROCESSAMENTO DE DADOS. RECONHECIMENTO COMO CATEGORIA DIFERENCIADA. IMPOSSIBILIDADE.*
> *É por lei e não por decisão judicial, que as categorias diferenciadas são reconhecidas como tais. De outra parte, no que tange aos profissionais da informática, o trabalho que desempenham sofre alterações, de acordo com a atividade econômica exercida pelo empregador.*

Fique ligado

É importante ressaltar que se o empregador do motorista (empresa metalúrgica) não tiver participado do instrumento normativo (CCT ou ACT) pactuado com o sindicato representativo dos motoristas, não está sujeito às regras nele previstas. Neste sentido é a Súmula nº 374 do TST:

> ***Súmula nº 374 – TST***
> *NORMA COLETIVA. CATEGORIA DIFERENCIADA. ABRANGÊNCIA.*
> *Empregado integrante de categoria profissional diferenciada não tem o direito de haver de seu empregador vantagens previstas em instrumento coletivo no qual a empresa não foi representada por órgão de classe de sua categoria.*

Categoria econômica

Já o conceito de categoria econômica está relacionado com a identidade do ramo de atividade dos empregadores (por exemplo: ramo industrial, do comércio etc.). Ensina Ricardo Resende que "categoria econômica nada mais é que a reunião de empregadores que exercem atividades idênticas, similares ou conexas, que formará um sindicato patronal".

Preceitua o art. 511, § 1º, da CLT que a solidariedade de interesses econômicos dos que empreendem atividades idênticas, similares ou conexas constitui o vínculo social básico que se denomina categoria econômica.

20.4 Liberdade Sindical

Primeiramente, é importante destacarmos que representa garantia constitucional a liberdade de filiação sindical, pois, nos termos do art. 8º, V, da CF, ninguém será obrigado a filiar-se ou a manter-se filiado a sindicato.

Por outro lado, mesmo após a aposentadoria, o aposentado filiado tem direito a votar e ser votado nas organizações sindicais (art. 8º, VII, da CF).

Os sindicatos podem ser criados livremente, sem se exigir prévia autorização do Estado. Neste sentido é o art. 8º, I, da Constituição Federal, segundo o qual a lei não poderá exigir autorização do Estado para a fundação de sindicato, ressalvado o registro no órgão competente, vedadas ao Poder Público a interferência e a intervenção na organização sindical.

Sobre o tema, vejamos a Súmula nº 677 do STF e a OJ nº 15 da SDC do TST:

Súmula nº 677 – STF

Até que lei venha a dispor a respeito, incumbe ao Ministério do Trabalho proceder ao registro das entidades sindicais e zelar pela observância do princípio da unicidade.

Orientação Jurisprudencial nº 15 – SDC

LEGITIMIDADE "AD PROCESSUM". IMPRESCINDIBILIDADE DO REGISTRO NO MINISTÉRIO DO TRABALHO.

A comprovação da legitimidade "ad processum" da entidade sindical se faz por seu registro no órgão competente do Ministério do Trabalho, mesmo após a promulgação da Constituição Federal de 1988.

Fique ligado

Criado o sindicato (que é pessoa jurídica), há a necessidade do respectivo registro no Ministério do Trabalho, que é responsável pela fiscalização do cumprimento da unicidade sindical.

O art. 8º da Constituição Federal versa sobre a liberdade sindical, nos seguintes termos:

Art. 8º, CF/1988 *É livre a associação profissional ou sindical, observado o seguinte:*

I – a lei não poderá exigir autorização do Estado para a fundação de sindicato, ressalvado o registro no órgão competente, vedadas ao Poder Público a interferência e a intervenção na organização sindical;

II – é vedada a criação de mais de uma organização sindical, em qualquer grau, representativa de categoria profissional ou econômica, na mesma base territorial, que será definida pelos trabalhadores ou empregadores interessados, não podendo ser inferior à área de um Município;

III – ao sindicato cabe a defesa dos direitos e interesses coletivos ou individuais da categoria, inclusive em questões judiciais ou administrativas;

IV – a assembleia geral fixará a contribuição que, em se tratando de categoria profissional, será descontada em folha, para custeio do sistema confederativo da representação sindical respectiva, independentemente da contribuição prevista em lei;

V – ninguém será obrigado a filiar-se ou a manter-se filiado a sindicato;

VI – é obrigatória a participação dos sindicatos nas negociações coletivas de trabalho;

VII – o aposentado filiado tem direito a votar e ser votado nas organizações sindicais;

VIII – é vedada a dispensa do empregado sindicalizado a partir do registro da candidatura a cargo de direção ou representação sindical e, se eleito, ainda que suplente, até um ano após o final do mandato, salvo se cometer falta grave nos termos da lei.

Parágrafo único. *As disposições deste artigo aplicam-se à organização de sindicatos rurais e de colônias de pescadores, atendidas as condições que a lei estabelecer.*

20.5 Princípios Sindicais

Princípio da unicidade sindical

Esse princípio veda a existência de mais de um sindicato de categoria profissional ou econômica na mesma base territorial, não inferior à área de um Município. Assim é necessário que o sindicato se registre no Ministério do Trabalho e Emprego para análise da categoria e da base territorial do sindicato, objetivando manter o respeito à unicidade sindical.

Art. 8º *É livre a associação profissional ou sindical, observado o seguinte: [...]*

II – é vedada a criação de mais de uma organização sindical, em qualquer grau, representativa de categoria profissional ou econômica, na mesma base territorial, que será definida pelos trabalhadores ou empregadores interessados, não podendo ser inferior à área de um Município.

Princípio da pluralidade sindical e convenção internacional nº 87 da oit

Vamos lá, em 1948, durante a 31ª Sessão da Conferência Internacional do Trabalho da Organização Internacional do Trabalho (OIT), na cidade de São Francisco (EUA), foi aprovada a Convenção nº 87. Essa convenção dispõe sobre a liberdade sindical, possibilitando a existência de mais de um sindicato representante da mesma categoria, na mesma base territorial.

O Brasil não ratificou a Convenção Internacional nº 87 da OIT, em razão da restrição apresentada pela CF/1988 que, embora posterior, adotou o princípio da unicidade sindical.

Princípio da livre filiação dos trabalhadores

Esse princípio diz que a decisão de se filiar, de se manter filiado e até mesmo de deixar de ser filiado do seu sindicato representativo é exclusivamente do trabalhador. Os aposentados possuem o mesmo direito à livre filiação e podem se candidatar ao sindicato.

Art. 8º, CF/1988 *É livre a associação profissional ou sindical, observado o seguinte: [...]*

V – ninguém será obrigado a filiar-se ou a manter-se filiado a sindicato; [...]

VII – o aposentado filiado tem direito a votar e ser votado nas organizações sindicais.

Orientação Jurisprudencial nº 20 – SDC

EMPREGADOS SINDICALIZADOS. ADMISSÃO PREFERENCIAL. CONDIÇÃO VIOLADORA DO ART. 8º, V, DA CF/1988.

Viola o art. 8º, V, da CF/1988 cláusula de instrumento normativo que estabelece a preferência, na contratação de mão de obra, do trabalhador sindicalizado sobre os demais.

Princípio da autonomia sindical

Esse princípio diz que os trabalhadores e os empregadores possuem autonomia de criar e organizar internamente os seus respectivos sindicatos e dispor sobre as suas regras de administração e de gestão, sem a possibilidade de autorização, intervenção, interferência, ingerência ou controle estatal.

Art. 8º, CF/1988 *É livre a associação profissional ou sindical, observado o seguinte:*

I – a lei não poderá exigir autorização do Estado para a fundação de sindicato, ressalvado o registro no órgão competente, vedadas ao Poder Público a interferência e a intervenção na organização sindical.

21. RENÚNCIA E TRANSAÇÃO

Distinção: a renúncia é ato unilateral do empregado ao lançar mão de seu direito, ao passo que a transação é ato bilateral, por intermédio do qual tanto empregado quanto empregador fazem concessões mútuas. Enquanto na renúncia há a certeza do direito, na transação ainda há dúvida quanto a ele (ou sua extensão).

Tais institutos são admitidos pela doutrina e jurisprudência após a ruptura do contrato de trabalho porque se presume a inexistência de coação ou temor da perda do emprego. Todavia, enquanto houver prestação de serviços, somente é admissível a transação e, ainda assim, se não houver vício de consentimento ou prejuízo ao trabalhador. Isso porque, em regra, os direitos dos trabalhadores são irrenunciáveis (indisponíveis) em face do caráter cogente das normas jus trabalhistas.

Com o advento da Reforma Trabalhista, admite-se uma ampliação maior dos limites da livre estipulação entre as partes no contrato de trabalho. Observemos o teor do parágrafo único do art. 444 da CLT, inserido pela Lei nº 13.467/2017 (Reforma Trabalhista):

> ***Art. 444*** *As relações contratuais de trabalho podem ser objeto de livre estipulação das partes interessadas em tudo quanto não contravenha às disposições de proteção ao trabalho, aos contratos coletivos (atualmente convenções coletivas) que lhe sejam aplicáveis e às decisões das autoridades competentes.*
>
> ***Parágrafo único.*** *A livre estipulação a que se refere o caput deste artigo aplica-se às hipóteses previstas no art. 611-A desta Consolidação, com a mesma eficácia legal e preponderância sobre os instrumentos coletivos, no caso de empregado portador de diploma de nível superior e que perceba salário mensal igual ou superior a duas vezes o limite máximo dos benefícios do Regime Geral de Previdência Social.*

Assim, restam poucas possibilidades de pactuação livre entre empregado e empregador, o que ocorrerá no momento da contratação ou, ainda, na hipótese de alteração do contrato de trabalho sem perdermos de vista o contido no *caput* do art. 468 da CLT:

> ***Art. 468*** *Nos contratos individuais de trabalho só é lícita a alteração das respectivas condições por mútuo consentimento, e ainda assim desde que não resultem, direta ou indiretamente, prejuízos ao empregado, sob pena de nulidade da cláusula infringente desta garantia.*

A empregada não pode pactuar antecipadamente renúncia ao direito à estabilidade gestante (o que é diferente de usar seu direito potestativo de pedir demissão). Se houver cláusula com tal renúncia, esta será considerada nula, conforme a OJ nº 30 da Seção de Dissídios Coletivos do TST:

> ***Orientação Jurisprudencial nº 30 – SDC***
>
> *ESTABILIDADE DA GESTANTE. RENÚNCIA OU TRANSAÇÃO DE DIREITOS CONSTITUCIONAIS. IMPOSSIBILIDADE.*
>
> *Nos termos do art. 10, II, "b", do ADCT, a proteção à maternidade foi erigida à hierarquia constitucional, pois retirou do âmbito do direito potestativo do empregador a possibilidade de despedir arbitrariamente a empregada em estado gravídico. Portanto, a teor do art. 9º da CLT, torna-se nula de pleno direito a cláusula que estabelece a possibilidade de renúncia ou transação, pela gestante, das garantias referentes à manutenção do emprego e salário.*

É preciso observar que, mesmo quanto aos direitos puramente contratuais, há uma disponibilidade relativa.

Na prática, são poucas as possibilidades de transação sem prejuízo para o empregado durante o pacto laboral, admitindo-se, por exemplo, a mudança na forma de pagamento, de salário fixo para salário por comissão, desde que essa mudança não implique redução salarial ao empregado.

Existindo ilegalidade na contratação ou alteração do contrato de trabalho, tais cláusulas são consideradas nulas, aplicando-se o art. 9º da CLT:

> ***Art. 9º*** *Serão nulos de pleno direito os atos praticados com o objetivo de desvirtuar, impedir ou fraudar a aplicação dos preceitos contidos na presente Consolidação.*

Fique ligado

A gestante, como qualquer outra pessoa que tenha direito à garantia provisória de emprego (acidente de trabalho, membro da CCP, dirigente sindical etc.), pode usar seu direito unilateral de pedir demissão e, por consequência, renunciar ao direito à estabilidade. Mas não pode previamente renunciar a tal direito.

Podemos elencar algumas possibilidades de renúncia:

Quando há dois regulamentos tratando sobre determinado tema, a escolha de um deles implica renúncia aos termos do outro. Muito comum em regulamentação de previdência privada.

Sobre o tema é o item II da Súmula nº 51 do TST:

> ***Súmula nº 51 – TST***
>
> *NORMA REGULAMENTAR. VANTAGENS E OPÇÃO PELO NOVO REGULAMENTO. ART. 468 DA CLT.*
>
> *II – Havendo a coexistência de dois regulamentos da empresa, a opção do empregado por um deles tem efeito jurídico de renúncia às regras do sistema do outro.*

Vejamos outra súmula que trata da renúncia:

> ***Súmula nº 243 – TST***
>
> *OPÇÃO PELO REGIME TRABALHISTA. SUPRESSÃO DAS VANTAGENS ESTATUTÁRIAS.*
>
> *Exceto na hipótese de previsão contratual ou legal expressa, a opção do funcionário público pelo regime trabalhista implica a renúncia dos direitos inerentes ao regime estatutário.*

Convém observar que o FGTS é direito irrenunciável pelo trabalhador, de forma que se o empregador o dispensar do cumprimento, deverá indenizá-lo.

> ***Súmula nº 276 – TST***
>
> *AVISO-PRÉVIO. RENÚNCIA PELO EMPREGADO.*
>
> *O direito ao aviso-prévio é irrenunciável pelo empregado. O pedido de dispensa de cumprimento não exime o empregador de pagar o respectivo valor, salvo comprovação de haver o prestador dos serviços obtido novo emprego.*

21.1 Federação e Confederação

As federações e as confederações são associações sindicais de grau superior. As federações são organizadas no âmbito estadual. As confederações são organizadas no âmbito nacional.

Federações

As federações são entidades sindicais de grau superior, compostas de, no mínimo, cinco sindicatos que representem a maioria absoluta de um grupo de atividades ou profissões idênticas, similares ou conexas. O objetivo da federação é coordenar interesses e reunir os sindicatos.

Confederações

As confederações são entidades sindicais de grau superior, com sede em Brasília, compostas de, no mínimo, três federações. Têm como objetivo coordenar as federações e os sindicatos do seu setor. O reconhecimento das confederações será feito por decreto do Presidente da República. As confederações são formadas por ramo de atividade.

Órgãos das federações e confederações

Conselho de representantes, Diretoria (mínimo três membros) e Conselho Fiscal (três membros – limitada à fiscalização financeira).

22. SEGURANÇA E MEDICINA DO TRABALHO

Quando falamos nas normas de saúde, segurança, higiene e medicina do trabalho devemos saber que são normas de ordem pública, irrenunciáveis e não sujeitas a transação/negociação, porque visam a proteger a higidez física e mental do empregado.

Art. 611-B, CLT *Constituem objeto ilícito de convenção coletiva ou de acordo coletivo de trabalho, exclusivamente, a supressão ou a redução dos seguintes direitos: [...]*

XVII - normas de saúde, higiene e segurança do trabalho previstas em lei ou em normas regulamentadoras do Ministério do Trabalho.

Importante aqui lembrarmos que, excepcionalmente, regras sobre duração do trabalho e intervalos não são consideradas como normas de saúde, higiene e segurança do trabalho para os fins de negociação coletiva (art. 611-B, parágrafo único, da CLT).

22.1 Dever dos Empregadores

É de responsabilidade das empresas:

Art. 157, CLT *Cabe às empresas:*

I - cumprir e fazer cumprir as normas de segurança e medicina do trabalho;

II - instruir os empregados, através de ordens de serviço, quanto às precauções a tomar no sentido de evitar acidentes do trabalho ou doenças ocupacionais;

III - adotar as medidas que lhes sejam determinadas pelo órgão regional competente;

IV - facilitar o exercício da fiscalização pela autoridade competente.

22.2 Dever dos Empregados

É de responsabilidade dos obreiros:

Art. 158, CLT *Cabe aos empregados:*

I - observar as normas de segurança e medicina do trabalho, inclusive as instruções de que trata o item II do artigo anterior;

II - colaborar com a empresa na aplicação dos dispositivos deste Capítulo;

III - conhecer, em segunda e última instância, dos recursos voluntários ou de ofício, das decisões proferidas pelos Delegados Regionais do Trabalho em matéria de segurança e higiene do trabalho.

Parágrafo único. *Constitui ato faltoso do empregado a recusa injustificada:*

a) à observância das instruções expedidas pelo empregador na forma do item II do artigo anterior;

b) ao uso dos equipamentos de proteção individual fornecidos pela empresa.

22.3 Ministério do Trabalho e Emprego

Inicialmente um ministério independente, hoje o Ministério do Trabalho e Emprego (MTE) está dentro da estrutura do Ministério da Economia.Cabe às Delegacias Regionais do Trabalho, nos limites de sua jurisdição:

Art. 156, CLT *Compete especialmente às Delegacias Regionais do Trabalho, nos limites de sua jurisdição:*

I - promover a fiscalização do cumprimento das normas de segurança e medicina do trabalho;

II - adotar as medidas que se tornem exigíveis, em virtude das disposições deste Capítulo, determinando as obras e reparos que, em qualquer local de trabalho, se façam necessárias;

III - impor as penalidades cabíveis por descumprimento das normas constantes deste Capítulo, nos termos do art. 201.

22.4 Cipa

A Cipa é um órgão de caráter preventivo, com o intuito de evitar violações às normas de saúde, higiene, segurança e medicina do trabalho, bem como evitar acidentes de trabalho na empresa.

Cada Cipa terá em sua composição representantes da empresa e dos empregados. Em regra, todos os trabalhadores são obrigados a constituir a Cipa.

Art. 164, CLT *Cada Cipa será composta de representantes da empresa e dos empregados, de acordo com os critérios que vierem a ser adotados na regulamentação de que trata o parágrafo único do artigo anterior.*

§ 1º Os representantes dos empregadores, titulares e suplentes, serão por eles designados.

§ 2º Os representantes dos empregados, titulares e suplentes, serão eleitos em escrutínio secreto, do qual participem, independentemente de filiação sindical, exclusivamente os empregados interessados.

§ 3º O mandato dos membros eleitos da CIPA terá a duração de 1 (um) ano, permitida uma reeleição.

§ 4º O disposto no parágrafo anterior não se aplicará ao membro suplente que, durante o seu mandato, tenha participado de menos da metade do número de reuniões da Cipa.

§ 5º O empregador designará, anualmente, dentre os seus representantes, o Presidente da Cipa e os empregados elegerão, dentre eles, o Vice-Presidente.

Composição e estabilidade

A Cipa é composta por representantes da empresa (por ela indicados) e dos empregados (eleitos por seus pares), sendo que estes últimos gozam de estabilidade relativa, assim como os respectivos suplentes, desde o registro da candidatura até um ano após o término do mandato (que é de um ano, admitida uma reeleição).

Fique ligado

O presidente da Cipa é indicado (e não eleito) pela empresa e o Vice-Presidente é representante dos empregados (eleito). O empregado que se candidata para concorrer às eleições da Cipa (naturalmente na qualidade de representante dos trabalhadores) não precisa ser sindicalizado, em respeito ao princípio da liberdade sindical (art. 8º, V, da CF).

Sobre o tema destacamos os arts. 163 a 165 da CLT:

Art. 163 *Será obrigatória a constituição de Comissão Interna de Prevenção de Acidentes (Cipa), de conformidade com instruções expedidas pelo Ministério do Trabalho, nos estabelecimentos ou locais de obra nelas especificadas.*

Parágrafo único. *O Ministério do Trabalho regulamentará as atribuições, a composição e o funcionamento das Cipa(s).*

Art. 164 *Cada Cipa será composta de representantes da empresa e dos empregados, de acordo com os critérios que vierem a ser adotados na regulamentação de que trata o parágrafo único do artigo anterior.*

§ 1º Os representantes dos empregadores, titulares e suplentes, serão por eles designados.

§ 2º Os representantes dos empregados, titulares e suplentes, serão eleitos em escrutínio secreto, do qual participem, independentemente de filiação sindical, exclusivamente os empregados interessados.

§ 3º O mandato dos membros eleitos da Cipa terá a duração de 1 (um) ano, permitida uma reeleição.

§ 4º O disposto no parágrafo anterior não se aplicará ao membro suplente que, durante o seu mandato, tenha participado de menos da metade do número de reuniões da Cipa.

§ 5º O empregador designará, anualmente, dentre os seus representantes, o Presidente da Cipa e os empregados elegerão, dentre eles, o

Vice-Presidente.

***Art. 165** Os titulares da representação dos empregados nas Cipa(s) não poderão sofrer despedida arbitrária, entendendo-se como tal a que não se fundar em motivo disciplinar, técnico, econômico ou financeiro.*

***Parágrafo único.** Ocorrendo a despedida, caberá ao empregador, em caso de reclamação à Justiça do Trabalho, comprovar a existência de qualquer dos motivos mencionados neste artigo, sob pena de ser condenado a reintegrar o empregado.*

A estabilidade dos membros da Cipa representantes dos empregados (e respectivos suplentes) também está prevista na Constituição Federal (art. 10, II, a, do ADCT), que, a despeito de mencionar cargo de direção da Cipa, não se restringe ao Vice-Presidente, segundo a jurisprudência majoritária. Assim, todos os componentes representantes dos trabalhadores gozam da referida estabilidade.

Fique ligado

Cumpre notar que o membro da Cipa pode ser dispensado por outros motivos além do disciplinar (justa causa), nos moldes do art. 165 da CLT (motivação técnica, financeira e econômica), razão pela qual se classifica a estabilidade do "cipeiro" como relativa.

Se houver extinção do estabelecimento, também não se cogita de manutenção da estabilidade.

Súmula nº 339 – TST

CIPA. SUPLENTE. GARANTIA DE EMPREGO. CF/1988.

I – O suplente da CIPA goza da garantia de emprego prevista no art. 10, II, "a", do ADCT a partir da promulgação da Constituição Federal de 1988.

II – A estabilidade provisória do cipeiro não constitui vantagem pessoal, mas garantia para as atividades dos membros da CIPA, que somente tem razão de ser quando em atividade a empresa. Extinto o estabelecimento, não se verifica a despedida arbitrária, sendo impossível a reintegração e indevida a indenização do período estabilitário.

É desnecessária a instauração de inquérito judicial para apuração da falta grave do cipeiro, por ausência de previsão legal.

22.5 Adicional de Insalubridade

Caracterização

As atividades insalubres são aquelas previstas em regulamento próprio do Ministério do Trabalho (normas regulamentares), que exponham o trabalhador a agentes prejudiciais à saúde, conferindo-lhe, assim, direito à percepção de adicional, conforme o nível de nocividade.

***Art. 189** Serão consideradas atividades ou operações insalubres aquelas que, por sua natureza, condições ou métodos de trabalho, exponham os empregados a agentes nocivos à saúde, acima dos limites de tolerância fixados em razão da natureza e da intensidade do agente e do tempo de exposição aos seus efeitos.*

***Art. 190** O Ministério do Trabalho aprovará o quadro das atividades e operações insalubres e adotará normas sobre os critérios de caracterização da insalubridade, os limites de tolerância aos agentes agressivos, meios de proteção e o tempo máximo de exposição do empregado a esses agentes.*

***Parágrafo único.** As normas referidas neste artigo incluirão medidas de proteção do organismo do trabalhador nas operações que produzem aerodispersoides tóxicos, irritantes, alérgicos ou incômodos.*

Mesmo que a atividade insalubre seja desempenhada em caráter intermitente (não contínuo) há direito à percepção do adicional respectivo, nos termos da Súmula nº 47 do TST:

Súmula nº 47 – TST

INSALUBRIDADE.

O trabalho executado em condições insalubres, em caráter intermitente, não afasta, só por essa circunstância, o direito à percepção do respectivo adicional.

Além disso, o fato de o agente nocivo apontado pelo autor na petição inicial ser diverso do constatado pelo perito judicial não obsta o reconhecimento da insalubridade.

Por exemplo, o autor indicou ruído, e o perito (médico ou engenheiro do trabalho) não constatou ruído acima dos limites de tolerância, mas sim calor excessivo.

O TST entende que a indicação não limita o pedido, porque é o perito que detém o conhecimento técnico. Vejamos os termos da Súmula nº 293:

Súmula nº 293 – TST

ADICIONAL DE INSALUBRIDADE. CAUSA DE PEDIR. AGENTE NOCIVO DIVERSO DO APONTADO NA INICIAL.

A verificação mediante perícia de prestação de serviços em condições nocivas, considerado agente insalubre diverso do apontado na inicial, não prejudica o pedido de adicional de insalubridade.

É essencial que a atividade seja classificada como insalubre nas Normas Regulamentares (NRs) do Ministério do Trabalho, não sendo considerado agente indicado pelo perito como insalubre se não constar do rol elaborado pelo Ministério do Trabalho.

Nesse sentido é a Súmula nº 448 do TST:

Súmula nº 448 – TST

ATIVIDADE INSALUBRE. CARACTERIZAÇÃO. PREVISÃO NA NORMA REGULAMENTADORA Nº 15 DA PORTARIA DO MINISTÉRIO DO TRABALHO Nº 3.214/78. INSTALAÇÕES SANITÁRIAS.

I – Não basta a constatação da insalubridade por meio de laudo pericial para que o empregado tenha direito ao respectivo adicional, sendo necessária a classificação da atividade insalubre na relação oficial elaborada pelo Ministério do Trabalho.

II – A higienização de instalações sanitárias de uso público ou coletivo de grande circulação, e a respectiva coleta de lixo, por não se equiparar à limpeza em residências e escritórios, enseja o pagamento de adicional de insalubridade em grau máximo, incidindo o disposto no Anexo 14 da NR-15 da Portaria do MTE nº 3.214/78 quanto à coleta e industrialização de lixo urbano.

Se o perito concluir pela existência de insalubridade pela exposição aos raios solares nocivos à saúde, não há o direito ao adicional pois tal agente não é classificado como insalubre nas NRs. Vejamos o teor da OJ nº 173 da SDI-1 do TST:

Orientação Jurisprudencial nº 173 – SDI-1

ADICIONAL DE INSALUBRIDADE. ATIVIDADE A CÉU ABERTO. EXPOSIÇÃO AO SOL E AO CALOR.

I – Ausente previsão legal, indevido o adicional de insalubridade ao trabalhador em atividade a céu aberto por sujeição à radiação solar (art. 195 da CLT e Anexo 7 da NR nº 15 da Portaria nº 3.214/78 do MTE).

II – Tem direito à percepção ao adicional de insalubridade o empregado que exerce atividade exposto ao calor acima dos limites de tolerância, inclusive em ambiente externo com carga solar, nas condições previstas no Anexo 3 da NR nº 15 da Portaria nº 3.214/78 do MTE.

Efeitos pecuniários

Os efeitos pecuniários decorrentes do trabalho em condições de insalubridade ou periculosidade serão devidos a contar da data da inclusão da respectiva atividade nos quadros aprovados pelo Ministro do Trabalho (art. 196 da CLT).

A atividade somente é insalubre se estiver classificada como tal pelo Ministério do Trabalho, de forma que o pagamento somente é devido a partir de tal classificação.

É importante observar que a Lei nº 13.467/2017 (Reforma Trabalhista), dentre outras novidades, trouxe a possibilidade de, por negociação coletiva, negociar o enquadramento do grau de insalubridade, bem como prorrogação de jornada em ambientes insalubres, sem licença prévia das autoridades competentes do Ministério do Trabalho, nos termos dos incisos XII e XIII do art. 611-A da CLT.

Enquanto o empregado receber o adicional, este integrará a remuneração para todos os efeitos legais, destacando que a verba tem natureza salarial.

Súmula nº 139 – TST

ADICIONAL DE INSALUBRIDADE.

Enquanto percebido, o adicional de insalubridade integra a remuneração para todos os efeitos legais.

Se houver condenação ao pagamento do adicional de insalubridade (ou periculosidade) e o contrato de trabalho ainda estiver em vigor, a empresa deverá inserir, mês a mês e enquanto o trabalho for executado sob essas condições, o valor correspondente em folha de pagamento (OJ nº 172 da SBDI-I do TST). São as chamadas parcelas vincendas.

Súmula nº 248 – TST

ADICIONAL DE INSALUBRIDADE. DIREITO ADQUIRIDO.

A reclassificação ou a descaracterização da insalubridade, por ato da autoridade competente, repercute na satisfação do respectivo adicional, sem ofensa a direito adquirido ou ao princípio da irredutibilidade salarial.

Fique ligado

Se a atividade deixa de ser considerada como insalubre, o empregado perde o direito ao adicional, cujo objetivo é remunerar situação excepcional e transitória, ou seja, só é devido o adicional enquanto perdurar o contato com os agentes insalubres. Não há direito adquirido ou incorporação da parcela.

Eliminação ou neutralização

Havendo eliminação ou neutralização da insalubridade não há mais o direito à percepção do adicional respectivo, nos moldes do art. 191 da CLT:

Art. 191 *A eliminação ou a neutralização da insalubridade ocorrerá:*

I – com a adoção de medidas que conservem o ambiente de trabalho dentro dos limites de tolerância;

II – com a utilização de equipamentos de proteção individual ao trabalhador, que diminuam a intensidade do agente agressivo a limites de tolerância.

Parágrafo único. *Caberá às Delegacias Regionais do Trabalho, comprovada a insalubridade, notificar as empresas, estipulando prazos para sua eliminação ou neutralização, na forma deste artigo.*

Havendo a neutralização da insalubridade, não haverá mais direito à percepção do adicional, conforme o art. 194 da CLT:

Art. 194 *O direito do empregado ao adicional de insalubridade ou de periculosidade cessará com a eliminação do risco à sua saúde ou integridade física, nos termos desta Seção e das normas expedidas pelo Ministério do Trabalho.*

Cumpre transcrever o teor da Súmula nº 80 do TST:

Súmula nº 80 – TST

INSALUBRIDADE.

A eliminação da insalubridade mediante fornecimento de aparelhos protetores aprovados pelo órgão competente do Poder Executivo exclui a percepção do respectivo adicional.

Por sua vez, o simples fornecimento de EPIs (Equipamentos de Proteção Individual) também não exime o empregador a pagar o adicional de insalubridade.

Súmula nº 289 – TST

INSALUBRIDADE. ADICIONAL. FORNECIMENTO DO APARELHO DE PROTEÇÃO.

O simples fornecimento do aparelho de proteção pelo empregador não o exime do pagamento do adicional de insalubridade. Cabe-lhe tomar as medidas que conduzam à diminuição ou eliminação da nocividade, entre as quais as relativas ao uso efetivo do equipamento pelo empregado.

Cálculo do adicional de insalubridade

O adicional de insalubridade é pago em três percentuais, variáveis conforme o grau de nocividade do agente:

→ **10% – grau mínimo**

→ **20% – grau médio**

→ **40% – grau máximo**

Art. 192*, CLT O exercício de trabalho em condições insalubres, acima dos limites de tolerância estabelecidos pelo Ministério do Trabalho, assegura a percepção de adicional respectivamente de 40%, 20% e 10% do Salário-mínimo da região, segundo se classifiquem nos graus máximo, médio e mínimo.*

O TST entendia, por meio da Súmula nº 228, que a base de cálculo do adicional de insalubridade era o salário básico, critério mais vantajoso que o previsto na CLT. Entretanto, a eficácia da referida Súmula está suspensa, porque pendente a interpretação do STF em razão da existência de Súmula vinculante que proibiu o uso do Salário-mínimo como indexador, mas também proibiu sua substituição por decisão judicial.

O entendimento jurisprudencial do TST no sentido de utilizar o salário básico do empregado como base de cálculo do adicional de insalubridade, consubstanciado na Súmula nº 228, não está prevalecendo atualmente, pois a eficácia da Súmula está suspensa. Resumindo, o que temos de concreto é o teor do art. 192 da

CLT, ou seja, o cálculo do adicional de insalubridade sobre o Salário-mínimo.

O adicional de insalubridade integra a base de cálculo de horas extras e já inclui o repouso semanal remunerado e feriados[7], ante o pagamento mensal da parcela.

Acúmulo de adicionais

Se houver cumulação de exposição a agentes insalubres e perigosos o empregado receberá apenas um adicional (periculosidade ou insalubridade), cabendo-lhe tal opção, nos termos do § 2º do art. 193 da CLT: o empregado poderá optar pelo adicional de insalubridade que porventura lhe seja devido.

Prova da insalubridade/periculosidade

A insalubridade ou periculosidade precisa ser constatada por profissional com conhecimento técnico, que, nos termos da CLT, é o médico ou engenheiro do trabalho[8].

Fique ligado

O médico e o engenheiro do trabalho estão aptos a realizar a perícia para apuração de periculosidade e/ou insalubridade no ambiente de trabalho, inexistindo divisão entre os profissionais conforme o agente, como já sugerido em questões de concurso.

Vejamos o art. 195 da CLT acerca da realização de perícia:

> ***Art. 195*** *A caracterização e a classificação da insalubridade e da periculosidade, segundo as normas do Ministério do Trabalho, far-se-ão através de perícia a cargo de Médico do Trabalho ou Engenheiro do Trabalho, registrados no Ministério do Trabalho.*
>
> *§ 1º É facultado às empresas e aos sindicatos das categorias profissionais interessadas requererem ao Ministério do Trabalho a realização de perícia em estabelecimento ou setor deste, com o objetivo de caracterizar e classificar ou delimitar as atividades insalubres ou perigosas.*
>
> *§ 2º Arguida em juízo insalubridade ou periculosidade, seja por empregado, seja por Sindicato em favor de grupo de associado, o juiz designará perito habilitado na forma deste artigo, e, onde não houver, requisitará perícia ao órgão competente do Ministério do Trabalho.*
>
> *§ 3º O disposto nos parágrafos anteriores não prejudica a ação fiscalizadora do Ministério do Trabalho, nem a realização ex officio da perícia.*

A realização de perícia é obrigatória para a verificação de insalubridade e periculosidade. Quando não for possível sua realização, como em caso de fechamento da empresa, poderá o julgador utilizar-se de outros meios de prova (OJ nº 278 da SDI-1 – TST).

Por outro lado, é importante observar o teor da recente Súmula nº 453 do TST que considera desnecessária a realização de perícia se já houver pagamento da parcela.

> ***Súmula nº 453 – TST***
>
> *ADICIONAL DE PERICULOSIDADE. PAGAMENTO ESPONTÂNEO. CARACTERIZAÇÃO DE FATO INCONTROVERSO. DESNECESSÁRIA A PERÍCIA DE QUE TRATA O ART. 195 DA CLT.*
>
> *O pagamento de adicional de periculosidade efetuado por mera liberalidade da empresa, ainda que de forma proporcional ao tempo de exposição ao risco ou em percentual inferior ao máximo legalmente previsto, dispensa a realização da prova técnica exigida pelo art. 195 da CLT, pois torna incontroversa a existência do trabalho em condições perigosas.*

O empregador tem obrigatoriedade de fazer algumas verificações do ambiente do trabalho. Ele deve provar que apesar de o ambiente ser considerado insalubre, o empregado não estava exposto ao risco porque, por exemplo, tinha EPI e o usava.

22.6 Adicional de Periculosidade

Caracterização

As atividades consideradas perigosas são aquelas descritas pelo Ministério do Trabalho relativas ao contato com inflamáveis, explosivos, energia elétrica ou que deixem o trabalhador suscetível à situação de roubo ou violência física no desempenho de atividades de segurança pessoal e patrimonial.

Posteriormente foi incluído como perigoso o labor em motocicleta, em face do risco acentuado a acidentes de trânsito ao qual o trabalhador fica constantemente exposto. Atenção para o fato de que anteriormente a 2012, a CLT considerava como perigosa apenas a exposição a inflamáveis e explosivos.

Os agentes perigosos estão descritos no art. 193 da CLT:

> ***Art. 193*** *São consideradas atividades ou operações perigosas, na forma da regulamentação aprovada pelo Ministério do Trabalho e Emprego, aquelas que, por sua natureza ou métodos de trabalho, impliquem risco acentuado em virtude de exposição permanente do trabalhador a:*
>
> *I – inflamáveis, explosivos ou energia elétrica;*
>
> *II – roubos ou outras espécies de violência física nas atividades profissionais de segurança pessoal ou patrimonial.*
>
> *§ 1º O trabalho em condições de periculosidade assegura ao empregado um adicional de 30% sobre o salário sem os acréscimos resultantes de gratificações, prêmios ou participações nos lucros da empresa.*
>
> *§ 2º O empregado poderá optar pelo adicional de insalubridade que porventura lhe seja devido.*
>
> *§ 3º Serão descontados ou compensados do adicional outros da mesma natureza eventualmente já concedidos ao vigilante por meio de acordo coletivo.*
>
> *§ 4º São também consideradas perigosas as atividades de trabalhador em motocicleta.*

A exposição a condições perigosas, ainda que de forma intermitente, assegura ao trabalhador o referido adicional.

Transcrevemos a seguir Súmulas sobre o tema:

> ***Súmula nº 361 – TST***
>
> *ADICIONAL DE PERICULOSIDADE. ELETRICITÁRIOS. EXPOSIÇÃO INTERMITENTE.*
>
> *O trabalho exercido em condições perigosas, embora de forma intermitente, dá direito ao empregado a receber o adicional de periculosidade de forma integral, porque a Lei nº 7.369, de 20/9/1985, não estabeleceu nenhuma proporcionalidade em relação ao seu pagamento.*

---

7 **Orientação Jurisprudencial nº 103 – SDI-1**
ADICIONAL DE INSALUBRIDADE. REPOUSO SEMANAL E FERIADOS.
O adicional de insalubridade já remunera os dias de repouso semanal e feriados.

8 **Orientação Jurisprudencial nº 165 – SDI-1**
PERÍCIA. ENGENHEIRO OU MÉDICO. ADICIONAL DE INSALUBRIDADE E PERICULOSIDADE. VÁLIDO. ART. 195 DA CLT.
O art. 195 da CLT não faz qualquer distinção entre o médico e o engenheiro para efeito de caracterização e classificação da insalubridade e periculosidade, bastando para a elaboração do laudo seja o profissional devidamente qualificado.

Súmula nº 364 – TST

ADICIONAL DE PERICULOSIDADE. EXPOSIÇÃO EVENTUAL, PERMANENTE E INTERMITENTE.

I – Tem direito ao adicional de periculosidade o empregado exposto permanentemente ou que, de forma intermitente, sujeita-se a condições de risco. Indevido, apenas, quando o contato dá-se de forma eventual, assim considerado o fortuito, ou o que, sendo habitual, dá-se por tempo extremamente reduzido.

II – Não é válida a cláusula de acordo ou convenção coletiva de trabalho fixando o adicional de periculosidade em percentual inferior ao estabelecido em lei e proporcional ao tempo de exposição ao risco, pois tal parcela constitui medida de higiene, saúde e segurança do trabalho, garantida por norma de ordem pública (arts. 7º, XXII e XXIII, da CF e 193, § 1º, da CLT).

Súmula nº 39 – TST

PERICULOSIDADE.

Os empregados que operam em bomba de gasolina têm direito ao adicional de periculosidade.

Destacamos, ainda, as OJs nº 324, 345, 347 e 385 da SDI-1 do TST:

Orientação Jurisprudencial nº 324 – SDI-1

ADICIONAL DE PERICULOSIDADE. SISTEMA ELÉTRICO DE POTÊNCIA. DECRETO Nº 93.412/1986, ART. 2º, § 1º.

É assegurado o adicional de periculosidade apenas aos empregados que trabalham em sistema elétrico de potência em condições de risco, ou que o façam com equipamentos e instalações elétricas similares, que ofereçam risco equivalente, ainda que em unidade consumidora de energia elétrica.

Orientação Jurisprudencial nº 345 – SDI-1

ADICIONAL DE PERICULOSIDADE. RADIAÇÃO IONIZANTE OU SUBSTÂNCIA RADIOATIVA. DEVIDO.

A exposição do empregado à radiação ionizante ou à substância radioativa enseja a percepção do adicional de periculosidade, pois a regulamentação ministerial (Portarias do Ministério do Trabalho ns. 3.393, de 17/12/1987, e 518, de 7/4/2003), ao reputar perigosa a atividade, reveste-se de plena eficácia, porquanto expedida por força de delegação legislativa contida no art. 200, caput, e inciso VI, da CLT. No período de 12/12/2002 a 6/4/2003, enquanto vigeu a Portaria nº 496 do Ministério do Trabalho, o empregado faz jus ao adicional de insalubridade.

Orientação Jurisprudencial nº 347 – SDI-1

ADICIONAL DE PERICULOSIDADE. SISTEMA ELÉTRICO DE POTÊNCIA. LEI Nº 7.369, DE 20/9/1985, REGULAMENTADA PELO DECRETO Nº 93.412, DE 14/10/1986. EXTENSÃO DO DIREITO AOS CABISTAS, INSTALADORES E REPARADORES DE LINHAS E APARELHOS EM EMPRESA DE TELEFONIA.

É devido o adicional de periculosidade aos empregados cabistas, instaladores e reparadores de linhas e aparelhos de empresas de telefonia, desde que, no exercício de suas funções, fiquem expostos a condições de risco equivalente ao do trabalho exercido em contato com sistema elétrico de potência.

Orientação Jurisprudencial nº 385 – SDI-1

ADICIONAL DE PERICULOSIDADE. DEVIDO. ARMAZENAMENTO DE LÍQUIDO INFLAMÁVEL NO PRÉDIO. CONSTRUÇÃO VERTICAL.

É devido o pagamento do adicional de periculosidade ao empregado que desenvolve suas atividades em edifício (construção vertical), seja em pavimento igual ou distinto daquele onde estão instalados tanques para armazenamento de líquido inflamável, em quantidade acima do limite legal, considerando-se como área de risco toda a área interna da construção vertical.

Os tripulantes de aeronave que trabalham "embarcados" a bordo durante o abastecimento de aeronave não fazem jus ao adicional de periculosidade, nos moldes da nova Súmula nº 447 do TST:

Súmula nº 447 – TST

ADICIONAL DE PERICULOSIDADE. PERMANÊNCIA A BORDO DURANTE O ABASTECIMENTO DA AERONAVE. INDEVIDO.

Os tripulantes e demais empregados em serviços auxiliares de transporte aéreo que, no momento do abastecimento da aeronave, permanecem a bordo não têm direito ao adicional de periculosidade a que aludem o art. 193 da CLT e o Anexo 2, item 1, "c", da NR 16 do MTE.

Fique ligado

Atenção para o fato de que, anteriormente à edição da Lei nº 12.740/2012, que alterou o art. 193 da CLT incluindo a energia elétrica como agente perigoso, sobre o qual incide o adicional de 30% sobre o salário básico, os eletricitários percebiam tal adicional sobre a remuneração (verbas salariais), e não somente sobre o salário básico, por força da Lei nº 7.369/1985, que foi expressamente revogada. Por tal motivo, foi alterada a Súmula nº 191 do TST e cancelada a OJ nº 279 da SDI-1, ambas no ano de 2016.

Cálculo do adicional de periculosidade

O adicional é de 30% incidente sobre o salário básico, sem os acréscimos resultantes de gratificações, prêmios ou participações nos lucros da empresa. Tal regra atualmente também se aplica para os eletricitários.

Súmula nº 191 – TST

ADICIONAL DE PERICULOSIDADE. INCIDÊNCIA. BASE DE CÁLCULO.

I – O adicional de periculosidade incide apenas sobre o salário básico e não sobre este acrescido de outros adicionais.

II – O adicional de periculosidade do empregado eletricitário, contratado sob a égide da Lei nº 7.369/1985, deve ser calculado sobre a totalidade das parcelas de natureza salarial. Não é válida norma coletiva mediante a qual se determina a incidência do referido adicional sobre o salário básico.

III – A alteração da base de cálculo do adicional de periculosidade do eletricitário promovida pela Lei nº 12.740/2012 atinge somente contrato de trabalho firmado a partir de sua vigência, de modo que, nesse caso, o cálculo será realizado exclusivamente sobre o salário básico, conforme determina o § 1º do art. 193 da CLT.

O adicional de periculosidade deve compor a base de cálculo do adicional noturno, já que também neste horário o trabalhador permanece sob as condições de risco, nos termos da Orientação Jurisprudencial nº 259 da SDI-1 do TST.

Fique ligado

Assim como o adicional de periculosidade integra o salário, devendo ser considerado na base de cálculo das horas extras e indenização, o que não ocorre, entretanto, para pagamento de sobreaviso, pois o empregado não corre risco em tal período, já que não está efetivamente trabalhando (Súmula nº 132 do TST).

23. PRESCRIÇÃO E DECADÊNCIA

23.1 Distinção

A prescrição e a decadência são institutos processuais que tratam do prazo legal no qual a pessoa que entende que seu direito foi lesado pode ajuizar ação visando à reparação, utilizando-se, desta forma, do direito constitucional de ação.

Havendo a prescrição, a parte perde o direito da exigibilidade do direito, muito embora este ainda exista. Já na ocorrência da decadência, perde-se o próprio direito.

O prazo prescricional admite a suspensão (por até dez dias na hipótese de reclamação perante a Comissão de Conciliação Prévia) e, ainda, a interrupção (decorrente de ajuizamento de ação com pedido idêntico). Por outro lado, temos que a decadência não admite suspensão ou interrupção.

Contra os menores de 18 anos não corre nenhum prazo de prescrição (art. 440 da CLT). Assim, se há ruptura do contrato de trabalho do menor com 16 anos e 3 meses, por exemplo, a prescrição bienal só começa a contar quando ele completar 18 anos, não correndo, obviamente, a prescrição quinquenal do ajuizamento da ação.

23.2 Prazo Prescricional

Está regulado no inciso XXIX do art. 7º da Constituição Federal:

> ***Art. 7º, XXIX, CF/1988*** *ação, quanto aos créditos resultantes das relações de trabalho, com prazo prescricional de 5 anos para os trabalhadores urbanos e rurais, até o limite de 2 anos após a extinção do contrato de trabalho.*

Dessa forma, temos a existência de prazos prescricionais distintos: de dois anos (bienal) para o ajuizamento da ação contados da ruptura do contrato ou da lesão do direito quando ainda em curso o contrato de trabalho; e, uma vez ajuizada a ação, o empregado pode reclamar os últimos cinco anos (prescrição quinquenal) do contrato, contados a partir da data do ajuizamento da ação (protocolo da petição inicial).

A prescrição quinquenal atinge as parcelas trabalhistas no momento de sua exigibilidade. Por exemplo, salário (quinto dia útil do mês subsequente), férias (término do período concessivo) etc.

Exceção: declaração de vínculo empregatício – imprescritível, ou seja, não prescreve nunca (art. 11, § 1º, da CLT). Todavia, o empregado poderá pleitear apenas o reconhecimento do vínculo (para fins de contagem de tempo de serviço – importante no momento da aposentadoria), não podendo mais requerer direitos trabalhistas (como horas extras, 13º etc.) se decorrido o prazo prescricional bienal (dois anos após a extinção do contrato de trabalho).

Vejamos o teor do art. 11 da CLT, alterado pela Lei nº 13.467/2017 (Reforma Trabalhista), que também inseriu o art. 11-A sobre a prescrição intercorrente (pela inércia da parte, após o ajuizamento da ação):

> ***Art. 11*** *A pretensão quanto a créditos resultantes das relações de trabalho prescreve em cinco anos para os trabalhadores urbanos e rurais, até o limite de dois anos após a extinção do contrato de trabalho.*
>
> *I – (Revogado)*
>
> *II – (Revogado)*
>
> *§ 1º O disposto neste artigo não se aplica às ações que tenham por objeto anotações para fins de prova junto à Previdência Social*
>
> *§ 2º Tratando-se de pretensão que envolva pedido de prestações sucessivas decorrente de alteração ou descumprimento do pactuado, a prescrição é total, exceto quando o direito à parcela esteja também assegurado por preceito de lei.*
>
> *§ 3º A interrupção da prescrição somente ocorrerá pelo ajuizamento de reclamação trabalhista, mesmo que em juízo incompetente, ainda que venha a ser extinta sem resolução do mérito, produzindo efeitos apenas em relação aos pedidos idênticos.*
>
> ***Art. 11-A*** *Ocorre a prescrição intercorrente no processo do trabalho no prazo de dois anos.*
>
> *§ 1º A fluência do prazo prescricional intercorrente inicia-se quando o exequente deixa de cumprir determinação judicial no curso da execução.*
>
> *§ 2º A declaração da prescrição intercorrente pode ser requerida ou declarada de ofício em qualquer grau de jurisdição.*

Prestações sucessivas

Nos termos do § 2º, inserido no art. 11 da CLT pela Lei nº 13.467/2017: tratando-se de pretensão que envolva pedido de prestações sucessivas decorrente de alteração ou descumprimento do pactuado, a prescrição é total, exceto quando o direito à parcela esteja também assegurado por preceito de lei.

Se houver supressão ou alteração de direito pactuado que ensejou prestações sucessivas, o empregado deve observar a data em que ocorreu o descumprimento ou alteração para fins de cômputo do prazo prescricional. Assim, se a alteração ocorreu em 10/12/2017 – e o contrato continua em vigor – tal direito deve ser pleiteado até 10/12/2022, em aplicação à prescrição quinquenal. Ajuizada a ação em 11/12/2022 não haverá mais a exigibilidade do direito, pois exaurido o prazo prescricional quinquenal.

Por outro lado, se o direito estiver garantido por lei (como é o caso, por exemplo, do salário, de trato sucessivo por definição), considera-se que há renovação da lesão em todos os meses, não se cogitando, assim, de um evento único (ato único do empregador). Assim, não há um termo inicial para o cômputo da prescrição quinquenal.

Fique ligado

Havendo ruptura do contrato, deve-se salientar que há a contagem de dois prazos prescricionais: há de ser observado o prazo de dois anos da rescisão para ajuizar ação, podendo ser cobrado o direito alterado ou descumprido com base na data do evento (dentro dos últimos cinco anos contados do ajuizamento da ação).

Usando a mesma data do exemplo anterior, para melhor compreensão, vamos imaginar que o salário foi alterado em 10/12/2017 e o empregado continuou trabalhando por longo tempo, ajuizando a ação (e regularmente observada a prescrição bienal) em 25/02/2027. Como o salário representa preceito legal, não se cogita de prescrição total e, neste caso, poderão ser cobrados os direitos exigíveis nos últimos cinco anos contados da data do ajuizamento da ação (25/02/2022).

O § 2º acrescentado ao art. 11 da CLT, transcrito anteriormente, é muito parecido com o entendimento do TST contido em sua Súmula nº 294, que apenas não prevê o descumprimento da previsão pactuada que ensejou as prestações sucessivas (tratando apenas da sua alteração), o que pode gerar futura alteração. Eis seu teor:

> ***Súmula nº 294 – TST***
> *PRESCRIÇÃO. ALTERAÇÃO CONTRATUAL. TRABALHADOR.*
> *Tratando-se de ação que envolva pedido de prestações sucessivas decorrente de alteração do pactuado, a prescrição é total, exceto quando o direito à parcela esteja também assegurado por preceito de lei.*

Prescrição intercorrente

A prescrição intercorrente, agora admitida como aplicável na Justiça do Trabalho por força do art. 11-A inserido pela Lei nº 13.467/2017 (Reforma Trabalhista), ocorre após o ajuizamento da ação, pela inércia da parte credora (termo inicial do prazo prescricional).

Pode ser requerida ou declarada de ofício pelo Juiz, em qualquer grau de jurisdição.

Interrupção da prescrição

Havendo ajuizamento de ação trabalhista, ainda que em juízo incompetente, haverá a interrupção do prazo prescricional no que se refere a pedidos idênticos. Ou seja, se ajuizada ação pleiteando indenização por danos morais na Justiça Comum, dentro do prazo de dois anos da ruptura do contrato de trabalho, há a interrupção do prazo para ajuizamento de nova ação (contados outros dois anos) na Justiça do Trabalho.

Todavia, se a parte pleitear outras verbas na Justiça do Trabalho (como horas extras), tal interrupção não será aproveitada.

> **Fique ligado**
>
> Com a previsão explícita na CLT sobre a caracterização da prescrição intercorrente, fica superada a Súmula nº 114 do TST que a considerava inaplicável à Justiça do Trabalho. Por conseguinte, agora prevalece o entendimento constante na Súmula nº 327 do STF segundo a qual "o direito trabalhista admite a prescrição intercorrente".

Vejamos o teor do § 3º do art. 11, inserido pela Lei nº 13.467/2017 (Reforma Trabalhista):

> ***Art. 11, § 3º*** *A interrupção da prescrição somente ocorrerá pelo ajuizamento de reclamação trabalhista, mesmo que em juízo incompetente, ainda que venha a ser extinta sem resolução do mérito, produzindo efeitos apenas em relação aos pedidos idênticos.*

Tal entendimento está de acordo com a Súmula nº 268 do TST que trata, de forma mais restrita, do tema ora inserido na legislação, uma vez que contempla previsão de arquivamento de ação trabalhista.

> ***Súmula nº 268 – TST***
> *PRESCRIÇÃO. INTERRUPÇÃO. AÇÃO TRABALHISTA ARQUIVADA.*
> *A ação trabalhista, ainda que arquivada, interrompe a prescrição somente em relação aos pedidos idênticos.*

Súmulas e orientações jurisprudenciais sobre prescrição

Vamos destacar as principais Súmulas e Orientações Jurisprudenciais do TST sobre prescrição:

> ***Súmula nº 6 – TST***
> *EQUIPARAÇÃO SALARIAL. ART. 461 DA CLT, ITEM IX.*
> *IX – Na ação de equiparação salarial, a prescrição é parcial e só alcança as diferenças salariais vencidas no período de cinco anos que precedeu o ajuizamento.*
>
> ***Súmula nº 153 – TST***
> *PRESCRIÇÃO.*
> *Não se conhece de prescrição não arguida na instância ordinária.*
>
> ***Súmula nº 156 – TST***
> *PRESCRIÇÃO. PRAZO.*
> *Da extinção do último contrato começa a fluir o prazo prescricional do direito de ação em que se objetiva a soma de períodos descontínuos de trabalho.*
>
> ***Súmula nº 199 – TST***
> *BANCÁRIO. PRÉ-CONTRATAÇÃO DE HORAS EXTRAS, ITEM II.*
> *Em se tratando de horas extras pré-contratadas, opera-se a prescrição total se a ação não for ajuizada no prazo de cinco anos, a partir da data em que foram suprimidas.*
>
> ***Súmula nº 206 – TST***
> *FGTS. INCIDÊNCIA SOBRE PARCELAS PRESCRITAS.*
> *A prescrição da pretensão relativa às parcelas remuneratórias alcança o respectivo recolhimento da contribuição para o FGTS.*
>
> ***Súmula nº 275 – TST***
> *PRESCRIÇÃO. DESVIO DE FUNÇÃO E REENQUADRAMENTO.*
> *I – Na ação que objetive corrigir desvio funcional, a prescrição só alcança as diferenças salariais vencidas no período de cinco anos que precedeu o ajuizamento.*
> *II – Em se tratando de pedido de reenquadramento, a prescrição é total, contada da data do enquadramento do empregado.*
>
> ***Súmula nº 308 – TST***
> *PRESCRIÇÃO QUINQUENAL.*
> *I – Respeitado o biênio subsequente à cessação contratual, a prescrição da ação trabalhista concerne às pretensões imediatamente anteriores a cinco anos, contados da data do ajuizamento da reclamação e, não, às anteriores ao quinquênio da data da extinção do contrato.*
> *II – A norma constitucional que ampliou o prazo de prescrição da ação trabalhista para cinco anos é de aplicação imediata e não atinge pretensões já alcançadas pela prescrição bienal quando da promulgação da CF/1988.*
>
> ***Súmula nº 326 – TST***
> *COMPLEMENTAÇÃO DE APOSENTADORIA. PRESCRIÇÃO TOTAL.*
> *A pretensão à complementação de aposentadoria jamais recebida prescreve em dois anos contados da cessação do contrato de trabalho.*
>
> ***Súmula nº 327 – TST***
> *COMPLEMENTAÇÃO DE APOSENTADORIA. DIFERENÇAS. PRESCRIÇÃO PARCIAL.*
> *A pretensão a diferenças de complementação de aposentadoria sujeita-se à prescrição parcial e quinquenal, salvo se o pretenso direito decorrer de verbas não recebidas no curso da relação de emprego e já alcançadas pela prescrição, à época da propositura da ação.*

Súmula nº 350 – TST

TERMO INICIAL. AÇÃO DE CUMPRIMENTO. SENTENÇA NORMATIVA.

O prazo de prescrição com relação à ação de cumprimento de decisão normativa flui apenas da data de seu trânsito em julgado.

Súmula nº 362 – TST

FGTS. PRESCRIÇÃO.

I – Para os casos em que a ciência da lesão ocorreu a partir de 13/11/2014, é quinquenal a prescrição do direito de reclamar contra o não recolhimento de contribuição para o FGTS, observado o prazo de dois anos após o término do contrato.

II – Para os casos em que o prazo prescricional já estava em curso em 13/11/2014, aplica-se o prazo prescricional que se consumar primeiro: 30 anos, contados do termo inicial, ou 5 anos, a partir de 13/11/2014.

Súmula nº 373 – TST

GRATIFICAÇÃO SEMESTRAL. CONGELAMENTO. PRESCRIÇÃO PARCIAL.

Tratando-se de pedido de diferença de gratificação semestral que teve seu valor congelado, a prescrição aplicável é a parcial.

Súmula nº 382 – TST

MUDANÇA DE REGIME CELETISTA PARA ESTATUTÁRIO. EXTINÇÃO DO CONTRATO. PRESCRIÇÃO BIENAL.

A transferência do regime jurídico de celetista para estatutário implica extinção do contrato de trabalho, fluindo o prazo da prescrição bienal a partir da mudança de regime.

Súmula nº 452 – TST

DIFERENÇAS SALARIAIS. PLANO DE CARGOS E SALÁRIOS. DESCUMPRIMENTO. CRITÉRIOS DE PROMOÇÃO NÃO OBSERVADOS. PRESCRIÇÃO PARCIAL.

Tratando-se de pedido de pagamento de diferenças salariais decorrentes da inobservância dos critérios de promoção estabelecidos em Plano de Cargos e Salários criado pela empresa, a prescrição aplicável é a parcial, pois a lesão é sucessiva e se renova mês a mês.

Orientação Jurisprudencial nº 76 – SDI-1

SUBSTITUIÇÃO DOS AVANÇOS TRIENAIS POR QUINQUÊNIOS. ALTERAÇÃO DO CONTRATO DE TRABALHO. PRESCRIÇÃO TOTAL. CEEE.

A alteração contratual consubstanciada na substituição dos avanços trienais por quinquênios decorre de ato único do empregador, momento em que começa a fluir o prazo fatal de prescrição.

Orientação Jurisprudencial nº 83 – SDI-1

AVISO-PRÉVIO. INDENIZADO. PRESCRIÇÃO.

A prescrição começa a fluir no final da data do término do aviso-prévio. Art. 487, § 1º, CLT.

Orientação Jurisprudencial nº 130 – SDI-1

PRESCRIÇÃO. MINISTÉRIO PÚBLICO. ARGUIÇÃO. "CUSTOS LEGIS". ILEGITIMIDADE.

Ao exarar o parecer na remessa de ofício, na qualidade de "custos legis", o Ministério Público não tem legitimidade para arguir a prescrição em favor de entidade de direito público, em matéria de direito patrimonial.

Orientação Jurisprudencial nº 175 – SDI-1

COMISSÕES. ALTERAÇÃO OU SUPRESSÃO. PRESCRIÇÃO TOTAL.

A supressão das comissões, ou a alteração quanto à forma ou ao percentual, em prejuízo do empregado, é suscetível de operar a prescrição total da ação, nos termos da Súmula nº 294 do TST, em virtude de cuidar-se de parcela não assegurada por preceito de lei.

Orientação Jurisprudencial nº 424 – SDI-1

PRESCRIÇÃO TOTAL. HORAS EXTRAS. ADICIONAL. INCORPORAÇÃO.

Embora haja previsão legal para o direito à hora extra, inexiste previsão para a incorporação ao salário do respectivo adicional, razão pela qual deve incidir a prescrição total.

Orientação Jurisprudencial nº 243 – SDI-1

PRESCRIÇÃO TOTAL. PLANOS ECONÔMICOS.

Aplicável a prescrição total sobre o direito de reclamar diferenças salariais resultantes de planos econômicos.

Orientação Jurisprudencial nº 271 – SDI-1

RURÍCOLA. PRESCRIÇÃO. CONTRATO DE EMPREGO EXTINTO. EMENDA CONSTITUCIONAL Nº 28/2000. INAPLICABILIDADE.

O prazo prescricional da pretensão do rurícola, cujo contrato de emprego já se extinguira ao sobrevir a Emenda Constitucional nº 28, de 26/5/2000, tenha sido ou não ajuizada a ação trabalhista, prossegue regido pela lei vigente ao tempo da extinção do contrato de emprego.

Orientação Jurisprudencial nº 359 – SDI-1

SUBSTITUIÇÃO PROCESSUAL. SINDICATO. LEGITIMIDADE. PRESCRIÇÃO. INTERRUPÇÃO.

A ação movida por sindicato, na qualidade de substituto processual, interrompe a prescrição, ainda que tenha sido considerado parte ilegítima "ad causam".

Orientação Jurisprudencial nº 370 – SDI-1

FGTS. MULTA DE 40%. DIFERENÇAS DOS EXPURGOS INFLACIONÁRIOS. PRESCRIÇÃO. INTERRUPÇÃO DECORRENTE DE PROTESTOS JUDICIAIS.

O ajuizamento de protesto judicial dentro do biênio posterior à Lei Complementar nº 110, de 29/6/2001, interrompe a prescrição, sendo irrelevante o transcurso de mais de dois anos da propositura de outra medida acautelatória, com o mesmo objetivo, ocorrida antes da vigência da referida lei, pois ainda não iniciado o prazo prescricional, conforme disposto na Orientação Jurisprudencial nº 344 da SBDI-I.

Orientação Jurisprudencial nº 375 – SDI-1

AUXÍLIO-DOENÇA. APOSENTADORIA POR INVALIDEZ. SUSPENSÃO DO CONTRATO DE TRABALHO. PRESCRIÇÃO. CONTAGEM.

A suspensão do contrato de trabalho, em virtude da percepção do auxílio-doença ou da aposentadoria por invalidez, não impede a fluência da prescrição quinquenal, ressalvada a hipótese de absoluta impossibilidade de acesso ao Judiciário.

Orientação Jurisprudencial nº 392 – SDI-1

PRESCRIÇÃO. INTERRUPÇÃO. AJUIZAMENTO DE PROTESTO JUDICIAL. MARCO INICIAL.

O protesto judicial é medida aplicável no processo do trabalho, por força do art. 769 da CLT, sendo que o seu ajuizamento, por si só, interrompe o prazo prescricional, em razão da inaplicabilidade do § 2º do art. 219 do CPC, que impõe ao autor da ação o ônus de promover a citação do réu, por ser ele incompatível com o disposto no art. 841 da CLT.

Orientação Jurisprudencial nº 417 – SDI-1

PRESCRIÇÃO. RURÍCOLA. EMENDA CONSTITUCIONAL Nº 28, DE 26/5/2000. CONTRATO DE TRABALHO EM CURSO.

Não há prescrição total ou parcial da pretensão do trabalhador rural que reclama direitos relativos a contrato de trabalho que se encontrava em curso à época da promulgação da Emenda Constitucional nº 28, de 26/5/2000, desde que ajuizada a demanda no prazo de cinco anos de sua publicação, observada a prescrição bienal.

23.3 Prazo Decadencial

Não existem muitos prazos decadenciais no processo do trabalho, mas vamos destacar os principais:

Ação rescisória

O prazo para ajuizamento é de dois anos contados a partir do trânsito em julgado da decisão que se pretende rescindir.

Sobre a contagem do prazo decadencial da ação rescisória, vejamos o teor da Súmula nº 100 do TST e da OJ nº 80 da SDI-2:

> ***Súmula nº 100 – TST***
>
> *AÇÃO RESCISÓRIA. DECADÊNCIA.*
>
> *I – O prazo de decadência, na ação rescisória, conta-se do dia imediatamente subsequente ao trânsito em julgado da última decisão proferida na causa, seja de mérito ou não.*
>
> *II – Havendo recurso parcial no processo principal, o trânsito em julgado dá-se em momentos e em tribunais diferentes, contando-se o prazo decadencial para a ação rescisória do trânsito em julgado de cada decisão, salvo se o recurso tratar de preliminar ou prejudicial que possa tornar insubsistente a decisão recorrida, hipótese em que flui a decadência a partir do trânsito em julgado da decisão que julgar o recurso parcial.*
>
> *III – Salvo se houver dúvida razoável, a interposição de recurso intempestivo ou a interposição de recurso incabível não protrai o termo inicial do prazo decadencial.*
>
> *IV – O juízo rescindente não está adstrito à certidão de trânsito em julgado juntada com a ação rescisória, podendo formar sua convicção através de outros elementos dos autos quanto à antecipação ou postergação do "dies a quo" do prazo decadencial.*
>
> *V – O acordo homologado judicialmente tem força de decisão irrecorrível, na forma do art. 831 da CLT. Assim sendo, o termo conciliatório transita em julgado na data da sua homologação judicial.*
>
> *VI – Na hipótese de colusão das partes, o prazo decadencial da ação rescisória somente começa a fluir para o Ministério Público, que não interveio no processo principal, a partir do momento em que tem ciência da fraude.*
>
> *VII – Não ofende o princípio do duplo grau de jurisdição a decisão do TST que, após afastar a decadência em sede de recurso ordinário, aprecia desde logo a lide, se a causa versar questão exclusivamente de direito e estiver em condições de imediato julgamento.*
>
> *VIII – A exceção de incompetência, ainda que oposta no prazo recursal, sem ter sido aviado o recurso próprio, não tem o condão de afastar a consumação da coisa julgada e, assim, postergar o termo inicial do prazo decadencial para a ação rescisória.*
>
> *IX – Prorroga-se até o primeiro dia útil, imediatamente subsequente, o prazo decadencial para ajuizamento de ação rescisória quando expira em férias forenses, feriados, finais de semana ou em dia em que não houver expediente forense. Aplicação do art. 775 da CLT.*
>
> *X – Conta-se o prazo decadencial da ação rescisória, após o decurso do prazo legal previsto para a interposição do recurso extraordinário, apenas quando esgotadas todas as vias recursais ordinárias.*
>
> ***Orientação Jurisprudencial nº 80 – SDI-2***
>
> *AÇÃO RESCISÓRIA. DECADÊNCIA. "DIES A QUO". RECURSO DESERTO. SÚM. – Nº 100 DO TST.*
>
> *O não conhecimento do recurso por deserção não antecipa o "dies a quo" do prazo decadencial para o ajuizamento da ação rescisória, atraindo, na contagem do prazo, a aplicação da Súmula nº 100 do TST.*

Inquérito para apuração de falta grave

Prazo decadencial de 30 dias contados a partir da suspensão do empregado, o que deve ocorrer logo após a ciência pelo empregador da falta cometida pelo trabalhador estável.

> ***Súmula nº 62 – TST***
>
> *ABANDONO DE EMPREGO.*
>
> *O prazo de decadência do direito do empregador de ajuizar inquérito em face do empregado que incorre em abandono de emprego é contado a partir do momento em que o empregado pretendeu seu retorno ao serviço.*

Mandado de segurança

Extingue-se o direito de impetrar mandado de segurança depois de decorridos 120 dias contados da ciência, pelo interessado, do ato impugnado.

Vejamos a Orientação Jurisprudencial nº 127 da SDI-2:

> ***Orientação Jurisprudencial nº 127 – SDI-2***
>
> *MANDADO DE SEGURANÇA. DECADÊNCIA. CONTAGEM. EFETIVO ATO COATOR.*
>
> *Na contagem do prazo decadencial para ajuizamento de mandado de segurança, o efetivo ato coator é o primeiro em que se firmou a tese hostilizada e não aquele que a ratificou.*

Questões

01. **(FGV – 2017 – TRT/12ª REGIÃO/SC – ANALISTA JUDICIÁRIO)** Arnaldo é empregado da empresa Gama Ltda., que fornece alimentação, com habitualidade, a todos os seus empregados, sem qualquer desconto salarial.

Considerando a inexistência de norma coletiva disciplinando esse fornecimento e que a empresa participa do Programa de Alimentação ao Trabalhador, é correto afirmar, à luz da legislação e da jurisprudência uniforme do TST, que:

a) uma vez que a verba era habitual, não terá o condão de ser incorporada ao salário, o que somente aconteceria se fosse eventual;

b) o valor correspondente à alimentação habitualmente fornecida não deve integrar o salário de Arnaldo para os efeitos legais;

c) caberá ao empregador definir se deseja, ou não, fazer a integração da alimentação, pois a Lei é omissa;

d) trata-se de salário utilidade ou *in natura* que, assim, deve ser integrado ao salário na razão de 20% para todos os fins;

e) garante-se que metade do valor da alimentação seja integrada ao salário do obreiro.

02. **(FCC – 2018 – TRT/15ª REGIÃO/SP – ANALISTA JUDICIÁRIO)** Segundo a jurisprudência sumulada do TST,

a) presume-se recebida a notificação 5 dias depois de sua postagem. O seu não recebimento ou a entrega após o decurso desse prazo constitui ônus de prova do destinatário.

b) a ausência do reclamante acarreta o arquivamento do processo, quando adiada a instrução após contestada a ação em audiência.

c) a parte vencedora na primeira instância, se vencida na segunda, está obrigada, desde que intimada, a pagar as custas fixadas na sentença originária, das quais ficara isenta a parte então vencida.

d) havendo condenação solidária de duas ou mais empresas, o depósito recursal efetuado por uma delas aproveita as demais, quando a empresa que efetuou o depósito pleitear sua exclusão da lide.

e) ocorre preclusão se não forem opostos embargos declaratórios para suprir omissão apontada em recurso de revista ou de embargos.

03. **(FCC – 2018 – TRT/15ª REGIÃO/SP – ANALISTA JUDICIÁRIO)** A contribuição para o PIS/PASEP será apurada mensalmente

a) pelas pessoas jurídicas de direito privado e as que lhes são equiparadas pela legislação do imposto de renda, inclusive as empresas públicas e as sociedades de economia mista e suas subsidiárias, com base no faturamento anual.

b) pelas pessoas jurídicas de direito público interno, com base no valor mensal das receitas correntes arrecadadas e das transferências correntes e de capital recebidas.

c) e as sociedades cooperativas, além da contribuição sobre a folha de pagamento mensal, pagarão, também, a contribuição calculada com base no faturamento anual, em relação às receitas decorrentes de operações praticadas com não associados.

d) e, para determinação da base de cálculo do PIS/PASEP, são incluídas, entre as receitas das autarquias, os recursos classificados como receitas do Tesouro Nacional nos Orçamentos Fiscal e da Seguridade Social da União.

e) e, para determinação da base de cálculo do PIS/PASEP, são incluídas, entre as receitas das autarquias, os recursos derivados da distribuição das cotas tributárias do ente instituidor.

04. **(FCC – 2018 – TRT/15ª REGIÃO/SP – TÉCNICO JUDICIÁRIO)** Cícero é policial militar e cumpre escala 12 × 36 horas no seu batalhão. Nas folgas, presta serviço como segurança de um supermercado, recebendo ordens do gerente e um valor fixo mensal, não podendo se fazer substituir no desempenho de suas funções. Nesse caso, de acordo com o entendimento sumulado do TST,

a) Cícero poderá ter o vínculo de emprego reconhecido, desde que presentes os requisitos legais, independentemente do eventual cabimento de penalidade disciplinar prevista no Estatuto do Policial Militar.

b) haverá a imediata exoneração de Cícero de suas funções como policial militar, não ocorrendo também o reconhecimento do vínculo de emprego.

c) Cícero não poderá ter o vínculo empregatício reconhecido, mesmo que presentes os requisitos legais, por ser servidor público militar, o que impede o contrato de emprego com empresa privada.

d) trata-se de trabalho proibido, portanto, não gera vínculo empregatício, além de Cícero vir a sofrer penalidade administrativa prevista no Estatuto do Policial Militar.

e) Cícero poderá ter o vínculo de emprego reconhecido, desde que presentes os requisitos legais, ficando impedida a Administração pública, neste caso, de aplicar penalidade disciplinar prevista no Estatuto do Policial Militar.

05. **(FCC – 2018 – TRT/15ª REGIÃO/SP – ANALISTA JUDICIÁRIO)** Gerson foi contratado em 19/02/2018 pela empresa Oba Oba Festas e Eventos Ltda., na modalidade de trabalho intermitente. Por se tratar de forma nova de contratação, Gerson tem dúvidas em relação às consequências caso recuse a oferta de trabalho pelo empregador. Considerando o que prevê a Lei nº 13.467/2017, a

a) recusa da oferta não descaracteriza a subordinação para fins do contrato de trabalho intermitente.

b) possibilidade de recusa da oferta demonstra inexistir subordinação em tal modalidade de contrato, razão pela qual Gerson não é considerado empregado, mas sim mero trabalhador intermitente.

c) recusa da oferta de trabalho não é permitida pelo legislador, restando descaracterizado o contrato de trabalho intermitente caso isso ocorra.

d) recusa da oferta representa modalidade de justa causa específica para o contrato de trabalho intermitente.

e) recusa da oferta de trabalho deve ser motivada por Gerson, pois o empregador, ao celebrar o contrato de trabalho intermitente, conta com o trabalho do empregado sempre que precisar, somente sendo possível, portanto, a recusa nas hipóteses expressamente autorizadas por lei.

06. **(AOCP - 2018 - TRT/1ª REGIÃO/RJ - TÉCNICO JUDICIÁRIO)** Joaquim foi contratado para trabalhar na Instituição de Beneficência "Rede de Combate ao Câncer em Jovens" na função de psicólogo, realizando acompanhamento psíquico e emocional aos enfermos cadastrados no programa, que é de cunho gratuito aos seus usuários. A instituição em questão vive de doações para a manutenção do local. Em relação às peculiaridades da relação de trabalho e emprego e os sujeitos no contrato de trabalho, assinale a alternativa correta.

a) A "Rede de Combate ao Câncer em Jovens", por ser uma instituição beneficente, não pode figurar como empregadora de Joaquim.

b) Poderá haver uma relação de emprego entre a "Rede de Combate ao Câncer em Jovens" e Joaquim, desde que estejam presentes os elementos caracterizadores: pessoalidade, gratuidade e subordinação de caráter não eventual.

c) Caso Joaquim opte pela abertura de uma empresa individual para a prestação de seus serviços como psicólogo, poderá ser contratado como empregado na "Rede de Combate ao Câncer em Jovens".

d) Joaquim poderá ser contratado como empregado na Instituição de Beneficência, ora mencionada, desde que estejam presentes os elementos caracterizadores: pessoalidade, pessoa física, onerosidade, subordinação e não eventualidade.

e) Joaquim, obrigatoriamente, será um trabalhador voluntário na "Rede de Combate ao Câncer em Jovens", pois a instituição se mantém com doações e, portanto, recebe importâncias financeiras variáveis mensalmente.

07. **(FGV - 2017 - TRT/12ª REGIÃO/SC - ANALISTA JUDICIÁRIO)** Gabriel, com 17 anos, foi contratado para prestar serviços como caseiro, três vezes por semana, na casa de veraneio de Mario Sérgio e sua família. Além de arrumar a casa, o respectivo empregado também cultiva uma horta destinada à subsistência do grupo familiar.

À luz da legislação trabalhista, é correto afirmar que:

a) o contrato é válido porque Gabriel tem mais de 16 anos, idade mínima para a contratação;

b) uma vez que Gabriel não comparece todos os dias à casa de Mario Sérgio, não pode ser considerado empregado nos moldes da CLT;

c) a situação retrata modalidade de trabalho proibido para menor de dezoito anos;

d) o empregado está acumulando as funções de empregado doméstico e agricultor, tendo assim direito a um acréscimo salarial;

e) o trabalho realizado por Gabriel é ilícito e não gera direito a qualquer parcela ou indenização.

08. **(FGV - 2017 - TRT/12ª REGIÃO/SC - ANALISTA JUDICIÁRIO)** Júlio, professor de matemática numa escola particular, e Beatriz, professora de física na mesma escola, casaram-se, após 2 anos de namoro, em cerimônia civil, no decorrer do ano letivo. Pretendem agora viajar para a lua-de-mel.

Sobre a situação apresentada, e de acordo com os termos da CLT, é correto afirmar que:

a) o casal poderá faltar ao serviço por 1 semana, mas terão o desconto respectivo no salário;

b) Beatriz e Júlio poderão faltar ao emprego por 9 dias, sem prejuízo do salário;

c) a CLT é omissa a respeito, assim o casal terá de negociar a quantidade de dias da licença-gala;

d) ambos poderão faltar justificadamente por até 3 dias consecutivos;

e) a licença pelo casamento deverá ser aproveitada após o término do semestre letivo, para não causar prejuízo intelectual aos alunos.

09. **(FCC - 2018 - TRT/2ª REGIÃO/SP - ANALISTA JUDICIÁRIO)** Considere as seguintes hipóteses:

I. Camila, irmã de Vânia, faleceu hoje em razão de complicações decorrentes de uma cirurgia estética.

II. Fernanda se casou hoje às 19:00 horas. A cerimônia está marcada na casa da família na cidade de Itapetininga.

III. Norberto pretende se alistar eleitor, nos termos da legislação pertinente.

IV. Sônia está grávida. Gilberto, seu marido, pretende acompanhar suas consultas médicas para possibilitar um contato próximo com seu filho.

Nesses casos, de acordo com a Consolidação das Leis do Trabalho, Vânia, Fernanda, Norberto e Gilberto poderão deixar de comparecer ao serviço, sem prejuízo do salário, respectivamente, por até

a) três dias consecutivos, três dias consecutivos, dois dias consecutivos ou não, cinco dias.

b) dois dias consecutivos, dois dias consecutivos, três dias consecutivos ou não, dois dias.

c) dois dias consecutivos, três dias consecutivos, três dias consecutivos, três dias.

d) três dias consecutivos, dois dias consecutivos, três dias consecutivos, três dias.

e) dois dias consecutivos, três dias consecutivos, dois dias consecutivos ou não, dois dias.

10. **(FGV - 2017 - TRT/12ª REGIÃO/SC - ANALISTA JUDICIÁRIO)** Pedro é Presidente da CIPA existente na empresa Gralha Turismo Ltda.; Jorge é o Vice-Presidente da mesma CIPA; Vicente é membro do Conselho Fiscal do seu sindicato de classe e Cristóvão é Delegado do mesmo sindicato. Todos foram dispensados sem justa causa.

De acordo com a CLT e o entendimento consolidado pelo TST, deverá(ão) ser reintegrado(s) judicialmente:

a) Jorge;

b) Vicente e Cristóvão;

c) Jorge, Vicente, Cristóvão e Pedro;

d) Vicente;

e) Pedro e Jorge.

11. **(FCC - 2018 - TRT/15ª REGIÃO/SP - TÉCNICO JUDICIÁRIO)** A empresa Siderúrgica AB S/A possui quatro mil empregados, sendo dois mil e quinhentos trabalhando na matriz em São Paulo (Capital) e mil e quinhentos na cidade de Campinas, Estado de São Paulo. A empresa pretende promover a eleição de comissão de representantes de empregados com a finalidade de promover o entendimento direto com a empregadora. Dessa forma, deverá observar, de acordo com a legislação vigente,

a) uma única comissão composta por 7 membros representantes de empregados, tendo em vista que os dois estabelecimentos se situam dentro do mesmo Estado.

b) uma comissão para cada estabelecimento, sendo composta cada uma com 3 membros representantes de empregados.

c) uma única comissão composta por 5 membros representantes de empregados, tendo em vista que os dois estabelecimentos se situam dentro do mesmo Estado.

d) uma comissão para cada estabelecimento, sendo composta por 5 membros na cidade de São Paulo e 3 membros na cidade de Campinas.

e) uma única comissão composta por 3 membros representantes de empregados, tendo em vista que os dois estabelecimentos se situam dentro do mesmo Estado.

12. **(FCC – 2018 – TRT/2ª REGIÃO/SP – TÉCNICO JUDICIÁRIO)** Com relação ao aviso prévio, considere:

I. Conta-se o prazo do aviso prévio excluindo-se o dia do começo e incluindo o do vencimento.

II. Ao aviso prévio serão acrescidos 3 dias por ano de serviço prestado na mesma empresa, até o máximo de 30 perfazendo um total de até 60 dias.

III. É possível e legal substituir o período que se reduz da jornada de trabalho no aviso prévio trabalhado, pelo pagamento das horas correspondentes.

IV. O direito ao aviso prévio é irrenunciável pelo empregado. O pedido de dispensa de cumprimento não exime o empregador de pagar o respectivo valor, salvo comprovação de haver o prestador dos serviços obtido novo emprego.

De acordo com a legislação competente, bem como com entendimento sumulado do TST, está correto o que se afirma APENAS em

a) II e III.

b) I, II e IV.

c) II, III e IV.

d) I e III.

e) I e IV.

13. **(FGV – 2017 – TRT/12ª REGIÃO/SC – ANALISTA JUDICIÁRIO)** Thiago é empregado em estabelecimento bancário, exercendo função de gerência (gerente de relacionamento). Apesar da existência de cláusula coletiva prevendo o pagamento de gratificação de função no valor de 50% do salário do cargo efetivo, a empresa paga uma gratificação de função no valor de um terço do respectivo salário.

Considerando que Thiago trabalha oito horas diárias, é correto afirmar, à luz da legislação e da jurisprudência do TST, que:

a) Thiago não será considerado ocupante de cargo de confiança por faltar o elemento objetivo, e assim terá direito ao pagamento da 7ª e 8ª horas como extras;

b) desde que presente o elemento subjetivo, o empregado ocupa cargo de confiança, independentemente do salário auferido;

c) o empregado em questão não deixará de ser caracterizado exercente de função de confiança, cabendo ao juiz, de ofício, determinar o pagamento da diferença da gratificação;

d) não se cogita do pagamento de horas extras porque o gerente ocupa cargo de confiança e, assim, não tem limite de jornada;

e) não há direito ao pagamento da 7ª e 8ª horas como extras, em razão de o empregado ocupar cargo de confiança bancário, percebendo gratificação não inferior ao terço legal.

14. **(FCC – 2018 – TRT/15ª REGIÃO/SP – ANALISTA JUDICIÁRIO)** Robson foi contratado pela empresa International Meal do Brasil Ltda. em regime de trabalho de tempo parcial, com duração de 20 horas semanais. Durante os últimos seis meses de trabalho, Robson fez 6 horas extras semanais. Robson requereu a seu empregador, 15 dias antes do término do período aquisitivo, a conversão de um terço do período de férias em abono pecuniário, o que foi recusado pelo empregador, sob a alegação de ser incabível o abono de férias nos contratos de trabalho em regime de tempo parcial. Em relação a essa situação,

a) Robson não poderia ter feito horas extras, tendo em vista que as mesmas são vedadas nessa modalidade de contratação.

b) as horas extras somente poderiam ter sido prestadas se a jornada semanal fosse de 26 horas.

c) as horas extras deverão ser pagas com o acréscimo de 50% sobre o salário-hora normal, não havendo nessa modalidade de contratação a possibilidade de compensação.

d) o abono de férias somente pode ser concedido, a requerimento do empregado, quando as férias tiverem duração de trinta dias, o que não ocorre no regime de trabalho de tempo parcial.

e) é facultado ao empregado contratado sob regime de tempo parcial converter um terço do período de férias a que tiver direito em abono pecuniário.

Gabaritos

01	B	02	E	03	B
04	A	05	A	06	D
07	C	08	B	09	E
10	A	11	C	12	E
13	E	14	E		

DIREITO PROCESSUAL DO TRABALHO

1. PRINCÍPIOS DO PROCESSO DO TRABALHO

O processo do trabalho, por ser relativamente novo e por incompleta disciplina legal, ainda se utiliza como base o Código de Processo Civil.

1.1 Devido Processo Legal e Finalidade Social Específica

É a base sobre o qual se assenta toda a base do Direito Processual. É direito fundamental de todo indivíduo de processar e ser processado de acordo com os parâmetros legais.

Este princípio se apresenta de duas maneiras: formal, quando determina que o processo deve seguir todas as regras previamente estabelecidas na legislação vigente; e a substancial, quando prevê que as decisões judiciais devem ser justas e razoável. Este último tem por objeto limitar a atuação do juiz para que não se exceda e não cometa arbitrariedade que venham atingir o patrimônio, a vida e a liberdade de uma das partes.

Na modalidade substancial, é possível observar a finalidade social no sentido de que o judiciário se objetiva a buscar a resolução de conflitos entre as partes de maneira que traga a paz social Às categorias profissionais, de forma que o interesse individual não se assente ao interesse público.

1.2 Do Juiz

Por sua vez, este princípio indica que deve haver, inicialmente, uma definição do juiz competente para apreciar determinada lide, devendo este ser imparcial.

1.3 Do Contraditório e do Amplo Direito de Defesa

O princípio do contraditório se divide de duas maneiras: a formal, o que permite que cada uma das partes seja informada de tudo que ocorre no processo e tenha poderem se manifestar no prazo legal sobre determinado assunto; e o material, que se manifesta quando da garantia que as partes têm de poder influenciar a convicção do juiz.

Com base nisso, há de mencionar ainda que é essencial ao prosseguimento da demanda que haja entre as partes a devida colaboração processual e comportamento adequado. Este princípio encontra-se amparo entre os arts. 6 ao 10 do CPC, onde institui algumas regras e valores que devem ser seguidos conjuntamente.

A título de exemplo, temos que no art. 6º indica que deve haver cooperação das partes para que se obtenha, em tempo razoável, a decisão de mérito justa e efetiva.

Essa colaboração se estende ao juiz e suas serventias, do perito e dos terceiros envolvidos. Mas em especial, trazemos a discussão para a colaboração do juiz, isso porque este deve ser imparcial, não se inclinando ao favorecimento de um nem de outro.

Estende-se ainda o princípio do contraditório e ampla defesa, ao da decisão surpresa, onde se afigura que não se proferirá decisão contra uma das partes sem que ela seja previamente ouvida, com exceção quanto às decisões de tutelas provisórias (art. 9, CPC). Vedando ainda a possibilidade de o juiz decidir, em qualquer grau de jurisdição, sobre fundamento que não foi dado conhecimento as partes ou uma delas para se manifestar a respeito.

1.4 Da Isonomia

Diante de uma realidade desigual, há necessidade de especial cuidado em lidar com tal preceito. Assim é que o princípio da isonomia se apresenta a fim de igualar as partes, respeitando sempre a igualdade de acesso à justiça, a não discriminação entre outras.

1.5 Da Inafastabilidade do Poder Judiciário

Este princípio se baseia no fato de que, nem a lei pode afastar o indivíduo de ter sua demanda apreciada pelo Poder Judiciário. Nesse contexto, certo é que o acesso a justiça é a última saída do cidadão de ter seu direito respeitado.

1.6 Da Motivação de Decisões. Da Publicidade dos Atos do Processo. Do Segredo de Justiça

O princípio da motivação de decisões se baseia no sentido de que é necessário que as decisões tenham seus fundamentos, a fim de que se seja evidenciado pelas partes os critérios racionais que motivaram aquela decisão.

Com base nisso, necessário dar a devida publicidade a esta decisão, dando livre acesso aos cidadãos, exceto quando determinado o segredo de justiça pelo juiz, sendo também, fundamentado por este.

A publicidade dos atos processuais é a regra contida no art. 11 do CPC e o segredo de justiça é a exceção. Este, por sua vez, encontra-se recepcionado pelo art. 189 do CPC.

1.7 Da Previsibilidade das Decisões (Duplo Grau de Jurisdição) e da Razoável Duração do Processo

A previsibilidade das decisões se baseia na possibilidade de ver determinada decisão judicial revista por outro setor do próprio Poder Judiciário. Esta revisão se dá por meio dos recursos de sentenças julgadas em primeiro grau pelo juiz, submetidas ao segundo grau, obtendo uma ratificação deste ou um novo julgamento.

Com base nisso é que adentramos a discussão do tempo razoável do processo. Embora não haja determinação legal para que se defina um tempo de duração jurisdicional, necessário que o mínimo de razoabilidade seja concedido ao processo.

No entanto, é possível notar que há mecanismos que ajudam a estimar um tempo razoável ao processo, seja de acordo com o tema discutido e sua complexidade, do comportamento das partes e seus procuradores, da atuação do juiz ou até mesmo da eficácia na implementação da decisão.

1.8 Poder Normativo dos Tribunais do Trabalho

Este, consagrado no art. 114 da Constituição Federal, atribui poder legislativo à Justiça do Trabalho, por meio dos dissídios coletivos de produzirem sentenças normativas que, não se atribui norma individualizada, mas sim norma abstrata que atinge a determinada categoria profissional e econômica.

1.9 Da Intervenção Mínima na Autonomia da Vontade Coletiva

Este princípio reafirma o reconhecimento das negociações coletivas, seja por acordo ou convecção. A partir daí, cabe ao Poder Judiciário uma verdadeira e eficaz interpretação destas negociações e sua aplicação ao processo.

2. COMPETÊNCIA DA JUSTIÇA DO TRABALHO

A Constituição Federal entregou à Justiça do Trabalho a competência para solucionar conflitos existentes entre empregado e empregador, ações que sejam decorrentes da relação de trabalho.

A competência pode se apresentar de diversas formas em razão das pessoas, da matéria, da função, do lugar e em razão do valor.

Com relação ao valor, é necessário salientar que este não determina a competência, mas somente o rito processual.

Além disso, importante destacar que, em se tratando de dissídio coletivo, a Justiça do Trabalho possui competência normativa, isso porque possui o condão de criar norma geral ou abstrata.

2.1 Competência Absoluta

A competência absoluta, em razão do interesse público, pode ser suscitada a qualquer tempo, por qualquer sujeito do processo e poderá, inclusive, ser conhecida de ofício pelo juiz.

A alegação de incompetência absoluta, por entendimento majoritário do TST, não é admitido em instâncias superiores quando não há prequestionamento.

> ***Orientação Jurisprudencial nº 62 – SbDI-I***
>
> *PREQUESTIONAMENTO. PRESSUPOSTO DE ADMISSIBILIDADE EM APELO DE NATUREZA EXTRAORDINÁRIA. NECESSIDADE, AINDA QUE SE TRATE DE INCOMPETÊNCIA ABSOLUTA.*
>
> *É necessário o prequestionamento como pressuposto de admissibilidade em recurso de natureza extraordinária, ainda que se trate de incompetência absoluta.*

A incompetência absoluta deve ser alegada antes do mérito, na forma do art. 485, § 3º, c/c o art. 337 do CPC. Assim, alegada a incompetência, o juiz conhecerá *ex officio* gerando a nulidade absoluta dos atos até ali praticados. Os autos serão encaminhados ao juízo competente e, salvo decisão em sentido contrário, os efeitos desta serão conservados até que nova decisão seja proferida. A incompetência também poderá ser arguida em Ação Rescisória (art. 966, II, CPC).

São tipos de espécies de competência absoluta: em razão da matéria; em razão da pessoa; e em razão da função (funcional).

Competência em razão da matéria

Encontra-se fixada na causa de pedir e do pedido que é deduzido. Trata-se da atuação da Justiça do Trabalho de acordo com o conteúdo do direito em conflito. Assim, qualquer matéria que esteja se discutindo se sustente em uma relação trabalhista, regida pela CLT, a competência se dará, de forma absoluta, à Justiça do Trabalho.

→ **As ações oriundas da relação de trabalho, abrangidos os entes de direito público externo e da administração pública direta e indireta da União, dos Estados, do Distrito Federal e dos Municípios:**

Ações em que as partes forem servidores estatutários e o poder público, a competência é da Justiça Comum. O mesmo se aplicará aos servidores temporários, contratados para atingir uma necessidade temporária de excepcional interesse público (art. 37, IX, CF).

Apenas será da competência da Justiça do Trabalho quando versar sobre relação entre o poder público e o agente comissionado e se, excepcionalmente, for adotado o regime celetista.

> ***Orientação Jurisprudencial nº 138 – SbDI-I***
>
> *COMPETÊNCIA RESIDUAL. REGIME JURÍDICO ÚNICO. LIMITAÇÃO DA EXECUÇÃO.*
>
> *Compete à Justiça do Trabalho julgar pedidos de direitos e vantagens previstos na legislação trabalhista referente a período anterior à Lei n.º 8.112/90, mesmo que a ação tenha sido ajuizada após a edição da referida lei. A superveniência de regime estatutário em substituição ao celetista, mesmo após a sentença, limita a execução ao período celetista.*
>
> ***Súmula nº 382 – TST***
>
> *MUDANÇA DE REGIME CELETISTA PARA ESTATUTÁRIO. EXTINÇÃO DO CONTRATO. PRESCRIÇÃO BIENAL.*
>
> *A transferência do regime jurídico de celetista para estatutário implica extinção do contrato de trabalho, fluindo o prazo da prescrição bienal a partir da mudança de regime.*
>
> ***Súmula nº 243 – TST***
>
> *OPÇÃO PELO REGIME TRABALHISTA. SUPRESSÃO DAS VANTAGENS ESTATUTÁRIAS.*
>
> *Exceto na hipótese de previsão contratual ou legal expressa, a opção do funcionário público pelo regime trabalhista implica a renúncia dos direitos inerentes ao regime estatutário.*

→ **As ações que envolvam exercício do direito de greve:**

Causas relacionadas a greve de servidores públicos estatutários e as greves de empregados públicos celetistas (que exerçam suas atividades na Administração Pública direta, autarquias e fundações públicas), a competência será da Justiça Comum (ADI nº 3.395/STF e RE nº 846.854/STF).

No entanto, quando se tratar de assuntos relacionados às greves de empregados públicos celetistas (que exerçam suas atividades em pessoas jurídicas de direito privado), então a competência será da Justiça do Trabalho.

> ***Súmula Vinculante nº 23 – STF***
>
> *A Justiça do Trabalho é competente para processar e julgar ação possessória ajuizada em decorrência do exercício do direito de greve pelos trabalhadores da iniciativa privada.*
>
> ***Súmula nº 189 – TST***
>
> *GREVE. COMPETÊNCIA DA JUSTIÇA DO TRABALHO. ABUSIVIDADE.*
>
> *A Justiça do Trabalho é competente para declarar a abusividade, ou não, da greve.*
>
> ***Competência criminal. Justiça do Trabalho. Ações penais.*** *Processo e julgamento. Jurisdição penal genérica. Inexistência. Interpretação conforme dada ao art. 114, I, IV e IX, da CF, acrescidos pela EC 45/2004. Ação direta de inconstitucionalidade. Liminar deferida com efeito ex tunc. O disposto no art. 114, I, IV e IX, da CF, acrescidos pela EC 45, não atribui à Justiça do Trabalho competência para processar e julgar ações penais. (ADI 3.684 MC, STF, Rel. Min. Cezar Peluso, j. 1º-2-2007, DJ de 3-8-2007).*

→ **As ações sobre representação sindical, entre sindicatos, entre sindicatos e trabalhadores, e entre sindicatos e empregadores**

> **Ações sobre representação sindical (Ex.:** dois ou mais sindicatos disputando a representação de uma mesma categoria);

> **Ações entre sindicatos (Ex.:** repartição correta das contribuições sindicais entre os sindicatos);

> **Ações entre sindicatos e empregados (Ex.:** direito de filiação e de desfiliação);
> **Ações entre sindicatos e empregadores (Ex.:** sindicato obreiro requerendo que a empresa se abstenha de adotar condutas antissindicalista).

→ **Os mandados de segurança, habeas corpus e habeas data, quando o ato questionado envolver matéria sujeita à sua jurisdição:**

A competência funcional da justiça do trabalho ocorre de acordo com a autoridade coatora, sendo este um Ministro do TST, a competência é do próprio Tribunal Superior. Sendo um juiz trabalhista ou um desembargador do Tribunal Regional, a competência será do TRT. E sendo um agende público que não integre o poder judiciário, então a competência será da Vara do Trabalho (Ex.: Autoridade coatora sendo um superintendente regional do trabalho).

→ **Os conflitos de competência entre órgãos com jurisdição trabalhista, ressalvado o disposto no art. 102, I, o;**

→ **As ações de indenização por dano moral ou patrimonial, decorrentes da relação de trabalho.**

Súmula Vinculante nº 22 – STF

A Justiça do Trabalho é competente para processar e julgar as ações de indenização por danos morais e patrimoniais decorrentes de acidente de trabalho propostas por empregado contra empregador, inclusive aquelas que ainda não possuíam sentença de mérito em primeiro grau quando da promulgação da Emenda Constitucional 45/2004.

As ações acidentárias podem ensejar dois tipos de ações com competências diferentes:

→ Ações ajuizadas por empregado em face do INSS, para recebimento de benefício previdenciário – competência da Justiça Comum Estadual;

→ Ações ajuizadas por empregado em face do empregador, pleiteando indenização por danos morais/patrimoniais – competência da Justiça Especial do Trabalho.

Súmula nº 392 – TST

DANO MORAL E MATERIAL. RELAÇÃO DE TRABALHO. COMPETÊNCIA DA JUSTIÇA DO TRABALHO

Nos termos do art. 114, inc. VI, da Constituição da República, a Justiça do Trabalho é competente para processar e julgar ações de indenização por dano moral e material, decorrentes da relação de trabalho, inclusive as oriundas de acidente de trabalho e doenças a ele equiparadas, ainda que propostas pelos dependentes ou sucessores do trabalhador falecido.

→ As ações relativas às penalidades a administrativas impostas aos empregadores pelos órgãos de fiscalização das relações de trabalho;

→ A execução, de ofício, das contribuições sociais previstas no art. 195, I, a, e II, e seus acréscimos legais, decorrentes das sentenças que proferir;

→ Outras controvérsias decorrentes da relação de trabalho, na forma da lei.

Competência em razão da pessoa

Trata-se da própria condição de um ou todos os sujeitos da ação. Ela é baseada no cargo e função de determinadas qualificações jurídicas.

Assim, como falamos no início deste capítulo, trata-se da competência para resolver o conflito entre o empregado e o empregador, envolvido de forma direta, seja no polo passivo ou ativo da ação.

Competência funcional

Aqui trata-se da hierarquia interna da organização judiciária. Assim, quando falamos de competência funcional falamos de qual o órgão competente para julgar determinada ação.

Vejamos, quando tratamos de Ação Rescisória, temos que a competência se dá apenas aos Tribunais, seja os TRTs ou o próprio TST. Quando se tratar de Mandado de Segurança, também se dará competência aos Tribunais, exceto quando se tratar de autoridade coatora for um agende público que não integre o poder judiciário, como o superintendente do trabalho.

Trata-se de atribuições relativas a cada órgão interno do poder judiciário. As competências das Varas do Trabalho estão descritas no arts. 652 e 653 da CLT.

Súmula nº 420 – TST

COMPETÊNCIA FUNCIONAL. CONFLITO NEGATIVO. TRT E VARA DO TRABALHO DE IDÊNTICA REGIÃO. NÃO CONFIGURAÇÃO.

Não se configura conflito de competência entre Tribunal Regional do Trabalho e Vara do Trabalho a ele vinculada.

Orientação Jurisprudencial nº 68 – SbDI-II

ANTECIPAÇÃO DE TUTELA. COMPETÊNCIA.

Nos Tribunais, compete ao relator decidir sobre o pedido de antecipação de tutela, submetendo sua decisão ao Colegiado respectivo, independentemente de pauta, na sessão imediatamente subsequente.

Orientação Jurisprudencial nº 129 SbDI-II

AÇÃO ANULATÓRIA. COMPETÊNCIA ORIGINÁRIA.

Em se tratando de ação anulatória, a competência originária se dá no mesmo juízo em que praticado o ato supostamente eivado de vício.

2.2 Competência Relativa

É a competência que favorece uma das partes e, por isso, não possui interesse público. Dessa forma, poderá ou não ser aplicada ao caso concreto. Ao contrário da absoluta, esta não será conhecida de ofício pelo juiz e deverá ser suscitada por exceção em até cinco dias da notificação (art. 800, CLT).

São tipos de espécies de competência relativa: em razão do território; em razão do valor da causa.

Competência territorial

Será definida de acordo com os graus de jurisdição, ou seja, do TST, do TRT e das Varas do Trabalho.

O TST abrange todo o território nacional, de modo que possui competência para julgar os dissídios coletivos quando os conflitos abrangerem mais de um TRT.

Já os TRTs possuem sua competência definidas em lei e se subdividem por região. Sendo cada região correspondente a um Estado, por exemplo, 1ª Região é atribuída ao Rio de Janeiro e a 2ª Região ao Estado de São Paulo.

→ **Regra principal:** competência da Vara do Trabalho onde o empregador tenha agência ou filial e a esta o empregado seja subordinado;

→ **Regra subsidiária:** na falta de agência ou filial ou se o empregado não estiver subordinado a nenhuma delas, ele poderá optar entre ajuizar a ação no seu domicílio ou na localidade mais próxima.

As Varas do Trabalho também possuem sua competência definida em lei e obedecem a alguns critérios:

→ Quanto ao local da prestação do serviço;

→ Quando se tratar de empregado agente ou viajante comercial;

→ **Empregado brasileiro que trabalhe no estrangeiro:** mesmo que a prestação tenha ocorrido no exterior, a Reclamação Trabalhista poderá ser ajuizada na Justiça do Trabalho brasileira.

→ **Empresa que promova atividade fora do lugar da celebração do contrato:** Poderá ajuizar a ação na Vara de seu domicílio, na Vara do local da contratação ou na Vara do local de prestação de serviços.

→ Quando não envolver a prestação de serviço propriamente dita.

Competência quanto ao valor da causa

Como já mencionado, o valor da causa não é critério de definição de competência, define tão somente o rito em que será processado a ação. Assim, os ritos processuais trabalhistas se definem da seguinte forma: sumário (até 2 salários-mínimos), sumaríssimo (até 40 salários-mínimos) e ordinário (residual).

→ A incompetência relativa gera nulidade relativa.

→ Não pode ser requerida em Ação Rescisória.

→ A competência relativa pode ser eleita pelas partes.

> ***Orientação Jurisprudencial nº 149 – SbDI-II***
> *CONFLITO DE COMPETÊNCIA. INCOMPETÊNCIA TERRITORIAL. HIPÓTESE DO ART. 651, § 3º, DA CLT. IMPOSSIBILIDADE DE DECLARAÇÃO DE OFÍCIO DE INCOMPETÊNCIA RELATIVA.*
> *Não cabe declaração de ofício de incompetência territorial no caso do uso, pelo trabalhador, da faculdade prevista no art. 651, § 3º, da CLT. Nessa hipótese, resolve-se o conflito pelo reconhecimento da competência do juízo do local onde a ação foi proposta.*

Competência com relação ao tema nº 992 de repercussão geral

Em recente julgamento, o Supremo Tribunal Federal pacificou que será de competência da Justiça Comum julgar e processar ações relativas "... à fase pré-contratual de seleção e de admissão de pessoal e eventual nulidade do certame em face da Administração Pública, direta e indireta, nas hipóteses em que adotado o regime celetista de contratação de pessoal" (RE nº 960.429/STF).

Competência com relação aos entes estrangeiros

Já houve análise da possibilidade de imunidade de jurisdição ou de execução para os Estados Estrangeiros pelo STF, sendo: a) aos atos de império; e b) atos de gestão (nesses casos não há imunidade de jurisdição).

Assim, há submissão dos estados estrangeiros ao judiciário brasileiro. Contudo, em caso de não pagamento da obrigação de forma voluntária, o STF reconheceu que a imunidade de execução dos entes de direito público externo só se dará se:

→ Estado estrangeiro renunciar à intangibilidade dos seus próprios bens;

→ Quando houver no território brasileiro bens que, embora pertencentes ao ente estrangeiro, não tenham nenhuma vinculação com as finalidades essenciais inerentes às relações diplomáticas ou representações consultes mantidas em nosso País.

Com relação às organizações internacionais, a imunidade é absoluta, por estar regulado em tratados internacionais. Salvo renúncia expressa.

> ***Orientação Jurisprudencial nº 416 – SbDI***
> *IMUNIDADE DE JURISDIÇÃO. ORGANIZAÇÃO OU ORGANISMO INTERNACIONAL.*
> *As organizações ou organismos internacionais gozam de imunidade absoluta de jurisdição quando amparados por norma internacional incorporada ao ordenamento jurídico brasileiro, não se lhes aplicando a regra do Direito Consuetudinário relativa à natureza dos atos praticados. Excepcionalmente, prevalecerá a jurisdição brasileira na hipótese de renúncia expressa à cláusula de imunidade jurisdicional.*

3. PROCEDIMENTOS NOS DISSÍDIOS INDIVIDUAIS

Inicialmente, devemos ter em mente que o Processo do Trabalho pode ser dividido em **dissídios individuais** e **dissídios coletivos**.

Quando falamos dos dissídios individuais, temos o conflito com interesse individual, que se leva para o Poder Judiciário e envolve duas partes (empregado e empregador), possuindo, também, aplicação de normas jurídicas preexistentes.

É importante falarmos que existe a modalidade de dissídio individual plúrimo, sendo este individual, porém com vários empregados da mesma empresa no polo, em razão da matéria.

Já quando falamos dos dissídios coletivos, há interesse coletivo, levando assim, ao Judiciário um conflito que envolva interesses coletivos e abstratos entre uma categoria profissional e categoria econômica, para criar normas jurídicas ou interpretar de convenção coletiva de trabalho e acordo coletivo de trabalho.

3.1 Reclamação

A reclamação trabalhista é simplesmente a provocação da parte ao Estado-Juiz, ou seja, é o ingresso de uma ação trabalhista que se chama "**Reclamação Trabalhista**".

Vejamos o que diz a CLT:

> ***Art. 837*** *Nas localidades em que houver apenas 1 (uma) Junta de Conciliação e Julgamento, ou 1 (um) escrivão do cível, a reclamação será apresentada diretamente à secretaria da Junta, ou ao cartório do Juízo.*
>
> ***Art. 838*** *Nas localidades em que houver mais de 1 (uma) Junta ou mais de 1 (um) Juízo, ou escrivão do cível, a reclamação será, preliminarmente, sujeita a distribuição, na forma do disposto no Capítulo II, Seção II, deste Título.*

Formas de reclamação

Há duas formas de reclamação trabalhista, vejamos:

→ **Forma escrita:** quando é colocada toda a situação em um documento formal, sendo chamada de petição, que deverá ser formulada em 2 vias uma para o empregador e a outra para o Estado-juiz, devendo ser acompanhada dos documentos para fundamentar-se.

→ **Forma verbal:** a reclamação será distribuída, reduzida a termo e assinada pelo escrivão Vara do Trabalho, conforme o art. 786 da CLT.

> ***Art. 786*** *A reclamação verbal será distribuída antes de sua redução a termo.*
>
> ***Parágrafo único.*** *Distribuída a reclamação verbal, o reclamante deverá, salvo motivo de força maior, apresentar-se no prazo de 5 (cinco) dias, ao cartório ou à secretaria, para reduzi-la a termo, sob a pena estabelecida no art. 731.*

Obs.: no dissídio coletivo, se aceita apenas a forma escrita, sendo vedada a forma oral.

Apresentação da reclamação

Para que se apresente a reclamação, a parte pode ingressar sozinha no judiciário, o que chamamos de jus *postulandi* ou por seus advogados ou pelos sindicatos das categorias.

Requisitos da reclamação

Com a Reforma Trabalhista de 2017, os requisitos da reclamação mudaram, em prestígio aos princípios da celeridade e da simplicidade do processo do trabalho, vejamos:

São requisitos da reclamação trabalhista:

→ A designação do juízo;

→ A qualificação do reclamante e do reclamado;

→ A breve exposição dos fatos;

→ O pedido, que deverá ser certo, determinado e com indicação de seu valor;

→ A data; e

→ A assinatura do reclamante ou de seu representante.

Importante mencionarmos que se a reclamação for verbal, deve ser reduzida a termo, observando esses requisitos, no que couber.

> ***Art. 840*** *A reclamação poderá ser escrita ou verbal.*
>
> *§ 1º **Sendo escrita, a reclamação deverá conter a designação do juízo, a qualificação das** partes, a breve exposição dos fatos de que resulte o dissídio, o pedido, que deverá ser certo, determinado e com indicação de seu valor, a data e a assinatura do reclamante ou de seu representante.*
>
> *§ 2º Se verbal, a reclamação será reduzida a termo, em duas vias datadas e assinadas pelo escrivão ou secretário, observado, no que couber, o disposto no § 1º deste artigo.*
>
> *§ 3º Os pedidos que não atendam ao disposto no § 1o deste artigo serão julgados extintos sem resolução do mérito.*

Mas o que mudou com a reforma?

Antes da reforma, não era necessário indicar o valor de cada pedido, devendo ser certo e determinado.

3.2 *Jus Postulandi*

O *jus postulandi* é quando a reclamação é apresentada à Justiça do Trabalho pelas próprias partes (empregado ou empregador), sem representação (advogado), conforme consta no art. 791:

> ***Art. 791*** *Os empregados e os empregadores poderão reclamar pessoalmente perante a Justiça do Trabalho e acompanhar as suas reclamações até o final.*
>
> *§ 1º Nos dissídios individuais os empregados e empregadores poderão fazer-se representar por intermédio do sindicato, advogado, solicitador, ou provisionado, inscrito na Ordem dos Advogados do Brasil.*
>
> *§ 2º Nos dissídios coletivos é facultada aos interessados a assistência por advogado.*
>
> *§ 3º A constituição de procurador com poderes para o foro em geral poderá ser efetivada, mediante simples registro em ata de audiência, a requerimento verbal do advogado interessado, com anuência da parte representada.*

Limitações do *jus postulandi*

O *jus postulandi* na esfera trabalhista é bem mais amplo que no Direito Civil, no entanto, o TST impôs limitações ao instituto.

> ***Súmula nº 425 – TST***
>
> *JUS POSTULANDI NA JUSTIÇA DO TRABALHO. ALCANCE.*
>
> *O jus postulandi das partes, estabelecido no art. 791 da CLT, limita-se às Varas do Trabalho e aos Tribunais Regionais do Trabalho, não alcançando a ação rescisória, a ação cautelar, o mandado de segurança e os recursos de competência do Tribunal Superior do Trabalho.*

Dessa forma, pela Súmula nº 425, **não pode haver *jus postulandi*,** nas seguintes atuações dentro da Justiça do Trabalho:

- → Recursos de Competência do TST (Recurso de Revista, Agravo em Recurso de Revista, Embargos a SDI, recurso ordinário nos dissídios coletivos etc.):
- → Ação rescisória;
- → Ação cautelar;
- → Mandado de segurança;
- → Reclamação do art. 988 do CPC (petição de natureza cível);
- → Homologação de Acordo Extrajudicial (art. 855-B da CLT exige a representação por advogado);
- → Recursos de Competência do STF (Recurso Extraordinário e Agravo em Recurso Extraordinário).

3.3 Revelia

A revelia acontece quando a parte reclamada não apresenta contestação.

Importante aqui falarmos que no processo do trabalho, a contestação é "entregue" durante a audiência, no entanto, já ocorreu previamente o protocolo por meio do sistema eletrônico Processo Judicial eletrônico (PJe) antes do início da audiência inaugural.

Após a Reforma Trabalhista, mesmo que ausente a reclamada em audiência, com advogado presente, serão aceitos a contestação e os documentos apresentados, conforme art. 844, § 5 da CLT, no entanto, **essa nova disposição legal entra em choque com a Súmula** nº **122 do TST:**

> ***Súmula nº 122 – TST***
> *REVELIA. ATESTADO MÉDICO.*
> *A reclamada, ausente à audiência em que deveria apresentar defesa, é **revel, ainda que presente seu advogado munido de procuração**, podendo ser ilidida a revelia mediante a apresentação de atestado médico, que deverá declarar, expressamente, a impossibilidade de locomoção do empregador ou do seu preposto no dia da audiência.*

Efeito material da revelia

Quando falamos dos efeitos da revelia temos que o principal efeito é a presunção de veracidade dos fatos afirmados na reclamação trabalhista, sendo chamada de **confissão ficta**.

> ***Súmula nº 74 – TST***
> *CONFISSÃO (atualizada em decorrência do CPC de 2015).*
> *I – Aplica-se a confissão à parte que, expressamente intimada com aquela cominação, não comparecer à audiência em prosseguimento, na qual deveria depor.*
> *II – **A prova pré-constituída nos autos pode ser levada em conta para confronto com a confissão ficta** (arts. 442 e 443, do CPC de 2015 – art. 400, I, do CPC de 1973), não implicando cerceamento de defesa o indeferimento de provas posteriores.*
> *III – A vedação à produção de prova posterior pela parte confessa somente a ela se aplica, não afetando o exercício, pelo magistrado, do poder/dever de conduzir o processo.*

Efeitos processuais da revelia

Além do efeito material, a revelia também induz dois efeitos processuais constantes no art. 355 do CPC:

> ***Art. 355, CPC*** *O juiz julgará antecipadamente o pedido, proferindo sentença com resolução de mérito, quando:*
> *I – não houver necessidade de produção de outras provas;*
> *II – **o réu for revel**, ocorrer o efeito previsto no art. 344 e não houver requerimento de prova, na forma do art. 349.*

Não produção dos efeitos da revelia

Conforme § 4º do art. 844 da CLT, a revelia é diferente de seus efeitos, ou seja, pode ocorrer a revelia, mas não ocorrer seus efeitos. Os efeitos não ocorrem quando:

- → Havendo pluralidade de reclamados, algum deles contestar a ação;
- → O litígio versar sobre direitos indisponíveis;
- → A petição inicial não estiver acompanhada de instrumento que a lei considere indispensável à prova do ato;
- → As alegações de fato formuladas pelo reclamante forem inverossímeis ou estiverem em contradição com prova constante dos autos.

Revelia e Fazenda Pública

Quando falamos da Fazenda Pública, temos que observar que a principal tese de contestação fala como os atos, as obrigações e os interesses da Administração Pública são indisponíveis, em respeito ao art. 844, § 4º, II, da CLT, não devendo assim revelia e nem em aplicação de seu efeito quando falamos da Fazenda Pública, no entanto, o TST tem um entendimento contrário à tese:

> ***Orientação Jurisprudencial nº 152 – SbDI-I***
> *REVELIA. PESSOA JURÍDICA DE DIREITO PÚBLICO. APLICÁVEL. (ART. 844 DA CLT)*
> *Pessoa jurídica de direito público sujeita-se **à** revelia prevista no artigo 844 da CLT.*

3.4 Exceções

Exceção de impedimento

Ao falar de impedimento do juiz, não é como no futebol, estamos falando que o juiz está relacionado a **elementos objetivos**, devendo ser arguida pela parte no primeiro momento do processo, conforme consta a seguir:

- → Em que interveio como mandatário da parte, oficiou como perito, funcionou como membro do Ministério Público ou prestou depoimento como testemunha;
- → De que conheceu em outro grau de jurisdição, tendo proferido decisão;
- → Quando nele estiver postulando, como defensor público, advogado ou membro do Ministério Público, seu cônjuge ou companheiro, ou qualquer parente, consanguíneo ou afim, em linha reta ou colateral, até o terceiro grau, inclusive;
- → Quando for parte no processo ele próprio, seu cônjuge ou companheiro, ou parente, consanguíneo ou afim, em linha reta ou colateral, até o terceiro grau, inclusive;
- → Quando for sócio ou membro de direção ou de administração de pessoa jurídica parte no processo;
- → Quando for herdeiro presuntivo, donatário ou empregador de qualquer das partes;

- → Em que figure como parte instituição de ensino com a qual tenha relação de emprego ou decorrente de contrato de prestação de serviços;
- → Em que figure como parte cliente do escritório de advocacia de seu cônjuge, companheiro ou parente, consanguíneo ou afim, em linha reta ou colateral, até o terceiro
- → Grau, inclusive, mesmo que patrocinado por advogado de outro escritório;
- → Quando promover ação contra a parte ou seu advogado (art. 144, CPC).

Importante mencionarmos que, no caso específico da exceção de impedimento, por ser matéria de ordem pública, arguida a qualquer tempo, inclusive após o trânsito em julgado, por meio da ação rescisória conforme art. 966, II da CLT.

Exceção de suspeição

A suspeição está relacionada a **elementos subjetivos**, sendo caracterizada a parcialidade, havendo a necessidade de mostrar efetiva influência do juiz na lide. Devendo ser arguida pela parte ao primeiro momento do processo, conforme art. 795 da CLT:

- → Amigo íntimo ou inimigo de qualquer das partes ou de seus advogados;
- → Que recebe presentes de pessoas que tiverem interesse na causa antes ou depois de iniciado o processo, que aconselhar alguma das partes acerca do objeto da causa ou que subministrar meios para atender às despesas do litígio;
- → Quando qualquer das partes for sua credora ou devedora, de seu cônjuge ou companheiro ou de parentes destes, em linha reta até o terceiro grau, inclusive;
- → Interessado no julgamento do processo em favor de qualquer das partes (art. 145, CPC).

Procedimento da exceção de impedimento/suspeição

O procedimento da exceção e da suspeição são previstos no art. 146 do CPC, isto porque o art. 802 da CLT faz referência às Juntas de Conciliação e Julgamento, que foram extintas com a Emenda Constitucional nº 24/1999, não podendo assim ser usado como base.

> ***Art. 146, CPC*** *No prazo de 15 (quinze) dias, a contar do conhecimento do fato, a parte alegará o impedimento ou a suspeição, em petição específica dirigida ao juiz do processo, na qual indicará o fundamento da recusa, podendo instruí-la com documentos em que se fundar a alegação e com rol de testemunhas.*
>
> *§ 1º* ***Se reconhecer o impedimento ou a suspeição ao receber a petição****, o juiz ordenará imediatamente a remessa dos autos a seu substituto legal, caso contrário, determinará a autuação em apartado da petição e, no prazo de 15 (quinze) dias, apresentará suas razões, acompanhadas de documentos e de rol de testemunhas, se houver, ordenando a remessa do incidente ao tribunal.*

Exceção de incompetência

A exceção de incompetência, se trata da incompetência territorial relativa, tendo como finalidade garantir que o juízo esteja territorialmente competente para o julgamento da causa, devendo ser apresentada em peça autônoma, no prazo de cinco dias a contar da notificação.

Já a incompetência absoluta, trata-se de matéria de ordem pública, podendo ser alegada de ofício pelo juiz, vejamos:

> ***Orientação Jurisprudencial nº 149 - SbDI-II***
>
> *CONFLITO DE COMPETÊNCIA. INCOMPETÊNCIA TERRITORIAL. HIPÓTESE DO ART. 651, § 3º, DA CLT. IMPOSSIBILIDADE DE DECLARAÇÃO DE OFÍCIO DE INCOMPETÊNCIA RELATIVA.*
>
> *Não cabe declaração de ofício de incompetência territorial no caso do uso, pelo trabalhador, da faculdade prevista no art. 651, § 3º, da CLT. Nessa hipótese, resolve-se o conflito pelo reconhecimento da competência do juízo do local onde a ação foi proposta.*

3.5 Contestação

A contestação (defesa) é a petição de resposta do réu, sendo apresentada na maioria das vezes de forma escrita pelo sistema de Processo Judicial Eletrônico (PJe), até a audiência, no entanto, também pode ser feita na forma oral, dentro da audiência. Nesse caso, o reclamado falará por 20 minutos apresentando a sua defesa.

> ***Art. 847*** *Não havendo acordo,* ***o reclamado terá vinte minutos para aduzir sua defesa****, após a leitura da reclamação, quando esta não for dispensada por ambas as partes.*
>
> ***Parágrafo único.*** *A parte poderá apresentar defesa escrita pelo sistema de processo judicial eletrônico até a audiência.*

A contestação possui alguns pressupostos processuais e as condições da ação que devem ser levantadas são as chamadas preliminares ou prejudiciais de mérito. Uma vez que a ação pode ser extinta ou resolvida de vez antes de chegar ao mérito, conforme o art. 337 do CPC:

> ***Art. 337, CPC*** *Incumbe ao réu, antes de discutir o mérito, alegar:*
>
> *I - inexistência ou nulidade da citação;*
>
> *II - incompetência absoluta;*
>
> *III - incorreção do valor da causa;*
>
> *IV - inépcia da petição inicial;*
>
> *V - perempção;*
>
> *VI - litispendência;*
>
> *VII - coisa julgada;*
>
> *VIII - conexão;*
>
> *IX - incapacidade da parte, defeito de representação ou falta de autorização;*
>
> *XI - convenção de arbitragem;*
>
> *XII - ausência de legitimidade ou de interesse processual;*
>
> *XIII - falta de caução ou de outra prestação que a lei exige como preliminar;*
>
> *XIV - indevida concessão do benefício de gratuidade de justiça.*

Após passarmos diretamente ao mérito, em que se rebate o direito material pleiteado pelo reclamante em sua reclamação trabalhista, temos:

- → **Defesa de mérito direta:** quando o reclamado impugna os fatos apresentados na petição inicial, negando os fatos e/ou negando a fundamentação jurídica.
- → **Defesa de mérito indireta:** quando o reclamado não nega os fatos, mas apresenta fatos impeditivos, modificativos ou extintivos do direito do reclamante.

3.6 Reconvenção

A CLT não diz nada sobre o instituto da reconvenção. Logo, em razão da omissão e da compatibilidade com o processo do trabalho, aplica-se o Código de Processo Civil (CPC).

Assim a reconvenção, é uma das formas de resposta do réu, não sendo uma defesa apenas, mas, sim, uma reclamação em forma de defesa. É um "contra-ataque" do reclamado, formando **único processo com duas reclamações, uma em face da empresa e outra em face do empregado.**

Vejamos o que preceitua o art. 343 do CPC:

> ***Art. 343, CPC*** *Na contestação, é lícito* ***ao réu propor reconvenção para manifestar pretensão própria****, conexa com a ação principal ou com o fundamento da defesa.*
>
> *§ 1º Proposta a reconvenção, o autor será intimado, na pessoa de seu advogado, para apresentar resposta no prazo de 15 (quinze) dias.*
>
> *§ 2º A desistência da ação ou a ocorrência de causa extintiva que impeça o exame de seu mérito* ***não obsta*** *ao prosseguimento do processo quanto à reconvenção.*
>
> *§ 3º A reconvenção pode ser proposta contra o autor e terceiro.*
>
> *§ 4º A reconvenção pode ser proposta pelo réu em litisconsórcio com terceiro.*
>
> *§ 5º* ***Se o autor for substituto processual, o reconvinte deverá afirmar ser titular de direito*** *em face do substituído, e a reconvenção deverá ser proposta em face do autor, também na qualidade de substituto processual.*
>
> *§ 6º O réu pode propor reconvenção independentemente de oferecer contestação.*

3.7 Partes e Procuradores no Processo do Trabalho

As partes são empregado e empregador, podendo haver a representação por advogado ou se valer do *jus postulandi*.

Representação dos menores de 18 anos

Quando falamos em menor de18 anos, devemos ter em mente que sua a representação será realizada pelos seus representantes legais, e, na falta destes, pela Procuradoria da Justiça do Trabalho, pelo sindicato, pelo Ministério Público Estadual ou por um curador nomeado em juízo, conforme art. 793 da CLT.

> ***Art. 793*** *A reclamação trabalhista do menor de 18 anos será feita por seus representantes legais e, na falta destes, pela Procuradoria da Justiça do Trabalho, pelo sindicato, pelo Ministério Público estadual ou curador nomeado em juízo.*

Representação das pessoas jurídicas

Esse é um tópico muito popular em provas de concurso, pois para as pessoas jurídicas de direito **privado**, a representação será por meio de pessoas naturais indicadas nos atos constitutivos ou por seus diretores, conforme art. 75, VIII do CPC, podendo haver ainda a representação destes por meio de um advogado:

> ***Súmula nº 395 – TST***
>
> *MANDATO E SUBSTABELECIMENTO. CONDIÇÕES DE VALIDADE. I - Válido é o instrumento de mandato com prazo determinado que contém cláusula estabelecendo a prevalência dos poderes para atuar até o final da demanda (§ 4º do art. 105 do CPC de 2015).*
>
> *II - Se há previsão, no instrumento de mandato, de prazo para sua juntada, o mandato só tem validade se anexado ao processo o respectivo instrumento no aludido prazo.*
>
> *III - São válidos os atos praticados pelo substabelecido, ainda que não haja, no mandato, poderes expressos para substabelecer (art. 667, e parágrafos, do Código Civil de 2002).*
>
> *IV - Configura-se a irregularidade de representação se o substabelecimento é anterior à outorga passada ao substabelecente.*
>
> *V - Verificada a irregularidade de representação nas hipóteses dos itens II e IV, deve o juiz suspender o processo e designar prazo razoável para que seja sanado o vício, ainda que em instância recursal (art. 76 do CPC de 2015).*
>
> ***Súmula nº 456 – TST***
>
> *REPRESENTAÇÃO. PESSOA JURÍDICA. PROCURAÇÃO. INVALIDADE. IDENTIFICAÇÃO DO OUTORGANTE E DE SEU REPRESENTANTE.*
>
> *I - É inválido o instrumento de mandato firmado em nome de pessoa jurídica que não contenha, pelo menos, o nome do outorgante e do signatário da procuração, pois estes dados constituem elementos que os individualizam.*
>
> *II - Verificada a irregularidade de representação da parte na instância originária, o juiz designará prazo de 5 (cinco) dias para que seja sanado o vício. Descumprida a determinação, extinguirá o processo, sem resolução de mérito, se a providência couber ao reclamante, ou considerará revel o reclamado, se a providência lhe*
>
> *couber (art. 76, § 1º, do CPC de 2015).*
>
> *III - Caso a irregularidade de representação da parte seja constatada em fase recursal, o relator designará prazo de 5 (cinco) dias para que seja sanado o vício. Descumprida a determinação, o relator não conhecerá do recurso, se a providência couber ao recorrente, ou determinará o desentranhamento das contrarrazões, se a providência couber ao recorrido (art. 76, § 2º, do CPC de 2015).*

Já quando falamos em pessoas jurídicas de direito **público**, devemos ver o art. 75 do CPC estabelece que:

> ***Art. 75, CPC*** *Serão representados em juízo, ativa e passivamente:*
>
> *I - a União, pela Advocacia-Geral da União, diretamente ou mediante* ***órgão*** *vinculado;*
>
> *II - o Estado e o Distrito Federal, por seus procuradores;*
>
> *III - o Município, por seu prefeito ou procurador;*
>
> *IV - a autarquia e a fundação de direito público, por quem a lei do ente federado designar.*

Ainda, o art. 132 da Constituição Federal nos diz que "os Procuradores dos Estados e do Distrito Federal exercerão a representação judicial e a consultoria jurídica das respectivas unidades federadas".

Importante mencionarmos aqui que, diferentemente dos representantes de pessoas jurídicas de direito privado, os procuradores das pessoas jurídicas de direito público não precisam juntar instrumento de mandato (procuração), uma vez que o mandato desses procuradores é *ex lege* e decorre da própria lei.

> ***Súmula nº 436 – TST***
>
> *REPRESENTAÇÃO PROCESSUAL. PROCURADOR DA UNIÃO, ESTADOS, MUNICÍPIOS E DISTRITO FEDERAL, SUAS AUTARQUIAS E FUNDAÇÕES PÚBLICAS. JUNTADA DE INSTRUMENTO DE MANDATO.*
>
> *I - A União, Estados, Municípios e Distrito Federal, suas autarquias e fundações públicas, quando representadas em juízo, ativa e passivamente, por seus procuradores, estão dispensadas da juntada de instrumento de mandato e de comprovação do ato de nomeação.*
>
> *II - Para os efeitos do item anterior, é essencial que o signatário ao menos se declare exercente do cargo de procurador, não bastando a indicação do número de inscrição na Ordem dos Advogados do Brasil.*

Representação em audiência

Na Justiça do Trabalho, é necessário que nas audiências compareçam o empregado e o empregador, mesmo sem representação por advogado. Podendo se fazer representado em algumas **exceções**, conforme a seguir:

- → Representação do empregado pelo sindicato da categoria nas reclamações plúrimas e nas ações de cumprimento;
- → Representação do empregado por outro empregado que pertença à mesma profissão ou pelo sindicato da categoria no caso de doença ou qualquer outro motivo relevante;
- → Representação do empregador pelo preposto, que **tenha conhecimento do fato**.

Mandato tácito

O mandado tácito ocorre quando o advogado comparece na audiência sem procuração constituída nos autos, no entanto, representando qualquer das partes, conforme a seguir:

> ***Orientação Jurisprudencial nº 200 – SbDI-I***
>
> *MANDATO TÁCITO. SUBSTABELECIMENTO INVÁLIDO.*
>
> *É inválido o substabelecimento de advogado investido* ***de mandato tácito.***
>
> ***Orientação Jurisprudencial nº 286 – SbDI-I***
>
> *AGRAVO DE INSTRUMENTO. TRASLADO. MANDATO TÁCITO. ATA DE AUDIÊNCIA. CONFIGURAÇÃO.*
>
> *I –* ***A juntada da ata de audiência, em que consignada a presença do advogado, desde que não estivesse atuando com mandato expresso, torna dispensável a procuração deste, porque demonstrada a existência de mandato tácito.***
>
> *II – Configurada a existência de mandato tácito fica suprida a irregularidade detectada no mandato expresso.*

3.8 Audiência na Justiça do Trabalho

No processo do trabalho, durante a audiência, sempre há uma tentativa de acordo entre as partes. Quando esse acordo não é possível, há a entrega da defesa, e se necessário a oitiva das partes e testemunhas e, também, é cedido um espaço para razões/considerações finais, passando finalmente para a sentença, conforme visto a seguir:

> ***Art. 813*** *As audiências dos órgãos da Justiça do Trabalho serão* ***públicas*** *e realizar-se-ão na sede do Juízo ou Tribunal em dias úteis previamente fixados, entre 8 (oito) e 18 (dezoito) horas, não podendo ultrapassar 5 (cinco) horas seguidas, salvo quando houver matéria urgente.*
>
> *§ 1º* ***Em casos especiais, poderá ser designado outro local para a realização das audiências,*** *mediante edital afixado na sede do Juízo ou Tribunal, com a antecedência mínima de 24 (vinte e quatro) horas.*
>
> *§ 2º Sempre que for necessário, poderão ser convocadas audiências extraordinárias, observado o prazo do parágrafo anterior.*

Importante mencionarmos, que não necessariamente todas as etapas serão realizadas em uma única audiência, podendo de ofício ou a pedido das partes o juiz designar nova audiência após aquela inaugural para uma instrução, bem como nova data para prolação de sentença.

Ainda, o não comparecimento do reclamante à audiência de conciliação (inaugural) importa o arquivamento do processo, causando sua extinção, sem resolução do mérito, conforme preceitua o art. 844 da CLT, caso o autor realize esse procedimento duas vezes, ficara impedido de ingressar com nova reclamação pelo prazo de 6 meses conforme arts. 731 e 732 da CLT.

Caso o reclamante não compareça na audiência de instrução, em prosseguimento haverá confissão ficta, desde que devidamente intimado, conforme Súmula nº 9 do TST. Assim como a ausência do Reclamado em audiência causa a confissão quanto à matéria de fato.

> ***Art. 731*** *Aquele que, tendo apresentado ao distribuidor reclamação verbal, não se apresentar, no prazo estabelecido no parágrafo único do art. 786, à Junta ou Juízo para fazê-lo tomar por termo, incorrerá na pena de perda, pelo prazo de 6 (seis) meses, do direito de reclamar perante a Justiça do Trabalho.*
>
> ***Art. 732*** *Na mesma pena do artigo anterior incorrerá o reclamante que, por 2 (duas) vezes seguidas, der causa ao arquivamento de que trata o art. 844.*
>
> ***Art. 844*** *O não-comparecimento do reclamante à audiência importa o arquivamento da reclamação, e o não-comparecimento do reclamado importa revelia, além de confissão quanto à matéria de fato.*
>
> ***Súmula nº 9 – TST***
>
> *AUSÊNCIA DO RECLAMANTE*
>
> *A ausência do reclamante, quando adiada a instrução após contestada a ação em audiência, não importa arquivamento do processo.*

3.9 Conciliação

No processo do trabalho, a conciliação (acordo) entre as partes é a finalidade principal, sendo inclusive expressa na CLT, vejamos:

> ***Art. 764*** *Os dissídios individuais ou coletivos submetidos à apreciação da Justiça do Trabalho serão* ***sempre sujeitos*** *à* ***conciliação.***
>
> *§ 1º Para os efeitos deste artigo, os juízes e Tribunais do Trabalho empregarão sempre os seus bons ofícios e persuasão no sentido de uma solução conciliatória dos conflitos.*
>
> *§ 2º Não havendo acordo, o juízo conciliatório converter-se-á obrigatoriamente em arbitral, proferindo decisão na forma prescrita neste Título.*
>
> *§ 3º É lícito às partes celebrar acordo que ponha termo ao processo,* ***ainda mesmo depois de encerrado o juízo conciliatório.***

Assim, embora a conciliação possa ocorrer a qualquer momento do processo, existem dois momentos em que o juiz, obrigatoriamente, deve tentar a conciliação:

- → Na abertura da audiência inicial e antes da entrega da defesa pelo reclamado; e
- → Depois das razões finais e antes da sentença.

Se realizada a conciliação, o juiz lavrará o termo de acordo, que valerá como decisão irrecorrível, exceto para a Previdência Social quanto às contribuições que lhe forem devidas.

Do processo de jurisdição voluntária para homologação de acordo extrajudicial

Tendo em vista o princípio da celeridade processual, a reforma trabalhista trouxe a opção de homologação de acordo extrajudicial, onde as partes levarão o acordo já realizado fora do tribunal, apenas para o aceite do juiz e lavratura da sua homologação.

> ***Art. 855-B*** *O processo de homologação de acordo extrajudicial terá início por* ***petição conjunta,*** *sendo* ***obrigatória*** *a representação das partes por advogado. § 1º As partes não poderão ser representadas por advogado comum.*
>
> *§ 2º Faculta-se ao trabalhador ser assistido pelo advogado do sindicato de sua categoria.*

Art. 855-D No prazo de quinze dias a contar da distribuição da petição, o juiz analisará o acordo, designará audiência se entender necessário e proferirá sentença.

Art. 855-E A petição de homologação de acordo extrajudicial suspende o prazo prescricional da ação quanto aos direitos nela especificados.

***Parágrafo único.** O prazo prescricional voltará a fluir no dia útil seguinte ao do trânsito em julgado da decisão que negar a homologação do acordo.*

Justiça gratuita

A gratuidade de justiça é prevista no art. 5º, LXXIV, da Constituição Federal de 1988: "o Estado prestará assistência jurídica integral e gratuita aos que comprovarem insuficiência de recursos".

Esse benefício tem o intuito de ampliar o acesso a justiça aos que não possuem condições de arcar com o custo do processo, sendo concedido a quem recebe **salário igual ou inferior a 40% (quarenta por cento) do limite máximo dos benefícios do Regime Geral de Previdência Social**.

***Art. 790** Nas Varas do Trabalho, nos Juízos de Direito, nos Tribunais e no Tribunal Superior do Trabalho, a forma de pagamento das custas e emolumentos obedecerá às instruções que serão expedidas pelo Tribunal Superior do Trabalho.*

*§ 1º **Tratando-se de empregado que não tenha obtido o benefício da justiça gratuita, ou** isenção de custas, o sindicato que houver intervindo no processo responderá solidariamente pelo pagamento das custas devidas.*

*§ 2º **No caso de não-pagamento das custas, far-se-á execução da respectiva importância,** segundo o procedimento estabelecido no Capítulo V deste Título.*

*§ 3º **É facultado aos juízes, órgãos julgadores e presidentes dos tribunais do trabalho de** qualquer instância conceder, a requerimento ou de ofício, o benefício da justiça gratuita, inclusive quanto a traslados e instrumentos, àqueles que perceberem salário igual ou inferior a 40% (quarenta por cento) do limite máximo dos benefícios do Regime Geral de Previdência Social.*

*§ 4º **O benefício da justiça gratuita será concedido à parte que comprovar insuficiência de** recursos para o pagamento das custas do processo.*

Honorários advocatícios

Antes da reforma trabalhista, a condenação ao pagamento de honorários advocatícios no Processo do Trabalho era prevista na Súmula nº 219 do TST:

Súmula nº 219 – TST

HONORÁRIOS ADVOCATÍCIOS. CABIMENTO (alterada a redação do item I e acrescidos os itens IV a VI em decorrência do CPC de 2015) – Res. 204/2016, DEJT divulgado em 17, 18 e 21.03.2016

***I** – Na Justiça do Trabalho, a condenação ao pagamento de honorários advocatícios não decorre pura e simplesmente da sucumbência, devendo a parte, concomitantemente: a) estar assistida por sindicato da categoria profissional; b) comprovar a percepção de salário inferior ao dobro do salário mínimo ou encontrar-se em situação econômica que não lhe permita demandar sem prejuízo do próprio sustento ou da respectiva família. (art.14, § 1º, da Lei nº 5.584/1970). (ex-OJ nº 305da SBDI-I).*

II – É cabível a condenação ao pagamento de honorários advocatícios em ação rescisória no processo trabalhista.

III – São devidos os honorários advocatícios nas causas em que o ente sindical figure como substituto processual e nas lides que não derivem da relação de emprego.

IV – Na ação rescisória e nas lides que não derivem de relação de emprego, a responsabilidade pelo pagamento dos honorários advocatícios da sucumbência submete- se à disciplina do Código de Processo Civil (arts. 85, 86, 87 e 90).

V – Em caso de assistência judiciária sindical ou de substituição processual sindical, excetuados os processos em que a Fazenda Pública for parte, os honorários advocatícios são devidos entre o mínimo de dez e o máximo de vinte por cento sobre o valor da condenação, do proveito econômico obtido ou, não sendo possível mensurá-lo, sobre o valor atualizado da causa (CPC de 2015, art. 85, § 2º).

VI – Nas causas em que a Fazenda Pública for parte, aplicar-se-ão os percentuais específicos de honorários advocatícios contemplados no Código de Processo Civil.

No entanto, a Reforma Trabalhista, acrescentou à CLT o art. 791-A, que trouxe a fixação de **honorários sucumbenciais no processo do trabalho**. Vejamos:

***Art. 791-A** Ao advogado, ainda que atue em causa própria, serão devidos honorários de sucumbência, fixados entre o mínimo de 5% (cinco por cento) e o máximo de 15% (quinze por cento) sobre o valor que resultar da liquidação da sentença, do proveito econômico obtido ou, não sendo possível mensurá-lo, sobre o valor atualizado da causa.*

*§ 1º **Os honorários são devidos também nas ações contra a Fazenda Pública e nas ações** em que a parte estiver assistida ou substituída pelo sindicato de sua categoria.*

*§ 2º **Ao fixar os honorários, o juízo observará:***

I – o grau de zelo do profissional;

II – o lugar de prestação do serviço;

III – a natureza e a importância da causa;

IV – o trabalho realizado pelo advogado e o tempo exigido para o seu serviço.

*§ 3º **Na hipótese de procedência parcial, o juízo arbitrará honorários de sucumbência** recíproca, vedada a compensação entre os honorários.*

*§ 4º **Vencido o beneficiário da justiça gratuita, desde que não tenha obtido em juízo, ainda** que em outro processo, créditos capazes de suportar a despesa, as obrigações decorrentes de sua sucumbência ficarão sob condição suspensiva de exigibilidade e somente poderão ser executadas se, nos dois anos subsequentes ao trânsito em julgado da decisão que as certificou, o credor demonstrar que deixou de existir a situação de insuficiência de recursos que justificou a concessão de gratuidade, extinguindo-se, passado esse prazo, tais obrigações do beneficiário.(declarado inconstitucional ADI 5766)*

§ 5º São devidos honorários de sucumbência na reconvenção.

3.10 Prova no Processo do Trabalho

A Constituição Federal, em seu art. 5º, LV, trouxe a garantia a ampla defesa e ao contraditório.

Assim, tendo em vista o contraditório e da ampla defesa, as partes poderão apresentar provas (desde que sejam lícitas) para comprovar os fatos alegados e de influenciar o julgador em sua decisão.

Dessa forma, existem:

- → Fatos notórios (conhecimento público)
- → Confessados (alegados por uma parte e reconhecido pela parte contrária)
- → Incontroversos (alegados por uma parte e não contraditados pela parte contrária)
- → Fatos em que milita presunção legal de existência ou de veracidade em seu favor (independem de prova (art. 374, CPC).

Ônus da prova

Conforme preceitua o art. 818 da CLT, o ônus **da prova** incumbe ao reclamante, quanto ao fato constitutivo de seu direito e ao reclamado, quanto à existência de fato impeditivo, modificativo ou extintivo do direito do reclamante.

No entanto, o juiz pode, analisando o caso concreto, atribuir a inversão do ônus da prova àquela parte que possua melhores condições de produzi-la., conforme a seguir:

> ***Art. 818*** *O ônus da prova incumbe:*
>
> *I - ao reclamante, quanto ao fato constitutivo de seu direito;*
>
> *II - ao reclamado, quanto à existência de fato impeditivo, modificativo ou extintivo do direito do reclamante.*
>
> *§ 1º Nos casos previstos em lei ou diante de peculiaridades da causa relacionadas à impossibilidade ou à excessiva dificuldade de cumprir o encargo nos termos deste artigo ou à maior facilidade de obtenção da prova do fato contrário,* ***poderá o juízo atribuir o*** *ônus da prova* ***de modo diverso****, desde que o faça por decisão fundamentada, caso em que deverá dar à parte a oportunidade de se desincumbir do ônus que lhe foi atribuído.*
>
> *§ 2º A decisão referida no § 1o deste artigo deverá ser proferida* ***antes da abertura da instrução*** *e, a requerimento da parte, implicará o adiamento da audiência e possibilitará provar os fatos por qualquer meio em direito admitido.*
>
> *§ 3º* ***A decisão*** *referida no § 1o deste artigo não pode gerar situação em que a desincumbência do encargo pela parte seja* ***impossível ou excessivamente difícil****.*

Prova emprestada

A prova emprestada é a utilização de uma prova já apresentada em outro processo, para constituir provas em um processo diverso, conforme art. 372 da CLT.

Importante mencionarmos que para que isso ocorra é necessário que a produção realizada de forma válida no processo originário, tenha real relevância para o processo destinatário e a parte contra a qual se faz a prova deve ter participado do contraditório no processo originário.

Interrogatório e depoimento pessoal

O interrogatório e o depoimento pessoal das partes são formas de prova, vejamos:

- → Interrogatório é o meio de prova em que o juiz, de ofício e a qualquer tempo, elabora perguntas às partes para esclarecer determinados fatos da causa.
- → Depoimento pessoal é o meio de prova em que as partes ou o juiz requerem o interrogatório da outra parte, durante a audiência de instrução, para esclarecer determinados fatos da causa.

> ***Art. 848*** *Terminada a defesa, seguir-se-á a instrução do processo, podendo o presidente, ex-ofício ou a requerimento de qualquer juiz temporário,* ***interrogar*** *os litigantes.*
>
> *§ 1º* ***Findo*** *o interrogatório, poderá qualquer dos litigantes retirar-se, prosseguindo a instrução com o seu representante.*
>
> *§ 2º Serão, a seguir, ouvidas as testemunhas, os peritos e os técnicos, se houver.*

Importante mencionarmos que, conforme o art. 388, em situações excepcionais, de imputação de prova contra si mesmo e ofensa à dignidade humana, a parte não é obrigada a depor sobre fatos, exceto:

- → Criminosos ou torpes que lhe forem imputados;
- → A cujo respeito, por estado ou profissão, deva guardar sigilo;
- → Acerca dos quais não possa responder sem desonra própria, de seu cônjuge, de seu companheiro ou de parente em grau sucessível;
- → Que coloquem em perigo a vida do depoente ou das pessoas referidas no inciso III.

Confissão

Há confissão quando uma das partes admite, os fatos alegados pela outra parte, podendo a confissão ocorrer de duas formas, vejamos:

- → Real (quando expressamente admitido pela parte)
- → Ficta (quando decorre da revelia, do não comparecimento ou da recusa ao depoimento pessoal).

A confissão possui características como:

- → É ato pessoal, prejudicando apenas quem a realizou ou está sendo representado. Logo, se houver litisconsórcio, a confissão de um não prejudica os demais litisconsortes;
- → Não vale a confissão de fatos relativos a direitos indisponíveis;
- → É indivisível (a parte não pode utilizar somente a parte que lhe favorece da confissão);
- → É irrevogável, salvo se decorrer de erro de fato ou coação.

Documentos

A prova documental é o meio que integra escritos, fotografias, desenhos, áudios, vídeos etc., devendo ser juntado ao documento original, ou autenticado em cartório ou por declaração de autenticidade pelo advogado.

Os documentos devem ser apresentados no primeiro momento de manifestação do processo, ou seja, no momento da reclamação ou da contestação. No entanto, também é possível a apresentação de documentos na fase recursal, quando provado o justo impedimento ou se referir a fato posterior à sentença, conforme Súmula nº 8 do TST.

> ***Súmula nº 8 – TST***
>
> *JUNTADA DE DOCUMENTO.*
>
> *A juntada de documentos na fase recursal só se justifica quando provado o justo impedimento para sua oportuna apresentação ou se referir a fato posterior à sentença.*

Juntada de documento

A juntada de documentos **na fase recursal** só se justifica quando provado o justo impedimento para sua oportuna apresentação ou se referir a fato posterior à sentença

Prova técnica (pericial)

A prova pericial poderá ser de ofício ou a requerimento das partes, devendo ser elaborada por um perito com conhecimento técnico ou científico, podendo ainda as partes indicar assistentes técnicos de sua confiança e apresentar quesitos a serem respondidas pelo perito.

O juiz poderá indeferir a prova pericial quando:

- → A prova do fato não depender de conhecimento especial de técnico;

- → For desnecessária em vista de outras provas produzidas;
- → A verificação for impraticável (art. 464, § 1º, CPC).

O laudo pericial deverá conter:

- → A exposição do objeto da perícia;
- → A análise técnica ou científica realizada pelo perito;
- → A indicação do método utilizado, esclarecendo-o e demonstrando ser predominantemente aceito pelos especialistas da área do conhecimento da qual se originou;
- → Resposta conclusiva a todos os quesitos apresentados pelo juiz, pelas partes e pelo órgão do Ministério Público (art. 473, CPC).

Fique ligado

Casos de periculosidade e insalubridade, a perícia será obrigatória!

Tendo em vista que a perícia possui um custo, sendo que o limite máximo é estabelecido pelo Conselho Superior da Justiça do Trabalho (CSJT), os honorários do perito devem ser pagos pela parte sucumbente, ou seja, pela parte que perdeu.

> ***Orientação Jurisprudencial nº 98 – SbDI-II***
> *MANDADO DE SEGURANÇA. CABÍVEL PARA ATACAR EXIGÊNCIA DE DEPÓSITO PRÉVIO DE HONORÁRIOS PERICIAIS.*
> *É **ilegal a exigência de depósito prévio para custeio dos honorários periciais, dada a incompatibilidade com o processo do trabalho**, sendo cabível o mandado de segurança visando à realização da perícia, independentemente do depósito.*

Inspeção judicial

Na inspeção judicial, o juiz de ofício ou a requerimento da parte, deslocar-se até o local da pessoa ou da coisa, para ele mesmo verificar, podendo ocorrer nas seguintes hipóteses:

- → Julgar necessário para a melhor verificação ou interpretação dos fatos que deva observar;
- → A coisa não puder ser apresentada em juízo sem consideráveis despesas ou graves dificuldades;
- → Determinar a reconstituição dos fatos (art. 483, CPC).

Prova testemunhal

A prova testemunhal, será realizada por meio de um depoimento de terceiro (alheio ao processo) para esclarecer e comprovar a veracidade de determinados fatos da causa, sendo obrigatória a presença do intimado para depor.

O depoimento ocorre durante a audiência de instrução e julgamento, exceto quando a pessoa residir em local distante ao tribunal em questão, sendo realizado nesse momento por carta precatória. Devendo a testemunha comparecer em audiência independentemente de notificação ou de intimação do juízo.

Em alguns casos, a testemunha não precisa depor sobre fatos que lhe acarretem grave dano a si ou ao seu cônjuge ou companheiro e aos seus parentes até o terceiro grau e a sigilo por profissão, conforme art. 448 da CLT.

Mas quem pode depor? Aqueles que podem ser testemunhas encontram-se no art. 447 da CLT, conforme a seguir:

> ***Art. 447** Podem depor como testemunhas todas as pessoas, exceto as incapazes, impedidas ou suspeitas.*
> *§ 1º São incapazes:*
> *I – o interdito por enfermidade ou deficiência mental;*
> *II – o que, acometido por enfermidade ou retardamento mental, ao tempo em que ocorreram os fatos, não podia discerni-los, ou, ao tempo em que deve depor, não está habilitado a transmitir as percepções;*
> *III – o que tiver menos de 16 (dezesseis) anos;*
> *IV – o cego e o surdo, quando a ciência do fato depender dos sentidos que lhes faltam.*
> *§ 2º São impedidos:*
> *I – o cônjuge, o companheiro, o ascendente e o descendente em qualquer grau e o colateral, até o terceiro grau, de alguma das partes, por consanguinidade ou afinidade, salvo se o exigir o interesse público ou, tratando-se de causa relativa ao estado da pessoa, não se puder obter de outro modo a prova que o juiz repute necessária ao julgamento do mérito;*
> *II – o que é parte na causa;*
> *III – o que intervém em nome de uma parte, como o tutor, o representante legal da pessoa jurídica, o juiz, o advogado e outros que assistam ou tenham assistido as partes.*
> *§ 3º São suspeitos:*
> *I – o inimigo da parte ou o seu amigo íntimo;*
> *II – o que tiver interesse no litígio.*
> *§ 4º Sendo necessário, pode o juiz admitir o depoimento das testemunhas menores, impedidas ou suspeitas.*
> *§ 5º Os depoimentos referidos no § 4º serão prestados independentemente de compromisso, e o juiz lhes atribuirá o valor que possam merecer.*

Devemos destacar que existe um número máximo de testemunhas, vejamos:

- → **Rito ordinário:** três testemunhas para cada parte;
- → **Rito sumário e sumaríssimo:** duas testemunhas para cada parte;
- → **Inquérito para apuração de falta grave:** seis testemunhas para cada parte.

Forma de inquirição das testemunhas

No processo do trabalho, não se aplica o ***adversarial system*** (onde as partes fazem as perguntas), ou seja, o juiz irá se dirigir a testemunha, sendo um ***inquisitorial system***.

> ***Art. 820** As partes e testemunhas serão inquiridas pelo **juiz** ou presidente, podendo ser reinquiridas, por seu intermédio, a requerimento dos vogais, das partes, seus representantes ou advogados.*

Multa à testemunha mentirosa

A Reforma Trabalhista de 2017 instituiu uma no valor entre 1% a 10% do valor corrigido da causa à testemunha que **intencionalmente alterar a verdade dos fatos ou omitir fatos essenciais ao julgamento da causa,** conforme art. 793-D.

> ***Art. 793-D** Aplica-se a multa prevista no art. 793-C desta Consolidação à testemunha que intencionalmente alterar a verdade dos fatos ou omitir fatos essenciais ao julgamento da causa.*

Encerramento da instrução e razões finais

Após a finalização de toda a produção probatória, o juiz encerra a instrução processual e abre às partes a possibilidade de aduzir razões finais, de forma oral, pelo prazo máximo de 10 minutos, conforme o art. 850 da CLT.

> ***Art. 850** Terminada a instrução, poderão as partes aduzir razões finais, em prazo não excedente de 10 (dez) minutos para cada uma. Em seguida, o juiz ou presidente renovará a proposta de conciliação, e não se realizando esta, será proferida a decisão.*

4. RITO SUMARÍSSIMO NO DISSÍDIO INDIVIDUAL

Na justiça do trabalho, o rito de cada ação é definido pelo valor da ação, assim, este não influência nos critérios de delimitação de competência.

→ **Rito sumário:** até dois salários-mínimos;

→ **Rito sumaríssimo:** até quarenta salários-mínimos;

→ **Rito ordinário:** residual.

Cabe ressaltar que o rito sumário é conhecido como dissídio de alçada, isso porque somente se aplica a causas que não ultrapassem o valor de dois salários-mínimos. Além disso, possui restrição recursal, admitindo apenas recurso que verse sobre matéria constitucional. Está previsto na Lei nº 5.584/1970.

> ***Súmula nº 71 – TST***
> *ALÇADA.*
> *A alçada é fixada pelo valor dado à causa na data de seu ajuizamento, desde que não impugnado, sendo inalterável no curso do processo.*
>
> ***Súmula nº 356 – TST***
> *ALÇADA RECURSAL. VINCULAÇÃO AO SALÁRIO-MÍNIMO.*
> *O art. 2º, § 4º, da Lei n.º 5.584, de 26.06.1970, foi recepcionado pela CF/1988, sendo lícita a fixação do valor da alçada com base no salário-mínimo.*
>
> ***Súmula nº 365 – TST***
> *ALÇADA. AÇÃO RESCISÓRIA E MANDADO DE SEGURANÇA.*
> *Não se aplica a alçada em ação rescisória e em mandado de segurança.*

O rito sumaríssimo está previsto nos arts. 852-A a 852-I da CLT. Este rito é definido pelo valor da causa, ou seja, aqueles que não ultrapassem o limite de quarenta salários-mínimos. Seu objetivo é contribuir para a celeridade processual de causas cujo valor é pequeno.

Os dissídios coletivos e demandas em que figura como parte a administração pública, autarquia e fundacional não seguem o rito sumaríssimo. Assim, sendo perfeitamente aplicável apenas dissídios individuais ou ações em face de empresas públicas e de sociedades de economia mista.

4.1 Procedimento no Rito Sumaríssimo

Diante da celeridade processual, que é objetivo principal deste rito, a apreciação da inicial deve ser feita dentro de 15 dias após seu ajuizamento (art. 852-B, III, CLT). Prazo somente será alterado por juiz desde que justificado.

Os pedidos são certo e determinados, com indicação de valores correspondente (art. 852-B, I, CLT).

A citação não ocorre por edital, apenas por aviso de recebimento. Somente ocorrerá por edital se comprovada a dificuldade da citação por AR e apenas ocorre em casos extremos (art. 852-B, II, CLT). Assim, deve o autor indicar o nome e endereço correto do réu.

Os casos que não respeitarem o disposto acima, terão sua demanda arquivada sem resolução do mérito e estarão sujeitos ao pagamento das custas processuais sobre o valor da causa.

As demandas sujeitas ao rito sumaríssimo serão instruídas e julgadas em audiência única. Inicia-se com esclarecimentos sobre as vantagens da conciliação, com tentativa de solucionar a lide, o que ainda poderá ser feita em qualquer fase da audiência.

Serão observados todas os incidentes e exceções que interfiram na audiência e processo. Serão produzidas todas as provas em audiência de instrução e julgamento.

Serão permitidas até duas testemunhas de cada parte, devendo comparecer na audiência de instrução e julgamento independentes de intimação. Apenas se comprovado o convite da testemunha e essa não comparecer, o juiz poderá intimá-la. Em caso de não comparecimento da testemunha intimada, o juiz poderá determinar sua condução coercitiva.

A prova técnica somente será permitida quando a for necessário para comprovar o fato ou em caso determinados pela lei. O juiz quem fixará o prazo, o objeto e a nomeação do perito.

A sentença deverá constar todos os elementos que convenceram o juiz, com breve resumo dos fatos ocorridos em audiência. É dispensado o relatório. As partes serão intimadas da sentença na própria audiência em que for prolatada.

4.2 Recurso no Rito Sumaríssimo

No rito sumaríssimo somente caberá o Recurso de Revista se comprovada contrariedade à súmula de jurisprudência uniforme do TST, súmulas vinculantes do STF e violação direta à Constituição Federal (art. 896, §9, CLT).

Assim, recursos de revistas que versem sobre divergências jurisprudenciais entre Tribunais Regionais do Trabalho, tampouco por divergência jurisprudencial a Seção de Dissídios Individuais do Tribunal Superior do Trabalho, não serão admitidos.

> ***Súmula nº 442 – TST***
> *PROCEDIMENTO SUMARÍSSIMO. RECURSO DE REVISTA FUNDAMENTADO EM CONTRARIEDADE A ORIENTAÇÃO JURISPRUDENCIAL. INADMISSIBILIDADE. ART. 896, § 6º, DA CLT, ACRESCENTADO PELA LEI N.º 9.957, DE 12.01.2000.*
> *Nas causas sujeitas ao procedimento sumaríssimo, a admissibilidade de recurso de revista está limitada à demonstração de violação direta a dispositivo da Constituição Federal ou contrariedade a Súmula do Tribunal Superior do Trabalho, não se admitindo o recurso por contrariedade a Orientação Jurisprudencial deste Tribunal (Livro II, Título II, Capítulo III, do RITST), ante a ausência de previsão no art. 896, § 6º, da CLT.*

Demonstrada a divergência jurisprudencial entre Turmas do TST, fundada em interpretações diversas acerca da aplicação de mesmo dispositivo constitucional ou de matéria sumulada, caberá Embargos de Divergência a SDI (art. 894, II, CLT).

5. PROCESSO DE EXECUÇÃO

A execução trabalhista tem como finalidade realizar o pagamento da obrigação trabalhista deferida em sentença condenatória. No processo do trabalho, as fontes utilizadas na execução trabalhista são:

- → CLT e leis esparsas;
- → Lei de Execução Fiscal (Lei nº 6.830/1980);
- → Código de Processo Civil.

> ***Art. 889*** *Aos trâmites e incidentes do processo da execução são aplicáveis, naquilo em que não contravierem ao presente Título, os preceitos que regem o processo dos executivos fiscais para a cobrança judicial da dívida ativa da Fazenda Pública Federal.*

5.1 Títulos Judiciais

- → Decisões passadas em julgado;
- → Decisões das quais não tenha havido recurso com efeito suspensivo;
- → Acordos, quando não cumpridos;
- → Créditos previdenciários decorrentes das sentenças condenatórias trabalhistas e dos acordos homologados.

5.2 Títulos Extrajudiciais

- → Termos de ajuste de conduta, firmados perante o MPT;
- → Termos de conciliação, firmados pela Comissão de Conciliação Prévia;
- → Certidão de dívida ativa da União, referente às penalidades administrativas impostas ao empregador pelos órgãos de fiscalização do trabalho;
- → Cheque e nota promissória emitidos em reconhecimento de dívida inequivocamente de natureza trabalhista.

> ***Art. 876*** *As decisões passadas em julgado ou das quais não tenha havido recurso com efeito suspensivo; os acordos, quando não cumpridos; os termos de ajuste de conduta firmados perante o Ministério Público do Trabalho e os termos de conciliação firmados perante as Comissões de Conciliação Prévia serão executada pela forma estabelecida neste Capítulo.*
>
> ***Parágrafo único.*** *A Justiça do Trabalho executará, de ofício, as contribuições sociais previstas na alínea a do inciso I e no inciso II do caput do art. 195 da Constituição Federal, e seus acréscimos legais, relativas ao objeto da condenação constante das sentenças que proferir e dos acordos que homologar.*

5.3 Liquidação de Sentença

Quando o juiz realizar uma sentença que não é líquida, antes da execução, é necessário liquidá-la para obter o valor real devido a parte. Importante ressaltarmos que apenas pode existir a liquidação nas obrigações de pagar quantia certa.

Liquidação por cálculos

A liquidação por cálculos depende apenas de cálculos aritméticos, sendo realizada por perito contábil. No entanto, as partes deverão ser intimadas previamente para a apresentação do cálculo de liquidação.

Após a execução, o juiz irá intimar a parte contrária para apresentar cálculos em 8 dias, podendo em discordância indicar o juiz um perito contábil, conforme o art. 879 da CLT.

Liquidação por arbitramento

A Liquidação por arbitramento ocorre quando houver necessidade de conhecimentos técnicos, e, por isso, deve ser realizada por perito, que correm nos casos de determinação em sentença, ou quando as partes convencionarem expressamente, ou até mesmo em decorrência da natureza do objeto da liquidação o exigir, conforme art. 509, I do CPC.

> ***Art. 509, CPC*** *Quando a sentença condenar ao pagamento de quantia ilíquida, proceder-se-á à sua liquidação, a requerimento do credor ou do devedor:*
>
> *I – por arbitramento, quando determinado pela sentença, convencionado pelas partes ou exigido pela natureza do objeto da liquidação;*

5.4 Execução Provisória

A Execução provisória ocorre de uma decisão onde ainda não ocorreu o trânsito em julgado, ou seja, a parte ainda pode recorrer. A execução será provisória, mesmo que pendente recurso extraordinário ou pendente agravo de instrumento destinado a destrancá-lo, conforme art. 899:

> ***Art. 899*** *Os recursos serão interpostos por simples petição e terão efeito meramente devolutivo, salvo as exceções previstas neste Título,* ***permitida a execução provisória até a penhora.***
>
> ***Orientação Jurisprudencial nº 56 – SbDI-II***
>
> *MANDADO DE SEGURANÇA. EXECUÇÃO. PENDÊNCIA DE RECURSO EXTRAORDINÁRIO.*
>
> *Não há direito líquido e certo à execução definitiva na pendência de recurso extraordinário, ou de agravo de instrumento visando a destrancá-lo.*

5.5 Competência para a Execução

É competente para executar as decisões o juiz ou presidente do tribunal que tiver julgado originariamente a demanda.

No entanto, para promover a execução trabalhista, os que possuem a legitimidade ativa são:

- → As partes;
- → O próprio juiz ou presidente do Tribunal, quando a parte não estiver com advogado;
- → O próprio juiz ou presidente do Tribunal competente, de ofício, quanto às contribuições previdenciárias devidas em decorrência das sentenças ou acordos que proferirem.

5.6 Execução por Quantia Certa Contra Devedor Solvente

Após a liquidação do valor devido, inicia-se a fase de execução. Nessa fase, geralmente, ocorre a execução por quantia certa contra devedor solvente, sendo apenas a expropriação bens do devedor para satisfazer a obrigação trabalhista em face do credor. O processo é longo e é subdividido em várias fases.

Citação do executado para pagamento

Iniciada a execução pelo exequente (aquele que executa) ou iniciada em ofício pelo juiz, será expedido mandado de citação ao executado, a fim de que cumpra a decisão ou o acordo no prazo estipulado, sob pena de penhora, conforme o art. 880 da CLT.

> ***Art. 880*** *Requerida a execução, o juiz ou presidente do tribunal mandará expedir mandado de citação do executado, a fim de que cumpra a decisão ou o acordo no prazo, pelo modo e sob as cominações estabelecidas ou, quando se tratar de pagamento em dinheiro, inclusive de contribuições sociais devidas à União, para que o faça em 48 (quarenta e oito) horas ou garanta a execução, sob pena de penhora.*

Após a citação o executado poderá adotar as seguintes alternativas:

→ Pagar as obrigações;

→ Garantir a execução, mediante depósito do valor da dívida, atualizada e acrescida de despesas processuais;

→ Nomear bens à penhora;

→ Manter-se inerte, caso em que será realizada a penhora pelo oficial de justiça.

5.7 Ordem de Bens a Penhora

> ***Art. 882*** *O executado que não pagar a importância reclamada poderá garantir a execução mediante depósito da quantia correspondente, atualizada e acrescida das despesas processuais, apresentação de seguro-garantia judicial ou nomeação de bens à penhora,* ***observada a ordem preferencial estabelecida no art. 835 da Lei n.º 13.105, de 16 de março de 2015 – Código de Processo Civil.***

01. Dinheiro, em espécie ou em depósito ou aplicação em instituição financeira;
02. Títulos da Dívida Pública da União, dos Estados e do Distrito Federal, com cotação em mercado;
03. Títulos e valores mobiliários com cotação em mercado;
04. Veículos de via terrestre;
05. Bens imóveis;
06. Bens móveis em geral;
07. Semoventes;
08. Navios e aeronaves;
09. Ações e quotas de sociedades simples e empresárias;
10. Percentual do faturamento de empresa devedora;
11. Pedras e metais preciosos;
12. Direitos aquisitivos derivados de promessa de compra e venda e de alienação fiduciária garantia;
13. Outros direitos.

5.8 Penhora dos Bens

A penhora será realizada até que seja efetivado o valor necessário de pagamento da execução, sendo realizada a penhora na quantidade de bens necessários.

São alguns dos efeitos da penhora:

→ Individualiza determinados bens do devedor;

→ Garantia do juízo;

→ Gera direito de preferência ao credor;

→ Retira o devedor da posse direta do bem;

→ Torna ineficazes os atos de alienação e de oneração dos bens penhorados.

5.9 Penhora Anterior à Sucessão pela Administração Pública Direta

O Tribunal de Justiça Social (TST) tem como entendimento que, caso o bem esteja penhorado na época da sucessão por pessoa jurídica de direito público, a penhora será mantida, não se aplicando o regime de precatório.

> ***Orientação Jurisprudencial nº 343 – SbDI-I***
> *PENHORA. SUCESSÃO. ART. 100 DA CF/1988. EXECUÇÃO.*
> *É válida a penhora em bens de pessoa jurídica de direito privado,* ***realizada anteriormente à sucessão pela União ou por Estado-membro, não podendo a execução prosseguir mediante precatório.*** *A decisão que a mantém não viola o art. 100 da CF/1988.*

5.10 Bens Impenhoráveis

Não podem sofrer a contrição judicial, segundo previsão expressa art. 833 do CPC:

> ***Art. 833*** *São impenhoráveis:*
> *I – os bens inalienáveis e os declarados, por ato voluntário, não sujeitos à execução;*
> *II – os móveis, os pertences e as utilidades domésticas que guarnecem a residência do executado, salvo os de elevado valor ou os que ultrapassem as necessidades comuns correspondentes a um médio padrão de vida;*
> *III – os vestuários, bem como os pertences de uso pessoal do executado, salvo se de elevado valor;*
> *IV – os vencimentos, os subsídios, os soldos, os salários, as remunerações, os proventos de aposentadoria, as pensões, os pecúlios e os montepios, bem como as quantias recebidas por liberalidade de terceiro e destinadas ao sustento do devedor e de sua família, os ganhos de trabalhador autônomo e os honorários de profissional liberal, ressalvado o § 2º;*
> *V – os livros, as máquinas, as ferramentas, os utensílios, os instrumentos ou outros bens móveis necessários ou úteis ao exercício da profissão do executado;*
> *VI – o seguro de vida;*
> *VII – os materiais necessários para obras em andamento, salvo se essas forem penhoradas;*
> *VIII – a pequena propriedade rural, assim definida em lei, desde que trabalhada pela família;*
> *IX – os recursos públicos recebidos por instituições privadas para aplicação compulsória em educação, saúde ou assistência social;*
> *X – a quantia depositada em caderneta de poupança, até o limite de 40 (quarenta) salários-mínimos;*
> *XI – os recursos públicos do fundo partidário recebidos por partido político, nos termos da lei;*
> *XII – os créditos oriundos de alienação de unidades imobiliárias, sob regime de incorporação imobiliária, vinculados à execução da obra.*

§ 1º A impenhorabilidade não é oponível à execução de dívida relativa ao próprio bem, inclusive àquela contraída para sua aquisição.

§ 2º O disposto nos incisos IV e X do caput não se aplica à hipótese de penhora para pagamento de prestação alimentícia, independentemente de sua origem, bem como às importâncias excedentes a 50 (cinquenta) salários-mínimos mensais, devendo a constrição observar o disposto no art. 528, § 8º, e no art. 529.

§ 3º Incluem-se na impenhorabilidade prevista no inciso V do caput os equipamentos, os implementos e as máquinas agrícolas pertencentes a pessoa física ou a empresa individual produtora rural, exceto quando tais bens tenham sido objeto de financiamento e estejam vinculados em garantia a negócio jurídico ou quando respondam por dívida de natureza alimentar, trabalhista ou previdenciária.

5.11 Defesa do Executado

No processo do trabalho, o principal meio de defesa do executado é a peça dos Embargos à Execução, tendo como natureza ser uma ação autônoma, com a finalidade de desconstituir o título executivo e declarar a inexigibilidade da obrigação ou a nulidade da execução. Possui prazo de 5 dias.

> ***Art. 884*** *Garantida a execução ou penhorados os bens, terá o executado 5 (cinco) dias para apresentar embargos, cabendo igual prazo ao exeqüente para impugnação.*
>
> *§ 1º A matéria de defesa será restrita às alegações de cumprimento da decisão ou do acordo, quitação ou prescrição da divida.*
>
> *§ 2º Se na defesa tiverem sido arroladas testemunhas, poderá o Juiz ou o Presidente do Tribunal, caso julgue necessários seus depoimentos, marcar audiência para a produção das provas, a qual deverá realizar-se dentro de 5 (cinco) dias.*
>
> *§ 3º Somente nos embargos à penhora poderá o executado impugnar a sentença de liquidação, cabendo ao exeqüente igual direito e no mesmo prazo.*
>
> *§ 4º Julgar-se-ão na mesma sentença os embargos e as impugnações à liquidação apresentadas pelos credores trabalhista e previdenciário.*
>
> *§ 5º Considera-se inexigível o título judicial fundado em lei ou ato normativo declarados inconstitucionais pelo Supremo Tribunal Federal ou em aplicação ou interpretação tidas por incompatíveis com a Constituição Federal.*
>
> *§ 6º A exigência da garantia ou penhora não se aplica às entidades filantrópicas e/ou àqueles que compõem ou compuseram a diretoria dessas instituições.*

Matérias que podem ser alegadas nos embargos à execução

→ Cumprimento da decisão;

→ Cumprimento do acordo;

→ Quitação da dívida;

→ Prescrição da dívida;

→ Inexigibilidade do título judicial fundado em lei ou ato normativo declarados inconstitucionais pelo STF ou interpretação incompatível com a Constituição Federal (art. 884, § 5º, CLT).

Efeito suspensivo dos embargos à execução

A CLT não prevê se os embargos à execução suspendem a execução, no entanto, aplica-se subsidiariamente no processo do trabalho o CPC, que régua em seu art. 525, § 6º, do CPC:

> ***Art. 525*** *[...]*
>
> *§ 6º A apresentação de impugnação não impede a prática dos atos executivos, inclusive os de expropriação, podendo o juiz, a requerimento do executado e desde que garantido o juízo com penhora, caução ou depósito suficientes, atribuir-lhe efeito suspensivo, se seus fundamentos forem relevantes e se o prosseguimento da execução for manifestamente suscetível de causar ao executado grave dano de difícil ou incerta reparação.*

Procedimento

Após opor os embargos à execução, o embargado será intimado para impugná-lo em 5 dias. Caso possuam testemunhas, o juiz pode marcar uma audiência de produção de provas.

Passando os autos, a conclusão tem 48 horas para decisão, e caso não possuam testemunhas o juiz ou presidente proferirá sua decisão dentro de 5 dias, julgando subsistente ou insubsistente a penhora.

5.12 Embargos de Terceiros

Tendo em vista que a CLT não trata dos embargos de terceiros, aplicamos o Código de Processo Civil, esse é uma ação autônoma de conhecimento para eliminar ou evitar a constrição de bens de terceiros que não participaram do processo e não devem responder pela dívida.

Compete ao juízo da execução o julgamento dos Embargos, podendo ser oposto na fase de conhecimento ou na fase de execução no prazo de 5 dias da arrematação, adjudicação ou alienação por iniciativa particular, mas sempre antes da assinatura da respectiva carta.

5.13 Expropriação de Bens

A expropriação de bens é o momento em que o Estado retira forçadamente o bem do devedor, com o objetivo de entregá-lo ao credor ou o fruto de sua alienação.

São espécies de expropriação de bens:

→ A adjudicação; e

→ A arrematação.

Adjudicação

Quando o exequente ou interessado incorpora ao seu patrimônio o bem que será submetido expropriação tendo assim preferência na arrematação.

Legitimados para a adjudicação (art. 876, § 5º, CPC):

> ***Art. 876, CPC*** *É lícito ao exequente, oferecendo preço não inferior ao da avaliação, requerer que lhe sejam adjudicados os bens penhorados.*
>
> *[...]*
>
> *§ 5º Idêntico direito pode ser exercido por aqueles indicados no art. 889, incisos II a VIII , pelos credores concorrentes que hajam penhorado o mesmo bem, pelo cônjuge, pelo companheiro, pelos descendentes ou pelos ascendentes do executado.*

Arrematação

Arrematação é simplesmente a alienação do bem do devedor, realizada em hasta pública, sendo o bem vendido pelo maior lance, ou seja, é uma espécie de leilão público para suprir um valor devido.

Aqui os bens serão vendidos pelo maior lance e o arrematante deverá garantir o lance com sinal correspondente a 20% do seu valor. Se o arrematante ou seu fiador não pagar o preço da arrematação em 24 horas, perderá o sinal, em benefício da execução, voltando à praça os bens executados.

5.14 Execução de Obrigação de Fazer e de Não Fazer

Essa modalidade de execução busca o cumprimento de uma tutela, que se converterá em perdas e danos se o exequente requerer ou se impossível a tutela

Algumas hipóteses no processo do trabalho:

- → Reintegração de emprego em razão da estabilidade provisória;
- → Anotação de CTPS;
- → Fornecimento de requerimento do seguro-desemprego;
- → Não transferência do empregado;
- → Não alteração das condições de trabalho;
- → Não discriminação dos empregados.

5.15 Execução Contra a Massa Falida

Quando uma empresa falida é condenada em pagamento na Justiça do Trabalho, quem fica com competência até a decisão de liquidação é a própria Justiça do Trabalh. Após transcorrido os atos, remete-se ao juízo falimentar o crédito trabalhista já liquidado para a habilitação. Porém, tem se admitido procedimento diferente nos seguintes casos:

- → **Se o bem for penhorado antes da decretação da falência:** a hasta pública será realizada na Justiça do Trabalho, revertendo-se ao juízo falimentar o valor que se alcançou com a alienação;
- → **Se a decretação de falência ocorrer quando o bem já tiver sido alienado em hasta pública:** entende-se que o credor trabalhista será satisfeito na Justiça do Trabalho, remetendo-se ao juízo falimentar apenas o remanescente do bem expropriado (caso existente).

5.16 Execução Contra a Fazenda Pública

Iniciaremos esse tópico deixando expressamente claro que os bens públicos são inalienáveis e impenhoráveis! Assim, a Fazenda Pública efetua os seus pagamentos decorrentes de ação judicial via precatórios ou RPV, conforme art. 100 da CF/1988.

Dessa forma, a execução nesses casos é diferente, inclusive podendo ocorrer apenas em casos de quantia certa.

Ao fim da fase de liquidação e fixado o valor devido, a Fazenda Pública é intimada para apresentar Embargos à Execução no prazo de 30 dias, sem a necessidade de garantir o juízo.

> ***Art. 1º, Decreto-Lei nº 779/1969*** *Nos processos perante a Justiça do Trabalho, constituem privilégio da União, dos Estados, do Distrito Federal, dos Municípios e das autarquias ou fundações de direito público federais, estaduais ou municipais que não explorem atividade econômica:*
>
> *[...]*
>
> *IV – a dispensa de depósito para interposição de recurso;*

Ao fim da fase dos Embargos à Execução ou do Agravo de Petição, será expedido um precatorio para pagamento do valor, funcionando como uma fila de espera de pessoas que aguardam o pagamento do Estado.

> ***Orientação Jurisprudencial nº 2 – Pleno ou Órgão Especial***
>
> *PRECATÓRIO. REVISÃO DE CÁLCULOS. LIMITES DA COMPETÊNCIA DO PRESIDENTE DO TRT.*
>
> *O pedido de revisão dos cálculos, em fase de precatório, previsto no art. 1º-E da Lei n.º 9.494/97, apenas poderá ser acolhido desde que:*
>
> *I – o requerente aponte e especifique claramente quais são as incorreções existentes nos cálculos, discriminando o montante que seria correto, pois do contrário a incorreção torna-se abstrata;*
>
> *II – o defeito nos cálculos esteja ligado à incorreção material ou à utilização de critério em descompasso com a lei ou com o título executivo judicial; e o critério legal aplicável ao débito não tenha sido objeto de debate nem na fase de conhecimento, nem na fase de execução.*

5.17 Certidão Negativa de Débitos Trabalhistas

Com o advento da Lei nº 12.440/2011, criou-se a Certidão Negativa de Débitos Trabalhistas (CNDT), sendo uma forma de reduzir a violação dos direitos trabalhistas e dar maior efetividade e publicidade à execução trabalhista.

Funciona como um "Serasa" de pessoas (físicas e jurídicas) que possuem algum tipo de débito inadimplido perante a Justiça do Trabalho (Banco Nacional de Devedores Trabalhistas), assim se houver débito, a pessoa com o nome nessa lista não conseguirá emitir a CNDT em seu nome.

Outra sansão para quem encontra-se nesse "banco" é que não pode habilitar nas licitações públicas.

No entanto, se verificada a existência de débitos garantidos por penhora suficiente ou com exigibilidade suspensa, será expedida **certidão positiva de débitos trabalhistas** com efeitos de negativa (ou seja, ainda é negativa, porém as execuções tem meios de serem quitadas no caso de inadimplência).

Prazo de validade da CNDT: 180 dias, contados da data de sua emissão.

> ***Art. 896, § 10*** *Cabe recurso de revista por violação a lei federal, por divergência jurisprudencial e por ofensa à Constituição Federal nas execuções fiscais e nas **controvérsias da fase de execução que envolvam a Certidão Negativa de Débitos Trabalhistas (CNDT)**, criada pela Lei n.º 12.440, de 7 de julho de 2011.*

6. RECURSOS

O Recurso é a forma que a parte tenta modificar a decisão judicial com a qual não concorda, com o objetivo de reformar, invalidar, esclarecer ou integrar a decisão impugnada.

6.1 Recurso Adesivo no Processo do Trabalho

O recurso adesivo é aquele que se prende a um recurso principal, e depende do conhecimento do recurso principal para também ser conhecido, ou seja, supomos que o autor recorreu de uma decisão, o réu pode recorrer com base no recurso do autor, no entanto, se o autor desistir o réu perde o valor.

> ***Súmula nº 283 – TST***
> *RECURSO ADESIVO. PERTINÊNCIA NO PROCESSO DO TRABALHO. CORRELAÇÃO DE MATÉRIAS.*
> ***O recurso adesivo é compatível com o processo do trabalho*** *e cabe, no prazo de 8 (oito) dias, nas hipóteses de interposição de recurso ordinário, de agravo de petição, de revista e de embargos,* ***sendo desnecessário*** *que a matéria nele veiculada esteja relacionada com a do recurso interposto pela parte contrária.*

6.2 Princípios

Unirrecorribilidade

Esse princípio diz que para cada decisão só haverá um recurso, não podendo a parte interpor recursos simultaneamente em face da mesma decisão judicial.

Fungibilidade

Fungível é aquilo que pode ser substituído por outro, assim a Fungibilidade Recursal é a possibilidade de admitir um recurso por outro, desde que preenchidos os requisitos básicos:

→ Dúvida objetiva quanto ao recurso cabível;

→ Inexistência de erro grosseiro;

→ Observância do prazo correto.

Dialeticidade

O recurso deve **dialogar** com a decisão atacada, ou seja, o recurso deve apresentar motivação relacionada às razões de decidir.

Irrecorribilidade imediata das decisões interlocutórias

Nesse princípio, as decisões interlocutórias são irrecorríveis de imediato, de sorte que eventual impugnação será apresentada no bojo do recurso da decisão principal.

6.3 Legitimidade para Recorrer

Pode recorrer a parte que se sentiu prejudicada na decisão, ou terceiros prejudicados por esta, desde que comprovem justificadamente que foram prejudicados.

6.4 Tempestividade Recursal

Os prazos recursais no processo do trabalho, possuem uma uniformidade onde todos os recursos possuem o prazo recursal de 8 dias, exceto os Embargos de Declaração (5 dias) e o Recurso Extraordinário ao STF (15 dias – CPC, art. 1.003, § 5º). Sendo a contagem em dias uteis.

6.5 Preparo Recursal

O preparo de um recurso é a necessidade de pagamento das custas processuais e do depósito recursal. Trata-se de um pressuposto processual extrínseco: sem preparo, o recurso não é conhecido por deserção.

6.6 Custas Processuais

Todo processo envolve um custo para o Estado, assim custas processuais servem para reembolsar o Estado por esse custo.

As custas relativas ao processo do Trabalho na **fase de conhecimento serão de 2%**, observado o **mínimo de R$ 10,64 (dez reais e sessenta e quatro centavos) e o máximo de quatro vezes o limite máximo dos benefícios do Regime Geral de Previdência Social**, e serão calculadas:

→ Quando houver acordo ou condenação, sobre o respectivo valor;

→ Quando houver extinção do processo, sem julgamento do mérito, ou julgado totalmente improcedente o pedido, sobre o valor da causa;

→ No caso de procedência do pedido formulado em ação declaratória e em ação constitutiva, sobre o valor da causa;

→ Quando o valor for indeterminado, sobre o que o juiz fixar (art. 789, CLT).

Os custos devem ser pagos pela parte sucumbente, exceto em casos de beneficiários da justiça gratuita; a União, os Estados, o **Distrito Federal**, os Municípios e respectivas autarquias e fundações públicas federais, estaduais ou municipais que não explorem atividade econômica; bem como o Ministério Público do Trabalho que são **isentos do pagamento de custas**.

Depósito recursal

Já o depósito recursal existe para garantir que a parte que perdeu pague a execução, sendo uma espécie de caução para o vencedor do processo, **exigido apenas ao empregador**.

O depósito recursal deve ser recolhido por meio de um depósito judicial em conta vinculada ao juízo e seus valores serão corrigidos com os mesmos índices da poupança.

Mas existe um valor específico para o deposito recursal? Sim, existe, o Tribunal da Justiça Social (TST) anualmente realiza uma tabela com os valores relativos a cada recurso, no entanto, a soma dos depósitos recursais deve ser o valor da condenação, e caso a parte alcance esse valor com o primeiro depósito, não precisará recolher em futuros recursos.

> ***Súmula nº 128 – TST***
> *DEPÓSITO RECURSAL.*
> *I – É ônus da parte recorrente efetuar o depósito legal, integralmente, em relação a cada novo recurso interposto, sob pena de deserção.* ***Atingido o valor da condenação, nenhum depósito mais*** *é exigido para* ***qualquer recurso.***

II - Garantido o juízo, na fase executória, a exigência de depósito para recorrer de qualquer decisão viola os incisos II e LV do art. 5º da CF/1988. Havendo, porém, ***elevação do valor do débito, exige-se a complementação da garantia do juízo.***

III - Havendo condenação solidária de duas ou mais empresas, o depósito recursal efetuado por uma delas aproveita as demais, ***quando a empresa que efetuou o depósito não pleiteia sua exclusão da lide.***

Importante mencionar que, o valor do **depósito recursal será reduzido pela metade** para entidades sem fins lucrativos, empregadores domésticos, microempreendedores individuais, microempresas e empresas de pequeno porte, conforme o Art. 899, § 9º da CLT e isento para os beneficiários da justiça gratuita, as entidades filantrópicas e as empresas em recuperação judicial.

Art. 899 *Os recursos serão interpostos por simples petição e terão efeito meramente devolutivo, salvo as exceções previstas neste Título, permitida a execução provisória até a penhora.*

[...]

§ 9o O valor do depósito recursal será reduzido pela metade para entidades sem fins lucrativos, empregadores domésticos, microempreendedores individuais, microempresas e empresas de pequeno porte.

6.7 Efeitos Devolutivo e Suspensivo

Devolutivo

Quando falamos no efeito devolutivo, falamos da transferência do conhecimento das matérias julgadas no juízo *a quo* (originário) para o juízo *ad quem* (destinatário), fazendo com que o processo retorne para uma nova manifestação do Poder Judiciário.

Súmula nº 393 - TST

RECURSO ORDINÁRIO. EFEITO DEVOLUTIVO EM PROFUNDIDADE. ART. 1.013, § 1º, do CPC DE 2015. ART. 515, § 1º, DO CPC de 1973.

I - O efeito devolutivo em profundidade do recurso ordinário, que se extrai do § 1º do art. 1.013 do CPC de 2015 (art. 515, § 1º, do CPC de 1973), transfere ao Tribunal a apreciação dos fundamentos da inicial ou da defesa, não examinados pela sentença, ainda que não renovados em contrarrazões, ***desde que relativos ao capítulo impugnado.***

II - Se o processo estiver em condições, o tribunal, ao julgar o recurso ordinário, deverá decidir desde logo o mérito da causa, nos termos do § 3º do art. 1.013 do CPC de 2015, inclusive quando constatar a omissão da sentença no exame de um dos pedidos.

Suspensivo

Ao falar no efeito suspensivo, está se referindo ao impedimento de produção dos efeitos da decisão, enquanto o recurso não for julgado, conforme a seguir:

Súmula nº 414 - TST

MANDADO DE SEGURANÇA. TUTELA PROVISÓRIA CONCEDIDA ANTES OU NA SENTENÇA.

I - A tutela provisória concedida na sentença não comporta impugnação pela via do mandado de segurança, por ser impugnável mediante recurso ordinário. É admissível a obtenção de efeito suspensivo ao recurso ordinário mediante requerimento dirigido ao tribunal, ao relator ou ao presidente ou ao vice-presidente do tribunal recorrido, por aplicação subsidiária ao processo do trabalho do artigo 1.029, § 5º, do CPC de 2015.

6.8 Recurso Ordinário

O recurso ordinário é cabível contra decisões definitivas ou terminativas das Varas e Juízos e de decisões definitivas ou terminativas dos Tribunais Regionais, em processos de competência originária, quer nos dissídios individuais, quer nos dissídios coletivos, tendo o prazo de interposição de 8 dias úteis, exceto para a Fazenda Pública, o MPT e a Defensoria Pública que possuem prazo em dobro, conforme art. 895:

Art. 895 *Cabe recurso ordinário para a instância superior:*

I - das decisões definitivas ou terminativas das Varas e Juízos, no prazo de 8 (oito) dias;

II - das decisões definitivas ou terminativas dos Tribunais Regionais, em processos de sua competência originária, no prazo de 8 (oito) dias, quer nos dissídios individuais, quer nos dissídios coletivos.

§ 1º Nas reclamações sujeitas ao procedimento sumaríssimo, o recurso ordinário:

I - (Vetado)

II - será imediatamente distribuído, uma vez recebido no Tribunal, devendo o relator liberá-lo no prazo máximo de dez dias, e a Secretaria do Tribunal ou Turma colocá-lo imediatamente em pauta para julgamento, sem revisor;

III - terá parecer oral do representante do Ministério Público presente à sessão de julgamento, se este entender necessário o parecer, com registro na certidão;

IV - terá acórdão consistente unicamente na certidão de julgamento, com a indicação suficiente do processo e parte dispositiva, e das razões de decidir do voto prevalente. Se a sentença for confirmada pelos próprios fundamentos, a certidão de julgamento, registrando tal circunstância, servirá de acórdão.

§ 2º Os Tribunais Regionais, divididos em Turmas, poderão designar Turma para o julgamento dos recursos ordinários interpostos das sentenças prolatadas nas demandas sujeitas ao procedimento sumaríssimo.

O efeito do recurso ordinário é meramente devolutivo, podendo o recorrente requerer o efeito suspensivo ao Tribunal do relator por meio de simples petição conforme a Súmula nº 414, I, TST.

Súmula nº 414 - TST

MANDADO DE SEGURANÇA. TUTELA PROVISÓRIA CONCEDIDA ANTES OU NA SENTENÇA

I - A tutela provisória concedida na sentença não comporta impugnação pela via do mandado de segurança, por ser impugnável mediante recurso ordinário. É admissível a obtenção de efeito suspensivo ao recurso ordinário mediante requerimento dirigido ao tribunal, ao relator ou ao presidente ou ao vice-presidente do tribunal recorrido, por aplicação subsidiária ao processo do trabalho do artigo 1.029, § 5º, do CPC de 2015.

6.9 Agravo de Petição

O agravo de petição é o recurso cabível em decisões na fase de execução, possui prazo de 8 dias úteis, sendo em dobro para a Fazenda Pública, o MPT e a Defensoria Pública.

Art. 897 *Cabe agravo, no prazo de 8 (oito) dias:*

a) de petição, das decisões do Juiz ou Presidente, nas execuções;

b) de instrumento, dos despachos que denegarem a interposição de recursos.

§ 1º O agravo de petição só será recebido quando o agravante delimitar, justificadamente, as matérias e os valores impugnados, permitida a execução imediata da parte remanescente até o final, nos próprios autos ou por carta de sentença.

§ 2º O agravo de instrumento interposto contra o despacho que não receber agravo de petição não suspende a execução da sentença.

§ 3º Na hipótese da alínea a deste artigo, o agravo será julgado pelo próprio tribunal, presidido pela autoridade recorrida, salvo se se tratar de decisão de Juiz do Trabalho de 1ª Instância ou de Juiz de Direito, quando o julgamento competirá a uma das Turmas do Tribunal Regional a que estiver subordinado o prolator da sentença, observado o disposto no art. 679, a quem este remeterá as peças necessárias para o exame da matéria controvertida, em autos apartados, ou nos próprios autos, se tiver sido determinada a extração de carta de sentença.

§ 4º Na hipótese da alínea b deste artigo, o agravo será julgado pelo Tribunal que seria competente para conhecer o recurso cuja interposição foi denegada.

§ 5º Sob pena de não conhecimento, as partes promoverão a formação do instrumento do agravo de modo a possibilitar, caso provido, o imediato julgamento do recurso denegado, instruindo a petição de interposição:

I – obrigatoriamente, com cópias da decisão agravada, da certidão da respectiva intimação, das procurações outorgadas aos advogados do agravante e do agravado, da petição inicial, da contestação, da decisão originária, do depósito recursal referente ao recurso que se pretende destrancar, da comprovação do recolhimento das custas e do depósito recursal a que se refere o § 7º do art. 899 desta Consolidação;

II – facultativamente, com outras peças que o agravante reputar úteis ao deslinde da matéria de mérito controvertida.

§ 6º O agravado será intimado para oferecer resposta ao agravo e ao recurso principal, instruindo-a com as peças que considerar necessárias ao julgamento de ambos os recursos.

§ 7º Provido o agravo, a Turma deliberará sobre o julgamento do recurso principal, observando-se, se for o caso, daí em diante, o procedimento relativo a esse recurso.

§ 8º Quando o agravo de petição versar apenas sobre as contribuições sociais, o juiz da execução determinará a extração de cópias das peças necessárias, que serão autuadas em apartado, conforme dispõe o § 3o, parte final, e remetidas à instância superior para apreciação, após contraminuta.

***Art. 897-A** Caberão embargos de declaração da sentença ou acórdão, no prazo de cinco dias, devendo seu julgamento ocorrer na primeira audiência ou sessão subsequente a sua apresentação, registrado na certidão, admitido efeito modificativo da decisão nos casos de omissão e contradição no julgado e manifesto equívoco no exame dos pressupostos extrínsecos do recurso.*

§ 1º Os erros materiais poderão ser corrigidos de ofício ou a requerimento de qualquer das partes.

§ 2º Eventual efeito modificativo dos embargos de declaração somente poderá ocorrer em virtude da correção de vício na decisão embargada e desde que ouvida a parte contrária, no prazo de 5 (cinco) dias.

§ 3º Os embargos de declaração interrompem o prazo para interposição de outros recursos, por qualquer das partes, salvo quando intempestivos, irregular a representação da parte ou ausente a sua assinatura.

Recurso de revista

É o recurso de natureza extraordinária e de fundamentação vinculada, sendo incabível para o reexame de fatos e provas, devendo ser interposto apenas em face de decisões proferidas em grau de recurso ordinário, no prazo de 8 dias, em **dissídio individual**, pelos Tribunais Regionais do Trabalho, quando:

***Art. 896** Cabe Recurso de Revista para Turma do Tribunal Superior do Trabalho das decisões proferidas em grau de recurso ordinário, em dissídio individual, pelos Tribunais Regionais do Trabalho, quando:*

a) derem ao mesmo dispositivo de lei federal interpretação diversa da que lhe houver dado outro Tribunal Regional do Trabalho, no seu Pleno ou Turma, ou a Seção de Dissídios Individuais do Tribunal Superior do Trabalho, ou contrariarem súmula de jurisprudência uniforme dessa Corte ou súmula vinculante do Supremo Tribunal Federal;

b) derem ao mesmo dispositivo de lei estadual, Convenção Coletiva de Trabalho, Acordo Coletivo, sentença normativa ou regulamento empresarial de observância obrigatória em área territorial que exceda a jurisdição do Tribunal Regional prolator da decisão recorrida, interpretação divergente, na forma da alínea a;

c) proferidas com violação literal de disposição de lei federal ou afronta direta e literal à Constituição Federal.

É necessário destacarmos que um dos pressupostos de admissibilidade do Recurso de Revista é o Prequestionamento, que é a manifestação explícita de tese sobre o ponto na decisão atacada, conforme a seguir:

Súmula nº 297 – TST

PREQUESTIONAMENTO. OPORTUNIDADE. CONFIGURAÇÃO.

Diz-se prequestionada a matéria ou questão quando na decisão impugnada haja sido adotada, explicitamente, tese a respeito.

*Incumbe à parte interessada, desde que a matéria haja sido invocada no recurso principal, **opor embargos declaratórios objetivando o pronunciamento sobre o tema**, sob pena de preclusão.*

Considera-se prequestionada a questão jurídica invocada no recurso principal sobre a qual se omite o Tribunal de pronunciar tese, não obstante opostos embargos de declaração.

Além disso, para ser apreciado o recurso de revista, necessita de transcendência, ou seja, deve ter reflexos que transcendam aquela relação processual em questão e alcancem a repercussão geral. São apresentados como **indicadores** da transcendência:

→ Econômica, o elevado valor da causa;

→ Política, o desrespeito da instância recorrida à jurisprudência sumulada do Tribunal Superior do Trabalho (TST) ou do Supremo Tribunal Federal (STF);

→ Social, a postulação, por reclamante-recorrente, de direito social constitucionalmente assegurado;

→ Jurídica, a existência de questão nova em torno da interpretação da legislação trabalhista.

Inconstitucionalidade do art. 896-A, § 5º, da CLT

No dia **6 de novembro de 2020**, o TST, jugou **inconstitucional** o art. 896-A, § 5º, da CLT que trazia em seu texto que é "irrecorrível a decisão monocrática do relator que, em agravo de instrumento em recurso de revista, considerar ausente a transcendência da matéria". Assim, em caso de decisão monocrática do relator que, em agravo de instrumento em recurso de revista, considerar ausente a transcendência da matéria, caberá **Agravo Interno**.

A seguir, notícia trazida pelo Informativo nº 228 do TST:

Arguição de inconstitucionalidade. Art. 896-A, § 5º, da CLT. Dispositivo que disciplina a irrecorribilidade da decisão monocrática que denega seguimento ao agravo de instrumento em recurso de revista por ausência de transcendência. Declaração de inconstitucionalidade. Violação dos princípios da colegialidade, da segurança jurídica, do devido processo legal, da isonomia e da proteção da confiança. Impedimento de exame da matéria objeto do apelo pelo STF. Incongruência dos procedimentos adotados pela lei no julgamento de recursos de revista e agravos de instrumento. Não razoabilidade da interpretação literal. Possibilidade de interposição de agravo interno, no caso concreto.

É inconstitucional o § 5º do art. 896-A da CLT, que dispõe ser "irrecorrível a decisão monocrática do relator que, em agravo de instrumento em recurso de revista, considerar ausente a transcendência da matéria", admitindo-se, no caso concreto, a interposição de agravo interno contra a decisão monocrática do relator que denegou seguimento ao agravo de instrumento em recurso de revista, por ausência de transcendência da causa. Na espécie, declarou-se a inconstitucionalidade do referido dispositivo, por considerar que ele viola os princípios da colegialidade, da segurança jurídica, do devido processo legal, da isonomia e da proteção da confiança. Além disso, destacou-se que a interpretação literal do art. 896-A, § 5º, da CLT mostra-se desarrazoada, visto que a atribuição de um caráter definitivo e terminativo à decisão unipessoal do relator, além de impedir uma análise futura da matéria controvertida pelo Supremo, de ser contrário à jurisprudência do STJ e do STF e de revelar uma incongruência entre os procedimentos adotados para análise da transcendência em sede de recursos de revistas e de agravos de instrumento – já que em relação à decisão unipessoal do relator proferida em sede de recurso de revista cabe impugnação via interposição de agravo interno –, acabaria inserindo obstáculos ao exercício da competência legal reservada às Turmas do TST e até dificultaria a fixação de precedentes pela própria Corte Especializada, ante a ausência de fixação de parâmetros objetivos para o reconhecimento da transcendência e a atribuição de elevado grau de subjetividade por cada relator. Sob esse entendimento, decidiu o Tribunal Pleno, por maioria, acolher o incidente de arguição de inconstitucionalidade do artigo 896-A, § 5º, da CLT, suscitado pela 7ª Turma, admitindo, no caso concreto, a interposição de agravo interno contra a decisão unipessoal do relator, que negou provimento ao agravo de instrumento em recurso de revista, por ausência de transcendência da causa; e comunicar o teor da decisão à Comissão de Regimento Interno do TST, a fim de que adote providências acerca do artigo 248 do Regimento Interno do TST, que reproduz o conteúdo daquela norma. Vencidos integralmente os Ministros Breno Medeiros, Evandro Pereira Valadão Lopes, Emmanoel Pereira e Walmir Oliveira da Costa, que julgavam improcedente à arguição suscitada, ante a constitucionalidade do art. 896-A, § 5º, da CLT. Vencidos parcialmente os Ministros Alexandre Luiz Ramos, Ives Gandra da Silva Martins Filho, Dora Maria da Costa, Guilherme Augusto Caputo Bastos e Aloysio Corrêa da Veiga, que conferiam interpretação conforme a Constituição Federal. TST-ArgInc-1000845- 52.2016.5.02.0461, Tribunal Pleno, rel. Min. Cláudio Mascarenhas Brandão, 6/11/2020.

Embargos infringentes no TST

Embargos infringentes é o recurso cabível em decisões não unânimes de julgamento que julgar ou homologar conciliação em dissídios coletivos além da competência territorial dos Tribunais Regionais do Trabalho (TRT) e estender ou rever as sentenças normativas do Tribunal Superior do Trabalho (TST), nos casos previstos em lei, tendo como prazo de interposição 8 dias úteis, contados em dobro para a Fazenda Pública, o Ministério Público do Trabalho (MPT) e a Defensoria Pública possuem prazo em dobro.

Embargos de divergência (embargos à SDI)

Os embargos de divergência são os recursos cabíveis de decisões das Turmas Recursais que foram contrárias entre si ou até mesmo das decisões proferidas pela Seção de Dissídios Individuais (SDI), ou contrárias a súmula ou orientação jurisprudencial do TST ou Súmula Vinculante do STF. O prazo de interposição é de 8 dias úteis, sendo que a Fazenda Pública, o MPT e a Defensoria Pública possuem prazo em dobro.

Agravo de instrumento

É o recurso cabível em face de decisão do juízo origem que denegar o seguimento do recurso, trancando, assim, a via recursal, e tem como objetivo destrancar, fazendo com que o recurso siga para o juízo de destino. Possui o prazo de 8 dias, sendo em dobro para a Fazenda Pública, o MPT e a Defensoria Pública possuem prazo em dobro.

Agravo interno

É o recurso cabível em face de decisão monocrática do relator no tribunal, com o escopo de levar a questão ao colegiado. Dessa maneira, é incabível agravo interno de decisões colegiadas, sendo, inclusive, um erro grosseiro.

7. PRESCRIÇÃO E DECADÊNCIA NO PROCESSO DO TRABALHO

A Prescrição e Decadência estão ligados diretamente ao decurso do tempo. Ambas são hipóteses de extinção de direito e, se presentes, fazem ocorrer o julgamento do processo com análise do mérito. Por isso, são classificadas como prejudiciais de mérito, pois sua análise é feita anterior à defesa de mérito já que seu reconhecimento gera imediato julgamento do feito com resolução do mérito (art. 487, II, CPC).

> ***Art. 487, CPC*** *Haverá resolução de mérito quando o juiz:*
>
> *[...]*
>
> *II – decidir, de ofício ou a requerimento, sobre a ocorrência de decadência ou prescrição;*

De fato, segundo preceitua Sergio Pinto Martins, **a prescrição** é a perda do direito de ação pela inércia de seu titular. Por sua vez, **a decadência** é a perda do próprio direito subjetivo pelo decurso de prazo previsto em lei.

7.1 Decadência

Também é conhecida como caducidade, é o instituto que extingue o direito potestativo de pleitear aquilo que lhe é devido de acordo com o prazo estipulado em lei.

Ex.: 120 dias para ajuizar mandado de segurança; 2 anos para ajuizar ação rescisória; 30 dias, a contar da suspensão do empregado, para ajuizamento do inquérito para apuração de falta grave, de empregado estável.

É outro exemplo de direito potestativo a ruptura do contrato de trabalho, em que a parte, ao comunicar sua decisão à outra, não se sujeita à sua concordância ou oposição.

7.2 Prescrição

Prescrição é a perda da pretensão de exigir o cumprimento de determinada obrigação.

De acordo com o art. 189 do Código Civil (CC): **Violado o direito, nasce para o titular a pretensão**, a qual se extingue, pela prescrição, nos prazos a que aludem os arts. 205 e 206.

> ***Art. 205, CC*** *A prescrição ocorre em dez anos, quando a lei não lhe haja fixado prazo menor.*
>
> ***Art. 206*** *Prescreve:*
>
> *§ 1º Em um ano:*
>
> *I – a pretensão dos hospedeiros ou fornecedores de víveres destinados a consumo no próprio estabelecimento, para o pagamento da hospedagem ou dos alimentos;*
>
> *II – a pretensão do segurado contra o segurador, ou a deste contra aquele, contado o prazo:*
>
> *a) para o segurado, no caso de seguro de responsabilidade civil, da data em que é citado para responder à ação de indenização proposta pelo terceiro prejudicado, ou da data que a este indeniza, com a anuência do segurador;*
>
> *b) quanto aos demais seguros, da ciência do fato gerador da pretensão;*
>
> *III – a pretensão dos tabeliães, auxiliares da justiça, serventuários judiciais, árbitros e peritos, pela percepção de emolumentos, custas e honorários;*
>
> *IV – a pretensão contra os peritos, pela avaliação dos bens que entraram para a formação do capital de sociedade anônima, contado da publicação da ata da assembleia que aprovar o laudo;*
>
> *V – a pretensão dos credores não pagos contra os sócios ou acionistas e os liquidantes, contado o prazo da publicação da ata de encerramento da liquidação da sociedade.*
>
> *§ 2º Em dois anos, a pretensão para haver prestações alimentares, a partir da data em que se vencerem.*
>
> *§ 3º Em três anos:*
>
> *I – a pretensão relativa a aluguéis de prédios urbanos ou rústicos;*
>
> *II – a pretensão para receber prestações vencidas de rendas temporárias ou vitalícias;*
>
> *III – a pretensão para haver juros, dividendos ou quaisquer prestações acessórias, pagáveis, em períodos não maiores de um ano, com capitalização ou sem ela;*
>
> *IV – a pretensão de ressarcimento de enriquecimento sem causa;*
>
> *V – a pretensão de reparação civil;*
>
> *VI – a pretensão de restituição dos lucros ou dividendos recebidos de má-fé, correndo o prazo da data em que foi deliberada a distribuição;*
>
> *VII – a pretensão contra as pessoas em seguida indicadas por violação da lei ou do estatuto, contado o prazo:*
>
> *a) para os fundadores, da publicação dos atos constitutivos da sociedade anônima;*
>
> *b) para os administradores, ou fiscais, da apresentação, aos sócios, do balanço referente ao exercício em que a violação tenha sido praticada, ou da reunião ou assembleia geral que dela deva tomar conhecimento;*
>
> *c) para os liquidantes, da primeira assembleia semestral posterior à violação;*
>
> *VIII – a pretensão para haver o pagamento de título de crédito, a contar do vencimento, ressalvadas as disposições de lei especial;*
>
> *IX – a pretensão do beneficiário contra o segurador, e a do terceiro prejudicado, no caso de seguro de responsabilidade civil obrigatório.*
>
> *§ 4º Em quatro anos, a pretensão relativa à tutela, a contar da data da aprovação das contas.*
>
> *§ 5º Em cinco anos:*
>
> *I – a pretensão de cobrança de dívidas líquidas constantes de instrumento público ou particular;*
>
> *II – a pretensão dos profissionais liberais em geral, procuradores judiciais, curadores e professores pelos seus honorários, contado o prazo da conclusão dos serviços, da cessação dos respectivos contratos ou mandato;*
>
> *III – a pretensão do vencedor para haver do vencido o que despendeu em juízo.*
>
> ***Art. 206-A*** *A prescrição intercorrente observará o mesmo prazo de prescrição da pretensão, observadas as causas de impedimento, de suspensão e de interrupção da prescrição previstas neste Código e observado o disposto no art. 921 da Lei nº 13.105, de 16 de março de 2015 (Código de Processo Civil).*

Assim, pode-se definir prescrição como a perda de uma pretensão (impossibilidade de ingressar judicialmente para haver determinada verba), decorrente da falta de ação por parte do credor.

Há ocasiões em que o ofendido só toma conhecimento da violação do seu direito anos após a ocorrência do prazo prescricional, como, por exemplo, em um erro médico que só é descoberto anos após a cirurgia. Nestes casos, a teoria da *actio nata* defende que o prazo prescricional só deve começar a correr quando o ofendido tem conhecimento/ciência do fato danoso.

A pretensão é extinta pelo decurso do prazo prescricional e há causas interruptivas e suspensivas da prescrição. Exemplo de prazo prescricional: 2 anos, após o término do contrato de trabalho, para ingressar na Justiça do Trabalho (prescrição bienal).

Prescrição na justiça do trabalho

A Constituição Federal prevê prazo prescricional de 2 anos para as ações de créditos resultantes das relações de trabalho (art. 7º, XXIX, CF). Esse prazo se inicia após o término do contrato de trabalho (prescrição bienal).

Decorrido o prazo de dois anos, o direito de exigir judicialmente o pagamento das verbas e demais direitos trabalhistas relativos ao extinto contrato de trabalho estará extinto.

Havendo o acionamento da justiça dentro desse prazo de dois anos, o empregado pode pleitear apenas os direitos trabalhistas dos últimos cinco anos, que tem como marco inicial a data do ajuizamento da ação (prescrição quinquenal).

→ O prazo do aviso prévio integra a contagem do início do prazo prescricional.

> ***Orientação Jurisprudencial nº 83 – SbDI-I***
> *AVISO PRÉVIO. INDENIZADO. PRESCRIÇÃO.*
> *A prescrição começa a fluir no final da data do término do aviso prévio. Art. 487, § 1º, CLT.*

→ As ações que tenham por objeto anotações para fins de prova junto à Previdência Social são imprescritíveis (art. 11, § 1º, CLT).

> ***Súmula nº 308 – TST***
> *PRESCRIÇÃO QUINQUENAL.*
> *I. Respeitado o biênio subsequente à cessação contratual, a prescrição da ação trabalhista concerne às pretensões imediatamente anteriores a cinco anos, contados da data do ajuizamento da reclamação e, não às anteriores ao quinquênio da data da extinção do contrato.*
> *II. A norma constitucional que ampliou o prazo de prescrição da ação trabalhista para 5 (cinco) anos é de aplicação imediata e não atinge pretensões já alcançadas pela prescrição bienal quando da promulgação da CF/1988.*

→ Na justiça do trabalho, a prescrição deve ser arguida apenas em instância ordinária, assim, a parte interessada na prescrição deve alegar até o momento das razões de recurso ordinário, situação que garante o contraditório para o adversário, já que poderá se manifestar nas contrarrazões.

> ***Súmula nº 153 – TST***
> *PRESCRIÇÃO (mantida)*
> *Não se conhece de prescrição não arguida na instância ordinária (ex-Prejulgado nº 27).*

→ Prescrição de períodos contínuos de trabalho inicia-se da extinção do último contrato.

Prescrição total

Ocorre a prescrição total para questões que não possuem previsão legal (CLT e Lei Complementar). Este, atinge o direito e decorre de ato único do empregador. Exemplos: Alteração ou supressão de comissão; Reenquadramento; Complementação de aposentadoria nunca paga pelo empregador.

> ***Súmula nº 156 – TST***
> *PRESCRIÇÃO. PRAZO.*
> *Da extinção do último contrato começa a fluir o prazo prescricional do direito de ação em que se objetiva a soma de períodos descontínuos de trabalho.*
> ***Súmula nº 275 – TST***
> *PRESCRIÇÃO. DESVIO DE FUNÇÃO E REENQUADRAMENTO.*
> *I – Na ação que objetive corrigir desvio funcional, a prescrição só alcança as diferenças salariais vencidas no período de 5 (cinco) anos que precedeu o ajuizamento.*
> *II – Em se tratando de pedido de reenquadramento, a **prescrição é total**, contada da data do enquadramento do empregado.*
> ***Art. 11, § 2º, CLT*** *Tratando-se de pretensão que envolva pedido de prestações sucessivas decorrente de alteração ou descumprimento do pactuado, a prescrição é total, exceto quando o direito à parcela esteja também assegurado por preceito de lei.*

Com relação ao pedido de complementação de aposentadoria oriunda de norma regulamentar e jamais paga ao ex-empregado, a prescrição é a total, começando a fluir o biênio a partir da aposentadoria. Logo, o prazo de prescrição é de dois anos, contados da data da jubilação.

> ***Súmula nº 326 – TST***
> *COMPLEMENTAÇÃO DE APOSENTADORIA. PRESCRIÇÃO TOTAL.*
> *A pretensão à complementação de aposentadoria jamais recebida prescreve em 2 (dois) anos contados da cessação do contrato de trabalho.*
> ***Orientação Jurisprudencial nº 242 – SbDI-I***
> *PRESCRIÇÃO TOTAL. HORAS EXTRAS. ADICIONAL. INCORPORAÇÃO.*
> *Embora haja previsão legal para o direito à hora extra, inexiste previsão para a incorporação ao salário do respectivo adicional, razão pela qual deve incidir a **prescrição total.***

Prescrição parcial

Ao contrário da prescrição total, a parcial é aplicada em parcelas que possuem previsão legal e que se renovam a contagem mês a mês, sempre que a parcela não for paga.

Ex.: Equiparação salarial; Pedido de diferenças de complementação de aposentadoria; Pedido de diferença de gratificação semestral congelada.

> ***Súmula nº 327 – TST***
> *COMPLEMENTAÇÃO DE APOSENTADORIA. DIFERENÇAS. PRESCRIÇÃO PARCIAL.*
> *A pretensão a diferenças de complementação de aposentadoria sujeita-se à **prescrição parcial** e quinquenal, salvo se o pretenso direito decorrer de verbas não recebidas no curso da relação de emprego e já alcançadas pela prescrição, à época da propositura da ação*
> ***Súmula nº 373 – TST***
> *GRATIFICAÇÃO SEMESTRAL. CONGELAMENTO. PRESCRIÇÃO PARCIAL.*
> *Tratando-se de pedido de diferença de gratificação semestral que teve seu valor congelado, a **prescrição aplicável é a parcial**.*
> ***Súmula nº 452 – TST***
> *DIFERENÇAS SALARIAIS. PLANO DE CARGOS E SALÁRIOS. DESCUMPRIMENTO. CRITÉRIOS DE PROMOÇÃO NÃO OBSERVADOS. PRESCRIÇÃO PARCIAL.*
> *Tratando-se de pedido de pagamento de diferenças salariais decorrentes da inobservância dos critérios de promoção estabelecidos em Plano de Cargos e Salários criado pela empresa, a **prescrição aplicável é a parcial**, pois a lesão é sucessiva e se renova mês a mês.*

Causas impeditivas, suspensivas e interruptivas da prescrição

→ **Causas impeditivas: quando há um fato que impede que se inicie a contagem do prazo. Ex.:** empregado menor de 18 anos (CLT, art. 440).

→ **Causas suspensivas: quando algum fato suspende temporariamente a contagem do prazo prescricional. Exemplo:** Pedido de conciliação na Comissão de Conciliação Prévia (CLT, art. 625-G).

→ **Causas interruptivas: quando a contagem do prazo prescricional é reiniciada desde seu início. Exemplo:** Protocolo da reclamação trabalhista (CLT, art. 11, §3º).

→ Ações trabalhistas arquivadas interrompem a prescrição apenas com relação aos pedidos idênticos.

> ***Súmula nº 268 – TST***
> *PRESCRIÇÃO. INTERRUPÇÃO. AÇÃO TRABALHISTA ARQUIVADA.*
> *A ação trabalhista, ainda que arquivada, interrompe a prescrição somente em relação aos pedidos idênticos.*

→ Ações trabalhistas movida por sindicato, como substituto processual, interrompe a prescrição mesmo se declarado ilegítimo.

> ***Orientação Jurisprudencial nº 359 – SbDI-I***
> *SUBSTITUIÇÃO PROCESSUAL. SINDICATO. LEGITIMIDADE. PRESCRIÇÃO. INTERRUPÇÃO.*
> *A ação movida por sindicato, na qualidade de substituto processual, interrompe a prescrição, ainda que tenha sido considerado parte ilegítima "ad causam".*

→ **Interrupção da prescrição em razão de protesto judicial:**

> ***Orientação Jurisprudencial nº 392 – SbDI-I***
> *PRESCRIÇÃO. INTERRUPÇÃO. AJUIZAMENTO DE PROTESTO JUDICIAL. MARCO INICIAL.*
> *O protesto judicial é medida aplicável no processo do trabalho, por força do art. 769 da CLT e do art. 15 do CPC de 2015. O ajuizamento da ação, por si só, interrompe o prazo prescricional, em razão da inaplicabilidade do § 2º do art. 240 do CPC de 2015 (§ 2º do art. 219 do CPC de 1973), incompatível com o disposto no art. 841 da CLT*

→ **Auxílio-doença, aposentadoria por invalidez e contagem do prazo prescricional:**

> ***Orientação Jurisprudencial nº 375 – SbDI-I***
> *AUXÍLIO-DOENÇA. APOSENTADORIA POR INVALIDEZ. SUSPENSÃO DO CONTRATO DE TRABALHO. PRESCRIÇÃO. CONTAGEM.*
> *A suspensão do contrato de trabalho, em virtude da percepção do auxílio-doença ou da aposentadoria por invalidez, não impede a fluência da prescrição quinquenal, ressalvada a hipótese de absoluta impossibilidade de acesso ao Judiciário.*

Prescrição intercorrente

Esta é a prescrição que ocorre no decorrer do processo, devido a inércia de uma das partes a qual deveria praticar o ato processual determinado pelo juiz.

Antes da Reforma Trabalhista, a prescrição intercorrente era prevista apenas pela Súmula nº 327 do STF, contudo, o TST divergia desse entendimento aplicando a Súmula nº 114 do TST.

A Lei nº 13.467/2017, que alterou a CLT, prevê expressamente a prescrição intercorrente na Justiça do Trabalho (art. 11-A, §1 e 2, CLT).

O prazo prescricional ocorre após o decurso de dois anos que serão contados a partir do fim do prazo processual que não foi cumprido.

Observações complementares

A reforma trabalhista inseriu o art. 611-B que veda a possibilidade de **Negociação Coletiva** dispor sobre prazos prescricionais.

A prescrição do FGTS era trintenária (30 anos) para a pretensão de reclamar contra o não recolhimento da contribuição pelo empregador, observando o prazo de dois anos após o término do contrato de trabalho. Contudo, com o julgamento do ARE-709.212/DF, o STF concluiu pela aplicação da prescrição quinquenária (5 anos), sendo observado o prazo de dois anos após o término do contrato de trabalho.

A prescrição de determinada parcela, também engloba a contribuição do FGTS.

> ***Súmula nº 206 – TST***
> *FGTS. INCIDÊNCIA SOBRE PARCELAS PRESCRITAS.*
> *A prescrição da pretensão relativa às parcelas remuneratórias alcança o respectivo recolhimento da contribuição para o FGTS.*

8. DISSÍDIOS COLETIVOS

A justiça do trabalho pode ser acionada de forma individual e coletiva. A primeira com objetivo de solucionar conflito individualizado e concreto, entre as duas partes (empregado e empregador) com a aplicação das normas que já existem.

A segunda, por sua vez, se objetiva a solucionar o conflito coletivos e abstratos, também entre duas partes, porém com o intuito de criar uma norma jurídica ou interpretar determinada cláusula e modificá-la.

No dissídio coletivo, estamos diante de uma disputa individualizadas entre um grupo econômico e profissional. Precisamos diferenciar o dissídio coletivo da substituição processual do sindicato previsto no art. 872, parágrafo único da CLT. Neste caso, estamos diante de um dissídio individual onde apenas o sindicato atua como substituto daquele sujeito. No âmbito coletivo, estamos diante do interesse de um grupo de trabalhadores e do outro o interesse econômico.

O dissídio coletivo possui efeito amplo, isso porque as sentenças advindas deste irá alcançar até mesmo aqueles que não fizeram parte do processo, desde que integrados à mesma categoria envolvida no processo, diferente do que ocorre no dissídio individual a qual os efeitos da sentença se limitam apenas aquele indivíduo parte da ação.

Existem 5 tipos de Dissídios Coletivos:

→ **Dissidio coletivo de natureza econômica:** tem por objetivo instituir normas e condições de trabalho, seja cláusulas de cunho econômico (reajuste salarial) ou social (horário de intervalo) para exercício de determinada atividade profissional.

→ **Dissídio coletivo de natureza jurídica:** tem por objetivo a interpretação de determinada norma jurídica, que pode ser de cláusulas de sentença normativa, de acordo ou convenção coletiva, de disposições legais particulares de categoria profissional ou econômica e outros atos normativos. A jurisdição é exercida por meio de ação declaratória e sua sentença possui natureza declaratória.

> ***Orientação Jurisprudencial nº 7 – SDC***
> *DISSÍDIO COLETIVO. NATUREZA JURÍDICA. INTERPRETAÇÃO DE NORMA DE CARÁTER GENÉRICO. INVIABILIDADE.*
> *Não se presta o dissídio coletivo de natureza jurídica à interpretação de normas de caráter genérico, a teor do disposto no art. 313, II, do RITST.*

→ **Dissídio coletivo originário:** são aqueles que se destinam a começar determinada norma coletiva quando esta ainda não existe anteriormente.

→ **Dissídio coletivo revisional:** se destina a revisar o conteúdo de determinada norma e condição coletiva de trabalho já existentes que, por alguma razão, se tornou ineficaz ou injustas

→ **Dissídio coletivo greve:** tem como objetivo determinar se determinada greve é abusiva ou ilegal. Possui sentença de natureza declaratória.

Conforme demonstrado, em sede de dissídio coletivo, nota-se que a justiça do trabalho se torna competente normativo e legislativo, isso porque pode criar normas gerais e abstratas para o trabalhador. Assim é notória essa competência nos dissídios coletivos de natureza econômica, revisional e originária. Nas demais não se apresente tal competência pois, como no caso do dissídio coletivo jurídico se objetiva apenas à interpretação de determinada norma e a de greve apenas a declarar a abusividade e legalidade desta.

8.1 Competência

> ***Art. 114, CF/1988*** *Compete à Justiça do Trabalho processar e julgar:*
> *I – as ações oriundas da relação de trabalho, abrangidos os entes de direito público externo e da administração pública direta e indireta da União, dos Estados, do Distrito Federal e dos Municípios;*
> *[...]*
> *§ 1º Frustrada a negociação coletiva, as partes poderão eleger árbitros.*
> *§ 2º Recusando-se qualquer das partes à negociação coletiva ou à arbitragem, é facultado às mesmas, de comum acordo, ajuizar dissídio coletivo de natureza econômica, podendo a Justiça do Trabalho decidir o conflito, respeitadas as disposições mínimas legais de proteção ao trabalho, bem como as convencionadas anteriormente.*
> *§ 3º Em caso de greve em atividade essencial, com possibilidade de lesão do interesse público, o Ministério Público do Trabalho poderá ajuizar dissídio coletivo, competindo à Justiça do Trabalho decidir o conflito.*

Em regra, a competência originária é do Tribunal Regional, ou seja, um dissídio coletivo não será julgado por uma Vara do Trabalho, apenas pelo Tribunal Regional ou pelo Tribunal Superior do Trabalho, de acordo com a extensão territorial (art. 677, CLT).

No âmbito dos TRTs, os dissídios serão julgados pela Seção de Dissídios Coletivos ou Tribunal Pleno. Em caso de competência do TST, será julgado pela Seção de Dissídios Coletivos.

O objetivo desta jurisdição coletiva para a individual, está atrelada a constituição de sentenças normativas e à extensão ou revisão de normas coletivas já existentes. É essa a razão de haver diferenças procedimentais.

→ No estado de São Paulo, por existirem dois Tribunais, a competência para processar dissídios coletivos é do TRT 2, conforme determinada no art. 12 da Lei nº 7.520/1986.

→ Quando o dissídio coletivo envolver empresas públicas e sociedades de economia mista, a competência permanece sendo da Justiça do Trabalho.

8.2 Legitimidade

As partes são conhecidas como **suscitante**, aquele que instaura o dissídio e suscitada, aquele a quem é instaurada o dissidio.

Os dissídios coletivos são ajuizados por **Sindicatos** e este deve estar regularmente registrado no órgão competente do MPT. Caso não haja sindicato daquela categoria econômica ou profissional, a representação se fará por meio da Federações, e não havendo estas, se dará por Confederações.

> ***Orientação Jurisprudencial nº 15 – SDC***
> *SINDICATO. LEGITIMIDADE "AD PROCESSUM". IMPRESCINDIBILIDADE DO REGISTRO NO MINISTÉRIO DO TRABALHO.*
> *A comprovação da legitimidade "ad processum" da entidade sindical se faz por seu registro no órgão competente do Ministério do Trabalho, mesmo após a promulgação da Constituição Federal de 1988.*

Os **empregadores** terão legitimidade para atuar no processo nos casos em que são frustradas as tentativas de celebrar acordo coletivo, independente da intervenção do sindicato patronal.

No caso de greves, terá legitimidade a **comissão de trabalhadores**, desde que não haja sindicato da categoria (art. 4 e 5, Lei nº 7.783/1989). Nesses casos, quando da ocorrência de greve de atividade essencial, o Ministério Público do Trabalho poderá ajuizar ação quando entender que determinada greve lesiona o interesse público/social. O MPT também tem legitimidade para atuar em dissídio coletivo revisional.

> ***Art. 856, CLT*** *A instância será instaurada mediante representação escrita ao Presidente do Tribunal. Poderá ser também instaurada por iniciativa do presidente, ou, ainda, a requerimento da Procuradoria da Justiça do Trabalho, sempre que ocorrer suspensão do trabalho.*
>
> ***Art. 857*** *A representação para instaurar a instância em dissídio coletivo constitui prerrogativa das associações sindicais, excluídas as hipóteses aludidas no art. 856, quando ocorrer suspensão do trabalho.*
>
> ***Parágrafo único.*** *Quando não houver sindicato representativo da categoria econômica ou profissional, poderá a representação ser instaurada pelas federações correspondentes e, na falta destas, pelas confederações respectivas, no âmbito de sua representação.*

Embora, textualmente, o art. 856 da CLT conceda legitimidade ao Presidente do TRT para instaurar o dissídio coletivo, a doutrina é pacificada ao entendimento de que esse trecho não é recepcionado pela Constituição Federal. A razão disso é por colisão com o principio da inércia jurisdicional e por se apresentar como ingerência do Estado na organização sindical.

→ Para ajuizamento do dissídio coletivo, necessário se faz a convocação da categoria por edital e a realização de Assembleia Geral de Trabalhadores.

→ A assembleia deve conter a participação de 2/3 dos associados em primeira convocação; e 2/3 dos presentes em segunda (art. 859, CLT).

8.3 Existência de Tentativa Negociação Prévia

Antes do ajuizamento do dissídio coletivo, necessário se faz esgotar todos os meios e tentativas de composição entre as partes, sendo o ajuizamento do dissídio, o último mecanismo a ser utilizado.

Isso vale também para o dissídio coletivo de greve, vejamos o que diz a OJ nº 11 da SDC/TST:

> ***Orientação Jurisprudencial nº 11 – SDC***
>
> *GREVE. IMPRESCINDIBILIDADE DE TENTATIVA DIRETA E PACÍFICA DA SOLUÇÃO DO CONFLITO. ETAPA NEGOCIAL PRÉVIA.*
>
> *É abusiva a greve levada a efeito sem que as partes hajam tentado, direta e pacificamente, solucionar o conflito que lhe constitui o objeto.*

A necessidade de negociação prévia não se faz necessária quando o dissídio for instaurado pelo Ministério público do trabalho em casos de greves de atividades essenciais (art. 114, § 3º, CF).

Além das negociações prévias, é necessário que o ajuizamento do dissídio seja de comum acordo entre as partes, principalmente quando se tratar de dissídio coletivo de natureza econômica e, doutrinariamente, nos dissídios coletivos revisional e o originário, deixando de ser exigido nos dissídios coletivos de greve e de natureza jurídica.

→ Havendo convenção, acordo ou sentença normativa em vigência, o prazo para ajuizamento do dissídio coletivo será em 60 dia antes do termo final deste instrumento, para que novo instrumento possa ter efeito imediato (art. 616, §3, CLT).

→ Apresentação em forma clausulada e fundamentada das reivindicações da categoria.

> ***Orientação Jurisprudencial nº 32 – SDC***
>
> *REIVINDICAÇÕES DA CATEGORIA. FUNDAMENTAÇÃO DAS CLÁUSULAS. NECESSIDADE. APLICAÇÃO DO PRECEDENTE NORMATIVO Nº 37 DO TST.*
>
> *É pressuposto indispensável à constituição válida e regular da ação coletiva* ***a apresentação em forma clausulada e fundamentada das reivindicações da categoria,*** *conforme orientação do item VI, letra "e", da Instrução Normativa n.º 4/93.*

8.4 Sentença Normativa

As decisões proferidas em dissídios coletivos são chamadas de "sentenças normativas". Notavelmente, embora tenha o nome de uma sentença, como você pode ver, a decisão é proferida pelo tribunal.

A sentença normativa pode criar as seguintes cláusulas:

→ **Economia:** visa estabelecer regras com conteúdo econômico-financeiro (**Ex.:** reajustes salariais e reajustes de benefícios);

→ **Social:** Estabelecem e regulam novas condições para as relações laborais sem ter que Conteúdo econômico (por exemplo, intervalos para descanso e refeições);

→ **Sindicatos:** Regulam a relação entre sindicatos e entre empresas e sindicatos (**Ex.:** descontos Contribuições confederativas); e

→ **Obrigatório:** impõem obrigações entre os sindicatos envolvidos (ex. violação do dever). As sentenças normativas são válidas por até 4 anos (CLT, art. 868, parágrafo único).

O entendimento do TST é de que a sentença normativa faz coisa julgada formal, já que há possibilidade de revisão após 1 anos de vigência.

> ***Súmula nº 397 – TST***
>
> *AÇÃO RESCISÓRIA. ART. 966, IV, DO CPC DE 2015. ART. 485, IV, DO CPC DE 1973. AÇÃO DE CUMPRIMENTO. OFENSA À COISA JULGADA EMANADA DE SENTENÇA NORMATIVA MODIFICADA EM GRAU DE RECURSO. INVIABILIDADE. CABIMENTO DE MANDADO DE SEGURANÇA.*
>
> *Não procede ação rescisória calcada em ofensa à coisa julgada perpetrada por decisão proferida em ação de cumprimento, em face de a sentença normativa, na qual se louvava, ter sido modificada em grau de recurso,* **porque em dissídio coletivo somente se consubstancia coisa julgada formal.** *Assim, os meios processuais aptos a atacarem a execução da cláusula reformada são a exceção de pré-executividade e o mandado de segurança, no caso de descumprimento do art. 514 do CPC de 2015 (art. 572 do* ***CPC*** *de 1973).*

8.5 Ação de Cumprimento

Esta á uma que é ajuizada em caso descumprimento da sentença normativa. Aqui não estamos falando de execução de sentença normativas, mas de uma nova ação para cumprir as normas gerais e abstratas apresentadas em sentenças normativas.

Além disso, é proibido rediscutir a matéria fática e jurídica que foi tratada em dissídio coletivo anterior ou em instrumento coletivo.

A ação de cumprimento visa fazer com que as normas estabelecidas em sentença sejam cumpridas (em vez de renegociar). As ações de cumprimento possui natureza condenatória e também podem ser usadas para cumprimento de acordo coletivo e negociação coletiva.

> ***Súmula nº 286 – TST***
>
> *SINDICATO. SUBSTITUIÇÃO PROCESSUAL. CONVENÇÃO E ACORDO COLETIVOS.*
>
> *A legitimidade do sindicato para propor ação de cumprimento estende-se também à observância de acordo ou de convenção coletivos.*
>
> ***Orientação Jurisprudencial nº 188 – SbDI-I***
>
> *DECISÃO NORMATIVA QUE DEFERE DIREITOS. FALTA DE INTERESSE DE AGIR PARA AÇÃO INDIVIDUAL.*
>
> *Falta interesse de agir para a ação individual, singular ou plúrima, quando o direito já foi reconhecido através de decisão normativa, cabendo, no caso, ação de cumprimento.*

Ao contrário do dissídio coletivo, onde a sentença normativa é proferida por Tribunal Regional, a competência da ação de cumprimento é de primeira instância, observadas as regras de competência dos dissídios individuais (art. 651, CLT).

A parte autora da ação de cumprimento pode ser tanto individual, pelos trabalhadores interessados ou de forma coletiva por sindicato profissional.

O tempo para ajuizamento da ação de cumprimento varia de acordo com o Tribunal que proferiu a sentença normativa. Caso seja proferida pelo TRT, a partir do 20º dia subsequente ao julgamento, com base no acórdão proferido ou na certidão de julgamento, exceto quando for concedido efeito suspensivo. Quando se tratar de decisão proferida pelo TST, prazo passa a ser a partir da publicação da certidão de julgamento.

Para fins de ajuizamento da ação de cumprimento não é exigido o trânsito em julgado, isso porque a ação de cumprimento se difere da ação de execução de sentença normativa.

> ***Súmula nº 246 – TST***
>
> *AÇÃO DE CUMPRIMENTO. TRÂNSITO EM JULGADO DA SENTENÇA NORMATIVA.*
>
> *É dispensável o trânsito em julgado da sentença normativa para a propositura da ação de cumprimento.*
>
> ***Orientação Jurisprudencial nº 277 – SbDI-I***
>
> *AÇÃO DE CUMPRIMENTO FUNDADA EM DECISÃO NORMATIVA QUE SOFREU POSTERIOR REFORMA, QUANDO JÁ TRANSITADA EM JULGADO A SENTENÇA CONDENATÓRIA. COISA JULGADA. NÃO CONFIGURAÇÃO.*
>
> *A coisa julgada produzida na ação de cumprimento é atípica, pois dependente de condição resolutiva, ou seja, da não modificação da decisão normativa por eventual recurso. Assim, modificada a sentença normativa pelo TST, com a consequente extinção do processo, sem julgamento do mérito, deve-se extinguir a execução em andamento, uma vez que a norma sobre a qual se apoiava o título exequendo deixou de existir no mundo jurídico.*

9. AÇÃO RESCISÓRIA

O art. 836 da CLT prevê a possibilidade de ajuizamento de ação rescisória na Justiça do Trabalho. Seu objetivo é de desconstituir decisão judicial que tenham gerado, via de regra, coisa julgada material.

A CLT é curta ao tratar da ação rescisória e por este motivo, como complementação, utiliza-se os arts. 966 a 975 do CPC.

Com intuito de desincentivar o ajuizamento da referida ação, na esfera trabalhista, é necessário o depósito prévio de 20% do valor da ação, diferente do que ocorre na esfera cível que o depósito é de 5% (968, II, CPC).

O autor, desde que comprovado a hipossuficiência, poderá ser isento do depósito prévio. A Fazenda Pública, Ministério Público, Defensoria Pública, INSS e Massa Falida também são isentos.

9.1 Hipóteses de Cabimento

As hipóteses de cabimento da ação rescisória é taxativa e se apresenta no art. 966 do CPC. Diante do *caput*, é possível notar que, em regra, se permite a rescisória apenas de decisão de mérito, **transitada em julgado**, com ressalvas àquelas que não sejam de mérito que impeçam nova propositura de demanda ou admissibilidade de recurso correspondente (art. 966, § 2º, CPC). A comprovação do trânsito em julgado da decisão rescindenda e a própria decisão rescindenda são necessárias para o ajuizamento da ação rescisória.

Súmula nº 299 – TST

AÇÃO RESCISÓRIA. DECISÃO RESCINDENDA. TRÂNSITO EM JULGADO. COMPROVAÇÃO. EFEITOS.

I – É indispensável ao processamento da ação rescisória a prova do trânsito em julgado da decisão rescindenda.

II – Verificando o relator que a parte interessada não juntou à inicial o documento comprobatório, abrirá prazo de 15 (quinze) dias para que o faça (art. 321 do CPC de 2015), sob pena de indeferimento.

III – A comprovação do trânsito em julgado da decisão rescindenda é pressuposto processual indispensável ao tempo do ajuizamento da ação rescisória. Eventual trânsito em julgado posterior ao ajuizamento da ação rescisória não reabilita a ação proposta, na medida em que o ordenamento jurídico não contempla a ação rescisória preventiva.

IV – O pretenso vício de intimação, posterior à decisão que se pretende rescindir, se efetivamente ocorrido, não permite a formação da coisa julgada material. Assim, a ação rescisória deve ser julgada extinta, sem julgamento do mérito, por carência de ação, por inexistir decisão transitada em julgado a ser rescindida.

Orientação Jurisprudencial nº 84 – SbDI-II

AÇÃO RESCISÓRIA. AUSÊNCIA DA DECISÃO RESCINDENDA E/OU DA CERTIDÃO DE SEU TRÂNSITO EM JULGADO DEVIDAMENTE AUTENTICADAS. CONCESSÃO DE PRAZO PARA COMPLEMENTAÇÃO DA DOCUMENTAÇÃO.

São peças essenciais para o julgamento da ação rescisória a decisão rescindenda e/ou certidão do seu trânsito em julgado, devidamente autenticadas, à exceção de cópias reprográficas apresentadas por pessoa jurídica de direito público, a teor do art. 24 da Lei n.º 10.522/2002, ou declaradas autênticas pelo advogado na forma do artigo 830 da CLT com a redação dada pela Lei n.º 11.925/2009. Em fase recursal, verificada a ausência de qualquer delas, cumpre ao Relator do recurso ordinário conceder o prazo de 5 (cinco) dias ao recorrente para que seja complementada a documentação exigível, nos termos do art. 932, parágrafo único, do CPC de 2015

Orientação Jurisprudencial nº 150 – SbDI-II

AÇÃO RESCISÓRIA. REGÊNCIA PELO CPC DE 1973. DECISÃO RESCINDENDA QUE EXTINGUE O PROCESSO SEM RESOLUÇÃO DE MÉRITO POR ACOLHIMENTO DE COISA JULGADA. CONTEÚDO MERAMENTE PROCESSUAL. IMPOSSIBILIDADE JURÍDICA DO PEDIDO.

Reputa-se juridicamente impossível o pedido de corte rescisório de decisão que, reconhecendo a existência de coisa julgada, nos termos do art. 267, V, do CPC de 1973, extingue o processo sem resolução de mérito, o que, ante o seu conteúdo meramente processual, a torna insuscetível de produzir a coisa julgada material

Assim, verificada que a decisão de mérito foi proferida por força de **prevaricação, concussão ou corrupção do juiz**, cabe a rescisória desta. O mesmo ocorre quando o **juiz é impedido** ou **absolutamente incapaz**.

Orientação Jurisprudencial nº 124 – SbDI-II

AÇÃO RESCISÓRIA. ART. 966, INCISO II, DO CPC DE 2015. ART. 485, INCISO II, DO CPC DE 1973. ARGUIÇÃO DE INCOMPETÊNCIA ABSOLUTA. PREQUESTIONAMENTO INEXIGÍVEL.

Na hipótese em que a ação rescisória tem como causa de rescindibilidade o inciso II do art. 966 do CPC de 2015 (inciso II do art. 485 do CPC de 1973), a arguição de incompetência absoluta prescinde de prequestionamento.

É possível a ação rescisória de decisão que resultar dolo ou coação da parte vencedora em face da vencida. Ou ainda se comprovada a simulação ou colusão entre as partes, com intuito de fraudar a lei ou ofender a coisa julgada.

Súmula nº 403 – TST

AÇÃO RESCISÓRIA. DOLO DA PARTE VENCEDORA EM DETRIMENTO DA VENCIDA. ART. 485, III, DO CPC.

I – Não caracteriza dolo processual, previsto no art. 485, III, do CPC, o simples fato de a parte vencedora haver silenciado a respeito de fatos contrários a ela, porque o procedimento, por si só, não constitui ardil do qual resulte cerceamento de defesa e, em consequência, desvie o juiz de uma sentença não condizente com a verdade.

II – Se a decisão rescindenda é homologatória de acordo, não há parte vencedora ou vencida, razão pela qual não é possível a sua desconstituição calcada no inciso III do art. 485 do CPC (dolo da parte vencedora em detrimento da vencida), pois constitui fundamento de rescindibilidade que supõe solução jurisdicional para a lide.

Orientação Jurisprudencial nº 94 – SbDI-II

AÇÃO RESCISÓRIA. COLUSÃO. FRAUDE À LEI. RECLAMATÓRIA SIMULADA EXTINTA.

A decisão ou acordo judicial subjacente à reclamação trabalhista, cuja tramitação deixa nítida a simulação do litígio para fraudar a lei e prejudicar terceiros, enseja ação rescisória, com lastro em colusão. No juízo rescisório, o processo simulado deve ser extinto.

Orientação Jurisprudencial nº 158 – SbDI-II

AÇÃO RESCISÓRIA. DECLARAÇÃO DE NULIDADE DE DECISÃO HOMOLOGATÓRIA DE ACORDO EM RAZÃO DE COLUSÃO (ART. 485, III, DO CPC). MULTA POR LITIGÂNCIA DE MÁ-FÉ. IMPOSSIBILIDADE.

A declaração de nulidade de decisão homologatória de acordo, em razão da colusão entre as partes (art. 485, III, do CPC), é sanção suficiente em relação ao procedimento adotado, não havendo que ser aplicada a multa por litigância de má-fé.

Ainda caberá rescisória da decisão que violar a norma jurídica ou for fundada em prova que fora apurada como falsa em ação criminal ou venha a ser demonstrada na própria ação rescisória.

Súmula nº 83 – TST

AÇÃO RESCISÓRIA. MATÉRIA CONTROVERTIDA.

I – Não procede pedido formulado na ação rescisória por violação literal de lei se a decisão rescindenda estiver baseada em texto legal infraconstitucional de interpretação controvertida nos Tribunais.

II – O marco divisor quanto a ser, ou não, controvertida, nos Tribunais, a interpretação dos dispositivos legais citados na ação rescisória é a data da inclusão, na Orientação Jurisprudencial do TST, da matéria discutida.

Orientação Jurisprudencial nº 25 – SbDI-II

AÇÃO RESCISÓRIA. REGÊNCIA PELO CPC DE 1973. EXPRESSÃO "LEI" DO ART. 485, V, DO CPC DE 1973. NÃO INCLUSÃO DO ACT, CCT, PORTARIA, REGULA-MENTO, SÚMULA E ORIENTAÇÃO JURISPRUDENCIAL DE TRIBUNAL.

Não procede pedido de rescisão fundado no art. 485, V, do CPC de 1973 quando se aponta contrariedade à norma de convenção coletiva de trabalho, acordo coletivo de trabalho, portaria do Poder Executivo, regulamento de empresa e súmula ou orientação jurisprudencial de tribunal.

Súmula nº 298 – TST

AÇÃO RESCISÓRIA. VIOLAÇÃO A DISPOSIÇÃO DE LEI. PRONUNCIAMENTO EXPLÍCITO.

I – A conclusão acerca da ocorrência de violação literal a disposição de lei pressupõe pronunciamento explícito, na sentença rescindenda, sobre a matéria veiculada.

II – O pronunciamento explícito exigido em ação rescisória diz respeito à matéria e ao enfoque específico da tese debatida na ação, e não, necessariamente, ao dispositivo legal tido por violado. Basta que o conteúdo da norma reputada violada haja sido abordado na decisão rescindenda **para que se considere preenchido o pressuposto.**

III – Para efeito de ação rescisória, considera-se pronunciada explicitamente a matéria tratada na sentença quando, examinando remessa de ofício, o Tribunal simplesmente confirma.

IV – A sentença meramente homologatória, que silencia sobre os motivos de convencimento do juiz, não se mostra rescindível, por ausência de pronunciamento explícito.

V – Não é absoluta a exigência de pronunciamento explícito na ação rescisória, ainda que esta tenha por fundamento violação de dispositivo de lei. **Assim, prescindível o pronunciamento explícito quando o vício nasce no próprio julgamento, como se dá com a sentença "extra, citra e ultra petita"**

Orientação Jurisprudencial nº 112 – SbDI-II

AÇÃO RESCISÓRIA. VIOLAÇÃO DE LEI. DECISÃO RESCINDENDA POR DUPLO FUNDAMENTO. IMPUGNAÇÃO PARCIAL.

Para que a violação da lei dê causa à rescisão de decisão de mérito alicerçada em duplo fundamento, é necessário que o Autor da ação rescisória invoque causas de rescindibilidade que, em tese, possam infirmar a motivação dúplice da decisão rescindenda.

O Código de Processo Civil ainda prevê a possibilidade da rescisória quando o autor desta, em momento posterior ao trânsito em julgado, obter prova nova não conhecida ou não podia fazer uso na época em que foi proferida a decisão e que, por si só, é capaz de garantir decisão favorável. Cabe também a rescisória quando fundada em erro de fato.

Súmula nº 402 – TST

AÇÃO RESCISÓRIA. PROVA NOVA. DISSÍDIO COLETI-VO. SENTENÇA NORMATIVA.

I – Sob a vigência do CPC de 2015 (art. 966, inciso VII), para efeito de ação rescisória, considera-se prova nova a cronologicamente velha, já existente ao tempo do trânsito em julgado da decisão rescindenda, mas ignorada pelo interessado ou de impossível utilização, à época, no processo.

II – Não é prova nova apta a viabilizar a desconstituição de julgado: a) sentença normativa proferida ou transitada em julgado posteriormente à sentença rescindenda; b) sentença normativa preexistente à sentença rescindenda, mas não exibida no processo principal, em virtude de negligência da parte, quando podia e deveria louvar-se de documento já existente e não ignorado quando emitida a decisão rescindenda

Súmula nº 400 – TST

AÇÃO RESCISÓRIA DE AÇÃO RESCISÓRIA. VIOLAÇÃO MANIFESTA DE NORMA JURÍDICA. INDICAÇÃO DA MESMA NORMA JURÍDICA APONTADA NA RESCISÓRIA PRIMITIVA (MESMO DISPOSITIVO DE LEI SOB O CPC DE 1973).

Em se tratando de rescisória de rescisória, o vício apontado deve nascer na decisão rescindenda, não se admitindo a rediscussão do acerto do julgamento da rescisória anterior. Assim, não procede rescisória calcada no inciso V do art. 966 do CPC de 2015 (art. 485, V, do CPC de 1973) para discussão, por má aplicação da mesma norma jurídica, tida por violada na rescisória anterior, bem como para arguição de questões inerentes à ação rescisória primitiva.

9.2 Competência e Legitimidade

A Ação Rescisória será sempre processada e julgada por Tribunal, não sendo competente as Varas de Trabalho, por ser de competência funcional.

Via de regra, a competência para julgamento da ação rescisória é do último tribunal que analisou o mérito da ação. Não havendo, então, conhecimento de recurso de revista ou de embargo, a competência para julgar a ação que visa rescindir determinada decisão será do Tribunal Regional, conforme entendimento firmado pelo TST na Súmula nº 192.

Assim, os TRTs são competentes para rescindir seus próprios julgamentos e das varas de trabalho vinculados a ele. O TST será competente para rescindir seus próprios julgamentos. Sendo dissídio individual, o órgão julgador será a SbDI-II e sendo dissídio coletivo o órgão será a SDC.

A regra geral permanece: apenas a decisão de mérito é rescindível. Com exceção, é permitida rescisória de decisão destituída de mérito nas seguintes hipóteses: a. decisão que impeça a repropositura da demanda, ou decisão que impeça a admissibilidade do recurso correspondente.

Não é necessário atacar a íntegra da decisão, podendo ser apenas de parte dela.

Súmula nº 192 – TST

AÇÃO RESCISÓRIA. C OMPETÊNCIA.

I – Se não houver o conhecimento de recurso de revista ou de embargos, a competência para julgar ação que vise a rescindir a decisão de mérito é do Tribunal Regional do Trabalho, ressalvado o disposto no item II.

II – Acórdão rescindendo do Tribunal Superior do Trabalho que não conhece de recurso de embargos ou de revista, analisando arguição de violação de dispositivo de lei material ou decidindo em consonância com súmula de direito material ou com iterativa, notória e atual jurisprudência de direito material da Seção de Dissídios Individuais (Súmula n.º 333), examina o mérito da causa, cabendo ação rescisória da competência do Tribunal Superior do Trabalho.

III – Sob a égide do art. 512 do CPC de 1973, é juridicamente impossível o pedido explícito de desconstituição de sentença quando substituída por acórdão do Tribunal Regional ou superveniente sentença homologatória de acordo que puser fim ao litígio.

IV – Na vigência do CPC de 1973, é manifesta a impossibilidade jurídica do pedido de rescisão de julgado proferido em agravo de instrumento que, limitando-se a aferir o eventual desacerto do juízo negativo de admissibilidade do recurso de revista, não substitui o acórdão regional, na forma do art. 512 do CPC.

V– A decisão proferida pela SBDI, em agravo regimental, calcada na Súmula n.º 333, substitui acórdão de Turma do TST, porque emite juízo de mérito, comportando, em tese, o corte rescisório.

Orientação Jurisprudencial nº 70 – SbDI-II

AÇÃO RESCISÓRIA. REGÊNCIA PELO CPC DE 1973. MANIFESTO E INESCUSÁVEL EQUÍVOCO NO DIRECIONAMENTO. INÉPCIA DA INICIAL. EXTINÇÃO DO PROCESSO.

Sob a égide do CPC de 1973, o manifesto equívoco da parte em ajuizar ação rescisória no TST para desconstituir julgado proferido pelo TRT, ou viceversa, implica a extinção do processo sem julgamento do mérito por inépcia da inicial.

Orientação Jurisprudencial nº 70 – SbDI-II

AÇÃO RESCISÓRIA. REGÊNCIA PELO CPC DE 1973. MANIFESTO E INESCUSÁVEL EQUÍVOCO NO DIRECIONAMENTO. INÉPCIA DA INICIAL. EXTINÇÃO DO PROCESSO.

Sob a égide do CPC de 1973, o manifesto equívoco da parte em ajuizar ação rescisória no TST para desconstituir julgado proferido pelo TRT, ou viceversa, implica a extinção do processo sem julgamento do mérito por inépcia da inicial.

Súmula nº 514 – STF

Admite-se ação rescisória contra sentença transitada em julgado, ainda que contra ela não se tenha esgotado todos os recursos.

As partes legitimas à compor a ação rescisória são apuradas no art. 967 do CPC, vejamos:

I – quem foi parte no processo ou o seu sucessor a título universal ou singular;

II – o terceiro juridicamente interessado;

III – o Ministério Público:

a) se não foi ouvido no processo em que lhe era obrigatória a intervenção;

b) quando a decisão rescindenda é o efeito de simulação ou de colusão das partes, a fim de fraudar a lei;

IV. aquele que não foi ouvido no processo em que lhe era obrigatória a intervenção

Súmula nº 406 – TST

AÇÃO RESCISÓRIA. LITISCONSÓRCIO. NECESSÁRIO NO PÓLO PASSIVO E FACULTATIVO NO ATIVO. INEXISTENTE QUANTO AOS SUBSTITUÍDOS PELO SINDICATO.

I – O litisconsórcio, na ação rescisória, é necessário em relação ao pólo passivo da demanda, porque supõe uma comunidade de direitos ou de obrigações que não admite solução díspar para os litisconsortes, em face da indivisibilidade do objeto. Já em relação ao pólo ativo, o litisconsórcio é facultativo, uma vez que a aglutinação de autores se faz por conveniência e não pela necessidade decorrente da natureza do litígio, pois não se pode condicionar o exercício do direito individual de um dos litigantes no processo originário à anuência dos demais para retomar a lide.

II – O Sindicato, substituto processual e autor da reclamação trabalhista, em cujos autos fora proferida a decisão rescindenda, possui legitimidade para figurar como réu na ação rescisória, sendo descabida a exigência de citação de todos os empregados substituídos, porquanto inexistente litisconsórcio passivo necessário

Súmula nº 407 – TST

AÇÃO RESCISÓRIA. MINISTÉRIO PÚBLICO. LEGITIMIDADE "AD CAUSAM" PREVISTA NO ART. 967, III, "A", "B" E "C" DO CPC DE 2015. ART. 487, III, "A" E "B", DO CPC DE 1973. HIPÓTESES MERAMENTE EXEMPLIFICATIVAS.

A legitimidade "ad causam" do Ministério Público para propor ação rescisória, ainda que não tenha sido parte no processo que deu origem à decisão rescindenda, não está limitada às alíneas "a", "b" e "c" do inciso III do art. 967 do CPC de 2015 (art. 487, III, "a" e "b", do CPC de 1973), uma vez que traduzem hipóteses meramente exemplificativas.

Após o trânsito em julgado da última decisão proferida no processo, estará aberto o prazo de 2 anos para ajuizamento da ação rescisória. O prazo é decadencial e conta-se a partir do dia do trânsito em julgado da última decisão proferida, sendo de mérito ou não.

O TST possui entendimento que permite a prorrogação do prazo decadencial até o primeiro dia útil subsequente quando o fim do prazo acontecer em férias forenses, finais de semana ou em dia que não exista expediente forense.

A interposição de recurso fora do prazo (intempestivo) ou até mesmo recurso incabível não prolonga o início do prazo decadencial, salvo se houver dúvida razoável. A inadmissibilidade do recurso por deserção, o prazo passa a iniciar do trânsito em julgado dessa decisão.

Orientação Jurisprudencial nº 80 – SbDI-II

ÇÃO RESCISÓRIA. DECADÊNCIA. "DIES A QUO". RECURSO DESERTO. SÚMULA N.º 100 DO TST.

O não conhecimento do recurso por deserção não antecipa o "dies a quo" do prazo decadencial para o ajuizamento da ação rescisória, atraindo, na contagem do prazo, a aplicação da Súmula n.º 100 do TST.

Com o decurso do prazo para interposição do recurso extraordinário, contar-se-á o prazo decadencial da ação rescisória apenas quando forem esgotadas as vias recursais ordinárias.

Comprovada colusão, o prazo decadencial para ajuizar ação rescisória iniciará para o MPT quando houver ciência da fraude.

10. MANDADO DE SEGURANÇA

O mandado de segurança é remédio constitucional capaz de assegurar a proteção de direito líquido e certo, quando o responsável pela ilegalidade for autoridade pública ou agente de pessoa jurídica no exercício do Poder Público (art. 5º, LXIX, CF).

Para o TST, direito líquido e certo é aquele que pode ser comprovado de plano na inicial. Por meio de prova documental, sem necessidade de dilação probatória e/ou complementação de documentos.

Súmula nº 415 – TST

MANDADO DE SEGURANÇA. PETIÇÃO INICIAL. ART. 321 DO CPC DE 2015. ART. 284 DO CPC de 1973. INAPLICABILIDADE.

Exigindo o mandado de segurança prova documental pré-constituída, inaplicável o art. 321 do CPC de 2015 (art. 284 do CPC de 1973) quando verificada, na petição inicial do "mandamus", a ausência de documento indispensável ou de sua autenticação.

O mandado de segurança (*mandamus*) pode ser repressivo ou preventivo, sendo o primeiro quando já ocorrência da violação e o segundo quando houver receio de que venha haver a violação em algum momento.

Orientação Jurisprudencial nº 144 – SbDI-II

MANDADO DE SEGURANÇA. PROIBIÇÃO DE PRÁTICA DE ATOS FUTUROS. SENTENÇA GENÉRICA. EVENTO FUTURO. INCABÍVEL.

O mandado de segurança não se presta à obtenção de uma sentença genérica, aplicável a eventos futuros, cuja ocorrência é incerta.

10.1 Legitimidade

Possuirá legitimidade ativa qualquer pessoa física ou jurídica, podendo haver litisconsórcio ativo e a substituição processual. A legitimidade passiva será a pessoa jurídica a qual pertence a autoridade coatora, pois os efeitos patrimoniais serão arcados por ela.

10.2 Competência

A justiça do trabalho possui competência para julgar mandado de segurança que envolver matéria sujeitas à sua jurisdição (art. 114, IV, CF).

A competência funcional da justiça do trabalho ocorre de acordo com a autoridade coatora, sendo este um Ministro do TST, a competência é do próprio Tribunal Superior. Sendo um juiz trabalhista ou um desembargador do Tribunal Regional, a competência será do TRT. E sendo um agende público que não integre o poder judiciário, então a competência será da Vara do Trabalho (Ex.: autoridade coatora sendo um superintendente regional do trabalho).

10.3 Cabimento

Cabe mandado de segurança para proteção de direito líquido e certo, que não seja amparado por habeas corpus ou habeas data (CF/88, art. 5º, LXIX e LXX). Assim, sendo cabível qualquer um dos últimos, incabível será o primeiro.

Não será concedido mandado de segurança: de ato do qual caiba recurso administrativo com efeito suspensivo, independente de caução; de decisão judicial da qual caiba recurso com efeito suspensivo; de decisão judicial transitada em julgado (art. 5º, Lei nº 2.016/2009).

Súmula nº 33 – TST

MANDADO DE SEGURANÇA. DECISÃO JUDICIAL TRANSITADA EM JULGADO (mantida)

Não cabe mandado de segurança de decisão judicial transitada em julgado.

Súmula nº 33 – TST

MANDADO DE SEGURANÇA. DECISÃO JUDICIAL TRANSITADA EM JULGADO (mantida)

Não cabe mandado de segurança de decisão judicial transitada em julgado.

Há objeção de mandado de segurança, também, quando da decisão ainda for passível de recurso próprio. Isso serve que o mandado de segurança não seja usado como um recurso qualquer.

Orientação Jurisprudencial nº 92 – SDI-II

MANDADO DE SEGURANÇA. EXISTÊNCIA DE RECURSO PRÓPRIO. Não cabe mandado de segurança contra decisão judicial passível de reforma mediante recurso próprio, ainda que com efeito diferido.

Há outras hipóteses legais consolidadas pela jurisprudência do TST em que não cabe o mandado de segurança, *in verbis:*

Súmula nº 414 – TST

MANDADO DE SEGURANÇA. TUTELA PROVISÓRIA CONCEDIDA ANTES OU NA SENTENÇA.

I – A tutela provisória concedida na sentença não comporta impugnação pela via do mandado de segurança, por ser impugnável mediante recurso ordinário. É admissível a obtenção de efeito suspensivo ao recurso ordinário mediante requerimento dirigido ao tribunal, ao relator ou ao presidente ou ao vice-presidente do tribunal recorrido, por aplicação subsidiária ao processo do trabalho do artigo 1.029, § 5º, do CPC de 2015.

II – No caso de a tutela provisória haver sido concedida ou indeferida antes da sentença, cabe mandado de segurança, em face da inexistência de recurso próprio.

III – A superveniência da sentença, nos autos originários, faz perder o objeto do mandado de segurança que impugnava a concessão ou o indeferimento da tutela provisória.

Orientação Jurisprudencial nº 54 – SbDI-II

MANDADO DE SEGURANÇA. EMBARGOS DE TERCEIRO. CUMULAÇÃO. PENHORA. INCABÍVEL.

Ajuizados embargos de terceiro (art. 674 do CPC de 2015 – art. 1.046 do CPC de 1973) para pleitear a desconstituição da penhora, é incabível mandado de segurança com a mesma finalidade.

Orientação Jurisprudencial nº 63 – SbDI-II

MANDADO DE SEGURANÇA. REINTEGRAÇÃO. AÇÃO CAUTELAR.

Comporta a impetração de mandado de segurança o deferimento de reintegração no emprego em ação cautelar.

Orientação Jurisprudencial nº 66 – SbDI-II

MANDADO DE SEGURANÇA. SENTENÇA HOMOLOGATÓRIA DE ADJUDICAÇÃO. INCABÍVEL.

I – Sob a égide do CPC de 1973 é incabível o mandado de segurança contra sentença homologatória de adjudicação, uma vez que existe meio próprio para impugnar o ato judicial, consistente nos embargos à adjudicação (CPC de 1973, art. 746).

II – Na vigência do CPC de 2015 também não cabe mandado de segurança, pois o ato judicial pode ser impugnado por simples petição, na forma do artigo 877, caput, do CPC de 2015.

Orientação Jurisprudencial nº 88 – SbDI-II

MANDADO DE SEGURANÇA. VALOR DA CAUSA. CUSTAS PROCESSUAIS. CABIMENTO.

Incabível a impetração de mandado de segurança contra ato judicial que, de ofício, arbitrou novo valor à causa, acarretando a majoração das custas processuais, uma vez que cabia à parte, após recolher as custas, calculadas com base no valor dado à causa na inicial, interpor recurso ordinário e, posteriormente, agravo de instrumento no caso de o recurso ser considerado deserto.

Orientação Jurisprudencial nº 92 – SbDI-II

MANDADO DE SEGURANÇA. EXISTÊNCIA DE RECURSO PRÓPRIO.

Não cabe mandado de segurança contra decisão judicial passível de reforma mediante recurso próprio, ainda que com efeito diferido

Orientação Jurisprudencial nº 99 – SbDI-II

MANDADO DE SEGURANÇA. ESGOTAMENTO DE TODAS AS VIAS PROCESSUAIS DISPONÍVEIS. TRÂNSITO EM JULGADO FORMAL. DESCABIMENTO.

Esgotadas as vias recursais existentes, não cabe mandado de segurança.

10.4 Prazo

O prazo é decadencial de 120 dias, contados sempre da ciência, pelo interessado, do ato impugnado. Cabe ressaltar que, em se tratando de prazo decadencial, o prazo para impetrar MS não interrompe em caso de pedido de reconsideração.

Súmula nº 430 – STF

Pedido de reconsideração na via administrativa não interrompe o prazo para o mandado de segurança.

→ A autoridade coatora somente é convocada a prestar informações.

→ Não há *jus postulandi* no mandado de segurança, Súmula nº 425/TST.

→ Não compete ao TST julgar Mandado de Segurança em face de decisão do TRT.

→ Poderá o pedido ser renovado, desde que dentro do prazo prescricional, nos casos em que a decisão denegatória não apreciar o mérito (art. 6º, § 6º, Lei nº 12.013/2009).

→ A procuração que outorga poderes específicos para ajuizamento de Reclamatória Trabalhista não autoria o ajuizamento de ação rescisórias e impetração de mandado de segurança.

→ O reexame do MS somente ocorrerá em casos em que figurar como parte pessoa jurídica de direito público como parte prejudicada.

Súmula nº 425 – TST

JUS POSTULANDI NA JUSTIÇA DO TRABALHO. ALCANCE. Res. 165/2010.

O jus postulandi das partes, estabelecido no art. 791 da CLT, limita-se às Varas do Trabalho e aos Tribunais Regionais do Trabalho, não alcançando a ação rescisória, a ação cautelar, o mandado de segurança e os recursos de competência do Tribunal Superior do Trabalho.

Orientação Jurisprudencial nº4 – Tribunal Pleno

MANDADO DE SEGURANÇA. DECISÃO DE TRT. INCOMPETÊNCIA ORIGINÁRIA DO TRIBUNAL SUPERIOR DO TRABALHO. Ao Tribunal Superior do Trabalho não compete apreciar, originariamente, mandado de segurança impetrado em face de decisão de TRT.

Orientação Jurisprudencial nº 127 – SbDI-II

MANDADO DE SEGURANÇA. DECADÊNCIA. CONTAGEM. EFETIVO ATO COATOR.

Na contagem do prazo decadencial para ajuizamento de mandado de segurança, o efetivo ato coator é o primeiro em que se firmou a tese hostilizada e não aquele que a ratificou.

Orientação Jurisprudencial nº 151 – SbDI-I

AÇÃO RESCISÓRIA E MANDADO DE SEGURANÇA. PROCURAÇÃO. PODERES ESPECÍFICOS PARA AJUIZAMENTO DE RECLAMAÇÃO TRABALHISTA. IRREGULARIDADE DE REPRESENTAÇÃO PROCESSUAL. FASE RECURSAL. VÍCIO PROCESSUAL SANÁVEL.

A procuração outorgada com poderes específicos para ajuizamento de reclamação trabalhista não autoriza a propositura de ação rescisória e mandado de segurança. Constatado, todavia, o defeito de representação processual na fase recursal, cumpre ao relator ou ao tribunal conceder prazo de 5 (cinco) dias para a regularização, nos termos da Súmula n.º 383, item II, do TST.

Súmula nº 303 – TST

Em mandado de segurança, somente cabe reexame necessário se, na relação processual, figurar pessoa jurídica de direito público como parte prejudicada pela concessão da ordem. Tal situação não ocorre na hipótese de figurar no feito como impetrante e terceiro interessado pessoa de direito privado, ressalvada a hipótese de matéria administrativa.

Questões

01. **(FCC – 2018 – TRT/15ª REGIÃO/SP – ANALISTA JUDICIÁRIO)** Considerando a exigência legal de fundamentação das decisões judiciais, de acordo com as previsões da Instrução Normativa nº 39/2016 do TST, consideram-se "precedentes", para fins de fundamentação das decisões no processo do trabalho,

a) as teses jurídicas prevalecentes no TST, fixadas a partir de decisões oriundas de recursos de pelo menos metade dos TRTs.

b) as decisões do STF em ações diretas de constitucionalidade.

c) os entendimentos firmados em incidentes de resolução de demandas repetitivas, mas não os adotados em incidentes de assunção de competência.

d) as decisões do plenário, do Órgão Especial ou de seção especializada competente para uniformizar a jurisprudência do tribunal a que o juiz estiver vinculado ou do TST.

e) as teses jurídicas prevalecentes em TRTs, desde que não conflitantes com entendimentos pacificados pelo TST através das Súmulas, não se considerando, porém, para esse fim os entendimentos adotados nas Orientações Jurisprudenciais.

02. **(FCC – 2018 – TRT/2ª REGIÃO/SP – TÉCNICO JUDICIÁRIO)** Considere as seguintes decisões interlocutórias proferidas em reclamações trabalhistas:

I. Decisão interlocutória de Tribunal Regional do Trabalho contrária à Súmula ou Orientação Jurisprudencial do Tribunal Superior do Trabalho.

II. Decisão interlocutória que acolhe exceção de incompetência territorial, com a remessa dos autos para Tribunal Regional distinto daquele a que se vincula o juízo excepcionado.

De acordo com o entendimento Sumulado do Tribunal Superior do Trabalho,

a) ambas as decisões, apesar de interlocutórias, ensejam recurso imediato.

b) nenhuma das decisões enseja recurso imediato em razão do princípio da irrecorribilidade das decisões interlocutórias vigente no Direito Processual do Trabalho.

c) somente a decisão interlocutória descrita no item "I" enseja recurso imediato.

d) somente a decisão interlocutória descrita no item "II" enseja recurso imediato.

e) as referidas decisões interlocutórias somente ensejariam recurso imediato se proferidas em reclamações trabalhistas em que uma das partes é Sindicato.

03. **(FCC – 2018 – TRT/15ª REGIÃO/SP – ANALISTA JUDICIÁRIO)** Sobre o Tribunal Superior do Trabalho (TST),

a) compõe-se de 27 Ministros, escolhidos dentre brasileiros com mais de 35 e menos de 70 anos, de notável saber jurídico e reputação ilibada, nomeados pelo Presidente da República após aprovação pela maioria absoluta do Senado Federal.

b) a indicação, pelo Tribunal Superior do Trabalho, de Desembargadores do Trabalho, membros do Ministério Público do Trabalho e Advogados, para comporem o Tribunal, far-se-á em lista sêxtupla.

c) a Presidência, a Vice-Presidência e a Corregedoria-Geral da Justiça do Trabalho são cargos de direção do Tribunal, preenchidos mediante eleição em que concorrem os Ministros mais antigos da Corte, em número correspondente ao total dos cargos de direção, separadamente e também nessa ordem, sendo permitida a reeleição a qualquer dos cargos.

d) o Presidente, o Vice-Presidente e o Corregedor-Geral da Justiça do Trabalho serão eleitos por 4 anos, mediante escrutínio secreto e pelo voto da maioria absoluta, em sessão extraordinária do Tribunal Pleno, a realizar-se nos 60 dias antecedentes ao término dos mandatos anteriores, e tomarão posse em sessão solene, na data marcada pelo Tribunal Pleno.

e) compete ao mesmo conciliar e julgar, na forma da lei, em grau originário ou recursal ordinário ou extraordinário, as demandas individuais e os dissídios coletivos que excedam a jurisdição dos Tribunais Regionais, os conflitos de direito sindical, assim como outras controvérsias decorrentes de relação de trabalho, e os litígios relativos ao cumprimento de suas próprias decisões, de laudos arbitrais e de convenções e acordos coletivos.

04. **(FGV – 2017 – TRT/12ª REGIÃO/SC – ANALISTA JUDICIÁRIO)** Um juiz do trabalho, recentemente promovido a titular de uma Vara, constatou que a marcação das audiências estava muito distante. Assim, resolveu colocar o máximo de audiências durante todos os dias úteis da semana, para que, ao final desse esforço planejado, a marcação estivesse em um patamar aceitável. Designou então o operoso magistrado audiências de segunda-feira a sexta-feira, na parte da manhã e da tarde, com um intervalo para poder se alimentar.

De acordo com a CLT, as audiências poderão ser normalmente realizadas pelo magistrado:

a) das 6:00 às 18:00 horas;

b) das 6:00 às 20:00 horas;

c) das 8:00 às 18:00 horas;

d) das 8:00 às 20:00 horas;

e) das 9:00 às 16:00 horas.

05. **(FCC – 2018 – TRT/2ª REGIÃO/SP – TÉCNICO JUDICIÁRIO)** Em determinada reclamação trabalhista a empresa reclamada "S" foi condenada em R$ 15.000,00 a título de reparação de dano moral sofrido por Bruna, sendo este o único pedido da referida reclamação. A empresa "S", inconformada, interpôs recurso ordinário, depositando regularmente o depósito recursal de R$ 9.189,00. O recurso ordinário foi recebido mas negado provimento. A empresa "S" pretende interpor recurso de revista. Nesse caso, considerando que o valor do depósito recursal pertinente a este recurso é de R$ 18.378,00, ultrapassando o valor da condenação, de acordo com entendimento Sumulado do Tribunal Superior do Trabalho, para interposição do recurso de revista, a empresa "S"

a) está obrigada a depositar o valor integral do depósito recursal referente ao recurso de revista dentro dos 8 dias de prazo para a sua interposição.

b) não está obrigada a depositar o valor integral do depósito recursal referente ao recurso de revista, devendo, no entanto, depositar o valor restante para atingir o valor da condenação.

c) não está obrigada a depositar mais nenhum valor a título de depósito recursal, ainda que não tenha atingido o valor da condenação, obedecendo-se o princípio da menor onerosidade recursal.

d) não está obrigada a depositar mais nenhum valor a título de depósito recursal, ainda que não tenha atingido o valor da condenação, obedecendo-se o princípio do duplo grau de jurisdição e da vedação ao enriquecimento ilícito.

e) está obrigada a depositar o valor integral do depósito recursal referente ao recurso de revista em até 3 dias após a sua interposição.

06. **(FCC – 2018 – TRT/15ª REGIÃO/SP – ANALISTA JUDICIÁRIO)** Quanto aos recursos admitidos no TST, considere:

I. Recurso cabível contra decisão denegatória de recurso de competência do Tribunal Superior do Trabalho.

II. Recurso cabível das decisões das Turmas do Tribunal Superior do Trabalho que divergirem entre si ou das decisões proferidas pela Subseção I da Seção Especializada em Dissídios Individuais, ou contrárias à súmula, à orientação jurisprudencial ou a precedente normativo do Tribunal Superior do Trabalho ou súmula vinculante do Supremo Tribunal Federal.

III. Recurso cabível das decisões não unânimes proferidas pela Seção Especializada em Dissídios Coletivos, nos processos de Dissídios Coletivos de competência originária do Tribunal.

IV. Recurso cabível das decisões das Turmas do Tribunal Superior do Trabalho proferidas em agravos internos e agravos de instrumento que contrariarem precedentes obrigatórios firmados em julgamento de incidentes de assunção de competência ou de incidentes de recursos repetitivos.

V. Recurso cabível contra decisão dos Presidentes do Tribunal e das Turmas, do Vice-Presidente, do Corregedor-Geral da Justiça do Trabalho ou de Relator, ressalvados os casos em que haja recurso próprio ou decisão de caráter irrecorrível.

Os recursos mencionados nos itens I a V são, respectivamente:

a) Agravo de Instrumento; Embargos Infringentes; Embargos para a Subseção I da Seção Especializada em Dissídios Individuais; Recurso Extraordinário; Agravo Interno.

b) Agravo Interno; Embargos para a Subseção I da Seção Especializada em Dissídios Individuais; Embargos Infringentes; Embargos para a Subseção I da Seção Especializada em Dissídios Individuais; Recurso de revista.

c) Agravo de Instrumento; Embargos para a Subseção I da Seção Especializada em Dissídios Individuais; Agravo Interno; Embargos Infringentes; Agravo Interno.

d) Embargos Infringentes; Agravo de Instrumento; Embargos para a Subseção I da Seção Especializada em Dissídios Individuais; Embargos Infringentes; Recurso de Revista.

e) Agravo de Instrumento; Embargos para a Subseção I da Seção Especializada em Dissídios Individuais; Embargos Infringentes; Embargos para a Subseção I da Seção Especializada em Dissídios Individuais; Agravo Interno.

07. **(AOCP – 2018 – TRT/1ª REGIÃO/RJ – ANALISTA JUDICIÁRIO)** Quanto aos recursos cabíveis no processo do trabalho, assinale a alternativa correta.

a) A tutela provisória concedida na sentença comporta impugnação pela via do mandado de segurança.

b) Caberá agravo de instrumento de decisão que indeferir exceção de pré-executividade.

c) Das decisões proferidas em dissídios coletivos, é cabível recurso de revista para o TST.

d) Nos dissídios coletivos que envolvem empresa prestadora de serviço público, podem interpor recurso, em face da decisão proferida, o presidente do tribunal e a Procuradoria da Justiça do Trabalho, além das partes interessadas.

e) Caberá agravo de instrumento de decisões que indefiram a produção de prova pericial.

08. **(FCC – 2018 – TRT/15ª REGIÃO/SP – ANALISTA JUDICIÁRIO)** Considerando as regras legais em relação à liquidação de sentença e à execução no processo do trabalho,

a) a execução poderá ser promovida por qualquer interessado ou ex officio pelo próprio Juiz ou pelo Presidente do Tribunal competente.

b) é facultado ao devedor o pagamento imediato da parte que entender devida à Previdência Social, sem prejuízo da cobrança de eventuais diferenças encontradas na execução ex officio.

c) a exigência de garantia ou penhora se aplica às entidades filantrópicas e/ou àqueles que compõem ou compuseram a diretoria dessas instituições.

d) elaborada a conta e tornada líquida, o juízo poderá abrir às partes prazo comum de cinco dias para impugnação fundamentada com a indicação dos itens e valores objeto da discordância, sob pena de preclusão.

e) garantida a execução ou penhorados os bens, no prazo de oito dias, o executado poderá apresentar embargos à execução.

09. **(AOCP – 2018 – TRT/1ª REGIÃO/RJ – TÉCNICO JUDICIÁRIO) Considerando os temas: citação, nomeação de bens, mandado e penhora, bens penhoráveis e impenhoráveis, no Direito Processual do Trabalho, pautados na Lei nº 13.467/2017, assinale a alternativa correta.**

a) A Consolidação das Leis Trabalhistas faz menção expressa sobre o artigo de lei do Código de Processo Civil que traz a ordem preferencial de penhora, tendo como primeira opção o dinheiro, em espécie ou em depósito ou aplicação em instituição financeira.

b) Requerida a execução, o juiz do tribunal mandará expedir mandado de citação do executado, a fim de que cumpra a decisão ou o acordo no prazo pelo modo e sob as cominações estabelecidas ou, quando se tratar de pagamento em dinheiro, inclusive de contribuições sociais devidas à União, para que o faça em 72 (setenta e duas) horas ou garanta a execução, sob pena de penhora.

c) Não pagando o executado, nem garantindo a execução, seguir-se-á penhora dos bens, tantos quantos bastem ao pagamento da importância da condenação, sem custas e juros de mora.

d) São impenhoráveis os móveis pertences e utilidades domésticas que guarnecem a residência do executado, inclusive os de elevado valor ou os que ultrapassem as necessidades comuns correspondentes a um médio padrão de vida.

e) O executado que não pagar a importância reclamada perderá o direito de garantir a execução mediante depósito da quantia correspondente atualizada e sem as despesas processuais.

10. **(FCC – 2018 – TRT/15ª REGIÃO/SP – TÉCNICO JUDICIÁRIO)** Osmar, advogado, pretende ingressar com reclamação trabalhista em causa própria contra sua empregadora a Construtora MG Ltda., pleiteando horas extras e danos morais que entende devidos. No tocante aos honorários advocatícios,

a) no caso de sucesso da demanda, serão devidos honorários de sucumbência a Osmar, fixados entre o mínimo de 5% e o máximo de 15% sobre o valor que resultar a liquidação da sentença.

b) mesmo que seja julgada totalmente procedente a demanda, não serão devidos honorários de sucumbência a Osmar, uma vez que está atuando em causa própria, já sendo beneficiário da condenação.

c) somente no caso de procedência total da demanda, fará jus Osmar a honorários de sucumbência.

d) no caso de sucesso da demanda, serão devidos honorários de sucumbência a Osmar, fixados entre o mínimo de 10% e o máximo de 20% sobre o valor que resultar a liquidação da sentença.

e) não são devidos honorários de sucumbência nas ações trabalhistas, exceto se Osmar estivesse assistido por advogado de seu sindicato de classe, quando este teria este direito.

11. **(FGV – 2017 – TRT/12ª REGIÃO/SC – ANALISTA JUDICIÁRIO)** Em determinado processo trabalhista, já em sede de execução, o juízo da Vara do Trabalho determinou a expedição de mandado de citação do executado para pagamento do crédito exequendo, no prazo de 48 (quarenta e oito) horas, ou garantia da execução, sob pena de penhora. O executado, procurado por 2 (duas) vezes em seu endereço no espaço de 48 (quarenta e oito) horas, não foi encontrado pelo oficial de justiça.

Diante dessa situação hipotética, e considerando o disposto na CLT, é correto afirmar que:

a) far-se-á citação por edital, publicado no jornal oficial ou, na falta deste, afixado na sede da Vara do Trabalho, durante 5 (cinco) dias;

b) o juiz deverá acionar o sistema Bacen-Jud para tentar bloquear numerário das contas do devedor;

c) far-se-á citação por edital, publicado em jornal de grande circulação ou, na falta desse, proceder-se-á à citação por hora certa;

d) far-se-á de imediato a citação por hora certa;

e) deverá ser intimado o exequente para requerer o que for do seu interesse.

Gabaritos

01	D	02	A	03	E
04	C	05	B	06	E
07	D	08	B	09	A
10	A	11	A		